SPICILEGIUM
SIVE
COLLECTIO
VETERUM ALIQUOT
SCRIPTORUM
QUI IN GALLIÆ BIBLIOTHECIS
DELITUERANT:

Olim editum Operâ ac studio D. LUCÆ D'ACHERY, Presbyteri ac Monachi Ordinis Sancti Benedicti, Congregationis S. Mauri.

Nova editio priori accuratior, & infinitis prope mendis ad fidem MSS. Codicum, quorum varias lectiones V. C. STEPHANUS BALUZE, *ac R. P. D.* EDMUNDUS MARTENE *collegerunt, expurgata, per* LUDOVICUM-FRANCISCUM-JOSEPH DE LA BARRE, *Tornacensem.*

TOMUS III.

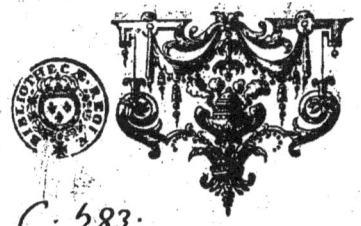

PARISIIS,
Apud MONTALANT, ad Ripam P P. Augustinianorum, prope Pontem S. Michaëlis.

M. DCC. XXIII.
CUM PRIVILEGIO REGIS.

ELENCHUS OPERUM IN III. VOLUMINE CONTENTORUM.

Ordo Veteris Editionis Tom.	pag.				Ord. v. Edit. Tom.	pag.
XI.	405	Chronicon Guillelmi de Nangis,	pag. 1	inscripsit, Formula vitæ honestæ. ibid.		
	603	Ejus Chronici prima continuatio.	54	Liciniani Episcopi Epistola ad Gregorium Papam I. 313	II.	568
	785	Continuatio altera.	104			
X.	621	Chronicon breve Barcinonense.	140	Quiricii Barcinonensis Episcopi Epistola ad Hildefonsum Toletanæ Sedis Episcopum. 314	I.	303
VIII.	439	Chronicon Nicolai Trivetti, Ordinis FF. Prædicatorum.	143	Hildefonsi Epistola ad Quiricium. ibid.		310
X.	392	Fragmentum historia Andegavensis, scripta à Fulcone Comite Andegavensi.	232	Quiricii ad Hildefonsum. 315		311
				Hildefonsi ad Quiricium. ibid.		312
	399	Gesta Consulum Andegavensium, auctore Monacho Benedictino Majoris-Monasterii.	234	Idalii Barcinonensis Episcopi Epistola ad Julianum Toletanæ Sedis Episcopum. 316		313
	511	Liber de compositione Castri Ambasiæ, & ipsius Dominorum gestis.	266	Ejusdem, ad Zuntfredum Narbonensem Episcopum. 317		316
VII.	584	Genealogia ex Chronicio Hainonensibus collecta, à Balduino de Avenis.	286	Privilegium à Theodorico Francorum Rege Monachis Dervensibus datum. ibid.	X.	631
				Privilegium à Bertoendo Catalaunensi Episcopo iisdem datum.		627
		Miscellanea Epistolarum, Diplomatum, &c.				
XII.	545	Epistola Theonæ Episcopi ad Lucianum Præpositum Cubiculariorum.	297	Ephibii Abbatis testamentum. 318	XII.	161
II.	366	Epistola Potamii ad Athanasium.	299	Privilegia à Pipino I. Francorum Rege Monachis Figiacensibus data. 319	XIII.	155
V.	531	Epistola Severi V.	300	Excommunicatio lata ab Archiepiscopo quodam Senonensi in pervasores rerum Ecclesiasticarum. 320	X.	633
XIII.	253	Hieronymi Epistola ad Constantium, sive Prologus ejus Operis quod inscribebatur Comes.	301	Albini Alcuini Epistola II. ad Gallicellulam. 321	VI.	391
V.	578	Leontii Arelatensis Epistola ad Hilarium Papam.	302	Ejusdem Epistola ad Fridugisum. 321		396
	579	Lupi Trecensis Epistola ad Apollinarem Sidonium.	ibid.	Ejusdem Præfatio ad Arnonem Episcopum Saltzburgensem, in Expositionem Psalmorum quos Pœnitentiales & Graduales vocant, ac Psalmi CXVIII. 323	IX.	111
	105	Testamentum Perpetui Turonensis Episcopi.	303			
	109	Ejusdem Epitaphium.	304			
	581	Gelasii Papæ Epistola ad Rusticum Lugdunensem Episc.	ibid.	Dungali Reclusi Epistola ad Carolum-Magnum. 324	X.	143
	582	Anastasii Papæ Epistola ad Chlodoveum I. Francorum Regem.	ibid.	Præceptum Ludovici Pii Imperatoris in gratiam Ecclesiæ S. Juliani Brivatensis, quam Berengarius Comes readificaverat. 328	XII.	104
	110	Episcoporum, ac præsertim Aviti Viennensis Collatio cum Arrianis, coram Gundebaldo Burgundionum Rege.	ibid.	Præceptum Pipini Aquitaniæ Regis, quo bona S. Juliano Brivatensi collata confirmat. 329		105
XIII.	254	Prosperi Regiensis Episcopi, seu verius Juliani Pomerii Prologus in libros tres de Vita Contemplativa.	306	Diploma Ludovici Pii ac Lotharii Imperatorum, quo Constitutionem Jonæ Aurelianensis Episcopi pro instauratione Monasterii Miciacensis confirmant. ibid.	VIII.	138
V.	583	Symmachi Papæ Epistola ad Avitum Viennensem.	307	Amalarii Episcopi Epistola ad Hieremiam Archiepiscopum Senonensem. 330	VII.	164
	393	Fundatio Abbatiæ Miciacensis, sive S. Maximini in pago Aurelianensi, à Chlodoveo I. Francorum Rege.	ibid.	Hieremiæ ad Amalarium. ibid.		165
				Amalarii ad Jonam Aurelianensem Episcopum. ibid.		ibid.
III.	106	Facundi Hermianensis Episcopi, Epistola in defensionem trium Capitulorum.	ibid.	— ad Rantgarium Episc. Noviomensem. ibid.		ibid.
	119	Justi Episcopi Orgelitani ad Sirgium Papam.	312	— ad Hettonem Monachum. 331		167
				— ad Guntardum. ibid.		168
X.	626	Martini Dumiensis Episcopi Epistola ad Mironem Suevorum Regem: sive Proœmium libri, quem		— de observatione Quadragesimæ. 333		173
				Litteræ Monachorum S. Remigii Remensis, qui-	IV.	219

Elenchus Operum

Ord. v. Tom.	Edit. pag.		Ord. v. Tom.	Edit. pag.
		bus societatem ineunt cum Monachis S. Dionysii in Francia.		
VII.	175.	Apologeticum EBBONIS Archiepiscopi Remensis. 335		
II.	812	HINCMARI Archiepiscopi Remensis Epistola ad CAROLUM Calvum Francorum Regem. 337		
XII.	107	LOTHARII Imp. Præceptum, quo AMOLONI Archiepiscopo Lugdunensi prædia quædam restituuntur. 339		
VII.	184	Ejusdem Confirmatio Fundationis Abbatiæ Grandis-Vallis. ibid.		
XII.	109	Ejusdem Præceptum, quo REMIGIO Lugdunensi Archiepiscopo alia prædia restituit. 340		
	110	Ejusdem Præceptum, quo eidem alia bona restituit. ibid.		
VIII.	141	Ejusdem Præceptum, quo villam quamdam JONÆ Eduensi Episcopo restituit. ibid.		
XII.	112	Ejusdem Præceptum, quo S. Petri Jurensis Ecclesiam Lugdunensi Ecclesiæ confert. 341		
	114	Ejusdem Præceptum, quo Saviniacum eidem Ecclesiæ confert. ibid.		
	ibid.	Ejusdem Præceptum, quo Nantuadense cœnobium eidem Ecclesiæ donat. ibid.		
	115	Ejusdem Præceptum, quo alia eidem Ecclesiæ donat. 342		
XIII.	260	ANGILQUINI ac RIMULDIS eius conjugis Donationes Ecclesiæ Ambianensi facta. ibid.		
	263	AGILMARO Viennensi Archiepiscopo res ablatas WIGERICUS Comes restituere cogitur. 343		

PRIVILEGIA CORBEIÆ.

VI.	397	I. BENEDICTI Papæ III. confirmatio Privilegiorum Corbeiæ. 343		
	408	II. Præceptum CAROLI Calvi Imp. quo privilegia Corbeiæ collata confirmat. 346		
	411	III. CAROLI Simplicis Præceptum, in eamdem sententiam. 347		
	415	IV. CHRISTOPHORI Papæ, confirmatio eorumdem privilegiorum. 348		
	417	V. LEONIS Papæ IX. confirmatio eorumdem privilegiorum. 349		

Hactenus Privilegia Corbeiæ.

XII.	116	CAROLI Calvi Præceptum, quo Mons-aureus Ecclesiæ Lugdunensi restituitur. ibid.		
	118	Ejusdem Præceptum, quo alia prædia Ecclesiæ Lugdunensi restituuntur. 350		
	551	Ejusdem Præceptum, quo Monasterium S. Porciani Monachis Heresibus confert. ibid.		
	552	Eam donationem approbat JOANNES Papa VIII. 351		
VIII.	349	CAROLI Calvi præceptum, quo approbat fundationem Monasterii S. Andreæ, in Diœcesi Elnensi. ibid.		
X.	157	Ejusdem, Fundatio Monasterii S. Cornelii Compendiensis. 352		
XII.	120	CAROLI Regis Provinciæ Præceptum, quo Villam Urbanam Ecclesiæ Lugdunensi restituit. 353		
	122	Ejusdem Præceptum, quo varia eidem Ecclesiæ confert. 354		
	123	Ejusdem Præceptum, quo Tornonem eidem Ecclesiæ restituit. ibid.		
	124	Ejusdem Præceptum, quo Pisiniacum eidem Ecclesiæ restituit. 355		
	125	Ejusdem Præceptum, quo Leviam eidem Ecclesiæ restituit. ibid.		
	126	Idem Servum quemdam manumittit. ibid.		
	127	Idem manumissionem confirmat. ibid.		
	119	ANGILMARUS Archiepiscopi Viennensis MAURINOO. facultatem condendæ Ecclesiæ tribuit. 356		
VIII.	142	JONAS Eduensis Episcopi multa Canonicis suis confert. ibid.		
	145	Idem fundatam à TANCRADO & ab ACHARDO ejus filio dotatam Ecclesiam consecrat. 357		

		Acta judicii inter WITFREDUM Ecclesiæ S. Mauricii Viennensis Advocatum, ac SIGIBERTUM invasorem. 358	XII.	124
		LOTHARII Regis Provinciæ Præceptum, quo Cadulincum & Liviam Ecclesiæ Lugdunensi restituit. ibid.		128
		Ejusdem Præceptum, quo alia bona eidem Ecclesiæ restituit. ibid.		129
		Ejusdem Præceptum, quo jubet restitui eidem Ecclesiæ quidquid à variis hominibus quovis tempore fuerat usurpatum. 359		130
		Ejusdem Præceptum, quo commutationem quamdam eidem Ecclesiæ damnosam rescindit. ibid.		131
		ADO Viennensis Archiepiscopi Ecclesiam Velnonsem confirmat Ecclesiæ S. Eugendi Jurensis. 360		135
		HELEGRINA dotem suam SISENANDO vendit. ibid.		137
		Præceptum BARNOINI Archiep. Viennensis, quo multa confert, aut collata confirmat Ecclesiæ S. Teuderii. ibid.		139
		Idem RATBERTO facultatem tribuit Ecclesiam S. Blandinæ instaurandi. 361		136
		Villam Mantulam Ecclesiæ Viennensi donat TEUTBERTUS Comes. ibid.		143
		Eidem Comiti villam Mantulam, & alia prædia usu fructuario possidenda donat BARNOINUS Viennensis. 363		146
		HELIÆ Hierosolymorum Patriarchæ Epistola ad CAROLUM Calvum Imperatorem, Episcopos ac Nobiles Galliarum. ibid.	II.	372
		Præceptum CARLOMANNI Francorum Regis in gratiam Monasterii S. Polycarpi, in Diœcesi Narbonensi. 364	VIII.	352
		Ejusdem Præceptum, quo omnia quæ a prædecessoribus suis Ecclesiæ Aurelianensi concessa sunt, confirmat. ibid.		148
		CAROLUS Crassus Imp. confirmat Præceptum LOTHARII Imp. in gratiam Abbatiæ Grandis-Vallis. 365	VII.	185
		Privilegium RAGANFRIDI Archiepiscopi Viennensis, quo Ecclesiæ S. Albini in villa Vogoria bona omnia restituit. ibid.	XII.	145
		Præceptum ODONIS Francorum Regis in gratiam Mon. S. Polycarpi, in Diœcesi Narbonensi. 366	VII.	354
		Privilegium FORMOSI Papæ in gratiam Mon. S. Teuderii. ibid.	XII.	150
		Præceptum LUDOVICI Regis Burgundiæ, in gratiam ejusdem Monasterii. 367		151
		Præceptum CAROLI Simplicis Francorum Regis, in gratiam Mon. S. Aniani, in Diœcesi Narbonensi. ibid.	XIII.	265
		Epistola cujusdam Abbatis Monasterii S. Germani de VIDONEM Episcopum Virdunensem, de Hungaris. 368	XII.	349
		Ejusdem alia Epistola, cur Ecclesia in memoriam Sanctorum Veteris Testamenti non dedicentur. 370		356
		GUILLELMUS Dux Aquitaniæ decernit, ut mensæ Canonicorum Brivatensium ablata restituantur. ibid.	XI.	283
		Testamentum HERIVEI Episcopi Eduensis, quo bona non pauca Ecclesiæ suæ confert. 371	VIII.	155
		Fundatio Capellæ S. Juliano dicatæ. 372	XI.	285
		Præceptum HUGONIS Italiæ Regis & Comitis Provinciæ, quo confirmantur quæ Monasterio S. Teuderii collata sunt. ibid.	XII.	147
		LEONIS Papæ VII. Epistola ad HUGONEM Francorum Principem, ac S. Martini Turonensis Abbatem. 373	II.	373
		STEPHANUS Arvernorum Episcopus Liziniacum donat Ecclesiæ S. Juliani Brivatensi. ibid.	XI.	285
		Electio S. MAIOLI in Abbatem Cluniacensem.	VI.	419

in III. Volumine contentorum.

Ord. v. Tom.	Edit. pag.			Ord. v. Tom.	Edit. pag.
		vivente HAYMARDO Abbate. 374	sibi commissarum usurpent, prohibet. ibid.		
VII.	187	CONRADUS Burgundiæ Rex Monasterium Grandi-Vallis instaurat. 375	Nonnulla è bonis ejusdem Monasterii WAGONI & uxori ejus beneficii loco, in conventu Procerum conceduntur. 390	XIII.	279
VIII.	357	LOTHARII Francorum Regis Præceptum, in gratiam Monasterii SS. Michaëlis atque Germani. ibid.	RICHARDI Normannorum Ducis donatio propter nuptias ADELÆ facta. ibid.	VII.	203
XIII.	268	Duello probatur Ecclesiam S. Saturnini Monasterio Bellilocensi attribui debere. 376	BORCARDUS Comes nonnulla donat Monasterio S. Andreæ Viennensis. 391	XIII.	280
XI.	189	STEPHANUS Arvernorum Episcopus Ecclesiam Liziniacensem pro XII. Canonicis fundat. ibid.	ODO Comes Palatinus Francorum Regis, vulgò Campaniæ Comes, Ecclesiam S. Martini Sparnacensis fundat, in Diœcesi Remensi. ibid.		281
VI.	421	GAUFRIDUS cui cognomen Grisea-gunella, Andegavorum Comes, Monachos in Ecclesia S. Albini constituit. 377	Testamentum GUIFREDI Comitis Cerritanensis. 392	VI.	432
VII.	186	LOTHARII Francorum Regis Præceptum, quo bona Monasterio Grandi-Vallis collata confirmat. 378	WALTERIUS eligitur Abbas S. Albini Andegavensis. 393		436
VI.	424	RAINALDUS eligitur in Abbatem S. Albini Andegavensis, vivente GUNTERIO Abbate. ibid.	Ne quis Monetam Viennensem adulteret vetat ADELAIS Marchionissa. ibid.	XIII.	284
	425	S. ODILO eligitur in Abbatem Cluniacensem, vivente S. MAIOLO Abbate. 379	Statuta antiqua Angliæ, in quibus totius Regni Comitia ordinantur. 394	XII.	557
VIII.	154	GAUSBERTUS eligitur Episcopus Caturcensis. ibid.	GREGORII Papæ VI. Litteræ ad Universos Fideles, quibus eos ut indigenti Romanæ Ecclesiæ subveniant, hortatur. 398	IV.	232
XIII.	270	CONRADI Burgundiæ Regis Præceptum, quo varia donat Monasterio S. Andreæ Viennensis. 380	Dotem conjugi suæ INGÆ dat ILDEBRANDUS Longobardus. ibid.	XII.	153
	272	RODULFI Burgundiæ Regis Præceptum, quo confirmat quæ eidem Monasterio pater suus donaverat. ibid.	HENRICUS I. Francorum Rex Fiscum Unigradum immunem Ecclesiæ Carnutensi concedit. ibid.	XIII.	285
II.	386	S. ODILONIS Abbatis Cluniacensis Epistola ad PATERNUM Abbatem S. Joannis Pinnatensis. 381	LEONIS Papæ IX. Epistola ad Francos, quâ eos ut sui Apostoli Remigii Remensis festum celebrent, hortatur. ibid.	II.	456
	387	JOANNIS Papæ IX. Epistola ad S. ODILONEM. ibid.	RAINALDUS Burgundiæ Comes I. Marascalciam & Canariam Ecclesiæ Bisuntinæ remittit in villa Cussiaco. 399	IX.	128
	388	S. ODILONIS Epistola ad GARSIAM Regem Navarræ. ibid.	FROLLANTI Episcopi Silvanectensis Epistola ad BERENGARIUM. ibid.	II.	509
	389	Ejusdem Epistola ad Matronam quamdam. ibid.	BERENGARII Epistola ad RICARDUM. 400		510
	390	Monachi cujusdam Epistola ad Monachos S. Benigni Divionensis. 382	Confirmantur dona Ecclesiæ Rotomagensi S. Audoeni facta. ibid.	XIII.	286
XIII.	273	Constitutio Monachorum S. Andreæ Viennensis, quâ sibi furtum utensilium interdicunt. ibid.	Fundatio Abbatiæ BB. Martini & Wulgani de Siggi, ejusdemque traditio Rotomagensi Ecclesiæ S. Audoëni.		288
IX.	125	GASTO Bearnensis Vicecomes filiam suam GUILLELMAM SANCIO Regis Castellæ filio in matrimonium dare spondet. ibid.	HENRICI Francorum Regis Diploma, quo injustam consuetudinem in urbe Aurelianensi abrogat. 401	VIII.	156
VI.	427	PONTIUS Archiepiscopus Arelatensis Indulgentias concedit in Dedicatione Ecclesiæ, & confirmat Privilegia Monasterio Montis-Majoris concessa à Summis Pontificibus. 383	WIMUNDI Monacho Abbatiæ de Cruce S. Leufredi Archiepiscopi Aversani, Epistola ad ERFASTUM; de Deo uno & trino. ibid.	II.	377
VII.	197	HILDEBERTUS Episcopus Aveniciensis ac ROSTAGNUS non pauca donant Monasterio S. Andreæ. 384	Ecclesiam, sive Monasterium S. Stephani instaurat HUGO Nivernensis Episcopus, atque ibi Canonicos instituit. 404	VI.	437
	200	Eidem bonorum suorum partem donant GIRUINUS & uxor ejus CONSTANTIA. 385	Indulgentiæ conceduntur in consecratione Ecclesiæ S. MARIÆ de Correno, cui nonnulla donantur. 405		441
XI.	192	PONCIUS Gabalorum ac Foresii Comes Ecclesiam Canonicorum Colidensium fundat. ibid.	Ecclesiam S. Machuti, & nonnulla donant Majori-Monasterio ROBERTUS de Sabullio & uxor ejus HADUISA. 406	XI.	294
X.	637	S. HENRICUS Alemannorum Rex, postmodum Imperator Episcopo & Abbati S. Michaëlis in Porcariana, bona omnia & jura sua confirmat. 386	Ecclesia S. MARIÆ de Valle conservata, ac dotatur à BALDA virgine. 407	VI.	443
XIII.	174	RICHARDUS Marchio Normanniæ multa confert Ecclesiæ Carnutensi, ut damna quæ illi intulerat, resarciret. ibid.	ALFONSI Hispaniarum Regis Epistola ad HUGONEM Abbatem Cluniacensem. ibid.		445
	275	RODULFUS Burgundiæ Rex, quæ Monasterio S. Andreæ Viennensi à parentibus suis CONRADO ac MATHILDE data fuerant, confirmat. ibid.	HUGONIS Abbatis Cluniacensis Statuta in gratiam ejusdem ALFONSI. 408		447
II.	827	FULBERTI Episcopi Carnutensis Epistola de bonis Ecclesiarum, ac rebus sacris. 387	Ejusdem HUGONIS Statutum in gratiam LAMBERTI Abbatis S. Bertini.		448
VII.	201	Dos facta in consecratione Ecclesiæ S. Martini in monte Andaone. 388	THEUBALDUS Francorum Comes Palatinus, ODONEM filium dat salutaribus aquis abluendum HUGONI Abbati Cluniacensi, eique Monasterio Cossiacum donat. ibid.		449
XIII.	276	ERMENGARDIS Regina Burgundiæ Ecclesiam S. Joannis donat Monasterio S. Andreæ Viennensis. 389	GERVASIUS Ecclesiam S. Guinguloei dat Majori-Monasterio, amotis inde Canonicis. 409	XI.	196
	277	Eidem Monasterio de Regalibus donat GUILLELMUS Burgundiæ Dux. ibid.	Præbendam Ecclesiæ suæ confert Monachis Cluniacensibus ARALDUS Episcopus Carnutensis. 410	VI.	451
	278	LEUDEGARIUS Archiepiscopus Viennensis, Monachis S. Andreæ, ne quid è rebus Obedientiarum	GREGORII Papæ VII. (aut fortè IX. ut conjiciebat Baluzius) Epistola ad Dominos Nigelæ & Boæ. ibid.	VIII.	206
		Tom. III.	HERIBERTUS Viromandorum Comes jura & libertates	XII.	158

Elenchus Operum

Tom.	pag.		Tom.	pag.
		tates Abbatiæ S. Præfecti in urbe S. Quintini asserit. 410		
XI.	300	GUILLELMUS *Aquitaniæ Dux Monasterium S. MARIÆ in suburbio Pictavensi fundat, in usum Monachorum Cluniacensium.* 411		
VIII.	157	RAGINARDUS *in Concilio Augustodunensi excommunicatus, injustam consuetudinem dimittit.* ibid.		
VI.	454	*Ecclesiam in castro de Avalone donat Monachis Cluniacensibus* HUGO Burgundiæ DUX. 412		
	457	WIDO *Matisconensis Comes Monachum induens, non pauca confert Monasterio Cluniacensi.* 413		
	459	GUILLELMUS *Aquitaniæ Dux Monetam de Niort donat Monasterio Cluniacensi.* ibid.		
II.	508	*Literæ Commendatitiæ* GREGORII *Papæ VII. datæ* BERENGARIO *post Concilium Romanum.* ibid.		
XIII.	290	AMALRICUS *Miles Majori-Monasterio Senicurtem donat.* ibid.		
	293	ARBERTUS *Miles, ejus uxor & filius societatem ineunt cum Monachis S. Andreæ Viennensis, ut piorum operum ipsorum participes fiant.* 414		
	294	EMMO *&* ISABELLA *Monasterio S. Andreæ Viennensis non pauca donant, ob filii susceptionem in Monachum.* ibid.		
XI.	301	PHILIPPUS *de Castellione Trecensis Episcopus, instituit Canonicos Regulares S. Quintini Belvacensis in Ecclesia S. Georgii.* 415		
VIII.	159	RAIMUNDUS *Comes Tolosanus nonnulla Monasterio S. Andreæ Avenionensis erogat.* ibid.		
	161	*Testamentum* GERALDI *de Gordonio Caturcensis Episcopi.* ibid.		
XI.	302	PHILIPPUS *de Castellione Trecensis Episcopus, præbendam in Ecclesia Cathedrali, & Ecclesiam S. Mariæ confert Canonicis Regularibus S. Georgii.* 416		
IX.	131	RAIMUNDUS *Burgundionum Comes, Ecclesiæ Bisuntinæ non pauca donat.* 417		
X.	162	GUILLELMI *Comitis Tolosani, &* GUILLELMI *Comitis Barcinonensis concordia pro castro de Laurago.* ibid.		
V.	537	URBANI *Papæ II. Epistola ad* RAINOLDUM *Archiepiscopum Remensem, ac Suffraganeos ejus.* 418		
III.	122	RAIMUNDI *Galleciæ &* HENRICI *Portugalliæ Comitum Epistola ad* HUGONEM *Abbatem Cluniacensem.* ibid.		
XI.	304	*Abbatiam Hamensem fundat* INGELRANUS, *eamque fundationem confirmat* ROBERTUS *Flandriæ Comes.* ibid.		
V.	539	RAINOLDI *Archiepiscopi Remensis Epistola ad* LAMBERTUM *Electum Atrebatensem.* 420		
	540	*Atrebatensium Epistola ad* RAINOLDUM. ibid.		
	ibid.	RAINOLDI *Epistola ad* URBANUM *Papam II.* ibid.		
	542	*Atrebatensium Epistola ad eumdem.* ibid.		
	543	*Narratio consecrationis* LAMBERTI *Romæ.* 421		
	547	URBANI *II. Epistola ad* RAINOLDUM. 422		
	548	LAMBERTI *Epistola ad eumdem.* ibid.		
	549	*Ejusdem Epistola ad Capitulum Ecclesiæ Remensis.* 423		
	550	RAINOLDI *Epistola ad* ROBERTUM *Flandriæ Comitem.* ibid.		
	551	URBANI *Papæ Epistola ad eumdem.* ibid.		
	552	HUGONIS *Archiepiscopi Lugdunensis Epistola ad eumdem.* ibid.		
	ibid.	URBANI *Papæ Epistola ad quosdam Abbates.* ibid.		
	553	*Ejusdem Epistola ad* GUALCHERUM *Episcopum Cameracensem.* 424		
	554	RAINOLDI *Archiepiscopi Remensis Epistolæ duæ ad* LAMBERTUM *Episcopum Atrebatensem.* ibid.		
	555	URBANI *Papæ Epistola ad eumdem.* ibid.		
	556	*Narratio itineris* LAMBERTI *Clarum-montem.* ibid.		
	557	URBANI *Papæ Epistola ad* GUARNERIUM *de Castellione.* 425		
		Ejusdem Epistola ad RICHERIUM *Archiepiscopum Senonensem.* ibid.	V.	557
		Narratio reliqui itineris LAMBERTI *Clarum-montem.* ibid.		558
		URBANI *Papæ Decretum, quo Atrebatensi urbi suum Episcopum restituit.* ibid.	III.	123
		HUGONIS *Archiepiscopi Lugdunensis Epistola ad* MATHILDEM *Comitissam.* 426	II.	405
		G. A. *Monachi Cluniacensis Epistola ad* PETRUM *Priorem S. Joannis.* 427		408
		RAINOLDI *Archiepiscopi Remensis Epistolæ duæ ad* LAMBERTUM *Atrebatensem.* ibid.	V.	559
		Charta confraternitatis inter Ecclesias S. Nicolai & S. Laudi Andegavii. 428	XI.	309
		Canonici Caturcenses nonnulla donant GAUSBERTO *de Castro-novo, ea lege ut filium canonicum habitum apud se induat, cum x. ætatis annum attigerit.* 429	VIII.	360
		MARBODI *Episcopi Redonensis Epistola ad* HILDEBERTUM *Cenomanensem Episcopum.* 430	XIII.	295
		STEPHANI *Comitis Carnutensis Epistola ad* ADELAM *uxorem.* ibid.	IV.	257
		URBANI *Papæ II. Epistola ad Archiepiscopos & Episcopos Franciæ.* 431	V.	558
		ANSELMI *de Ribodimonte Epistola ad* MANASSEM *Archiepiscopum Remensem.* ibid.	VII.	191
		S. ANSELMI EPISTOLÆ.		
		Epistola I. ad LANFRANCUM *Archiepiscopum Cantuariensem.* 433	III.	121
		II. ad RICHARDUM *Monachum Beccensem.* ibid.	IX.	116
		III. ad ROBERTUM, SEYT *&* EDIT. ibid.		117
		IV. ad HUGONEM *Monachum.* 434		118
		V. ad WILLELMUM *amicum.* ibid.		120
		VI. ad HERBERTUM *Episcopum Thiofordensem.* ibid.		ibid.
		VII. ad ANSELMUM *nepotem.* ibid.		121
		VIII. ad WALTERUM *Cardinalem, Apostolicum in Anglia Legatum.* 435		122
		IX. ad Episcopos Hiberniæ. ibid.		123
		PASCHALIS *Papæ II. Epistola ad Archiepiscopos & Episcopos Galliarum.* ibid.	VI.	460
		Ejusdem Epistola ad DAIMBERTUM *Archiepiscopum Senonensem.* 436	III.	126
		Ejusdem Epistola ad LAMBERTUM *Episcopum Atrebatensem.* ibid.		ibid.
		Ejusdem Epistola ad RADULPHUM *Archiepiscopum Remensem.* ibid.	V.	561
		Terram Rumiliacum Ecclesiæ Molismensi donant HUGO *Comes Trecensis, & uxor ejus* CONSTANTIA. 437	IV.	237
		ADELA *Viromandensis Comitissa præbendam S. Quintini confert Canonicis Regularibus Belvacensibus.* ibid.	XI.	314
		GUILLELMUS *Præpositus Caturcensis, jusjurandum præstat, se personas, ac libertates Ecclesiæ Caturcensis defensurum.* ibid.	VIII.	362
		GUILLELMUS *Vicecomes S. Cyrici nonnulla donat Ecclesiæ Caturcensi.* 438		364
		Eadem & alia eidem Ecclesiæ donat RATERIUS *de Belloforte.* ibid.		365
		Eidem Ecclesiæ nonnulla donat, ac filium offert BERNARDUS *Trancapetus.* ibid.		366
		GODEFRIDUS *Episcopus Ambianensis, confirmat quæ Lehunensi Monasterio donata fuerant à* ROBERTO *Flandrensi Comite, & à* ROBERTO *Paronensi.* ibid.		163
		Canonicorum Ecclesiæ Parisiensis Epistola ad PASCHALEM *Papam II.* 439	III.	128
		PASCHALIS *Papæ II. Epistola ad Archiepiscopos & Episcopos Provinciarum Remensis, Senonensis*		ibid.

in III. Volumine contentorum.

Ord. v. Edit. Tom.	pag.			Ord. v. Edit. Tom.	pag.
		sis ac Turonensis. ibid.	Epistola Encyclica Monachorum Burgidolensis Abbatiæ, vitam, librosque HERVÆI continens. ibid.	II.	514
III.	130	Ejusdem Epistola ad DAIMBERTUM Archiepiscopum Senonensem. ibid.			
XIII.	296	PHILIPPUS I. Francorum Rex bona Episcoporum Carnutensium vita functorum jubet intacta servari. 440	Epistola Encyclica Monachorum Casalis-Benedicti, ANDREÆ Abbatis vitam continens. 462		518
	297	Idem decernit PASCHALIS Papa II. ibid.	PASCHALIS Papa II. Epistola ad Clerum & Populum Atrebatensem. 463	V.	561
	298	Abbatiam S. Trinitatis pro Monialibus fundat GUILLELMUS Comes Moretonii. ibid.	Ejusdem Epistola ad LAMBERTUM Episcopum Arrebatensem. ibid.		563
II.	390	HENRICI IV. Imperatoris Epistolæ tres ad HUGONEM Abbatem Cluniacensem. 441	Ejusdem Epistola ad duodecim Arbitros. ibid.		ibid.
	397	Anonymi Epistola ad eumdem HUGONEM. 443	BALDRICUS Noviomensis Episcopus; Lehunensi Monasterio confirmat, quæ eidem a BOSONE milite restituta sunt. ibid.	VIII.	169
	ibid.	HENRICI Imperatoris Epistola ad eumdem HUGONEM. ibid.			
	401	HUGONIS ejusdem Epistola ad PHILIPPUM I. Francorum Regem. ibid.	Quæ eidem Monasterio ab OTBERIO Præposito donata sunt, confirmat GUDEFRIDUS Episcopus Ambianensis. 464		171
III.	131	PASCHALIS Papa II. Epistola de Legatione S. A. data GIRARDO Engolismensi Episcopo. 444	ERNULFI Monachi Benedictini, postea Roffensis Episcopi, Epistola ad WALCHELINUM Episcopum Wentanum. ibid.	II.	410
VIII.	366	RAIMUNDUS de BAUZA & ASTORGA uxor ejus, nonnulla donant, ac filium offerunt Ecclesiæ Caturcensi. ibid.	Ejusdem Epistola ad LAMBERTUM. 471		431
IX.	132	Testamentum HUMBERTI Guerila. ibid.	Epistola FREDERICI Archiepiscopi Coloniensis ad BRUNONEM Archiepiscopum Treverensem. 474	X.	639
III.	132	THEOBALDI Stampensis Epistola ad Episcopum Lincolniensem. 445	ROBERTO de Arbricellis varii varia donant. ibid.	XI.	314
	137	Ejusdem Epistola ad PHARITIUM Habendonensem Abbatem. 447	Eidem locum qui in Sylva Caduni dicitur Salvitas, donat GUILLELMUS Episcopus Petragoricensis. 475		317
	139	Ejusdem Epistola ad MARGARETAM Reginam. ibid.	Eidem nonnulla donat GUILLELMUS de Birontio. ibid.		318
	140	Ejusdem Epistola ad PHILIPPUM amicum. ibid.			
	142	Ejusdem Epistola ad ROSCELINUM Compendiensem Clericum. 448	Superiora omnia dona in GERARDUM de Salis transfert ROBERTUS de Arbricellis. ibid.		
II.	399	HENRICI Romanorum Regis, Epistola ad Monachos Cluniacenses. 449	Item Donatio GUILLELMI de Biron. 476		320
			Item Donatio AINARDI de Bainaco. ibid.		ibid.
			Item Donatio ITERII de Moysidano. ibid.		ibid.
		HILDEBERTI Cenomanensis Episcopi ac deinde Archiepiscopi Turonensis Epistolæ.	Item Donatio ARNALDI de Monte-Incenso. ibid.		321
			Item Donatio EBRARDI de Madelano. ibid.		ibid.
IV.	244	Epistola I. ad GUILLELMUM Wincestrensem Episcopum. 450	Confirmatio Donationum ab GUILLELMO Petragoricensi Episcopo facta. ibid.		ibid.
	245	II. III. IV. V. VI. VII. ad Amicos. ibid. & seq.	Privilegium Cluniacensibus Monachis concedit LUDOVICUS VI. Francorum Rex: idem confirmat PHILIPPUS IV. ibid.	XIII.	300
	256	VIII. ad HONORIUM Papam. 453			
	257	IX. ad Episcopum, qui sandalia miserat. ibid.	Litem inter Episcopum Basileensem, ac Monachos S. Blasii dirimunt GREGORIUS Presbyter Cardinalis, ac PONTIUS Abbas Cluniacensis. 477	VIII.	172
XIII.	App. 260	X. ad Episcopum quemdam. ibid.			
	ibid.	XI. ad HENRICUM Anglorum Regem. 454	CALLISTI Papa II. Epistola ad LUDOVICUM VI. Francorum Regem. 478	III.	146
	261	XII. XIII. XIV. XV. XVI. XVII. ad diversos. ibid. & seq.	LUDOVICI VI. Epistola ad CALLISTUM II. ibid.		147
	267	XVIII. XIX. XX. XXI. ad INNOCENTIUM Papam II. 455 & seq.	Remissionem Marascaliæ & Canariæ in villa Tussiaco, concessam Ecclesiæ Bisuntinæ, confirmat CALLISTUS Papa II. 479	IX.	130
	271	XXII. ad amicum. 456	Ejusdem Epistola ad GAUFRIDUM Carnutensem, JOANNEM Aurelianensem, & STEPHANUM Parisiensem Episcopos. ibid.	III.	149
	ibid.	XXIII. ad RANULFUM Dunelmensem Episcopum. ibid.			
	272	XXIV. ad Algarum Priorem S. Cuthberti. 457	HONORII Papæ II. Epistola ad Canonicos Ecclesiæ Turonensis. ibid.		ibid.
VI.	452	Societatem cum Monachis Cluniacensibus ineunt Episcopus & Canonici Ecclesiæ Aurelianensis. ibid.	Ejusdem Epistola ad LUDOVICUM VI. Francorum Regem. ibid.		150
VIII.	165	Pactum initum inter GUILLELMUM Montispessulani Dominum, &*BERTRANDUM de Andusia pro ineundo matrimonio filii & filiæ ipsorum. ibid.	Ejusdem Epistola ad ALEXANDRUM Episcopum, & ad Clerum Leodiensem. ibid.	XII.	158
VII.	190	HELIAS Cenomanensis Comes nonnulla donat Monasterio S. Petri de Cultura. 459	GAUFRIDUS Episcopus Carnutensis eligendi Decani licentiam Canonicis concedit. 480	XIII.	304
	196	BALDRICUS Dolensis Episcopus confirmat Monasterio S. Florentii bona, quæ in sua Diœcesi sita sunt. ibid.	Canonicos Regulares in Abbatia S. Martini Sparnacensis instituit THEOBALDUS Comes Palatinus, sive Campaniæ. ibid.		305
III.	132	PASCHALIS Papa II. Epistola ad GUIDONEM Archiepiscopum Viennensem. ibid.	Id institutum confirmat RAINALDUS Archiepiscopus Remensis. ibid.		307
X.	163	Monasterio S. Pontii Tomeriarum nonnulla donat BERNARDUS de Minerba. ibid.	LUDOVICUS VI. Francorum Rex Carnutenses Ecclesiæ servos in jure pro liberis haberi jubet. ibid.		309
IX.	135	Testamentum RAIMUNDI Comitis Melgoriensis. 460	Idem Leges Pacis Lauduni constituit. 481	XI.	311
	137	Matrimonium initum inter GAUFREDUM de Rossilione, & ERMENGARDEM filiam BERNARDI Vicecomitis Biterrensis. 461	Pactum de futuro matrimonio inter ARMANNUM de Omellac, ac SIBYLLAM filiam PETRI de Obillone. 483	IX.	138

Ord. Tom.	v. pag.	Edit.	Elenchus Operum			Ord. Tom.	v. om.	Edit. pag.
III.	151		LUDOVICI VI. Epistola ad Legatum Apostolicæ Sedis. 484		tuit, ac jura Ambianensis Decani confirmat GUARINUS Episcopus Ambianensis. 494			
	ibid.		Cleri Rotomagensis Epistola ad HONORIUM Papam II. ibid.		HUGO Episcopus Autisiodorensis complurium Ecclesiarum decimas Canonicis suis concedit, ea lege, ut tota Quadragesimâ communiter comedant. ibid.	XIII.	313	
II.	457		HENRICI II. Anglorum Regis Epistola ad INNOCENTIUM Papam II. ibid.					
	458		INNOCENTII Papæ II. Epistola ad HUGONEM Archiepiscopum Rotomagensem. ibid.		Quæ Abbatiæ Caricampi collata sunt, confirmant THEODRICUS Ambianensis, ac MILO Morinorum Episcopi. 495	XI.	328	
	443		Canonicorum Petengensium Epistola ad Capitulum Tornacense. 485		PETRUS Venerabilis Abbas Cluniacensis, pro RODULIO de Ferronâ benefactore ordinat Missas ac preces tùm Cluniaci, tum in toto Ordine celebrandas. ibid.		332	
	445		RAINALDI Archiepiscopi Remensis Epistola ad ROBERIUM Episcopum Tornacensem. ibid.					
	480		LOTHARII Imperatoris Literæ in causâ INNOCENTII Papæ II. ac PETRI Leonis. ibid.		S. BERNARDI Epistola ad INNOCENTIUM Papam II. 496	III.	167	
	507		GAUFREDI de Meduanâ Epistola ad PETRUM Abbatem SS. Sergii & Bacchi. 486		CÆLESTINI Papæ II. Epistola ad Monachos Cluniacenses. ibid.	VI.	461	
	481		INNOCENTII Papæ II. Epistola ad PETRUM Abbatem Cluniacensem. ibid.		LUDOVICUS VII. Francorum Rex, Monialibus Hederensis Abbatiæ decimam concedit panis ad Curiam suam allati dum Parisiis moratur. 497	X.	647	
XIII.	311		Brevis Narratio rerum quæ pertinent ad Abbatiam de Mirasorio. ibid.					
VIII.	173		BARTHOLOMÆI Episcopi Laudunensis judicium, quo terra de Cais Monachis Lehunensibus asseritur. 487		Ecclesiam S. Martini in Abbatiam promovet THEODERICUS Episcopus Ambianensis. ibid.	XII.	162	
	175		Abbatiam SS. Facundi & Primitivi Cluniacensi Monasterio donat ALDEFONSUS Hispaniæ Imperator. ibid.		EUGENII Papæ III. Epistola ad Clerum & Populum Tornacensem. ibid.	V.	565	
					Ejusdem Epistola ad LUDOVICUM VII. Francorum Regem. 498		566	
IV.	261		HUGO Castrinovi Dominus confirmat ea quæ Canonicis Regularibus S. Vincentii in Nemore donaverat. 488		GUILLELMI Domini Montispessulani Testamentum. ibidem.	IX.	140	
III.	152		INNOCENTII Papæ II. Epistola ad LUDOVICUM VI. Francorum Regem. ibid.		GUALTERI Abbatis S. Martini Laudunensis Epistola ad GERALDUM Episcopum Tornacensem. 500	II.	445	
	153		ARCHENBALDI Ecclesiæ Aurelianensis Subdecani Epistola ad HENRICUM Archiepiscopum Senonensem. ibid.		A. Abbatis Eversamensis Epistola ad eumdem. ibid.		446	
					Incerti Epistola ad Magistrum Militiæ Templi. 501		511	
	154		GAUFRIDI Episcopi Carnutensis Epistola ad eumdem. 489		HENRICUS Episcopus Trecensis S. BERNARDUM, & Clarevallenses Monachos mittit in possessionem Bullencuria. ibid.	X.	640	
	ibid.		INNOCENTII Papæ II. Epistola ad GAUFRIDUM Carnutensem, & STEPHANUM Parisiensem Episcopos. ibid.		Narratio fundationis Ecclesiæ S. Bartholomæi in pago Alniensi.	XI.	334	
	155		Ejusdem ad STEPHANUM Episcopum Parisiensem. ibid.		GODEFRIDO Lingonensi Episcopo ablata ab ODONE Burgundiæ Duce, restitui jubet LUDOVICUS VII. Francorum Rex.		335	
	ibid.		STEPHANI ejusdem Epistola ad HENRICUM Archiepiscopum Senonensem. ibid.		HENRICI Huntindonensis Epistola de contemptu mundi ad WALTERUM. 503	VIII.	178	
	157		Ejusdem Epistola ad GAUFRIDUM Episcopum Carnutensem, Sedis Apostolicæ Legatum. 490		ARNULFI Lexoviensis Episcopi Sermo in Annuntiatione B. MARIÆ. 507	XIII.	App.	
	158		HENRICI Archiepiscopi Senonensis Epistola ad STEPHANUM Episcopum Parisiensem. ibid.		Ejusdem Epistolæ aliquot.		246	
	159		STEPHANI ejusdem Epistola ad eumdem HENRICUM. ibid.		I. ad ALEXANDRUM Papam II. 509		253	
	160		GAUFRIDI Episcopi Carnutensis Epistola ad STEPHANUM Parisiensem Episcopum. 491		II. ad ALBERTUM ac THEODINUM Cardinales, Sedis Apostolicæ Legatos. 510		254	
	161		Abbatum & Clericorum Parisiensium Epistola ad INNOCENTIUM Papam II. ibid.		III. ad ROBERTUM Archiepiscopum Rotomagensem. ibid.		255	
	162		Incerti Epistolæ duæ ad STEPHANUM Episcopum Parisiensem. ibid.		IV. Judicium in causâ Testamenti HUGONIS de Pinu. ibid.		256	
	163		GAUFRIDI Episcopi Carnutensis Epistola ad eumdem. 492		V. ad HENRICUM Anglorum Regem. ibid.		257	
					VI. ad LUCIUM Papam. 511	II.	483	
	165		S. BERNARDI Epistola ad GAUFRIDUM Abbatem S. Medardi. ibid.		VII. ad S. THOMAM Archiepiscopum Cantuariensem. 512		485	
	166		Ejusdem Epistola ad RAINALDUM Abbatem. ibid.		VIII. ad ALEXANDRUM Papam II. 515		495	
	164		GAUFRIDI Episcopi Catalaunensis Epistola ad STEPHANUM Parisiensem Episcopum. ibid.		IX. ad HENRICUM Anglorum Regem. 516		497	
					X. ad ALBERTUM & THEODINUM Cardinales, Sedis Apostolicæ Legatos. ibid.		500	
	165		Ejusdem STEPHANI Epistola ad HENRICUM Archiepiscopum Senonensem, ut quidem videtur. 493		XI. ad WILLELMUM Episcopum Cenomanensem. 517		501	
					XII. ad CÆLESTINUM Papam. ibid.		505	
V.	564		INNOCENTII Papæ II. Epistola ad ALVISUM Aquicinctinum Abbatem. ibid.		XIII. ad eumdem. ibid.		ibid.	
					Ejusdem fragmentum Sermonis. 518		593	
	567		Ejusdem Epistola ad Remensem ac Senonensem Archiepiscopos. ibid.		GAUFREDUS Episcopus Avenionensis litem inter Episcopum Cabellionensem, ac Monachos S. Andreæ dirimit. ibid.	VII.	207	
VIII.	177		Ejusdem Epistola ad GAUFRIDUM Carnutensem, ac STEPHANUM Parisiensem Episcopos. ibid.					
XII.	159		Canonicos Regulares in Ecclesia S. Martini instituit		GERALDI Episcopi Caturcensis Epistola ad FREDERICUM Imperatorem. 519	II.	403	
					GUALTERI			

in III. Volumine contentorum.

Ord. v. Edit. Tom.	pag.		Ord. v. Edit. Tom.	pag.
		GUALTERI de Mauritania Episcopi Laudunensis Epistola		
		De Eleemosyna Comitis Flandriæ PHILIPPI. ibid.	VI.	462
		Consuetudines Communiæ Suessionensis. ibid.	XI.	340
II.	459	I. ad GUILLELMUM Monachum. 520		
	461	II. ad Universos fideles. ibid.		
		LUCIUS Papa III. Canonicis Carnutensibus pluralitatem beneficiorum prohibet, ac residentiam præscribit. 547	XIII.	321
	467	III. ad Magistrum THEODERICUM. 522		
	469	IV. ad Magistrum ALBERICUM. 523		
		Jusjurandum GUILLELMI Montispessulani præstitum JOANNI Episcopo Magalonensi. 548	X.	171
	473	V. ad PETRUM Abaelardum. 525		
VIII.	194	Donatio propter nuptias à GUILLELMO Montispessulani Domino facta MATHILDI sorori Ducis Burgundiæ.		
		PHILIPPUS Episcopus Belvacensis Ecclesiam Ursivillarem Lebunensibus Monachis concedit. ibid.	VIII.	198
		Diploma Fundationis Abbatiæ Monialium Ordinis Cisterciensis in Blendeca vulgò Blendeque prope Sanctum Audomarum in Artesia, ab DESIDERIO Morinensi Episc. confirmatæ. ibid.	XI.	330
II.	400	HUGONIS Abbatis Cluniacensis Epistola ad FREDERICUM Imperatorem. ibid.		
IX.	148	Testamentum GUILLELMI de Tortosa. 529		
X.	165	LUDOVICUS VI. Francorum Rex libertates confert Episcopo & Ecclesiæ Laudunensi. 527		
		ARCHEMBALDI de Borbonio pactum initum cum PETRO de Blot coram HENRICO Anglorum Rege. 549	VIII.	201
II.	453	PHILIPPI Abbatis de Eleemosyna Epistola ad ALEXANDRUM Papam III. ibid.		
		URBANUS Papa III. domos in Claustro Ecclesiæ Carnutensis laicis dari, aut locari vetat. 550	XIII.	322
	455	LAURENTII Abbatis Westmonasteriensis Epistola ad ALIENOREM Angliæ Reginam. 528		
		GUILLELMUS Montispessulani Dominus matrimonium contrahit cum AGNETE. ibid.	X.	641
	451	ALIENORIS Anglorum Regina Epistola ad ALEXANDRUM Papam III. ibid.		
		Consuetudines Communiæ Pagensis Valliaci, Condati, &c. in Diœces Suessionensi. ibid.	XIII.	325
	452	Ejusdem Epistola ad HYACINTHUM Cardinalem. ibid.		
		Consuetudines Communiæ Tornacensis. 551	XI.	345
	525	ODONIS Canonici Regularis Epistolæ VII. ad diversos. 529		
		Leges Amicitiæ Ariensium in Artesia. 553		351
		PHILIPPUS II. Francorum Rex Ecclesiæ Eduensi regalia quæ usurpaverat, Lugdunensi Archiepiscopo restituit. 554	VIII.	203
X.	648	Quidquid de Capiceria Parisiensi, sede Episcopali vacante percipiebat, Monialibus Hederensibus donat LUDOVICUS VII. Francorum Rex. 536		
		Donationes à BERTRANDO Jordano factas Monasterio S. Andreæ, confirmat RAIMUNDUS Comes Tolosanus ac Provinciæ Marchio. ibid.		204
V.	568	FREDERICI Imperatoris Epistola ad Comitem Suessionensem.		
		Dotalitium ob matrimonium inter GUILLELMUM Montispessulani Dominum, & TITBURGAM filiam RAIMUNDI Atonis. 555		205
XIII.	314	JOANNES Martini se, ac liberos tradit GIRARDO Comiti Ruscinonensi. ibid.		
V.	570	FREDERICI Imperatoris Epistola ad NICOLAUM Episcopum Cameracensem. 537		
		ILDEFONSUS Rex Aragonum Monasterium S. MARIÆ de Sylva Regalis fundat. 556	III.	168
VIII.	196	GUILLELMUS de Rocamaura ac PETRUS ejus frater nonnulla donant Monasterio S. Andreæ. ibid.		
		Sacramentum fidelitatis RAIMUNDO Comiti Tolosano factum à GUILLELMO Montispessulani Domino. ibid.	X.	172
V.	572	ALEXANDRI Papæ III. Epistola ad HENRICUM Archiepiscopum Remensem, ac suffraganeos ejus. 538		
		Sententia divortii inter GALCHERUM de Salinis & M. de Borbonio consanguineos.	VIII.	210
XIII.	315	Privilegia Narbonensis Ecclesiæ confirmat LUDOVICUS VII. Idem facit PHILIPPUS VI. ibid.		
		Alcobacia Monasterio Monasterium Ceicense donat JOANNES Portugaliæ Rex. 558		213
IX.	149	Concordia inita inter Clericos Ecclesiæ Lugdunensis, & GUIGONEM Comitem Forensem. 539		
		Pactum matrimonii inter BERNARDUM Comitem Convenarum, & MARIAM filiam GUILLELMI Domini Montispessulani. ibid.	XI.	356
X.	168	ILDEFONSUS Aragonum Rex HUGONI Comiti Rutenensi Vicecomitatum Carlatensem lege Feudi concedit. ibid.		
		Hugo de Gornaco fundat ac dotat Abbatiam Bellosanensem, Canonicorum Ordinis Præmonstratensis. 559	XIII.	327
IV.	263	LUDOVICUS VII. nonnulla donat Fratribus S. Joannis de Sebaste.		
VIII.	197	Idem approbat donationem Ecclesiæ Aurelianensi factam à MANASSE Episcopo. 541		
		TITBURGA renuntiat pactis matrimonialibus, quibus cum adhuc infantem parentes sui filio GUILLELMI Montispessulani dare spoponderant. 560	VIII.	214
XI.	339	Pactum matrimonii inter GUILLELMUM de Turre, ac SEBELIAM ARNALDI de Villis passantis filiam. ibid.		
		Hugo de la Roca filium suum offert in Ecclesia Caturcensi. ibid.		367
XII.	163	Matrimonium init ARNULFUS de Monceaux cum AGNETE. ibid.		
		Epistola Prælatorum Normanniæ ad PHILIPPUM II. Francorum Regem, de Jure Patronatus. 561	IX.	154
IV.	264	Carthusiam Luviniacensem fundat GALTERUS Episcopus Lingonensis.		
		Testamentum GUILLELMI Montispessulani Domini. ibid.		155
IX.	151	Testamentum GUIDONIS Guereguati. 542		
XIII.	310	Fundationem Nosocomii Noviomensis approbat RAINALDUS Episcopus. 543		
		GUILLELMUS de Turre & GUILLELMA matrimonium ineunt. 565	XI.	360
X.	174	Pactum initum inter ILDEFONSUM Aragonum Regem, ac BERNARDUM Atonis Vicecomitem Nemausensem.		
		Donationes propter nuptias factæ inter PETRUM Aragonum Regem, & MARIAM GUILLELMI Montispessulani filiam. ibid.	VIII.	216
		MARIA Aragonum Regina Montempessulanum, & alia castra PETRO marito donat. 566		220
II.	447	PETRI Abbatis S. Remigii Remensis, postea Episcopi Carnutensis Epistola ad tres Monachos Cistercienses. 544		
		PETRUS Aragoniæ Rex SANCIAM filiam RAIMUNDO filio RAIMUNDI Narbonæ Ducis nuptum dare spondet. 567		222
	449	Ejusdem altera Epistola ad eorum duos. 545		
	450	Incerta Epistola ad Incertum. ibid.		
		STEPHANI Archiepiscopi Cantuariensis Epistola ad JOANNEM Anglorum Regem.	III.	170
VIII.	199	Donationem ab ISNARDO factam Monasterio S. Andreæ confirmat RAIMUNDUS Comes Tolosanus, ac Provinciæ Marchio. 546		
		JOANNES Regis ad STEPHANUM Episcopum. ibid.		171
		SIMON Comes Montisfortis C. sol. anniversario AMICIÆ matris suæ assignatos confirmat. 569	XIII.	330

Tom. III. c

Ord. v. Edit. Tom.	pag.	Elenchus Operum		Obs. v. Edit. Tom.	pag.
XIII.	331	Jusjurandum quod Noviomensis Ecclesiæ Decanus præstare debet, cum recipitur.	sub Balearibus inserendum. 597 Ejusdem Edictum pro pace & treugâ servanda. 598	VIII.	383
VII.	189	PHILIPPI II. Francorum Regis Constitutio de Jure Patronatûs in Normanniâ. ibid.	DURANDUS Episcopus Cabilonensis litem dirimit inter Episcopum Lingonensem, & Comitem Ni-		230
VI.	465	Ejusdem Constitutio de modo tenendi feuda divisa. 570	vernensem ac Forenses de præbendâ Tornodorensibus. 600		
VII.	335	Chronicon Episcoporum Albigensium, & Abbatum Castrensium.	Litera associationis Monasterii B. Joannis in valle Carnotensi, cum Monasterio S. Quintini Bel-	XI.	489
XI.	362	Jura & Consuetudines Civitatis Atrebatensis. 572	vacensis. ibid.		
XIII.	332	Ecclesiæ Carnotensi nonnulla donat STEPHANUS de Pertico. 574	FRIDERICI II. Imperatoris Epistola ad Regem Bohemiæ. 601	II.	591
	333	HUGO de Vers, ac THOMAS ejus alumnus duas Præbendas fundant in Ecclesiâ S. Matthæi de Foilliaco. ibid.	Transactio de electione Episcopi Majoricarum inter JACOBUM Aragonum Regem, ac Episcopum & Capitulum Barcinonense. 602	VII.	222
XI.	365	GUILLELMI Comitis Forcalquirii, & MARGARETÆ ejus uxoris Epistola ad BLANCHAM Trecensem Comitissam Palatinam. 575	GREGORII Papæ IX. Epistolæ.		
X.	178	Montempessulanum GUILLELMO de Montepessulano donat PETRUS Aragonum Rex. ibid.	I. ad Archiepiscopum Arelatensem, & Episcopum Avenicanum.	III.	171
IX.	168	MARIÆ Aragonum Reginæ testamentum. 576	II. ad PETRUM de Colemedio, Apostolicæ Sedis Legatum.		172
VI.	465	INNOCENTII Papæ III. Epistola II. ad PHILIPPUM II. Francorum Regem. 577	III. ad eumdem. ibid.		173
	466	PHILIPPI II. Francorum Regis lex de Cruce-signatis. ibid.	IV. & V. ad RAIMUNDUM Comitem Tolosanum. ibid.		174
VII.	263	GERALDUS Amicus à BERTRANDO Episcopo Cavellicensi monitus, nonnulla Monasterio S. Andreæ restituit. 578	Abbatis & Conventûs Conchensis Epistola ad eumdem. 604		175
V.	573	INNOCENTII Papæ III. Epistola ad JOANNEM Anglorum Regem, quâ Anglia regnum in feudum recipit. ibid.	GREGORII Papæ IX. Epistola VI. ad Episcopum Tornacensem. ibid.		176
XII.	573	JOANNIS Anglorum Regis ordinationes ad tranquillitatem Regni stabiliendam. 579	VII. ad LUDOVICUM IX. Francorum Regem. ibid.		177
VIII.	227	Institutio Ordinis Vallis-Scholarium. 583	VIII. ad Reginam Francorum. 605		179
XIII.	334	STEPHANI Episcopi Noviomensis Ordinationes pro Nosocomio ejusdem urbis. 584	IX. ad Comitem Tolosanum. ibid.		ibid.
	335	Ejusdem Prologus ad Regulam fratribus ac sororibus ejus Nosocomii datam. ibid.	X. ad Episcopum Tornacensem. ibid.		180
	336	HONORIUS Papa III. eam Regulam approbat. 585	XI. ad Comitem Tolosanum. ibid.		181
	337	Nosocomii fundationem approbat GERARDUS Episcopus. ibid.	XII. ad Prælatos Provinciæ. 606		183
	338	In eodem Nosocomio Presbyteros sex degere jubet WILLELMUS Episcopus. ibid.	XIII. ad Comitem Tolosanum. ibid.		ibid.
VI.	468	PHILIPPUS II. litem dirimit inter BLANCHAM Trecensem Comitissam, & ERARDUM de Brena. ibid.	XIV. ad LUDOVICUM IX. ibid.	VI.	484
	470	Cum eodem fædus ROBERTI Archiepiscopi Rotomagensis. 586	LUDOVICI IX. Stabilimentum de Judæis. ibid. Leges villæ de Arkes à JACOBO Abbate S. Bertini concessæ. 607	XII.	473 169
IX.	171	Leges pacis initæ inter HENRICUM III. Anglorum Regem, ac LUDOVICUM PHILIPPI Augusti Francorum Regis filium. ibid.	Pactum matrimonii inter GRIMALDUM Exoleti & GUILLELMAM. 609	IX.	285
VIII.	368	NUNONIS Sancii Domini Ruscinonis Edictum pro pace seu treugâ servandâ. 587	ANDREÆ Hungariæ Regis Epistola ad GREGORIUM Papam IX. 610	XII.	554
VI.	471	PHILIPPI II. Francorum Regis Constitutio de Judæis. 589	GUILLELMUS Abbas S. Eparchii, cum uxore Monasterio suo à GUILLELMO Sudra & uxore ejus ERMENGARDA collatâ fruitur donec vixerint.	IX.	180
XII.	165	EVRARDUS Episcopus Ambianensis personas tres in Ecclesiâ Ambianensi addit, & eorum reditus ac munia præscribit. ibid.	HUMBERTI Bellijoci, & GUICHARDI ejus filii statuta, quibus libertates civium Bellæviliæ asserunt.		1131
VIII.	373	JACOBI de Vitriaco Episcopi Acconensis Epistola ad HONORIUM Papam III. 590	JUHELLI Archiepiscopi Turonensis Decreta pro Ecclesiâ Briocensi. 612	II.	606
VI.	492	Capitula de Interceptionibus Clericorum adversus Domini Regis Jurisdictionem. 593	Fragmentum Chronici Ecclesiæ Rotomagensis. 613 MAURICII Archiepiscopi Rotomagensis Epistola V. ad Decanos. 614		819 520
IX.	174	Testamentum HENRICI Comitis Rutenensis. ibid.	GAUFRIDI Episcopi Ambianensis ordinationes pro Canonicis S. Matthæi de Foilliaco.	XIII.	339
II.	513	Decani & Capituli Turonensis Epistola ad PETRUM Episcopum Redonensem. 594	Institutio Monasterii S. Crucis in Diœcesi Appamiensi. 616	VII.	268
XII.	167	PONTIUS Vicecomes Podomniaci matrimonium contrahit cum ADELAIDE filiâ GARNERII de Triangulo. ibid.	JOANNA Flandriæ & Hannoniæ Comitissa domum Hospitalem Insulis fundat. 617	XII.	62
X.	641	Leges Communiæ Gryspici. 595	Eidem domui leges dant THOMAS Flandriæ & Hannoniæ Comes, uxorque JOANNA Comitissa. ibid.		63
VII.	264	JAUSERANNA de Medullione vidua, Deo se offert, ac nonnulla donat Monasterio S. Andreæ. 596	Eas leges confirmat WALTERUS Episcopus Tornacensis. 619		67
IX.	178	JACOBUS Aragonum Rex pollicetur ini cum aliquibus Principibus, vim ad bellum Saracenis in In-	Concordia inita inter PETRUM Archiepiscopum Rotomagensem, & Canonicos S. Medardi Pinciacensis.	XI.	370
			Institutio Ministerii B. Mariæ de Furno. ibid.	VII.	271
			Statutum in Capitulo S. Matthæi de Foilliaco fa-	XIII.	341

in III. Volumine contentorum.

Ord. Tom.	Edit. pag.		Ord. Tom.	Edit. pag.
		... ad mores reformandos. 620 — confert. 650		
IV.	265	RAIMUNDUS Comes Tolosanus ab excommunicatione à FF. Prædicatoribus prolatâ Episcopos appellat. 621	Idem confirmat privilegia à prædecessoribus suis LUDOVICO IX. Francorum Regi concessa. 659	VI. 488
VIII.	231	Eidem SANCIAM filiam nuptum dare spondet R. BERENGARII Comes Provinciæ. ibid.	Ejusdem Epistola ad Abbatem S. Dionysii in Franciâ, & S. Germani à Pratis. ibid.	489
X.	181	Concordia inita inter JACOBUM Regem Aragonum & JOANNEM Episcopum Magalonensem. 622	Ejusdem ad JACOBUM Aragonum Regis filiam. ibid.	VII. 229
XI.	372	LUDOVICUS IX. Francorum Rex Genomaniam & Andegaviam CAROLO fratri Comiti Provinciæ dat. ibid.	BEATRICIS Reginæ Siciliæ testamentum. 660	VI. 475
			Matrimonium initum per Procuratores inter FERNANDUM Alfonsi Castellæ Regis filium, & BLANCHAM filiam LUDOVICI IX. Francorum Regis. 662	XII. 593
IX.	187	Pactum initum inter fratres, HUGONEM Episcopum Clarom. HUMBERTUM Bellijoci, ARBERTUM de Turre, & HUGONEM Senescallum Lugdunensem, &c. 623	Privilegium S. Julliano Brivatensi à CAROLO Calvo concessum, & à LUDOVICO VII. confirmatum, confirmat LUDOVICUS IX. 665	X. 649
	185	HUMBERTUS Bellijoci ELISABETHAM filiam, vir Auam SIMONIS de LUPÉ, RAINAUDO de Foresio nuptum dat. ibid.	Lex S. Ludovici de Tuellis disidendis. ibid.	XIII. 511
			Ejusdem Epistola ad MATTHÆUM Abbatem S. Dionysii in Franciâ, & SIMONEM de Nigellâ. ibid.	II. 548
VII.	213	ODONIS Episcopi Tusculani Epistola ad INNOCENTIUM Papam IV. 624	Ejusdem Epistola ad MATTHÆUM Abbatem. 664	550
	225	H. Episcopi Massiliensis Epistola ad eumdem. 625	PETRI de Condeto Epistola ad Priorem Argentolii. ibid.	551
VIII.	232	THOMAS Episcopus Wratislaviensis Monachos Cistercienses constituit in Monasterio de Cumenis. ibid.	PHILIPPI III. Francorum Regis Epistola ad MATTHÆUM Abbatem ac SIMONEM de Nigellâ. 665	555
VII.	231	INNOCENTII Papæ IV. Epistola ad Episcopum, Clerum & Populum Insulæ Majoricarum. 629	Ejusdem Epistola ad Regni Optimates. ibid.	556
	232	Ejusdem Epistola ad Abbatem Monasterii Regalis. ibid.	Ejusdem Epistola ad MATTHÆUM Abbatem ac SIMONEM de Nigellâ.	557
	226	Juramentum civium Parisiensium & Academiæ Parisiensis. 630	Epistola PETRI de Condeto ad Thesaurarium S. Frambaudi. 667	558
IX.	192	Jura & libertates habitantium in villâ de Villetrys. ibid.	PHILIPPI III. Epistola ad MATTHÆUM Abbatem, ac SIMONEM de Nigellâ. ibid.	561
VIII.	156	Statuta ad instaurandam Monasticam disciplinam in Monasterio S. Andreæ Avenionensis. 631	Epistola PETRI de Condeto ad MATTHÆUM Abbatem. ibid.	ibid.
X.	184	EDUARDI Primogeniti Regis Anglorum Literæ procuratoriæ ad contrahendum matrimonium cum ALIENORA sorore Regis Castellæ. 633	Ejusdem Epistola ad Priorem Argentolii. 668	564
			PHILIPPI III. Epistola ad Abbatem & Monachos S. Dionysii in Franciâ. 669	567
VI.	485	ALEXANDRI Papæ IV. Epistola IV. ad LUDOVICUM Francorum Regem. ibid.	MATTHÆI Abbatis ac SIMONIS de Nigellâ Epistola ad PHILIPPUM III. 670	569
	487	Ejusdem Epistola una ad Prælatos Franciæ. 634	PHILIPPI III. Epistola ad eosdem. ibid.	571
XII.	586	Literæ de matrimonio PHILIPPI filii S. LUDOVICI & ISABELLIS filiæ JACOBI Regis Aragonum. ibid.	Testamentum ROBERTI de Sorbonâ. ibid.	VIII. 147
			Libertates & consuetudines villæ Ricomago concessæ ab ALPHONSO Pictavensi Comite. 671	XI. 373
IX.	196	LUDOVICUS IX. confirmat judicium prolatum ad dirimendam litem inter HUGONEM Marchiæ Comitem, & PETRUM Randrandi. 635	Contractus matrimonii inter SANCIUM filiam Regis ALFONSI, & GUILLELMAM filiam GASTONIS Vicecomitis Bearnensis.	VIII. 143
VII.	228	Idem confirmat eleemosynam qua distribui solebat tempore Quadragesimæ, ac nonnulla donat Domui Dei Parisiensi. ibid.	Testamentum JACOBI Aragonum Regis. 673	IX. 245
			PETRUS Electus Lugdunensis fidelitatem Regi exhibet. 677	VIII. 250
XII.	179	Idem mulieribus Leprosis de Salceia confirmat, quæ à proavo suo donata fuerant. 636	Officialis Parisiensis testatur corpus ABÆ Fourré Militis, qui ob debita non solutâ Ecclesiasticâ sepulturâ fuerat, traditum fuisse Ecclesiasticâ sepulturâ. ibid.	VI. 481
X.	188	ARTAUDUS de Rossilione GUILLELMUM filium suum emancipat ac eidem Castrumnovum donat. ibid.	LUDOVICUS Bellijoci Dominus confirmat libertates ac jura civium Tysonensium, à prædecessoribus statuta. 678	IX. 159
	188	Eidem alia donat. 637		
VIII.	241	Testamentum ROSTAGNI de Podio ultô. ibid.	GAUFRIDUS de Barro Pauperibus Magistris in Theologicâ Facultate studentibus Parisiis donat, quæ sibi à ROBERTO de Sorbonâ collata fuerant. 679	XIII. 249
IX.	198	JACOBI Aragonum Regis testamentum. 638		
XIII.	342	Actâ translationis Brachii S. Joannis-Baptistæ Cistercium. 641		
XII.	588	LUDOVICUS IX. Francorum Rex arbiter electus ab HENRICO III. Anglorum Rege & Magnatibus rebellibus, laudum promulgat. 642	GIRARDUS Episcopus Edüensis, & JOANNES Miles Ecclesiam Collegiatam S. Hilarii Sinimuri Briennensis fundant.	XII. 187
X.	189	PETRUS filius JACOBI Aragonum Regis CONSTANTIÆ uxori suæ dotem constituit. 644	JACOBUS JACOBI Regis Aragonum filius Procuratores constituit ad contrahendum matrimonium cum SCLARMUNDA ROGERII Comitis Fuxensis filiâ. ibid.	IX. 161
XII.	181	S. LUDOVICUS Ecclesiam S. Mauricii Sylvanectensis fundat. 646		
VII.	275	Codicillus ROSTAGNI de Podio-alto. 647	Idem matrimonium contrahit. 681	VIII. 151
IX.	207	CLEMENS Papa IV. decernit HENRICUM III. Anglorum Regem, & filium ejus EDMUNDUM Regni Siciliæ verò nunquam fuisse possessores. 648	Conventiones pro matrimonio contrahendo inter filium primogenitum PHILIPPI III. Francorum Regis, & JOANNAM filiam THEOBALDI Navarræ Regis, & BLANCHÆ Reginæ. 682	X. 196
	214	Idem sua & Apostolicæ Sedis nomine regnum Siciliæ CAROLO Andegaviæ & Provinciæ Comiti	JACOBUS Aragoniæ Rex abdicato regno Monachum	IX. 167

Elenchus Operum

Ord. v. Edit. Tom.	pag.		Ord. v. Edit. Tom.	pag.
		habitum induit. ibid.		
XI.	381	NICOLAI Papa III. Epistola ad PHILIPPUM III. Francorum Regem. 683		
		Ejusdem Epistola ad SANCIUM *Regem Majoricarum.* ibid.	VII.	339
VIII.	253	AYMARUS Archiepiscopus Lugdunensis, jubet more antiquo Archiepiscopum Lugdunensem & Eduensem Episcopum, alterum alterius sedem vacantem tenere & administrare. 684		
		PHILIPPUS V. *Francorum Rex* ALBERTUM *de Roye Concilio Senonensi adesse jubet, eique mandata sua dat.* 710	X.	651
II.	649	*Processus habitus contra* PETRUM *Regem Aragonum.* ibid.	CAROLI IV. *Francorum Regis Ordinatio pro expensis Domus Reginæ.* 711	XI.	391
	666	*Processus depositionis contra eumdem.* 689	*Idem jubet Reliquias Capellæ suæ Parisiensis expensis Domus Dei ad se deferri, ac eidem Domui Dei nonnulla donat.* ibid.	VII.	241
IX.	268	*Testamentum* PHILIPPI III. *Francorum Regis.* 691	*Idem* LUDOVICUM CAROLI *Comitis Valesiæ patrui sui septennem filium emancipat.* ibid.	VIII.	263
	278	*Monasterium FF. Minorum in Insula Majoricâ fundat* ALFONSUS *Aragonum Rex.* 692	JACOBI *Aragonum Regis Epistola ad* CAROLUM IV. *Francorum Regem.* 712		277
VIII.	255	RADULFI *Archiepiscopi Lugdunensis, &* HUGONIS *Eduensis Episcopi ordinationes pro administratione Archiepiscopatus & Episcopatûs, sede vacante.* 693	CAROLI *Regis responsio.* 713		281
			Concordia inter JACOBUM *Aragonum Regem, &* JACOBUM *Regem Majoricarum.* ibid.	X.	197
VII.	232	BONIFACII Papa VIII. *Epistola ad Regem Majoricarum.* 694	*Curia Parisiensis declarat, Regem in vacationibus Canonicarum Ecclesiæ Ambianensis jus Regalium non habere.* 716	XII.	192
VI.	482	GUILLELMUS *Archiepiscopus Rotomagensis, Dominium Regis in Normanniâ ab interdicto liberat.* 695	PHILIPPUS VI. *Francorum Rex præscribere juramentum quod præstare debent Tabelliones.* ibid.	VI.	490
	483	*Ejusdem ac cæterorum Normanniæ Prælatorum Epistola de jure patronatûs ad* PHILIPPUM IV. *Francorum Regem.* ibid.	*Idem* BERNARDUM *de Morent Franciæ Mareschallum jubet dignitati suæ renuntiare, ut institutionem ac regimen* JOANNIS *filii sui suscipiat.* ibid.	X.	653
VIII.	259	SAURA JACOBI *Majoricarum Regis filia naturalis, matrimonium contrahit cum* PETRO *Gaucerandi de Pinosio.* 696	*Idem Italos Principes hortatur ut Romanam Ecclesiam propugnent, & hæreticos recens exhortos persequantur.* 717		205
XIII.	347	PHILIPPUS IV. *Francorum Rex, omnes Prælatos ac personas Ecclesiasticas Regni sui, bona à se acquisitâ quiete tenere jubet, modò decimam solvant.* 697	*Idem* JOANNI *filio suo primogenito emancipato, confert Ducatum Normanniæ, & Comitatus Andegaviæ & Cenomaniæ.* ibid.	XIII.	363
	356	*Idem ob victoriam in Flandriâ relatam, centum libras annuatim solvendas tribuit Ecclesiæ Carnutensi.* 698	JOANNES *Papa* XXII. LUDOVICUM *Borbonesii Ducem à juramento quodam absolvit.* 718	VIII.	283
	358	*Idem* LUDOVICO *fratri Comitatum Ebroicensem, & aliquot Præposituras assignat.* ibid.	*Idem cum* JACOBO *de Borbonio* LUDOVICI *Ducis filio dispensat, ut matrimonium in tertio consanguinitatis gradu contrahere possit.* 719		284
VIII.	264	MARGARETA *de Bellojoco renuntiat omnibus bonis* JOANNIS *de Cabilone Autissiodorensis Comitis mariti sui, nuper fato functi.* 700	LUDOVICUS *Bavarus Imperator* LUDOVICO *Comiti de Oetingen potestatem dat negocia quædam tractandi cum* HUMBERTO *Delphino Viennensi.* ibid.	XIII.	367
XIII.	349	*Mandata data* PETRO *de Paredo, Domino de Chezà, Priori de Menillo, ad Curiam Avenionensem misso à* PHILIPPO IV. *Francorum Rege.* ibid.	*Idem* HUMBERTO *regnum Viennense confert.* ibid.		368
IX.	276	*Testamentum* SCLARMUNDÆ *Reginæ Majoricarum.* 702	JOANNA *renuntiat bonis mobilibus ac debitis* PHILIPPI *Navarræ Regis mariti sui, nuper fato functi.* 721	X.	208
	281	PHILIPPUS IV. *debita à se contractâ jubet ad diem præfixum solvi.* 704	## CLEMENTIS PAPÆ VI. EPISTOLÆ.		
VIII.	272	*Matrimonium contractum inter* FERRANDUM JACOBI *Majoricarum Regis filium, &* ISABELLAM *filiam* PHILIPPI *d'Ybelin, Seneschalli Cypri.* ibid.	I. *ad* JOANNAM *Francorum Reginam.* 722	IV.	171
			II. *ad eamdem.* 723		172
			III. *ad* JOANNEM *Archiepisc. Rotomagensem.* ibid.	VII.	242
	267	SANCIUS *Majoricarum Rex confirmat feudum à prædecessoribus suis dominis de S. Joanne collatum.* 705	IV. *& reliquæ ad* JOANNEM *Francorum Regem & Joannam Reginam: sive Privilegia quædam Francorum Regibus impertita. Scilicet IX. quòd Rex & Regina in locis interdictis, possint facere celebrare.* ibid.	IV.	174
XI.	385	*Servos omnes in dominio suo certis quibusdam legibus manumitti jubet* LUDOVICUS X. *Francorum Rex.* 707	V. *quòd possint eligere Confessorem.* 724		175
	387	*Idem servos ad libertatem obtinendam adigi jubet.* ibid.	VI. *Quòd Confessor possit eorum vota & juramenta mutare.* ibid.		ibid.
IV.	268	*Ejusdem Epistola ad* GAZONEM *Episcopum Landunensem.* ibid.	VII. *Quòd Confessor in exercitu licentiam vescendi carnibus dare queat.* ibid.		276
	ibid.	ROBERTI *Archiepiscopi Remensis Epistola ad plures Archiepiscopos & Episcopos.* ibid.	VIII. *Quòd idem cum iis de abstinentiâ carnium, & jejunio consultis medici, dispensare possit.* ibid.		277
	270	ÆGIDII *Archiepiscopi Rotomagensis Epistola ad* LUDOVICUM X. *Francorum Regem.* 708	IX. *Quòd Rex ingredi possit in Monasterium virginum.* ibid.		278
VIII.	276	PETRI *Patriarchæ Jerosolymitani, & Episcopi Rutenensis litteræ hortatoriæ ad expeditionem transmarinam.* ibid.	X. *quòd Rex coram se, vel in exercitu possit facere celebrare super altare portatile.* 725		ibid.
XI.	388	JOANNIS Papa XXII. *Epistola ad* CAROLUM *Comitem Marchiæ.* 709	XI. *Quòd Prælatus celebrans coram Rege aut Reginâ, annum & XL. dies indulgentiæ possit concedere.* ibid.		279

in III. Volumine contentorum.

Ord. v. Tom.	Edit. pag.			Ord. v. Tom.	Edit. pag.
IV.	280	XII. *Quòd Regi ac Reginæ Confeſſor ſuus plenam peccatorum remiſſionem poſſit ſemel concedere.* ibid.	*penſas, ut matrimonium contrahere poſſint.* 734 *Idem* CAROLO V. *Francorum Regi concedit, ut ei Confeſſor ſuus indulgentiam peccatorum omnium in mortis articulo poſſit impertire.* ibid.	IV.	299
	281	XIII. *Quòd Rex & Regina, ac eorum liberi nondum emancipati, à nemine excommunicari aut interdici queant.* ibid.	*Statuta antiquiora Academiæ Parifienfis.* 735 GREGORII *Papæ* XI. *Epiſtola ad* GUIDONEM *de la Tremoille.* 737	VI. IX.	381 289
	282	XIV. *Quòd Rex ac Regina poſſint, at raro, ſub diem facere celebrare.* ibid.	*Idem* CAROLO V. *& ſucceſſoribus ejus concedit, ut Capellam montis Calvariæ Hieroſolymis conferre poſſint.* 738	IV.	298
	283	XV. *Quod Regis ac Reginæ familiares ob ſocietatem cum excommunicatis non excommunicentur, niſi cum eis in crimine communicent.* 726	*Idem* CAROLO V. *ac* JOANNÆ *Reginæ concedit, ut ova, lac, butirum, & caſeum in Quadrageſimâ poſſint comedere.* ibid.		300
	284	XVI. *Quod Regis ac Reginæ familiaribus, dum eos ſequuntur, Sacramenta adminiſtrare poſſint Curati.* ibid.	*Ejuſdem teſtamentum.* ibid. CAROLUS V. *Francorum Rex Monaſterium Caleſtinorum Meduntæ fundat.* 742	VI. XIII.	675 372
	ibid.	XVII. *Quòd iis qui pro Rege aut Reginâ orant centum dies pœnitentiæ relaxentur.* ibid.	PILEI *de Prata Archiepiſcopi Ravennatis, S. R. E. Cardinalis, Epiſtola ad* LUDOVICUM *Flandriæ Comitem.* 743	IV.	301
	285	XVIII. *Quòd Rex & Regina, ſi ob injectam manum in Clericos excommunicationis ſententiam incurrerint, eligere queant Confeſſorem, à quo abſolvantur.* ibid.	CLEMENS *Papa* VII. *Regnum Adriæ inſtituit ac donat* LUDOVICO *Duci Andegavenſi.* 746 *Acta diſpenſationis conceſſæ* GALEACIO *Vicecomiti, & Catharinæ filiæ* BARNABOVIS *Vicecomitis, ut matrimonium inter ſe contrahere poſſent.* 751	X. VII.	223 243
	286	XIX. *Quod in terram Regis aut Reginæ interdicti ſententiam promulgare nemo poſſit, abſque auctoritate Apoſtolicâ.* ibid.	CLEMENTIS *Papæ* VII. *Epiſtolæ duæ ad* WLADISLAUM *Polonum.* 753		236
	287	XX. *Quod eleemoſynis compenſare poſſint reſtitutionem bonorum, ſi quæ aliena teneant ignoranter.* 727	LUDOVICUS *Rex Hieroſolymitanus Procuratores inſtituit ad contrahendum nomine ſuo matrimonium cum* YOLANDA JOANNIS *Aragonum Regis filiâ.* 754	IX.	290
	ibid.	XXI. *Quòd eligere poſſint Confeſſorem, qui ſibi ac militibus auditis indulgentiam impertiat.* ibid.			
	288	XXII. *Quòd Capellas Regias nemini liceat interdicto ſupponere.* ibid.	*Teſtamentum* ANDREÆ *de Lucemburgo, Epiſcopi Cameracenſis.* 755		294
	289	XXIII. *Quòd ubi conſecrationi Eccleſiæ Rex & Regina interſunt, annus & XL. dies pœnitentiæ eis ac cæteris omnibus relaxentur.* ibid.	*Teſtamentum* JOANNIS *de Lucemburgo, & uxoris ejus.* 757 *Reſponſio Prælatorum, quos Pariſios convocaverat Dux Bedfordiæ, ut ab Eccleſiaſticis viris, eadem ſubſidia, quæ à Laicis obtineret.* ibid.	IV.	286 309
	290	XXIV. *Quòd Prædicator qui coram Rege ac Reginâ Verbum Dei proponit, iis, ac cæteris auditoribus annum & XL. dies indulgentiæ poſſit concedere.* 728			
	291	XXV. *Quòd Regis & Reginæ Confeſſor, cujuſcumque Ordinis, carnibus veſci queat diebus ab Eccleſiâ non prohibitis.* ibid.	*Prælatorum Eccleſiæ Gallicanæ Bituribigis congregatorum Epiſtola ad Francorum Regem, quâ petunt ſe à novo quodam ſubſidio liberari.* 759		314
	ibid.	XXVI. *Quòd ii qui Curiam Regiam ſequuntur, in ſuâ Parochiâ eſſe cenſeantur.* ibid.	*Concordia facta inter Caleſtinos Avenionenſes, & * PETRUM *Comitem de Lucemburgo.* 760	IX.	299
	292	XXVII. *Quòd Regis aut Reginæ Confeſſor, eorum familiaribus Sacramenta poſſit adminiſtrare.* ibid.	MARTINI *Papæ* III. *ſive* V. *Epiſtola ad* JOANNEM *Regem Caſtellæ.* 761		301
	293	XXVIII. *Quòd Clerici Regis ac Reginæ Ordines poſſint à quolibet Epiſcopo ſuſcipere.* ibid.	*Ejuſdem Epiſtola ad* CAROLUM VI. *Francorum Regem.* ibid.	XI.	394
	294	XXIX. *Quòd Regis ac Reginæ Capellani, officium ad uſum Eccleſiæ Parifienfis recitare poſſint.* 729	*Ejuſdem Epiſtola ad* MARIAM *Reginam Francorum.* ibid.		395
	295	XXX. *Quòd iis qui pro pace oraverint, centum pœnitentiæ dies relaxentur.* ibid.	*Concilii Baſileenſis Epiſtola ad Monachos Clunia cenſes.* ibid.	II.	577
	ibid.	XXXI. *Quòd Beneficiarii Regis aut Reginæ obſequiis addicti, ad reſidentiam non teneantur.* ibid.	*Ejuſdem Epiſtola ad* RODERICUM *Comitem de Villandrando.* 762 *Idem pecuniam mutuam accipit à* JOANNE *Abbate Ciſtercienſi.*	VIII. X.	285 655
	298	XXXII. *in eamdem ſententiam.* 730	EUGENIUS *Papa* IV. *Academiam Cadomenſem erigit.* ibid.	VI.	495
XI.	392	*Ejuſdem Bulla contra adulteratores monetarum.* ibid.	JANI *de Campofregoſo Januenſium Ducis, Epiſtola ad* CAROLUM VII. *Francorum Regem.* 763	VII.	260
X.	215	JOANNES *Francorum Rex Ordinem Militum Stellæ inſtituit.* ibid.	CAROLI VII. *Epiſtola ad* FRIDERICUM *Regem Romanorum.* 764		261
	218	*Idem fundat Eccleſiam Canonicorum S. Audoëni pro dictis Militibus, ſub nomine Nobilis Domus.* 731	*Literæ Concilii Baſileenſis, quibus Ordini Ciſtercienſi intimantur facta contra Eugenium Papam* IV. ibid.	XII.	596
	221	*Eam fundationem confirmat.* 732			
VI.	494	FRANCISCUS *de Tuderto, Cardinalis Epiſcopus Florentinus, &* INNOCENTII *Papæ* VI. *Major Pœnitentiarius,* PETRUM *Ducem Borbonenſem excommunicatum ob debita non ſoluta, poſt mortem abſolvit.* ibid.	CAROLI VII. *Francorum Regis fœdus cum aliquot Principibus Imperii.* 765 *Nobilis cujuſdam Galli Epiſtola ad* EUGENIUM *Papam* IV. 766	IV. VII.	318 285
XIII.	376	JOANNES *Francorum Rex* LUDOVICO *alteri filiorum Andegaviæ & Cenomanniæ Comitatus confert* 733	*Ad eumdem Epiſtola* CAROLI VII. *de fidelitatis juramento quod ſibi Prælati omnes præſtare debent.* ibid.		286
IX.	284	URBANUS *Papæ V. cum* LUDOVICO *Borbonefii Duce &* ANNA BERALDI *de Alverniâ filiâ diſ-* *Tom.* III.	BENEDICTI *de Aureâ Claſſis Francorum Regis Capi-* d		276

Ord. v. Tom.	Edit. pag.	Elenchus Operum	Ord. v. Tom.	Edit. pag.
VII.	296	tanei, Epistola ad Protectores S. Georgii. ibid.		
		Caroli VII. Regis Francorum Summo Pontifici. 767		
	297	Ejusdem Eidem. ibid.		
	298	Ejusdem S. R. E. Cardinalibus. ibid.		
IV.	334	Nicolai Papa V. Epistola ad Carolum VII. Francorum Regem. ibid.		
	321	Propositiones ad dirimendum Schisma tempore Amedei sive Felicis Papa IV. exortum, ac pacem Ecclesia conciliandam. 768		
	326	Alia propositiones ad cogendum Concilium Generale. 770		
	331	Mandata à Rege data suis Legatis pro pace Ecclesia conciliandà. 771		
VII.	292	Caroli VII. Epistola ad Nicolaum Papam V. 772		
	278	Friderici Imperatoris Epistola ad Sabaudia Ducem. 773		
	250	Caroli VII. Epistola ad Cardinalem Nicanum. ibid.		
	251	Conclusiones Diatæ Assehaffemburgensis. ibid.		
	249	Nicolai Papa V. Epistola ad Guillelmum Francia Cancellarium. 774		
IV.	336	Ejusdem Bulla in Amedeum, quà eum omni dominio Sabaudia privat. ibid.		
	338	Ejusdem Bulla, quà omnia qua Schismatis tempore gesta sunt nulla esse decernit. ibid.		
	34¹	Friderici Imperatoris Epistola ad Carolum VII. Francorum Regem. 775		
	342	Nicolai Papa V. Epistola ad eumdem. 776		
VII.	252	Caroli VII. Epistola ad Sigismundum Austria Ducem. ibid.		
	254	Nicolai Papa V. Epistola ad Carolum VII. 777		
	256	Magistri Hospitalis Jerusalem Epistola ad eumdem. ibid.		
IV.	345	Oratorum Nicolai Papa V. & Caroli VII. tractatus cum Oratoribus Amedei, sive Felicis Papa V. ibid.		
	347	Oratorum Nicolai Papa V. & Ludovici Delphini Viennensis tractatus cum iisdem. 778		
	ibid.	Decretum Synodi Lausanensis, quo abrogat censuras occasione schismatis inflictas. ibid.		
	350	Nicolai Papa V. Epistola ad Carolum VII. Francorum Regem. 779		
	352	Decretum Synodi Lausanensis, quo rata esse decernit qua schismatis tempore acta sunt. 780		
	361	Amedei dicti Felicis Papa V. Litera, quibus declarat se, tametsi Papatui renunciet, ea qua sui Papatus tempore acta sunt rata esse velle. 782		
	362	Ejusdem Literæ, quibus abrogat censuras omnes ratione schismatis latas. ibid.		
	363	Ejusdem Literæ, quibus Electiones, privilegia, & catera id genus à se collata, valitura decernit. 783		
	366	Jacobi Juvenalis de Ursinis Episcopi Pictaviensis, Epistola ad Cameram Computorum Parisiensem. 784		
	368	Nicolai Papa V. Bulla, quà irritas decernit censuras omnes ratione schismatis inflictas.		
VII.	257	Caroli VII. Epistola ad Nicolaum V. 785		
	288	Ejusdem Epistola ad eumdem. ibid.		
	299	Guillelmi de Ursinis Francia Cancellarii Epistola ad eumdem. 786		
	300	Caroli VII. Epistola ad Ducem Clivensem. ibid.		
	301	Ejusdem Epistola ad Archiepisc. Coloniensem. ibid.		
	302	Ejusdem Epistola ad Joannem Huniad. 787		
	303	Ejusdem Epistola ad Dionysium Cardinalem Strigoniensem, & aliquot Proceres Hungarias. ibid.		
	304	Diploma commeatûs Arnoldo Duci Romam eunti concessum ab eodem. ibid.		
	283	Ejusdem Epistola ad Azzonium Aragonum Regem. ibid.		
		Ejusdem Epistola ad Fridericum Imperatorem. 788	VII.	284
		Æneæ Sylvii, postea Pii Papa II. Epistola de Fornicatione ad Hippolytum Mediolanensem. ibid.		305
		Nicolai Papa V. Epistola ad Carolum VII. 790	II.	576
		Ejusdem Epistola ad Franciscum Sfortiam Ducem Mediolanensem. ibid.	IV.	371
		Ejusdem Epistola ad Carolum VII.		373
		Caroli VII. Epistola ad Nicolaum V. 791	VII.	294
		Idem Academiam Cadomensem ab Eugenio Papa IV. erectam confirmat. 792	VI.	499
		Isidori Cardinalis Sabinensis, sive Rutenensis Epistola ad universos fideles de expugnatione Constantinopolis. 793	VIII.	286
		Nicolai Papa V. Epistola ad Carolum VII. 794	VII.	258
		Friderici Imperatoris Epistola ad Carolum VII. 795	IV.	376
		Callisti Papa III. Epistola ad eumdem. 796		381
		Ejusdem Papa Votum. 797		383
		S. R. E. Cardinalium Epistola ad Carolum VII. ibid.		384
		Caroli VII. Epistola ad Archiepiscopum Moguntinum, Albertum Marchionem Brandenburgensem, Jacobum Marchionem Badensem, & Ulricum Comitem Wirtenburgensem. 798	VII.	282
		Ejusdem Epistola due ad Callistum Papam III. ibid.		289
		Callisti III. Epistola ad Carolum VII. 799	VI.	503
		Ladislai Hungaria Regis Epistola ad Callistum Papam III. ibid.	IV.	386
		Joannis Cardinalis S. Angeli Epistola ad eumdem. 800		389
		Callisti Papa III. Epistola ad Carolum VII. ibid.		391
		Joannis de Huniad Epistola ad Dionysium Cardinalem Strigoniensem. 801		392
		Jacobi Scotia Regis Epistola ad Carolum VII. ibid.	X.	243
		Philippi Burgundia Ducis Epistola ad eumdem. 802		656
		Christierni Dacia Regis Epistola ad eumdem.	IX.	302
		Henrici IV. Anglorum Regis Epistola ad Nicolaum de Cusa S. R. E. Cardinalem. ibid.	IV.	394
		Joannis Cardinalis S. Angeli Epistola ad Carolum VII. 804		397
		Ludovici Delphini Epistola ad eumdem. 805	XI.	40²
		Caroli VII. Epistola ad Ludovicum Delphinum. ibid.		40 3
		Pii Papa II. Epistola ad Carolum VII. 806	VII.	311
		Nicolai Petit Epistola ad Guillelmum de Ursinis, Francia Cancellarium, in quà narrat qua in Conventu Mantuano acta sunt. ibid.	IX.	305
		Pii Papa II. Oratio habita in Conventu Mantuano, quà respondet Orationi Guillelmi Parisiensis Episcopi, Oratoris Regis Francorum. 807		310
		Oratio Legatorum Regis Francorum, habita in Conventu Mantuano. 809		317
		Altera Pii Papa II. Oratio in Conventu Mantuano, quà respondet Oratoribus Regis Francorum. 811	VIII.	292
		Oratorum Regis Francia ad eam orationem responsio. 820	IX.	323
		Pii Papa II. Epistola ad Carolum VII. 822	IV.	400
		Ejusdem Epistola ad Episcopum Atrebatensem, Apostolica sedis Legatum. 823	VII.	312
		Joannis Godefridi, Cardinalis Albiensis Epistola ad Ludovicum IX. Francorum Regem. ibid.	XIII.	379

Ord. v. Edit. Tom.	pag.	in III. Volumine contentorum.		Ord. v. Edit. om.	pag.
VIII.	325	Pii Papæ II. Epistola ad Joannem Borbonii Ducem. 824	Ferdinandi Regis Siciliæ Epistola ad Laurentium de Medicis. ibid.	XII.	193
	326	Pauli Papæ II. Epistola ad Ludovicum XI. ibid.	Sixti Papæ IV. Epistola ad Ludovicum XI. 844	VII.	333
VII.	314	Joannis Godefridi, Cardinalis Albiensis, Oratio de Promotione Joannis Baluë ad Cardinalatum. 825	Ferdinandi Siciliæ Regis Epistola ad eumdem. ibid. Ludovici XI. responsio. 845	XIII.	380
IV.	403	Georgii Pogiebracii Bohemiæ Regis Epistola ad Matthiam Corvinum Hungariæ Regem. 830	Joannis Borbonii Ducis Leges in blasphemos latæ. 846	VIII.	383 345
	417	Pauli Papæ II. Epistola ad Archiepiscopum Lugdunensem. 834	Joannis de la Grollaye de Villiers, Episcopi Lomberiensis, Epistola ad Ludovicum XI. 847	X.	661
VIII.	328	Joannis Godefridi, Cardinalis Albiensis, Francorum Regis Oratoris ad Henricum Regem Castellæ oratio. 835	Ludovici XI. Epistola ad Cameram Computorum. 848	XI.	403
X.	658	Joannis Borbonii, Episcopi Aniciensis, Epistola ad Ludovicum XI. 839	Caroli VIII. Epistola ad Cameram Computorum. ibid.	VIII.	390
IX.	329	Oratio coram Summo Pontifice & Collegio Cardinalium habita Romæ in causâ Joannis Baluë Cardinalis, à Ludovico XI. Rege Francorum in carcerem missi. 840	Testamentum Joannæ Ludovici XI. Regis Francorum Filiæ, ac Ducissæ Biturigum. 849 Testamentum Margareiæ à Lotharingia uxoris Renati Ducis de Alençonio. 850	V.	629 635
IV.	401	Bessarionis Cardinalis Epistola ad Ludovicum XI. 842	Obitus aliquot Franciæ Regum. 852 Petri de Marca Archiepiscopi Tolosani Epistola R P. Domnum Lucam d'Achery Monachum S. Benedicti. ibid.		
X.	659	Ludovici XI. Epistola ad Cancellarium, &c. 843			

MONITUM.

Hic habes, Lector, Chronicon Guillelmi de Nangis, Monachi Dionysiani, qui ab Orbe condito ad annum Christi MCCC. illud deduxit, idemque continuavere anonymi duo itidem Monachi S. Dionysii ad annum MCCCLXVIII. in quibus continuationibus singularia occurrunt multa : prior desinit in anno MCCCXL. altera in anno MCCCLXVIII. cujus Auctor pinguiori minervâ, & barbarico sæpiùs stilo quàm priores duo res describit. Nec mirum, siquidem Scriptor iste refert, nullum penè qui grammaticam doceret, suâ ætate reperiri potuisse. Is ad annum 1358. proprium natale solum designat Venittam, vulgò Venette, villam quondam regiam paulo infrà Compendium ad Œsiam, cujus villæ mentio fit ab Aigrado in libro de vitâ S. Ansberti Episcopi Rotomagensis, in sæculo 2. Bened. num. 38. & seqq. Ut tamen illius Chronici editionem nonnisi ab anno MCXIII. in hoc arem, suasit adnotatio ipsius Guillelmi, scribentis ab eo anno Sigiberti Chronicon se continuavisse ; tam etsi nonnulla mutuatur ab Anselmo Gemblacensi Monacho, Sigiberti Continuatore.

Unicus mihi fuit codex MS. Chronici Nangiaci ac Continuationis ejusdem in majori folio chartaceo abhinc trecentis circiter, ut reor, annis exaratus, unde exscribi quæ edita sunt curavi ; nec alibi alium codicem potui comparare, quo possem menda & labes quibus scatebat castigare & extergere : idcirco sæpiùs conjecturas correctionésque addere meas vel alienas sum coactus. Maximo mihi hac in re adjumento fuit V. C. ac eruditissimus Carolus du Fresne D. du Cange, qui ope præsertim Gallicæ Continuationis prædictæ, quam habet, multa emendavit. Nec mirere, Lector, si adhuc occurrant nævi & lacunæ, vix enim ac ne vix quidem dilui & suppleri potuerunt, etsi omnem adhibuerimus diligentiam industriámque. Porrò codex ille olim fuit V. C. Philippi de Lautier, Generalis pecuniæ præfecti, quem dono dedit Jacobo Brolio, nostri Monasterii Cœnobitæ, uti Brolius ipse quondam suâ manu notavit sub operimento ligneo nunc perfracto.

Atque ut Nangius his qui linguam Latinam minimè noverant, & Monasterium Sandionysianum sæpissimè adibant faceret satis, suum Gallicè vertit Chronicon, quo faciliùs possent Regum ejus in Abbatiâ Basilicâ sepultorum notitiam percipere. Isthæc in præfatione Gallicâ significat Nangius.

Scripsit Guillelmus Nangius, præter Chronicon, gesta S. Ludovici (sive incepta ab Ægidio Remensi prosequutus est ; sicut ipse fatetur) & filii ejus Philippi cognomine Audacis, Regum Francorum, quæ edita reperiuntur, notissima utique viris rerum historicarum peritis, qui Scriptorem hunc satis accuratum ac diligentem reputant.

Illud verò ad commendationem Dionysiani Monasterii observare juvat, moris quondam fuisse, ut Chronica de Regum Francorum gestis ibi asservarentur, & quod in Anglicanis etiam Mona-

MONITUM.

steriis Benedictinis fiebat) periti designarentur è Monachorum cœtu Historiographi, qui res Francorum præcipuas litteris mandarent. Utrumque nobis testatum facit Præfatio Chronici Gallico idiomate conscripti, quod vulgo Chronicon S. Dionysii appellatur. Illud ipsum confirmant anonymi Gesta Dagoberti, & Sugerii liber de Gestis Ludovici V I. Rigordi Gesta Philippi Aug. anonymi Monachi historia de Carolo V I. latinè scripta, aliaque Monachorum istius Regalis Abbatiæ monumenta, quæ in direptione Bibliothecæ Dionysianæ superiorum temporum procellis facta perierunt magna ex parte, aut certe in externorum manus venetunt. Ex his Scriptoribus Rigordus Regius etiam Historiographus esse promeruit, cum se Magistrum Rigordum Regis Francorum Chronographum, B. Dionysii Clericorum minimum, in præfatione Gestorum Philippi Aug. ad Ludovicum ejus filium ipsemet appellet: quo nomine à Guillelmo Armorico, tamquam laudem & vanos Chronographi sive Historiographi titulos ambiret, sine causa reprehenditur. Neque enim qui Historiographus est modestiæ terminos excedit, si se Regium Historiographum suis in libris vocet: cum aliter aut melius quàm suæ quisque professionis titulis innotescere non possimus.

Porro, quid beneficii V. C. CAROLUS BULTELLUS, Regi à secretis, mihi præstiterit in editione utriusque Continuationis Nangiacæ, haud prætermittendum est. Ab annis duodeviginti me sæpius adhortati sunt plerique viri eruditi & rerum historicarum curiosi indagatores, ut Guillelmi de Nangis Chronicon & Continuationes, quæ nullibi nisi in Bibliotheca Sangermanensi reperiebantur, diutius latere non sinerem, imò in lucem proferrem incunctanter. Verum ab eo consilio me semper deterruit labor improbus, qui ad corrigenda manuscripti codicis menda & errata suscipiendus erat. Bultellus verò ut est rei historicæ non minus studiosus quàm peritus, eloquentior mihi non verbis modò, sed etiam beneficio persuasit, uti Continuationes Nangiacas Spicilegio insererem, atque ut ad id suscipiendum alacriorem me & faciliorem redderet, eas tametsi prolixiores suis sumptibus exscribi curavit, & exemplum quo in hac editione usus sum mihi liberaliter concessit.

Hactenus Acherius, cui deinde varias lectiones aliquot ex codice MS. Cisterciensi submihistravit R. P. D. Jacobus de Lannoy, ejus Monasterii Asceta presbyter, eumque monuit codicem illum descriptum olim fuisse jussu R. P. Joannis de Circeio XLII. Abbatis Cisterciensis, qui illo opere frequenter usus est in scriptis suis, puta in Centenario MS. Porrò varias lectiones ad calcem XIII. voluminis adjecit Acherius, sed in iis ut non nihil quod in codice Sangermanensi deerat, addendum reperimus, ita perpauca nobis occurrerunt; e quibus textum emendatiorem exhibere possemus, ubi non omissum aliquid, sed inscitia librarii corruptum est.

Utilior multo fuit opera viri cujusdam eruditi, qui Andegavis consulto codice perantiquo, in quo descripta sunt Gesta Consulum Andegavensium, varias lectiones ad me misit humanissimè; nam ea sunt hujusmodi, ut præter caput integrum quod in priori editione deerat, multa contineant sine quibus contextus Gestorum restitui nequit. Sed id incommodum accidit, quod Gestis jam editis, eas accepi; quamobrem cum aut hoc loco, aut in indice Erratorum collocandæ essent, his locum illustriorem dare malui. Igitur pag. 234. col. 2. lin. 3. ante ult. non speculum tibi sed specular tibi leges & pag. seq. lin. 1. piorum gestis, & lin. 9. ac domino digna. Quod deinde restituimus audivi, reperit, id in codice MS. legitur. At lin 49. & lin. 51. non præsentes habeant, quibus eos in illo legitur sed præsentem habeant, quibus eum. In eodem breve elogium Fulconis Rufi sic incipit: Iste similia patris auctibus nec minus insigne & elogium Gaufridi Grisagonella: Iste militiæ protectus pectore & brachio, vir jure militario efficacissimus, quod ita placet viro erudito qui varias lectiones submihistravit, ut in vulgata lectione sensum aliquem se perspicere posse neget. Pag. 236. col. 1. lin. ult. idem vir eruditus MS. codicem sequutus legi vult quantum è patre, nec dico super patrem, sed præ patre; & sanè præpositio præ hoc loco mihi quidem aptissima videtur. Pag. 237. lin 4. ubi legitur certas esse, mendose, cum illic post certas duplex punctum notavissem, in illo codice legitur certas esse nam, quàm. Ibid. lin. 7. legitur: nam vivere modo, quod vir eruditus servari vult, atque ita interpretatur, vivre à la mode: porro lin. 32. ex illo codice optimè addideris vocem scilicet hoc loco: artes scilicet exercitationesque. Pag. 238. col. 1. lin. 5. ante ult. pro mactatione in codice legitur multatione, quod nequaquam contemnendum est. Ibid. col. 2. lin. 13. non filius vassalli sed filius. vavassoris scriptum est, nec in ea lectione quidquam mutandum erat. Servanda etiam erat lectio lin. 37. & facite legiationem eis, ubi editum est & facite legationem eis, & lin. 48. multatione, ubi legitur mactatione. Pag. 239. col. 1. lin. 34. hæ voces dedit ei commonitorium suum vix intelligi possunt, nec auctoris sunt, sed quod scripserat nescio an divinari possis; nam pro commonitorium in codice legitur illud de omentum. Ibid. lin. 29. in MS. habetur. galea capitis & capitio thoracis. Col. 2. lin. 24. & lin. 26. edendum erat ut in MS. hominagium & legiationem. Pag. 241. col. 1. lin. 24. pro ex innumera æstimatione, ex codice legendum ex numeri innumeri æstimatione. Ibid. lin. 41 sic legitur in MS. satisfacientes illi, postulantes jus communionis in hunc modum dissolvunt. Col. 2. lin. 35. in eodem habetur, non Turonim nostram, sed Turonum vestram Ibid. lin. 7. ante ult. nec collatis ut

editum

MONITUM.

editum est, nec clareatis, *ut conjecimus, sed* caleatis *legitur.* Pag. 242. col. 1. lin. 22. *pro illo* secum collectis, *ex eodem cod. restituas velim* secum coëlectis. Pag. 244. col. 1. lin. 32. *pro* Carolus simplex *&c. in MS. legitur* Carolus stultus filius Ludovici Balbi qui. *Ibid. lin.* 43 *ex codice restituendum* superbia post fuere *Ibid. lin* 6 *ante ult. legitur etiam* Carolum stultum *non* Carolum simplicem. *Pag.* 245. col. 1. lin. 17. *levius est quod non ex nunc, sed ex tunc in MS. legitur, non tamen erat omittendum. Ibid. lin.* 32. *habetur* Caroli stulti *Col.* 2. *lin.* 6. *& seqq. non paucæ occurrunt variæ lectiones quas simul indicabimus :* nobiles paulatim lateri præsentia deducentes. *cum aliis deludens* nobile. *Lin.* 6. *ante ult. pro* Evardonis *in MS. legitur* Eyurdonis. *Pag.* 246. *col.* 1. *lin.* 21. *in eodem scriptum* ferre per duas leugas deferens: *quod nescio an magni faciendum sit : sed optima lectio in lin. seq.* quo peracto, *ubi editum est* quo pacto. *Col.* 2. *lin.* 8. *ubi* strenuas, *idem codex habet* Serenitas. *Pag.* 247. *col.* 1. *lin.* 5. *ante ult. optima codicis MS. lectio* dato de suo, habile navigium, *ubi inepta est* dato ei suo habitu, navigium *statim illic sequitur* cum duobus molendinariis navigio, *quod non præfero vulgatæ lectioni,* cum duobus armigeris, molendinarii *Col.* 2. *lin.* 31. *pro* abstinebant *in MS. legitur* absistebant. *Pag.* 248. *col.* 1. *lin. antepenult. MS. codex optimam lectionem subministrat* vexilli regis lingulas *ubi editum* vexilli regis singulas. *Pag.* 249. *col.* 2. *lin.* 14. *ante ult ex eodem lege* poterant sustinere, *non* poterunt. *Pag.* 250. *col.* 1. *lin.* 38. *pro inepta lectione* Lisoium ad certamen *restituendum cum MS. codice* cum litigiosum certamen *Pag.* 251 *col.* 1. *lin* 10. *pro* multa sed fatua, *codex habet* multa sed faceta ; *quod profecto Britonibus magis placebit , nec alios offendet. Ibid. lin.* 28. *pro* fraudis muscipula *legitur* fraudis discipula, *& restitui potest* decipula *lin* 44. *in eodem codice legitur* astu patratam, *quod servandum erat lin.* 56. *edendum etiam fuit* Fulconi tradiderunt, *ut in MS. non reddiderunt Pag.* 252. *col.* 1. *lin* 38. *legendum* ut de eâ hodieque non immerito *& lin.* 48. Idem in divinis tenor officii. *In vulgatis minus recte* ; idem utrobique tenor. *Ibid. col.* 2. *ante ult. lin. edendum. erat caput integrum, quod si non aliud, saltem vocabula illius ætatis quæ nosse juvat, continet. Id est ejusmodi :* Cum autem regressus fuisset Fulco, memor conquestionis Domini Papæ, & sponsionis suæ, quam ei fecerat dum Hierosolymis iret & rediret, convocatis multis ex servientibus & archeriis suis, quos in hujusmodi exercitio peritos esse noverat, fecit eos exercere ante se ad foramen cujusdam portæ, & sagittas jacere sive buzones. Ex quibus omnibus quatuor fratres uno patre geniti inventi sunt, qui à cognitione Prompti cognominantur, qui ita jacula per foramen emittebant, ut nec in aliquo lignum foraminis tangerent. Fecit etiam eos balistis trahere; qui sic *(lege sicut)* arcubus recte trahebant, ita balistis per foramen jacula emittebant. Quos ut vidit Consul sapiens, vocavit eos, dixitque eis : quintodecimo die parati sunt *(hæc ult. vox delenda)* estote mecum ad iter agendum : motusque est Consul cum privato comitatu, & cum istis quatuor archeriis à Castro Lochacensi, præsentavitque Sergio Papæ, dixirque ei : Domine mi pater, paratus sum ad vindictam malefactorum Crescentii inimici Dei & vestri, & ad liberandum vos Populumque Romanum, & peregrinorum, *(refer ad inimici)* & negociatorum euntium & redeuntium, totiusque patriæ ; & nolo scrutemini consilium meum : volo quidem eum morti tradere, sed peto à sanctitate vestrâ, ut absolvatis me & meos à peccato homicidii & sceleris excogitati, si rem cœptam perficere potuero ; quia amore Dei & vestri in hujus discriminis noxam me committo. Respondit ei Papa : & à peccato absolvo, & dignis muneribus, te ut dignum est, te recompensabo. Tunc Fulco Consul quia extra turrim eum colloqui non poterat nisi cum armatâ manu, & militum multitudine, mandavit ei quia vellet videre : ipse autem renuntiavit ei, quod & eum videret, & cum eo loqui posset, si mane ante turrim veniret, ille deintus ad fenestram, Fulco deforis ex plateâ loqueretur. Quo audito, Fulco gavisus est valde, vocatisque quatuor archeriis qui Promptuli cognominabantur, dixit eis : Vos Toli egrediemini mecum ad colloquium Crescentii, portabitisque arcus & balistas. Dixitque duobus primis : Vos duo eritis circà pedem turris, tensis arcubus, & sagittis incohiatis & præparatis ad jaciendum, ut dum ad fenestram inclinatus fuerit, sagittis eum suatis, alios autem duos posuit post dorsum suum, balistis tensis & quarellis præparatis ad trajiciendum ; cooperuitque eos ne ab anteriore parte viderentur, quia staturâ procerus erat & corpore amplo, dixitque eis : Dum cum Crescentio confabulabor, vos ponite curvitatem balistarum super scapulas meas, sicque quarellos juxta faciem meam trajicite, & videte in pœnâ oculorum vestrorum, sive in periculo omnium membrorum, ne evadat ; quia nisi eum de fenestrâ mortuum ante pedes ruere feceritis, loco illius omnes vos quatuor moriemini. Venit autem mane horâ primâ Fulco, in platea, descenderuntque de equis juxta quemdam dumum non longè constitutum, ordinavitque quatuor archerios suos eo ordine, quo pridie eos ordinaverat : ut autem erat clamosus, vocavit Crescentium voce magnâ, at ille ad fenestram egressus ostendit ei faciem suam. Quam ille intuens, Eia, inquit, domine mi, quàm pulchra facies, quàm

MONITUM.

pulchrum exigit corpus? ego *(lege* ergo *)* quia vidi faciem vestram sicut faciem Angeli, ostendite corporis amplitudinem, & membrorum lineamenta : statimque ascendit erecto corpore tabulatus. Tunc Consul dedit archeriis suis signum : illi autem qui ad radicem turris erant, trajicientes sagittas percusserunt eum, unus in inguine, alter in gutture : illi verò qui à posteriori parte Consulis erant impingentes balistis quarellos percusserunt eum, unus sub mamillâ sinistrâ, & sic intravit cor ejus, alter verò in dexterâ ; & sic à fenestrâ cecidit in terram ante pedes Fulconis exanimis. Ipse verò Consul cum suis ad palatium Lateranense, ubi Papa cum omni clero & populo Romano missam & orationes agebant pro eo, advenit. Ut autem vidit eum Papa sanum atque incolumem, & ad honorem Dei & Ecclesiæ rem benè perfectam, præcepit per omnes Ecclesias *Te Deum laudamus* canere, & signa pulsare. Cum autem ille absolutionem peteret sibi & suis, Papa indicavit eum nullâ expiatione indigere, sed magis pro ipso orandum, qui inimicum Dei dejecisset de culmine iniquitatis dum allevaretur. Dixitque ei : Quia ab inimico Dei Crescentio Populum Romanum liberasti, amicis Dei donaberis & ditaberis, Varia videlicet & Crisancio *(lege* Dariâ vidél. & Chrysanthio *)* Conduxitque eum Papa cum omni clero & populo Romano extra muros Urbis milliario uno : Consul verò transvexit corpora sanctorum Martyrum prædictorum usque Lochacense Castrum. Quæ suscepta sunt ab omni clero & populo, & ab Abbate & Monachis Belliloti, Ecclesiæ videlicet sancti Sepulcri cum dignâ reverentiâ, & honorificè recondita : quæ ibi manent usque in hodiernum diem. Consul verò prædictos quatuor archerios feodavit, & terris ac vineis, & multis aliis pecuniis ditavit. *Pag.* 253. *col.* 1. *lin.* 16. pro Bentergius in *MS. legitur* Bentegio. *Pag.* 254. *col.* 1. *lin.* 7. *ante ult.* pro Chunradi in *MS. legitur* Chounardi, *quod ideo observamus quia in seqq. eadem lectio semper occurrit.* Col. 2. *lin.* 48. creatorem justissimum *non* creator justissimus. *Pag.* 255. *col.* 2. *lin.* 3. pro cunctis militibus, *scribendum ut in MS.* cum ducentis militibus. *Pag.* 256. *col.* 2. *lin.* 2. quod legitur enim alii, *emendandum ita ex MS.* enim aliqui. *Ibid. lin.* 33. & *lin.* 34. & *lin.* 43. hominagium & hominagio *legitur in MS. ut superius,* non homagium & homagio. *Lin.* 61. & 67 *in eodem MS.* habetur hominagio & leigiatione, *ubi legis* homagio & ligiatione. *Pag.* 257. *col.* 2. *lin.* 38. Pictavis, Clinonem : in *MS. legitur* Pictavis, citrà Cliunovem. *Ibid. lin.* 53. ex eodem lege Nam viribus, *ubi editum est* Non viribus. *Col.* 2. *lin.* 43. *non omittendum quod pro* stellis innumerabilibus *codex habet,* nimirum stellis imminentibus. *Pag.* 258. *col.* 1. *ad num.* 19. *legitur in orâ MS. notula, quam hic reperire juvabit :* Isti duo, scilicet Gofridus Barbatus & Fulco Richin fuerunt filii Gofridi Foerole illustris viri de Gastinensio & Lundonensio, orti ex sorore Martelli prædicti. *Col.* 2. *lin* 10. *cap.* 10. *pro* imaginatione *emenda* Imitatione, *quæ vox in MS. reperitur.* Lin. 3. *ante ult.* dele conjunctionem & *ante* electionem. *Pag.* 259. *col.* 1. *lin.* 37. & si hoc fieret, multo meliùs MS. & si hoc non fieret. *Pag.* 260. *col.* 1. *lin.* 12 *in MS. non* Burchardum *sed* Buchardum *legitur. Pag.* 261. *col.* 2. *lin.* 8. hominagium *ut aliàs,* in MS. *habetur :* & *lin.* 12. agit *ubi vides editum esse* adagit. *Pag.* 262. *col.* 1. *lin.* 13. pro Jalviniacensis *in eodem legitur* Jalmacensis. *lin. verò* 34. *idem habet* Jalinniacensi. *Pag.* 264. *col* 1. *lin.* 25. pro Eia milites valentes *in MS. legitur* Eia milites Valeia. *Col.* 2. *lin.* 18. *ante ult.* pro Lodovici Junioris Regis *scribendum ut in codice* Lodoici Regis *Pag.* 265 *col.* 1. *lin.* 42. *in eodem pro* pepererint *legitur* paraverunt.

CHRONICON

CHRONICON
GUILLELMI DE NANGIS,

Sive NANGIACI, *Monachi S. Dionysii in Franciâ Ordinis S. Benedicti.*

MCXIII.

IGIBERTUS Gemblacensis Monachus, temporum & regnorum descriptor præcipuus, moriens finem chronicæ suæ fecit. Abhinc subsequutus est eum frater GUILLERMUS DE NANGIS Monachus sancti Dionysii in Franciâ.

Eodem anno sanctus Bernardus cum sociis suis triginta & ampliùs sub Abbate Stephano Cistercium est ingressus anno ætatis suæ vicesimo secundo, ubi quantæ devotionis & religionis, quantique fervoris exstiterit, vix exprimi linguâ potest. Siquidem ab ipso ingressu suo tantâ districtione corpus suum affligere studuit, quòd totâ deinceps vitâ suâ infirmitate multiplici laboravit; factumque est ut post breve tempus Cistercensis Abbatia, quæ rebus & gente pauper & sterilis fuerat, plures jam Abbatias nobilissimas parturiret.

MCXIV.

In pago Brabantensi circa Tornacum nix tanta cecidit nono Kalendas Maii, ut etiam pondere suo sylvas fregerit. Apud Ravennam & Parmam civitates Italiæ in agris & intrà mœnia sanguis pluit Junio mense. Idibus etiam Novembris in suburbio Antiochiæ terra noctu dehiscens turres multas & adjacentes domos cùm habitatoribus absorbuit. Balduinus Rex Jerusalem cum Rogero Comite Antiochiæ contrà Turcos vadit, sed Rogero cum exercitu suo juxtà quemdam fluvium residente, Rex cum suis præcessit, ut adventum Turcorum exploraret. Turci verò montem quemdam occupantes, insidias per quatuor loca collocaverunt, singulis insidiis quatuor millibus equitum deputatis, à quibus ex insperato Rex Balduinus undique interseptus, mille quingentis suorum interfectis, miserabili fugâ liberatus est. Turci Cœnobium in monte Tabor situm funditùs evertunt. Monachos interficiunt, & omnia ibi diripiunt. Eo quoque tempore à Conone Apostolicæ Sedis Legato in Galliis tria Concilia celebrata sunt, primum Remis, secundum Belvaci, tertium Catalaunis.

LUDOVICUS Rex Franciæ obsedit castrum Gornaii super Matronam fluvium situm, contrà Hugonem de Pompona dominum Creciaci, qui rapinis intentus mercatorum naves per fluvium transeuntes exspoliabat, & apud Gornaium spolia deducebat. Venit autem ad auxilium dicti Hugonis Guido Rubeus de Rupe-Forti pater ipsius Hugonis, & Comes Campaniæ Theobaldus; sed Rege viriliter decertante eos ad fugam compulit, & castrum in deditionem accipiens Garlandensibus commisit. Ivo Carnotensis Episcopus qui librum illum compilavit, quem decreta Ivonis nominant, obiit, cui successit Gaufridus vir venerabilis.

MCXV.

Ludovicus Rex Franciæ circa idem tempus fuit à Vicinis Baronibus suis & Militibus sic arctatus, quod vix ab urbe Parisius securè egredi posset; sed tandem Dei virtute & auxilio Beatorum Martyrum Dionysii, Rustici & Eleutherii, quos semper invocabat, contrà hostes animatus, Hugonem de Puisaco in Blesiâ, & Comitem Blesensem Theobaldum potentissimè subjecit, castrum Puisaci funditùs evertens: deinde Odonem Corboliensem Comitem, & Hugonem de Creciaco, Guidonem de Rupe-Forti, & Thomam de Maria, tyrannum sibi adversantes perpetuò exhereditavit, Haimonem etiam dominum Borbonis suppeditans munitiones ejus, & omnium prædictorum oppida ad suam jurisdictionem revocavit. Cum Rege autem Anglorum Henrico variis & diversis temporibus pugnans, cum sæpe mirabili bello perdomuit.

Lambertus bonæ memoriæ Attrebatensis Episcopus obiit. A tempore verò sancti Vedasti usque ad istum Attrebatensis Ecclesia proprio viduata Præsule, Cameracensi Episcopo subjecta erat.

Cœnobium Clarevallis fundatur sub primo Abbate Bernardo. Clarevallis autem non longè est à fluvio Albe, qui antiquitùs fuit spelunca latronum, & Vallis Absinthialis dicebatur propter amaritudinem incidentium in latrones. Eodem tempore Monachi commorantes sæpe pulmentum ex foliis fagi sibi conficiebant. Panis similis erat illi prophetico ex hordeo, milio & viciâ, qui magis terreus quàm furfureus videbatur.

MCXVI.

Dum quidam Sacerdos Missam celebraret in Dolensi Cœnobio, puer in modo hostiæ super altare apparuit. Hoc tempore Præmonstratensis fundator Ordinis in Lotharingiâ natus, divitiis, genere & facundiâ clarus, succensus divino fervore & Presbyter ordinatus, paupertatis Christi tunicâ induitur, & nudus Christum sequens, verbumque prædicationis ubique nudis pedibus spargens, multos ab errore convertit.

MCXVII.

Anselmus Laudunicæ civitatis Magister nominatissimus, literarum scientiâ clarus obiit; qui inter cætera opera sua in Psalterio glossas marginales & interlineares ordinavit. Alexius Imperator Græcorum obiit, cui successit Joannes filius ejus.

Joannes Imp. MCXVIII.

Rex Jerusalem alduinus primus moritur, cui successit Balduinus de Burgo ejus consanguineus; Comes de Roasa civitate quæ olim dicta fuit Edissa. Mense Januario in aliquibus locis terræ motus accidit, alibi clementior alibi validior; adeo ut quarumdam urbium partes subruisse dicatur. Mosa etiam fluvius juxta Abbatiam quæ dicitur Sustula quasi pendens in aëre, fundum suum visus est deseruisse. Eodem quoque anno Leodium civitas multis plagis attrita est. Mense enim Maio quinto Nonas ejusdem dum in Majori Ecclesia Vesperas celebrant, subito tonitruus cum terræ motu omnes ad terram stravit, & fulmen à lævâ templi ingressum, cortinis altaris exustis, huc illuc desiliit, deinde turrim ingrediens multas trabium partes disrupit; subsequutus est fœtor intolerabilis, adeo ut multorum aromatum odore vix potuerit expelli. Item Junio Mense, septimo Idus ipsius circa horam nonam, nubes pluviæ subito lapsa à monte qui dicitur Roberti, subjectam sibi partem civitatis penitus oppressam circumdedit, adeo ut multas domos diruerit, & immensam annonam perderet, mulierem etiam duos infantes altrinsecus in brachiis amplexatos necaret; & alios ut homines in diversis locis opprimeret. Pulsantibus Vesperis Sabbato quædam mulier dum caput lavat puero, manus rubent sanguine fluido. Namurci monstrum quoddam natum est, cui par nunquam vel raro visum est, videlicet biceps infantulus; hic tam sexu duplex quàm cæteri simplex erat compage corporis.

Tertio decimo Kalendas Januarii primâ horâ noctis igneæ acies à Septemtrione in Orientem in cælo apparuerunt, deinde per totum cœlum sparsæ, plurimâ noctis parte, videntibus miraculo & stupori fuerunt. Paschali Papa defuncto, Gelasius secundus Romanæ Ecclesiæ centesimus sexagesimus secundus Papa præsidet. At Imperator Romanorum Henricus quia electioni non interfuerat, Hispanum quendam nomine Burdinum ei superordinavit. Gelasius verò Papa cùm à sanctâ sede, Imperatoris & Romanorum tyrannide arcetur, ad tutelam & protectionem Ludovici Regis Franciæ, & Gallicanæ Ecclesiæ compassionem, sicut antiquitùs consueverunt antecessores sui Romani Pontifices, confugit, indicto Remis Concilio. Hoc tempore fundata est Abbatia Pruliaci à Theobaldo Comite Campaniæ, & Adela matre suâ filiâ Guillermi Nothi, quæ nupsit Stephano Comiti Carnotensi.

Balduinus Flandriæ MCXIX.

Gelasio Papa apud Cluniacum defuncto, & ibidem sepulto, Guido Viennensis Archiepiscopus, Stephani Comitis Burgundiæ germanus, Romanæ Ecclesiæ centesimus sexagesimus sextus Papa præsidet, & Calixtus secundus nominatur. Hic Concilium à prædecessore suo Remis indictum celebravit, ubi excommunicati sunt Simoniaci, & pro sepultura, Chrismate & Baptismo pretium exigentes, ibique uxorum & concubinarum contubernia Presbyteris, Diaconis, & Subdiaconis sunt penitùs interdicta. Dum autem pro reconciliatione Imperatoris Romanorum & Ecclesiæ ibidem cum Legatis Imperatoris tractaret, nec profecisset Calixtus Papa, ipsum Imperatorem cum suis factoribus excommunicavit. Balduinus Comes Flandriæ Calixti Papæ ex sorore nepos, volens Guillermum filium Roberti Ducis Normanniæ ab Henrico Rege Angliæ captivatum in hereditate patris instituere, post occupatam magnam Normanniæ partem in capite bello vulneratus à militibus Angliæ Regis, occubuit; cui sobrinus ejus Carolus Canuti Regis Danorum filius in Comitatu successit. Guillermus verò filius Roberti Ducis Normanniæ, duxit in uxorem sororem Ludovici Regis Francorum, concessâ ei Flandriâ post obitum Caroli Comitis.

MCXX.

Ordo Præmonstratensis incœpit, cujus loci & Ordinis fundator exstitit vir Dei Norbertus. Eodem etiam tempore sumpsit exordium Ordo Militiæ Templi sub Hugone Magistro eorum. Apud Vizeliacum in vigiliâ sanctæ Mariæ Magdalenæ, incertum quo Dei judicio, innumerabiles promiscui sexûs & ætatis atque ordinis in ipso noctis crepusculo, Ecclesiâ subitò flagrante, combusti sunt. Guillermus & Richardus filii Henrici Regis Anglorum, & filia ipsius Regis & neptis, necnon multi Proceres & nobiles Angliæ, volentes de Normania transire, in mari submersi sunt, cum mare esset tranquillissimum, & ventis careret. Qui omnes ferè sodomiticâ labe dicebantur & erant irretiti, & omnes ferè sepulturâ caruerunt.

Papa Calixtus post Consilium Remense Romam proficiscens, ab omni senatu & populo gloriosè suscipitur, nec multam fecerat in Sede moram, cùm Romani tam nobilitati ejus quàm liberalitati faventes, [Burdinum schismaticum & Antipapam apud Surrentum sedentem, & ad limina Apostolorum transeuntes Clericos genuflectere compellentem, expugnatum tenuerunt; quem crudis & sanguinolentis pellibus caprinis amictum per medium civitatis conducentes, imperante Domno Papa Calixto perpetuo carcere in montanis Campaniæ captivatum damnaverunt, & ad tantæ ultionis memoriæ conservationem, in camerâ Palatii sub pedibus Domni Papæ conculcatum depinxerunt.

MCXXI.

Henricus Rex Angliæ duxit Aelidem filiam Ducis Lovaniæ uxorem propter pulchritudinem suam, erat enim pulchra valde. In Episcopatu Andegavensi Abbatia Oratorii à Fulcone Comite Andegavensi, & uxore ejus Eremburge fundatur.

MCXXII.

Hoc tempore Autissiodorensem regebat Ecclesiam Domnus Hugo sancti Germani Autissiodorensis pius Abbas, sancti Hugonis Cluniacensis nepos, vir virtutum suarum insignis & perpetuò venerandus. Sugerius sancti Dionysii in Francia Monachus scripturarum scientiâ clarus, cum solummodo esset ad Diaconatûs ordinem promotus, à Româ regrediens, quo fuerat à Rege Franciæ Ludovico missus, Abbate suo Adam defuncto, eligitur in Abbatem; qui reversus primò Presbyter ordinatur, & post prælente Rege à Bituricensi Archiepiscopo in suâ sancti Dionysii Ecclesiâ in Abbatem benedicitur.

MCXXIII.

Romæ sub Calixto Papa celebratum est Concilium trecentorum aut ampliùs Episcoporum, in quo pax inter Regnum & Sacerdotium de querelâ investiturarum Episcopalium reformatur, & ibi cassatur privilegium quod Henricus Imperator extorferat à Paschali Papa de investituris, ac perenni anathemate in irritum reducitur. In Cænobio sancti Dionysii in Franciâ per industriam Sugerii loci ejusdem Abbatis Religio reformatur : nam per Abbatum negligentiam, qui ante ipsum fuerant, & quorumdam illius Monasterii Monachorum, regularis institutio ita ab eodem loco abjecta fuerat, quòd vix speciem Religionis Monachi prætendebant. Dainberto Senonensi Archiepiscopo defuncto, successit Henricus cognomento Aper. Combusta est Ecclesia sancti Martini Turonensis & castrum per Clericorum & burgensium guerram.

MCXXIV.

Calixto Papa defuncto, Romanæ Ecclesiæ centesimus sexagesimus septimus Papa HONORIUS secundus præsidet. Fulco Comes Andegavensis Monsteriolum castrum super Girardum Berlay obsessum capit. Balduinus Rex Hierosolymorum à Sarracenis præventus capitur, sed post diuturnam captivitatem datâ pecuniâ relaxatur. Henricus Imperator Romanorum collecto longo animi rancore contrà Regem Franciæ Ludovicum, eo quod in Regno ejus Remis in Concilio Calixti Papæ anathemate innodatus fuerat, congregatâ exercitûs multitudine ingenti Franciam invadere disposuit, proponens Remensem destruere civitatem ; sed Ludovico Francorum Rege in occursum ejus cum copioso exercitu veniente, timens Imperator Francorum probitatem ab propriâ ociùs remeavit : quo Francorum Rex comperto, solâ Archiepiscoporum, Episcoporum & Religiosorum virorum prece à vastatione Imperatoris terræ vix se valuit continere.

MCXXV.

Hyems gelu solito acerbior, & aggestu nivis sæpiùs decidentis nimis horrida & inopportuna fuit. Multi enim pauperum infantes & mulieres nimietate frigoris defecerunt. In multis vivariis pisces absorpti sub glacie perierunt ; glacies enim adeo spissa erat & valida, ut vehicula onusta super eam ducerentur, & quasi super solum equitaretur. In Brabanto anguillæ innumerabiles propter glaciem è suis paludibus exeuntes, quod dictu mirum est, in fœnilibus fugientes latuerunt, sed ibi præ nimietate frigoris deficientes computruerunt. Mortalitas quoque animalium maxima fuit. Hyemi successit intemperies aëris nunc nive, nunc pluviâ, nunc gelu alternatim satis noxia usque ad medium Martii ; posteà vix tandem arbores floruerunt Maio mense, vix etiam terra herbarum & graminum viguit virore. Imber postmodum singulis mensibus assiduè deciduus, sata agrorum penè absorpsit ; nam siligo & avenæ proventûs sui fructum satis sunt ementitæ. Multi quoque sacro igne aduruntur. Tyrus à Christianis terrâ & mari obsessa capitur, & Christi Imperio subjugatur. Fames quoque magna Regnum Franciæ devastavit.

MCXXVI.

In Hispaniâ ignobilis muliercula monstrum bis gemini corporis est enixa, aversis vultibus & corporibus sibi cohærens, ante quidem effigies hominis integro[a] corporisque cedine distincta, retrò verò facies canis similiter corporis & membrorum proprietate integra. In Brabanto, villâ Noricâ, alia mulier enixa est quatuor masculos uno partu.

Henricus Imperator Romanorum pœnitentiâ ductus reliquit Imperium, & ab hominum notitiâ sublatus, nec posteà visus est vel cognitus ; tamen buidam dixerunt quod apud Andegavis in hospitali pauperum visus, & per confessionem ab uxore suâ cognitus, mortuus & sepultus est. Alibi verò legitur quod Pentecosten celebraturus veniens apud Ultrajectum, morbo dracunculi qui sibi erat nativus periit, cujus corpus ejectis intestinis sale respersum Spiræ delatum est. Imperatore itaque perdito Matildis Imperatrix uxor ejus carens liberis, ad Henricum Regem Angliæ patrem suum est reversa. Florebat tunc Parisius Hugo sancti Victoris Canonicus religione & scientiâ clarus, & in septem liberalium artium peritiâ nulli sui temporis secundus : qui inter multa quæ utiliter scripsit, etiam librum de sacramentis valde necessarium duobus voluminibus comprehensum edidit. Defuncto sive amisso, ut superiùs dictum est, Henrico, Imperatore, & Principibus quibusdam de Suaviâ & Allamaniâ Conradum nepotem Imperatoris Henrici in Regnum sublimare volentibus, alii LIUTHERIUM Saxoniæ Ducem virum consilii & bellicosum in Regem provehunt.

LIUTHERIUS. MCXXVII.

In Syriâ exercitus Christianorum bis congressus est Sarracenis ; in primo prælio de paganis ceciderunt duo millia quingenti, de Christianis solummodo quindecim, in secundo autem non incruentam victoriam habuerunt Christiani, sed quamvis plurima eorum pars perierit, tamen auxilio Dei revigorati, absque numero hostes contriverunt & vicerunt. Norbertus Præmonstratensis fundator & primus Abbas, in Archiepiscopum Parthenopolitanæ urbis, id est, Madegeburch, eligitur.

Carolus Comes Flandriæ, Canuti Regis Danorum filius, qui jure consanguinitatis successerat Balduino Jerosolymitani Roberti filio, dum apud Brugas diebus Quadragesimæ in Ecclesiâ sancti Donationi Martyris Missam audiret, à Buchardo nepote Buchardi Brugensis Ecclesiæ Præpositi, sub proditione occiditur ; quod scelus à Ludovico Rege Franciæ confestim vindicatur ; nam diversis cruciatibus omnes proditores Caroli occisores permutavit. Cui in Comitatu Flandriæ successit auxilio Regis Franciæ Ludovici Guillermus filius Roberti Ducis Normanniæ, quem patruus suus Rex Angliæ Henricus, patre ejus incarcerato, exheredaverat. Qui Rex Angliæ Henricus adversùs dictum Guillermum nepotem suum Principes Flandriæ concitans, fecit per ipsos Theodericum consobrinum Caroli de Alsatiâ contrà eum accersiri. Obiit Gillebertus Turonensis Archiepiscopus, cui successit Hildebrannus[b] priùs Cenomanensis Episcopus, in versificandi & dictandi scientiâ clarus, de quo quidam ait :

Inclytus, & prosâ versuque per omnia primus :
Hildebrannus olet prorsus ubique rosam.

MCXXVIII.

Multi in Regno Franciæ sacro igne accensi sunt, qui convenientes Suessionis in Ecclesiâ beatæ Dei genitricis MARIÆ, sanati fuerunt meritis & precibus sacratissimæ Virginis. Lauduni in Ecclesiâ sancti Joannis consilio Franciæ Regis & Principum Monialibus quæ infames erant ejectis, in loco ipsarum Monachi substituti sunt, ubi Drogo religione & facundiâ venerabilis à Bartholomæo Laudunensi Episcopo primus Abbas ordinatur, qui postmodum à Papa Innocentio secundo Romæ Hostiensis Episcopus Cardinalis... Fulco Comes Andegavis, relinquens Comitatum Andegavensem Gaufrido fi-

---

[a] *integro*] Lege, ut conjecit Acherius, *integrâ membrorum corporisque celsitudine distinctâ.*

[b] *Hildebrannus*] Hic est quem vulgò Hildebertum vocant.

lio suo, & in Syriam proficiscens, accepit in uxorem Milisande primogenitam filiam Balduini Regis Jerusalem. Ludovicus Rex Francorum contrà Thomam de Marlâ dominum Cociaci movet exercitum; cui occurrens in auxilium Radulphus Comes Visomamdorum, & conflictum habens cum dicto Thomâ, ipsum saucium ad mortem Ludovico Regi reddidit. Qui post paululum divinæ expers Eucharistiæ spiritum nequiter exhalavit; hic enim Ecclesias illius patriæ graviter infestaverat, & mercatores transeuntes bonis suis spoliabat.

MCXXIX.

Norbertus Archiepiscopus apud Magedeburch, in Ecclesiâ sanctæ Mariæ remotis Canonicis sæcularibus fratres Præmonstratensis Ordinis collocavit. Philippus primogenitus Ludovici Regis Francorum Remis in Regem ungitur die Paschæ, patre & Rege Angliæ Henrico præsentibus. Theodericus de Allatiâ in Flandrias adveniens, & suasu Regis Angliæ Henrici quosdam Flandrensium secum habens, Flandrias contrà Guillermum Comitem calumniavit; cui Guillermus Comes aciebus dispositis occurrens & viriliter decertans, dum penè adnihilatis hostibus castrum in quo latebant reddi deberet, ipse Guillermus Comes inclytus sauciatus in manu, à prælio recedens satis citò mortuus est, cui successit idem Theodericus.

Moniales quædam infames quæ Ecclesiam beatæ Mariæ de Argentolio diù potentiâ cujusdam sororis Caroli Magni Regis Francorum occupaverant, industriâ Sugerii Abbatis S. Dionysii in Franciâ inde expelluntur, & monachis ejusdem loci quorum priùs fuerat, restituitur. Ursicampi & Vallis-lucentis Abbatiæ Cisterciensis Ordinis fundantur. Matildis Imperatrix filia Regis Anglorum, data est uxor Comiti Andegavensi, de quâ genuit Henricum postmodum Regem Angliæ, & Guillermum Longam spatam, atque Gaufridum Plantegenestæ, qui filiam Conani Comitis Britanniæ cum Comitatu accepit uxorem.

MCXXX.

Honorio Papa defuncto, Romanæ Ecclesiæ centesimus sexagesimus octavus Innocentius secundus Papa præsidet, contrà quem ex alterâ parte Petrus Leonis eligitur, & gravi schismate Romana Ecclesia conturbatur; sed Petro ob parentelæ suæ fortitudinem apud sanctum Petrum commorante, Innocentius Româ egressus Gallias venit, ob cujus adventum congregato à Rege & Prælatis Franciæ apud Stampas Concilio, sanctus Bernardus Claræ-vallis Abbas Innocentium suscipere persuasit: quem postmodum Aurelianis à Rege honorificè susceptum duxit Gaufridus Carnotensis Episcopus, magnarum virtutum vir apud Carnotum, ubi occurrit ei Henricus Rex Anglorum cum honore. Visitando itaque Gallicanam Ecclesiam sicut res exigebat, ad partes se transtulit Lotharingorum; cui apud Leodium Liutherius Imperator Romanorum cum magnâ Archiepiscoporum & Episcoporum atque Optimatum Regni Teuthonici comitivâ occurrens, & humillimè se ipsum stratorem offerens, pedes per medium sanctæ processionis unâ manu virgam ad defendendum, aliâ frenum albi equi accipiens, tanquam dominum ad Episcopalem Ecclesiam sic perduxit. Descendente verò totâ statione eum subpodiando deportans, celsitudinem paternitatis ejus notis & ignotis clarificavit. Exindeque in Franciam Papa rediens, apud sanctum Dionysium diem Paschæ celebravit. Cœnobium apud Bellum-montem fundatur sub Abbate primo Alexandro per Robertum de Candes suprà mortuum mare.

CXXXI.

Philippus filius Ludovici Regis Franciæ nuper in Regem Francorum inunctus, dum per civitatem Parisius equitaret, porcus equi pedibus subitò se submittens, equum super ipsum præcipitem dedit, capiteque ejus ad pavimentum illiso mortuum prostravit. De cujus subitâ & miserandâ nece Franci lugentes, corpus apud sanctum Dionysium sepelierunt.

Eodem tempore, sicut invenitur in vitâ sancti Bernardi Clarevallis, infensus erat Rex Franciæ Ludovicus pater ejus quibusdam Episcopis Regni sui, eosque suis civitatibus, & sedibus exturbabat; pro quorum pace reformandâ sanctus Bernardus plures Episcopos Regi mittens nihil profecit. Accidit autem posteà, ut præsente sancto viro Bernardo Episcopi multi Regis indignationem flectere cupientes, totâ humilitate prostrati solo tenùs ejus tenerent vestigia, & nec sic gratiam obtinerent: quâ ex re vir Dei Bernardus animosâ religiositate permotus, alterâ die Regem increpans diutiùs quòd sprevisset Domini Sacerdotes, liberè eidem denuntiavit quod eâdem nocte fuerat sibi revelatum: Hæc, inquit, obstinatio primogeniti tui Philippi morte mulctabitur; quod ita accidit, sicut patet superiùs. Synodus magna Remis celebrata est à Papa Innocentio secundo, in quâ multis ad honorem Dei dispositis, ipse Papa Innocentius Ludovicum, alterum Ludovici Regis Francorum filium, pro Philippo fratre, quem porcus occiderat adhuc, vivente patre in Regem coronavit.

Ecclesia sancti Medardi Suessionensis ab Innocentio Papa consecratur. Balduinus Rex Jerusalem moritur, cui successit Fulco Comes Andegavis gener ejus.

Fulco Andegav. Comes. MCXXXII.

Obiit vir sanctus Hugo Gratianopolitanus Episcopus, cujus religiosam admodum vitam conscripsit Guigo Prior Carthusiæ, Eratque circa hæc tempora pulcra ac decora facies Ecclesiæ, diversorum ordinum ac professionum sanctæ varietate: dum hinc Cluniacenses & Cistercienses Monachi, inde Præmonstratenses & Regulares Canonici, ac etiam diversi habitûs & professionis Sanctimoniales, & mulieres Deo devotæ, in continentiâ & paupertate sub obedientiæ jugo regulariter viventes, fervore Religionis se invicem provocarent, & nova certatim in diversis locis Monasteria fundarent. Cum his etiam Monachi Carthusienses & ipsi paulatim per Gallias maximè pullulabant; qui præ cæteris continentes, pesti avaritiæ, quâ plurimos sub religionis habitu laborare videmus, terminos posuerunt, dum certum numerum possessionum & animalium, quem eis prætergredi nullomodo liceat, statuerunt, & ipsi singulas singuli cellas habentes parvulas, rarò nisi ob Dei cultum vel ob mutuum in charitate solatium simul convenientes & perfectiùs mori mundo, & cæteris tantò diligentiùs, quanto secretiùs Deo vivere elegerunt. Ad hoc etiam Milites Templi Jerosolymitani, ac Fratres de Hospitali sub religioso habitu continenter viventes, ubique se multiplicando in Religiositate diffundebant. Sed & Præsules Ecclesiarum ac Principes sæculi promptissimè annuebant Religiosis, sponte offerentes terras, prata, nemora, & cætera quæ Monasteriis ædificandis erant necessaria.

Tota ferè civitas Noviomensium cum Ecclesiâ sanctæ Mariæ & Episcopio incendio flagravit, justo

(ut ferebatur) Dei judicio, quia summum Pontificem Innocentium multi, de civitate inhonorificè susceperunt.

Clarevallis duo Cœnobia unâ die Paschæ produxit, scilicet Longi-pontem & Rievallem, & post paucos dies Nancellas.

MCXXXIII.

Liutherius Romanorum Imperator expeditione transeundi in Italiam paratâ cum Archiepiscopis, ac Episcopis, aliis Prælatis Innocentium Papam Romam deduxit contra Petrum Leonis, qui Ecclesiam sancti Petri munierat, eumque Lateranis in sede Papali honorificè collocavit ; quem Liutherium ipse idem Papa ibidem in Imperatorem consecravit.

MCXXXIV.

Norbertus Archiepiscopus Ordinis Præmonstratensis fundator, obiit. Hildebrannus etiam Turonensis Archiepiscopus diem clausit extremum. Abbatia de Asinariis fundatur in Episcopatu Andegavensi.

MCXXXV.

Monasterium de Prato fundatum est. Henricus Rex Angliæ in Normanniâ moritur, & apud Radingas in Angliâ sepelitur ; post cujus obitum Stephanus Comes Boloniæ ex sorore nepos ejus, filius Stephani Comitis Blesensis ; fraterque Theobaldi Comitis Campaniæ in Angliam transfretans, Episcopo Wincestriæ fratre suo eum adjuvante, in Regem Angliæ coronatur : cui Matildis Imperatrix filia Henrici defuncti Angliæ Regis, cum viro suo Comite Andegavensi occurrens, non sinebat eum in pace regnare, sed cum fautoribus suis partes suas in Angliâ mirificè defendebat.

Stephanus Angl. Rex MCXXXVI.

Ventus nimius quinto Kalendas Novembris fuit, qui turres multas diruit. Mare quoque Anglicanum terminos suos egressum, partem Flandriæ cum habitatoribus submersit. Joannes Constantinopolis Imperator moritur, cui successit Manuel filius ejus. Guillermus Pictaviensis Comes & Dux Aquitaniæ ad sanctum Jacobum peregrè proficiscens, in die Parasceve Paschæ obiit, & ante altare sancti Jacobi sepelitur ; relinquens duas filias Alienordem & Petronillam. Qui antequàm moreretur, Proceres suos quos secum habebat contestatus est, ut filia sua major Alienordis Ludovico juniori Francorum Regi cum Aquitaniæ Ducatu uxor traderetur.

Manuel Imperator. MCXXXVII.

Siccitas inaudita fuit à Martio usque ad Septembrem, ita quòd fontes, putei & multi fluvii siccarentur. Ludovicus Rex Francorum auditâ morte Guillermi Ducis Aquitaniæ, misit Ludovicum filium suum jam in Regem coronatum & in unctum in Aquitaniam, ad desponsandam Alienordem prædicti Ducis filiam. Quam cum Ducatu Aquitaniæ accipiens in uxorem, apud Burdegalas desponsavit ; de quâ posteà genuit Mariam Comitissam Campaniæ, Aelidem uxorem Thobaldi Comitis Blesensis. Infrà igitur mensem post nuptias Ludovici juvenis Regis obiit pater ejus Ludovicus Rex Kalendis Augusti, & in Ecclesiâ sancti Dionisii in Franciâ sepultus fuit ; cui successit Ludovicus filius ejus agnominatus junior. Abbatia Mortui-maris in forestâ de Lyons fundatur, quam Abbas Ursicampi in filiam suscipiens, Monachos suos illuc misit. Liutherius Imperator Romanorum secundam expeditionem in Italiam faciens, dum rediret in patriam suam subactâ Italiâ & Appuliâ, moritur, cui successit Conradus Henrici Imperatoris de sorore nepos.

Conradus Imperator. Ludovicus Rex.
MCXXXVIII.

Petrus Leonis, qui per schisma Papatum invaserat per octo annos, judicio Dei percussus interiit. Tunc Innocentius Papa ordinatos ab eo degradavit ; & ne ultrà promoverentur ad Ordines judicio Dei decrevit. Florebat hoc tempore Theobaldus Comes Campaniæ, pater orphanorum, judex viduarum, cæcorum oculus, pes claudorum, in pauperibus sustinendis singulariter munificus, in construendis Monasteriis, & erga Religiosos quoscumque largitate incomparabilis. Hic Abbatiam sancti Florentii Salmurientis, & Abbatiam Eleemosynæ Cisterciensis, ac plures alias construxit. Genuit autem ex Matilde uxore suâ nobili genere Theutonicorum progenitâ Henricum Comitem Campaniæ, & Thobaldum Comitem Blesensem, ac Stephanum Comitem Sacri-Cæsaris, Guillermum primò Carnotensem electum, deinde Senonensem Archiepiscopum, post Remensem ; item Adelam Reginam Francorum, Comitissam de Partico ; Comitissam Barri, ac uxorem Ducis Burgundiæ.

Florebat etiam Guillermus Nivernensis Comes insignis, cujus devotio mira enituit, dum de potenti Principe sæculi factus est in Carthusiâ humilis pauper Christi. Florebat & sanctus Bernardus Abbas Claravallis, & sanctus Malachias in Hyberniâ, qui mortuum suscitavit. Florebat etiam Magister Gilbertus cognomento Porrée, tam liberalium artium quàm divinarum scripturarum doctor eximius, & ferè incomparabiliter eruditus. Hic post Magistrum Anselmum super psalterium & super Epistolas Pauli ex dictis sanctorum Patrum compactam edidit glossaturam.

MCXXXIX.

Obiit Joannes de temporibus, qui vixerat annis trecentis sexaginta uno à tempore Caroli Magni, cujus armiger fuerat. His temporibus quidam pseudo-Imperator in partibus Alemanniæ surrexit, qui per aliquot annos apud Solodorum in reclusione vivens, egressus inde Imperatorem Henricum perditum se esse mentiendo dixit, & cum multos seducendo sibi allexisset, in tantum ut pro eo etiam graves pugnæ & homicidia fierent, aliis cum recipientibus, aliis seductorem palam profitentibus, tandem declaratâ ejus falsitate, Cluniaci in Monachum attonsus est.

MCXL.

Obiit Magister Hugo sancti Victoris Parisiensis Canonicus Regularis. Habitaculum servorum Dei Carthusiensium in loco qui dicitur ad Montem Dei, construitur. Cœnobium sanctæ Mariæ Frigidimontis in Episcopatu Belvacensi Cisterciensis Ordinis, fundatur. Henricus frater Regis Franciæ Ludovici apud Clarevallem Monachus effectus est, qui non multum post ad Episcopatum Belvacensem est assumptus ; fueruntque præter istum Henricum alii fratres Regis Franciæ, Robertus Drocarum Comes, & Petrus dominus de Cortenayo. Innocentius Papa fundavit apud Aquas-Salvias Monasterium sancti Anastasii Martyris, & constructis ibidem cœnobialibus mansionibus, petiit à Clarevalle Conventum Monachorum & Abbatem. Missus est autem illuc cum Conventu Bernardus Pisanæ civitatis olim Vicedominus, qui postmodum fuit Papa Eugenius.

Florebat hoc tempore Gallicana Ecclesia per viros religione & sapientiâ illustres, Milonem Morinensem Episcopum, humilitatis virtute præcipuum; Aluisum Attrebatensem Pontificem, liberalitate atque consilio & facundiâ clarum; Godefridum Lingonensem; Hugonem Autissiodorensem; Gosslenum Suessionensem; Gaufridum Carnotensem Episcopos; Albericum Bituricensem Archiepiscopum scientiâ litterarum atque consilii prudentiâ clarissimum; Sugerium Abbatem sancti Dionysii in Franciâ, virum eruditissimum. Inter hos & alios multos tunc claros scientiâ viros, Bernardus Abbas Clarevallensis vir opinatissimæ religionis eminentissimè clarebat, qui multorum miraculorum patrator, ac verbi Dei ferventissimus Prædicator, atque plurimorum Monasteriorum fundator, animarum Deo lucra maxima exhibebat; adeo ut magistri scholarum cum magno Clericorum comitatu etiam de longinquis regionibus ad ejus optabile magisterium confluentes, centenario vel etiam ampliori Novitiorum numero domum probationis implerent, & unâ die quadraginta Monachi fierent. Florebat etiam Magister Richardus de sancto Victore Parisiensis Canonicus Regularis, qui in libris & tractatibus variis multa Ecclesiæ sanctæ utilia descripsit. Claruit præterea his temporibus Hugo de Folieto sancti Petri Corbiensis Monachus, qui librum de Claustro animæ & corporis composuit. Alii dicunt istum Hugonem in pago Ambiacensi fuisse Canonicum Regularem.

Mathildis Imperatrix filia Regis Angliæ Henrici, post occupatam ope Ludovici Regis Franciæ Normanniam, in Angliam transiit, & diversis bellis Regnum Angliæ, sibi jure debitum, contrà Regem Stephanum calumnians devastavit.

MCXLI.

Circà idem tempus Petrus Abaelardus Magister in dialecticâ insignis & celeberrimus, primò uxoratus, deinde sancti Dionysii in Franciâ Monachus, post in Britanniâ unde natus fuerat, Abbas constitutus, de fide Christianâ perfidè dogmatizans, Senonis coram Episcopis, Abbatibus & Religiosis quamplurimis, per industriam sancti Bernardi Clarvallis Abbatis, præsente Ludovico Rege Francorum, convocatur, & hic ab eis de articulis fidei interpellatus, cum esset de justitiâ responsurus, reclamans eos, ad Sedis Apostolicæ audientiam appellavit; qui sic evadens non multo post dum esset in itinere Romanæ Ecclesiæ, Cabilone apud sanctum Marcellum obiit. Construxerat enim Monasterium in Episcopatu Trecensi juxta Nogentum super Secanam in quodam prato ubi degere solitus fuerat, quod Paraclitum nominavit, in quo uxorem quondam suam, quæ Monacha apud Argentolium effecta fuerat, sed inde cum aliis pluribus per industriam Sugerii Abbatis sancti Dionysii in Franciâ postmodum ejecta, venire fecit cum nonnullis Monialibus Religiosis; quæ ibi Abbatissa effecta magnam post ejus mortem ei in assiduis precibus fidem servavit, corpusque ejus de loco ubi obierat, ad prædictum Paracliti Monasterium transtulit, in cujus tumulo hoc Epitaphium est insertum.

Est satis in titulo PETRUS *hic jacet Abaelardus:*
Cui soli patuit scibile quidquid erat.

Rogerus de Siciliâ filius, Roberti Guichardi Normanni, qui Appuliæ & Calabriæ Principatum tenebat, à Papa Innocentio propter investituras Ecclesiarum quas sibi usurpabat excommunicatus, eum bello cepit; sed factâ postmodum cum eo qualicumque pace, ut ab eo in Regem Siciliæ coronaretur, obtinuit. Sic primus de Normannorum genere nomen Regis usurpans, posteà penè totam Africam acquisivit. Stephanus Rex Anglorum à Mathilde Imperatrice filiâ Regis Henrici capitur, sed parum post de ejus prisione evadens, contrà eam Regnum suum strenuè defendit.

M.CXLII. ROGERUS.

Ortâ dissensione inter Papam Innocentium & Regem Franciæ Ludovicum, Ecclesia Gallicana turbatur; nam defuncto Bituricensi Archiepiscopo Alberico, missus est Petrus à Papa ejusdem Ecclesiæ Pastor consecratus, sed à Rege Ludovico repudiatus, nec in urbe recipitur; eo quod sine ejus assensu fuerat ordinatus. Ipse verò Rex Ludovicus concesserat Ecclesiæ Bituricensi libertatem eligendi Episcopum quem vellent, excepto dicto Petro; publicèque juraverat quòd se vivente non erat futurus Archiepiscopus. Qui tamen electus Romæ profectus est, & consecratus fuit à Papa Innocentio dicente, Regem puerum instruendum & cohibendum ne talibus assuesceat. Et adjecit veram non esse electionis libertatem, ubi quis excipiatur à Principe; nisi fortè docuerit coram Ecclesiastico judice illum non esse eligendum, tunc enim auditur ut alius. Rex verò, sicut superius dictum est, Archiepiscopum exclusit redeuntem; sed eum Comes Campaniæ Theobaldus recepit in terrâ suâ, & ei omnes Ecclesiæ obediebant. Indignatus ob hoc Rex concitavit omnes ferè Proceres suos, ut unà cum eo guerram inferrent Comiti Theobaldo. Radulphus Viromandensis Comes uxorem suam dimittens, Petronillam sororem Reginæ Franciæ Alienordis duxit; propter quod ad instantiam Comitis Campaniæ Theobaldi Ivo Romanæ Ecclesiæ Legatus in Franciâ, Comitem Radulphum excommunicavit, & Episcopos qui divortium illud fecerant, suspendit.

Manuel [c] Imperator Constantinopolitanus aliquandiu Antiochiâ obsessâ, pacem cum principe fecit, & urbem intravit: deinde multis præsidiis captis, dum venationi insisteret, & arcum vehementer tenderet, toxicatâ sagittâ à semetipso vulneratus in sinistrâ manu obiit, cui successit in Imperio Manuel filius ejus.

MCXLIII.

Mense Januario ventus inauditus fuit, qui Ecclesias & domos subvertit, & terræ annosas arbores coæquavit. Ludovicus Rex Francorum contrà Comitem Campaniæ Theobaldum ducens exercitum, Vitriacum castrum cepit, ubi succensâ Ecclesiâ, in eâ mille & trecentæ personæ diversi sexûs & ætatis igne combustæ sunt. Super quo Rex misericordiâ motus plorasse dicitur, & hac de causâ postmodum ut dicunt aliqui, peregrinationem Jerosolymis aggressus est; Vitriacum tamen Castellum dedit Rex Odoni Campaniensium nepoti Comitis Theobaldi, qui patrimonium Eusini eum abstulerat. Innocentio Papa mortuo, CÆLESTINUS secundus Romanæ Ecclesiæ centesimus sexagesimus nonus Papa præsidet: hic statim pacem cum Rege Francorum Ludovico reformavit.

In festo sancti Martini æstivalis, dum Fulco Rex Jerosolymitanus venatum iret, & leporem insequeretur, equo cespitante ruens mortuus est; per miraculum rupto collo; ipse enim, ut tradunt aliqui, antequam Rex esset Jerusalem, quamdiu Comitatum Andegavensem tenuit, Ecclesiam sancti Martini Turonensis in quantum potuit, infestavit. Cui ita

c *Manuel*] Imò *Joannes*.

mortuo, Balduinus filius ejus cum matre Milifandi Reginâ regnavit.

MCXLIV. BALDUINUS.

Cælestino Papa mortuo, LUCIUS secundus centesimus septuagesimus Papa præsidet. Mediante Abbate Clarevallis Bernardo pax inter Regem Francorum Ludovicum, & Comitem Theobaldum Campaniæ reformatur. Arnaldus quidam de Brixia Italiæ, cujus dicta propter arctam vitam quam ducebat plurimi sequebantur, decepti ab illo, dum Romæ Clericorum divitias & superfluitates reprehenderet, à quibusdam captus suspenditur & crematur: erat enim, ut ait beatus Bernardus in epistolis, homo non manducans neque bibens, sed cum diabolo esuriens & sitiens sanguinem animarum, cujus consilio mel & doctrina venenum, cui caput columbæ, cauda scorpionis erat, quem Brixia evomuit, Roma exhorruit, Francia repulit, Germania abominata est.

MCXLV.

Edissa, quæ & Roasa, Mesopotamiæ civitas, in quâ erant Apostolorum Thomæ & Thadæi corpora, & quæ sordibus idolatriæ nunquam polluta fuerat ex quo primitùs ad Christianissimam fidem conversa est, à Turcis obsessa capitur; ubi Episcopo urbis decollato, & sanctis locis profanatis, multa millia hominum trucidantur, multa servitute adducuntur. Lucius Papa Senatores Romanorum contrà Ecclesias erectos in Capitolio obsedit, sed non multo post obiit.

Romanæ Ecclesiæ centesimus septuagesimus primus EUGENIUS tertius Papa præsidet. Hic primò Pisanæ Ecclesiæ Vicedominus, post in Clarevalli Monachus, beatique Bernardi discipulus, postmodum Abbas sancti Anastasii Martyris apud Aquas-Salvias creatus, vir tam honore quàm æternâ memoriâ habitus est: contrà quem Romani Jordanem Patricium & Senatorem erigentes, ipsum ab urbe deturbant. Qui ortâ seditione in populo pulverem pedum in litigantes excutiens, eis relictis venit in Franciam: in cujus comitatu multa signa fecit sanctus Bernardus, ubi apud Spirenssum Alemanniæ urbem tantus fuit concursus populi ad ipsum propter virtutes quas faciebat in ægrotis, quòd Conradus Rex Romanorum ne populus eum comprimeret, depositâ chlamyde eum in propriis ulnis suscipiens, de basilicâ asportaret. Ad hunc Papam Eugenium scripsit idem vir sanctus Bernardus librum multæ subtilitatis & utilitatis, cujus titulus est; *De Consideratione*. Eodem tempore in Franciâ fames magna invaluit.

MCXLVI.

Rex Franciæ Ludovicus captæ urbis Mesopotamiæ Roasæ zelo accensus, vel ut alii putant Vitriacensis incendii conscientiâ compunctus, apud Veziliacum tempore Paschali affixo sibi crucis signaculo, cum Regni sui Principibus & multitudine innumerabili transmarinam peregrinationem proponit aggredi.

Ecclesia Tornacensis, quæ per annos circiter sexcentos à tempore sancti Medardi sub Episcopo Noviomensi sine proprio fuerat Sacerdote, proprium cœpit habere Episcopum, Anselmo Abbate sancti Vincentii Laudunensis ab Eugenio Papa consecrato, & eidem urbi in Episcopum consecrato. In Alemanniæ partibus quædam, virgo admirabilis provectæ ætatis erat, cui tantam divina virtus gratiam contulerat, ut cum laïca & illiterata esset, mirabiliter tamen rapta frequenter in somnis disceret, non solùm quod veriùs effunderet, sed etiam scribendo latinè dicta-

ret, ac dictando Catholicæ doctrinæ libros conficeret: hæc fuit, ut aiunt quidam, sancta Hildegardis, quæ multa fertur dixisse de futuris.

MCXLVII.

Conrado Imperatore Romanorum in Purificatione beatæ MARIÆ apud Franconofurt constituto, Abbas Clarevallis sanctus Bernardus tam Regi quam cunctis Principibus Alemanniæ Crucis transmarinæ adfixit signum; & tunc socii peregrinationis multiplicati sunt super numerum. Navalis Dei exercitus ex Angliâ, Flandriâ atque Lotharingiâ collectus, pridie Idus Aprilis de Tremundo portu Angliæ cum ducentis ferè navibus profectus, quarto Kalendas Julii in vigiliâ Apostolorum Petri & Pauli Ulixisbonam civitatem Hispaniæ applicuit, & eam post quatuor mensium obsidionem Dei virtute & suâ industriâ ceperunt. Qui cum essent tantùm tredecim millia, tamen de Sarracenis ducenta millia & quingentos occiderant: & sic cum hymnis & canticis urbem ingressi, Ecclesiam dedicaverunt, & ibidem Episcopum & Clericos constituerunt; ad corpora verò Christianorum occisorum tres muti loquendi usum receperunt. Conradus Imperator Romanorum mense Maio cum innumerabili multitudine peregrinorum iter transmarinum aggressus, Bosphoro prosperè transito, dum ad expugnandum Yconium inconsultè diverteret, consumptis terræ graminibus & victu deficiente, suisque hominibus fame afflictis, inefficax rediit, & prosequentibus cum Turcis multa millia suorum amisit. Ludovicus Rex Francorum tertio Kalendas Junii, scilicet feriâ quartâ post Pentecosten, cum uxore suâ Alienorde Reginâ iter transmarinum aggreditur, & cum infinitis & expeditis suorum militibus per terram in Hungariam profectus; transito Bosphoro in occursu Conradi Imperatoris Romanorum excipitur. Qui Imperator multis suorum ob inopiam repatriantibus, paucisque cum comitantibus à Francis benignè suscipitur, & cum eis aliquandiù est profectus; sed propter instantem hyemem & suorum recreationem apud Constantinopolim est reversus. Qui hyeme transactâ, auxilio Imperatoris Græcorum navibus ejus apud Jerosolymam est evectus. Eodem tempore, administratio totius Regni Franciæ commissa fuit Sugerio Abbati S. Dionysii in Franciâ.

MCXLVIII.

Remis Concilium à Papa Eugenio celebratur, in quo publicè confutavit sanctus Bernardus Clarevallis Magistrum Gillebertum cognomento Porretam, disputando cum eo singulariter, tamquam sui temporis singularis athleta. Hic Gillebertus erat Pictavorum Episcopus, in sacris litteris plurimum eruditus, sed sublimiora se scrutatus est ad insipientiam sibi; siquidem de sanctæ Trinitatis unitate & divinitatis simplicitate non simpliciter sentiens, nec fideliter scribens, discipulis suis panes proponebat absconditos, & aquas furtivas propinabat: nec facilè quid saperet, imò quantum deliperet personis authenticis fatebatur, tamquam id apud Senonas Petrum Abaelardum dixisse sibi ferunt.

Nunc tua res agitur, paries cum proximus ardet.

Novissimè tamen cum jam Fidelium super hoc invalesceret scandalum, cresceretque murmur, ad judicium vocatus est, & librum tradere jussus in quo blasphemias evomuerat, graves sibimet, sed verborum quodam involucro circumseptas. Sanctus ergo Bernardus primò quidem totum quod ille verborum cavillationibus occultare nitebatur, subtilibus interrogationibus eliciens, tam suis ratiociniis quàm Sanctorum testimoniis biduanâ disputatione redarguit. Considerans autem ex eis qui præsidebant, nonnullos jam quidem animadvertentes blasphemiam in doctrinâ, adhuc tamen avertentes injuriam in personâ, accensus est zelo, & domesticam sibi Gallicanam convocat Ecclesiam seorsùm. Communi denique Concilio à Patribus decem provinciarum, aliis autem Episcopis & Abbatibus plurimis, dictante viro Dei, novis dogmatibus opponitur Symbolum novum [d], cui etiam subscribuntur nomina singulorum; ut eorum videlicet omnium sicut reprehensibilis, sic irreprehensibilis zelus cæteris innotescat. Ita demum Apostolico judicio, & auctoritate universalis Ecclesiæ error ille damnatur. Gillebertus verò Episcopus an eidem damnationi consentiat interrogatur, consentiens & publicè refutans quæ priùs scripserat & affirmaverat, ipse indulgentiam consequitur; maximè quòd ab initio pactus fuisset, eâ lege se eamdem disputationem ingredi, ut promitteret sine ullâ obstinatione se pro Ecclesiæ sanctæ arbitrio opinionem suam liberè correcturum.

Accidit autem post Concilium cùm Papa Missam in majori Ecclesiâ celebraret, & ei pro more Romano calix afferretur à comministris altaris, quòd sanguis Domini nescio quâ Ministrorum negligentiâ effusus est super tapetum ante altare; quæ res sapientiores perterruit plurimùm, opinantes indubitatâ opinione quòd res hujusmodi in nullâ contigit Ecclesiâ, nisi non immineat undicumque grave periculum; & quia hoc in Apostolicâ Sede contigerat, universalis Ecclesiæ periculum timebatur. Certè nec fefellit opinio, nam Conradus Romanorum Imperator eodem anno, sicut superiùs dictum est, deletis exercitibus suis à Turcis in Oriente, vix evasit. Rex etiam Franciæ Ludovicus, & ejus exercitus Gallicanus per deserta Syriæ in terram sanctam properantes, dolo & astu Græcorum, ac crebro assultu Turcorum detrimenta maxima sunt perpessi, & fame nimiâ cruciati, ita ut quidam equorum & asinorum carnibus uterentur. Dicunt enim tunc Jerosolymis in templo Domini sive in Monte-Oliveti fulminasse, & ejus infortunii præsagium exstitisse. Lupi etiam in multis locis & villis homines devorabant. Hildefonsus Comes sancti Ægidii, in magno navali exercitu Palæstinæ applicans cum magnum quid facturus speraretur, dolo, ut aiunt quidam, Reginæ Jerosolymorum malè potionatus, apud Cæsaream Palæstinæ urbem moritur. Tunc filius ejus adolescens sibi timens, quoddam castrum Comitis Tripolitani avunculi sui ingreditur, sed dolo ejusdem Reginæ cum sorore à Turcis captivatur.

MCXLIX.

Eugenius Papa de partibus Galliarum in Italiam revertitur, & cum Romanis vario eventu configens parum proficit. Ludovicus Rex Francorum fractis per deserta Syriæ viribus, Antiochiam venit, ibique à Principe Remundo fratre bonæ memoriæ Guillermi Ducis Aquitaniæ, patris Alienordis Reginæ Francorum honorificè susceptus est: sed dùm ibidem moraretur ad naufragi exercitûs reliquias consolandas, fovendas & reparandas, Alienordis Regina uxor ejus fraude patrui sui Principis Antiochiæ decepta voluit ibidem remanere; sperabat enim Princeps in modò Regis Franciæ de Turcis ibi propinquis victoriam obtinere. Cùmque Rex pararet eam exinde evellere, ipsa parentelæ mentionem faciens, dixit illicitum

esse ut diutiùs commanerent, quia cognatio inter eos in quarto gradu vertebatur, unde Rex plurimum turbatus, quamvis eam affectu ferè immoderato diligeret, acquievit eam dimittere, si Consiliarii sui & Francorum Proceres paruissent. Abstractâ ergo coacta est cùm Rege, viro suo Jerusalem proficisci, sed vicissim in corde utriusque licet dissimularent quantum potèrant, remansit injuria. Imperator Romanorum Conradus & Rex Franciæ Ludovicus Jerusalem associati, consilio Baronum suorum profecti sunt expugnare Damascum. Obsessa igitur per triduum Damasco à Francis, Germanis & Jerosolymitis, captisque jam muris anterioribus qui hortos ambiebant, cùm in brevi civitas capienda putaretur & esset, dolo, ut aiunt, Principum Palæstinorum obsidio removetur; molestè enim tulerant quòd eam post captionem Reges concesserant Theodorico Comiti Flandriarum. Factâ ergo discessione, Rex Francorum & Imperator Romanorum iterum condicto die obsidendam Ascalonem cum suis Joppe convenient; sed Jerosolymitis minimè juxta condictum occurrentibus, Imperator Conradus Constantinopolim revehitur, Rex Franciæ Ludovicus, suis Baronibus repatriantibus, cum paucis Jerosolymis per annum moratur.

Eodem tempore Rogerus Rex Siciliæ navali exercitu Africam invasit, captâque urbe quæ Africa dicitur, pluribusque castris, Archiepiscopum Africæ, qui sub servitute Romam consecrandus, ad sedem suam remisit liberum. Conradus Romanorum & Manuel Græcorum Imperatores convenientes in unum, adversus Rogerum Regem Siciliæ expeditionem parant, sed exercitu eorum fame & aëris intemperie afflicto, Conradus repatriat. Sanctus Malachias Episcopus Hyberniæ à Româ rediens, in Clarevalle defunctus & sepultus est, cujus vitam scripsit sanctus Bernardus.

MCL.

Ludovicus Rex Franciæ à Palæstinâ navigans ut in patriam rediret, Græcorum naves quibus insidias paraverant, incurrit. Cumque ab eis Imperatori Manuel Cursolium obsidenti præsentandus duceretur, Georgius Dux navium Regis Siciliæ obviam egreditur: siquidem vastatis & spoliatis Græcorum provinciis, usque ad ipsam urbem Regiam scilicet Constantinopolim accedens, sagittas igneas in palatium Imperatoris jecerat, & incensis suburbanis de fructu hortorum Regis violenter tulerat, unde rediens navibus Græcorum obviat qui Regem Francorum ceperant Ludovicum, quas invadens Regem eripuit, & cum honore lætus de triumpho & victoriâ eum in Siciliam duxit; sua ut ita fiere procuraverat Siculus Rex timens insidias Danaûm, & desiderans opportunitates exhibendi devotionem quam habebat Regi & Regno Francorum: qui ab eo usque Romam honorificè deductus, & à Papa Eugenio magnificè & gratanter susceptus, exinde in Franciam prosperè transmigravit.

Remundus Princeps Antiochiæ Kalendis Augusti contra Turcos egressus, multis suorum captis & occisis, Turcorum insidiis est occisus; cujus caput Turci circumferentes, ferè omnes urbes & castra Principis susceperunt præter Antiochiam, quam cum nimis infestarent, Balduinus Rex Jerosolymitanus contra eos ingreditur in Syriam, eisque perturbatis quamdam munitionem eorum circa Damascum cepit, & Damascenos in annum [e] tributarios fecit. Mi-

---

[d] *Symbolum novum*] Illud fortè, ait Acherius, quod olim exstabat in Longo-ponte, cujus titulus : *Confessio fidei facta à Bernardo in Consilio Remensi coram Eugenio Papâ.*

[e] *in annum*] Sic codex Cisterc. Antea legebatur *in sicinium*.

lites Templi Gazam Palæstinæ urbem reædificantes, Ascalonitas graviter infestabant. Hugone Archiepiscopo Turonensi mortuo, Engebaudus successit.

MCLI.

Habitis per Franciam Conventibus conveniente Papa Eugenio, ut Abbas Clarevallis sanctus Bernardus Jerosolymam ad alios provocandos mitteretur, grandis iterum sermo de profectione transmarina celebratur ; sed per Cistercienses Monachos totum cassatur. Bartholomæus Laudunensis Episcopus anno tricesimo octavo sui Episcopatûs, contempto mundi stemate, Fusciaci induitur habitu Monachali.

Theobaldus Comes Campaniæ obiit, & Liviaco sepelitur, de quo quidam ait :

Te bonitas totum dedit omnibus, optime Consul :
Tunc modò fama manens hoc operatur idem.

Gaufridus Comes Andegavensis capto Monsteriolo castro super Girardum Bellai obiit, & Cenomanis in Ecclesiâ sancti Juliani sepelitur ; cui successit in Comitatu Andegavensi Henricus filius ejus ex Matilde Imperatrice, filiâ Regis Henrici Angliæ, quem priùs Rex Franciæ Ludovicus Ducatu Normanniæ sibi jure debito investierat contrà Stephanum Regem.

MCLII.

Ludovicus Rex Franciæ zelotypiæ spiritu inflammatus, cum Alienorde, uxore suâ in Aquitaniam vadit, munitiones removet, & gentes suas inde reduxit : qui dum regrederetur, apud Baugenciacum castrum juratâ consanguinitate uxorem suam repudiat, de quâ duas filias habebat, Mariam quam Henricus Comes Trecensis posteà habuit uxorem, & Aelidem quam Theobaldus , Comes Blesensis posteà duxit. Facto itaque divortio inter Regem Franciæ & Alienordem conjugem suam, dum in terrâ nativitatis suæ regrederetur, Henricus Dux Normanniæ & Comes Andegavis ei occurrens, eam desponsavit. Pro quo inter ipsum & Ludovicum Regem magna discordia insurrexit. Genuit autem postmodum idem Henricus Dux Normanniæ ex prædictâ Alienorde Reginâ Henricum, Richardum & Joannem postea Reges Angliæ, atque Gaufridum Comitem Britanniæ. Item quatuor filias, quarum una data est uxor Regi Castellæ, unde orta est Blancha Regina Franciæ mater sancti Ludovici Regis, altera verò *f* Constantinopolitano Imperatori nomine Alexi, tertia quoque Saxoniæ Duci, unde filius ejus Otho postmodum Imperator Romanorum, quarta verò Tholosano Comiti, unde natus est Remundus, cujus filiam postmodum Alfonsus Comes Pictavensis frater sancti Ludovici Regis Franciæ accepit uxorem. Reginâ Jerosolymorum ad inimicos fidei familiariùs se habente, Balduinus Rex ejus contrà eam insurgit, & obsessis captisque munitionibus ejus, in urbem sanctam intrare ab ipsâ secundò prohibetur ; sed posteà violenter ingressus eam in arce obsedit : quâ factâ pace cum eo, Neapolim sibi retinuit, & in pace dimisit filio reliquam Regni partem.

Eodem tempore Mesamuti, quos quidam Moabitas dicunt, post usurpatum Meritiniæ Regnum Regemque patibulo affixum, etiam Regem Bulgiæ occidentes Regnum ejus invadunt, ipsamque Siciliam, Appuliam & Romam se invadere minantur. Eugenius Papa factâ pace cum Romanis urbem ingreditur, ibique cum eis anno uno primitùs commoratur. Radulfus Comes Viromandensi obiit, & ejus Comitatus ad Philippum Flandrensem Comitem ope Regis Francorum Ludovici devolutus est. Conradus Romanorum Imperator obiit absque benedictione Imperiali, cui successit FREDERICUS Dux Saxoniæ nepos ejus, per electionem. Obierunt etiam viri religione & scientiâ clari Hugo Autissiodorensis Episcopus, & Joslenus Suessionensis Pontifex, atque Sugerius Abbas S. Dionysii in Franciâ.

FREDERICUS. MCLIII.

Eugenio Papa defuncto, Romanæ Ecclesiæ centesimus septuagesimus secundus ANASTASIUS quartus natione Romanus Papa præsidet. Eodem anno venerandæ sanctitatis & memoriæ Abbas Clarevallis sanctus Bernardus post claros actus & multarum animarum lucra, post centum & sexaginta de Monachis suis fundata Monasteria, & plurima signa miraculorum exhibita, beato fine quievit. Ex cujus discipulis cum plures ad Episcopatum, Archiepiscopatum & etiam Papatum promoti fuerint, ipse tamen Episcopus sive Archiepiscopus nunquam esse voluit, licet electus & invitatus multoties in multis locis fuerit ; in cujus tumulo superpositæ sunt jussu ipsius Reliquiæ de sancto Thadæo Apostolo pectori ejus, eo utique fidei & devotionis intuitu, ut eidem Apostolo in die communis resurrectionis adhæreat.

Ludovicus Rex Francorum Normanniam aggressus, Vernonem castrum obsidet & capit, Henrico Duce in Angliâ existente. Henricus Dux Normanniæ & Aquitaniæ, Comesque Pictaviæ & Andegaviæ dum contrà Regem Angliæ Stephanum fortiter dimicaret, idem Rex Stephanus labore debilitatus est senio ; necnon & defuncto filio suo Eustachio, spe heredis desolatus hujusmodi pacem cum Matilde Imperatrice & Henrico filio ejus fecit : scilicet quòd Henrico post eum Regnum Angliæ in pace remaneret, & Henricus eum in Patrem, & ipse Henricum in filium adoptaret ; & ideo Stephanus Rex in Regni solio in pace resedit, & Henricus vices Regis agens, in statum pristinum totam Angliam reformavit. Balduinus Rex Jerosolymorum Regni integritate potitus, Ascalonem Palestinæ caput post longam obsidionem, non sine gravi damno & multâ suorum profligatione tandem cepit.

Florebant tunc temporis in Franciâ Petrus Lombardus, Odo Suessionensis & Ivo Carnotensis Episcopi, quorum Petrus volumen edidit sententiarum quatuor distinctum libris , & ex diversis sanctorum & Doctorum dictis utiliter compilatum ; hic etiam glossaturam super psalterium & epistolas Pauli ab Anselmo Laudunensi per glossulas interlineares marginalesque distinctam, & post à Gilleberto Porrée continuativè productam latiùs apertiusque explicuit.

MCLIV.

Obiit Rogerus Rex Siciliæ, Princeps utilis & actibus clarus, post insignes de Sarracenis victorias eorúque terras occupatas, nec inferiorem se filium Guillermum Regem ac victoriarum successorem reliquit. Mortuo Stephano Rege Angliæ, Henricus Dux Normanniæ & Aquitaniæ , Comesque Andegaviæ & Pictaviæ in Regni solio sublimatur ; hic postmodum maximam partem Hyberniæ acquisivit. Defuncto Anastasio Papa , Romanæ Ecclesiæ centesimus septuage-

---

f aliter verò] Hîc memoria fefellit Nangium ; nam infrà Alexi non Regis Anglorum Henrici , sed Ludovici VII. filiam nupsisse tradit.

simus tertius ADRIANUS quartus Papa præsidet. Hic natione Anglicus, ftatim FREDERICUM Regem Romanorum ad Imperium coronavit, cujus coronationi cum Romani resisterent, potenter à Theutonicis sunt repulsi. Ludovicus Rex Francorum Constantiam filiam Imperatoris Hispaniæ, feminam morum honestate præcipuam, apud Aurelianis duxit in uxorem quæ ab Hugone Senonensi Archiepiscopo ibidem inuncta est in Reginam : quod Samson Remensis Archiepiscopus ægrè tulit., dicens Regis Franciæ & Reginæ unctionem ad se pertinere ubicumque fuerint consecrati : contrà quem Ivo g Carnotensis Episcopus decretorum & legum peritissimus, tam rationibus quàm exemplis adstruxit, non ad eum solummodo unctionem Regum Franciæ pertinere, cum scripto vel exemplo probare nequeat se vel ali. quem antecessorum suorum quemquam Regum Francorum aut Reginarum extra provinciam Galliæ Belgicam consecrasse, nec de jure communi possit in alterius Metropoli vel diœcesi sibi jus proprium vindicare. De istâ verò Constantiâ Reginâ genuit Ludovicus Rex filiam nomine Margaretam Henrici juvenis Regis Angliæ uxorem, quam eo mortuo Bele Rex Hungariæ desponsavit.

HENRICUS. MCLV. GUILLERMUS.

In partibus Burgundiæ quinto decimo Kalendas Februarii ter in unâ nocte fuit terræ motus, à quo multa ædificia sunt subversa. Guillermus Rex Siciliæ ducens exercitum in Ægyptum, urbem Taneos spoliat & devastat, sed inde revertens dolum Imperatoris Græcorum offendit, & cum essent Siculi pauciores, tamen centum quadraginta naves Græcorum capiunt, spoliant & devincunt.

MCLVI.

Guillelmus Rex Siciliæ in Assautas h, qui in Italia Puteolum castrum spoliaverant, capit & exterminat. Regem Babyloniorum quidam de suis Principibus interfecit, & inde cum infinitis thesauris fugiens à militibus Templi occiditur, captoque ejus filio cum copiâ thesaurorum. Fredericus Rex Romanorum transalpinando in Italiam fortiter agit, & adversantium sibi castra dejecit. Ludovicus Rex Franciæ Ecclesiam Senonensem à pravis exactionibus, quibus in morte Archiepiscopi solebat fatigari de consuetudine, exemtavit.

MCLVII.

Imperator Romanorum Fredericus cum infinito exercitu urbes & castella Italiæ inpugnans, multa in deditionem recepit : Mediolanum autem obsidens, circà eam fere per septennium abobsidione, Engebaudo Turonensi Archiepiscopo defuncto, succesit Jossius Brito. Margareta filia Regis Franciæ Ludovici ex Constantiâ Reginâ, Henrico primogenito filio Henrici Regis Angliæ spondetur uxor, & pax inter eos confirmatur.

MCLVIII.

In partibus Saxoniæ quædam Sanctimonialis Elizabeth mirabiles visiones de Conceptione, Nativitate & Assumptione beatæ Virginis Dei genitricis MARIÆ, vidit, atque de gloriâ undecim millium Virginum. Florebat hoc tempore Theobaldus Cantuariensis Archiepiscopus, priùs Monachus Becci in Normanniâ, vir per omnia laudabilis & magnificus, tam in sæcularibus quàm Ecclesiasticis negotiis ex-

perientissimus ; per ipsum sanctus Thomas postea Martyr, Archidiaconus Cantuariensis, Regis Angliæ Henrici Cancellarius factus est. Signum Crucis apparuit in lunâ Nonis Septembris. Tres soles visi sunt in parte Occidentali, sed duobus paulatim deficientibus, sol diei qui medius erat, remansit usque ad occasum.

MCLIX.

Adriano Papa mortuo, Romanæ Ecclesiæ centesimus septuagesimus quartus ALEXANDER tertius natione Tuscus Papa præsidet : contrà quem Frederico Imperatore favente Cardinales divisi Octavianum quemdam elegerunt, gravi schismate Ecclesiam dirumpentes ; unde Proceres regionis turbati sunt, quidam uni, quidam alteri adhærentes. Rex verò Franciæ Ludovicus, & Rex Angliæ Henricus cum suis Prælatis Alexandrum in patrem & dominum susceperunt.

MCLX.

Eclipsis lunæ fit, & moritur Regina Franciæ Constantia ; post quam Ludovicus Rex tertiam uxorem duxit Adelam, scilicet filiam Comitis Campaniæ Theobaldi, quem defunctum superiùs diximus: hanc Hugo Senonensis Archiepiscopus in Reginam Franciæ Parisius consecravit, præsentibus tribus Ecclesiæ Romanæ Cardinalibus. Circà idem tempus miracula beatæ MARIÆ de Rupe-amatoris incœperunt.

MCLXI.

Guillelmus Comes Nivernensis obiit, cui Guillermus filius succedens, à Comite Joviniaci & Comite Sacri-cæsaris multas infestationes sustinuit ; sed tandem prævaluit. Henricus Rex Angliæ, Dux Aquitaniæ & Normanniæ contrà Tolosanum Comitem apud Tolosam venit ; sed quia Rex Franciæ Ludovicus urbem intraverat ad eam defendendam, recessit Henricus Rex dominum suum veritus obsidere.

MCLXII.

Balduino Rege Jerosolymorum defuncto sine herede, successit frater ejus Almaricus. Fames ingens fuit per totum Regnum Franciæ. Mediolanenses ferè per septennium à Frederico Romanorum Imperatore obsessi, cum victualium penuriâ laborarent, & alias Italiæ urbes à rebellione defecisse conspicerent, Imperatori se dederunt, qui muros civitatis destruens, & turres dejiciens, totam urbem dispersit in vicos: quo facto Reginaldus Coloniensis Archiepiscopus corpora trium Magorum qui Dominum JESUM-CHRISTUM in Bethleem adoraverunt, olim ibi à Constantinopoli translata, à Mediolano apud Coloniam transportavit. Alexander Papa in Gallias venit, & à Franciæ & Angliæ Regibus susceptus est. Sanctus Thomas Cantuariæ in Angliâ fit Archiepiscopus.

MCLXIII. ALMARICUS.

Alexander Papa Turonis in Pentecoste Concilium celebravit, & post in festo sancti Hieronymi Senonis veniens, ibidem per annum & dimidium mansit. Sanctus Thomas Cantuariensis Archiepiscopus exul ab Angliâ aufugit in Franciam; qui veniens Senonis ad Papam Alexandrum, ostendit ei consuetudines Regis Angliæ propter quas exulabat : quas cum Papæ & Cardinalibus rationabiliter exposuisset, admiratus Papa ejus sapientiam, eum honorabiliter sus-

---

g *quem Ivo*] Vide Chronologiam Monachi Altissiod. ad an. 1154. & Ivonem epist. 189. item Jureti Notas ad Epist. 13. ejusdem Ivonis.

h *in Assautas*] Codex Cistere. *Inassamitas*.

cepit, gratias ei agens quòd Ecclesiam Dei tam periculosis temporibus contrà tyrannorum insultus defendere suscepisset. Tunc Papa consuetudines illas perpetuò condemnavit, & observatores atque exactores earum æterno anathemati subdidit. Sanctus autem Thomas consilio Papæ apud Pontiniacum Cœnobium se conferens, ibidem ferè per biennium stetit ; deinde Senonis in Cœnobio sanctæ Columbæ commorans, expensis Regis Franciæ Ludovici sustentatus est. Alexander Papa Senonis in Ecclesiâ sancti Stephani altare sanctorum Apostolorum Petri & Pauli consecravit, & Monasterium sanctæ Columbæ dedicavit. Guillermus Comes Nivernensis Comitem Stephanum Sacri-cæsaris in bello devicit, & de suis multos occidit & cepit.

MCLXIV.

Rex Angliæ Henricus cognoscens in quanto honore sanctus Thomas Cantuariensis Archiepiscopus à Papa Alexandro esset susceptus, & quòd in Pontiniaco locum sibi mansionis elegisset ; cum jam in ipsum desævire non posset, in suos inaudito crudelitatis genere debacchatus est. Præcepit namque ut ubicumque aliquis de cognatione ejus vir aut mulier inveniri potuisset, quòd exheredatus & spoliatus bonis propriis à Regno suo pelleretur, exactò priùs ab eis sacramento quòd Pontiniacum contristandi gratiâ Archiepiscopum proficiscerentur, & se eidem præsentarent.

MCLXV.

Alexander Papa Romam revertitur, & cum magno honore suscipitur à Romanis. Philippus Ludovici Regis Franciæ filius nascitur in Augusto in octavis Assumptionis beatæ MARIÆ die Dominicâ ; de quo pater ejus talem in somnis dicitur vidisse visionem, videlicet quòd ipse Philippus filius suus aureum calicem in manu suâ plenum humano sanguine teneret, de quo propinabat omnibus Principibus suis, & omnes in eo bibebant, unde quid talis hujusmodi visio portenderit sequentia ejus facta declaraverunt. Guichardus Abbas Pontiniaci fit Archiepiscopus Lugdunensis.

MCLXVI.

In Ruthenensi pago quædam tempestas gravi flagello castigavit populum Dei ; nam Lupi feroces à sylvis egressi parvulos ab uberibus matrum rapiebant, & diris morsibus devorabant. Henricus Belvacensis Episcopus frater Ludovici Regis Franciæ, quem suprà Monachum Clarevallis fuisse diximus, translatus ad Archiepiscopatum Remensem fuit.

MCLXVII.

Fredericus Imperator Romanorum odio Alexandri Papæ Romani flagrabat, sed Dei judicio penè omnis illius exercitus peste periit, & sic victus cum paucis ad propria remeavit. Matildis Imperatrix mater Regis Angliæ Henrici, moritur. Obiit Guillermus Rex Siciliæ, cui Guillermus filius ejus successit. Almaricus priùs Abbas Caroli-loci, deinde Silvanectensis Episcopus, obiit.

MCLXVIII. GUILLERMUS.

Tanta pestis in Jerosolymis fuit, quòd ferè omnes peregrini mortui sunt : ibique Guillermus Comes Nivernensis sine herede defunctus est, cui successit Guido frater ejus. In Siciliâ tunc erat quidam Francigena Regis Guillermi Cancellarius, quem quidam potentes Siculi odientes, in odium ipsius litteras ad Appuliam & Calabriam direxerunt, ut quotquot Franci invenirentur, capitaliter punirentur, quod & factum est ; sed Rex Siciliæ hoc agnoscens, auctores illius seditionis pari sententiâ condemnavit.

MCLXIX.

In Siciliâ urbs Cathina terræ motu subvertitur, ubi Episcopus, Clerus & Abbas de Mileto cum quadraginta Monachis & ferè quindecim millia hominum perierunt. Henricus Rex Angliæ majorem filium suum Henricum, generum Ludovici Regis Franciæ in odium sancti Thomæ Archiepiscopi Cantuariensis fecit consecrari in Regem à Rogero Eboracensi Episcopo, quod ad solum Cantuariensem Archiepiscopum pertinebat, & hoc contradicente Archiepiscopo qui in Franciam exulabat.

Obiit Hugo Senonensis Archiepiscopus, cui successit Guillermus Theobaldi Comitis Campaniæ defuncti filius, frater Reginæ Franciæ Adelæ, qui erat Carnotensis electus, sed nondum Episcopus consecratus. Hunc Senonis consecravit Mauricius venerabilis Parisiorum Episcopus.

MCLXX.

In transmarinis partibus fuit horribilis terræ motus quarto Kalendas Julii, ubi urbibus subversis & oppidis, Christiani & pagani innumerabiliter perierunt. Ruit etiam magna pars Antiochiæ, & civitas Jerusalem tremuit, sed Deo miserante non periit. Henricus Angliæ Rex sanctum Thomam Cantuariensem Archiepiscopum obtentu Papæ Alexandri, & Regis Franciæ Ludovici ab exilio revocat : sed dum esset cum eo pacem facturus sicut promiserat, Missam cantari fecit pro defunctis, sciens quòd ad illam non daretur pax, quam ab Archiepiscopo sumere nolebat.

MCLXXI.

Almaricus Rex Jerosolymorum Ægyptum expugnans, Molanum Regem gentilem tributarium sibi effecit. Sanctus Thomas Cantuariæ Episcopus tricesimo die postquàm in Angliam applicuit, quarto Kalendas Januarii occisus est ab impiis ministris Henrici Regis Angliæ in Ecclesiâ Metropoli Cantuariæ, non longè ab altari, in horâ vespertinâ, glorioso martyrio factus Deo gratissimum sacrificium vespertinum : cujus meritum apud Deum tam causa justissima, quàm innumera contestantur miracula.

MCLXXII.

Salahadinus primitùs quidem leno gentilis apud Damascum, post ab Eufrido de Turone illustri Palæstinæ Principe Christiano miles factus, cum apud Ægyptum militaret, Molanum Regem Ægypti proditiosè perimens totius Ægypti obtinuit Principatum. Unde si rerum pretia judicio non opinione metimur, quantalibet terrenæ felicitatis potentia vilis est æstimanda, quam pessimi & indigni sæpiùs nanciscuntur ; nam leno ille cujus vita in prostibulis, militia in tabernis, studium in aleis & aliis, subitò sublimatus sedet cum Principibus, imò major Principibus solium gloriæ Ægypti tenens toti ferè Orienti posteà imperavit. Sanctus Thomas Cantuariæ Archiepiscopus canonizatur à Papa Alexandro. Orta est guerra inter Henricum Regem Angliæ & tres filios Henricum, Richardum & Gaufridum.

MCLXXIII.

Tertio Idus Februarii apparuerunt de nocte igneæ acies Septemtrionali plaga cœli, & lux tanta enituit, quòd nummus cujus monetæ esset, posset agnosci. Filii Regis Angliæ Henrici patrem suum infestantes, auxilio Regis Franciæ Ludovici & Procerum ejus Normanniam graviter vastaverunt. Jossius Turonensis Archiepiscopus in tantâ paupertate obiit, quòd de rebus suis vix potuit inveniri de quo posset mortuus sepeliri; cui successit Bartholomæus genere clarus, sermone facundus. Hic Episcopum Dolensem, qui per longa tempora rebellis fuerat Ecclesiæ Turonensi, post longa certamina auctoritate Apostolicâ suæ subdidit ditioni. Florebat tunc Parisius Magistrorum Primas Petrus Comestor verbi facundissimus, & in divinis scripturis excellenter instructus; qui utriusque testamenti historias uno compingens volumine opus edidit satis utile, satis gratum, ex diversis historiis compilatum, quod Historiam scholasticam nominavit.

MCLXXIV.

Almaricus Rex Jerosolymorum obiit, cui successit Balduinus filius ejus. Noradinus Rex Turcorum qui regnabat in Damasco, obiit; cujus uxorem Salahadinus occupator Ægypti sibi matrimonio copulans, cum ipsâ regni regimine, fugatis heredibus, occupavit; deinde terrâ Roasiæ & Gesiræ occupatâ, circumjacentia Regna usque ad intima citerioris Indiæ, nunc dolis nunc armis expugnans, de sceptris pluribus Monarchiam efficit, Babyloniæ & Damasci sibi vindicans Principatum. Hæc fortunæ ludentis potentia, has rerum vicissitudines voluit, quæ de paupere divitem, de humili sublimem, de servo suscitat dominantem.

MCLXXV. BALDUINUS.

Mense Novembri fuit aquarum inundatio inaudita, quæ villas submersit, sata absorbuit, unde & sequenti tempore vehementissima fames inhorruit. Quamobrem multi dicebant natum esse Antichristum, cujus prænuntia pernicies tanta foret. Henricus Archiepiscopus Remensis frater Ludovici Regis Franciæ, obiit; cui successit Guillermus Senonensis Archiepiscopus, frater Adelæ Reginæ Franciæ, & huic in Senonensi Ecclesiâ Guido. Pax inter Regem Angliæ Henricum & filios suos reformata est.

MCLXXVI.

Maxima fames fuit in Galliâ; pro quâ ad sustentationem pauperum, Ecclesiarum invadiata sunt ornamenta, & sanctorum feretra defrustrata; & tunc maximè apparuit Cisterciensis munificentia in pauperibus sustentandis. Florebat hoc tempore Mauricius Parisiensis Episcopus, qui ob industriam & litteraturam de infimo statu magnæ paupertatis ad Pontificalis dignitatis apicem est evectus; nam cum esset pauper & modicus, eleemosynam postulatam noluit accipere hoc pacto ut nunquam fieret Episcopus.

MCLXXVII.

Eclipsis solis facta est Idibus Septembris horâ diei sextâ. Florebat Anselmus Belicensis Episcopus, ad cujus tumulum post mortem ejus lampades accensæ sunt divinitùs, exceptâ unâ cui ministrabat pabulum olei quidam usurarius, & illa non potuit accendi. Venit apud urbem Avinionum quidam adolescens nomine Benedictus, dicens se à Domino missum ut pontem super fluvium Rhodani construeret, qui derisus, cùm sumptus non haberet, fuit, & quia præ magnitudine fluminis nullus credebat hoc posse fieri: sed facturi à Deo nutu divino sunt commoti, ut illud opus citiùs explerent.

MCLXXVIII.

Fredericus Romanorum Imperator abjurat schisma quod per sexdecim annos duraverat, publicè satisfaciens, & cum Alexandro Papa pacem componit, sicque depulso schismate unitas reformatur Ecclesiæ. Cum autem legitur Romanam Ecclesiam multis schismatibus fuisse discissam, isto tamen nullum aut vehementiùs incanduit, aut diutiùs perseveravit. Innumerabilis multitudo Turcorum Jerosolymam venit, sed à Christianis, qui impares erant numero, viribus & apparatu, devicta recessit.

MCLXXIX.

Alexander Papa Romæ Lateranense Concilium post medium Quadragesimæ celebravit, ubi ex diversis terrarum partibus factus est innumerabilis conventus tam Episcoporum quàm Abbatum. In transmarinis partibus milites Templi ope Regis Jerusalem & principum coadunati in loco, qui dicitur Vadum Jacob, castrum fortissimum munierunt; quod cum aliquandiù tenuissent, Turci Templarios seditione capiunt, castrum expugnant, & ad terram dejiciunt. Agnes filia Ludovici Regis Francorum Constantinopolim ducitur, & Imperatoris Manuelis filio desponsatur. In festo Omnium Sanctorum PHILIPPUS Ludovici Regis Francorum filius, Remis à Guillermo Remensi Archiepiscopo avunculo suo in Regem Franciæ coronatur anno ætatis suæ quinto decimo, præsente Henrico juniore Rege Anglorum, qui sororem ejus duxerat, & adhuc vivente patre ejus Ludovico Rege, qui morbo paralysis laborabat. Obiit Petrus Comestor Doctor famosissimus, pauperibus & Ecclesiis cunctas dividens facultates, cujus sepulturæ hoc epitaphium Parisius in Ecclesiâ sancti Victoris est insertum.

Petrus eram quem Petra tegit, dictusque Comestor,
Nunc comedor; vivus docui, nec cesso docere
Mortuus, ut dicat qui me videt incineratum.
Quod sumus, iste fuit, erimus quandoque quod hic est.

MCLXXX.

Philippus juvenis Rex Franciæ duxit in uxorem Isabellem filiam Balduini Comitis Hannoniæ, neptem Comitis Flandriæ Philippi de sorore, & cum eâ recepit Attrebatum cum omni terrâ, quæ fuerat Comitis circa fluvium qui dicitur Lis. Eam autem unxit Guido Senonensis Archiepiscopus apud sanctum Dionysium in Reginam, datis priùs litteris, quòd nullum jus propter hoc reclamabat in Ecclesiâ sancti Dionysii in Franciâ, usque excepta est ab ejus & Episcopi Parisiensis juridictione.

Ludovicus Rex Franciæ morbo paralysi & senio fatigatus obiit, in Abbatiâ Cisterciensis Ordinis à se constructâ (quæ Sanctus-portus dicitur, id est, Barbeel, versus Meledunum castrum super Secanam) sepelitur. Fuit enim honestate laudabilis, simplex & benevolus in subditos; & quia pacis amator erat, guerras etsi aliquas, tamen raras aut intulit aut pertulit, suumque Regnum tranquillè & benignè gubernavit: & ideo sub ipso multæ novæ villæ conditæ sunt, & veteres ampliatæ, multa excisa nemora, ordinesque diversarum Religionum in diversis locis multipliciter propagati: successit autem eidem Philippus Rex filius ejus.

Obiit Manuel Imperator Constantinopolitanus, cui successit Manuel [i] filius ejus adhuc juvenculus, qui filiam Ludovici Regis Franciæ duxerat uxorem. Inter Fredericum Romanorum Imperatorem & Ducem Saxoniæ sit concertatio dura; multi enim capti & peremti sunt, multæque villæ & Ecclesiæ succensæ fuerunt & destructæ. Archiepiscopus Bituricensis Guerinus, & Joannes Carnotensis obierunt; viri

---

[i] *Manuel*] Lege, *Alexius*.

PHILIPPUS. ALEXIUS. MCLXXXI.

Henricus Comes Campaniæ à Jerosolymis per Asiam rediens, à Turcis capitur, sed per Imperatorem Græciæ liberatur; verùm ut terram suam attigit, homines suos quos ex reditu suo lætificaverat, de suo obitu mox contristavit. Balduinus Rex Jerusalem ætate juvenis, lepræ contagio deformatur Apud [Aurelianis¹] quâdam Dominicâ dum Missam quidam Presbyter celebraret, & duas hostias, unam sumendam, alteram pro infirmis recondendam super altare posuisset, cum diceret: *Pater noster*, hostia quam tenebat sanguine manans, manus ejus & corporolia purpuravit, & ita in formam carnis lividæ Rex Franciæ, & populus qui ibi aderat, illam hostiam aspexerunt. In Burgundiâ verò apud Brenam oppidum, & apud Vindocinum atque apud Attrebatum urbem similia evenerunt; nec immeritò, nam teste scripturâ: *Nihil in terrâ fit sine causâ*. Nempe Henricus Albanensis Episcopus à Papa Alexandro missus fuit in Gasconiam ad delendam hæreticorum perfidiam, altaris sacramentum non credentium; qui prædicationis verbo, necnon militum peditumque infinito exercitu hæreticos expugnavit.

Inter Fredericum Imperatorem Romanorum & Ducem Saxoniæ reformatur pax tali pacto, quòd Ducatum Saxoniæ Dux non reciperet, nisi priùs septennium exulasset. Ob hoc ipse Dux & uxor sua, cum filiis suis Guillermo & Othone, qui posteà fuit Imperator, ad Henricum Regem Angliæ patrem uxoris suæ in Franciam venerunt, ibique & alibi cum Rege longo tempore permanserunt.

Alexandro Papa defuncto, Romanæ Ecclesiæ centesimus septagesimus quintus Lucius tertius natione Tuscus, Papa præsidet. Philippus Comes Flandriæ Dux Burgundiæ, Guillermus Remensis Archiepiscopus [Theobaldus] Comes Blesensis, [Stephanus] Comes Sacri-cæsaris simul conspirant in Regem Franciæ Philippum, totam Franciam conturbantes. Porrò Rex videns se plurimâ parte suorum destitui, Brabantiones in auxilium evocavit, cum quibus terram Stephani Comitis devastavit.

MCLXXXII.

Fredericus Romanorum Imperator volens adversariis Regis Franciæ Philippi auxilium ferre, per totum imperium suum submovit exercitum: sed Henrico Rege Angliæ cum filiis suis Regem adjuvante, & eo mediante, pax inter Regem & Barones prædictos reformatur. Apud Constantinopolim Andronicus de Imperiali prosapiâ natus, sub specie tutoris Manuelis[m] juvenculi Imperatoris in Imperium violenter se ingerens, suggessit Græcis eos fore exterminandos, nisi Latini & Franci à Græciâ tollerentur; nam Manuel Imperator pater istius Manuelis quamdiù vixerat, Latinos & Francos dilexerat, ita quòd per eos solummodo expeditiones ageret, & primis eos Palatii honoribus decoraret, Franciscam etiam uxorem duxerat, ex quâ susceptum filium Franciscæ conjugi, filiæ scilicet defuncti Ludovici Regis Francorum copularat; quo Græci animati irruunt in Latinos & Francos, & quotquot inveniunt, trucidant aut urbe proturbant; & sic Andronico Palatium occupante porticus incenditur, ubi opes innumeræ & ædificia concremantur. Florebat hoc tempore Petrus Monoculus Abbas Clarevallis, cui sancti Bernardus & Malachias apparentes, dixerunt quòd Girardus Abbas prædecessor ipsius, quem frater quidam propter correptionem regularem in eo factam occiderat, ut Martyr cum Christo regnabat.

MCLXXXIII.

Apud Constantinopolim Andronicus dominum suum Manuelem juvenem Imperatorem submergi in mari fecit, & Imperium usurpavit. Henricus junior Rex Angliæ in Lemovicino territorio, apud castrum quod dicitur Marcellum[n] obiit, & apud Rothomagum in Ecclesiâ Majori sepelitur.

Inter Lucium Papam & Romanos ortâ dissentione, idem Papa proturbatur ab urbe, & multis lacessitus injuriis à Romanis impetitur; nam multis qui erant ex parte Papæ eruentes oculos, imposuerunt eis mitras, & jurare eos fecerunt quòd Papæ se videndos taliter præsentarent: quo viso Papa tot conflictus ferre non valens Veronæ se contulit, sperans sibi ab Imperatore Frederico auxilium proventurum. Salahadinus Rex Turcorum partes Jerosolymorum aggrediens, multos Christianorum occidit & captivavit, sed non longè post inde repulsus, acceptis induciis ad propria remeavit.

Philippus Rex Francorum Synagogas Judæorum per Regnum suum destrueri fecit, & in plerisque Ecclesias construi procuravit; nemus Vicennarum juxtà Parisius muro clausit, & Parisius in plateâ quam Campellos nominant, hallas construi, & mercatum in eis institui fieri.

In provinciâ Bituricensi septem millia Cotarellorum, & eò amplius interfecti sunt ab illius terræ incolis in unum contrà Dei inimicos contœderatis: isti enim terram Franciæ vastantes prædas inde ducebant, homines captos secum vilissimè trahebant, & cum uxoribus captorum ipsis videntibus, pro nefas! dormiebant, & quod deterius est, Ecclesias Dei consecratas incendebant, Sacerdotes & viros religiosos captos secum ducentes, & in tormentis quæ sibi faciebant irrisoriè Cantores eos vocantes subsannabant dicentes: *Cantate nobis, Cantores, cantate*; & confestim eis alapas dabant, vel cum grossis virgis eos cædebant. Quidam verò sic flagellati beatas animas Domino reddiderunt, alii longâ carceris custodiâ semimortui, datâ pro redemptione pecuniâ, ad propria redierunt. Iidem etiam Cotarelli, quod cum gemitibus & suspiriis pronuntiandum est, damnosius operando Ecclesias spoliantes corpus Domini de vasis aureis vel argenteis, in quibus pro infirmorum necessitate reservabatur, extrahentes, & in terrâ viliter projicientes, pedibus conculcabant. De corporalibus verò concubinæ eorum pepla capitibus suis componebant, calices quoque secum irreverenter portantes, & lapidibus confringentes detrahebant. Eodem tempore multi hæretici combusti sunt in Flandriâ à Guillermo Remensium Archiepiscopo Apostolicæ Sedis Legato, & à Philippo Flandrensium Comite. Hi dicebant omnia æterna à Deo creata, corpus autem hominis & omnia transitoria à Luciabolo creata, Baptismum parvulorum & Eucharistiam reprobabant, Sacerdotes Missas celebrare ex avaritiâ & oblationum cupiditate dicebant.

ANDRONICUS. MCLXXXIV.

Orta est dissentio inter regem Franciæ Philippum, & Philippum Comitem Flandrorum pro terrâ & Co-

---

l *Aurelianis*] Addidimus ex cod. Cisterciensi, nam in textu deerat. Quæ etiam infrà uncis inclusa sunt, adjecimus ex eodem codice.

m *Manuelis*] Hic etiam *Alexii* legendum; & ita etiam infrà, & anno sequenti.

n *Marcellum*] Codex Cist. *Martellum*.

mitatu Viromandensium; hanc enim præfatus Comes longo tempore vivente Ludovico Rege, patre istius Philippi Regis, post decessum Rodulphi Comitis Viromandorum pacificè & quietè, licet injustè possederat, & adhuc pertinaciter detinere volebat. Quapropter Rex Philippus exercitum versùs urbem Ambianensem collegit; sed robur ejus & multitudinem exercitûs Comes pertimescens, eidem Viromandiam totam restituit, castrum tamen sancti Quintini atque Peronam ad vitam tantùm suam sibi dimitti petiit, & obtinuit ad libitum voluntatis.

Heraclius Patriarcha Jerosolymitanus cum Priore Hospitalis transmarino venit in Franciam ad Regem Philippum pro succursu terræ sanctæ, quos Rex multum honoravit; & quia tunc hæredem non habebat, consilio Prælatorum & Principum misit ad terræ sanctæ subsidium ingentem multitudinem tam militum quàm peditum armatorum, sufficientes sumptus eisdem propriis redditibus administrans.

Philippus Rex Franciæ fecit omnes vicos urbis Parisius sterni duris & fortibus lapidibus, ad hoc quidem nitens ut nomen antiquum auferret civitati; nam Lutetia olim à quibusdam propter luti fœtorem nominata fuit. Quam quondam Trojani de Sicambriâ egressi, cum Principe Ybor nomine fundaverant, octingentis & nonaginta quinque annis ante Incarnationem Domini, vocantes eam Parisius, & se Parisios à nomine Alexandri Paris filii Priami Regis Trojæ, sub quo eversa fuit Troja.

MCLXXXV.

Balduinus Rex Jerosolymorum obiit, Balduino nepote ejus ex Sybillâ sorore adhuc puerulo sub custodiâ Remundi Comitis Tripolitani in Regem substituto. Guillermus Rex Siciliæ Andronicum usurpatorem Constantinopolitani Imperii navali exercitu aggreditur & terrestri, Salonicam urbem & alias multas obtinens & devastans. Mediâ Quadragesimâ factus est terræ motus in Græciâ, in civitate quæ Ucetiæum dicitur. Eodem sequenti mense Aprili, Nonis ejusdem mensis, fuit eclipsis Lunæ particularis in vigiliâ Dominicæ Passionis.

Andronicus usurpator Constantinopolitani Imperii multos Græcorum perimit, & maximè nobiles, ideoque exosus & suspectus ab omnibus habitus est; quo facto quidam de Imperiali semine procreatus nomine Cursat, quem alii Isaacium dicunt, venit Constantinopolim, & civium animos sibi concilians, obtinuit à Patriarcha ut in Imperatorem coronaretur: qui statim Andronicum cum suis aggressus, eum fecit per pedum manuumque juncturas truncari, & sic per urbem super camelum vehi, & post ei oculos erui & linguam præcidi. Lucio Papa Veronæ mortuo, Romanæ Ecclesiæ centesimus septuagesimus sextus URBANUS tertius natione Mediolanensis, Papa præsidet.

CURSAT. BALDUINUS MCLXXXVI.

Gaudefridus Comes Britanniæ, filius tertius Henrici Regis Angliæ obiit Parisius, & in majori Ecclesiâ beatæ MARIÆ annuente Rege Franciæ sepelitur. Philippus Rex Franciæ liberat castrum Bergiaci in Burgundiâ, à Duce Burgundiæ longâ obsidione conclusum. Henricus Frederici Imperatoris filius in Regem Romanorum à patre præficitur, ducens in uxorem sororem Guillermi Regis Siciliæ nomine Constantiam; inter quem & Urbanum Papam gravis simultas incanduit. Balduinus Rex Jerosolymorum adhuc puerulus obiit, cui Guido Leponensis Comes, qui Sybillam ejus matrem habebat in conjugem, in Regno successit; quæ res Comiti Tripolitano, qui tutor pueri Regis fuerat constitutus, displicuit, & ob hoc tam Regi quàm suis cœpit multimodè adversari. Soror Regis Franciæ Philippi, priùs uxor Henrici junioris Regis Angliæ defuncti, in Hungariam ducitur Belæ Regi Hungariæ desponsanda.

Reginaldus Princeps Antiochiæ fœdus induciale, quod Christiani cum Christianis & Rege Turcorum hinc inde sanxerant observandum, dirupit. Nam cum plurimus & opulentus Turcorum comitatus à Damasco in Ægyptum transiret, & præter limites terræ Christianorum ob induciarum fiduciam itinerari non formidarent, in eos subitò Princeps prædictus irruit, & ipsos cum universis sarcinis minùs decenter captivos abduxit.

Venit ex Calabriæ partibus ad Urbanum Papam Veronæ commorantem quidam Abbas nomine Joachim, qui divinitùs intelligentiæ donum acceperat à Deo, ut facundè & discretè enodaret difficultates Scripturarum: dicebat enim quòd ei ignoranti litteras attulerat Angelus Domini librum dicens; *Vide, lege, & intellige*: & ita divinitùs fuerat instructus. Dicebat etiam Apocalipsis mysteria hactenùs latuisse, sed nunc per eum in spiritu prophetiæ clarescere, sicut ex opusculo, quod scripsit, legentibus liquet. Dicebat insuper quòd sicut veteris Testamenti scripturæ tempus quinque ætatum sæculi ab Adam usque ad Christum decursarum continent, sic liber Apocalypsis ætatis sextæ à Christo inchoatæ cursum °exponit, ipsam ætatem sextam in sex ætatulas dispertitam, easque singulas singulis hujus libri periodis satis congruere designatas. Dicebat quoque hæc revelata fuisse in fine ætatulæ quintæ, atque in proximo succedere sextam, in quâ tribulationes varias multiplicesque pressuras perhibet emersuras, sicut in apertione sigilli, & in sexti libri periodo, ubi de ruinâ Babylonis agitur, patenter ostenditur. Id verò in libello ejus præ cæteris notabile ac suspectum habetur, quòd mundi distinit terminum, & infrà duas generationes, quæ juxta ipsum annos faciunt sexaginta, arbitratur implendum. Fertur itaque multa scripsisse, librosque suos Papæ corrigendos obtulisse, nam in quibusdam errasse dicitur.

MCLXXXVII.

Salahadinus Babyloniæ Soldanus injuriâ suis factâ à Principe Antiocheno permotus, Palæstinam violenter aggreditur, Admiralium Edissæ cum septem millibus Turcorum, qui terram sacram depopularentur, præmittens. Hic autem cum in partes Tiberiadis processisset, casu sibi obvios habuit Magistrum militiæ Templi Girardum de Bidefordiâ, & Magistrum Hospitalis Rogerum de Molendinis, illum quidem fugatum, Rogerum verò interfectum inopino marte confecit, multis Templariis tam captis quàm occisis.

Facta est dissensio inter Regem Franciæ Philippum, & Henricum Regem Angliæ. Petebat enim Philippus Rex à Richardo Regis Angliæ filio Comite Pictavensi facto, pro eodem Comitatu homagium sibi fieri; quod ille à patre instructus, de die in diem facere dissimulabat. Petebat etiam à Rege Angliæ Gisortium, & alia castra Wulcassini Normanni, quæ tradita fuerant à patre suo Rege Ludovico pro dote Margaretæ sororis suæ, quando eam Henrico Regi filio majoris Henrici in matrimonium copulavit, quæ ad Regem Franciæ redire debebant, si Henricus sine hærede decederet. Quod quia facere nolebat Rex Angliæ, Philippus Rex Franciæ collecto exercitu Aquitaniæ fines ingressus, castrum Yssoldunum & plu-

---

° *Christum*] Sic codex Cisterc. emendatè: quòd anteà legebatur *Christum* ferri non poterat.

res munitiones Regis Angliæ cepit, & usque ad castrum Radulphi in quo erat Rex Angliæ, terram depopulavit ; sed Dei interveniente clementiâ, cùm expectaretur utrimque conflictus, pax subitò mediantibus bonis viris inter eos reformatur.

Salahadinus suorum victoriâ exhilaratus, animum totius Regni Jerusalem occupandi succensum ad majora intendit ; nam Galilæam aggressus Tiberiadem obsidet: quo audito, Guido Rex Jerusalem, Templarii, Hospitalarii, Episcopi, Proceres, populusque in unum congregati hostibus occurrunt ; hostes obsidionem deserunt, & ad fontes milliariis quatuor circà Tiberiadem castra ponunt. Quinto igitur Nonas Julii progrediuntur in bellum, acerrimeque concertant, sed nox prælium dirimit. Eâ die nostri gessere fortiùs, nisi quòd aquam præoccupatam ab hostibus perdiderunt ; diurno proinde conflictu æstu sitique confecti laborabant, eo quod aquam non haberent : mane hostes præparant, & in nostros jam non ad bellum præparatos cœperunt irrumpere ; quod videntes Principes & primi exercitûs, Regem adeunt festinanter, & quid facto opus sit deliberant in communi, Rex quemdam de numero equitum qui cum Turcis militaverat consulit quid in instanti negotio sit agendum, qui consuluit ut totis viribus in cuneum irrumpatur, ubi Salahadini vexillum altiùs eminebat. Placet consilium universis, excepto Comite Tripolitano de cujus consilio montana occupaverunt, & ita consilio utili dissipato nostri æstu ac splendore solis gravantur, & telorum imbribus opprimuntur & obruuntur. Comes Tripolitanus arma dejecit, & ad castrum quod Saphetum dicitur, se contulit. Interim nostrorum strages miserabiliter fit, Episcopus Acconensis lethaliter vulneratus, Crucem Domini quam ferebat tradidit alteri, & ille Regi. Bello itaque vehementer perurgente, Guido Rex capitur, & sancta Crux Domini à Turcis asportatur. Hanc alteram post Cosdroem Regem Persarum Crux sancta propter scelera nostra contumeliam pertulit, & quæ nos à veteri captivitatis jugo absolvit, propter nos captiva ducitur, & prophanis Gentilium manibus contrectatur : sed & quotquot Templarii & Hospitalarii inveniuntur, protinùs decollantur.

Porrò Guido Rex, & Magister Templi in monumentum victoriæ reservantur. Princeps autem Antiochiæ Reginaldus, qui Sarracenos semper oppresserat, ab ipso Salahadino manu propriâ decollatur. Sic exigentibus meritis suis in manus Gentilium nostri sunt traditi, ac à Turcis subjugati. Nimis enim in luxus varios & Clerus & populus effluxerant, totaque terra illa facinoribus & flagitiis sordescebat ; sed & qui Religionis habitum præferebant, regularis moderantiæ fines turpiter excesserant ; rarus in Monasterio, rarus in sæculo, quem non vel avaritiæ, vel luxuriæ morbus inficeret.

Salahadinus igitur de nostris sic habito celebri triumpho, ad pontem Tiberiadis redit, ibique manubias dividi, & in Damascum meliora deferri præcepit ; postea erectis ad cœlum oculis, de adeptione victoriæ gratias Deo reddidit ; sic enim facere in omnibus quæ accidebant consuevit, & inter cætera hoc sæpiùs dixisse fertur, quòd non sua potentia, sed iniquitas nostra hanc illi victoriam contulit. Dehinc Accon, quæ & Ptolemaïs, veniens obsidet, quam post biduum in deditionem recepit. Manere ibi volentibus non fuit hostilis oppressio, & recedere volentibus data est vitæ conductio. Id sanè Salahadini liberalitati commendat, quòd nullum gravari sustinuit, qui vellet ei se subdere, & degere sub tributo ; erat enim suorum tenax dictorum, suique custos integer juramenti ; & tam liberalis, ut vix denegaret quidquam alicui. Tota quippe regio tremebat viris privata fortioribus, & suis destituta tutoribus.

Inter hæc Conradus Marchio filius Marchionis de Monte-ferrato, qui à Constantinopoli veniebat Jerusalem, ubi quia sororem habebat Imperatoris Chrsat in conjugem, cum quodam nobili Græco qui Cursat volebat deponere, & se in Constantinopoli intruedere, pugnaverat, eumque occiderat, & inde recedens, comperto quòd Accon teneretur à Turcis, Tyrum applicuit, & eamdem urbem defensurus suscepit : cujus adventus præsentibus & venturis Christicolis processit ad commodum, & ipsi ad laudem & gloriam. Tunc Comes Tripolitanus qui illuc post bellum Tiberiadis confugerat, videns potentiam Marchionis, omnibus suspectis, & omnes suspectos habens, Tripolim fugit ; cui statim Salahadinus mandavit ut pacta quæ sibi juraverat, jurare faceret à suis. Comes civibus convocatis jurare illos imperat, dicens cedendum esse tempori, nec posse Salahadino resisti ; responderunt cives minimè se jurare nisi priùs formam audiant juramenti, & super hæc inducias usque ad mane petentes, accipiunt. Eâ nocte Comitem illum ultio divina percussit ; res dissimulari non potuit, nam corpore defuncti nudato, quia nuper circumcisionis stigma susceperat apparuit : unde palam fuit quòd se Salahadino confœderans Sectam Sarracenicam cœperat observandam. Post quem Tripolis urbis dominium filius Principis Antiochiæ de jure obtinuit parentelæ.

Ludovicus filius Philippi Regis Franciæ primogenitus nascitur in vigiliâ Assumptionis beatæ Dei Genitricis Virginis MARIÆ. Salahadinus post Accon sibi redditam Berytum & Sydonem occupans, cum Tyrum eâdem facilitate speraret sibi vindicare, à Marchisô turpiter repulsus abscessit. Exinde Ascalonem urbem perveniens, eam post diversos assultus quartâ die Septemb. obtinuit, tali pacto ut cives liberi hinc abirent, & Rex Guido cum quindecim de electioribus captivis redderetur. Ipsâ die quâ præscripto pacto urbs tradita fuit, sol quasi compatiens, beneficium luminis defectu eclipseo urbi & orbi subtraxit, ita ut stellæ sicut in nocte apparerent. Turcomanni per hoc dies Laodicensem urbem impetunt, & cum Principe Antiochiæ congressi, multos de suis occidunt. Deinde Antiochiam & circumjacentem regionem profligant cædibus & incendiis ac rapinis, terramque illam copiosam quæ Mons-verra dicitur rapinis & incendiis sunt depasti. Sed cum inde redirent, ab Antiochenis sunt devicti & fugati.

Salahadinus Ascalone munita cum Turcis suis Jerusalem properat, & eam obsidet à parte occidentis, oppugnans eam decem diebus civibus fortiter resistentibus, cum nec sic Turci proficerent, per partem Aquilonis urbem sanctam iterum sunt aggressi. Tunc obsessi considerantes obsessoribus non posse resisti, in commune deliberant salvis sibi vitâ & mobilibus reddere civitatem : sed Salahadinus quia contrà suam voluntatem se tenuerant, petiit pro redemptione eorum ab his qui quindecim annos & suprà excreverant decem byzancios, à mulieribus quinque, & ab infantibus unum similiter sibi reddi : quod ut ab utrâque parte concessum est, secundo Octobris die, qui erat ab obsidione tricesimus tertius feriâ sextâ urbs sancta, quòd dici dolor est, Salahadino redditur. Qui statim campanas Ecclesiarum confringi fecit, & Turci equos & jumenta in Ecclesiis stabulaverunt, Suriani verò Ecclesiam sepulcri auri pretio redemerunt ne sordibus Gentilium subjaceret. Templum autem Domini, quod Turci juxtà ritus suos consueverant antiquitùs venerari, fecit Salahadinus intùs & extrà aquâ rosaciâ ablui antequàm vellet illuc ingredi. Multa verò millia pauperum quia non habebant pretium à prætaxato pretio absolvit, & infirnis jussit de fisco proprio per aliquantum tempus necessaria ministrari. Sanè Regina Sybilla, cum Heraclio Patriarcha, Templariis & Hospitalariis, ac immenso exulantium cœtu apud Antiochiam est profecta; alii verò apud Alexandriam vel in Siciliam navigaverunt.

Capta est ergo Jerusalem civitas sancta post annos octoginta octo ex quo à Turcis eruta fuit, & tantumdem ferè temporis à nostris possessa, quantùm priùs à Turcis. Suriani verò, Georgiani, Jacobitæ, Græci, Armenii in Jerusalem remanserunt sub Turcorum dominio, addicti servituti. Transmarinæ calamitatis historia ubi per occidentem insonuit, gravi mœroris aculeo corda omnium sauciavit. Urbanus verò Papa cum tam flebilem rumorem audisset, nimis indoluit, & ex dolore languescens, non multum post obiit, & in urbe Ferrariâ sepelitur; cui Romanæ Ecclesiæ centesimus septuagesimus septimus GREGORIUS octavus natione Beneventanus, successit. Sed cum post duos menses Pisam venisset, & inter Pisanos & Januenses discordantes concordiam reformasset, atque ad subventionem urbis Jerusalem totis viribus inhiasset, proh dolor! instanti Natali Domini rebus humanis eximitur, & apud eamdem urbem honorificè sepelitur. Post quem Romanæ Ecclesiæ centesimus septuagesimus octavus CLEMENS tertius natione Romanus, Papa præsidet. Imperator Constantinopolitanus, & Rex Siciliæ reducuntur ad pacem.

MCLXXXVIII.

Guido Rex Jerosolymorum de prisione Salahadini liberatus, Tyrum applicuit; sed eidem Conradus Marchio introitum denegavit: quod Rex prudenter dissimulans, nunc apud Antiochiam, nunc apud Tripolim commoratur per annum, & transmarinos Christicolas in terræ sanctæ subventionem venturos exspectat. Philippus Rex Franciæ & Henricus Rex Angliæ dum pro sedando inter se dissidio ad colloquium inter Triam & Gisortium conveniunt, Tyrensi Archiepiscopo, qui in Franciam pro subsidio terræ sanctæ advenerat; eos adhortante signo se Crucis insigniunt; quorum exemplo Barones & Milites prægnoti, turbaque conditionis cujuslibet infinita, signum Crucis Dominicæ assumpserunt. Fredericus quoque Imperator Romanorum per idem tempus eodem peregrinationis voto se obligat, & per totum Imperium suum, necnon & per universum orbem eodem voto & studio effervescunt.

Consilio Regis Philippi Regis Franciæ, & Procerum Regni ejus agitur, ut ad auxilium peregrinorum in terram sanctam profecturorum, res & mobilia universorum decimarentur; quod quidem in grandem perniciem est conversum, quia plures ex his qui decimationes exigebant, violentiis Ecclesias aggravabant, ex quo peccato creditur accidisse quòd iter propositum transmarinum impediretur. Satan enim lætis cruce signatorum Principum primordiis invidens, inter Principes discordias seminavit, ut adimpleretur quod dictum est per Prophetam: *Effusa est contentio super Principes, & erraverit eos in invio & non in via.* Nam inter Philippum Regem Franciæ & Henricum Regem Angliæ per Richardum Regis Angliæ filium renovatur dissidium, quod sopitum certissimè putabatur. Philippus enim Rex collectâ multitudine armatorum terram Arverniæ potenter intravit, & quidquid erat juris Regis Angliæ sibi subjugavit; quo intellecto Rex Angliæ nimis iratus, reduxit exercitum suum per marchiam Normanniæ versùs Gisortium, ubi multas villas destruxit & incendit: quo audito Rex Franciæ eidem occurrens, fugavit eum usque ad castrum quod dicitur Trou, de quo Henricum Regem turpiter ejecit, & in transitu suo Vindocinum subjugavit. Tandem superveniente hyeme, datis induciis ab utrâque parte quieverunt à bello. Templarii, Hospitalarii, virique fortes quamplurimi transfretant, ut oppressis terræ sanctæ succurrant. Guillermus quoque Rex Siciliæ per Ducem classis suæ inter marinum liberum reddebat, & à piratis tutum, tam subventionibus navium quàm rerum quarumlibet copiâ, Christianis transmare satis munificè succurrens.

Siccitas fuit inaudita, adeò ut in multis locis fluvii, fontes & putei siccarentur; plurimæque ignium clades per Gallias acciderunt: Nam Turonis, Carnotum, Belvacus, Autissiodorum & Trecas civitates, Pruxinum castellum & quamplures aliæ villæ miserabiliter incenduntur. Salahadinus urbes & oppida quæ Christianis abstulerat, muris reparat & roborat munimentis. Tyrum iterum impugnat terrâ & mari, nihilque intentatum relinquens, patrem Marchisi quem in bello Tiberiadis ceperat, sub hac fiduciâ præsentat captivum, ut filius necessitudinis affectu permotus patris concambio civitatem contradat. Nunc ergo reddendum offert, nunc perdendum minatur, variosque tentat accessus, sed in omnibus fallitur; quem Marchio flecti nescius, offerentem irridet, minantem contemnit, & quoties provocandæ campsionis intuitu illi pater in vinculis videndus ostenditur, confestim ballistam corripit, obliquos in patrem ictus designans, manum quidem abertare volens, sed similis percussuro. Missi etiam Soldani qui patris interitum minitantur, id se votis omnibus expetere asserit, ut & maleficus ille post tot flagitia bonos tandem inveniat exitus, & ipse patrem habere Martyrem mereatur. Hac Salahadinus obtinendæ urbis delusus fiduciâ, quod arte non valebat, armis experitur; sed terrâ & mari à Marchione devictus, recedit inglorius.

MCLXXXIX.

Ravennensis & Pisanus Archipræsules cum multo Italorum agmine transfretantes, & Tyrum appulsi, Tyrensibus fiunt non modicum adjuvamentum. Fredericus Romanorum Imperator cum Duce Suaviæ filio suo iter peregrinationis transmarinæ arripiens in festo sancti Georgii, cum multitudine infinitâ Hungariam ingreditur, & à Rege Hungariæ honorificè est susceptus. Dehinc transito Danubio per Bulgariam tendit in Thraciam; sed cum ei Imperator Græcorum transitum denegaret, vias obstrueret, divertit in Græciam, & terræ illius partem occupans, ibidem per aliquantulum temporis demoratur. De Frisiâ & Daciâ quinquaginta naves pariter fœderatæ eamdem peregrinationem arripiunt. De Flandriâ verò triginta septem rates quæ alios sequutæ sunt, dum per Hispanias transeunt, Sarracenorum urbem nomine Silviam obsident, & post quadraginta dies captam diripiunt, nulli ætati vel sexui parcentes, sed omnes pariter trucidantes; postea opes inventas æqualiter inter se dividunt, & urbem tenendam Regi Portugalensi Christiano reliquerunt.

Interim inter Regem Franciæ & Regem Angliæ fervescente discidio, plurima fit castrorum urbiumque direptio: Turonis urbs à Rege Franciæ capitur, & Cenomannis. Deinde post, pace inter eos factâ, Henricus Rex defungitur, nimio, ut dicebatur, dolore absorptus, quod videret se à Rege Franciæ victum, & à Richardo filio suo qui ad Regem Franciæ confugerat, derelictum. Sepultus est in Cœnobio

Psal. 106. 40.

nobio Monachorum , qui Fons-Ebraudi dicitur, multis ab eo redditibus & muneribus ampliatum. Vir utique prudentiâ gestisque famosus, lætisque florens successibus, perpetuâ dignus memoriâ, nisi quod sanctum Thomam fuerit adversatus. Cui successit Richardus filius ejus.

Erachium quoddam castrum duobus annis à Turcis obsessum Salahadino redditur, & propter hoc Eufridricus de Turone qui in vinculis tenebatur, liberatur : pari facto Magister Templi Giraldus absolvitur, & pater Marchisii cum cambio cujusdam captivi gentilium liber abscedit. Cum multa millia Christianorum apud Tyrum & Tripolim applicuissent, Guido Rex Jerosolymorum eos Accon petere & obsidere fecit, quibus Salahadinus occurrit ut succurrat obsessis, & impetat obsessores : cumque nostri hostium assultus ferre non possent, valla & aggeres in gyro castrorum facientes, tutiores pugnam acerrimam cum hostibus pertulerunt ; & sic in obsidione longo tempore commorantes, multi morbo dyssenteriæ perierunt, siquidem à facie & à tergo hostilis eminebat obsidio : & aëris intemperies tanta fuit ac inundatio pluviarum, ut præ nimiâ humectatione cibaria corrupta deperirent ; unde miranda & perpetuô veneranda virorum illorum constantia, quæ tot malis obsita non defecit, sed permansit infracta. In hac obsidione defungitur Regina Jerusalem Sibylla cum quatuor filiis, quos de Rege Guidone marito susceperat, & habebat solummodò. Post cujus obitum Guido Rex jus Regni perdidit, & ad sororem Reginæ nomine Izabellam uxorem Eufridi de Turone obvenit, sed ab Eufrido separata, quia eam ante nubiles annos, & contra voluntatem suam, duxerat, Marchioni Conrado uxor tribuitur, qui hoc modo Regni Jerusalem obtinuit Principatum.

Guillermus Rex Siciliæ moritur, cujus mors multis intulit detrimentum ; nam cum haberet heredem, Henricum Frederici Imperatoris Romanorum filius dicebat se fieri successorem, & pacto promissionis, & jure propinquitatis, quia sororem Regis Guillermi duxerat in uxorem. At Siciliæ Proceres inito consilio Tancredum virum illustrem in Regem substituunt, unde propter hoc grandis utrimque fit turbatio, quia Imperatoris provinciæ, & imprimis Campania & Apulia profligantur. Izabellis Regina uxor Philippi Regis Franciæ obiit, & Parisius in majori Ecclesiâ beatæ MARIÆ sepelitur.

MCXC. RICHARDUS, CONRADUS, TANCREDUS.

Philippus Rex Franciæ, Richardus Rex Angliæ, Odo Dux Burgundiæ, Philippus Comes Flandriæ, Henricus Comes Campaniæ, Theobaldus Comes Blesensis, Stephanus Comes Sacri-cæsaris ; Episcopi quamplurimi, & ferè Regni Franciæ Barones & Milites universi, signo Crucis Dominicæ insigniti, cum infinito agmine & incredibili apparatu iter transmarinum arripiunt : navesque ascendentes diversis portibus marinâ tempestate repulsi, diversis littoribus applicuerunt. Philippus verò & Richardus Reges Messanæ urbi Siciliæ vix appulsi, nec valentes ulteriùs progredi, ibidem intimul hyemaverunt. Tunc venit ad eos Abbas Joachim de suo quod in Calabriâ constituitur, Monasterio evocatus, qui de futuris ab eis sciscitatus, respondit quòd mare transituri essent, sed nihil aut parum efficerent, quia tempus non aderat, quo liberanda foret Jerusalem & regio transmarina.

Fredericus Romanorum Imperator cum Cursat Imperatore Græcorum qualicumque pace compositâ, & Bosphoro transito, Asiam perambulavit, multa suorum damna patitur tam per assultus hostium, quàm per penuriam victualium ; timebat enim per æquora transmeare, quoniam sicut dicunt in historiis suis quæ Fredericæ nuncupantur, quòd fatatum ei erat in aquâ mori. Ipse verò Soldanum Yconii qui forum venalium quod promiserat, sibi deturbabat, usque Yconium persequutus, circumjacentia loca Yconii succendit. Deinde cum ad quasdam locorum venissent angustias, reperit Turcorum multitudinem infinitam, congregatos eos viriliter debellavit. Habito itaque de hostibus insigni triumpho, dum quemdam fluvium transiret, heu ! tantus Princeps demergitur, suffocatur, & moritur. Vir quidem magnanimus, strenuus, largus, facundus, prudens gestisque clarus, ac sibi rebellium fortis edomitor, qui adeo Imperium dilatavit, ut post Carolum Magnum parem gestorum magnificentiâ vix habuerit : cui successit Henricus filius ejus, qui ad custodiam Imperii relictus fuerat. Frederico Imperatore itaque mortuo, exercitus ejus venit Antiochiam, ubi dum fessa reficiunt corpora, & in epulis distendunt, tot & tanti ex eis ægrotant vel obeunt, quòd de tanto exercitu vix pauca militia remaneret. Filius quoque Imperatoris Dux Suaviæ, corpus patris usque ad Tyrum detulit, quo ibidem sepulto, cum ad obsidionem Aconis venisset, paulo post obiit.

Obierunt Philippus Comes Flandriæ, Theobaldus Comes Blesensis, Stephanus Comes Sacri-cæsaris, Procerumque atque Nobilium turma quamplurima apud Acconem de diversis mundi partibus aggregata.

HENRICUS. MCXCI.

Clemente Papa mortuo, Romanæ Ecclesiæ centesimus septuagesimus nonus CÆLESTINUS tertius natione Romanus, præsidet, qui in ipso die Paschæ consecrationem pontificalem accepit, & in crastino HENRICUM Frederici Regis filium ad Imperium coronavit. Rex Franciæ Philippus, qui anno præcedenti cum Rege Angliæ Richardo in Siciliâ hyemaverat, cum tamquam hominem suum monuit, ut sicut sibi juraverat, mare cum eo transiret ; quod id non solùm facere, sed etiam sororem illius quam ei juramento tenebatur in uxorem ducere, recusavit, & usque ad mensem Augustum passagium suum distulit. Rex igitur Franciæ mare intrans recto itinere Accon applicuit, & ab his qui longo tempore sedebant in obsidione, quasi Angelus cum gaudio & honore suscipitur : Richardus verò Rex Angliæ cum ratibus & galeis post Regem Franciæ de Siciliâ movens, venit in Cyprum, ibique invenies quemdam Pseudo-Imperatorem insulæ dominantem ipsum cepit, Cyproque sic subjugatâ, gente suâ eam munivit. Interim Philippus Rex Franciæ ad expugnandam Acconem Regem Angliæ expectabat : condixerant enim quòd non nisi pariter impugnarent. Igitur cum venisset, primò fossata implere contendunt ; sed cum à Rege Franciæ Rex Angliæ sæpius dissentiret, & sicut dicebatur, perurgendis assultibus dissimulanter ageret ; Rex Franciæ petrarias adhibens quamplurimas suos fecit urbem fortiter assilire, quibus nocte & die incessanter jactantibus, pars murorum confringitur, & turris mirabilis firmitatis, fossoribus cuniculos subter agentibus, conquassatur. Tunc hostes vehementer attriti cum nullam sibi viderent adesse potentiam resistendi Regi Franciæ, colloquium expetunt, urbemque, se & sua pariter reddunt. Accon igitur tertio Idus Julii à nostris recipitur, post decursum ferè biennium, ex quo cœperat obsideri. Porrò Turci intrà urbem reperti, cum pacta quæ cum Rege Franciæ inierant tenere non possent, alii evasere redempti, alii ad serviendum compedibus sunt detenti, alii gladio truncati. Auditâ ergo captione Acconis timor irruit super hostes, & Ascalonem atque quædam castella quæ nostris abstulerant diruunt, vacuaque dimittunt.

Henricus Imperator Romanorum Neapolim obsidet, sed ibi ægrotans cæde relictâ Alemanniam tendit. In Cœnobio sancti Dionysii in Franciâ extractum est caput pretiosi Dionysii Areopagitæ Martyris de capsâ ubi cum corpore quiescebat, ad removendum errorem Canonicorum Parisiensium, qui dicebant caput prædicti Martyris se habere; positumque fuit illud caput sanctissimum in vase decenti argenteo, ut palam deinceps ad osculandum gentibus monstraretur: quod postmodum venerabilis Matthæus Abbas illius Monasterii, in alio vase aureo pretioso lapidibus & mirabili opere decorato à se constructo transferri fecit per manus venerandi in Christo patris domini Simonis sanctæ Cæciliæ tunc Presbyteri Cardinalis, qui postea Papa Martinus quartus appellatus est, præsente Rege Franciæ Philippo filio Regis sanctissimi Franciæ Ludovici, sicut ad dictum Cœnobium accedentes vident moderno tempore universi.

Apud Accon ortâ discordiâ inter Regem Franciæ & Regem Angliæ, Philippus Rex Franciæ apparatu suo sub manu Ducis Burgundiæ commendato rediit à partibus transmarinis; Rex verò Angliæ Richardus ibidem remanens, eos qui in opere jam inculsi & quasi capti tenebantur Christiani, suo auxilio liberavit, & multa alia bona fecit.

MCXCII.

Illi qui post discessum Regis Franciæ trans mare remanserant, parum aut nihil proficiunt, sed demùm inter eos & Salahadinum induciæ usque ad triennium statuuntur; sic tamen quòd Ascalonem, quam nostri cum magno labore & expensis construxerant, rursùs dimittunt, & ita in vastitatem civitas nobilis est redacta. Conradus Marchio dùm in urbe suâ Tyro per quemdam vicum incederet, à duobus sicariis, quos hersacidas vocant, cum cultellis occiditur; quorum unus illicò occisus est, alter captus vivus incenditur. Odo Dux Burgundiæ, multique nobiles trans mare obeunt, pauci repatriant. Henricus Comes Campaniæ uxorem Marchionis Conradi ab hersacidis occisi accepit in conjugem, & in Tyro ad principandum eligitur. Richardus Rex Angliæ vendidit insulam Cypri quam acquisierat, Guidoni quondam Jerusalem Regi, qui Rex fuit ibidem constitutus.

MCXCIII. Henricus.

Richardus Rex Angliæ de transmarinis partibus post multa naufragia rediens, dum per Austriam in patriam suam latenter transire deliberat, à Duce Austriæ capitur, & Imperatori Romanorum Henrico traditur, à quo per annum in custodiâ detentus, tandem multâ pecuniâ redimitur.

Salahadinus Soldanus Babyloniæ & Damasci obiit; qui moriens jussit ut signifer ejus portans sudarium suum super lanceam per Damascum clamaret: *Rex totius orientis nihil amplius de suis omnibus secum portat.* Post quem filii ejus Regno compertito cum Safadino Salahadini fratre, diutiùs de Regno concertant. Philippus Rex Franciæ Normanniam ingressus Gisortium cepit, aliaque quamplurima castra vel vi, vel deditione pervasa, aut incendit, aut diruit, aut retinet & firmata communit. Eodem anno ipse Rex Philippus Ysemburgam Regis Danorum sororem apud Ambianis urbem duxit in uxorem, quæ à Guillermo Remensi Archiepiscopo ibidem inuncta fuit in Reginam; sed miro Dei judicio ubi eam accepit, sic exosam habuit, quòd statim eam relinquere cuperet, & de divortio cogitaret. Guido Senonensis Archiepiscopus obiit, cui Michael Parisiensis Ecclesiæ Decanus successit.

MCXCIV.

Richardus Rex Angliæ infinitâ redemptus exactione in terram suam regreditur; qui statim castrum obsidens, quod Guido de Vallegriniosâ ex parte Regis Franciæ tenebat, non multum post expugnat; & sic fecit de multis aliis castris in terrâ suâ à Rege Franciæ detentis. Veniens autem Turonis Canonicos beati Martini de Ecclesiâ ejecit, & res eorum violenter abstulit. Tancredus Rex Siciliæ & Rogerus filius ejus jam in Regem peruncto, Regni simul ac vitæ exitum sortiuntur; quo Henricus Romanorum Imperator cognito, Appuliam & Siciliam terrâ marique aggreditur, susceptusque est à Principibus, totamque terram suæ subdidit ditioni. Philippus Rex Franciæ Normanniam intrans Vernolium obsidet & expugnat, Ebroicasque urbem incendit & subruit.

MCXCV. Henricus.

Henricus Imperator Romanorum receptâ Siciliâ rediens in Alemanniam, thesauros Regum Siciliæ, uxorem Tancredi, & filium ejus, atque quosdam Primates, qui contrà se conspiraverant, secum adduxit, & uxorem suam cum filio suo Frederico ibidem apud Panormum dimisit. Ab Oriente transfretat in Hispaniam Sarracenorum exercitus infinitus, Regemque Castellæ in bello devicit, & partem Hispaniæ rapinis ac cædibus occupat & profligat. Vehemens fames Gallias attrivit, quæ per quatuor annos continuus durans ita confecit populum, ut qui antea divitiis floruerant, publicè mendicarent. Philippus Rex Franciæ Vallem Ruollii quam munitam tenebat, funditùs evertit, & post paucos dies sororem suam, quam Richardus Rex Angliæ tenuerat, recipiens, Comiti de Pontivo in uxorem dedit. Cum autem postea Rex exercitum in Bituricensi pago juxtà Ylloldunum collegisset, & Rex Angliæ cum exercitu suo in oppositam partem staret, ac uterque exercitus ad pugnandùm armis accingeretur, cooperante Domino, contrà omnium opinionem ita factum est, quòd Rex Angliæ depositis armis cum paucis ad Regem Franciæ veniret, & ibi coram omnibus pro Ducatu Normanniæ & Comitatu Pictavensium & Andegaviæ eidem homagium faceret; & sic de pace servandâ deinceps uterque Rex ibidem præstat juramentum. Fulco quidam Parisiensis Presbyter cœpit in Galliâ prædicare, multosque ad usuræ restitutionem adducere.

MCXCVI.

In Martio subita & nimia aquarum & fluminum inundatio facta, pluribus in locis villas destruxit, & in eis habitantes exstinxit, atque plures pontes fluminis Secanæ confregit. Per totam Alemanniam fit ingens commotio ad liberationem regionis transmarinæ, Archiepiscopo Maguntiæ & Duce Saxoniæ, necnon pluribus Episcopis & Principibus voto se sanctæ Crucis obligantibus. Imperator quoque Henricus per Appuliæ & Siciliæ littora tam navibus quàm in victualibus copiosum exhibuit apparatum. Factum est divortium inter Philippum Regem Franciæ & uxorem suam Reginam Ysemburgam, consanguinitate probatâ inter eam & aliam quam Rex ante duxerat. Richardus Rex Angliæ postposito juramento quod Regi Franciæ fecerat, castrum Virzionis in Bituricensi pago dolo cepit, & funditùs evertit. Ob hoc Rex Franciæ Philippus collecto exercitu Albammarlam obsedit, ubi dum moram faceret, Rex Angliæ Norencourt castellum pecuniâ datâ militibus ipsum custodientibus, recepit ; sed Rex Franciæ prædictum castrum minimè relinquens, tantum illud erectis petrariis & aliis ingeniis impugnavit, donec fractâ turre & muris, interiores bellatores ad deditionem coëgit, cumque castrum solo tenùs destruxisset ; Norencourt obsidens in brevi cepit, & Comiti Drocarum Roberto custodiendum tradidit. Mauritius Parisiensis Episcopus obiit, cui successit Odo Solliacensis. Hic venerandæ memoriæ Mauritius Episcopus inter alia bona quæ fecit, quatuor Abbatias fundavit, & de propriis sumptibus dotavit, scilicet Hermallem, Hermerias, Hesderam & Gif. Et quia de resurrectione mortuorum, quam ipse firmissimè credebat, multi in tempore suo dubitabant, moriens scribi fecit in schedulâ : *Credo quòd Redemptor meus vivit, & in novissimo die de terrâ surrecturus sum, & rursum circumdabor pelle meâ, & in carne meâ videbo Deum Salvatorem meum.* Hanc igitur schedulam in extremis agens super pectus suum præcepit extensam poni, ut ab omnibus ad ejus sepulturam convenientibus posset legi, cujus exemplum sequuti sunt omnes ferè Sacerdotes postmodum morientes.

Job 19. 25.

MCXCVII.

Theutonici qui in terram transmarinam transierant ; dum omnia turbulenter actitant, inducias quas nostri cum Turcis inierant, abrumpunt, urbemque Berytum oppugnant & capiunt ; quo Turci permoti Joppem civitatem pervadunt, obtruncant omnes, munitionem diruunt, soloque coæquant. Philippus Rex Franciæ duxit in uxorem Mariam filiam Ducis Meraniæ & Bremiæ Marchionisque Histriæ ; de quâ postea genuit Philippum Comitem Boloniæ, & uxorem Ducis de Lovanio. Balduinus Comes Flandriæ ; qui anno præcedenti Philippo Regi Franciæ homagium apud Compendium fecerat, ab ejus fidelitate manifestè recedens, Richardo Regi Angliæ confœderatus, Regem Franciæ dominum suum, & terram suam graviter persequutus est ubilibet ; & Reginaldus filius Comitis Domni-Martini, cui ex maximâ dilectione Rex Comitissam Boloniæ cum Comitatu suo dederat in uxorem. Regina Hungariæ soror Regis Franciæ Philippi, mortuo marito suo apud Accon ultra mare transiit, ibique paulò post obiit.

In eâdem quoque urbe & iisdem diebus Henricus Comes Campaniæ, qui uxore Marchionis acceptâ, ibidem super Regnum Jerusalem principabatur, dum in superiore palatii sui cœnaculo cuidam fenestræ vertendo se applicaret ; miserabili præcipitio collisus exspiravit ; cujus mater Maria nomine, quæ Comitatum Campaniæ viriliter regebat, cum morte filii sui & sororis suæ Reginæ Hungariæ nuntium accepisset, nimis indoluit ; nec multò post obiit ; cui Theobaldus filius ejus frater defuncti Henrici, in Comitatu Campaniæ successit. Duæ autem filiæ Henrici Comitis ; quas de uxore Marchionis genuerat, apud Accon remanserunt, & una alia quam de Marchione Conrado habuerat ante istas. Aymericus tamen Rex Cypri post mortem Guidonis fratris sui quondam Regis Jerusalem factus, dictam Ysabellam matrem præfatarum filiarum, cui jus Regni Jerusalem competebat, accepit uxorem, & tunc primò cum viro suo coronata fuit dicta Isabellis in Accon in Reginam. Petrus Cantor Parisiensis vitâ & scientiâ clarus, apud Cœnobium quod Longus pons dicitur obiit. Francia per Cœlestinum Papam supposita est interdicto propter divortium Regis Franciæ &

Reginæ ; nec multò post ipso Papa mortuo , Romanæ Ecclesiæ centesimus octogesimus INNOCENTIUS tertius præsidet. Hic fecit hospitale sancti Spiritûs, & sancti Sixti Ecclesiam renovavit. Librum etiam de miseriâ conditionis humanæ, & decretales infinitas composuit. Henricus Romanorum Imperator in Siciliâ commorans apud Messanam obiit, FREDERICO filio suo admodùm parvulo ; & uxore suâ in manu Innocentii Papæ derelictis ; sed Philippo fratri suo Duci Suaviæ pro dicto puero regendum Imperium dereliquit. Theutonici qui mare in terram sanctam transierant, cum grandia se facturos sperarent, auditâ morte Imperatoris repatriant.

PHILIPPUS. MCXCVIII. AYMERICUS, FREDERICUS.

Inter Principes Alemanniæ fit acerba dissensio, aliis Philippum defuncti Henrici Imperatoris fratrem, aliis Othonem Ducis Saxoniæ filium, Richardi Regis Angliæ ex sorore nepotem sublevare volentibus ; & ita Regnum illud diù quietum variè perturbatur. Philippus tamen Dux Suaviæ, frater Imperatoris Henrici magnam Imperii partem obtinuit : contrà quem Otho prædictus auxiliante sibi Rege Angliæ stans, diversis eum assultibus impugnavit. Quædam mulieres ad prædicationem Fulconis Parisiensis Presbyteri conjugium respuentes, & soli Deo servire cupientes, in Abbatiâ S. Antonii Parisius collocatæ sunt, quæ causâ illarum eo tempore fundata fuit. Apud Rosetum in Briâ in Sacrificio Altaris vinum visibiliter mutatum est in sanguinem, & panis in carnem. In Vermandense territorio quidam miles qui mortuus fuerat, revixit, multaque futura multis prædixit, & postea sine cibo & potu longo tempore vixit. In Galliâ circà festum sancti Joannis Baptistæ ; ros in nocte de cœlo cadens mellitus, spicas segetum ita infecit, ut multi eos in ore ponentes saporem mellis apertè sentirent. Mense Julio orta est tempestas valida in Episcopatu Parisiensi, tantæque magnitudinis lapides grandinis ceciderunt, quòd à Trembleio villâ sancti Dionysii usque ad Cœnobium virginum quod Cala dicitur, & circà loca adjacentia, segetes, vineas, & nemora penitùs destruxerint.

Philippus Rex Franciæ contrà omnium opinionem, & suum edictum, Judæos quos ejecerat Parisius reduxit, & Ecclesias Dei graviter persequutus est ; nec multò post pœna sequuta est, Rex enim Angliæ Richardus cum infinitâ multitudine armatorum Vulcassinum ingressus, omnia circà Gisortium vastavit ; Corcellas & plures villas campestres incendens, prædas earum adduxit, & cum triumpho hâc vice recessit.

MCXCIX.

Richardus Rex Angliæ dum castrum quoddam Vice-comitis Lemovicensis oppugnat, quarello balistæ oculo percussus, non multò post moritur ; cui frater ejus Joannes ; qui *Sine terrâ* dicebatur, in Regno successit. Sepultus verò fuit Richardus Rex apud Fontem-Ebraudi. Philippus Rex Franciæ post mortem Regis Angliæ Richardi Ebroïcas urbem cum circumpositis munitionibus, scilicet Aprisiacum & Acquigniacum cepit, & gente suâ munivit, totamque Normanniam usque Cenomannis vastavit. Arturus autem adhuc puer Comes Britanniæ, nepos Regis Angliæ cum manu validâ veniens ; Comitatum Andegaviæ cepit, & apud Cenomannos Regi Franciæ occurrens homagium fecit, pro Ducatu : Alienordis autem Regina mater Regis Angliæ, apud Turonis similiter fecit Regi Philippo homagium pro Ducatu

Aquitaniæ, & Comitatu Pictaveníium, qui eam jure hereditario contingebat; & post datæ sunt treujæ inter Regem Franciæ & Regem Angliæ. Henricus Bituricenfis Archiepiscopus obiit, cui succeffit Guillermus Abbas Caroli-loci. Obiit fimiliter Michael Senonenfis Archiepiscopus, cui succeffit Petrus de Corbolio, quondam Innocentii Papæ didafcalus. Generale interdictum in toto Regno Franciæ propter divortium Regis & Reginæ obfervatur; quâ de causâ Rex iratus, omnes Epifcopos fui Regni qui interdicto faciendo confenserant, à propriis fedibus proturbavit; Canonicos eorum & Clericos de terrâ fuâ ejiciens; ad cumulum etiam totius mali Ingemburg Reginam uxorem fuam legitimam apud Stampas in castro suo reclufit; aliud etiam addidit quod totam Franciam turbavit; nam tertiam partem bonorum omnium hominibus Militum suorum violenter abftulit, & à burgenfibus fuis tallias & infinitas exactiones extorfit.

MCC. JOHANNES.

In festo Ascenfionis Dominicæ pax inter Regem Franciæ & Regem Angliæ reformata est; & in sequenti feriâ secundâ Ludovicus Regis Francorum primogenitus Blancham Ildefonfi Regis Castellæ filiam, & Regis Angliæ neptem, duxit in uxorem: pro quo matrimonio Joannes Rex Angliæ omnes munitiones, urbes & castra, ac totam terram quam Rex Franciæ Philippus ceperat super Reges Anglorum, præfato Ludovico & ejus heredibus quittavit, totamque terram cifmarinam poft deceffum suum, si ipsum sine herede mori contingeret, eidem conceffit. Curfach Imperator Græcorum Alexium fratrem suum in tantum apud Græciam extulit, ut non minoris potentiæ effe crederetur quàm ipfe Imperator, excepto coronæ privilegio & folo nomine dignitatis; qui hoc intumescens honore, potentioribus fuis per munera conciliatis, fratricida nequiffimus infurgit in fratrem & dominum suum, ipsumque de Imperio dejectum excœcat, & perpetuo carceri mancipavit. Post hæc nomen Imperatoris ignominiofe ufurpans, filium Imperatoris Cursach Alexium nomine excœcari præcepit; quo Alexius cognito, fugit ad Philippum Romanorum Regem, qui sororem suam habebat in conjugem.

MCCI. ALEXIUS

Ottovianus Hoftienfis & Joannes Velletrenfis Epifcopi Legati in Franciam venerunt, per quorum admonitionem Rex Franciæ Philippus uxorem fuam Ingeburgem in qualemcumque gratiam recepit, & fuperinductam à fe feparavit. Hi igitur poftea Franciam abfolventes, Sueffionis Concilium convocaverunt, ubi præsente Rege & totius Regni Epifcopis & Baronibus, tractatum fuit per quindecim dies de matrimonio Ingeburgis Reginæ confirmando, vel feparando; poft multas verò varias difputationes Jurifperitorum, Rex longâ morâ tædio affectus, relictis ibi Cardinalibus & Epifcopis cum Ingeburge uxore fuâ, fummo mane ipfis infalutatis receffit, mandans illis per nuntios fuos, quòd uxorem suam fecum ducebat, ficut fuam, nec feparari ab eâ volebat; quo auditô, ftupefactis omnibus, folutum eft Concilium, Regina verò MARIA quam Philippus Rex fuperduxerat, auditis divortii fui rumoribus, dolore anxia apud Poiffiacum moritur: cujus infantes quos duos Regi pepererat, Innocentius Papa postmodum legitimos ad preces Regis Franciæ mandavit, & litteris fuis confirmavit.

Theobaldus Comes Trecenfis moriens, gravem fuis luctum & multis ingerit, tum propter indolem quam præftabat egregiam, tum quia Cruce fignatus Jerosolimitano itineri fperabatur profuturus. Hic Regis Navarræ fororem nuper acceperat in uxorem, quæ geminam ex eo fusceperat sobolem, vivente marito unam filiam, jam defuncto unicum filium, ex quo prægnans remanferat. Ecclefia de Mirabello in Pictaviâ dedicata eft, & ibi Canonici conftituti. Galterus Brenenfis Comes Romam venit, hac de causâ. Uxor Tancredi quondam Regis Siciliæ, ab Imperatore Romanorum HENRICO Siciliam obtinente captivata cum liberis diuque detenta, tandem cum filiabus evadens ad præfatum Comitem fe contulerat, eique filiam suam defponfaverat; quocircà idem Comes fociis quos potuit fecum aggregatis, ut fponfa fua hereditaria jura requireret Romam profectus, ab Innocentio Papa folemniter eft receptus; cujus auxilio præmunitus, parte fibi Campaniæ traditâ, cum Tybodo tyranno qui terram illam occupaverat congreditur, ipfumque cum exercitu fuo fugat, profequitur & expugnat. Secundâ denique congreffione ante Carolum insigne Appuliæ oppidum ejusdem tyranni exercitus ufque ad internecionem excidit; ipfo cum paucis profugo, & in quâdam munitione reclufo. Hac igitur Comes Brenenfis potitus victoriâ, in fublime evehitur, atque in brevi lætis succeffibus maximam regionis partem, Tybodi ereptam tyrannidi, fuæ fubjugat ditioni.

MCCII.

Alienorde Reginâ Angliæ defunctâ, cùm Rex Franciæ Philippus fubmonuiffet Joannem Regem Angliæ filium ejus ut Parifius veniffet, fibi homagium facturus pro Ducatu Aquitaniæ, & Comitatu Pictavenfium &, Andegaviæ qui fibi poft matris obitum obvenerant, & ipfe ad diem præfixum minimè veniret, nec refponfalem fufficientem mitteret: Rex Franciæ paratis expeditionibus Normanniam ingreditur, & munitionem quam Boutavant vocant funditus evertit; deinde Arquellum, Mortemer & Gornacum caftrum occupat & incendit, Conchas, infulam Andeliaci & Vallem Ruollii cepit. Poft hæc caftrum fortiffimum Gaillardum fuper Secanam in excelfâ rupe ædificatum obfidet, quod tandem obfidione fex menfium impugnatum cepit; & fic Normanniam pervagans, prediis & incendiis circumquaque depopulatur univerfa.

Fulco ille celeberrimus Presbyter, qui per diverfas provincias prædicando populos multos ad fuccurfum terræ fanctæ incitarat, moritur. Innumera populorum milia prædicti Fulconis inftantiâ concitata pro Jerofolymitanum iter arripiunt; quorum rates toto æftivo tempore ventorum intemperie per fretum quod Hifpanias Affricamque difterminat circumjectæ, quamplures poft longos maris circuitus Marfilienfi portui appulerunt; progredi ulteriùs non valentes. Ludovicus verò Comes Blefenfis, & Balduinus Comes Flandriæ, ac multi de Regno Franciæ, Proceres & Prælati qui Cruce fignati fuerant, poft multa maris pericula, Venecias pervenerunt; fed dum ibidem tranfituros fe putant, quædam caufæ inter ipfos & Venetos emergunt, quibus tranfitus impeditur: ob hoc peregrini multas paffi injurias, alii redeunt, alii abeunt, alii dum morantur fua ferè prorfus expendunt. Die Maii tricefimo fit terræ motus in tranfmarinis partibus tribus diebus ante Afcenfionem Domini, & vox terribilis audita eft; magna pars urbis Acconenfis cum palatio Regis corruit, & populus multus periit; Tyrus penè omninò fubvertitur; Archas oppidum munitiffimum ad folum ufque diruitur; Tripolis maxima pars ruit & plebs plurima fuffocatur; Antaradis autem illæfa fervatur, in quâ Beatus Petrus Apoftolus primam

Basilicam Dei Genitricis construxisse dicitur. Dehinc sequitur terræ sterilitas hominumque mortalitas. Guillermus Remensis Archiepiscopus dum Laudunum venisset, morbo subitaneo præventus opprimitur, & obstruso linguæ officio moritur intestatus; nec multo post nepos ejus Retrocus Catalaunensis Episcopus decedit simili modo.

Joannes Rex Angliæ Arturum Britanniæ Comitem, filium majoris fratris sui Gaufridi defuncti, quem Rex Franciæ Philippus miserat ad debellandum Aquitaniam, & eundem novum Militem fecerat, dum minùs cautè ageret apud Mirabellum cum pluribus cepit, sed ceteris cum ipso captis per obsides liberatis, Arturum, ut fertur, latenter peremit; super quo à Baronibus Franciæ apud Regem Francorum, cujus vassallus erat, accusatus, cum comparere non vellet post multas citationes, per judicium Parium exhereditatus sententiatur. Arturo itaque sicut dictum est, interfecto & Alienorde sorore ejus in Angliam exilio relegatâ, Constantia mater eorum Comitissa Britanniæ Guidonem de Thoarcio maritum accepit; sed postea squalore lepræ moriens, ex eâ filiam genuit, quæ data est postmodum uxor Petro Mauclerc filio Roberti Comitis Drocarum patrui Philippi Regis Franciæ, cum Comitatu Britanniæ. Tartari ab oriente surgentes, posto cessionem domini sui David Regis Indiæ tunc primò exierunt in populorum destructionem.

MCCIII.

Philippus Rex Franciæ iterum Normanniam repetens, Phalasium castrum fortissimum & Domnumfrontem ac Cadumum cepit; totamque terram circumpositam usque ad Montem sancti Michaëlis suæ dominationi subdidit. Denique Normanni ab eo petentes veniam omnes urbes quas custodiebant ei reddiderunt, scilicet Constantiam, Bayocas, Lexovium, Abrincas cum castris & suburbanis: nam quia Ebroicas & Cadumum jam ceperat, nihil de totâ Normanniâ præter Rothomagum, Archas & Vernolium remanebat.

Peregrini Regni Franciæ post multa impedimenta quæ in Venetiâ passi fuerant, initis quibusdam pactis cum Venetis Jaderam Regis Hungariæ urbem maritimam Venetis inimicam expetunt; atque eam obsident; capiunt & incendunt. Tunc Alexius filius Cursach Imperatoris Græciæ, audito quod Franci cum Venetis apud Jaderam essent, mandavit eis per nuntios, quòd si ei succurrere vellent; eos à debitis triginta millium marcharum erga Venetos liberaret pretiaque navium solveret; necnon & orientalem Ecclesiam Papæ subjiceret, ac terræ sanctæ mirabiliter subveniret; quod Franci audientes, ipsum ab se venire faciunt; ac super sponsionibus exsolvendis datis & receptis ab invicem sacramentis simul cum eis & Venetis apud Constantinopolim navigant; & ibidem in brevi applicant. Per medios igitur fluctus strictioris maris quod Bosphorus, sive brachium sancti Georgii dicitur navigantes intrepidè, turrim quæ Galatas nuncupatur expugnant; & catenam qua sit accessus ad portum irrumpant: littoribus verò occupatis terram circumjacentem vi capiunt, Græcis fugientibus & intrà urbem se recipientibus: quod videns invasor Imperii, cum Francis & Venetis congredi disposuit; habens secum triginta millia equitum & pedites innumerabiles. Partibus itaque vicinis quantum arcus potest sagittam jacere, tyrannus divinitus pavefactus intrà urbem se recepit fugiens cum paucis in nocte; quo Græci comperto in palatio congrediuntur, & adolescentis exulis solemnis electio celebratur. Mane facto portas aperientes inermes in castris Francorum se ingerunt, suum requirentes electum, quem illicò recipientes, Cursach patrem ejus de carcere sublevant. His peractis pretia navium, & debita Venetorum solvuntur, ac Francis & Venetis marcarum ducenta millia conferuntur; & dum ibi cum Græcis hyemarent; pacta de obedientiâ Romanæ Ecclesiæ, & de succursu terræ sanctæ innovantur atque confirmantur.

MCCIV. ALEXIUS.

A fine mensis Januarii usque ad Maium fuit siccitas continua & calor æstivalis. Philippus Rex Franciæ Rothomagum obsidet, & in tantum coarctavit assultibus, donec cives se dederunt, videntes quòd nec ipsi se defendere poterant, nec succursum à Rege Angliæ obtinere; sed & duo castella Vernolium & Archas quæ hucusque restiterant, Regis Franciæ tradita sunt ditioni, & ita Rex totam potitus Normanniam septem Episcopatibus distentam, in corpus Regni sui redegit, post trecentos nonaginta duos annos, ex quo Carolus Rex cognomento Simplex Rolloni Dano, primo de Normanorum Ducibus baptizato nominatoque Roberto, dederat eidem Normanniam cum filiâ in uxorem. Postea verò Aquitania ferè tota cum Pictavi urbe Regi Franciæ se subdidit; atque in brevi ita ampliato corpore Regni, quocumque Rex graditur felices cum successus lætaque auspicia prosequuntur.

Alexius Græcorum Imperator Francos & Venetas secum apud Constantinopolim hyemantes rogat ut egrediantur ex urbe propter discordias Græcorum evitandas; qui continuò acquiescentes ex adverso urbis interjacente portu castra sibi constituerunt; sed Imperator tam patris quàm Græcorum suggestione seductus, animum avertit ab eis, & classem incendere parat quæ ipsum ad coronam adduxerat. At ejus conatus Dei gratiâ ad nihilum deductus est: Græci verò postea exosum habentes Alexium Imperatorem, suum sibi creant Imperatorem alium; cumque Alexius Imperatori nulla spes esset nisi in Francis, misit ad ipsos Morgulfum sibi familiarem multa eis promittens, qui jurat ex parte Imperatoris se traditurum quasi pactionis obsidem palatium Blakernam dictum donec fieret plena impletio promissorum; sed dum accedit ad recipiendum palatium Marchio de Monte-ferrato Bonifacius, ipsi & Francis illuditur. Interim Morgulfus revelat Græcis secretum de reddendo palatio; & in odium Alexii statim tertius Imperator efficitur Morgulfus, qui mox in Alexium Imperatorem dominum suum insurgens, eum dormientem strangulare fecit, & Nicolaum alterum Imperatorem creatum occidit. Interim dum hæc agerentur Cursach pater Alexii Imperatoris moritur, & Morgulfus Francos & Venetos postea persequens, ab eis captâ urbe Constantinopoli, occiditur. Mortuo itaque Alexio Imperatore & tyrannis invasoribus, Franci de consilio Ducis Venetiarum aliorumque Principum, cum assensu Cleri & populi, Balduinum Comitem Flandriarum Imperatorem creaverunt.

Petrus Arragonum Rex Regnum suum obtulit Ecclesiæ Romanæ, ac censuale constituit. Tripolitanus Comes & Rex Armeniæ pro Principatu Antiocheno contendentes, diù inter se confligunt.

MCCV. BALDUINUS.

Franci & Veneti qui Constantinopolim ceperant, dum eis hucusque successisset feliciter, circa ferinos dies Paschæ gravi infortunio sunt afflicti. Rex enim Blacorum & Bulgarorum cum Cumanis, Græcis & Turcis adversus eos pugnantes, Domino permittente vicerunt, majoribus in bello peremptis. Etenim cum de communi consilio tripertito exercitu, alii ad custodiam urbis captæ deputati consisterent, alii cum Henrico fratre Imperatoris Balduini circumquaque discurrerent urbes & oppida nondum subacta subigentes, vel jam subacta ne rebellarent observantes; Imperator Balduinus cum majoribus Andrinopolim urbem distantem à Constantinopoli spatio quinque dietarum obsedit. In hac ergo obsidione commorantes, quàdam die ab hostibus lacessiti, Ludovicus Blesensis Comes aliique nobiles dum eos inconsultè aggressi longiùs persequuntur, persequentes circumcludit numerositas hostium de circumpositis insidiis exeuntium, factáque miserabili strage Francorum, Imperator ipse capitur, nobiliùmque quamplurimi perimuntur. Suo igitur capite truncato, exercitus ab obsidione recedens, venit Constantinopolim. Galterus Brenensis Comes cum partem Appuliæ plurimam occupasset, & lætus hucusque floruisset auspiciis, à Tybodo circumventus capitur vulneratus, nec multò post moritur.

Philippus Rex Franciæ Lochas & Chinonem castella fortissima capit longâ obsidione expugnata; quo facto tota Turonia & Andegavia à Regis Angliæ dominio liberatur.

MCCVI.

Adela Regina Philippi Regis Franciæ mater, Parisius obiit, & in Burgundiâ apud Pontiniacum juxtà patrem suum Theobaldum quondam Comitem Campaniæ & Blesis sepelitur. Joannes Rex Angliæ transfretat in Aquitaniam, & innumeras secum copias transvehit ad Rochellam; cui Philippus Rex Franciæ occurrens cum multo apparatu, cum non longè ab invicem essent duo exercitus, tum mutuos non iniere conflictus, sed exhaustis donativis & infecto negotio, Joannes Rex inefficax redire compulsus est. Otho qui contrà Philippum Regem Romanorum diù de Imperio contenderat, deficientibus à se partibus solâ sibi favente Coloniâ, intrà Coloniam consistebat; sed Philippus Coloniam obsidens, civibus ad pugnam egressis eisque potenter expulsis, & Othone turpiter fugato, Colonia recipitur à Philippo.

Apud Constantinopolim cum de morte vel vitâ Balduini Imperatoris nulla fieret certitudo, Franci & Latini Henricum fratrem ejus juvenem strenuissimum ad culmen Imperii provehunt, & coronant. Eodem tempore Galo quidam Clericus à Constantinopoli rediens in patriam, secum faciem capitis sancti Joannis Baptistæ detulit in Franciam, & eamdem Ambianensi Ecclesiæ condonavit. In vigiliâ sancti Nicolai contrà naturam hyemis audita sunt tonitrua, & fulgura micuerunt, à quibus in multis locis ædificia sunt incensa; subsequuta est tanta aquarum inundatio, quòd nemo hujus ætatis erat qui diceret se vidisse tantæ inundationis illuviem aliquando irrupisse. Secana verò Parisius tres archas parvi pontis fregit, & quamplures domos ibi evertens damna multa alibi contulit. Bartholomeus Turonensium Archiepiscopus obiit, cui Gaufridus de Landâ successit.

MCCVII. HENRICUS.

Satella civitas munitissima & ad transfretandum in Siciliam portus aptus, qui Christianorum licet Græcorum hactenùs fuerat, à Soldano Yconii obsidetur, & cum multo Christianitatis damno capta, aliis suffixis patibulo, aliis in vincula conjectis, Turcorum dominio subjugatur. Philippus Rex Franciæ Aquitaniam ingressus, terram Vice-comitis Thoarcii, qui à fidelitate ejus recesserat, & Regi

Angliæ adhæserat, vastavit, Partenacum cepit, & alias quamplures circumpositas munitiones evertens, aliquas munitas sub custodiâ Senescali Guillermi de Rupibus dereliquit. Hugo, Autissiodorensis Episcopus obiit, cui successit Guillermus, qui apud Regem Franciæ Philippum perpetuam impetravit Regalium Ecclesiæ suæ libertatem.

Per idem tempus Bulgarorum hæresis execranda errorum omnium ferè extrema, multis serpebat in locis tanto nocentiùs quanto latentiùs; sed invaluerat maximè in terrâ Comitis Tolosani & Principum vicinorum, ubi dum suum profiterentur errorem, primatum & judicium Romanæ Ecclesiæ spernunt, & communionem Christianorum sub epositorum declinant, dicentes nullum sub eâ vel in ipsius fide posse salvari, omnesque articulos aut negant aut pervertunt; omnem omninò Religionem, cultum & gradum Religionis, pietatemque Ecclesiæ Catholicæ blasphementes, damnant omne genus hominum præter se solos suorumque conventicula, Catholicorum Ecclesiam deridentes. Quocircà de consilio Innocentii Papæ Cisterciensis Abbes aliique circiter tredecim ejusdem Ordinis Abbates delegantur, viri probabiles omnes; sapientiâ & facundiâ præinstructi, & paratiad satisfactionem omni poscenti reddendam de fide, & pro fide etiam animas ponere non verentes. Egressi igitur de Cistercio mense Maio, per Ararim labuntur in Rhodanum modicis expensis, equitaturis nullis, ut per omnia viros Evangelicos se probarent: ingressi deniquè quò tendebant, bini vel trini ad invicem divisi partes illas perambulabant, hostes fidei sanæ doctrinæ spiculis appetentes; vix tamen in multis millibus paucos invenerunt rectæ fidei professores. Alii verò quorum infinitus erat numerus, sic suo pertinaciter inhærebant errori, ut nullis veridicis acquiescerent documentis; sed tamquam aspides surdæ obturescerent aures suas ad voces incantantium sapienter, ne mentes eorum deversas tenebris penetraret auditio veritatis. Pet tres itaque menses, urbibus, villis & oppidis, multo labore & insidiis appetiti, paucos revocant, paucos fideles repertos de fide certiùs instruunt & confirmant. Adfuit etiam cum eis venerabilis Didacus Oximensis civitatis Hispaniæ Episcopus, qui & ipse lucrandis Deo animabus invigilans, de redditibus suis ciborum copiam Prædicatoribus verbi Dei largiter exponebat.

In Angliâ defuncto Huberto Cantuariensi Archiepiscopo, cum eligeretur Rainerius Superior Cantuariæ à communi, Joannes Rex Angliæ alium in sede ponere volens, nec prævalens, adeo iratus fuit quòd Cantuariensem Conventum expelleret, & eorum Ecclesiasticos redditus confiscaret. Propter quod Innocentius Papa Stephanum sancti Grisogoni Presbyterum Cardinalem Archiepiscopum consecravit, qui & Regem excommunicans propter Monachorum eliminationem, & bonorum suorum confiscationem, Angliam supposuit interdicto.

MCCVIII.

Petrus de Castro-novo Monachus missus à Papa Innocentio Legatus in terram Albigensium, Comitem Tolosanum excommunicavit; tunc Comes eum apud villam sancti Ægidii satisfactionem de commissis pollicens convocavit, nec tamen voluit satisfacere, sed mortem ei publicè comminatus est. Itaque Legato recedente, duo servientes Comitis se ei adjungunt, & in eodem hospitio pariter hospitati sunt. Mane autem facto Petrus Missâ celebratâ de hospitio recessit, & dum ad flumen Rhodanum pervenisset, unus è duobus servientibus prædictis ipsum lanceâ feriit inter coſtas: qui percuſſorem reſpiciens, verbum iſtud ſæpiùs iteravit; *Deus tibi dimittat, & ego dimitto.* Poſt modicum tamen vitam finiens, in Eccleſiâ ſancti Ægidii honorificè tumulatus eſt.

Philippus Rex Romanorum cum jam rerum turbinibus in pace ſopitis quieto potiretur Imperio, à Landegravâ Duce Thuringiæ perimitur, ob hoc ut aiunt rancore concepto, quia Philippus filiam ſuam ei ſubtraxerat, quam ſibi ſpoponderat ſe daturum; quo facto uxor ejus filia Curſach quondam Imperatoris Græcorum, nimis affecta dolore paulo poſt moritur. Otho filius Ducis Saxoniæ, nepos Joannis Regis Angliæ per induſtriam & auctoritatem Innocentii Papæ Imperii dignitatem adeptus eſt.

Innocentius Papa miſit in Franciam Galonem S. MARIÆ in portu Diaconum Cardinalem, Juriſperitum, bonis moribus adornatum, & Eccleſiarum Viſitatorem diligentiſſimum, mandans & præcipiens Regi Franciæ Philippo & cunctis Regni Principibus, ut cum exercitu magno tamquam viri Catholici terram Toloſanam, & Albigenſium atque Narbonenſium cum aliis adjacentibus invaderent, & omnes hæreticos qui eas occupaverant exſtirparent, & ſi fortè in viâ vel in bello contra eos facto morerentur, ab ipſo Papa de omnibus peccatis à die nativitatis ſuæ contractis, de quibus confeſſi eſſent, abſolvebantur. Guillermus de Rupibus Mareſcallus Franciæ, ſub cujus cuſtodiâ Philippus Rex Franciæ quaſdam munitiones in Pictaviâ, ſicut ſuperiùs dictum eſt, reliquerat, collectis ferè ducentis militibus Vice-comitem Thoartii & Savaricum de Malo-Leone, qui cum manu validâ juſſu Regis Angliæ terram Regis Franciæ intraverant, prædaſque inde ducebant, ex improviſo ſuperveniens devicit, & quadraginta milites & ampliùs capiens Regi Franciæ domino ſuo Pariſius miſit. Odo Pariſienſis Epiſcopus obiit, cui ſucceſſit Petrus Theſaurarius Turonenſis. Guillermus quoque Bituricenſis Archiepiſcopus parans iter contra Albigenſes, in Chriſto dormivit. Gaufridus de Landâ Turonenſis Archiepiſcopus toxicatus obiit, cui ſucceſſit Joannes de Faïa Decanus Eccleſiæ Turonenſis.

OTHO. MCCIX.

Philippus Rex Francorum vi & armis cepit quoddam caſtrum cui nomen Grapit, firmatum in Septemtrionali latere minoris Britanniæ, de quo facilis tranſitus patebat in Angliam, quod Britanni armis, hominibus & victualibus munierant, in quo etiam Anglicos Regni Franciæ inimicos recipiebant, & circumjacentem provinciam multùm damnificabant. Miles quidam de Galliâ illuſtris & ſtrenuus, Joannes de Bregna nomine, à partibus tranſmarinis electus in Regem Jeruſalem, cum multo transfretat apparatu, & in vigiliâ Exaltationis ſanctæ Crucis Accon urbem applicans, duxit in craſtino in uxorem filiam primogenitam Iſabellis Reginæ ex Conrado quondam Marchione; paulo enim ante defuncta fuerat Iſabellis Regina dimiſſis tribus filiabus, & huic tamquam primogenitæ Regni hereditas debebatur. Porro in Dominicâ poſt feſtum ſancti Michaëlis, cum favore Principum & populi ſanctæ terræ, apud Tyrum ſolemniter coronatus fuit cum uxore Joannes de Bregna prædictus in Regem Jeruſalem, & Aymericus Rex Cypri cum ratione uxoris ſuæ Iſabellis Reginæ defunctæ diù regnaverat, titulum Regni Jeruſalem tunc deponit.

Otho Romanorum Rex intrans Italiam, à pleriſque urbibus reverenter excipitur, & favente ſibi Innocentio Papa, contra voluntatem Regis Franciæ Philippi, & contradicentibus pro maximâ parte Romanis, ac Magnatibus Imperii diſſentientibus,

eo quod pater Othonis quondam Dux Saxoniæ de crimine læſæ majeſtatis ab Imperatore Frederico convictus & condemnatus judicio Baronum, atque à Ducatu Saxoniæ fuerat in perpetuum dejectus, Romæ die quâdam Dominicâ circa feſtum ſancti Michaëlis Imperialem benedictionem ſortitur. In ipſâ verò ejus benedictione Papa jusjurandum exegit ab eo ſuper fidelitate Eccleſiæ, ac jure ipſius conſervando, ac ſuper Regno Siciliæ nullatenùs impugnando; quæ ſtatim ipſâ die violat & dirumpit; propter quod inter ipſum & Papam gravis ſimultas protinùs incandeſcit.

De cunctis Galliarum partibus tam Epiſcopi quàm Milites & Barones ac vulgi numerus infinitus contra Albigenſes hæreticos Cruce-ſignati menſe Junio apud Lugdunum conveniunt, & inde procedentes versùs Provinciam, accenſis animis adversùs homines peſtilentes & fidei refugas Albigenſes ſe præparant pugnaturi; quibus adjungitur Comes Toloſanus, quem Papa per Legatum ſuum abſolverat, priùs exhibitâ ſatisfactione de commiſſis. Imprimis igitur Biterrim urbem obſident & expugnant, nulli ſexui parcentes vel ætati, ſed omnes à minimo uſque ad maximum pariter trucidantur, ita quòd ſeptemdecim millia hominum ferro & incendio perierunt. Carcaſſonam deinde petentes, ad quàm urbem multi de regione circumjacenti confluxerant, eam protinùs obſident; ſed Rogerus de Biterri qui intùs erat, vir perfidus, per cujus nequitiam peſtilens error increverat, videns Catholicorum fortitudinem & audaciam, & quòd ſuis non eſſet potentia reſiſtendi, pactum fecit cum noſtris, ut liceret ſuis recedere quo voluerint ſine rebus; illiſque recedentibus ſolus Rogerus ſub arctâ cuſtodiâ detinetur. Noſtri urbe potitâ, Simonem de Monteforti Militem armis ſtrenuum toti præficiunt regioni, & quidquid in urbe repertum eſt, & pars exercitûs ſub ejus dominio deputatur. His itaque geſtis, cæteri ad propria rediere. Porrò videntes Albigenſes receſſiſſe Principes, multa mala noſtris irrogaverunt; nam diſcurrentes clanculo per caſtella & munitiones, tam milites quàm clientes ad oppidorum cuſtodiam derelictos capiunt, alios occidentes, quamplures aurium & narium cum labro ſuperiori & aliorum membrorum detruncatione deformant. Abbatem quemdam Ciſtercienſis Ordinis in viâ directum cum ſuis occidunt, & Monachum unum vulnerantes, quem mortuum æſtimabant in viâ dereliquerunt. Girardus autem de Papione, illius patriæ vir nimiùm potens ad quoddam oppidum cum multitudine armatorum adveniens, quòd de parte Catholicâ ſe tenebat, cum ſex Militibus, unum Presbyterum, & quinquaginta ſervientes qui intùs erant non poſſet ad libitum obtinere, juramentis ſe obligat ſi ſe reddderent ſecurè eos conduceret uſque ad Carcaſſonam; qui reddentes ſe cum ad menſam propriam Girardi perveniſſent, nihilque mali hæſitantes, ſtatim ſpoliantur & in carcere retruduntur; poſtea eductis Militibus & Presbytero cum aliis, ignem & paleas lignaque quamplurima Girardus ſupponere fecit, miniſtris ſuis deſuper clamantibus, & beatam MARIAM Dei Genitricem blaſphemantibus in hunc modum: Haa meretrix ſancta MARIA; qui tamen arctati incendio, non aduſti triduo permanſerunt. Porrò Milites diverſis cruciatibus efficientes ut Chriſtum Fidemque Catholicam abnegarent, eos tamen in Fide perſeverantes propriis pollicibus exoculant, aures, nares, labiumque ſuperius amputant, quorum unus in pœnis glorioſus Martyr occubuit, alii ſupervixerunt. Comes Fuxi rupto fœdere quod cum Catholicis inierat, unico filio ſuo obſide derelicto redit ad vomitum, hæreticam pravitatem Fidei Catholicæ præferens, & nostros postea multipliciter inquietans.

MCCX. Joannes.

Iterum Procerum & Episcoporum totius Galliæ fit celebris motio super Albigenses. Accedentes igitur adunato exercitu prope Minerbium urbem, eam obsident & capiunt, daturque optio, ut qui voluerit hæresim abnegare, liber discedat : sed circiter centum octoginta ibi inventi sunt, qui potiùs comburi quàm hæresim abnegare elegerunt. Deinde Terme castrum fortissimum obsidetur, ubi peregrinum ramalia ferentem ad implenda fossata quidam balistarius super signum Crucis quod gerebat in humero, carrello feriit, sed carrellum tamquam si super lapidem cecidisset resiliit. Accurrunt undique & mirantur universi, eum vivum reperiunt quem mortuum æstimabant; de ictu nempe ipse corruerat, sed in eo nullam invenerunt vestis diruptionem, aut corporis læsionem. Obsessi longâ obsidione tandem fatigati dum noctu fugiunt, ad excubias nostrorum intercepti, quotquot reperiuntur gladiis obtruncantur.

Parisius de hæresi quatuordecim homines, quorum aliqui Sacerdotes erant, convincuntur, ex quibus decem incendio traduntur, & quatuor recluduntur. Inter cætera quæ impudenter docebant, asseruere quòd Patris potestas duravit, quamdiù viguit lex Mosaïca, & quia scriptum est, Novis supervenientibus vetera projicient, postquàm Christus venit, absoluta sunt omnia veteris testamenti sacramenta, & viguit nova lex usque ad illud tempus quo videlicet talia prædicabant. Illo ergo tempore dicebant novi Testamenti Sacramenta finem habere, & tempus sancti Spiritûs advenisse ; ideoque Confessionem, Baptismum, Eucharistiam, & alia sacramenta sine quibus non est salus, locum de cætero non habere, sed unumquemque per gratiam sancti Spiritûs tantùm interius, sine aliquo exteriori actu, inspiratum posse salvari. Charitatis quoque virtutem sic ampliabant, ut id quod aliàs peccatum esset, si fieret in charitate jam non esse peccatum dicerent, unde stupra & adulteria, cæterasque corporis voluptates in charitatis nomine committebant ; mulieribus cùm quibus peccabant, & simplicibus quos decipiebant impunitatem peccati promittentes ; Deum scilicet tantummodo bonum, & non justum prædicabant.

Henricus Græcorum Imperator congregato exercitu Græciam pervagatur, resistentes subjicit, subjecta pacificat, & circumquaque dominationis suæ terminos dilatavit. Otho Imperator Romanorum sicut dudum mente conceperat, castra & munitiones quæ erant juris Romanæ Ecclesiæ occupavit. Racefonum, Montem-flasconis ac pene totam Romaniolam. Inde transiens in Appuliam, oppugnavit terram Frederici Regis Siciliæ filii Henrici Imperatoris, cepitque multas urbes & oppida quæ erant de Feodo Ecclesiæ Romanæ. Missus ergo hinc inde nuntius, cùm Imperator ea quæ occupaverat resignare nullatenùs vellet, quin etiam à suis quos in castris posuerat, spoliari Romipetas faceret ; Papa convocato Cardinalium suorum Concilio in eum excommunicationis sententiam promulgavit. Deinde cum nec sic resipiscere vellet, sed magis res Ecclesiæ occuparet, ac Romipetarum iter impediret ; omnes subditos ejus à fidelitate, ipsius absolvit, prohibens sub anathemate ne quis eum Imperatorem haberet aut nominaret. Sicque recesserunt ab eo Landegravius Dux Turingiæ, & Archiepiscopus Maguntinus, & Treverensis, Dux Austriæ, Rex Bohemiæ & multi alii tam Ecclesiasticæ personæ quàm sæculares.

His temporibus clarebat in territorio Belvacensi Helinandus Frigidi-montis, Monachus, qui *Chronicam* ab initio mundi usque ad tempus suum diligenter composuit ; & librum *de regimine Principum*, & alium qui *planctus Monachi lapsi* dicitur, compilavit.

MCCXI.

Othone Romanorum Imperatore, ut superiùs dictum est auctoritate Apostolicâ reprobato, & Imperii collati potestate privato, Barones Alemanniæ consilio Regis Franciæ Philippi Fredericum Regem Siciliæ Henrici quondam Imperatoris ex Constantia sorore Guillermi Regis Siciliæ olim filium, in Regem Romanorum elegerunt, rogantes Papam ut ejus confirmaret electionem : qui de Siciliâ vocatus venit Romam, & à Romanis honorificè susceptus fuit ; indeque discedens Alpibus transcensis, pervenit in Alemanniam, ubi ab omnibus ferè gratanter susceptus, apud Maguntiam coronam Regni Theutonici est adeptus ; cumque postmodum venisset apud Vallem-coloris, quod castrum Lotharingiæ est super Mosam fluvium situm, Philippus Rex Franciæ misit illuc filium suum Ludovicum, ut hinc inde mutuam confœderationem inirent, sicut fuerat inter eorum prædecessores antiquitùs constituta. Philippus Rex Francorum Parisius urbem ampliavit à parvo ponte usque ultrà Abbatiam Regularium Canonicorum sanctæ Genovefæ, hortos & campos à dextris & à sinistris in circuitu muris fortissimis præcingens. Rex quidam Sarracenorum nomine Miramolinus, fines Hispaniæ cum magno exercitu ingressus, Regi Castellæ & Christianis in superbiâ loquens bellum intulit ; qui pugnantes contrà eum, & habentes in auxilium Reges illustres Arragoniæ & Navarræ, in fide & in nomine Christi vicerunt eos cùm adjutorio Dei, & quorumdam Militum Francorum. In illo verò prælio non ceciderunt de Christianis nisi triginta homines, de Sarracenis autem centum millia sunt prostrati. In cujus signum victoriæ Rex Arragonum misit Romam vexillum & Lanceam Miramolini, quæ usque adhuc in B. Petri basilicâ reservantur.

De Regno Francorum iterum fit grandis profectio adversùs hæreticos Albigenses ; qui adunati insimul Lavallum castrum obsident, & hostes fidei fortiter impetunt & coarctant ; sed interim dum in hac obsidione morantur, eorum quædam caterva permaxima juxtà castrum quod Mons-gaudii dicitur incautè transiens, ab hostibus intercepta detruncatur, ad quorum meritum declarandum lux cœlestis emicuit, & globum igneum super corpora prostratorum cælitùs descendere multi viderunt. Tunc Episcopi & Abbates illuc convenientes, cœmeterium ibidem dedicaverunt, in quo sepelierunt corpora defunctorum. Post Lavallum capitur, & Penes in Agenensi castrum aliud inexpugnabile post obsessionem in deditionem venit. Milites verò septuaginta quatuor in castro reperti, nolentes errorem relinquere suspendio perimuntur ; deinde rogus exstruitur, & cunctis aliis datur optio, aut ab errore resipiscere aut incendio deperire ; qui cohortantes se mutuò rogum intrant, & maluut comburi quàm deserere pravam sectam. Domina castri Giralda, quæ de fratre & filio se concepisse dixit, in puteum projicitur, & acervus lapidum super eam protinus cumulatur. Apud Lemovicas matrona quædam nobilis moritur, & sudario involuta servatur ; sed dum præparantur exequiæ, subitò resurgens de morte dixit beatam Mariam Magdalenam sibi labia tetigisse, & statim se spiritum resumpsisse : in festo ejusdem Magdalenæ Vizilíacum venit cum sudario, & multis testibus suæ mortis.

In Hispaniâ quidam Presbyter nocte Nativitatis Dominicæ cum quâdam muliere concumbens, dum primam Missam nec contritus nec confessus cantare præsumsisset, & peracto Sacramento orationem Dominicam decantasset, subitò columba cum impetu advolans, roftro misso in calice, totum absorbuit, & hostiam de manu Sacerdotis arripiens evolavit. Et sicut Presbytero in primâ Missâ contigit, accidit in secundâ. Tunc timens & ad cor rediens, contritus & confessus, & acceptâ pœnitentiâ, Missam tertiam inchoavit : post orationem verò Dominicam columba rostro misso, sicut priùs, in calice quidquid inde hauserat evomuit, & evolans duas hostias ad pedem calicis collocavit.

Ferrandus ex Hispaniâ filius Regis Portugalensis, accepit in uxorem Joannam Flandriæ Comitissam, filiam Balduini Comitis, qui fuit, sicut superiùs dictum est, Constantinopolitanus Imperator; hoc apud Regem Franciæ Regina Pottugalensis Ferrandi matertera, quæ fuit quondam uxor Philippi Comitis Flandriæ, fallaciter procuraverat.

Fredericus. MCCXII.

Reginaldus de Donno-Martino Comes Boloniæ suprà mare, cum propter Ecclesias quas deprimebat, & viduas & orphanos quos depauperabat, esset excommunicatus, tandem quærens sibi similes, ad excommunicatos se transtulit. Nam confœderatus est Othoni Imperatori & Joanni Anglorum Regi; propter quod Philippus franciæ eidem Comitatus Boloniæ Moretonii ; Donni-Martini, & Albæ mallæ, quos tam dono Regis quàm potentiâ dictus Reginaldus Comes possederat, abripuit ; & omnia illis Comitatibus appendentia occupavit ; & sic Comes Reginaldus à toto Regno Franciæ repulsus, ad Comitem Barri consanguineum suum accessit.

Eodem tempore cognitum est quòd Remundus Comes Tolosanus foveret hæreticos Albigenses, & ideo cunctis ad diripiendum à nostris est expositus, & tamquam refuga Fidei ac publicus hostis Ecclesiæ judicatus. Nivernis cathedralis Ecclesia conflagravit.

Philippus Rex Franciæ Prælatis & Baronibus Regni sui Suessionis convocatis, dedit ibidem Mariam, filiam suam relictam Philippi Comitis Namursii, Duci Brabantiæ in uxorem. Fuit etiam ibidem de transfretando in Angliam consentientibus Baronibus ordinatum ; causa verò quæ Regem movebat, hæc erat, ut Episcopos Angliæ in Regno Franciæ exulantes Ecclesiis suis restitueret, ibique divinum officium quod jam per septennium in totâ cessaverat Angliâ, renovari faceret ; & ut Regem ipsum Joannem, qui nepotem suum Arturum Comitem Britanniæ occiderat, qui etiam plurimos parvulos obsides suspenderat, & innumera flagitia perpetraverat, vel pœnæ condignæ subficeret ; vel à Regno prorsus expellens, secundùm interpretationem sui nominis fine terrâ efficeretur. Solus Ferrandus Comes Flandriæ Regi Philippo Franciæ suum denegavit auxilium ; quia Joanni Regi Angliæ mediante Reginaldo Comite Boloniensi, confœderatus est. Philippus Rex Franciæ mimos à curiâ suâ expulit, dans exemplum aliis.

MCCXIII.

Philippus Rex Franciæ Ingeburgem Reginam uxorem suam, quam jam per annos sexdecim & ampliùs dissenserat, & apud Stampas in castro federatâ custodiâ, in gratiam recepit, ex quo Francorum populus plurimùm exultavit. Navigio Philippi Regis Franciæ ad eundum in Angliam præparato, venit ipse Rex cum magno exercitu Boloniam suprà mare, & ibi per dies aliquot naves hominesque suos hinc & inde venientes exspectans, transivit usque Gravaringas villam in finibus Flandriæ sitam, ad quam tota classis ejus sequuta est eum ; ibi enim ex condicto Ferrandus Comes Flandrensis exspectatus nec venit, nec in aliquo satisfecit, licet ad ipsius petitionem ille dies ad satisfactionem eidem assignatus fuisset : propter quod Rex dimisso proposito transfreundi in Angliam, terram Flandriæ invasit, Casellum cepit & Ypram, & totam terram usque Brugas ; factâ etiam voluntate sua de Brugis profectus est Gandavum ; relictis paucis militibus & satellitibus ad custodiam navium quæ sequutæ fuerant cum per mare usque ad portum prope Brugas, nomine Dam. Propositum enim Regis erat acquisito Gandavo in Angliam transfretare ; sed dum esset in obsidione Gandavi Reginaldus Comes Boloniæ, qui pro delictis suis à facie Regis Francorum fugiens tunc cum Rege Angliæ morabatur, & quidam alii missi latenter per æquora ex parte Regis Angliæ, magnam partem navium Regis Franciæ occupaverunt, & portum Dam ac villam celeriter obsederunt. Quo Rex cognito, obsidione Gandavi dimissâ, ad Dam reversus obsidionem solvit ; & illos fugere compulit, multis tamen suorum occisis, subversis atque captis, quæ maximâ parte navium suarum perdita. Residuas autem naves victualibus & rebus aliis evacuari præcipiens, immisso igne ipsas, & villam, ac totam in circuitu regionem incendio consumsit ; & receptis obsidibus de Gandavo, Yprâ, Brugis, & Insulâ ac Duaco in Franciam remeavit. Joannes Rex Angliæ se cognoscens multis exosum, videnſque quòd esset in periculo honoris sui ; timuit timore magno ; & volens placare plures quos læserat, primò placavit Papam muneribus, subjectos suos mansuetudine, Prælatos & Archiepiscopum Stephanum Cantuariensem quem exulaverat, indulgentiâ revertendi absolutionem verò à Papa obtinens tradidit eidem Regnum suum in feodum, mille marchas in recognitionem singulis annis soluturus, septingentas ex Angliâ & trecentas ex Hyberniâ. Simon de Monteforti, qui contra Albigenses hæreticos apud Carcassonam relictus fuerat, in castro quod Murellum dicitur non longè à Tolosâ, à Comite Tolosano Remundo, qui hæreticos fovebat, & Rege Arragonum qui in auxilium ejus convenerat, atque à Comite Fuxi obsessus, mirabile prælium perpetravit ; nam cum non haberet nisi ducentos & sexaginta milites, & quingentos satellites, equites, & peregrinos, peditesque septingentos inermes, auditâ Missâ de Spiritu sancto, & ejus gratiâ invocatâ, de castro exeuntes cum eis pugnaverunt, & virtute divinâ freti septemdecim millia hostium, & Regem Arragoniæ occiderunt ; porrò de numero Simonis nonnisi octo die illo ceciderunt. Hic Simon cum esset in bellis strenuissimus & multum occupatus, tamen quotidie Missam & omnes horas canonicas audiebat.

Joannes Rex Angliæ apud Rochellam applicuit cum multitudine armatorum, contra quem Philippus Rex Francorum Ludovicum filium suum misit ; ipse enim Rex collectis viribus ire adversus Ferrandum in Flandrias disponebat. Gaufridus Silvanectensis Episcopus renuntians Episcopatui, apud Abbatiam Caroli-loci se transtulit, cui successit frater Garinus, Hospitalis Jerosolymitani professus, Philippi Regis Franciæ specialis Consiliarius. Similiter Gaufridus Meldensis Episcopus Episcopatui renuntiavit, & in Monasterio sancti Victoris Parisius divinæ contemplationi se arctiùs mancipavit ; cui successit Guillermus Cantor Parisiensis.

MCCXIV.

Joannes Rex Angliæ Comiti Marchiæ & cæteris Proceribus Aquitaniæ reconciliatus, urbem Andegavim cepit; mirtensque cursores suos cum turba militum ultrà Ligerim, juxtà Nannetum ceperunt Robertum Comitis Drocarum primogenitum, qui in auxilium Ludovici, Philippi Regis Franciæ primogeniti veniebat; qui tantis successibus elatus, præsumens residuum terræ amissæ recuperare, castrum quod Rupes-Monachi dicitur transito Ligeri fluvio obsedit; quo audito Ludovicus Philippi Regis Franciæ filius qui tunc apud Quinonem in Turoniâ morabatur, obsessos succurrere properavit. Cumque jam per unam tantùm dietam à loco distaret Francorum exercitus, Joannes Rex Angliæ sibi timens relictis papilionibus & belli utensilibus, atque urbe Andegavi, Ligeri transito revertitur in Aquitaniam, sicut Esau vagus & profugus omnia derelinquens: Ludovicus verò urbem Andegavim recuperans, muros ejus quos Joannes reparaverat, destruxit.

Philippus Rex Francorum eodem tempore quo ejus filius Ludovicus contra Regem Angliæ in Pictaviâ decertabat, in terram Ferrandi Comitis Flandriarum hostiliter intraverat, & usque ad Insulam omnia devastabat. In redditu verò ejus ab Insulâ, Otho Romanorum Imperator depositus, Regis Angliæ nepos, qui apud Valentianas in auxilium Ferrandi Comitis Flandriarum advenerat, cum non distaret à Rege nisi per quinque milliaria, de Moretaniâ juxtà Tornacum movit exercitum prope pontem Bovinarum, ut in retrogardam Regis Francorum insultum improvisum faceret. Cumque Rex Franciæ Othonem venientem cum exercitu cognovisset, jussit acies suas stare; & postmodum videns quod hostes casu divino territi non venirent, jussit iterum acies præparare, & cum jam ferè medietas sui exercitus pontem Bovinarum transisset, & ipse Rex prope, pontem proborum virorum vallatus multitudine post suum exercitum jam venisset; hostes protinus quasi stupore quodam & horrore perculsi diverterant à latere exercitûs versùs Septentrionem, solem qui die illo ferventius incaluerat præ oculis jam habentes: quod Rex Francorum percipiens, tubis sonitis & armis assumptis acies suas quæ præcesserant, revocavit, & eas de tuendâ diligenter coronâ Franciæ commonens, protinus in hostes se immisit. Quid plura? ferè per spatium unius dei invicem pugnaverunt, & ad terram prostratus diuque jacuit, tamen æquo recuperato, & Dei fretus auxilio hostes undique superavit. Otho verò Imperator, Dux Lovaniæ, Comes de Limburgo, Hugo de Boves, & multi alii vertentes fugæ præsidio se salvarunt, signa Imperialia relinquentes. Comes autem Flandriarum Ferrandus, Reginaldus Comes Boloniæ & Guillermus Comes Salisberiensis & frater ejus, duoque Comites Alemanniæ, & multi magni nominis tam Barones quàm alii capiuntur; multi tamen, ex parte Regis Franciæ perierunt. Et sicut illi qui capti fuerant aiebant, numerus militum Othonis mille quingentorum, & aliorum bene armatorum centum quinquaginta millia, præter vulgus, & infrà diem tertium habituri erant milites quingentos & pedites infinitos; sed misericors Deus in Rege Franciæ & suis canticum Moysi adimplevit; nam persequebatur unus suorum mille, & duo fugabant decem millia. Rex autem Franciæ perfecto negotio, captisque hostibus per castella sua illos misit sub arctâ custodiâ, & Parisius secum adducto Ferrando reversus; à Clero & populo cum gaudio lacrymabili, & inauditis laudibus est exceptus.

Pictavenses auditâ famâ victoriæ Regis Francorum Philippi, multum perterriti missis legationibus elaboraverunt ipsimet reconciliari; Rex verò eorum perfidiam multoties expertus non acquievit, sed collecto exercitu in Pictaviâ; ubi prope erat Joannes Rex Angliæ, accessit; quod agnoscens Vice-comes Thoarcii tantùm fecit per Comitem Britanniæ, cujus uxor ejusdem Vice-comitis neptis erat, quòd in amicitiam Regis Franciæ receptus est. Sed & ipse Rex Anglorum cum septemdecim milliaribus ab illo distaret, nec haberet quò fugeret, nec ut in apertum pugnaret procedere auderet; misso Comite Cestriæ Renulfo cum Roberto Legato Sedis Apostolicæ de induciis tractari fecit, cui Rex Philippus quinquennes inducias ex solitâ benignitate concessit, & Parisius remeavit.

MCCXV.

Propter victoriam Othoni Imperatori apud Bovinas à Domino denegatam, in tantum defecerunt ab ejus auxilio viri multi; quòd fortunæ cedens & ab infortunio non discedens, in patrimonio suo, scilicet in Saxoniâ degeret Imperio denudatus, necnon & sociorum suorum solatio desolatus; qui tandem morbo dyssenteriæ laborans, convocatis Episcopis alioque Clero cum lacrymis absolutionem petiit, petitamque accipiens, non diù postea vixit: Fredericus Rex Siciliæ qui jussu Innocentii Papæ apud Maguntiam in Regem Romanorum coronatus fuerat, audito, quòd Otho à partibus Flandriarum sine victoria in patriam suam remeasset; à partibus Suaviæ ubi tunc morabatur movit exercitum, & Aquisgrani perveniens obsedit villam & expugnavit, ibique octavo Kalendas Augusti in Regem Romanorum iterum sublimatus est; moxque ne de honore percepto Deo ingratus existeret, signum Crucis Dominicæ assumpsit, in terræ subsidium cum aliis profecturus.

Quidam Proceres Regni Angliæ contra Regem suum Joannem insurgunt propter quasdam consuetudines quas observari præceperat, sed nolebat eas, sicut juraverat, observare; favit verò Magnatibus plebs pedestris, manus scilicet rusticana, & plurimæ civitates. Qui timentes tamen ne possent si usque in finem resistere, Ludovicum Regis Francorum primogenitum de ferendo sibi auxilio per internuntios convenerunt, promittentes eidem à expulso Rege suo, totius Angliæ Monarchiam; qui acceptis obsidibus ab eisdem, ipsis militum multitudinem destinavit. Mense Septembri passi sunt naufragium, & submersi viri nobiles tam Brabantii, quàm Flandrenses volentes transire in Angliam in auxilium Regis, qui profusâ stipendia venientibus in suum auxilium promittebat: super quo lætati Regis adversarii, ad rebellandum vehementiùs sunt animati, asserentes quòd manifestè in omnibus esset manus Domini contra Regem.

Mense Novembri Innocentius Papa Generale Concilium, quod Lateranense dicitur, Romæ celebravit, in quo fuerunt Episcopi quadraginti & duodecim, inter quos Patriarchæ duo affuerunt, Constantinopolitanus & Jerosolymitanus: Antiochenus verò gravi morbo detentus venire non potuit, sed misit pro se Episcopum Antaradensem; Alexandrinus etiam quòd Sarracenorum dominio constitutus fecit quod potuit, mittens pro se Diaconum germanum suum. Primates autem, Metropolitæ septuaginta unum, Abbates & Priores Conventuales ultrà octingentos; Legatorum verò Imperatoris Romani, Imperatoris Græcorum, Regis Francorum, Regis Jerusalem, Regis Angliæ, Regis Cypri, Regis Hispaniæ aliorumque Regum & Principum in gens adfuit multitudo. Ibique sancta Synodus multa utilia constituit, multaque constituta à retroactis temporibus confirmavit. Remundus autem Comes Tolosanus & Remundus filius ejus, tamquam hæretici condemnantur, multique alii hæretici & fautores eorum gladio anathematis feriuntur. Libellus verò vel tractatus de Trinitate quem Abbas Joachim contra Magistrum Petrum Lombardum edidit, reprobatur; & perversum Amorrici dogma tamquam impium & hæreticum condemnatur.

Eodem tempore cum quidam faterentur Dionysium Areopagitam fuisse Dionysium Corinthiorum Episcopum, & in Græcia passum martyrium atque sepultum, aliumque Dionysium exstitisse qui fidem Christianam apud Parisius in Gallia prædicavit; alii verò assererent illum post mortem Apostolorum Petri & Pauli venisse Romam, & à sancto Clemente Papa Petri Apostoli successore in Gallias destinatum fuisse; Innocentius Papa neutri volens præjudicare sententiæ, sed cupiens Ecclesiam sancti Dionysii in Francia honorare, corpus sancti Dionysii Corinthiorum Episcopi & Confessoris, quod quidam Cardinalis Legatus è Græcia Romæ detulerat, apud sanctum Dionysium prædictum in Francia per Monachos illius Monasterii missos ad Concilium destinavit, & ad sacras hujus sancti reliquias accedentibus omnibus verò pœnitentibus & confessis quadraginta dies de injunctis sibi pœnitentiis relaxavit.

MCCXVI.

Simon de Monte-forti, qui apud Carcassonam contra Albigenses hæreticos relictus à Francis fuerat, venit in Franciam adversùs Arragones auxilium petiturus, à quibus propter necem Petri Arragonum Regis assultus assiduos sustinebat; qui infra paucos dies centum viginti Milites colligens, de Francia reverteris secum duxit. Galo sancti Matini Presbyter Cardinalis Legatus in Franciam, diligenter monuit Ludovicum Philippi Regis Franciæ primogenitum, ut à proposito transeundi in Angliam contra Joannem Regem Angliæ desisteret, patremque suum Philippum Regem ut filio transitum dissuaderet, monens consimiliter denuntiavit ei sententiam excommunicationis quæ à Papa lata fuerat in omnes Regi Angliæ adversantes. Cuique nihil proficeret, navigavit in Angliam compositurus pacem si posset inter Regem & Proceres Anglicanos; sed interim Ludovicus filius Regis Franciæ navigio præparato transfit in Angliam, & ab iis qui eum advocaverant jocundè & reverenter susceptus homagia eorumdem recepit: sed Galo Cardinalis pugnans pro Rege Angliæ, spirituali gladio sancti Petri terras eorum qui Ludovico adhæserant, interdicto supposuit, & personas ipsas vinculo anathematis innodavit.

Tertio Idus Junii Henricus Constantinopolis Imperator apud Thessalonicam obiit anno Imperii sui decimo; post cujus decessum Petrum de Cortenayo Autissiodorensem Comitem Philippi Regis Franciæ consanguineum, & Henrici defuncti Imperatoris sororium in Imperatorem Græcorum Franci & Latini communiter elegerunt, & ad eum quærendum in Franciam solemnes nuntios destinaverunt; quibus susceptis electioni assentiens, cum uxore Yole Comitissa Namurcii venit Romam, duobus filiis quos de ipsa habebat Namurcio derelictis. Innocentio Papa defuncto, Romanæ Ecclesiæ centesimus octogesimus primus Honorius tertius natione Romanus, præsidet. Joannes Rex Angliæ moritur, cui successit Henricus filius ejus puer decennis, à Galone Legato Romanæ Ecclesiæ in Regem coronatus. Quo facto Ludovicus filius Regis Franciæ de Anglis confidens,

obsides quos ab eis receperat liberavit, & dimisso exercitu, ut alium majorem congregaret in Franciam reversus est.

MCCXVII. Petrus, Henricus.

Ludovicus Philippi Regis Franciæ filius congregata post Pascha equestri pedestrique multitudine, in Angliam remeavit; ægrè ferens quòd quidam ex nobilioribus Angliæ in absentia sua eum spretis juramentis reliquerant, & in partem transierant novi Regis. Qui dùm Doveram obsedisset, Thomas Comes Partici qui in auxilium ejus convenerat, apud Lincolniam dolo Anglicorum occisus est; quo audito Ludovicus proditionem percipiens Anglicorum & infidelitatem, incensis machinis suis; se & sua Londoniam contulit. Et postea videns dolos Baronum Angliæ, ac persequutionem totius Regni, & impeditionem portuum propter seipsum, sed & intentionem Galonis Sedis Apostolicæ Legati; qui totis nisibus procurabat impedimentum suimet & suorum, timens quòd si Londonia exiret cum Anglis pugnaturus, portæ sibi clauderentur revertenti, facta compositione rediit in Franciam; qui utique mirabilem habuisset victoriam, si fidelitatem debitam invenisset.

Honorius Papa Petrum Autissiodorensem Comitem, & Yolem ejus uxorem Comitissam Namurcii, sororem Henrici Imperatoris Græcorum defuncti, ad Imperium Constantinopolitanum Romæ in Ecclesia sancti Laurentii extra muros consecravit, ne jus in Romano Imperio habere viderentur. Qui nono die consecrationis suæ ab urbe cum uxore recedens, cum quia prægnans erat per mare apud Constantinopolim transmisit, & cum centum sexaginta militibus & multis aliis ad pugnam præparatis, per terram gradiens Joanni de Columna Presbytero Cardinali, qui in Romania & Venetia Legatus missus fuerat, apud Brundusium obviavit; cui se Cardinalis ad transeundum in Græciam socians, mari transito statim obsedit urbem Dyrrachium Imperator. Promiserat enim Venetis, & inde litteras confecerat, quòd dictam urbem, quam sibi olim violentia Ducis ablatam dicebant, eisdem protinùs resignaret, si sibi à Domino capiendi eam copia præstaretur. Cum verò multos in hac obsidione inutiliter consumsisset non sine suorum maximo detrimento, obsidionem deserere compulsus est. Dumque iret apud Constantinopolim & fuisset inter montes nemorosos & fluvios ubi erat via difficilis ad transeundum, proditionaliter à Theodoro Duce Dyrrachii, qui securum eidem conductum promiserat, capitur cum suo comitatu.

Uxor illustris Simonis de Monte-forti, venit in Franciam, contra Albigenses hæreticos auxilium petitura; ita enim arctaverat virum suum Comes Tolosanus & Arragones, quòd perditis quibusdam castellis, vix spem haberet de reliquis retinendis, nisi succursus sibi celeriter præstaretur. Eodem anno fuit ventus vehementissimus, qui domos multas & Ecclesias evertit, & evulsit arbores infinitas.

MCCXVIII.

Simon de Monte-forti Comes à Francia succursu recepto Tolosam obsedit, sed dum assultus fierent, ictu petrariæ percussus obiit. Vir utique eleganti forma, fide & armis strenuus, & perpeti laude dignus; cui successit in Comitatu suo & terra Albigensium Guido filius ejus. Sanctus Guillermus Bituricensis Archiepiscopus à Papa Honorio canonizatur, ejusque successor Girardus moritur, cui successit Simon Cantor Bituricensis. Hugo Dux Burgundiæ moritur, & apud Cistercium sepelitur. Galterus Abbas Pontigniaci, fit Carnotenfis Epifcopus. Menfe Octobri vineæ & arbores ita gelu non modico funt exuftæ, quòd exuftionem hujufmodi fe nemo vidiffe affereret vel audiffe.

Henricus Nivernenfis Comes, & Galterus Regis Franciæ Camerarius, ac multi tam Barones quàm Epifcopi, Milites & plebani Cruce fignati, mari tranfito, circa feftum Apoftolorum Simonis & Judæ applicant Damietam, ubi Joannes Rex Jerufalem & Dux Auftriæ ad hanc fingulariter oppugnandam cum valido exercitu menfe Maio acceſſerant, cæteris Sarracenorum urbibus prætermiſſis; dicebant enim quòd fi dicta civitas capi poffet, de facili terra fancta poterat à Gentilibus emundari, Deo autem favente res eo ufque devenerat, quòd noftri cum labore nimio & ftrage multorum expugnaverant quamdam turrim in alveolo fluminis Nili fitam, & ad fui præfidium fufficienter neceſſariis præmunitam. Porrò quia multi de populo Chriftiano peribant, Clerici proceſſionibus factis, in pane & aquà quatriduanum jejunium omnibus indixerunt. Nam in vigilia fancti Andreæ Apoftoli intumuerant fluctus maris crefcentes, & excurfus facientes ufque ad caftra Fidelium, & ex aliâ parte incautos inundans Nili fluvius occupavit, unde navium & victualium damna non modica pertulerunt; duravit autem tempeftas ifta aſſidua per tres dies: invafit præterea dolor repentinus quorumdam pedes & crura, & caro corrupta gingivas in dentes obduxit, potentiam auferens mafticandi; quorum plurimi dolore morientes, & reliqui ufque ad tempus vernale durantes, caloris tamen beneficio incolumes evaferunt. Sanè in fefto beatæ Agathæ Virginis Pater mifericordiarum & Deus totius confolationis, fuis in obfidione Damietæ pofitis, conferre dignatus eſt victoriam gloriofam; nam cum quidam Chriftianorum fluvium Nili tranfiſſent caufà undique obſidendi civitatem, Soldanus Babyloniæ & fui qui cum multo exercitu fuper ripam fluvii tentoria fua fixerant, divino terrore perterriti ante lucis auroram in fugam verfi funt tentoria fua relinquentes; quod noftri perpendentes ftatim tranfeunt flumen Nili, caftra fugientium occupantes, ubi fpolia reperiunt infinita, & fic in craftino per gyrum à noftris obfeſſa fuit Damieta.

Philippus Rex Franciæ fecit conftitutionem generalem per Regnum fuum de Judæis fuis, ut nullus in vadium recipiat Eccleſiæ ornamenta. Item ut Judæus non tradat mutuò pecuniam Religiofo fine aſſenfu Abbatis fui & Capituli. Item ut nullus Chriftianorum vendere compellatur hereditatem vel redditus fuos propter debita Judæorum, imò duæ partes hereditatis feu reddituum debitoris & plegii affignentur Judæo, ac deinceps non currat debitum, & ut debitum non currat ultra annum à mutuo facto. Item ut libra non lucretur nifi duos nummos in qualibet feptimanâ, & ut propter hoc non capiatur corpus debitoris.

Jerufalem quæ inexpugnabiliter munita videbatur, deftructa eft à Conradino filio Saphadini: muri enim cum turribus in acervos lapidum redacti funt, præter templum Domini & turrim David. De fepulchro autem Domini deftruendo confilium habuerunt Sarraceni, & hoc per litteras civibus Damietæ & eorum folatium fignificaverunt; fed huic temeritati nemo manus apponere præfumfit. Sicut enim in Alchorano libro legis eorum fcriptum habent, JESUM CHRISTUM Dominum noftrum credunt de Virgine MARIA conceptum & natum, ac fine peccato vixiſſe Prophetam & plufquam Prophetam proteftantes, cæcos illuminaſſe, leprofos mundaſſe, mortuos fufcitaſſe & ad cælos aſſeverant firmiter afcendiſſe. Unde in tempora treugarum fapientes eorum Jerofolymam afcendentes, codices Evangeliorum fibi exhiberi poftulabant, & ofculabantur & venerabantur propter munditiam fanctæ legis quam CHRISTUS docuit & maximè propter Evangelia Lucæ, fcilicet: *Miſſus eſt Gabriel*: quod litterati inter ipfos fæpius repetunt & retractant.

MCCXIX.

Ludovicus filius Philippi Regis Franciæ, poft mortem Simonis de Monte-forti apud Tolofam ictu petrariæ obruti, cum copiofo exercitu Cruce fignatorum de cunctis Galliæ partibus iter movit adverfus hæreticos Albigenfes & Tolofanos. Primum caftrum quod Mirmanda dicitur, ab hæreticis munitum obfidet & expugnat, quo facto Tolofam adiit & obfidet, diuque expugnat, fed ficut dicitur, proditione aliquorum Nobilium partis fuæ interveniente redire inefficax eft compulfus; poft cujus reditum noftri qui remanferant, à Tolofanis hæreticis folito audacioribus factis multas moleftias fuftinuerunt, nonnulli caftra dimittentes, quæ proditione quorumdam in fuam redegerunt hæretici poteftatem.

Noftri in obfidione Damietæ pofiti, per ingenio rum erectionem & lapidum fulminationem, necnon per terram & aquam frequentes aſſultus facientes, totâ æftate captioni civitatis operam impendebant: fed Sarraceni eos bellis ordinatis impugnantes fortiter, à propofito ipforum, quod aliquando videbatur eſſe proximum effectui, revocabant. In fefto vero Decollationis fancti Joannis Baptiftæ contra Soldanum ad pugnandum fuperbè & ordinatè prodeuntes, cum in fortitudine fuâ non in Domino confiderent, cadunt & pereunt multi, non tamen fine damno militiæ Paganorum. Capti fuerunt de noftris viri nobiles Milo de Nantolio electus Belvacenfis, Vice-comes de Sancta Suzanna, Galterus Regis Franciæ Camerarius, & quidam alii Francigenæ potentes titulo militiæ gloriofi. Illo die Joannes Rex Jerufalem viriliter fe habens, igne Græco ferè combuftus fuit, fed pius & mifericors Deus fuum Militem confervavit, & aliorum noftrorum fuperbiam fic oppreſſit. Circa verò Feftum Omnium Sanctorum cum quidam de noftris ad quamdam portam urbis miſſi fuiſſent de nocte ut ftatum inclu forum explorarent, cum intus neminem vigilem percepiſſent, fcalis appofitis muros afcendunt, portas aperiunt, paucos refiftentes capiunt & occidunt. Sic igitur Nonis Novembris capta eft à noftris Damieta, abfque deditione vel oppugnatione aut violentâ deprædatione, in oculis Soldani Babylonis, qui divino terrore territus non eft aufus more folito CHRISTI milites aggredi, ut foli Deo victoria adfcribatur. Cum verò noftri timerent intrare civitatem propter circumftantem exercitum Paganorum ne caftra eorum invaderent, divino nutu fluvius Nili adeò inundavit, quòd inacceſſibilia caftra ipforum redderet, oftendens manifeftè Deus quòd pro Chrifticolis contra infenfatos ipfa fe elementa opponerent & pugnarent: quod percipiens Soldanus caftra fua combuſſit fugiens timidus & confufus; noftri verò ingredientes civitatem, invenerunt plateas ftratas cadaveribus mortuorum peftilentiâ & fame deficientium. Dominus enim evaginaverat gladium fuum fuper eos, & in tantum interfecerat manus ejus, quòd à tempore obfidionis, urbis infra viginti menfes perierunt in civitate feptuaginta millia Paganorum, exceptis tribus millibus qui vivifanè reperti. Inventa autem funt in civitate victualia multa, aurum, argentum, panni ferici, lapides pretiofi & aliæ divitiæ infinitæ. De quibus omnibus & de civitate fimiliter facta eft divifio, & datum eft unicuique fecundum quod eum decebat juxtà providentiam difcretorum, ad hoc de communi confilio electorum; dominium verò civitatis datum eft Joanni Regi Jerufalem ad augmentum Regni Jerofolymorum in perpetuum poffidendum. Purgatâ denique civitate Legatus Apoftolicæ Sedis Pelagius cum Clero & populo, accenfis candelis & luminaribus, cum hymnis & canticis in die Purificationis beatæ MARIÆ proceffionaliter ingreffus urbem, de Mahumeria, quam priùs purgari fecerat, bafilicam in honore beatæ Dei Genitricis Virginis MARIÆ confecravit, & Epifcopalem fedem in eâ conftituens, ibidem Miffarum folemnia cum lacrymis & magnâ devotione populi celebravit. Civitas hæc præter naturalem fitum loci quo muniebatur, triplici cincta erat muro, turribus latericiis multis & magnis fortiffimè firmata, clavis & antemurale totius Ægyptiæ regionis olim Heliopoleos dicta.

MCCXX.

FREDERICUS Romanorum & Siciliæ Rex, ab Honorio Papa ad Imperii dignitatem coronatur. Robertus de Meduno Aniciensis Episcopus à quodam Milite occiditur, quèm excommunicaverat pro injuriis Ecclefiæ irrogatis; quod populus Aniciensis grave ferens, in parentes ipsius Militis graviter infurrexit, castella & domos eorum funditùs evertens, & ipsos perpetuo exilio condemnavit.

Yoles Imperatrix Conftantinopolis relicto Balduino admodùm parvulo obiit; & quia Petrus Imperator maritus ejus adhuc in carcere tenebatur, Franci & Latini qui in Græciâ morabantur, per folemnes nuncios filium ejus Comitem Namurcii ad imperandum Græciæ convocaverunt; qui honorem fibi debitum & oblatum respuens, Henricum fratrem suum juniorem se eisdem in Græciam destinavit, quem gratanter suscipientes Imperiali diademate & honore sublimaverunt. Mense Julio corpus beati Thomæ Martyris à Stephano Cantuariensi Archiepiscopo in theca aurea lapidibus pretiosis ornata, & opere mirabili cælata diligentiffimè collocatur. Petrus Parifiensis Episcopus apud Damietam obiit, post cujus obitum cum Parifienses Canonici in electione discordassent, Guillermus Autissiodorensis Episcopus juffu Honorii Papæ ad Parifiensem Cathedram tranflatus eft.

Guido filius Simonis de Monte-forti, qui patri defuncto in terrâ Albigensium successerat, à Comite Si Ægidii ignominiosè occiditur; cujus mors omnes Catholicos in partibus illis commorantes inconsolabiliter contristavit. Quo audito Almaricus frater ejus ractus dolore cordis intrinsecùs, promisit se ab obsidione cujusdam castri, quod frater ejus obsederat, non recessurum donec illud vi, vel deditione in suam redigeret potestatem, sed postea suorum auxilio destitutus, ab illo castro, infecto negotio, remeavit; quo recedente in tantum eum tristia auspicia prosequuntur; quòd ferè omnia castra quæ priùs tenuerat, hæreticorum dominio subderentur.

Non minore miraculo, imò majori donavit Dominus Christianis apud Damietam congregatis Thanis civitatem Ægypti, sicut fecerat Damietam; nam nostri habito diligenti consilio miserunt in festo sancti Clementis exploratores per Nilum fluvium in navibus usque Thaneos, ut de casibus propè sibi tollerent victualia, & statum prædictæ urbis diligenter explorarent; qui propè civitatem accedentes, cum nullos in muris vel turribus defensores conspicerent, statim in ipsam irruperunt, sed eam vacuam invenerunt. Habitatores autem illius audita captione Damietæ, nimio pavore territi fugerant, putantes totum exercitum Christianorum advenire; & sic posuit Dominus in Ægypto in illo tempore signa sua. Sed tunc Diabolo instigante, orta fuit diffentio inter Joannem Regem Jerusalem & Pelagium Romanæ Ecclesiæ Cardinalem. Ipse enim Legatus Pelagius usurpabat dominium exercitûs universi, ad hoc ut dicebatur laborans, ut quidquid fiebat vel factum jam fuerat per ipsum effici videretur, & ob hoc Joannes Rex à Damietâ discedens in Syriam est profectus.

HENRICUS. MCCXXI.

Tartari Georgiam & Armeniam majorem intrantes eas vastaverunt, & suo dominio subjecerunt. Apud Damietam videns Pelagius Sedis Apostolicæ Legatus populum Dei innumerabilem nihil diù proficere propter Joannis Regis absentiam, per suas litteras deprecatus est eum, ut compatiendo Christianitati apud Damietam quamcitiùs poffet reverteretur; cujus precibus Rex libenti animo acquiescens protinùs remeavit, & de voluntate ipsius Legati atque consilio, ipse Rex & Legatus cum magnâ multitudine partis exercitûs in Festo Apostolorum Petri & Pauli accincti armis bellicis, & victualia secum usque ad duos menses deferentes exeunt de Damietâ, per terram & aquam versus Babylonem profecturi. Qui cum venissent ad quemdam locum distantem à Babylone per viginti quatuor stadia, & totidem à Damietâ, ubi Nilus fluvius tripertitus tria magna flumina de se facit, quemdam pontem navium quem Saraceni construxerant, occupaverunt, & in planitie littoris sua tentoria posuerunt; quorum videns Soldanus audaciam & ingentem multitudinem, consilio cum suis habito, dimicare noluit, sed statim suis præcepit viarum aditus custodiri & muniri, ne de Damietâ ad eos possent vel succursus gentium vel victualia pervenire, sperans arte execrabili sine suorum læsione populum Domini deperire. Quod peccatis nostris exigentibus ita factum est; nam nostris victualia defecerunt, & Nilus more solito totam terram in quâ erat exercitus Christianus, occupavit. Sic ergo populus Domini medias vires perdens, & usque ad genua in coeno aquarum palustrium residens, coacta est reddere Damietam; tali conditione quòd, pars ligni Crucis Dominicæ quod Salahadinus Soldanus Damasci de Jerosolymis asportaverat, Christianis redderetur, & treugis firmatis usque ad octo annos, datoque salvo conductu usque Accon, Saraceni captivos Christianos universos penitùs liberarent; & sic Damieta cum multis laboribus & sumptû capta, ac per annum & ampliùs à nostris possessa, in Festo Nativitatis beatæ MARIÆ Virginis matris Domini reddita est Sarracenis. Manasses Episcopus Aurelianensis obiit, cui successit Philippus S. Guillermi Bituricensis Archiepiscopi nepos.

MCCXXII.

Henricus Nivernensis Comes, qui ante captionem Damietæ de partibus transmarinis redierat, veneno occiditur; qui primùm apud castrum Sancti Aniani in Bituria tumulatus, & post apud Pontigniacum Cisterciensis Ordinis Coenobium reliquit unicam filiam, quæ data est uxor Guidoni Comiti sancti Pauli.

Magister Petrus de Corbolio Senonensis Archiepiscopus die Synodi suæ moritur, & in Ecclesiâ Senonensi præsente Synodo sepelitur; cui successit Magister Galterus Cornutus. Obiit etiam Guillermus Parisiensis Episcopus, qui ab Abbatiâ S. Antonii Parisiensis partem Monachatum Cisterciensium apud Autiffiodorum in loco qui Cella dicitur, collocavit.

MCCXXIII.

Joannes Rex Jerusalem ex amissione Damietæ & debilitate suorum ultra modum dolens effectus, à partibus transmarinis transfretavit in Italiam, à Papa auxilium petiturus ; ubique à Papa Honorio & Frederico Romanorum Imperatore honorificè susceptus, dedit eidem Imperatori Frederico unicam filiam suam heredem Regni Jerusalem in uxorem coram Papa, cum omni ipsius jure Regni; de quâ postmodum suscepit filium Imperator nomine Conradinum : & sic de Regno Jerusalem hîc annotare supersedeo, quia quamvis plures postea jus Regni istius jure successionis aut alio modo per titulum obtinuerint, nullus tamen in eodem regnasse usque ad nostra tempora visus fuit. Henricus Frederici Imperatoris Romanorum filius ex sorore Regis Arragoniæ, puer decennis ex mandato patris ad Regnum Alemanniæ coronatur. Initio mensis Julii ante noctis crepusculum octo diebus per Regnum Franciæ cometes apparuit Regni denuncians detrimentum. Nam cùm Philippus Rex diutino tempore quartanis febribus premeretur, proh dolor ! apud Meduntam pridie Idus Julii rebus benè dispositis diem clausit extremum, & in crastino à Conrado Portuensi Episcopo Cardinali ; qui in terrâ Albigensium Legatus advenerat, necnon à viginti quatuor tam Episcopis quàm Archiepiscopis, qui pro negotiis suis divino nutu illuc advenerant, in Monasterio sancti Dionysii in Franciâ honorificè est sepultus, præsente Joanne de Bregna Rege Jerusalem, qui paulo ante in Franciam advenerat, & multum super mortis ejus infortunio, cum innumerâ multitudine Militum, Clericorum & vulgarium condolente. Eodem enim die & eâdem horâ Pontifex Romanus Honorius cum esset in quâdam urbe Campaniæ Italorum, exequiarum officium pro dicto Rege, revelatione sibi divinitus offensâ per sanctitatem cujusdam Militis, cum Cardinalibus celebravit. Rege igitur sic sepulto, Ludovicus ejus filius octavo Idus Augusti in Remensi Ecclesiâ à Guillermo Remensi Archiepiscopo cum Blanchâ uxore suâ, in Regem Franciæ coronatur anno ætatis suæ vicesimo sexto.

Joannes Rex Jerusalem primâ Dominicâ Quadragesimæ baculum peregrinationis accipiens, ad sanctum Jacobum in Galliâ profectus est ; qui inde rediens per Regem Castellæ, sororem ejus Berengariam neptem Reginæ Franciæ Blanchæ in conjugium accepit. Almaricus Comes Montis-fortis de partibus Albigensium propter inopiam victualium in Franciam rediens, Carcassonam urbem fortissimam & alia castra, quæ cum labore maximo super Albigenses hæreticos acquisita fuerant, dereliquit.

LUDOVICUS. MCCXXIV.

Tertiô Nonas Maii Ludovicus Rex Franciæ & Conradus Cardinalis Apostolicæ Sedis generale Concilium Parisius convocaverunt, in quo per eumdem Cardinalem Honorius Papa indulgentiam quæ Lateranensi Concilio contra Albigenses hæreticos instituta fuerat, auctoritate propriâ revocavit, & Remundum Comitem Tholosanum fide Catholicum approbavit. Ludovicus Rex Franciæ in crastino sancti Joannis Baptistæ Turonis exercitum congregavit, indeque recedens Niortum castrum in Pictaviâ adiit & obsedit ; Savaricus verò de Malo-Leone Miles, qui intùs erat ad defendendum castrum, videns Regis fortitudinem, illud Regi reddidit, ut liceret sibi recedere salvis suis : quo ita reddito, Rex inde progreditur ad sanctum Joannem Angeliacum, ubi oppidani sibi occurrentes pacificè eum & honorificè susceperunt, eidem postmodum fidelitatem debitam facientes. Inde Rex ad Rochellam profectus obsedit eam, & machinis erectis per novem dies assistere faciens incessanter, muros quamplurimum debilitavit ; sed Savaricus de Malo-Leone & trecenti ferè milites qui intùs erant, cum burgensibus villæ & servientibus plurimis defendentes se viriliter, Regem & suos multoties impugnabant ; demùm considerantes se non posse ab aliquâ parte succursum recipere, villam Regi reddiderunt, facientes ei omnes fidelitates, præter Savaricum qui cum Anglicis per mare recessit. Tunc Lemovicenses & Petragoricenses, & omnes Aquitaniæ Principes exceptis Gasconibus qui ultrà Garomnam fluvium erant, fidelitatem Regi promiserunt ; & sic in Franciam est reversus.

Infrà octabas Assumptionis beatæ MARIÆ Matris Domini apud Montem-Pessullanum auctoritate Apostolicâ Concilium celebratur. Honorius Papa Narbonensi Archiepiscopo dedit in mandatis, quòd modum pacis, quam Remundus Comes Tolosanus & alii Albigenses sanctæ Matri Ecclesiæ offerebant, audiret & id quod faceret remandaret : qui convocatis totius provinciæ illius Episcopis & Abbatibus atque Clericis universis, à Comite Tolosano aliisque Baronibus juramenta recepit, quòd terram securam & obedientem Romanæ Ecclesiæ redderent, Clericisque redditus restaurarent, & de hæretjcis confessis & convictis justitiam facerent indilatam, ac pro posse suo per universam provinciam pravitatem hæreticam extirparent. Savaricus de Malo-Leone qui cum Anglicis in Angliam transfretaverat, percipiens quòd ipsum latenter capere præpararent de eo diffidentes, salubri accepto consilio in Franciam reversus est, & Regi Ludovico homagium faciens eidem se submisit.

MCCXXV.

Tempore Paschali quidam homo venit Flandrias sub habitu peregrino, qui dicebat se esse Balduinum quondam Imperatorem Constantinopolitanum perditum, & carcere Græcorum quasi per miraculum liberatum ; quem videntes plurimi de Flandriâ Nobiles favent ei, propter aliqua intersignia quæ eis dicebat, & dicta multa atque gesta Comitis Balduini : sed Comitissa Flandriæ Joanna, quæ per eum Comitatum suum amittebat, Regem Franciæ adiit Ludovicum, rogans eum ut sibi succurreret & restitueret Comitatum ; quo audito, Rex illum apud Peronam convocavit, & quis eum Militem novum fecerat, aut ubi patri suo Regi Philippo homagium præbuerat, requisivit ; quò super hoc petens inducias, cum respondere nollet, de Regno Franciæ jussus infrà triduum est exire, ipse verò apud Valentianas rediens à suis deseritur, & tandem sub specie mercatoris per Burgundiam fugiens, à quodam milite captus redditur Flandriæ Comitissæ ; quem sui diversis pœnis afficientes ad ultimum patibulo suspenderunt.

Cum Rex Franciæ Ludovicus apud Quinonem exercitum congregasset, Vice-comitem Thoarcii debellaturus, advenit ibidem ad ipsum Romanus sancti Angeli Diaconus Cardinalis in festo Apostolorum Petri & Pauli, ob cujus amorem, qui Legatus in Franciam advenerat, Rex Vice-comiti treugas usque ad festum beatæ Mariæ Magdalenæ concessit, & cum Legato Parisius se recipiens ad Parlamentum suos Proceres convocavit ; ad quod veniens Vice-comes Thoarcii, coram Legato & Baronibus Regi fecit homagium, & quidquid erga ipsum deliquerat, emendavit. Circà Purificationem beatæ Virginis MARIÆ Ludovicus Rex Francorum, & Magnates quamplurimi, Archiepiscopi, & Episcopi, & multi alii de Regno Franciæ Parisius adunati, per manum Romani Cardinalis Crucis Dominicæ signum contrà Albigenses hæreticos assumserunt.

MCCXXVI.

Ludovicus Rex Franciæ & omnes Cruce-signati, circà Ascensionem Domini iter arripientes adversùs hæreticos Albigenses, apud Avinionem urbem in Vigiliâ sancti Barnabæ Apostoli pervenerunt. Erat autem illa civitas à septennio excommunicationi supposita propter hæreticam pravitatem ; quam Rex & Barones statim obsidentes multa ibidem passi sunt, sed tandem usque ad festum Assumptionis beatæ MARIÆ eam viriliter impugnantes, ipsam sibi subjiciunt, & ibidem quemdam Monachum Cluniacensem Episcopum statuerunt. Decessit ibidem in castris Guido Comes sancti Pauli, lapide percussus ; & Comes Campaniæ Theobaldus rediit ad propria sine Regis licentiâ & Legati. Rex ergo muris civitatis destructis, & centum domibus turralibus quæ intùs erant ad solum coæquatis, inde amovit exercitum, & per provinciam gradiens redduntur sibi pacificè civitates & castra, atque omnes forteritiæ usque ad leucas quatuor à Tolosâ ; qui postmodum revertens in Franciam, Imbertum de Bello-joco Militem toti illi præposuit regioni ; & tunc Rege repatriante moriuntur Archiepiscopus Remensis Guillermus, & Comes Namursii Regis Franciæ consanguineus ; fraterque Henrici Constantinopolitani Imperatoris. Rex etiam Ludovicus dum apud Montpencier in Arverniâ devenisset, lecto decidens in octavis Omnium Sanctorum defunctus est, & apud sanctum Dionysium in Franciâ delatus, juxtà patrem honorificè sepelitur ; cui successit in Regno LUDOVICUS filius ejus, & per industriam & prudentiam venerabilis matris suæ Blanchæ Reginæ infra mensem post patris obitum, primâ scilicet Dominicâ Adventûs, Remis per manum Episcopi Suessionensis vacante sede Remensi coronatur, anno ætatis suæ quartodecimo non impleto. Eodem anno Ferrandus Comes Flandriæ, qui per duodecim annos Parisius in carcere Regis Franciæ detentus fuerat, multâ redemptus pecuniâ liberatur. Honorio Papa defuncto, centesimus octogesimus secundus Romanæ Ecclesiæ Papa GREGORIUS nonus præsidet.

LUDOVICUS SANCTUS. MCCXXVII.

Joannes Rex quondam Jerusalem recedens à Franciâ cum uxore suâ Berengariâ, venit in Lombardiam, & per aliquantum tempus apud Bononiam moratus est ; quod Papa Gregorius intelligens, eidem totam terram Romanæ Ecclesiæ tradidit conservandam. Ludovicus Rex Franciæ consilio Reginæ Blanchæ matris suæ Episcopos & Milites plurimos in terrâ Albigensium misit, qui venientes ad partes Tolosanas, Tolosam urbem & totum Comitatum in deditionem receperunt. Hugo Comes Marchiæ, Theobaldus Comes Campaniæ, necnon Petrus Comes Britanniæ contrà dominum suum Regem Franciæ Ludovicum conspirantes, pactum ad invicem inierunt ; quo Rex cognito, contrà illos de consilio matris suæ Reginæ Blanchæ incredibilis multitudinis exercitum collegit, & usque ad quarteriam de Curceyo properavit. Quod videns ac timens sibi Comes Campaniæ, à proposito maligno resiluit, & Regi Franciæ adhærens, à Comitum Marchiæ & Britanniæ consortio celeriter resilivit ; quem Rex benignè suscipiens, alios duos Comites regali edicto semel & bis ad suum colloquium convocatos, sed venire contemnentes, ne aliquid contrà jura videretur agere, tertio Parlamento mandavit interesse. Tunc illi, statum sui superbiam & Regis clementiam perpendentes, apud Vindocinium Regi occur-

rentes, ei quidquid forisfecerant, emendaverunt.

MCCXXVIII.

Quidam Barones Franciæ dolentes quòd Comes Campaniæ contrà voluntatem Comitum Marchiæ & Britanniæ, ac fœdus quod cum ipsis inierat, Ludovico Regi Franciæ adhæsisset, & eorum nefanda consilia denudasset, infinitum exercitum colligentes terram Comitis Campaniæ per deversùs Alemanniam hostiliter intraverunt, villas & castella atque municipia igne conflagrantes ; quidum Barrum super Secanam obsedissent ; nec ad Regis mandatum inde recedere vellent : Rex collectâ multitudine armatorum adversùs eos celeriter properavit, cujus adventum Barones agnoscentes, à sede quantociùs recesserunt ; & ita Rex ab illis hominem suum defendens Parisius remeavit.

Gregorius Papa monuit Fredericum Romanorum Imperatorem, qui à longo tempore Cruce signatus fuerat, quatinùs votum suum adimplendo in terræ sanctæ subsidium transfretaret ; quod ille facere se promittens, diem certum quo id faceret Papæ & Curiæ significavit, unde Papa omnibus Cruce signatis diem illum significans, mandavit eis quòd parati apud Brundusium, ubi Imperator ex condicto mare debebat intrare, celeriter convenirent. Interim autem Imperator adversantes sibi quosdam in Regno Siciliæ perdomans, & Sarracenos per diversa loca Regni Siciliæ habitantes in unum locum Apuliæ congregans, civitatem unam ex ipsis quæ Nuceria Sarracenorum appellatur, sibi tributariam efficit. Petrus Britanniæ Comes fretus auxilio & consilio quorumdam Franciæ Baronum adversùs Regem Ludovicum insurgens, fecit Regem Angliæ Henricum cum maximâ Anglorum multitudine transfretare ; quod audiens Ludovicus Rex collecto exercitu usque ad Belesmum castrum, quod Comes Britanniæ in custodiâ à Rege Ludovico defuncto receperat, sed noluerat reddere, properavit & obsidit : cumque ictibus tormentorum ita concussum esset, ut in aliquâ parte sui ruinam minaretur, confessi pavitantes se Regi Franciæ reddiderunt, & tunc Rex Angliæ sibi timens cum pudore & ignominiâ in Angliam remeavit, & Rex Ludovicus Parisius se retraxit.

Eodem tempore quo Ludovicus Sanctus Rex Franciæ Belesmum castrum expugnavit, Joannes de Vineis Miles strenuissimus colligens exercitum in Normanniâ, & ducens Haye dictæ Paenel, eam infrà paucos dies Regi Franciæ subjugavit. Obiit uxor Frederici Romanorum Imperatoris filia Joannis quondam Regis Jerusalem, relicto unico filio Corrardo nomine dicti Regii Jerusalem herede. Defunctâ Joannâ Comitissâ Flandriæ, Comitatus Flandriæ & Hanoniæ sorori suæ Margaretæ uxori Buchardi domini de Avenis obvenerunt.

MCCXXIX.

Comes Britanniæ Petrus dolens quòd Belesmum castrum perdidisset, adjecit iterùm terram Regis Franciæ infestare ; quod Rex Ludovicus sanctus ægrè ferens, iterum adversùs eum extemplò congregato usque ad castrum Adon properavit, & obsidens expugnatum cepit. Deinde ad aliud, quod Chantoceaux nominatur, se transferens, ipsum per deditionem recepit. Et sic Petro Comite Britanniæ humiliato, tranquillâ pace per quatuor annos & ampliùs Rex Ludovicus sanctus Regnum Franciæ gubernavit.

Rex Arragonum cepit super Sarracenos Insulam Majoricarum & Niceam, atque Valentiam civitatem, ubi sanctus Vincentius martyrisatus fuit, & inde Sarracenis expulsis Christiano nomini dedicavit. Sancta Elizabeth filia Regis Hungariæ, conjux Landegravii Ducis Thuringiæ, & beatus Antonius de Ordine Fratrum Minorum sanctitate clarent. Multitudo magna peregrinorum Cruce signatorum, de mandato Papæ Gregorii apud Brundusium congregata, ut cum Frederico Romanorum Imperatore in terram sanctam transfretaret, dum cum eo mare intrant, ipse furtive ab eis per galeas recedens, Brundusium est reversus: ipsi verò peregrini prospero vento navigantes, apud Acon applicuerunt. Quo audito Romanus Pontifex Gregorius Imperatorem excommunicavit, & per totam Christianitatem denuntiari excommunicatum præcepit. Eo tempore quo peregrini apud Acon applicuerunt, Coradinus Soldanus Damasci defunctus fuit, relictis duobus sub tutore filiis, & tunc treugæ Christianitati concessæ sunt.

MCCXXX.

Sanctus Ludovicus Rex Franciæ fundavit Abbatiam Regalis Montis Ordinis Cisterciensis, prope Bellum-Montem super Isaram in Episcopatu Belvacensi. Fredericus Romanorum Imperator mittens nuncios ad Soldanum Babyloniæ, contraxit cum eo amicitias Christianitati suspectas. Parisius inter Scholares & Burgenses magna dissensio est exorta; nam Burgenses quosdam de Clericis occiderant, & ideo Clerici Parisius recedentes per diversas mundi provincias dispersi sunt; videns autem sanctus Rex Ludovicus quòd studium litterarum & Philosophiæ per quod thesaurus scientiæ, qui cunctis aliis præeminet & prævalet, acquiritur, recessisset Parisius (quod primò venerat ab Athenis Romam, & à Româ cum militiæ titulo per Carolum Magnum in Franciam, sequendo Dionysium Areopagitam, qui ibidem primus apud Parisius cum esset Græcus, fidem Catholicam seminavit) graviter dolere cœpit; metuensque Rex piissimus ne tantus, ac talis thesaurus à Regno suo elongaretur, eo quòd, *Divitiæ salutis sapientia & scientia*, & ne ipsi à Domino diceretur: *Quia repulisti scientiam, repellam te*; supradictos Clericos mandans Parisius redire, clementissimè redeuntes recepit, & ab ipsis Burgensibus quidquid antea Clericis forisfecerant, fecit ipsis celeriter emendari. Enimverò si tam pretiosissimus thesaurus sapientiæ salutaris à Regno Franciæ tolleretur, maneret utique liliatum signum Regum Franciæ mirabiliter deformatum; nam ex quo Deus & Dominus noster Jesus-Christus fide, sapientiâ & militiâ specialius quàm cætera Regna, voluit Regnum Franciæ illustrare; consueverunt Reges ipsi Franciæ in suis armis & vexillis florem lilii depictum trino folio comportare, quasi dicerent toti mundo; Fides, sapientia & militiæ probitas abundantius quàm regnis cæteris, sunt Regno nostro Dei providentiâ & gratiâ servientes. Duo enim paria folia sapientiâ & militiâ significantem, quæ Fidem trinum folium significantem, & altius in medio duorum positam, custodiunt & defendunt; nam fides gubernatur & regitur sapientiâ, atque militiâ defensatur. Quamdiù enim prædicta tria fuerint in Regno Franciæ pacificè, fortiter & ordinatim sibi invicem cohærentia, stabit Regnum; si autem de eodem separata fuerint vel avulsa, omne Regnum in seipsum divisum desolabitur atque cadet.

MCCXXXI.

Nuncii Frederici Romanorum Imperatoris de transmarinis partibus à Soldano Babyloniæ reversis, ipse Imperator qui erat excommunicatus, parvipendens excommunicationem Papæ, sine absolutione, & Papa inscio iter Jerosolymitanum arripuit; qui per mare navigans cum applicuisset Cypro, terram cepit, & illic moram contraxit donec Seneschalus ejus, quem tunc misit in Acon cum magnâ multitudine armatorum, voluntatem sibi Soldani Babyloniæ nuntiaret. Consilio Regis Franciæ Ludovici sancti, & Religiosorum virorum Monasterium sancti Dionysii in Franciâ renovatur sub Abbate Odone Clementis; hoc enim antea Monachi facere non audebant propter dedicationis mysterium, quod idem Monasterium noscitur à Domino suscepisse.

MCCXXXII.

Simon Bituricensis Archiepiscopus obiit, cui successit Philippus priùs Aurelianensis Episcopus. Seneschalus Frederici Romanorum Imperatoris missus in Accon, multa damna peregrinis Christianis intulit, & multoties latenter exiens ab urbe, consilium habuit cum Soldano Babyloniæ & Sarracenis; quorum voluntate compertâ, ut optabat dominus ejus, mandavit ei venire in Accon tempestivè: qui statim appulsus de Cypro, significavit Papæ Gregorio quòd ipse erat in Accon ultra mare, petens excommunicationis vinculum sibi relaxari; sed Papa prægnoscens ipsum detestabili amicitiâ conjunctum fuisse Sarracenis, & compositionem Christianitati damnosam iniisse cum Soldano, non acquievit, imò Templariis & Hospitalariis ne eidem adhærerent, aut sibi ferrent auxilium districtè prohibuit & mandavit. Quod agnoscens Imperator, priùs tamen, ut dicitur, in Jerusalem coronari se faciens, & ad custodiam Templi Domini dimissis Sarracenis, atque cum Soldano usque ad decem annos treuvis Christianitati imploratis, reversus est cum indignatione magnâ in Apuliam; ubi terram Ecclesiæ Romanæ & Hospitalis atque Templi, necnon & redditus eorumdem, qui erant per totum Imperium suum, tyrannicè invasit, & Papæ ac Cardinalibus atque toti Clero damna quamplurima irrogavit.

Clavus sanctissimus Domini, unus de illis ex quibus corpus Dominicum Cruci affixum fuit, qui à tempore Caroli Calvi Regis Francorum & Imperatoris Romanorum in Ecclesiâ S. Dionysii in Franciâ dono ipsius ibidem permanebat, de suo vase dum daretur gentibus ad osculandum cecidit, & sic perditus est inter multitudinem osculantium tertio Kalendas Martii: sed primâ die Aprilis sequentis inventus fuit multis prodentibus miraculis, & ad prædictam Ecclesiam cum magnâ exultatione & gaudio in die sancto Parasceves allatus est.

MCCXXXIII.

Apud Belvacum urbem Galliæ facta est dissensio inter majores & minores villæ Burgenses, unde pluribus ex majoribus occisis, multi de minoribus captis per diversa loca Regni Franciæ sunt carceribus mancipati. Et quia Ludovicus sanctus Rex manum ultricem apposuerat tamquam superior, Milo ejusdem civitatis Episcopus & Comes Episcopatum supposuit interdicto; sed dum Romam pro hac re proficisceretur, in itinere obiit: cujus successor Gaufridus eidem causæ insistens, dies paucos & afflictione plenos in Episcopatu peregit: cujus successor Robertus pacem cum Rege composuit & sic ab interdicto diœcesim absolvit. Philippus Comes Boloniæ filius Philippi Regis Franciæ, obiit, & sepultus est apud sanctum Dionysium. Fratres Prædicatores & Minores jussu Papæ per Franciam prædicantes, plures Barones & Milites ac plebanos, Clericos & laïcos Cruce signantes in terræ sanctæ subsidium transmittere paraverunt; sed annuente Papâ Gregorio

gorio per annos quatuor aut quinque passagium distulerunt.

MCCXXXIV.

Defuncto Rege Navarrorum, Theobaldus Comes Campaniæ ejus nepos ex sorore fit Rex Navarræ. Sanctus Ludovicus Rex Franciæ accepit uxorem filiam Comitis Provinciæ nomine Margaretam, quæ coronata fuit Senonis per manus Galteri Senonensis Archiepiscopi circà Dominicam Ascensionem. Cum Robertus Græcorum Imperator totum id amisisset quod patruus suus Henricus Imperator quondam acquisierat, præter urbem Constantinopolim, & circumjacentem urbi provinciam, multis à suis afflictus injuriis tandem defunctus est absque prole. Et quia Balduinus frater ejus quindecim annis existens, non valebat in tanto rerum discrimine Græcorum motibus obviare, Franci & Latini, qui apud Constantinopolim morabantur, consilio & assensu Gregorii Papæ Joannem quondam Regem Jerusalem ad vitam suam procuraverunt Imperatorem consecrari, & Mariam ejus filiam Balduino puero heredi Imperii matrimonio conjunxerunt : qui apud Constantinopolim cum honore susceptus, inimicos Imperii quantum potuit debellavit, & Balduinum generum suum fideliter conservans, fecit eum ad Imperii dignitatem sub se cum uxore ad ultimum coronari. [Obiit Garnerus Carnotensis Episcopus, & sepultus est apud Prulliacum ; cui successit Albericus Cornuti.]

MCCXXXV. Joannes.

Facta est fames valde magna in Franciâ, maximeque in Aquitaniâ, ita ut homines herbas campestres sicut animalia, comederent ; valebat enim sextarius bladi centum solidos in Pictaviâ, ibidem verò multi fame perierunt, & sacro igne accendebantur.

MCCXXXVI.

Vetulus de Montanis Rex Harsacidarum misit in Franciam nuntios Harsacidas, præcipiens ut occiderent Regem Franciæ Ludovicum ; sed dum abirent Deus cor ejus immutavit, eique cogitationes pacis & non occisionis immisit, vique sanctos primos quantocius alios mittens, mandavit sancto Regi Ludovico ut se à primis nuntiis custodiret ; propter quod Rex ea vice fecit corpus suum diligentius custodire, & per secundos nuntios primos invenit, quibus inventis sanctus Rex gaudens utrosque muneribus honoravit, & Regi ipsorum in signum pacis & amicitiæ exenia & dona pretiosa quamplurima delegavit. Habitabat autem iste Rex pessimus & malivolus in confinio Antiochiæ & Damasci, in castris munitissimis super montes. Hic multum erat reveritus à Christianis & Sarracenis Principibus propinquis & remotis, propter hoc quòd multoties eos per nuntios suos indifferenter occidere faciebat ; nam quosdam pueros de terrâ suâ præcipiebat in palatiis educari, & ibi addiscebant omnia idiomata, & docebantur dominum suum super omnia timere, eique usque ad mortem obedire, ut sic possent ad paradisi gaudia pervenire ; quisquis in obedientiâ moriebatur, à gentibus terræ Harsacidarum pro Angelo colebatur. & sic Regi suo obedientes multos sæpè Principes occidebant, de morte suâ minimè metuentes.

MCCXXXVII.

Multi Barones & alii de Regno Franciæ, qui per prædicationem Fratrum Prædicatorum & Minorum Cruce-signati fuerant, iter Jerosolymitanum arripiunt, Principem habentes exercitûs Regem Navarræ Comitem Campaniæ Theobaldum ; cumque essent ultrà mare, Petrus Comes Britanniæ communi neglecto consilio ivit ad deprædandam quamdam terram, & cum sibi prosperè cessisset, Almaricus Comes Montis-fortis, Henricus Comes de Barro & alii famosi Milites invidiâ ducti, simile, inconsulto communi, peragere tentaverunt ; & cum per totam noctem equitâssent, mane in locis sabulosis propè Gazam venientes, ab illis de Gaza qui adventum eorum per exploratores præsenserant, cum essent nimio labore fatigati, capti fuerunt & morti traditi ferè omnes ; ibidem Comes de Barro captus vel mortuus, nusquam posteà repertus est.

MCCXXXVIII.

Sanctus Ludovicus Rex Franciæ Robertum fratrem suum majorem natu, apud Compendium novum Militem fecit, quem paulo ante filiæ ducis Brabantiæ Matildi nomine legitimè fecerat matrimonio copulari ; & tunc eidem fratri suo Comitatum Attrebatensem cum pertinentiis jure hereditario possidendum concessit. Fredericus Romanorum Imperator Regi Franciæ Ludovico mandavit, ut usque ad Vallem-coloris accederet cum ipso colloquium habiturus ; sed audiens posteà quòd Rex factus duo millia militum armatorum, cum ingenti peditum & servientium multitudine in suo vellet ducere comitatu, mandavit Regi iterum quòd nec ad diem præfixam, nec ad locum quem nominaverat, adveniret : sperabat enim Regem sanctum ducere paucos secum milites, quod & toto animo affectabat, eo quod, ut à pluribus dicebatur, quemadmodum malitiosus & seductor aliquid satagebat in Regem & Regnum Franciæ machinari.

MCCXXXIX.

Sanctus Ludovicus Rex Franciæ fecit sibi Coronam spineam sacratissimam, quâ Christus filius Dei voluit in passione suâ pro nostris enormitatibus coronari de Constantinopolitanis partibus Parisius asportari, & à nemore Vincenarum milliario ab urbe distante, quintâ feriâ post Assumptionem B. Virginis Matris Domini ipsam Rex & fratres sui cum maximo Cleri plebisque tripudio nudis pedibus incedentes, primò usque ad Majorem Beatæ Mariæ Ecclesiam, & inde ad Capellam domûs suæ, quam ipse mirabili & sumptuoso opere construi de novo fecerat, cum hymnis & canticis dulcissimis deportaverunt. Eodem tempore Joannes Constantinopolitanus Imperator multum à suis depressus adversariis, deficiente sibi pecuniâ quamdam summam pecuniæ à Venetis mutuò sumsit, & loco pignoris vexilla posuit Dominicæ Passionis, scilicet maximam partem sanctæ Crucis, & ferrum lanceæ quâ fuit corpus Dominicum perforatum, & spongiam cum quâ aceto potatus est ; quod audiens devotissimus Rex Franciæ Ludovicus, promisso & dono ipsius Imperatoris & ejus generi Balduini, tantas reliquias suis redemptas opibus procuravit Parisius deportari & in Capellâ domûs suæ fecit honorificè collocari.

Simon de Monte-forti Miles quidam de Galliâ strenuissimus, filius Simonis Comitis Montis-fortis, apud Tolosam ictu petrariæ defuncti, infensus Reginæ Franciæ matri Regis piissimi Ludovici fugit in Angliam à suis depressus Henricum ; quem ipse Rex benignè suscipiens, dedit eidem in conjugio sororem suam cum Licestriæ Comitatu. Richardus Comes Cornubiæ frater Regis Angliæ Henrici, cum magno exercitu in terram sanctam profectus, multum invenit Francorum ibidem exercitum perturbatum ; qui terræ sanctæ valde compatiens, fecit communes treugas inter Christianos & Sarracenos pactis initis confirmari, & captivos quos tenebant procuravit fideliter liberari. Almaricus Comes Montis-fortis de carcere Sarracenorum liberatus, in reditu suo dum Romam venisset ibidem defunctus est, & in basilicâ beati Petri venerabiliter sepultus; cui successit in suo Comitatu Joannes filius ejus.

MCCXL.

Fredericus Romanorum Imperator contrà Romanam Ecclesiam acriùs insurgens solito, Romipetis insidias collocavit; propter quod Jacobus Prænestinus Episcopus à Papa causâ subsidii latenter in Franciam missus, dum reverteretur peracto negotio ab Imperatore captus est; sed & Otho Cardinalis jam pridem à Papa in Angliam missus, eodem tempore rediens consimiliter detinetur. Et dum Papa propter hæc apud Romam Episcoporum Concilium evocare niteretur; multi de Regno Franciæ, & terris aliis iter aggressi similiter capiuntur. Prælatis itaque captis & incarceratis, & multis tribulationibus undique pressis, viam universæ carnis Gregorius Papa ingressus est; cui centesimus octogesimus tertius Romanæ Ecclesiæ Pontifex successit Cælestinus tertius, quo post decem & septem dies mortuo, Ecclesiæ Romanæ sedes per viginti & duos menses Antistite vacavit. Apud Cremonam facta est tempestas maxima, cecidítque ibidem lapis grandinis in Monasterio sancti Gabrielis, in quo erat Crux & Imago Salvatoris expressa, desuper aureis litteris scriptum habens: Jisus Nazarenus Rex Judæorum; qui lapis dum de aquâ in aquam liqueseret, Monachi illius Ecclesiæ de illâ aquâ laverunt oculos cujusdam Monachi, & statim clarè vidit.

Sanctus Ludovicus Rex Franciæ videns Ecclesiam Dei omni humano auxilio destitutam, compatiensque Prælatis Regni, mandavit Imperatori supplicando quatinùs Regni sui Prælatos liberaret; cui rei primò non acquiescens, mandavit Regi, quòd non miraretur si Cæsar in angusto eos tenebat, qui ad Cæsaris angustias tenebantur. Quod audiens sanctus Rex mandavit iterum, quòd locum à potentiâ non traheret, quia regnum Franciæ non erat adeo debilitatum, ut se permitteret ejus calcaribus perurgeri; cujus verba intelligens Imperator omnes licet invitus liberavit, pertimescens Regem Franciæ offendere Ludovicum.

MCCXLI.

Sanctus Ludovicus Rex Franciæ Alphonsum fratrem suum apud Salmurum Militem novum fecit, & eidem quem paucis diebus antè transactis Joannæ filiæ Comitis Tolosæ lege maritali fecerat solemniter sociari, terram Alverniæ, Pictaviæ, & terras Albigensium concessit perpetuò possidendas. Præcepit autem ibidem Comiti Marchiæ Hugoni, ut pro terrâ quam habebat in Pictaviâ fratri suo homagium faceret, ut debebat; quod ille vento inflatus superbiæ renuit se facturum, unde Rex iratus vehementer, quia paratus non erat ad eum debellandum, cum indignatione maximâ Parisius remeavit.

MCCXLII.

Sanctus Ludovicus Rex Franciæ præsumptionis Comitis Marchiæ Hugonis non immemor, cum magnâ multitudine armatorum terram illius aggressus est; & primò castrum quod Mosteriolum in Gastinâ dicitur, & turrim Birgiæ cum duobus castellis Gaufridi de Lisigneio, Novento & Fontenaio, fortissimis, qui de parte Comitis se tenebat, cepit; ac diruit quædam fecit; deinde occupans Rex sanctus omnia usque ad Xantonas, ibidem cum Henrico Anglicorum Rege & Hugone Comite Marchiæ prædicto ipsum, Regem Henricum eo quod matrem ejus habebat in conjugem, cum magnâ multitudine Anglicorum fecerat transfretare; conflictum habuit ante urbem, & eos fortiter debellans, multis captis & retentis de prælio fugavit: Rex autem Angliæ Garumnam transiens apud Blaviam se recepit, & cives Xantonienses in crastino fugam Regis & Comitis perpendentes; urbem Regi Franciæ reddiderunt; ad quem locum supplex veniens cum uxore & filiis Comes Marchiæ, quidquid deliquerat in Regem Franciæ emendavit, & quod Rex super ipsum ceperat quittavit Comiti Pictavensi; & eidem tam ipse quàm alii ejusdem Comitis adjutores se facturos homagium juraverunt; & Rex Angliæ multum timens, missis Regi Franciæ nuntiis, vix quinquennes inducias potuit impetrare: & ita deinceps dispositione divinâ sic factum est, quòd Barones Franciæ contrà Regem suum Christum Domini nihil facere attentarent, videntes manifestissimè cum illo Dominicam manum esse.

Tartari vastatâ Georgiâ, Indiâ, Armeniâ majori; omnes simul congregati, primam Turquiæ civitatem Arsaron vastaverunt, & usque ad Faustre & Iconium Regiam civitatem sibi Turcos & Turquiam subjecerunt. Per unum etiam de Principibus suis nomine Batho vastaverunt Poloniam & Hungariam, atque juxta mare Ponticum, Russiam & Gazariam cum aliis triginta Regnis, & usque ad fines Germaniæ pervenerunt: Cum verò Hungariam transire timerent dæmonibus immolantes tale acceepere responsum: It escuri quia spiritus discordiæ & incredulitatis vos præcedent, quibus turbati Hungari vobis non prævalebunt. Sicque factum est, nam ante introitum ipsorum, Rex & Principes, Clerus & populus in vicem dissidebant, & ideo noluerunt ad prælium se parare; unde pavore concussi hinc inde fugientes, multa millia occisa sunt.

MCCXLIII.

Post biennem sedis Apostolicæ vacationem Romanæ Ecclesiæ centesimus octogesimus quartus natione Januensis, Innocentius quartus Papa præsidet. Ludovicus primogenitus filiorum sancti Ludovici Regis Franciæ, nascitur. Galterus Cornuti Senonensis Archiepiscopus obiit, cui successit Ægidius Cornuti ipsius frater. Odo Clementis Abbas sancti Dionysii in Franciâ, fit Archiepiscopus Rothomagensis: & Abbas Cluniaci Episcopus Lingonensis. Yvellus quoque priùs Turonensis Archiepiscopus: factus est Remensis Pontifex. Albericus Cornuti Carnotensis Episcopus obiit, cui successit Henricus de Gretleio Archidiaconus Blesensis.

MCCXLIV.

Innocentius Papa apud Lugdunum Galliæ urbem venit, ut ibi Concilium celebraret. Vastachio & Azano duobus majoribus Græciæ Baronibus qui discordes fuerant, ad invicem reconciliatis, adversùs Joannem Constantinopolitanum Imperatorem crevit potentia inimicorum; propter quod Imperator ipse Joannes, habito cum suis consilio, Balduinum generum suum juvenem Imperatorem misit in Franciam pro succursu, & ut Comitatum sive Marchionatum Namursii, atque Castellaniam Curtineti quæ sibi debebant ex decessu fratris sui Comitis Namursii evenire, ope & consilio sui consanguinei sancti Regis Franciæ reciperet Ludovici. Misit etiam cum eodem tres filios suos, Alphonsum, Joannem, & Ludovicum ætatis parvulos, Regem Franciæ deprecans Ludovicum, & piam ejus matrem Blancham Reginam, cujus erant pronepotes, ut eos in clientes habere & recipere dignaretur; quos sanctus Rex Ludovicus honorificè postmodum & gratanter suscipiens, carè dilexit, eos plurimum exaltavit.

Quidam Infideles qui Chorasini vocabantur, à Soldano Babyloniæ invitati atque conducti, in Regnum Jerosolymitanum venientes & Christianos debellantes, ante Gazam maximam eorum multitudinem permittente Domino, prostraverunt. In quo bello non solùm Templi militia, verum etiam Hospitalis potentumque ac nobilium terræ sanctæ cecidit non modica multitudo : deinde Jerusalem invaderent, Sepulcrum Domini destruxerunt, & intrà atque extrà sanctam civitatem Christianos quamplurimos occiderunt. Circà festum sanctæ Luciæ Virginis Ludovicus sanctus Rex Franciæ apud Pontizarum existens, graviter ægrotavit, & sic in illâ infirmitate anima ejus abrepta est à corporis sensibus, quòd à multis æstimaretur animam exivisse. Ut autem ab illa exstasi ad seipsum reddiit, Crucem protinùs transmarinam instanter petiit, & accepit; cujus in brevi postea sanitas subsequuta, Francorum corda multiplici lætitia adimplevit.

MCCXLV.

In festo Apostolorum Philippi & Jacobi primâ die Maii natus fuit Philippus sancti Ludovici Regis Francorum filius. Innocentius Papa circà festum Apostolorum Petri & Pauli apud Lugdunum Concilium celebravit, in quo diligenti deliberatione præhabitâ cum Prælatis ibidem congregatis super nefandis Frederici Romanorum Imperatoris, ipsum omni dignitate indignum denuntiavit, & sententiando privavit, omnesque qui eidem Frederico juramento fidelitatis aut confœderationis erant adstricti, juramento hujusmodi absolvit, & illis ad quos in eodem Imperio Regis Romanorum spectabat electio, eligendi liberam annuit potestatem. Post illud autem Concilium destinavit idem Papa Odonem de castro Radulphi Episcopum Tusculanum, sedis Apostolicæ Cardinalem Legatum in Franciam, ut de ipso Regno Prælatos & Barones atque populum suâ exhortatione ad Crucis Dominicæ signum recipiendum animaret, & ad transferendum cum sancto Rege Franciæ Ludovico, qui Cruce-signatus fuerat, ad terræ sanctæ subsidium eorum amicos præpararet. [In isto Concilio conquesti sunt Curati de Cisterciensibus, eo quod totum acquirerent, ut dicebant, & inde decimas non solvebant, propter privilegia quæ habebant : ideoque statutum fuit, ut de terris usque ad præsens Concilium acquisitis immunes à decimis existerent, & de acquirendis in posterum decimas solvere teneretur : exceptis novalibus jam acquisitis, & in posterum acquirendis, de quibus decimas non persolvent.]

Landegravius Dux Thoringiæ electione Principum Alemanniæ & auctoritate Papæ Innocentii Rex Romanorum efficitur, & prædicatur Crux circà fines Hannoniæ & Flandriæ auctoritate ipsius Papæ hominibus, ut irent in auxilium Landegravi contrà Henricum Frederici Imperatoris depositi filium, qui vices patris per Alemanniam defendere nitebatur. Sanctus Ludovicus Rex Franciæ apud Lugdunum Papam Innocentem visitavit, & in reditu suo filiam Comitis Provinciæ sororem uxoris suæ Margaretæ Reginæ fecit fratri suo Carolo desponsare.

LANDEGRAVIUS. MCCXLVI.

Turci & Armenii confœderationem cum Tartaris facientes, spoponderunt eisdem magnam summam pecuniæ cum ingenti copiâ pannorum sericorum annuatim reddere pro tributo. Sanctus Ludovicus Rex Franciæ in festo Pentecostes fratrem suum Carolum novum faciens Militem, eidem Comitatum Andegaviæ largitus est. Apud Constantinopolim Joanne Imperatore defuncto, Balduinus gener ejus rediens à Franciâ, impetravit. Innocentio Papa adhuc in Regno morante, mittitur ab ipso Legatus quidam in Italiam Cardinalis, ut contrà Fredericum Imperatorem depositum spiritualiter & temporaliter dimicaret.

MCCXLVII. BALDUINUS.

Apud Iconium Turquiæ civitatem, cum quidam jaculator cum urso in viâ communi luderet, ursus levato crure super Crucem quæ ibi propè sculpta erat in quodam pariete minxit, sed videntibus omnibus ibidem exspiravit : cumque Christiani qui in eâdem urbe morabantur, super id quod acciderat Deum benedicerent atque laudarent, quidam Sarracenus indignatus est valde, quòd ibi super miraculo facto Deum attollerent ; ideo ibidem accedens cum impetu, tamquam in contemptum ipsius Crucis & Christianorum Crucem percussit de pugno, sed statim brachium ejus cum totâ manu exaruit : iterumque Sarracenus alius propè ibi ebrietati vacans in tabernâ, dum audiret illam admirationem, & super eo Christianorum laudem, continuò quasi amens effectus ista vilipendens, à potatione surgens & in contemptum Christianitatis super Crucem mingere volens, morte pessimâ percussus interiit. Sanctus Etmundus Cantuariensis Episcopus, cujus sacri corporis gleba apud Pontigniacum Cœnobium Galliæ requiescebat, auctoritate apostolicâ canonizatus de terrâ elevatur, & Catalogo est Sanctorum deputatus. Landegravius Rex Romanorum obiit, cui Wiliquinus qui & Guillermus Comes Hollandiæ successit.

GUILLERMUS. MCCXLVIII.

Sanctus Ludovicus Rex Franciæ inter Pentecosten & festum sancti Joannis iter transmarinum arripiens, transivit per Burgundiam, & apud Lugdunum secundò Papam Innocentium & Cardinales ibidem commorantes visitavit : deinde ab eis recedens venit secundùm Rhodanum du Gli, ubi quia dominus castri illius à transeuntibus per fluvium Rhodanum exactiones illicitas requirebat, & eos bonis omnibus indebitè spoliabat, eam obsedit ; quam satis citò in deditionem accipiens, in parte destruxit. Postea verò acceptâ pactione à loci illius domino quòd de cætero ab injuriis & exactionibus illicitis abstineret, illam eidem restituit, & ad portum Aquarum-mortuarum perveniens, die Martis in crastino beati Bartholomæi Apostoli navem cum suis intravit. Comitissa verò Atttebatensis uxor fratris sui Roberti cum esset prægnans, in Franciam rediit, ibique usque ad transitum Comitis Pictaensis Alphonsi, qui cum Blanchâ Reginâ matre suâ ad Regni Franciæ relictus fuerat custodiam, exspectavit. Rex autem in Cypro terram capiens, cum suâ comitivâ de consilio Baronum ibidem hyemavit. Rex Cypri & ferè omnes illius insulæ nobiles exemplo Francorum animati, crucis signaculum assumpserunt. Soldanus Babyloniæ qui versùs partes Damasci in terram Christianorum venire paraverat, auditis de Regis Franciæ adventu in Cypro rumoribus iter propositum revocavit : erant quoque inimicitiæ inter ipsum Soldanum, & illum qui Soldanus Damasci fuerat, & Halapinos. Obierunt de peregrinis Francis in Cypro Robertus Episcopus Belvacensis, Joannes Comes Montis-fortis, & Comes Vindocinensis, Guillermus de Melloto & Guillermus de Barris probi Milites, Herchambaudus dominus de Borbonio, Comes Drocarum & alii quamplures Milites usque ad ducentos quadraginta.

MCCXLIX.

Sanctus Ludovicus Rex Franciæ cum peregrinorum multitudine infinitâ de Cypro ubi hyemaverat, circà Ascensionem Domini recedens, apud Damietam primam Ægypti civitatem applicuit; sed cum vasella nostrorum usque ad terram siccam attingere non possent propter maris planiciem, Franci relictis vasellis suis contrà Sarracenos, qui littus observantes nitebantur eis defendere terram, saliendo in mare cum armis suis usque ad genua in aquis se miserunt, & viriliter in Sarracenos impetum facientes, terram hostibus repulsis & pluribus interfectis occupaverunt: deinde verò galeæ ipsorum os Nili fluvii occupantes, fugientibus Sarracenorum galeis, littus ac portum acceperunt, & ipsâ die quâ venerant, in littore sua tentoria posuerunt; quod percipientes de Damietâ Sarraceni, mox subitò divinâ virtute perterriti, illâ nocte populus, & die crastino Magnates de urbe exeuntes in fugam versi sunt, priùs igne posito circumquaque; quo statim à nostris percepto, commoto exercitu simul concurrentes civitatem intraverunt, & in eâ amoto igne garnisionem Regis Franciæ posuerunt. Demùm mundatâ civitate sanctus Ludovicus Rex Franciæ, Rex Cypri & Barones totius exercitûs Christiani, Legatus & Patriarcha Jerosolymitanus cum Clero universo nudis pedibus eam processionaliter intraverunt, & Mahomeriam, quæ dudum in alterâ ejusdem urbis captione fuerat beatæ MARIÆ Virginis consecrata Ecclesia, reconciliaverunt; deinde redditis inibi de impensis beneficiis gratiarum actionibus Deo altissimo, celebrata fuit Missa solemniter in honore beatæ MARIÆ Genitricis Dei à Legato. Sic ergo divinitùs captâ Damietâ octavâ die post Trinitatem., Rex Franciæ & totus exercitus Christianus ibidem totâ æstate usque ad decrescentiam Nili fluminis perstiterunt, timentes ne in ejus crescentiâ damnum incurrerent, sicut aliàs tempore Regis Jerusalem legitur Christianis accidisse. Alphonsus Comes Pictavensis sancti Ludovici Regis Franciæ frater, qui ad Regni custodiam cum matre relictus fuerat, eidem dominæ matri suæ Blanchæ Reginæ dimissâ Regni custodiâ, cum uxore fratris sui Roberti Comitis Attrebatensis iter transmarinum arripuit, & die Dominicâ ante festum Apostolorum Simonis & Judæ applicuit apud Damietam. Sanctus Ludovicus Rex Franciæ Damietâ victualibus & gente munita, vicesimâ die Novembris de urbe cum exercitu recedens, processit adversùs Sarracenos, qui apud Massoram in magnum fuerant exercitum congregati. Cum verò ibidem totâ hieme nostri cum Sarracenis benè & viriliter decertassent, quamplurimis ex ipsis occidentes, & damna non modica inferentes; tandem dum unâ die inconsultè & inordinatè contrà eos ad prælium processissent, Sarraceni resumptis viribus nostros undique circumvallantes, non modicam stragem ex ipsis fecerunt; ibi namque Robertus Comes Attrebati, sancti Ludovici Regis Franciæ frater alios præveniens inconsultè, ut vidit villam Massoræ apertam, se infrà eam impetuosè ingerens cum Sarracenis fugientibus, & minùs cautè quàm decebat inter manus hostium incidens, temporaliter est amissus.

MCCL.

Sancto Rege Franciæ Ludovico Sarracenos apud Massoram expugnare, nostris occulto Dei judicio omnia successerunt in contrarium. Nam peste diversarum ægritudinum, & etiam mortalitate generali tam in hominibus quàm in equis ita afflicti sunt, ut in exercitu eorum vix aliqui essent qui mortuos suos, vel ad mortem non plangerent ægrotantes. Unde pro magnâ parte fuit diminutus Christianus exercitus atque consumptus; tantus enim erat defectus victualium; quòd quamplures fame & inediâ defecerunt; non enim ad exercitum vasella navalia de Damietâ transire poterant propter Sarracenorum galeas, quæ in flumine fuerant collocatæ. His igitur incommodis nostros arctatos, inevitabilis necessitas illos induxit à loco recedere, & ad partes Damietæ redire, si Dominus providisset. At verò dum quintâ die mensis Aprilis essent in itinere revertendi, Sarraceni illud percipientes mox cum infinitâ multitudine armatorum eos viriliter sunt aggressi. Accidit quoque permissione divinâ, peccatis fortasse aliquorum exigentibus, quòd Rex Franciæ sanctus Ludovicus cum duobus fratribus Alphonso Pictavensi & Carolo Andegavensi Comitibus, ac cæteris qui cum eis redibant in manus Sarracenorum inciderent, & capti sint. Itaque per terram nemo penitùs evasit præter paucos, Legatum & quosdam alios, qui paulo ante recesserant ab exercitu Christiano; major etiam pars quæ per fluvium revertebatur, similiter fuit capta & interfecta. Eodem tempore Regina Franciæ Margareta enixa est puerum Joannem nomine apud Damietam, quem Tristan cognominari fecit, propter tristitiam quam de captione viri sui & fratrum ejus habuit, atque de infortunio populi Christiani.

Fredericus Romanorum Imperator depositus, Henricum filium suum, quem pridem Regem fecerat coronari Romanorum, accusatum sibi de rebellione captum ducens in Apuliam, squalore carceris exspiravit; & post cum inter civitates Lombardiæ Parmam tamquam sibi magis exosam in manu validâ obsedisset, à Legato Papæ Innocentii & à Parmensibus devictus, amissis thesauris & rebus aliis, in Apuliam rediit, & post in Apuliam transiens, gravi infinitate correptus diem clausit extremum. Post cujus mortem, filius ejus Conradus de filiâ quondam Joannis Regis Jerusalem, cœpit in Apuliâ & Regno Siciliæ fortiter dominari. Innocentius Papa auditâ Frederici nece; de Lugduno Galliâ recedens, profectus est in Italiam apud Assisiam, & ibidem longo tempore moratus est. Soldanus Babyloniæ Melech Helvahenni, ultimus de genere Salahadini, qui sanctum Regem Franciæ Ludovicum tenebat captivatum, à suis interfectus est; & tunc sanctus Rex pretio dato Sarracenis & Damietâ redditâ, cum fratribus suis & cæteris captis Christianis liberatus est. Porrò post liberationem suam, mittens duos fratres suos Carolum & Alphonsum in Franciam ad consolandam matrem suam, ipse Rex quasi transfretavit in Acon, & infortius eam muris & turribus, similiter autem Joppem & Synodem, & quædam castra firmare taliter fecit, quòd suis possent resistere inimici; & per spatium quinque annorum vel circiter in terrâ sanctâ remanens, multos captivos Christianos redemit, & multa alia bona fecit.

MCCLI. CONRADUS.

Mirabile prodigium & novitas inaudita in Regno Franciæ accidit. Nam quidam latronum principes ad seducendum simplices & disseminandum Crucem in populo, falsis adinventionibus fingebant se visionem Angelorum vidisse, & beatam MARIAM Virginem apparuisse, & præcepisse ut Cruces assumerent, & de pastoribus & simplicioribus populi quos elegerat Dominus, quasi exercitum congregarent ad subveniendum terræ sanctæ, & Regi Franciæ illis in partibus succurrendum ; & hujusmodi visionis tenorem in baneriis quasi ante se deferri faciebant, cælatis imaginibus depingebant. Qui primò per Flandriam & Picardiam transeuntes, per villas & campos deceptivis exhortationibus pastores & simpliciores populi, quasi ferrum adamas attrahebant: qui cùm pervenissent in Franciam, in tantâ numerositate jam creverant, quòd sub millenariis & centenariis constituti quasi exercitus procedebant, & cum per campestria loca pertransirent juxtà caulas & greges ovium, pastores relictis gregibus & inconsultis parentibus nescio quibus debacchationibus agitati, se cum illis in facinus involvebant; & cum pastores & simplices, licet non secundùm scientiam, bonâ intentione hoc facerent, erant tamen inter eos latrones & homicidæ quamplurimi arcani sceleris conscii, quorum consilio magistrorum phalanx regebatur. Qui cùm per villas & civitates transitum facerent, erectis in altum apparutis & securibus aliisque armorum utensilibus, ita terribiles populo se reddebant, quòd vix aliquis erat de judiciariâ potestate, qui non in aliquo eisdem contradicere formidaret; ipsique in tantum errorem deciderant, quòd desponsalia faciebant, Cruces dabant, & etiam de peccatis, ut dicitur, facie tenùs absolvebant; & quod deterius erat, ita communem populum secum in errorem involverant, quòd affirmabant plurimi, & alii credebant, quòd cibaria & vina coram eis apposita non deficerent propter eorum comestionem, sed potius augmentum recipere videbantur. Clerus autem cum audiret populum in tantum errorem incidisse, condoluit: & quoniam hujusmodi errori contradicere voluit, pastoribus & populis exosus efficitur, & tam iniquo odio hos oderunt, quòd plures eorum in Campis repertos occidentes, Martyres ut credimus effecerunt. Regina verò Blancha, quæ sola Regnum Franciæ mirâ sagacitate tunc regebat, fortè non suo errore eos sic incedere tolerabat, sed quia filio suo sancto Regi Ludovico & terræ sanctæ per eos sperabat adjutorium pervenire. Cum autem transissent urbem Parisius, putaverunt se ab omnibus periculis evasisse, jactantes se quòd boni essent homines, & hoc per rationem arguebant; quia cum fuissent Parisius ubi est fons totius sapientiæ, nunquam fuerat eis in aliquo contradictum. Tunc errores suos cœperunt vehementiùs augmentare, & ad furta & rapinas studiosiùs intendere; qui cum Aurelianis pervenissent, cum Clericis Universitatis prælia commiserunt, plurimos eorum occidentes, sed de illis plurimi consimiliter occisi sunt. Dux autem eorum quem Magistrum de Hungariâ nominabant, dum de Aurelianis Bituris cum eis pervenisset, Synagogas Judæorum intrans, libros eorum destruxit, & eos bonis omnibus indebitè spoliavit; sed dum recessisset ab urbe cum populo, Bituricenses eos cum armis insequentes Magistrum cum pluribus occiderunt, post quorum casum alii in diversis locis dispersi, propter maleficia sua interfecti vel suspensi fuerunt, cæteri quasi fumus evanuerunt.

MCCLII.

In Daciâ Henricus Rex Dacorum inclytus, ab Abel fratre suo juniori ut regnaret pro eo in mari suffocatur, sed eum honoris & commodi propter hoc est assequutus; nam sequenti anno Regni sui cum Frisones subjugare voluisset, à Frisonibus est occisus. Innocentius Papa constituit, ut omnes Cardinales Romanæ Ecclesiæ portent in capite capellum rubeum dum equitant, ut discernantur & cognoscantur ab aliis secum equitantibus; per hoc innuens quòd in persequutione Fidei & justitiæ Romana Ecclesia, quæ caput est omnium aliarum, præ cæteris caput debet apponere, si necesse fuerit, cruentandum. Alphonsus & Carolus sancti Ludovici Regis Franciæ fratres, de transmarinis partibus in Franciam redierunt. Parisius orta est turbatio inter Clericos & Religiosos ibidem studentes, propter quemdam librum quem magister Guillermus de Sancto amore Canonicus Belvacensis, composuerat, *de mundi periculis* intitulatum; sed ipso Magistro propter hoc ad Romanam Curiam accedente, dicta est discordia per Papam Innocentium consopita.

Eodem tempore Abbas sancti Dionysii in Franciâ Guillermus, misit per duos ejusdem loci Monachos sancto Regi Franciæ Ludovico in transmarinis partibus commoranti navem pannis varii coloris ad vestiendum aptis, caseis & volatilibus oneratam; quos Rex sanctus tamquam Patroni sui sancti Dionysii nuntios speciali lætitia suscipiens, tanto itinere fatigatos diù secum retinuit, oblatis multis muneribus, si recipere voluissent; qui cum ejus licentiâ postmodum recedentes ab eo, sani & incolumes post gravia maris pericula ad propria remearunt.

MCCLIII.

Neapolis civitas Apuliæ, quæ per biennium passa fuerat insultus Manfredi Principis Tarentini, filii Frederici quondam Imperatoris de quâdam concubinâ, à Conrado filio dicti Frederici legitimo obsidetur; qui cum eam quinque mensibus obsessam tenuisset, & eam quibusdam pactis cum civibus initis recepisset, omnes muros civitatis & meliores domos civium funditùs evertit, & idem postea fecit similiter de Capuâ & Aquino. Qui cùm patris vestigia in persequutione Ecclesiæ sequeretur, justo Dei judicio perculsus interiit; relicto unico filio admodum parvulo nomine Conradino, post quem Regnum Siciliæ Manfredus ejus frater, simulatâ nepotis sui Conradini fide tutoriâ, usurpavit. Regina Franciæ Blancha sancti Regis genitrix Ludovici obiit, & apud Pontisaram in Abbatiâ Monialium seminarum Ordinis Cisterciensis, quam ipsa permissu filii sui Regis Ludovici fundaverat, sepelitur. Tunc ergo quia Rex sanctus Ludovicus aberat, fratres ejus Alphonsus & Carolus Comites, Regni custodiam habuerunt; nondum enim Ludovicus & Philippus filii sancti Regis ætatem attigerant, ut possent vel scirent ad fortia ponere manus suas. Innocentius Papa auditâ morte Conradi filii Frederici Imperatoris depositi, de consilio sapientum Regnum Siciliæ intravit, & usque Neapolim pervenit. Eodem tempore quidam Turcus nominatus Melec Elvaham, Soldanus Babyloniæ effectus est.

MCCLIV. Manfredus

Innocentius Papa dum præpararet exercitum contrà Manfredum Principem Tarentinum occupatorem Regni Siciliæ, apud Neapolim diem clausit extremum; post quem Romanæ Ecclesiæ centesimus octogesimus quintus ALEXANDER quartus natione Campanus, præsidet. Conradinus puer filius Conradi, metuens Manfredi patrui sui tyrannidem, ad patrem matris suæ Ducem Bajoriæ latenter fugit in Bajoriam. Joannes filius Comitissæ Flandrensis & Hannoniæ Margaretæ primogenitus ex Bucardo domino de Avenis, contrà matrem insurgens voluit eidem matri suæ vi suâ præripere qui eam jure hereditario contingebat, Hannoniæ Comitatum; quare mater indignata Carolum Comitem Andegavensem fratrem sancti Regis Franciæ Ludovici in suum adjutorium invocavit, & eidem in contemptum filii dictum Comitatum tribuit & concessit; qui accepto taliter Comitissæ dono, statim apud Valentianas castrum fortissimum caput totius Hanoniæ Comitatûs, garnisionem magnam militum cum Hugone de Bauceio Milite strenuissimo destinavit; qui contra voluntatem villæ Burgensium, qui sibi erant contrarii, portarum aditus & castri munitionem saisierunt. Postea verò Carolus collecto de Franciâ ingenti exercitu, qui ad quinquaginta millia poterat æstimari, Comitatum Hanoniæ potenter intravit, & multas munitiones & villas vi vel deditione recipiens, ad castrum quod Mons in Hanoniâ nominatur perveniens, illud obsedit. Interim autem Joannes filius Comitissæ non quiescens, Wiliquinum de Hollandiâ Regem Romanorum, & multos nobiles de Brabanto & Alemanniâ ex parte patris de suo genere procreatos, ante Valentianas in magnâ multitudine gentis & potentiâ congregavit; quos Hugo de Bauceio gentis Caroli Capitaneus, Petrus de Blemu & quidam alii de villâ conspicientes, ausu temerario de castro portis apertis contra eos exierunt, cupientes animositatem Teuthonum experiri, & conflictu inito ante fores cum viderent sibi periculum imminere, intra villam se se cum impetu detraxerunt: quos persequens quidam miles strenuus de hostili exercitu nomine Stradiot, castrum cum illis nescio cujus vexillum ante intonans, est ingressus, sed portis lapsatis interiùs est retentus. Hujusmodi verò Carolus rumores audiens, & timens Valentiani castri burgensium proditionem contra suos, mox virum in armis strenuum Ludovicum Comitem Vindocinensem, cum quibusdam aliis illuc in gentis suæ adjutorium destinavit; qui cum Valentianas appropinquare cœpissent, banerias suas deplicare fecerunt, ut sui de villâ visis armorum signaculis portas aperirent, & hostilis exercitus qui ex parte aliâ ultra Scaldum fluvium residebat, de ipsorum adventu forsitan teneretur. Videns autem Wiliquinus Rex quòd suo exercitui cibos diù ministrare non posset, juxta Carolum cum gente suâ, qui Montem obsederat, se retraxit; & quia cibis sibi & genti suæ deficientibus, atque sumptibus, aut statim pugnare aut citò reddere oportebat, diem pugnæ Carolo nuntiavit. Ille autem quantum in se erat istud desiderans, sed aliquos Barones de Franciâ secum habens, ut erat Comes Blesensis, Comes sancti Pauli & dominus de Cociaco de Joannis sanguine procreatos, qui certamen fieri minimè permittebant, treugis acceptis, & rebus in tali statu remanentibus, Carolus in Franciam se recepit: sed eodem tempore de transmarinis partibus reversus in Franciam sanctus Rex Ludovicus pacis & concordiæ filius, pacem postmodum composuit inter ipsos.

Haalon Princeps Tartarorum potentissimus, civitatem Sarracenorum Baldach ubi erat sedes Calyphæ, cepit, ipsum Calypham fame mori faciens; qui dum valde esuriret, fecit aurum quod nimis dilexerat ponere ante illum dicens: Comede hunc cibum quem tantum dilexisti.

MCCLV.

Williquinus, qui & Guillermius, Romanorum Rex, à Frisonibus est interfectus; post quem Electores se in duo dividentes, elegerunt quidam Regem Hispaniæ, alii Richardum Comitem Cornubiæ fratrem Regis Angliæ Henrici; sed tandem Richardus fuit apud Aquisgranum ope suæ pecuniæ coronatus. Taurinenses de consilio Astensium dominum suum Comitem Sabaudiæ ceperunt; quod graviter ferens Romana Ecclesia, eo quod ex dono Guillermi Romanorum Regis & Ecclesiæ ipsam Taurinensem urbem receperat, ipsos Taurinenses & Astenses Lombardos excommunicavit, & eorum bona per sanctum Regem Franciæ Ludovicum capi in toto Regno ipsius procuravit; dicta verò civitas Taurinensis fuit obsessa à Bonifacio Lugdunensi Electo, & à Petro de Sabaudiâ dicti Thomæ fratribus, sed non capta. Branchaleon de Bononiâ urbis Romæ Senator, pacis & justitiæ cultor præcipuus, de consilio quorumdam Cardinalium & Romanorum Nobilium ortâ dissensione obsessus fuit in Capitolio; qui cum se dedisset, populus eum apud Septem-soles in custodia mancipavit; sed tandem nobilibus traditus & incarceratus in quodam oppido malè tractatus est, & nisi habuisset Bononiæ Romanorum obsides, Romani eum occidissent, eo quod in exercitio justitiæ & in rapinarum habitu eisdem minimè pepercisset: Bononienses verò licet interdicti à Papa fuissent, tamen nisi civem suum rehaberent, obsidem suum reddere noluerunt.

Margareta Flandriæ & Hanoniæ Comitissa, videns quòd Florentius Comes Hollandiæ defuncti Wiliquini Regis Joannem & Balduinum suos filios ex Bucharao domino de Avenis contra se tueretur, & eosdem in Hollandiâ reciperet; magnum ex suâ gente adversus eos congregavit exercitum, cui præerant ejus duo filii Guido & frater ejus de domino Domnæ-Petræ geniti, atque Guinensis & Barri Comites, & de Valerico Herardus egregius Miles & strenuissimus; qui per mare cum venissent ad litus Hollandiæ, à quodam partis adversæ milite proditi, in potestatem Comitis Hollandiæ devenerunt. Comes autem de Guinis & Frisones, qui illuc lucri causâ non adjutorii convenerant, Herardum de Valerico & Barrensem Comitem rapuerunt, sed eosdem postea accepta magnâ pecuniâ reddiderunt incolumes suæ genti.

Richardus. MCCLVI.

Discordia quæ fuerat inter Fratres Prædicatores, Minores & alios Religiosos Parisius studentes contra Magistrum Guillermum de sancto Amore Canonicum Belvacensem, super librum quem, De mundi periculis, intitulatum composuerat, recidivavit; propter quam sedandam & pacificandam misit Rex Franciæ Ludovicus duos ad Romanam Curiam Clericos, ut per Papam Alexandrum finem debitum sortiretur. Tandem hinc inde multis propositis, damnatus & combustus exstitit liber ille apud Anagniam coram Papa in Ecclesiâ Cathedrali, non propter hæresim ut dicebant aliqui, quam contineret, sed quia contra præfatos Religiosos seditionem videbatur & scandalum excitare.

Guido filius Comitissæ Flandriæ & frater ejus, atque omnes de Flandriâ quos Florentius Comes Hollandiæ tenebat carceribus mancipatos, auxilio fuerunt Caroli Andegavensis Comitis liberati; dictus verò Florentius ex condicto debuit sororem ducere in uxorem filii Comitissæ Flandrensis; & ad preces sancti Regis Franciæ Ludovici Carolus frater ejus Comes Andegaviæ, magnâ recepta pecuniâ, quittavit totaliter Valentianas & Hanoniæ Comitatum; actumque fuit inter fratres filios Flandrensis Comitissæ, quòd post mortem genetricis eorumdem Comitatus Hanoniæ ad fratres de Avenis liberè deveniret, & Comitatus Flandriæ Guillermi de Domna-Petrâ filiis cum terris aliis remaneret. Mense Septembri fuit apud Romam & Anagniam terræ motus ita magnus, quòd Romæ campana sancti Silvestri per se pulsaverit, & ejus tinnitus audiretur.

MCCLVII.

Soldanus Babiloniæ Melech Elmahem de genere Turcorum cum regnasset quinque annis, ab uxore suâ in balneo suffocatus est ; cui successit filius ejus Melech Ememor, qui cum regnasset anno uno, à quodam de Admiralibus suis, qui vocabatur Sefedus Cotos, ejectus est de Regno ; & ille Admiralius Soldanus efficitur, vocaturque Melech Elvach.

Cum Carolus Comes Andegaviæ Comitatum Provinciæ, qui uxorem ejus jure hereditario contingebat liberè suscepisset, Marsiliæ civitas opulenta, quæ de jure sub dominio Comitatum Provinciæ solet esse, à fide Caroli descivit ; propter quòd Carolus adversùs Marsilienses insurgens, viriliter eorum insolentiam in brevi repressit, & Francorum fretus auxilio superbiam castigavit. Branchaleo de Bononiâ in Senatorem urbis Romæ iterum electus, cum Romæ venisset, turres urbis dejiciens præter turrim Neapolionis Comitis, plures nobiles faventes Ecclesiæ captivavit.

Henricus Senonensis Archiepiscopus obiit.

MCCLVIII.

Maria Constantinopolis Imperatrix, quæ propter succursum viro suo serenduro Balduino Imperatori venerat in Franciam, dum Castrum Namursiæ, quod Balduinum virum suum jure hereditario contingebat, occupasset, Comes de Luceburgo eam in fortalitio existentem juvante sibi villâ Namursii, obsedit ; ad cujus auxilium venientes Comitissa Flandriæ, Comes Atigi & alii duo ejusdem Imperatricis fratres Joannes & Ludovicus, cum multis Francorum militibus, parùm aut nihil profecerunt, unde oportuit illam recedere usque ad tempus magis postea oportunum. Guillermus de Bussis Aurelianensis ; & Guillermus Rollandi Cenomanensis Episcopi, obierunt. In mense Septembri tanta fuit in pluribus locis inundatio pluviarum, quòd segetes in campis & granchiis germinaverunt, & racemi in vineis ad debitam maturitatem pervenire minimè potuerunt ; fueruntque postea vina adeo virida, ut cum tremore & vultûs impatientiâ biberentur.

MCCLIX.

In Episcopatu Parisiensi fundatum est Cœnobium sororum Minorum juxta sanctum Clodoaldum suprà Secanam, à Religiosâ & illustri Yzabella Virgine, sorore sancti Regis Franciæ Ludovici, ipso Rege eidem Monasterio possessiones & redditus in sustentationem sororum congruos assignante : quæ Yzabella habitum sororum ibidem suscipiens, religiosè vivendo vitam suam fine laudabili terminavit.

Manfredus Princeps Tarentinus filius Frederici quondam Imperatoris, Conradini nepotis sui morte confictâ, fecit se in Regem Siciliæ coronari contrà jus & mandatum Ecclesiæ Romanæ, de cujus feodo Regnum Siciliæ tenebatur ; propter quod & alios actus suos nefarios atque graves offensas, quas nimis longum esset hic enarrare, Papa Alexander ipsum excommunicationis vinculo innodatum, Principatu Tarentino & alio honore & dignitate qualicumque, tanquam rebellem Ecclesiæ & hostem, suorumque jurium invasorem, occupatorem & detentorem sacrilegum, sociatumque nefando fœdere Sarracenis, ac eorum complicem, ductorem & protectorem publicum auctoritate Apostolicâ privavit.

Rex Angliæ Henricus cum Comite Glocestriæ & multis Regni sui Militibus & Prælatis veniens in Franciam, cum sancto Rege Franciæ Ludovico pacificatur. Quittavit enim Regibus Franciæ de expressâ voluntate fratris sui Regis Romanorum Richardi, & consilio Principum ac Prælatorum Angliæ, quidquid juris requirebat in Ducatu Normanniæ, & Comitatibus Andegaviæ, Cenomaniæ, Turoniæ & Pictaviæ, ac in eorum feodis. Rex verò Franciæ sanctus Ludovicus dans eidem magnam pecuniæ summam, assignavit sibi & suis successoribus magnam terram in Lemovicensi, Petragoricensi, Xantonensi & Agenensi Episcopatibus, tali conditione quòd illam terram, Burdegalam & Baïonam cum totâ Gasconiâ de Regibus Francorum ipse & successores sui Reges Angliæ in feodum retinerent, & Rex Angliæ adscriptus in numero Baronum Franciæ, Par & Dux Aquitaniæ de cætero vocaretur ; de quibus tunc Rex Angliæ coram Prælatis multis utriusque Regni fecit homagium sancto Regi Franciæ Ludovico.

Eodem tempore Ludovicus primogenitus sancti Regis Franciæ Ludovici filius obiit, & apud Montem-Regalem Cœnobium Cisterciensis Ordinis, præsente Rege Angliæ Henrico traditus est sepulturæ.

MCCLX.

Sanctus Ludovicus Rex Franciæ congregavit Parisius Paschali tempore Barones, Prælatos & Milites Regni sui, eo quod scripserat sibi Papa Tartaros in transmarinis terræ sanctæ partibus irruisse, Sarracenos vicisse ; Armeniam, Antiochiam, Tripolim & Damascum, Halapiam & terras alias subjugasse, & tam Acon civitati quàm toti Christianitati illis in partibus periculum imminere. Unde ordinatum fuit ibidem de orationibus multiplicandis, processionibus faciendis, & blasphemiis in Deum puniendis, peccatis & superfluitatibus ciborum ac vestium reprimendis, & injunctum est quòd non luderetur aliis ludis, nisi quòd homines exercerent se in arcubus & balistis.

Reges Hungariæ & Bœmiæ pro quibusdam terris ad invicem discordantes, exercitu congregato in finibus Regnorum ex utrâque parte innumerabili acriter pugnaverunt ; sed tandem Rege Hungariæ vulnerato, Hungari fugere cœperunt, & in quodam fluvio per quem transire debuerant, præter occisos quatuordecim millia submersi sunt. Unde Rege Bœmiæ intrante Hungariam, Rex Hungarorum qui evaserat, pacem quæsivit, & terris quæ discordiæ causa fuerant restitutis, in futurum amicitiam cum Rege Bœmiæ mediante matrimonio, confirmavit. Florentini Italiæ congregato exercitu ut Senensem urbem destruerent, à militibus Manfredi Regni Siciliæ invasoris, & Comite Jordano, qui civitatem Manfredo traditam defendebat, capti & devicti sunt, fuitque civitas eorum capta & quamplurimum destructa, ac dominationi Senensium subdita, & Manfredi.

Obiit Philippus Bituricensis Archiepiscopus, cujus sanctitatem post mortem ipsius Dominus diversis signis & miraculis declaravit. Successit autem eidem Joannes de Soillaco, Decanus Bituricensis Ecclesiæ.

MCCLXI.

In festo sancti Urbani Papa Alexandro defuncto, Romanæ Ecclesiæ centesimus octogesimus sextus URBANUS quartus, natione Gallicus de civitate Trecensi, prælidet. Hic primò Patriarcha Jerosolymitanus, post Papa, Ecclesiam apud Trecas mirandi operis in domo patris sui construi fecit, & ibi Canonicis sæcularibus constitutis, magnos redditus assignavit. Balduinus Græcorum Imperator, Franci & Latini à Constantinopoli per Græcos ejiciuntur, faventibus eisdem Januensibus in odium Venetorum : & sic à Græcis recuperato Imperio, quidam ex ipsis, Palæologus nomine, Imperator efficitur, & Balduinus in Franciam exulatur. In diœcesi Lugdunensi quidam cupiditate tractus, peregrinum quemdam beatæ MARIÆ Matris Domini interfecit, cujus interfectionis cultellus quamvis frequenter extersus, arenâ confricatus, & aquâ lotus fuisset, sanguinem stillare non desiit, quousque peregrinus inventus sepelitur, & suspenditur homicida.

MCCLXII. PALÆOLOGUS.

Yzabellis filia Regis Arragoniæ ; apud Claromontem in Averniâ Philippo sancti Regis Franciæ Ludovici primogenito desponsatur, propter quod matrimonium Rex Arragoniæ in signum pacis & concordiæ quam habere de cætero erga Regnum Franciæ intendebat, quittavit Francorum Regibus in perpetuum quidquid in civitatibus Carcassonâ, Biterri & Amiliano possidebat, & vicissim Rex Franciæ Arragonum Regibus dedit quidquid in Comitatibus de Besaudo, Ampuriâ, Rociliore, Barcinonâ & Cataloniâ reclamabat se habere.

Marsilienses consilio, ut dicebatur, & auxilio Bonifacii domini cujusdam castri fortissimi, quod dicunt Castellana, in Provinciâ, contra dominum suum Carolum Andegavensem & Provinciæ Comitem rebellantes, iterum gentes suas urbis custodiæ deputatas crudeliter occiderunt ; quod cum audisset Carolus, contractis undecumque Francorum copiis, primò castrum Bonifacii aggressus, illud tormentorum ictibus conquassatum tandem in deditionem accepit ; deinde Marsilienses longâ obsidione afflictos, & ciborum penuriâ maceratos, ita perdomuit, ut coacti se ejus redderent voluntati : sed ne tanta rebellionis præsumptio remaneret impunita, omnes illius seditionis principes fecit in communi spectaculo secundùm rigorem justitiæ decollari, & terram Bonifacii occupans, ipsam à finibus Provinciæ proturbavit. In quo facto se suis hostibus terribilem reddidit, & famâ celeberrimum per exteras nationes.

MCCLXIII.

Henricus Rex Angliæ cum quædam statuta ad utilitatem Reipublicæ per Regnum suum consilio Prælatorum & Principum statuisset, & ea ipse Rex & Prælati, Barones & Milites totius Angliæ juramento & excommunicatione interpositâ per Prælatos affirmassent firmiter observare ; id ipsum Simonem de Monte-forti Comitem Lycestriæ Regis Henrici sororium, qui eorum levitatem in talibus revocandis agnoscebat, pavitantem ne postea revocarent, facere compulerunt, ipso etiam jurante quòd nunquam postea revocaret. Cum autem postmodum minùs provide illa in nihilum deduxissent, & id Simonem consimiliter facere monuissent ; ille juramenti dignitatem inviolabiliter observare volens, inter ipsos dissensionis & guerræ materiam ministravit. Nam Rex Angliæ Henricus, & Richardus Rex Romanorum frater ejus cum parte maximâ Baronum Angliæ, contrà dictum Simonem ob præfatam causam exercitum collegerunt. Ipse verò cum Comite Glocestriæ qui sibi tunc adhærebat, & civibus Londoniæ eisdem occurrens cum filiis ex adverso juxta quamdam Abbatiam quæ Lyans nominatur, eos viriliter aggreditur, & dissipatis omnibus Regem Henricum & ejus filium Eduardum, Regem Romanorum & ejus filium Henricum, cum pluribus aliis ibidem cepit, & honore quo debuit in tali casu fideliter observavit.

Carolus Comes Andegavis & Provinciæ, frater sancti Regis Franciæ Ludovici, in Senatorem urbis Romæ eligitur ad vitam. Sanctus Ludovicus Rex Franciæ affectu piissimo cupiens pacem componere inter Regem Angliæ Henricum & Barones suos, venit apud Boloniam suprà mare cum Guidone Sabinensi Episcopo Cardinali, quem Urbanus Papa pro dictâ discordiâ sedandâ in Angliam destinabat ; sed cum in Angliam intrare non permitteretur, sanctus Rex Franciæ Ludovicus per nuntios mandavit de Monte-forti Simonem, & habens cum ipso colloquium cum à suo inflexibilem consideraret proposito, liberè permisit ad propria remeare.

MCCLXIV.

Urbanus Papa Manfredi Regni Siciliæ invasoris nequitiam terminare desiderans, per Simonem sanctæ Cæciliæ Presbyterum Cardinalem obtulit ipsum Regnum Siciliæ, Ducatus Appuliæ & Calabriæ, cum Capuæ Principatu Carolo Andegavensi Comiti, fratri sancti Regis Franciæ Ludovici usque ad hæredem quartum liberè possidendum, si contrà dictum Manfredum insurgeret, & sanctam Ecclesiam ab ejus invasione tyrannicâ liberaret. Quod donum Carolus lætus gratanter suscipiens, tamquam filius obedientiæ mandatis Apostolicis devotè obediens, contrà Manfredum arma corripuit, & undecumque potuit expeditionis suæ materiam præparavit. Manfredus nequaquam sibi conscius, timens ne de Franciæ finibus egrederentur aliqui qui ipsum discuterent in ruinam, majorem partem civitatum Italiæ donis & promissionibus, vel alio modo quo potuit, confœderationis auxilio sibi junxit ; & propter hoc ibi suum quemdam Vicarium moribus sibi consimilem, nominatum Poilevoisin cum copiis armatorum hostium constituit, quatinùs urbes sibi confœderatas ab incursibus hostium custodiret, & exploratores de quibus timebat, ac nuntios omnes ad Romanam Curiam venientes secundùm nominis sui interpretationem spoliaret.

Circà festum sancti Remigii Urbano Papa defuncto, Romanæ Ecclesiæ centesimus octogesimus septimus CLEMENS quartus præsidet. Hic primò habens uxorem & liberos fuit famosissimus Advocatus, & Regis Franciæ Consiliarius, mortuâque uxore propter vitam & scientiam ejus laudabilem fuit Podiensis Episcopus, & post Narbonensis Archiepiscopus, deinde Sabinensis Episcopus Cardinalis effectus, ac demùm Papa, vigiliis, jejuniis & orationibus intentus, multas tribulationes, quas suo tempore Ecclesia sustinebat, Deus suis meritis creditur exstinxisse. Florebant hoc tempore Parisius insignes Theologi, Frater Thomas de Aquino Ordinis Prædicatorum, & Frater Bonaventura Ordinis Minorum, atque de sæcularibus Clericis Magister Gnerodus de Abbatis-villâ, & Magister Robertus de Sorbonâ, qui scholares Parisius primus constituit Sorbonenses.

MCCLXV.

Carolus Comes Andegavis & Provinciæ Paschali tempore ex inspirato movens de portu Marsiliæ, per maris pericula & inimicorum suorum insidias Romæ navigio est transvectus ; quod videntes Romani, & etiam omnes qui sub mirabilis modum transitûs audierunt, mirabantur dicentes, Quis putas iste erit, quem nec maris pericula nec hostium terrent insidiæ ? Etenim manus Domini cum illo erit. Tunc verò à Papa Clemente & toto Populo Romanorum cum honore & ingenti desiderio est susceptus ; qui primò urbis Romæ Senatoriam obtinuit ad vitam, & in brevi unctione sacrâ linitus à summo Pontifice, acclamante populo, *Vivat Rex, vivat Rex*, ad titulum Regni Siciliæ Regali diademate coronatur.

Eduardus

Eduardus Regis Angliæ Henrici primogenitus dolo, ut dicebatur, Comitis Gloceſtriæ de priſione Simonis Montis-fortis Comitis Leyceſtriæ per curſum equi velociſſimi evadens, adverſus dictum Simonem & ejus complices magnum valde exercitum congregavit, & in feſto S. Petri ad Vincula dimicantes Simonem & Henricum ejus filium cum multis aliis Eduardus & ſui occiderunt. Guido verò alter dicti Simonis filius vulneratus capitur, & Rex Henricus & alii qui tenebantur à dicto Simone, liberantur. Poſt hæc Eduardus de Londonienſibus & pluribus aliis triumphans, nec fidem nec ſpem datam pluribus obſervavit; ſed crudelitatibus inſerviens, quoſdam in priſione vitam finire fecit, & alios exheredans, terras eorum ſuis fautoribus pro parte diſtribuit. Porrò corpus dicti Simonis Monachi cujuſdam Abbatiæ, quæ vocatur Enteſem, juxta quam prælium commiſſum eſt, colligentes in ſuam ſepeliendum Eccleſiam portaverunt. Ad cujus tumulum, ut affirmant indigenæ, multi languentium ſanitatis gratiam conſequuti, CHRISTUM approbant ejus Martyrium acceptaſſe.

In Regno Franciæ contrà Manfredum Siculum Cruce prædicatâ, Robertus Flandrenſis Comitis Guidonis filius, Caroli Regis tunc gener, Buchardus Comes de Vindocino & Guido Autiſſiodorenſis Epiſcopus cum pluribus aliis Cruce ſignatis, circà feſtum ſancti Remigii iter arripiunt, & tranſeuntes quidam per montes Argentariæ, alii per Provinciam, ſimul convenerunt apud Albiam Italiæ civitatem; & inde tranſitum facientes per Lombardiam, cum Matchiſio Poilevoiſin & Cremona civitas cum pluribus aliis ſibi adhærentibus ad debellandum eos toto conamine præpararent, ipſi viriliter accincti ad prælium caſtra Cremonæ & Brixiæ ſibi contraria deſtruxerunt, & celeriter uſque Romam ad Regem Carolum pervenerunt.

MCCLXVI. CAROLUS.

Per Franciam menſe Auguſto ante diei auroram cometes apparuit, qui verſus Orientem ſuos radios dirigebat. Ex Affricâ Sarracenorum multitudo quamplurima per anguſtum mare tranſiens in Hiſpanias, & Sarracenis qui inibi morabantur adjuncta, plagam in Chriſtianis maximam exercuerunt; ſed de diverſis partibus Chriſtiani Hiſpaniæ adunati, Sarracenos licet cum multo ſuorum ſanguine, devicerunt. Apud Romam Francigenis contrà Manfredum Regni Siciliæ invaſorem in auxilium Regis Caroli congregatis, ipſe Rex Carolus de Româ cum ſuis egrediens, terram ſuorum hoſtium ingreſſus eſt; qui omnes munitiones ante ſe capiens pro ponte de Ceperano, ubi erat ad terram Apuliæ & Laboris introitus, ingreſſus, uſque ad ſanctum Germanum Acularium, in quo erat propter loci fortitudinem magna pars Manfredi exercitûs, pervenerunt; quod ſtatim oppidum invadentes, Buchardo Comite Vindocinenſi Milite ſtrenuiſſimo inſultum præ aliis inferente, & in villam ſe cum ſuis imponente, ex inſperato caſtrum capiunt, & inimicos exinde fugere compulerunt. Sic igitur inopinatâ & ſubitâ hujus caſtri expugnatione peractâ, Carolus rex vires colligens, & aliquantulum reparato exercitu hoſtes ſuos uſque Beneventum, ubi confugerant ad Manfredum, potenter eſt inſequutus; cum quibus quodam die Veneris menſis Februarii conflictum iniens ante Beneventum in planicie, ipſorum confecit exercitum, Manfredo cum pluribus interfecto, & illius captis majoribus & retentis. Sed & parum poſt, uxor Manfredi cum liberis & ſorore Regi Carolo eſt reddita, & poſt Beneventum Luceria Sarracenorum civitas ad deditionem cogitur pervenire. Eodem tempore concurſu frater Regis Hiſpa-

niæ Henricus, vir potens in rebus bellicis, & multum callidus, ſed ſceleratiſſimus & in cultu fidei Catholicæ non diligens proſequutor, offenſo fratre ſuo cum diu apud Regem Tunarum profugus latuiſſet, audito quod Carolus Manfredum ſuperaſſet & dominaretur in Appuliâ, venit ad ipſum cum pluribus probis & electis militibus, qui eum fuerant de Hiſpaniâ conſequuti; quem Rex Carolus gratanter ſuſcipiens eo quod de ſuo eſſet ſanguine, & in re militari potens & ſtrenuus, illum quamplurimùm honoravit; & quia intentus erat Regni & terræ illius cuſtodiæ, ut quam de novo acquiſierat, ſi poſſet fieri, in pace conſervaret, dictum Henricum amplius honorare cupiens, urbis Romæ Senatoriam eidem loco ſui regendam commiſit; ex quo facto poſteà damnum & gravamen non modicum reportavit.

MCCLXVII.

Boudodar Soldanus Babyloniæ & Damaſci, Armeniâ vaſtatâ Antiochiam cepit, & tam viris quàm mulieribus captis & occiſis, urbem tam inclytam Sarraceni in ſolitudinem redegerunt. Sanctus Ludovicus Rex Franciæ, Philippum ſuum majorem natu filium, & Robertum nepotem ſuum Attrebatenſem Comitem cum multis aliis apud Pariſius die feſto Pentecoſtes milites novos efecit, & eoſdem in craſtino apud ſanctum Areopagitam Dionyſium Regum Franciæ Patronum, & totius Galliæ regionis Apoſtolum in perigrinationem ducere dignum duxit. Apud ſanctum Dionyſium in Franciâ facta eſt Regum Francorum in Monaſterio illo, per diverſa loca quieſcentium, per ſanctum Regem Franciæ Ludovicum & Matthæum Abbatem illius Monaſterii ſimul adjuncta translatio; & qui erant tam Reges quàm Reginæ de genere Magni Caroli deſcendentes, ſimul in dexterâ parte Monaſterii per duos pedes & dimidium ſuper terram cælatis imaginibus elevati poſiti ſunt, & alii procedentes de genere Regis Hugonis caputii, in ſiniſtrâ.

MCCLXVIII.

CLEMENS Papa obiit, poſt quem Sedes Apoſtolica per duos annos & novem menſes non valuit propter diſſenſionem Cardinalium Pontificem obtinere; unde permotus populus urbis Viterbii, ubi tunc Curia exiſtebat, donec Papam elegiſſent incluſos tenuit Cardinales. Philippus filius Philippi primogeniti ſancti Regis Franciæ Ludovici, naſcitur. Conradinus filius Conradi filii Frederici Imperatoris Romanorum depoſiti, qui propter patrui ſui Manfredi tyrannidem ad Ducem Bajoariæ matris ſuæ genitorem confugerat, ipſius Manfredi necem intelligens, in ſpem Regni Siciliæ elevatus cum magnâ Alemannorum multitudine venit Romam, & adjunctis ſibi Lombardis, Romanis & Tuſcis quamplurimis, more Imperiali à Romanis militibus ſuſceptus eſt; qui parentum ſuorum prava ſequens veſtigia, & excommunicationem Romanorum Pontificum parvipendens, adjuncto ſibi Henrico de Hiſpaniâ qui urbis Romæ Senatoriam pro Rege novo Siciliæ Carolo gubernabat, adverſus ipſum Carolum magnum exercitum congregavit. Quo Carolus intellecto Luceriæ civitatis obſidione relictâ, quæ poſt primam deditionem ipſum offenderat, contrà Conradinum & ſuos qui jam verſus Albam Campaniæ urbem proceſſerant occurrens, cum ipſis in campo de Lions dimicavit, & fugientibus de parte ſuâ Provincialibus, & multis aliis exteræ nationis ante Henricum de Hiſpaniâ Senatorem, Carolus cum ſuis Francigenis qui ſecum remanſerant confecit aciem Conradini: Henricus autem fugatis Provincialibus de fugâ rediens, & in manu ſuâ putans Carolum jam habere, ab ipſo devictus in prælio fugâ elapſus est ; qui postea ad Montem-Cassinum deveniens captus fuit, & Regis Caroli redditus potestati ; quem quia captus in sacro loco fuerat, vel ne Abbas de Monte-Cassino, ut dicitur, qui ipsum reddiderat, irregularis fieret, aut ob reverentiam fratris sui Regis Hispaniæ Caroli Regis consanguinei unius, Rex Carolus in carcere reservavit, Conradinus autem qui latenter evaserat repertus postmodum, & quidam alii viri potentes de genere Manfredi, Caroli Regis judicio decollantur. Et hoc facto post dies paucos tota Apulia, Calabria & Sicilia Regis Caroli dominio se submittunt. Richardus Rex Romanorum obiit ; sed quia usque ad annos quatuor vacavit Regis electio, nos eidem annos attribuimus subnotatos.

MCCLXIX.

Blancha sancti Regis Franciæ Ludovici filia, missa fuit à patre in Hispaniam Ferdinando Regis Castellæ primogenito desponsanda tali pacto, eo quod Rex sanctus Franciæ Ludovicus debebat in Regno Hispaniæ ratione matris suæ jus habere legitimum, quòd puer eorum primogenitus de ipsa Blanchâ postmodum procreandus, nullius fraternitatis successione præjudicium inferente, avo vel patre mortuis, Castellæ Regnum pacificè obtineret.

Sanctus Rex Franciæ Ludovicus non perterritus expensis & laboribus quas & quos olim fecerat ultrà mare ; iteratò cum tribus filiis Joanne Nivernensi & Petro Alensonis Comitibus, Philippoque primogenito atque nepote suo Roberto Comite Attrebatensi, & Rege Navarræ Comite Campaniæ Theobaldo, cum multis aliis Regni sui Baronibus, Militibus & Prælatis propter terræ sanctæ subsidium iter transmarinum mense Martio arripuit, relinquens ad sui Regni custodiam sancti Dionysii in Franciâ Abbatem Matthæum, virum religiosum & discretum, & cum eo sapientem Militem & fidelem Simonem Clarimontis dominum de Nigellâ. Verùm ad hoc ut terra sancta recuperaretur faciliùs, incidit Regi & suis consilium ut Regnum Thunicii, quod consistens in medio non parum dabat transfretantibus impedimentum, Christianorum subjiceretur primitùs potestati, quod cum illuc cum maximâ difficultate & magno maris periculo transfretassent, statim portum & Carthaginem quæ prope Tunicum redacta est in parvum oppidum, de facili occuparunt.

MCCLXX.

Mense Augusto apud Carthaginem circà maris confinia gravis viguit infirmorum mortalitas in exercitu Christiano, & nimis invalescens, primò Regis Franciæ filium Joannem Comitem Nivernensem, post Legatum Romanæ Curiæ Episcopum Albanensem, & demùm in crastino festi sancti Bartholomæi Apostoli sanctum Regem Franciæ Ludovicum, multis aliis Baronibus, Militibus & plebaiis de medio sustulit & accepit. Sed quàm feliciter Rex sanctus migraverit ad Dominum, non puto hîc omittendum : Nam in infirmitate positus laudare nomen Domini non cessans, Sanctorum sibi devotorum, maximè sancti Dionysii Martyris specialis Patroni sui, sicut eniti loquendo poterat, suffragia postulabat, unde laborans in extremis, audierunt qui adstabant illum plures replicantem cum quodam suo susurro, finem orationis illius, quæ de sancto Dionysio decantatur, scilicet : *Tribue nobis, Domine, prospera mundi despicere, & nulla ejus adversa formidare* ; & orans pro pulo quem secum adduxerat, dicebat ; *Esto Domine plebi tuæ sanctificator, & custos* : suspiciensque in cœlum, aiebat : *Introibo in domum tuam, adorabo ad templum sanctum tuum, & confitebor tibi, Domine.* Et hoc dicto in Domino obdormivit. Cui Philippo,

ejus filio in castris subtus Carthaginem succedenti, omnes Barones & Milites qui præsentes tunc aderant, de Regno Franciæ fidelitatem & homagium juraverunt.

Cum autem de morte ipsius Christianorum exercitus turbaretur, Carolus Rex Siciliæ bellator egregius, pro quo adhuc vivens miserat frater suus Rex Franciæ Ludovicus navigia, cum magnâ militiâ tunc advenit, de cujus adventu Christianis gaudium, Sarracenisque tristitia est adaucta : & cum multo plures viderentur Sarraceni quàm Christiani, nullatenùs tamen audebant generali bello cum eis congredi, sed per quasdam astutias multa ipsis incommoda inferebant. Ad ultimum autem cum vidissent, quòd Christiani machinis paratis, & variis instrumentis ad pugnandum necessariis Tunicum per terram & aquam intenderent oppugnare, timore perterriti pacta cum nostris facere tentaverunt ; inter quæ dicuntur hæc fuisse præcipua, scilicet, ut omnes Christiani qui in Regno Tunicii captivi tenebantur, liberè redderentur, & quòd Monasteriis ad honorem Christi per omnes civitates Regni illius constructis, fides Christiana per quoscumque Prædicatores Catholicos prædicaretur, & baptizarentur volentes pacificè baptizari ; atque solutis expensis quas ibi Reges fecerant & Barones, Rex Thuniciï tributum solitum Regi Siciliæ debitum restauraret. Pactis igitur & conditionibus sic utrimque firmatis & initis, Rex Franciæ & Optimates exercitûs Christiani videntes exercitum morbi contagio diminutum, decreverunt, priùs præstito juramento de reditu in terram sanctam ad gentem Sarracenicam expugnandam, per Regnum Siciliæ & terram Italiæ redire in Franciam, & postea reparatis viribus & Rege Franciæ coronato, induere fortitudinem ad expugnandum fidei inimicos. Dum Christianorum exercitus remearet ad propria de Regno Thunicii, quamplurimi tempestate oceani agitati in portu Traparum Siciliæ perierunt, & plures pedestri itinere moriuntur, scilicet Rex Navarræ Theobaldus & ejus uxor filia sancti Ludovici, Regina Franciæ Izabellis de Arragoniâ, Alphonsus Comes Pictaviæ & uxor ejus, & multi alii magni nominis Milites & Barones. Eduardus Regis Angliæ Henrici primogenius, qui tardiùs aliis ad obsidionem Thunarum convenerat, post præfatam compositionem cum Rege Thunarum initam, nolens adhuc ad propria remeare, cum quibusdam Militibus de Regno Franciæ votum quod incœperat volens, si posset, perficere, ad partes Syriæ in Accon ut Christianitati succurreret, transfretavit.

Philippus. MCCLXXI.

Eodem tempori concursu, dum Philippus Rex Franciæ in regressu de Thunico Cardinales Romanæ Curiæ, qui inclusi donec Papam elegissent apud Viterbium tenebantur, visitaret ; venerat tunc ad Curiam Henricus de Alemanniâ defuncti Richardi Romanorum Regis filius, propter Regnum quod pater suus habuerat, si posset facere, obtinendum. Quod agnoscens Guido filius de Monte-forti Simonis filio Regis Angliæ Eduardo in prælio perempti, qui filiam Rufi Comitis Tusciæ juxta partes illas desponsaverat, ipsum Henricum insidiis circumventum in Ecclesiâ sancti Laurentii de medio suorum evellere putans, nec prævalens, ibidem primitùs ictu cultelli transfodit, & tractum postea ante fores Ecclesiæ licet junctis manibus, ut sibi parceret, obsecrantem per latera ter vel quater feriens de cultello, penitùs interfecit ; statimque septus equitum comitatu quem sibi paraverat, ab urbe Viterbii recessit, & ad postrem uxoris suæ Comitem Tusciæ se transtulit. Et quoniam præsente Rege Franciæ in urbe hoc scelus perpetraverat, ejus offensam & indignationem incurrit, & Ecclesiæ Romanæ judicium, cujus vindictæ propter hoc ipsum oportuit postmodum subjacere; nam in pœnam tanti sceleris decrevit Ecclesia, ut in castello fortissimo donec ad tempus sibi misereretur, sub arctâ custodiâ teneretur.

Philippus Rex Franciæ reversus de Thunis in Franciam, cum ingenti solemnitate & honore maximo fecit ossa patris sui Regis sanctissimi Ludovici, uxoris suæ & fratris Comitis Nivernensis die Veneris ante Pentecostem apud sanctum Dionysium in Franciâ, ubi sepulturam elegerant., sepelire; ad cujus Regis tumulum mox de diversis partibus venientes multi variis languoribus ægrotantes, fuerunt per S. Regis merita sanitatis beneficio restituti. Joannes de de Curtiniaco Remensis Archiepiscopus obiit, cui successit Petrus Barbez Archidiaconus Dunensis in Ecclesiâ Carnotensi. Mense Augusto in crastino festi decollationis sancti Joannis Baptistæ, Remis Philippus Rex Franciæ coronatur. Sepulto apud Pruvinum in Briâ Theobaldo Rege Navarræ Comiteque Campaniæ cum uxore suâ, Henricus ejus frater sibi succedens duxit postmodum in uxorem Roberti Comitis Attrebati sororem, neptem videlicet sancti Regis Franciæ Ludovici, de quâ postea Joannam Reginam Franciæ generavit.

Quidam Harsacida in Accon ad Eduardum filium Regis Angliæ perimendum missus, dum cum eo quasi nuntius in secreto thalami loqueretur, ipsum cultello percutiens toxicato lethaliter vulneravit, ita quòd in veneni diffusione interiora corporis occupante majus periculum imminere, quàm in solâ vulnerum cicatrice; quem mox Eduardus quasi furibundus arripiens, in ipso injuriam suam morte crudelissimâ vindicavit, & in brevi postea convalescens, audito quòd pater suus Henricus Rex Angliæ decesserat, parato navigio discessit de Accon, & applicans in Regno Franciæ per ipsum transvectus in Angliam, in Regem pacificè coronatur.

MCCLXXII. EDUARDUS.

Romanæ Ecclesiæ centesimus octogesimus octavus Gregorius decimus præsidet. Eodem tempore Remundus Bernardi Comes Fuxinensis, in quodam oppido Regis Franciæ vi armorum irruptionem faciens, quemdam sibi adversarium persequendo plures gentes sui adversarii, & multos de Regis familiâ qui ejus adversarium tuebantur, in ipso oppido interfecit; propter quod Rex Franciæ Philippus exercitu adversùs dictum Comitem Tolosanis in partibus congregato, castrum ejus Fuxinense aggressus est, & dum viam quæ equis & hominibus arcta erat, celtibus rupes discindendo faceret dilatari, Comes timens Regis fortitudinem ad ipsum humiliter & devotè veniens, indulgentiam petiit de commissis: quem Rex suorum consilio apud Bellum-quercum ligatum in vinculis destinavit, & ibidem in prisione fecit eum per anni spatium custodiri. Castrum autem Fuxinense, & alia Comitis castella muniens Rex gente suâ, ea ad opus Regni voluit in manu suâ usque ad tempus congruum relevari. Gasto quidam nobilis de Biardo, vir præpotens illis in partibus, cujus filiam Fuxinensis Comes habebat in conjugem, audito quòd Regis Franciæ indignationem & iram incurrisset, eo quod diceretur per ejus consilium Fuxi Comitem rebellasse, venit ad Regem trepidus, & genu flexo junctisque manibus, suppliciter exoravit ne hujus facinoris sine causâ sibi impositi suspectus de cætero haberetur, promittens se purgaturum scuto & lanceâ, vel modo alio quo Palatinorum sententia judicaret; qui in tali statu deprecans diù Regem,

vix tandem obtinuit ut suspicione sopitâ, Rex sibi veniam indulgeret.

MCCLXXIII.

Radulfus de Alsacio Comes Rufus, Rex Romanorum efficitur. Joannes de Solliaco Bituricensis Archiepiscopus obiit, post quem Decanus Parisiensis Gaufridus de Ponte Cheuroni electus, antequàm confirmatus vel consecratus fuit, defunctus est; cui Simon de Bello-loco in Briâ Carnotensis Archidiaconus, successit. Comes Fuxi Regi Franciæ reconciliatus recepit terram suam, & ab ipso Rege efficitur Miles novus. Petrus Comes Allensonis Regis Franciæ Philippi frater, accepit in conjugem Joannam Joannis Comitis Blesensis filiam.

RADULPHUS. MCCLXXIV.

Apud Lugdunum Galliæ urbem Concilium solemne celebratur à Papa Gregorio, in quo multa Ecclesiæ utilia statuuntur, scilicet de terræ sanctæ subsidio, de electione summi Pontificis & statu Ecclesiæ universalis. In hoc autem Concilio Græcorum & Tartarorum solemnes nuntii adfuerunt, ubi Græci redire ad unitatem Ecclesiæ promittentes, in signum hujus rei Spiritum sanctum procedere à Patre & Filio sunt confessi, Symbolum cum aliis in præsenti Concilio decantantes. In eâdem verò sacrâ Synodo plures Mendicantes Ordines sunt quassati, & bigami qui consuturam clericalem tunc temporis deferebant, ferre de cætero sunt prohibiti, & uti privilegio clericali. Numerus verò Prælatorum qui ibidem adfuerunt, quingenti Episcopi sexaginta, Abbates & Prælati minores alii circà mille. Philippus Rex Franciæ secundam uxorem accipiens, Mariam scilicet sororem Ducis Brabantiæ, eam die Martis infrà octabas Assumptionis beatæ Virginis Genitricis Domini desponsavit. Petro de Charniaco Senonensi Archiepiscopo defuncto, successit eidem Gilo Cornuti præcentor Ecclesiæ Senonensis. Rege Navarræ Comiteque Campaniæ Henrico apud Pampilonem mortuo, uxor sua quæ unicam habebat ex illo filiam, adhuc in cunis positam accipiens, cum eâ celeriter in Regno Franciæ se recepit; quam Rex Philippus ejus consanguineus libenter suscipiens, fecit ejus filiam cum suis pueris apud Parisius educari, terramque puellæ in suâ ponens custodiâ, misit celeriter in Navarram Eustachium de Bello-marescalio probum Militem & discretum, qui tamquam custos & totius Navarræ gubernator Regnum illud in manu regiâ conservaret.

MCCLXXV.

Maria Regina Franciæ in festo sancti Joannis Baptistæ apud Parisius coronatur & inungitur in Reginam; quam quia Petrus Remensis Archiepiscopus illam inunxerat, Gilo Senonensis Archiepiscopus in suæ Senonensis Ecclesiæ præjudicium fieri conquestus est. Nam, sicut legitur in quâdam Ivonis Episcopi Carnotensis Epistolâ, ad Archiepiscopum sedis Belgicæ, quæ est Remis, non pertinet extrà suam provinciam Regum inunctio, vel etiam Reginarum. Super quo ex parte Regis fuit allegatum, quòd factum non fuerat unde posset conqueri Senonensis Archiepiscopus, cùm Capella domûs Regis exempta foret Parisius, & ideo ratione loci ad ipsum inunctio, non spectabat. Eustachius Miles de Bello-Marescalio, quem Rex Franciæ Philippus miserat in Navarram ad Regnum illud pacificè conservandum, dum vellet aliquas consuetudines Navarrorum injustas in melius commutare inter ipsos contentione exortâ, à Majoribus illorum apud Pampilonem in castri fortereitiâ obsidetur. Ad quem liberandum Comes Attrebati Robertus inclytus ex parte Regis Franciæ missus cum copioso exercitu armatorum, Pampilionem in brevi expugnans, Eustachium & gentes suas potentissimè liberavit, & Principes seditionis puniens, res Navarræ in melius immutavit. Dum Almaricus Clericus de Monteforti, filius Comitis Leycestriæ Simonis de Monteforti ab Anglicis interfecti, sororem suam unicam per mare duceret Loelino Principi Walensium desponsandam, Rex Angliæ Eduardus hoc agnito, illos cum gente suâ capi fecit, & eosdem in prisione suâ diù sub arctâ custodiâ mancipavit. Gregorio Papa defuncto, Romanæ Ecclesiæ centesimus octogesimus nonus INNOCENTIUS quintus præsidet. Hic de Ordine Fratrum Prædicatorum assumptus, Frater Petrus de Tarentasi vocabatur.

MCCLXXVI.

Ludovicus primogenitus Regis Franciæ Philippi obiit; & in Ecclesiâ sancti Dionysii in Franciâ sepelitur. Venerunt ad Regem Franciæ Philippum nuntii Tartarorum ab extremis finibus Orientis, dicentes eidem quòd si in partes Syriæ quia Cruce signatus erat, contrà Sarracenos proponeret transfretare, Rex ipsorum consilium gentis suæ totaliter & juvamen fideliter promittebat. Si verò veri nuntii, aut exploratores fuerint, Deus novit; non enim erant Tartari natione nec moribus, sed de sectâ Georgianorum Christiani, quæ natio Tartaris totaliter est obediens & subjecta. Ipsi autem apud sanctum Dionysium in Franciâ à Rege missi, ibidem solemnitatem Resurrectionis Dominicæ peregerunt; & posteà ut dicebatur, causâ consimili ad Regem Angliæ transierunt. Mortuo Ferrando primogenito Alphonsi Regis Hispaniarum filio, qui Blancham S. Franciæ Ludovici Regis filiam habebat in uxorem, Rex [Alphonsus] pater illius adversùs duos filios quos de Blanchâ uxore suâ genuerat iniquè agens, contrà pactum initum cum Rege Franciæ, eosdem à successione Regni sui totaliter privavit, & matrem ipsorum sine dote & honore, retentis ejus pueris, ad fratrem suum Regem Franciæ Philippum qui ipsam mandaverat, quasi invitus permisit in Franciam remeare. Loelinus Princeps Walensium, intellecto quòd Rex Angliæ Eduardus cepisset & teneret in carcere puellam quæ sibi matrimonio copulanda ducebatur, contrà Regem Angliæ fortiter rebellavit, & quemdam montem longum & arduum in terræ suæ confinio, quem dicunt Senaudone forti, adversus eum non minimè roboravit; sed Rex ipsum tempore hyemali obsidens, cum multos de suis amisisset propter paludum & viarum angustias, tandem ab incepto non desinens ad deditionem coëgit Principem pervenire, & pacto cum ipso inito quòd Principatus Walensium post ejus interitum ad suos heredes minimè deveniret, terram & uxorem reddidit, & eam in suâ præsentiâ fœdere maritali copulari. Almaricum verò quia Clericus erat, Prælatis Angliæ reddens, non suo sed Prælatorum nomine fecit posteà per longum tempus sub arctâ custodiâ reservari. Innocentio Papa defuncto, Romanæ Ecclesiæ centesimus nonagesimus ADRIANUS quintus natione Januensis, præsidet; sed cum mense uno & diebus novem sedisset, defungitur. Post quem Romanæ Ecclesiæ centesimus nonagesimus primus JOANNES vicesimus natione Hispanus, successit.

MCCLXXVII.

Joannes Papa cum sibi vitæ spatium per annos plurimos extendi crederet, & hoc etiam coram multis sæpè assereret, subitò cum novâ camerâ, quam pro se Viterbii circà palatium ædificari fecerat, solus corruit, & inter ligna & lapides collisus, sextâ die post casum hujusmodi Sacramentis Ecclesiasticis operibus perceptis exspirans, in Ecclesiâ sancti Laurentii sepultus est. Post quem Romanæ Ecclesiæ centesimus nonagesimus secundus NICOLAUS tertius natione Romanus de genere Ursinorum, præsidet. Tyberis Romanæ urbis fluvius in tantum suos transcendit alveos, quòd supra altare beatæ MARIÆ Rotundæ per quatuor pedes & ampliùs visus est excrevisse. Petrus de Brociâ Regis Franciæ Cambellanus magnus, vir apud dominum suum & Regni ejus Principes quamplurimùm honoratus, apud Parisius communi latronum patibulo suspensus, cujus causa mortis incognita, apud vulgus magnam admirationis & murmurationis materiam ministravit.

MCCLXXVIII.

Carolum Regem Siciliæ Papa Nicolaus à Vicariâ Tusciæ removens, constitutiones fecit tam de electionibus Prælatorum quàm de electione Senatoris urbis Romanæ, & se Senatorem ad vitam fieri procurans, Senatoriam jussit per suos parentes ferè per duos annos regi. Filia Principis Antiochiæ Maria dicta, de Jerusalem in Franciâ exulans, jus Regni Jerusalem quod sibi competebat Carolo Regi Siciliæ contulit, eo pacto quod quamdiu ipsa viveret ipse eidem annuatim quatuor millia librarum Turonensium super proventus redditum Comitatûs sui Andegaviæ assignaret. Cancellarius Parisiensis Magister Joannes de Aurelianis, cui Papa Nicolaus per suas patentes litteras vacantem Parisiensem Episcopatum contulerat, resignavit, & sæculo valefaciens Fratrum Prædicatorum Ordinem ingressus est.

MCCLXXIX.

Bondodar Soldanus Babyloniæ, qui urbem Antiochiæ destruxerat, & Christianitati in partibus illis multa mala contulerat, innumerabili congregato exercitu in Turquiâ contrà Tartaros conflictum habuit; sed maximâ parte sui exercitûs cæsâ, ipse lethaliter sauciatus redire compellitur in Damascum, nec multò post mortuo, successit suus sibi filius; sed non diù illo pacificè dominio functus fuit. Plures enim Admiralium Majores adversùs eum conspirantes, ipsum in castello fortissimo vocato le Crac juxtà Babylonem cum suis obsederunt, unde inter eos tanta paulatim pullulavit discordia, quòd se ubique alterutrum occidebant.

Misso à Papa Nicolao quodam ad Carolum Regem Siciliæ Cardinali, ut super Tusciæ amotâ sibi Vicariâ patientiam ejus animi attentaret; attendit quod Carolus ejus nuntium cum honore & reverentiâ suscepisset, & eidem pacificè & modestè respondisset, dixisse fertur: *Fidelitatem Carolus habet à domo Franciæ, ingenii perspicuitatem à Regno Hispaniæ, discretionem verborum à frequentatione Romanæ Curiæ: possemus aliis prævalere, istum autem non valebimus superare.* Mortuo Balduino Imperatore [Græciæ] dejecto, Philippus ejus filius filiam Caroli Regis Siciliæ desponsavit, de quâ Catherina filia ejus unica procreatur.

MCCLXXX.

Philippus Rex Franciæ ferens graviter & dedignè quòd Rex Alphonsus Hispaniæ sororem suam Blancham inhonorificè sibi in Franciam destinasset, magnum adversùs eum apud urbem Gasconiæ Baionam exercitum congregavit; sed dum Hispanias intrare nititur, jussu & mandato Nicolai Papæ præpeditus redire inefficax compulsus est. Defuncto Papa Nicolao ; post quinque menses & viginti dies Romanæ Ecclesiæ centesimus nonagesimus tertius MARTINUS quartus natione Francus, præsidet. Secana flumen Galliæ sic suos transcendit alveos, quòd duas arcas majores magni pontis Parisius, & unam consimiliter parvi pontis fregerit, & totam urbem exteriùs ita accinxerit, ut nequiret à parte sancti Dionysii sine suffragio ingredi batellorum ; & hæc aquæ illuvies circà festum Epiphaniæ inundavit.

Petrus Rex Arragonum navigium parans adversùs Carolum Regem Siciliæ Siculorum monitu, & uxoris quæ filia Manfredi fuerat Regni Siciliæ invasoris, ne perciperetur quod malè conceperat, misit ad Romanam Curiam solemnes nuntios, fingendo significans quòd cum sumptuoso & sollicito apparatu ad servitium Dei & Ecclesiæ, & exaltationem fidei Catholicæ versùs Africam super Barbaros potentiæ suæ brachium dirigebat. Hanibaldenses de alto sanguine Romanorum procreati, Nicolai Papæ audito interitu, convocatà suâ parte, Capitolii & cercochariarum urbis Romæ existentium sub custodiâ Vicariorum quos idem Papa constituerat, invitis Ursinis in civitate par dominium habuerunt ; ita quòd ex pacto inter eos habito, unus partis Hanibaldensium, & alius ex parte Ursinorum fuerunt in Capitolio Senatoris gerentes officium constituti, sub quorum regimine multa homicidia, plurimæque dissensiones, & alia mala quamplurima sunt in urbe & ejus districtu habita, nec punita.

MCCLXXXI.

Papa Martinus eligitur in Senatorem ad vitam, qui loco sui Carolum Regem Siciliæ constituens, de domo ejus sive familiâ assumsit Milites ad regendum patrimonium sancti Petri, quos cum stipendiariis Francigenis ferè octingentis in Romaniolam destinavit contrà Guidonem Comitem Montis-feltri, qui terram Romanæ Ecclesiæ occupatam illis in partibus detinebat. Apud Urbem Veterem orta fuit magna dissensio inter cives & gentes Caroli Regis Siciliæ, ita ut mortem ad Gallicos proclamarent, & hoc totum factum est per urbis Capitaneum Jamesium qui assensum suis civibus tribuebat : sed ad arma Francigenæ concurrentes plurimos de ipsis occiderunt, & tunc necessitate cogente prædicta dissensio sopita est. Mense Februario piscis marinus in leonis effigie captus, apud Urbem Veterem ubi erat Papa & Curia deportatur ; sed quia in suâ captione horribiles planctus emiserat, hoc multi signum aliquod futurorum exinde fieri asserebant.

In Regno Siciliæ Panormitani & Messanenses rabie succensi adversùs Carolum Regem & Gallicos in eâdem Insulâ commorantes, tam mares quàm feminas, senes & juvenes in Regis contemptu Caroli occiderunt ; & quod fuit detestabilius, latus aperientes mulierum prægnantium, quæ dicebantur à Gallicis concepisse, partus peremerunt antequàm nascerentur.

Loelinus Princeps Gallensium contrà Regem Angliæ Eduardum iterum rebellans, fecit gentes ejus & subditos per Gallas in custodiis existentes per fratrem suum David omnes occidere : quod Rex ægrè ferens, protinùs tertam Gallensium cum magnâ potentiâ intrans, Loelini Principis & David fratris ejus capitibus præcisis, Gallas suæ subdidit ditioni. Morte suorum Siciliæ Rex auditâ, filium suum Salernæ Principem nominatum Carolum misit statim in Franciam pro succursu, & ipse Faro cum pluribus transito, obsedit interim Messanenses ; quos dum impugnare nititur, ecce Petrus de Arragonia, qui versùs Africam latitabat, à Siculis tamquam eorum dominus & defensor præcipuus evocatus, Siciliam contrà domini Papæ inhibitionem cum manu validâ subintravit : qui mox insulam totam Siciliæ rebellare faciens, fecit se in contemptum Caroli & Romanæ Ecclesiæ in Regem Siciliæ coronari, mandans Carolo in obsidione Messanensium occupato quòd de Regno suo exiens tempestivè, non præsumeret Messanenses ampliùs expugnare ; quo Rex Carolus intellecto, consilio quorumdam sibi adhærentium ad plana sancti Martini proditus, ut aiunt, in Calabriam se retraxit.

Parisius inter Clericos nationis Picardiæ & ibidem studentes Anglicos tanta sit fuit orta discordia, quòd studium deficere crederetur ; nam domos Picardorum Anglici confringentes, & aliquos occidentes, extrà Parisius Picardos fugere compulerunt.

MCCLXXXII.

Pridie Kalendas Maii Joannes de Apià Miles, & domini Papæ Martini stipendiarii contrà Guidonem de Monte-feltri hostiliter progressi, civitatis Forilivii burgum capiunt, & ibidem usque in crastinum commorantes, mane tres acies ordinaverunt ante faciem civitatis : quod videntes adversarii suos emiserunt diversimodè bellatores, ut plus astutia quàm bello conterere Joannem & suos prævalerent. Currentibus insimul aciebus sit acre prælium, in quo cecidit Comes Thadæus nobilis pugil Ecclesiæ cum quingentis ferè Francis, & ex adversâ parte tam nobiles quàm ignobiles mille quingenti & ampliùs occisisunt. Tandem nocte superveniente superstites ad partem suam se retraxerunt, & sic nullis est victoria attributa.

Solemnis inquisitio fit de vitâ & miraculis sancti Regis Franciæ Ludovici. Soldanus Babiloniæ fugatus à Tartaris per octo dietas &c. ampliùs, quingenta ferè millia de Tartaris vires amittens, iterum vires resumsit, & sic fugans Tartaros triginta millia ex illis dicitur occidisse.

Petrum Arragoniæ Regem, qui contrà Ecclesiæ Romanæ inhibitionem fecerat se in Regem Siciliæ coronari, & fuerat propter hoc excommunicationis vinculo innodatus, Martinus Papa per sententiam privavit à Regno Arragoniæ, & ab his omnibus quæ ab illo de Romanâ Ecclesiâ in feodo tenebantur, ejusque vassallos ab ipsius fidelitate absolvens ; Regnum Arragoniæ cum suis pertinentiis Carolo Regis Franciæ Philippi filio, nepoti scilicet dicti Petri, contulit & concessit. Princeps Salernæ Carolus Regis Siciliæ filius, qui missus in Franciam pro succursu fuerat, reversus est in Appuliam cum magnâ Nobilium comitivâ, inter quos Petrus Allensonis Comes, Philippi Regis Franciæ frater, Comes Attrebati, Robertus, Comes Boloniæ, Comes Domni-Martini Joannes & Comes Burgundiæ Othelinus cum multis aliis advenerunt.

Petrus Arragoniæ succursum prægnoscens de Franciâ Regi Carolo advenisse, ut dolo potiùs vel artis industriâ quàm aliquo bellandi genere contrà Regem Carolum dimicaret, & se & suos ad bellum interim præpararet, hujusmodi belli pactum Carolo demandavit ; scilicet ut haberet quilibet centum quos vellet & posset Milites in planis Burdegalis obtinere, centum contrà centum ad pugnandum, ad invicem præparatos, inter quos ipsi duo debebant Petrus & Carolus computari ; & qui victus fieret, infamis perpetuò & absque Regis nomine remaneret, uno contentus de cætero serviente qui cum eo solus incederet ; non veniens ad prædictum locum die Primâ Junii anni subsequentis sic paratus, similes pœnas & etiam perjurium incurrebat.

F iij

MCCLXXXIII.

Guido de Monte-forti à custodiâ quâ diù detentus fuerat per Papam Martinum liberatus, ab eodem Pontifice in suorum auxilium missus est in Romaniolam; cui terras & civitates Ecclesiæ quas Guido de Monte-feltri occupaverat statim restituens, juravit se mandatis Ecclesiæ pariturum. Sic igitur terrâ Romaniolæ ad mandatum Papæ pacificè reversâ exceptâ civitate Urbinati, Guido de Monte-forti hostiliter illam aggressus, quidquid extrà muros reperit accipit & devastat.

Primâ die Junii Carolus Rex Siciliæ apud Burdegalas pugnaturus contrà Petrum Arragoniæ Regem venit modo quo sibi mandaverat præparatus, sed non ausus accedere dictus Petrus ut promiserat; nocte tamen adveniens statutam diem præcedenti cum duobus sociis, ut tradunt aliqui, loco privato & remoto loquutus est cum Burdegalis Senescallo, prætendens quod servare non poterat pactum suum, nec auderet propter fortitudinem Regis Franciæ qui ibidem advenerat, imminentem. Quo, ut dictum est, minimè comparente Rex Carolus cum Rege Franciæ Philippo nepote suo in Franciam se retraxit, & ibidem moram traxit usque ad mensem Martium subsequentem. Quidam Miles ab Hispaniâ Joannes Minimus nominatus, Regis Franciæ stipendiarius, à parte Navarræ Regnum Arragoniæ invasit, & Petro absente auxiliumque sibi [undecunque] perquirente plura oppida Regni ipsius occupavit.

Comite Rufo Tusciæ defuncto, Guido de Monte-forti, qui filiam ejus habebat in conjugem, de Papæ Martini licentiâ, obsidione Urbinatis relictâ, exercitu dimisso, in Tusciam se transtulit, & terram quæ sibi obvenerat ratione conjugis suæ contra Comites Floræ & Anguillariæ qui eam impetebant, viriliter defensavit, & gentes illorum quamplurimos interfecit. Carolus Rex Siciliæ Regi & Regno Franciæ valedicto, in terram suam Appuliæ reversus est; cujus adventum Siculi agnoscentes, cum viginti septem galeis armatis gentibus munitis venerunt prope Neapolim, proferentes multos clamores & belli indicia quibus possent aliquos ante Regis Caroli adventum offendere, & moverent filium ejus & ibidem existentes Francigenas ad pugnandum. Quos audiens Princeps Salernæ Caroli Regis filius, qui dimisso Comite Attrebatensi Roberto in Calabriâ certis de causis illuc advenerat, motus & incitatus clamoribus eorumdem, damnosè sumens audaciam cum suis intravit galeas, & ipsos fortiter aggressus est; sed quia navalis prælii gens sua ignara exstitit, & fraude nautarum potiùs deceptus, ut dicitur, devictus & captus apud Messanensem urbem ductus captivandus: quartâ verò die sequenti Carolo patre ejus advenience Neapolim, Neapolitanos qui jam post Principis captionem spiritus rebellionis conceperant, & gentes suas inde expulerant castigavit, & eos [conniventibus oculis, quasi inscius promissorum,] à suis permisit sequacibus cruciari. Tandem parato exercitu versùs Regium urbem Calabriæ ubi erat Comes Attrebati nepos suus, se transtulit, Parum transire cupiens, ut Messanam urbem Siciliæ obsideret; sed non valens quod conceperat adimplere, vasa sua navalia in portu Brundusii, ne per flatus hyemales frangerentur aut ne ab inimicis capi contingeret, destinavit.

MCCLXXXIV.

Comes Joviniaci illustris Francigena, qui in obsidione remanserat Urbinatis, contrà instructionem Guidonis Montis-Fortis faciens assultum ad urbem, ibidem exstitit interfectus. Philippus Regis Franciæ Philippi filius major natu, in festo Assumptionis beatæ Virginis Matris Domini Miles novus efficitur, & in crastino Joannam filiam defuncti Regis Navarræ Comitisque Campaniæ Henrici apud Parisius desponsavit. In Vigiliâ sanctæ Catharinæ Virginis tanta fuit venti vehementia de nocte, quòd multæ domus multaque Monasteriorum clocheria, & multæ fortes & magnæ arbores per Regnum Franciæ corruerunt. Septimo die mensis Januarii Carolus Rex Siciliæ defunctus est, cujus mortem Papa Martinus intelligens, lugubres dies cum suis Cardinalibus, sicut licuit, celebravit; [& Attrebatensi Comiti Roberto, cui tutelam Regni Siciliæ & puerorum captivi Principis Salernæ Caroli defuncti Regis filii committebat, magnam summam pecuniæ ad eorum subsidium destinavit.] Et quia idem Princeps Carolus captivatus patri posteà successit in Regno, nos eidem annos usque ad coronationem suam attribuimus subnotatos. Mense Martio Philippus Rex Franciæ adversùs Arragones excommunicatos à Papâ iter arripuit, ut Regnum Arragoniæ suo collocatum filio per Romanam Ecclesiam acquireret, si valeret.

MCCLXXXV.

Die Mercurii post Resurrectionem Dominicam Papa Martino defuncto, Romanæ Ecclesiæ centesimus nonagesimus quartus HONORIUS quartus natione Romanus, præsidet. Hic statim post promotionem suam tam Comiti Attrebatensi in Apuliâ, quàm cæteris stipendiariis certis in locis per prædecessorem suum Papam Martinum ordinatis, eos confovendo contulit stipendia, & ad suscepta negotia prosequenda sollicitè animavit. Diversarum afflicti passionum & ægritudinum ad sepulcrum Romani Pontificis Martini quarti venientes, ibi multis videntibus sunt sanati. Petrus Arragonis præsciscens quod Rex Philippus exercitum ad Regnum Arragoniæ pervadendum adduceret, statim se de Siciliâ transtulit in Arragoniam, verens amittere Regni jura; & quia Messanenses Principem Salernæ Carolum ad quoddam castellum transtulerant, eorum infidelitatem metuens fecit eum de Siciliâ in Arragoniam transportari, & ipsum ibidem diligentissimè custodiri. Philippus Rex Franciæ circà festum S. Joannis Baptistæ dominium Regni Arragoniæ pervadens, primò in Rossilionis finibus Januam civitatem sibi contrariam aggressus est, & in brevi totam destruens, per locum devium juxtà passum Ecclusæ montes Pyreneos ascendit, & usque Geronnam urbem fortissimam suum exercitum introduxit. Quod videntes Arragonii qui in summo passûs Ecclusæ vertice ubi erat fortior terræ illorum introitus, armati steterant, nec per aliunde credebant Regem Francorum ascendere, admirantes timuerunt valde, & timore perterriti ad urbes & oppida confugerunt. Rex autem Franciæ Geronnam obsidens, & ibidem assultus plures faciens multum eives debilitavit; sed ipsi fortiter repugnantes [ipsum] tres menses vel circiter tenuerunt. In ipso verò obsidionis termino, videlicet die Assumptionis beatæ MARIÆ Virginis Matris Domini, cum misisset Rex Franciæ ad portum Rosarum maritimum, ubi classis regia permanebat, pro victualibus quæ illi ferrebantur exercitui asportandis, Petrus Arragoniæ Rex, qui hoc novit, iter cum quingentis equitibus armatorum, & tribus millibus peditum occupavit, ut posset in reditu Francorum victualia prædari; sed ejus insidias prænoscens Franciæ Connestabularius Radulfus dominus de Nigellâ cum Comite

Marchiæ, & Joanne de Hardicuriâ Marescallo, assumptis illicò centum quinquaginta sex equitibus armatorum eidem occurrere festinavit. Videntes autem Arragonii quia pauci ad suorum numerum contrà se veniebant, Francorum fortitudinem ignorantes, illos protinùs invaserunt: sed Franci fortiter repugnantes, Regem Arragoniæ in armis incognitis præliantem, suis ferè omnibus occisis, saucium ad mortem de bello fugere compulerunt; qui in quâdam Abbatiâ se reponens, satis citò posteà Francis ignorantibus exspiravit. Et quamvis in illo prælio fortiores & nobiliores Regni Arragoniæ adfuissent, pauci tamen de tanto numero vivi ad propria rediere. Gerondenses postmodum succursum minimè exspectantes urbem suam Regi Franciæ reddiderunt; quâ munitâ gente suâ, Rex qui Petri Regis interitum ignorabat, & infirmitatem incurrerat, parte sui licentiatâ navigii, versus Narbonam propter instantem hyemem se retraxit. Cujus reditum cognoscentes Arragonii, naves quæ in portu Rosarum remanserant, occisis de gente Francorum quamplurimis, rapuerunt, & satis citò posteà Geronnam urbem obsidentes, Francos qui ibidem ad custodiam relicti fuerant, ad deditionem coëgerunt. Rex autem Franciæ qui infirmus recesserat, dum venisset apud Perpeignacum defunctus est; cujus caro & viscera apud Narbonam in majori Ecclesiâ sunt sepulta, & ossa cum corde apud S. Dionysium in Franciâ deportata. Sed antequàm ibidem traderetur sepulturæ, inter Monachos dicti loci & Fratres Prædicatores Parisius commorantes propter illud cor regium magna dissentio fuit orta. Volebant etenim dicti Fratres Monachis invitis illud cor ad sepeliendum in suâ Parisiensi Ecclesiâ obtinere, eo quòd Philippus juvenis Rex & Regni successor ipsum concesserat cuidam Fratri de Ordine Jacobito; sed tandem Rex Fratrum instantiâ pulsatus, qui se reputabat dedicere pudorosum, contrà multorum consilium fecit illud Parisius sepeliri in Fratrum Ecclesiâ Prædicatorum. De quo determinatum fuit postmodum per plures Magistros Theologos, quod neque Rex neque Monachi dare possent, neque fratres sine dispensatione Summi Pontificis retinere. Philippus autem pater succedens in Regno, Remis cum uxore suâ die festo Epiphaniæ in Regem Franciæ coronatur. Reliquit autem Phillppus Rex defunctus duos filios, Carolum Comitem Valesii, & Philippum prædictum Regem Franciæ ex primâ conjuge Reginâ Isabellî, & tres alios, scilicet Ludovicum Comitem Ebroicæ civitatis, Margaretamque Reginam Angliæ, ac Blancham Ducissam Austriæ ex Mariâ de Brabanto secundâ uxore.

Philippus Pulcher. MCCLXXXVI.

Alphonsus filius Petri Arragoniæ Regis, patri in Regno successit, & Jacobus ejus frater cum matre Constantiâ Siciliam occupans, contrà inhibitionem & mandatum Romanæ Ecclesiæ fecit se in Regem Siciliæ coronari. Honorius Papa sententiam quam Martinus Romanus Pontifex prædecessor suus contrà Petrum Arragoniæ Regem protulerat, in filios ipsius Alphonsum & Jacobum atque matrem eorum Constantiam eâdem firmitate & edicto simili confirmavit. Edwardus Rex Angliæ in Franciam evocatus, fecit homagium Regi Franciæ pro Ducatu Aquitaniæ & cunctis aliis quæ in Regno ipsius Regis Franciæ obtinebat; & inde apud Burdegalas feræ Gasconiæ urbem Metropolim accedens, ibidem in Natale Domini grande tenuit Parlamentum, in quo loco nuntios plures recipiens Arragoniæ, Siciliæ, Hispaniæ. suspectum fuit ne aliquid contra Regnum & Regem Franciæ molirestur; deliberationem tamen Principis Salernæ consanguinei sui capti à Siculis, erga Regem Arragoniæ Alphonsum qui eumdem tenebat in carcere, procuravit.

Mense Septembri defunctus est Matthæus Abbas sancti Dionysii in Franciâ Regni Franciæ Consiliarius principalis, qui Monasterium suæ domûs à retroactis temporibus inceptum miro & sumptuoso opere ferè à mediâ parte usque ad ultimum consumavit, & Abbatiam suam quam in rebus & ædificiis quasi consumptam invenerat, novis muris & domibus sumptuosis reparans suo tempore ditatam reddidit, & multum in redditibus augmentavit; cujus doctrinâ & religione præcipuâ imbuti Monachi ejusdem loci, plures fuerunt diversis in Monasteriis Abbates postmodum constituti. Die Parasceves Paschæ Honorio Papâ mortuo, Romanæ Ecclesiæ centesimus nonagesimus quintus Nicolaus quartus præsidet.

MCCLXXXVII.

Apud Accon urbem Syriæ Rex Cypri fecit se in præjudicium Regis Siciliæ in Regem Jerusalem coronari; & quia id Templarii & fratres Hospitalis permiserant, res eorum & bona per Apuliam & terram Regni Siciliæ in manu Regiâ capiuntur. Alphonsus Rex Arragoniæ contrà suum patruum Regem Majoricarum, qui de parte Ecclesiæ se tenens ipsum in hoc offenderat, insurgit, & Regni sui terras aliquas occupavit. Græci ab unitate Ecclesiæ Romanæ separantes se, sibi Papam & Cardinales, ut dicitur, creaverunt. Comes Robertus Attrebati tutor Regni Siciliæ, apparatum faciens ad debellandos Siculos, Guidonem de Monte-forti Militem misit apud Venetias & per totam Tusciam vasa novalia congregare.

Circa Natale Domini venerunt ad Curiam Romanam nuntii Arragonum &, Siciliæ, proponentes in Consistorio coram Papâ & Cardinalibus multa falsa & frivola, quæ apud aliquos favorem non minimum inveneruntr. Primò excusabant Arragonii Regem suum Alphonsum eo quod nuntios post patris obitum ad Romanam curiam non misisset, dicentes quòd transire non poterant propter guerras sibi eodem tempore imminentes. Secundò suum dicebant dominum innocentem, quia in nullo conscium facti patris. Tertiò quia diu ante patris obitum Regni possessionem habuerat, in quâ remanens petebat sibi pacificè dimitti, & quòd Papa ipsum non permitteret super hoc ab aliquibus indebitè molestari. Quartò se ad servitium Romanæ Ecclesiæ offerebat, & sicut fuerant prædecessores sui eidem Ecclesiæ obedientes, hoc intendebat præcipuè imitari. De primo Papa non curavit; ad secundum sic respondit: Placet nobis quamplurimùm quòd esset innocens, sed ostendit contrarium, mittens & mittere non cessans in terram nostram Siciliæ gentem suam, nobis & Regi Siciliæ rebellantem; item quòd nostrum minimè permittit interdictum in terrâ Arragoniæ observari; & quòd patrui sui Majoricarum Regis Ecclesiæ adjutoris terram & dominium occupavit; item quod detinet Principem Salernæ Carolum innocentem, quem quamdiu tenebit, non inveniet apud nos gratiam vel favorem; & licet Regnum Arragoniæ teneat, in quo tamen dicimus ipsum minimè jus habere, sed Carolum fratrem Regis Franciæ, cui per Romanam Ecclesiam est collatum. Verumtamen si ipse de suâ velit justitiâ coram nobis contendere, parati sumus si veneris audire eum, & dare sibi justitiæ complementum. Post venerunt duo fratres Minores nuntii Siculorum, proponentes quomodo diu fuissent à Gallicis oppressi,

& cum minimè possent amplius sustinere ipsos, curialiter de terrâ suâ ejicere intendebant, quando quidam maligni subito irruerunt crudeliter in eosdem, quod displicuit bonis viris: Constantiam etiam matrem Jacobi occupatoris Siciliæ excusabant de malitiâ, dicentes quia tamquam mulier viro suo obediens in terrâ Siciliæ adveherat, & petebant ut Jacobum ejus natum, quem Siculi Regem elegerant, Romanus Pontifex confirmaret. Hæc & multa alia proponentes frivola, fecit eos Papa recedere, dicens ut sanius vel melius consilium procurarent.

MCCLXXXVIII.

Multis undecumque galeis circa Ascensionem Domini apud Neapolim ad expugnandum Siculos congregatis Appuliæ, quidam Miles nomine Reginaldus de Avella Comitis Attrebatensis consilio & præcepto cum pluribus armatis galeis mare intrans, Cathinensem Siciliæ urbem de facili occupavit, & eamdem muniens gente suâ, vasa sua vacua redire fecit Neapolim, in quibus sicut promiserant ex condicto, alii plures in ejus auxilium debebant occurrere festinanter; & interim dum se parant, Siculi dictum Militem obsidentes, cum diu se viriliter defendisset, tandem ad deditionem cum suis salvâ vitâ & mobili coëgerunt. Et dum ad ejus subsidium Guido de Monte-forti, Comes de Bregnâ, Philippus filius Flandrensis Comitis Guidonis, & plures alii de Regno Franciæ bellatores advenerint, à Siculis navali prælio, in mari devicti, & à Rogero de Daureâ eorum Amiralio capti diversis sunt carceribus mancipati; sed omnibus ferè postmodùm redemptis pecuniâ, solus in carcere Guido de Monte-forti periit, qui delicere non potuit prece vel pretio quamvis multum pro eo offerretur, tedimi, dolo tentus, ut dicitur, Regis Angliæ Eduardi.

Joannes Dux Brabantiæ & Comes de Luceburgo versus Leodium magnum exercitum congregantes, pro Comitatu de Lamburgo adversus se invicem pugnaverunt, & hinc inde acerrimo commisso prælio, Comes de Luceburgo cum tribus filiis ibidem est interfectus; & Archiepiscopus Coloniensis ac quamplures alii, qui in ejus auxilium contra Ducem advenerant, capti sunt pariter & detenti, Duce victoriam obtinente. Princeps Salernæ Carolus circa Purificationem beatæ Virginis matris Domini de Regis Arragonum carcere liberatur, eo pacto quòd redderet magnam summam pecuniæ, & pacem pro posse suo Arragonensium ergà Romanam Ecclesiam & Regem Franciæ procuraret. Quod si procurare minimè posset, infra triennium prout jurare compellitur reverteretur ad carcerem; & pro ista complevisset obsides tres de suis filiis, & nobiles quadraginta tradere coactus est. Tripolis civitas transmarina à Soldano Babyloniæ capitur, ubi multa Christianorum millia trucidantur, & reliqui captivantur; cujus captione perterriti Acconenses, biennes trebas protinùs requirunt & accipiunt à Soldano.

MCCLXXXIX.

Mille quingenti stipendiarii in terræ sanctæ subsidium à Papa Nicolao in Accon missi, contra voluntatem civium Templi & Hospitalis militiâ armati de Accon exeuntes, trebas cum Sol jam initas irrumpunt, & versùs Cassam & Sarracenorum oppida incurrentes, absque misericordia Sarracenos utriusque sexûs quos reperiunt occidebant, qui pacificè sub trebis initis quiescere se credebant. Princeps Salernæ Carolus liberatus de carcere venit Romam, & ibidem die Pentecostes à Papa Nicolao in Regem Siciliæ coronatus, absolvitur à juramento quod Regi fecerat Arragonum. Jacobus occupator Siciliæ cum magno exercitu terram intrans Calabriæ, Gaëtam obsidet civitatem, cui de Româ Rex Carolus occurrere festinans, obsessos protinus liberavit: nam dum utrimque ad prælium se pararent, adveniens quidam Miles Angliæ Regis ex parte domini sui, trebas usque in duos annos inter eos procuravit. Babyloniæ Soldanus cognito quod suis versus Acconem fecerant Christiani, illico mandavit Acconensibus nisi redderent destructores suæ gentis, quòd infrà anni circulum civitatem eorum sicut Tripolim in exterminium adduceret & ruinam. Quod illi facere non valentes, iram & ejus offensam mirabiliter occurrerunt. Ludovicus Regis Franciæ Philippi primogenitus ex Joannâ Reginâ filius, quarto Nonas Octobris nascitur.

MCCXC.

Appropinquante termino quo Soldanus Babyloniæ Acconenses minatus fuerat impugnare, de Babyloniâ exiens versus Acconem cum infidelis populi infinita multitudine properavit; sed gravi arreptus ægritudine jam peracto medio itinere in lectum mortis decidens, septem Amiratos quemlibet habentem sub se quatuor millia equitum & viginti millia peditum armatorum illuc mittere non omisit. Qui circa medium mensis Martii Accon appuli, civitatem diversis assultibus usque ad subsequentis mensis medium vexaverunt, sed nihil dignum memoriâ peregerunt. Cum verò Soldanus interim mortem sibi proximam imminere conspiceret, vocatis amicis suis totius exercitûs Amiratis, filium suum qui præsens aderat fecit loco sui Principatûs Soldaniæ gubernaculo sublimari, & hoc peracto satis citò postea exspiravit. Novus igitur Soldanus sepulto patre illicò versus Acconem cum innumerabili movit exercitu gressus suos, & appropinquans usque ad unum milliare civitatis ibidem tentoria figi fecit. Suis ergò machinis & instrumentis aliis præparatis, & contra civitatem etiam applicatis, à quinto die mensis Maii per decem dies continuos Sarraceni Christicolas impugnantes, & infra urbem per jactum lapidis manualis grossos lapides immittentes, eam non modicum damnificaverunt, civibus habere permittentes. Quo cives perterriti, thesauros è civitate cum mercibus & sacrosanctis Reliquiis & senesque & debiles, mulieres & pueros atque cunctos ad pugnam inutiles in Cyprum fecerunt navigio transportari; multi etiam perpendentes quòd fiebant discordiæ inter cives, quod omnibus rebus suis tam equites quàm pedites recesserunt, & sic non remanserunt in Accon nisi millia duodecim vel circiter, quorum erant equites quingenti & reliqui pedites strenui bellatores.

Quintâ verò decimâ die Mensis Maii tam gravem impetum murorum custodiis dederunt perfidi Sarraceni, quod ferè Regis Cypri cedente custodiâ, nisi nox obscurissima adfuisset & aliquantulæ defensionis aliunde venientis perstetisset impetus, civitatem adversarii intravissent. Nocte igitur insequutâ Rex Cypri Teutonicorum militiæ Ministro suam tradens custodiam ad tuendum, ad ipsam ut dicebatur mane proximo reversurus, cum suis omnibus & cum feribus millibus aliorum per mare turpiter fugit nocte illa Sarraceni autem ad congrediendum in crastino venientes, & paucos ad propugnacula videntes custodiæ Regis Cypri apparere defensores, illæsi undique cucurrerunt, follaturi ex eâ parte lignis & filiis implentes, & murum illicò perforantes Intrantes igitur cum magno impetu civitatem, Christianos verò usque ad medium urbis viriliter repulerunt, sed priùs hinc inde occisorum maxima strage factâ. Porrò Marescallum & Ministrum militiæ Hospitalis ut in vespere

vespere diei illius sunt repulsi & die similiter subsequenti. Sarraceni verò die tertia ad conflictum undique venientes, per portam sancti Antonii intraverunt, & cum Templariis & Hospitalibus confligentes eos totaliter prostraverunt. Sic urbem denique capientes, eam cum muris & turribus, domibus & Ecclesiis funditùs everterunt. Patriarcha verò & Minister Hospitalis lethaliter sauciatus, tracti à suis in Dromundo in mari cum pluribus perierunt, & ita Accon solum Christianitatis asylum illis in partibus, peccatis nostris exigentibus, ab inimicis fidei destructa est, quia non fuit qui ejus succurreret angustiæ ex omnibus Christianis.

Carolus Comes Valesii frater Regis Franciæ Philippi, ad preces Caroli Regis Siciliæ quittans jus quod habebat in Arragoniæ & Valentiæ Regnis, unam de filiabus suis in crastino Assumptionis beatæ Virginis Dei Genitricis MARIÆ apud castrum Corbolii desponsavit; ob cujus matrimonium contrahendum, & etiam Regnorum quittationem à Carolo Comite factam, dederat ipse Rex Siciliæ eidem Carolo Andegaviæ & Cenomaniæ Comitatus.

MCCXCI.

Gens castri quod Valentianas dicitur in pago Flandriæ & Hannoniæ siti, contrà Joannem Comitem Hannoniensem dominum suum, qui eos nimis indebitè satagebat opprimere, rebellavit, & diù contra dictum Comitem se tenentes, gentes ejus de villa sua turpiter ejecerunt, filium Flandrensis Comitis Guillermum in suum defensorem & Dominum advocantes. Radulfo Rege Romanorum mortuo, vir non multum locuples, sed in armis strenuus Adulphus de Naasso comes eligitur; & in Regem pacificè coronatur.

Acconis civitatis transmarinæ Papa Nicolaus destructione cognita, per suas patentes litteras Prælatos Regni Franciæ quid ea in parte subsidium & recuperationem magis esset necessarium ut sibi demonstrarent, consuluit, & ut ad hoc Regem Franciæ, Barones & Milites ac se ipsos & minorem populum incitarent, humiliter exoravit: cujus mandatis & precibus Prælati devotissimè annuentes, Metropolita quilibet per se in diœcesi Episcopos, Abbates & Priores, atque sapientes Clericos congregavit, & Conciliis celebratis ad invicem, Papæ quod secerant mandaverunt, consulentes scilicet quòd oportet primitus totius Christianitatis Principes & Barones invicem commotos paci & concordiæ revocare, & maximè sedare Græcos, Siculos & Aragones, & sic demùm si Summus Pontifex annueret, aut esse necessarium judicaret, Crux auctoritate ipsius per totum Christianitatis Imperium prædicaretur.

Joannes Dux Brabantiæ reconciliatus filio de Luceburgo Comitis, cujus patrem in bello peremerat, fecit eidem filiam suam in fœdus amicitiæ desponsare. Joanna Comitissa Blesis mortua, ejus consanguinei Comes sancti Pauli nominatus Hugo & fratres ipsius, atque Galtherius Castellionis dominus hereditatem ad invicem partiuntur. Hugo verò Guidonifratri suo Comitatu sancti Pauli derelinquens, Blesensis Comes efficitur. Papa Nicolao defuncto, Ecclesia Romana per duos annos & ampliùs vacavit, Antistite viduata.

ADULPHUS. MCCXCII.

Eduardus Rex Angliæ ex concepta diù ante malitia, ut dicebant aliqui, magnum apparatum faciens, fingendo quòd properaret in terram sanctam celeriter proficisci, per homines suos de Baiona civitate Gasconiæ & quamplures alios Regni sui navibus assumptis, & bellico apparatu in magna multitudine, fecit gentes & subditos Regis Philippi Franciæ de terrâ Normaniæ & locis aliis per mare & terram nequiter impugnare, innumeros ex ipsis crudeliter occidendo, capiendo & detinendo, & naves eorum quamplurimas frangendo, & illorum superstites cum bonis & mercibus in Angliam transvehendo. Invaserunt etiam prædicti homines Regis Angliæ Eduardi proditionaliter villam Regis Franciæ quæ Rochella nominatur, facientes in eâdem quamplurimos assultus, & occidentes aliquos, ac villæ damna quamplurima inferentes; quod ad Regis Franciæ cum venisset notitiam, & Regi Angliæ demandasset atque tenentibus locum ejus in Gasconiam, ut certum numerum prædictorum hominum malefactorum apud Petragorum in sua mitterent prisione, pro faciendo de ipsis quod ratio suaderet & justitia postularet; mandato ejus parere contumaciter & contemptibiliter est neglectum; quapropter Rex Franciæ fecit per suum Conestabularium Radulphum de Nigellâ dominum Militem in manu sua totam saisire Gasconiam ut pote ad sui Regni feodum pertinentem, faciens citare ad suum Parlamentum Regem Angliæ Eduardum.

Cum Joannes Comes Hannoniæ juxtà terræ suæ confinium gentes & subditos Regis Franciæ, & Ecclesias in ejus constitutas custodia molestaret, nec vellet preces aut mandata regalia emendare, Carolus Comes Valesii Regis frater, apud Sanctum Quintinum Viromandiæ castrum magnum adversùs Comitem jussu Regis exercitum congregavit; quem cum esset in proprio aggressurus, Joannes Comes Hannoniæ potestatem Regis Franciæ pertimescens inermis venit ad Carolum, & devotus atque cum ipso Parisius ad Regem veniens, quidquid adversùs eum & suos subditos jamdudum deliquerat, ad ejus beneplacitum emendavit. Apud Rothomagum propter exactiones quas nominant malam toltam; de quibus populus gravabatur, contrà Magistros Scacarii Regis Franciæ Ministros minor populus insurrexit; & domum Collectoris pecuniæ infringentes, ac denarios collectos per plateas dispergentes, in ipsis castello Magistros Scacarii obsederunt; sed postmodum per Majorem & urbis ditiores homines sedati quamplurimi suspenduntur, & multi per Regis Franciæ diversos carceres mancipantur. Gilo Cornuti Senonensis Archiepiscopus obiit, cui Stephanus Decanus ejusdem Ecclesiæ successit.

MCCXCIII.

Comes de Hermengniaco contrà Fuxi Comitem Remundum Bernardi; quem de proditione appellaverat, apud Gisortium circa Pentecosten coram Rege Franciæ & ejus Baronibus in duello cogitur dimicare; sed ad preces Comitis Attrebati Roberti negotium ipsorum super se Rex suscipiens, à conflictu quem jam inceperant retrahere fecit illos. Rex Angliæ Eduardus pluries & solemniter ad Regis Francorum curiam citatus super injuriis & facinoribus quæ & quas gentes sui intulerant Regis Franciæ hominibus de Normaniâ & alibi, venire contemnit; sed ut fallente conscientiâ fraudulenti consilio possit iniquitatem perficere quam concepit, Regi Franciæ mandasse dicitur quòd ei quittabat quotquot ex ejus feodo possidebat, putans illud & ampliùs vi armorum acquirere, & sine homagio cujuscumque de cætero obtinere. Mense Julio Noviomum civitas Galliæ tota igne conflagrata est, præter sancti Eligii & sancti Bartholomæi Abbatias.

Guillermus Autissiodorensis Episcopus obiit, cui Petrus Aurelianensis Episcopus successit, & cuidem Petro in Aurelianensi Ecclesia Ferricus filius Ducis Lotharingiæ, qui electus fuerat in discordiâ ad Episcopatum Autissiodorensem. Henricus de Hispaniâ, quem Reges Siciliæ vinculatum per spatium vigenti sex annorum tenuerant, evadens de carcere apud nepotem suum Sancionem Regem Hispaniæ se recepit.

MCCXCIV.

Apud Bartum Lotharingiæ castrum ad nuptias cujusdam filiæ Regis Angliæ Joannes Dux Brabantiæ invitatus, fuit ibidem in hastiludio à quodam milite interfectus. Post duorum annorum, trium mensium & duorum dierum Ecclesiæ Romanæ vacationem, centesimus nonagesimus sextus CÆLESTINUS quintus præsidet. Hic frater Petrus de Morone antea dictus, natione Apulus, Monachus & pater cujusdam tenuis Religionis ab eo institutæ, quæ sancti Benedicti in Montibus appellatur, apud Sulmonem Aprucii vitam arctam heremiticam ducebat; hic etiam vir magnæ humilitatis, sanctæ conditionis & famæ celebris, ætatis ut putatur annorum septuaginta & amplius, validus tamen & compos, litteraturæ quidem modicæ sed discretionis bonæ & alicujus experientiæ, ex insperato cum Cardinales viderentur super electione Papæ in suâ etiam discordiâ obstinati & confirmati, & tunc ad tractandum de electione non convenissent, nec alias unquam de ipso fratre Petro eligendo mentionem aliquam habuissent; quodam Cardinali de fama & sanctitate ipsius in communi consistorio incidente aliqua referente, divinâ prout creditur inspiratione, unanimi cunctorum voto, cum lacrymarum plurimâ effusione in summum Pontificem est electus.

Eduardus Rex Angliæ contrà Regem Franciæ apertè & potentialiter insurgens, misit in Gasconiam classem maximam gentis suæ, quæ insulam dictam de Ré versus Rupellam in Pictavia de parte Regis Franciæ se tenentem depopulans, totam incendio conflagravit. Inde versus Burdegalam navigantes Anglici, castrum Blaviæ & tres villas vel oppida suprà mare occupantes, gentes Regis Franciæ eorumdem custodiæ deputatas, nonnullis Gasconum perfidiâ occidendo, turpiter ejecerunt. Cum autem apud Burdegalam postmodum applicuerint, nec in propter Radulphum de Nigellâ Franciæ Conestabularium qui intùs erat, possent aliquid attentare, apud Baionam civitatem stolum suum celeriter diverterunt: quam proditione civium in deditionem illicò suscipientes, Francos omnes in castelli forteritiâ diù expugnatos tandem postea fugaverunt. Papa Cælestinus duodecim Cardinales suprà numerum qui tunc aderat, ordinavit, & decretalem quam de summo Pontifice eligendo prædecessor suus Papa Nicolaus suspensam reliquerat, confirmavit. Comes Acerrarum in Apuliâ, quem Carolus Rex Siciliæ custodem Provinciæ Comitatûs sui constituerat, repertus & probatus pessimus Sodomita, & sui domini proditor, mandato ipsius Regis captus à posterioribus usque ad os veru ferreo ardenti transfigitur, & postea concrematur. Confessus est autem in tormento hujusmodi, quomodo defunctum Carolum Regem Siciliæ ab obsidione Messanensium proditiosè retraxerat, & quâliter post cum Principe Salernæ Carolo ejusdem filio se capi permittens, Siculos ipsum captum Principem volentes honore Regio insignire, & Arragones de suâ terrâ expellere, disturbavit.

Circà Dominicum Adventum Cælestinus Papa nescio quo ductus spiritu, in pleno Consistorio coram cunctis annulum, mitram & sandalia deponens, omni Papali officio & beneficio totaliter resignavit. Post quem Romanæ Ecclesiæ centesimus nonagesimus septimus BONIFACIUS octavus natione Campanus, præsidet. Hic Cælestinum Papam depositum volentem ad locum unde assumptus fuerat redire, minimè permisit, sed honorificè fecit eum diligenti custodiâ in loco tutissimo custodiri. Radulfus de Grandivillâ frater Ordinis Prædicatorum, qui jussu Cælestini Papæ depositi apud Parisius in Patriarcham Jerusalem consecratus fuerat, Romam veniens fuit à Papa Bonifacio degradatus.

Romanorum Rex Adulfus Regi Angliæ Eduardo pecuniâ contrà Regem Franciæ confœderatus, fecit Regem Franciæ ex parte sui post Octabas Nativitatis Dominicæ diffidare, sed auxiliariis sibi deficientibus nequivit perficere quod optabat. Guido Comes Flandriæ occultè Regi Angliæ contrà dominum suum Regem Franciæ confœderatus, veniens cum quâdam filiâ suâ Parisius, quam volebat in Angliam Regi Angliæ desponsandam mittere, jussu Regis Franciæ cum illâ in custodiâ detinetur; sed ipsâ postmodum remanente cum pueris Regalibus educandâ, Comes satis citò postea liberatur. Carolus Comes Valesii frater Regis Franciæ Philippi, in Gasconiam cum magno exercitu destinatus, Rioncium *p* castrum fortissimum quod Gasconum proditione Anglici detinebant, obsidione clausit: ibi enim erant Joannes de sancto Joanne, & Joannes de Britanniâ, atque cæteri Regis Angliæ Eduardi egregii bellatores.

MCCXCV.

Radulfus dominus de Nigellâ Franciæ Conestabularius, qui à Burdegalâ in juvamen Caroli fratris Regis Franciæ apud Rioncium veniebat, munitionem quamdam Pondenciacum dictam, quam in viâ obsessam octo diebus tenuerat, pactione factâ cum Anglicis qui eam cum Gasconibus defendebant, ut vitâ salvâ recederent, illam die Resurrectionis Dominicæ in deditionem recepit; & dimissis Anglicis Gascones apud Rioncium numero sexaginta adduxit ad Carolum, quos ipse fecit feriâ quintâ Paschæ omnes in patibulis ante fores Rioncii permultari. Illi autem de Castro Rioncii hos videntes, & cognito quòd apud Pondenciacum hos Anglici prodidissent, adversùs gentes Regis Angliæ qui secum intùs erant indignatione gravissimâ sunt permoti. Propter quod Joannes de sancto Joanne & Joannes de Britanniâ nocte superveniente cum cæteris Anglicanis de oppido fugientes, vix per lictus Oceani ascensis navibus evaserunt, sed à Gasconibus insequuti, plurimi antequam naves ascenderent sunt occisi: die verò Veneris subsequentis in mane perspicientes Francigenæ nocte illâ discordiam fuisse in oppido, paucis resistentibus assultu facto castrum protinus intraverunt, & captis pariter & occisis multis Gasconibus, villam & castrum dominio Regis Franciæ subjecerunt. Simon Prænestinus & Berardus Albanensis Episcopi Ecclesiæ Romanæ Cardinales, propter pacem inter Regem Franciæ & Regem Angliæ faciendam in Franciam à Papa Bonifacio destinati, mense Maio Parisius advenerunt. Carolus Comes Valesii post Castri Rioncii captionem villam sancti Severini obsedit, & eam toto tempore æstivali diversis assultibus vexatam, ad deditionem venire postmodum coëgit; sed illo postea reverso in Franciam, gens villæ infida rebellionis spiritum resumens, à fidelitate Regi Franciæ pollicitâ resilivit.

Sancio Rex Castellæ defungitur, cujus binos pueros ætatis parvulos, quos de quâdam Sanctimo-

---

p Rioncium] Chr. Nangii Gall. MS. habet hoc loco *La Riolle.*

niali feminâ sibi matrimonio conjunctâ genuerat, Henricus ejus patruus, quem de pristione Regis Siciliæ suprà retulimus evasisse, sub protectione tutoriâ custodivit. Frater Ægidius Augustini post Simonem de Bello-loco factum Episcopum Prænestinum per Papam Bonifacium, Bituricensis Archiepiscopus est effectus. Hic de Ordine Eremitarum sancti Augustini in Pontificem assumptus, plurimos libros super seriem sacræ scripturæ & Philosophiæ compilavit.

Regis Franciæ ingens classis apud Devoram portum Angliæ applicans, quidquid erat extrà muros rapuit & incendit ; & cum potuisset tantus exercitus totam Angliam de facili occupasse, Matthæi de Monmorenciaco & Joannis de Hardicuriâ classis illius Amiralorium auctoritate prohibitus, redire inefficax compulsus est. Regina Franciæ Margareta uxor sanctissimi Regis Franciæ Ludovici, Parisius obiit, & in Ecclesiâ sancti Dionysii in Franciâ juxtà Regem sanctissimum Ludovicum conjugem suum honorificè sepelitur. Hæc antequàm decessisset, Parisius apud sanctum Marcellum Cœnobium sororum Minorum in quo honestissimè diù vixit, constituit & fundavit. Alphonso Rege Arragoniæ defuncto, Jacobus occupator Regni Siciliæ ejus frater in Arragoniam se transferens, suscepit apicem regiæ dignitatis ; qui factâ pace cum Carolo Rege Siciliæ unam de filiabus suis desponsavit, & obsides quos Alphonsus frater suus Rex defunctus susceperat à Rege Siciliæ, liberavit ; alter verò frater ejus Fredericus Siciliam post eum occupavit.

MCCXCVI.

Cælestinus Papa depositus diem clausit extremum. Scoti Regi Franciæ fœderati incursant Regnum Angliæ & devastant ; sed dum à vastatione redeunt, Joannes Rex eorum proditus à quibusdam capitur, & Regi Angliæ destinatur. Petrus & Jacobus de Columnâ Romanæ Ecclesiæ Cardinales, qui Cælestini Papæ depositi depositionem indebitam fuisse, & injustam Bonifacii promotionem fieri astruebant, per hoc Romanam Ecclesiam intendentes schismate commoveri, à Cardinalitate per Papam Bonifacium deponuntur ; & omnibus bonis Ecclesiasticis & beneficiis sunt privati. Alphonsus & Ferrandus filii Blanchæ filiæ sancti Regis Franciæ Ludovici, ex filio Regis Castellæ mortuo Ferrando primogenitus, qui à jure Regiæ dignitatis & excellentiæ sibi debito per Alphonsum avum suum totaliter privati fuerant, & propter hoc in Franciâ exulabant, Regis Sancionis patrui eorum interitu intellecto, itinere festinato petunt Hispanias, & pactum cum Jacobo Rege Arragoniæ facientes, ejus & fratris[q] auxilio, atque filii Joannis Minimi Baronis Hispaniæ Regnum Legionense primitiis incursante, sibi totaliter subjecerunt ; quod Alphonsus fratrum primogenitus, statim cuidam Joanni patruo suo in ejus auxilium adventato, à se in feodum tenendum contulit & permisit, per quod factum gentis suæ corda mirabiliter ad se traxit.

Exactio quædam non inolita, quam nominant malam toltam, per Regnum Franciæ, primò à mercatoribus solummodo, deinde centesimus, post quinquagesimus bonorum omnium cujuscumque tam à Clericis quàm Laïcis propter guerram isto tempore discurrentem inter Reges Franciæ & Angliæ exactatur ; propter quod Bonifacius Papa sententiam decrevit, ut si Reges aut Principes vel Barones totius Christianitatis de cætero à Prælatis, Abbatibus & Clero Romanâ Ecclesiâ inconsultâ tales exactiones acciperent, aut si Episcopi, Abbates & Clerus talia sibi darent, excommunicationis sententiam incurrerent ipso facto, à quâ nisi in mortis articulo possent à nemine absolvi nisi à Romano Pontifice, vel mandato ipsius speciali. Urbs Appania à Tolosano Episcopatu hoc tempore separata, proprium Episcopum per Papam Bonifacium obtinuit ; sed protinus Ludovicus filius Regis Siciliæ frater minor, duos integraliter est ab ipso Papa Bonifacio consequutus.

Emundus Regis Angliæ frater in Gasconiam contrà gentes Regis Franciæ destinatus, apud Baïonam moritur : post cujus obitum dum gentes Angliæ Regis villas & oppida de parte suâ se tenentia munitiones victualibus parant, Robertus egregius Comes Attrebati, qui paulo antea missus ibidem advenerat, eorum providentiam per suos exploratores intelligens, celeriter impedivit ; nam cum essent equites septingenti & pedites quinque millia, ita eorum confecit exercitum, quòd fugatis Gasconibus & Anglorum Majoribus quingentos in mortem prosterneret, & centum vel circiter retineret. Ibi inter Joannes de Sancto-Joanne, & juvenis Guillermus de Marimortuo capti cum cæteris Anglorum Nobilibus captivi in Franciam transmittuntur. Comes autem Lincolniæ & Joannes de Britanniâ fugati de prælio, omnem garnitionem quam ducebant cum bellico apparatu totaliter amiserunt, & nisi nox prælium diremisset, & nemora loco belli proxima adfuissent, nullus de tantâ multitudine evasisset. Sic ergo adversariis Regis Franciæ in Gasconiâ profligatis, nemo fuit qui auderet de cætero adversùs Attrebatensem Comitem aut Francigenas ad bellum progredi vel exire. Florentius Comes Hollandiæ, & non multum post filius ejus unicus, à quodam milite proditionaliter occiduntur ; quorum necem Comes Hannoniæ Joannes vindicans, Frisiam & Hollandiam consanguinitatis obtinuit ratione.

Guido Comes Flandriæ per suum deceptus filium Robertum, ut dicunt, apertè insurgere parans contrà dominum suum Regem Franciæ Philippum, per suas patentes litteras eidem mandavit Parisius, quòd nihil ab eo se tenere in feodo aut quoquo modo alio advocabat. Mense Decembri in vigilia sancti Thomæ Apostoli ita Parisius Secanæ fluvius excrevit, quòd nulla ætas meminit aut scriptum reperit tantam aquæ illuviem Parisius inundasse : nam tota civitas aquis totaliter repleta fuit pariter & accinctâ, ita quòd ingredi ab aliquâ parte absque navigio non valeret, nec per vicos ferè omnes aliquis posset incedere sine suffragio batellorum ; unde moles aquæ & fluminis rapacitate duo pontes lapidei cum molendinis & domibus superædificatis atque castelleto parvi fere totaliter corruerunt, & tunc ferè oportuit per octo dies de cibariis foris allatis in navibus & batellis civibus succurrisse.

MCCXCVII.

Per Hispanias Alphonsus & Ferrandus fortiter agentes, nominis & adventûs sui timorem incutiunt universis ; ad quos tunc adveniens patruus ipsorum Domnus Joannes vires eorum non minimùm augmentavit ; nam per illum in deditionem villas & castra plurima receperunt : qui dum incautè postea super hostes irrueret & caperetur, Alphonsus inclytus ejus nepos aliter ipsum rehabere non potuit, ni-

---

[q] *fratris sui*] In Codice Cistere. legitur, *fratris sui Petri auxilio, atque filii Joannis Nunnis*; In MS. Gall. habetur *fils Jean le petit Baron d'Espagne*: ex quo intelligas fuisse *Nunnii*, ut infrà anno 1298.

si universa quæ acquisierat restauraret. Unde magnâ sui cordis liberalitate tractus totum pro ipso reddidit, majores æstimans esse divitias amicorum quàm rerum labentium habere copiam opulentam. Qui de tanto beneficio statim ingratitudinem incurrens ad hostes se contulit, & Regnum Legionense quod dono nepotis acceperat, reddidit inimicis. Sic igitur amissis omnibus Alphonsus magnanimitate animi adversa superans, Regum Franciæ genus altissimum unde descenderat ad memoriam reducendo, cum non haberet ubi diverteret, contrà suorum opinionem qui consilium sibi dabant ad Franciam vel Arragoniam revertendi, ad campos in tentoriis ante quoddam oppidum se contulit; malens pro jure & justitiâ jus suum requirendo mori, quàm reverti sine gloriâ & honore. Cujus videns industriam ejusdem castri dominus, ipsum cum gente suâ pietate motus in oppidum introduxit, per cujus auxilium Alphonsus postea damna multa suis intulit inimicis. Et interdum contendit cum hostibus frater ejus Ferrandus in Franciam petiturus auxilium, & inde ad Romanam Curiam accessit; sed hinc inde parum commodi reportavit.

Henricus Comes Barri, qui filiam Regis Angliæ Eduardi desponsaverat, cum magnâ multitudine armatorum in terram Comitatûs Campaniæ, qui Reginam Franciæ Joannam jure hereditario contingebat, hostiliter intravit, & occisis multis hominibus villam quamdam totaliter conflagravit; ad cujus conatus temerarios reprimendos missus à Rege Franciæ Galterus de Creciaco Castellionis dominus; Campanenses habens in suâ Comitivâ, terram Barrensis Comitis ferro & ignibus devastavit, & sic eum ad terræ suæ custodiam revocavit. Cardinales de Columnâ depositi apud Nepesinam Tusciæ civitatem se conferunt, quos tamquam schismaticos Papa damnans, & excommunicatos denuntians, adversùs eos Cruce-signatos Italicos cum magno exercitu destinavit.

Philippus Rex Franciæ contrà Guidonem Comitem Flandriarum qui à fidelitate ejus recesserat, magno apud Compendium congregato exercitu, ibidem in festo Pentecostes fratrem suum Ludovicum Comitem civitatis Ebroicæ, & alium Ludovicum Comitis Clarimontis Roberti primogenitum cum aliis centum viginti Militibus novos fecit: & inde profectus in Flandrias, invitis hostibus terram intrans, obsedit in Vigiliâ sancti Baptistæ Domini Insulanos, & destructâ Monialium feminarum Abbatiâ Margatâ nomine, ibi prope quaquaque Insulam usque ad leucas quatuor ferro & igne Franci omnia vastaverunt. Tunc etiam sancti Pauli Guido Comes, & Radulphus dominus de Nigella Franciæ Conestabularius, atque Guido frater ejus exercitûs Marescallus cum quibusdam aliis, exercitum per leucas quatuor elongantes, super fluvium villæ de Comminis cum suis inimicis habito conflictu, ex ipsis quingentos & amplius devicerunt, & pluribus occisis ac eorum retentis tentoriis, quamplures stipendiarios Regni Alemanniæ captos magni nominis Milites & armigeros secum ad Regem Franciæ adduxerunt. Eodem temporis concursu Papa canonizavit apud Urbem veterem sanctum Regem Franciæ Ludovicum. Rege Franciæ ad obsidionem Insulæ commorante, Robertus Comes Attrebati relinquens Gasconiam Regni Francorum fidelibus conservandam, apud sanctum Audomarum in terram propriam se recepit; & vocato ad se suo filio Philippo cum multis aliorum Nobilibus, à parte illâ Flandrias est aggressus. Contrà quem Guido Comes Flandriæ mittens tam equitum quàm peditum ingentem multitudinem armatorum, juxta villam quam Furnas nominant conflictum cum Comite habuerunt; ubi hinc inde aciebus discurrentibus fuit acre prælium, sed Flandrenses cum essent equites sexcenti & sexdecim millia peditum; à gente Comitis occiduntur; & multi tam armigeri quàm milites cum Guillermo de Juilliers & Henrico Albi-montis Comite capiuntur. Qui dum Parisius in quadrigis, & alibi per diversos carceres mitterentur; ad laudem & gloriam Roberti Comitis Attrebatensis militiæ emeritæ ante suas facies vexillum ejus appositum habuerunt. Comes autem Attrebati villam de Furnes in deditionem accipiens, Caselum cum totâ valle suâ postea occupavit.

Interea verò Insulani diversis assultibus gentis Regis Franciæ fatigati, cum viderent machinis ejus muros suos sæpius conquassari; nec auderet Robertus Comitis Flandrensis primogenitus, qui unà cum eisdem erat in oppido; ad bellum exire contrà Francigenas, inito pacto cum Rege Franciæ ne bonis & vitâ privarentur, se & villam Regis subjiciunt ditioni: sed Robertus cum paucis militibus quos habebat exiens de villâ, apud Brugas ubi erat pater suus ociùs se recepit: Ibi enim Eduardus Rex Angliæ cum paucis paulumper ante advenerat à Flandrenli Comite deceptus; ut aiunt, qui sibi pro certo mandaverat quòd captos teneret Comitem Attrebatensem & Carolum fratrem Regis Franciæ apud Brugas, vel ut saniùs potest credi, ut in suâ guerrâ Flandrensem Comitem adjuvaret. Rex autem Franciæ de adventu Regis Angliæ auditis rumoribus, munitâ Insulâ gente suâ, versùs Corteriacum oppidum castra movit; quod statim in deditionem accipiens, Brugas postea obsidere festinavit. Sed interim Rex Angliæ & Comes Flandriæ Brugis relictâ, cum suis apud Gandavum se ociùs propter loci fortitudinem receperunt. Quo Brugenses perterriti, Regi Franciæ devoti & humiles occurrentes, se & villam ejus subjiciunt potestati. Ubi Rex paulumper exercitu recreato, versùs Gandavum iter arripuit; sed apud quamdam villulam Regis Angliæ receptis nuntiis inducias postulantis; propter instantem hyemem & ob amorem Regis Siciliæ qui propter hoc veniebat in Franciam, usque ad duos annos sibi & Comiti Flandrensi vix annuens [inducias], circa festum Omnium Sanctorum in Franciam remeavit. Exercitus Papæ Bonifacii Nepesinâ Tusciæ civitate expugnatâ, inde fugere Cardinales compulit Columnenses, qui apud Columnæ oppidum venientes, ibidem denuò sunt obsessi.

Prælatis Regni Franciæ Parisius congregatis, ostendit Rex litteras continentes, quomodo sibi Papa Bonifacius & suo primo successori concesserat hetedi Ecclesiarum decimam accipiendam, quotiescumque sibi conscientiâ indicante necessarium esse crederent atque vellent; & item quomodo idem Papa in subsidium expensarum concesserat guerræ suæ omnes redditus, proventus, & obventiones unius anni præbendarum, præpositurarum, Archidiaconatuum, Decanatuum, beneficiorum, Ecclesiarum & aliarum quarumlibet Ecclesiasticarum dignitatum per Regnum Franciæ durante guerrâ vacantium, exceptis Episcopatibus, Archiepiscopatibus & Monasteriis atque Abbatiis universis. Bonifacius Papa Constitutiones quasdam novas, quas animo diligenti & curâ sollicitâ pro statu & commodo universalis Ecclesiæ compilari & ordinari fecerat à peritis in Jure Canonico & Civili, tertiâ die Maii in pleno consistorio coram omnibus qui præsentes erant tradidit ad legendum, & perlectis sæpiùs cum magnâ diligentiâ atque à Cardinalibus approbatæ, decrevit ipse Pontifex ut libro quinto Decretalium adjunctæ facerent sextum librum.

MCCXCVIII.

Privilegium datum Prædicatoribus & Minoribus de Confessionibus audiendis, à Papa Bonifacio irritatur, & decrevit idem Papa ut confessus eisdem Fratribus confiteatur eadem peccata proprio Sacerdoti. Mortuo Simone Carnotensium Episcopo, successit eidem Joannes de Gallendâ Subdecanus Ecclesiæ Carnotensis. Albertus Dux Austriæ Regem Romanorum Adulfum in prælio interfecit, & electus post eum Rex efficitur Romanorum.

Castro de Columnâ ab exercitu Bonifacii Papæ destructo, & postea Sagarollâ, apud Prænestem urbem fugiunt Columnenses; sui iterum obsessis dedit vexatio intellectum, ita ut Reate ad Papam Idibus Octobris humiliter venientes misericordiam & non judicium postularent, qui benignè & misericorditer à Papa sunt recepti, sed nequaquam ad status pristinos postea fuerunt restituti. Mortuo Ludovico Tolosanæ urbis Episcopo, Appamea à Tolosâ separata proprium suscepit Episcopum.

Sanctus Ludovicus Rex quondam Franciæ gloriosus, qui anno præcedenti proximo Sanctorum catalogo, adscriptus fuerat, cum ingenti lætitiâ & exultatione à Rege Franciæ Philippo, & à totius Regni Principibus & Prælatis apud Sanctum Dionysium in Franciâ congregatis, de terrâ in crastino festi sancti Bartholomæi Apostoli elevatur, revolutis viginti octo annis ex quo in Regno Thunicii subtùs Carthaginem in Domino obdormivit. Qui quanti meriti ipse Confessor Domini gloriosus sanctus Rex exstiterit Ludovicus, apud Deum miracula priùs facta demonstraverunt; specialiùs tamen post exaltationem corporis ejus à terrâ, in diversis mundi partibus est ostensum: Nam in tantam curationum gratiam excrevit, ut nemo ab eo sanitatem sive subsidium fidenter & fideliter exposceret, quin sine morâ effectum perciperet exoptatum. Filius Joannis Nunnii Buro quidam Hispaniarum illustris, qui paulò ante in Franciam pro Alphonso & Ferrando auxilium petiturus advenerat, à suis in reditu præventus inimicis, vulneratus capitur in bello, & tamdiù mancipatur in carcere, quousque fide firmaverit quòd nullum deinceps ferret auxilium Alphonso & Ferrando; nec de parte ipsorum ampliùs se teneret. Philippus filius Roberti Comitis Attrebatensis unicus defungitur, & apud Fratres Prædicatores Parisius sepelitur. Hic ex uxore Blanchâ filiâ Ducis Britanniæ Joannis duos filios & duas filias dereliquit, quarum unam postmodum Ludovicus Regis Franciæ frater Comes Ebroicarum in conjugem accepit, alteram verò Gasto filius Remundi Bernardi Comitis Fuxinensis. In festo S. Andreæ Apostoli apud Reatam Italiæ urbem ubi tunc Papa & Curia morabantur, tam ingens & terribilis terræ motus accidit, quòd muris & domibus ferè ruentibus; ad campos omnes fugerunt extrà urbem; & versùs finem Januarii per dies plures Cometes visus est in noctis crepusculo apparuisse. Robertus Comes Attrebati tertiam uxorem accipiens, filiam Joannis Hanoniæ desponsavit.

ALBERTUS. MCCXCIX.

Dux Calabriæ Robertus filius Regis Siciliæ Caroli, quibusdam galeis armatis in Siciliam intravit, & ibidem occupando quædam castra gentes suas in eisdem protinus introduxit; cujus felix auspicium frater suus Philippus egregius Princeps Tarentinus intelligens, dum ipsum sequitur inconsultè, cum gente suâ in mari à Siculis captus est. Inter Regem Franciæ Philippum & Regem Angliæ Eduardum quibusdam conditionibus pace factâ, idem Rex Angliæ Margaretam Regis Franciæ sororem apud Cantuariam desponsavit, de quâ Thomam suscepit filium anno posteà revoluto.

Tartarorum Rex Cassaham, qui & magnus Canis dicitur, miraculosè, ut aiunt, ad fidem Christi cum plurimâ gentis suæ multitudine conversus per filiam Regis Armeniæ Christianam quam desponsaverat, innumerabilem adversùs Sarracenos exercitum congregavit, habens Regem Armeniæ Christianum totius sui exercitûs Marescallum, & primò apud Halapiam confligens cum eisdem, posteà ad Camelam non absque suorum plurimâ strage factâ victoriam reportavit. Deinde reparatis viribus usque Damascum persequens Sarracenos, ubi Soldanus exercitum magnum collegerat, acre bellum habuit cum eisdem, in quo centum millia Sarracenorum & ampliùs cæsa sunt, & Soldanus de prælio fugatus cum paucis hominibus apud Babyloniam se recepit. Et sic Sarracenis Dei nutu à Regno Syriæ atque Jerusalem confligens, dominio illa terra subjacuit Tartarorum, & in Paschâ subsequenti, ut dicitur, Christiani in Jerusalem divinum servitium cum exultatione & gaudio celebrarunt. Columnenses misericordiam Papæ Bonifacii exspectantes cum nullam sibi adesse prospicerent, occultè fugiunt; & quibus locis latuerint usque post mortem ipsius Papæ incognitum fuit multis.

Albertus Rex Romanorum & Philippus Rex Franciæ circa adventum Dominicum apud Vallemcoloris insimul congregati, inolita & antiqua utriusque Regni fœdera ibidem ad invicem confirmarunt. Ubi, annuentibus Rege Alberto, Baronibus & Prælatis Regni Theutonici, concessum fuisse dicitur quòd Regnum Franciæ, quod solummodò usque ad Mosam fluvium illis in partibus se extendit, de cæterò usque ad Rhenum potestatis suæ terminos dilataret. Ibidem etiam Henrico Comiti de Barro treba usque ad annum unicum à Rege Franciæ sunt concessæ. Treugarum termino qui inter Regem Franciæ & Flandrensem Comitem concessus fuerat transactô, Carolus Valesii missus à Rege in Flandrias post Nativitatem Dominicam cum magno Francorum exercitu, statim recepit Duacum & Bethuniam in deditionem, & post apud Brugas se recipiens, juxta Dam portum maritimum cum Roberto Comitis Flandrensis filio acre bellum habuit, sed hinc inde pluribus vulneratis, Flandrenses de prælio recedentes apud Gandavum se ociùs receperunt.

Ferricus Aurelianensis Episcopus à quodam milite, ut dicebatur, cujus filiam puellam corruperat, occisus est; cui successit Magister Bertaudus de sancto Dionysio Remensis Archidiaconus, qui sui temporis opinatissimus inter Theologos refulgebat.

MCCC.

Carolus Comes Valesii Dam portu Flandriæ expugnato, cum Gandavum disponeret obsidere, Guido Comes Flandrensium stultam suam tunc percipiens superbiam ad ipsum cum duobus filiis Roberto & Guillermo accessit humiliter, & se cum eisdem & reliquum terræ suæ Carolo reddidit, quibusdam conditionibus interjectis. Qui adducti Parisius ad Regem Franciæ, postulantes veniam, minimè consequuntur; sed usque ad tempus congruæ miserationis diversis in locis sub custodiâ reponuntur. Papa Bonifacius indultum faciens, concessit plenam indulgentiam peccatorum omnium cunctis verè pœnitentibus & confessis, accedentibus per anni præsentis spatium & per quemlibet affuturum annum centesimum ad beatorum Apostolorum Petri & Pauli

Basilicas urbis Romæ voto peregrinationis humiliter & devotè. Regis Romanorum Alberti filius Radulfus Dux Austriæ, sororem Regis Franciæ Blancham apud Parisius desponsavit. Rogerus de Laureâ, qui diù pro Siculis adversùs Regem Siciliæ & gentes ejus dimicaverat, absolutus tunc à Papa, & Amiralius classis Regis Siciliæ factus, viginti galeas Siculorum in mari expugnans, quingentos ex ipsis & ampliùs interfecit. Theobaldus Belvacensis Episcopus nutritor pauperum præcipuus obiit, cui successit Simon Noviomensis Episcopus, & apud Noviomum Petrus, post quem Andreas.

Carolus Comes Valesii uxore primâ mortuâ, secundam accepit Catharinam scilicet Philippi filii Balduini Imperatoris Græciæ quondam expulsi filiam, quam Catharinam jus imperii contingebat. Sarraceni Nuceriæ civitatis Appuliæ; qui ibidem à tempore Imperatoris Frederici congregati sub tributo Regum Siciliæ vivebant legibus suis, à Carolo Rege Siciliæ capti, omnes morti traditi sunt qui Christiani effici noluerunt.

Soldanus Babyloniæ resumptis viribus Tartaros & Christianos, sive Armenios à Regno Jerusalem & Syriæ devictos expellit, & terram suo dominio subjugavit.

CONTINUATIO CHRONICI
Guillelmi de Nangis à Monacho Benedictino Abbatiæ S. Dionysii in Franciâ, ab anno MCCCI. ad MCCCLXVIII.

Præfatio.

COMPENDIOSE satis ad multa perutilem Chronographiæ seriem, à venerabili fratre Cœnobii nostri Conmonacho GUILLERMO DE NANGIACO ab initio mundi usque huc, hoc est usque ad annum Domini millesimum trecentesimum inclusivè studio diligenti styloque eleganti digestam, ulteriùs quantum exalto mihi concessum fuerit aut permissum, protrahere cupiens, Regnorum subscriptionem & annorum Christi decursum prout in opere suo idem intitulaverat frater, & ego ipse online non mutato annotare & intitulare curavi. Verùm cum breves sint hominis dies, eorumque paucitas ita finiatur in brevi, ut caduca mortalis ac misera vita nostra multis repleta miseriis & respersa tamquam vapor parens ad modicum non subsistat, sed ut fumus ociùs evanescens, dum interdum adhuc ordiri videtur & incipere, à Domino velut à texente subitò præscindatur vel repente præcurritur; Fratres nostros præsentes ac posteros in visceribus charitatis efflagito, quatinùs si quid scripsero minùs cautè seu etiam viciosè caritativè corrigant: sed & ubi morte præventus, aut alio impedimento detentus legitimo, compulsus fuero stylo finem imponere, ea si placet nostris adjiciant, quæ digna memoriæ pro suis temporibus in futurum evenire contingent. Hoc si quidem Fraternæ societatis emolumentum, hoc mutuum veræ dilectionis solatium ex sententiâ Solomonis fore didicimus, ut dum unus casu proximare visus fuerit, ab alio fulciatur, ac si deciderit sublevetur.

MCCCI.

Tunc temporis clarebant in Franciâ illustres & honestæ viduæ, Blancha videlicet sancti quondam Regis Franciæ Ludovici filia, in sanctâ conversatione apud sanctum Marcellum prope Parisius Deo vacans, & Margareta Siciliæ Regina primi Caroli Regis Siciliæ uxor secunda, apud Thornodorum Burgundiæ in hospitali pauperum ab eâ instructo, piâ devotione pauperibus obsequia servitutis & humilitatis impendens. Ludovicus Comes Ebroicensis frater Regis Franciæ, Margaretam filiam Philippi Roberti Comitis Attrebatensis filii desponsavit.

Carolus Comes Valesii frater Regis Franciæ, Romam adiit cum nobili comitivâ, disponens postmodum si Papa consuleret Constantinopolitanum Imperium quod hereditario jure suam contingebat uxorem, expugnare: qui à Papa & Cardinalibus honorificè susceptus, Vicariusque ac defensor Ecclesiæ constitutus, multos eis rebelles in Tusciâ debellavit. Philippus Rex Franciæ Comitatu Flandriæ visitato, & oppidanorum fidelitatibus Nobiliumque receptis homagiis, Jacobum sancti Pauli Militem totius custodem dereliquit patriæ. Comes Barri Henricus videns quòd Francorum Rex Philippus tertiam suam devastare disponeret vi armorum, accessit ad eum humiliter, ac demùm veniam de commisso quàm à Rege Supplex petierat, reportavit. Mense Septembris visa est cometa circà noctis crepusculum inflammationis suæ radios sive caudam, præcipuè versus partes Orientis emittens. Eduardus Angliæ Rex profectus in Scotiam, cum parum aut nihil proficeret contra Scotos, ad Propria remeavit. Soldanus Babyloniæ resumptis viribus Tartaros, Armenios cæterosque Christianos à Jerusalem & Syriâ expulit, & terram suo dominio subjugavit. Mense Januario Luna totaliter in aspectu satis horribili eclipsatur.

Legitimatis per Papam Bonifacium filiis Sancionis Hispaniæ Regis defuncti, paternum Regnum Ferrandus eorum primogenitus occupavit; sed Alphonsus & Ferrandus frater sancti Ludovici ex filiâ Blanchâ nepotes, jus Regni sibi vindicantes, eis totis viribus se opponunt. Primus Apamiensis Episcopus [accusatus] in Curiâ Regis Franciæ super contumeliæ verbis, ut aiunt, prolatis contrà Regiam Majestatem, dum aliquandiu sub nomine Narbonensis Archiepiscopi fuisset detentus, tandem de mandato Regis Papæ restituitur, ac de Regno recedere sub debitâ & indictâ sibi celeritate jubetur. Rex Philippus ad cautelam Regniique sui [tuitionem] majorem Regio decrevit edicto sub certarum impositione pœnarum, ne aurum, argentum aut quælibet mercaturæ extra Regnum Franciæ veherentur, ob hoc magnâ diligentiâ introitus omnes & exitus, cæterosque Regni passus faciens custodiri.

MCCCII.

Carolus Comes Valesii de Tusciâ in Siciliam jussu Papæ profectus, Terme castrum Siciliæ ad quod assultum facere properabat, circà Ascensionem Dominicam in deditionem recepit. Apud Brugas Flandriarum propter exactiones indebitas oppressionesque minùs justas, quibus per gentem Regis Franciæ, præcipuè per Jacobum sancti Pauli custodem patriæ deputatum, de quo suprà meminimus, se gravari populus sentiens, ut aiunt, gravi dissensione subortâ, insurgentibus primò minoribus in majores non modicus hinc & inde sanguis effunditur. Quod cum Regi nuntiatum fuisset, & statim armatos mille vel circiter ad reprimendam moderatè si posset seditionem hanc, direxisset; ecce statim ad aures pervenit Brugensium, quòd prædictus se jactaverat custos eorum quàmplures esse suspensuros in brevi, quo auditò protinùs efferati furiosè cum impetu exilientes, ex insperato videlicet & de nocte dum in lectis quiescerent armis depositis, quotquot invenerunt amarissimæ morti tradunt, præfato Milite vix per occultæ fugæ præsidium evadente. Interea dum Brugenses apertæ rebellionis spiritu sic assumpto, ac cum Guidone Namursii Guidonis

Comitis Flandrensis filio necnon gente, portum marinum quemdam applicant; & aliis multis eis illicò faventibus eorumque partem foventibus viriliter tueri se præparant, auxiliarios undique perquirentes: ecce Robertus egregius Attrebati Comes à Rege missus in Flandrias cum validâ robustorum militiâ ac pedestri multitudine copiosâ, conflicturus cum ipsis inter Brugas & Corteriacum castra fixit. Porrò dum quâdam die Julii mensis ex utriusque partis condicto forent in prælio congressuri, Brugenses robusto animo & volenti resistere prompti pariter adunati & densati, valdè dispositi venerunt pedites ferè omnes; milites verò nostri præsumptuose nimiùm in suis viribus confidentes, ipsósque ut homines rusticanos habentes despectui, mox pedites suos qui belli cuneum præcedebant, ex ordine retrahere compellentes, ne peditibus ipsis victoria quam statim obtinere putabant; & non equitibus videretur adscribi, in eos pompaticè & incautè absque belli ordine irruerunt; quos Brugenses cum lanceis adjunctis & exquisiti generis quod gothendar vulgò appellant, viriliter impetentes, in mortem dejiciunt quotquot illo impetu obviam habuerunt. Sed & Attrebati Comes egregius illustrísque pugnator succurrere suis accelerans, dum in hostes tamquam leo rugiens immergit viriliterque decertat, triginta vel ampliùs sauciatus vulneribus, ut postmodum testati sunt oculi qui viderunt; tandem, proh dolor! cum tuâ nobili comitivâ, videlicet Godefrido de Brabanto consanguineo suo, dominóque Virsionis ejusdem Godefridi filio, Comite Augi, Comite Albæmalæ, filio Comitis Hannoniæ, Radulfo domino Nigellæ Franciæ Conestabulario, Guidone ejus fratre Franciæ Marescallo, Cambellano Tanquerville, Reginaldo de Triâ emerito Milite, Petro Flote, Jacobo sancti Pauli, aliísque quasi ducentis Militibus cum multis armigeris probitate conspicuis, cæteris aciebus exercitûs nostri in multo majori numero tam nobilium quàm ignobilium turpissimè terga vertentibus; cursúque veloci fugam arripientibus, gemebundam totiúque Regno, & quam dolentes referimus, lamentabilem occumbit in mortem. Cujus corpus postmodum circa diem tertium Fratrum Minorum Attrebati Gardianus recolligens, in quâdam Capellâ Monialium nondum dedicatâ, prout potuit servitio celebrato Ecclesiastico tradidit sepulturæ. Hujus verò futuræ demolitionis instantiam cometa Septembri præterito vísâ, eclipsísque Lunæ Januario mense factâ veraciter; ut tradunt aliqui, protendebant. Hac igitur Guido Namurfii exhilaratus victoriâ, suorum animos totas occupandi Flandrias ambitione succensos extendere nititur ad majora. Nam postmodum insidens Insulanos nunc dolis, nunc armis, tam eos quàm Yprenses ac Gandavos castra cæterásque Flandriæ villas ad deditionem coëgit pariter & allexit. Philippus Rex Franciæ post quindenam Assumptionis beatæ MARIÆ Virginis, tanto apud Attrebatum exercitu congregato, ut totam Flandriam cum suis habitatoribus destruere satis de facili potuisset, ad duas leucas vel circiter castra figens, malignorum ut creditur consilio circumventus, nec hostes quos de prope castra metatos habebat, aut villas eorum aliquas assailliri permisit, sed toto Septembri tempus in vacuum ducens, tandem licentiato exercitu tam potenti, inefficax & inglorius in Franciam remeavit. Quo viso statim hostes proximas villas & municipia Comitatûs Attrebati incenderunt; sed Milites cum servientibus & armatis illuc à Rege dimissis cum bellico apparatu, conatus crebros Flandrensium decursúsque in terram Attrebati sæpe viriliter coërcentes, cum ipsis habito conflictu in vigiliâ sancti Nicolai, in prælio circiter octingentos versùs Aeriam occiderunt.

Carolus Valesii Comes carorum suorum illustrium in Flandriâ occisorum morte, ut dicitur, jam auditâ, perturbationi Regis ac Regni compatiens, gentis suæ consilio cum Frederico & Siculis pacem composuit in hunc modum: videlicet quòd Fredericus Alienjordem Regis Siciliæ filiam in uxorem duceret; & sic Insulam Siciliæ totam toto tempore vitæ suæ pacificè & quietè absque Regis nomine possideret. Ipse verò Carolus & Dux Calabriæ Robertus Siciliæ Regis filius, qui præsens tunc aderat, laborare tenebantur suis pro viribus erga Regem Arragoniæ & Comitem de Bregnâ, quòd jura Cypriæ & Sardiniæ Regnorum, quæ ad ipsos pertinere dicebant, quietè dimitterent Frederico; dum tamen Papa super his assentiret, & Fredericus ipse sumptibus propriis ea conquirere sibi posset; vel aliter de Regno quod alteri de præfatis duobus esset æquivalens, provideret eidem. Quod si commodè non possent effectui mancipare, Carolus Siciliæ Rex teneretur dare centies mille uncias auri post tritionem Frederici decessum, ad emendum videlicet possessiones ac redditus pro pueris ipsius de Alienorde Regis filia procreatis; quidquid autem Fredericus vel aliàs frater ejus Arragoniæ Rex in Calabriâ seu Appuliâ dudum acquisierant; totum ex nunc Regi Siciliæ dimitterent; dimissis nihilominùs ab utrâque parte injuriis, rancoribus & offensis, & captivis qui in Siciliâ vel alibi detinebantur absque pretio liberatis. Sic itaque pace compositâ, & tam per Fredericum quàm per Proceres Siculorum populíque Majores ad sancta Dei Evangelia corporaliter tactâ præstito juramento, vallata firmaverunt. Carolus Valesii Comes Siculos absolvi faciens per Capellanum suum, cui Papa vices suas in hac parte commiserat, Romam redit, ubi Papæ & Cardinalibus quid in Siciliâ fecerat enarrato, eisdem vale faciens circa Purificationem beatæ Virginis in Franciam est reversus.

Othelinus Burgundiæ Comes, qui etiam de dominio Comitatûs Attrebati ratione Matildis conjugis suæ filiæ Roberti Comitis antea defuncti nuper à Rege fuerat investitus; salvo tamen jure quod filii Philippi ejusdem Matildis fratris olim defuncti in dicto Comitatu habere poterant & petebant, diem clausit extremum. Burdegalenses qui hucusque sub Regis Franciæ fuerant potestate, inefficace ejus à Flandriis audientes regressum, timentes etiam, ut asserebant quamplurimi, nisi Franciæ & Angliæ Reges inter se pacificari contingeret, denuò potestati Regis Angliæ subderentur, ipséque postmodum eisdem faceret quod ipse jamdudum fecisse Francis, sibi ipsis dominium civitatis usurpant. Die Cœnæ Dominicæ apud sanctum Audomarum in Flandriâ quindecim millia Flandrensium vel circiter à gente Regis Franciæ occiduntur; quod audientes cæteræ Flandrensium phalanges quæ paulò antea Joannis Hannoniæ Comitis terram quam à Rege Franciæ tenebat in feodum, devastabant, ejúsque castrum fortissimum quod Bouchin nominant jam ad terram prostraverant, datis trebis Hannoniensibus, ad suos tuendos terminos revertuntur.

MCCCIII.

Parisius ipsâ hebdomadâ Paschæ venerunt ad Regem Franciæ Nuntii Tartarorum, dicentes quòd si Rex & Barones gentes suas in terræ sanctæ subsidium destinarent, eorum dominus Tartarorum Rex Sarracenos totis viribus expugnaret, & tam ipse quàm populus suus efficerentur libenti animo Christiani.

Apud Insulam Flandriarum die Jovis post octabas Resurrectionis Dominicæ ducenti equites & trecenti pedites Flandrensium armati, tam occisi quàm capti sunt à Tornacensibus à Fulcando de Mula Regis Franciæ Marescallo.

Philippus Rex Franciæ Gasconiæ terram quam diù tenuerat occupatam, Eduardo Regi Angliæ restituit, sicque inter eos pax exstitit reformata. Audiens Rex Franciæ Philippus, à pluribus fide dignis sublimibusque personis, Papam Bonifacium detestandis infectum criminibus, diversisque hæresibus irretitum; quamvis adhuc de facili Regis obturaverat aures; demùm tamen in publico Parlamento Parisius Prælatis, Baronibus, Capitulis, Conventibus, Collegiis, Communitatibus, & Universitatibus villarum Regni sui, necnon Magistris in Theologiâ & professoribus juris utriusque, aliisque sapientibus & gravibus personis diversarum partium ac Regnorum præsentibus, importunis denuntiatorum clamoribus atque frequentibus pulsatus instantiis, præcipuè Ludovici Ebroicensis, Guidonis sancti Pauli ac Joannis Drocensis Comitum, qui præstitis ad sancta Dei Evangelia ab eis tacta corporaliter juramentis asserebant prædicta se credere esse vera, & ea legitimè posse probari, Regem que tamquam præcipuum Christianæ fidei defensorem instantissimè requirebant, ut pro deliberatione super præmissis habendâ generale convocari Concilium procuraret : cum urgente conscientiâ ulteriùs dissimulare non posset, ad Concilium generale per Sedem Apostolicam promovendum, quod in isto casu Summo præest Pontifici, deliberatione super hoc multâ tamen maturitate præhabita, Prælatis, Baronibus & aliis supradictis, Abbate Cisterti dumtaxat excepto, sibi adhærentibus appellavit, appellationesque suas die Nativitatis beati Joannis Baptistæ in horto Regalis Palatii Parisius coram omni Clero & populo palam & publicè legi fecit, ac postmodum Papæ Bonifacio per Guillermum de Nogareto Militem Legumque Professorem, Regiis patentibus litteris insinuari petens, ab eodem convocationem Concilii . . . protectioni subponens.

Eduardus Angliæ Rex de Scotis sibi adversantibus triumphans, magnam Scotiæ partem suo dominio subjugavit. Philippo Comitis Flandrensis filio de Apuliâ, ubi cum Rege Siciliæ diù moram contraxerat, circa festum sancti Joannis cum ingenti stipendiariorum comitivâ in Flandrias appulso, lætus ideo pariter & elatus Flandrensis populus, terram Regis Franciæ cœpit acriùs incursare ; Castrumque sancti Audomari obsidere volentes, cum ibi propter loci fortitudinem non possent proficere, versùs Morinum Francæ Regis civitatem tendentes mense Julio obsederunt, & lethali tandem incendio conflagrarunt.

Philippus Rex Franciæ circa mensis Septembris initium proponens iterum in Flandrenses arma corripere, apud Peronam oppidum Veromandense & ejus in confinio expeditionem, ac multos valde exercitus congregavit ; sed ibidem, ut aiunt, Sabaudiæ Comitis maligno consilio circumventus, usque ad festum subsequens Pentecostes treugis hostibus datis acceptisque pariter ab eisdem, secundò inglorius à Flandris remeavit.

Papa Bonifacius appellatione Regis Franciæ prædictâ sibi per Guillermum de Nogareto Militem ad hoc dumtaxat à Rege præfato directum, & summatione factâ, generalisque promotione Concilii requisitâ, sed ab eo, ut dicitur, denegatâ penitùs & expressè etiam per suas litteras valvis Ecclesiarum affixis ; tandem in domo suâ quam inhabitabat Anagniæ, unde extrahebat originem, à quibusdam ui civibus, ipsius militibus aliisque ; hac causâ armatâ multitudine per præfactum Militem, qui hoc totum fieri, ut communis asserebat opinio, procuraverat, cum communitatibus opemque sibi ferentibus violenter detentus & captus, ne de facto in præjudicium Regis aut Regni, appellationibus supradictis non obstantibus quidquam sataget attentare, Romam usque perducitur ; verùm tam dolore cordis tactus intrinsecùs quàm corporis ægritudine detentus, pauco post tempore superveniente diem clausit extremum. Cui BENEDICTUS undecimus Fratrum Prædicatorum Ordinis, natione Italicus, Papatui successit.

Defuncto Hugone de Marchiâ Comite civitatis Angolismæ, ad Regem Franciæ Philippum suus devolvitur Comitatus. Philippus Rex Franciæ, Aquitaniæ, Albigensium & Tolosæ provincias usque Narbonenses fines toto tempore hyemali perlustrans, benignitatis suæ liberali munificentiâ eorum omnium corda tam nobilium quàm ignobilium ; quorum nonnulli ut ferebatur malorum ducti consilio jam ab ipso volebant deficere, mirabiliter extraxit ad se & in sui gratiâ confirmavit. Circa idem tempus nimium nimium invalescente querelâ adversus quosdam Ordinis Prædicatorum Fratres ab Inquisitoribus pravitatis hæreticæ deputatos Tolosanis in partibus, super eo videlicet quod interdum, ut dicebatur, cupiditate magis quàm fidei zelo ducti plures tam nobilium quàm ignobilium accusantes, diversis mancipari carceribus faciebant ; & qui dabant eis pecunias aut munera evadebant impuniti : factum est ut Intendens r de Picqueniaco Miles sapiens & expertus, & in fide Catholicus, qui ex parte Regis, ad cujus aures jam querela memorata pervenerat, illis in partibus factus fuerat Senescallus, & legatione tunc temporis fungebatur ; super his, prout fertur, informatione præhabita diligenti, quosdam in carceribus sic detentos innoxios labis hæreticæ reperiens & infontes, invitis ipsis Fratribus de carcere liberaret. Cumque postmodum ab Inquisitoribus præfatis id indignè ferentibus pro excommunicato Parisius factus & publicè denuntiatus fuisset, sed statim ad Sedem Apostolicam appellasset ; tandem in appellationis prosecutione decessit apud Perusium, ubi tunc Curia residebat. Circa Purificationem beatæ Virginis filia Guidonis Flandriæ Comitis, quæ Parisius honorificè cum pueris Regis in custodiâ tenebatur, defuncta est.

Guido Comes Flandrensis & Guillermus ejusdem filius ad pacificandum si possent, populum Flandriarum, de locis ubi detinebantur ad tempus soluti, inefficaces ad suæ loca custodiæ revertuntur. Guillermus Joannis Comitis Hannoniæ filius, & Guido Trajectensis Episcopus ejusdem Guillermi patruus contra Flandrenses, qui magnam partem Gellandiæ occupaverat, progredientes, in prælio sunt devicti, capituturque Episcopus, sed Guillermus in quodam oppido se salvavit. Vigiliâ sancti Gregorii defuncto bonæ memoriæ Abbate sancti Dionysii Reginaldo, Ægidius magnus Prior Claustralis tunc temporis successit eidem.

MCCCIV.

Guillermus de Hannoniâ contra Flandrenses viribus reparatis confligens, eos in terrâ Gellandiæ pluries superavit, & ingentem eorum multitudinem interfecit. Quædam pseudo-mulier Metis, ut dicitur oriunda, sub habitu Beguinarum sanctitatem simulabat, & inter catervas in Flandriâ . . . . . .

---

r *Intendens*] Legendum *Vicedominus.* Gall. *Le Vidame de Piquigni Chevalier sage, loïal, expèrs, gentil.*

quam

quam paupertatem five pauperiem apppellabant: quæ etiam fimulatis ficticiis quibufdam revelationibus ac mendofis, tam Regem Franciæ quàm Reginam ac Proceres, maximè cum ipfe Rex Flandrenfis cum quibus ipfa degebat tunc temporis expugnare parabat, fuis verbis fallacibus delufiffe dicebatur; necnon Carolum Fratrem Regis in regreffu fuo de terra Siciliæ ad fuggeftionem Flandrenfium; prout fertur, exftinguere molita fuerat fuis maleficiis & veneno maliciofo nimis per quemdam juvenculum ibi miffum. Tandem de mandato ipfius Caroli capta, plantarumque pedum aduftione quæftionata pariter & afflicta, maleficia recognoviffe dicitur mentionata. Cumque poftmodum apud Crefpeyum Caroli caftrum carceri mancipata fuiffet, & illic aliquamdiù fic detenta; demum tamen abire permittitur liberata. Joannes de Pontizara Abbas Ciftercii, fui loci & Ordinis regimen fponte ceffit; ob hoc videlicet, ut dicebant, quòd occafione fui, eo quod appellationibus contra Papam Bonifacium factis Parifius confentire noluerat, per Regem Franciæ vel ejus Satellites; imminere fui Ordinis Fratribus quamplurimùm in temporalibus detrimentum verifimiliter dubitabat, nifi fic cedere decreviffet. Cui fucceffit Henricus Abbas Joiaci. Dominica die in Nativitate beati Joannis Baptiftæ pofitæ funt forores Ordinis Fratrum Prædicatorum apud Poiffiacum Carnotenfis diœcefis, Monafterio fcilicet à Philippo Rege Franciæ noviter conftructo in honorem gloriofi Confefforis quondam Regis Franciæ Ludovici.

Orta diffentione Parifius inter Univerfitatem Regiique Præpofitum, pro eo quod ipfe quemdam Clericum fcholarem præcipitanter capi fecerat & fufpendi; diù ceffatum eft à Lectionibus à qualibet Facultate; quoufque Præpofitus de mandato Regis Univerfitati fatisfaceret, ac pro fuæ abfolutionis beneficio obtinendo Sedem Apoftolicam adiret: & fic tandem circa feftum Omnium Sanctorum fuit facta refumptio Lectionum. Obiit Simon Parifius Epifcopus, cui fucceffit Guillermus de Aureliaco Regis Franciæ Phyficus, vitæ laudabilis & in medecinâ multipliciexpertus. Vigiliâ Apoftolorum Petri & Pauli Parifius in Ecclefiâ cathedrali Prælatis & Clero præfentibus ad hoc fpecialiter evocatis, lectæ funt ex parte Regis Franciæ litteræ continentes inter alia, quòd Papa Benedictus quamvis non fuiffet fuper hoc requifitus, ipfum Regem, Reginam, liberos, eorumdem Proceres atque Regnum unà cum fuis adhærentibus ab omnibus excommunicationibus & interdicti fententiis, fi quæ vel eorum alterum à Papa Bonifacio quomodocumque latæ fuiffent; abfolvebat penitùs ad cautelam; necnon Ecclefiarum decimas ufque. bienniali, non annualia ufque triennium Regi Franciæ in fuæ guerræ fubfidium concedebat; auctoritatem licentiandi Magiftros in decretis & Theologiâ, ad hoc fpecialiter Papa Bonifacius refervaffe, more folito Cancellario Parifienfi reftaurans. Papa Benedictus apud Petufium Nonas Julii defunctus eft; cumque Cardinales ineundo negotium, retardantes juxta conftitutionem Gregorii fuiffent inclufi; fibi tamen exquifitis fraudibus miniftrari victualia procurantes, ferè ufque unanimi diftulerunt in electionem Summi Pontificis confentire.

Philippus Rex Franciæ circa feftum Magdalenæ poft Brugenfium rebellionem tertiò profectus in Flandrias cum fratribus fuis Carolo & Ludovico aliifque Proceribus multis, necnon exercitu magno valde; tandem apud Montem qui dicitur in Pabula repertis Flandrenfibus cum fuo exercitu, illic tentoria fua fixit. Cum itaque die Martis poftAffumptionem beatæ

Virginis noftri cum hoftibus conflictum quantocius habere credentes; de mane fe ipfos ad prælia præparaffent; poftea nihilominùs videntes quòd in proloquutione pacis, fi poffet fieri, componendæ per plures fæpius hinc & inde tranfmiffos prolixior fe hora protraheret, ad refocillandum pauliſper tam fuos quàm equorum fpiritus, ut dum tempus adeffet ad pugnam recentiores poffent effici, & fortiores aditatione belli paululum devincerent; quippe qui per ferè totum diem fic occupatum tam armorum in vacuum pondere preffi, quam meridiano folis fervore mirabiliter fatigati fuerant & afflicti, necnon pacem jam factam vel ftatim fieri verifimiliter æftimabant. Quod perpendens, ut dicitur, Flandrenfis exercitus, quafi adverfperafcente jam die de fuis tentoriis repente profiliens, retrogreffu adeo veloci versùs aciem Regis qui etiam tunc erat impertitus ex infperato progreditur & accurrit, ut à fuis utcumque fic armari potuerat competenter, Verùm actore Deo qui inclytam Regno Franciæ coronam hac in die præcipuè protegere eam fufceperat, & in fuo capite præfervare, tantâ conftantiæ virtus in domino Rege prævaluit, ut equum potenter afcendens fic impetum belli fuftinuerit; quamvis in tanto periculo pofitus, ut Hugonem de Bovilla Militem fuum Secretarium, necnon duos Parifius cives Petrum fcilicet & Jacobum Geniani [f] fratres, qui pro fuæ fidelitatis induftriâ Regi femper adftabant, præ oculis fuis occifos confpicere poffet: fed tunc Deo propitio fuis bellatoribus, mox ex omni parte in auxilium ejus certatim accelerantibus, ceffit ei victoriæ gloriofus triumphus. Illic autem de noftris Guillermus Comes Autiffiodorenfis, & Ancellus Comes Dominus Caprufiæ vir fidelis ac ftrenuus probatæ Militiæ, Regis Vexillifer feu deferens Auriflammam, exftincti, ut creditur, calore nimio vel etiam preffurâ; cum multis aliis qui in prælio occifi corruerunt. Sed de parte Flandrentium multo plures, inter quos præcipuè Guillermus de Julieriis, Comitis Flandrenfis nepos ex filiâ, totius exercitûs Dux & Capitaneus Principalis. Hac igitur parta victoriâ cum Rex ipfe poftmodum fatis celeriter totam Flandriæ terram circa Lilii fluvium pofitam fuo dominio fubjugaffet, eis qui trans Lilium habitabant ufque ad Pafcha propter inftantem hiemem treugis datis, tandem in Franciam cum laude revertitur & honore. Porrò ne collati fub cælitus à Deo triumphi videretur immemor aut ingratus, Ecclefiæ beatæ MARIÆ Parifius, & beati Dionyfii in Franciâ Regni Franciæ fpecialis patroni, quorum patrociniis confitebatur præcipuè fe protectum, necnon victoriam memoratam adeptam, aliifque quampluribus Ecclefiis Regni fui, ut Regalem decuit munificentiam, perpetuos ac certos redditus conferre pariter & affignare curavit. Eodem tempore curfu Guido Comitis Flandrenfis filius, per gentem Regis viarum maris & portuum cuftodiæ deputatam ac Guillermi Comitis Hannoniæ filium, bello navali capitur. Infuper Flandrenfes à terrâ Gellandiæ quam occupaverant, expelluntur. Menfe Decembri offa Roberti quondam Attrebatenfis Comitis apud Cortericum occifi, in Franciam delata, & in Monafterio Sanctimonialium quod vulgò dicitur Maladumus juxta Pontizaram; funt fepulta.

In Parlamento Regis Parifius poft Natale de pace Flandrenfium fuit, ut dicitur, ordinatum, fed tamen non penitus confummatum. Menfe Februario deceffit Guido Comes Flandrenfis, in Franciâ captivatus pariter & detentus; cujus corpus permiffione Regis in Flandrias eft delatum, & Margueretæ unâ cum fuis antecefforibus tumulatum. Duciffa Auftriæ Blancha Regis Franciæ foror ex patre, menfe

[f] *Geniani*] In Cod. Cifterctenfi, *Jaciani*.

Martio unà cum filio suo unico, quem à Duce viro suo susceperat, veneno, ut ferebatur, intoxicata, diem clausit extremum. Eodem tempore caristia, præcipuè Parisius & circa in tantum invaluit, quod frumenti sextarium centum solidos & tandem sex libras monetæ tunc temporis currentis Parisius vendebatur. Porro cum Regio proclamatum fuisset publicè edicto ne ultra quadraginta solidos venderetur; necdum tamen propter hoc cessavit caristia, sed adeo magis invaluit, ut Parisius panifici qui panem venalem ad sufficientiam habere non poterant, claudere compellerentur fenestras & ostia, ne eis à pressurâ communis populi per violentiam auferrentur: verumtamen edicto præfato postmodum revocato, necnon divitum horreis perscrutatis ad vendendum justo pretio compulsorum, dicta caristia paulatim postea secessit, quæ tempore longiori cessavit, quamvis tanto illa major fuerit respectu temporis præcedentis.

Joanna Regina Franciæ & Navarræ, Briæ & Campaniæ Comitissa, mense Aprili apud nemus Vincennarum decedit, & in Ecclesiâ Fratrum Minorum sepulta, quiescit illuc, quod factum monitis tractatum potius, aut inductâ creditur, quàm spiritu suo ducta. Frater Joannes de Parisius Ordinis Fratrum Prædicatorum magister in Theologiâ, vir admodum litteratus & ingenio clarus, circa veram existentiam Corporis Christi in Sacramento altaris novum ponendi modum introducere conatur; dicens videlicet non tantùm hoc esse possibile commutatione substantiæ panis in corpus Christi verbo adesse suppositi ipsius, mediante corpore, quod est pars naturæ humanæ; verùm etiam hoc esse possibile per assumptionem substantiæ panis vel paneitatis in Christo; nec credebat primum modum ponendi quem communis Doctorum opinio tenet, esse ita necessariò tenendum seu ab Ecclesiâ determinatum, quin etiam secundus possit teneri tamquam popularis, & fortassis, ut dicebat, magis rationabilis & congruus veritati sacramenti, & per quem magis salvatur apparentia circa species sensibiles remanentes. Cæteris Theologiæ Doctoribus contrarium adstruentibus primum modum tamquam ab Ecclesiâ determinatum, præsertim per Decretalem Papæ de Summâ Trinitate & fide Catholicâ *Firmiter credimus*, necessariò tenendum, & secundum tamquam veritati fidei & etiam sacramenti dissonum meritò reprobandum. Examinata itaque opinione prædictâ dum in eâ quæ dixerat retractare nollet, sed magis videretur pertinaciter sustinere .... à Guillermo Parisius Episcopo de consilio Fratris Ægidii Bituricensis Archiepiscopi provecti Theologi, ac Magistri Bertrandi de sancto Dionysio præcellentis Doctoris & Aurelianensis Episcopi, ac Guillermi Ambianensis Episcopi necnon & Doctoris in Jure Canonico, pariter & Dominorum ad hoc specialiter vocatorum, perpetuum super hoc silentium dicto fratri sub pœnâ excommunicationis impositum, à lecturâque pariter & prædicatione privatur. Verùm cum ob hoc ad Sedem Apostolicam appellasset, auditoribus sibi datis in Curiâ, sed infecto negotio de medio sublatus est.

MCCCV.

Philippus Rex Franciæ dissensionem gravem inter Ducem Brabantiæ & Comitem Lucemburgi pro terrâ Lovaniensi subortam, circa Ascensionem Domini pacificasse dicitur & sedasse. Cum Cardinales ferè per annum electionem Summi Pontificis distulissent, tandem vigiliâ Pentecostes Bertrandum Burdegalis Archiepiscopum elegerunt, qui & CLEMENS V. Papa ducentesimus primus vocatus est. Pax inter Regem Franciæ & Flandrenses. Apud Belvacum Galliæ urbem dissensio adeo gravis suboritur inter Simonem Episcopum & populum civitatis, ut Episcopus urbem tutus ingredi non auderet; propter quod plures Nobiles & Potentes, cum & ipse nobilis generis esset, in subsidium suum convocans, nonnullos cepit è civibus, suburbiumque civitatis succendit. Tandem nihilominùs evocati in præsentiâ Regis utrique controversiæ finem .... compelluntur imponere, quamvis non impunè, cum utrique graviter excessissent. Æstivo tempore fuit in Franciâ siccitas magna valde. Ludovicus primogenitus Regis Francorum, die Jovis post festum sancti Matthæi Apostoli Margaretam primogenitam Ducis Burgundiæ sibi consanguinitate propinquam, cum dispensatione Papæ duxit in uxorem.

Papa Clemente Dominicâ post festum S. Martini hyemalis apud Lugdunum in Ecclesiâ Regalis oppidi, quod dicitur S. Justi, præsentibus Cardinalibus & Prælatis, multisque Principibus consecrato, dum suam ad domum in urbem rediens gestans, ut moris est, suæ coronationis insignia, per frenum equi cui insidebat à Rege Franciæ, qui ob hoc piâ humilitate se ipsum pedestrem posuerat seu constituerat, per Curiam dumtaxat oppidi memorati deductus maximo cum honore fuisset & illic à fratribus Carolo & Ludovico, necnon Duce Britanniæ Joanne susciperet adhuc usque domum modo deducendo consimili. Porro cum maxima populi multitudo ad hoc spectaculum cucurrisset, ut congregata, murus quidam juxta quem ipsi Papæ ejusque comitivæ transitus imminebat, ob pressuram consedentis super cum multitudinis ad terram tam subitò violenter corruit, quòd ex ejus ruinâ præfatus Britanniæ Dux fuerit, prout in brevi subsequens mors probavit, percussus, Carolusque Regis frater læsus graviter, necnon Papa tam in contractione Papalis mitræ quam alias multipliciter deturbatus, aliis quampluribus læsis graviter aut peremptis; sicque dies ille qui primâ facie honoris exultationem prætendebat & gaudium, mœroris confusionem superinduxit & lamentum. Papa Clemens antequàm Rex Franciæ recederet à Lugduno, concessit ei caput S. Ludovici avi sui cum unâ de costis ipsius in Capellam suam Parisius à Monasterio S. Dionysii transportandum; ejusque precibus Petrum & Jacobum de Columnâ fratres, qui per Papam Bonifacium à Cardinalatu dudum degradati fuerant, ad pristinam restituit dignitatem. Insuper compensationem expensarum factarum in Flandriis, decimas Ecclesiarum & annualium usque ad triennium concessit, necnon pro suis fratrumque suorum Capellanis & Clericis de præbendis in proximo vacaturis ferè in omnibus Ecclesiis Regni sui favorabiliter providit, necnon ad monetæ debilis quam fecerat meliorationem, & instanter *solutum*, reditionem, ut ferebatur, indixit. Clemens Papa Lugduni super numerum Cardinalium, decem & octo novos constituit Cardinales, duos etiam Cardinales pro se transmisit Romam ad servandam Senatoriam dignitatem; duos Episcopos etiam fieri Attrebatensem & Pictaviensem disposuit; Episcopo Dunelmi Patriarchatum Jerosolymitanum concessit, necnon pauperibus Clericis gratias amplas fecit, providens eis de beneficiis secundùm exigentiam & merita personarum.

Rex Philippus post Natale Domini in Franciâ revertitur à Lugduno. Papa Clemens circa Purifica-

---

instanter] Hunc locum Acherius sic emendat. Instantem solvendorum redditionem induxit.

tionem beatæ Virginis à Lugduno recedens, Burdegalis per Matisconem, Brivatum, Bituricas . . . . & Lemovicas iter faciens, tam Religiosorum quàm sæcularium Ecclesias & Monasteria, tam per se quàm per suos satellites deprædando, multa & gravia intulit eis damna; unde & Frater Ægidius Bituricensis Archiepiscopus per hujusmodi deprædationes ad tantam devenit inopiam, quòd tamquam unus de suis simplicibus Canonicis ad percipiendum quotidianas distributiones pro vitæ necessariis, horas Ecclesiasticas frequentare coactus sit. Robertus Burgundiæ Dux bonæ memoriæ decessit in Martio, cujus corpus in Burgundiâ ut vivens ordinaverat, est delatum, atque Cistercii Monasterio est tumulatum.

MCCCVI.

Eduardus Regis Angliæ Eduardi filius, contrà Scotos qui Robertum du Brus sibi præfecerant cum armatâ multitudine profectus devincitur, multis in prælio de suis interfectis, & sub fugæ præsidio evasit illæsus. Feriâ tertiâ post Ascensionem Domini Philippus Rex Franciæ caput beati Ludovici absque tamen mento & mandibulis inferioribus, necnon unam de costis ipsius Parisius cum ingenti Cleri plebisque [civitatis] tripudio transtulit; dictam costam in Ecclesiâ Cathedrali beatæ MARIÆ relinquens, caputque suum gloriosum in Capellâ Regalis Palatii, quam ipse sanctissimus Rex sumptuoso construxerat opere, in vase pretioso decenter pariter ac devotè reponens. Cæterum ipsum diem Parisius per totam suam diœcesim annuatim in perpetuum instituit, & de cætero firmavit habere solemnem. Intemperata fuit siccitas in vere pariter & æstate. Die sanctæ Trinitatis Petrus de Morneyo Episcopus Autissiodorensis defungitur, cui Magister Petrus de Bellâ Perticâ, in jure nominatissimus successit. Rex Philippus monetam debilem quam fecerat, quæ jam in Regno per undecim annos vel circà cursum suum habuerat, in fortiorem solitam subitò commutare volens, præsertim cum paulatim adeo debilitata fuisset, ut contrà . . . . . . Florenus parvus Florentiæ xxxvi. sol. Par. hujuscemodi currentis monetæ valuerat; circà festum sancti Joannis Baptistæ fecit per Regnum edictum Palatii publicè proclamari, ut à festo beatæ Virginis subsequenti omnes redditum exceptiones, contractuumque solutiones pretio fortis deinceps fierent quæ tempore beati Ludovici currebat; pro quo multi de populo fuerunt plurimum perturbati.

Eodem concursu temporis vel circà ad restam, ut dicitur, Remensis, Senonensis, Rothomagensis, ac Turonensis Archiepiscoporum, qui sibi suos suffraganeis ac eorum populis ac subditis, tam per Papam quàm per Cardinales aliquos vel illorum satellites ac cursores illata sensererant multipliciter & adhuc sentiebant gravamina, Rex Franciæ Philippus favorabiliter in hac parte eis se exhibens, etsi non in toto, in parte tamen eis utiliter subvenire providit. Mense Augusto Rex Philippus omnes Judæos de Regno Franciæ penitus & omninò fecit expelli, certum regressionis terminum sub pœnâ mortis præfigens eisdem. Tempore hyemali factâ inundatione nimiâ fluvialium aquarum, antequàm decrevissent adeo sunt fortiter congelatæ, quòd in locis pluribus damna multa postmodum exinde pervenerint; impetu siquidem glacierum post earum dissolutionem veloci labentium cursu tam domus, quàm pontes molendinaque quamplurima corruerunt. Tunc etiam Parisius in portu Graviæ naves multæ diversis oneratæ mercaturis, cum cunctis in eisdem confractæ perierunt.

Occasione mutationis monetæ debilis in fortem, damnosa seditio præcipuè propter locationes domorum Parisius exorta est. Cum enim cives Parisius locare domos, & earum locationis pretium in forti monetâ juxtà Regale statutum recipere niterentur; quod tamen communis populi multitudini grave nimium propter triplicationem consueti pretii videbatur; tandem aliqui ex popularibus ipsis tam contrà Regem, quàm contrà cives conjuncti, pariterque cum multis sibi complicibus adunati, ad domum Templi Parisius, ubi Regem esse sciebant, illicò properantes cum ad ipsum accessum habere non possent, statim domûs Templi introitus omnes & exitus occuparunt pro viribus, ne Regi victualia deferrentur. Porrò dum postmodùm perpendissent Stephanum dictum Barbette civem Parisius divitem ac potentem, civitatisque Viarium, ordinationis hujus circà domorum locationes præcipuum esse consiliarium ac . . . . . . in ipsum crudeliùs efferati, primitùs domum suam quam extrà portas habebat civitatis, suburbio juxta sanctum Martinum de Campis, multùm locupletem divitiis concordi vesaniâ deprædari festinant: quo comperto Rex tam suam quàm præfati civis injuriam impunè ulteriùs ferre non sustinens, quotquot reperit hujus actores sceleris aut etiam incentores, morti protinùs adjudicare decrevit. Plures etiam ex ipsis qui in facto magis culpabiles fuerant, foris portis civitatis ad vicinas eis arbores, necnon patibula ad hoc de novo specialiter illic facta, præcipuè ad majores & insigniores introitus suspendi fecit, quatenùs eorum pœnæ alios deterrerent, & ab hujuscemodi rebellione coërcerent. Philippus Regis Franciæ Philippi filius secundus genitus, Joannam primogenitam Odonis quondam Burgundiæ Comitis ac filiâ Roberti Attrebati Comitis apud Corbolium mense Januario duxit in uxorem. Mense Martio vel circà Papa Clemens & Cardinales . . . . . iverunt & illic circum circà circiter per menses sexdecim resederunt.

Pseudo-quidam nomine Dulcinius sub habitu benigno sanctitatem fingens, sed reverâ pessimus hæreticus erat. Frater Dulcinius hæreticus in quodam monte Vercellis, ubi tutum sibi reperisse putabat refugium, à Pontificiæ civitatis aliisque fidelibus captus carceri mancipatur, Papæ judicio puniendus, illicque de suis complicibus ducenti vel circiter fuerunt occisi. Hujus enim hæresis inter cætera hunc continere dicebatur errorem; quòd sicut tempore legis naturæ vel Mosaicæ regnabat per Patrem [u] quæ eis præparatur, & Filius per sapientiam à tempore adventûs Christi usque ad adventum Spiritûs die Pentecostes; ita ab adventu Spiritûs sancti usque ad finem mundi regnat ipse Spiritus sanctus, qui amor est per clementiam. Itaque prima lex fuit lex religionis & justitiæ, secunda sapientiæ, tertia quæ nunc est amoris, charitatis; ita quòd quidquid petatur sub nomine charitatis, quidquid sit illud, etiam actus fornicationis venereæ, absque peccato potest concedi petenti, imò nec sine peccato potest licitè denegari; quod pessimam sonat in hæresim cuilibet Catholico vel fideli. Hæc eadem fuerunt habita tempore Philippi anno millesimo trecentesimo duodecimo, & auctor fuit Almaricus de Levâ juxta Montem-fortem, de quo loquitur Decretalis, Damnamus. Eduardus Angliæ Rex ætate provectus, astutus pariter & cautus Princeps, necnon in præliis fortunatus, anno tricesimo quinto Re-

[u] per Patrem] Lego, Pater per potentiam, & Filius

gni sui decessit; cui successit in Regno Angliæ & dominio Hiberniæ Eduardus ejus filius ex Comitissâ Pontivi. Siquidem de Margareta uxore suâ superstite Regis Franciæ sorore tres alios reliquerat filios, quorum primogenitus Thomas nomine Cornubiæ tenuit Comitatum.

MCCCVII. Eduardus.

Circà Pentecostes Rex Franciæ Philippus loquuturus Papæ Pictavim proficiscitur, & tunc ab eo & à Cardinalibus, ut dicebatur, super pluribus & arduis negotiis deliberatum fuit ac etiam ordinatum, præsertim de Templariorum captione, prout sequens rei exitus declarabit. Tunc siquidem ipse Papa Magistris transmarinis Hospitalis & Templi mandavit expressè ut Pictavis coram ipso infra certum tempus omissis omnibus personaliter comparerent: quod Magister Templi, nec mora, complevit; sed Magister Hospitalis in itinere apud Rhodum insulam à Sarracenis qui eam occupaverant, impeditus, ad præfixum terminum venire non valens, se ipsum legitimè per nuntios excusavit, ac demùm per menses aliquos eâdem insulâ cum armatâ manu recuperatâ pariter & obtentâ, ad Papam Pictavis accedere maturavit. Magister Bernardus de sancto Dionysio Magister in Theologiâ famosus, Aurelianensis Episcopus decessit; cui successit Magister Radulfus Ecclesiæ præfatæ Decanus, in Jure peritus. Ludovicus Navarræ Rex Regis Franciæ primogenitus, cognito quòd quidam Miles nomine Fortunus quem Regni sui custodem præfecerat & Rectorem, suum Regnum illius calliditatis astutiâ usurpare tentabat, multos sibi consentaneos habens & complices nobilium ac potentum, præcipuè Boloniæ Comitis, & Galtheri de Castellione Franciæ Conestabularii comitivâ valentis; mense Julio proficiscitur Navarram, Fortunumque prædictum cum suis complicibus potenter subjiciens, visitato Regno pariter & sedato, in civitate Pampeloniâ coronatur in Regem.

Petrus de Bella-Perticâ Autissiodorensis Episcopus decessit, ac Petrus de Gressibus Cantor Parisiensis ac Navarræ Regis Cancellarius successit eidem. Die Jovis post festum beati Dionysii Martyris Catherina heres Constantinopolitani Imperii, Caroli fratris Regis uxor secunda, quæ præcedenti die Lunæ decesserat in villâ Aulæ Audoeni, apud Prædicatores Parisienses, præsentibus Rege Franciæ & Proceribus & Prælatis, necnon Magistro Templi transmarino, qui unà cum ejus corpus cum aliis ad tumulum deferebat, Ecclesiasticæ traditur sepulturæ.

Die veneris post festum beati Dionysii tertio Idus Octobris, omnes Templarii quotquot in Regno Franciæ sunt reperti, quasi sub ejusdem horæ momento, illucescente videlicet luce vel circiter, juxtà decretum Regium ac præceptum subitò capiuntur, ac diversis carceribus mancipantur, inter quos etiam in domo Templi Parisius captus est & detentus generalis totius Ordinis Magister transmarinus. Dudum siquidem ad aures Regis pervenerat ex testimoniis plurium & relatu, quorum quidam Ordinem ipsum ante professi fuerant, quod tam Ordo quàm Ordinis professores detestandis criminibus erant irretiti pariter & infecti, quæ etiam si negarent legitimè possent probari. Primò namque (quod dictu nefas est) in professione suâ, quam ut cautè facerent, intempestæ noctis silentio faciebant, ad præceptum Præceptorum, necnon Præceptorem ipsum (quod nominandum quasi turpissimum) inferius in posterioribus osculabantur immundè: insuper Crucifixi conspuebant imaginem ac etiam conculcabant, quòd caput secretè cum

maximâ veneratione tamquam Idolatræ colebant; quin imò Sacerdotes eorum quando celebrare debebant, verba consecrationis minimè proferebant, & licet à mulieribus abstinere voverent, concedebatur tamen eis ad invicem modo Sodomitico commisceri: & hæc omnia de quibus vehementer habebantur suspecti, fecit Rex Franciæ Dominicâ sequenti in . . . . Regalis Palatii coram Clero & Populo palam & publicè proclamari: quæ etsi præ horrore quem continent & fidelium imprimum cordibus, quasi incredibilia videantur, ipse tamen Magister totius Ordinis præfatus apud Templum coram Magistris Universitatis præsentibus ductus, ut dicebatur, sequenti hebdomadâ recognovit expressè, excepto quod dixit Sodomiticum vitium se minimè commisisse, nec in professione suâ super imaginem Crucifixi, sed magis super terram à latere conspuisse: etiam per suas patentes litteras suis Fratribus omnibus intimasse fertur, quòd dictam confessionem pœnitentiâ ductus fecerat, & eos ad faciendum similiter hortabatur. Factumque est quòd eorum nonnulli sponte quædam præmissorum, vel omnia etiam lacrymabiliter sunt confessi; alii quidem, ut videbatur, pœnitentiâ ducti, alii autem diversis tormentis quæstionati, seu comminatione vel eorum aspectu perterriti, alii blandis tracti promissionibus & illecti, alii arctâ carceris inediâ cruciati, vel coacti, multipliciterque compulsi; multi tamen penitùs omnia negaverunt, & plures qui confessi primò fuerunt, ad negationem postea reversi sunt, in eâ finaliter persistentes, quorum nonnulli inter ipsa supplicia perierunt.

Rex itaque Magistrum Generalem apud Corbolium, cæteros verò Parisius & aliis diversis carceribus mancipari fecit, donec cum Sede Apostolicâ & Prælatis deliberationem haberet, qualiter in hoc parte procedendum esset secundùm Deum & justitiam, tam contrà Ordinem quàm personas etiam. Eorum bona ubique saisiri fecit & in manu suâ teneri, certis ad hoc custodibus ac receptoribus deputatis.

Quidam de Judaismo ad fidem conversus Protus nomine, coram Inquisitore pravitatis hæreticæ recognovit, quòd instinctu cujusdam fratris sui nomine Monsseti ad Judaismum redierat, ac primò in aquâ calidâ balneatus, & demùm circumcisus prout in talibus à Judæis fieri consuevit. Postmodum tamen tractu temporis examinatus super hoc, ac demùm requisitus, dixit per omnia se mentitum, & solùm in odium fratris sui præfati, qui aliqua solvere debita nolebat, recognovisse præmissa: & quia vertebatur in dubium cui consilio standum esset, tandem de consilio peritorum, assensu Parisiensis Episcopi adjudicatum est confessioni primæ standum potiùs quàm secundæ: ipsumque tamquam lapsum à fide perpetuâ pœnâ carceris puniendum, quod & factum est. Verùm postmodum cum recognovisset coram Inquisitore prædicto, se dixisse in carcere quòd Christianus non erat, sed Judæus Samoque vocatus, quodque Christiani comedunt Deum suum, cum instantiâ requirens quòd si mori eum contingeret, fieret de eo sicut de Judæo, de communi peritorum consilio adjudicatus est, statim absque ullâ audientiâ Curiæ sæculari tradendus.

Eodem vel circà concursu temporis quidam alius ad fidem conversus Joannes nomine, confessus fuit coram Inquisitore prædicto, quòd palam & publicè coram Casteleto Parisius dixerat se Christianum non esse, sed Judæum nomine Mutlotum, atque de peccato quòd in aquâ commiserat recipiendo baptismum, per ignem purgari se velle. Postmodum tamen cum hoc feciſſe graviter pœniteret, inſtanterque requireret ſibi ſuper hoc miſericorditer indulgeri, dicens ſe ex melancholiâ & levitate capitis in talia prorupiſſe, juxtà peritorum conſilium impoſita eſt ei pœnitentia ſalutaris.

Menſe Januario Eduardus Angliæ Rex, filiam unicam Regis Franciæ Philippi nomine Iſabellam annorum duodecim vel circiter, apud Boloniam ſuprà mare, dicto Rege Franciæ unà cum filiis ſuis ac Regni Proceribus illic præſentibus, accepit in uxorem, ac majoribus Regni in Angliâ aſſociata in Reginam cum honore debito coronatur. Filius Sabaudiæ Comitis Eduardus, ſororem Reginæ Navarræ, ſcilicet ſecundam filiam Ducis Burgundiæ duxit in uxorem.

Carolus Regis Franciæ tertius filius, Blancham filiam ſecundam quondam Ducis Burgundiæ Othelini in uxorem accepit. Illuſtris & femina Venerabilis ac honeſta vidua Margareta Siciliæ Regina, relicta primi Caroli Regis Siciliæ fratriſque ſancti Ludovici, ut piè creditur, migravit ad Chriſtum. Joannes de Namurſio filius Guidonis Flandrenſis Comitis, accepit in conjugem filiam Roberti Comitis Clarimontis.

MCCCVIII.

Rex Franciæ Philippus pro facto Templariorum præcipuè profecturus Pictavis, ubi adhuc Papa cum Curiâ reſidebat, ob hoc quoque plurimis penè ex omni civitate ſive Caſtellaniâ Regni apud urbem Turonis Paſchali tempore convocatis, copioſam tam nobilium quàm ignobilium ſecum duxit illic turmam; Sanè de diverſis tractatibus inter Regem & Papam præhabitis, totius ordinis Generali Magiſtro poſtmodum ad Papæ mandatum adducto, cum aliquibus quos nobiliores ſtatu ſeu præeminentiâ fuiſſe conſtiterat; inter ipſos ibi tandem deliberatum fuit & ſatis concorditer ordinatum, quòd Rex ipſe omnes & ſingulos dicti Ordinis profeſſores ubicumque eſſent mancipati carceribus, ex hoc & deinceps nomine Eccleſiæ & manu Sedis Apoſtolicæ detineret, ad eorum relationem, expeditionem ſeu punitionem minimè proceſſurus abſque ordinatione Sedis Apoſtolicæ vel mandato; ac de bonis eorum quorum diſpenſatio ſeu cuſtodia ipſi Regi ſub debitâ fidelitate relinquebatur, uſque ad Concilium generale poſt ſatis celeriter celebrandum, pro modo competenti vitæ neceſſaria miniſtraret eiſdem.

Papa Clemens cum eſſet Pictavis, de Fratrum conſilio propter ſubſidium terræ ſanctæ ac reformationem ſtatus univerſalis Eccleſiæ, necnon præcipuè propter factum quod circa ordinem Templi ejuſque profeſſores emerſerat, quorum etiam ſexaginta vel circiter ſupradicta eiſdem impoſita crimina fuiſſe confeſſos tam in ſuâ quàm in Cardinalium præſentiâ, Papales litteræ ſub bullâ continebant præcipuè; generale Concilium Kalend. Octobris uſque ad biennium à Kalendis ejuſdem menſis proximè ſequentibus continuè computando Viennæ celebrandum decrevit, & ubique per ſuas patentes litteras intimare Archiepiſcopis & Epiſcopis, inſuper & Epiſcopis ſpecialiter in Regno Franciæ conſtitutis, Inquiſitoribuſque pravitatis hæreticæ dedit in mandatis; quatinùs ſuper facto Templariorum diligenter intenderent, & juxtà qualitatem eorum in quantum perſonas eorum tangere poterant, ſine debito terminare juxtà peritorum conſilium maturarent; Generali tamen Magiſtro aliquorumque eorum majorum de ordine illo, quamvis numero paucorum, perſonis uſque ad tempus & ex certâ ſententiâ Apoſtolicæ Sedis excommunicationi ſeu correctioni reſervatis.

Circà idem tempus venerunt in Franciam qui jam viri de Flandriis ſub habitu ſimplici, [ſed impoſtotes] ſicut rei exitus comprobavit, ad quorum ſimulatam aſtutiam aſtutamque ſimulationem confeſtim in populo frivola quædam ſed communis exiit fama, quòd Comes Augi Dominus Godefridus de Brebento, Joannes de Brebento filius ejuſdem, dominus Virſionis aliique quamplurimi, qui dudum cum Roberto Attrebati Comite apud Corteriacum fuerant interfecti, quaſi per miraculum evaſerant inde vivi, & propter ſuæ liberationis beneficium voverant Deo & inter ſe conduxerant, ac etiam firmaverant ſub ſimplici paupertatis habitu per Regnum Franciæ mendicare, & ſe ipſos apud ſuos uſque in ſeptennium occultare; tunc enim ſeptennio revoluto, certo loco, ſcilicet Boloniâ ſuprà mare ſimul eodem die comparere debebant, ac palam detegere quinam eſſent. Et factum eſt quòd ad quædam levia inteſignia in præfatis Flandrenſibus viſa nonnulli utriuſque ſexûs in tantum feſtinati & quaſi infatuati fuerint, ut eos credentes eſſe præfatos dominos cum honore ſuſciperent, cum tamen ipſi qui vix & rarò ex certâ loquebantur malitiâ ſe non aſſererent, de quibus frivola fama communiter referebat. Quædam etiam Matronæ, Nobiles nonnullos ex ipſis ad maritales amplexus tamquam proprios conjuges ſuſceperunt, de quo poſtmodum ſequutæ ſunt aliis in deriſum, & præcipuè domino.

Comes Valeſii Carolus tertiam accepit uxorem filiam Guidonis Comitis ſancti Pauli Robertus Philippi Attrebatenſis filius, uxorem Blancham alteram filiarum quondam Ducis Burgundiæ accepit uxorem. Eodem anno Guido quondam Comitis Bleſenſis primogenitus, cum filiâ Caroli Valeſii ex conjuge Catherina adhuc teneræ ætatis fertur ſponſalia contraxiſſe. Die Sabbati poſt Aſcenſionem Domini circà Veſperas, in Diœceſi Pariſienſi præcipuè, nix tam copioſa & damnoſa nimium, & impetuoſa tam ex lapidibus grandibus & groſſis deſcendentibus, quàm ex ventorum flatu vehementer cecidit tempeſtas. Tunc cum granis ſegetes & cum botris vineæ perierunt, plures arbores radicitùs ſunt evulſæ, campanile Eccleſiæ porrochialis de Caproſiâ ex impetu venti corruit ipſo die.

Æſtatis fervore tranſacto, Papa & Cardinales omnes ſolutâ ad tempus Curiâ, ab urbe Pictavis ubi diù ſteterant, receſſerunt. Papa ſiquidem ad terram ſuæ nativitatis properans, cum paucis Cardinalibus ſecum retentis, illic & circà poſtmodum dicitur reſediſſe, licentiatis cæteris & ad tempus ab invicem ſeparatis. Guichardus Trecenſis Epiſcopus pro ſuſpecto vehementer habetur, quòd mortem Joannæ Reginæ quondam Franciæ & Navarræ quibuſdam procuraſſet ſortilegiis aut veneno; propter quod audita etiam ſuper hoc quorumdam depoſitione teſtium, videlicet falſorum, prout ſequentia quamvis longo tempore probaverunt, capitur, diutiuſque ſub carceris arctâ cuſtodiâ, etiam de voluntate Summi Pontificis, prout ferebatur, maximè poſtquam ad ejus notitiam teſtium ipſorum pervenit depoſitio, detinetur. Inter nobiles ac potentes juvenes Erardum ſcilicet de ſancto Veranno, & Oudardum de Monteacuto natione Burgundum, ut aiunt, diſſentione ſubortâ, tandem ex utrâque parte multis Nobilibus die feſti beati Dionyſii in Comitatu Nivernenſi congregatis pro habendo conflictu juxta mutuum utriuſque condictum, videlicet ex parte dicti Erardi, Gomite Sacri-Cæſaris Drocone de Mellento, domino Milone de Noeriis cum aliis multis: Ex parte verò præfati Oudardi Delphino Alvverniæ domino, Berando de Marcolio filio Comitis Boloniæ, tribus fratribus qui de Vienna communiter appellantur, aliiſque quampluribus, arcte nimis & valde celeriter consummatus est conflictus inter ipsos. Cessit autem Erardo insignis victoria, & de parte Oudardi dictus Berandus de Marcolio cum quibusdam aliis fuit captus; quare se reddidit Comiti Sacri-Cæsaris, ut dicebant. Postmodum tamen Rex Franciæ dictum Erardum, plurésque alios capi fecit & diversis prisionibus detineri. Albertus Romanorum Rex à quodam nepote ex sorore, ut dicitur, interfectus decessit; cui Henricus Comes Lucemburgi, Miles siquidem strenuus, prudens ac fidelis successit in Regno.

Circà Purificationem beatæ Virginis filia Roberti Comitis Clari-Montis uxor Joannis de Namurso, Parisius defuncta sepelitur: postquam ipse Joannes quasi anno postmodum revoluto filiam dominæ Blanchæ de Britanniâ desponsavit. Indulgentia magna valde quæ à Clemente Papa anno præcedenti dum esset Pictavis, transfretantibus vel pecuniam suam largientibus in subsidium terræ sanctæ concesserat, cujus exequutorem vel receptorem Magistrum Hospitalis transmarinum constituerat; per Regnum Franciæ publicatur; factúmque est ut in Ecclesiâ beatæ MARIÆ Parisius, & penè in omnibus aliis Regni Ecclesiis statuerentur gazophylacia ad pecuniam reponendam, quæ illicà devotione populi, durante dumtaxat illâ indulgentiâ, videlicet usque ad quinquennium, deferretur; in quibus multis, in exordio publicationis præcipuè, multa dicebantur, misisse.

Stephanus quidam nomine de Verbiâ Suessionensis diœcesis, accusatus coram Inquisitore hæreticæ pravitatis super quibusdam blasphemiæ verbis, maximè circà corpus CHRISTI, confessus est ea se dixisse, sed tunc non erat benè compos mentis, quia nimis biberat in tabernâ, nec aliqua quæ dixerat licet malè viderentur sonare, tamen ea non protulit in contumeliam Creatoris vel contemptum, sed subreptitiè, & de hoc pœnitebat & petebat sibi misericorditer indulgeri, quod & factum est de concilio peritorum, injunctâ tamen priùs pœnitentiâ salutari.

HENRICUS. MCCCIX.

Circà festum Pentecostes filius Regis Arragonum habito conflictu contrà Regem Granatæ Sarracenorum, ingenti Sarracenorum cæde factâ gloriosam victoriam reportavit. Mense Junio Henricus in Regem Romanorum nuper electus concorditer . . . . . . solemnes nuntios & ambassiatores, cum electis suæ decreto misit Avenioni, ad petendam benedictionem & consecrationem Imperiique coronam de manu Summi Pontificis, necnon ipsius & Ecclesiæ Romanæ favorem & gratiam consuetos; cujus votis & postulationibus plenè satisfecit, & electum ad sustinendam Imperialis celsitudinis dignitatem de concilio facto circà finem Julii mensis solemniter approbavit, eidem ad consecrationem & coronam Imperii sumendam in basilicâ Principum Apostolorum de Urbe concedens: & Concilium ad festum Purificationis beatæ MARIÆ futurum usque ad biennium, computando à proximo festo Purificationis ejusdem, & salvo quòd eidem Summo Pontifici absque inconstantiæ notâ quando & qualiter, & quoties expedire sibi pro occasione Concilii Generalis . . . . . . aliàs videretur, præfixum & prædictum terminum prorogare liceret.

Papa Clemens palam in Palatio suo Avenioni intimationem quamdam appendi fecit, ut aiunt, in quâ continebatur quòd generaliter omnes & singuli, qui in facto denuntiationis, accusationis seu appellationis contrà Papam Bonifacium pro vel contrà vellent procedere quòquomodo qualitercumque de præmissis sufficienter instructi, infrà Dominicam quâ cantatur, Oculi, si suâ crederent interesse, se Papæ conspectui præsentarent; aliàs super hoc deinceps nullatenùs admitti, quinimò ex tunc eisdem omni denegatâ audientiâ perpetuum in hac parte imponi silentium ipso facto. Inter quos specialiter & expressè G. de Nogareto Militem, de quo dicebant ad assignatam diem fuisse vocatum personaliter, & citatum adscribunt. Qui siquidem ad assignatam diem domini G. de Plaisiaco astuti Militis & discreti, aliorúmque potenti comitivâ vallatus Avinioni comparens, tam appellationem contrà Papam Bonifacium factam, quàm objecta crimina eidem innovavit, eáque legitimè probare se offerens, cum instantiâ petiit ipsius ossa tamquam hæretici exhumari, ac etiam igne debere comburi: parte nihilominùs adversâ, scilicet quorumdam Cardinalium & aliorum quamplurium, qui causam Bonifacii Papæ fovebant, se in contrarium viriliter opponente & tam circà sancti Sebastiani, quàm prædicti Guillermi personam multa gravia & enormia retorquente. Sicque negotium ipsum usque ad pleniorem super hoc deliberationem fuit positum in suspenso.

Tertio Kalendas Novembris ab occidente hyemali vel quasi, tam vehemens per unam horam & amplius irruit ventus, quòd ad ejus impetum arbores quamplures multaque ædificia, necnon pinnaculum sancti Macuti de Pontisarâ corruerint. Arcus etiam magni lapidei qui à parte Orientali sunt Ecclesiæ sancti Dionysii in Franciâ, ob magna exundatâ suborta stellicidia quamvis ad terram non corruerint, testantibus tamen eorum oculis qui viderant, vacillasse concussique fuisse dicebantur, ut mox ad terram corruere putarentur. Ultimâ die mensis Januarii post meridiem per unam horam & viginti quatuor minutias visa est eclipsis solis in sui medio ita, scilicet quòd centrum Lunæ fuit juxtà centrum Solis, & tunc fuit conjunctio Solis & Lunæ juxtà vicesimum Aquarii gradum: duravit autem ista eclipsis à principio usque in finem per duas horas naturales & ampliùs, quà in horâ eclipsis aër crocei vel rubei coloris apparuit. Hujus causam assignabant Astronomi, dicentes quòd in puncto eclipsis . . . . inter tunc croceo fulgore vel aureo colorari.

Inter Angliæ Regem & ejus Barones occasione cujusdam Militis nomine Petri de Gravaestone natione Vasconis, dudum quidem ut dicebatur de Regno Angliæ banniti, sed jam ad tantam Regis familiaritatem assumpti, ut Comitatum sibi Lincolniensem possidendum hereditate conferret; multásque novitates, ut dicebant, ad ejus suggestionem constitueret contrà omnium voluntatem & patriæ consuetudinem, quæ in præjudicium Regni & contrà statuta converterentur; orta est dissensio gravis adeò & acerba, quòd Proceres ipsi contrà Regem tam occasione præmissâ quàm simplicitate suâ seu fatuitate convicti, ipsum quem sic habebant exosum non solùm mediocriter perturbassent, quinimò, ut communis asserebat opinio, ab omni ministratione Regni privassent, nisi ob gratiam Regis Franciæ ejúsque filiæ Reginæ Angliæ, quæ seipsam Baronibus gratiosam & amabilem exhibuerat, refrenati fuissent. Fratres Hospitalarii cum multitudine populi Christiani apud Rhodum insulam, de quâ per Sarracenos fuerant Fideles expulsi, transfretasse dicuntur, & ibi laudabiliter se gessisse.

MCCCX.

Clemens Papa Generale Concilium, quod ad instantes Kalend. Octobris indixerat, ad Kalend. mensis ejusdem anno revoluto subsequuturas prorogare decrevit. Concilium Senonensis provinciæ propter factum Templariorum ab xi. die ad xxvi. diem, secundo Philippo tunc Archiepiscopo præsidente Parisius celebratur : illic sane Templariorum singularium factis & ea tangentibus diligenter inspectis, pensatis eorumque demeritis, qualitate, necnon circumstantiis cum multiplici veritate; ut secundùm mensuram delicti esset & plagarum modus, juxtà consilium tam in jure divino quàm Canonico peritorum, sacro approbante Concilio adjudicatum est, ac etiam distinitum quosdam ex ipsis ab Ordine simpliciter absolvi, quosdam verò post peractam eis injunctam pœnitentiam liberos & illæsos abire permitti, alios autem sub arctâ carceris custodiâ detineri, aliosque quamplures inclusione muri perpetuò circumcingi; sed eorum nonnullos tamquam relapsos in hæresim tradi Curiæ sæculari, qui tunc permittunt Canonicæ sanctiones de eis hujuscemodi sic relapsis, qui titulo Clericalis militiæ fuerant adscripti vel in sacris Ordinibus constituti, primitùs ab Episcopo degradatis, quod & factum est. Tunc itaque quinquaginta novem Templarii foras civitatem Parisius, in campis videlicet ab Abbatia Monialium, quæ dicitur sancti Antonii, non longè distantibus, incendio fuerunt exstincti; qui tamen omnes nullo excepto, nil omninò finaliter de propositis sibi criminibus cognoverunt, sed constanter & perseveranter in abnegatione communi perstiterunt, dicentes semper sine causâ morti se, traditos & injustè: quod quidem multi de populo non absque multâ admiratione stuporeque vehementi conspicere nullatenus potuerunt. Circa idem tempus apud Silvanectum provinciæ Remensis Concilium convocatum, & illic quasi consimili in Senonensis provinciæ Concilio celebrato Parisius, super Templorum facto deliberatione præhabita, novem Templarii concremantur.

Ludovicus Roberti Clarimontis filius, sororem Comitis Hannoniæ desponsavit; ejus quoque frater Joannes nomine Comitissam . . . . . . accepit in uxorem. Clemens Papa quamdam bullam, ut dicitur, à Cardinali Jacobo Gajetani, aliisque quondam Papæ Bonifacii partem foventibus præsentatam, per quam adversàm ei partem impugnare volebant; præsertim cum in eâ contineretur expressè, quòd Papa de consilio Fratrum unanimique consensu appellationes omnes & processus contra Papam Bonifacium attentatos inanes & irritos decernens, partemque ejus multipliciter commendans, reputabat illum super objectis ei criminibus innoxiam & insontem, in pleno Consistorio, ut aiunt, fecit destrui tamquam falsam.

Circa festum Pentecostes, accidit Parisius quòd quædam pseudo-mulier de Hannoniâ nomine Margareta, dicta Porrette, quemdam librum ediderat, in quo omnium Theologorum judicio, qui ipsum diligenter examinaverunt, multi continebantur errores & hæreses, & inter cæteras, quòd anima annihilata in amore conditoris nihil reprehensione vel remorsu potest & debet naturæ quidquid appetit & desiderat, concedere; quod manifestè sonat in hæresim. Dum libellum hunc aut in eo contentos errores abjurare nollet, quinimò latam in se excommunicationis sententiam ab Inquisitore hæreticæ pravitatis contempneret, quia coram Episcopo sufficienter monita comparere nolebat, & per annum vel amplius pertinaci sustinuisset animo in suâ malitiâ finaliter induratâ, sententia in communi plateâ Graviæ coram clero & populo ad hoc specialiter evocatis, de peritorum consilio exposita est, & tradita Curiæ sæculari, quam Parisiensis Præpositus in suâ potestate statim accipiens, ibidem in crastino incendio fecit exstingui. Multa tamen in suo exitu pœnitentiæ signa ostendit nobilia pariter ac devota, per quæ multorum viscera ad compatiendum ei piè, ac etiam lacrymabiliter fuisse commota testati sunt oculi qui viderunt. Eodem die cum quidam de Judaïsmo dudum ad fidem conversus, iterum sicut canis ad vomitum conversus, in contemptum beatæ Virginis super imagines ejus conspuere niteretur, ibidem incendio concremautur temporali, transiens ad sempiternum. Tunc etiam Pseudo-quidam Guiardus nomine de Cressonessart, qui Angelum Philadelphiæ à Deo immediate missum ad confortandum adhærentes Christo se nominans, dicebat quòd nec cingulum pelliceum quo erat præcinctus, nec habitum quo erat indutus ad mandatum Papæ deponere tenebatur; imò Papa præcipiendo peccaret, tandem incendii timore habito, cingulumque deponens, & errorem suum finaliter recognoscens, adjudicatus est perpetuâ muri inclusione præcingi.

Lugdunenses rebellionis spiritu assumpto, contra Regem Franciæ Philippum, castrum Regni quod dicitur sancti Justi violenter diripiunt, ingentique vallo circa civitatem seipsos satagunt reddere fortiores; ad quorum expugnationem Rex Franciæ primogenitum suum Navarræ Regem cum duobus ejus fratribus & eorum avunculis, unà cum exercitu copioso circa festum Joannis Baptistæ destinare decrevit. Illic sæpe inclyta & felicia juventutis suæ primordia etsi aliàs in talibus inexperta, necdum cingulo militiæ præcinctus, adeo laudabiliter exercere curavit ut providit, ut suæ sagacitatis & probitatis industriâ cunctis amabilem & gratiosum se exhibens, suorum mirabili affectu junxerit sibi corda. Dum itaque hostes à cive assultum sibi imminere considerarent, illicò timore percussi, seipsos & urbem Regis subjiciunt ditioni; sed & Archiepiscopus civitatis Petrus de Sabaudiâ nobilitate pollens, qui eorum Capitaneus principalis & totius rebellionis occasio videbatur, per deditionem à Comite Sabaudiæ ad Regem Philippum in Franciâ adductus, veniam de commissis petens, tandem ad Magnatum obtinuit interventum.

Ossa cujusdam Templarii dudum defuncti Joannis nomine de Thuro, quondam Thesaurarii Templi Parisius exhumantur, & tamquam hæretici quondam aliàs, scilicet in processu & jam facto contra Templariorum Ordinem & pars in palam revelata fuit, comburuntur.

Henricus Romanorum Rex cum Duce Austriæ, Leodiensi Episcopo multisque aliis Principibus cum exercitu copioso per Comitatum Sabaudiæ Italiam intrans, primò apud Astensem urbem, & deinde apud Mediolanum vigiliâ Nativitatis Dominicæ cum honore susceptus, in festo Epiphaniæ Domini in Ecclesiâ sancti Ambrosii à Mediolanensi Episcopo coronâ ferreâ, unà cum uxore suâ multis Prælatis præsentibus honorificè coronatur. Quo peracto, in ipsâ civitate cum oppositâ sibi parte conflictum habuit, eosque potenter & celeriter subjugavit; sub merito suis adversariis timorem incuteret & tremorem. Hoc eodem anno facta est mutatio inter Archiepiscopum Narbonensem & Rothomagensem, nam cum Rothomagensis Archiepiscopus Bernardus nomine nepos Clementis Papæ, propter juventutis suæ insolentiam cum Normannis nobilibus pacem bonam non haberet, eo translato ad Archiepiscopatum Narbonensem, Ægidium propter Consiliarium prudentem in agibilibus, & utroque jure peritum ad Rothomagensis Archiepiscopi transtulit dignitatem. Variis circa factum Bonifacii Papæ processibus habitis hinc & inde, Papa Clemens de Innocentiâ Regis Franciæ & suorum super captione & assultu Papæ Bonifacii apud Agnaniam, necnon rapinâ vel dispersione thesauri, seu aliis quibuscumque, quæ in conflictu vel facto hujus captionis fuerant attentata tam per confessionem & assertionem Guillermi de Nogareto Militis cui ista imponebantur, quàm aliàs inquisitione super his diligenti præhabitâ sufficienter instructus, per suas litteras patentes, de consilio Fratrum, auctoritate Apostolicâ pronuntiavit, declaravit pariter & decrevit Regem ipsum in præmissis omnibus omninò inculpabilem fuisse, & in appellationis negotio vel processu objectores, denuntiatores aut assentores prædictos ad denuntiationes, objectiones vel assentiones contrà personam ipsius Bonifacii Papæ factas præconcepta malignitas, aut alia mala causa non impulit; sed Catholicæ fidei sincerus aut justus zelus induxit. Demùm etiam cum tam illi qui statum & memoriam Bonifacii defendebant ex unâ parte, quàm ipse Rex pro seipso & Regni incolis universis, necnon objectoribus & denuntiatoribus prædictis ex alterâ, ad Summi Pontificis attingere, quod hujus negotii rigorosa prosequutio plena periculis existebat, per excitationem laudabilem & precum instantiam totum negotium & plenam decisionem liberæ ditioni ac ordinationi Sedis Apostolicæ dimiserint; de plenitudine potestatis Apostolicæ Regem ipsum omnesque ei adhærentes in hac parte, Regnum & universos ejusdem incolas ab omnibus culpis, offensis, injuriis aut sententiis quibuscumque latis per Papam Bonifacium ab homine vel à jure inflictis, in eum sive successorem ejus, in eos aut eorum alterum publicè vel occulte, vel quâcumque occasione præmissorum aut alicujus eorum imputari seu infligi quomodolibet possent in posterum vel impingi, etiam si supponerentur vel dicerentur captio prædicta vel aliqua de præmissis facta nomine dicti Regis, seu adjutorum vel adhærentium prædictorum, ad cautelam absolvit, relaxavit & penitùs abolevit, & de registris sententias & interdicta, & omnia & singula prædictos processus tangentia, omninò tolli mandavit & penitùs amoveri; districtiùs inhibens, ne quis sententias, excommunicationes, interdicta vel processus prædictos in scriptis publicis vel privatis penes se retinere aut quomodolibet occultare seu aliis communicare præsumat; sed litteras, schedulas, membranas & alias quascumque litteras publicas vel privatas sententias, & processus dumtaxat continentes prædictos penitùs destruant & consumant: eos qui in quatuor menses postquàm ad eorum noticiam mandatum pervenerit, & tempus lapsum fuerit, ita quòd prædicta facere potuerunt & non paruerunt competenter, excommunicationis sententiam, à quâ tantùm possent absolvi, nisi in mortis articulo, per Romanum Pontificem. Quamvis autem à dictâ absolutione suis litteris & earum effectu Guillermum de Nogareto prædictum, ac Reginaldum de Supino Milites, decemque alios vel circiter Anagniæ cives, qui captioni, assultui & depprædationi thesauri prædicti interfuisse specialiter dicebantur, nominatim excluserit, & ex certâ scientiâ intendens ex ipsis per aliam viam condignæ promissionis remedium exhibere; finaliter tamen Guillermum de Nogareto prædictum consideratione Regis vel contemplatione pro ipso supplicantis, ab omnibus sententiis ad cautelam absolvit, injungens ei pœnitentiam ad cautelam, videlicet quod in primo terræ sanctæ passagio generali cum armis & equis ipse in propriâ personâ in terra sanctæ subsidium transfretare teneretur, illic perpetuò moraturus, nisi à Papa vel successoribus ejus subreviationem in posterum obtinere & gratiam mereretur; injungens

etiam quòd interim certas peregrinationes quas sibi imposuit, efficaciter adimpleret; & sic eum omnium præmissorum participem esse voluit & consortem, dummodo has pœnitentias devotè susciperet, & dum vitam ageret in humanis cum effectu peragerret, ipso mortuo, hæres ejus.

MCCCXI.

Henricus Romanorum Rex per Cremonensem urbem Italiæ transitum habens pacificum, quoniam pars Guelfa, quæ major & potentior erat in dominio civitatis de Cremonâ, unâ cum uxoribus & parvulis, rebusque suis quas secum commodè deferre potuerunt, ad civitatem Brixiæ Guelfam, quæ propter prærupta montium, quæ civitati supereminebant, tutior videbatur, unanimiter propter Imperatoris metum confugerant, relictis palatiis paucisque viris Guibelinis; qui audientes exercitum Imperatoris solùm per duo milliaria distare ab urbe, sumptis clavibus civitatis, quæ pacis sunt offerentes, ab eo pacificè recepti, pacificum sibi præbent introitum civitatis. Satis verò post ingressum civitatis omnes fortes domos & turres illorum qui ad Brixiam confugerant funditùs destruxit, portasque civitatis egregias unâ cum muris corrui fecit, & ex his amplissima fossata civitatis impleri fecit, ita ut muri & fossata solo coæquarent; deinde acceptâ redemptione multorum millium florenorum ab his qui in civitate superfuerant, ad civitatem Brixiæ se transtulit; quam rebellem sibi Brixiæ civitatem ab Ascensione Domini usque ad Nativitatem beatæ Virginis potenter obsedit. Habito itaque conflictu, Capitaneum civitatis dictum Theobaldum Brizath vivum capiunt, qui adductus ad Imperatoris præsentiam; videns se mortis periculum effugere non posse, multas conspirationes in mortem Imperatoris & suorum proditoriè factas publicè confitetur. Majores de civitate Mediolanensi hujus facti complices accusando; quo audito Imperator per medium exercitûs trahi, deinde suspendi quasi per duas horas fecit, ipsum remotum de patibulo decollari, ac caput in lanceâ affixum fecit in eminentiori loco exercitûs demonstrari, truncum verò corporis in quatuor partes frustatim decisum fecit per quatuor partes exercitûs deportari; tam crudelem mortis ab Imperatore sententiam sustinens, ut ejus mortis atrocitas cæteris proditoribus & conspiratoribus esset de cætero speculum & exemplum, ut sic saltem, à malis malorum acerbitas coërceat, quos ad verum operandum benignitas non inclinat: eamdemque civitatem sibi subjiciens, cum illis de civitate & muros quorum præsidio nitebatur, destruxit. In hac autem obsidione frater ejus Walerannus nomine occubuit, cujus mors cordi Principis subinduxit non immeritò mœroris materiam ac doloris. Hujus etiam obsidionis tempore, omnes civitates partis Italiæ, quæ strictè nomine Lumbardia nuncupatur, & fidelitatem & subjectionem tamquam domino suo debitam obtulerunt. Eodemque temporis cursu tres Cardinales à domino Papa missi, videlicet Ostiensis & alii duo pro suâ coronatione venerunt, sequente Brixiâ civitate subjectâ, Henricus Romanorum Rex per Terdonam pacificè Januam est profectus, & illic maximo cum honore susceptus; ibi dum aliquamdiù moram contraxit, uxor ejus Romanorum Regina viam carnis ingreditur universæ.

Circà idem tempus in populo Flandriarum rebellionis & guerræ commotio, quæ aliquantisper sopita fuerat, renovatur; & ob hoc vehementer suspectus Comes Flandriarum; ad sui purgationem à

Rege

Rege Francorum convocatur; quo comparente . .
. . . . . Comes ejus filius Ludovicus , qui totius hujuscemodi commotionis & sceleris culpabilis est repertus , primò apud Moretum , deinde Parisius in custodiâ detinetur , de quâ citò post fugit ut conscius hujus mali, vel timens sibi ipsi : propter quod postmodum de consilio Procerum Regni de Comitatu suo non immeritò per arrestum in pleno palatio sententialiter est privatus. Philippus Rex Franciæ simplicium ac duplicium Burgensium fieri fecit monetam pro simplicibus duplicibus Parisius denariis concurrentem. Hæc moneta ratione indebiti valoris & ponderis, & ratione novitatis cursus capi refutabatur, quia ab omnibus atque rectè sapientibus redundare non minimè diceretur in exactionem indebitam reique publicæ detrimentum ; quod etiam nonnulli Nobiles & Magnates, quibus super hoc displicebat, graviter conquerendo oretenùs & expressè exposuerunt eidem.

Clemens Papa concessit & misit privilegium Clericis Aurelianensibus studentibus pro constituendâ Universitate; sub hac tamen conditione, si Regi placeret , & super hoc liber ejus atque spontanus interveniret assensus ; Rege autem non assentiente, Clerici sibi invicem juramentis adstricti à civitate recedunt studiúmque dissolvunt : postmodum tamen anno nondum revoluto tam pœnitentiâ ducti, quàm per Regem aliqualiter sedati iterum ad locum pristinum revertuntur, & sic studium pauco tempore dissolutum denuò reparatur.

Concilium Generale quod Papa Clemens fecerat convocari, primâ die Mensis Octobris apud Viennam urbem Provinciæ centum quatuordecim Prælatorum cum mitris, absque cæteris non mitratis , & absentium Procuratoribus congregatur. In quo duæ Sessiones fuerunt Antiocheno & Alexandrino Patriarchis in medio sedentibus; & antequam celebraretur injunxit Papa, Prælatis & aliis qui pro Concilio venerant, Missas celebrari & triduo jejunari. In primâ itaque Sessione quæ fuit etiam die Sabbati in octabis beati Dionysii in Ecclesiâ Cathedrali, factâ invocatione Spiritûs sancti sicut in talibus fieri consuevit , Papa, assumpto Themate isto : *In consilio justorum & congregatione magnâ opera Domini , exquisita in omnes voluntates ejus* ; prædicavit, & exponens causam triplicem convocationis Concilii Generalis , scilicet propter factum Templariorum enorme , propter subsidium terræ sanctæ & reformationem status universalis Ecclesiæ ; & hoc facto, dataque benedictione super populum, unusquisque ad propria remeavit. Postmodum inter dominum Papam deputatósque ab eodem Papa circumspectos plurimûm & discretos ad modum viros, & Cardinales , Prælatos, Procuratores & alios quorum intererat ; post conventus multos variósque tractatus multæ deliberationes habitæ vel factæ fuerunt in præmissis , ùsque tamen adventum Regis Franciæ , qui habitorum à principio contrà Templariorum Ordinem & personas processuum specialiter promotor & zelator præcipuus in favorem fidei , dicebatur. Et erant cuncta ardua quæ in Concilio tractabantur , ita ut quasi in dubio vel suspenso poni seu in verbo fieri videbantur.

MCCCXII.

Die Pentecostes Philippus Rex Franciæ , Ludovicum primogenitum suum Navarræ Regem , Campaniæ [& Briæ] Comitem , necnon & duos ejus fratres Philippum & Carolum unà cum Hugone Burgundiæ Duce , Guidone Blesensi , aliísque pluribus Regni Nobilibus Milites novos fecit , vel accinxit baltéo militari.

Die Lunæ post *Quasimodo* celebratur Viennæ

in Ecclesiâ majori Sessio secunda Concilii generalis, Rege Franciæ Philippo , qui circà Quadragesimam illic cùm filiis & fratribus suis , multorum Prælatorum , Nobilium ac Magnatum decenti pariter ac potenti comitivâ vallatus advenerat , unà cum Cardinalibus, Patriarchis , Prælatis & aliis superiùs nominatis ex ipso , à dextris Summi Pontificis præ cæteris omnibus , in Sede tamen inferiori aliquantulum , sedente ; illic sanè post aliqua quæ in talibus fieri sunt consueta , primò Papa assumpto Themate : *Non resurgent impii in judicio, neque peccatores in Concilio Justorum* ; & per modum prædicationis ad Templarios appellato Ordine Templi, non per modum diffinitivæ sententiæ , cum Ordo ut Ordo non esset adhuc convictus , sed per modum provisionis & ordinationis tantum ; tamen quia modum recipiendi quem nec ante voluerant detegere, fuerat ab antiquo suspectus , & per infinitos Fratres Ordinis & Majores fuerat hoc prolatum ; auctoritate Apostolicâ sacro approbante Concilio delevit & amovit , & tam ipsius nomen quàm habitum penitùs annullavit , tum quia de cætero esset inutilis Ordo cum nullus bonus vellet deinceps illum intrare ; tum propter alia mala removenda & scandala evitanda. Statímque constitutionem super hoc editam legi fecit in omnes qui de cætero habitum retinerent , vel de novo sumerent , seu alium ad hujus professionem reciperent , excommunicationis sententiam proferens , quam tam recipientes quàm recepti incurrerent ipso facto : ordinationem tamen de personis remanentibus & bonis Sedis Apostolicæ dispositioni reservans , super hoc antequàm solveretur Concilium provisurus attentè.

Cæterum quoad secundum principalem Concilii generalis intentum , scilicet subsidium terræ sanctæ, assumpto Themate : *Desiderium suum justis dabitur* post verba amaritudinis propinare incipiens verba dulcedinis , exposuit toti Concilio qualiter recuperatio terræ sanctæ , quæ sibi fieri præcipuè & generaliter quilibet fideli Catholico summè est desideranda , & tamen quia est diutius in dilatione posita , & nimiùm retardata justorum desiderii per totius sui & cujuslibet Catholici afflictiva ; nunc erat effici proxima , præsertim cùm Rex Franciæ Philippus præsens sibi per suas patentes litteras (quæ statim lectæ sunt in pleno Concilio) fideliter promisisset quòd infra annum cùm liberis, fratribus suis , necnon Procerum Regni sui & aliorum Regnorum multitudine copiosâ, crucem assumeret, & ab instantibus Martii Kalendis ad sex annos iter arriperet ad transfretandum in subsidium terræ sanctæ ; quòd si morte vel aliàs esset legitimo impedimento excusandus , primogenitus suus ad hoc exequendum se fideliter obligavit , sed nihil fecit. Quâ de causâ Prælati devotâ affectione decimas ad sex annos concesserunt eidem ; quorum videlicet tam Regis devotionem , quàm decimarum obligationem Summus Pontifex & Sacrum Concilium approbarunt ; & sic fuit illa Sessio terminata.

Priùsquam Concilium solveretur , post habitos tractatus varios de bonis Templariorum, quibus vel ad quos usus essent potiùs applicanda , quibusdam consentientibus quod nova Religio ad quam applicarentur esset fundanda , aliis alia dicentibus ; tandem providit Apostolicâ Sedes Regibus & Prælatis assentientibus, eadem in favorem terræ sanctæ integraliter ad fratres Hospitalis devolvi ; ut ad ejusdem terræ recuperationem sive subsidium possent effici fortiores ipsis ; sed ut apparuit processu temporis , facti sunt deteriores. De personis autem remanentibus nondum fuit ad finem. Porrò etsi de aliquibus statum vel reformationem Ecclesiæ universisalis tangentibus, quod tertium principale intentum, aliqua proloquuta fuerint, & eorum ordinatio, seu provisio, seu decisio à Prælatis & aliis quorum intererat, priusquàm Concilium solveretur, & instanter & pluries à Papa peteretur, de quibus etiam ipse Papa, ut dixerunt aliqui, Decretales quasdam, præterea Constitutiones edidit & statuta; nunquam tamen in dicto Concilio fuerunt publicè promulgata, sed penitùs judicio Apostolico liberè fuerunt reservata, & ad plenum dimissa.

Henricus Romanorum Rex per Pisas, Plumbium, Viterbium atque alias civitates Italiæ multas in pace pertransiens, circa festum Ascensionis Dominicæ ob suscipienda suæ coronationis insignia Romam tendens, in ipsius urbis introitu cum fratris Roberti Siciliæ Regis & Ursinorum familià priùs habito vehementi conflictu, per portam sanctæ MARIÆ de Populo civitatem ingreditur, & ad sanctum Joannem in Laterano à toto populo recipitur cum honore. Illic sanè etsi à suis præfatis hostibus conflictus terribiles passus fuerit, & assultus, ut etiam Leodiensis Episcopus & Albanensis, de Vrs Thurichys quidam Comes de Sabaudià & alii plures de suis ibi corruerunt: demùm tamen ad festum SS. Petri & Pauli in Ecclesia memoratà per præfatos Cardinales, domino Hostiensi Missam celebrante, aliisque Cardinalibus ex utroque latere cum Episcopis, Abbatibus aliisque adstantibus multis de mandato Summi Pontificis, quod ibidem coram omni populo & Clero fuit lectum, cum ingenti suorum gaudio & adversariorum tristitià Imperiali diademate coronatur.

Susceptâ itaque coronâ Imperii, famam sui nominis ampliùs dilatare cupiens ut Augustus, suo rebelles Imperio civitates Italiæ circuire, & sibi cum validà & armatà manu subjicere potenter acceleravit & audacter: egressus siquidem ab urbe, & Tiberim decimâ quintâ die mensis Julii cum honore susceptus, ac exinde tandem Perusium; cum ipsum nollent recipere Perusini, villas & domos quamplures comitatûs eorum igni vel ferro tradidit, fructus & vineas extirpavit, & castra illorum expugnavit: & sic venit Aretium quasi per milliare centum à Perusii civitate distantem, ubi vigesimâ die mensis Augusti cum gaudio & honore recipitur. Ac deinde Montem-Garchi & Castrum sancti Joannis Comitatûs Florentinorum expugnans, castrum quòd Ancisa dicitur occupavit, habito cum eorum Potestate conflictu & eorum ingentis armatis. Demùm mense Septembris appulsus Florentiam, & eam obsidens à loco sanctæ Crucis usque ad Hospitale sancti Galli, totam partem illam ad Talpes super Nigellam destruxit, & igne succendit. Pugnavit etiam unà vice contrà portam sanctæ Candidæ, & habito cum vigore triumpho, cum Arno transito per Vallem quæ dicitur Hema, juxtà sanctam Margaretam venisset, & aliqui ex Lucanis & Senensibus militum gentem suam invaderent, ipsi à Domino de Flandriâ suo Marescallo exercitûs usque ad portam sancti Petri Gartulini fugati fuerunt, ubi plures de prædictis hostibus corruerunt. Cæterum cum in sancto Cassiano tentoriis fixis totum Ducatum, Livari excepto, & postea podium Bonigi & Casuli recepisset, gente suâ terram illam muniens mense Martio revertitur, recumque Regem Siciliæ Robertum quem ibi hostem senserat & rebellem, in plateâ sanctæ Catherinæ publicè citavit, quatinus Aretium coram ipso sub pœnâ [amissionis] coronæ & Regni infra tres menses compareret.

Petrus de Gavalcione, natione Gascus, cui Rex Eduardus Cornubiæ Comitatum contulerat, sed se

ipsum ut suprà retulimus erga Barones Angliæ non mediocriter effecerat exosum: tandem à Comite de Lancastre, aliis multis assentientibus consiliumque, opem & favorem præstantibus, in castro Concilio repertus detinetur & capitur, moxque à quibusdam Gallantibus, quos prædicti Proceres ad ejus occisionem credebantur ex certâ industrià misisse, truncato capite ignominiosè privatur. Et sic quamvis in principio super hujus facto Rex Angliæ non mediocriter contristatus, & ad iracundiam multum provocatus fuisset, tandem tamen inter ipsum & Proceres per duos Cardinales Albaniensem videlicet Papæ Camerarium & alium quemdam, qui ad hoc missi fuerunt, pax & concordia reformatur. Circà Natale Domini Eduardo Regi Angliæ ex conjuge Izabella nascitur filius nomine Eduardus. Simon priùs Noviomensis, sed nunc Belvacensis Episcopus viam universæ carnis ingreditur; cui Joannes de Marigniaco frater Engueranni Cantor Parisiensis Ecclesiæ, in Episcopatu successit.

MCCCXIII.

Die Pentecostes Philippus Rex Franciæ Ludovicum primogenitum suum Navarræ Regem Campaniæ & Briæ Comitem, necnon duos ejus fratres Philippum & Carolum, unà cum Hugone Duce Burgundiæ, Guidone Blesensi, aliisque quampluribus Regni Nobilibus Milites novos fecit, vel accinxit balteo militari, Rege Angliæ Eduardo & Izabellâ Reginâ Regis Franciæ filiâ præsentibus, qui ad decorandum Militiæ eorum nova primordia illuc advenerant cum Anglorum nobili comitivâ. Eodem concursu temporis die Mercurii post Pentecostes, Philippus Rex Franciæ una cum tribus filiis suis præfatis novis Militibus jam effectis, necnon Rex Angliæ Eduardus & Regni Angliæ Potentes de manu Cardinalis Nicolai ad hoc à Summo Pontifice destinati, Crucem pro transfretando in terrâ sanctâ subsidium assumserunt, & idipsum postmodum non modica communis populi multitudo auditis ad hoc satis pronioribus [per] devotionem facere maturavit. Princeps Tarentinus circà festum Magdalenes filiam Comitis Valesii ex conjuge Catherinâ hærede Constantinopolitani Imperii desponsavit, ejusdem sororem licet juvenem secum desponsandam filio suo ducens. Die Martis post festum Magdalenes apud Curteriacum, convocatis illic de mandato Regis Franciæ Baronibus & Prælatis, inter Regem & Flandrenses fit pacis compositio in hunc modum, scilicet, quòd Flandrenses de summâ pecuniæ alias ordinatâ Regi ad plenum satisfacerent, necnon fortalitia sua infrà certum tempus ejus præfixum ex nunc à Brugis & Gandayo incipientes, & usque ad operis consummationem perseverantes, propriis sumptibus & expensis usque quaque, ut heri judicarent à Rege super hoc deputati, qui experti forent in talibus, facerent demoliri, domino Roberto Comitis Flandrensis filio, necnon totis Cæteris castellis cum suis pertinentiis, ob hoc datis obsidibus ad cautelam & firmitatem majorem.

HENRICUS Romanorum Imperator Robertum Siciliæ Regem, qui statuto sibi tempore præfixo apud Aretium coram ipso comparare, contemserat, palam & publicè Regno, & pariter coronâ privavit. Quam tamen privationem Papa Clemens in suis Constitutionibus, eo quod citatio facta contra dictum Robertum non esset debitè & ritè facta, quia non erat citatus in tuto loco, nullam penitùs esse dixit, & sic ipsam totaliter annullavit. Papa etiam multas alias causas quæ ibidem allegantur, [terminavit [?] quas hic admittere non est præsentis operis.) Ordinatoque mense Julio contrà eum exercitu, per Comitatum Senensium sibi rebellium iter faciens usque ad locum qui dicitur Insula, multa eis intulit detrimenta: tandem verò applicans Bauconventum, post peractas multas & insignes victorias morbo pariter & febre correptus, vel, ut dicebant aliqui, Eucharistiam sumendo de manu Sacerdotis & proprii Confessoris de Ordine Fratrum Prædicatorum existentis, corrupti pecuniâ per Regem Robertum, vel ut veriùs creditur, per Florentinos sibi adversarios veneno potionatus, diem vitæ clausit extremum. Cujus corpus Pisas est traductum, & in Ecclesiâ Cathedrali honorificè tumulatum.

Philippus Rex Franciæ circà festum beatæ Virginis monetam Burgensium, quam fieri fecerat, & per biennium Parisiis cursum suum habuerat, quod aliàs in Regno Franciæ fuerat inauditum, præsertim cum justi pretii & ponderis æquitate cæteris paribus solummodò æquipolleret. . . . . . . vel parvis Turonensibus, in valore ad solidum & antiquum parvorum bonorum Parisiorum cursum volens reducere, Parisiensium & Turonensium monetam ejusdem valoris & ponderis quo fuerant tempore beati Ludovici fabricari fecit, florenos ad agnum, qui in quindenâ pro viginti duobus solidis parvorum Burgensium Comitis ponebantur, usque ad aliam super hoc ordinationem pro quindecim solidis Turonensibus duntaxat cursum suum habere decernens. Fecit insuper edicto Regio & sub pœnâ amissionis totalis bonorum districtius inhiberi publicè & proclamari, ne quis aliâ monetâ cujuscumque auri vel argenti aliter, vel sub altariùs æstimatione, pretii uteretur publicè vel occultè. Quamquam ex hujus mutationis causâ subitâ multum exierit murmur in populo in brevi, quòd multa damna saltem exinde perpessi sunt & incommoda, & præcipuè mercatores, qui ob hoc unà cum aliis in locis pluribus, quæ specialiter prope Parisius, insidiati sunt malitiosè nimium & pro tunc per servientes super hoc deputatos.

Eodem concursu temporis Ecclesia beatæ MARIÆ de Escoys, quam Anguerandus de Marigniaco nuper ædificaverat, & in eâ Canonicos instituerat, dedicatur. Cardinalis Nicolaus sub pœnâ excommunicationis latæ sententiæ auctoritate Apostolicâ districtè inhibuit, ne quis constitutionibus novis, quas aliqui post tempus Concilii Generalis emanasse de Curiâ, & eorum copiam se habere dicebant, uti præsumeret in judiciis aut in scholis, cum de conscientiâ Summi Pontificis minimè processissent, & aliàs super hoc intenderet providere. Generaliter etiam circà festum beati Dionysii omnia torneamenta districtè prohibuit, tam in torneantes quàm in eisdem faventes, necnon in Principes permittentes sententiam excommunicationis ipso facto proferens, & eorum terras interdicto Ecclesiastico supponens: postmodum tamen dispensavit Papa ad requestam puerorum nobilium ac aliorum nobilium qui novi Milites effecti fuerant, cum eisdem, ut nonobstante inhibitione per tres dies ante caput instantis Quadragesimæ hac vice duntaxat, se ipsos in ludis hujusmodi licitè exercerent.

Guichardus Trecensis Episcopus, quem super procuratione mortis quondam Reginæ Joannæ fuisse suspectum suprà retulimus, per confessionem cujusdam Lombardi cognomine Nosle Parisius ad mortem judicati, pro suo crimine & suspensi, innoxius est repertus.

Ortâ dissensione maxima quamvis occasione minimâ vel modicâ, & quæ de facili sedari potuisset à principio, inter Ducem Lotharingiæ & Metensem Episcopum, tandem utriusque partis exercitibus congregatis juxtà castrum quod Fleve dicitur die Jovis ante festum S. Martini hyemalis, inter eos acre bellum committitur, & Episcopus cum suo exercitu licet in multitudine, virtute & potentia exercitum Ducis excederet, adversariorum industriâ & prudenti astutiâ superatur. Episcopi namque exercitu per villas, planiciem vel districtum contra Ducis exercitum properante, Ducis exercitus, qui jam adversæ partis capitibus eminebat, montem ascendens, & illico de equis descendens, quo impetu eum calculis & lapidibus quorum ille ingens abundabat copia, aliisque vexillibus utensilibus aptis pedicibus potenter in hostes irruit, quòd eorum quampluribus quasi ducentis vel circiter interfectis, reliqui fugere sunt compulsi, & nonnullos in proximo decurrens fluvius fugiendo submersit. Illic etiam Comes Barri Metensis Episcopi nepos, Comes de Salmis ejus filius, & alii Nobiles, qui partem præfati juvabant Episcopi, capiuntur, qui tamen postmodùm multâ pecuniâ sunt redempti, & sic de carcere, & tandem de diuturnâ Ducis custodiâ liberati. Mortuis scilicet Guidone Suessionensi . . . . Catalaunensi Episcopis, Girardus de Malomonte Suessionensis, & Petrus de Lathiliaco Regis Cancellarius Catalaunensis, à Pontificibus & à Rothomagensi Archiepiscopo, primâ Dominicâ in Adventu in Ecclesiâ Monialium juxtà Pontisaram consecrantur. Guidone Silvanectensi defuncto in Episcopatu successit. . . . .

Tediis quondam Ordinis Templi Generalis sive transmarinus Magister cum aliis tribus, scilicet Visitatore eorum in Franciâ, necnon Aquitaniæ & Normaniæ Magistris, de quibus ordinare finaliter reservaverat sibi Papa, ac mandato ipsius per dominum Albanensem aliosque duos Cardinales Legatos, Senonensi Archiepiscopo, aliisque quibusdam Prælatis, necnon in jure Divino & Canonico pariter ob hoc specialiter Parisius convocatis & eorum communicato consilio, cum prædicti quatuor nullo excepto crimina sibi imposita palam & publicè confessi fuissent, & in hujus confessione persisterent; finaliter quod velle persistere viderentur, de præfato consilio multâ cum maturitate digesto, in plateâ communi Parvisii Parisius Ecclesiæ, die Lunæ post festum beati Gregorii, adjudicati sunt muro, & carceri perpetuo retrudendi. Sed ecce dum Cardinales finem negotio imposuisse credidissent, confessioni & ex insperato ipso ex ipsis, videlicet transmarinus Magister & Magister Normaniæ contra Cardinalem, qui tunc sermonem fecerat, & Senonensem Archiepiscopum se pertinaciter defenderent, ad abnegationem confessionum tam etiam eorum omnium quæ confessi sunt revertuntur, nec reverentiæ parcentes, non absque multorum admiratione. Et dum à Cardinalibus in manu Præpositi Parisiensis, qui præsens tunc aderat, ad custodiendum dumtaxat traduntur, quousque de sequenti deliberatione super his haberent pleniorem, confestim ut ad aures Regis, qui tunc erat in Regali Palatio, hoc verbum insonuit, communicato cum suis, quamvis proinde Clericis non vocatis, prudenti consilio, circà vespertinam horam ipsius diei in parvâ quâdam insulâ Secanæ inter hortum Regalem & Ecclesiam Fratrum Heremitarum positâ, ambos pari incendio concremari mandavit; qui ne paratum incendium promptò animo & volenti sustinuisse sunt visi, ut pro suæ mortis constantiâ & abnegatione finali cunctis videntibus admirationem multam intulerint ac stuporem; duo verò reliqui adjudicato sibi carceri sunt reclusi.

Tom. III.   I ij

MCCCXIV.

Margareta Navarræ Regina juvencula, & Blancha Regis Navarræ Caroli fratris junioris uxor, pro adulterio ab eis turpissimè frequentato & perpetrato cum Philippo & Galtero de Asheto fratribus Militibus, à primâ videlicet cum Philippo & alterâ cùm Galtero; suis exigentibus culpis à propriis repudiatæ conjugibus, omni non immeritò honore temporali privatæ, deputantur carceribus, ut ibi sub arctâ custodiâ omni humano destitutæ solatio infeliciter gererent vitam, & miserabiliter finirent. Duo verò præfati Milites cùm non solùm tamquam adulteri, sed & dominorum suorum conjugii violatores nequissimi, qui de ipsis tamquam familiaribus nimis domesticis præcipuam gerebant fiduciam; cumque de eorum nobilibus & familia reputarentur verâ scientiâ, & erant pessimi proditores, necnon mulierculis ipsis adhuc ætate juvenculis, quas pro sexu fragili suis lenociniis, & blandimentis illexerant, multò magis in facto culpabiles; apud Pontizaram de veneris post Quasimodo confessi sunt hoc ipsum qualiter per triennium frequentasse, idque in pluribus locis, & temporibus sacrosanctis, proque tanti perpetratione flagitii ignominiosæ mortis genus & post fluentes; in communi platea Martrei cunctis videntibus vivi excoriati, eisque virilibus una cum genitalibus amputatis, exisque capitibus ad commune patibulum tracti, cunctisque omninò eorio denudatis, per spatulas & brachiorum compages suspenduntur. Postmodùm juxta eos ostiarius, quasi qui fautor & conscius prædicti sceleris meritò videbatur, multi etiam tam nobilium quam ignobilium utriusque sexûs qui præfati facinoris consentientes videbantur aut conscii, plerique tormentis quæstionati fuerunt, aliqui verò in aquis vehementibus submersi, plurimi verò occultis mortibus perierunt; plerique innocentes reperti penitùs evaserunt; inter quos præcipuè quidam frater Prædicator dictus Episcopus sancti Georgii . . . . sortilegiis qui homines provocabat ad illicita, cooperatores consciis memoratis flagitii dicebatur, quem aliqui dixerunt Parisius apud Fratres Prædicatores carcere fuisse detentum, alii verò Cardinalibus cùm jam vacaret Sedes Apostolicâ destinatum, & eorum judicio derelictum. Porrò etsi Joanna dicta Blanchæ soror sponsa Philippi Comitis Pictaviensis, vehementer in casu habita fuerit in principio pro suspecta, & à viro suo aliquamdiù separata, & apud Dunum castrum sub carcerali custodiâ reservata, post inquam nihilominùs ob hoc factam à prædictâ suspicione purgata, inculpabilis & omninò intoxia in Parlamento Parisius præsentibus Comite Valesii & Comite Ebroicensi, multisque Nobilibus aliis judicata, & sic anno minimè revoluto reconciliari promeruit Comiti sponso suo.

Papa Clemente Paschali tempore juxta Avinionem viam universæ carnis ingresso, Sedes Apostolica vacavit diutiùs, dissidentibus inter se Cardinalibus & protervè divisis, maximè tamen post palatii, ubi congregati erant propter factum Papalis electionis, incendium, quod apud Carpentras, ubi pro electione convenerant, per Marquisium Vicena nepotem Clementis Papæ super defuncti, in favorem Cardinalis Vasconum, qui contra alios Cardinales Italicos scilicet & Gallicos electionem sibi ipsi vendicare volebat, fuisse dicitur procuratum, & ex certâ sententiâ, maximè cùm Cardinales & alii præcipuè mercatores multa, & gravia detrimenta in domibus rebusque cæteris incurrissent. De loci verò ad electionem congrui acceptione, Italicis dicentibus quòd ad civitatem Romanam esset eundum, aliis alibi, reperti sunt non minùs quàm si principali facto electionis ageretur, contrarii & discordes: verùm ob hoc quidam Cardinalium apud Auriacam civitatem, alii verò Avinionem vel alibi, quasi prout proprius ducebat spiritus, usquequaque quasi perdices territæ disperguntur.

Dolens Angliæ Rex Eduardus per Scotos cum Roberto de Brus eorum Capitaneo principali terram suam sibi tam injustè quàm violenter seu fraudulenter exceptam fuisse, ut dicebat, pro ejusdem recuperatione nititur totis pro viribus Regnum suum graviter incursare. Circa festum Decollationis sancti Joannis collecto suorum exercitu copioso, indiscretè pariter & pomposè cum eis in planis congreditur; mox de ipsis cùm satis pauciores essent in numero, præsumens optabilem habere triumphum. Sed confestim aciebus Anglorum validâ adversariorum manu potenter contritis, tandem Rex ipse Eduardus divertens à prælio, vix cum paucis, fugæ præsidio se salvavit: quod deinceps Anglicis omnibus in opprobrium verum est sempiternum. Illic sanè animo Scotigenæ pede tanti ferè tanti positi os, eorum memorato Duce scilicet Roberto du Brus quasi corde in menio membrorum posito, quamvis ut asserebant nonnulli, cilicio potiùs quàm armis protecti, à Domino, qui dat dignis victoriam, speciali fiduciâ præmuniti, in suos omnes & singulos non solùm probitatis suæ constantiâ florerent; quin etiam humilitatis obsequio divinum patrocinium provocaret, præ suâ & patriæ libertate se ipsos audaci constantiâ morti si necesse foret exponentes, adeò verisimiliter decertabant, non solùm pariter, sed & insignem victoriam reportaverunt de Anglicis, Glocestre Comite & aliis pluribus interemptis, pluribusque etiam Magnatibus atque Nobilibus vivis captis, qui se populis postea multâ pecuniâ redemerunt; [& sic] tam ex redemptione captivorum quàm ex prædâ fugientium collectâ spolia dividentes, locupletati sunt admodùm & ditati pluquàm solito, per omnia fortiores effecti. Cæterum quavis hac peractâ victoriâ Regina Angliæ Izabellam, quam in castro propinquo cepisse vel obsessâ ad deditionem compulisse compulsi de facili potuissent, abire tamen liberè & quietè speciali metu vel amore Regis Franciæ cujus erat filia permiserunt. Flandrenses iterum Baillivo Regis de Cortheriaco per eos expulso, circa festum solemne contra Regem Franciæ spiritum rebellionis assumunt; quâ de causâ excommunicationis publicatur sententia in omnes pacis perturbatores, dissentionis conscios & rebelles, primò Parisius in plateâ Parvisii, ac demùm apud Tornacum sanctum Audomarum, Noviomum, Attrebates & Duacum, videlicet per Remensem Archiepiscopum & Abbatem sancti Dionysii in Francia, exequutores super hoc auctoritate Apostolicâ deputatos; quamvis in exequutione sibi commissi officii nonnulla insidiarum pericula sint perpessi; ferebatur tamen Flandrenses ab eorum sententiâ ad Sedem Apostolicam appellasse. Dùm itaque Philippus Rex Franciæ ad eorum expugnationem varios direxisset exercitus circumquaque, Ludovicum videlicet primogenitum suum Navarræ Regem apud Duacum, Philippum Comitem Pictaviensem apud sanctum Audomarum, Carolum tertium juniorem filium cum Carolo Valesii Comite apud Tornacum, & Ludovicum Ebroicensem Comitem apud Insulam cum assignato unicuique certo termino bellatorum: Demùm tamen spe pacis habendâ, & sub certis conditionibus per Comitem sancti Pauli, Ebroicensem & Ingerrannum mediatores & compositores inter partes, pro quâ videlicet confirmandâ Comes Flandriæ & Flandrenses venire ad Regem Franciæ tenebantur infra tempus eidem præfixum, domino Roberto qui pro obside tenebatur, &

Continuatio Chronici Guillelmi de Nangis.

aliis obsidibus primitùs liberatis. Omnis exercitus Regis Franciæ memoratus inefficax etiam, & hac vice defraudatus turpiter & illusus, satis celeriter & nimis de facili in hostibus fidem accommodans, ad propria remeavit.

Circa idem tempus dum apud Frequewort, propter electionem Romanorum Regis Electores pariter congregati fuissent, inter invicem discordantes, quibusdam eorum videntibus de jure electi Ludovici Ducis Bajoariæ, & ab aliis Duce Austriæ Frederico. Dictus Ludovicus alteri fortitudine consilii, faventiumque armorum potentia pariter ac virtute prævalens, adversa parte immutata, Aquisgrani postmodum in Regem Romanorum Regali diademate coronatur circa festum Nativitatis: Dux verò Austriæ postea sub Archiepiscopo Coloniensi, qui ejus partem fovebat, non tamen Aquisgrani, fuit postea circa festum Pentecostes coronatus.

Extortionis indebitæ, exactionis injustæ inventio nova, insolita in Regno Franciæ ab urbe Parisius specialiter ubique dehinc assumsit exordium, undequaque exactione accepta propter expensas in guerra contra Flandrenses, ut dicebatur, factas; ita videlicet quòd ementes & vendentes quilibet pro rata sua de libra sex denarios Parisienses vel ampliùs Regi solvere cogebantur per ipsius consiliarios Satellites & Ministros. Quam nonnulli nobiles & ignobiles, necnon Picardi cum Campanicis . . . . . . per juramentum adinvicem confoederati pro sua & patriæ libertate, ferre nullatenùs sustinentes, ob hoc viriliter se opponunt; & tandem optatam obtinent libertatem, extortione de mandato Regis non solùm in terris eorum, sed ubique per Regnum Franciæ penitùs & omninò cessante: & dixerunt aliqui quòd prædicta exactio de conscientia Regis minimè processerat, sed per ipsius consiliarios & iniquos fuerat introducta.

Philippus Rex Franciæ diuturna detentus infirmitate, cujus causa Medicis erat in cognita, non solùm ipsi, sed & aliis multis multi stuporis materiam & admirationis inducit; præsertim cum infirmitatis ab mortis periculum nec pulsus ostenderet nec urina; tandem à suis apud Fontem-Blaudi, unde & oriundus, se deferri præcepit. Illic sanè non multos post dies diem sui obitûs imminentem considerans, tam domui suæ quàm etiam rei domesticæ salubriter & intentè disponens, dominum Carolum juniorem filium suum, quem nondum hæreditaverat, de Comitatu Marchiæ & terra circumjacente investivit. Sed & de salute animæ suæ attentiùs cogitans, exactionem maletoltæ, quæ jam ad aures ejus insonuerat, & ei multum displicebat, cessare fecit penitùs & omninò. Tandemque testamento suo multa cum maturitate selecto, & sapienter pariter & prudenter quàm fieri commodè potuit ordinato, domino Ludovico suo primogenito jam Navarræ Regi salubria salutis monita sapienter impendens, & eidem efficaciter adimplenda & sub æstimatione divinæ pariter & paternæ maledictionis imponens, per totam Ecclesiam sanctam Catholicam, sed inter cæteras beati Dionysii Regni Franciæ peculiaris patroni specialiùs & familiariùs recommendans; Demùm p . . . . . . multorum &, cunctis videntibus, qui aderant, admirabili nimis & ferventi animo sacramentis devotè receptis, in confessione veræ & Catholicæ fidei anno Regni sui xxx. die Veneris vigilia sancti Andreæ Apostoli feliciter spiritum reddidit Creatori. Cujus corpus ut commodiùs & honestiùs fieri posset, ad sepulcrum patrum suorum, videlicet Ecclesiam beati Dionysii deportatur, & ibidem in loco quem vivens designaverat, in

secretis honorificè, ut Regalem decebat Majestatem, die Lunæ sequenti vigesimo quinto, Prælatis præsentibus, scilicet Archiepiscopo uno Missam celebrante, decem Episcopis, decem & quatuor Abbatibus, integraliter, corde duntaxat excepto, Ecclesiasticæ sepulturæ traditur. Cor autem ipsius quod Poissiaci Ecclesiæ Monialium sancti Dominici tumulandum reliquerat, cum eamdem Ecclesiam à fundamentis construxisset, ipso die post corporis sepulturam, illic in crastino defertur tumulandum debito cum honore.

Ludovicus Rex Franciæ & Navarræ Catalaunensem Episcopum à Cancellaria sua destituit, & eidem Stephanum de Marugo in jure civili expertum, & ejusdem Caroli avunculi sui Cambellanum subrogavit. Misit etiam circa Natale Domini Cambellanum & Secretarium suum Hugonem de Bovilla Militem, cum aliis certis nunciis ad partes Siciliæ, ad adducendam Clementiam Regis Hungariæ filiam sibi matrimonio copulandam. Missi sunt etiam Ambassiatores vel solemnes nuncii à Rege Franciæ apud Romanam Curiam, scilicet Girardus Sueslignensis Episcopus, Comes Boloniæ, Petrus de Bleve Miles in jure peritus, pro electione Summi Pontificis promovenda; qui tamen parùm aut nihil profecerunt.

b Ludovicus MCCCXV.

Ingerannus de Marigniaco, Miles admodum gratiosus, astutus, sapiens, astutus, auctoritatis & præeminentiæ in populo plurimùm habuit, Regique Franciæ Philippi, nuper defuncti præcipuus inter cæteros & principalis Consiliarius; qui etiam quasi vel plus quam aliæ Major domûs effectus, totius Regni Franciæ præsidebat regimini; per quem expediebantur ardua omnia disponenda, & ad ejus nutum tamquam præcellentem obediebant omnes & singuli, à Carolo Valesii Comite Ludovici Regis avunculo, aliisque quibusdam (quibus in hac parte communis arridebat populi multitudo) præcipuè tam occasione frequentis & solitæ mutationis monetæ, quàm etiam extortionum quamplurium, quæ tempore ipsius Philippi defuncti eis impositæ fuerant, suo nequam Consilio, ut credebant; cùm Ludovico Rege super variis detestandisque nimiùm criminibus notoriè palam & publicè accusaretur, & ad ipsius Caroli suggestionem tam ipse Ingerannus Parisius apud Templum, quàm alii, quos plures pro custodiendo Regis thesauro, vel aliis negotiis Regis & Regni præfecerat, Clerico videlicet Officiali, Lalei verò Parisiensis Præpositi, quorum etiam nonnulli variis tormentis addicti, quæstionati similiter, diversis carceribus, mancipantur. Et licet Miles prædictus ob sui purgationem legitimam sæpe & sæpiùs cum multa instantia audientiam postulasset, obtinere tamen non potuit, prædicti Comitis impediente potentia; quamquam Rex juvenis libenti animo juvare, & ipsi benigniter in hac parte favere, saltem in principio voluisset. Dum itaque quasi via media contra eum vellent procedere, & cum eodem mitiùs multò agerent, jam quasi adjudicatus diceretur in Cyprum insulam usque ad Regis revocationem exilio relegari: ecce ad aures Caroli memorati repentè pervenit, quasdam statuarias imagines per Jacobum dictum de Lor, & ejus uxorem & famulum ad suggestionem uxoris & sororis dicti Ingeranni vel ipsius, pro ipsius liberatione sortilegio factas, & ad maleficium tam in Regis, quàm Caroli vel aliorum personis nequissimè procurandum. Quo comperto dictus Jacobus in carcere vinctus, ex desperatione laqueo se suspendit; & postmodum uxor ejus incendio concremantur. Sed

---

x *de Motuge*] Codex Cisterc. *de Marmajio*.

& uxor & sorores Ingeranni carceribus mancipantur, & ipse tandem Ingerannus coram militibus judicatus, communi latronum patibulo Parisius est suspensus. Qui tamen de praedictis maleficiis nihil recognovit, nisi quod exactionum ac monetae mutationum cum aliis, non filius fuerat in causa, nec audientiam super purgatione sua habuisse potuerat, quamvis eam instantius requisisset, & sibi in principio promissa fuisset & ipsius mortis causa, multis non omnino cognita; multam admirationis materiam induxit & stuporis.

Petrus de Latilliaco Catalaunensis Episcopus, de morte Regis Franciae Philippi ac sui praedecessoris, quae per eum dicebatur fuisse procurata suspectus, de mandato Regis sub nomine Remensis Archiepiscopi in custodia detinetur. Radulfus etiam de Penariis suspectus, Advocatus in Parlamento praecipuus, vel quasi pro suspitione consimili detentus, & in carcere apud sanctam Genovefam Parisius positus, & diversis quaestionatus suppliciis, cum nihil omnino ei impositis sibi criminibus ex ejus ore extorqueri potuisset, quamvis ob hoc graviter & varia pertulisset tormenta, tandem liber abire permittitur, plurimis tamen bonis suis mobilibus & immobilibus diversis collatis, aliisque perditis, & distractis. Margareta quondam Navarrae Regina, quam sui lenocinii exigente infamia carceri mancipatam supra meminimus, universae carnis viam ingressa, Vernone in Ecclesia Fratrum Minorum Ecclesiasticae traditur sepulturae. Blancha vero carcere remanens, à serviente quodam ejus custodiae deputato dicebatur impraegnata fuisse, quam à proprio Comite diceretur, vel ab aliis impraegnata. Huguelinus frater Margaretae Reginae juvenis, Burgundiae Dux, cui successit frater ejus, de praesenti vita decessit.

In Provincia Senonensi confoederati ad invicem multi de populo, ad hoc prout communiter ferebatur, quasi violenter inducti & quadam necessitate compulsi propter vexationes quamplurimas & extortiones indebitas, quas praecipue in Curia Senonensi Archiepiscopi per insolentiam & protervium Advocatorum & Procuratorum ipsius Curiae nequiter perpessi fuerant, & de die in diem patiebantur injuste; Regem, Papam, nec etiam Cardinales de ipsorum multitudine laici sibi praeficiunt, ma- lum pro malis reddere statuentes, & eorum maliciis obviare pertinaci malitia cupientes; sed dum ipsi plus justa stationis excedunt limites, excommunicationis in hujus Clericorum instantiam aut pro se ipsos absolutos pronuntiant, vel absolutos reputant, & eisdem Sacramenta Ecclesiastica subministrant, aut haec à Sacerdotibus fieri comminatione mortis violenter & torfor procurant. Tandem ad Praelatorum quorumdam, qui ob hoc Regem cum instantia adierunt, supplicationem & requestam defensi; ne facilitas veniae ad delinquendum praeberet aliis in terminum, poenarum afflictione condigna pro suorum qualitate excessuum puniuntur.

Circa Ascensionem Dominicam Ludovicus quondam Nivernensis & de Rethel Comes, & Joannes de Namurfio venientes in familiaritatem Regis & gratiam revocantur, praefatoque Comite dicti, duo Comites, à quibus dudum privatus sententialiter fuerat, restituuntur pacifice & quiete, quod plerique occasionem praestitit multi murmurii & cachinni. Die Martis post Trinitatem comparuerunt coram Rege Abbas quidam Cisterciensis Ordinis, & alii procuratores Roberti Comitis Flandrensis, dictum Comitem excusantes, quod quamvis personaliter venire submonitus pro pace confirmanda, quae anno praeterito fuerat proloquuta, venire tamen non poterat competenter, tam propter corporis debilitatem, quàm propter incursum hostium in Comitatu Flandrensi: quae tamen excusationes reputatae sunt frivolae, prorogatoque die & submonitionis termino transacto; tandem Vigilia Apostolorum Petri & Pauli dictus Comes Flandrensisque populus adjudicatur contumax & rebellis, compulsisque redire procuratoribus, Ludovicus tamen Comes Nivernensis, & filius praedicti Comitis, & dominus Robertus de Namurfio remanserunt in Francia cum Rege Ludovico, pace Flandrensium sic infacta.

Sabbato ante festum sancti Joannis tres mulieres, quae potiones confecerant, quibus defunctus Catalaunensis Episcopus fuerat [suspectus], combustae fuerant in quadam insula brevi, quae erat in fluvio Secanae; ante Ecclesiam Fratrum Heremitarum S. Augustini. Joannes filius Comitis Flandrensis, Dominica in octabas Apostolorum desponsavit filiam Comitis S. Pauli.

Hoc anno medio mensis Aprilis usque ad finem mensis Julii vel circiter facta est inundatio pluviarum quasi continua, frigusque aestivo tempore insolitum; propter quod nec segetes, nec vineae ad maturitatem congruam poterant pervenire: & ob hoc maxime toto mense Julio vel quasi, factae sunt processiones devotae à Clero & populo. Vidimus namque per quindecim dies continuos apud Ecclesiam sancti Martyris maximam utriusque sexus multitudinem una cum Clero non tantum de prope, imo etiam à quinque leucis & amplius, etiam nudis pedibus, quin imo exceptis mulieribus totis nudis corporibus processionaliter confluentem, ibique deferebatur corpora Sanctorum devote, & aliae Reliquiae venerandae; non tantum in diocesi, imo etiam in Carnotensi, Rothomagensi, aliis quoque Regni Franciae partibus consimiles processiones fiebant. Eodem tempore Julio mense in festo beatae Christianae Ludovicus Rex Franciae accepto vexillo apud sanctum Dionysium, quod dicitur Auriflamma, & domino Henrico de Herqueri tradito, proficiscens in Flandriam ultima die mensis ejusdem, Reginam Clementiam sibi matrimonio copulavit dominica sequenti in festo Inventionis sancti Stephani protomartyris. Ipsis vero pariter coronatis & sacra unctione consecratis, cum ipse Rex ad castrum Flandriae quod Insula dicitur applicuisset, movensque inde exercitum, tam apud locum qui dicitur Bondus fixis tentoriis pontem ibi parari fecisset, hostes enim qui ultra Lilium similiter tentoria fixerant, pontem illis fregerunt, ut ad illos cum exercitu suo transire non posset; tanta illic inundatio pluviarum & ita continua sequuta est, ut usque ad poplites tam equi quam homines in luto & coeno multa angaria premerentur. Sicque tandem Rex ipse de Baronum communi consilio, licet non absque displicentia & amaritudine cordis, cum nec ad ipsum nec exercitum victualia possent deferri; tandem compulsus est exercitum licentiare infecto negotio, & reverti: ut nec hostes de praeda locupletes fierent, ignem in tentoriis jussit apponi; quod videntes adversarii, aestimantes nostrorum exercitum in eos velle irruere per pontem paratum, mox igne similiter in tentoriis suis apposito fugam intenderunt. Illic autem ante suum recessum Rex ipse de avunculorum & fratrum Baronumque consilio Reginam Clementiam dicitur de viginti millibus libris in redditibus dotasse, praecipue apud Lorriz, Bogenciacum, Montargis, Fonte-Blaudi & alibi, & de hoc litteras confecisse. Hoc anno fuit vini defectus universalis in Regno Franciae alias inauditus, non solum in quantitate, sed etiam in qualitate.

Mense Octobri facto Concilio Silvanectensi, praesidente Archiepiscopo Remensi ejusque suffraganeis, & aliis quibusdam Prælatis, propositisque duobus prædictis casibus contra Catalaunensem Episcopum; petiit idem Episcopus ut ante omnia ipse qui tam in personâ quàm in bonis spoliatus erat, restitueretur; quod & obtinuit, ut jus erat: quo concesso voluit quòd super hoc Prælati inquirerent, & sic super hoc prorogatur Concilium & Parisius assignatur. Circa istud tempus Papa Joannes divisit Episcopatum Tolosanum in sex Episcopatus, & facta est civitas Tolosana Sedes Metropolitana.

Episcopatus Pictavensis per eumdem in tres Episcopatus, scilicet Pictavensem, Maleacensem & Lutecianensem est divisus; erant autem priùs duæ Abbatiæ subditæ Episcopo Pictavensi, quæ nunc factæ sunt Ecclesiæ Cathedrales, & Abbates earumdem sunt etiam Episcopi. Quidam Milites & alii nobiles Vermandenses & Campanenses confœderati invicem, contrà Comitissam Mathildem, quæ ipsos indebitè volebat opprimere, insurgunt; quemdam Militem, quem in carcere detinebat de castro fortissimo, quod dicitur Hedin, potenter auferunt. Joanna Pictavensi Comitissa dictæ Mathildis filiâ, & postea Reginâ Angliæ tunc præsente, & ab eis permissâ liberæ fugæ præsidio se ipsam salvare. Hac verò de causâ quia dicti Milites conspirasse dicebantur contra Regiam Majestatem, vocati sunt à Rege Ludovico circa festum Omnium Sanctorum apud Compendium, & ibi comparentes emendaverunt Regi, ut dicebatur. Carolus Valesii & multi alii Barones Regni Franciæ, in regressu de Flandriis fecerunt monetam novam Parisius, & cucurrit; quæ etsi pauco tempore cursum aliqualem Parisius & circà habuerit, non tamen diutiùs, Rege eam prohibente, nisi tantùm in terris eorumdem qui hanc monetam fecerant fabricari. Circa festum sancti Thomæ visa fuit cometa in cœlo, quæ mortem Regis prænosticare videbatur, ut patuit postmodum in effectu.

MCCCXVI.

Hoc anno præ defectu annonæ, de quâ tactum est suprà, tanta fuit caristia gravis in Regno Franciæ, quòd sextarius bladi Parisius & circà quinquaginta solidos Parisiensium fortium, ordei verò triginta, & avenæ decem & octo vel amplius vendebatur: & similiter accidit in aliis partibus Regni Franciæ suo modo.

Ludovicus Rex Franciæ & Navarræ, febre gravi per aliquos dies in domo Regali nemoris Vicenarum correptus, quintâ die mensis Julii diem clausit extremum. Reginam Clementiam de quodam puero imprægnatam relinquens, habensque filiam unicam nomine Joannam de Margaretâ primâ conjuge defunctâ, hujus autem corpus primò Parisius in Ecclesia beatæ Virginis ipso die defertur, die verò sequenti ad Ecclesiam beati Dionysii patrum suorum sepulcrum delatum; prout Regalem magnificentiam decuit, tertiâ die post obitum Ecclesiasticæ traditur sepulturæ. Philippus Comes Pictavensis, qui pro creatione Summi Pontificis acceleranda Lugdunum Avinioni profectus fuerat, auditâ morte fratris sui Regis Franciæ Ludovici, reverti Parisius maturavit: includere tamen Cardinales faciens priusquàm recederet à Lugduno, Comitem de Forès ad ipsorum custodiam relinquens. Venit autem idem Comes Parisius die Lunæ post translationem beati Benedicti, acceptisque Regiis equis apud Caceriam, die quoque sequenti celebratis obsequiis in ejus præsentia apud Cœnobium sancti Dionysii pro fratre suo Rege Ludovico, revertens inde Parisius Parlamentum fecit congregari, in quo sanè tamen de consilio Procerum & Militum Regni exstitit ordinatum, ut usque ad decem & octo annos, etiam si ex Reginâ Clementiâ quam frater ejus gravidam reliquerat puer masculus nasceretur, servaret & regeret Regnum Franciæ & etiam Navarræ: unde & in ejus magno sigillo sic erat conscriptum: *Philippus Regis Francorum filius, Franciæ & Navarræ regens Regna.* Circa festum Magdalenes Ludovicus Comes Clarimontis & Joannes frater ejus Comes Suessionensis cùm aliis multis crucem transmarinam de manu Patriarchæ Jerosolymitani, congregatis Prælatis quamplurimis Parisius solemniter assumserunt, proclamatumque fuit ex parte Comitis Pictavensis, qui jamdudum patre vivente acceperat, ut qui tunc vel etiam ante crucem acceperat, ad transfretandum cum ipsis in festo Pentecostes ab eodem festo immediatè post annum futurum totis se viribus præpararet. Hoc anno fuit magna mortalitas hominum &, maximè pauperum, quorum multi famis inediâ perierunt.

Post vacationem Apostolicæ sedis per biennium & amplius, tandem Cardinales inclusi dominum Jacobum Cardinalem, priùs verò Avinionensem Episcopum, virum siquidem in jure peritum & vitâ laudabilem, natione Caturcensem prima die mensis Augusti festo sancti Petri ad Vincula in summum Pontificem elegerunt: qui mutato nomine, Joannes XXII. Papa vocatus ibidem ante Nativitatem beatæ Virginis suæ suscepit insignia, Carolo Comite Marchiæ fratre Philippi regentis Regna Franciæ & Navarræ, eorumque avunculo Ludovico Ebroicensi Comite frenum equi cui insidebat regentius ejusque festum decorantibus ipso die. Die veneris post Nativitatem beatæ Virginis factus est motus apud Pontisaram & villam sancti Dionysii in Franciâ, quamvis rarus in iis terræ partibus evenire insolitus, & aliàs inauditus. Papa Joannes concessit hoc tempore annualia ad quatuor annos Philippo Pictavensi Comiti, regenti Regna Franciæ & Navarræ. Eclipsis Lunæ facta est primâ nocte primi diei Octobris immediatè sequentis. Joannes Comes Suessionensis qui nuper Crucem transmarinam assumserat, diem clausit extremum.

Robertus nepos Mathildis Attrebatensis Comitissæ Bellimontis Rogerii, occupare volens Comitatum Attrebati, quod ad ipsum ratione patris sui Philippi dudum defuncti, fratris dictæ Mathildis pertinere dicebat; junctis sibi confœderatis de quibus suprà meminimus, non obstante quòd Philippus Regnum Franciæ regens negotium ipsum in manu superiori posuerat, vel in quâcumque inhabitatione à Galthero Conestabulario Franciæ, qui illic ad ejus motus reprimendos directus fuerat, potenter insurgens, civitatem Attrebatum castrumque Sancti Audomari vi armorum accepit, mandatumque ad Parlamentum Parisius venire respuit. Quod audiens Comes Philippus contra ipsum arma corripiens, die Sabbati ante festum Omnium Sanctorum apud sanctum Dionysium, vexillum accepit, Episcopo sancti Maclovii Missam celebrante, & ipsum benedicente, sanctis tamen Martyribus non extractis, aut super altare positis, nec ipso vexillo ut aliàs fieri solet eisdem contacto. Cumque venisset Ambianis civitatem cum exercitu copioso, ante omnem congressum hostilem talis compositio fuit facta, quòd certis personis ad tractandum de pace inter ipsum & Comitissam prædictam deputatis, nisi possent eos pacificare, de plano judicarentur per Pares & Proceres Regni, processu negotii in eodem statu remanente in quo erat tempore quo decessit Robertus Attrebatensis Comes pater dictæ Mathildis, & avus ipsius Roberti, nonobstante judicato quocumque. Interim verò Carolus Comes

Valesii, ejusque frater Ludovicus Comes Ebroïcensis Comitatu in manu superiori posito, omnes ejus redditus & proventus reciperent ; ipse verò Robertus qui confœderatos & eorum factum advoabat, hoc tamen excepto quòd si aliqui contrà Regiam Majestatem aliàs attentassent, de quo purgare se ipsos legitimè, loco & tempore offerebant, Parisius in prisione se redderet ; quod & factum est. Et sic Comes Philippus licentiato exercitu Parisius est reversus ; Comes verò Robertus primò in Castelleto Parisius, & posteà apud sanctum Germanum de Pratis in prisione detentus est.

Parisius apud Luparam XVII. Kalendas Decembris ex Reginâ Clementiâ quartanâ laborante natus est puer masculus Regis Ludovici nuper defuncti primus filius, nocte videlicet die Dominicâ præcedente, qui natus in Christo regnaturus Joannesque vocatus, XIII. Kalendas mensis prædicti ibidem decessit, die scilicet Veneris immediatè sequenti. Die verò sequenti in Ecclesiâ beati Dionysii ad pedes patris sui defuncti, Philippo Pictavensi Comitante, corpusque parvuli unà cum filiis, avunculis Carolo & Ludovico ad tumulum deferente, & extunc pro Rege Franciæ & Navarræ non immeritò se tenente, traditus est Ecclesiasticæ sepulturæ. Philippus Regis Ludovici defuncti frater Dominicâ post festum Epiphaniæ unà cum conjuge suâ Joannâ inunctus est Remis in Regem, avunculis suis Carolo & Ludovico Proceribusque Regni, & Paribus licet non omnibus ibidem præsentibus.

Quamvis enim frater ipsius Carolus Comes Marchiæ secum Remis usque venisset, ante coronationem tamen summo manè ex insperato recessit. Dux etiam Burgundiæ venire non voluit, imò etiam & antiqua Ducissa Burgundiæ appellatione ut dicebatur factâ, intimari fecit Paribus qui Coronationi interarant, & præcipuè Prælatis, ne in ipsâ procederent, donec tractatum esset de Jure quod Joanna juvencula puella Ludovici Regis defuncti primogenita habebat in Regno Franciæ & Navarræ : ex quibus aliis signis & factis nonnullis, multorum concludebatur judicio, prædictos & alios nonnullos Regni Proceres & Magnates contrà Regem ipsum saltem in occulto simultaté habere, etiam avunculo ejus Carolo Comite Valesii Philippum tunc osse, partem eorum ut dicebatur fovente ; istis tamen non obstantibus Coronationis festum fuit solemniter celebratum januis civitatis clausis, & armatis ad eorum custodiam deputatis. Quamvis autem esset dissensio inter Belvacensem Episcopum & Lingonensem quis eorum in ordine sessionis ratione præferri deberet Paritatis, tamen adjudicatum exstitit pro Episcopo Belvacensi, Mathildis etiam Comitissa Attrebatensis mater Reginæ ; tamquam Par Regni coronam Regis cum cæteris Paribus dicitur sustentasse, de quo aliqui indignati fuerunt. Defuncto Philippo de Marigniaco fratre Ingeranni, de quo suprà meminimus, Archiepiscopo Senonensi, successit vir nobilis Guillermus Vicecomitis Melduni filius ; Circà etiam idem tempus, defuncto Ægidio Bithuriæ Archiepiscopo, successit Lemovicensis Episcopus, Decesserunt etiam Guichardus quondam Trecensis Episcopus, & Joannes quondam Cantor Aurelianensis, qui in Episcopatu Trecensi successerat, ipso die consecrationis suæ.

Robertus Attrebatensis Comitissæ nepos ex fratre, ex prisione relaxatus, post altercationes aliquas in judicio & extrà ratione juris Comitatûs prædicti, tandem compositione amicabili inter ipsos factâ, juri Comitatûs omnimodè renunciavit, eo pacto videlicet quòd Rex in hoc facto debitè provideret. Duxit autem Robertus filiam Comitis Valesii in uxorem.

Circà Purificationem decessit Corardus Abbas Cisterciensis, cui successit Galtherus. Circà Purificationem beatæ Virginis congregati fuerunt in præsentiâ Petri de Arrabloi dudum Regis Philippi Cancellarii, quem Papa de novo Cardinalem effecerat, quamplures Proceres, & Regni Nobilesac Magnates unà cum plerisque Prælatis & burgensibus Parisiensis civitatis ; qui omnes coronationem Regis Philippi pariter approbabant, nec non ipsi tamquam Regi pariter obedire, & post eum filio ejus Ludovico primogenito tamquam successori & heredi legitimo juramento firmarunt, Magistris Universitatis civitatis ipsius hoc ipsum unanimiter approbantibus, quamvis non adhibito juramento. Tunc etiam declaratum fuit ; quòd ad coronam Regni Franciæ mulier non succedit. Die Martis ante Cineres factus est in Pictavensi dioecesi terræ motus. Ludovicus puerulus Philippi Regis Franciæ primo genitus, die Veneris post Cineres defungitur, & apud Fratres Minores Parisius juxtà aviam suam Joannam Franciæ & Navarræ Reginam Ecclesiasticæ traditur sepulturæ. Hoc eodem anno fuit hyems satis aspera continuè à festo beati Andreæ vel circiter usque ad Pascha.

PHILIPPUS MCCCXVII.

Hoc anno tractatus est habitus cum Flammingis. Comes verò Valesii malens filiam suam fieri Comitissam Flandriæ, quàm filium fratris sui Comitis Ebroïcensis, tractavit quomodo illud matrimonium mutaretur, & ad hoc tantum est deductum negotium, quòd non obstante assignatione diei nuptiarum præfixâ inter eos, non obstante etiam quod omnia erant prodictarum nuptiarum celebratione cum apparatu celebri, ut tantas decebat nuptias, præparata ; Rex nihilo minùs totum mandavit differri, volens ut asserebat, unam de filiabus propriis cum dicto filio maritari. Cum ergo Rex & Flammingi super tractatum pacis inter eos, ut sperabatur, reformandæ, non possent in omnibus nec inde appositis conditionibus concordare ; ex assensu tam Regis quàm Flandrensium fuit ordinatum ut ad Papam recurrerent, qui poterat ordinare super punctis in quibus inter partes dissentio interat, quod cum vellet Papa concorditer ordinare, dixerunt Flammingorum nuntii, quòd ipsi non habebant potentiam vel mandatum aliquod confirmandi, sed suis referrent omnia, si vellent quod ordinatum fuerat approbare. Tunc Papa misit in Franciam Archiepiscopum Bituricensem & Magistrum Ordinis prædicatorum, qui partibus auditis concordiam auctoritate Apostolicâ confirmarent Flammingi verò quærentes occasiones frivolas discordandi, dicebant, quòd libenter consentirent dummodo daretur eis firma securitas, quòd Regales non infringerent factam pacem, & Rex annueret, tamen nullam oblatam securitatem recipere voluerunt ; & ita nuntii Papæ per Flammingos unà cum Rege & Franciæ Proceribus delusi, infecto negotio redierunt.

Interim Rex Franciæ & Dux Burgundiæ discordantes, amicis partes suas interponentibus, ad concordiam sunt adducti. Rex autem filium non habebat, unicus quem de Joannâ uxore suâ habuerat, cum esset in Burgundiâ pro congregandis Cardinalibus pro electione Summi Pontificis Joannis, paulo antè obierat ; verumtamen plures filias habebat, quarum majorem natu dedit Duci Burgundiæ in uxorem. Et cum guerra Flandrensium timeretur, fuerunt usque ad sequens Pascha treugæ datæ, quæ posteà sunt usque ad sequens festum Pentecostes prolongatæ, & tandem usque ad sequens Pascha ut antea protenduntur. Circà idem tempus Rex amicorum Ingeranni suspensi verbis & precibus ut creditur circumventus,

ventus, de patibulo deponitur, & in medio chori fratrum Carthusiensium juxtà Parisius sepelitur, ubi frater ejus Joannes Senonensis Archiepiscopus satis citò post decedens positus, sub eodem lapide cum fratre Ecclesiasticæ traditur sepulturæ.

Constitutiones, quæ *Clementinæ* communi vocabulo nuncupantur, eo quod per Domnum Clementem Summum Pontificem in Concilio Viennensi editæ fuissent, cum propter multas latas excommunicationes, suspensiones, & cæteras juris pœnas in ipsis contentas, nimis rigidæ viderentur, ad tempus suspensas, Joannes Papa XXII. fecit Parisius & in aliis studiis solemnibus præcipiens observari: unde ex hoc turbatæ sunt specialiter Beguinæ, quoniam in eis sive omnis discretionis status Beguinagii condemnatur; sed nonobstante condemnatione status earum processu temporis convalescit; nam adhuc & nomen earum perseverat & genus in Ecclesia, & Papa sub quadam communitate transeunte, cum longè melius sit eas sic esse, quàm laxatis habenis in sæculi pompis & vanitatibus evagari; inter ipsas enim sunt multæ bonæ & religiosæ personæ, & inter ipsas exercentur opera pietatis. Quod tamen mandatum non sine consilio & adjutorio creditur esse factum. Nonnulli volunt asserere, quòd Ordines Mendicantium non nisi æquivocè seu solo nomine mendicabunt, quamdiù Beguinatii status in suo robore perdurabit. Circa ferè idem tempus in Italia insurrexerunt in confinio & Comitatu Mediolani Hæretici, qui tam ratione suæ perversæ vitæ & operationis, quàm etiam ratione temporalis potestatis valde perturbaverunt Ecclesiam Dei; scilicet Matthæus de Vicecomitibus Mediolanensis, & ejus filius Galeachius, Marchus, Luchinus, Joannes & Stephanus, contrà quos inquisitione [factâ] inventi sunt hæretici manifesti, & finaliter tamquam hæretici condemnati. Frequenter enim Nuntios Sedis Apostolicæ receperunt, verberaverunt, incarceraverunt, litteras eorum laceraverunt, spoliaverunt Ecclesias, rapuerunt posita in Ecclesiis, Episcopos, Abbates & alias personas Ecclesiasticas de locis propriis expulerunt, flagellaverunt, & ejus filios, occiderunt plures, cremaverunt Hospitalia & Ecclesias & alia pia loca. Item Matthæus interdixit personis Ecclesiasticis Synodos, Concilia, Capitula, visitationes, prædicationes; ipse abusus est multis puellis, & eas corruptas violenter intraxit, in Monasteriis multas Sanctimoniales violenter corrupit, inhibuit, in Mediolano positum interdictum observari, coëgit Clericos solemniter nonobstante interdicto exercere Divina, & filii sui consimiliter in aliis locis, fecit prædicari quòd excommunicatio contrà eum lata non erat timenda; confœderavit se cum Schismaticis ex quo guerræ & Schismata sunt sequuta, & multæ aliæ hæreses ortum habuerunt. Carnis, resurrectionem negabat, vel saltem de ea dubitabat: avus & avia ipsius fuerunt hæretici, propter hoc igne cremati. Manfreda sibi germana ex [matre] hæretica & combusta Orvaræ, dicebat Spiritum sanctum incarnatum. Inguillina hæretica quæ consimiliter est combusta. Hoc etiam tempore [in hos] tamquam excommunicatos & hæreticos condemnatos fecit Papa Joannes multos processus, & multas fulminavit sententias; sed quoniam obstinati erant, in parvo imò in nihilo valuerunt; unde perpendens quòd per hanc viam non proficeret, dedit contra ipsos dimicantibus largas indulgentias in hunc modum; quòd quicumque Clerici vel laïci, qui contrà hos schismaticos, hæreticos, excommunicatos, hostes Christi rebelles, sanctæ Matri Ecclesiæ inimicos procedent in propriis personis, suis vel alienis expensis, & manebunt per annum sequendo vexillum Romanæ Ecclesiæ, vel qui mittent idoneos bellatores per annum, hanc indulgentiam, quæ solet dari proficiscentibus in subsidium terræ sanctæ [lucrabuntur;] qui per partem anni, partem indulgentiæ; qui morientur in via, indulgentiam integram; qui mittent de suo, participes indulgentiæ secundùm quantitatem doni vel donationis.

Et quoniam illi qui anteà scripserunt à XIIII. anno & circiter, de Bavaro, qui se Regem Romanorum dicit, nihil scripserunt; idcircò ab ejus electione sumens exordium, licet aliquantulum tactum fuerit superius, hic annotare curavi cum factis præcedentibus. Qui circa istud tempus Italiam intrans, se supradictis immaniter schismaticis & hæreticis sociavit. Anno Domini M°. CCC°. XIIII°. post mortem inclytæ recordationis Henrici Imperatoris Electores Regis Alemanniæ tres Archiepiscopi scilicet Magontinensis, Treverensis & Coloniensis, cum tribus aliis Ducibus in Francfort suprà Monavum fluvium causâ Electionis sunt ad invicem congregati; quorum quinque unanimiter LUDOVICUM Ducem Bavariæ in Regem Alemanniæ elegerunt, solo Coloniensi Archiepiscopo Fredericum Ducem Austriæ eligente. Quo facto cæteri Principes Ludovicum prædictum Aquisgranis ducentes, ubi soliti sunt Reges Alemanniæ coronari, super sedem Magnifici Imperatoris Caroli Magni circa B. MARIÆ Virginis Nativitatem eum statuentes, in Regem Romanorum Regali diademate coronaverunt. Coloniensis verò Archiepiscopus Fredericum ab eo electum circa sequens festum Pentecostes non Aquisgrani, sed in villâ quæ Bona dicitur, quatuor leucis à Coloniâ distante, coronavit. Ludovicus verò qui pro se majorem partem eligentium habuisse potior videbatur, de coronatione reversus apud Norembergh, ubi Reges Alemanniæ post coronationem suam in Regem Romanorum primam sedem suam ponere consueverunt, fecit Curiam suam publicè proclamari, ibidem homagia Imperii recipiens, jura & jurisdictiones temporales exercens, privilegia confirmans, cæterosque actus Regales faciens qui sibi jure Imperiali & Regali competebant, & competere videbantur & poterant; & hoc dicebat se posse facere absque omni requisitione Ecclesiæ & Papæ, & quòd ipse & prædecessores sui ita fecerant, & præscripserant à tanto tempore, quòd de contrario memoria non existit. Occasione verò prædictæ electionis orta est gravis dissensio inter dictos electos, terras suas hinc & inde multis incursibus devastantes; finaliter verò commissum est bellum inter eos campestre, & licet plures & potentiores & fortiores partes essent cum Frederico Duce Austriæ, Ludovicus tamen cum paucis respectivè, multis occisis, multisque ex parte Frederici prædicti fugientibus, capto Frederico & Henrico fratre ejus in dicto prælio gloriosè triumphat. Habito verò dicto de adversariis triumpho, more prædecessorum suorum pro confirmatione Imperii, necnon coronatione & benedictione Imperiali sibi, ut dicebat, de jure debitis, dictus Ludovicus solemnes nuntios ad Summum Pontificem destinavit. Quæ tamen Papa omninò facere recusavit, dicens quòd cum ipse in discordia electus esset, antequam ipsum ad jus & dignitatem Imperii confirmaret, ad ipsum pertinebat finalis decisio quis electorum in jure potior haberetur. Item quòd ad Papam pertinet, ut dicebat, non solùm electionis, sed etiam personæ electæ approbatio, antequam possit licitè jura imperialia exercere; & ipse Ludovicus in his se immiscuerit, homagia Imperii recipiens, feodosque distribuens minùs debitè, & in præjudicium Ecclesiæ Romanæ hoc attentans; si quod prius jus habuerat, hoc exequens, jure suo merito privabatur.

Circà eadem ferè tempora in curiâ Romanâ orta est quæstio scrupulosa circa statum Fratrum Minorum, quæ in Ecclesiâ processu temporis, ut oculis nostris inspeximus, perversorum scandalorum & schismatum seminarium fuerit. Dum enim in dictorum Fratrum Regulâ contineatur, & de hoc Fratres faciant votum explicitum & expressum, quòd nullus Frater habeat aliquid in proprio vel communi, & quod in re quâcumque nullum apud se retineant dominium, sed solùm habeant simplicem usum facti; asserentes nihilominùs quòd hic est perfectus vivendi modus, hæc est vita Evangelica quam CHRISTUS & Apostoli tenuerunt & tenendam docuerunt, unde & asserunt Christum nihil omninò habuisse, nec in proprio nec in communi: quæ res in admirationem nonnullos induxit, quasi in re cujus usus est ipsa consumptio, sicut in re comestibili, puta pane vel caseo, certum est quòd tali in re usus transit in dominium, & ille igitur habet dominium qui habet usum, & qui usum dominium: unde cum in istis non possit dominium separari ab usu, & sub voto eorum expresse cadat in nullâ re habere dominium, & tamen habere usum talium in præsenti vitâ est necessarium; supposito quòd velint vivere, necessarium est professoribus istius Regulæ frangere votum, imò apparet quòd omni die sit fractio talis voti. Unde concludebant multi, tales non esse in statu salutis, & votum non esse sanctitatis sed magis assumptæ sine ratione voluntatis; & ad hanc partem dicebatur quòd magis se Summus Pontifex inclinabat. Adhuc toto anno isto durabat caristia bladi in Regno Franciæ.

MCCCXVIII.

Cum ut priùs dictum fuit, inter Regem Franciæ Philippum & Ducem Burgundiæ aliqua discordiæ occasio appareret, quæ amicis intervenientibus de facili est sopita & ad concordiam revocata; etiam in majus signum concordiæ magna inter ipsos amicitiæ fœdera sunt sequuta. In festo Trinitatis duxit Dux Burgundiæ filiam Regis primogenitam in uxorem, & de voluntate Regis & Ducis, neptis eorum Regis Ludovici nuper defuncti ex sorore Ducis filia primogenita, Comitis Ebroïcensis Ludovico data est uxor, & quod multis admirationis materiam ministravit, nonobstante quòd essent impuberes, nihilominùs per verba de præsenti fuit inter eos solemniter matrimonium celebratum.

Ludovicus primogenitus Comitis Flandriæ, homo ligius Regis Franciæ de Comitatu Nivernensi, & de Baroniâ de Donziaco, & de Comitatu Retelli quod sibi ratione conjugis contingebat, accusatus super multis machinationibus per eum factis contrà Regem & Regnum, ut pote Flammingos in rebellione nutriens, pacem impediens, castra sua & fortalitia contrà Regem & Regnum muniens, pueros & familiam ad pueros transmittens, se cum omnibus quos æstimare poterat Regi infestos vel etiam inimicos, consocians; ad quindenam assumptionis beatæ MARIÆ coram Rege & Regalibus super præmissis responsurus solemniter citatus apud Compendium, cum intimatione sive veniret sive non sibi tamen fieret justitiæ complementum; nondum comparuit, quinimò se & sua transtulit ad Flammingos; propter quod Rex in suâ manu suprà dictos posuit Comitatus, factâ sufficienti provisione uxori suæ ratione Comitatûs de Rethel, quam ille ut malus per omnia repudiaverat, cùm tamen ut fama publica testabatur, esset sancta mulier & honesta. Comitissa Attrebatensis Mathildis, filia Roberti Attrebatensis, volens per terram suam ingredi cum manu armata, resistentibus sibi contrà eam multis Militibus in dicto Comitatu & circà confœderatis, sibique significantibus quòd si sine armis terram ingredi vellet, libenter annuerent, si verò in manu armata, sibi in passibus resisterent: quod audiens Comitissa prædicta, timens periculum desistit ab incœpto.

Papa iterum alios nuntios dirigit ad Flammingos, scilicet Magistrum Petrum de Plaude Fratrem Prædicatorem & Doctorem in Theologiâ, & duos Fratres Minores cum litterâ Papæ, cujus series erat, quòd Papa securitates quas Rex offerebat sufficientes reputabat, consulens quòd eas pacificè acceptarent, sin autem, eos reputabat perjuros & impeditores passagii Transmarini. Qui responderunt; Papa nihil nobis præcipit; sed tantum consulit; unde non reputamus nos tamquam obligatos. Acceptaverunt tamen diem ad tractandum apud Compendium in Octabas Assumptionis; ad quam diem Papa misit Magistrum Ordinis Prædicatorum cum uno Magistro in Theologiâ Fratre Minore, Rex etiam solemnes nuntios ad dictum diem destinavit; sed ex parte Flammingorum nullus comparuit, nisi soli duo juvenes filii burgensium, qui dicebant se non esse missos ad aliquid ordinandum; quæsito ab eis cur venerant, responderunt, animalia perdidimus & eximus ad quærendum. Et sic delusi tam Papales quàm Regales nuntii, ad domum sunt reversi. Tentaverunt autem Flammingi antea se confœderatis cum Pictavis conjungere simili juramento, ut contrà Regem fierent fortiores; sed ipsi eos recipere noluerunt.

Eodem anno fuit guerra in Lotharingiâ in civitate Virdunensi inter cives ad invicem, ita ut pars partem compelleret extrà urbem. Comes autem Barri qui partem exterorum defendebat contrà Episcopum civitatis & ejus fratrem dominum de Asperomonte, congregato exercitu, post longam obsessionem circà castrum solemne quod Diulandum dicitur, muris diruptis & confractis, illud cepit cum alio castro nomine Sapigniacum: sed Rex Franciæ qui gardiam habet villæ, misso Connestabulario Franciæ, per ipsum ad concordiam ducti sunt, expulsis ad propria revocatis. Hoc anno renovavit Dominus antiquum miraculum de multiplicatione panum. Nam cum jam esset caristia bladi pervalida undique in Regno Franciæ, ut sextarius bladi ascenderit ad quadraginta solidos in valore, ante omnem messionem & collectionem fructuum redactus est ad valorem duodecim solidorum & circiter, Deo gratiam apponente sicut vidimus manifestè: nam panis qui vix ad unam horam parvam sufficiebat homini ad edendum, quinimò quasi esuriens post comestionem surgebat, transactâ caristiâ copiosè totâ die sufficeret pro duobus.

Regina Clementia vidua Ludovici quondam Regis Franciæ relicta, credens avunculum suum Regem Siciliæ ibidem invenire, circà festum Omnium Sanctorum Avinionem intravit; sed quamvis ab ipsâ ibidem aliquandiù expectatus, quali ità citò propter guerram Rinuesium per quos transitum fecerat, illuc venire non potuit. Ipsa salutato Papa à quo multùm benignitèr recepta fuerat, de ejusdem consilio Aquis in Conventu Sororum Sancti Dominici se transtulit, & avunculi sui Regis adventum diutiùs expectavit. Hoc anno Rex Siciliæ civitatem Januam applicuit, & intrà urbem à Guelfis, qui intrà urbem remanentes Guibellinos expulerant, cum honore receptus: sed desiderans Summum Pontificem visitare ab urbe: nihilominùs Guelforum instantiâ, cum sibi improperarent si eos contrà Guibellinos qui eorum civitatem obsidebant indefensos dimitteret, imminere sibi confusionem & opprobrium sempiternum, & hujusmodi rationibus . . . . . Sed . . . . . .

ibidem dispoſuit... quod ante crediderat immorari.

Tranſactâ igitur hyeme Rex verſus Sagoniam xxiii. galeis cùm multitudine armatorum, ſed reſiſtentibus fortiter Guibelinis portum ibidem apprehendere nequiverunt ; ſed divertentes ad portum qui dicitur Sancti Andreæ, caſtrum ut dicebatur à Guibelinis præmunitum obſidentes, & brevi in tempore capientes, copioſam in eo flammam accenderunt : quod Rex & Januenſes videntes ſuorum ſuccurſum, navigaverunt cum ingenti multitudine armatorum ; quod perpendentes adverſarii eis obviam procedentes graviſſimè ſunt congreſſi, ita ut nox ſuperveniens eos ſepararet : cumque invicem condictum eſſet, ut craſtino mane ad locum reverterentur iterum ſicut agmina pugnaturi, illi qui dictum caſtrum acceperant, exeuntes mane in campum neminem invenient ; alii autem fugientes timentes Sagoniam amittere, cum quibus potuerunt......... totâ nocte fugere non ceſſaverunt. Quod advertentes qui ad pugnam exierant, ad caſtra deſcendentes cibaria & reliquam ſupellectilem rapientes, quotquot ibidem invenerunt homines occiderunt. Poſt hæc verò Rex ad auxilium obſidentium Sagoniam miſit copioſam multitudinem armatorum ; cujus Capitaneus dominus Petrus de Geneſio-dum pro quærendis victualibus à caſtris ſuorum per longum ſpatium elongatus, præhabitâ pugnâ graviſſimâ ſuis omnibus occiſis, finaliter ab adverſariis captus eſt.

Capto Frederico Duce Auſtriæ, & Henrico fratre ejus in bello campeſtri per Ducem Bavariæ electum in Regem Romanorum, ut præmiſſum eſt, iterum Dux Belpodus dicti Frederici Frater , nitens fratrem de manibus Bavari eripere terras ejus multipliciter incurſat, ſed Bavaro ſibi viriliter reſiſtente, Regeque Bohemiæ auxilium ferente, deficit ab intento.

Circà iſta tempora de flore lilii Pariſius ſtudii exierunt duo filii nequam gentmina viperarum, ſcilicet Magiſter Joannes de Janduno, natione Gallicus, & Magiſter Marſilius de Paduâ natione Italicus, multa falſa & erronea mentientes contrà Eccleſiam & ejus honorem, multos latratus peſtiferos emittentes, Bavari contubernio ſociati, moventes & excitantes non debere eum timere ad verba frivola Papæ, quinimò jura Imperii more prædeceſſorum ſuorum etiam contrà Eccleſiam viriliter obſervare, quinimò jura Eccleſiæ magis ex dignitate Imperii proceſſiſſe quàm alibi.

Circà iſta tempora Papa Joannes circà Regulam Fratrum Minorum aliquas declarationes promulgavit. Nam cum dicerent Fratres, ut aliqualiter dictum eſt, in quâcumque re ſolum uſum præciſè ſe habere, & dominium reſervari Papæ ; Papa ex iſto dominio nihil omninò utilitatis ratione accreſcere Eccleſiæ, cum apud Fratres remaneat uſus facti, à ſe dominium tale tanquam ſibi & Eccleſiæ ratione inutile abdicavit , procuratorem ipſorum ſuper dominium talis rei inommodè revocavit, ſolùm illarum rerum apud ſe retinens in rebus Fratrum ſpirituale, & directioni, mandatum dominium , præter commune dominium quod habet univerſaliter in bonis totius Eccleſiæ, in domibus & in libris & rebus divino ſervitio deputatis. Et ſuper his fecit Papa Conſtitutiones & Decretales, quas Pariſius & aliis ſolemnibus Studiis ſub bullâ tranſmiſit, & ſicut cæteras Decretales publicè legendas præcepit : decernens quòd in rebus uſu conſumptibilibus dominium non poteſt ſeparari ab uſu, nec è contra. Quæ in multos in dubitationes vehementer induxit quæmpis, ſine magno conſcientiæ ſcrupulo & animarum

periculo poterat talis viris obſervantiæ diſcretio ab ipſius Regulæ Profeſſoribus cum tam gravi ſarcinâ diutiùs ſupportari.

Circà ferè eadem tempora Bavarus audiens Papam ſibi Imperialem benedictionem renuere , cum tamen ſibi de jure deberetur , ut dicebat ; tamen quia majorem partem eligentium habebat pro ſe, ſe electum pacificè reputabat : unde ex hoc ſibi dicebat quòd de jure & approbatâ de prædeceſſoribus ſuis conſuetudine Imperii temporalia omnia competebat miniſtrare, feodos diſtribuere, homagia recipere, honores Imperii diſtribuere, & hoc prædeceſſores ſui conſimiliter electi fecerant, Papa ſuper hoc nullatenùs requiſito : ad Generale Concilium appellavit , & appellationem ſuam in locis publicari fecit ; aſſerens Papam eſſe hæreticum, maximè, ut dicebat, cum ipſe videretur niti ad ſubverſionem Regulæ S. Franciſci & Ordinis Fratrum Minorum, quæ à ſanctis ſuis prædeceſſoribus fuit antea confirmata, & tantis ipſius Regulæ ſanctis profeſſoribus laudabiliter obſervata ; ita ut non niſi dementiæ ſit & erroris in fide Catholicâ & Christi, velle contrà Regulam tam ſanctam vel Regulæ profeſſores aliquid attentare, maximè cum in eâ præcipiatur obſervanda profeſſio totius Spiritualis vitæ, hujuſque Regulæ profeſſores vitam obſervant paupertatis Evangelicæ, quam Christus tenuit & tenendam Apoſtolis & Apoſtolicis viris, quales ſunt hujus profeſſores Regulæ, præcepit & docuit.

Nullus. y MCCCXIX.

Anno Domini milleſimo trecenteſimo decimo nono, Sabbato poſt Aſcenſionem Domini obiit vir illuſtris dominus Ludovicus Comes Ebroicenſis, & ſequente feriâ tertiâ præſente Rege Franciæ dicti defuncti Comitis nepote , multiſque Proceribus , Epiſcopis & Abbatibus , Goncelino tituli ſanctorum Marcellini & Petri Preſbytero Cardinali, qui de pace Flandrenſi Pariſius advenerat , Miſſam ſolemniter celebrante, juxtà uxorem ſuam in Eccleſiâ Fratrum Prædicatorum Pariſius eſt ſepultus. Prædictus Cardinalis unà cum Trecenſe Epiſcopo pro Flammingorum pace reformandâ in Franciâ directus , versùs Flandriam proficiſcens ; mandat Epiſcopo Tornacenſi, in cujus Epiſcopatu ſituatur, ut Flandrenſibus adventum ſuum innoteſceret & mandatum Apoſtolicum nuntiaret ; qui timens in propriâ perſonâ illuc, duobus fratribus Minoribus dictum negotium commiſit nuntiandum ; quo nuntiato ſtatim fuerunt de mandato Comitis captivati.

Hoc eodem tempore Comes Flandriæ convocato exercitu unà cum comitivâ Gandavenſi, timens Inſulenſes in & ſub manu regiâ exeuntes , intendens debellare, voluit Liſe fluvium pertranſire ; ſed Gandavenſes dicentes de treugâ ſervandâ cum Rege Franciæ juramento feciſſe, noluerunt cum ipſo ulteriùs pertranſire, quinimò Gandavenſes omiſſo præcepto Comitis ſunt reverſi ; unde indignatus Comes eos ad magnam pecuniæ ſummam ſibi ſolvendam condemnavit : quam renuentes ſolvere , Comes paſſus & vias per quas erat tranſitus in Gandavum cuſtodiri ſollicitè faciens, quoſdam redimens, quoſdam carcieribus mancipans, nonnullos occidens, eiſdem multimodas injurias irrogavit ; è contra verò Gandavenſes potenter reſiſtentes, ſe & ſuos viriliter impugnabant. Circà idem tempus hoc obtinuit Cardinalis prædictus à Comite Flandriæ, ut ipſe cum filiis ſuis in terræ Papæ confinio ſecum ad colloquium accederet ſuper informatione pacis cum cum eodem. & Regis nuntiis ſolemniter ibidem

---

y. *Nullus Scil. Imperator* in Codice Ciſterc. *Imperium* vacat. *Tom. III.*

parte Regis assistentibus tractaturus: unde & ibidem extitit concordatum, quòd Comes veniret Parisius in mediâ Quadragesimâ facturus Regi homagium, & conventiones priùs habitas firmaturus; ad quem tamen diem nullatenùs comparuit, more suo excusationes frivolas per internuntios allegando.

Eodem anno Rex Robertus ad Papam venit auxilium petiturus; Papa verò decem galeas armaverat in futurum subsidium passagii terræ sanctæ, quas Rex impetrans quatuordecim de suis cum eis adjunctis, misit omnes simul ad auxilium Januensium obsessorum; quarum adventum Guibelini præscientes, ipsos prævenire cupientes, eidem civitati insultum fortissimum intulerunt. Eodem anno Philippus Comitis Valesii filius, assumpto secum Carolo fratre suo necnon multis de Regno Franciæ nobilibus, in Guelforum subsidium ad requestam Regis Roberti ex parte matris avunculi sui contra Guibelinos Lombardiam ingreditur; ad civitatem Vercellensem veniens, cujus partem Guibelini, alteram Guelfi tenebant, à Guelfis cum gaudio recipitur, Guibelinos impugnans ut poterat; sed Guibelinis habentibus liberum introitum & exitum civitatis, parùm vel nihil contrà eos proficiebat: unde ob hoc cum suis super hoc inito consilio, egressus civitatem & obsidionem ponens retrò, eos ita arctavit ut nec possent civitatem ingredi, nec eisdem victualia deportari; quo comperto Guibelini miserunt ad Capitaneum Mediolanensem ab eo auxilium postulantes. Rex Robertus Avinioni cum Papa residebat, ita cum circà sua negotia occupatum detinens, ut non solùm aliena sed etiam propria negotia Papa negligere videretur.

Eodem anno circà festum beati Joannis Baptistæ in Hispaniâ accidit, fortè peccatis nostrorum exigentibus, quoddam grave infortunium Christianis. Vir enim nobilis & annorum probitate strenuus, Regis Castellæ pueri tutor & avunculus nomine Joannis, cùm suâ & cujusdam avunculi sui nomine Joannes probitate Sarracenos Regni Granatæ multoties impugnasset, jam parte dicti Regni Sarraceis profugatis per eum occupatâ, sperabatur per ipsius probitatem totum dictum Regnum in brevi posse subjici Christianis. Sed Deus, cujus voluntatis non est investiganda ratio, prædictum negotium immutavit; nam cùm quinquaginta millia tam equitum quàm peditum armatorum, stante secum avunculo suo prædicto Joanne contra quinque tantùm millia Sarracenorum congregasset, accidit ut ante congressionem exercituum ad invicem dictus Joannes decumbens lectulo moreretur; quo audito Christianorum exercitus in tantum mente prosternatus est, ut licet parvum viderent de facili vincibilem adversariorum numerum, nihilominùs tamen cujuscumque prece vel pretio illâ die congredi noluerunt; unde dictus pueri Regis Castellæ tutor & avunculus totâ die fervidâ per exercitum, quasi totus extra se positus per exercitium, & admonens de hostium aggressu, cum se conspiceret nihil proficere, nimio calore suffocatus, necnon dolore cordis attritus intrinsecùs, exspiravit; & tunc fugam totus Christianorum exercitus arripuit, & cùm à Sarracenis adversariis potuissent faciliter debellari, nullus tamen vice versâ ausus fuit persequi fugientes; unde & quidam miles Sarracenus Regi Granatæ qui ad hoc præsens non fuit, sic ait: Sciatis quòd nobis & Christianis offensus est Dominus; illis, quòd cum tot essent ut de nobis possent faciliter triumphare, non permisit Deus nobis etiam quia eos fugientes ut inermes pueros capere & occidere potuissemus, tenens nos Dominus non permisit. Circà ista tempora in Alemanniâ inter Ludovicum Ducem Ba-

variæ & Fredericum Ducem Austriæ & fratres ejus Leopoldum, Henricum, Odonem & Joannem occasione electionis inter duos Duces in discordiâ celebratæ, orta sunt multa & magna discrimina, terras suas rapinis & incendiis mutuò desolantes, quæ mortifera pestis in Alemanniâ, & præcipuè in terris prædictorum Ducum multas fecit viduas desolatas, terrasque desertas, multosque cives exules, & divites dimisit pauperes & inanes.

Nullus Imperator. MCCCXX.

Anno Domini millesimo trecentesimo vigesimo Comes Flandriæ venit Parisius cum Comite Nivernensi, & Procuratoribus Communiarum Flandriæ habentibus ab eisdem potestatem & mandatum cum Rege Franciæ pacem & concordiam unà cum Comite Flandriæ faciendi; & ad instantiam Cardinalis, qui specialiter propter Flandrenses à Papa in Franciam directus fuerat, fecit homagium Regi, & lætati sunt multi cum firmiter crederent pacem esse firmandam. Verumtamen Comes ad diem assignatam pro de articulatione pacis in pacem noluit consentire, nisi sibi redderentur Bethuna, Insula & Duacum, quas ut dicebat, Rex solo pignore detinebat. Unde indignatus Rex remisit in Ramensium publicum, quòd villarum illarum dominium de cætero non haberet, rogans fratrem suum Carolum Comitem Marchiæ, dominum etiam Carolum avunculum suum Comitem Valesii, cæterosque Barones, & præcipuè illos de Regiâ stirpe ibidem præsentes, quod juramentum hujusmodi confirmarent, quod & ipsi unanimiter consenserunt. Comes verò recessit de Parisius hospite insalutato; Procuratores verò Communiarum de Parisius exeuntes, illum miserunt dicentes; Certi sumus quòd si ad illos qui miserunt nos pace infectâ cum Rege redierimus, non remanebunt nobis capita quæ in capuciis nostris ponere valeamus, unde vobis constet nos nunquam de Franciâ recessuros, donec inter nos & Regem fuerit concordia confirmata. Comes verò hoc audiens, sciensque quòd si sibi rebelles haberet Communias totum de facili posset amittere Comitatum, Parisius rediens in pacem proloquutam consistit & juramento firmavit. Qui necnon in sponsalia inter unam de filiabus Regis & filium Comitis Nivernensis consentit; ratione quorum Comiti Nivernensi redditus est Comitatus Nivernensis & Retellensis sub hac conditione, ut suprà Nobiles & Religiosos, qui contrà eum ad Curiam Franciæ appellaverant, appellatione durante, nullatenùs molestaret. Fuit verò post prædicta sponsalia inter prædictum Comitis filium & Regis filiam die Magdalenæ solemniter celebratum, licet Comes subterfugia quærens & frivola vellet dictum negotium dissipare; sed Cardinalis timens ne ad Papam rediens in vacuum laborasset, hoc exegit à Comite, ut quod promisserat adimpleret.

Circà istud tempus, cùm Henricus dictus Caperel natione Picardus, Parisius in prisione Casteleti quemdam divitem homicidam & reum mortis detineret, ut dicitur, diesque imminente quo suspendi juxtà sua facinora debuisset, alter pauper & innocens imposito sibi nomine divitis, loco divitis subrogatus patibulo affigitur, altero homicida, sub nomine pauperis innocentis ire permisso; de quo scelere convictus, ut dicitur, multique aliis criminibus, suæ nequitiæ pœnas luens super hoc à deputatis à Rege ad suspendium judicatur; licet tamen nonnulli velint asserere hoc eidem ex suorum æmulorum invidiâ accidisse. Eodem anno quædam impetuosa hominum commotio ad modum turbinis, in Regno Franciæ subitò ex insperato erupit. Quædam enim Pastorum congeries & hominum simplicium usque ad magnum numerum se in unum cuncum congregavit, dicentes se ultra mare velle procedere, & contrà fidei inimicos velle pugnare, asserentes quòd per ipsos deberet acquiri terra sancta. Habebant autem in comitatu suo quasi duces fallaciæ compositores, unum scilicet Sacerdotem, qui propter sua maleficia fuerat suâ Ecclesiâ spoliatus, alium verò Monachum Apostatam ex Ordine Sancti Benedicti. Hi duo ita istos simplices dementaverant, ut congratim post ipsos currentes, etiam pueri XVI. annorum invitis parentibus, cum solis perâ & baculo sine pecuniâ, dimissis in campis porcis & pecoribus, post ipsos quasi pecora confluebant in tantum, ut fieret hominum maxima multitudo. Utebantur autem voluntate & potestate potiùs, quàm ratione & æquitate; unde si quis judiciariâ potestate eorum aliquem vel aliquos vellet secundùm malitiam suam punire, ipsi potenter resistebant, necnon si detenti carceribus essent, infringentes carceres eos invitis dominis de carceribus extrahebant ; unde Parisiensem Castelletum intrantes propter quorumdam suorum liberationem ibidem detentorum, Parisiensem Præpositum reniti volentem per Castelleti gradus gravissimè præcipitantes colliserunt, & quos detinebat in carcere de suis, vellet nollet carceribus fractis extraxerunt. Unde & in prato Sancti Germani, quod dicitur Pratum Clericorum, se quasi defensuri ad prælium paraverunt, nullus tamen contrà eos exivit, quinimò liberi permissi sunt de Parisius exire ; unde & ex hoc versùs Aquitaniam properantes, nullam ex quo Parisius immunes & liberi abscesserant resistentiam se de cætero invenire sperantes, ex hoc jam animosiores effecti, passim omnes Judæos quotquot invenire poterant obsidebant, & bonis propriis spoliabant. Unde & quamdam turrim Regis Franciæ fortem & altam, ad quam Judæi propter ipsorum metum undique confugerant, obsederunt ; è contrà infrà turrim exeuntes, projectis innumerabilibus lignis & lapidibus loco eorum, propriis projectis pueris se viriliter & inhumaniter defensabant ; sed nihilominùs obsidio non cessavit, cum Pastorelli ad portam turris ignem applicantes, interclusos Judæos fumô & igne graviter afflixerunt. Videntes autem dicti Judæi quòd evadere non valebant, malentes se occidere quàm ab incircumcisis occidi, locaverunt unum de suis qui eorum fortior videbatur, ut eos gladio jugularet, qui eis assentiens quasi quingentos protinus interfecit ; descendens verò de turri cum paucis viventibus reservatis Judæorum pueris, impetrato cum eis colloquio, Pastorellis quod fecerat nuntiavit, petens cum pueris baptizari : cui Pastorelli ; Tu in gente tuâ tantum flagitium perpetrasti, & vis ita subterfugere pœnas mortis ? quem statim membratim discerpentes occiderunt, parcentes pueris, quos fecerunt à Catholicis & fidelibus baptizari. Inde verò juxta Carcassonam prò facto simili procedentes, multa in viâ facinora committebant ; unde & Custos patriæ ex parte Regis Franciæ præconisari fecit in villis in dictis Pastorellorum itinere constitutis, ut eis se opponerent, & Judæos ut Regis homines defensarent ; quod tamen multi Christianorum, gaudentes de interitu Judæorum facere recusabant, dicentes æquum non esse quòd infideles Judæos & Christianæ fidei hactenùs inimicos, contrà fideles & Catholicos defensarent. Quod animadvertens Custos patriæ, sub pœnâ capitis præcepit ne quis saltem favorem aliquem impenderet Pastorellis. Unde & copiosò contrà eos congregato exercitu, aliquibus occisis, aliquibus diversis, vinculis mancipatis, aliis se præsidio fugæ tuentibus, quasi ferè ad nihilum in brevi tempore sunt redacti : unde & procedens dictus custos versùs Tolosam &

loca circum adjacentia, ubi plurima commiserant flagitia, illic viginti, illic triginta secundùm plus & minus suspendens in patibulis & arboribus, posteris immutabile reliquit judicium, ut ad talia committenda flagitia non de cætero facilè animum declinarent. Et sicut fumus subitò evanuit tota illa commotio indiscreta ; quia quod in principio non valuit, vix in processu temporis convalescit.

Matthæus Mediolanensis Capitaneus, compertâ Vercellensium Guibellinorum urgente necessitate victualium, propter obsidionem civitatis per dominum Philippum Comitis Valesii filium & plures Franciæ Nobiles, Lombardis Guelphis eis auxiliantibus, factam ; pro ferendo Guibelinis obsessis auxilio Galeatium filium suum eis misit, cujus adventum dominus Philippus audiens per internuntios, quæsivit si cum ipso configere intendebat ; qui respondit suæ intentionis non esse cum aliquo de domo Franciæ pugnare, sed tantùm defendere terras suas, & amicis succurrere in prælio constitutis ; cui Philippus iterum remandavit, quòd si Vercellensibus intendebat victualia deportare, [intendebat] quomodo posset [meliùs] resistere, & eum resilire faceret ab intento. Sperabat enim firmiter se proximorum Guelphorum copiosum bellatorum auxilium accepturum. Cui Galeatius sic dicitur respondisse : Victualia inclusis deferam, & si quis me impugnaverit ; me defendam, quia justè non possum ab aliquo de Francia reprehendi. Tunc Philippus supponens quòd eum configere oporteret, dimissâ obsessione, retrocessit per unum milliare, locum ad pugnam congruum electurus, & quâdam planicie prope viam quâ transiturus erat Galeatius, exercitum congregavit seu collocavit. Ad quem locum veniens Galeatius, præmisit centum quatuor Theutonicos cum equis & dextrariis ad pugnam congruentissimè præparatos, quos sequebatur copia victualium, quam quasi secundo ordine sequebantur stipendiarii quasi numero infiniti ad victualium custodiam deputati, quos ordine tertio sequebatur Galeatius cum maximâ militiâ Lombardorum, ita quòd tam primi, quàm secundi, quàm tertii exercitus Philippi ferè in decuplo excedebant. Et cum jam primi ejus exercitum præterissent, nec adhuc unum tantùm de Guelphis haberet, quos sibi firmiter sperabat succursum & auxilium impensuros, timens ne inclusus ab hostibus periculum pateretur, petivit quòd Galeatius datis treugis secum ad amicabile colloquium conveniret ; qui sponte & gratanter veniens, secretè diu mutuò sunt locuti ; quorum loquutio licet ignoretur, expressè tamen qui vel qualis fuit, effectus sequens luculentissimè demonstravit. Ambo enim Principes cum utroque exercitu sine pugnâ simul ingressi sunt civitatem, in quâ cum Philippus per dies aliquos convenisset, accepto securo conductu usque extra hostium terminos à Galeatio, maximè cum sibi & suo exercitui stipendia pro victualibus deficerent, licet dolens tamen consilio cum suo exercitu in Franciam ingloriosus est reversus. Rex Robertus Avinioni residebat cum Papa, licet Guelphi & Janenses magnis periculis subjacerent.

Eodem anno fuit impositum Comiti Niveriensi, quòd patrem suum Comitem Flandriæ veneno moliretur exstinguere ; Ferricus enim de Picquéniaco molestè ferens quòd sine ipso & domino de Ranty ipse esset Regi Franciæ fœderatus, adduxit ad patrem quemdam garcionem cum lacrymis veniam postulantem super malo proposito quod ipse conceperat contra ipsum ; paraverat enim, ut dicebat, venenum sibi dare : cumque pater quæreret quare facere voluisset, respondit, filius vester Niveriensis

Comes mihi præceperat fratri Galthero per omnia obedire, erat autem frater iste Galtherus de ordine Heremitarum sancti Guillermi, quem dictus Comes quasi in suam Curiam retinebat. Quod pater audiens turbatus est, & de voluntate sua & filii sui Roberti, prædicti Milites, scilicet Ferricus de Picqueniaco, dominus de Frennes, & dominus de Rethel domino Nivernensi Comiti ponentes insidias, captum ad sua fortalia in imperio deduxerunt. Dictus autem frater licet captus & plurimis tormentis expositus, nihil penitùs recognovit, & sic crimen impositum improbatum remansit. Necdum tamen propter hoc Nivernensis Comes de carcere liberatur, & licet super hoc Comes à Rege solemnes litteras habuisset, detentores noluerunt assentire nisi eis suam prisiorem remitteret, data cautione idoneâ, quòd nec per se nec per alium inferret eis in posterum aliquod detrimentum; hac tamen conditione appositâ, ut quamdiù pater viveret Comitatum Flandriæ non intraret; hoc malitiosè contrà ipsum agentes ut patre mortuo, Robertus alter Comitis filius in possessione se poneret Comitatûs. Qui Nivernensis Comes licet diù super hoc assentire noluerit & distulerit, videns quòd aliter liberari non potuit . . . . ad assensum in hoc carceris vix egit.

Nullus Imperator. MCCCXXI.

Anno Domini millesimo trecentesimo vigesimo primo Rex Franciæ terram suam, uno concedente eam sibi patre jure hereditario Comes fuerat Pictaviensis scilicet illicitè visitabat, & diutiùs, ut dicebatur, ibidem commorari disposuerat, cum quasi circa festum sancti Joannis Baptistæ rumor publicus apud eum & apud omnes insonuit, quòd in totâ Aquitania fontes & putei erant, vel statim essent veneno infecti per leprosos; propter quod crimen confitentes multi leprosi, in superioribus partibus Aquitaniæ jam morti adjudicati fuerant & combusti, intendentes, ut ad ignem applicati confitebantur, per venena ubique diffusa hoc contrà Christianos efficere, ut omnes morerentur, vel saltem sicut & ipsi leprosi efficerentur, intendentes per totam Franciam & Germaniam istud tantum maleficium dilatare. Unde & ad horum rumorum confirmationem majorem dicitur dominum de Pernayo circa istud tempus Regi scripsisse sub sigillo suo, confessionem cujusdam magni leprosi in terrâ suâ capti; qui, ut dicitur, recognovit, quòd quidam Judæus dives induxerat eum ad hæc maleficia facienda, & sibi tradiderat potiones, & datis sibi decem libris promisit sibi quòd ad cæteros corrumpendos leprosos sibi copiosam pecuniam ministraret. Et cum ab eo recepta talium potionum quæreretur, respondit quòd fiebant de sanguine humano & urinâ, de tribus herbis quæ nescivit aut noluit nominare. Ponebatur etiam in eis, ut dicebat, Corpus CHRISTI, & cum essent omnia disiccata usque ad pulverem terebantur, quæ missa in sacculis ligata cum aliquo ponderolo, ab ipsis in puteis & in fontibus jactabantur. Aliàs verò in villâ nostrâ & nobis subjectâ in Pictaviâ oculis conspeximus potiones à leprosâ quâdam jaciente per villam transitum, quæ timens capi, projecit post se panniculum ligatum, qui delatus ad justitiam statim fuit, &, inventum est in panno caput colubri, pedes bufonis & capilli quasi mulieris, infecti quodam liquore nigerrimo & fœtido, ita ut horribile esset non solùm sentire, sed etiam videre: quod totum in ignem copiosum propter hoc acceptum projectum, nullomodo comburi potuit, habito manifesto experimento & hoc itidem esse venenum fortissimum. His & hujusmodi Regis auribus insonantibus, Rex concito gradu in Franciam repedavit, mandans ubique per Regnum ut omnes leprosi incarcerarentur, usquequo de ipsis deliberatum esset quid justitia suaderet.

Unde talis tenor habuit, licet multi multa dixerint, verior tamen ut communiter dicitur, modus est dicendi qui sequitur. Rex Granatæ dolens se sæpiùs per Christianos superatum, & maximè per avunculum Regis Castellæ, de quo suprà meminimus, nec potens se ad libitum vindicare; quod vi armatorum non potuit, excogitatâ perficere nequitiâ machinavit. Unde & cum Judæis dicitur colloquium habuisse, si per eos posset aliquod maleficium fieri unde Christianitas deleretur, qui promisit eis infinitam pecuniam se daturum; qui de maleficio pollicentes, dixerunt quòd per ipsos exequutio maleficii nullatenùs posset ad effectum perduci, erant enim, ut dicebant, Christianis suspecti, sed per leprosos, qui continuè cum Christianis conversantur, projectis in fontibus & puteis Christianorum per eos venenis & potionibus, dicebant hoc maleficium posse congruentissimè procurari. Unde & Judæi quosdam leprosorum majores ad consilium convocantes, ita ad ipsorum falsam suggestionem interveniente diabolo sunt delusi, ut abnegatâ primitùs fide Catholicâ, & in dictis pestiferis potionibus, quod terribile est audire, Corpore CHRISTI cribato & apposito, sicut plurimi postea sunt confessi leprosi, in dictum perpetrandum maleficium consenserint. Dicti igitur leprosi majores ex omni parte Christianitatis convocati, quatuor Concilia quasi generalia collegerunt, nec fuit, exceptis duabus de Angliâ leprosabus, ut aliqui posteà sunt confessi, aliqua leprosaria nobilis, in quâ dictorum quatuor Conciliorum non aliquis interesset leprosus, qui quod in dictis Conciliis fieret cæteris nuntiaret. Fuit igitur in dictis leprosorum Conciliis per eorum Majores cæteris propositum, suadente diabolo, per ministerium Judæorum, quòd cum ipsi leprosi essent apud Christianos vilissimæ & abjectæ personæ, nec ab ipsis reputatæ, bonum esset aliquod tale committere ut Christiani omnes morerentur, vel omnes uniformiter leprosi efficerentur, & sic cum omnes essent uniformes nullus ab alio despiceretur; quod consilium licet pestiferum omnibus placuit, & quilibet cuilibet in suâ provinciâ nuntiaret. Unde multi secundùm falsas eis promissiones factas, Regnorum, Comitatuum cæterorumque bonorum temporalium seducti, inter seipsos nuntiabant, & ita esse futurum se firmiter æstimabant: unde circà festum beati Joannis Baptistæ combustus fuit hoc anno unus in civitate Turonensi, qui se Abbatem Majoris Monasterii nominabat. Unde & per totum Regnum Franciæ hoc flagitium per leprosos, ad Judæorum instantiam quasi venenum mortiferum diffundebat, & ampliùs diffudisset, nisi ita citò Dominus eorum perfidiam detexisset. Unde & super dictos leprosos edictum Regis processit, quòd culpabiles igni traderentur, alii in leprosariis perpetuò clauderentur, & si aliqua leprosa culpabilis esset prægnans, usque ad partum servata, incendio traderetur. Judæi verò in aliquibus partibus sine differentiâ sunt combusti, & maximè in Aquitaniâ. Unde & in Bailliviâ Turonensi in quodam castro Regis, quod dicitur Chinon, unâ die factâ quâdam foveâ permaximâ, igne copiosô in eam injecto octies viginti sexus promiscui sunt combusti; unde & multi illorum, & illarum cantantes, quasique invitati ad nuptias, in dictam foveam saliebant, multæ verò mulieres viduæ fecerunt filios proprios in ignem projicere, ne ad baptismum à Christianis & nobilibus ibidem assistentibus raperentur. Parisius verò solùm inventi culpabiles sunt combusti, alii verò perpetuo exilio condemnati, aliqui verò ditiores reservati usquequo eorum debita scirentur, & fisco Regio applicarentur unà cum omnibus bonis suis, centum videlicèt quinquaginta millibus, quas Rex ab ipsis dicitur habuisse.

Eodem tempore fertur apud Vitriacum talis casus accidisse. Cum quasi quadraginta Judæi propter causam prædictam in Regis carcere haberentur, & jam se morti proximos æstimarent, ne in manus incircumcisorum inciderent, cœperunt tractare invicem ut unus eorum omnes alios jugularet, & fuit omnium consensus unanimis & voluntas, ut per manus unius antiqui omnes morti traderentur, qui ab eis inter cæteros sanctior & melior videbatur, unde & ob ejus bonitatem & antiquitatem pater ab aliis vocabatur; qui noluit acquiescere nisi ad hoc opus pietatis exequendum aliquis solùm juvenis secum adderetur, quod omnes annuentes, omnes nullo excepto ambo pariter occiderunt: cumque ambo se solos conspicerent, & quis eorum alterum occideret inter eos quæstio verteretur, juvene volente à sene occidi & è contra sene à juvene; tandem prævaluit verbum senis, & ut occideretur à juvene suis precibus impetravit. Cumque sene occiso & cæteris omnibus, juvenis se conspiceret solum, accepto auro & argento quod circa mortuos reperire potuit, facto funiculo de panniculis se de turri inferiùs deponere cogitavit; sed cum funis esset brevior quàm deberet, dimittens se deorsum cadere, tibiam sibi fregit auri & argenti præ maximo pondere gravatus; qui ad justitiam adductus prædictum flagitium commissum recognovit, & ad ignominiosæ mortis cum cæteris mortuis pœnam applicatus.

Circà ista tempora incœpit Rex ordinare ut in toto Regno suo non esset nisi unica mensura vini & bladi, & omnium vendilium & emptibilium, sed præventus infirmitate quod incœperat opus, non implevit. Proposuit etiam idem Rex ut in toto Regno omnes monetæ ad unicam redigerentur; & quoniam tantum negotium impleri non poterat, falsò, ut dicitur, detentus consilio, proposuerat ab omnibus Regni sui quintam partem bonorum suorum extorquere; unde & propter hoc ad diversas partes solemnes nuncios mittens. Prælatis & Principibus quibus ab antiquo competit jus diversas monetas secundùm diversitates locorum suorum & hominum exigentium faciendi, unà cum Communitatibus bonarum villarum Regni dissentientibus, infecto negotio ad dominum sunt reversi. Eodem anno circà principium Augusti Regem duplex arripuit ægritudo, dysenteria & quartana, quæ nunquam potuerunt quorumcumque medicorum auxilio curari, sed per quinque menses continuè jacuit in languore. Dubitant autem nonnulli propter maledictiones populi sub ejus regimine constituti, propter comminatas exactiones & extortiones hactenus inauditas in dictam ægritudinem incidisse; nihilominùs tamen durante tempore ægritudinis fuit dictæ extortionis negotium suspensum, licèt non totaliter prætermissum. Interim verò convalescente ægritudine Abbas & Conventus beati Dionysii pro ipsius recuperandâ sanitate, nudis pedibus, unà cum cruce & clavo Domini, necnon & brachio sancti Simeonis usque ad locum in quo ægrotabat, qui dicitur Longuscampus, cum processione devotè & humiliter accesserunt; qui Reliquias Sacro-sanctas humiliter & devotè suscipiens, protinùs eis tactis & osculatis sensit se notabiliter meliùs habuisse, unde & publicè ferebatur Regem

curatum esse. Sed quia antiquatæ & radicatæ ægritudines nisi cautè ducantur, faciliter revertuntur, Rex minùs prudenter sibi præcavens in prædictam ægritudinem reincidit; unde & fertur postea dixisse, scio me meritis & precibus beati Dionysii curatum fuisse, & malo meo regimine iterum in eamdem ægritudinem incidisse. Unde tertiâ die sequentis Januarii, priùs tamen devotè susceptis cunctis Ecclesiasticis Sacramentis, circà mediam noctem migravit ad Christum, & die Epiphaniæ sequenti in Monasterio beati Dionysii juxtà magnum altare venerabiliter est sepultus. Cui sine cujuscumque controversiâ vel contradictione successit in Regno Comes Marchiæ Carolus frater ejus.

Satis citò post obiit Maria quondam Regina Franciæ, orta de Brabanto, & quondam Ducis filia, uxor Philippi Regis Franciæ filii S. Ludovici qui obiit in Arragoniâ, ex quâ genuit filium Ludovicum Comitem Ebroicensem: cujus Reginæ corpus apud Fratres Minores Parisius est sepultum, cor verò apud Prædicatores. Defuncto igitur Philippo Rege, Carolus frater suus Regnum sortitus est. Ad cujus aures delatum est quòd matrimonium inter ipsum & Blancham filiam Comitissæ Attrebatensis, propter adulterium ab ipsâ confessum & commissum in castri Gaillardi carcere detentam, jamdiù celebratum, ratione cognationis spiritualis inter ipsum Regem & matrem dictæ Blanchæ, cum ipsam Blancham levasset de Sacro fonte, erat nullum, præcipuè cum super hoc non fuisset per summum Pontificem dispensatum. Quam occasionem, ut dicitur, libenter amplectens, scripsit Papæ ut super hoc provideret de remedio competenti: quod audiens Papa, comt misit Episcopis Parisiensi & Belvacensi, & domin. Gaufrido de Plesseiaco protonotario Curiæ Romanæ, ut super hoc diligenter inquirerent, & quod inveniretur Curiæ Romanæ nuntiarent.

CAROLUS.

Nullus Imperator. MCCCXXII.

Anno Domini millesimo trecentesimo vigesimo secundo in Vigiliâ Ascensionis, Papa sufficienter informatus quòd dicta Comitissa Attrebatensis dictæ Blanchæ mater, de sacro fonte levaverat dictum Regem, quare fuit spiritualis cognatio contracta inter Regem & dictæ spiritualis matris prolem, cum quâ sine dispensatione matrimonialiter copulari non poterat: & quia copulatus fuit dispensatione præmissâ, Papa in publico consistorio sententiavit illud matrimonium nullum esse. Eodem anno circà festum Purificationis Comes Nivernensis de carcere liberatur; sed satis citò post Parisius veniens, diuturno languore vexatus ibidem moritur, & apud Fratres Minores Parisius est sepultus. Hoc eodem anno Rex uxore carens, ne tam nobile Regnum successione careret, accepit Mariam filiam Henrici quondam Imperatoris & quondam Comitis de Lucemburg, & sororem Regis Boëmiæ virginem gratiosam in festo B. Matthiæ Apostoli in primo castro Regio.

Comes Flandriæ moritur, & Ludovicus primogenitus Comitis Nivernensis, habens uxorem filiam Regis defuncti, non obstante quòd Robertus defuncti Comitis secundo genitus aliqua castra & fortalitia Flandriæ, sustentatus in hoc à Comite de Naymuco, contrà id quod Rex ei matrimonio filiæ suæ promiserat, occupasset, de voluntate Communiarum Flandriæ, quæ se nullum alterum in Comitem recepturas juraverant in Comitem Flandriæ sublimatur: quinimò Regi significaverunt, ut si aliquem aliquem præter dominum Ludovicum ad homagia admitteret Comitatûs Flandriæ, ipsi villarum suarum sine Comite regimen exercerunt : & sic non obstantibus quibuscumque contradicentibus, ipse ad Regis homagium, & ad Comitatûs dominium pacificè est receptus.

Circà ista tempora in Angliâ inter Regem Angliæ & plurimos Baronum, quorum capitaneus & principalis erat Comes de Lenclastre, vir præpotens in Angliâ & nobilis multum, utpote avunculus Regis Franciæ ex parte matris, & germanus Regis Angliæ ex parte patris, orta est gravis dissensio; nam cum Rex aliquas novitates indebitas, & contrà bonum commune totius Angliæ vellet in Regnum introducere, quas sine ipsorum consensu facere non poterat, ut dicebant, & maximè quia ipsum idiotam & ineptum ad Regni regimen referebant, contrà ipsum rebellionis materiam acceperunt : unde aliis partem Regis foventibus, aliis partem Baronum, in totâ Angliâ turbatio maxima est sequuta. Accidit autem ut Miles quidam de Angliâ nomine Andreas de Karle, Regi Angliæ placere desiderans, in villâ de Bourbrique Comiti de Lenclastre ponens insidias proditoriè cepit eum, & occiso Comite de Harrefort super pontem, ipsum Comitem de Lenclastre cum multis Baronibus nobilibus Angliæ ad Regem captum adduxit. Quem post auditam Missam, & Confessionem devotè ut moris est, ut dicunt in Angliâ, Sacerdoti factam, Corpore Dominico assumpto, omnes pariter Rex tamquam conspiratores in Regem, & domini sui proditores abjudicavit; cæteris omnibus ad diversas partes missis diversa passuris supplicia, dictum ibidem Comitem decollari præcepit; corpus verò Comitis in quâdam Abbatiâ prope locum in quo decollatum fuit, sepultum est, ubi ut multi asserunt, Dominus per eum & propter eum super infirmos multa hodie miracula operatur. Rex verò Angliæ in recompensationem beneficii accepti dicto Andreæ de Karle, qui dictum Comitem & cæteros acceperat, dedit Comitatum Karleoli, in quo est civitas & plura fortia castra. Sæpedictus Andreas Miles decollato Comite de Lenclastre, apud se cogitans non esse tutum in Angliâ diutiùs commorari, per Scotos se posse tueri apud se cogitavit, & cum Roberto de Brus, qui pro Rege Scotiæ se gerebat, confœderatus, totum sibi datum Comitatum, & sororem dicti Roberti promisit se accipere in uxorem; hoc tamen totum factum est Rege Angliæ nesciente.

Isto anno Rex Angliæ magno congregato exercitu Scotiam intravit, & omnia vastans usque ad castrum Pendebonum, quod dicitur castrum Puellarum, ultrà procedere non potuit, quia exercitus victualia non habebat. Rediit igitur usque ad montem qui dicitur Blancha-mora, in cujus pede est Abbatia ad quam major pars exercitûs declinavit, Rex verò tetendit tentoria sua aliquantulum à remotis. Regina etiam prope eum erat, quæ dominum sequebatur; Rex verò licentiavit exercitum; nam cum Scoti per quadraginta octo milliaria à loco ubi Rex erat distarent, suspicari non poterat quidquam mali; dominus tamen Joannes de Britannia Comes Richemondiæ, & dominus de Sulliaco, quem Rex Franciæ ad Regem Angliæ nuntium transmiserat, cum bonâ comitivâ in Abbatiâ residebant. Et ecce dictus Miles Andreas Karle Anglicus significavit Scotis ut venirent, quia Regem Angliæ invenirent exercitu denudatum; qui quasi effrenati per sylvas currentes, usque prope Abbatiam prædictam venerunt, unâ die & unâ nocte XLVIII. milliaria peragentes, ubi Comes prædictus Richemondiæ & dominus de Sulliaco comedebant : qui vix adventum Scotorum nuntiantibus credere volentes, sumptis armis quemdam strictum passum, per quem erat aditus Scotorum, obstruere cupientes, licet ibidem plures Scotos occiderent, tamen non valentes resistere multitudini, Scotis se finaliter reddiderunt. Quod audiens Rex, vix cum paucis se salvavit; Regina verò ad quoddam castrum fortissimum cui mare adjacet, situm in quâdam rupe, per quod ad Scotos est transitus Flammingorum. Timens Regina ne à Scotis, & fortassis etiam à Flammingorum auxilio si ibidem diutiùs staret, sibi obsidio pararetur, maluit se maris periculis exponere, quàm in manus inimicorum suorum se ponere; unde intrans mare ipsa & qui cum ipsa erant, gravissima & quasi intolerabilia mala perpessi sunt, unde & una de sibi ancillantibus mulieribus exspiravit, & altera peperit ante tempus, ipsa tamen adjuvante Deo ad Securam locum Angliæ post multas angustias applicavit. Rex verò Angliæ positis undique insidiis Andream de Karle capi fecit, & captum ad mortem terribilem adjudicavit. Trahitur enim primitùs ad caudas duorum equorum; quo sic tracto & non mortuo, eum exenterari fecit, & exenterata viscera ante propriis oculos comburi, postea caput amputari, & truncum per spatulas suspendi; deinde per quatuor partes dividi, & divisum ad quatuor civitates mitti; ut horribile mortis judicium fieret de cætero cæteris ad exemplum. Robertus de Brus se pro Rege Scotiæ gerens, ad mandatum Regis Franciæ, qui sicut nuntius missus est ad Regem Angliæ tunc in Scotiâ existentem; dominum de Suilliaco sine quâcumque redemptione in sequenti Quadragesimâ liberè Regis Franciæ tradidit voluntati, Comite Richemundiæ apud se retento, quem pactione quâcumque noluit liberare.

Ludovicus filius Ludovici Comitis Nivernensis nuper defuncti Parisius de Flandriâ veniens, qui sine consensu Regis homagia receperat, apud Luparam arrestatur; sed data cautione post modicum relaxatur. Cum igitur inter ipsum & amitam suam quæstio videretur, quis avo in Comitatu Flandriæ deberet succedere; consideratis pactionibus per juramenta firmatis, inter partes judicatum est pro dicto juvene Ludovico, & aliis super his de cætero silentium impositum; & sic ad homagium receptus possedit pacificè Comitatum. Carolus Rex novus contrà bonum commune patris sui sequens vestigia, qui suo tempore monetam mutaverat, hoc anno quorumdam seductus perversorum consilio debilem monetam poni instituit; unde in populo postea damna innumerabilia sunt sequuta. In Alemanniâ duces in controversia electi, cum suis complicibus, rapinis & incendiis atrociter secum pugnant.

Nullus Imperator. MCCCXXIII.

Hoc eodem anno Jordanus dictus de Insulâ inter Vascones nobilis valde genere, sed ignobilis actione, cum famâ publicâ referente in multis criminibus coram Rege accusatus esset, nec se de ipsis legitimè purgare posset ratione nobilitatis & generis, nihilominus Papa Joannes eidem neptem suam contulit in uxorem; ad cujus Papæ preces Rex eidem Jordano XVIII. casus de quibus accusatus erat in Curiâ Franciæ, & de quorum quolibet secundùm consuetudinem Franciæ dignus erat morte, misericorditer condonavit. Qui dicti beneficii immemor, ad nominatum malum malis accumulans, utpote virgines opprimens, homicidia perpetrans, malos & homicidas nutriens, prædones diligens, Regi rebellans; unde & in quemdam servientem Regis in baculo suo ut moris est Regis servientibus, Regis insignia deferentem, proprio baculo interfecit. His auditis Parisius ad judicium advocatur; qui multà Comitum

& nobilium Baronum Aquitaniæ nobili turbâ circumdatus Parisius veniens, stantibus ex opposito sibi Marchione de Aguonitano quondam Domini Papæ Clementis defuncti nepote, & domino de Lebret, multisque aliis; super sibi impositis criminibus auditis ejus allegationibus & responsionibus, priùs in Castelleti carcerem repositus dignus morte per Magistros Palatii finaliter condemnatur, & in vigiliâ Trinitatis ad caudas equorum tractus, in communi Parisius patibulo suis exigentibus meritis est suspensus. In subsequenti festo Pentecostes Regina Maria uxor Caroli Regis, soror Regis Boëmiæ, ipso & avunculo ipsius Trevirensi Episcopo præsentibus, multisque Francorum nobilibus, Missam celebrante & ipsam inungente Senonensi Archiepiscopo, in Capellâ Regis Parisius coronatur. Eodem anno frater Thomas de Aquino Ordinis Prædicatorum, natione Italicus, vir secundùm sæculi dignitatem nobilis, ut pote frater Comitis de Aquino, sed nobilior sanctitate, in Theologiâ Doctor excellentissimus, cujus doctrinâ fulget Ecclesia universalis ut Sole & Lunâ, de consensu fratrum diligenti examinatione præhabitâ de vitâ, moribus, doctrinâ, per Summum Pontificem canonizatur, & de cætero Sanctorum catalogo decernitur describendus.

In diœcesi Senonensi in quodam castro Regis Franciæ, quod dicitur Castrum Landonis, Gallicè Châteaû-Landon, quidam maleficus & sortilegiator cuidam Abbati de Ordine Cisterciensi promiserat ob magnam pecuniæ summam ab ipso perditam facere restitui, nec non fures pecuniarum & factores earumdem sibi facere nominari. Modus autem per quem venire voluit & credidit dictus sortilegiator obtinere intentum; catum enim sumens nigrum, & in quâdam cistâ sive scrinio includens, cibum confectum de pane madefacto in chrismate, oleo sancto & aquâ benedictâ quod sibi ad triduanum victum posset sufficere, cum ipso in dictâ cistâ reponens, dictum catum in cistâ repositum in quodam quadruvio publico sub terrâ defossum inferiùs per triduum reposuit, eumdem post triduum ad se iterum accepturum, proviso tamen dicto cato de duabus fistulis concavis quæ à scrinio usque ad terræ superficiem protendebant, per quem posset aerem aspirare & iterum respirare. Contigit autem quòd pastores per dictum quadruvium cum canibus more solito pertransirent; sed canes odorem cati sentientes, scilicet ac si talpas sentirent, coeperunt unguibus scalpentes & terram fortiter effodientes à loco illo nullo modo evelli poterant: quod quidam cæteris sapientior Justitiæ nuntiavit, qui illuc cum plurimis veniens, rem ut gesta erat reperiens, ipsum & omnes alios in vehementem admirationem impendit. Sed cum Judex apud se anxius cogitaret quomodo actorem tam horrendi maleficii inveniret, sciebat enim quòd hoc propter aliquod maleficium inventum erat, sed ad quod vel à quo penitùs ignorabat; unde cum apud se cogitans revolveret, & cistam de novo fabricatam agnosceret, vocavit omnes carpentarios: cumque quis artifex esset inquireret, unus in medio procedens confessus est eam fecisse, sed cuidam qui se Joannem Præpositi nominabat vendidisse, nesciens ad quos usus intenderet applicare. Qui propter suspicionem captus & ad quæstiones applicatus, omnia confitetur; primò accusans quemdam qui dicebatur Joannes de Persant, hujus maleficii principalem adinventorem & magistrum illius artis, complices verò illius maleficii accusavit quemdam Cisterciensem Monachum apostatum, & hujus de Persant specialem discipulum, & Abbatem Sarcuncellis Cisterciensis Ordinis, & quosdam Canonicos Regulares: qui omnes capiuntur, & coram Officiali Archiepiscopi & aliis Inqui-

sitoribus hæreticæ pravitatis vincti Parisius adducuntur. Cumque ab illis qui in hoc maleficio credebantur, quæreretur de modo hujus maleficii operandi, dixerunt quòd si per triduum extractum de cistâ excoriassent, & de corio ipsius corrigias fecissent quas tantùm pertraxissent, & colligatæ possent unum circulum tantùm facere ut homo aliquis posset in medio circuli ambitûs stare spatio, quo sic facto invocans dicti circuli se ponens, priùs tamen in posterioribus suis ponens de prædicto cibo cati aliud nihil fastiburn, Berich dæmonem invocaret, & veniens ad omnia interrogata respondens furta & furentes, & quidquid ad perpetrandum maleficium esse necessarium, revelaret. Quorum auditis confessionibus, Joannes Præpositi & Joannes de Persant tamquam actores maleficii ad pœnam ignis sunt adjudicati: sed dum istud factum aliquantulum protelaretur, alter istorum decessit, cujus ossa in detestationem criminis comburuntur, altero in craftino sancti Nicolai vitam miserabilem per pœnam incendii finiente. Abbas verò & alter apostata, & cæteri Canonici Regulares, qui ad perpetrandum maleficium sanctum Chrisma & oleum sanctum ministraverunt, penitùs degradati, secundùm diversa eorum demerita affligendi ad diversos carceres perpetuò mancipantur. Eodem anno liber quidam cujusdam Monachi de Morigniaco juxta Stampas, qui liber haberet beatæ MARIÆ multas depictas imagines, qui causam cum hoc continebat multa ignota nomina quæ ut firmiter dicebatur nomina dæmonum credebantur, quia delicias & divitias promittebat, quinimò & quidquid homo optaret si librum pro se depingi faceret, & nomen proprium bis in illo inscriberet, & multa alia quæ nihil, vel error, videbantur, meritò tamquam superstitiosus Parisius condemnatur.

Eodem anno dominus de Partanayo vir nobilis & potens in Pictaviâ, per fratrem Mauritium deputatum per Papam in Aquitaniam præcipuè Inquisitorem super factis hæreticæ pravitatis, Ordine Prædicatorum sed natione Britonem, super multis casibus hæreticalibus præ honore à quocumque viro Catholico vix dicibilibus apud Regem Franciæ graviter infamatur. Cui Rex citiùs quàm debuisset acquiescens ut puto tamen hoc zelo fidei ductus, nullâ deliberatione vel parvâ præhabitâ, ipsum capi præcepit, & Parisius ad suam audientiam evocari: qui captis omnibus bonis suis & in manu Regis positis, Parisius adducitur, & in domo Templi Parisius per aliquos dies arrestatur. Postea verò in præsentiâ Prælatorum & peritorum copiâ numerosâ dicto nobili personaliter constituto, proposuit contra ipsum dictus Inquisitor multos articulos hæreticos, petens ut ad eos responderet, & de veritate dicendâ juraret: qui contrà dicti Inquisitoris personam multa proponens, per quæ eum ineptum ad inquisitionis officium asserebat, nolens jurare nec etiam respondere ad ejus audientiam si quæ esset, ad Romanam Curiam appellavit. Quo Rex comperto, nolens alicui viam juris præcludere priùs sibi bonis suis integraliter restitutis, ipsum sub tutâ custodiâ ad Summum Pontificem destinavit. Cum igitur in præsentiâ Papæ dictus Inquisitor prædictos articulos proposuisset contra dictum Nobilem; Papa eidem alios auditores assignavit, dicto Inquisitori præcipiens ut si quid vellet contra ipsum proponere, proponeret coram illis, & ita secundùm consuetudinem Curiæ Romanæ negotium ibidem diutius est protractum.

In fine istius anni Ludovicus juvenis apud villam de Brugis veniens, benignè ab omnibus recipitur, & multis eisdem concessis libertatibus, ab ipso in ipsius receptione multa gaudia renovantur: sed hoc eis summè displicebat quia utebatur, relicto Flammingorum consilio, Abbatis Verziliacensis consilio, filii quondam Petri Flote ante Curtracum cum Comite Attrebatensi Roberto occisi, quem propter mortem patris reputabant capitalem inimicum Flandrensium; unde & si quid in toto Comitatu ordinatum esset, quod ad ipsorum votum succederet, quantumcumque benè & justè ordinatum esset, si scirent ex Abbatis procesisse consilio, quasi injustum & malum reputabant; unde & coactus est Comes illum dimittere, & ad propria remeare. Hoc eodem tempore orta est Brugis dissensio. Nam cum Comes villis ruralibus talliam imposuisset satis gravem, collectores autem longè majorem levaverant quàm imposita fuisset: unde rurales seu forenses graviter provocati, inito cum mediocribus de villâ consilio, quos consimiliter Majores de villâ gravaverant, fuit ab ipsis per dictas villulas unanimiter ordinatum, quòd certâ horâ campanæ in eorum Ecclesiis pulsarentur, & omnes ad sonitum pararentur, & sic congregati villam de Brugis subitò pariter sunt ingressi, & præcedente quodam quem sibi ad hoc ducem statuerant, quosdam de gentibus Comitis & quosdam de Majoribus occiderunt.

Circà ista tempora mortuo Matthæo Vicecomite Mediolanensi & Capitaneo Guibelinorum, successit in Regnum Galtherus filius ejus. Contrà quem Papa & Rex Robertus unà cum Cardinali de Pogeto, & domino Henrico de Flandria pugnatorum Capitaneo misit copiosam multitudinem bellatorum; qui adjunctis sibi Guelfis, inter Mediolanum & Placentiam cum Galeacio & cæteris Guibelinis conflictum gravissimum habuerunt. Sed domino Henrico de Flandriâ fratre Comitis de Namurco occiso, ut dicebatur, & fratre Cardinalis occiso, Cardinali fugiente occisi sunt ex parte Guelfâ mille quingenti & amplius bellatorum; & sic cessit victoriâ Guibellinis.

Circà finem istius anni quasi in medio Quadragesimæ redeunte Rege de partibus Tolosanis, cum apud Castrum in diœcesi Bituricensi Rex cum uxore suâ prægnante devenisset, fortè gravata ex itinere per mensem vel circiter ante tempus peperit filium; qui baptizatus satis citò post modicum tempus expiravit; & aliquibus diebus maner post filium decessit, & apud Montem-Argi in Ecclesiâ Fratrum sancti Dominici deportata honoricè est sepulta.

Causâ electionis Regis Romanorum inter Electores Alemannos in discordiâ celebrante, post multas terrarum spoliationes, incendia & rapinas, ex consensu Electorum ad bellum campestre dies assumitur, dies scilicet ultima Septembris. Ex parte Ducis Bavariæ erat Rex Boëmiæ, Dux verò Austriæ conduxerat secum maximam multitudinem Sarracenorum & Barbarorum, quos in primâ fronte belli posuit, Duce eorum fratre suo Henrico. Contrà quos ex parte Bavari Rex Boëmiæ primum bellum habuit; post diuturnum verò conflictum Sarracenis & Barbaris interfectis, capto Henrico fratre Ducis Austriæ cum multis aliis, cessit Regi Boëmiæ victoria gloriosâ. Sequenti verò die, fuit prima dies Octobris, pugnavit Bavarus contrà Ducem Austriæ Fredericum, quo capto in prælio cum multis Nobilibus, multisque occisis, Bavarus de ipso gloriosissimè triumphavit. Captis autem utrisque, Frederico videlicet Austriæ & Henrico fratre suo, Henricus se citius liberavit; pro redemptione enim suâ dedit Regi Boëmiæ undecim millia marchas argenti boni & puri, restituit etiam quamdam terram quam dudum pater dicti Henrici, Rex videlicet Albertus violenter abstulerat Regi Boëmiæ, in quâ terrâ erant sexdecim munitiones, scilicet civitates & castra bona & fortia, exceptis villis campestribus quæ in isto numero clauduntur. Hanc terram Rex Boëmiæ recepit, & Henricum fratrem Ducis liberum abire permisit. Fredericus verò Dux Austriæ per duos annos & septem menses apud Bavarum captus continuè detinetur; sed non obstante captione, Ducis Frederici Dux Lepodus frater Ducis, & cæteri fratres ejus à frequentibus bellorum incursibus contrà Bavarum nullatenùs quieverunt, unde Ducis captivitas guerram non abstulit, sed potiùs aggravavit.

Nullus Imp. MCCCXXIV.

Hoc anno uxore Regis Franciæ sorore Regis Boëmiæ defunctâ, Rex Joannam quondam filiam Comitis Ebroïcensis, cognatam suam germanam, utpote avunculi sui filiam, accepit in uxorem.

Super hoc tempore in Vasconiâ per dominum de Montepesato bastidia quædam in dominio Regis Franciæ de novo fundatur, quam tamen esse in dominio Regis Angliæ dictus asserebat. Cùm igitur super his inter gentes Regis Franciæ & Regis Angliæ quæstio oriretur, lata est pro Rege Franciæ sententia, unde ex hoc dicta bastidia Regi Franciæ adjudicatur, & ad dominium Regni Francorum applicatur. Unde offensus ex hoc dominus de Montepesato, ducens secum Senescallum Regis Angliæ advocavit; qui simul ad dictam bastidiam venientes, omnes ibi inventos de hominibus Regis Franciæ occiderunt, & aliquos ibi receptis Majoribus, ut dicitur, suspendentes, bastidia fundamentis destructâ, ad castrum de Montepesato omnia quæ ibi poterant inveniri, portaverunt. Et licet Rex per seipsum potuisset injuriam vindicare, nihilominùs tamen volens omnia rectè facere, Regi Angliæ hanc significavit injuriam, ut in terrâ suâ factam juxtà condignum sibi faceret emendari. Ad quod faciendum Rex Angliæ fratrem suum de secundâ uxore patris sui, cognatum germanum Regis Franciæ ex parte matris, Raimundum nomine, cum quibusdam Magnatum Angliæ ad Regem Franciæ misit, cum potestate ab eodem concessâ tractandi cum Rege Franciæ de emendatione, & tractatum cum eo habitum integraliter confirmandi. Rex verò voluit ut unà cum Senescallo Angliæ in Vasconiæ partibus deputato dominus de Montepesato cum quibusdam, quorum consilio dictum maleficium dicebatur perpetratum fuisse, omninodè suæ voluntati pro emendâ traderetur, hoc adjuncto etiam quòd castrum redderetur. Cumque manifestè cognoscerent Anglici Regis animum ad aliam recipiendam emendam quàm, ut prædictum est, nullatenùs inclinari, in eam simulatoriè consenserunt; adjunctoque eis domino Joanne de Anebleyo Milite Regis, ut in ejus præsentia nomine Regis fieret dicti negotii exequutio, versùs Vasconiam properarunt; sed pactum non tenuerunt, & nuntians Regi quomodo ab Anglicis sit delusus, & quomodo castra & villas Anglici munientes se ad bellum ut poterant, præparabant: Rex avunculum suum Comitem Valesii cum duobus ejusdem avunculi filiis Philippo & Carolo, & domino de Attrebato Comite Bellimontis-Rogerii in Vasconiam misit cum electâ copiâ pugnatorum: qui veniens apud civitatem Agiensem, voluntariè se reddidit sine pugna. Audiens verò Comes Valesii fratrem prædictum Regis Angliæ cum Anglicis in villâ quæ dicitur Regula, quæ vulgari Gallicorum dicitur La Riolle, cum pugnatorum suorum potentiâ residere, illuc cum exercitu applicuit. Sed cum quidam de nostris nimis prope portam accessissent, & incautè illos ad villâ ad pugnam provocassent, occiso domino de Florentino cum quibusdam aliis Militibus, turpiter sunt devicti. Quod graviter ferens dictus Comes Valesii, erectis machinis & cæteris ad destructionem villæ necessariis instrumentis, obsidionem posuit contra villam, ita ut ex nullâ parte pateret in villam ingressus vel egressus. Videntes verò illi de villâ sibi & suis undique periculum imminere, quæ pacis erant protinus obtulerunt. Fuit autem ordinatum hoc modo, quòd villa redderetur, & habitatores qui adhuc vellent Regi Angliæ adhærere, possent salvâ vitâ & supellectili ad loca alia se liberè transferre : qui verò vellent ibidem remanere, fidelitatem facerent Regi Franciæ, & obedirent Custodibus ibidem ex parte Regis Franciæ deputatis. Dictus verò Edmundus Capitaneus dicti belli, & frater Regis Angliæ ex parte patris, nepos verò domini Caroli ex parte matris, permissus est redire ad Regem Angliæ, ut si Rex Angliæ vellet tenere pacta quæ Regi Franciæ Parisius promiserat, pax firma esset, si non, ipsemet rediret ad dominum Carolum tradendus Regis Franciæ voluntati; & ob hoc dati sunt obsides quatuor Milites Anglici, & datæ sunt treugæ usque ad sequens Pascha ; & sic licentiatus Edmundus per Burdegaliam in Angliam remeavit, dicentes eum primitus debuisse ad Regem adduxisse, vel ante dictam licentiam, Regis super hoc imperium exspectasse. Sic igitur capta est Regula, & castrum de Montepesato funditus est destructum, cujus dominus antea mortuus fuerat, & ut dicitur præ tristitia & dolore. Et sic sedata est Vasconia tota sub dominio Regis Franciæ, exceptis Burdegali & Baionâ & Sanctus Severus ; quæ adhuc sunt sub obedientiâ Regis Angliæ remanentes. Dominus verò Carolus licentiato exercitu, in Franciam repedavit.

Isto anno præcepit Papa Prælatis & universis aliis tam Religiosis quàm non Religiosis habentibus officium prædicandi in virtute sanctæ obedientiæ, ut processus quos contrà Ludovicum Ducem Bavariæ fecerat, Clero & populo publicè nuntiarent ; interdicens sub pœnâ inobedientiæ ne quis ipsum Imperatorem diceret, nec etiam nominaret : unde & omnes vassallos ejus à Juramento fidelitatis absolvens, præcepit ne quis durante ejus rebellione & inobedientiâ contrà Ecclesiam, sibi præberet auxilium, consilium vel favorem. Si quis secùs facere videretur, si Prælatus, esset suspensus ; si laicus, excommunicatus ; & terra ejus Ecclesiastico supposita interdicto. Præcepit etiam ut Dretetalis nova ab eo edita, damnans quorumdam doctrinam hereticam asserentium Christum nihil habuisse in proprio vel in communi, ut Evangelio & scripturæ sanctæ, quæ clamat Christum loculos habuisse ; dissonam & contrariam Parisius & in aliis Studiis generalibus publicaretur. Fecit etiam speciales eodem anno publicari indulgentias datas contra Galeacium & fratres ejus, parte eorum jam defuncto, de quibus suprà fecimus jam mentionem. In fine quasi istius anni, ad preces sororis suæ Reginæ Angliæ ad eum humiliter venientis, Rex treugas inter ipsum & Regem Angliæ per dominum Carolum usque ad Pascha positas, usque ad festum beati Joannis Baptistæ prolongavit ; ut interim per utriusque amicos inter duos Reges de concordiâ tractaretur.

Dux Austriæ per Bavarum captivus detinetur, sed Dux Lepodus cæterique fratres Ducis Austriæ in eum & terram suam multa maleficia moliuntur.

Nullus Imp. MCCCXXV.

Hoc anno ad Reginæ uxoris suæ submonitionem, ut firmiter creditur, Rex Angliæ ad diem certum promisit in Franciam se venturum, & Regi de terrâ Vasconiæ & Pontivi homagium se facturum. Hoc instanti tempore Regina Franciæ nova prægnans erat & partui proxima, unde & Regis Angliæ adventûs dilatio tolerabilior habebatur ; sperabatur enim sicut &

quidam Astronomi prænosticaverunt, ut dicitur, ipsam filium habituram, Regis enim adventus novi partûs gaudium multipliciter augmentasset : sed Dominus qui omnia disponit prout vult, aliter quàm humana mentiebatur opinio, ordinavit ; non enim multum post filiam peperit sibi primogenitam. Illo in tempore Reginâ Angliæ residente in Franciâ apud fratrem suum Regem Franciæ, Rex Angliæ, qui certâ die promiserat venire, & Regi Franciæ homagium se facturum, mutato proposito quidquid juris habebat in Ducatu Aquitaniæ dedit filio suo primogenito Eduardo, qui post eum erat in Angliâ regnaturus ; venientque de mandato patris in Franciam ; intercedente matre ad homagium benigniter est receptus. Regina Angliæ residens in Franciâ, ut ad eum veniret in Angliam interim revocatur ; sed Regina sciens Regem habere Consiliarium, qui sibi quantum poterat confusionem & vituperium procurabat ; post cujus tamen vocem Rex indifferenter omnia faciebat, timuit & non immeritò illic ire : unde & remittens in Angliam armigeros & ancillas & etiam Militesquos secum veniens aduxerat, paucis retentis elegit in Franciâ remanere ; interim verò Rex Franciæ pro se & retentâ familiâ expensas & necessaria faciebat ministrari.

Juvenis Comes Flandriæ habens dominum Robertum avunculum suum suspensum ne in ejus mortem aliquod moliretur, hominibus in villâ de Warnelton prope Insulam ad tres leucas habentibus, ubi dictus avunculus residebat ; per litteras mandavit, ut visis litteris dictum avunculum suum interficerent tanquam proditorem ; sed Cancellarius Comitis antequam litteræ sigillatæ traderentur hominibus dictæ villæ, hoc domino Roberto significavit ; Quo comperto dominus Robertus se à villâ quàm citius potuit elongavit, & sic litteræ Comitis posteà venientes ad villam, effectum ipso domino Roberto absente nullatenùs habuerunt ; unde ex hoc inter dictum Comitem & dominum Robertum pergrandes inimicitiæ sunt sequutæ. Comes verò captum Cancellarium interrogans cur sic secretum suum revelasset, respondit confitens se hoc factum fecisse ne honor Comitis deperiret ; nihilominùs dictus Cancellarius in carcere Comitis est detentus. Satis citò posteà forte ipsius suis exigentibus peccatis, dicto Comiti grande fortunium accidit in Curtraco, quòd cum præcedentibus pactis in compositione pacis Comes & Flandrenses Regi maximam summam pecuniæ promisissent super Comitatûs villarum collectam, per dominum Comitem impositam & ad eamdem levandam & explectandam aliqui Nobiles, aliqui etiam de Majoribus de Brugis, & de Yprâ, & de Curtraco per dictum Comitem deputantur. Communitatibus verò & hominibus villarum campestrium visum est quòd major pecuniæ quantitas per dictos collectores levaretur quàm esset summa quæ Regi Franciæ debebatur, ignorantes etiam quòd ex hoc Regi erat aliqua satisfactio facta ; unde Rectores Communitatum à Comite petierunt ut de receptis rationem redderent collectores ; sed renuente Comite orta est gravis dissensio inter ipsos. Collectores verò unà cum Comite se in Curtraco recipientes, inito simul consilio cogitaverunt villæ suburbia incendere ; ut venientes qui pro Communitatibus ab eis compotum exigebant, non habentes ubi se protegerent faciliùs possent superari ; illic enim convenerant cum armatorum multitudine copiosâ. Sed Dominus quod contrà alios malitiosè composuerant in ipsos retorsit ; ignis enim in suburbio positus in tantum invaluit, ut non solùm suburbium sed etiam totius villæ residuum concremaverit. Quod illi de Curtraco perpendentes, hoc esse factum à Comite & suis proditoriè æstimantes, qui priùs pro ipso & cum ipso erant, contrà eum unanimiter arripiunt arma, & utriusque partis multi occiduntur etiam Nobiles, & maximè dominus Joannes de Flandria, aliàs dictus ex parte matris, de Nigellà. Comes verò capitur, & quinque Milites, & duo alii nobiles domicelli, qui omnes sic capti illis de Brugis sunt traditi, & carceri mancipati. Unde ex hoc Majores cum Communitatibus & villis circumadjacentibus, exceptis Gandavensibus, concordati dominum Robertum Comitis avunculum, & ut prædictum est Comitis inimicum Ducem sibi concorditer elegerunt : qui super ipsos Ducatu accepto incarceratum, ut priùs dictum fuerat, Comitis Cancellarium liberavit, & liberatum multipliciter honoravit. Gandavenses verò partem foventes Comitis, contrà Brugenses tenentes incarceratum Comitem arma sumferunt, & in ipsos virilem impetum facientes, ferè quingentos ex ipsis, ut dicitur occiderunt; nec tamen Comes sit fuit à carcere liberatus. Unde & circà idem tempus Rex Franciæ solemnes nuntios misit Brugensibus, rogans & exhortans super Comitis liberatione, sed nuntii vacui redierunt.

Circà festum Magdalenæ & in totà præcedente & sequente æstate maxima fuit siccitas, ita ut per quatuor lunationes continuas vix plueret, quod juxtà æstimationem pluviæ duorum dierum debuerit æstimari, etiamsi omnes pluviæ quæ in illis quatuor lunationibus successivæ fuerunt, essent simul & in unum adunatæ ; & quamvis æstus esset permaximus, non fuerunt tamen tonitrua vel fulgura, vel etiam tempestates, unde & fuerunt fructus pauci, sed vina solito meliora. In sequenti hyeme fuerunt frigora permaxima, ita ut in brevi tempore bis Secana gelaretur in tantum ut super glaciem onerati transirent homines, & dolia plena desuper traherentur, glaciei verò magnitudinem attestatur utriusque pontis Parisius lignei post glaciei dissolutionem ruptio sequuta.

Circà illa tempora Carolum Comitem Valesii gravis arripuit ægritudo, ita ut usu membrorum suorum parte mediâ corporis privaretur. Et quoniam vexatio dat intellectum, creditur firmiter factum Ingerranni de Marigniaco per eum suspensi, ut dicebatur, ad conscientiam revocasse ; quod ex hoc perpendi potuit ; nam cum quotidie ingravesceret ejus ægritudo, fuit Parisius pauperibus quædam generalis pecuniæ distributio facta, cumque pecuniæ prædictæ distributores singulis pauperibus singulos darent denarios, dicebant pauperibus ; *Orate pro domino Ingeranno & pro domino Carolo*, Ingerannum domino Carolo præponentes ; unde & ex hoc plurimi collegerunt quod de & super ipsius morte conscientiam faciebat. Qui post diuturnum languorem in villâ quæ dicitur Partecum Carnotensis diœcesis, decimâ die anni exspiravit. Cujus corpus sepultum est apud Fratres Prædicatores Parisius ; asserunt tamen nonnulli quòd ibi est locus propriæ sepulturæ, sed propter malitiam temporis & ineptitudinem non valens ulteriùs deportari fuit ibidem sub custodiâ depositum, tempore magis competenti ad locum Cartusiensium quem ipse fundaverat & dotaverat, & ubi ut dicitur, vivens sepulturam elegerat, aliàs deportandum ; cor verò ipsius apud Fratres Minores Parisius est sepultum. Hoc eodem anno multi de diversis mundi partibus, audientes quòd dominus Ludovicus de Claromonte in sequenti proximo Paschate transfretaret ad terram sanctam, fervore devotionis & fidei excitati, rebus propriis distractis, nonnulli venditis patrimoniis sepulcrum Domini nostri Jesu-Christi cupientes, si essent eis possibile, visitare, & adorare eum in loco ubi steterunt pedes

ejus, Parisiùs advenerunt : quod perpendens dictus dominus Ludovicus, & videns quòd sibi nihil esset prosperum ad dictum passagium peragendum, maximè cum deesset facultas unde ad tam arduum aggrediendum passagium oportuna navigia pararentur; in die sanctâ Veneris quæ est Parasceve ante Pascha Parisius in Regali Palatio, in pleno sermone fecit eis publicè prædicari, quòd illo anno non intendebat nec poterat transfretare, sed quòd eâdem die anno revoluto & in civitate Lugdunensi super Rhodanum parati cum eo transfretarent, & ibidem nominarentur ab portus ad quem omnes peregrini deberent pariter applicare ; quod dictum multis versùm est in scandalum, nonnullis etiam in detisum, & sic fraudati ab intento ad propria vacui redierunt.

Hoc eodem anno in fine Januarii vir venerabilis de Pontizarâ, aliàs de Chambeliaco, Abbas Monasterii sancti Dionysii in Franciâ ex . . . . futuris perutile dereliquit, quòd novam domum infirmorum sui Monasterii inchoavit, & inchoatam miro & valde sumptuoso opere consummavit. Cui successit sequenti mense Martii à Fratribus dicti Monasterii pacificè & concorditer electus Frater Guido de Castris, vir Religionis honestate conspicuus, omnique morum honestate præclarus ; cujus electionem Avinioni positus domnus Summus Pontifex sequenti mense Aprilis, quinto videlicet Kalendas Maii confirmavit.

Nullus Imp. MCCCXXVI.

Hoc anno Regina Joanna viri illustris Ludovici quondam filia, cum magno sumptu & apparatu licet . . . . fructuose die Pentecostes Parisius coronatur. Hoc eodem anno Regina Angliæ Isabella soror Regis Franciæ, timens mariti sui offensam incurrere si diutius in Franciâ moram protraheret, necnon & credens eum placare offensum si ipsam unà cum filio suo primogenito præsentialiter conspiceret, unà cum filio suo versùs Angliam acceptâ à Rege & Regalibus licentiâ, iter arripuit ; & exspectans nova de domino suo Rege Angliæ, in Comitatu Pontivi, qui sibi ratione dotis fuerat à Rege Angliæ assignatus, aliquamdiù disposuit immorari. Interim autem venerant rumores ad Regem Franciæ, ut dicebatur, quòd Rex Angliæ in toto Regno suo omnes de Regno Franciæ existentes in Angliâ occidi præceperat, bonaque omnia eorum confiscaverat ; unde Rex Franciæ permotus præcepit omnes Anglicos in Regno Franciæ existentes, & eorum bona confiscari, necnon in diversis Regni carceribus ipsorum corpora detineri : quod & factum est unâ die & unâ horâ in toto Regno Franciæ, in crastino videlicet Assumptionis beatæ Mariæ. Quod factum omnes Anglicos de Regno Franciæ mirabiliter terruit, timebant enim quòd sicut unâ die capti fuerant, unâ die morti pariter traderentur ; sed Deus qui sic etiam malè ordinata in melius immutare, aliter ordinavit. Nam Rex cognoscens falsam esse suggestionem de captione & occisione Gallicorum in Angliâ, Anglicos captos in Franciâ liberari præcepit : illorum tamen Anglorum, qui divites apparebant, bona quoque partem quæ ad eos contingere poterat, confiscavit ; in quo facto omnes boni homines de Regno turbati sunt, nam ibi notabatur in Rege & Consiliariis hujus facti nota detestabilis avaritiæ fuisse potiùs, quàm propter Regis vindicandam injuriam.

Interim Regina Angliæ de transfretando deliberarat in Angliam, sed quomodo fieri posset verisimiliter dubitabat. Nam Rex Angliæ per malos Consiliarios suos & præcipuè per dominum Hugonem dictum *Le Despenser* contrà eam gravissimè permotus, per omnes portus mandaverat ut si ipsam ad ipsorum aliquem applicari contingeret, utpote Regali & Regalibus præceptis inobediens tamquam rea criminis caperetur. Quod perpendens Regina, assumpto secum domino Joanne de Hanoniâ, viro nobili & potenti, & in armis industrio & probato, cum trecentis armatis hominibus ad quemdam portum de quo nullatenùs sperabant Anglici esse eam transituram, eo quòd portus est nimis distans à Franciâ & nimis periculosus, cum magnâ sui & suorum anxietate applicuit; unde & quædam domicellarum suarum præ timore & turbatione maris mortua, altera antequàm tempus esset pariendi protulit abortivum. Ipsâ verò cum suis ad portum, ut prædicitur applicatâ, illi de portu qui etiam super hujus captione Regis mandatum acceperant, acceptis armis, ad Regis implendum præceptum se quàm citiùs poterant, disponebant. Sed Regina prudenti usa consilio, eorum furorem barbaricum sine armis, & sine quocumque bellico apparatu prudenter & mansuete compescuit. Nam ipsis ad se ad alloquium evocatis, ostendit eis filium suum futurum eorum Regem & dominum, asserens se terram intrasse sic non propter Regis domini sui vel Regni turbationem, sed propter malorum Consiliariorum Regis, qui suis malis consiliis Regem videbantur dementare, & ex hoc totius Angliæ pacem & concordiam perturbare, si posset, excusationem, vel si non posset, saltem à Rege elongationem, ut per hoc malè acta corrigerentur, & terra ad statum pacificum reduceretur. Viso verò Anglici eorum domino filio scilicet Regis, tota eorum ferocitas in mansuetudinem commutatur, & Reginam cum filio sibique coassistentibus cum magno gaudio susceperunt, & Regi Angliæ Reginæ uxoris suæ & filii adventum sibi & Regno pacificum quàm citiùs innotescere curaverunt, eamque ab ipso clementer & benigniter debere recipi supplicantes. Sed Rex Angliæ obstinatus in malo animo, prædictam admissionem gratanter non accepit, sed indignanter remandavit, sibi displicere quòd cum manu armatâ visa esset terram Angliæ subintrare, præsertim cum eam Regni & Regis assereret inimicam. Quibus auditis Regina sibi de cætero magis timuit, sed favorem Baronum & bonarum villarum, & maximè Londoniæ civitatis quantum potuit procuravit, & obtinuit. Postmodum Regina sperans cor Regis ad amorem & mansuetudinem posse inflectere, versùs ipsum aliquamdiù properavit, sed Rex eam malignorum depravatus consilio, quasi sibi omninò abominabilem nec audire voluit, nec videre. Unde Barones indignati unà cum domino Joanne de Hanoniâ contrà Regem ad bellum processerunt, & multis ex parte Regis occisis, inter cæteros Hugo Dispensator præcipuus & primus inter Regis Consiliarios vivus capitur, & Rex fugiens de prælio cum paucis de suis, in quodam castro fortissimo sito in finibus Walliæ & Angliæ se recepit. Deinde verò cum de illo castro voluisset prædictus Rex ad locum alium se transferre, à quibusdam Baronibus ibidem in insidiis positis violenter capitur, & fratri Comitis de Lenclastre, qui dicebatur ad Curtum-collum eo quod ejus fratrem dominum Thomam de Lenclastre decollari fecisset, custodiendus traditur, quem sub tutâ & arctâ custodiâ usque ad vitæ suæ finem diligentissimè custodivit. Deinde convocato in Londoniis Consilio Baronum & Comitum, Eduardus nuper Rex unanimi omnium consensu tamquam indignus & inhabilis ad Regni Angliæ regimen judicatur, dignitate & auctoritate Regiâ, necnon & Regis nomine meritò de cætero decernitur esse pri-

vandus, filium verò suum licet parvulum renitentem ipso patre adhuc vivente super se Regem coronavit. Satis citò post Hugo Dispensator per Baronum judicium ad caudas equorum fuit tractus, & ipso exenterato, ipso vivente viscera ejus sunt combusta, & deinde suspensus vitam suam mirabiliter terminavit. Deinde verò plures alii, qui sibi in malis suis favebant consiliis, diversis mortis generibus atrociter perierunt.

Hoc anno mittitur in Italiam ex parte Summi Pontificis Legatus, scilicet dominus Bertrandus de Pogeto, & aliquantulum post adjungitur eidem dominus Joannes Gayetanus Cardinales, ut partem foverent Ecclesiæ contrà Guibelinos, & maximè contrà illos dominos de civitate Mediolani, ratione quorum totam civitatem & patriam dominus Papa Ecclesiam suo supposuerat interdicto, quod tamen interdictum ipsi nullatenùs observabant, & si qui utpote religiosi aliqui illud observare vellent, necessariò cogebant fugere, & patriam relinquere, vel diversis afflicti suppliciis interire; unde & hoc asserunt nonnulli quòd multi occisi sunt cum nollent in eorum præsentiâ celebrare, vel eis Sacramenta Ecclesiastica ministrare. Hoc anno moritur Eduardus Rex Angliæ, & in loco patrum suorum honorificè ab uxore & filio suo cæterisque Regni sui Proceribus sepelitur, & filius ejus Eduardus ei succedens in Regno Angliæ confirmatur: utrùm tamen mors accelerata fuerit vel non, novit ille qui nihil ignorat. Circà ista ferè tempora inter Comitem Sabaudiæ & Delphinum grave initum est bellum, sed multis ex parte Ducis corruentibus, multis cum Comite fugientibus, capiuntur multi Nobiles, puta frater Ducis Burgundiæ, Comes Autissiodorensis & multi alii Nobiles & Potentes, & sic Delphino quem pater prædicti Sabaudiæ Comitis per malitiam diù oppresserat, cessit victoria, sed pars Comitis major & fortior videbatur.

Ludovico Duce Bavariæ in Imperatorem, sicut prædictum est, detentoque apud eum in vinculis Duce Austriæ Frederico, per Ducem Lepodum & fratres ejus, fratres videlicet Ducis Austriæ, Alemannia multis in modis inquietatur & rapinis hinc inde. Sed Dominus qui immutat corda hominum sicut vult, cum in eo sint non solùm Regnorum, sed etiam Regum omnium jura & potestates, cor prædicti Ludovici erga prædictum Fredericum Ducem Austriæ ejus antea inimicum, licet cognatum germanum, taliter ad misericordiam inclinavit, ut ei omnem offensam remitteret, & eum à carcere & vinculis cum pluribus Nobilibus qui cum ipso captivi detinebantur, sine prece vel pretio liberaret, vel liberum & immunem ad propria transmiserit; facto tamen sibi priùs juramento suprà Corpus Christi, de quo uterque hostiâ divisâ in duas in eâdem Missâ communicavit, de servandâ sibi in posterum fidelitate, quam & Dux Austriæ fecit, & sic liber cum suis ad propria remeavit.

Circà ista ferè tempora ad Ludovicum Ducem Bavariæ se Regem sperans Romanorum nominantem, venerunt in nomine Beroth de Studio Parisius duo filii diaboli, videlicet Magister Joannes de Gonduno natione Gallicus, & Magister Marsilius de Paduâ natione Italicus, & cum fuissent Parisius in scientiâ satis famosi, à quibusdam Ducis familiâ, qui eos à Parisius agnoverant circumspecti & agniti, ad eorum relationem ad Ducis non solùm Curiam, sed etiam gratiam finaliter admittuntur. Unde & dicitur Ducem prædictum eos esse taliter alloquutos: Pro Deo, quis movit vos venire de terrâ pacis & gloriæ ad hanc terram bellicosam, refertam omnis tribulationis & angustiæ? Responderunt, ut di-

L iij

citur: Error quem in Ecclesiâ Dei intuemur, nos fecit hucusque exulare, & non valentes hoc ampliùs cum bonâ conscientiâ sustinere, ad vos confugimus, cui cum de jure debeatur Imperium; ad vos pertinet errata corrigere, & malè acta ad statum debitum revocare: non enim, ut dicebant, Imperium subest Ecclesiæ, cum esset Imperium antequam haberet Ecclesia quidquam dominii vel Principatûs; nec regulari debet Imperium per regulas Ecclesiæ, cum inveniantur Imperatores plures electiones Summorum Pontificum consummasse, Synodos convocasse, & auctoritatem eisdem etiam de diffiniendis eis quæ fidei erant jure Imperii concessisse; unde si per aliqua tempora contrà Imperium & Imperii libertates aliquid præscripsit Ecclesia, hoc dicebant non ritè & justè factum, sed malitiosè & fraudulenter contra Imperium ab Ecclesiâ usurpatum: asserentes se hanc quam dicebant veritatem contrà omnem hominem velle defendere, & si necessitas esset etiam pro ejus defensione quodcumque supplicium & mortem finaliter sustinere. Cui tamen sententiæ quin potiùs vesaniæ Bavarus non totaliter [acquievit;] quinimo convocatis super hoc peritis, invenit hanc esse prophanam & pestiferam persuasionem, cui si acquiesceret, eo ipso cum sit hæretica jure Imperii se privaret, & ex hoc viam Papæ aperiret per quam contrà ipsum procederet. Unde & persuasum est ei ut illos puniret, cum ad Imperatorem pertineat non solùm Catholicam fidem & fideles servare, sed etiam hæreticos exstirpare. Quibus dicitur sic Bavarus respondisse; Inhumanum esse homines punire vel interficere sua castra sequutos, qui propter eum dimiserunt propriam patriam, fortunam prosperam & honores; unde eis non acquiescens eos semper assistere præcepit, juxtà eorum statum suamque magnificentiam eos donis & honoribus ampliavit. Quod tamen factum dominum Papam Joannem non latuit; unde & super hoc factis multis secundùm vias juris contrà eos procellibus, excommunicationis sententiam contrà ipsos & Bavarum fulminavit, eamque mittens Parisius cæterisque locis solemnibus fecit publicè proclamari.

Hoc eodem anno domnus Papa multis conductis stipendiariis contrà Guibelinos, & maximè contra Galeacium & fratres ejus Vicecomites, Mediolanensi patre condam domino Matthæo in excommunicatione defuncto, cæterosque, Mediolanum multos stipendiarios datâ eis plenâ indulgentiâ misit. Qui in Italiam venientes, & se contrà Italicos ad prælium opponentes, omnes, vim eorum evadente Capitaneo, pariter sunt occisi. Unde & super his & non sine causâ dicitur Dominum Papam [ultrà modum fuisse turbatum, licet in Curiâ Romanâ diceretur à nonnullis Dominum Papam] meritò ista pati, [cum contra] inimicos suos materiali gaudio Ecclesia non utatur, maximè cum hæc dicerent nonnulli, hoc domnum Papam proprio motu inconsultis Fratribus inchoasse. Papa igitur depauperatum se videns, misit nuntios speciales per universas provincias Regni Franciæ, ad petendum Ecclesiarum & Ecclesiasticarum personarum Regni Franciæ subsidium pro guerrâ suâ in Italiâ prosequendâ. Quod Rex Franciæ, asserens hoc in Regno Franciæ inconsuetum, prohibuit; sed domino Papa sibi super his rescribente, postmodum Rex considerans *Do ut des*, faciliter concessit; unde & pro duobus succedentibus annis Papa Regi biennalem decimam, super Ecclesiam concessit: & ita dum miseram Ecclesiam unus tondet, alter excoriat. Valuit istud subsidium multum Domino Papæ, nam ab aliis decimam integram, ab aliis mediam, à nonnullis quidquid exigere potuerunt. Unde & ab omnibus qui beneficia Ecclesiastica tenebant auctoritate Apostolicâ, habuit Papa valorem totius beneficii unius anni, quod usque nunc in Regno Franciæ fuerat inauditum; unde & meritò formidandum ne futuris temporibus Gallicanæ Ecclesiæ desolatæ, cum non sit qui se opponat; magnum præjudicium generetur.

Hoc eodem anno quidam bastardi, nobilium virorum de Wasconiâ in concubinatu filii, terras & villas Regis Franciæ cum armis & bellico apparatû multipliciter & hostiliter invaserunt; contrà quos Rex misit consanguineum suum dominum Alphonsum de Hispaniâ, nuper de Canonico & Archidiacono scilicet Parisius factum Militem; sed licet circà hujus persequutionem negotii multam Regis pecuniam expenderet; parum tamen vel nihil profecit, & acceptâ inibi febre quartanâ, de quâ satis cito postmodum mortuus est, infecto negotio inglorius in Franciam remeavit. Bastardi verò prædicti Vasconiâ, usque ad civitatem Xantonensem in Pictaviâ cum quibusdam Anglicis applicuerunt. Erat autem civitas Xantonarum Regis Franciæ, sed castrum fortissimum quod supereminebat civitati erat Regi Angliæ; in quo se prædicti bastardi Vascones contrà civitatem & Comitem Augi cum multis aliis nobilibus ibidem ex parte Regis Franciæ transmissis, viriliter protegebant. Sed cum multos insultus illi Vascones cum Anglicis in castro sustinuissent, relictis paucis ad custodiam castri ad campos benè distantes à civitate clam confugerunt, mandantes Comiti Augi, & eis qui in civitate erat ex parte Regis Franciæ, quòd ipsum in tali loco & ad diem certum & præfixum ad bellum campestre exspectarent: qui Comes prædictus libenter annuit, & acceptis suis & hominibus de civitate ad bellum aptis ad locum eidem designatum quantum potuit, properavit. Perpendentes verò Vascones cum Anglicis cum à civitate elongatum, per aliam occultam viam divertentes civitatem ingressi, eam etiam cum civitatis Ecclesiis totaliter combusserunt. Quod Comes Augi unà cum domino Roberto Bertrando Marescallo Franciæ se deceptos videntes, eos usque in Vasconiam prosequuti sunt, & eas usque ibidem terras & villas Regis Franciæ submittentes dominio, prædictos Vascones & Anglicos ita fugere compulerunt, ut nullomodo præsumerent vel auderent deinceps in propriis partibus apparere. Hoc eodem anno Regina Franciæ apud Castrum novum juxtà Aurelianis prægnans dicitur, quia sperabatur ipsam in dicto castro quàm alibi filium masculum habituram, sicut prænosticaverant quidam sortilegi & sortilegæ; sed Deus volens mendaces eos ostendere aliter ordinavit; nam & Regina filiam peperit, & satis citò post altera ejus primogenita filia exspiravit.

Circà ferè idem tempus Comes Flandriæ Brugis per Brugenses detentus aliquamdiù in carcere, deliberatur; priùs tamen præstito juramento, quòd jura, libertates & consuetudines eorum fideliter & inviolabiliter observaret, & quòd occasione prisionis seu detentionis sibi factæ nullum eis malum inferret vel inferri faceret in futurum, quia ut ipsi asserebant ad ejus magnam utilitatem fuerat properatum. Juravit etiam quòd de cætero in suis arduis negotiis eorum consilio specialiter uteretur; quòd tamen ut rei probavit eventus notabiliter ut promiserat [non] adimplevit.

MCCCXXVII.

Hoc anno Rex Franciæ Carolus misit nuntios ad Regem Angliæ novum, ut ad eum accederet de Ducatu Aquitaniæ homagium facturus; sed Rex Angliæ propter recentem mortem patris afferens sibi non tutum esse patriam elongare, verisimiliter sibi timens aliquos latentes inimicos, se ex hoc erga Regem Franciæ excusavit, & Rex Franciæ excusationem libenter acceptavit. Parisius pro sedanda discordia inter Comitem Sabaudiæ & Delphinum, cum Rege multi Barones congregantur, sed non invenientes in eis pacis materiam vacui revertuntur; eorum unicuique de jure suo defendendo, nonobstante quod commissum fuisset in Regem, licentia conceditur. Hoc eodem feré tempore dominus Ludovicus Comes Clarimontis, volens occulté omnibus ostendere devotionem & affectionem quam habebat ad terram sanctam, proponens, ut dicitur, quàm citiùs posset commodè transfretare, licentiam accepit in Ecclesia beatæ MARIÆ Parisius, in Capella Regis jurans publicé in illa die Parisius nullatenùs ingressurum, donec juramentum factum adimplevisset de passagio transmarino; & licet post emissum juramentum ignoraretur Parisius intravisse, non tamen ab eo multum se elongavit; nam in domo Templi, & in Lupara, & in cæteris juxta Parisius suburbiis tutum portum inveniens, ibidemque continué permanens juramentum emissum, ut credebat, à longè conspiciens laudabiliter observavit.

Hoc eodem anno concordatum est inter Regem Franciæ & Regem Angliæ, Hispaniæ, Arragoniæ, Siciliæ & Majoricarum, ut mercatores undecumque terrarum cum securo conductu possent de Regno ad Regnum tam per terram quàm per mare cum mercimoniis suis incedere, & mercimonia sua deportare: & ut hoc edictum nulli lateret vel latere potuisset, fuit hoc per singula Regna proclamatum publicé. Hoc anno dominus Alphonsus de Hispania, ex Clerico & Parisius Canonico nuper factus Miles, ex infirmitate quam in Vasconia acceperat, apud Gentiliacum juxta Parisius moritur, & apud Prædicatores Parisienses Ecclesiasticæ traditur sepulturæ.

Hoc eodem anno circa finem Augusti Ludovicus Dux Bavariæ se Regem Alemannorum publicé nominans, cum viginti tantùm equis vel circiter quasi venationi vacans Alpes transgreditur; quod ut ad notitiam Lombardorum deventum est, & maximé Nobilium, domini scilicet Canis de Verona, domini Castrucii, domini Galeazii cæterorumque fratrum suorum filiorum domini Matthæi, cæterorumque de Comitatu Mediolanense Nobilium cum magno exercitu occurritur, & productus usque Mediolanum, à primoribus civitatis & patriæ honorificé, multis & magnis ditatus muneribus, ibidem recipitur; & ibidem permanens, ut prædictis Nobilibus de rebus suis disponens, in Octabis Epiphaniæ in Imperatorem corona ferrea coronatur.

Hoc eodem anno in die Natalis Domini circa mediam noctem Regem Franciæ Carolum gravis ægritudo arripuit; qua diù laborans, in vigilia Purificationis beatæ MARIÆ apud nemus Vicenarum prope Parisius exspiravit, relicta Regina uxore sua desolata vidua & prægnante. Cujus corpus juxta Philippum fratrem suum more patrum suorum sepulcris Regum Franciæ apud S. Dionysium honorificé sepelitur. Cor verò ipsius apud Prædicatores Parisius tumulatur. Et ita tota progenies filiorum Philippi Pulcri; qua in Regno Franciæ nunquam pulchrior visa fuerat, in quatuordecim annis totaliter exterminatur.

Defuncto Rege Carolo Barones ad tractandum de Regni regimine congregantur: nam cùm Regina esset prægnans, & in certum esset de sexu, nullus audebat sub incerto sibi nomine assumere Regis nomen sed solùm erat quæstio inter eos, cui tamquam propinquiori deberet Regni regimen committi, præcipué cum in Regno Franciæ mulier ad Regnum personaliter non accedat. Anglici autem dicebant quòd Eduardus juvenis Rex Angliæ tamquam propinquior, quia filius filiæ Philippi Pulcri, & per consequens nepos Caroli ultimò defuncti, ad regimen Regni & etiam ad Regnum, si Regina non haberet masculum, deberet accedere, & non Philippus Comes Valesii, qui solùm erat cognatus germanus Caroli ultimò defuncti Regis. Unde & in hanc sententiam multi peritorum in jure Canonico & Civili conveniebant; dicebant enim quod Izabella Regina Angliæ, filia Philippi Pulcri & soror Caroli ultimò defuncti repellebatur à Regno & Regni regimine, non quia non esset genere propinquior, sed propter defectum sexûs; ubi igitur poterat dari sexus genere propinquior, ubi non esset defectus, puta masculus, ille deberet in Regno & regimine succedere: E contrario verò illi de Regno Franciæ non æquanimiter ferentes subdi regimini Anglicorum; quòd si dictus filius Izabellis haberet aliquod jus in Regno, hoc sibi naturaliter accederet ratione matris; ubi ergo mater nullum jus haberet, per consequens nec filius, aliter accessorium esset principalius principali. Et hac sententia tamquam saniori accepta, & à Baronibus approbata, traditum est regimen Regni Philippo Comiti Valesii, & vocatus est tunc Regnum Regens seu Regnator, & ex tunc accepit homagia Regni Franciæ; non autem Regni Navarræ, quia Comes Ebroïcensis Philippus ratione uxoris, quæ fuerat filia Ludovici primogeniti Philippi Pulcri, cui ratione matris debebatur Regnum Navarræ, dicebat se in eo jus habere. E contra Regina Joanna de Burgundia quondam uxor Philippi Longi, dicebat jus illius Regni debere filiæ suæ uxori Ducis Burgundiæ ratione patris sui, qui prædicti Regni & jurium & pertinentiarum ejusdem saisitus mortuus fuerat & vestitus. Simili etiam & per eamdem rationem Regina Joanna Ebroïcensis, uxor Caroli Regis dicebat illud eidem filiæ suæ ratione patris sui, qui inter cæteros ultimus prædicti Regni jurium & pertinentiarum mortuus fuerat saisitus & vestitus, fortiori ratione deberi. Hinc & inde multis altercationibus habitis, aliquandiù remansit negotium in suspenso.

Circa feré idem tempus captus est Petrus Remigii principalis Thesaurarius Caroli Regis ultimò defuncti. Nam cum accusatus esset à multis super multimoda infideli dispensatione bonorum Regalium, pluriumque mobilium & immobilium, ita ut nonnulli & magni assererent valorem bonorum suorum ultra duodecim & ampliùs centum millia libras ascendere mirabili depauperatione: cumque haberet thesaurum innumerabilem, & requisitus esset de villicationis suæ sibi commissæ reddenda ratione, cum non haberet quid convenienter responderet, adjudicatus est ad suspendendum. Qui cum esset ad patibulum juxta Parisius, confessus est proditionem fecisse Regi & Regno in Vasconia; unde & propter hanc confessionem ad caudam quadrigæ quæ eum ad patibulum portaverat, applicatus, statim de parvo patibulo usque ad magnum patibulum, quod ipse novum fieri fecerat, modumque faciendi & ordinem cum magna, ut dicitur, diligentia operariis tradiderat, trahitur, & primus ibidem suspenditur. Justum enim judicium est, laborantem de laborum suorum fructibus aliquid percipere. Suspensus est autem xxv. die Aprilis, quæ fuit dies beati Marci Evangelistæ, quod fuit anno MCCCXXVIII. licet ejus captio fuisset anno XXVII. aliquantulum post mortem Caroli Regis.

Circa finem istius anni die scilicet Veneris Sancti,

quæ tunc fuit prima dies menfis Aprilis, Regina Joanna uxor nuper Caroli Regis apud nemus Vicenarum peperit femellam; & cùm mulier ad dignitatem Regiam non afcendat, PHILIPPUS Comes Valefii qui dicebatur Regens, de cætero dictus eft Rex. Unde apparet liquidè quòd recta linea Regum Franciæ defecit in ifto, & tranflatus eft ad lineam tranfverfalem; ifte enim Philippus nunc Rex, fuit filius Caroli Comitis Valefii, qui Carolus Comes erat avunculus Caroli Regis ultimò defuncti, & ita ifte Philippus priùs dictus Regens, modo verò Rex, folùm erat germanus Caroli Regis, & ita à germano ad germanum tranflatum eft Regnum in lineâ tranfverfali.

PHILIPPUS VALESIUS. MCCCXXVIII.

Hoc anno aliquantulum poft Pafcha Ludovicus Dux Bavariæ apud Mediolanum coronatus, fub conductu Caftrutii, qui pro tunc dominabatur in civitate Lucanâ, & plurium aliorum Guibellinorum versùs Romam proficifcitur; quòd audientes cives Romani ultrà modum gavifi funt, & eidem venienti cum apparatu & ingenti gaudio occurrerunt; quem ufque cum hymnis & canticis ufque ad Ecclefiam fancti Petri tam Clerus quàm populus perducentes, affenfu omnium Imperator femper Auguftus eft nominatus: & fic confummato toto myfterio quod in coronatione Imperatorum confuetum eft fieri, eum ad Imperiale palatium perduxerunt. Cumque per menfem vel circiter in civitate Romanâ permanfiffet, furrexerunt quidam filii diaboli zizaniam peffimam in horto Ecclefiæ feminantes, & dixerunt fic: Ex quo Deus dedit nobis & civitati Romanæ, quæ ab antiquo dicitur & eft caput totius mundi, unum caput fcilicet Imperatorem in brachio potentiæ fuæ, temporaliter nos & civitatem noftram, imò & totum mundum defendi & tueri bonum eft; & omninò expedit quòd habemus & caput aliud quod in fede fancti Petri refideat, & more prudentium Patrum nobis fpiritualia miniftret, maximè ut ipfi dicebant, quòd ipfi habebant chartas authenticas & prudentium Patrum Sanctorum auctoritate factas, in quibus contineri videbatur, quòd ubi Papa fufficienter requifitus pro cives & populum Romanorum nollet, vel differret ad fedem fancti Petri accedere, ex hoc ad Canonicos fancti Petri & fancti Joannis Lateranenfis devolvebatur poteftas & auctoritas Papam alium eligendi. Quod verbum toti populo placuit, & fic ad electionem alterius Papæ procefferunt, & quemdam fratrem Minorem qui dicebatur Frater Petrus Rainalutii, unanimiter licèt nequiter elegerunt, & electum confecraverunt, & in Cathedra fancti Petri honorificè, quomodo folitum eft aliis Papis antiquitùs fieri pofuerunt. Qui fic introductus aliquos apud fe Cardinales ordinavit, & ferè quotquot fuerunt per eum ordinati erant de ordinibus Mendicantium, & omnes Guibellini, unde & ille qui propofuit verbum de electione, dicitur fuiffe de ordine Fratrum Minorum fancti Auguftini. Afferunt tamen nonnulli quòd hujufmodi non Papæ fed Antipapæ electio, de Ludovici Ducis affenfu & confcientiâ non proceffit, fed nequiens tumultuationem tumultuantis populi fedare, quòd voluit populus facere, neceffitate magis quàm voluntate compulfus toleravit. Dictus verò Antipapa, qui priùs dicebatur Frater Petrus, vocavit fe NICOLAUM quintum; cui aliquæ civitates Italiæ Guibelinæ, & terra Ducis Bavariæ in fpiritualibus obediebant. Cum verò dictus Antipapa & Bavarus aliquamdiù in civitate Romanâ refediffent, & importabiles expenfas quotidie fuper civitatem facerent, nec plus poffet nec vellet eos populus Romanus tolerare, neceffariò compulfi funt de civitate exire, & hinc inde per civitates Italiæ evagari.

Circa ifta tempora Papa Joannes fratrem Michaelem Generalem totius Ordinis Fratrum Minorum ad fe evocat, in Avinione tunc temporis exiftentem, eidem in virtute fanctæ obedientiæ præcipiens, ut ea quæ circa declarationem Regulæ eorum, & maximè ea quæ de paupertate Evangelicâ ipfe tenenda præceperat, ipfe firmiter obfervaret, & fibi fubditis inviolabiliter obfervari præciperet; qui fibi fuper his, ut fertur, fatis arroganter refpondit. Verumtamen finaliter fuper his hujufmodi refponfionis deliberatione octo dierum inducias impetravit, fed durante induciarum tempore non exfpectans tempus ad fibi refpondendum præfixum, ipfe cum quodam fratre dicto Bonagratia, qui in Curiâ Romanâ nuper optimus Advocatus fuerat, & cum quodam dicto fratre Francifco Doctore in Theologiâ, clam de nocte fugit, & mare Marfiliæ cum fuis intravit: poft quem Papa Cardinalem de Arrebleyo ut caperetur mifit, fed cum jam mare intraffet, in vanum laboravit. Qui frater Michaël, ut dicitur, ufque Januam navigavit, & de Januâ versùs Antipapam & Bavarum fe transferens, fe eorum, ut fertur, contubernio fociavit. Papa verò contra prædictos generaliter, fcilicet Bavarum, Antipapam & Fratrem Michaëlem prædictum, & contrà quemlibet eorum fpecialiter multos proceffus fecit, & eos finaliter tamquam hæreticos condemnavit, fratremque Michaëlem ab adminiftratione Generalis Ordinis depofuit, & fratribus Ordinis præcepit ut continuùs providerent fe de alio Generali. Sed fuper his & aliis gravaminibus fibi, ut dicebatur, per Papam facti dictus Michaël cum fuis complicibus à Papa non benè confulto ad Papam dicitur appellaffe.

Rex Franciæ cum Baronibus fuis tractatum habuit fuper ordinatione Regni Navarræ & Comitatûs Campaniæ, & convocatis plurimis Nobilibus de Regno Navarræ, de eorum voluntate & affenfu, hoc approbante Procerum Francorum confilio, reftituit Rex dictum Regnum & dignitatem Regiam Philippo Comiti Ebroicenfi, ratione uxoris fuæ, cui de jure Regnum debebatur, cum effet filia Ludovici primogeniti Joannæ Reginæ Navarræ quondam uxoris Philippi Pulcri; ratione verò Comitatûs Campaniæ, in Comitatu Marchiæ juxta civitatem Angolifmenfem alios redditus affignavit. In hoc autem facto Rex principium Regni fui mirificè decoravit, qui à rectitudine juftitiæ incipiens non folùm in aliis & de aliis, fed etiam de feipfo exhibuit juftitiæ complementum.

Circa iftud tempus Comes Flandriæ fuo domino Regi Franciæ ficut debebat, fecit homagium: quo facto Comes dicto Regi plurium fubditorum fuorum, & maximè de Brugis, de Yprâ & de Caffelo, & de pluribus aliis locis intolerabiles rebelliones expofuit. Et quòd ipfe tantæ poteftatis non effet quòd folus poffet eorum maliciis obviare, & rebellionis materiam exftirpare; unde & fibi à dicto Rege fieri auxilium humiliter fupplicavit; quod Rex libenter annuit, fed quando & quo tempore hoc fieret, cum tempus hyemis inftaret, & ipfe & Barones fui improvifi effent, fub deliberatione fui confilii determinandum dereliquit. Interim verò pro coronatione Regis & Reginæ Remis fiebat maximus apparatus, ita ut pro tunc non effet memoria aliquorum, quòd in Regno fuiffet talis vel tantus apparatus factus, & duravit feftum coronationis per quindecim [z] dies continuos. Coronatus verò Rex eft cum Reginâ

---

z *per quindecim*] Codex Ciftercienf. *per quinque.*

uxore

uxore suâ Remis per manum Archiepiscopi Remensis, domini videlicet Guillermi de Triâ, Dominicâ die in festo sanctæ Trinitatis. Statim post coronationem suam Rex cum suis Baronibus super facto Flammingorum tractatum habuit, an videlicet eodem anno illuc ire ad pugnam contrâ eos ut contrà rebelles & hactenùs incorrigibiles expediret, vel differre usque ad annum sequentem. Cumque plurimi & majoris partis esset sententia, ut dicitur, expedientius esse differre usque ad annum sequentem, & hoc quia, ut dicebant, antequàm Rex & Barones sui parati essent, & antequàm essent parata ea quæ tanto exercitui erant necessaria, tempus propter instantem hyemem esse omnimodè ad præliandum inaptum. Quod verbum dicitur multum displicuisse Regi, cùm haberet propositum firmatum illic ire; unde auditâ istorum sententiâ domino Galthero de Crecyaco pro tunc Regni Franciæ Conestabulario, viro in armis strenuo & probato fertur dixisse: Et vos Conestabulariis quid super hoc dicitis? qui licet plurimùm renuens dicitur respondisse: Semper bonum tempus inveniunt, qui bonum cor habent. Quod Rex audiens gavisus valde est, surgens amplexatus est eum, dicens: Qui me diligit me sequatur. Unde & statim proclamatum est, ut omnes in festo Magdelenæ essent apud Attrebatum parati ad pugnam. Unusquisque aliarum civitatum & locorum insignium non se paraverunt ad prælium, quia datâ ob hoc Regi pecuniâ in suis locis & civitatibus resederunt.

Rex de coronatione suâ rediens visitato priùs beato Dionysio Patrono suo, Parisius cum magno honore recipitur, & Ecclesiâ Cathedrali beatæ MARIÆ devotè visitatâ Regale Palatium Parisiense ingreditur, ubi parato Regali convivio, à sui Regni Primoribus, ut Rex magnificus erat magnificè honoratur. Interim verò Parisius cum aliquot diebus persisteret, & de Regni negociis maximè de Flandrensi itinere cum suis disponeret, ipse mane surgens Parisienses Ecclesias devotè cum paucis secum assumptis visitabat, & maximè pauperes domûs Dei, unde & dicitur plurimùm eorumdem pauperum manus osculatus fuisse, & cibos manu propriâ eisdem porrexisse, & multa eisdem & domui elemosynarum & pietatis opera impendisse. Peractis verò aliquibus diebus, Rex interim apud sanctum Dionysium revertitur; & extractis corporibus beatorum Martyrum Dionysii, Rustici & Eleutherii de locis propriis ubi positi requiescunt, capuque cuculphâ depositis, usque ad eorum altare propriis manibus vectavit, & ibidem ab devotissimè collocavit, per ipsum juxtà posito corpori beati Ludovici, & auditâ Missâ ab Abbate sancti Dionysii super altare sanctorum Martyrum solemniter celebratâ, vexillum quod Auriflammeum dicitur, ab eodem Abbate super dictum altare benedictum & in præsentiâ Prælatorum & Baronum, de ejusdem Abbatis manu recepit, & domino Miloni de Nucherio, viro utique in cunctis bonis actionibus strenuo & probato, ad portandum tradidit & servandum. Quibus strenuè peractis Rex sanctorum Martyrum corpora propriis manibus usque ad cryptam eorum reportavit devotissimè; & quod nullum prædecessorum legimus antea fecisse, ipse etiam personaliter cryptam eorumdem intravit humiliter non sine lacrymis ut notabiliter videri potuit, implorans auxilium quorum patrocinio post Deum & beatam MARIAM indubitanter sperabat de adversariis suis obtinere victoriam. Die verò sequenti post sumptionem sacri vexilli Rex iter suum versus Flandriam egreditur, & expectans aliquamdiù Baronum suorum exercitus, multis aliis ad ejus auxilium continuè affluentibus, transiens Attrebatum derelictis paludibus, qui aliquamdiù prædecessorum suorum aliqualiter fuerant occasio scandali & ruinæ, versùs castrum Flammingorum quod dicitur Casellum iter arripuit, fixisque contrà dictum castrum tentoriis, terras circumquaque deprædans multipliciter devastavit. Flammingi verò Regis & ejus exercitûs adventum sentientes, se properanter ad prælium paraverunt. In dicto verò castro in Regis & totius Francorum exercitûs derisûm & subsannationem in quodam eminenti loco posuerant Flammingi quemdam gallum permaximum de telâ tinctâ, dicentes: Quando gallus iste cantabit, Rex Casellum capiet vi armorum; unde & gallicè in gallo scriptum erat: *Quand ce coq chante, aura, le Roy Cassel conquesta.* Volentes per hoc adstruere castrum prædictum nullo tempore capiendum. Unde & subsannantes Regi dicebant eum & vocabant Regem inventum; sed ut in processu apparere poterit, in malum suum prophetaverunt, benè enim invenit eos, & melius eis fuisset esse perditum, quàm totaliter inventum.

Hoc eodem tempore domnus Papa decimam biennalem priùs Carolo Regi defuncto, Philippo Regi modo consimili ut Carolo noviter confirmavit. Hoc eodem anno pacificati sunt Scoti & Anglici, qui à multis temporibus fuerant inter se discordantes, sub hac, ut dicitur, formâ: Quòd filius Regis Scotiæ haberet sororem novi Regis Angliæ in uxorem, & quòd de cætero Rex Scotiæ, ut dicitur, teneretur juvare Regem Angliæ in omnibus guerris suis, excepto solo Rege Franciæ. Hoc eodem anno moritur vir nobilis & in armis potens & strenuus dominus Joannes Dux Calabriæ, unicusque filius Regis Siciliæ Roberti, principalis Capitaneus totius Guelfæ in Italiâ. Hoc eodem anno mense Septembri fuit in Italiâ magnus terræ motus, & maximè circà civitatem Perusii, & circà adjacentia loca, ita ut illius terræ aliqua funditùs pro parte castra corruerint. Unde & in Franciâ in principio Octobris, & in vigiliâ beati Dionylii, & in octabis, venti permaximi fuerunt, ita ut aliquæ domus & aliqua pinnacula corruerint, & maximè pinnaculum sancti Petri de Calvo-monte in territorio Balgassini.

Hoc eodem anno affixæ sunt clam & de nocte quædam litteræ apertæ in valvis beatæ MARIÆ Parisius, & in Ecclesiis Minorum & Prædicatorum, ex parte Bavari & Antipapæ, & etiam Michaëlis nuper Generalis Ordinis Fratrum Minorum; in quibus continebantur multa nefanda contra domnum Joannem Papam, asserentes eum hæreticum & ab Ecclesiâ præcisum; maximè quia paupertatem Evangelicam quam CHRISTUS & Apostoli tenuérant & viventes docuerant, nitebatur destruere; ut dicebant, & ob hoc Concilium generale per dictum Antipapam & Bavarum in civitate Mediolanensi celebrandum convocarant. Quasdam etiam litteras clausas Episcopo Parisiensi & universitati mittebant; & quoniam eis suspectæ erant, habitâ deliberatione super his, easdem clausas domno Summo Pontifici remiserunt, expectantes quid super his esset ordinandum.

In vigiliâ beati Bartholomæi Apostoli post prandium cum Rex vellet more solito sopori aliquantulum inclinari, Mareschali & aliis exercitus custodiis hinc & inde dispersis, post aliqualem paletationem factam cum Bidaldis prope Casellum, Bidaldis fugientibus, sicut solet, aliquantula commotio in exercitu Francorum habetur & statim sedatur; quo facto statim post nullo clamore præmisso, & ecce exercitus Flammingorum juxta Casellum collectus quasi in modum cunei prorupit, tendens in quantum poterat directè versus tentorium Regis; & cum jam penè infrà tentoria Francorum positi essent, & Regis tentorium multùm appropinquarent, nullumque ex ore suo dicerent verbum, semperque ante se incederent, credebant Franci non inimicos esse sed potiùs aliquos extraneos qui ad Regis auxilium incederent, & ab aliquibus dominis immitterentur ; unde & quidam nobilis Miles dictus Reginaldus de Lor credens eos de Franciæ exercitu, volens eos ut amicos licet perturbantes quietem exercitûs, corripere, ab eis in viâ occiditur ; & ecce subitò in exercitu Franciæ clamor attollitur, & ad arma clamatur. Primus verò qui hoc Regi volenti quiescere nuntiavit, fuit unus frater Prædicator Regis Confessor cùm omnes alii dormirent vel stupefacti essent, & se citiùs quàm poterant armabant. Cumque Rex super hoc esset incredulus, & nuntianti Fratri nollet acquiescere, videns eum quòd Clericus vel Sacerdos esset, & quòd non ita esset, sed quia territus hoc diceret, illo contrariò affirmante firmiter ita esse, & inimicos Flammingos jam propè esse. Cumque sic verbis ad invicem contenderent Rex & Frater, ecce dominus Milo de Nucheriis Regis vexillifer tentorium Regis ingreditur, & confirmans verbum Fratris, de se armando velociter exhortatur. Quo audito Rex ad arma cucurrit, sed qui eum armarent armigerum vel militem non habebat, cum unusquisque, & arma currerret, & de se salvando cogitaret ; sed soli eum suæ Capellæ Capellani & Clerici armaverunt. Quo armato licet minùs completè quàm deberet, Rex ascenso equo cum paucis de suis, eis obviam de fronte voluit incedere, sed dictus de Nucheriis Regis vexillifer in armis doctissimus, eum duxit per viam à latere, dicens non esse tutum eis frontaliter obviare. Et ecce interim cum Rex per devium cum suis paucis deducitur, visis Regalibus insigniis totus equestris exercitus, multis peditibus fugientibus, ad eum quasi unus homo congregatur. Quod perpendentes Flammingi statim se in uno globo quasi involuto posuerunt ; cumque aliquamdiù hinc inde concertarent, nec dividi possent cum omnes pedites essent, uterentur etiam fortissimis & acutissimis baculis quos equorum pectoribus apponebant ; finaliter tamen equorum & equitantium potentiâ sunt divisi, & quasi in momento occisi. Cùmque eorum nonnulli vellent fugæ præsidio se salvare, habuerunt obviam Comitem Hanoniæ cum toto suo exercitu, quasi leo super fugientes irruens ferè omnes in momento trucidavit ; & sic illis mortuis cessit victoria Regi & Franciscis. De Franciscis verò pauci sunt mortui, ita ut numerus mortuorum in ipso conflictu ultra decem & septem personas tam nobilium quàm ignobilium non excederet, equorum permaximus numerus. De Flammingis verò morientibus satis dissimili [modo] est loquendum, nam morientium in loco ubi conflictus habitus fuerat, numerus xi.^{m} v.^{c} xlvii. exceptis his qui per diverticula fugientes fuerunt occisi hinc & inde miserabiliter, unde & suspicabatur numerus occisorum tam in loco conflictûs quàm extrà per diverticula xx.^{m} ii. minùs, sicut Rex Franciæ testificatus fuit per suas sigillatas litteras super hoc Abbati sancti Dionysii directas, quas vidi. Rex verò hac habitâ victoriâ, tentorium ingressus, antequàm arma deponeret præcepit solemniter cantari *Te Deum laudamus* ; quo finito incœpta est antiphona beatæ Mariæ, & post Antiphonam beatæ Mariæ antiphona beati Dionysii, de victoriâ sibi & suis nihil attribuens, sed potiùs Deo, beatæ Mariæ & Sanctis Martyribus, qui per eorum ministerium hoc operati sunt opus. Unde sæpe & sæpiùs Rex posteà testificatus est, & non solùm ipse, sed & omnes qui in prædicto prælio fue-

runt hoc idem asserunt, quòd in hoc facto non fuit opus hominis sed Dei, qui in hac die voluit malignorum superbiam deponere, & Regem ad eos in humilitate & justitiâ accedentem exaltare, & coronam Franciæ per eos vilipensam & contemptui habitam, contrà eos per orationem beatæ Mariæ & Sanctorum Martyrum protegere & tueri.

Consummato verò ad honorem Dei & Regni Franciæ de adversariis triumpho, positus est ignis in castro Casselli & funditùs est destructum. Quo facto Rex cum exercitu versùs Ypram iter arripuit, & aliquantulum distanter à terrâ tentoria fixit ; quod videntes illi de Yprâ, quæ pacis sunt conferentes, ad Regem humiliter accesserunt, petentes recipi ad misericordiam salvâ vitâ & patriâ ; sed Rex noluit, nisi totaliter ad voluntatem suam se obligarent, quod & factum est : & ita Rege extrà villam remanente, de præcepto Regis dominus de Nucheriis ingressus est villam cum multitudine armatorum. Cumque super tractatu pacis esset inter se invicem magna discordia, & inter eas gentes quæ ex parte Regis dirigebantur ; tamen finaliter concordatum est, quòd quingenti de villâ quos Rex vellet accipere, traderentur in hostagium & Parisius ducerentur, omnes conspiratores contrà Regem & Comitem, & etiam eorum complices usque ad Regis revocationem bannirentur, fortalitia verò funditùs destruerentur. In hac verò pace quidam Sacerdos de villâ nullatenùs concordabat, sed Yprenses à concordiâ quantum poterat & obedientiâ Regis revocabat, & jam multos de villâ à bono proposito retrahebat ; quòd audientes qui ex parte Regis directi fuerant, statim contrà eum arma moverunt, quem fugientem ad quamdam domum de villâ fortissimam cum quasi quatuordecim sibi fatuè adhærentibus, ipsum & domum pariter combusserunt. Cives verò Brugenses datis de villâ mille hostagiis, voluntati Regis se penitùs subjecerunt. Totâ verò Flandriâ jam quasi quietatâ & sub obedientiâ Regis positâ, Rex in præsentiâ Baronum convocari fecit coram se Comitem Flandriæ, cui fertur sic dixisse : *Comes, ad requestam vestram huc veni, & forte quia negligens fuistis de justitiâ faciendâ, ut tamen vos scitis, venire non potui sine [meis] & meorum maximis expensis & laboribus ; Ego de liberalitate totam terram vestram quietam & pacificam vobis restituo, expensas condono ; sed de cætero caveatis ne propter defectum justitiæ oporteat me redire, & sciatis quòd si ob defectum vestrî rediero, non ad vestram sed ad meam utilitatem redibo.* Et sic quibusdam dimissis de suis ad auxilium Comitis, Rex reversus est ad Franciam victor.

Comes verò memor verbi Regis in Flandriâ remanens, de conspiratoribus & malefactoribus diligenter investigans, infrà tres menses vel circiter de eis, ut dicitur, diversis mortis generibus ferè decem millia extirpavit. Rex verò in Franciâ existens, beatum Dionysium penitùs devotè & humiliter visitavit, & posteà ivit Carnotum, & Ecclesiam beatæ Mariæ ingressus, coram imagine eisdem armis indutus in bello armatus fuerat se armari, & super equum cui existenti in bello insederat ascensus, beatæ Mariæ cui se non in belli periculo facturus donaverat, Ecclesiæ ejusdem arma & equum deferens devotissimè præsentavit, eidem de tanti evasione periculi gratias agens. Cumque Comes Flandriæ conspiratores & malefactores diligenter, ut prædictum est, inquireret ; quidam dictus Guillermus Decani de Brugis, qui totius conspirationis contrà bonum pacis & patris causâ movens & principalis fuerat, sibi non immeritò timens, ad Ducem Brabantiæ fugit petens ab eo auxilium contrà Comitem Flandriæ, qui, ut asserebat, multos bonos & probos viros de Flandriâ morti & sine causâ inhumaniter tradiderat, nec adhuc, ut dicebat, desistere proponebat, promittens Duci si hoc vellet facere, equos, arma & pecuniam. Cui Dux super hoc deliberatione habitâ dicitur respondisse, se hoc sine Regis Franciæ consilio & assensu nullatenùs velle facere, sed primitùs ipsum & gentes suas ad Regem mitteret, & de facto quod petebat auxilium Regis consilium ordinaret. Qui Guillermus captus ad laqueum quem tetenderat, sub tutâ custodiâ ad Regem Parisius adducitur, & inquisitus de vitâ & regimine ad durissimam mortem adjudicatur; qui enim in pilorio vertitur, & deinde ambæ manus scinduntur, & in rotâ eminenti ligatus ponitur pugnis abscissis ante eum ad circumferentiam rotæ pendentibus; cum verò morti videretur jam proximus, ob nimiam sanguinis effusionem deponitur, & sequenti die tractus ad caudam quadrigæ ipse cum suis pugnis abscissis in magno patibulo suspenditur, laborum suorum mercedem recipiens per duos dies ante Natale Domini.

Hoc anno circà medium mensis Octobris Clementia uxor quondam Regis Ludovici primogeniti Regis Philippi Pulcri, Parisius moritur, & in Ecclesiâ Fratrum Prædicatorum Parisius sepelitur. Hoc eodem anno Joannes dictus de Cherchemont Pictaviensis diœcesis, & Cancellarius Regis Franciæ, vir utique in sæcularibus negotiis hujus mundi peritissimus, in curiis Regis & Papæ præstantissimus, utpote apud omnes potens opere & sermone, sed in victu delicatissimus, & in exteriori gestu secundùm quòd apparere poterat superbissimus fere judicio omnium meditatus; dum vellet quamdam Capellam Canonicorum in loco ubi natus fuerat ædificatam visitare, magis, ut creditur, inter suos, quòd natus esset de humili plebe, magnitudinem nominis & potentiæ suæ volens ostendere, quàm Deum in hujusmodi facto honorare, Sigillum ut diœcesim & territorium Pictaviense, ubi multum honoris & gloriæ mundanæ se indubitanter accipere credebat, ingreditur, nemini loquens morte subitaneâ suffocatus est. Sigillum verò Regis quod super se gestabat, ad Regem misit, corpus verò ad Capellam quam ædificaverat defertur, per per Pictaviensem Episcopum qui tunc præsens aderat, tumulatur.

Hoc eodem anno Rex misit in Angliam ad Regem nuntios, scilicet Magistrum Petrum Rogerii Abbatem Fiscanensem, Doctorem in Theologiâ, virum summæ memoriæ & ultra modum communem hominum eloquentem cum pluribus aliis, ut eum citarent venire ad Regem pro homagio Ducatûs Aquitaniæ faciendo: sed Regis Franciæ nuntii diutiùs exspectantes, loqui cum Rege Angliæ nullatenùs potuerunt, sed ut dicitur, cum ejus matre loquentes ineptum modo muliebri responsum acceperunt, & sic cum haberent præfixum terminum, ad Regem Franciæ sunt reversi, quæ fecerant & audierant referentes. Hoc eodem anno & tempore Dominus Papa Joannes quosdam processus per Episcopum Relatensem contrà fratrem Petrum Rainalutium factos, qui falsò nomine se Papam Nicolaum vocare faciebat, Parisius publicari fecit. In quibus continebatur, quòd prædictus frater Petrus cum quâdam muliere dictâ Joannâ Mathiæ ante ingressum Ordinis matrimonium consummaverat, & ad uxoris petitionem ut ad eam rediret secundùm legem matrimonialem plures citatus & monitus, claves vilipendens Ecclesiæ venire contemnebat, & ob hoc ipsum sicut contumacem excommunicatum virtute dictorum processuum publicè nuntiabat.

Rex Franciæ cum suo Consilio deliberat utrum propter defectum hominis & homagii, Ducatus

Aquitaniæ sibi & suo dominio debeat applicari, & accepto ex deliberatione sui Consilii, quòd non, sed solùm & durante vacationis homagio tempore suppositâ citatione sufficienter debitâ, dominus interim de terrâ vassalli potest facere fructus suos, usquequo vassallus id homagium faciendo, protestans quòd si hoc negligeret Rex, contrà eum procederet quantum de jure esset in talibus procedendum. Propter quod missi sunt in Vasconiam dominus Petrus Rogerii nuper Fiscanensis Abbas, modo verò Attrebatensis Episcopus, & vir nobilis dominus de Creduno ut emolumenta terræ Vasconiæ ponerent in manu Regis Franciæ, usquequo Rex Angliæ de dictâ terrâ homagium debitum fecisset : & interim ex abundanti Rex alios nuntios misit in Angliam ad Regem, ut eum citarent unâ vice pro omnibus super prædicto homagio faciendo, protestans quòd si hoc negligeret Rex, contrà eum procederet quantum de jure esset in talibus procedendum.

Circa ferè ista tempora Regina peperit filium, qui statim natus moritur, & in Ecclesiâ Fratrum Minorum Parisius sepelitur.

MCCCXXIX.

Anno Domini millesimo trecentesimo vigesimonono, Dominicâ post festum Trinitatis Rex Angliæ cum suis deliberatione præhabitâ, cum paucis, ut dicitur, mare transiens venit Ambianis ubi Rex Franciæ tunc præsens erat, pro homagio ducatûs Aquitaniæ faciendo. Sed cum Rex Angliæ magnâ parte illius per patrem Regis Franciæ dominum videlicet Carolum quondam Comitem Valesii spoliatum se diceret, & in sui & Regis Angliæ præjudicium ad dominium Regni Franciæ applicatum esse diceret minùs justè; dicebat ad dictum homagium non teneri, nisi ipso de totâ terrâ priùs in integrum restituto. Cui responsum fuit, quòd pater ejus Eduardus forefecerat, & quòd Rex Franciæ per dominum avunculum suum, scilicet Carolum de Valesio, & patrem Regis qui nunc est, eam jure belli justè acquisierat; quare dicebat Rex Franciæ se ad restitutionem aliquam non teneri. Finaliter verò inter eos concordatum est, quòd Rex Angliæ homagium faceret Regi Franciæ de Ducatu Aquitaniæ pro portione quam tenebat, remanente parte acquisitâ Regi Franciæ; & si in hoc Rex Angliæ sentiret se in aliquo læsum esse, veniret ad Parlamentum Regis Franciæ Parisius, & super hoc Rex per judicium Regni sui sibi exhiberet justitiæ complementum : & sic facto homagio Rex Franciæ Belvacum revertitur, Rege Angliæ statim in Angliam transfretante.

Circà istud tempus misit in Franciam Rex Cypri solemnes nuntios, unum videlicet Archiepiscopum cum quibusdam aliis ad dominum Comitem Clarimontis, ut eidem pro filio suo daret filiam suam matrimonio copulandam; gaudebat enim Rex Cypri posteritatem de Francorum semine & sanguine prorogari. Hoc eodem tempore frater Petrus de Palude de Ordine Prædicatorum, vir utique magnæ vitæ & famæ, Doctor in Theologiâ, Avinioni existens, scilicet Joanne de Viennâ Episcopo Ebroicensi cum multis aliis, portas de Brugis, de Yprâ & de Curtraco cum fortalitiis eorum funditùs destrui & disrumpi fecit; quod tamen nullus prædecessorum suorum ante fecerat. Sibi & posteris Regibus Francorum providens de remedio oportuno ad demendam superbiam Flammingorum. Hoc anno dominus Robertus dictus de Brus Rex Scotorum, pace factâ cum Anglicis, ut prædiximus, moritur, & successit in Regno suo filius ejus pro eo.

Dominicâ secundâ Junii Episcopus Parisiensis Pon-

tificalibus indutus, in Parvisio Ecclesiæ beatæ MA-
RIÆ Parisius coassistentibus sibi quibusdam Episcopis, convocato ad hoc Cleto & populo multos processus factos contra fratrem Petrum Rainultii de Ordine Fratrum Minorum, in animæ suæ & multarum
aliarum dispendium ultrà montes pro Papa se ge-
rentem, necnon & Ludovicum Regem Bavariæ,
& fratrem Michaelem quondam Fratrum Minorum
Generalem per dominum Papam depositum, & ipsorum complices, promulgavit, & in eos sicut hæreticos & ab unitate fidei Catholicæ & Ecclesiæ præcisos, auctoritate Apostolicâ excommunicationis sententiam fulminavit. Quasdam etiam litteras per eos
Parisius directas, & clam de nocte in valvis Ecclesiæ beatæ MARIÆ Parisius & in valvis Ecclesiarum
Fratrum Minorum & Prædicatorum affixas, in quibus multæ blasphemiæ de domino Papa Joanne fal-
sè inserebantur, tamquam manifestam hæresim ibidem auctoritate Apostolicâ condemnavit, & videntibus cunctis qui aderant, easdem in ignem ibi ac-
censum projicisse concremavit. Quo sic peracto,
incontinenti frater Henricus de Semons Doctor in
Theologiâ, & Provincialis Ordinis Fratrum Minorum in præsentiâ omnium surrexit, & ex parte
generalis eorum Capituli, quod pro tunc Parisius
tenebatur, ne in aliquo viderentur falsis fratribus se
favorabiles exhibere, facta, processus & excommunicationes contra Fratres prædictos Ordinis eorum per domnum Papam factas, dicens hæc verba:

Psal. 16. 7. Fidelia omnia mandata ejus, confirmata in sæculum
sæculi, facta in veritate & æquitate; palam & publicè approbavit, depositionemque fratris Michaëlis
quondam Generalis eorum Ministri per dominum
Papam factam, ex parte generalis eorum consilii &
etiam Capituli & Ordinis, justam & laudabilem
protestatus fuit, factaque Antipapæ & prædicti fratris Michaëlis, fratris etiam Bonagratia, & fratris
etiam Franscici de Ordine Fratrum Minorum, &
eorum si qui essent consortes vel complices, tamquam falsa & hæretica, & eorum Ordini inimica
& contraria reprobavit, & de eorum falsis, vel maleficiis Fratres, & Ordinem multipliciter excusavit.

Circà principium Julii Patriarcha Jerosolymitanus unà cum Episcopo Mimatensi & nuntiis Regis
Cypri, ducentes secum filiam Comitis Clarimontis
filio Regis Cypri desponsandam, cum multis aliis peregrinis, acceptâ licentiâ à domno Papa per portum Marsiliæ ad Insulam Cypri tendunt, sperantes Domini nostri JESU-CHRISTI auxilio ab illo loco
usque Jerusalem transfretare, ut Dominum nostrum
JESUM-CHRISTUM verum Deum adorent in loco ubi
steterunt pedes ejus. Hoc eodem tempore Dux Britanniæ in Ecclesiâ beatæ MARIÆ Carnotensi, præsente Rege Franciæ Philippo, ejusdem loci Episcopo Missam celebrante, sororem Comitis Flandriæ
desponsavit. Hoc anno in mense Septembri Mediolanum & multæ civitates Italiæ Ecclesiastico suppo-
sitæ interdicto, ad obedientiam humilem accedentes, satisfactionem debitam promittentes, si qui excommunicati erant, dominus Papa absolvit, & interdictum Ecclesiasticum amovit. Hoc anno mense
Novembris circa festum beati Clementis quâdam die
Matildam Comitissam Attrebatensem, matrem Reginæ Joannæ de Burgundiâ revertentem Parisius de
Sancto Germano in Layâ, ubi colloquium habuerat
cum Rege pro quibusdam de novo contra eam emergentibus arduis negotiis ratione Comitatûs Attrebatensis, procurante domino Roberto Attrebatensi nepote suo, utpote filio fratris sui, scilicet domini
Philippi de Attrebato, dicente & asserente prædictum Comitatum ex successione patris sui deberi sibi
occasione quarumdam litterarum ab eo de novo in-

ventarum, licet in Parlamento Parisius in præsentiâ
Philippi Pulcri Regis esset antea de contrario contrà eum judicatum, in viâ gravis artipuit ægritudo,
& infra octavum diem sequentem mortua est Parisius, & sepulta in domo Fratrum Minorum: Cui
in Comitatu Attrebatensi successit Regina Joanna
de Burgundiâ ejusdem filia.

Hoc eodem anno circà finem suis, Philippus Comes
Ebroïcensis positus super scutum ante altare in civitate Pampelonæ unà cum uxore suâ; ratione cujus
competebat sibi Regnum, in Regem & Reginam Navarræ unanimi consensu totius terræ Procerum &
Nobilium elevantur, & inuncti more solito ibidem
coronantur. Circà ista tempora fuit in Episcopatu
Parisiensi, in quâdam villâ quæ dicitur Pomponne,
quidam puer acto annorum vel circiter, qui dicebatur infirmis solo verbo curare, unde & multi infirmi ex diversis partibus ad eum confluebant; unde
& si quis febricitans ad eum veniret, præcipiebat ei
comedere pisa vel anguillam & cætera talia; quæ noscuntur omninò esse contraria sanitati. Quod Episcopus Parisiensis & sapientes perpendentes, statim
eum cum suâ medecinâ & vaticinationibus contemserunt: unde & Parisiensis Episcopus vocatis patre & matre unà cum puero, evidenter cognoscens
superstitiosum esse & fatuum quidquid per puerum
agebatur, præcepit patri & matri sub pœnâ excommunicationis ne eum taliter agere permitterent, cujusque subditis ne de cætero ad eum causâ expectan-
dæ sanitatis sub pœnâ anathematis interdicens.
Hoc eodem anno dominus Guillermus de Melduno
Senonensis Archiepiscopus, vir siquidem humillimus & devotus, mense Novembris moritur, & in
quoddam Monasterium Regularium quod dicitur Le
Jars prope Melduum, honorificè sepelitur. Cui in
Archiepiscopatu successit Magister Petrus Rogerii
Doctor in Theologiâ, Ordinis sancti Benedicti, &
ex Abbate Fiscanensi factus Attrebatensis, & demùm
Senonensis Archiepiscopus.

Circà finem hujus anni in mense Martii, Ludovicus
Dux Bavariæ audiens mortuum Fredericum Ducem
Austriæ, qui contrà eum in Regem Alemanniæ electus, & contrà juramentum suum in præjudicium
Davari Regem Alemanniæ, omissâ fidelitate quam
promiserat publicè se nominans, partem Bavari contrariam sustinebat, de Italiâ in Alemanniam se retraxit; sibi dicitur multorum Nobilium & Majorum
Alemanniæ auxilium impetrasse ad procuranda jura
Imperii & tuenda. Interim autem Bavaro stante in
Alemanniâ, Antipapa non multum audebat se ostendere, sed clam his, & ibi ubi poterat cum suis falsis Cardinalibus & fratre Michaële quondam Ordinis Fratrum Minorum Generali, & quibusdam aliis
excommunicatis & condemnatis de hæresi falsis fratribus Minoribus latitabat.

Circà ista tempora adductus est Avinioni quidam
frater Minorum de Provinciâ oriundus, nomine Ve-
ranus, qui apud Montem-Pessulanum & in aliis eorumdem locis solemnibus dicebatur fuisse Lector, ob
hoc quia contrà Papam dicitur publicè prædicasse;
qui ad ejus adductus præsentiam nullâ sibi factâ reverentiâ, dixit sibi in facie quòd erat verus hæreticus &
non Papa, & quòd pro istâ veritate desiderabat mori;
requisitus de causâ, dixit; Quia tu destruis vel destruere niteris paupertatem Evangelicam quam Christus verbo docuit & exemplo, propter quod dictum
detentus est in carcere cum quindecim aliis ejusdem
Ordinis Fratribus, qui de diversis mundi partibus adducti propter sua dicta hæretica in diversis carceribus
miseri detinentur.

Circà ista tempora Rex Franciæ Philippus convocavit Parisius omnes Prælatos Regni Franciæ, super

corrigendis excessibus Prælatorum & Officialium eorumdem. Cumque multi casus in prædicto Consilio ex parte Regis & multorum dominorum Nobilium temporalium contrà Prælatos in medio producerentur, qui jurisdictionem eorumdem multum prope tangere viderentur, verisimiliter à nonnullis ambigebatur ut Rex ab Ecclesiis jurisdictionem intenderet amovere temporalem: quod Rex quàm citiùs perpendere potuit, fecit eis responderi, quòd jura & libertates quæ Ecclesia ab antiquo habuerant, & quæ prædecessores sui ex sua liberalitate & magnificentia eidem contulerant, non intendebat quoquomodo minuere vel auferre, sed potiùs augmentare; sed ob hoc Consilium vocaverat, ut Officialium non solùm Ecclesiæ sed etiam Regularium corrigerentur excessus, & nominatis pluribus excessibus & etiam erroribus, monitione præmissa ut corrigerentur, solvit Concilium abire. In Angliâ Edmundus avunculus juvenis Regis Angliæ, asserens fratrem suum Eduardum Regem patrem Regis juvenis vivere, & ob hoc nolens ejus filio, vivente patre, sicut Regi legitimo obedire; insuper accusatus de proditione factâ contrà Regnum & Regem, ex præcepto Regis nepotis abscisso capite vitæ transmissus est perpetuæ.

Comes Hannoniæ Guillermus existens in Claromonte civitate Arverniæ, missis Ambassiatoribus ad Papam, & per eos audiens ejus adventum non esse gratum Papæ, indignatus contrà eum vehementer ad propria remeavit.

MCCCXXX.

Philippus filius Regis Majoricarum vir utique nobilis, utpote de eximio genere Hispanorum, & illustri prosapiâ Regum Francorum, utpote cognatus germanus Philippi Pulcri ex parte matris; cùm abundanti gauderet patrimonio, beneficiaque Ecclesiastica plura & pinguia in Regno ultrà omnes Clericos obtineret, omnibus dimissis peditanter ut pauper quærens eleemosynas in habitu Begardorum per mundum progreditur, nec à quoquam volens aliquid accipere etiam fratre vel sorore, nisi sibi pietatis intuitu & titulo eleemosynæ concedatur. In Lombardiâ homines Cardinalis de l'ogeto ex parte domini Papæ ibidem Legati, in mense Junii cum Guibelinis congrediuntur ad bellum, & vincuntur ab eis, vivi aliqui capiuntur, sed major pars occiditur. Circa medium istius mensis Regi Franciæ ex uxore suâ sorore Ducis Burgundiæ nascitur filius, cui nomen imponitur Ludovicus, propter quem Rex Franciæ ad sanctum Ludovicum de Marsiliâ ipsius Regis ex parte matris avunculum peregrè profectus est, sed hoc non obstante puer quintadecima die ab ortu suo moritur, & in Ecclesiâ Fratrum Minorum Parisius sepelitur: Rex verò de Marsiliâ revertens ubi peregrè profectus fuerat, dominum Papam humiliter & devotè visitavit; & ab eodem honorificè susceptus, sumpto secum convivio ad propria remeavit. In secundâ Dominicâ mensis Augusti istius anni processus facti contrà Bavarum & Antipapam, & eorum complices, Parisius auctoritate Apostolicâ repetuntur.

In XXIII. die mensis Augusti Antipapa in habitu sæculari, propter timorem vulgi non audens in proprio apparere habitu, Avinionem ingreditur, & die sequenti, posito sibi pulpito, ut eminenter & evidenter ab omnibus posset videri, domno Papâ & Cardinalibus in Consistorio, Fratrum Minorum existens habitu, præsentatur, & ascendens pulpitum sumpto themate : *Pater peccavi in cœlum & coram te*; & pro themate : *Erravi sicut ovis quæ periit; requiro servum tuum*; multos confitens & enumerans errores in quibus ipse inciderat, & multos in periculum animæ suæ aberrare fecerat, omni veniâ se se indignum judicans, & omnem pœnam in comparatione errorum suorum tamquam arenam & quasi nihil esse asserens, nihilominùs ad gremium veniens Ecclesiæ veniam humiliter precabatur, asserens, & domnum Papam super hoc testem invocans, cui super hoc ut dicebat, (& domnus Papa super hoc testimonium perhibebat) quòd per unum annum ante & quatuor menses scripserat se voluisse citiùs ad Ecclesiæ obedientiam redire; sed malignorum Guibelinorum & aliorum multorum detentus violentiâ, quæ jam diù ante bonum propositum conceperat, pro voluntate sua citiùs non potuerat deducere ad effectum. Dominus Papa ipso descenso de pulpito partem sui thematis resumens; videlicet : *Require servum tuum*; priusquam multa de erroribus & errorum periculis prædicasset, nihilominùs tamen subjunxit ovem errabundam non esse morsibus luporum imponendam, vel omninò ut abjectam inter pericula dimittendam, sed diligenter requirendam, & requisitam ac inventam super humeros reportam ad cæterarum caules ovium reducendam. Quibus dictis dictus Antipapa ad pedes domini Papæ funem in collo posito, cum lacrymis veniam postulans humiliter se prostravit; dominus verò Papa funem de ejus collo deponens, primò cum recepit ad osculum pedis, deinde manus, tertiò oris; & hoc mirati sunt multi; & *Te Deum laudamus* incipiens Cardinalibus & aliis assistentibus subsequentibus, Deo cum toto Clero & populo celebratis Missarum solemniis gratias egit, qui hac die tantum & tam opprobrosum & intolerabile malum, contrito sub pedibus Ecclesiæ suæ sanctæ pater & capite totius dissensionis diabolo, ab unitate Ecclesiæ exstirpavit : & hoc idem dominus per universalem [Ecclesiam] per suas bullas fieri demandavit, dictum verò Antipapam in quâdam camerâ juxtà domum Cambellani sui poni præcepit, usquequò pleniùs deliberasset quid super his esset facturus.

Circa medium mensis Septembris Rex Hispaniæ & Arragoniæ cum Sarracenis in Regno Granatæ congrediuntur, & Deo favente cessit victoria Christianis, ex Paganorum sex millibus equitum & decem millibus peditum interremptis, & multis cum hoc captis. Primâ die Novembris in toto Regno Franciæ unâ horâ [videlicet tertiâ] de mandato domini Papæ capti sunt omnes fratres Hospitales de Altopassu cum omnibus bonis, quia litteris & indulgentiis abutebantur Apostolicis, & plura in suis litteris quàm vidimus nominantur, continebantur; quàm in bullis principalibus; & idcircò in diversis carceribus Episcoporum secundùm diversas quas inhabitabant diœceses, detenti sunt. Hoc anno in Regno Franciæ universaliter fuerunt vina pessima & pauca; nam circa festum beati Dionysii & modicum ante superveniens gelu fortissimum, ipsi vindemiæ licet modicæ, ita eam attrivit quòd nullo modo postea potuerit ad maturitatem perduci. Hoc eodem anno in mense Novembris & in principio Decembris fuerunt quasi continuè permaximi venti, & aquæ fluviales valde magnæ propter frequentem inundantiam pluviarum.

Hoc eodem anno in vigiliâ beati Andreæ Apostoli apud Londonias in Angliâ dominus Rogerus dictus de Mortuo-Mari Miles, de quo & pro quo Regina Angliæ mater Regis Angliæ, filia quondam Regis Franciæ Philippi Pulcri à multis multipliciter fuerat diffamata, ob hoc quòd eidem Militi ut exteriùs apparebat, nimis familiarem se reddebat; convictus de conspiratione factâ contrà Regem & Regnum Angliæ, ipsâ Reginâ totius facti complice & consciâ ut dicebatur, per civitatem ad caudas equorum tractus proditiones & maleficia confessus est, & maximè de procuratione Regis Eduardi patris istius Regis, usque ad patibulum tractus suspenditur, filio ipsius in carcere remanente usquequo Rex & Barones super hoc plenius ordinassent. Propter quod ipsa Regina de mandato sui filii Regis & Baronum in quodam castro sub tutâ custodiâ detinetur. Hoc eodem anno quartâ die Januarii domnus Papa Avenioni existens, fecit Consistorium publicum, ubi recitati sunt processus facti contrà Bavarum & ejus fautores, & contrà Magistrum Michaëlem quondam Generalem Ordinis Fratrum Minorum, & contrà alium ejusdem Ordinis fratrem dictum Bonagratia, & plures alios. Et quoniam audiverat Papa quòd Bavarus quamdam convocationem Baronum & Nobilium aliquorum fecerat in Alemanniâ, & aliam post Purificationem beatæ MARIÆ facere proponebat; idcircò monuit ipsum Bavarum de non faciendo, & omnes de non adessendo, sibique & mandatis suis non parendo, alioquin si secus facerent excommunicationis sententiam incurrerent ipso facto : & multas ibidem contrà tales excommunicationes terribiles fulminavit.

In festo Purificationis beatæ MARIÆ Rex Franciæ primum terminum habuit de biennali decimâ, sibi super Gallicanam Ecclesiam à domno Papa concessâ. Sarcina quædam intolerabilis quæ suo tempore Gallicanam Ecclesiam mirabiliter suffocavit, & invalescente semper avaritiâ meritò formidandum est ne per hoc finaliter ad nihilum reducatur, nisi Deus solus, cujus solius regimine protegitur, ei sic oppressæ subveniat intuitu pietatis. Circà ista tempora obiit Archiepiscopus Rothomagensis, & Magister Petrus Rogeri Monachus & Doctor in Theologiâ vir eloquentissimus, de Episcopatu Senonensi, quem vix per annum integrum tenuerat, in Rothomagensem translatus est. Archiepiscopus Bituricensis auctoritate Apostolica translati sunt. Eodem tempore mortuus est Episcopus Noviomensis, cui dominus de Vienna Episcopus Abrincensis; Magister verò Joannes Hantsune natione Normannus, procurator Regis Franciæ in Curiâ Romanâ, per provisionem Apostolicam factus est Episcopus Abrincensis : ut sic multiplicato numero mutatorum, multiplicaretur in Curiâ Romanâ numerus servitiorum. Instante prædicto conflictu mutationum in Prælationibus, ut est dictum, misit dominus Papa dignitatem Episcopatûs Noviomensis fore vacantis Domino Guillermo de Sanctâ-Maurâ Tornacensis, Diœcesis, Cancellario Regis Franciæ, qui tamen noluit eam acceptare; & sic eam dominus Papa contulit domino Bertrando fratri dicti Guillermi natione Normanno.

Hoc eodem anno cum Anglici in castra Xantonensi congregati se parare ad bellum viderentur, & appareret inter Regem Franciæ & Angliæ notabilis materia dissensionis & belli; misit Rex Franciæ fratrem suum Comitem cum exercitu copioso de Alençoniâ, qui illuc cum exercitu veniens castrum illud fortissimum Anglicorum hactenùs tutamentum & refugium funditùs diruit & ad terram prostravit, licet super hoc, ut dicitur, à Rege Franciæ mandatum non haberet. Satis citò verò post Rex Angliæ Franciam intravit, & pace inter se initâ & Regem Franciæ facti sunt non inimici. Hoc eodem anno post inundationem pluviarum permaximam, quæ à principio Novembris inceperat & duraverat usque ad principium Martii & deinceps, [tanta siccitas sequuta est,] ut terræ quamplurimæ, quæ propter duritiam arari non poterant, remanerent incultæ.

Circà idem tempus Rex Boëmiæ magis, ut asserunt, causâ curiositatis & patriæ videndæ quàm aliâ quâcumque ratione, Italiam intravit ; quem videntes Italici Guibellini, & agnoscentes eum fuisse Henrici Pii Imperatoris ultimò defuncti filium, eum cum gaudio & magno honore susceperunt, & se sibi abjugato & Bavaro & ejus dominio cum pluribus civitatibus subdiderunt. Ab illo verò tempore multùm incepit fortuna Bavari discurrere, & jam de eo fama pauca vel nulla currere videbatur, ipso de die descendente in diem, Theutonicorum semper consuetudo fuerit, quòd nullum libenter sequitur, cujus fortuna secunda non est. Circà ista tempora multi Nobiles, Principes, Barones & alii nobiles ac milites parabant se optantes proficisci in auxilium Christianorum in Regnum Granatæ ; sed licet ad hoc multi avido desiderio ob favorem & zelum fidei devotè moverentur, nihilominùs fraudati sunt desiderio suo. Nam Rex Hispaniæ Sarracenis treugas dederat, qui tamen totius negotii principium & caput fuerat, & per cujus terram ad Sarracenos ingressus fuerat, & aliunde nullus esset ad eos accessus. Quas treugas dicunt multi Regem Hispaniæ corruptum pecuniâ, concessisse.

MCCCXXXI.

Hoc anno lata est Sententia in Parlamento Regis Franciæ pro Duce Burgundiæ pro Comitatu Attrebatensi, contrà dominum Robertum dictum de Attrebato Comitem Bellimontis in Normanniâ ; nam litteræ quas dicebat se quasi miraculosè invenisse, inventæ sunt falsæ : unde & ob hoc capta est quædam domicella quæ falsitatem fecerat, sicut ipsamet recognovit, & modum faciendi & placandi sigillum coram Rege ostendit. Ob hoc etiam captus est quidam Prædicator Confessor prædicti Roberti. [Eodem anno misit Rex nuntios ad quærendum Abbatem de Verzelaiio propter suspicionem hujus criminis, & multorum, ut dicitur, aliorum ; qui præsciens istum casum absentavit se ; & sic usque ad tempus fugæ præsidio se salvavit.] Dictus verò dominus Robertus licentiatus, à Rege & Optimatibus cum confusione discessit. Circà istud tempus Burgundi de ultrà Sonam, de Comitatu videlicet Burgundiæ, contrà Ducem Burgundiæ rebellaverunt, nolentes ei homagium facere, quod tamen ratione uxoris suæ Comitatus eidem deberetur : unde utrimque facta est maxima præparatio ad bellum, & convocatio Magnorum & Potentium & Nobilium utrobique ; sed antequàm aliqualiter congrederentur, Rege Franciæ mediante & multis aliis Nobilibus & Potentibus prudentibus, fuit inter eos pax reformata : unde venientes ad ejus homagium, ipsum uxoremque suam per civitates, castra & fortalitia patriæ associantes, ut dominum suum proprium receperunt. Circà ista tempora Comes Fuxensis matrem suam, sororem videlicet domini Roberti Attrebatensis in quodam castro incarceratam [tenebat,] quia in confusionem sui totiusque generis sui nimis effrenatè nimiam corporis sui lasciviam sequebatur ; quod sine auctoritate & auctoritate Regis Franciæ non creditur esse factum. In Italiâ fuerunt hoc mense Septembris inundationes aquarum permaximæ ; & similiter in Arragoniâ & Provinciâ in tantum, ut aquarum impetu multa castra & villæ dicantur ruisse. In Franciâ verò nihil horum vel minimè, licet tota hyems sequens fuerit pluviosa, & gelu paucùm & quasi nullum.

Circà medium mensis Octobris quædam domicella pro facto litterarum, quas dominus Robertus Attrebatensis dicebat se miraculosè vel quasi invenisse, capitur, & quia confessa est se dictas litteras placasse de mandato dicti domini Roberti, idcirco confessione istâ factâ ad plateam porcorum ducitur, & praesentibus Praeposito Parisiensi & multis aliis comburitur, multis tamen malis & machinationibus quamplurimis primitùs, ut dicitur, confessis. His ut praemittitur ita gestis, dominus Robertus praedictus sibi ipsi meritò metuens, ad sui defensionem corporis extra metas Regni Franciae posuit se, & ad Ducem Brabantiae cognatum suum se transtulit, dimissis uxore & filiis infra Regnum : quo audito Rex praecepit statim ut tota terra dicti domini Roberti in manu suâ poneretur ; & quoniam Rex nolebat contra eum procedere de facto, juris ordine praetermisso, idcirco misit Rex ad eum nuntios in Ducatu Brabantiae, qui eum personaliter citaverunt coram Rege & Paribus Regni ad certum & praefixum diem juri pariturum, & quâcumque ratione posset se de sibi impositis criminibus defensurum.

Primâ Dominicâ Adventûs hujus anni dominus Papa debuit publicè praedicare, quòd animae decedentium in gratiâ non videant Deum per essentiam, nec sint perfectè beatae nisi post resumptionem corporis : quod dictum multos scandalisavit, verumtamen magis creditur hoc opinativè, quam cum assertione dixisse, quoniam ut multi & Majores asserunt, dictum est in se haereticum, & qui hoc cum assertione diceret, non posset faciliter ab haeresi excusari ; & licet in principio scandalum magnum de hoc fuerit, nihilominùs paulativè cessavit in tantum, ut vix de hoc mentio aliqua haberetur.

Quidam frater Praedicator Confessor domini Roberti praedicti, ad aulam Episcopi Parisiensis in praesentiâ aliquorum Magistrorum in Theologiâ, & praecipuè fratris Petri de Palude tunc Patriarchae Jerosolymitani, & aliquorum aliorum Magistrorum, & praecipuè Mendicantium, & aliquorum de Secretariis Regis adducitur, & de illis falsis litteris quid & quantum sciret diligenter interrogatur ; & quoniam ibi & alibi semper dixerat, quòd illud quod de praedictis litteris sciebat erat sub sigillo Confessionis, & per consequens illud non poterat nec debebat revelare, & in hoc proposito viriliter persistebat : verumtamen quia antequàm in ipsorum Magistrorum praesentiam veniret, ipse consenserat quòd si Magistri in Theologiâ vellent in praesentiâ ejus asserere quòd ipse posset istud sine peccato revelare, ipse revelaret de litteris & earum mutatione, quando & quomodo inventae fuerint, edocetur ; idcirco Patriarcha praedictus de Ordine Praedicatorum Doctor in Theologiâ, assumpto verbo in praesentiâ dicti fratris Confessoris & omnium aliorum assistentium, dixit quòd ipse poterat istud sine peccato vel periculo revelare, quoniam, ut dicebat, sola peccata sub sigillo Confessionis cadunt, & quia istud non erat peccatum, sed magis erat ad manifestationem & elucidationem veritatis, & propter pacem & tranquillitatem totius Regni, & per hoc si sciretur, justitia praeclarissima virtutum in Regno Franciae fieret & etiam servaretur, & idcirco de revelatione nullum sibi periculum imminebat, imò sibi deberet pro merito compensari. Cui huienti alii assistentes Magistri consenserunt unanimiter, magis ut plurimi credunt, volentes hominibus placere quàm secundum nominis sui professionem perhibere testimonium veritati, cum istud sit contra doctrinam communem, quam Praedicatores reputant verissimam, & quam ipsi quotidie defendere nituntur, quae dicit, quòd ea quae sub eodem contextu cum peccatis dicuntur, licet peccata non sint, sub eodem sigillo Confessionis cum peccatis habentur. Nihilominùs cùm haec doctrina ibi locum non habuerit, quia veritas ibi nullum professorem, & impletum est illud propheticum : *veritas corruit in plateis* : verumtamen hac sententiâ ligatus frater praedictus asserit quòd ea quae de praedictis sciebat, libenter diceret; quo audito gavisi sunt consiliarii & familiares Regis, & pacti sunt in dolo bonum verbum facere de eo cum Rege, & tunc duxerunt eum cum Patriarchâ praedicto ad Capellam Episcopi juxta aulam, & ibi in praesentiâ eorum qui ad hoc [audiendum] vocati fuerant, ea quae de praedictis litteris & earum inventione sciebat, plenè revelavit. Quid tamen sigillatim dixerit non fuit vulgariter scitum, hoc tamen benè fuit vulgariter scitum, quòd factâ confessione suâ ipse iterum ad carcerem unde exierat, reducitur, & de eo posteà memoria vel mentio non habetur, & quid de eo factum fuerit penitùs à communi populo ignoratur.

In mense Februarii in domo Regiâ quae dicitur Lupara, coassistentibus Paribus Regni Franciae, Rege sedente pro tribunali, unâ cum multis aliis Regni Baronibus & Nobilibus, multisque Praelatis & Consiliariis Regni fuit praedictus dominus Robertus tertiò vocatus, quoniam haec erat tertia dies sibi praefixa ad respondendum articulis criminalibus sibi impositis ; ad quam diem personaliter non comparuit, misit tamen unum Abbatem Ordinis S. Benedicti cum aliquibus Militibus, sine tamen procuratorio, qui instanter rogabant Regem & Pares caeterosque judices, ut ex abundanti quarta sibi dilatio concederetur, promittentes quòd infra illud tempus personaliter compareret, & de sibi impositis legitimè se purgaret. Eodem verò die in praesentiâ Regis & Procerum adducta fuit quaedam domicella, quae multum familiaris fuerat dicto domino Roberto & uxori suae, quae à Franciâ fugerat in Brabantiam, & cum multa ibidem detegerentur crimina contra dictum dominum Robertum & uxorem suam, quamplurima de ipsis in praesentiâ omnium qui aderant, confessa est esse vera, uxorem tamen dicti Roberti sororem Regis Franciae, graviùs quàm dominum Robertum in sua praesentia accusabat, & maximè de falsitate sigillationis litterae de quâ dominus Robertus fuerat accusatus. Eodem verò die negotio sic peracto, genu flexo Rex Boëmiae & Joannes primogenitus Regis Franciae cum multis aliis Baronibus, Regem instanter rogabant ut dicto domino Roberto quartam dilationem gratiâ concederet, & quòd ipsius bona durante termino nullatenus confiscarentur; quod Rex concessit usque ad sequentem mensem Maii de gratiâ speciali.

Hoc anno frater Petrus de Palude Patriarcha Jerusalem, qui missus fuerat ad Soldanum ad sciendum utrum via posset inveniri, quâ terra sancta recuperaretur, rediens ad Joannem Papam, deinde Philippo, Regi Franciae in praesentiâ multorum Praelatorum & Baronum relationem suam de obstinatione Soldani faciens, nimium voluntatem Regis & Baronum commovit, ut quasi unanimiter concordarent pro recuperatione terrae sanctae transfretare. Quod videns Summus Pontifex, ad requestam Regis Franciae mandavit & commisit Patriarchae & omnibus aliis Praelatis, quatenus in locis suis Crucem praedicarent ac praedicari diligenter facerent, admonentes ut Crucis signatione omnes diligenter ad transfretandum se praepararent. Hoc anno quintadecima die mensis Decembris fuit eclipsis Lunae valde magna modicum post mediam noctem, & duravit per tres horas & amplius ; sed quia tali horâ accidit, ideo à paucis fuit visa. Hoc eodem anno Philippus Rex monetam anteà mutabilem, valde in meliori statu posuit ; nam ipse ordinavit quòd unus florenus de Florentiâ non valeret nisi decem solidos Parisienses, & aliæ monetæ de auro secundùm tale pretium, unus grossus Turonensis de argento novem Parisienses parvos, & parvus denarius qui valebat duos denarios, reduxit ad unum; & sic res multæ quæ ante erant caræ, valde quasi ad medium reducuntur.

MCCCXXXII.

Hoc anno dominus Robertus sæpe nominatus fuit bannitus per Barones Regni Franciæ, & omnia bona ejus Regi confiscata; sed adhuc ex abundanti ad preces aliquorum Magistrorum Rex noluit bannire usque ad mensem post Pascha differendum, & sic si infrà talem terminum veniret & in voluntate suâ se poneret, ipse faceret ei talem gratiam qualis expediens sibi videretur, si autem non veniret, omninò extorqueretur. Hoc anno transacto termino gratioso domino Roberto de Attrebato sæpedicto à Rege concesso, Parisius xix. die mensis Martii, per omnia quadruvia principalia, tubis præcinentibus, præconibus proclamantibus, idem dominus Robertus in suâ pertinaciâ persistens, nec ad voluntatem Regis veniens, solemniter fuit bannitus; & in auribus totius populi recitatum est quomodo per falsas litteras Comitatum Attrebatensem tentaverat obtinere, & quomodo ad respondendum super hoc & super alios quamplurimos articulos ante Regem & ante Pares Regni Franciæ pluries fuerat adjornatus; & sic quia ad dies sibi super hoc assignatos non venit, nec procuratorem sufficienter fundatum pro se misit, per contumaciam fuit positus in defectu.

Hoc anno Rex Philippus apud Meldunum fecit nuptias Joannis filii sui Ducis Normanniæ, & filiæ Joannis Regis Boëmiæ quondam Henrici Imperatoris filii. Hoc eodem anno Philippus Rex in die S. Michaëlis fecit Militem filium suum Joannem Parisius, cum magnâ solemnitate & gaudio totius populi; & fuit ibi magna congregatio Magnatum, inter quos fuit Rex Boëmiæ qui erat pater uxoris novi Militis, Rex Navarræ, Dux Burgundiæ, Dux Britaniæ, Dux Lotharingiæ, Dux Brabantiæ, Dux Borbonensis, cum multis aliis Nobilibus sine numero, & eodem die Rex fecit desponsari filiam suam Mariam cum filio Ducis Brabantiæ. Eodem anno die Veneris post festum sancti Michaëlis, congregatis omnibus prænominatis Principibus cum aliquibus Prælatis multisque Militibus ac notabilibus Parisius in Capellâ Regiâ, Rex fecit proponere coram omnibus quòd ipse intendebat terræ sanctæ iter arripere, & filium suum Joannem circà quartum decimum annum agentem custodem Regni dimittere, rogans eos quatinùs extensis manibus ad sacrosanctas Reliquias jurarent ei obedientiam tamquam domino & heredi Regni, & si contingeret in istâ viâ ipsum Regem decedere, quamcitiùs possent modo possent ipsum in Regem coronarent; quod omnes simul tam Prælati, quàm Barones, elevatis manibus ad sanctas Reliquias, juraverunt, & postea quilibet per se illud idem juravit.

MCCCXXXIII.

Hoc anno die Veneris post festum sancti Michaëlis in prato juxta Abbatiam sancti Germani de Pratis, Archidiacono *a* Rotomagensi, de commissione Joannis Papæ Crucem prædicante, cum liberatione terræ sanctæ à Sarracenis iniquè & injustè occupatæ, Philippus Rex primus, & Patriarcha Jerosolymitanus cum multis aliis magistris & probis personis Crucem assumserunt; & fuit ordinatum quatinùs per totum Regnum Franciæ Crux prædicaretur, & quòd omnes Crucesignati parati essent ad transfretandum à mense Augusti transacto in annis tribus. Hoc eodem anno in crastino Ascensionis Domini fuit eclipsis solis valde magna per duas horas per meridiem.

Hoc anno cum prædicatio quem dominus Joannes Papa debuit prædicare, in quâ publicè, ut ferebatur, dixerat; quod animæ decedentium, (ut dictum est primâ Dominicâ Adventus Domini anno millesimo trecentesimo trigesimo primo) quòd inquam, animæ decedentium in gratiâ non vident Deum per essentiam, nec sunt perfectè beatæ usque post resumptionem corporum, (quod multos scandalizaverat) quasi sopita videretur; publicè tamen apud Avinionem ubi Papa tunc residebat, istud dictum est à pluribus, & maximè à quibusdam Cardinalibus ob favorem, aliis propter timorem summi Pontificis prædicti: nam quemdam fratrem Prædicatorum, qui contrà istud dictum sive errorem istum prædicaverat, statim in carcerem fecit poni, ut sustineretur ac etiam prædicaretur. Parisius autem à Magistris & totâ facultate Theologiæ reprobaretur, missi sunt à latere ipsius Papæ Parisius duo Magistri in Theologiâ, unus de Ordine Fratrum Minorum, ejusdem Ordinis Generalis, alter de Ordine Fratrum Prædicatorum, qui sibi in opinione suâ consentiebant; & quamvis fingerent quòd pro reformandâ pace inter Regem Angliæ & Regem Scotiæ esse missos, apparuit tamen quòd pro alio non venerant nisi ut Magistros in Theologiâ regentes Parisius cum aliis de Regno Franciæ subverterent, & ad opinionem suam adducerent. Sed ita per Dei gratiam non accidit; nam cum idem generalis Minister eamdem quæstionem in præsentiâ Scholarium quasi infinitorum determinaret, & teneret pro conclusione, affirmando quòd animæ decedentium seu animæ Sanctorum non vident nec videbunt Deum visione beatificâ & gloriosâ usque ad assumptionem corporum in die extremi Judicii: hoc audito magnum murmur inter Scholares auditum est, dicentes talem errorem sine punitione transire non debere. Audiens autem scandalum qui erat Parisius pro hac determinatione frater Prædicator qui cum illo, ut dictum est, venerat, quid de his pro quibus missus fuerat in Franciam faceret vel diceret, nisi statim ad Papam rediret? Sed in quodam sermone ipsum Summum Pontificem super errore prædicto excusavit, dicens quòd nunquam tenebat, nec unquam istam tenuerat doctrinam, quæ ponit quòd animæ Sanctorum non videbant Deum usque ad diem Judicii. Et cum ad aures Regis Franciæ Philippi ista devenissent, tamquam verus Catholicus ac pugil Christi fidei fortissimus valde condoluit, quòd talis zizania erroris in medio tritici fidei, quæ semper in Regno Franciæ viguit, superseminaretur a prædictus Minister quòd Rex super hoc malè contentus erat, ivit ad eum ut super hoc se excusaret; sed Rex animadvertens & dubitans ne ipse verbis involveret, dixit ipsum in præsentiâ bonorum Clericorum in Theologiâ libenter audire. Tunc Rex accersitis decem Magistris in Theologiâ, de sufficientioribus qui tunc Parisius potuerunt inveniri, quorum quatuor erant de Ordine Minorum, interrogavit eos in præsentiâ dicti Magistri quid eis de doctrinâ quam nuper Parisius seminaverat, videretur? Qui omnes reprobaverunt eam, ipsam cum determinatione suâ falsam & hæreticam reputantes; sed ad hoc non potuerunt eum adducere, ut cùm eis concordaret. Sed Rex adhuc super hoc non contentus, alterâ die satis

a Archidiacono] Codex Cisterc. *Archiepiscopo.*

citò poſt fecit vocari in domo ſuâ de nemore Vincennarum omnes Magiſtros in Theologiâ, cum omnibus Epiſcopis & Abbatibus, qui tunc Pariſius potuerunt inveniri; vocato etiam prædicto Miniſtro. Cum reſediſſent, Rex in Gallico ſuo duo eis quærendo propoſuit. Primum fuit utrum animæ Sanctorum ex tunc videant faciem Dei. Aliud fuit utrum iſta viſio quâ nunc vident faciem Dei in die Judicii deficiat, aliâ ſuperveniente viſione. Ad primam quæſtionem omnes reſponderunt affirmativam; ad ſecundam ſimiliter, reſponderunt quòd iſta viſio non in die judicii deficiet, ſed permanebit æternaliter. Verum eſt quod aliqui dixerunt quòd iſta viſio in die Judicii perfectior erit, & cum iſtis prædictus Miniſter non ſponte, ſed quaſi coactus, ut videbatur, concordatus eſt. Et de iſtâ ſententiâ Rex petivit ab omnibus Magiſtris ibidem aſſiſtentibus unam litteram ſigillis iſtorum ſingulorum munitam; quod & factum eſt; nam factæ ſunt tres litteræ eamdem formam continentes, ſigillatæ ſingulæ XXIX. ſigillis quia tot erant ibi Magiſtri: quarum litterarum ex parte Regis una fuit miſſa Papæ; mandans ſibi à latere quatinus ſententiam Magiſtrorum de Pariſius, qui melius ſciunt quid debet teneri & credi in fide, quàm Juriſtæ & alii Clerici, qui parum aut nihil ſciunt de Theologiâ, approbaret, & quòd ſuſtinentes contrarium corrigeret.

Hoc anno Rege Scotiæ Roberto de Brus mortuo, & filio ſuo David, qui filiam Regis Angliæ Eduardi deſponſaverat, in Regno Scotiæ ſuccedente, contigit Eduardum de Bailleul venire ad Regem Angliæ tamquam ſuperiorem in iſto caſu, ut dicebat, dicentem Regnum Scotiæ ad ipſum & non ad David nec ad alterum alium pertinere, quum ipſe de primogenitâ Alexandri Regis Scotiæ natus eſſet, & David de ſecundâ genitâ; petere ab eo tamquam à ſuperiori, ut dictum eſt, ut ad homagium Regni Scotiæ ipſum reciperet. Quod Rex Angliæ libenter faciens ſtatim ut ipſum in ſaiſinam ejuſdem Regni poneret contrà Scotos, non obſtantibus pactionibus, & confœderationibus quas cum Roberto de Brus Rege habuerat, arma paravit; Scotis etiam ad defendendum ſe viriliter præparatis: quibus congredientibus Scoti ſuccubuerunt, multiſque eorum interfectis & quàm plurimis captis, civitas de Barawic Sedes Regni Scotiæ obſidione, ut aliqui dixerunt, proditoriè capitur. Hoc anno decem naves munitæ armis & victualibus à Rege Franciæ Philippo in auxilium Scotorum in civitate de Barwic per gentes Regis Angliæ obſeſſibus miſſæ ſunt, ſed vento impellente contrario ad portum optatum pervenire non valentes, portui de Scluſa in partibus Flandriæ appulerunt, & ibi venditis omnibus, imò quaſi diſſipatis parvum aut nullum effectum habuerunt. In iſto anno fuit tanta fertilitas vini in Regno Franciæ, quòd ſextarium vini mundi & clari denariûm venderetur, & aliquando pro minori pretio haberetur. Hoc eodem anno Delphinus de Viennâ dimiſſo exercitu, cum paucis quoddam caſtrum Comitis Sabaudiæ quod obſederat, explorans, à quodam baliſtariâ percuſſus, poſtea niſi per medium diem ſupervixit, fratre ſuo, quia non habebat heredem de corpore proprio, herede relicto.

MCCCXXXIV.

Hoc anno fuit cariſtia magna in Regno Franciæ, & maximè in partibus meridionalibus, ſed vinum pro nihilo habebatur. Hoc etiam anno illi de Bononiâ contra Legatum à Papa miſſum ad ſubmittendos Guibelinos rebellaverunt, & ipſum extra patriam fugaverunt, magnâ copiâ de ſuis interfectâ, & quoddam caſtrum fortiſſimum quod extra muros civitatis ædificaverat, funditus everterunt. Eodem anno orta eſt magna materia guerræ inter Ducem Brabantiæ & Comitem Flandriæ pro quibuſdam redibentiis, quas Epiſcopus Leodienſis in villâ de Malignes in Brabantiâ dicebat ſe habere (quas redibentias aliqui dicebant quòd prædictus Comes Flandriæ fraudulenter à prædicto Epiſcopo emerat, ut materia diſcordiæ inter eos oriretur) ita ut ex utrâque parte magnis viribus ac magno apparatu arma pararentur, Rege Boemiæ, Epiſcopo Leodienſi prædicto, Comite Hanoniæ cum Joanne fratre ejus, Comite de Guellis cum plurimis magnis de Alemanniâ partem Comitis adjuvantibus, Rege Navarræ, Comite Alençoniæ fratre Regis Franciæ, Comite Barri, Comite de Stampis cum multis aliis Nobilibus de Regno Franciæ partem Ducis foventibus: ſed interveniente Rege Franciæ Philippo quaſi pro mediatore, ad pacis concordiam ſunt adducti. Eodem anno David de Brus filius Roberti de Brus quidam Scotiæ, juvenis quaſi tredecim annorum cum uxore ſuâ ſorore Regis Angliæ, ut contrà æmulos ſuos Regem Angliæ & Eduardum de Bailleul de novo creatum ſub alis Franciæ tuerentur, ab aliquibus ſibi benivolis latenter in Franciam ſunt adducti, & apud caſtrum Gaillardum in Normanniâ morati ſunt.

Hoc anno Rex Franciæ Philippus ordinatâ quâdam domo pro Religione, quæ Moncellus dicitur, juxtâ pontem ſanctæ Maxentiæ, quæ ad fiſcum Regium per quamdam forefacturam pervenerat, fœminas poſuit ad ſerviendum Deo in perpetuum ſub Regulâ Fratrum Minorum, & ididem incluſit, redditibus pro earum vitâ ſufficienter aſſignatis. Eodem anno uxor domini Roberti de Attrebato, ſoror Regis Franciæ quarumdam immutationum, ut dicebatur, ſuſpecta cum filiis ſuis, mater apud Chinonum in Pictaviâ, filii verò apud Nemoſum in Vaſtineto ſub quâdam cuſtodiâ detinentur. Hoc etiam anno ut dixerunt quidam Aſtrologi, propter ſiccitatem æſtatis & maximam hyemis humiditatem, quæ qualitates ut adſtruxerant ipſi, ratione eclipſis Solis anni præcedentis, quæ fuit in Gemini ſigno humano provenerunt, maxima utriuſque ſexûs mortalitas ſequuta eſt non ſolùm in Regno Franciæ, ſed maximè in locis illi ſigno magis appropinquantibus. Hoc etiam anno maximâ fuit vini abundantia, ſed non æquè matura nec fortia fuerunt ſicut in anno præterito. Hoc anno Scoti reparatis reſumptiſque viribus, contrà Eduardum de Bailleul quem Rex Angliæ ſuper eos Regem ſtatuerat, & contrà Anglicos ab eodem Rege dimiſſos ad cuſtodiam munitionum quas ſuper eos acquiſierat, pugnant, omnia quæ perdiderant civitate de Barwic exceptâ, recuperantes, ipſumque Eduardum de Regno ac de finibus ſuis turpiter ejicientes.

Hoc anno Joannes Papa XXII. quartâ die menſis Decembris defunctus eſt Avinioni, poſtquam ſediſſet XIX. annos incompletos: qui errorem de beatitudine animæ quam ipſe diù tenuerat, publicè prædicaverat, inſufficienter tamen, ut aliqui dicunt, moriens revocavit; & XIX. die menſis ejuſdem Jacobus Presbyter Cardinalis ſanctæ Priſcæ, Ciſtercienſis Ordinis, electus eſt, ac etiam octavâ die Januarii conſecratus, ac BENEDICTUS XII. vocatus. Hoc anno circà Pariſius in vigiliâ ſancti Nicolai hyemalis auditâ ſunt magna tonitrua, gelu & nive aëre frigeſcente, & ſatis citò poſt in die Octavarum ſancti Joannis Evangeliſtæ audita ſunt ita magna & horribilia cum coruſcationibus, ac ſi eſſet circa feſtum beatæ Mariæ Magdalenæ, vento tamen & pluviâ aëre madeſcente, ac etiam XIX. à die Januarii aëre, nive, gelu, grandine, frigeſcente. Hoc anno Rex Franciæ Philippus ut Summum Pontificem de novo creatum viſitaret cum magno apparatu, ſed ſuperveniente infirmitate cum jam esset quasi in medio itineris, consilio medicorum ad propria remeavit. Hoc eodem tempore missi sunt ab eodem Rege solemnes nuntii ad Summum Pontificem, cum certis petitionibus passagium terræ sanctæ maximè tangentibus, in quibus benè & gratiosè Papa se habuit, aliquibus tamen deliberationi reservatis.

Hoc anno Joannes Dux Britanniæ cernens de corpore suo heredem non habere, & considerans utilitatem & pacem Regni Franciæ quam summè diligebat, necnon & benevolentiam quam erga personam Philippi Regis habebat, considerans etiam multa incommoda quæ in eodem Regno possent accidere, si talis terra sicut Ducatus Britanniæ in manus feminæ neptis videlicet, quæ in eodem Ducatu se dicebat jus habere, voluit Regi Philippo Ducatum suum prædictum post decessum suum dimittere, ita tamen quòd si post decessum ejus aliquis probabilis heres appareret, aliqua terra sufficiens ei ab eodem Rege assignaretur. Et ideo sic ordinatum fuit, quòd si aliquis heres probabilis appareret in eodem Ducatu post prædicti Ducis decessum, Rex Ducatum Aurelianensem pro dictâ recompensatione assignaret; sed contradicentibus aliquibus Brittonibus negotium imperfectum tunc remansit, & assignata est dies ad tractandum iterum de isto negotio ad Octabas beatæ Mariæ Magdalenæ, & iterum prolongata est usque ad crastinum ejusdem, deinde usque ad aliam diem Dominicam sequentem, & in die illâ negotium sub quâdam dissimulatione transivit & in pendulo remansit, & finaliter ad nihilum redactum est.

MCCCXXXV.

Hoc anno dominus Joannes de Septio, qui missus fuerat à Rege Franciæ maximè in terram Turcorum ad explorandos portus & passus, ad faciendas aliquas munitiones & præparationes victualium pro passagio terræ sanctæ, patratis aliquibus victoriis satis insignibus, sicut in tam parvâ manu pugnatorum quam ipse habebat, quia non habebat nisi solos pedites, potuit fieri, in Franciam rediit Episcopus etiam Belvacensis Joannes, qui diu peregrè, causâ à pluribus ignoratâ profectus fuerat, & cum eodem domino Joanne in terrâ istâ Turcorum, & in aliquibus bellis in quibus egregiè se habuit, aliquamdiù fuerat, ad propria reversus est.

Hoc eodem anno circa medium Junii dominum Joannem primogenitum, imò tunc unigenitum Philippi Regis Franciæ Normanniæ Ducem, gravis & valde periculosa infirmitas arripuit; nam, ut asserebant medici, non solùm quotidiano typo per quatuordecim dies continuos laboravit, verùm etiam plures accessus fabris tertianæ sustinuit; & cum à medicis omninò desperaretur de eo, & humanum solatium deficeret, Rex & Regina ad Divinum auxilium confugerunt, mittentes ad omnes Ecclesias Gathedrales & ad omnia Collegia tam Mendicantium quàm non Mendicantium quibus tunc mitti potuit, Prædicatores ad exhortandum populum, rogantes omnes humiliter quatinùs processiones devotas facerent, & Divinas aures lacrymis & orationibus sollicitarent, quatenùs filio suo Regni heredi in tantâ necessitate subveniret Divina misericordia. Nam Rex tantùm de misericordiâ Dei & de ejus auxilio precibus Sanctorum & bonarum personarum confidebat, quòd pluries dixit Reginæ & aliquibus aliis, quòd si Dux prædictus eorum filius mortuus esset, non citò eum sepeliret, sperans firmiter quòd Deus eum à morte resuscitaret. Unde factum est, quòd à Clero & populo, & maximè à Canonicis Ecclesiæ Cathedralis beatæ MARIÆ de Parisiis, & ab omnibus Collegiis ejusdem civitatis, necnon & à Conventu sancti Dionysii ter nudis pedibus delatis ad Tavermiacum ubi erat infirmus, sacrosanctis reliquiis, clavo scilicet & coronâ Domini, cum digito sancti Dionysii, quæ ibi ferè per quindecim dies remanserunt, processiones solemnes & devotæ factæ fuissent, prædictus infirmus convaluit & sanatus est, parentibus ejus Rege videlicet & Reginâ & plurimis, qui prædicto Duci in infirmitate astiterant, necnon & aliquibus medicis prædicantibus quòd Deus Sanctorum, & bonarum personarum precibus eum non solùm ab infirmitate curaverat, imò etiam quasi à morte resuscitaverat. Hoc anno septimâ die Julii quæ fuit dies Veneris, in festo sancti Martialis Rex Franciæ Philippus filio suo domino Joanne Duce Normanniæ de gravi ac periculosâ infirmitate per preces bonarum personarum, ac etiam ut pro certo credendum est, per merita Sanctorum mirabiliter convalescente, de villâ quæ Tavermiacus dicitur, in quâ prædictus infirmus in infirmitate jacuerat, ab Ecclesiâ sancti Dionysii quatuor milliaribus & ampliùs distante, gloriosum Martyrem Dionysium specialem patronum, protectorem & adjutorem suum cum sociis suis petendo, non sine magno labore ac difficultate propter inconsuetum laborem & propter opus tali viro inusitatum, devotissimè visitaturus advenit; & cum gratias egisset salutans Sanctos Martyres, & factâ brevi oratione, cum jam maxima pars noctis transîsset, post laborem tanti itineris ad quiescendum se ordinavit usque in crastinum. Adveniente autem craftinâ die Missâ suâ devotissimè auditâ, & osculatis cum magnâ reverentiâ sacrosanctis reliquiis clavo & coronâ, cum aliis pransit ivit. Facto autem vespere post cœnam & post Matutinas Conventûs inopinatè iterum ad Ecclesiam veniens, ibidem peroravit & totum servitium suum de sanctis Martyribus Dionysio scilicet & sociis ejus non à Capellanis suis sed à Monachis aliquibus, non tamen à toto Conventu fieri jussit. Iterum autem cum vigiliis & omnibus horis Canonicis sic celebratis, locum illum ubi requiescunt Sanctorum corpora in scriniis electrinis aperiri fecit, & ibidem totus intrans, cum summâ devotione quasi per spatium horarum duarum remansit. Deinde subsequenter auditâ Missâ suâ domno Abbate celebrante ad akare sanctorum Martyrum, post prandium sic visitatis sanctis Martyribus & regratiatis, ad visitanda alia loca sancta iter arripiens cum gaudio recessit.

Hoc anno circa festum Magdelenes Rex Angliæ Eduardus cum manu validâ tam equitum quàm peditum, adjuvante sibi Comite Namurcii uxoris suæ cognato, & Comite de Guellis qui sororem suam desponsaverat, cum aliquibus aliis de Alemaniâ, vadum illud quod Mare Scoticum dicitur sine aliquo obice seu impedimento transiens, Scotiam intravit; nam Scoti propter suorum paucitatem in respectu sui exercitûs eidem obviare non sunt ausi. Deinde ad villam sancti Joannis se transferens, & illam muniens, ibidem Eduardum de Bailleul cum fratre suo Comite Cornubiæ dimisit; & ad sanctum Andream veniens, cum ibidem aliqualem moram traheret, venerunt ad homagium aliqui Magni & Nobiles de Regno Scotiæ, quos ipse pacificè recipiens, licet aliqui Magni & Nobiles de eodem Regno adhuc sibi non obedirent, nec ad homagium ejus venissent, sublimato & confirmato in eodem Regno Eduardo de Bailleul, sic ordinavit: videlicet quòd idem Eduardus & successores sui Reges Scotiæ, Regibus Angliæ homagium facerent, & eisdem contrà omnes auxilium ferrent ad supplementum exercitûs eorum trecentos homines de armis cum mille peditibus quandocumque necesse fuerit, per unum annum integrum ducendo vel mittendo ; & Reges Angliæ ultra noluerunt retinere ipsos ad proprias expensas eorum, remanere minimè tenebuntur. Eodem tempore quasi post triduum cum ad notitiam Scotorum devenisset, quòd Comes Namursii qui tardè Regem Angliæ sequutus fuerat, & ad ipsum venire festinabat, transitum maris Scotici vellet cum suis attentare, eidem insidias paraverunt, mittentes ante ipsum in viâ de suis partem non modicam, alterâ in insidiis remanente ; & cum ipsos pertransisset, ipsi à tergo sequuti sunt eum, aliis eidem obviantibus ; & sic inter eos inclusus, commisso prælio, multis suorum captis, & quamplurimis interfectis, ipsemet etiam capitur. Et cum unius ex Scotorum Majoribus contra voluntatem aliorum ob favorem Regis Franciæ, ut prætendebat, vellet eum liberare, & eidem cum quatuor viginti solùm armatis conductum præberet, in gressu suo ab Anglicis in insidiis positis & ipse capitur, ac omnibus suis interfectis carceri Regis Angliæ mancipantur. Hoc anno vina fuerunt ita cruda, viridia & indigesta, quod vix sine indignatione gustûs sumi potuerint.

MCCCXXXVI.

Hoc anno Rex Franciæ Philippus remotis partibus Regni visitatis, ab omnibus civitatibus valde honorificè & cum gaudio magno suscipitur ; & cum Summum Pontificem in civitate Avinionensi etiam visitasset, & ab eodem cum filio suo domino Joanne Duce Normanniæ susceptus fuisset, ac de aliquibus etiam negotiis, & maximè de passagio terræ Sanctæ, & auxilio Scotorum, utrum eisdem Scotis contra Regem Angliæ, qui eos graviter opprimebat, auxilium ferre consideratis confœderationibus quas inter se habebant, teneretur, tractasset, Marsiliam intrans, ad visitanda limina sancti Ludovici Massiliensis, necnon & navigium, quod ad passagium terræ Sanctæ parari faciebat, se transtulit : ubi à Massiliensibus, quamvis sub dominio ejus non essent, tanto cum honore, & reverentiâ susceptus est, ut in mare navibus ordinatis ad bellum in præsentiâ ejus simularent certamen navale, pomis Orengeniis se invicem impugnantes. Hoc anno fuit eclipsis Solis die tertiâ mensis Martii, attingens ferè usque ad centrum ipsius, Marte etiam & Saturno ipsum Solem aspicientibus, qui tunc incipiebant retrogradari, & duravit per duas horas cum aliquibus minutis.

Hoc etiam anno Rege Franciæ Philippo à visitatione Summi Pontificis Benedicti per Burgundiam revertente, & à Duce Comiteque Burgundiæ, cujus sororem desponsaverat, valde honorificè suscepto, magnam discordiam inter ipsum Ducem & Joannem de Chalon, aliquosque tam Nobiles Burgundiæ, quàm Alemanniæ eidem domino Joanni adhærentes, pro quibusdam redibentiis in Comitatu Burgundiæ, & maximè super villam & puteum Salinarum, ut asserebat, sibi debitis, quas prædictus Dux & Comes sibi injustè subtrahere nitebantur, invenit ; & cum ipsos ad pacis concordiam adducere satageret, Duce eorum sibi contradicente, in præsentiâ ipsius Regis ex parte domini Joannis prædicti ac sibi adhærentium defidatus est ; & statim in crastinum adjunctis sibi confœderatis suis, cum magnâ copiâ Alemannorum stipendiariorum, hostiliter in Comitatum Burgundiæ, non tamen in Ducatum qui ad Regnum Franciæ pertinet, subintravit, ac magnam partem ejusdem Comitatûs igne ac deprædationibus magis quàm ferro prostravit ;

b *Julii*] Codex Cisterc. *Junii.*
Tom. III.

& sic in aliquibus castris suis, quæ ipse diu antè scienter propter hoc muniri fecerat, cum complicibus se recepit. Hoc etiam anno Dux Burgundiæ, & non solùm Burgundiæ, sed & Normanniæ, cujus dominus Joannes filius primogenitus Regis Franciæ Philippi Dux erat, nepos ejus ex sorore, necnon & Flandriæ, quia ipse & Comes Flandriæ duas uxores sorores filias Philippi Regis Longi quondam Regis Franciæ duxerat, adjuvante etiam sibi Rege Navarræ qui neptem suam desponsaverat, cum fratre suo Comite de Stampis magnum exercitum congregavit, ac castrum domini Giraldi de Montefalconis, qui domino Joanni *de Chalon* adhærebat, Chausiacum nomine vallatus maximis auxiliatoribus potenter obsedit, ac etiam primus obsidione quasi ix. hebdomadarum in deditione accepit. Deinde Bisentium civitatem, quæ partem domini Joannis supradicti fovebat, se transferens, ibi exercitum, quia pro tanto exercitu minuebantur victualia, datis induciis usque ad sequens Natale licentiavit, & inglorius negotium imperfectum dimisit.

Hoc etiam anno grave incendium tam in pannis Indicti quàm in aliis mercimoniis xiv. Junii conflagravit; in quo multi mercatores, qui ibidem divites & potentes venerant, ita damnificati sunt, quòd pauperes ad propria reversi sunt. Hoc anno secundâ die Julii b natus est Philippo Regi Franciæ filius in domo nemore Vincennarum ex uxore suâ legitimâ, qui baptizatus est, & Philippus nominatus. Hoc anno xxi. die Julii in Vigiliâ sanctæ Mariæ Magdalenæ, Hugo de Cuisiaco Miles natione Burgundus, qui fuerat Præpositus Parisius, & postea in numero Magistrorum Regalis palatii sublimatus, tamquam subversor judiciorum multorum propter munera quamplurima accusatus, etiam multis aliis criminibus convictus, Parisius communi patibulo suspenditur. Hoc anno quartâ die Augusti circa Parisius & in confiniis ejus tam horribilis ac valida tempestas exorta est, ut pavilliones ac tentoria quæ cum maximâ ambitione & apparatu, ut dicebatur, in domo Regia nemoris Vicennarum propter purificationem Reginæ, ac etiam arbores magnæ magnitudinis & grossitudinis everteret, aliquosque occideret, & plures læderet non sine metu & admiratione multorum.

Hoc anno cum magna materia discordiæ & guerræ inter Regem Franciæ Philippum & Regem Angliæ Eduardum exorta fuisset, & maximè propter eversionem castri Xantonensis, quòd dominus Carolus frater Regis Franciæ Comes Alençonii dirui fecerat, necnon & Comitatum Aquiensem & aliquas villas & munitiones, quas dominus Carolus Comes Valesii, pater Regis Philippi à Rege Carolo defuncto in Vasconiâ missus, propter contumacias Regis Angliæ Eduardi defuncti patris istius Eduardi prædicti, meritò abstulerat, quæ omnia idem Rex Angliæ ab ipso Rege Franciæ repetebat ; & propter hoc plures nuntii inter ipsos pro reformandâ pace hinc inde transfretassent; ad pacis tamen concordiam non potuerunt reduci, instigante domino Roberto de Attrebato, qui ad Regem Angliæ transfugerat, ut dicebatur.

Hoc etiam anno cum magna guerra esset inter Regem Angliæ & Regem Navarræ pro custodiâ cujusdam Abbatiæ in confiniis Regnorum sitæ, prius tamen non modicum damnificati sunt ; ad pacis tamen concordiam per Summum Pontificem, & per Regem Franciæ, administrante tunc Joanne de Vienna Archiepiscopo Remensi, qui ex parte

Regis Franciæ & Navarræ ad hoc missus fuerat, sunt adducti. Hoc anno factæ sunt & confirmatæ confœderationes solemnes inter Regem Franciæ & Hispaniæ. Anno eodem Eduardus Rex Angliæ videns quòd Rex Franciæ Philippus partem Scotorum volebat fovere, & eos contrà eum sustinere propter confœderationes, quas Rex Franciæ Philippus Pulcher cognominatus, avunculus istius Regis Philippi, cum ipsis tamquam Rex Franciæ inierat, magnum apparatum navium cum suis adjutoribus in mare disposuit, & confœderationes cum Duce Bavariæ Ludovico iniit, qui tunc pro Imperatore se gerebat, quamvis per Papam Joannem Imperio esset privatus, nonobstante quòd auctoritate ipsius Summi Pontificis esset excommunicatus, Duce eodem eidem auxilium promittente. Hoc anno inter ipsum Regem Franciæ & Regem Angliæ prædictum multa fuerunt bella tam in mari quàm in terrâ.

MCCCXXXVII.

Hoc anno Rex Franciæ Philippus multos soldarios marinos quæsivit & procuravit, & maximè Januensium, inter quos erat unus magnus qui oppressiones fecerat in Regno Franciæ in partibus Marsiliæ & Aquarum-mortuarum, & Admiraldus ipsorum factus est. Eodem anno cum magna materia discordiæ orta esset inter Ducem Burgundiæ, ut dictum est, & dominum Joannem de Chalon, per dominum Regem Franciæ pacificati sunt. Hoc etiam anno circa festum beati Joannis Baptistæ apparuit quædam stella, quæ cometa dicitur, quæ, ut dicebant Astrologi sapientes, in signo Geminorum fuit orta ratione eclipsis Solis anni præcedentis, quæ fuit terriâ die Martii per Martem & Saturnum qui tunc aspiciebant eclipsim eamdem, & tunc incipiebant retrogradari effectu deducta, & dicebant quòd ratione signi in quo fuit generata, & ratione generantium, Martis scilicet & Saturni, significabat quòd sanguis immundus abundaret in multis corruptis vel infectis melancholiâ vel colerâ, & ideo non erit mirum si voluntates & inordinati appetitus à multis posteà effectui adducerentur, & propter hoc potuerunt esse plures ægritudines in dispositis & diversè secundùm diversitatem recipientium. Item ratione Martis exeuntis in Scorpione, significabat falsitatem, fraudes, mendacia, latrocinia & guerras; sed ratione Saturni dicebant quòd significabat invidiam, cupiditatem & extorsionem, rancores & odia, machinationes, inobedientes cordis miserias, mortem, rumores terribiles & pavorem. Item ipsum signum Geminorum secundùm Astrologos est signum humanum, avium, & Magnatorum, ac Deo deservientium: ideò dicebant quòd cometa illa minabatur omnes tales, vel in statu. Item dicebant quòd consideratis imaginibus cœli ab eâ pertransitis, & considerato signo conjunctionis Martis & Saturni, non solùm minabatur quadrupedia, sed in aquis natantia, & in eis navigantia, & quòd in aquis vel per aquas multa inconvenientia subsequi deberent.

Eodem anno circa festum Omnium Sanctorum ceperunt gentes Regis Angliæ in Xantoniâ castrum, quod Paracolum dicitur, quòd ad Regis Franciæ pertinebat dominium, multas villas circà illud ferro & igne vastantes, & multos interficientes. Hoc eodem anno Rex Angliæ Eduardus multas expensas Regi Franciæ fecit fieri, propter hoc quòd communiter dicebatur, quòd idem Rex Angliæ Regnum Franciæ intendebat invadere, & ideò oportuit quòd omnia confinia Regni muniret ac custodiri faceret; & dicebatur communiter quòd dominus Robertus de Attrebato omnia ista procurabat. Hoc etiam anno Benedictus Papa duos Cardinales pro reformandâ pace inter Regem Franciæ & Regem Angliæ misit; qui tamen in hoc minimè profecerunt. Hoc etiam anno Thesaurarius Regis, Nicolaus Behucheti scilicet, unum portum bonum seu villam in Angliâ combussit, qui Portmuth vocabatur, cum aliis villis plurimis; insulas etiam de Grenehaco mediante vorante flammâ, excepto uno castro quod ibi erat, totaliter consumsit. Eodem anno satis citò post captionem castri quod Paracolum in Xantoniâ, ut dictum est, nominatur, quidam nobilis homo de Linguâ Occitanâ, qui Renaldus de Normanniâ vocabatur, Parisius in plateâ porcorum securi judicio Regis percutitur, & sic capite ejus amputato communi patibulo est suspensus, pro eo quòd ejus proditione castrum illud ab Anglicis captum fuerat.

Hoc eodem anno per Comitem Augi Conestabularium Regis Franciæ, adjuvantibus sibi Comitibus Fuxi & de Armeniaco, cum aliquibus Baronibus de Linguâ Occitanâ ac Tolosanis plurimæ villæ ac castra in Vasconiâ receperant. Hoc etiam anno Scoti multa gravamina ab Anglicis patiuntur eos comprimentibus, Rege Franciæ non ferente eisdem auxilium ut tenebatur. Hoc anno venerunt Rege Navarræ, Comite Alenconis fratre Regis Franciæ cum aliquibus Magnatibus & Baronibus ejusdem Regis Franciæ, quòd Rex Angliæ apud Boloniam debebat terram capere, cum magno exercitu illuc ierunt; sed ipso non veniente vacui ac delusi reversi sunt. Hoc anno Anglici cum sexdecim navibus se receperunt; qui post aliqualiter repulsam passi, in mare receperant se; sed animadvertentes quòd bastardus Flandriæ frater Comitis Flandriæ, cui commissa fuerat custodia portus incautè se gerebat; sedebat enim cum suis & comedebat, super eos ruentes subitò quasi omnes interfecerunt, prædictum verò bastardum captum in Hollandiam deduxerunt, pluribus tam de suis quàm de Flammingis interfectis. Hoc anno venerunt aliqui in Curiam Regis Franciæ sub specie Religionis, qui Regem cum totâ Curiâ impoisonare volebant; sed capti ac deprehensi, quid de eis posteà factum sit ignoratum est. Hoc anno aliqui Flandrenses & maximè illi de Gandavo, contrà Regem Franciæ ac contrà Comitem Flandriæ rebellare nisi sunt; sed auctoritate Summi Pontificis per Episcopum Silvanectensem ac Abbatem S. Remigii excommunicati, repressi sunt.

MCCCXXXVIII.

Hoc anno xv. die mensis Aprilis apparuit altera cometa satis propè, & erat parum clara & jocunda sine capillis, & sic fuerunt duæ cometæ in uno anno. Hoc etiam anno Rex Angliæ Eduardus ad partes Brabantiæ uxorem suam sororem Comitis Hanoniæ & neptem Regis Franciæ secum adducens, cum magno exercitu transfretavit; deinde ad Alemanniam se transferens, cum Ludovico Bavariæ Duce, qui tunc pro Imperatore se gerebat licet esset excommunicatus, cum pluribus aliis Baronibus ac Magnatibus Alemanniæ confœderatus est; factique sunt ejus soldarii, cuilibet secundùm factum suum certam summam pecuniæ pro stipendiis promittendo, certis terminis persolvendam, ita tamen quòd si in aliquo terminorum præfixorum à solutione deficeret, confœderationes præditæ nullæ reputarentur. Hoc eodem anno idem Rex Eduardus, à prædicto Duce Bavariæ Ludovico in Imperium Vicarius constitutus est; qui vocationes ac citationes suas tamquam Vicarius Imperii faciens, ut Regnum Franciæ hostiliter invaderet, pauci eidem obedierunt. Hoc etiam anno audiens Rex Franciæ Philippus, quòd Rex Angliæ cum Alemannis sibi confœderatis Regnum Franciæ vellet invadere hostiliter, apud Ambianis, ut sibi occurreret, exercitum quasi innumerabilem congregavit, ut non legatur aliquem Regem tam validum ac potentissimum congregasse; sed cum ibi diù expectasset cum exercitu suo, nec videret prædictum Regem Angliæ ampliùs facientem, quàm inter Alemannos delitescere, nolens etiam terminos Imperii finaliter ac sine maximâ deliberatione invadere, sufficienter confiniis respicientibus, unumquemque ad propria remeare licentiavit. Hoc anno duæ naves notabiles Regis Angliæ, quorum una vocabatur Christophora, altera verò Eduarda cum aliquibus aliis navibus communibus multis oneratis, per gentes Regis Franciæ in mari capiuntur, non tamen sine magnâ sanguinis effusione; nam ibi de Anglicis plusquam mille mortui sunt; & duravit bellum ferè per unum diem integrum. Hoc eodem anno Scoti quia inter ipsos & Regem Angliæ induciæ erant, ad voluntatem tamen Regis Franciæ contrà Anglicos nihil fecerunt. Hoc etiam anno cum Flammingi, & maximè Gandavenses à Comite suo Flandriæ, ut dicebant, multa gravamina paterentur, spiritu rebellionis arrepti sunt & agitati, eumdemque Comitem suum de finibus Flandriæ fugere compulerunt, multos minoris populi bonatum aliarum villarum sibi conjungentes, & contrà Magnos qui eisdem resistebant prævidentes pericula, insurgentes, multa mala gravamina eisdem intulerunt; quorum caput & princeps fuit unus qui vocabatur Jacobus de Artevillâ, non tamen, ut dicebant aliqui, contrà Regem & Regnum Franciæ intendentes, sed suum Comitem suis demeritis exigentibus persequentes. Hoc etiam anno in Vasconia, aliqua castra per gentes Regis Franciæ capiuntur, & maximè castrum munitissimum quod Penna de Agenelio, diù obsessum in deditione recipitur. Hoc anno quædam bona villa in Regno Angliæ, quæ Hanonia dicitur, per gentes Regis Franciæ capitur, & despoliatur, & flammâ vorace consumitur. Hoc etiam anno Philippus Rex Franciæ quædam privilegia Normannorum confirmavit & renovavit, & ideo ipsi ut ad Angliam transfretarent magnis viribus se præparaverunt, nihil tamen de omnibus istis ad effectum deductum est. Hoc anno dominus de Haricuriâ qui antea Comitis nomine ac titulo usus non fuerat, auctoritate Regiâ titulum ac nomen Comitis adeptus est.

MCCCXXXIX.

Hoc anno duo castra fortissima in terrâ Vasconiæ, Burgum scilicet & Blavia per Regis Franciæ gentes capta sunt, ibique videlicet in captione castri Blaviæ aliqui Nobiles & maximè dominus Caumont cum fratre Domini de Labret capiuntur. Hoc anno quædam villa in Comitatu Augi quæ vocatur Treportus super mare, cum Abbatiâ quæ erat ibi per gentes Regis Angliæ comburitur. Hoc etiam anno omnes Januanenses soldarii, qui mare per totam æstatem custodierant cum Normannis, Picardis ac Britonibus marinariis, multamque Regnum Angliæ damnificaverant, circà festum sancti Michaëlis ad propria sunt reversi.

Hoc anno circà idem festum Rex Angliæ magnum exercitum Anglorum, Brabantinorum, Alemannorum, soldariorum ac prædonum congregavit, ut Regnum Franciæ invadere, quod Rex Franciæ obviare cupiens exercitum permaximum, fortem ac robustissimum apud sanctum Quintinum in Viromandiâ congregavit. Sed cum ipse nolens terminos Imperii faciliter subintrare bellum aliquamdiù dissimularet, exercitumque suum nondum congregatum exposuisset, idem Rex Angliæ cum prædonibus suis Regnum

Franciæ hostiliter subintravit, ac partem non modicam Therachiæ incendit ac prædatus est, & tunc Rex Franciæ, nescitur quali usus consilio, eidem obviare differret, propter quod magnum scandalum ac murmur non solùm in exercitu, sed etiam in toto Regno contrà ipsum exortum est. Tandem audito ejus ingressu apud villam quæ Vurefosse dicitur, quâdam die Veneris ei occurrit; nolensque bellum ulteriùs dissimulare statim arma arripuit, & armatus ad exhortandos ad bellum Duces & Barones suos ac totam militiam, necnon & totum exercitum prosiluit: sed cum aliqui nescio quo spiritu ducti eidem bellum diffunderent, quatuor sibi maximè proponentes: primò Dei reverentiam, quia ut dictum est dies Veneris erat: secundò quia cum exercitu suo jam per quinque leucas equitaverat: tertiò quia ipsi nec equi sui de totâ istâ die comederant, nec biberant: quartò difficultatem cujusdam passûs inter ipsum & inimicos suos positi: differre bellum, licet eisdem multum resisteret, usque in crastinum acquievit, admonens & præcipiens omnes ut in crastinum ad bellum parati essent, Sacramentisque sacræ Confessionis & Corporis Domini Nostri JESU-CHRISTI diligenter se munirent. Quæ dilatio non solùm sibi, sed toti Regno multùm fuit nocua; nam, cum minori exercitu sine comparatione quam habebat potuisset inimicos debellare, ac Regnum suum de ipsis liberare, locum eis de loco ubi erant, exeundi, ac manus ejus effugiendi tribuit: cum enim Rex Angliæ per referendarios suos audiret ejus potentiam, ipsamque metuens, circà mediam noctem fugam init, & de Regno Franciæ exivit, ac sicut vulpes ad foveam suam fugiens, infra terminos Imperii se se recepit.

Hoc eodem anno suburbia Boloniæ super mare cum aliquibus vasis in alveo & juxtà in sicco positis, per gentes Regis Angliæ combusta sunt. Hoc etiam anno Flammingi, & maximè Gandavenses spiritu rebellionis agitati, contrà Regem Franciæ cum Rege Angliæ confœderati sunt, ipsique tamquam Regi Franciæ homagium fecerunt. Quo facto, satis citò post Rex Angliæ ad Angliam transfretavit, ut à suis pecunias extorqueret, & exercitum copiosum contrà Regnum Franciæ, & auxilium Flammingorum adduceret. Hoc eodem anno illi de Episcopatu Cameracensi cum illis de Therachiâ, plurimas villas de terrâ domini Joannis de Hanoniâ combusserunt; & tamen ex pacto cum domino Joanne de Nemurs Capitaneo ipsorum pro parte Regis Franciæ se gerente, feriâ quintâ in Cœnâ Domini deberent configere, ipsis ad locum belli venientibus, idem dominus Joannes minimè comparuit, sed ex adverso ad villam quæ Aubantonnum dicitur, cujus homines expediti ad bellum processerant maliciosè transferens, ipsam incendit ac prædatus est.

MCCCXL.

Hoc anno calamitatis & miseriæ, ignominiæ & confusionis, inter duos Reges Francorum & Angliæ nihil laudabile patratum est, quia quidquid in eo factum est non de Spiritu, sed ab Angelo Satanæ credendum est processisse. Nam cum duobus seu tribus annis præcedentibus multa gravamina pauperibus Ecclesiis fuerint illata, necnon & exactiones gravissimæ communi populo; hoc eodem anno maximè confusiones convaluerunt, non tamen ad utilitatem Reipublicæ prædictorum Regnorum in aliquo, sed, proh dolor! ad dedecus & confusionem totius Christianitatis, & sanctæ & universalis matris Ecclesiæ, cujus præfati Principes principaliter & maximè debuerant esse sustentamentum & fulcimen, hoc notum præcidisse. Hoc anno cum Rex Angliæ à Flandrensibus, & maximè à Gandavensibus cum quibus confœderatus erat se absentasset, atque ad Angliam, ut dicebatur, ut pecunias & auxilia congregaret, transfretasset; Comitemque Sarisbariæ cum Comite Auxoniæ loco sui in partibus Flandriæ dimisisset; iidem Comites consilio inito inter eos ut Insulam obsiderent, exercitum Anglorum atque Flammingorum non modicum congregaverunt; quem ad duo miliaria vel circà ab insulâ dimittentes, cùm paucis quasi cum ducentis ut locum obsidioni congruum explorarent; minùs tamen cautè processerant, in exercitu suo quem dimiserant confidentes: quos videntes Insulani incautè procedere, ex adverso de villâ prosilierunt, ipsoque Comite Sarisbariæ de equo ictu lanceæ turpiter dejecto, ac graviter vulnerato, ipsum cum suis qui ibidem advenerant antequam à suo exercitu auxilium possent habere; ceperunt, ac Francorum Regi præsentati fecerunt. Ibi etiam quidam Nobilis interfectus est cujus inimici amputato capite omninò celaverunt ejus nomen; & fuit dictum à pluribus quòd ipse erat Rex Angliæ, propter hoc quia tunc ita se occultabat quòd vix aut nunquam poterat inveniri; sed finaliter rei exitus contrarium comprobavit.

Hoc etiam anno Flammingi, Brabantini & Hanones pacem Regi Franciæ obtulerunt, sed conditiones pacis quas offerebant non admisit, & eos vacuos abire permisit. Hoc anno Rex Franciæ Philippus contrà Flammingos, Brabantinos & Hanones exercitum movens, & Attrebatum veniens, diù ibi exercitum expectavit; filiumque suum dominum Joannem Ducem Normanniæ ad devastandam terram Comitis Hanoniæ præmittens, hic ipsam non modicum damnificavit, ac castrum quod Eschauduerre dicitur cepit, & funditùs evertit, deinde aliud castrum quod Thinidicitur in deditionem accepit. Deinde Rex Pontem Avendin transiens, inter Duacum & Insulam venit, ubi exercitus ejus, tam homines quàm equi, diversis infirmitatibus graviter vexari cœpit. Hoc anno Rex Franciæ Philippus audiens quòd Rex Angliæ Eduardus qui diù laturat, magnum navigium ad transfretandum in auxilium Flammingorum præparasset, classem non modicam Picardiæ ac Normanniæ accepit, ipsamque munivit ad impediendum transitum ejus, necnon & domini Roberti de Attrebato qui cum eo erat. Congregavit duos Admiraldos dominum scilicet Hugonem Queret & Nicolaum dictum Buchet, eidem classi præficiens: sed cum in die beati Joannis Baptistæ vel circà transfretasset, & ventum esset ad conflictum, nostri ad portum Sclusæ Regem Angliæ cum navibus suis expectantes ut à captione portûs ipsum impedirent, (licet aliqui consulerent in medio maris obviare sibi melius esse ad finem, quòd nec Anglici nec Flammingi possent sibi auxilium ferre) non impetu satis bene se habuerunt; sed supervenientibus Flammingis tam de portubus Sclusæ quàm de portubus vicinis in auxilium Anglorum, ipsos sustinere non valentes fugam arripuerunt, multique in mari præcipites se dederunt, ut natando evaderent, sed à Flammingis statim occidebantur in littore, & amissis pluribus navibus, Nicolaum dictum Buchet etiam occiderunt, & in despectum Regis Franciæ ad malum navis suspenderunt; dominum etiam Hugonem dictum Queret in navi acceperunt. At ut aliqui asserebant, hoc tantum accidit, quia isti duo Admiraldi malè concordes erat, ac felle invidiæ commoti unus alterius dignitatem ferre non valebat, secundùm Lucani verba, qui dicit:

Nulla fides Regni sociis, omnisque potestas
Impatiens consortis erit, nec gentibus ullis
Credite, nec longè factorum exempla petentur,
Fraterno primi maduerunt sanguine muri.

Volens dicere & annuere quòd quidquid dicatur seu fingatur, nullus vult habere socium in auctoritate, sed totam sibi attribuere auctoritatem.

Hoc etiam anno dominus Robertus de Attrebato de sententiis in Curiâ Regis Franciæ contrà eum latis non contentus, propter Comitatum Attrebatensem. In quo jus se dicebat habere, Duce Burgundiæ ratione uxoris suæ per judicium ac sententiam diffinitivam in Saisinâ posito, ut villam sancti Audomari ad Comitatum Attrebatensem pertinentem obsideret; exercitum non modicum congregavit, & in loco ejusdem villæ satis propinquo tentoria collocans cum apparatu bellico, ut villam & locum obsidioni congruum exploraret, venit: sed Dux Burgundiæ qui intùs erat, obsidioni locum dare bonnum esse non arbitrans: summatis oppidanis ut secum ad bellum exirent, & ipsis exire recusantibus dicentibus villam suam velle custodire, cum illis qui cum ipso erant exivit ad bellum; & primò ab adversariis suis passus repulsam multùm gravatus est, ac periculosè pugnavit: sed Philippo ejus filio ad adjutorium ejus cum Comite Armeniaci valente & potente Milite supervenientibus, inimicos fugere compulerunt. Sed nec hac victoriâ contenti, usque ad tentoria sua in quibus quiescere cupiebant insequuti sunt, ipsorum supellectilem cum tentoriis suis, & maximè tentorium Jacobi de Artevellâ sectæ Flammingorum pessimæ Capitaneo, qni cum prædicto domino erat, ac insignia præcipua ejusdem domini Roberti diripuerunt, Regi Franciæ omnia præsentantes, & ipsos ultrà fugere compulerunt.

Hoc anno Rex Angliæ Eduardus collecto exercitu validissimo Anglorum, Flammingorum, Alemanorum, Brabantinorum, Hanoniorum, Tornacum civitatem potentissimam in Regno Franciæ potenter obsedit, & diù ibi moratus, ferè ob defectum victualium usque ad deditionem coëgit. Hoc etiam anno Rex Franciæ Philippus audiens quòd Rex Angliæ Tornacum civitatem manu validâ obsedisset, & quòd eives ejusdem civitatis cum illis qui in villâ ex parte suâ erant, multum gravarentur, de loco inter Insulam & Duacum ubi ferè per quinque hebdomadas moratus fuerat, castra movit, pontemque Bovinarum transiens, ad duo milliaria vel circà ab exercitu Regis Angliæ tentoria fixit; ibique inter duos Reges, discurrentibus internunciis tam ex parte ipsorum, quàm ex parte Summi Pontificis, de induciis dandis diù ferè per sex hebdomadas tractatum est: quæ tandem de consilio bonorum virorum, ad procurationem maximè nobilis & religiosæ dominæ veteris Comitissæ de Hanoniâ, Franciæ Regis sororis, Comitis Hanoniæ matris, administrantibus prudentibus Joanne Rege Boëmiæ & Comitu Lucentisburgi, Arnulfo Leodiensi Episcopo, Radulfo Duce Lotharingiæ, Aymone Comite Sabaudiæ, Joanne Comite de Armeniaco, de voluntate & consensu utriusque Regis à die vicesima Septembris usque ad sequens festum sancti Joannis Baptistæ proximè venientes, & usque ad ortum solis die sequenti in modum qui sequitur concessæ sunt.

Omnibus præsentes litteras inspecturis Joannes « per Dei gratiam Rex Boëmiæ & Comes Lucentisburgi, Arnulfus Episcopus Leodiensis, Radulfus Dux « Lotharingiæ, Aymo Comes Sabaudiæ, Joannes Comes de Armeniaco, salutem & notitiam veritatis. « Omnibus notum facimus quòd ad dandas vel concedendas treugas seu inducias inter Altos & Potentes Principes duos Reges Franciæ & Angliæ, pro « ipsis & pro adjutoribus suis ac confœderatis, sive « sint Principes Prælati vel Barones, aliæ gentes cu- « jusumque conditionis sint Ecclesiasticæ vel sæcu- «

» lares, quas dictas treugas feu inducias alti homines
» ac potentes Dux Brabantiæ, Dux de Gueldris, Mat-
» chifius de Jullers ac dominus de Hanonia & domi-
» nus Bellimontis ex una parte, & nos prædicti Mili-
» tes ex altera parte, per potestatem nobis & aliis præ-
» nominatis datam per prædictos Reges concessimus,
» pacto firmavimus, & quilibet nostrum per fidem
» suam posita manu in altera assidavimus ex parte di-
» ctorum Regum coadjutorum & confœderatorum
» suorum qualescumque sit; quilibet de parte sua ab
» hodierna die usque ad diem Nativitatis beati Joan-
» nis Baptistæ proxime venientis, & per diem totam
» integram usque ad diem sequentem in ortu Solis.
» Et hoc fuit tractatum, concessum, pacto firma-
» tum, concordatum & affirmatum per consilium
» prædictorum Regum; & per nos in modum &
» formam quæ sequitur: Primo quod durantibus
» dictis treugis nulla novitas, nullum malum sive
» gravamen fiet ab illa parte super alteram in præ-
» judicium dictarum treugarum seu induciarum.
» Item concordatum est, quod dicti domini, coad-
» jutores & confœderati ipsorum quicumque sint,
» in tali possessione & saisina sicut die hodierna sunt,
» de omnibus bonis, terris & possessionibus quas
» modo tenent & acquisierunt quolibet modo, du-
» rantibus dictis treugis remanebunt. Item concor-
» datum est quod durantibus dictis treugis dicti do-
» mini, coadjutores & confœderati quicumque sint
» illi, poterunt pacifice ire de terra ad terram, &
» omnes mercatores cum mercimoniis ipsorum; nec-
» non & omnes personæ, & omnia bona; & om-
» nes providentiæ tam per terram quam per mare
» & aquam ire & venire libere, sicut facere solebant
» temporibus ante exercitus Regum prædictorum;
» solvendo tamen pedagia, roagia, cum consuetu-
» dinibus antiquitus assuetis, exceptis bannitis dicto-
» rum Regum, vel aliquibus ipsorum Regum ban-
» nitis pro aliquo forefacto quam pro guerra. Re-
» gum prædictorum; sed Barones de Vasconia ac
» de Ducatu Aquitaniæ cum aliis personis quæ
» sunt de Vasconia; ac de Ducatu eodem sunt
» banniti vel aliter; in prædictis treugis compre-
» hendentur, ac de uno Regno poterunt ad aliud
» Regnum secure, durantibus treugis prædictis ire
» & venire.
» Item concordatum est quod prædicti duo Reges
» non poterunt procurare nec procurari facere per
» ipsos nec per alios, quod aliqua novitas seu gra-
» vamen fiant per Curiam Romanam, vel per alias
» personas Ecclesiasticas qualescumque sint illæ,
» super aliquo modo dictorum Regum coadjutorum
» & confœderatorum ipsorum, nec per terras ipso-
» rum vel subditorum eorumdem occasione dictæ
» terræ, vel pro alia causa; seu etiam pro aliquo
» servitio impenso ipsis confœderatis, vel eorum
» coadjutoribus Regibus sæpedictis vel civibus ipso-
» rum & si Pater Sanctus Summus Pontifex vel aliqua
» alia persona hoc vellet facere, dicti duo Reges
» hoc impedirent sine ingenio vel malitia duranti-
» bus dictis treugis. Item sciendum est quod di-
» ctæ treugæ sunt proclamatæ in duobus exerciti-
» bus Regum prædictorum, & tenentur eas custo-
» dire & servare omnes tam præsentes quam ab-
» sentes; qui hoc scire poterunt aut debebunt.
» Item concordatum est quod viginti dies ab ho-
» dierna die computando, quilibet dictorum Regum
» in Vasconia & in Ducatu Aquitaniæ in terris quas
» nunc tenent & possident, facient dictas treugas
» proclamari ad istum finem, ut pro scitis & noto-
» riis habeantur.
» Item concordatum est quod si per aliquem di-
» ctorum Regum per gentes suas seu confœderatos

« vel adjutores ipsorum aliquæ obsidiones positæ sunt
« in Vasconia & in Ducatu Aquitaniæ, seu aliqui-
« bus insulis maris in Guerrisiaco vel alibi, omnes
« istæ obsidiones solventur prædictis treugis ad no-
« titiam obsidentium devenientibus, & quatuorde-
« cim personæ, septem per quemlibet dictorum Re-
« gum, intrabunt in villis, castris seu fortalitiis ob-
« sessis ex tunc; & ponentur numero & quantita-
« te victualium & personarum in quali invenientur
« per dictas quatuordecim personas supradictas.
« Item concordatum est quod banniti & fugitivi
« de terra Flandriæ, qui sunt & fuerunt de parte
« Regis Franciæ, non poterunt in Flandriam di-
« ctis treugis durantibus intrare seu venire; & si ita
« esset quod aliqui prædictorum irent contra treu-
« gas infra Regnum, fieret eis de justitia: & om-
« nia bona, quæ haberent in terra Flandriæ, essent
« confiscata. Item concordatum est quod debita
« apud Attrebatum, Crespinetis seu aliis quibus-
« cumque, non repetentur nec exequentur duranti-
« bus dictis treugis. Item concordatum est quod
« omnes captivi seu prisionarii in ista guerra, du-
« rantibus dictis treugis relaxabuntur a prisionibus
« suis, ad eas per fidem suam & juramentum suum
« quilibet revertendo, nisi ita esset quod essent re-
« dempti ante datam treugam istarum præsentium
« salvo etiam quod dicti prisionarii revertentur ad
« prisiones suas per fidem suam & juramentum de-
« ficientibus dictis treugis: & si contingeret quod
« aliquis prisionarius esset rebellis ad prisionem suam
« revertendi, dominus sub quo esset, cogeret eum
« ad hoc faciendum indilate.
« Item ordinatum est, quod omnia levata quali-
« cumque sint & qualitercumque sint ante dictas
« treugas tempore guerræ, sive sint de bonis spiritua-
« libus vel aliter, remanebunt levata: sine hoc quod
« aliquis teneatur ad restitutionem durantibus dictis
« treugis. Item concordatum est quod ex nunc treu-
« gæ capiuntur in Anglicos & Scotos; dominos eo-
« rum, coadjutores & confœderatos eorum super
« sufferentiam guerræ quam habent inter ipsos, us-
« que ad Nativitatem beati Joannis Baptistæ, dura-
« turæ, & quod certæ personæ sint deputatæ per
« prædictas partes ad conveniendum ad certam diem
« & ad certum locum in confiniis Angliæ & Scotiæ
« ad dictas treugas confirmandas sub tali conditio-
« ne, sicut aliis consuetum est in partibus illis, ita
« quod durantibus dictis treugis Franci nec dominus
« eorum in aliquo non fortificarent, eos nec in gen-
« tibus nec in armis; & in casu quod gentes Scotiæ
« & dominus eorum dictis treugis non vellent assen-
« tire, vel eas vellent infringere, tunc Franci nec
« dominus eorum non fortificarent eos durantibus
« dictis treugis. Item concordatum est quod istæ
« prædictæ treugæ erunt notificatæ in partibus An-
« gliæ & Scotiæ infra viginti quinque dies post da-
« tam præsentium litterarum. Item concordatum
« est quod in istis treugis comprehenduntur Hispa-
« ni, Castellani, Januenses & Provinciales, Episco-
« pus cum Capitulo Cameracensi, & Castellanus Ca-
« meracense cum omnibus Cameracensibus, domi-
« nus de Labret, Vicecomes Fronsaci, Gasto de In-
« sula, dominus de Treabon, dominus Joannes de
« Vervinno, dominus de Roya. In cujus rei testi-
« monium præsentes litteras nostris sigillis sigillavi-
« mus, factas, concordatas & datas in Ecclesia de
« Espechin de Lunæ xx. Septembris, anno Domini
« millesimo tricesimo quadragesimo.

1340.

Hoc etiam anno Rex Hispaniæ & Rex Portugaliæ contra Sarracenos feliciter pugnaverunt; & ex
ipsis Sarracenis circa centum quinquaginta millia
interfecerunt. Hoc anno Rex Scotiæ David cum

uxore suâ Regis Angliæ sorore, qui diù Regis Angliæ timore ad Regem Franciæ exulaverant, & in castro Gaillardi morati fuerant, ad Regnum proprium sunt reversi.

CONTINUATIO ALTERA
Chronici Guillelmi de Nangis.

SI quis ad memoriam reducere voluerit magnam partem eventuum satis mirandorum ab anno Domini 1340. & deinceps, legat præsentem scripturam quam ego Frater quondam per hos aspices, prout in parte vidi & audivi ; sub brevibus memoriæ commendavi. Imprimis ad manus meas pervenerunt quasi prophetiæ ignotæ, sed quid in parte significarent ignoratur, utrùm autem veritatem dicant vel aliud non dico, sed arbitrio legentium relinquatur. Sacerdos quidam diœcesis Turonensis anno Domini 1309. liberatus de manibus Sarracenorum, qui ipsum captivum detinuerant per spatium tredecim annorum & trium mensium, celebrat Missam suam in Bethleem ubi Dominus fuit natus, & dum esset in Secretum Missæ suæ & oraret, pro populo Christiano, apparuerunt litteræ aureæ coram eo scriptæ per hunc modum : *Anno Domini 315. die decimâ quintâ mensis Martii incipiet tanta fames, quòd populus humilium certabit & curret contrà potentes sæculi & divites. Item Corona Pugilis potentissimi corruet postea satis cito. Item flores & rami ejus quassabuntur seu frangentur. Item una nobilis & libera civitas à servis occupabitur & capietur. Item extranei ibidem trahent moram. Item Ecclesia cancellabit & genus sancti Petri. Item sanguis multorum fundetur super terram. Item una crux rubea exaudietur & elevabitur ; ideò vos boni Christiani vigilate.* Hæc sunt verba hujus visionis, sed quid significent veraciter ignoratur.

Ætas auctoris hoc anno.

Sciendum est quòd famem illam quam prædixit magnam & prævalidam, eodem anno millesimo trecentesimo decimo quinto vidi inchoatam dum eram ætatis septem vel octo annorum, quæ adeo fuit gravis & dura in Franciâ, quòd maxima pars hominum fame & penuriâ interiit ; & duravit fames illa per duos annos & ampliùs, nam anno XV. inchoavit & anno XVIII. cessavit ; & sicut fuerat caristia magna bladorum, ita Deo disponente suam quasi inopinatè rediit abundantia, & cessavit caristia supradicta ; sed & mulieres quàm solito abundantiùs concipiebant, & prolem gignebant elegantem. De aliis enim punctis dictæ visionis si quæ postea ex eis evenerunt, postea apparebit.

Alia autem prophetia talis magis est obscura. *Filius regnans in meliori parte mundi movebitur contra semen leonis, & stabit in agro inter spinas regionis : tunc filius hominis veniet ferens feras in brachio, cujus Regnum est in terrâ lunæ, cum magno exercitu transibit & ingredietur in terrâ leonis carentis auxilio, quia bestia regionis suæ carnem suam dilaceraverunt. Illo anno veniet aquila à parte Orientali alis extensis sub dolo cum magnâ multitudine fuorum fuorum in adjutorium filii hominis : illo anno castra destruentur, terror magnus erit in populo, & in quâdam parte leonis erit lilium ; inter plures Reges in illa die erit sanguinis diluvium, & lilium perdet coronam suam ; de quâ postea filius hominis coronabitur ; per quatuor annos sequentes fient in mundo prælia inter fideles tenentes, major pars mundi destruetur & caput mundi ad terram erit declinatum ; sed filius hominis cum aquilâ prævalebit ; tunc erit pax in toto orbe terrarum & copia fructuum, tunc filius hominis admirabile signum transibit ad terram promissionis, quia omnia prima causa promissa tunc permanebunt impleta.* Ista sunt verba hujus prophetiæ, quam ut fertur, fecit Magister Joannes de Muis, qui temporibus suis fuit magnus Astronomus, quid autem significet ego & multi alii ignoramus. Alteram autem prophetiam magis claram loco suo subscribendam, inferiùs bene post superaddam. Nunc ad aliquos mirandos eventus & fortuitos sed non ad omnes qui in Regno Franciæ, & ad pauca quæ alibi evenerunt circa annum Domini 1340. & deinceps sicut vidi & audivi, veraciter declarandos venio ut promisi.

1348.

Circa igitur annum Domini 1340. visa fuit stella cometa in istis partibus Gallicanis versùs partes meridionales, seu inter meridionalem plagam & occidentalem, mittens caudam suam & radios ad partem orientalem & aquilonarem ; quæ quidem stella præsagium fuit futurarum tribulationum in Regno, ut creditur, & bellorum. Nam circa idem tempus regnante in Franciâ domino Philippo de Valesio, qui jam regnaverat per duodecim annos, qui erat filius domini Caroli de Valesio, quondam Comitis Andegaviæ, qui fuerat frater Philippi Regis Pulcri, Eduardus Rex Angliæ opinionem acceperat quòd deberet regnare in Franciâ & nullus alius ; & hoc ratione matris suæ Isabellis, quæ fuerat filia dicti Philippi Regis Pulcri, quia nullus heres masculus erat propinquior, ut dicebat, & ob hoc ante hos annos dissidiaverat dicto Regi Angliæ dictum Regem Franciæ Philippum de Valesio, licet tamen sibi dudum fecisset homagium de terris quas à dicto Rege in Galliâ tenuerat & tenebat ; & ideo disposuit movere guerram contra dictum Regem Francorum Philippum, & transfretare ad partes Gallicanas, & hoc de consilio domini Roberti de Artesio, & Guillelmi Comitis Hanoniæ, cujus filiam desponsaverat dictus Rex Angliæ Eduardus. Igitur in illis diebus, factis per dictum Regem Angliæ magnis confœderationibus cum Joanne Duce Brabantiæ, & cum prædicto Guillermo Comite Hanoniæ, & cum multis Alemannis, ac etiam cum gente Flandriæ, quæ dictum Ludovicum Comitem suum à Flandriâ expulerat illis temporibus, & quemdam burgensem de Gandavis nomine Jacobum de Artevellâ coquentem valde sibi in Rectorem monstruose præfecerat : dictus Rex Eduardus cum magnâ gente armorum in mare se transfretaret ad Franciam, se posuit. Quod sentiens Philippus Rex Francorum, ad resistendum ne applicaret ad portum, Joannem dictum Behucher quemdam burgensem Turoniæ vel Cenomaniæ per mare cum magnâ multitudine navium & hominum bellatorum sibi obviam misit, & navali bello inito ante Sclusam in Flandriâ versùs Catat dictus Behucher, qui strenue se habuit, cum suis ab Anglicis devictus est & occisus, Flammingis adhuc adjuvantibus dictum Regem Anglorum, quampluribus tamen de Anglicis nobilibus & aliis à dictis Gallis interfectis ; & tunc Rex Angliæ ad Sclusam & ultrà per mare transiens, venit usque Antuerpiam in Ducatu Brabantino. Temporibus autem istis videns Rex Francorum Philippus Flammingos rebellantes contra suum Comitem, supplicavit Ecclesiæ ut in partibus Flandriæ interdictum poneretur, & sic factum est ; quod quidem interdictum à toto Clero fideliter & obedienter non sine magno periculo est observatum ; non tamen, ut dixi, sine magno periculo ; quia iste Jacobus qui tunc in totâ terrâ Flandriæ tyrannice præsidebat, Clerum interdictum observantem interficere molitus est, sed Deus
qui

qui suorum est custos obedientium, non permisit. Rex verò Angliæ cum suo exercitu per Brabantiam veniens ad partes Therassiæ, per Hanoniam transiens versùs Guisiam applicuit, totam terram Gallicanam deprædando, cremando & vastando. Quod audiens Rex Francorum Philippus, sibi cum maximâ multitudine armatorum tam de Aquitaniâ quàm de Britanniâ & aliis diversis Regni partibus obviàm perrexit usque apud Byron fossam in Therassiâ prope Guisiam, sed non pugnaverunt, quinimò treugis datis Rex Angliæ per Flandriam ad partes suas remeavit, & Rex Franciæ cum suis ad partes Parisienses reversus est. Non multùm post verò temporis Rex Angliæ Eduardus adhuc citrà mare veniens, per Flammingos iterum receptus est, & de consilio ipsorum se Regem Franciæ & Angliæ vocari fecit, arma sua sive signa armorum per quarteria dividens, scilicet signa Angliæ & Franciæ in scuto & aliis ponens novum dominium designando; & dum esset in Gandaviâ traherens moram, uxor sua quæ cum eo de Angliâ prægnans advenerat peperit filium, quem de sacris fontibus levatum ut Leo vocaretur ordinavit. Sic igitur nomen Regis Franciæ & arma, scilicet cum suis permixta usurpavit tunc temporis & accepit, quod non modicum scandalum & indignationem Regi Franciæ & multis aliis tam viris Ecclesiasticis quàm cæteris generavit, & tunc et Ludovico Duce Bavariæ qui tunc temporis Imperium contrà voluntatem Ecclesiæ usurpavit, & ob hoc excommunicatus & Schismaticus reputatus, impetravit dictus Rex Angliæ ut esset ejus Vicarius in partibus Hanoniensibus & Cameracensibus; quo concesso venit per Hanoniam volens invadere civitatem Cameracensem; pro eo quod Episcopus & cives ferebant auxilium Regi Francorum sic juvamen, qui quidem Cameracenses multa mala à dicto Rege Angliæ & Hanoniensibus eos sustinentibus eis viriliter restiterunt, & tunc domini Cardinales, qui à domno Papa in Franciam missi fuerant, pro pace componendâ treugas inter Reges posuerunt, & sic Rex Angliæ ad Flandriam remeavit, ubi stetit per magnum tempus, cogitans Regnum Francorum invadere, quod & fecit postea, ut dicetur: sed priùs dicemus de aliquibus aliis accidentibus, quæ temporibus istis in diversis partibus acciderunt.

In temporibus autem istis incœperunt homines & specialiter Nobiles, ut puta nobiles scutiferi & eorum sequaces sicut aliqui burgenses, & quasi omnes, servientes seipsos in robis & habitu deformare, nam gestare cœperunt robas curtas, & ita breves, quòd quasi eorum nates & pudenda confusibiliter apparerent, quæ fuit res in populo satis mirabilis, quia antea honestiùs incesserant; barbas longas omnes viri ut in pluribus, nutrire cœperunt. Illum autem modum quasi omnes exceptis illis qui erant de sanguine Regio in Francis, receperunt, qui quidem modus derisionem in communi plebe non modicam generavit. Ex tunc namque fuerunt tales multi ad fugiendum coram inimicis magis apti, prout eventus pluries comprobavit. Eodem anno Philippus de Valesio sororem suam, quam dominus Robertus de Artesio duxerat in uxorem, tenuit in carceribus cum suis liberis propter dictum dominum Robertum, qui bannitus erat de Franciâ & fugerat in Angliam, stans ibi cum Rege Angliæ & assistens in omnibus guerris suis contra Regem supradictum Francorum.

1341. Anno autem sequenti, scilicet anno Domini 1341. obiit Princeps inclytus videlicet Dux Britanniæ Joannes secundus filius Ducis Arturi, qui habebat in uxorem dominam Joannam de Sabaudiâ, & sepultus est in Plamelio in Britanniâ, in Monasterio Fratrum Beatæ Mariæ in Carmelo, juxtà avum suum Joannem Mauclare Ducem, primum Fundatorem dicti loci, qui fuit progenitor Arturi supradicti. Obiit autem Dux Joannes sine liberis, quapropter postea fuit orta gravis & dolorosa guerra in partibus Britanniæ propter Ducatum supradictum; de quâ guerra & per quam plusquàm triginta millia hominum [obierunt, & quamplurima mala] postea in istis partibus evenerunt. Nam dictus Dux fratrem habebat Comitem Montis-fortis in Franciâ, qui superveniens voluit se facere Ducem Britanniæ loco fratris sui jam defuncti. Ex altera parte supererat quædam domina Joanna nomine, filia alterius fratris istorum duorum, qui fuerat antiquior illo Comite Joanne, sed mortuus fuerat ante Ducem Joannem; & illam filiam duxerat Carolus filius Comitis Blesensis in uxorem, qui dicebat Ducatum ratione dictæ filiæ quæ erat ejus uxor, sibi deberi, quia filia illa tenebat locum patris sui licet defunctus esset. Ex hac autem controversiâ fuit orta dissensio inter eos, & tandem venientes ad Judiciû Regis Franciæ Philippi in Parlamento Parisius, auditis rationibus & allegationibus partiû & visis consuetudinibus Britanniæ, adjudicata fuit terra & Ducatus deberi dictæ filiæ & Carolo ejus marito, & non Joanni Comiti Montis-fortis: quod videns dictus Comes, clam de Parisius recessit nec judicatum tenuit, sed ad civitatem *Nantes* pergens, cum civibus & aliis villis per aliquam partem Britanniæ confœderationes faciens rebellare disposuit, & terram obtinere credidit vi armorum, mittens uxorem suam Joannam sororem Ludovici Comitis Flandriæ in Angliam cum unico filio quem habebat, Joannem nomine, ut Rege Angliæ qui inimicus erat Regis Franciæ, finaliter tueretur. Videns autem Rex Franciæ Philippus rebellionem dicti Comitis, misit contrà eum ad partes Britanniæ dominum Joannem de Franciâ Ducem Normanniæ primogenitum suum, cum magnâ multitudine armatorum; qui veniens cum gente suâ ad castrum quod dicitur *Chantroceaux*, locum fortissimum supra fluvium Ligeris in introitu Britanniæ, cepit dictum castrum vi armorum, & burgum totum concremavit; & inde propugnavit civitatem Nanatensem. Quod sentientes cives Nanatenses & timentes valde, claves portaverunt dicto domino Joanni Duci Normanniæ, reddentes ei civitatem & promittentes ei obedientiam observare Carolo de Blesis & ejus uxori tamquam Duci Britanniæ. Comes autem Montis-fortis qui recesserat ad inferiores partes Britanniæ, hoc audiens recessit post uxorem suam ad Angliam, volens habere auxilium à Rege Angliæ pro Ducatu Britanniæ contrà Carolum de Blesis & ejus uxorem recuperando quando posset. Habebat enim magnam partem Britanniæ pro se, & aliquos Barones Britanniæ, si non omnes: nam dominus Carolus de Blesis plures pro parte suâ de Nobilibus obtinebat. Sic igitur villa Nanatensis Duci Normanniæ reddita, Dux pacificè dictam civitatem Nanatensem intravit, pacificèque recessit, & cives Nanatenses dictum Carolum & ejus uxorem in suum dominum atque suum Ducem unanimiter receperunt. Sed non sic postea negotia in pace permanserunt, quinimò multa mala & magna guerrâ satis citò exorta sunt, ut inferiùs describetur.

Temporibus illis obiit Guillermus Comes Hannoniæ pater Reginæ Angliæ, & pater uxoris Ludovici Ducis Bavariæ, qui Ludovicus pro Imperatore se gerebat. Hic Guillermus multum contrarius erat Regi & Regno Franciæ, fovens partem Regis Angliæ propter Reginam Angliæ filiam suam, & tamen habebat sororem Regis Franciæ in uxorem, quæ sancta domina erat & devota ut apparuit; nam videns quòd post mortem viri sui mala inolescebant atque guerræ, & quòd filius suus juvenis Guillermus Comes Hanoniæ, erat contrà Regem Franciæ fratrem suum, sicut fuerat pater ejus; dolens de hoc, nec valens apponere remedium ut optabat, effecta est Monialis in Abbatiâ de Fontenellis juxtà Valentianas, ordinis Cisterciensis, ubi quantæ devotionis & sanctitatis ibidem floruerit sciunt sorores dicti loci. Illis autem diebus regebat sanctam Matrem Ecclesiam dominus Papa XII. BENEDICTUS, Ordinis Cisterciensis. Nunc ad gesta de Regibus Franciæ & Angliæ, & de eorum guerra de cætero dicendum est.

1341. Eodem anno 1341. Eduardus Rex Angliæ confœderatus cum Duce Brabantiæ Joanne, sicut aliàs cum Jacobo de Artevellâ, qui Flammingis, ut dictum est, monstruosè & tyrannicè præsidebat, & cum Alemannis multis civitatem Tornacensem cum magnâ copiâ armatorum obsessit, existentibus Flammingis in obsidione prædictâ versùs partes Flandrenses, Duce Brabantiæ cum suis versùs partes suas, Comite Hannoniæ Guillermo juvene versùs partes Hannonienses, & Rege Angliæ cum suis Anglicis & Alemannis versùs partes Insularum & S. Audomari; & durante dictâ obsidione dicta patria Tornacensis multa gravia passa fuit: nam inimici prædictam patriam devastaverunt, & Comes Hannoniæ unà cum illis de Valenchis, villam de sancto Amando in Pabula ad tres leucas de Valenchis sitam, totam unà cum Monasterio ceperunt, cremaverunt ac etiam spoliaverunt, & multas alias villas adjacentes. Audiens autem Rex Franciæ Philippus Regem Angliæ obsidere civitatem Tornacensem, & suos cum Hannoniensibus patriam Franciæ eis vicinam devastare, misit ad partes Hannoniæ filium suum primogenitum Joannem Ducem Normanniæ, ut patriam Franciæ ab inimicis defensaret; qui videns patriam Franciæ circà Hannoniam ab Hannoniensibus ita devastatam, terram eorum similiter devastavit in parte; unde Appram cremavit & multas alias villas in confinio, etiam usque ad portas Valentianas: quo facto ad Regem patrem suum est reversus. Rex verò Philippus appropinquans ad partes Tornacenses, Attrebatum cum magna gente accessit, & habitis multis tractatibus cum Rege Angliæ & cum Flammingis, ordinatum fuit quòd Rex Franciæ interdictum quod procuraverat apponi in Flandriâ faceret amoveri, & ipsi omnes de obsidione Tornacensi recederent. Ad quod faciendum Rex Franciæ consentiens, interdictum quantum in se fuit amoveri fecit, quod maximum gaudium in Flandriâ generavit, & per hoc Flammingi ab obsidione recesserunt, & similiter Rex Angliæ & cæteri inimici; & civitas Tornacensis, quæ jam penuriam victualium habere inchoabat, fuit ab omni periculo liberata, & Flammingi cantum Ecclesiasticum & organa resumpserunt. Inconsultâ tamen de hac re Romanâ Ecclesiâ, à quâ omnis pœnitentia & omnis gratia atque relaxatio derivatur, unde ipsam restitutionem sic sine sanctâ Matre Ecclesiâ factam non approbavit ipsa dicta Ecclesia, nisi usque ad magna tempora sequentia, videlicet usque ad tempora Papæ Innocentii VI. qui ad eorum humilem petitionem dictum interdictum approbando totaliter relaxavit, & obnoxios absolvi misericorditer mandavit, mortuo jam eorum Capitaneo Jacobo de Artevallâ & occiso per suos, qui ei diù fuerant in rebellionibus contrà suum Comitem aliquando assistentes.

1342. Post hæc anno Domini 1342. obiit domnus Papa Benedictus XII. & domnus Petrus Rogerii Cardinalis Monachus est in Papatu consecratus, & CLEMENS VI. est vocatus, Doctor in Sacrâ Theologiâ, natione Lemovicensis, dilectus & benignus; fuerat enim ante Cardinalatum Archiepiscopus Rothomagensis. Eodem anno Rex Angliæ Eduardus supradictus à Comite Montis-fortis, de quo supradixi, ut ad terram suam scilicet Ducatum Britanniæ acquirendum adjuvaret requisitus est; qui quidem Rex Angliæ ei annuens, ad Britannicas partes per maria navigavit, & magnam partem obtinuit vi armorum, ut puta, civitatem Nannetensem & alia castra multa usque ad Malumstrictum inclusivè. Quod audiens Rex Franciæ, contrà ipsum ad Britanniam defendendam celeriter se paravit; & veniens usque Planelium ubi Dux Joannes defunctus sepultus, cum dicto Rege Angliæ se obtulit pugnaturum, sed ibi fuerunt duo Cardinales missi per Dominum Papam, qui de consensu utriusque treugas per duos annos inter eos posuerunt sub hoc pacto, quòd civitas Nannetensis in manu Ecclesiæ reverteret usquedum de pace bonâ inter ipsos esset finaliter ordinatum, & Rex Angliæ illa alia loca quæ ceperat in manu suâ teneret, donec ordinatum esset cui terra deberetur, & sic taliter treugis datis ambo Reges ad propria redierunt; sic tamen quòd Rex Angliæ pro parte suâ custodem dimisit Thomam *d'Agorne* Militem strenuum & nobilem valde, & Rex Franciæ dimisit Carolum de Blesis pro aliâ parte, cui tota terra ratione uxoris suæ meritò subjacebat. Eodem autem tempore Comes Montis-fortis, pro quo Rex Angliæ certaverat, in partibus Britannicis obiit habens unicum filium nomine Joannem in Angliâ, & sic pars ejus debilitata magis fuit.

Anno Domini millesimo trecentesimo quadragesimo quarto siluit satis bellum, sed anno 1345. accidit quòd dominus Carolus de Blesio Dux Britanniæ supradictus, iniit bellum apud Ruppam de *Naus*, in Britanniâ profundâ contrà Thomam *d'Agorne*, qui positus erat in Britanniâ pro parte Regis Angliæ; qui instabat pro Comite Montis-fortis, ut dictum est, vel saltem pro ejus filio, qui quidem filius erat in Angliâ cum matre suâ adhuc puer & juvenis: unde in dicto conflictu sic evenit quòd multis ex utrâque parte interfectis, & potissimè quam pluribus Baronibus, Militibus, & aliis de partibus Britanniæ, Carolus Dux ab Anglicis est devictus & captus, & tandem in Angliam ductus est prisonarius & captivus, sed post-modum ad duram & magnam redemptionem positus, ad partes Britannicas est reversus & manentibus liberis suis in hostagione apud Angliam donec de redemptione suâ pecuniariâ esset Regi Angliæ plenariè satisfactum. Interim autem remansit tota Britannia multum desolata atque læsa; nam Anglici posteà dictam civitatem Nannetensem in manu suâ receperunt, dominium occupantes, & multas alias villas atque castra postmodum ceperunt, cremaverunt, patriam in locis plurimis devastantes, sicut Plamelium & alia plura loca de quibus superseedo quoad præsens. Multa etiam fuerunt in partibus illis bella particularia inter Gallicos missos illuc per dominum Philippum Regem Franciæ pro tuitione terræ Britanniæ, & inter Anglicos & alios Britones de parte eorum ibidem existentes, in quibus bellis particularibus aliquando Anglici perdiderunt, sicut in conflictu de Redone, ubi Thomas *d'Agorne* cum suis interiit, & sicut in Plamelio ubi triginta de parte Gallicorum contrà triginta de parte Anglicorum insimul concorditer pugnaverunt, ubi pars Anglicorum devicta est. È contrario etiam alios conflictus habuerunt sicut apud *Maurrout*, ubi Guido de Nigellâ, dominus de Offemonte Marescallus Franciæ Miles probus & strenuus, unà cum Roberto Muleti Senescallo Andegaviæ, cum multis aliis tam Gallicis Britonibus quàm Normannis qui in prælio ceciderunt.

Eodem anno 1345. Guillermus juvenis Comes de

Hanoniâ ad Frisones cum magnâ multitudine Baronum & Militum de partibus Hanoniæ debellandos navigio transfretavit, volens eos subjugare totaliter & domare, sed non sicut crediderat actum fuit; nam dum de navi descendisset ad eos, nondum adhuc totâ gente suâ transfretatâ Frisones armatos quasi in littore obvios habuit, qui contrà ipsum & contrà plures Nobiles debellantes, dictum Comitem Hanoniæ cum quamplurimis Militibus & aliis de gente suâ celeriter occiderunt : quod videntes qui prædictum Comitem navigio sequebantur, festinanter ad propria sicut venerant, sunt reversi, dominum suum Comitem mortuum, & alios in terra Frisonum in navibus dimittentes. Hic autem Comes sicut fuerat in guerrâ pater suus contrarius Regi Franciæ pro Rege Angliæ, ita & ipse, & tamen Rex Franciæ erat avunculus suus, sed tamen, ut dicitur, incipiebat ad partem Regis Franciæ reverti, unde pius Rex Philippus avunculus ejus de morte quamplurimùm doluit, sciens eum esse nobilem & magnanimum ; & fuisset, si diu vixisset. Ista autem quæ dicta sunt initia sunt mirandorum eventuum & malorum quæ postea deinceps, & in diversis mundi partibus evenerunt, sed plùs in Franciâ quàm alibi ; ideo de his majorem partem prout vidi & audivi scire volentibus hic describam ; pleniorem & prolixiorem descriptionem & declarationem, aliis qui ista gesta scribere voluerint relinquendo. Nolo autem aliud nisi tangere in grosso gesta quæ sequuntur, atque volo tempora eorum quæ temporibus meis vidi certiùs scribere & notare.

Quæ vidit Auctor describit. 1346.

Igitur anno Domini millesimo trecentesimo quadragesimo sexto, mense Julii Eduardus Rex Angliæ qui se Regem Franciæ nominabat & arma Francorum cum suis jam permixerat, scilicet Lilia & Leopardos, qui etiam jam fuerat in Britanniâ pro Comite Montis-fortis contrà dominum Philippum de Valesio Regem Francorum, & contrà dominum Carolum de Blesio Ducem Britanniæ, ut satis superiùs fuit dictum. Idem Eduardus Rex Angliæ anno prænotato defuncto jam diù prædicto Comite Montis-fortis, & etiam domino Roberto de Artesio mortuo, de cujus consilio Rex Angliæ præfatus guerram contrà Francos inceperat, transfretavit ab Angliâ cum magnâ multitudine armatorum, & applicans ad partes Normanniæ, videlicet in partibus Neustriæ, capere voluit Cadomum, quod & fecit. Hoc autem sentiens Rex Franciæ misit contra eum virum potentem in armis, videlicet Comitem *d'Eu* qui erat Conestabilis Franciæ cum multis, Guillelmum *de Tancarvilla*, sequens eos usque ad Rothomagum. Veniens autem Rex Angliæ apud Cadomum, fixit tentoria prope villam, & quia villa Cadomi muros non habebat tunc temporis nec clausuram, Anglici manu armatâ habentes Ductorem suum Godefridum de Haricuriâ, qui bannitus antea fuerat de Franciâ, Miles strenuus in armis & astutus, villam Cadomi intraverunt cum impetu ut eam deprædarentur & vastarent. Illi autem de villâ cum dicto Conestabili & Camerlingo, cum aliis Nobilibus quos habebat eis viriliter resisterunt, pugnantes contrà eos in medio dictæ villæ, videlicet juxta pontem & suprà ante Ecclesiam sancti Petri, in quo ponte est nunc ædificatum castrum valde pulcrum. Pugnantibus autem illis multi ex utraque parte ceciderunt, tandem Anglicis existentibus potentioribus pro eo quod sibi invicem succedebant, & de campis ubi Rex Angliæ versùs Monasterium Monialium tentoria fixerat, successivè ad sibi succurrendum ad prælium mutuò accurrebant, Cadomenses in bello ceciderunt, ita quòd Conestabilis & Camerlingus capti fuerunt ab Anglicis, & ducti ad Angliam. Rex verò Angliæ cepit villam & spoliavit eam, & magnam partem vastabit & cremavit, & inde recedens multos viros & mulieres secum captivos duxit, castrum tamen quod est fortissimum non cepit, quia non potuit. Deinde dictus Rex Angliæ à Cadomo recedens, versùs Rothomagum dirigens gressus suos, totam patriam vel majorem partem concremando & vastando, sicut est *Crouchart* & aliæ villæ multæ, & iter suum facientes Anglici cum Rege suo per Monasterium de Becco Helluini transierunt, ibique non nocuerunt nisi quòd victualia receperunt, & sic per illas partes venientes juxtà Rothomagum, ubi Rex Francorum Philippus tunc temporis erat, in principio mensis Augusti posuerunt ignem in aliquibus domunculis juxtà Monasterium beatæ MARIÆ de Prato, & statim versùs Franciam recedentes ante Pontem-Archæ venerunt, & suburbia & ligna quæ erant in littore maris cremaverunt, & simili modo apud Vernonem fecerunt ; & sic semper procedentes per partem quæ est suprà flumen Sequanæ versùs Carnotum cremando & patriam miserabiliter devastando, nemine eis resistente nisi quando bonas villas invadebant, ut puta, Vernonem & Meullant, usque Poissiacum pervenerunt. Rex autem Franciæ Philippus de Rothomago recedens, ad alteram partem Sequanæ eos celeriter insequens Parisius accessit, Rege Angliæ cum suis in Poissiaco manente : qui quidem Rex Angliæ, veniens usque ad villam Sancti Germani in Layâ, eam spoliavit, incendit & domum Regiam, quæ ibi est, & etiam alias villulas adjacentes sicut est *Nanterre*, Caroli-Venna, *Ruel*, & cætera usque ad portum *de Nully*, quinimò etiam turrem quæ dicitur *Monjoye* cremaverunt, quam quidem turrem fecerat Rex Francorum non erat diù solemniter reparari. Omnes autem hos eventus ut in pluribus vidi ego qui hæc scripsi, & poterant videre illi de Parisius qui super turres ascendebant ; sed hæc sunt modica in comparatione futurorum. In primo autem exercitu Anglicorum erat Godefridus de Haricuriâ Normannus, Miles de Regno Franciæ qui de Regno fuerat exulatus.

Hæc verò agentibus nemo eis obviabat, sed finem sui recessûs Rex Franciæ Philippus exspectabat, unde in vigiliâ Assumptionis Beatæ Virginis dicti anni fuit dictum dicto domino Regi, quòd Rex Angliæ cum suis versùs partes Tornacenses ire disponebat ; quod verbum credens Rex Francorum esse verum, statim ad sibi obviandum se viriliter disposuit exiens de Parisius, & veniens, apud Antoniacum ultrà Burgum Reginæ tentoria fixit, & dum ibi Regem Angliæ ut dicebatur transiturum expectaret Rex prædictus, pontem de Poissiaco reparari fecit, qui propter eum fractus fuerat, & pontem transiens cum suis apud Belluacum arripuit iter suum, Rege Franciæ illuso in Antoniaco per duos ibidem dies exspectante. In fine autem pontis de Poissiaco Rex Angliæ obviam habuit Communiam Ambianensem ubi erant multi boni viri, qui Anglicos invadentes se viriliter portaverunt, sed Anglici multo plures & cum sagittis se defendentes & prævalentes omnes alios occiderunt ; & sic versùs Picardiam procedentes, patriam igne & gladio devastantes prope Belvacum transientes, non tamen intrantes, quia civitas clausa erat, Monasterium sancti Luciani Monachorum nigrorum extrà muros tunc situm valde solemne, cum Ecclesiâ cremaverunt, & transeuntes ultrà Pisas & castrum ceperunt, & venientes juxtà villam de Abbatis-villa, ad fluvium Sommæ dictum applicantes ad quemdam passum ubi aqua erat magis bassa, in loco qui dicitur Albatanqua, Gallicè *Blanquetaque*, cum suis equis & necessariis liberè transierunt & sine periculo, domino Godemardo cum pluribus aliis armatis in alterâ parte, ut Anglicis resisteret exspectante, sed dictus Godemardus Miles Burgundus eos videns strenuè transire, & cum magnâ multitudine, ipsos in littore non exspectans imò cum suis revertens fugit & recessit, & sic Sommam fluvium liberè transeuntes per villam quæ Crotoy dicitur, quam cremaverunt. Tunc juxtà Cressiacum in Pontivo quem etiam cremaverunt, tentoria sua seu logiamenta & stationem facientes, se ibidem securiùs posuerunt; juxtà nemus exspectantes si quis eos invadere voluisset. Rex autem Franciæ Philippus qui dictum Regem Angliæ exspectabat in Antoniaco, audiens quòd sic de Poissiaco recesserat, & pontem reparatum, quòd à Francis credebatur quasi impossibile, transierat, delusum se esse & proditum reputavit & doluit, & coadunato iterùm exercitu maximo Nobilium & peditum ultra quàm credi posset cum multis Januensibus balistariis, Regem Angliæ usque apud Cressiacum est celeriter insequutus, habens secum in comitatu suo & exercitu Regem Boemiæ strenuum valde & doctum in armis, cujus strenuitatem probat effectus armorum & cordis magnanimitas; nam ex ambobus oculis cæcus erat atque senex, & tamen non propter hunc defectum reliquerat vim armorum, Hic habuit filium Carolum qui postea fuit Romanus Imperator, & ipse etiam erat ibi præsens; ipse etiam habebat filiam Bonam dictam, quam desponsaverat dominus Joannes Dux Normanniæ primogenitus Regis Philippi nunc regnantis.

Igitur veniente Rege Francorum Philippo versus Cressiacum cum suis, ubi Rex Angliæ jam aderat, præfatus dominus Rex Francorum cum suis Regem Angliæ in campali bello ibidem juxtà Cressiacum in die sancti Ludovici Regis anno supradicto scilicet 1346. audaci animo est aggressus, horâ nonâ jam transactâ, Anglicis ex opposito ad pugnandum cum sagittariorum suorum magnâ multitudine præparatis. Dum autem nostri Gallici se ad pugnandum disponerent, ecce subitò pluvia de cœlo descendit, aër totus qui anteà clarus fuerat se turbavit, & pluvia de cælo cadens cordas balistarum Januensium qui venerant pro Francis, sic restrinxit, quòd ipsi quando trahere contrà Anglicos debuerunt balistas suas, ex cordarum madidatione, restrictione & breviatione tendere; proh dolor! minimè potuerunt. Non sic autem de Sagittariis, arcubusque Anglicorum, quia jam ante pluviam bellum exspectantes citiùs arcus suos præparaverant, appositis in capitibus arcuum cordis suis, unde factum est ut appropinquantibus aciebus Gallicis adhuc nondum bene nec totaliter ordinati, sed ut fertur à Rege nimiùm festinati, dixerunt balistariis ut contrà Anglicos statim traherent de balistis, qui quidem balistarii trahere cœperunt, sed cogentes cordas ad invicem, arcus ascendere nullatenùs poterant, quia restrictæ fuerant pro pluviâ, ut dictum est; & sic Januenses balistarii nullum tractum fecerunt de balistis suis illâ horâ, qui tamen in aggressu belli more solito debuerant esse primi: quod, videntes nostri Gallici, & non advertentes causam dictam seu impedimentum prædictum, crediderunt quòd dicti balistarii dolosè se fingerent & trahere non curarent, eis imponentes quòd ad talem simulationem faciendam pecunias à parte alterâ recepissent, eos trucidare & interficere cœperunt, nullam eorum excusationem recipere volentes, cum tamen se validis clamoribus excusarent; quod videntes adversarii qui priùs erant perterriti, audaciâ receperunt; & tunc nostros Gallicos minùs benè ordinatos fortiter invadentes cum suis gladiis, arcubus & sagittis letaliter percusserunt in tantum, quòd in illo conflictu Gallici resistere non valentes, maxi-

ma eorum multitudo ultrà quàm credi posset in dicto prælio ceciderunt, & qui evadere potuerunt velociter terga vertentes recesserunt, & sic campum perdentes, de parte Gallicorum ibidem mortui sunt magnus numerus Nobilium & aliorum tam equitum quàm peditum, inter quos cecidit Rex Boemiæ, qui erat cæcus, de quo dictum est suprà: qui quidem ad prælium se faciens duci, tam suos quàm alios, quia non videns gladio feriebat. Cecidit etiam ibi Comes de Alençonio frater Regis, Comes Blesensis Regis nepos, Comes Flandriæ Ludovicus, qui à suis Flamingis per Jacobum de Artevellâ de Flandriâ expulsus fuerat, Comes Barrensis, Comes de Haricuriâ, qui de dicto Comitatu fuit primus Comes; nam ante ipsum erant non Comites sed Barones dicti. Cecidit etiam ibi Comes de Sanserriâ, Dux Lotharingiæ, & alius Dux de quo non recolo: inter istos verò credendum est quòd multi alii peremti sunt. De Anglicis verò plurimi, sed non sicut nostri perierunt. Rex verò Philippus dolens illâ nocte Ambianis revertens, & post Parisius, & Rex Angliæ victor recedens cum spoliis & multis equis & aliis divitiis juxtà Musterolum transiens Stapulas cremavit; & ulteriùs procedens venit ante Calesium, & ibidem in pratis versùs Ecclesiam sancti Petri, quæ erat tunc in pratis, prope Villam tentoria fixit, totam illam patriam occupans & devastans, volens villam Calesiensem capere vi armorum vel aliter, quod & fecit.

Eodem anno 1346. dominus Joannes Dux Normanniæ primogenitus Regis Philippi, cum magnâ multitudine armatorum obsedit villam & castrum quod dicitur Aculeum in Vasconiâ, sed parum ibi profecit: ibidem obiit nobilis & inclytus princeps Philippus Dux Burgundiæ, non in bello sed de infirmitate naturali. Audiens autem Dux Normanniæ quòd Rex Angliæ venerat & transierat ad partes Galliæ, dimisit obsidionem Aculei, & in habitu Hospitalarii cum gente suâ reversus in Franciam. Ex tunc & jam in Franciâ incœperant vigere talliæ multæ, gabellæ salis & impositiones pecuniariæ super mercimonia; sed istud non gravabat tantum populum, sicut manuelevationes pecuniarum quæ fiebant. Tunc etiam & deinceps & antea superscindebantur floreni propter novas monetas quæ noviter fiebant, & super quos inveniebantur aliæ monetæ quàm illæ quæ erant noviter factæ, sine misericordiâ scindebantur, & adhuc illi cujus, erant tradebant salarium non voluntarium scindentibus pro labore, & tunc oportebat tales pecunias tradere cam soribus cum damno non modicæ quantitatis. Tunc similiter fuit tanta & toties iterata mutatio monetarum, quòd populus communis de hoc & in hoc damnificatus nimiùm dolebat & gemebat. Illis etiam diebus levabat dominus Rex decimas Ecclesiarum de voluntate domini Papæ nostri & Ecclesiæ Romanæ, & sic infinitæ pecuniæ per diversas cautelas levabantur, sed ve verâ quanto plures nummi in Franciâ per tales extorquebantur, tanto magis dominus Rex depauperabatur, & nulla prosperitas, imò omnia infortunia in regno, proh dolor! sequebantur. Officiales ditabantur, Princeps depauperabatur, pecuniæ militibus multis & Nobilibus ut patriam & regnum juvarent & defensarent contribuebantur, sed omnia ad usus inutiles ludorum, ad taxillos & alios indecentes jocos contumaciter exponebantur.

Anno domini 1347. Rex Eduardus prædictus sedens ante Calesium, multos insultus villæ facit, sed illi de villa ad infrà se egregiè defenderunt per machinas & alia genera balistarum, quoscumque etiam exeuntes quamplures de Anglicis trucidabant, & de ipsis triumphabat. Rex autem Franciæ Philippus confortabat Calesienses, victualia eis per terrâ vel per mare

1346.

1347.

mittendo, quæ quidem victualia si sufficienter habuissent, nunquam eos de Anglicis dubitare convenisset, sed illi quibus pro eis provisiones committebantur, illas ad propria commoda convertebant, ut dicebatur, Rege tamen Francorum & Consilio ignorante. Videns autem Rex Franciæ, quòd Rex Angliæ ab illo loco obsidionem non dimitteret, cum magnâ multitudine armatorum ivit illuc, quoniam dictum fuit sibi quòd illi de villâ victus suos ulteriùs non habebant, & ita erat. Nam jam comedebat equos suos, mures & ratos, & aliqui fame deficientes miserabiliter moriebantur. Veniens autem Rex Franciæ prope Calesium, & illum videntes illi de infrà, maximo gaudio nec mirum sunt repleti, credentes per eum ab obsidione & omnibus periculis relevari, facientes signa à longè per ignes ostensos in turribus, quòd se adhuc per tres dies vel quatuor poterant sustinere, dummodo eos Rex viriliter adjuvaret, quod & facere proposuerat, & fecisset si bonum consilium habuisset. Audientes autem Anglici adventum Regis Franciæ, miserunt ad eum legationem in dolo, dicentes quòd Rex eorum Eduardus, libenter de pace & recessu cum eo tractaret, si tamen treugas & inducias daret sibi per tres dies. Rex autem Franciæ minùs benè consultus, & ignorantibus illis de villâ, dedit dictas treugas sic in dolo requisitas & petitas; & tunc interim Anglici fossata magna fecerunt inter villam Calesiensem & exercitum Regis Franciæ, & ita manu validâ & veloci per prata & per paludes, quod impossibile fuisset Regem Franciæ cum gente suâ ad Calesium pertransire. Sic etiam Anglici ita se & circà se fossatis & turribus atque bigis in circuitu munierunt, quòd præter eorum voluntatem nemo ad eos accedere potuisset, habentes ad partem Flandriæ Flammingos amicos, qui de Yprâ & aliis villis illius patriæ victualia & alia contrà Gallicos monstrabant. Fossatis igitur factis & passibus sic obstructis Rex Franciæ se deceptum videns, & quòd nullo modo posset ad Calesium accedere, dolens nec Calesiacensibus succurrere, nec inimicos evadere, reversus est in Franciam indilatè: quod percipientes Calesii à longè recessum videntes, & quòd Rex sine auxilio eis dato vel dando confusus recedebat, in stuporem & pavorem tam ex defectu auxilii quàm victualium conversi sunt, unde non post multum temporis villam totam Regi Angliæ coacti, salvis vitis eorum & salvo quantum super se de bonis suis portare possent, finaliter reddiderunt; & sic Rex Angliæ villam Calesiensem cepit, omnesque habitantes ejecit, omnesque Religiosos fratres Beatæ MARIÆ de Carmelo qui ibidem morabantur, & alios de Angliâ ibi ponens, villam totam de Anglicis populando, aliis ejectis, quorum multi deinceps depauperati & nudi cum liberis & uxoribus coacti sunt per mundum necessaria quærere, & hoc tam de villâ quàm de patriâ adjacente. Nam Anglici non multum post castrum de Guynes ceperunt, & patriam vastaverunt, & sic illa fortalitia atque villa partibus illis tenent & occupant usque in præsentem diem, in detrimentum illius patriæ non modicum atque Regni.

1347. Circà dictum tempus, scilicet anno 1347. Carolus de Boëmiâ filius illius Regis Boëmiæ, qui cæcus obiit in conflictu de Cressiaco, fuit in Imperatorem Romanum electus, [...] am confirmatus & coronatus in villâ [...] icitur, prope Aquisgranum, [...] huc Imperium usurpante. Eodem anno ve[...] David Rex Scotiæ, tempore quo Rex Angliæ erat cum suis in obsidione Calesii, venit cum multis viris ad obsidendum villam Londiniorum in Angliâ, sed dictus Rex David Scotus ibidem captus fuit & detentus ab Anglicis, quæ quidem captio gaudium Anglicorum cumulavit. Eodem anno Ludovicus Bavarus qui se dixerat per multos annos Imperatorem, & Imperium contrà voluntatem Ecclesiæ usurpaverat, malâ morte interiit; nam suprà equum sedens venationi intendens cecidit, & fractis cervicibus exspiravit excommunicatus, & propter excommunicationis contumaciam aggravatus; & tunc CAROLUS Rex Boëmiæ jam in Imperatorem antea electus, fuit in Aquisgrani pacificè coronatus, qui quidem ivit posteà Romam pro coronâ alterâ, & alibi prout Imperatores facere consueverunt.

Temporibus illis Ludovicus juvenis Comes Flandriæ, filius videlicet illius Comitis qui in bello de Cressiaco cum aliis Nobilibus obierat, retentus per Flammingos contrà ejus voluntatem atque dominæ matris suæ, quæ fuerat filia Regis Franciæ Philippi Longi piæ memoriæ, in partibus Flandriæ, & ductus ad curiam Regis Angliæ, qui adhuc in partibus illis se tenebat, seductus per Regem Angliæ supradictum & per aliquos Flammingos, qui sibi adhærebant, coactus promisit dicto Regi quòd filiam suam quam in Angliâ habebat, duceret in uxorem. Igitur durantibus sic sponsalibus dictus juvenis dolens, nec cordialiter assensum præbens matrimonio supradicto, sed revolvens in animo qualiter posset quieto corde stare inter eos qui patrem suum quamquam in bello, occiderant, cogitavit quòd dictum matrimonium nunquam compleret, quia coactus promiserat & non voluntariè; unde cogitavit quòd de Curiâ Regis fugeret, ubi erat diligentissimè observatus. Et factum est dum unâ dierum obtinuisset licentiam ad venationem avium peragendam, videns se in equis cum paucis, & sedens super equum velocissimum percussit eum de calcaribus festinanter, & accipiens iter versùs Franciam non cessavit currere, donec à suis custodibus fuisset evasus & perditus, & accessit recto itinere ad Regem Philippum, qui tunc erat Parisius, qui ipsum juvenem consobrinum suum recepit cum maximo gaudio, laudans Deum. Et sic Rex Angliæ & Flammingi, ut puta Jacobus de Artevellâ qui prædictum matrimonium tractaverat, videntes se delusos, tristitiâ sunt repleti, maximè Regis Angliæ filia suprà dicta; unde nomine ejus facta fuit cantilena quæ in Franciâ ubique cantabatur, Gallicè : J'ay failly à qui je estoie donnée par amour, &c. Processu verò temporis recedente Rege a partes suas, dictus juvenis Comes Flandriæ à suis in Flandriâ est receptus pacificè cum honore, & accepit uxorem filiam Ducis Brabantiæ, de quâ posteà habuit unam filiam, quæ desponsata est nunc Duci Burgundiæ. Et sic juvenis habet juvenem in uxorem impuberem & sub annis.

Anno Domini 1348. percussa est gens Franciæ & quasi totius mundi, & hoc alio modo quàm per bellum; nam sicut fames, ut dictum est in principio, & bella, ut dictum est in processu hujus narrationis affuerant, ita pestilentiæ & tribulationes in diversis mundi partibus iterum acciderant. Unde eodem anno 1348. in mense Augusti visa fuit quædam stella suprà Parisius versùs partem Occidentalem magna & clara valde post horam vesperam, adhuc lucente sole & tendente ad occasum, & hæc erat non multum longè sicut sunt cæteræ à nostro hemisphærio elevata, imò videbatur propinqua satis. Et factum est ut Sole occidente & nocte appropinquante dicta stella, me & multis aliis fratribus eam aspicientibus, non videbatur de uno loco se movere, tandem nocte jam veniente nobis videntibus & multum admirantibus, dicta stella valde grossa in plures & diversos radios est dispersa, quæ radios ferè Parisius & versùs Orientem

1348.

projiciens totaliter disparuit, & ex integro annullata fuit. Unde an fuerit una cometa, vel alia, aut ex aliquibus exhalationibus formata, & tandem in vaporibus resoluta, Astronomorum judicio derelinquo. Possibile tamen est quòd ipsa fuit præsagium pestilentiæ futuræ admirandæ, quæ satis citò ut dicam, Parisius & per totam Franciam sicut alibi secuuta est; unde in eodem anno Parisius & in Regno Franciæ, & non minùs, ut fertur, in universis mundi partibus, & in sequenti anno fuit tanta mortalitas hominum utriusque sexûs, & magis juvenum quàm senum, quòd vix poterant sepeliri, & vix ultrà duos vel tres dies in infirmitate jacebant, sed subitò & quasi sani moriebantur; unde qui hodie erat sanus, cras mortuus ad foveam portabatur; habebant enim subitò bossas sub assellis vel in inguine, quibus insurgentibus erat infallibile signum mortis: & hæc infirmitas seu pestilentia à medicis epidimia vocabatur. Tanta autem abundantia populi tunc, videlicet anno Domini 1348. & 1349. decessit, quòd nunquam auditum, neque visum, neque lectum fuit in temporibus retroactis: & veniebat mors prædicta & infirmitas ex imaginatione vel societate ad invicem & contagione; non qui sanus aliquem visitabat infirmum, vix aut rarò mortis periculum evadebat. Unde in multis villis parvis & magnis Sacerdotes timidi recedebant, Religiosis aliquibus magis audacibus administrationem dimittentes, & breviter in multis locis de viginti hominibus non remanserant duo viventes. Tanta enim fuit in Domo Dei Parisius mortalitas ut per magnum tempus ultrà quingenti mortui omni die ad coemeterium sancti Innocentii Parisius ad sepeliendum in curribus portabantur, & istæ sanctæ Sorores Domûs Dei mori non timentes, dulcissimè & humillimè omni honore postposito pertractabant, quarum multiplex numerus dictarum Sororum sæpiùs revocatus, per mortem in pace cum Christo ut piè creditur, requiescit.

Dicta autem mortalitas, ut dicitur, inter incredulos inchoavit, deinde ad Italiam venit, postea montes pertransiens ad Avinionem accessit, ubi etiam aliquos dominos Cardinales invasit, totam familiam abstulit tunc ab eis; deinde per Vasconiam & Hispaniam paulative de villa ad villam, de vico ad vicum, & ultimò de domo ad domum, imò de personâ ad personam inopinatè ad has partes Gallicanas accedens, usque ad Alemanniam transivit, minùs tamen ad ipsos quàm ad nos. Durante tamen epidimiâ dictâ Dominus, tantam gratiam ex suâ pietate conferre dignatus est, ut decedentes quamquam subitò quasi omnes læti mortem exspectabant, nec erat aliquis quin confessus & cum sacratissimo viatico morerentur, & quod plus ad bonum decedentium fuit, domnus Papa Clemens misericordiâ usus, in quamplurimis civitatibus & castris absolutionem à poenâ & culpâ decedentibus per suos Confessores dedit misericorditer & concessit, unde libentiùs moriebantur, hereditates multas & bona temporalia Ecclesiis & Religiosis dimittentes, quia proprios heredes ante se mori videbant. Dicebant quòd hæc pestilentia ex aëris infectione & aquarum oriebatur, quia tunc temporis non erat fames nec defectus victualium quorumcumque, sed abundantia magna, unde ex ejus opinione aëris infecti & aquarum, & mortis ita subitæ impositum fuit Judæis, quòd ipsi puteos & aquas infecerant & aërem corrupterant, propter quod mundus contrà eos crudeliter insurrexit, in tantum, quòd in Alemanniâ & alibi per diversas partes mundi ubi Judæi habitabant, fuerunt trucidati & occisi à Christianis & cremati passim & indifferenter multa millia Judæorum, & est mirandum de eorum & suarum uxorum fatuâ constantiâ, nam dum cremarentur, ne eorum parvuli ad baptismum convolarent, matres eorum primò in ignem projiciebant liberos, deinde post ipsos eædem matres super ipsos in ignem se præcipitabant, ut cum maritis & eorum parvulis cremarentur. Multi etiam mali Christiani fuerunt reperti, ut dicitur, qui similiter venena per puteos imponebant, sed reverà tales intoxicationes, posito quòd factæ fuissent, non potuissent tantam plagam & tantum populum infecisse. Alia igitur fuit causa, ut puta, Dei voluntas, ut humores corrupti & aëris malitia terrarum, & forte tales potiones si factæ fuerunt in aliquibus locis, ad hoc potuerunt adjuvare. Duravit autem dicta mortalitas in istis partibus Gallicanis per magnam partem anni 48. & 49. & tunc cessavit, multis villis campestribus & domibus in bonis villis quasi vacuis, remanentibus & orbatis, & tunc ceciderunt domus multæ satis citò, & tales, & ita solemnes, & plures cediderunt Parisius, de quarum ruinâ minùs quàm de multis aliis apparebat.

Cessante autem dictâ epidimiâ, pestilentiâ & mortalitate nupserunt viri qui remanserunt & mulieres ad invicem, conceperunt uxores residuæ per mundum satis modum, nulla sterilis efficiebatur, sed prægnantes hinc inde videbantur, & plures geminos pariebant, & aliquæ tres infantes insimul vivos emittebant, sed quod ultrà modum admirationem facit, est quòd dicti pueri nati post tempus illud mortalitatis supradictæ & deinceps dum ad ætatem dentium devenerunt, non nisi viginti dentes vel viginti duos in ore communiter habuerunt, cum ante dicta tempora homines de communi cursu triginta duos dentes sub & suprà simul in mandibulis habuissent. Quid autem numerus iste dentium in postnatis significet, multum miror, nisi dicatur, quòd per talem & tantam mortalitatem hominum infinitorum & successionem aliorum & reliquorum qui remanserant, mundus est quodammodò renovatus, & sæculum, ut sic fit quædam nova ætas; sed proh dolor! ex hujus renovatione sæculi non est mundus propter hoc in melius commutatus. Nam homines fuerunt postea magis avari & tenaces, cum multò plura bona quàm antea possiderent; magis etiam cupidi & per lites, brigas & rixas atque per placita seipsos conturbantes, nec per hujusmodi terribilem mortis pestem à Deo inflictam fuit pax inter Reges & dominos reformata, quinimò inimici Regis Franciæ ac etiam guerræ Ecclesiæ fortiores & pejores quàm ante per mare & per terram suscitaverunt, & mala ampliora ubique pullularunt. Et quod iterum mirabile fuit; nam cum omnis abundantia omnium bonorum esset, cuncta tamen cariora in duplo fuerunt tam de rebus, utensilibus quàm de victualibus, ac etiam de mercimoniis & mercenariis & agricolis & servis, exceptis aliquibus hereditatibus & domibus quæ superfluè remanserant his diebus. Charitas etiam ab illo tempore refrigescere coepit valde, & iniquitas abundavit cum ignorantiis & peccatis; nam pauci inveniebantur qui scirent aut vellent in domibus, villis & castris informare pueros in grammaticalibus rudimentis.

Eodem anno 1348. Helori *c* de Britanniâ minori, Presbyter & Confessor miræ virtutis & gratiæ, fuit ab Ecclesiâ & Domino Papa Clemente sexto canonizatus, & anno sequenti à Prælatis & Clero Britanniæ de terrâ elevatus, multis signis & miraculis per eum seu à Domino tunc factis propter ipsum &

---

c Helori] Codex Cisterc. B. *Tuo Haelov*.

Continuatio altera Chronici Guillelmi de Nangis.

ostensis, & Ecclesia nomine ejus [Parisius] in vico sancti Jacobi inchoata primitùs, & fundata. Quantis autem virtutibus & sanctitate floruerit, in Ecclesiâ Tregorensi in dictâ Britanniâ, ubi corpus ejus quiescit, liquidè declaratur.

1349. Anno Domini 1349. durante adhuc prædictâ mortalitate, & de villâ in villam ulteriùs procedente, surrexerunt multi viri de Alemanniâ, de Flandriâ, de Hannoniâ & de Lotharingiâ novam sectam authoritate propriâ inchoantes: nam denudati in femoralibus per hospitia & plateas civitatum & bonarum villarum cum magnis societatibus & turmis incedebant nudi, cum flagellis conglobinati processionaliter & circulariter seipsos aculeis affligentes, jubilando vocibus altisonis & cantando cantilenas suo ritui aptas & noviter adinventas, & sic processerunt per multas villas per triginta tres dies, magna spectacula in populis admirantibus facientes, pœnitentiam talem agentes, seipsos per spatulas & brachia flagellis aculeatis usque ad sanguinis effusionem acriter verberando. Parisius autem non venerunt, neque ad partes Gallicanas, prohibiti per dominum Regem Franciæ qui noluit, & hoc fecit de consilio Magistrorum in Theologiâ Universitatis Parisiensis, dicentium quòd nova secta erat contra Deum inchoata, & contra formam sanctæ Matris Ecclesiæ, & contra salutem animarum omnium ipsorum, sicut reverâ verum est ; & erat, ut patuit satis citò. Nam Domnus Papa Clemens VI. de hoc fatuo novo ritu per Magistros Parisienses, qui ad eum nuntios reverenter miserant, plenariè informatus, cum esset contra jura damnabiliter adinventa, eos flagellatores sub auctoritate prohibuit & prohiberi fecit, ne de cætero tales publicas pœnitentias à seipsis præsumptuosè assumptas ampliùs exercerent. Et meritò inhibuit, quia jam inveniebant tales flagellatores fulti aliquibus Sacerdotibus fatuis & Religiosis, sectas erroneas & malas, atque opiniones deceptorias ultrà modum. Nam dicebant quod eorum sanguis sic per flagella tractus & effusus, cum Christi sanguine misceretur, & multa alia erronea jam adinveniebant, & dicebant quod minùs benè & minùs sanè ad fidem Catholicam spectabat, unde sicut à seipsis, & non à Deo, fatuè incœperunt, sic etiam eorum secta & ritus infra breve tempus ad nihilum redacti sunt, quia moniti destiterunt absolutionem & pœnitentiam à suis Prælatis ex parte Domni Papæ de hujusmodi errore humiliter acceptantes. Nec est prætermittendum quòd multæ mulieres honestæ & matronæ devotæ hanc præfatam pœnitentiam de flagellis, procedentes & cantantes per villas & Ecclesias similiter faciebant, sed hæc omnia in parvo tempore sicut alii, postea dimiserunt.

1349. Eodem anno 1349. obiit domina Regina Navarræ Joanna, filia quondam Ludovici dicti Hutin Regis Franciæ, quæ quidem obtinebat Regnum Navarræ ratione parentum suorum, qui fuerunt dicti Regni possessores. Hæc domina maritum habuerat nomine Philippum de Ebroicis Comitem, nobilem virum & probum, qui ex parte dictæ dominæ dicebatur Rex Navarræ dum viveret. Hic Philippus jam ante decesserat in Prusiâ vel Granatâ, ad quas partes transfretat contra Infideles pro fide & Ecclesiâ pugnaturus. Ista domina de dicto viro suo tres nobiles filios habuit, Carolum primogenitum, Philippum & Ludovicum, filiæ verò fuerunt duæ, prima fuit Blancha dicta, cui postea nupsit Philippus de Valesio Rex Franciæ. Post mortem verò hujus Reginæ Navarræ, Carolus ejus primogenitus fuit Comes de Ebroicis loco patris, & fuit Rex Navarræ loco matris, de quo Carolo postea dicetur.

Eodem anno 1349. obiit Bona uxor domini Joannis de Franciâ primogeniti Regis Francorum Philippi de Valesio, qui quidem Joannes erat Dux Normanniæ & Aquitaniæ, & habebat quatuor filios, primogenitum Carolum, & alios tres, & duas filias. Eodem anno decessit domina Joanna de Burgundiâ Reginâ Franciæ, tunc etiam uxor Philippi de Valesio nunc regnantis. Hæc de domino Rege habebat duos filios, videlicet dominum Joannem Ducem Normanniæ primogenitum, & alium Ducem Aurelianensem, & unam filiam, quam Carolus de Ebroicis Rex Navarræ duxit in uxorem juvenculam valde, & adhuc unam aliam quam assumpsit postea in uxorem Barnabas Dux Mediolanensis, habuitque tertiam quæ Barrensi desponsata fuit Duci. Mortuâ autem dictâ Joannâ Reginâ Franciæ, ut dictum est, Philippus de Valesio Rex Francorum accepit uxorem dominam Blancham filiam defunctæ Reginæ Navarræ, de quâ statim dictum est, scilicet sororem Caroli Regis novi Navarræ, & de eâ habuit unam filiam. Illo anno dominus Rex Philippus & satis citò postea mortuus est, ut dicetur.

1350. Anno Domini 1350. Domnus Clemens Papa Sextus volens salutem animarum hominum procurare, statuit ut indulgentiæ plenariæ, quæ erant & quæ solebant esse in sacrâ urbe Româ de centum annis in centum annis, in Circumcisione Domini nostri JESU-CHRISTI reducerentur ad quinquagenos annos, quia vita hominum labitur & decrescit, & malitia superabundat in mundo, proh dolor! & accrescit: ideò illo anno 1350. fuerunt indulgentiæ plenariæ concessæ per dictum Domnum Apostolicum omnibus verè pœnitentibus, volentibus pergere & visitare loca Apostolorum Petri & Pauli in Romanâ urbe aliorumque Sanctorum. Ad quam quidem peregrinationem iverunt per totum annum illum quamplurimi utriusque sexûs, nonobstante mortalitate magnâ quæ fuerat nuper, & quæ adhuc in aliquibus mundi partibus discurrebat.

1350. Eodem anno 1350. obiit inclytus Princeps dominus Philippus de Valesio Rex Franciæ, durante adhuc durâ guerrâ inter ipsum & Eduardum Regem Anglorum: & regnavit in Franciâ dominus Joannes Dux Normanniæ primogenitus ejus, & fuit coronatus pacificè eodem anno Remis cum magnâ solemnitate die xxv. mensis Septembris, quæ fuit dies Dominica anno primo. Hic autem Philippus Rex videns quòd moreretur, vocavit duos filios suos, videlicet dominum Joannem primogenitum, & Philippum Ducem Aurelianensem, & ostendens ei litteras solemnes, in quibus determinationes & rationes efficaces Doctorum solemnium tàm Theologorum quàm Decretorum, quàm etiam Legum, erant scriptæ; qualiter hereditas & Corona Regni Franciæ ad ipsum Regem & ad liberos suos successores jure hereditario pertinebat, & non ad Regem Angliæ, qui propter istam dictam hereditatem & Coronam contra ipsum guerram indebitè suscitabat: ostendit etiam eis solutiones argumentorum de contrario ipsorum Anglicorum, monens ipsos, & specialiter primogenitum post ejus decessum regnaturum, ut audacter jus suum & Regnum contra Anglicos defenderet & pugnaret, dicens quòd justa causa semper indiget defensione, & quòd illi qui pro defendendâ eâ certant, semper vincunt, sed aliquando in parte succumbunt; verumtamen in fine, non ita citò sicut vellent, auxiliante Domino & fortunâ redeunte prævalent, & suos inimicos viriliter superant & devincunt. Sic enim erit vobis si boni æmulatores fueritis, & Deum timueritis, & zelum ad Rempublicam gubernandam habueritis, &

amorem. Deinde monuit ipsos multum ut se mutuo diligerent, pacem ad invicem & concordiam perpetuam similiter observarent, dicens quòd volebat ; sicut & justum erat, quòd dominus Joannes regnum & Coronam obtineret, & alter dominus Philippus secundò genitus Dux Aurelianensis, Comitatum de Valesio, à quo ipse Rex Philippus cognomen haberet, possideret : ad quod dominus Joannes libenti animo condescendit, & sic dominus Rex Philippus de Valesio spiritum reddens migravit ad Dominum ; relinquens supradictos & unam filiam de secundâ uxore, scilicet de dominâ Blanchâ sorore Caroli Regis Navarræ ; sepultus est cum aliis Regibus in Monasterio S. Dionysii in Franciâ honorificè & devotè. Rex autem Joannes satis citò post ejus coronationem veniens Parisius, fecit capi Comitem de Guynes qui erat Connestabilis Franciæ, & ipsum fecit decollari de nocte in hospitio Nigellæ Parisius juxtà domum Fratrum Ordinis S. Augustini.

1351. Anno Domini 1351. insurrexerunt Domni Cardinales & Prælati alii multi cum magnâ multitudine Curatorum, contra Religiosos Mendicantes in Curia Romana volentes & petentes à Domino Papa Clemente sexto eorum annulationem, & quòd deficerent in se, Episcopi allegantes fortiter in Consistorio quòd ipsi Mendicantes non erant ab Ecclesiâ vocati & electi, & quòd eis non incumbebat fidelibus prædicare, neque confessiones audire, sed neque sepulturas recipere alienas : unde requirebant dicti Prælati cum Curatis, quòd ipsi Mendicantes cassarentur, vel quòd saltem cessarent à præmissis, aut ad minus quòd non solùm quarta portio de sepulturis alienis daretur, sed totum emolumentum ipsis Curatis ex integro redderetur, quia nimis erant ditati ipsi Mendicantes de talibus sepulturis, prout dicebant ipsi Prælati & Curati. Hæc & similia Prælati & Curati allegabant contra Mendicantes, & multo plura magno de hoc sermone contra ipsos facto per Domnum Cardinalem, & præfatis Mendicantibus ibidem præsentibus & nihil ad objecta respondentibus, sed potiùs cogitantibus illud quod scriptum est ; *Estote in pace, & Dominus pugnabit pro vobis:* quod statim ibidem factum fuit. Nam finitis dictis allegationibus contra ipsos, Dominus Papa statim pro Mendicantibus verbum sumsit, allegans pro parte Mendicantium elegantèr ostendens per multa jura & scripturas, dictos Mendicantes non esse sic spernendos, ut illi dixerant, nec cassandos, probans eos à Deo & Ecclesiâ fore vocatos ad auxilium regiminis Ecclesiæ, licet tardiùs quàm de multis, etiam eos inter alios vocatos debere meritò computandos, probans hoc inter cætera exemplo Beati Pauli Apostoli, qui cum non fuisset à principio de numero duodecim Apostolorum, sed potiùs esset magnus Ecclesiæ persequutor, postea tamen fuit à Christo inspiratus, vocatus, & vas electionis factus, & inter Apostolos excellentior commendatus. Objecit etiam Domnus Papa ipsis Prælatis & Curatis, de quo si ipsi Mendicantes tacerent, quo ipsi populo prædicarent ? quia si de humilitate prædicaveritis, vos, inquit Domnus Papa, estis super omnes status mundi magni, superbi & elati & pomposi, & in equitaturis & aliis : si de paupertate, vos estis magis tenaces & cupidi, unde non vobis sufficiunt omnes præbendæ ac beneficia mundi : si prædictis prædicetis de castitate, de hoc, inquit, nos tacemus, quia Deus scit qualiter quilibet agit, & qualiter quamplurimi in deliciis nutriunt corpus suum. Addidit autem Domnus Papa, quòd idcirco multi Prælati & Curati odio habebant Mendicantes, & eis claudebant portas suas pro tanto ne viderent vitas eorum, sed benè lenonibus & truffatoribus, &

non mendicantibus bona temporalia sæpiùs ministrabant ; dicens iterùm eis quòd dolere non debebant si Mendicantes aliqua bona tempore mortalitatis, quæ nuper fuerat, receperant in visitationibus Mendicantium, & curam quam dicti Mendicantes fugientibus Curatis multis solemniter exercuerant circa decedentes ; & si de dictis temporalibus aliqua ædificia construxerant, non erat dolendum, cùm hoc totum esset, ut dicebat Domnus Papa, in suis ædificiis appositum ad decorem totius universalis sanctæ Dei Ecclesiæ, non in voluptatis & actibus impudicis. Et quia non sic facitis nec fecistis, ideo sic doletis, quia totum non habetis ut omnia exponatis ad usus vestros tales quales. Et idcirco ipsos Mendicantes acriter accusatis ; qui tamen, ut de pluribus vestrûm vera loquamur, dixit Domnus Papa, nonnisi ad vana & temporalia vacatis sæpiùs & studetis ; & modo huc contra Mendicantes venistis sicut una congregatio taurorum in vaccis populorum, ut excludatis eos qui probati sunt argento ; Tandem dixit eis Domnus Papa, quæ & qualia mala & quanta emergebant Ecclesiæ, si ea quæ ipsi Prælati petebant contra Mendicantes, finaliter obtinerent : dixit tamen eis quòd si aliqua haberent contra ipsos Religiosos ; ponerent in scriptis, & alii è converso, & ipse Domnus Papa daret eis optimos Auditores. Et sic vacui recesserunt dolentes & confusi, Religiosis gaudentibus & laudantibus Deum verum. Qui autem factum fuerit post hæc, ignoratur.

Anno Domini 1352. involuto sæculo in multis guerris & tribulationibus, Dominus Papa Clemens VI. migravit à sæculo, natione Lemovicensis, ut dictum est, Magister in Theologia, magnus & egregius Prædicator, & quia Monachus fuerat, dictus Petrus Rogerii ante ejus assumptionem ad Papatum, unde in Abbatiâ ubi fuerat Monachus, scilicet in Monasterio Casæ - Dei Diœcesis sancti Flori in Alverniâ, voluit sepeliri. Et post ipsum fuit electus in Papam Domnus Papa INNOCENTIUS VI. natione etiam Lemovicensis, qui quidem Stephanus Alberti antea vocabatur, Presbyter Cardinalis, utriusque juris Doctor, homo bonus, simplex, & justus. 1352.

Anno Domini 1353. fuerunt multa bella particularia per Anglicos contra Francos, tam in Britanniâ quàm in Normanniâ, quàm etiam in Picardiâ, & multa castra & villæ per Britanniam & per Normanniam, & in Diœcesi Constantiensi & Bajocensi, quæ fuerunt crematæ per Anglicos & destructæ, & etiam in Diœcesi Cenomanensi & Carnotensi, & castrum de Damfronte captum per Anglicos, & multa alia damna facta. 1353.

Anno Domini 1354. fuit terræ motus magnus in nocte, & in die sancti Lucæ Evangelistæ. Interim multa castra & civitates ex hujusmodi terræ motu in diversis mundi partibus corruerunt, & specialiter in Alemanniâ, utputa civitas quæ dicitur Basilia, quæ tota funditùs corruit, & etiam Ecclesia Major & domus cadentes oppresserunt quamplurimos, & post ruinam domorum exiliit ignis à domibus prostratis, qui ligna & alias materias eorum resolvit in cinerem & redigit. Dictus autem terræ motus sentitus fuit Remis, & etiam Parisius & alibi, prout fertur.

Eodem anno 1354. dominus Carolus de Hispaniâ Conestabilis Franciæ, cujus parentela olim à radice sanguinis Regnum Francorum processerat, & qui multum dilectus à Rege Franciæ Joanne erat, & familiaris fuerat valdè, verbis rancorosis, ut dicitur, habitis inter Carolum de Ebroicis Regem Navarræ & ipsum Conestabilem, & aliis causis ignotis 1354.

eis nobis', fuit de mandato & ordinatione dicti Regis Navarræ etiam eo præsente, interfectus in villa quæ dicitur Aquila in Comitatu de Alençonio, & quod fuit inhumanum valde, quia de nocte in lecto suo ipso nudo misericordiam & pietatem implorante, sicut homo armis & vestimentis omnibus spoliatus. Ad hoc factum fuerunt præsentes Comes de Haricuriâ, qui tunc erat Phillippus de Navarrâ, frater prædicti Regis Navarri, dominus de Girardi-villâ, unus alius Miles vocatus Maubue, & Nicolaus Dubleti Scutifer, & quamplures alii. De hoc autem facto Rex Franciæ Joannes quamplurimum doluit quando scivit, & multi alii per mundum & per Regnum, horrorem habentes de modo faciendi. Ex hoc autem dicto Rex Navarræ indignationem non modicam Regis Franciæ Joannis incurrit. Unde licet Rex Navarræ haberet ejus filiam in uxorem, ut suprà alibi dictum est, tamen Rex Franciæ volebat & voluit tantum flagitium modo judiciali corrigere & punire, & fecisset, sed tunc temporis erat in Franciâ Cardinalis dominus Guido de Valonia, qui per Domnum Papam propter pacem inter Reges Franciæ & Angliæ erat missus; qui quidem Cardinalis unà cum dominâ Reginâ Joannâ de Ebroïcis relictâ, uxore quondam Caroli Regis Franciæ & materterâ dicti Regis Navarræ, unà cum dominâ Blancha relictâ domini Phillippi de Valesio Regis nuper defuncti, cum multis aliis Baronibus & Prælatis apud Regem Joannem pro dicto Rege Navarræ intercedentes, pacem ejus cum magnis instantiis & precibus impetrarunt cum pactis & conditionibus, & specialiter quòd dictus Rex Navarræ Capellas & Capellanias multas fundaret, in quibus Sacerdotes multi pro animâ dicti defuncti de cætero celebrarent; & sic Rex Franciæ Joannes pepercit alteri, & fuit in ejus gratiam receptus & positus, quia Rex Navarræ prædictus tunc temporis erat ab omnibus amabilis & dilectus, quæ quidem reconciliatio multum placuit toti Regno, sed proh dolor! non stetit diù.

1355. Anno Domini 1355. Eduardus Rex Angliæ transivit ad Calesium, & exinde cum magno exercitu venit usque Hesdinum multas villas devastando, & ibidem in confinio per plures dies stetit. Audiens autem hoc Rex Franciæ Joannes, statim cum armatis plurimis versùs eum iter fecit, & veniens Ambianis misit ad Regem Angliæ nuntios, qui dicerent ei ut ambo Reges cum suis ad campale bellum pariter convenirent: qui quidem Rex Angliæ videns non sibi expedire, respondit quòd satis exspectaverat, & nullum qui cum eo pugnaret invenerat, & ideo à modo neminem exspectaret; & tunc versùs Calesium velociter abiit. Rex verò Franciæ Parisius est versus.

Eodem anno 1355. tempore Quadragesimali accidit in castro Rothomagensi lamentabile factum: Dux enim Normanniæ Carolus primogenitus Regis Franciæ Joannis, fecit unum solemne convivium in castro Rothomagi supradicto, & vocavit ad prandium Carolum de Ebroïcis Regem Navarræ generum Regis Franciæ, de quo dictum est suprà. Invitati etiam fuerant Comes de Haricuriâ, ac dominus de Grandvilla Miles potens in patriâ, & multi alii Milites ac Nobiles. De Rege autem Navarræ supradicto, & de Comite de Haricuriâ & aliquibus aliis in convivio illo prædentibus fuerant aliqua sinistra Regi Franciæ Joanni relata, ut creditur; propter quæ statim ea quæ facta fuerunt, evenerunt. Nam eum dicti convivantes cum duce adhuc epularentur, & sederent clausis januis ipsius castri interiùs & firmatis; ecce subitò Rex Franciæ Joannes, qui non multum longè à civitate comederat, inopinatè & subitò armatus cum multis per parvam portam castri, quæ ad campos tendit, super dictos convivantes eis non cogitantibus subintravit, quem sic armatum intuentes omnes in stuporem nimium sunt conversi; qui super eos cum suis in armis veniens, manus apponens ad Regem Navarræ, aliis omnibus qui in illo prandio fuerant hinc inde fugientibus & per muros saltantibus præ timore: captis autem Comite de Haricuriâ & aliis tribus nominatis, scilicet domino de Giraldi-villâ, Maubue & Nicolao Dupleti, statim fecit Rex ipsos poni in bigâ jam paratâ, & per dictum ostium posterius eos duci ad patibulum rectâ viâ; & factum est dum ad campos devenit Rege præsente cum Duce filio, præcepit Rex in medio itinere eos decollari, & deinde omnes tres Duces ad patibulum suspendi eorum corporibus cum catenis ferreis per spatulas fortiter alligatis, & capitibus desuper in lanceis appositis & affixis, hominibus de civitate hoc nescientibus, donec circà finem captionis fuerunt per rumores fugientium excitati. Istud autem factum, magnum stuporem & admirationem in populo ubique per Franciam & alibi generavit. Rex autem Navarræ sic captus, ut dictum est, fuit in carcere trusus, & durè pertractatus; deinde in castro Gaillardi missus, postea in Casteleto Parisius, & deinde per diversa castra & loca hinc inde, modo in Pontisarâ, modo in Picardiâ ductus miserabiliter & reductus. Imponebatur enim sibi quòd aliquando machinatus fuerat contrà Regem & contrà Carolum Ducem Normanniæ, primogenitum Regis, sed quid & qualia, & utrum verum hoc fuerit hoc ignoto. Dum autem sic fuit in carceribus, multa gravia sustinuit & stupenda: nam aliquando mittebantur ad eum quidam qui fingebant ipsum velle sine medio decollari; sed tunc superveniebant alii prohibentes. Ipse autem, ut dicitur, sustinebat omnia patienter, nihil mali operis recognoscens, & sic stetit in carceribus diversimodè vinculatus & durè tractatus per unum annum cum dimidio & amplius.

Ipso autem Rege Navarræ in carceribus sic retruso Rex Franciæ Joannes terras suas & istorum qui cum eo captifuerant, dedit postea & divisit, sed sic eas obtinere faciliter non potuit ad libitum ita citò; nam gentes dicti Regis Navarræ qui cum eo non iverant Rothomagum, sed remanserant Ebroïcis, unde ipse Rex Navarræ erat Comes, in castro & fortalitio dictæ civitatis Ebroicensis se receperunt. Venientes autem multi homines armorum de Franciâ ad civitatem Ebroïcensem, villam & castrum fortiter invaserunt; quod videntes Navarrenses qui in castro erant quòd non poterant se tenere, ignem in civitate posuerunt, ita quòd Ecclesiam Majorem & domos Canonicorum cum magnâ parte villæ cremaverunt, & ut dicitur, locum Fratrum Minorum, & Monasterium sancti Taurini ubi est Abbatia nigrarum dominarum: & sic recesserunt ponentes se in castro fortissimo Pontis-Audomari, quod quidem contrà Regem Franciæ & contrà Ducem Normanniæ per magna tempora postea tenuerunt, multis tamen insultibus à Gallicis fortiter irrogatis; & sic in illis partibus Normannicis tribulationes & dolores deinceps, sicut in Franciâ multipliciter accreverunt; nam postmodum gentes Navarrenses cum gente Anglicanâ sibi invicem adhæserunt, & sic pars Anglicana contrà Francos fortior solito visa fuit. Nam dictus Philippus de Navarrâ, frater Regis Navarræ capti & detenti, prout dictum est, illi patriæ intulit multa gravamina.

His diebus fratre suo Rege Navarræ adhuc clauso in carcere & detento, alter autem frater eorum Ludovicus illius junior ivit ad Navarram, & illud

Regnum Navarræ loco fratris sui Regis strenuè gubernavit. Hæc autem mala & alia multa illis duobus annis 1354. & 1355. tam in bellis particularibus quàm aliter per diversa loca Franciæ, Picardiæ, Britanniæ & Normanniæ evenerunt. Nunc ad mirabiliora transeamus.

Anno Domini 1356. erat quidam Frater Minor detentus in carceribus Domini nostri Papæ in Avinione, honestè tamen. Detinebatur verò pro eo quod multos futuros eventus quasi spiritu prophetico prædicabat, & dubitabatur à multis ne falleret, vel ne mendacia diceret, vel aliquo spiritu Pythonico seu maligno loqueretur; ipse tamen vitam sanctam ducebat, sobriam & honestam, & erat Clericus intelligens in Scripturis & textibus sacri Canonis, & protestalibus libris, prout patet in operibus & libellis pluribus ab eo dictatis super eventibus contingentibus & futuris, quorum duos vidi, unus *Ostensor* intitulatur, & alter intitulatur *Vade mecum in tribulatione*. Et licet dictis libellis fidem non adhibeam, tamen multa vidi evenire posteà de his quæ prænosticat in eisdem, nec reputo impossibile, quin Deus possit sibi multa, sicut alias fecit sanctis Patribus, revelare, utputa interpretationes aliquas sacrarum Prophetiarum. Huic autem Fratri Minori sic incarcerato anno Domini 1356. fuit facta quæstio ista ab Archipiscopo Tolosano in Avinione per scedulam in hunc modum. « Quantum adhuc durabunt guerræ quæ
» nunc sunt in Franciâ, & fuerunt. Et sequitur responsio. Vos misistis ad me hanc scedulam, salvo
» honore vestro, ad maximam blasphemiam Dei,
» quia solus Deus potest ista quæ continentur, scire;
» ego autem sicut unus vilis & abominabilis peccator, ea quæ dico, non dico de capite meo, nec
» sum Propheta, sed tantùm per intelligentias Prophetarum; quare nunc desistatis quærere à me &
» à quocumque homine, id quod est in potestate
» Dei. Quod autem quæritis de bellis an durabunt,
» dico quòd durabunt & crescent usque ad cœlum,
» & adhuc quidquid videmus, nihil [est], quia necesse est totum statum sæculi immutari, & citò
» tyrannia ubique regnabit, multi potentes & nobiles cadent, & per civitates crudeliter occidentur,
» & dejicientur à dignitatibus suis. Infideles Regna
» Latinorum invadent, & duricies flagelli Anglicorum plùs ingravabitur, donec omnis Regni pars
» sit percussa; & sunt plusquàm viginti anni, &
» antequàm guerræ hodiernæ inciperent, quia ista
» publicè prædicabam, & ideo stultus reputabar &
» amens. De redditibus Ecclesiæ hoc vobis notum
» sit, quòd omnes in brevi perdentes, quia populi
» Ecclesiasticos viros spoliabunt à rebus temporibus,
» ita ut vix habeant victum suum. Curia Romana
» fugiet à civitate peccatrice Avinione, & non erit ibi
» ubi nunc est, antequàm complementur sex anni ab
» [isto præsenti] anno 1356. Tota superbia Clericorum quantumcumque magnorum concludetur in luto, & tota orbis pravitas destruetur. Omnis homo præ honore malorum propinquorum lugebit, & prævalebunt prædones, sed postmodum
» prædicabuntur & ipsi. Mulierum superbia & fastus marcescet; plures defœdabuntur, & viduæ
» tristissimè derelinquentur. Civitatis deliciæ convertentur in luctum, & Orbis avaritia semetipsam
» consumet; sed post tribulationes mutatas & translatas periculis in Christianitate propinquis, misericordia Domini veniet ad gentem desolatam,
» quia unus Angelus Christi Vicarius transmittetur
» à corde Christi, qui faciet omnes voluntates ejus,
» & omnes viros Ecclesiasticos reducet ad modum
» vivendi Christi & Apostolorum. Universa scelera
» scrutabitur, & extirpabit, & universas virtutes

Ecclesiasticas in mundo seminabit. Judæos convertet, plurimos destruet, Sarracenos, Tartaros &
Turcos convertet, ante autem destruet nolentes
converti ad ipsum. Totus Orbis sub ipso pacificabitur, & ferè mille annis durabit, & ideo ab
hoc tempore & ultrà crescent mala in mundo.
Princeps magnus lugebit, & Rex inducetur mœrore; manus populi dissolventur, donec mittatur ille
Dei Vicarius, futurus totius sæculi Dei reformator felix, qui orabit ut citò veniat, si tamen orator
pœnitentiam agat; interim salvabuntur qui fugerunt de medio malorum ad Montem Carmeli,
quia vindicta Domini generalis & specialis super
omnes. Felices igitur omnes prænominati in scedulâ, si benè moriantur in pace & citò, ne videant tot mala; & ad quos devolvatur eorum
hæreditas ne curent, quia qui acquirit non possidebit, & qui possidet non retinebit, quia rota fortunæ jam pervenit ad cursum. « Hæc est
interpretatio seu prophetia illius Fratris Minoris
prædicti de futuris eventibus illo anno 1356. &
deinceps. Quæ quidem prophetia sicut fidem non
faciat, neque dictis ejus sit adhærendum, quia Ecclesia non approbat, tamen si aliqua quæ ibi dicuntur postea in parte vel in toto evenerint, sequentes
apices declarabunt.

Anno igitur 1356. fastus & dissolutio in multis
personis nobilibus & militaribus quamplurimùm
inolevit; nam cum habitus antea decurtatos, ut supra dixi, & breves nimis accepissent; hoc anno
tamen [adhuc] magis se inceperunt sumptuosè
deformare, perlas & margaritas in capuciis & zonis deauratis & argenteis deportare, gemmis diversis & lapidibus pretiosis, se per totum curiosiùs
adornare, & in tantum se curiosè omnes à magno
usque ad parvum de talibus lasciviis cooperiebant,
quòd perlæ & lapides magno pretio vendebantur,
& vix Parisius poterant talia reperiri; unde recordor me vidisse tales duas perlas vel margaritas quas
quidam dudum emerat pro octo denariis, eas tamen
illo tempore vendidit decem libris. Inceperunt
etiam tunc gestare plumas avium in pileis adaptatas, laxantes ultrà modum se ad voluptates carnis,
& ad ludos taxillorum de nocte, & pilæ cum palmâ
de die nimium intendentes, unde populus communis
multum lugere poterat & lugebat pecuniis ab eo pro
facto guerræ levatas, in talibus ludis inutilibus & usibus positas & conversas. Tunc temporis Nobiles derisiones de rusticis & simplicibus facientes, vocabant
eos *Jaque bon homme*. Unde illo anno, qui in bellis
rusticaliter portabant arma sua, truphati & spreti
ab aliis hoc nomen *Jaque bon homme* acceperunt,
rustici perdiderunt nomen. Quo quidem nomine
omnes rustici fuerunt postea tam à Gallicis
quàm Anglicis diutius nominati. Sed proh dolor!
multi qui hoc tempore deriserunt, à quamplurimis
postmodum delusi sunt. Nam multi postea
per manus rusticorum, ut ducitur, miserabiliter
perierunt, & deinde vice versâ plurimi rustici
per aliquos Nobiles occisi, & villæ eorum in hujusmodi tribulatione concremata. Sed his pro nunc
dimissis, ad magis admiranda & plus terribilia
transeamus.

Præsenti anno 1356. Princeps Walliæ primogenitus Regis Angliæ Eduardi missus à patre suo, scilicet
Rege Angliæ, cum magnâ multitudine hominum armatorum tam Anglicorum quàm Vasconium & Alemanorum stipendiariorum per Regnum Franciæ devastando, cremando fortiter equitavit, Rege Anglorum patre suo in Angliâ remanente: & venit sic agens usque ad terminos Pictavenses. Rex autem Franciæ Joannes hoc audiens, debellatis & ejectis inimi-

...is qui se posuerant in castro de Britolio & in castro de Vernolio versus partes Carnotenses, statim congregato valde magno exercitu & potenti, unà cum domino Carolo Duce Normanniæ ejus primogenito, & aliis duobus filiis suis, & etiam Philippo ejusdem Regis ultimo genito, celeriter accessit prope Pictavis contrà gentem & Principem Anglorum. In cujus Regis exercitu erat Dux Borboniæ nobilis atque potens: Dux etiam Atheniensis, Conestabilis Franciæ, & multi Marescalli, quamplurimi alii Barones, Comites, Milites & Nobiles multi valde. Fuerunt etiam ibi duo Prælati in armis, scilicet dominus Guillermus de Melduno Archiepiscopus Senonensis, & unus alius qui erat Episcopus Catalaunensis: de peditibus & aliis brigantibus erat numerus valde magnus. Venerunt autem illuc duo Cardinales, qui pro pace tractandâ ex parte Ecclesiæ sicut aliàs, missi fuerant ad has partes. Appropinquantibus autem utriusque partis aciebus prope civitatem Pictavensem ad duas leucas, domini Cardinales pro pace ambas partes sæpius adierunt, interponentes vices suas sollicitè; sed impediente humani generis inimico cum aliquibus filii Belial, partibus discordantibus non potuit pax apponi, quinimò superbiâ regnante & confidentiâ in potentiâ & multitudine armatorum hominum durante, campale bellum statuitur ordinatè. Rex verò Franciæ Joannes bellum aggrediens animosè, pedester cum suis bellare disposuit, quod & fecit; & ipsis dimissis veniens in conflictu inimicos suos fortiter & audacter invadens, plures occidit & multos lethaliter vulneravit; unde si omnes alii nobiles & milites se ita gessissent strenuè ut Rex fecit, de inimicis gloriosè triumphassent: sed non sic fuit, quia quamplurimi pusillanimes effecti atque lenti, adversarios suos invadere noluerunt. Propter quod Anglici animosiores effecti, in Regem Franciæ prædictum acriùs irruerunt, qui quidem viriliter se defendens & multos occidens, non potuit tantæ multitudini ipsum opprimenti resistere, multis tamen de Gallicis nobilibus præliantibus interfectis, ut putà, Duce Borboniæ cum omnibus suis, & Duce Atheniensi cum suis, volente Domino, & adversâ fortunâ quæ bellorum ambiguos dat eventus, dictus dominus Rex Franciæ Joannes captus est ab Anglicis, & detentus unà cum filio suo ultimo genito Philippo jam nominato; quod videns primogenitus ejus Carolus Dux Normanniæ, cùm omnibus suis qui secum in armis aderant dimisit prælium, & recessit, & alii duo fratres sui similiter, videlicet Dux Andegavensis & Comes Pictavensis filii Regis. A dicto autem bello fugerunt omnes qui evadere potuerunt; quod videntes Anglici eos in fugam conversos, post ipsos currunt, quamplurimos occidunt, & plurimos tam pedites quàm equites capiunt & prædantur; qui etiam garcionibus & pagotis fine defensione aliquâ fugere non valentes se reddebant, aliis interemptis qui furiis adversariorum & gladiis cedere nesciebant.

Capto itaque Rege & detento, & aliquibus de gente suâ mulctatis, aliis fugientibus & dispersis, aliis captis & ad redemptionem positis, sicut fuerunt multi Barones & Milites, & etiam sicut fuit Archiepiscopus Senonensis, & Episcopo Catalaunensi occiso, dictus dominus Joannes Rex Franciæ ductus est cum filio suo juniore Philippo, & cum multis aliis prisonariis per Anglicos & per Vascones, qui ad auxilium Anglicorum venerant, apud Burdegalem civitatem rectâ viâ, & licet prisonarius esset, tamen à Principe Walliæ & Anglicis multum honorificè tractabatur. Venientes autem Burdegalam, pacem seu tractatum pacis, qui tamen non valuit, ordinaverunt, sed Rex Angliæ dictum tractatum noluit concordare; quinimò mandavit quod Rex Franciæ ad Angliam prisonarius duceretur, quod & factum est satis citò. Rege autem Franciæ Joanne sic abeunte, & posteà ducto in Angliam ad civitatem Londoniensem per Anglicos, dominus Carolus primogenitus suus Dux Normanniæ, de bello sic recedens cum multis Nobilibus ut dictum est, primò in civitate Pictaviæ se recepit: post hæc inde recedens accessit Parisius, ubi dolentibus dominis pro captione domini Regis patris sui, honorificè receptus est. Considerabat enim plebs tota quod per dominum Carolum, & ipsius auxilium pater reverteretur, & tota patria salvaretur. Eo igitur adventato Parisius convenerunt cives omnium bonarum villarum ad ejus præsentiam, & etiam Prælati & Milites, ut provideretur de recuperatione dicti Regis, & de gubernatione Reipublicæ atque Regni: & tunc statuto domino Carolo primogenito Regis qui erat Dux Normanniæ, ut dictum est, pro Regente ipsius Regni & etiam defensore, omnes unanimiter & ejus consensu, ut tres prædicti status vel aliqui sapientes electi de illis tribus statibus eligerentur, videlicet aliqui de Prælatis pro parte Cleri, aliqui de Nobilibus pro parte Nobilium, & aliqui de civibus pro parte popularium communium, qui de dictâ gubernatione auctoritate dicti Principis negotia pertractarent. Qui quidem tres status sic electi multa de negotiis & reformationibus & punitionibus tractantes, obtulerunt Regenti tria millia pugnatorum ad expensas civitatum Regni, & semper manutenere in numero supradicto, si pro recuperando domino patre suo vellet ad Angliam se transferre: sed hoc totum neglexit, & ivit satis citò ad visitandum avunculum suum Carolum de Boëmiâ, qui erat tunc temporis Romanus Imperator, & venerat Metis, & illuc ivit Carolus Regens cum magnis sumptibus & expensis, & posteà Parisius est reversus. Regina verò Joanna filia quondam Comitis de Boloniâ, uxor Regis in Angliâ existentis recessit ad Burgundiam ad filium suum Ducem Burgundiæ, quem olim susceperat à Duce Burgundiæ Philippo, qui apud Aculeum in Vasconiâ decesserat elapsis decem annis. Remeato autem domino Regente prædicto de Metis, adhuc steterunt illi tres status Rempublicam gubernantes; sed non multum diu posteà in illo officio remanserunt, quia Nobiles ab aliis duobus statibus, scilicet à Clero & Burgensibus solvere aliqua, sicut volebant facere, alii recusarunt, & sic discordiâ morâ illi tres status ab incepto proposito cessaverunt. Ex tunc enim Regni negotia malè ire, & Respublica deperire, & prædones per totam patriam insurgere, Nobiles alios despicere & odire, & utilitatem & proficuum domini & subditorum non curare, rusticos de villulis & homines subficere & spoliare, patriam ab inimicis nullo modo defendere, sed conculcare, bona eorum rapere & auferre, domino Regente, ut apparebat liquidè, non curante.

Tunc enim incepit patria & tota terra Franciæ induere confusionem & mœrorem, quia non habebat defensorem in aliquo nec tutorem. Tunc enim terra & patria illa Franciæ, quæ anteà præ omnibus Regnis mundi & partibus gloriâ, & honore & divitiis, pacifique præconio & curâ, & omnibus bonorum affluentiis fuerat opulenta, incepit magis ac magis haberi contemptui, & aliis nationibus, proh dolor! in derisum esse, & in opprobrium aliorum; viæ & itinera quasi ubique dubia & periculosa propter pedites & latrones. Quid plura? ab illo tempore & deinceps damna infinita & mala & pericula Francigenis acciderunt, ex defectu boni regiminis & populi minimè defensati.

Eodem anno 1356. cives Parisienses cæteris

reas, timentes de inimicis, & modicum in Nobilibus confidentes, per vicos Parisienses & per compita posuerunt. Fossata circà muros ad partem Occidentalem & circà suburbia ad partem Orientalem, quia nulla ibi antea fuerant, facientes & muros novos parvos similiter suprà illos cum portis & balistis ad prædicta construxerunt, munientes turres balistis, garretis, canonibus & machinis, & aliis bellicis instrumentis destruentes domos omnes quæ intùs & extrà muros antea jungebantur. Tunc enim fuerunt multa pulcra & solemnia hospitia tam interiùs quàm exteriùs, ad demolitionem & ruinam funditùs condemnata, ut fossata fienda per dicta hospitia caperent iter suum, quorum ruinam & fossatorum, atque murorum sequenti anno & deinceps fabricam visi prosequi diligenter, de quibus adhuc in sequentibus fiet sermo.

hic

1357.

Anno Domini 1357. Rege Franciæ Joanne in Angliâ existente, mala malis, ut dictum est, in Franciâ & circà Parisius accreverunt; nam inimici multiplicati sunt per patriam, & prædones ampliùs augmentati, in tantùm quòd plures in villis spoliabantur campestribus in domibus suis, Duce Normanniæ, qui Rempublicam & Regnum jure hereditario, videlicet, domino Carolo primogenito Regis, defendere & regere tenebatur, nulla remedia apponente, unde magna pars populi rusticani ampliùs in villagiis stare non valentes, ad civitatem Parisiensem cum uxoribus & liberis & aliis bonis suis ut in pluribus pro tuitione accurrere tunc cœperunt. Inimici autem castra multa & fortalitia receperunt, homines circumadjacentes capiendo, [& in redemptionem ponendo,] alioquin miserabiliter trucidabantur, nec parcebatur in hoc Religiosis quibuscumque; propter quod Monachi & Moniales Monasteria dimittentes, Parisius & alibi ad amicos suos se sicut poterant receperunt; unde sorores de Poissiaco, de Longo-campo, Moniales de Malodunio, de sancto Antonio, & Minoritæ de sancto Marcello juxta Parisius, & breviter aliæ Religiosæ extrà villas clausas commorantes, compulsæ sunt sicut & Monachi præ timore dimittere loca sua, & intrare finaliter fortiora. Quod quidem factum admirationem non modicam generavit in populis & stuporem, nemine ad prædicta stupenda remedium aliquod apponente.

Demùm admirantibus de hoc & dolentibus Præposito Mercatorum villæ Parisiensis & civibus, quòd per Regentem & Nobiles qui circà eum erant non remediabatur, ipsum pluries adierunt exorantes & deprecantes ut circà præmissa de oportuno provideret remedio; qui optimè eis facere promittebat, sed effectus per eum nullatenùs sequebatur, quinimò magis gaudere de malis insurgentibus in populis & afflictionibus & tunc, & posteà Nobiles videbantur. Quod considerantes, Præpositus Mercatorum Parisiensis, qui tunc erat nomine Stephanus Marcelli, de Republicâ multùm sollicitus, pro tunc cum aliis Consulibus civitatis habuit consilium cum civibus, quòd utinam nunquàm ad effectum finaliter devenisset. Et fuit istud, prout iste Præpositus cum suis me & multis audientibus confessus est. Nam quia dominus Regens remedium apponere ad prædicta pericula, eis civibus cum Præposito requirentibus sæpiùs promiserat, & tamen quidquid ore dicebat de facto non complebat; crediderunt prædicti Præpositus & Communitas quòd hoc negligeret de consilio aliquorum secum assistentium, qui ut opinati sunt dissuadebant Regenti ne eis crederet in agendis; & idcircò Præpositus atque cives de Parisius habuerunt consilium intrà se, quòd bonum esset ut aliqui de assistentibus ipsi Regenti de medio tollerentur; unde ordinatum fuit per ipsos ut omnes caperent capucia cærulea ex una parte, & ex alterâ rubea deferenda in signum confœderationis Reipub. defendendæ. Quibus habitis, de consilio inito de aliis tollendis, ut dictum est, congregaverunt se in multitudine non modicâ omnes unà cum Præposito superiùs nominato, & accedentes ad regale Palatium ubi dominus Dux Normanniæ primogenitus Regis Regnum regens, ut diximus, præsens erat, ad thalamum suum ascenderunt, dicto Regente & illis qui cum eo erant mirantibus quid quærerent, aut quid vellent. Et accedentes prope Regentem, dixit Præpositus Mercatorum sibi: Domine mi Dux nolite expavescere, nos habemus aliqua exequi in hoc loco. Tunc dirigens verba illis sic capuciatis dixit: Eia breviter facite hoc propter quod huc venistis; qui aspicientes duos Milites qui juxta dominum Regentem aderant & de Consilio suo, videlicet Robertum de Claromonte Marescallum Franciæ virum strenuum in armis, sed tunc inermis erat, & Marescallum Campaniæ hominem probum & devotum & benè nobilem, ensibus extractis irruunt in eos, coram Duce percutiunt & occidunt. Deinde vidente Duce & dolente eos ita trucidatos, per gradus Palatii ad plateam juxta lapidem marmoreum mortuos extraxerunt, horribile spectaculum de eorum cruentatis corporibus facientes. Quod sentientes plurimi de Consilio Ducis Regentis, recesserunt celeriter fugientes, inter quos erat unus Advocatus solemnis & eloquens, & concivis Parisiensis, Reginaldus de Arsoye, quem recedentem cursu rapido insequentes, in uno vico prope domum suam crudeliter occiderunt, sed heu ! quare ista flagitia perpetrarunt ? Nam quæ & quanta mala ex hoc excessu provenerunt, quot homines posteà ex hoc occasionaliter sunt occisi, & villæ devastatæ describere non valerem. Tantum nefas impunitum non remansit, prout in parte videbitur consequenter. Acta sunt hæc eodem anno millesimo trecentesimo quinquagesimo septimo secundùm compotum Franciæ, in Cathedrâ sancti Petri.

1357.

Eodem anno 1357. antequàm prædictæ interemptiones accidissent, Rex Navarræ Carolus de Ebroicis qui jam per magnum tempus fuerat missus & captus dudum per Regem Franciæ Joannem, ut superiùs fuit dictum, per industriam & diligentiam aliquorum de Picardiâ nobilium, ut puta Joannis de Pequigny, & similiter aliquorum burgensium fuit à dictis carceribus liberatus, & veniens Ambianis primò fuit à civibus, de populo receptus cum gaudio multo valde, deinde ab eis donariis receptis, & prædicatis miseriis quas in ergastulo carceris passus fuerat, accessit Parisius in Monasterio sancti Germani de Pratis accipiens, hospitium pro quiete, & captâ horâ & congregato & advocato magno populo in pratis sancti Germani dicti Monasterii, fossatis nundum factis, dictus Rex Navarræ stans suprà muros incepit prædicare ad populum altâ voce, assumens pro themate in latino valde pulchro ista verba: *Justus Dominus & justitias dilexit, æquitatem vidit vultus ejus.* Quæ quidem verba ad propositum suum exponens, contendit coram omnibus sermone valde prolixo, quomodo & qualiter sine causâ, ut dicebat, fuerat tractatus, captus & carceribus mancipatus, anxietates & dolores quos in dictis locis sustinuerat, in tantùm quòd populum ad fletum & lacrymas provocabat. Tandem intercedentibus multis Magnatibus, & specialiter nobilissimâ & devotissimâ dominâ Reginâ Joannâ de Ebroicis ejus materterâ, quondam uxore defuncti Caroli Regis Franciæ, & dominâ Blancâ ejus sorore Reginâ & relictâ defuncti Philippi de Valesio Regis, pax & con-

Psal. 10, 1.

cordia fuit reformata inter dominum Ducem Normanniæ Regentem pro nunc, & Regem Navarræ supradictum. Nam antea erant non multùm amici ad invicem ratione dictæ captionis; quæ facta fuit dudum in castro Rothomagensi in præsentiâ dicti Ducis; sub hoc pacto fuit pax illa reformata inter eos, quòd dominus Dux Normanniæ qui Regens erat Regni, recipiebat ipsum Regem Navarræ & omnes suos in amicitiâ & amore, condonans ei omnia forefacta si quæ essent; & reddens terras suas ablatas dicto Regi Navarræ tam in Normanniâ quàm alibi; & similiter illorum dominorum qui tempore quo fuerat captus in Rothomago, fuerunt mortui & patibulo tunc affixi, concedens licentiam dicto Regi Navarræ ut illorum corpora de patibulo faceret deponi si vellet, & ipsa tradi Ecclesiasticæ sepulturæ. Et sic pax inter dictos dominos fuit cunctis gaudentibus reformata.

Rex autem Navarræ prædictus his peractis, Ducem dimittens Parisius, gaudens ad partes Rothomagenses accessit, donis tamen & pecuniis multis à civibus Parisiensibus receptis, & veniens Rothomagum honorificè est receptus, ubi populis suas miserias exposuit sicut Parisius fecerat, eleganter: quo facto corpora illa patibulo affixa, Comitis de Haricuriâ & duorum suorum sociorum (de quibus dictum est in capitulo de anno 1355.) de patibulo in die Innocentium deponi fecit, & cum magnis cereis processionaliter cum magna multitudine populi ad majorem Ecclesiam; scilicet beatæ MARIÆ Rothomagensis deferri fecit, & in ipsâ campanis pulsatis & Missis solemniter celebratis; sermone per dictum Regem priùs facto, ubi assumpsit thema istud: *Innocentes & recti adhæserunt mihi, &c.* in Capellâ Innocentium honorificè sepulta sunt, omni populo non modicum admirante. Rex autem prædictus Navarræ volens recuperare terras suas; omninò non potuit omnes; quia plures qui castra tenebant ea sibi reddere non volebant, dicentes & allegantes quòd Rex Franciæ Joannes, qui in Angliâ erat, eis tradiderat illa castra, ideo non sibi neque Duci, sed tantummodo Regi Franciæ ea reddere tenebantur. Ex hac igitur occasione dolens Rex Navarræ & credens quòd hoc esset ex ordinatione Ducis Normanniæ qui erat Regens, in offensam & discordiam contrà Ducem se iterum provocavit; & sic pax quæ priùs nuper firmata fuerat non tenuit nec valuit, sed discordia & guerra dura inter eos tunc inchoata fuit, ex quâ totâ patriâ Franciæ, proh dolor! & alibi postea doluit; ut dicetur; & omnia ista de Rege Navarræ facta sunt modicum antequàm illi Milites in præsentiâ Ducis Regentis per istos cives Parisienses gladio ferirentur; & tunc crudelis mors illorum accidit satis citò posteà.

1357. Eodem anno 1357. Archiepiscopus Armacanus Primas Hiberniæ, transivit ad Curiam Romanam prædicaturus contra Religiosos Mendicantes, faciens contra ipsos libellos & tractatus, allegans fortissimè ipsos ab Ecclesiâ non debere sustineri, & dicens inter cætera & asserens, quòd Christus & Apostoli, licet essent viri pauperes, nunquam tamen fuerunt mendicantes. Allegat autem multa jura & scripturas ut ab Ecclesiâ deleantur, vel saltem ut auxilio privilegiorum pro prædicationibus, Confessionibus ac sepulturis, & exemptionibus priventur. E contrà autem Religiosi præfati non ampliùs se multos articulos hæreticos sibi opponi & opponunt, sed qui prævalebunt, in fine liquidiùs apparebit, ideo his dimissis ad propositum revertamur.

1358. Anno Domini 1358. nova mirabilia succreverunt: nam dominus Carolus Dux Normanniæ primogenitus Regis Franciæ Joannis in Angliâ existentis, regens, ut diximus, Regnum Franciæ loco patris, indignatus contrà cives Parisienses, & principaliter contra illos qui mortem duorum illorum Nobilium in ejus præsentiâ, & illis advocati sic acriter & irreverenter tractaverant, à civitate Parisiensi consternatus animo abiit & recessit, proponens ad eam non reverti nisi priùs vindicta aliqualis de præfatis fuerit subsequuta, & sic ab urbe recedens indignatus, apud Compendium citiùs properavit, & ibi diutiùs trahens moram vocavit Nobiles quamplurimos, ut cum eis haberet consilium qualiter de Præposito Mercatorum Parisiensium & aliis suis complicibus, qui talia in ejus palatio & præsentiâ agere præsumpserant, vindictam debitam obtineret: qui omnes uno corde & animo adhærentes, & specialiter amici occisorum, consuluerunt sibi, ut illos principales occidi faceret; vel si non posset pro aliis eos defendere volentibus, expugnaret viriliter civitatem, & tam diù dictam urbem. Parisiensem tam vi armorum quàm per impedimentum suorum victualium molestaret, donec ipsis auxiliantibus à dicto Præposito Mercatorum & suis complicibus & consulibus, intentum mortis plenariè perciperet & sentiret. Quod intelligens Præpositus præfatus, & alii qui gubernationem civitatis sibi post recessum Ducis asciverant, supplicaverunt Universitati studii Parisiensis quatinùs ad dictum Ducem regentem accederent; & ei ex parte eorum & totius urbis humiliter supplicarent, quatinùs indignationem quam erga ipsos cives conceperat, à corde suo dulciter amoveret; promittentes & offerentes emendam condignam sibi facere, salvâ vitâ omnium, honore, & reverentiâ quâ decebat: Universitas autem pro bono civitatis libenti animo misit plures solemnes deputatos, supplicaturos pro negociis supradictis. Qui quidem à domino Duce & aliis dominis cum omni benignitate recepti, reportarunt quòd unus numerus satis parvus, utputa decem vel duodecim, vel saltem quinque vel sex virorum, qui magis de illo negotio perpetrato Parisius suspecti habebantur, sibi mitterentur, non intendens eorum mortem; & tunc si hoc facerent, libenter Dux, ut dicebat, seipsum intimum amicitiâ sicut antea, reformaret. Præpositus autem & alii qui sibi dubitabant hoc audientes, & non credentes quòd si tenerentur ab aliis mortem non evaderent terribilem; meritò timuerunt, nec se voluerunt exponere tanto periculo non modicùm formidando. Unde assumentes audaciam se voluerunt exponere, quasi omnes cives & confœderationem facientes ad invicem, & pluries misso ad dominum Regentem sive Ducem præfatum simili modo sicut priùs, tam in Compendio quàm apud civitatem Meldensem, ubi se aliquando transferebat, & nullo alio amicabili habito responso, sed potiùs verba dura & aspere & comminatoria, timentes de periclitatione civitatis ad quam ut apparebat Dux regens & Nobiles quamplurimum sibi assistentes videbantur anhelare; & volentes urbem ab omni periculo eminenti totaliter defensare, incœperunt se munire. Unde castrum de Luparâ juxta antiquos muros Parisienses in manu suâ cives receperunt, illos qui ipsum ex parte Ducis Regentis custodiebant citius expellentes, portas versus aquas obstruentes: & introitum versus villam de cætero facientes; quod quidem factum ipsum dominum Ducem indignatum ampliùs provocavit. Tunc etiam omnes incœperunt se acriùs defendere & munire, muros reparare, fossata jam inchoata sollicitè profundare, & super fossata ad partem Orientalem muros parvos novos construere, balistas ad exitus portarum elevare.

Eodem anno 1358. fuerunt clausæ perpetuò plures portæ, & tunc fossata ante portas exteriùs elevata, ut puta inferni quæ prætendebat ad Cartusienses, inter Prædicatores & Minores, porta sancti Victoris & suburbium destructum, porta quæ prætendebat ad prata sancti Germani, & plures aliæ quarum nomina ignoramus.

Eodem anno steterunt destructa hospitia & domus quas Fratres Prædicatores habebant & Minores extrà muros Parisienses. Nam Prædicatores habebant infirmarias & capellas, notatas aulas, & alias domos honorificas Regias & solemnes, & fratres Minores refectorium constructum muro lapideo, tabulata, coquinas ac dispensas, domosque alias utiles ac decentes; & tam illi, quàm isti ad domos istas per domos civitatis officiosissimè subintrabant, similiter & ad hortos quos foris habebant, speciosissimos & amœnos, & non solùm domos quas ædificaverant perdiderunt exteriùs, sed etiam domus intrà mœnia, & illas quæ muris ab infrà jungebantur, ut inter ipsorum habitaculum & dictos muros aditus fieret atque via: & similiter factum est ad omnes muros ad plagam Occidentalem circumdantes civitatem, & quod mirum oculis fodientium fossata apparuit evidenter, circà centrum fossatorum ante domum Prædicatorum prope murum ab extrà reperta sunt fundamenta turrium & castrorum tantæ fortitudinis & tam mirandâ conglutinatione cementorum, ut vix à quibuscumque malleis vel etiam instrumentis ferreis posset dictum opus, ut pote Sarracenicum, destrui aliquatenùs vel dissolvi, quod fiebat ut fossata profundiùs aptarentur; & ut fertur, olim ibi fuerat palatium sive castrum quod ab antiquis in getis quæ nunc adhuc habentur, Altum-folium vocabatur, de quibus adhuc vestigia restant.

Sic igitur negotiis Parisiensibus ad defensionem dispositis & aptatis, mala & damna per patriam circumquaque per Nobiles aliquos & præcones ampliùs accreverunt. Nam dominus Fulgo de Laval cum Britonibus multis Belciam prædabatur, ignes villulis ponendo, Stampas quæ jam-antea capta & cremata per similes prædones fuerat, iterum spoliando; & sic prædones incedebant usque Aurelianis & ultrà, in tantum quòd de Parisius usque Aurelianis nemo audebat incedere rectâ viâ, nec usque Compendium nec alibi erat tuta via nec secura. Dux autem Normanniæ tunc Regens, illis diebus exiens de Compendio, accessit ad civitatem Meldensem, seu fortalitium quod ibi est, [cum Ducissâ uxore suâ, & multitudine Nobilium magnâ valde, qui omnes cogicabant qualiter urbem Parisiensem, vel per arma vel saltem victualia impediendone transirent per Secanam, muniente castrum Meldense, seu fortalium quod ibi est,] & ibidem fortificato loco se clauserunt, victualia civitatis Meldensis capiendo. Præpositus autem Mercatorum Parisiensium atque cives, videntes quòd dominus Regens erat eis contrarius, habito consilio super regimine civitatis, & carentes Capitaneo miserunt ad Carolum de Ebroicis Regem Navarræ qui tunc erat ad partes Normaniæ, quem sciebant esse in dissensionem novam & discordiam contra Ducem, rogantes eum ut veniret cum bonâ copiâ armatorum ad ipsos Parisius, ut esset eorum Capitaneus & defensor contra suos quoscumque adversarios, exceptô contra dominum Regem Franciæ Joannem qui in Angliâ tenebatur; qui libenter acceptans venit Parisius, adducens secum Navarrenses multos, & Anglicos quamplurimos stipendiarios & robustos; qui quidem Rex Navarræ à civibus est receptus solemniter, cum omnibus viris suis. Credebant enim Parisienses ab ipso & à suis contra Ducem Regentem & Nobiles optimè defensari. Dicta autem vocatio præfatum Ducem & suos, & reverà multos alios ad majorem indignationem iterum provocavit, unde tunc Nobiles incœperunt appropinquare Parisius, & se per campos ostendere in equis phaleratis & in armis ad pugnam aptissimè paratos, si illi de Parisius exivissent contra eos ad bellandum: sed Parisienses infrà mœnia existentes, resistentes & tenentes, exire noluerunt; dicebant enim quòd contra dominum suum non pugnarent, sed benè à quibuscumque eis nocere volentibus se defenderent resistendo. Una tamen vice fuit eis dictum quòd inimici eorum in Corbolio se posuerant, ut impedirent ne panis qui de Corbolio ferri solet, Parisius per Secanam ampliùs pertransiret: Nobiles etiam super Secanam pontem fecerant inter Parisius & Corbolium, per quod transibant ad ambas partes fluminis, incommoda non modica Parisiensibus inferentes. Quod videntes Præpositus Mercatorum atque cives, cum bonâ multitudine Corbolium accesserunt in armis, illos ejecerunt, pontem eis nocuum destruxerunt & cum lætitiâ, sani & hilares Parisius redierunt. Dux autem in illis diebus aliquando in Melduno residebat & alibi, sed plus Meldis.

Alterâ autem vice contigit, quòd Nobiles cum Duce in armis partes illas ubi pons fuerat, ut dicitur, prope pontem *de Charenton* accesserunt, ut Regem Navarræ cum Parisiensibus expugnarent; contrà quos Rex Navarræ Capitaneus Parisiensis cum suis armatis aggressus est, & veniens ad ipsos loquutus est multis sermonibus eis sine pugnâ, & deinde reversus est Parisius; quod videntes Parisienses suspicati sunt contra ipsum, quòd quia nobilis erat cum aliis conspirasset aliquâ Parisiensibus secreta forsitan vel nocuâ, propter quod dictum Regem Navarræ cum suis spreverunt, & ipsum, ab illo officio removerunt. Ipse autem tunc de Parisius recessit indignatus cum suis, qui quidem dum recedebant, & potissimè Anglici quos dictus Rex secum adduxerat, tædia & opprobria hominibus de Parisius aliquibus facere nitebantur, sed illi antequàm possent exire civitatem, quamplures de illis fuerunt per illos de Parisius atrociter gladio trucidati. Rex autem prædictus Navarræ ad Monasterium sancti Dionysii in Franciâ exiens tunc de Parisius accessit, & dum ibi per aliquos dies stetisset, gens sua multa mala circà Parisius perpetravit. Nam tam Anglici quos de Parisius evaserunt quàm alii Navarrenses, per agros & vineas tunc currentes, homines quos in campis & extrà inveniebant occidebant, vel captivos ducebant, villulas hinc inde in pluribus locis incendentes, sicut Capellam juxta sanctum Lazarum, & burgum sancti Laurentii de Parisius, & horreum de Laudeto, sanctum Clodoaldum & aliquas villas adjacentes. Parisienses verò clausi in civitate se tenebant, portas suas cum viris armatis custodientes sollicitè de die, sed de nocte magnas excubias facientes suprà mœnia. Quâdam tamen die, scilicet in die Magdalenes plures armati versùs sanctum Clodoaldum contra Anglicos exierunt Parisius, qui ibi trucidati ampliùs non redierunt, & tunc ad omnem partem extrà fortalitia omnia vastabantur, populares communes deprædabantur, & nesciebatur ad cujus instantiam hæc fiebant nisi per Regem Navarræ. Nam tam ab amicis quàm inimicis plebibus ruralibus, & Monasteriis campestribus & forensibus dispendia & incommoda ferebantur, & bona eorum ab omnibus rapiebantur, nec erat quippiâ in aliquo defensaret. Propter quod quamplurimi tam de laicis quàm de Religiosis viris ac mulieribus coacti sunt, & etiam dominæ de Monte Martyrum & aliæ ubique loca sua relinquere sicut aliàs, & petere civitatem, ut breviter dicam, non fuit Monasterium juxta Parisius quantumcumque propinquum, quin ex timore prædonum cogeretur ingredi civitatem aut alia fortalitia, Monasteriis relictis, & divinis officiis tunc, proh dolor! prætermissis.

Eadem autem tribulatio non solùm circa Parisius, sed simili modo circa Aurelianis & per totum usque Turonis & ultra usque Nanetis in Britanniâ, & in patriâ Carnotensi & Cenomanensi mirabiliter grassabatur; nam villæ cremabantur, populares deprædabantur, & ad civitates cum bigis & cum bonis suis & uxoribus & liberis lamentabiliter accurebant. Tunc etiam villa de Meun juxtà Aurelias, & Bogenciacum in festo S. Joannis Baptistæ ab Anglicis captæ fuerunt, & Bogenciacum præter castrum incendio devastatum. Tempore illo civitas Meun in Pictaviâ fuit cremata, & Ecclesia ubi populus se receperat fortiter invasa sed non capta, populo villæ se viriliter defendente. Hæc & similia per totam patriam perpetrabantur, sed non erat qui remediando debitè obviaret.

Aliis igitur civitatibus & civitate Parisiensi sic malè tractatis & minimè defensatis, accidit prope Parisius casus aliàs inauditus; nam eodem anno 1358. in æstate rustici habitantes circa sanctum Lupum de Cherunto, & circa Cleremontem in diœcesi Belvacensi, videntes mala & oppressiones quæ ab omni parte eis inferebantur, nec à Nobilibus suis tuebantur, imò potius ipsos sicut inimicos graviùs opprimebant, contra Nobiles Franciæ insurgentes arma sumserunt, & seipsos in magnâ multitudine combinantes, Capitaneum quemdam de villâ, quæ Mello dicitur, rusticum magis astutum ordinarunt, scilicet Guillermum dictum Karle, & sic cum armis suis & vexillis procedentes per patriam cucurrerunt, & omnes viros nobiles quos invenire poterant, etiam dominos suos proprios occidebant, trucidabant & sine misericordiâ perimebant; & non solùm sic contenti erant, sed & domos & fortalitia Nobilium ad terram prosternebant, & quod lamentabilius est, dominas nobiles & liberos parvos eorum quos inveniebant, atrociter morti dabant; unde castrum de Curnovillâ in Franciâ fortissimum tunc fregerunt, & ibi multos viros nobiles & mulieres qui se ibi tuebantur, lethaliter perierunt; & in tantum dicta tribulatio convaluit, quòd etiam circa Parisius idem fuit; nam vix audebat nobilis aliquis extra loca fortia comparere, qui si à rusticis visus fuisset aut in manibus eorum incidisset, interremptus aut malè tractatus ab eis recessisset. & In tantum invaluerunt rurales supradicti, quòd ultra quinque millia poterant æstimari, quærentes Nobiles & eorum maneria cum uxoribus & liberis exstirpare; propter quod Nobiles se aliquo tempore retrahentes, non videbantur incedere sicut priùs. Sed istud negotium monstruosum diù non duravit, quinimò sicut à seipso & non à Deo, nec auctoritate debitâ ut puta domini superioris dicti rurales hoc inchoaverant, sed à semetipsis; ita totum eorum desiderium citò desiit & finivit; nam ipsi qui priùs ut eis videbatur, quodam zelo justitiæ hoc inchoaverant, quia domini sui eos non defendebant sed opprimebant, converterunt se ad opera vilia & nefanda, quia, ut fertur, dominas nobiles suas vili libidine opprimebant, parvulos nobiles, ut diximus, innocentulos perimebant, bona reperta rapiebant, se ipsos & feminas suas rusticanas curiosius vestientes, idcirco quod malè agebant durare diù non poterat, nec decebat. Unde Nobiles hoc videntes se paulativè adunaverunt, & sagaci armorum cautelâ eos venerunt, & potissimè Rex Navarræ, qui aliquos de eorum Capitaneis blanditiis advocavit, & non credentes aut cogitantes interfecit, quibus mortuis

versùs villam Montisdesiderii super alios quamplures adunatos & ipse Rex cum gente suâ unà etiam cum Comite sancti Pauli irruit, & eos gladio occidit & peremit: sed adhuc sic non remansit dictum fatuum negotium impunitum; nam Milites & Nobiles resumentes vires suas, se de prædictis vindicare cupientes, se fortiùs adunaverunt; & per villas campestres multas discurrentes quamplures flammis incendderunt, rusticos tam illos quos credebant nocuos fuisse, quàm alios per domos, per vineas fodientes, & per agros miserabiliter occidebant. De incendio prædicto lugent Verbria & Crux S. Audoeni prope Compendium, & multæ aliæ villæ rurales campestres, quas non vidi nec hîc noto.

Eodem anno 1358. durante adhuc indignatione ducis Normanniæ regentis Regnum, ut dictum est, contra cives Parisienses, fortitudo & congregatio ipsorum major erat Meldis. Unde dominâ Ducissâ cum Nobilibus exeunte in fortalitio Meldensi, Duce absente & remotiùs exeunte, mota est controversia inter Nobiles clausos in fortalitio illo, & inter Majores civitatis Meldensis & concives; nam, prout fertur, aliqui de Parisius armati accesserunt Meldis, quia cives Meldenses qui Nobiles propter eorum oppressiones odiebant, libenter eos bellicis ictibus, ut dicitur, invasissent, si subsidium bonum à Parisius habuissent, quod & factum est; Nam cives Nobiles in fortalitio cum Ducissâ invaserunt, in portâ super pontem pugnantes ad invicem, sed Nobiles magis docti in armis cives superaverunt ensibus, & vicerunt; quibus superatis Nobiles fortalitium exeuntes, per civitatem Meldensem currentes sicut rabidi populum passim & indifferenter occiderunt, exceptis his qui fugere potuerunt, villam totam deprædati sunt, viros & mulieres captivos duxerunt & in fortalitio Meldensi recluserunt, nihil quod puriare possent, in Ecclesiis & domibus dimittentes. Deinde totam civitatem incendio tradiderunt, & quantùm potuerunt præter fortalitium destruxerunt. Post hæc per adjacentem patriam furibundè currentes, homines quos reperiebant occidebant, ignes in diversis villis apponentes; & sic illo tempore tanta tribulatio in partibus Meldensibus fuit per Nobiles Franciæ invaluit, quòd non oportebat ad destruendam patriam Anglicos accedere inimicos: nam reverâ Anglici qui erant Regni inimici capitales, non potuissent egisse quod Nobiles intranei tunc egerunt. Hoc excidium non suffecit dictis Nobilibus, sed in magnâ multitudine armatorum ad civitatem Sylvanectensem venientes de Meldis, ut eam caperent accesserunt. Cives autem Sylvanectenses præmuniti se optimè paraverunt, nam bigas aptatas posuerunt superius in capite magni vici, qui ascensum habet aliqualiter montuosum, adhibentes viros robustos qui bigas illas contra inimicos per vicum illum gradientes fortiter impellerent & propulsarent. Posuerunt etiam viros armatos qui in domibus latitarent, ut dum illi intrantes eos non perciperent, super eos irruerent vehementer. Posuerunt iterum mulieres ad fenestras ut super eos aquas bullientes abundanter effunderent. Omnibus igitur his negotiis sagaciter adaptatis, venerunt illi Nobiles & clamantes ad portam quæ tendit Parisius, petierunt ex parte domini Ducis Regentis sibi portas aperiri, & eis claves & civitatem in eorum redimantibus festinanter; & hoc non erat verum, quia non de mandato Ducis sed propriâ temeritate & fatuâ audaciâ hoc agebant. Cives autem muniti habentes secum aliquos Nobiles alios quos antea vocaverant, portas suas aperientes eos liberè intrare permiserunt. Illi autem cum fastu totum habere credentes cum magnâ superbiâ intraverunt, & dum essent in medio vici spatiis evaginatis & neminem adhuc resistentem videntes, clamare cœperunt sicut clamare solent invasores; quod audientes illi qui ad bigas fuerant ordinati, cum maximo impetu bigas illas contra illos per descensum impinxerunt, illi verò qui in descensu erant resistere nec subsistere valentes, per terram turpiter corruebant; homines verò in domibus latitantes extra venientes eos ad terram prostratos gladiis feriebant, quod videntes eorum sequaces & qui paulativè portam intrabant ordinati, ab aquis ferventibus in fugam velociter sunt conversi. Sic igitur multis interfectis, illi qui evadere poterant fugere & recedere confusibiliter coacti sunt, qui usque Meldis ad suos revertentes & damnum suum narrantes, facti sunt omnibus in derisum ; qui verò mortui remanserunt, genti Silvanectensi ampliùs non nocebant. Nunc autem ad cives Parisienses breviter est revertendum & dicendum.

1358.

In anno prænotato 1358. durante adhuc indignatione domini Ducis Normanniæ, ut dictum est sæpè, tunc Regentis, accidit Parisius factum ampliùs admirandum. Nam prout Præpositus Mercatorum cum multis de Majoribus civibus per quos tota civitas regi videbatur, considerabant quòd propter mortem illorum qui in festo Cathedræ sancti Petri præterito interfecti fuerant in palatio coram Duce, ut superiùs fuit declaratum, indignatio Ducis magis accrescebat, timentes ne deterius eis forsitan, ut puta mors, finaliter contingeret, cogitaverunt ut secretè de suâ salute diligentiùs pertractarent, unde ut eis impositum est posteà iverunt ad Regem Navarræ dominum Carolum de Ebroicis, qui antea per eos tamquam Capitaneus vocatus fuerat , sed repulsus & contra eos offensus, ordinaverunt secretè ut iterum per ipsos vocaretur, & taliter fieret quòd ad eorum regimen & defensionem contra dominum Ducem ; & tandem cum ipse Rex Navarræ esset de lineâ & prosapiâ Regiâ, ad sceptrum Regale & Regnum Franciæ ascenderet & regnaret. Nam dictus Rex Navarræ ad hoc totis viribus anhelabat. Sic igitur fuit per prædictum Præpositum Mercatorum, & per plures burgenses sibi adhærentes ordinatum & secretò, ut tali die dictus Rex Navarræ Parisius cum magnâ copiâ armatorum latenter appropinquaret, & sic alicubi cum suis usque ad tempus in embuchiis latitaret, & ipse Præpositus Mercatorum cum suis claves portarum acciperet ; & per se vel per suos eas custodiri faceret, & dum non cogitarent de hoc homines, ipse Rex Navarræ cum suis omnibus villam Parisiensem citiùs subintraret , & homines sibi contrarios tales & tales, quorum ostia signata reperiret, trucidaret, & sic ignorantibus popularibus de eis triumpharet, & totam civitatem per talem modum ad suum libitum obtineret, & deinceps honorem regium, ut opinabatur, repulso Duce & ejecto, & etiam Rege qui captus erat in Angliâ, qui sibi tot mala fecerat, culmen Regni & Coronam attingeret finaliter regnaturus. Nam, ut sibi videbatur & eis, si civitatem Parisiensem ad suum velle qualitercumque habuisset, alias civitates & villas suo consensui, ut credebant, faciliter inclinasset, & sic illi qui talia procurabant, fuissent tunc ab omni mortis periculo per hunc modum eo auxiliante penitùs liberati. Sed unum proponit homo, aliter ordinat Deus & disponit ; foderunt enim aliis foveam, & inciderunt in eam : nam aliter iverunt negotia quàm ipsi inter se facere cogitabant.

Unde accidit in festo sancti Petri ad vincula, quæ est prima dies Augusti, anno eodem 1358. quòd Præpositus Mercatorum & pauci burgenses qui in castris & negotiis civitatis Parisiensis secum adstabant, accesserunt simul ad portas civitatis clarâ die & voluerunt de custodibus aliquos amovere, & ad sua hospitia remittere, dicentes quòd sufficiebant pro custodiâ, pauciores admoventes de facto tamquam Gubernatores Reipublicæ, claves portarum , & eas aliis quos ordinaverant committentes , & accedentes ad portam novam seu bastillam quæ tendit ad sanctum Antonium, voluerunt facere similiter. Quod videntes aliqui solemnes burgenses qui jamdiù dictam portam & claves in custodiâ habuerant, mirabantur, quare sic de novo Præpositus Mercatorum & illi qui cum eo erant , volebant sic ab eis auferre noviter claves illas ; & custodiam portarum tradere aliquibus non ita sufficientibus, prout eis liquidè videbatur. Ex hac igitur causâ statim suspicio in animo dictorum custodum portarum & clavium de malo & proditione non modicâ exstitit generata super Præpositum prædictum , & super illos qui illuc modò venerant cum eodem ; dicebant enim custodes se esse sufficientes æque benè , sicut illi quibus custodiam committere nitebantur. Præpositus autem & sui contrarium asserebant. Ipsis igitur sic altercantibus de custodiâ & discordantibus, & etiam de clamoribus cum tubâ facientibus, qui custodes volebant quòd proclamationes nomine domini Ducis Regentis fierent, & Præpositus volebat quòd nomen Ducis taceretur sed nomen Regis personaretur, & de hoc mirabantur alii cives : & sic eis insimul altercantibus, adfuit quidam de dictis portam aut claves custodientibus, qui dixit altâ voce : Verè sumus per istum Præpositum proditi & traditi : & quid est hoc ? Hæc ergo & his similia dicentibus & altercantibus, adfuit unus ex illis custodibus qui elevans cum magno impetu gladium vel hastam, percussit validè Præpositum Mercatorum & eum crudeliter interfecit ; quod videntes alii assistentes, in socios Præpositi , qui illuc secum erant quinquaginta quatuor, irruerunt , & ipsos omnes cum dicto Præposito subitò gladiis suis vulnerantes occiderunt, & eos sic peremptos ad domum Fratrum de Valle Scholarum in plateâ ante Ecclesiam attraxerunt & denudatis corporibus per plures dies cunctis videntibus ignominiosè retexerunt inhumati, nec permissi sunt de loco deponi donec dominus Dux veniret , & aspiceret se de inimicis suis, illis videlicet occisis esse de cæterò vindicatum. Præposito igitur Mercatorum cum sociis suis interfectis, magnus clamor & maxima admiratio per totam urbem Parisiensem invaluit, & tota opinio vulgi & odium quod contra Ducem Regentem priùs habebatur, in contrarium commutatum est, unde qui de mane contrà Ducem Regentem se armabant, nunc in sero pro Duce stare, & ipsum recipere , ac sibi reconciliari uniformiter parati sunt. Gaudium & lætitia per civitatem insonuit, & clamor benivolus acclamabatur Duci ; & illa rubea capucia quæ antea pomposè gerebantur, deinceps abscondita sunt & dimissa. In crastino autem proclamatum est benè mane , quòd quicumque sciret aliquos de sectâ illorum occisorum, eos caperet & adduceret ad Castelletum, sed bona ipsorum non tangeret, neque uxores nec liberos irritaret. Sicque factum est, plures capti sunt & quæstionibus appositi, & infra certum diem ad forum tracti fuerunt, & judicialiter decollati ; & isti fuerunt illi qui cum prædicto Præposito villam antea gubernabant, & de quorum consilio in omnibus agebatur, inter quos fuerunt aliqui burgenses multum solemnes, & eloquentes quamplurimùm & docti , quorum unus dum traheretur, ut fertur, prorupit in hæc verba vel similia : Heu me , ô Rex Navarra , utinam te nunquam vidissem vel audivissem. His igitur

tur sic peractis, Dux priùs contrà cives indignatus, ut dictum est, ut audivit quæ gesta sunt, Parisius infrà quinque dies vel citiùs accessit, qui receptus est honorificè ab omnibus, & sciens punitiones factas, omnem indignationem deposuit quam habebat priùs, & reconciliatus est pacificè civitati, & cives novum Præpositum Mercatorum concorditer elegerunt.

Rex autem Navarræ videns quòd de Parisius non habebat optatum, cogitavit quòd alibi si posset intentum suum, quod de Regno obtinendo conceperat, adimpleret; unde accessit cum magnâ gente armorum Ambianis, & attrahens sibi majorem dictæ villæ partem & unum Abbatem propinqui Monasterii blanditiis & promissis, sibi consensum dederunt, ut ipsum ad obtinendam civitatem Ambianensem totis viribus adjuvarent; qui quidem Rex Navarræ [unâ nocte] de scitu Majoris dictæ villæ gentem infrà ponens, cogitavit illam capere, & in eâ postea dominari. Verumtamen hominibus non credentibus subitò Rex Navarræ & gens sua in suburbiis hospitati inter muros noviter factos & antiquos, in populum insurrexerunt, gentem invaserunt trucidando, quamplurimos occidendo, ignem nihilominùs in domibus apponentes; quod sentientes cives intra de villæ manentes ad arma cucurrerunt, campanam Communitatis pulsaverunt, Majorem villæ qui Capitaneus eorum erat ac defensor, & qui primus esse debebat vocaverunt, ut ad dictum periculum cum eis remedium apponeret, & tali dispendio succurreret indilatè, qui quidem quasi dissimulans, adjutorium prolongabat in tantum quòd nisi fuisset Comes sancti Pauli, qui tunc volente domino erat Ambianis cum magnâ potentiâ, à Navarrensibus Majore villæ gratis negligenter tardante, fuisset ab illo tunc capta penitùs; sed Comes sancti Pauli cum suis viriliter dictis Navarrensibus restitit & ferventer; qui quidem Navarrenses sentientes dictam resistentiam, & audientes campanam & populum ad arma concurrentem, ab urbe & incendio violenter recedere & fugere coacti sunt. Suburbiis civitatis sic vastatis & crematis cives Ambianenses quamplurimùm doluerunt, & suspicantes dictum Majorem villæ huic tantæ jacturæ operam modo proditorio contulisse, ipsum ceperunt unà cum dicto quondam Abbate solemni, qui vicinus erat civitati, & ambos tortionibus submiserunt; qui quidem dictum maleficium & proditionem fecisse confessi sunt unde ipsi ambo sic capti & confessati, pœnam sui reatûs condignam suscipientes capitalem sententiam publicè subierunt, novo Majore postea succedente. Et quia suburbia sic, ut dictum est, flammis fuerant dissipata, cives videntes quòd plus posset eis residuum nocere de cætero forsitan, quàm valere, quia magna fuerant atque lata, reliquias unà cum domibus Fratrum Prædicatorum & Minorum, quæ adhuc ibi remanserunt solemnia valde, & locum Fratrum sancti Augustini penitùs destruxerunt, & ad terram penitùs & ex integro prostraverunt, assignantes eis materia usque ad tempus infrà muros.

Carolus autem Rex Navarræ confusus cum suis ad partes Normannicas est reversus. Ex tunc autem & propter ista maleficia odium letale, & discordia immensa ampliùs orta est inter Ducem Regentem & Regem Navarræ memoratum, & guerra fortissima inchoata, ex quâ præfatus Rex Navarræ multa dispendia populo Franciæ postea intulit, & gravamina inaudita: nam Regi Angliæ contra Ducem & Gallicos se cum Philippo Navarræ fratre suo confœderavit, & per Normanniam in terrâ non suâ damna intulit non modica. His diebus Vernonem munivit & Medontem atque Meullen, & ita fluvium Secanæ ad partes illas Occidentales clausum tenuit, ita quòd nihil de Rothomago aut de mari usque Parisius novigio duci potuisset, nec portari. Et sic eodem anno dictus Rex Navarræ per Franciam equitans terram & villas vastabat, cremabat, populares deprædabatur & captivos miseros deducebat, & quod plus fuit, apud Meldunum villam, quam soror sua Regina Blancha in dote tenebat, & quæ sibi restituta fuerat, ubi erat tunc præsens, ante Nativitatem Domini eodem anno 1358. accedens cum multis armatis intravit, & fortalitium cum dictâ recepit ipsâ consentiente & munivit, Capitaneis & aliis hominibus alteram partem villæ ex parte Ducis Regentis tenentibus & custodientibus contrà Regem Navarræ prædictum, & contrà suos adjutores. Ista verò occupatio & munitio dicti Regis Navarræ in Melduno, multùm fuit dura Parisiùs & nociva. Nam ipsi Navarrenses adeo cursum navium concluserunt, quòd ligna de Burgundiâ non poterant descendere Parisius neque vina. Dictus autem Rex Navarræ vel gentes ejus ibi diù stantes, multa gravamina fecerunt toti patriæ adjacenti, multas deprædationes & concremationes hospitiorum & villarum, & magna caristia multorum bonorum tam de lignis quàm de rebus aliis Parisiensem populum sæpiùs offendebant. Tunc enim quia à parte Rothomagensi, quæ est pars inferior, nec ab alterâ parte aliqua de talibus descendere vel ascendere per aquas poterant ut solebant, unde arbores per itinera & per vineas incidebantur, & annulus lignorum qui ante pro duobus solidis dabatur, nunc pro unius floreni pretio venditur; propter quod dictus Regens finaliter cum populo Parisiensi ad obsidendum dictam villam Meleun compulsi sunt, contrà quam aliquando fortiter cum machinis insilientes, nec sic eam vincere aut capere potuerunt, quinimò pars illa fortior in manu dicti Regis Navarræ & suorum sic remansit, usque dum Deo volente ejus animus fuit in melius postea commutatus, & pax etiam inter eos dictos dominos deinceps reformata, de quo dicetur sub quotâ anni subsequentis.

Sic igitur istis durantibus patria Franciæ gladio duplicatæ guerræ afflicta fuit multipliciter & percussa, pauco tamen remedio à Nobilibus apposito.

Eodem anno 1358. fuerunt multa fortalitia ab Anglicis ad magnum detrimentum patriæ Franciæ fortiter occupata, ut puta nobile castrum quod dicitur Malum consilium juxtà civitatem Noviomensem, ubi fuit captus ab Anglicis Episcopus dictæ urbis, & multi alii Nobiles in conflictu. Item castrum fortissimum quod dicitur Credolium. gallicè *Creel*, suprâ Izaræ fluvium versùs pontem sanctæ Maxentiæ Belvacensis diœcesis, & castrum de Remino juxtà Compendium & Harelam jam tenebant. Item ceperunt in pago vel territorio Silvanectensi *Chauvress* & *Jully*, & multa alia quorum nomina nunc ignoro. Item versùs Aurelianis ceperunt locum de Castro-novo suprà flumen Ligeris, domum pulchram & solemnem, & Foyacum satis prope. Alia autem fortalitia & loca hinc inde in diversis partibus Franciæ receperunt, & jam diù alibi receperant, ex quibus populus totus & viæ ac itinera lugere poterant ac dolere: nam propter hujusmodi captiones & prædationes jam viæ claudebantur, mercatores & alii itinerare nisi timidè non poterant aut viare: & non solum lugere & dolere debebant itinera herbis plena, sed etiam Monasteria extra mœnia fortalitiorum, ut Monasterium sancti Bartholomæi in Noviomo Canonicorum Regularium, & sancti Evurtii juxtà Aurelianis talis Ordinis, sancti Aniani solemne collegium Canonicorum sæcularium; ibidemque hoc anno ad terram funditùs sunt prostrata, & hoc per cives ne inimici in eis se ponerent ad nocendum. Tales enim destructiones Ecclesiarum extrà mœnia existentia, in diversis & in pluribus civitatibus & locis factæ sunt per incolas & propinquos, ac Monasteria multa deleta penitùs & destructa in Franciâ, Pictaviâ Andegaviâ, Ambianis atque Tornacensi & alibi, quorum nomina exprimere, & quorum reparatio dispositioni divinæ suo tempore reservatur. Eodem anno contrà civitatem Aurelianensem accedentes suburbia omnia vastaverunt, ignibus per ipsos in suo recessu appositis, aliis nonobsistentibus nec defendentibus.

1358. Anno eodem 1358. fuit prohibitum Parisius per omnes Ecclesias & Collegia, ne ab horâ vesperarum cantatarum usque in crastino luce clarâ fieret sonitus campanarum, ne vigiles & qui faciebant excubias in suo officio si venirent inimici forsitan turbarentur, excepto ignitegio in nostrâ Dominâ quod horâ serotinâ pulsabatur, & tunc Canonici post Completorium suas cantabant celeriter Matutinas, quas antea consueverant horâ noctis mediæ signis solemniter pulsatis devotiùs perorare. Eodem anno Anglici Latigniacum intraverunt, villam ceperunt, spoliaverunt, multos Nobiles occiderunt & duxerunt apud fortalitium quod habebant apud *La Ferté*, & igne in villâ apposito illæsi recesserunt nemine obviante. Anno eodem multæ villæ campestres in Franciâ & alibi fortalitia non habentes, munierunt de se Ecclesias suas, de quibus inhabitantes populares fecerunt sibi fortalitia bona, fossata circa eas facientes, turres & campanalia muniendo ex asseribus ad modum castrorum, repleta lapidibus ac balistis, se seipsos defenderent si eos invaderent inimici, quod audivi sæpiùs esse factum, & de nocte suprà turres Ecclesiarum speculas habebant, in quibus pueri adstantes à longè speculabantur inimicos venientes, & tunc his vitis cornu personabant vel campanas, quibus auditis rurales in agris vel aliis negotiis in domibus occupati, ad Ecclesiam citissimè currentes se salvabant, & alii in aliquibus partibus suprà Ligerium ad insulas se trahebant, ibidem de nocte dormientes, vel in navibus longè à ripis evulsis, logiis & tuguriis, tam in naviculis quàm in insulis ad sui salvationem cum familiâ & pecudibus.

1358. Isto anno 1358. Anglici civitatem Autissiodorensem intraverunt, prædatique sunt eam & spoliaverunt eam infinitis bonis, & posteà abierunt. Deinde alii Anglici ceperunt Spernacum Remensis diœcesis, & homines occidentes, innumerabilia bona ad ibidem deportaverunt, & alias plures villas ceperunt circa Remis usque Catalanum & Suessionem. Similiter aggressi sunt Anglici illis temporibus oppugnare & capere civitatem Trecensem vi armorum, sed Episcopus dictæ urbis cum Comite *de Vaudemont*, domino de Jainvillâ in armis viriliter se opponens ad ipsos in campali bello exeuntes, illos Anglicos strenuè invaserunt, qui ad invicem diutius præliantes Trecenses de Anglicis victoriam retulerunt, eos superaverunt & vicerunt, & ceciderunt in illo bello de Anglicis ducenti & quadraginta præter captos & fugientes. Hæc & similia in illo dictus Episcopus Trecensis cum suis, & similiter dictus Comes egregiè perpetrarunt. Anno eodem Anglici *de Creel* villam de Montmorency juxta sanctum Dionysium in Franciâ ceperunt, spoliaverunt & posteà cremaverunt, viros plures secum apud locum suum miserabiliter ducentes, & ut se redimerent quamplurimis contumeliis affligentes, & discurrebant continuè per vias & itinera inter Parisius & Compendium, & etiam ante Silvanectum, & quos in viis reperiebant aut in villulis, secum captivos ad Credolium Gallicè *Creel* deducebant, vel occidebant; & pauci audebant incedere per viam, quia nullus ab eis inventus erat salvus, nisi qui ab eis salvum conductum litteratoriè obtinebat. In illis diebus incepit status fastuosus multorum Prælatorum humiliari quamplurimùm per Franciam, & minui multum valde; non enim poterant gaudere suis redditibus fertilibus & prædiis, ut solebant. Erant enim nobilia maneria, Abbatiæ & Monasteria per inimicos in diversis locis, ubi etiam divinum servitium fieri solebat, diversimodè & ignominiosè proh dolor! occupata, vel per amicos destructa similiter & obruta, ne inimici de eis forsitan se juvarent; & sic multi Abbates & Monachi depauperati, & etiam Abbatissæ variæ & aliena loca per Parisius & alibi, divitiis diminutis, quærere cogebantur. Tunc enim qui olim cum magnâ equorum scutiferorum catervâ visi fuerant incedere, nunc peditando unico famulo & Monacho cum victu sobrio poterant contentari, suis domibus & Monasteriis in parte vel in toto, ut diximus, dissipatis, ac de bonis suis & victualibus deprædatis.

Anno Domini 1359. inchoando annum in Paschate, sicut priùs, evenerunt ea quæ sequuntur. Circà istud tempus Conestabilis Franciæ, videlicet dominus *de Fiennes* cum multis armatis de Picardiâ, fuit ante fortalitium de Walerico suprà mare in Picardiâ contrà Anglicos qui ibidem stabant, Monasterio totaliter concremato; & nostri qui poterant dictos Anglicos debellare finaliter & capere, permiserunt eos cum bonis quæ per patriam & villam illam prædati fuerant, gratis & liberè recedere & abire; de quo dolentes quamplurimi obviaverunt multis, quibus multa spolia abstulerunt, & plurimos occiderunt. Simili modo ejecerunt alios de aliquibus fortalitatis dictæ terræ Picardiæ, qui nocebant. Noviomenses autem illo anno videntes quòd non possent ejicere Anglicos de Castro Mali-Consilii prope se, considerantes mala & pericula quæ eminebant per illos, emerunt à dictis Anglicis dictum castrum; quo dimisso & ipsis exeuntibus & pecuniâ receptâ, statim Noviomenses dictum castrum funditus destruxerunt; & sic tota illa patria & itinera deinceps secura remanserunt. Monasterium tunc Ursicampi Cisterciensis Ordinis ex opposito situm, damna sibi irrecuperabiliter ab Anglicis illata, & incendia ex magnâ sui parte cognoscens, fari potest lamentabiliter & dicere seu precari, quòd Malum-Consilium fuit sibi malè vicinum, & ideo de cætero maledictionibus repleatur. Quale autem Castrum & quantæ fortitudinis fuerit & pulcritudinis antiquitùs dictum Malum-Consilium, restantia ruinarum vestigia adhuc transeuntibus manifestant.

Eodem anno Philippus de Navarrâ frater Regis Navarræ, cum magnâ copiâ armatorum oppositus multùm Gallicis stans pro Anglicis, venit in Viromandiâ volens nocere villæ optimæ sancti Quintini & patriæ adjacenti, & posuit se apud Frasagenæ loco fortissimo dominarum Religiosarum mulierum inter aquas & paludes satis fortes, nec tamen est locus adeo fortis quin à gente benè bellicosâ faciliter posset capi. Quod audiens Conestabilis Franciæ dominus *de Fiennes*, cum benè forti & potenti comitivâ venit illuc, quibus adventatis tota gens de patriâ illâ illos Navarrenses & Anglicos invadere nimium animosè & statim fortiter cupiebat. Erant autem multo pauciores de viribus atque resistentiâ, ut constabat illis, de patriâ & aliis, jamplurimum desperati, sed de facto quodam ignoto consilio, Conestabilis illos invadere pro tunc prohibuit dicens, quòd utilius & melius exspectato crastino ad libitum cæperunt. Illi igitur de patriâ ad mandatum Conestabilis se quamquam invitè retraxerunt, crastinâ die prædictam de inimicorum suorum ad suum

1359.

libitum spoliis & corporibus ultionem exspectantes) & factum est dum ipsi in crastinum ditari sperarent, nocte intermedia inimici præfati eis ignorantibus libere recesserunt. Isti autem spe sua frustrati & confusi, dolentes quòd sic illos sine læsione amiserant, ad propria sunt reversi, non sine magna suspicione Connestabili imposita de vituperio sibi acquisito non modico illa vice in populo, remoto similiter & propinquo, & forsitan sine causa.

Anno eodem 1359. videntes cives Parisienses una cum Regente Regnum, videlicet Duce Normanniæ Carolo, de quo sæpe dictum est, quòd Rex Navarræ Carolus de Ebroïcis nimium civitatem Parisiensem gravabat & patriam, quia ut dictum est ambos passus & meatus fluminis Secanæ pro navigio retinebat, nec valebat impugnatio quamquam fortis quam dominus Regens cum gente sua magna apud Meldunum jam pluries fecerat impetuosè, & adhuc personaliter accedendo fortiter facere non cessabat; unde bonum visum fuit eis ut per nobiles & notabiles personas de pace inter ambos dominos amicabiliter tractaretur, quod & factum est de utriusque beneplacito & assensu; unde venientibus ambobus dominis pacificè apud Pontisaram, & interjectis multis tractatibus atque viis ut pax posset haberi, vix inter arbitros potuit concordari; nam illi de parte Regis Navarræ multa petebant, ut puta, villas, pecunias atque castra. Illi autem arbitri partis alterius multa de petitis recusantes, allegantes fortiter quæ sciebant. Sic igitur ipsis consulibus qui in tractatibus illis persistebant, formam pacis ad honorem cujuslibet partis non poterant invenire; nam isti plus petebant, & alii minus reddere volebant, licet tamen dominus Dux sive Regens multa offerret dicto Regi, ut puta, castra plura in Normannia atque villas, & cum hoc Comitatum Campaniæ Gallicanæ cum pecuniis satis magnis. Tandem dum sic tractatus illi in discordia agerentur, neque possent consiliarii invenire debitam viam pacis, sed facto prandio quælibet pars satis melancholicè vellent & disponerent ad propria tomeare; ecce quòd subitò Rex Navarræ memoratus quasi spiritu sancto inspiratus, dixit suis: *Ego volo loqui cum domino Duce Regente fratre meo*. Præter enim ejus Legalis erat, quia sororem desponsaverat dicti Ducis. Audito autem ab aliis de suo consilio quòd sic loqueretur, gavisi sunt gaudio magno valde. Et factum est convenientibus ambobus dominis insimul, dixit Rex Navarræ Duci valde benignè & modestè per hæc verba, prout fertur: *Ecce domine mi Dux & frater sciatis quòd ego reputo vos, & teneo dominum meum specialem; & licet habuerim diutiùs guerram contra vos & patriam Franciæ, sciatis quòd ego nolo ampliùs dictam guerram ducere vel fovere, sed volo esse bonus Gallicus de cætero, & fidelis amicus vester & adjutor intimus, & defensor contra Anglicos quoscumque; & quidquid hactenùs feci vobis, supplico quatenus mihi parcatis integraliter atque meis. Neque volo terras aut villas mihi oblatas vel promissas, sed si ego benè egero, & fidelitatem de cætero in me inveneritis, detis mihi & faciatis secundùm quod mea merita suffragabuntur & requirent.* His auditis dominus Dux assurrexit sibi, & egit magnas, benignas & intimas gratiarum actiones, & tunc ad invicem in signum pacis vinum & species eum gaudio receperunt, omnibus aliis existentibus & de pace dicta antea tractantibus, exulantibus de his quæ videbant & audiebant cum lætantibus, reddentes Deo gratias, qui ita ubi vult spirat, & peragit in momento ea quæ homines proprio sensui innitentes per multa temporis intervalla facere nesciunt, vel

non possunt. Et exinde restituta fuit villa de Melduno domino Duci, & fluvius ad navigium liberum restitutus, tam superiùs quàm inferiùs undequaque) &. Parisius gaudium ac tripudium non modicum adfuit; & toti patriæ similiter his auditis. Pace autem dictorum dominorum sic edita, ut dictum est, & meliùs ac meliùs confecta, ambo Domini cum suis ad propria recesserunt.

De hac autem pace Anglici dolentes, ampliùs gravare patriam conati sunt, sed non semper optatum in factis suis ut voluissent, per omnia reportarunt. Nam in aliquibus particularibus præliis volente Domino aliquando perdiderunt, de quibus unum factum in hac præsenti pagina, ut accepi relatione veridica recitabo, quia etiam accidit in partibus propinquis unde extiti oriundus; & fuit negotium per rusticos, seu *Jaque bon homme*, strenuè expeditum. Est quidam fortis locus satis honestus in una parva villa dicta Longolium versus Compendium, Belvacensis diœcesis satis propè Verbriam fluvio Isaræ adjacente, & spectat locus ille ad Monasterium sancti Cornelii de Compendio jam præscripto. Viderunt autem dicti incolæ adjacentes dicti loci quòd periculum esset eis, si inimici locum illum occuparent; unde petita licentia à domino Regente, & etiam ab Abbate Monasterii supradicti, posuerunt se in manerio illo munientes se armis & victualibus ut decuit, & fecerunt unum Capitaneum de suis de licentia domini Ducis, ut dictum est; promittentes & quòd locum illum usque ad mortis periculum defensarent. Habita dicta licentia multi de villagiis rurales se ibi tutiùs receperunt, Capitaneum de ipsis facientes unum magnum elegantem nomine Guillermum dictum *Alaudis*. Hic secum habuit pro famulo quemdam alium ruralem quasi ad frenum suum, mira fortitudine roboris & membrorum ac corporis elegantia, corpulentia & altitudinis quantitate, & non minùs audacia ac vigore; & juxta ejus corporis magnitudinem habebat in se humilitatem & reputationis intrinsecæ parvitatem, nomine *Magnus-Ferratus*. Posuerunt ergo se ibi usque ad numerum ducentorum hominum: omnes fuerunt laboratores, & se de manualibus laboribus suis vitam suam humilem sustentabant. Anglici verò qui erant apud Credolium in castro, audientes quòd ibi erant tales & tales resistere parati, spernentes eos, & parum dantes venerunt ad ipsos dicentes: *Ejiciamus rusticos illos de tali loco, & possideamus fortalitium ita munitum & honestum*. Et factum est dum de ipsis ducenti advenientibus nil non prævidentibus, sed portis apertis ipsi Anglici audacter plateam intraverunt, illis de infra superiùs in aulis existentibus ad fenestras, & videntes eos armatos valde compertè obstupuerunt ad ingressum, Capitaneus tamen cum paucis de suis descendens cœpit hinc inde percutere, sed parum valuit quia à multis circumdatus statim invasus ab Anglicis lethaliter percussus est, quod sentientes illi alii socii sui qui erant adhuc in aulis, & Magnus Ferratus, dixerunt: *Descendamus & vendamus nos, alioquin isti sine misericordia occident nos*; & recolligentes se prudenter per diversa ostia descenderunt, qui percutientes in brachiis potentius, super Anglicos ita se habebant ac si blada in horreis more suo consueto flagellassent. Levabant enim brachia in altum & ita de brachiis suis super Anglicos attingebant, quod nunquam ictus aliquis sine lethali vulnere procedebat. Videns autem Magnus Ferratus magistrum suum scilicet Capitaneum jam ad mortem dejectum, summè ingemuit & doluit, & appropinquans ad Anglicos omnes tam suos quàm alios ab humero &

sursum eminebat, & elevans hachiam suam lethales ictus ponderosos super alios geminabat, & taliter percutiebat, quod ante se plateam vacuam faciebat; non enim attingebat aliquem, quem si recto tramite percuteret quin cassidem frangeret, & illum cerebro effuso ad terram prosterneret interemptum; unde uni frangebat caput, alteri brachia, alterum ad terram dejiciebat, & in tantùm se egregiè habuit quòd in brevi horâ ac primum aggressum decem & octo sine aliis vulneratis suo brachio interfecit, quem videntes socii sui animosè super Anglicos percusserunt. Quid plura ? Tot ante eos & maximè coram Magno Ferrato cædebantur, quòd tota illa societas Anglicorum terga dare & fugere coacta est, unde aliqui per aquam salientes seipsos submergebant, alii per portam fugere credentes ab intraneorum ictibus titubabant. Magnus autem Ferratus ad locum medium ubi fixerant Anglici vexillum suum veniens, extraxit illud occiso portatore, & uni de sociis suis dixit quòd vexillum istud portaret ad fossatum, ubi erat apertura muri nondum facti plenariè nec completi, qui renuens dixit hoc non posse facere, quia inter eos & super fossatum erat adhuc nimia copia Anglicorum. Quod videns Magnus Ferratus dixit illi : sequere me cum vexillo. Et tunc præcedens levavit hachiam suam ambabus manibus vehementer, & veniens illuc ac percutiens hinc inde à dextris & à sinistris, sic viam & inter fossatum suâ fortitudine patefecit, quamplurimis occisis ibidem secundariò & prostratis, quòd alter potuit libere vexillum projicere in fossatum, & revertens Magnus Ferratus iterum ad prælium, aliquantulum repausatus adeo percussit super illos qui remanserant, quòd omnes in fugam qui revertere poterant, breviter sunt conversi. Et sic illâ die occisi, vel submersi, vel prostrati sunt de Anglicis quasi omnes quotquot venerant ad hoc factum, Deo auxiliante & Magno Ferrato qui in illo conflictu prout fertur ultrà quadraginta viros prostravit & occidit; in hoc tamen prælio fuit percussus lethaliter, sicut dixi, Capitaneus eorum, scilicet Guillermus Alaudis, unde finito bello nondum obierat, sed portatus ad lectum vocavit eos omnes in præsentia sua, & statuerunt statim unum alium Capitaneum loco ejus, & deinde vulneribus urgentibus continuò obiit & decessit, & sepelierunt eum flentes multum quia sapiens fuerat & benignus.

Anglici autem audientes interitum & casum suorum doluerunt valdè, dicentes quòd nimium dedecus erat quòd tot & tanti boni pugiles de suis essent à talibus rusticis interempti; unde in crastino se congregaverunt de fortalitiis suis quæ prope erant, & accesserunt apud Longolium ad prædictos, qui tamen de Anglicis pro tunc non timebant ampliùs : illi igitur subitò venientes ad locum prædictum, eos fortiter invaserunt. Quod sentientes isti de infrà exierunt ad prælium animosè præparati, & in primâ fronte adfuit ille fortissimus Magnus Ferratus, de quo ipsi Anglici jam antea audierunt, & de ejus ictibus ponderosis; quem videntes, & sentientes experimentaliter suæ hachiæ & brachiorum fortitudinem, benè voluissent quòd ad illud prælium illâ die non venissent : nam ut breviter dicam, quotquot venerunt, vel fugerunt, vel lethaliter vulnerati sunt vel occisi, & aliqui benè nobiles de Anglicis capti per illos de illo loco; quòd si reddidissent eos pro pecuniis, sicut nobiles viri faciunt, maximum lucrum habuissent ab Anglicis si voluissent, sed noluerunt, quinimò dixerunt, quòd amodo eis nocumenta graviora non inferrent. Sic igitur Anglicos bis devicerunt Magno Ferrato percutiente &

sic agente, quòd ipsi ab ejus ictibus taliter illatis non potuerunt se tueri. Finito igitur illo prælio & Anglicis devictis, Magnus Ferratus nimio calore & labore æstuans aquam frigidam in magnâ hausit quantitate, & potavit, & statim febribus est correptus; qui dimittens socios suos, ad casam propriam remeavit, ad villam propinquam quæ dicitur Rupecuria unde erat, & posuit se ad lectulum infirmatus, non tamen sine hachiâ ferreâ quæ tanti ponderis ferri erat, ut vix unus homo communis cum duabus manibus eam levare à terrâ poterat ad spatulas. Audientes autem Anglici Magnum Ferratum infirmari gavisi sunt multum, quia eo præsente nulli ibi audebant accedere propter eum, & timentes ne fortè sanaretur, miserunt ad ejus hospitium duodecim socios secretè, qui eum in hospitio jugularent, quos videns à longè uxor sua veniente, cucurrit ad ipsum in lecto ubi jacebat dicens ei, heu carissime Ferrate adsunt Anglici, ut opinor veraciter; te quærentes, quid facies ? Ille autem sui morbi immemor velociter se armavit, & accipiens suam hachiam ponderosam cum quâ jam aliàs percusserat lethaliter inimicos; exivit domum & veniens in curtiunculâ suâ vidit ipsos, & exclamans ad eos dixit : O latrones venistis vos ad me in lectulo pro capiendo me, adhuc me non habetis; & posuit se juxtà murum ne ab eis gyro forsitan vallaretur, & irruens in eos vehementer de hachiâ suâ cum animi sui fortitudine viriliter se defendit; illi autem, contrà eum crudeliter insistunt ipsum capere aut occidere totâ intentione cupientes, ille verò ab eis mirabiliter se videns oppressum, impetu iræ suæ sic se contrà eos mittit, quòd nullum de eis attigit, quin oportuerit illum cadere malâ morte. Sic enim eos invasit illâ horâ, quòd vix habuerunt visis ictibus suis animum defendendi, unde in illo conflictu modico quinque ex eis prostravit ad terram lethaliter vulneratos; quod videns alii septem eo dimisso omnes in fugam conversi sunt, ipse autem sic triumphans de eis ad lectum reversus, & calefactus ex ictibus datis, aquam bibit frigidam abundanter, & sic in febrem acriùs lapsus est, quâ invalescente, infrà paucos dies sacris sacramentis perceptis, dictus Magnus Ferratus migravit à sæculo, & sepultus est in cæmeterio villæ suæ. Planxit autem illum illa tota societas, & patria similiter, quia quamdiù vixisset, ad locum illum Anglici non venissent.

Post hæc Anglici multas villulas & vilagia circà illas partes Belvacensis diœcesis destruentes eas cremabant, prædabantur, homines capiebant vel etiam occidebant. Propter incendium enim villæ de quâ natus eram, quæ Veneta juxtà Compendium dicitur, cum multis aliis adjacentibus lamentatur; in partibus illis vineæ quæ amœnissimum illum desideratum liquorem ministrant, qui lætificare solet cor hominis, non fuerunt factæ neque laboribus manuum hominum cultivatæ, agri non fuerunt seminati nec arati, non remanserunt boves nec oves in pascuis. Tecta Ecclesiarum & domorum non arridebant novis reparationibus ut aliàs, sed potiùs flammis voracibus crebris, ruinas, turbidas & fumosas & lamentabiles ostendebant; in pascuis virentibus & agris frumentorum & aliorum leguminum delectabilibus coloribus ante solentibus non poterat applaudere visus hominis nec aspectus, sed potiùs gemere pro urticis & cardonibus insurgentibus. Undequaque campanarum amœnus sonus pro divinis laudibus non audiebatur, sed benè pro inimicorum discursibus, ut sic à popularibus dum transibant, latibula quærerentur. Quid plura ? omnis miseria undique invaluit, & potissimè contrà populares & rurales campestres; nam domini eorum quamplurimum aggravabant eos, extorquentes ab eis totam substantiam & pauperem vitam suam: verumtamen quamquam essent armenta pauca sive greges, adhuc domini eorum cogebant illos qui in illâ possidebant ad solvendum pecunias pro quolibet animali, ut puta, pro bove decem solidos, pro ove quatuor vel quinque; nec propter hoc inimicos repellebant, nec invadere conabantur nisi rarò.

Eodem anno Anglici ceperunt castrum de *Roucy* Laudunensis Dioecesis, & Comitem in eodem, sed eo redempto ejecerunt eum, castrum sibi retinentes, quod tamen posteà Remenses ab eis redemerunt, & illis abeuntibus castrum ex integro destruxerunt. Anno eodem 1359. similiter Parisienses & aliquae aliae bonae villae, sicut est Sylvanectum & Compendium, fortalitium *de Creel* quod Anglici tenebant redemerunt pro magnis pecuniis, sed ipsi Anglici habitis denariis & ipsis recedentibus statim villam Pontis sanctae Maxentiae satis propè intraverunt, & eam fortificantes ad suum libitum tenuerunt. Deinde satis citò posteà castrum fortissimum de Claromonte satis propè in Belvacino receperunt, viris nostris ejectis fraudulenter; villam in magnâ sui parte cremaverunt sed anteà depraedatam, & gente captâ vel occisâ vel in fugam conversâ: & sic mala illi patriae & Franciae amplius accreverunt: Abbatiae multae illo tempore & multa Monasteria penitùs in Andegaviâ, Pictaviâ, Turoniâ & Aurelianis & alibi destructa sunt, & quatuor loca quatuor Mendicantium Aurelianis funditùs deleta sunt, qui extrà muros erant; & Monasterium Beatae Mariae Magdalenes, ubi erant Moniales ultrà sexaginta. Prioratus autem sancti Laurentii extra muros, & etiam sancti Aniani sicut jam anteà fuerant; Monasterium sancti Evurcii & multae aliae Ecclesiae: & hoc totum per gentem intraneam, ne inimici se reciperent in eisdem. Istis temporibus multae villae campestres tam in Franciâ quàm in Pictaviâ, Turoniâ, Andegaviâ & Britanniâ, videntes quòd à propriis dominis non defendebantur, sed ab inimicis perdebantur & depraedabantur continuè stimulati per Anglicos, se eis tributarios reddiderunt, & sic pacificè manentes, ab Anglicis colere terras & agros suos ac vineas permittae sunt. Quod videntes etiam multi de dominis naturalibus, voluerunt etiam eos cogere ad tributa solvenda sibi, sicut ab Anglicis cogebatur; alioquin volebant eos perdere & evertere, & ipsos tamen contrà adversarios minimè defendebant: & sic miseri rurales undique opprimebantur, ab inimicis videlicet & ab amicis, nec permittebantur ab ambabus partibus vineas colere neque terras & vitibus tributis datis eis.

Illo anno 1359. circà festum Omnium Sanctorum Rex Angliae Eduardus cum Principe Walliae primogenito suo & Duce Lenclastriae, cum magnâ multitudine armatorum ad partes Franciae iterum est reversus; quorum Anglicorum una pars villulas aliquas castra invasit; & specialiter *Bray* super Summam transeundo. Sed illi de infrà se viriliter defendentes eis fortiter restiterunt, nec oppugnari ab Anglicis potuerunt, quinimò multos de eis occiderunt; & posteà alii recesserunt. Rex autem Angliae transiens per Hanoniam & per Terraciam, venit cum suo exercitu potentissimo ante Remis, ut se ibi in civitate expugnatâ faceret coronari in Regem Franciae, prout fertur, & sic regnaret sicut alter Antiochus super duo Regna, sed videns civitatem opulentam & quasi inexpugnabilem, & gentem totam ad resistendum fortiter & cordialiter praeparatam, postquam ante civitatem aliquamdiù steterat patriam devastando, nil aliud faciens, ivit ante Catalaunum, & simili modo videns

eam fortiter munitam, oppugnationibus dimissis accessit versùs Burgundiam indilatè; quem sentientes Burgundi, inierunt pactum secum per hunc modum, videlicet quòd promitteret eis nullum inferre nocumentum, & ipsi darent ei pecunias satis magnas, & etiam quòd ipsi permitterent eum & gentem suam intrare Burgundiam pacificè & exire, & cum hoc pro expensis eorum victualiter ministrarent & venderent quamdiù staret in partibus Gallicanis, dum tamen eos in aliquo non gravaret. Ita narratur Parisius ubi eram quando hos apices describebam. Sed an verum sit vel non, posteà forsitan poterit apparere. Non enim de facili credere volo quòd gens illa tam nobilis & fidelis; & ubi domina Regina Franciae domini Regis Joannis uxor quamquam capta, residebat tunc temporis, voluisset hoc facere pro inimicis dicti Regni, vel quòd ad ejus detrimentum cederet quoquo modo. Si enim hoc egissent; quod non credo, esset eis in detrimentum & opprobrium sempiternum, & meritò, nisi excusationem legitimam domino Regi nostro & Regenti ostenderent de praemissis; verum esse audivi quod ipsi se redemerunt pecuniis, ut dictum est.

Ipso anno habuerunt Normanni conflictum contra Anglicos juxta Pontem Audomari, ut licet Normanni strenuè se portarent, supervenientibus Anglicis secundùm modum suum de unâ latente embuschiâ, Normanni in praelio à dictis Anglicis devicti sunt, multis tamen interfectis atque captis: ibi enim cecidit lethaliter vulneratus Guillermus Marcelli Miles strenuus atque fortis, & etiam ibi captus fuit nobilis Miles Ludovicus de Haricuriâ, & unus alius dictus *Le Baudran de la Heuse*, & alii plures secum. Tandem in fine hujus anni 1359. scilicet Pascha sequens debet annum pro miseratione consequenter inchoare: Multi Nobiles de Picardiâ & Burgenses & alii pedites cum magnâ multitudine armatorum & manuum dictae patriae, & aliquarum aliarum nationum, scilicet, ut dicitur, de Normanniâ atque Flandriâ, posuerunt se in mare ut ad Angliam invadendum totis viribus transfretarent, & ut Regem Franciae Joannem in Angliâ detentum, si Deus bonam fortunam eis daret, cum triumpho reducerent; & cum victoriâ gloriosâ; & ut etiam qui in cespite patriâ ab inimicis se defendere, nolente domino & propriis forsitan demeritis non poterant; in alienâ glebâ magis humiles effecti, famam apud se perditam atque bonâ cum diligentiâ recuperare possent, & ad propria cum honoris praeconio & auxilio Divino feliciter reportare, & ob hoc intraverunt spatia quartâ decimâ die Martii hujus anni 1359. Qui quidem per mare navigantes terram in Angliâ receperunt, & villam quae dicitur Nuinfele sic depraedati vi armorum, & depraedatâ & crematâ, & populo interfecto statim post duos dies ad propria redierunt. De his autem quae usque ad hos dies mensis Martii dicti anni acta scio, clariùs quàm potui in praesentibus paginis conscribere dignum duxi; sed recordor adhuc quae tunc Parisius moneta proponebantur, quia grossus S. Ludovici argenteus pro viginti solidis Parisiensibus computabatur & ulterius curribiliter se communiter: & Florenus de Florentiâ ad viginti libras Parisienses computabatur à campsoribus, quod non fuit visum alias, saltem de tempore viventium his diebus; & ob hoc omnia victualia cara erant; nam sextarium frumenti, quod aliquando pro duodecim solidis habebatur, nunc triginta libris Parisiensibus venditur & amplius; quarta autem boni vini non dabatur bonis sociis ad potandum, nisi viginti quatuor solid. Parisienses pro eâdem solverent.

Mense autem isto & anno intraverunt Anglici locum unum suprà fluvium Izaræ inter Pontizaram & Bellimontem, qui dicitur Insula Adeliæ sive Adam; & fortalitium ampliùs munientes ita locum illum tenuerunt, quòd in hac Quadragesimâ pisces & alia victualia, quæ de mari usque Parisius vehebantur, transire non poterant rectâ viâ; & sic civitas Parisiensis piscibus marinis & halecibus nisi paucis caruit, viâ per illos Anglicos damnabiliter impeditâ; nec propter hoc pigri homines Parisienses apponebant remedium debitum ad prædicta impedimenta celeriter amovenda, sed defectus prædictos inaniter sustinebant. Tamen finaliter omnes fuerunt occisi; & locus destructus per Nobiles & alios. Sed non est silendum, quòd vernale tempus in mense Martii anno prædicto per Quadragesimam ita clarum fuit; dulce & amœnum ac calidum, sicut homines aliqui recordari poterant aliàs se non vidisse; propter quod agricolæ multum affligebantur in corde de hoc quòd tale tempus elaberetur sine vinearum agriculturâ debitâ & agrorum; timentes valde ne anno futuro ex ejus defectu culturarum de agris & vineis caristia magna victualium per Franciam forsitan oriretur. Circa finem autem hujus anni, scilicet ante Pascha moneta cecidit Parisius vigiliâ Annuntiationis, sic quòd Florenus de Florentiâ, qui priùs valebat xx. lib. non valuit nisi xxxii. solid. & denarius albus qui valebat duos solidos, non valuit nisi xii. denarios Paris. ut sic qui priùs habebat viginti solidos Par. non habuit nisi xx. denarios in valore, & ob hoc omnes res in majori caristiâ ceciderunt, quia priùs quod dabatur pro duobus albis valentibus iv. solid. nunc pro quatuor albis venditur solùm valentibus octo denariis pecuniæ fortioris. Hæc & multa alia mirabilia isto anno acciderunt.

1360. Anno Domini 1360. Eduardus Rex Angliæ cum filio suo primogenito Principe Walliæ, & cum Duce Lanclastriæ partes Burgundiæ deferens, accessit ad partes magis Gallicanas, & descendit versùs partes Nivernenses cremando & vastando totam terram illam, applicans finaliter in Paschate juxtà Parisius ad sex leucas juxtà *Chates* & *Montlehери*. In die autem Paschæ celebravit Pascha suum in uno solemni & amœnissimo manerio quod dicitur Cantus-Lupi, Gallicè *Cham-de-loup*, inter *Montlehery* & *Chates*, & jam ibi steterat per sex dies, gente suâ Anglicanâ hinc inde dispersâ per patriam adjacentem, totum devastando & cremando, in tantum quòd in omnibus villis campestribus circà Parisius, saltem versùs partes illas, scilicet à fluvio Secanæ usque ad Estampas & ultra, nec remansit vir nec mulier; sed omnes ad civitates se præ timore ut aliàs receperunt, ut puta Parisius & alibi se salvantes; sed & habitantes in tribus suburbiis Parisiensibus, scilicet apud S. Germanum de Pratis, apud Nostram Dominam de Campis, & apud S. Marcellum, omnes infrà urbem relictis domibus vacuis intraverunt; unde in sancto Sabbato Paschæ illud famosum carnificium S. Marcelli translatum fuit in plateam Mauberti juxtà fratres de Carmelo, & carnificium de sancto Germano translatum fuit alibi infrà muros. Anglici autem omnia fortalitia quæ fuerant facta in turribus Ecclesiarum per villas campestres circà Parisius & alibi, ceperunt, & finaliter destruxerunt. Inter quæ erat unum fortalitium factum in Ecclesiâ & ejus turre in villâ quâdam prope Parisius, quæ dicitur *Oly*, quod fecerunt omnes villæ illius patriæ, & illud homines optimè paraverant & armaverant ad fortiter resistendum, & dictam Ecclesiam sic munitam illi homines numero ducentorum hominum dictæ villæ cum balistis & aliis defensionibus bonis, habentes victualia satis largè retinebant, sed & ipsi in fortitudine confidentes & fortalitio sunt decepti

finaliter; nam venientibus ad eos Anglicis in die Veneris sanctâ eos impugnari fecerunt, & interfecerunt de eis circà centum; reliquis captis, vel fugientibus qui fugere potuerunt. Tandem locum illum Anglici desolantes, & victualia spoliantes ad locum sui exercitûs, scilicet versùs *Chates* & *Montlehery* recesserunt. Illâ autem die Veneris sanctâ & Sabbato Paschæ posuerunt ignes Anglici apud *Montleheri* in burgo, & apud Longum-Jumellum, & apud multas alias villas circum circà adjacentes; unde fumi & flammæ usque ad cœlum ascendentes videbantur Parisius in locis infinitis. Tunc enim populus de villis campestribus fugerat Parisius, quod erat lamentabile, mulieres, parvulos & homines desolatos videre; in die sancto Paschæ vidi in Monasterio Fratrum de Carmelo Parisius populum & Sacerdotes de decem parrochiis campestribus Sacramentum ministrantes, & Pascha suum ibidem per diversas capellas & loca alia celebrantes. In crastino verò Paschæ Domini & cives Parisienses ignes fecerunt apponi in suburbiis illis de S. Germano, & de Nostrâ Dominâ de Campis & de sancto Marcello, & fuit, ut dicitur, data licentia quòd quicumque posset rapere de domibus ligna, terra, tegulas & cæteras materias, audacter illuc iret ad diripiendum quidquid posset & portandum; unde quamplurimi ad hoc faciendum inventi sunt, qui cursu veloci edictum illud alacriter impleverunt. Tunc enim vidissetis aliquos gaudentes propter prædam, alios dolentes & gementes propter damnum proprium quod videbant.

Die autem illâ fuerunt destructa & cremata per intraneos aliqua hospitia solemnia & sumptuosa valde, & pulchra materia ne inimici se ponerent in eisdem domibus ad nocendum; non tamen fuerunt tot domus destructæ vel crematæ, quin multæ integræ remanerent. In hebdomada verò Paschæ homines & populus de villâ *de Chates* sub campo illo de Campo-Lupi fortificaverant Ecclesiam suam quæ erat tunc pulchra & solemnis, habens turrem magnam lapideam pro campanis coopertam de plumbo, & in eâ posuerunt munitionem magnam victualium & aliorum bonorum suorum cum supellectilibus & utensilibus suis, & illam Ecclesiam paraverant optimè cum balistis, fundis & lapidibus & aliis instrumentis bellicis ad fortiter resistendum, ostiis cum lapidibus obstructis & fenestris; necnon & eam vallaverant fossato magno satis atque lato, & se omnes cum mulieribus & parvulis receperant in eâdem, sperantes & credentes cum suo Capitaneo benè resistere; quod sentientes inimici Anglici, machinas paraverunt festinanter ad projiciendum lapides super eos: nam ipsi Anglici erant superiùs in monte, & Ecclesia illa posita erat in declivo sicut & tota villa illa. Videntes autem Capitaneus & aliqui de magis potentibus, & timentes de machinis immissis popularibus in Ecclesiâ & in garitis circà turrem, posuerunt se in unâ aliâ turre magis forti & minùs possibili ad cedendum. Populares autem se considerantes esse in periculo, & illos alios in magis tuto, & quòd dimittebant eos, inceperunt illos potentes increpare, & dicere quòd malè faciebant quòd sic eos solos & ignaros dimittebant, & quòd pro certo volebant Anglicis se reddere ad misericordiam ipsorum. Capitaneus verò & illi qui secum erant timentes ne illi populares se redderent, & sic per consequens ipse Capitaneus & alii caperentur, fecerunt apponi ignem in Ecclesiâ ab infrà per unum de suis famulis vel mangonibus: ignis autem appositus statim saltavit per intùs, & cremare cœpit totam Ecclesiam tam infrà quàm extra, sed & citiùs convolavit ad locum ubi dictus Capitaneus cum suis sociis latitabat; in tantum autem convaluit ille ignis quòd totam Ecclesiam cum turre & campanis devoravit, & quòd magis lamentabile, proh dolor! dici debet, quòd de mille & ducentis personis tam virorum quàm mulierum & parvulorum non remanserunt trecenti, quin à flamma voraci miserabiliter cremarentur, quia tota Ecclesia clausa erat ubique bono muro tam in portis, ut suprà diximus, quàm in vitreis fenestris, & quod plus fuit, illi qui evadere poterant saltando vel per cordas descendendo, inveniebant Anglicos in exitu eventum considerantes & eos deridentes, quia à seipsis & non ab Anglicis acceperant illud damnum; & eos ibidem acriter trucidabant. Ipse tamen Capitaneus unus evasit & se Anglicis reddidit ibidem, quia nobilis homo erat. Sic enim fuit illa Ecclesia cum omnibus bonis quæ intùs erant funditùs destructa, quæ tamen solemnis valde fuerat, quia ibidem erat unus bonus prioratus, & Claustrum spectans ad Monasterium Sancti Mauri de Fossatis, & erat cum hac Ecclesia parrochialis dictæ villæ quæ bona fuerat & opulenta, & populus ille fuit miserabiliter mortuus & exstinctus. Hoc enim lamentabile factum, ut dictum est, audivi sic narrari Parisius à quodam qui ibidem clausus fuerat & evaserat vivus, volente Domino nostro JESU-CHRISTO quem de suâ salute collaudabat.

Eodem tempore similis & æquè lamentabilis casus accidit apud *Thoury* in Belciâ; fuerat enim *Thoury* villa seu vicus in Belciâ situs in plano, in viâ inter Estampas & Aurelianis pulcris & honestis ædificiis fabricatus, & ad hospitandum in quampluribus locis magnos Principes & Barones & alios populares, habens in medio castrum quod incolæ ipsi munitum fossatis & garitis tenebant ad fortiter resistendum; unde advenientibus Anglicis ad partes illas, ipsi habitatores villæ unâ cum bonis suis, mulieribus ac parvulis infrà dictum fortalitium receperunt, figentes logias & tuguria infrà castrum, in quibus pro tempore latitarent. Nam tam ipsi pro Anglicis quàm Anglici pro ipsis tradiderunt domos suas incendio. Contigit autem ut dum Anglici essent juxtà quòd una parva domus prope castrum evaserat periculum incendii quasi sola, unus videns Capitaneus qui de castro custos erat mandavit eam igni tradi; sed proh dolor! quanta jactura ob hoc contigerit, narratio intuentium declarat dolorosa: nam igne in domo illâ accenso subitò surrexit ventorum magnus afflatus, carbones accensos ingentes cum magnis voracibus flammis usque ad castrum & infrà deferens, omnia illa tuguria cum totâ multitudine populari miserabiliter comburens tam virorum quàm mulierum & parvulorum, paucis qui evadere poterant & saltare per muros, exceptis. Quanta autem copia vinorum, nummorum, bladorum, vasorum & supellectilium ibidem tunc periit tacendum est, cum de personis periclitatis ampliùs sit curandum; & sic illa villa campestris quæ honesta multum fuerat in populo & hospitiis, & nihilum redacta est miserabiliter à seipsâ. In octabis autem Paschæ Anglici nolentes ab obsidione in quâ steterant ante Parisius recedere, accesserunt propè civitatem Parisiensem cum magnâ multitudine armatorum, currentes & se ostendentes versùs nostram Dominam de Campis & circa Monasterium per vineas & per campos, quod perspicientes Gallici, ad muros cucurrerunt qui ad hoc fuerant ordinati, & alii ut puta Nobiles qui in urbe tunc erant cum domino Regente in bona copia, armis protecti se extrà muros posuerunt, non multùm elongantes à fortalitiis & fossatis; quia Angligi eos videntes paratos ad præliium se longiùs retraxerunt, ita quòd non fuit tunc temporis præliatum. Hanc autem ostentationem Anglici fecerunt, ut dicitur, ut alii cum bigis suis & cæteris munimentis & curribus tutiùs recederent, Gallicis per eos impeditis, ne eis impedimentum inferrent forsitan in recessu, quem egerunt in partes Carnotenses. In crastino autem, scilicet feriâ secundâ sequente per totum diem fuit tantorum imbrium & grandinum abundantia, quòd maxima pars bigarum & curruum ipsorum Anglicorum in viis & itineribus imbre nimio madentibus remansit, equis deficientibus nec trahere valentibus, sed potiùs multis cum ductoribus suis à grandinibus & aquis pluvialibus inæstimabilibus miserabiliter suffocatis, in tantum quòd illâ die Anglici ex hujusmodi impedimento jacturam maximam de rebus suis & de corporibus multorum qui deficiebant, ut dicitur, incurrerunt; & sic partibus Parisiensibus derelictis versùs partes Carnotenses Anglici accesserunt, multis tamen fortalitiis per eos occupatis & aliis diruptis, & villis deprædatis similiter & crematis. Multa alia incommoda ipso tempore per ipsos Anglicos in pluribus locis acciderunt, sicut apud Compendium inter villam & nemus conflictu habito inter illos de villâ & Anglicos qui in nemore latuerant, plures de villâ ab Anglicis vulnerati sunt, & occisi ex indiscreto regimine atque capti; qui plures de villâ ad debellandum Anglicos quos infrà nemus pauciores esse putabant, exiverant animosè. Nobilibus tamen pluribus de patriâ qui se infrà villam pro tuitione suorum corporum receperant nullum auxilium illis de villâ in hoc negotio ministrantibus. De aliis autem gravaminibus & incommodis hic finem agendo, ad ea quæ gaudium & lætitiam afferunt, id est de pace inter ambos Reges nunc præsens narratio breviter converteretur. Sequitur ergo de pace & ejus tractatu.

Appropinquante autem tempore quo Dominus noster JESUS-CHRISTUS pace inter Deum Patrem & humanum genus mirabiliter reformatâ ad cœlos ascendere cum jubilatione secundùm reputationem Ecclesiæ debuerat, hoc est, tempore adveniente Ascensionis ejusdem Domini Salvatoris, ipse Dominus videns afflictionem miserorum & gemitum pauperum captivorum, & audiens noluit ulteriùs contritionem populi Gallicani sufferre, qui jam per viginti quatuor annorum cursus & ampliùs oppressiones guerrarum per Anglicos & alios adversarios suos sustinuerat & jacturas, sed potiùs voluit miseris populo tam afflicto. Unde factum est ipso Salvatore disponente, quòd Dominicâ quâ cantatur in Ecclesiâ *Cantate*, accesserunt solemnes Ambassiatores & Consiliatores Domini Regentis suprà sæpiùs nominati apud Urbem Carnotensem, quibus partibus Rex Angliæ cum suis patriam invadebat, pro pace tractandâ inter dominos partis utriusque. Rex verò Angliæ pacem libenter volens, quòd solemnes nuntios ex parte ejus ad dictam civitatem securitate traditâ, pro pacis tractatu cum aliis similiter destinavit. Qui quidem simul agentes, ad pacis finalem concordiam inspirante Spiritu sancto, lætantibus, ut credimus, cum eis etiam Angelis devenerunt: quâ pace inter partes juratâ plurimi de Nobilibus Angliæ nudis pedibus usque ad Ecclesiam Beatæ MARIÆ Carnotensis ex devotione gaudiosâ satis remoti à suis tentoriis peregre processerunt. Ambassiatores autem Francorum sive pacis tractatores statim Parisius redierunt, adducentes secum alios qui pro Rege Angliæ & ejus consilio apud dominum Regentem juramentum de pace tractatâ facerent, & Regentis sacramentum similiter reciperent fideliter prout decet. Præfatis autem Ambassiatoribus tam Anglicis quàm Gallicis Parisius adventatis, cum omni honore recepti sunt à domino Duce

& à civibus universis. Et factum est, in Dominicâ quâ cantatur in Ecclesiâ *Vocem jucunditatis*, ante Ascensionem Domini accessit Regens cum suis Ambassiatoribus, & similiter accesserunt Anglici qui venerant ad Ecclesiam Virginis gloriosæ Parisius pro pacis tractatu, audiendo & iterum repetendo & jurando placuit domino Duci seu Regenti ac toti consilio ejus & civibus. Quo audito, ipse dominus Regens pro se & suis, & alii pro Rege Angliæ & suis, dictum pacis tractatum in basilicâ Beatæ MARIÆ super altare Reliquiis sanctis tactis se tenere & firmiter servare juraverunt. Pace igitur sic firmatâ & juratâ ineffabile gaudium adfuit toti plebi, & statim in Ecclesiâ illâ omnes campanæ cum magno mugitu & devotâ melodiâ sunt pulsatæ, Canonicis omnibus & Clericis, *Te Deum laudamus* lætè & devotè cantantibus, & Dominum laudantibus, & pro pace reddentibus Deo gratiarum debitas actiones, & sic factum est quasi eâdem horâ per universas Ecclesias & collegia dictæ urbis. Tunc enim audita est illâ die per totam civitatem vox jucunditatis & lætitiæ in tabernaculis justorum & omnium afflictorum. Gaudebant enim quasi omnes & meritò, exceptis forsitan illis qui in tempore guerrarum & in factis earum aliis perdentibus reperiunt magna lucra, sicut sunt armifactores, & aliqui alii qui rapinas illicitas & opera nefaria in tali tempore, Dei timore postposito, cupiunt exercere, & de rebus non suis sua replere marsupia minùs justè, de quibus in die judicii districtam eis oportebit reddere rationem. Doluerunt etiam falsi proditores & notorii raptores, timentes ne postea in patibulis pro suis sceleratis actibus & demeritis accusati & cogniti alligentur. Sed de his non plus.

Sic autem pacis concordia diù desiderata, fuit inter eos volente Domino reformata sub hoc pacto: Quòd dominus Rex Franciæ Joannes qui in Angliâ tenebatur ad dicta Regni gubernacula reverteretur sanus & alacer indilatè, multis inde conditionibus appositis, videlicet: Quòd Regi Angliæ remaneret pacificè Ducatus Guyanæ seu Aquitaniæ, & Comitatus Xanctonensis, Angolismensis, Pictavensis, Bigerrensis, Petragoricensis, Pontivensis, & Guynarum, atque villa Rupellæ & Calesii; & pro suis expensis atque pro redemptione Francorum Regis præfati tres miliones florenorum ad scutum boni auri & ponderis solverentur infrà tempus limitatum, & nihilominùs alia pecunia pro fortalitiis circà Parisius recuperandis, quæ occupata per Anglicos tenebantur. Et nota quòd quilibet milio florenorum valet decies centum millia florenorum: summa triginta vicibus centum millia ad scutum florenorum. Ipsæ erant conditiones famosæ quæ in vulgo dicebantur pro pace obtinendâ; & ad eas implendas datæ erant treugæ inter prædictas partes in festo sancti Michaëlis sequentis usque ad festum sequens sancti Michaëlis; atque fuit proclamatum ut nemo Anglicos quoscumque interficeret aut molestaret quovismodo, sed permitterentur ire, venire, emere, vel vendere pacificè, & quicumque vellet cum eis mercancias exercere pacificè & quietè. Rex autem Angliæ poterat ire Calesium tutè & sine impedimento, & ibi facere adduci dominum Joannem Regem, & dictum pacis tractatum confirmare insimul & jurare. Et hoc facto idem dominus Rex Franciæ Joannes debebat Parisius cum gaudio remeare.

Pace autem sic volente Domino confirmatâ, non fuit propter hoc à malis & gravaminibus tunc cessatum. Nam licet Anglici cessassent, Gallici tamen multi non continuerunt se populares opprimere & prædari, unde tunc latrones & prædones per vias & itinera & nemora fortia insurgentes, viatores acriùs infestabant eos deprædando, & quod facere antea non consueverant, sine misericordiâ jugulando. De quibus latronibus & homicidis multi posteà capiebantur, & patibulis per Justitias adducebantur. Quinimò adhuc Anglici qui fortalitia detinebant, tales latrones capiebant, & modo judiciario ad arbores suspendebant, magis mites se habentes ad populares de villagiis, quàm domini naturales.

In diebus illis orta fuit dissensio maxima post tractatum pacis inter dominum Joannem de Artesio, & inter villam de Peronnâ Noviomensis diœcesis, ratione munitionis castri dictæ villæ. Quâ controversiâ durante dictus dominus Joannes villam obsedit quæ erat bona, fortis, clausa & satis populosa; ad quidem advocans ad suum auxilium Nobiles multos de Franciâ, videlicet Ducem Aurelianensem, qui erat domini Regis Joannis frater, & alios plures, similiter quamplurimos stipendiarios Anglicos, multos insultus dedit villæ prædictæ; qui quidem villam ceperunt, spoliaverunt, cremaverunt, & homines in magnâ copiâ occiderunt, & etiam multas villas adjacentes cremaverunt. Alias multas bonas villas & civitates ipsi Nobiles de Franciâ tunc diffidaverunt, & Burgenses casu extrà proficiscentes damna rerum & corporum simul perdiderunt: villam etiam de Chauniaco super Izaram bonam valde Nobiles destruxerunt: & sic qui patriam defensare tenebantur, eam isto tempore magis infestabant. Unde cives Parisienses sibi quamplurimùm de eis dubitantes, excubias de nocte ad custodiendas portas sollicitè de die exhibebant, & æquè diligenter ac si Anglici in partibus illis guerras ducerent contrà ipsos, multùm desiderantes reversionem seu adventum domini Regis Joannis, ut justitia de malis hominibus nobilibus Franciæ qui patriam molestantibus, & etiam de prædonibus aliis exerceretur similiter, & ut tota terra in tuto habitaretur, & itinera seu nemora ab hujusmodi prædonibus, qui quasi infiniti ad omnem partem latitabant, similiter purgarentur; nam viæ & itinera minùs tuta erant pro nunc, quàm quando Anglici guerrarum discrimina per Franciam inferebant, exceptis de ignibus in domibus apponendis & de prisonariis capiendis. Landitum more solito juxtà sanctum Dionysium in Franciâ fuit tunc, sed pauci ibi mercatores ad emendum mercantias advenerunt, timentes per itinera deprædari, vel propter suas pecunias interfici à latronibus qui in magnâ multitudine in itineribus tunc & nemoribus latitabant, ut dictum est.

Eodem anno 1360. circa festum beati Joannis Baptistæ reversus dominus Joannes Rex Franciæ pacificè de Angliâ ad Franciam, primò applicuit apud Calesium, & ibi stetit per aliquod tempus, videlicet usque dum prima solutio redemptionis suæ fuit Regi Angliæ persoluta, & quòd obsides de utrâque parte dati fuerunt, ut conditiones pacis inchoatæ finaliter complerentur. Quo facto, in adventu Domini ejusdem anni venit dictus dominus Joannes Rex Franciæ Parisius, ubi fuit cum solemnitate maximâ & honore à civibus & aliis receptus, tam à Clero quàm à cæteris universis. Ex tunc incœperunt spoliatores viarum & nemorum diminui paulatim, & hoc versùs Campaniam & Picardiam, sed ultrà Aurelianis non fuit in aliquo tuta via, quia Anglici occupantes fortalitia noluerunt secedere ita citò.

Item anno eodem insurrexerunt filii Belial & viri iniqui, videlicet multi guerratores de diversis nationibus non habentes titulum aliquem neque causam aliquos invadendi, nisi proprio motu seu nequitiâ affectatâ sub spe deprædandi, & vocabatur magna

1360.

magna Societas. Qui quidem scelerati adunantes se in magnâ copiâ valde, accesserunt in armis propè Avinionem volentes debellare Domnum nostrum Summum Pontificem, & dominos Cardinales & Ecclesiam sanctam Dei ; & venientes ad pontem Sancti Spiritûs prope Avinionem acceperunt illam villam celeriter vi armorum, & ibi diutiùs stantes totam adjacentem patriam horribiliter devastabant, volentes quomodocumque civitatem Avinionensem, ubi dominus Papa Innocentius Sextus morabatur cum Cardinalibus, sibi ipsis finaliter subjugare, & non solùm illam urbem, sed & alias villas, & fortalitia patriæ supradictæ usque ad Montempessulanum & Tolosam, Narbonam & Carcassonam & cæteras partes illas. Verumtamen in fine receptis magnis pecuniis à Domno nostro Papa, & habitâ absolutione ab eodem, ut dicitur, loca circà Avinionem dimiserunt, & ad diversas mundi partes nocendo semper finaliter respexerunt vel destruxerunt. Eodem anno 1360. tantus defectus vinorum fuit & fructuum, quòd cauda vini competentis vendebatur Parisiûs xxv. florenos & ampliùs, cerasa non fuerunt, blada pauca, & unum pomum tribus vel quatuor denariis vendebatur Parisiûs. Magna mortalitas anno illo in Flandriâ & in Picardiâ fuit, & in sequenti anno Parisiûs.

1361. Anno Domini 1361. fuit magna abundantia fructuum & vinorum, sed antequam ad maturitatem devenissent, caristia victualium in Franciâ fuerat, ut dictum est, magna nimis tam de vino quàm de blado & fructibus, quia defecerant anno præcedente. Tempus hyemale fuerat longum, sed tempus vernale fuit satis siccum, æstivale verò temperatum. Multi moriebantur Parisiûs, & specialiter pauperes qui de villagiis affluebant, angustiati fame ac penuriâ & defectu, unde in Domo Dei Parisiûs communiter efferebantur mortui septuaginta funera vel octoginta ; tempore æstivali & vernali finaliter in Angliâ multi obibant ; ibi enim obiit Comes de Sancto Paulo qui erat obses cùm aliis pro domino Rege Joanne & pro pace, & plures alii domini & Burgenses de Franciâ ibidem obsides similiter obierunt.

Eodem anno 1361. venerunt Britones & Vascones spoliatores per aliquas partes Pictaviæ & per Andegaviam, sine titulo deprædantes & spoliantes omnes illas partes, capientes plura fortalitia & castra, unde occupaverunt Prioratum de Quinant super Ligerim, & totam patriam illam omnia deprædando. Item ceperunt castrum de Vindocino, & Comitissam cum filiâ suâ intùs cum multis Nobilibus, aliis dominis & dominabus, ibi de nocte per quemdam Anglicum qui vocabatur Robertus Marcant, qui erat vir ignobilis & de nihilo per tales modos indebitè elevatus, & tunc effectus est vir nobilis & strenuus de parte domini Regis Franciæ, qui anteà semper fuerat Anglicus & de parte Anglicorum. Tandem posteà satis citò Britones multimodo venerunt per partes Carnotenses & Aurelianenses deprædando totam terram, fugientibus de locis suis populis rusticanis, & venientibus Parisiûs. Interim propè Parisiûs versùs partem Occidentalem accedentes illi qui in suburbiis morabantur, quamplurimùm formidabant, nec apponebatur per quocumque dominos aliquale remedium, quinimò fuit per dominos Principes & eorum consilium prohibitum burgensibus Parisiensibus, ne de hoc contrà illos Britones aut Vascones se intromitterent in aliquo, sed potiùs vacarent suis mercantiis sicut possent ; & sic, deprædabantur pauperes & rurales, nemine eos in aliquo adjuvante, & vix audebat aliquis ire inter Parisiûs & Aurelianis & Carnotem, & alias civitates de partibus illis : & omnia ista or-

tum habuerunt isto anno, sed ampliùs anno sequenti & fortiùs duraverunt. Ipso anno in Quadragesimâ visa fuit in Turoniâ & Andegaviâ una stella ante diem pluries magna valde & fulgida atque inconsueta, ut putà stella cometa. In isto anno 1361. fuit Hyems valde humida & calida contrà naturam suam, in tantum quòd arbores multæ in diversis mundi partibus floruerunt, & flores produxerunt ante festum Nativitatis Domini, sed posteà non profecerunt nec pro tunc, nec pro toto anno sequenti.

Eodem anno fecit fieri Rex Franciæ monetam valde bonam ; scilicet grossos albos duodecim denariorum Parisiensibus, non tamen ita magnos sicut erant grossi antiqui, quia illi xvi. Parisienses tunc temporis valuerunt. Item fuerunt impositiones super rebus venalibus satis graves & gabellæ salis, atque mortalitas in aliquibus villis atque locis.

Anno Domini 1362. inchoando annum in Paschate quod fuit xvii. die mensis Aprilis erant arbores atque vineæ in apparentiâ magnâ valde fertili atque bonâ, sed in hebdomadâ ejusdem Paschatis fuit unum gelu valde grave, quod vineas hîc in Franciâ, Turoniâ & Andegaviâ usque Lotharingiam & ultrà destruxit penitùs & exstinxit vineas, nuces & alias arbores fructiferas ; sic quòd propter gelu & propter hyemem humidam & quasi continuè pluviosam vinum, nuces & alii fructus anno isto, exceptis de paucis locis, totaliter defecerunt ; & similiter blada non fuerunt in tantâ abundantiâ ut aliàs fuit visum, sed satis benè transivit annus iste propter magnam abundantiam vinorum, fructuum & bladorum quæ fuerunt anno præcedenti, avenæque multæ fuerunt propter abundantiam pluviarum. Isto anno in mense Octobri obiit Domnus Innocentius Papa Sextus in Avinione, & domini Cardinales in electione procedentes & diutiùs conclusi, in aliquem de suo collegio concordare non valentes, elegerunt Abbatem sancti Victoris Marsiliensis Ordinis sancti Benedicti nomine tunc Guillermum Grimoüart, & fuit vocatus Urbanus quintus, & coronatus in Avinione infrà Octabas Omnium Sanctorum, & tunc fuit magnum murmur in Clero & alio populo contrà Cardinales, qui cum hæberent de suo Collegio multos probos dominos & valentes, nullos de eis eligere curaverant. Causam autem Spiritus sanctus, ut firmiter credo, non ignorat.

Eodem tempore dominus Rex Joannes ad novam creationem hujus domini Papæ ad Avinionem accessit, & copulavit sibi in uxorem dominam Joannam viduam Reginam Appuliæ & Siciliæ, quæ jam duos maritos habuerat ; videlicet Regem Andream fratrem Regis Hungariæ ; & post illum habuerat Ludovicum Comitem ; sicut etiam dictus dominus Rex Franciæ duas uxores habuerat ; scilicet dominam Bonam de Boëmiâ, & dominam Joannam filiam Comitis Boloniæ, relictam Philippi de Burgundiâ quondam filiam domini supradicti ; sed tamen dictus dominus Rex illam dominam in conjugem non habuit nec accepit. Eodem anno ante ista facta obiit Dux Burgundiæ juvenis valde, qui desponsaverat filiam Comitis Flandriæ Ludovici, non tamen fuerat inter eos carnalis copula subsequuta, quia juvenes erant & impuberes, & devenit Ducatus Burgundiæ ad dominum Regem Franciæ Joannem propter hereditariam propinquitatem ; nam mater ejus Regina Joanna fuerat soror seu materterâ Ducis nuper defuncti, & senior Comitissa Flandriæ, scilicet mater Ludovici Comitis Flandriæ moderni, fuit Comitissa de Artesio & Attrebato propter hereditariam propinquitatem supradictam. Eodem anno 1362. fuit maxima mortalitas in Pictaviâ, Burgundiâ & Andegaviâ, & moriebantur homines de infirmitate boſſæ paſſim & indifferenter ſicut aliis temporibus fuit viſum, & nihilominùs non ceſſabant prædones patriam circà partes illas, & ſimiliter in Franciâ, videlicet in Belciâ uſque Pariſius & circà Carnotum totam patriam & populum ſpoliare fortiùs anno ſeu tempore præcedente, cogentes gentem campeſtrem ad loca fortiora ſeu tutiora fugere.

Ipſo etiam anno obiit Dux Lanclaſtriæ de Angliâ, vir nobilis & in armis ſtrenuus, ex cujus conſilio Rex Angliæ huſuſque duxerat contrà Franciam guerras ſuas. Eodem anno Rex & regentes Regnum impoſuerunt graviſſimas impoſitiones & tallias, quæ aliter dicuntur *maletotes*, ſuper rebus venalibus ſeu quibuſcumque mercantiis. Nam cauda vini Burgundiæ ad ſexaginta quatuor ſolidos Pariſienſes taxabatur, & de vino Gallicano pro quâlibet caudâ xxxii. ſolidos Pariſienſes ad collectores ex parte Regis ſolvebantur ; & ſic de omnibus aliis quæ vendebantur, ſolvebant mercatores modo ſuo, in tantum quòd quamplurimùm populus gravabatur & conquerebatur pro præmiſſis : multi verò ad alias patrias ſuas manſiones cum uxoribus & liberis eligebant. Eodem anno 1362. Comes Armeniaci in Vaſconiâ, à Comite Fuxi [debellatur,] & multi de ſuis occiduntur.

Anno iſto die Cœnæ Domini de nocte prædones Anglici & alii, qui tunc temporis patriam occupabant, acceſſerunt latenter juxtà muros Aurelianenſes in numero ferè quingentorum virorum, licet non omnes apparerent manifeſtè, & civitatem per muros tunc intraſſent deſuper ut eam caperent & vaſtarent, niſi fuiſſet quidam puer qui ſuprà muros, aliis dormientibus qui excubias facere debebant, vigilabat, & eos percepit & clamavit, & quidam molendinarius qui erat vidit ſimiliter & percepit, ad cujus clamorem aliis excitatis illi prædones timentes citiùs receſſerunt, qui tranſeuntes per locum Fratrum de Carmelo qui extrà muros villæ morabantur, quidquid potuerunt reperire apud eos, ut puta, calices, veſtes, & omnia alia rapientes, ſecum modo prædonum reportaverunt. Hoc anno Robertus *Marcant* Anglicus, de quo ſuprà dictum eſt quòd ipſe ceperat caſtrum Vindocinenſe, fingens ſe eſſe amicum benivolum patriæ Cenomanenſis, venit ad quoddam caſtrum prope civitatem Cenomanſem *Tournoye*, & eſt Epiſcopi Cenomanenſ. & dimittens gentem multam in nemore prope caſtrum latitantem, venit ut caſtrum poſſet capere aſtutiâ plenâ dolo, & veniens cum paucis prope caſtrum dixit illis qui intùs erant ſuper muros, quòd veniebat cauſâ amicitiæ ad eos, nec eos in aliquo gravare proponebat. Illi autem qui caſtrum cuſtodiebant cognoſcentes ejus malitiam & percipientes alios qui in nemore armati, ut diximus, latitabant; ſtatim ſophiſticaverunt pontem levaticum, deponentes cavillas quæ poſtes pontis & aſceres retinebant, ne volveretur in declivum ; quibus depoſitis & aliis debilibus, & falſis ut non perciperetur appoſitis, pontem inferiùs remiſerunt, quem dictus Robertus cum paucis aſcendens, ut puta xvi. viris eum aſſociantibus, dum in medio pontis erant, cavillæ pontis, quia falſæ erant, confractæ ſunt, & pontis poſtes in altum ex unâ parte revolutæ ſunt, & omnes illi in aquâ quæ profunda erat, ceciderunt, & tam dictus Robertus quàm major pars ſuorum ſtatim ſubmerſi ſunt, aliqui autem leviores evaſerunt ; quòd perſpicientes illi qui erant in nemore, confuſi & dolentes nimiùm aufugerunt. Epiſcopus autem magnis pecuniis receptis, reddidit corpora eorum ſuis uxoribus & amicis in Carnoto ubi erant.

Anno Domini 1363. inchoando in Paſchate, fuerunt multæ preſſuræ & oppreſſiones in populo de Franciâ & de Normanniâ per totum de Pariſius uſque Pictaviam & Britanniam, tam propter prædones & latrones nimiùm abundantes per itinera & villas ruſticales, quàm propter graviſſimas exactiones nihilominùs & impoſitiones, & multa homicidia per villas & per nemora, & non erat qui populum defenſaret, nec qui talibus diſcriminibus & periculis obviaret, quia videbantur quòd talia quæ populis inferebantur gravamina, dominis placerent & principalioribus, qui tamen ad iſta meleficia, remedia manu valida appoſuiſſe debuiſſent. Eodem anno in vigiliâ SS. Trinitatis viſa fuit Pariſius ante meridiem vel circà horam tertiam, una ſtella valde parva in cœlo, in parte ubi ſol in meridie communiter ſolet eſſe, per aliquot dies, & dixerunt Aſtronomi de Pariſius quòd dicta ſtella ſignificabat periclitationem mulierum in partu, quod apparuit poſtea in aliquibus ſatis citò, ſed reverà, multa plura ex ejus ſignificatione mirabiliter volente Domino, ut credimus, ſequuta ſunt. Nam eodem anno 1363. in menſe Julii & modicum ante uſque ad feſtum ſancti Lucæ ſicut alias & poſt, fuit tanta mortalitas hominum Pariſius, & ſpecialiter puerorum utriuſque ſexûs & juvenum, & plùs virorum quàm mulierum, quòd erat mirabile dictu & ſtupendum, valde ſenes enim in reſpectu juvenum obibant pauci, unde quando mors intrabat aliquod hoſpitium, primò moriebantur pueri parvi ; deinde familia, ad extremum verò parentes vel alter eorum ; nec poſſet aliquis veraciter enarrare multitudinem mortuorum tam puerorum quàm aliorum hominum, pauperum & divitum : & quod mirum eſt, hodie ſani erant & jucundi, infra biduum vel triduum moriebantur : nec evaſerunt mortem Religioſi, Sacerdotes & Curati, quinimò in magno numero tunc temporis tam in civitate Pariſienſi quàm alibi in confinio, feſtinante morte volente Domino mortui ſunt. Unde dicebatur tunc temporis quòd in multis parvis villulis eo modo ſicut Pariſius, in tanto numero obierunt, quòd in Argentolio ſpecialiter, ubi ante mortalitatem erant xvii. ignes ſeu maneriæ, non remanſerunt quadraginta vel quinquaginta. Sed de numero mortuorum in Domo Dei Pariſius omni die tempore illo, ſtupor eſſet legere vel audire finaliter veritatem ; ſed quis poſſet dicere numerum mulierum quæ de nigro colore indutæ per civitatem videbantur viduæ propter dictam peſtilentiam, & à maritorum ſolatiis & puerorum ut in pluribus orbatæ pariter & relictæ. Tandem verò dictâ peſte ceſſante Pariſius obiit dominus Joannes *de Meullent*, Epiſcopus Pariſienſ. in die beatæ Ceciliæ Virginis & Martyris, vir nobilis & venerabilis & diſcretus, anno Pontificatûs ſui xii. ætatis verò ejus octogeſimo ; cui ſucceſſit in Epiſcopatu dominus Stephanus de Pariſius Doctor Decretorum & Decanus Pariſienſ. Hic Domnus Stephanus poſteà fuit factus Cardinalis per ſanctæ memoriæ Dominum Urbanum quintum Summum Pontificem anno Domini 1368. in civitate Montis-flaſconis prope Viterbium.

Eo tempore & anno circà feſtum Omnium Sanctorum raptores & inimici, qui erant in Belciâ & in partibus versùs Aurelianis & versùs Carnotum, venerunt in parvo numero & habitu mercatorum porcorum ſeu ductorum vaccarum latenter armati ad quoddam fortalitium, quod eſt juxtà Corbolium, quod *Muros* vocant ; & invenientes extrà portam loci dominum caſtri qui erat Miles, petierunt ab eo ut faceret eis reddi porcos eorum quos heri receperant, ut dicebant, famuli Militis supradicti, & hoc dicebant fingendo, quia falsum erat; quod audiens dominus dicti loci permisit eos intrare, ut si sic esset cognoscerent porcos suos, & recederent cum eisdem: & ecce dum fuerunt suprà pontem castri illius acceperunt dominium, deponentes habitum simulatum quem habebant, & in armis strenuè apparentes & clamantes in cornubus, & statim venerunt alii socii ipsorum qui latebant in nemore, & sic ceperunt castrum illud cum domino & dominâ, & cum totâ familiâ Militis supradicti; & satis citò postea inceperunt currere per patriam illam propinquam populum depraedando, & dictum castrum de victualibus ablatis in patriâ ampliùs muniendo. Castro igitur illo sic fraudulenter capto, imò potiùs furato, accesserunt multi homines armorum ad partes illas ut praedictos inimicos expellerent, & castrum illud ab eis eriperent vi armorum, & facientes unum insultum nihil penitùs profecerunt; sed potiùs apud Corbolium reversi sunt, & ibi moram & munitionem facientes patriam adjacentem sicut alii vastare cœperunt, capientes vina per villulas & alia victualia, nihil inde solventes, & ad Corbolium ut viverent apportabant, & taliter se habebant quòd tantùm vel plus à popularibus de dictâ villâ & aliis villagiis formidabantur, sicut cæteri inimici. Interim quod satis citò postea, tam propter eos quàm propter alios inimicos populûs & gentes de villagiis adjacentibus dimissis laboribus & hospitiis propriis cum liberis & bonis suis quæ habebant de residuo, Parisius accurrebant ad tutiùs manendum; & nihilominùs sub prætextu & colore patriam & inimicos expellendi, maximæ talliæ & impositiones atque graves exactiones inconsuetæ super vinis & aliis mercantiis, tam Parisius quàm extra levabantur. Et sic tunc temporis totus populus tam in urbe quàm extra in partibus illis, sicut ab inimicis ita & ab amicis & tutoribus graviter opprimebantur, ut jam videretur verificari fabula de cane & lupo: nam fuit canis quondam fortis valde in quo dominus suus confidebat, sperans quòd si lupus ad oves devorandas accederet, ab illo cane repelleretur, & oves illæ ab illo fortiùs tuerentur, quod aliquandò & pluries factum fuit. Tandem processu temporis lupus cum cane traxit amicitiam valde magnam, & tunc dixit canis lupo quòd audacter oves invaderet & raperet, & ipse canis post ipsum lupum sollicitè curreret, ac si ovem retrahere ac restituere domino videretur; sed dum essent ambo prope nemus & longè ab aspectibus pastoris, ambo simul illam ovem integram devoraverunt, & sic sæpiùs fecerunt, & quando revertebatur à domino decepto laudabatur, credente quòd canis post lupum currendo fecisset optimè posse suum de ove recuperandâ; & sic canis ille maledictus pluries se fingebat atque finxit in tantum finaliter, quòd ipse cum lupo omnes oves domini sui fraudulenter & nequiter devoravit.

His temporibus & jam ante istos dies, eodem tamen anno, erat & fuerat guerra magna valde in partibus Lotharingiæ usque Metis de Comite de Vaudemont, scilicet domino Joanne de Joinvillâ contra Ducem Lotharingiæ & Ducem Bartensem, & contrà multos Alemannos, & habebat in suo Comitatu quemdam strenuum Militem sub vocabulo Archipresbyter, & cum eo multos strenuos Britones in armis, qui patriam multum damnificaverunt, & damna quamplurima illis partibus intulerunt, & similiter in partibus Burgundiæ, deprædando tenebant se; ille Archipresbyter sic vocatus & Britones supradicti multa dispendia illi terræ & omnibus viatoribus inferebant, & cum difficultate poterant transire itinerantes, quin essent ab illis modo prædonico spo-

liati, & si se defendissent, forsitan interfecti fuissent. Idem erat versùs Aurelianis & versùs Carnotum & in Normanniâ ultra Secanam, & jam his temporibus tenebant turrem *de Rouleboise*, & discurrebant per totum, sicut volebant, & usque Poissiacum & ultra, & aliquando fluvium Secanæ transeuntes per Velcinum usque ad partes propinquas de Pontizarâ deprædando sæpiùs discurrebant, & nisi fuissent Rothomagenses qui eos per aquam Secanæ impediebant, nullæ naves propter eos de Parisius ad Rothomagum, nec è converso transivissent.

Præsenti anno antequàm Rex Franciæ Joannes de Curiâ Romanâ ad Franciam remearet, in quâ Curiâ per æstatem hujus anni tempore satis longo de voluntate & assensu domini nostri Papæ Urbani V. unà cum Rege Cypri, qui ibidem secum erat, crucem accepit pro peregrinagio & via transmarina, ut contrà Sarracenos & incredulos unà cum multis aliis nobilibus & dicto Rege Cypri militaret, & si Domino placeret terram sanctam visitando recuperaret, & eriperet de manibus impiorum; ita quòd infra duos annos ab isto præsenti anno ordinaverunt arripere iter suum. Et istis sic ordinatis reversus est Rex ad Franciam indilatè, & Rex Cypri similiter venit illuc, & ivit dominus Rex Cypri usque Rothomagum atque Cadomum, ubi fuit in mense Septembri hujus anni receptus solemniter per Ducem Normanniæ, scilicet dominum Carolum primogenitum Regis Franciæ, & per Nobiles & Burgenses. Postea verò satis citò ad Angliam transfretavit, ut Anglicos & nobiles pro dicto passagio sumendam similiter animaret. Tandem circa festum beati Andreæ hujus anni dominus Rex Franciæ Joannes Ambianis accessit, manente adhuc patriâ Franciæ & populo in oppressionibus prædonum & discriminibus supradictis, & fecit convocari Nobiles & Prælatos & Abbates ac Burgenses, ut peteret ab eis consilia & subsidia pro residuo Franciæ redemptionis suæ, in qua adhuc in Angliâ de dictâ redemptione & financiâ in parte non modicâ tenebatur. Sed quid fecit postea Rex, dicetur. In festo autem sancti Thomæ obsessi fuerunt & inclusi per Comitem Autissiodorensem supradictos prædones, qui castrum de Muris juxta Corbolium, de quo supradictum est, indebitè detinebant; qui sentientes lapides qui cum machinis de foris eis mittebantur, finaliter reddiderunt, salvâ tamen vitâ eorum, & tunc recesserunt tuti à nostris gentibus armorum conducti ultrà partes Carnotenses, ut sic ad suos qui alia fortalitia versùs partes Cenomanenses occupabant se reciperent, & sani se redderent & illæsi; qui statim quòd fuerunt à nostris dimissi, ad prædandum homines & spoliandum & sicut prius, validè incœperunt. Mira res! quos nostri debuissent interfecisse ad exemplum aliorum prædonum, cum non essent nisi homines miseri & latrones & ribaldi; illos tales abire miserè permiserunt, quinimò extra terminos propinquos, ut dictum est, etiam conduxerunt; sed forte ideo fecerunt quia dominum illius castri secum captum detinebant, idcirco ne eum interficerent eis talia forsitan promiserant.

Circa istud tempus vel modicum ante, unus de filiis Regis Franciæ Joannis nomine Ludovicus Dux Andegaviæ, qui jam diu steterat obses in Angliâ cum dominis & burgensibus Franciæ pro dicto domino Rege patre suo, dimissâ dictâ obsidione latenter & sine licentiâ Regis Angliæ recessit, & ad Franciam est reversus, & ad Guysiam castrum ubi uxor sua erat citiùs venit & accessit, & tandem veniens Parisius post Nativitatem Domini, ubi tunc erat dominus Carolus Dux Normanniæ primogenitus Regis Franciæ regens ibi Regnum loco patris eorum, dixit coram dicto domino Regente fratre suo & Rege Cypri qui tunc erant Parisius, & coram burgensibus in palatio congregatis, quòd quando dominus Rex pater eorum, sciret causam sui recessûs & populus similiter, ipse dominus Rex & populus haberent eum laudabiliter excusatum ; & dixit ulteriùs quòd ipse volebat equitare in armis super campos, & exstirpare omnes prædones & latrones, & ejicere omnes extrà castra & fortalitia, & patriam reddere in pace, auxiliante Domino, vi armorum, & ad hæc peragenda petiit à domino Duce Normanniæ fratre suo ibidem auxilium & favorem. Qui quidem sibi respondit, quòd super his haberet consilium ut deceret. Quid autem super hoc factum fuerit, forsitan inferiùs apparebit.

1363. Isto anno 1363. circa Nativitatem Domini recessit de Ambianis dominus Rex Franciæ Joannes, & ivit ad Angliam quia nondum solverat totam redemptionem suam, vel ut sic teneret pactum suum atque fidem erga Regem Angliæ, à quo filius suus ibi obses sine licentiâ recesserat, ut suprà diximus in hoc anno. Aliqui verò dicebant quòd illuc iverat causâ joci, & hoc contra voluntatem & consilium plurium Nobilium, qui sibi dictum passagium verbis humilibus dissuadere non cessabant ; & meritò, quia de ejus sanitate conservandâ vel lædendâ quamplurimûm formidabant. Regimen autem Regni sui commisit domino Carolo primogenito suo, qui erat Dux inclytus Normannorum. Et sic Rex Franciæ Joannes secundâ vice transiit ad Angliam, nonobstante quòd Crucem à domno Papa Urbano quinto accepisset in Avinione, ut transiret ultra mare ad expugnandum inimicos Crucifixi cum Rege Cypri, & cum multis aliis Nobilibus Regni sui ; sed proh dolor ! vivus de Angliâ non rediit. Eodem anno 1363. fuit hyems horrida valde atque longa, & factum est asperum gelu, quod duravit ferè usque ad finem Martii, nivibus plurimum interjectis. Circà verò finem mensis Martii vix gelu cessavit, quod quidem vineas in multis locis etiam in stipite congelavit, & arbores quæ nuces dicuntur in multis locis similiter devastavit ; sed & oves atque agniculi ex frigore in locis quamplurimis & ex defectu pabuli perierunt. Vidi enim quòd in aliquibus locis, in testudinibus & caveis bene profundis, ubi scilicet calor solet vigere in hyeme, panes ibi reconditi & alia cibaria propter aërem congelidum, & similiter paleis cooperta, ibidem inferius congelata, quod mirum erat : & sic multis vineis in stipite & ligno congelatis cum arboribus quas vidimus. Quale tempus fuerit posteà de vineis & fructibus, vel sequuutum sit, favente Domino dicturi sumus, quando de actis in anno sequenti tractabitur, scribetur. De his autem quæ facta sunt in Britanniâ & aliis locis hîc non scribo licet multa sint, sed ab aliis conscribenda derelinquo, qui de his pleniùs sciunt veritatem, sed ad ea quæ anno sequenti acciderunt licet non ad omnia recitanda me verbis rudibus applicabo ruditer, cum sim rudis.

1364. Anno Domini 1364. inchoando in Paschate, Archiepiscopus Remensis Joannes de Craon procuravit in Parlamento Parisius in vigiliâ Annuntiationis Dominicæ, in quo tunc fuit Pascha, scilicet xxiv. die Martii, Rege Joanne stante, ut diximus in Angliâ, quòd muri quidem magni & spissi valde atque alti, quos Remenses firmaverant ante fortes castri sui Remensis, quod dicitur Porta Martis, & construxerant antea tempore guerrarum Anglicorum, funditùs destruerentur : & venit de Parisius apud Remis in octabis Paschæ festinanter cum commissariis ad hoc ex parte Parlamenti deputatis : quòd & factum fuit videntibus civibus non recalcitrantibus, sed tacentibus,

licet eis quamplurimum displiceret, sed tamen ordinatum fuit tunc quòd alibi hærent sine despectu domini, & sine detrimento aliquo castri sui, quod Porta Martis nominantur, ut dictum est. Et hoc facto discordia, quæ propter hoc & multa alia fuerat inter dictum dominum Archiepiscopum & cives, pacificata fuit amicabiliter & sedata.

Circà istud tempus Carolus de Ebroicis Rex Navarræ, qui de stirpe regali, ut superius dixi, erat oriundus, & qui desponsaverat filiam Regis Franciæ Joannis, de quo Rege Navarræ alibi multa dicta sunt superiùs, existens in Regno suo Navarræ factis multis confœderationibus plurium Regum diversarum nationum, ut puta Arragoniæ, & aliis Baronibus pluribus & dominis qui tenebant magnam partem terræ Normanniæ, ut puta in Neustriâ & etiam versus partes Gallicanas, sicut in Ebroicas, Meduntâ & Meullent & Pacy & Anetum, diffidavit dominium suum à quo dictas terras in feodo possidebat, scilicet dominum Carolum Ducem Normanniæ & Delphinum de Viennâ, primogenitum Regis Franciæ Joannis, Regentis tunc Regnum pro patre suo qui tunc erat, ut diximus, in Angliâ. Quo facto dominus Dux Normanniæ Regens, statim misit ad partes illas Normanniæ multos viros potentes & nobiles in armis, inter quos erat Comes Autissiodorensis cum suis, & Bertrandus de Cliquin Miles natione Brito, vir strenuus in armis, cum multis bellatoribus de Franciâ & Britanniâ : & venientes apud Meduntam castrum florentissimum & amœnum, situm super Secanam ultra Poissiacum, habens arcem excelsam & muros potentes atque pontem, & intrantes in villam non vi armorum sed per cautelam aliis ignotam, totam villam ceperunt & eam deprædati sunt totaliter, trucidantes illos qui se ad defensionem præparabant, & quos sine defensione reprehenderunt non tetigerunt, sed omnibus burgensibus & aliis omnibus bonis suis quibuscumque exspoliatis, omnes à villâ penitus vacuos ejecerunt, qui ex tunc recesserunt pauperes & mendici. Et postea venientes ad arcem sive turrem, ipsam vi acceperunt multos trucidantes, & plures ibi invenientes de Parisius & de S. Dionysio in Franciâ & de aliis partibus Franciæ, qui cum aliis Navarrensibus & cæteris indigenis se in turre viriliter defendebant, sed tandem violenter capti Parisius adducti sunt numero xxviii. viri, qui Parisius venientes, aliqui ibi decapitati sunt, & postea ad patibulum ducti, & aliqui Præposito sancti Dionysii redditi pari pœnâ similiter puniti sunt. Post hoc autem ceperunt castrum illud fortissimum, & villam de Meullent suprà Secanam, & expugnantes turrem quæ magna erat valde, maximam muri partem ejus ad terram prostraverunt funditùs. Et sic terram illam & patriam quæ erat Regis Navarræ, in modico tempore turpiter vastaverunt, & discurrentes per patriam, homines etiam viatores tam amicos quàm alios indifferenter ducti, ex propria garciones spoliabant, in tantum quòd nullus tutè poterat per partes illas ad Rothomagum accedere nec venire, satellitibus hoc patientibus qui cum Nobilibus in dictis obsidionibus residebant. Et sic Medunta quæ olim & nuper fuerat castrum & villa opulentissima & fertilis, temporibus antiquis bellicosa quàm plurimum & strenua, ut patet in gestis antiquis, cum suis habitatoribus fuit nunc tanto discrimini, propter favorem quem habebat ad dictum Regem Navarræ, exposita cum suâ viciniâ, scilicet Meullent, & proh dolor ! cum patriâ adjacente. Verumtamen qui eam ceperunt, Ecclesiæ quæ miro opere lapideo constructa est, nocumentum aliquale minimè, contulerunt. Et hæc omnia facta sunt ad hunc finem, ut si Rex Navarræ suprà dictus veniret ad expugnandum partes Gallicanas & propinquas

Parisius, non inveniret in dictis castris auxilium aliquod vel juvamen, per quod transire posset ulterius ad nocendum, & ne impediret cursum navium euntium Parisius de Rothomago, & de Parisius Rothomagum sicut alias fecit, ut suprà diximus in anno 1358. Causa autem quare diffidaverat Regem Franciæ & Ducem Normanniæ Regentem, ista erat; quia dictus Rex Navarræ dicebat se habere jus in Ducatu Burgundiæ, asserens quòd propinquior hæres erat, quàm Rex Franciæ Joannes qui jam dictum Ducatum in possessione pacifica detinebat, & Barones Burgundiæ & tota patria illa sibi dudum homagia fecerat tamquam vero domino de eodem, ut superius fuit dictum; quod tamen Rex Navarræ memoratus nunc totis viribus indebitè contradicere nitebatur. Audientes autem ista viri armorum qui ex parte Regis Navarræ erant Ebroïcis, timentes ne Gallici ad dictam civitatem simili modo accederent; & castrum seu fortalitium expugnarent, statim totam villam ut esset ad defensionem fortior, aptaverunt.

Istis temporibus delatus est dominus Engebertus dominus de Anguien versus Brebantiam, apud Ducem Albertum, filium quòndam Ludovici Ducis Bavariæ, qui olim usurpaverat Imperium contra voluntatem Ecclesiæ, locum tenentem pro patre sub Comite Hanoniæ in illis partibus Hanoniensibus; quòd dictus dominus de Anguien nobilis Princeps & satis strenuus Miles, conspiraverat aliquas proditiones contra terram & Comitatum Hanoniæ; qua de causa dictus Dux Albertus cepit eum nocte in Beyuzensi juxta Valentianas ad tres leucas, & in castro ibidem capite truncatus est sine judicio & sine mora multa; qua de causa timuerunt multi de partibus illis ne multa mala orirentur supra patriam illam in futurum, quia de magno genere & nobili erat ille dominus memoratus in partibus remotis.

Isto anno satis citò post Pascha, scilicet octavâ die Aprilis vel decimâ obiit & migravit à seculo in Angliâ inclytus Princeps, & nobilis Rex Franciæ Joannes bonæ memoriæ, & flevit eum plurimum Rex Angliæ Eduardus, & tota Anglia similiter cum Reginâ & liberis dicti Regni Angliæ, & aliis Nobilibus dicti Regni, assumptis pro eo lugubribus vestimentis; qui quidem Rex Angliæ fecit sibi in Angliâ nobiles exequias & magnificas ac sumptuosas valdè in Ecclesiâ sancti Pauli Londoniarum, offerens pro eo equos multos insignitos armis Franciæ à summo usque deorsum cum equitibus simili modo; & nihilominus quatuor millia torticia, ut referebant illi qui interfuerant, quodlibet torticium de duodecim pedibus in altitudine; & multa millia cereorum; quilibet cereus de sex libris ceræ. Et expletis illis nobilibus exequiis funeris, conduxerunt corpus Regis exanime usque ad littora maris; & vale dicto toti familiæ dicti defuncti Regis, & eam totam cum dicto Rege defuncto remittentes, cum lacrymis ad propria sunt reversi, reducentes tamen secum apud Londonias omnes obsides de Franciâ, qui jam ibi aderant antequàm dictus Rex Franciæ secundariò ad Angliam transfretaret: & delatum est corpus primò ad Ecclesiam Monialium sancti Antonii extrà Parisius, deinde ad Ecclesiam beatæ Mariæ Parisiensis cum solemnitate maximâ totius Cleri tam de Universitate Parisiensi quàm de aliis, atque populi infiniti præsentibus multis Prælatis & Baronibus ac Nobilibus dicti Regni, præsente etiam Rege Cypri associante dominos tres filios dicti Regis defuncti, videlicet dominum Carolum ejus primogenitum, & alios fratres ejus Dominicâ infrà Octabas Ascensionis quæ fuit vigilia Beati Joannis ante Portam Latinam. Deinde in crastinum celebratis solemnibus exequiis cum vigiliarum & devotis officiis Missarum deportatum est dictum corpus præfati Regis cum comitivâ prædictâ ad Ecclesiam beati Dionysii in Franciâ, & ibidem cum magnâ solemnitate in crastino sancti Joannis ante Portam Latinam traditum est Ecclesiasticæ sepulturæ prope majus altare Ecclesiæ Monachorum, ubi requiescit cum pluribus in speluncâ ex lapidibus decenter aptatâ, in quâ speluncâ dum aperiebatur ad præparandum, inventi sunt annuli adornati ex gemmis magni valoris, & corona una aurea non modici pretii, sed tamen ibi nulla ossa sunt reperta.

Sepulto igitur Rege Franciæ Joanne in sancto Dionysio, ut dictum est, regnavit dominus Carolus primogenitus ejus qui tunc erat Normanniæ Dux & Delphinus Viennæ, & in festo sanctæ Trinitatis dominus Rex Carolus una cum Joannâ de Borbonio uxore suâ suscepit Sacramenta de manu Archiepiscopi Remensis Joanne de Craon, similiter & coronam & sanctam unctionem anno suprâdicto apud Remis. Accidit autem quòd, dum ipse dominus Carolus Delphinus ratione Delphinatûs Viennæ ad eum pertinentis, erat Remis pro suâ coronatione & sacrâ unctione, in festo sanctæ Trinitatis anno 1364. ut superius diximus obtinendâ, Carolus de Ebroïcis Rex Navarræ, de quo etiam superius diximus satis, qui jamdudum Regem prædictum ante suam coronationem diffidaverat, audiens in partibus Navarræ quòd Bertrandus de Claquin acceperat ex parte Regis Franciæ villam suam Medunum atque Meulem, ut suprà narratum est, & eas posuerat in manibus dicti Regis Franciæ dum adhuc erat Regens, doluit de hoc, & admirans dictus Rex Navarræ & volens dictas suas villas recuperare, celeriter juxta posse volens etiam terram defendere dictam terram suam apud Ebroïcas & in confinio adjacentem, misit ad partes illas Ebroïcenses magnum exercitum tam de Vasconibus stipendiariis quàm etiam de Navarrensibus viris suis, inter quos pro parte sua erat Capitaneus dicti exercitus quidam Miles Vasco vir nobilis & strenuus in armis valdè vocatus Custal de beuf, cum multis aliis Militibus & aliorum armatorum multitudine copiosâ, & cum multis aliis Capitaneis, qui aliquas partes maris descendentes & specialiter in Neustriâ, castra quamplurima & fortalitia ceperunt, ea viriliter occupantes. Tandem veniens dictus Capitaneus Castal cum multis prædictis usque ad portas Ebroïcenses, intravit civitatem Ebroïcensem, in quâ erat magna multitudo Navarrorum, qui eam pro domino suo Rege Navarræ in manibus suis detinebant, & eam contra Gallicos viriliter defendebant. Qui quidem dictum Castal de beuf lætissimè susceperunt. Audiens autem Rex Franciæ adventum dictorum, misit eis obviam Comitem Autissiodorensem, & Bertrandum de Claquin supradictum, qui ducentes secum magnum multitudinem Britonum & aliarum nationum ad debellandum contra illos Vascones & Navarros, campum & diem dimicandi multis verbis ad invicem habitis statuerunt, ut factum est die assignatâ, scilicet die Jovis infrà Octabas Pentecostes, in campo ad pugnam dum in loco qui dicitur ad Crucem sancti Laufridi ex utrâque parte animosè convenerunt, & inito bello acriter pugnatum est, Vasconibus cum Navarrensibus nostros Gallicos & Britones viriliter invadendo; qui se nihilominus eis fortiter cum lanceis, gladiis, arcubus & sagittis modis similiter defendebant, & hoc pedester & non in equis. Gens verò illa Vasconum cum Navarris & aliis multis de Normanniâ, qui de dominio Regis Navarræ aderant, densitate sui exercitûs quasi impenetrabilis velut murus, primos nostrorum Francorum & Britonum impetus viriliter repulit, & multos de nostris interfecit & lethaliter vulneravit : unde ibi ceciderunt de Francis dominus d'*Annequin* Miles strenuus Picardus, qui erat Magister balistariorum Franciæ, dominus Vicecomes de Bellomonte in Andegaviâ, dominus de Lantecuriâ de *Caux*, dominus de *Villequier* qui erat Capitaneus de *Caudebec* cum multis aliis Nobilibus quos ignoro. Videns autem dominus Bertrandus de *Claquin*, qui erat unus de Capitaneis Gallicorum, quòd tanta densitas armatorum Vasconum & Navarrorum cum suis non poterat à Gallicis faciliter penetrari, & per consequens nec superari, cautelam ut vir in armis edoctus apud se cogitavit, unde à bello se aliqualiter subtrahens unâ cum paucis de suis Britonibus equum armatus ascendit; & à tergo alios viriliter invadens totam illam Phalangem Vasconum & Navarrorum penetravit, Comite Autissiodorensi unâ cum suis Gallicis contrà alios nihilominùs dimicante : quibus Vasconibus, & aliis de eorum parte aliquantulum sparsis, fuit ibi durissimè & acriter pugnatum multis ex utrâque parte occisis & lethaliter sauciatis, sed plus de parte Vasconum & Navarrorum quàm de Gallicis; unde ex parte Vasconum & suorum occisi sunt in bello illo, primò Joannes *Joel* Capitaneus de *Rôleboiß* & multorum aliorum fortalitiorum, qui se dicebat jactando esse Ducem Normanniæ. Item Vasco de *Mareul* vir valde robustus & agilis, Jacobus *Plantain* Anglicus; item dominus de Sarkanvillâ Normannus ibidem captus fuit, cujus consilio Rex Navarræ contrà Regem Franciæ ut in pluribus utebatur, & qui fecerat in partibus Normanniæ multa mala; & ipse postea sic captus ductus fuit Rothomagum &, ibidem in communi theatro civitatis coram cunctis capite truncatus, cujus caput est virgæ ibidem affixum, cunctis cernentibus usque in hodiernum diem. Cum ergo vidissent Vascones & Navarri multos de suis interemptos, & Francos & Britones quasi indefessos in suos acriter insævire, & strage suorum jam factâ valde magnâ, statim se fugæ præsidio magis quàm armorum beneficio salvare procurarunt, sed circumstantium nostrorum occurribus & eorum infestationibus impediti, longè fugam omnes evadere nequiverunt, quinimò quasi illa societas Vasconum & aliorum in majori parte tam de Capitaneis quàm de aliis fuit aut gladiis detruncata aut impressione Gallicorum & Britonum reddita, ipsorum tamen salvâ vitâ, inter quos dominus *Castal de beuf* eorum Capitaneus principalis Vasco, cum aliis multis Capitaneis de parte Navarrorum qui mortem evaserunt, se Bertrando de Claquio reddidit prisonarium captivatim; qui quidem *Castal de beuf* sic captus pro aliquibus aliis Capitaneis correspondens, quia solemnis Baro erat, incontinenti apud Rothomagum prisonarius adductus est, ut dominus Carolus novus Rex Franciæ quando reversus esset de Remis de sacrâ unctione & coronatione, de eo secundùm beneplacitum suum ordinaret. Sic igitur illo bello taliter victo, & per Gallicos & Britones de istis Vasconibus & Navarrensibus ibidem triumphato, magnum gaudium & tripudium in cordibus hominum per Franciam subortum est, laudantium Dominum, qui suos adjuvat quando placet : nam reverâ si nostri succubuissent & alii triumphassent, multa mala, pericula & damna per partes Franciæ ex impetu aliorum accrevissent, ex eorum superbiâ nimiâ atque fastu.

Istis temporibus multæ victoriæ & multa [bella] particularia contrà Navarrenses in diœcesi Constantiensi ratione Regis Navarræ per Normannos, & per Nobiles & cives patriæ commissa sunt ex parte Regis Franciæ & mandato; de quibus bellis & victoriis particularibus hîc non facio mentionem, sed tantùm dico & scio quòd nec ibidem nec alibi, ut puta in Andegaviâ, Turoniâ, Cenomaniâ, Belciâ & prope Aurelianis & in confinibus dictarum regionum usque prope Parisius, non erat patria ulla à prædonibus & latronibus vacuata, quinimò ubique tot erant, tam in pluribus fortalitiis per eos occupatis quàm etiam per villulas atque villas, quòd non poterant homines & mercatores sine dispendio & periculo per itinera proficisci. Verumtamen amici qui debebant nostros rurales & viatores defendere, omnes ad prædas & spoliandos homines itinerantes indifferenter & turpiter, prohdolor! intendebant, & similiter in Burgundiâ & versùs illas partes. Et hoc faciebant simili modo aliqui Milites tenentes secum brigantes, qui tantùm se amicos Regis & Majestatis Regiæ ficto modo, ut dicitur, prætendebant, quorum nomina hîc scribere non intendo. Et quod plus est admirandum, quando ab Urbe Parisiùs, Parisius & alibi declinabant, optimè prætendebantur & cognoscebantur ab omnibus, nihilominùs tamen hoc non intendebant : nam unâ nocte audivi quòd Parisius in suburbio S. Germani de Pratis, dum dormirent homines, attentarunt aliqui prædones, qui tunc Parisius cum dominis istis erant, aliqua hospitia & eorum bona furtivè deprædari, qui percepti atque violenter capti & in Castelleto positi, excusati tandem velut innocentes absque aliquâ pœnâ redditi sunt libertati, & ita ex facilitate veniæ incentivum habuerunt unâ cum aliis ad ampliùs delinquendum.

Habitâ victoriâ supradictâ dominus Rex Franciæ post ejus reversionem à coronatione suâ factâ Remis, & auditis rumoribus de victoriâ hujusmodi factâ per dominum Bertrandum de Claquin supradictum, & dictum Comitem Autissiodorensem, dedit liberaliter dicto domino Bertrando modo magnifico, ut laus victoriæ acclamatur, totum Comitatum de Longavillâ Rothomagensis diœcesis in Caleto; qui quidem olim fuerat domini Philippi de Navarrâ, & nunc spectabat ad Regem Navarræ fratrem ejus. Qui quidem Bertrandus possessione dicti Comitatûs acceptâ, in recessu promisit Regi Franciæ, quòd omnes inimicos Regni prædones & latrones de partibus expelleret vi armorum, sed reverâ non fecit, sed sui Britones in reversione veniendo de Rothomago, quidquid in villagiis reperire poterant & in viis, totum rapiebant, tam pecunias quàm vestes, equos, oves, boves, bestias & jumenta. Diebus istis Navarrenses, qui civitatem Ebroicensem pro suo domino Rege Navarræ detinebant, multis victualibus munierunt & castrum similiter fortificantes, & ne damnum propter aliqua fortalitia sustinerent, Ecclesias & domos Fratrum Prædicatorum & Minorum penitùs subverterent, eis pauca tuguria relinquentes. Et sic semper quasi continuè mala malis, prohdolor! per patriam addebant. Rege igitur Francorum Carolo cognomento Delphino Viennæ, quem Delphinatum dominus Humbertus quondam naturalis Delphinus Viennæ, & dicti domini ex affinitate domini Philippi avi dicti Caroli Regis Franciæ, de consensu Baronum contulerat, quia sine liberis, & quia dominus Humbertus effectus fuerat Frater Prædicator, licet ibi non diù stetisset, quia postea Patriarcha Alexandrinus & Archiepiscopus Remensis per modum commendæ factus, habitu Prædicatorum derelicto, & dictum Carolum quasi in filium adoptato, & ideo Delphinus sic vocatus est. Remeato verò de Remis Carolo accessit Parisius, & ibi cum maximâ solemnitate receptus est, & post hæc Rothomagum satis citò accessit, ubi simili modo cum magno honore à

Normannis & omnibus civibus est receptus circa festum S. Barnabæ Apostoli. Deinde Parisius est reversus; post cujus reversionem decapitatus est dominus de Sarkanvillâ, de quo jam supradictum est, & similiter eodem tempore fuit captus & decapitatus Ambianis *Kieres* indigena, Canonicus Ecclesiæ Ambianensis, quia multum fecerat pro Rege Navarræ contrà Regem Franciæ; & non redditus est Ecclesiasticæ Curiæ, quia Ecclesia eum lentè & quasi non curando requirebat, quoniam odibilis erat Ecclesiæ tamquam vir armorum & in pluribus malefactor; verumtamen si eum efficaciter requisiisset, non est dubium quin eum Justitia Regia faciliter eis reddidisset; sed Dominus, ut videtur, exigentibus suis demeritis, sic eum puniri permisit ut manus hominum sæcularium finaliter dereliquit.

1364. Post hæc isto anno scilicet 1364. magna guerra orta est inter Comitem Flandriæ cum domino novo *de Anguien* & suis ex parte unâ, & Comitem Hanoniæ seu regentem Comitatum ex alterâ parte, scilicet Ducem Albertum quondam filium Ludovici Ducis Bavariæ, qui suo tempore pro Imperatore se gerebat indebitè & gesserat. Causa hujus guerræ fuit propter mortem domini principalis *de Anguien*, quem, ut dixi, dominus Dux Albertus decapitari fecerat apud *le Quesnoy* sine formâ judicii sive legis, unde Flammingi & alii amici dicti domini mortui intrantes Hanoniam isto anno, multa mala fecerunt in diversis partibus, plures villas & Ecclesias devastantes flebiliter; propter quod tota terra multum timuit & doluit, & multus populus, ac Monasteria dimissis locis propriis ad loca fortiora & villas clausas cum bonis suis, uxoribus ac liberis se salvantes attoniti confugerunt. Crematæ autem fuerunt per Flammingos in Hanoniâ temporibus illis multæ villæ, ut puta *Soingnies*, *Hancoreche*, & aliæ quamplures, & ut guerra & defensio pro pecuniâ haberetur, voluit Dux Albertus regens patriam Hanoniæ pro Comite Guillermo fratre suo, qui infatuatus jacebat in villâ *de Quesnoy*, facere impositiones in populo ad modum Franciæ, & gabellas super vina & alias mercantias; sed villa Valentiana hoc noluit concordare pro toto posse domini supradicti; quinimò ipsa villa, toto conamine restitit ne fieret hujusmodi insolita exactio quoquo modo; & quia sic refutavit, & restitit sicut principaliter inter omnes, ideo cæteræ villæ prædictæ patriæ Hanoniæ eidem castro sive villæ Valentianæ modo simili facere tallias denegarunt: quæ quidem denegatio magnam indignationem in animo dicti Principis generavit. Obtulerunt tamen villæ omnes se juxtà suas facultates, dummodo Ecclesiæ & Milites ac Nobiles sic facerent, velle contribuere ad præsidium guerræ & defensionem patriæ liberè omni horâ. Dux autem Albertus videns quòd ad impositiones & exactiones ac gabellas secundùm suum velle assentire non vellent, indignationem contra eos concepit satis magnam, de quâ cives Valentianæ & aliarum villarum modicum turbabantur. Dicebant enim, intra se, Si fecerimus sicut nunc fit Parisius, & alibi per Franciam, servi erimus, & perditi, & postea in magnâ parte qui lanificium frequentant, à patriâ istâ recedent, & ad alias partes se transferent indilatè, & forsitan tales exactiones (ut dubitamus,) in perpetuum non cessabunt. Sed quid de guerrâ illâ actum fuerit, usque adhuc finaliter non est notum.

Regnante igitur domino Carolo Delphino in Franciâ, eodem anno 1364. accidit in Britanniâ minori lamentabile bellum, licet Deo volente dictum bellum finis fuit, ut credimus, in illâ patriâ guerræ, & initium bonæ pacis, juxta illud proverbium, *Finis belli pax.* Nam dominus Carolus de Blesis,

qui se gerebat Ducem Britanniæ ratione uxoris suæ, de quâ & de quo satis dictum est superius, & Joannes de Monte-forti, qui etiam dicebat dictum Ducatum sibi deberi ratione patris sui, de quibus etiam superiùs fuit dictum, tractatus plurimos habuerunt; de quibus nolo hîc facere mentionem, quia errare possem descriptione veridicâ, quod non vellem. Igitur non valentes dictæ partes seu domini pacis tractatum finaliter inter se invenire, campale bellum contra se invicem ad pugnandum mutuò statuerunt. Et factum est ut in festo S. Michaëlis mense Septembri accedentes apud *Alrey* castrum in Britanniâ Venetensis diœcesis, in campo magno prope dictum castrum aciebus ordinatis in multitudine gravi Nobilium & armatorum ex utraque parte se invadentium acriter pugnatum est. In bello hoc ex parte Caroli de Blesis bellatoris nobilis, qui ibidem præsens erat, adstiterunt pugnantes tam Franciâ quàm de Britanniâ Nobiles multi valdè, & ex parte Joannis de Monteforti alia multitudo tam Britonum quàm Anglicorum in numero satis magno. Ambabus igitur partibus cum suis duriter pugnantibus, sicut Domino placuit, in cujus manibus omnia sunt posita, pars seu acies Joannis de Monteforti prævaluit, & alios superavit illâ vice campum obtinens. In hoc autem bello cecidit Carolus de Blesis, proh dolor! inclytus, Nobilis & strenuus, ac dulcis, affabilis & formosus, & cum hoc similiter obiit in hoc bello frater Comitis Autissiodorensis Miles generosus. Item dominus Guillermus de Rupeforti in Britanniâ Gallicanâ, & alii multi Milites & Nobiles quamplurimi, & alii bellatores usque ad numerum septingentorum septuaginta, pugnantium, qui omnes in illo bello campo mortui jacuerunt, & alia duo millia lethaliter percussi vulneribus fuerunt ad hospitia deportati; & nihilominùs fuerunt in dicto bello capti de parte succumbente Comes Autissiodorensis, Comes de Joignyaco, Bertrandus *de Claquin* Miles strenuus, & cum eis Nobiles plurimi se aliis reddentes, qui postea cum maximis pecuniis finaliter redemerunt. De fugitivis autem hîc, me intromittere non est cura, quia de talibus non sum informatus plenarie. Sic igitur mortuo præfato Carolo de Blesis bellatore nobili ac Milite gratissimo, corpus ejus apud Quincampum in partibus illis Britannicis cum multis fletibus & gemitibus delatum est, & ibidem in Ecclesiâ Fratrum Minorum traditum est honorabili sepulturæ. Audiens autem ejus casum seu necem uxor sua domina Joanna de Britanniâ, ratione cujus Ducatum dicebat se justè possidere, cum tunc Nanetis resideret, quantum doluit quantive anxietatibus & inenarrabilibus gemitibus & lacrymosis suspiriis cruciata tunc fuit, non est mihi possibile ad plenum veraciter enarrare. Sed quid actum est circa ipsam? statim auditis illis rumoribus, dolorosis castro Nanetensi derelicto, una cum parvulo ejus filio ad civitatem Andegavensem cum paucâ familiâ, ne perciperetur, accessit, ubi ejus filia quæ Ducem Andegavensem, filium scilicet quondam Regis Franciæ Joannis desponsaverat, in castro Andegavensi sæpius morature. Conflictu igitur prædicto expleto & victoriâ habitâ, dictus Joannes de Monteforti victor per Britanniam ad diversa loca potenter equitavit, & diversa castra in partibus illis viriliter oppugnavit, quæ sibi rebellaverant aliquando, & obtinuit munitiones plures, eas sibi subjiciens & ejiciens rebellantes. Tandem venit Nanetis cum multitudine armatorum ad expugnandum, civitatem quæ quidem muris, fossatis, turribus & aliis defensionibus erat gratissimè atque fortissimè præmunita. Verumtamen turris illa nobilis atque fortis *de Pil-*

leuril, quæ in principio pontis versùs nemus est suprà Ligerim situata, jam erat à suis occupata subtiliter atque capta, & suburbia juxtà turrem, unà cum Ecclesiâ ubi sunt Monachi aliqui pro Prioratu, destructâ & à flammâ voraci concremata. Actum est dum dominus Joannes de Monteforti ibi erat, & partes illas ac fortalitia peragrabat, Rex Franciæ misit illuc solemnes Ambassiatores, ut puta dominum Joannem *de Craon* tunc Remensem Archiepiscopum, & alios Nobiles satis magnos, qui unà cum Baronibus illius patriæ pro pace tractandâ inter dominum Joannem de Monteforti & Relictam quondam dicti defuncti Caroli de Blesis, quæ se adhuc pro Ducissâ Britanniæ gerebat, & tractando interponerent vices suas; unde volente Domino qui terræ illi & populo Britannico per tot annos de guerris & spoliis & aliis miseriis afflicto compati voluit, & de pace & quiete de cætero providere, pax bona intervenientibus personis supradictis, & interjectis matrimoniis de ambarum partium liberis, aliis pactis factis ibidem, cum magno gaudio est firmata. Sicque Ducatus totus & Comitatus Nanetensis dicto domino Joanni de Monteforti debuit remanere, & Dux in perpetuum appellari. Terræ autem quæ de patrimonio dictæ dominæ contingebant, eidem dominæ remanebant, sicut est *Pontevre*, & nihilominùs super dictum Ducatum dicta domina debebat percipere omni anno quatuordecim millia librarum, & ulteriùs Vicecomitatus Lemovicensis debebatur uni de suis liberis, qui debebat alteri libero cum sorore dicti Joannis de Monteforti, ut puta filius unius cum sorore alterius matrimonio copulari. Et sic fuit pax firmata in patriâ illâ, laus Deo, & dictus Joannes Dux effectus Britanniæ, & cum gaudio visus ab omnibus, receptus per civitates & castella, & ambulavit per patriam sua homagia à Nobilibus suscipiens, & inimicos ac latrones à fortalitiis ejiciens viriliter & oppugnans; & sic Ducatum Britanniæ obtinuit, quod non potuit facere pater ejus dum vivebat, dominus Joannes Comes Montisfortis in Franciâ, frater quondam domini Joannis Ducis Britanniæ defuncti, licet tamen Rex Angliæ Eduardus ad ejus auxilium ad dictas partes Britanniæ manu validâ pertransisset; isto Joanne moderno adhuc puerulo exeunte, de quibus auxiliis & gestis satis est dictum in capitulo de anno 1341. & 1342. Utrum autem dicta pacta atque pax durare debeant & teneri, ab aliquibus dubiatur, qui dicunt dictam dominam relictam Caroli de Blesis defuncti fuisse malè consultam & seductam, & quod dicta pacta, & per consequens pax prædicta ab aliis forsitan cassabuntur vel poterunt retractari, & major guerra quàm antea, ut dubiatur, iterum orietur. Hoc autem avertat Dominus omnipotens & Rex pacis. Quid autem de hoc acciderit, forsitan videbitur & narrabitur in futurum, & scribetur, si vixero, consequenter.

Eodem anno magna dissensio mota est inter populares seu nimis potentes civitatis Tornacensis ex unâ parte, & inter magis potentes seu grossiores ex aliâ parte, & etiam ditiores dictæ urbis & burgenses, quia populares consentire nolebant ad gabellas & exactiones magnas super mercantias appositas per dominum Regem Franciæ propter guerras. Dicebant enim populares, quòd dicti divites seu burgenses ideo ad prædicta consentiebant, quòd illas impositiones & gabellas levaverant aliàs & levabant, & eas pretio accensebant, & quòd de eis minùs quàm alii solvebant, ita quòd populares oppressos propter consensum talium reputabant quamplurimum, eapropter eas persolvere recusabant omnimodè: unde propter hujusmodi dissentionem lethalis guerra, nisi Deus & alii sapientes apposuissent remedium, citiùs insurgebat; nam populares ad arma currebant, & ad phalam accedentes campanas ad vocandum civitatem per plures dies & noctes incessanter pulsaverunt armati, ut ribaldi per plateas discurrentes vagi & ad mala proni nullum opus mechanicum peragentes, sed in foro seu theatro nocte dieque per plura temporis spatia armis protecti debacchantes steterunt, quorum propter furiam plures burgenses notabiles fugerunt ne ab eis multarentur, & alii in domibus suis sub silentio latuerunt, atque alii plures ab urbe dubitantes similiter ad tempus se sapienter & tutiùs subtraxerunt. Et sic illæ impositiones & gabellæ propter popularium dictæ urbis ineptam resistentiam, pro illo tempore penitùs cessaverunt : scripserunt enim domino Regi Franciæ ambæ partes, & nuntios transmiserunt suas rationes motiva fortiter ostendendo, quibus consideratis dominus Rex & Consilium dimissis dictis impositionibus usque ad tempus, ambas partes ad invicem mitigandas atque pacificandas per prudentes homines citiùs ordinavit, dans eis & assignans pro gubernatore dictæ civitatis quemdam Militem sapientem & in armis strenuum, videlicet dominum Eduardum *de Renty* Picardum, qui eos prudenter ex parte Regis & pacificè gubernavit, dissimulando multa de factis eorum, & popularibus consentiendo in pluribus propter pacis bonum. Anno Domini 1365. inchoando in Paschate more Franciæ, quod quidem Pascha fuit XIII. die mensis Aprilis, tempore Paschali recesserunt prædones de turre quæ dicitur *Rouleboise* pecuniâ eis datâ. Erat autem illa turris ad duas leucas de Meduntâ, in viâ inter Meduntam & Vernonem prope Roignicum in monte super fluvium Secanæ, & illam tenuerant pauci homines valde cum unâ muliere annis, ut dicebatur, fere XV decem, & eam ita fortiter defensabant; licet plures insultus habuissent contrà se à Rothomagensibus & ab aliis de patriâ, tamen capi non poterat dicta turris, quia alta nimis erat & quasi inexpugnabilis habebatur. De illâ igitur, sicut superiùs dictum est, multa mala accidebant, quia nullus poterat transire ab illâ viâ, sed neque per Secanam, quin ab illis qui eam tenebant damna plurima sustineret. Illis igitur recedentibus, receptis pecuniis ut dictum est, dicta turris demolita est à populo illius patriæ volente Rege funditùs, & destructa ad finem, ne maligni homines ibidem ampliùs se ponerent ad nocendum; & ut dicebatur dictæ turris tantæ spissitudinis erat in muro, quòd vix poterat ab hominibus fortissimis cum malleis ferreis per magna tempora demoliri; nam spissitudo ejus ultra novem pedes, cum cimento fortissimo colligatis lapidibus fortissimis, excedebat. Erat enim dicta turris sicut superiùs vidi, miræ altitudinis superiùs elevata, & nunc parva jacet in terris humilis & prostrata.

Eodem tempore castrum *de Meuleni*, totum fortalitium & quasi tota villa, quæ olim fuerat opulenta, clausa muris fortissimis & fossatis, fuit similiter à Gallicis cum turrere nobili forte & quadratâ at alea valde, funditùs destructa & vastata; spectabat enim ad Regem Navarræ, ut Meduntâ, & tunc durabat guerra inter ambos Reges, scilicet Carolum Regem Franciæ & Carolum de Ebroïcis Regem Navarræ, de quo superiùs satis fuit dictum; dicta villa & castrum spectabat ad dictum Regem Navarræ ratione Comitatûs Ebroicensis, unde fuerat oriundus dominus & nativus. Erat autem dicta villa suprà Secanam locus seu vicus pulcher & amœnus valde, & quamplurimùm opulentus, habens unum solemnem Prioratum in ejus insulâ spectantem ad Beccensem Monasterium; & similiter pontem suprà Secanam qui

adhuc

adhuc firmis lapidibus & folidis factus, & utiliter conftructus, & etiam eft & erat locus fertilis, ornatus multis vineis & aliis bonis, & pro navigantibus & itinerantibus retinendis die noctuque neceffarius & utilis ultrà modum, & per Dei gratiam adhuc erit.

Tempore & anno ifto Miles ille cognominatus Archipreſbyter, de quo aliàs fuit dictum, audiens quòd pax tractabatur inter Reges Franciæ & Navarræ, dimiſſis partibus Gallicanis, ubi gens ſua multas deprædationes fecerat guerrâ durante ſub umbrâ victûs habendi, quia Regi Franciæ adhæſerat, tranſivit versùs partes Lotharingiæ, & cum ſe vel poſt magna copia Britonum & aliorum prædonum, qui tranſiens per Comitatum Campaniæ totam illam patriam per villas rurales non fortificatas & per itinera tam mercatores quàm alias rapidè ſpoliabant, equos, pecunias, veſtes hominum & ſupellectilia, per domos & per rura ut poterant, victualia deprædantes: tandem Ducatum Barrenſem, qui ante pauca tempora Comitatus dicebatur, adjunctis ſibi aliis ſocietatibus prædonum ſubintravit, & ſimiliter Ducatum Lotharingiæ, & finaliter circà partes Virdunenſes & ultrà usque Metis civitatem opulentiſſimam, ſe ipſos liberè tranſtulerunt patriam ſpoliando, & eam quamplurimùm devaſtando. Acceſſerat autem illis diebus Carolus Imperator Romanus, qui erat Rex Boëmiæ, Miles inclytus, obediens Eccleſiæ & vir Eccleſiaſticus & fidelis, ad curiam Romanam in Avinione ad Domnum Papam Urbanum quintum, & illuc ſimiliter convenerunt Nobiles quamplurimi vocati, ut dicitur, per Domnum noſtrum Papam tam de Alemanniâ quàm de partibus alienis; de Franciâ autem miſſi fuerunt ex parte domini Caroli Regis Franciæ Dux Andegavenſis frater ejus, & alii Barones & Prælati, inter quos erat dominus Guillermus de Melduno Senonenſis Archiepiſcopus, & dominus Guillermus *de Dormans* Cancellarius Normannorum, & alii plures ſecum. Cauſa autem hujus vocationis fuit, ut ſuccurreretur Principes ad auxilium ferendum Chriſtianis, & terræ quæ à Turcis & aliis infidelibus quamplurimùm turbabatur. Propter quod, ut dicebatur, Pariſius dum iſta ſcriberentur dominus Imperator memoratus obtulerat domno Papæ in ſuccurſum hujus decimas ſui Regni, & medietatem reddituum dicti Regni ejus capiendas pro ſtipendiariis fulciendis per tres annos, & ſuper hoc intentio domini Papæ & Imperatoris fuit illuc mittere plures Nobiles & ſolemnes ac ſtrenuos in armis, ut puta Regem Cypri qui dudum propter hanc cauſam ad Curiam Romanam & ad Franciam acceſſerat, nihilominùs vocare illos omnes prædones, qui in Franciâ ita diù ſteterant, & qui, ut dixi ſuperiùs, Lotharingiam devaſtabant, & remiſſionis beneficium de ſuis maleficiis ſi pœniterent, impendere, & largis ſtipendiis eis datis ad dictum negocium & auxilium & defenſionem fidelium contra illos infideles & inimicos crucis Chriſti in Chriſti nomine citiùs deſtinare. Quid autem ſuper hujuſmodi facto erit, aliàs forſitan deſcribetur.

Cæterum iſto anno poſt feſtum Pentecoſtes per aliquos dies fuerunt in Franciâ & in Burgundiâ tonitrua magna & periculoſa die & nocte, nec non coruſcationes fulguris & tempeſtates, quæ per aliquaˆloca bladorum copiam in campis depreſſerunt, & ob hoc bladorum cariſtia invaluit & increvit, atque dicta tempeſtas multos homines & domos læſit de fulminibus & exſtinxit. Unde quidam homo inter Pariſius & ſanctum Dionyſium perambulans eques, fulmine percuſſus interiit. In Eccleſia etiam Sanctimonialium juxtà Pariſius fulgur intrà Eccleſiam forti impulſu conflagrans, adeo Moniales

Tom. III.

orantes, & aliquas dominas de Pariſius quæ ibi peregrè convenerant exterruit, quòd quaſi ſemivivæ ſuper terram jacentes mortuæ credebantur. Iterum in civitate Treceuſi in Eccleſia fratrum Minorum, dum ipſi propter horrorem tonitruorum & fulguris Dominum deprecarentur, unus de Fratribus qui ipſâ die Miſſam celebraverat, orando cum aliis à fulgure lethaliter oppreſſus ſpiritum exhalavit: Frater verò qui ſignum de campanili cum cordâ trahebat, ſenſibiliter percepit coruſcationes atque fulgur per campanile deſcendere, & per manicam latam brachii ſui, quod trahendo cordam ſublevabat, ſubtiliter ad intrà ad carnem ſubintrare, in tantum quod pilos ſub aſellis combuſſit, carne tamen illæſâ penitùs remanente, propter quod ut debuit Dominum collaudavit; & quod mirum fuit, ſoleas aliorum fratrum orantium combuſtibi vel decoxit illæſis pedibus & intactis; nihilominùs fulgur illud ſive fulmen Reliquiarum repoſitorium ſeu armarium ſine aliquâ violentiâ feneſtrarum & parietis intravit, &.bonos panniculos ex quibus Reliquiæ involvebantur, concremavit, vaſculis & jocalibus Reliquiarum intactis & illæſis, niſi quod denigrata admodum remanſerunt, & non apparuit foramen nec fractio aliqua per quam intraverit vel exierit ab eiſdem. Campanile etiam majoris Eccleſiæ Treceuſis quod erat mirae altitudinis, fulgur ad terram dejecit. Porrò in Burgundiâ in illo tempore, in villâ quadam versùs Divionem fuit cum dicto tonitruo inundantia pluviarum, quòd una nubes ad modum cataractæ cœli crepuit, & tantum diluvium fecit, quòd à torrentibus validiſſimum impetum villa illa, quæ in colle ſita erat, unâ cum domibus, viris plurimis, mulieribus atque infantulis in cunabulis raptu aquarum deſcendentium & mirabili lapſu deperiit, & ad vallem inferiùs & longiùs omnia prædicta imbrium rapacitate involuta & deducta, demolitioni ſubdita ſunt, & animantia & infantuli ac cætera viventia mortem lamentabilem aquarum voragine ſimiliter incurrerunt. In Divione etiam muri qui oppidum circumdabant, & qui de novo propter guerrarum pericula fuerant reſarciti, ex pluvialibus torrentibus & earum impulſibus abundantibus ſolo tenùs in parte maximâ collapſi ſunt; ſed & vineæ in aliquibus locis botris ſuis & racemis apparentibus licet nondum formatis, triſtitiam bonis potatoribus, & damna earum cultoribus & ſuis dominis ſunt temporis intulerunt. Sed certè ſatis citò poſt rediit ſerenum ſiccum & calidum ante & poſt feſtum B. Joannis Baptiſtæ & horâ bonâ, quæ aliàs vineas & cætera terræ naſcentia copioſè & in melius volente Domino reparavit, & cariſtiam temperavit. Nunc autem ad alia geſta revertamur, quæ ad laudem Dei ſicut præcedentia, & ad Regni Franciæ gaudium non modicum & lætitiam populi pertinent, & nihilominùs ſolatium & quietem.

Appropinquante feſto beati Joannis Baptiſtæ iſto anno 1365. in cujus glorioſi Præconis ortu, ut ex ſacro Evangelio colligitur, multi fideles & devoti tunc temporis gaudio ſunt repleti: Dominus noſter JESUS-CHRISTUS compati voluit populo Gallicano, qui jam per ſpatium xxv. annorum, ut patet ex decurſu hujus libelli qui ab initio usque huc inſpexerit, tot tribulationes, afflictiones, oppreſſiones, pericula, damna, multa mala, homicidia, exactiones, deprædationes villarum, Eccleſiarum, Monaſteriorum, caſtrorum depopulationes, mortalitates, violentias & violationes mulierum, & infinitas tribulationes quaſi continuè ſuſtinuit & paſſus eſt, & hoc propter guerrarum diſcrimina, quæ longo tempore inter Regem Franciæ, imò inter duos Reges ſucceſſivè, videlicet dominum Regem Philippum de Valeſio & dominum Regem Joannem fi-

1365.

lium ejus ex unâ parte, & ex alterâ parte dominum Eduardum Regem Angliæ, & alios, inter dictos duos Reges Franciæ, & tertium scilicet dominum Carolum Delphinum Regem Franciæ post eos ex unâ parte, & dominum Carolum de Ebroïcis Regem Navarræ ex parte alterâ, secundùm quod in serie hujus scripti si non in toto, tamen in aliquâ parte licet ruditer declaratur, ut diximus, duraverunt: unde dominus Deus, ut dixi, videns tantas afflictiones & ita tanto temporis spatio jam durasse, tristitiam & dolorem populi sui voluit vertere in gaudium & solamen; quoniam ipse est qui non deserit finaliter sperantes in suâ misericordiâ & ejus auxilio in tempore oportuno, & vult pacem ponere in plebem suam. Factum itaque est, ut ipso inspirante his diebus tractatus pacis inter dictos dominos Regem Franciæ & Regem Navarræ Carolum de Ebroïcis nominatum, quia Comes erat Ebroïcensis ratione patris sui, & Rex Navarræ ratione matris suæ, fuit habitus & inceptus, & interveniente domino *Castal de beuf*, licet esset captivus Regis Franciæ, qui missus fuit ad dictum Regem Navarræ super pace & concordiâ pertractandâ, & revertens à dicto Rege Navarræ, pacta pacis & ea quæ dictus Rex Navarræ postulabat Regi Franciæ & Consilio ut nuntius reportavit; quibus à Rege & Consilio auditis dictæ conditiones aliquibus minimè placuerunt, nec pax fuit; de quo plures populo afflicto compatientes multum de pace non inventâ, imò quamplurimum doluerunt altiùs cogitantes. Tandem nihilominùs Dominus, qui suscitavit olim spiritum & sapientiam juvenis Danielis, inspiravit unum de dominis Consilii qui inter cæteros junior videbatur, sed non propter hoc minoris prudentiæ. Erat enim vir prudens, nobilis, honestus & pius erga pauperes & afflictos, & pia gestiens viscera, videlicet dominus Ludovicus Comes Stampensis; de nobili & Regiâ stirpe & prosapiâ Franciæ natus & genitos, & in hospitio Regis & secum educatus. Hic videns, ut dixi, mala & pericula quæ ex hujus pacis denegatione poterant evenire, & etiam populo afflicto compatiens supplicavit domino Regi ut iteratò Consilium vocaretur, dicens quòd si nullus esset qui vellet de tractatu reinchoando proponere, ipsemet Comes propter bonum commune hoc se offerebat coram omnibus proponendum. Cui dominus Rex annuit quod fieret, & concessit. Et factum est paucis diebus ante festum beati Joannis Baptistæ tempore nundinarum de *Landeto* dominus Comes Stampensis missis nuntiis apud Religiosos Parisienses ut orarent Dominum Deum pro pace habendâ, convocari fecit ex parte Domini Regis & coram eo Consilium iteratò; quibus congregatis dominus qui aperuit os Zachariæ Prophetæ in natali B. Joannis Baptistæ, aperuit similiter os Comitis supradicti, qui loquens inter sapientes prudentia ostendit quæ & quanta bona possent domino Regi & toti Regno pace factâ provenire, & è contra, mala infinita quæ si non fieret, in populo devenirent, & qualiter populus totus per tot & tanta tempora per tales guerras damna sustinuerit incessanter. Sic igitur Spiritus sanctus ipsum in loquendo taliter edocuit, quod ejus consilio & precibus Rex cùm suo Consilio ad bonæ pacis & tranquillitatis animum (laus Deo à quo omnia bona procedunt) penitùs inclinavit, conditionibus interjectis quas alter non rationabiliter videbatur petere, & quæ domino Regi & Consilio placuerunt, & quæ etiam rationabiles videbantur; videlicet inter cætera, quòd terræ quas Rex Navarræ in Normanniâ, scilicet in Neustriâ & in Constantiensi plagâ, & Comitatus Ebroïcensis,

exceptis Meduntâ & *Meullent*, sibi ut aliàs remanerent; & nihilominùs debuit habere Baroniam illam nobilem de Monte-pessulano cum dictâ opulentissimâ villâ seu castro, sed nihil in Campaniâ repetere tenebatur, nec, ut creditur, in Burgundiâ. De pecuniis autem quid & qualiter, hic scribere non curavi. Igitur pace sic concessâ, fecerunt etiam per præcones publicè proclamari Parisius per plura compita, & in palatio Regis & in nundinis in Landeto, & hoc die quartâ ante festum Joannis Baptistæ tunc nascentis, ut ex his novis auditis populus in tantâ festivitate Deo gratias redderet, & in gaudio & lætitiâ permaneret. Et reverâ ita fuit: nam quantum gaudium inter populares adfuit, & quot gratiarum actiones factæ sunt apud Deum, scribere longum esset.

Sic igitur guerris in Regno Franciæ tam in Galliâ quàm in Britanniâ per pacem sedatis, ut dictum est, territi prædones & latrones qui guerrarum tempore mala malis, damna damnis in populo cumulabant, inceperunt paulativè decrescere & minui, alias terrarum regiones requirentes, vel seipsos ab infestationibus & malis suis cautiùs retrahentes, & etiam illi qui castra & fortalitia indebitè occupaverant, eas in diversis locis dimiserunt, & hoc vel metu, vel pecuniis inde habitis & receptis à civitatibus propinquis vel à dominis earumdem, sed tamen sic recedentes quod ex consuetudine habuerant, scilicet deprædari, adhuc ab hujusmodi raptu per itinera & per ruralia loca non poterant abstinere; sed quid valuerunt rapinæ eorum sic exortæ ? reverâ parum aut nihil, nam omnia in manibus ipsorum ut nix ad solem exposita, evanescere videbantur, quinimò ad loca & urbes opulentas venientes quot vendebant debita si quæ vellent eis credere, constrahebant, pauperes & miseri tandem in oculis omnium se reddebant, verbum vulgare verum esse comprobantes, quo dicitur: *Malè acquisita dispergentur*, ita & finis talium tandem interitus & dolor, sicut finis justorum dicitur esse in conspectu Domini pretiosus. Ergo benedictus Dominus per omnia, Amen. Verùm quia istis temporibus guerræ duraverunt, viri nobiles & quasi omnes, paucis de honestioribus exceptis, seipsos nimis in gestis, & habitibus ac vestimentis deformaverant, & à modis antiquorum & proborum in talibus alienatos & alteratos se turpiter reddiderant; nam vestes strictissimas & usque ad nates decurtatas deportabant, & nihilominùs quod magis monstruosum erat, sotulatores habebant in quibus rostra longissima in parte anteriori ad modum unius cornu, in longum aliqui, alii in obliquum ut griffones habent retrò & naturaliter pro unguibus gerunt; ipsi communiter deportabant, quæ quidem rostra *Pouleanas* Gallicè nominabant, & quia res erat valde turpis & quasi contra procreationem naturalium membrorum circà pedes, quinimò abusus naturæ videbatur, ideo dominus Rex Franciæ Carolus fecit per præcones Parisius proclamari publicè, ne aliquis quicumque esset qui auderet ampliùs talia deportare, & etiam quòd neque artifices sub magnâ pœnâ de cætero tales calceos, sed neque ocreas sic punctatas facere præsumerent, nec vendere cuicumque ! nam simili modo Dominus Papa Urbanus quintus in Romanâ Curiâ inhibuerant valde strictè. Sic etiam de robis brevibus & aliis dissolutionibus vestimentorum tam virorum quàm dominarum feminarum, infra breve tempus mutatus est habitus. Sperent illi qui sperant, fore per dominos Prælatos & Principes tam in Clero quàm in laicis inspirante Domino firmiter inhibendum, & totum Regnum in meliùs reformandum.

Anno Domini 1366. recesserunt inimici & prædones de fortalitiis quæ in Normanniâ & alibi occupaverant, & iverunt versus Hispaniam, ubi Rex Hispaniæ Petrus & frater ejus Henricus pro possessione Regni Hispaniæ adversùm se disceptabant: dicebat enim Henricus quòd licet dominus Petrus Regnum obtinuisset diutiùs, quòd hoc erat contra Deum & justitiam, & quòd magis ad eum scilicet Henricum pertinebat: imponebat enim illi, quòd non erat verus Regis filius defuncti, sed potiùs mutatus, & quòd erat filius Judæorum subrogatus per matrem Reginam secretè citò post partum ejus, loco filiæ quam pepererat, & quòd hoc juraverunt Milites Secretarii dictæ Reginæ in morte, qui dictum filium loco filiæ rapuerant silenter à Judæis, & filium absconderant; quia Rex juraverat se interfecturum dictam Reginam nisi filium illâ vice procrearet; & timore Regis fuit iste Petrus de Judæis secretiùs subrogatus, servatâ filiâ à Reginâ patre nesciente, prout dominus Henricus ei fortiter imponebat. Item objiciebat dicto Petro ipsum esse hæreticum, & quod pejus est, legi Judæorum & eis adhærentem, & legem Domini nostri JESU CHRISTI vilipendentem & spernentem, & ob hoc secundùm Regni antiqua jura à Regno ejiciendum & penitùs deponendum; & quòd alius institui debeat & eligi loco ejus, quod & factum fuit. Nam populus Hispaniæ, ut dicebatur, elegerat istum Henricum altero deposito atque spreto. Item dictus erat sanguine suorum sitiens atque vilis, vitæ & inhonestæ, ut patuit, quia uxorem propriam de Regali Franciæ prosapiâ progenitam, pudicam, castam, sanctam & honestam propter unam aliam superinductam, quæ ut dicebatur Judæa erat, interfeci fecit & hanc causâ suffocari: de cujus morte indebitâ & injustâ tota patria condolet & deplorat; & nihilominus dictus Rex Petrus per Judæos qui in maximâ abundantiâ erant in Hispaniâ, seipsum & domum suam regebat, & totum Regnum suum per eos gubernabat. Hæc & multa alia enormia de dicto Rege Petro à pluribus dicebantur, & ob hoc Henricus frater ejus fultus auxilio multorum Baronum dicti Regni, & burgensium ac Militum dictum Regnum Hispaniæ invaserat, & se Regem de jure & pro Rege spreto Petro præferebat. Unde exorta est propter hoc magna discordia in illâ patriâ, & guerræ non modicæ inter populares & dominos surrexerunt: quo audito à pluribus nobilibus & militaribus de Franciâ, Britanniâ, Alemanniâ, lucra & spolia appetentes, & ut cupidi eorum more abundantiùs desiderantes illuc ad Hispaniam cucurrerunt, inter quos dominus Bertrandus *de Claquin* Miles benè strenuus cum suis, qui multo tempore modo prædicto per Franciam nuper & per Normanniam debacchando patriam & rurales diutiùs spoliaverant, in magnâ multitudine armatorum progressus est in auxilium Henrici, qui pro Rege Hispanorum contrà præfatum Regem Petrum, ut diximus, se gerebat, & ibi multos actus strenuos in armis dictus Bertrandus cum suis Britonibus exequutus est, multos adversarios occidendo & Henrico subjugando, & potissimè infinitos Judæos, qui in potentiâ armorum Regem Petrum adjuvabant, trucidando potenter, in magnâ potentiâ: qui interfecti, trucidati & effugati de illis partibus turpiter perierunt, de quibus sunt multi hodie Parisiis & alibi in diversis civitatibus commorantes, per usuras Christianos nostros multos subtiliter deprædantes; sed *Væ qui prædaris*; nam ut credimus, & ipsi finaliter expellentur, & similiter prædabuntur, secundùm quòd aliàs pluries visum fuit.

Igitur virtute & potentiâ dicti Henrici & mul-
torum de patriâ sibi adhærentium, & forti auxilio tam Britonum prædictorum quàm Gallicorum & aliorum, præfatus Rex Petrus frater illius Henrici compulsus est Regnum pro tunc dimittere & fugere, non valens resistere potentiæ supradictæ. Et tunc cum paucis accessit ad Principem Valliæ primogenitum Regis Angliæ, Ducem Aquitaniæ, & Pictaviæ Comitem, qui tunc temporis in Vasconiâ erat, in partibus Burdegalæ, petens auxilium ab eo, & ut ad recuperandum Regnum suum Hispaniæ adjuvaret ratione propinquitatis generis. Qui quidem Princeps collectâ maximâ multitudine armatorum, tam de Angliâ quàm de Vasconiâ, de Pictaviâ, & Rupellâ in tempore hyemali anno illo itthuc ivit, ubi propter tempestates hyemis & propter imbres & frigora magnam partem de gente suâ & de equis & curribus perdidit, & etiam propter penuriam victualium & defectum, ibidem etiam in quodam conflictu habito contrà & inter suos & alios Hispanos, cecidit in bello ejus Vexillarius scilicet Guillermus *Felton* Miles strenuus & nobilis, Senescallus Pictaviæ, vir magni consilii, prudens & devotus. Eodem tempore Rex Nayarræ Carolus de Ebroicis captus fuit à Rege, ut dicitur, Aragonum, sed posteà redditus & restitutus fuit. Deinde in alio conflictu ibidem per dictum Principem Eduardum contra Henricum facto, dominus Henricus à bello recessit, & Bertrandus *de Claquin*, qui pro dicto Henrico pugnabat captus fuit ab Anglicis, cum multis Britonibus suis & aliis nobilibus & famosis; & hoc, ut dicitur, quia dictus Henricus cum suis lentè &, pigrè pugnaverunt, & citò campo dimisso in fugam cum aliis remanentibus conversi sunt. Sed quia finis hujus guerræ adhuc dum ista scribebantur, non restat ad partes illas Gallicanas veraciter declaratus, ad alia procedimus.

Anno Domini 1367. inchoando in Paschate, dominus Papa Urbanus V. postquàm fuerat in Montepessulano, ubi fundaverat unum solemne Monasterium noviter Monachorum Nigrorum Ordinis S. Benedicti, in honore sancti Germani, reversus ad Avinionem statim post Pascha, scilicet in mense Maii arripuit iter suum versùs Romam cum domnis Cardinalibus & totâ Curiâ, & se transtulit in Viterbio cum maximo apparatu. Et dum ibi erat cum Cardinalibus, mota est contentio inter quemdam de familiâ Cardinalium & unum de civibus præfatæ urbis, quâ contentione invalescente, maxima pars civium & plebis dictæ urbis currentes ad arma invaserunt familiam aliquorum Cardinalium etiam in domibus dominorum suorum, & conflictu inito plures de dictis familiis morte multaverunt; & in tantam rabiem & insaniam prorupuerunt dicti cives, quòd manus sacrilegas in personam unius Cardinalis violenter injecissent, nisi ipsi præ timore citiùs fugam cautè adiisset; & quòd magis nefandum est, proposuerant, ut dicitur, Domnum Papam & Cardinales similiter trucidare; sed Deus noluit quòd tantum nefas & scandalum Ecclesia sustineret. Videns autem hoc Domnus Papa, & tantum excessum illorum volens meritò reprimere & punire, vocavit magnum exercitum contra illos, & tunc quamplurimis de civibus & malefactoribus illis captis & examinatis, fecit eos omnes ante domos suas patibulis affigi suspendi, & eorum fortalitia & muros præcepit funditùs demoliri. His peractis recessit Domnus Papa cum Cardinalibus & totâ Curiâ, & se transtulit ad illam inclytam & famosam urbem Romæ, ubi est Sedes & Curia usque ad hodiernum diem. Acta autem sunt hæc isto anno 1367.

Eodem anno in mense Decembri in nocte sanctæ Luciæ Virginis fuit tantus flatus ventorum & ita vehemens in partibus Flandriæ, Picardiæ, & Brabantiæ, sicut aliàs nunquam fuit visum, & erat ventus veniens à parte maris & Septemtrionali, & duravit per totam noctem illam, unde de venti vehementia nimiâ atque flatu impetuoso multæ domins & Ecclesiæ corruerunt, & quæ non ceciderunt quia fortiores, tamen tam de tegulis quàm stipulis in majore sui parte disruptæ remanserunt; unde multi homines & parvuli in diversis locis dormientes in cubilibus & lectulis, ex nimia domorum suarum & caminorum tempestate & casu ac ruina mortui, proh dolor! & oppressi postea reperti sunt. Sed de molendinis prostratis qui ad ventum volvuntur, magnus numerus est inventus; & quod mirabile fuit, ex magno ventorum impulsu campanile de Ecclesiâ beatæ MARIÆ de Boloniâ Canonicorum Regularium, quod erat pulcrum valde nimis & forte, illâ nocte corruit, & tectum chori sub eo demolivit, & ulteriùs voltas lapideas fregit ex suo casu similiter & quassavit, & nihilominùs multa alia magna campanilia alibi ventorum impulsu ceciderunt. Mare etiam Oceanum in partibus illis ex nimio flatu venti undas maris & fluctuosos scopulos adeo impulit, & ultrà suos consuetos terminos in tantum excrevit, & exivit, quòd multas domos & villulas quæ super littora ejus sitæ erant & aliàs securè remanentes, nunc cum dictis fluctibus impulsibus oppressæ & inopinatè suffocatæ, penitùs cum suis habitatoribus perierunt.

Eodem anno & tempore in Adventu, clientes qui vigilando de nocte civitatem pro custodia circuibant in nocte sancti Nicolai, aliquos scholares nunc pro dicto festo sancti Nicolai cantantes & jocantes violenter invaserunt, etiam sine causâ, & eos ultrà rationem & contrà libertatem privilegiorum Universitatis Parisiensis plures ex eis ad Casteletum traxerunt, & plures vulneraverunt atrociter, quia se conabantur ab eis defendere: & horribile fuit, quia unum ex illis scholaribus ad mortem multatum in Secanæ fluvio, quia prope erat & nox similiter, projecerunt, nemine hoc vidente nisi ab eisdem qui flagitium perpetraverunt. Quod nefandum crimen Universitas sentiens, in crastino dominum Regem Carolum adiit, & querimoniam gravem meritò faciens magnam emendam ab illis clientibus recepit: sed quia ille in fluvio projectus reperiri non poterat, non habuit illo tempore tunc Universitas emendam condignam juxtà demerita prædictorum. Dicebatur enim quòd ad partes recesserat secretè, ut sic posset dici quòd ab illis clientibus fuisset forsan interfectus. Nec mirum si tunc in aquâ non inveniebatur versùs illas partes propinquas, quia rapacitas & cursus fluvii ad partes bene inferiores corpus mortuum detulerat descendendo. Tandem post aliquantorum temporum curricula ejus pulmone rupto & aquis fluvialibus diminutis, incepit corpus illius mortui superiùs apparere, & sic in fine civitatis versùs ultimas domos ultrà habitationem & locum Fratrum Augustinorum Parisiensis est repertum, corpus ejus; quo extracto & elevato sepultum est in domo Fratrum beatæ MARIÆ de Carmelo Parisius, cum honore maximo à totâ Universitate solemniter & publicè sibi facto; & tunc nova querimonia apud dominum Regem per Universitatem & per amicos iterato inchoata de clientibus supradictis; sed quidam ex eis fugerunt, alii capti fuerunt, & qualis justitia de eis facta fuerit nescio.

Anno Domini 1368. inchoando annum in Paschate, quod tunc fuit nonâ die mensis Aprilis, &

cucurrit illo anno Luna per, 1, hoc est quòd aureus numerus scilicet Lunæ currebat per unum. Igitur isto tempore die Paschæ præsenti visa fuit cometa, id est stella comata, & jam apparuerat per plures dies in hebdomadâ sanctâ præcedente, & duravit ejus apparitio per magnum tempus. Apparebat autem in principio noctis vel in nocte satis citò, & hoc in parte Septemtrionali, quasi inter partem Occidentalem & Septemtrionalem plagam, & hoc versùs mare Oceanum erat caput sive stella illa, & projiciebat caudam suam cometam versùs partes Orientales, aliquando declinando ad Septemtrionem, in alto tamen radios suos emittebat, & quasi cuspidem rubeam ad modum flammæ unius campanilis altissimi totaliter inflammati vel ardentis radios suos emittebat valde sursum; unde quando ego dictam cometam primò vidi, ex arrupto credidi quòd esset campanile ad longè ignitum & mirabiliter inflammatum: nam pyramidem seu cuspidem rubeam ad modum flammæ sursum versùs cœlum, & versùs partes ubi tunc eram, scilicet Remis, emittebat, & quasi totus populus & specialiter qui excubias & vigilias noctis super muros Remenses agebant, dictam stellam cometam visibiliter contemplati sunt. Quid autem significet talis apparitio stellæ comatæ dicit Beda, prout recitat Frater Bartholomæus in compilatione suâ, quod hic notare curavi. Dicit enim Beda quòd cometa est quædam stella flammis circumdata repente nascens, & significat permutationem aut pestilentiam, sive bella, vel ventos, sive æstus: scio tamen, quia tunc temporis, scilicet in isto Paschate, erat clarus aër, alioquin visa non fuisset illa cometa, sed erat tempus bene frigidum, & ventus frigidus & urens intensivè, & alioquin aër totus frigidus & nocivus, & licet dicat Beda quòd semper apparet in parte Septemtrionali, ita fuit de ista, tamen circa annum Domini 1340; apparuit alia cometa in parte meridionali versùs partem Occidentalem, qui emittebat radios suos versùs partes Orientales declinantes ad partes Septemtrionales; quæ quidem cometa sic apparens, fuit significatio magnarum tribulationum futurarum in Franciâ tunc temporis. Nam sequutæ fuerunt pestilentiæ & mortalitates magnæ & horribiles, & alia inaudita quæ anno 1348. postea inchoarunt, ut patuit universis: & deinde fuerunt guerræ horribiles, & gravamina importabilia in Franciâ, & occisiones, ut patuit per guerras longas per Regem Angliæ Eduardum contra Regem Franciæ duriùs deductas, prout patet in serie hujus libelli de talibus memoriam breviter faciente, à quibus de cætero nos eripiat potentia Salvatoris, Amen. Verùm nos de eventibus & tribulationibus quæ in diversis Regni Franciæ partibus tempore apparitionis prædictæ stellæ comatæ, quæ sic isto tempore Paschali & jam antea per pauca tempora & deinceps evenerunt, sicut vidi & veraciter audivi, hic consequenter conscribere ad futurorum memoriam dignum duxi.

CHRONICON[a] BREVE Barcinonense.

Tertio Non. Julii anno DCCCCLXXXV. fuit capta civitas Barcinonensis à Paganis.

Anno MLXXXII. Fratres Militiæ Templi ceperunt castrum Montissoni.

---

[a] *Chronicon.*] Monet Acherius exscriptum esse è Codice Thuaneo, & aliquot in locis emendatum, à V. Cl. Carolo Du Fresne D. du Cange.

Chronicon Breve Barcinonense.

Anno MCXV. capta fuit civitas Majoricarum à Comite Barcinonensi cum Pisanis, quam Januenses postea tradiderunt.

Anno MCXIX. fuit capta Cæsar-Augusta.

Anno MCXXXVI. Obiit beatus Ollegarius Episcopus Barcinonensis.

Anno MCXLIII. 6. Kal. Decemb. fuit capta Ciurana.

Anno MCXLVII. fuit capta à domino Rege Petro civitas Almariæ.

Pridie Kal. Januarii, anno MCLVIII. fuit capta civitas Dertusæ ab illustri domino Raimundo, Comite Barcinonensi.

Nono Kal. Nov. anno MCLXIX. fuit capta civitas Ilerdæ & Fragæ.

Idibus Sept. anno MCLXXX. passus fuit Sol eclipsim, & iterum anno MCCXXXIX.

Mortuo Ludovico Rege Francorum, cœpit regnare Ludovicus filius ejus minor, qui regnavit annis 44.

Et die festo sancti Joannis Baptistæ usque in diem S. Lucæ; quo die celebratum fuit Concilium apud Tarraconam à domino Berengario Tarraconæ Archiepiscopo, cum Episcopis & Clericis sui Archiepiscopatus, quorum consilio & præcepto annus Domini institutus scribi in omnibus chartis per totum Archiepiscopatum.

Anno MCXCIII. 14. Kal. Martii, fuit interfectus Berengarius Tarraconensis Archiepiscopus à G. Raimundi de Monte-catano.

Anno MCXCVI. obiit Ildefonsus Rex Aragonum & Comes Barcinonensis.

Anno MCCI. currebat in Barcinone moneta, quæ dicebatur Bruna, & duravit usque in anno MCCIX.

Anno MCCVIII. intraverunt Cruce-signati in Carcasses.

Anno MCCIX. fuit aspersa moneta de Bossanayà, quæ duravit tres annos usque in anno MCCXII.

Octavo Idus Martii anno MCCX. fuit facta Constitutio à domino Rege Petro olim inclytæ recordationis in Barcinonâ, & ejus Comitatu, de non vendendis aut aliter alienandis sine consensu dominorum honoribus feudalibus.

Undecimo Kal. Aprilis anno MCCXII. fuit aspersa à Domino Petro moneta de quaterno Barcinone.

Decimo septimo Kal. Aug. anno MCCXII. fuit capta civitas Hubedæ Gasatravæ, & Bacusæ, habito campestri bello cum perfidis Satracenis, & obtentâ victoriâ à Christianis.

Undecimo Kal. Maii anno MCCXIII. fuit injunctum omnibus Notariis Barcinonensibus, quòd ponerent in chartis marcham argenti ad 48. solidi.

Quarto Non. Aug. eodem anno fuit injunctum dictis Notariis, quòd ponerent in chartis marcham argenti ad 88. solidos.

Pridie Kal. Septemb. anno MCCXIII. obiit dominus Petrus olim Rex Aragonum apud Murellum in Provincia.

Decimo Kal. Mart. anno MCCXXI. fuit à domino Rege Jacobo aspersa moneta de duplo Barcinonensi.

Pridie Kal. Januar. anno MCCXXIX. capta fuit iterum civitas Majoricarum à domino Rege Jacobo.

Pridie Idus Sept. anno MCCXXIX. intravit dominus Joannes Sabinensis Episcopus sedis Apostolicæ Cardinalis, Barcinonam.

Anno MCCXXXIII. fuit capta Burriana à domino Rege Jacobo.

Anno MCCXXXV. intravit domina Regina Hungariæ Barcinonam.

Anno MCCXXXVII. mense Augusti fuit campestre bellum apud Podium de Cebolà cum infinito numero Sarracenorum.

Anno MCCLIV. septimo Id. Octob. domina Hiolés de Hungariâ Regina Aragonum, uxor domini Regis Jacobi quondam, decessit in Aragoniâ apud sanctam MARIAM de Sales.

Anno MCCLVIII. fuit aspersa à domino Rege Jacobo, moneta de terno Barcinonensi.

Anno MCCLXVI. civitas Murciæ fuit capta à domino Rege Jacobo.

Anno MCCLXIX. Kal. Sept. dominus Jacobus olim Rex Aragonum, cum armatâ suâ militum & peditum recessit de plagiâ Barcinonensi causâ eundi ad partes transmarinas, & propter procellam maris remeavit.

Kal. Jul. anno MCCLXX. Ludovicus Rex Franciæ recessit de Aquis-mortuis, & deinde obsedit Tunicium simul cum Rege Navarræ, & Odoardo, & Rege Karolo; ubi ipse Rex Franciæ decessit.

Anno MCCLXXV. in mense Junii dominus Rex Jacobus quondam cum exercitu suo ivit contra Comitem Impuriarum, & obsedit villam de Roses. Postea dominus Jacobus Rex Aragonum nepos suus, cum exercitu ivit contra Comitem Impuriarum.

Septimo Kal. Aug. anno MCCLXXVI. dominus Rex Jacobus inclitæ recordationis apud Valentiam decessit.

Sexto Non. Mart. anno MCCLXXVIII. exercitus Barcinonensis recedit Barcinonâ, & obsedit castrum de Lussano, quod processu temporis cepit.

Mediante Madio, anno MCCLXXX. dominus Rex Petrus obsessâ villâ de Balaguer, cepit Comites Fuxensem & Urgellensem; & de Palhars, & ferè omnes Nobiles Cataloniæ.

Octavo Id. Junii anno MCCLXXXII. dominus Rex Petrus, filius domini Regis Jacobi, recedendo de portu Franges, ivit ad Alcoyl cum 700. militibus; & magnâ comitivâ peditum.

Postea quinto Kal. Aug. anno prædicto; ipse dominus Rex Petrus recedendo de Alcoyl, applicuit in Siciliâ.

Non. Junii anno MCCLXXXIV. Armata domini Regis cepit Principem, filium Regis Caroli, & ejus armatam apud Napolim.

Septimo Kal. Julii anno MCCLXXXIV. Galeæ Barcinonenses ceperunt in Barbariâ decem galeas Saracenorum.

Non. Kal. Octob. MCCLXXXV. Philippus Rex Franciæ post adventum galearum Siciliæ, tempore exercitûs de Panissars, decessit apud Castilionem Impuriarum, captâ Gerundâ.

Quarto Id. Novemb. anno MCCLXXXV. dominus Rex Petrus decessit apud Villam-Francam.

Kal. Januarii anno MCCLXXXVI. dominus Alphonsus Rex Aragonum cum suâ comitivâ militum & peditum, propter guerram cepit insulam Majoricarum.

Decimo-quarto Kal. Aug. anno MCCXCI. fuit captum & dirutum per exercitum Barcinonense castrum Episcopale.

Octavo Kal. Nov. MCCXCI. fuit factum duellum per Berengarium Sequim & Petrum Cosco.

Decimo quinto Kal. Jul. anno prædicto dominus Rex Alphonsus decessit Barcinonæ, tunc incepit Rex Jacobus regnare.

Quinto Kal. Septemb. anno prædicto dominus Infans Petrus, filius Regis Petri, contraxit nuptias cum dominâ G. de Montecatano.

Decimo quinto Kal. Junii anno MCCXCI. civitas Achonis fuit capta à perfido Soldano.

Decimo tertio Kal. Decemb. anno MCCXCI. fuit factum prælium Barcinonæ de Berengario d'Entençâ & Ar. d'Artesiâ.

S iij

Kal. Decemb. anno prædicto dominus Rex Jacobus desponsavit in uxorem dominam Elizabeth, filiam illustrissimi domini Sancii Regis Castellæ.

Decimo tertio Kal. Madii anno MCCXCV. decessit dominus Sancius Rex Castellæ.

Kal. Novemb. anno MCCXCV. dominus Rex Jacobus filius domini Regis Petri, inelitæ recordationis quondam, duxit in uxorem dominam Blancham filiam Regis Karoli, & renuntiavit Regno Siciliæ.

Anno MCCXCVI. in mense Novembr. dominus Rex Jacobus Vexillarius & Capitaneus Sedis Apostolicæ, cum dictâ Reginâ ivit in Curiam, & x. Kal. Madii anno MCCXCVII. redivit.

Kal. Julii MCCXCVII. dictus dominus Rex Jacobus iterum cum magnâ comitivâ militum & peditum armatorum ivit ad partes Romanas; & inde recedendo in Siciliam, ubi obsedit Cæsar-augustam, unde infirmitate recessit, & postea reparato exercitu 4. Non. Julii.

Kal. Augusti anno MCCXCVIII. fuit factum prælium Barcinonæ inter Rogerium de Castro Ciro pro domino G. de Montecathano, & Guillelmum de Medaliâ pro domino Vicensi Episcopo.

Anno MCCCXIX. habuit conflictum per mare cum armatâ suâ, cum Rege Frederico & armatâ suâ, quem devicit ; & partem armatæ suæ retinuit.

Quinto Kal. Septembr. anno MCCXXIX. fuit inchoatum Capitulum provinciale per Fratres Minores Barcinonæ.

In mense Decemb. anno MCCXCIX. in Siciliâ apud Trapenam, habito campestri bello cum filio Regis Karoli, fuit captus per Fredericum.

Quinto Id. Apr. anno MCCC. domina Constantia uxor domini Regis Petri decessit Barcinonæ.

Decimo tertio Kal. Apr. anno MCCC. decessit Frater Bernardus Episcopus Barcinonensis.

In festo S. MARIÆ Augusti, anno MCCCVIII. fuit obsessa civitas Almariæ per dominum Regem Jacobum ; & in mense Januarii sequenti recessit.

Quarto Id. Octobris anno MCCCX. decessit domina Blancha Regina Aragonum, uxor domini Regis Jacobi.

Anno MCCCXI. decessit dominus Jacobus Rex Majoricarum.

MONITUM.

NICOLAI TRIVETI Ordinis Prædicatorum Chronicon seu Annales beneficio V. Clariss. EMERICI BIGOTI nunc primum vulgamus ; sed priusquam in editionem incumberemus, HADRIANUS VALESIUS hoc Chronicon diligentissimè perlegerat, discusseratque, & menda plurima, non pauca gravissima ac ferè insanabilia, cùm vitio apographi, tùm negligentiâ & inscitiâ transcriptoris invecta, pro suâ historiæ notitiâ facilè, ut solet, feliciterque correxerat. Tanti viri diligentia & opera huic Chronico, sicut & Chartis compluribus impensæ, maximo mihi adjumento fuere.

Licet autem illi in Opere Auctori propositum fuerit, potissimùm de rebus Anglicanis scribere ; tamen res Francorum passim, & aliarum gentium ab ipso recensentur, adeo ut tria percurrens sæcula, quæ in orbe digna notatu gesta sunt strictim narrare haud omiserit.

Prolixè, sed sincerè ac modestè scripsit de S. Dominico, deque ipsius Ordine, (in quo religionis vota emiserat) viros doctrinâ & pietate illustres commemorans, præcipuè verò S. Thomam Aquinatem, utpote sibi coævum; cujus amplum texuit indicem Operum : atque emunctæ vir naris, ac studio partium minimè addictus, germanos à spuriis partus accuratè descripsit. Vide (si lubet) annum 1274. in Chronico.

Trivetum laudibus attollit Jo. Pitsæus, variasque ejus ac permultas in omni prope scientiarum genere lucubrationes singillatim recenses. Nicolaus Trivetus, ait, claris in Angliâ parentibus natus in Comitatu Norfolcensi, patrem habuit Thomam Trivetum, Equestris Ordinis virum, Regis aliquando summum Justitiarium, Nicolaus autem iste Londini apud Prædicatores Ordinis S. Dominici à pueritiâ educatus, adolescens eorum Regulam & sanctiones sanctissimas amplexus, habitu suscepto, suo tempore professionem edidit, &c. Vir sanè vitæ sanctimoniâ perspicuus, eruditionis varietate clarus, Poëta, Rhetor, Historicus, Mathematicus, Philosophus & Theologus insignis, &c. Deinde enumeratis Triveti Operibus indigitat Chronicon à nobis editum, quod Historiam sex Regum Angliæ, in scribit.

Pericopen Trivetiani Chronici, ubi de Gilberto Institutore Ordinis Simplingam. agitur, insutam videas Monastici Anglicani tomo 2. de Hospital. Militum Ordinis Sancti Augustini pag. 787. an. 1146. itemque pag. 699. & sequentibus, Institutiones sive Statuta ejusdem Ordinis attexuntur.

Cæterum Nicolaus Trivetus & Matthæus Westmonasteriensis cùm fuerint æquales, ac in utriusque Operibus, ab anno nimirum 1301. ad annum 1307. non idem modò sensus, sed verba ipsa sæpe reperiantur, utri attribuendæ sint, an ab alio Scriptore & Westmonasteriensis & Trivetus hauserint, facilè haudquaquam dijudicari potest.

De Illustr. Angliæ Scriptoribus anno 1328.

CHRONICON
NICOLAI TRIVETTI DOMINICANI *Vulgò, de Treveth.*
Ab anno MCXXXVI. ad annum MCCCVII.

ATHENIENSIUM Romanorumque res gestas certissimus auctor Sallustius od invicem conferens, has virorum illustrium præstantiori virtute administratas, illas vivacium ingeniorum studiosâ diligentiâ magnificatas, famâ effudisse asserit clariori. Laudis nempe & gloriæ avida nimis Græca facundia, insignes bellorum suorum triumphos, veritate historicâ ad posteros non contenta transmittere, verùm Poëtarum auctos figmentis, quibus Orbe toto erat fecundior, fabulosâ delectatione in admirationem extulit & stuporem. Hos æmulata quoque plurimùm Latina ambitio, quæ exercitio militari, ut mundus clamat subjectus, venustateque dicendi suorum decreto facilè magistros transcenderit, à quibus utriusque exercitii leges & præcepta in cultum rei suæ publicæ contraxit: gentis tamen Achææ gloriæ inferior visa est, quòd eam disertorum copia Scriptorum, qui victoriosorum memoriam titulorum perpetuarent, nullatenùs adæquavit. Cæterum autem terrarum nationibus licet tam inclyta scribendi materia & tam multiplex non affuerit, propagandi tamen sollicita fuerit minimè deficit diligentiâ, quâ antiquitatis suæ gesta memorabilia ad novellæ succedentis generationis notitiam detractâ temporum injuriâ pervenirent.

Hunc ex eâ caritate morem innatum, quia proprii zelum honoris singulorum mentibus impressit natura, in Anglicanâ observatum gente usque ad Joannis Regis primordia, omissum cernimus seu invalescente desidiâ, quæ laboris cujuscumque refugit exercitium, seu vitio quo populus in Principum suorum degenerans odium, plus in eorum vituperiis quàm laudibus delectatur. Quo factum est, ut annorum centum viginti & ampliùs historia vix tenui chronographorum excerpta diligentiâ, in modernorum confabulationibus probrosis Regum præcedentium detractionibus, (dum aliena ad cœlum extolluntur) turpiter offuscetur. Itaque cùm aliquando in studio moraremur Parisiensi, gesta Francorum Northmannorumque cum aliis studiosè perlegimus, & quidquid nationem tangebat Anglicanam fideliter excerpsimus. Ex quibus cùm his quæ in chronicis Anglicanis vidimus, adjectis nonnullis quæ vel propriâ notitiâ collegimus, vel fide dignorum relatu didicimus, ut omissa seu neglecta aliqualiter suppleri valeant, eorum in insequenti Opere Regum gesta, qui per lineam masculinam ab Andegavensibus Comitibus suam traxerunt originem, quorum primus erat Henricus secundus, juxta successionem temporum ad nostram ætatem curavimus annotare. Quamquam autem circa hos Anglicanæ gentis principaliter nostra versetur intentio, Romanorum tamen Pontificum ac Imperatorum, Regumque Francorum, quorumdamque aliorum præfatis contemporaneorum Regibus acta memorabilia quæ ad nostram pervenerunt notitiam annectere non omissimus, communi intendentes per hoc utilitati ampliùs deservire.

Quatuor autem in supremo Operis margine ponimus titulos. Quorum primus est Domini nostri JESU-CHRISTI, secundus Romanorum ante cujus principium scribitur littera P. designans Pontifices; post finem verò littera R. designans Reges, tertius titulus est Francorum, quartus Anglorum, quibus correspondent quinque numerorum series, quæ singulis præmittuntur capitulis, ita ut secundo duæ series, una Pontificum & alia Regum respondeant. Sub reliquis verò singulæ ponuntur numerorum series, quarum prima Anno Domini nostri JESU-CHRISTI, quarta Francorum, quinta Anglorum Regum temporibus coaptantur. Cum autem in serie Regum Romanorum duo numeri signentur, superior annos designat Imperii, inferior verò Regni. Annum verò juxta morem Romani Calendarii à principio Januarii exordimur.

PAPA INNOC. II. VI.	IMP. LOTHAR. IV X.	FRANC. LUDOVIC. VI. X. VII	AN. L. STEPHANI I.	ANNI DOM MCXXXVI.

UT autem juxtà nostram intentionem commodiùs Regum gesta, qui à Comitibus Andegavensibus per lineam masculineam descenderunt prosequamur, prælibandum videtur quomodo ad illos jus regni Anglicani fuerit devolutum. Altiùs igitur repetens dicimus, quòd cum Henricus primus Willelmi qui conquisivit erat, filius (in quo Willelmus Malmesburiensis suam terminat historiam quam diffusè prosequutus est de Regibus Anglicis & Normannis) prole masculinâ orbatus esset, filiis ejus Willelmo & Richardo in redeundo de Normanniâ versùs Angliam in egressu portûs de Depa, nautis inexperti periculo sævissimo marinis absorptis fluctibus, unicam filiam Mathildem nomine regni sui reliquit heredem. Quam, quamvis esset admodum juvencula, anno gratiæ millesimo centesimo decimo sexto, uxorem duxit Imperator Henricus quintus, quem quidam quartum dicunt, non numerantes Henricum primum, eo quod benedictionem Imperialem fuerit minimè assequutus. Huic Mathildi, vivente adhuc marito, pater ejus Henricus anno regni sui tricesimo, ab omnibus Prælatis, Comitibus, & Baronibus terræ Anglicanæ fidelitatis fecit juramentum præstari.

Defuncto autem Imperatore sine liberis anno gratiæ millesimo centesimo decimo sexto, Imperatrix in Angliam ad partem revertitur. Anno verò gratiæ millesimo centesimo vigesimo nono, Imperatrix annuente patre, Comiti Andegavensi Galfrido, qui cognominatus est Plantegenet, nupsit, viro in rebus militaribus strenuo & famoso; qui de eâ genuit tres filios Henricum, Galfridum atque Willelmum. Anno autem gratiæ millesimo centesimo trigesimo sexto, cum defuncto Henrico primo patre Imperatricis, jus regni Angliæ ad ipsam vel ejus filium primogenitum Henricum spectaret, Stephanus filius Comitis Blesensis, præfati Regis Henrici ex sorore nepos, regnum ipsum Primoribus illi quibusdam faventibus usurpavit. Cujus usurpatio injusta quomodo ad heredes ejus non transierit, quomodoque ab eo ad justum heredem reversio exorta, ut pleniùs appareat, gesta ejus primitùs prosequemur, de ejus origine & promotione per Regem Henricum primum aliqua præmittendo. Ste-

Parisiis Auctor studiis operam dedit.

Quomodò ad Comites Andegavenss. jus Regni Anglic. devolutum est

AN. DOM.	PAPÆ.	IMPERATOR.	Regis FRANC.	Regis ANGL.	PAPÆ.	IMPERATOR.	Regis FRANC.	Regis ANGL.	AN. DOM.
a									Et Lotharius Imperator.

phanus siquidem Blesensis Comes Mathildem a filiam Willelmi Regis Conquisitoris, sororem Henrici Regis primi uxorem accepit, de quâ filios quatuor procreavit. Quorum patre in partibus Orientis defuncto, mater mirabilis providentiæ; primogenito eo quod esset remissioris ingenii amoto, secundum filium Theobaldum ad hereditatis paternæ plenitudinem sublimavit. Tertium verò filium Stephanum nomine adhuc impuberem, germano suo Henrico Regi Angliæ educandum ac promovendum, tanquam nepotem patruo commendavit. Quartum verò Henricum nomine, ne soli sæculo videretur liberos genuisse, apud Monasterium Cluniacense tonsoravit. Processu verò temporis Henricus Anglorum Rex Comitatum Mertonii seu Constantiensem in Normanniâ nepoti suo Stephano contulit; unicamque Comitis Bolonensis filiam, ad quam plenè devolvenda erat hereditas paterna, eidem connubio copulavit. Henricum verò Fratrem ejusdem à Cluniaco evocatum, Glastoniensem Abbatem constituit, cui & postea Wintoniensis Ecclesiæ contulit præsulatum, qui utriusque simul functus officio, possessiones amplissimas utriusque retinuit Romano cum eo Pontifice dispensante. Stephanus igitur, ut præfatum est, subtracto de medio avunculo regnum Angliæ invadens, à Willelmo Cantuariensi Archiepiscopo, annuente Saresburiensi Rogerio, in præsentiâ Prælatorum & Procerum, nonobstante juramento quod olim Imperatrici vivente patre præstiterant, solemniter coronatur. Sedit eâ tempestate Romæ Innocentius secundus, imperante Lothario quarto, & regnante in Franciâ Ludovico.

Lotharius Romanorum Imperator secundam in Italiam profectionem faciens, dum rediret in patriam suam subactâ Apuliâ, de medio substractus est. Cui successit Conradus Henrici Imperatoris ex sorore nepos. Hoc anno cœperunt plurimi à Rege Stephano deficere, quorum Capitaneus erat Robertus Comes Gloverniæ, Imperatrici germanus, quamvis ex illegitimo toro natus. Dumque Rex in partibus australibus contrà istos bella gereret, cassoque labore sudaret, Scotorum Rex David cum suis Northhumbriam depopulando subegit.

<u>Huic successit Conradus.</u>

MCXXXVI.	INNOC. II.	LOTHAR. IV.	LUDOVIC. VI.	STEPHAN. I.
	VI.	X.	XXVII.	I.

Guillelmus Aquitaniæ Dux obiit cum sepulcrum S. Jacobi visitaret, atque inibi sepultus est.

STEPHANUS initia visus est habere fausta, dum David Scotorum Regem Imperatricis avunculum, & pro vitâ ejus zelantem, terramque Northumbrianam invadentem trans fluvium Tynam magnis repulit viribus, & ejus exercitum in manu potenti contrivit. Balduinum etiam de Roveriis rebellantem expugnavit, & in exsilium relegavit, Normanniamque occupans, omnia in eâ gerenda felici fortunâ disposuit. Mare Anglicanum terminos egressum, partem magnam Flandriæ cum habitatoribus ejusdem submersit. Guillelmus Dux Aquitaniæ, qui & Comes Pictaviæ dictus est, ad S. Jacobum peregrè proficiscens, in die Parasceves obiit, sepultusque est in Ecclesiâ sancti Jacobi coram altari. Hic duas reliquit filias, quarum primogenitam Alianordem in hereditate integrâ sibi statuit successuram, suosque instante morte adjuravit Proceres, ut dictam Alianordem juniori Regi Francorum Ludovico cum pleno Ducatu traderent maritandam.

INNOC. II.	CONRADI II.	LUDOV. VII.	STEPHAN. I.	MCXXXVIII.
VIII.	I.	I.	III.	

PETRUS Leonis qui per schisma Papatum invaserat annis octo, divino judicio percussus interiit. Innocentius Papa ordinatos ab eo degradavit, & ne ultrà ad ordines promoverentur, decrevit. Scoti amne Tyna transmisso usque ad Thesis fluvium debacchantur, putantes se in brevi Deirorum provinciam cum civitate Eboracensi spe non dubiâ possessuros. Provinciales verò à Rege Stephano & Trans-Humbrana gente desperantes auxilium, monitis Thurstini Archiepiscopi animati, unanimiter conglobati contrà Scotorum multitudinem immanitate terribilem in campo non longè à flumine Thesa mense Augusto viriliter perstiterunt. Denique Scoti incensis mane castris Anglorum paucitatem habuerunt derisui, sed cum leviter armati confodientes eminùs jacula sensissent, hostibus terga dantes, insequentibus Anglicis victoriam concesserunt. Fugit Rex David raro stipatus milite, plurimisque de suis cadentibus vix evasit.

Scoti in Angliam ingressi repelluntur.

Clarebant his temporibus viri illustres Malachias Episcopus, qui mortuum dicitur suscitasse; Gilbertus Porretanus in Galliis tam liberalium artium, quàm divinarum scripturarum scientiâ eruditus ad plenum. Hic libros Boëtii de Trinitate, & de hebdomadibus commentavit. Scripsit etiam, ut fertur, librum sex principiorum, & de Canone Lectionum nonnullos libros suâ expositione illustrans, post Magistrum Anselmum super Psalterium & super Epistolas Pauli ex dictis sanctorum Patrum compactam edidit glosaturam. Florebat etiam his temporibus Bernardus Clarevallensis Abbas, multa post se sanctitatis & scientiæ monumenta relinquens. Eodem anno Albericus Ostiensis Episcopus Apostolicæ sedis Legatus, Concilium Londoniis celebravit, ubi & Theobaldus Beccensis Abbas, Rege Stephano annuente, in Cantuariensis Ecclesiæ cathedram sublimatur.

Illustres viri Malachias Episc. Gilbertus Porretanus.

Bernardus Clarevallensis Abbas. Albericus S. A. Legatus Concil. celebrat.

INNOC. II.	CONRADI II.	LUDOV. VII.	STEPHAN. I.	MCXXXIX.
IX.	II.	II.	IV.	

MCXXX-VII.	INNOC. II.	LOTHAR. IV.	LUDOV. VI.	STEPHAN. I.
	VII.	XI.	XXVIII.	II.

Ludovicus Regis filius uxorem ducit filiam Guillelmi Ducis. Moritur Rex Franc.

LUDOVICUS Francorum Rex auditâ morte Willelmi Ducis Aquitaniæ, filium suum Ludovicum jam coronatum in Regem misit Burdegalam, ut cum Ducatu Aquitaniæ Alianordem acciperet in uxorem, filiam dicti Ducis. Infrà verò mensem nuptias sequentem moritur Rex Francorum senior Ludovicus. Per idem tempus in Galliis à Martio usque ad Septembrem fuit siccitas inaudita: fontes namque & putei, fluvii etiam quamplurimi siccabantur.

REx STEPHANUS Oxoniæ constitutus, Rogerium Sarasberiensem, & Alexandrum Lincolniensem, inter Episcopos Angliæ potentissimos velut injuriarum reos atrocium captos inclusit, artatosque pecuniis nudavit & castris. Rogerus enim per Henricum Regem primum promotus, factusque in administratione regni ab eo, priùs duo nobilia castra Scireburne & Divisas opere sumptuoso construxit, Alexandroque nepoti Lincolniensem favore regio obtinuit Præsulatum. Hic latissimi cordis existens, avunculum in castris construendis adæquavit expensis. Considerans tamen posteà hujusmodi ædificia Episcopalem minùs decere honestatem, ad hujusmodi reatûs abolendam maculam, totidem Mo-

Episcopus Saresberiensis & Lincoln. carceri tradit Stephanus.

a Mathildem] Aliis *Adela* dicitur.

nasteria

| AN. DOM. | PAPÆ | IMPERATOR. | Regis FRANC. | Regis ANGL. | PAPÆ | IMPERATOR. | Regis FRANC. | Regis ANGL. | AN. DOM. |

nasteria pluribus dotata prædiis ad Dei honorem fundavit, Religiosis in eisdem Collegiis institutis. Rogerus autem Saresberiensis de fidelitate Imperatrici servandâ vivente ejusdem patre, non solùm primus juravit, sed cæteris omnibus Prælatis & Proceribus distinctè ad nutum regium imposuit & proposuit juramentum. Ipse tamen posteà ut Stephanum eodem juramento astrictum sibi alliceret, perjurium non est veritus incurrere, sed aliis pejerandi insigne præstruxit exemplum. In quem ipse Stephanus ultor ordinatus, divinitùs, tamquam exigui hominem momenti primò carcerali custodiæ, postmodum etiam cibi inopiâ, nepotique ejus Alexandro, qui tunc regius Cancellarius erat, intentato supplicio sic coarctavit, ut Regi duo dicta præclara castra, in quibus erant thesauri ejus repositi, resignaverit. Denique grandævus Episcopus vi doloris, ut fertur, absorptus, vitam longo tempore splendidissimâ fine infelici conclusit. Alexander verò Lincolniensis munitiones suas modo non dissimili resignans, ægrè relaxatus est, ut discat divina judicia venerari, & saniora de cætero meditetur. Obiit Johannes de Temporibus, completis, ut fertur, ætatis suæ annis trecentis sexaginta & uno, qui & Caroli Magni dicitur scutifer exstitisse.

Bristollum custodiâ mancipaverat, favorabiliter susceperunt undecimo Kal. Maii, quæ & ab omni penè gente Anglorum, Cantianis exceptis, est Domina proclamata: sed irritata fortunâ fastu fœmineo pendulos Optimatum animos, & corda civium tenero adhuc affectu hærentia pervertit, ut de amicis subitò converterentur in hostes. Igitur in die Nativitatis Præcursoris Domini obsessâ turri fugatur Imperatrix de Londonio, turrim tamen Galfridus de Magnavillâ potenter defendit, & egressu facto Robertum civitatis Episcopum partis adversæ fautorem cepit apud mansum suum de Fulletum.

Eâdem tempestate Imperatrix cum avunculo suo David Rege Scotorum, & germano suo Roberto Comite Gloverniæ turrem Wintoniensis Episcopi obsidens, experta est gloriæ prioris jacturam. Idem namque Episcopus [b] Regis Stephani germanus, vir multæ in regno potentiæ, callidus admodum pecuniosusque, nec non in Angliâ Apostolicæ Sedis Legatus, ad solvendam obsidionem ex Cantiâ, quam solam cassus non flexerat regius, Guillelmum Iprensem cum Reginâ, & ex aliis provinciis quamplurimos acquisivit. Cumque jam immensas contraxisset copias, per dies aliquot uterque exercitus excubabat in castris, & præter eos qui de castris egressi pro virium exercebantur ostentatione, ab actu vacare bellico videbatur. Verùm advenientes magnâ ex Londoniensibus copiæ, in tantum augebatur adversantium Imperatrici exercitus, ut ipsa jam impar ad pugnam, relictâ Wintoniensi civitate direptionique expositâ, suæ per fugam saluti consulere cogeretur. Captus est in illâ fugâ Robertus Gloverniæ Comes cum aliis pluribus Militibus & scutiferis diversi generis & honoris. Porrò Rex David ne in manus incideret hostium, quibusdam eum cautè deducentibus, multo metu & periculo ad propria remeavit. Sanè insignium captivorum, Regis videlicet & Comitis facta est commutatio, & perseverantibus inimicitiis uterque pro altero sibi redditus est & suis.

Rogerus de Siciliâ filius Roberti Guiscardi Normanni, qui Apuliæ & Calabriæ Principatum tenuit, à Papa Innocentio, propter investituras Ecclesiarum quas sibi usurpavit, anathematis sententiâ innodatur. Qui post ipsum Papam in bello cepit, & cum eo factâ pace, obtinuit ut in Regem coronaretur Siciliæ. Sicque primus de genere Normannorum nomen Regis usurpans, posteà penè totam Africam acquisivit.

b

| MCXL. | INNOC. II. X. | CONRAD. II. III. | LUDOV. VII. III. | STEPHAN. I. V. | | | | | |

Turbat Regnum Angliæ Mathildis Imperat. filia Regis Henrici I.

MATHILDIS Imperatrix, filia Regis Henrici primi, cum germano suo Roberto Gloucestriæ Comite circà festum S. Michaëlis venit in Angliam, contemplatione juramenti olim sibi præstiti corda multorum commovens contrà Regem. Regnum in se dividitur, & juxtà verbum Veritatis per hostiles incursus passim rapinas exercentes, & incendia desolatur. Interim Galfridus Andegavensis Comes Normanniam pervagatur cum exercitu, totamque in brevi uxoris & filii nomine redegit in suam potestatem, nemine qui ejus valeret sustinere impetum, resistente.

Liberatur Rex.

Hugo & Ricardus de S. Victore.

Decessit hoc anno Hugo de sancto Victore, qui de Opere sex dierum, & de Sacramentis, de Arcâ etiam, aliaque utilia multa scripsit. Floruit autem eo tempore Ricardus de S. Victore, qui de Trinitate & Unitate libellum brevem scripsit, principiumque & finem Ezechielis expositione historicâ illustravit.

G. Rogerus capto Innocentio Papa Rex consecratur.

| MCXLI. | INNOC. II. XI. | CONRAD. II. III. | LUDOV. VII. IV. | STEPHAN. I. VI. | | | | | |

STEPHANUS Rex castrum Lincolniæ, quod Comes Cestriæ Ranulphus dolo, ut fertur, intraverat, & suis defendendum commiserat, instauratum obsedit, protractâque obsidione à Natali usque ad Hypapantem Domini, Comes Ranulphus [cum] socero suo Roberto Gloverniensi Comite aliisque partem Imperatricis foventibus regni, [ut] amoveret obsidionem, bellum cominùs intentavit. Quo non cedente, sed exercitum potiùs congregatis undique copiis augente, gravissimum consertum est prælium, in quo devicto exercitu Regio, licet numero præstantior & apparatu videretur, ipse Rex captus est. Cæteris profligatis, Comites cum suis civitatem ovantes ingressi, omnia more hostili diripiunt, Regemque captivum Imperatrici reddentes, mulieris animum insigni victoriâ incitabant ad ampliora speranda. Cives Londonenses Regii casûs infelicitate fracti, Imperatricem, quæ Regem apud

| INNOC. II. XII. | CONRAD. II. V. | LUDOV. VII. V. | STEPHAN. I. VII. | MCXLII. |

Capitur Rex Angl. & Imperatrici traditur.

Carceri mancipatur.

REx STEPHANUS apud Wiltonam munitionem construens, repentinâ hostium irruptione fugatus est plurimis suorum amissis, captus est ibidem Regis Dapifer Willelmus cognomento Marcellus, qui pro redemptione corporis sui Schireburnense Castellum nobile resignavit. Eodem anno fortunâ retrogradâ Rex Imperatricem in Oxoniâ per menses aliquot obsidione conclusit. Quæ diutinæ obsidionis angustiis impatiens, ex temporis qualitate occasionem fugæ noctâ, noctis & nivis beneficio in veste albâ Thamesim fluvium crassâ glacie transiit superstratum. Sicque periculum evadens, in loca se transtulit tutiora. Rex oppido capto, successuque factus hilarior, priorum visus est eventuum aliqualiter dedecus detersisse.

Obsessa Imperatrix à Rege evasit.

Constantinopolitanus Imperator Emmanuel ob-

[b] *Episcopus*] Hic est Henricus, quem suprà vidimus cœ- Tom. III.

lesti militiæ nomen in Cluniacensi cœnobio dedisse.

T

| AN. DOM. | PAPÆ | IMPERATOR. | Regis FRANC. | Regis ANGL. | PAPA | IMPERATOR. | Regis FRANC. | Regis ANGL. | AN. DOM. |

sessâ aliquandiù Antiochiâ, pace factâ cum Principe, civitatem intravit. Multis deinde captis præsidiis dum venationi insisteret, arcumque vehementer tenderet, à semetipso sagittâ vulneratus toxicatâ in manu sinistrâ, defungitur relicto filio Emmanuel successore.

Petrus Bituric. Archiep. sine assensu Regis ordinatus excluditur.

Dissensio inter Papam Regemque Francorum exorta est, quia quemdam Petrum nomine sine assensu regio Bituricensem Archiepiscopum ordinavit, quem sedem suam adeuntem Rex exclusit. Receptus tamen est à Comite Campaniæ Theobaldo: propter quod Rex Comiti offensus, ipsum plurimùm molestabat.

MCXLIII.

Concilium Londoniense coactum. Decreta Concilii.

| INNOC. II. | CONRAD. II. | LUDOV. VII. | STEPHAN. I. |
| XIII. | VI. | VI. | VIII. |

HENRICUS Wintoniensis Episcopus, Apostolicæ sedis Legatus, pro quiete & prærogativa Ordinis clericalis Concilium Londoniense celebravit, cui benignè interfuit Rex Stephanus, & favoris Regii suffragium non negavit. Statutum est in hoc Concilio, ut quicumque in Clericum vel Monachum manus injecerit violentas, solemniter denunciaretur excommunicatus, & ad Romanum absolvendus Pontificem mitteretur, Cantuariensis Archiepiscopus Theobaldus super Wintoniensem Episcopum ordinariam gerens potestatem, & Wintoniensis Episcopus super Cantuariensem Legationis indultæ potestatem exercens, dum mutuo invicem gladio colliduntur, Romanum adeunt Pontificem, & quæstionem tanto gratiorem, quanto ponderosiorem Romanorum auribus intulerunt.

Galfridus de Magnavilla custodiæ traditur à Rege.

Rex Stephanus non immemor illati sibi olim dedecoris à Galfrido de Magnâ villâ, arcis Londoniensis occupatore, nec quid deceret regiam honestatem, sed quid ultioni competeret considerans, ipsum in curiâ suâ apud sanctum Albanum nihil talium meditantem comprehendi jussit, & artiori custodiâ detineri. Siquidem Rex Stephanus ante annos aliquos Constantiam Ludovici Regis Francorum sororem Eustachio filio suo desponderat, intendens affinitate tanti Principis contrà Andegavensem Comitem virum Imperatricis, liberosque eorumdem successuram sibi filium roborare. Eratque c nurus hæc Londoniis cum socru suâ Reginâ, quæ dum ad locum alium migrare voluisset, à Galfrido passâ resistentiam, coactâ est in manu ejusdem nurum relinquere; postea tamen Regi prædictam reposcenti restituit licèt ægrè. Cum hæc oblivioni tradita viderentur, inter alios Proceres qui edicto publico apud sanctum Albanum convenerant, apparuit hic Galfridus, quem Rex illicò indignationis loris adstrictum, non ante dimisit liberum, quàm Londoniensem turrem, reliquasque quas tenuit munitiones satellitibus Regis resignaret. Liber autem factus, ingentia metiens animo, collectâ improborum manu in Monasterium Ramensense invasit, & expulsis Monachis de Ecclesiâ castrum faciens, percrebris irruptionibus vicinam infestavit provinciam, ac ex successu demùm conceptâ fiduciâ progrediens longiùs, Regem ipsum exterruit, & acerrimis insultando excursionibus fatigavit.

Rex Francorum contrà Comitem Campaniæ Theobaldum, ducens exercitum, Vitriacum cepit, cujus successâ Ecclesiâ plurimi in eâ consumpti sunt

igne. Rex autem castrum illud nepoti Comitis, quem patruus aliàs patrimonio privaverat, contulit.

Innocentio Papâ hoc anno defuncto, sepultoque in Ecclesiâ Lateranensi in conchâ porphyricâ opere miro sculptâ, Cælestinus secundus successit, qui Regem Ludovicum ad pacem concordiamque reduxit. Fulco Rex Hierusalem venando lapsus lapsus interiit: cui filius ejus Baldewinus successit.

Innocentius Papa moritur.

| CÆLESTIN. II. | CONRAD. II. | LUDOV. VII. | STEPHAN. I. |
| I. | VII. | VII. | IX. |

MCXLIV.

CÆLESTINUS Papa cum sedisset mensibus quinque, diebus XIII. obiit, & in Lateranensi Ecclesiâ sepultus est. Cui Lucius secundus successit. Hic natione Bononiensis, cum esset Presbyter Cardinalis tituli sanctæ Crucis, totam illam Ecclesiam renovavit à fundo.

Cælestinus II. Papa paucis mensibus sedit: cui successit Lucius II.

Stephanus Rex castrum Lincolniæ quod Comes Cestriæ tenuit, secundò obsedit, ubi dum munitionem exstrueret, operariis subitâ hostium irruptione præfocatis, Rex confusus ipse abscessit. Apud Norwicum immensum perpetratum est facinus à Judæis, qui in opprobrium Christianæ fidei & Salvatoris nostri blasphemiam, puerum cujusdam Catholici immani crudelitate crucis affixerunt patibulo. Galfridus de Magnavillâ in obsidione castri hostilis à quodam pedite sagittâ percussus in capite, post dies aliquot exspiravit. Similis factionis homo Robertus Marmyun invasor Monasterii Conventrensis Monachis exclusis, cum contrà Cestrensem Comitem cum ingentibus copiis adventantem exercitum parasset, in prospectuque omnium spumante veheretur in equo contrà hostes, in foveam incidit, & dum fracto femore emergere non valeret, à quodam partis adversæ satellite capite plexus, prælio finem dedit.

Galfridus de Magnavillâ, & Robertus Marmyun miserè interierunt.

Rex Francorum Comitem Campaniæ ad pacem mediante Bernardo Clarevallensi Abbate recepit. Quidam Italicus Arnaldus de Brixia, artifissimam vitam ducens, multos pestiferâ doctrinâ seduxit; qui dum Romæ Clericorum divitias & superfluitates redargueret, à quibusdam captus suspenditur & crematur. De quo beatus Bernardus in quâdam Epistolâ ista scripsit: Erat homo in epulis neque « manducans neque bibens, sed cum solo diabolo « esuriens & sitiens sanguinem animarum. Cujus « conversatio mel, & doctrina venenum, cui caput « columbæ, cauda scorpionis erat, quem Brixia « evomuit, Roma exhorruit, Francia repulit, Germania abominata est.

Arnaldus de Brixia hæreticus, suspenditur & crematur.
Epist. 195.
Epist. 196.

| LUCII II. | CONRAD. II. | LUDOV. VII. | STEPHAN. I. |
| I. | II. | VIII. | X. |

MCXLV.

LUCIUS Papa Senatores Romanorum contrà Ecclesiam erectos, in Capitolio inclusos obsedit, sed non multo post obiit, cum sedisset mensibus undecim, diebus septem. Sepultusque est in Ecclesiâ Lateranensi.

Obiit Lucius Papa.

Rex Stephanus, cum Comes Gloverniensis cæterique adversæ partis munitionem apud Farendone quantum sibi utilem, tantum Regiæ parti construxissent nocivam, cum militiâ suâ & Londoniensibus advolans, per diesque aliquot eam fortiter oppugnans, tandem obtinuit eam non sine tædio & labore.

---

c *à Galfrido*] Alteram causam cur Galfrido infensus esset, Stephanus, auctor ipse retulit anno 1141. nimirum unus fuerat è proceribus qui se Imperatrici adjunxerant, & ejus partes adeo pervicaciter tutatus fuerat, ut eâ etiam fugatâ turrim Londoniensem aliquamdiù retinuerit invito Rege.

Chronicon Nicolai Trivetti.

AN. DOM.	PAPÆ	IMPERATOR.	Regis FRANC.	Regis ANGL.		AN. DOM.
Edessa civitas à Paganis capta, Episcopus interficitur. d						
Eugenius III. fit Summus Pontifex.						Thurstino cedente Pontificatum Eboracensem suscepit Willelmus.

Mense Maio in Occidentali parte cœli apparuit stella comata. Edissa civitas Mesopotamiæ, ubi quieverunt corpora Apostolorum Thomæ & Thadæi, quæ à primo tempore susceptæ Christianitatis d, à Paganis capitur, & Episcopo civitatis decollato, plurimisque occisis, reliqui captivantur.

Lucio Papæ successit Eugenius natione Pisanus, qui cum esset primus Abbas Monasterii sancti Anastasii Martyris, quod Innocentius secundus fundavit apud aquas Salvias, in Ecclesia sancti Cæsarii est electus. Sed propter Senatores qui contra voluntatem prædecessoris sui à populo electi fuerant, ab urbe discedens, in civitate quadam vicina convocatis illuc Cardinalibus & Prælatis, munus consecrationis accepit, invitatusque à Rege Francorum Ludovico, non multo post profectus est in Franciam.

sapientiam ornavit regularibus institutis.

Willelmus Eboracensis Ecclesiæ Thesaurarius, cedente Thurstino Pontificatum suscepit, vir plane & secundum carnem nobilis, & motum ingenua amabilis lenitate. Qui cum pro petendo pallio responsales idoneos Romam misisset, emergentibus adversariis & contra eum multa proponentibus negatum est, jussusque est in propria persona ad sedem ipsam accedere, & pro semetipso tamquam ætatem habens his respondere objectis. Causis tamen ingravescentibus, Papaque Eugenio contra eum implacabiliter irritato, deponitur, reversusque in Angliam secessit Wintoniam; ubi à suo consecratore Henrico susceptus est honorifice, & splendide exhibitus per decennium fere, vel casus vel excessus suos deplorans, temporumque mutationem patienter expectans. Eo amoto, cathedram Eboracensis Ecclesiæ Abbas Fontanensis Henricus ascendit annitente Papa Eugenio, cujus apud Clarevallem sub patre Bernardo fuerat consodalis. Quem in Angliam reversum Rex Stephanus renuit admittere, nisi eidem de fidelitate servanda juratoria præstita cautione. Exclusum à favore Regio cives Eboracenses refutare, studia in deposutum præsulis propensiora habentes. Interdicta propter hanc pervicaciam civitate, & suspensis Ecclesiæ organis, Eustachius filius Regis adveniens divina præcepta celebrari officia, & præsentis terroribus non cedentes ab urbe extrusit; propinqui etiam Præsulis depositi, tam proprio furore quam Regio favore feroces, cunctis qui depositioni ejus putabantur consensisse, molesti erant in tantum, ut seniorem Archidiaconum, qui forte in manus eorum inciderat, abscidere minime vererentur. Verum post annos aliquot placato Rege, cives Eboracenses suum Antistitem cum gaudio susceperunt.

MCXLVI.	EUGENII III. I.	CONRAD. II. IX.	LUDOV. VII. IX.	STEPHAN. I. XI.		

REx Stephanus Ranulphum Comitem Cestriæ nuper sibi confœderatum & devotum effectum, qui etiam profusis ipsum apud Wallingfordiam expensis juverat, venientem confidenter & pacifice ad Curiam suam Northamtonam comprehendi jussit hostiliter, fidei propriæ immemor &. honoris. Comes captivus castrum Lincolniense, & alia quæ usurpasse videbatur, sub obtentu liberationis suæ resignavit Regiæ voluntati. Relaxatus autem, post modum à Rege recedens, eidem factus est perpetuus inimicus. Cumque jam Regiæ potentiæ omnis vigor deperisset, cœperunt Potentes regni prout quisque poterat munitiones construere, ut suos tutarentur fines, vel ut pervaderent alienos.

Claruerunt his temporibus in Anglia viri sanctitate illustres Thurstinus Eboracensis Archiepiscopus, & Gilbertus e Ordinis qui dicitur de Symplingham Institutor, quorum primus literarum scientia præditus, post laudabilem officii pastoralis administrationem annis plurimis exercitam, præclaraque pietatis opera, cum jam fere expletum militiæ suæ tempus sentiret, resignato honore, & excusans se ab onere, apud Pontem fractum inter Cluniacensis ordinis Monachos ultimos vitæ dies exegit. Alter vero Gilbertus eximiæ, vir religionis, in feminarum custodia gratiæ singularis, ab adolescentia, ut fertur propria noluit consentis salute, lucrandarum in Deo animarum zelo ignitus, infirmiorem sexum cœpit propensius æmulari, omne æmulationis piæ ausu sumpto ex superna gratiæ fiducia, & conscientia propriæ castitatis. Cumque cœptis ejus favor videretur arridere divinus, veritus ne forte in vacuum curreret aut cucurrisset, si erumpentem zelum moderatrix scientia non condiret, Clarevallensem Abbatem bonum Bernardum adeundum censuit, cujus salubri informatus consilio, & in proposito roboratus, tanto ferventius quanto confidentius piis cœptis insistere non cessavit. Prosperatus autem est in his quæ gerebat, magnusque vehementer effectus est, tam in multitudine copiosa ad Omnipotentis Dei servitium congregata, quam in rerum temporalium ad necessaria vitæ subsidia corporalis. Denique servorum Dei duo, & ancillarum Dei octo non ignobilia construxit Monasteria, quæ & numerosis implevit collegiis, & juxta datam sibi a Deo

Rex Francorum, multique Principes alii in terram sanctam à Papa Eugenio apud Verzelliacum crucis characteri sunt signati. Ecclesia Tornacensis, quæ per annos circiter sexcentos, à tempore videlicet sancti Medardi, sub Episcopo Noviomensi sine proprio steterat Sacerdote, cœpit hoc anno proprium habere Episcopum. His temporibus sancta Hildegardis, cujus mirabiles narrantur visiones & prophetiæ, in partibus Teutoniæ habebatur insignis.

	EUGENII III. II.	CONRAD. II. X.	LUDOV. VII. X.	STEPHAN. I. XII.		MCXLVII.

CONRADUS Romanorum Rex apud Francfordiam cum multis principibus, Ab Abbate Bernardo Claravallensi, crucis signum accepit in Purificatione Virginis gloriosæ. Navalis Dei exercitus ex Anglia, Flandria, aliisque partibus maritimis collectus pridie Idus Aprilis de portu quodam Anglicano cum ducentis fere navibus profectus, quarto Kal. Julii Ulixi-bonam applicuit Hispaniæ civitatem, quam protelata in decem menses obsidione ceperunt, & de Saracenis multitudinem plurimam occiderunt, tradita que in manu Christianorum urbe, Clericos in ea posuerunt, & eisdem Episcopum præfecerunt. Conradus Romanorum, Ludovicusque Francorum post dies aliquot Pannoniam ingressi, gentique illius Rege placato, ne victualia deessent exercitui, Danubium transierunt: Inde per Thracias suppetente cōmeatus copia, prospere usque Constantinopolim pervenerunt. Fixis autem extra urbem tentoriis, per

---

d *Christianitatis*] Non nulla hoc loco deesse, monuit Acherius. Quæ si quis ex ingenio suppleri velit, apparet eam fuisse scriptoris mentem, in ea urbe religionem summo studio cultam fuisse.

e *Gilbertus*] Is forte est, ait Acherius, Gilbertus Sempringham, cujus Pitseus meminit lib. de Angl. script. ad an. 1189.

Tom. III.

T ij

ANN. DOM	PAPÆ	IMPERATOR.	Regis FRANC.	Regis ANGL.	PAPÆ	IMPERATOR.	Regis FRANC.	Regis ANGL.	AN. DOM

dies aliquot exercitum recrearunt. Pactis tandem cum ejusdem urbis Imperatore initis, angustum illud fretum quod brachium sancti Georgii dicitur, transmeantes, minorem ingressi sunt Asiam, cujus pars quædam Constantinopolitanæ ditionis est; Soldanus verò Iconii reliquam partem tenet. Ibi perfidiâ Imperatoris Græci duorum maximorum exercituum parte longè majori casibus variis cladibusque profligatâ, cum parte residuâ duo illi magni Principes Hierosolymam accesserunt, nullâque re memorabili ibi gestâ inglorii redierunt.

Regnum Angliæ variis seditionibus concutitur.

Interea Anglia intestinis malis exanguis & saucia tabescebat. Et primò quidem videbatur regnum in duo divisum, quibusdam Regi, & quibusdam imperatrici faventibus, inter partesque diù multumque certatum est, alternante fortunâ. Processu verò temporis provinciales discordantium motus distribuere, Castella quippe studio partium per singulas provincias surrexerant crebra: erantque in Angliâ tot quodammodò Reges vel potius tyranni, quot castellorum domini, habentes singuli percussuram proprii numismatis, & potestatem dicendi subditis regio more jura.

MCXLVIII.	EUGENII III. III.	CONRAD. II. XI.	LUDOV. VII XI.	STEPHAN. I. XIII.

Concilium Remense.

EUGENIUS Papa Remis Concilium celebravit, in quo Gilbertus Porretanus per Abbatem Bernardum de doctrinâ convictus minùs sanâ, suum revocavit errorem. Henricus filius Comitis Andegavensis suadente matre Imperatrice, ad Regem Scotorum David avunculum suum missus, militaribus f in urbe Carleoli armis accingitur ab eodem.

f

MCXLIX.	EUGENII III. IV.	CONRAD. II. XII.	LUDOV. VII. XII.	STEPHAN. I. XIV.

EUGENIUS Papa de partibus Galliarum reversus est in Italiam. Rogerus Siciliæ Rex Africam ingressus, civitatem quamdam cepit Africam appellatam. Conradus Romanorum & Emmanuel Græcorum Imperatores confœderati, cum contra Rogerum Siciliæ Regem exercitum duxissent, multitudine, fame & intemperie afflicti, nihil proficere potuerunt.

Sanctus Malachias Episcopus Hiberniæ apud Claramvallem defungitur, cujus vitam virtutibus inclytam beatus scripsit Bernardus.

MCL.	EUGENII III. V.	CONRAD. II. XIII.	LUDOV. VI. XIII.	STEPHAN. I. XV.

Rex Franciæ ab Imperatore Græc. captus, sed ereptus in Galliam redit.

LUDOVICUS Francorum Rex ab Oriente repatrians, à Græcorum navibus capitur, Græcorumque Imperatori præsentatur captivus; sed industriâ Rogeri Regis Siciliæ ereptus, & ad præsentiam Papæ Eugenii conductus, securus ad propria remeavit. Raymundus Princeps Antiochiæ bello decertans cum Turcis, perimitur. Milites Templi Gazam Palæstinæ urbem reædificantes, Ascalonitas graviter molestabant.

MCLI.	EUGENII III. VI.	CONRAD. II. XIV.	LUDOV. VII. XIV.	STEPHAN. I. XVI.

GALFRIDUS Comes Andegavensis capto castro Monasteriolo, super Gisardum Belloii decessit, & Cenomanis in Ecclesiâ sancti Juliani sepultus quiescit. Successit ei in utroque Comitatu Cenomanensi & Andegavensi, ac in Ducatu Normanniæ Henricus filius ejus ex Imperatrice Mathilde,

	EUGENII III. VII.	CONRAD. II. XV.	LUDOV. VII. XV.	STEPHAN. I. XVII.	MCLII.

INter Regem Francorum & uxorem Alianordem probatâ consanguinitate celebratur divortium; & eodem anno Henricus Dux Normanniæ Andegavensisque Comes eamdem duxit Alianordem, integrum Aquitaniæ Ducatum accipiens cum eâdem. Eugenius Papa pace factâ cum Romanis urbem ingreditur, moram in eâ faciens uno anno. Comes Viromandensis moritur, cujus ad Comitem Flandriæ Philippum devolvitur Comitatus. Decessit hoc anno Conradus Romanorum Rex, Imperialem benedictionem minimè assequutus. Successit eidem Fredericus primus nepos ejus, Saxoniæ Dux existens. Henricus Comes Northumbrorum, Regis Scotorum filius obiit felicis filiis, quorum primogenitum Malcolmum avus sibi successurum constituit: secundò verò genitum Willelmum, fecit Comitem Northumbrorum.

Alianordem Rege repudiatam uxorem ducit Henric. Dux Norman. Comite Viromandiæ mortuo, ad Philippum Flandriæ Comitatus devolvitur. Fredericus I. Imperator succedit Conrado.

	EUGENII III. VII.	FREDERICI I. I.	LUDOV. VII. XVI.	STEPHAN. I. XVIII.	MCLIII.

HEnricus Normanniæ Dux Imperatricis filius, ad regnum Angliæ, quod sibi materno jure debebatur, anhelans, occupatorem ejus Regem Stephanum in manu potenti statuit expugnare. Immunitam tamen nolens relinquere Normanniam, eo quod Regem Francorum habebat suspectum (sororem namque ejusdem Eustachius Stephani Regis filius uxorem duxerat) cum exercitu tantùm centum quadraginta militum & tribus millibus peditum, in Angliam transtulit. Confluentibus tamen ad eum militibus Angliæ, qui justitiæ ejus zelum gerebant, de die in diem ejus exercitus augebatur. Obsedit autem primò munitionem Malmesbiriæ, ubi Regis Stephani erat præsidium. Cui Rex suo exercitu supervenientes, nec Ducem ad apertum prælii congressum evocare, nec obsidionem potuit amovere: quinimò contrà castra hostilia excubias prolixiores facere, crescente potestate adversâ, tutum minimè reputans, dum discederet, obsessa munitio in obsidentis transiit potestatem. Jamque incrementis virium & felicitate successuum Ducis gloria, adversarii nomen regium adumbravit. Dux inde cum exercitu instructo Stanfordiam adit, quâ celeriter expugnatâ, munitionem ejus cepit Regio ejecto præsidio. Audiens autem villam Gipevici, quæ ad Ducis se partes transtulerat, obsideri à Rege, illuc properat; sed nuntiatâ ei loci deditione divertit usque Notingham, quâ mox expugnatâ vacuatâque opibus, munitioni ejus, naturâ loci inexpugnabili, obsidendæ vel capiendæ inanem impendere operam recusavit. Dum hæc agerentur, obiit filius Regis Eustachius, magnam reformandæ inter Principes pacis suâ morte occasionem relinquens. Patet enim ad bellicos operatûs segnior movebatur, & suadentium pacem sermones patientiùs audiebat. Tandemque mediantibus amicis pax inter Principes, & cautè reformata, & in solidum est firmata. Decretum namque est assensu Principum, ut Stephanus deinceps tamquam Princeps legitimus regnaret cum gloriâ & honore, cui tamquam hæres legitimus succederet Dux Henricus. Hanc pacis formam uterque, videlicet Rex & Dux tamquam utilem admittentes, multis

Henricus Normanniæ Dux;Regnum Angliæ occupare nititur.

Eustachius Regis Angliæ filius defungitur. Initur pax inter Anglic. Principes.

f *militaribus*] His verbis dicere voluit, Henricum equestri dignitate ab avunculo suo Davide fuisse cohonestatum.

Chronicon Nicolai Trivetti.

AN. DOM.	PAPÆ	IMPERATOR.	Regis FRANC.	Regis ANGL

Anastasius IV. Papa in locum Eugenii sufficitur. Obit S. Bernardus.

præ gaudio lacrymantibus in mutuos se dederunt amplexus. Dux acceptâ licentiâ, feliciter in Normanniam transfretavit. Ante cujus reditum Rex Francorum Ludovicus castrum Vernonem in Normanniâ occupavit.

Defuncto hoc anno Papa Eugenio successit Anastasius IV. natione Romanus. Abbas etiam Claravallensis Bernardus, religione & sanctitate insignis, fundatis ordinis sui centum sexaginta Monasteriis, beato fine quievit, plurima sapientiæ suæ ad utilitatem aliorum monumenta relinquens.

Floret Petrus Lombardus.

Baldewinus Rex Jerosolymorum Ascalonem cepit Metropolin Palæstinæ. Floruit Magister Petrus Lombardus his temporibus, Episcopus Parisiensis, qui librum Sententiarum conscripsit, & super Psalterium & Epistolas Pauli edidit novas glossas.

MCLIV.

ANASTAS. IV.	FREDERICI I.	LUDOV. VII.	STEPHAN. I.
I.	II.	XVII.	XIX.

Rogerus Eboracensis Archiep. in Ecclesiâ Cantuariensi consecratur.

STephanus Philippum quemdam de Coleville, nolentem munitionem quamdam quam fecerat in provinciâ Eboracensi destruere, expugnando coëgit finaliter obedire. Rogerus Cantuariensis Archidiaconus in Eboracensem Archiepiscopum electus, ab Archipræsule Cantuariensi munus consecrationis accepit, sed pro pallio obtinendo ad Romanam Curiam in propriâ personâ iter arripuit. Obiit Rogerius Rex Siciliæ, filium suum Willelmum successorem relinquens.

Moritur Anastasius Papa. Et Rex Anglorum.

Defunctus est etiam Papa Anastasius quartus, Rex etiam Stephanus in Cantiâ infirmitate decumbens, octo Kal. Novembris decessit. Sepultus est in Ecclesiâ Monachorum de Faversham, quorum Monasterium uxor ejusdem Stephani Regina Mathildis fundaverat, & prædiis magnis plurimisque dotarat.

Expliciunt gesta STEPHANI Regis Anglorum.

INCIPIUNT GESTA

MCLIV. HENRICI SECUNDI

REGIS ANGLIÆ.

Qui primus erat eorum Regum, qui à Comitibus Andegavensibus duxerunt originem secundùm lineam masculinam.

Henricus Comes Andegavensis Angliam petit, Regni adepturus.

HENRICUS filius Galfridi, cognomento Plantegeneth Andegavensis Comitis, ex Imperatrice Mathilde filia Regis Anglorum, cum defuncto patre Andegaviæ & Cenomaniæ Comitatus, ex concessione matris, Normanniæ, & per Alianoram uxorem, Aquitaniæ jam obtineret Ducatus, certificatus de morte, Regis Angliæ Stephani, jubente matre Imperatrice, de assensu Episcoporum & Optimatum Normanniæ in Angliam transfretans, anno Domini millesimo, centesimo, quinquagesimo quarto, septimo Idus Decembris à Clero excipitur & populo, cum gaudio maximo & honore.

Hadrianus Papa IV. eligitur.

Decimo sexto Kalendas Januarii electus est in Papam Nicolaus Episcopus Albanensis, vocatus Adrianus quartus. Hic natione Anglicus de urbe sancti Albani oriundus, cum esset Abbas Canonicorum Regularium sancti Rufi in Provinciâ, ob eximiam religionem ab Eugenio Papa factus est sanctæ Romanæ Ecclesiæ Cardinalis, qui legatione functus in Sarmatiam pro verbi Dei prædicatione, gentem

illam barbaram in lege divinâ diligenter instruxit: Romamque reversus sublimatur in Papam.

Dominicâ verò ante Nativitatem Domini quæ fuit decimo quarto Kalendas Januarii apud Vestmonasterium à Cantuariensi Archiepiscopo Thebaldo Henricus Dux in Regem inungitur; & præsentibus Archiepiscopo Hugone Rotomagensi cum tribus Suffraganeis, Rogero Eboracensi cum cæteris Episcopis Angliæ; ac Theodorico Comite Flandrensi cum Comitibus & Proceribus Anglicani Regni, solemniter coronatur: ætatis autem suæ annum vicesimum secundum agebat: cujus formæ elegantiam, moremque compositum Petrus Blesensis Bathoniensis Archidiaconus, in Epistolâ quâdam ad Walterum Panormitanum Archiepiscopum sic describit: « De David legitur ad commendationem decoris ejus quoniam rufus erat. Vos autem dominum Regem subrufum hactenus exstitisse noveritis, nisi quia colorem hunc venerabilis senectus, & superveniens canities aliquantulum altetavit. Statura ejus mediocris est, ut nec inter parvos magnus appareat, nec inter majores nimius videatur. Caput ejus sphæricum est: utpote quam magnæ sedes, & alti consilii speciale sacrarium: ea verò est capitis quantitas, ut collo & toti corpori proportionali moderatione respondeat. Oculi ejus orbiculati sunt, dum placati est animi; columbini & simplices: sed in irâ & conturbatione cordis quasi scintillantes ignem, & impetu fulminantes. Cæsaries ejus damna calvitii non veretur. Superveniente artifici capillorum tonsurâ, leonina facies quasi in quadrangulum se dilatat: Eminentia naris ad totius corporis venustatem naturali est moderatione propensa. Arcuati pedes, equestres tibiæ, thorax extensior, lacerti pugiles, virum fortem, agilem & audacem denuntiant. In quodam tamen articulo pedis ejus pars unguis innascitur carni, atque in contumeliam totius pedis vehementer increscit. Manus ejus quædam grossitie suâ hominis incuriam protestantur. Earum enim cultum prorsus negligit, nec unquam nisi aves deferat, utitur chirothecis.

Singulis diebus in Missis, in consiliis, & aliis publicis actionibus regni semper à mane usque ad vesperam stat in pedes. Et licet tibias habeat frequenti percussione calcitrantium equorum enormiter vulneratas & lividas, nisi cum equitet aut comedat nunquam sedet. Unâ die si opus est quatuor aut quinque dietas excurrit; & sic inimicorum machinamenta præveniens, malitias eorum frequenter opportunâ subtractione delusit. Ocreis sine plicâ, pileis sine fastu, & vestibus utitur expeditis. Vehemens amator nemorum, dum cessat à præliis, in avibus & canibus se exercet. Caro siquidem ejus se mole pinguedinis enormiter onerasset, nisi ventris insolentiam jejuniis & exercitio domat; atque in ascendendo equum, & excurrendo levitatem adolescentiæ servans, potentissimos ad laborem singulis ferè diebus itinerando fatigat. Non enim sicut alii Reges in palatio suo jacet, sed per provincias currens, explorat facta omnium, illos potissimè judicans quos constituit Judices aliorum. Nemo est argutior in consiliis, in eloquio torrentior, securior in periculis, in prosperis timidior, constantior in adversis. Quem semel dilexit, vix dediligit; quem verò semel odio habuit, vix in gratiam familiaritatis admittit.

Semper in manibus sunt arcus, enses, venabula & sagittæ, nisi sit in consiliis aut in libris. Quo-

Inungitur Rex Henricus à Theobaldo Cantuar. Archiep.

Gesta illius describit Petrus Blesensis Epist. 66. post initium.

T iij

| PAPÆ | IMPERATOR. | Regis FRANC. | Regis ANGL. | PAPÆ | IMPERATOR. | Regis FRANC. | Regis ANGL. |

„ ties enim poteſt à curis, & ſollicitudinibus reſpi-
„ rare, ſecretâ ſe occupat lectione, aut in cuneo
„ Clericorum aliquem nodum quæſtionis laborat e-
„ volvere. Nam cum Rex veſter benè litteras no-
„ verit, Rex noſter longè litteratior eſt. Ego enim
„ in litterali ſcientiâ facultates utriuſque cognovi.
„ Scitis quòd Rex Siciliæ per annum diſcipulus meus
„ fuit; & qui à vobis verſificatione atque litterato-
„ riæ artis primitias habuerat, per induſtriam & ſol-
„ licitudinem meam beneficium ſcientiæ plenioris
„ obtinuit. Quàm citò autem egreſſus ſum regnum,
„ ipſe libris abjectis ad otium ſe contulit palatinum.
„ Verumtamen apud dominum Regem Anglorum
„ quotidiana ejus ſchola eſt litteratiſſimorum con-
„ verſatio jugis, & diſcuſſio quæſtionum. Nullus
„ Rege noſtro eſt honeſtior in loquendo, in come-
„ dendo urbanior, nullus munificentior in eleemo-
„ ſynis, ideoque quaſi unguentum effuſum eſt no-
„ men ejus, & *Eleemoſynæ illius narrat omnis Ec-
„ cleſia Sanctorum.*
„ Rex noſter pacificus, victorioſus in bellis, glo-
„ rioſus in pace, ſuper omnia deſiderabilia hujus
„ mundi zelatur & procurat pacem populi ſui. Ad
„ pacem *g* populi pertinet quidquid cogitat, quid-
„ quid loquitur, quidquid agit: ut quieſcat popu-
„ lus ſuus, labores anxios & enormes inceſſanter aſ-
„ ſumit. Ad pacem populi ſpectat: quòd Concilia
„ vocat, quòd firmat fœdera, quòd amicitias jungit,
„ & ſuperbos humiliat, quòd prælia minatur, quòd
„ Principibus terrores immittit. Ad pacē populi ſpe-
„ ctat immenſitas illa pecuniariū quam donat, quam
„ recipit, quam congregat, quam diſpergit. In mu-
„ ris, in propugnaculis, in munitionibus, in foſſa-
„ tis, in clauſuris ferarum & piſcium, & in pala-
„ tiorum ædificiis nullus ſubtilior, nulloſque magni-
„ ficentior invenitur. Pater ejus potentiſſimus Co-
„ mes & nobiliſſimus, fines ſuos ampliſſimè dilata-
„ vit; ſed iſte patris facultatibus ſuperaddens in for-
„ titudine manûs ſuæ Ducatum Normanniæ, Du-
„ catum Aquitaniæ, Ducatum Britanniæ, Regnum
„ Angliæ, Regnum Scotiæ, Regnum Hiberniæ,
„ Regnum Walliæ, paternæ magnificentiæ titulos
„ inæſtimabiliter ampliavit.
„ Nullus manſuetior eſt afflictis, nullus affabilior
„ pauperibus, nullus importabilior eſt ſuperbis.
„ Quadam enim divinitatis imagine ſemper ambi-
„ vit opprimere faſtuoſos, oppreſſos erigere, & ad-
„ verſus ſuperbiæ tumorem continuas perſequutio-
„ nes & exitiales moleſtias ſuſcitare. Cum autem
„ juxtà regni conſuetudinem in electionibus facien-
„ dis potiſſimas & potentiſſimas habeat partes, ha-
„ buit ſemper manus ab omni venalitate innoxas &
„ immunes. Has & alias tam animi quàm corpo-
„ ris ſui dotes quibus ipſum natura egregiè præ cæ-
„ teris inſignivit, tango ſummotenus, non deſcri-
„ bo. Meam enim profiteor inſufficientiam, cre-
„ deremque ſub tantâ ſudare materiâ Tullium aut
„ Maronem.
Adeptus itaque Henricus iſte qui ſecundus dicitur, Regnum, mores & actus Henrici Regis primi
avi ſui ferè in omnibus ſequebatur. Ludovicus Francorum Rex Conſtantiam Hiſpaniæ Imperatoris filiam
uxorem accepit.

| MCLV. | HADRIAN. IV. III. | FREDERICI I. | LUDOV. VII. XVIII. | HENRICI II. I. |

HENRICUS Rex Angliæ cœpit in jus proprium revocare urbes & caſtella, villaſque

quæ ad Regis dominica pertinebant, caſtella noviter facta deſtruendo, & Flandrenſes expellendo de
Regno, qui magnam partem ejus occupaverant,
quorum nonnullos ad Marchiam tranſtulit Walliæ
occidentalis: depoſuit & quoſdam imaginarios &
pſeudo-Comites; quibus Rex Stephanus omnia penè ad fiſcum pertinentia diſtribuerat minùs cautè.

Quintodecimo Kalend. Martii, terræ motu horribili facto, in Burgundiâ abſorptum eſt Caſtellum
quoddam juxtà Cluniacum; & locus Caſtelli repletus eſt aquâ inæſtimabilis profunditatis.

Henricus Anglorum Rex exheredavit Willelmum
Pevetel de Notyngham causâ veneficii quod fuerat
propinatum Ranulfo Comiti Ceſtriæ. Quarto verò
Idus Aprilis, fecit Rex Optimates Anglicani Regni
jurare fidelitatem Willelmo filio ſuo apud Walling-
forde: & ſi puer inmaturâ morte in fata decederet; Henrico fratri ſuo, qui pridiè Kalendas Martii
natus fuerat anno iſto. Hugo de Mortuo-mari cum
caſtra ſua muniſſet contrà Regem, Rex ea obſidens,
caſtrum, quod Cleubure dicitur, poſt aliquantulum
temporis captum deſtruxit. Idem Hugo citò poſt
pacificatus eſt cum Rege, redditis eidem caſtris de
Wigemore & de Bruges. Sopita eſt etiam diſcordia, quæ ſuborta fuerat inter Regem, & Rogerum
filium Milonis de Gloverniâ Comitem Herfordiæ
propter turrim Gloverniæ. Quo mortuo, ſucceſſit
ei Wateruſ frater ejus in paternâ hereditate tantùm,
Rege comitatum Herfordiæ & urbem Gloverniæ in
manu propriâ retinente.

Fredericus Rex Alemanniæ Romam veniens, renitentibus Romanis à Papa Adriano Imperialem benedictionem obtinuit. Dum verò ad ſtationem ſuam
quæ erat in prato Neronis exiviſſet, Romani armatâ manu familiam ſequentes, in portâ ſancti Angeli
crudeliter invaſerunt, uſque ad Imperatoris tentorium proſequendo. Sed invaleſcente clamore Teutonici adunati Romanos atrociter repulerunt. Adeo
quòd proſtratis multis, & captivatis, vix captivi
magnis domini Papæ precibus reſtituerentur. Cum
verò Imperator propoſuiſſet tranſire in Apuliam, ut
regnum Apuliæ, Regemque ejus Willelmum peſ-
ſumdaret, mutatâ ſubitò voluntate in propria eſt
reverſus. Nec tamen Regi Willelmo bellum defuit, Roberto Comite de Baſevill cognato ſuo per
totum regnum graviter debacchante.

ADRIANUS ſervus ſervorum Dei Cariſſimo in „
Chriſto filio illuſtri Regi Angliæ Henrico ſa- „
lutem & Apoſtolicam benedictionem. Laudabiliter „
ſatis fructuoſè de glorioſo nomine in terris, & „
æternæ felicitatis præmio in cœlis tua magnificen- „
tia cogitat; dum ad dilatandos Eccleſiæ terminos, „
ad declarandam indoctis & rudibus Chriſtianæ „
fidei veritatem & vitiorum plantaria de agro „
Dominico exſtirpenda ſicut Catholicus Princeps „
intendis; & ad id convenientius exſequendum con- „
ſilium Apoſtolicæ ſedis exigis & favorem. In quo „
facto quanto altiori conſilio & majori diſcretio- „
ne procedis, tanto feliciorem progreſſum te præ- „
ſente Domino confidimus habiturum. Eo quod „
ad bonum exitum ſemper & finem valent per- „
tingere, quæ de ardore fidei & religionis amore „
principium acceperunt. „

Sanè Hiberniam & omnes Inſulas, quibus ſol ju- „
ſtitiæ Chriſtus illuxit, & documenta fidei Chri- „
ſtianæ perceperunt, ad jus beati Petri Apoſtoli „
& ſacro-ſanctæ Romanæ Eccleſiæ, quod tua no- „
bilitas recognoſcit, non eſt dubium pertinere. „

Optimates Angliæ fidelitatem filii Henrici Regis præſtant.

Imperialem benedictionem Frederico impertit Papa.

Epiſtola Adriani Papæ Henrico Regi Anglorum.

Hiberniam conquirere cupit Rex, ut in co floreat Religio Chriſtiana.

---

g ad pacem] Hæc uſque ad verba *terrores immittit*, non leguntur in editis Epiſtolis Petri Bleſenſis.

Chronicon Nicolai Trivetti.

| PAPÆ | IMPERATOR. | Regis FRANC. | Regis ANGL. |

„Unde tanto in eis libentius plantationem fidei ve-
„ræ & germen Deo gratum inferimus, quanto no-
„bis in noftro examine diftrictiùs prospicimus exi-
„gendum. Significafti siquidem nobis, fili in Chri-
„fto Cariffime, te Hiberniæ Infulam, ad subden-
„dum illum populum legibus, & vitiorum plan-
„taria inde exftirpanda velle intrare, & de singu-
„lis domibus annuatim unius denarii beato Petro
„velle solvere penfionem, & jura Ecclefiarum illius
„terræ illibata & integra conservare.
„ Nos itaque pium & laudabile defiderium favo-
„re congruo prosequentes, & petitioni tuæ beni-
„gna impendentes assensum, gratum & acceptum
„habemus, ut pro dilatandis Ecclefiæ terminis,
„pro vitiorum reftringendâ parte, & corrigendis
„moribus, & virtutibus inserendis, & pro Chriftia-
„næ religionis augmento Infulam illam ingrediens,
„ea quæ ad honorem Dei & salutem illius specta-
„verint exequaris, & illius terræ populus honori-
„ficè te suscipiat, & sicut dominum veneretur,
„jure nimirum Ecclefiarum illibato & integro per-
„manente, & salvâ beato Petro Apoftolo & sacro-
„sanctæ Ecclefiæ Romanæ de singulis domibus an-
„nuatim unius denarii penfione. Si ergo quod a-
„nimo concepifti, affectu duxeris prosequente com-
„plendum, ftude gentem illam bonis moribus in-
„formare, & cogites tam per te quàm per illos
„quos ad hoc fide, verbo idoneos & vitâ esse pro-
„spexeris, ut decoretur ibi Ecclefia, plantetur, &
„crescat fidei Chriftianæ religio, & quæ ad hono-
„rem Dei & salutem pertinent animarum taliter or-
„dinentur, ut à Deo sempiternæ mercedis fructum
„consequi merearis, vel in terris gloriosum nomen
„valeas in sæcula obtinere.
 Rex igitur Henricus circà festum sancti Michaëlis
habito Wintoniæ parliamento, de conquirendâ Hiberniâ cum suis Optimatibus tractavit. Quod quia
matri ejus Imperatrici non placuit, ad tempus aliud
dilata eft illa expeditio. Henricus Wintonienfis E-
piscopus, germanus quondam Regis Stephani, præ-
miffo latenter thesauro suo per Abbatem Cluniacenfem, absque Regis licentia ab Angliâ clam dis-
ceffit; propter quod Rex Henricus pessumdedit omnia castra ejus.

| MCLVI. | HADRIAN IV. II. | FREDERICI I. IV. | LUDOV. VII. XIX. | HENRICI II. II. |

REX HENRICUS in Normanniam transfretavit,
ad quem cum esset Rothomagi, venit Terricus
Comes Flandriæ cum uxore suâ Regis amitâ, ut eidem Galfridum Fratrem suum, qui & tunc illuc
advenerat, reconciliarent. Sed Galfrido non susci-
piente quæ offerebantur à Rege, negotio infecto ab
invicem discesserant.
 Hoc anno facta inundatione Tyberis non modicâ
Romæ, in quâdam insulâ ejusdem fluminis, in Ec-
clefiolâ antiquâ inventum est in quodam sarcopha-
go corpus beati Bartholomæi Apoftoli totum, excepto corio integrum, quod Beneventi dicitur reman-
fisse, quando Imperator Otto secundus captâ eâdem
civitate corpus prædicti Apoftoli transtulit Romam,
ficut duæ tabulæ æreæ demonftrant, scriptæ litteris
græcis & latinis, quæ reperiæ sunt cum eodem corpore
fuerant. Repertum est etiam in eâdem Ecclefiâ corpus beati Paulini Nolani Epifcopi.
 Galfridus germanus Regis Angliæ, Comite Britanniæ Holceo expulso, cepit confentientibus civibus

Nanneticam civitatem. Willelmus Rex Siciliæ civitatem Barum funditùs evertit, præter Ecclefiam sancti Nicolai; quia cives illius faventes Græcis, nequiter conspiraverunt contrà ipsum: Græcos etiam terrâ & mari superans, civitates & castella quæ perdiderat in jus proprium revocavit. Exheredavit etiam
Comitem Robertum de Basevillâ cognatum suum,
quia ab ipso, Græcis favendo desciverat. Reconciliatur etiam Papæ Adriano, qui ipsum tamquam
rebellem Ecclefiæ excommunicaverat, faciendo eidem Papæ homagium, & ab ipso suscipiens terram
suam.
 In Pago Parifienfi Capa Salvatoris noftri in Monafterio Argentolii revelatione divinâ reperta est, inconsutilis & subrufi coloris, quam gloriosa mater
ejus fecit ei cum adhuc puer esset, prout repertæ
cum eâ litteræ indicabant.
 Obiit Willelmus Regis primogenitus, & Redingiæ
est sepultus. Henricus Rex cepit post longam obsidionem castra Mirabellum & Chinonem, quæ Galfridus
frater ejus tenuerat. Reformatâ verò pace inter Regem & Galfridum, ita quod Rex annuatim eidem
daret mille libras Anglicanæ monetæ & duo millia
librarum Andegavenfium, castrum tertium ei redditum est Lobdunum. Circà medium mensis Augufti cœperunt fieri pluviæ infolitæ, quæ impediebant collectionem messium, & subsequenter seminum spartionem, quarum inundationibus, quia
diù durabant, multæ turres & Ecclefiæ antiqua
materiæ in Normanniâ & Angliâ corruerunt.
 Fredericus Imperator duxit filiam Willelmi Matis-
conenfis, accipiens cum eâ urbem Vesentionem &
multas alias civitates. Conanus Comes Richemundiæ de Angliâ in Britanniam veniens, cepit urbem
Redonenfem, expulso Eudone qui nutricius suus
erat, quem non multò post tota ferè Britannia in
suum Ducem admifit. Obiit Adalutus Epifcopus
primus Carleoli.

| HADRIAN. IV. III. | FREDERICI I. V. | LUDOV. VII. XX. | HENRICI II. III. |

REX Siciliæ WILLELMUS navali expeditione cepit
per Admiralios suos civitatem Sibillam, quam
inter Africam h & Babylonem. Eft autem eadem civitas caput regni Infulæ Gerp, in quam idem Rex
habitatores Chriftianos immifit, & Archiepifcopum
eis præfecit. Sabbato infrà Octavas Paschæ in villâ
quâdam pagi Abrincarum, qui eft in Normanniâ,
contrà meridiem emerfit quafi turbo quidam de terrâ, quæque proxima rapiens & involvens, ad ultimum quafi quædam columna rubei & cærulei coloris stetit; sub turbine verò ascendente in sublime
etiam videbantur audiebanturque quafi lanceæ &
sagittæ in ipsâ columnâ configi, quamvis quis agi-
taret eas minimè appareret. In turbine verò qui ita-
bat super columnas, quafi diverfæ species volucrum
in eodem volitantium videbantur. Subsequuta est
ilico in eâdem villâ mortalitas hominum maxima,
ac deinde per totam Normanniam regionesque proximas eft grassata. Henricus Rex transfretans in Angliam, à Malcolino Rege Scotorum recepit civitatem Carlioli, villamque Novicaftri super Tynam,
castrumque Bamburgiæ cum territorio adjacente,
& ipse idem restituit Huntingdoniæ Comitatum.
Willelmus etiam filius Regis Stephani, Regi reddidit castra de Penvenefie & Northwich, villas &
munitiones omnes ad dominica Regis pertinentes;

AN. DOM.
Tunica Sal-
vatoris reper-
ta in Mona-
fterio Argen-
tolii.
Guillelmus
Regis primo-
genitus mo-
ritur.
Imperator u-
xorem ducit
filiam Comi-
tis Matiscon.
MCLVII.
Civitatem Si-
billam captâ
à Guillelmo
Rege Siciliæ
inhabitant
Chriftiani.

---

h *Africam*] Urbem scil. quam Robertus ceperat anno
1149. ut idem scriptor suo loco monuit. Babylonem illo tempore dictam esse Ægypti urbem, quam nunc *Le Caire* nominant, ignorant pauci.

Chronicon Nicolai Trivetti.

AN. DOM.	PAPÆ.	IMPERATOR.	Regis FRANC.	Regis ANGL.

Comes Fland. it Jerosolymam.

& Rex ei eam terram restituit, quam pater suus Stephanus tenuit vivente avo suo Rege Henrico.

Terricus Comes Flandriæ cum uxore suâ iter Jerosolymitanum arripiens, Philippum filium suum cum totâ terrâ in manu Regis Anglorum Henrici dimisit. Circà festum S. Joannis Baptistæ, Rex præparatâ expeditione Wallensium insurgentium tumultum compressit, firmavitque in finibus Walliæ duo castra, Rovelenc & Basingwerc, & inter illa construxit Templi Militibus domum unam. Menses Septembri natus est Regi filius, quem Ricardum vocavit. Hoc anno Thomas Londoniensis Cancellarius Regis efficitur. Saraceni Hispaniam ingressi ceperunt Almariam civitatem, fugato Rege Alfonso quinto, qui citò post obiit ex fugæ suæ verecundiâ & dolore. Eodem anno ruptis induciis quæ erant inter Baldewinum Regem Jerusalem & Regem Halapiæ, propter prædam quam Rex Baldewinus à Saracenis ceperat inconsultè, obsessa est civitas Abelina, quæ olim dicta fuit Cæsarea Philippi, & à Saracenis capta & destructa totaliter præter ejus munitionem principalem. Rex Baldewinus insidiis circumventus vix evasit, illataque est strages maxima Christianis.

Filius Ricardus Regi nascitur.
Thomas fit Cancellarius.

MCLVIII.

HADRIAN. IV.	FREDERICI I.	LUDOV. VII.	HENRICI II.
IV.	III. VI.	XXI.	IV.

i Mediolanum capit Imperator.

FREDERICUS [i] Imperator Alpes post Pascha transiens, obsedit Mediolanum, & post longam obsidionem redditâ urbe acceptisque obsidibus, disposuit ad oppressionem Willelmi Regis procedere, prout ipse & Emmanuel Imperator Constantinopolitanus inter se condixerant. Mortuo Galfrido fratre Regis Angliæ, qui Comes Nannetensis erat, Conanus Dux Britanniæ civitatem Nanneticam occupavit.

Tractant Reges Franciæ & Angliæ de matrimonio filii & filiæ eorum ineundo.

Henricus Rex Anglorum mense Augusto transfretavit in Normanniam, colloquutusque est cum Rege Francorum super fluvium Etham de pace & matrimonio contrahendo inter filium suum Henricum & Margaretam filiam Regis Francorum, præstitâque hinc inde super hoc sacramentis; Rex Angliæ venit Argentomagum, ubi convocans exercitum, disposuit invadere Conanum Ducem Britanniæ, pro invasione Nanneticæ civitatis. Interim verò per Regem Francorum evocatus, cum paucis venit Parisius, & inæstimabili honore à Rege Ludowico & Constantia Reginâ regnique Proceribus est exceptus. Rediens autem, filiam Regis Francorum secum duxit, Robertoque de Novoburgo, viro nobili & fideli tradidit nutriendam. Mense verò Septembri nono Kal. Octobris natus est Regi filius, quem vocavit Galfridum. In festo verò S. Michaëlis sequentis, veniens Conanus ad Regem Angliæ apud Abrincas existentem, reddidit ei civitatem Nanneticam, & totum partem Comitatus. Rex Henricus receptâ urbe Nannetensi, castrum Toarci obsedit & cepit. Post aliquantulum verò temporis perrexit obviam Ludowico Regi Francorum venienti orationis gratiâ ad Montem S. Michaëlis de periculo maris: quem deducens & reducens, quamdiù erat infrà Ducatum Normanniæ impensis propriis procuravit.

Mense Decembri Theobaldus Comes Blesensis concordatus est cum Rege Henrico, redditis ei duobus castris, Ambaziâ scilicet & Fractavalle: Rotrocus etiam Comes Perticensis reddidit eidem Regi duo castra, scilicet Molinac & Boun, quæ pater ejus tempore Regis Stephani occupaverat, & ad dominica Ducis Normanniæ pertinebant. Rex autem Henricus eidem Rotroco concessit castrum Belismum, recipiens pro eo homagium ab eodem.

Hoc anno inventa sunt tria Magorum corpora in quâdam veteri Capellâ juxtà urbem Mediolanum, & in civitate reposita. Baldewinus Rex Jerusalem Cæsaream Palæstinæ, haud procul sitam ab Antiochiâ cepit, & castrum quod vocatur Harenc. In partibus Saxoniæ sanctimonialis quædam Elizabeth mirabiles visiones de Conceptione, Nativitate & Assumptione B. Virginis vidit, & de gloriâ undecim millium Virginum.

Inventa Magorum corpora.
Elizabeth Sanctimonialis.

HADRIAN. IV.	FREDERICI I.	LUDOV. VII.	HENRICI II.
V.	IV. VII.	XXII.	V.

MCLIX

HENRICUS Rex Angliæ, & Raimundus Comes Barchinonæ apud castrum Blaviam amicitiæ fœdus inierunt: hoc pacto, quòd Ricardus filius Regis filiam ejusdem Raimundi duceret tempore oportuno, & Rex Angliæ eidem Ricardo concederet Ducatum Aquitaniæ, & Pictaviæ Comitatum. Duxerat hic Raimundus filiam & heredem Regis Aragoniæ. Nam ut altiùs repetamus; Sanctius Rex Aragonum tres habuit filios, qui sibi successerunt vicissim in regno, videlicet Sanctionem, Anforcium [l] & Romelium. Primis duobus decedentibus sine liberis, Romelius qui Monachus fuerat, de Monasterio extractus, & Rex factus, duxit uxorem Mathildem matrem Willelmi Comitis Toarti, ex quâ filiam unicam genuit, uxorem præfati Raimundi, de quâ ipse filium genuit, qui postea fuit Rex Aragonum, & filiam nomine Berengariam, quam fuerat ducturus filius Regis Ricardus.

Amicitiam inierunt R. Angliæ & Comes Barchinonæ.

Romelius è Monacho Rex factus.

Hoc anno Imperator Fredericus urbem Mediolanum qua rebellaverat, iterato obsedit. Dejecit etiam turres Papiæ & Placentiæ, & sibi Lombardiam omnem subjecit. Rex Angliæ circà mediam Quadragesimam coadunavit exercitum magnum contra Raymundum Comitem S. Ægidii, pro civitate Tolosanâ, quàm uxori suæ jure hereditario vindicavit. Robertus namque Comes Meritonii frater Willelmi qui Angliam conquisivit, unum filium habuit Willelmum; & tres filias, quarum unam duxit Comes Tolosanus; germanus Raymundi Comitis S. Ægidii, & ex eâ filiam unicam procreavit, quam postea duxit Willelmus Dux Aquitaniæ, & Comes Pictaviæ, accipiens cum eâ hereditatem paternam. Iste autem Guillelmus pro pecuniâ habendâ in expeditione terræ sanctæ, civitatem Tolosanam quam cum uxore suâ acceperat, impignoravit Raymundo Comiti S. Ægidii, patruo uxoris suæ. Quo mortuo, tenuit eamdem civitatem Amfortius [m] filius ejus, qui S. Ægidii Comes fuit. Willelmus autem Dux Aquitaniæ, qui Tolosam impignoravit, genuit Willelmum ex filiâ & herede Comitis Tolofani, qui Willelmus paternæ & maternæ hereditatis successor, pater erat Alianoræ Reginæ Angliæ, ad quam tamquam heredem debuit hereditas paterna devolvi, Rex igitur Henricus Tolosanam civitatem per avum uxoris suæ invadiatam vindicans, in exercitu magno partes Tolosanas ingressus, civitatem Caturcensem, & magnam partem Comitatûs Tolosani

Tolosam quæ uxori suæ competebat obsedit Rex Angliæ.

---

[i] *Fredericus*] Nz quem fallat quod in Titulo legitur *Fridericus* I. III. VI. monemus tertium ejus annum numerari ab eo tempore quo Imperialem benedictionem ab Hadriano Papa obtinuit sextum à morte Conradi.
[l] *Anforcium*] Alfonsum dicere voluit, & Ramirum.
[m] *Amfortius*] Hic etiam Alfonsus intelligendus est.

sibi

Chronicon Nicolai Trivetti.

| PAPÆ | IMPERATOR. | Regis FRANC. | Regis ANGL. |

sibi subjecit. Ad hanc expeditionem venit Malcolinus Rex Scotiæ, & ab Henrico Rege Anglorum cingulo militiæ est accinctus. Audiens autem Rex Angliæ Regem Ludovicum civitatem Tolosam munisse, & eam velle pro Raymundo sororio suo contra Regem Angliæ defendere, obsidionem Tolosæ eâ vice dimisit.

Petrus Lombard. Episc. Parisi. est consecratus. Defungitur Adrianus Papa.

Magister Petrus Lombardus qui Sententiarum librum compilavit, & Psalterium ac Epistolas Pauli glossavit; hoc anno factus est Episcopus Parisiensis. In vigiliâ S. Bartholomæi obiit Adrianus Papa, cum sedisset annis quatuor, mensibus octo & diebus novem; & vacavit sedes diebus novem: sepultusque est in Vaticano juxta corpus Eugenii Papæ. Hic castrum contrà lacum sanctæ Christianæ, & multas possessiones à Comitibus comparavit. Kal. Septemb.

Alexander III. succedit.

Rolandus Cancellarius tituli S. Marci Presbyter Cardinalis, natione Tuscus, patriâ Senensis in Papam eligitur, & vocatus est Alexander III. Electus est ab aliquibus Cardinalibus Octavianus tituli S. Mariæ in Cosmedin Presbyter Cardinalis, qui se vocari fecit Victorem tertium, & potestate parentum invasit Papatum; suscitavitque schisma.

Victor III. Antipapa.

Terricus Comes Flandriæ rediit de Jerusalem, cujus uxor invito marito remansit cum Abbatissâ sancti Lazari in Bethaniâ. Mense Octobri Henricus Rex Angliæ munitâ civitate Caturcorum, & commendatâ Thomæ Cancellario suo, & dispositis custodibus auxiliisque in locis oportunis, in Normanniam est reversus. Progrediens inde in pagum Belvacensem, villas multas combussit, castellumque munitissimum Guerberay destruxit, excepta quâdam firmitate, quam ne caperent homines Regis ignis prohibuit atque fumus. Simon Comes Ebroicensis tradidit Henrico Regi Angliæ firmitates suas, quas habebat in Franciâ, videlicet Rupem fortem, Esperlionem, & munitiones alias: quod magno decrimento fuit Regi Francorum, eo quod non potuit liberè procedere de Parisius Aurelianis vel Stampis, propter Normannos quos posuerat Rex Angliæ in custodiis Comitis Ebroicensis, propter quod acceptæ sunt treugæ inter Reges à mense Decembri usque ad festum Trinitatis anni sequentis.

Plures urbes & castra copiis Henricus Rex Angliæ.

MCLX. | ALEXAND. III. | FREDERICI I. | LUDOV. VII. | HENRICI II.
| | I. | V. VIII. | XXII. | VI.

Fœdera renovant Reges Angliæ & Franc.

MEnse Maio reformata est pax inter Ludovicum Francorum & Henricum Anglorum Reges, revolutis prioribus pactis & confirmatis, pacificatique qui utrorumque partes juverant, Matthæus filius Comitis Flandriæ inaudito exemplo duxit Abbatissam de Romesciâ, filiam Stephani quondam Regis Anglorum, & cum eâ Bolonensem habuit Comitatum. Mense Junii Henricus coadunavit Prælatos Normanniæ apud Novum Mercatum, tractaturos de receptione Papæ Alexandri & refutatione Victoris, & reprobato Victore, consenserunt omnes unanimiter Alexandro. Mortuâ Constantiâ Reginâ Franciæ, Ludovicus Rex duxit filiam Comitis Blesensis Theobaldi, nec multò post Henricus filius Regis Angliæ Margaretam Regis Franciæ filiam desponsavit. Statimque Henricus Rex Anglorum tria castella communitissima, scilicet Gisortum, Neaflum & Novum castrum, sita super Etam fluvium in confinio Normanniæ & Franciæ, occupavit. Pepigerant enim inter se Reges, quòd isto matrimonio consummato, Henricus Rex illas munitiones haberet, quas constat ad Ducatum Normanniæ pertinere. Rex tamen Francorum captionem castellorum graviter valde tulit. Obsedit etiam castrum

Alexandrum Papam refutato Victore fatentur Angli. Rex Franc. filiam Comitis Blesens. ducit uxorem; & Henricus filius Regis Angl. filiam Franc. Regis desponsat.

Calvi montis, quod Comes Blesensis cum aliis Regis Francorum fautoribus in nocumentum Regis Angliæ munierat, & capto castro, cepit in eo milites triginta quinque, & viginti quatuor servientes. Munitionem autem sibi redditam tradidit Henricus Rex Hugoni de Ambaziâ adversario Comitis Blesensis Theobaldi, quia in carcere ejusdem Comitis Sulpicius ipsius Hugonis pater nequiter fuerat interemptus. Rex autem Henricus munitis turribus Ambaziæ & Fractæ-vallis, dispositisque custodibus, cum Reginâ Alianorâ egit festum Natalis Domini Cenomannis; Walterus Cestrensis, & Robertus Exoniensis, vir religiosus & timens Deum, Episcopi obierunt. Circa idem tempus beatæ Mariæ de Rupe amatoris miracula incœperunt.

| ALEXAND. III. | FREDERICI I. | LUDOV. VII. | HENRICI II. | MCLXI.
| II. | VI. IX. | XXIV. | VII.

Rex Anglorum castra & mansiones regias ubique per Angliam & alias terras suas meliorari fecit, & in locis nonnullis palatia nova construxit: Castellum etiam in villâ quæ dicitur Amandi-villa super flumine Wyræ firmavit. Feriâ secundâ Paschæ obiit Cantuariensis Archiepiscopus Theobaldus. Post Pascha verò Ludovicus Francorum, & Henricus Anglorum Reges, concitante eos ad discordiam Theobaldo Comite Blesensi, coadunatis exercitibus cum primò in Wulcasino, postea in Dunensi pago essent in procinctu congrediendi cominus; tandem acceptis induciis ad propria discesserunt: Post festum verò S. Joannis Baptistæ Rex Henricus in Aquitaniam pergens, castrum munitissimum Castellionem juxta urbem Agenni situm obsedit, & mirantibus Vasconibus infra septimanam ad redditionem coëgit. Obiit Magister Petrus Parisiensis Episcopus, & apud Parisios Parisiis sepelitur: Bartholomæus Exoniensis, & Ricardus Cestrensis Archidiaconi, Episcopi in Ecclesiis suis fiunt.

| ALEXAND. III. | FREDERICI I. | LUDOV. VII. | HENRICI II. | MCLXII.
| III. | VII. X. | XXV. | VIII.

GAlfridus de Meduanâ reddit Henrico Regi Anglorum tria castella, quæ pater ejus tenuerat post mortem Henrici primi, quondam Regis Angliæ, scilicet Goram, Amberias, & Novum castrum super fluvium Colunc, Comes Robertus de Basevillâ adversus Willelmum Siciliæ Regem rebellans in Apuliâ multos habens coadjutores, majorem partem maritimarum sibi conciliat civitatum. Imperator Fredericus civitatem Mediolanum, quam triennio obsederat, necessitate famis afflictam cepit; & reservatis Matrice Ecclesiâ aliisque quibusdam, destruxit. Discordia inter Imperatorem & Alexandrum Papam durante propter schisma Octaviani, quem Fredericus fovens secum habebat: Alexander Papa de Regibus Francorum & Anglorum confidens, marinâ expeditione ad Cismontanos circa Pascha pervenit, & apud Pessulanum montem in Provinciâ honorificentiâ debitâ est susceptus. Cismontani & maximè Aquitani mortalitate affliguntur & fame. Rainaldus de Castellione Princeps Antiochiæ, dum incautè terras Agarenorum intrat, captus est ab eis, multis de his qui cum eo erant occisis: Privignus etiam Raynaldi Boamundus tertius fit Princeps Antiochiæ, vitrico suo adhuc in captivitate detento.

Thomas Regis Anglorum Cancellarius fit Archiepiscopus Cantuariensis, qui post susceptum pastoris officium super humanam æstimationem factus est Deo devotus. Consecratus enim cilicium clam induit, femoralibus etiam usus est usque ad poplites

Discordia inter Papam & Imperatorem.

Thomas Cancellarius in Archiepiscopum Cantuariensem electus.

Tom. III.
V

AN. DOM.	PAPÆ	IMPERATOR.	Regis FRANC.	Regis ANGL'

cilicinis, & sub vestis clericalis honestate habitum celans Monachalem, Deo studuit omnium virtutum exercitio placere. Mense Julio in Britanniâ majori, scilicet in Retello pluit sanguis, & de rivis cujusdam fontis ibidem effluxit.

Willelmus Rex Siciliæ transiens de Siciliâ in Apuliam cum magno exercitu, fugato Comite Roberto de Basevillâ cum complicibus suis, civitates quæ à se defecerant recuperat & castella. Fredericus Imperator, & Ludovicus Francorum Rex cum debuissent juxta flumen Sagonam convenire de pace tractaturi, repentè mutato animo propter schisma, Octaviani cujus partes fovebat Imperator, infecto negotio ad propria redierunt. Exinde parvo temporis spatio interjecto Ludovicus Francorum, & Henricus Anglorum Reges super Ligerim apud Toratum convenientes, Alexandrum Papam Romanum honore congruo susceperunt; & usi stratoris officio pedites dextrâ levâque frænum equi ipsius tenentes, eum usque ad papilionem proprium deduxerunt. Quô mediante, favente Deo, inter Reges pax & concordia reformatur. Hoc anno Henricus filius Regis Anglorum septennis, priùs in Normanniâ, & posteà in Angliâ homagia & fidelitates Baronum Militumque suscepit. Willelmus Dalfinus, & Forojuliensis Comites fraude civitatem Lugdunensem Archiepiscopo abstulerunt, quam cum idem Archiepiscopus per Regem Francorum rehabere non posset, ad Imperatorem se transtulit, qui eidem prædictam civitatem restituit. Et extunc Archiepiscopus civitatem de Imperatore tenuit, quamvis citrà Rodanum sita, videatur ad Regem Franciæ pertinere.

	ALEXAND.III	FREDERICI I.	LUDOV. VII.	HENRICI II.
MCLXIII.	IV.	VIII. XI.	XXVI.	IX.

Mense Januario Henricus Rex in Angliam transfretavit. Robertus de Montefort, & Henricus de Essexiâ duello decertârunt pro fugâ Pellii contra Gualenses, in quo idem Henricus deficiens exheredatus est, & Radingiæ in Monachum tonsoratus. Walenses Regi pro libitu subjunguntur. Malcolinus Scotorum Rex fecit homagium Henrico Regis Angliæ filio, & dedit Regi obsides, scilicet David fratrem suum minorem, & quosdam de filiis Baronum suorum pro pace tenendâ; & de castellis suis quæ Rex volebat habere. Mense Martio obiit Rex Jerusalem Baldewinus tertius, & successit Almaricus germanus ejusdem. Huic Baldewino à supernâ clementiâ concessum erat, ut Ascalonem caperet, & Agarenos expelleret, & divino servitio mancipâret quod nulli unquam Regum antiquorum fuit permissum.

In octavâ Pentecostes Alexander Papa Turonis Concilium tenuit, in quo excommunicavit Octavianum cum aliis schismaticis & complicibus suis. In illo Concilio duo Episcopi, quorum unum consecraverat Teraconensis Archiepiscopus Metropolitanus ejus, alium Archiepiscopus Toletanus, totius Hispaniæ Primas, de Pampilone Ecclesiâ sunt expulsi, ad cujus titulum ambo fuerant consecrati, & tertio subrogato, concessum est eis, ut si vacantes Ecclesiæ eos vocarent, earum fierent Præsules. Mortuo Ricardo Episcopo Londoniensi, Gilbertus Herfordensis Episcopus ad eamdem sedem transfertur, & successit ei in sedem Herfordensem Magister Robertus de Maledoniâ Anglicus natione. Defuncto etiam Joanne Wigorniensi, electus est in loco ejus, & confirmatus Rogerus, Comitis Gloverniæ filius.

PAPÆ	IMP.	FRANC.	ANGL.
ALEXAND.III	FREDERICI I.	LUDOV. VII.	HENRICI II.
V.	IX.	XII.	X.

Terricus Comes Flandrensis vadit Jerusalem tertiò, & filius ejus primogenitus Philippus ei succedens, duxit filiam Radulfi Comitis Viromandensis, cum quâ defuncto patre, & fratre elephantiâ percusso, duos scilicet Viromandensem & Montis desiderii obtinuit Comitatus.

Rainaldus Coloniensis electus, Frederici Imperatoris Cancellarius, trium Magorum corpora de Mediolano Coloniam transtulit. Quorum corpora integra exteriùs quantum ad cutem & capillos apparent. Quantumque ex eorum aspectu conjici potest, unus annorum quindecim, alius triginta, tertius sexaginta esse videtur. Beatus autem Eustorgius dono cujusdam Imperatoris de Constantinopoli ad Mediolanum transtulerat; cum quâdam mensâ superpositâ erant in quodam vehiculo parvo, quod duæ vaccæ divinâ virtute & voluntate trahebant. Transtulit etiam præfatus Rainaldus exinde corpora beatæ Valeriæ Martyris, sanctorum Martyrum Gervasii & Protasii, & caput Naboris Martyris.

Henricus Anglorum Rex Ecclesiam beatæ MARIÆ de Redingâ dedicari fecit, & Conventum Monachorum solemniter procuravit, datâ eidem Ecclesiæ dote non parvâ. Hamelinus frater naturalis Regis Henrici, duxit Comitissam de Varennâ, relictam Willelmi quondam Comitis Meritonii, filii Regis Stephani. Hanc Comitissam genuerat Willelmus tertius Comes de Varennâ, qui cum Rege Ludovico perrexerat Jerusalem, & ibidem obiit, relictâ istâ Comitissâ unicâ filiâ & herede. Octavianus schismaticus apud Lucam civitatem obiit, cui in eodem errore successit Guido Tremensis, dictus Paschalis tertius.

Comes Carnotensis Theobaldus duxit filiam Ludovici Regis Francorum, & ideo concessit ei Rex Dapiferatum Franciæ, quem Comites Andegavenses antiquitùs habere solebant. Postquàm Fredericus Imperator Lumbardiam sibi subdiderat, fiscumque eginm in eodem regno ad quinquaginta millia marcarum reparasset, & tam indigenis quàm peregrinis pacem ibidem reformasset, iterum Verona & civitates quædam aliæ contra eum incipiunt rebellare. Gualenses à fide regiâ desciscentes, terras proximas latrociniis infestabant, agente Principe eorum Reso cum suo avunculo Oweno vocato. Defuncto Waltero Giffard Comite de Bokyngham sine herede, in manum regiam devolvitur Comitatus. Amalricus Rex Jerusalem, conductus ab Amiralio Babylonico, cum exercitu in adjutorium ejus perrexit, & captâ civitate Barbastâ quam Salegori Senescallus Noradini fraude ceperat, multi liberantur captivi, tributum ejusdem Amiralii duplicatur. Sed dum hæc aguntur, Noradinus cepit castrum Harenc, quod Christianorum fuerat, & cepit etiam Boamundum juniorem Antiochiæ Principem, & multis interfectis, à Saracenis pervasum castrum, quod dicitur Abelinâ.

Thomas Cantuariensis Archiepiscopus jura Ecclesiæ, quæ publica potestas usurpaverat, in statum conatus est debitum revocare, propter quod innumeris lacessitus est injuriis. Tandem autem sibi morte intentatâ cedendum censuit esse malitiæ, spontaneumque subiens exilium, à domino Papa Alexandro Senonis honorificè susceptus est, & in Monasterio Pontiniacensi studiosè commendatus.

ALEXAND. III	FREDERICI I.	LUDOV. VII.	HENRICI II.
VI.	X. XIII.	XXVIII.	XI.

Henricus Rex Angliæ tempore Quadragesimali transfretavit Normanniam, progrediens

Marginal notes:
- Quanto cum honore Summum Pontificem exceperunt Reges Franc. & Angliæ.
- Ablatam Lugdunens. civitatem Archiepiscopo restituit Imperator.
- MCLXIII.
- Almaricus succedit Balduino Regi Jerosol.
- Concil. Turonense Alexandro Papa præsidente.
- Philippus Flandriæ Comes cum filia Comitis Viromand. conjugio copulatur.
- Trium Magorum corpora inventa.
- Thomas Cantuar. Archiepisc. in Galliam transfretavit.
- MCLXV.

Chronicon Nicolai Trivetti.

| AN. DOM. | PAPÆ | IMPERATOR. | Regis FRANC. | Regis ANGL. | PAPA ALEXAND III. VIII. | IMP. FREDERICI I. XII. XV. | FRANC. LUDOV. VII. XXX | ANGL. HENRICI II. XIII. | AN. DOM. MCLXVII. |

Duæ filiæ Regis Angliæ desponsantur, Imperatori uni, Duci Saxoniæ altera.

que usque Gisortium, in Octavis Paschæ cum Rege Franciæ contulit de diversis. Quo reverso in Normanniam, venerunt Nuntii Imperatoris ad Regem, petentes unam filiarum Regis filii sui ad opus, & aliam ad opus Henrici Ducis Saxoniæ. Annuit petitionibus Rex, pactionesque super his hinc inde sacramentis præstitis confirmantur. Regina Alianora evocata à Rege venit in Normanniam, adducens secum filium suum Richardum, filiamque Mathildem. Henricus Rex remanente Reginâ in Normanniâ, in Angliam transiens cum multo apparatu bellico Wallenses insurgentes repressit.

Alexander Papa relinquens Senonem, ubi jam duobus fuerat annis, ad Montem Pessulanum contendit, indeque navali expeditione perrexit ad terram Regis Siciliæ Willelmi, cui nec in mari per piratas Imperatoris insidiæ defuerunt. Ludovico Francorum Regi filius nascitur mense Augusto Philippus vocatus. Moritur Malcolinus Scotorum Rex juvenis religiosæ indolis, cui successit Willelmus germanus ejusdem.

Henricus Rex Angliæ directis comminatoriis litteris ad Cisterciense Capitulum, beatum Thomam à Pontiniaco exturbare curavit. Ipse verò timens viris sanctis, sponte recessit. Sed antequàm inde progrederetur, confortatus est ostensô sibi cœlitùs indicio, quòd ad Ecclesiam suam rediturus esset cum gloriâ, & per martyrii palmam migraturus ad Dominum. Transivit igitur ad sanctum Columbam, Rege Francorum eum humaniter tractante, & in necessariis exhibente, cui etiam successoribusque suis in Ecclesiâ Lugdunensi præbendam perpetuam assignavit.

| MCLXVI. | ALEXAND III. VII. | FREDERICI I. XI. XIV. | LUDOV. VII. XXIX. | HENRICI II. XII. |

Reges Franc. & Angl. pecunias colligi jubent in subsidium Christianorum terræ sanctæ.

HEnricus Anglorum Rex dispositis rebus in Angliâ, munitique confinibus Walliæ, Quadragesimali tempore in Normanniam transfretavit. Audito etiam quòd Rex Francorum statuisset de thesauris suis & redditibus, similiter & hominum omnium tam Clericorum quàm Laïcorum, qui in suâ ditione erant, singulis annis usque ad quinquennium de singulis viginti solidis singulos denarios mittere usque Jerusalem ad defensionem Christianitatis: Rex Anglorum magnanimus in totâ potestate suâ idem statuit, censum duplicans primo anno. Obiit Willelmus Rex Siciliæ, cujus filius ei Willelmus successit. Willelmus Talvatius Comes Sagiensis, de assensu filiorum atque nepotum Regi Henrico reddidit castra Alemcem & Rothrum Labarie, cum omnibus quæ pertinent ad ipsa castella. Quia verò Optimates Comitatûs Cenomannici & Britanniæ regionis antequàm Rex transfretaret minùs obtemperaverant præceptis Reginæ, proponentes ut dicebatur rebellare: Rex ad libitum suum eos & eorum castella tractavit, & adunato exercitu obsedit castrum Fulgeriarum, & cepit funditusque delevit; pacto deinde connubio inter Galfridum filium suum & Constantiam unicam filiam Conani Comitis Britanniæ, excepto Comitatu Guniguamp, qui sibi acciderat per Comitem Stephanum avum suum. Rex verò Britanniam ingressus, perambuvit terram, considerans civitates, urbes & castella, recipiensque homagium fidelitatesque Baronum & Militum. Obiit Robertus Episcopus Bathoniensis.

Britannia, sive Armorica Regi Angliæ subjicitur.

HEnricus filius Regis Anglorum de Angliâ profectus, ad patrem venit Pictavis commorantem. Pater verò post Pascha cum exercitu Alvernensem pagum ingressus, vastavit terras Willelmi Comitis Alverniæ, quia datâ fide quòd staret justitiæ Regis Anglorum, super eo quod nepotem suum Comitem juniorem exhereditaverat, posteà irritâ fide ad Regem Francorum se transtulerat, discordiam seminans inter Reges, quam auxit vindicatio pecuniæ deferendæ Jerusalem collectæ in Turoniâ. Volebat enim Rex Francorum eam per suos mittere, quia Ecclesia Turonensis suâ erat, favitque in hoc Regi Francorum Archiepiscopus Jocius. Rex Anglorum volebat eam mittere per suos, tamquam in suo Comitatu collectam.

Discordia inter Reges Franc. & Angliæ.

Amalricus Rex Jerusalem evocatus ab Amiralio Babyloniæ cui confœderatus erat, obsedit cum eo Alexandriam, quæ caput est Ægypti, & captam reddidit Amiralio, recipiens ab eodem præter annuum tributum quinquaginta millia byfantiorum, præter quinquaginta septem millia quæ priùs de Babylone recepit. Circâ Pentecostem Fredericus Imperator missis exercitibus suis, multos Romanorum occidit, à quibus similia passus est. Circâ mensem Julium Leoninam obsedit & cepit, porticumque & alia nonnulla juxtà Ecclesiam beati Petri destruxit; Antipapam etiam Guidonem Romam adduxit, & per manum ejus fecit uxorem suam Imperatricem solemniter coronari; nec defuit ultio divina, quâ, grassante mortalitate, feruntur mortui de exercitu ejus xxv. millia. Inter quos fuerunt consobrinus Imperator Carolus filius Conradi Imperatoris, & Rainaldus Coloniensis Archiepiscopus, cujus, ut dicebatur, consilio mala plurima faciebat. Civitates Lumbardiæ Mediolanum reædificantes, ab Imperatore deficiunt omnes, Papiâ & Vercellis exceptis.

Romani ab Imperatore multa patiuntur.

Antipapa Guido Romæ coronam Imperatrici imponit.

In Octavis Pentecostes Francorum & Anglorum Reges convenientes in Wulcasino, cœperunt de pace tractare, sed nihil proficientes, collectis exercitibus uterque terras alterius devastavit usque ad mensem Augustum, in quo acceptæ sunt inter eos usque ad proximum Pascha treugæ. Deinde Rex Henricus Britanniam ingressus, Leonenses sibi subdidit, Cumhumario Vicecomite eorum se submittente, & obsides Regi dante. Mathildis Imperatrix mater Regis Anglorum, decessit Rotomagi 4. Idus Septemb. Rege Henrico adhuc in Britanniâ commorante, quæ in Monasterio Beccensi sepulta est, filio ejus plurimos pro eâ distribuente thesauros Ecclesiis, Monasteriis, & in usus pauperum diversorum. Fuit Imperatrix multum Deo devota, plurimaque in Normanniâ Monasteria Religiosorum fundavit. Regi Anglorum reconciliatur Jocius Archiepiscopus Turonensis. Regina Alianora in Angliam transiens, filium peperit quem Joannem vocavit, in vigiliâ Nativitatis Dominicæ: in quâ apparuerunt in Occidente duæ stellæ ignei coloris, una magna & altera parva, primò conjunctæ, sed postmodum ab invicem longo spatio sunt distinctæ. Robertus Herefordensis, & Robertus Lincolniensis obierunt.

Imperatrix Mathild. moritur, atque in Monasterio Bec. sepelitur.

Regina Angliæ filium Joannem peperit.

| ALEXAND. III. IX. | FREDERICI I. XIII. XVI. | LUDOV. VII. XXXI. | HENRICI II. XIV. | MCLXVIII. |

HEnricus Dux Saxoniæ Mathildam filiam Regis Anglorum, uxorem accepit. Fuit hic Henricus Imperatoris Lotharii filius, qui etiam super Sclavos & Wandalicos tantum terræ acquisivit, ut in tres diœceses quibus tres sunt deputati Episcopi,

Duci Saxon. nubit Mathildis filia Regis Angliæ.

| PAPÆ | IMPERATOR. | Regis FRANC. | Regis ANGL. | PAPÆ | IMPERATOR. | Regis FRANC. | Regis ANGL. |

Philippus Comes Fland. Patri succedit.

partiretur. Obiit Terricus Comes Flandriæ, cui filius ejus Philippus succeſſit, qui Comitatum rexerat, dum pater iter Jeruſalem frequentabat. In Cenomanniâ juxtà caſtrum quod Freternay dicitur, fluvius Sarræ equis niſi natando immeabilis, ita ſiccatus eſt, ut calceati ſiccis pedibus poſſent tranſire, quod Londoniis de flumine Tameſi tempore Henrici primi Regis Anglorum dicitur accidiſſe. Terræ motus factus eſt tertio-decimo Kal. Martii, & globus igneus viſus eſt per aëra diſcurrere.

Inſurgunt in Regem Angl. Comes Engoliſ. & alii Regi Franc. fœderati.

Comes Engoliſmenſium Aymericus de Lizeneyo, Robertus & Hugo frater ejus de Sylleyo, & alii multi Aquitaniorum Pictavenſium contra Regem Anglorum inſurgentes, rapinis & incendiis incumbebant. Quorum veſaniæ obſiſtens Rex Henricus, caſtrum Lizeneyum cepit, & ipſum muniens, villas deſtruxit & municipia prædictorum. In Octavis autem Paſchæ munitis caſtellis viris militaribus qui ea cuſtodirent, relictis ibi Reginâ & Patricio Sareſberienſi Comite, Rex Henricus Normanniam acceſſit, inter Paceyum & Medantum loquuturus cum Rege Francorum, & de illatis injuriis conqueſturus. Siquidem Pictavenſes ad Regem Francorum venerant, & ei obſides dederant, confœderati contrà dominum ſuum Regem Anglorum. Cum autem hinc inde altercatio fieret, nec Rex Francorum obſides quos acceperat reddere voluiſſet, datæ ſunt induciæ uſque ad octavam S. Joannis Baptiſtæ : circà Octavam verò Paſchæ Patricius Comes Sareſberienſis dolo Pictavenſium occiſus, apud S. Hilarium eſt ſepultus, cui in Comitatu ſucceſſit filius ejus Willelmus.

Britanni etiam conſpirantes contra Regem, venire in ejus adjutorium renuerunt, contrà quos Rex profectus, à capite incipiens, terra Guidonis Vicecomitis de Broërech, caſtellumque quod præcipuum habebat, deſtruxit. Comitatum etiam de Broërech eidem abſtulit, & civitatem Venetenſium, quæ caput ejus honoris eſt, Rex in manu ſuâ retinuit. Cujus portum Julius Cæſar mirificè extollendo laudat, in libro quem de Gallico bello ſcripſit. Abſtulit nihilominùs Rex dimidium Cornubiæ eidem Eudoni : obſedit inſuper caſtrum ejus de Abrahi, & captum munivit. Vaſtatâ verò terrâ Eudonis, ad terras Oliveri & Rolandi Dinanenſi ſe convertit, eiſque depopulatis caſtra quæ Heddei & Betherlum dicuntur, per obſidionem reddita communivit. In Octavis ſancti Joannis Baptiſtæ convenientes Reges ad Firmitatem Bernardi, cum cœpiſſent tractare de pace, infecto negotio ab invicem diſceſſerunt. Multi autem de Britanniâ & Pictaviâ Regi Francorum adhæſerant, & datis obſidibus ab eodem fidem acceperant, quòd ſine ipſis pacem non faceret cum Rege Anglorum. Igitur uſque ad Adventum Domini uterque terras alterius infeſtabat. Obiit Guido Antipapa Romæ, & ſucceſſit ei in ſchiſmate quidam Pſeudo-Clericus, ſe faciens Calixtum vocari. Lumbardi ædificaverunt civitatem non longè à Vercellis, quam in honorem Papæ Alexandri vocaverunt Alexandriam.

MCLXIX

| ALEXAND. III | FREDERICI I. | LUDOV. VII. | HENRICI II. |
| X. | XIV. XVII. | XXXII. | XV. |

Pacem feriunt Reges Franciæ & Angliæ.

IN Epiphaniâ Domini concordati ſunt Francorum Anglorumque Reges. Henricus filius Henrici Angliæ Regis, Regi Francorum fecit homagium pro Andegaviæ Comitatu, & conceſſit ei Rex, ut eſſet Seneſcallus Franciæ, quod ad Andegavenſem Co-

mitatum noſcitur pertinere. Hanc Seneſcalliam, vel ut antiquitùs dicebatur, Majoratum domûs regiæ Robertus Rex Franciæ dedit Galfrido Griſagonella, Comiti Andegavenſi, propter adjutorium quod ei impendit contrà Imperatorem Othonem. Dedit etiam quidquid habebatur in Epiſcopatu Andegavenſi. Poſtea verò cum Galfridus Perticenſis, & David Cenomanenſis Comites contra eumdem Regem Robertum rebellarent, eodem Comite Andegavenſe adjuvante obſedit Rex caſtrum Meritoniæ, quod erat Comitis Perticenſis, & cepit ; & quia David Cenomanenſis evocatus, ad Regem Franciæ venire contemſit, dedit Rex præfato Comiti Andegavenſi homagium illius, & ipſam civitatem, & quidquid habebat in Cenomanenſi Epiſcopatu. Henricus etiam filius Regis Anglorum, fecit homagium Philippo filio Ludovici Regis Francorum, & Galfridus filius Regis Angliæ, jubente patre, fecit homagium Henrico fratri ſuo de Ducatu Britanniæ.

Vaſconenſes domat Anglia Rex.

Rex Henricus in Vaſconiam profectus, deſtructis multis caſtellis, quæ contrà eum munita erant, Comites Engoliſmenſium & de Marchiâ, multoſque alios ad pacem venire coëgit. Galfridus filius Regis Angliæ in Britanniam veniens, Redonis honorificè ſuſceptus, recepit ibidem homagia & fidelitates Baronum & Militum Britannorum. Rex Henricus fecit foſſata alta & lata inter Franciam & Normanniam ad prædones arcendos. In pago etiam Andegavenſi ſuper Ligerim, ad arcendam aquam quæ meſſes perdebat & prata, fecit quædam retinacula, quæ torcias [n] vocant per triginta milliaria, ædificare faciens manſiones hominum, qui torcias tenerent, quos fecit liberos ab exercitu & aliis quæ pertinebant ad fiſcum.

Catina civitas Siciliæ terræ motu concuſſa & proſtrata eſt, ita quòd in eâ plurimi perierunt.

Rex Henricus pacificatis rebus Vaſconiæ, reverſus in Normanniam, fecit caſtrum munitiſſimum Burgumgrande juxtà haiam de Malafee, quod *Beauver* vocatur : fecit & molendina & piſcarias Andegavis in flumine Meduanæ. Cum Willelmus Goieth abiſſet in itinere Jeroſolimitano, & Comes Perticenſis vellet occupare Montem mirabilem & alias firmitates ejuſdem Willelmi, & Henricus de Iven qui de eiſdem firmitatibus ſaiſitus fuerat, quia filiam ejuſdem duxerat, non poſſet reſiſtere Comiti Theobaldo, Rege Francorum adjuvante partes ejus, dictus Henricus ſub certis pactionibus eaſdem firmitates tradidit Regi Anglorum, propter quod reſuſcitata eſt diſcordia inter Reges, & comitem Theobaldum. Hilarius Ciceſtrenſis, & Nigellus Elienſis Epiſcopi obierunt.

| ALEXAND. III. | FREDERICI I. | LUDOV. VII. | HENRICI II. | MCLXX. |
| XI. | XV. XVIII. | XXXIII. | XVI. |

MAre circà æquinoctium vernale limites ſuos excedens, meſſes quæ propè erant, abſorbuit : alluvionoque ejus oſſa cujuſdam gigantis in Angliâ detecta ſunt, cujus, ut ferunt, quinquaginta pedum erat corporis longitudo. Rex Henricus in Angliam tranſfretans, graviter punivit Vicecomites qui populum afflixerant exactionibus & rapinis. Poſt Pentecoſten Rex Angliæ vocato filio ſuo Henrico in Angliam, fecit eum, cum jam quindecim annos compleſſet, per Rogerum Eboracenſem Archiepiſcopum (Thoma Cantuarienſi adhuc in partibus Gallicanis commorante) in Regem ungi

Henrico Regi Anglorum filio corona imponitur ab Archiepiſc. Eboracenſ.

---

n *quæ torcias*] Eas hodieque vulgò vocant *les turcies de la Loire*.

| PAPÆ | IMPERATOR. | Regis FRANC. | Regis ANGL. |

solemniter coronari. Interfuerunt autem coronationi Gilbertus Londoniensis, Gocelinus Saresberiensis, Walterus Roffensis, Ricardus Cestrensis, Bartholomæus Exoniensis, Hugo Dunelmensis. Rogerus verò Wigorniensis in Normanniâ morabatur. Henricus Wintoniensis, & Willelmus Norwicensis non affuerunt ægritudine impediti. Ceteræ autem sex sedes Episcopales in Angliâ adhuc vacabant, videlicet Herefordensis, Bathoniensis, Lincolniensis, Cicestrensis, Elyensis, Carleolensis, cujus vacationis jam annus decimus sextus agebatur. Uxor autem junioris Regis Margareta, Regis Francorum filia, non est coronata cum eo, quia adhuc in Normanniâ morabatur.

In die Apostolorum Petri & Pauli terræ motus horribilis in transmarinis partibus factus est, quo civitas Tripolis, multæque civitates aliæ tam Christianorum quàm Agarenorum sunt concussæ.

Rex Henricus senior transfretans in Normanniam, pacem fecit inter Comitem Theobaldum, & Herveum º de Iven qui ut dictum est, sibi tradiderat castra sua. Alianora filia Regis ejusdem, Alfonso Regi Hispaniæ desponsatur. Ricardus Comes de Strogoil, Marescallus Angliæ, terris suis omnibus propter quandam offensam in manu Regis acceptis, exul in Hiberniâ commorabatur. Hunc Ricardum Anglici ob præcipuam fortitudinem Strangebowe cognominabant, cujus brachia tam producta fuisse dicuntur, ut erectus stans palmas manuum genibus applicaret.

Miseratus summus Pontifex Anglicanæ desolationi Ecclesiæ ex absentiâ Metropolitani sui, qui jam sex annis in Galliis exulaverat, propositis Regi comminatoriis vix tandem extorsit, ut pax Ecclesiæ redderetur. Beatus igitur Thomas reconciliatus Regi Angl. per mediationem Regis Francorum in Angliam transfretavit, quem post dies paucos damnis & injuriis affectum, cum audiret Rex juxtâ Baiocas Natale Domini agens, inflexibilem à suo esse proposito, nec velle omisso jure Ecclesiæ, suæ cedere regiæ voluntati, irâ commotus planxit, neminem esse qui suam vicem doleret. Verbum ex ore Regis quatuor milites Anglici maleficiis famosi, Ricardus Britto, Hugo de Morvillâ, Willelmus Traci, & Reginaldus filius Ursi rapiunt, & continuò egressi irrequisito Rege, versùs Angliam dirigunt iter suum. Quorum audito recessu, licet ad revocandum eos Rex nuntios miserit, tantâ tamen celeritate pervenerunt ad mare, & tam prospero vento transierunt in Angliam, quòd ultimo non potuerunt antefactinus perpetratum. Quinto itaque die post Natale Domini Cantuarium venientes, Pontificem verbis contumeliosis aggrediuntur, & ingressum Ecclesiæ, coram altari beati Dionysii se, & Ecclesiæ suæ causam Domino commendantem occidunt.

| MCLXXI | ALEXAND. III. | FREDERICI I. | LUDOV. VII. | HENRICI II. |
| | XII. | XVI. XIX. | XXXIV. | XVII. |

Moritur hoc anno Conanus Dux Britanniæ, cujus Ducatum cum Comitatu Richemundiæ & honore Gebewici, Galfridus filius Regis Anglorum obtinuit, spe futurarum nuptiarum cum Constantiâ ejusdem Conani filiâ & herede.

Judæi Blesenses in solemnitate Paschali ad opprobrium Christianorum, puerum quemdam crucifixerunt, & mortuum in sacco positum, in flumine Ligeris projecerunt; cujus sceleris convicti, omnes à S. Theobaldo Comite Carnotensi traduntur igni, ex-

º *& Herveum*] Quem nunc Herveum nominat, supe-

| PAPÆ | IMPERATOR. | Regis FRANC. | Regis ANGL. |

ceptis illis qui fidem Christianam recipere voluerunt. Simile scelus à Judæis tempore hujus Henrici Regis, apud Gloverniam in Angliâ dicitur perpetratum.

Rex Henricus senior fecit per Normannos, investigari terras, de quibus Henricus Rex avus ejus fuit saisitus die quâ obiit; & quas terras, quasque sylvas, & quæ alia dominica Proceres Normanniæ occupaverant post mortem ejusdem, & sic Ducatûs Normanniæ reditus duplicavit. Resus Wallensium Princeps cum avunculo suo Ouveno, pacificatus est cum Rege Anglorum mense Julio. Rex apud Argentomagum Barones suos convocat, de profectione suâ in Hiberniam, (cujus conquisitionem concesserat ei dominus Papa, salvis Ecclesiarum juribus, denarioque uno qui dicitur Petri, per domos singulas reddendo Romanæ Ecclesiæ) tractaturus. Supervenerunt autem huic colloquio Nuntii Comitis Ricardi de Strogoil, Marescalli Angliæ, offerentes Regi ex parte ejus civitatem Dublinæ & urbem Waterfordiæ, & omnes alias firmitates suas quas habebat in Hiberniâ per mortem Regis Dublinæ, cujus duxerat filiam & heredem. Quo audito Rex eidem Comiti restituit terras in Angliâ & Normanniâ, ipsamque terram quam acceperat in Hiberniâ cum uxore, liberè concessit, constituens eum totius Hiberniæ Senescallum.

Henricus Wintoniensis Episc. & Abbas Glastoniæ, Germanus Regis Stephani obiit isto anno, qui ante mortem cæcus, reliquit Wintoniensi Ecclesiæ in ornamentis & aliis bona multa. Mense Augusto Rex Angliæ transivit in Angliam & coadunato pro tantâ expeditione exercitu, in vigiliâ S. Lucæ profecturus in Hiberniam navibus se commisit, & feliciter applicans terram illam, suo dominio sine notabili resistentiâ subjugavit. Henricus Rex junior apud Burgum juxta Baiocas in Natali Domini curiam tenuit solemnem, vocatisque Prælatis & Proceribus terræ suæ, interfuerunt inter alios Willelmus de sancto Joanne, Procurator Normanniæ, & Willelmus filius Hamonis, Britanniæ Senescallus, qui dum in quâdam comederent camerâ, exclusis ceteris qui non vocabantur Willelmi, centum & decem secum Milites hujus nominis habuerunt. Fuerunt tamen alii multi similiter vocati, qui coram Rege comedebant in aulâ.

| MCLXXII | ALEXAND. III. | FREDERICI I. | LUDOV. VII. | HENRICI II. |
| | XIII. | XVII. XX. | XXXV. | XVIII. |

Henricus Dux Saxonum, sororius Regis Anglorum junioris, perrexit Jerusalem cum magno militum Comite. Post Pascha Rex Henricus senior audiens Legatos duos ex parte domini Papæ ad se missos, Theodinum Portuensem Episcopum, & Albertum Romanæ Ecclesiæ Presbyterum Cardinalem & Cancellarium, dispositis rebus Hiberniæ, cum celeritate venit in Angliam, & inde veniens in Normanniam, præmissis viris honorabilibus, primò alloquutus est Legatos Savigneii, deinde Abrinceis, tertiò apud Cadomum ubi causa illa finita est, jurante Rege beatum Martyrem Thomam nec de mandato, nec de voluntate suâ occisum, ut testantur litteræ publicæ de hoc factæ. Cognoveruntque Legati, ut scribit Petrus Blesensis Bathoniensis Archidiaconus, innocentiam viri, atque sub umbrâ illius à quibusdam attentatum id fuisse, totamque hanc iniquitatem à sanctuario processisse: & ideo de mandato summi Pontificis post purgationem Ca-

riori anno Henricum nuncupaverat.

Chronicon Nicolai Trivetti.

AN. DOM.

Regem innoxium esse declarant Legati.

Margareta Regina coronatur ab Archiepiscopo Rotomag.

nonicam acceptam publicè sententiaverunt, Regem ab hoc crimine innoxium esse coram Deo & hominibus, & in quosdam Magnates, quorum malitiam in hac parte manifestè convicerant, notam infamiæ retorserunt. Deinde ad voluntatem Regis Francorum misit Rex Anglorum Margaretam uxorem filii sui in Angliam, quam per manum Rothomagensis Archiepiscopi fecit inungi, & in Reginam Angliæ coronari. Circà verò festum S. Martini venerunt de Angliâ Henricus Rex junior, & uxor sua ad Regem Francorum, quos ille decentissimè suscipiens, plurimùm honoravit.

MCLXXIII.

ALEXAND. III. XIV.	FREDERICI I. XVIII. XXI.	LUDOV. VII XXXVI.	HENRICI II. XIX.

Dissensio inter Regem Angliæ & filium: Unde seditiones quamplurimæ.

COmes Sancti Ægidii pacificatur cum Rege Anglorum, facto sibi & Ricardo filio suo Duci Aquitanorum, homagio pro Tolosâ; promittente etiam Comite singulis annis servitium centum militum per quinquaginta dies, si Rex eis opus habuerit. In quadragesimâ sequenti suborta est discordia inter Reges patrem & filium, quia Rex pater à consilio & famulatu filii amovit Astulphum de S. Hilario, & alios Equites minores. Unde discedens à patre Rex junior venit Argentomagum, & ignorantibus ministris quos pater de novo servitio suo deputaverat, de nocte recedens, adiit Regem Francorum. Sequuti sunt Regem juniorem Majores de Angliâ & Normanniâ, inter quos erant Comes Cestriæ, & Willelmus Patrik senior cum tribus etiam filiis, Robertus etiam Comes Mellenti, cujus castra sine custodibus relicta Rex senior occupavit. A quo etiam abalienati sunt Alianora Regina, & duo filii ejus, Ricardus Pictaviæ, & Galfridus Britanniæ Comites, Regi juveni adhærentes.

Rogerus Abbas Beccensis electus in Cantuariensem, prætendens infirmitatem noluit assentire, propter quod Monachi Ricardum Monachum de Doure in Archiepiscopum elegerunt. Positâ autem die quâ consecraretur electus, aliosque ad Ecclesias alias electos consecraret, Prior Cantuariensis litteras protulit Regis junioris, in quibus dicebat electos prædictos non esse consecrandos, & si quis præsumeret imponere eis manum, cum ad domini Papæ audientiam invitavit: sicque infecto negotio omnes ad propria discesserunt.

Post Pascha multi Barones de Normanniâ & aliis terris Regis Angliæ, avertentes se à patre, suddiderunt se Regi juniori, inter quos erant Bernardus de Feritate, Galeramus de Hibeâ, Gocelinus Cospinus, Gilbertus de Tegularis, Robertus de Monteforti, Radulfus de Faie, Galfridus de Lizenero, Hugo de sanctâ Maurâ & filius ejus, Willelmusque Camerarius de Tankarvillâ. Philippus etiam Comes Flandriæ fovens partes filii, cepit castrum de Albamarla, dominumque castri Willelmum. Comes etiam Augi se & castra sua Regi subdidit juniori. Post festum S. Joannis Ludovicus Francorum Rex coadunato exercitu maximo, obsedit castrum Vernoli ferè per mensem. Cui Hugo de Laci, & Hugo de Bellocampo custodes castri viriliter restiterunt.

Junior Rex associatis sibi Flandriæ & Boloniæ Comitibus, novum castrum, quod Drincort vocatur, obsedit. Dego Bardulfi & Thomas frater ejus custodes castri, videntes se illud tenere non posse, insinuant hoc Regi seniori: de cujus assensu illud obsidentibus reddiderunt. Matthæus Comes Boloniæ ex vulnere ibi accepto mortuus est, cujus fratrem Petrum electum ad Episcopatum Cameracensem, Comes Flandriæ militaribus armis cinxit. Obiit Robertus Comes de Clarâ, cui filius ejus Ricardus successit, qui filiam Willelmi Comitis Gloverniæ duxerat.

Henricus Rex senior videns majorem partem Baronum suorum à se deficere, non est fractus, sed conduxit Brabanzones & Rictarios, ex quibus coadunato magno exercitu, venit Britolium ut auxilium ferret eis qui in Vernolio obsidebantur. Cujus adventu audito, Rex Francorum omissâ obsidione fugit, magnâ parte papilionum & victualium, aliorumque impedimentorum relictâ. Radulfus de Fulgeriis castellum suum de Fulgeriis, quod Rex Senior priùs destruxerat, reædificare cœpit. Ad quem Astulfus de sancto Hilario, & Willelmus Patrik cum tribus filiis conveniunt, quos Comes Eudo & Comes Cestriæ sequuti sunt. Brabanzones à Rege seniore missi, ex magnâ parte terram Radulfi de Fulgeriis destruxerunt, sed eorum qui victualia exportabant ad exercitum, magna pars à militibus Radulfi de Fulgeriis est occisa. Tradidit nihilominùs, hic Radulfus castrum sancti Jacobi incendio, castrumque Tilioli. Audito autem adventu Regis senioris, usque ad Fulgeriam fugit: captaque est ab hominibus Regis tanta præda, quanta nostris temporibus vix sit visa. Præceperat namque Radulphus omnibus de terrâ suâ, ut equos, armenta & pecudes in suam forestam ducerent, quæ omnia antequàm pervenirent ad nemorum latibula, sunt ab hostibus intercepta.

Radulfus interim castrum de Corbroc, & civitatem Dolensem cepit cum custodibus quos Rex posuerat, prece corruptis & pretio. Quo audito Rex illuc Brabanzones suos misit cum aliis militibus, qui eos regerent & protegerent contrà hostes. Qui habentes sibi obviam Comitem Cestriæ, Astulfum de sancto Hilario, Willelmum Patrik cum aliis militibus pluribus ac peditum multitudine magnâ, statim eos compulerunt in fugam, quamplures de peditibus occidendo. Capti sunt ibi Hastulfus de sancto Hilario, & Willelmus Patrik cum aliis quibusdam militibus. Sexaginta non potentes evadere per fugam, viis per hostes obstructis, incluserunt se in turri Dolensi, quam Brabanzones & milites Regii obsederunt. Henricus senior his auditis, cum esset Rotomagi, in crastino manè versùs Britanniam proficiscitur tantâ celeritate, quòd proximo die sequente Dolum pervenit: cumque machinas præparasset ad turrim capiendam, inclusi sibi providentes turrim reddiderunt, ac se voluntati Regiæ subdiderunt, quorum aliquos per diversas firmitates mancipavit custodiæ: aliquos verò acceptis obsidibus in liberâ custodiâ retinens, secum duxit. Interim Comes Leycestriæ associato sibi Hugone de Novocastello, turbare volens Regnum Angliæ, cum magnâ multitudine militum Flandrensium & aliorum zelo Regis junioris in Angliam transfretavit; qui juxta sanctum Eadmundum cœpit prædas exercere, & una cum uxore ac prædicto Hugone de Novocastello per milites Regis captus est, & custodiæ traditus, pluribus Flandrensium aliorumque occisis, multisque captis. Barones aliqui Britones & Normanni, captis munitionibus eorum & castellis à Rege seniore, ad nemora confugientes, terras Regis more latrocinantium infestabant.

Rex senior Summi Pontificis auxilium contra Filios implorans, eidem litteras scripsit hujus tenoris:

Sanctissimo domino suo Alexandro Dei gratiâ Catholicæ Ecclesiæ Summo Pontifici, Henricus Rex Anglorum, Dux Normanniæ & Aquitaniæ

Rex Angliæ scribit Summo Pontifici

Chronicon Nicolái Trivetti.

| AN. DOM. | PAPÆ! IMPERATOR.] Regis FRANC.] Regis ANGL. | PAPÆ ALEXAND. III XV. | IMP. FREDERICI I. XIX. XXII. | FRANC. LUDOV VII. XXXVII. | ANGL. HENRICI II. XX. | AN. DOM. MCLXXIV. |

quanta mala injurias à filio perpessus fuerit, utque filius ad meliorem frugem reducat, illum obnixè rogat.

„ & Comes Andegaviæ salutem, & devotæ servitu-
„ tis obsequium. In magnorum discriminum an-
„ gustiis ubi domestica consilia remedium non inve-
„ niunt, eorum suffragia implorantur, quorum
„ prudentiam in altioribus negotiis experientia diu-
„ turnior approbavit. Longè latéque divulgata est
„ meorum filiorum malitia, quos ita in exitium pa-
„ tris spiritus iniquitatis armavit, ut gloriam repu-
„ tent & triumphum patrem persequi, & filiales
„ affectus in omnibus differri. Prævenientes meorum
„ exigentia delictorum, ubi pleniorem voluptatem
„ contulerat mihi Dominus, ibi gravius me flagel-
„ lat, & quòd sine lacrymis non dico, contrà san-
„ guinem meum & viscera mea cogor odium im-
„ mortale concipere, & extraneos mihi quærere
„ successores, ne videam de semine meo sedentem
„ super solium meum. Illud præterea sub silentio
„ transire non possum, quòd amici mei recesserunt
„ a me, & domestici mei quærunt animam meam.
„ Sic enim familiarium meorum animos clandestina
„ conjuratio toxicavit, ut obstinationi perditæ con-
„ spirationis universæ posthabetur. Malunt namq;
„ filiis meis adhærere contra me transfugi & men-
„ dici, quàm regnare mecum & in amplissimis dig-
„ nitatibus præfulgere. Quoniam verò nos extulit
„ Deus in eminentiam officii pastoralis, ad dandam
„ scientiam salutis plebi ejus, licet absens corpore,
„ præsens tamen animo me vestris advolvo genibus,
„ consilium salutare deposcens. Vestræ jurisdictio-
„ nis est Regnum Angliæ, & quantum ad feoda-
„ rii juris obligationem, vobis dumtaxat obnoxius
„ teneor. Experiatur Anglia quid prosit Romanus
„ Pontifex, & quia materialibus armis non utitur,
„ patrimonium Beati Petri spirituali gladio tueatur.
„ Contumeliam filiorum poteram armis rebellibus
„ propulsare, sed patrem non possum exuere. Nam
„ & Jeremia testante: *Nudaverunt lamiæ mammas
„ suas, lactaverunt catulos suos.* Et licet errata eo-
„ rum quàm meritis efferata me fecerint, retineo pa-
„ ternos affectus, & quàmdiu violentiam diligenti
„ eos mihi conditio naturalis imponit. Utinam sa-
„ perent & intelligerent, ac novissima providerent.
„ Lactant filios meos domestici hostes, & occasione
„ malignandi habita non desistent, quousque redi-
„ gatur virtus eorum in pulverem, & convello ca-
„ pite in caudam, servi eorum dominentur eis, jux-
„ tà verbum illud Salomonis: *Servus astutus filio
„ dominabitur imprudenti.* Excitet ergo prudentiam
„ vestram Spiritus consilii, ut convertatis corda fi-
„ liorum ad patrem. Cor enim patris pro benepla-
„ cito vestro convertetur ad filios, & in fide illius
„ per quem Reges regnant, vestræ sublimitati pro-
„ mitto, me vestræ dispositioni in omnibus paritu-
„ rum. Vos Ecclesiæ suæ, Pater sancte, Christus
„ diu conservet incolumem.

Hoc anno electi sunt ad Episcopatus Wintoniensem qui jam biennio vacaverat, Ricardus Archidiaconus Pictaviensis; Lincolniensem, Galfridus filius Regis Henrici naturalis; Herfordensem qui jam
vacaverat annis sex; Robertus Folioth Archidia-
chus Lincolniensis; Elyensem, Galfridus Archidiaconus Cantuariensis; Cicestrensem qui jam vacaverat annis quatuor, Gocelinus Decanus ejusdem
Ecclesiæ; Bathoniensem qui jam vacaverat annis
sex, Rogerus Lombardus Archidiaconus Sarisbe-
riensis.

Archiepiscopus Tarentasiæ à domino Papa
missus pro reformandâ pace inter Reges Anglorum patrem & filium, nil profecit. Ricardus
Cantuariensis electus, qui Romam profectus fuerat,
à Papâ Alexandro Anagniæ consecratur. Fuit iste
Ricardus vir magnæ religionis, & in exteriorum
administratione industrius, sed in corrigendis excel-
sibus, defendendisque Ecclesiæ libertatibus de nimiâ
remissione notatus, in tantum quòd Rex qui eum
spiritualiter diligebat, & contra turbatores ejus in
curiâ Romanâ se prò eo opponebat, ipsius incuriam
ac desidiam secretâ tamen correptione dicitur ar-
guisse. Reginæ Anglorum Alianora uxor patris, &
Margareta uxor filii in Angliam deducuntur.

Ludovicus Rex Francorum convocatis Baronibus
Regni sui, rogavit eos ut Henrico Regi juniori
essent in auxilium contra patrem. Tres igitur Comites, Flandrensis, Carnotensis, & Claromontensis
juraverunt se transfretaturos cum Rege juniore, &
eidem regnum Angliæ ex integro subacturos. Alii
verò juraverunt, quòd cum exercitu per Normanniam pergerent, & castella pessumdarent, urbemque
Rotomagum obsidione cingerent, quod utique licet aggrederentur, nihil penitùs profecerunt. Rex
enim senior castella sua quæ erant in finibus Normanniæ, armis, militibus & victualibus optimè
communivit. Removit etiam quosdam castellorum
custodes, quos habebat suspectos, fideles de quibus
confidebat substituens. Multos etiam de Baronibus
Franciæ abarratos habebat, & sibi familiares fecerat
obsequiis atque donis. Alloquutus est etiam Barones
Normanniæ, & obsecrando hortatus est, ut viriliter
ac fideliter agerent, memoresque essent quomodo
patres eorum multoties, Francos fines eorum invadentes, cum eorum verecundiâ fortiter expulis-
sent.

Deinde paucis ᵖ nullis Baronibus Normanniæ
assumptis, cum Brabanzonibus in Angliam transfretans, cum maximâ humilitate tumbam beati
Thomæ Martyris visitavit. Ut enim Cantuariensem vidit Ecclesiam, equo desiliens in veste lanea,
nudis pedibus peditando, usque ad illam per paludes & saxa acuta cum summâ devotione perrexit.
Ad sepulcrum verò Martyris prostratus in oratione,
& in lacrymas ita profusus est, ut adstantes etiam
ad lacrymas invitaret. Feriâ sextâ illuc venerat, &
imprænsus ibidem noctem totam continuans vigilavit. Mane autem facto Capitulum ingressus, in tantum se humiliavit ad pœnitentiam, ut verberibus
se subderet Monachorum. Die autem quâ à sancto
loco recessit, captus est Willelmus Rex Scotiæ à Baronibus Eboracensis provinciæ apud Alvewicum,
qui eâ æstate cum Rogero de Mumbray & aliis
complicibus in favorem Regis junioris Aquilonares
partes Angliæ devastaverat. Rex itaque senior tanto exhilaratus nuntio, factâ pace cum Hugone
Bigod, & positis in firmâ custodiâ Willelmo Scotorum Rege, & Roberto Leycestriæ Comite cum aliis
eorum comitibus, revertitur in Normanniam, paci-
ficatam relinquens Angliam, quam ferè perditam in
triginta recuperavit diebus.

Veniens autem Rotomagum cum multitudine
Wallensium, misit eos trans Secanam, ut in nemoribus victualia diriperent, quæ ad Francorum exercitum vehebantur. Franci itaque ex unâ parte timentes Regem, & ex parte aliâ Walienses, ad Re-

Contrà Regem Angliæ conveniunt Rex Francorum, & Comites Fland. &c.

Sepulcrum S. Thomæ summâ animi demissione invisit, ac verberibus se subdit Henricus senior.

ᵖ *at nullis*] Hîc deestq; nonnihil monuit Acherius, qui emendat *paucis militibus, ac nonnullis.*

| Ann. Dom. | Papæ | Imperator. | Regis Franc. | Regis Angl. |

gem Anglorum de pace conveniunt loquuturi. Super quo lætatus Rex, terminum reformandæ pacis apud Gisortium statuit festum Nativitatis Virginis gloriosæ. In vigilia verò Assumptionis beatæ Mariæ obmissa obsidione Rotomagi, exercitus Francorum discessit. Adveniente termino reformandæ pacis convenerunt partes, sed nihil proficientes, alium terminum in festo Sancti Michaelis juxta civitatem Turonis statuerunt. Quibus die & loco iterum convenientes, pax provenit, & tres filii patri suo se humiliter subdiderunt. Rex autem Francorum & Comes Flandriæ firmitates quas in Normannia ceperant, Regi Angliæ reddiderunt.

Post festum sancti Joannis moritur Almaricus Rex Jerusalem, successitque filius ejus Baldewinus decimus.[q] Obiit etiam Noradinus Rex Halapiæ, & successit filius ejus natus ex sorore Comitis sancti Ægidii, quam in itinere Jerosolymitano captivam acceperat. Ipsa verò & filius ejus acceptis inductiis à Rege Jerusalem usque in septennium, promiserunt ei plurimam summam auri. Saraguntas Noradini nepos occidit Admiralium Babyloniæ, estque Alexandriæ princeps factus. Joannes Oxoniensis, Saresberiensis Decanus, ad Episcopatum eligitur Norvicensem.

q

| MCLXXV. | Alexand. III. XVI. | Frederici I. XX. XXIII. | Ludov. VII. XXXVIII. | Henrici II. XXI. |

Fridericus Imperator cum uxore sua & liberis, maximoque exercitu in Italiam veniens, obsedit Alexandriam; nihil proficiens, sed multa sustinens detrimenta. Circa Pascha filii Regis Anglorum pacificati venerunt ad patrem, qui retento secum Henrico Rege, Ricardum fratrem suum misit in Aquitaniam, Galfridum verò in Britanniam, procuratorem terræ suæ Rolandum de Dinan eidem assignans. Frederico Imperatore recedente ab Alexandria, tractatum est de pace inter Dominum Papam & ipsum, sed noluit Imperator paci acquiescere nisi dirueretur Alexandria, quod Lumbardi facere renuerunt. Remansit autem Imperator in urbe Papiensi, non patente ei pro libito copia recedendi. Galfridus Dux Britanniæ revocavit in ditionem suam Venetum, & Pleasmelum, Aurei, medietatemque Cornubiæ, & alia pertinentia ad dominium suum, quæ occupaverat Comes Eudo.

Post Pascha verò Rex senior Henricus, & filius ejus Rex junior in Angliam transfretavit. In quorum adventu multi de Clero & populo, pro venatione illicita graviter sunt puniti. Rex Scotiæ pacificatus est cum Rege Angliæ sub hac forma. Fecit enim homagium & ligantiam de omni terra sua ut proprio domino, & concessit ut idem facerent omnes terræ suæ Comites & & Barones. Episcopi autem & Abbates sacramento se constrinxerunt, quòd forent subditi Archiepiscopo Eboracensi. Tradidit insuper Rex Scotiæ munitiones tres; scilicet Rokesburgiam, Castrum Puellarum, Berwici Regi Angliæ, in quibus posuit Rex Henricus custodes per Regem Scotiæ in necessariis exhibendis. Præterea concessit Rex Willelmus, quòd Episcopatus Abbatias & alios honores in Scotia, daret Rex Angliæ, vel saltem sine ejus consilio non darentur. Obiit Rogerus Comes Cornubiæ, primi Henrici Regis Anglorum filius naturalis, cujus terras omnes in Anglia, Normannia & Wallia (excepta parva portione quam filiabus ejus dedit) retinuit Rex in manu sua ad opus Joannis filii sui junioris. Obiit Ricardus Comes Glo-

Patri Regi Anglorum honorem & obsequium exhibent filii.

Pacem cum Papa ferire renuit Imperator.

Ineunt pacem Rex Angliæ & Scotiæ.

q decimus] Imo, quartus.

| Papæ | Imperator. | Regis Franc. | Regis Angl. | An. D. |

verniæ, cui successit filius ejus Philippus. Venit in Angliam hoc anno Hugo Leonis Apostolicæ sedis Legatus.

| Alexand. III. XVII. | Frederici I. XXI. XXIV. | Ludov. VII. XXXIX. | Henrici II. XXII. | MCLXX |

Nix & gelu à Nativitate domini usque ad Purificationem continuè duraverunt. Obiit Ricardus Comes de Strogoil, relinquens parvulum ex filia Regis Dublimæ, successorem. Hic Regi Henrico Anglorum reddidit Dublimam, Waterfordiam, & quasdam alias firmitates. Hibernienses tributum Regi Angliæ, de qualibet domo corium bovis, vel duodecim denarios promiserunt. In vigilia Paschæ factus est, ventus vehemens, dissipans domos, & eradicans silvarum ligna.

His temporibus erant in Anglia tres Episcopi Regi plurimum familiares, Ricardus Wintoniensis, Galfridus Eliensis, Joannes Norwicensis, quorum frequentiam ac moram in Curia Regia Papa Alexander redargui per Archiepiscopum Cantuariensem Ricardum mandaverat, qui eos apud eumdem verè & rationabiliter excusavit: per quorum mediationem procuravit præfatus Archiepiscopus, damnabilem consuetudinem quæ in Anglia invaluerat, & in enorme Cleri dispendium excreverat, aboleri. Si quis verò Sacerdotem vel Clericum occideret, Ecclesia sola excommunicatione contenta, materialis opem gladii non quæsivit. Unde hujusmodi transmisit epistolam ad Episcopos tres prædictos.

Ricardus Dei gratia Cantuariensis Archiepiscopus, totius Angliæ Primas, Apostolicæ sedis Legatus, Venerabilibus & in Christo dilectis Fratribus Ricardo Wintoniensi, Galfrido Eliensi, Joanni Norwicensi Episcopis salutem & salubre consilium. In Ecclesia Anglorum damnosa omnibus & omnino damnanda consuetudo invaluit, quæ nisi per industriam vestram fuerit sublata de medio, in enorme totius Cleri dispendium vehementer excrescet. Si Judæus aut Laicorum vilissimus occiditur; statim supplicio mortis occisor addicitur: Si quis verò Sacerdotem sive Clericum minoris aut majoris status occiderit, sola excommunicatione contenta, aut ut verius loquar, contempta Ecclesia, materialis opem gladii non requirit. Scitis equidem, quòd à Domino dictum est Moysi, *Maleficos non patieris vivere*. Et Apostolo teste: *Princeps gladium habet ad vindictam malefactorum, laudem verò bonorum*. Sed & Dominus dicit: *Qui vos tangit me tangit*. Et per Prophetam: *Nolite*, inquit, *tangere Christos meos*. Ubi ergo posset maleficium immanius & execrabilius inveniri, quàm grassari in Christos Domini, & in populum acquisitionis liberâ impunitatis licentiâ gladium exerere? Accepta missi esset sententia excommunicationis in talibus si timorem incuteret, sed culpis nostris exigentibus, gladius Petri rubigine obductus est, & quia non potest incidere, datus est in contemptum. Si ovicula furto sublata sit vel occisa, in hujus rei actorem, si lateat, sententia excommunicationis emittitur: convictus verò aut confessus, furtum, patibulo deputatur; Porrò Clerici vel Episcopi occisores Romam mittuntur, euntesque in deliciis, cum plenitudine Apostolicæ gratiæ, & majore delinquendi audacia revertuntur. Talium vindictam excessuum dominus Rex sibi vindicat, sed nos eam nobis damnabiliter reservamus, atque liberam præ-

Pessima consuetudo abolitur in Anglia per Archiepiscopum Cantuar.

Exod. 22. 1 Pet. 2. Zach. 2. 8. Psal. 104.

bentes

AN. DOM.	PAPÆ	IMPERATOR.	Regis FRANC.	Regis ANGL.	PAPA ALEXAND. III. XVIII.	IMP. FREDERICI I. XXII. XXIV.	FRANC. LUDOV. VII. XL.	ANGL. HENRICI II. XXII.	AN. DOM. MCLXX-VII.

„ bentes impunitatis materiam, in fauces nostras
„ laïcorum gladios provocamus. Ignominiosum est
„ quòd pro caprâ vel oviculâ gravior, pro sacerdo-
„ te occiso pœna remissior irrogatur. Sed & durio-
„ ribus digni sumus, qui jurisdictionem alienam &
„ nobis omninò indebitam ambitione temerariâ u-
„ surpamus. Nam & in corpore Decretorum, &
„ in Epistolâ ad Romanos, hæc verba legisse me-
„ minimus: Sunt quædam enormia flagitia quæ po-
„ tiùs per mundi Judices, quàm per Rectores &
„ Judices Ecclesiarum vindicantur, sicut est, cum
„ quis interficit Pontificem aut Presbyterum, hu-
„ jusmodi reos Reges & Principes mundi damnant.
„ Omnis equidem justitia ideo exercetur, ut debitâ
„ quiete gaudeat innocentia, & malignantium te-
„ meritas refrænetur. Verumtamen in hac jurisdi-
„ ctione maledictâ quam ambitiosè & superbè præsu-
„ mimus, dominum Regem [r], viamque in Clericos
„ malignandi tutissimam laïcis aperimus. Nuper a-
„ pud Wintoniam Sacerdos litteraturæ commenda-
„ bilis & conversationis honestæ, malitiosè occisus
„ est à Willelmo Freschet & uxore ejus, nec illi
„ maleficium diffitentur. Prompti sunt ergo Cu-
„ riam adire Romanam. Nam confidit in eâ cor
„ viri sui, atque in specie & pulcritudine suâ in-
„ tendit prosperè procedere, & de lenocinio uxoris
„ in viâ præter absolutionis beneficium, fructûs u-
„ berioris manipulos reportare.

„ Vos ergo dilectissimi Fratres, huic publicæ pe-
„ sti, dum in suo cursu est, maturiore consilio stu-
„ deatis occurrere. Nam si liberiùs aliquantulum &
„ licentius evaserit periculum, quod inter pauperes
„ nunc versatur, nostris in proximo cervicibus im-
„ minebit. Ecclesia jurisdictionem suam priùs exer-
„ ceat, & si illa non sufficit, ejus imperfectum
„ suppleat gladius sæcularis. Hujus rei auctoritas
„ ex Synodo Urbani Papæ, ex decreto Gregorii,
„ ex Epistolâ Nicolai Episcopis Galliarum, ex Con-
„ cilio Carthaginensi tertio, & ex multis sanctorum
„ Patrum institutionibus emanavit. Nec dicatur
„ quòd aliquis bis puniatur propter hoc in idipsum.
„ Nec enim iteratum est quod ab uno incipitur, &
„ ab altero consummatur. Duo sunt gladii qui mu-
„ tuum à se mendicant auxilium, atque ad invi-
„ cem sibi vires impertiuntur alternas, sacerdotium
„ Regibus, Sacerdotibus regnum. Unde si ab al-
„ tero suppletur alterius insufficientia, non videtur
„ duplex contritio, & punitio combinata. Nam &
„ illi qui ad mortis patibulum sunt damnati, jux-
„ tà Maguntinense Concilium antequàm ad tor-
„ menta ducantur, per cordis contritionem & pœ-
„ nitentiam spiritualiter puniuntur [s], nec dupli-
„ citatem contritionis inducit, sed quædam præpara-
„ tio est ad mortem prævia, & satisfactio quæ præ-
„ cedit. Reddentes igitur Deo quæ Dei sunt, &
„ quæ Cæsaris Cæsari, juxtà petitionem domini Re-
„ gis, ei tantorum vindictam excessuum relinqua-
„ mus. Reis autem in mortis articulo constitutis,
„ quia sententiam lati Canonis incurrerunt, abso-
„ lutionem postulaverint, & in hoc & in aliis,
„ quantum possumus sine scandalo & sine periculo
„ Ecclesiæ, humanitatis consilium misericorditer im-
„ pendamus. Publicè namque interest, ut naturali
„ gladio cohibeantur, qui nec Deum timent, nec
„ deferunt Ecclesiæ, nec censuram Canonum reve-
„ rentur. Benè valeatis.

[r] *Regem*] Hîc nonnihil deest: forte, offendimus.
[s] *puniuntur*] Ut superiùs vocem aliquam deesse non vidit Acherius, quæ tamen deerat, ita hoc loco aliqua verba

Tom. III.

IN hebdomadâ Pentecostes Lumbardi, & maximè Mediolanenses debellaverunt exercitum Frederici Imperatoris; qui in urbe Papiensi eo tempore morabatur. Qui etiam vix evadere potuerat fugiendo. Joannes Salesberiensis, vir sapiens & honestus, qui priùs fuerat Clericus Archiepiscopi Cantuariensis Theobaldi, & posteà beati Thomæ Martyris successoris, factus est Episcopus Carnotensis.
Willelmus Rex Siciliæ, Joannam filiam Henrici senioris Regis Anglorum uxorem accepit. Philippus
Comes Flandriæ cum magnâ manu perrexit Jerusalem, in quo itinere decessit Hastulphus de sancto
Hilario. Quintâ feriâ in Cœnâ Domini occisus est
sanctus Willelmus Parisius à Judæis, ob quod facinus concremati sunt igne. In æstate & autumno fuit
maxima siccitas; unde & satio terræ, messis &
fœnum ex magnâ parte periit, & collectio messium
& vindemiarum evenit solito citiùs.

Nono Kalend. Augusti concordati sunt dominus
Papa & Imperator in Venetiarum civitate. Timens
enim Imperator ne à dominio suo caderet propter
Lumbardorum rebellionem & Alexandri Papæ prosperitatem, missis solemnibus Nuntiis, ut reconci-
liaretur summo Pontifici laboravit. Postquàm reconciliatus fuit, pro emendâ charactere sanctæ Crucis se fecit signari.

Mense Augusto Henricus Anglorum Rex senior
cum Galfrido filio Duce Britannorum in Normanniam transfretavit, ubi occurrentibus sibi filiis Henrico Rege juniore, & Ricardo Aquitaniæ Duce, progreditur una cum eis ad vadum sancti Remigii. Ibique cum Rege Francorum loquutus est ea quæ ad
pacem Dei, & de susceptione crucis in obsequiis
JESU-CHRISTI. Inde verò misit Galfridum Ducem
Britanniæ ad expugnandum Guidonem Leonensem,
qui posteà venit ad Regem, se ei & suis in omnibus
subjiciens voluntati. Pergens autem Rex in pagum
Bituricensem, accepit in manu suâ castrum Radulfi
de Dolis, & filiam ejus unicam cum hereditate totâ, quia ad suum feodum pertinebat. Isoldunense
verò castrum à Baronibus quorum custodiæ erat deputatum, filia post mortem domini oblatum accipere renuit, quia non simul offerebant heredem, quem
Dux Burgundiæ furtim abstulerat, quia fuerat ejus
cognatus. Castrum verò munitissimum Turonium
redditum est ei ab ejus Vicecomite, totam etiam
terram Comitis de Marchiâ Rex emit sibi pro sex
millibus libris argenti. Castrum verò juxtà civitatem Lemovicam, in quo sanctus Marcialis requiescit, Ricardus filius Regis, Dux Aquitaniæ, abstulit
Vicecomiti ejusdem Castri, quia fovit partes Comitis Engolismensium contra Ducem.

Sicut in æstate magna siccitas fuit, sic in hyeme
maxima inundatio fuit aquarum. Multi homines
hoc anno circà festum sancti Joannis in fluminibus
perierunt. Multæ etiam naves submersæ sunt in
mari, inter quas una quæ portabat Galfridum Præpositum Beverlaci, junioris Regis Cancellarium,
juxtà sanctum periit Walericum. Vigiliâ sancti Andreæ apparuit lux nova veniens ab oriente usque ad
occidentem, quo die Christiani cum Saracenis apud
sanctum Georgium de Ramulâ pugnaverunt. Putabat quidem Saladinus quòd posset capere urbem Jerusalem defensoribus destitutam. Abduxerat enim

deesse scripsit, etsi nihil deest, ac sententia constat, si
contritionis loco legas; *contritio*.

Marginalia:
Mediolanenses Imperatorem debellarunt.

Conciliantur Papa & Imperator.

AN. DOM.	PAPÆ | IMPERATOR. | Regis FRANC. | Regis ANGL·	PAPÆ | IMPERATOR. | Regis FRANC. | Regis ANGL·	AN. DOM.
	Comes Flandriæ ad obsidionem castri Harenæ omnes serè milites Christianos. Sed tamen Rex Jerusalem, & Patriarcha, & alii viri Religiosi, habentes paucos milites & servientes, per virtutem sanctæ Crucis innumerabilem vicerunt exercitum Paganorum ; cujus Crucis longitudo à terrâ usque ad cœlum Paganis apparuit, ut dixerunt. Locupletati verò sunt auro & argento, equis & armis in hac victoriâ Christiani.	ductus est ad suos. Et solitudine tamen & pavore tantam incurrit ægritudinem, quòd coronatio ejus quam pater in Assumptione Beatæ Virginis fieri decreverat, est omissa. Rex autem Ludovicus pro se & filio peregrè profectus est in Angliam ad beatum Thomam, cui aliquando magnam humanitatem exhibuerat cum in Galliis exularet. Rex autem Anglorum qui paulo ante in Angliam transierat, ipsum cum maximo suscepit gaudio & honore.	
MCLXX-VIII.	ALEXAND. III. XIX. | FREDERICI I. XXIII. XXVI. | LUDOV. VII. XLI. | HENRICI II. XXIV.	Emmanuel Imperator Constantinopolitanus, Soltano Iconii qui eum anno præterito fugaverat, & multos de militibus ejus capiens crucem ei dominicam abstulerat, rependens hoc anno vicem, ipsum fugavit, cogens urbem Iconii vacuam relinquere, multosque de militibus ejus cepit. Petrus Comestor obiit, qui utriusque Testamenti historias in uno volumine, & allegorias in alio compilavit. Sepultus verò est Parisiis in Ecclesiâ S. Victoris, pauperibus & Ecclesiis omnes facultates suas relinquens. Cujus tumulo hoc inscriptum est Epitaphium :	Petrus Comestor obiit, & in Eccles. S. Victoris sepelitur.
	STEPHANUS Rodonensis Episcopus obiit, cui ante mortem, ut ipse fassus est, apparens quidam, parvo levique sibilo dixit ei hos versus : *Desine ludere temere ; nitere surgere properè de pulvere.* Ipse enim multa rythmica carmine & prosâ jocundè & ad plausus hominum scripserat. Et quia miserator hominum eum in proximo moriturum sciebat, monuit eum ut à talibus abstinens pœniteret.	*Petrus eram quem petra tegit, dictúsque Comestor.* *Nunc comedor. Vivus docui, nec cesso docere* *Mortuus : ut dicat qui me videt incineratum :* *Quod sumus iste fuit, erimus quandoque quod* *hic est.*	
Reges Franc. & Angl. pace firmatâ iter Jerosolymitanum decernunt.	Willelmus Rex Siciliæ fieri fecit chartam Joannæ Reginæ uxori suæ de dote suâ sub bullâ aureâ. Ludovicus Francorum, & Henricus Anglorum Reges convenientes ad colloquium, tractaverunt de pace & firmâ concordiâ inter se & suos, & de susceptione Crucis pro Jerosolymitanorum itinere, statuentes ut si quis eorum decedat in fata in ipso itinere, superstes omnem Thesaurum & homines illius habeat cum omnibus mobilibus, & tam pro se quam pro defuncto iter explebit. Hæretici quos Albigenses vocant, & alii multi conveniunt circà Tolosam, malè sentientes de sacramento altaris, de matrimonio & aliis sacramentis: ad quorum confutationem Petrus Legatus Romanus, & multæ aliæ personæ religiosæ cum prædictis Regibus, licet parum profecerint, convenerunt.	ALEXAN. III XXI. | FREDERICI I. XXV. XXVIII | LUDOV. VII. XLIII. | HENRICI II. XXVI.	MCLXXX
Legatus ad confutandos Albigenses hæreticos mittitur.		ALEXANDER Papa circà mediam Quadragesimam Romæ Concilium tenuit generale. Ad quod venit civis Pisanus quidam nomine Burgundio', in græcâ latinâque linguâ peritus, afferens Evangelium sancti Joannis, expositum sermone homeliatico à Joanne Chrysostomo, de græco in latinum translatum, asseruitque magnam partem libri Genesis à se jam esse translatam. Dixit etiam quòd Joannes Chrysostomus græcè exposuit totum vetus Testamentum & novum. Emmanuel Imperator Constantinopolitanus dedit filiam suam Rainerio, filio Willelmi Principis Montis-ferrati, & dans ei honorem Thessalonicensium, qui est in imperio illo magna potestas, fecit eum coronari in Regem, quia juraverat filia sua se nolle unquam nubere, nisi Regi. Conradus frater dicti Raynerii Archiepiscopum Maguntinensem, Cancellariumque Imperatoris Romani carceri mancipavit. Galeæ Regis Siciliæ ceperunt filiam Regis Marochiæ missam per mare, ut maritaretur cuidam Saracenorum Regi: pro quâ redimendâ reddidit pater Regi Siciliæ duas civitates per Saracenos patri Regis Siciliæ ablatas, videlicet Affricam & Sibillam. Rex Jerusalem licet leprâ percussus, adjutus tamen Christianitate transmarinâ, munitissimum castrum fecit super fluvium Jordanem situ amœnum, quod vocavit Vadum Jacob, & erat nocivum plurimùm Saracenis.	Concilium Romæ celebrat Alexand. Papa. Montis-ferrati Ducis filius Imperatoris Constantinopolitani filiam ducit uxorem.
MCLXXIX	ALEXAN III. XX. | FREDERICI I. XXIV. XXVII. | LUDOV. VII. XLII. | HENRICI II. XXV.		
	PHILIPPUS Comes Flandriæ ab itinere rediit Jerosolymitano. Emmanuel Imperator Constantinopolitanus accepit filio suo uxorem filiam Regis Francorum. Alexander Papa vocari fecit Prælatos pro Concilio generali anno sequenti Romæ Quadragesimali tempore celebrando. Facta est eclipsis solis idibus Septembris. Hyems facta est magna, ita ut nix duraret usque ad Purificationem, quæ infrà octavam dominicæ Nativitatis incepit. Sequuta est inundatio aquarum maxima, præcipuè apud urbem Cenomanensem, pontes & domos subvertens ac molendina, hominesque multos submergens.	In festivitate omnium Sanctorum coronatus est Remis ab Archiepiscopo ejusdem loci in Regem Philippus filius Regis Francorum, cui solemnitati Rex Anglorum junior cum magno interfuit militum comitatu.	Philippus Regis Franciæ filius Remis coronam suscipit.
	Henricus Anglorum Rex senior abalienatus ab uxore suâ, in custodiâ eam detinuit annis multis. Galfridus filius Guiomarum Vicecomitem Leonensem, ac filios ejus sibi rebelles subegit, castella eorum capiens, & in manu suâ retinens, & de terris eorum relinquens eis respectivè modicam portionem. Ricardus etiam Dux Aquitaniæ, Galfridum de Ranchun humiliavit, ejus castrum Taleburgum ad solum diruens, cum quatuor aliis castellis ejusdem. Dominum etiam de Ponte eidem Galfrido faventem subpeditavit, castrum ejus quod Pons dicitur diruendo. Non multum verò post, Richardo Duce in Angliam ad sanctum Thomam profecto, quidam Bascloruum & Navarrorum Brabanzonum suburbium Burdegalæ vastaverunt. Philippus Regis Francorum filius dum venationi insistit, amissis sociis, totâ nocte in sylvâ vagabundus permansit, tandem per quemdam carbonarium inventus, re-	Hoc anno inito conflictu Christianorum contrà Saladinum, aggravatum est bellum super Christianos, multisque cadentibus, Magister militiæ Templi captus est, quem cum Saladinus commutare vellet pro nepote suo quem ceperant Christiani, renuit Magister Templi dicens, Non esse consuetudinis Militum suæ Religionis ut aliqua pro eis daretur redemptio, præter cingulum & cultellum : sicque in captivitate detentus, mortuus est. Postea	Captivitate donantur plures Christiani.

Chronicon Nicolai Trivetti.

| Ann. Dom. | PAPÆ | IMPERATOR. | Regis FRANC. | Regis ANGL. | | PAPÆ | IMPERATOR. | Regis FRANC. | Regis ANGL. | AN. DOM |

obsedit Saladinus castrum de Vado Jacob, & illud violenter cepit, omnesque in eo inventos occidit. Obiit Rogerus Wigorniensis Episcopus, vir moribus honestus & genere. Erat enim filius Roberti Comitis Gloverniæ, filii Henrici primi Anglorum Regis.

Fœdus initum inter Reges Franc. & Angl.

Hoc anno initum est fœdus inter Reges Francorum & Anglorum per litteras continentes hanc formam :

« Ego Philippus Dei gratiâ Rex Franciæ, Et ego
» Henricus eâdem gratiâ Rex Angliæ, ad om-
» nium volumus tam præsentium quàm futurorum
» pervenire notitiam, quòd fœdus & amicitiam fide
» mediâ & sacramento innovavimus, quam domi-
» nus meus Rex Francorum, & ego Rex Henricus
» Angliæ formaveramus inter nos apud Luen, in
» præsentiâ Petri Cardinalis & Ricardi Wintoniensis
» Episcopi ; & ut inter nos tollatur amodo omnis
» materia discordiæ, concessimus ad invicem quòd
» de terris & possessionibus, & de omnibus aliis
» rebus quas habemus, alter adversùs alterum nihil
» amodo petet ; excepto eo de Averniâ, de quo est
» inter nos contentio, & excepto feodo de castro
» Radulfi, & exceptis munitionibus diversis terra-
» rum nostrarum de Berri, si homines nostri quid
» inde interceperint ; vel inter se vel adversùs alte-
» rum nostrum. Si autem super his quæ superiùs ex-
» cepta sunt, per nosmetipsos convenire non po-
» tuerimus : Ego Philippus Rex Franciæ elegi tres
» Episcopos & tres Barones, qui hoc inter nos di-
» cent, & nos eorum dicto bonâ fide firmiter sta-
» bimus. Hæc autem omnia suprascripta nos ob-
» servaturos fide & sacramento promisimus. Acta
» sunt hæc quartô Kalend. Julii inter Gisortium &
» Triam. »

MCLXXXI. | ALEXAN. III. XXII. | FREDERICI I. XXVI. XXIX. | LUDOV. VII. XLIV. | HENRICI II. XXVII.

Alexandri Papæ acta præclara.

Alexander Papa hoc anno moritur, cum sedisset annis viginti uno, mensibus undecim, diebus novemdecim. Hic quatuor vicit Schismaticos, quorum primus Octavianus se fecit vocari Victorem : secundus Guido, se vocari fecit Paschalem : tertius Johannes Strumensis, vocatus est Calixtus : quartus Lando, se dixit Innocentium. Hujus tempore ejectus est Conventus sancti Anastasii, cujus locum vindicavit Abbas S. Pauli favore Regis Schismatici, quem tamen locum posteà Papa restituit Alexander. Hic Fredericum Romanum, & Emanuel Constantinopolitanum Imperatores, & Willelmumque Regem Siciliæ ad concordiam revocavit. Episcopum autem Papiensem crucis & pallii dignitate privavit, quia Frederico Imperatori tunc, & ab antiquo Regibus Ecclesiæ persequutoribus adhærebat. Alexandro successit Hubaudus Ostiensis Episcopus, natione Tuscus, vocatus Lucius tertius.

Ludovicus Francorum Rex in gravissimam ægritudinem incidit : cujus filius Philippus Rex junior inconsulto patre aliisque amicis, filiam Comitis Hainoniæ duxit uxorem, quam in die Ascensionis Dominicæ, in offensam non modicam Archiepiscopi Remensis, fecit coronari ab Archiepiscopo Senonensi. Ludovicus Francorum Rex hoc anno obiit, & in quodam Monasterio Cisterciensis Ordinis quod ipse construxerat, est sepultus. Obiit & Joannes Saresberiensis, Carnotensis Episcopus, qui passionem Beati Thomæ Martyris luculento stilo descripsit. Scripsit etiam librum de Nugis curialium, in quo honestatem vitæ Clericalis exemplis tam Sanctorum Patrum quàm plurimorum Gentilium, in-

Moritur Ludovicus Rex Francorum. Et Johannes Saresberiensis Episcopus Carnot.

tegumentisque fabularum suadet ; quem Policraticon voluit appellari.

Rex Jerusalem Baldewinus dedit sororem suam nobili Militi Guidoni de Kremyn, qui de eâ genuit filium, quem Regni Jerosolymitani sperabant heredem futurum. Obiit Emmanuel Græcorum Imperator. Rex Malsamitorum in Africâ cepit reædificare Carthaginem.

Emmanuel quoque Imperator.

Dicitur hoc anno apud Rocham Amatoris miraculum hujuscemodi contigisse. Monachi de Ecclesiâ beatæ Virginis à quodam Burgense pecuniâ acceptâ mutuo, eidem nomine pignoris cortinas Ecclesiæ tradiderunt. Posteà verò instante gloriosæ Virginis festivitate ne Ecclesia suo destitueretur ornatu, rogabant Monachi præfatum Burgensem, ut cortinas eis concederet, restituendas statim post festum. Qui cum ad hoc faciendum non flecteretur precibus, hoc respondit : Quia illæ cortinæ circà lectum uxoris suæ, quæ nuper filium pepererat, tendebantur, nec inde possent aliquatenùs amoveri. Transità igitur festivitate, nocte proximâ beata Virgo uxori illius Burgensis apparens, sic eam alloquitur : Vir tuus peccatum grande commisit ; nec impietatis ejus excessus relinqui poterit impunitus. Tertiâ itaque die morietur filius tuus, & vir tuus die octavo debitum mortis solvet, pœnas juxtà merita recepturus. Tu autem proficiscere ad Ecclesiam meam in Bethleem, & conspectis ibi tribus sepulcris, tibi medium eliges. Interim verò omni feriâ quartâ circà horam nonam deficiet vitæ spiritus tuus, & decurret ab ore tuo & naribus sanguis, & usque ad Nonam sabbati velut mortua permanebis, Sabbato verò eâdem horâ restituetur spiritus tuus tibi. His dictis beata Virgo disparuit. Mulier verò timore nimio expergefacta, somnium repetens, illud in crastino conjugi suo per ordinem enarravit. Qui mulieris verba parvipenderis, nec etiam cum videret tertiâ die filium morientem ad pœnitentiam commotus ; octavo die juxtà visionem præostensam debitum mortis solvit. Mulier marito defuncto Romam adiit, summoque Pontifici rem revelat : prænuntiavit etiam anno quinto post illum famem pestilentiamque futuram. Cupiens Apostolicus certior esse de his quæ narravit mulier, duodecim Matronis nobilibus eam commendavit, præcipiens eis ut cum illa deficiente spiritu obdormiret, plantis ejus calentes subulas infigerent, & de sanguine fluente ab ore ac naribus ejus aliquas vestes intingerent. Hæc cum fecissent, illa nec in perforatione plantarum est mota, nec infectio vestium à sanguine in sabbato, reverso spiritu ejus, potuit apparere.

Ad Episcopatum Wigorniensem electus est hoc anno Baldewinus Abbas Fordensis. Obiit autem Joannes Episcopus Cicestrensis, cui Sifridus Canonicus Ecclesiæ ejusdem successit. Philippus Comes Flandrensium auditâ Regum confœderatione ; multos de suis & aliis contra Regem Francorum commovit, rem eo devenisse denuntians, ut munitiones eorum subverterentur, vel pro Regis arbitrio deputarentur custodiæ. Fredericum etiam Imperatorem nunc per se, nunc per nuntios sollicitavit, ut adversùs Regem Franciæ insurgens, imperii limites dilataret. Comes verò ipse coadunato exercitu, Noviomenses attrivit, fines Sylvanectensium depopulatus est ; succenditque villas & vineas exstirpavit. Stephanus Comes, dominus castelli quod Sacrum Cæsaris dicitur, contra Regem insurgens, Flandriæ Comiti favet : Henricus Angliæ Rex junior, & frater ejus Ricardus Aquitaniæ Dux, patre absente, maximo coadunato exercitu in subsidium Re-

Comes Flandriæ arma sumit adversùs Regem Franciæ.

| AN. DOM. | PAPÆ | IMPERATOR. | Regis FRANC. | Regis ANGL. |

gis Francorum venerunt, & primò dominium castri quod Sacrum-Cæsaris dicitur, ad subjiciendum se Francorum Regis gratiæ compulerunt. Deinde Flandrensium Comitem coactum in fugam, & in castello de Crespi receptum obsedissent, nisi quorumdam suorum consilium obstitisset.

| MCLXXX-II. | LUCII III. I. | FREDERICI I. XXVII. XXX. | PHILIPPI II. I. | HENRICI II. XXVIII. |

Filius Regis Angliæ desponsat filiam Comitis Britanniæ.

CIrca finem mensis Julii Henricus Rex senior in Angliam transfretavit. Galfridus filius Regis Angliæ filiam Conani Comitis Britanniæ solemniter desponsavit. In solemnitate Paschæ ad castrum quod dicitur Mons-aureus, quædam mulier infamis cum acciperet Corpus Christi, non glutivit illud, sed posuit illud in arcâ suâ involutum panno lineo. Cum autem quidam amasius suus aperiret eamdem arcam, invenit hostiam Dominici Corporis in effigiem carnis & sanguinis transmutatam.

Fatetur mater Soldani in extremis posita, quòd occultè fuerit Christiana.

Mater Soldani Iconii, quæ ut supradictum est, soror fuerat Comitis sancti Ægidii, veniens ad extrema, revelavit filio suo quod semper celaverat, quod esset videlicet Christiana: rogavitque quòd crederet in Christum, & quòd diligeret Christianos. Cui Filius se non audere hoc apertè facere propter Paganos respondit. Dixitque mater: Fili, cum mortua fuero, excelsam mihi sepulturam fac sicut pyramydem, & super eam colloca signum crucis. Qui cum responderet se non audere hoc facere de die, dixit ei ut faceret de nocte; quo indignati Saraceni contra Principem suum, volebant eum occidere. Ascendens autem quidam ut crucem deponeret, corruens exspiravit. Alius quoque ad idem agendum ascendens, casum similem expertus. Tertiâ verò die conveniente magnâ multitudine, ut ædificium illud dilueret, multi ex eis coruscatione & fulgure perierunt. Tunc fertur apparuisse Angelus Domini, & clarissimum signum crucis super illam pyramidem posuisse. Ex quo factum est ut multi in Christum crederent, & venerando crucem illam humiliter adorarent.

Galfridus Lincolniensis, filius naturalis Regis Henrici, cum jam sine consecratione in manibus suis Episcopatum novem annis tenuisset, Episcopatui de se factæ renunciavit, & factus est Cancellarius patris sui, cui pater in Angliâ & Normanniâ reditus dedit magnos. Obiit Rogerus Eboracensis Archiepiscopus, qui Ecclesiam suam multis ampliavit prædiis, & pulcherrimis ædificiis decoravit. Rex Henricus Anglorum jam quadragesimum nonum annum agens, in pias causas, Jerosolymitanorum præcipuè providens necessitatibus, quadraginta duo millia marcarum argenti & quingentas marcas auri distribuit. Post in Normanniam transfretavit, ut vel Regem Francorum contra Comitem Flandriæ juvaret, vel inter eos pacem & concordiam procuraret.

| MCLXXX-III. | LUCII III. II. | FREDERICI I. XXVIII. XXXI. | PHILIPPI II. II. | HENRICI II. XXIX. |

Pacem feriunt Reges Franc. & Angliæ, PhilippusComes Flandr. & alii.

POst clausum Pascha convenerunt Sylvanectis, in præsentiâ Henrici Albanensis Episcopi, domini Papæ Legati, Reges Franciæ Philippus, & Angliæ Henricus tam pater quàm filius, Philippus Comes Flandrensis, & alii qui ejus fuerant complices: interfuit & Willelmus Remensis Archiepiscopus, ubi facta est pax inter Reges & Comites in hac formâ:

Philippus Comes Flandriæ reddidit Regi Francorum, & Rex eidem Episcopo Suessionenli; & Epi-

scopus Agathæ, quæ fuit uxor Hugonis de Orsi, quidquid eam hereditario jure contingebat, tenendum de ipso Episcopo, & Episcopus de Rege. Civitas Ambianensis concessione Regis Francorum remansit Episcopo Ambianensi, de ipso Rege tenenda. Et si Comes Flandriæ quidquam in eâ calumniabitur, Episcopus Ambianensis inde ipsi Comiti plenitudinem justitiæ in suâ vel regiâ Curiâ exhibebit; Comes Claremontis, & Radulphus de Thusaco remanent ex toto in manu Regis Francorum, liberi omninò à Comite Flandriæ. Philippus quoque Comes Flandrensis clamavit quietum Henricum Regem, filium Regis Anglorum, de omnibus conventionibus quæ inter eos erant. Concessit etiam ut Barones Flandriæ plenariè faciant Regi Anglorum servitium quod ei debent de feodo quod de ipso tenent, & quòd feoda illa sine recuperatione amittant, nisi servitia ei fecerint. Convenit etiam ibidem inter Regem Angliæ & Comitem Flandriæ, quòd nullus ex suis amitteret terram in Flandriâ propter servitium Regis Angliæ, si sibi servituri in terram suam venerint. Omnibus igitur ad pacem reductis, quotquot à fidelitate Regis Francorum & operâ discesserant, redierunt in ejus ligantiam; damna tam hinc quàm illinc illata mutuâ compensatione deleta sunt.

Henricus Dux Saxonum Archiepiscopum Coloniensem damnis & injuriis affecit, qui favore Imperatoris & Principum obtinuit, ut Dux in exilium cogeretur. Qui ad socerum suum Regem Anglorum Henricum patrem in Normanniam veniens, cum Ducissâ & duobus filiis Henrico & Othone cum eodem triennio morabatur.

Dux Saxoniæ exul vadit in Normanniâ.

Obiit Walterus Roffensis Episcopus, in cujus successorem Gwalerannus Bajocensis Archidiaconus electus, ab Archiepiscopo Cantuariensi apud Lexovium in Episcopum consecratur. Ricardus Oxoniensis Archidiaconus in Lincolniensem ab Archiepiscopo Cantuariensi Andegavis consecratur. Post reditum Archiepiscopi in Angliam, Magister Gerardus dictus Puella, electus & consecratus est in Episcopum Conventrensem.

Henricus Rex Angliæ junior moritur, qui corpus suum legavit Ecclesiæ Rotomagensi. Mortem ejus planxerunt Principes & Milites qui eum comitari solebant, tanto dolore, ut nullus ab antiquis temporibus ei similis audiretur. Cives Cenomannenses per quorum terram erat funus deportandum, cum nocte in Ecclesiâ eorum majori quievisset, coegerunt illud ibidem in castrino sepeliri. Sed Ecclesia Rotomagensi cui se donaverat, jus suum non negligens; agente viro nobili Roberto Rotomagensi Decano, Cenomannenses post decem septimanas compulit reddere sibi funus. Quod à Cenomannis usque Rotomagum quatuor videlicet dietis, nonnisi Principum & nobilium virorum cervicibus est delatum, ubi in Metropolitanâ Basilicâ juxtà majus altare à dextris, non sine miraculorum gloriâ (ut nonnulli scribunt) honorificè est sepultum. Mortem verò ejus Rex pater inconsolabiliter dicitur deplorasse.

Obiit Henricus junior Rex Angl.

| MCLXXX-IV. | LUCII III. III. | FREDERICI I. XXIX. XXXII. | PHILIPPI II. III. | HENRICI II. XXX. |

GErardus Conventrensis cum sedisset octodecim septimanis, in fata concessit. Ricardus Cantuariensis Archiepiscopus, cum sedisset annis novem, hebdomadis quadraginta quinque, diebus quinque, mortem subiit apud Halinges, quæ est villa Episcopi Roffensis. Walterus Lincolniensis Episcopus in Rotomagensem Archiepiscopum postu-

| PAPÆ | IMPERATOR. | Regis FRANC. | Regis ANGL |

latur. Rex Anglorum per Flandriam transiens venit in Angliam tertio Idus Junii. Dux Saxoniæ similiter in Angliam venit, cui apud Wintoniam infrà paucos dies Ducissa peperit filium, nomine Willelmum.

Dissensio ob electionem Cantuariensis Archiep.

Lucius Papa Suffraganeis Ecclesiæ Cantuariensis Priori, & Conventui Monachorum Ecclesiæ Christi Cantuariensis scripsit, ut electionem Archiepiscopi accelerarent. Ad hanc monitionem Regisque convocationem convenerunt Suffraganei, & Monachi Cantuarinenses primò Redingiæ, postea Windeleinsoræ. Sed nulla facta est electio, Monachis ad hoc Suffraganeos tenuentibus admittere quoquomodo. Tertiò Londoniam venerunt, ubi Suffraganei Baldewinum Wigorniensem Episcopum in Archiepiscopum elegerunt. Pronuntiavit electionem Gilbertus Episcopus Londoniensis, sed recusante electo ingressum Ecclesiæ Cantuariensis contrà pacem Monachorum, recedenteque Rege, Prior cum Monachis reprobato facto Episcoporum, eumdem elegerunt, & ejus consecrationem à domino Papa Lucio impetrarunt.

Venit hoc anno in Angliam Philippus Coloniensis Archiepiscopus, habens secum Comitem Flandriæ, beato Thomæ vota debita soluturus. Quos Rex Angliæ Londoniam invitans, ipsos cum maximo honore suscepit. Jocelinus Episcopus Saresberiensis moritur decimo quarto Kal. Decembris. Philippus Coloniensis Archiepiscopus Angliam exiens, cum totâ potestate Comitem Flandriæ juvit contrà Baldewinum Comitem Hanoniensium sororium ipsius Comitis, socerumque Regis Francorum. Willelmus etiam de Magnavillâ, Comes Essexiæ, in auxilium Flandrensium transfretavit.

MCLXXX-V.

| LUCII III. | FREDERICI I. | PHILIPPI II. | HENRICI II. |
| IV. | XXX. XXXII. | IV. | XXXI. |

Patriarcha Jerosolymit. in Angliâ subsidium petit.

REx Hungariæ Margaretam relictam Henrici Regis junioris Anglorum, Regis Franciæ sororem, accepit uxorem. Baldewinus Cantuariensis Archiepiscopus, convocatis per Regem Prælatis & Proceribus, ad præsentiam Heraclii Patriarchæ Jerosolymitani, nuper ad ipsum Regem missi pro subsidio terræ sanctæ, verbum exhortationis proposuit coram eis. Quorum multi corde compuncti, crucis characterem acceperunt. Rex verò per manum Patriarchæ & Militum Templi in subventionem terræ sanctæ tria millia marcarum dicitur transmisisse, promittens nihilominùs Patriarchæ succursum celerem affuturum.

Urbanus Papa III. electus.

Lucius Papa moritur, cum sedisset annis quatuor, mensibus duobus, diebus octodecim. Eodem anno post vacationem trium dierum electus est in Papam Urbanus tertius, natione Lombardus de civitate Mediolanensi, dictus priùs Umbertus. Walterus, natione Lincolniensis quondam Episcopus, cum processione solemni Rotomagi in Archiepiscopum est receptus.

Rex Anglorum cum Patriarchâ, Episcopo Dunelmensi & Magistro Hospitalis Anglorum, diem Paschæ Rotomagi celebravit. Rex Franciæ audito Regis Anglorum adventu, venit apud Vallem Rodolii, ubi de agendis Regès ipsi sunt mutuò colloquuti. Joannes filius Regis Angliæ, militaribus armis cinctus à patre, ante transitum suum apud Windelfore, pridie Kal. Aprilis in Hiberniam transfretavit. Hugo de Laci, dominus Undiæ, à quodam infirmo homine octavo Kal. Augusti occiditur. Herebertus Anglicus natione, transiens in Calabriam, factus est Archiepiscopus Consensanus, & eodem anno cum Clero & familiâ, ac magnâ parte

civium obrutus est terræ motu. Willelmus Rex Siciliæ maximo ac fortissimo coadunato navigio, Durachium applicuit, villam cepit, & Andronicum invasorem Imperii interfecit. Cursat Angelus ex sorore Emanuelis Imperatoris progenitus, Constantinopolitanus Imperator efficitur. Rex Francorum Regem Anglorum infirmitate tactum visitavit secundo Idus Novembris, apud Beauver moram cum eo faciens triduanam. Septimo Idus Novembris apud Albam-Marlam reformata fuit pax inter Regem & Comitem Flandrensem, sed complementum non accepit, quousque suum Imperator præbuisset assensum. Joannes filius Regis reversus est de Hiberniâ decimo-sexto Kalendas Januarii.

URBANI III.	FREDERICI I.	PHILIPPI II.	HENRICI II.
I.	XXXI.	V.	XXXII.
XXXIV.			

MCLXXX-VI.

MOritur Galfridus Dux Britanniæ, Regis Anglorum filius tertius, & sepultus est Parisiis in Ecclesiâ beatæ Virginis ante magnum altare. Hic ex uxore Constantiâ unam filiam habens nomine Alienoram, uxorem imprægnatam reliquit. Hoc anno beatus Hugo, Prior cujusdam domûs Ordinis Cartusiæ in diœcesi Bathoniensi, procurante Rege ob religionem & sanctitatem quam in eo plurimùm venerabatur, assumptus est ad Lincolniensis Ecclesiæ Præsulatum. Henricus Rex Teutonicus, filius Imperatoris duxit Constantiam amitam Willelmi Regis Siciliæ.

Sexto Idus Martii juxtà Gisortium redacta sunt ad pacem & concordiam, quæ vertebantur inter Regem Francorum & Comitem Flandriæ, de toto tenemento Radulfi quondam Comitis Viromandorum. Quinetiam quæstio quæ mota fuerat inter Regem Anglorum & Margaretam relictam filii sui Regis, tam super dote suâ quàm super donatione propter nuptias, amicabili compositione finem accepit. Rex Anglorum una cum Reginâ in Angliam transiens, in portu Hamtone applicuit quinto Cal. Maii. Willelmus de Ver vir nobilis genere, consecratus est in die S. Laurentii in Episcopum Herfordensem. Willelmus de Norhallâ, Archidiaconus Wigorniæ, fit Ecclesiæ ejusdem Episcopus.

Pax firmata inter Regem Franc. & Comitem Fland.

Scripsit Papa Urbanus Baldewino Cantuariensi, ut quarta pars oblationum apud sanctum Thomam remaneret usibus Monachorum, alia verò quarta fabricis Ecclesiæ deputaretur; tertia quarta pauperibus erogaretur, & ultima quarta dispositioni Archiepiscopi relinqueretur. Joannes Cantor Exoniensis, factus ejusdem Ecclesiæ Episcopus. Walterus Rotomagensis Archiepiscopus cum offensâ aliquali Regis Francorum discedens ab eo, & per Flandriam transiens, venit in Angliam decimo quinto Calendas Decembris. Nuntii Regis Anglorum ad Regem Francorum missi, Noviomum recepti sunt minimè gratiosè. Misit tamen Rex Francorum nuntios proprios Milites suos, petens à Rege Anglorum quòd Ricardus filius ejus, Comes Pictaviæ, cessaret ab inquietatione Comitis sancti Ægidii, si vellet Normannos ab infestatione esse quietos. Guido Joppensis, Pictaviensis genere, Sibillam Regis Almarici filiam unicam & hæredem habens uxorem, in mense Augusto Rex Jerosolymorum efficitur.

URBANI III.	FREDERICI I.	PHILIPPI II.	HENRICI II.
II.	XXXII.	VI.	XXXIII.
XXXV.			

MCLXXX-VII.

HENRICUS Rex Angliæ decimo tertio Kalend. Marti in Normanniam transfretavit. Obiit

| PAPÆ | IMPERATOR. | Regis FRANC. | Regis ANGL. | PAPÆ | IMPERATOR. | Regis FRANC. | Regi sANGL' |

Discordia Reg. Franc. & Angl.

Gilbertus Londoniensis duodecimo Kalend. Martii, Constantia Comitissa Britanniæ, relicta Galfridi, quarto Kalend. Aprilis peperit filium, qui vocatus est Arthurus.

Discordia inter Philippum Francorum & Henricum Anglorum Reges suborta est propter castrum Gisortii, & alia quædam castra quæ Rex Angliæ tempore Ludovici Regis tamquam ad feodum Ducatûs Normanniæ pertinentia occupavit, Rex autem Francorum ea vindicabat tamquam data à patre in dotem filiæ, & post mortem Henrici Regis junioris ad Regem Franciæ reversura. Fiunt igitur in terris eorum hinc inde incendia & rapinæ, munitionesque destruuntur & castra. Cum autem appropinquaret Rex Francorum castro Radulfi ut illud obsideret & caperet, Rex verò Anglorum ut illud defenderet & obsidionem impediret, paratique essent Reges congredi, mediantibus viris quibusdam prudentibus, cum Legatis Romanæ Ecclesiæ qui tunc pro pace reformandâ venerant, datis induciis discedentes ab invicem, ad propria redierunt.

Dum autem Reges ibi moram facerent, apud castrum vicinum quod Dolis dicitur, duo Brabanzones ludentes ad tesseras coram imagine beatæ Virginis super columnam Ecclesiæ positâ; maleque perdentes quod iniquè acquiesceerant; in verba blasphemiæ in Deum & beatam Virginem prorupetunt. Quorum alter lapidem in imaginem projiciens, brachium imaginis parvi Jesu avulsit, statimque sanguis profluit, qui à multis qui in obsidione erant visus & collectus, multos à variis languoribus illo inunctos infirmos curavit. Brachium verò sanguinolentum Joannes Regis Anglorum filius, inter reliquias cum magnâ veneratione secum portavit. Blasphemus autem ille infelix eodem die à dæmone quo agebatur, arreptus, miserrimè vitam finivit. Hujus miraculi inter alia mentionem facit qui scripsit, miraculo adjiciens quòd imago Virginis fracto brachio parvi vestes suas divulsit. Asserit etiam se sanguinem & vestem divulsam vidisse.

Magna clades Christianis inflicta.

Saladinus Princeps Damasci, commisso cum Christianis prælio victor effectus, cepit Guidonem Regem Jerusalem, Reinaldumque Principem Antiochiæ & alios quamplurimos in prælio interemit. Capta est civitas Jerusalem, lignumque sanctæ Crucis, & Judæa ferè tota cum civitatibus omnibus maritimis, præter Tyrum. Cujus Archiepiscopus tam diræ cladis nuntius ad orbem Christianum missus est, & specialiter ad Regem Anglorum Henricum, cujus fama longè latèque diffusa erat super divitiis, potentiâ ac virtute. Statimque præ aliis Ricardus filius Regis Anglorum, zelo Dei accensus ob ulciscendam crucis injuriam crucem accipiens; cæteros omnes præcedit facto, quos invitat exemplo. Boamundus Comes Tripolitanus, quindecim diebus elapsis post captam Jerusalem, proditionis reus, versus in amentiam expiravit.

Hoc anno Urbanus Papa cum de transmarinis partibus tam flebilem rumorem audisset, præ nimio dolore obiit, sepultusque est in Ferrariâ, cum sedisset uno anno, mensibus decem, diebus viginti quinque. Cui successit Gregorius Octavus natione Beneventanus, priùs dictus Albertus, qui eodem anno missis litteris ad diversas provincias pro terrâ sanctâ, mortuus est, cum sedisset mense uno, diebus viginti septem. Post vacuationem verò dierum triginta, successit Clemens tertius natione Romanus, ex patre Joanne Scolari. Baldewinus Cantuariensis per litteras Apostolicas prohibitus est ab exequutione Ecclesiæ novæ quam inchoaverat apud Lamehuthe, &

Successit Urbano Papæ Gregorius Octavus.

Et Gregorio Clemens Tertius.

institutione Collegii Clericorum. Margareta Regina Francorum, peperit filium nomine Ludovicum.

CLEMEN. III.	FREDERICI I.	PHILIPPI II.	HENRICI II.	MCLXXX
I.	XXXIII.	VII.	XXXIV.	VIII.
	XXXVI.			

Die decimo tertio Januarii convenientes Reges Philippus Francorum, & Henricus Anglorum ad colloquium inter Triam & Gysortium, contrà omnium opinionem instinctu Spiritûs sancti, pro liberatione terræ sanctæ Crucis characterem acceperunt. Multi etiam Archiepiscopi & Episcopi, Duces, Comites & Barones, aliique inferioris gradûs homines innumeri cruce signantur cum eis. Fertur quòd Rex Anglorum primò susceperat crucem albam ab Archiepiscopis Tyrensi & Rotomagensi; postmodum Rex Francorum ab Archiepiscopis Tyrensi & Remensi crucem rubeam. Philippus quoque Comes Flandrensis crucem viridem ab eisdem. In coloribus autem crucis cæteri omnes se suis Principibus conformaverunt. Obiit Ricardus Wintoniensis Episcopus tempore crucis signationis prædictæ. Rex Anglorum susceptâ cruce, Clericum suum Ricardum de Bare Archidiaconum Luxoviensem pro salvo conductu victualium; tam pro se quàm pro Rege Francorum misit, scribens Imperatoribus Frederico & Cursat Angeli, utrumque *Imperatorem Romanorum semper Augustum* vocans, addens tamen in litterâ Cursat Imperatoris Constantinopolitani, *à Deo coronatum*. Qui eidem rescribentes, petitioni suæ benignè in omnibus annuebant. Duo verò Reges in loco eodem ob facti hujus monimentum crucem erexerunt ligneam; fundantesque Ecclesiam, inter se fœdus pacis perpetuæ inierunt: Locus autem ille Ager sacer à populo appellatur.

Reges Franc. & Angliæ Cruce signantur.

Eodem anno Comes sancti Ægidii, qui homagium fecerat pro Tolosa Ricardo Duci Æquitaniæ; filio Regis Anglorum, ab eo defecit; propterquod Ricardus terram ejus ingressus, cepit Mosacum alia quæ castella pertinentia ad jus Comitis antedicti. Rex autem Francorum pulsatus à Comite super auxilio ferendo, contrà legem fœderis terram Regis Anglorum ingressus, castrum Radulfi & quædam alia castra cepit. Quo audito Rex Anglorum, ingressus terras Regis Francorum, castrum Drocharum incendit, alia etiam castra cepit, villasque & munitiones destruxit. Superveniente hyeme uterque Rex datis induciis à bello cessavit. Galfridus autem de Liziniaco, quemdam familiarissimum Ricardo Comiti Pictavensi interfecit insidiis: In cujus ultionem Ricardus plura ejus castella in deditionem accepit, hominesque illius trucidans, illis pepercit qui crucis volebant charactere insigniri. Galfridus prædictus, Regis Anglorum fultus auxilio & pecuniâ; ut dicitur, contrà Comitem per tempus aliquod rebellavit.

Comes S. Ægidii à Rege Angliæ deficit.

In octavâ S. Martini colloquuti sunt Reges prope Bonsmulins, procurante Ricardo Comite Pictavensi proposuitque Rex Francorum quòd Rex Anglorum restitueret ea quæ ceperat post crucem susceptam, & extunc manerent omnia in eodem statu, in quo ante crucem susceptam fuerant. Cui cum respondisset Rex Anglorum, melius esse inter se firmam pacem inire consilio tam Cleri quàm Baronum, quàm litem protrahere forte damnosam: contradixit filius Comes Ricardus, timens quia hâc servatâ conditione Caturcum redderet, & totum Comitatum, & alia plura de dominio suo pro feodo de castro Radulfi, & castrum Isolduni & Crasari, quæ sua non erant dominica, licet de eo essent tenenda. Petivit etiam per mediationem Regis Franciæ sororem ejusdem in uxo-

Ad pacem redeunt Reges Franc. & Angliæ.

rem, & ut terram suam sibi veluti heredi faceret juramento firmari. Renuente autem patre hoc protunc facere, quia coactio videbatur, Comes Ricardus Regi Francorum homagium fecit de toto tenemento patris in regno suo, salvo jure patris sui dum viveret; & salva fide quam patri debebat. Sicque finitum est colloquium, prorogatis treugis usque ad festum S. Hilarii.

Eodem anno Heraclius Patriarcha, & Barisianus Neapolitanus, & Reginaldus dominus Sidoniorum, Saladino Ascalonam & castellum quod dicitur Varon & Gazam, & Galatedidem, & Blancam-gardam, & Turrim militum, & castellum Arnaldi, & Petramplatam, & Neapolim, & Gibilinum, & Joppen pro liberatione Guidonis Regis Jerusalem, & Magistri militiæ Templi reddere consenserunt. Convenit etiam ut unusquisque quei solvere posset quinque byzantia, & femina quæ posset solvere duo byzantia & dimidium, & puer qui posset solvere unum byzantium & dimidium, eruerentur à manibus Saracenorum, & conductum haberent transeundi usque Tyrum. Postmodum viginti millia hominum ducti sunt in captivitatem apud Damascum, & statim frater Regis liberatus est, & post Pascha sequens Rex & Magister Templi. Imperator Fredericus comminatorias litteras Saladino transmisit.

Marginalia:
- Rex Jerosol. & Magister militiæ Templi redimuntur.

MCLXXX-IX. | CLEMEN. III. II. | FREDERICI I. XXXIV. XXXVII. | PHILIPPI II. VIII. | HENRICI II. XXXV.

POst lapsas treugas inter Reges Francorum & Anglorum, & Ricardum Comitem Pictavorum, bis habitum est colloquium prope Feritatem Bernardi. Ad ultimum post longos tractatus, discordes ab invicem discesserunt. Rex Francorum & Comes Pictavensis copiis undique congregatis, intrà paucos dies Feritatem-Bernardi, Montem-fortem, Baahim, Bellum-montem, factis irruptionibus occupârunt, à municipalibus quoque circumquaque Comiti Ricardo sit deditio castellorum; Galfridus de Meduanâ, Guido de valle, Radulphus dominus Fulgeriarum, hostes Regis Anglorum, ad Ricardum Comitem transfugerunt. Rege Anglorum Cenomannis residente, appropinquabat Rex Francorum & Comes Pictaviæ cum armatorum multitudine copiosa. Rex verò Anglorum quamvis militum multitudinem maximam haberet paratam ad hostibus resistendum, præcavens tamen obsidione vallari, Cenomannis sufficienter victualibus refertam reliquit. In crastino sancti Barnabæ vehemens ignis à parte Regis Anglorum injectus, intrà modicum temporis suburbana consumpsit. Rex Franciæ & Comes Pictavensis urbem ingressi, cum processione solemni in majori Ecclesia sunt recepti. Post decimum diem turris propè portam quæ respicit ad Aquilonem, de mandato Regis Anglorum Regi Francorum reddita est. Tandem pax inter tantos Principes Magnatum consilio reformata est in hunc modum: Anglorum Regi restituebantur omnia, tam Castrum Radulphi quàm alia post crucem susceptam ablata, scilicet intrà Bituricam provinciam. Regi Francorum numerata sunt viginti millia marcarum expensarum nomine, quas fecerat circà castrum Radulphi. Postmodum Rex Anglorum homagium fecit Regi Francorum, & eidem quietum clamavit quidquid in Alverniâ ipse vel prædecessores sui possederant. Facta sunt hæc in vigiliâ Apostolorum Petri & Pauli.

Rex autem Henricus post hæc cum regnasset annis triginta quatuor, mensibus sex, tribusque hebdomadis, apud Chinonem in ægritudinem decidens,

Marginalia:
- Armatâ manu Rex Franciæ & Comes Pictav. urbes Regis Angl. occupant.
- Moritur Rex Angl. Henricus II. & in

diem suum extremum clausit in octavâ Apostolorum Petri & Pauli. Sepultus verò est apud Fontem Ebraudi in Ecclesiâ Monialium, quarum Monasterium multis prædiis ditatum ipse fundavit. Solemnitatem sepulturæ ejus peregerunt Turonensis & Treverensis Archiepiscopi præsente filio Ricardo Comite Pictavensi. Contulerat hoc anno Rex Henricus perpetuam eleemosynam contum marcarum Capitulo Cisterciensium Monachorum.

Hoc anno in festo S. Georgii Fredericus Imperator in terram sanctam iter peregrinationis per terram arripuit apud Reynesburgum, per Hungariam, & ultrà Danubium per Bulgariam transiturus. Veniens autem in Thraciam, cum denegasset ei Imperator Græcorum ulteriorem transitum, divertens in Græciam Thessalonicâ expugnatâ, & subactâ adjacente provinciâ, ibidem cum exercitu hyemavit. Hoc anno Galfridus Eliensis obiit, cujus bona, quia intestatus decesserat, sunt omnia confiscata.

Explicium gesta HENRICI II. *Regis Anglorum.*

Marginalia:
- Monasterio Fontis-Ebraldi tumulatur.
- In Terram Sanctam vadit Imperator.

INCIPIUNT
GESTA RICARDI
REGIS ANGLORUM,

Qui secundus erat eorum Regum qui à Comitibus Andegavensibus duxerunt originem, secundùm lineam masculinam.

RIcardus Comes Pictaviensium patri successit in regnum, inter quem & Regem Franciæ sunt consummata, quæ inter Regem Francorum & patrem ejus fuerant ordinata. Cui Philippus Rex civitatem Turonensem & Cenomanensem reddidit, castellumque Radulfi cum toto feodo. Quapropter Rex Ricardus Regi Francorum feodum Teriaci, & omnia quæ habebat in Alverniâ dicitur quietasse, & quia post susceptam crucem contrà patrem arma moverat, apud Sagium ab Archiepiscopis Rotomagensi & Treverensi absolutionis beneficium petiit, & recepit. Inde tendens Rotomagum, ibidem ab Archiepiscopo gladio & vexillo Ducatûs Normanniæ insignitur. Et inde ordinatis rebus in Normanniâ, transfretans in Angliam, apud Wintoniam in die Assumptionis Virginis gloriosæ, & apud Vestmonasterium in die sancti Ægidii receptus est cum processione solemni. Die verò tertiâ sequenti quæ fuit Dominica, inunctus est solemniter in Regem, ex officio manum ei imponente, & ministerium exequente Baldewino Archiepiscopo Cantuariensi, assistentibus Archiepiscopis Rotomagensi, Treverensi & Dublinensi, ac Suffraganeis plurimis, & coronatus est, circumstantibus fratre suo Comite Joanne & matre eorum Alienora, quæ post mortem Regis Henrici, per mandatum filii sui Ricardi educta erat de custodiâ, in quâ fuerat circiter decem annos: præsentibus etiam Comitibus & Baronibus Militibusque, ac multitudine hominum infinitâ. Et cum multis esset ista dies lætitiæ & exultationis, Judæis tamen erat mala & amara valde. Cum enim coronationi Regis se ingererent, & repelli juberentur, putabatur ab omnibus judicium exitiale latum in eos: propter quod Londoniis eodem die destructi sunt, & multa postea per Angliam sunt perpessi.

Tricesimum autem secundum ætatis suæ annum

Marginalia:
- Inunctus est Rex à Balduino Archiepiscop. Cantuariensi.
- Destructi Judæi.

| AN. DGM. | PAPÆ | IMPERATOR. | Regis FRANC. | Regis ANGL. |

Ricardi Regis gesta scripsit Ricard. Canonicus Londoniensis.

in coronatione compleverat Ricardus, cujus mores corporisque formam Ricardus Canonicus sanctæ Trinitatis Londoniensis, (qui itinerarium ejusdem Regis prosâ & metro scripsit) scilicet ea quæ, ut ipse asserit, præsens vidit in castris, per hunc modum describit : " Subjectos omnes lætificabat
" Rex Ricardus operibus suis, cui virtus inerat He-
" ctoris, magnanimitas Achillis, quinimò nostri
" temporis commendabiliores facilè multifariam
" transcendit, cujus velut alterius Titi dextera spar-
" sit opes. Et (quod in tam famoso milite perra-
" rum esse solet) lingua Nestoris, prudentia Uli-
" xis in omnibus negotiis vel perorandis, vel geren-
" dis, aliis merito excellentiorem reddebant. Quem
" si quis præsumptionis æstimaverit arguendum,
" noluerit t ejus animum vinci nescium, injuriæ
" impatientem, ad jure debita repetenda innatâ ge-
" nerositate compulsum congruè excusari. Erat
" quidem staturâ procerus, elegantis formæ, inter
" rufum & flavum mediè temperatâ cæsarie, mem-
" bris flexibilibus & directis. Brachia productiora,
" quibus ad gladium tendendum nulla habiliora,
" vel ad feriendum efficaciora, tibiarum nihilomi-
" nùs longa divio, totiusque corporis dispositione
" congruâ species digna Imperio. Felix profectò su-
" prà hominem hic dio reputandus, si gloriosis
" ejus gestis invidentibus æmulis caruisset.

Solemnitate coronationis peractâ, & Magnatum terræ homagio fidelitateque susceptis, ad sanctum Eadmundum Regem est profectus. Inde contendit Cantuariam, ubi veniens ad eum Willelmus Rex Scotiæ homagium fecit, & interveniente pecuniâ recepit castra Scotiæ, Berwicum, Rokesburgum, quæ Rex pater dum viveret, in suâ retinuit potestate. Tertium enim castrum, quod puellarum sive Edemburgum dicitur, vivente adhuc patre pro quodam maritagio fuerat restitutum. Pecuniâ etiam, interveniente Episcopo Dunelmensi, ejusdem patriæ vendidit Comitatum. Multa etiam alia vendidit multorumque coacervatas pecunias sibi in terræ sanctæ subsidium acquisivit. Ad Regis etiam Ricardi imperium ad Episcopatus (quorum nonnulli priùs vacantes tenebantur in manu patris) electi sunt, & assentiente Rege inthronizati Episcopi tam in Angliâ quàm in aliis terris : Inter quos fuerunt Hubertus Walteri, Saresberiensis, & Willelmus de Longo-campo, Eliensis, quem Rex suum Cancellarium, & totius Justitiarium regni fecit, Ricardus Eliensis factus est Londoniensis Episcopus, & Galfridus de Luci, Wintoniensis.

Præparatâ itaque classe centum octo navium & ampliùs armis & victualibus onustarum, ceterisque ad iter transmarinum necessariis, regnoque Angliæ prout angustia temporis permisit disposito, transiit in Normanniam, & apud Lixovium egit festum Nativitatis Dominicæ, votique persolvendi sollicitus Regi Francorum scripsit, se ad iter terræ sanctæ expeditum, exhortans ut & ipse festinaret procedere, ex patris argumentando exemplo, quòd semper nocuit, differre parati. Archiepiscopus Treverensis in Angliâ moriens, sepultus est Northamtoniæ apud S. Andream.

| MCXC. | CLEMEN. III. III. | FREDERICI I. XXXV. XXXVIII. | PHILIPPI II. IX. | RICARDI I. I. |

CONVENERUNT Reges Francorum & Anglorum apud Druellos, super dispositione itineris sui colloquuturi, ubi primò turbati sunt animo, rumoribus auditis de morte Reginæ Franciæ, & Willelmi Regis Apuliæ sororii Regis Ricardi. Revocatis tamen viribus condixerunt, ut uterque Regum in Octavâ sancti Joannis Baptistæ cum suis Verzelliacum convenirent.

Imperator Fredericus cum Imperatore Græcorum in concordiam reductus, transito Baffore seu Brachio sancti Georgii Armeniam intravit, quæ partim ditionis Constantinopolitanæ est, partim verò reliquæ præsidet Soldanus Iconii, ubi per penuriam victualium & insultus hostium sustinuit damna multa. Sed cum omnia vincens de hostibus triumphasset, in transitu cujusdam fluvii suffocatur. Filius autem Dux Sueviæ, funus paternum detulit usque Tyrum. Quo ibidem sepulto, Ptolomaidam quæ & Achon dicitur, obsidere cœpit infrà Octavam Assumptionis Virginis gloriosæ. Principes autem Alemanniæ Henricum filium Frederici, quem ad custodiam Imperii pater reliquerat, eligendo in paternum solium sublimârunt.

Henricus VI. Imperator à Principibus Alemanniæ proclamatur.

Reges Francorum & Anglorum cum Verzellia, cum juxtà condictum convenissent, fœdus de fide sibi invicem ubique observandâ, & securitate mutuâ percusserunt : statueruntque ut qui priùs ad civitatem Siciliæ Messanam pervenisset, alterius subsequuturi pariter præstolaretur adventum. Simul itaque profecti sunt Reges usque ad Lugdunum, ac inde Rex Francorum usque Januam, cujus cives sibi alligaverat veluti gnaros maris. Post cujus discessum fractus est pons, impeditusque plurimùm fuisset transitus peregrinorum, nisi Rex Ricardus fecisset citato opere ex cymbis invicem fortiter colligatis pontem, qualem suggerebat imminens necessitas, præparari. Post triduî verò moram Rex Ricardus de Lugduno profectus, versùs Marsiliam iter suum direxit, ubi die proximâ post festum Assumptionis beatæ Virginis MARIÆ naves ingressus, diutinâ navigatione ad Messanam civitatem pervenit circa festum beati Archangeli Michaëlis, ubi & classem suam quæ à litore Britannico promota, prospero cursu & agmine inseparabili procellosas Africæ evadens angustias, tamquam in obsequium ventis conjuratis, optatum Messanæ applicuerat ad portum, invenit se ut mandaverat præstolantem. Regem verò Angliæ per aliquot dies prævenerat Rex Francorum.

Franciæ & Angliæ Reges fœdere inito Siciliam petunt, ut sororem Regis Angliæ liberent, &c.

Cum autem indigenæ loci illius peregrinis molesti essent, & pro resarciendis injuriis Reges alloquerentur Justitiarios Regis Siciliæ, contigit ut cives quidam egressi homines Regis Angliæ perimerent, & nobilis viri Hugonis Brun tentoria invadentes, pertinaciter insisterent dimicando. Quorum satagens Rex Ricardus animos verbis emollire, & à sævitiâ compescere, nihil profecit ; sed contumaciores experitur, se & suos opprobriis & contumeliis insectantes. Exasperatus itaque suos ubique armari jussit, & ipse armatus globo civium se ingerens, ipsos in civitatem coëgit velociter fugere, ipsamque civitatem obsedit, & per posternam quamdam cum suis ingressus subegit. Subactâ verò civitate, maxima civium multitudo occubuisset, nisi motus pietate parcere Rex jussisset.

Mittuntur igitur Nuntii ad Regem Siciliæ Tancredum, requisituri super hominum suorum tam enormi commisso satisfactionem, & quid super his quæ gesta fuerant, censeret agendum. Mandavit præ-

t *nolueris*] Emendo, *noveris*.

Chronicon Nicolai Trivetti.

| AN. DOM. | PAPÆ | IMPERATOR. | Regis FRANC. | Regis ANGL. | PAPÆ | IMPERATOR. | Regis FRANC. | Regis ANGL. | AN. DOM. |

terea Rex Ricardus eidem Regi, ut sorori suæ Reginæ, uxori quondam Willelmi Regis Apuliæ, quæ cum dote eidem assignata in custodia Regis Tancredi erat, super dote competenti provideret, & super portione thesauri mariti sui, quæ eam jure contigeret; super mensa quoque aurea æqua sorte ei quæ illius uxor exstiterat, dividenda. Super his Rex Tancredus primò loquutus est in dubiis, asserens Regibus satisfaciendum pro tempore & loco & modo convenienti, de consilio Principum terræ suæ. Sed cum perpenderet Regem Ricardum, qui jam castrum quoddam construere cœperat, quod in contemptum indigenarum qui vulgò Grifones dicuntur, Mategriffun appellavit, à cœptis non temperaturum donec pro voto consequeretur effectum; missis Legatis obtulit pacem, & petiit concordiam, asserens se paratum si vellet interveniente pecunia cum eo amicitiæ fœdus inire, & pro dote Reginæ Siciliæ sororis suæ se daturum viginti millia uncias auri, & præter hoc alia viginti millia in maritagium cum quadam filia maritanda (si vellet) nepoti suo Arthuro, filio & heredi Galfridi quondam Ducis Britanniæ. Quibus cum assensisset Rex Ricardus, invitatus à Rege Tancredo sibi occurrere promittente, civitatem Catinensium adiit, ubi uterque super alterius adventu eximiè est lætatus. Reversus verò Rex Ricardus, de consilio Walteri Rotomagensis Archiepiscopi fecit denuntiari sub interminatione anathematis, ut quidquid auri vel argenti sive cujuscumque generis pecuniæ victorum manus in captione Messanæ diripuisset, civibus restitueretur in integrum. Pecuniam verò à Rege Tancredo acceptam, licet de jure confœderationis non teneretur, cum Rege Francorum ex merâ liberalitate divisit. Quem in festivitate Nativitatis Dominicæ ad castrum suum de Mategriffun invitavit, & eum venientem cum turba nobilium veneranter excepit; celebritateque juxta Regiam magnificentiam peracta, pretiosis diversi generis muneribus honoravit.

His temporibus Joachim Abbas Florensis fuit in Calabria, qui plures libros super Jeremiam, Apocalypsim & de omnibus Prophetarum conscripsit. Qui Regibus Francorum & Anglorum requirentibus de peregrinatione in terram sanctam, quam faciebant, prædixit quòd nondum tempus debitum advenisset.

| MCXCI. | CLEMEN. III. IV. | HENRICI VI. L. | PHILIPPI II. X. | RICARDI I. II. |

In Terram sanctam Rex Francorum progreditur. Rex item Ricardus.

Rex Francorum ascensis navibus sabbato post Annuntiationem, versùs terram sanctam de Messana progreditur civitate. Rex autem Ricardus, audito adventu Reginæ matris suæ ad civitatem Risam, illuc obviam properat, ac eam inde secum usque Messanam adduxit. Habebat autem Regina Aliandra secum in comitatu nobilem puellam filiam Regis Navarræ, nomine Berengariam, Regis Ricardi futuram uxorem. Recusaverat enim Rex Ricardus amore istius allectus, sororem Regis Francorum Alianoram Regis mater post aliquam moram, regrediens per bargas venit Salernam, & inde in Normanniam; præfatâ Berengariâ cum Rege Ricardo relictâ, quam una cum sorore sua Reginâ Siciliæ præmisit versus Cyprum in navibus quæ vulgò dromones dicuntur, ipse in galeis mox cum navibus onerariis sequuturus. Die itaque Mercurii post Dominicam in Ramis palmarum, aspirantibus auris cum classe navium copiosa Rex progreditur, diversâ in illa navigatione maris pericula, & plurima experiens infortunia tempestatum, quarum vi dispersæ sunt naves, de quibus quædam prævenerunt Regem, quarum tres perierunt, & quidam qui inerunt submersi sunt, inter quos Rogerus Malus-Catulus Regis sigillifer, cum cujus etiam corpore sigillum postea est inventum. Eorum verò qui naufragium evaserunt, vel qui integri pervenerunt ad terram, quidam ab indigenis perimuntur; quidam verò armis spoliati & in custodiam intromissi, inediâ affliguntur.

In die verò S. Joannis ante portam Latinam Rex Ricardus cum universo comitatu suo post multos & fastidiosos labores quibus retardatus erat, gubernante Deo, deductus est ad portum Cypri apud urbem Limezun. Nec statim in terram ascendit, sed ad tempus se cohibuit infra naves. Auditis verò querimoniis super hominum suorum discrimine, Imperatorem per nuntios ut super illatis injuriis emendam faceret, requisivit. Quo renuente, armata manu violenter portum acquisitis quinque galeis obtinuit, repulsisque qui in terram descensum prohibebant, primus de navibus egressus sequentibus aliis, Imperatorem cum suis coegit in fugam, captâque civitate quæ Limezun dicitur, Reginam Siciliæ & Berengariam, quæ eum in Buza prævenerant, sed fixis anchoris in portu manentes applicare nolebant, timentes Græcorum qui insulam habitabant malitiam, educi fecit & in villa hospitari, ut aliquali quiete, post tot maris tædia reficerentur. Sequenti die Rex eductis equis armisque suis Imperatorem persequitur, & cum eo congressus, cæteris fugientibus ex adverso venientem lanceâ excipiens equo dejecit, & interfecto Vexillario ejus baneriam pretiosam lucri fecit. Exinde edicto publico præconizari fecit ut indigenæ pacis amatores, eundo & redeundo ad libitum gauderent solitâ libertate. Quinto Idus Maii venit Guido Rex Jerosolymorum à Rege Ricardo consilium & auxilium petiturus, super eo quod Rex Francorum Marchisum quendam disposuit Regem Jerusalem facere ipso abjecto, cujus ut jus in regnum pateat, altiùs repetendum.

Fulco enim, pater Galfridi Comitis Andegavensis avique Regis Ricardi, in Regem Jerosolymorum electus, de filiâ Regis Baldewini prædecessoris sui duos filios genuit, Baldewinum & Amalricum: quorum seniore sine liberis defuncto, junior regni diademate insignitur, qui bino conjugio variam utriusque sexus progeniem suscitavit. Ex prima namque uxore filium genuit nomine Baldewinum, filiamque Sibilam. Baldewinus regnum paternum adeptus licet leprosus, cum careret liberis, filium sororis Baldewinum designavit dignitatis regiæ successorem. Quo unâ cum patre defuncto, nupsit mater ejus Sibilla Guidoni, qui per uxorem patrocinium solium vindicantem ascendit ad regiam Majestatem. Sed ipsâ cum prole quam de eâ genuerat defunctâ, Guido de regno passus est calumniam. Amalricus enim supradictus de secunda uxore duas genuit filias, quarum unâ defunctâ, ad alteram jure successionis hereditariæ devolutum est regnum: & quia istam duxerat Marchisus præfatus, Guidonem de regno expellere satagebat. Rex itaque Ricardus Guidonem venerabiliter excepit, & rebus tenuem pecuniâ pretiosisque muneribus honoravit.

In crastino verò qui erat dies Sanctorum Martyrum Nerei & Achillei, contractum est matrimonium inter Regem Ricardum & Berengariam filiam Regis Navarræ, quæ & ibidem præsentibus Archiepiscopo Burdegalensi, & Episcopis Ebroïcensi & Banerensi coronatur & inungitur in Reginam.

Item Rex Angliæ ad portum Cypri appulit.

Regum Jerosolymorum progenies.

Ricardus Rex Angliæ uxorem ducit Berengariam Regis Navarræ filiam.

Chronicon Nicolai Trivetti.

Cogit armis Imperatorem Cypri ad pacis conditiones sibi peropportunas.

Post hæc per mediationem Prioris Hospitalariorum inter Regem & Imperatorem Cypri facta est concordia sub hac formâ. Obtulit enim Imperator se juraturum fidelem fore Regi Ricardo, & quòd quingentos Equites secum duceret Jerosolymam juxtà Regis Ricardi dispositionem, & ne super hoc Regi scrupulus dubii remaneret, castra sua omnia & munitiones regiis obtulit custodibus mancipanda. Præterea in satisfactionem pecuniæ direptæ daret marcas quingentas. Si autem Rex juxtà conditiones datas fideliter perpenderet eum militasse, restitueret ei cùm amicitiâ perpetuâ munitiones & castra. Cum autem Rex Ricardus conditiones has acceptasset, ecce sequenti nocte quodam milite Pagano de Cayphas suggerente mendaciter Imperatori, quòd Ricardus volebat eum rapere & vinculis mancipare: Imperator ipse mutato proposito ad urbem Famagustam, tentoriis suis relictis aufugit. Quo audito, persequutus est eum Rex Ricardus, & omnia regni ejusdem castra munitionesque, in quarum unâ capta est Imperatoris filia, subegit. Perpendens autem Imperator se satis urgeri adversis, missis Legatis ad Ricardum Regem pro agendâ causâ suâ, ipse à castro suo de Tandora descendens, subsequutus est habitu lugubri & vultu dejectus, veniensque ad Regem, se misericordiæ ejus ex toto submisit. Sic infra quindecim dies Ricardus Insulam Cypri obtinuit, & suis eam inhabitandam commisit.

Rex ad transfretandum accelerat, sarcinisque dispositis & spirantibus ventis soluta est à litore classis. Sulcantibus verò mare circa Sidonem versus Baruth, apparuit navis quædam magnitudine mirabilis, tribus malis altissimis fastigiata. Ferebatur autem onerata centum camelorum sarcinis, omnis generis armorum magnis cumulis, balistarum, arcuum, pilorum & sagittarum; ibique inerant Saracenorum Admirati, & octingenti Turci electi, & præterea diversi generis victualia omnem æstimationem excedentia; habebant & ignem græcum abundanter in phialis, & ducentos serpentes perniciosissimos in Christianorum exitium procuratos. Hanc navem cum didicisset esse Saracenicam, à Saladino missam in subsidium obsessorum in Achon, jussit suis eam fortiter oppugnare. Sed cùm perciperet non absque magno discrimine navem integram posse capi, ut galeatores sui attentaverant, jussit ut unaquæque galea navem perpungeret rostris suis feriatis. Galeæ itaque retroactæ multiplicatis remorum impulsibus cum impetu feruntur in navem ad ejus latera perforanda, statimque navis soluta mergi cœpit. Turci verò ut mortem evaderent exilientes, partim undis, partim gladio perierunt. Triginta tantùm retinuit Rex vivos, septem scilicet Admiratos, & alios machinarum conficiendarum peritos; cæteri perierunt cum serpentibus, armis & victualium magnâ parte nave pessumdatâ.

Civitas Achon à Regibus Franc. & Angl. capitur.

Rex versus Achon gaudenter properans, septimo Idus Junii applicuit cum magno exercitu bellatorum, cui statim concurrentes Pisani, se ejus obsequiis mancipârunt. Cum didicisset autem Regem Franciæ singulis militibus pro mense quolibet tres aureos dare, ipse quibuscunque volentibus stipendiis suis militare quatuor erogavit. Post dies autem paucos gravissimam incurrit ægritudinem, quæ vulgò arvoldia vocatur, ex ignotâ regionis constitutione cum suâ complexione naturali minus concordante. Invitatus nihilominùs per Regem Franciæ ad assultum faciendum, cùm se morbo excusaret, ipse Rex Franciæ in Octavâ sancti Joannis cum suis urbi dedit insultum. Sed cum non proficeret, quin imò machi-

has & alia instrumenta bellica igne græco correpta dissipari per Turcos vidit, ex tædio in languorem dicitur incidisse: citò tamen convalescens, iterum civitati dat insultum, cui intererant homines Regis Ricardi. Et ipse quidem licèt non plenè convaluerit, gerendorum tamen sollicitus, se illud in culcitâ sericâ deportari fecit, sedensque subter cleia, suâ cujus erat peritus utebatur ballistâ, cujus jaculo Saraceni cujusdam, qui in armis militis Christiani nuper occisi gloriabundus, in eminentiori loco muri ad invidiam Christianorum se ostenderat, pectoris ampla transfixit. Cumque turres & muri civitatis ex unâ parte per machinas Regis Franciæ, & ex aliâ parte per machinas Regis Angliæ diruerentur & conquassarentur, Saraceni qui intùs erant, missis ad Reges Legatis petierunt inducias, spondentes quòd nisi Saladinus citò eis destinaret adjutorium, civitatem redderent, eâ conditione ut obsessi liberè abirent cum armis & omnibus quæ erant eorum. Sed ne huic petitioni assentiretur, obstitit Rex Ricardus, asserens esse nimis grave post tanti temporis laboriosam obsidionem intrare vacuam civitatem. Regressi igitur, consultoque per internuntios Saladino, (qui remandavit ut pacem facerent quam possent) iterum diebus aliquibus elapsis Regibus obtulerunt, ut civitatem ipsam redderent, & crucem duoque millia Christianorum nobiliorum, & quingentos captivorum inferiorum, ita quòd obsessi egredientes, nihil præter camisias asportarent, darentque pro redemptione capitum suorum Saracenicorum duo millia talentorum, & super his fideliter observandis, traderent obsides nobiliores Turcorum qui invenirentur in urbe. His conditionibus admissis, reddita est Regibus civitas Achon quatto Idus Julii, & obsides traditi. Fit igitur æqua distributio civitatis, in sortem Regis Franciæ cessit Templariorum nobile palatium, Regi Ricardo palatium regale, in quo Reginas uxorem posuit & sororem, armorum quoque & victualium repertorum & obsidum proportionaliter divisionem sortiuntur æqualem.

Post dies paucos inter Reges gravis suboritur discordia, dum Rex Francorum Marchisi partem vindicantis regnum Jerusalem fovet, Ricardus verò Rex partem Guidonis: quæ tamen procurantibus viris discretis his conditionibus conquievit, videlicet ut Guido regiam obtineret ad vitam dignitatem, Marchisus verò qui heredem regni duxerat, haberet Comitatus Tyri, Sydonis & Baruth, defuncto que Guidone, regni diademate insigniretur. Quòd si Guidonem & Marchisum cum conjuge contingeret humanis rebus eximi, dum Rex Ricardus in partibus illis moraretur, ipse de regno ordinaret, ut commodius videretur.

Discordia inter ipsos Reges, sed tertim sopita.

Exeunte itaque mense Julii, Rex Francorum repatriare disponens, Ducem Burgundiæ loco suo reliquit. Ante tamen discessum suum conventus à Rege Ricardo de mutuâ conservandâ fidelitate securitatis, juravit quòd suis aut terræ suæ non noceret, quamdiù Rex Ricardus in peregrinatione maneret, nec etiam post reditum in terram suam ante dies quadraginta exactos. Discessit igitur Rex Francorum à terrâ sanctâ in die S. Petri ad vincula, datis ei ad rogatum suum à Rege Ricardo galeis duabus, qui tam beneficii quàm juramenti immemor, in suo reditu in Franciam terras Regis Ricardi invasit. Rex Ricardus post discessum Regis Francorum, omnem adhibuit operam muris civitatis Achon in altius & perfectiùs reparandis. Reliquerat autem Rex Franciæ in manu Ducis Burgundiæ & Marchisi partem

| PAPÆ | IMPERATOR. | Regis FRANC. | Regis ANGL. | | PAPÆ. | IMPERATOR. | Regis FRANC. | Regis ANGL | AN. DOM. |

suam obsidum, ut de eorum redemptione, quam æstimabat ascenderet ad centum millia aureorum, usque ad Pascha relictam ibi militiam exhiberet. Cum autem Gallici aliam penitus non haberent exhibitionem, plurimùm murmuris & contentionis inter eos ortum est, quousque Ricardus Duci Burgundiæ super obsides sibi relictos marcarum quinque millia commodaret. Exeunte autem redemptionis termino, & exspectatâ ulteriùs unâ septimanâ, cum non esset qui de redimendis curaret, de assensu omnium in crastino Virginis gloriosæ obsides omnes, reservatis tantùm aliquibus majoribus, si forte vel ipsi redimerentur, vel pro eis aliqui Christiani captivi liberarentur, à satellitibus decollantur. Exinde progreditur Christianus exercitus Duce Rege Ricardo versùs Ascaloniam maritimam civitatem.

Pervenit autem exercitus ordinatis dietis, progrediens post multas à Turcis illatas molestias, ad fluvium qui vulgò dicitur Rochetaille. Exercitus autem Turcorum ex omni Paganismo congregatus, qui æstimabatur ad trecenta millia hominum, ascendens haud longè à loco exspectabat, paratus bello accipere Christianos. In vigiliâ itaque Nativitatis beatæ Virginis, Rex Ricardus cum Christianorum exercitum, qui centum millia hominum non excedebat, ordinasset per acies, ipse una cum Duce Burgundiæ & electâ militum sequelâ hinc inde oberrans, undique observabat à dextris & à sinistris, sollicitiùs Turcorum perpendens habitudinem, ut juxta quod videret expedire producendum exercitum castigaret. Congressis itaque agminibus dira pugna committitur, ac in Marte ancipiti diutiùs dimicatur; sed auxiliante Deo provenit Christianis victoria, qui fugatis Turcis & interfectis, spolia plurima sunt adepti. Referebant qui ad locum certaminis redierant, se numerasse Turcorum Admiralios repertos occisos eo die triginta duos, de aliis verò septem millia, exceptis vulneratis qui divertentes à certamine, sparsim postquàm defecerant jacuere per arva defuncti. De exercitu verò Christianorum non ceciderat in bello Turcorum comparatione saltem pars decima, vel etiam decima decimæ. His auditis, Saladinus præcepit omnia castra dirui præter Jerusalem, Crek & Darum.

Rex Ricardus cognito quòd muri Ascalonis ex desperatione diruerentur, voluit illuc exercitum ducere, & eam à diruentibus eruere, murosque ejus reparare, eo quod esset civitas maritima, & peregrinis valde oportuna : quod si complevisset, fuisset terra tota à Turcis penitùs liberata. Sed renitentibus huic consilio Gallicis, ad reparationem Joppe plurimùm laboratum. Exeunte verò jam mense Septembri minorabatur valde exercitus, multis discedentibus per navigium usque Achon & ibi morantibus in tabernis. Quos cum per mediationem Regis Guidonis revocare non posset, Rex Ricardus ad exercitum, ipse illuc profectus, & efficacissimè verbum faciens ad populum de fide & spe quæ in Deum est, & de peccatorum remissione dummodo peregrini fuerint non ficti, quam plurimos ab Achon usque ad Joppe secum reduxit. Quò etiam Reginas cum puellis transtulit, septem ibidem ad coadunandam gentem commorans septimanis.

Cum autem die quâdam cum paucissimis familiaribus cum falconibus suis spatiatum egressus esset, ex itinere fatigatus & laboris pertæsus, in loco quodam sub divo dormivit : & ecce cum impetu irruebant Turci, ut ipsum comprehenderent improvisum, qui

ex advenientium fremitu expergefactus, equum ascendit, & extracto gladio cum suis Turcis obviam procedit, fugamque simulantes insequitur acriùs usque ad locum insidiarum ipsorum. Unde subitò erumpentes plurimi Regem cum paucissimis suis circumdederunt, quem tunc humano destitutum auxilio comprehendissent, si ejus plenam notitiam habuissent. Sed ecce confuso certamine contendentibus, unus sociorum Regis nomine Willelmus de Pratellis, exclamavit idiomate Saracenico, se Regem esse affirmans. Cui Turci credentes, ipsum Willelmum comprehensum confestim cum suum exercitum deduxerunt captivum: Fama facti perveniens ad exercitum, ipsos ad arma commovit, qui dum progrediuntur Regem quæsituri, revertenti occurrunt. Abierunt enim Turci longiùs, putantes se Regem adducere, cujus quatuor socii in bello ceciderant interfecti. Post hæc Rege cum exercitu proficiscente ad reparandum casellum de Planis, custodibus de Joppe præcepit, ut satagerent consummare muros, portumque ejus strictissimè observarent, ne quis abiret de populo præter mercatores victualia apportantes. Dum verò Ricardus Rex duorum casellorum de Mayen & Planis restaurationem instaret, sæpe Turcorum impetus qui Christianos multipliciter infestabant repressit, ex quibus etiam plures (inter quos duos Admiralios nobiles) interfecit.

Mense Novembri cum Rex Ricardus per Legatos à Saladino exegisset ex integro Regnum Syriæ, & tributum de Babylone, obtulit Saladinus sub formâ pacis totam terram Jerosolymitanam; scilicet à flumine Jordane relicto ad mare occidentale Christiano liberam, ita ut dirueretur Ascalon, nec à Christianis ædificaretur in posterium vel à Turcis. Attendens autem Rex Ricardus res turbatas, bellique casus esse in ambiguo, dilapsum populi, & Regis Francorum discessum, decrevit hanc pacem admittere, ita quod ipsius de Crak u diruerent Saracen. Denique Rex Saphadinum fratrem Saladini in familiaritatem recollegit, sperans per ejus mediationem celeriùs assequi votum suum ; sed cum negotii exitum non videret, certior etiam factus quòd castrum de Crak volebat Saladinus diruere, perpendit Saphadinum sibi tantùm verba dedisse propter quod se avertit ab eo ; profectus cum exercitu versùs Ramulam, cujus muros diruens Saphadinus aufugit. Saladinus etiam de castro Darum se transtulit in Jerusalem, cujus exercitus relictus abiit ad Montana. Rex autem de Ramulâ cum exercitu progrediens, Betenopolim pervenit, ubi quia sperabat populus in proximo vimo videre Dominicum sepulcrum, eximiè lætabatur.

Clemens papa mortuus est, cum sedisset annis tribus, diebus sexdecim. Hic Claustrum apud S. Laurentium foris muros ordinavit, & Lateranense palatium fecit altius, & puteum fecit ante equum æreum fieri. Successit huic Cælestinus, natione Romanus, consecratus in die Dominicæ Resurrectionis. In crastino verò consecrationis suæ, id est feriâ secundâ Paschæ, Henricum sextum ad Imperium coronavit, qui eodem mense, scilicet Aprili, cum maximo exercitu intravit Apuliam. Eodem etiam mense Regnum Tusculanum traditum est Romanis, & ab eis destructum. Eodem anno sol obscuratus est nono Kal. Julii, à tertiâ horâ ferè usque ad nonam. Imperator terram Apuliæ cepit usque Neapolim, ipsamque urbem obsedit per menses tres, ibique tanta infirmitas invasit ejus exercitum, quòd omnes fe-

Victoria de Turcis à Rege Angliæ reportata.

Fœdus init Rex Angl. cum Saladino.

u *Crak*] Suprà *Krek* dicitur.
Tom. III.

Y ij

| AN. DOM. | PAPÆ | IMPERATOR. | Regis FRANC. | Regis ANGL. |

Dissuasus Rex Angliæ Jerusalem obsidere, restaurat Ascalonem.

rè mortui sunt: reversusque est languens Imperator cum paucis. Accepit hic uxorem Constantiam, Regis Siciliæ filiam.

MCXCII. | CÆLEST. III. | HENRIC. VI. | PHILIPPI II. | RICARDI I.
 | I. | ii. | XI. | III.

Rex Ricardus convocato consilio, cum viris sapientibus & discretis tam peregrinis quàm illius terræ incolis tractare cœpit & inquirere, an expediret ulteriùs progredi versùs Jerusalem: qui omnes unanimi decreto protunc obsidionem Jerusalem dissuaserunt, multas & varias allegantes rationes, quarum una & maxima quia civitatem non expediret capere, nisi statim deputarentur viri robustissimi qui custodirent civitatem, quod non posse fieri æstimabant. Præsertim cum perpendissent plebem avidissimam ad consummandam peregrinationem, ut inde repatriarent singuli sine morâ. Redeundum ergo senserunt, & Ascaloni insistendum reparandæ: quæ sententia cum innotuisset plebi, inæstimabili dolore contabuit. Cum autem reversus esset exercitus usque Ramulam, cœpit plurimùm diminui, parte Francorum maximâ recedente, quorum quidam Achonem, quidam Joppen, Tyrum ad Marchisum dirigunt iter suum. Rex Ricardus nihilominùs cum Henrico Comite Campagniæ, & reliquo exercitu Ascalonem perrexit. Naves autem Regis quæ cum victualibus Ascalonem tendebant, galeæque illuc transmissæ vi tempestatis cum omnibus quæ in eis fuerant, sperierunt. Rex itaque omnem operam muris Ascalonis reparandis adhibuit, propriis manibus ut exemplum daret aliis laborando: cum tres partes civitatis diligentiâ & sumptibus Regis Ricardi consummatæ essent, contigit ut per domesticos Saladini mille ducenti Christiani captivi versùs Babyloniam ducerentur. Quibus cum venissent ad castrum quod Darum dicitur, supervenit cum manu militum electâ Rex Ricardus, & excussis de manu Turcorum captivis Turcos fugientes insequitur, quorum plurimis occisis, triginta vivos de majoribus comprehendit, secumque Ascalonem adduxit.

Dum autem Rex residuæ parti murorum Ascalonis totis viribus intenderet, stipendiaque Francis deessent, Dux Burgundiæ quem Rex Francorum Capitaneum suorum reliquerat, à Rege Ricardo pecuniam mutuò sibi concedi petivit. Cui cum Rex Ricardus non annueret eo quod pecuniæ sibi antea cómodatæ solutio in nihilum defluxisset; Dux cum Francis suis ab Ascalone discedens, perrexit in Achon, ubi cum Pisanos & Januenses invenisset invicem confligentes, in auxilium Januensium, qui partem Marchisi zelabant se conferunt. Pisani verò prævalentes eos à civitate excluserunt, portas ejus firmiter obserantes. Quo adveniens Marchisus cum urbem tribus diebus oppugnasset, audito quod Rex Ricardus à Pisanis vocatus adveniret, reversus est Tyrum. Reformatâ autem pace inter Pisanos & Januenses, Rex & Marchisus ex condicto ad casellum Imberti convenerunt ad colloquium, ubi cum monuisset Rex Marchisum, ut ad unitatem exercitûs rediret, & juvaret acquirere regnum ad quod aspirabat, quod & ei aliàs per Legatos Rex mandaverat, nolentem obtemperare de consilio Majorum abjudicavit à terris reditibusque promissis. Adveniente Paschâ se velle discedere dicebant Franci, quos ut ulteriùs remanerent, Rex Ricardus nullis precibus & promissis stipendiis potuit obtinere.

In solemnitate Paschali Saladinus ad Dominicum veniens sepulcrum, cum vidisset lampadem divino igne accendi, & per eum bis extincta tertiò accen-

deretur, asseruit vel se in brevi moriturum, vel civitatis sanctæ dominium amissurum. Mortuus est autem proximâ Quadragesimâ sequente.

Post Pascha venit de Angliâ Prior Herfordensis, missus ad Regem per Willelmum Episcopum Eliensem Regis Cancellarium, nuntians dictum Cancellarium aliosque per Regem ad Regni custodiam deputatos, jam fuisse à munitionibus terræ exturbatos, & quòd procurante Joanne fratre Regis fugatus erat idem Cancellarius de Angliâ in Normanniam. Post cujus discessum præfatus Joannes à regni Comitibus & Proceribus juramenta, & fidelitates, ac subjectiones, castrorumque custodias pertinaciter exigebat, necnon & manus extenderat ad Regii fisci præstationes annuas usurpandas, quæ dicuntur de scaccario. Confœderatus enim fuerat Regi Francorum, qui magnam pecuniam ei mutuò tradidit, ut fratri suo Regi Ricardo gravamina suscitaret. Conturbatus Rex Ricardus hujusmodi nuntio, repatriare disposuit, relictis ibi trecentis militibus & duobus millibus peditum, quos suis stipendiis exhiberet. Communicato super hoc consilio, cum prudentiores sentirent ante ejus recessum in illâ terrâ Regem statuendum, obtulit Rex se illi daturum regnum quem de duobus eligerent, Marchiso scilicet, vel Guidone, qui omnes Marchisum elegerunt: quorum redarguens Rex levitatem, quòd priùs Marchiso detraxerant, statim per Legatos Marchisum vocavit. Qui antequàm veniret ad Regem, cum comedisset de quâdam cum Episcopo Belvacensi, à duobus assasinis rediens est occisus. Post cujus mortem petebant Franci, qui nondum discesserant, ab uxore Marchisi civitatem Tyri conservandam ad opus Regis Franciæ sibi reddi: quæ respondet eis, se nulli eam reddere, nisi Regis Angliæ, sicut dominus suus moriens ordinavit.

Post hæc ab universo populo in Regem Jerusalem eligitur Comes Henricus Campaniæ, super quo eximiè lætatus Rex Ricardus, statime idem civitatem Achon concessit in dominium sempiternum. Post hæc profectus Rex Ricardus ad castrum Darum, quod erat fortissimum, decem & septem turribus munitum, obsidione positâ, infrà quatuor dies cepit, captum verò dedit Henrico Comiti, jam in Regem electo, cum pertinentiis omnibus acquisitis. Cepit post hæc castrum quod dicitur Ficuum. Redeunti deinde per Cannetum Sturnellorum, occurrit Clericus quidam veniens de Angliâ nomine Joannes de Alentón, nuntians Angliam turbatam per Joannem Comitem fratrem Regis, qui à Rege Franciæ crebris intercurrentibus nuntiis sollicitabatur ad hujusmodi nefariam proditionem. Super quo valde commotus, cum omninò repatriare disposuisset, post sermonem cujusdam Capellani eleganter eidem moram ulteriorem persuadentis, mutavit propositum.

Deinde Rex Bethonopolim profectus, disposuit Jerusalem obsidere, ubi audito quòd Turci sederent in montanis in insidiis, illuc perrexit ipsos comprehendit improvidos, de quibus plurimis interfectis, cepit Præconem Saladini, plurimamque lucratus est prædam. Cum autem apud Majores altercatio esset de obsidione Jerusalem, Rex de communi omnium consensu eligi fecit viginti viros, quinque Templarios, & quinque Hospitalarios, quinque Syrianos illius terræ indigenas, & quinque de peregrinis, qui jurati arbitrarentur, quid de obsidione Jerusalem agendum utilius deputarent. Qui convenientes in unum, post deliberatum tractatum, omninò judicabant esse commodius Babyloniam obsidere. Iterum nuntiatur Regi ab exploratoribus carvannam Sara-

| AN. DOM. |

Joannes Regis frater Angliam usurpat.

Henricus Comes Campaniæ Rex eligitur.

Consilio virorum prudentum judicatus Babyloniam potius quàm Jerusalem esse obsidendam.

Chronicon Nicolai Trivetti.

PAPÆ. | IMPERATOR. | Regis FRANC. | Regis ANGL.

Insignem refert Rex Angliæ victoriam de Turcis.

cenorum de Babyloniâ egressam versùs Jerusalem profecturam. Ad quam comprehendendam Rex cum exercitu progressus, ipsam juxtà Rotundam cisternam bipertito exercitu in custodes & duces irruens, comprehendit. Turcorum equitum ibi peremptorum in locis diversis æstimabatur numerus ad mille septingentos, exceptis peditibus in plurimâ multitudine ad internecionem contritis. Camelorum verò & dromedariorum onera portantium æstimabatur numerus ad quatuor millia septingentos : multitudo verò mulorum onerariorum sub numerum non cadebat. Portabant enim diversi generis species pretiosas, aurum & argentum, pallia holoserica, purpuram, cyclades, ostrum, & multiformium ornamenta vestium : præterea arma varia, tela multiplicia, infinitas loricas, culcitas de serico acu variatas operosâ, papiliones & tentoria pretiosissima, panes biscoctos, frumentum, ordeum & farinam, electuaria plurima, pelves, utres & scaccaria, ollas argenteas & candelabra, piper, cuminum, zacarum & ceram, aliasque diversorum generum species electas, pecuniam infinitam, & rerum copias innumerabiles. Asserebantque plurimi quòd nullorum nunquam temporibus præliorum tanta simul & semel fuerant acquisita, quibus revertente Rege cum exercitu usque Bethanen deductis, divisit ea Rex inter milites & servientes proportionaliter juxtà merita singulorum.

Profectus inde Rex venit Bethonopolim, ubi cum dilaberetur exercitus desolatus, eo quod dissuaderetur obsidio Jerusalem, nec Saladino potuit impetrare inducias nisi dirutâ Ascalone, jussit Rex castrum Darum solo tenùs dirui, & de Hospitalariis, Templariis & aliis, trecentos milites misit, qui custodirent & munirent firmissimè Ascalonem. Rex cùm reliquo exercitu Achonem contendit. Eâdem vero die quâ Rex Achonem venit cum exercitu, in crastino scilicet sancti Jacobi, Saladinus cum maximo exercitu, Joppen civitatem obsedit. In die verò S. Germani effracto muro ingressi sunt Turci, diripientes omnia & destruentes, Christianosque quosque crudeliter perimentes, turrim etiam principalem in quam multi confugerant, statim expugnassent, si non fuissent per Patriarcham induciæ acceptæ usque horam nonam diei sequentis, ita ut nisi tunc veniret subsidium, redderetur Turcis, solverentque qui in turri erant, Saladino pro capite suo decem byzantia, mulier quinque, puer tria. A principio verò obsidionis nuntii missi in Achon pro subsidio quærendo, invenerunt Regem se ad repatriandum parantem. Jamque septem galeas cum gente armatâ, ad capiendum castrum Baruth per quod erat transiturus, præmiserat. Qui audito statu civitatis Joppe, ascendens naves cum aliquibus militibus illuc per mare contendit, reliquo exercitu terreno itinere gradiente. Venti autem contrarietate triduo retardatus, tandem in portum Joppe pervenit nocte præcedente diem sabbati, cujus hora nona terminus erat reddendæ turris, & præfatæ redemptionis solvendæ. Cognito autem Regis adventu, ruunt Turci catervatim in litus parmas habentes & ancilia, & ne quâ parte liber pateret applicantibus ascensus, Turcum resistentium pluunt densissimè jacula, sagittæ & pila, fervet litus obsitum hostium multitudine, quorum equites profundius in mare se agebant, certatim spicula missuri, ne quando possent litus occupare appulsi. Cum autem nonnulli suaderent Regi nihil ulterius tentandum, quia tot millia hostium litoris aditum asserebant impossibilem, nec credibile esse aliquos qui liberarentur esse super-

Joppensis civitas à Turcis obsessa, liberatur ab exercitu Christiano.

stites, præsertim cum jam Turci terminum prævenientes præfixum à mane byzantia exigerent, & nihilominùs post solutionem postpositâ fidelitate quosque interficerent. Ecce ad Regem Sacerdos quidam natando pervenit, qui in galeam Regis admissus, spiritu fatigato & palpitante adhuc corde, ait ad Regem : O Rex magnifice, gens residua quæ tuum aspirat adventum, enses lanistarum vibratos cervicibus opperitur exerti, sicut oves occisionis jam jam perituri, nisi te cooperante divinum adsit adjutorium. Cui Rex : Num superest quispiam ? aut ubinam loci ? Cui Sacerdos. Etiam Domine, coram illâ turri coartantur jam feriendi. Quo audito, pereat, inquit Rex, modò qui non processerit. Galeis igitur ad ejus imperium ad litus propulsis, ipse primus tibias inermis se misit in mare pube tenùs : post Regem primi erant & proximi Galfridus de Basco & Petrus de Pratellis : hos omnes alii sequebantur, prosilientes in mare & versus litus pedites procedebant. Rex autem singularis præstantiæ, ballistâ quam manu gestabat, Turcos in littore passim prosternit, cujus etiam comites electi per litoris ampla Turcos cedentes persequebantur. Neque enim ulterius viso Rege erat eis spiritus, nec eidem appropiare audebant. Litore à Turcis evacuato, Rex per cochleam quamdam quam fortè perspexerat in domibus Templariorum solus, primus intravit, suisque sequentibus jussit suas banerias eminentiùs explicari. Quibus cognitis Turcorum multitudo, quæ ad tria millia intrà civitatem æstimabatur, plurimùm conturbatur. Rex cum suis extracto gladio progreditur, Turcos jam fugientes insequitur, & qui in turri erant resumptis viribus egressi, regiæque militiæ conjuncti, horrendam ingerunt Turcis cædem. Saladinus autem audito Regis adventu, & ejus congressu cùm his qui civitatem occupaverant, avulsis papilionibus velociter fugiendo abscessit. Rex autem Ricardus post discessum Saladini in eodem loco papiliones & tentoria fixit. In crastino verò die Dominicâ, duobusque diebus sequentibus sollicitè procuravit murorum diruta reparari, sed sine calce & cæmento, ut qualemcumque qui in urbe erant, munitionem haberent.

Interim quidam de genere Saracenorum dicti Coridui & Menelones de Halapiâ, juventus videlicet expedita, mutuum iniêre fœdus, arroganter jactantes, quòd Regem Ricardum in suo tentorio comprehensum præsentarent infrà biduum Saladino. Horâ igitur noctis mediâ procedunt armati ad lunæ splendorem, super agendis ad invicem conferentes; & ecce Deus misericordiarum, qui in ipsum sperantes non negligit, in eos spiritum contentionis immisit, & dum inter se certant qui pedites præcedere, qui equites debeant observare, sic procedendi moras innectunt, quòd apparuit diei aurora. Egressus itaque de castris forte fuerat Januensis quidam ad loca campestria, qui audito itinerantium strepitu obstupuit, & demisso capite vidit eminùs scintillare contrà cœlum vertices galearum. Cursu igitur rapido ad castra reversus, non cessabat clamare voce vehementi ut se armarent celeriùs universi. Rex ex clamore audito expergefactus, de stratu suo prosiliens, loricâ induitur, suosque jubet armari, quorum quamplurimi ex articuli urgentis conturbatione consternati, nudis tibiis procedebant ad bellum, nonnulli etiam sine feminalibus raptim armati, totâ die sic in prælio permansuri.

Jam propinqui facti sunt Turci, Cum ecce Rex equum procellarem ascendens, socios equites tantùm decem habebat, videlicet Comitem Henricum

Y iij

173

| PAPÆ | IMPERATOR. | Regis FRANC. | Regis ANGL. |

Comitem Leiceſtriæ, Bartholomæum de Mortuomari, Radulfum de Malo-leone, Andream de Chevegni, Girardum de Furmuralle, Rogerium de Laci, Willelmum de Stagno, Hugonem de Nevillâ ſervientem probiſſimum, Henricum Teutonicum, Rogerum, ſigniferum. Hi tantùm equos habebant. Per ordines igitur diſponuntur agmina, & ſinguli caſtigandis aſſignantur Præfecti, locis maritimis deſtinantur milites probiores, quoniam eo verſus ſe præcipitabant Turci agmine denſiori: extrà hortos ſuburbanos aſſignantur Januenſes & Piſani cum commixtâ gente diverſâ. Irruunt Turci clamore horrendo, ad quorum impetus excipiendos Chriſtiani milites ſe aptabant, dextrum genu ſolo figentes, pedumque dextrorum articulos affigebant in terrâ: pedes verò ſiniſtros ſinuato poplite habebant, manus ſiniſtræ tenebant clypeos, dextræ lanceas, quarum capita poſteriora in terrâ figebantur, anteriora verò cum cuſpide ferratâ adverſariis irruentibus oppoſita tenebant. Rex inter quoſlibet duos ſic aptatos, duos ſtatuit baliſtarios, quorum unius officium eſſet tendendi, alterius jugiter pila jaciendi: quod non modicùm nocuit hoſtibus, & plurimùm profuit Chriſtianis. Hoſtilis exercitus per ſeptem erat ordinatus acies & turmas, quarum quælibet quaſi millenis conſtabat equitibus. Harum prima militibus Chriſtianis prædicto modo diſpoſitis appropians, cum jam immineret irruitura, quia Chriſtianos attendit immobiles, ſubitò reſiliens divertit ab eis in partem. Eodem modo ſecunda acies, & tertia, reliquæque modo ſimili. Cum jam cominùs viderentur præliaturæ, verſutâ calliditate in partem alteram flexis loris equos celeriùs regirabant. Quod cum Rex diutiùs proſpexiſſet, non æſtimans eos aliud acturos, cum his quiequos habebant, ſubditis equo calcaribus, demiſſis lanceis vehementiùs agebatur in turbam hoſtium denſiorem, conſertoque graviſſimo prælio, Rex Comitem Leiceſtriæ, equo dejecto defenſurus advenit citiùs, eique ad ſcandendum equum obſequium præſtitit; videns etiam Radulfum de Maloleone captivum trahi ab hoſtibus celeriùs accurrit, & à manibus Turcorum ereptum eum reſtituit ſibi ipſi. Rex itaque eâ die adeo jugi vexatus eſt exercitio, ut cutis dextræ vibrantis gladium rumperetur.

Interea factus eſt clamor magnus à facie Turcorum, jam villam Joppe certatim occupantium. Quo audito, Rex cum multitudine baliſtariorum, equitibus tantùm duobus eum comitantibus accurrit, & in ipſâ plateâ duos Turcos ſibi obvios dejiciens, equos duos lucrifecit, repulſiſque Turcis, mandavit murorum interrupta reparari, adhibens cuſtodes qui civitatem cuſtodirent ab incurſione Turcorum. Deinde ad litus maris accedens, plurimos qui in galeis fugam tentabant efficaciſſimis verbis ad prælium revocavit, cum quibus ad locum pugnæ unde digreſſus fuerat veniens, ferociſſimo impetu in Turcorum dimicantium ſe turbam ingeſſit: qui Regem undique circumvallantes, ita ut nuſquam videretur à ſuis, conabantur opprimere. At ille tantâ vivacitate in illâ Turcorum multitudine ſe agebat trans auſus hominum, ita ut nullius pavens occurſum, hoſtes transverberaret undique irruentes. Inter quos Admiralium quemdam cæteris eminentiorem, & inſigni cultiorem apparatu unico, ſed admirabili vulnere interfecit, qui cum alios velut deſides redargueret, equo ſublimi vectus, rapido curſu obvius Regi dejiciendo veniſſet, irruenti multipliciter armato Rex gladium totâ virtute objiciens, caput cum ſcapulâ dextrâ & brachio amputavit. Quo viſo, cæteri Turci viam ſpatioſam cedentes, à longè ſagittas & pila tantùm in ipſum emittere ſatagebant. Regis itaque corpus circumquaque obſitum pilis creberrimis infixis, ſicut ericius aculeis, ſimiliter & equus ejus ſagittis hærentibus in ejus phaleris horrebat innumeris. Sic miles eximius regreſſus eſt à pugnâ graviſſimâ à mane commiſſâ uſque ad veſperam. Miranda quidem relatu & forte fide cenſebuntur indigna, tam longè impari numero perduraſſe certamina: ſed reverâ Dei miſerantis opitulatione non ambigendum hoc eſſe patratum, cùm in illâ die funeſtâ noſtrorum corruerint unus vel duo tantùm, Turcorum verò ampliùs quàm ſeptingenti.

Porrò ex illius prælii fatigatione cadaverumque fœtore, (unde locus corruptus eſt, ita ut quamplurimi morerentur) Ricardus Rex incidit in languorem. Invaleſcente autem ægritudine nimiùm, Rex de recuperandâ ſanitate deſperatus eſt. Unde tam pro aliis quàm pro ſeipſo nimis anxius, maluit minùs inconveniens eligere, ut inducias exigeret, quàm ſi infecto negotio recedens, terram depopulandam omninò deſererent, ſicut & omnes alii fecerant, jam catervatim in navibus abeuntes. Obtinuit itaque Saladino inducias ſub hac formâ; Videlicet ut Aſcalon, quæ ſuperſtes Saladino terrori erat, dirueretur à nullo hominum reparanda ante terminum trium annorum ad Paſcha proximum incipientium: poſt triennium verò quiſquis ſuperiori vigeret potentiâ, Aſcalonem occuparet. Conceſſit autem Saladinus ut Joppe reſtauraretur, Chriſticolis liberè & quiète inhabitanda, cum univerſâ regione vicinâ, lociſque, maneriis & montanis. Confirmandam etiam ſanxit & inviolandam pacem inter Chriſticolas & Saracenos, ſalvumque utrorumque per omnia eſſe meatum, & ad ſanctum Dominicum ſepulcrum abſque cujuſcumque penſionis exactione acceſſum, & cum libertate tranſitum deducendarum rerum quarumcumque venalium per omnem terram, & ad liberè exercenda commercia. Annuit hæc libenter Rex Ricardus, quia nimirum ſperare non poterat potiorem, utpote æger & quàm modico fretus auxilio, & non prorſus aberat ab inimicorum ſtatione duobus milliariis. Scriptis & juramentis confirmatis induciis, Rex uſque Caypham ſe ut potuit procuravit deduci, ut ſanaretur: acceptis ibidem ſalutiferis medicinis ſtatuit, ut populus qui vellet, liberè Dominicum viſitaret ſepulcrum, utque oblationes ſuas reportaret Joppen, ad auxilium conficiendorum murorum. Populus igitur in tres turmas dividitur, quarum primæ præfuit Andreas de Chevengni, ſecundæ Robertus Teſſun, tertiæ Hubertus Sareſberienſis Epiſcopus, quâm expeditâ peregrinatione, Saladinus Epiſcopum ad ſui colloquium invitavit. Poſt quod obtulit Saladinus Epiſcopo, ut ab eo peteret quod optaret: qui ut apud Dominicum ſepulcrum & in Bethleem atque Nazaret, duo Presbyteri Latini cum totidem Diaconis divina honeſtiùs quàm antea celebrarent, obtinuit.

Interea Regis Ricardi navigium inſtruitur, & omnia neceſſaria ad reditum præparantur. Tunc pro Willelmo de Pratellis redimendo, decem ex nobilioribus Turcis commutandos liberos dimiſit. Die autem S. Dionyſii Ricardus Rex naves aſcendit, & circa feſtum beati Martini ex diuturnâ tumultuantis pelagi jactatione jam pertæſus navigationis, applicuit in terrâ Imperii Conſtantinopolitani: verùm quoniam ſuſpectam habuit Imperatoris, & Græcorum ſuorum verſutiam, nolens ibi videri, cum

Rex Angl. in morbum incidit.

Induciæ inter Chriſtianos & Turcos.

Redit Rex Ricardus.

Chronicon Nicolai Trivetti.

| PAPÆ | IMPERATOR. | Regis FRANC. | Regis ANGL. |

piratis forte inventis paciscens, dato quantum postulaverant naulo, exegit ab eis ut expeditiùs ipsum in terram commodiorem transveherent. Relictâ igitur classe Regiâ, habitu mutato se Regem dissimulans, cum quatuor tantum sociis transvectus est Sclavoniam; inde pertransiens Aquileiam cum intrasset terram Limpoldi [x] Ducis Austriæ, captus est in civitate Wienna decimo-tertio Kalend. Januarii, quem Dux Limpoldus exosum habens pro morte Marchisi, de quâ suspectum Regem habebat, carceri mancipavit. Ab hac tamen morte Princeps Hassacenorum, à quibus (ut suprà patuit) interfectus est Marchisus, Regem Ricardum per litteras hujuscemodi excusavit.

"Limpoldo Duci Austriæ Vetus de Monte salutem; Cum plurimi Reges & Principes ultrà mare, Ricardum Regem Angliæ & dominum de morte Marchisi inculpent; juro per Deum qui in æternum regnat, & per legem quam tenemus, quòd in ejus morte nullam culpam habuit. Est causa siquidem mortis ipsius Marchisi talis: Unus ex fratribus nostris in unam navem de Satellâ ad partes nostras veniebat, & tempestas illum forte apud Tyrum appulit, & Marchisus fecit illum capere & occidere, & magnam pecuniam ejus rapuit: Nos verò Marchiso Nuntios nostros misimus, mandantes pecuniam fratris nostri redderet; & de morte fratris nostri nobiscum se concordaret: noluit, necnon & nuntios nostros sprevit; & mortem fratris nostri super Reginaldum dominum Sidonis posuit, & nos tantum fecimus per amicos nostros, quòd in veritate scivimus, quòd ipse fecit illum occidere & pecuniam rapere: Et iterum alium nuntium nomine Edrisum misimus ad eum, quem in mare mergere voluit, sed amici nostri illum à Tyro festinanter fecerunt recedere, ut ad nos citò perveniret, & ista nobis nuntiavit. Nos quoque ex illâ horâ Marchisum desideravimus occidere, tumque duos fratres misimus ad Tyrum, qui eum apertè & ferè coram omni populo Tyri occiderunt. Hæc utique fuit causa mortis Marchisi, & benè dicimus vobis in veritate, quòd Dominus Ricardus Rex Angliæ in hac Marchisi morte nullam culpam habuit; & qui propter hoc domino Regi Angliæ malum fecerint, injustè fecerunt & sine causâ. Sciatis pro certo quòd nullum hominem hujus mundi pro mercede aliquâ vel pecuniâ occidimus, nisi priùs nobis malum fecerit. & ex sciatis quòd litteras fecimus istas in domo nostrâ ad castellum nostrum Messiat, in dimidio Septembris, anno ab Alexandro millesimo quingentesimo quinto. Hinc procul dubio Regem constat esse innoxium, quia falsa concepta præsumptionis ritè præjudicat spontanea rei confessio; sed ubi motibus suis indifferenter agitur præcipitata voluntas, ratio non videtur locum habere, nec esset vitium, si non ratione careret.

Post autem aliquod tempus Limpoldus Regem Ricardum Imperatori Henrico sexto reddidit, quem ille usque Maguntiam transtulit captivatum.

MCXCIII.

| CÆLEST. III. | HENRICI VI. III. | PHILIPPI II. XII. | RICARDI IV. |

Rex Franciæ per litteras Henrici Imperatoris de captivitate Regis Ricardi certificatus, postpositâ fide fractoque juramento, quo se præfato Regi Ricardo, ante recessum suum de Achon adstrinxerat, invasit terras ejusdem in manu hostili. Cui

Gilbertus de Vascolio domini sui effectus proditor, castrum munitissimum Gisortii suæ commissum custodiæ reddidit. Ipse etiam Rex multa castra vicina cepit, atque in brevi cum potente exercitu totum Wicasinum Normanniæ occupavit. Ulteriùs verò progressus cepit urbem Ebroicam; & Ecclesias Dei contrivit spiritu vehementi, non pepercit Episcopatui, Abbatiis, aliisve Monasteriis, quinimò Monachos ejiciens, reditus eorum in proprios usus convertit. Cepit & Vallem Rodolli, ac Novumburgum, Rotomagumque obsedit; sed cum nihil proficeret, combustis, petrariis & mangonellis iratus discedens, obsidionem circa Demolium posuit.

Interea Cælestinus Papa & multi Principes Germaniæ, indignè ferentes Regem Angliæ ab Imperatore; cui per Ducem Austriæ redditus erat, detineri captivum, suggesserunt ei ut liberum dimissum sineret ad propria remeare. Neque enim merita ejus sic recompensanda erant, qui pro totius Christianitatis negotio tot periculis expositus fuerat; & laboribus tantis attritus. Imperator verò in sui excusationem dicebat se ab eo exigere pecuniam, quia terram suam Siciliam asseruit eum spoliasse, contra quod Rex Ricardus se nihil nisi dotem sororis suæ a Rege Tancredo retulit exegisse. Dum hæc aguntur, taxato ab Imperatore redemptionis pretio usque ad ducenta millia marcarum, aliaque Mater Regis procuravit in omni gente suâ collectam fieri plurimam, variarumque distractionem rerum, ut ad taxatam summam redemptionis census exerceret. Accipiebantur etiam ab Ecclesiis calices, vasa quoque aurea & argentea in usus Ecclesiasticos consecrata: nec erat hoc secundum Patrum decreta illicitum, cum urgentissimus instaret necessitatis articulus.

| CÆLEST. III. | HENRICI VI. III. | PHILIPPI II. XIII. | RICARDI V. |

Ricardus Rex quarto Nonas Februarii pecuniâ redemptionis solutâ liberatus, à Maguntiâ tetendit in Coloniam, ab Archiepiscopo civitatis illius instantissimè invitatus, à quo in Ecclesiâ Cathedrali receptus Missam audivit; ipso Archiepiscopo Cantoris officium supplente, & officium illud, Nunc scio verò; celebriter inchoantes. Deinde accelerans in Angliam, tertio Idus Martii apud Sandwicum applicuit, statimque Londonias accessit, & inde Wintoniam, ubi præsente Willelmo Scotorum Rege regiam portavit coronam. Portus denique marinos statuit observari, ne qua videlicet exteriorum vel indigenarum annonas frugum vel cujuscumque generis victualium, aliena deportaret in regna; intendens ut propriorum quæ gigneret ubertate bonorum Anglia non careret. Coros frugum vel modios rerum venalium, sive quascumque mensuras; quæ tunc temporis diversissimè plurimis habebantur in locis, per totum regnum fieri statuit uniformes: quas nè quis forte minueret, vel quocumque modo vitiaret, summitates vasorum hujusmodi jussit circulis ferreis coronari, similiter & de amphoris seu metretis; quas vulgò galones dicimus. Statuit mensuras legitimas, & apud singulos provinciarum Præfectos, vel urbium Præpositos conservari, ut sint hujusmodi regulæ mensuras ad probandum, & falsas cum necesse fuerit convincendas. Telas etiam pannorum in latitudine per totum duarum ulnarum infra oras atque ubique fideliter

[x] Limpoldi] Lege Liutpoldi.

| PAPÆ | IMPERATOR. | Regis FRANC. | Regis ANGL. |

æquè contextas, sine quocumque fuco vel superinductione fallaci fieri statuit: alterius schematis inventas, nonobstante cujuscumque auctoritate indigenæ seu alienigenæ, à Regiis Ministris comburi. Fecit etiam fieri ulnas ferreas quas diminuere de facili nemo possit. Unam insuper monetam per totam terram ad magnam populi utilitatem, qui ex ejus diversitate gravabatur, statuit admittendam. Sophisticationes pannos vendentium, qui ex repercussione meliorum colorum, vel ex adumbratione locorum colores adulterinos gratiores reddebant, penitùs abolevit.

Ad hæc etiam Judæis procuratores præposuit, qui inter Christianos & Judæos, vel etiam inter ipsos Judæos si quid querelæ emergeret, dissinirent. Ad cohibenda etiam dolosa Judæorum machinamenta statuit inter Catholicum & Judæum nihil clam contrahendum, sed sub quorumdam testimonio ad hoc deputandorum publicè contractus fieri, super quibus trina conficerentur scripta, quorum unum apud Judæum viri fide digni, aliud sub custodia viri fide digni, tertium verò penes Judæum creditorem maneret, in quo si quid doli ut priùs machinarentur, ex duplici convincerentur productâ scripturâ. y Christianum feneratorem fieri prohibuit, aut quâcumque conventionis occasione aliquid recipere ultra id quod mutuò concessisset. Quòd si quis fortè reditus, vel terras in pignus acceperit, unde annuum proveniret emolumentum, receptâ tantùm sorte obligata possessio rediret ad dominum, nonobstante pactione cujuscumque termini nondum transacti. Hæc & alia populo terræ pro necessario zelo justitiæ à Rege constitutâ, toto ejusdem tempore servabantur illæsa. Justitiariis autem suis præcepit, ne cuiquam conquerenti justitiam denegarent. Advertens etiam nonnullas Ecclesiarum campestrium argenteis carere calicibus, cùm didicisset eos suæ redemptionis occasione sublatos, sibi tamquam reo imputans ad culpam, divina minus dignè in hac parte celebrari, jussit fieri per loca diversa calices quamplurimos, eosque Ecclesiis indigentibus distribui sine morâ.

Cum apud Westmonasterium in aulâ suâ quæ dicitur Parva, die quodam pranderet, certum accepit rumorem, quòd Philippus Francorum Rex ingressus Normanniam Vernolium obsideret, quo audito jurasse fertur, se nunquam aversurum faciem, quousque Regi Francorum cum eo pugnaturus occurreret, unde effracto muro è directo, per aperturam factam cujus hodie vestigium ostenditur, egressus, acceleravit ad mare, quartoque Idus Maii in Normanniam transfretavit, ubi obvium habens Joannem fratrem suum, eidem misericordiam petenti super commissa, culpam irecunctanter indulgendo, hoc dicitur respondisse: Utinam apud me delictum tuum in oblivionem transeat, ita quòd apud te permaneat in memoria quod fecisti. Normanni adventu Regis Ricardi confortati, civitatem recuperaverunt Ebroicam. Rex autem Francorum omissâ obsidione Vernolii, ne revertendo Parisius nihil fecisse videretur, munitiunculam quamdam cepit, ad cujus custodiam deputati fuerant homines tantùm octo. Ricardus autem Rex ablata recuperare satagens, castrum cepit, quod Locas vocant, civitatemque Turonis, inde expellens Canonicos Regi Francorum faventes: cepit & Taleburgum, totamque terram Comitis Engolismensis. Regem verò Francorum Philippum Vindocino cum exercitu appropinquantem exterruit & fugavit.

| CÆLEST. III. | HENRICI VI. | PHILIPPI II. | RICARDI I. |
| IV. | IV. V. | XIV. | VI. |

Hubertus Archiepiscopus Cantuariensis, legationis suæ potestatem procuravit super Clerum Eboracensis provinciæ dilatari. Ricardus Rex circa recuperationem perditorum insistens, castrum Virsionis cepit in pago Bituricensi, & usque ad solum evertit. Philippus autem Francorum Rex Albamarliam cepit, & destruxit castrum quæ Novencuria appellatur. Hoc anno Rex Ricardus fratri suo restituit Comitatus Moritoniæ in Normanniâ, & Gloverniæ in Angliâ cum honore de Heiâ, dans ei annuatim pro terris suis residuis octo millia librarum Andegavensis monetæ. Soror Philippi Regis Francorum quam repudiaverat Rex Ricardus, Comiti Pontivi desponsatur. Hoc anno Imperator Henricus totum Regnum Apuliæ subjugavit, plurimosque sibi rebelles diversis pœnis affecit: Tancredum verò filium Tancredi Regis Siculorum, cum matre suâ Margaretâ, ac Regem Epirotarum secum in Alemanniam duxit captivos. Divortium inter Philippum Regem Francorum, & sororem Regis Danorum non ritè factum, per Cælestinum Papam in irritum revocatur. Dux Austriæ Limpoldus, cum natalitium apud Gratiam z ageret, in die sancti Stephani equo lapsus, subitâ pedis attritione sauciatur tam periculosè, quòd necessitate urgente, ut mortem imminentem evaderet, abscindi cum pede de consilio medicorum, divinam in se ultionem expertus pro Regis Ricardi captione injustâ.

| CÆLEST. III. | HENRICI VI. | PHILIPPI II. | RICARDI I. |
| V. | V. VI. | XV. | VII. |

Joanna soror Regis Ricardi, Regina Siciliæ, Comiti sancti Ægidii desponsatur. Seditio contra Regem Ricardum in civitate Londonensi suscitata est per quemdam Walterium filium Osberti, qui citò post captus, dignas luit sceleris sui pœnas. Inundatio aquarum tanta facta est Parisius, ut intumescens Sequana fluctibus procellosis omnia circà se involveret, ita ut Philippus Francorum Rex, relicto ob hoc palatio usque sanctam Genovefam, & Episcopus relictâ Ecclesiâ usque ad sanctum Victorem pernoctaturi accesserint. Philippus Francorum Rex Ricardum Anglorum Regem interpellavit, ut electis hinc inde cujusque Militibus dissrationaretur jus utriusque Regis per eos, & utrique populo guerris vexato de cætero parceretur. Annuit Rex Ricardus petitioni eâ conditione, ut ex utrâque parte vicem quinti Militis in propriâ personâ Rex suppleret. Joannes Rotomagensis Decanus, Episcopus Wigorniensis factus est.

| CÆLEST. III. | HENRICI VI. | PHILIPPI II. | RICARDI I. |
| VI. | VI. VII. | XVI. | VIII. |

Ricardus Anglorum Rex, cum conventio de pugnâ quinque Militum non procederet, castellum sancti Walerici succendit, adjacentemque vastans provinciam, quinque naves victualibus onustas cepit, & per Mercaderum Rutariorum Principem Philippum Belvacensem Episcopum,

---

y productâ scripturâ] Hic profectò iniquior est Trivettus, qui Ricardo veluti auctori tribuit instituta, quæ ex Constitutionibus Regum nostrorum desumserat. Quod cum hactenus ignotum esset, nunc liquet ita esse ut dicimus ex eo volumine Ordinationum Regiarum, quas V. Cl. Eusebius de Lauriere publicam in lucem edidit.

z Gratiam] Alii Græciam vocant urbem Stiriæ, vulgò Gratz.

virum

Chronicon Nicolai Trivetti.

| PAPÆ | IMPERATOR. | Regis FRANC. | Regis ANGL. |

AN. DOM.	
carceri mancipato, Rex Augl. totam devastat provinciam.	virum in armis strenuum, Regisque Francorum consanguineum, una cum Willelmo de Meloto seniore: quos missos in Angliam, longo tempore carceri mancipavit. Capti sunt & alii quamplures, pago Belvacensi undique devastato. Attendens autem Ricardus Rex villam Andeliaci, ac quasdam villas alias adjacentes, ad jus Ecclesiæ Rotomagensis pertinentes, hostium irruptionibus nimium opportunas: commutationem fecit cum Archiepiscopo & dictâ Ecclesiâ, dans pro dictis villis molendina sua apud Rotomagum, ita quòd Archiepiscopus solvat eleemosynas, de eis ab antiquo statutas, villamque de Depe, & villam de Busseles, ita quòd solvat in eleemosynam assignatam trecentas septuaginta duas libras Andegavensis monetæ. Dedit eis etiam manerium de Lovers, & forestam de Alermund cum feris & omnibus pertinentiis aliis. Walterus Map de quo multa referuntur jocunda, & Præcentore Lincolniensi Archidiaconus Oxoniensis efficitur. Moritur Willelmus Eliensis Episcopus in itinere versùs Romam.

| MCXCVIII. | CÆLEST. III. VII. | HENRICI VI. VII. VIII. | PHILIPPI II. XVII. | RICARDI I. IX. |

Otho Dux Saxoniæ à bonnullis, ab aliis Philippus Dux Sueviæ Rex Rom. eligitur.	DEFUNCTO Panormi in Siciliâ Imperatore Henrico sexto, Otho filius Henrici Ducis Saxoniæ, nepos Regis Ricardi ex sorore Mathilde, procurante avunculo abundantes expensas, à quibusdam Teutoniæ Principibus in Regem Romanorum eligitur, aliis eligentibus Philippum Ducem Sueviæ, fratrem Henrici quondam Imperatoris. Hunc sibi confœderavit Philippus Francorum Rex, sperans per eum Comitem Flandriæ faciliùs subjicere, & Anglorum Regem Ricardum fortiùs impugnare. Comes Flandrensis sanctum Audemarum obsedit, & infra paucos dies ad deditionem coëgit.
Rex Angliæ victoriam refert de Rege Franc.	Ricardus autem Rex Anglorum cum Walcasinum juxta Gisortium vastaret, Corcellas villasque alias incenderet, superveniens Rex Francorum Philippus prælio decertavit cum eo; sed inferior factus aufugit, qui nisi in castrum Gisortii à custodibus attractus fuisset (fracto namque sub eo ponte dum fugeret, penè submersus fuerat) à Rege Ricardo vehementiùs insequente comprehensus fuisset. De cujus Militibus nominatissimis capti sunt circiter octoginta, inter quos præcipui erant Alanus de Rusciaco, Matthæus de Marliaco, Gilbertus de Melloto junior, Philippus de Nantolio.
Mortuo Cælestino III. Papa, successit Innocentius III.	Obiit hoc anno Cælestinus Papa, cum sedisset annis sex, mensibus octo, diebus undecim. Hic apud sanctum Petrum fecit palatium. Successit Cælestino Innocentius tertius, natione Campanus, consecratus in festo Cathedræ S. Petri, ad quem Rex Ricardus missis Nuntiis, conquestus est de Rege Francorum super fide fractâ, & juramento nullatenùs observato. Super quo cum vellet eum dominus Papa convenire per Legatum, volentem respondere excusabant Prælati Franciæ apud dominum Papam, rogantes ut jurisdictionem non læderet Regis Francorum, quos super petitione irrationabili redarguit vehementer Papa, sicut patet Extra. de judiciis, Capitulo Novit ille.
Petrus Card. Legatus in Franc. missus pacis causâ inter Reges Franc. & Angl.	Petrus Capuanus Diaconus Cardinalis, Legatus in Franciam missus est, ad pacem inter duos Reges concordiam reformandam; sed nihil proficiens, inducias tantùm quinquennales, vix assentiente Rege Ricardo, qui nondum totaliter recuperaverat à Philippo Rege injuriosè usurpata tempore suæ detentionis in Alamanniâ,

	fide utriusque Regis interposita impetravit. Hubertus Cantuariensis Archiepiscopus auctoritate fultus Apostolicâ, Clericos, quos Hugo Cestrensis Episcopus ejectis Monachis posuit apud Coventreyam, amovit, Monachosque reduxit. Eustachius Saresberiensis Decanus, fit Episcopus Eliensis. Galfridus quidam in Cestrensem electus Episcopum consecratur. Septimo Idus Julii Othoni nepoti Regis Angliæ redditum est Aquisgranum, quod nuper obsederat, in cujus crastino uxorem duxit septennem, Ducis Brabantiæ filiam & heredem, quarto verò Idus ejusdem mensis, ab Adulfo Coloniensi Archiepiscopo ex mandato Innocentii tertii coronatus, sedem Augustorum ascendit.

| INNOC. III. I. | OTHONIS IV. I. | PHILIPPI II. XVIII. | RICARDI I. X. | MCXCIX. |

	RIcardus Rex apud Andeliacum castrum construxit insigne. Humbertus Archiepiscopus Ecclesiam in honore beati Thomæ fundatam apud Lamhethe, quam prædecessor ejus Baldewinus inchoaverat, de mandato domini Papæ Innocentii tertii demolitus est. Willelmus genere Normannus, fit Londoniensis Episcopus. Ricardus Rex cum militem quemdam super inventione thesauri convenire voluisset, quem solent sibi Principes vindicare, tamquam in hoc eis singulariter natura deserviat: veritus ille severitatem Regiam, ad Vicecomitem Lemovicensem aufugit. Qui rogatus à Rege ut militem redderet, cum parere neglexisset, Rex terras ejus ingressus, castrum quoddam quod Caluca dicitur juxtà Lemovicas obsedit, ac fortiter impugnavit. Septimo verò Kal. Aprilis dum castrum considerando circuiret inermis, subitò balistæ jaculo in humero sinistro letali consoditur vulnere. Incipiens autem periclitari, tres Ordinis Cisterciensis accessisse fertur Abbates, quibus omnia peccata sua confessus est cum singultu & fletu. Quos cum ad injungendam sibi vel innotescendam pœnitentiam salutarem cerneret stupefactos, dixit: Ut placetur justus Judex Deus, pœnam purgatoriam usque ad diem judicii libens pro meis admittam delictis. Prolem verò non habens, Joannem fratrem suum Regni, ac terrarum suarum omnium testamento suo designavit heredem. Thesauri verò sui tres partes Othoni nepoti suo in Regem Romanorum jam coronato contulit, reliquam servientibus suis pauperibusque divisit.	Peccata confessus Rex Ricardus, quàm gravem pœnitentiam expetit.
	Tandem diem undecim languore vexatus, die duodecimo, octavo videlicet Idus Aprilis, ætatis suæ anno quadragesimo secundo diem clausit extremum. Hic Ricardus propter magnanimitatem cordis, quia ardua quæque aggredi non refugit, Cor Leonis appellatus est ab Anglicis & Normannis. Hujus mortem Magister Galfridus de Vinosalvo[a] in libro suo quem de eloquentiâ composuit, versibus his deplorat.	Diem clausit extremum ætatis an. 42. Cor Leonis ob magnanimitatem animi appellatus est.

NEUSTRIA sub clypeo Regis defensa RI-
   CARDI,
Indefensa modò, gestu testare dolorem.
Exsudent oculi lacrymas, exterminet ora
Pallor, connodet digitos tortura, cruentet
Interiora dolor, & verberet æthera clamor.
Tota peris ex morte suâ: mors non fuit ejus,
Sed sua; non una, sed publica mortis imago.
O Veneris lacrymosa dies, ô sydus amarum.
Illa dies tua nox fuit, & Venus illa venenum.
Illa dedit vulnus, sed pessimus ille dierum,

---

a *de Vinosalvo*] De illo vide si lubet Pitsæum lib. de Brit. Tom. III.   scr. ad annum 1199. ubi eum *Vuinesalf* appellat.

AN. DOM.	PAPÆ | IMPERATOR. | Regis FRANC. | Regis ANGL.	PAPÆ | IMPERATOR. | Regis FRANC. | Regis ANGL.	AN. DOM.
	Primus ab undecimo qui vita vitricus ipsam *Clausit ; uterque dies homicida tyrannide mirâ.* *Trajecit clausus exclusum, tectus apertum,* *Providus incautum, miles munitus inermem,* *Et proprium Regem. Quid miles, perfide miles?* *Perfilia miles, pudor orbis, unica sordes,* *Militia miles, manum factura suarum,* *Ausus est hoc in eum? Miles scelus istud es ausus?* *O dolor, ô plusquam dolor, ô mors, ô truculenta.* *Mors esses utinam mors mortua. Quid meministi,* *Ansa nefas tantum? placuit tibi tollere solem,* *Et tenebris damnare solum? scis quem rapuisti?* *Ipse fuit jubar in oculis, & dulcor in ore,* *Et stupor in mente. Mors impia quem rapuisti?* *Ipse fuit dominus armorum, gloria Regum,* *Delicia mundi, nihil addere noverat ultrà.* *Ipse fuit quidquid patuit natura: sed illud* *Causa fuit, quare rapuisti: Res pretiosa* *Eligis, & viles quasi dedignata relinquis.* *Et de te natura queror; quia nonne fuisti* *Dum mundus puer esset adhuc, dum nata jaceret* *In cunis in eo studiosa; nec ante senectam* *Desit hoc studium. Cur sudor tantus in orbem* *Attulit hoc mirum; si tam brevis abstulit hora?* *Sudorem tantum placuit tibi tradere mundo,* *Et revocare manum: dare sic & tollere donum.* *Cur irritasti mundum? Aut redde sepultum,* *Aut forma similem. Sed non tibi suppetit unde.* *Quidquid erat tecum, vel mirum vel pretiosum,* *Huic erat impensum, thesauri deliciarum* *Hic sunt exhausti, ditissima facta fuisti* *Ex hac facturâ: fieri pauperrima sentis* *Ex hac jacturâ. Si felix ante fuisti* *Tanto plus misera, quanto felicior ante.* *Si fas est accuso Deum; Deus optime rerum,* *Cur hic degeneras, cur obruis Orbis amicum?* *Si recolis, pro Rege facit Japhe tua; quam quot* *Millibus oppositis solus defendit, & Achon.* *Quam virtute suâ tibi reddidit, & crucis hostes;* *Quos vivus semper sic terruit, ut timearis.* *Mortuus ipse fuit sub quo tua tuta fuerunt.* *Si Deus es, sicut esse decet, fidelis, & experti* *Nequitia, justus, rectus, cur minuisti* *Ergo dies ejus? potuisses parcere Mundo.* *Mundus egebat eo, tecum magis eligis esse* *Tecum quam secum, mavis succurrere Cœlo,* *Quàm Mundo. Domine si fas est dicere, dicam.* *Pace tuâ poteras fecisse decentius istud,* *Et properasse minùs, saltem dum frana dedisset* *Hostibus, & facti tamquam mora nulla fuisset.* *Res erat in foribus, tunc posset honestius ire:* *Et remeare tibi, sed in hac re scire dedisti.* *Quàm brevis est risus, quàm longaque lacryma mundi.* Sepultus est autem præfatus Ricardus Rex apud Fontem-Ebraudi in monasterio Monialium, ad pedes patris sui Henrici H. cum regnasset annis undecim, mensibus tredecim, sexque diebus. *Expliciunt gesta* RICARDI *Regis Anglorum.* ## INCIPIUNT ## GESTA JOANNIS ### REGIS ANGLORUM. JOANNES filius junior Henrici secundi Regis Anglorum ex Alianora Aquitaniæ Ducissâ, non mo-	dò jure propinquitatis, sed testamento fratris sui Ricardi designatus successor post mortem ejusdem, anno Domini millesimo centesimo nonagesimo nono regnum obtinuit Anglicanum. Hic à patre Joannes sine terra cognominatus est, quia fratribus ejus ad amplissimos honores sublimatis, puta Henrico in Regem Angliæ coronato, Ricardo verò Ducatu Aquitanico, & Galfrido Ducatu Britannico insignitis, ipse nihil habebat, quamquam postea ditatus fuerit Comitatibus Moritoniæ in Normanniâ, & Gloverniæ in Angliâ, collatis insuper eidem à patre terris omnibus in Hiberniâ conquisitis. Triginta duorum annorum erat, cum in octavâ Paschæ apud Rotomagum Ducatûs Normannici gladio cingeretur. Statim verò in Angliam transfretans, die Dominicâ infra octavam Ascensionis Londoniæ ab Archiepiscopo Huberto inungitur & coronatur in Regem Angliæ, assistente Prælatorum, Comitum & Baronum, aliorumque nobilium multitudine infinitâ. Porrò Philippus Francorum Rex, Ricardo Rege Anglorum defuncto, omnia quæ libuit sibi licere reputans, non deferens induciis quas juramento firmaverat, Normanniam ingressus cepit urbem Ebroicam, terrasque Regis Angliæ usque Cenomannis undique devastavit. Arthurus autem nepos Joannis, Regis ex fratre Galfrido Britanniæ Dux, aspirans ad regnum Angliæ, patruo cœpit esse infestus, Regique Francorum occurrens Cenomannis, occupato in manu validâ Andegavensium Comitatu, pro eodem homagium fecit ei. Alianora quoque Regina pro Ducatu Aquitaniæ, quem jure possedit hereditario, eidem Regi fecit homagium, cum Turonis advenisset. Joannes coronationis suæ solemnitate peractâ, classe in portu de Schorham coadunatâ, cum exercitu magno decimo-tertio Kal. Julii in Normanniam transfretavit. Sed eodem anno urgentibus causis, dispositis rebus in Normanniâ pro articulo temporis, reversus in Angliam, Willelmo Regi Scotorum occurrit apud Lincolniam, quem per Archiepiscopum Cantuariensem Hubertum, ac nobilem virum Rogerum Bigod datis, de salvo conductu litteris, ad speciale colloquium fecerat accersiri, ubi post multos ad invicem tractatus habitos, decimo Kal. Septembris, Rex Scotorum Willelmus in conspectu totus populi fecit homagium, & super crucem Cantuariensis Archiepiscopi fidelitatem juravit eidem. Hoc anno generale interdictum per totum Regnum Franciæ, propter injustum Ingeburgis Reginæ repudium observatur. Philippus verò Rex in Clerum desæviens, Episcopos omnes qui interdicto consenserant, & Prælatos alios, de suis sedibus exturbavit. Ingeburgem etiam Reginam uxorem suam in castro de Stampes reclusit. Eodem etiam anno ab omnibus hominibus Regni sui tertiam partem bonorum accepit; & à Burgensibus exactiones & tallias insuetas extorsit.	MCXCIX. Rex Franc. terras Regis Angliæ devastat. Idem persequitur Prælatos qui interdictum propter uxoris repudium à Papa latum observabant.
		INNOC. III. | OTHON. V. | PHILIPPI VI. | JOAN. I. II. | II. | XIX. | I.	MCC.
		Joannes Rex iterum in Normanniam transfretat, inter quem & Regem Francorum in Ascensione Domini inter Vernonem & insulam Andeliaci, in subscriptâ formâ pax & concordia reformatur, restitutis nempe Regi Angliæ civitate Ebroicâ cum toto Comitatu, castellis, pagis & prædiis, quæ Rex Francorum occupaverat violenter: præstitoque à Rege Angliæ homagio Regi Francorum, & eidem fidelitate juratâ, Ludovicus Regis Francorum primogenitus nobilem puellam Blancam nomine, Hil-	Pacem ineunt Reges Franc. & Angl. Filius Regis Franc. uxo-

| AN. DOM. | PAPÆ | IMPERATOR. | Regis FRANC. | Regi sANGL. | PAPÆ | IMPERATOR. | Regis FRANC. | Regis ANGL. | AN. DOM. |

em accipit fi-
liamHispaniæ
Regis Blan-
cam.

defonsi Regis Castellæ filiam, Regis Angliæ ex sorore Aliánorà neptem, accepit uxorem. Cui Rex Joannes concessit omnes munitiones & possessiones à Rege Francorum sibi noviter restitutas; annuens etiam eidem omnes terras suas, quas in regno Franciæ tenebat, post decessum suum, si absque herede de corpore suo contingeret eam mori. Firmata inter Reges pace atque concordiâ, Arthurus Comes Britanniæ patruo suo Joanni fecit homagium pro Comitatu Britanniæ, qui spectat ad feodum Ducatûs Normanniæ, & aliis terris suis, quas vel in Angliâ vel in Aquitaniæ Ducatu habebat. Eodem anno Joannes Rex uxorem accepit Isabellam, Comitis Engolismensis filiam & heredem, quæ inter Idus Octobris coronata est Londoniæ in Reginam. Hanc ferunt quidam Vicecomiti Torcensi Hugoni Brun priùs nupsisse, ipsumque propter uxorem violenter ablatam à fidelitate Regis Angliæ discessisse.

Rex Angl.
uxorea ducit
filiam Comi-
tis Engolism.

Decimo octavo Kal. Octobris ejusdem anni beatus Hugo Lincolniensis Episcopus de præsenti vitâ temporali transiit ad æternam, qui de Imperiali Burgundiâ oriundus, à juventute suâ inter viros religiosos educatus, primò factus est Canonicus Regularis, deinde ampliori in Deum proficiens desiderio, quo magis carnem suam à mundanis abstraheret oblectamentis, Cartusiam se transtulit, ubi inter Monachos devotione claruit singulari. Cujus religiosæ sanctitatis fama ad aures Henrici Regis secundi allapsa, ipsum in amorem ejus vehementer attendit: qui vix multis precibus, ut in domo quâdam ejusdem Ordinis in Angliâ, quam idem Rex in diœcesi Bathoniensi multis ditatam prædiis & privilegiis fundaverat, Curatoris admitteret officium potuit obtinere. Quem dum sæpiùs visitaret, verbis & virtutibus ejus delectatus, vacante sede Lincolniensi, suasit Ecclesiæ Canonicis ut Priorem domûs suæ Hugonem in Episcopum eligerent, & præficerent in Pastorem. Sed electioni favore regio celebratæ, vir Dei non consentiens, Decanum ceterosque Ecclesiæ majores, qui pro ipso venerant vacuos dimisisset, si non eum unanimi liberáque voluntate iterum elegissent. Egressus autem Monasterium, ut jam admissam exequeretur pastoralis officii curam, primâ nocte inter soporem & vigiliam constitutus, vocem ad eum cœlitus missam audivit: Egressus es in salutem populi tui in salutem cum Christo tuo. Fragilitatis autem suæ non immemor, solebat leprosos ad osculum pacis admittere: super quo objicienti sibi Cancellario suo quòd Martinus osculando leprosos sanabat, urbanâ humilitate respondit: Osculum Martini sanavit carnem leprosi, sed osculum leprosi sanat animam meam. Itaque multis clarescens virtutibus, quatuordecim ferè annis tenuit Præsulatum. Qui quanti meriti fuerit apud Dominum, ex ejus tumbâ desudans oleum, crebraque sanitatis miracula protestantur.

Hugonis Epi-
scopi Lincol.
acta perstrin-
guntur.

Cursath Imperator Græcorum à fratre suo Alexio captus & excæcatus, in carcere detinetur annis tribus, quibus Alexius invasor ejus Imperium occupavit. Alexius autem filius Cursath, patrui crudelitatem veritus ad Philippum Sueviæ Ducem, qui ejus duxerat sororem, transfugit.

| MCCI. | INNOC. III. III. | OTHON. IV. III. | PHILIPPI VI. XX. | JOHANN. I. II. |

Dissensio in-
ter Reges
Franc.&Angl.

JOANNES Rex Angliæ Parisius veniens, à Rege Francorum honorificè recipitur, multis eidem & variis collatis muneribus pretiosis: tenuis tamen & tenera erat inter eos amicitia, quia Rege Anglorum

Tom. III.

uxorato, evacuata videbatur illa sponsio, quam de terris suis in regno Franciæ fecerat Ludovico. Unde non multo post habito inter Reges colloquio inter Vernonem & insulam Andeliaci, Rex Francorum occasiones quærens fidei non servandæ, & initi fœderis infringendi, Regem Angliæ submonuisse fertur, ut Parisius in quindenâ Paschæ compareret, super his quæ adversùs eum proponeret pro Ducatu Britanniæ & Comitatu Andegaviæ, responsurus. Æstate verò sequenti Philippus Francorum Rex exercitu collecto, Normanniam ingrediens, munitiunculam evertit, quæ Boteavant dicitur; cepit Arguellum, *Mortuummare, Gornacum, totamque sibi terram Hugonis de Gornaco subegit. Et ut majores Regi Angliæ inimicitias concitaret, Arthuro nepoti ejus, militaribus armis cincto Comitatum Britanniæ tradidit, præcipiens ut Pictavensium & Andegavensium sibi Comitatus acquireret, ducentos tradens ei in subsidium milites, insuper & pecuniæ largiens magnam summam. Joannes itaque lacessitus injuriis, resumpto animo in Arthurum nepotem suum, quem domesticum hostem graviùs ferebat, & fautores ejus quorum præcipui erant Hugo Brunus & Galfridus de Ladunano, convertit exercitum, & suæ saluti consulere compulit fugiendo: quos ipse non segniter insequens, in castro Mirabelli obsedit, & obsessos brevi tempore ad deditionem coëgit. Cepit & posteà Vicecomitem Lemovicensem, aliosque complures, qui ab ejus fidelitate desciverant Arthuroque adhærentes ipsum contra patruum concitaverant. Quorum nonnullos trajecit in Angliam per diversa castra servandos, quosdamque acceptis obsidibus remisit ad propria. Arthurum verò misit Rotomagum sub artiori custodia detinendum. Ob istam victoriam compulit sibi convenire illud Merlini fatidici, *Capite leonis coronabitur*. Et iterum illud; *Linguas taurorum abscindet, & colla rugientium onerabit catenis.*

RexFranc.adversùs Regem
Angl. arma
sumit, urbes
capit &c. rebellesque juvat.

Octavianus Ostiensis & Joannes Veletrensis Episcopi venientes in Franciam, Philippo Rege ad eorum monitionem Ingelburgem Reginam in gratiam recipiente, celebratoque inter ipsum & superinductam divortio, interdictum in Franciâ, quod triennio duraverat relaxârunt.

Publicato divortio Regis,
&c.ab interdicto eximitur
Francia.

| | INNOC. III. IV. | OTHON. IV. XXII. | PHILIPPI VI. XXI. | JOAN I III. | MCCII. |

JOANNES Rex apud Cantuariam per manum Huberti Archiepiscopi iterum coronatur, qui eodem anno Philippum Belvacensem Episcopum, quem Ricardus Rex præliantem ceperat, à custodiâ liberans, ad propria redire permisit. Philippus Francorum Rex in exheredationem Regis Angliæ totis viribus laborans, Aquitaniam ingressus, quasdam cœpit munitiones Pictavensium Britonumque favore. Inter hæc Papa Innocentius pro pace inter Reges reformandâ, Abbatem misit de Casamarrii, qui adjuncto sibi Abbate Trium-fontium, ex parte Apostolicâ præcepit utrique Regi; ut convocatis Episcopis & Principibus Regni, salvâ utriusque justitiâ pacem facerent, & Abbatias cæterasque Ecclesias per eorum bella destructas in statum debitum repararent. Philippus autem Rex Apostolico nonobstante mandato Normanniam ingreditur, & Radipontem obsidens, rectis per circuitum turribus ligneis expugnavit & cepit, castrum quoque Gailardi, quod in excelsa rupe super Sequanam fortissimum Rex Ricardus firmaverat, sex mensium obsidione subegit.

Papa Legatos
mittit in Galliam ad reconciliandos
Reges Franc.
& Angl.

Hoc anno ut à plerisque traditur, cœpit Tartaro-

Initium do-

Z ij

AN. DOM.	PAPÆ | IMPERATOR. | Regis FRANC. | Regis ANGL	PAPÆ | IMPERATOR. | Regis FRANC. | Regis ANGL	ANNI DOM.
minii Tartarorum.	rum dominium, qui sub montibus Indiæ in regione Tartara constituti, dominum suum Regem Indiæ David nomine, filium Joannis Presbyteri occidentes, ad deprædationem processerunt aliarum terrarum.	neminemque consolatorem, anxiæ admodum motus compassionis affectu, venditis libris, quos valde necessarios habebat, omnique suppellectili, acceptum pretium dispersit & dedit pauperibus. Talibus autem virtutum floribus in beato viro gratissimâ venustate vernantibus, cœpit odor sanctitatis ejus circumquaque diffundi. Quæ cum Oxomensis Episcopi Didaci attigisset auditum, continuò accersitum fecit eum in Ecclesiâ suâ Canonicum Regularem. Qui statim inter Canonicos velut singulare jubar emicuit, & de virtute in virtutem mirâ celeritate proficiens, omnium in se provocavit affectum. Mirantur Canonici tam subitum religionis apicem, & eum licet invitum sibi constituunt Suppriorem. Qui factus omnibus vitæ speculum, & religionis exemplum, in oratione assiduus, caritate præcipuus, compassione anxius, & omnibus erat humilitate subjectus. Spiritualem gratiam contulit ei Deus flendi pro peccatoribus, pro miseris & afflictis, & animarum pereuntium zelo succensus, nec minùs desiderio cælestis habitationis, crebrò in orationibus pernoctabat: frequenter quoque aures divinæ clementiæ hac spirituali petitione pulsabat, quatinùs cordi ejus illam charitatem dignaretur infundere, quâ proximorum salutem posset efficaciùs procurare, exemplo illius qui se totum nostram obtulit in sanitatem. Sanè librum qui Collationes Patrum inscribitur, studiosè legens ac vigilanter intelligens, salutis in eo semitas rimans, magnum perfectionis apicem apprehendit. Willelmus Blesensis Præcentor Lincolniæ, in ejusdem Ecclesiæ Episcopum consecratur.	
MCCIII.	INNOC. III. V. | OTHON. IV. V. | PHILIPPI VI. XXII. | JOANN. I. IV.		
Normanni Franc. Regi se subdentes, tradunt urbes quasdam & castella.	ARTHURUS Rotomagi moritur, de cujus morte Regem Joannem quidam ejus æmuli infamârunt. Qui non multo post obsides etiam Pictavensium, infidelitatem eorum expertus, fecit suspendi. Philippus verò Rex à cœptis non desistens, castra Normannica Andeliacum, Conchis de valle Rodolii, Falesiamque, & Domofrontem ac Cadomum expugnavit, terramque totam circumpositam usque ad Montem S. Michaëlis in suam ditionem accepit. Normanni enim à fidelitate Regis Angliæ deficientes, favoremque Regis Francorum quærentes, civitates & castra suæ custodiæ commissa sine ullâ resistentiâ reddiderunt, videlicet Constantiam, Baïocas, Lixovium, Abrincas cum suburbanis & pagis. Itaque nihil Regis Angliæ in Normanniâ, fraudibus suorum à se alienata remansit, exceptis civitate Rotomagi & duobus castris Vernolio atque Archis. Joannes Rex Anglorum Alianoram sororem Arthuri in Angliam transtulit, quæ in castro Bristolli honorificè exhibita, ibidem consenuit. Mater ejus Constantia heres Britanniæ, post mortem viri sui Galfridi, Guidoni nupsit de Toraco: qui de eâ unicam filiam generavit, quam postea duxit Petrus filius Roberti Comitis Drocarum, cognomento Mauclerk, accipiens cum eâdem Britanniæ Comitatum. Alexius filius Cursath Imperatoris Græcorum, collectis stipendiariis Teutonicis, Gallicis, & Venetis, patruum suum Alexium ab Imperio quod invaserat expulit, Constantinopolim cepit, & in Imperatorem coronatus, patrem suum Cursach de carcere subrivavit.		
Dominicus sanctitate & doctrinâ insignis in Hispaniâ. Ejus acta percurruntur.	His temporibus in Hispaniâ claruit vir Dei Dominicus, sanctitate & religione insignis, qui in villâ quæ Caraloga dicitur ex piis natus parentibus, & religiosè nutritus, cœpit esse puer ingeniosus, ut pote qui fortius est animam bonam. Dum autem adhuc puerulus esset, nondum à nutricis diligentiâ separatus, deprehensus est sæpe lectulum dimittere, & super nudam terram accumbere, quasi jam carnis delicias abhorreret. Cujus futuræ doctrinæ claritas, quâ illuminaturus erat eos qui in tenebris & in umbrâ mortis sedent, hujuscemodi visione matri suæ spirituali quæ ipsum de fonte sacro levaverat, est divinitùs præostensa. Vidit namque parvum Dominicum stellam habentem in fronte, quæ terram totam suo lumine perlustrabat. Puerilibus autem annis innocenter excursis, cum missus esset Pallentiam, ubi tunc vigebat studium generale, cœpit eruditioni diligenter intendere, & omissis frivolis quibus solet ætas adolescentiorum effluere, sese maturioribus studiis occupare, & ut animum suum transferret pleniùs ad sapientiam, abstraxit à vino per decennium carnem suam. Postmodum verò lacescente stomacho, compulsus est ab Episcopo Didaco saltem temperato & modico vino uti. Liberalibus autem artibus competenter instructus, ad Theologiæ studium se transtulit, cœpitque vehementer divinis eloquiis inniti, nec solùm sanctarum meditationum & affectionum segetes, sed bonorum operum fructus uberrimos producebat. Fame namque prævalidâ in universis Hispaniæ partibus ingruente, adhuc mancus Palentiæ ut vidit egenorum miserias,		
		INNOC. III. VI. | OTHON. IV. VI. | PHILIPPI VI. XXIII. | JOANN. I. V.	MCCIV.
		ALIANORA Ducissa Aquitaniæ, mater Regis Anglorum Joannis, ex hac luce migravit. Civitas Rotomagensis à Gallicis obsessa; cum jam ferè per annum se fortiter defendisset, de subsidio Regis Anglorum desperans, cui jam Normannia erat suspecta, Philippo Regi Francorum se reddidit, qui statim muros ejus diruens, ne unquam reædificarentur in posterum [à] civibus, redditis etiam deinde duobus castellis, Archis & Vernolio, totam ex integro Normanniam habuit subjugatam. Nec ex his Rex Philippus contentus, ulteriùs progreditur, & Cenomanniam, Turoniam atque Pictaviam sine difficultate occupat, nemine resistente. Capta est etiam in dolo Andegavensis civitas à Willelmo de Rupibus, milites suos sub capis armatos velut mercatores ad nundinas inducente. Inter tot adversa Joannes Anglorum Rex, cum non posset, suis detrectantibus militiam, pro perditis recuperandis vel non perditis defendendis exercitum congregare, certo experimento didicit in voluntate obsequentium sitam esse totam Principum potestatem. Eo tempore Magister Galfridus de Vino salvo, qui ad Papam Innocentium librum de arte eloquentiæ scripsit, clarus habetur. Petrus Rex Aragonum regnum suum obtulit Ecclesiæ Romanæ, & illud eidem constituit censuale. Græci suum Imperatorem Alexium abjiciunt, & alium sibi creant nomine Nicolaum, quem Franci & Veneti captâ Constantinopoli occiderunt, & assensu unanimi Baldewinum Flandrensium Comitem in Imperium sublimârunt. Constantinopolim tamen capi ab homine multi de civibus impossibile reputabant, tùm propter civitatis fortitudinem, tùm propter prophetiam quam habebant antiquam. Nempe prophetatum erat, quòd deberet capi per Angelum, & ideo ca-	Regi Franc. reddita Rotomagensi civitate subacta est sibi tota Normannia. Occupat etiam Turon. Cenoman. Pictaviam, &c. Baldwinus Flandriæ Comes sit Imperator.

pi per hominem non credebant. Sed hostibus per murum ubi Angelus pictus erat intrantibus, se deceptos per æquivocationem Angeli cognoverunt.

Hoc anno Adelfonsus Rex Castellæ Didacum Oxomensem Episcopum ad Marchias misit, pro cujusdam nobilis puellæ connubio filio suo Ferdinando nomine conciliando. Qui assumpto juxtà statûs decentiam comitatu, etiam beatum Dominicum Ecclesiæ suæ Suppriorem secum adducens proficiscitur. Cum autem pervenisset Tolosam, eâdem nocte quâ in ipsâ urbe susceptus est beatus Dominicus, hospitem suum hæreticum tam affabili persuasione dejiciens, quàm irrefragabili rationum connexione devincens, ad fidem Catholicam Dei spiritu cooperante convertit. Didacus itaque Episcopus, expedito nuntio pro quo venerat, in Hispaniam reversus, iterumque remissus Curiam Romanam adivit. Interim à domino Papa Innocentio duodecim Abbates Cisterciensis Ordinis, cum uno Apostolicæ Sedis Legato in terram Albigensium pro prædicandâ contrà hæreticos fide Catholicâ destinantur. Quibus super negotio sibi commisso deliberantibus, supervenit Episcopus Didacus de curiâ jam regressus; Qui habens secum beatum Dominicum, biennio ferè cum eisdem prædicationis officio insistens, remansit in partibus Tolosanis. Obiit hoc anno Godefridus de Luci Wintoniensis Episcopus.

Ad confutandos Albigenses hæret. à Papa mittuntur 12. Abbates.

S. Dominicus iisdem sociatur.

MCCV.	INNOC. III. VII.	OTHON. IV. VII.	PHILIPPI VI. XXIV.	JOANN. I. VI.		

Petrus de Rupibus in Wintoniensem Episcopum à Papa Innocentio consecratur, qui in Ecclesiâ illâ quamplurima digna memoriâ dereliquit. Obiit Hubertus Archiepiscopus Cantuariensis, qui plenum legationis officium super totam Angliam obtinuit à Papa Cælestino. Hic priùs Saresberiensis fuerat Episcopus, & in peregrinatione terræ sanctæ Regis Ricardi comes: ubi apud sepulcrum dominicum cum Missam more Latinorum celebrasset, quosdam Latinos ididem provisâ eis annonâ constituit Sacerdotes. Monachi Cantuarienses in electione futuri Pontificis discordes, alii Magistrum Raynerum Subpriorem suum, alii Joannem de Gray Northwicensem Episcopum elegerunt.

Philippus Francorum Rex castris fortissimis Lochis & Chinone captis, à domino Andegaviæ & Turoniæ totaliter Regem Anglorum exclusit. Eo tempore quo Episcopus Didacus cum beato Dominico insistebat prædicationi in partibus Tolosanis, contigit ut apud Montem-regalem cum Prædicatoribus Catholicis hæretici disputarent. Unus autem de nostris Dominicus nomine socius Episcopi Oxomensis, sicut in gestis viri nobilis nominatimque Simonis Comitis Montis-fortis legitur, auctoritates quas in medium produxerat redegit in scriptis, & cuidam hæretico tradidit scedulam, ut super objectis deliberans responderet. Qui nocte ad ignem sedens cum sociis, de eorum assensu scedulam projecit in ignem, factâ protestatione quòd si scedula non combureretur, vera esset fides hæreticorum; imò perfidia: si verò incombusta maneret, fidem quam prædicabant Catholici veram esse faterentur. Projectâ scedula in ignem non tantùm semel, sed iterum & tertiò, toties resiliit etiam incombusta. Hoc pro quemdam qui aliquantulum Catholicis consentiebat, & tunc præsens erat, ad Catholicorum pervenit notitiam. Cum autem eo tempore Nobiles quidam egestate compulsi, filias suas traderent hæreti-

Didacus Episcopus & S. Dominicus hæreticos exagitant.

Schedula in ignem projecta non comburitur.

cis nutriendas, beatus Dominicus earum perniciosum miseratus opprobrium, Monasterium pro earum receptione instituit, in loco qui dicitur Prulianum, ubi ancillæ Dei sub perpetuâ clausurâ, sub arto silentio jocundum suo Creatori exhibent famulatum. Savaricus Bathoniensis & Wellensis Episcopus obiit isto anno.

Monasterium puellis nutriendis istituit S. Dominicus.

MCCVI.	INNOC. III. VIII.	OTHON. IV. VIII.	PHILIPPI VI. XXV.	JOANN. I. VII.		

Joannes de Florentiâ Diaconus Cardinalis, à Papa Innocentio destinatur in Angliam Legatus, qui ab Ascensione Domini usque ad Adventum in Angliâ commorans, apud Radingim Concilium celebravit. Joannes Rex Angliæ in Aquitaniam transfretavit, & innumeras ad Rupellam copias secum duxit: sed adveniente illuc Rege Francorum cum exercitu, absque conflictu munitâ villâ in Angliam remeavit. Eo tempore Jocelinus de Wellîâ in Bathoniensem Episcopum consecratur. Jocelinus iste nativitatis suæ locum honorans, Ecclesiam Wellensem à fundamentis erexit, & præbendas ejus multiplicans, multis eam donariis & pretiosis ditavit: maneria etiam Episcopi ampliati prædiis, etiam ædificiis pulcherrimis decoravit. Obiit Willelmus de Bleis Episcopus Lincolniensis. Philippus Dux Sueviæ Ottonem Ducem Saxoniæ, qui secum in discordiâ in Regem Romanorum electus fuerat, à Coloniâ, sibi favente [Archiepiscopo] expulit violenter. Henricus frater Baldewini in Imperatorem Græcorum eligitur.

Concilium Radingiæ.

Clericus quidam nomine Guallo à Constantinopoli rediens, faciem S. Joannis Baptistæ secum deferens, Ambianis eam reposuit in Ecclesiâ Cathedrali. Didacus Oxomensis Episcopus, expletâ prædicatione contrà hæreticos in Angliam redito, ad suam reversus Ecclesiam, post dies paucos decessit. Solus autem frater Dominicus cum paucis sibi absque professionis vel voti vinculo adhærentibus, per decennium ferè in continuatione prædicationis indefessâ permansit. Quo tempore multa ab hæreticis perpessus, non est fraudatus Apostolorum gloriâ, quia dignus habitus est pro nomine Jesu contumeliam pati. Fidelium verò apud eum crescebat devotio, & apud Prælatos Ecclesiarum pro sui sanctitate ingenti dignus habebatur honore.

Facies Sancti Joannis Baptistæ Ambianis reponitur.

Adhærent multi ob vitæ sanctitatem B. Dominico.

MCCVII.	INNOC. III. IX.	OTHON. IV. IX.	PHILIPPI VI XXVI.	JOANN. I. VIII.		

Innocentius Papa utriusque Cantuariensis Ecclesiæ quassatis electis, Magistrum Stephanum de Langedono, tituli sancti Chrysogoni Presbyterum Cardinalem, postulantibus Monachis ejusdem Ecclesiæ præficiens, quinto-decimo Cal. Julii in Archiepiscopum consecravit. Super quo indignatus Rex Joannes qui partem Norwicensis Episcopi fovebat, pro Falconem de Cantelupo & Petrum de Cornhulle Monachos de suo Monasterio expulit, & Stephano Archiepiscopo, ne accedendo ad suam Ecclesiam intraret Angliam interdixit. Quinimò Prælatos tam majores quàm minores Clericosque Achiepiscopo faventes coëgit in exilium, rebus corum omnibus confiscatis.

Stephanus Card. fit Archiep. Cantuariens.

Renuit Rex Angliæ.

Otho Dux Saxoniæ in Regem Romanorum quamvis in discordiâ electus, in Angliam ad Regem Joannem, avunculum suum venit, pro cujus subsidio Rex Angliæ à Clericis & laïcis tertiam-decimam partem bonorum accepit. Philippus Francorum Rex in exheredationem Regis Angliæ non segniter agens, ne qui prædatur non prædaretur, multas ei in Aqui-

Z iij

A N. DOM.	PAPÆ	IMPERATOR.	Regis FRANC.	Regis ANGL.

taniâ munitiones abstulit, quarum quasdam evertit, quasdam in manu Marescalli sui Willelmi de Rupibus dereliquit, terras etiam Vicecomitis Toarcensis ingressus, Partheniacum cepit, & alia loca plura. Eodem anno apud Wintoniam in die S. Remigii, Joanni Regi natus filius, quem vocavit Henricum in memoriam patris sui.

MCCVIII.	INNOC. III. X.	OTHON. IV.	PHILIPPI VI. XXVII.	JOAN. I. IX.

Papa interdicto Angliam ferit, quia Rex Archiepisc. Cantuar. nolebat recipere.

ANGLIA per Papam Innocentium interdicto supponitur undecimo Calendas Aprilis, exequentibus Papale mandatum Willelmo Londoniensi, Eustachio Eliensi, & Malgero Wigorniensi Episcopis, quia Rex Joannes Archiepiscopum Stephanum ad suam Ecclesiam accedere non permisit; qui tempore sui exilii mansit in Monasterio Pontiniacensi inter viros religiosos, gloriosissimi Martyris Thomæ prædecessoris sui vestigia imitatus. Otho Dux Saxoniæ, Regis Angliæ ex sorore nepos, regnum Alemanniæ pacificè obtinuit, Philippo Duce Sueviæ, qui cum Othone diù contenderat de Imperio, [à] Landecravio Turingiæ interfecto. Joannes de Brenniâ in Regem Jerusalem coronatur. Obierunt Philippus Dunelmensis, & Galfridus Castrensis Episcopi.

MCCIX.	INNOC. III. XI.	OTHON IV. XI.	PHILIPPI VI. XXVIII.	JOAN. I. X.

JOANNI Regi Angliæ natus est filius secundus in vigiliâ Epiphaniæ, quem in fratris sui memoriam appellavit Ricardum. Hoc anno idem Rex apud Merleberge Comitum & Baronum aliorum de se tenentium per totam Angliam suscepit fidelitates & homagia iteratò. Hoc anno ex præcepto Regis de palatio Westmonasterii juxtà Londonium, usque Northamtoniam scaccarium est translatum. Audito autem quòd Willelmus Rex Scotorum filiam suam Comiti Boloniensi junxisset connubio, quia irrequisito suo assensu factum fuerat, ægrè tulit. Propter quod circa festum Mariæ Magdalenæ coadunato copioso exercitu usque Berewicum processit, bello aggredi Regem Scotorum disponens. Sed illico reformatâ pace, acceptis duabus filiabus Regis Scotiæ obsidibus, in Angliam rediit propositò immutato. Otho Rex Romanorum in Italiam veniens, imperialem benedictionem ab Innocentio recepit, qui statim cum Romanis pugnam habuit, & contrà voluntatem domini Papæ regnum intravit Apuliæ, auferens illud Regi Siciliæ Frederico. Crux contrà Albigenses de mandato domini Papæ in Franciâ prædicatur. Multitudo igitur Gallicorum contrà fidei refugas profecta, adjuncto sibi Comite Tolosano, Witerim primò, ac deinde Carcasonam obsident & expugnant. Moxque reversuri ad propria, Comitem Montisfortis Simonem, virum armis strenuum, & consilio discretum toti præficiunt regioni. Cui admodum familiaris erat beatus Dominicus propter communem zelum adversùs hæreticorum perfidiam. Contrà quos ille materiali gladio, iste spirituali, qui est verbum Dei, assiduè dimicabant. Hugo Wellensis Archidiaconus, germanus Jocelini Bathoniensis, fit Lincolniensis Episcopus.

MCCX.	INNOC. III. XII.	OTHON IV. I.	PHILIPPI VI. XII.	JOAN. I. XI.

Otho Imper. Regnum Apuliæ à Frederico aufert.
Cruce signantur multi contrà Albigenses.

INNOCENTIUS Papa in Othonem Imperatorem Ecclesiæ Romanæ rebellem excommunicationis sententiam fulminavit, Principesque Teutoniæ ab ejus fidelitate absolvit, ac ne quis eum Imperatorem appellaret interdixit sub interminatione anathematis. Excommunicavit etiam Joannem Regem Angliæ, pro eo quod Archiepiscopum Stephanum ad suam Ecclesiam accedere non permisit. Joannes verò Rex eodem anno circa festum sancti Joannis Baptistæ profectus in Hiberniam, expulit inde Hugonem de Laci, & in suam ditionem redegit terram totam, Catholo Rege Connaciæ triumphato. Judæi per totum regnum Angliæ captivantur, & bonis eorum omnibus confiscatis, de terrâ sub edicto publico expelluntur.

His temporibus claruit in territorio Belvacensi Elinandus Monachus qui Chronicam ab initio mundi usque ad tempus suum diligenter conscripsit: edidit & duos libros, unum de regimine Principum, & alium quem de planctu Monachi voluit appellari. Henricus Græcorum Imperator coadunato exercitu terram pervagans, resistentes subjecit, & subjectos pacificè vivere coëgit, dominationis suæ terminos undique amplians & dilatans. Joannes Rex Angliæ de Hiberniâ quarto Calendas Sept. prosperè reversus, de Abbatiis aliisque Religiosorum domibus, & præcipuè Cisterciensium exegit tallagium nimis grave.

Elinandus Monachus quid scripsit.

	INNOC. III. XIII.	OTHON. IV. II. XIII.	PHILIPPI VI. XXX.	JOAN. I. XII.	MCCXI.

OTHONE auctoritate Apostolicâ condemnato, Principes Alemanniæ Fredericum Regem Siciliæ, Henrici quondam Imperatoris ex sorore Constantiâ nepotem, filium Willelmi quondam Regis Siciliæ, in Regem eligunt Romanorum. Qui Romam veniens, honorificè suscipitur, & transscensis Alpibus Alemanniam ingressus, apud Maguntiam in Regem Alemanniæ coronatur. Rex Angliæ Joannes Galenses rebellantes subegit, qui nihilominùs resumptis viribus iterum eodem anno Angliam infestabant. Nuntii mittuntur in Angliam à Papa Innocentio Pandulfus & Durandus, ut si quo modo possent, pacem inter Regem & Archiepiscopum procurarent. Eodem anno sub edicto publico Prælati & Clerici, qui cedentes malitiæ temporum Angliam deseruerant, ad propria revocantur; castrum verò Londoniensis Episcopi, quod Scorteforde dicitur, à Rege evertitur. Alexander Regis Scotorum primogenitus Londonias veniens, à Rege Joanne militaribus armis accingitur. Innocentius Papa videns Regem Joannem Ecclesiasticâ disciplinâ nullatenùs emolliri, scripsit Regi Francorum & aliis Principibus conterminis, ut Regem Angliæ inquietarent, quatinùs saltem per hujusmodi fractus exercitium, rigorem animi conceptum remitteret, & ad Romanæ Ecclesiæ obedientiam rediret tædiis & augustiis undique molestatus.

Rex quidam Saracenorum Meramomelinus dictus, fines Hispaniæ cum magno est ingressus exercitu, contrà quem Rex Castellæ, venientibus ei in adjutorium Regibus Aragonum & Navarræ, procedens prælio commisso, favente Domino victoriam obtinuit & triumphum : in cujus pompam Rex Aragonum lanceam & vexillum Meramomelini Romam misit, quæ usque hodiè in beati Petri Apostoli Basilicâ reservantur. Ferrandus filius Regis Portugaliæ, uxorem accepit filiam Baldewini Imperatoris Constantinopolitani, Flandriæ Comitissam.

Fredericus Rex Romanorum eligitur, &c.

De Rege Saracenorum victoriam inclytam refert Rex Castellæ.

Chronicon Nicolai Triveti.

An. Dom. MCCXII.	Papæ INNOC. III. XIV.	Imp. FREDER. II. I.	Franc. PHILIPPI VI. XXXI.	Angl. JOAN. I. XIII.

SUBORTA inter Regem Francorum Philippum & Reginaldum Boloniæ Comitem discordiâ, Comes de terris suis expellitur, & de regno Franciæ auctoritate regiâ exbannitur. Philippus etiam Rex convocatâ Suessionis concione Procerum, tractare cœpit de transfretando in Angliam ad bellandum Regem Joannem; quod ipse titulo justitiæ, eo quod esset rebellis Ecclesiæ, & à suis odio habitus, colorabat. Rex autem Joannes eodem anno exercitum duxit in Walliam, repressisque Wallensium incursibus; revertitur in Angliam circa festum Assumptionis Virginis gloriosæ. Eodem tempore cœperunt Barones à Rege Joanne deficere, prætendentes libertates eis debitas minimè conservari, de quibus per Regem acti sunt in exilium Robertus filius Walteri, & Stephanus Ridel qui in Galliis morabantur. Galfridus verò de Norwico apud Notingham carceri mancipatur. Hi tres creduntur fuisse contra Regem capitanei factionis.

S. Franciscus Ordinem instituit.

Hoc anno beatus Franciscus natione Tuscus de civitate Assisii, post lasciviam juvenilis ardoris & negotiorum sæcularium vanitates mente compunctus abiit, & venditis universis quæ habuit pecuniam, cuidam ad Ecclesiæ suæ reparationem obtulit Sacerdoti. Quam cum ille removere abjiciens, Christo in paupertate voluntariâ servire decrevit. Ab hoc anno conversionis beati Francisci institutio Ordinis fratrum Minorum, cujus ipse fundator exstitit, primusque Minister, incipit annotari. Malgerus Wigorniensis apud Pontiniacum obiit.

MCCXIII.	INNOC. III. XV.	FREDER. II. II.	PHILIPPI II. XXXII.	JOAN. I. XIV.

PHILIPPUS Francorum Rex coadunato navigio apud Galerium, perpendens Ferrandum Flandrensium Comitem Regi Anglorum favere, divertit in Flandriam; ut eâ priùs subjugatâ, liberiùs deinde Angliam occuparet. Interim Joannes Rex Angliæ copiosâ classe navium paratâ, & præpositis eidem Willelmo de Longa-Spatâ Saresberiensi, Reginaldo de Dammartino Boloniensi Comitibus, ac nobili viro Hugone de Novavillâ cum viris navalis belli peritis, transmisit eam in Flandriam, ut Regis Francorum navigium destruerent, & ipsum ab impugnatione Comitis Flandrensis impedirent. Ingressi igitur prædicti nobiles portum Damonis cum classe suâ, totam ferè multitudinem navium Gallicarum, victualibus onustarum & armis, in Angliam abduxerunt. Rex autem Francorum tam subito consternatus eventu, relictas (timens ne in suum cederent adversariorum) intrà vehementi præcepit comburi, & acceptis de Gandavo obsidibus, villisque quibusdam redditis versus Parisius dirigit iter suum.

Exercitum navalem Franc. profligarunt Angli.

Joannes Rex Angliæ videns Barones suos contra se insurgere; utpote qui cum Rege Francorum per litteras ligias fecerant, spondentes ipsum Angliæ Ludovico filio Regis ejusdem, offensamque domini Papæ super se de die in diem aggravari, flexus est animo, & in primis Archiepiscopum Stephanum ad suam permisit sedem accedere, ac liberè in omnibus fungi sibi debitâ dignitate. Cupiens etiam contra hostes tam domesticos quàm extraneos Ecclesiasticâ protectione muniri, procurante Pandulfo Apostolicæ Sedis Legato, totum regnum suum Angliæ & Hiberniæ Deo & beato Petro Apostolo ejusque Vicario Catholico Innocentio Papæ tertio, successori-

Reconciliatur Rex Angliæ Innocentio Papæ.

	Papæ	Imperator.	Regis FRANC.	Regis ANGL.	An. Dom.

busque Catholicis, in remissionem peccatorum suorum totiusque generis sui, in mille marcis, scilicet pro Angliâ septingentis, & pro Hiberniâ trecentis constituit censuale, superque hoc chartam suam fecit subscriptam continentem tenorem. b

"JOANNES Dei gratiâ Rex Angliæ, dominus Hi-
"berniæ, Dux Normanniæ & Aquitaniæ, Co-
"mes Andegaviæ, omnibus sanctæ matris Ecclesiæ
"filiis, ad quos præsens scriptum pervenerit, sa-
"lutem. Universitati vestræ notum fieri volumus,
"quòd cùm Deum & matrem sanctam Ecclesiam in
"multis offenderimus, & propter hoc plurimùm
"indigere divinâ misericordiâ noscamur, nec quid
"dignè offerre possimus pro satisfactione Deo & Ec-
"clesiæ debitâ faciendâ, nisi nos ipsos habeamus &
"Regna nostra: volentes humiliari pro illo qui se
"humiliavit pro nobis usque ad mortem; gratiâ
"Spiritus sancti inspirante, non vi inducti vel ti-
"more coacti, sed nostrâ bonâ spontaneâque vo-
"luntate; ad optimum consilium Baronum nostro-
"rum, offerimus & liberè concedimus Deo & san-
"ctis Apostolis suis Petro & Paulo, & sanctæ Ro-
"manæ Ecclesiæ matri nostræ, ac domino nostro
"Papæ Innocentio, ejusque Catholicis successori-
"bus totum regnum Angliæ, & totum regnum
"Hiberniæ, cum omni jure & pertinentiis suis,
"pro redemptione peccatorum nostrorum, & to-
"tius generis nostri, tam pro vivis quàm pro de-
"functis, & amodò illa à Deo & Ecclesiâ Romanâ
"tamquam feodatarius recipientes & tenentes, in
"præsentiâ prudentis viri Pandulfi domini Papæ
"Subdiaconi & familiaris, fidelitatem exinde do-
"mino Papæ prædicto Innocentio, ejusque succes-
"soribus Catholicis, & Ecclesiæ Romanæ, secun-
"dùm subscriptam formam, & homagium ligium
"eidem fecimus, sicut in præsentiâ domini Papæ
"faciemus, cùm eam co quandocumque esse poteri-
"mus. Successores nostros de uxore nostrâ in per-
"petuum obligantes; ut simili modo Pontifici qui
"pro tempore fuerit, & Ecclesiæ Romanæ sine
"contradictione debeant fidelitatem præstare, &
"homagium recognoscere. Ad indicium hujus per-
"petuæ nostræ obligationis & concessionis volumus
"& stabilimus, ut de propriis & specialibus reddi-
"tibus prædictorum nostrorum pro omni consuetu-
"dine, quàm pro ipsis facere debemus, salvo per
"omnia denario sancti Petri, Ecclesia Romana mille
"marcas Sterlingorum percipiat annuatim; primò
"in festo sancti Michaelis quingentas, & in Pascha
"quingentas; septingentas pro Regno Angliæ, &
"trecentas pro Regno Hiberniæ. Salvis nobis & hæ-
"redibus nostris justitiis, libertatibus, & Regali-
"bus nostris. Quæ omnia supradicta rata esse vo-
"lentes, & perpetua atque firma, obligamus nos &
"& successores nostros contra non venire. Et si nos,
"vel aliquis successorum nostrorum hoc attemptare
"præsumpserit, quicumque fuerit ille, nisi admoni-
"tus resipuerit, cadat à jure Regni, & ut charta
"obligationis & concessionis nostræ semper firma
"permaneat, &c."

"Ego Johannes Dei gratiâ Rex Angliæ, domi-
"nus Hiberniæ, Dux Normanniæ & Aquitaniæ,
"Comes Andegaviæ, ab hac horâ inantea ero fi-
"delis Deo & beato Petro, & Ecclesiæ Romanæ,
"& domino Papæ Innocentio, successoribusque
"ejusdem catholicè intrantibus: nec ero facto,
"dicto, consensu, consilio, ut vitam perdant, vel
"membra, vel malâ capiantur captione, eorum

b *tenorem*] Ampliorem reperies seq. vol. ad annum 1213.

| An. Dom. | PAPÆ | IMPERATOR. | Regis FRANC. | Regis ANGL. |

" damnum si scivero impediam ; & removere fa-
" ciam si potero. Alioquin eis quàm citiùs potero
" intimabo, vel tali personæ dicam, quàm eis credo
" pro certo dicturam. Consilium quod mihi tradi-
" derint per se vel per Nuntios suos vel per litteras
" suas, secretum tenebo, & eorum damnum
" nulli pandam me sciente. Patrimonium beati Pe-
" tri, & specialiter regnum Angliæ & Hiberniæ ad-
" jutor ero ad tenendum & defendendum contrà
" omnes homines pro posse meo. Sic me Deus ad-
" juvet, & hæc sancta Evangelia. Teste meipso apud
" domum Militiæ Templi juxta Doveriam, anno
" Regni ipsius quarto decimo.

His peractis Joannes Rex à sententia excommunicationis absolvitur publicè in Ecclesiâ Cathedrali
Wintoniensi, præstita juratoria cautione de restitutione ablatorum tam Clericis quàm Laicis faciendâ;
& de recipiendis omnibus in plenam gratiam &
amorem. Exinde Pandulfus Legatus in Galliam transiens, Francorum Regi Philippo sub anathematis
interminatione prohibuit, ne transiret in Angliam,
neu Regem Angliæ jam reconciliatum Ecclesiæ, quominùs regnum suum pacificè possideret, aliquatenùs pet so vel per alios infestaret. Duravit tamen
adhuc interdictum in Angliâ, Clero illud relaxari
nolente, quousque de ablatis satisfactum esset ad
plenum.

Urbes & mu-
nitiones quas-
dam recupe-
rat Rex Angl.

Joannes Rex eodem anno transfretans, susceptus
est honorificè in Rupellâ. Nec multo post reconciliatis sibi Comite Marchiæ & Galfrido de Laudu-
nano, cepit urbem Andegavensem, & castrum quod
dicitur Bellum-forte, aliasque munitiones quamplures. Turba militum ejus trans Ligerim missa ad
prædandum, Robertum Comitis Drocarum filium,
& milites quatuordecim cum eo in armis sibi occurrentes ceperunt.

MCCXIV.

| INNOC. III. | FREDER. II. | PHILIPPI VI. | JOANN. I. |
| XVI. | III. | XXXIII. | XV. |

JOANNES Rex impetratis à Sede Apostolicâ quinque annorum induciis super restitutione ablatorum, ita quòd singulis annis usque ad complementum uæ pecuniæ portio solveretur, invito Clero
relaxationem obtinuit interdicti, quod jam sex annis, mensibus tribus, & diebus septem & decem
duraverat. Urbem verò Andegavensium quam nuper ceperat, usque ad Medianam fortissimo muro
cinxit. Exinde progressus ulteriùs, castrum quod
Rupes-monachi dicitur, à Willelmo de Rupibus Andegaviæ Marescallo ob tuitionem itineris constructum, obsedit; sed superveniens Ludovicus Regis
Francorum primogenitus cum exercitu valido, obsidionem dissolvi coëgit; discedentiumque cum celeritate papiliones & alia utensilia occupavit. Urbs
Andegavis Regi Anglorum infida Ludovico se reddidit; qui muros ejus noviter constructos à Rege,
ad solum diruens complanavit. Attendens autem
Anglorum Rex Pictavenses & Andegavenses plùs
parti Gallicorum quàm suæ favere, in treugas quin-
quennales à Rege Franciæ per Robertum domini
Papæ Legatum, & Ranulfum Cestriæ impetratas
consensit. Eodem anno Otho ab Imperio judicio Ecclesiæ depositus; associatis sibi Duce Brabantiæ ac
Comitibus nonnullis, cum Philippo Rege Francorum apud Bovinas congressus, & inferior factus, suæ
saluti consuluit fugiendo. Capti sunt à Gallicis in
hoc prælio Comites Ferrandus Flandrensis, Willelmus de Longâ Spatâ Saresberiensis, & Reginaldus
de Dammartino Boloniensis, & alii multi Milites &
Barones.

Induciæ inter
Reg. Franc. &
Angl.

Imperator vi-
ctus à Rege
Franc.

Obiit Willelmus de Glawille Episcopus Roffensis,
Ricardus Decanus Sarum in Cistrensem, & Walterus Cancellarius Regis in Wigorniensem Episcopos
consecrantur.

| INNOC. III. | FREDER. II. | PHILIPPI V. | JOANN. I. |
| XVII. | IV. | XXXIV. | XVI. |

MCCXV.

OTHO adversante sibi fortunâ, post bellum quod
ad Bovinas commissum est in Saxoniam reversus, privatam vitam toto ævo suo duxit in Ducatu
qui sibi jure hereditario competebat. Tandem dy-
senteriæ morbo laborans, convocatis Episcopis alioque Clero, instanter cum lacrymis absolutionem
super suâ rebellione petiit, & accepit. Miles quidam Anglicus, dictus Joannes de Bonvilla, qui
sub isto Othone pluribus militaverat annis, sæpe de
illo cum magnâ devotione referre solebat, quod
cum instante morte viaticum reciperet, (quia nihil
retinere poterat) non auderet, tamen corpus Christi
ad instantiam ejus, ut illud videret, alsidum humiliter adoravit; cum quasi amplexaturus brachiis
expansis, nudato pectori approximaret Hostia illa
in loco ubi cor latuit subito factâ apertura, intravit profilens de manibus Sacerdotis, & absque omni
cicatricis vestigio reclusus est locus, sicque decumbens spiritum reddidit.

Corpus Chri-
sti miraculò
suscepit.

Fredericus Siciliæ Rex qui adnisu Innocentii Papæ
Maguntiæ in Regem Romanorum fuerat coronatus, auditâ fugâ Othonis apud Bovinas, collecto
exercitu de partibus Sueviæ ubi tunc morabatur,
Aquisgranum contendit, & civitatem obsessam tandem cepit, & in eâdem octavo Kalendas Augusti in
Regem Romanorum iterum coronatur. Joannes Rex
Angliæ unà cum Comitibus Cestriæ, de Rebeye,
aliisque nobilibus crucem accepit à Willelmo Londoniensi Episcopo in Ecclesiâ sancti Pauli, verùm
adversante fortunâ non licuit ei tam utili vacare proposito, insurgentibus contrà eum Baronibus suis
post Pascha, eo quod libertates & jura ab eo petita,
& ut dicebant promissa non persolverit nec impleverit in effectum: unde & per quemdam Canonicum regularem ipsum diffidarunt apud Redingiam
tertio Nonas Maii. Joannes Rex Willelmum de
Longâ Spatâ Comitem Saresberiensem à Gallicis captum, mutatione Roberti filii Comitis Drocarum
redemit, licet ex quibusdam causis hoc priùs facere
renuisset. Civitas Londoniarum à Rege deficiens decimo-sexto Kalend. Julii, se transtulit ad Barones.
Rex Joannes multos de Baronibus & militibus in
castro Roffensi, quod sibi post aliqualem obsidionem reddidum fuerat, cepit, & ad castrum insigne
de Corf captivos transmisit. Barones Ludovicum
Regis Francorum filium in suum subsidium evo-
cant, eidem Rege Joanne expulso regnum Angliæ
promittentes. Eodem anno mense Septembri multi
viri nobiles Brabantini & Flandrenses, profusis Regis Anglorum stipendiis allecti, volentes transfretare
in Angliam, passi naufragium inter fluctus pericli-
tantur marinos.

Rex Angliæ
Cruce acce-
ptâ impeditur
à suis Baroni-
bus, quòd in
ipsum insur-
rexerint, ne
itineri com-
mitteret.

Hoc anno mense Novembri sub Papâ Innocentio
Lateranense celebratur Concilium, in quo lata est
sententia excommunicationis in omnes, qui Regem
Angliæ satagebant de regno suo modo quolibet exturbare. Raymundus Comes Tolosanus cum filio
suo Raymundo pravitate pollutus hæreticâ condemnatur: Quem postmodum Rex Franc. expugnans,
Tolosanum obtinuit Comitatum. Libellus de Trinitate quem Abbas Joachim contra Magistrum Petrum Lumbardum Parisiens. Episc. edidit, reprobatur. Damnatus est & Amalricus quidam cum
sua

Concil. Late-
ran. celebrat
Innocentius
Papa.

Chronicon Nicolai Triveti.

| PAPÆ | IMPERATOR. | Regis FRANC. | Regis ANGL. | | PAPÆ | IMPERATOR. | Regis FRANC. | Regis ANGL. | AN. DOM. |

N. DOM.

alricus & is hæreses mnantur.

suâ doctrinâ impiâ & perversâ. Asseruit namque ideas in mente divinâ & creare & creari : ideoque Deum dici finem omnium, quòd omnia sunt reversura in eum, ut in Deo immutabiliter quiescant, & unum individuum in eo atque incommutabile permanebunt : & sicut alterius naturæ non est Abraham, alterius Isaac, sed unius ac ejusdem; sic dixit omnia esse unum, & omnia esse Deum. Dixit enim Deum esse essentiam omnium creaturarum, & esse omnium. Iterum dixit, quòd sicut lux non videtur in se; sed in aëre ; sic Deus nec ab homine, nec Angelo videbitur, sed tantùm in creaturis. Iterum asseruit, quòd si homo non peccasset, in duplicem sexum partitus non fuisset, nec generasset, sed eo modo quo Angeli multiplicati sunt, multiplicati fuissent & homines. Et quòd post resurrectionem uterque sexus adunabitur, sicut (ut asserit) fuit priùs in creatione : & talem dixit Christum fuisse post resurrectionem. Qui omnes errores inveniuntur in libro qui intitulatur Peri-physeos ; qui liber Parisius ponitur inter alios libros damnatos. Iste Amalricus Parisius cum suis sequacibus fuit combustus. Dixerat etiam inter alia, quòd in charitate constitutis nullum peccatum imputabatur. Unde sub tali specie pietatis ejus sequaces omnem turpitudinem committebant.

omburitur arisiis.

Multa sancto Dominico conferuntur ad instituendos Religiosos.

Instante tempore quo Prælati ad Concilium se parabant, civis quidam Tolosanus nomine Petrus se & domos suas ædificiis spectabiles quas habebat juxtà castrum, beato Dominico obtulit, ut in eis cum sibi adhærentibus habitaret. Fulco verò Tolosanus Episcopus fidei zelator eximius, sextam partem decimarum de consensu Capituli beato Dominico & suis, qui jam moribus religiosorum se cœperant conformare, dedit, ad libros & alia necessaria, sperans se de eis habiturum fideles fidei pugiles ad hæreses exstirpandas. Cùm hoc Episcopo beatus Dominicus Concilium adiit Lateranense, ut confirmationem Ordinis à summo Pontifice impetraret, qui Prædicatorum diceretur & esset. Sed cùm Papa super hac petitione redderet se difficilem, visum est ei nocte quâdam quòd cùm Lateranensis Ecclesia minaretur ruinam, beatus Dominicus cadentem humeris sustentavit ; & à lapsu cohibuit, eam in statu debito detinendo : quâ visione inclinatus est ad hoc ut Ordinem confirmaret : mandavitque beato Dominico ut ad Fratres suos rediens, de eorum assensu Regulam aliquam eligeret approbatam.

Ordinis sui confirmationem petit in Concilio Lateranensi.

| MCCXVI. | INNOC. III. XVIII. | FREDERIC. II. V. | PHILIPPI VI. XXXV. | JOANNIS I. XVII. |

INNOCENTIUS Papa cùm inter Januenses & Pisanos pro subventione Terræ sanctæ pacem intenderet reformare, in itinere constitutus moritur Perusii, cùm sedisset annis decem & septem, mensibus quatuor, diebus viginti tribus, & in Ecclesiâ sancti Laurentii tumulatur. Hic inter alia fecit Hospitale Spiritûs sancti, & renovavit Ecclesiam sancti Sixti, composuit & Decretales, Sermones, Librumque de miserâ conditione humani generis, & multa alia gloriosa. Item dedit singulis Ecclesiis in Româ unam libram argenti pro singulis calicibus eorum, quæ non habuerunt calices argenteos, tali pacto quòd eos vendere non possent. Hujus temporibus Livonia conversa est ad fidem. Post mortem hujus Innocentii statim electus est Honorius III. natione Romanus, qui suâ sedisset & Decretales dicitur compilasse, & Ecclesiam S. Laurentii extrà muros, Basilicamque quæ Sancta Sanctorum dicitur, renovasse.

Moritur Innocentius Papa.

Ejus res gestæ scripta.

Honorius Tertius in ejus locum subrogatur.

Gualo Apostolicæ Sedis Legatus, tituli sancti

Martini Presbyter Cardinalis, venit Parisius, Philippum Regem studiosè exhortans, ut filium suum Ludovicum à transitu in Angliam cohiberet, super quo etiam nihilominùs auctoritate Apostolicâ ipsum monuit Ludovicum, denuntians, tam patri quàm filio sententiam excommunicationis latam in Lateranensi Concilio in omnes, qui Joannem Regem Angliæ, ut à regno dejicerent, expugnabant. Ludovicus spretâ monitione Legati à cœptis nequaquam destitit, sed apud Calesium Flandriæ portum classem coadunari præcepit pro exercitu in Angliam transfretando. Gualo Legatus in Angliam tendens, & Ludovicum præveniens, sategit inter Regem & Barones toto nisu pacem componere, licet frustrà. In crastino Ascensionis Ludovicus naves conscendens, cum exercitu suo applicuit in Insulam quæ Thanatos appellatur, ubi recreatis aliquantulum militibus, feriâ secundâ Sandwicum pervenit, concurrentibus sibi ibidem Baronibus suæ partis, & eum deducentibus usque Roffam, cujus castrum redditum est eidem. Feriâ quintâ in hebdomadâ Pentecostes veniens Londonias, cum processione solemni receptus est in Ecclesiâ sancti Pauli, cum cum suscepisset homagia civium ; ùsque Westmohalterium transiens, suscepit homagia Procerum adhærentium parti suæ, cum quibus progrediens cepit castra Raygate, Gildeforde, Fernaham, civitatemque Wintoniæ in crastino sancti Joannis Baptistæ, & eodem die tam Regis quàm Episcopi castra reddita sunt eidem : revertendo cepit castrum de Odiham.

Promulgata Excommunicationis sententia in eos qui Angliam turbarent.

Nihilominus Ludovicus Franc. Regis filius Angliam cum exercitu ingreditur.

Capit urbes & castra.

Gualo Legatus Ludovico plurimùm conabatur obsistere, excommunicando & interdicendo : sed parum proficere potuit, populo ferè toto in Regis sui odium nimiùm provocato. Interim Joannes Rex valido collecto exercitu proposuit cum Ludovico & ejus fautoribus prælio decertare : sed in ipso belli apparatu morbo correptus decubuit, & post paucos dies defungitur apud Newerk, quarto decimo Calendas Novembris, cum regnasset annis decem & septem, mensibus quinque ac decem diebus. Sepultus est autem Wigorniæ coram altari magno, in medio inter sacro-sancta corpora Oswaldi & Vulstani Pontificum beatorum. Hic Rex Abbatiam Cisterciensis Ordinis in Wintoniensi diœcesi, quæ Bellus-locus dicitur, & Monasterium Virginum apud Godestowe in Lincolniensi diœcesi pro animâ Rosamundæ, quæ aliquando patris sui fuerat concubina, fundavit : propter quod putant nonnulli ad illum Merlini fatidici vaticinium referri quo dixit : *Virginea munera virginibus donabit. Promerebitur inde favorem Tonantis, & inter beatos collocabitur.*

Rex Angliæ defungitur.

Eodem anno beatus Dominicus electâ à Fratribus Regulâ beati Augustini Doctoris eximii, Romam reversus defuncto Papâ Innocentio, ab ejus successore Honorio confirmationem Ordinis qui Prædicatorum diceretur obtinuit, cujus ipse primus Fundator exstitit & Magister. Data est hoc anno Fratribus Ecclesia S. Romani in Tolosâ, ubi & prima Domus Ordinis est fundata.

S. Dominicus electâ Regulâ, Ordinis approbationem obtinet.

Expliciunt gesta JOANNIS *Regis Anglorum.*

Tom. III.   A a

ANN. DOM.	PAPÆ	IMPERATOR.	Regis FRANC.	Regis ANGL.	PAPÆ	IMPERATOR.	Regis FRANC.	Regis ANGL.	AN. DUR.

INCIPIUNT GESTA TEMPORUM
HENRICI TERTII
REGIS ANGLORUM,

Qui fuit filius JOANNIS, *qui fuit quartus eorum Regum, qui à Comitibus Andegavensibus duxerunt originem secundùm lineam masculinam.*

HENRICUS filius Joannis Regis ex Isabellâ filiâ Comitis Engolismensis, annum ætatis decimum agens, post patrem defunctum, anno Domini millesimo ducentesimo decimo sexto sublimatur in Regem, & præsentibus Gualone Apostolicæ Sedis Legato, cum Episcopis Jocelino Bathoniensi, Willelmo Conventrensi, aliisque Prælatis pluribus, Reginâque Isabellâ cum Comitibus Willelmo Marescalli, Willelmo de Ferrariis, magnâque aliorum Nobilium multitudine, per Petrum Wintoniensem Episcopum quinto Kalendas Novembris, in die videlicet Apostolorum Simonis & Judæ, in Ecclesiâ beati Petri Monachorum Gloverniæ inunctus in Regem solemniter coronatur. Ludovicus Rex Francorum filius cum jam castrum Doveriæ obsedisset diebus quindecim, nihil proficiens Londoniam revertitur, ubi in die sancti Leonardi redditur ei Turris. Progressus verò de Londoniâ, castrum de Hertford cepit in die Apostoli Andreæ, & castrum de Berchamstede in die sanctæ Luciæ. Et exinde acceptæ sunt treugæ inter Regem juvenem Henricum & Ludovicum usque ad festum Fabiani & Sebastiani Martyrum beatorum, quibus firmatis, Ludovicus in Gallias transfretavit. Interim verò multitudo magna Baronum & Militum, rupto fœdere quo se Ludovico adstrinxerant, eâ mentis levitate quâ à patre desciverant, ad filium revertuntur.

MCCXVII.

HONORII III.	FREDERICI II.	PHILIPPI VI.	HENRICI III
I.	VI.	XXXVI.	I.

POst lapsum treugarum Ludovicus in Angliam rediens & applicans Doveriæ castrum ejus obsedit, sed intentione frustratus, usque Windelsoram castrum insigne contendit. Quod cum ad capiendum non proficeret, ordinatis dietis cum exercitu valido versùs Lincolniam dirigit iter suum. Sabbato verò in hebdomadâ Pentecostes, exercitus Regis juvenis brevi tempore vehementer auctus. Ludovico in Lincolniâ existenti supervenientes bellum indixit. Igitur juxtà civitatem gravissimo conserto prælio, nutu divino juveni Regi Henrico cessit victoria & triumphus, fugiente Ludovico nempe cum suis. Interfecti sunt de Gallicis milites ut fertur quadringenti, inter quos cecidit nobilis ille Comes Thomas de Perticis, quem cum ex sorore Othonis Imperatoris utriusque Regis, Francorum scilicet & Anglorum consanguineus esset, paci potiùs quàm bello in exheredationem sanguinis decuerat studuisse. Feruntur etiam captivati quinquaginta duo milites de complicibus Ludovici, de quorum numero erat Gilbertus de Clare vir inclytus, quem cepit Willelmus Marescalli, & Gloverniam deduci fecit custodiæ mancipandum: cui postea sedatis rebus paceque reflorente, Isabellam filiam suam matrimonio copulavit. Lapsis post hoc prælium diebus paucis, cæsus est ab Anglicis navalis exercitus Ludovici. Huic præerat Eustachius, quondam ut fertur Monachus, qui ut decebat apostatam, suam ostendens inconstantiam, sæpe de uno Rege transiit ad alium, & tamquam de Monacho factus dæmoniacus, dolo & perfidiâ plenus fuit: cujus caput abscissum, delatum est per diversa loca Angliæ super palum.

Ludovicus Londoniæ receptus, terrâ marique sibi comperiens detrimenta augeri, adversámque partem de die in diem roborari, pacem petiit necessitatis articulo compellente. Convocatis igitur ad præsentiam domini Gualonis Apostolicæ Sedis Legati Prælatis & Proceribus Angliæ in quâdam insulâ, juxtà villam de Kingestone, per mediationem eorum pax & concordia in integrum reformatur. Ludovicus enim præstito juramento, quòd mandatis pareret Ecclesiæ, à sententiâ excommunicationis absolvitur: sicque renuntians regno Angliæ, præstitoque juramento quod adepto regno paterno, omnia per patrem suum Regibus Angliæ injustè ablata restitueret, liber cum suis omnibus remeavit.

Honorius Papa Petrum Autissiodorensem Comitem, in Imperatorem Constantinopolitanum coronavit in Ecclesiâ sancti Laurentii extrà muros. Qui cum Joanne de Columnâ Presbytero Cardinali in Græciam transfretans, Durachium civitatem obsedit, sed post non multos dies à Duce ejus urbis Theodoro captivatur. Eodem anno insurgentibus Tolosanis contrà Comitem Montis-fortis, beatus Dominicus electo Fratre quodam nomine Matthæo in Abbatem, qui primus & ultimus fuit in Ordine, Fratres dispersit, quosdam mittens in Hispaniam, quosdam verò Parisius. Ipse autem Romam adiens, domum Sororum apud sanctum Sixtum instituit, ubi dum moram faceret, nepotem cujusdam Cardinalis equo lapsum, factúmque exanimem vitæ restituit: architectum etiam quendam præcipitatum ad mortem mirabiliter suscitavit. Illis diebus morabatur in curiâ Magister Reginaldus, Decanus sancti Aniani Aurelianensis, Doctor Juris Canonici, qui beato Dominico admodum familiaris, ingressum Ordinis vehementer habebat in voto; sed intercedente ex causis dilatione, tam gravi febris vexatione correptus est, ut invalescente morbo relinqueretur à medicis penitùs desperatus. Qui orante pro eo beato Dominico, vidit gloriosam Matrem Dei ad se venire, comitantibus eam duabus Virginibus admodùm speciosis: quæ extensâ manu virgineâ oculos sibi & nares, osque, renes ac pedes perunxit unguento quod secum attulerat salutari, verba proferens propria ad singulas unctiones, de quibus tantùm illa retinuit: quæ ad renes dicebantur & pedes, quorum ad renes erant: *Stringantur renes tui cingulo castitatis*; ad pedes verò, *Ungo pedes tuos in præparationem Evangelii pacis.* Tandem et habitum quo nunc utuntur Fratres ostendens, ait: Hic est habitus Ordinis tui. Mane igitur facto venienti ad se beato Dominico narravit per ordinem visionem. Illa verò cœlestis unctio virum sanctum non modò celeriter ab æstu febrium sanavit, sed & carnem ejus sic ab ardore concupiscentiæ temperavit, ut nec primus libidinis motus in eâ (sicut ipse fassus est postmodùm) pullularet. Sanus autem effectus, habitum Ordinis qualem sibi ostensum viderat, suscepit, & Deo se totum offerens, professionis vinculo Dominico se abstrinxit. Ricardus Cicestrensis Episcopus translatus est usque Sarum. Obiit Willelmus de Vernon Comes Devoniæ.

Chronicon Nicolai Trivetti.

AN. DOM	PAPÆ	IMP.	FRANC.	ANGL.
MCCXVIII.	HONORII III. II.	FREDERIC. II. VII.	PHILIPPI VI. XXXVII.	HENRICI III. II.

NOBILES multi Francorum & Anglorum devotione allecti, peregrinationem Jerosolymitanam sunt aggressi, inter quos fuerunt Ranulfus Cestriæ, & Willelmus de Rebeye Comites, viri strenui & famosi. Joannes Rex Jerusalem & Dux Austriæ coadunato exercitu valido ex multitudine peregrinorum nationum diversarum, civitatem Damiatam obsederunt. Ceperant autem priùs cum labore maximo turrim quamdam munitissimam in alveolo fluminis sitam. Stephanus Cantuariensis diù Romæ detentus, tandem impetratâ licentiâ in Angliam rediit cum honore. Septimo Idus Julii apud Wigorniam beati Wlstani Confessoris corpus venerabile in capsam transfertur argenteam. Circà festum beati Clementis Martyris Pandulfus venit in Angliam, Gualone ad Curiam revocato. Simon Comes Montis-fortis in obsidione Tolosæ ictu petrariæ percussus, decedit. Ranulfus quidam fit Episcopus Ciæstrensis. Beatus autem Dominicus post receptionem fratris Reginaldi profectus in Hispaniam, duas in eâ domos Fratrum fundavit. Eodem anno cum Fratres missi Parisiùs starent in quâdam domo conductâ inter domum Episcopi & domum Dei ; Universitas attendens eorum religiosam conversationem, & vitam studiosam acceptans, contulit eisdem domum sancti Jacobi, ubi nunc manent, cujus usque in præsens penes se retinet patronatum.

MCCXIX.	HONORII III. III.	FREDER. II. VIII.	PHILIPPI VI. XXXVIII.	HENRICI III. III.

Urbs Jerosol. capitur destruiturque.

URBS Jerosolymitana licet inexpugnabilis videretur, à Coradino filio Saladini capta est, cujus muros cum turribus evertit, & in lapidum acervos redegit : Templo tantùm & turri David detulit, Dominicoque sepulcro. Credunt namque Dominum Jesum magnum fuisse Prophetam, & de Virgine natum, ingentiaque miracula fecisse, prout in eorum legitur Alcorano. Christiani verò in obsidione Damiatæ frequentes dantes assultus, per totam æstatem plurimùm laborabant, proficientes parùm aut nihil. In die verò Decollationis sancti Joannis, Saraceni copiam fecerunt pugnæ, in quâ multi Christianorum nobiles occisi sunt & capti. Superveniente verò peregrinorum auxilio, quorum Savaricus de Malo-leone erat Capitaneus, reparatur obsidio. Nonis verò Novembris annuente Domino JESU-CHRISTO, & domino Pelagio Albanensi Episcopo solerter agente, capitur Damiata in oculis regis Babylonis, qui divino terrore perculsus, milites Christianos more consueto aggredi non est ausus. Est autem Damiata civitas Ægypti maritimâ in terrâ Gessen, inter Ramesse & Campotaneos, [c] sita, antemurale totius Ægypti Heliopolis dicta olim.

Damiatam capiunt Christiani.

Hoc anno Willelmus Marescalli senior defungitur, & in crastino Ascensionis apud novum Templum Londoniæ sepelitur. Hic prole felix, quinque habuit filios, quorum Willelmus fuit paternæ hereditatis successor, & quinque filias, quarum seniorem Matildem Hugoni Bigoth, secundam Ioannam Garino de Monte-camini, tertiam Isabellam Gilberto de Clare, quartam Sibillam Willelmo de Ferrariis Comiti Derebeye, quintam Evam Willelmo de Brehuse dum adhuc viveret, maritavit. Ad quarum heredes, deficiente fratribus successione,

[c] *Campotaneos*] Acherius emendat, *campum Taneos*. Tom. III.

PAPÆ	IMPERATOR.	Regis FRANC.	Regis ANGL

totius Marescalliæ hereditatis amplissima est devoluta.

	HONORII III. IV.	FREDER. II. IX.	PHILIPPI VI. XXXIX.	HENRICI III. IV.	MCCXX.

FREDERICUS Romanorum & Siciliæ Rex ab Honorio Papa in Basilicâ beati Petri Apostoli Imperiali diademate coronatur. In festo Pentecostes Rex Henricus Londoniis coronatur. Treugæ quatuor annorum inter Philippum Francorum, & Henricum Anglorum Reges circà Cathedram sancti Petri pro Pictaviâ sunt acceptæ. Hoc anno inchoatum est novum opus Westmonasterii, cujus in propriâ personâ Rex primam posuit lapidem fundamenti. De singulis autem carucis Angliæ dati sunt Regi duo solidi pro relevamine status sui. Stephanus Cantuariensis crucem prædicans apud Westmonasterium, canonisationem sancti Hugonis Lincolniensis Episcopi publicavit à Papa Honorio nuper factam. Nonis Julii corpus venerabile beati Thomæ Martyris præsentibus Henrico Rege & Pandulfo Apostolicæ Sedis Legato cum multitudine Prælatorum & Procerum translatum, & in capsâ pretiosâ diligentissimè collocatum. Latini qui morabantur in Græciâ, detento adhuc in carcere Petro Imperatore, missis solemnibus nuntiis ad filium ejus Comitem Namurcii, ut veniret & eis imperaret suppliciter invitarunt. Qui honorem sibi oblatum respuens, fratrem suum juniorem Henricum nomine ad eos transmisit, quem illi gratanter admittentes, Imperiali honore & diademate sublimarunt. Hoc anno ceperunt Christiani civitatem Ægypti Tanis, non minori miraculo quàm priùs ceperant Damiatam. Hoc anno in itinere peregrinationis Jerosolymitanæ Henricus de Boun Herfordensis, & socrus Dequenti Wintoniensis Comites obierunt.

In Ordine Prædicatorum cœperunt haberi Capitula generalia, quorum primum Bononiæ hoc anno sub beato Dominico celebratur. Statutum est in hoc Capitulo, ne possessiones & reditus omnino reciperentur in Ordine, & quòd illis renuntiarent, quas habebant in partibus Tolosanis. Unde tria castra quæ beato Dominico pro sustentatione Fratrum suorum collata erant, data sunt sororibus Monasterii Pruliani. Hoc anno Clerici qui infra castrum Regis apud veterem Sarum manebant, una cum Sede Episcopali ad villam Episcopi, quæ nunc Nova-sarum dicitur, & privilegio civitatis donata est, à Rege Henrico transferuntur, procurante negotium Episcopo Saresberiensi Ricardo, & eodem Rege devotiùs annuente.

	HONORII III. V.	FREDERICI II. IX.	PHILIPPI VI. XL.	HENRICI III V.	MCCXXI.

ISABELLA mater Regis Angliæ, irrequisito filii vel consilii sui consensu, transfretans in Gallias, nupsit Comiti Marchiæ, filio Hugonis Brun, qui statim quædam castra Regis in Pictaviâ in manu expugnans validâ occupavit. Eodem anno Willemus de Fortibus Comes de Alba-marla in Comitatu Lincolniæ multos ad rebellionem commovit : quidam ad pacem Regis venire contemnit, à domino Pandulfo Apostolicæ Sedis Legato excommunicationis sententiâ innodatur. Quem etiam Rex cum suitoribus subigens, quosdam carcerali custodiæ, quosdam exilio perpetuo condemnavit. Fuerunt quidam alii viri magni, qui munitiones & castra possessionesque alias Regis in justo dominio usurpabant : inter quos præcipuè erant Faukesius de Breaute, qui

Principes Angliæ coacti reddunt Regi Comitatus, castra, &c.

Aa ij

| PAPÆ | IMPERATOR. | Regis FRANC. | Regis ANGL. |

Comitatus Northamtoniæ, Oxoniæ, Bukinghamiæ, Bedefordiæ cum castris & forestis adjacentibus; Petrus de Malolacu, qui castra de Corf & de Schirebourne cum Comitatibus Somersetensi & Dorsetensi, custodiis & forestis; Philippus de Mark, qui castra de Notingham, de Pecto cum Comitatibus Notinghamiæ & Dereberiæ, ac forestis; Engelardus de Ciconiâ, qui castra de Windelesore, & de Odiham in Regis injuriam detinuerant, & nunc coacti sunt omnia resignare regiæ voluntati. Hubertus de Burgo, Comes Cantiæ, sororem Regis Scotiæ accepit uxorem: qui ob probitatem & fidelitatem eximiam custos Regis juvenis, & totius Angliæ Justitiarius factus est, omnium de regno Majorum assensu.

Pelagius Apostolicæ Sedis Legatus in terrâ sanctâ, in festo Apostolorum Petri & Pauli cum magnâ parte exercitûs versus Babylonem profectus, cum ad locum medium, ubi Nilus in tria magna flumina scinditur, venisset; occupato ponte quem Saraceni construxerant, in planitie litoris tentoria figi jussit:

Exercitus Christianorum coguntur Terram sanctam relinquere.

Soldanus Christianos ferventes esse attendens ad pugnam, noluit aperto Marte confligere, sed ut exercitum affligeret inediâ, prohibuit apportationem victualium, viarum aditibus undique custoditis. Supervenit & inundatio Nili, quæ totam terram, ubi erat exercitus Domini occupans, usque ad genuum profunditatem resolvit in cœnum. Quibus malis coacti sunt Christiani (eâ pactione quòd pars crucis Dominicæ, quam Soldanus Babylonis & Damasci asportaverat de Jerosolymis, eis redderetur, liberarenturque omnes Christiani captivi, dato salvo conductu usque Achon) Damiatam Saracenis reddere, induciasque in octo annos firmare. Sicque Damiata capta cum sumptu maximo & labore, & per annum à Christianis possessa, in Nativitate Virginis gloriosæ Saracenorum dominio iterum est subjecta. Eodem anno Tartari Georgiam & Armeniam majorem vastantes, suo eas dominio subjecerunt.

De secundo Capitulo generali Fratrum Ordinis Prædicatorum, quòd sub beato Dominico celebratum est Bononiæ, hoc anno missi sunt Fratres prædicatores in Angliam, qui numero tredecim, habentes Priorem Fratrem Gilbertum de Fraxineto, in comitivâ venerabilis Patris domini Petri de Rupibus Wintoniensis Episcopi, Cantuariam pervenerunt: ubi cum se domino Stephano Cantuariensi Archipræsuli præsentassent, audito quòd Prædicatores essent, statim Fratri Giberto imposuit, ut coram se sermonem faceret in Ecclesiâ quâdam, in quâ ipsemet proposuerat eodem die prædicare. Cujus verbis admodùm ædificatus Pontifex, toto suo tempore religionem Fratrum Prædicatorum, & officium prosequutus est gratiâ & favore. Progredientes autem Fratres de Cantuariâ, venerunt Londonias in festo sancti Laurentii, & ulteriùs Oxoniam in festo Assumptionis Virginis gloriosæ, in cujus honore oratorium construxerunt, & habebant Scholas illas quæ nunc sancti Edwardi dicuntur, in cujus parochiâ locum acceperant, in quo tempore aliquo morabantur. Sed cum non esset opportunitas locum sufficienter dilatandi, transtulerunt se ad locum à Rege eis concessum, ubi nunc habitant extra muros.

In Angliam mittuntur Prædicatores Dominicani, ac diversis in Regni locis instituuntur.

Eodem anno octavo Idus Augusti beatus Dominicus Ordinis Prædicatorum institutor, primusque Magister, in Conventu Bononiensi de suis in bono, & annos suos complevit in gloria: acceptoque denario diurno, tamquam fidelis servus & prudens in gaudium Domini sui fideliter introivit: cujus vitæ

sanctitatem in memoriam æternam miraculorum gloria protestatur. Transitus autem ejus Fratri Gualæ Priori Brixiæ, qui postea fuit ejusdem civitatis Episcopus, revelatus est per hujuscemodi visionem. Eâdem namque horâ quâ beatissimi Patris anima migravit à corpore, sicut postea compertum est, vidit aperturam in cœlo per quam dimittebantur candidæ scalæ duæ, quarum unius summitatem tenebat Christus Dominus, alterius mater ejus: Angeli autem lucis discurrebant ascendentes per eas: & ecce inter utramque scalam sedes posita erat in imo, & supra sedem sedens, & qui sedebat similis erat Fratri habenti faciem velatam capucio, quemadmodum in Ordine moris est Fratres mortuos sepelire. Trahentibus autem scalas illas Christo Jesu & Matre, trahebatur & sedes pariter sedente, donec psallentibus Angelis cœlo illatus est. Receptis igitur in cœlum scalis, & sede cum eo qui in sede fuerat collocatus, cœli apertura clausa est. Stephanus de Fauxenberge factus est Londoniensis Episcopus.

| HONOR. III. | FREDER. II. | PHILIPPI VI. | HENRICI III. |
| VI. | II. XI. | XLI. | VI. |

MCCXXII.

Concilium Oxoniæ.

STephanus Cantuariensis Præsul primum Concilium suum tenuit Oxoniæ, in quo Diaconus quidam apostata convictus, degradatus est, & manui sæculari traditus, flammis ultricibus est absumptus. Rusticus etiam quidam seipsum crucifigens, ac stigmata vulnerum Christi superstitione quâdam circumferens, perpetuò immuratur.

Hoc anno in Capitulo Fratrum Prædicatorum generali tertio, quod Parisius celebratum est, successor beati Dominici in Magisterio Ordinis Fratrum Prædicatorum factus est frater Jordanus natione Teutonicus, diœcesis Maguntiæ, qui cùm Parisius in scientiis sæcularibus, & præcipue in Mathematicis magnus haberetur, libros duos admodum utiles, unum de ponderibus, & alium de lineis datis dicitur edidisse. Posteà ad studium Theologiæ se transferens, tandem ad prædicationem Fratris Reginaldi, de quo supra facta est mentio, Ordinem Prædicatorum ingressus in die Cinerum, dum Fratres illam Antiphonam, *Immutemur habitu*, decantarent. Circa ea tempora multi viri scientiâ & sanctitate illustres, abjectis sæcularium divitiarum copiis, Christum pauperem imitari conantes ad Prædicatorum & Minorum Ordines confluxerunt. Inter quos erant Joannes de sancto Ægidio, & Alexander de Hales Doctores in sacrâ Theologiâ ambo & Anglici natione: quorum Joannes in Domo Fratrum Prædicatorum sermonem faciens ad Clerum, cum suasisset paupertatem voluntariam, ut verba sua exemplo confirmaret, descendens de ambone, habitum Fratrum recepit, & in eodem regressus ad Clerum, sermonem explevit. Occasione ejus habuerunt Fratres, duas Scholas infra septa sua, resumente eo lectiones suas post Ordinis ingressum ad importunam instantiam auditorum. Suavissimus quippe moralizator erat, ut satis considerare poterit qui libros ejus inspexerit manu propriâ emendatos. Fuit nihilominùs in arte medicinæ expertissimus, ut pote qui tam Parisius, quàm in Montepessulano rexerat in eadem. De cujus curis & pronosticationibus referuntur plurima admiranda. Alexander verò qui Fratrum Minorum Ordinem ingressus est, Summam Theologiæ illis temporibus perutilem conscriserat cum diligentiâ maximâ & labore. Obiit Radulfus Cicestrensis Episcopus.

Plures viri insignes institutâ S. Dominici & Francisci arripiunt.

Chronicon Nicolai Trivetti.

| AN. DOM. MCCXXIII | PAPÆ HONOR. III. VII. | IMP. FREDER. II. III. XII. | FRANC. PHILIPPI VI. XLII. | ANGL. HENRICI III. VII. | PAPÆ HONOR. III. IX. | IMP. FREDER. II. IV. XIV. | FRANC. LUDOV. VIII. II. | ANGL. HENRICI III. IX. | AN. DOM. MCCXXV. |

Mortuo Philippo Regi Francorum succeſſit Ludovicus.

Joannes Rex Jeruſalem in Italiam veniens, filiam ſuam quam unicam habebat heredem regni, Frederico Imperatori matrimonio copulavit, de quâ Imperator filium ſuum genuit nomine Conradinum. Obiit Philippus Francorum Rex, cui filius Ludovicus ſucceſſit, qui cum uxore Blancâ octavo Idus Auguſti, à Guillelmo Remenſi Archiepiſcopo inunctus, Regni diademate inſignitur. Joannes Rex Jeruſalem factà peregrinatione ad S. Jacobum, tranſiens per Regem Caſtellæ, ſororem ejus Berengariam accepit uxorem. Lewlinus Princeps Walliæ, confœderato ſibi Hugone de Laci cum aliis quibuſdam, pacem Angliæ perturbavit, inquietando Willelmum Mareſcalli juniorem, Baroneſque alios Regi fideliter adhærentes. Quorum machinationes Rex collecto exercitu diſſipavit in brevi, & eos ad deditionem potenter coëgit. Henricus Frederici Imperatoris filius ex ſorore Regis Aragoniæ, puer decennis, de mandato patris in regnum Alemanniæ coronatur. Obiit Simon Oxonienſis Epiſcopus, cui Willelmus de la Bruere ſucceſſit. Walterus Mauclerk fit Epiſcopus Karleolenſis, qui poſt aliquot annos impetratâ à domino Papa cedendi licentiâ, Ordinem Fratrum Prædicatorum ingreſſus eſt, nullâ ſibi de Epiſcopatu proviſione penitus reſervatâ. Qui inter Fratres in Conventu Oxoniæ religioſâ converſatione conſeneſcens, multa in ædificiis & aliis memoranda reliquit. Obiit Willelmus Epiſcopus Ceſtrenſis.

Ludovicus Francorum Rex, Prælatique ac Proceres quamplurimi in Franciâ, à domino Diacono Cardinali ſignum Crucis accipiunt contrà hæreticos Albigenſes. Ricardus Comes Cornubiæ frater Regis, & avunculus ejus Willelmus, Comes Sarum, cum multis Proceribus in Vaſconiam proficiſcentes, proſperè res geſſerunt.

| HONOR. III. X. | FREDER. II. VI. XV. | LUDOV. VIII. III. | HENRICI III. X. | MCCXXVI. |

Honorius Papa moritur, & in ſanctæ Mariæ Majoris Eccleſiâ ſepelitur. Hic Imperatorem Fredericum quem coronaverat, ſibi rebellem comperiens, & Eccleſiæ Romanæ adverſarium, anathematizaverat, & ab ejus fidelitate Barones abſolverat. Huic ſucceſſit Hugolinus Oſtienſis Epiſcopus, apud Septi-ſolium electus, & Gregorius IX. vocatus. Moritur Ludovicus Francorum Rex, & ſucceſſit eidem filius ejus S. Ludovicus, coronatus in Regem cum eſſet annorum quatuordecim. Moritur Willelmus de Longa-ſpatâ primus, qui cum eſſet filius Regis Henrici ſecundi nothus, donante Ricardo duxit uxorem Elam, filiam & heredem Willelmi Comitis Sareſberienſis, ex quâ genuit Willelmum de Longa-ſpatâ juniorem, & Nicolaum poſtea Sareſberienſem Epiſcopum. Hinc Willelmus in Eccleſiâ Sareſberienſi eſt ſepultus. Obiit eodem anno Epiſcopus Elienſis, cui germanus Juſtitiarii Huberti de Burgo ſucceſſit.

Gregorius Papa IX. S. Ludovic. Franc. Rex.

Beatus Franciſcus poſt diutinos vitæ præſentis labores, ſolutis carnis vinculis, ad cœleſtia regna migravit, cujus animam unus ex Fratribus lunæ menſuram habentem, & quaſi ſolis non modicam claritatem cœli ſecreta penetrantem aſpexit. Diſcordia orta eſt inter Regem & Barones propter Hubertum de Burgo, quem Barones ab officio dejicere, Rege contradicente, volebant. Henricus fratri ſuo Ricardo in Vaſconiâ moranti quingentos tranſmiſit Walenſes, & pecuniæ magnam ſummam. Obiit Ricardus de Martus, Epiſcopus Dunelmenſis.

| MCCXXIV | HONOR. III. VIII. | FREDER. II. IV. XIII. | LUDOV. VIII. I. | HENRICI III. VIII. |

Soluto fœdere Rex Franc. urbes & caſtra Regis Angliæ capit.

Ludovicus Francorum Rex poſtpoſito juramento, quod olim in Angliâ præſtiterat, excepta patris contrà Regem Angliæ proſequens, villam S. Joannis Angeliaci cepit, & per Savaricum de Malo-leone caſtrum de Mordum in Pictaviâ ſuæ commiſſum cuſtodiæ, ſalvo ipſo & ſuis, redditum eſt Regi Francorum. Obſedit etiam Ludovicus Rupellam, quam cum trecentis militibus præfatus nuper intraverat Savaricus. Qui primò ſe viriliter defendentes, etiam Regis exercitum pluries moleſtabant. Sed tandem tradita eſt villa Francorum Regi, Savarico de Malo-leone in Angliam transfretante, qui cum inter navigandum cogitaret ſe haberi apud Regem Angliæ proditionis ſuſpectum, navem ſuam convertit in Franciam, & factus transfuga, Regi Ludovico totaliter ſe ſubmiſit. Eodem anno Faukeſius de Breaute contrà Regem Angliæ inſurgens, caſtrum Bedefordiæ armis munivit & victualibus, viriſque ſtrenuis & ad bella fortiſſimis. Quod cum Rex obſidione cinxiſſet, & in Aſſumptione Virginis glorioſæ violenter cepiſſet, omnes qui illud contrà voluntatem regiam tenuerant ſuſpendi fecit ad aliorum terrorem. Faukeſius verò ſubito fortunæ ictu à ſummâ opulentiâ dejectus, in tantam infrà annum incidit egeſtatem, ut qui paulo ante ceteros Angliæ Proceres divitiarum gloriâ anterie videbatur, jam actus in exilium tenuem in Gallicis quæritando victum, etiam capitis reclinatorium non haberet. Suppreſſis igitur per Angliam inimicis, cœpit Rex pacificè adminiſtrare Regnum, ſed nondum ei ad recuperanda perdita in partibus Galliarum ſuppetebat facultas. Hoc anno à Papa Honorio confirmatus eſt Ordo Minorum.

| GREGOR. IX. I. | FREDER. II. VII. XVI. | LUDOV. IX. I. | HENRICI III. XI. | MCCXXVII. |

Ludovicus Francorum Rex de conſilio Blanchæ matris ſuæ Epiſcopos & Milites in terram Albigenſium miſit, per quos urbem Toloſam cum toto obtinuit Comitatu. Ela Comitiſſa Sarum, relicta Willelmi de Longa-ſpatâ, Monachos Cartuſienſes fundatos per maritum ſuum apud Heytrop, tranſtulit uſque Hentonam Bathonienſis diœceſis.

| GREGOR. IX. II. | FREDER. II. VIII. XVII. | LUDOV. IX. II. | HENRICI III. XII. | MCCXXVIII. |

Fredericus Imperator Saracenos per diverſa loca Siciliæ diſperſos, in locum unum Apuliæ congregans, civitatem unam ex ipſis quæ Luceria Saracenorum dicitur, tributariam ſibi fecit. Obiit Stephanus Cantuarienſis Archiepiſcopus. Hic ſuper totam Bibliam poſtillas fecit, & eam per capitula quibus nunc utuntur moderni, diſtinxit: qui dum Pariſius in Theologiâ regeret, factus titulo ſancti Chryſogoni Presbyter Cardinalis, demum factus Archiepiſcopus, inter alia bona quæ fecit, etiam pulcram aulam quæ eſt in palatio Cantuariæ ædificavit. Fratres Prædicatores habito Bononiæ generaliſſimo Capitulo, immutabili firmaverunt decreto, ne reditus & poſſeſſiones in Ordine admittantur. Hoc anno menſe Auguſto beatus Franciſcus Sancto-

Stephanus Cantuar. Archiep. Bibliam in capitula diſtinxit.

Chronicon Nicolai Trivetti.

An. Dom.	PAPÆ	IMPERATOR.	Regis FRANC.	Regis ANGL.

rum catalogo adscriptus est à Papa Gregorio, cujus antequàm esset Papa tutor fuerat & protector.

MCCXXIX.	GREGOR. IX. III.	FREDER. II. XVIII.	LUDOV. IX. III.	HENRICI III. XIII.

GRegorius Papa Imperatorem Fredericum excommunicavit, & per totam Christianitatem excommunicatum denuntiari præcepit. Eâdem tempestate beatus Antonius de Ordine Minorum, & S. Elizabeth filia Regis Hungariæ, uxor Landegravi Thuringiæ, sanctimoniâ vitæ clarent. Robertus de Bingeham factus est Episcopus Saresberiensis. Ricardus Magnus consecratus est apud Cantuariam Episcopus futurus Cantuariensis. Abbas S. Eadmundi factus est Episcopus Eliensis.

MCCXXX.	GREGOR. IX. IV.	FREDER. II. XIX.	LUDOV. IX. IV.	HENRICI III. XIV.

IMperator Fredericus Nuntios misit ad Soldanum Babyloniæ, per quos fama erat quòd cum eo amicitias contraxisset. Fratres Prædicatores cœperunt in Angliâ Capitula provincialia tenere, quorum primum est Oxoniæ celebratum. Henricus Anglorum Rex transfretavit in Britanniam, suadente Duce ejusdem Petro, ut à Rege Francorum terras per patrem ejus & avum sibi, & progenitoribus suis injustè ablatas repeteret. Qui die quo naves ascensurus erat, pauperes & infirmos humiliter visitans, leprososque deosculans, largas eis eleemosynas erogavit.

MCCXXXI.	GREGOR. IX. V.	FREDER. II. XX.	LUDOV. IX. V.	HENRICI III. XV.

IMperator Fredericus in terram sanctam proficiscitur, durante adhuc in eum sententia excommunicationis, majorem desolationem quàm consolationem afferens terræ eidem. Henricus Rex Angliæ intento suo frustratus, de Britanniâ Angliam renavigavit. Obiit hoc anno Willelmus Marescalli junior, cui successit in hereditate Ricardus ejusdem germanus. Ricardus Frater Regis desponsavit Comitissam Glovernæ, sororem Willelmi Marescalli, marito ejus Gilberto anno præcedenti defuncto. Obiit hoc anno Ricardus Cantuariensis Archiepiscopus de curiâ redeundo.

MCCXXXII.	GREGOR. IX. VI.	FREDER. II. XXI.	LUDOV. IX. VI.	HENRICI III. XVI.

IMperator Fredericus de terrâ sanctâ rediit, initis cum Saracenis treugis decem annorum. Hugo de Burgo Comes Cantiæ, quibusdam gravibus contrà eum propositis, carceri mancipatur. Clarebat his temporibus in Angliâ Magister Eadmundus de Abindoniâ, Cancellarius Saresberiensis, vir sapientiâ & sanctitate insignis, cui dominus Papa ob famam sapientiæ & doctrinæ ejus prædicationem crucis commisit, concedens ei ut procurationes de Ecclesiis, in quibus prædicaret, posset accipere. Sed vir Dei uti noluit istâ potestate. Obiit Ranulfus Comes Cestrensis. Ela Comitissa Saresberiensis fundavit Abbatiam Canonissarum de Lakok Saresberensis diœcesis.

MCCXXXIII.	GREGOR. IX. VII.	FREDER. II. XXII.	LUDOV. IX. VII.	HENRICI III. XVII.

GRegorius Papa beatum Dominicum, qui primus Ordinem Prædicatorum instituit, catalogo Sanctorum adscripsit: cujus corpus eodem anno in Capitulo Fratrum generali Bononiæ, præsentibus Archiepiscopo Ravennate, aliisque quatuor Episcopis, ac Potestate Bononiensi cum multitudine civium, ad eminentiorem translatum est locum. In cujus sanctitatis testimonium sublato quo tegebatur corpus ejus lapide tanta emanavit odoris fragrantia, ut non tam sepulcrum quàm cella videretur aromatum patuisse, nec solùm ossibus aut pulveri sacri corporis vel capsæ inerat, verumetiam in re circumquaque congestâ, ita ut ad longinquas postmodum regiones delata odorem ipsum longo tempore retineret. Fratrum verò manibus maximè aliquid de sacrosanctis reliquiis tangentibus sic inhæsit, ut quantumcumque lotæ vel etiam confricatæ, per plures dies conservatæ fragrantiæ testimonium præsentarent.

Ricardus Marescalli contrà Regem insurgens Walliam commovit ad guerram, qui etiam Hubertum de Burgo, qui de castro de Divises evaserat ad Ecclesiam, ut captum in Walliam secum duxit. Hic etiam in Hiberniâ contrà Regem consurgens, consilio Galfridi de Marisco occiditur, & in Fratrum Prædicatorum Ecclesiâ apud Kilkenniam sepelitur: cui successit in Comitatu Gilbertus ejusdem germanus.

	GREGOR. IX. VIII.	FREDER. II. XXIII.	LUDOV. IX. VIII.	HENRICI III. XVIII.	MCCXXXIV.

LUdovicus Francorum Rex Margaretam filiam Comitis Provinciæ accepit uxorem. Theobaldus Comes Campaniæ, avunculo suo Rege Navarræ sine herede de corpore suo defuncto, successit in regnum. Magister Eadmundus de Abindoniâ in Cantuariensem Archiepiscopum electus, à summo Pontifice confirmatur, & à suis Suffraganeis consecratur. Obiit Hugo Episcopus Lincolniensis.

	GREGOR. IX. IX.	FREDER. II. XXIV.	LUDOV. IX. IX.	HENRICI III. XIX.	MCCXXXV.

IMperator Fredericus sororem Henrici Regis Anglorum, nomine Isabellam uxorem accepit. Fames admodum magna invaluit in Galliâ maximè in partibus Aquitaniæ, ita ut homines herbas campestres, sicut animalia bruta comederent. Henricus Rex Anglorum Alianoram filiam secundam Comitis Provinciæ apud Cantuariam desponsavit.

	GREGOR. IX. X.	FREDER. II. XXV.	LUDOV. IX. X.	HENRICI III. XX.	MCCXXXVI. d

PEtrus d de Monte Rex Hassasinorum, misit in Franciam Nuntios, ut per eos occideretur Rex Ludovicus: sed postea facti pœnitens, per alios Nuntios Regem ipsum de prioribus præmunivit. Fratres Prædicatores Parisius hoc anno secundum Capitulum generalissimum habuerunt, post quod in præsens non est aliquod celebratum. Ela Saresberiensis Comitissa spreto sæculo, habitum Canonissarum apud Lakok accepit, inter quas effecta est postea Abbatissa. Ad prædicationem cujusdam Fratris Prædicatoris Wintoniæ in præsentiâ Regis & Baronum, Ricardus Frater Regis, & Comes Marrescalli Gilbertus cum multis aliis crucis characterem susceperunt. Obierunt hoc anno Henricus Rossensi, Willelmus de Bleis Wigorniensis, Thomas de Blundesfwix Norwicensis Episcopi.

---

d *Petrus*] Imo *Vetus*.

Chronicon Nicolai Trivetti.

AN. DOM.	PAPÆ GREGOR. IX.	IMP. FREDER. II.	FRANC. LUDOV. IX.	ANGL. HENRICI III.
MCCXXX-VII.	XI.	XXVI.	XI.	XXI.

Joannes Scotus ultimus Comes Cestriæ moritur, & deficiente herede devolutus est in possessionem regiam Comitatus. Multi de regno Franciæ nobiles, quorum Capitaneus Theobaldus Navarrorum Rex efficitur, adeunt terram sanctam. Frater Jordanus Magister Ordinis Prædicatorum secundus, in terram sanctam tendens, pro perituris æterna, & pro terrenis cœlestia commutavit. Cujus dum viveret tanta erat in labiis diffusa gratia, ut de verbis quæ procedebant de ore ejus, vix auditores possent satiari. Miraculis quoque post mortem claruit plurimis, de quibus ad ædificationem legentium duo sufficit annotare. Magister iste dum viveret, in quodam Monasterio Sororum Ordinis, quamdam excellentis vitæ Sororem instituerat Priorissam, quæ postea percussa paralysi, facta impotens, in lecto continuè decumbebat, propter quod instantissimè petebat per Superiores suos, ab officio quod exequi non poterat absolvi; sed reclamante Conventu, cui videbatur utilior sic languida, quàm alia quæcumque, non potuit obtinere. Auditis itaque miraculis multis, quæ ad invocationem nominis Fratris Jordanis in diversis partibus contigerant, Conventu persuadente fecit se in gestatorio quodam ad Ecclesiam à Sororibus deportari. Deinde emissis Sororibus devotè rogavit Fratrem Jordanum, quem indubitanter credebat regnare cum Christo, ut sibi impetraret à Domino; vel ab hac vita celeriter exui, vel ab officio per Superiores suos absolvi; vel sibi sanitatem conferri, per quam fieret idonea ad impositum officium exequendum. Moxque sensit quamquam virtutem sibi divinitùs infusam, quâ confortata primò pedem unum, deinde alterum extrà gestatorium cœpit ponere; tandem erecta cœpit per Chorum ambulare, quasi an verè esset sanata tentaret: Deinde auditâ nolâ refectorii, sentiens se gressu firmatam, processit obviam Conventui cantando *Miserere* ad Ecclesiam venienti. Quam juniores primò occurrentes mirabantur; si Priorissa esset, quæ sic ambularet erecta; Cantorissa verò certis perpendens indiciis miraculum quod contigerat, omisso psalmo *Miserere*, *Te Deum* altissimâ voce intonavit. Commoti vicini altitudine cantûs insueti conveniunt, & cognitâ re gestâ, Deum cum eis pariter laudaverunt.

In Pragâ verò quæ est Metropolis Boëmiæ, uxor cujusdam nomine Elizabeth imprægnata, cum post tempus aliquod more mulierum gravidarum animatum sensisset fœtum, tamen appropinquante horâ partus, nullum motum fœtûs sensit per triduum ante partum. Unde multùm consternata cum in pariendo graviter laboraret, devovit infantulum; si masculus esset fratri Jordano, affirmans impossibile cum non esse virum sanctitatis, qui tantâ puritate vitæ & doctrinâ ut audiverat, claruisset. Si autem femina foret, devovit eam sanctæ Elizabeth, quæ à Papa Gregorio canonizata fuerat tunc de novo. Denique natus est infans masculus, sed mortuus: quod ut certiùs experirentur obstetrices, cum esset tempus hyemale, in aquâ frigidissimâ puerum posuerunt, sed nec sic in eo percipere potuerunt aliqua signa vitæ. Super quo mater inconsolabiliter ejulans, è medio penè noctis ad orationem conversa, continuè aspici faciens infantem; B. Jordani patrocinium invocavit. Cum autem discederet, apparuit infans vivus, pro quo Deo & S. Jordano gratias agens, in testimonium miraculi, ipsum infantem in baptismate Jordanum constituit appellari.

PAPÆ	IMPERATOR.	Regis FRANC.	Regis ANGL.	AN. DOM.

Obiit Ricardus Dunelmensis Episcopus. Otho Legatus venit in Angliâ. Data est hoc anno Regi tricesima pars bonorum.

GREGOR. IX.	FREDER. II.	LUDOV. IX.	HENRICI III.	
XII.	XXVII.	XII.	XXII.	MCCXXX-VIII.

Robertus germanus Regis Franciæ, Attrebatensis Comes efficitur. Otho Apostolicæ Sedis Legatus in Angliâ, cum in Abbatiâ de Oseneyâ juxtà Oxoniam receptus fuisset, à Scholaribus Oxoniæ obsessus & insultum passus, ad campanile transfugit, qui postea Londoniis in Scholares Oxoniæ sententiam excommunicationis fulminavit, studiumque dispersit. Unde factum est ut quidam villam Northamtonæ, quidam novam civitatem Sarcesberiensem elegerint ad studendum.

Obiit Alexander Cestrensis Episcopus, qui cum aliquando Tolosæ in Theologiâ regeret, ex visione septem stellarum sibi dormienti ostensarum, beatum Dominicum cum sex sociis Scholas suas quodam die intrantem cognovit. Qui cum super Psalterium postillas scriberet, super illum versum: *Misericordia & veritas obviaverunt sibi, justitia & pax osculatæ sunt*, talem ponit narrationem: Scholaris quidam Bononiensis benè instructus, sed vanitati admodum deditus, quâdam nocte vidit in somnis se in quodam campo tempestate nimiâ comprehensum. Confugiens verò ad quamdam domum, dum ibi pulsat ut recipiatur à dominâ domûs, hujuscemodi audivit responsum: Ego justitia hîc habito, & quia tu justus non es, nequaquam intrare poteris domum meam. Dolens ille aliam domum conspexit, ad quam cum fugisset, sic eum alloquuta est domina domûs illius: Ego veritas hîc habito, nec te volo recipere, qui non diligis veritatem. Discedens itaque, venit ad domum tertiam, à cujus dominâ hæc audivit: Ego sum pax, quæ te non admitto, quia *non est pax impiis, dicit Dominus*, sed tantùm hominibus bonæ voluntatis. Verùm quia *cogito cogitationes pacis & non afflictionis*, consilium utile tibi dabo. Ultrà me habitat soror mea, quæ miseris solet præstare auxilium: accede ad eam, & monita ejus comple. Accedenti itaque ad domum quartam occurrit Misericordia, sic enim vocabatur domina domûs, & petenti hospitium, hoc respondit: Si ab imminente tempestate salvari desideras, vade ad sanctum Nicolaum, ubi habitant Fratres Prædicatores, & invenies ibi, stabulum pœnitentiæ, & præsepe continentiæ, & pabulum doctrinæ, & asinum simplicitatis, & bovem discretionis, Mariam illuminantem, & Joseph proficientem, & Jesum puerum te salvantem. Hæc cum evigilaret cum devotione ruminans, valde compunctus, quod sibi consultum fuerat mox implevit.

Eadmundus Cantuariensis Archiepiscopus Romam adiit. Obiit Petrus Wintoniensis Episcopus.

GREGOR. IX.	FREDER. II.	LUDOV. IX.	HENRICI III.	
XIII.	XXVIII.	XIII.	XXIII.	MCCXXX-IX.

Corona Domini spinea allata est in Franciam; Henrico Regi Angliæ natus est filius, quem ab Othone Legato baptizatum in honore gloriosissimi Confessoris & Regis Edwardi Edwardum vocavit. Ricardus Regis Angliæ germanus, Comes Pictaviæ & Cornubiæ, una cum Willelmo de Longa-spathâ in terrâ sanctam profectus, exercitium Francorum invenit sub Rege Navarræ Theobaldo plurimum desolatum,

| AN. DOM. | PAPÆ | IMPERATOR. | Regis FRANC. | Regis ANGL. |

qui ſtatui terræ plurimùm compatiens, cùm Saracenis treugas iniit, Chriſtianis, qui captivi tenebantur, omnibus liberatis. Comes Kantiæ Hubertus, judicio contrà eum procedente, quatuor caſtra, videlicet Blaricum caſtrum, Groſmundum, Cheneſreth atque Hatfelde Regiæ dominationi cogitur reſignare. Simon de Monte-forti filius Simonis Comitis, cujus ſuprà fecimus mentionem, Reginam Blancam Regis Francorum matrem ſibi timens offenſam, aufugit in Angliam, ubi gratiosè receptus à Rege, Leiceſtriæ obtinuit Comitatum cum Seneſcalliâ Angliæ, & Regis ſororem quæ priùs caſtitatem publicè voverat in manu Epiſcopi, uxorem accepit. Qui etiam poſtea Seneſcallus Vaſconiæ factus, Regem Angliæ induxit, ut terram Baſclorum, cujus caput eſt civitas Baïona & olim regnum fuerat, recognoſceret de feodo Regis Franciæ, ut ſic Regis Caſtellæ actionem excluderet, qui terram illam ad feodum Regni Hiſpaniæ aſſeruit pertinere.

mam accepit. Hic à pueritiâ per ſanctiſſimam matrem ſuam à mundi deliciis abſtractus, jejuniis & vigiliis vacare, ac ad carnem uti cilicio informatur: quâ inſtillante tantam nominis Chriſti dulcedinem In tenellâ ætate præbiberat, ut proficiens virtutibus eam in ſenectute altiſſimè retineret. Doctor verò Theologiæ factus Oxoniæ, quamvis multis legendo proficeret, tamen aſſiduis prædicationibus, quibus plurimùm vacabat, multo plures ad Dominum attrahebat. In comitivâ ſuâ Fratres Prædicatores habebat continuè, quorum unus valde ſenex & religioſus, hoc de eo nobis audientibus referre ſolebat. Cum die quâdam hoſpites magni ad menſam Archiepiſcopi invitati fuiſſent, & ipſe ad prandium præter ſolitum tardaret venire, Magiſter Ricardus Cancellarius ejuſdem, qui familiarior ei erat inter cæteros, ad Capellam in quâ orare ſolebat, ut eum vocaret acceſſit; apertoque aliquantulùm oſtio introſpiciens, vidit eum per magnum ſpatium à terrâ elevatum, curvatis genibus, protenſis junctiſque palmis orantem. Mox verò ad terram demiſſus, & ad Cancellarium verſus ſuſpirando planxit, quòd eum à deliciis maximis impediſſet: adjecitque quòd in illâ contemplatione ſuaviſſimâ, animas Regis Ricardi & Stephani Cantuarienſis Archiepiſcopi vidit à Purgatorio liberatas. Aſſerebat enim idem Frater, quòd cùm eſſet miræ abſtinentiæ, menſam tamen habuit refertam cibis delicatis, quibus nonnulli talibus utebatur ſalſamentis, per quæ ſaporis oblectamentum totaliter tolleretur. Hujus poſt mortem funus uſque Pontiniacum deductum, ſepultum eſt ibidem in Eccleſiâ Monachorum, ubi crebris admodum coruſcat miraculis, & præcipuè in reſuſcitatione infantium oppreſſorum.

Fuerat huic ſocius in ſcholâ Magiſter Robertus Bacun, qui Oxoniis regens in Theologiâ, Prædicatorum Ordinem eſt ingreſſus. Poſt ingreſſum verò lectiones ſuas in ſcholis ſancti Edwardi per plures continuavit annos, ſub quo primus de Fratribus incœpit Frater Ricardus de Fiſſakre Oxonienſis diœceſis, legens unà cum fratre Roberto prædicto in ſcholis, quas Fratres infrà locum quem nunc habitant, habuerant. Hic Ricardus ſuper Sententias ſcriptam temporibus ſuis perutile compoſuit, & ſuper Pſalterium uſque ad pſalmum ſeptuageſimum poſtillas edidit pulcherrimas, moralitatibus intermixtas. Moritur eodem anno Lewlinus Princeps Walliæ, inter cujus filios Griffinum nothum, & David ex legitimo toro natum, Regis Angliæ ex ſorore nepotem, gravis pro Principatu ſuborta eſt diſſenſio, ſed tandem Griffinus à fratre captus, carcerali cuſtodiæ mancipatur. Moritur Papa Gregorius nonus, cui poſt vacationem duorum menſium & dierum ſex, ſuccedit Cæleſtinus quartus, natione Mediolanenſis, priùs dictus Galfridus, Epiſcopus Sabinenſis, qui vitâ & ſcientiâ laudabilis, ſenex & infirmus electus poſt dies decem & octo moritur, & in Eccleſiâ beati Petri ſepelitur. Cæleſtino verò defuncto, vacavit ſedes menſibus viginti duobus, diebus quatuordecim.

| MCCXL. | GREGOR. IX. XIV. | FREDER. II. XXIX. | LUDOV. IX. XXIV. | HENRICI III. XXIV. |

Imperator Papam perſequitur.

FREDERICUS Imperator Romipetis ponens inſidias, Jacobum Præneſtinum Epiſcopum de Franciâ, & Othonem Diaconum Cardinalem de Angliâ ad Curiam revertentes capi fecit, & in cuſtodiâ detineri. Gregorius Papa cum Concilium tenere voluiſſet, captis per diverſas partes Prælatis ab Imperatoris fautoribus, à ſuo propoſito impeditur. Inter quæ mala ad extremam horam veniens in Domino obdormivit. Iſte Gregorius cum aliquando ab Imperatore, qui tunc ex magnâ parte patrimonium Eccleſiæ Romanæ occupaverat, obſideretur in urbe, videns Romanos penè omnes per pecuniam eſſe corruptos, exhibens capita Apoſtolorum, proceſſionemque à Laterano ad ſanctum Petrum faciens, animos Romanorum ſic revocavit, ut contrà Imperatorem ferè omnes acciperent ſignum crucis. Quo audito Imperator qui jam ſe intraturum urbem credebat, timens ſibi ab urbe longius retroceſſit. Hic etiam Papa per Fratrem Raymundum de Ordine Prædicatorum, Capellanum ſuum, ex pluribus voluminibus Decretalium compilavit volumen unum; mandans ubique Doctoribus illo uti. Fuit Raymundus Catalanus natione, qui ante ingreſſum Ordinis, in Jure Canonico Bononiæ rexerat excellenter. Poſt Ordinis verò ingreſſum à domino Papa Gregorio familiariter recollectus, Capellanus ejus efficitur ac Pœnitentiarius, petitionumque pauperum expeditor, qui tandem cum difficultate obtentâ licentiâ redeundi ad terram ſuam, refutato in eâdem Archiepiſcopatu, poſt Fratrem Jordanum Magiſter effectus eſt Ordinis Fratrum Prædicatorum. Qui ut rigor Ordinis etiam in minimis ſervaretur (attendens quòd qui minima negligit, paulatim decidit) appoſuit magnam curam. Scripſit Summam de caſibus, Confeſſoribus perutilem, ac Conſtitutiones Ordinis Prædicatorum, quæ priùs ſub confuſione habebantur, ſub certis diſtinctionibus & titulis poſuit. Poſt biennium verò ob impotentiam magiſterio cedens, in Conventu Barchinonæ conſenuit, tantâ religionis ſanctitate pollens, ut poſt mortem miraculorum gloriâ habitus ſit inſignis.

Cometa apparuit hoc anno, verſùs Orientem dirigens comam ſuam. Beatus Eadmundus Cantuarienſis Archiepiſcopus in Galliis, apud villam quæ dicitur Seyni ægrotans, tandem præſentem miſeriam exuens, ad æternæ viriditatis paſcua introivit, ubi ſequens agnum Dei quocumque ierit, agonis ſui pal-

Decretales in unum volumen redigi curavit Papa Gregor. per Raymundi.

Quæ ſcripſerit Raymundus.

Obiit B. Eadmundus ſanctitate & doctrinâ illuſtris.

Miraculis claret in Pontiniacenſi Monaſterio ſepultus.

Cæleſtinus Papa IV.

| VACATIONIS I. | FREDER. II. XXX. | LUDOV. IX. XV. | HENRICI III. XXV. | MCCXLI. |

REx Angliæ pro reponendis reliquiis ſanctiſſimi Regis & Confeſſoris Edwardi, capſam auream in Eccleſiâ Weſtmonaſterii parari fecit. Graviſſima apud Achon inter Hoſpitalarios ſuborta eſt Templariorum diſcordia, quam ſedare non potuit Ricardus Regis Angliæ germanus, quamvis ad hoc plurimùm laboraret. Alfonſus frater Regis Franciæ, Comes Pictavenſis

Chronicon Nicolai Triveti.

AN. DOM.	PAPÆ	IMPERATOR.	Regis FRANC.	Regis ANGL.

Pictavensis efficitur. Obiit Gilbertus Marescalli in quodam torneamento verberibus conquassatus, cui in Comitatu successit Walterus germanus ejusdem, quo tandem sine herede defuncto, hereditas ejus inter quinque sororum filios, de quibus suprà mentionem fecimus, est divisa. Obiit soror Arthuri Alianora apud Bristollum, ubi cum annis multis cælibem vitam duxisset, tandem moritura corpus suum inter Sanctimoniales Ambresbiræ sepeliendum legavit, quibus & annuente Rege manerium de Melkceham cum pertinentiis suis dedit.

MCCXLII.	VACATIONIS II.	FREDER. II. XXXI.	LUDOV. IX. XVI.	HENRICI III. XXVI.

Comitem Marchiæ homagium denegantem armis Rex Franc. in officium redigere conatur.

RICARDUS Regis Angliæ frater cum Comite Willelmo de Longa-Spathâ revertitur de Terrâ sanctâ. Ludovicus Francorum Rex Hugonem Marchiæ, qui matrem Regis Angliæ duxerat in uxorem, infestavit propter homagium. Alfonso Pictavensi Comiti denegatum. In cujus subsidium transfretans Henricus Rex Angliæ, una cum Ricardo fratre suo Cornubiensi Comite, Comitatumque Pictaviæ ex donatione patris, vindicante, juxta Xantonas cum Rege Francorum pugnam commisit. Videns verò Pictavenses à se deficere, quorum fiduciâ ad partes illas accesserat, prælio se subtrahens, in castro quod Blavium dicitur, se recepit. Urbem namque Xantonas sibi infidam præsentiens, utpote quæ statim post pugnam, Regi Francorum se reddidit, ingredi recusavit. Exercitus etiam Francorum Rege suo infirmato, ingravescenteque victualium penuriâ ad propria remeavit.

Tartari subactis Georgiâ, Indiâ, Armeniâ majore, ac Turkiâ, per unum de Principibus Poloniam & Hungariam sunt aggressi. Cum verò timerent intrare Hungariam, consulentes Idola, dum hostias immolerent, tale accepisse feruntur responsum; Ite securi, quia spiritus infidelitatis & discordiæ vos præcedent, quibus inter se turbati Hungari vobis minimè prævalebunt. Nec fefellit eos augurium. Nam ante Tartarorum introitum, Rex & Principes, Clerus & populus tantâ inter se dissidebant discordiâ, quòd dum neglecto apparatu belli fugam coguntur inire, usque ad multa millia occiduntur. Innocentius quartus natione Januensis, Anagniæ in Papam eligitur. Hic dictus erat priùs Senebaldus, sancti Laurentii in Lucinâ Presbyter Cardinalis. Obiit Jocelinus Bathoniensis Episcopus.

Innocentius Papa IV.

MCCXLIII.	INNOC. IV. I.	FREDER. II. XXXII.	LUDOV. IX. XVII.	HENRICI III. XXVII.

HEnricus Rex Angliæ munitiones quasdam in Vasconiâ rebellantes subegit: inter quas erat castrum quod Viternus vocatur. Innocentius Papa sedes Cardinalium à multo tempore vacuas, de personis electis ex diversis mundi partibus restauravit. Inter quas fratrem Hugonem de Viennâ, Doctorem in Theologiâ eximium, vitâ & scientiâ præclarum, primùm de Ordine Prædicatorum instituit tituli S. Sabinæ Presbyterum Cardinalem. Hic doctrinâ sanâ & perlucidâ totam Bibliam postillavit: Concordantiarum etiam Bibliæ extitit primus auctor. Innocentius iste sententiam excommunicationis à Papa Gregorio, prædecessore suo in Fredericum latam renovavit, confirmavit. Templarii in Achon Hospitalario obsidentes & persequentes crudeliter, treugas cum Soldano Babyloniæ per Regem Ricardum, Fratrem Regis Angliæ initas in eorum infregerunt odium, cum Soldanis aliis, ut dicitur, fœdere sociati. Hoc anno Magister Ricardus de Wichiâ Vigorniensis diœcesis, quondam beati Edmundi Archiepiscopi Cantuariensis Cancellarius, fit Episcopus Cicestrensis. Willelmus de Ralegh Northwicensis, ad Wintoniensem Episcopatum transfertur. Dominus Papa Rogero Præcentori Saresberiensi Romæ existenti Bathoniensem contulit Præsulatum.

	INNOC. IV. II.	FREDER. II. XXXIII.	LUDOV. IX. XVIII.	HENRICI III. XXVIII.	MCCXLIV.

DAvid Princeps Walliæ, Regis Angliæ ex sorore nepos, Innocentio Papæ suggessit, Principatum Walliæ ad Ecclesiæ Romanæ feodum pertinere, seque de Rege Angliæ tenere compulsum injustè. Propter quod scripsit summus Pontifex Abbati de Abertoun super hoc negotio, de quo peniùs instructus sub dissimulatione transivit. Soldanus Babyloniæ super treugâ interruptâ graviter indignatus, conductis Coralinis qui inter Saracenos pugnatores putantur, Christianos bello aggreditur, ac de eis multitudinem magnam cruentissimâ cæde stravit. In quo prælio etiam tam Prior Hospitalis quàm Magister militiæ Templi ab hostibus captivantur, Saracenique civitatem Jerusalem, sepulcrumque Dominicum destruxerunt. Rogerus Præcentor Saresberiensis, consecratus est in Episcopum Bathoniensem Rabingiæ ab Episcopo Wintoniensi. Obiit etiam Baldewinus de Ripariis, Comes Devoniensis. Natus est Regi filius secundus, dictus Eadmundus.

	INNOC. IV. III.	FREDER. II. XXXIV.	LUDOV. IX. XIX.	HENRICI III. XXIX.	MCCXLV.

Concilium Lugdunense ubi Fredericus privatur Imperio.

Missi ad hoc Concil. Nobiles Angli, qui censum negarent Papæ.

INnocentius Papa post magnum tractatum cum Imperatore de pace habitum, cum ipsius contrà Ecclesiam contumaciam perpendisset, auxilio Januensium devenit in Gallias, & celebrans Concilium in Lugduno, ipsum velut hostem Ecclesiæ privando Imperio condemnavit. Missi sunt ad hoc Concilium per Regem Angliæ de consilio Prælatorum, Comitum & Baronum, viri nobiles Hugo Bigod, Joannes filius Galfridi, Willelmus de Cantelupo, Philippus Basseth, datò eis Advocato Magistro Willelmo de Powik, ut concessioni Regis Joannis de annuo censu pro Angliâ & Hiberniâ contradicerent, & quòd de regni assensu non processerat, sed per Cantuariensem Archiepiscopum vice totius regni fuerit reclamatum. Sed Papa hoc indigere morosâ deliberatione respondens, negotium posuit in suspenso. Prælati Angliæ hoc anno conquesti sunt Regi de oppressione Ecclesiæ Anglicanæ, cujus ferè proventus omnes & redditus extranei occupabant, propter quod Magistro Martino domini Papæ tunc consanguineo, qui inter cæteros major, aliotumque in negotiis hujusmodi tutor videbatur & defensor, ut regnum indilatè evacuet regio mandatus edicto. Bonifacius de Sabaudiâ Reginæ Angliæ consanguineus, ad Archiepiscopatum Cantuariensem procurante Rege ex dono summi Pontificis sublimatur. Odo Tusculanus Episcopus crucem prædicavit in Franciâ pro passagio Regis Francorum in Terram sanctam. In partibus etiam Hannoniæ multi crucem accipiunt in subsidium Landegravii Turingiæ, in Regem Romanorum procurante domino Papâ nuper electi, contrà Henricum filium Frederici depositi, patrem contrà Ecclesiam defendentem. Carolus frater Regis Franciæ filiam quartam Comitis Provinciæ accepit, per quam totum posteà habuit Comitatum. Tertiam verò filiam ejusdem, Sanciam nomine duxerat Ricardus

Provinciæ Comitatum obtinet frater Regis Franc.

Tom. III.   B b

A N. DoM.	PAPÆ	IMPERATOR.	Regis FRANC.	Regi sANGL.
MCCXLVI.	INNOC. IV. IV.		LUDOV. IX. XX.	HENRICI III. XXX.

frater Regis Angliæ, defunctâ priore uxore Isabellâ, relictâ quondam Gilberti de Clare, de quâ genuerat filium nomine Henricum. Magister Ricardus Blundi fit Episcopus Oxoniensis.

BEatus Eadmundus Cantuariensis Archiepiscopus, ab Innocentio Papa canonizatur Lugduni. Turci & Armenii cum Tartaris fœderantur. Carolus frater Regis Franciæ, Andegavensem obtinet Comitatum.

| MCCXLVII. | INNOC. IV. V. | II. | LUDOV. IX. VXI. | HENRICI III. XXXI. |

BEatus Eadmundus apud Pontiniacum in solemniorem locum transfertur. Ecclesia Anglicana pro relevamine status sui undecim millia marcarum domino Papæ solvit. Moritur Landegravius Turingiæ, nuper in Regem Romanorum electus, in cujus locum Willelmum Comitem Hollandiæ Innocentius Papa elegi procuravit. Obiit Rogerus Episcopus Bathoniensis.

| MCCXLVIII. Rex Franciæ in Terram sanctam proficiscitur. | INNOC. IV. VI. | WILLELMI I. I. | LUDOV. IX. XXII. | HENRICI III. XXXII. |

REx Franciæ in terram sanctam proficiscens, per Lugdunum transiens, à domino Papa litteras prohibitorias ad Regem Angliæ, ne terras suas inquietaret peregrinationis tempore, impetravit; qui mari pertranlito apud Tunitum hiemavit: obieruntque ibi de Franciâ Milites multi nobiles & famosi. Moneta Angliæ renovatur. Magister Willelmus de Butthoniâ, fit Episcopus Bathoniensis.

| MCCXLIX. Damiatam capit. | INNOC. IV. VII. | WILLELMI I. II. | LUDOV. IX. XXIII. | HENRICI III. XXXIII. |

PAssus Dominicus per quemdam Fratrem de Ordine Prædicatorum allatus in Angliam, repositus est in Conventu Ordinis ejusdem Bristolli, quem Henricus Rex à Fratribus sibi præsentatum contulit Abbatiæ Westmonasterii, ubi usque in præsens in veneratione habetur. Rex Francorum cepit Damiatam, & in eâ æstatem peregit. Mense verò Novemb. procedens ad civitatem Malforam, eam obsedit, ubi de exercitu Christiano per Saracenos plurimi occiduntur.

| M CCL. Expugnantur capiunturque Rex, & multi Nobiles à Saracenis. | INNOC. IV. VIII. | WILLELMI I. III. | LUDOV. IX. XXIV. | HENRICI III. XXXIV. |

REx Francorum exercitu suo in obsidione Massoris peste laborante ac fame, dum Damietam revertitur, superveniente Saracenorum exercitu in itinere, captus est cum duobus fratribus, Alfonso Pictavensi, & Carolo Andegavensi Comitibus, & multis aliis viris magnis. Robertus verò Atrebatensis Comes, tertius frater Regis submergitur fugiendo. Multi etiam prælio decertando occiduntur, de quorum numero erat Willelmus de Longa-spatâ Saresberiensis Comes, qui viriliter dimicando, cecidit aggravatâ manu hostium super eum. Cujus mater Abbatissa de Lakok, ut prædictum est, nocte præcedente diem quo filius ejus interfectus est, vidit cœlos apertos, & filium suum armatum ab Angelis elevatum cum gaudio introire. Hujus Willelmi filiam unicam & heredem duxit Henricus de Laci Comes Lincolniæ, Saresberiensem cum eâdem accipiens Comitatum. In Daciâ Henricus Dacorum Rex inclytus ab Abel fratre suo juniori, ut pro eo regnaret, suffocatur in mari. Obierunt Willelmus de Ra-

PAPÆ	IMPERATOR.	Regis FRANC.	Regis ANGL'	A N. DoM.

legher & Aimericus, Frater ejus Henricus ex matre fit Wintoniensis Episcopus.

Hoc anno primo celebratum est Londoniis sub Magistro Joanne Episcopo Fratrum Prædicatorum Capitulum generale. Hic Magister cum esset, in quadruplici linguâ, videlicet Teutonicâ, Gallicâ, Italicâ; & Latinâ Prædicator egregius, de Priore Provinciali Hungariæ factus est Episcopus Bosoniensis; sed à Papa Gregorio cum in desiderio haberet secretum contemplationis, per magnam instantiam cessionem obtinuit, nullâ penitùs sibi provisione retentâ. Cum autem in Magistrum Ordinis electus esset, & ut prælationem talem refugeret, pontificalem vellet ordinem allegare, porrecta est in contrarium littera Papalis decernens; quòd cum absolutus esset; à curâ pastoralis regiminis, & per consequens sub obedientiâ Ordinis constitutus; debuit in recipiendo officium Ordini obedire; sed tamen cum in multis privilegiis procuratis per eum dominus Papa scribat ei, non tantùm *Filium* ut alios Magistros, sed ut cæteros Episcopos *Venerabilem Fratrem* appellati. Fredericus filium suum Henricum accusatum per Romanos de rebellione contra eum, carceri mancipavit, in quo post breve tempus decessit.

Fredericus repulsus à Parmensibus, quorum obsedit civitatem, in Siciliam rediens; mortuus est ibidem. Conradus autem filius ejus aspirans ad Regnum Siciliæ, cœpit in Apuliâ fortiter dominari. Innocentius Papa in Italiam reversus; apud Assisium morabatur, ubi sanctum Stanislaum Cracoviensem Episcopum canonizavit; qui ab iniquo Principe fuerat interfectus. Rex Francorum procurante Reginâ Blancâ matre ejus, cui custodiam Regni reliquerat, dato pretio & restitutâ Damiatâ Saracenis liberatur, unâ cum fratribus & aliis concaptivis. Qui remissus in Franciam fratribus, transfretavit in Achon, cujus, ac civitatum Joppes & Sidonis muros reparans, in terrâ illâ per quinquennium moram fecit. Temporibus Frederici, in Burgundiâ Imperiali, per terram solutam à montibus circiter quinque millia hominum suffocantur. Nam unus mons maximus se dividens abaliis montibus, per plura milliaria cujusdam vallis cadendo se extendens, ad alios montes accessit, omnes in valle villas terrâ & lapidibus operiendo. Eo etiam tempore regnante Rege Castellæ Ferdinando, in Toletâ Hispaniæ Judæus quidam comminuendo rupem unam pro vineâ amplianda, in medio lapidis invenit concavitatem unam, nullam penitùs divisionem habentem aut scissuram, & in concavitate illâ reperit unum librum quasi folia lignea habentem, qui liber tribus linguis scriptus, videlicet hebraicè, græcè & latinè, tantum de litterâ habebat quantum unum psalterium, & loquebatur de triplici mundo ab Adam usque ad Antichristum, proprietates hominum uniuscujusque mundi exprimendo. Principium verò mundi tertii posuit in Christo sic: *In tertio mundo filius Dei nascetur ex Virgine* MARIA, *& pro salute hominum patietur.* Quod legens Judæus, statim cum totâ domo suâ baptizatus est. Erat etiam in libro, quòd tempore Ferdinandi Regis Castellæ liber debebat inveniri.

In medio lapide liber inventus.

| | INNOC. IV. IX. | WILLELMI I. XXV. | LUDOV. IX. XXV. | HENRICI III XXXV. | MCCLI. |

PAstores in Franciâ coadunatâ multitudine dicebant se Angelicâ visione monitos, ut proficiscerentur in Terram sanctam contra Saracenos & incredulos pugnaturi. Transeuntes verò Parisius, venerunt Bituricas, ubi subortâ discordiâ cum civibus

Chronicon Nicolai Trivetti.

AN. DOM.	PAPÆ	IMPERATOR.	Regis FRANC.	Regis ANGL.

fit conflictus, & multis occifis, reliqui difperguntur. Abel Dacorum Rex cum Frifones fubjugare voluiffet, interfectus eft. Conrado captâ Neapoli ejus muros funditùs deftruxit, & fimiliter fecit de Capuâ, & Aquino.

MCCLII.
In numerum Sanctorum relatus eft Petrus Martyr.

INNOC. IV.	WILLELMI I.	LUDOV. IX.	HENRICI III.
X.	V.	XXVI.	XXXVI.

BEATUS Petrus Veronenfis, ex Ordine Fratrum Prædicatorum, profequendo inquifitionem pravitatis hæreticæ fibi ab Apoftolicâ Sede commiffam, ab ipforum hæreticorum credentibus, inter Cumas ubi Fratrum fuorum Prior erat, & Mediolanum occifus, martyrio coronatur. In cujus canonizationis litteris quæ eodem anno facta eft Perufii, teftatur Papa Innocentius ipfum ferè annos triginta vixiffe in Ordine, fultum catervâ virtutum, virginitatis etiam florem illibatum fervaffe, nulliufque mortalis criminis unquam fenfiffe contagium fuorum probatum teftimonio Confefforum: cujus religiofa fanctitas crebris & in vitâ & in morte miraculis nofcitur claruiffe.

Egregiæ ejus virtutes.

Eodem anno ftatuit Papa Innocentius, ut Cardinales capellis rubeis uterentur. Magifter Albericus domini Papæ Notarius, ab eodem ad Ricardum fratrem Regis Angliæ mittitur, offerens ei Regnum Apuliæ, quo una cum Imperio privaverat Fredericum. Sed Ricardo Comite negotium differente, fupervenienteque citò poft morte Papæ, non eft res fortita effectum. Alexander Scotorum Rex Margaretam filiam Regis Angliæ duxit uxorem, de quâ genuit filium nomine Alexandrum, qui immaturâ morte patrem prævenit. Aliam filiam ejufdem Regis nomine Beatricem accepit Dux Britanniæ, de quâ prolem genuit numerofam. Fuit autem ifte annus in Angliâ tanto caloris & ficcitatis exceffu notabilis, ut & eo tamquam infigni termino confueverint aliquando homines tempora computare. A primâ enim die Martii ufque ad Affumptionem Virginis gloriofæ nulla cecidit pluvia fuper terram.

Conradus in Apuliâ infirmatus, clyftere qui à medicis judicabatur fieri ad falutem, veneno mixto intulit fibi mortem. Reliquit autem filium nomine Conradinum, cujus fibi tutelam Mainfredus ejufdem patruus ufurpavit. Hoc anno tertio Nonas Aprilis beatus Ricardus Ciceftrenfis Epifcopus laboris finem, curfufque fui metam attingens, præfentis incolatûs miferiam exuit, & æternitatis bravium comprehendit: cujus vitam fanctitate infignem ac virtutibus gloriofam rudi quidem, fed veraci ftilo fcripfit Frater quidam de Ordine Prædicatorum Radulfus nomine, quem dum adhuc viveret in fuum elegerat Confefforem. Meritorum verò ejus magnitudinem & gloriam, crebrefcentia poft mortem ad tumbam ejus miracula, certiffimâ fide probant.

MCCLIII.

INNOC. IV.	WILLELMI I.	LUDOV. IX.	HENRICI III.
XI.	VI.	XXVII.	XXXVII.

HEnricus Rex Angliæ ad inftantiam Prælatorum, Comitum & Baronum chartas duas, unam de libertatibus quæ magna, & aliam quæ de foreftâ dicitur conceffit: In partibus Angliæ quæ dicuntur Holondia & Holderneffe, alluvione maris infolita magna terræ portio cum domibus & earum habitatoribus eft deleta. Moritur Robertus Lincolnienfis Præful, qui cognominatus eft à pluribus Groffum caput. Hic excellentis vir fapientiæ fuit, ac lu-

Robertus Lincol. Epifc. fcientiis varius clarus.

---

cidiffimæ doctrinæ, totiufque exemplar virtutis. Qui licet de imâ gente Sutfolchiæ Northwicenfis diœcefis, originem traxerit, tamen bonam naturæ indolem præceptis Scripturarum exercens, produxit animum generofum. Qui cum effet Magifter in Artibus, fuper librum Pofteriorum [e] compendiosè fcripfit. Tractatus etiam de Sphærâ, & de arte compoti, multaque alia in Philofophiâ utilia edidit. Doctor verò in triplici linguâ eruditus, Latinâ, Hebreâ & Græcâ, multa de Gloffis Hebræorum extraxit & de Græco multa transferri fecit, ut puta Teftamentum, duodecim Prophetarum, & libros Dionyfii, quorum novam tranflationem perlucidè commentavit. Hic Fratres Ordinis tam Prædicatorum quàm Minorum fincerâ caritate amplectens, eos habuit continuè in comitivâ fuâ, delicias computans cum eis de Scripturis conferre. Præ cæteris etiam familiarem habuit fratrem Adam de Marifco, Bathonienfis diœcefis, Ordinis Minorum, in facrâ Theologiâ Doctorem eximium & famofum, ob cujus affectionem libros fuos omnes Conventui Fratrum Minorum Oxoniæ in teftamento legavit. Huic Fratri Adam Bonifacius Cantuarienfis Archiepifcopus, quaffato Elienfi electo, ejufdem Ecclefiæ contulit Præfulatum: fed appellatione ad Curiam Romanam interpofitâ, Electus Epifcopatum obtinuit, & Archiepifcopus fic conferendi Epifcopatûs perdidit poteftatem.

INNOC. IV.	WILLELMI I.	LUDOV. IX.	HENRICI III.
XII.	VII.	XXVIII.	XXXVIII.

MCCLIV.
Filius Regis Angl. in Hifpaniâ uxorem ducit Alienoram. &c.

HEnricus Rex Angliæ cum Reginâ Alianora in Vafconiam transfretans, Edwardum filium fuum primogenitum cum jam effet annorum quindecim tranfmifit ad Aldefonfum Regem Caftellæ, ut cum nobili puellâ Alianorâ ejufdem Regis forore iniret connubium. Quem Aldefonfus Rex ad civitatem Hifpaniæ quæ vulgò Bures [f] dicitur venientem cum gaudio & honore fufcipiens, militaribus armis cinxit, & nuptiarum folemniis valde honoratum, cum uxore ad patrem remifit. Innocentius Papa cum magno exercitu Apuliam ingreffus moritur, cum fediffet annis undecim, menfibus fex, & apud Neapolim fepelitur. Succeffit Alexander tertius, natione Campanus. Filii Margaretæ Comitiffæ Flandrenfis, quos fufceperat de Burcarido domino de Avenis, infurrexerunt contra matrem, quia eos exheredare voluit, & heredem fibi fubftituere filium fuum Guidonem, quem de eâ genuit maritus pofterior Willelmus de Dampetrâ. Comitiffa verò in fui adjutorium Carolum Andegavenfem Comitem accerfivit, conferens eidem Hannoniæ Comitatum, quem filii Comitiffæ, adjuvante eos Rege Romanorum Willelmo, aliifque Teutoniæ Principibus fortiter oppugnabant.

ALEXAN. III.	WILLELMI I.	LUDOV. IX.	HENRICI III.
I.	VIII.	XXIX.	XXXIX.

MCCLV.
Alexáder III. Innocentio Papæ fucceffit.

MOritur Willelmus Rex Alemaniæ. Electores verò Imperatoris ab invicem divifi funt, ita ut quidam Regem Caftellæ eligerent, quidam verò Ricardum fratrem Regis Anglorum. Comites & Barones affentientibus Prælatis denuntiari fecerunt per fingulos Comitatus, ut chartæ de libertatibus & foreftâ inviolabiliter obfervarentur: ad quorum inftantiam Archiepifcopus Bonifacius fententiam excommunicationis tulit in omnes eorum fpon-

---

[e] *Pofteriorum*] Scil. Analiticorum Ariftotelis, quod Acherius vidit.

[f] *Bures*] An dicere voluit *Burgos*.

An. Dom.	PAPÆ	IMPERATOR.	Regis FRANC.	Regis ANGL.	PAPÆ	IMPERATOR.	Regis FRANC.	Regis ANGL.	An. Dom.

taneos transgressores. Lewlinus Princeps Walliæ collectâ manu validâ intravit Comitatum Cestriæ, quem Rex nuper Edwardo filio suo contulerat, & omnia cæde atque incendio usque ad portas urbis Cestriæ devastavit. Ad cujus reprimendum impetum, miles strenuus & famosus, dictus Stephanus, cognomento Bavian, cum exercitu à Rege missus, cùm intrasset terram cujusdam Walensis nobilis nomine Resi cognomento Wauhan, id est parvi, multitudine hostium in locis palustribus circumventus, sabbato in hebdomadâ Pentecostes occiditur. Reliqui autem de ejus exercitu vel præliando cum Duce suo cadunt, vel vivi capti, vinculis mancipantur, exceptis paucis qui per fugam evadere potuerunt. Hoc anno puer quidam Christianus nomine Hugo, a Judæis Lincolniæ captus est, & in improperium Christiani nominis crudeliter crucifixus.

bus aliquibus cum equis & armis mare versùs, Gallias transeunt indilate. Walterus Sutreiæ fit Episcopus Exoniensis.

ALEXAN. III. V.	RICARDI. IV.	LUDOV. IX. XXXIII.	HENRICI III. XLIII.	MCCLIX

Rex Anglorum in Gallias transfretans, à Rege Francorum petit restitutionem terrarum sibi ac patri suo injustè ablatarum per avum suum Philippum & patrem Ludovicum, & ab ipso injuriosè detentarum. Sed Gallicis contrà Regem Anglorum multa allegantibus, & specialiter donationem Normanniæ antiquam non fuisse spontaneam, sed per primum Ducem Rollonem à Rege Francorum vi extortam (nec Regi Anglorum tutum videbatur jam prælio decertare, cùm sui in procinctu essent insurgendi contrà eum) pacem subscriptam quodammodo compulsus admisit. Solutis namque sibi à Rege Francorum trecentis millibus librarum Turonensium parvorum, promissâque restitutione terrarum ad valorem viginti millium librarum annui census, omnibus terris in Manu Regis Francorum existentibus, resignavit plenè & purè. Et exinde litterarum suarum abbreviavit titulum, ut nec Ducem Normanniæ, nec Comitem Andegaviæ deinceps se vocaret. Manfredus filius Frederici se fecit in Regem Siciliæ coronari, nepotis sui Conradini morte conficta : quem Papa Alexander tamquam Regni invasorem, fautoremque Saracenorum excommunicavit, omnique honore & dignitate sententiâ judiciali privavit.

Angliæ Rex Normanniis &c. coactus cedit Regi Francorum.

MCCLVI.	ALEXAN. III. II.	RICARDI. I.	LUDOV. IX. XXX.	HENRICI III. XL.

Guillelmus de S. Amore condemnatur.

Alexander Papa Magistrum Willelmum de Sancto-amore, Canonicum Belvacensem suumque Capellanum, propter persequutionem injustè commotam contrà Religiosos mendicantes & præcipuè Prædicatores, Anagniæ condemnavit, privans eum Capellaniâ suâ, & omni beneficio Ecclesiastico habito & habendo : libellum etiam quem De mundi periculis intitulavit, in quo contra Ordines pauperum multipliciter invehitur, reprobans, in Ecclesiâ Cathedrali comburi fecit, excommunicans omnes qui retinent librum illum. Cæteros etiam Magistros per dictum Willelmum concitatos, coëgit Fratres ad pacem recipere, & secundùm legem charitatis tractare. Pax inter Comitissam Flandriæ & filios suos per meditationem Regis Francorum sub hac formâ firmatur. Videlicet quòd Florentius Comes Holandiæ, qui fovit partem filiorum prioris mariti, & nuper in bello filios posterioris mariti ceperat, & cum aliis Flandrensibus in carcere detinebat, in uxorem duceret filiam Comitissæ; & Comitatus Hannoniæ cum urbe Valentinensi, cedente Carolo ad rogatum Regis Francorum, concederetur filiis genitis de domino de Avenis : Comitatus verò Flandriæ cum terris aliis filiis Willelmi de Dampetrâ. Sub his pactionibus liberavit Comes Holandiæ Guidonem & fratres ejus filios Comitissæ de posteriori marito, cum Flandrensibus aliis.

	ALEXAN. III. VI.	RICARDI. V.	LUDOV. IX. XXXIV.	HENRICI III. XLIV.	MCCLX

Usticiarii Regis Angliæ qui dicuntur Itineris, missi Herfordiam pro suo exequendo officio repelluntur, allegantibus his qui Regi adversabantur, ipsos contrà formam provisionum Oxoniæ nuper factarum venisse. Florentini coadunati ut civitatem Senensem destruerent, à militibus Manfredi, & Jordano Comite qui partem fovit Manfredi, vincuntur, captâque eorum civitate & in parte destructâ, ipsi dominio subjiciuntur Senensium & Manfredi. Inter Regem Ungariæ & Boëmiæ pro quibusdam terris grave oriebatur prælium, fugientibusque Ungaris plurimi de eis occiduntur gladio, sed multo plures submerguntur in fluvio, quem transire oportuit fugientes. Itaque Rege Boëmiæ Ungariam intrante, Rex Ungariorum terras usurpatas restituens pacem fecit, & mediante matrimonio amicitias in futurum firmavit.

MCCLVII.	ALEXAN. III. III.	RICARDI. II.	LUDOV. IX. XXXI.	HENRICI III. XLI.

Ricardus frater Regis Angliæ in Alemanniam transiens, Aquisgrani in Regem Romanorum solemniter coronatur. Carolus Comes Andegaviæ Comitatum Provinciæ accipiens, Marsilienses rebellantes in manu forti repressit. Rex Angliæ filio suo Edwardo Vasconiam, Hiberniam, villamque Bristolli dedit.

	ALEXAN. III. VII.	RICARDI. VI.	LUDOV. IX. XXXV.	HENRICI III. XLV.	MCCLXI

Alexander Papa Viterbii moritur, & in Ecclesiâ S. Laurentii honorificè sepelitur. Hic canonizavit Anagniæ sanctam Claram, quæ fuit Ordinis S. Damiani, reprobavit & duos libros pestiferos, quorum unus dicebat, quòd Religiosi etiam verbum Dei prædicantes, de eleemosynis, viventes salvari non possent : alter verò dicebant inter cætera, quòd Evangelium & doctrina novi Testamenti neminem ad perfectionem perduxit, evacuanda erat millesimo ducentesimo sexagesimo anno, & in sexagesimo anno deberet inchoari doctrina Joathan, quam conditor libri vocavit Evangelium æternum, totam perfectionem salvandorum in illo ponendo. Dicebat etiam quòd Sacramenta novæ legis hoc anno evacuarentur : quæ omnia sedes Apostolica, & prædicti temporis sequens experientia exsuf-

Moritur Alexander Papa, qui diversas exstirpavit hæreses.

MCCLVIII.	ALEXAN. III. IV.	RICARDI. III.	LUDOV. IX. XXXII.	HENRICI III. XLII.

Rex Angliæ Parliamentum Oxoniæ convocat, ad quod convenientibus Prælatis, Comitibus & Baronibus facta sunt statuta, quæ usque in præsens Provisiones Oxoniæ appellantur, ad quas inviolabiliter observandas Rex coactus est corporale præstare sacramentum, cum omnibus ferè post jurantibus illud idem. Aymericus verò Wintoniensis Electus, Willelmus de Walentiis, Guido & Galfridus de Lizenim fratres Regis uterini, nolentes jurare cum aliis discedunt, & insequentibus eos Baroni-

| AN. DOM. | PAPÆ | IMPERATOR. | Regis FRANC. | Regis ANGL. | PAPÆ | IMPERATOR. | Regis FRANC. | Regis ANGL. | AN. DOM. |

Eligitur Urbanus IV.

flavit. Alexandro succedit Urbanus natione Gallicus, de civitate Trecensi. Qui Saracenorum exercitum quem Manfredus in patrimonium Ecclesiæ miserat, per Cruce-signatos fugavit. Rex Angliæ impetratâ à Papa Urbano, absolutione juramenti, quod pro observandis Provisionibus Oxoniensibus invitus præstiterat, multos earum articulos publicè revocavit. Baldewinus Græcorum Imperator per Græcos, & auxilium Januensium in odium Venetorum cum Francis expellitur & Latinis, & sic Græci recuperato Imperio, quendam sibi præficiunt quem appellant Palæologum. Baldewinus verò fugiens, exul in Galliis morabatur.

| MCCLXII. | URBANI IV. I. | RICARDI VII. | LUDOV. IX. XXXVI. | HENRICI III. XLVI. |

Princeps Walliæ Regis Angliæ adversariis confœderatus, cœpit in terris Edwardi filii Regis, iterum cædes & incendia exercere. Philippus Regis Francorum filius, Isabellam filiam Regis Aragoniæ uxorem accepit. Marsilienses contrà Carolum, favente eis quodam Castellano, nomine Bonifacio, insurgentes occiderunt urbis custodes: propter quod Carolus Bonifacium expugnans, fugavit eum de Comitatu Provinciæ, castro ejus ad deditionem coacto. Marsilienses verò diutiùs obsidens, tandem subegit, & seditionis auctores in conspectu populi capite plecti fecit. Papa Urbanus beatum Ricardum Cicestrensem Episcopum catalogo Sanctorum adscripsit. Joannes Gervasii, quassatis electis Monachorum, à domino Papa fit Episcopus Wintoniensis.

| MCCLXIII. | URBANI IV. II. | RICARDI VIII. | LUDOV. IX. XXXVI. | HENRICI III. XLVI. |

In Regem insurgunt multi Baronei.

Edwardus filius Regis Angliæ, cum exercitum copiosum contrà Principem Walliæ collegisset, & ille ad nemorosa & palustria fugiens, copiam pugnæ non faceret, à patre in Angliam revocatur, Symon Leicestriæ Comes, Capitaneus Baronum contrà Regem insurgentium, factus, prædari cœperat bona Regi adhærentium, & præcipuè eorum qui Reginæ attinentes, per eam introducti fuerant in Angliam, quos alienigenas appellabant. Quidam etiam de parte Baronum Herfordensem Episcopum Petrum natione Burgundum, in Ecclesia suâ Cathedrali captum, duxerunt ad castrum de Herdesleyâ, thesaurum ejus pariter dividentes. Deinde duce Comite Symone progreditur exercitus Gloverniam, cujus castri custodia fidelissimo militi Mathiæ de Besiller fuerat per Regem commissa. Occupatâ autem villâ cum castro dantes insultum Barones, portam primam versùs urbem confregissent, Mathias ut sibi essent auxilio, incarceratos dissolvit: quorum proditione cum ex alterâ parte castri patefactus, esset ingressus, Mathias in turrim confugit: in quam insequentes eum milites Symonis, effractis foribus violenter irrumpunt, Mathiamque licet repugnantem, nec metu mortis se reddere volentem vivum ceperunt, & vinctum quo volebant duxerunt. Exinde Comes Wigorniam accedens, civitatem ipsam sine ullâ resistentiâ cepit. Inde usque Brugiam progrediens, cum villam obsedisset, villanique primo die se viriliter defendissent, secundo die firmato pacto quòd Walenses qui ex parte aliâ urbem oppugnabant, non introducerentur, oppidum reddiderunt. Deinde proficiscitur Comes ad partes Regni australes. Rex autem & Regina interim Londonis morabantur in turri, quæ eum se transferre volens ad castrum de Windelsore, per fluvium Thame-

fis ascenderet in scapha, multitudo civitatis plebeia ad pontem sub quo transitura erat congregata; convicia & maledicta in eum confuso clamore congessit, & jactu luti & lapidum ad turrim coëgit reverti.

Igitur inter Regem & Comitem sub his conditionibus pax formatur, videlicet ut in primis Henricus Regis Alemanniæ filius, qui tunc parti Comitis contrà Regem adhærens captus, & in custodiâ detentus fuerat, liberaretur: deinde ut castra Regis omnia per partem Angliam Baronum custodiæ traderentur: Item ut provisiones Oxoniæ inviolabiliter servarentur, & quòd omnes aliegenæ infrà certum tempus regnum evacuarent, exceptis his quorum moram fideles de regno assensu unanimi acceptarent: postremò ut indigenæ regno fideles & utiles, negotia regni de cætero sub Rege disponerent. Sed his non obstantibus, milites quidam de parte Regis castrum de Windelsore victualibus munierunt & armis. Edwardus verò ad castrum Bristolli venit, ubi inter milites suos & villanos subortâ discordiâ, avertitur ab eo villâ, jam parans obsidionem ponere circà castrum, quod advertens Edwardus, Walterum Wigorniensem Episcopum, qui partem Baronum fovit, accersiri fecit, ut in ejus conductu patris curiam adiret, spondens se patri & ejus Consilio ea quæ pacis erant efficaciter suadere. profectus igitur cum Episcopo cum appropinquaret castro de Windelsore, ingressus est illud, quod suspectum habens Episcopus malè tulit. Comite tamen Symoni cum sibi adhærentibus volentibus castrum obsidere occurrit Edwardus quasi mediâ viâ circà villam de Kingeston, pacis offerens tractatum eidem: sed Comes fretus consilio præfati Walteri Episcopi, Edwardum frustratum propositò, redire volentem detinuit: redditumque est castrum de Windelsore Comiti, concessâ custodibus ejus ad recedendum cum omnibus suis quo volebant liberâ facultate, alienigenis etiam volentibus transito mari redire ad propria salvus datur conductus. Leulinus Princeps Walliæ Comiti Symoni consentientibus, Comitatum Cestriæ & Marchiam ejus interim devastavit, duoque Edwardi castra Dissard & Gannek diruens, complanavit ad solum.

Post hæc Parliamentum Londonias convocatur, in quo dum multi qui hactenùs Comiti adhæserant, ad partem Regis se transferunt (inter quos præcipuus erat Henricus de Alemanniâ, Ricardi Regis Romanorum de primâ uxore filius) cœpit potestas regia aliquantulum respirare. Denique Rex Dovoriam accedens, sategit castrum illud de manibus Comitis extorquere, sed frustratus intento discessit. Carolus Comes Provinciæ in perpetuum urbis Romanæ eligitur Senatorem: cui etiam Papa Urbanus regnum Siciliæ usque quartum heredem contulit, ut illud auferret Manfredo.

Pax inita paulò post solvitur.

| URBANI IV. III. | RICARDI IX. | LUDOV. IX. XXXVII. | HENRICI III. XLVIII. | MCCLXIV. |

Sanctus Ludovicus Francorum Rex, Anglicani Regni desolationi compatiens, procurante Archiepiscopo Bonifacio, qui Parisius in sermonibus publicis tam apud Prædicatores quàm apud Minores Regis Angliæ, Comitisque Leicestriæ processus gestaque declaravit, in concordatorem amicabilem pacisque arbitrum se admitti permisit. Assentientibus itaque partibus, factâque submissione Regi Francorum, Rex Angliæ & Edwardus filius ejus cum Prælatis pluribus regni Anglorum, ad audiendum dictum & laudum

Bb iij

| PAPÆ | IMPERATOR. | Regis FRANC. | Regis ANGL. | PAPÆ | IMPERATOR. | Regis FRANC. | Regis ANGL. |

præfati Regis circà festum S. Vincentii se Parisius præsentârunt. Comes verò Leicestriæ, sive quia Regem Francorum propter matrem ejus sibi offensam suspectum habuit, sive aliâ de causâ non satis notâ præsentiam suam subtrahens, in Angliâ prosequitur inchoata. Igitur extunc Rogerus de Mortuo-mari; in rebus bellicis miles expertus, prædia Comitis Leicestriæ cœpit deprædari. Contrà quem Comes adjuncto sibi Principe Walliæ progressus, castrum de Radenore obsedit, & ad deditionem coëgit. Edwardus filius Regis Angliæ de Parisius regressus, castra Comitis Herfordiæ Hay & Huntingdoniam cepit, & castrum Breconiæ sibi redditum Rogero de Mortuo-mari tradidit custodiendum cum territorio adjacenti. Robertus Comes Berbeiæ, qui Comiti Symoni adhæsit, civitatem Wigorniæ obsedit, & per vetus castrum ingressus, bona civium diripuit, Judæosque baptisari coëgit. Capta est & villa Gloverniæ à Baronibus aliis: quos insequutus Edwardus à tergo reparato ponte super Sabrinam, quem Barones post transitum suum versùs Gloverniam fregerant, castrum Gloverniæ cum suis intravit. In crastino procurante Waltero Wigorniensi Episcopo, inter Edwardum & Barones qui villam ceperant induciæ sunt acceptæ: quibus durantibus, fugerunt qui villam ceperant, Burgensesque se & sua dederunt Edwardo.

Henricus Rex de Franciâ reversus, Oxoniam veniens, personaliter orationis gratiâ sanctam adiit Fredeswidam. Armatus nempe fide rectâ, non veritus est superstitiosam opinionem illorum, qui putant illicitum Regibus intrare villam, ultionem in eos virgine exercente. Ad quem cum venisset filius ejus, coadunato exercitu, dispouisset hostes in manu validâ propulsare. Interim Londonienses Justitiarios Regis ac Barones de Scaccario capientes, carceri manciparunt. Rex verò habens secum illustres Principes, Ricardum germanum suum Regem Alemanniæ, ac filium suum Edwardum, Willelmumque de Valentiis fratrem uterinum, clarissimosque milites Joannem Comyn de Scotia, cum multitudine Scotorum, Joannem de Balliolo dominum Galwidiæ, Robertum de Brus dominum Vallis-Avandiæ, Rogerum de Glifford, Philippum Marnoun, Joannem de Vallibus, Rogerum de Leyborne, Henricum de Percy, Philippum Basseth, Rogerum de Mortuo-mari, cum exercitu progrediens villam Northamtonam obsedit, quam Dominicâ in passione effracto muro intravit, cepitque in illâ milites vexilliferos quindecim; videlicet Symonem juniorem, Willelmum de Ferrariis, Petrum de Monte-forti, Baldewinum Walre, Adam de Novomercato, Rogerum Bertrandi, Symonem filium Symonis qui primus vexillum erexerat contra Regem, Berengarium de Watervile, Hugonem Gubion, Thomam Maunsel, Rogerum Boutevilein, Nicolaum Ware, Robertum de Newetoniâ, Philippum de Dribi, Grimbaldum de Paunsevot: de quibus Symonem juniorem ad castrum de Windelsore, reliquos verò ad alia castra transmisit captivos. Capti sunt & alii milites minoris gradûs circiter quadraginta, scutiferique non pauci.

Perrexit inde Rex versùs Notingham, maneria Baronum cæde vastans & incendiis, ibique recollegit Magnates suos, & suorum auxit numerum vehementer. Comes Symon his auditis Londonias pergit, & peractis machinis decrevit expugnare urbem Roffensem, quam Comes Joannes de Warrenna tunc tenuit & defendit. Cujus cum portam primam unâ cum ponte cepissent Symon & sui, nuntiatum est Regem venire Londonias, propter quod omissâ ob-

sidione, in ejus occursum celeriter redierunt. Rex autem declinans à civitate Londoniarum, cepit castrum de Kingstone, quod erat Comitis Gloverniæ, profectusque Roffam, quosdam qui in obsidione remanserant fugavit, plurimis interfectis. Inde perrexit usque Tunebregge, cujus castrum cepit, & Comitissam Gloverniæ in eo, quam tamen liberam abire permisit: relictâque ad custodiam castri magnâ militiâ, perrexit Winchelseyam, ubi Portuenses recepit ad pacem. Profectusque ultrà, pervenit usque Lewes, receptusque est ipse in Prioratu, & filius ejus in castro. Ubi dum esset, scripserunt ei Barones litteras hujus tenoris:

"Excellentissimo domino suo Henrico Dei gratiâ illustri Regi Angliæ, domino Hiberniæ, Duci Aquitaniæ, Barones & alii fideles sui, sacramentum & fidelitatem Deo & sibi observare volentes, salutem & debitum cum honore famulatum. Cum per plura experimenta liqueat, quòd quidam vobis assistentes multa de nobis mendacia dominationi vestræ ingesserint, mala quanta possunt non solùm nobis, sed etiam vobis & toti regno vestro intentantes. Noverit Excellentia vestra, quòd salutem & sanitatem corporis vestri totis viribus, & fidelitatem vobis debitam volumus observare, inimicos non solùm vestros, sed etiam nostros & totius regni vestri juxtà posse gravare proponentes: illis si placet supradictis non credatis. Nos enim fideles vestri semper inveniemur, & nos Comes Leicestriæ, & Gilbertus de Clare ad petitionem aliorum pro nobis & ipsis signa nostra apposuimus."

Rescripsit autem eis Rex litteras in hac formâ:

"Henricus Dei gratiâ Rex Angliæ, dominus Hiberniæ, Dux Aquitaniæ, Symoni de Monteforti, Giliberto de Clare, & eorum complicibus. Cum per guerram & perturbationem generalem in regno nostro jam per vos suborta, necnon incendia & damna enormia alia, appareat manifestè quòd fidelitatem vestram nobis non observatis, nec de securitate corporis nostri in aliquo curatis, eo quod Magnates & alios fideles nostros, nostræ fidei constanter adhærentes enormiter gravastis, & ipsos pro posse vestro gravare proponitis, sicut per litteras nobis significastis, nos ipsorum gravamen nostrum proprium, & eorum inimicos æquè nostros reputantes, cum tantùm præcipuè prædicti fideles nostri pro fidelitate suâ observandâ contra infidelitatem vestram nobis viriliter & fideliter assistant: de vestrâ fidelitate vel amore non curamus, sed vos tamquam nostros & eorum inimicos diffidamus, teste me ipso apud Lewes."

Et Rex etiam Alemanniæ & Edwardus filius Regis nomine suo & aliorum Regi adhærentium scripserunt prædictis Comitibus, & eorum complicibus in hac formâ:

"Ricardus Dei gratiâ Rex Romanorum semper Augustus, & Edwardus Illustris Regis Angliæ primogenitus, cæterique Barones omnes & Nobiles, prædicto Regi Angliæ constanter & sincerâ fide atque operibus adhærentes, Symoni de Monte-forti, Giliberto de Clare, ac cæteris & universis & singulis perfidiæ suæ complicibus. Ex litteris vestris quas domino nostro illustri Regi Angliæ transmisistis, accepimus nos esse diffidatos à vobis, quamvis hujusmodi verbalis diffidatio satis fuerit in nos realiter ante vestrâ hostili in rerum nostrarum incendiis, & bonorum no-"

| PAPÆ | IMPERATOR. | Regis FRANC. | Regis ANGL. || PAPÆ | IMPERATOR. | Regis FRANC. | Regis ANGL. |

"strorum depopulationibus persequutione probata. Nos igitur scire volumus, à nobis universis & singulis vos tamquam hostes publicos ab hostibus diffidatos, qui deinceps personarum vestrarum & rerum dispendiis, ubicumque vobis ab hoc facultas fuerit, totis viribus & nisibus insistemus. De hoc quod falsa nobis imponitis, quòd nec fidele nec bonum consilium ipsi domino nostro Regi damus, nequaquam verum dicitis. Et si vos, domine Symon de Monte-forti, vel G. de Clare, hoc idem in curia Regis volueritis asserere, parati sumus vobis securum ad veniendum ad dictam curiam procurare conductum, & nostræ innocentiæ veritatem, & utriusque vestrûm sicut perfidi proditoris mendacium declarare per aliquem nobilitate & genere vobis parem. Omnes nos contenti sumus prædictorum dominorum sigillis; videlicet domini Regis Romanorum, & domini Edwardi."

Appropinquantes autem ad villam de Lewes Comies prædicti in manu armata, regios satellites qui pro quæritando equorum pabulo, egressi fuerant, invadentes, plurimos peremerunt. Præmonitus Rex de adventu subito Comitum & Baronum, obviam pergit cum exercitu in tres partes divisô : quarum primæ præerat Edwardus Regis primogenitus, cum Willelmo de Valentiis Penbrochiæ, & Joanne de Warenna Surreyæ & Susexiæ Comitibus : secundæ, Rex Alemanniæ cum filio suo Henrico, tertiæ verò Rex ipse Henricus. Baronum verò exercitus in quatuor partes divisus erat, quarum primæ Henricus de Monte-forti cum Comite Herfordiæ, secundæ Gilbertus de Clare cum Joanne filio Joannis, & Willelmo de Monte-canisi, tertiæ in qua erant Londonienses, Nicolaus de Segrave, quartæ ipse Comes Symon cum Thoma de Pelvestonia præfuerant. Edwardus igitur cum acie sua tanto impetu in hostes irruit, ut eos retrocedere cogeret; quorum multi fugientes submersi sunt, ut scribunt aliqui, usque ad numerum millium sexaginta. Londonienses etiam in fugam versi sunt, quos dum insequitur Edwardus ad quatuor milliorum spatium, gravissimam cædem inferendo, à reliquâ separata exercitu diminuit robur ejus. Interim verò multi de acie Regis occisi sunt, captique Rex Alemanniæ, Robertus de Brus qui Scotos adduxerat, Rex etiam Henricus dextrario ejus occiso captus, & in Prioratu apposita custodia est reclusus. Reversus Edwardus gravi prælio excipitur, fugeruntque Comes Warenniæ, Willelmus de Valentiis, Guido de Lisiniaco frater Regis uterini, Hugo Bigod cum militia quæ ad quadringentos loricatos ascendit, omnes ad castrum de Peunesie tendentes.

Cum autem hinc inde multi cecidissent, Edwardus villam circumiens, cum patrem non invenisset in castro, Prioratum ingressus pervenit ad eum. Interim dato insultu ad castrum, cum inclusi viriliter se defenderent, subtrahunt se Barones ; Edwardus audaciâ castrensium animatus, recollectis suis iterum voluit præliari. Quo cognito miserunt Barones mediatores pacis, promittentes in crastino velle de pace tractare cum effectu. In crastino igitur discurrentibus inter partes Fratribus Prædicatoribus & Minoribus, sic actum est, ut in crastino sextâ sequente Edwardus & Henricus pro patribus suis Regibus Angliæ & Alemanniæ se Comiti Symoni traderent, sub spe quietis & pacis, ita ut sub de liberatione tractaretur, quæ provisionum & statutorum essent pro utilitate Regni tenenda, & quæ delenda, & quòd interim captivi hinc inde absque pretio redde-

rentur. Sabbato sequenti Rex omnes qui sibi adhæserant, licentiavit ad propria ; scriptisque de voluntate Comitis Symonis his qui erant in munitione de Tonebrugge, quòd redeuntibus ad sua Baronibus non nocerent. At illi nonobstante armati procedentes, cum audissent Londonienses qui de bello fugerant, apud Croindone receptos, illuc properantes, plurimis eorum peremptis spolia abstulerunt. Exinde tendebant usque Bristollum, ubi usque ad liberationem Edwardi in præsidio remanserunt. Comes verò Symon Regem Angliæ, filiumque ejus Edwardum secum circumduxit, quousque castra terræ fortiora omnia occupasset, & extunc ad tractandum de pace secundùm formam præmissam difficiliorem se exhibuit, eo quod Regem & Regnum totum in suâ habuit potestate. Denique Ricardum Regem Romanorum in turri Londoniarum, Edwardum verò & Henricum Regum filios in castro Dovoriæ sub custodia posuit, Regem Angliæ Henricum secum continue circumducens.

Interim milites inclyti & in armis expertissimi, videlicet Rogerus de Mortuo-mari, Jacobus de Ardeliaco, Rogerus de Leyborne, Rogerus de Clifford, Haymo Extraneus, Hugo de Turberville cum aliis pluribus indignè ferentes Regem regiamque sobolem sic tractari, unanimi contra Comitem Leicestriæ insurgunt consensu. Ad quorum compescendam audaciam Comes Symon associato sibi Principe Walliæ Leynlino, castrum Herfordiæ intravit, illucque Edwardum captivum de Dovoriâ transtulit. Deinde castrum Comitis Herfordiæ, quod Hay dicitur recuperavit, & castrum de Lodelawe cepit, devastandoque terras Rogeri de Mortuo-mari, progreditur versus Montem Gomeri, ibique factâ pace inter Comitem Symonem & prædictos nobiles, datis ab eis obsidibus, Comes ad partes australes revertitur, ut occurreret militiæ quæ de partibus Gallicanis in Regis subsidium dicebatur ventura.

Urbanus Papa turbationi Regni Anglicani compatiens, Legatum misit dominum Sabinensem Episcopum Cardinalem, qui Angliam intrare non valens, navigio quinque portuum mare occupante ; quosdam Episcopos Angliæ ad se primò Ambianis, deinde Boloniam evocavit, quibus sententiam excommunicationis & interdicti auctoritate Papali in civitatem Londoniarum & quinque portus, omnesque pacem Regis Angliæ turbantes fulminatam, publicandam exequendamque commisit. Dissimulaverunt nihilominùs Episcopi negotium, de cujus causâ non satis certâ diversi variè opinantur.

Hoc anno apparuit cometa tam notabilis, ut scribit Frater Martinus in Chronicis suis, quòd tunc nullus vivens talem ante viderit. Ab oriente enim cum magno fulgore surgens usque ad medium hemisphærii versus occidentem comam perlucidam pertrahebat, & et in diversis mundi partibus multa forte significaverit, hoc tamen unum pro certo compertum est, ut cum plusquàm per tres menses duraverit, ipso apparente Papa Urbanus infirmari cœpit, & eâdem nocte quâ Papa mortuus est, cometa disparuit. Obiit autem Perusii, & sepultus ibidem. Urbano successit Clemens quartus natione Provincialis, qui primò uxorem habens & filios, famosus fuit Advocatus, & Consiliarius Regis Francorum. Mortuâ verò uxore, propter vitam bonam, sanctam & laudabilem, primò Podiensis Episcopus efficitur, ac deinde Archiepiscopus Narbonensis, tandem ad Cardinalatum assumptus, sit Episcopus Sabinensis: qui cum à Papa Urbano missus fuisset legatus in Angliam pro pacis reformatione, absens electus est in

Comes Symon Regem Regnumque tenet in sua potestate.

Clemens IV. in Papam assumptus.

Barones hostes Rex persequitur.

A Baronibus Reges Aleman. & Angl. capiuntur.

Pax proponitur ab utrâque parte, sed frustra.

Chronicon Nicolai Trivetti.

| PAPÆ | IMPERATOR. | Regis FRANC. | Regis ANGL. |

Papam. Claruerunt his temporibus Parisius Doctores eximii Frater Thomas de Aquino inter Prædicatores, Bonaventura inter Minores.

MCCLXV. | CLEMEN. IV. I. | RICARDI X. | LUDOV. IX. XL. | HENRICI III. L.

Causa dissensionis & belli inter Anglos.

INter Comites Leicestriæ Symonem, & Gloverniæ Gilbertum hac occasione dicitur suborta simultas. Comes enim Leicestriæ non est contentus Regem Angliæ à se captivum detineri, verùm castra regia in ditionem propriam accepit, disponens pro libitu suo Regnum totum, & (quod præcipuè offendebat) proventus Regni, redemptionésque captivorum, emolumentaque alia quæ inter eos æquâ sorte dividi debebant, sibi soli totaliter vindicabat. A filiis quoque ejus in superbiam erectis contemptui videbatur haberi. Super his per Comitem Gilbertum requisitus, rogatúsque ut Regem Alemanniæ, quosdam alios captivos nobiles, per ipsum & suos in bello captos, sibi redderet: cum leviter respondisset: inchoata discordia radicitus est firmata. Discedens quippe cum indignatione Comes Gilbertus, Milites nobiles in Marchia, quorum supra facta est mentio, quos jam Comes Symon edicto publico Regnum evacuare jusserat, accersitos fœdere sibi jungit. Auxerunt eorum societatem Joannes de Warenna Sureyæ & Susexiæ, & Willelmus de Valentiis Penbrochiæ Comites, in occidentales partes Walliæ per mare devecti, & Penbrochiæ applicantes.

Comes Symon Regem secum ducens, Herfotdiam proficiscitur, collectâ manu validâ prædictos Milites, potenter disponens opprimere. Interim per quosdam elaboratum est Prælatos, ut Comites Leicestriæ & Gloverniæ ad pristinam reducerentur unitatem: sed nihil proficere potuerunt. Dum autem hæc aguntur, Edwardus filius Regis in castro Herfordiæ sub custodiâ detentus, equorum cursu se exercere in prato quodam extra urbem à custodibus permittitur gratiâ spatiandi, qui tentatis pluribus & currendo fatigatis, tandem unum quem electum sciebat ascendens dextrarium, urgénsque eum calcaribus, custodibus valedixit, tranátoque flumine quod Weye dicitur, cum duobus militibus & quatuor scutiferis propositi sui consciis, versus castrum de Wiggemor dirigit iter suum. In sequentes verò custodes cum vidissent vexilla duorum Rogeri de Mortuo-mari, & Rogeri Clifford, Edwardo in salutis præsidium occurrentium, delusi Herfordiam revertuntur. Factum est istud in hebdomadâ Pentecostes consilio & industriâ Militum prædictorum. Edwardus à custodia liberatus, coadunato exercitu magno, multis ad eum confluentibus, Comitatus Herfordensem, Wigorniensem, Salopiensem, Cestrensem suæ parti confœderat & subjicit, cum pagis & villis, civitatibus & castellis: villam etiam Gloverniæ, quam nuper Comes Symon optimè munierat, expugnavit & cepit, fugientibus ad castrum custodibus: qui post dies quindecim reddito castro, & præstito juramento quòd contra Edwardum arma de cetero non portarent, liberi dimittuntur. Comes verò Leicestriæ astrum Monemuthæ, quod Comes Gloverniæ nuper ceperat & munierat, coactis ad deditionem custodibus ad solum prostravit: ingressúsque terram ejusdem Comitis quæ Glomergancia dicitur, occurrente sibi Principe Walliæ in subsidium, omnia vastavit incendio atque cæde. Interim verò Edwardus audiens, quòd multi de parte Comitis Symonis ad castrum quod Kenilworthe dicitur confluerent, adjuncto sibi Comite Gloverniæ sero de Wigornia illuc

Aufugit Edwardus filius Regis.

Arma sumit contra hostes: urbes capit, &c.

tendens, citatóque gradu subitò superveniens, cepit Comitem Oxoniæ cum militibus vexilliferis circiter tredecim, antequàm castrum essent ingressi; in quo se jam receperat Symon Comitis Symonis filius.

Symon Comes Leycestriæ Regem semper habens in suâ comitivâ, de australi Wallia reversus, in festo S. Petri ad Vincula venit ad maneritum Wigorniensis Episcopi, quod Cemeseya dicitur, & ibidem in crastino morabatur. Edwardus de Kenilworthe rediit Wigorniam, quæ à prædicto manerio distat milliaribus tantùm tribus. Cujus adventu cognito, Comes Symon cum Rege in ipso noctis crepusculo discedens, in oppido quod Evesham dicitur fato substitit infelici. In crastino namque qui erat dies inventionis S. Stephani, Edwardus movens se de Wigorniâ, transito fluvio juxta oppidum quod dicitur Clive, viam Comiti versus filium, qui erat in castro de Kenilworthe, filiique ad patrem cum suo exercitu interclusit. In crastino verò appropinquavit oppido Eveshamia ex parte unâ, veneruntque ex duabus partibus aliis Comes Gloverniæ cum acie suâ, & Rogerus de Mortuo-mari cum suâ turmâ, ita ut Comes Leycestriæ undique conclusus, necesse haberet vel se spontaneè dedere, vel cum istis prælio decertare. Feriâ igitur sextâ quæ Nonis Augusti contigit, occurrunt sibi ambo exercitus in campo extra oppidum spatioso, ubi gravissimo conserto prælio cœpit pars Comitis succumbere, qui aggravato super eum pondere prælii, ibidem cecidit interfectus. Ceciderunt in eâ pugnâ Milites vexilliferi duodecim, videlicet Henricus filius ejus, Petrus de Monteforti, Hugo de Dispensariis Justitiarius Angliæ, Willelmus de Maundevilla, Radulphus Basseth, Walterus de Crepinge, Willelmus de Eboraco, Robertus de Tregior, Thomas de Hostele, Joannes de Campo-bello, Guido de Ballielo, Rogerus de Roules. Alii quoque minoris gradus in multitudine magnâ, cum scutiferorum & peditum, & maximè Gallensium numero excessivo. Edwardus potitus victoriâ, Monachis illius loci post prælium mandavit, ut corpora defunctorum, & præcipuè majorum decenter humari curarent. Interfuit autem principaliter exequiis Henrici de Monteforti, quem pater ejus de fonte sacro levaverat, & ipse secum nutritum à puero familiariter dilexerat, cujus etiam funeri dicitur lacrymas impendisse.

Denique triumphatis hostibus, Rex potestati regiæ restitutus, Wintoniam de consilio filii victoris aliorúmque Parliamentum convocat in Nativitate Virginis gloriosæ, ubi inito consilio civitatem Londoniarum ob suam rebellionem privavit omnibus privilegiis libertatibúsque antiquis, capitaneósque factionis contra Regem juxta voluntatem suam plectendos jubet carceri mancipari. In festo verò S. Edwardi Regis omnes, qui contra dominum suum Regem cum Comite Symone steterant, edicto publico exheredantur, quorum mox terras Rex illis qui sibi fideliter adhæserant, conculit pensatis meritis singulorum. Exheredati verò coadunantes se passim, deprædationes & incendia exercebant.

Eodem anno Ottobonus tituli S. Hadriani Diaconus Cardinalis, à domino Papa Clemente Legatus in Angliam destinatur. Carolus frater Regis Francorum Romam navigio devectus, à domino Papa Clemente in Regem Siciliæ coronatur. Multitudo Gallicorum cruce signata contra Manfredum, habens Capitaneos Guidonem Autissiodorensem Episcopum, & Robertum filium Comitis Flandrensis, ac Bocardum Comitem Vindomiensem, in subsidium Caroli Romam venit.

Tandem Symon pedonalis vincitur, interficitúrque ab Edwardo.

Rex libertatibus restitutor, gentis afflicti rebelles.

Carolus Regis Franciæ frater à Papa Rex Siciliæ coronatur.

Hoc

PAPÆ	IMPERATOR.	Regis FRANC.	Regis ANGL.	PAPÆ	IMPERATOR.	Regis FRANC.	Regis ANGL.	AN. DOM.

Legatus Papæ in Anglia coacto Concilio, in omnes perduelles excommunicationis fert sententiam.

Hoc anno dominicâ ante bellum Eveshamiæ, multitudo Wallensium Somersetiam deprædatura, Capitaneum habens Willelmum de Berkele Militem nobilem, sed malefactis famosum, apud Mineheved juxta castrum de Doweſtore applicuit: quibus occurrens custos castri dictus Adam Gurdun, plurimos occidit gladio, plurimosque cum eorum Capitaneo compellens in fugam, submergi coëgit. Castrum Dovoriæ redditum est Edwardo, in quod Guidonem de Monteforti tranſtulit sub custodiâ detinendum. Ottobonus Legatus vocato Concilio apud Norhamtonam, sententiam excommunicationis tulit in omnes Episcopos & Clericos, qui Comiti Symoni contrà Regem præſtiterant auxilium aut favorem, & nominatim in Joannem Wintoniensem, Walterum Wigornieńsem, Henricum Londoniensem, Stephanum Cicestrensem: de quibus Wigorniensis citò post obiit sexto Nonas Februarii, cui Nicolaus de Hely Cancellarius Regis succeſſit. Reliqui verò tres præfati Episcopi Romam adeuntes, domini Papæ gratiam exſpectabant. Eâdem etiam sententiâ cæteros quosque Regi adversantes publicè innodavit: ibi etiam conceſſionem domini Papæ de decimâ Eccleſiæ Anglicanæ ſolvendâ Regi per annum ſequentem proximò publicavit. Custos Guidonis de Monteforti in castro Dovoriæ corruptus, ipsum post Pascha liberum dimiſit, mare tranſiens cum eôdem. Guido partes Tuſciæ adiens, Comiti Rufo adhæſit, cujus cum in militia famoſus eſſet, in uxorem accepit filiam & hæredem. Symon verò frater ejus senior paulò ante tempore Quadrageſimali de carcere evadens, transfugit in Gallias. Rex in singulis Comitatibus Capitaneum unum conſtituit, qui unà cum Vicecomite prædonum qui plurimùm abundabant, violentias coërceret. In vigiliâ Pentecoſtes Robertus de Ferrariis Comes Derboiæ, apud oppidum quod Ceſtrefelde dicitur captus est per milites Regios, ſociis quos & prædandum accivérat per fugam diſperſis. Exheredatorum quidam insulam de Haxeholm occupantes, per dominum Eadmundum fratrem Regis in brevi ad deditionem coguntur. Miles quidam in partibus Wintoniæ Adam dictus, cognomento Gourdun, exheredatus cum cæteris qui Comiti Symoni adhæſerant, ad pacem Regis renuens venire, juxtà viam inter villam de Altonia, & caſtrum de Fernham, quam tunc in valle promontoria nemoroſâ reddebant tortuoſam, ac per hoc prædonibus opportunam, cum ſuis reſedit patriam rapinis infeſtans, & præcipuè terras illorum qui parti Regiæ adhærebant. Cujus vires & probitatem ex famâ cognitas cupiens Edwardus experiri, cum in manu forti ſupervenisset eidem se ad pugnam paranti, præcepit ſuis, ne quis inter eos impediret ſingulare certamen. Congreſſi itaque mutuos ictus ingeminant, parique sorte neutro cedente alteri, diutius dimicant. Delectatus tandem Edwardus Militis virtute & animo, inter pugnandum conſuluit ei ut se redderet; vitam pollicens & fortunam. Cui Miles acquiescens, abjectis armis se ilico reddit, quem eâdem nocte Guldefordiam Edwardus transmiſit, Reginæ matri cum recommendatione ſupplici præſentandum, quem poſtea hereditati reſtitutum, Edwardus ſemper carum habuit atque fidum.

Eodem anno multi de exheredatis castrum de Kenilworthe ingreſſi, victualibus munierunt & armis, diſponentes illud defendere contrà Regem. Rex autem illuc properans, in craſtino S. Joannis Baptiſtæ obſidionem poſuit circà castrum. Quâ durante Rex perſonas duodecim eligi fecit, quibus commiſit ut providendo paci Regis atque Regni, la-

Ordinationes pro his qui exheredati fuerunt à Rege.

tam in exheredatos ſententiam moderarentur, jurejurando ſpondens se eorum ordinationes per omnia ſervaturum. Convenientes igitur perſonæ electæ apud Covintreiam, unanimi decreverunt aſſenſu, ut exheredati pœnâ pecuniariâ ſuas hereditates redimerent ab his qui eas occupaverant dono Regis, ita tamen quòd hæc redemptio proventus hereditatum in ſeptennium non excederet, nec unius anni proventibus minor eſſet; ſed intrà hos taxarent terminos ſecundùm quantitatem delicti. Ab hac tamen redemptione filii Comitis Symonis, & Robertus Comes Derebeiæ, quorum exheredationem cenſuerunt fore perpetuam, excluduntur. Qui autem modo prætaxato multandi eſſent pecuniâ, ſi taxatam redemptionem ſolvere nequirent, terras ſuas in manibus poſſeſſorum relinquerent, quouſque de earum fructibus redemptio levaretur. Caſtrum de Kenelworthe ante Natalem Domini Regi redditum eſt, penuriâ victualium compellente, vitâ & membris ac ſupellectili neceſſariâ his qui tenuerant illud ſalvis.

Multitudo Saracenorum per mare in Hispaniam veniens, Chriſtianis intulit magnam plagam; quæ tamen poſtea non ſine multâ effuſione ſanguinis eſt devicta. Carolus Siciliæ Rex ante Beneventum prælio decertat cum Manfredo, & ipſo cum plurimis aliis occiſo, multis etiam captis, victoriam obtinet & triumphum. Mortuo Godefredo Archiepiſcopo Eboracenſi, translatus eſt per dominum Papam ad eamdem ſedem Walterus Episcopus Bathonienſis: cui succeſſit Willelmus de Buctonâ Archidiaconus Wellenſis.

CLEMEN. IV. II.	RICARDI XI.	LUDOV. IX. XLI.	HENRICI III. LI.	MCCLXVII.

Exheredatos rebelles debellat Rex Angl.

Quidam exheredatorum non ferentes ordinationem de redemptione hereditatum apud Kenilworthe factam, quorum Princeps & Capitaneus erat Joannes de Eyvillâ, cum cepiſſent civitatem Lincolnienſem & ſpoliaſſent Judaiſmum, mediamnem Elienſem occupant contrà Regem. Quorum egreſſum & impetum Rex collecto exercitu cum plurimum impediſſet, Edwardus filius Regis fictis ex rutibus & tabulis pontibus in locis opportunis, prout eum incolæ regionis illius inſtruxerant, inſulam cum ſuis militibus eſt ingreſſus: cui quidam ſe dederunt, aliis fugiendo diſperſis.

Dum hæc aguntur, Comes Gloverniæ Regi infidus, peracto exercitu in Walliâ [in] favorem exheredatorum, Londonias adiit, & occurrente ſibi Joanne de Eyville cum magnâ manu complicium ſuorum, civitatem faventibus civibus occupavit: moxque Legato quiturrim pro hoſpitio habuit, mandavit Comes per nuntios, ut eam ſibi redderet indilatè; & ut hoc maturaret facere, ne quis in turri eidem manenti victualia venderet interdixit. Legatus diſſimulato negotio, à turri diſcedens, prædicaturus Crucem procedit ad Eccleſiam ſancti Pauli. Ceſſavit iſte tumultus poſt dies paucos; Comeſque Regi reconciliatur per mediationem Ricardi Regis Romanorum, ac illuſtris Militis Philippi Baſſeth, poſitâ pœnâ decem millium marcarum, ſi Comes in poſterum tumultum aliquem commoveret. Circà feſtum S. Michaëlis Rex cum magno exercitu venit Salopiam, in Walliam progreſſurus, ut Principem ejus Lewlinum, qui partem Comitis Symonis in ſuâ præſumptione contrà Regem faverat, debellaret. At ille miſſis ad Regem nuntiis, triginta millia librarum ſterlingorum pro pace habendâ Regi conceſſit: Sicque interveniente Legato reſtituta eſt

| AN. DOM. | PAPÆ | IMPERATOR. | Regis FRANC. | Regis ANGL. | PAPÆ | IMPERATOR. | Regis FRANC. | Regis ANGL. | AN. DOM. |

Principi terra quatuor Cantredorum, quam Rex abstulerat ei jure belli. Soldanus Babyloniæ vastatâ Armeniâ, Antiocham unam de famosioribus civitatibus Orbis abstulit Christianis, & tam viris quàm mulieribus occisis & captis, in solitudinem ipsam redegit. Obiit Joannes Gervasi Wintoniensis Episcopus, & Viterbii sepelitur.

tûs Christianorum subjicerent potestati. Applicantes igitur in Regno Tunicii portum, & Carthaginem ad parvum redactam opidum juxtà Tunicium, de facili occuparunt. Hoc anno sexto Idus Aprilis Eadmundus filius Regis duxit uxorem filiam Willelmi de Albâ Mariâ Comitis de Haldenesse, nomine Avelianam, quæ heres erat paternæ hereditatis & etiam maternæ: ratione cujus Comitatum Devoniæ, & Vectæ Insulæ dominicum fuerat habiturus; sed cum totâ prole mortem parentum prævenit. Obiit hoc anno Walterius de Laville, Saresberiensis Episcopus: succesitque ei Robertus de Richamtonæ, ejusdem Ecclesiæ Decanus.

MCCLXVIII.
Concilium Londoniense.

| CLEMEN. IV. | RICARDI. XII. | LUDOV. IX. XLII. | HENRICI III. LII. |

OTTOBONUS Legatus Londoniis convocans Concilium, multa statuit ad reformationem status Ecclesiæ Anglicanæ. Non multum verò post cruce signatis apud Northamtonam filiis Regis Edwardo & Eadmundo, ac Comite Gloverniæ, cum multis Nobilibus ad curiam est reversus. Edwardus S. Ludovico Francorum Regi impignorat Vasconiam, accipiens ab eo pecuniam necessariam pro itinere Terræ sanctæ. Corpus beati Edwardi Regis & Confessoris, instante Rege Angliæ, in feretrum aureum quod ei paraverat est translatum. Joannes de Warennâ Comes Surreiæ & Susexiæ Alanum la Souche Regis Justitiarium, in aulâ Westmonasterii subortis inter eos verbis, manu propriâ interfecit. Conradinus nepos Frederici olim Imperatoris ex filio Conrado, patruo suo Manfredo mortuo, aspirans ad Regnum Siciliæ auxilio Teutonicorum, adjunctis eis quamplurimis Lumbardis & Tuscis, Romam usque pervenit: ubi cum Imperiali morte solemniter fuisset receptus, associato sibi Senatore urbis Henrico fratre Regis Castellæ, & Romanis quamplurimis, contrà Regem Carolum in manu forti Apuliam intravit. Sed post durum campestre bellum, Conradinus cum suis terga vertentibus capitur, & cum multis de sanguine suo Nobilibus jussu Regis Caroli decollatur. Henricus autem frater Regis Castellæ, de prælio ad castrum fugit Cassinum: qui postea Carolo redditus, carceri mancipatur. Clemens Papa à præsenti sæculo migrans, Viterbii moritur, & ibidem in Fratrum Prædicatorum Ecclesiâ tumulatur. Hic Papa ita vigiliis, jejuniis & orationibus, ac aliis operibus bonis erat intentus, quòd multas tribulationes quas tunc substinebat Ecclesia Dei, suis meritis creditur exstinxisse. Qui etiam cum multi statum Regis Caroli pro desperato haberent propter multitudinem exercitûs Conradini, tum propter totius penè Regni Siciliæ rebellionem, in publico sermone ei eventura prædixit. Hic Papa Viterbii in Ecclesiâ Fratrum Prædicatorum canonizavit sanctam Eadwigam Ducissam Poloniæ viduam, sanctitatis mirandæ. Defuncto Papa Clemente, vacavit sedes annis tribus, mensibus duobus, diebus decem. Hoc anno Rex Angliæ in Octavâ sancti Martini Parliamentum tenuit apud Marleberge, in quo de assensu Comitum & Baronum edita sunt statuta, quæ de Marleberge vocantur. Nicolaus de Hely Wigorniensis, postulatus & translatus est in Episcopum Wintoniensem.

Clemens Papa piis & sanctis virtutibus ornatus obiit.

| VACATIONIS II. | RICARDI. XIV. | LUDOV. IX. XLIV. | HENRICI III. LIV. | **MCCLXX.**

EDWARDUS filius Regis Angliæ, cùm Eadmundo germano suo aliisque pluribus nobilibus iter peregrinationis in Terram sanctam arripuit mense Maio. Mense verò Augusto infirmitas quæ maximè illo tempore circà confinia maris viguit, in exercitu Christianorum nimis invaluit. Inter Majores primò moritus Joannes Comes Nivernensis, Regis Francorum filius; postea Episcopus Albanensis, Cardinalis & Apostolicæ Sedis Legatus; postremo beatus Ludovicus Rex Francorum Christianissimus, in crastino S. Bartholomæi Apostoli à regno temporali transiit ad æternum. Quàm feliciter autem Rex iste terminaverit vitam, Rex Navarræ domino Tusculano per litteras intimavit. Nam in infirmitate suâ laudare nomen Domini non cessavit, illam orationem aliquoties interserebat: *Fac nos, quæsumus Domine prospera mundi despicere, & nulla ejus adversa formidare*. Orabat & pro populo quem secum adduxerat, dicens: *Esto Domine plebi tuæ sanctificator & custos*. Et cum appropinquaret ad finem, suspexit in cœlum dicens: *Introibo in domum tuam, adorabo ad templum sanctum tuum, & confitebor nomini tuo Domine*: Et hæc dicens, obdormivit in Domino. Cui successit in Regno filius ejus Philippus.

Moriuntur Rex Franc. & alii exercitûs Christianorum.

Exercitu verò de morte Regnis plurimùm desolato, supervenit Carolus Rex Siciliæ, quem Rex Francorum adhuc vivere fecerat accersiri. Et cum multo plures viderentur Saraceni quàm Christiani, tamen nullatenùs ausi sunt bello generali aggredi Christianos, sed per quasdam astutias multa eis incommoda inferebant. Inter alia enim cum regio sit multùm sabulosa, & tempore siccitatis plurimùm pulverosa, statuerunt Saraceni plura millia hominum super montem unum Christianis vicinum, & ut ventus flaret ad partem Christianorum, sabulum moventes pulverem suscitarunt, qui multam molestiam intulit Christianis. Sed tandem pulvere per pluviam sedato, Christiani paratis machinis & variis instrumentis, Tunicium per terram & per mare oppugnare disponunt, quod videntes Saraceni pacta cum Christianis inierunt, concedentes ut omnes Christiani in regno illo captivi, liberi dimitterentur, & quòd conditis Monasteriis ad honorem Christi in omnibus civitatibus regni illius, fides Christi per Fratres Prædicatores & Minores, & per alios quoscumque liberè prædicetur, & volentes baptizari liberè baptizentur: Sicque solutis Regum expensis, & Rege Tunicii Regi Siciliæ facto tributario, treugis annorum plurimum concessis, reversus est exercitus Christianus.

MCCLXIX.
Iterum S. Ludovicus Terram sanctam petit.

| VACATIONIS I. | RICARDI. XLIII. | LUDOV. IX. XLIII. | HENRICI III. LIII. |

SANCTUS Ludovicus Francorum Rex, non territus præteritis laboribus & expensis quas fecerat ultrà mare, iteratò cum filiis suis, adjunctô sibi Rege Navarræ, & quamplurimis Ecclesiarum Prælatis & Baronibus, pro recuperatione Terræ sanctæ iter assumsit. Verùm ad hoc ut Terra sancta facilus recuperaretur, incidit ipsis consilium, ut Regnum Tunicii quod in medio consistens non parvum dabat transfretantibus impedimentum, primi-

Edwardus filius Regis Angliæ post transitum in Gallias, ad Aquas-mortuas perveniens, & ibidem navibus se committens, decem dierum navigatione

Edwardus progreditur in Terram sanctam.

Chronicon Nicolai Trivetti.

| An. Dom. | PAPÆ | IMPERATOR. | Regis FRANC. | Regis ANGL. |

Tunicium pervenit, salvusque cum totâ suâ applicuit comitivâ. Ac inde Rege Siciliæ navigante illuc, periclinantibus gravi tempestate navibus pluribus, submersoque thesauro de Tunicio allato, Edwardus licentiato consanguineo suo Henrico de Alemanniâ, volente redire in Angliam, vela sua direxit in Achon. illucque post quindenam Paschæ pervenit : quo nisi advenisset, infrà quartum diem ab adventu suo fuisset, ut dicebatur, urbs reddita Saracenis. Quidam mercatores Veneti apud Edwardum accusati, quòd Saracenis arma & victualia detulissent, compertâ veritate secundùm sua demerita puniuntur. Soldanus Babyloniæ qui civitatem Achon cœperat oppugnare, cum exercitu ad propria revertitur spe fraudatus. Henricus filius Ricardi quondam Regis Romanorum transiens per Tusciam, cum apud Viterbium Missarum solemniis interesset, in Ecclesiâ sancti Laurentii à Guidone de Monte-forti occiditur. Bonifacius Archiepiscopus Cantuariensis migravit ad Dominum, cujus in successorem Prior eligitur Monachorum.

| MCCLXXI. | VACAT.ONIS III. | RICARDI. I. | PHILIPPI III. I. | HENRICI III. LV. |

Edwardo filio Regis Angliæ in Achon commorante, assacinus quidam qui sæpiùs ad eum nuntius Admiralii Joppensis venire consueverat, fingens se velle ei quædam referre secreta, omnibus à camerâ exclusis, ipsum ad fenestram quamdam appodiantem, ex improviso cultello vulnerat venenato. Quem Edwardus pede percussum, & ad terram prostratum, extorto de manibus ejus cultello occidit. In extractione verò cultelli violentâ, seipsum in manu vulnerat & in fronte. Vulnera verò ejus grassante veneno, multis & variis adhibitis remediis vix curantur.

| MCCLX-XII. | GREGOR. X. I. | RICARDI. XVI. | PHILIPPI III. II. | HENRICI III. LVI. |

Gregorius Papa X. eligitur.

Theobaldus Placentinus, Laudensis Archidiaconus, qui devotionis causâ cum domino Edwardo transierat in Achon, in Papam eligitur, & Gregorius decimus appellatur. Hic in Achon decretum electionis suæ per Fratres Prædicatores & Minores ad hoc specialiter missos recipiens, Viterbium, ubi exspectabant eum Cardinales, cum celeritate accessit. Fecit autem unam ordinationem quinque Episcoporum Cardinalium plurimùm laudabilem, quia honestas & valentes personas assumsit. Hic autem quassato Electo Cantuariensi, Pontificatum ejusdem Ecclesiæ contulit Fratri Roberto Kilewardeby, qui eodem anno à Prioratu provinciali Fratrum suorum, quem undecim annis gesserat, absolutus fuerat, & etiam ad idem officium reelectus. Qui non tantummodò religiosæ vitæ sanctitate, sed scientiâ atque doctrinâ habebatur præclarus. Nempe ante Ordinis ingressum Parisius rexerat in Artibus, cujus in his peritiam, præcipuè quoad Grammaticam & Logicam, redacta in scriptis edocent monumenta. Post Ordinis verò ingressum studiosus in divinis Scripturis, originaliterque sanctorum Patrum, libros Augustini ferè omnes, aliorumque Doctorum plurium per parva distinxit capitula, sententiam singulorum sub brevibus annotando. Exstant Tractatus ejus de tempore, de universali, de relatione, & de ortu scientiarum curiosus utilisque libellus. Concessit autem ei dominus Papa ut munus consecrationis recipere posset à quocumque Episcopo Catholico, quem ad hoc duxerit eligendum. Elegit autem Willelmum Bathoniensem, qui famâ

sanctitatis inter cæteros plurimùm efflorebat : à quo præsentibus undecim Suffraganeis, Dominicâ primâ Quadragesimæ Cantuariæ consecratur.

Ricardus Rex Romanorum frater Regis Angliæ, quarto Nonas Aprilis apud castrum de Berkhamstede viam universæ carnis ingressus est, cujus cor in Ecclesiâ Fratrum Minorum Oxoniæ, corpus verò in Ecclesiâ Monachorum Ordinis Cisterciensis de Hayles, quam ipse impensis propriis construxit, sepelitur. Eodem anno mense Augusti Cives Norwicenses Prioratum Monachorum invadentes, combusserunt Ecclesiâ Cathedralem : super quâ re indignatus admodum Rex Henricus, ad vindictam malefactorum misit illuc Justitiarium militem quemdam Thomam Treveth dictum. qui & Justitiarius itineris fuerat de coronâ, cujus filius erat qui Chronicam istam scripsit : Urgente autem mandato regio horroreque facinoris, magna multitudo civium convicta de scelere tanto, ad caudas equorum tracti suspendio perimuntur. — *Pater scriptoris hujusce Chronici.*

Henricus Anglorum Rex mense Novembri infirmitate correptus, in die sancti Eadmundi Episcopi & Confessoris in Domino obdormivit. In die verò beati Eadmundi Regis & Martyris apud Westmonasterium traditur sepulturæ. Iste Rex quantum in sæculi actibus putatur minùs prudens, tanto majori devotione apud Deum pollebat. Singulis namque diebus tres Missas cum notâ audire solebat, & plures audire cupiens, privatim celebrantibus assistebat assiduè. Contigit autem aliquando sanctum Ludovicum Francorum Regem cum eo super hoc conferentem dicere, quòd non semper Missis, sed frequentiùs sermonibus audiendis esset vacandum. Cui facetâ urbanitate respondens ait, Se malle sæpiùs amicum suum videre, quàm de eo loquentem licet bona dicentem audire. Erat autem staturæ mediocris, compacti corporis, alterius oculi palpebrâ demissiore, ita ut partem nigredinis pupillæ celaret, robustus viribus, sed præceps in factis, in quibus tamen quia fortunatos & felices exitus habuerit, putant eum multi apud Merlinum fatidicum per lynceum designatum omnia penetrantem. — *Rex Angliæ obit. Piè vixit. Ejus corporis & animi dotes.*

Expliciunt gesta Henrici III. *Regis Anglorum.*

INCIPIUNT GESTA TEMPORUM EDWARDI REGIS ANGLORUM, FILII HENRICI III.

Qui fuit quintus eorum Regum, qui à Comitibus Andegavensibus duxerunt originem, secundùm lineam masculinam.

Edwardus Rex Anglorum, Henrici ex Alianorâ filiâ Comitis Provinciæ primogenitus, ætatis suæ triginta tres annos & quinque menses impleverat, die quo patri suo defuncto in Regno fuerat successurus. Fuit autem vir expertæ prudentiæ in negotiis gerendis; ab adolescentiâ armorum exercitio deditus, quo in diversis regionibus magnam etiam famam militiæ acquisierat; quâ totius orbis Christiani sui temporis Principes singulariter transcendebat. Elegantis erat formæ ; staturæ proceræ, quâ ab humero & suprà communi populo præminebat, cæsaries in adolescentia à colore penè argenteo vergens in flavum, in juventute verò declinans, in ni- — *Edwardi Regis prudentia & fortitudo in rebus gerendis. Corporis forma.*

AN. DOM.	PAPÆ | IMPERATOR. | Regis FRANC. | Regis ANGL.	PAPÆ | IMPERATOR. | Regis FRANC. | Regis ANGL.	AN. DOM.
	gredinem, senectutem in cygneam versa canitiem venustabat; frons lata, cæteraque facies pariliter disposita, eo excepto quòd sinistri oculi palpebra demissior paterni aspectûs similitudinem exprimebat, lingua blæsa, cui tamen efficax facundia ad persuadendum in rebus non perorandis. Brachiorum ad proportionem corporis flexibilis productio, quibus vivacitate nervicâ nulla erant ad usum gladii aptiora: pectus ventri præminebat, tibiarumque longa divisio equorum nobilium cursu & saltu sessoris firmitatem prohibuit infirmari.	pendiariis nonnullis, naves repatriaturus ingrediens, cursu velivolo Siciliam usque pervenit, ubi à Rege Carolo honorificè susceptus, cum per dies aliquos recreandi gratiâ se & suos remansisset, rumores primò de morte sui filii Henrici, ac postmodùm de morte patris accepit. Qui dum mortem patris anxiùs quàm filii plangeret, à Rege Carolo vice consolatoris assistente plurimumque mirante super hoc requisitus, dicitur respondisse jacturam filiorum facilem, cùm cotidie multiplicentur, irremediabilem verò esse parentum mortem, qui nequeunt restaurari. Denique discedentem conduci fecit per Carolum filium suum usque ad ultimos terminos Regni sui. Cum autem ad Urbem-Veterem ubi Papa cum suâ Curiâ residebat, advenisset, occurrentibus ei Cardinalibus omnibus cum honore maximo, ad domini Papæ præsentiam est deductus. Cui super morte consanguinei sui Henrici de Alemanniâ, anxiam deposuit querimoniam, quem non modò in offensam juris humani, à Guidone de Monte-forti dum Missarum solemniis assisteret, constabat interfectum, sed in contemptum Ecclesiæ & scandalum nominis Christiani. Papa igitur his commotus, Guidonem excommunicavit, omnesque eum receptantes, & quousque Ecclesiæ satisfieret, terras eorum supposuit interdicto.	Pium Regis Anglorum fatum.
Exercitia.	Cum vacaret ab armis, venationibus tam avium quàm ferarum indulgebat, & maximè cervorum quos in equis cursibus insequi solebat, gladioque vice venabuli confodere apprehensos. Quem commorari in protectione Dei altissimi notissimum esse poterit, non modò quòd adolescens cum milite quodam in camerâ testudinatâ ludo scaccarii occupatus, subitò nullâ occasione præstitâ inter ludendum surgens discesserat, lapisque immensæ ingentitudinis qui sedentem conquassasset, in eodem loco occiderit, sed variorum periculorum, quæ multoties incurrit, (ut in sequentibus notare poterit diligens Lector) exitu fortunato. Inerat ei animus magnificus, injuriarum impatiens, periculorum oblivisci cogens dum vindicari cuperet, qui tamen facilè humilitate exhibitâ potuit emolliri. Cum eodem tempore quodam juxta quamdam ripariam falconum aucupio se exerceret, unum de comitibus suis ex alterâ parte fluvii negligentiùs se habentem circà falconem qui anatem inter salices corripuerat, arguit, & argutioni minùs ut videbatur obedienti minas adjecit. At ille attendens nec pontem, nec vadum consistere in propinquo, facilitate quâdam respondit sibi sufficere, quòd eos ab invicem fluvius dividebat: quod exasperatus filius Regis, aquam ignotæ profunditatis ingressus, equo natante transivit, & trepidinem alvei fluminis decursu cavatam cum difficultate ascendens, gladio extracto insequitur jam equo consenso alterum fugientem, qui tandem per fugam evadere desperans, regyrato equo nudatoque capite collum protendens, Edwardus se obtulit voluntati. Quo facto ab impetu suo fractus filius Regis, gladium reposuit in vaginam, reversique inde pacificè falconis relicti curam egerunt.	Discedens denique Rex Edwardus à Curiâ, per civitates Italiæ progreditur, ubique receptus à civibus cum gaudio maximo & honore. Ingressuro autem Sabaudiam Prælati ac Proceres Angliæ quamplurimi in descensu montium occurrerunt. Transitâ verò Sabaudiâ ad ludum militarem qui vulgò Torniamentum dicitur, per Kabillonensem Comitem invitatur. Optabat ille Comes cum multis aliis militiam Edwardi opere experiri, cujus jam fama repleverat orbem totum. Quorum votis condescendens Edwardus, si cum militibus suis licet longâ peregrinatione vexatis partem tenere velle contrà Comitem & suos proclamari fecit, ac quoscumque alios milites adventantes. Die itaque statuto congregantur partes, gladiisque in alterutrum ingeminantes ictus, vires suas exercent. Comes verò cuneum Edwardi penetrans, cum ipso cominùs congreditur, cui tandem abjecto gladio appropians, collum Edwardi brachio circumduxit, & totâ fortitudine astringens ab equo detrahere conabatur. Sed Edwardus inflexibiliter se tenens erectum, dum Comitem sibi sensit firmiùs adhærentem, equum urgendo calcaribus, Comitem à sellâ abstraxit, quem ad collum suum pendentem fortiùs à se excutiens, in terram dejecit. Commoventur exinde Burgundiones in iram, (jamque exercitium armorum in hostilem insultum, cœptusque ludus bellicum vertitur in tumultum) quorum, adversâ parte ut vices rependant fortiùs insistente, frangitur impetus, cæsique cedunt. Posthæc paulùm refocillatus Comes secundò aggreditur, cujus super se manum sentiens aggravari, se dedit eidem, sicque peregrinus concessâ victoriâ, partes ambæ in urbem pacificè revertuntur. Venit deinde Rex Edwardus in Franciam, & à Philippo Rege susceptus magnificè, homagium fecit ei pro terris suis quas de eo tenebat, sub conditione restitutionis terrarum, patri suo in venditione Normanniæ promissarum. Post hæc in Vasconiam proficiscitur, ad compescendum quos in eâdem Gasto de Biernâ miles nobilis & strenuus, sed à fide domini sui Edwardi deficiens, concitaverat novos motus, cujus terras Edwardus cum exercitu potenter ingressus, ipsum egit in fugam, & in quodam castro forti ac munito obsedit.	Experimentum dat Edwardus suæ in armis industriæ ac fortitudinis.
Virtutes.	Hic tempore quo pater defunctus est, in Terrâ sanctâ commorans, obsequio Crucis insistebat, absensque. Regni administrationem exequi non valebat, propter quod de proximo post patris ejus sepulturam frater Robertus Cantuariensis Præsul, & Gilbertus Glovernensis cum aliis Prælatis ac regni Proceribus Londoniis apud novum Templum convenientes, Edwardum absentem dominum suum ligium recognoverunt, paternique successorem honoris, ordinaveruntque de assensu Reginæ matris custodes Regni, Ministrosque fideles qui regio fisco præessent, & proventus regni ad opus Regis novi ex integro reservarent, cujus pacem jam ubique fecerunt per Angliam proclamari. Eodem anno Eadmundus filius Regis, Comes Lancastriæ de Terrâ sanctâ advenit in Angliam.		
MCCLX-XIII.	GREGOR. X. | RADULPH. | PHILIPPI III. | EDWARD. III. I. | I. | III. | I.		
Edwardus Rex in Angl. rediit.	PRINCIPES Teutoniæ convenientes in unum, Radulfum Comitem Rufum elegerunt in Imperatorem Romanorum, qui anno eodem in Regem Alemanniæ solemniter coronatur. Edwardus in Acchon Christianorum, & Tartarorum auxilio diutiùs frustrà exspectato, felicis ad terræ defensionem sti-		

| An. Dom. MCCLXIV. | Papæ Gregor. X. | Imp. Radulfi. II. | Franc. Philippi IV. | Angl. Edward. III. II. | Papæ | Imperator. | Regis Franc. | Regis Angl. | An. Dom. |

Lugdun. Concilium generale.

KALENDAS Maii apud Lugdunum sub Papa Gregorio decimo generale celebratur Concilium, ad quod Græci & Tartari solemnes Nuntios transmiserunt. Græci ad unitatem Ecclesiæ se redire spondebant: in cujus evidens signum, cum cantaretur Symbolum, hortante domino Papa trinâ vice Nuntii eorum, *Et in Spiritum sanctum Dominum vivificantem, qui ex Patre Filioque procedit* replicaverunt celebriter & devotè. Nuntii verò Tartarorum infrà Concilium baptizati, ad propria redierunt. Fuit autem Prælatorum numerus qui huic Concilio interfuerunt Episcopi quingenti, Abbates sexaginta: Prælati verò alii circa mille. In hac sacrâ Synodo inter alia quidam Ordines Mendicantium, qui post confirmationem Ordinum Prædicatorum & Minorum exorti sunt, cassantur Concilio approbante: prohibiti sunt etiam bigami primam tonsuram deferre.

Quæ in hoc acta sunt.

Numerus Prælatorum.

S. Thomæ Aquinat. obitus.

In viâ versùs istud Concilium venerabilis Doctor Frater Thomas de Aquino, de Ordine Prædicatorum, in quâdam Abbatiâ Monachorum Cisterciensium, quæ dicitur Fossa-nova, diem clausit extremum, cujus acutissimum ingenium, excellentemque scientiam laudibus extollere privatis supervacuum judicamus, cum sapientiæ ejus tam publica sint monumenta, ut Doctor communiter à viris Scholasticis nuncupetur. Hic natione Apulus, filius Comitis de Aquino, invitis parentibus, quum monachari nolebant, Prædicatorum Ordinem est ingressus, in quo tantùm profecit, ut missus ad Parisiense Studium Doctoris fungeretur officio, quo inter alios velut luna plena inter stellas clariùs noscitur effulsisse; qui non tantùm verbo præsentes, sed etiam absentes scriptis laboriosè & perutiliter editis studuit informare. In primis namque super libros Sententiarum quatuor scriptum fecit; scripsit & primam partem de quæstionibus disputatis de veritate, & ultrà, quas Parisius disputavit. Item secundam partem de quæstionibus disputatis de populo Dei & ultrà, quas in Italiâ disputavit. Item & tertiam partem de quæstionibus disputatis, quarum initium est de virtutibus, quas disputavit cum secundò Parisius legeret. Item disputationes undecim de quolibet, quarum sex Parisius, & quinque determinavit in Italiâ. Item contra Gentiles quatuor libros scripsit. Item Summam Theologiæ, quam in tres partes divisit, & secundam in duas partes. Morte autem præventus, tertiam totius & ultimam non complevit. Quatuor Evangelia continuatâ expositione de dictis Sanctorum glossavit: litteralis etiam expositionis in Job, edidit librum unum, super Epistolam verò ad Romanos, & super decem Capitula Epistolæ ad Corinthios: Item super Isaiam, Jeremiam & Threnos postillas conscripsit. Libros Dionysii de divinis nominibus, & Boëtii de hebdomadibus exposuit; sed super librum ejusdem de Trinitate expositionem inchoatam nequaquam perfecit. Exposuit etiam libros Philosophiæ plurimos, puta Physicorum libros octo completè, Cœli & Mundi primum, secundum & tertium meteororum, primum & secundum de animâ, secundum & tertium de generatione & corruptione, libros duos de sensu & sensato, de memoriâ & reminiscentia. Ethicorum libros, decem Metaphysicæ, duos libros Posteriorum, & primum Peri ermenias, principiumque secundi edidit, & tractatus diversos, puta de fide, spe & charitate ad fratrem Reginaldum socium suum. Item ad eumdem de Substantiis se-

Virtutes.

Doctrina.

Operum catalogus.

paratis. Item contra Magistrum Willelmum de Sancto Amore, & impugnantes religionem tempore Alexandri Papæ. Item de occultis operibus naturæ. Item in quibus licitè potest homo uti astrorum judiciis. Item de principiis naturæ ad Fratrem Silvestrum. Item de Regno ad Regem Cypri. Item de rationibus fidei ad Cantorem Antiochenum. Item de perfectione vitæ spiritualis contra Magistrum Geroldum. Item contra doctrinam Geroldinorum & Retrahentium à Religione. Item de sortibus ad dominum Jacobum de Bonoso. Item de formâ absolutionis sacramentali ad Magistrum Ordinis. Item ad Urbanum Papam contra errores Græcorum. Item declarationem triginta sex quæstionum ad Lectorem Venetorum. Item declarationem quatuor quæstionum ad Magistrum Ordinis. Item declarationum sex ad Lectorem Bisuntinum. Item de ente & essentiâ ad Fratres & socios suos. Item de mixtione elementorum. Item de motu cordis ad Magistrum Philippum de Castro cœli. Item de unitate intellectûs contra Averroistas. Item de æternitate mundi contra murmurantes exposuit, & primam decretalem de fide catholicâ, & secundam *Damnamus*, ad instantiam Archidiaconi Tridentini. Fecit & tractatum de articulis fidei, & de sacramentis Ecclesiæ ad Archiepiscopum Panormitanum.

Alia quidem inveniuntur sibi attributa, quæ tamen ipse non scripsit, sed post eum legentem vel prædicantem ab aliis sunt collecta, ut puta Lectura super epistolam ad Corinthios, ab undecimo Capitulo usque ad finem, & Expositio super primum de animâ, quas Frater Reginaldus ejusdem socius recollegit. Iterum Lectura super Joannem, & super tertium Nocturnum Psalterii, Collationes de Oratione Dominicâ & Symbolo. Item Collationes Dominicales & festivæ. Item Collationes de decem Præceptis, quas collegit Frater Petrus de Adiâ. Item Lectura super Matthæum completa, quam partim idem Frater, partim Sæculares quidam recollegit ejus studio delectatus.

S. Thomæ opera falsò attributa.

Tanto autem doctrinæ jubare mundum orbatum quantum Universitas Parisiensis planxerit, manifestant ejusdem litteræ ad Fratrum Prædicatorum Capitulum generale, & ad Monachos inter quos sepultus est directæ, quibus ossa ejus ut inter Doctores humanater Parisius, instantiùs postulavit. Sanctitati verò ipsius ac vitæ meritis attestantur miracula, quæ post ejus transitum, & in vitâ ipsius per eum plurima contigerunt. Nocte verò ipsâ quâ de hoc mundo transiit, apparuit in somnis germano suo Comiti de Aquino in habitu Ordinis sui, tradens eidem in manu litteram quandam clausam; qui citò post excitatus, cum se sentiret litteram habere in manibus, camerarium suum advocavit, jussitque sibi lumen celeriter apportari, quo allato litteram aperiens, invenit aureis apicibus omne humanum artificium suâ fæcunditate excedentibus hoc inscriptum: *Hodie factus sum Doctor in Jerusalem*. Conservatâ itaque litterâ, per nuntios ad inquirendum de statu fratris Thomæ missos, ipsum eâdem nocte, quâ sibi apparuit, comperit ex hâc luce migrasse.

Miraculis Deus sanctitatem illius declaravit.

Eodem anno Philippus Francorum Rex defunctâ primâ uxore filiâ Regis Aragonum, secundam accepit Mariam nomine, sororem Ducis Brabantiæ. Henricus Rex Navarrorum moritur, unicâ filiâ relictâ herede, cujus uxor Regina postea nupsit Eadmundo germano Regis Angliæ, qui de eâ tres filios procreavit, primogenitum Thomam Lancastriæ Comitem, secundum Henricum de Lancastriâ dominum Monemuthæ, tertium Joannem, qui cum so-

Cc iij

AN. DOM.	PAPÆ	IMPERATOR.	Regis FRANC.	Regis ANGL.	PAPÆ	IMPERATOR.	Regis FRANC.	Regis ANGL	AN. Dom.

Rex Franciæ arbiter inter Regem Angl. & Gastonem de Bierna.

rore in Galliis morabatur. Gasto de Biernâ à Rege Anglorum obsessus, cum jam vix evadendi sibi præclusâ attenderet rem esse in foribus, ut ad deditionem cogeretur, super negotio quod inter Regem Edwardum & ipsum vertebatur appellationem interposuit ad Curiam Regis Francorum: cui deferens Rex Edwardus, nolens Regem Francorum quem nuper dominum suum pro terris suis in Franciâ recognoverat, contrâ se partem facere, dissentientibus multis de suis obsidionem amoveri jussit, Ministris suis committens, ut in Curiâ Regis Francorum causam prosequerentur contrâ Gastonem: in quâ tandem injuriosæ rebellionis convictus, per Regem Francorum Regis Angliæ addicitur voluntati.

Edwardus Rex Angliæ consecratur.

Edwardus Rex postquàm obsidionem dimiserat, ordinatis pro articulo temporis rebus Vasconiæ in Angliam properavit, ubi à Clero & populo cum gaudio receptus maximo & honore, Dominicâ infrà Assumptionem Virginis gloriosæ in Ecclesiâ Westmonasterii unâ cum Alianorâ consorte suâ, à fratre suo Roberto Cantuariensi Archiepiscopo inungitur in Regem, & solemniter coronatur. Coronationis solemnitati interfuerunt Regina mater, Alexander Scotorum Rex, Duxque Britanniæ, ambo Regis sororii, cum Prælatorum, Comitum & Baronum, aliorumque Nobilium multitudine copiosâ. Tricesimi sexti tunc ætatis suæ anni Rex impleverat duos menses, qui in crastino coronationis suæ recepto à Rege Scotorum homagio, ipsum dimisit ad propria plurimùm honoratum. Walterus de Mertonâ quondam Henrici Cancellarius, hoc anno Episcopus fit Roffensis.

MCCLXXV.

GREGOR. X. III.	RADULFI. III.	PHILIPPI III. V.	EDWARD. III. III.

Statuta condit Rex Angl.

Gasto de Biernâ in Angliam veniens, cum reste circà collum ad Regis præsentiam est eductus, quem ad suam Rex misericordiam recipiens, morte condonatâ, in castro Wintoniæ per annos aliquot custodiæ mancipavit, qui tandem per Regis gratiam liber ad propria dimissus, Regi Angliæ semper in posterum gratus exstitit & fidelis. Rex Principem Valliæ, qui coronationi suæ licet invitatus noluit interesse, vocari fecit pro homagio sibi debito faciendo: qui fingens se non ausum Angliam intrare, quibusdam Majoribus sibi insidiantibus, pro securitate suâ filium Regis & Gilbertum Gloverniæ Comitem, ac Robertum Burnelli Regis Cancellarium obsides postulavit. Quod Rex indignè ferens, dissimulato negotio Londonias Parliamentum convocat, in quo inter alia multa quæ ad utilitatem Regni de assensu Prælatorum, Comitum & Baronum statuta sunt, inhibitum est ne de cætero possessiones terrarum seu reditum, sine speciali Regis licentiâ ad manum mortuam devolvantur. Vocantur autem statuta in hoc Parliamento edita, statuta Westmonasterii prima. Post Parliamentum Rex ut Principi liberior ad se pateret accessus, Cestriam usque quæ in confinio Walliæ sita est, progreditur, missîque iterum Nuntiis homagium ab eo exegit: quo Regis mandato parere detrectante, Rex exercitum convocat, disponens deneganrem sibi homagium de suo feodo Principem expugnare.

Eodem anno in partibus australibus Angliæ & occidentalibus terræ motus horribilis contigit, feriâ quartâ infrà octavam Nativitatis Virginis gloriosæ. Pestilentialis etiam ægritudo oves consumens scabie tunc incepit. Obiit hoc anno Joannes Brutoun Herfordensis Episcopus, qui admodum peritus in

Joannes Herford. Episc. li-

juribus Anglicanis, librum de eis conscripsit perutilem. Cui successit Magister Thomas de Cantilupo, Doctor in sacrâ Theologiâ, vir nobilis genere, sed multo nobilior moribus animique virtute. Solvit hoc anno populus Regi quintam decimam partem bonorum, quæ patri suo dicebatur concessa.

GREGOR. X. IV.	RADULFI. IV.	PHILIPPI III. VI.	EDWARD. III. IV.

MCCLXXVI.

brum de juribus Angl. edidit.

Comitissa Leicestriæ quæ marito occiso, cum suis in Galliam fugerat, & in domo Sororum de Ordine Prædicatorum apud Montargis à sorore viri sui fundatâ morabatur, filiam suam transmisit in Walliam Principi, sicut patre puellæ vivente sub certis pactis conventum fuerat maritandam. Ducem verò itineris ac procuratorem negotii Aimericum filium suum, germanum puellæ, constituit, assignatâ eisdem comitivâ honestâ, qui suspectum habentes iter per Angliam, à litore Gallico navigantes, emenso multo maris spatio ad insulas Sillinas, quæ terminos Cornubiæ è vicino respiciunt, devehuntur, ubi à quatuor navibus Bristollensibus ex insperato supervenientibus comprehensi, ad præsentiam Regis Angliæ deducuntur, qui retentâ puellâ honorificè in comitivâ Reginæ, Aymericum fratrem suum primò in castro de Corf, & postea in castro de Schirebourne sub custodiâ liberâ detinuit, sed securâ.

Gregorius Papa apud Aretium defunctus, ibidem traditur sepulturæ: succedit Innocentius quintus, natione Burgundus de Tarentasiâ, dictus antea Frater Petrus in Ordine Prædicatorum, studio Scripturarum deditus, ac Doctor Theologiæ Parisiis factus, sapientiæ suæ memoriam, multa scribendo utilia, posteris dereliquit. Scriptum enim compendiosum super libros quatuor Sententiarum edidit, & super Epistolas Pauli postillas optimas, Decretaque abbreviatione perutili & fideli in summam, parvulam coartavit. Qui cum esset vir religiosus, eximiæ expertæque prudentiæ, primò Prior provincialis Fratrum suorum in Franciâ, deinde Episcopus efficitur Lugdunensis, demùmque à Papa Gregorio ad Cardinalatum assumptus, constitutus est Episcopus Ostiensis. Factus autem Papa, sedit mensibus quinque, diebus duobus, moriturque Romæ, & in Lateranensi Ecclesiâ sepelitur. Cui eodem anno successit Adrianus quintus natione Januensis, dictus antea Ottobonus, qui tituli sancti Andriani Diaconus Cardinalis, à Papa Clemente quarto Legatus in Angliam missus fuit. Hic Papa Papa statim constitutionem quam Papa Gregorius decimus fecerat, de inclusione Cardinalium pro electione Summi Pontificis suspendit, proponens eam aliter ordinare; sed morte præventus, constitutionem sic suspensam reliquit. Mortuus verò ante tempus ordinum, sacerdotium & consecrationem pontificalem est minimè assequutus, unde in bullâ suâ non Episcopum, sed electum Episcopum se vocavit. Adriano defuncto successit Joannes vicesimus primus, dictus Petrus Hispanus. Hic Episcopus Tusculanus erat antequàm Papa fuerit, in scientiis diversis famosus: sed pontificalem florem, pontificalemque dignitatem quâdam morum stoliditate deformavit, adeo ut naturali pro parte carere videretur industriâ. In hoc tamen quam plurimùm laudabilis fuit, quòd se tam pauperibus quàm divitibus communem exhibens, studiumque literarum amplectens, multos in beneficiis Ecclesiasticis promovit egentes.

Mortuo Gregorio Papa succedit Innocentius V.

Cui Adrianus V. subrogatur, sed mox obiit.

Joannes XXI. Papa electus.

PAPÆ	IMPERATOR.	Regis FRANC.	Regis ANGL.

Rex Angliæ de Cestriâ in Walliam progrediens, cepit castrum quod dicitur Rodelanum, misitque in Walliam occidentalem Militem nobilem Paganum de Camurcis, qui cuncta cæde incendioque vastavit. Hoc anno Joannes de Derlingtoniâ Ordinis Prædicatorum, Confessor quondam Regis Henrici, auctoritate Papali in regno Angliæ collector efficitur decimarum. Cujus studio & industriâ editæ sunt concordiæ magnæ, quæ Anglicanæ vocantur. Hoc anno sexto decimo Calendas Julii, venerabile corpus beati Ricardi Cicestrensis Episcopi translatum est, & in capsâ argenteâ deauratâ honorificè collocatum.

MCCLXX-VII.

JOANN. XXI.	RADULFI.	PHILIPPI III.	EDWARD. III.
I.	IV.	VII.	V.

JOANNES Papa vicesimus primus, cùm sibi vitæ spatium in annos plurimos extendi crederet, & hoc etiam coram aliis assereret, subitò cum camerâ novâ quam sibi Viterbii circa palatium construxerat, solus corruit, & inter lapides & ligna collisus sexto die post casum Sacramentis omnibus Ecclesiasticis perceptis moritur, & ibidem in Ecclesiâ sancti Laurentii sepelitur. Succedit Nicolaus tertius, priùs dictus Joannes Cajetanus de genere Ursinorum. Hic super regulam S. Francisci expositionem quamdam edidit, quam inter alias Decretales de verborum significationibus inseri ordinavit.

Nicolaus Papa III. Joannis sufficitur.

Gallenses Occidentales ad pacem Regis Angliæ venientes, Pagano militiæ Regis in partibus illis Capitaneo, castrum Destredewi cum adjacenti patriâ reddiderunt. Princeps etiam Walliæ videns se Regi Angliæ cotidie invalescenti non posse resistere, pacem petiit & obtinuit sub hac formâ: videlicet quòd omnes captivi quos hactenùs ratione Regis Angliæ detinuit in vinculis, simpliciter & sine omni calumniâ liberarentur. Item pro pace & benivolentiâ Regis habendâ daret quinquaginta millia librarum sterelingorum, quorum tamen solutio in voluntate & gratiâ Regis foret. Item quòd terra quatuor cantredorum sine omni contradictione Regis Angliæ & suis heredibus, cum omnibus terris conquisitis per Regem hominesque Reginæ, exceptâ Insulâ Angleriâ, in perpetuum remaneret. Insula enim Anglesia concessa est Principi, ita quòd solvat pro eâ singulis annis mille marcas, quarum solutio incipienda erat in festo sancti Michaelis proximo tunc instantis: pro ingressu verò quinque millia marcarum daret. Et si Princeps sine herede de corpore suo moreretur, Insula illa in Regis Angliæ possessionem rediret. Item quòd Princeps veniret in Natali Domini in Angliam ad Regem, pro homagio faciendo. Item quòd omnia Homagia Walliæ remanerent Regi, præterquàm Baronum, qui in confinio Snowdoniæ morabantur. Se enim Principem convenienter vocare non posse, nisi sub se aliquos Barones haberet. Item quòd nomen Principis tantùm haberet ad vitam suam, & post mortem ejus quinque prædictorum Baronum homagia Regis Angliæ herent & suis heredibus in æternum. Pro assecuratione istorum tradidit Princeps decem obsides de melioribus Walliæ absque incarceratione, exheredatione & termino liberationis, & de omni Cantredo & de Snowdoniâ, & de consilio Principis viginti meliores jurabunt tactis sacrosanctis reliquiis, quòd quandocumque Princeps aliquem prædictorum articulorum infregerit, nisi admonitus se correxerit, abalienabunt se ab eo, & eidem in omnibus quæ poterunt, hostes fient.

Pacem Princeps Walliæ à Rege petit & obtinet.

Pacis conditiones.

Item præter hæc, Princeps fratres suos lætfit, placabit. Habuit enim tres fratres, quorum Owenum & Rodericum posuerat in carcere. Tertius verò David fugâ dilapsus, multis annis cum Rege Angliæ stetit, à quo contrà morem gentis suæ Miles factus in istâ guerrâ, ob probitatem & fidelitatem plurimùm erat Regi acceptus, unde & eidem castrum de Dimbey contulit in Walliâ cum terris ad valorem mille librarum annui reditûs: insuper & uxorem dedit filiam Comitis Derbeiæ, quæ nuper alio viro fuerat viduata. Owenus ergo favore Regio liberatur à carcere, quem paulò ante fregerat Rodericus, fratremque fugiens in Angliâ morabatur. Rex autem in occidentali Walliâ apud Lampadredevau, ad cohibendum irruptiones Wallensium castrum ædificavit insigne. In subsidium hujus guerræ concessa est Regi à populo vicesima pars bonorum.

NICOLAI III.	RADULFI.	PHILIPPI III.	EDWARDI III.
I.	V.	VIII.	VI.

MCCLXX-VIII.

FRATER Robertus Cantuariensis Archiepiscopus ad Cardinalatum assumptus, factus est Episcopus Portuensis. Rex Angliæ filiam Comitis Leicestriæ apud Insulas Sillivas captam, Principi Walliæ uxorem dedit, nuptiarum solemnitatem impensis propriis agens, suâque ac Reginæ præsentiâ illas honorans. Hoc anno Judæi pro tonsurâ monetæ in magnâ multitudine ubique per Angliam suspenduntur. Rex parliamentum tenuit Gloverniæ in octavâ S. Joannis Baptistæ, in quo edita sunt statuta, quæ de Gloverniâ appellantur. Citò verò post in Gallias transiens, restitutionem aliquarum terrarum obtinuit, non tamen omnium quæ in venditione Normanniæ promissæ fuerant patri suo. Obiit hoc anno Regina Castellæ, mater Reginæ Angliæ; ad quam jure hereditario post mortem matris devoluti est Pontivii Comitatus. Hoc anno antequàm Rex transiret in Gallias, Rex Scotorum Alexander in Angliam veniens, Regem consuluit de negotiis arduis terræ suæ. Putant quidam eum tunc suum fecisse homagium, quòd alii veriùs in crastino coronationis Regis Angliæ asserunt esse factum. Impetravit autem à Rege litteras testificantes auxilium in guerrâ Walliæ præstitum, non nomine servitii factum esse. Hoc anno Robertus Burnel Episcopus Bathoniensis, in Cantuariensem Archiepiscopum est electus: sed Papa electione cassatâ Lectori Curiæ Fratri Joanni de Pecham eamdem contulit dignitatem.

NICOLAI III.	RADULFI.	PHILIPPI III.	EDWARDI III.
II.	VI.	IX.	VII.

MCCLXX-IX.

FRATER Joannes de Pecham Cicestrensis diocesis, de Ordine Minorum, venit in Angliam, à domino Papa in Cantuariensem Archiepiscopum consecratus. Hic Parisiis in Theologiâ rexerat, & Oxoniæ lectiones suas resumpserat: deinde Minister provincialis Angliæ, ac tandem Lector Palatii in Romanâ Curiâ factus fuit, qui Ordinis sui zelator erat præcipuus, carminum dictator egregius, gestûs, affatûsque pompatici, mentis benignæ, & animi admodùm liberalis. Moneta Angliæ per tonsuram nimis deteriorata, ex mandato Regis renovatur, obolusque qui priùs formam semicirculi habebat, tanquam pars denarii in medio divisi, fit rotundus, juxtà vaticinium Merlini dicentis, *Findetur formâ commercii, dimidium rotundum erit*. Illustris Miles Rogerus de Mortuo-mari apud Kelingworthe ludum militarem, quem vocavit rotundam tabulam, centum militum ac totidem dominarum con-

| AN. DOM. | PAPÆ. | IMPERATOR. | Regis FRANC. | Regis ANGL. |

stituit, ad quam pro armorum exercitio de diversis regnis confluxit militia nimia.

Frater Robertus jam Episcopus Portuensis, post adventum suum ad curiam graviter infirmatus, post paucos dies in Domino obdormivit. Frater Joannes de Derlingtonâ, Confessor quondam Henrici Regis, ex collatione Papali efficitur Archiepiscopus Dublinensis, qui nondum à collectione decimarum per summum Pontificem sibi impositâ totaliter expeditus, per annos aliquot in Angliâ moram traxit. Obiit Walterus Giffard Archiepiscopus Eboracensis: cui successit Magister Willelmus de Vinkewane, in Romanâ Curiâ consecratus. Obiit etiam Ricardus de Gravesende Lincolniensis Episcopus. Frater Joannes Cantuariensis Archiepiscopus, convocato Concilio apud Redingiam, Suffraganeis suis imposuit, ut statuta generalis Concilii facerent artiùs observari.

Concilium Radingiæ.

| MCCLXXX. | NICOLAI III. III. | RADULFI. VII. | PHILIPPI III. X. | EDWARDI III. VIII. |

Nicolaus Papa tertius moritur, successitque ei Martinus quartus, priùs dictus Symon Turonensis, Gallicus natione. Edwardus Rex hoc anno reversus de partibus Gallicanis, de lapidibus jaspidum quos secum attulerat, paternum fecit reparari sepulcrum. Oliverus de Suttonâ fit Episcopus Lincolniensis, qui priùs fuerat Ecclesiæ ejusdem Decanus. Frater Joannes Cantuariensis convocat Concilium apud Lamhuthe, in quo Constitutiones Ottonis & Ottoboni quondam Legatorum in Angliâ innovans, jussit eas ab omnibus custodiri.

Item apud Lamhuthe.

| MCCLXXX-I. | MARTINI IV. I. | RADULFI. VIII. | PHILIPPI III. XI. | EDWARD. III. IX. |

Martinus Papa Senator efficitur urbis Romæ, qui in Romaniolam exercitum misit contrà Guidonem Comitem Montisfeltri, qui in partibus illis terras Ecclesiæ occupavit. David germanus Principis Walliæ, immemor beneficiorum Regis Angliæ, qui eum promoverat & contrà fratrem persequentem protexerat, ad insurgendum contrà Regem Walliam concitavit, cujus Principem Nobilesque Wallensium ad seditionem faciliùs inclinaret; ipse primus facinus aggreditur, Rogerumque de Clifford Militem nobilem & famosum nihil tale suspicantem proditiosè in castro suo de Havordin, Dominicâ in Ramis Palmarum cepit; quosdam milites ejus resistere volentes interimi occidit. Exinde reversus ad Principem, collecto exercitu, unà cum eo Rodolanum venit, obsidionemque posuit circà castrum. Rex Paschalem solemnitatem eo tempore in diœcesi Saresberiensi tenuit apud Divisas, ubi super hac commotione rumoribus auditis jussit congregari quantociùs exercitum, militiam quam tunc in promptu habebat usque ad Rodolanum præmittens.

Ipse verò clam Ambresburiam adiit, ut matrem suam salutaret, quæ tunc in illo Monasterio morabatur. Contigit autem dum ibi esset, ut quidam ad matris ejus præsentiam adduceretur, qui per tempus aliquod se cæcum finxerat, visumque sibi ad Henrici quondam Regis tumulum restitutum. Noverat hunc Rex Edwardus ab antiquo malitiis famosum, fraudibusque ab olim & mendaciis assuetum. Matri verò narrationibus ejus plurimùm applauderet ne crederet, dissuasit, quæ in iram versa filium gravissimè redarguit, cameramque suam evacuare præcepit. Cui jussis maternis humiliter parenti, dum egrederetur occurrit Prior Provincialis Fratrum Prædicatorum Frater Hugo de Mamcestriâ, vir magnæ discretionis, ac Magister in Theologiâ, qui & ipsi Regi familiariter notus erat, quem Rex ad partem trahens, offensam matris omniaque quæ contigerant per ordinem enarrans, finaliter hoc adjecit: Ego, inquit, justitiam patris mei tantum novi, quòd potiùs huic scurræ eruisset oculos integros, quàm tantæ iniquitati lumen perditum restaurasset. Alterâ verò die acceptâ à matre licentiâ, cum celeritate ad militiam quam præmiserat in Walliam, properavit: cujus audito adventu, Principes Walliæ obsidione solutâ, cum suis longiùs se subtraxit. Interim captum est castrum de Lampadervaur per Resum filium Mailgonis, & Griffinum filium Mereduci; capta sunt etiam in illis partibus per alios Wallensium Nobiles castra plura.

Eodem tempore procurante Fratre Joanne Archiepiscopo Cantuariensi Aymericus de Monteforti, quem Rex in custodiâ detinuerat, liberatur, spondente pro eo Clero, se velle de periculo regni cavere. Qui transfretans in Gallias; non multò post Curiam Romanam adivit, ubi post aliquos annos renuntians Clericatui, miles efficitur, citoque post defunctus est. Hoc anno translatum est in locum eminentiorem venerabile corpus Hugonis, quondam Lincolniensis Episcopi. Archiepiscopus Cantuariensis in Suowdoniam profectus, Principem Walliæ & germanum suum sategit ad pacem reducere, sed intento frustratus, regressus in Angliam, excommunicationis in ipsos sententiam fulminavit.

| | MARTINI IV. II. | RADULFI. IX. | PHILIPPI III. XII. | EDWARD III. X. | MCCLXXII. II. |

Rex Angliæ cum exercitu valido de Rodolano per Insulam Anglesiam, quam per nautas portuum capi fecerat, versùs Suowdoneam progrediens; ut viam pararet exercitui, ultrà maris brachium quod Insulam dividit à continente, juxtà Brangoriam constituit pontem fieri ex navibus invicem colligatis. Hoc anno Petrus Rex Aragoniæ Regnum Siciliæ uxori suæ jure hereditario vindicans, subitò cum navigio Siciliam ingressus, Karolum Regem cum suis expulit de eâdem: qui in Franciam fugiens; à Rege nepote suo pro recuperando Regno subsidium imploravit, Papa Martinus in Petrum prædictum, & omnes ei faventes seu Regem appellantes excommunicationis tulit sententiam, privans eum Regno Aragoniæ, contulit illud Karolo filio Regis Francorum. Petrus verò de Aragoniâ missis ad Regem Siciliæ nuntiis; petivit ut cum quadraginta tantùm militibus ad plana Burdegalæ secum tot tantùm milites habente dimicaturus, veniret ad diem certum; sub pœnâ certâ se ad hoc obligans, dùm tamen Karolus se modo simili obligaret, & cui in hoc conflictu cessisset victoria, ille sine contradictione Regno Siciliæ potiretur.

Petrus Rex Aragon. Siciliam expellit Carolo occupat.

Gilbertus Comes Gloverniæ magnas cum malitiâ suâ Wallensium prædas faciens, juxtà Lantilawir factâ copiâ apertæ pugnæ, cum eisdem duro prælio dimicavit: in quo multis de parte Wallensium occisis, ipse quinque milites perdidit: de quorum numero erat Willelmus de Valenciis junior, consanguineus Regis Anglorum. Discedente tamen Comite Gloverniæ, Princeps Walliæ terram intrans de Kardigan & Stradewi, devastavit terras Resi filii Mereduci, qui cum Rege contrà Principem tenuit in hoc bello. Progressus deinde Princeps versùs terram de Bueld, se cum paucis ab exercitu reliquo separavit. Cui cum suâ militiâ supervenientes nobile-

Petro excommunicato Sicilia Carolo restituitur.

ANN. DOM.	PAPÆ	IMPERATOR.	Regis FRANC.	Regis ANGL.	PAPÆ	IMPERATOR.	Regis FRANC.	Regis ANGL.	AN. DOM.

Debellatis Wallensibus Princeps interficitur.

biles viri, Joannes Giffardi & Eadmundus de Mortuo-mari, nihil suspicantes de Principe, ipsum cum sociis pugnâ aggredientes occiderunt feriâ sextâ ante festum beatæ Luciæ. Principis autem post mortem à quodam qui intererat agniti, caput abscissum Regi defertur, quod Londonias transmissum, positum est per tempus aliquod super turrim. Circa idem tempus milites quidam de Regis exercitu pontem, quem Rex inchoaverat, nondum perfectum minùs prudenter accelerantes transire, à supervenientibus Wallensibus territi, dum in multitudine conglobatâ revertentes fugiunt, submerguntur. Inter quos erat miles strenuissimus Lucas de Thany, & duo germani Roberti Burtiel Bathoniensis Episcopi; aliique quamplures.

B. Thomæ Herfordensis Episcopi sanctitate clari acta percurruntur.

Hoc anno beatus Thomas Herfordensis Episcopus, in viâ versus curiam de præsenti sæculo nequam ereptus ad regna migravit cœlestia, cum annis septem gregem sibi commissum sollicita curâ rexisset. Hic nobilibus ortus natalibus; à puero Deo vixit devotus. Studii autem exercitatione litterarum acquirens peritiam; primò in artibus liberalibus, deinde in jure rexit Canonico; tandemque ad Theologiam totam intentionem transtulit mentis suæ, in quâ Licentiatus ad Magisterium, cum sub Fratre Roberto de Kilwardeby Ordinis Prædicatorum (quem dum Provincialis fuerat admodum familiarem habuit) decrevisset incipere; incidit negotii dilatio medio tempore; præfato Fratre assumpto ad Cantuariensis Ecclesiæ Præsulatum: sub quo tamen post consecrationem ejus Oxoniæ veniente, in Ecclesiâ Fratrum Prædicatorum incepit juxta desiderii sui complementum; in cujus conventione, quæ solet ante principium post disputationem quæ Vesperiæ appellantur, de Bachillariis fieri magistrandis; asseruit præfatus Archiepiscopus; quem dictus Thomas abolim Confessorem habuerat, nullius ipsum mortalis criminis unquam sensisse contagium; quantique meriti fuerit apud Deum, crebrescentium ejus miraculorum gloria indubitatâ fide demonstrarat. Post quem ad Ecclesiam Herfordensem Clericus consecratus est Gloventiæ Magister Ricardus de Swenefeld, sacræ Theologiæ Doctor, vir jocundus in verbis & egregius Prædicator. Hoc anno cassato Electo Wintoniensi Magistro Ricardo de Morâ, ex domo Curiæ Romanæ Magister Joannes de Pontisarâ in ejusdem Ecclesiæ Episcopum consecratur.

suspensus est, visceribusque combustis, corpus capite truncatum, & in quatuor partes est divisum, quibus in civitatibus Angliæ majoribus suspensis, caput Londoniis super palum fixum est ad terrorem consimilium proditorum. Resus autem Vavahu nobilissimus Wallensium auditâ captione David, Comiti Herfordiæ se dedit; Regique redditus, ad turrim Londonarum missus carceri mancipatur. Eodem anno translata est per Regem Abbatia de Albertorum ad locum alium, constructumque est ibidem contra irruptiones Wallensium Castrum forte. Fundavit & Rex in Comitatu Cestriæ aliam Abbatiam Monachorum Cisterciensium, quam multis ditatam prædiis Wallem Regalem voluit appellari. Concessa est hoc anno Regi in guerrâ suæ subsidium à populo tricesima, & à Clero vicesima pars bonorum.

Martinus Papa Guidonem de Monteforti in carcere liberans, in quo per Gregorium Papam decimum propter homicidium in Ecclesiâ commissum positus fuerat, misit in Romaniolam, quam eo anno totam obtinuit, exceptâ civitate Urbinate, quam Guido incepit obsidere in manu potenti; sed citò post omissâ de licentiâ Papæ obsidione dictæ urbis, in Tusciam rediit, ut hereditatem uxoris suæ, patre ejus Comite Rufo mortuo, occuparet.

Carolus Rex Siciliæ primâ die Junii venit ad plana Burdegaliæ, comitante eum Rege Francorum cum militiâ magnâ valde. De cujus adventu Petrus quondam Aragonum Rex præmonitus, diem prævenit; coram Senescallo Vasconiæ protestans se paratum tenere pactum; sed non posse Rege Francorum veniente cum tantâ multitudine militum contrà formam. Reverso post hæc Carolo Rege Siciliæ in Apuliam, Siculi contrà Neapolim cum viginti septem galeis venerunt armatis, adversùs quos Karolus filius Regis Karoli, tunc Princeps Achaiæ, egressus cum magnâ galearum multitudine ad pugnandum; obtinentibus victoriam hostibus, captus est cum multis aliis, & ad civitatem Messanam deductus captivus. Rex Angliæ apud Aitonam Burnel post festum sancti Michaëlis Parliamentum tenuit, ubi editum est statutum cognominatum à loco. Eodem anno ossa beati Willelmi Eboracensis Archiepiscopi, in altiorem locum cum solemnitate maximâ transferuntur. Antonius de Beco, defuncto Roberto de Insulâ Dunelmensi Episcopo, in successorem ejus electus; ab Eboracensi Archiepiscopo consecratur.

MCCLXXX-III.	MARTINI IV. III.	RADULFI X.	PHILIPPI III. XIII.	EDWARD. III XI.

Wallia Regi Angliæ subacta.

Rex Angliæ ponte jam peracto cum exercitu in Suowdoniam transiit, castra ejus omnino sine notabili resistentiâ capiens & comburens. Comes verò Penbrochiæ castrum de Bere, quod Principis erat, cepit; & citò post Wallia tota cum omnibus castris suis subacta est Regiæ voluntati. Ante festum verò sancti Joannis Baptistæ captus est David frater Principis, & Rodolanum adductus: quem Rex ad sui conspectum admittere renuens, licet hoc ipse David instantiùs flagitaret, Salopiam transmisit carceri mancipandum. Eodem tempore per quemdam secretarium Principis allata est Regi Crux dicta Neoti, magnam de ligno crucis Dominicæ continens portionem, quæ ideo Neoti dicitur, quòd per quemdam Sacerdotem sic vocatum antiquitùs de Terrâ sanctâ fuit in Walliam deportata.

Parliamentum post festum sancti Michaëlis habitum Salopiæ, in quo per deputatos ad Justitiarios David judicialiter condemnatus, tractus &

MARTINI IV. IV.	RADULFI XI.	PHILIPPI III. XIV.	EDWARD. III. XII.	MCCLXXX-IV.

Apud castrum de Karnervan, quod nuper Rex Angliæ fortissimum fecerat, natus est Regi filius, ex nomine patris vocatus Edwardus. Rex de Suowdoniâ per Walliam occidentalem progrediens, intravit Glomorgantiam, quæ ab dominationem Gomitis Gloverniæ noscitur pertinere; receptusque à Comite cum honore maximo, ad eodem propiis impensis usque ad terrarum suarum terminos est deductus. Rex Bristollum veniens; ibidem festum Nativitatis Dominicæ tenuit eo anno.

Philippus filius Regis Philippi Francorum, uxorem duxit Joannam filiam Regis Navarræ, privignamque Eadmundi germani Regis Angliæ, accipiens cum eâdem Regnum Navarrorum & Campaniæ Comitatum. Mortuus est hoc anno Karolus Rex Siciliæ, cujus Regni ac filiorum tutorem Papa Martinus Robertum Comitem Atrebatensem constituit, largitus eidem pecuniæ magnam summam. Frater

Filiam Regis Navarræ uxorem duxit filius Regis Franc. & una Regnum Navarræ & Comitatum Campaniæ accepit.

Tom. III.   D d

AN. DOM.	PAPÆ	IMPERATOR.	Regis FRANC.	Regis ANGL.	PAPÆ	IMPERATOR.	Regis FRANC.	Regis ANGL.	AN. DOM.

Joannes Dublinensis Archiepiscopus, cum versùs Ecclesiam suam iter arripuisset, correptus infirmitate gravi, ultimum diem clausit: cujus corpus in choro Fratrum Prædicatorum Londoniis est humatum. Nec multo post obiit eodem anno apud Windelsore Alfonsus Regis filius, juvenis optimæ indolis, & admodum Deo devotus: cujus corpus apud Westmonasterium, cor verò apud Prædicatores Londoniis, Reginâ matre ordinante, traditur sepulturæ. Obiit & hoc anno Robertus de Wikhamtonâ Saresberiensis Episcopus, cui successit Walterus Scamel, Ecclesiæ ejusdem Decanus. MARIA Regis filia Angliæ, Ambresberiæ Sanctimonialis efficitur, parentibus assentientibus licet cum difficultate ad instantiam matris Regis.

gium fecit pro terris, quas de eo in regno Franciæ tenere debebat. Interfuit & Parliamento quòd Rex Francarum tunc Parisius tenuit, in quo multa quæ pro libertate terrarum suarum injustè possessarum petivit, obtinuit, licet ipsa concessio dominii in suo robore non maneret. In Pentecoste celebratum est ibidem sub Magistro Ordinis Fratre Munione Capitulum generale, quod uterque Rex Francorum & Anglorum, utrâque Regina diebus divisis suâ præsentiâ honorârunt. Post Pentecosten verò Rex Angliæ de Parisius Vasconiam est profectus Alianora Regina Angliæ, mater Regis Edwardi, spreto sæculo apud Ambresbiriam induit habitum Monacharum.

MCCLXXX V.	MARTINI IV. V.	RADULFI. XII.	PHILIPPI III. XV.	EDWARD. III. XIII.	NICOLAI IV. II.	RADULFI. XIV.	PHILIPPI IV. II.	EDWARD. III. XV.	MCCLXXXV. VII.

Honorius Papa IV.

Rex Angliæ de Bristollio Cantuariam profectus disposuit transfretate, sed audito rumore de infirmitate matris, revertitur Ambrisburiam, missis nuntiis qui se apud Regem Franciæ, ad cujus colloquium speciale invitatus fuerat, excusarent. Mortuo Papa Martino, successit ei Honorius IV. natione Romanus, priùs dictus Jacobus de Sabellâ, cui pedum ac manuum ferè officium abstulerat arthritica ægritudo: unde sedendo in sellâ ad hoc artificiosè factâ Missarum solemnia celebravit. Philippus Rex Francorum in Aragoniam profectus, ut Regnum illud juxta donationem Papalem filio suo acquireret, civitatem Girundam obsedit. Rex Aragoniæ quondam Rex, inito cum quibusdam militibus Gallicis (inter quos principales erant Radulfus de Nigellâ Constabularius Franciæ, & Joannes de Haricuriâ Normannus Miles strenuissimus) conflictu vulneratus, se cum suis subtraxit à prælio, & mortuus est in brevi. Philippus Francorum Rex captâ Girundâ hominibusque suis munita, incipiens infirmari discessit usque Perpeniacum, ubi invalescente ægritudine de præsenti luce migravit. Cujus carnes & viscera in Ecclesiâ Narbonensi, ossa verò apud S. Dyonisium, cor verò in choro Fratrum Prædicatorum Parisius sunt humata. Huic successit Philippus filius ejus, qui Pulcher agnominatus est ob corporis speciem excellentem. Aragonenses Gallicorum naves in portu Rosarum captas abducunt, urbem etiam Girundam obsidentes, ipsam & Gallicos ad ejus defensionem derelictos ad deditionem brevi tempore coëgerunt. Alfonsus filius Petri quondam Aragoniæ Regis, patre defuncto, Regnum illud gubernandum suscepit. Inter quem & filiam Regis Angliæ Alianoram sponsalia contracta fuerant, patre adhuc vivente. Jacobus autem filius Petri junior cum matre Constantiâ transiens in Siciliam, se fecit coronari in Regem.

Rex Franc. in Aragon. profectus, ut illud regnum filio acquireret.

Moritur.

Gallos ex Girundâ expellunt Aragonenses.

Obiit hoc anno Willelmus de Wikewane Eboracensis Archiepiscopus, in Galliis apud Pontiniacum: cui successit Joannes Romanus, Sacræ Theologiæ Doctor eximius, in Romanâ Curiâ consecratus. Eodem anno Rex Londoniis Parliamentum tenuit, in quo edita sunt statuta, quæ Westmonasterii secunda dicuntur.

Rege Angliæ in Vasconiâ commorante, cum miles quidam Anglicus Judæum quemdam super detentione indebitâ cujusdam manerii sibi impignorati coram Judicibus convenire voluisset, ille respondere noluit, prætendens chartam Regis quondam Henrici, quâ sibi indultum fuit, ne coram Judice aliquo, corpore Regis excepto, in judicium trahi possit. Miles super hoc anxius Vasconiam adiit, ut super hoc à Rege remedium aliquod impetraret. Quod cum Rex audisset, Non decet, inquit, filios facta irritare parentum, quibus lege divinâ jubentur reverentiam exhibere, propter quod factum patris mei revocare non decrevi; sed tibi cæterisque omnibus Regni mei æquâ lege, ne potior videatur Judæus quàm Christianus, indulgeo, ne pro quâcumque illi Judæo illatâ injuriâ quamdiu chartâ suâ gaudere voluerit, coram judice aliquo, me excepto, conveniri possitis. Revertente cum hoc privilegio milite, attendens Judæus sibi imminere damnum & periculum, spontaneè suæ chartæ renuntiat, optans ut evacuatâ conditione privilegii, pars utraque legi communi valeat subjacere. Die quâdam cum Rex & Regina in camerâ quâdam convenientes, super lectum quemdam sedendo confabularentur, ictus fulminis per fenestram quæ eis erat à dorso ingressus, & inter eos transiens, ipsis penitus illæsis, duos domicellos qui in eorum stabant præsentiâ, interfecit. Stupefacti admodum cæteri omnes qui aderant, ex evidenti quod contigerat miraculo, perpendebant divini protectionem Numinis saluti regiæ non deesse. Rex Angliæ eodem anno profectus est in Aragoniam, ut consanguineum Karolum filium Karoli ab Alfonso Rege Aragoniæ detentum in carcere liberaret. Rex Cypri apud Achon in Regem Jerusalem coronatur, quod Comes Atrebatensis in præjudicium Regis Siciliæ, qui Regnum illud vendicabat factum æstimans, bona Templariorum & Hospitalariorum, qui facto huic consenserant, ubique per Apuliam confiscavit. Alfonsus Aragoniæ Rex missis ad Curiam Romanam Nuntiis reconciliari petivit Ecclesiæ, de his quæ per fratrem suum facta fuerant se excusans.

MCCLXXX VI.	NICOLAI IV. I.	RADULFI. XIII.	PHILIPPI IV. I.	EDWARD III. XIV.	NICOLAI IV. III.	RADULFI. XV.	PHILIPPI IV. III.	EDWARD. III. XVI.	MCCLXXXVIII.

Nicolaus Papa IV.

Moritur Papa Honorius quartus, cui succedit Nicolaus quartus natione Romanus, priùs dictus Frater Hieronymus, de Ordine Fratrum Minorum. Rex Angliæ in Gallias transiens, Regi Francorum sibi Ambianis honoris gratiâ occurrenti homa-

Karolus filius Karoli Princeps Achaiæ, procurante Rege Angliæ liberatur à carcere sub hac formâ; videlicet quòd datâ Regi Aragoniæ certâ summâ pecuniæ, ipse Karolus à domino Papâ pro Aragonensibus impetraret, quòd si infra triennium procurare non posset, rediret ad carcerem: quibus conditionibus juramento firmatis, tradere debebat

| PAPÆ | IMPERATOR. | Regis FRANC. | Regis ANGL. |

Karolus tres filios suos obsides, & alios milites nobiles quadraginta: pro quibus quousque venirent, Rex Angliæ liberationem Karoli accelerans, nobiles viros qui secum erant obsides tradidit, & pecuniam usque ad triginta millia librarum persolvit. Postquam autem filii Karoli venerant, Rex Angliæ militibus suis liberatis in Vasconiam revertitur, & apud Blankeford crucis suscepit characterem, moxque Judæos omnes tamquam crucis hostes expulit de Vasconiâ, & aliis terris suis omnibus quas in Regno Franciæ possidebat.

Interim Resus filius Mereduci walliam conturbavit, impugnareque cœpit aliqua Regis castra. Tripolis civitas transmarina à Soldano Babyloniæ capitur, qui in eâ multa Christianorum millia trucidavit. Ex cujus captione territi Christiani qui erant in Achon, à Soldano inducias impetrant biennales. Comes Eadmundus Cornubiæ, cui Rex Angliæ in suâ absentiâ Regni commiserat custodiam, magnum ducit in walliam exercitum contra Resum. Cum autem castrum de Drusclan, quod erat Resi obsideret, & muros ejus suffodi faceret, casu illorum subito vir nobilis willelmus de Monte Tanisii, aliique milites plurimi & scutiferi opprimuntur. Hoc anno Armiger quidam dictus Robertus Camerarius cum complicibus, tentoria mercatorum apud sanctum Botulfum incendens, diffuso igne magnam partem villæ, & Ecclesiam Fratrum Prædicatorum combussit. Dumque mercatores pro salvandis mercibus suis & extinguendo igne discurrerent, per dictum Armigerum & suos trucidantur, bonis eorum direptis. Fuit autem hoc anno in Angliâ tanta frugum abundantia, ut quarterium frumenti alicubi pro viginti, alicubi pro sexdecim, alicubi pro duodecim denariis venderetur.

| MCCLXXX. IX. | NICOLAI IV. IV. | RADULFI. XVI. | PHILIPPI IV. IV. | EDWARD. III. XVII. |

Judæi ex Angliâ expelluntur.

KArolus Princeps Achaïæ Romam veniens, per Papam Nicolaum à juramento Regi Aragonum præstito absolvitur, & in Regem Siciliæ coronatur. Inter Jacobum occupatorem Siciliæ, & Comitem Attrebatensem firmantur induciæ biennales. Rex Angliæ de Vasconiâ reversus, Londoniis solemniter recipitur circa festum Assumptionis Virginis gloriosæ; qui Judæos omnes eodem anno expellens de Angliâ, datis expensis in Gallias, bona eorum reliqua confiscavit. Auditis autem querimoniis eorum, qui de Regis Ministris conqueri volebant, Rex omnibus exhibens justitiam, Justitiarios ferè omnes de falsitate deprehensos à suo officio deposuit, ipsos juxta demerita puniens gravi multâ. Tenuit hoc anno Rex Parliamentum Londoniis, in quo edita sunt statuta quæ dicuntur Westmonasterii tertia, in quo etiam pro expulsione Judæorum concessa est Regi à populo quinta decima pars bonorum. Tempore Quadragesimali hujus anni, cum Alexander Scotorum Rex uxorem suam, filiam Comitis Flandriæ, quam post Margaretam filiam Regis Angliæ duxerat, nocte quâdam admodum obscurâ visitare voluisset, cespitante equo lapsus & collisus graviter, exspiravit. Hic de secundâ uxore nullam, de primâ verò prolem geminam, filium scilicet Alexandrum, & filiam genuit nomine Margaretam. Alexander absque prole patrem immaturâ morte prævenit, filia Margareta Regi Northwegiæ desponsata, filiam unicam peperit nomine Margaretam, quæ matri jam mortuæ supervixit. Hanc, consulto Rege Angliæ, Magnates Scotiæ Regni illius recognoverunt heredem, quæ accersita per Nuntios Regis Angliam, cum per

Tom. III.

navigium tenderet in Scotiam, infirmata in mari, apud Orcades Insulas est defuncta.

| NICOLAI IV. V. | RADULFI. XVII. | PHILIPPI IV. V. | EDWARD. III. XVIII. | MCCXC. |

Regnum Scotiæ absque herede relictum.

MArgareta filia Regis Northwegiæ, & Margareta filia Alexandri Regis Scotiæ, ad quas jure hereditario, defunctis avo, patruo, & matre, Regnum Scotiæ devolvi debebat, mortuis: apud omnes quis foret justus heres Scotiæ in dubium vertebatur, propter quod Rex celebratis Londoniæ nuptiis inter filium & heredem Ducis Brabantiæ, & Margaretam filiam suam secundam; ac inter Gilbertum Comitem Gloverniæ, & Joannam filiam suam tertiam; versùs Scotiam dijudicaturus de justo herede, tamquam superior dominus dirigit iter suum; sed dum finibus Scotiæ appropinquaret, Regina corporis gravi infirmitate correpta quarto Idus Decembris ex hac vitâ migravit, propter quod Rex cœpto intermisso itinere Londoniam funus deducendo revertitur: cujus corpus apud Westmonasterium, cor verò in choro Fratrum Prædicatorum Londoniæ est humatum.

| NICOLAI IV. VI. | RADULFI. XVIII. | PHILIPPI IV. VI. | EDWARD. III. XIX. | MCCXCI. |

SOldanus Babyloniæ lapsis jam treugis cum Christianis per biennium initis, versùs Achon cum magno tendens exercitu, in ipso itinere moritur; cujus filius Soldanus factus cœpta patris prosequitur, & civitatem Achon obsidens, à quarto die mensis Maii, per decem dies continuos fortissimè oppugnavit. Cives viriliter urbem defendentes, interim thesauros suos ac merces, sacrosanctasque Reliquias, senes etiam & debiles, mulieres & parvulos fecerunt in Cyprum navigio deportare. Multi etiam tam pedites, quàm equites discedentes, ad defensionem civitatis tantùm reliquerunt duodecim millia armatorum. Quinta-decimâ verò die mensis tam grave dederunt Saraceni insultum, quòd cedente ferè Regis Cypri custodiâ civitatem intrâssent, nisi obscuritas noctis alienumque subsidium obstitisset. Denique Rex Cypri nocte sequenti commissâ custodiâ Ministro militiæ domûs Teutonicorum, promittentes se mane rediturum, aufugit in Cyprum. Saraceni autem videntes in crastino civitatem custodiâ Regis Cypri destitutam, ex parte illâ impleto fossato, ingressi sunt urbem, prælioque ancipiti cum Christianis duobus diebus, nunc his nunc illis prævalentibus, dimicarunt. Tertiâ tandem die irrumpente per portam S. Antonii Saracenorum multitudine, interfectisque Templariis & Hospitalariis urbem capiunt, muros ejus cum turribus, Ecclesiasque cum domibus aliis funditùs evertentes. Patriarcha verò qui ex Ordine Prædicatorum erat, & Magister Hospitalis lethaliter vulnerati, tracti à suis in dromonem, in mari cum multis aliis perierunt.

Carolus frater Regis Francorum renuntians juri suo in Regnum Aragoniæ, uxorem duxit filiam Caroli Regis Siciliæ, cui cum eâ pro dictâ renuntiatione Andegaviæ & Cenomanniæ contulit Comitatus. Eodem anno Rex Angliæ Scotiæ appropinquans, Parliamentum tenuit apud Noreham, ubi consultis Prælatis ac utriusque juris peritis, revolutisque priorum temporum annalibus, vocari fecit Prælatos ac Majores Regni Scotiæ, & coram eis in Ecclesiâ parochiali de Noreham jus suum & superius dominicum in Regnum Scotiæ fideliter declaravit, petivitque ut hoc recognoscerent, protestando jus coronæ suæ usque ad effusionem sanguinis defensuros.

Achon obsidetur à Soldano.

Capitur ac diripitur.

Jus Regni Scotiæ Rex Angliæ se attinere declarat.

Chronicon Nicolai Trivetti.

AN. DOM.	PAPÆ	IMPERATOR.	Regis FRANC.	Regis ANGL.

Superior dominus Regni Scotiæ Rex Angl. declaratur.

Ab omnibus igitur qui jus in Regnum Scotiæ vindicabant, recognitus est superior dominus Scotiæ, per litteras inde confectas eorum sigillis munitas, tenorem subscriptum in Gallico continentes:

" OMnibus præsentes litteras visuris vel audituris Florentius Comes Holondiæ, Robertus Le Brus dominus Vallis Avandiæ, Joannes de Balliolo dominus Galwidiæ, Joannes de Hastinges dominus Abergavenniæ, Joannes Comin dominus de Badenawe, Patricius de Dunbar Comes Marchiæ, Joannes de Vesci vice patris sui, Nicolaus de Sules, Willelmus de Ros, salutem in Domino. Cum nos in Regno Scotiæ jus habere credamus, & jus illud coram illo, qui potiorem potestatem, jurisdictionem & rationem examinandi jus nostrum habeat, declarare, vindicare & probare intendamus, nobisque Princeps dominus Edwardus gratiâ Dei Rex Angliæ, per bonas sufficientesque rationes nos informaverit, quòd ad eum spectat, & habere debet superius dominium Regni Scotiæ, & cognitionem in audiendo, & diffiniendo jus nostrum: Nos de propriâ nostrâ voluntate, sine omni violentiâ & coactione volumus, annuimus, ut recipiamus jus coram, eo tamquam superiori domino terræ. Volumus insuper & promittimus, quod habebimus & tenebimus firmum & stabile factum suum, & quòd ille habebit Regnum, cui coram eo jus potius illud dabit. In testimonium istorum, nos litteris istis apposuimus sigilla nostra. Datum apud Noreham feriâ tertiâ proximâ post Ascensionem Domini, anno gratiæ millesimo ducentesimo nonagesimo primo.

MCCXCI.

Factâ recognitione superioris domini & submissione recipiendi, quod coram Rege Angliæ jus fuerit distinctum, petivit Rex castra & terram totam sibi tradi, ut per seisinam pacificam jus superioris dominii, quod jam per suas litteras recognoverant, claresceret universis. Annuerunt statim Regiæ petitioni, confectis super hoc litteris, & ab eidem signatis continentibus in Gallico hunc tenorem:

" OMnibus præsentes litteras visuris vel audituris, Florentius Comes Holondiæ, Robertus de Brus dominus Vallis-avandiæ, Joannes de Balliolo dominus Galwidiæ, Joannes de Hastinges dominus Abergavenniæ, Joannes Comin dominus de Badenow, Patricius de Dunbar Comes Marchiæ, Joannes de Vesci vice patris sui, Nicolaus de Sules, Willelmus de Ros, salutem in domino. Quia de bonâ voluntate & communi assensu sine omni contradictione annuimus & concessimus nobili Principi domino Edwardo gratiâ Dei Regi Angliæ, quòd ipse tamquam superior dominus terræ Scotiæ possit audire, examinare & diffinire vendicationes nostras & petitiones, quas intendimus ostendere & probare pro jure nostro recipiendo coram eo tamquam superiori domino terræ. Promittentes insuper, quòd factum suum habebimus firmum & stabile, & quòd ille obtinebit Regnum Scotiæ, jus cujus potius declarabitur coram eo. Cum autem non possit præfatus Rex Angliæ isto modo cognitionem facere recte complere sine judicio, nec judicium debeat esse sine exequutione, nec exequutionem possit debito modo facere sine possessione & seisinâ ejusdem terræ & castrorum, ejus, quousque jus in regnum petentibus fuerit satisfactum, ita tamen quòd antequam habeat seisinam, bonam & sufficientem securitatem faciat petitoribus, & custodibus, & communitati Regni Scotiæ restituendi

idem Regnum cum totâ regalitate, dignitate, dominio, libertatibus, consuetudinibus, justitiis, legibus, usibus, possessionibus, & quibuscumque pertinentiis in eodem statu, in quo erant ante seisinam sibi traditam, & liberabit illi cui jure debetur secundùm judicium regalitatis, salvo Regi Angliæ homagio illius qui Rex erit: & debet hæc restitutio fieri infrà duos menses à die quo fuerit hoc jus discussum atque firmatum, exitus prædictæ terræ medio tempore recipiantur, & in salvo deposito reponantur, salvâ rationabili sustentatione terræ, & castrorum Ministrorumque regni. In testimonium omnium prædictorum apposuimus ad has litteras sigilla nostra. Datum apud Noreham die Mercurii proximâ post Ascensionem Domini, anno gratiæ millesimo ducentesimo nonagesimo primo.

Has duas litteras misit Rex Angliæ sub sigillo suo privato ad diversa Monasteria Regni sui anno decimo nono, ut ad perpetuam rei gestæ memoriam in Chronicis ponerentur. De communi igitur assensu Majorum Regni Scotiæ, Rex terram ipsam in suam accepit custodiam, quousque debitâ discussione habitâ de legitimo constaret herede.

Eodem anno circa festum beati Joannis Baptistæ Alianora mater Regis Ambresburiæ est defuncta: propter quod Rex de Scotiâ in Angliam rediit, ut funus maternum sepulturæ traderet debito cum honore. Sepultum itaque est corpus ejus in Monasterio Ambresburiæ, cor verò Londoniis in Ecclesiâ Fratrum Minorum. Rex verò post festum sancti Michaëlis iterum tendens in Scotiam, cum Eboracum venisset, moramque aliqualem ibi fecisset, Resus filius Mereduci captus, illucque deductus, judicialiter est condemnatus. Profectus deinde Rex in Scotiam, omnibus in Regnum Scotiæ jus vindicantibus imposuit ut in festo sancti Joannis Baptistæ proximo futuro coram se comparerent, & quo jure Regnum illud vindicabant plenius declararent.

NICOLAI IV. VII.	RADULFI. XIX.	PHILIPPI IV, VII.	EDWARD. III. XX.	MCCXCII.

NIcolaus Papa quartus viam universæ carnis ingressus est, qui paulo ante Regem Angliæ ad recuperandam Terram sanctam invitans, Ducem & Capitaneum omnium constituit Christianorum. Post Pascha anni ejusdem in statione navium, quæ solet esse apud sanctum Mathæum in Britanniâ, suborta est inter nautas Bajonenses & Normannos discordia, cœperuntque se terrâ marique mutuò impugnare, roborantique partibus crevit seditio, dum Bajonensibus adhærent Anglici: Normannis verò nautæ cæteri qui erant de ditione Regis Francorum. Onerantur jam naves hinc inde non tantùm mercibus, sec armis, & quo magis aura placidior deferveſcebat, strato æquore maris, tanto periculosiora incurrebant naufragia, non cautibus illisæ, sed expugnatæ violenter ab hoste. Moritur Rex Romanorum Radulfus in, cujus successorem electus est Adulfus Comes de Nasſo, & sine contradictione in Regem Alemanniæ solemniter coronatur. Alfonsus etiam Aragonum Rex mortuus est hoc anno.

Rex Angliæ post festum beati Joannis Baptistæ in Scotiam veniens, receptis eorum qui Regnum Scotiæ vindicabant allegationibus pro jure suo, elegi fecit quadraginta personas, videlicet viginti de Angliâ & viginti de Scotiâ, qui istas allegationes

Moritur Imperator, cui succedit Adulfus Comes de Nassaw.

Sententiam fert Rex Angl. de Scotiæ Regno in gratiam Joannis

| PAPÆ | IMPERATOR. | Regis FRANC. | Regis ANGL. |

deliberatâ diligentiâ discuterent, sententiam finalem usque in festum S. Michaëlis proximo veniens differens proferendam. Adveniente autem prædicto festo, post discussionem, de assensu omnium Joanni de Balliolo, qui de filiâ David Regis Scotorum descenderat seniore, adjudicavit ex integro Regnum suum. Robertus secundus de Brus, inter quem & Joannem prædictum exclusis cæteris quæstio vertebatur, licet uno gradu esset propinquior, tamen descendit à filiâ Regis David secundâ. Joannes autem in festo S. Andreæ Apostoli sequenti collocatus super lapidem regalem, in Ecclesiâ Canonicorum Regularium de Scotiâ solemniter coronatur. Post coronationem verò accedens ad Regem Angliæ, qui festum Nativitatis Dominicæ apud Novum-castrum tenuit super Tinam, eidem fecit homagium sub his verbis: » Domine, mi domine Edwarde Rex Angliæ, superior Scotiæ domine, Ego » Joannes de Balliolo Rex Scotiæ, recognosco me homi- » nem vestrum ligium de toto Regno Scotiæ & » omnibus pertinentiis, & his quæ ad hoc spectant, » quòd Regnum teneo & de jure debeo, & cla- » mito tenere hereditariè de vobis & heredibus » vestris Regibus Angliæ, de vitâ & membris & » terreno honore, contrà omnes homines qui pos- » sunt vivere & mori. « Et Rex recepit homagium in formâ prædictâ, suo & alterius jure salvo. Recepto autem Regis Joannis homagio, Rex Angliæ eidem Regnum Scotiæ integraliter cum omnibus pertinentibus restituit indilatè.

Formula fidelitatis suam Rex Scotiæ præter Regi Angliæ.

MCCXCIII.

| VACATIONIS I. | ADULFI. I. | PHILIPPI IV. VIII. | EDWARDI III. XXI. |

HEnricus de Hispaniâ in carcere Regum Siciliæ diù detentus evadens, In Hispanias ad nepotem suum Sanctium Regem venit. Mercatores Anglici variis in mari lacessiti periculis, super mercium suarum amissione Regi Angliæ conqueruntur; qui Comitem Lincolniensem Henricum de Laci ad Regem Franciæ transmisit, suppliciter petens ut de assensu ipsius per Reges & eorum consilia, contrà hujusmodi maritima dispendia provideretur cum celeritate de remedio competenti. Interim verò dum Comes responsum exspectat, classis ducentarum navium Normannicarum & ampliùs, quæ coadunata ut hostes virtuosiùs invaderet, & invadentes fortiùs propulsaret, in Vasconiam profecta fuerat, quidquid de parte adversâ obvium habuit prædæ ac morti facilè destinando, dum onusta vino reverteretur gloriabunda, quasi sibi foli maris cessisset libertas, à sexaginta navibus Anglicanis capitur, & in Angliam adducitur, feriâ sextâ ante vigiliam Pentecostes submersis aut cæsis hominibus omnibus, qui erant in navibus, solis illis exceptis, qui in scalis vix salvi fuerant fugiendo. Rumor facti diffusus per Galliam, Regem Consiliumque suum non tam admiratione, quàm indignatione vehementi commovit. Ordinati igitur sunt Ambassatores, qui ex parte Regis Francorum à Rege Angliæ peterent, ut absque morâ naves cum mercibus per homines suos raptas, & in Regno suo receptas restitueret, si vellet sua negotia pro terrâ Vasconiæ in Curiâ Franciæ favorabiliter expediri. Super hoc mandato Rex deliberans, habito consilio Ricardum Londoniensem Episcopum, adjunctis eidem aliis viris prudentibus, ad Regem Francorum & suum Consilium, & hujuscemodi transmisit responsum, videlicet cum Rex Angliæ Curiam suam habeat nulli subjectam, qui se læsos sentiant per homines Regni sui, veniant ad Curiam suam, & declaratis sibi illatis in-

Dissensio inter Reges Franc. & Angl.

| PAPÆ | IMPERATOR. | Regis FRANC. | Regis ANGL. |

juriis, Rex eis celerem fieri justitiam ordinabit: quod ut securiùs facere possint, quibuscumque conqueri volentibus, Rex de eundo & redeundo per terram suam salvum dabit conductum. Quòd si hoc Regi Francorum non placeat, elignatur arbitri hinc inde, qui pensatis damnis utriusque partis, provideant quomodo querelantibus satisfaciat, & Rex Angliæ dicto eorum & laudo sub certâ obligatione se submittet, dum tamen Rex Francorum se submittat & obliget pari modo. Si verò aliquid occurrat tam arduum, quòd per arbitros nequeat decidi, distiniendum Regibus reservetur, & Rex Angliæ habito conductu ad Regem Franciæ, accedentem ad aliquam villam maritimam veniet, & de assensu mutuo finis negotio imponetur. Quòd si nec istud Rex Francorum acceptaverit, in Summum Pontificem, cujus est inter Reges & Regna pacem fovere, transferatur de assensu mutuo negotium, vel (quia tunc Sedes vacabat) ad Cardinales omnes vel aliquos, ut litis & discordiæ submotâ materiâ, pax inter eos eorumque populos refloreat ut solebat.

Sprevit hæc omnia Consilium Franciæ, nec Nuntiis instanter flagitantibus dignatum est aliquid respondere. Misit denique Rex Francorum ad civitatem Agenii, quæ ad Ducatum Aquitaniæ spectare dignoscitur, ibique nominatim citari fecit Regem Angliæ, ut die certâ Parisiis compareret, de injuriis & rebellionibus in terrâ Vasconiæ responsurus; quem ad diem præfixum non comparentem, Rex Francorum in propriâ personâ pro tribunali sedens, sententiam protulit judicans in defectu : Constabulario que Franciæ mox præcepit ut in manu armatâ proficiscens, Ducatum Aquitaniæ à Regis Francorum nomine occuparet, caperetque vel expelleret quoscumque pro Regem Angliæ illius custodiæ deputatos. Siquidem paulo ante miserat illuc Rex Angliæ Joannem de sancto Joänne, Militem discretum, in armis strenuum, & in rebus bellicis exercitatum, qui civitates & castra per totum Ducatum optimè munivit armis & victualibus, & viris strenuis ad bellandum.

Eodem anno circà festum S. Michaëlis Alianora filia Regis Angliæ, apud Bristollum Henrico Comiti Barrensi tradidur in uxorem, de quo filium genuit Edwardum, & filiam quam Joannes de Warenna Sureyæ & Sussexiæ Comes duxit. Rex Anglorum satagens Regis Francorum animum emollire, mandavit germano suo Edmundo, qui tunc in Galliis morabatur, ut Consilium Franciæ adiens de aliquâ formâ providerent, quæ Regis Francorum esset placita, & sibi non nimiùm inhonesta: qui post tractatus multos frustrà habitos, iter versùs Angliam arripuit, de pace, & concordiâ penitùs desperatus.

Constabularius Franciæ ducit exercitum in Aquitaniam adversùs Angl. Regem.

| VACATIONIS II. | ADULFI. II. | PHILIPPI IV. IX. | EDWARDI III. XXII. |

MCCXCIV.

EAdmundus frater Regis Angliæ versùs mare profectus, per Reginas Franciæ Joannam Regis consortem, & Mariam ejusdem novercam, ut cum eisdem pacis tractatum resumat celeriter revocatur. Denique mediantibus Reginis, post plurima interloquia in formâ subscriptâ exstitit concordatum; Videlicet ut propter honorem Regis Francorum, cui per ministros custodiæ Vasconiæ deputatos (ut videbatur nonnullis) fuerat in pluribus derogatum, sex castra, videlicet Sanctonas, Talemund, Tourium, Pomerol, Penne, & Mount Flamkon voluntati Regis Franciæ dederentur. In omnibus verò civitatibus & castris totius Ducatûs exceptis Bur-

Concordia inter Reges Franc. & Angliæ.

| AN. DOM. | PAPÆ | IMPERATOR. | Regis FRANC. | Regis ANGL. | PAPÆ | IMPERATOR. | Regis FRANC. | Regis ANGL. | AN. Dom. |

degala, Bajonâ & Regulâ unus serviens nomine Regis Franciæ poneretur, de ministris quoque per Regem Angliæ in Vasconiâ positis, aliisque per totam terram pro libitu Regis Francorum obsides traderentur. Quibus peractis, Rex Franciæ citationem in aulâ Parisiensi publicatam faceret revocari: Castra verò omnia, amotis Servientibus in civitatibus positis & castris, obsidesque ad petitionem duarum Reginarum, vel unius earum restitueret sine morâ. Rexque Angliæ concesso sibi salvo conductu Ambianis veniret, ut ibi habito mutuo Regnum colloquio, pax & amicitia in posterum firmaretur. Super his confectis scriptis, unum per Reginas signatum Eadmundo traditur, aliud signatum ab Eadmundo commendatur Reginis, quæ datâ fide in manu Eadmundi promiserunt pacta in scriptis inita nullatenùs violanda.

Certificatus super his Rex Angliæ per germanum suum, litteras unam patentem directam omnibus Ministris suis in Vasconiâ, continentem mandatum, ut in omnibus voluntati Regis Francorum obtemperent, transmisit germano, per eum (cum sibi videretur) ulteriùs in Vasconiam transmittendam. Receptâ litterâ Eadmundus, veritus eam transmittere antequàm sibi constaret, an Rex ipse acceptaret quæ facta fuerant per Reginas, petivit ab eis, ut per dictum Regis proprium super præmissis certior redderetur. Denique præsentibus Eadmundo Regis Angliæ germano, & uxore suâ Blancâ Reginâ Navarræ, matre Reginæ Franciæ, necnon Duce Burgundiæ, Hugone de Ver filio Comitis Oxoniæ, ac Clerico quondam Joanne de Laci, Rex ipse promissa Reginarum, ac peracta per eas concordata in fidelitate Regiâ se adimpleturum spopondit. Moxque Miles quidam nomine Galfridus de Langeliâ, de familiâ Eadmundi fratris Regis Angliæ, cum litteris Eadmundi fratris Regis Angliæ, cum litteris Francorum revocantibus Constabularium Franciæ, qui cum exercitu profectus fuerat ut Vasconiam expugnaret, missus est ad eum. Rex etiam Angliæ Cantuariæ solemnitatem Paschalem tenuit, ibidem ut Ambianis proficisceretur exspectans litteras de conductu. Joannes etiam de Laci Clericus prædictus in Vasconiam transmissus est, cum litterâ Ministris Regis Angliæ directâ, secundùm formam prædictam. Joannes verò de sancto Joanne, quem Rex Anglorum Vasconiæ præfecerat, auditis pactis initis, omnia quæ ad munitiones castrorum & urbium providerat vendidit, discedensque per Parisius versùs Angliam iter suum direxit. Et ecce procurante pacis æmulo, immutatum est cor Regis Francorum, conductusque Regis Angliæ denegatur, & littera Constabularii revocatoria per posteriorem litteram irritatur, & per Constabularium Vasconiam in manu potenti intrantem custodibus & ministris juxtà tenorem litteræ apportatæ se subdentibus, in manu Regis Francorum accipitur terra tota: Ministrique omnes Regis Angliæ terræque custodes, obsides & captivi Parisius deducuntur. Post dies tamen aliquot Eadmundus Reginas rogavit, ut juxtà sua promissa & pactiones initas, Regem Franciæ interpellarent super conductu Regi Angliæ concedendo, citatione revocandâ, terrâ restituendâ & obsidibus liberandis. Rex verò Francorum per quosdam milites missos ad Eadmundum inficiatur se quidpiam de talibus pactis scire.

Denique perpendens Eadmundus se fratremque suum Regem Angliæ delusos, reversus in Angliam, Regem & Consilium suum ad plenum informat & certificat de re gestâ. Igitur convocato Londonias Parliamento, cui Joannes Rex Scotorum interfuit,

de consilio Prælatorum & Procerum consentium terram subdolè ablatam recuperandam gladio; Rex Angliæ ad Regem Francorum misit Fratres Hugonem de Maveceftriâ de Ordine Prædicatorum, ac Willelmum de Geinesburn Ordinis Minorum, Doctores Theologiæ, viros providos ac discretos, mandans ei per eosdem, quòd cum pacta inter progenitores eorum habita & ipsos, necnon & secretos tractatus, quos mediante germano suo cum eo habuit, violasset, non videbatur sibi quòd ipsum Regem Angliæ, Ducemque Aquitaniæ hominem suum reputabat, nec ipse homagio suo adstringi ulteriùs intendebat.

Eodem tempore Rex Angliæ misso in Teutoniam Antonio Dunelmensi Episcopo, confœderavit sibi Adulsum Regem Romanorum. Exercitum etiam transmittendum adunari jubens apud Portemutam, Joannem de Britanniâ nepotem suum, Comitem Richemundiæ eidem præfecit, dans ei Consiliarios Joannem de sancto Joanne & Robertum Tipetoth, Milites prudentes & in bellicis rebus expertos. Navigium etiam ad custodiendum mare in tres classes distinxit, tres præponens Admiralios, videlicet Gernemuthensibus, & cæteris illius partis maribus Joannem de Boutetort, Portemutensibus Wilelmum de Leibourne; Occidentalibus verò navibus & Hibernicis militem quemdam probum de Hiberniâ oriundum. Hoc anno concessa est Regi in subsidium guerræ suæ medietas à Clero, sexta à civibus, & à reliquo populo decima pars bonorum. Hoc etiam anno in Angliâ maxima caristia annonæ, pauperesque passim afflicti inediâ moriebantur.

Hoc anno post vacationem diutinam electus est in summum Pontificem Petrus de Murone, qui de Ordine S. Benedicti existens, eremiticam duxit vitam. Hic sublimatus in Papam, Cælestinus dictus est quintus: qui unam ordinationem in mense Septembri faciens, creavit duodecim Cardinales: defunctoque Episcopo Ostiensi Fratre Latino Ordinis Fratrum Prædicatorum, in loco ejusdem substituit Fratrem Hugonem de Billonâ, ejusdem Ordinis, qui prius tituli sanctæ Sabinæ fuerat Presbyter Cardinalis.

Exercitus Regis Angliæ de Portamuthâ circà festum sancti Michaëlis progrediens, vi ventorum repulsus applicuit Dertemutham. In crastino verò sancti Dionysii captatâ aurâ, cursu velivolo ad S. Mathæum in Britanniâ die secundo pervenit. Discedentes à Britanniâ, in crastino Sanctorum Crispini & Crispiniani intraverunt ostia Girundiæ fluvii à Burdegalâ descendentis, per quem ascendentes, captis duabus villis bonis ac muratis, Burgo super mare, ac Blavio, cursu prospero transeuntes coram Burdegalâ, Risumfluminis pervenerunt, ubi reddita eis villâ, equos suos de navibus eduxerunt. Eodem tempore Wallenses insurgentes contrà Regem, in diversis partibus diversos sibi Principes præfecerunt. Aquilonares enim qui circà partes Suowdoniæ habitant, Capitaneum habentes etiam Ducem quemdam de genere Lewlini Principis ultimi, Madocum nomine, villam & castrum de Karnarivian combusserunt, magnâ Anglicorum multitudine, qui nihil tale suspicantes ad nundinas venerant, interfectâ. Occidentales verò Wallenses præposito sibi juvene quodam Mailgone, in partibus Penbrochiæ & Katermerdin mala plurima perpetrarunt. Quidam etiam Morganus dictus Wallenses Australes concitans, Comitem Gloverniæ Gilbertum, qui progenitores suos exheredaverat de terrâ suâ, quæ Glomergan dicitur, fugavit & expulit. Rex Angliæ William in-

Papa electus est Petrus dictus Cælestinus V.

Chronicon Nicolai Trivetti.

| PAPÆ | IMPERATOR. | Regis FRANC. | Regis ANGL. |

gressus, Eadmundum germanum suum, & Henricum Comitem Lincolniæ parantes se ad transfretandum in Vasconiam cum exercitu; ad se in Walliam revocavit. Quibus in die sancti Martini appropinquantibus castello Comitis Lincolniæ de Dunbey, Wallenses in magnâ virtute occurrerunt, & conserto gravi prælio repulerunt.

Papatui cessit Cælestinus.

Cælestinus Papa se minùs sufficientem ad regendam Ecclesiam sentiens, de consilio Benedicti Gajetani cessit Papatui; editâ priùs constitutione super cessione Pontificum Romanorum. Robertus de Winchelese, Doctor sacræ Theologiæ à Papâ Cælestino confirmatus, & in Archiepiscopum Cantuariensem in Curiâ consecratus; in Angliam veniens, Joanni de Monemethâ Doctori Theologiæ Episcopatum Landovensem auctoritate Papali contulit, qui jam vacaverat multis annis. In vigiliâ autem Natalis Domini apud Neapolim in Papam eligitur Benedictus Gajetanus, natione Campanus de Anagniâ civitate.

Bonifacius VIII. in ejus locum subrogatur.

Hic Bonifacius octavus vocatus; statim post suam creationem Episcopum Ostiensem super quibusdam in præsentiâ Cardinalium arguens durissimè, pallii usu privavit, & nihilominùs ab eodem ante restitutionem pallii coronatur. Rex autem Angliæ apud Abertoniam festum tenuit Nativitatis Dominicæ, ubi Archiepiscopum Cantuariensem ad se venientem, misso obviam ad securum conductum faciendum Clerico quodam Joanne de Berewico cum manu armatâ, gratiosè recepit, & fidelitate ejus quam ex more tenetur Regi facere admissâ, cum favore remisit.

MCCXCV.

| BONIF. VII. | ADULFI. | PHILIPPI IV. | EDWARD. III. |
| I. | III. | X. | XXIII. |

IN die Circumcisionis Domini reddita est Joanni de sancto Joanne civitas Baionensis, quam die præcedenti cæperant nautæ fortiter expugnatam; multosque civibus quos Regi Anglorum adversari compertum est, præfatus Joannes captos, in Angliam per mare transmisit; obsidionem verò posuit circa castrum, quod post dies octo cepit, dominumque Asperimontis qui illud detinuerat, cum aliis custodiæ mancipavit: duas etiam galeas pulcherrimas quas ad munimen urbis Rex Francorum fecerat, in usum suum accepit. Non multùm verò post reddita est Anglicis villa sancti Joannis de Sordes, multasque alias villas cæperunt & munitiones, quibusdam se sponte dedentibus, quibusdam violenter subactis: auctusque est Anglicorum exercitus in brevi, multis fraude Gallicorum cognitâ, ad fidelitatem Regis Angliæ reversis in quatuor millibus peditum, equitibusque ducentis.

Rex Angliæ transito flumine de Conweie ut ulteriùs progrederetur in Walliam, cum nondum totus comitaretur exercitus, captis bigis & curribus victualibus onustis à Wallensibus, per tempus aliquod penuriâ coartatur; ita ut quousque veniret ad eum reliqua pars exercitus, aquam melle mixtam biberet, paneque cum salsis carnibus vesceretur. Comes Warwici audito quòd Wallenses in maximâ multitudine in quâdam planitie inter duo nemora se adunassent, assumptâ secum electâ militiâ cum balistariis & sagittariis, de nocte supervenieus eos undique circumcinxit, qui fixis in terrâ lanceis cuspides in oppositum irruentium dirigunt, ut sic se ab impetu equitum tuerentur. Sed Comes inter duos equites posito uno balistario, ac jaculis balistarum magnâ parte eorum qui lanceas tenebant prostratis, cum turmâ equitum in reliquos irruens, tantam intulit stragem, quanta eis unâ vice illata non creditur temporibus retroactis. Interim Rex Angliæ ad compescendas Wallensium insolentias, castrum in insulâ quæ Anglesia dicitur construxit, quod Bellum mariscum voluit appellari. Wallenses fame & inediâ consumpti, ad pacem Regis in brevi venire coguntur.

Eodem anno Karolus germanus Regis Francorum Vasconiam cum exercitu ingressus, Risuncium obsedit, & fugiente ejus Capitaneo Joanne de Britanniâ cum Roberto Tipetoth, paucis relictis ad tuitionem villæ militibus, feriâ quintâ in hebdomadâ Paschæ cepit, militesque ibi repertos, scilicet Radulfum de Toüy, Amicum de sancto Amando, cum fratre suo, Radulfum de Gorges, Rogerum de Leiburne, & Joannem de Cretinge cum aliis militibus tredecim & scutiferis triginta tribus Parisius transmisit. Occisus est ibi Adam de Cretinge Miles admodum probus, proditione cujusdam militis nomine Valteri cognomento Giffardi, qui factus transfuga, moratus est in Galliis annis multis. Eodem die reddita est Anglicis villa sancti Severi, cujus Capitaneus Hugo de Ver constituitur. Karolus autem egressus de villâ & castro Risuncii, sanctum Severum antequàm sufficienter muniatur properat obsidere, quam in magnum Gallicorum dispendium quî ibidem fame moriebantur & peste, tenuit præfatus Hugo tredecim septimanas. Deficientibus tandem iis qui intererant victualibus, per mediationem Comitum de Amidois qui erat cum Hugone . . . . qui erat cum Karolo, obtenta est treuga dierum quindecim, infrà quos liceret obsessis pro subsidio mittere in Baionam. Quo deficiente ad terminum prætaxatum, reddita est villa Gallicis, ita quòd salvata sunt recedentibus arma cum supellectili suâ totâ, dato conductu usque ad duas dietas ab exercitu; remanentibus verò nulla est illata molestia; sed potiùs obsides priùs adducti Tolosam, per Senescallum Regis Franciæ in villâ repositi sunt, restitutis eis omnibus rebus suis. Karolus positis in villâ custodibus, cum exercitu suo revertitur in Franciam; post cujus discessum, infrà paucos dies capta est villa ab Anglicis iteratò.

Eodem anno duo Cardinales Albanensis & Prænestinus primò ad Regem Franciæ, postea ad Regem Angliæ venerunt, missi à Papâ Bonifacio pro pace inter Reges & concordiâ reformandâ. Qui circà Pentecosten venientes Londoniâs, ibidem ex mandato Regis adhuc in Walliâ existentis ejus præstolabantur adventum, qui fuit circà festum sancti Petri ad vincula. Cardinales nuntium suum prosequentes, & pacem suadentes, treugamque duorum annorum petentes; respondenteque Rege quòd in pacem vel treugam absque treuga Regis Romanorum consensu assentire, propter fœdus inter eos initum & juramento firmatum, non poterat: rogaverunt Regem, ut Regis Romanorum consensum in inducias impetraret. Rege autem ob reverentiam Curiæ Romanæ petitioni eorum annuente, circà Nativitatem Virginis gloriosæ in Gallias revertuntur. Circà festum verò sancti Laurentii Madocus qui se Principem Walliæ fecerat, captus, & Londoniâs ductus, perpetuæ custodiæ mancipatur.

Classis Gallicana Doveriam veniens, emisit prædones qui spoliato Prioratu & uno Monacho seni occiso, partem magnam oppidi incenderunt, quorum aliqui ante reditum ad naves interfecti sunt, sed plurimi evaserunt. Citò post verò galea quædam Gallicorum casu quodam ad portum de Hydâ appulsa est, capta est per Joannem de Columbariis Militem nobilem, nautis qui eam abducere conaban-

| AN. DOM. | PAPÆ | IMPERATOR. | Regis FRANC. | Regis ANGL. | PAPÆ | IMPERATOR. | Regis FRANC. | Regis ANGL. | AN. DOM. |

tur interfectis. Nautæ etiam Gernemuthenses Cæsaris burgum in Normanniâ incendio vastaverunt, spoliatâque Abbatiâ Canonicorum Regularium, Canonicum quemdam senem in Angliam adduxerunt. Portuenses quindecim naves Hispanicas onustas mercibus, tendentes in Damonem portum Flandriæ, captas deduxerunt Sandwicum. Joannes Rex Scotiæ homagii & fidelitatis suæ immemor, destinatis ad Regem Francorum Nuntiis Willelmo sancti Andreæ, & Willelmo Dunkelfenti Episcopis, Joanne de Soules, & etiam Geranno de Vinstenule, Militibus, clam contra Regem Angliæ fœdus iniit, petens in affirmationem negotii matrimonium contrahi inter filium suum Edwardum ac nobilem puellam Joannem, filiam Karoli germani Regis Franciæ, spondens se velle Regem Angliæ totis viribus impugnare, & à guerrâ cum Rege Franciæ impedire, sicut in scriptis inter utrosque Reges confectis plenius continetur. Elegerunt autem Scoti duodecim Pares, quatuor videlicet Episcopos, quatuor Comites, & quatuor Barones, quorum consilio, Rex Regnum suum gubernare debebat; per quos etiam ut in hanc consentiret proditionem fuit inductus. Miles quidam dictus Thomas de Turbervile in Vasconiâ captus, & Parisius inter alios captivos detentus, procurante civitatis ejusdem Præposito, liber dimittitur sponsione juramenti firmatâ, quòd contrà Regem Angliam commoveret. Qui cum venisset in Angliam, proditionis convictus, tractus ac suspensus dignas luit sceleris sui pœnas.

Henricus de Hispaniâ mortuo nepote suo Sancto, custos Regni Castellæ & filiorum Regis tutor efficitur. Jacobus frater Alfonsi quondam Regis Aragoniæ, traditâ fratri suo juniori nomine Frederico Siciliâ, Regnum Aragoniæ post mortem fratris accepit, & uxorem ducens filiam Karoli Regis Siciliæ, reconciliatur Ecclesiæ, obsidibus quos frater suus tenuerat liberatis. Gilbertus Comes Gloverniæ hoc anno dies suos clausit, relictis ex uxore suâ Joannâ filiabus tribus, & filio unico junioris ætatis nomine Gilberto. Willelmus etiam de Valentiis Comes Penbrochiæ moritur, & in Ecclesiâ Monachorum Westamonsterii sepelitur. Successit ei in Comitatu filius Aymericus. Rex Angliæ à Rege Scotorum (ignorans eorum proditionem) cum auxilium pro guerrâ suâ instanter petiisset, & sibi responderetur in dubiis, suspectum habens negotium, rogavit ut ob securitatem usque ad finem guerræ castra tria, videlicet Berwici, Edeneburgiæ, Rokesburgiæ traderentur in manu suâ, quæ post guerram restitueret, si eos sibi comperisset fideles. Quod cum Scoti facere renuissent, Rex de proditione eorum certior, cum exercitu versùs Scotiam progressus, disposuit eam vi subjicere, nisi ab his quæ referebantur, & quæ jam in opere ostendebantur, se possent legitimè excusare. In villis Flandriæ cum Majores, qui Scabini dicuntur, in his propter quæ discordia suborta erat inter eos & communem populum, judicio Comitis stare renuissent, ad Curiam Regis Franciæ appellârunt. Vocatus autem Comes à Rege cum Parisius venisset, detentus ibidem est quousque filiam suam cum quâ filius Regis Angliæ matrimonium (ut dicebatur) contracturus erat, pro se Regi Francorum obsidem reddidisset.

| MCCXCVI. | BONIF. VIII. | ADULFI. | PHILIPPI IV. | EDWARD. III. |
| | II. | IV. | XI. | XXIV. |

PETRUS & Jacobus de Columnâ à Cardinalatu per Papam Bonifacium deponuntur circa Conversionem sancti Pauli. Eadmundus germanus Re-

gis Angliæ, associato sibi Henrico Comite Lincolniæ, cum exercitu valido in Vasconiam transfretavit, cui redditum est feriâ quintâ in Cœnâ Domini castrum de Sparâ, & postea alia castra plura. Cum autem appropinquans Burdegalæ ad reficiendum se cum exercitu castra posuisset in villâ quâdam nomine Bochele, feriâ quartâ in hebdomadâ Paschæ Gallicorum exercitus de Burdegalâ egressus, disposuit ex improviso Anglicos tantum per duas leucas ab urbe distantes celeriter occupare. Præmoniti aliquantulum Anglici de adventu hostium, ad bellum se parant, & armati (prout articulus temporis permisit) parti occurrunt adversæ: consertoque gravi prælio, sine strage multâ Gallos cogunt ad urbem reverti. Quos dum fugientes insequuntur, ingressi sunt urbem duo milites Anglicani, fratres domini Petri de Malolacu, & tertius cum duobus vexilliferis Joannis de Britanniâ & Alani la Souche, quos ceperunt Gallici portis clausis. Devastatâ verò magnâ parte suburbii incendio, Eadmundus propter quasdam causas arduas revertitur in Bayonam, ubi non multo post in ægritudinem decidens, terminum vitæ clausit. Obsedit post hæc exercitus Anglicanus urbem Aquensem, sed penuriâ victualium coactus discedere, obsidionem omisit. Comes Attrabatensis per Regem Francorum in Vasconiam missus, munitiones quasdam de manu Anglicorum extorsit. Qui verò Burgum super mare tenebant, obsidente eos domino de Sulliaco, inducias impetrantes, usque Blavium pro commeatu nuntios transmiserunt. Ubi cum navem victualibus onustam cæteri deducere recusarent, Symon de Monteacuto Miles strenuus & cordatus, per medias galeas Gallicorum, quæ ad prohibendum transitum navium fluvium observabant, aspirante flatu prospero usque Burgum deduxit: quo cognito, solutâ obsidione dominus de Sulliaco revertitur in Gallias, intento frustratus.

Florentius Comes Holondiæ qui filium suum Regi Angliæ nutriendum tradidit, cui etiam Rex filiam suam Elizabeth connubio jungere disponebat, quemdam spurium sibi volens heredem substituere, à propriâ gente necatur. Rex Angliæ immenso coadunato exercitu venit ad Novum castrum super Tinam, ad quem locum Joannem Regem Scotorum citari fecerat edicto publico, ut de his quæ sibi debebant objici, responderet; quo ad diem præfixum nec per se comparente, nec per nuntium se excusante, Rex de consilio suorum decrevit ulteriùs procedendum.

Interim Miles quidam Robertus de Ros Dominus castri de Werk, nonobstante fidelitate quam Regi Angliæ juraverat, ad Scotos transfugit: super quo germanus ejusdem Willelmus de Ros Regem præmuniens, petivit sibi mitti subsidium quo posset castrum defendere contrà Scotos. Misitque Rex illuc viros mille, qui recepti in villâ quâdam dictâ Prestfeu, omnes eâdem nocte à Scotis, quorum Capitaneus erat præfatus transfuga Robertus de Ros, interfecti sunt, exceptis paucis qui dilapsi sunt fugâ. Quo audito, mox Rex cum exercitu ad castrum illud properat, gavisus in hoc (ut fertur) quòd Scoti primi cœperant hostilia exercere. Rege itaque apud prædictum castrum Paschalem solemnitatem peragente, septem Comites Scotiæ, de Bowan, de Meneteth, de Straderne, de Lewenos, de Ros, de Athel, de Mar, ac Joannes filius Joannis Comin, de Badenaw collecto exercitu valido in valle Avandiæ, feriâ secundâ Paschæ Anglicani ingressi, vastabant omnia cæde & incendio, non

parcentes

parcentes ætati vel sexui, venientesque Karleolum, urbem ipsam obsidione cinxerunt. Combusto autem suburbio, cum ad portam civitatis cremabilia congererent, nobilis quidam de Galwidiâ, dum portæ civitatis appropinquaret, unco ferreo ab his qui super portam erant attrahitur, confossusque lanceis enecatur. In carcere verò civitatis quidam explorator detentus, cum adventum suorum audisset, carcerem incendit, cujus igne flatu venti in domos alias delato, urbis pars magna crematur. Viri tamen & mulieres ad muros concurrentes, lapidibus & telis Scotos à muris propulsant, urbem viriliter defendentes. Scoti videntes se non proficere, feriâ quartâ omissâ obsidione in Scotiam redierunt.

Eâdem die, scilicet feriâ quartâ in hebdomadâ Paschæ : Rex cum exercitu progrediens, transito flumine quod Tweda dicitur, Scotiam ingressus est, & Burgenses Berewici ad pacem invitans, per diem unum integrum exspectavit ; quibus ad pacem venire nolentibus cœpit in die Veneris villæ appropinquare, fixis tentoriis in domo Monialium de Caldestreme, à quâ distabat villa Berewici per dimidiam tantùm leucam. Advenerunt autem & viginti quatuor naves Angliæ, quarum nautæ incalescente sole exercitum Regium in quâdam planitie præparatum conspicientes, ubi Rex novos milites fecerat, æstimantes Regem velle villæ dare insultum, portum ingressi & ad terram applicantes, conflictum ineunt cum villanis, ubi quatuor navibus perditis, cæteræ cum refluxu salvæ & integræ revertuntur. Divulgato autem in exercitu facto nautarum, Rex à parte terræ transgressus non difficultate fossatum, quod Scoti fecerant, villam occupavit, unico tantùm de suis militibus interfecto. Mercatores enim Flandrenses, qui in villâ eâdem domum ad modum turris fortissimam habebant, jacula mittentes in Anglicos & pila, Ricardum de Cornubiâ Militem strenuum à casu spiculo trajecerunt, ad quos cum non de facili pateret accessus, allato igne incendio suffocantur. Eâdem nocte dormivit Rex in castro quod redditum est ei, salvis vitâ & membris his qui in eo erant, & præstito juramento quòd contra Regem Angliæ arma de cætero non portarent, omnesque quò volebant abire permittuntur, excepto eorum Capitaneo Willelmo Duglas, quem usque ad finem guerræ Rex secum retinuit. Dum autem Rex villam Berewici novo fossato muniret, circa ingressum mensis Aprilis venerunt ad eum Gardianus & Lector Fratrum Minorum de Rokesburghâ, deferentes litteras Joannis Regis Scotiæ, tenorem hujuscemodi continentes.

Epistola Regis Scotiæ ad Regem Angl. quâ se purgare nititur quòd filem ipsi non præstiterit.

» MAGNIFICO Principi domino Edwardo Dei
» gratiâ Regi Angliæ, Joannes eâdem gratiâ
» Scotiæ Rex. Cum vos ac illi de regno vestro, vobis
» non ignorantibus vel ignorare non debentibus, per
» violentam potentiam nobis ac Regni incolis gra-
» ves, imò intolerabiles, injurias ; contemptus
» & gravamina, necnón, & damna enormia con-
» trà nostras & Regni nostri libertates, ac contrà
» Deum & justitiam notoriè & frequenter intule-
» ritis, nos extra Regnum ad levem quamcumque
» suggestionem pro libitu vestræ voluntatis citan-
» do, & indebitè vexando, castra nostra & terras
» & possessiones nostras & nostrorum infra Reg-
» num nostrum sine nostris demeritis occupando,
» bona nostra ac subditorum nostrorum tam per
» terram quàm per mare rapiendo, & infra Re-
» gnum vestrum receptando, mercatores & alios

Regni nostri incolas occidendo, hominesque nostros de Regno nostro violenter abducendo, ipsosque ibidem detinendo & incarcerando. Super quibus reformandis Nuntios nostros sæpe transmisimus, quæ non solùm adhuc remanent incorrecta, verùm etiam de die in diem per vos & vestros prioribus deteriora cumulantur. Vos namque jam cum innumerabili multitudine armatorum vestro exercitu publicè convocato, ad exheredandum nos & Regni nostri incolas, ad fines Regni nostri hostiliter accessistis, & ultrà progredientes in Regno nostro stragem & incendia, necnon insultus & invasiones violentas tam per terram quàm per mare commisistis inhumanè. Nos dictas injurias ; contemptus & gravamina & damna, necnon & hostiles impugnationes ulteriùs sustinere non valentes, nec in fidelitate & homagio vestro licet per violentam impressionem extortis manendo ; contrà vos & ad defensionem nostram & Regni nostri, cujus defensioni & tuitioni vinculo juramenti sumus adstricti, nos volentes erigere : fidelitatem & homagium tam à nobis quàm ab aliis quibuscumque Regni nostri incolis fidelibus nostris, ratione terrarum quas in nostro Regno tenebant, & etiam ratione menagii seu retentionis nostræ, nomine nostro ac nomine eorumdem omnium & singulorum vobis reddimus per præsentes.

Rex auditâ hâc litterâ, resignationem homagii sui admisit, & Cancellario suo præcepit hanc litteram registrari, ad perpetuam memoriam rei gestæ. Comites Scotiæ superiùs nominati, cum eorum comitivâ apud castrum de Redeworthe condunati, profecti sunt in Angliam, & vastantes omnia cæde & incendio, usque ad Prioratum Haugustuldensem, & in eodem fugientibus Canonicis se quarto Idus Aprilis receperunt. Mane verò facto, Prioratum cum totâ villâ incendio destruxêre. Progressi inde ad domum Monialium de Lamelay, donibusque quibusdam salvâ Ecclesiâ incensis, cum ingenti prædâ in Scotiam revertuntur. Patricius Comes de Dunbar ad Regem Angliæ veniens, sed eidem cum totâ suâ subdidit potestate. Castrum de Dunbar in festo S. Michaëlis obsessum à Scotis, fraude quorumdam in eo existentium redditum est eisdem : pro quo recuperando misit Rex Joannem Sureiæ, & Willelmum Warewici Comites cum militiâ magnâ valde. Quibus superveniens Scotorum exercitus, ut obsessis ferret auxilium, excipitur pugnâ durâ : fugientibus tandem Scotis insequuntur Anglici per octo milliaria ferè usque ad forestam de Selclark, stragem nimiam ingerentes, ita ut cæsorum numerus ad decem millia hominum fuerit æstimatus. Sabbato sequente, videlicet decimo octavo Kalendas Maii, Regi advenienti redditum est castrum, in quo capti sunt Comites tres ; de Menethet, de Asceles & de Ros, Barones sex ; videlicet Joannes Comin junior, Willelmus de sancto Claro, Ricardus Siwardus senior, Joannes Hinccivartino, Alexander de Muraviâ, Edmundus Comin de Kilbrid, cum aliis militibus viginti novem, Clericis duobus, & scutiferis octoginta tribus, quos ad diversa castra Angliæ misit Rex in custodiâ detinendos.

Post captionem castri de Dunbar paucis diebus interpositis, accessit Rex ad Castrum Rokesburgiæ, quod statim redditum est ei à Senescallo Scotiæ. Deinde progrediens ad castrum Puellarum, quod octo dierum obsidione expugnatum est ; custodibus ejus vitâ & membris concessis. Veneruntque ibi ad Regem Walenses pedites in multitudine magnâ, remisit ferè Rex in eodem numero Anglicos pedites fatigatos. Accedens inde ad castrum de Strivelin, vacuum illud invenit, custodibus dilapsis in fugam. Illuc cum militiâ suâ de Hiberniâ in subsidium Regis venit Comes Ultoniæ. Rex mare Scotianum transgressus, venit ad villam S. Joannis de Pert in festo S. Joannis Baptistæ, ubi solemnitate peractâ per aliquot dies mansit.

Dum hæc agerentur, videns Joannes Rex Scotiæ, quia non haberet potestatem resistendi, missis ad Regem Angliæ Nuntiis, pacem & misericordiam imploravit. Cui Rex benignè annuens, remandavit ut ad castrum de Brithin cum Magnatibus terræ suæ veniret, cum his quos Rex illuc mitteret Nuntios infrà dies quindecim tractaturus. Misitque illuc Rex Antonium Dunelmensem Episcopum cum plenâ potestate Regiâ, ad quem venerunt infrà præscriptum tempus Rex Scotorum Magnatesque sui, qui post multo variosque tractatus nudè & purè subjecerunt se & Regnum Scotiæ Regiæ voluntati, pro quâ submissione observandâ, Joannes Rex Scotiæ filium suum obsidem tradidit, litterasque confecit, continentes in Gallico hunc tenorem:

Tandem Rex Scotiæ à Rege Angl. pacem & misericordiam postulat, obtinetque.

„ JOANNES Dei gratiâ Rex Scotiæ omnibus præsen-
„ tes litteras visuris vel audituris salutem. Quia
„ nos per malum consilium simplicitatemque no-
„ stram graviter offendimus & provocavimus domi-
„ num nostrum Edwardum gratiâ Dei Regem An-
„ gliæ, dominum Hiberniæ, Ducem Aquitaniæ in
„ multis, videlicet in eo quod existentes & manen-
„ tes in fide suâ & homagio suo, alligavimus nos
„ Regi Franciæ qui tunc hostis ejus erat, & ad hoc
„ etiam matrimonium fieri procurantes cum filiâ do-
„ mini Karoli fratris ejus, & ut dominum nostrum
„ gravaremus, Regemque Franciæ juvaremus cum
„ omni potestate nostrâ per guerram modisque aliis,
„ deinde per nostrum perversum consilium antedi-
„ ctum diffidavimus dominum nostrum Regem An-
„ gliæ, & posuimus nos extrà fidem & homagium
„ suum, reddendo ei homagium suum, & misimus
„ gentes nostras in terram suam Angliæ ad incen-
„ dia facienda & prædas abducendas, ad homici-
„ dia & alia damna perpetranda, & terram Scotiæ
„ quæ est de feodo suo, contrà eum muniendo, po-
„ nentes & stabilientes gentes armatas in villis, ca-
„ stris & alibi ad defendendam terram contrà eum,
„ & defortiandum eum de feodo suo, pro quibus
„ transgressionibus dominus noster Rex Angliæ an-
„ tedictus, ingressus terram Scotiæ, in fortitudine
„ suâ eam conquisivit & cepit, nonobstante omni
„ eo quod facere potuimus contrà eum: sicut po-
„ test de jure facere tamquam dominus de feodo
„ suo, quia nos ei homagium nostrum reddidimus,
„ & fecimus rebellionem antedictam. Nos igitur
„ existentes in plenâ potestate nostrâ & liberâ vo-
„ luntate, reddidimus ei terram Scotiæ, & gentem
„ totam cum homagiis. In cujus rei testimonium
„ fecimus fieri has litteras patentes. Data apud
„ Brithin decimo die Julii, Regni nostri anno quar-
„ to, consignatâ litterâ, factoque sigillo communi
„ Scotiæ.

Processit Rex ut videret montana Scotiæ, præcedente eum semper per unam diætam Episcopo Dunelmensi. Cumque transisset Moraviam, & pervenisset usque Elgin, omnia videns esse pacata, converso itinere revertitur Berewicum. In redeundo autem transmisit per Abbatiam de Stone, ubi sublato lapide quo Reges Scotorum tempore coronationis solebant uti pro throno, usque Westmonaste-rium transtulit illum, jubens inde fieri celebrantium cathedram Sacerdotum. Rex apud Berewicum convocato Parliamento, omnium Magnatum Scotiæ fidelitates recepit, & homagia, qui ad rei gestæ memoriam perpetuam confecerunt super hoc litteras patentes eorum sigillis munitas, continentes in Gallino hunc tenorem.

« Omnibus præsentes litteras visuris vel audituris, Joannes Comin de Badenaw, &c. Quia
« fidem & voluntatem Illustrissimi Principis, ac carissimi domini nostri domini Edwardi, Dei gratiâ
« Regis Angliæ, domini Hiberniæ ac Ducis Aquitaniæ venimus: promittimus pro nobis & here-
« dibus nostris sub pœnâ corporum nostrorum &
« Catellonum ac omnium quæ habere possumus,
« quòd nos serviemus ei benè & fideliter contrà om-
« nes gentes quæ vivere & mori possunt, omnibus
« vicibus quibus requiremur vel præmuniemur per
« antedictum dominum nostrum Regem Angliæ, vel
« heredes suos, & quòd nos non sciemus damnum
« eorum, quin illud impediamus omnibus viribus
« nostris, & eos præmuniemus, & ad ista tenenda
« & servanda obligamus nos & heredes nostros &
« omnia bona nostra. Insuper & juravimus tactis
« sacro-sanctis Evangeliis, & præterea nos omnes & quilibet nostrûm pro se fecit homa-
« gium dicto domino nostro Regi Angliæ in hæc
« verba:
« Ego vester homo ligius efficior de vitâ & mem-
« bris ac terreno honore contrà omnes homines qui
« possunt vivere & mori : & idem dominus noster
« Rex recepit hoc homagium sub his verbis : Nos
« illud recipimus pro terris de quibus estis nunc sei-
« siti, salvo jure nostro, aut alterius, & exceptis
« terris quas Joannes de Balliolo quondam Rex Sco-
« tiæ nobis contulit, postquàm nos & Regnum Sco-
« tiæ liberavimus, si forte aliquas terras dedit. In-
« super nos omnes & singuli nostrûm pro se feci-
« mus fidelitatem domino nostro Regi prædicto in
« his verbis: Ero fidelis legalis, fidelitatemque &
« legalitatem servabo Edwardo Regi Angliæ, & he-
« redibus suis de vitâ & membris & terreno honore
« contrà omnes homines qui vivere possunt & mori,
« & nunquam pro aliquo portabo arma, nec ero
« in consilio vel auxilio contrà eum vel heredes suos
« aliquo casu qui possit contingere; sed fideliter re-
« cognoscam & fideliter faciam servitia, quæ per-
« tinent ad tenementum quod de eo tenere clamito:
« sic me Deus adjuvet & omnes Sancti ejus. In ha-
« rum rerum testimonium factæ sunt istæ litteræ pa-
« tentes, & sigillis nostris signatæ. Datum apud
« Berewicum anno Regni Regis Edwardi Angliæ do-
« mini nostri vicesimo quarto.

Ordinavit etiam Rex custodem Scotiæ Joannem de Warennâ, Surreiæ & Sufexiæ Comitem. Thesaurarium Hugonem de Cressingham, Justitiarium Willelmum de Ormesbi, cui mandavit Rex ut omnes tenentes de Rege terras aliquas nominaret, & eorum homagia fidelitatesque reciperet. Joannem verò Scotiæ quondam Regem misit Londoniæ ad turrim, assignatâ ei decenti familiâ, liberumque concessit exitum ad viginti milliaria circà urbem. Joannem verò Comin de Badenau, & alium de Bowan, cæterosque terræ illius Magnates transtulit in Angliam ultrà Trentam, sub pœnâ capitis reditum in Scotiam interdicens, quousque guerra sua cum Rege Franciæ finiretur. Rex Angliæ profectus in Angliam, apud S. Eadmundum Parliamentum tenuit in crastino Animarum, in quo à civitatibus & burgis concessa est Regi octava, à populo verò reliquo duode-

| PAPÆ | IMPERATOR. | Regis FRANC. | Regis ANGL. | PAPÆ | IMPERATOR. | Regis FRANC. | Regis ANGL. |

cima pars bonorum. Clerus ob constitutionem Bonifacii Papæ hoc anno editam, quæ prohibet sub pœnâ excommunicationis ne talliæ vel exactiones à Clero per sæculares Principes quocumque modo exigantur, vel eis solvantur de rebus Ecclesiæ, Regi pro guerrâ petenti subsidium denegavit. Rex autem ut de meliori responso deliberaret, negotium in aliud Parliamentum tenendum Londoniis in crastino sancti Hilarii distulit.

Frater Petrus de Murrone, quondam Papa Cælestinus, per Bonifacium Papam captus & in artâ detentus custodiâ, eâdem æstate soluto præsentis vitæ ergastulo, ad cœlestia regna migravit. Filii Blanchæ uxoris quondam Ferrandi heredis Regni Castellæ Alfonsus & Ferrandus, auditâ morte patrui sui Sanctii, Hispanias petunt, & confœderato sibi Jacobo Rege Aragoniæ Regnum Legionense acquirunt; quod Alfonsus primogenitus patruo suo Joanni qui in ejus auxilium venerat contulit, ut de se teneret in feodum. Guido Comes Flandrensis multis à Rege Francorum injuriis lacessitus, confœderans se Regi Anglorum, homagio Regis Francorum renunciavit per Nuntios ad hoc missos.

Urbs Apamia proprium recepit Episcopum, à Tolosano Episcopatu per Papam Bonifacium separata; sed citò post Ludowicus filius Regis Siciliæ Episcopus Tolosæ factus, Episcopatum iterum reunitum. Obiit Nicolaus de Longa Spathâ Saresberiensis Episcopus; successit eidem Symon de Gandavo, vir magnæ sapientiæ & eximiæ sanctitatis. Cardinalis Albanensis hoc anno reversus in Angliam, Regem apud Berewicum adiit, responsum requirens de treugâ quæ concessa non fuerat propter considerationem ejus cum Rege Romanorum : à quo Regi responsum fuit, & per Regem Cardinali, quòd ipse in treugam noluit assentire, reversusque est Cardinalis in Gallias, intentione suâ in hac parte frustratus.

| MCCXC-VII. | BONIF. VIII. III. | ADULFI. V. | PHILIPPI IV. XII. | EDWARD. III. XXV. |

Filia Regis Angl. nubit Comiti Holand.

ELISABETH filia Regis Angliæ post festum Epiphaniæ connubio jungitur Joanni Comitis Hollandiæ filio & heredi, quem pro hereditate patris nuper occisi assequandâ unâ cum uxore, conducente eos Umfrido de Boun Herefordiæ & Essexiæ Comite, remisit Rex Angliæ ad propria cum honore. In parliamento Londoniensi post festum sancti

Clerus Angl. Regi negat subsidium.

Hilarii Clero in denegatione subsidii persistente, Rex ipsum à suâ protectione exclusit, pro quâ tamen redimendâ multi per se; multi verò per mediatores Regi bonorum suorum dederunt postea quintam partem. Rex Archiepiscopum in hac parte rigidiorem comperiens, terras ejus omnes seisivit, & de bonis ejusdem debita in rotulis Scaccarii inventa præcepit cum celeritate levari. Feriâ quartâ ante Purificationem Comes Lincolniensis, & Joannes de

Commisso prælio vincuntur Angli à Comite Atrebat.

sancto Joanne de Baionâ reversi, Bellamgardam quæ obsessa à Comite Attrabatensi penuriâ victualium laborabat, progredientes ut eidem de victualibus providerent, cum appropinquarent sylvæ quæ per tria milliaria à loco præfato distabat, in duas se acies diviserunt, quarum primam ducebat Joannes de sancto Joanne, secundæ verò præerat ipse Comes. Joannes itaque de sancto Joanne suaque acies transitâ sylvâ, cum egrederetur in campi planitiem, obviam habuit Comitem Attrabatensem, qui eum præstolabatur cum magno exercitu; ubi statim commisso prælio, subtrahente se Comite Lincolniensi, pauci vincuntur à pluribus. Capti ibi Joannes de sancto Joanne, Willelmus de Mortuomari, Willelmus de Burmengeham cum aliis Militibus octo, scutiferisque nonnullis, quos omnes transmisit Comes Attrabatensis Parisius in pompam triumphi: Comes verò Lincolniensis cum suis Baionam revertitur.

Hoc anno auxit Rex tributum de lanis, accipiens de quolibet sacco quadraginta solidos, cum priùs ultrà marcam dimidiam non daretur. In festo S. Mathiæ Rex quibusdam terræ Majoribus apud Saresberiam vocatis ad consilium, rogavit eos ut eorum aliqui in Vasconiam transfretarent, quibus renuentibus, cœpit inter Regem & suos discordia pullulare. Rex omnes qui sibi servitium debebant, cæterosque omnes qui viginti libratas terræ & ampliùs tenebant, citati fecit, ut Londoniis in festo sancti Petri ad Vincula parati essent cum equis & armis transfretaturi cum eo, & Regis stipendiis militaturi. Cardinales qui à dominio Papa missi fuerant pro pace reformandâ inter Reges, indicentes duorum annorum treugam inter eos auctoritate Papali, nihil proficere potuerunt. Joannes cui Alfonsus Regnum Legionense contulerat; ab hostibus capitur, pro cujus redemptione reddidit omnia jam in Hispaniâ conquisita. Joannes liberatus à carcere, Regnum Legionense reddidit adversariis, & tanquam spreto redemptore suo hostibus se conjunxit. Alfonsus omni destitutus subsidio, fratrem suum Ferrandum pro auxilio petendo primò in Franciam, deinde ad Romanam transmisit Curiam; sed ex neutrâ parte aliquid reportavit. Cardinales de Columnâ per Papam Bonifacium depositi, ad urbem se conferunt Nepesinam: contrà quos damnatos tanquam Schismaticos & excommunicatos, Papa viros bellatores in Italiâ cruce signat.

Philippus Francorum Rex Flandriam in manu potenti ingressus, villam Insularum obsedit; suburbium destruens, & totam devastans per circuitum regionem. Comes Attrabatensis de Vasconiâ reversus, bello juxta Furnas in Flandriâ commisso, factusque superior villam cepit, & citò post Regi Francorum villa redditur Insularum.

Rebellant Scoti in Regem Angl.

Mense Maio ejusdem anni cœperunt Scoti instigante eos Willelmo Waleis, qui ut fertur hactenus latro publicus fuerat, rebellare. Justitiarius Scotiæ Willelmus de Ormesbi præceptum Regis exequens, multos qui Regi Angliæ homagium & fidelitatem facere recusabant, exilio condemnavit; qui præfatum Willelmum etiam in Principem eligentes, associato sibi Willelmo Duglas, qui reddendo castrum Berewice se Regi dederat, in magnam turmam creverunt. Comite autem Surreiæ & Thesaurario in Angliâ consistentibus, Willelmum justitiarium apud Stone, suis omnibus pene ad hostium spolia relictis, opprimere cogitabant; sed ille licet tardè præmunitus, eorum insidias vix evasit. Willelmus Waleis igitur & cum suis palam debacchando in Anglicos, quoscumque invenire potuit trucidavit, de quibus viros religiosos ligatis ad dorsum manibus coëgit saltare in fluvium, eorum submersionem in ludibrium convertendo. Rex hac commotione auditâ, pro veritate inquirendâ misit Dunelmensem Episcopum, qui veritate compertâ rediens, Regem de omnibus informavit. Rex iter in Flandriam admodum cordi habens, militiam totam ultrà fluvium qui Trenta dicitur, assignavit Comiti de Warennâ, præcipiens ut Scotorum audaciam celeriùs reprimeret, & auctores mali debitâ justitiâ castigaret. Scripsit etiam Joanni Comin de Badewan & Comiti de Bovan, ut memores fidelitatis suæ reverterentur in Scotiam, & populi sui suscitatum jam tumultum sedarent; qui juxta mandatum acceptum

Tom. III.

B e ij

| A N. Dom. | PAPÆ | IMPERATOR. | Regis FRANC. | Regis ANGL. |

in Scotiam revertentes, quæ pacis erant segniter exequuntur. Comes de Warennâ in provinciâ Eboraci coadunans exercitum, nepotem suum Henricum de Perci cum militiâ Comitatûs Carleoli præmisit in Scotiam, qui usque ad villam de Are profectus, Galwidienses ad pacem Regis admittere disponebat. Auditò autem quòd Scotorum exercitus erat juxta Irwine, quod inde ad quatuor milliaria distabat, illuc profectus vidit ultrà quemdam lacum Scotorum exercitum considentem, in quo Capitanei erant Episcopus Glascuensis, Andreas de Moraveâ Seneschallus Scotiæ, & Willelmus Walensis. Miles autem quidam strenuus nomine Ricardus de Lundi, qui Regi Angliæ nunquam homagium fecerat, relictis Scotis factus transfuga, se statim Anglicis sociavit. Reliqui pacem petentes, dederunt se salvis eis vitâ & membris, catallis & terris, ita ut omnia usque in hunc diem essent simpliciter condonata. Quam pacem promissis obsidibus & scripto confecto admisit Henricus, si tamen hoc Regi placeret, qui super hoc consultus, ne à cœpto impediretur itinere, annuit postulata. Adveniente jam Comite Warennæ, cùm Scoti tergiversando die in diem differrent obsides reddere, & Willelmus Waleis interim populum adunaret, arbitrantes se Anglici proditos dum Scotos invadere disponunt, Episcopus Glacnensis & Willelmus du Glas ne proditionis notam incurrerent, se in sui excusationem protinùs dediderunt, de quibus Episcopus in castro de Rokesburgiâ, Willelmus verò in castro Berewici custodiæ mancipantur.

Rex Angliæ in festo S. Petri ad Vincula Londoniis parliamentum tenens, in primis Archiepiscopum recepit in gratiam, omnibus quæ ejus erant restitutis eidem. Deinde præcepit Magnatibus qui tunc aderant ut fidelitatem filio suo facerent, ipsumque Regni heredem, & suum futurum rem cognoscerent dominum. Rex verò de exactionibus in Regno factis per necessitates diversarum guerrarum ergà populum excusavit. Comites Marescalli Herfordensis se subtrahentes, vocarentur, ut sua officia transeundo in Flandriam exercerent, se suppliciter per nuntios excusabant. Denique Rex ipse funere fratris sui Eadmundi, anno prædicto in Vasconiâ defuncti, apud Westmonasterium sepulto, usque ad S. Albanum proficiscitur, ubi de discretorum consilio Radulfum de Meinhermet Militem, quem filia sua Joanna Comitissa Gloverniæ clàm maritum acceperat in gravem patris offensam, de castro Bristolliâ educi fecit, & uxori suæ reddi, restituens omnes terras ad Comitatum Gloverniæ pertinentes, servitiumque quinquaginta militum in Flandriam imponens eidem: liberavit etiam de carcere Comites de Asceles & de Meneteth, ac Joannem Comin cum quibusdam aliis Comitibus de Scotiâ, qui in Castro de Dunbar capti fuerant, ut secum in Flandriam militarent. Collecto denique exercitu qualem habere potuit, Thoma de Berkeleie Constabulario, & Galfrido de Genevile Marescallo factis, versùs mare in Flandriam profectûrus iter suum dirigit, atque juxta Winchelseiam ubi portum elegerat, consedit, Milites virosque bellatores de partibus diversis ad se confluentes per dies aliquot expectando. Dum verò ibi moraretur, quâdam die portum adire disposuit, consideraturus navigium quod adunatum fuerat pro exercitu suo in Flandriam transvehendo. Villa autem de Winchelseiâ, ubi portus erat, super montem sita est præruptæ altitudinis ex eo latere quo vel mare respicit, vel imminet navium stationi, unde via quæ à portâ vil-

In Flandriam collecto exercitu Rex Angl. proficiscitur.

læ deducit ad portum, non in directum (ne nimiâ declivitate descendentes in præcipitium, vel ascendentes repere potiùs manibus quàm ambulare cogat) tenditur; sed obliqua in latus nunc ad unam partem, nunc ad aliam sinuosis flexibus sæpiùs recurvatur. Cingitur nihilominùs villa non muro lapideo, sed aggere de terrâ facto, ac super latus hoc præruptum in modum mœniorum ad humanæ altitudinem staturæ erecto, inter cujus propugnacula patet ad naves aspectus.

Ingressus itaque Rex villam, cum juxtà hanc equitaret, inter aggeris propugnacula contuendo classem in imo stantem, contigit ut molendino cuidam quod vento agebatur (cujusmodi in villâ illâ sunt plurima) appropinquaret, cujus equus strepitu velorum citatiùs circumactorum à vento territus, dum progredi refugit, & à Rege ut progrederetur nunc flagelli quod manu gestabat ictibus, nunc subditis calcaribus urgeretur, à latere aggeris propugnacula transilivit. Super quo multitudo tam equitum quàm peditum, quæ vel Regem sequebatur, vel ipsum visura convenerat, nemine æstimare valente, nisi quòd Rex jam non comparens præcipitio in hoc saltu periisset, stabat admodum stupefacta; sed divinâ disponente virtute, equus à tantâ altitudine in viâ quam descripsimus pedibus recipitur, in quâ ex recente pluviâ aliqualiter solutâ in lutum, licet lubricando labaret ad spatium duodecim pedum, non tamen cecidit, sed per habenam alteram à Rege paululum regyratus, directè ascendit ad portam, quam Rege ingresso incolumi, populus qui adstabat admiratione & gaudio rapitur suprà se, solum divinum in Regis salute miraculum contemplando. Nec multo post ante Regis transitum, venerunt ex parte Comitum nuntii ad Regem, petitiones in scriptis hujusmodi proponentes:

"Hæ sunt nocumenta quæ Archiepiscopi, Episcopi, Abbates, Priores, Comites, Barones, & tota terræ Communitas monstrant domino nostro Regi, & humiliter rogant eum, ut ea ad honorem & salvationem populi sui velit corrigere & emendare. In primis videtur toti Communitati terræ, quòd præmonitio facta eis per breve domini nostri Regis non erat satis sufficiens, quia non exprimebatur certus locus quò debebant ire, quia secundùm locum oportebat facere providentiam, & pecuniam habere, sive deberent servitium facere, sive non: & quia dictum est communiter, quòd dominus noster vult transire in Flandriam, videtur toti Communitati, quòd ibi non debent aliquod servitium facere, quia nec ipsi nec prædecessores, seu progenitores unquam fecerunt servitium in terrâ illâ: & quamvis ita esset quòd deberent ibi servitium facere, vel alibi, tamen non habent facultatem faciendi, quia nimis afflicti sunt per diversa tallagia, auxilia, prisas, videlicet de avenis, frumentis, braseo, lanis, coriis, bobus, vaccis, carnibus salsis sine solutione alicujus denarii, de quibus debuerant se sustentasse. Præter hoc dicunt, quòd auxilium facere non possunt propter paupertatem in quâ sunt propter tallagia & prisas antedictas, quia vix habent unde se sustentent, & multi sunt qui nullam sustentationem habent, nec terras suas colere possunt. Præter hæc tota Communitas terræ sentit se valde gravatam, quia non tractatur secundùm leges & consuetudines terræ, secundùm quas tractari antecessores sui solebant, nec habent libertates quas solebant habere, sed voluntariè excluduntur. Sentiunt se in multum gravatos super hoc, quòd so-"

Chronicon Nicolai Trivetti.

| PAPÆ | IMPERATOR. | Regis FRANC. | Regis ANGL. | PAPÆ | IMPERATOR. | Regis FRANC. | Regis ANGL. |

„ lebant tractari secundùm articulos contentos in „ magnâ chartâ, cujus articuli omnes sunt omissi „ in majus damnum populi. Propter quod rogant „ dominium nostrum Regem, quòd velit ista cor- „ rigere ad honorem suum & salvationem populi „ sui. Præter hæc Communitas terræ sentit nimis „ se gravatam de assisâ forestæ, quæ non est custo- „ dita sicut consuevit, nec charta forestæ observa- „ tur; sed fiunt attachiamenta pro libitu extrà assi- „ sam, aliter quàm fieri solebant. Præterea tota „ Communitas sentit se gravatam de vectigali lana- „ rum, quod nimis est onerosum; videlicet de quo- „ libet sacco quadraginta solidos, & de lanâ fractâ „ de quolibet sacco septem marcas. Lana enim An- „ gliæ ascendit ferè ad valorem medietatis totius ter- „ ræ, & vectigal quod inde solvitur, ascendit ad „ quintam partem valoris totius terræ. Quia verò „ Communitas optat honorem & salutem domino „ nostro Regi, sicut tenetur velle, non videtur eis „ quòd sit ad bonum Regis quòd transeat in Flan- „ driam, nisi pius esset asseicuratus de Flandrensi- „ bus pro se & pro gente suâ, & similiter cum hoc „ propter terram Scotiæ, quæ rebellare incipit ipso „ existente in terrâ. Et æstimabant, quòd pejus fa- „ cient, cum certificati fuerint quòd Rex mare „ transierit. Nec solùm pro terrâ Scotiæ; sed etiam „ pro terris aliis quæ non sunt adhuc modo debito „ stabilitæ.

Has petitiones cum Rex apud Odomer juxta Winchelesiam recepisset, respondit se talibus non posse sine suo Consilio respondere, cujus pars aliqua jam transiit in Flandriam, pars verò aliqua Londoniis est relicta. Rogavit autem per eosdem nuntios Comites præfatos, quòd si secum transire nollent, saltem Regno suo in suâ absentiâ non nocerent. Sperabat enim Deo favente reverti, & Regnum suum modo debito obtinere. Hac æstate Comes Lincolniensis, & qui cum eo erant in Vasconiâ, amoverunt obsidionem S. Kiterini, fugatis qui eam obsederant Tolosanis, in quorum terris incendia & depædationes multas fecerunt.

Igitur decimo Calendas Septembris Rex naves ingressus, indissolutâ classe sulcato mari, sexto Calendas Septembris applicuit in Flandriâm, receptus in quâdam villâ juxtà portum qui vocatur Exclusa. Nautæ Portuenses & Gernemuthenses mutuo flagrantes odio, evacuatis navibus ab his quæ militum erant, conserunt ad invicem gravem pugnam, succumbentibusque Gernemuthensibus, de navibus g eorum viginti quinque incendio consumuntur. Rex Angliæ Brugiam veniens, assensum Flandrinorum in conditiones inter ipsum & Comitem initas petivit ex parte suâ & Comitis, medietatem expensarum offerens ad muniendam cingendamque villam fossato. Quæ cum villani tenuerent, comperit eos à suo alienatos dominio, & ad reddendam villam Gallicis inclinatos, reputansque periculosum moram facere inter proditores, armato exercitu discedens, versùs villam Gandavensem dirigit iter suum; ubi dum moraretur Rex, suborta est apud villam Damonem discordia inter villanos & Anglicos, qui statim arrata villam ipsam multis interfectis depædati sunt in displicentiam magnam Regis. Rex Francorum audito adventu Regis Anglorum in Flandriam, vehementer consternatus, ad unius diætæ spatium se subtraxit.

Interim Papa Bonifacius Principibus Alemanniæ scripsit, ut Regem Adulfum, cujus occursum in Flandriâ speraverat Rex Angliæ, ut simul cum Comite oppressores invasoresque suos Gallicos propulsaret, commoto bello inquietarent, & ab invasione Gallicorum modis omnibus impedirent. Comites Herfordiæ & Marescalli cum complicibus suis, post Regis insitum Thesaurario & Baronibus de Scaccario inhibuerunt, ne levari facerent octavum denarium à populo, qui Regi concessus fuerat apud S. Eadmundum. Cives etiam Londoniarum induxerunt, ut pro recuperandis suis libertatibus secum starent.

Hoc anno B. Ludovicus Francorum Rex à Papa Bonifacio Sanctorum catalogo est adscriptus. Civitate Nepesinâ expugnatâ, Cardinales fugientes se receperunt in oppido de Columnâ. Papa Bonifacius Constitutiones quasdam prædecessorum suorum extrà vagantes, adjectis quibusdam novis in unum volumen redigi fecit hoc anno, quod tertio die Maii coram Consistorio lectum & approbatum, constituit sextum Decretalium appellari.

Eodem anno idem Papa Fratri Willelmo de Hotun, Priori Provinciali Fratrum Prædicatorum Angliæ Archiepiscopatum contulit Dubliniensem, indulgens eidem, ut à quocumque Episcopo Catholico & ubicumque decreverit, valeat consecrari. Hic Frater Willelmus postquàm Ordinem ingressus est, cum esset vir acutissimi ingenii, Doctor in Theologiâ Parisius factus est. Erat autem jocundus in verbis, in affatu placidus, religionis honestæ, in omnium oculis gratiosus; qui cum Rege in Flandriam profectus, ibidem à domino Dunelmensi munus consecrationis accepit, per cujus mediationem ex parte Anglicorum, & Ducis Britanniæ ex parte Gallicorum inter Reges acceptæ sunt induciæ, & ultra datos terminos sæpiùs prorogatæ. Interim verò diversi hinc inde habiti sunt de pace inter Reges reformandâ tractatus, quorum apud omnes finis sperabatur optatus, si de mutuo assensu Reges fuissent ad invicem colloquuti. Itaque Rege Angliæ in Flandriâ commorante, locum ejus in Angliâ tenuit filius suus Edwardus, quia minoris ætatis erat, pater Rectores Consiliariosque deputaverat Ricardum Londoniensem Episcopum, & Willelmum Comitem Warewicensem, necnon etiam Milites Reginaldum de Gray, Joannem Giffard, Alanum Plukenet, viros emeritæ militiæ, providos & discretos.

Exeunte verò mense Augusto Comes Warenniæ cum promissionem factam à Scotis de obsidibus videret decidere in nihilum, Willelmumque Walleis populum commoventem, & Magnates sub dissimulatione istâ promittentes, de Berewico progreditur versùs Strivelin exercitu adunato, ubi venerunt ad Comitem Warenniæ Senescallus Scotiæ & Comes de Lewenes, rogantes ut quiesceret dum ipsi populum Scotorum ad pacem Regis reducere attentarent. Cum autem non proficerent, redierunt quarto Idus Septembris, se cum quadraginta equis in Comitis adjutorium redituros in crastino promittentes. Quo die missi sunt Nuntii ad Willelmum Waleis & Scotos qui cum eo erant, invitantes eos ad pacem Regis, & pro retroactis impunitatem spondentes. Qui responderunt se ad pugnam, non ad pacem venisse. Dissuadente autem Ricardo de Lundi ne Anglici pontem transirent, quia non possent simul in multitudine aliquâ progredi, sed tantùm bini vel terni ad plus; nihilominùs tamen suadentibus aliis, elegit custos ut per pontem transirent. Et ecce antequàm transiret exercitûs medietas, supervenit mul-

Librum VI. Decretal. Bonifacius Papa constituit.

De pace tractant Reges Franc. & Angliæ.

Rebellant Scoti.

g *de navibus*] Sic emendate libuit; nam legebatur *de manibus*.

titudo Scotorum, & cum his qui jam transierant congressa, penè omnes qui transierant peremerunt. Inter paucos qui evaserunt fuit Marmeducus de Tuenge, qui in magnâ virtute obtinuit pontem, ut salvus rediret. Custos Scotiæ usque Berewicum fugiens, castri de Strivelin commisit custodiam Marmeduco. Seneschallus Scotiæ & Comes de Lewenes videntes Anglicos corruisse, transfugerunt ad Scotos. Cecidit in hoc prælio Hugo de Cressingham Thesaurarius Scotiæ, quem Scoti ob odium speciale excoriantes, pellem ejus in particulas diviserunt. Custos Scotiæ de Berewico fugit in Angliam, adiens filium Regis, fugeruntque post eum & cæteri Anglici qui in Berewico erant, villam Scotis vacuam relinquentes. Custodes tamen castri illud tenentes, viriliter defenderunt.

Pax Scotis à filio Regis Angl. proponitur.

Dum hæc agerentur à Scotis, suasum est filio Regis à Consilio suo, ut Comites Herfordiæ & Marescalli vocaret, & si quo modo posset ad pacem alliceret. Qui cùm vocati venirent, in formam pacis subscriptam voluerunt; & in nullam aliam consentire.

Conditiones.

Primò, quòd dominus Rex chartam magnam cum cæteris articulis adjectis, & chartam de Forestâ annuat & confirmet, & quòd nullum auxilium vel vexationem exigat à Clero vel populo in posterum absque consilio & assensu, & quòd omnem offensam Comitibus & eorum confœderatis dimittat. Articuli adjecti ad magnam chartam sunt isti: Nullum tallagium vel auxilium per nos vel heredes nostros de cætero in Regno nostro imponatur sine voluntate & assensu communi Archiepiscoporum, Episcoporum & aliorum Prælatorum, Comitum, Baronum, Militum, Burgensium, & aliorum liberorum hominum. Nullus minister noster, vel heredum nostrorum in Regno nostro capiat blada, lanas, coria, vel aliqua alia bona cujuscumque sine voluntate & assensu illius cujus fuerint. Nihil capiatur de cætero nomine vectigalis de sacco lanæ. Volumus etiam h & concedimus pro nobis & heredibus nostris, quòd omnes Clerici & Laïci de Regno nostro habeant omnes leges, libertates & liberas consuetudines ita liberè & integrè, sicut eas aliquo tempore consueverant, meliùs pleniùsque habere, & si contrà illas vel quemcumque articulum in præsenti chartâ contentum statuta fuerint edita per nos vel antecessores nostros, vel consuetudines introductæ, volumus & concedimus quòd hujusmodi statuta vacua sint & nulla in perpetuum. Remisimus etiam Umfrido de Boun Comiti Herfordiæ & Essexiæ, Constabulario Angliæ, Rogero Bigot Comiti Norfolchiæ, Marescallo Angliæ, & aliis Comitibus, Baronibus, Militibus, armigeris, Joanni de Ferrariis ac omnibus aliis de eorum societate, confœderatione & concordiâ existentibus, necnon omnibus viginti libratas terrarum tenentibus in Regno nostro, sive de nobis, sive de alio quocumque in capite, qui ad transfretandum nobiscum in Flandriam certo die nominato vocati fuerunt & non venerunt, rancorem nostrum & malam voluntatem, quam ex causis prædictis erga eos habuimus. Transgressionesque si quas nobis vel nostris fecerint usque ad præsentem chartæ confectionem, & ad majorem hujus rei securitatem, volumus & concedimus pro nobis & heredibus nostris, quòd omnes Archiepiscopi & Episcopi Angliæ in perpetuum in suis Cathedralibus Ecclesiis habitâ præsenti chartâ & lectâ, excommunicent

h *Volumus etiam* Hìc apparet à librario omissa esse non pauca, quæ pertinerent ad postulata Comitum, quibus An-

publicè & in Parochialibus Ecclesiis suarum Diœcesium excommunicari faciant, seu excommunicatos denuntiari bis anno, omnes qui contrà tenorem præsentis chartæ vim & effectum in quocumque articulo scienter fecerint; aut fieri procuraverint quoquo-modo. Missis sic in Flandriam nuntiis ad ipsum Regem, confirmationem omnium istorum per chartam sub sigillo suo tamquam ab eo qui in arto positus erat, & cedendum malitiæ temporibus censuit, obtinuerunt.

Pro confirmatione harum rerum dederunt Reg populus denarium nonum, Clerus Cantuariensis decimum, & Clerus Eboracensis quintum, quia propior damno erat. Mandavit etiam Rex Comitibus & Magnatibus terræ, quòd Comiti de Warennâ Custodi Scotiæ assisterent, ad comprimendum rebelliones Scotorum, præfigeris eis terminum octavas sancti Hilarii; in quo parati forent Eboraci contrà hostes ulteriùs progressuri; ad quem diem & locum mandavit Majoribus Scotiæ ut venirent; alioquin hostes publici haberentur. Ante Natale Robertus de Clifford Miles illustris cum centum armatis, qui erant in præsidio civitatis Carleoli, Scotiam ingressus, cædes & incendia exercuit, & abductâ prædâ magnâ Carleolum est reversus. In festo sanctorum Innocentium venerunt in Flandriam ad Regem Angliæ Magister Ordinis Prædicatorum, & Minister generalis Fratrum Minorum sub eâdem formâ, quâ ante Regem Francorum ex parte domini Papæ rogaverant, supplicantes quatinùs nuntios solemnes ad Curiam Romanam, concessâ eis plenâ potestate tractandi, ordinandi & perficiendi omnia quæ pacis reformationem tangerent, destinarent, & ipse Apostolicus non tamquam Judex, sed ut bonus pacis mediator in nullius præjudicium sataget, ad pacem & tranquillitatem Regnorum, Regum amicitiam in statum pristinum reformare. Et quia hoc absque treugis fieri non posse judicavit dominus Papa, ideo per hos nuntios biennales inducias quas per Cardinales imploraverat, indixit de novo sub pœnâ excommunicationis & interdicti terrarum suarum.

Pacem inter Reges Fran. & Angl. Pap procurat.

Non ut Judex sed ut mediator.

| BONIF. VIII. IV. | ADULFI. VI. | PHILIPPI. IV. XIII. | EDWARD. III. XXVI. |

Rex Angliæ perpendens se in Flandriâ periculosè commorantem, illucque per informationem Comitis minùs prudenter attractum, Regnumque proprium intestinâ seditione turbatum, fiduciamque suam de Rege Romanorum per Papam sibi minùs benivolum Regnum Teutoniæ turbantem frustratam: consensit in treugas indictas. Conveniunt inter Reges ut captivi interim taxatâ eorum redemptione liberarentur hinc inde, eâ conditione, ut si pax non fieret, redirent ad suas custodias, vel redemptionem solverent jam taxatam. Transmittunt igitur Reges utrique nuntios solemnes cum plenâ potestate ad Romanam Curiam, ut per mediationem Apostolici non tamquam judicis, sed amicabilis compositoris discussis negotiis, pax inter Reges & concordia reformetur.

Suscitata est post hæc apud Gandavum seditio per filios Comitis Flandriæ & villanos contrà Anglicos; quorum villa per Wallenses incensa fuisset, nisi Rex accurrente ad eum Comite impetum impedisset. Comes Warennæ Custos Scotiæ ac Comites alii, juxtà mandatum Regium Eboracum con-

glorum Regis filius assensum invitus præbuit.

Chronicon Nicolai Trivetti.

AN. DOM.	PAPÆ	IMPERATOR.	Regis FRANC.	Regis ANGL.

Scoti pacem tenunt.

venientes in octavis S. Hilarii, publicatâ confirmatione chartarum articulorumque adjectorum, versus Scotiam processerunt. Majores Scotorum Eboracum non venientes secundùm vocationem Regiam, se infrà terræ suæ terminos tenuerunt. Wilelmus Walleis castrum de Rokesburgia jam diebus multis obsederat; sed audito adventu Anglicorum in multitudine magnâ, diffugit. Comites venientes Rokesburgiam, munito castro ac consolatis obsessis digressi sunt usque Keslon, & inde reversi sunt usque Berewicum, quam jam Scotis vacuam invenerunt. Dumque ibi morarentur, mandavit eis Rex de treugis acceptis & reditu suo, celari jubens ne ante adventum suum acceptâ occupatione Berewici aliquid quo paterent discrimini, attentarent. Remissâ igitur majori parte exercitûs, & retentis qui ad detentionem villæ possent sufficere, adventum Regium exspectabant. Circà principium Quadragesimæ Robertus de Clifford cum his qui erant in præsidio Karleoli, Scotiam ingressus, valle Amandiæ combustâ rediit cum prædâ multâ. Deinde cum Rex Angliæ reversurus ad propria venisset ad villam quæ Ardeburgia dicitur, Scoti ferè omnes quos secum Flandriæ duxerat in expeditionem, ab ipso Rege discedentes, Parisius abierunt.

Rex Edwardus in Angliam veniens, ad Regem Francorum misit pro liberatione captivorum juxtà formam condictam, à quibus Rex Francorum liberationem Joannis quondam Regis Scotiæ exegit, quem de suis asseruit fuisse alligatis. Super quo Rex Angliæ requisitus, cum recusâret eum reddere, dicens conventionem tantùm de illis captivis factam, qui in guerrâ Wasconiæ capti fuerant, hinc inde dilata est in annum sequentem liberatio captivorum.

Rex Angliæ interim Scotorum rebelliones reprimere disponens, & eos ad debitam coërcere subjectionem, Parliamentum tenuit Eboraci, vocatisque Majoribus Scotorum, cum non venirent, suis indixit ut cum equis & armis parati essent Rokesburgiæ in festo Sancti Joannis Baptistæ. Rex interim visitato S. Joanne de Bervelaco, rediens Rokesburgiam inânit ad terminum præfixum exercitum congregatum. Comites Hersfordiæ & Marescalli, quia confirmatio chartarum fuerat facta in terrâ alienâ, petierunt ad majorem securitatem eas iterum confirmari, spoponderunt autem pro Rege Episcopus Dunelmensis, ac Comites Joannes Sureiæ, Willelmus Warewici, Radulfus Gloverniæ quòd obtentâ victoriâ Rex eas post suum reditum confirmaret. Proficiscitur deinde Rex cum exercitu ad villam quamdam, quæ dicitur Templehistone, remisitque inde Episcopum Dunelmensem ad capiendum castrum de Oryntono cum duobus aliis castris, quorum custodes præter alia mala invaserant extrema castrorum. Quorum primum cepit Episcopus, custodibus liberis dimissis: Reliqua duo capta sunt per novos milites, & incensa. Dum Rex apud Templehistone moraretur cum exercitu juxtà flumen, exspectando adventum navium, quæ apud Berewicum oneratæ victualibus fuerant, contigit ut ipsis adverso vento per mensem impeditis, exercitus affligi inciperet inediâ atque fame. Quo cognito Scoti maximum coadunant exercitum, sperantes Anglicos jam fame deficientes opprimere sine morâ. Et ecce triduo antequàm venirent Scoti naves applicant cum victualibus, quibus distributis reficiuntur singuli juxtà votum. Audito deinde quòd venirent Scoti, Rex obviam progreditur, & nocte superveniente in quâdam campi planitie cum exercitu armato resedit. In aurorâ verò terribilis qui-

dam clamor insonuit, quo excitati omnes, Scotosque in vicino æstimantes celeriùs se parant ad pugnam. Dextrarius verò Regis tumultuoso actus clamore, Regem jam ascendentem recalcitrando dejecit, laterique ejus calces posteriores allidens duas ei costas confregit, qui nihilominùs equum alium ascendens, progredientem ad prælium comitari exercitum non omisit. Itaque juxtà locum qui Faukirke dicitur, in die beatæ Mariæ Magdalenæ congrediuntur ambo exercitus, fugientibusque statim Scotorum equitibus, Anglici insequuntur cædentes, & stragem magnam ingerentes, ut eorum qui ceciderant de Scotis in hoc prælio numerus existimetur à pluribus viginti millia excessisse. In principio autem prælii Præceptor militiæ Templi in Angliâ, & socius ejus qui erat Præceptor Scotiæ, Scotorum agmini se immiscentes, ante alios oppressi eorum multitudine, sunt perempti.

Angli commisso prælio de Scotis referunt Victoriam.

Post hæc vastata est villa S. Andreæ nemine resistente, exinde per forestam de Seikke venerunt Anglici ad castrum de Are, quod Robertus de Brus fugiens incendit, vacuumque reliquit, transeuntesque per villam Avandiæ, ceperunt castrum de Lomauban. Cum autem venisset Rex Karleolum, Comites Hersfordiæ & Marescalli licentiâ acceptâ ad propria redierunt. Rex verò primò Dunelmiam, deinde usque Tinemue, & inde usque Godingham juxtà Beverlacum progressus, ibidem Natalis Domini festum peregit. Post quod versùs partes Regni australes iter suum direxit.

Eodem anno Albertus Dux Austriæ contrà Adulfum Regem Romanorum dimicans, ipsum interfecit in campo, & citò post in Regem Romanorum loco Adulfi electus, solemniter coronatur. Petrus & Jacobus de Columnâ destructo castro de Columnâ, fugiunt Præneste, ubi ab exercitu Papæ obsessi, tandem se humiliant, & Idibus Octob. ad Papam venientes, veniâ postulant de commissis. Beatus Ludovicus in crastino S. Bartholomæi de loco sepulcri, in capsam pretiosâ ad hoc paratâ transfertur. Frater Nicolaus de Trevisio Magister Ordinis Prædicatorum, ad Cardinalatum assumptus, fit Episcopus Ostiensis.

Albertus interfecto Adulfo Rex Roman. eligitur.

BONIF. VIII.	ALBERTI I.	PHILIPPI IV.	EDWARD. III.	MCCXCIX.
V.	I.	XIV.	XXVII.	

Papa Bonifacius submissionibus Regum receptis pacem & concordiam inter Reges ordinavit, ita ut Rex Angliæ sororem, & filius ejus filiam Regis Francorum ducerent, certis pro utrisque dotibus diffinitis, & quòd Ducatus Aquitanniæ in manus domini Papæ traderetur, quousque discussâ utriusque Regis justitiâ, justo domino redderetur: & quòd Rex Angliæ naves superstites cum mercibus de illis quibus raptæ erant, restitueret, sed super his duobus articulis intercidit magna dilatio, Rege Francorum partem quam in Vasconiâ occupavit, tradere renuente. Filii Karoli Regis Siciliæ Philippus & Robertus ingressi Siciliam, dum Siculos satagunt expugnare, Philippus cum gente suâ totâ à Siculis capitur. Rex Tartarorum ab urbe Jerosolymitanâ expulit Saracenos. Karolus Comes Valesii missus in Flandriam contrà Comitem; receptus est pacificè apud Brugas. Petrus & Jacobus de Columnâ timentes sibi iterum fugiunt, & toto tempore Bonifacii Papæ in loco latent ignoto.

Inter Reges Franc. & Angliæ agente Papa pax est inita.

Rex Angliæ in principio Quadragesimæ Parliamentum tenuit Londoniis, ubi rogatus à Comitibus sæpedictis ut chartarum confirmationem renovaret secundùm quod in Scotiâ promiserat: post aliquales dilationes instantiæ eorum acquievit, hac

AN. DOM.	PAPÆ.	IMPERATOR.	Regis FRANC.	Regis ANGL.

conditione *salvo jure coronæ nostræ* in fine adjectâ; quam cum audissent Comites, cum displicentiâ ad propria discesserunt : sed revocatis ipsis ad quindenam Paschæ, ad votum eorum absolutè omnia sunt concessa. Perambulatio autem forestæ commissa est per totam Angliam tribus Episcopis, totidemque Comitibus, Baronibusque in eodem numero, ut ipsi Deum habentes præ oculis, exequutionem facerent, & si qua emergerent dubia, illa secundùm Deum & justitiam declararent. In Translatione B. Thomæ Martyris Cantuariam venerunt Nuntii Papæ, Regem rogantes ut Joannem quondam Regem Scotiæ suæ liberaret custodiæ, spondentes quòd Regem & Regnum ab omni quod per hanc liberationem posset contingere periculo, reservarent. Quorum petitioni Rex condescendens, Nuntius Papæ liberavit eum, quem translatum in terram Ballioli, quam habuit in Regno Franciæ, reliquerunt sub certorum custodiâ Prælatorum. Post hæc alii captivi à Regibus detenti, hinc inde secundùm conditiones in treugarum concessione positas liberantur.
Rex Angliæ sororem Regis Franc. uxorem ducit.
Rex Angliæ in Nativitate Virginis gloriosæ apud Cantuariam Margaretam sororem Regis Franciæ desponsavit. In festo S. Martini Parliamento habito apud Eboracum, Rex Berewicum progreditur, intendens ulteriùs removere obsidionem Scotorum circa castrum de Strivelin, ubi valde artati fuerunt obsessi ; sed causantibus Majoribus loca palustria propter brumalem intemperiem immeabilia esse ; præmonitis cautè obsessis, ut salvis vitâ & membris castrum redderent : post Natale quod ibidem tenuit, in Angliam est reversus. Infra Natalis solemnia prohibita est moneta alienigenarum, sub similitudine sterlingorum introducta. Hoc anno circa Assumptionem beatæ Virginis MARIÆ obiit Henricus Eboracensis Archiepiscopus, cui successit Thomas de Colebruge, Doctor in Theologia eximius.

MCCC	BONIF. VIII.	ALBERTI I.	PHILIPPI IV.	EDWARD III.
		II.	XV.	XXVIII.

PAPA Bonifacius indultum faciens omnibus verè pœnitentibus & confessis, qui per anni hujus spatium, ac per quemlibet annum centesimum futurum, Romam ad beatorum Apostolorum Petri & Pauli Basilicas voto peregrinationis humiliter accesserint & devotè, cunctorum suorum concessit indulgentiam peccatorum. Rex in Parliamento Londoniis in Quadragesimâ confirmationes chartarum confirmavit, & statuta quædam edidit de finibus & liberationibus chartarum, quæ sunt utilia valde Regno. Circa festum verò beati Joannis Baptistæ profectus est in Scotiam, ubi initiis treugis usque Pentecosten sequentem, in Angliam est reversus. Eodem anno natus est Regi ex Reginâ Margareta filius, quem Thomam vocavit. Dux Flandriæ cum suis dedens se Carolo Comiti Valesii, Parisius ducitur cum duobus filiis, & apud Compendium in custodiâ detinetur. Radulfus filius Alberti Regis Romanorum, Blancam sororem Regis Franciæ Parisius desponsavit. Saraceni Luceriæ urbis Apuliæ, sub tributo Regis Siciliæ viventes, capti necantur.
Et Rex Rom. aliam sororem.

MCCCI.	BONIF. VIII.	ALBERTI I.	PHILIPPI IV.	EDWARD III.
	VII.	III.	XVI.	XXIX.

REx Anglorum secundus ex Reginâ Margaretâ nascitur filius, quem vocavit Eadmundum. Apamiensis Episcopus de conspiratione contra Regem Francorum accusatus, & ad Regis Curiam vocatus, in custodiâ detinetur. Mense verò Februa-

rio ad mandatum domini Papæ liberatus, jubetur unâ cum Nuntio domini Papæ Regnum evacuare infra certum terminum à Rege præfixum. Papa Bonifacius omnes gratias à se vel à prædecessoribus suis concessas Francorum Regibus revocavit, & in eumdem citò post excommunicationibus sententiam fulminavit, quam tamen Regi nemo ausus est nuntiare, vel in Regno Franciæ publicare : fecit etiam citari Prælatos omnes de Regno Franciæ, necnon & omnes Magistros in Theologiâ, & in Jure tam Canonico quàm Civili, ut coram eo Romæ in Kalendis Novembris personaliter comparerent. Rex Franciæ publico prohibuit edicto, ne quis aurum vel argentum, seu merces quascumque exportaret de Regno suo, sub foris-factione omnium bonorum, adjectâ nihilominùs pœnâ gravi. Fecit etiam omnes Regni exitus & introitus ubique diligentissimè custodiri. Papa Bonifacius legitimavit filios Santii Regis Castellæ, cujus primogenitus Ferrandus obtinuit Regnum patris.
Papa Regem Franc. excommunicat.
E licit Rex ut aurum, argentum & merces extra Regni sui limites non transferantur.

Rex Angliæ Parliamentum tenuit Stanfordiæ, ad quod convenerunt Comites & Barones cum equis & armis, eo ut dicebatur proposito, ut bursam executionem chartæ de Forestâ hactenus dilatam extorquerent ad plenum. Rex autem eorum instantiam & importunitatem attendens, eorum voluntati in omnibus condescendit. Eodem anno Papa Bonifacius per Scotos informatus, Regi Angliæ litteras suas direxit; asserens Regnum Scotiæ ad jus Romanæ Ecclesiæ pertinere, Regemque Angliæ subjectionem ejus contra Deum & justitiam, & in præjudicium Sedis Apostolicæ vindicare, rationes allegans subscriptas: Primo quia cum Henricus pater Regis istius auxilium obtinuisset in guerrâ contra Symonem de Monteforti à Rege Scotorum Alexandro, ne hoc auxilium jure subjectionis cujuslibet aut debiti petitum aut præstitum putaretur, idem Henricus per litteras suas patentes recognovit non ex debito recepisse, sed ex gratiâ speciali. Iterum ad coronationem hujus Regis vocatus per litteras, ut ei præsentiam suam amicabilem in tantis solemniis tamquam amicus exhiberet, non venit ex debito, sed ex gratiâ speciali. Insuper pro terris de Tindale & Penrith in Regno Angliæ positis, cum Rex Scotiæ ad præsentiam Regis Angliæ se personaliter contulisset, eidem fidelitatem impensurus pro eisdem terris tantùm in Angliâ sitis, non ut Rex Scotiæ, nec pro Regno Scotiæ fidelitatem eamdem exhibuit; quia palam coram populo protestatum erat, quòd pro Regno Scotiæ fidelitatem aliquam Regi Angliæ facere non debebat. Item quòd prædictus Rex Alexander reliquit puellam heredem nomine Margaretam, neptem Regis Angliæ, tunc minoris ætatis, cujus custodia non ad Regem Angliæ velut ad dominum supremum pervenit ; sed ad cæteros ejusdem Regni Scotiæ Proceres ut hoc electos. Redarguit etiam dominus Papa Regem, eo quod post mortem dicti Alexandri Regis, Scotos tanquam acephalos & Ducis suffragium non habentes, ipsos per vim sibi subjugavit & metum, in præjudicium & gravamen non modicum Romanæ Ecclesiæ. Adjiciens, quòd cum dominus Papa officium legationis alicui committit exequendum in Regno Angliæ causâ solutionis decimæ, vel etiam pro quâvis aliâ causâ rationabili, & hujusmodi legatio litteris & privilegio speciali dictæ Apostolicæ Sedis ad dictum Regnum Scotiæ se non extendat, resistendum est & obstandum hujusmodi legationi : prout tempore felicis recordationis Adriani contigit evidenter. Nam Legatus ipse ad præfatum Regnum Scotiæ aliquate-
Papa literis Regi Angl. mandat sibi Regnum Scotiæ competere.

nùs

Chronicon Nicolai Triveti.

| PAPÆ | IMPERATOR. | Regis FRANC. | Regis ANGL | PAPÆ | IMPERATOR. | Regis FRANC. | Regi sANGL |

nùs admissus non exstitit, donec per litteras Apostolicas speciale sibi legationis officium fuit in eodem commissum. Iterum addidit, quòd idem Regnum per beati Petri Apostoli venerandas Reliquias, non sine superni dono Numinis conversum exstitit ad fidei Catholicæ unitatem: & qualiter etiam antiquis temporibus Eboracensis Archiepiscopus qui tunc erat, motâ per eum super jure Metropolitano adversùs Prælatos Scotiæ quæstione, pro se nequiverit sententiam obtinere.

His propositis monuit Regem, dominus Papa per litteras suas, quòd Episcopos, Abbates electos, & omnes alios Regni Scotiæ, quos detinebat captivos in carcere, liberè abire permitteret, & quòd Officiales suos de Regno Scotiæ memorato revocaret, quos in præjudicium, injuriam & grave scandalum fidelium populorum, & oppressionem justorum in dicto Regno & statuerat ordinaverat, ita quòd acceptior & gratiosior fieret Deo, & favorem Apostolicæ Sedis in hoc sibi acquireret pleniùs; & si in eodem Regno Scotiæ, vel aliquâ ejus parte jus aliquod se habere assereret, per procuratores & nuntios suos, ad hoc specialiter constitutos, cum juribus & monumentis hujusmodi negotium tangentibus ad Sedem Apostolicam destinaret, super præmissis plenæ complementum justitiæ recepturus.

Rex Apostolicis litteris ex deliberato apud Lincolniam convocato Consilio, pro jure suo declarando litteram hujus tenoris rescripsit:

"ALtissimus inspector nostræ scrinio memoriæ indelebili stilo novit inscribi, quòd antecessores & progenitores nostri Reges Angliæ juris superioris & directi dominii ab antiquissimis retrò temporibus Regno Scotiæ & omnibus ipsius Regibus, & temporalibus & annexis eisdem præfuerunt, & ab eisdem pro Regno Scotiæ & ejusdem Proceribus, à quibus volebant legalia homagia receperunt, & fidelitatis debita juramenta: Nos juris & dominii possessionem continuantes pro tempore nostro eadem tam à Rege Scotiæ recepimus, quàm à Proceribus ipsius Regni. Quinimò tantâ juris & dominii prærogativâ super Regnum Scotiæ & ejusdem Regem gaudebant, quòd Regnum ipsum fidelibus suis conferebant. Reges etiam ex justis causis amovebant, & constituerunt sub se loco ipsorum alios regnaturos; quæ proculdubio notoria fuisse & esse creduntur apud omnes, licet forsitan paternis vestris auribus per pacis æmulos & rebellionis filios fuerit aliud falsâ insinuatione suggestum. A quorum machinosis & imaginariis figmentis, ut vestræ sanctitatis oculus avertatur suppliciter quæsumus, & paternam clementiam & excellentiam exoramus, ut brevitatis causâ gestis anteriorum temporum salvis, quædam exempli causâ tangamus.

Edwardus senior dictus, filius Chisodi Regis Angliæ, Scotorum, Cambrorum & Stragewallorum Reges, tamquà superiori dominio subjectos habuit & submissos. Adelstanus Rex Angliæ, Constantinū Regem Scotorum sub se regnaturū constituit, dicens gloriosiùs esse Regem facere, quàm Regem esse. Et est in memoriâ, quòd idem Adelstanus intercedente S. Joanne Beverlaco, quondam Archiepiscopo Eboracensi Scotos ei rebellantes devicit. Qui gratias Deo devotè agens Deum exoravit, petens ut interveniente beato Joanne, ei aliquod signum evidens ostenderetur, quo tam succedentes quàm procedentes cognoscere possent Scotos jure subjugari Regno Anglorum, & videns quosdam scopulos juxta quemdam locum de Dunbar in Scotiâ præminere, extracto gladio de vaginâ, percussit in silicem, qui lapis ad ictum gladii, Dei virtute agente, ita cavatur, ut mensura possit longitudini coaptari. Et hujus rei hactenus evidens signum apparet, & in Beverlacensi Ecclesiâ in legendâ beati Joannis singulis hebdomadibus per annum ad laudem & honorem S. Joannis pro miraculo recitatur, & de hoc exstat celebris memoria tam in Angliâ quàm in Scotiâ usque in diem præsentem. Item Constantinus Rex Scotorum, & Eugenius Rex Cimbrorum ad prædictum Regem Angliæ Adelstanum, post aliquam dissensionem inter eos habitam, venientes, se cum Regnis suis eidem Adelstano dedidêre; cujus facti gratiâ filium Constantini ipse Adelstanus de sacro fonte suscepit. Item Edredo Regi Angliæ Scoti fine bello se subdiderunt, & eidem Regi Edredo tamquam domino fidelitatem juraverunt.

Item cum Edgarius Rex Angliæ Regem Scotorum Kynadyum, & Griffinum Malcolinum, Regesque plurimarum Insularum: aliosque quinque Regulos subjugasset, & remigando per fluvium de Hee in quâdam nazi prope proram sedisset, fertur ipsum dixisse, successores suos posse gloriari se Reges Anglorum esse, cum tantâ honoris prærogativâ fruerentur, quòd subjectam habebant tot Regum potentiam. Post dictum Edgarum successivè regnaverunt Reges Angliæ, S. Edwardus Martyr, Etheldredus frater ejus, Eadmundus dictus Irenesîde filius Etheldredi, & Hiricius qui eorum successive Regnum Scotiæ in suâ subjectione pacificè tenuerunt: hoc dumtaxat excepto, quòd anno quinto decimo Hiricii prædicti, idem Hiricius Scotiam rebellantem expeditione illuc ductâ: & Regem Scotiæ parvo subegit negotio, subditusque est eidem prædictus Malcolinus. Quibus Haraldus filius Canuti, & Hardekanutus frater ejus, unus post alium Reges Angliæ successerunt, qui sibi se regnantibus subjectionem Regni Scotiæ pacificam habuerunt. Item S. Edwardus Rex Angliæ Regnum Scotiæ Malcolino filio Regis Cimbrorum de se dedit tenendam.

Item Willelmus Bastardus Rex Angliæ à Malcolino Rege Scotiæ, tamquam à suo homine sibi subdito recepit homagium. Item Willelmo Rufo Regi Angliæ, prædictus Malcolinus Rex Scotorum juramento fidelitatis subjectus fuit. Item prædictus Willelmus Dwenaldum de Regno Scotiæ ex justis causis amovit, & Dunetanum filium Malcolini Regno Scotiæ præfecit, & recepit fidelitatem ab eo & juramentum; dictoque Dunetano dolosè perempto, dictus Rex præfatum Dwenaldum, qui iterum Regnum Scotiæ invaserat, amovit ab eodem, & Edgarum filium dicti Malcolini Regem Scotiæ constituit, & eidem Regnum illud donavit, cui successit Alexander filius Edgari consensu Regis Angliæ Henrici primi, fratris dicti Regis Willelmi Rufi. Item Mathildi Imperatrici, filiæ & hæredi Henrici Regis prædicti, David Rex Scotiæ fecit homagium. Item Willelmus Rex Scotorum pro Regno Scotiæ, & David filius ejus, Comites & Barones Regni Scotiæ devenerunt homines Henrici filii Regis Angliæ Henrici secundi, in crastino coronationis prædicti Henrici filii Henrici secundi patre vivente, & fidelitatem ei juraverunt contra omnes homines, salvâ fidelitate debitâ patri viventi.

Anno verò vicesimo Regni Regis Henrici secundi prædicti, dictus Willelmus Rex Scotorum rebellare incipiens, venit in Northumbriam cum

"exercitu magno, & exercuit in populo stragem
" magnam. Cui occurrentes milites Comitatûs E-
" boraci apud Alvewik, ipsum ceperunt, & dicto
" Henrico Regi Angliæ reddiderunt. Anno sequen-
" ti, quinto-decimo Kalendas Maii, idem Rex Wil-
" lelmus permissus est liberè abire. Postea verò Ebo-
" racum anno eodem septimo Kalendas Septembris,
" idem Willelmus Rex Scotorum de consensu Præ-
" latorum, Comitum & Baronum, Procerum & a-
" liorum Magnatum Regni Scotiæ, domino suo Re-
" gi Angliæ Henrico filio Maltidis Imperatricis præ-
" dictæ, suis litteris patentibus cavisse noscitur,
" quòd ipse, & heredes, & successores sui Reges
" Scotiæ, Episcopi, Abbates, Comites & Barones
" & alii homines Regni Scotiæ, de quibus domi-
" nus Rex Henricus voluerit, facient Regi Angliæ
" homagium, fidelitatem & ligantiam ut ligio do-
" mino contrà omnem hominem. Item Episcopi,
" Comites & Barones conventionaverunt (ut verbis
" ejusdem conventionis utamur) domino Regi, &
" Henrico filio suo prædictis, quòd si Rex Scotiæ
" aliquo tempore à fidelitate Regis Angliæ & con-
" ventione prædictà recederet, ipsi cum domino Re-
" ge Angliæ tenebunt sicut cum ligio domino suo
" contrà Regem Scotiæ, quousque ad fidelitatem
" Regis Angliæ redeat, quam quidem compositio-
" nem felicis recordationis Gregorius nonus in di-
" virsis scriptis Regibus Angliæ directis mandavit
" firmiter observari; continentibus etiam inter cæ-
" tera quòd Willelmus & Alexander Reges Scotiæ,
" Regibus Angliæ Joanni & Henrico ligium homa-
" gium & fidelitatem fecerunt, quam tenentur suc-
" cessores eorum, Comites & Barones Regni Scotiæ
" ipsi & suis successoribus exhibere: & iterum quòd
" cum idem Rex Scotiæ homo ligius sit ipsius Hen-
" rici Regis Angliæ, & eidem præstiterit fidelitatis
" juramentum, quòd in ipsius Regni & Regis Ad-
" gliæ detrimentum nihil debeat attentare.
" Et Papa Clemens scribens Regi Angliæ, pro
" Joanne Episcopo S. Andreæ expulso ab Episcopa-
" tu suo per Regem Scotiæ, inter cetera rovagit,
" quòd Willelmum Scotiæ moveret & induceret, &
" si necessariè fuerit, districtione Regali qua ei præ-
" minet, & concessâ suæ Regiæ Celsitudini potesta-
" te compelleret, ut dicto Episcopo omnem ranco-
" rem animi remitteret, & Episcopatum suum eum
" habere permitteret. Et post conventionem præ-
" dictam in Ecclesia beati Petri Eboraci coram præ-
" dictis Regibus Angliæ & Scotiæ, & David fratre
" suo & universo populo, Episcopi, Comites & Ba-
" rones & Milites de terrâ Regni Scotiæ, juraverunt
" domino Regi Angliæ, & Henrico filio & heredi-
" bus eorum fidelitatem contrà omnem hominem,
" sicut ligiis dominis suis. Et idem Willelmus Rex
" Scotiæ ad mandatum Henrici Regis prædicti, ve-
" nit apud Northamtoniam ad Parliamentum domi-
" ni sui, adducens secum omnes Episcopos, Abba-
" bates, Priores totius Regni sui, & venit etiam ad
" mandatum ejusdem Regis in Normanniam. Et
" idem Rex Willelmus post decessum Henrici veniens
" Cantuariam, Ricardo Regi Angliæ, filio & here-
" di dicti Henrici fecit homagium. Quo Ricardo
" viam universæ carnis ingresso, præfatus Willelmus
" Joanni Regi Angliæ, fratri & heredi prædicti Ri-
" cardi extra civitatem Lincolniæ in conspectu to-
" tius populi fecit homagium, & juravit ei fideli-
" tem super crucem Huberti tunc Cantuariensis Ar-
" chiepiscopi, & eidem Joanni domino suo con-
" cessit per chartam suam, quòd Alexandrum fi-
" lium suum sicut hominem ligium suum marita-

" ret, promittendo firmiter in chartâ eâdem, quòd
" idem Willelmus Rex Scotiæ, Alexander filius suus
" Henrico filio Joannis Regis Angliæ, tamquam
" ligio domino suo contrà omnes mortales fidem &
" fidelitatem tenerent. A quo quidem Willelmo Re-
" ge Scotiæ postmodum pro eo quod desponderat fi-
" liam suam Comiti Boloniæ, præter Joannis Regis
" domini sui assensum, pro transgressione & temerâ
" præsumptione hujusmodi debitam satisfactionem
" suscepit.
" Item Alexander Rex Scotiæ sororius noster, Re-
" gi Henrico Angliæ patri nostro, pro Regno Sco-
" tiæ, & postea nobis fecit homagium. Vacante
" deinde Regno Scotiæ per mortem Alexandri Re-
" gis illius, & subsequenter per mortem Margare-
" tæ ejusdem Scotiæ Reginæ & dominæ, proneptis
" nostræ, Episcopi, Abbates, Priores, Comites &
" Barones, Proceres & cæteri nobiles & Commu-
" nitates totius Regni Scotiæ, ad nos tamquam ad
" defensorem, Ducem, Aurigam, Capitaneum &
" dominum capitalem ejusdem Regni sic vacantis,
" gratis & spontaneâ voluntate accedentes, prout
" tenebantur de jure, jus nostrum, progenitorum
" & antecessorum, ac possessionem superioris &
" directi dominii in regno eodem, & ipsius Regni
" subjectionem, ex certâ scientiâ purè, simpliciter
" & absolutè recognoverunt, & præstitis ab eis no-
" bis tamquam superiori & directo domino Scotiæ
" debitis & consuetis fidelitatis juramentis, ac civi-
" tatibus, burgis, villis, castris & cæteris mansio-
" nibus ejusdem Regni in manum nostram traditis,
" ad custodiam ejusdem Regni certos jure nostro
" regio Officiales & Ministros deputavimus; quibus
" ipsi tempore vacationis hujus concorditer fuerunt
" obedientes, & intendentes Regiis nostris præce-
" ptis & mandatis.
" Postmodum autem diversæ partes super succes-
" sione in dictum Regnum Scotiæ jure hereditario
" inter se contendentes, ad nos tamquam ad supe-
" riorem dominum Regni Scotiæ accesserunt, pe-
" tentes super successione Regni prædicti sibi per
" nos exhiberi justitiæ complementum, volentes &
" expressè consentientes coram nobis, tamquam co-
" ram superiori & directo domino in omnibus ordi-
" nandis fieri & obtemperare; ac demùm judicia-
" liter propositis & sufficienter auditis, rimatis &
" examinatis & diligenter intellectis partium juri-
" bus, tam in præsentiâ omnium Prælatorum
" & nobilium quasi totius Regni Scotiæ, & de vo-
" luntate & assensu expresso eorumdem proceden-
" tes, Joannem de Balliolo debitè præfecimus in
" Regem Scotorum, quem tunc in successione ejus-
" dem Regni heredis jura invenimus habere potio-
" ra. Qui quidem Prælati, Comites & Barones,
" Communitates ac cæteri incolæ regni ipsius sen-
" tentiam nostram acceptaverunt, approbaverunt,
" & ipsum Joannem de mandato nostro virtute hu-
" jus judicii in Regem suum admiserunt; ac idem
" Joannes Rex Scotiæ pro Regno suo prædicto no-
" bis homagium debitum & consuetum fecit, & fi-
" delitatis juramentum præstitit, & extunc tam in
" Parliamentis quàm in Consiliis nostris, tamquam
" subditus noster, sicut alii de Regno nostro inter-
" fuit, & nostri tamquam domini sui superioris be-
" neplacitis & mandatis obediens & intendens ex-
" stitit, quousque idem Joannes Rex Scotiæ, &
" Prælati, Comites & Barones, Nobiles, Commu-
" nitates, ac cæteri incolæ majores ejusdem Regni,
" ex præconceptâ malitiâ & præloquuta, ac præ-
" ordinatâ proditione communicato consilio cum

„ Francis tunc inimicis nostris capitalibus notoriis, amicitias copularunt ac pactiones, conspirationes & conjurationes in exheredationem nostram & heredum nostrorum ac Regni nostri, contra debitum homagium nobis, in crimen læsæ-majestatis nequiter incidendo, fidelitatis juramentum inierunt cum iisdem. Verùm cùm præmissa relatione & famâ publicâ ad aures nostras devenissent, volentes futuris periculis præcavere, quæ ex his & aliis possent nobis, Regno nostro & Regni nostri incolis verisimiliter provenire, pro securitate Regni nostri accessimus ad confinium Regni utriusque, pluries mandantes eidem Joanni jam Regi Scotiæ, ut ad certa loca in confinio prædicto ad nos accederet, super præmissis & aliis assecurationis statum, tranquillitatem & pacem Regni utriusque contingentibus tractaturus. Qui spretis mandatis nostris, in suâ persistens perfidia, ad bellicos apparatus cum Episcopis, Comitibus & Baronibus Regni Scotiæ, ac etiam aliis cæteris conducticiis contrà nos, Regnum nostrum & Regni nostri incolas hostiliter se convertens accinxit, & ad hostiles aggressus & incursus procedens, Regnum nostrum invasit, & quasdam villas Regni nostri Angliæ per se & suos deprædatus est, easque vastavit incendio, homines nostros interfecit, & nonnullis nautis nostris per eos peremptis, naves hominum nostrorum & Regni Angliæ comburi fecit, & è vestigio aggredi, redditisque nobis homagio & fidelitate tam pro se quàm pro aliis quibuscumque Regni sui incolis, per litteras ejusdem Regis verba offensionum exprimens, & inter alia verba diffidationis continentes, Comitatus nostros Northumbriæ, Cumbriæ & Westmerlandiæ Regni nostri Angliæ congregato exercitu ingenti hostiliter per se & suos invasit, stragem innumeram hominum nostrorum, incendia Monasteriorum & Ecclesiarum, & villarum inhumanè perpetrando, & patriam undique depopulando, infantes in cunabulis, mulieres in puerperio decumbentes gladio trucidarunt, & quod auditu horrendum est, à nonnullis mulieribus mamillas atrociter absciderunt, parvos Clericulos primam tonsuram habentes, & Grammaticam addiscentes ad numerum circiter ducentorum in scholis existentes, obstructis ostiis scholarum igne supposito cremaverunt.

„ Nos quoque cernentes tot damna, opprobria, facinora & injurias in exheredationem nostram, & destructionem populi nostri proditionaliter irrogari, nec valentes ratione juramenti, quo ad confirmationem jurium coronæ Regni nostri sumus adstricti, præmissa facinora ulteriùs concelare, nec jura nostra relinquere indefensa, cùm per leges ipsum Joannem tunc Regem Scotiæ, gentemque suam nobis subditam justificare non possimus, nec ipsum Regnum Scotiæ, quod à longissimis temporibus, sicut superiùs exprimitur, nobis & progenitoribus nostris feodale exstitit in causis prædictis: contra dictum Joannem & gentem Scotorum vires potentiæ nostræ extendimus, prout de jure nobis licuit, & processimus contra ipsos tamquam hostes nostros & proditores. Subjecto itaque Regno Scotiæ, & jure proprietatis nostræ ditioni subacto, præfatus Joannes quondam Rex Scotiæ, ipsum Regnum Scotiæ quatenus de facto tenuit, sponte, purè & absolutè reddidit in manum nostram proditionis & scelera memorata coram nobis & Proceribus nostris publicè recognoscens. Quo peracto, præfati Comites & Barones, Nobiles & Communitates Regni Scotiæ, quos ad pacem nostram Regiam suscepimus, subsequenter homagia & fidelitates nobis tamquam immediato domino & proprio ejusdem Regni Scotiæ fecerunt & præstiterunt, ac etiam reddit is nobis ejusdem Regni civitatibus, villis, castris, munitionibus ac cæteris locis omnibus ad dictum Regnum spectantibus, Officiales nostros & Ministros ad regimen ejusdem Regni Scotiæ præfecimus ad regimen nostrum. Cùmque jure pleno dominii in possessione ejusdem Regni existere dignoscamur, non possumus, nec debemus quin insolentiam subditorum nostrorum rebellium, si quos invenerimus præeminentiâ Regiâ, prout expedire videbitur, reprimamus.

„ Quia verò ex præmissis & aliis constat evidenter, & notorium existit, quòd prælibatum Regnum Scotiæ tam ratione possessionis quàm proprietatis ad nos pertinet pleno jure, nec quidquam fecerimus vel caverimus scripto vel facto sicuti nec possemus, per quod juri, aut possessioni prædictis debeat aliquid derogari, Sanctitati vestræ humiliter supplicamus, quatinùs præmissa providâ meditatione pensantes, ex illis vestrum motum animi dignemini informare, suggestionibus contrariis æmulorum in hac parte fidem nequaquam adhibendo, quin imò statum nostrum, & jura nostra Regia supradicta habere velitis, si placet, promptis affectibus commendata.

„ Quantum verò ad hoc quod petivit Papa, quòd si Rex Angliæ jus haberet in Regno Scotiæ, vel in aliquâ ejus parte: procuratores & instructos mitteret, & fieret ei justitiæ complementum: Rex per se noluit respondere; sed hoc commisit Comitibus, aliisque terræ Proceribus, qui super hoc domino Papæ hujus tenoris litteras rescripserunt.

„ Sancta Romana mater Ecclesia per cujus ministerio fides Catholica [toto orbe diffusa est], in suis actibus cum eâ (ut firmiter credimus & tenemus) maturitate procedit, quòd nulli præjudicare, sed singulorum jura conservari velit sana. Sanè convocato nuper ad serenissimum dominum nostrum Edwardum Dei gratiâ Regem Angliæ illustrem Parliamento apud Lincolniam generali, idem dominus noster quasdam Litteras Apostolicas, quas super certis negotiis conditionem & statum Regni Scotiæ tangentibus ex vestrâ parte receperat, in medio exhiberi, ac seriosè nobis fecit exponi. Quibus auditis & diligentiùs intellectis, tam sensibus nostris admiranda, quàm hactenùs inaudita in eis audivimus contineri. Scimus enim, Pater sanctissime, & notorium in partibus nostris est, ac nonnullis aliis non ignotum existit, quòd à primâ institutione Regni Angliæ, Reges ejusdem Regni tam temporibus Britonum quàm Anglorum superius & directum dominium Regni Scotiæ habuerunt in possessione, vel Capitanei superioritatis & recti dominii ipsius Scotiæ successivis temporibus exstiterunt, nec ullis temporibus ipsum Regnum in temporalibus pertinuit, vel pertinet quovis jure ad Ecclesiam supradictam. Quinimò idem Regnum Scotiæ progenitoribus dicti Regis nostri Regibus Angliæ atque sibi feodale exstitit ab antiquo. Nec etiam Reges Scotorum & Regnum aliis quàm Regibus Angliæ subfuerunt, vel subjecti conluerunt: neque Reges Angliæ super juribus suis in Regno prædicto, aut aliis suis temporalibus coram aliquo judice Ecclesiastico vel sæculari ex præminentia status suæ Regiæ dignitatis & consuetudi-

Scribunt Proceres Angliæ Summo Pontifici, coram nullo judice nec ipsomet Regnum ad tuenda sua jura respondere debere.

| PAPÆ | IMPERATOR. | Regis FRANC. | Regis ANGL. | | PAPÆ | IMPERATOR. | Regis FRANC. | Regis ANGL. |

» nis, cunctis temporibus irrefragabiliter observa-
» tæ responderunt, aut respondere debebant.
» Unde habito tractatu & deliberatione diligenti
» super contentis litteris vestris memoratis, com-
» munis, concors, & unanimis omnium nostrorum
» & singulorum consensus fuit, est, & erit incon-
» cussè Deo propitio in futurum, quòd præfatus
» dominus noster Rex super juribus Regni Scotiæ,
» aut aliis suis temporalibus nullatenùs respondeat
» judicialiter coram vobis, nec judicium subeat
» quoquo modo, aut jura sua prædicta in dubium
» quæstionis deducat, nec ad præsentiam vestram
» procuratores aut nuntios ad hoc mittat, præcipuè
» cum præmissa cederent manifestè in exhæredatio-
» nem juris coronæ Regni Angliæ, & Regiæ digni-
» tatis, ac in subversionem status ejusdem Regni
» notoriam, necnon in præjudicium libertatis, con-
» suetudinum & legum paternarum, ad quarum
» observationem & defensionem ex debito præstiti
» juramenti adstringimur, & quas manu tenebimus
» toto posse, totiusque viribus cum Dei auxilio de-
» fendemus. Nec etiam permittimus, aut aliqualiter
» permittemus (sicut nec possumus, nec debemus)
» præmissa tam insolita, indebita, præjudicialia, &
» aliàs inaudita prælibatum, dominum nostrum Re-
» gem (etiam si vellet) facere, seu modo quolibet
» attentare. Quocircà Sanctitati vestræ reverenter
» & humiliter supplicamus, quatinùs eumdem do-
» minum nostrum Regem, qui inter alios Principes
» Orbis terræ Catholicum se exhibet & Romanæ
» Ecclesiæ devotum, jura sua & libertates, con-
» suetudines, & leges prædictas absque diminutio-
» ne & inquietatione pacificè possidere, ac illibata
» persistere benignus permittatis.

In festo Pentecostes finitis treugis quæ cum Scotis initæ fuerant, Rex circa festum sancti Joannis
Baptistæ in Scotiam proficiscitur exercitu adunato.
Dumque in Scotia hyemaret, sui multos equos magnos perdiderant propter foragii defectum, tempore frigoris hyemalis. Tenuit autem Rex apud Lin-
lisco festum Dominicæ Nativitatis.

| MCCCII. | BONIF. VIII. | ALBERTI I. | PHILIPPI IV. | EDWARD. III. |
| | IX. | IV. | XVII. | XXX. |

Induciæ Sco-
tis concessæ.

Papa Regi
Angl. ut bel-
lum suscipiat
in Regem
Franc. suade-
re conatur.

REX Angliæ ad instantiam Regis Francorum, cujus nuper sororem duxerat, Scotis treugas usque ad festum omnium Sanctorum concessit, ordinatisque rebus Scotiæ, reversus est in Angliam, & circa mediam Quadragesimam Parliamentum Londoniis convocavit. Papa Bonifacius per litteras suas Regem Anglorum interpellavit, ut Regi Francorum guerram commoveat; quod si faciat, ingens subsidium pollicetur. Sed Rex Angliæ aliàs dominii Papæ erga se affectum expertus infidum, rem distulit, si possibile esset recuperare per viam aliam sua malens.

In Flandria Brugenses Gallicorum exactionibus nimis oppressi, Jacobum sancti Pauli, qui apud eos locum Regis tenebat, expulerunt de villa, plurimis in hoc tumultu Gallicis interfectis. In dominum verò & defensorem vocaverunt Guidonem Namurcii, filium Comitis Flandrensis in custodia adhuc detenti. Guido cum numerosa multitudine bellatorum adveniens, auxit Flandrensium animos plurimùm contra Gallos. Intereà Robertus Comes Attrabaten-

i *Scoti coeperunt*] In Monito scripsit Acherius, haud facile dijudicari posse, an ea quæ leguntur ab anno 1301. ad
annum 1307. Trivetti sint, an Matthei Westmonasteriensis,
an alius denique scriptoris. Sed quod hoc anno de Scotis, ac

sis cum exercitu maximo missus in Flandriam, inter Corturiacum & Burgas tentoria sua fixit, contra quem Flandrenses egressi, omnes ferè pedites, prælium gravissimum construerunt cum Gallicis. Quibus succumbentibus, Comites Attrabatensis, Augi, & Albæ-Marlæ, viriique nobiles Godefridus Ducis Brabantiæ germanus cum filio suo, filius Comitis Hanoniæ, Radulfus de Nigella Constabularius Franciæ cum Fratre suo Guidone Marescallo, Reginaldus de Triâ Miles, Emericus Camerarius de Tancrevillâ, Petrus Flote Regis Francorum Consiliarius præcipuus, & exactionum prædictarum auctor maximus, Jacobus sancti Pauli in eo prælio ceciderunt occisi: aliorum verò militum minorum, scutiferorumque & peditum interfecta est maxima multitudo. Comites verò sancti Pauli & Boloniæ, Ludovicusque Comitis Claremontensis filius cum aliis pluribus fugientibus, reliquerunt Flandrensibus spolia infinita.

Prælati Franciæ missis ad Papam tribus Episcopis, de non veniendo ad diem citationis præfixum se per eosdem excusant. Philippus Francorum Rex maximo coadunato exercitu, cum juxta Attrebatum toto mense Septembri mansisset, licet hostes de propinquo diutius eum exspectassent, nihil agendo, Parisius reversus est inglorius, Karolus Comes Walesii cum Frederico occupatore Siciliæ tractatu sine omni effectu habito, in Gallias rediit isto anno. Papa Bonifacius Prælatis Franciæ non comparentibus, misit in Franciam Joannem Monachi Presbyterum Cardinalem: qui convocatis Prælatis Parisius secretum consilium habuit cum eisdem. Post festum omnium Sanctorum elapsis treugis cum Scotis, Rex Joannem de Segrave Militem nobilem cum exercitu misit in Scotiam, committens ei ejusdem terræ custodiam. Obiit hoc anno Umfridus Comes Herfordensis, cui filius ejus Umfridus successit, qui postea duxit Elizabeth filiam Regis, Comitissam Holondiæ marito suo primo orbatam. Burdegalenses durum Gallicorum non ferentes dominium, illos de civitate suâ circa Natale Domini expulerunt.

| BONIF. VIII. | ALBERTI I. | PHILIPPI IV. | EDWARD. III. |
| IX. | V. | XVIII. | XXXI. |

SCOTI cœperunt rebellare contra Regem Angliæ, Willelmo quodam cognomento Waleis, quieos ad seditionem commoverat, Capitaneo constituto: propter quod Rex Scotiam coadunato exercitu ingressus, prætermisso castro de Strivelin, quod contra eum munitum fuerat, terram pervagatur, nemine apertè pugnæ sibi copiam faciente. Rex Francorum ob detentionem Vasconiæ injustam timens sibi a Rege Angliæ per dominum Papam ad hoc instigato guerram parari, ut ejus sibi amicitiam compararet, quidquid Vasconiæ in manu sua tenebat eidem restituit, cui & Burdegala spontanè se subjecit. Circa festum S. Joannis Baptistæ Milites quidam in præsentia Cleri & populi Parisius congregati, Papæ Bonifacio multa imposuerunt enormia, puta hæresim, simoniam & homicidia: propter quæ per Regem appellatum est contra eum ad illum cujus interest, donec convocato Concilio se à criminibus purgaret objectis.

Philippus filius Comitis Flandriæ, coadunatis mul-

de Rege Francorum narratur, liquet Trivetti non esse,
quippe qui haud paucis locis antea Guillelmi Waleis meminerat, ac Burdegalæ deditionis sub finem anni superioris.

Interfecti
multi nobiles
Galli.

MCCCIII.

| PAPÆ | IMPERATOR. | Regis FRANC. | Regis ANGL. | PAPÆ | IMPERATOR. | Regis FRANC. | Regis ANGL. |

Moritur Bonifacius Papa, cui succedit Benedictus XI.

cis Teutoniæ stipendiariis Franciam ingressus, castrum S. Audomari obsedit; sed cum nihil proficeret, discedens urbem Morinorum incendit. Philippus Francorum Rex versus Flandriam cum exercitu progressus, acceptis treugis inglorius est reversus. Bonifacius Papa Anagni originis suæ urbem veniens, sub tutelâ civium se recepit, ubi à fautoribus Regis Francorum, quorum Capitaneus erat Willelmus de Nugareto, captus est, & Romam venire coactus: Commotatus autem apud castrum S. Angeli, ex anxietate quæ multipliciter mentem ejus occupaverat, decidit in languorem, quo invalescente; post dies aliquot exspiravit. Successit ei statim à Cardinalibus electus Benedictus undecimus, Lumbardus natione, quem Papa Bonifacius de Ordine Fratrum Prædicatorum cujus Magister erat, assumptum fecerat Episcopum Ostiensem. Guido Comes Flandriæ, & filius ejus Robertus à custodiâ per Regem Franciæ soluti, ut Flandrenses ad pacem Regis reducerent, in Flandriam transmittuntur: sed nihil proficientes, fidelitate debitâ servatâ, ad loca custodiæ revertuntur. Columnenses mortuo Papa Bonifacio de suis egressi latibulis, ad Papam Benedictum venerunt misericordiam implorantes: quos ille benignè suscipiens absolvit, ac bonorum suorum tribuit eis facultatem; sed eos ad gradum Cardinalatûs eam subitò restituere non decrevit.

Willelmus filius Comitis Hanoniæ Joannis, & Guido, Trajectensis Episcopus ejusdem Willelmi patruus, contrà Flandrenses, qui maximam partem Selandiæ occupaverant præliantes, succumbunt, capto Episcopo, sed Willelmo per fugam elapso. Papa Benedictus fratrem Nicolaum de Prato Episcopum Spoletanum, ad Cardinalatum assumens, fecit Episcopum Ostiensem: Fratrem etiam Willelmum de Makelesfelde, Doctorem sacræ Theologiæ Ordinis Prædicatorum, natione Anglicum diœcesis Conventrensis, tituli S. Sabinæ fecit Presbyterum Cardinalem, qui antequam ad eum rumor perveniret, infirmatus, & ad extremam horam perductus in Domino obdormivit.

Hoc anno circà principium Quadragesimæ Scoti latentes in insidiis Joannem de *** ave cum paucis armatis transeuntem juxtà castrum quod dicitur Puellarum, subitò invaserunt, peremptisque hinc inde nonnullis, Scoti multitudine prævalentes, ceperunt aliquos milites Anglicos, inter quos & ipsum Joannem aliorum Capitaneum graviter vulneratum; sed supervenientes milites alii de exercitu Anglicorum, ipsum Joannem à suis ereptum custodibus abduxerunt. Dum fieret iste conflictus, miles quidam nobilis Robertus de Nevile, Missarum audiens solemnia (erat enim Dominica prima Quadragesimæ) quæ gesta fuerant penitùs ignorabat. Post Missam verò egressus, cum à redeuntibus audisset Scotos prævalere in Anglicos, illuc cum suis armatus properans, multos peremit, aliisque fugatis captivos aliquos reduxit, nec de his qui Missæ cum eo interfuerant quisquam captus fuit aut graviter vulneratus, sed nec corruit unus solus. Comes Marescalli fratri suo Joanni offensus, captans Regis benivolentiam, omnes terras suas Regi donavit, ita ut ei adjectis mille libratis terrarum redonarentur ad vitam. Rex auditâ rebellione Scotorum, apud Rokesburgiam in Scotiâ ex edicto publico in festo Pentecostes, exercitum adunavit: progrediensque parvis diætis, totam terram usque in Cantenastam, quæ est in ultimis Scotiæ finibus, perlustravit, nemine aperti prælii copiam faciente. Videntes itaque Scoti se non posse resistere, missis nuntiis petiverunt hu-

Scoti tandem coti se Regi

militer à Rege ad pacem suam recipi; & ut permitteret eis, dato pretio ab his quibus per eum collatæ erant, redimere terras suas. Acquievit Rex eorum precibus, & rediens castrum de Strivelin, quod Scoti occupaverant & contrà Regem defendebant, cujus expugnatio in progrediendo gratis omissa erat, per suos obsedit. Ipse verò non longè à loco eodem apud Dumfermelin hyemavit.

| BENEDIC. XI | ALBERTI. I. | PHILIPPI IV. | EDWARD. III. |
| I. | VI. | XIX. | XXXII. |

Rex Angliæ transactâ hyeme ad obsidionem castri de Strivelin personaliter accedens, diversis præparatis machinis, illud solito fortius impugnavit. Qui verò castrum custodiebant, illud fortiter defendentes, cum machinis suis plurimos occiderunt. Religiosus quidam qui obsidioni personaliter intererat, de Rege Angliæ hoc referre solebat; quòd die quâdam cum castrum considerando obequitaret, ac quodam loco infrà jactum balistarum obequitando appropinquaret, jaculum quoddam de castro emissum, superiori ejus armaturæ affixum sine ullâ corporis læsione. In quod extractum Rex exspuens, conversâ facie ad castrum altâ voce ei qui illud emiserat jaculum ostendendo, suspendium minabatur. Castellani videntes obsidionem super se aggravari, obtulerunt castrum Regi, salvis vitâ & membris, ac posteà simpliciter se in ejus gratiâ ponentes. Sed neutro modo voluit eos Rex admittere, sed tantùm in eâ formâ ut purè & simpliciter se dederent Regiæ voluntati. Quod licet eis primò videretur difficile, tamen cum fossata conspicerent terrâ impleri & lapide, scalasque ad transcensionem murorum, qui assiduis jactibus petrarum conquassabantur, parari tantùm in die beatæ Margaretæ Virginis castrum reddentes, se Regis placito subdiderunt. Quorum Capitaneum Willelmum Olifardi, Militem admodum strenuum & cordatum ad castrum Londoniarum; reliquos verò ad alia castra diversæ transmisit custodiæ mancipandos. Exinde subactâ ad votum Scotiâ, commissâque ejus custodiâ Joanni de Segrave, Rex in Angliam rediens, cum venisset Eboracum, jussit sessionem Justitiariorum qui dicuntur de Banco, & Scaccarium, quod jam septennio manserat Eboraci, Londonias ad antiquum locum transferri.

Obiit hoc anno Magister Thomas de Colebrugge Archiep. Eboracensis, cui successit Willelmus de Grenefeld, Doct. in utroque Jure Canonico & Civili. Obiit etiam Joannes de Warennâ Comes Surreiæ & Susexiæ; cui successit nepos ejus ex filio Joannes nomine, uxorem accipiens neptem Regis ex filiâ Alianora, quam duxit Comes Barrensis. Hoc anno ordinati sunt Justitiarii, qui de malefactoribus inquirerent diligenter quantum ad certos articulos, & juxtà demerita punirent inventos. Hi Justitiarii ab omnibus popularibus vocati sunt de *Traylebastoun*, quod sonat, Trahebaculum. Papa Benedictus intellectâ morte Fratris Willelmi de Makelesfelde, Fratrem Walterum de Winterbournie similiter Ordinis Prædicatorum, Regis Angliæ Confessorem, Saresberiensis diœcesis, ad eumdem titulum Cardinalatûs promovit. Considerans etiam pium esse ovem errantem licet invitam reducere ad ovile, Regem Francorum non petentem, à sententiâ excommunicationis per prædecessorem suum latâ in eum absolvit.

Rex Franciæ Abbati Cisterciensi offensus, quia in appellationem contrà Papam Bonifacium consenserat, omnia Monasteria ejusdem Ordinis in Re-

Angliæ subdunt.

MCCCIV.

Papa Regem Franc. ab excommunicatione absolvit.

230 Chronicon Nicolai Trivetti.

| AN. DOM. | PAPÆ | IMPERATOR. | Regis FRANC. | Regis ANGL. | | PAPÆ | IMPERATOR. | Regis FRANC. | Regis ANGL. | AN. Dom |

Obiit Benedictus Papa.

gno Franciæ conſtitutâ plurimùm moleſtavit: propter quod Abbas ultrò regimini ceſſit Ordinis ſui. Dominicâ ante feſtum beati Joannis Baptiſtæ, apud Puſſiacum Carnotenſis diœceſis poſitæ ſunt Sorores Fratrum Ordinis Prædicatorum in Monaſterio à Rege Francorum noviter conſtructo in honore beati quondam Regis Franciæ Ludovici. Die Nonarum Julii moritur Papa Benedictus Peruſii, poſt cujus obitum cùm Cardinales in electione Summi Pontificis diſſiderent, ſecundùm Conſtitutionem Gregorii X. à civibus concluduntur. Philippus Rex Franciæ in manu validâ copias Flandrenſ. fudit, inter quos cecidit Willelmus de Juliariis, qui eorum Capitaneus fuerat conſtitutus. Reddiderunt ſe non multò poſt Regi Franc̃rum duæ villæ Flandriæ nobiles, Inſula & Duacum.

MCCCV. | VACATIONIS I. | ALBERTI I. VII. | PHILIPPI IV. XX. | EDWARD. III. XXXIII.

Rex Angliæ ordinatis rebus Scotiæ revertitur in Angliam, Joanne de Segrave Milite nobili cuſtode terræ relicto. Willelmus Waleis qui Scotiam commoverat, captus Londoniis ducitur, & ibidem judicialiter condemnatus, trahitur, ſuſpenditur & ultimò decollatur: cujus caput Londoniis in loco eminenti figitur ſuper palum; corpus verò in Scotiam tranſmiſſum, diviſum eſt in quartas, quæ ad aliorum terrorem in diverſis partibus ſuſpenduntur. Bertrandus Burdegalenſis Archiepiſcopus, natione Vaſco in Papam electus, Clemens quintus dictus eſt; qui menſe Octobri in Lugduno convenientibus illuc Cardinalibus, Rege Francorum Philippo ſuam præſentiam exhibente, Imperiali diademate coronatur: qui dùm coronatus ad Eccleſiam beati Martini equitando duceretur, murus quidem à latere in quem multi ſpectaturi quæ gerebantur aſcenderant, corruens multos oppreſſit: inter quos erat Dux Britanniæ, vir ſenex & diſcretione inſignis. Frater Walterus de Winterburne nuper ad Cardinalatum aſſumptus, tendendo cum aliis Cardinalibus in Galliam; moritur apud Januam, & in Eccleſia Fratrum Prædicatorum traditur ſepulturæ. Papa ante Natale unam ordinationem faciens, creavit duodecim Cardinales, inter quos de Ordine Fratrum Prædicatorum Frater Thomas de Jorz, Doctor ſacræ Theologiæ, natione Anglicus, tituli S. Sabinæ, & Nicolaus de Fravilla, Confeſſor Regis Francorum, natione Normannus, tituli S. Euſebii efficiuntur Presbyteri Cardinales. Hoc anno miſit Rex Franciæ ad Regem Angliæ, rogans eum ut Flandrenſes ab Angliâ expelleret, ſicut ipſe ad ſuam inſtantiam Scotos de Franciâ ejecerat paulò ante. Cujus Rex precibus acquieſcens, Flandrenſes omnes de Angliâ exbannivit.

Clemens Papa V. eligitur.

Imperiali diademate coronatur.

MCCCVI. | CLEMEN. V. I. | ALBERTI I. VIII. | PHILIPPI IV. XXI. | EDWARD III. XXXIV.

Clemens Papa Curiam de Lugduno in Burdegalam (ubi Epiſcopum Pictavenſem, qui ſibi dum Archiepiſcopus fuerat adverſabatur, à Pontificali depoſuit dignitate) Primatum etiam Aquitaniæ de Bituricenſi ad Burdegalenſem Eccleſiam tranſtulit. Rex Angliæ Robertum Cantuarienſem Archiepiſcopum apud dominum Papam accuſavit, ſuper eo quod pacem Regni ſui perturbaret, ſibique rebellantes defendit & fovit; propter quod ad Curiam vocatus eſt, & ab exequutione officii ſui ſuſpenſus, quouſque ſibi impoſitis legitimè ſe purgaret. Obtinuit etiam Rex à domino Papa abſolutionem à juramento quod invitus præſtiterat, ſuper obſervantiâ bertatum, aliàs à Comitibus & Baronibus exactarum.

Eodem anno quarto Kalendas Februarii Robertus de Brus ad Regnum Scotiæ aſpirans, nobilem virum Joannem Comin, quia ſuæ proditioſæ factioni noluit aſſentire, apud villam de Dunfreis in cujus caſtro Juſtitiarii Regis Angliæ tunc ſedebant, in Eccleſia Fratrum Minorum ſacrilegus interfecit: in feſto verò Annuntiationis beatæ Virginis, in Abbatiâ Canonicorum Regularium de Stone ſe fecit in regem ſolemniter coronari. Uxor Comitis de Bauvan à marito ſuo furtivè diſceſſit, omnes equos ejus magnos ſecum adducens, & properans uſque Stone, ut diadema imponeret capiti novi Regis: frater enim ejus Comes de Fif, ad quem de jure hereditario ſpectabat hoc officium, tunc abſens in Angliâ morabatur. Hanc autem Comitiſſam eodem anno ab Anglicis captam cum quidam perimere voluiſſent, non permiſit Rex, ſed in domunculâ quâdam ligneâ ſuper murum caſtri Berewici poſita eſt, ut poſſent eam tranſeuntes conſpicere.

Robertus de Scotiæ Regnum uſurpat.

Edwardus filius Regis Angliæ cum numeroſâ ſocietate juvenum nobilium in feſto Pentecoſtes Londoniis à patre militaribus armis cinctus eſt: deinde cum multitudine Tironum Scotiam continuatis diebus contendit, ad reprimendum conata Roberti de Brus in vaſoris Regiæ dignitatis. Præceſſerant verò eum Aymericus de Valenciis Comes Penbrochiæ, Robertus de Clifford, & Henricus de Perci, miſſi à Rege cum manu armatâ ad novis motibus reſiſtendum. Ipſe verò Rex lento gradu ſequutus, convocaverat exercitum, quem apud Karliolum juſſit eſſe paratum in quindena ſancti Joannis Baptiſtæ in occurſum filii ſui, cum eodem ulterius progreſſurum. Interim Robertus de Brus circuiens terram, & homagia multorum recipiens, coadunato exercitu copioſo appropinquavit ad villam S. Joannis, in cujus præſidium nuper advenerat Aymericus de Valentiis. Equites autem Scotorum omnes lineis ſuper arma ſua ne diſcernerentur, induti erant ex juſſu Principis ſui novi. Invitatus ab eo Aymericus de congreſſu reſpondit, quòd cum eo non die illo, ſed in craſtino dimicaret. Subtrahente verò ſe Roberto cum ſuis ſpatium unius milliarii, & ſe reficere volente propinquante horâ veſpertinâ, Aymericus cum ſuis egreditur armatis, & ſubitò ſuperveniens Scotis, multos peremit inermes: cui cum aliquamdiu Robertus cæterique qui ſe cum celeritate armaverant, reſtitiſſent: tandem prævalentibus Anglicis, fugere ſunt coacti: quos inſequuti cum ſuis uſque in inſulam de Kintir, caſtrum illius (putans Robertum ſe recepiſſe in eo) obſedit. Expugnato tamen caſtro, non eum invenit, quia ad extremas regionis fugerat inſulas, ſed uxorem ac fratrem ſuum Nigellum cum aliis quibuſdam, quos omnes uſque Berewicum deduci fecit. Captus eſt non multò poſt Comes de Athel, de caſtro fugerat antedicto. Circa feſtum S. Michaelis reverſus eſt Robertus uſque Kinŧir, & Henrico de Percy in propinquo exiſtenti ſupervenienti, quoſdam de familiâ ejus occidit, equoſque dextrarios & alia ſpolia multa cepit, ipſumque Henricum in caſtro loci ejuſdem obſedit, quouſque robore exercitûs à Rege miſſo, obſidionem dimittere cogeretur.

Regis Angl. filius armatâ manu Scotiam petit.

Rex apud Laverſtone juxta Karleolum commorans, miſit Berewicum Juſtitiarios, quorum judicio Nigellus de Brus &. qui cum eo capti fuerant, tracti ſunt & ſuſpenſi, ac ultimò decollati. Uxorem verò Roberti de Brus tranſmiſit in Angliam, jubens eam juxta ſtatum ſuum decenter tractari. Comitem verò de Athel jam ſecundò contra fidelitatem suam Regi rebellantem, misit Londonias, ubi ad tempus sub custodia detentus, tandem proditionis suæ meritas pœnas luit. Post hæc captum est castrum de Lochdor, in quo inventus est Christophorus de Setone, sororius Roberti de Brus, quem cum non Scotus sed Anglicus esset, jussit Rex deduci usque Dunfres, ubi quemdam militem de parte Regis occiderat, ibique judicium subire coactus, tractus suspensusque est, ac ultimò decollatus. Uxorem verò Christophori, & filiam Roberti de Brus in diversis Monialium Monasteriis collocavit. Episcopos Glascuensem & S. Andreæ, Abbatemque de Stose cum eodem anno capti essent, in Angliam misit ad diversa castra, sub custodia detinendos.

Rex Francorum à domino Papa ossa Bonifacii prædecessoris sui petiit ad comburendum, tamquam hæretici, instantiâ importunâ; petiit etiam Sanctorum catalogo adscribi Fratrem Petrum de Murrone, qui quondam fuerat Papa dictus Cælestinus quintus. Rex Angliæ Petrum de Gaverstone, apud se de diversis accusatum, Regnum Angliæ abjurare coëgit.

Francorum velit ex parte suâ quæ ad ipsum pertinent adimplere. Dederat enim Rex Francorum, dum tenuerat Vasconiam, castrum quod Malileonis dicitur Militi cuidam, qui illud adhuc detinebat, nec ad mandatum Regis Francorum illud curabat restituere. Ob quam causam fertur illud matrimonium hactenùs fuisse dilatum. Rediit itaque Cardinalis Londonias, ut super his certitudinem expectaret.

Interim Robertus de Brus circumiens terram, multos sibi rebelles peremit, misitque cum parte exercitûs duos fratres suos Thomam Militem, & Alexandrum Clericum ad aliam partem terræ, ut homines terræ ad se allicerent blanditiis atque minis, qui ab Anglicis de nocte supervenientibus capti sunt, & ducti ad Justitiarios ac condemnati, primò tracti, & posteà sunt suspensi. Post Pascha Robertus de Brus aucto jam suo exercitu, congressus cum Aymerico de Valentiis, ipsum compulit in fugam, paucis de his qui erant cum eo peremptis, infrà triduum etiam sequens fugavit Comitem Gloverniæ, multisque hinc occisis, ipsum obsedit in Castro de Are, quousque per exercitum à Rege missum fuit obsidio dissoluta. Ex tunc autem insequentibus eum Anglicis, fugit ad loca palustria & nemorosa, in quibus latibula quæritantem comprehendere minimè potuerunt. Rex missis in Angliam nuntiis præcepit sub gravi pœna, ut omnes qui ei servitium debebant, parati essent apud Karleolum intrà septimanas post festum S. Joannis Baptistæ; filium verò suum remisit in Angliam, ut secundùm ea quæ de Rege Franciæ audiret, proficisceretur ad connubium cum filiâ ejusdem contrahendum. Post cujus discessum, cœpit Rex vexari dysenteriâ, movit tamen nihilominùs quinto Nonas Julii, parvis diætis versùs Scotiam proficiscens. Pridie Nonas Julii venit usque Burgum super Sande, ubi invalescente infirmitate, die crastinâ, scilicet feriâ sextâ præsenti vitæ valefaciens, die suos in bono & annos suos in gloriâ consummavit. Regnavit autem annis triginta quatuor, mensibus septem, diebus viginti uno, complevitque ætatis suæ annos sexaginta octo & dies viginti.

An. Dom.				
MCCCVII. Statuta quædam Regis Angliæ.	CLEMEN. V. II.	ALBERTI I. IX.	PHILIPPI IV XXII.	EDWARD III. XXXV.

Rex in Octavis S. Hilarii Parliamentum tenuit Karleoli, in quo per Majores graves depositæ sunt querimoniæ de oppressionibus Ecclesiarum & Monasteriorum, multiplicibus extortionibus pecuniarum per Clericum domini Papæ Willelmum Testa, noviter in Regno inductis. Præceptumque est eidem Clerico de assensu Comitum & Baronum, ne de cætero talia exequatur. Ordinatum etiam erat, quòd pro remedio super his obtinendo, ad dominum Papam certi mitterentur nuntii. In eodem Parliamento edita sunt statuta quædam tangentia Religiosos, qui domos suas principales in alio Regno habebant, venitque ad illud Parliamentum transmissus per dominum Papam Cardinalis quidam Hispanus, pro matrimonio inter filium Regis Angliæ & filiam Regis Franciæ, secundùm quod à Papa Bonifacio tamquam mediatore pacis ordinatum fuerat, consummando. Cui per Regem responsum est, paratum se implere quæ ordinata sunt, dummodo Rex

Expliciunt gesta EDWARDI III. *Regis Anglorum.*

MONITUM.

FRAGMENTUM prolixum *Historiæ Andegavensis, auctore Fulcone Comite, in Collectionibus D. Michaëlis de Marolles, Abbatis Villæ-Lupæ, repertum, præmisimus Gestis Consulum Andegavens. quasi eorum fundamentum, propter Scriptoris nobilitatem atque auctoritatem. Illud porrò fragmentum ex adversariis Andreæ Chesnii se accepisse in suis Collectionibus profitetur Abbas ille clarissimus, Chesnius verò è MS. codice Bibliothecæ Petavianæ se descripsisse attestatur; an integra, necne, ipso in codice exstaret historia, minimè indicavit Chesnius. Dolendum sanè, quòd tam insigne Andegavorum historiæ monumentum majore sui ex parte perierit. Nam codices Petaviani non Parisiis, sed Romæ in Bibliothecâ Reginæ Sueciæ recunduntur, ubi fas haud fuit codices istos invisere, ac discutere, utrum manca sit historia Andegavensis, uti à nobis est exhibita.*

Consulum Andegavensium gesta indicio Clariss. Herovalii debeo, quippe codicem abhinc quadringentis circiter annis scriptum, ex Ecclesiâ Andegavensi Canonicorum S. Laudi nobis suppeditavit; sicut & Librum de compositione castri Ambasiæ, &c. manu recentiori exaratum, quem concessit V. C. dominus de Launay, in utroque jure eruditissimus Senatûs Parisiensis Advo-

catus. Gestorum illorum Auctor sese Majoris Monasterii Monachum profitetur quidem, sed nomen non apposuit suum. Suspicabamur primâ fronte, dum volveremus ea, Joanni Monacho esse inscribenda, cujus opuscula quædam de Archiepiscopis Turonens. ac de Gaufridi Comitis actis subjecit Laurentius Bochellus historiæ Gregorii Turonensis anno Christi 1610. Diversus tamen stilus aliter suasit. Deinde qui fieri potest, si Gesta Consulum Andegavensium Joannis germanus esset fœtus, ut nullibi tum in hisce gestis, tum in historiâ Gaufridi prodiderit, agens præsertim de isto Comite, se hac de re aliàs scripsisse? haudquaquam profectò id omisisset. In more etenim historicis positum est, dum viri alicujus facinora in diversis libris repetunt, in posteriori opere memoriam refricare eorum quæ jam in alio præmiserint.

Tempus quo scripserit Auctor demonstrat in Epistolâ ad Henricum II. Regem Anglorum tunc Andegavorum Comitem, cui suum consecrat opus de Consulibus Andegaven. nempe anno circà 1160. Ex variis autem Scriptoribus, quorum nomina refert, hoc idem opus à se concinnatum fatetur his verbis. Ut autem in his quæ scripsimus, vel tibi, vel cæteris auditoribus sive lectoribus hujus historiæ occasionem dubitandi subtrahamus, quibus hæc Auctoribus didicerim breviter intimare curabo. Quos verò recenset Auctores ad nos usque, præter Rodulfum Glabrum, minimè pervenerunt. Menda, scio, in nostrâ editione, Lector, agnosces: Verùm te condonaturum spero, si adverta nos unico usos esse apographo, quod licet antiquum nævis scatebat quamplurimis. Mirum nihilominùs in modum Gesta istiusmodi historiam Andegavens. illustrant, ubi præclara Comitum referuntur facinora, & quidquid ad genealogias & Comitum, & aliorum Nobilium spectat, accuratè satis & seriatim recensuit Auctor.

De compositione castri Ambasiacensis, ac gestis dominorum Ambasiacens. nunc pauca sunt proloquenda. Auctorem quidam Thomam Lochensem autumant. At obstare videntur nonnulla, ut his calculum adjiciamus. 1. Nec in apographo recentiori, nec in Thuaneo codice scripto nomen ullum est præfixum. 2. Quod scribit Monachus Majoris Monasterii in suâ ad Henricum Regem Anglorum epistolâ, dum exhibet Scriptores è quibus suam composuit historiam: Primus, ait, Scriptor exstitit Thomas Lochensis; qui breves chronicas nomine Odonis Abbatis intitulatas, ut ab ejus ore didici, rescripsit. Breves tantùm chronicas asserit Thomam conscripsisse, proinde non historiam Ambasiæ elucubrasse. Enimverò in Opere quo de agimus Scriptor, quisquis fuerit, præter Ambasiacensium historiam, Comitum etiam Andegavensium prolixè gesta descripsit ipsismet verbis, eodemque ordine quibus ille Monachus est usus: quâ de causâ Comitum Andegavens. acta ex Ambasiacensium dominorum historia prorsum expunximus, ne in uno volumine eadem repetita tædium generarent, stomachumve moverent lectori. Expungenda quoque fuerant, non nescimus, quamplura quæ spongiâ & obelo indigent. Nam in quinque prioribus capitulis, antequàm nimirum Auctor aggrediatur texere gesta cùm Andegavens. Consulum, tum Ambasiacensium dominorum, passim menda, fabellas, & falsa complura intexuit. Nos nonnulla plerisque in locis indigitavimus, incautiores ne impingant; cætera peritorum censuræ reliquimus.

Uter verò germanus sit Auctor historiæ Consulum Andegavens. Monachusne Majoris Monasterii, an Ambasianus Scriptor, facilè non est, opinor, dijudicare; quandoquidem uterque non abnuit; imò palam profitetur se narrationis suæ materiam ab aliis hausisse. Sed si conjecturæ indulgendum, potiùs Ambasianum, quippe qui posterior scripserit (ut quidem sentimus) à Monacho gesta Consulum accepisse existimamus. Penes Lectorem esto judicium.

Porro utramque hanc historiam Consulum Andegavens. & Ambasiensium dominorum ab annis jam multis legerat V. C. Hadrianus Valesius Historiographus Regius, ac pluribus in locis mendosam, & obscuram restituerat illustraveratque. Observationes suas, quibus in hac editione usus sum, mihi communicavit humanissimè. Quam singularem ejus beneficentiam aliàs & frequenter expertus, peto Lector, ut mecum agnoscas, auctorique jam de te, imò de totâ Republicâ litterariâ optimè merito gratiam habeas.

HISTORIÆ
ANDEGAVENSIS FRAGMENTUM,
Per FULCONEM Comitem Andegavensem.

EGo Fulco Comes Andegavensis, qui filius sui Gofridi de Castrolandono & Ermengardis filiæ Fulconis Comitis Andegavensis, & nepos Gofridi Martelli, qui fuit filius ejusdem avi mei Fulconis & frater matris meæ, cùm tenuissem Consulatum Andegavinum viginti octo annis, & Turonensem, & Nannetensem & Cenomanensem, volui commendare literis quomodo Antecessores mei honorem suum

Historiæ Andegavensis Fragmentum.

suum acquisierant & tenuerunt usque ad meum tempus ; & deinde de me ipso quomodo eumdem honorem tenueram adjuvante Divinâ misericordiâ.

Comitum Andegav. genealogia.

1. Illi igitur Antecessores mei, sicut ille meus avunculus Goffridus Martellus narravit mihi, fuerunt probissimi Comites, & sic nominati sunt, primus Ingelgerius, secundus Fulco Rufus filius ejus, deinde Fulco qui bonus appellatus est ; postea filius ejus Goffridus Grisagonella. Isti autem quatuor Consules tenuerunt honorem Andegavinum, & eripuerunt eum de manibus Paganorum, & à Christianis Consulibus defenderunt ; & ille primus Ingelgerius habuit illum honorem à Rege Franciæ non à genere impii Philippi, sed à prole Caroli Calvi : quorum quatuor Consulum virtutes & acta, quia nobis in tantum de longinquo sunt, ut etiam loca ubi corpora eorum jacent nobis incognita sunt, dignè memorare non possumus, nisi ea quæ nobis propiora fuerunt, videlicet de avo meo Fulcone & de patre ejus Goffrido Grisagonella, & de Goffrido Martello avunculo meo.

Goffridus Grisagonella.

2. Ille igitur Goffridus Grisagonella pater avi mei Fulconis, cujus probitates enumerare non possumus, excussit Loudunum de manu Pictaveñsis Comitis, & in prælio campestri superavit eum super Rupes, & persecutus est eum usque ad Mirebellum, & fugavit Britones qui venerant Andegavim cum prædatario exercitu, quorum Duces filii Isoani ; & postea fuit cum Duce Hugone in obsidione apud Marsonum, ubi arripuit eum infirmitas quâ exspiravit, & corpus illius allatum est Turonum & sepultum in Ecclesiâ B. Martini.

Fulco.

3. Cui successit Fulco filius ejus, avus videlicet meus, cujus probitas magna & admirabilis exstitit : ipse enim acquisivit Cenomanicum pagum, & adjunxit eum Andegavino Consulatui, & ædificavit plurima castella in suâ terrâ, quæ remanserat deserta & nemoribus plena propter feritatem Paganorum. In Turonico siquidem pago ædificavit Lingain, Calvum-montem, Montemthesauri, Sanctam Mauram ; in Pictavino Mirebellum, Montemconsularem, Fayam, Musterolum, Passavantum, Malumleporarium ; in Andegavino ædificavit Baugiacum, Castrumgunterii, Duristallum, & multa alia quæ enumerare mora est. Cepit quoque Castrum Salmurii in tempore illo, quo Comes Odo venerat Andegavim cum exercitu suo, & posuerat castra sua in Angulatâ, inter ipsam civitatem & fluvium Ligerim. Ipse iterum Fulco fecit duo campestria prælia valde magna, unum in Landâ Conquireti contrà Conanum Britannicum Consulem, propter civitatem Namnetensem, quam ille Conanus ei volebat eripere, in quo prælio periit idem Conanus & mille de equitibus suis. Alterum verò prælium fuit contrà prædictum Odonem potentissimum Comitem super fluvium Carum apud Pontilevium, ubi multa fuit strages Gallorum & Andegavorum, in quo prælio fuit cum eo Cenomanensis Comes Herbertus qui dictus est Evigilans-canem, ubi Dei gratiâ victor exstitit. Duas etiam Abbatias ædificavit, unam in honore sancti Nicolai juxtà urbem Andegavensem, aliam apud Lochas castrum, quæ vocatur Bellus locus, in honore Dominici Sepulcri. Bis etiam Jerusalem adiit, in cujus secundo reditu rebus humanis excessit circà festivitatem sancti Joannis, anno ab Incarnatione Domini millesimo quadragesimo. Corpus illius ad prædictam Abbatiam Belliloci allatum est, ibique sepultum in Capitulo.

Goffridus Martellus.

4. Successit itaque ei filius ejus avunculus meus Goffridus Martellus, cujus probitas & prudentia in rebus sæcularibus multa fuit, & fama laudabilis per totum Regnum Franciæ. Ille autem in vitâ patris sui Miles exstitit, & novitatem militiæ suæ contrà finitimos exercuit, fecitque duo prælia, unum apud Montemconsularem contrà Pictavos, ubi Comitem Pictavensem apprehendit ; & aliud contrà Cenomanenses, ubi Comitem eorum similiter cepit, qui vocabatur Herbertus Baconus : contrà suum etiam patrem guerram habuit, in quâ mala multa facta fuerunt, unde postea valde pœnituit. Postquàm autem pater ejus de Jerusalem, ut prædictum est, rediens, vitam hanc exuit, possedit terram patris & civitatem Andegavis ; cepitque guerram contrà Theobaldum Comitem Blesensem, filium videlicet Comitis Odonis, & ex voluntate Regis Henrici accepit donum Turonicæ civitatis ab ipso Rege, unde postea guerra inter eum & Comitem Theobaldum adeo ingravata est, quòd inierunt prælium inter civitatem Turonum & Ambasium castrum ; in quo prælio ipse Theobaldus captus est, & usque ad mille de equitibus suis. Accepit itaque civitatem Turonicam, & castella in circuitu, Chinonum, & Insulam & Castrum Rainaldi & sanctum Anianum. Pars autem alia Turonici pagi contigerat sibi possessione paternâ.

Post hæc guerram habuit cum Guillelmo Normannorum Comite, qui postea Regnum acquisivit Anglorum, & fuit Rex magnificus ; pariterque cum Gallis & cum Bituricensibus, & cum Guillelmo Consule Pictavorum, & cum Aimerico Vicecomite Thoarcensi, & cum Hoello Comite Namnetensi, & cum Britannorum Comitibus qui civitatem tenebant Redonensem, & cum Hugone Cenomanensi Consule, qui exierat de fidelitate suâ ; propter quæ omnia bella, & propter magnanimitatem quam ibi exercebat meritò Martellus nominatus est, quasi suos conterens hostes.

5. In hujus extremo vitæ anno me nepotem suum ornavit in Militem in civitate Andegavi, festivitate Pentecostes, anno ab Incarnatione Domini millesimo sexagesimo, & commisit mihi Santonicum pagum cum ipsâ civitate causâ cujusdam guerræ, quàm habebat cum Petro Didonense. Ætas autem mea decem & septem erat annorum, quando me fecit Militem. In eodem porrò anno Rex Henricus obiit in Nativitate S. Joannis, & avunculus Goffridus tertio die post festivitatem beati Martini bono fine quievit : nocte siquidem illâ, quæ præcessit finis ejus, deponens omnem curam militiæ rerumque sæcularium, Monachus factus est in Monasterio sancti Nicolai, quod pater ejus & ipse multâ devotione construxerant, & rebus suis suppleverant.

1060. FULCO.

6. Honorem itaque suum quem ab exteris gentibus defendendo multâ tranquillitate securum & opulentum tenuerat, sub aliquantâ tribulatione vexandum dimisit : surgente videlicet dissensione propter eumdem honorem inter me & meum fratrem. Quam tribulationem cum per annos octo protendissemus guerram sæpe facientes, & interdum inducias habentes, cum etiam fratrem meum de vinculis ubi eum tenueram, liberavissem jussu Papæ Alexandri ; invasit me iterum idem frater, ponens obsidionem circà quoddam castrum meum quod vocabatur Brachesac, ubi equitavi contrà illum cum illis Proceribus quos Dei clementia mihi permiserat, & pugnavi cum eo campestri prælio, in quo eum Dei gratiâ superavi, & fuit ipse captus & mihi redditus, & mille de civibus suis cum eo : proinde accepi civitatem Andegavæ, & Turonum, & Lochas castrum, & Loudunum, quæ sunt capita honoris Andegavorum Consulum.

7. Tenui igitur honorem illum 28. annis usque ad terminum illum quo scripturus istud facere disposui

Quo tempore hæc scripsit Fulco.

sui: in quibus 28. annis, & in aliis octo qui præcesserunt, si vis audire quæ gessi, prosequere quæ scribo & cognosces quæ facta sunt; sed priusquàm ea referam, volo memorare quædam signa & prodigia quæ in ultimo prædicti temporis anno evenerunt, non solùm nostræ genti pertinentia sed omni Regno Galliæ, sicuti posteà res ipsa manifestavit. In eo enim termino exciderunt stellæ de cœlo in terram ad malum grandinis, quos multi videntes admirati sunt, & multo terrore conclusi sunt. Quod signum sequuta est mortalitas hominum per totum Regnum Franciæ, & tempus valde asperum inopiâ victûs: unde etiam in ipsâ civitate nostrâ Andegavi centum de Primatibus nostris obierunt, & magis quàm duo millia minoris plebis.

8. In fine cujus anni appropinquante Quadragesimâ, venit Andegavim Papa Romanus Urbanus, & admonuit gentem nostram ut irent Jerusalem, expugnaturi gentilem populum, qui civitatem illam & totam terram Christianorum usque Constantinopolim occupaverant. Tunc in Septuagesimâ dedicata est Ecclesia sancti Nicolai ab ipso Papa, & corpus avunculi mei Goffredi Martelli translatum de Capitulo in eamdem Ecclesiam. Constituit etiam idem Apostolicus, & edicto jussit, ut in eodem termino quo dedicationem fecerat indictum publicum celebraretur unoquoque anno apud sanctum Nicolaum, & septima pars pœnitentiarum populo convenienti ad illam celebritatem dimitteretur, unde discedens Cenomanim venit & inde Turonum, ibique datis venerabili Concilio decretis mediâ Quadragesimâ coronatus est, & cum solemni processione ab Ecclesiâ sancti Mauricii ad Ecclesiam beati Martini deductus; ubi mihi florem aureum quem in manu gerebat, donavit, quem ego etiam ob memoriam & amorem illius in Osannâ semper mihi meisque successoribus deferendum constitui. Post cujus decessum in proximâ die Palmarum Ecclesia beati Martini concremata est. Ipse autem Papa pervenit Sanctonas, ibique Pascha celebravit.

9. Sequenti autem æstate ex præcepto ejus inierunt iter Jerosolymitanum non solùm populi, sed etiam Duces populorum, quorum nomina ad evidentiam posterorum hîc annotata sunt, Hugo Magnus frater Philippi Regis Gallorum, Rotbertus Dux Normannorum, Rotbertus Comes Flandriæ, Raimundus Comes de S. Ægidio, Stephanus Comes Blesensis filius Theobaldi, Godefredus Lotharingorum, & pater ejus Eustachius Comes Boloniæ, quorum societati Podiensis Episcopus est adjunctus, multique alii magnæ virtutis Proceres & Episcopi, quorum nomina ad nostram notitiam minimè pervenerunt: quorum exercitus in exordio tanti itineris quoscumque Judæos inveniebant aut ad baptismum compellebant, aut morte præsenti destruebant. Tendentes itaque Jerusalem multi per Pannoniam causâ breviandi itineris, complures per portum S. Nicolai Constantinopolim pervenerunt. Deinde quidam eorum temerè præcedentes cùm mare transissent, impetum Turcorum & aliorum Paganorum sustinere non potuerunt: & ex his quadraginta millia interempti sunt quorum Duces fuerunt Heremita quidam Petrus Achiriensis, & Galterius Sine Avero. Alii verò Proceres cum magnâ virtute & constantiâ transfretantes, venerunt ad civitatem Nicæam, quam obsidentes, vix tandem ceperunt eam inter multos incursus Turcorum, qui frequenter eos invadebant, quamvis nihil aliquando proficiebant. Posteà viam suam prosequentes, cum Nicæam itinere quatuor dierum transissent, venerunt obviam illis centum & sexaginta millia equitum Turcorum, cum quibus dimicantes, licet copiæ suorum populorum admodum essent dispersæ, tamen asperrimo conflictu prælii superaverunt eos, & multis eorum interfectis, alios multos in campo expulerunt, deinde sine aliquo impedimento Antiochiam venientes, urbem ipsam, quam populo fidelium ereptam gentiles jamdudum possidebant, obsederunt, & à Kalendis Novembris usque ad mensem Junium ibi permanentes, multa incommoda sustinuerunt ob frequentium præliorum, quæ & ab exteris & à clausis hostibus patiebantur; unde multi ex utrâque parte periclitabantur. Cumque piissimus & omnipotens Deus populum suum tantâ respiceret anxietate sollicitum, tandem consilio cujusdam Turci qui portam unam civitatis custodiebat, eam ingressi sunt, & in ipso ingressu multis & fidelibus & infidelibus interfectis, & urbis Principe Cassio, immensam capientes pecuniam civitate potiti sunt, excepto castro S. Petri ubi Primates Paganorum confugerant, quia ibi summa & inexpugnabilis erat urbis defensio. Qui anno tertio postquam urbe potiti sunt, cùm prædictum castellum obsidere decernerent, obviavit ei innumerabilis exercitus Turcorum & Persarum, qui congregati erant ad liberandam civitatem, & circumdatam eam obsidentes obsessos tenuerunt, ubi decem & octo diebus eos opprimentes tantâ afflictione constrinxerunt, ut non solùm carnem equorum & asinorum comederent, sed etiam coria dudum mortuorum animalium pro deliciis haberent. Nec mirum, quia & magnus erat populus Christianorum, & in civitate nimis de . . . . . . erat copia ciborum. Denique piissimus JESUS eorum afflictione & frequenti lamentatione ad misericordiam erga populum . . . . *Cætera desunt in apographo.*

GESTA
CONSULUM ANDEGAVENSIUM,
Auctore Monacho Benedictino Majoris-Monasterii.

DOMINO Henrico Regi Anglorum, Duci Normannorum, Comiti Andegavorum, Turonorum & Cenomanorum, Principi Aquitanorum, Duci Guvasconum & Arvernorum, Duci etiam Britonum; Frater Majoris Monasterii humillimus Monachorum, & pars ima Clericorum, pacem cum gaudio, vitam, salutem & sanitatem ab eo qui dat salutem Regibus.

Historiam sive gesta Andegavorum Consulum antecessorum tuorum ex multis doctorum scriptis excerpsi, & in uno corpore voluminis compilavi. Licet quidam ante me breves chronicas scripserit, & in proæmio ipsas præcedente hujusmodi verba præmiserit de Consulibus Andegavorum: quæ scripta nimis confuso rudique sermone reperi, quamvisfimè potero paucis verbis breviter & commodè enucleabo. Nos autem moderni antiquorum æmuli cum vita brevis sit, memoriam eorum quam maximè longam efficere debemus, quorum virtus clara & æterna habetur. Intentio igitur nostra est vitam, mores, & actus antecessorum tuorum Andegavorum Consulum in propatulo demonstrare, ut ex ipsis quoddam speculum tibi constituas, studiumque tuæ sinceritatis admonere curamus, ut non solùm audiendis Scripturæ sanctæ verbis aurem sedulus accommodes, verùm etiam noscendis priorum gestis, sive dictis, & maximè antecessorum tuorum Andegavorum Consulum virorum illustrium diligenter impendas. Sive enim historia de bonis bona referat, ad imitandum bonum auditor sollicitus instigatur; seu mala commemorat de pravis, nihilominùs religiosus ac pius auditor sive lector devitando quod noxium est ac perversum, ipse solertiùs ad exequenda ea, quæ bona sunt, ac quæ Deo digna esse cognoverit, accenditur, quod ipsum te quoque ut vigilantissimè deprehendas, admonemus. Historiam memoratam in notitiam tibi, simul & eis quibus regendis Divina te præfecit auctoritas, maximè Andegavensibus, Turonensibus, Cenomanensibus ob generalis curam salutis latiùs propalari desidero.

Ut autem in his quæ scripsimus vel tibi, vel cæteris auditoribus sive lectoribus hujus historiæ, occasionem dubitandi subtrahamus, quibus hæc auctoribus didicerim breviter intimare curabo. Vera enim lex historiæ est simpliciter id quod famâ vulgante colligitur, scribendo posteris notificare. Primus scriptor exstitit Thomas Luochensis, qui breves chronicas nomine Odonis Abbatis intitulatas, ut ab ejus ore audivi, reperit [a], & multa quæ famâ vulgante cognovit, addidit. Secundus exstitit Robinus, & Brito Ambacianensis, qui ipsas chronicas emendaverunt: & quædam, ut vivâ voce ab ipsis audivi, addiderunt. Tertius ego ex multis historiis multa addidi, & auctoritatem historiæ & studium audientium sive legentium nomina auctorum annotare curavi. Primò ex historiâ Francorum nonnulla. Secundò ex historiâ Glabelli Rodulfi multa. Tertio ex chronicis Gaudefredi Bechini aliqua. Quartò ex dictis Magistri Robini quædam necessaria. Quintò ex scriptis Gauterii Compendiensis Majoris-Monasterii Monachi, non negligenda. Hæc ego dum in abditis voluminibus invenissem scripta, non sum perpessus infructuoso silentio tegi, sed ea compilavi ad honorem Audegavorum Consulum dominorum nostrorum, & ad utilitatem audientium, & instructionem morum nostrorum, domine mi Rex, scilicet ut ex bonis bonum sumas exemplum & meliorem exitum, & ex malis malum caveas introitum sive incessum, ne incidas in eorum pessimum finem vel exitum.

Nunc igitur, si placet, in fine nostri proœmii eorum omnium vel singulorum exempla, facta vel dicta breviter prænotemus. Nesciunt enim facta priorum præterire cum sæculo, quin omnes secum præsentes habeant, & secum quodammodo sentiant commorari, quibus eos relatio pervexerit lectionis. Sicut enim Apostolus justorum catalogum summâ brevitate contexens, ab Abel incipiens insignium virorum pergit narrare virtutes; etiam ille fidelissimus Matthathias morti gloriosè appropinquans, filiis suis hereditario jure Sanctorum exempla distribuit: sic nos tibi exempla antecessorum tuorum proponimus, ut si quæ bona sunt in te *nutrias, ac pietatis studio quæ sunt nutrita custodias*. Si quæ verò corrigenda sunt corrigas, ne tibi illud propheticum contingat: *Viri impii & dolosi non dimidiabunt dies suos*. Si verò Deum timueris, amaveris tuam ejus sponsam, pro quâ sanguinem suum fudit, Ecclesiam videlicet dilexeris, audies per Salomonem: *Timenti Deum, bonum erit in extremis: in die defunctionis suæ benedicetur*.

Torquatius seu Tortulfus.

1. In isto cùm grandis esset natu, arma senectutis, scilicet artes exercitationesque virtutum mirificos fructus effecerunt, & conscientia benè actæ vitæ, multorumque beneficiorum recordatio ei jucundissima fuit. Iste doctus erat hostem ferire; humi quiescere, inopiam & laborem tolerare; hiemem, æstatem juxtà pati; nihil præter turpem famam metuere. Hoc profectò constat, quòd acer ingenio fortunam suam, & rerum tenuitatem animi amplitudine supervadens, majora se cupere & aggredi ausus fit. Hæc ergo & similia faciendo nobilitatem sibi & suo generi peperisse fertur. Iste genuit Tertullum qui primus ex progenie Andegavensium Comitum per antiquos genealogiæ illorum relatores computatus est.

Tertullus.

2. Iste à Rege Carolo Calvo Senescalcus Gastinensis pagi constitutus est. Cœperat in illâ familiâ esse, qui amicis obsequium benevolus redderet, inimicos rationabilis repelleret, servos mansuetus & severus corrigeret atque regeret, patrem omnium Deum diligens coleret, sublimioribus potestatibus carissimus fieret. Cujus rei gratiâ, crescente per singulos dies famâ ejus, & consulendi & gubernandi quamplurimos acceptâ potestate clementer utitur, & neminem lædere pro tenuitate sibi bonitate desiderat.

Ingelgerius.

3. Hic juvenis alacer, miles optimus, patris virtutem non solùm æquiparans sed etiam superans, beneficia ampliora acquisivit: facta fortiora manu suâ gessit. Quâ de re apud Landonense castrum patris casamentum valde augmentatum est. Rex verò Vicecomitatum Aurelianensis civitatis in casamentum ei donavit. Deinde apud Turonos regiam præfecturam assequutus, terram illam à Normanis viriliter defendit. Datus est ei & dimidius Comitatus Andegavis civitatis ad defendendam regionem & urbem, sævisque prædonibus oppositus est, & Comes ibi factus.

Fulco Rufus.

4. Iste similia patris ausibus, aut etiam majora adversùs impugnatores exercuit: integrum Comitatum, qui priùs bipartitus erat, recepit. Nec minora ibi quàm sperabatur operatus est. Gravia verò bella, insignesque victorias contrà hostes factavit. Nam ipse audax, patiens erat inediæ, algoris & vigiliæ, sed tamen ardens in cupiditatibus varius, cujuslibet rei simulator ac dissimulator exstitit: vastus animus ejus immoderata ac incredibilia sæpe faciebat.

Fulco Pius.

5. Iste fuit pacifici, tranquilli & mitis ingenii. Optimus iste sua beneficia laudari, quàm ipse aliorum narrare malebat. Boni ipsius mores domi & militiæ colebantur. Jus bonum, concordia maxima, nulla avaritia in ipso erat. Ipse Christum portavit in speciem leprosi à portu Evurdonis usque in porticum beati Martini Castri novi. Iste cum in choro beati Martini esset ut Canonicus, & caneret cum cæteris, Regi Franciæ, qui tunc fortè aderat, & eum cum suis commilitonibus deludebat, litteras hujusmodi formam habentes misit: Regi Francorum Comes Andegavorum: Noveritis, domine, quia Rex illiteratus, est asinus coronatus.

Gaufridus Grisagonella.

6. Iste militiæ peritus, pectore & brachio vir in re militari efficacissimus, in multis expeditionibus approbatus fuit. Strenuitas in eo specialiter præfulgebat; clementia in eo florebat; dapsilitatem unicè diligebat, hostibus hostiliter inimicabatur, suis viriliter patrocinabatur: ut omnia æquiret optimos Principes decent. Qui ob insignia summi & singularis meriti à Rege in præliis signifer, & in

---

[a] *reperit*] Sic restitui pro *repente*, quod cum Acherius mendosum esse intelligeret, scribi volebat, *rescripsit*.

ronatione Regum Dapifer, tam ipse quàm ejus heredes constituuntur.

MAURICIUS.

7. Iste vir prudens & honestus, bonorum & pacis amator, plus sapientiâ quam bellis Consulatum pacificè tenens. Suis certis parentibus & verâ amicitiâ sibi conjunctis multa beneficia contulit ; superiores exæquare se cum inferioribus amicis aliquando debere ; inferiores verò non dolere se à suis aut ingenio, aut fortunâ, aut dignitate superati affirmabat : & hac opinione multos ex suis elevans ad amplissimos honores perduxit. Ipse peritus in causis, oratoriis ornamentis sibi adhibitis, audaciùs cæteris eloquens vir in Curiis loquebatur, & quæ esset erudita, quæ popularis oratio edocebat.

FULCO NERRA.

8. Iste alter Cæsar beneficiis, munificentiâ, mansuetudine, misericordiâ, dando, sublevando, egenis & oppressis ignoscendo, magnus habebatur. In eo miseris refugium, negotiis amicorum intentus sæpe sua negligebat. Qui etiam in animum induxerat laborare, vigilare, nihil denegare quod dono dignum esset. Magnum imperium, bellum novum, ubi virtus enitescere posset exoptabat.

GAUFRIDUS MARTELLUS.

9. Martellus præ omnibus generis sui animosior, consilio & impetu ordinato negotia sua agebat. Cui cum diceretur : Malè sit te loquuntur homines, aiebat : Faciunt quod solent, non quod meteor, bene enim loqui nesciunt. Ipse augmentavit honorem suum, Comite Theobaldo bis devicto & capto, & pro redemptione ejus Turonensem Comitatum recepit. Consulem etiam Pictavensem Guillelmum prælio subactum & captum obtinuit, & Santonicum Consulatum, quod antecessorum suorum fuisse dicebat, recepit.

GAUFRIDUS BARBATUS.

10. Iste cupidus & avarus, crudelis & superbus, non Deum timens nec homines reverens ; manus ejus contra omnes, & manus omnium contra eum. Iste insurrexit contra locum sanctum Majus-Monasterium à beato Martino antiquitùs ædificatum ; sed Deus qui superbis resistit, & humilibus dat gratiam, cui semper humilium & mansuetorum placuit deprecatio, qui etiam semper est in Sanctis suis mirabilis, pro suis fidelibus dignatus [æst] insigne miraculum operari. Postquàm enim Barbatus contemsit intercessionem Bartholomæi Majoris-Monasterii Abbatis & Monachorum, parvo intervallo posito, frater ejus Fulco nomine adversus eum cum manu validâ exsurrexit, eumque captum & ab honore privatum, per multos annos in captionem detinuit. Ibique diù afflictus, & divinâ ultione datus etiam in reprobum sensum, vixit postea triginta annos ; ni hac captione etiam hostibus miserandus, sicque defunctus est.

FULCO RECHIN.

11. Licet in juventute strenuus Fulco haberetur, ad annos viriles veniens, gulositati, ebrietati, libidini, inertiæ & pigritiæ subjacuit. Quamobrem nec ipse justitiam, nec alii per ipsum vel pro ipso faciebant, sed magis contrà justitiam : in Andegavensi & Turonensi solo multi insurrexerunt raptores vel deprædatores, mercatorum euntium & redeuntium debilium disturbantes negotia. Qui sicut frater ejus Barbatus malè incepit, pejùs vixit, pessimè vitam finivit.

GAUFRIDUS MARTELLUS.

12. Iste Fulco ex secundâ uxore suâ Ermengardi, filiâ Erchenbaudi de Borbone, Gaufredum Martellum secundum generavit. Iste duodecimus in numero Consulum, non tantùm post patrem quan-tum cum patre, nec dico super patrem, sed pro patre imperavit. Iste vir admirabilis, justitiæ insignis, totius boni cultor, qui terror omnium inimicorum fuit. Qui adultus juvenis, prudens & animosus, videns terram turbatam & Proceres totius Consulatûs contra patrem cornua erigere, eis viriliter restebat : & quomodo patrem & suos ulcisceretur irrequietus cogitabat. Qui omnibus prævaluit, & ab intentione eos revocavit : prudenter verò negotia sua agebat. Non multo post insidiis novercæ, patre ut ferunt consentiente, Cande castro occisus est.

FULCO NERRA.

13. Iste vias patris & matris desertus, honestam vitam ducens, prudenter terram suam rexit. Vir honestus, armis strenuus, fide Catholicus, & erga Dei cultores benevolus, adeptis duobus Consulatibus Andegavensi & Turonensi ; tertium cum uxore sibi adjunxit, Cenomanicum videlicet. Amicos exaltans, malignos & sibi adversarios opprimens, gloriâ & optimâ famâ impar nulli in brevi effectus est. Cum autem Andegavensem, Turonicumque Cenomanicumque Consulatum in prosperitate regeret, in Regnum Jerosolymitanum eligitur, filiæque Regis Bodoini matrimonio copulatur. Ipse verò quamdiù advixit, Regnum viriliter rexit. Damascenos Ascalonitas sibi tributarios effecit, diuque antequàm Raimundus filiam Boamundi duceret, Antiochenum Principatum maximo labore contrà Turcos absque ullo damno manutenuit. Ipse verò cum ad senilem venisset ætatem, vir bellicosus obiit.

GAUFRIDUS BELLUS.

14. Fuit iste probitate admirabilis, justitiâ insignis, militiæ actibus deditus, optimè literatus, inter Clericos & Laicos facundissimus, in consilio providus, staturâ procerus, vultu decorus, ferè omnibus bonis moribus repletus ; & quamvis multas tribulationes à suis sit perpessus, tamen ab omnibus est dilectus. Ipse nimio calore urgente balneo cujusdam fluvii usus, febri acutâ occupatus, apud castrum Ledi pervenit, ibique non sine dolore suorum interiit. Quid mirum si mors quidem, adversante & repugnante naturâ, Gaufrido adolescenti contigit, cum teste Tullio adolescentes sæpè mori videantur, sic cum aquæ multitudine vis flammæ opprimitur, & quasi poma ex arboribus cruda si sint, vi avelluntur, si matura & cocta, decidunt : sic vitam adolescentibus vis aufert, senibus maturitas. Iste ex uxore suâ Mahilde tres filios genuerat, Te dominum meum Regem & Gaufredum, & Willelmum pueros speciosos, & ab avorum probitate non degenerantes.

HENRICUS *Rex Anglorum &* COMES *Andegavensis.*

15. Tu quintus decimus in antecessoribus tuis, Comitibus videlicet Andegavorum, qui mortuis fratribus tuis Monarchiam tenes, Deo opitulante filiis tuis feliciter divisurus. De te qui te diligunt mecum dicere possunt ; habeas salutem & sanitatem ab eo qui dat salutem Regibus. Tu solus consiliarios patris tui familiaritate & sodalitate perenniter servas. Vir namque es in adversis constans, in dubiis fidus, in prosperis modestus, in habitu simplex, in sermone communis, in consilio præcellens, amicitias probatas obnixè exples, constanter retines, honestè exerces, adulantium dicta tardè credis, celeriter deponis. Severis patribus comparandus, qui juvenum filiorum non tam cogitas vota, quam commoda. Tuis magis prodesse quàm placere studes. Tu per omnia similis Catoni integritate vitæ, pecuniam bonis largiendo gloriam adeptus es. Tu es pernicies malorum: constantia tua valde laudatur : Tu scis parcere subjectis, & debellare rebelles. In te studium modestiæ

Gesta Consulum Andegavensium.

& decoris, & maximæ severitatis est. Non divitiis cum divite, neque factione cum factioso, sed cum strenuo virtute, cum modesto pudore, cum innocente abstinentiâ certas esse, quàm videri, bonus mavis. Vale domine mi Rex, & cum filiis tuis crescentibus prosperis ad vota successibus polle.

Vive, precor, sed vive Deo, Nam vivere mundo
Mors est : sed vera est vivere vita Deo.

CAPUT PRIMUM.

De Torquatio sive Tortulfo.

1. FUit vir quidam de Armoricâ Galliâ nomine Torquatius; genus cujus olim ab Armoricâ jussu Maximi Imperatoris à Britonibus expulsum est. Iste à Britonibus proprietatem vetusti ac Romani nominis ignorantibus corrupto vocabulo, Tortulfus dictus fuit; quem Carolus Calvus eo anno quo ab Andegavis & à toto Regno suo Normanos expulit, illis forestæ quæ Nidusmeruli nuncupatur forestarium constituit. Sicut enim complures referunt, genus suum nolentibus Britonibus, diù in nemoribus vixerat : is verò in pago Redonico oriundus, habitator rusticanus fuit, ex copiâ silvestri & venatico exercitio victitans. Hujusmodi homines, ut aliqui dicunt, Britones Brigrios vocant, nos autem Franci Birsarios, sive Pedicarios dicimus. Sunt alii qui hunc magis volunt in vulgaribus locis cum Redonicis habitasse. Utralibet ancipitis opinionis pars verior existat non multum refert, quia nec ipsi relatores valde inter se differunt. Nec mirum; sæpe enim legimus quondam in agris exstitisse senatores, & ab aratro raptos esse Imperatores. In isto enim planè grandis esset natu, arma senectutis, artes exercitationesque virtutum mirificos fructus effecerunt, & conscientia benè actæ vitæ, multorumque beneficiorum recordatio ei jucundissima fuit.

CAPUT II.

De Tertullo.

1. ISte autem Torquatius sive Tortulfus genuit Tertullum; qui primus ex progenie Andegavensium Comitum per antiquos genealogiæ illorum relatores computatus est : tempore enim Caroli Calvi complures novi atque innobiles, bono & honesto nobilibus potiores, clari & magni effecti sunt. Quos enim appetentes gloriæ militaris conspiciebat, periculis objectare, & per eos fortunam temperare non dubitabat. Erant enim illis diebus homines veteris prosapiæ, multatumque imaginum, sui acta majorum suorum, non sua ostentabant : qui cum ad aliquod grave officium mittebantur, aliquem è populo monitorem sui officii sumebant, quibus cum Rex aliis imperare jussisset, ipsi sibi alium Imperatorem poscebant. Ideo ex illo globo paucos secum Rex Carolus habebat : novis militaria bona, & hereditates pluribus laboribus & periculis acquisitas benignè præbebat. Ex quo genere fuit iste Tertullus, à quo Andegavorum Consulum progenies suum exordium, vir doctus hostem ferire, humi requiescere, inopiam & labores tolerare, hyemem & æstatem juxtà pati, nihil præter turpem famam metuere. Hoc profectò constat, quòd Tertullus quidem acer ingenio, fortunam suam & rerum tenuitatem animi amplitudine supervadens, majora se cupere & aggredi ausus sit. Hæc ergo & similia faciendo nobilitatem sibi & suo generi peperisse refertur.

2. Etenim circà id tempora, quo Carolus Calvus Lodovici Filius, Caroli Magni Imperatoris nepos, ex Tetrarcho Monarchus factus, non longo regnavit spatio, prædictus Tertullus paternæ possessionis relinquens angustias, & per confidentiam strenuitatis volens & sperans se exaltari, ab Occidentalibus finibus progressus in Franciam abiit, clientelam Regis militaturus adiit. Idipsum tunc alii quamplurimi militaris fortitudinis sibi conscii faciebant, qui & famâ & honoribus avidi per suam virtutem cupientes excrescere, ex diversis partibus terrarum eodem confluebant, præsertim Regis munifici bonitate invitati, & temporis opportunitate incitati. Siquidem prædictus Rex Carolus post diutinas dissensiones, post gravia bella contrà fratres gesta, tandem omnium illorum & victor & superstes, avitæ quoque probitatis ac gloriæ æmulator ; aut etiam supergressor totis nisibus disponebat existere. Nec multum abforet, quin vota compleret, nisi vitæ brevitas occurrisset. Nam universa Regni reique publicæ detrimenta ; quæ per præteritas cum fratribus suis discordias incurrerant, mirabili sapientiâ ac bonitate emendare festinabat. Nemenoï verò Pseudo-regis Britonum tyrannidem, ipso per Dei & per sanctorum ejus voluntatem, præcipuè per beati Florentini auxilium potenter oppresso, destruxerat, aliorum quoque multorum perfidias hostium domuerat : Nam semper Dominus in sanctis gloriosus & mirabilis, gloriosior mirabiliorque ostenditur, cum per ipsos mirabilia operatur. Normannorum hostilitatem, qui limbum illum nostræ Galliæ, qui oceano contiguus est, devastaverant, insuper & violenter possidere, sicut postmodum factum videmus, affectabant, illorum verò violentiam ulcisci, & eam ad nihilum reprimere Carolus apparabat. Eâ de causâ undecumque viri militares ad eum veniebant, quos ille sibi adsciscens & caros habens, ita quemque magis diligens honorabat, sicut potiorem in fidelitate & fortitudine comperebat.

3. Inter quos Tertullum, de quo agimus, ob merita sua carum habens, uxorem ei cum aliquanto beneficio in Landonensi Castro tribuit : nec non & in aliquibus terris tam in pago Gastinensi, quàm in locis aliis per Franciam casatum fecit. Sed ipse Rex interim maxima dispositionum suarum parte interruptâ, subitò neque Regni, sicut cogitaverat, destructione ad perfectum restitutâ, vel pacis quiete ordinatâ, heu proh dolor ! ad calamitatem postmodum in Franciâ tanto tempore permansuram secundùm Dei permissum, in cujus manu sunt potestates & regna, regnis mundanis morte præposterâ, præveniente morte abstractus est, filium quidem in regno reliquit appellatum Lodovicum qui ad avo suo supradicto tantummodo vocabulum retinuit. Is nempè & ab avitâ, & à paternâ, & omninò à totâ Regum antecessorum probitate degenerans adeo inutilis vixit, ut cognomen pro meritis inertiæ assumeret *Nihil fecit.* Hujus miserrimi tempore principatûs Normani aliique quilibet homines malæ & tyrannicæ voluntatis, in malitiam resumptis viribus impunè exarserunt, & ea multa tempora sicut in terrâ rectore destitutâ debacchati sunt.

4. Normani anterioris pervasitionis & devastationis suæ limites crudeliùs latiusque prætergressi, Neustriæ atque Aquitaniæ magnam partem rapinis, incendiis cædibusque depopulati sunt. Isti verò terram usque Parisius & Aurelianis devastaverunt, adeo ut ubi quondam agri opulentissimi urbesque speciosissimæ fuerant, nunc bestiarum aviumque vasta habitacula sint, & ubi seges voluptuosa pollebat, è contrario

Carduus & spinis surgit paliurus acutis.

5. Sic super Ligeris ripas omnia vastantes Ambaziacum pervenerunt, Quod oppidum cum paucis defensoribus repertum citò capientes, totum succenderunt, pontemque Ligeris diruerunt. Ecclesias,

unam quæ erat extrà Ligerim in introitu pontis, & aliam in loco qui Luat dicitur sitam, omninò destruxerunt. Qui in planitie propè Ambaziacum locum qui Nigroam dicitur multo sanguine innocentium captivorum fœdaverunt. Quod ætate Ludovici Balbi cognomento *Nihil fecit* actum est. Quod stultitià Ambaziacensium contigit, qui cum vicinis populis obviam Normannis processerant, putantes eis nocere; qui à Normannis aliâ viâ incedentibus decepti, castrum proprium amiserunt.

Turones obsident.

6. Vastatis itaque agris inter Carum & Ligerim, destructo etiam lapideo ponte Blirel, cum ultrà non reperient quod diripere possent, collectis armatorum copiis ad urbem Turonicam iter dirigunt. Omnia verò quæ in suburbio civitatis invenire potuerunt, facta priùs miserabili hominum cæde, demoliti sunt. Porrò Turonici trepidare, concurrere, portas obserare, turribus se inserere, propugnacula armorum apparatu munire non cessant. Hostes portas urbis multo turbine quassantes, toto nisu ingressum urbis sibi pollicebantur.

Cives S. Martini implorant auxilium.

Tunc Clerici qui ibi aderant, junctô sibi totius nobilitatis agmine rapidô cursu ad Ecclesiam convolantes clamabant : *Sancte Dei Martine quare tam graviter obdormisti? Ostende, quæsumus, pietatem; succurre, fer opem miseris, aliquin & nos peribimus, & civitas nostra redigetur in solitudinem.* Qui ex sepulcro beati viri raptam cistellam, in quâ sacratissimæ Martini Reliquiæ servabantur & cuniculus ille, quem Clerici ob pericula submovenda reliquerant, portæ urbis jam multo turbine hostium quassatæ intulerunt. Tunc verò oppidani qui paulò ante metu propinquæ mortis exterriti fuerant, mox præsentiâ tantæ opitulationis animati, corporis & animi vires resumserunt.

Aufugiunt Dani.

Danis è contrario stupor vehemens incussus est, post stuporem formido & mentis alienatio obrepit; deinde fugam conari videres, & cum alter ab altero impediretur, ac si per glaciem currerent præcipites labi. Igitur oppidani Christum sibi per Martini preces propitium sentientes, eruptione factâ persuquuti sunt inimicos, ex quibus ferè mille interfecerunt. Sicque glorificantes Dei misericordiam qui eis inopinatam victoriæ palmam dederat, Reliquias beati Martini in locum suum restituerunt.

Synodali decreto festum subvectionis sive subventionis S. Martini institutum.

Ea propter igitur Synodo celebratâ, auctoritate Archiepiscopi & Episcoporum qui convenerant statutum est, ut singulis deinceps annis per universam Diœcesim subvectionis hujus festum, quarto Idus Maii solemniter celebretur; quæ nullo alio nomine rectiùs quàm Subventio censetur.

CAPUT III.

De Ingelgerio primo, Comite Andegavensi.

1. Circà id tempestatis mortuo Tertullo in Franciâ, filius ejus nomine Ingelgerius hereditates ipsius possidens remansit, sub Carolo Calvo tamen generatus. Namque Tertullus nobilem duxerat uxorem Ducis Burgundiæ filiam, nomine Petronillam, quæ hunc puerum genuit. Hic itaque prædicto Lodovico præsente Miles efficitur. Qui juvenis acer, miles optimus, patris virtutem non solùm æquiparans, sed etiam superans, beneficia ampliora acquisivit, facta fortiora & audaciora manu suâ gessit. Namque ipse admodum juvenis quamdam nobilem matronam sibique matrem spiritualem ex baptismo, pagi Gastinensis dominam, de mactatione viri sui & adulterio falsò impetitam, cui hujus criminis causâ ejus inimici sua omnia auferre volebant, iste monomachico certamine contrà accusatorem dimicans, eo occiso, illam dominam defendit ac liberavit. Quo facto à totâ illius progenie & ferè ab omnibus nobilibus, de crimine tam nobilis dominæ dolentibus, nimis dilectus, apud Londonense castrum patris Casamentum ei valde augmentatum est, ut sermo subsequens declarabit.

2. Erat quidam Landonensis castri sive Gastinensis pagi Consul, nomine Gaufredus, qui diù absque herede masculo vixit; solam unicam filiam habens nomine Adelem; quam Regi prædicto Lodovico cum omni Consulatu in tutelam reliquit. Habebat autem tunc temporis Rex Paranymphum sive Camberlanum, nomine Ingelgerium, corpore pulcrum, moribus strenuum, & in omnibus sagacissimum. Qui tamen filius vassalli patris supradictæ puellæ fuerat. Quem Rex valde diligens, & ejus probitates remunerare cupiens, prædictam puellam, quæ jam adoleverat, & ad annos pubertatis pervenerat, cum Landonensi castro & cum omni Consulatu Gastinensi, copulare cupiebat, quâ de re prædictam puellam vocavit, & ad hujus rei assensum verbis quibus potuit provocavit. Illa autem verbis matura & moribus id Regi submisso vultu respondit. Domine mi Rex, non decet; nec justum est hominem meum vel patris mei Vassalum mihi superponere. Rex verò ad præsens siluit, & Reginæ & sodalibus ejus intimavit, ut animum ejus ad hujus rei assensum inclinarent: quod cum magnâ difficultate post longum tempus factum est. Rex autem latenter & inscios Barones totius consulatus Aurelianis venire fecit, prævenitque eos in negotio, ut quidquid de copulatione dominæ eorum faceret ipsi concederent. Illi autem licet graviter ferrent, tamen in potestate Regis omnia dimittentes concesserunt. Rex autem inquit ad eos: Quando hoc concessistis, Ingelgerium Senescallum meum in dominum suscepistis, venite ergo ad donationis confirmationem, ad benedictionem & ad nuptiarum celebrationem domini dominæque vestræ, & facite legationem eis: quod & factum est. Celebratis igitur ex more nuptiis, dominum dominamque Landonensi castro deduxerunt, totumque Gastinensem Consulatum in pace possederunt. Sed ferè decem annis simul habitantes, absque herede vixerunt.

Ingelgerius Adelam Comitissam ducit uxorem.

3. Ingelgerius verò Consul in graves infirmitates cadens, videlicet focositatem, phthisim & hydropisim, non diù supervixit, sed subitò & insperatè nocte in lecto suo inventus est suffocatus ab infirmitate. Quod multi audientes & graviter ferentes, dominam Adelam Comitissam mactatione viri sui & falso adulterio impetebant, maximè quidam Præfectus eorum nomine Guntrandus, parens Ingelgerii. Quamobrem Rex denominato die in curia Landonensis castri cum sapientioribus Regni & Baronibus Gastinensis pagi ad tam enormem ventilandam causam advenit. Cum autem ad Curiam ventum esset, primus Guntrandus Præfectus cum suis complicibus querimoniam fecit de tam subitâ morte Ingelgerii Consulis, & dominam Adelam Comitissam impetebat, & causâ sui adulterii eum manibus suis vel suorum suffocatum & transgulatum fuisse, & hanc rem probandam monomacho certamine. Illa autem è contrario verbis & operibus, judicio & sacramento protestabatur se purgandam. Rex verò loquutus consilio adjudicavit unum ex suis surgere, & duelli certamine eam purgari debere. Parentes verò ejus licet multùm nobiles essent, actibus & ictibus comprobati; Guntranssium tamen timentes qui vir bellator ad adolescentiâ suâ erat, subtraxerunt se & distulerunt eam defendere. Illa clamans & ejulans, exponebat se sacramento & quolibet judicio

Obiit absque herede.

Adela falsò accusatur adulterii & homicidii.

4. Ingelgerius autem juvenis, filius Tortulfi, videns matrem suam ex baptismo undique desola-

Ingelgerius Tortulfi filius.

tam, & ab inimicis circumvallatam, dolore cordis tactus intrinsecùs ad pedes Regis cecidit pronus. Qui à circumstantibus Regis visu elevatus est lacrymis profusis & vultu demissus. Quæsitum est cur tam dejecto vultu & humili habitu incederet: qui respondisse fertur: Doleo dominam & matrem spiritualem sic ab inimicis circumvallatam, & ab omnibus parentibus suis desolatam & viduatam: sed unam petitionem peto à te, Domine mi Rex, ut concedas mihi contrà dominæ meæ inimicum monomacho certamine dimicare ; & eo vadimonium meum. Rex autem cognoscens Guntrannum virum esse fortissimum viribus bellicosum ab adolescentiâ, Ingelgerium autem delicatum, & necdum exercitatum, utpote juvenem, videlicet sexdecim annorum, timuit de Ingelgerio quia valdè eum diligebat.

5. Ingelgerius verò sciens longam infirmitatem domini sui, sicut qui nocte dieque ei servierat, & legitimam conversationem dominæ suæ, lætus & alacer expectabat diem prælii. Jam advenerat dies certandi institutus: mane autem surgens, arma sua per pueros suos direxit in campum, ubi Rex agonistas spectare solebat. Ipse autem cum ad Ecclesiam orandi gratiâ pergeret, habuit pauperem obvium, & quid ei largiretur, amplius non habuit, quàm unum trientem ; nam & si fuerant, in simile opus abierant. Venit ei mente Propheticum illud: *Beatus qui intelligit super egenum & pauperem: in die malâ liberabit eum Dominus, & non tradet eum in manus inimicorum ejus.* Dato triente, ingreditur Basilicam, & præmissâ oratione vexillo crucis se munivit, quod est armatura Dei. Comitissa verò, pro cujus legitimâ causâ certabat, dedit ei commonitorium suum, dicens: Certate, mi filiole, confidens in adjutorio Dei, & in meâ legitimâ causâ, quia ipse adjutor tuus erit in oportunitatibus & in tribulatione. Fidus de suâ justitiâ, & de Domini justo judicio imperterritus & festinus ad certamen pergebat. Ut autem ventum est in Martio campo, juratis sacramentis, adscensisque equis, urgentes utrimque cornipedes laxis habenis unus alterum aggredirur. Guntrannus autem extensâ hastâ cum gladio perforavit scutum Ingelgerii, consuitque eum cum anteriori parte loricæ, & posteriori levique vulnere in latere sauciavit, sed non letaliter ; nec staphilum vel suppedaneum ferri sellæ equinæ perdidit, nec in modico titubavit. Ipse verò perforato scuto Guntranni, per pectus gladium infixit, ita ut inter duas scapulas egrederetur, & sic per posteriora equi resupinus in terram ruit, ut perjurus & testis falsus. Videns Ingelgerius inimicum suum ruisse, statim ut promptus & agilis ensem traxit, & partem hastæ quæ de foris scutum excedebat præcidit, remissoque ense in vaginâ manum dexteram retrò jecit, partemque hastæ, quâ consutus cum loricâ fuerat, viriliter abstraxit, sicque de equo agiliter descendit, extractoque ense super inimicum suum irruit, ablatâque galeâ capitis & thoracis abstulit caput jis cunctis videntibus: sicque se Regi incolumis præsentavit. Tunc Rex gaudio gavisus ait ei: Gaude, fili, quia Deus pugnavit pro te, cujus auxilium postulasti; completum inimico tuo est quod scriptum est: *Perdes omnes qui loquuntur mendacium.* Et, *Testis falsus non erit impunitus.*

6. Domina autem Adela Comitissa à falso crimine liberata, ad pedes Regis cecidit prona: jussu autem Regis elevata, hanc petitionem petivit à Rege dicens: Nolo, inquit, domine mi Rex, ampliùs in mundo conversari, sed cum ancillis Deo servientibus in Monasterio volo sociari: sed priùs de terrâ meâ quis potissimùm heres post me fiat, per manum vestram & per manum Baronum Franciæ & Gastiniæ antequàm disgregentur volo cognoscere. Vidistis enim quàm malefidi amici & parentes mei, quantum adjutorium & quantum succursum in tanto discrimine præstiterunt. Vidistis etiam, non carnalis propinquus, sed tamen ex baptismo filiolus Ingelgerius quantum periculum pro me liberandâ subivit. Volo ut judicio vestro diffiniatur, quis potissimum heres terræ meæ habeatur ; parentes, qui causam meam non defenderunt, nec periculum subierunt, an Ingelgerius, qui causam suscepit & periculum subivit.

7. Rex autem loquutus cum consilio ; ait: Parentes Adelæ Comitissæ Gastinensis adjudicamus exsortes hereditatis ejus, quia fuerant periculi inexpertes ; Ingelgerium autem qui pro eâ pugnavit & periculum subivit, licet non sit carnalis propinquus, sed spiritualis filius, heredem terræ illius judicamus, sicut filium matris. Sicut enim fuit socius tribulationum, sic debet esse possessionum. Post hanc vocem Regis exclamaverunt omnes qui aderant, rectum judicium judicasse Regem. Tunc Rex eum saisivit de castro Landonensi, & de Consulatu Gastinensi ; Ingelgerius verò homagium & ligationem Regi coram omni curia fecit. Barones verò Gastinensis pagi præcipiente Rege homagium & ligationem Ingelgerio fecerunt: & terram suam de manu ejus susceperunt.

8. Posteà verò illi Rex prædictus Vicecomitatum Aurelianensis civitatis in calamento donavit. Deinde verò apud Turonicos regiam præfecturam assequutus, terram illam à Normannis viriliter defendit ; ibique ipse sapienter ac justè officium commissum procurans, Turonensium Nobiles, atque Pontifices Adalaudus & Raimo ambo germani fratres & ex Aurelianensi urbe nobiliter nati cives, neptem suam Desendim ei in conjugium copularunt, tradentes ei cum puellâ per auctoritatem Regis & Optimatum patrimonia sua, quæ eis in Aurelianensi pago & Turonico hereditate legitimâ proveniebant. Nam alodium cognationis eorum erat Ambaziam villa, tunc tantummodo & in colle habens ruinas castelli antiqui, olim à versutis Normannis deleti: Buzentiacum etiam & Castellionem: quæ jussu prædictorum Præsulum rogatu huic Ingelgerio Rex Ludovicus refecit ac munivit. Datus est etiam ei, eisdem intervenientibus, & dimidius Comitatus Andegavensis civitatis : ita ut ultrà Meduanam in Andegavo alter Comes habebatur : sed utraque pars territorii illius infestantibus assiduè modo Normannis, modo Britonibus, penè in vastam solitudinem cum ipsâ civitate suâ redacta erat, atque ita jam diù Rege & prædictis duobus Episcopis & aliis Primatibus Franciæ, qui ibi stationes suas nimium tædiosas facere à Rege cogebantur, in custodiis civitatis hujus defessis ; libenter Ingelgerio custode mutato omnes confidebant ad defendendam regionem & urbem ; sævis prædonibus oppositus est, & Comes ibi factus. Nec ille minora ibi quàm sperabatur operatus est. Gravia verò bella insigneque victoriæ contrà hostes factitavit.

9. Hic itaque Ingelgerius consilio profundissimus, fide Catholicus, litteris apprimè eruditus, armis strenuus, magno consilio & fortitudine corpus beati Martini, quod à Turonensibus timore Hastingi & Rollonis Autissiodorum transvectum fuerat, contrà voluntatem Orientalium Francorum & Burgundionum multo stipatus milite nobiliter & honorificè revexit ; quam revectionem non solùm miracula decoram reddiderunt ; sed & liberalitas magnorum Procerum, Episcoporum etiam atque Abbatum non minima multitudo festivam, comi-

tatufque promifcui fexûs & ætatis illuftriffimam fecerunt. Quam revectionem, quia ad honorem fpectabat dominorum noftrorum, Andegavorum videlicet Confulum, noftro Operi inferendam putavimus; quam feparatim & ex ordine, ut beatus Abbas Odo differuit, transcribemus.

10. Igitur Danorum tellus quoniam fibi infufficiens eft, moris eft apud illos, ut per fingula luftra multitudo non minima dictante fortis eventu à terrâ fuâ exfulet, & in alienis terris manfionem fibi quomodo ad propria non reverfura vindicet. Urgente igitur durâ fortis inclementiâ, Haftingus cum innumerâ armatorum manu à finibus fuis exulans Gallias ingreditur, civitates obfidet, mœnia fubvertit, turres terræ coæquat, oppida, rura, vicos, ferro, flammâ, fame depopulatur. Contigit autem ut Galliæ fuperioris partibus incenfis, Turonum fimili eam exterminio confumpturus, defcenderet. Ambazio itaque, & univerfis quæ inter Ligerim & Karum continebantur in favillam redactis, Turonum obfidet: portis igitur cuftodias admovet, & ne quis tutò exeat magno ftudiofoque conamine providet; aggeres ftruit, etiam afpera complanat, & quidquid urbi capiendæ commodum effet, ordinat. Alieni rumor infortunii delatus obfeffis, conceptæ formidinis fomitem fubminiftrat; muros tamen reparant, & turrium propugnacula refarciunt, & fagittarum grandine præmifsâ varios fubjungunt affultus. Jam muri quatuntur crebro ariete, & machinarum ictibus cedentes, ruinam fui minantur. Obfeffi viribus diffidentes, fpei penitus folatio deftituuntur. Tandem divinâ infpirante gratiâ in fe reverfi, beati patroni fui Martini corpus piè rapiunt, & ad locum quo belli violentior impetus erat deferentes, & mortuum pro vivis propugnatorem opponunt. O admirabilem per omnia virum! qui dum adviveret fignipotens appellatus, fulgorem virtutum aftris intulit, defunctus etiam bellipotens triumphator hoftium cuneos folâ fui præfentiâ confecit. Verè mirabilis Deus in fanctis fuis. Sancti fiquidem patrocinante fuffragio & obfeffis fecuritas & confidentia redditur, & obfefforibus formido & pavor non modicus immittitur.

11. Fugiunt igitur fugientes Turoni perfequuntur, fugientium pars gladio cadit, pars capta reducitur; & pars fugæ fubfidio elapfa eft, & ufque ad fextum lapidem ab urbe perfequuti funt Danos, triumphatoris fui corpus cum hymnis deferentes & gloriâ, per quem fibi triumphus ceffit & victoria. Unde & in ejufdem belli triumphali memoriâ, in ipfo loco quo fancti fubftitit corpus, in honore ipfius fabricata eft Ecclefia, quæ propter belli eventum fancti Martini-Belli fortita eft vocabulum. In eo autem loco quo corpus ejus fuprà murum pernoctantis victoriæ primordia initiavit, erant ruinæ antiquarum maceriarum, in quibus ferebant fuiffe aulam Valentiani, in quâ fedens nequaquam affurgere dignatus eft beato Martino adftanti, donec regiam fellam ignis operiret, ipfumque Regem eâ parte corporis quâ fedebat afflaret incendium, foliique fuperbus excuteretur, & Martino invitus affurgeret. Ibi Archiepifcopus cum populo devoto Ecclefiam quæ fancti Martini de Bafilicâ dicitur, in honore itidem ipfius fancti inftauravit. Ea propter [b] igitur Synodo celebratâ, auctoritate Archiepifcopi & Epifcoporum qui convenerant ftatutum eft, ut fingulis deinceps annis per univerfam diœcefim Subventionis ejus feftum quarto Idus Maii folemniter celebretur, quæ nullo alio nomine rectiùs quàm fubventio cenfetur.

12. Lapfis poft Haftingi incendia tribus luftris, fucceffit ejufdem gentis & fimili forte à finibus fuis exulans Rollo, vir armis ftrenuus, fed circà Chriftianæ profeffionis homines inhumanus, peditum multitudine, equeftris ordinis copiâ, milite multiplici ftipatus. Is Flandrenfibus, Normannis & Britonibus in Martio congreffu fæpenumero confectis, civitates eorum & oppida, necnon & Ecclefias in favillam redigens, non minimas hominum ftrages dedit. Cenomannis poftmodum obfeffâ, exercitûs fui procuratores Turonim ufque tranfmifit, ut urbe peffumdatâ auri & argenti copiam & cætera ejus bona diriperent, & illius incolas vinculatos fecum adducentes captivarent; Dei autem providente clementiâ tanta Cari & Ligeris excrevit inundatio, ut fui unione pelagus unum efficerent, & à civitatis acceffu non minimâ fui altitudine cuneos hoftiles arcerent. Verùm Majus-monafterium, quod non longè à Turonis erat, funditùs everfum, centum viginti Monachos, bis binos minùs, gladio percufferunt, præter Abbatem & viginti quatuor alios, qui cavernis terræ latitantes evaferunt. Abbate tamen à latebris abftracto, tormentis & cruciatibus ab eo exigunt, ut thefauros Ecclefiæ prodat, & Monachos qui in cavernis latebras fovebant in medium deducat. Vir autem Domini Herbernus Abbas licet varia & multiplici tormentorum violentiâ urgeretur [c], nec thefauros declaravit, nec filios in latebris occultantes revelavit: ad hoc refervati funt, ut patroni fui corpus & inter alios profequerentur. Ita quidem contigit; fed ipfe citiùs comitibus exilii fui mercedem reftituit. Nemo enim illorum refiduus fuit, quem non Martinus Ecclefiæ præferret regimini, fublimaret dignitate. Recedentibus Danis, poftquàm civibus tumore fluviali repreffo libera difcurrendi reddita eft facultas, auditum Majoris-monafterii infortunium & everfio, nec non & Abbatis cruciatus & pœnæ, & Monachorum pretiofa mors & paffio, univerforum & fancti Martini maxime Canonicorum gaudia obnubilans, lacrymofa adminiftravit fufpiria, & doloris immodici copiofam materiam propinavit.

13. Mœftitiæ igitur & mœroris pallio amicti, vultu lugubri affumpto & ornato, ficut moris eft compatientibus *dolere cum dolentibus, flere cum flentibus*; dolentes & flentes ad memoratum accedunt locum, & doloris intrinfeci tumore fingultuofi, perftillantes foris lacrymis, viginti quatuor Monachos qui in cavernarum latebris morabantur, extrahunt, & Abbatem unà cum ipfis cum debito honore & reverentiâ ad fuam fecum deducunt Ecclefiam. In omnibus verò eos procurantes, delegerunt ipfis domum Ecclefiæ valvis inhærentem, à quâ in Ecclefiam reciprocus ingreffus & regreffus fecretior haberetur. Sex verò menfibus emenfis, comperto Canonici, quod Rollo Cenomannis captâ Turonim captum ire difponeret, communicato cum Communibus fuis confilio, pretiofam margaritam & fingularem thefaurum, fanctiffimi videlicet Martini corpus Aurelianis ufque tranfmittunt. Hujus latores & cuftodes exftiterunt Herbernus Majoris-monafterii Abbas fæpe dictus, cum viginti quatuor Monachis fuis, & duodecim Canonici, qui Deo & Chrifti Confeffori Martino die ac nocte devotè defervirent; comitatui eorum indefinenter adhærentibus duodecim Caftri-novi burgenfibus, qui Sancti fervi-

---

b Ea propter] Eadem omninò habentur in Tertullo in fine cap. 2. ex quo facilè intelligitur apt hoc aut illo loco auctorem dum alios exfcribit, deceptum effe.

c urgeretur] Sic reftitui; nam quod Acherius ediderat, *arceretur*, omninò erat ineptum.

toribus

Gesta Consulum Andegavensium.

toribus piè deservientes, eis necessaria providerent. famæ verò postmodum præcurrentis relatu edocti, quòd Dani ad Gallias superiores processissent, cùm thesauro suo ad sanctum transmeant Benedictum: paucis verò elapsis diebus famâ pervigili rursùm prænuntiante, quòd jam Rollo Aurelianis advenisset, sanctarum bajuli reliquiarum Chableiam venerunt.

14. Tempore autem permodico ibidem commorati, metu iterum invalescente cùm thesauro illo incomparabili Autissiodorum usque procedunt. Episcopus verò famâ præambulâ præmonitus, & tota civitas obviam ruunt, & tantum hospitem cum honore non indebito deducunt, & in Ecclesiâ beati Germani secùs ejusdem Præsulis feretrum Martini non imparis corpus sancti reponunt. Per merita igitur beati Martini virtutes ibidem innumeræ & miracula fiunt: cœci siquidem visum, claudi gressum, febricitantes sanitatem; aridi sospitatem, leprosi mundationem, paralytici membrorum reintegrationem recipiunt. Famâ verò, quæ clam nihil agere consuevit, per universas regiones sanitatum gratiam divulgante, tanta illic in dies infirmantium multitudo confluebat, ut ex innumerâ æstimatione, regio cuilibet exercitui assimilata videretur. Et quia civitas tantæ insufficiens multitudini universos capere non poterat, per circumjacentes vicos hospitandi gratia diffundebantur. Omnibus pro voto per merita sancti Martini Antistitis salus optata reddebatur.

15. In Familiæ verò ejusdem Pontificis usum universa infirmantium transibat oblatio: tantus autem oblatæ pecuniæ excrevit cumulus, ut numerum quantitas excedens Autissiodorensibus Clericis invidiæ fomitem ministraret. Unde cupiditatis & invidiæ stimulo perurgente, Martini ministros taliter alloquuntur: Quoniam tam à nostro quàm à vestro Pontifice miracula fiunt, & virtutes indifferenter j æquum est ut si quid utilitatis exinde provenerit, utrísque ministris in commune partiatur. Quibus evidenti ratione satisfacientes, illi postulantes jus communionis in hunc modum dissiliunt, [d] dicentes: Antequàm Martinus noster huc adveniret, vestro hic perendinante Germano nullorum mentio miraculorum erat; in adventu verò nostri Antistitis, piis ejus id obtinentibus meritis, & signorum frequentiâ evidens exhibetur, & ex impensâ per eum salutis respectu hujusmodi nobis beneficia proveniunt. Ut autem ex animo vestro omnis super hoc dubietatis scrupulus excludatur, leprosus hic qui præ oculis est, in medio si placet Præsulum sanandus inferatur: si verò à Martini latere leprosi latus positum convaluerit, & Germani lateri ejusdem latus adjunctum in leprâ perstiterit, virtutis actori Martino miraculum adscribatur: si autem è converso à Martini parte leprosi pars posita non curetur, & Germano pars inhærens sanetur, ad Germani meritum patefacta virtus & miraculum transferatur. Acquiescunt utrique, & prolata judicii sententia ab omnibus approbatur.

16. In argumentum igitur agnoscendæ veritatis in medio Præsulum leprosus ponitur. Decursâ itaque nocte illâ in vigiliis & laudibus, mane illucescente convenientibus utriusque partibus medietas hominis à Martini parte posita sana & incolumis reperitur; pars autem altera occulto Dei judicio sananda differtur. Ut autem per miraculum fides celsior clariúsque elucesceret, leprosi interim pars sa-

nanda versùs Martinum vertitur, & mane facto sub oculis hominum homo totus ex integro alteratus in salutem invenitur. Sopita est igitur totalis hæc contentio, Martini cultoribus extunc & deinceps infirmantium universa cessit in pace oblatio. O admirandæ urbanitatis Germanum Pontificem! qui cum tanti meriti esset ut mortuos suscitaret, in domo hospiti suo tantum detulit honorem, ut in signorum exhibitione eo se videri vellet inferiorem. O signipotentis Martini attollenda præconia! qui Pontificalis ministerii dignitatem ubique in omnibus licet exul observans, & civitatem exilii sui susceptricem miraculorum gratiâ illustravit, & suis sequacibus benignum, largum & affluentem se semper exhibuit. Elapsis postmodum quampluribus annis pace Ecclesiæ redditâ, Rollone fidei restituto, Turonici viri dominum & Patronum suum requirendi gratiâ Autissiodorum proficiscuntur.

17. Conveniunt igitur Auharium ejusdem urbis Episcopum, ut eis suæ licentia permissionis proprium reducendi Pontificem copia tribuatur. Quibus ille tale fertur dedisse responsum: Nolo Ecclesiam meam tanto thesauro defraudari, quam Episcopus factus eo investitam inveni. Videntes autem Turonici se per eumdem Episcopum nihil proficere, ad Regem Francorum, qui tunc temporis erat, meliora sperantes resiliunt, humili prece eum obsecrantes interpellant, ut Turonis Martinum suum restitui jubeat, & urbem ardoram multum Pastoris absentiâ, eo recepto in gaudium convertat. Ad quos Rex ait: Cum utraque civitas Regii sit juris, & ab utrâque nobis indifferenter servatur, indignum ducimus, ut Autissiodorum, quæ de thesauri hujus possessione saisita est, præjudicii violentiâ spoliemus, & Turonim nostram quæ utcumque illius investituram amisit, investiamus. Decidentes itaque Turonici à spe suâ, ad propria frustrari revertuntur. Cogunt igitur Concilium cum Adalaudo Archiepiscopo Turonensi, Reimone Aurelianensi, Mainoldo Cenomanensi, & sancto Lupo Andegavensi, Cleri plebísque multitudine coactâ consilium ineunt quid facto opus esset. Eo tempore vir illustris Ingelgerius Gastinensis Comes, Hugonis Ducis Burgundiæ nepos ex filiâ, Lochiæ & Ambasiæ dominus, strenuus armis, summâ probitate & potestate præditus erat, & Andegavensem Consulatum ex Regis munere nuper sibi impetrum procurabat. In Autissiodorensi etiam urbe aulam propriam & vineas vini superlativi bajulas, & prædia suburbana possidebat. Cum igitur ad tantum virum hujus negotii peragendi commodo confluerent, allegationis hujus officio fungi ab universis acclamatum est.

18. Cum autem ob istiusmodi causam dirigere nuntios disponerent, per subvenientem Dei, ut credimus, gratiam S. Martini, ut ei moris erat, maturus intrat Ecclesiam. Exiens autem ab Ecclesiâ, ab universis cum gaudio suscipitur, & ab omnibus ei debitus honor & reverentia defertur. Cum in medio eorum considisset, tamquam à Spiritu sancto præmonitus, in hæc verba prorupit: Viri Turonici diviciis affluentes, cum divite ingenii venâ collatis [e] & prudentiâ & fortitudine polleatis, miror admodum & vehementer obstupesco, cur gaudium vestrum, lumen patriæ vestræ, vestrum, inquam, Antistitem Martinum, tam longo exilio relegatum, vestrâ id agente incuriâ reducere negligitis. Quibus illi cum lacrymis aiunt: Gratias agimus primùm Divinitati quæ tuo id inspiravit cordi, ut de talibus

Repetunt Turonenses S. Martini corpus: sed denegatur ab Autissiodorensibus.

---

[d] *dissiliunt*] An *dejiciunt*? Profectò quidvis malum, quam verbum illud *dissiliunt*.
[e] *collatis*] Hic etiam librarium errasse perspicuum est; Tom. III.

sed quid reponi hujus vocis loco queat, haud satis scio, nisi forte *clareatis*.

nobiscum differeres, & nobis in desiderio positis desiderii nostri desideratum commonitorium faceres; non enim, inquiunt, Domine mi, nostra, ut putas, incuria est, sed Regis Francorum pigra segnities non impedivit, & Autissiodorensis Antistitis pervicax invidentia nobis Martinum nostrum cum multo labore & instantiâ requirentibus denegavit. Quoniam igitur obstinati illius Antistitis cor induratum est, & quasi alter Pharao factus est, non vult dimittere virum Dei nisi in manu forti. Te, Domine, cui nobilitas & strenuitas, probitas etiam & potestas suppeditant, communi & humili supplicatione obsecramus, ut zelo Dei & B. Martini amore ducti, huic te conformes allegationi, & ipsum, & cum ipso gaudium huic luctuosæ restituas regioni.

Ingelgerius cum exercitu Autissiodorum venit, ut vi & armis S. Martini corpus auferat.

19. Videns igitur vir illustris Ingelgerius universitatis illius post Dominum spem in se penitùs poni, lacrymas supplicantium miseratus & vota, promittit se injunctum sibi negotium pro viribus exequuturum. Collectâ igitur tam proprii quàm peregrini exercitus multitudine non minimâ, sex fermè millibus tam militum, quàm equitum secum collectis, Autissiodorum venit. Continuavit interim Turonicus ex sui præcepto Pontificis unius hebdomadæ jejunia, & suum sibi reddi Martinum Deo supplicant jugi oratione & precum instantiâ.

20. Stupet civitas armato milite ex insperato se repleri. Diei igitur crastinæ aurorâ illucescente peregrinus Comes impiger, postquam in Ecclesiâ ante dilecti Archipræsulis Martini corpus cum lacrymis orans peregrinationis suæ præces & vota persolvit, convenit Episcopum super depositi restitutione dicens: ,, Pontificis honor & nomen cum te delec,, tet, cur hujus prænominis etymologiâ perditâ, ,, virtutum pontem non facis, sed subvertis, & ,, gregi tuo factus forma deceptionis & doli, vesti,, giis inhærentem à sublimi veritatis viâ dejicis, & ,, in perditionis præcipitium ire compellis? Cur ne,, cessitatis tempore thesaurum fidei tuæ commis,, sum, dilationis innectens moras, reddere contem,, nis? Unum ergo ex duobus tibi elige, aut Turo,, nicis suum Martinum dilationis cessante morâ re,, stitue: aut te nullatenus rediturum responde; Cui Episcopus in his stomachicus ita respondit: ,, Non decet peregrinum cum armatâ manu loca ,, sancta invisere, non Sanctorum pignora viribus ,, & armis velle sibi vindicare: hodie tamen cum tuis ,, patienter sustine, & quid super hoc acturus sim ,, crastina tibi declarabit dies. " Communicato interim cum Coëpiscopis, qui tunc forte aderant, consilio, quis actionis hujus exitus vel finis esse valeat percunctatur. Cui Syagrius Nivernensis una cum Domnolo Tricacensi id ipsum sapienter respondit: ,, Non decet Episcopum aliena rapere, vel cujusli,, bet depositum fraude vel violentiâ velle surripere. ,, Beati siquidem Martini corpus hostili gladio ur,, gente à Turonicis huc allatum, & ab eis penes te ,, depositum novimus. Quod ergo à fidelibus tibi ,, commissum est, tu quandoque fidelis restitue, & ,, fidei læsæ damna resarciens, exasperato Comiti, ,, verbis cum lenibus & officiis demulcens, postu,, lata concede. Nisi enim spontanea & citò redi,, deris, ad tui dedecus & ignominiam ablatum pro,, tinùs tibi invito videbis. Fac igitur de necessitate ,, virtutem, & antequam imminens extorqueat ne,, cessitas, palliata prudens præstet liberalitas. " Acquiescit Episcopus, & Andegavensi alloquutione blandâ definitâ optatum exponit thesaurum.

Tandem corpus S. Martini restituitur.

21. Affuit etiam & divinæ memoriæ Abbas Herbernus coram Episcopis una cum Ingelgerio jam sine sociis. Divinâ siquidem providentiâ, & beati Martini oratione assiduâ mediante, jam promoti erant per universam Burgundiæ provinciam omnes & singuli in Episcopatibus & Abbatiis, scilicet ut qui cum exulato exules advenerant, in ipso exilii solo divitiis & honoribus sublimarentur. Denique ipsis mandavit per veredarios sæpefatus Abbas Herbernus, ut interessent ducatui ad evehendum corpus sæpenominati Antistitis, ut quem simplices monachi & exules à loco proprio in exilium adduxerant, jam Episcopi & Abbates constituti ipsum solum exulem loco proprio & civitati restituerent, quod & factum est.

Celebris Relatio Reliquiarum S. Martini.

22. Celebratâ igitur propriâ de S. Martino Missâ solemniter, Ingelgerius Andegavensis & Aunarius Autissiodorensis Reliquias & Clerus devotus, & vulgi suis imponentes humeris, repatriandi aggrediuntur iter. Deducunt Pontifices cum hymnis & laudibus sancti Anstitis Reliquias, Martini exercitus aggressum capit iter, optato potitus triumpho. Debitum servitii præsens ab Abbate & Monachis, hecnon & à Clericis Deo in dies devotissimè exhibebatur, & Missa quotidie celebrabatur solemniter. In nobili illo exercitu nullus vel effeminatus, nemo ibi feminam, nemo rapinam noverat, sed unusquisque ex mercato pependit vivebat. Postquàm his Diœcesie suæ fines attigerat sacratissimi Præsulis Martini corpus, mirum in modum & oves morbidæ Pastoris præsentiam, & Pastor recognovit quantam ovibus deberet curæ diligentiam. Quamvis enim peregrinus inter extraneos miraculorum floruisset copiâ, inter suos tamen utpote fibi à Domino commendatos, & copiosior ei affuit sanitatum gratia, & fidei sanctæ propensior benevolentia: Quicumque ergo qualicumque incommodo ægritudinis laborabant, & non apportati, & non rogantes dexterâ lævâque per totam provinciam mirificè sanabantur. Quàm vera promissio Salvatoris dicentis! *Opera, inquit, quæ ego facio, qui credit in me & ipse faciet, & majora horum faciet.* In signis enim & sanitatibus, quæ ipse Dominus per se dignatus est exhibere, fidem etiam poscentium cooperari voluit, ut crebrò Evangelica probant, unde est illud: *Fides tua te salvum fecit.* Per Martinum verò & non petentibus, & non accurrentibus, & quod majoris clementiæ est, etiam nolentibus subveniebat:

Mitâ Deus per merita S. Martini optatus est.

Joan. 10, 15.

Non petentibus subveniebat S. Martinus.

Matt. 9, 11.

23. Dum enim talia tantaque virtutum insignia gerentur, quæ etsi invideret, occultare fama non potuit: eâ præcurrente duo paralytici qui in villâ cui nomen de Edera est, à prætereuntibus eleemosynam petentes victitabant; dixerunt alter ad alterum: Ecce frater, sub molli otio vivimus, nemo nos inquietat, omnes miserentur, solus nobis est labor petere quod optamus: licet cum libuerit somno indulgere, quieti verò jugiter; & ut breviter dicam, ducimus in bonis dies nostros. Hoc autem totum vindicat nobis infirmitas hæc quâ jacemus; quæ si curata fuerit, quod absit, necessariò nobis incumbet labor manuum insolitus, quippe mendicare jam initule erit: Ecce audivimus de Martino isto, in cujus Diœcesi nos degimus, quòd revertens ab exilio in toto suo Episcopatu neminem decumbentem præterit non sanatum: Nunc ergo, frater, acquiesce consiliis meis, dicto citius fugiamus Martinum, ab ejus Diœcesi excuntes, ne fortè nos sanitatura ejus copia comprehendat: Novum sanè consilium, vota prorsus eatenus inaudita, tanto nolle carere incommodo, se sibi reddi effugere. Quid moror? placet utrique consilium, & aptatis baculis sub utrâque ascellâ reptando potius quàm gradiendo, fugam aripiunt. Sed Martini pernix potentia prosequitur fugientes, comprehendit refugas, comprehensos &

inventos, invitos reparat sofpitati. Quod illi in sefe experientes, uoc diffimulare poterant, nec audebant filere. Nimirum non nefcii illum potentem perdere ingratos, qui & nolentibus fubveniffet. Exclamant igitur prædicantes miraculum, & homines loci illius, quo id contigerat, ad laudem invitant Martini. Nec fibi integrum fore arbitrati, donec baculos, fui langoris indices, ad Martini matricem Ecclefiam detulerunt : palàm omnibus exponentes, & fuæ perfidiæ fugam, & Martini etiam circà invitos clementiam. Porro agricolæ manfionis, in quâ fignum hoc fantitatis celebratum eft, in honore fignipotentis Martini Ecclefiam condidere, quæ ufque hodie Capella Alba nominatur.

24. Ingreffo itaque beato Archipræfule Martino prope parochiæ fines, mirum in modum res inanimatæ & infenfibiles Paftoris fui fentientes adventum, grata congratulationis fuæ figna prætendunt. Univerfæ fiquidem arbores & fruteta, tempore brumali repugnante licet naturâ, redivivis veftita foliis & floribus vernarunt, & in fui ornatu quantæ meritorum excellentiæ fit Pater patriæ repatrians, demonftrarunt. Itidem dextrâ lævâque in Ecclefiis ejufdem parochiæ fine humano adminiculo figna divinitùs pulfabantur, luminaria tam cereorum quàm lampadum divinitùs accendebantur; in duabus maximè Ecclefiæ quæ nomini ejus dicatæ dignofcuntur, in priore quæ Majus-Monafterium nuncupatur, in quâ vivens in corpore lectioni, meditationi, vigiliis, jejuniis & orationibus, die noctuque Deo incumbebat : in alterâ quæ fancti Martini divitis Caftrinovi dicitur, de quo primò Rollonem fugiens fublatus fuerat, in quâ etiam ab univerfis Epifcopis Diœcefis fuæ, à Clero etiam & populo fufceptus, in loco ubi nunc adoratur, huc ufque fervatur. Domino igitur, ut diximus, Turonenfi Martino Turonum fuam cum militibus fuis ingrediente; tota civitas obviam ruit, & ab Adalaudo Archipræfule Turonenfi, & fratre ejus Raimone f Aurelianenfi, & Mainoido Cenomanenfi, & fancto Lupo Andegavenfi, & à Suffraganeis provinciæ totius Epifcopis ei congratulanter occurritur, & omnis fexus indifferenter defiderio diù domino fuo lætabundus occurrens, lacrymis quas gaudium extorferat perfunditur : ab Epifcopis fiquidem & Abbatibus, à Clero & virginibus, à populis & Baronibus, à pueris etiam & fenibus in Ecclefiam fuam cum cereis & crucibus, cum hymnis & laudibus gloriofus Antiftes gloriosè deducitur, & in propriæ fedis priftino gradu cum debito honore & fummâ reverentiâ collocatur.

25. Hæc eft igitur gloriofa & folemnis exceptio, quâ à Deo Archipræful Turonenfis Martinus ab exilio revertens, ab alumnis fuis officiosè excipitur, & in propriâ ut dictum eft fede refidens, omni petenti fe ut fui moris eft, plurimum fuffragatur. Hujus autem exceptionis celebre feftum ab incarnatione Domini octingentefimo feptuagefimo feptimo, à transvectione tricefimo primo, Idibus Decembris celebriter agi ab Adalaudo Archiepifcopo Turonenfi, & à Comprovincialibus Epifcopis celebrata Synodalis fancivit auctoritas. Quæ quando recolitur, à Danis facta deftructio, & Martini repatriantis celebris & jucunda à fuis memoratur exceptio. Tu igitur, ô bone Martine, pie pater, paftor & patrone nofter, nobis filiis alumnis, nec non etiam & veneratoribus tuis more tuo bona confer, noxia fubmove, & orationum jugi inftantiâ gaudia nobis vitæ interminabilis obtine, præftante Domino, &c.

26. Abfida fiquidem quam defcrebant erat fufilis ex auro & argento, quod dicitur electrum, fpiffitudine duorum digitorum, actoremque operis beatum Perpetuum infculptor defignarat fuffragio litterarum & verfuum ; nec erat rima, foramen, feneftra, vel oftium in eâ. Hanc autem fecerat beatus Perpetuus, quando elevavit corpus ejus à terra, involutum priùs in purpurâ rubeâ & diligenter confutum, fieque in hanc abfidam pofuit. Fecit etiam altare quadratum & concavum ex lapidibus tabulatis, quem magna tabula cooperuit, & cum aliis cæmentavit. Fecit præterea intùs aliam abfidam ex orifchalco, cuprô & ftanno fufilem, habentem palmum in fpiffitudine, cum oftio fufili, quod gunfis & vertevellis, & quatuor clavibus firmabatur, ubi & hanc abfidam electrinam pofuit, fecundamque fredam defuper auro optimo & lapidibus pretiofis ornatam, tanto Sacerdote dignam. Exceperunt fanctum corpus idibus Decembris anno ab Incarnatione Domini octingentefimo feptuagefimo feptimo. Meruitque iifdem Conful cum venerabilibus Epifcopis Adalaudo Turonenfi, & fancto Lupo Andegavenfi, & Mainoldo Cenomanenfi infrà ambitum altaris in alterâ abfidâ componi ; ipfumque oftium cum abfidâ ligaverunt, ita ut ne pateret aditus vel introitus. Communi autem confilio dederunt Ingelgerio Confuli Præbendam beati Martini, & ipfi, & heredibus ejus in perpetuum.

Præbenda S. Martini ipfi & heredibus confertur.

27. Quia verò Ecclefia ejufdem fancti tunc temporis carebat Thefaurario vel Ædituo, Confulem Ingelgerium inthronizaverunt, & Thefaurarium conftituerunt, & defenforem Ecclefiæ fecerunt, & tutorem omnium poffeffionum ejus ubicumque effent delegaverunt : qui fedem Thefaurarii, & domos cum redditibus quamdiù advixit obtinuit. Omnes autem qui cum Confule Ingelgerio ad corpus beati Martini reducendum fuerant evocati, maximè verò Turonici pagi, feodaverunt focietatem, & beneficium Ecclefiæ largiti funt. Contigit autem eodem menfe dum effet Conful Ingelgerius Turonis, Adalaunum confectum fenio viam univerfæ carnis intrare. Ingelgerius verò Conful auxiliante Deo & intercedente beato Martino, opitulantibus etiam Clericis, necnon & confentientibus civibus Turonicæ civitatis, inthronizavit, & in fede Epifcopali fublimavit Herbernum fenem fanctum, beati Martini Majoris-monafterii Abbatem & miniftrum.

Thefaurarius & defenfor.

Herbernus Abbas fit Archiep. Turon.

28. Aliquantifper hic quamdiù vixit graffantium rabiem retorfit, quietem pacis in Andegavo præter Tranfmeduanenfem pagum reddidit. Roberto Hamonis filio, viro forti fibique fideli, Ambafium commendavit. Qui tantùm partem oppidi jure hereditario poffidebat, & Ingelgerio homo ligius erat. Talia actitans Ingelgerius morte obiit. Sepultus eft in Ecclefiâ beati Martini Caftri-novi. Cui filius ejus Fulgo ille qui cognominatus eft Rufus, fucceffit. Ille quoque confimilia patris actibus aut etiam majora adverfùs impugnatores exercuit.

CAPUT IV.

De Fulcone Rufo.

1. Mortuo itaque patre fuo, tempore Ludovici Regis *nil facientis*, ad tutelam filii fui Caroli parvi pupilli remanentis, & ad defenfionem Regni jam labefacti, quod ille fatis debile per invalitudinem fuam fecerat, communi Francorum tractatu electus & accinctus eft Hugo Dux Burgundiæ, filius alterius Hugonis, qui orphani illius ex

Hugo Dux Burgundiæ tutor Regis.

f *Raimone*] Suprà *Raimone*. Idem infrà *Ramon* appellatur.

parte matris suæ consanguineus erat, sicut loquuntur historiæ. Hic idem Hugo vir & spectabilis fidei & virtutis, tutelæ suæ validius officium quàm transactus Princeps, qui regnaverat, administrare pro liberatione patriæ speravit, fecissetque si vitæ prolixitas annuisset. Nam recepta est Christianâ devotione & fidelitate potestas illa, quæ suo tempore cum reverentiâ piâ & humilitate Abbacomitatus est dicta, à successoribus verò ejus in arrogantius vocabulum, quod est Ducamen, mutata. Adeptus est Princeps ille item in præmium & honorificentiam pro labore suo partem terrarum in Regno: quod factum est per Episcopos & Nobiles totius Regni; qui ei, volente & concedente Carolo Rege puero, dederunt Neustriam: quo nomine continetur quidquid à Parisius & Aurelianis interjacet inter Ligerim & Sequanam inferiùs usque in Oceanum. Iste itaque tractus cum ei datus esset ad integrum, cum Comitatibus & civitatibus, & Abbatiis, castellisque, præter Episcopatus solos, qui in Regiâ dominicaturâ retenti sunt, voluit Comites reliquosque Proceres suos animosiores & fortiores ad propugnandam regionem efficere: ideoque omnes aut muneribus aut honoribus ampliavit.

Totum Consulatum Andeg. Fulconi Rex tribuit.

2. Iste Fulconi Rufo sibi per aviam suam consanguinitate, sicut prædictum est & nobis traditum, conjuncto, integrum Comitatum Andegavensium, qui priùs bipertitus erat, donavit; similiter et & Abbatias sancti Albini & sancti Licinii contulit: quæ ambæ antea Regis dominicaturæ fuerant. Quæ omnia Carolus simplex filius Ludovici qui Nil fecit, sibi donavit, concessit. Vastus animus istius immoderata & incredibilia nimis faciebat: nam ipse audax, patiens erat inediæ, algoris & vigiliæ, sed tamen ardens in cupiditatibus, parum subdolus, varius cujuslibet rei simulator ac dissimulator exstitit. Contra etiam istum pleraque Nobilitas invidiâ æstuabat, & quasi pollui Consulatum credebat, si eum novus homo, quamvis esset egregius, adeptus totum foret. Sed licet diù disturbarent, ubi periculum Normanorum atque Britonum omnia disturbantium advenit, invidiâ atque superbiâ post præfuere. Nam semper cum plures bonis invident, malos & inertes extollunt, nova optant, odio mutari plura, turbâ atque seditionibus nituntur. Is verò adepto toto Consulatu quoscumque moribus esse idoneos credebat, & bello usui fore notos noverat, omnes hos sibi alliciebat. Igitur iste Fulco uxorem nobilem de pago Turonico duxit nomine Roscillam, Garnerii filiam, cujus erant tunc tria castella in Turonico, illud quod dicimus Lochas, at-Villentrasti, & Haia. Quorum duo postea Fulco non bonâ ratione acquisivit. Garnerius iste, cujus filiam Fulco duxit, filius Adelandi fuit, illius scilicet cui Chrolus Calvus Lochas dedit, qui Ambasium sibi similiter à Rege datum Adalardo Episcopo filio suo ex baptismo, & fratri suo Ramoni cum adhuc vivus esset reddiderat. Nam jure hereditario eis contingebat, eisque prænimium parvulis prædictus Rex abstulerat.

3. Iste Fulco longævo tempore vixit, filiosque suos adultos vidit, quorum unus nomine Guido Hugonem Abba-comitem, Suessionis Episcopus factus quædam improbabiliter fecit; sed illud laudabile & clarum fuit, quòd Carolum simplicem (quem paulo ante dixi remansisse de Ludovico Nihil faciente, quem suprà memoravimus orphanum, istum à Normannis captum negligentiusve Francis, ipse Guido obses spontanee factus pro eo, laudabiliter à vinculis abstraxit. Habuit & Fulco Rufus alium nomine Ingelgerium adolescentem militarem & validum, qui ubi primùm adolevit, pollens viribus & ingenio, decoraque facie, non se luxui neque intertiæ corrumpendum dedit, sed equitando plurima præclara faciebat, & minimum de se ipse loquebatur. Quibus actibus suis omnibus vehementissimè carus, hostibus vero terrori habebatur. Sed iste Normannis resistendo multas præclaras pugnas perfecit, à quibus ad ultimum captus & occisus, lucem juvenis amisit. Necnon Fulco Rufus habuit & tertium juniorem prædictorum, de quo post loquemur.

4. Rufus itaque Fulco ad senilem ætatem perductus, jam infestatione Normannorum aliquantenùs sedatâ, cum lumine visûs imminuto sibi propinquare sentiret mortem, de excessibus in quibus offenderat compunctus & pœnitens, (nam in libidinum petulantiam vitiosus fuisse narratur) per Donum Herveum Andegavensem Episcopum, virum religiosum & timentem Deum, emendationem culparum suarum Deo obtulit. Qui pro redemptione earum thesaurum suum totum pauperibus erogavit, & Monasteriis insuper sancti Albini sanctique Licinii, in quibus utriusque tunc temporis Clerici degebant, optimam curtem Ciriacum super alveum Ligeris positam in eleemosynam eis in perpetuum tradidit. Clerici verò sancti Martini post donationem factam & scriptam, à duabus aliis congregationibus in partem sextam acciti sunt. Fulco senex & plenus dierum mortuus est in senectute bonâ, sepultusque in Ecclesiâ beati Martini juxtà patrem suum Ingelgerium.

CAPUT V.

De Fulcone Bono vel Pio.

1. Post hæc, mortuo Fulcone Rufo, alter Fulco filius ejus junior, qui cognominatus est Bonus, successit. Nam tres habuisse legitur, Guidonem Episcopum, Ingelgerium & istum Fulconem. Iste fuit pacifici & tranquilli & mitis ingenii; optimus iste sua beneficia laudari, quàm aliorum ipse narrare malebat. Boni ipsius mores domi & militiæ colebantur. Jus bonum, concordia maxima, minima avaritia in ipso erat. Iste nutrivit sanctum Odonem & ei Cellam juxta beati Martini tribuit Ecclesiam, & quotidianum victum ex eâdem camerâ acquisivit, eique concedit. Qui postmodum magister scholæ, & Præcentor ejusdem Ecclesiæ eodem Consule adminiculante constitutus.

2. Factum est postmodum ut præfatus Comes Fulco, consilio deceptus juvenum qui cum eo nutriti fuerant, de thesauris beati Martini nescio quo pacto tulerit duo vascula auri, sed chamo infrænatus avaritiæ dum ea reddere nollet, gravi plexus est ultione: ad mortem verò usque perductus ad beati Martini se jubet portari sepulcrum, ibique quamplurima promittens munera, nec sic sanitatis recipiebat munia. Præterea diutissimè fatigatus, adeo usque est defectus, ut mortis tantùm exspectaret exitum. Ad quem cum Donnus Odo visitandi gratiâ venisset, dixit illi: Redde miser vascula B. Martini quæ infeliciter abstulisti, & protinus salvaberis. Ille autem & illa reddere & alia spondet conferre, si rei dictæ fidem actus probaret. Mox beati Odonis & obsequentium manibus elevatus, ad corpus beati Martini perductus, terrâque prostratus est, nec moram pati potuit subsidium sibi promissum, sed qui venerat manibus veluti vehiculo latus, recuperatis artubus, remeare cœpit suis gressibus. Siquidem ita factum est, ut ille correptus, de cætero talia non committeret, & quæ promiserat fideliter adimpleret. Cœpit interea pater Odo eum admonere,

Restitutis vasculis quæ ex thesauro S. Martini abstulerat, Fulco sanitati redditur.

Gesta Consulum Andegavensium.

ut relicto mundo hoc tantùm fatageret, quemadmodum foli Deo placeret. Ille autem refpondit: Mihi ista modo fuadere non potes, habeo tamen dilectissimum Militem Halengrinum nomine, in armis strenuum, & in confilio providum, qui fi te audierit, mox tuæ voluntati obediens erit. Quod ita fequenti tempore factum eft.

3. Intra paucos verò dies recuperatâ virtute domum fuam reverfus eft. Confluentibus ad eum undique fanitati ejus congratulantes, affumpto fermone quæ & quanta pertuliffet illis circumftantibus cœpit exponere, addens infuper quàm citam virtutem in verbis Domni Odonis comperiffet. Unus autem ex affistentibus & auditor internus erat prædictus Halengrinus, qui mox corde compunctus, depofitis omnibus quæ poffidebat concite venit ad eum. Depofitâ itaque capitis comâ & fæculari militiâ, ex nunc Chrifti factus eft agonifta. Ad hunc Odonem mifit Fulco Bonus, de quo agimus, epiftolam, ubi obnixè deprecatur ut narrationem evectionis & revectionis corporis beati Martini Turonenfis, quæ ab avo ejus Ingelgerio & per eum facta eft, ex ordine & feriatim tranfcriberet. Quod & fecit, ut in geftis ejufdem Ingelgerii Confulis invenire poteris.

4. Ifte Fulco nulla bella geffit, etiam fuâ ætate pax cum Normannis facta fuerat: Namque baptizato eorum duce Rollone cum omnibus fuis, conceffa erat eis à Rege Franciæ & à Duce Hugone, pactis pactionibufque de fervitio Francis reddendo, & pace tenendâ, terra illa, quam ex illo tempore ufque modo tenent. Nam Rollo Chriftianus Catholicus effectus, Gillam filiam Caroli Simplicis duxit uxorem, & deinceps terram fibi datam Normanniam vocari præcepit. Britâni quoque eifdem Normanis juffu Regis & Ducis tributarii facti funt; qui pro perfidiis in eos antea commiffis ita ab eis comprimebantur, ut non poffent in vicinos fuos, Andegavenfes dico, vel Pictavenfes vel Cenomanenfes ullas infeftationes ficut antea facere. Sed etiam per totam Franciam pacis tranquillitas erat maxima.

Fulco Canonicus S. Martini piè vivebat.

5. Illis temporibus totius bonitatis amator Fulco fecundus in pace degebat. Unde in Monafterio beati Martini apud Turonos collegio Fratrum adfcriptus, Canonicus ibidem effe & dici gaudebat. In Feftis etiam ejufdem Sancti in Choro inter pfallentes Clericos cum vefte clericali, & fub difciplinâ eorum adftabat. Qui Ecclefiaftici decoris & religionis ftudiis delectabatur: Ecclefiæ Dei cultum & honorificum decorem diligens, ex fuo proprio plures augmentabat. Enimverò erga Ecclefiam beati Martini fpeciali amore & reverentiâ degebat. Illuc cum pergere ad certas per annum folemnitates celebrandas difponeret, copiofum & divitem apparatum expenfarum follicitè præmittebat. Hofpitabatur apud mediocrem aliquem ex Clericis, & domum ubi manfurus effet, magno ornamentorum cultu venuftare fecundùm confuetum morem femper faciebat; hoc autem cum eo confilio faciebat, ut in difceffu fuo hofpes ille, quamvis antea tenuis, ex rerum reliquiis fibi prorsùs dimiffis ditatus remaneret. Quod ita non de paucis multum actitaffe compertum eft.

6. Contigit quodam tempore Regem Franciæ apud Turonem civitatem eum turmâ nobilium virorum in vigiliâ fefti æftivalis fancti Martini affore. Adfuit autem tunc inter alios Proconfulares & alios perfonatos viros præfatus Conful ficut ftella radians formâ præclarus, ftaturâ procerus. Dum igitur vigiliarum folemnitas ab occafu Solis apud fanctum Martinum ftatim inciperetur, adfuit inprimis Conful Andegavorum mente devotus, habitu & vefte Clericali, nulli in Lectionibus & Refponforiis & pfalmodiâ fecundus. Cumque alii Nobiles legibus aut edictis mundialibus Regis Franciæ feduli auditores adftarent, ille præfatus Conful laudibus Divinis, necnon & vigiliarum & Miffarum Sacramentis & folemnitatibus in habitu clericali inter Clericos intentus, quæ Dei funt cæteris devotior celebrabat. Quod cum audiffent quidam nobiles Palatini, lateri Regis adhærentes, religionem viri oftentui & monftro habentes, in Regis præfentiâ deludentes, cœperunt dicere, quia Comes Andegavorum Presbyter ordinatus fuerat, & ficut Presbyter canebat. Rex autem Franciæ cum aliis nobile opus viri derifit. Quo audito Comes Andegavorum literas hujufmodi formam habentes fcripfit: Regi Francorum Comes Andegavorum: »Noveritis, Domine, quòd Rex illiteratus, eft afinus coronatus.« Quibus literis prælectis Rex Francorum vero proverbio tactus ingemuit, dicens: »Verum eft quod fapientia, & eloquentia; & litteræ maximè Regibus & Confulibus conveniunt. Quanto enim quis prælatior, tanto moribus & litteris debet effe lucidior.« Factum eft, ut omnes qui Deo dignum ac litteratum Confulem ac ftrenuum Militem illudendo caput agitabant, poftmodum eum in reverentiam haberent, qui licet litteris regulifque grammaticæ artis, Ariftotelicis Ciceronianifque ratiocinationibus perfpicaciùs peritiffime eruditus effet, inter majores & meliores ac ftrenuos Milites optimus habebatur. Compofuit autem ejufdem reverendæ Conful reverendæ cantu & dictamine duodecim Refponforiorum hiftoriam, honore & amore beati Martini compulfus, dictamine præcipuam, cantu & melodiâ luculentam; qualicumque verò ex parte Turono propinquans; illud Monafterium profpicere potuiffet, mox equo defiliens, & ibidem humili proftratus devotione orabat, veniam delictorum fuorum fibi per interceffionem fancti Confefforis expoftulans.

Quàm liberalis in pauperes.

7. Sicut pauper arrogans, merito fuæ perverfitatis omnibus odiofus, fic procul dubio dives humilis, tantæ virtutis intuitu cunctis fanè fapientibus amabilis eft & carus. Unde Fulco Bonus fpecialem gratiam apud Deum & homines obtinebat, quia cum corpore, opibus, fanguine, fanus, abundans & præclarus effet, non debilem, non pauperem, non abjectum aliquem defpiciebat. Sæpè quidem numero offendens hujufmodi homines, liberali humilitatis benevolentiâ, nomen, patriam, modum, incommoda ab eis inquirebat. Hic deinde egentium relevans copiofis fumptibus egeftatem, dicebat ad eos: Ite modo ad gloriofum domini meum dominum Martinum, & dicetis ei; Servus vefter, fancte & gloriofe Martine, Fulco Bonus nos tranfmittit ad vos, quatinus folito veftræ pietatis beneficio pro Dei & ipfius fervi veftri amore fubveniatis nobis. Nec facilè fruftrabatur fofpitatis optatâ gratiâ, quifquis Fulconis Boni ad Martinum preferebat nuntia. O viri fidelem confcientiam! O fidem benè meritam! ô fanctiffimam, mortalem adhuc, at jam immortalem amicitiam; qui tanto amplius à Martino fe præfumebat diligi, quanto devotiùs ipfe eum diligebat. Non igitur ufquequaque à Martini miraculis expers erat Fulco Bonus, cujus fide & interventu obtinebatûr ut fierent.

Leprofum fuis numeris impofitum Fulco defert ad Ecclefiam S. Martini.

8. Hic forte dum occafione pacis & juftitiæ tenendæ per terram fuam equitaret, agmine Nobilium circumvallatus per Portumpilæ tranfiens, ufque ad portum Evardonis devenit. Cumque beati Martini Confefforis & Antiftitis procul afpicere Ecclefiam, ficut femper folitus fuerat, equo defiluit, ac flexis genibus toto corpore proftratus in terram diutius oravit. Cæteri deferentes Comiti honorem, exfpectantes fubftiterunt. Orato diutiùs & devotè, cum ab oratione furgeret, vidit à dextris hominem afpe-

&ctu horribilem, totum sanie defluentem, corrosis manibus & præacutis pedibus, elephantulis postulis, ac leprosâ impetigine totum miserabiliter occupatum, ac misericordiam à Comite petentem. Cæteri Nobiles de familiâ Comitis horrentes nec accedere, nec aspicere volebant. Comes, cujus mens sanior erat, manus mitit ad loculum, misericorditer leproso volens impendere. Cui leprosus subsequenter ait : « Non, domine mi, non indigeo modo » hujuscemodi indulgentiâ : sed quia pedibus lepra » corrosis, nec ipse ire nec equo deferri ad Ecclesiam » Confessoris præ nimiâ infirmitate possum, necessitas ac voluntas mihi esset, quatenùs tu ipse me » deferres, forsitan invenirem ibi aliquem Dei hominem, qui pro redemptione peccaminum suorum » in Conventu leprosorum mihi necessaria administrari juberet. » Quo audito Comes proprio mantello diligenter leprosum involvit, ac cæteris partim illudentibus, partim stupentibus, propriis humeris pium pondus ferè per duas leucas deferens, ad Ecclesiam beati Martini devenit. Quo pacto forma leprosi tam à pondere quàm ab oculis deferentis evanuit. Comes verò intelligens Spiritûs sancti mysterium, cæteris illudentibus tacendo dissimulavit. Cumque peracto die noctisque mediæ transacto ad matutinas, sicut solitus fuerat, in clericali habitu in Choro beati Martini juxtà Decanum resideret, diutiùs obdormivit. Interea quidam vir reverendus habitu, protectus stolâ candidâ, vultu igneo, stillantibus oculis ac angelico vultu, habens in comitatu suo leprosum illum, quem vir Dei devotus detulerat, adstitit, ac reverendo Consuli de hujusmodi visione admirabili dixit. » Ego sum Martinus dominus tuus, ille leprosus est Christus, quem tu sæpius in membris suis piè fovisti, sed hodie in suâ » personâ & capite & humeris portans honorasti. » Noscas ergo quia sicut non erubuit eum tua humilitas in terra, ita Christi bona sublimitas te non » erubescet in cœlo. « Quo viso vir Dei non in gloriam est elatus humanam, sed bonitatem in suo opere cognoscens, ex humili humilior redditus est.

9. Ejus autem tempore pago Andegavensi, sicut prædictum est, pacis quiete divinitùs concessâ, idem Comes & territorium illud, Ecclesias quoque reparare satagens, agriculturæ & animalium nutrituræ operam dabat. Ipse etiam & alios suo exemplo incitans, inopiam præteritorum temporum, quam hostilitates diutinæ invexerant, abundanti opulentiâ bonorum terræ recompensare studuit. Tunc verò multi ex extraneis diversisque regionibus circumpositis incolæ in pagum istum commigrarunt, tam clementi bonitate Principis, quàm ubertate glebæ huc evocati. Namque terra ista per diutinam solitudinem sui, & cessationem culturæ pinguefacta, mirabili tunc fertilitate fructuum & bonorum omnium resplendebat. Silvarum incrementis pleraque sui parte vesticâ, eas incidentibus & concidentibus colonis ipsis locis utentibus facili labore satisfaciebat. Contigit quodam tempore in Festo beati Martini hyemalis, cum de manu Episcopi Missam canentis Corpus & Sanguinem Christi suscieperet, rediensque in choro levi tactu incommodo inter manus Clericorum sociorum suorum exspiravit, sepultusque est in eâdem Ecclesiâ juxta patrem suum.

CAPUT VI.

GAUFRIDUS GRISATUNICA.

1. ISTE Fulco Pius tres filios habuit, quorum primogenitus Gofridus Consulatum rexit, alter Guido nomine Episcopus Podii fuit, tertius minor Drogo dictus, à Fulcone nimis dilectus, quia eum in senectute genuerat, peritiâ litterarum & artium liberalium edoctus, benignitate Hugonis Regis in Episcopatum Podii fratri suo successit. Gofridus Consul more Gallico militiæ peritus, pectore & brachio vir in re militari efficacissimus, in multis expeditionibus singularis approbatus fuit. Strenuitas in eo specialiter præfulgebat, clementia in eo florebat, dapsilitatem unicè diligebat, hostibus hostiliter inimicabatur, suis viriliter patrocinabatur, quæ omnia præcipuè optimos Principes decent: qui ob insignia summi & singularis meritâ Rege in præliis Signifer, & in coronatione Regum Dapifer tam ipse quàm heredes ejus constituuntur, & agnomen *Grisatunica* referens, præmia maxima probitatis sibi acquisivit.

2. Cum autem voluisset Deus sublimare Robertum filium Ducis in Regem, Gofridus prædictus cum tribus millibus armatorum subvenit domino Regi suo. Otto siquidem Rex Alemannorum cum universis copiis suis Saxonum & Danorum montem Morentiaci obsederat, & urbi Parisius multos assultus ignominiosè faciebat. In hac necessitate prælii Rex Robertus & pater suus ducatum primæ cohortis prædicto Comiti Gaufrido tradidit, & ad persequendum exercitum Alemanorum ducem & consiliarium constituit. Persequutus est itaque Rex Robertus Alemannos cum præeunte Gaufrido usque ad flumen Esnæ. Comes verò Gaufridus gnarus pugnandi & assuetus, magnam stragem hostium super flumen dederat ante Regis Roberti adventum, quod stagnum putares non flumen. Alemannis itaque fugatis, Rex Robertus congregato generali consilio patris sui Episcoporum, Comitum & Baronum, dedit Gaufrido Comiti quidquid Rex Lotarius in Episcopatibus suis habuerat, Andegavensi scilicet & Cenomanensi; si qua verò alia ipse vel successores sui acquirere poterant, eâ libertate quâ ipse tenebat sibi commendata concessit.

3. Siquidem nequitia Herberti Comitis Tricacensis non potuit sustinere prosperitatem Roberti Regis, sed ad ejus deprimendam perfidiam quem majorem potuit exercitum Rex congregavit; obsedit Meledunum; denique cum diù ibi sedisset, vidissetque quòd nihil proficeret, vocato Gaufrido, cum Andegavensibus suis sine morâ ad consuetum obsequium properavit. Gaufridus verò præmisit Conestabularios suos, ut Regem interpellarent quâ parte illum sedere præciperet. Illi verò reversi nuntiaverunt domino suo quòd tantus esset exercitus, ut nullus esset eis ad obsidendum competens locus, prædictum verò oppidum in insulâ Seicanæ situm est circumdatum undique muro. Videntes autem Andegavi quod nullum possent habere hospitium, induunt arma, prorumpunt per medium exercitum, transnatant fluctus Sicanæ, dant assultum oppido, virtute consuetâ capiunt castrum, & quod exercitus non potuit per septem menses, isti dimidiæ diei spatio adepti sunt. Franci verò hujus gentis inauditam admirantes audaciam, ubicumque locorum ipsos nimium laude magnificabant. Videns autem tanti Principis strenuitatem, & ipsum prævalere in Regno tam armis quàm consilio, & quæ hîc & alibi benè meruerat, sibi & successoribus suis jure hereditario Majoratum Regni, & Regiæ domûs Dapiferatum cunctis applaudentibus & laudantibus exinde donavit.

4. Etiam hujusmodi obsequium præstitit Comes Gaufridus domino suo Regi Roberto. David Comes Cenomannicus, & Gofredus Comes Corbonensis designabantur feodum recipere suum de prædicto

Gesta Consulum Andegavensium.

Rege, asserentes nullo modo se posse subjici generi Burgundionis. Audiens autem Rex eorum superbiam, & videns Regni sui non parvam diminutionem, habito consilio cum comite Gaufredo, & cum Primatibus Regni, tempore constituto & die nominato decrevit obsidere castrum Mauritoniæ. Comes verò Gaufredus prænoscens adventum exercitûs Regis, movens castra de Vindocino, dans assultum prædicto castro, virtute consueta & probitate gentis suæ, Gaufridum & oppidanos minùs timentes cepit, & domino suo Regi reddidit.

comes Gaufridus capit castrum Mauritoniæ.

5. David verò dedignans ad colloquium Regis venire, mandavit quòd nullomodo se ei subjiceret, & quòd nullo tempore Rex Robertus Cenomannicam suam videre præsumeret. Audiens autem Rex arrogantiam & indignationem prædicti Comitis, ipsum David & Cenomannicam suam Gaufredo Comiti & successoribus suis ex dono Regio tribuit, jure hereditario possidendam in perpetuum.

[...] ditioni [...] Cenom. [...] bjicit.

6. In diebus g illis Huasten Danûs tribus annis Gallias circà loca maritima maximè infestans, ad ultimum; ad consobrinos suos Eadwardum & Hilduinum; qui Consules Flandriæ erant, cum quindecim millibus Danorum & Saxonum pervenit, secum habens Hetelvulfum miræ magnitudinis & fortitudinis virum, quem Francisca lingua Haustuinum vocat. At verò Dani cum Saxonibus per regionem Francorum discurrebant, rapinis & incendiis quæque poterant oppida vel villas pessumdantes. Peragrata itaque armis atque incendiis auxilio Flandrensium totâ ferè illâ depopulatâque regione, quam prope Franci Flandriam habitant, consultum est Parisius transire; terroremque suum ubique spargere. Ventum itaque in vallem amœnam & pulcherrimam inter locum, qui Mons-morentius dicitur, & Parisius, castellumque Morentii captum munientes, diutiùs ibi morari existimaverunt. Cujus præsumptionis timore, Rex in solemnitate Pentecostes undique Proceres suos Parisius congregare disposuit, videns sibi nullam fieri tunc copiam pugnandi, cum Franci intrà mœnia urbis refugerent compulsi, foras erumpere non erant ausi. Singulis igitur diebus Hetelvulfus Danus veluti alter Goliath agminibus Francorum exprobrans, ante urbem Parisiacam singulare duellum ab aliquo Francorum exigens veniebat; à quo cum complures milites ex nobilioribus & ex fortioribus Francorum duello devicti & peremptiones fuissent, Rex dolore commotus, ne quis ampliùs contrà eum exiret prohibuit: Gaufridus Comes Andegavus audito Regis nuntio; qui eum venire ad Curiam in prædicto festo submonuit; Landonensi castro, quod suum erat; ante impositam sibi diem ire disponens, paucis diebus ante Dominicam Ascensionem Aurelianis venit; ubi cum certissimè virtutem & crudelitatem prædicti Dani didicisset; fingens se vir magnanimus ad colloquium cujusdam amici sui abscondité ire, suis ut præirent, & Landonensi castro eum exspectarent præcepit. Ipse verò uno solo milite cum duobus armigeris secum retento, clàm à suis discedens, serò Stampis hospitatus, sociis ne cuiquam se detegant monuit.

Castellum Morentii propè Parisios capiunt.

Danus plures Francos duello superavit & occidit.

7. In crastino Consul furtivus viator egreditur, non longè à Parisiaca urbe burgum sancti Germani devitans, à molendinario, qui molendinos Sequanæ custodiebat, dato ei suo habitu, navigium sibi parari impetravit: Volens adhuc Consul se occultare, eâ nocte in domo molendinarii dormit. Mane cum uno solo equo, milite suo sibi sociato, cum dobus armigeris, molendinarii navigio Sequanam transit: Viso Dano ejusque clamore audito Comes infremuit, & armatus citò equum ascendit, relictis in navi sociis, amœna planitie solus ei obviavit. Uterque autem cornipedem calcaribus urgens, appropinquavit. Comes perforato hostis pectore, ferro etiam inter armos foras emisso Danum prostravit, qui & illæsus recessit, licet Danus graviffimo ictu dato, fracto clypeo scissaque lorica juxtà sinistrum latus Consulis ferrum deducens, fractâ hastâ equum illius in postremo femore vulneravit. Respiciens Comes Danum gemebundum torvis oculis adhuc minacem, nitentemque exurgere; festinus descendit, abstracto ipsius gladio proprio velut alter David caput abscidit. Iterum equum statim scandit, & cum hostili equo & capite ad navim properat; fluvio enavigato domino navis caput ut in civitate deferat, tradidit. Ipse clandestinus viator Landonensi castro ad suos rediit; sociis in via ne se detegant obnixè præcepit. Multi autem ex murorum & propugnaculorum spectaculis, & ab Ecclesiarum apicibus prospectabant, & quamvis qui essent ignorarent, tamen prosperitati ejus invidebant. Lætabantur autem in Domino JESU, & gratias agentes securiùs cives extrà urbem cursitabant.

Comes Gaufridus Danum devicit, prostravit, & caput ejus amputavit.

8. Denique bajulus capitis venit in urbem, & Rege præsente nomen & militis personam se affirmat ignorare, uti cum quem numquam viderat, tamen si videret cognoscere eum non dubitaret. Rex aliud animo considerans, vel deliberans, ad præsens siluit. Dani dolentes, magis in iram efferati Francos ardentius impetebant, & ab ingrassationibus in eos nullatenùs abstinebant; & licet montem Morentium spoliatum & combustum reliquerunt, tamen loca omnia Silvanecto & Suessioni adjacentia, usque etiam Ladduno Clavato perturbabant. Venerunt statuto die Parisius convocati Principes, Duces videlicet & Consules, & totius Franciæ Magnates, omnesque majores natu quorum peritia præminebat, simul in aula Regis convenerunt: Gaufredus Comes Andegavis indutus tunica illius panni, quem Franci griseum vocant, nos Andegavi buretum, inter Principes sedebat. Molendinarius ad hoc à Rege evocatus affixis oculis ipsum agnovit; & licentia à Rege postulatâ; vultu jucundus ad Consulem accessit, qui genuflexo arreptâ Comitis tunicâ Regi & cæteris ait: Hic cum hac grisâ sternendo Danum, Francorum opprobrium abstulit, & exercitui eorum terrorem incussit. Rex ut deinceps Gaufridus Grisa-tunica vocaretur edixit, cui omnis multitudo assensum præbuit.

Grassantur Dani per loca Silvanectis, Suess. & Lauduno proxima.

9. Cùm hæc agerentur, ecce ex improviso Legati adfuerunt, qui Danos in valle Suessionis castra posuisse retulerunt; quibus adjuncti sunt innumeri milites Flandrensium in Ducatu suo habentes populum quamplurimum. His auditis loquutus Rex ad Optimates; sic demùm ora resolvit; Videtis, " Optimates, quod sine profundis singultibus enu- " cleare non possum; quantis calamitatibus & in- " commoditatibus populus Francorum percellitur. " Quid plebeios homines commemorem; cùm plu- " res ex nobis ex illustri sanguinis stemmate orti me- " diâ palleatis, & gravis lues Danorum vestros la- " res contaminet? Jamdudum agri vestri in solitu- " dinem redacti; ne nullo vomere excoluntur. Ne, " quæso, deturpetur propter negligentiam laus " Francorum. O gentus infractum! O gens invictis- " sima ne terreamini! Res in arcto est, bellum ex " adverso est, hostis multus in proximo est. Exper- " giscimini; fortissimi milites; ecce dimicandi tem- " pus est, bellicosas manus exerite, viresque avitas " dum tempus est ostendite. Quid opus est verbis? "

Regis oratio ad exhortandos Nobiles ut adversùs Danos dimicent.

---

g *In diebus*] Hæc, est ait Acherius, fabulam redolent.

» Jam nunc fibi quifque loquatur. « Nobilitas igitur quid Regi confuleret, anxiabatur. Quorum quidam refponderunt : » Nullam ad præfens dare » poffumus pugnandi fententiam, fed volumus & » collaudamus, quatenus iftâ re induciatâ pugnam » procraftinemus, donec majores vires habeamus.

Gaufridi Comitis item oratio.

10. Gofridus tamen Grifa-tunica fuum exprimens » confilium, adjecit : » Vos domini Confulares & » illuftres viri, lux & flos victoriofæ Franciæ; de- » cus & fpeculum pugnatricis militiæ, pro vobis » ipfis decertate, & pro fratribus veftris animas po- » nite. Nam quoad populum qui fe Regi & nobis » commifi tinultum mori confpicamur? video vos, » Deo gratias, unanimes, nec aliquis in re habere de- » bet ab alio diffidere. Quid refert dominus à fervo, » nobilis à plebeio, dives à paupere, miles à pedite, » nifi noftrum qui præfidemus eis profit confilium, » & patrocinetur auxilium. Si Dani mihi domina- » buntur impunè, nolo ampliùs vivere. Timen- » dum eft fi moriamur inglorii ; aut fi comparemur » jumentis infipientibus, brutis affimiles animali- » bus. Omnes quidem anhelare debetis ad pug- » nam, quia omnes id ad communem creditis pro- » futuram falutem. Ego verò id ipfum collaudo, » vehementer efflagito, rogo ne ficut fegnes mo- » riamur, vel imbecilles, ne fimus improperium vel » omnium infamia gentium.

Franci procedunt ad pugnam.

11. His dictis non fine gravibus illorum lamentis quos relinquebant procefferunt, nec ifti nec illi fperabant de cætero poffe frui afpectu mutuo, hi & illi proruebant in carorum ofcula, & omnes in lacrymas ciebantur. Venerunt autem circà Sueffionis regionem, & intravere vallem unam formofâ planitie venuftam, illic unufquifque fuas acies gradatim ornaverunt & ordinaverunt. Locuti funt Optimates de bello ordinando, & negotium illud commiferunt Andegavenfi Comiti Gau- » frido. » Eia, inquit, Gaufridus finguli veftros » evocate, vel convocate, & figno dato unufquif- » que cum veftrâ acie militate, ubi autem opus » fuerit rem peragite, & actuum & ictuum paternorum ne oblivifcamini. « Ordinatæ funt itaque fex acies, quinque ex illis præefferunt, qui belli pondus fuftinerent, & inimicum agmen efficaciter ferirendo repellerent.

Conflictus utriufque exercitûs Galloru & Danorum.

12. Rex poftremus cum acie fuâ gradiebatur omnibus provifurus & fubventurus, & fi Dani prioribus prævalerent, totam belli ingruentiam excepturus ; litui clangebant, bucinæ reboabant, utriufque multitudinis clamor audiebatur, & jam clypeus clypeo, jam umbone umbo repellebatur, haftis confractis, enfes mutilabantur, & cominùs utraque Danorum & Flandrenfium inftabant legiones, & ipforum fupervenere fuccenturiæ quæ graviter primos cœperunt repellere. Nequibant autem impetum tot nationum fuftinere, fed titubantes cogebantur cedere. Tantus enim erat clamor & ftrepitus telorum & imber, ut ipfum etiam aërem obnubilarent. Ingemuit Rex, undique profpiciebat eos tamquam oculatus, & ait : Chrifte tuos fuftenta Francos. Et Gaufrido qui fuum detulerat vexillum, » per nuntium adjecit : » Gaufride calcaribus rapi- » dum urge cornipedem, & Francis titubantibus » efto juvamen. Memor efto, obfecro, parentum » noftrorum, ne lividemus in aliquo titulum Fran- » corum.

13. Gaufridus fanctæ crucis figno munitus, & auxiliaribus conftipatus manipulis properus affuit, Danifque miles audaciffimus obftitit. Interdum enim perfidos aggreffus eft illos ut vexilli Regis fingula in ore Danorum volitare faceret, altoque clamore fuo eos aliquantulum deterreret. Ad illius primipilaris impetum Franci animo refumpto in Danos irruunt unanimiter ; & pugionibus vibratis inftabant efferatiùs inftantes, fragor armorum multus erat, & ab æreis taffidibus ignis elucubratus multus fcintillabat, vulnera vulneribus illidebantur, & campi nimio fanguine purpurabantur. Inteftina videres dependentia, & cæfa capita & truncata corpora paffim oppetentia. Exterriti funt autem Dani præ timore nimio, & repente cuneis eorum labentibus, fugæ fe commiferunt. Perfequuti funt eos fternendo Franci, proterendo, mactando ; & cæfi funt ibi multi milites & pedites ; adeo ut ipforum Duces inventi fint poftmodum mortui in medio quinque millium mortuorum ; magno autem Franci potiti triumpho, læti reverfi funt, fecum adducentes equos multos, fpoliaque multa quæ fibi ipfi manu fuâ in prælio pepererant. Factum eft gaudium magnum in Franciâ, Deoque dignas omnes edidere gratias.

Dani pania cæfi, partim in fugam verfi funt.

14. Rurfus à partibus Alemanniæ bellum novum exortum eft. Quidam Teutonicus de Sueviâ Edeltedus nomine, qui de genere Faramundi & Chlodovei defcenderat, Regnum Francorum jure hereditario exigebat. Qui auxilio Ottonis Italiam, Lotharingiam & fuperiores partes Franciæ impugnabat. Conquerebatur in propatulo de fœderatis pactionibus, quas Hugo Rex in præfentiâ Henrici Ducis Lotharingiæ, & Richardi Comitis Normanniæ ; Gofridi Andegavi in quodam colloquio fecerat, fcilicet quòd Regnum Francorum Hugo fibi dimitteret, ut dumtaxat ut fibi Ducatum totius Franciæ daret ; ficut Dux Hugo olim poffederat, quod prædicti Principes, ut aiebat, & multi alii Magnates fide fuâ pepigerant. Gaufridus Grifa-tunica aliis dubitantibus furrexit, & ait : Nufquam perjurii volo redargui, nec patiar ut nobis dominetis. Regem meque & focios de fide mentita defendo. Bertoldus frater Ducis Saxoniæ vir factus ad unguem, pro Teutonico duellum arripuit, & adjecit : Pares & coæquales veftri quod juftum eft dijudicent. Altercatio enim hæc infopitabilis eft. Congregati funt utriufque partis majores, auditæ funt utriufque litigantis quæftiones. Itum eft in partem, & refponderunt expectantibus judicium : Communi confilio à nobis concordatum eft, quòd » qui victor extiterit), Regnum in pace teneat : alter confilii noftri auctoritate Regno dimiffo, viam » fuam pacificus acceleret. « Id totum ita conceffum eft, & fic fic fimpliciter profequuturos manu in manum Epifcoporum firmatum eft.

Diffidium inter Edeltedum Suevum, & Regem Fran. Fabula.

15. Regina Gaufredi Andegavis confanguinea partem zonæ B. MARIÆ Virginis, quæ in capellâ fuâ erat, quam Carolus Calvus à Byzantio attulerat, ei mifit, & ut nuda colli ex eâ ligaret præcepit, affirmans quòd in hoc vinceret. Ad bellum igitur Gaufridus animatus, jam majori fiduciâ procedebat. Bertoldus fiquidem tantæ animofitatis & ftoliditatis erat, ut nullum fibi audere venire obviam ad pugnam arbitraretur ; aiebatque : » Sinite eum, exeat « veniat, ego illum contemptibilem caniculum, qui « de bello aufus eft præfumere, ftatim prævalens « fuffocabo. « Ventum eft ad prælium pugnatur viriliter : primo impetu neuter cecidit, fed Bertoldum dum equum giraret, à Comite lanceâ inter fcapulas graviter vulneratur. Sanguis illius funditur, utrimque irremediabiliter pugnabatur, caffides æneæ refonabant, nulla eis requies præftabatur ; cum Bertoldus equo cadit, citoque in pedes furgit, Conful animofus defcendit. Tunc eorum corpora fudore & cruore liquentia confpiceres, cum manus manibus, pedes pedibus, corpora corporibus impingebant. Ad ultimum verò ruptâ loricâ Bertoldi, extis ejus fufis, ille præliator fortiffimus Gofridus-

Partem zonæ B. Virg. Regina dat Gaufrido.

Gaufridus Comes fingulare certramen init cum Bertoldo, quod illo victus fuit.

Grifa-

Grisâ-tunicâ victor exstitit. Franci verò Christo gratias egerunt, diemque illum solemnem duxerunt, Deoque dignam immolaverunt laudem. Teutonici cum duce suo Edeltedo, consusi ad propria redierunt, Gofridus licentiam redeundi à Rege & Reginâ poposcit, Zonamque sibi dari promeruit, quam in Ecclesiâ B. Virginis Mariæ Lochis posuit, & Canonicos ad simul vivendum constituit, & ex propris rebus multa eis dedit. Post hæc Gofridus Deo favente repulsis & repressis hostibus, plures annos vixit, terramque suam in pace rexit ; nullus enim contra eum mutire audebat. Genuit autem plures filios, quorum minor Mauricius nomine, cæteris patre superstite mortuis, supervixit. Ipse verò mortuus sepultus est in Ecclesiâ Beati Martini Castrinovi.

CAPUT VII.

De Mauricio.

1. MAURICIUS Gofridi Grisæ-tunicæ filius, vir prudens & honestus, bonorum & pacis amator, plus sapientiâ quàm bellis Consulatum pacificè rexit vel tenuit. Qui quòd fructus ingenii & virtutis omnisque præstantiæ tunc maximus capitur, cum in proximum quemque confertur, haud ignorabat. Igitur suis certis parentibus, & verâ amicitiâ sibi conjunctis multa beneficia contulit ; quæ teste Tullio meminisse debet is in quem collata sunt, non commemorare qui contulit. Superiores exæquare se cum inferioribus amicis aliquando debere : inferiores verò non dolere se à suis aut ingenio, aut formâ, aut dignitate superati, Mauricius affirmabat. Qui hac opinione multos ex suis elevans, & amplissimos honores perduxit. Ipse verò petitus in causis, oratoriis ornamentis sibi adhibitis audaciùs cæteris in curiis eloquens vir loquebatur, & quæ esset erudita, quæ popularis oratio edocebat. Duxit autem uxorem de Alverniensi pago, filiam Hamerici Consulis Santoniæi, neptem Raimundi Pictavis Comitis, ex quâ Fulconem Nerram genuit.

2. Surrexit in eum vir quidam iniquus, dolo & omni malitiâ repletus, Landricus Dunensis, qui in Consulatu Andegavensi multa nefaria perpetravit ; Ambaziaco verò & Lochis fideles Consuli pluribus laboribus injustè vexavit. Hunc Landriaum pater Mauricii Gofridus Consul Ambazio hereditaverat, & domum munitissimam à meridianâ parte Castri-novi sitam cum plurimis casamentis ei donaverat. Iste Mauricio filio ejus retributionem quàm Deus nescit, scilicet mala pro bonis sæpe reddidit. Existimabat enim Ambasium Consuli auferre, confidens in auxilio Odonis Campaniensis, qui possidebat Campaniam usque Lothoringlam, Briam etiam & Carnotium, Turonim & Blesim. De nomine hujus castelli, & constructione sive constructore ejus breviter lectori intimare curabimus. Yvomadus quidam juvenis de Britanniâ secum habens mille viros, à prælio cum Odone Carnotensi Consule rediens, locum in Comitatu suo ubi temaneret petiit ; qui blandis blesisque sermonibus eum decipiendo, locum super ripas Ligeris ad libitum impetravit. Unde non villam, sed oppidum firmissimum ne ab Eudone vel alio eriperetur, erexit. Quod cùm diu post aspiceret, iratus ait Eudo : Hoc tibi non concessissem, si verbum sapientis patris filio dictum memoriter retinuissem :

Sermones blandos blesósque vitare memento.

Simplicitas veri, fama est, fraus dicta loquendi.

Yvomadus itam ejus mitigans supplicando, obtestando castrum obtulit. Sed Eudo ut erat benignus hominibus, jusjurandum ab eo suscipiens, castellum illud concessit, & à deceptione Blesim vocavit.

3. Itaque Landricus per Turonim & Lengiacum descendens Valeiam impugnabat, favente sibi Salmuriensi Gelduino, qui Salmurium Ucceumque & alia multa in Turoni & Blesensi territorio de feodo prædicti Odonis tenebat. Resistebant tamen Landrico duo germani fratres Archenbaudus de Busenciaco, & Sulpicius beati Martini Thesaurarius, ambo præhimium Consuli fideles, qui partem Ambatiaci oppidi jure hereditario possidebant. Isti domum defensibilem Ambasio habebant, in loco ubi post obitum fratris sui Thesaurarius suum jam adultum compusuit ; & à propriâ domo & à domicilio Comitis Landricum & suos infestabant. Mauricius gravi morbo præoccupatus Fulconem filium suum jam adultum, militemque fortissimum sic alloquitur : « Fili, nulla « domus est pusilla quæ amicos habet plurimos. « Monco igitur ut eos caros habeas qui mihi & tibi « fideles amici fuerunt ; malis hominibus, quibus « utilissimum esset malitiam effugere, ne parcas. « Semper enim bonis invident, teste verò Seneca : « Facilius est pauperi contemptum effugere, quàm « diviti invidiam ; bonis enim nocet, qui malis par- « cit. Video te, Deo gratias, ab avita probitate « non degenerare ; propter quod nunc gaudeo, & « ut Thesaurarium fratrem tuum manu teneas præ- « cipio. » His dictis vir inclytus naturæ concessit, sepultusque jacet in Ecclesiâ sancti Martini juxta patrem suum.

CAPUT VIII.

De Fulcone Nerra.

1. FULCO Nerra, cui consuetudo fuit *animas Dei* jurare, juvenis haud modici pectoris, Consulatum à multis hostibus viriliter aggressus est defendere. Semper enim contra novum Principem nova consertim bella emergunt. Monitu nempe pessimi Landrici Odo Campaniensis, & Gelduinus Salmuriensis Fulconem à Turonicâ expellere tentaverunt, putantes Ambasiacum Comiti auferre. Surgebat eis præsentis temporis opportunitas. Nam Sulpicius Thesaurarius, fratre suo noviter mortuo, solus sub Consule tunc Ambasium regebat. Nec diffisi lætos cordatissimus vindictam hostium properare, seque periculo exponere. Collecto igitur quantum potuit exercitu, terram inimicorum audaciter introivit, & ultra Blesim profectus ad castrum Dunum devenit. Habitatores illius castri cingulis militaribus accincti, armisque protecti ad pugnam se mote militum castrensium paraverunt, & mox conglobati Consulem & suos invaserunt. Sustinuerunt igitur Andegavi frequentes impetus eorum usque ad vesperam, & cum recedere attentarent, concursus instantium devitare nequibant, cum Dunenses à tergo recedentibus insisterent. Postquam Consulares nec laborem poterunt sustinere ampliùs, nec eos compescere, conglobati gradatim conati sunt redire ; & cum eis pugnare. Itaque præmissis Ambasiacanibus Andegavi eos undique aggredientes coangustaverunt & prævaluerunt. Dunenses correpti timore, disgregati fugere cœperunt. Comes præliando in castrum suum ipsos fugavit. Multi itaque de gente plebeiâ capti, alii gladio necati sunt. Requieverunt ergo eâ nocte in loco illo tenentes milites viginti, & cæteros captos ligatos custodierunt. In crastinum terram illam deprædati sunt, & colonos illos humotenus pessumdederunt. Potiti ergo gaudio victorum Ambaliacum die tertio reversi sunt.

2. Consul Ambasio domum Landrici obsedit, &

Victorium de illis refert Fulco.

tam ardenter expugnationem illius domûs sui confecerunt, ut ipsos de domo ad resistendi desperationem compulerint. Scientes itaque se nec resistere posse, nec ne si caperentur meritas pœnas & mortes evadere, ex dedendâ domo Comiti si sibi vita concederetur, cœperunt per Legatos tractare. Librato itaque consilio visum est bonum omnibus, sine discrimine obsidentium, tam grande removere periculum. Itaque vita eis indulgetur, & domus recepta funditùs deletur. Landricus & sui à castro illo expellitur; inde Comes Ligerim transiens in domum suam, quæ tunc antiquitùs Casamentum vocabatur, nunc verò Villa Moranni, hospitabatur. Deinde per Semblaciacum, quam etiam firmaverat sibi, & per terram hominis & amici sui Hugonis de Alviâ, qui dominus castri quod Castellis dicitur, & sancti Christophori erat. Indeque Valeiam intrans Andegavis, civibus nolentibus Turonicis, ad libitum descendebat. Mirebellum verò & Losdunum Fulco possidens, Kainonim, qui Odonis propriùs erat, Salmurum & Monsorellum, illosque de insulâ Buchardi adhuc sæpe expugnabat: & per terram Guennonis qui dominus Noastri erat Lochis redibat.

Laudatur Fulco.

3. At Fulco alter Cæsar beneficiis, munificentiâ, mansuetudine, misericordiâ, dando, sublevando, egenis & oppressis ignoscendo magnus habebatur: in eo miseris refugium: negotiis amicorum intentus, sæpe sua negligebat. Qui etiam in animum induxerat laborare, vigilare, nihil denegare quod dono dignum esset. Magnum imperium, novum bellum, ubi virtus eniteſcere posset exoptabat. Quibus temporibus Geldoinus nobilis vir ex genere Danorum, castro Salmurensi in fidelitatem Blesensis Comitis, & omnibus appenditiis ejusdem castri dominabatur.

Amicitiam init cum Lisoio & aliis ad decertandum adversùs Odonem & Geldoinum.

4. Fulco prædictus Comes, Herberto Cenomanensi fideli sibi amicitiæ copulâ adjuncto, Lisoium ad certamen pugnandi cum Odone & Geldoino arripuit, cupiens eis Turoniam auferre. Ad hoc igitur peragendum Fulco Comes ut erat hujusce rei sagacissimus, & bellator fortissimus, quoscumque probos potuit suæ fidelitati adjungere non distulit. Itaque prædictum Lisoium ascivit, inveniensque eum in his quæ deliberaverat cordatissimum, suis familiaribus consiliis impertivit. Quid mirum! Veteri enim proverbio dicitur: Similis similem quærit. De talibus quoque Tullius ait: Amicitia proborum nisi detestabili scelere dirimi non potest. Consimilis enim sensus extitit amoris, si aliquem nacti sumus cujus moribus & naturâ congruamus, ita quòd in eo quasi lumen probitatis aliquod prospicere videamus. Nihil est enim virtute amabilius, nihil quod magis alliciat ad diligendum. Quippe cum propter virtutem & probitatem etiam eos quos nunquam vidimus quodammodo diligamus.

5. Denique prædictus Fulco castrum Lochas & Ambasiacum oppidum Lisoio ad custodiendum tradens, ut omnes tam nobiles quàm ignobiles jussibus suis obtemperarent, & per omnia ei parerent, præcepit. Lisoius ubi naturam domini sui, & mores subditorum hostiumque cognovit, ut erat impigro & aeri ingenio, multo labore, multâque curâ, præterea modestissimè Consuli parendo & sæpe eundo obviam periculis, in tantâ claritudine brevi pervenit, ut his carus vehementissimè, hostibus quàm maximo terrori esset: quod autem difficillimum est, & prælio strenuus, & bonus consilio erat. Quorum alterum ex providentiâ timorem auferre solet, alterum ex audaciâ aliquid magnum sine consilio aggredi. Suscepto igitur regimine duorum castrorum, Lisoius impiger & irrequietus Blesenses, Calvimontenses, necnon terram sancti Aniani habitantes quotidianâ deprædatione & incensione vastabat, & Comes Fulco ei sæpe auxiliabatur. Denique Fulco Comes negotia sua pertractans, hunc virum bellicosum militaribus armis efficacissimum Lisoium de Basogerio, nepotem Vice-comitis de sanctâ Susannâ, Lochis & Ambaziaco præfecit, & militibus tam majoribus quàm minoribus ut ei obedirent præcepit. Ipse fratres habebat, cognatos, natos, & affines multos, qui omnes cum Lisoio spontanei remanserunt.

6. Quidquid, teste Boëtio, certum deserit ordinem, lætos non habet exitus. Comes, siquidem Britanniæ Conanus ordinem sui Consulatûs cupiens excedere, spreto Fulcone, virtute quatuor filiorum confisus, fines Andegavorum vastare non destitit. Meduana fluvius inter occidentales amnes non ultimus, qui placidis undis Andegavium perlabitur, quem pons laxeus hybernas pasturus aquas amplectitur, usque ad hunc Conanus & filii Consulatum habere volebant. Interea Conanus Fulconem sciens ab Andegavis abscessisse ad curiam Regis, Aurelianis ire disposuit, filiis suis ut Andegavum discurrerent, & interim languidiora terræ ut explorarent præcepit: Audientes autem filii Fulconem abesse, gavisi sunt, sperantes se Andegavensibus prævalituros, utpote quos paucos & immunitos opinabantur. Dum Consules Aurelianis Regem expectarent, in quâdam domo ut ventrem purgaret secessit in thalamo ejusdem domûs à Fulcone solo pariete diviso Conanus venit, suis ibi aperit quòd filii sui quarto die usque ad portas Andegavis omnia demoliendo discurrent. Quo audito Comes ad succursum suorum fingens se, festinat Landonensi castro suo ire, nocte & die equis sæpe mutatis equitat, suis in viâ ut sequantur imperat: Secundo die serò Andegavis absconditè intrat, multos milites & pedites extrà urbem congregat. Britones statuto die usque ad portas urbis securi impetuosè currunt.

Fulco de Britannis insignem reportat victoriam.

7. Fulco & sui latitantes in eos securos celerrimè irruunt, alios prosternunt, alios in fugam convertunt. Nam regressu Consulis cognito, resistendi nec ad momentum constantiam habuerunt inimici. Ita dispersi quo quisque potuit citissimè diffugerunt. Mortui sunt in illo conflictu duo filii Conani, innumerique pedites perempti. Alii duo cum multis Baronibus & Militibus & peditibus capti. Fulco autem statim ad curiam Regis citissimè rediit, & ipso die quo venerat Rex, ipse & quidam suus miles equitans varium equum Alani primogeniti filii Conani, ante aulam regiam descenderunt. Quæsitum est à Britonibus quomodo equus ab illis habeatur, verumque auditur à Conano nuntiatur. Deflet Conanus casum suorum, coram Rege lamentatur. Ad Episcopis pax quæritur, & mediante Roberto Rege, & Richardo Normannorum Duce, qui viduam filiam Conani habebat uxorem, concordia efficitur. Alanus primogenitus Conani cum fratre suo redimitur. Omnes capti dato competenti pretio liberantur, & à Fulcone Consulatus ultrà Meduanam quietè & pacificè possidetur.

8. Nunc de moribus Britonum quid Glabellus Rodulfus historiographus in historiâ suâ scripserit, & de Conano Pseudo-Rege facto, & de bello cum eodem Fulcone habito nostro operi breviter inseramus.

Ex Glabri lib. 2. cap. 3.

Narrant siquidem plerique inspectantes in mundani orbis positione, quòd situs regionis Galliæ quadra dimetiatur locatione. Licet ergo à Riphæis montibus usque Hispaniarum terminos in lævo habens oceanum mare, in dextero verò paſſim juga Alpium, propriâ excedat longitudine menſuram rationis quadriformâ. Cujus etiam inferius ſeu finitimum, ac perinde viliſſimum Cornu-Galliæ nuncupatur. Eſt illius Metropolis caſtrum Dolum : inhabitaturque diutiùs à gente Britonum, quorum ſolæ divitiæ primitùs fuere libertas fiſci publici, & lactis copia. Qui omni prorsùs urbanitate vacui, ſuntque illorum mores inculti, ſed faciles coli, ac levis ira, ſed citò placabiles, multa ſed fatua garrulitas. Horum ſcilicet Britonum aliquando Princeps exſtitit quidam Conanus nomine, qui etiam acceptâ in matrimonio Fulconis Andegavorum Comitis ſorore, ac demùm inſolentior ſuæ gentis Principibus cœpit exiſtere. Nam more Regio impoſito ſibi diademate, in ſui anguli popello plurimam inconſultè exercuit tyrannidem. Poſtmodum verò inter ipſum Conanum & prædictum Fulconem, Andegavorum videlicet Comitem, exortum eſt indiſſolubile jurgium ; ita ut crebris ſuorum invicem depopulationibus ac ſanguinis effuſionibus laceſſiti, ad ultimum quoque quamquam civile, tamen ineluctabile inirent cominùs prælium. Cum igitur multumque viciſſim ſibi mala quæ poterant irrogaſſent, ab utroque decretum eſt, ut in loco qui Concretus dicitur, quiſque illorum cum ſuo exercitu die conſtituto advenientes prælii certamen inirent. Sed Britonum exercitus excogitatâ fraudis muſcipulâ partem Fulconis exercitûs nequiter proſtraverunt. In prædicto namque loco, ſcilicet ubi certamen ineundum fuerat, clam prævenientes pleriqui Britonum, ibique nimium aſtutè profundum atque perlongum fodère vallum, ramiſque arborum ſuperinſertis denſatim, impoſitâ videlicet hoſtibus muſcipulâ, receſſerunt.

Aſtutiâ Britonum Andegavenſes proſtrati.

9. Die igitur conſtituto juxtà condictum dum illuc uterque cum ſuo exercitu adveniret, atque acies utraque jam in procinctu videretur, informata gens Britonum callida fraudiſque propriæ conſcia, ſimulans ſe velle arripere fugam, ſcilicet ut avidiùs demergeret hoſtem in latentem muſcipulam. Quod cernens Fulconis exercitus, cupienſque expeditè ſuper eos iruere, corruit pars ex eis non modica, in foveam videlicet Britonum aſtu paratam. Illicò autem converſi Britones, qui priùs fugam ſimulaverant, immaniter ſuper Fulconis exercitum irruentes, aſperrimâ quamplures ex eis cæde proſtraverunt. Ipſum etiam pulſum de equo in terram loricatum dejecerunt, qui exurgens nimio accenſus furore, dictis relevans exacuenſque ſuorum animos, ac velut turbo vehementiſſimus per denſas ſegetes impellens, omnem exercitum Britonum crudeli nimium cæde mactaverunt, deletoque penè univerſo exercitu Britonum, ipſum etiam Conanum illorum Principem truncatum dextera, vivum capientes Fulconi reddiderunt. Qui potitâ victoriâ reverſus ad propria, non illi poſtmodû quiſpiam moleſtus exſtitit.

Fulco tamen potitur victoriâ.

Ex Glabri hiſt. lib. 2. cap. 4.

10. De eodem igitur Fulcone perplura dici potuiſſent ipſius geſtorum, quæ ſcilicet faſtidium vitantes ſiluimus. Unum tamen reſtat memorabile quod impræſentiarum relaturi ſumus. Cum enim circumquaque in diverſis præliorum eventibus plurimum humanum fudiſſet ſanguinem, metu gehennæ territus ſepulcrum Salvatoris Jeroſolymorum adiit : indeque ut erat audaciſſimus admodum exultanter rediens, aliquantùm ad tempus à propriâ feritate eſt lenior redditus. Tunc ergo mente concepit, ut in optimo fundorum proprii juris loco Eccleſiam conſtitueret, ibidem Monachorum cœtum coadunaret, qui videlicet die noctuque pro illius animæ redemptione intervenirent. Qui etiam ut ſemper curioſè agebat, cœpit quoſque percunctari Re-

Fulco cum rediſſet Jeroſolymis condit Monaſterii.

ligioſos, in quorum potiſſimum memoriâ Sanctorum eamdem Eccleſiam fundare deberet, qui videlicet & pro ejus remedio animæ omnipotentem Deum orarent. Cui inter cæteros à propriâ etiam uxore quæ valde ſano pollebat conſilio, ſuggeſtum eſt, ut in honore ac memoriâ illarum cœleſtium virtutum quas Cherubim & Seraphim ſublimiores ſacra teſtatur auctoritas, votum quod voverat expleret. Qui libentiſſimè annuens, ædificavit Eccleſiam admodum pulcherrimam, in pago ſcilicet Turonico, miliario interpoſito Lochacenſi caſtro. Expleto denique quamtociùs Baſilicæ opere, protinùs miſit ad Hugonem Turonorum Archipræſulem, in cujus ſcilicet conſtituta erat Diœceſi, ut illam ſacraturus quemadmodum decreverat adveniret. Qui venire diſtulit, dicens ſe minimè poſſe illius votum dicando Domino committere. Qui videlicet matri Eccleſiæ ſedis ſibi commiſſæ prædia & mancipia ſubripuerat non pauca. Hocque potiùs illi videbatur competere, ut primitùs ſi quid injuſtè diripuerat alicui, reſtitueret, ſicque deinceps juſto judici Deo propria quæ voverat offerre deberet.

11. Cumque igitur iſta Fulconi à ſuis perlata fuiſſent, diutinâ feritate reſumptâ, animo indignè ferens Epiſcopi reſponſa, inſuper comminatus eſt illi validius, ac ſublimius quod valuit adegit conſilium. Mox denique copioſâ argenti & auri aſſumptâ pecuniâ Romam pergens, Joanni Papæ cauſam ſuæ profectionis expoſuit, ac deinde reportans quod ab illo optaverat, plurima ei munerum dona obtulit. Qui protinùs miſit cum eodem Fulcone ad prædictam Baſilicam ſacrandam, unum ex illis quos in beati Petri Apoſtolorum Principis Eccleſiâ Cardinales vocant, nomine Petrum, cui etiam præcepit ut Romani Pontificis auctoritate aſſumptâ, quidquid agendum Fulconi videbatur intrepidus expleret. Quod utique audientes Galliarum quique Præſules, præſumptionem ſacrilegam cognoverunt ex cœcâ cupiditate proceſſiſſe, dum videlicet unus rapiens, alter raptum ſuſcipiens, recens in Romanâ Eccleſiâ ſchiſma creaviſſent. Univerſi etiam pariter deteſtantes, quoniam nimium indecens videbatur, ut is qui Apoſtolicam regebat ſedem, Apoſtolicum primitùs ac Canonicum tranſgrediebatur tenorem. Cum inſuper multiplici ſit antiquitùs auctoritate roboratum, ut non quiſpiam Epiſcoporum in alterius Diœceſi iſtud præſumat exercere, niſi Præſule, cujus fuerit, compellente ſeu permittente. Igitur die quâdam menſis Maii congregata eſt innumerabilis populi multitudo, ad dedicationem ſcilicet prædictæ Eccleſiæ. Ex quibus multo etiam plures illuc Fulconis terror ob ſuæ elationis pompam venire compulit. Epiſcopi tantùm qui ejus ditione premebantur, coacti interfuere. Cœptâ igitur die conſtitutâ ſatis pompaticè hujuſmodi dedicatione atque peractâ, Miſſarumque ex more ſolemniis celebratis, poſtmodum ad propria rediere. Denique imminente ipſius diei horâ nonâ, cum flabris lembus ſerenum undique conſiſteret cœlum, repente ſupervenit à plagâ auſtrali vehementiſſimus turbo, ipſam repellens Eccleſiam, ac replens eam turbido, aëre diu multumque concutiens, deinde verò ſolutis laqueribus univerſæ ejuſdem Eccleſiæ trabes, ſimulque tota teges per pignam templi ejuſdem occidentalem in terram corruentes, everſum ierant. Quod cum multi eos per regionem factum comperiſſent, nulli venit in dubium, quoniam inſolens præſumptionis audacia irritum conſtituiſſet votum, præſentibus ac futuris quibuſque, ne huic ſimile agerent, evidens indicium fuit. Licet namque Pontifex Romanæ Eccleſiæ ob dignitatem Apoſtolicæ Sedis cæteris in orbe conſtitutis reverentiùs habeatur,

non tamen ei licet transgredi in aliquo Canonici moderaminis tenorem. Sicut enim unusquisque Orthodoxæ Ecclesiæ Pontifex, ac sponsus propriæ sedis, uniformiter speciem gerit Salvatoris, ita generaliter nulli convenit quidpiam in alterius procaciter patrare Episcopi Diœcesi.

Hactenus Glaber.

Odonem Abbatem præfici curat Monasterio à se exædificato.

12. Ædificatis igitur religioni officiis utilibus, vir Deo devotus consilium de religione cum religiosis habens, tandem ex definito Sanctorum consilio evocat S. Genulfi Stratensis Abbatem nomine Odonem, cujus tunc in Dei rebus & sacra opinio & vita spectabilis habebatur. Hunc igitur supplicat, ut sanctam domum quam ipse ædificaverat, in suam suscipiat curam, providens ei non solùm redditus necessarios, sed & quæque utensilia, videlicet libros, vestes sacras, vasa altaris, turibula, candelabra, cruces, phylacteria, & insuper portionem quam de ligno Dominicæ Crucis, necnon & quod de Domini sepulcro mirabiliter sibi favente Divinitate ipse momorderat, ad Dei honorem sicut diù optaverat in eamdem Ecclesiam reponens. Cujus viri illustris devotionem sanctus Abbas intelligens, etsi oneri sibi imposito, ut est mos Sanctorum, se imparem judicaret, tamen ne hominis sanctum retardaret propositum, acquievit. De suis igitur probatos eligens Fratres, novam plantationem novo supplicat, non tamen ibi novitas levitati succubuit. Ibi siquidem lex fuit patris parere imperio, prævenire æquales obsequio humilitatis, supportare debiles, adgaudere fortibus, sibi quemque nullum esse, omnes omnibus. Abbas autem qui hoc onus susceperat, ne affectare videretur oneris honorem, curâ temporalium aliis impertitâ, ac si tirocinii calore fervens, loci novitatem novo religionis exercitio decorabat. Sic igitur plantatio illa cœlestis, per manum illustris Comitis Fulconis plantata, per sancti Genulfi Abbatis doctrinam irrigata, in paradisum voluptatis excrevit, ut de eâ hodie non immeritò dicatur: *Ecce odor agri pleni, cui benedixit Dominus.* Hic igitur Abbas quamdiù rebus humanis interfuit, utramque Ecclesiam, Stratensem scilicet & Lochacensem ut bonus Pastor pio moderamine gubernavit. Ea tamen quæ ætate minor videbatur, & quæ de illâ Stratensi quasi de matris uberibus lac doctrinarum suxerat & cœlestis infantiæ rudimenta, numquam ab ejus sacris consuetudinibus resilivit. Post cujus decessum utraque Ecclesia liberam sortita electionem, suum singularem Pastorem habere promeruit. Idem utrobique tenor officii, idem rigor disciplinæ & ordinis, mox etiam idem in vestitu & victûs necessariis ac si matre & filia, lege inviolabili perseverat. Super hæc autem omnia quæque placita sunt Deo & hominibus vigent inter eos, videlicet concordia Fratrum & amor proximorum.

Diversis ornamentis decorat Ecclesiam.

In eodem Monasterio viget disciplina regularis.

Gen. 17. 27.

Fulco ex uxore Gofridum & Adelam genuit. Romam pergit.

13. Fulco siquidem ex uxore suâ Gofridum Martellum, & filiam Adelam nomine genuit. Vir Deum timens Fulco Romam gratiâ peregrinationis venit. Tunc temporis Papa Sergius quartus præsulatum Romanæ sedis sorte felici regebat: sciensque Fulconem virum justum & sapientem & annosum: conquestus ei de Crescentio Deo odibili, qui quotidianis assultibus populum Romanum & terram circum adjacentem depopulabatur; nonnullos occidebat, alios capiens graviter redimebat: singulorum & omnium victum & vestimentum sine prece vel pretio vi auferebat: peregrinorum & negotiatorum itinera disturbabat & redimere faciebat. Nec erat aliquis in Longobardiâ qui posset contumaciam ejus edomare: & licet omnes eum timerent, nullus erat qui diligeret. Audità querimoniâ Apostolici, reverendus heros inquit ei: Domine mi Pater, ego aggressus sum viam Jerosolymitani itineris, quam

cum benedictione vestrâ volo perficere. Denique adoratâ cruce & ejus reverendo sepulcro, revertar ad vos, & per vos. Tunc consilio vestro faciam satis, & præceptis in omnibus parebo, sicut decet filium patri obedire; & acceptis cum benedictione à Domino Papa litteris, iter eundi Jerusalem quam tunc Gentiles tenebant, arripuit. Qui Constantinopolim veniens, Robertum Ducem Normanniæ idem iter aggressum ibidem reperit.

Iter Jerosol. aggreditur.

14. Richardus namque Dux Normannorum ex Judithâ filiâ Comitis Britanniæ duos filios Richardum & Robertum habuit. Richardus primogenitus à fratre suo Roberto veneno necatus est: qui de perpetrato facinore Deo satisfaciens, anno Ducatûs sui septimo nudipes hoc iter suscepit. Iste Robertus Willelmum virum probum, qui Angliam acquisivit, ex concubinâ ante hoc factum genuerat. Quo invento Fulco & sibi sociato, litteras Papæ Imperatori tradidit. Isti ambo viris Antiochenis; qui forte ibi aderant adjuncti, jussu Imperatoris per terram Saracenorum deducuntur; Robertus itinere Bithyniæ obiit, ibidemque sepultus quievit. De quo maximum apud suos idcircò justitiam exstitit, quoniam non fuerat ei proles ex matrimonio aliqua ad regnum suscipiendum provinciæ, quamvis sororem Anglorum Regis Cnuth manifestum fit duxisse uxorem, quam odiendo divortium fecerat. Ex concubinâ tamen filium genuerat, Willelmi nomen activi ei imponens, cui antequam profisceretur universos sui ducaminis Principes militaribus adstrinxit sacramentis, qualiter illum in Principem pro se si non rediret eligerent. Qui etiam statim ex consensu Regis Francorum Henrici unanimiter postmodum firmaverunt. Fuit enim usu à primo adventu ipsius gentis in Gallias, ex hujusmodi concubinarum commixtione illorum Principes exstitisse. Sed & hoc ne supra modum putetur abominabile, libet comparationem de filiis concubinarum Jacob inducere, qui ob hoc non caruere paternâ dignitate inter cæteros fratres constitui Patriarchæ. Et longo post Inferiore tempore singularis monarchiæ magnus imperii protochristicola Constantinus ex concubinâ Helenâ legitur genitus fuisse.

De Richardo, Roberto & Guillelmo Normanniæ Ducibus.

15. Fulco siquidem sub conductu Jerusalem ducitur; portam tamen urbis intrare non potuit, ad quam peregrini ut intrarent violenter suas pecunias dare urgebantur: dato autem pretio tam pro se quàm pro aliis Christianis, ad portam sibi prohibitam morantibus, urbem celeriter cum omnibus intravit, sed sepulcri claustra ei prohibuerunt: nempe cognito quod, vir Dei alti sanguinis esset, deludendo dixerunt, nullo modo ad sepulcrum optatum pervenire posse, nisi super illud & crucem Dominicam mingeret: quod vir prudens licet invitus annuit. Quæsita igitur arietis vesica: purgata atque mundata, & optimo vino albo repleta, quin etiam aptè inter ejus femora posita est, & Comes discalciatus ad sepulcrum Domini accessit, & vinumque super sepulcrum fudit, & sic ad libitum cum omnibus sociis intravit, & fusis multis lacrymis peroravit. Mox duritia lapidis in mollitiem versa divinum sensit imperium, Comesque deosculando sepulcrum dentibus maximum evellit & abscondit frustum, quod delusis & ignorantibus Gentilibus, attulit secum. Qui & larga donaria pauperibus largiens, à Surianis sepulcrum Domini custodientibus de cruce Dominicâ sibi dari promeruit. Qui regressus Lochis, ultrà Angerim fluvium, Belloloco scilicet, Ecclesiam in honore sancti sepulcri, Monachos cum Abbate ibi imponens construxit.

Fulco sepulcrum Domini Jerosolym. veneratur.

Abbatiam ejusdem sepulcro dicatam fundat.

16. Ambasiaco verò in Ecclesiâ sanctæ Virginis

Gesta Consulum Andegavensium.

Mariæ de cruce Salvatoris posuit, & parum corrigiæ ex quâ manus Christi ligatæ fuerunt ; in quâ Ecclesiâ suo tempore corpus beati Florentini Presbyteri & Confessoris à pago Pictaviensi translatum fuerat, ubi & Canonicos ipse & Sulpitius beati Martini Thesaurarius constituerunt.

Bellum inter Fulconem Andeg. & Odonem Camp.

Conqueruntur homines Fulconis de Odone Campaniensi, & Gelduino Salmurensi, & de Gofrido sancti Aniani domino, qui omnes anno & dimidio quo Fulco moratus fuerat, terram & homines suos multis importunitatibus afflixerant. Quippe Gelduinus curiam sancti Petri Pontilevii utpote proprium fiscum munierat : (non ibi adhuc Monachi erant) contrà Fulco in monte prope Carum fluvium, qui de propriâ terrâ Gelduini erat, & de feodo Archiepiscopi Turonis, villâ rebellis nobilis Bentergius, quæ inter ipsum montem & Carum erat, & villâ Nantolii destructis, quæ ambæ de feodo Gelduini erant : oppidum quod Montrichardum vocatur composuit, & Rogerio Diabolico Domino Monthesauri custodire mandavit. Interea Odo ad delendum Montricardum multos milites & pedites Blesis congregat. Quo audito Comes delectissimos milites & pedites secum adducens, Herberto Cenomanensi Consule sibi fœderato & adjuncto, occurrit. Viri isti probi & militiæ actibus erant periti. Avos quorum Rex Francorum ad repellendam versutiam Normannorum & Britonum in istis regionibus hereditaverat. Odo more suo nimiâ multitudine confisus, fluvium Beuronis transit.

17. Fulco Ambasiaco discedens prope Pontilevium venit : Herbertus juxtà ripas Cari equitans Berengio castra fixit. Quid plura ? acies ordinantur. Odo attonitus, gelatoque corde stat, non æstimans Andegavos secum ausos prœliari ; suisque breviter inquit : « Totas effundite vires. Quisquis patriam carósque « parentes, qui sobolem ac thalamos, desertaque « pignora quærit videre, ense petat. Causa jubet « melior dominum sperare secundum. « Pugnatur, Fulco & sui præ nimiùm gravantur. Ipse Fulco equo cadens graviter verberatur. Penè victoriam Blesenses adepti sunt, nisi nuntius festinus ad Herbertum venisset, qui Fulconem victum captumque nuntiat.

Post acerrimum conflictum victores exstiterunt Andegavenses.

Postquàm rumor iste per totum percrebuit ejus exercitum, Comes Herbertus, ut erat miles acerrimus, advolat eum suis commilitonibus ; adsunt repentini quos advocaverunt socii, & à sinistro cornu inimicos præoccupant. Complacuit Christo virtutem illis conferre, & inimicis confusionem inferre. Nam milites Odonis ferocissimos ictus Cenomannorum, Andegavorumque impetus sustinere non ferentes, protinùs in fugam versi, pedites suos in campo trucidandos dimiserunt. Quibus ad libitum detruncatis, Andegavi quantum possunt vel audent, insequuntur fugientes, prosternentes omnes equites quos consequi prævalent. Ita ferè sex millibus tam captis quàm peremptis, reliqui quò quisque potuit evaserunt. Fugâ & strage hostium peractâ ; victores ad castra diripienda veniunt. Collectis opimis spoliis, pretio & numero captorum ditati, Ambasiaco redeunt.

18. Sequenti anno cùm Odo Campaniensis à Duce Lotharingiæ impugnaretur, vir prudens & modestus Fulco ad distringendam Turonicam quam multùm desiderabat esse suam, oppidum in monte Budelli statuit. Odo contra diversarum gentium multitudine secum adductâ, accito cum omnibus suis Salmuriensi Gelduino munitionem illam obsedit. Similiter Fulco quos potuit in Valleiam adunat, sapienti usus consilio Ligerim transmeat, & festinus totâ nocte equitans, summo diluculo Salmurium defensoribus vacuum intrat, totumque confestim oppidum usque ad arcem capit. Illis de arce nulla spes erat salutis, nullus locus effugii præter dedecus deditionis. Noverant gentem Andegavorum ferocem & bellicosam, nec eos ab incepto desistere, donec eis omnia ex voto contingerent : sciebant eos penitùs immisericordes : ideò sub lege deditionis Consuli satisfaciunt. Impunè, inquiunt, « jubeas recedamus, arcemque istam tibi tradamus, « tuere nos ab istis carnificibus, ut liceat nos vivos « tibi servire. His auditis Comes illos honorificentiâ « liberalitatis suscepit, magnis dapsilitatibus honoravit. Quod idcirco fecisse dicitur, quatenus & liberatos sibi affectaret, aliosque ad deditionem invitaret. Redditâ arce satellitibus suis ibi dimissis imperavit ut de servando castro curiosi essent. Fulco pro voto Salmurio potitus, aliàs ire disposuit, & ante Cainonem transiens, inter Noastrum & insulam Burchardi ponte facto Vigennam transit, & Montem-Basonis obsidet. Odo ab obsidione montis Budelli secessit, & ad Fulconis exercitum pedem dirigit. Ingeniosus Fulco obsidione dimissâ usque ad Lochas recedens in pratis sua tentoria collocavit, sicutique remisso exercitu quievit.

Salmuriense castrum capit Fulco.

19. Igitur disponente Francorum Regnum Roberto Rege, plurimas ei intulere sui contumeliæ insolentias, illi maximè quos aut ex mediocri, aut ex infimo genere ; tum ipse quàm uterque Fulco ejus scilicet pater atque avus fecerunt, maximis honoribus sublimes, inter quos fuit Odo rebellium maximus, qui fuit filius Theobaldi Carnotensis cognomento Fallacis, cæterique quamplures inferioris nobilitatis, qui exinde exstiterunt ei rebelles, unde esse debuerunt meliores vel humiliores, quorum non dispar fuit Odo secundus, scilicet prioris Odonis filius, qui quanto potentior, tanto fraudulentior cæteris. Nam cum obiisset Stephanus Comes Trecorum & Meldorum Herberti filius, ipsius Regis consobrinus, absque liberis, arripuit idem Odo contrà Regis voluntatem universa quæque latifundia, in Regis videlicet dominium jure cessura. Fuit etiam juge litigium, & bella frequentia inter ipsum Odonem & Fulconem Andegavorum Comitem, quoniam uterque tumidus superbiâ nimiâ, & pacis refuga. Accepit autem supra dictus Rex neptem prædicti Fulconis, nomine & animo Constantiam, inclytam Reginam, filiam Willelmi Comitis Arelatensis, natam de Blanca, sorore ejus Fulconis, ex quâ etiam suscepit quatuor filios, & duas filias. Exstitit tamen aliquando quidam Hugo dictus Belvacensis, qui inter ipsum Regem ejusque conjugem nequam semen odii spargebat, suique gratiâ præmii Reginam ei fecerat odiosam. Tantam denique insuper gratiam Rege consequutus fuerat, ut Comes palatii haberetur. Factumque est ut die quâdam Rex in silvâ venatum iret, idemque Hugo in eo tempore solebat cum illo, veneruntque missi à Fulcone Andegavorum Comite, avunculo scilicet ejusdem Reginæ, fortissimi milites duodecim, qui supradictum Hugonem ante Regem trucidaverunt. Ipse verò Rex licet aliquanto tempore tali facto tristis effectus, postea tamen, ut decebat, consors Reginæ fuit.

Ex Glabri lib. 3 cap. 2.

Odo Camp. rebellium maximus.

20. Suscepit igitur præfatus Rex de supra dictâ conjuge suâ filios quatuor, providusque de Regni successu elegit regnare post se illorum primogenitum Hugonem nomine, puerum adhuc, clarissimæ indolis illustrem. Cumque de ipso sacrando sublimiores Primates regni sagaciores consuluisset, tale ei dedere responsum : sine puerum, Rex, si placet, crescendo procedere in viriles annos, ne veluti de te gestum est, tanti pondus Regni infirmæ commictas ætati. Erat autem idem puer ferme decennis, qui minimè illorum acquiescens dictis, matre præcipuè instigante, Regio in Compendio accitis Regni

Robertus Hugonem priùs coronatum Regem declarat.
Ex Glabri lib. 3 cap. 9.

Paulò post obiit Hugo.

Primoribus coronam ut decreverat ex more à Pontificibus puero fecit imponi.

Ibidem Glaber post pauca.

Dum igitur incomparabili mentis simul ac corporis decore floreret, exigentibus majorum flagitiis repentè mors invida illum surripuit. Sed quale justitium contigit universis, nullo sermone valet exprimi. Qui in eâdem quâ primitùs coronatus fuerat Ecclesiâ beati Martyris Cornelii, videlicet Regio in Compendio est sepultus. Post cujus obitum cœpit iterum idem Rex tractare, quis potissimùm de residuis filiis post se regnare deberet. Constituerat autem secundum Burgundiæ Ducem Henricum nomine post Hugonem natum, ipsumque decrevit pro fratre in Regnum sublimare. Sed rursum mater muliebri animositate agitata, tam à patre quàm à cæteris qui parti illius favebant, discordabat, dicens tertium ad Regni moderamen præstantiorem fore filium, qui & Roberti patris nomine censebatur. Hoc quippe inter fratres seminarium discordiæ fuit. Coadunatis denique Rex Metropoli Remis Regni Primatibus, stabilivit Regni coronâ Henricum, quem delegerat. Tunc demùm post aliquod temporis spatium illi duo fratres firmato amicitiæ fœdere, præcipuè ob insolentiam matris, cœpere invadere vicos & castella sui patris, ac circum circà diripere quæ poterant bonorum ejus. Nam ille quem Regem fecerat, Drogas illi castrum surripuit; alter verò in Burgundiæ partibus Avalonem atque Belnensem. Pro quibus Rex gravi turbatus mœrore, colligens exercitum ascendit Burgundiam, bellum plusquàm civile patratur.

Item Glaber post versus aliquos prosequitur.

Henricus Roberti filius 2. Rex coronatur.

Ipse cum fratre adversus patrem insurgit.

21. Anno quoque sequenti mense Julio Robertus Rex apud castrum Meledunense diem clausit extremum, delatumque est corpus ejus ad Ecclesiam sancti Dionysii Martyris, ac in eâdem sepultum. Tunc rursùs oritur inter matrem & filios rediviva discordiæ crudelitas, ac præteritarum irarum fræna laxant inveterata odia: diù multumque vastando res proprias debacchatum est, donec Fulco Andegavorum Comes, avunculus scilicet ipsorum, matrem redarguens cur bestialem vesaniam erga filios exerceret, utrumque in pace reduceret. Sequenti verò anno eodem mense, atque in eodem castro, quo Rex obierat, & ipsa obiit, indeque portata est ad sancti Dionysii Basilicam, ac juxtà Regem sepulta.

Diem extremum Rex Robertus clausit. Ibidem Glaber paucis interjectis. Matrem Constantiam vexant filii.

Obit Constantia.

22. Henricus nempe Rex paternis rebus potitus, germanum suum Robertum constituit Burgundiæ Ducem. Præterea cum idem Rex rempublicam vivaci mente & agili corpore Regni sui discuteret, contigit ut Leothericus Senonum Archipræsul obiret. Illico verò unum de suæ gentis nobilibus consecrari mandavit, atque in ejus loco subrogari. Sed Odo rerum ditissimus, licet fide pauper, alterum è contra delegerat, ne jus regium hac in parte foret integrum. Nam qui viventi patri Roberto multa tam iniqua calliditate surripuerat, arte simili filiis facere cupiebat. Cum enim primitùs civitates Trecorum videlicet ac Meldorum cum multiplicibus castris illi præripuisset, post mortem ejus conjugi & filiis ejus surripuit urbem Senonicam, quam etiam tunc adversùs illos infamis possessor vallaverat. Quod cernens Henricus, acri animi ferocitate tam diù illum insecutus est debellando, quousque genuflectens se ei subderet, ejusque ditioni obediens pareret. Erat enim idem Odo natus ex filiâ Chunradi Regis Austrasiorum, Berta nomine, licet à patris sui proavis obscurae duxisset genus lineæ. Et quoniam Regi Rodulfo, avunculo scilicet ejus, non erat proles ulla, quæ foret regni ejus heres; præsumsit ipso vivente vi potius quam amore regni habenas præripere, conferens insuper multa donaria, ut ei assensum præberent, Primoribus patriæ. Sed

Robertus à fratre Dux Burgundiæ constituitur.
Sequentia item ex Glabro.

Odo Comes calliditate Regem & ejus fratrem dejicere conatur.

Et Regnum Burgundiæ invadere.

nequicquam: *Domini est regnum; & cuicumque voluerit dabit illud.* Est etiam proverbium: *Secundùm fidem hominis, erit amicus illius.* Gens enim præcipuè regni ejusdem assertionem fidei floccipendit, & fœdus pro nihilo ducit.

23. Exstitit igitur post mortem Henrici Imperatoris, qui fuit nepos Regis Radulfi, Chunradus habens in conjugio neptem præfati Radulfi, ob hoc maximè valenter resistens contradicebat Odoni; quorum etiam lis acerrima Regni utriusque maximam fecit depopulationem. Ad ultimum denique cum jam in conspectu Dei excederetur mensura tanti mali, collecto undecumque exercitu permaximo conscendit Odo in Tullensem pagum, quem jam sæpiùs depopulaverat, ibique oppugnans cepit Barrense castrum, cum magnâ tamen direptionis eversione totius provinciæ. Cum itaque in eodem castro locatis militibus ad custodiam fermè quingentis, decrevit tamen ipse quantociùs ad propria repedare, utpote qui curis agebatur innumeris. Præstolabantur itaque illum Legati ex Italiâ directi, deferentes arrham principatûs, ut aiebant, totius Italiæ regionis. Contemserant enim suum Principem prædictum, videlicet Chunradum Mediolanenses conjuratione factâ adversus eum, junctis sibi quos poterant ex civitatibus in circuitu: existimabant quoque eumdem Odonem posse percipere Regnum Austrasiorum, atque ad eos transire, ut illic gereret principatum; sed sicut ait manu fortis, insignis Præcentor bellorum Domini: *Dejecisti eos*, inquiens, *dum allevarentur*; ita contigit. Nam subitò Gocilo Dux totius primæ Rætiæ regionis cis rhenum cum exercitu nimio in eum irruens, omnem Odonis exercitum in fugam convertit, licet ex utrâque parte plurima multitudo moriens corruerit. Tunc denique & ipse Odo capite plexus, miserrimè interiit. Cujus lacerum cadaver & excapitatum Rogerius Catalaunorum Præsul, habens secum virum venerabilem Abbatem Richardum, à cæde suscipiens uxori reddidit. Narrant etiam plerique, quòd corpus ejus diù multumque quæsitum inveniri non potuit; donec uxor ejus veniens tali interfigno invenit. Habebat enim verrucam inter genitalia & anum, quod sic inventum accipiens, direxit illud Turonis, ibique sepultum est juxta patrem suum Capitulo beati Martini Majoris-monasterii. Et quidem finis Odonis talis exstitit. Quem idcircò huic seriei intexere voluimus, ut in præsentiarum cognosceretur rerum Creator justissimus, potenter explere quod olim Thesmophoro suo Moysi promisit: *Ego*, inquiens, *Dominus, qui judico peccata patrum in filiis in tertiam & quartam generationem.*

Odo frustrà ad Regnum Italiæ aspirat.

Miserrimè interiit Odo.

Pœnas dat ob suas & patrum nequitias.

24. Tertius namque hic Odo, de quo à nobis sermo superior est habitus, nepos fuit illius Theobaldi Carnoti Comitis, cui cognomen Tricator fuit. Hic nempe quondam junctus Arnulfo Flandrensi Comiti, expetens per legatos Willelmum Rotomagorum Ducem velut ad familiare pacis colloquium, promittens se ex parte Regis Francorum, seu Hugonis Magni, qui fuit filius Roberti Regis, quem Saxonum Rex Otto, posteà verò Imperator Romanorum, Suessionis interfecit, ei dicturum utilia esse. At ille quoque ut erat vir innocens licet potentissimus, ubi ille constituerat per fluvium Sequanæ evectus navigio velociter illò affuit. Qui dum simul convenientes irruunt in amplexus, unus simplicitate verâ, cæteri duo illecti simulatæ pacis atque amicitiæ miscere colloquia. Post finem verò insimulatorum verborum cepto recessu, jam longiusculè progrediente Guillelmo, revocavit eum Theobaldus quasi secretiora adhuc ei crediturus seu cariùs valedicturus. At ille remum dexterâ accipiens, prohi-

De nece Guilelmi Ducis Norman.

Gesta Consulum Andegavensium.

buit ut nemo suorum exiens illum sequeretur ; exi-livit ad ripam, Theobaldus quoque illum appropinquans quasi aliquid loquutus, illicò exerta quam ad hoc tulerat sub pallio spatham, uno ictu caput à corpore decussit. Quod cernentes qui cum Guillelmo venerant, remigando fugam arripiunt ; nuntiavere Rotomagensibus quod contigerat. Erat enim Guillelmo filius concubinae Richardus nomine, tamen adhuc adolescens, quem accipientes sui statuerunt pro patre Principem regni. Theobaldus nempe patrato scelere, concitus perrexit ad Herbertum Trecorum Comitem, petens ab eo sororem ipsius dari sibi in conjugium, uxorem scilicet praedicti Guillelmi quem interfecerat : at ille statim promisit dari, vocans eam ad colloquium sui, quae nondum genuerat prolem, quasi consolaturus ex damno mariti, tradidit eam Theobaldo, (detestabile satis conjugium) ex quâ genuit Odonem, patrem videlicet istius, cujus finem teterrimum supradiximus:

Hactenus Glaber ubi supra. Varia Fulconis Andegav. acta.

25. Interim Fulco iterum Montem Basonis obsedit & cedit, & Guillelmo Mirebelli ad servandum tradidit. Arraudus Brustulii, aliique proditores Gofridum dominum suum sancti Aniani Principem Fulconi tradunt ; qui postea Fulcone absente Lochis in carcere ab ipsis proditoribus strangulatus est. Comes Senescalco suo Lisoio neptem Sulpicii Thesaurarii uxorem dedit ; cui arcem Ambasiaci cum omnibus appenditiis ejus, Virnulium Mauriacumque, & Signiferiam Campaniae donavit, ipsum ita retinens filio suo Marcello commendavit. Itaque terra usque ad obitum Fulconis in pace siluit, qui non diu tamen post vixit, cujus huis hujusmodi exstitit: Bis jam Jerosolymis perrexerat ; tertio autem itinere in eundo peracto, adoratâ cruce Domini & sepulcro ejus, & multis etiam lacrymis effusis, & pertitâ jam multâ pecuniâ ibi & hospitali, in aliis etiam sanctis locis Deo servientibus, & multis egenis, veniens que Metensem urbem, levi tactus incommodo, diem clausit extremum, corpusque illius à medicis apertum, & intestina illius sublata, & in cimeterio Ecclesiae condita sunt, lapis etiam superpositus ; unde usque hodie sepulcrum Fulconis Andegavensis Comitis ab incolis vocatur. Corpus autem illius conditum aromatibus, & honorificè usque Locacense castrum translatum, ad Monasterium quod ipse construxerat delatum est, atque in eodem honorificè sepultum.

Fulco in urbe Metensi diem extremum clausit.

CAPUT IX.
De GAUFRIDO MARTELLO.

Goffridi Martelli Ducis Andegav. mores.

1. Goffridus Martellus post mortem patris sui honorem Consulatûs adeptus est. Martellus prae omnibus generis sui animosior, negotia sua omnia cum impetu pergebat. Plebs Andegavorum maximè dominum suum Martellum contra Theobaldum & contra Guillelmum Pictaviensem Consulem incitabat. Ut autem illud Lucani referam :

*Non erat is populus, quem pax tranquilla juvaret :
Quem sua libertas immotis pasceret armis.*

Erat etiam eis magnum decus, & ferroque petendum plus patriâ potuisse suâ, mensuraque juris vis erat. Martellus saepe multis vim faciebat. Cui cum diceretur : Malè de te loquuntur homines ; aiebat ; Faciunt quod solent, non quod mereor : benè enim loqui nesciunt. Itaque Ambasiaco milites multos cum Lisoio posuit, qui Turonum Blesumque vastarent. Similiter illi de Monte Basonis quidquid usque Kainonem erat demoliti sunt. Lochenses cum Rogerio Diabolerio terram sancti Aniani, Pontilevium & Calvimontem usque ad Cussonem fluvium saepe depraedabantur.

Turonicam civitatem Martellus obsidet.

2. Martellus ad ultimum omnibus suis copiis congregatis, Turonicam urbem obsedit. Dimisit tamen Lisoium Ambasiaco cum cunctis militibus, & mille quingentis peditibus qui vias custodirent, ne Blesenses ad ejus exercitum liberè descenderent. Audivit Lisoius, & certum erat, quòd Comes Theobaldus contra dominum suum Martellum bellum ingens praepararet. Quibus auditis, & ad unguem diligenter singula rimatis, quae gens cum eo esset, quid pararet, & quo in loco suos praelaturos disponeret, domino suo Gofrido Martello praesens in ipso exercitu ita loquutus est : « Bellum vobis « imminet non incertum, & insuper conveniunt « agmina. Francorum &, Burgundionum : civitatem « ergo quam obsedistis dimitte, hominibusque ve- « stris ab omnibus munitionibus vocatis, de vobis, « tutandis expeditiores adestote ; & ego vobis die « praelii. quo volueritis occurram : melius est, sed « convenire & pugnare, quàm nos à vobis sepa- « rari, & superari. In bellis mora modica est, fed « vincentibus lucrum quàm maximum est. Obsidio- « nes multa consumunt tempora, & vix obsessa sub- « jugantur municipia : bella vobis subdent nationes « & oppida, bello subacti evanescunt numquam fu- « mus inimici. Bello peracto & hoste devicto, va- « stum imperium. & Turonia patebit : Bonum est « ergo accelerare, ne nos inveniant inimici nostri, « & aemuli nostri dum venerint, imparatos : quo- « niam si Deum poterimus promereri ducem « praeambulum, non dubitabimur statim de inimicis « nostris triumphabimus. His dictis Lisoius Ambasio redit.

Lisoius ut obsidionem deferat, hortatur.

3. Comes Theobaldus cum infinita gente per Pontilevium transiens, juxta Montichardum ad flumen Cari descendit, & copiosis boum & ovium armentis inventis, opimâ praedâ sui ditati, & partibus sancti Quintini ante Blietum tentoria figens, & nocte ac die recreati sunt. Martellus relictâ obsidione, Laudiaco monte primâ die eis obvius venit. In crastino Blesenses catervatim ex castris proruunt : Andegavenses à Laudiaco eis è contra procedunt. Cumque jam se invicem contuerentur, ordinatum per sex acies exercitum suum Martellus his affatur alloquiis: « Eia milites videtis & invenistis apud quem venitis ; vos verò pugnate!, con- « fortamini in Domino & in potentia virtutis ejus, « potens est enim vos salvare Omnipotens. » De fu- « ga nullus cogitet unquam, quoniam longè nimis « à nobis Andegavis abest, metum omnem qui « etiam viros effeminat, abjicite ; & de vobis ipsis « defendendis viriliter sustinete, confisi Dei adjutorio, « manus bellicosas exercite, viresque dum tempus « est ostentate. Nunc armis & animis opus est ; « non est tempus socordiae, neque imperitiae. «

Ditiones Andegavenses praedatur Comes Theobaldus. Obsidione relictâ Martellus obviam fit Blesensibus, & gravi conflictu ipsos debellat.

4. His & talibus à Consule dictis accensi omnes ad pugnam procedunt, congressum ultra non ferre differentes. Nec mora, ante Burgum sancti Martini Belli ad pugnam conveniunt in loco qui publicè Nois vocatur. Rebaont tubis, & simul eia clamant. Immergunt se latissimis consertissimisque hostium turmis, obvios quosque sternunt, nec imbecilles inveniunt hostes, imò verò totis viribus sibi obstantes. Nam duas acies quae praecesserant, multitudine nimia pene funditùs consumunt. Corruunt multi, vulnerantur plures. Andegavi impetus sustinent improborum, victimque eos impetentes, viriliter retrocedere compellunt. Martellus qui in postrema parte cum acie sua subtiterat, ubi densiores hostium suorum vidit acervos, accurrit, totumque de Comite transferens se in militem, alios lanceâ deturbat de caballis, alios ense dimidiat in

255

256 Gesta Consulum Andegavensium.

sellis, convocat suos, instantes confortat, & eis animatis, in adversarios discurrit. Lisoius domino suo auxilium præbiturus cum suis militibus & peditibus, centum vexilla gerentibus, ab Ambasiaco advolat citissimus, qui viso prælio in dextro cornu habenas laxant, & calcaribus cornipedes urgent; & scutis pectoribus oppositis turmas Comitis depellunt, & oppositos discutiunt, & unusquisque suum sternit humi.

5. Andegavi siquidem denuò eos invaserunt; quorum virtutem Theobaldini satellites diutiùs non sustinentes, pavore subito sibi immisso in fugam versi, scapulas dederunt, plures cuspidibus insequentium confossi sunt. Insequuti sunt eos & retinuerunt equites & pedites, & equos multos vivos, eisque parcendo paucos occidunt. Qui cum Martello erant, omnes in ferrum ruunt, ipso præ omnibus fortissimè & fugante fugientes, & prosternente. Insequentes Ambasienses fugientibus instant, & quos consequi prævalent omnes prosternunt, & in nemore quod Brajum dicitur juxta aulam Astuini Comitem Theobaldum consequuntur; & capiunt cum quingentis & octoginta militibus. Non enim in Brajo equi currere potuerunt: Consulem Brajoabstractum, sic nempe nemus vocatur, Martello reddunt. Hostibus ita repulsis, Deo favente, & repressis, & diversis partibus turpiter fugatis, cum lætitia maxima redierunt, & à turbinibus bellorum immunes, eo anno quieverunt. Iste Theobaldus cum esset in vinculis, & pro eo nullam argenti, & auri Gofridus Martellus redemptionem vellet accipere, captivus mori metuens, & semetipsum plusquam sua diligens, anno incarnati Verbi millesimo quadragesimo primo pro sua deliberatione Turonim Gofrido Martello in perpetuum habendam concessit. Martellus Turonia quietè susceptâ (nam sibi Theobaldus Kainonem & Lengiacum quæ adhuc possidebat, cum omnibus quæ jure eis appendebant reddidit) Rege Francorum mediante cum Theobaldo pacificatus est.

6. Quid Glaber Rodulfus historiographus de bello hoc in historia scripserit, nostro operi inferamus.

7. Fuerat orta grandis discordia usque ad effusionem multi sanguinis inter Henricum Francorum Regem Roberti filium, & filios supra taxati Odonis, Thebaldum videlicet & Stephanum. Contigit enim post multas strages cladis utrarumque partium, ut idem Rex ablato ab eisdem dominio Turonicæ urbis, daret illud Gotfrido cognomento Tudici, filio scilicet Fulconis jamdicti Andegavorum Comitis; qui collecto magno exercitu ipsam civitatem anno uno & eo ampliùs obsidione circumdedit; adversùs quem tandem hostili manu pergentes dimicaturi, reverà ut afflictæ indigentiæ alimoniis succurrerent urbi ambo filii prædicti Odonis. Quod Gotfridus comperiens, expetivit auxilium beati Martini, promisitque se emendaturum humiliter quidquid in ipsius sancti Confessoris, cæterorumque Sanctorum possessionibus raptu abstraxerat. Indeque accepto sigillo, imponens illud propriæ hastæ, cum exercitu equitum, peditumque multorum obviam perrexit adversùm se dimicaturis; dumque venirent utræque partes in communi, tantus terror invasit exercitum duorum fratrum, ac si vincti essent ligaminibus, pariter omnes imbelles exstiterunt. Stephanus autem arreptâ fugâ cum aliquibus militibus evasit: Theobaldus verò cum cæterâ multitudine totius exercitûs captus, ad Turonensem civitatem deducitur, ipsamque Gotfrido reddidit, atque cum suis omnibus huic illucque dispersis, in captione remansit. Nulli dubium est beato Martino auxilian-

te, qui illum piè invocaverat, suorum inimicorum victorem exstitisse. Referebant enim alii ex acie fugientes, quòd tota phalanx militum Gotfredi in ipso procinctu belli; tam equites quàm pedites, indumentis videbantur adoperti. Nam ex rapinâ pauperum ejusdem Confessoris ferebant supplementum suis filii Odonis. Præbuit enim universis audientibus formidolosum stuporem; quòd mille septingenti & eo ampliùs viri armis instructi absque sanguinis effusione in prælio capti sunt.

8. Quindecim sacramenta juravit Theobaldus propriâ manu Consuli Gofrido, & viginti Barones Castellenses cum eo, & quadraginta milites vavasores eisdem verbis quibus & ipse. Ex quibus omnibus quatuor operi inseramus. Primò juravit, & jurando concessit civitatem Turonensem cum castellis, munitionibus, feodis & casamentis. Secundò juravit quòd Comitatus durabat ab Occidente à fluvio Toedo nomine, qui inter Salmurium castrum & Abbatiam sancti Florentii effluit, & sic in Ligerim effluit, usque ad Haïas Blimartii, quæ & Haïæ dicuntur S. Cyrici. Tertiò juravit quòd nec per se nec per alium aliquem quæreret, quomodo unum vorum vel aliquam villam ex consulatu perderet. Quartò juravit, quòd infrà septem leucas munitionum suarum, aliquam munitionem nec ipse faceret, nec alicui suorum permitteret facere.

9. Gelduino Salmuriensi, & filio ejus Gofrido Calvimontis, Martellus omnes feodos quos habuerant citrà Vigennæ fluvium, & decimam S. Cyrici reddidit. Qui Salmurium tunc Comiti concesserunt. Insuper etiam Gofridus Calvimontis pro prædictis Martello homagium fecit. Itaque Martellus facto homagio pro susceptâ terrâ Theobaldo, ipso deliberato, donaria militibus distribui constituit.

10. Hac præterea tempestate erant cum Comite Gofrido duo juvenes nobilissimi, filii Domini Castri-Gunterii; ex quibus primus vocabatur Rainaldus nomine patris sui, alter Gofridus nomine Consulis, cujus & filiolus erat. Ex quibus primum militem factum patri transmisit. Pater verò jam vetulus, cruce factâ, licentiâ Comitis Jerosolymis perrexit; filius verò ejus primogenitus Rainaldus homagio Consuli facto, terram suscepit; & quinque annis ut miles strenuus nobiliter rexit. Frater verò ejus Comiti serviens, & probitates fratris sui audiens, cupidus gloriæ, aggressus Consulem precibus suorum obtinuit, ut eum militem constitueret, & causâ filiationis modicum terræ ei largiretur; quo posset ei gratiosiùs & accuratiùs servire. Comes autem precibus juvenis & suorum delinitus, libentissimè annuit & militem constitutum dominium suum Caramantum, quæ, & villa Moranni, quam pater ejus Fulco firmaverat dedit, & totam terram ab Haïa Blimarcii quæ & S. Cyrici, usque ad Blesensiacum, tali nimirum pacto ut intrà illa fortem domum sive castrum munitissimum firmaret, quippe quod in ingressu & egressu Turonici Comitatûs, & in marchia erat Blesensium, Vindocinensium, Ambaziacensium & Calvimontensium. Qui terram illam tali pacto susceptâ homagio, & ligiatione Consuli factâ.

11. Secundo autem anno quo constitutus miles est, & terram illam à Consule suscepit, mortuus est pater ejus & frater, utrique Rainaldi vocati verno tempore & uno die, frater Jerosolymis, frater Gunterii Castro; qui solus remanens homagio & ligiatione Consuli factâ, terram patris vel fratris defunctorum suscepit regendam, cum illâ quam ei Comes amore filiolatûs dederat. Dedit & ei conjugem, neptem uxoris suæ puellam nobilissimam, corpore & vultu pulcherrimam, nomine Beatricem.

Facta

Capitur Theobaldus Comes.

Ut se redimeret Turoniam, Kainonem & Lengiacum Gofridus dimittit. 1041.

Quid de hoc bello Glaber scripserit in lib. 5. cap. 2.

Hinc usque Glaber. Juramenta quæ promisit Theobaldus.

Gofridus beneficia contulit duobus nobilibus Rainaldo & Gofrido.

Gesta Consulum Andegavensium.

facta est autem prægnans eodem anno quo eam duxerat. Unde hilaris effectus, statim cœpit ædificare nobiliter castrum: Cum autem, ut quantociùs ædificaretur elaboraret, natus est ei infans masculus; qui aliquantulum ex morte patris vel fratris confortatus, & gaudio gavisus, puerum nomine patris vel fratris Rainaldum videlicet vocari præcepit; castrum autem novum ex nomine filii sui castrum Reginaldi vocari præcepit. Qui ex nobilibus ortus, & nobiliter educatus, armis strenuus & miles acerrimus, staturâ procerus, vultu decorus, verbis facetus, amabilis fuit omnibus. Qui propter probitates suas à prædicto Consule Theobaldo [h] in tanto dilectus est; ut ei magnam terram donaret, quæ vicina erat terræ supradicto castello adjacenti, cum villis, feodis & casamentis.

12. Siquidem eo tempore virum Cenomanicum, qui multum sibi serviebat, Fulcoium de Torneio in curia sua Martellus habebat: verùm cum quid Fulcoio pro servitio recompensare vellet, quod sibi gratum fore debuisset diù præmeditaretur, domum munitissimam quæ usque hodie Mota-Fulcoii à vulgo vocatur, terramque magnam ex suo proprio cum multis Ambasiaco feodis donavit. Seneca affirmante, quòd quietissimam vitam agerent homines in terris, si duo hæc verba à naturâ rerum tollerentur *meum & tuum*. Hinc est; quòd Willelmus Pictaviensum Comes Consulatum Santonicum suum esse volebat, & vi præoccupatum tenebat, quia patrui sui fuerat. Martellus eumdem Consulatum reclamabat, quia avi sui fuerat, cujus heredes absque liberis mortui erant, & ideo ad heredes sororis avi sui honorem debere reverti affirmabat. Denique hujus litigii causâ diù vintilatâ, multa mala in Andegavensi pago & Pictaviensi perpetravit, & per quatuor annos tota terra circà Losdunum & Mirebellum; à Salmurio etiam Pictavis vastata & ferè deleta fuit. Similiter Martellus quidquid erat circà Pictavis, Clinonem fluvium, & ultrà, nec non suburbia ipsius civitatis succendit ac delevit.

13. Gofridus igitur cum Willelmo pugnare disponens, Lisoium grandem viro negotio advocavit. In ejus consilio, auctoritate & sententiâ uti illius qui in vario genere bellorum versatus fuerat, totius prælii ordinem commisit. Nam teste Tullio: Prudentes senes in re gerendâ similes sunt navigatoribus, qui quamvis in navigando nihil agere dicantur, cum alii malos scandant, alii per foros cursent, alii sentinam exhauriant; ille clavum tenens sedeat in puppi quietus, licet non faciat quæ juvenes, tamen multa, & majora & meliora facit; ut Lisoius in hoc prælio, in quo dominus suus Pictavenses cum Duce suo turpiter devicit. Non viribus solummodò, aut velocitatibus aut celeritate corporum res magnæ non geruntur, sed consilio & prudentiâ, quibus non orbari; sed augeri senectus solet. Santonici etiam & multi ejusdem Consulatus Proceres sæpe cum Martello fœdus pepigerunt, fieri & sui ipsius, & ejus cui præsidebant urbis deditionem illi pacti sunt, si usque ad eos quoquomodò posset pervenire.

14. Firmatis itaque amicitiis, & fœderatus cum Radulfo Vice-consule Thoarci, Martellus cum omni suâ gente, & amicorum & vicinorum copiis ad urbem Santonicam suscipiendam tam ipse, quàm prædictus Vice-consul tetenderunt. In contra Guillelmus Pictavorum Dux, vir equidem bellicosus, nulli audaciâ secundus, prudentiâ præditus, divitiis copiosus, militaribus auxiliis constipatus, cupidus laudis, inflatus supercilio jactantiæ, magni nominis homo,

gentes maximas congregat, videlicet Pictavienses, Lemovicenses, Angolismenses, Petragorenses, Arvernos, Wascones, Bascos, Tolosenses, nec non alios innumeros coagulaverat, & exercitum immensum conflaverat. Isti omnes adventum Martelli expectantes ad oppidum, quod Caput Vultonæ dicitur, adunati subsistunt. Quod oppidum in altâ rupe situm, à Capite-Vultonæ fluvii, sive à cavitate rupium nomen accepit. Nam quidam Cayn-Vultonæ, alii Cavitonium nuncupant. Multi autem qui ibi substiterant, apud se deliberabant, an discederent; an propiùs ad bellum accederent? discedere suadebat fama quæ felices Andegavorum successus prænuntiabat, & ex felicibus de victoriâ Theobaldi & Francorum feliciores fore auspicabantur, & idcircò metus quam maximus pectoribus singulorum inserebatur: accedere verò ad prælium eos exhortabatur ita pudorque, peregrinorum nullatenùs adhuc represfa temeritate. Confidebant etiam in coagulatorum diffusâ multitudine, & in suâ, sicut jactabant, animositate. Præterea inglorios se esse dicebant, nisi multi paucorum stoliditatem compescerent, nisi alienigenas à suis finibus disjicerent.

15. Quoniam autem Aquitaniæ Principes bellum pertrahi conquerebantur, Dux eorum Willelmus festinus in planitie Caput-Vultonæ descendens, Martello & suis occurrit. Veniebant igitur Pictavi catervatim congaudentes, & victoriam in manibus autumantes, & de spoliis inimicorum diripiendis jam lætantes: afferebant itaque suos unusquisque funiculos, quibus vinctos ad sua tecta captivatos ducerent Andegavos: qui cum se invicem conspicerent, accurate quisquis aciem suam instruxit.

16. Martellus & sui sagittarios & pedites suos ordinaverunt, & ipsis præmissis, pedetentim ut mos est, pergebant. Edocebantur autem qualiter obclamarent, qualiter obstarent, qualiter impenetrabiles inimicos feriendo penetrarent, & ut ad signa sua nihil reverentes frequenter respicerent, & se ipsos ad ictus hostiles sufferendos obdurarent; licet hæc omnia in aliis bellis bene gestis didicissent. Nec minus è regione Pictavenses cuneatim stellis innumerabilibus innumerabiliores densabantur, & per agmina innumeræ legiones à latere in latere extendebantur, gerentes vincula quibus hostes ligare putabant. Porrò manipuli eorum militares prout erant instructi loca condicta tenebant. Existimabant enim Andegavos statim fugam arripere; de fugâ quippe suâ nulla mentio fuerat, quoniam se vicisse putabant. Confidebant siquidem & in multitudinibus suis innumeris, & in pectoribus gentium animosis, & in ducalibus ne unquam fugerent edictis. Ergo bello utrimque parato, ut ventum est ad locum, unde aliquantulum jam propriores se inspicerent, pari concurritu agmina motu, Pictavenses irâ metusque, Andegavenses spes acquirendi Santonicum Consulatum incitabat, vociferantur omnes, & confusis clamoribus ipsum pulsatur cœlum, fragor nimius vel de collisionibus armorum, vel de illisionibus cassidum resonat & gladiorum. Plangores & ululatus undique vel emittuntur, vel vulneratorum audiuntur, Martellus & Andegavi illos viriliter aggressi sunt occlamantes, & audacter per medias acies irrunt.

17. Globus etiam Turonorum militum subsequentium dominum suum multos stravit, & vexillum ipsius Ducis prostravit, quod pedites viriliter equitesque sequentes, rapuerunt & retinuerunt, quod non mediocrem eis incussit timorem. Guascones omnes & Lemovicenses confestim fugam inierunt, quos cæ-

[h] Theobaldo] Imò *Gofrido*.

Castri-Rainaldi origo.

Quòd Santonicam Consulatum occuparet Guillelmus Pictav. quem suum esse diceret Gosridus, dissidia & bella.

Conflictus utriusque partis acerrimus & obstinatissimus.

Tandem Andegavenses de Pictavensibus insignem reportant victoriam.

teræ gentes insequuntur. Pictavenses stupefacti, aliquantulum demorati substiterunt. Martellus & sui simul illuc conversi, eos tamquam segetem in transverso gladiis secabant, & eorum corpora detruncantes dimidiabant. Irrorabantur, sed potius inundabantur sanguine campi. Pictavenses tremefacti, Duce suo graviter vulnerato, respirandi locum non habebant, nec aliquantenus respirabant. Insequuti sunt eos fugientes, illi dumtaxat evaserunt, qui effugere quoquomodo potuerunt. Multos capiunt Turonenses, sed Andegavi quos poterant cursu prævenire, illis nullæ dabantur induciæ : alios lanceis transfodiebant, alios gladiis jugulabant, in commune nulli parcebant. Et quoniam prædictum oppidum aliquantenus ab ipsis distabat, qui fatigati remanebant, aut capiebantur aut in mortem ruebant. Dies itaque illa Pictavensibus nimium fuit adversa; fuit enim dies tribulationis & dispersionis, dies mortis & confusionis; cum vinculis quos ad hostes suos ligandos advenerant, ligati sunt. Willelmus etiam Consul vulneratur, & capitur.

Guillelmus Picta. captus.

18. Martellus & sui cæde peracta reversi sunt in campum, & ibi intra tentoria nocte illa quieverunt; & contra boreana qui acriter sufflabat corpora mortuorum congregaverunt. Martellus post hæc, quam citius potuit Santonis devenit, obviam ei venientes qui in urbe erant, apertis portis, urbem ipsi tradiderunt. Itaque ibi requieverunt cum gaudio, & Santonicum Consulatum receperunt, quem Martellus facta pace cum Pictavensi Duce, quoad vixit tenuit. Nam Dux à plaga prælii facta sanus effectus, Episcoporum & Religiosorum consilio, hominio à Martello suscepto, prædictum Consulatum & quietum concessit, & multis pecuniis liber à captione, quà illum Martellus in prælio capiens spatio trium annorum tenuerat, ad propria remeans, ipso in anno finem vitæ habuit. Factum est autem inenarrabile gaudium in Andegavia & Turonia, & cum gaudio in pace diu requieverunt, & ubique terrarum Deo gratias agentes, multoties triumphatores exaltati sunt.

Urbem Santonicam Godefridus ingreditur, ipsâque potitur.

Moritur Gofridus Martel.

19. In diebus illis Willelmus Dux Normannorum Herbertum Cenomannicum Consulem nimis impugnabat, cui Martellus auxiliator & tutor fuit; & idcirco Willelmus Dux, qui postea Angliâ acquisitâ Rex Anglorum exstitit, multa à Martello mala perpessus est. Gofridus Martellus filius Fulconis cum filios non haberet, Comitatum suum, scilicet Andegavium & Turoniam, quam, sicut suprà scriptum est, conquisierat, nepotibus suis Gofrido Barbato & Fulconi, Richino, reliquit; Andegaviam & Santonias Fulconi, Turoniam cum Landonensi castro Barbato donavit. Martellus morbo repentino occupatus, irremediabili languore per dies ingravescente, ad mortem usque perurgente, & non sine grandi dolore inter suos defungitur.

20. Ædificavit autem Cœnobium sanctæ Trinitatis apud Vindocinum castrum, Monachosque posuit & Abbatem constituit. Causa autem ædificationis hujuscemodi exstitit. Quodam tempore Dominico die, aurora illucescente, contigit Consulem una cum uxore ad fenestram aulæ, qua thalamus ejus illuminatur, versus Aquilonem faciem posuisse. Erat autem aula in superciilio montis, ubi nunc Ecclesia beati Georgii habetur : burgus autem ubi habitantium multitudo, ex latere montis contra Aquilonis flamen erat. Extra burgum autem contra Orientem, erant pascua latissima, & in medio fons latissimus, ubi & ad quem penè universus populus castri venibat haurire. Cum autem Consul & ejus conjux, Agnes nomine, spatium aëris & stellarum multitudinem intuerentur, & de multis confabularentur,

Cœnobium Vindocinense ædificavit. Quam ob causam.

subitò viderunt ambo stellam longissimam ac si militis hastam in ipso fonte cadere. Cum autem turbati essent, cecidit secunda; plus mirantibus & stupentibus cecidit tertia. Denique Consul festinus, cultioribus vestimentis indutus, una cum uxore de supercilio montis descendit, & in Ecclesia B. Martini, quæ prope ipsum fontem erat, Missam in honore sanctæ Trinitatis canere facit. Hoc ipsum etiam quod viderat Episcopis; Abbatibus & aliis religiosissimis narrabat viris, & super hoc quid acturus foret quærebat. Omnes autem quos consulebat uno animo & uno sermone suum dedere consilium, ut in ipsis pascuis Ecclesiam ædificaret in honore sanctæ Trinitatis; & altare ipsius Ecclesiæ super ipsum fontem constitueret; servos Dei inibi congregaret, qui die noctuque Deo ibi servirent. Qui sano consilio acquiescens, cœpit juxtà Ecclesiam ædificare officinas utiles Monachis. Elegit etiam ex religiosiori Monasterio totius Gallicæ, videlicet ex Monasterio beati Martini Majoris-monasterii viginti quinque Monachos, ex quibus unum ipsis præfecit; Abbatemque consecrari delegit: Uxor verò ejus ædificavit in supercilio montis Ecclesiam sancti Georgii, Canonicosque posuit, & Capellam Consulis vocari præcepit. Hic & bona Ecclesiæ beati Laudi valde ampliavit, & undecim Canonicos in ea posuit; cum tamen modò tres vel quatuor Presbyteri tantum ibi essent : ut continentur in privilegio ipsius, quod est in eadem Ecclesia. Gofridus autem Comes perfecit Ecclesiam sancti Nicolai in suburbio Andegavæ civitatis, quam pater ejus Fulco inceperat nec perfecerat; Monachos & Abbatem posuit, multisque possessionibus ditavit; ibidemque sepultus quiescit.

Uxor illius Agnes Ecclesiam S. Georgii ædificavit.

In Ecclesia S. Nicolai Andegav. quam ipse perfecit Monachos instituit.

CAPUT X.

De Gofrido Barbato.

1. Dum Gofridus Barbatus & frater suus Fulco Richin honorem Martelli possiderent, quæ & quanta mala Consulatum involverint, & veritas historiæ jubet evolvere, & horror magnitudoque cladis prohibet referre. Sed nescio quid ipsis malis præstet eorum malorum verba subtrahere, quorum illi facta pertulerunt, quin potius nocere etiam malis exempla eorum perditionis supprimere, quandoquidem ipsis etiam sic perversis utile, ipsorum exitio alios ab eorum deterreri imaginatione. Quòd si forte ipsis malis nihil boni conferat, & quare eis adversa evenerint, aut etiam quomodo & cur perierint nosse, sequentibus tamen saluberrimum esse potest, cognitis aliorum ruinis, à viis ruinosis cavere. Proinde non ignoretur fortunam suam invidiam, quam sæpe potentibus commodat, his fratribus accommodare, quos communitas Consulatûs in turbam misit, & malè concordes effecit. Nam Lucano teste : Nulla fides Regni sociis, omnisque potestas impatiens consortis erit, nec gentibus ullis credite. Gofridus Barbatus armis strenuus cum Cenomannensibus est fœderatus, cujus auxilio Helias de Fiscâ Cenomanum recuperavit; quod Willelmus Rex Anglorum sibi auferebat.

Quanta mala illorum Consulatum tempore evenerint narrat.

2. Quantæ cupiditatis & avaritiæ, quantæ etiam crudelitatis & superbiæ, & quomodo id Deus restitit & humiliaverit, ut legitur : *Deus superbis resistit* : Et, *Frangit Deus omnem superbum* : locus in præsenti habetur. Diabolus cujus & delectatio est mundi principio sancta depravare, pacifica perturbare, bonis operibus obviare, & electionem Bartholomæi Abbatis Majoris-monasterii, atque benedictionem sanctissimè factam molitus est modis quibus potuit infestare. Instigavit igitur Comitem Turonen-

Jacobi 4. 6.

Gesta Consulum Andegavensium.

fium, nomine Goffridum, cognomento Barbatum, ut locum Majoris-monasterii suo dominatui subjugaret, & Abbatem loci cogeret, ut de manu illius baculum pastoralem reciperet.

3. Grex igitur beati Martini Majoris-monasterii stupefactus, ac mente confusus ex tam inaudita hactenùs ratione, cogitare cœpit ac dicere, quo fieri posset, ut tanta & tam longa Regalis potestas, & specialis semper domini Martini gloria ex priscis & ex suis etiam ipsis temporibus, qui dum adviveret proprium ibi Abbatem esse constituit nomine Galbertum, qui nunc ibi humatus quiescit, ab Imperatoribus & Regibus hucusque inviolabiliter conservata, modernis temporibus alicujus dominio nisi Regio, sicut semper, aut Abbati proprio subderetur. Aiebant enim : Habemus namque non minima Imperatorum Regumque Præcepta, necnon & Apostolicorum perplurima Privilegia, quibus hic noster locus pro veneratione pii patris nostri domni Martini, qui eum fundavit, specialem obtinet dignitatem & gloriam, & nunquam ab aliquo Regum, nisi aut Regi aut Abbati proprio sancti Martini fuit subjectus, qualiter etiam sit ab omni Præsulum dominio in quantum in ordinandis Monachis necessitas cogit Ecclesiæ sequestratus, cum quibus ne id fiat satis defendere possumus.

4. Unâ igitur mente atque decreto venit idem grex ad prædictum Comitem, illique hæc omnia retulerunt, ut scilicet hanc Abbatiam Majoris-monasterii, nec ipsum Monasterium in alicujus dominium nisi in suum proprium Abbatem hactenùs devenire permittat, ne honor & gloria tanti Patris quæ semper crescit in cœlis, aliquatenùs minorari videatur in terris, à tantis hactenùs inviolabiliter conservata Regibus, Patribus atque Principibus. Comes autem obstinatè imò fortiter in suâ sententiâ permanebat, & si hoc fieret, locum destruere minabatur. Monachi verò Comitem sæpe & rationabiliter convenerunt, & per personas Ecclesiasticas atque sæculares discreti sanique consilii nitebantur commotionem Comitis tranquillare.

5. Comes autem quanto magis videbat Monachos resistere suæ voluntati, tanto vehementius turbabatur, tantoque indiscretius non jam loco solummodò, sed & ipsis Monachis minabatur, & minas crudeles crudeli opere adimplebat. Locum namque Majoris-monasterii & loca appendentia, ubicumque potestas ejus attigit, aggressus funditùs annullare, possessiones Monachorum & substantias hominum Monasterii rapere violenter & vastare : & quomodo sævitiam suam expleret etiam in corpora Monachorum cœpit attentiùs observare, ut complerétur quod scriptum est : *Observabit peccator justum, & stridebit super eum dentibus suis* : in tantumque desæviit persequutio & excrevit, ut etiam sæculares homines Comitis intemperantiam mirarentur, & imprecantes Comiti, Deum pro Monachis precarentur.

6. Monachi autem cum hæc diù cum patientiâ tolerassent, nec jam possent pericula imminentia sustinere, orationes quas pro suis persequutoribus juxta Evangelii effundebant præceptum, statuerunt devotiùs ampliare ; nudatísque pedibus ad corpus beati Martini processerunt, assumptis secum debilibus & leprosis, quos de victu vel vestitu Monasterii sustinebant, & quorum preces apud Dominum valere confidebant quàmplurimum, ubi unanimiter in orationibus persistentes implorabant Deum & Sancti merita, ut pestem illam tam sævissimam suâ misericordiâ temperaret, ne locum illorum persequutor ille destrueret, unde ipse postmodum in infernum pœnas luiturus descenderet.

7. His peractis, etiam ad Abbatem Cluniacensem recolendæ memoriæ virum, Hugonem nomine, suam petitionem direxerunt, suppliciter exorantes, ut ipse & sancta Cluniacensis Congregatio pro tantâ persequutione mitiganda Dei clementiam precarentur ; insuper ut ipse Abbas locum Majoris-monasterii consolari suâ præsentiâ dignaretur. Qui benignus ut erat, petitioni eorum benigno animo acquievit. Cumque Majus-monasterium pervenisset, consolatus est Fratres, & Turonis ad Comitem sunt profecti, cujus pedibus prostrati, eum ut ab illa persequutione jam cessaret precabantur humiliter, sed incassum. Nam Comes in suam sævitiem obstinatus, nec lacrymis flexus est Monachorum, nec Abbatis precibus acquievit, nec se vel modicè à persequendis Monachis temperavit.

8. Quibus ad Monasterium redeuntibus, Abbas quoque reversus est Cluniacum, Abbate Majoris-monasterii comitante. Qui videlicet Abbas Majoris-monasterii antequàm inde rediret, suscepit sacros ordines Sacerdotis ; quando enim electus est in Abbatem, adhuc Diaconi ministerio fugebatur. Porrò Deus qui erigit elisos, & sperantes in se non deserit, non dormitabat custodiens Israël spiritualem, & afflictioni servorum suorum, qui, ut scriptum est, jam duplicia pro peccatis suis receperant, misereri ultrà non distulit : qui cum sit omnipotens atque justus, in caput Comitis justè fecit ejus injustitiam redundare. Nam ut manifestum fieret quàm injustus Comes ille adversus Abbatem & illos Monachos exstitisset, & ut appareret quàm justa ultione puniendus erat, qui sanctam illam Ecclesiam tam irrationabiliter infestabat, Deus qui semper [est] in sanctis suis mirabilis, pro suis fidelibus dignatus est insigne miraculum operari.

9. Postquàm enim Comes contemsit Abbatem Bartholomæum & Abbatem Cluniacensem & Monachos exaudire, parvo intervallo interposito frater ejus, Fulco nomine, adversùs eum cum manu validâ insurrexit, nec ab ejus persequutione cessavit, donec eum captum ; & ab honore privatum per multos annos in captionem detinuit. Ibique afflictus & divinâ ultione datus etiam in reprobum sensum, vixit posteà plusquàm triginta annos in hac miseriâ, etiam hostibus miserandus, certè justo judicio privatus est & corporis & animi libertate, justè totâ vitâ suâ miserabiliter oppressus est unius hominis potestate ; qui contra Dominum sæviens nitebatur multos servos Dei injustitiâ servitute deprimere, justo judicio amisit in perpetuum dominationem quam tenebat, qui in possessiones Dominicas injustâ tyrannide sæviebat. Willelmus Cenomannum concedente sibi Herberto acquievit, & Heliæ, cui hereditario jure obvenerat, violenter auferebat.

CAPUT XI.
De FULCONE Richin.

1. FUlco subdolus fratrem suum nimiùm cepit impugnare, & Consulatum totum turbare ; tunc totius Comitatûs Barones unus in alium ceperunt insurgere, nunc Barbato nunc Fulconi favere ; & tunc proditiones multæ inter eos exortæ sunt. Quo tempore fit proditio apud Andegavum anno Verbi incarnati millesimo sexagesimo sexto proditores perimuntur. Tunc Gofridus de Praliaco occisus est, pater illius Goffridi qui Comes Vindocini fuit. Comes Pictaviensium Willelmus, uti pater suus vocatur, miles acerrimus, juvenis astutus & laboriosus prædictis fratribus sic discordantibus Santonicum Consulatum aggressus cepit & possedit. Helias consul Cenomannicus, & complures sui Consulatus

Proceres Fulconem pro Barbato graviter expugnabant, & ut Barbatum deliberaret petebant, & auxilio Philippi Regis Francorum, & Stephani Comitis Blesis ipsum vi abstrahere nitebantur; sed Fulco cùm Stephano, hominagio sibi facto, Regem Francorum adiit, & cum eo fœderatus, Philippo Regi Landonense castrum concessit.

Fulco abstulit Ambasium Arnulfo de Magduno.

2. Rediens Fulco à Franciâ Ambasiaco cum Arnulfo, qui custodiam domicilii ab ipso in feodo habebat, hospitatus, feodum ei abstulit & domicilium, positâ propriâ ad libitum custodiâ, sibi proprium retinuit. Sic Arnulfus de Magduno, & filius ejus Leonius ab Ambasio expulsi sunt. Sæpe Fulco talia actitans, progeniem suam doli ream licet injustè accusari fecit. Est autem hæc quædam vis malis moribus, ut innocentiam multitudinis devenustent scelera paucorum, cùm tamen è plurimo bonorum raritas, flagitia multorum nequeat excusare virtutibus communicatis. Sed non exacerbescat cum videat sordidari virtutum sinceritatem criminatione, paucorum vitiorum. Erant enim tunc multi in bono administrando segnes, in malo obloquendo celeres, seditionibus occupati, caritate infirmi, factione robusti, in æmulationum conservatione stabiles, de quibus mentionem faciens quod scitum historiæ est, facio.

Domini Ambasiani.

3. Erant autem tunc Ambasiæ tres Optimates, quorum nullus alii credebat fore secundus, nec erat, quoniam nullum servitium alter alteri debebat, habentes singuli domos defensibiles; Sulpicius dominus Turris-lapideæ, & Fulcoius de Torineio, quem Comes Martellus primus ibi hereditaverat, qui dominus domûs quæ Mota-Fulcoii dicebatur, erat. Tertius erat Arnulfus filius Leonii de Magduno, custos domûs Consulis, quæ vocabatur domicilium, ad cujus jus pars major Ambasiensis castri pertinebat. Fulco pater Martelli Leonio de Magduno in feodo custodiam domicilii & commendatias silvæ longæ, quæ suæ erant, usque Remorentino olim donaverat. Nam Fulco, cum Landonensem Vice-consulatum possideret, sæpe per Magdunum inter Aurelianum & Baugenciacum situm transibat, & Leonium inter principales amicos habebat: Sulpicius, vir prudens, armisque strenuus fuit; cujus frater, Lisoius non inferior virtute exstitit, qui ita natali amicitia erant conjuncti, ut eorum vita ab omnibus laudaretur. Nam teste Tullio, si exemeris ex naturâ rerum, benevolentiæ junctionem, nec domus ulla, nec urbs ulla stare poterit, nec agricultus etiam permanebit. Id si minus intelligitur, quanta vis amicitiæ sit concordiæque, ex dissensionibus atque discordiis percipi potest, ex discordia Fulconis Richin & Barbati quæ penè terram eis subditam totam delevit. Quæ enim domus tam stabilis, quæ tam firma civitas, quæ non odiis atque discordiis funditùs possit everti? Ex Sulpicio atque Lisoio quantum boni sit in amicitiâ judicari potest, qui licet causâ invidiæ à multis potentibus aggressi, viriliter se defendentes, nihil ex suo amiserunt, quamvis ipse Fulco eos Ambasiaco sæpe expellere tentasset.

4. Fulco Richin Barbatum fratrem suum captum tenuit, & in vinculis Chainoni castro posuit, & utrumque Comitatum in proprietatem sibi suscepit. Barbato Arnulfus, Fulconi Richin Fulcoius favebat, Sulpicius neutri. Itaque Fulco Richin à Rege Francorum utrumque Comitatum suscepit, ipsique Landonense castrum in perpetuum tenuit. Dumque à curiâ Regis Fulco rediret, hospitatus cum Arnulfo in domicilio, consilio Fulconis domicilium ei abstulit, & cuidam homini suo Rainaldo Porcello ad custodiendum tradidit, ipsumque Arnulfum ratione satis debili quia Barbatum dilexerat, Ambazio expulit. Post hæc malitiosus Fulcoius nutu Consulis Sul-

picium & suos impugnabat, existimans quòd Comes honorem Sulpicii filio suo Fulcoio daret, qui Elizabeth sororem Comiti duxerat, si eum ab Ambaziaco expellere posset.

5. Jam pridem Consul Richin à probitate antecessorum suorum deviaverat, veraque vocabula rerum amiserat. Nam aliena bona largiri liberalitas, malorum, & reorum audacia fortitudo ab eo vocabatur: sed tamen misericors mansuetusque erat, nimiumque ad credendum malis facilis, quem Fulcoius aggrediens multis adulationibus, ut arma contra Sulpicium sumeret impetravit. Similiter Burchardum de Monthesauro, qui Eufennam Sulpicii & Lisoii sororem habebat, contra ipsos ad omnia mala agenda incitavit, sed Sulpicius Lisoiusque à Calvo-monte Comitem Buchardum atque Fulcoium infestabant, illisque mollientibus totam terram usque Lochas & Turonim vastantes deprædantesque, omnia incendebant. Munierunt etiam Ambasiaco arcem suam, & sic sæpe in ipso oppido inter utriusque partis homines lis vulneratioque & occisio nimia erat. Erat autem Sulpicio auxiliator sororius ejus Theobaldus Rupium dominus, per cujus portum Sulpicius & sui transmeantes, maxima damna inimicis suis faciebant. Diù post hoc Comes consilio Ambasiensium cum Sulpicio, dolò, inducias cepit, pace factâ terra siluit. Sulpicius in custodiâ cujusdam Ambasiensis militis nomine Hebrardi arcem suam posuit, ipse cum uxore Calvimontis mansit. Quâdam verò die dum Sulpicius Ambasiaco esset, & in domo Cæsarii in pace securusque quiesceret, Fulcoius Comiti qui Turonis erat mandavit. Comes statim milites suos nocte misit, eumque in eâdem domo turpiter captum Andegavis incarceravit.

6. Fulco Richin exercitu suo congregato, Ambasii arcem expugnare adorsus est. Intravit autem Comes juxta domicilium suum in oppido, inde balistarii & sagittarii spicula illis de arce dirigebant; ab arce verò pila & sagittas, immensosque lapides jactabant. Illi de domicilio, quod turre porrectius erat, nimis eis nocebant, utpote super quos lapides à mangonellis jaculati desursùm ruebant, major pars exercitûs, quæ in foro juxta Ecclesiam sancti Dionysii relicta erat, impetuosè in burgum ruebant, quorum phalanges armatæ mœnia circumvallabant, & classica lituorum turbarumque clangebant, ignemque copiosùm jacientes omnia incendebant. Illi de turre omnimodis eos impugnabant, perenitentes in clypeis, in galeis, in capitibus, nihil otiosum omittere, ignem non cessabant jacere, donec ab utrisque totum oppidum succensum, ipsaque Ecclesia sanctæ Mariæ cremata est. Post ignem arietibus & petoritis Comes eos aggressus, per quinque hebdomadas parum eis nocuit, nihil proficiens, exercitum redire ad propria permisit.

Ambasium expugnat Fulco.

7. Intereà Lisoius frater Sulpicii à Calvomonte & ab ipsâ arce repentinos concursûs faciens, phalanges Turonorum sæpe palantes inveniens impugnabat. Multi dum impetum ejus evitare nesciunt, in repentinum mortis discrimen ceciderunt, quod ad luctum & magnum detrimentum hominibus Comitis accessisse, nemo sani capitis dubitat. Orta est igitur inter eos non modica tristitia, quoniam Comes eis nullum auxilium conferre poterat. Dum enim unusquisque quod suum est quærit, à communi providentiâ tepescit. Populi quoque usque ad communem perniciem desolantur, ubi Principes se ipsos non consolantur. Vicini Proceres de concordandis fratribus cùm Comite locuti sunt; Comes compunctus corde, animo suo liberaliter damnatus est, sic res ad effectum processit.

Post quinque hebdomadas discedere confusus cogitur.

8. Ebrardus qui turrim custodiebat, audiens Sul-

Gesta Consulum Andegavensium.

Sulpicius viriliter se defendit.

picium deliberatum, ipsam arcem nesciente Lisoio, sine aliquo pacto ut stultus hominibus Consulis tradidit. Quod Sulpicio & suis nimis displicuit. Sulpicius & sui famuli Ambasiaco in loco qui Vetus-Roma dicitur, mansionem amissâ turri accepit. Oppidani potità quoquomodo pace, ut mos est, lætati sunt. Stephanus Blesensis Comes adjunctis sibi Cenomannensibus, de liberatione Barbati cum Fulcone loquutus, postquàm res ad nullum effectum processit, Principes Cenomannorum contristati, & Comites discordantes ab sua irati redierunt. Fulco Proceres suos Turonis confabulandi gratiâ convocat, maximè Sulpicium, heri & nudius tertius ut sibi contrà Stephanum auxiliaretur aggressus est, sed res illa ad nullum effectum processit, quoniam Sulpicius absque causâ cum domino suo Stephano disceptare nolebat, & sacramentum Stephano factum palàm Fulconi coram omnibus prætendebat, quod prævaricari nullatenùs volebat, sed tamen utrisque pacem debitam tenere cupiens, servitium decens utrisque facere non denegabat. Quamobrem Comes dolo ibidem habito consilio, Sulpicium capere disponit. At ille quæ parabantur ab amicis edoctus, Ecclesiam beati Martini intravit; ex quâ eum Salomon dominus Lavardini consobrinus ejus extraxit, & cum multis usque ad Rupes Corbinis deduxit, sic auxilio Dei & beati Martini, & amicorum suorum Sulpicius evasit, & Ambasio Comitem antevenit, & suos ne à Comite caperentur, fugere hortatur. Ipse statim discedit, Salgionem munit, & fugitivos ab Ambasio ibi posuit; quibus præfectum suum virum animosum, & viribus corporis prævalidum, nomine Gofridum, benè munitum præfecit. Quos Sulpicius sic alloquutus est : »Fideles amici, »non votis neque supplicationibus mulieribus auxi- »lia parantur, vigilando, agendo, benè consulendo »prospera omnia cedunt : ubi socordiæ & ignaviæ »vos tradideritis, ne quidquam Deum implorabitis : »nam ipse & Sancti ejus irati infestique sunt. « Sed in eâ difficultate Sulpicium non minùs quàm in rebus hostilibus magnum, & sapientem virum fuisse comperio. Namque edicto præcepit, ne quisquam suorum ibidem gentium panem aut alium cibum alteri venderet, sed omnia eis esset communia, ne lixæ, ne gregarii servi agmen eorum sequerentur, vigilias crebras ponere, ac si hostes juxtà adessent. Præterea pollicetur semet cum suis copiis sæpe affore.

9. Interea omnibus compositis, discedit. Illi de hac munitione quidquid inter Carum & Ligerim, & etiam usque ad Angerem fluvium à Montrichardo usque Turonis deprædantes, omnia, exceptâ propriâ terrâ beati Martini, deleverunt. Similiter domini eorum Sulpicius & Lisoius per portum Rupium sæpe transmeantes, cuncta usque ad sanctum Anianum demoliti sunt. Omnibus ita deletis, mortuoque Barbato, Comes cum Sulpicio concordatus, omnia sua sibi reddidit. Arcem tamen in custodiâ Roberti de Avessiaco posuerunt, qui vir illustris haud modici pectoris, de familiaribus Comitis & amicus Sulpicii erat. Suscepit igitur turris custodiam tali pacto, quòd si Consul pactum frangeret, omnibus viribus ei nocumento esset. Quòd si Sulpicius idem non teneret, Robertus cùm ab Ambasiaco expelleret, arcemque in fidelitatem Consulis custodiret. Omnes milites oppidi pactum illud tenendum sacramento firmaverunt. Insuper Sulpicius filium suum Hugonem obsidem pacis tenendæ in manu Comitis posuit, & Comes cellarium, quod sub thalamo turris erat, Sulpicio ad annonam & cætera necessaria ponenda concessit.

Moritur Sulpicius.

10. Non longè post hæc Sulpicius à curiâ Fulconis Andegavorum Comitis rediens, gravi morbo præoccupatus, Rupibus Corbinis in thalamo sororis suæ Sibillæ viam universæ carnis arripuit. Lisoius verò frater ejus terram & homines, ut ille jusserat, ad regendum suscepit. Interim Lisoius dum Fulco Richin ì Consule Pictavensi, & à Gofrido Pruliaci, & aliis pluribus impugnaretur, nepotem suum Hugonem, quem adhuc captum tenebat, petiit, & homagium quod Comes exhibebat, facere renuit. Videns Consul Lisoium sibi fore necessarium, nepotem suum reddidit, & homagium quod Comes exigebat, ab eo suscepit.

11. Quod sibi utile videtur quisque adagit : namque

Velle suum cuique est, nec voto vivitur uno.

Fulco Comes Corbam Fulcoii filiam, consentiente Lisoio, cuidam viro de curiâ suâ Haimerico de Currone in matrimonio copulavit; quod multi ad detrimentum Hugonis, qui tunc miles noviter erat, factum esse existimaverunt. Cum Comes custodiam domicilii sui Haimerico de Currone præbuisset; dum cæteri murmurarent, tres famuli Hugonis, Gofridus Manumunitus, Robertus Telonearius, & Railnesinus carpentarius rem difficilem aggressi sunt. Qui quanto cordis mentisque desiderio, quantisque sollicitudinibus, quantis curis ac laboribus pro fidelitate domini sui sæpe anxii exstiterint, rerum est testis effectus. Iste siquidem adjunctis sibi aliis duobus, in cellario sub thalamo turris nocte absconsi solario perforato, summo diluculo cavillis impositis ad summa ascenderunt; Dominæ clamorem cum duabus ancillis ibi jacentis minando gladiis oppresserunt, vigil somno oppressus capitur, ex his tribus ad portam scalæ, quæ vulgò strapa vocatur, remanentibus; duo ad summa arcis ascenderunt, qui super fastigium in sumnitate turris quoddam vexillum exaltantes, arcem domini sui esse exclamant. Multi ex hominibus Hugonis citò occurrentes, ab illis suscepti intraverunt, & uxorem Roberti de Avessiaco, quæ intùs parturierat, nec tempus purificationis ejus instabat, in lecto suo usque ad domum viri sui, quæ non longè à portâ arcis erat, detulerunt.

Rex Ambas. dolo capitur.

12. Robertus de Avessiaco & Haimericus de Currone se delusos dolentes cum castrensibus, convocant undique finitimos homines Consulis, & intùs inclusos observant sollicitè, ne quis eorum posset exire. Robertus & Haimericus, ipsis absentibus, Lisoio etiam nolente, arcem ab hominibus Hugonis captam Consuli nuntiant. Hugo sic ut erat, vir cordatissimus, adunatis hominibus & amicis suis, Ambasio veniens arcem & partem suam munit oppidi. Interea dum Comes aliis suis negotiis impeditus moraretur, homines sui qui aderant in castello, ab infestatione Hugonis nullatenùs abistebant, sed tota sedulitate sua incursabant. Illi de turre viriliter totâ die se defendebant, homines Consulis graviter vulnerati sæpe recedebant. Quos cum sua Duces vocarent non conveniebant, cum litui clangerent in domibus latitabant, imò inermes & exanimi bellum detestabantur, & velut exanimes, imbelles & inglorii recedebant. Denique ubi Consul eò pervenit, licet invidiæ animo ardebat, cognito homines Hugonis acres esse ad pugnam, ex copiâ rerum statuit sibi vi nihil agendum, sed cum eo in colloquio verba facit. Juvenem te, amisso patre, sine opibus video: idcirco amicitia mea opportunior tibi certamine est. Ego humanarum rerum memor scio : in omni certamine qui opulentior est, etiamsi accipit injuriam, tamen quia plus potest, injuriam facere videtur. Itaque Comes homagio accepto ab Hugone, eoque cum Haimerico de Currone & Roberto de Avessiaco concordato, omnibus Ambaziacensibus pacificatis recessit.

K k iij

Uxores & proles Fulconis Richini.

11. Fulco plures duxit uxores, filiam Lancelini de Baugenciaco, ex quâ orta est Comitissa Britanniæ, illaque post obitum viri sui, Jerusalem in Ecclesiâ sanctæ Annæ vitam Monialem exercuit. Post cujus mortem filiæ Lancelini, duxit Ermengardin Archenbaldi Fortis de Borbono, ex quâ genuit Gofridum Martellum admirabilem virum, justitiæ insignem, totius boni cultorem, qui terror omnium inimicorum suorum fuit. Libidinosus Fulco sororem Amalrici de Monte-forti adamavit, cujus præter formam nihil unquam bonus laudavit, pro quâ matrem Martelli dimisit, affirmans eam de genere suo fuisse ; quam dimissam Willelmus Jalviniacensis vir ex nobilioribus Arvernorum uxorem duxit. Ex sorore Amalrici Fulco filium genuit, qui similiter ut pater Fulco vocatus fuit, de quo in subsequentibus loquemur.

CAPUT XII.

De Gofrido Martello secundo.

Præclara Gofridi gesta describuntur.

1. GOFRIDUS Martellus secundus jam adultus, juvenis prudens & animosus, videns terram turbatam, & Proceres totius Consulatûs contrà patrem cornua erigere, eis viriliter resistebat ; & quomodo patrem & suos ulcisceretur, irrequietus cogitabat ; qui omnibus prævaluit, & ab intentione eos revocavit ; qui insignis justitiæ, ab omnibus metuebatur, & ei plusquàm patri totius Consulatûs omnes homines etiam nobiles obediebant, patrem propter vitia odio habentes : qui repertâ cognatione Ermengardim matrem Martelli eo adhuc puero, dimisit. Quam dimissam Hamo, cognomento Vaccavaria, dominus Borbonensis, frater ejus, filius Archenbaldi Fortis, secum in Arverniâ ducens, Willelmo Jalinacensi domino, filio Uldini Barbæ in conjugio copulavit. Hic ex eâ genuit Uldinum & Elizabeth. Postremò Fulco minore sororis Almarici de Monte forti succensus, cujus præter formam nihil unquam bonus laudavit, domum suam sceleratis nuptiis replevit : quæ mulier timens privignum adultum ætate, animus ipsius omnibus infestus, neque quietibus neque vigiliis sedari poterat, sciscitans quomodo nocumento Mattello esse posset ; sæpe color ejus exanguis, incessus citus, modò tardus, prorsùs in facie vultuque vecordia inerat, & illis quos multis modis ad se illexerat, mala facinora edocebat. Gofridus Martellus quemadmodum his resistatur discutiens, sciens quia sine sociis nemo quidquam tale conatur, cogitans quomodo amicitiam Hugonis sibi contrahat & adjungat (in quo animus similis suo inerat, quòd cum contigit, amor exoriatur necesse est) Elisabeth sororem suam ex matre suâ Ermengardi, & Willelmo Jalinniacensi ortam Hugoni in conjugium copulavit. Martellus Hugoni & uxori suæ domicilium, & quidquid Ambasio possidebat post obitum patris sui concessit. Is verò prudenter negotia sua agebat, nec minus remisse, nec insipienter militabat. Barbatus nepotis sui Martelli probitates audiens, complacuit, eoque advocato ait illi : » Gau- » deo te ab avorum probitate non degenerare, ideo » terram meam mihi à patre tuo injustè ablatam tibi » do, & ut deinceps possideas volo. Martellus ipsum vinculis solutum per urbes & oppida sua tamen sub custodiâ liberè ire permisit. Ipse verò in carcere turbato cerebro, sensu aliquantulum minutus erat.

Amicitias init Martellus cum viris nobilibus.

Goffridus Barbatus vindictus fratris filio Martello terram suam concedit.

1096. Synodus Arvernensis habita.

2. In illo tempore anno siquidem ab Incarnatione Domini millesimo nonagesimo sexto, Synodus Averni habita est, & via eundi Jerusalem inchoata est : buippe anno subsequente Fulco & Martellus filius ejus Rupes Corbinis obsederunt, & fumo ceperunt. Quod municipium nemo putabat capi posse, & Robertus Rupium dominus super ipsas Rupes in monte nolentibus Consulibus, castellum componebat. Iste Martellus Elizabeth sororem suam ex matre suâ & Willelmo Jalinniaci ortam, Hugoni de Calvo-monte uxorem dedit ; cum eâ Ambaliacum totum ei concessit. Huic Martello Helias Comes Cenomanensis unicam filiam suam non adhuc matrimonio aptam desponsavit, & Cenomanum cum appendiciis ejus tribuit.

Martellus multa municipia in Normanniâ vastat.

3. Sæpe Martellus cum Rege Rufo conflixit, multaque municipia in Normanniâ vastavit & succendit, dum Rex in Angliâ moraretur, & Robertus Comes frater Regis in Jerosolymitano exercitu cum peregrinis multis maneret : nam Normanniam Rex Rufus in vadimonio habebat.

1105. Cometa insignis apparet.

4. Anno Verbi incarnati millesimo centesimo quinto, quadraginta diebus & eo ampliùs cometa vespertinis semper horis apparens, stupore simul & terrore totum tunc replevit mundum. Nam splendoris Alburni radium versùs brumalem Solis occasum producens, primis quidem diebus flammatior, postremis verò subobscurior videbatur, donec paulatim attenuatus post dies, ut dictum est, quadraginta videri omninò desiiterre.

1106. Martellus interficitur.

5. Sequente anno Martellus insidiis suorum & novercæ, patre, ut fertur, consentiente, Landæ castro occisus est ; sepultusque in Ecclesiâ beati Nicolai Andegavis. Incredibile mihi videtur patrem in nece tanti filii consensisse, cum nimiùm senex esset, & filius si longinquitas vitæ sibi concederetur, quidquid amiserat recuperasset. Nam & Landonense castrum Philippo Regi calumniabatur, Willelmo Pictavensi Sanctonicum Consulatum ; qui timore ejus duas turres novas Pictavis constituit, unam in urbis ingressu, & aliam prope aulam. Rex libidinosus Philippus Turonis venit, & cum uxore Fulconis loquutus, eam fieri Reginam constituit : pessima illa, Consule dimisso : nocte sequenti Regem sequitur, qui Mindraio prope pontem Bevronis milites dimiserat, qui eam Aurelianis duxerunt. Sicque Rex luxuriosus domum suam sceleratis nuptiis sub anathemate factis replevit, & duos ex eâ filios Philippum & Florum generavit.

CAPUT XIII.

De Fulcone Rege Jerusalem.

Fulco Cenomanicum Consulatum adeptus est.

1. VERUM est : *Filius non portabit inquitatem patris, nec pater iniquitatem filii.* Hinc est quòd mortuo Fulcone Richin, filius ejus Fulco vias patris & matris suæ deserens, honestam vitam ducens, prudenter terram rexit. Qui ab Heliâ Cenomanensi Comite unicam filiam suam, quam Martellus frater suus licet sibi promissam non nupserat, dari sibi cum Cenomanico Consulatu impetravit. Sicque Cenomanicus & Andegavensis Consulatus conjunctus esse dinoscitur. Vir honestus Fulco armis strenuus, fide catholicus, erga Dei cultores benevolus, adepto utroque Consulatu, amicos exaltans, malignos & sibi adversarios opprimens, gloriâ & optimâ famâ impar nulli in brevi effectus est. Qui Hugoni de Calvo-monte Ambasium totum à fratre ejus Martello ei datum, accepto hominio concessit, & ipsi Montrichardum antecessoribus suis olim injustè ablatum (reddidit. Is eidem Pruliacum obsedit, sed non cepit, & tamen Eschinardum ejusdem castri dominum subjugavit, & pacificum sibi fecit. Ipse Montem-Basonis à Joanne ipsius oppidi domino emit. Cum Joannes accepta jam parte pecuniæ pœniteret, fortissimus Fulco oppidum illud obsedit,

Multa prudenter & generosè gessit.

& ad reddendum sibi coëgit ; redditâque promissâ pecuniâ, castellum obtinuit. Musteriolum obsedit & cepit, sed misericordiâ motus propriis custodibus arci impositis, cætera omnia domino ipsius castri reddidit. Rex Anglorum Henricus Fulconem sibi exosum multoties impugnavit. Sæpe etiam datâ multâ pecuniâ Andegavensis & Cenomanici pagi Baronibus, in propriâ ipsius terrâ multas importunitates per eos, & maxima damna faciebat Fulconi.

2. Dum esset idem Consul in pago Turonensi in obsidione Montis-basonis, venit Rex Henricus, qui semper ei infestus erat, subitò ex improviso & inspiratè ejectis custodibus Consulis ex arce Alentionis castri, suos posuit ; & quia sinistrum quid sperabat ex burgensibus castri, obsides filios eorum & filias etiam lactantes in arcem cum custodibus posuit. Turrenses autem de arce descendentes, & per castrum nocte & die delitescentes, Burgensium uxores & filias dehonestabant : victum verò & vestitum sine prece vel pretio vi auferentes ; in turrem deferebant. Quâ de re commoti burgenses miserunt nuntios Consuli, ut quantociùs adjuvaret in tantis periculis constitutos. Consul verò cum esset in obsidione suprà dicti castri, pacificus est cum Baronibus suis, qui contrà eum castrum munierant, ejectisque hostibus qui in arce erant, & domesticis suis positis, vexilloque ejus eminentiori loco sublimato, & tribus vicibus acclamatum, Consulis est castrum, movit exercitum tam inimicorum anteà modo pacificatorum, quàm amicorum militum vel peditum versùs Alentionis castrum. Misit etiam veredarios per totam Turoniam, Cenomaniam, Valesiam & Andegavis, ut omnes eum prosequerentur loco prædicto & die denominato.

3. Audiens autem hoc supradictus Rex Anglorum, qui tunc morabatur in civitate Sagiensi, brevi tempore congregavit innumeræ multitudinis exercitum tam militum quàm peditum, qui cooperuerunt faciem terræ sicut locustæ. Erant autem post ipsum Principes & Magistri totius exercitus Stephanus Comes Moritonii, & frater ejus Theobaldus Blesensis, Willelmus Comes Flandrensis, Radulfus de Peronâ, Rotrodus Comes Pertici, Robertus de Belismo, & Willelmus Jesmales, & multi alii Francigenæ ; Angli, Normanni, Flandrenses, Britones, cum adjutoriis suis. Rex autem in ultimo agmine sequebatur eos cum innumerâ multitudine tam peditum quàm equitum. Sano autem consilio suo crediderat, quòd posset Fulconem Andegavorum Comitem in Parchio in modum coronæ cingere ; vel in modum castri obsidere, & capere cum omnibus suis; quod & fecisset, nisi Deus, qui *superbis resistit*, *& humilibus dat gratiam* : qui *de suâ virtute gloriantes humiliat*, *& Cui semper humilium & mansuetorum placuit deprecatio*, adjuvasset Consulem Fulconem, in ipso fiduciam habentem. Perfecisset autem voluntatem suam quantum ad intuitum hominum, nisi prædicti juvenes, Stephanus Moritonii, Theobaldus Blesensis, & Willelmus Flandrensis Consules, & Regis supradicti nepotes, cupidi gloriæ, & probitates suas volentes ostendere, exercitum Regis præcessissent ; qui viriliter Parchium, in quo Consul cum suis morabatur, aggredientes, balistis, sagittis, telis, lanceis & ensibus strictis, impugnabant & assiliebant. Fulco autem Consul fiduciam habens in Domino, & amore Baronum suorum, in Parchio delitescebat, exspectans adjutorium Dei & adventum hominum suorum. Erant autem cum eo Hugo de Mathafelone, & Theobaldus filius ejus, Fulco de Candé, Mauricius de Credante, Petrus Camelacensis, Jaquelinus Malleacensis cum quatuor fratribus suis, Hugo de Aloiâ,

Adeelmus de Samblanciaco, Hugo Ambasiensis, Goscelinus de sanctâ Maurâ cum duobus fratribus suis, & multi alii cum militibus & peditibus. Cenomanenses autem videlicet dominus Sabolii, & Suliacensis, Meduanensis & Lavallensis ; & multi alii diem constitutum exspectantes nondum advenerant.

4. Ut autem viderunt illi qui cum Comite erant exercitum venientem, dixerunt ei : » Quomodo « pauci pugnare possumus ad multitudinem tantam « & tam fortem ? Et nos fatigati sumus hodie. Et « ait Consul : Facile est concludi multos in manu « paucorum, & non est differentia, in conspectu « Dei coeli liberari in multis aut in paucis. Quia non « in multitudine victoria belli, sed de coelo fortitu- « do est. Ipsi veniunt ad nos in multitudine contu- « maci & superbiâ, ut disperdant nos & spolient. « Nos autem pugnemus pro justitiâ nostrâ ; pro « terrâ nostrâ, & pro animabus nostris, & ipse Do- « minus conteret eos ante faciem nostram. Vos au- « tem non timueritis eos ; sed illum timete, qui non « dereliquit sperantes in eum ; & de suâ virtute « gloriantes humilat. Dicunt non esse qui poterit vel « possit resistere virtuti eorum ; experiantur ictus & « actus Andegavensium & Turonensium, quos despiciunt, & acquiescite consiliis mei. Ne exspectemus robur exercitus ; non enim expedit nobis : « sed hoc catulos inconsultè, & indiscretè latrantes « viriliter reprimamus. Vocavit autem ex omnibus « primum Hugonem de Mathafelone cum filio suo Theobaldo, dixitque ei : Egredere ad eos cum centum armatorum militum, & ducentorum servientium sive archeriorum manu, & tolle preces, « quod petis arma dabunt. Hugo autem de Parchio exiens ut tantus miles, viriliter cum equitibus & peditibus suis eos aggressus est : Regales autem in fortitudine & numero confidentes, viriliter resistebant, in tantum ut eos in Parchium fugere compellerent. Fulco autem Consul vocavit Rainaldum de Castro, Jaquelinum de Malleaco cum quatuor fratribus suis, & Adelinum de Semblanciaco, traditis eis centum militibus, & ducentis archeriis, duplicatis videlicet militibus & servientibus, monuit exire obviam hostibus. Illi autem multiplicati virtute & numero, in tantum restiterunt, ut eos vellent nollent in Parchium fugere compellerent.

5. His visis Consul strenuus magis in feritatem elevatus, quàm in desperationem dejectus, vocavit Hugonem Ambasiacensem, Goscelinum de sanctâ Maurâ, Gaufredum de Monthesauro, Joannem de Aloiâ, traditis autem trecentis militibus & ducentis peditibus, remisit eos cum supradictis contra hostes suos. Dum autem esset in ultima militum ordinatione, veniebant Cenomanenses, videlicet Lisiardus Saboliensis, Robertus Suliacensis, Galterius Meduanensis, Guido Lavallensis, & multi alii Barones & milites cum adjutoriis suis. Cum autem essent quatuor milliariis ab utroque exercitu audierunt clamorem ululantium & hortantium ad bellum ; audierunt etiam per internuntios, quòd Consul cum Rege pugnaret cominùs, & multis infortuniis exercitus, Consulis debilitaretur, & aliis capti, alii vulnerati, alii mortui nuntiarentur : » His « auditis irâ & dolore percussi aiebant : Væ nobis « miseris, inertibus & pigris, qui non intersumus « cum domino nostro, & cum sodalibus, amicis, « & fratribus nostris in tanto conflictu. « Hæc dixerunt, & dicto factis acceleraverunt prout potuerunt, ut interessent certamini. Descenderunt in quâdam valle amœnâ & nemorosâ, dissellatis equis & recreatis, induti etiam thoracibus, loricis & galeis, ordinaverunt acies suas. In primâ acie erat Lisiardus Sabolii dominus cum militibus, archeriis &

peditibus suis : in secundâ Robertus Sulleii cum suis; in tertiâ Galterius Meduanensis, & Joshellus, filius ejus miles strenuus cum suis : in quartâ Guido de Lavalle, cum suis. Cùm autem appropinquassent, exclamavit unusquisque inter signum suum, & totis nisibus irruerunt in hostilem exercitum. Debilitabantur autem à Sagittariis equi, milites, & pedites Regis. Contigit autem ut quidam jaceret in incerto sagittam, vulneraretque levi ictu in fronte Consulem Theobaldum : sanguis autem defluebat super oculum, nec videre poterat ex illâ parte sanguine oculum cooperiente.

6. Fulco autem Consul morabatur in Parchio, & Comes Vindocinensis cum eo, & Vicecomes de sanctâ Susannâ, & Petrus de Pruleio, Willelmus Mirebellensis, Berlaius de Mosterol, Gaufredus de Doe, Peloquinus de insulâ Buchardi, Rainaldus de Veheio, & archerii multi & omnes pedites Andegavenses & robur exercitus. Mandavit autem militibus suis ut strenuè & viriliter agerent; quia ipse egrediebatur ad succursum & adjutorium eorum. Necdum nuntius verba finierat ; & ecce Consul in unâ parte exercitûs cum suis adveniens, ut erat clamosus in voce, exclamavit voce magnâ : » Eia » milites valentes, milites, ecce Consul, extendite » manus & brachia; exhilarate animos, resumite » vires. Ecce ego frater vester, dominus & magister, » & quod videtis dominum facientem, & vos fa- » cite similiter. « Milites autem, archerii & pedites, videntes dominum suum lanceâ quosdam de sellis proturbare, ense in sellis nonnullos dimidiare, animati, exhilarati, & confortati, valentiores exstiterunt, & majores ictus dederunt lanceis, balistis, sagittis & gladiis.

7. Hostes autem conterriti pellem pro pelle dantes, ut facies tuerentur, dorsa praebuerunt percutientibus. Nec erat in tanto exercitu qui resisteret, & multi erant qui persequebantur. Contigit autem & proverbium quod vulgò dicitur : Sint qui fugiant, multi erunt qui persequentur. Videns autem Rex suos fugientes, nec retinere eos praevalens, nec verbis, ictibus, vel actibus, compulsus est fugere, & inter fugientes licet ultimus Sagiensi civitate ingressus est. Consul autem neminem ex suis perdidit, nisi tantùm quatuor archerios, & viginti quinque pedites, qui in acie praeliantes, vulnerati, gloriosè mortui sunt. Rex autem multos tam milites quàm archerios & pedites mortuos & vulneratos & captos amisit. Consul autem reversus à caede hostium, nocte jam caecâ multis spoliis ditatus quievit nocte illâ intrâ Parchium in papilionibus suis.

8. Mane autem horâ tertiâ surgens mandavit Monachis, qui infrà castrum erant, honorificè praepararentur, ut Missam in honore beatae MARIAE celebrarent, quia sabbatum erat, quo devotius à Christianis memoria ejusdem Dei Genitricis celebratur. Cum autem ad Ecclesiam venissent, intrare non poterant prae multitudine captivorum qui sub custodiâ tenebantur. Cognovit autem eosdem esse qui pridie in expeditione capti fuerant. Conversus autem ad suos, graviter increpavit dicens : O quid egistis, nec Deum timentes, nec hominem reverentes ? Num ignoratis hac de re Dominum Judaeos graviter increpasse & dixisse : *Domus mea, domus orationis vocabitur ; Vos autem fecistis eam speluncam latronum.* Legitur etiam in libris Gentilium qui daemonia pro Diis colebant :

Et sæpe accurrit templi violator ad aram.

Canonibus etiam Ecclesiae, cujus filii vocamur & sumus, praeceptum habemus ; ut quicumque facinorosus ad Ecclesiam confugerit, liber à supplicio recedat. Nos autem qui judicamus terram, diligamus justitiam, ut peccatis liberi justitiae vivamus. Vocavit autem Dapiferum suum) praecepit, ut quantociùs praepararet ciborum abundantiam & vini copiam, ut pane confirmationis confortati, & vino laetitiae exhilarati, ad propria sine aliquâ redemptione liberi redirent. Erant autem ferè quingenti. Arcem autem ingenio suorum tertio die cum omni apparatu recepit.

9. Rex verò hoc infortunio humiliatus, cupiebat cum Fulcone amicitias fungere, & habere foederatum ; quod & obtinuit. Accepit enim filiam ejus puellam pulcherrimam & sapientem Mathildem nomine, Willelmo filio suo, qui post eum regnaturus erat. Non post multum verò temporis copulavit filiam suam Imperatricem, uxorem quondam Henrici Imperatoris Alemannici, filio ejus Gaufredo pulcherrimo juveni, & strenuissimo militi.

10. Rex Willelmus, qui Angliam acquisivit, terram suam tribus filiis ita divisit : Willelmo Rufo Angliam, Roberto Normanniam, Henrico maternas possessiones donavit. Rege Rufo mortuo, Henricus Regnum arripuit, Roberto fratre suo Jerusalem morante. Robertus rediens à Jerusalem, ex uxore suâ filium nomine Willelmum genuit. Robertus de sancti Michaelis à fratre suo Henrico capitur, cujus filius Willelmum filiam Fulconis Comitis Andegavis duxit, sed ab illâ propter cognationem separatus, sororem Reginae Franciae uxoris Lodovici Regis duxit, datâ sibi Flandriâ post obitum Caroli Consulis. Sed Willelmus lanceâ manu percussus, non diu post vixit. Henricus Rex Angliae filium nomine Willelmum habuit, qui filiam Fulconis Comitis duxit, accepto cum eâ Comitatu Cenomanico, & Normanniam à Lodovico Rege Francorum, facto sibi homine, suscepit. Qui decimo septimo aetatis suae anno in Angliam rediens, in mare submersus periit, multique nobiles cum eo, quorum corpora inventa non sunt, anno Incarnati Verbi millesimo centesimo decimo. Fulco ex filiâ Comtis Heliae uxore suâ genuit Gofridum, qui adultus miles armis praepositus effectus, Mathildem filiam Henrici Regis Angliae, quae uxor fuit Imperatoris Alemannici, uxorem duxit. Ex eâdem uxore Fulco alium filium Heliam nomine genuit.

11. Cum Fulco Andegavensem, Turonicum, Cenomanicumque Consulatum in prosperitate regeret, Rex Jerusalem Baldoinus secundus nuntios in Franciam misit, qui prudentium consilio virum idoneum, qui filiam suam cum Jerosolymitano Regno duceret uxorem, secum adducerent. Elegerunt itaque consilio Lodovici Junioris Regis, & Episcoporum multorum peritorum, Fulconem Andegavensem, qui uxore carebat. Idem autem Fulco Comes iturus Jerosolymam, in festo Pentecostes venit Turonim, ut ei Archiepiscopus sacrae Crucis signum pro more tantae peregrinationis imponeret : quo facto cum post Missarum solemnia commilitones & participes mensae suae praestolaretur, ad fenestras aulae cum majus Monasterium respiciebant, cum duobus Presbyteris sese comitaturis stabat, nescio quid secretum confabulans : cùm ecce respiciens videt pinnam Majoris-monasterii flammis nimiis ita succensam, ac si funditus combureretur. Quo visu exterritus est. En, inquit, Majus-monasterium incendio consumitur. Videtis, ait, qualiter flamma jam in superioribus dominatur. Videntes autem Presbyteri condolendo pariter & mirantur. Nec mora vocatos de militibus suis nonnullos concito cursu jubet ire illo, & sibi renuntiari quid ibi fieret. Ascensis

Gesta Consulum Andegavensium.

sis equis illi properant, Majus-monasterium veniunt. Inquirunt de igne, nec etiam mentionem reperiunt. Comes illos præstolatur: quibus regressis nihilque tale se vel vidisse vel audisse renuntiantibus, sollicitus Comes eodem cum Presbyteris suis de visione tractabat. Cui unus eorum: Domine, ait, digna satis visio pro negotio quod cœpistis, pro solemnitate præsenti, pro loci reverentiâ, in quo apparuit, vobis divinitùs ostensa est. Nam & vos Spiritu Sancto inspirante Dominicum signum vobis hodie imposuistis, & ipse Spiritus sanctus hodiernâ die super Apostolos in igne descendit, & locus Majoris-monasterii dignus, in quo idem se demonstret descendere, quem tamen Conventus eodem spiritu inflammatus cohabitat. Placuit viro illustri digna dignæ visionis interpretatio, nec moratus in crastino eò venit, visionem Conventui refert, Fratrem se & participem beneficii rogat effici; locum illum & ejus incolas cum dignâ reverentiâ deinceps habuit.

Quid præsagiret visio patefacit Presbyter.

11. Ipse verò cum maximis copiis mare transiens, filiæ Regis matrimonio copulatus, Rex Jerusalem effectus est. Olim quippe Magnates Francorum monitu Urbani Papæ Syriam, Mesopotamiam, Palæstinamque subjugaverunt, & Ducem Gofredum in Regem elegerunt. Qui anno uno in Regno Jerosolymorum expleto XV. Kalend. Augusti obiit. Decretum est ab omni Jerosolymorum populo, Balduinum fratrem ejus Comitem Rages cum omni terrâ suâ cuidam propinquo suo Comiti Balduino de Monte-Henno regendam & custodiendam committere. Ipse verò Rex efficitur. Igitur annis in Regno Jerosolymorum decem & octo exactis, eo die, quo Pascha Floridum celebrans populus Jerosolymorum, solemnem processionem ageret; eum in villâ, quæ Laris Jerusalem dicitur, defunctum, & lecticâ die prædicto Jerusalem allatum, Regiâ ambitione in Golgotha juxtà germanum suum, Regem videlicet Godefredum sepelierunt.

Obiit Fulco Rex Jerosol.

13. Deinde Jerosolymitæ inito salubri consilio, alium Balduinum Consulem Rages divinâ providentiâ Jerosolymis gratiâ colloquendi cum Rege cognato suo tunc profectum, illicò sibi Regem creaverunt. Ita cui colloqui morte prævento non potuit, communi electione eo sepulto in Regnum successit. Ipso quidem electus die ab omnibus, sequenti verò Dominici Paschæ die Regali unctione consecratus; videlicet præcaventes, ne dilatione vel aliquid ab hostibus contrà præsumeretur audaciùs, vel ab ipsis Christianis ambitione instigante malignius novaretur. Iste Balduinus carens filiis, ex uxore suâ filias genuit, quarum primogenitam Andegavensis Fulco, aliam Buamundus juvenis Princeps Antiochianus habuit uxorem, ex quâ genuit filium quem optimus Raimundus frater Comitis Pictavorum, cum Antiocheno Principatu duxit uxorem: Buamundus filius Roberti Wischardi, ex Constantiâ Philippi Regis Francorum filiâ istum genuit Buamundum, qui Damascenis occisus est. Mortuo Balduino Rege, Fulco Jerusalem Regnum viriliter rexit. Damascenos, Ascalonitasque sibi tributarios effecit. Denique antequàm Raimundus filiam Buamundi duceret, Antiochenum Principatum maximo labore contrà Turcos absque ullo damno manutenuit. Qui ex uxore suâ duos filios Balduinum & Almaricum genuit. Ipse verò cum ad senilem pervenisset ætatem, vir bellicosus obiit, sepultusque est cum aliis Regibus in Golgotha, cujus filium Balduinum, Jerosolymitæ Regem sibi constituunt.

Balduinus ejus cognatus Rex eligitur.

CAPUT XIV.

De Goffrido Comite.

1. ET factum est dùm Goffridus, filius Fulconis Regis Jerusalem terram suam in pace regeret, monitu impiorum Helias frater ejus Cenomanicum exigens Consulatum, ipsum fratrem sæpe impugnabat. Quem captum Gofridus, multis diebus Turonis incarceratum tenuit: sed postea inde liberatus, gravi morbo à carcere contracto juvenis obiit. Semper potentes fratres malè concordes, nimiâque cupidine cæci, res suas in medio tenere nolentes, inter se dissident, & cum suas vires miscere juvat, pereunt. Fuit autem Gofridus probitate admirabilis, justitiæ insignis, militiæ actibus deditus, optimè litteratus, inter Clericos & Laïcos facundissimus, ferè omnibus bonis moribus repletus: & quamvis multas tribulationes à suis sit perpessus, tamen ab omnibus est dilectus, quod in acquisitu Ducatûs Normanniæ comprobatum est.

Goffridi Comitis encomium.

2. Anno ab Incarnatione Domini millesimo centesimo trigesimo septimo, regni verò sui trigesimo quinto, Henricus, Rex Angliæ obiit juxtà Rotomagum, in loco qui Leons vocatur, ante Natale Domini; cujus corpus delatum & sepultum est in Angliâ. Quo mortuo Stephanus Comes, frater Comitis Theobaldi, nepos defuncti Regis, die Natalis Domini coronatus est in Angliâ, Normanniam in suo dominio retinens. Secundo anno siccitas permaxima fuit à Martio usque Septembris, quo tempore Gofridus Comes coadunatis maximis copiis militum & peditum, adjuvantibus sibi Baronibus suis cunctis, Normanniam intravit, eamque totam acquisitam tenuit, excepto oppido quod dicitur Gisors, quod Regi Francorum Ludovico ne sibi noceret, concessit. Sic verò Dux Normannorum effectus est. Quo autem labore quantâque curâ Muteriolum Bernardi obsessum hyeme & æstate, vixque etiam anno peracto captum deleverit, quantamque misericordiam in Guiraudo Berlai & filio suo exercuerit, omnibus notum est. Ut ait Boëthius: Quid dignum stolidis mentibus imprecer, nisi ut opes & honores ambiant. Ita tamen ut cum falsa bona pepererint, illis omissis ad cognitionem veri boni festinanter perveniant. Godefridus autem quodam tempore dum à colloquio Regis Francorum in confinio Normanniæ & Franciæ facto rediret, nimio calore ipso urgente, balneo cujusdam fluvii usus, febri peracutâ occupatus apud castrum Leidii venit, ibique non sine dolore & luctu suorum interiit, corpusque ipsius Cenomaniam delatum est. Cujus mausoleum tanti viri dignum, & epitaphio compositum honorificè exstat. Quid mirum si mors quidem adversante & repugnante naturâ, Godefrido adhuc adolescenti contigit, cum teste Tullio adolescentes sæpe sic mori videantur, ut cum aquæ multitudine vis flammæ opprimitur, & quasi poma ex arboribus cruda si fi vi avellantur, si matura & cocta, decidant. Sic vitam adolescentibus vis aufert, senibus maturitas. Iste ex Meltide uxore suâ tres filios genuerat, Henricum, Gofridum, Villelmum, pueros speciosos, & à patris & avorum probitate non degenerantes, quod nunc eorum operibus comprobatur.

1137. Héricus Angl. Rex moritur.

Gofridus occupatâ Normanniâ obiit.

Mathilde.

3. Hactenùs mihi videtur sufficienter dictum esse de gestis & actibus Andegavorum Consulum. Si qua præterea sunt, credo autem multa esse, ab his, si vobis videtur, qui ista meliùs sciunt, quæritote. Hæc ego dum in voluminibus abditis invenissem scripta, non sum perpessus infructuoso silentio tegi. Ad honorem igitur dominorum nostrorum Andegavorum Consulum sicut gesta eorum agnovi, conscripsi, &

Nota ætatem Auctoris.

ad ædificationem & imitationem, moderni ut inde valeant fructum invenire.

Hoc juramentum in fine codicis exstabat.

Juramentum Decani & Canonicorum Ecclesiæ sancti Laudi.

EGO N. Juro & fideliter promitto honorem, utilitatem, jura & libertates & consuetudines Ecclesiæ sancti Laudi, & honorem & utilitatem & jura, consilium Domini Comitis Andegavensis, Comitissæ ac liberorum eorumdem pro posse meo fideliter observare. Sic me Deus adjuvet & omnes Sancti. Juro insuper statuta antiqua à Capitulo facta & etiam facienda consensu omnium Canonicorum in Capitulo generali.

LIBER
DE COMPOSITIONE CASTRI
Ambasiæ, & ipsius dominorum gestis.

PROLOGUS.

SÆPENUMERO postulavisti ut Ambasiensium dominorum progenies litteris tibi significaretur; quo tempore, à quibus Consulibus in hac terrâ virtute meritorum susceptis sunt. Parco libens, sed antequàm istud aggrediar, de compositione castri Ambasiaci oppidi, ea quæ quibusdam scriptis reperi, & quæ gesta testantur, breviter aperiam.

CAPUT PRIMUM.

1. Julium Cæsarem ad Gallias subjugandas festinantem Alpibus transgressus Allobroges pacificè susceperunt. Quæ verò nunc Moriana & regio omnis ab Alpibus usque ad Ararim fluvium, antiquitus Allobrogia vocabatur, quæ etiam jam Romanis tributaria erat. Veniens itaque Cæsar ad urbem Lugdunensem, sitam ubi Arar à Rodano rapitur, Scena Viennensi Principe fideli amicitiâ sibi fœderato, cujus consilio & prudentiâ Rodanusia gens ei subjecta fuit, inde usque ad ripas Ligeris velociter descendit. Eo siquidem tempore nulla aut perniunum pauca oppida inveniebantur; solæ enim urbes turribus & muris munitæ erant. Qui se de genere Romanorum esse jactant, teste Lucano qui ait:

Arvernique ausi Latio se fingere fratres.

Arverni urbem suam, seque ipsos Cæsari tradiderunt. Nivernensi urbe captâ Cæsar secùs ripas Ligeris equitans in quodam monte oppidum firmavit, ibique simulacra omnium Idolorum suorum quæ secum gerebat posuit, quod oppidum Romani *Sacrum-Cæsaris* vocaverunt. Posthæc relictâ urbe Bituricâ, quam maximo labore acquisierat, Turonicas partes aggreditur: audiens autem Turonicam urbem turribus, muris & aliis machinis clausam, frequentiâque Occidentalium gentium valde munitam, XII. milliario à civitate in fine cujusdam montis castra posuit. Cum verò hyems proxima adesset, considerans locum ad muniendum aptissimum, ubi & exercitus securè hyemare posset, fossatum à fluvio Ligeris usque ad fluviolum qui ab indigenis illorum locorum Amatissa nuncupatur, fecit. Liger à Septentrionali parte montis præterluit, Amatissa verò à meridie montem perpetuò lambens duplici parte influit, ab occiduo Ligerim intrans nomen suum amittit, cujus ripæ nemoribus vestiebantur, & in concavis arundinibus concentus avium dulcè resonans, & in scirpis enodibus nido-

rum strues tunc fructificaverat. Sanè licet à principio sui paliuri solo & pinguedine bibuli linii algosique littoris coalescat; tamen quia algidis fontibus eûm utrâque parte ambientibus stipatur; ab incolis sæpe inter fructices philomelam diluculo sibilantem audientibus, & cicadas meridie concrepantes, quod volupe est auribus insonare, ranasque crepusculo incumbente blaterantes, diligenter habitatur. Hìc quidem ab amœnitate locorum nomen accepit.

2. In eminentiori parte montis, in loco qui Monsrotundus usque hodie vocatur, Cæsar domum ligneam magno artificio construxit, juxtà quàm aulam lapideam conditor admovit, extrà quam conclave solidum in cono cacuminatum crypticis arcubus calcabili silice constructum, usui hominum fabrefactum, sæpe ignis subtùs in arcto camino animatus & succensus, nudos intùs sudare compellit: molem verò ibi in modum turris ex lapidibus politissimis ædificavit, desuper verò Martis simulacrum miræ magnitudinis posuit, super illud idolum thronum levigati cœmenti admovit. In facie parietum depingitur quomodò Phryges à Græcis, Numidæ à Romanis, Spartiatæ ab Alexandro devicti sunt. Quæ historia sicut artem ornat; sic artificem venustat.

3. Varenna à meridie ultrà prædictum fluviolum quadrat, in quâ aqua fontibus Amatissæ sumptâ, per parietem foraminatum flexilis plumbi meatibus implicita singultat. Ibi ardua sylva pertruncatur, & in orâ fornacis lapsu velut spontaneo impingitur: pontem etiam ligneum magnæ latitudinis & firmitatis ad transeundum ligeris alveum fabricavit, ibique amœna planities erat, quæ culta innumeros quoque cumulos agrestibus fructuum sæpe in horrea dabat, ubi & pinguis pastor densum pecus gravibus uberibus in mulctrâ per olida claustra caularium includebat; quam fluvius à Septentrione abluit, ipsamque planitiem infusam facit cum amœnitate prætorum, & pascuis uberrimis, jucundus armentalem copiam taurosque reboantes nutrit. Is sanè circa principia sui in ripis voraginosus & limosus, in medio verò arenosus, limique bibuli pinguedo potantium labra dissecat, & quamvis vada habeat commoda, tamen ariditate sui vadantium decoquit crura, & cum tardè fluat, invectus alteri fluvio non longè ab urbe Turonicâ Ligeris alveum intrat, qui licet pictus in pratis, pecorosus in pascuis, in pastoribus peculiosus, sic tamen est humanæ naturæ prorsus contrarius, ut cum ejus unda glareosa plus sitim attrahat quàm depellat, incolæ locorum ab effectu Siceram nuncupaverint. Super hunc Cæsar cum non esset navigabilis, pontem pervium extendit ut ad copiam nemorum, quæ ultrà ipsum erat, populus liberè pergeret: hujus arrondinosus frutex frequenter lemborum superlabentium ponderibus inflexus perfunditur, cum piscatores rapacissimi plumerata retia rarò herbosis littoribus extendunt, ipsique hamati nocturnis excursibus piscibus insidias conficiunt: in hoc piscis pisce decipitur, cujus paludosa amaritudo alnorum salicumque glaucarum viriditate fota, sæpe piscibus pauperatur; nempe in latere montis, qui fluvio adjacet, lapidea fœnilia ad equos Regios nutriendos Cæsar construxit.

4. Quoniam verò ibi nemorum permaxima copia erat, naves Ligeris alveo habiles ibidem fabricare præcepit, quibus militum sarcinas & necessaria suo exercitui in Andegaviam & Armoricam regionem deferret, quæ nunc Britannia, olim Armorica Gallia vocabatur, villam etiam ad manendum frabricatores navium aptatores & equorum composuit, quas Romani navicellas, quasi cellam & habitaculum navium

Fabula.

Varenna ultrà Ligerim.

Unde nomen Siceræ fluvii.

Pons super Siceram à Cæsare factus. Sic Gesta Episcop. Turon. ut suprà.

Domus equorum Regiorum.

Naves ad deferenda exercitui necessaria fabricatur.

Fabula mera.

Lugdunum nondum conditum erat.

Descriptio loci in quo sita est Ambasia. Hæc leguntur in Gestis Episcoporum Turon. post hist. Greg. Turon. p.3 sive 81.

& ipsius dominorum gestis.

nominaverunt. Lucum etiam maximum, qui ab Aquilone villam claudit, Aquilonarium dixerunt, & eam villam quàm lucus usque hodie nomen suum retinent.

5. Cum autem Liger crescens prata planitiemque tetigit, concentum septiforis fistulæ armentalemque camœnam, quam sæpe Tityri illorum montium nocturnis carminum certaminibus insomnes exercent, inter greges tintinnabulatos per depasta buxeta, reboantes audire in Aquilonario nemore placebit. Igitur navibus alveo Ligeris impositis, exercitus Cæsaris æstate inchoante ab Ambaquis recedens Andegaviam Armoricamque ingressus est regionem, urbe Turonicâ & Cenomanicâ partim fœdere, partim metu acquisitâ, singulis annis Julius Cæsar æstate equitabat, hyeme verò Ambaquis hyemabat, unde scripta pluribus locis hyemalia Cæsaris Ambaquis esse testantur. Dum Cæsar in inferioribus Aquitaniæ partibus circà Oceanum mare moraretur, Dunicius unus ex Ducibus Germaniæ, qui Sequanæ genti præerat, vir magnus, Romanis infestus cum copioso exercitu in finibus Germaniæ manens, Cenomanicam, Turonicam, Neustriam, quæ nunc Normannia dicitur, sæpe impugnabat; oppidum à suo nomine castrum Duni nominatum construxit. Omnis terra à fluvio Ligeris usque Coloniam olim Germania vocabatur, quæ nunc in Franciam, Flandriam, Burgundiam, Lotharingiam dividitur.

6. In diebus illis Cotta vir Tribuniciæ potestatis relictus à Cæsare ut gentes subactas tueretur, qui Bituriæ, Niverniæ, Alveniæque genti sub Cæsare principabatur, inter Chartiam & nemora prope planitiem, quæ vulgò Belsia dicitur, castra fixit. Germani ut erant edocti, insidias clandestinas competenter in nemore locatis, qualiter Cottanis nocere potuissent machinati sunt; primo diluculo ordinatis agminibus sui in hostes audacter procedunt, & animose exclamantes certamen ineunt, validissimos incursus faciunt, gyrantesque eos circumvallare nituntur, gladiis ipsos conantur sternere, tandem multis pereuntibus alios in fugam vertunt, si qui potuerunt in silvis latitare sive effugere, viventes evasêre, alii letali sorte occubuere. Plurimi cum suo Cotta evaserunt, & Ambaquis redierunt, & hi qui Martem iratum sustinuerunt, à bile & Marte Nemus Blimartium nominaverunt; occurrunt sui Cæsari cum victoriâ revertenti, de ipsius sospitate & prosperitate congratulantur, & de Cottæ successibus referunt. Cæsar ut erat dissimulator maximus, se iratum dissimulat, iramque in tempus reservat, plurimaque minatur; nam quamvis fortuna Cæsari nimis faveret, tamen in partes ejus sæpe aliquid ausa est: subjugatâ enim Germaniâ Frisones ipsum super Rhenum fluvium fugaverunt, teste Lucano qui ait:

Dant animos Rheni gelidis quos frangit ab undis.

Narrant etiam gesta, quòd Cæsar præparatâ pulcherrimâ classe, in Britanniam, quæ nunc Anglia vocatur, applicuit.

7. Volens ergo urbem Trinobantum, quæ nunc Londinia dicitur, obsidere, naves onerarias in portu maris relinquens, triremes & rostratas per Tamisim fluvium ducens, super palos plumbatos à Britonibus fixos navigium ejus submergitur. Ipse verò cum reliquis navigando Neustriam fugit, unde Lucanus:

Oceanumque vocans incerti stagna profundi,
Territa quæsitis ostendit terga Britannis.

Plurimæ Gallorum urbes, & maximè Edua & Nivernis in Cæsarem insurgunt, prædictumque Cottam occidunt; unde idem Auctor:

Niminumque rebellis
Nervius, & cæsi pollutus sanguine Cotta.

8. Oppidum Ambaquis à Julio Cæsare qui quinque annis post obitum Pompeii regnavit, Romani usque ad Diocletianum tenuerunt. Legimus Vespasianum in Gallias usque Ambaquis descendisse, habitoque consilio Principes Gallorum inter se discordantes concordasse, & secundo anno Romam rediisse. Tempore illo quo Diocletianus in Christianos sæviit, Baugaredi cum Ducibus suis Heliano & Amando Romanum Imperium à Galliâ cupientes expellere, Ambaquis cum magno exercitu veniunt; qui civibus Turonicis sibi adjuvando convenientibus, Romanis qui ibi erant partim occisis, partim fugatis, illud castellum totum excepto idolo Martis & ponte Ligeris, funditùs deleverunt: rusticos tamen in valle circà Ligerim & Amatissam habitare permiserunt. Hi verò cum desuper manere non auderent, perforato monte, cavatis rupibus habitantes vicum magnum constituerunt. Baugaredi linguâ suâ nomine prævaricato non ampliùs Ambaquis, sed Ambasiam sive Ambasium vocari deinceps jusserunt, sic Ambagium vicus usque ad tempus Valentis fuit.

9. Eo tempore vir quidam Constantius nomine filius Constantii Senatoris, ortus ex concubinâ, adjunctus est Bagaudis, & Rex citerioris Hispaniæ effectus: sedem Regni sui Massiliam & Barcinonam constituit. Iste tenuit terram à monte Jani usque ad montes qui dividunt Hispaniam ab Aquitaniâ, Vasconiam totam usque Garonam, reliquam à Garonâ usque Lugdunum Bagaudæ tenuerunt. Diocletianus contrà istos Maximianum Herculium misit, qui Thebæam legione in itinere peremit; qui quidem usu militiæ bellis aptus, fidem specialis idolorum cultor, ferus animos avaritiâ crudelis, libidini deditus, imperium polluerat. Is positis insidiis genero suo Constantino apud Massiliam captus, & strangulatus impiam vitam dignâ morte finivit. Hujus dolum filia sua Fausta Constantino marito suo detexit. Cujus etiam mortem beata Lucia jam à Vespasiano gladio percussa, in Siciliâ prædixit his verbis, Annuntio vobis pacem Ecclesiæ datam, Diocletiano de Regno suo ejecto, & Maximiano mortuo. Idem verò post Valerium, qui duobus annis regnavit, Imperator effectus, cum Gallias circuiret, Turonensibus jussit ut omnes lapides Ambasii ædificii ad muros esse sufficiendos per Ligerim deferrent. Volebat namque Bagaudis placere, quos secum Romam duxit, qui Maxentium filium Maximiani Herculi bello victum occiderunt.

10. Bagaudis pacificatis, iterum Gallia diù Romanis subjecta fuit. Regnantibus simul Valente & Valentiniano & Gratiano, imperio Romano valdè turbato, Maximus à Germanis Rex effectus sedem Regni sui Treviris constituens, Gratianum Ambasium coronatum fugans, Alpes transire coëgit. Hic verò Avitianus virum animo ferum, Turonis & aliis vicinis urbibus Comitem constituens, Ambasium vicum ei tribuit; qui in fine montis super rupem ponti eminentem aulam suam constituit. Restringens ergo oppidum, duas motas unam à meridie, alteram ab aquilone erexit, & maximum fossatum ab unâ usque ad aliam fecit: sciebat enim magnum oppidum Cæsaris suâ plebe impleri non posse.

11. In diebus illis beatus Martinus Ambasiacum adhuc gentilitatis errori subjectum, ad fidem Christi convertit, Marcello Presbytero ibidem constituto ut Martem destrueret præcepit. Iterum cum diù post Diœcesim visitaret, idolumque integrum reperiret, in Ecclesia ante palatium Avitiani orans, concusso monte ortâ tempestate idolum cum ædificio in pulverem redegit, quod in libro miraculorum ejus

---

Marginalia:

Cæsar Ambaquis hyemat.
Dunicius Dux et Germaniâ Cæsari infestus & Romanis.
Castrum Duni quo constructum.
Quæ terra olim dicebatur Germania.

Cotta relictus à Cæsare ut subactas tueretur.

Cotta cum suis à Germanis devictus.

Cotta devictus revertitur Ambaquiam.

Frisones Cæsarem fugaverunt.

Cæsar à Britanniâ fugit.

Cotta occiditur.

Quamdiù Romani occuparunt terram Ambaquiæ.

Bagaudarum Duces Helianus & Amandus expulerunt Romanos ab Ambaquis.

Mutatio nominis Ambasiæ. An. 364.

Constantinus effectus Rex Hispaniæ.

Maximianus contrà Bagaudas.

Maximianus occisus Massiliæ.

Maximiani mors à S. Luciâ prædicta.

Lapides oppidi Turonensibus datæ.

Galli iterum Romanis subjecti.

Maximus Gratianum fugat.

Avicianus iterum Ambasium ædificat.

S. Martinus ad fidem Christi convertit Ambasiam.

Idolum in lucrum redigit.

legitur ita : In Ambasiensi vico in veteri castello &c. Vetus castellum dicitur à loco, qui Porta lupæ dicitur, usque ad motas Avitiani quod Novum castellum nuncupatur. Refert etiam fama juxtà hoc oppidum templum antiquum fuisse, & pinum Dianæ dedicatam, quam Antistes loci & multitudo rusticorum in loco, qui nunc dicitur Verrina, degentium, cum eam vir sanctus excidere vellet, succidi non patiebantur : quod miraculum cum in eodem libro legatur, scriptorque nomen loci non referat, tamen antiquitas hoc ibidem factum esse affirmat. Maximè tempore illo Romanum Imperium turbatum gesta referunt : nec mirum : namque hoc exigebant delicta illorum, qui occidendo martyres sævierunt : Imperatores etiam eorum Ariani, & ab Eudoxio Arianorum Episcopo baptisati erant, maximeque Auxentio, Principi illius sectæ favebant, cum Damasus Papa Catholicus, Martinus, atque Ambrosius eos sæpe corrigerent. Ideo Arthanarus Rex Gothorum Valentem in Thraciâ devicit & fugavit, Thraciam, Illyricum, Dalmatiam, Venetiamque Romanis ablatam obtinuit. Scriptum est, & verum est : *Non enim qui operantur iniquitatem in viis ejus ambulaverunt.* Permisit Deus multimodis flagellari Imperium Romanum ; cum iniquitatibus patrum suorum ipsi impii diù manserunt.

12. Quidam juvenis de Britanniâ, Mauricius nomine, Treviris ad Maximum venit ; cujus monitu & consilio Maximus in Britanniam navigavit, unicamque filiam Caredocti Regis Britanniæ eam regno uxorem duxit. Caredoctus nimis senuerat, Regnumque ejus Conanus nepos ipsius, filius ducis Cornubiæ gubernabat, quem Maximus timens ne Regnum sibi turbaret, cum multis Brittonibus secum adduxit, Armoricamque Galliam ipsi donavit. Hic post se infinitas copias Brittanorum nobilium, ignobilium, cum parvulis & mulieribus venire fecit. Itaque Armoricam totam usque Redonis & Nannetis, expulsis indigenis locorum, suis Brittonibus replevit : sic illam provinciam Romani amiserunt.

CAPUT II.
De Arturo.

1. Anno LXVII. post Arturius magnus Rex Britanniæ cum magno exercitu Neustriæ appulit, adjunctisque sibi Armoricis Britonibus Parisius obsedit, Pullonem Romanum ducem singulari duello devictum occidit : quo peracto, indigenæ locorum jugum Romanorum odientes, sponte Arturio Regi liberalissimo & piissimo subjecti effecti sunt. Superiores partes Germaniæ, usque Cameracum & Turnacum Clodius Rex Francorum tunc illo tenebat, qui & Arturi amicissimus sponte factus est. Reges insularum sibi subjectarum Hiberniæ, Irlandiæ, Gotlandiæ, Daciæ, & totius Britanniæ Duces, & Proceres Flandriæ, Burgundiæ, Aquitaniæ Principes congregati, Parisius ad curiam ejus venerunt, eumque ibi coronaverunt ; qui larga munera dedit, Ecclesiæque munificus fuit. Comitia etiam hoc modo divisit, Oldino Signifero suo Flandriam dedit, Severo Bedicero Pincernæ Neustriam, Cheudoni Dapifero Andegaviam & Turoniam, Solfario Ensifero Pictaviam & Bituricam provinciam concessit. Cheudon Comes Andegavis, oppidum quod ex suo nomine Cheudonem dixit, in Turoniâ construxit, quod nomen diù post linguâ Francorum prævaricatum, Chainon nunc dicitur. Iste cum consobrino suo nomine Villeio Ambasiacum tribuit, qui Faustam Avitiani neptem, ex filiâ suâ Placidâ nomine ortam, uxorem duxit. Hic vicum qui Bliriacus dicitur fecit, uxorique suæ dotem esse constituit.

2. Solfarius & Cheudon, qui se nimis diligebant, nemoribus causâ venandi in confinio Biturium & Turohorum vico Cheudonacho convenerunt, qui lucus à nomine Cheudonis usque hodie Cheudon vocatur, Villeio Ambasiæ domino, terramque usque ad rivum, qui Andresius dicitur, tributerunt. Theodosius nepos Honorii, qui Orientalibus præerat, ferè omnes ultramarinos Reges congregans, ad Honorium cum magno exercitu terrâ & mari tertio anno rediit, qui infirmus Byzantio remansit. Honorius verò Lucium Consulem, virum magni nominis, maximo exercitu illo sibi tradito contrà Arturium misit, qui Alpibus transgressis cum Arturio prope Augustodunum circà nemorosa loca dimicans, multis Regibus à Britonibus peremptis, ipse victus interiit. Arturius verò relicto cum impetu & stultitiâ Galgani nepotis sui multos ex suis amisit. Nam Galganus ipse, Oldinus Bedicerus, Cheudo multique alii interiere. Villeius corpus Cheudonis adduxit, & in loco Religiosorum, qui Regula dicitur, juxtà Kainonem sepelivit.

CAPUT III.
Chronica de Blesi.

1. Ivomadus quidam juvenis de Britanniâ, secum habens mille viros, à prælio cum Bossone Carnotensi Consule rediens, locum in Comitatu suo ubi remaneret petiit ; qui blandis blæsisque sermonibus eum decipiendo, locum super ripas Ligeris ad libitum impetravit, ubi non villam sed oppidum firmissimum ne à Bossone vel alio eriperetur, erexit. Quod cum diù post Bosso aspiceret, iratus ait : Hoc tibi non concessissem ni verbum sapientis patris filio dictum memoriter retinuissem :
Sermones blandos blæsosque vitare memento :
Simplicitas viri fama est, fraus ficta loquendi.
Ivomadus iram ejus mitigans, supplicando obtestandoque castrum obtulit ; sed Bosso ut erat benignus, homagium cum jurejurando ab eo suscipiens, castellum illud concessit, & à deceptione Blesim vocavit. Qui de Arturo ampliùs scire voluerit, historiam Britonum legat, invenietque cum Romam vellet ire, Artutum audisse Mordredum nepotem suum Regem Britanniæ factum, uxorem suam nupsisse : Arturius verò relicto magno apparatu causâ eundi Romam facto, in Britanniam navigavit, Mordrandum in Cornubiâ pugnando superatum occidit : ipse verò graviter vulneratus in insulâ Avalonis quondam nemore obiit. Et quia sepulcro corpus tanti Regis caruit, à Britonibus adhuc vivere putatur.

2. Sub eodem ferè tempore Alaricus Rex Gothorum Romam obtinuit, Honorium ab Italiâ expellens, Constantinopolim fugere coëgit. Et hinc Cæsares ferè omnes Constantinopolim transiere. Regnante Marciano Theodoricus Romæ à Gothis post Alaricum Imperator factus, Boëtium Papiæ incarceravit : Alpes transiens Burgundiam, Aquitaniam, Hispaniam possedit, qui duobus filiis, Tursomodo Lochio, & Alarico Regnum divisit, Alaricus Hispaniam habuit, Tursomodus Lochius cætera omnia, Romámque solus obtinuit. Tursomodus Lochius oppidum Lochas à suo cognomine dictum, super Endriam fluvium statuit.

Per idem tempus duæ Lupæ filii Ambasiæ domini Tursomodo servire nolebant, confisi in auxilio Merovechi Regis Francorum, qui Tursomodum in Burgundiâ à Dispargo oppido sæpe impugnabat ; supradictus, Billejus ex uxore suâ Faustâ Lupam genuit, quæ mulier prudentissima fuit, quam Eudoxius Vi-

& ipsius dominorum gestis.

econsul Turonensis uxorem duxit, quæ ipsi duos filios peperit. Lupa viro suo mortuo, filiis Ambasium relinquit, ipsa sibi in veteri castello domum fecit super rupem, quæ à nomine suo adhuc Porta Lupæ dicitur. Ista mulier sapiens, solitariam vitam cupiens, in proprio loco juxta Andresii rivum villam, quæ Villâ-Lupa dicitur, fecit, virosque religiosos ibidem posuit, qui Ecclesiam in honore Salvatoris ædificaverunt; quæ ad portam eam in introitu Ecclesiæ duos filios suos ante se mortuos sepelivit.

Villa-Lupa unde.

3. Eo autem tempore Huni atrocissimi Rhenum transnavigantes, usque Treviris omnia vastant, Metis urbem succendunt: timore tamen Francorum velociter transeuntes, Burgundiam totam vastantes, Aurelianis descendunt, quibus Ægidius Patricius Romanorum & Tursomodus Dux Parisiorum Rex Gothorum obviaverunt. Ibi orante sancto Aniano ortâ tempestate lapidum Huni, cum Attila Rege suo omninò demoliti sunt. Merovechus Tursomodum in Burgundiâ devictum usque Viennam fugere coëgit, ibique obiit. Alaricus frater ejus ab Hispaniâ rediens, Regnum ipsius arripuit. Veniens itaque ad Lochas castrum à fratre suo olim cópositum, prope Monasterium situm in secessu montis super Angerem fluvium, ubi multi Religiosi sub Urso Abbate degebant, illud oppidum cuidam proximo & amico suo nomine Silario tribuit. Silarius Lupæ & Ambasiensibus multa mala ingerens per se & per Alaricum; oppidum tamen Ambasium-nullo modo habere potuit. Iste vir crudelissimus Cœnobium Angeris, cui præerat, penè delevit; qui legitur Abbati vi molinum suum abstulisse, sed divino nutu molinum Silarii scimus maximâ voragine submersum fuisse. Fluvius iste ab antiquis Anger, à modernis Endria vocatur.

Attila Dux.

Fabula.

Theodorici Regis Gothorum Nepos.

Cœnobium Angeris.

CAPUT IV.
De Clodovæo.

1. Merovechus genuit Childericum virum pulchrum & probum, sed luxuriosum nimiâque libidine præoccupatum, qui filias Francorum vi opprimens & deludens, expulsus Regno ad Bissinum Ducem fugit. Bissinus iste terram suam super Sauconam fluvium, qui alio nomine Arar dicitur, à Tullo usque Lugdunum possidebat. Basina verò uxor Bassini Childericum ardenter, sed tamen latenter amavit. Franci Ægidium Ducem Romanum Regem eligunt, quem Franci quia more Romanorum cupidus & avarus erat, non diù sustinuerunt, sed consilio Guidomari ipsum à Regno privaverunt. Guidomarus Childerici consiliarius, misso sibi nuntio redire fecit. Reverso ergo Regno, & Ægidio inter Laudunum Clavatum & Remos pugnans, multis copiis Romanorum cæsis, Ægidius fugiens Suessionis evasit. Childericus verò tunc Laudunum Remosque cepit.

2. Post hoc Basina uxor Bassini Ducis viro suo relicto, ad Childericum venit, qui eam consilio Francorum duxit uxorem; nempe Franci illam sapientissimam comperientes, monente Guidomaro, quamvis Christiana esset, tamen Regi suo consensêre. Bissino non diù post mortuo Childericus terram suam, quæ uxori suæ hereditario jure competebat, reliquit, & ex eâ magnum hæredem Francorum genuit. Mortuo Ægidio Syagrius filius ejus à Romanis & Gothis, Suessionis in Regem elevatur. Childericus eum valde Suessionis pugnando bravit, urbeque sibi redditâ, Syagrius ad Alaricum fugit; Rex verò Parisiacum totamque terram usque Aurelianis recepit. Dum Aurelianis moraretur, à fugiti-

vis sibi relatum est, quod Adovagrius filius Ducis Saxoniæ cum multis navibus relicto mari Ligerim intrans, & ascendendo terram fluvio adjacentem vastans, usque Andegavis venit, eamque obsedit. Igitur Rex congregato magno exercitu ad succursum urbis illius monitu fugitivorum descendit; cui Lupa Ambasiæ domina obviam venit, qui etiam illi, quia Gothis inimicis suis infesta erat, multa bona promisit. Urbem Turonicam consilio Basinæ uxoris suæ, & propter miracula quæ ad sepulcrum beati Martini fieri frequenter audiebat, licet esset Ethnicus, pacificè & sine damno civium suscepit. Basina prudentem Lupam secum retinens, flens oransque assiduè in Ecclesiâ beati Martini remansit.

3. Saxones adventum Regis comperientes, velociter cum Duce suo fugiunt, ipse verò Andegavis venit, urbem cepit, Paulum Romanum Consulem ibi inventum suspendit, domum Romanorum quæ ibi erat destruit, civitatem, Prætore ad libitum imposito, munit. Dum rediret Childericus, obviam venit ei Rex Gothorum Alaricus, in insulâ Ambasiæ colloquio adjuncti, fœderati pacificatique sunt. In planitie verò inter Bliriacum & Andresium uterque populus Gothorum & Francorum jussu Regum duos globos terræ elevaverunt, quos utriusque Regni fines constituerunt. Omnis plana terra à Francis Campania dicitur, & in hac duo globi in testimonium fœderis eminent. Post hunc surrexit Clodovæus Rex magnus, cui Clotildis filia Regis Burgundiæ, mulier Christianissima, de genere Anastasii Imperatoris, matrimonio conjuncta est. Hinc dum fleret quia viro gentili conjuncta erat, beatus Remigius ait: lacrymas comprime, credo secundùm Apostolum quòd vir infidelis per mulierem fidelem sanctificatus erit.

Clodovæus Clotildem duxit uxorem.

Falsum.

4. Quodam tempore Frisones, Alemanni, Saxonesque subitò coadunati Regnum ejus invadunt. Videns ergo Clotildis eum anxium & pavidum, Christianitatem quam ei assiduè prædicabat, proponit: ille si victor Deo adjuvante redierit, se fieri Christianum promisit. Regina Aurelianum Regis Consiliarium vocat, monet ut crucem Christi secum deferat, & si viderit adversarios prævalere, signo crucis elevato Regem esse victorem statim affirmet. Ille libens paruit: & cum hostes pervenirent, jussu Reginæ cruce elevatâ cum acie sibi traditâ occurrit: Alemanni statim perterriti fugiunt. Quo facto, Rex victor, cæsis hostibus, gratias Christo referens rediit. Regina accito sancto Remigio à Rege promissa exigit. Remigius & Solemnis Carnotensis Episcopus Regem duasque sorores ejus, & cum eis plusquàm tria millia virorum baptisaverunt. Rex effectus Catholicus ad Alaricum Regem Gothorum nuntios misit, ut sibi sua gratia fugitivum Ægidii filium redderet, quem sibi redditum timore statim suspendit.

Clotildis Regem monet ut fidem Christianam amplectatur.

Baptismo initiatur à S. Remigio.

5. Gothi Ariani illis diebus Fidem Catholicam maculaverant, Ecclesiam Dei exspoliabant; quos Rex pejores Saracenis autumans, monitu Religiosorum Regum eorum tertio anno post hæc invadit, Alaricum propè Pictavum pugnando occidit; filius ejus Amalricus in Hispaniam fugit. Rex Aquitaniam totam, expulsis hæreticis, Catholicis Clericis in Ecclesiis positis, possedit. Lupa migrans sine herede nimis senuerat, quæ Regem in suo reditu convenit, hæredem suæ rei facit, Ambasiumque tradit: quod oppidum deinde usque ad Carolum Calvum Regem Francorum fuit. Lupa verò in prædictâ villâ ad portam Ecclesiæ Salvatoris juxta filios suos, in obitu suo sepulta fuit.

Multas deinde victorias est adeptus.

6. Qui de genere horum Regum amplius scire voluerit, consulat Historiam Francorum, quæ affir-

Fabula & falsa multa in consequentibus.

mat Priamum quemdam ducem Trojanum urbe captâ cùm duodecim millibus evasisse, qui in solitudinibus Græciæ profugi incertis sedibus vagabantur: annis viginti post expulsi à Græcis, vasta loca inter Pannoniam & Mæotides paludes Duce Simonide intravérunt, urbemque nomine Sicambriam ædificavérunt, à quâ dicti Sicambri longo tempore fuerunt: qui etiam ibi in gentem magnam crevérunt. Alani gens atrocissima diu postea devictis Romanis, Græciam Illyricumque vastavérunt: edictum est à Romanis, si quis Ducum aut Regum eos ab Imperio Romano expelleret, gens illa absque tributo merito suo semper maneret. Sicambri hæc audientes cæsos Alanos omninò deleyérunt. Romani atticâ linguâ tunc eos Francos, id est feroces appellavérunt; diuque à tributo liberi vixérunt.

7. Valentinianus tempore suo cum cæteræ gentes omnes tributa solverent, misit primarium & exactores tributorum, ut à Francis consueta tributa peterent. Franci qui multis annis liberi à tributo vixerant, nuntios ejus peremérunt. Valentinianus irâ nimiâ succensus Francos delere cupiens, infinitas copias adunavit. Quod cùm audiîsent Franci, consilio Marcomiris Ducis jam senis Faramundum ipsius filium Regem elevavérunt. Itaque Sicambriam relinquentes, loca vasta & nemorosa Teutonicæ regionis ingredientes, lucosque post se succidentes, cum parvulis & mulieribus Romanorum gladios evasérunt. Romani Sicambriam vacuam repetientes, eam funditùs delevérunt. Franci per prædicta nemora pedetentim descendentes, secundo anno Agrippinam urbem sitam in fine Rheni fluminis cepérunt, ipsamque captam, Romanis inde expulsis amplificantes, Coloniam vocavérunt, quam etiam sedem Regni sui constituerunt.

8. Legimus Francos antequam Regem sibi constituissent, hos Duces habuisse, Priamum qui usque in loco ubi Sicambria constructa fuit ipsos adduxit, Æneam Crinitum, Antenor tertius fuit, post hunc Simonides; dehinc Simon; post verò Romano more rem suam per Senatores tractantes, absque Duce diu fuerunt: ad ultimum Marcomiris Dux eorum fuit, cujus consilio cum senex jam esset, Faramundum Regem primum constituunt: secundus fuit Clodio qui Cameracum, Turnacum & Burgundiam totam usque Viennam subjugavit. Tertius Merovechus, quartus Childericus, quintus Clodoveus, Rex magnus Catholicus, qui anno decimo Regni sui Brittones ab oppido suo Blesis qui ripas Ligeris inter Turonem & Aurelianum impugnabant, nemoribusque se occultabant, viatores interimebant, cum sibi à Saxoniâ revertentibus ostensum esset, festinus descendit; Britonibus fugatis & peremptis Blesim delevit; paulò tamen altius competentiori loco castrum illud restauravit, suosque ibidem posuit, eodemque nomine vocavit; illud nempe diligens, utpote quod multum pulchrum fuerat, nomine exaltavit, qui viginti annis post regnavit. Sextus Clotharius, septimus Chilpericus, octavus Clotharius Chilperici filius, qui Ducem Saxoniæ nimis rebellem, omnesque illius regionis juvenes suâ spathâ longiores occidit: nonus Dagobertus, qui habuit duos filios Sigibertum, Clodoveum; Sigibertus Rex Alemanniæ, Clodoveus Franciæ fuit. Sigiberto mortuo Grimoaldus Dux, in cujus custodia filium suum, quem ex uxore legitimâ genuerat, Regem posuerat, filium domini sui Dagobertum, nomine totondit, & in Ecclesiâ sancti Galli Fundensis Cœnobii Monachum fecit. Quo facto statim Grimoaldus filium suum Childebertum Regem Alemanniæ constituit. Sed Clodoveus Sigiberti frater casum nepotis sui moleste ferens, coadunatis Francis Grimaudum præ-

liando captum Parisius in carcere posuit, qui & ibi obiit: Childebertus verò filius ejus Constantinopolim fugit. Cùm autem Dagobertus Monachum exuere nollet, ordinemque suum diligeret, Clodoveus amore sui nepotis Cœnobium illud valdè ditavit. Monachi verò Dagobertum Abbatem constituunt. Dagobertus Abbas patrueli suo Clodoveo eunti in expeditione contrà Justinianum Imperatorem Constantinopolitanum, quinquaginta millia militum adduxit. Siquidem Imperator ille putabat Childebertum in Regno Alemannorum restituere, sed victus & confusus rediit. Eduardus verò à Francis captus occiditur.

9. Sic itaque Clodoveus Rex undecimus utrumque obtinuit. Post hunc non ampliùs Faramundi progenies regnavit, duos tamen filios habuit Theodoricum & Chilpericum: Chilpericus nimis sævus à Bodilone Franco, quem ad stipitem ligatum nimis deturpaverat, ob sævitiam suam occiditur. Ebroïnus, dux Major Regiæ domûs Theodoricum Regem statuit, cujus sævitiam Franci non ferentes à Regno ejiciunt, qui fugiens Rotomago obiit. Ebroïnus cognito Leodegarii Augustodunensis Episcopi & Gerini fratris sui à Francis capitur, Luxovio monasterio monachus efficitur. Franci Pippino filio Angisili Ducatum totius Franciæ præbent. Pipinus in Alemanniam pergens, fratrem suum consobrinum Martinum Francis reliquit. Ebroïnus Monasterium egressus Monachum exuit, monitu sancti Audoëni Ducatum arripuit, Martinum Laudino Clavato inclusit, & super vacuas capsas jurans ne sibi malum faceret, proditione occidit: Sanctum Leodegarium & Gerinum fratrem suum dirâ pœnâ damnavit. Ebroïnus multa mala Francis ingerens; ab Emefredo occiditur, qui Pipino festinus nuntiavit: sic Pipinus Ducatum totius Franciæ in pace rexit; sed putans aliquem de genere Regali adhuc vivere, Rex esse noluit. Quod totum Deus fieri permisit peccato Clodovei filii Dagoberti, qui beati Dionysii brachium abscidit, Regumque Francorum divisit. Sed quoniam plures optimi Reges ex genere hujus boni Pippini orti sunt, restat ut series progeniei hujus cognoscatur.

CAPUT V.

De CAROLO MAGNO.

1. Ansbertus Senator ex Blitilde filiâ Regis Clotharii, patris Dagoberti, genuit Arnaldum, Arnaldus Arnulfum, Arnulfus genuit tres Flodulfum, qui genuit Martinum, quem Ebroïnus occidit, Galchisum, qui genuit Vandregesilum Abbatem, & Ansegisilum qui genuit Pippinum. Pippinus iste viginti septem annis Ducatum tenens Regnum optimè rexit. Post Carolus Martellus Regnum obtinuit, qui per omnia bonus fuit, excepto quòd decimas Ecclesiis primus abstulit. Iste duobus filiis Regnum divisit, Carolomanno Alemanniam dedit: Pipino Franciam; sed Carolomannus anno Ducatûs sui quinto, Pipino cuncta relinquens Romam venit, in Soroacte monte in honore sancti Silvestri Ecclesiam statuit. Ipse apud Montem-Cassinum Monachus efficitur.

2. Pipinus verò jussu Zachariæ Papæ in Regem à Bonifacio Archiepiscopo inungitur; qui Haistulfum Regem Longobardorum tenere justitias sancti Petri coëgit. Iste Hunaldum & Vaiferum Duces Aquitanorum cum omni suâ progenie ab Aquitaniâ expulit; in quâ multos Proceres Francorum hereditavit. Biturix suos misit; Argentomacum castrum fecit. Wandalos à vastatione Africæ revertentes, In Almensi pago cum Rege suo annihilavit; cui Gregorius secun-

& ipsius dominorum gestis.

dus ut defensori Ecclesiæ ; claves de sacrario sancti Petri tradidit.

3. Hic genuit illum admirabilem Regem ex Bertradâ Reginâ Carolum Magnum Imperatorem Romanum, qui Reges Longobardos ab Italiâ delevit, & omnia jura suæ Romanæ Ecclesiæ restituit ; Saxones, Danos, Wascones, Vaseos, Navarros, Hispanos subjugavit ; Græcos, Afros, Persas, Ægyptios tributarios metu sui effecit : cui Isaac Monachus elephantem ab Africâ missum Aquisgranis adduxit. Rex verò ex Fastradâ Reginâ duos filios, Pipinum & Carolum genuit. Desiderio Rege Longobardorum cum sobole destructo mortuoque, Pipinus Rex Italiæ efficitur ; Carolus verò Saxoniæ, Pannoniæ, Sclavoniæ : quorum pater cum ipsis Romæ à Papa & à Senatu cum vexillis honorificè susceptus, acclamatum est Carolo Magno Regi salus & victoria : ibique celebravit Pascha. Irena Imperatrix Constantinopolitana, inter Francos & Græcos per internuntios missos largis donis pacem fecit, Carolo mediante. Et Rex Galatiæ papilionem miræ pulcritudinis ei misit. Fastradâ in Baiorià apud sanctum Albinum sepultâ, Rex Ildegardâm duxit, & ex ea Ludovicum genuit, qui Rex Francorum fuit.

4. Ludovicus Pius filius Caroli Magni ex Hermingarde tres filios genuit, Lotharium à quo Lotharingia nominata est, Pipinum & Ludovicum ; ex Judith autem Carolum Calvum. Stephanus Papa tertius veniens in Franciam, à Ludovico honorificè susceptus est. Paschalis Papa anno septimo Lotharium filium Ludovici Romæ duxit. Tempore Ludovici Pii Saraceni à partibus Hispaniæ emersi, Provinciam, Aquitaniam & maximam partem Burgundiæ usque Videliacum vastaverunt. Geraldus Comes de genere Ludovici, Ecclesiam S. Petri in monte transtulit, & corpus beatæ Mariæ Magdalenæ in Provinciâ ab Aquis urbe raptum, in Ecclesiâ Videliaco monte sitâ recepit : ob hoc Rex frequentes munitiones in Avernia fieri præcepit. Namque Romanis, ut gesta testantur, ab hoc Regno partim Gothorum partim Francorum virtute expulsis, ab hoc, & postremò à Danis & Suevis, qui Normaniam & maximam partem terræ inter Sequanam & Ligerim Francis repulsis tenuerunt, omnes Nobiles hujus Regni exordium habuerunt ; Regibus verò Gothorum à Francis pessumdatis ac destructis, Franci multos Proceres Gothorum, concordiâ & pace cum ipsis constitutâ, sub jugo & dominio suo in Aquitaniâ dominari permiserunt, & per connubia mixti sunt, quod benigni Ludovici tempore maximè factum constat.

5. Mortuo Ludovico, quatuor fratres Lotharius, Pipinus, Ludovicus & Carolus Calvus Fontaneos campos multo sanguine Christianorum foedaverunt ; sed Carolus Calvus duobus mortuis cum Ludovico reconciliatus, à Joanne Papa Imperator factus est. Anno decimo septimo Imperii Caroli Calvi, Edulfus Rex effectus West Saxonum, toti Angliæ imperavit. Hic Romam orationis gratiâ profectus in præsentiâ Leonis quarti, qui tunc in Episcopatu residebat, totam Angliam sancto Petro & domino Papæ in perpetuum tributariam constituit ; ut unaquæque domus Angliæ in tertio anno unum denarium argenteum pro tributo daret, quod usque hodie manet ; qui in reditu suo Judith filiam Caroli Calvi uxorem, accepit, de quâ nullum heredem habuit. Post hæc Persæ aliique Saraceni multi Constantinopolim obsederunt, Græciam vastaverunt ; ad cujus successum Carolus Calvus cum magno exercitu pergens Persas devicit, Saracenos fugavit, urbem Regiam cum Regno Græciæ deliberavit. Eo tempore Dani & Suevi, quos Theotisci linguâ suâ Normant, id est Aquilonares homines vocant, emerserunt ; nunc in ripas Ligeris, nunc Sequanæ urbes vastantes invehebantur. Carolus à Constantinopoli cum multis Reliquiis rediens, quas diversis Ecclesiis sui Regni posuit, Normannos apud Andegavum obsedit ; Salomone Britonum Rege cum exercitu suo adjuvante ; sed pecuniâ sibi à Normannis datâ egressum præbuit, & tali siquidem pacto, ut non ampliùs Gallias infestarent : quòd nequaquam tenuerunt. Rex prudens Carolus timens infestationes Normannorum frequentes, munitiones in Cenomanensi pago fecit, vicos quosdam in oppida munitissima convertit, & diversos etiam Consules in eâ regione constituit ; similiter Aquitanorum seditiones providens, & hæredum debilitatem animo suo vaticinando revolvens, cuidam nobili viro & Aurelianensi pago nomine Adelando Lochas castrum, & duas partes Ambasiaci Annoni cuidam de curiâ suâ donavit. Eâ tempestate Elfredus & Joannes Scotus maximam partem Danorum ad fidem Christi convertunt ; qui in Angliam & Daciam rediverunt.

6. Mortuo autem Carolo Calvo Dani, qui in infidelitate remanserant, cum Huasten Duce suo Gallias tribus annis infestantes, beati Martini corpus Autisiodori Canonicos transferre compulerunt. Post quantas Gallorum strages fecerint, quantas urbes regionesque concremaverint, enarrare nolo ; sed tamen hæc Divino nutu peccatis Gallorum accidisse puto ; verùm diras mortalium calamitates, quas Galliarum incolæ pertulerunt, tragicis & lugubribus carminibus satis alii scripsere. Isti verò terram Parisius & Aurelianis depopulati sunt adeo ; ut ubi quondam agri opulentissimi urbesque speciosissimæ fuerant, nunc bestiarum aviumque vasta habitacula sint ; & ubi seges voluptuosâ pollebat, è contrario.

Carduus & spinis surgit paliurus acutis.

7. Sic super ripas Ligeris omnia vastantes Ambasiaco pervenerunt. Quod oppidum paucis defensoribus repertum citò capientes, totum succenderunt, pontemque Ligeris diruerunt ; Ecclesias, unam quæ erat ultra Ligerim in introitu pontis, & aliam in loco qui Luat dicitur sitam, omninò destruxerunt ; qui in planitie prope Ambasium hospitati, locum qui Nigron dicitur multo sanguine innocentium & captivorum foedaverunt ; quod ætate Ludovici, Balbi cognomento, qui nihil fecit, actum est ; quod stultitiâ Ambasientium contigit, cum quivis populis obviam Normannis processerant, putantes eis nocere decepti sunt ; qui à Normannis alia incedentibus decepti, castrum proprium amiserunt. Vastatis itaque agris inter Carum & Ligerim, destructo etiam lapideo ponte Blisei, cum ultra non reperirent quod diripere possent collectis armorum copiis ad urbem Turonicam iter dirigunt. Omnia verò quæ in suburbio civitatis invenire poterant, factâ priùs miserabili cæde hominum, demoliti sunt. Porrò Turonici trepidare, concurrere, portas obserare, turribus se inserere, propugnacula armorum apparatu munire non cessant. Hostes portas urbis multo turbine quassantes toto nisu ingressum urbis sibi pollicebantur. Tunc Clerici qui ibi aderant juncto sibi debilitatis agmine, rapido cursu ad Ecclesiam convolantes clamabant : *Sancte Dei Martine cur tam graviter obdormisti ; ostende, quæsumus, pietatem ; succurre, fer opem miseris, alioquin & nos peribimus, & civitas nostra redigetur in solitudinem.* Qui ex sepulcro beati viri raptâ cistellâ, in quâ sacratissimâ Martini reliquiæ servabantur, illasque cum honore & reverentiâ efferentes, portæ urbis jam multo hostium turbine quassatæ intulerunt. Tunc verò oppidani, qui paulò antè metu propinquæ mortis exterriti fuerant, mox præsentiâ

tantæ opitulationis animati, corporis & animi vires resumserunt; Danis è contrario stupor vehemens incussus est, post stuporem formido & mentis alienatio obrepsit, deinde fugere conati, videres cum alter impediretur ab altero, ac si per glaciem currerent præcipitantes labi. Igitur oppidani Christum sibi per Martini preces propitium sentientes, eruptione factâ persequuti sunt inimicos, ex quibus ferè millia interfecerunt. Sic glorificantes Dei manum, qui eis inopinatam victoriæ palmam dederat, Reliquias beati Martini in locum suum restituerunt.

8. Regnante Carolo Stulto filio Ludovici, qui nihil fecit, Franci Odonem filium Roberti Ducis Regem elevaverunt, qui regnavit decem annis: post cujus obitum Robertus Abbas S. Martini ejus frater elevatur in Regem, qui regnavit anno uno, & occisus est à Carolo Stulto in prælio.

9. Mortuo Odone Rege qui decem annis regnavit: in septimo anno post ejus obitum à Berich & Bathet Normannis civitas Turonis succensa est, Ecclesiaque beati Martini cum toto castro, atque cum viginti octo Ecclesiis. Quo tempore Rollo Normanorum Dux Carnotum obsedit, qui cum Gentilis adhuc esset, visâ camisiâ beatæ MARIÆ, quam Carolus Calvus à Bysantio attulerat, à Carnoto fugatus est. Rollone effecto Christiano, Carolus Stultus dedit ei Normanniam cum filiâ suâ Gislâ; qui pedem Caroli Stulti noluit deosculari nisi ad os suum levaret. Carolo Stulto vivente Rodulfus filius Richardi Ducis Burgundiæ à Francis Rex constitutus est, consilio Hugonis Magni filii Roberti Regis, qui quindecim annis regnavit. Carolus Stultus genuit Ludovicum ultramarinum. Iste Ludovicus Regnum Lotharingense *Ottoni & Henrico filiis Hugonis Magni* dedit. Otho Alpes transiens, Rex Italiæ efficitur, post verò Alemanniæ. Ludovicus ultrà marinus genuit Lotharium, Lotharius Ludovicum.

Falsa hic & in sequentibus plura. Franci elegerunt Hugonem Capet.

10. Quo tempore proles Pipini & Caroli Magni finem habuit: nam Franci elegerunt Hugonem Capet, qui de eorumdem cognatione erat. Robertus Rex frater Odonis Regis genuit Hugonem Magnum, Hugo Magnus tres filios genuit, Othonem, Henricum, Hugonem Capet. Otho Rex Alemanniæ & Italiæ fuit, Henricus Dux Lotharingiæ, Hugo Capet Rex Franciæ, cujus pater Hugo Magnus postea Abbas S. Martini effectus est. Hugo Capet genuit Robertum virum magnæ sanctitatis, qui annis xxx. regnavit: in Aurelianâ urbe Ecclesiam B. Aniani construxit. Robertus genuit Henricum qui xxix. annis regnavit. Henricus genuit Philippum, qui Henrico Rege Francorum patre suo mortuo, parvulus remansit, cujus Balduinus Comes Flandriæ tutor fuit; nam ejus amitam, sororem Henrici Regis, uxorem duxerat. Philippus Rex annis XLVII. regnavit, qui obiit anno Incarnati Verbi millesimo centesimo septimo: cujus regnum Ludovicus Pinguis, aliàs Grossus, filius ejus suscepit, qui uxorem duxit filiam Comitis de Moriana, ex quâ genuit Philippum, Robertum & Ludovicum. Quo tempore Joannes de Temporibus fuit armiger Caroli Magni, qui vixerat trecentis & sexaginta uno annis.

11. Ludovicus vir fortissimus Regnum in pace tenuit. Ipso vivente Innocentius Papa Philippum filium ejus Remis Regem inunxit, qui puer Parisius de equo cadens obiit, quo mortuo alterum filium Regem Francorum fecit, scilicet Ludovicum Juvenem. Mortuo apud sanctum Jacobum, Guillermo Pictavensi Comite, ejus filiam Ludovicus Juvenis uxorem duxit, & Dux Aquitaniæ fuit. Cumque in celebrandis nuptiis in Aquitaniâ moraretur, pater ejus mortuus est, & apud sanctum Dionysium sepultus anno regni sui xxx. & Incarnationis Verbi millesimo centesimo trigesimo septimo.

12. Ludovicus Juvenis Jerosolymam cum maximâ multitudine pergens, in Romaniâ innumeros ex suis amisit, qui fame & gladio perierunt: similiter exercitus Conradi Imperatoris Alemanniæ qui eum præcedebat, periit. Qui cum multis ærumnis Jerosolymam cum multis pervenerunt. Quod infortunium contigit anno incarnati Verbi millesimo centesimo quadragesimo septimo. Via tamen hujus peregrinationis Eugenio Papa movente, & Bernardo viro religiosissimo Clarevallensium Abbate prædicante, incepta fuit; si quidem illis diebus Raimundus frater Guillelmi Comitis Pictavorum Principatum Antiochiæ possidebat, qui neptem suam Alienordam cum viro suo Rege Ludovico honorificè suscepit & servivit. De quibus plura loqui pertimesco, quoniam iter eorum gentibus fuit lætitia, Christianis irrisio & pœna, & tamen deinceps desidibus & pigris incitamentum fuerit; denique illorum superbientium luxuriam imperitamque jactantiam obmitto, posteris exemplum, serieseque retrò longa & prolixa fastidium generaret. Quod infortunium ob consuetam arrogantiam Francorum reor, evenisse: quare alibi, quia ab alia festino, & de Regibus Francorum multi ante me sufficienter scripserunt; ne à gemino ovo deridendo dicar incepisse, de his prædicta tibi sufficiant.

CAPUT VI.

CHRONICA *de gestis Consulum Andegavorum.*

PROLOGUS.

Quoniam in ante expositis de Regibus Francorum, quæ huic Operi præcedenti maximeque sequenti necessaria esse puto, explanavi, nunc de Consulibus Andegavorum quæ scripta nimis confusè rudique sermone reperi, quàm verissimè potero paucis verbis breviter & commodè enucleabo. Nam cum vita nostra brevis sit, memoriam eorum quàm maximè longam efficere debemus, quorum virtus clara & æterna habetur. Cum verò militaris gloria ad summum apicem virtute animi & corporis procedat, antiquorum prudentia urbiumque regimina bonorum ad quodcumque optimum transferre consuevit.

Igitur tempore Caroli Calvi complures novi atque ignobiles bono & honesto nobilibus potiores, clari & magni effecti sunt: quos enim appetentes gloriæ militaris aspiciebat, periculis se objectare, & fortunam tentare per eos non dubitabat. Erant enim illis diebus homines veteris prosapiæ multarumque propaginum, qui acta majorum suorum non sua ostendebant, qui cum ad aliquod grave officium mittebantur; aliquem è populo monitorem sui officii sumebant; quibus cum Rex aliis imperare jussisset, ipsi sibi alium Imperatorem poscebant. Ideo ex illo globo nobilitatis paucos secum Rex Carolus habebat: novis militaria dona & hereditates pluribus laboribus acquisitas, benignè præbebat. Ex quo genere fuit Tortulus à quo Andegavorum Consulum progenies sumsit exordium, vir doctus hostem ferire, humi requiescere, inopiam & laborem tolerare, hyemem & æstatem juxtà pati, nihil præter turpem famam metuere. Hæc ergo & similia faciendo nobilitatem sibi & suo generi peperisse refertur. De cujus

jus patre quod sufficiat loquamur. Obsecro autem eos qui lecturi sunt ut fidem dictis adhibeant, neque me scripsisse falsa arbitrentur.

CAPUT VII.

De Torquato sive Tortulfo.

Fuit vir quidam de Armoricâ Galliâ nomine Torquatus, &c. *ut suprà*.

GESTA AMBASIENSIUM DOMINORUM.

PROLOGUS.

1. Olim tibi, dilecte mi, quod quæris scribere concupiscebam, sed nunc quidem maximè compellor cum casus Sulpicii & filiorum suorum me angit, nec dissimulare possum quin angat. Namque hic quoque cumulus nostris malis accedit, quòd protervia Comitis Theobaldi Blesis ipsos ad colloquium vocantis, pessimâ & insidiosâ proditione cepit, & incarceratos inhonestè tractavit. Scribendi etiam ista permaxima causa est, quia Sulpicius fidelium consilia despiciens, extraneisque servis perniminum credens, fortunæ ludibrium per omnia fuit. Nam suggestionibus pessimorum credens, facillimè dilapsus est : qui si ita Divinis eloquiis prudentium acquiesceret, ad summa ut cœperat facilè totus erigeretur : nec mirum quia bonæ arboris est bonos & suaves fructus afferre, in malæ verò arboris fructibus, nulla bonitas, nulla prorsùs suavitas reperitur. Discordiæ enim & superbiæ vitio congregata disgregantur, & disgregata destituuntur : sic è converso concordiæ & humilitatis virtute disgregata congregantur, & congregata honestissimè constituuntur ; injusta enim & inhonesta potentibus nullus tribuendus est assensus, sed justa & idonea petentibus nulla petitio deneganda est ; unde quidam sapiens ait :

Est velut insolitum quæ sunt mala recta referre.
Sic ea quæ bona sunt non mala ferre solent.
Vixerit aut nunquam referat quod recta malignus;
Difficilisque bonus quæ mala ferre solent.

2. Quapropter omnes nobiles probique malignorum consortia vitare debent, nempe eorum maligno consilio Sulpicius proh dolor ! cecidit. Sed hæc hactenùs. Nunc quidem de genere ipsius quæ quibusdam scriptis reperi, & antiquorum relatione didici tibi enucleare tentabo, qui Ambasiensium dominorum progeniem scire desideras.

CAPUT PRIMUM.

De Hugone.

Igitur regnante Lothario filio Ludovici Ultramarini, in curia Hugonis Capet Ducis Francorum fuit vir illustris, dignus agnosci nomine Hugo, filiolus prædicti Ducis ex baptismo, cui Deus arbiter & ratio naturæ ita personam suam cumulaverat, ut ad capessenda militiæ munia suo tempore ferè cunctos excelleret : quibus prædictis additur, quod Dei munere sibi congruit, cui corporis & animi vigor integer, & quòd armis strenuus, veste & sumptu honesto instructus erat. Electo autem à Francis communi consilio post obitum Lotharii Hugone capet in Regem, regiæ potestatis dignitas quantum dilectionis & sollicitudinis circa filiolum suum Hugonem haberet, patenter ostendit. Nam cum Regnum suum circuiret, Turonisque descendens Cenomanensibus Consulem imponeret, dedit prædicto Hugoni Lavardiaum cum appenditiis ipsius oppidi, multosque feodos in pago illo insuper ei addidit. Qui duxit uxorem nomine H**pes** cui oppidum illud hæreditario jure contingebat, ex quâ filiam nomine Avelinam genuit.

2. Multa præclara acta & laudanda in eo viro fuere, nec verò in oculis solummodo extraneorum magnus, sed intùs inter suos domique cæteris præstantior ; sermo illius jucundus, præcepta admirabilia, in causis agendis maximus, notitia antiquitatis nimia, & quasi litteratus non solùm domestica sed etiam extranea bella & facta omnia in memoriâ tenebat ; nec verò in armis bellicis utilior, quàm in pace auctoritate sermonis erat.

3. Iste post obitum Helpes uxoris suæ : duxit Odelinam filiam Radulfi Vicecomitis de Sanctâ Susannâ, qui ei in conjugium Bassogerium oppidum, & terram Sanctæ Christinæ donavit. Ex hac verò Odelinâ genuit Lisoium, Aligeriumque & Albericum, qui multos annos complevit, nec unquam à bono studio & opere eleganti cessavit ; nec ut quidam insipientes, qui sua vitia & suam culpam in senectutem transferunt, ætatem illam accusant : sæpe etenim filios suos commonens ut probitati insisterent, illud Poëticum replicabat :

Viribus utendum est quas fecimus ; arma tenenti
Omnia dat, qui justa negat.

4. Cum verò senesceret, Ancelinam filiam suam cuidam nobili viro Sehebrando de Meduanâ cum Lavardino in matrimonium copulavit. Lisoio autem Bassogerium & terram Sanctæ Christinæ, quæ matris suæ fuerat, jure hereditario possidendam tribuit. Ex prædictâ Anselinâ Salomon ortus est, ex Salomone Gueumardus, qui cùm jam senex esset, duxit uxorem Mariam sororem Angolbaudi Archiepiscopi, & Bartholomæi de Vindocino, qui filiam peperit, quam Nevolus de Fractâ-Valle duxit uxorem, ex quâ heredes Lavardini qui modo sunt, extant. De his ista sufficiant : nunc verò ad Lisoium reverto.

CAPUT II.

De Lisoio Basogerii.

1. Post obitum Hugonis Lisoius decus militiæ Cenomanorum, cum fratribus suis Basogerio manebat ; erat enim vir illustrissimus, genere clarissimus ; moribus conspicuus, armis strenuus, cujus corporis vigor animique ferocitas & virtutis præsentia, etiam in remotis regionibus famâ prædicante insignis habebatur. Illis temporibus Fulco Nerra probus Comes, cujus consuetudo erat *animas Dei jurare*, Andegaviam possidebat. Quidam verò Comes pernimium juvenis Hebertus, cognomento Evigilans-canem, Cenomanicum Consulatum regebat : viri isti probi & militiæ periti erant, avos quorum Rex Francorum ad repellendam versutiam Normanorum in istis regionibus hereditaverat ; eo siquidem tempore vir nobilissimus & animosus Odo Campaniensis Turonicam urbem, castrum Cainonis, Langiacum, Montemque Basonis, totamque terram usque Salmurium quietè ut suam propriam, tenebat. Erat enim Odo Consul pernimium possessionibus dives, possidens cum prædictis Blesensem & Carnotensem Comitatum, Briam totam, urbemque Trecarum, totamque Campaniam simul usque Lotharingiam regebat. Nempe Odo de genere Odonis Ducis Burgundiæ, qui in tutelam Caroli parvi pupilli, filii Ludovici qui nil fecit, electus est. Fuit enim ne-

Liber de Castro Ambasiæ,

Odonis Campaniæ Comitis encomium.

pos ejus ex illâ filiâ quam Hugo Campaniensis duxit uxorem, de quorum moribus pauca aperiam.

2. Odo per omnia similis Catoni integritate vitæ, pauca nisi bonis largiendo gloriam adeptus est; ipse pernicies malorum, constantiaque ipsius valde laudabatur; in eo studium modestiæ, & dederis, & maximæ severitatis erat; non divitiis cum divite, neque factione cum factioso, sed cum strenuo virtute, cum modesto pudore, cum innocente abstinentia certabat; esse bonus quàm videri malebat.

Fulco Andeg. Comes laudatur.
Repetuntur quæ supra in Fulcone.

3. At Fulco alter Cæsar, beneficiis, munificentiâ, mansuetudine, misericordiâ, dando, sublevando egenos, oppressis ignoscendo magnus habebatur; in eo miseris refugium, negotiis amicorum intentus sæpe sua negligebat; qui etiam induxerat laborare, vigilare, nihil denegare quod dono dignum esset; magnum imperium, bellum nullum nisi virtus enitescere posset, exoptabat.

4. Quibus temporibus Gelduinus vir nobilis, ex genere Danorum, castro Salmurensi in fidelitatem Blesensis Comitis & omnibus dependentiis ejusdem castri dominabatur. Fulco prædictus Comes Herberto Cenomanensi fideli amicitiæ copulâ adjuncto, litigiosum certamen pugnandi cum Odone & Gelduino corripuit, cupiens eis Turoniam auferre. Ad hoc ergo peragendum Fulco Comes ut erat hujus rei sagacissimus & bellare fortissimus, quoscumque probos potuit suæ fidelitati adjungere non distulit. Itaque prædictum Lisoium adscivit, inveniensque eum in his quæ deliberaverat consiliosissimum, suis familiarissimis consiliis impertivit. Quod mirum non est, veteri enim proverbio dicitur similis similem sibi quærit, de talibusque Tullius ait, amicitia proborum nisi detestabili scelere dirimi non potest. Consimilis enim sensus existit amoris, si aliquem nacti sumus, cujus moribus & naturæ congruimus, ita quòd in eo quasi lumen probitatis aliquod & virtutis prospicere videamur. Nihil est enim virtute amabilius, nihil quòd magis alliciat ad diligendum. Quippe eos propter virtutem & probitatem, & eos quos nunquam vidimus quodammodo diligamus. Denique prædictus Fulco castrum Lochas, & Ambasiacum oppidum Lisoio ad custodiendum tradens, ut omnes tam nobiles quàm ignobiles jussibus suis obtemperarent, & per omnia ei parerent præcepit. Lisoius dum naturam domini sui & mores subditorum hostiumque cognovit, ut erat impiger & acri ingenio, multo labore multâque curâ, præterea modestissimè Consuli parendo, & sæpè eundo obviam periculis, in tantam claritudinem brevi pervenit, ut suis carus vehementissimè, hostibusque maximo terrori esset. Quod autem difficillimum est, & prælio strenuus & bonus consilio erat; quorum alterum ex providentiâ timorem augere solet, alterum ex audaciâ aliquid magnum sine consilio aggredi. Suscepto ergo regimine duorum castrorum, Lisoius impiger & irrequietus Blesenses, Calvomontenses, non terram Sancti Aniani habitantes quotidianâ deprædatione & incursione vastabat; & Comes Fulco ei sæpè auxiliabatur.

5. Namque Fulco dominum illius oppidi, quod vulgariter Castellis dicitur, sibi fideli amicitiâ sociaverat, & per ejus terram Ambasio veniebat. Odo verò Comes in Lotharingiam cum Alemannis qui sibi infesti erant, & cum Frederico Tullensi Consule, qui eos in terram prædicti Consulis adduxerat, sæpe pugnans, diù his impeditus à Turoniâ & Blesis aberat. Hugo autem pater Odonis prope locum antiquitùs Vaccaria-Comitissæ dictum, ubi erat Ecclesia ab antiquis in honore beati Martini constructa, in colle Calvimontem composuit. In hoc castello Odo Comes Nevolum quemdam militem suum, Blesis verò Burellum ad resistendum Lisoio posuit: aliud

etiam oppidum idem pater Odonis super Carum fluvium, ubi erat sancti Aniani Ecclesia ab Eremitis olim habitata, composuit. Quod oppidum cuidam viro probissimo sibique familiarissimo Goffrido juveni Odo donavit.

Goffridus Aniani castro traditur obsidi.

6. Goffridus sancti Aniani dominus constitutus, omnes Odoni resistentes viriliter impugnabat. Enimverò Crachaicum, Vilentrastum, Busenchaicum, cæteraque loca munita juxta Endriam sita, Fulconi favebant. Sed istum Goffridum sancti Aniani dominum quidam proditor Arrandus Brustulii, homo tamen suus; Fulconi Consuli tradidit; qui Lochas incarceratus obiit: cujus corpus homines sui sancto Aniano deferentes, in latere Ecclesiæ sancti Joannis ab orientali parte sepelierunt.

7. Quo ita peracto, Comes Fulco per prædictum Lisoium omnes ferè feroces & asperas res agebat; nam eum in amicis habebat, quippe cujus consilium neque inceptum frustra erat: nempe in eo animi magnificentia & ingenii solertia erat, quibus rebus multos ex Andegavensibus familiari amicitiâ sibi conjunxerat. Fulco proverbialiter celebre esse sciens, nullam moram paratis esse inferendam, propè urbem Turonicam, quam terram suam cupiebat, oppidum illud qui Mons Budelli dicitur constituit, & custodibus ab urbem distringendam munivit. Odo verò Comes coadunato maximo exercitu, adjuncto sibi cum omnibus suis copiis Gelduino Samulriensi, Montem-budelli obsedit ponens super Ligerim tentoria sua, & fusque fluviolum qui Cholsilium nuncupatur. Illi de munitione viriliter se defendebant, & auxilium à domino suo Fulcone per nuntios sæpe petebant. Fulco Comes & Hebertus congregato exercitu Andegavorum & Cenomanorum, ad auxilium suorum festinabant. Fulco autem comperto quòd castrum Salmuriense omni defensore vacuum reperire poterat, mutato consilio cum omni exercitu suo ex improviso ad Salmurium venit, castrum intravit, turrim & omnes munitiones nullo defendente cepit, & eas ut suas munivit; quo munito exercitum suum ante Cainonem ducens, Vigennæ fluvio, ponte de navibus facto transmeato, montemque Basonis obsedit. Quo facto Odo Comes obsidionem Montis Budelli relinquens, Monti basoni succurrens appropinquavit: sed ingeniosus Fulco ei cedens, usque Lochas secessit simulans fugam, per Ambasium partem sui exercitûs Andegaviam redire jussit, maximam partem per Noastrum Losdunum misit. Odo audito nuntio Alemannos in Lotharingiâ esse, terramque suam invasisse, per urbem Turonicam & Rupes-Corbonis Blesis rediit.

Montem Budelli obsidet Odo Comes.

Salmurium capit Fulc. Comes Andegaveni.

8. Gelduinus itaque, sicut prædictum est, Salmurio expulsus, cum Odone Blesensium Comite, pro cujus fidelitate terram suam perdiderat, Blesim venit, & Pontilevi qui ejus fiscus proprius erat mansionem accepit. Denique dum Blesii moraretur, cum multa in Briâ & in Campaniâ pro terrâ suâ perditâ Gelduino offerret, ut animosus armifer strenuus omnia illa quæ sibi offerebantur pro nihilo reputans; nolebat enim ab inimicorum suorum qui sibi terram suam abstulerant, vicinitate longè fieri; petivit Calvimontem inter Blesim & Ambasium castrum situm sibi dari: quod quia quodammodo nihili, & indignum tanto viro videbatur, diù repugnans Odo tamen acquievit, Gelduinus accepto Calvimonte castrum ædificavit, & munivit. Insuper consuetudinem quamdam Blesis, quæ brennagium dicitur, quarteriumque, Blesis feodum Britonum, ac villam Barolli Odo illi donando accrevit.

Gelduinus à Salmurio expulsus.

Odo Calvimontem & alia illi donavit.

9. Genuit autem Gelduinus filium Gofridum nomine, miræ strenuitatis virum, sapientissimum, quique quòd pulchritudine etiam puellas pulcher-

Gelduini genealogia.

& ipsius dominorum gestis.

rimas excellebat, Gofridus Puella vocatus refertur. Qui etiam ex eâdem uxore Gofrido unam sororem Chanam nomine addidit, quæ nuptui data Frangalo Fulgeriarum domino, plures filios & filias peperit. Denique Gelduinus post multos labores in extremis annis positus, omnia quæ sibi dederat Odo Comes Blesensium, Gofrido filio suo relinquens, Pontilevi qui alodius ejus erat, Abbatiam in honore sanctæ Dei Genetricis MARIÆ construxit; & omnia quæ Pontilevi habebat Monachis dedit, exceptis paucis feodis de Curiâ sancti Petri, quos filio suo retinuit : ibique Gelduinus defunctus, ipse & uxor ejus Aanordis sepulti sunt.

Fulco Comes cepit Montem-Basonis.

10. Postquàm nobilis Odo à Carnotensi & Blesensi territorio recessit, Fulco iterum Montem-basonis obsedit atque cepit; & Gelduino Mirebelli ad servandum commendavit. Sequenti anno Fulco & Herbertus Cenomanorum Comes Turonim obsidere volentes, à Blesis cupiens Odo succurrere, permaximas copias congregans, usque ad fluvium Beuvronis venit, illumque transivit : prædicti Consules urbem obsessam relinquentes, ac juxta Carum fluvium equitantes, prope villam quæ Berengium vocatur tentoria sua posuere. Festinantes autem cum Odone prope Pontilevium pugnantes, ipsum turpiter victum usque ad prædictum fluvium fugavere. Posteà Odo in Campaniam quam inimici sui pernimium impugnabant, citò redit. Erat super Carum fluvium villa quæ Nantolium dicitur, & inter montem & Carum vicus Rabelli nobilis mons proprius Gelduini erat, villa verò de proprio feodo ejusdem, quæ omnia Fulco Gelduino & suis abstulit. Tunc Fulco in monte qui priùs Gelduini erat oppidum constituit, quod Montrichardum nuncupavit, & Rogerio Diabolerio ad custodiendum tradidit, ne inimici sui Ambasio vel Lochas liberè descenderent. Rogerius iste oppidum, quod Mons thesauri dicitur, quia de thesauro beati Mauricii erat, ut suum proprium possidebat. Itaque Blesenses & illos de sancto Aniano à terrâ Fulconis sæpe repellebat. Succedente paucorum annorum curriculo, Odo cum Alemannis in Lotharingiâ pugnans, graviter vulneratus obiit, cujus honorem & terram totam Theobaldus filius ipsius obtinuit : quod Fulco Comes irrequietus competens, adunato exercitu suo Langiacum obsidione vallavit, & cepit. Quo peracto, locutus cum Cainonensibus, & ab illis Cainone sibi tradito quievit.

Obiit Odo, cui successit ejus filius Theobaldus.

11. Ipse morbo atque ætate confectus cùm sibi finem vitæ adesse intelligeret, coram amicis & cognatis filium suum Gofridum Martellum jam adultum vocavit ; qui Martellus non degenerans à paternis moribus, virtute animi & corporis pollebat , cum quo pater suus hujusmodi verba dicitur habuisse :
„ Quoniam naturam & laborem finem vitæ mihi
„ intelligo facere, moneo ne malis alienos tibi adjun-
„ gere, quam beneficio meo conjunctos retineres.
„ Non exercitus neque thesauri solummodo præ-
„ sidia tibi erunt, verùm amici, quos in armis
„ cogere, neque auro sic parare queas ; quantum be-
„ neficio & amicitiâ, quibus rebus maximè paran-
„ tur. Volo ergo consilio Procerum meorum & tuo
„ considerare, quid pro multo servitio à Lisoio sus-
„ cepto sibi possim dare : nam eum uti fidelem, &
„ mihi & tibi necessarium retinere cupio.

Gofridus Comes filio optima dat monita.

12. Erat tunc apud Lochas prætor quidam custos arcis nomine Arardius Lisoii amicus, qui consulendo Consuli monuit ut filiam Archambaudi de Buseniaco Lisoio daret, & Vernolium Maureacumque, & ea quæ jure hereditario Ambasiaco possidebat. Sulpicius beati Martini Thesaurarius , de nobilioribus tam Turonensium quàm Biturensium ortus, ex præ-

dicto Archambaudo fratre suo defuncto unum nepotem & duas neptes habebat , & totam terram quæ fratris sui fuerat manutenebat. Quo intervallo Sulpicius Ambasiaco in loco, ubi domus fratris prædicti lignea erat, arcem lapideam ad opus nepotis sui construxit. Verùm cum prædictus Fulco quid Lisoio pro tanto servitio recompensare, quid sibi gratum fore debuisset diù præmeditaret, acquiescens Arardio convenit Sulpicium Thesaurarium, virum sibi amicum, & genere & nobilitate nobilissimum, qui prædictas duas neptes habebat facie satis decoras, genere spectabiles, moribus ingenuis, quarum major natu Hersendis vocabatur. Impetravit autem Comes à Sulpicio Thesaurario Hersendim Lisoio dari & matrimonio copulari, cum turri Ambasiæ lapideâ, quam præfatus Sulpicius suis propriis sumptibus extruxerat, & cùm omnibus quæ jure turri appendebantur : similiter Vernolium cum omnibus feodis ipsi pertinentibus, domum etiam quam Thesaurarius Lochas hereditario possidebat, Maureacumque Lisoio in hoc conjugio donando addidit. Comes verò jugiferam campaniæ & segrecheriam, quæ ultrà Carum fluvium est, ex suâ parte Lisoio pro servitio suo tribuit.

Lisoio Hersendim, neptem Sulpicii Thesaurarii ejus honorem Fulco Comes dat uxorem.

CAPUT III.

De GOFRIDO MARTELLO.

1. POst hæc Fulco Consul naturæ concessit; cujus honorem Gofridus Martellus filius ejus suscepit, qui vir probus à virtute patris non degenerans (irrequietus enim erat) adunato exercitu suo, adjunctis etiam Britonibus Turonicam urbem obsidione vallavit. Quod comperiens Theobaldus Odonis filius, qui sicut pater Andegavenses semper exosos habebat, permaximas copias Francorum Burgundionumque adducens, urbi obsessæ succurrere disposuit : qui cum Ligeris litus propter timorem Lisoii & Ambasiensium relinquens , juxta fluvium Cari festinaret, Gofridus Martellus Comes furibundus cum suis ei occurrit pugnando juxtà villam, quæ sanctus Martinus in Bello vocatur , ipsum devicit , devictum fugavit. Lisoius autem cum Ambasiensibus Comitem fugientem prosequens, ipsum propè aulam Hatuini cepit, & domino suo Comiti reddidit, qui eum Lochas deduxit. Quo peracto, Turonenses expavefacti Gofrido Martello penè urbem reddiderūt.

Fulco obiit Gofridus Martellus ejus honorem suscepit.

2. Iste Theobaldus cum esset in vinculis, & pro eo nullam redemptionem auri & argenti Gofridus Martellus vellet accipere , captivus mori metuens , & semetipsum pluiquàm sua diligens, anno Incarnati Verbi millesimo quadragesimo secundo pro suâ deliberatione Turonum Gofrido Martello in perpetuum habendam concessit. Martellus itaque cum Turoniâ quietè susceptâ, Rege Francorum Henrico mediante , factoque homagio pro susceptâ terrâ Theobaldo, ipsoque deliberato, res ad concordiam redacta est, & Fulco donaria multa militibus distribui constituit, & quadruvium Ambasiæ quod sub arce erat, totum Lisoio concessit ; quod proprium usque ad molinum Amatisiæ tunc Comitis erat : illa quæ erant à molino usque ad Ecclesiam sancti Dionysii, ipsam Ecclesiam cum totius Parochiæ decimâ , ut ea quæ uxori suæ hereditario jure erant, Lisoius propria possidebat.

1042.

3. In eodem oppido Basilica erat in honore Virginis MARIÆ antiquitùs fabricata, in quâ supradictus Fulco Comes & Sulpicius Thesaurarius sex præbendas, impositis totidem Canonicis, olim constituerant, septimum Capicerium eis præponentes. Illo nempe tempore duo Clerici, ut fama refert & antiquorum auctoritas, in pago Pictaviensi, in villâ, quæ

Fundatio Canonicorum Ambasiensiū.

Tom. III.   Mm ij

Liber de Castro Ambasiæ,

Ossa beati Florentini reposita Ambasiæ.

Sacrum-martis nuncupatur, quæ in confinio Turonorum est, ossa beati Florentini Presbyteri & Confessoris rapientes, Divino nutu usque Ambasiacum pervenerunt; quod quatuor Capellani qui in Ecclesiâ Beatæ Mariæ erant comperientes, consilio virorum castelli corpus sancti in Ecclesiâ beatæ Mariæ in capsâ lapideâ posuerunt. Erat tunc in eodem oppido vir quidam nomine Marthoardus de Salmurio, qui dedit Canonicis Ecclesiam Salviniacis, quam possidebat, & cœmeterium, Comes verò terram & homines & omnia illa quæ circa villam habebat: Thesaurarius autem decimam parochiæ, quam ut propriam tenebat. Comes etiam terram quamdam propè Ambasiam illis donando accrevit: hæc terra circa ulmum Casserii erat, quam quidam Capicerius Ecclesiæ abstulit, & post obitum Fulconis cuidam Joculatori tribuit. Martellus Consul Fulconis filius censum, quem in veteri castello & aliis locis pluribus habebat, Canonicis donavit: Lisoius verò ex omnibus illis terris sive vineis decimam, quæ sua erat, eis in perpetuum donavit; sicque duos Canonicos addiderunt, & novem fuerunt post hæc.

Salviniacus vicus datus Canonicis.

Decima Parochiæ.

4. Sulpicius Thesaurarius neptem suam minorem Fulconi cuidam nobili viro Bituricorum & probissimo, cum oppido Villentrastii, in matrimonio conjunxit. Busenchaicus verò & illud de Castalione, nepoti suo Roberto proprium remansit. Nam longè post hæc Thesaurarius obiit.

Villentrastii oppidum. Sulpicii Thesaurarii sancti Martini Turon. obitus.

5. Lisoius de Ambasiaco vir animosus Algerio fratri suo, & Hugoni filio ipsius nepoti suo scilicet Basogerium concessit: terram verò sanctæ Christinæ quam diu possederat, Alberico fratri suo quietè donavit. Lisoius genuit ex Hersendi duos filios Sulpicium & Lisoium; & tres filias; Euphemiam, Sibyllam & Elizabeth. Euphemiam Buchardus de Monte-saurio, filius Rogerii Diaboleri uxorem duxit, & ex eâ genuit Albericum. Sibyllam autem habuit Theobaudus filius Corbonis; de quâ genuit Robertum de Rupibus; & Elizabeth Fulcoius juvenis, filius Fulcoii de Thonneio uxorem duxit, ex quâ filiam nomine Corliam genuit, quam Goffridus Burellus uxorem duxit; sed eam absque herede manentem cum Jerusalem iret, raptam à Paganis amisit: Elizabeth verò mater ejus post hæc Orricum pejorem lupo duxit, ex quo nullum heredem habuit, imò deinceps sterilis permansit.

Genesis Lisoii describitur.

Hersendis genus.

6. Ut autem genus Hersendis breviter aperiatur; Haimo dominus Busenchaiaci genuit Sulpicium cognomento Mille Clipeorum; Sulpicius genuit Robertum; Robertus Archambaudum & Sulpicium Thesaurarium; Archambaudus Robertum, Hersendim & Hermersendim uxorem Fulconis Villentrastii. Lisoius de Ambasio jam in extremis annis positus terram suam duobus filiis dividens, Sulpicio primogenito suo illud de Ambasiaco; & omnia quæ habebat inter Charum & Endriam, & etiam Maureacum ultra Endresiæ situm, quem de feodo Archiepiscopi habebat, donavit: Lisoio autem illud quod Lochas tenebat, & medietatem Vernolii cum pluribus casamentis & aliis rebus quæ sibi propria retinuerat, ut in scriptis Consuetudinum domini Ambasiæ continuetur. Vixit autem Lisoius multis diebus; & quamvis in decrepitâ ætate vires ejus consenuerint atque defecerint, tamen illa defectio virium non ex adolescentiæ vitiis fuit; nam teste Tullio, libidinosa & intemperans adolescentia effetum corpus senectuti tradit. Nempe Lisoii adolescentia valde modesta & honesta exstitit; qui cum naturæ concessit, Villæ-Lugæ prope Ecclesiam sancti Salvatoris sepultus est.

Lisoius de Ambasio ditiones suas duobus filiis divisit.

Lisoii mors.

CAPUT IV.
De Sulpicio.

1. Sulpicio Lisoii filio Goffridus de Calvo-monte, filius Gelduini, quamdam neptem suam sororis suæ Chanæ filiam, nomine Dionysiam, quam parvulam nutrierat, quoniam summæ prudentiæ vir, & armis strenuus habebatur, in matrimonio copulavit eique medietatem Calvi-montis & omnium quæ possidebat in vitâ suâ donavit, atque post obitum suum omnia ex integro habenda concessit; quod factum est assensu & voluntate Comitis Theobaldi & Stephani filii sui; qui ambo homagium à Sulpicio pro honore Calvi-montis quietè & pacificè susceperunt. Sic Dominatus Calvi-montis & Ambasiæ conjunctus agnoscitur.

Goffridus Calvomonte Sams. picio uxorem tradit.

Unio Calvi montis & Ambasiæ.

2. Fulco Gomes, sicut jam supradictum est, terram suam Martello filio suo reliquit, qui cum heredem non haberet, duobus nepotibus suis Goffrido Barbato & Fulconi Richin Turoniam & Andegaviam donavit & dimisit.

3. Temporibus eisdem Guillermus filius Roberti ex concubinâ, Dux Normannorum omnem militiæ valetudinem, quam invenire potuit, in arma commovens, Regnum Anglorum, quod jure hereditario reclamabat, Haraldo tunc Angliâ imperante invadere parabat; ad quem cum ex diversis regionibus optimi milites & bellicosi gregatim convenirent; inter eos etiam Goffridus de Calvo-monte filius Gelduini, qui neptem suam Dionysiam Sulpicio Lisoii filio matrimonio copulaverat, venit. Is siquidem vir mirandæ pulchritudinis, staturæ congruentis, summæ prudentiæ, miræ facundiæ, ingentis eloquentiæ, armis strenuus, providus in consilio; in omnibus morigeratus, statim ut à Guillermo Duce fuit agnitus; super omnes ei familiarior est habitus. O virum felicem; cui Dominus tot & tantarum virtutum gratiam conferre dignatus est! Qui Ducem adire deliberans, quidquid sibi retinuerat in pago Blesensi & apud Calvum-montem, illud similiter quod Turonis habebat in jugiferâ Castri novi, censumque & Ecclesiam sancti Cyrici, & burgum cum decimâ totius parochiæ, toto Sulpicio & nepti suæ Dionysiæ quietè & in dominio possidendum reliquit.

Goffridus de Calvo-monte inter insignes milites, qui ad Angl. conquistavit Guillermum Ducem secuti sunt.

Ditiones Sulpicio Goffridus reliquit.

4. Paratis igitur navibus suis Guillermus Dux vela præbet ventis, & cursu prospero Angliæ appulerunt, qui egressi de navibus terram vastare cœperunt. Haroldo ex adverso resistere parante, pugna constituitur; pugnatur, Haroldus vincitur & vulneratur graviter, non multum post mortuus est. Sicque Guillermus de hoste triumphans, ab Anglis suscipitur; in Regem inungitur, coronatur, totamque regionem quietam tenuit, & in pace rexit. De militibus autem suis multos optimè remuneratos remisit, nonnullos secum retinens, eis multa & amplissima donaria contulit; Goffrido verò de Calvo-monte auri & argenti copias multas, terræque possessiones amplissimas, quoniam illum in majori reverentiâ habebat, dedit.

Guillermus Dux in Angliam proficiscitur.

Haroldo victo Angliâ potitur.

Munera amplissima Goffrido Calvomonti contulit Guillelmus Rex.

5. Dum ergo sic in Angliâ ageretur, & Goffridus de Calvo-monte in iis quæ dederat Guillermus Rex Anglorum, moraretur, duo fratres Fulco Richin & Goffridus Barbatus inter se graviter discordaverunt. Erant autem tunc Ambasiæ tres Optimates, &c.

6. Insuper Sulpicius filium suum Hugonem obsidem pacis tenendæ in manu Comitis posuit, & Comes cellarium quod sub thalamo turris erat Sulpicio ad annonam & cætera necessaria ponenda concessit. Bucardus tamen de Montesauro & Fulconis ultra pacem fuerunt, quos Sulpicius ab Amba-

Quæ sequi debuerant responsories supra in Fulcone Richin.

& ipsius dominorum gestis.

siaco & Calvo-monte viriliter impugnabat.

7. Quâdam die Calvomontenses venatorem Fulcoii cum equis, canibus & venatione ab ipso captâ ceperunt; pannos, quorum induti homines Sulpicii, equosque eorum equitantes cum canibus & venatione summo diluculo Ambasiaco ad domum Fulcoii pervenerunt, qui cornibus clangentes ut eis aperirent clamaverunt, mentientes Fulcoium adesse; Sulpicius cum multis in valle absconsus erat, & Gofridus prætor Ambasiæ in fossato non longè à domo cum viginti famulis insidiabatur. Existimantes homines Fulcoii dominum suum adesse, cum canes & equos cognoscerent decepti portas aperuerunt, intrant acclamantes Calvimontenses, Goffridus Prætor benè munitus eos subsequutus portario occiso, ad superiora domûs ascendit, eamque captam sonitu buccinæ domino nuntiavit; Sulpicius festinans accurrit, & impleto terrâ & lapidis fossato & puteo, domum illam omninò delevit. Quo peracto Fulcoiùs senex & filius ejus terram Sulpicii auxilio Buchardi multis malis afflixerunt; nam Berengarius de Orcario domum cum rupe, quam apud Orcarium munierat, Fulcoio juveni tradidit; Sulpicius & sui domum illam variis insultibus aggressi sunt, & sæpe obstantibus defensoribus repulsi sunt, ad ultimum ceperunt & succenderunt, Berengario ibi occiso: filius ejus Lescelinus de Orcario evadens, cum Fulcoio sene Montrichardo aufugit. Cum verò milites Fulcoium juvenem captum adducerent, rustici pedites inter manus militum eum frustratim detruncaverunt.

8. Placuit autem Deo tantis malis finem imponere: nam Buchardus de Monthesauro morbo coactus Monachus efficitur, qui convalescens Monachum exuit, & Romæ ante Papam quòd ignorans effectus esset Monachus, nec se Ordini acquievisse, jurando affirmavit. Qui cum rediret in Lombardiâ, quamdam Marchisiam duxit uxorem, & filio suo Alberico terram Turoniæ divisit. Buchardus verò plures annos inibi vixit, & à quodam Lombardo proditione peremptus fuit; Albericus cum avunculis suis Sulpicio & Lisoio concordatus, homagium debitum Sulpicio prò Montrichardo & aliis feudis fecit; senex Fulcoius cum Alberico Montricardo usque ad obitum suum mansit.

9. Sic Sulpicius Calvum montem & arcem Ambasiæ, & omnia sua diù in pace possedit. Sulpicius de Calvo-monte ex uxore suâ Dionysiâ genuit Hugonem, & duas filias Aanordim & Emersendim. Senescente Sulpicio omnes homines sui, qui Calvimonti quasi ad consilium congregati filio suo Hugoni honorem & terram dare curaverunt, fidelitatemque juraverunt. Similiter Lisoius frater ejus quòd nec honorem Hugonis nepotis sui minueret, neque terram auferret, neque damnum corporis, membrorumque aut vitæ quæreret, jurando affirmavit. Sulpicii animus totus & citò, sed infructuosiùs, Lisoii paucis & serò sed commodiùs aperiebatur, neuter aditu difficili, neuter sumptuosus, sed si utrumque coluisses, faciliùs à Sulpicio familiaritatem, à Lisoio beneficium consequebaris.

10. Non longè post hæc Sulpicius à Curiâ Comitis Andegavorum rediens, gravi morbo præoccupatus, Rupibus Corbotis in thalamo sororis suæ Sibyllæ viam universæ carnis arripuit, qui extremum diem Kalendis Junii clausisse dignoscitur, maximoque mœrore Militum vir probus & honestus Pontilevi sepultus Domino annuente quievit. Lisoius frater ejus terram & homines, ut Sulpicius jusserat, ad regendum suscepit.

11. Erat tamen Calvimonti vir superbus Mauricius Escarpellus inter Magnates ejusdem oppidi primus, dolo & astutiâ maximè versutus, dominis suis semper infestus, cujus maligno consilio plures Calvimontenses Lisoio repugnabant. Istius versuta dolositas nisi à prudentibus impediretur, Hugoni puero valde noceret. Duo pariter mala Clavimontenses sustinebant, mortem Sulpicii & absentiam Gofridi. Gosbertus Prætor Calvimontis vir prudens, ad Goffridum de Calvomonte in Angliam misit, & rem omnem ei enucleavit. Quod competiens Mauricius Escarpellus exarsit in iram, & quasi alter Catilina itur in furias; inque convitia absentis & nescientis Gofridi; qui Gosbertum Prætorem quasi novum hominem provocans, quod genus, unde domo si quis requisisset, municipaliter natum, claritatis initia non ab avo & patre, sed à se ipso habuisse fatebatur; & quòd Gosbertus per fas & nefas crescere affectaret. Sed quia familiaris Sulpicio Gosbertus pernimium fuerat, Hugonem filium suum utpote dominum suum valde diligebat, quasi popularis persona levis turbæ facilitatem quâ voluit contraxit, & tribuniciis flatibus in Mauricium crebrò seditionem populi impellebat, eique resistebat.

12. Goffridus de Calvomonte cum Rege Guillelmo loquens, ut filiam suam Stephano Blesensi Comiti daret uxorem, impetravit. Itaque Goffridus veniens, à Calvomontensibus gaudenter recipitur: namque maligni consiliarentes eum à Stephano Consule amicabiliter susceptum & nimis familiarem esse siluerunt. Goffridus munitionem Castelli Gosberto Prætori tradidit; neptemque suam Dionysiam cum filiabus suis in aulâ dimissam ipse servare & custodire præcepit; vocatoque ad se Lisoio, hominibus suis ut ei obedirent, & ut suum dominum servarent imperavit. Ipse verò in Angliam rediit. Interim Lisoius, dum Fulco Richin à Consule Pictaviensi & à Gofrido Pruliaci & aliis pluribus impugnatur, nepotem suum Hugonem, quem adhuc captum tenebat; petiit, & homagium quod Comes exigebat facere renuit. Videns Consul Lisoium sibi fore necessarium, nepotem suum reddidit, & homagium Comes ab eo suscepit. Goffridus de Pruliaco cum Comite pacificatus terram Lisoii inquietabat; Guitcherium castri Reginaudi dominum auxiliatorem habens Goffridus Pruliaci Consul Vindocinensis effectus, consuetudines quæ vulgariter commendatitiæ vocantur, ab Ambasiensibus & Calvimontensibus olim cœptas, auferre eis cupiebat, & pro decimâ S. Cyrici homagium exigebat: sed Lisoius adjuncto sibi nepote sub Roberto Rupium, & amico suo Hugone de Aluiâ eis viriliter resistens, nec homagium fecit, neque commendatitias amisit. Nam Hugo de Aluiâ Guicherium in suo oppido castri Reginaudi cepit, & vinctum Castellis diu donec res pacificata fuit, tenuit.

13. Interea Goffridus Calvimontis cum Rege Normanniæ veniens, filiam Regis, Alam nomine, cum Stephano Carnotensi Consule in matrimonium copulavit; & Calvimonti veniens Hugonem nepotem suum gaudenter suscepit & nutrivit. Mortuo autem Rege & Reginâ, Goffridus quòd in Angliâ possidebat, concedente Rege Ruffo Guillermi filio, Savarico nepoti suo præbuit, & Calvimonti cum maximo thesauro rediens, Stephano & Alæ Comitissæ familiaris, in ipsorum curiam principaliter morabatur. Dionysia pia filia, morigera conjux, domina clemens, utilis mater, quarto Kalendas Maii obiit, quæ Pontilevi juxtà parentes sepulta, in pace quiescit.

CAPUT V.

De Hugone de Calvo-monte.

1. Quod sibi utile videtur quisquis agit:
Nam velle suum cuique est, nec voto vivitur uno:
Fulco Comes Corbam Fulcoii filiam, consentiente Lisoio cuidam viro de curiâ suâ Hamerico de Currone in matrimonio copulavit; quod multi ad detrimentum Hugonis, qui tunc miles erat noviter, factum esse existimaverunt, cum Comes custodiam domicilii sui Hamerico de Currone præbuisset; dum cæteri murmurarent, tres famuli Hugonis Gofridus manumunitus, Robertus Telonearius & Radvelinus Carpentarius rem difficilem aggressi sunt; qui quanto cordis mentisque desiderio, quantisque sollicitudinibus, quantis curis ac laboribus pro fidelitate domini sui sæpe anxii exstiterint, rerum est testis effectus. Isti siquidem adjunctis sibi aliis duobus, in cellario sub thalamo turris nocte abstrusi, seserio perforato summo diluculo cabulis impositis ad summam ascenderunt; dominam clamantem cum duabus ancillis suis ibi tacentibus minando gladiis oppresserunt, vigil à somno oppressus capitur, ex his tribus ad portam fralæ, quæ vulgò strapa vocatur, remanentibus, duo ad summa arcis ascenderunt, qui super fastigium in summitate turris quoddam vexillum exaltantes, arcem domini sui esse exclamabant. Multi ex hominibus Hugonis eitò accurrentes, ab illis suscepti & turrim intraverunt, & uxorem Roberti de Avissiaco, quæ intùs parturierat, nec tempus purificationis ejus instabat, in lecto suo usque ad domum viri sui, quæ non longè à portâ arcis erat, detulerunt. Robertus de Avessiaco & Hamericus de Currone se delusos dolentes, cum castrensibus conveniunt, undique finitimos homines Consulis & intùs inclusos, observant sollicitè, ne quis eorum posset exire. Robertus & Hamericus, ipsis absentibus, Lisoio etiam nolente, arcem ab hominibus Hugonis captam Consuli annuntiant. Hugo sicut erat vir audacissimus adunatis hominibus & amicis suis, Ambasio veniens arcem & partem suam oppidi munit.

Interea dum Comes aliis negotiis impeditus moraretur, homines sui qui aderant in castello ab infestatione hominum Hugonis nullatenùs absistebant, sed totâ sedulitate eos injuriabant; illi de turre viriliter totâ die defendebant, homines Consulis graviter vulnerati sæpe recedebant; quos cum sui Duces vocarent, non conveniebant, cum lituï clangerent, in domibus latitabant, imò inermes & exanimi bellum detestabantur, & velut exanimes, imbelles & inglorii recedebant domum. Ubi Consul eo pervenit, licet invidiæ animo ardebat, cognitis hominum Hugonis acribus ad pugnam animis, ex copiâ rerum statuit sibi nihil agendum, sed cum eo " in colloquio verba facere: ". Juvenem te amisso " patre sine opibus video, idcircò amicitia mea oportunior tibi certamine est. Ego humanarum rerum " memor scio in omni certamine qui opulentior est " etiam si accipit injuriam, tamen quia plus potest " injuriam facere videtur. " Itaque Comes homagio accepto ab Hugone, eoque cùm Hamerico de Currone & Roberto de Avessiaco concordato, omnibus Ambasiensibus pacificatis recessit.

2. Lisoius verò Vernolium, & ea quæ ultra Andresium erant habens, cætera omnia nepoti suo Hugoni quietè in pace dimisit: qui ad senilem ætatem perveniens, Pontilevi Monachus effectus est, qui usque ad decrepitam ætatem ibi vixit, ac juxta fratrem sepultus fuit.

3. Anno ab Incarnatione Domini millesimo nonagesimo sexto Urbanus Papa Romanus in Gallias venit, Avernis cum multis Galliarum Episcopis & Abbatibus generalem Synodum celebravit; & ut erat disertus seminiverbius, verbum Domini sæpe seminabat; ostendens multis potentibus & honoratis viris quantis calamitatibus, quantis incommoditatibus, quàm diris constrictionibus in Jerusalem & Antiochia, & in cæteris Orientalis plagæ civitatibus Christiani fratres nostri, membra Christi flagellabantur, opprimebantur, injuriabantur; quibus verbis multum incitati ora lacrymis rigabant, & genuflexo licentiam & benedictionem eundi poscebant. Summus ille Pontifex prædicabat Dominum dixisse sequentibus suis: *Si quis non bajulat crucem suam, & venit post me, non potest meus esse discipulus.* Idcircò, inquit, debetis crucem vestris coaptare vestibus, quatenùs & tutiores incedatis, & his qui viderint exemplum & incitamentum suggeratis. Is rumor Palatinos Consules, Regios, Tyrannos, viros Consulares excivit: inter quos Hugonem de Calvo-monte, & Hamericum de Currone commovit, qui in Ecclesiâ B. Martini Majoris-monasterii in præsentiâ Papæ, multis sibi adjunctis, vestibus super amictus sanctæ Crucis vexillum consuerunt. Gofridus de Calvo-monte, Hugonem de Calvo-monte nepotem suum multo auro obryzo & argento ditavit; qui Hugo Roberto de Rupibus colobrino suo honorem Ambasii vadavit, arcemque suam in cujus custodiâ posuit. Hamericus de Currone in Nicæa obsidione gravi morbo præoccupatus fuit, in quâ per septem hebdomadas tresque dies Christiani demorati, illam captam Alexio Imperatori reddiderunt: qui cum pedem aliàs direxerint, Hamericum socii sui in feretro usque ad quemdam pontem, ubi Christianus exercitus duobus diebus tentoria collocavit, vivum detulerunt, illum verò ibidem mortuum in introitu pontis honorificè sepelierunt.

4. Stephanus Comes Blesensis eum multis terrore non modico perterritus, sociis dimissis, ab obsidione Antiochiæ clandestinus discessit, & festinanter fugam inivit; Sic Ambasienses per eum & per socios ejus de morte Hamerici de Currone certificati sunt: quo audito Comes Fulco Richin ejus uxorem Corbam cuidam sævissimo viro Acardo de Sanctis, qui ejus domicilium custodiebat, acceptâ ab eo Acardo pecuniâ in matrimonio copulavit; quod absque consilio Elisabeth matris suæ; ignorante etiam consobrino suo Roberto Rupium, factum esse dignoscitur.

5. Hugo in exercitu Dei multis ærumnis eum aliis afflictus, duobus annis post hoc permansit: fuit enim in omnibus, & in Antiochensi obsidione, multa infortunia, sicut alii, perpessus, nunquam de fugâ ut multi desperati cogitavit; imò Magnates in magna anxietate positi illum, quæ Porta Boamundi vocatur, ipsi & Rodulfo de Baugenciaco custodire mandaverunt. Marræ, Jerusalem cæterisque urbibus in capiendo non defuit, sed cum aliis fames laboresque sustinuit, & post captam Jerosolymam in prælio prope Ascalonem cum Rege & populo Dei victor exstitit. Omnibus prædictis peractis, Sepulcro Domini, cæterisque locis sanctis deosculatis, ipse aliquantulum tamen ægritudine gravatus, in Natale Domini ad curiam Comitis Fulconis Andegavis Lochias pervenit.

6. Acardus Santonicus adventum Hugonis metuens, uxorem suam Corbam Turonis in domo fratris sui Guillermi de Sanctis Cellerarii beati Martini deduxit; quæ dum ibi moraretur, & singulis diebus ad Ecclesiam beati Martini sub custodiâ pergeret,

& ipsius dominorum gestis.

Corbam Ilgerius parentibus restituit: paulò post obiit Acardus.

cum quodam cliente Ambasiensi nomine Ilgerio Calcarusa conquerendo loquuta, quomodò eam rapere posset edocuit. Quodam die festo dum matutinis horis insisteret; prædictus Ilgerius, Ecclesiam dimissis viginti clientibus ad portam intravit; itaque Corbam usque ad socios ductam & equo impositam in vico, qui Scalaria dicitur, in domo cujusdam fabri Calvimontis, ubi Ilgerius hospitabatur abscondit: præterea misso nuntio Rupibus-Corbonis, Robertus Rupium dominus cum multis militibus & servientibus eam extra murum Turonicæ urbis Rupibus, & inde Calvo-monti conduxit. Vir ejus Acardus morbo & dolore amissæ conjugis vexatus, non longè post obiit.

Cum Gosfrido Burello Corba matrimonio copulatur: deindè cum Guillelmo Pictaveno iter sanctæ peregrinationis arripit.

Postremò Gofridus Burellus Corbam duxit uxorem.

7. Anno tertio post captam Jerusalem Guillermus Comes Pictaviensis iter sanctæ peregrinationis arripuit; Goffridus Burellus cum uxore sua Corba ei adjunctus, usque in Romaniam pervenerunt, quibus Solimanus memor Nicææ sibi à Francis ablatæ cum maximis copiis Turcorum obviavit: qui Christianos superbè & cum multis lenociniis sævientes dissipans, ferè centum millibus peremptis aut captis, Comes cum paucis, in quibus fuit Goffridus Burellus, evasit. Turci quidquid in tentoriis Christianorum invenerunt rapientes, Corbam multasque alias uxores Francorum secum captivas duxerunt.

Hugonis Caivimont. sorores nubunt.

8. Sic honorem Fulcoii Hugo quietè possedit. Hugo autem Aanordim sororem suam Joanni Lineirarum domino in matrimonio copulavit, qui ex eâ genuit Guillermum, Odonem & Giraudum beati Martini Thesaurarium, Seguinum & Joannem Emersendim verò alteram sororem suam Archambaudus Blesis uxorem duxit, & ab ipsâ genuit Ilgerium, & Campaniam, quam Ridellus Riliaci sibi in matrimonio copulavit. Ilgerius Blesis absque herede obiit.

Plures uxores habuit Fulco Richin.

9. Fulgo Richin pernimiùm libidinosus plures uxores habuit; duxit enim filiam Lancelini de Baugenciaco, ex quâ genuit Comitissam Britanniæ, illaque viro suo mortuo Jerusalem, in Ecclesiâ beatæ Annæ religiosam ducens vitam sepulta fuit. Alteram duxit Ermengardim filiam Archambaudi Fortis de Borbono, ex hac genuit Goffridum Martellum, illum cujus probitas cunctos sui temporis excellebat, &c. *ut suprà in Fulcone Richin.*

10. Martellus Hugoni & uxori suæ domicilium & quidquid Ambasio possidebat, post obitum patris sui concessit. Id quod post contigit. Hugo prævidens scilicet, si Martellus morte præoccuparetur, domicilium frustrà esse sibi datum, quomodo delere posset excogitabat; quod factum est anno tertio hujus conjugii, cum jam Elizabeth Sulpicium primogenitum suum peperisset.

Elisabeth peperit Sulpicium.

11. Eâ tempestate quidam miles, nomine Hugo de Vado, domicilium custodiebat; qui sæpe à sylvâ longè prædas agere consueverat: hic quâdam die cum omnibus suis, exceptis tribus ad custodiendam domum relictis, Romorantino causâ prædandi perrexit: quod Hugo comperiens domicilium sibi promissum invasit, cepit & delevit.

Goffridus Martellus insidiis suorum interfectus.

12. Eodem anno vir probus Goffridus Martellus insidiis suorum & novercæ, patre ut creditur consentiente, Candæ castro occisus est. Cumque animus Consulis pro fractione deleti domicilii conqueretur, sciens Ambasienses Hugoni assensum præbuisse, seque senem, ultiones suas in tempus distulit. Rex Francorum Philippus Turonis venit & cum pessimâ uxore Fulconis Comitis loquutus, eam furto nocte raptam deduxit & tenuit. Itaque Rex luxuriosus adulterium publicum exercuit.

Philippus Rex uxorem Comitis Andegav. rapit.

Hugonis Calvimont. mo-

13. Hugo vir disertissimus, equis, armis, veste, sumptu famulitio honesto instructus erat. O quoties

sæpe ipse se adversa perpessum gloriabatur, dicens neminem in mundo esse felicem, certus post adversâ sibi prospera contingere: cujus familiares maximâ rerum, verborumque præditi copiâ, inter principales viros Turoniæ, & Andegaviæ computabantur. Si in ejus convivium, quod privato simile erat, venitur, maximum tunc in verbis est pondus; quippe cum illic aut nulla narrentur aut seria, cibi plus artè quàm pretio placent, fercula nitore non pondere. Videres ibi abundantiam Gallicanam, servientium celeritatem, publicam pompam, privatam elegantiam, regiam disciplinam. Illo dapibus expleto somnus meridianus sæpe nullus, semper exiguus. Rarò in ejus domo lyristes aut psaltria canit. O ter quaterque beatum! de cujus culmine datur amicis lætitia, lividis pœna, posteris gloria; qui probis est exemplum, desidibus & pigris incitamentum, & tamen si qui sunt qui eum quoque animo deinceps æmulabuntur, sibi forsitan si illum consequantur debeant, ipsi habebunt proculdubio quod sequantur, qui ab avorum virtute non degeneravit.

res exhibentur.

14. Igitur Hugo dominus Ambasiaci nutu Divino correptus, iram Dei animæque suæ periculum metuens incurrere, pravam consuetudinem Simoniacæ hæreseos, in quâ ipse & prædecessores sui veluti jumenta in stercore suo diù jacuerant, vendentes præbendas Ecclesiæ Sanctæ Mariæ Virginis Sanctique Florentini Ambasiaci, quas gratis benè morigeratis ultronei debuissent attribuere; pro Dei amore animæque suæ remedio Canonicis supradictæ Ecclesiæ omni dominatione procul remotâ reliquit; tali conditione, quòd nec ipse, nec aliquis sui generis per successionis suæ seriem in suprà dicta deinceps manus mittat. Nunc verò lues Simoniaca adeò inolevit, quòd in Sanctâ Ecclesiâ, proh dolor ✝ aliquis licet bonis moribus ornatus, aut vix aut nullatenus quidquam potest adipisci, nisi regina pecunia intervenerit. Nunquam enim in Sanctâ Ecclesiâ, cujus beneficia benè morigeratis gratis essent tribuenda, venditio deerit, nisi pecunia emptoris abfuerit.

Hugo pravam consuetudinem vendendi præbendas Eccles. deserit.

15. Qui etiam à capite jejunii usque in Pascha tredecim pauperibus victum, & in die Cœnæ indumenta lanea & linea singulis annis sufficienter dare constituit. Mos iste bonus à dominis Ambasiæ tenetur, & Domino volente in perpetuum perseverabit.

Hugo fundavit XIII. pauperum victum & vestitum.

16. Quoniam de moribus Hugonis pauca suprà retuli, cujus mores domi militiæque boni colebantur, tempus admonet pulcherrima facta ipsius disserere.

17. Incitavit Comes Fulco contra Hugonem (quem pro domicilio deleto habebat odio) Gosselinum & Hugonem filios Hugonis de Sanctâ Maurâ, eisque auxiliator fui. Hugo de Sanctâ Maurâ Aanordim filiam Bergai de Munsteriolo, ortam ex sorore Gelduini de Salmurio, duxit uxorem, quæ ex eo concipiens, peperit Gosselinum & Hugonem, quorum primogenitus duxit uxorem Cassinotam, cui jure hereditario oppidum Haiæ & Viceconsulatus Turonis contingebat. Isti duo fratres armis strenui, militiæ periti, nimiumque superbi, auxilio Comitis Fulconis freti, decimam Sancti Cyrici villamque totam, quia avi eorum Gelduini fuerant, violenter ab Hugone exigebant, & auferre nitebantur. Hæc omnia Gofridus de Calvomonte, filius Gelduini: nepti suæ Dionysiæ in conjugio donaverat, & vir ejus Sulpicius pater Hugonis in pace habuerat: sed Hugo viriliter illis resistebat, devastans suburbia civitatis usque ad aurem eorum, quæ ab orientali parte in ingressu Turonicæ urbis exstat, ultrà Ligerim, & quidquid usque ad pontem erat, exceptis rebus Monachorum, vastabat. Erat etiam eis auxilio Albericus de Monthesauro, filius Buchardi, Hugoni ho-

Acta Hugonis describuntur.

Liber de Castro Ambasiæ

minium debitum facere renuens. Archambaudus Bresis, cui Comes oppidum suum abstulerat, Hugoni sororio suo favebat, qui omnia quæ erant circa Lochas in confinio Montricardi & Monthesauri deleverunt. Duo illi fratres Gosselinus & Hugo sævitiam & superbiam suam à militibus Haiæ, quos multum deturbabant, occisi sunt.

18. Eodem anno Fulco Richin Comes protervus obiit. Cujus honorem Fulco filius ejus suscipiens, amicus Hugonis factus, totum Ambasium sibi concedens, homagium ab ipso in pace recepit. Quo peracto Hugo ad Albericum Legatos de injuriis questum misit, cui contumeliosa dicta retulerunt; & tunc Hugo bellum contrà eum sumere decrevit; quippe ipse acer, bellicosus, at is quem petebat quietus, imbecillis, placido ingenio, oportunus injuriæ, metuens magis quàm ipse metuendus, quem tamen malitiosi erga Hugonem incitabant. Itaque Hugo non ut antea cum prædatoriâ manu, sed magno exercitu ab amicis comparato bellum gerere cœpit, & apertè Montricardum petere, quà pergebat agros vastare, vineas exstirpare, prædas agere, suis armis hostibus terrorem augere.

19. Interea Comes Fulco Archambaudo Blesis oppidum suum reddidit, quod tunc Hugo totum exceptâ domo Motæ succenderat. Postquàm Archambaudus oppidum suum accepit, Hugonem cum suis copiis in terram inimicorum inter Haiam & Mauram causâ prædandi conduxerat: quod Albericus comperiens coadunatis militibus, adjuncto etiam sibi Prætore de Luchis, cum omnibus copiis peditum Hugoni obvius procedit; existimans hostes siti & lassitudine deficere: maxima namque planities ultrà Endriam sita, quæ antiquo vocabulo Campania dicitur, eos nimis fatigaverat; magnâ quidem multitudine hostes confisi, intrepidi unanimiter eos impetebant. Indignabantur quòd pauci eorum possessiones depopularentur, nimisque ægrè ferebant quòd ipsos præsumsissent expugnare. Videns Hugo innumerabilem eorum multitudinem suis ore & gladio militantem & insultantem, quidquid deprædatus fuerat rusticis & mulieribus post se plorantibus, pœnitens illius malefacti omnia reddidit, captoque solvit. Denique stetit imperterritus, suisque satis consultè dixit peditibus & militibus: » Fortissimi milites ecce dimi-
» candi tempus est, metum omnem qui etiam vi-
» ros effeminat abjicite, & de vobis ipsis defenden-
» dis viriliter procurate, ictus impugnantium inde-
» fessi sustinete, confisi Dei adjutorio bella bel-
» cosas exerite, viresque dum tempus est ostendite:
» nunc armis & animis opus est, non est tempus
» socordiæ neque imperitiæ.

20. Interim hostes exclamantes veniunt, sagittando, jaculando, cominùs feriendo ipsos acerrimè infestabant, nullaque requies fatigatis dabatur, Martis campus incanduerat; nam utrimque totis viribus certabatur. Itaque multum diei processerat, cum eventus belli in incertum erat: deinde Hugo dato signo à sinistrâ ac dextrâ hostes invadit, quorum qui firmioribus animis fuerant, obvii suis resistendo lanciabantur, neque hostibus contra feriendi aut conferendi manum copia erat: denique labore & æstu omnibus languidis, amisso loco Albericus & sui fusi fugatique sunt. In illo conflictu pauci interiere, plerisque velocitas & regio Ambasiensibus ignara, tutamento fuerunt. Itaque Hugo captis quindecim militibus, centumque peditibus victor rediit. Igitur pro metu gaudium repentè exortum est, milites alius alium læti appellant, acta edocent atque audiunt, sua quisque fortia facta ad cœlum levant; quippe res humanæ ita sese habent in victoriâ vel ignaviâ vel ignavis gloriari licet, adversæ res etiam bonos detrectant.

21. In diebus illis Gofridus de Calvomonte, quem referunt nullo imbre, nullo frigore cum juvenis esset potuisse adduci ut capite cooperto foret, propter summam in eo corporis siccitatem; universæ carnis iter ingressus, Pontilevi sepultus est: qui centum annos complevit, nec sensum, nec scientiam, neque rerum cognitionem amisit, excepto quòd oculos pulcros privatos lumine habuit. Cujus honorem totum nepos ejus Hugo possedit.

22. Verbum est illud Poëticum:

Invidus alterius rebus marcescit opimis.

Mauricius Escarpellus, de quo supra dixi, actibus bonis Hugonis invidens, licet ei esset familiaris, occasionibus parvis ab ejus amicitia, quàm dumtaxat ad tempus simulaverat, discessit; quod non est ingenui teste Tullio, qui ait; Apertè enim amare vel odisse magis ingenui est, quàm fronte occultare sententiam. Mauricius existimans inter Halam Comitissam & Hugonem discordias serere, pessimas criminationes de eo ad ipsam detulit, quæ oblatas criminationes de eo repellens nec Mauricio credidit, neque Hugonem suspiciosum habuit. Eodem siquidem tempore Hala prudens Comitissa Blesensem Comitatum regebat, Stephano viro suo apud Ramam Palæstinæ urbem capto, & à Babyloniis Ascalone sagittando occiso, cum quo alii plures viri illustrissimi clari & nobiles perierunt, inter quos præcipui Stephanus Burgundionum Consul, & Gofridus Pruliaci Comes Vindocini, qui Ascalone incarcerati, à quodam captivo prodi sunt detecti, qui sic captivam vitam promeritus est, de quibus alibi dictum sufficienter constat. Mauricius à Comitissâ repudiatus, Montichardo profectus proximos Alberici muneribus & majoribus promissis ad studium sui perduxit; qui similiter Erveum sancti Aniani dominum aggressus, cum suis adjutoribus impellit, uti adversùs Hugonem bellum incipiat.

23. Igitur Mauricius solertissimus omnium, milites benignè appellare, multis rogantibus, aliis per se ipse dare beneficia, invitus accipere; sed ea properantiùs quàm æs mutuum reddere; ad hoc laborabat, ut illi quamplurimum deberent; inter quos joca atque seria cum humillimis agebat. In operibus, in agmine atque ad vigilias multus aderat, neque cujusquam boni famam lædebat, quod prava ambitio facere solet: quibus rebus & artibus Herveo de Clanzeio, militibusque cæteris carissimus fuit factus. Omnibus itaque militibus congregatis quidquid erat in valle Amatistæ usque Ambasiaco succendit, & juxtà ripas Cari fluminis usque Laudiaci omnia deprædatus est. Igitur Hugo profugos qui de terrâ suâ ad Mauricium fugerant, cum capiebantur aut oculis effossis lumine privabat, aut pede curtatos loripedes efficiebat; similiter Mauricius eâdem sævitiâ commotus, in hominibus Hugonis captis à se sæviebat.

24. Eâdem tempestate Reginaudus de Castro auxilio Vindocinensium Hugonem impugnans, villam Moranni firmavit, domum in ipsâ munivit, ferè omnia usque ad ripas Ligeris vastavit. Sed Helias Cenomanorum Consul consobrinus Hugonis, amore ipsius prædictam villam munitam omninò delevit, cujus exercitus quidquid erat circà castrum Reginaldi deprædatus est. Vir magnanimus Hugo cum Radulpho de Baugenciaco amico & cognato suo fœderatus; quamdam villam quam prope Baugenciacum possidebat, nomine Anaziacum, prædicto Radulfo donavit tali pacto, ut sibi fidelis auxiliator ad Montrichardum acquirendum existeret. Igitur Radulphus cum suis copiis, adjunctis etiam sibi Blesensibus, Montichardum obsedit, simulque Hugo &

& ipsius dominorum gestis.

& Robertus Rupium affuerunt, qui nihil tunc perfecerunt, quia metu Fulconis Consulis discesserunt. Et tamen omnia usque ad domicilium succenderunt. Videns Mauricius Escarpellus oppidum nimis debilitatum, Albericumque cum suis fatigatum, per manum Radulfi de Baugenciaco cum Hugone concordatus est.

25. Interea Fulco Comes Andegavorum post obitum Heliæ Cœnomanensium filiam ipsius duxit uxorem, quæ quia Radulfi & Hugonis cognata erat, uterque in celebrandis nuptiis affuerunt, quibus Fulco promisit quòd non eis ampliùs noceret, imò amore uxoris suæ & pecuniæ sibi promissæ ab Hugone, quomodo Montrichardum habeant auxiliaretur. Iterùm Radulfus & Hugo cum suis auxiliis Montrichardum obsederunt; postremò oppido petoritis & aliis machinis pene jam capto, Fulco Comes usque Nantolio cum paucis militibus venit; illi de oppido scientes se non posse defendere, Consuli oppidum tradiderunt; qui Archambaudo Bresis donec promissa haberet, commendavit. Fulco Comes cum paucis diebus Turonis moraretur, pecuniâ receptâ, Archambaudo Bresis advocato, Montrichardum antecessoribus suis olim injustè ablatum Hugoni reddere præ, recepit. Itaque Hugo Montrichardum recepit.

26. Dum hæc agerentur Oldinus dominus Jalviniaci, frater Elizabeth obiit. Jaluniacenses festinant ad Hugonem, monentes ut terram quæ uxori suæ Elizabeth jure hereditario contingebat, quam ex extranei præoccupabant, festinanter reciperet. Quod Hugo renuens Elizabeth uxorem suam abire permisit: quæ mulier genere atque formâ, virô atque liberis fortunata fuit, & sæpe multa virilis audaciæ facta commisit, quæ ex Arverniâ veniens auxilio Haimonis de Borbonio, inimicis tamen pluribus sibi resistentibus, terram suam, quæ antecessorum fuerat viriliter acquisivit: multos verò labores tribulationesque pessimas in acquirendo perpessa est: acquisitam autem terram Elizabeth quietè & in pace possedit, excepto Bethaico oppido, quod sibi Archambaudus de Borbonio filius Haimonis abstulit, quod castrum prædictus Haimo Ermangardi sorori suæ tribuit, cum eam Willelmus Jaliniaci uxorem duxit.

27. Ex Elizabeth uxore suâ Hugo de Calvomonte genuit Sulpicium, Hugonem & Olduinum, atque hliam nomine Dionysiam, quæ uxor fuit Ernulfi de Borbonio, sed illa sterilis obiit. Nec prætereundum æstimo, quod mortuâ sorore Hugonis Archambaudus Bresis Gillam neptem Radulfi Archiepiscopi duxit uxorem, illud Tullii sæpe replicans; Nihil est turpius quàm cum eo opere bellum, cum quo familiariter vixeris: diu siluit, nolens Archambaudum familiarem suum impugnare, licet metueret ne filii Gillæ nopoti suo Olgerio, terram sibi juratam auferrent. Post obitum verò Radulfi pars Clericorum Gilbertum fratrem Gillæ in Pastorem & Procuratorem Turonensis Ecclesiæ elegit, alia pars Gaulterium beati Martini Thesaurarium, virum genere nobilem, bonis moribus adplenè imbutum sanctæ Matri Ecclesiæ Turonensi Episcopum destinavit; Gaulterio Episcopi totius Diœcesis Proceres Turonorum omnes excepto Archambaudo Bresis, Gilberto favebant.

28. Hugo tunc Archambaudo ex amico factus inimicus, Bliriacum munit, milites & famulos ibidem ponit; quidquid circa Bresim invenit vastando delevit; Larchaiacum, Vernonum vicos Archiepiscopales cremavit. Econtra Gilbertos milites & clientes multos Bresis posuit, qui campaniam ferè totam usque ad Carum fluvium, excepto Bleriaco, vastaverunt.

Quâdam die Archambaudus Bresis & sui Caro flumine evadato nocte terram Hugonis intraverunt; quod Hugo comperiens, eâdem nocte copiis suis congregatis, summo mane illos terram suam deprædantes reperit, quos invadens fusos fugatosque Carum transire coëgit, multisque captis reliquos usque ad Androsium fluvium fugavit. Archambaudus verò usque Lochas fugiens evasit; Non longo post tempore Hugo Bresim iterum, excepto domicilio, totum succendit & cremavit.

29. Gilbertus habens secum Alveridum Archidiaconum virum prudentia inter Clericos illius urbis penè singularem, personam insignem, bonitate morum per omnia pollentem, humilitate præditum, patientiâ perlustratum, Divinâ & humanâ sapientiâ divinitùs solertem, indulgentiâ Domini Regis Ludovici deliberante, & favente omni populo, suffraganeis Episcopis jussu domini Papæ manum præbentibus, omnipotentis Dei auxilio Cathedram Episcopalem in pace possedit. Gilbertus tunc Hugoni ex inimico amicissimus factus est, & cum Archambaudo Bresis firmiter concordatus est. Non valeo paucis verbis dicere quantâ quamque fidâ devotione amicitiam utramque dominorum suorum, Comitis Andegavorum & Bresensium sibi alliciebat: debitum namque servitium utrique moderanter reddens, quanto vinculo fidelitatis eis astringebatur rerum protestatus est effectus. Ille consiliarios Consulum familiaritate & fidelitate perenniter servabat. Vir namque erat in adversis constans, in dubiis fidus, in prosperis modestus, in habitu simplex, in sermone communis, in consilio præcellens, amicitias probatas enixè exspectabat, constanter retinebat, honestè exercebat; adulantium dicta tardè credebat, celeriter deponebat; severis patribus comparandus, qui juvenum filiorum non tam cogitavit vota quàm commoda, suis magis prodesse cupiens quàm placere. Sulpicio filio suo in matrimonio copulavit Agnetem, filiam Hervei de Danzeio, ut pacem perennem inter illos de sancto Aniano & suos poneret : quæ mulier de Palladiorum stirpe descendit ex lineâ Regii sanguinis, excellentiam nobilitatemque generis in oculis hominum manifestè commendavit; sanè morum probitas mentionem venerandæ matronæ succinctæque personæ ejus contulit.

30. Penè transieram quod præteriri non oportuerat, quali formâ lapidea turris consurgeret, quarum unam Hugo Calvi-monti, alteram Montricardo cum aulâ lapideâ construxit.

31. In diebus illis Ambasiaco Ecclesiam in honore Dei & sancti Thomæ ædificavit, solidâsque vires populi in opificio concussit; Monachique ibi degentibus proprium molinum, pratum Monasteriôli, culturam Fulcoii, Plasficum Corbæ tribuit, aliaque larga dona complura prædictis addidit, multosque suorum ad benefaciendum Ecclesiæ huic monendo coëgit. Iis ita transactis Hugo quievit, diuque in pace terra sua siluit, pontemque Ligeris idem con posuit.

32. Quod prætereundum non erat præterivi, scilicet cum Hugo terram suam in pace regeret, filio suo Sulpicio jam adulto, Guenno de Castalione, nepos Alberici de Monthesauro, Alberico avunculo suo Monthesaurum abstulit; quem expulsum Hugo cognatus suus suscepit, & pro eo bellum cum Guennone arripuit. Quodam itaque tempore Guenno cum suis copiis Campaniam causa deprædandi aggressus est, & usque ad ripas Chari fluvii venit. Quod Hugo comperiens, caodunatis suis cum dicto, turpiter fugavit, diuque fugatum cepit, ipsumque tandiù in carcere tenuit, donec avunculo suo Alberico Monthesaurum reddidit; & Sulpicio

filio Hugonis hominagium debitum in pace & quietè fecit. Sic verò terra pacificata diù abſque impugnatione ſiluit, quia prædictus Genno quod in Montrichardo reclamabat, Sulpicio in pace conceſſit.

Quàm ſapienter ac providè ſe erga filios gerit Hugo.

33. Quid ſollicitudinis & dilectionis ac diligentis prudentiæ circà filios Hugo haberet, ipſa naturalis juris conſtantia patienter declaravit. Nam cum Hugo filius ejus terram matris ſuæ quæ in Arverniâ erat, repudiaſſet, pater multa obtulit, quæ omnia repudiavit: maligno namque conſilio peſſimorum Hugo juvenis acquieſcens, fratrem poſt patris exceſſum multis modis impugnare affectabat; quod pater prævidens terram ſuam totam Sulpicio tribuit, & homines ſuos ipſi jurare coëgit, eumque recedens dominis & amicis ſuis fidâ devotione fidelibus commendavit. Quantâ devotione ipſum in aulâ Montrichardi commendavit ſuis, ad ultimum non » valeo paucis dicere, dixit enim: » Fili quantum ca- » loris, algoris, vigiliarum pro tuis negotiis ſuſce- » perim ut terra, mea tibi remaneret quieta, non uti- » que de meâ ſicut de tuâ memoriâ dilabitur: non » enim ſummi laboris ſuſceptio & perpeſſio, ab ipſo » tolerante leviter oblivioni mandatur. Quidam ſuo » filio cum bonis ambulare præcepit; hinc eſt utique » quod rogo te, ut maximâ curâ magnoque ſtudio » factioſorum devites conſortia, & meis fidelibus in » conſiliis maximè acquieſcas; quod ſi feceris, vi- » ctor inimicorum reverâ exſtiteris.

Hugo Sulpicio terram ſuam tribuit.

Exhortatio Hugonis ad Sulpicium.

Fulco ducit filiam Regis Jeruſalem, ac Regnum adeptus eſt.

34. Eo autem tempore Legati Regis Jeruſalem Balduini ſecundi in Franciâ ex improviſo venerunt, quærentes virum qui filiam Regis cum Regno Jeroſolymitano uxorem duceret; qui conſilio Regis Francorum Fulconem Conſulem Andegavorum virum bellicoſum magni nominis & ſummæ ingenuitatis elegerunt. Fulco verò licentiam eundi à Rege & à ſuis omnibus popoſcit; ab Epiſcopis verò genuflexo benedictionem impetravit: qui cum crucem ſibi adaptaſſet, adjuncti ſunt ei milites & pedites innumeri, multique Conſulares viri, inter quos Hugo dominus Ambaſii affuit. Porro filium ſuum Sulpicium Goffrido Comiti filio Fulconis tradidit, qui patre ſuo jubente homagium à Sulpicio ſuſcepit, & pacificè cum & res ſuas cuſtodire promiſit. Itaque Hugo Fulconem ſubſequutus, in Damaſceno exercitu cum eo affuit; qui inde rediens gravi morbo præoccupatus Jeruſalem nono Kalendas Auguſti obiit, & in monte Oliveti prope Eccleſiam ſepultus eſt.

Hugo cum Fulcone Jeruſalem adit. Hugo obiit & in Monte Oliveti ſepelitur.

CAPUT VI.

De Sulpicio.

1. Sulpicius dum in proſperitate floreret, ſolâ invidiâ Vindocinenſes primi ipſum ad iram incitaverunt; ſæpe enim, teſte Horatio,

Invidus alterius rebus marceſcit opimis:
Et *Invidia Siculi non invenêre Tyranni*
Majus tormentum.

Hinc eſt quod Bucardus de ſancto Amando Seneſcallus Comitis Vindocini, exiſtimans Sulpicio conſuetudines, quas pater habuerat ejus in pago Vindocinenſi, auferre, quæ vulgò Commendatitiæ dicuntur, terram ipſius deprædando cœpit impugnare, Sed Sulpicius, cui erat in votis ſcire quæ ſequenda forent & quæ vitanda viciſſim, amicos & conſiliarios ſuos convocat, quorum maximi & principales erat Herbertus de Polinco, Orricus Pejor-Lupo, Hugo Ebardi filius, & de ſancto Aniano duo, Petrus de Paludoſis & Goffridus Guiturni. Iſti verum conſilium liberè dare Sulpicio gaudebant: nam, teſte Tullio, plurimum in amicitiâ amicorum benè ſuadentium valet auctoritas ea, quæ adhibeatur ad admo-

Bucardus terram Sulpicii impugnat.

Sulpicius amicos ad conſilium convocat.

nendum eos non modo apertè, ſed etiam ſi res poſtulabit acriter & acutè, & oportet ut eis adhibitè pereatur. Sulpicius prædictorum conſilio fultus illud Lucani ſuis ait :

Dii melius belli tulimus quod damna priores.

Et quòd cœperit inde nefas, & quod ſanguis noſtrorum jam tetigit pollutos enſes Vindocinenſium. Itaque cum ſuis abſconditè ſummo diluculo Cangiaco venit; qui Bucardum cum Vindocinenſibus ſua circà Siceram devaſtantem turpiter fugavit, ipſumque cum ſeptem militibus captum victor Ambaſio adduxit. Poſt hæc Vindocinenſes condolentes, terram Sulpicii occultè & quaſi per latrocinia ſæpe deprædabantur.

Sulpicius Bucardum fugat & capit.

2. Interim Sulpicius conſilio cum ſuis habito commodum duxit finitimam hoſtium terram intrare, commodius forè judicans hoſtes in terris ſuis aggredi, quàm ad ſe aggrediendum eis ex dilatione cornua ſineret erigi. Electâ igitur militiâ manu, paucisque peditibus, gentem illam ſibi rebellem & æmulam expetiit: antiquitùs nempe Ambaſienſes præliandi conſuetudinem habebant, forſan ut puto, à Deo ſibi permiſſam, ne per otium pejoribus inimicis expugnarentur, moribus ſcilicet vitioſis, juxta illud Satyrici garriendo veridici:

Servabat caſtas humilis fortuna Latinas,
Et labor in noctes, & proximus Hannibal urbi.

Nam laborum & bellorum aſſiduitate minùs libet ſuperbire, minùs delectat mœchari illos, qui aſſiduè timent mori. Bella itaque exteriora interiorum ſunt ſæpe peremptoria bellorum : hoſtes viſibiles inviſibilium ſunt vel repreſſio vel impreſſio inimicorum. Igitur Sulpicius eo quem ductabat cuneo per terram hoſtium effuſo, qui tamen ſtatim uſque ad pedites refugere compulſi ſunt, egreſſis adversùs ſe hoſtibus impetuoſo impetu reſtitit. Namque Comes Vindocinenſium comperto ejus adventu in inſidiis excubabat : proinde Sulpicius videns ſibi fieri neceſſariam congrediendi copiam, pugnando, ipſo Comite cum quinque millibus de ſuis & peditibus non multis capto, victor cum gaudio ad ſua rediit. Dehinc terrorem cæteris ingerens favente ſibi fortunâ, multa inſignia Deo patiente peregit, cupiens ſemper

Sulpicius ultima capit in Vindocinenſes.

Vicit et capit Comitem Vindoc.

Parcere ſubjectis & debellare ſuperbos.

Quid plura ? In his additur fraterna diſcordia duorum fratrum Sulpicii & Hugonis, de quâ quàm veriſſimè potero breviter referam. Malignorum conſilio & peſſimorum monitu, Hugo fraternam caritatem, quæ inter natos & parentes & fratres niſi deteſtabili ſcelere dirimi non ſolet, primus rupit. Nempe hic Hugo ſpecioſus formâ erat, & in curiis Principum valde facundus & notus, & Goffrido Comiti Andegavenſium familiaris exſtitit, qui eſt in hac diſcordiâ auxiliator per omnia fuit : eo ſiquidem tempore controverſia maxima inter Ambaſienſes milites fuit ; non enim promptum eſt cujuſvis murmur & ſuſurros tollere de curiis, & adulatoribus aperto vivere voto non licet. Omnis populus & illi vel militibus, quibus erat mens bona, fama, fides, Sulpicio favebant, cui & dicebant : Si cum matre, quæ tibi adverſatur, vivere & eſſe tendis, vitam tuam contentus peragas, & avarus eſſe noli. Sed granaria tua quæ ſunt referta emole, evole, propriâque meſſe vive, ſic verè poteris, adverſariis reſiſtere, qui modò metuis ? Occaſioni diſpende ; nam ſeges alia in herbâ eſt.

Diſcordia inter Sulpicium & Hugonem fratres.

Goffridus Hugoni favet.

Optimè Hugonem monent amici.

3. Jacquelinus de Malliaco & fratres ſui Sulpicio adverſabantur, licet idem Jacquelinus debitum hominium dudum ante hoc Sulpicio feciſſet, tamen conſiliis impiorum prætendens ſe excuſabat ; qui ipſum cum fratribus ſuis & cum prædicto Hugone ad

Adverſarii Sulpicii.

& ipsius dominorum gestis.

Elizabeth filium suum Sulpicium deflectit. Conqueritur de filio apud Goffridum Comitem.

debellandum Sulpicium Turonis posuerat; mater eorum Elizabeth furore succensa, diabolico stimulo admonita; à primogenito suo Sulpicio irata discessit; quæ Comitem Goffridum adiit, querimoniamque lacrymabilem apud eum designans, multa de damno Sulpicii filii sui quoad potuit deliberans, Turonis & Malliaco diù mansit. Ista verò si apud se deliberaret quantum inter fratres necessaria sit pax & concordia, Apostolo evidenter ostendente qui ait: *Sine pace impossibile est placere Deo*. Et iterum: *Pacem sequimini cum omnibus & sanctimoniam, sine quâ nemo videbit Deum*: nunquam conquerendo Magnatibus inter fratres graves discordias seminaret, quoniam mutuâ se deberent caritate diligere, & malefactores suos animadversione debitâ coërcere; quod omninò dignum fratribus & conveniens est.

Goffridus terras Sulpicii vastat.

4. Igitur vir magnanimus Comes Goffridus coadunatis suis copiis, terram Sulpicii citrà & ultrà Ligerim incendendo & deprædando potenter vastavit; deinceps etiam nimio impetu ante portas Ambasiaci oppidi transiens seditione maximoque conflictu, in loco qui Pons Molendinorum vocatur, cum Ambasiensibus quâdam die à mane usque ad vesperam pugnavit. Quod prælium cum nox diremisset, Comes quibusdam ex suis captis & equis omnium militum suorum penè interfectis, inglorius discessit. Quippe Sulpicio vicini Proceres aderant auxilio, quorum hæc sunt nomina, Simon de Baugenciaco, Arnulfus de Virsone, Urso de Fractavalle, Sanctus de Percheia, & Goffridus Burellus; cum his Biturigum, Aurelianensium, Carnotensiumque omnis ferè expedita militia, Blesensium & silvæ longè clientela erat. Sed quia non longè ab Adventu Domini hoc actum constitit, consilio utriusque partis, Sulpicio reddente homines Consulis quos ceperat, res ad concordiam redacta est.

Inglorius discedit. Amici Sulpicii ei auxiliantur.

Concordia inter Goffridum Comitem Andegavorum & Sulpicium. Hugo Jerosolymam adit cum Rege Fulcone.

5. Succedente paucorum annorum curriculo, Hugo frater Sulpicii iter Jerosolymitanæ peregrinationis affectans, crucem sibi aptavit, mare transiit, cum Fulcone Rege Jerusalem, qui Comes Andegavorum fuerat, aliquantis annis mansit: mater eorum Elizabeth Averniam adiit. Itaque terra pacificata diù siluit.

Bellum Sulpicio à Vindocinensibus paratur.

6. Motum est rursùm Sulpicio odiosum bellum: supradicto Consule Vindocini apud sanctum Ægidium mortuo, filius ejus Joannes juvenis animosus terram patris jure hereditario possedit; quem Reginaudus de Castro contrà Sulpicium fœderatum habuit, qui etiam hominum indebitum ei timore Sulpicii pro solo suo auxilio fecit. Sulpicius enim ad id Reginaudum coëgerat, quòd Goffrido fratri suo suæ terræ partem nolens donaverat, quo dolore ipse nimis commotus est. Sulpicius igitur ad dilatare laborans, in iram erga Reginaudum exarsit. Seneca namque teste, *Res inquieta est felicitas, quâ Sulpicius eo tempore pollebat*. Idcircò Sulpicius robore suorum consisus sæpe prædictorum animos terram ipsorum vastando sollicitat; & quoniam otia semper variam mentem dant, & audendo magnus timor tegitur, agmina sua in terram Reginaudi emisit; quæ postquam sunt à Joanne Comite audita, qui castro Reginaudi cum suis copiis erat, æstimans quòd gloria belli sibi reservata esset & victoria, lætus efficitur. Itaque agmina sua furtim rapit, atque per jussa silentia quoad potest obscurat. Ipse verò ut prima prælia lacessat, & eliciat, retentis majoribus viribus in cavâ valle, in primo agmine processit, Reginaudus verò de Castro cum cæteris pedetentim subsequitur. At Sulpicius agmina suorum militum ex diversis partibus aggregata apertis campis instruxit, quorum agmine emisso campi sono statim cremuere, terræque solutâ turbine pulveris te-

Sulpicius terram inimicorum ingreditur.

Joannes Comes Vindocinal arma capit.

Consilium utriusque partis.

nebras traxit. Vindocinenses è contra dum miscere manus & præcurrere licuit, primùm stetere; sed citò agmen eorum frangitur, cum in primo impetu Joannes Consul eorum capitur; ut verò fortuna belli in pedites insubuit, qui fugere non potuerunt; ligati Sulpicio & suis læta spectacula præbuerunt: sicque paucis peremptis multisque captis victores ad propria redierunt, & Joannem captum in arce Calvimontis incluserunt.

Joannes Consul capitur, & in arce Calvimont. includitur.

7. Factum autem post hæc, Hugone fratre Sulpicii ab Jerusalem jam reverso, ut Comes Goffridus ob injurias sibi à Sulpicio illatas Ambasium obsidere pararet. Sulpicius oppido suo benè munito, & Guillelmo Limeriarum domino germano consobrino suo tradito, ipse & frater suus Calvimonti & Montrichardo cum multis amicorum suorum manebant. Goffridus Consul, cui magno nihil erat magnum, cum exercitu suo Laudiaco venit. Itaque mediante Hugone Archiepiscopo pax utrimque efficitur.

Goffridus Sulpicio bellum parat.

Hugo Archiepiscopus Goffridum & Sulpicium concordat.

Enimverò Sulpicius opibus & deliciis affluens, arrogantiùs solito motus dominos suos Comitem scilicet Blesis & Andeg. sæpe offendebat, vicinos verò satrapas turbare, attentare, & in terris eorum non cessabat incursare. Causæ simultatum & querelarum occasiones inter Principes reverâ erant: quòd Sulpicius ferè omnes qui dominos suos offendebant recipiebat, & avaritiæ succumbens manutenebat. Fertur etiam à multis ipse insanire, idcircò quòd violenter in terras eorum irruens, rebus ex sententia sorte perpetratis quasi victor insultabat: quæ facta pavidam plebem & plures ex vicinis Principibus satis terruerant; sic quisque parendo famæ illius vires dabat, & licet non esset auctor multorum, malorû, ea quæ fingere timebant. Nec mirum, nam terram ipsius Consulis ab Genilleio usque Lochas incendio vastavit, Bresim succendit, Bureium prope Blesim totum, exceptâ arce, cremavit. Sæva enim fortuna fertur more exæstuantis Euripi, multos protulerit, victos sublevat, miseros non audit, non illorum fluctus curat, sed ludit; & sic suas vires probat.

Arrogantia Sulpicii erga dominos suos Comites Bies. sens. & Andegav. & alios. Causa inimicitiæ vicinorum Comitu in Sulpicium.

8. Sulpicius ex uxore suâ Agnete duos filios habuit, Hugonem & Herveum, & duas filias Dionysiam uxorem Ebonis Dolensis, & Elizabeth uxorem Andreæ de Alvia. Postremò duo inter Hugone & Sulpicium, qui sæpe graves inter se habuerant discordias, firmiter concordati sunt. Hugo Lisoiam filiam Goffridi Rufi uxorem duxit, à quo oppidum quod Columbarium vocatur, cum eâ sibi datum possedit, qui ex eâ nullum heredem habuit; Hugo vir facundus & speciosus, & à dominis suis nimis dilectus fuit, & in Curiis Principum multos amicos fecit, cui Ludovicus Rex Francorum pro servitio suo in Aurelianensi pago optimam terram tribuit. Multoties Sulpicius Consules ad iram incitavit, tùm pro latronibus ab ipso susceptis & mercatoribus disturbatis, tùm pro Burgensibus Castrinovi captis, & à Rege Francorum exhibitis.

Progenies Sulpicii.

Hugo Lisoiâ duxit.

Laus Hugonis.

Sulpicius ad iram Consules incitat.

9. Ad ultimum Comes Theobaudus pro permultis injuriis sibi illatis, villam quæ Menticios dicitur, munire disposuit. Quo tempore Comes Andegavis cum exercitu suo Turonis venit, & Theobaudus Cangiaco, villâ ipsâ cremata, castra fixit. Tandem per amicos utriusque partis concordia inter Sulpicium & Consules tractata & confirmata est. Ibidem Theobaudus Blesis præsente Comite Andegavis, quòd nullam munitionem deinceps inter Blesim & Calvimontem construeret promisit, nullumque eorum castrum aut aliud municipium illo intervallo licere componi affirmavit.

Theobaudus & Fulco arma capiunt. Concordia inter eos per amicos facta.

Quantis quibusque adversitatibus, quantis pressuris & angustiis, quantâ rerum instabilitate præsentis vitæ prosperitas involvatur, ex ipsis rerum proventibus facilè satis intuetur. Videmus enim quotidie diversas rerum mutationes fieri; nec est quidem prosperitas ulla durabilis, ipsa etiam quæ tenaciter videntur constantia, leviùs credito dilabuntur. Igitur nemo fugacibus & caducis bonis fortunæ credat, cum, teste Boëtio, constanti æternâque lege propositum sit, ut nihil genitum constet. Blanda enim fortuna, quæ sæpe fallit, cum mentes fruentium specie mendacium bonorum ligat, Sulpicium fefellit, quamvis ad ultimum amicorum certos vultus & ambiguos secrevit, mentemque fidelium detexit. Ille divitiis affluens inter abundantissimas opes hæc infortunia passus, quoniam avaritiæ nihil satis est. Calvimontensis equum ablatum cuidam peregrino redeunti à S. Jacobo, Sulpicio adduxerunt; qui dum ab ipso quâdam die currendo calcaribus urgeretur, Sulpicius cadens armum sibi fregit, nimioque dolore vexatus peregrino equum reddidit, & limina beati Jacobi in Hispaniâ visitans, Deo sibi propitio sanus effectus votum persolvit.

Sulpicius limina beati Jacobi visitat.

10. Post hæc Elizabeth filiam suam uxorem Andreæ de Alviâ phtisis consumsit; quæ diù ante morbum parturiens, viro suo Hugonem & Agnetem relinquens, morboque prædicto afflicta interiit, quæ sexto Idus Julii Pontilevi sepulta fuit. Soror istius Dionysia Ebonis Dolensis uxor, fecunditate parens effecta, duos Radulfum & Odonem viro suo edidit, qui parvuli si patrem suum sospite matre perdidissent, minùs pupilli existimarentur. Nam Dionysia bonitate suâ & diversis probitatibus effecerat, ne patri adhuc juveni soboles alterius sexûs desideraretur, quæ subitò supremâ lienteriâ occupata, virum cœlibatu, patrem orbitate confudit. Ista verò Sacerdotum, Religiosorumque manibus excepta, perpetuis sedibus dormienti similis sexto Idus Maii sepulcro illata est. Cum verò milites flentes ipsam ad sepulcrum, deferrent, oppidani omnes neniam funebrem quasi parentibus orbati emittebant, cum & externi de villis ibi congregati Libitinam ipsam prensitarent, remorarentur, exoscularentur. Siquis haud incassum cadaveribus honor impenditur, hanc ministeria plurium Sacerdotum, Clericorum, Abbatum, & Monachorum in Claustro Dolensi prope parietem Ecclesiæ tumulavere.

Duæ sorores Sulpicii intereunt.

Fletus omnium super Dionysia.

Nulla pestis, efficacior ad nocendum quàm familiaris inimicus: Milites de Montebasonis adulando, blandiendo amici Hugonis fratris Sulpicii effecti sunt. Quamquam, teste Tullio, assentatio nemini nocere potest, nisi qui eam recepit atque eâ delectatur; & amicus blandus à vero amico adhibitâ diligentiâ leviter internosci potest. Isti tamen, ut complures ferunt, Hugonem venenatâ potione interfecerunt, & quamvis adhuc veritas rei lateat, illi tamen qui in morte ejus affuerunt, visis manifestis signis ipsum taxico necatum affirmant; qui potquàm in hospitio cujusdam famuli eorum cum prædictis Militibus comedit, discedens inde nihil ampliùs edit, imò serò nimio dolore vexatus quinto Idus Januar. obiit.

Hugo veneno necatur.
Nota Auctoris ætatem.

11. His ita transactis, Sulpicius, iniquo monitu Reginaudi Rubelli, & Goffridi de Bello-videre, lites graves pugnandi cum Goscelino de Alnello, qui dominus Castri Reginaldi erat, arripuit. Quippe olim Milites Castri Reginaudi Sibyllam filiam domini sui Hugoni filio Sulpicii pacti fuerant, & Sulpicio tradiderunt; sed repertâ cognatione quàm Robertus Rupium, & filii sui jurejurando inter eos esse affirmaverunt, Sulpicius à Pontificibus & à Comite, Theobaudo coactus Sibyllam reddidit. Idcirco Sulpicius Goscelinum & suos exosos habens, sanctæ Ecclesiæ instituta contemnens, diabolico introitu & pessimorum monitu Castrum Reginaudi totum,

Sulpicius cum Goscelino Castri Reginaldi causas belli arripuit.

Sulpicius castrum Reginaldi cremavit.

exceptâ Ecclesiâ & arce, in Quadragesimâ cremavit.

Sub eodem ferè tempore Theobaudus bonus Comes Blesensium obiit: qui tribus filiis suis terram suam distribuens; Henrico primogenito Briam & Campaniam, Theobaudo Carnotum & Blesim, Stephano verò Sacrum-Cæsaris cum ejus appenditiis tribuit. Sanè mirâ Dei, ut credendum reor, ordinatione elapso parvo tempore Goffridus admirabilis Andegavorum Consul Cenomanis sepultus; diem extremum clausisse dignoscitur. Surrexerunt novi Principes de qualibus antiquo proverbio dicitur: Væ terræ cujus Rex ætate aut sensu puer extiterit. Goffridus enim Comes Andegavorum tres filios, Henricum, Goffridum, Guillelmum ex Mathilde filiâ Henrici Regis Anglorum genuit: quorum Henricus primogenitus consilio Sulpicii, Theobaudo Honninum sibi jure debitum facere recusavit. Quod similiter Sulpicius superbiâ & pessimorum monitu ipsi facere renuit. Dedit enim Hugoni filio suo Clavi-montem; & quidquid de feodo Theobaudi possidebat.

Theobaudi Comitis Blesensium mort. Tribus filiis sua distribuit.

Goffridus Comes Andegavorum moritur.

Goffridi proles, Henricus filius Goffridi hominium Theobaudo recusat, & Sulpicius.

12. Enimverò cum crimen erroribus nostris sit addictum, reor à Deo esse propositum non solùm ob id velle perdere hominem illum, sed cuncta quæ ejus sunt, veluti Sulpicium, qui cum Theobaudus Blesis humiliando ejus amicitias peteret, nociva arma sumsit, & seipsum cum aliis multis cladibus & diversis tormentis annihilavit. Nam qualiter consilio crudelium ac proditorum, quorum consortia sibi respuenda essent, adhæsit, nemo sub modicis verbis referre valet. Erat autem pernimium familiaris Sulpicio quidam Colibertus Sancti Launomari, Chrispinus de Mindraio, filius cujusdam spurii Radulphi Guiardi de Candeio, quorum genus infidum ingenio mobili dominis suis multum nocuit. Quodcunque consilium Sulpicius in conclavi suo privatim tractabat, illud Crispinus Consuli statim clam per aliquem cognatorum nunciabat. Quippe ancillam Sulpicii, filiam Buarini de Cozeio Chrispinus uxorem duxerat, fratresque ipsius cum patre Blesis manebant. Consul Crispinum & suos paulatim tentando aggreditur: postquàm eum sibi opportunum cognovit, multa pollicitando persuadet, uti Sulpicium maximè vivum, aut si id per vim procedat, necatum sibi traderet. Quæ cum cognita esse Sulpicio Crispinus comperisset, Blesis transiit, confestim ejusdem oppidi Præpositus constituitur. Cujus rei Sulpicius stupidus effectus, nemini se credebat: Motam tamen Mindraii munit.

Consilium Sulpicii Theobaudo nunciatur.

Consilium Comitis in Sulpicium.

13. Blesensis Comes gloriam & famam suam dilatare ac propagare laborans, ad delendum Mindraium multos milites & pedites ex diversis locis congregat: è contra Sulpicius cupidus gloriæ, & optimorum famâ meritorum, quoscunque potuit sibi allicere ad se defendendum, in unum convocat. Maximâ autem culpâ suâ Sulpicius veritatem aspernabatur, & per fraudem ab adulatoribus in odium domini sui, quod est venenum amicitiæ, impellebatur: scitum est enim quòd assentatio vitiorum adjutrix est, quæ procul à tanto viro removenda erat, quia ne libero quidem homine digna est. Salus autem Sulpicii desperanda erat; cujus aures veritati ita clausæ erant, ut ab amico verum audire nequiret. Namque teste Tullio, nullam pestem majorem esse scimus, quàm adulationem, blanditiam, assentationem, quod vitium est levium hominum atque fallacium: ad voluntatem omnia loquuntur, nil ad veritatem: illi nempe molestiam, quàm capere debent, non capiunt, illamque capiunt quâ debent vacare: tales judicium veri tollunt, idque adulterant.

Comes Blesensis arma capit contra Sulpicium. Sulpicius adulatoribus credit.

14. Dum prædicta aguntur Elizabeth mater Sulpicii senex & plena dierum, ut pote præsaga futuro-

& ipsius dominorum gestis.

[marg.: Exhortatio Elizabeth ad filium Sulpicium.]

rum, de his quæ audierat pro filio gemebunda, Ambasio in domo suâ juxtà Ecclesiam Sancti Thomæ ipsum accivit; flebiliter ergo ad filium aiebat: »Ut quid me inconsulta, fili, negotium aggressus es bellicum; an quoniam decrepita sum me despuisse putasti? Crede mihi; viget sensus effœtis in visceribus, & laxa cutis ac ruga senilis vivacem adhuc fovet animum. Deindeque nulli poteras reserare consilium, qui te vel artiùs diligeret, vel qui tibi discretiùs consuleret: quid animo affectui materno comparari poterit? Robertus frater Regis Francorum, & alii multi Proceres cum insuperabili militiâ cum Theobaudo Blesis veniunt. Debueras præponderare quàm grande aggressus es negotium; decuerat te metiri cum quâ insuperabili gente dimicaturus es: oportuerat te perpendere quòd copiæ quas undequaque corrogasti, nullatenùs tibi fideles sunt. Nostris in regionibus, os meum & caro mea, nomen tuum satis dilatatum est, sed brachium tuum in istis nondum approbatum est. Porrò si matri consulenti acquiesceres, ab hac te meritâ abstiteres, teque gentemque tuam huic præsumptuoso labori subtraheres. Dubium enim cui parti potiùs Mars arriserit, hostris tamen magis timeo.« Veterana illa in lacrymis deficiens, loquendi finem fecerat; cum filius jactabundus sic paucis respondit: »Miror, mater, quâ fronte de victoriâ prænuntiaris, cum ipsi animis genti nostræ non debeant comparari. Et ego viros potentes & bellicosos habeo: ipsi verò homines sunt, sicut & nos. Et dico, mater dulcissima, eventum rei meliora desiderans exspecta.«

[marg.: Responsio Sulpicii ad matrem.]

15. Utriusque partis viribus congregatis, Comes Sulpicium in dolo ad colloquium vocat. Igitur dum inter se loquerentur, homines Consulis à dominis suis edocti juxta Munticios Beuvronem fluvium transmeantes, nemoriscula Calvi-montis raritatem considerantes, spissitudinem sepium Mindraii vitantes; lucum totum transeunt, Comitique statim nuntiant; quo audito Comes colloquium deserit, suosque citò subsequitur, Mindraium ex improviso intrat; ubi homines Sulpicii inermes & imparatos, utpote dominum suum exspectantes reperit; qui obstupefacti quoniam hostiliter à facie & à tergo inopinè præmebantur, fugæ se crediderunt, & qui potuere latibulis delituerunt. Sulpicius à colloquio adhuc rediens capitur, filiique sui Hugo & Erveus, & eorum consobrini Joannes Limeriarum, & Seguinus Racherius filius Ridelli, ac Andreas de Alviâ, cum multis aliis militibus & peditibus capiuntur. Jacquelinus tamen de Malliaco, Theobaudusque Rupium dominus, & Ridellus Rilliaci cum multis Nobilibus forte fortunâ evaserunt, arcemque Calvi-montis cum superiori parte oppidi munierunt. Hostes verò eos subsequuti omnia quæ in burgo erant rapientes, rapinâ hostili onusti redierunt. Cohors Ambasiensium peditum in nemore latitans, ante horum maximam aciem venit, & licet fugiens hostibus prædâ oneratis pavendo occurrit, omnia quæ gerebant abstulit, & ex ipsis ferè ducentos captos Ambasiaco ligatos adducunt. Minatur Comes improbus, & præcepit ne Sulpicius filiique sui donec omnes capti salvantur, comedant; quos omnes Agnes uxor Sulpicii timore & stupore perterrita absque consilio indiscreta reddidit. Blesis trepidum antea sollicitumque de bellieventu lætitias agere, de Theobaudo fama præclara est.

[marg.: Theobaudus Sulpicium dolo ad colloquium vocat.]

[marg.: Comes Mindraium invadit.]

[marg.: Sulpicius capitur cum filiis & amicis à Comite Blesensi.]

[marg.: Calvi-montem muniunt amici Sulpicii.]

[marg.: Ambasienses homines Comitis ducunt captivos Ambasiaco. Agnes uxor Sulpicii indiscreta reddidit.]

16. Scribunt Ambasienses ad Uldinum fratrem Sulpicii Salviniaci dominum, & per quemdam cursorem cum omni supplicatione lamentabiliter implorant, ut commendatâ terrâ suâ alteri eis succurrat. Dolet Uldinus commune infortunium, & de ferendo auxilio quod petebatur satis anxiè tractat; terram suam Archambaudo de Borbone commendat; citò Ambasio venit; terra illi tota traditur.

[marg.: Uldinus frater Sulpicii venit Ambasium.]

17. Igitur Comes Theobaudus eo intentior omnibus modis festinare, cavere ne alicubi hosti opportunus fieret, meminisse invidiam post gloriam sequi. Itaque quo clarior erat, eo magis anxius, neque post victoriam effusè prædari, sed cum validâ manu volebat. Denique Consul quâdam die adducens secum gentem non modicam Calvi-monti, Uldinum & suos undique circumseptos & circumventos immaniter aggressus est, virique Consulares & pedites Calvi-montem omnimodâ telorum ingruentiâ expugnare moliti sunt. Igitur clamitabant in eos dentibus stridentes, & nunc sagittis, nunc ensibus, nunc lanceis; nunc missilibus eos impetebant, & à tectis domorum quæ vi occupaverant, saxa ruebant, alii intùs ignem ponebant. Eo die Calvi-montenses viriliter se defendebant, & Comes quibusdam ex suis interfectis, vico tamen oppidi à parte occidentali extrà fossatum cremato, paucis etiam ex Avernis militibus captis, inglorius discessit.

[marg.: Comes Calvi-montem obsidet.]

[marg.: Comes ab obsidione recedit.]

18. Sæpe pro Sulpicio populus suus lamentabatur, qui plaudente fortunâ multoties triumphaverat: tales tamen sunt bellorum eventus, tales sunt vicissitudines & hominum & temporum, nulli unquam semper successit feliciter, nemo unquam de continuâ prosperitate lætabitur vel lætatur. Hac de re timenda & cavenda est in prosperis adversitas, & speranda & optanda est in adversis prosperitas. Proh nefas! hoc ipso Sulpicius maleficio affinis esse videtur, quòd omnibus bonis pulsus, dignitatibus, exutus, existimatione plurimum ob maleficium supplicium tulit. Nam Boëtio teste, hic cumulus nostris malis accedit, quòd existimatio plurimum non rerum merita, sed fortunæ spectat eventum eamque tantum à Deo esse provisâ judicat quæ felicitas commendaverit: quo fit, ut existimatio bona prima omnium deserat infelices. Qui nunc populi rumores, quàm dissonæ & multiplices sententiæ sint de Sulpicio, piget reminisci: dum enim miseris aliquid criminis affigitur, quæ perferunt meruisse creduntur.

[marg.: Infortunium Sulpicii.]

19. Sulpicius Castroduno incarceratus, cujusdam nequissimi servi Bartholomæi Guyne custodiæ traditur, qui eum multis tormentis, diabolicis suggestionibus afflixit. Exigebat Comes ut Sulpicius Calvi-montem sibi redderet, aliter enim neque auri, neque argenti, neque alterius pecuniæ redemptionem pro ipso capere volebat. Quod quia amici & homines ejus facere renuebant, in catastâ sæpe positus, paulatim deficiebat: Mœstissima tibi denuntio: Sulpicius noster absque justitiâ gravissimo & exquisito tormento ab impiis servis Consulis positus, nono Kalendas Septembris ab hac vitâ discessit: cujus corpus cum Monachi Pontilevi deferre vellent, ut juxtà antecessores suos honorificè sepeliretur, Consul qui tunc forte aderat prohibuit. Tunc verò corpus illius in abdito patibulo frequenter vexatum, Monachi prædicti oppidi in Ecclesiâ sancti Valeriani decentissimo mausoleo tumulaverunt: Supradictæ verò proditionis seriem veritatemque ne latere posteros queat, scripto mandavit.

[marg.: Sulpicius Castroduno incarceratus & diversis tormentis affectus. Comes pro redemptione Sulpicii Calvi-montem petit, sed renuunt cives.]

[marg.: Sepelitur in Ecclesiâ sancti Valeriani.]

20. Interim Henricus Dux Normannorû & Aquitanorum, Comesque Andegavorum, consilio cum Paribus habito commodum duxit contra Theobaudum, qui sibi feodum de Fractâ-valle auferebat, arma erigit. Itaque collectâ militiâ manu contra Carnotensem, Blesensemque gentem rebellem semper sibi & æmulam, inter Vindocinum & oppidum quod Fractâ-vallis dicitur venit. Ille de oppido foras progressi obviaverunt eis ad resistendum parati, laxîque

[marg.: Henricus Andegav. Comes contra Theobaudû armatur.]

[marg.: Prope Vindocinum præliatur.]

Gofridus frater Comitis captus.

habenis hostes viriliter aggressi sunt: utrimque acerrimè dimicatum est: Milites Ducis quoniam eis præter spem contigerat expavefacti, terga ferientibus præbuerunt, & fugiendo elabi voluerunt; fugâque initâ Goffridus frater Ducis cum multis militibus captus est. Interea cum Uldinus satis strenuè ageret principatum, communicato cum matre & amicis consilio, fidelibus custodibus oppido Calvi-montis commisso, in terram suam quam cuidam propinquo suo Archambaudo de Bordone regendam & custodiendam commiserat, rediit, ubi dum ex morte gaudens, & aliquantulâ prosperitate frueretur, certis deferentibus nuntiis arcem Calvi-montis esse deletam didicit.

Uldinus redit ad sua.

Arx Calvimontis deleta.

21. Audito Uldinus tam miserabili infortunio vehementissimè tristis efficitur: Suprà memoratus Dux Henricus cum fratrem suum Goffridum Theobaudus nullomodo redimi permitteret, nisi prædictâ arce deletâ, monitu Mathildis matris suæ delere pepigit tali tamen pacto, ut fratrem suum & filios Sulpicii cæterosque captos competenti redemptione acceptâ deliberet. Dux cum Ambasiensibus & matre puerorum loquutus desiderium suum promissâ restauratione oppidi consummavit. Sic Goffridus frater Ducis & filii Sulpicii Hugo & Herveus, cunctique capti omnes liberati sunt.

Theobaudus destructioné Calvi-montis petit pro redemptione captivorum.

Destructio Calvi-môtis, & liberatio Goffridi filiorum Sulpicii & aliorum captivorum.

22. Verùm non longè post Dux cum Comite Theobaudo pacificatur, mortuoque Stephano Rege Anglorum jussu Ducis naves parantur; transfretavit Henricus, ab Anglis gaudens suscipitur, & in Regem inungitur. Eodem tempore Uldinus versutias suorum ignorans, iter peregrinationis eundi ad sanctum Ægidium suscepit; quidam proditores, ligii ipsius homines, eum odio latenter habentes, angustias quorundam locorum occupant, transitum ejus op-

Henricus Rex Anglorum inungitur.

Uldinus in peregrinatione necatur à suis.

perientes, qui ipsum immunitum undique concludunt, & immisericorditer necant. Nuntius properat Hugoni innotescens de patrui nece, & de decretâ sibi ipsius terræ hæreditate: dolet quidem de ejus morte, sed non minùs festinat; aviâ suâ Elisabeth præcipiente. Qui adveniens terram illam; & omnium militum hominium suscipit ac possidet. Nam longè post hæc Elisabeth, quæ nepoti suo Sulvinacum & quidquid in Averniâ diù possederat, donavit, & quam longuo tempore arthritica passio vexaverat, quinto Idus Octobris obiit; & Pontilevi sepulta est.

*Hugo [...]
Uldinus possidet.*

Elisabeth obiit & sepulta Pontilevi.

23. Mirum & verum est quòd mens præsaga malorum homini data est. Nam sub quâcumque parte mundi Ambasiensis adfuit, eo die quo Sulpicius capitur, mœret, & causas ignorat, animumque dolentem corripit, nesciens quid in perditione Mindraii perdat. Quidam namque juvenis ex nostris qui hospes in Apuliâ manebat, & alter Andegavis, mulierque Clavi-montis in Bitrico pago existens, hæc sibi contigisse mihi retulerunt. Hactenùs mihi videor de Hugone & filio suo Sulpicio ea quæ oculis meis vidi, & auribus audivi dixisse: de cæteris verò quæ diversis in scriptis reperi in unum compilasse, & stilo ingenioli mei non satis expolito convenienter explicasse. Credo autem de his multa prætereta esse, sed ab illis qui sciunt meliùs ista quæritote. Quid homines de filiis Sulpicii Hugone &, Herveo suspicentur, videtis & scitis. Nos equidem quæ nota nobis sunt de facilioribus moribus Hugonis, de pietate, liberalitate, bonitate in suos, ad præsens præterimus; Deoque opitulante librum istius historiæ claudimus, & sic soluto promisso quiescimus.

Moribus & morte Sulpicii.

Auctor dilatione gone [...] ejus Sulpicii scriptis ea [...] vidit.

Hugo & Herveus filii Sulpicii.

MONITUM.

GENEALOGIAS à BALDUINO Avenensi collectas maximi semper fecêre qui in ejus generis lucubrationibus operam & studium collocaverunt, illis sæpè usi dum genealogias texuêre diversas. Quippe innumeras fermè prosapias Nobilium, Magnatumque non solùm Artesiæ, Hannoniæ, Flandriæ & Brabantiæ, sed etiam orbis Gallici, multarumque provinciarum extra Galliæ limites positarum complectitur. Inde quamplurima notatu digna hausit Andreas Chesnius ad texendas Luxemburgensis domûs, & aliarum origines.

Hasce Balduini Genealogias viri clarissimi Caroli Fresnii domini du Cange Ambianensis Quæstoris humanitati debeo, qui apographum anno MDCLXV. ad illustrissimum dominum d'Herouval mihi tradendum transmiserat. Errores nonnullos eo in apographo repertos correxi, alios composito prætervi intactos, orthographiam sæpiusculè barbaram, ne stilum Auctoris mutasse viderer, servandam putavi.

GENEALOGIÆ
EX CHRONICIS HAINONIENSIBUS,
RECOLLECTIS
Per Magistrum BALDUINUM de Avennis.

CAROLUS Dux Lotharingiæ frater Lotharii Regis Francorum duas habuit filias, Ermengardem & Gerbergam: de Ermengarde natus est Albertus Comes Namurcensis, qui genuit Albertum ei succedentem, & Henricum Comitem de Durbio; Albertus II. genuit Godefridum Comitem de Rupe: hic Henricus filiam habuit Machtildem, quæ domino de Walecourt peperit Werricum & Beatri-

Ex Chronicis Hainoniensibus.

cem uxorem Winandi de Hulfalifia. Mortuo autem domino de Wallecourt, dicta Machtildis nupfit Nicolao domino de Avennis, cui peperit Jacobum de Avennis, & Machtildem uxorem Caftellanni de fancto Audomaro.

Godefridus Comes Namurcenfis frater Henrici de Rupe genuit Henricum & Adelidem uxorem Hainonenfis Balduini, cui peperit Balduinum Comitem, qui patri fuccedens in uxorem duxit Margaretam filiam Comitis Theodorici Flandrenfis, ex qua genuit Balduinum Comitem, qui poftea fuit Imperator Conftantinopolitanus, & Philippum & Henricum, ac tres filias quarum unam duxit Philippus* Monoculus Rex Francorum, qui ex ea genuit Ludovicum; fecundam duxit dominus de Bellojoco; tertiam Petrus Comes Autifiodorenfis.

Gerberga verò alia filia Caroli Fratris Lotharii, peperit Henricum feniorem de Bruxellâ, & hic Henricus genuit Henricum, Lambertum & Machtildem, quæ Comiti de Boloniâ Euftachio peperit Euftachium & Lambertum. Euftachius verò ex Idâ filiâ Godefridi Ducis Lotharingiæ genuit Godefridum de Bullonio, poftea Regem Hierufalem, & Euftachium, qui de filiâ Regis Scotiæ Mariâ genuit Machtildem, quæ Stephano filio Stephani Comitis Blefenfis peperit Mariam. Ex hac autem Mariâ poftquàm Monialis facta eft & Abbatiffa, propter defectum heredum Bolonienfium, genuit Matthæus frater Philippi Comitis Flandriæ duos filios, & reverfa eft uxor fua dicta Maria ad fuum Monafterium.

Comes Blefenfis & Carnotenfis Stephanus, qui cum Hugone fratre Regis Francorum Philippi, & cum Godefrido de Bullonio transfretavit, pater fuit Theobaldi Vetuli five Senioris, qui jacet apud Latiniacum. Comes Flandriæ Arnulfus exercitu congregato intra Hainoniam, & faifivit Comitatum Montenfem contrà Rainerum & Lambertum filios Raineri Longicolli, qui fuit Comes Montenfis, & deftruxit caftrum de Boffuc; tantumque guerravit illos pueros, quòd oportuit eos fugere in Franciam ad quærendum auxilium. Lambertus duxit uxorem Gerbergam filiam Caroli, poftea matrem Henrici de Bruxellâ, & Rainerus filiam Hugonis Capeti. Regreffi ergo de Franciâ magnum exercitum congregarunt, & ingreffi Hainoniam, terram fuam recuperârunt.

In chronicis invenimus quòd fanctus Walbertus, qui fepultus jacet apud Couforne juxtà Beaumont in Hainoniâ, fuit Dux Lotharingiæ, & extendebatur dominium ejus per Cameracenfium, Hainoniam, Brabantum, Hafbaniam & Ardennam ufque ad Rhenum; uxor ejus Bertilia duas ei peperit filias, Waldetrudem & Afdegundim: quæ primogenita nubere recufans, facta eft Monialis, & fundavit Monafterium de Melbodio; Valdetrudis cuidam magno viro nupta Maldegario nomine, & Vincentius, duos ei filios peperit, Landricum & Dellinum, ac duas filias, Aftrudem & Maldebertam. Maldegarius qui & Vincentius, in Senogio Monafterium ædificavit Monachorum, dans eis poffeffiones magnas; quo Monafterio poftmodum per Hunos deftructo, reædificata eft ibidem Ecclefia Canonicorum. Hic Vincentius de confenfu uxoris factus eft Monachus in Monafterio Altimontenfi juxtà Melbodium, & fimiliter uxor fua Duciffa Valdetrudis ædificavit Ecclefiam in monte Caftri-loci, & facta eft Monialis; filii quoque & filiæ relicto fæculo religioni fe dedicaverunt.

Succeffit igitur in Ducatum neptis Duciffæ Valdetrudis Alia, quæ nupta cuidam potenti viro nomine Idalpo, qui poft mortem fepultus eft in Monafterio Bobienfi, & dicta Alia tempore viduitatis fuæ contulit Ecclefiæ Montenfi villas de Cuemés &

Nimi, & Braine la Wihote; & ftetit Abbatia Montenfis longo tempore, quòd Abbatiffa per electionem fiebat, ipfam præfentando Imperatori. Poftea fucceffit in comitatu Montenfi Comes, qui ab Imperatore impetravit præfentationem fibi debere fieri; cujus quidem tempore vacante Abbatiâ, cum Abbatiffa noviter electa fibi præfentaretur, noluit admittere eam, dicens fe Abbatem effe, nec aliam debere Abbatiffam habere; domicellabus verò ad Imperatorem appellantibus, & per fuos Canonicos in fuos procuratores à principio fibi conftitutos diu litigantibus, tandem Comiti non valentibus domicellabus potentiò permanfit Abbatia, & præbendarum collatio in voluntate Comitis.

Poftmodum autem fuit ibi Comes nomine Hermannus, per uxorem fuam Richildem, qui fibi peperit filium & filiam. In illo tempore mortuus eft Comes Valencianarum abfque herede, & dictus Comes Hermannus cum uxore fuâ Richilde tùm jure confanguinitatis, tùm emptione ergà propinquiores tantum fecerunt, quòd illum comitatum fibi acquifiverint cum alio. Deinde mortuo dicto Hermanno, dicta Richildis maritata eft Balduino filio Comitis Flandriæ, cui peperit duos filios; quos ita vehementer diligebat, quòd primum filium quem Hermanno pepererat Clericum fecit, & procuravit ipfum fieri Epifcopum Catalaunenfem; & filiam Monialem. Poftea tantum fecerunt dictus Balduinus & Richildis erga filium fuum Epifcopum Catalaunenfem, tùm per denarios, tùm per alia quòd comitatus Hainonienfis remanfit filiis dicti Balduini. Epifcopus verò Cameracenfis excommunicavit dictum Balduinum pro illo matrimonio Richildis Comitiffæ, fed Leo Papa qui avunculus erat Richildis, abfolvit eos, & inhibuit eis torum.

Ifte Balduinus amovit Canonicos qui erant in Hainonio, & pofuit ibi Monachos, poftea mortuus eft anno Domini MLXX. Affignaverat autem filio fuo Arnulfo Flandriam cum juramento Flandrenfium, & Balduino minori Hainoniam.

Comitiffa itaque Richildis cum filiis fuis valde juvenibus tenente ambos comitatus, fupervenit Robertus Frifo patruelis puerorum, & expulit eos de Flandriâ; contrà quem convocato Rege Franciæ Philippo, Richildis cum filio Arnulfo & Hainonienfibus conflictum habuerunt juxtà Caftlatum: & primò captâ Richilde Comitiffâ à Flandrenfibus, & Roberto fimiliter ab Hainonienfibus, propter amorem quem Hainonienfes habebant erga Comitiffam Richildem, reftituerunt prædictum Robertum Frifonem pro Comitiffâ. Et poftea dictus Robertus campum contrà Francorum Regem obtinuit & Comitiffam, & occifus eft ibi verus Comes Flandriæ Arnulfus, & per confequens Flandriam fubegit Comes Frifo.

Tunc ipfa Comitiffa cum filio fuo Balduino ad fe confortificandum confœderationem inierunt cum Thieduino Leodienfi Epifcopo, comitatum Hainonienfem in feodum recipientes ab eo in hunc modum; quòd Comes Hainoniæ fervire tenetur in omnibus neceffitatibus fuis cum toto fuo poffe ad expenfas Epifcopi, poft exitum in comitatu Hainonienfi, fimiliter & quandocumque vocat eum Epifcopus ad parlamentum.

Item cum Imperator vocat Comitem ad Curiam fuam pro quâcumque re, tenetur cum Epifcopus ducere & reducere in expenfis fuis, & refpondere ac remanere pro ipfo. Et fi aliquis vellet gravare Comitem, Epifcopus tenetur cum juvare cum magnâ poteftate in fuis, fcilicet Epifcopi propriis expenfis; & fi Comes obfideret caftrum ad feudum fuum pertinens, aut fi aliquis contra ipfum obfideret aliquod castrum, Episcopus tenetur ipsum juvare cum quingentis equitibus, & Comes tenetur ei tunc facere legale forum de cibariis, & potest Episcopus per campos accipere herbam & necessaria pro equis. Et ad hoc faciendum tenetur Episcopus ter in anno, & quâlibet vice per quadraginta dies.

Præterea cum homagio Comitis debet Episcopus habere homagium Castellani Castri-loci, & Castellani de Bellomonte, necnon & Castellani de Valencianis.

Item debet Episcopus Comiti dare anno quolibet in Natale Domini tria paria vestium, quorum quodlibet valere debet sex marcas Leodienses. Et cuilibet Castellanorum unum par similiter sex marcarum.

Item si Comes infrà comitatum acquiesierit aliquod alodium, aut si donatum ei fuerit, & si ipse ulteriùs in feudum illud dederit, aut servum acquisierit, totum illud simul tenebit cum feudo ab Episcopo.

De pace verò Leodiensi ad quam respondere tenentur multi Barones & homines eorum, neque Comes, neque homines sui tenentur respondere.

In augmentum autem sui feudi Comitissa accepit Abbatiam & Advocatiam Montensem, ac justitiam Comitatûs Hainoniensis, quàm tenuerat ab Imperatore. Episcopus autem tantum fecerat erga Imperatorem, quod dederat eidem hujusmodi feuda, & Episcopus tantam pecuniam dedit Comitissæ & suo filio, quòd Ecclesiæ multum erant gravatæ.

Istis conventionibus præsentes apud Fosses interfuerunt Godefridus de Bullonio, Comes Albertus de Namurco, Comes Lambertus de Lovanio, Comes de Chineio, Comes de Monte-acuto in Ardennâ, & plures alii.

Secundùm quod hæc omnia in Chronicis continentur Monasterii Lobiensis.

Comitissa verò Richildis retinuit in alodium propria alodia sanctæ Waldetrudis apud Castri-locum in castro & in villâ Quaregnon, Gamapes, Frumeries, Thieuvi, Braine la Wihote, Braine le Chastel, Hal, Castres, Herines, Cuemes, Ninyc-ville, Feur, Hayne, & aliqua alia quæ non numero.

Per auxilium Episcopi Leodiensis confortata Comitissa & filius ejus Balduinus, per quosdam mediatores tandem pacificati sunt cum Roberto Frisone Comite Flandriæ, & Comes Balduinus quamdam neptem dicti Roberti ducere in uxorem debebat, & ad hoc faciendum invadiat villam Duacensem, quam tunc possidebat. Die verò assignatâ quâ illam desponsare debebat, tantum adhorruit eam propter turpitudinem seu deformitatem ejus, quòd noluit eam ducere; propter quod Robertus retinuit Duacum, nec postea recuperare potuit Balduinus.

Comitissa Richildis firmavit castrum Bellimontis, & ædificavit capellam S. Venantii. Balduinus ejus filius adhuc juvenis uxorem duxit Idam sororem Lamberti Comitis Lovaniensis, quæ valde bona matrona fuit, & bonæ vitæ.

Richildis igitur Comitissa & filius ejus Balduinus, ædificaverunt Abbatiam sancti Dionysii in Brocheroie, dantes ei villam & plures alias possessiones. Ipsa quoque Richildis per quamdam viriliter & benè terram suam tenuerat, mortua est anno Domini MLXXXVI.

1086.

De Roberto Frisone qui postquàm Comitatum Flandriæ acquisierat, & aliquamdiù gubernaverat, mortuus est; & apud Cassatum sepultus, relinquens post se duos filios & tres filias. Nomen primogeniti Robertus; alter verò Philippus, qui filium habuit Ginselinum; unam autem filiarum nomine Adelam Rex Daciæ Canutus in uxorem duxit, ex quâ genuit filium nomine Carolum, postmodum Comitem Flandriæ apud Brugis occisum. Secundam filiam duxit in uxorem Comes Bruxellæ, post cujus mortem ipsa nupsit Comiti Theoderico de Alsaciâ, qui ex eâ filium unum genuit nomine Theodericum. Tertia filia facta est Monialis apud Messinas. Robertus igitur Comes Flandriæ, duxit uxorem Clementiam filiam Willelmi Comitis Burgundiæ, ex quâ genuit tres filios in minori tempore quàm tres anni, unde cum ipsa timeret nimis multos habere filios, potionem sumsit per quam sterilis facta est.

Comes Balduinus filius Richildis, ex Idâ genuit duos filios Balduinum ac Arnulfum, ac tres filias. Hic igitur Arnulfus uxorem duxit Beatricem filiam unicam & heredem Gualteri domini du Reux quondam nobilem de Hainoniâ; ex quâ genuit filium nomine Eustachium cognomento Seniorem seu Vetulum, eo quod diù vixit. Habuit autem dictus Arnulfus pro parte hereditatis Rodium, ac terras circumjacentes. Eustachius iste duxit uxorem filiam cujusdam nobilis Hainoniensis nomine Joannis, qui unus erat de Paribus comitatûs Montensis, ita quod post mortem istius Joannis dictus Eustachius ex parte uxoris factus est unus de Paribus illis : & hic ædificavit Rodium & Morlainwées, & genuit ex uxore suâ duos filios & tres filias, quorum primogenitus Nicolaus factus est Clericus, & junior nomine Eustachius, cognomine Vasleçtus terram tenuit post mortem patris. Filiarum verò primogenitam nomine Beatricem dominus Walterus de Lens duxit in uxorem, ex quâ genuit unum filium nomine Eustachium, & duas filias Idam & Mariam. Secunda filia Eustachii senioris nupsit cuidam ●●●ili, quo sine herede mortuo facta est Monialis Monasterii sancti Foillani apud Rodium. Tertia verò filia dicti Eustachii senioris, nupsit domino Nicolao de Boulers, cui peperit unicam filiam, deinde post mortem dicti Nicolai nupsit domino Eustachio de Bousies. Eustachius autem cognomine Vasleçtus, uxorem duxit Berthum, domini Rassonis de Gaure filiam ex dominâ Domitione de Chievres, & genuit ex eâ filium Eustachium agnomine Canivet, ac filiam unam nomine Beatricem.

Post mortem itaque Eustachii dicti Vasleçti, filius ejus Eustachius dictus Canivet successit ei, ducens in uxorem filiam Balduini de Mortaniâ Castellani Tornacensis, ex quâ genuit filium unum & filiam unam. Iste filius nomine Eustachius patri successens, ac terram tenens de Rodio & de Morlainbées, uxorem duxit filiam domini Ægidii de Trith, sororem domini Theoderici de Beure, ex parte matris; nam post mortem dicti domini de Trith, dicta domina nupsit domino de Beurâ, cui peperit dictum dominum Theodericum. Dictus Eustachius ex uxore suâ prædictâ sex genuit filios & duas filias, Eustachium agnomine Canivet, Ægidium agnomine Rigaut, Theodericum, & duos Clericos, & sextum Arnulfum. Una filiarum nupsit Hugoni Castellano de Gandavo, altera domino Balduino de Peruves juxtà Condacum. Eustachius Canivet jamdictus, in uxorem filiam domini Ægidii de Trasengnies duxit, ex quâ genuit unum filium & unam filiam. Ægidius Rigaldus frater ejus uxorem duxit filiam Fastradi de Ligne, per quam dominus est terræ de Monstervel. Theodericus tertius frater uxorem duxit Heluidam filiam domini Joannis de Vannes, qui Fratrum... ingressus Ordinem, terram suam dicto Theoderico reliquit. Soror verò Eustachii de Rodio hujus nominis IV. nupsit domino Jacobo de Bailleul, cui peperit

perit unum filium & duas filias. Filius Nicolaus nomine patri succedens in hereditate, uxorem duxit filiam domini Willelmi de Caeu unicam, & ideo terram tenet de Caroncy, & de Villers le Faucon. Post mortem dicti Willelmi de Caeu ex uxore sua plures genuit filios & filias, quorum primogenitus juvenis est mortuus, alius uxorem duxit filiam domini de Rousoit, filiarum una nupsit domino Theoderico de Beure, alia nupsit primogenito domini Gerardi de Jauche.

Postquàm Balduinus Comes Hainoniæ filius Richildis perditus fuit in itinere, quo cum Hugone fratre Regis Francorum Philippi versùs Imperatorem Constantinopolitanum Alexium ibant à Turcis invasi: auditis in Hainoniâ rumoribus Ida Comitissa uxor ejus Romam peregrè profecta est, ut aliquid veritatis inquirere posset super illis: sed cum nihil aliud posset intelligere nisi quòd esset perditus, ad partes suas reverti volens, tandemque per Ardennam transiens, apud sanctum Hubertum declinavit insidias positas sibi à Comite de Cisneio. Et postquàm aliquamdiù stetisset ibi, reversa est in Hainoniam. Propter curialitatem autem quam invenerat in Abbate, quædam alodia sua dedit ei juxtà sanctum Hubertum, tali conditione, quòd Abbas est Capellanus Comitis Hainoniæ, & tenetur infrà comitatum Hainoniæ ter in anno Missam celebrare ad petitionem Comitis. Post reditum Comitissæ Idæ, Balduinus filius ejus regimen comitatûs sibi assumsit.

Dicto de iis qui processerunt ab Arnulfo filio Balduini Richildis filii, dicendum est de his qui processerunt ex tribus filiabus ejusdem Balduini filii Richildis; quarum primogenita nupsit domino Thomæ de Marlâ, cui peperit unam filiam Idam nomine, quæ nupsit domino Alardo de Chimay cognomine Polierc, uni ex Paribus comitatûs Montensis, & peperit ei unum filium Ægidium nomine, patri succedentem: quo quidem Alardo mortuo, dicta Ida nupsit nobili viro Bernardo de Arbaco. Secunda filia Comitis Balduini filii Richildis, vocata Richildis, nupsit Comiti de Monteforti in Franciâ, post cujus obitum se reddidit in Abbatiâ Melbodiensi. Tertia filia Comitis Balduini Adeledis nomine, nupsit domino de Rumengni, cui peperit unum filium Nicolaum nomine, & sex filias. Et hic Nicolaus post patrem tenuit terram de Rumengni, ac tempore de Florines. Una verò sex filiarum nupsit domino de Cons, cui peperit filium unum nomine Ægidium. Secunda filia nomine Beatrix nupsit cuidam magno & nobili viro in Hainoniâ nomine Gossewino, qui unus erat de Paribus Montis Castri loci, & similiter de Paribus Valenciarum, necnon & Belli-montis similiter unus de Paribus.

Et ut innotescat qui fuit iste Gossewinus, sciendum quòd quidam fuit Comes Calvi-montis nomine Rainerus, cujus uxor nobilis matrona nomine Ermentrudis eidem Rainero peperit filiam Ermengardem; & hæc Ermengardis nupsit cuidam nobili, qui vocabatur Gossewinus de Montibus. Hic igitur Gossewinus & uxor ejus fundaverunt Ecclesiam Dominæ nostræ de Aimeries, dantes ei magnas possessiones. Habuerunt autem filios & filias, quorum primogenitus nomine Isaac patri succedens, ex uxore suâ nobili duos genuit filios, quorum primogenitus vocabatur Gossewinus, & alius Nicolaus; qui factus Clericus, postmodum fuit Episcopus Cameracensis. Gossewinus autem filius Isaac, fuit ille Gossewinus de quo loquuti sumus, qui uxorem habuit Beatricem filiam domini Hugonis de Rumengniaco, ex quâ unum genuit filium & sex filias. Nomen filii Gossewinus, qui juvenis mortuus est vivente patre. Filiarum verò primogenita nomine Ida, nupsit Domino Sigerio de Enghien; post mortem cujus iterum nupsit domino Rainero de Jauche, cui peperit tres filios, quorum primogenitus Gerardus nomine terram tenuit post patrem, secundus nomine Henricus factus est Clericus & Archidiaconus in Ecclesiâ Leodiensi, tertius vocabatur Gossewinus.

Post mortem igitur dicti Gossewini de Montibus, successit in ejus hereditatibus dictus Reinerus per uxorem suam. Deinde mortuo dicto Reinero, dicta Ida iterum maritata est domino Balduino le Caron. Et dictus Gerardus patri succedens uxorem duxit nobilem, ex quâ genuit duos filios, quorum primogenitus vocabatur Reinerus, secundus Gerardus qui duxit uxorem nobilem, ex quâ genuit duos filios Gerardum & Reinerum.

Post mortem itaque Reineri de Jauche patris, Gerardus filius ejus successit ei, & Reinerus frater ejus pro parte suâ habens terram de Sassegnies, uxorem duxit filiam Castellani de Montibus, ex quâ unum genuit filium: Gerardus verò primogenitus in uxorem duxit Bertam filiam domini Goberti de Binel, ex quâ tres genuit filios & aliquot filias. Primogenitus istorum nomine Gerardus patri successit. Secundus nomine Guillelmus pro parte hereditatis habens terram de Gomengnies, uxorem duxit filiam domini de Wasiers, ex quâ genuit filium Guillelmum nomine & unam filiam. Tertius verò Joannes nomine sine herede decessit. Primogenitus itaque Gerardus uxorem duxit filiam domini Joannis de Alneto juxtà Valencennas, ex quâ plures genuit filios & filias.

Iis ergo dictis, dicendum est de secundâ filiâ domini Gossewini de Montibus Machtilde nomine. Hæc nupsit domino Walterio de Ligne, post cujus decessum iterum maritata est domino Walterio de Fontanis. Tertia filia domini Gossewini nomine Adelidis, nupsit domino Rogero de Gondaco. Quarta nomine Ruissa nupsit domino Stephano de Naing. Quinta nomine Beatrix, domino Balduino de Roisin. Sexta nomine Agnes, domino Hugoni de Spineto domino de Antoing.

Nunc dicendum de tertiâ filiâ domini Hugonis de Rumengniaco, vocatâ post matrem Adelidis, quæ nupsit domino Doutour. Quarta filia dicti Hugonis nupsit domino de Chiri in terrâ Reteth. Sexta filia domini Hugonis de Rumengni, nupsit Isaac domino de Barbenchon, qui ex eâ genuit Nicolaum, qui patri successit. Prædicti verò Hugonis de Rumengni filius Nicolaus patri succedens in terrâ de Rumengni & de Florines, uxorem duxit dominam Domitionem allodii de Chirue, ac terræ circumjacentis, relictam domini Rassonis de Gaure, ex quâ duos genuit filios, quorum primogenitus Nicolaus terram habuit de Rumengni, & alter nomine Hugo terram de Florines, qui dicitur magnæ strenuitatis. Item genuit dictus Nicolaus ex dictâ dominâ Domitione plures filias, quarum una nomine Juliana nupsit Reinaldo de Rosoy, qui ex eâ filium genuit nomine Rogerum. Secunda nomine Clementia nupsit Gerardo de Salm. Tertia nomine Jolens. nupsit Henrico de Hierges advocato Hasbaniensi. Nicolao de Rumengni mortuo, successit ei filius suus Nicolaus, qui duxit uxorem Mathildem filiam domini Jacobi, domini de Avennes, ex quâ tres genuit filios, Nicolaum, Hugonem, & Jacobum.

Dicto superiùs de Arnulfo fratre Balduini Comite Hainoniæ hujus nominis secundi post Richildem, & de tribus sororibus eorum, ac etiam de illis qui ex iis processerunt, dicendum est de ipso Balduino, qui uxorem duxit Jolendim filiam Comitis Gelriæ, ex quâ duos genuit filios, & duas filias, & Gerardinum. Filiarum primogenita nupfit domino de Joengny, cui quatuor peperit filios. Radulfum patrem Rogeri, Rogerum, Balduinum & Gaufridum: fecunda filia Balduini prædicti maritata eſt Caſtellano Tornacenfi, cui peperit Evrardum Raduel ſtrenuum Militem, qui duxit uxorem filiam domini Roberti de Betuniâ Advocati Atrebatenſis, ex quâ genuit filiam nomine Richildem, uxorem domini Gilberti de Audenarde, quæ terram de Fingnies poſſidebat ex parte matris, cui Comes Balduinus eam contulerat in dotem. Et hæc Richildis mortuo dicto Gilberto, cui filium unum pepererat Arnulfum nomine, maritata eſt Waltero de Sottengheen. Evrardus autem Raduel vivente uxore ſuâ primâ, ſuperduxit matrem Conani & Joannis, & Radulfi, qui tenebant Comitatum Sueſſionenſem, terram de Neéle & Caſtellaniam Burgenfem; & genuit ex eâ filium nomine Balduinum, qui poſtmodum tenuit dominium de Mortaniâ & Caſtellaniam Tornenfem. Iſte Balduinus de Mortaniâ, poſtmodum uxorem duxit filiam Seneſcalli Flandriæ nomine Hediardem, ex quâ genuit filium Evrardum Raduel nomine poſt avum. Et hic Evrardus Raduel uxorem duxit filiam domini Engelberti de Enghien, ex Adelinâ filiâ domini Jacobi de Avennes, & genuit ex eâ filium Arnulfum nomine.

Dictus igitur Evrardus Raduel uxore mortuâ, aliam duxit uxorem, heredem ſcilicet terræ de Nevellâ juxta Gandavum, ex quâ genuit filios, Michaëlem qui juvenis deceſſit, Radulfum & Rogerum. Et dicto Evrardo Raduel mortuo, Arnulfus primogenitus eidem ſucceſſit uxorem duxit Jolendim filiam domini de Couchy, domini de Wervino, ex quâ plures genuit filios; quorum primogenitus Joannes patri ſuccedens in dominio, uxorem duxit Mariam filiam domini Euſtachii de Conflans, ex quâ unicam genuit filiam. Secundus nomine Thomas uxorem duxit filiam domini Ægidii Bruni Franciæ Conſtabularii, ex quâ genuit filios & filias. Tertius nomine Radulfus in Apuliâ deceſſit. Quartus Arnulfus factus eſt Clericus. Quintus Guillelmus & ſextus Balduinus.

Primogenita verò filia dicti Arnulfi de Mortaniâ Machtildis nomine, nupſit Caſtellano de Iſſulâ, cui plures peperit filios & duas filias; quorum primogenitus Joannes patri ſuccedens in Caſtellaniâ uxorem duxit filiam domini Joannis de Nigella. Secunda filia Domini Arnulfi de Mortaniâ nomine Iſabellis ſeu Eliſabeth, nupta eſt Domino Arnulfo de Diette, & plures ei peperit filios & filias. Tertia nomine Maria nupta Domino Joanni Bertout, Domino de Gramines, cui peperit filios & filias. Dicti verò Domini Evrardi de Mortaniâ filius de ſecundis nuptiis Radulfus primogenitus, uxorem duxit ſororem Domini Guillelmi de Betuniâ, Domini de Pontroart, Joannam nomine, ex quâ genuit filios & filias. Secundus filius Domini Evrardi Raduel, nomine Rogerus, uxorem duxit heredem de Seneſle relictam Domini Walteri de Braine, ex quâ genuit Joannem & Robertum.

Prædicto igitur Balduino hujus nominis ſecundo poſt Richildem ſatis juvene defuncto, & ſepulto in Eccleſiâ S. Waldetrudis, uxor ejus Comitiſſa Jolens iterum maritata eſt D. Godefrido de Bouchaing vaſſallo ſuo, Caſtellano Valencenenſi, ac D. de Oſtravanto, de Ribaudimonte, de Grengniaco, ac de Caſtello in terrâ Porcinâ, cui peperit Godefridum & Bertam. Balduinus primus ejus filius de primo marito, Comitatum tenuit poſt patrem, & Gerardus ſecundo-genitus terram ex parte matris tenuit verſus Gelriam, videlicet Dodebert & Dala, qui poſtea filium Henricum ſtrenuum & famoſum genuit.

Hic igitur Balduinus hujus nominis tertius poſt Richildem, acquiſivit à fratre ſuo ex parte matris Godefrido Caſtellaniam Valencenenſem, ac terram de Oſtrovanto cum aliis quæ in Cameraceſio poſſederat. Soror autem ejus Berta Comiti nupſit de Duras, quo defuncto maritata eſt Domino Ægidio de ſancto Auberto viro famoſo, Hainoniæ Seneſcallo, cui peperit filium Gerardum nomine & filiam; poſtmodum uxorem duxit Domini Nicolai de Barbenchon. Dictâ Bertâ mortuâ, dictus Ægidius duxit Machtildem de Blaymont, quæ filia fuerat Domini de Chin ex dominâ Domitione de Chirue, & hæc Machtildis heres terræ de Blaimont, atque Cameariatûs Hainoniæ, dicto domino Ægidio unicum peperit filium Ægidium nomine. Ægidius verò pater ædificavit Buſeugni, ac turrim quam in feudum recepit à Comite Hainonienſi Balduino. Item ædificavit Bohaing.

Dictus Comes Balduinus, qui guerras habuerat contrà vicinos ſuos, & ſpecialiter contrà Comitem Flandriæ Theodericum, & benè ſe defenderat, uxorem duxit Adelidem, filiam Comitis Namurcenſis Godefridi & Ermenfendis; duas enim uxores duxerat idem Godefridus, ex quarum primâ duas genuerat filias, & harum una nupſit Domino Rogero du Roſoy, qui ex eâ duos genuit filios a filias. Horum primogenitus Rainaldus uxorem duxit Julianam filiam Domini Nicolai de Rumengni, de quo dictum eſt priùs: alter filius nomine Rogerus, poſtea fuit Epiſcopus Laudunenſis, una filiarum dicti Domini Rogeri nupſit Domino Ægidio de Cymai, altera nomine Aufelix, Domino Philippo de Auterive.

Secunda filia Godefridi Comitis de Namurco ex primâ uxore, nupſit domino de Spinoi & de Antoing, cui peperit filios & filias, quarum unam duxit dominus de Avennes. Dictus Comes Namurcenſis Godefridus, de ſecundâ uxore Ermenſende nomine genuit duos filios & tres filias. Primogenitus nomine Henricus, alter Albertus, qui juvenis mortuus eſt: filiarum primogenita Adelides nomine, nupſit Comiti Hainonienſi Balduino, ut dictum eſt. Secunda nupſit Duci Byringiorum, cui peperit tres filios & unam filiam. Primogeniti nomen Bertoldus, ſecundus Radulphus, qui poſtea fuit eeſiâ. Moguntienſis; tertii nomen Hugo. Filia verò deſponſata fuit Duci Saxoniæ Henrico, ſed Imperator Henricus matrimonium impedivit, & Radulfum prædictum ab electione repelli procuravit, quia timebat eorum potentiam. Idem tamen Radulfus poſtmodum fuit Epiſcopus Leod. & fecit ibi palatium. Tertiam verò filiam Comitis Namurcenſis Godefridi duxit Comes Reiteſtenſis, qui ex eâ genuit iv. filios & plures filios. Primogenito nomine Manacerus patri ſucceſſit in comitatu; ſecundi nomen Henricus; tertii Balduinus; quarti Albertus qui factus Clericus, Præpoſitus & Archidiaconus fuit in Eccleſiâ Leodienſi. Filiarum una Regi Siciliæ nupſit Rogero, qui ex primâ uxore genuerat Guillelmum, qui poſt mortem patris ei ſucceſſit in regno Siciliæ, Ducatu Apuliæ, & Principatu Capuæ. Ex ſecundâ verò uxore ſuâ filiâ dicti Comitis Reiteſtenſis, unam genuit filiam nomine Conſtantiam, quæ poſtmodum nupſit Henrico Imperatori, cui peperit Fridericum de Apuliâ puerum, poſtea Imperatorem. Secunda filia Comitis Reiteſtenſis nupſit domino Hugoni de Petraponte, cui plures peperit filios milites, & unum Clericum poſtea Epiſcopum Leodienſem, Dicti Godefridi de Namurco filius Henricus, Comes Namurcenſis ac etiam de Luceiburg, factus poſtmodum cæcus; & perpendens uxoris ſterilitatem quam diù habuerat, nec heredem habere poterat, talem fecit conventionem inter ſe & Comitem Hainoniæ Balduinum, qui suam sororem habebat uxorem, quòd dictus Balduinus ei acquisivit allodia, quæ ambæ sorores uxoris suæ tenebant in terrâ Namurcensi, cùm eo quod ipse per uxorem tenebat in eâdem terrâ, & post decessum dicti Comitis totus comitatus ille devolvi debebat ad uxorem dicti Balduini, & ad heredes ejus.

Hic ergo Balduinus hujus nominis tertius post Ri-tildem, ex uxore suâ Adelide sorore Comitis Namurcensis Henrici quatuor genuit filios, Balduinum qui juvenis decessit, sepultus apud Binchium, Godefridum, Balduinum & Henricum, ac tres filias Iolendem, Agnetem & Laurentiam. Godefridus uxorem duxit Alienordem filiam Comitis Viromanniæ Radulfi, qui duas habebat filias, quarum primogenitam Isabellam, Comes Flandriæ Philippus uxorem habebat relictam, ex quâ unicam genuit filiam Elisabeth seu Isabellam, quæ nupta Comiti Clevensi Theoderico dicto de Dinslakem, qui patre superstite decessit, duas peperit filias Machtildem dominam de Durbio uxorem domini Gerardi de Lucelburg, & aliam domini de Isemburg uxorem.

1135. Igitur Henricus quartus postquam Ducatum tenuerat annis XLV. mortuus est anno MCCXXXV. Cujus filius primogenitus in Ducatu succedens, uxorem duxit Mariam filiam Ducis Sueviæ Philippi, ac Regis Alemanniæ Henrici Imperatoris germani, qui de uxore suâ Constantinopolitani Imperatoris filiâ tres genuerat filias, hanc scilicet Mariam, & filias duas, quarum una Regi nupsit Bohemiæ; & altera Hispaniæ Regi. Ex dictâ ergo Mariâ Dux Henricus unum genuit filium Henricum, & quatuor filias, quarum primogenita Machtildis Comiti nupsit Atrebatensi Roberto, Regis Francorum Ludovici germano, quo defuncto nupsit Comiti de Sancto Paulo. Secunda filia Ducis Henrici Beatrix nomine, primò nupsit Lantgravio Turingiæ Philippo, quo defuncto iterum nupsit Guillelmo primogenito Flandriæ; tertiam habuit Dux Bavariæ; & quarta Monialis facta est in Valle-ducis, mortuaque Ducissâ Mariâ, Dux Henricus secundam duxit uxorem Lantgravii Turingiæ filiam, ex Sanctâ Elisabeth natam, ex quâ filium genuit nomine Henricum. Dicto igitur Duce Henrico mortuo, successit Henricus filius ejus, qui Alaidam filiam Hugonis Ducis Burgundiæ duxit uxorem, ex quâ Joannem genuit supradictum. Comitis Roberti de Dreux filius primogenitus Joannes, filiam duxit domini Archembaldi de Bourbon, ex quâ genuit unum filium & unam filiam; filius nomine Robertus uxorem duxit heredem Comitatûs de Monteforti, ex quâ liberos procreavit. Filia verò domino de Creon nupsit, quo defuncto sine herede iteratò nupsit Comiti de Dammartino. Frater autem dicti Joannis de Dreux Robertus nomine filiam habuit, quam dominus Radulfus de Nigellâ duxit postmodum in uxorem.

De Petro dicto Mauclerc fratre Roberti de Dreux junioris, sciendum quòd uxorem duxit Ælidem Britanniæ Comitissam, cujus avus Britanniæ Comes Conanus, agnomine Grossus filiam unam habuit nomine Constantiam, quæ nupsit fratri Regis Angliæ Richardi Joffrido, & peperit ei filium nomine Arturum, & filiam nomine Alienordem. Mortuo autem Rege Richardo devolutum est Regnum ad fratrem Joffridum, qui antequam homagia regni reciperet, mortuus est, & Joannes Sine terra frater ejus junior regnum accepit, Arturum nepotem suum postea submergi procurans, septemque suam Alienordem in captivitate detinens in quâ nunquam evasit.

Mortuo igitur Joffrido Arturi patre, Comitissa Constantia Comiti Andegaviæ nupsit Almarico, qui ex eâ filiam hanc Ælidem generavit. Hæc ergo comitatum retinens nupsit Petro Mauclerc, qui filium

unum ex eâ genuit & filiam. Filius nomine Joannes in Comitatu succedens, ex uxore suâ Regis Navarræ & Campaniæ Comiti Theobaldi filiâ, duos filios genuit & unam filiam. Primogenitus nomine Joannes uxorem ducens filiam Regis Henrici, plures liberos ex eâ genuit. Secundus nomine Petrus juvenis Miles mortuus est, & apud Fratres minores Parisiis sepultus. Filia verò nomine Ælidis Joanni nupta Comiti Carnotensi & Blesensi, de Avennes domino, unicam ei filiam peperit Joannam, quæ nupta Comiti Alentionis Petro germano Regis Francorum Philippi, sine liberis decessit. Filia Comitis Britanniæ dicti Mauclerc, maritata est domino Hugoni Bruno Comiti de Marciâ in Pictaviâ, & plures ei peperit filios & filias. Primogenitus nomine Hugo patri successit in comitatu, filiarum una nupsit domino de Bellavillâ, altera Comiti de Gloceftre.

De progenitoribus autem dicti Comitis Blesensis Joannis, sciendum est quòd Werricus Lisoys dominus fuit terræ de Lutosâ & partium circumjacentium, cui Comes Hainoniæ temporis illius terram contulit, quæ est inter duas Eppras, quarum una à parte quæ circà Beuvas derivatur, & alia à partibus quæ circà Tresonï. Quartus igitur heres post illum Werricus nomine Cum barba, dominus fuit Lutosæ ac etiam de Avennes, ubi & parvam turrim ædificavit. Et iste mansionem habebat apud Tayt super Eppram. Post hunc Werricum filius ejus Theodericus in dominio succedens, turrim apud Avennes augmentavit, & Canonicos apud Letias amovit, Monachos ibi po nendo.

Iste Theodericus decessit sine liberis; & ei successit quidam suus nepos Gossewinus de Oysiaco, Castellanus Cameracensis; qui uxorem habens Agnetem nomine filiam Anselmi Comitis de Ribodimonte, omnia sua alodia recepit in feudum à Comite Hainoniæ Balduino filio Richildis, & factus est unus de Paribus comitatûs, fecitque firmate villam Avennensem contrâ Comitis voluntatem Hainoniæ; propter quod venit Comes contrâ ipsum cum exercitu magno, & conflictum habuit cum eo super Sambriam, quæ per duos dies continuata est fine partis victoriâ, & tandem tertiâ die captus est dictus Gossewinus, & positus in carcere Comitis, qui per despectum sibi barbam radi fecit; & ultimum factâ pace perfecit, firmationem villæ Avennensis de voluntate Comitis. Gossewinus iste valdè dyscolus fuit, sed demum in peregrinatione ivit ultrà mare, & reversus aliquantulum rationabilior & maturior moribus est. Et quia liberos non habebat; successit ei nepos suus ex sorore Walterus, cognomine Plukellus; qui Ecclesiæ Letiensi auferre voluit eâ quæ sui antecessores contulerant ei, & fecit ei multa mala. Sanctus verò Bernardus multum laborans pro pacificatione, inter eos pacem fecit, quæ parum duravit, quia crudelis homo fuit, & semper abstulit Monachis possessiones eorum, & aliis etiam multa fecit tœdia, tandem apud Montes in Castriloco veniens ad placitandum, contradixit hominum sententiæ, & Comite super hoc ipsum compesere volente cùm staret appodiatus super arcam quamdam subitò mortuus est anno Domini MCXLVII. Cui filius ejus Nicolaus Plukellus succedens, castrum ædificavit de Landrecies, & castrum de Condato, & uxorem duxit Machtildem filiam Henrici Comitis de Rupe in Ardennâ. Hic Henricus fuit frater Godefridi Comitis Namurcensis, qui pater Henrici Cæci fuit, & illa Machtildis primò uxor fuerat domini de Wilecourt valdè strenui Militis, deinde dicto Nicolao duos peperit filios, Jacobum & Fastradum, & unam filiam nomine Idam, quæ nupsit Castellano S. Audomari Willelmo.

1147.

Nicolai Plukelli filius primogenitus Jacobus patri succedens in dominio terræ de Lutosâ & de Avennes, per uxorem suam Adeluyam unicam filiam Bouchardi domini de Guisiâ terram Guisiæ tenuit & de Leskiers, & genuit ex illâ quatuor filios Walterum, Bouchardum, Jacobum & Guidonem, item quatuor filias Machtildem, Ælidem, Adeluyam & Aguetem. Iste dominus Jacobus valde strenuus Miles erat, & multum habuit agere contrà plures: tandem ivit ultrà mare; & interfuit obsidioni & captioni civitatis Aconensis, quam fecerunt Rex Francorum Philippus & Rex Angliæ Richardus; postea moratus est in Syriâ, tantum quod interfuit cuidam prælio ante castrum Assur; ubi fuit occisus; sed carè se vendidit, quia per arma tantum fecit; quòd adhuc est inde famositas in multis locis.

Hujus igitur mortis auditâ famâ, dominus Galterus filius ejus primogenitus ei succedens in dominio, ex uxore suâ Margaretâ Comitatûs Blesensis herede unicam genuit filiam nomine Mariam. Deinde peregrinatione ivit ultrà mare, ubi multa bona fecit: primum posuit lapidem in fundamento castri Peregrinorum, postea reversus ad propria filiam suam Mariam in uxorem dedit Comiti sancti Pauli Hugoni, qui ex eâ tres genuit liberos, Joannem, Guidonem & Galterum. Deinde mortuâ Comitissâ Blesensi, dictus Hugo Comitatum tenuit ex parte uxoris, diù postea mortuo domino Galtero, pro filiis qui minores erant tenuit idem Hugo terram de Avennes & de Guisiâ.

Mortuo igitur dicto Hugone, successit ei suus filius primogenitus Joannes, & postea per modicum tempus defuncta est Comitissa Carnotensis, quæ soror fuerat Blesensis Comitissæ, & ita dictus Joannes successit etiam in Comitatu Carnotensi; cujus fratri Guido pro suâ portione cessit Comitatus sancti Pauli, & hic uxorem duxit Machtildem filiam Ducis Brabantiæ Henrici, relictam Comitis Atrebatensis Roberti, ex quâ genuit Hugonem Comitem Blesensem qui nunc est, & Guidonem nunc Comitem sancti Pauli, & Jacobum dominum Lutosæ. Galterus tertius filius dicti Hugonis pro suâ portione terram habuit de Crechiaco, qui ex uxore suâ filiâ domini Triangulensis unicum genuit filium Galterum.

Notâ Auctoris ætatem circa an. Chr. 1280.

Filiarum verò dicti domini Jacobi de Avesnes primogenita, Comiti de Cisneio marito suo tres peperit filias. Quarum primogenita Joannes Comiti Losensi Arnulfo marito suo quatuor peperit filios & duas filias. Horum primogenitus Joannes nomine patri succedens in comitatu Losensi, ex uxore filiâ Comitis Juliacensis unicum genuit filium Arnulfum nomine. Secundus nomine Ludovicus in Comitatu succedens de Chini post matrem, uxorem duxit dominam de Albomonte, germanam Comitis Barrensis Theobaldi, relictam domini Henrici de Salmis. Tertius nomine Henricus factus Clericus, mortuus est juvenis. Quarti nomen Gerardus: & præter hos erat quintus Arnulfus, qui similiter Clericus factus est & Episcopus Catalaunensis.

Filiarum verò dicti Arnulfi Comitis Losensis una domino de Fauquemont nupta, plures ei peperit filias, & illo mortuo iterum maritata est domino Vorne in Zelandiâ. Secunda filia Juliana domino de Kievrain nupta, duas peperit ei filias, quæ duobus filiis domini de Asperomonte maritatæ sunt. Secunda filia Comitis de Chini & Machtildis filiæ Jacobi Avesnensis, ipsa domina de Agimont & de Givet, domino Joanni de Retest, Hugonis in Comitatu successori, unam peperit filiam quæ juvenis mortua est. Tertia filia Comitis de Chini ac dictæ Machtildis, domino Ottoni de Trasengnies maritata, plures ei peperit filios & filias. Post mortem verò dicti Comitis de Chini, dicta Machtildis secundò maritata domino Nicolao de Rumengni, tres peperit filios Nicolaum, Hugonem & Jacobum, de quibus dictum est priùs.

Ælidis secunda filia domini Jacobi de Avesnes maritata domino Rogero de Rosoy, unum ei filium peperit & quatuor filias. Filius nomine Rogerus patri succedens, uxorem duxit primò filiam domini Roberti de Couchi, quâ mortuâ secundam duxit filiam domini de Heinsberghe in Alemanniâ, & hac mortuâ tertiam duxit filiam domini de Montmoranchy in Franciâ, ex quarum nullâ liberos habens, sed demùm cum Rege Francorum Ludovico transfretavit, & mortuus est in prælio, ubi captus fuit Rex Ludovicus.

Hujus Rogeri soror primogenita nomine Ælidis, domino Arnulfo de Audenarde maritata, unum peperit filium & unam filiam. Filius nomine Joannes ex uxore suâ, filiâ Comitis Suessionensis filii Comitis Radulfi, unam genuit filiam quam Godefridus dominus de Peruves in Brabantiâ duxit in uxorem, sed prolem ei non peperit. Dictus autem Joannes de Audenarde mortuâ uxore primâ, secundam duxit sororem domini Roberti de Creseckes relictam Vicedomini de Pinkengny, ex quâ plures genuit filios & filias, quorum primogenitus Arnulfus nomine uxorem duxit dominam de Seburgo, relictam domini Balduini de Hemin; quâ defunctâ aliam duxit sororem domini Radulfi de Kanni. Secundus filius nomine Joannes, tertius Robertus: filiarum una maritata est Godefrido Comiti de Viennâ in Ardennâ, altera domino Waltero de Tuppengni.

Soror verò dicti domini Joannis de Audenarde, nupsit domino Godefrido de Lovanio fratri Ducis Brabantiæ Henrici, in Monasterio Villariensi sepulti, cui peperit quatuor filios & unam filiam. Primogenitus nomine Henricus uxorem duxit Isabellam, filiam domini Theodorici de Beure. Secundus nomine Arnulfus uxorem duxit heredem terræ de Breda, ex quâ liberos non habuit: duo reliqui fratres Clerici.

Secunda filia domini Rogeri de Rosoy ac dominæ Ælidis, filiæ domini Jacobi de Avesnes, Juliana nomine, domino Goberto de Asperomonte maritata quatuor peperit filios & duas filias; quorum primogenitus Joffridus Comitissam Salebruges habens uxorem sine liberis decessit, cui frater suus Robertus succedens, ex uxore suâ Agnete filiâ Domini Thomæ de Couchy duos genuit filios & duas filias. Nomen primogeniti Joffridus, & alterius Thomas, hi duo sorores filias domini Nicolai de Kievrain duxerunt in uxores. Filiarum domini Goberti de Asperomonte una nomine Joanna, Comiti de Salebruges est maritata. Tertius filius domini Goberti de Asperomonte nomine Joannes, Clericus est & Præpositus Montisfolconis. Quartus nomine Guido mortuus est Miles in Tunisio cum Rege Francorum. De filiabus una in religionem ingressa est, & aliæ maritatæ in Alemanniâ.

Tertia filia domini Rogeri de Rosoy nomine Clementia nupta Comiti de Salmis in Ardenniâ, unum ei peperit filium & unam filiam. Filius nomine Guillelmus filiam Comitis Juliacensis Guillelmi duxit in uxorem, & filia Comitis de Salmis nupsit domino de Ayste, qui mortuus est ante patrem. Ex dictâ tamen uxore suâ filium habuit nomine Robertum, sed terra devoluta est ad ejus patruum, dominum Joffridum.

Quarta filia dicti domini Rogeri de Rosoy, Abbatissa fuit apud Monasterium in Therracia.

Tertia autem filia domini Jacobi de Avennes Adelina, nupsit domino de Enghien Engelbero, cui peperit unum filium & duas filias. Filius nomine Sigerus ex uxore suâ filiâ domini de Sottenghen sex genuit filios, & quatuor filias; quorum primogenitus nomine Walterius primò duxit uxorem filiam domini Joannis de Barbanchon Machtildem, quæ sine prole decessit. Similiter & secunda uxor filia domini Ingesranni de Peruves. Deinde filiam Comitis Reistetensis Manasserii Mariam duxit, ex quâ unum genuit filium Walterum, qui patri successit. Secundus filius domini Sigeri de Enghien Gerardus, ex filiâ domini Gerardi de Viane juxtà Gramont unum genuit filium & duas filias. Filius nomine Gerardus patri succedens filiam duxit Castellani Gandavensis. Primogenita domini Gerardi de Sottenghen nupsit domino Thomæ de Couchy domino de Verwino. Secunda filia Joannis filio domini Eustacii de Lens.

Tertius filius domini Sigeri de Enghien Joannes Episcopus Tornatensis, & posteà Leodiensis per translationem factam fratrum ... in Concilio Lugdunensi anno Domini MCCXLIV.

Quartus filius domini Sigeri Jacobus ex filiâ domini Walteri de Braluc filium genuit Walterium, qui posteà duxit uxorem Basiliam filiam domini Balduini de Henin, quam genuit ex dominicâ de Seburgo.

Quintus filius dicti Sigeri Arnulfus, uxorem duxit filiam domini Gerardi de Tyaris.

Sextus Engelbertus nomine uxorem duxit Castellanam de Montibus, ex quâ plures genuit liberos.

Filiarum dicti D. Sigeri una domino Ægidio de Franseipuies maritata unicam peperit filiam, quam duxit Eustachius dictus Kanivet de Rodio. Secundam duxit dominus de Liedekerke dominus Rasso de Gaure, qui plures ex eâ genuit liberos, quorum primogenitus Rasso duxit uxorem Henrici de Boulers juxtà Gramonti. Tertia filia dicti Sigeri Abbatissa fuit apud Ghilengheeni.

Sororum verò dicti Sigeri de Enghien una nomine Adelina domino Walterio Bertolt Advocato Machlinensi maritata, peperit alium Walterum Bertolt, & fratres Henricum & alios, ac sorores eorum: & hic Walterus Bertolt ex Mariâ filiâ Comitis Arverniæ Wuillelmi filios genuit & filias, quorum primogenitus Ælidem filiam Comitis de Ghines duxit uxorem. Henricus verò Bertoldus filiam Castellani Montensis uxorem duxit. Alia quoque soror domini Sigeri de Enghien, nupsit domino Evrardo Radoul, domino de Mortania, cui peperit filium Arnulfum, de quo dictum est. Quarta filia domini Jacobi de Avesnes nupsit Comiti de Grandiprato, cui peperit duos filios & duas filias, quæ sine liberis decesserunt. Primogenitus horum filiorum Jacobus patri successit in terrâ de Hans in Campania, non autem & in Comitatu, quia ex primâ uxore suâ unicum filium genuerat Henricum nomine, qui patri successit in Comitatu. Alius frater Godefridus nomine Clericus factus est Episcopus Catalaunensis. Et dictus Jacobus ex uxore suâ filiâ domini Jacobi de Barbanchon duos genuit filios, Henricum & Jacobum.

Secunda filia domini Radulfi de Couchy ex uxore suâ Agnete, filiâ Comitis Hainoniæ Balduini hujus nominis tertii post Richildem, primò nupsit Comiti de Roucy Radulfo, qui sine liberis decessit: post cujus decessum maritata est Comiti de Grandiprato Henrico, qui ex eâ genuit unum filium & unam filiam. Filius Henricus nomine patri in Comitatu successit. Filia Comitis nupsit Suessionensis Radulfo, cui duos peperit filios & unam filiam. Primogenitus Joannes, nomine filiam unicam domini Alardi de Cysmaio in Hainoniâ heredem illius terræ duxit in uxorem, ex quâ duos genuit filios & filias tres, quorum primogenitus Joannes patri successit in Comitatu. Secundus nomine Radulfus Miles, juvenis mortuus est in Tunis cum Rege Francorum; & Joannes uxorem duxit Margaretam filiam Comitis de Monteforti, ex eâ tres genuit filios & filiam unam, quorum primogenitus Joannes uxorem duxit filiam domini Hugonis de Rumengni, ex quâ unum genuit filium.

Nomina fratrum dicti Joannis Radulfus, & Anterus qui Clericus factus est; soror eorum maritata est domino Hugoni de Conflans domino de Maruel.

Trium filiarum supradicti Joannis Comitis Suessionensis primogenita nomine Ælidis maritata est domino Joanni de Audenarde, cui unam peperit filiam, domino Godefrido de Peruves posteà maritatam, quo sine liberis defuncto maritata est domino Joanni de Faluy, cui duas peperit filias. Secunda filia supradicti Comitis Jolendis nomine, domino Hugoni de Rumengni, nupta sine liberis decessit. Tertia dicti Comitis filia nomine Alienordis, Vicecomiti de Toars unum peperit filium Hugonem nomine, & unam filiam.

Frater autem Comitis Suessionensis supradicti Radulfus Miles strenuus & famosus, mare transivit, & antequàm reverteretur, uxorem duxit Reginam Cypri filiam Henrici Regis Acconensis, relictam Regis Cypri, qui ex eâ ipsâ liberos genuerat, & per hanc dictus dominus Radulfus tenebat gubernationem Regni Cyprici, ac etiam Regni Hierosolymitani. Post igitur Reginæ obitum dictus dominus Radulfus aliam duxit uxorem filiam domini Joannis de Tangest, ex quâ filium genuit heredem terræ suæ; & hæc maritata est domino Bernardo de Marolio: una sororum domini Radulfi ac Joannis Comitis Suessionensis supradicti nomine Isabella, nupta domino Nicolao de Barbanchon, post patrem duos ei peperit filios & plures filias; quorum primogenitus Joannes nomine patri succedens, ex uxore suâ filiâ domini Hugonis de Antoing Mariâ plures filios genuit, Joannem, Hugonem Ægidium Clericum, Nicolaum Clericum, Radulfum qui fuit Clericus, Alardum, Michaëlem, & Joannem parvum adhuc; & septem filias: quarum primogenita nupsit domino Roberto de Aschâ.

Dicti verò domini Joannis de Barbanchon frater nomine Nicolaus, uxorem duxit Idam germanam fratris sui. Sororum dicti Joannis & Nicolai primogenita Machtildis, domino Waltero de Enghien nupta sine liberis decessit. Secunda nomine Jolendis domino Hugoni de Hernes duos peperit filios, Hugonem Michaëlem, & tertia domino Arnulfo de Steyve est maritata.

Filius Comitis de Grandiprato Henricus, ex uxore suâ filiâ domini Erardi de Rameru unum filium genuit Henricum, qui successit in Comitatu. Tertia filia domini Radulfi de Couchy Ada nomine, domino Theoderico de Beure duos peperit filios, Theodericum qui patri successit, & Willelmum ac tres filias. Quarum una domino de Crimbergis Gerardo unicam peperit filiam, quam duxit dominus de Peruves Godefridus. Secunda domino de Hondescote Willelmo plures peperit filios, quorum primogenitus nomine Petrus patri successit, & tertia filia domino de Montchablon Goberto unum peperit filium qui patri successit Gobertum nomine, & unam filiam.

Tertia filia Balduini Comitis Hainoniæ hujus nominis tertii post Richildem, Laurentia nomine nupsit Theoderico domino de Aloft & de Wasiâ, qui filius fuit domini Ivonis de Gandavo, & dominæ Loretæ uxoris suæ, quo Theoderico sine liberis defuncto, dicta Laurentia in Hainoniam reversa est ad patrem: quo mortuo maritavit eam suus frater domino Bouchardo de Montmorenchy, qui ex eâ genuit unum filium nomine Matthæum, quem ejus avunculus Comes Balduinus Militem fecit.

Prædictus ergo Balduinus hujus nominis tertius post Richildem, guerram habuit cum Comite Flandriæ Theodorico, qui contra Balduinum turrim quamdam obtinuit in Ostrovento nomine Rovecourt, & eam muniverat ; sed dictus Comes Balduinus per insidias illos de munitione invasit ac dejecit, & ibi mortuus dominus Rasso de Gaure, qui relictam domini Ægidii de Chini habuerat uxorem, Domitionem de Chirue. Hujus ergo Rassonis filius fuit Rasso, & filia quam Eustachius de Rodio cognomine Livalles in uxorem duxit.

Dictus Balduinus Comes hujus nominis tertius post Richildem ; Binchium instauravit & vallavit muro, similiter & castrum apud Monts-quercetum ædificavit, & castrum firmavit muris & fossatis, turrim quoque apud Bouchain incepit, & aulam apud Valenchenas fecit, juxta scaldam Raimes ædificavit & turrim, & acquisivit Aat in Brabantia à domino Ægidio de Fransengnies, & castrum incepit ædificare, quod dominus Rasso filius domini Rassonis de Gaure, ac domina Domitione de Chirue calumniati sunt : unde ad opus illud impediendum accessit illuc dominus Rasso cum magnâ potentiâ hominum, & hoc de consilio Comitis Flandriæ Philippi. Quo comperto dominus Comes Balduinus cum magnâ potentiâ venit ad Bliki, & ibi est moratus usque ad operis complementum.

Postmodum dictus Balduinus Ecclesiæ Montensi acquisivit Braine le Wihote, faciens ibi turrim, sed decimas ibi retinuit Ecclesiæ, & census ac oblationes. Fuerat autem dicta terra domini Henrici de Braine Senioris.

Dominus de Cisnaio qui per aliquas terras residentiam continuam facere tenebatur apud Mons, à prædicto Balduino tertio recepit in augmentum feudi parati Cysmaium ; & omnia alodia sua & feodales terræ, ac homines de villâ Cysmai, omnes qui quindecim annos transiverunt tenentur fidelitatem facere Comiti in hunc modum : Quòd si dominus de Cysmaio nollet castrum reddere ad Comitis monitionem, aut si guerram vellet facere Comiti, ipsi essent in auxilium.

Dictus igitur Godefridus cùm sexdecim annorum esset & Miles fieri vellet, mortuus est, sepultus in Ecclesiâ sanctæ Valdetrudis.

Filiarum verò primogenita Jolendis nupsit Ivoni Comiti Suessionensi Seniori, qui Nigellam tenebat. Iste Ivo famosus erat in liberalitate & prudentia super omnes Barones Franciæ. Hæc itaque Jolendis prolem non habens ex dicto Ivone, post mortem ejusdem Comiti de sancto Paulo nupsit Hugoni, cui duas peperit filias, Elisabeth & Eustachiam. Secunda filia Comitis Balduini Agnes multum formosa sed parum claudicans, domino Radulfo de Couchy nupsit, cui tres peperit filias ; quarum primogenita Jolendis domino Roberto de Drwes & de Braná nupsit, qui filius fuit domini Roberti fratris Ludovici Francorum Regis, & peperit ei quatuor filios & quinque filias. Primogenitus nomine Robertus patri successit in Comitatu ; secundus nomine Petrus Mauclerc factus est postea Comes Britanniæ per uxorem, tertius nomine Henricus, factus Clericus, & postmodum Remensis Archiepiscopus ; castrum Portæ-Martis fortificavit ; quartus verò duxit uxorem Comitissam Maticonensem, ex quâ tamen heredem non habuit.

Primogenita quinque filiarum Comitis Roberti nupsit domino de Salins, qui erat Comes ultra Saonnam ; secunda Comiti Barrensi Henrico, qui ex eâ plures genuit filios & filias.

Filiorum primogenitus Theobaldus patri successit in Comitatu ; secundus Henricus nomine juvenis Miles mortuus est : tertius nomine Renaldus uxorem duxit Mariam (sic nominatam in testamento Renaldi facto anno MCCLXXI. die Jovis sanctâ mense Aprili) filiam domini Nicolai de Chievrain ; ex quâ heredem non habuit.

Una verò filiarum Comitis nupsit domino Henrico de Lucebourg, filio Comitissæ Ermensendis, Comitis Namurcensis Henrici cæci filiæ. Et hic Henricus Comes de Lucemburg ex uxore suâ plures genuit filios & filias.

Tertia filia Comitis Roberti & Jolendis nupsit Comiti de Augo, quæ similiter Jolendis nomine peperit dicto Comiti de Eu unicam filiam, quæ nupta domino Alfonso filio Regis Aconensis Joannis, unum ei peperit filium & duas filias ; nomen filii Joannes, qui uxorem duxit filiam de sancto Paulo Guidonis, ex quâ plures genuit filias. Una filiarum Elisabeth nomine nupsit domino Joanni de Dampetra ; secunda Monialis facta est. Quarta filia Comitis Roberti facta est Abbatissa Fontis-Evrardi. Quinta nupsit Comiti de Roussi, qui ex illâ non habuit heredem.

Filiorum autem Comitis Roberti de Drwes & Jolendis primogenitus Robertus patri succedens, uxorem duxit filiam unicam, domini de sancto Walerio, ex quâ genuit filios & unam filiam, Joannem primogenitum, & Robertum ; nomen filiæ Jolendis, quæ nupsit duci Burgundiæ Hugoni, qui ex eâ tres genuit filios & unam filiam. Nomen primogeniti Odo qui fuit Comes Nivernensis : nomen secundi Joannes : Tertius verò Robertus nomine patri successit in Ducatu, eo quod alii duo fratres decesserunt vivente patre.

Filia verò dicti Hugonis Alaidis nomine, nupsit Henrico Duci Brabantiæ, cui tres peperit filios & unam filiam. Nomen primogeniti Henricus, qui propter ineptitudinem suam ad terram regendam tonsoratus est, & factus est Canonicus Regularis in Burgundia apud sanctum Stephanum Divionensem. Secundus nomine Joannes patri successit in Ducatu. Tertius nomine Godefridus uxorem duxit heredem de Vierzon ; nomen filiæ Maria, quæ nupsit Regi Francorum Philippo, qui prius habuerat uxorem filiam Regis Aragonum, ex quâ tres genuerat filios.

Dux Brabantiæ prædictus uxorem duxit, primò Margaretam sororem dicti Regis Francorum Philippi ; quæ sine herede mortuâ, aliam duxit Margaretam filiam Comitis Flandriæ Widonis, ex quâ filios genuit & filias.

De hujus itaque Joannis progenitoribus sciendum, quòd Rex Francorum Ludovicus filius Caroli simplicis ex Reginâ Otgivâ Regis Angli cum Alfredi filiâ, duos genuit filios, Lotharium qui patri successit in Regno, & Carolum Ducem Lotharingiæ.

Hic Carolus duas genuit filias Ermengardim, quæ nupta Comiti Namurcensi peperit Albertum Comitem, qui patri in Comitatu successit ; & Gerbergam quæ nupsit Lamberto cum Barba fratri Raineri Longicolli Comitis Montensis. Iste Lambertus Bruxellam tenebat in suâ hereditate. Gerberga verò erat Comitissa Lovaniensis de hereditate suâ : hic Lambertus ex Gerbergâ genuit Henricum Seniorem Comitem Bruxellensem, & ii fundaverunt Ecclesiam sancti Petri in Lovanio.

Iste Lambertus præliando contra Episcopum Leodiensem Baldricum apud Huardis devicit eum, postmodum tamen fuit occisus in prælio apud Florinas. Henricus igitur Senior patri succedens in Comitatu

Lovaniensi, duos genuit filios & unam filiam: quorum primogenitus Henricus & alter Lambertus, filia verò Machtildis nomine Eustachio Boloniæ Comiti nupta est. Lambertus verò patri successit in Comitatu Lovaniensi, quia frater ejus primogenitus sine herede decessit. Hic itaque Lambertus uxorem duxit Odam, & ii fundaverunt Ecclesiam sanctæ Gudilæ, ponentes ibi Canonicos, quibus decimas dederunt de Bruxellâ.

Dictus Lambertus ex Odâ genuit Henricum qui patri successit in Comitatu, & genuit duos filios Reinerum primogenitum & Henricum: quo Reinero in Hasbaniâ occiso cum heres eis non esset, successit in Comitatu patri Henricus, qui genuit duos filios Henricum primogenitum, & Godefridum cum Barbâ. Mortuo igitur patre, successit ei primogenitus Henricus, qui de uxore suâ quatuor genuit filias, quarum una Imperator Fredericus in uxorem duxit, postea dictus Henricus Comes Tornaci occisus, & Nivellæ sepultus. Successit igitur in Comitatu frater suus Godefridus cum Barbâ, eo quod filium non habebat.

Huic igitur Godefredo Imperator nomine Henricus contulit Ducatum Lotharingiæ, propter quod ipse & successores sui vocati sunt Duces: & hic Godefredus duos habuit filios & tres filias. Primogeniti nomen Godefridus, alterius Henricus qui Monachus factus est in Monasterio Affligensi. Filiarum primogenita Ælidis Regi Angliæ maritata. Secundam nomine Idam Comes Clevensis duxit in uxorem. Tertia nomine Clarissia virgo permansit. Demùm hic Godefridus defunctus est anno Domini MCXXXIX. & apud Affligense Monasterium sepultus, quod ipse fundaverat.

1139.

Godefridus ergo filius ejus in Ducatu succedens, uxorem duxit sororem Imperatoris Lutgardem; & post quatuor annos defunctus est: cui Godefridus ejus filius successit infans unius anni, qui ad ætatem perveniens, uxorem duxit Margaretam sororem Ducis Lemburgensis, ex quâ duos genuit liberos, Henricum, postea Ducem, & Albertum: quâ Margaretâ defunctâ, Dux Godefridus secundam duxit uxorem Imaginam sororem Comitis Lossensis, ex quâ unum genuit filium Guillelmum nomine, à quo descenderunt heredes de Perwes.

Iste Godefridus Dux cum filio suo Henrico longo tempore guerram habuerunt cum Comite Hainoniæ Balduino hujus nominis tertio post Richildim, & contra Balduinum ejus filium. Hic igitur Godefridus postquàm Ducatum tenuerat quadraginta septem annis, mortuus est anno Domini MCXC. cui successit filius ejus Henricus, Albertus factus Clericus, & posteà Leodiensis Episcopus occisus est juxtà civitatem Remensem.

1190.

Henricus itaque Dux uxorem duxit Machtildem, filiam Comitis Boloniæ Matthæi, Philippi Comitis Flandriæ germani, ex quâ genuit duos filios & tres filias. Primogeniti nomen Henricus, alterius Godefridus. Filiarum primogenita Maria Imperatori nupsit Ottoni; secunda nomine Ælidis, Comiti Arverniæ Guillelmo; tertia nomine Machtildis, Comiti Hollandiæ Florentio strenuo Militi pro tempore suo, qui juvenis mortuus est in Torneamento apud bovos. Machtilde autem Ducissâ mortuâ, Dux Henricus aliam duxit uxorem Margaretam Comitis Namurcensis Philippi filiam. Item tantum fecit Comes Balduinus erga dominum Adam de Wallincourt, quòd castrum de Perrumont ab eo recepit in homagium ligiû.

Dicto de domino Jacobo de Avesnes, ac de iis qui ab eo processerunt, dicendum est de domino fratre suo, qui Advocatiam de Flammengeriâ, ac terram magnam circumjacentem habens in partem hereditatis suæ; ex uxore suâ duos genuit filios & unam filiam. Quorum primogenitus dominus Nicolaus, ex sorore Balduini Buridani domini de Walincourt quinque genuit filios & filias multas. Quorum primogenitus patri succedens, ex sorore domini Karonis de Rume unum genuit filium & duas filias. Quarum primogenita nomine Yoia, fratre mortuo juvene, patri succedens domino Ægidio de Barlemont, marito suo duos genuit filios, Ægidium & Joannem, & duas filias. Filius primogenitus Ægidius, de filiâ domini Joannis de Alneto juxtà Valencenas unum genuit filium nomine Ægidium. Et hâc dominâ mortuâ duxit secundam uxorem Aldam filiam domini Michaëlis de Wasieres: ex quâ plures genuit filios & filias. Secunda filia dicti Fastradi secundi nomine Ælidis, domino Arnulfo de Le Hamaide duos filios peperit, Joannem & Theodericum, & unam filiam. Balduinus dicti Fastradi frater, uxorem duxit matrem domini Ægidii de Bairlemont, qui duxit neptem ejus filiam domini Fastradi fratris sui: & genuit dictus Balduinus ex filiâ suâ unam filiam nomine Gerardum, qui ex filiâ domini de Venduel Melisende unam genuit filiam nomine Heluidem. Dictus Gerardus dictâ uxore mortuâ, ex aliâ uxore nomine Idâ filiâ domini de Lampreniffe quatuor genuit filios, Balduinum, Gerardum, Joannem & Nicolaum, & tres filias Idam, Agnetem & Philippam.

Dicto de duobus filiis domini Nicolai de Flammengeriâ, dicendum est de filiâ ejus, quæ domino Almerico Dautteville duas peperit filias, quarum una nupsit domino Henrico de Hufalis, & altera domino Vuillelmo fratri suo, qui ex suâ unum genuit filium nomine Willelmum. Dominus verò Henricus ex suâ quinque genuit filios, & unam filiam: quorum primogenitus Theodericus ex domicellâ de Rume unam genuit filiam. De aliis verò filiis dicti domini Henrici de Hufalise tres fuerunt Clerici, & alii non conjugati: & filia dicti Henrici de Hufalise primò nupta domino Henrico de Mirouvant in Ardennâ, plures ei peperit liberos: post cuius obitum ipsam duxit dominus Henricus de Belecoste. Alius verò frater domini Nicolai de Flammengeriâ filii domini Fastradi, Clericus fuit, & postmodum Episcopus Tornacensis.

Soror domini Jacobi de Avennes, ac domini Fastradi, filia scilicet domini Nicolai Plukellii nomine Ida, Castellano Sancti Audomari domino Guillelmo quinque filios peperit, & multas filias. Quorum primogenitus Willelmus nomine patri succedens, uxorem duxit sororem Comitis Lossensis Imaginam, quo sine herede mortuo, successit ei frater suus similiter Willelmus nomine. Tertius filius Galterus nomine, Clericus fuit & Præpositus Ecclesiæ Sancti Audomari. Hic postmodum ultrà mare multas probitates fecit, & tandem credens succurrere cuidam strenuo Militi à Saracenis invaso, est occisus ibidem. Quartus Jacobus nomine uxorem duxit nomine Clementiam, sororem Comitis Rainardi de Dammartin, quâ sine herede defunctâ, cum Comite Hainoniæ & Flandriæ Balduino ivit Constantinopolim, & ibi duxit Principissam Achaiæ in uxorem, ex quâ nullum genuit heredem. Et quintus nomine Nicolaus cum aliis ivit in Græciam, & ibi duxit uxorem Reginam Thessalonicæ sororem Willelmi de Rupe Ducis Athenarum; ex quâ duos genuit filios: quorum primogenitus nomine Bilas, fratre suo Vuillelmo sine herede mortuo, uxorem ducens dominam Thebarum, tres filios ex eâ genuit, Nicolaum, Ottonem & Joannem. Hic Nicolaus patri succedens, uxorem duxit Achaiæ Principissam.

Filiarum verò dictæ dominæ Idæ & Castellani prædicti primogenita Machtildis, Advocato Morinensi nupta, sine liberis decessit. Secunda filia nomine Ida

Præposito Duacensi unicam filiam Idam nomine, quæ domino Alardo de Antoing unum peperit filium & duas filias. Filius nomine Hugo patri succedens in terrâ de Antoing & de Espinoit , duxit uxorem Philippam , unicam filiam probi viri domini Michaëlis de Harnes , ejusque heredem , ex quâ tres genuit filios & duas filias : quorum primogenitus nomine Michaël pro suâ parte habens terram de Harnes , ex sorore domini Rassonis de Ludekerke unum genuit filium & duas filias. Hic filius nomine Hugo ex sorore domini Joannis de Berbenchon duos genuit filios, Joannem & Michaëlem , quorum primogenitus Joannes duxit Mariam filiam domini Eustachii de Conflans, relictam domini Joannis de Mortaigne. Sororum dicti domini de Hernes primogenita nomine Clarissa , domino Eustachio de Lens unum peperit filium , & unam filiam. Filius iste Joannes nomine duxit uxorem Alaidem filiam domini Gerardi de Enghien domini de Sottengheen. Et filia dicti domini Eustachii Isabella, nupsit domino Alardo domino de Ville. Secunda verò soror dicti domini Hugonis , filia domini Michaëlis de Hernes , nomine Philippa , nupta domino Eustachio Canivet de Rodio, sine herede decessit.

Prædictus dominus Michaël de Hernes uxore suâ primâ mortuâ , duxit filiam domini Renaldi de Pinkengni , ex quâ filiam genuit nomine Mariam , quæ nupsit domino Arnoldo de Cisoing.

Secundus filius domini Hugonis de Antoing, Hugo nomine , ex filiâ Senescalli Flandriæ Rogeri plures genuit filios, & post mortem hujus uxoris primæ aliam duxit, scilicet filiam Advocati Bethuniæ Roberti, relictam domini Hellini de Waurin. Et tertius filius dicti domini Hugonis de Antoing nomine Joannes, uxorem duxit Beatricem filiam domini Roberti de Vorne , relictam domini Godefridi de Winti.

Filiarum verò dicti domini Hugonis de Antoing primogenita nomine Beatrix , domino Joanni de Rume plures genuit filios & filias : quorum primogenitus Balduinus nomine ex filiâ domini Hellini de Waurin Sibyllâ tres genuit filias : quarum primogenita Elisabeth nomine nupsit domino Joanni de Varennes : reliquæ nondum maritatæ. Sororum autem dicti domini Balduini de Rume primogenita, Philippa nomine , domino Theoderico de Hufalise unam peperit filiam. Altera verò soror Ælidis nomine, domino Joanni de Arca plures peperit filios & filias.

Prædictus dominus Hugo de Antoing post mortem uxoris dominæ Philippæ de Harnes , ex filiâ domini Joannis de Cisoing Mariâ plures genuit filios & filias : quorum primogenitus Alardus nomine terram tenens de Briefvel , quam pater eidem acquisierat , ex filiâ domini Galtheri de Torota Mariâ plures genuit filias.

Secundus dicti Hugonis filius ex uxore secundâ , Galterus nomine terram tenens de Belona per acquisitionem patris , ex nepte domini Radulfi de Sorées Franciæ Marescalli Katerinâ plures genuit filios.

Tertius eorumdem filius Joannes nomine , Canonicus Ecclesiæ Cameracensis & Archidiaconus : similiter & quartus Arnulfus nomine. Et quintus per acquisitionem patris terram tenens de Assenaing , nomine Ægidius , ex unicâ filiâ domini Guillelmi de Fraxineto plures genuit liberos.

Filiarum verò dicti Hugonis de Antoing ex uxore secunda primogenita nomine Maria , Domino de Barbenchon Joanni plures peperit liberos. Alia verò Ida nomine Domino Nicolao de Barbenchon, fratri dicti Domini Joannis nupta est. Ida supradicta Præpositi Duacensis uxor, post mortem dicti Præpositi Domino Henrico de Hondescote nupta , unum peperit filium & filiam unam. Filius nomine Libleus satis strenuus , mortuus est sine liberis. Et filia nomine Ida Domino Guidoni de Montengni duos peperit filios & duas filias. Primogeniti nomen Robertus , & alterius Libleus. Filiarum una nupta est Domino Roberto de Beaufart , & alia Domino Balduino de Macicourt.

Sororum supradicti Domini de Antoing filii Domini Alardi prima nomine Maria , Domino Philippo de Prouvy unicum peperit filium nomine Gerardum, qui patri succedens , ex Idâ filiâ Comitis Balduini de Ghines plures genuit filios & filias : quarum primogenita nupsit primogenito Comitis de Salmis in Ardennâ Guillelmo. Secunda soror dicti Hugonis nomine Margareta , Domino Willelmo de Graumes, duos peperit filios & duas filias. Primogeniti nomen Willelmus, alius Hugo. Filiarum una nupta Domino Henrico de Marlins unam filiam peperit. Tertia filia prædictæ Dominæ Idæ de Avesnes ac Domini Willelmi Castellani de sancto Audomaro nomine Agnes, Abbatissa fuit apud Messines in Flandriâ , & quarta Alaidis nupsit Domino Balduino de Crequi , qui ex uxore præcedente jam habuerat filium nomine Balduinum. Dictus ergo Balduinus pater hujus , ex dictâ Alaide unum genuit filium & unam filiam. Filius sine liberis decessit, & filia nomine Ælidis Domino Balduino de Pesnes plures peperit liberos : quorum primogenitus Willelmus, secundus Balduinus , tertius Gillebertus , quartus Joannes , & quintus Galterus. Guillelmus & Balduinus sine liberis decesserunt, & sic devoluta terra ad Gillebertum eorum fratrem Canonicum Ariensem. Dictus Gillebertus Clericatum dimittens , ex filiâ Domini de la Planche plures genuit filios.

Filiarum verò dictæ dominæ Ælidis de Pesnes una Domino Richardo de Liere plures genuit liberos : quarum una filia dicti Domini Richardi nupsit Domino Mathæo de Medon. Alia verò dominæ de Pesnes filia domino de Espieres filios peperit & filias : quarum una nupsit Castellano de Farnes.

Mortuo autem dicto domino Balduino de Crequi, Ælidis de sancto Audomaro ejus relictâ , Domino Anselmo de Lonvilliers Domino de Kaheu unum peperit filium & duas filias. Filius nomine Arnulfus patri successit, & filiarum una nomine Ida Domino Engilramo de Liskes tres peperit filios, & unam filiam : quorum primogenitus nomine Engelramus ex sorore Domini de Lierdonchiei plures genuit liberos. Secundus nomine Anselmus uxorem duxit dominam de la Mote sororem Walteri de Rumengni, & tertius filius nomine Willelmus Clericus fuit. Filiarum verò Domini de Liskes primogenita nupsit Domino Arnulfo de Longvilliers ; & una filiarum Domini de Longvilliers primogenita , Domino de Esquerdes plures genuit liberos. Et secunda filia nupsit primogenito filio Domini Anselmi de Ordre.

Quinta filia dominæ Idæ de Avesnes nomine Margareta , nupsit domino Balduino de Crequi filio domini Balduini ex uxore primâ , qui postea duxit Ælidem sororem dictæ dominæ, de quâ loquuti sumus : & peperit dicta domina Margareta dicto Domino Balduino plures filios & filias : quorum primogenitus Philippus terram de Crequy tenens post patrem , ex sorore Vicedomini de Pinkengni Gerardi plures plures genuit : quorum primogenitus nomine Balduinus, ex filiâ Domini de Hellivineâ ejusdem herede plures genuit liberos. Secundus dicti Domini Philippi filius nomine Hugo, ex uxore suâ dominâ de Selles plures genuit liberos. Tertius dicti Domini Philippi filius nomine Philippus , & quarti nomen Engelramus, qui fuit Clericus & Episcopus Cameracensis. Filiarum verò Domini Philippi Domini de Crequi una nomine Margareta , primogenito Domini de Gisteles unum peperit filium, qui

post

Ex Chronicis Hainoniensibus.

post mortem Domini Walteri succeſſit in terrâ de Furmeſelles, & dicta Margareta nupſit domino de Hargicourt, quo ſimiliter defuncto ſine liberis, iterum maritata eſt Domino Waloni de Boure, poſt cujus etiam mortem Domino de Tranſengnies.

Secundus frater dicti Domini Philippi de Crekui nomine Balduinus, Dominus de Torchi, plures genuit filios: quorum primogenitus nomine Willelmus patri ſucceſſit. Secundi nomen Philippus, & tertii Balduinus. Una filiarum dicti Domini Balduini de Torchi nupſit Domino de ſancto Maxentio, & alia Domino de Sempi. Duarum verò filiarum dicti Domini Balduini de Crekui junioris, una nomine Margareta Abbatiſſa fuit apud Meſſines in Flandriâ, & ſecunda Domino Joanni Boutteri Domino de Boumo unam peperit filiam, quæ Domino Bernardo de Moreul unum peperit filium nomine Stephanum. Hic Stephanus uxorem duxit filiam Domini Comitis de Domartin, & poſt mortem Domini Bernardi de Moreul, dicta filia Domini Willelmi Boutteri remaritata eſt Domino Guillelmo de Pois, cui peperit unum filium. Tertia filia Domini Balduini de Crekui, Domino Jacobo de Giſny unam peperit filiam, quæ nupſit Domino de Coudun, qui ex eâ duas genuit filias: quarum primogenita nupſit primogenito filio Domini de Raineval, & alia primogenito filio Domini de ſancto Simone. Quarta verò filia Domini Balduini de Crekui, Domino Radulfo Flamment duas peperit filias, quarum una nupſit Domino Joanni de Eppe, & alia Domino Gerardo de Sorel. Sexta filia dominæ Idæ de Aveſnes nomine Beatrix, Domino Philippo de Ariâ, fratri Domini Balduini de Ariâ, duas peperit filias, quarum una nomine Iſabella Domino de Beauraing duos peperit filios & quinque filias. Quorum filii mortui ſunt juvenes. Una verò quinque filiarum, Domino de Bremeia duos peperit filios, Euſtachium & Alelmum. Euſtachius uxorem duxit Comitis filiam de Domartin, quæ ſine liberis deceſſit, & Euſtachius aliam ducens uxorem filiam Domini Drogonis de Mili, ex quâ plures genuit liberos.

Secunda filia dominæ de Beauraing, Domino de Haſebuerc plures etiam genuit filios. Tertia Domino de Bruet & de Beekin ſimiliter genuit liberos. Quarta domino de Brumeſbere plures etiam liberos genuit. Et quinta nupſit Domino de Bleki.

Secunda filia Domini Philippi de Ariâ, Soror Iſabellæ prædictæ nomine Machtildis, Domino Joanni de Ypra Domino de Revenghes plures peperit filios.

Dictum eſt quòd Dominus Willelmus Caſtellanus S. Audomari, filius dominæ Idæ de Aveſnes ſine liberis deceſſit, ſimiliter & Willelmus frater ejus, Miles ſtrenuus, & citrà mare & ultrà fratri ſuccedens in Caſtellaniâ S. Audomari & Comitatu de Faukemberghe ſine herede mortuus eſt, & ideo devoluta eſt illa terra tota ad ſororem Beatricem ejus ſororem uxorem Domini Philippi de Ariâ, eo quod fratres ejus omnes & ſorores antegenitæ jam deceſſerant, & hæc Beatrix non diù ſupravivens mortua eſt, & ſucceſſit ei filia ſua Machtildis uxor Domini Joannis de Ypra Domini de Revenghes, qui ex ipſâ plures genuit liberos: quorum primogenitus nomine Guillelmus heres Caſtellaniæ S. Audomari & Comitatûs de Faukemberghe, ex uxore ſuâ Aleluiâ filiâ Comitis Balduini de Ghines unum genuit filium & unam filiam. Filius quidem nomine Willelmus patri ſuccedens, ex filiâ Domini Florentini de Varennes unam genuit filiam, quæ fuit conventionata primogenito filio Caſtellani de Beaumes. Soror verò nomine Machtildis prædicto Caſtellano de Beaumes Balduino plures peperit filios. Fratrum verò prædicti Willelmi primogenitus poſt ipſum Willelmum, Joannes nomine in terrâ ſucceſſit de Revenghes; & alius frater ejus nomine Gerardus, Archidiaconus fuit Brabantiæ in Eccleſiâ Cameracenſi. Tertius nomine Jacobus Dominus fuit de le Nieppe. Quartus nomine Balduinus de Bellefontaine, Theſaurarius in Eccleſiâ Antonienſi. Quintus nomine Walterus Dominus fuit de Morbeke, & acquiſivit Caſtellaniam S. Audomari pro parte quæ jacet in Flandriâ. Et ſextus Bouchardus vocabatur, duarum verò filiarum dominæ de Revenghes una nunquam voluit maritari, ſed caſtè vixit; & alia nomine Beatrix Domino de Beaumanoir unam peperit filiam, quæ nupta eſt Domino de Strées.

MISCELLANEA
EPISTOLARUM, DIPLOMATUM, &c.

Epiſtola THEONÆ [a] *Epiſcopi. Monita Chriſtiana & politica* LUCIANO *præſcribit.*

THEONAS Epiſcopus Luciano Præpoſito Cubiculariorum Invictiſſimi Principis noſtri.

Gratias ago Omnipotenti Deo & Domino noſtro JESU CHRISTO, qui fidem ſuam per univerſum orbem in ſalutis noſtræ unicum remedium manifeſtare, ac etiam in tyrannorum perſequutionibus ampliare non deſtitit: imò perſequutionum procellis velut aurum in fornace expugnatum enituit, & ejus veritas ac celſitudo magis ſemper ac magis ſplenduit, ut jam pace per bonum Principem Eccleſiis conceſſâ, Chriſtianorum opera etiam coram infidelibus luceant, & glorificetur inde Pater veſter qui in cœlis eſt Deus; quod velut præcipuum à nobis pro ſa-

---

[a] *Epiſtola Theonæ.*] Epiſtolam hanc ſibi à Paſchaſio Queſnel, viro inter paucos nominatiſſimo communicatam, monet Acherius ab homine Græco ſcriptam; quod ex his epiſtolæ ipſius verbis demonſtravit: *divinas ſcripturas.... quas .... Ptolemæus Philadelphus in linguam noſtram traduci curavit.* Cæterum quis ſit ille Theonas, quis item ejus interpres, ſe ignorare fatetur. Ac primùm quidem Theonam, qui Alexandrinam ſedem ab anno 282. ad annum 300. tenuit, hanc epiſtolam ſcribere potuiſſe negat, quando is Diocletiano ac Maximiano imperantibus vixit, quorum uterque implacabili odio Chriſtianos inſectatus eſt. Negat etiam ſcriptam à Theona Ariano homine, quòd hic divinitas Chriſti non obſcurè agnoſcatur: ac poſtremò fatetur in id ſe propendere, ut arbitretur fœtum hunc Theonæ Epiſcopi Cyziceni, qui eam inſcribere potuerit Præpoſito Cubiculariorum Conſtantini Magni. Quamquam hoc dubium movet, quòd codicis exſcriptor reſpexiſſe videtur ad tempora Aureliani; quem initio principatûs Chriſtianis impenſius faviſſe conſtat, illius nomine margini affixo. Has Acherii conjecturas hìc exhibere libuit; quòd nihil à nobis ex

lute nostrâ, si Christiani re potiùs quàm verbis esse cupimus, quærendum atque exoptandum est. Nam si gloriam nostram quærimus, rem vanam caducamque appetimus, & quæ nos ipsos ad mortem perducit : at gloria Patris & Filii, qui pro salute nostrâ cruci affixus fuit, nos salvos facit in redemptionem sempiternam, quæ maxima Christianorum est exspectatio.

Non ergo, mi Luciane, te jactari aut puto aut volo quòd multi ex palatio Principis per te ad agnitionem veritatis pervenerunt, sed magis gratias Deo nostro referre decet, qui te bonum instrumentum in rem bonam confecit, teque apud Principem sublimavit, ut Christiani nominis odorem in suam gloriam & multorum salutem diffunderes. Nam quanto magis Pinceps ipse nondum Christianæ religioni adscriptus, ipsis Christianis velut fidelioribus vitam & corpus suum curandum credidit, tanto decet vos sollicitiores, ac in illius salutem & curam diligentiores esse & prospectiores, ut per id plurimùm Christi nomen glorificetur, & illius fides per vos qui Principem fovetis quotidie augeatur : nam quia nos maleficos olim & omnibus flagitiis refertos nonnulli priores Principes putaverunt, sed jam videntes vestra bona opera non possint nisi ipsum Christum glorificare.

Itaque summa ope vobis annitendum est, ne vos aliquid turpe aut inhonestum, ne flagitiosum nominem, sentiatis ; ne Christi nomen per vos ipsos blasphemetur.

Absit à vobis ut aditum alicui ad Principem pretio vendatis ; ut inhonesta aut precibus, aut pretio victi aliquo pacto Principi suggeratis. Omnis avaritiæ ardor à vobis abscedat, quæ idolatriam potiùs quàm Christi religionem operatur. Nullum turpe lucrum Christiano, nulla duplicitas convenire potest, qui Christum simplicem & nudum amplectitur. Nulla scurrilitas, ut turpiloquium inter vos habeatur. Omnia cum modestiâ, comitate, affabilitate & justitiâ exigantur, ut in omnibus nomen Dei & Domini nostri JESU CHRISTI glorificetur.

Officia vestra ad quæ singuli constituti estis, omni cum timore Dei, & amore Principis, atque exactâ diligentiâ exequamini. Mandatum Principis quod Deum non offendit ab ipso Deo processisse putetis ; amore pariter & timore, atque omni cum jucunditate perficite. Nihil est enim quod hominem magnis agitationibus fatigatum ita recreet, sicut intimi servitoris conveniens jocunditas, & benigna patientia, nec ulla iterum è contrario illum perturbatione ita afficit & contristat, sicut tristitia impatientiaque, & ipsius servitoris submurmuratio. Absint hæc à vobis Christianis, qui zelo fidei incedis ; sed ut in vobis ipsis honorificetur Deus, omnia vitia mentis & corporis supprimite & calcate. Induimini patientiâ & affabilitate ; virtutibus & spe Christi repleamini. Omnia propter ipsum Creatorem vestrum sufferte, omnia patimini, omnia vincite & supplantate, ut Christum Dominum acquiratis. Magna sunt hæc & laboribus plena ; sed qui in *agone contendit, ab omnibus se abstinet, & illi quidem ut corruptibilem coronam accipiant, nos autem incorruptam.*

Sed quia, ut sentio diversis officiis estis adscripti, & omnium tu, Luciane, Præpositus diceris, quos omnes gratiâ Christi tibi concessâ potens es & regulare & instruere, certus sum, non tibi displicebit me etiam de officiis illis aliqua particulatim & sumMariè tibi referre quæ sensero. Nam aliquem ex vobis servare privatas Principis pecunias audio ; alium vestes & ornamenta Imperialia ; alium vasa pretiosa ; alium libros, quem non hunc adhuc ex credentibus intelligo, alium aliam supellectilem. Quæ sanè quemadmodum tractanda mihi videantur, paucis indicabo.

Qui privatas Principis pecunias detinet, omnia sub certo calculo conservet ; paratus sit semper omnium certam reddere rationem : omnia scribat, etiam si possibile est antequàm alteri pecunias porrigat : nunquam memoriæ confidat, quæ ad diversa quotidie distracta facile labitur, ita tu sine scripturâ, etiam quæ nullo pacto fuerunt ex corde nunnunquam affirmemus; nec vulgaris sit hujuscemodi scriptura, sed quæ facilè & clarè omnia pandat, & mentem requirentis sine scrupulo aut dubitatione relinquat : quod facilè fiet, si distinctè quæ recipiantur & per se scribantur, & quo tempore, & per quem recepta fuerint, & quo in loco : similiter & quod aliis erogatur, vel Principis mandato impenditur per se suo ordine digeratur ; fidelis sit ille servus & prudens, ut gaudeat Dominus eum super bona sua constituisse, & Christum in illo glorificet.

Nec minor erit illi diligentia & cura qui vestes & Imperialia detinet ornamenta, quæ omnia sub certissimo indice habeat & adnotet quæ illa sint, qualia, quibus in locis recondita, quando ea acceperit & à quibus, ut maculata sint vel sine maculâ : illa omnia suâ diligentiâ conservet ; sæpe revideat, sæpe pertractet ut faciliùs recognoscantur : omnia illi sint in promptu, omnia parata : petentis semper Principis aut Præpositi sui mentem in omni & petitâ clarissimam reddat, ita tamen ut omnia cum humilitate & jocundâ patientiâ fiant, & Christi nomen etiam in re parvâ laudetur.

Simili modo ille agat cujus fidei credita sunt vasa argentea, aurea, crystallina, vel murrhina, escaria, vel potoria, omnia disponat, omnia notet, & quot qualesve sint in illis lapides pretiosi suâ diligentiâ connumeret, omnia magnâ cum prudentiâ considet, omnia suis locis & temporibus prodat ; cui dat & quando, à quibus ea recipit diligentissimè inspiciat, ne error & suspicio mala etiam cum majori

---

ejus præfationibus admissum iri jamdiù spopondimus ; cæterum, ut ne quid dissimulemus, meliùs essent prætermissæ. Nam quod de Constantino opinatur, nihili est ; nec ullus ejus ætatis scriptor, ita jejunè ac frivolè de ejus pietate sensit, ut cubilarios moneret artem esse adhibendam, ad sermonem de Christo coram eo instituendum : præsertim postquàm devicto Licinio, potitus est earum regionum imperio, in quibus Græca lingua vigebat. Tum enim, imò jam inde à devicto Maxentio, ita Christianis favebat, ut etiam de fide quam profitebantur disputationes coram se haberi non pateretur, sed juberet. Quod ad Aurelianum spectat, fuit ille quidem initio ergà nostros benignus, ac fidei nostræ ita favit, ut querentibus Orientis episcopis Paulum Samosatenum judicio suo Antiochenâ sede depulsum, eam pertinaciùs retinere, referipserit ei sententia standum quam Romæ Episcopus ac cæteri Italiæ Præsules congregati dedissent, ut tradit Eusebius Hist. Eccl. lib. 7. cap. 30. cæterùm, quod nullum illius imperio Theonam Episcopum noverimus, itemque quod nullus, qui quidem ad nos venerit, antiquus scriptor tradiderit illum principem Christianos Palatii sui ministeriis præfecisse, nihil de illo affirmare audemus. Quid igitur dicemus ? Theonam quidem Cyzici episcopum hujus epistolæ scriptorem esse, sed Luciano Licinio ministrasse, qui tametsi in suâ superstitione pertinacissimus, nostros non minori quàm Constantinus, amore prosequi videbatur : id si cui placet, ferri sanè potest : sed hoc malo, à Theonâ Episcopo Alexandrino scriptam esse epistolam ad Lucianum, qui in Palatio Diocletiani ministrabat ante, quàm ille Princeps pravis Galerii Maximiani artibus delusus, bellum fidei Christianæ indiceret cum enim in universo Imperio felicissimam ante atrocissimam illam persequutionem Christianorum conditionem fuisse, cùm etiam Palatium nostris quos Imperator ut filios diligebat, refertum fuisse Eusebius auctor est libro 8. cap. 1. & cap. 6.

damno in rebus pretiosis occurrat.

Ille tamen præcipuus inter vos erit & diligentissimus, cui libros servandos Princeps mandaverit; hunc ipse ex probatâ scientiâ sibi eliget virum gravem & magnis rebus aptum, ac omnibus quæsitis respondere paratum, qualem Philadelphus Aristeum intimum Cubicularium in re hac delegit, ac nobilissimæ bibliothecæ præposuit, quem ad Eleazarum maximis cum muneribus pro traducendâ scripturâ sacrâ legatum misit: hic idem historiam septuaginta Interpretum plenè scripsit. Si igitur ex credentibus in Christum ad hoc ipsum officium advocari contingat, non spernat & ipse litteras sæculares & Gentilium ingenia, quæ Principem oblectant. Laudandi sunt Poëtæ in magnitudine ingenii, in inventorum acumine, in expressionis proprietate & eloquentiâ summâ: laudandi Oratores, laudandi Philosophi in genere suo: laudandi Historici qui gestarum rerum seriem, majorum mores, & instituta nobis explicant, qui vivendi normam ex antiquorum gestis ostendunt. Interdum & divinas Scripturas laudari conabitur, quas mirâ diligentiâ & largissimo impedio Ptolemæus Philadelpus in linguam nostram traduci curavit: laudabitur & interim Evangelium, Apostolusque pro divinis oraculis; insurgere poterit Christi mentio, explicabitur paulatim ejus sola Divinitas; omnia hæc cum Christi adjutorio provenire possent.

Sciat ergo ille libros omnes quos Princeps habuerit; sæpe illos revolvat & suo ordine per indicem pulchrè disponat: si verò novos vel veteres transcribi curabit, studeat emendatissimos habere librarios, quod si fieri non potest, viros doctos ad emendandum disponat, illisque pro laboribus justè satisfaciat: veteres item codices pro indigentiâ resarciri procuret; ornetque non tantùm ad superstitios sumptus, quantum ad utile ornamentum: itaque scribi in purpureis membranis & litteris aureis totos codices, nisi specialiter Princeps demandaverit, non affectet; omnia tamen Cæsari grata, maximâ cum obedientiâ prosequatur. Suggeret pro posse & omni cum modestiâ Principi, ut eos legat, vel legi audiat libros, qui & statui & honori illius, ac utilitati magis quàm tantummodo voluptati conveniant: nolitat ipse priùs optimè illos sæpiùs deinde coram Principe laudet, ac eorum qui approbant testimonium & auctoritates commodè expliceat, ne suo sensui tantùm videatur inniti.

Qui verò corpus Principis curare habent, sint in omnibus quàm promptissimi, hilari semper ut diximus vultu, faceti nonnunquam, sed summâ semper cum modestiâ; quam in vobis omnibus præ cæteris rebus laudet, illamque ex ipsâ religione Christi provenire cognoscat. Sitis & vos omnes etiam corpore & indumentis mundi & nitidi, nullâ tamen superfluitate, aut affectatione notandi, ne Christianâ modestia deturpetur. Omnia suis temporibus sint parata, & suo ordine quàm optimè digesta. Sit ordo inter vos & diligentia, ne confusio in opere, aut rerum amissio aliquo pacto proveniat: disponantur ornenturque opportuna loca pro captu & dignitate locorum.

Sint insuper & servi vestri honestissimi, sint compositi & modesti, & vobis quàm convenientissimi, quos in verâ doctrinâ omni cum patientiâ & charitate Christi instruite & docete; quod si instructiones vestras negligant & parvipendant, à vobis abjicite, ne illorum nequitia aliquo pacto in vos redundet. Nam diffamatos dominos ex servorum malignitate quandoque vidimus, & sæpe audivimus.

Si ad Augustam accesserit Princeps, vel ipsa ad illum, sitis tunc vos quoque & oculis & gestu & verbis omnibus quàm compositissimi: videat illa vestram continentiam & modestiam: videant illius comites & pedisequæ, videant & admirentur: atque inde JESUM CHRISTUM Dominum nostrum in vobis ipsis collaudent. Loquela vestra semper sit parca & modesta, atque religione velut sale condita. Nulla prorsus inter vos sit invidia, aut contentio, quæ in omnem confusionem & divisionem vos deduceret, & sic quoque in odium Christi & Principis atque summam abominationem perduceret, nec lapis structuræ vestræ suprà lapidem stare posset.

Et tu, Luciane carissime, cum sis sapiens libenter supporta insipientes, & ipsi sapientes fiant. Nulli unquam molestiam inferte, nullum ad iram concitate. Si vobis injuria irrogatur, in JESUM CHRISTUM respicite, & quemadmodum optatis ut vobis ipse remittat, sic & vos illis dimittite, & tunc quoque omnem invidiam supplantabitis; & caput antiqui serpentis conteretis, qui vestris bonis operibus & succesibus omni cum astutiâ insidiatur. Non prætereat dies quin opportuno tempore dato aliquid sacrarum lectionum legatis, aliquid contemplemini, nec sacræ scripturæ litteraturam prorsus abjiciatis; nihil adeo animam pascit & mentem impinguat, sicut sacræ faciunt lectiones: sed ex illis hunc maximè capite fructum, ut patientia vestrâ justè & piè hoc est, in charitate Christi vestra officia exequamini, & transitoria omnia ob ejus promissiones æternas contemnatis, quæ sanè sensum omnem & intellectum humanum exsuperant, & vos ipsos in felicitatem perpetuam conducent. Vale feliciter in Christo mi Domine Luciane.

Epistola POTAMII *ad* ATHANASIUM, *ab Arianis* [impetitum] *postquam in Concilio Ariminensi subscripserunt.*

Domino Fratri gloriosissimo ac beatissimo Athanasio Episcopo Potamius.

Tanti carceris fossa crudam illuviem damnabilis officinæ coacervatam, a ut rectè conscribis, exordium & stercoris eruditio de fœtore cadaverum mortuorum, quæ magis manus coinquinare ignei virtutibus extricare vel radere, nisi illa tua castis de exilio capitis coronati perennia titulis exclusisset hæresis sectam anathema maranatha? Adrisisti, inquam, nobis Catholicâ virginitate perfestus, jugulando perfidos, damnando perjutos, corruptas adulterio mentes ambiguas, maledicti pecoris libidinoso commercia veneno damnabiliter farcinata, unius fidei romphæâ feriente vicisti. Jaceat serpens, & terra quæ illum susceperit purulento veneno nigrescat; jaceat serpens cœlesti ictu damnatus, jaceat serpens sanguino horrore contactus; jaceat serpens eliso luminum sinu, trisulci oris patefactâ sentinâ vomat, defluat, torqueatur culparum auctor, cui parvum fuerat quòd Protoplastum æternitate privaverat, nisi & contra Salvatorem hydrâ virosior proruisset. Separare voluit Dominum nostrum JESUM CHRISTUM, quasi Verbum Christi posset incidere, substantiæ fibulâ concatenatâ Trinitatis unitate, ut ait: *Ego & Pater unum sumus.* Et, *Qui me videt, videt & Patrem.* Et, *Ego in Patre & Pater in me.* Et *In principio erat Verbum, & Verbum erat apud Deum,*

Anno 360.
Ex cod. Abb.
S. Ebrulfi.

Joan. 10. 30.
Ibid. 14. 9.
Ibid. v. 11.
Ibid. i. 1.

---

a coacervatam] Nihil est hac sententiâ obscurius; ferri tamen utcumque potest sic, ut edimus, sed in priori editione legebatur *accervata*, & infrà *quæ magis manu*. Mox placuit *horrore contactus*, ubi erat *horrore contractus*. Cætera, ne Hercules quidem ipse pugnaret, nec satis video quid in causâ fuerit, cur tam fœdam epistolæ versionem Acherius ediderit.

& *Deus erat Verbum.* Lanio truculentus ; parricida desertor, miluinis, ut reor, unguibus, vel dentibus malè sanis, si potuisset, tentavit scindere.

Arrianorum objectio.
Joan. 14. 28.

Et post hæc quid opposuero blasphemiis? *Qui me misit*, inquiunt, *major me est.* Ex quo genitus est Pater ? utique quia filius confitetur ; major ergo quia Pater Filio ? ordo præponitur, non substantia separatur. Quid ad hæc dicis, adulter infamis ? Benè quod te antiquitas Patrum in Synodo sanctiori, voluntate vipereâ impuræ virositatis inflatâ, castis etiam te transfixere missilibus. Nam & hic doceris calumniandi pedicas prætendisse, quòd Salvator ait : *Non veni opera mea facere, sed ejus qui misit me.* Quid dicis serpens ? Numquid in hac luce tenebras infundis simplici huic professioni, quam quæstiunculam putant. Tempus in causâ est : Salvator apud homines, quia hominum corpus induerat, videbatur in corpore ; ideo dixit : *Non veni facere opera mea*, hominis in se negavit officia ? Clamat ergo, ut illum ordinatorem in se prædicet, quem in se sibi meminit auctorem Patrem ; quia filius sequitur vocabulo, ita major est ille qui prævenit ; sed & mittentis & missi, quia tres unum sunt, de divinitatis unitate una substantia est : *Ego & Pater unum sumus.* Et : *Qui me videt, videt & Patrem.* Et ipse Salvator ad Apostolos : *Tanto tempore*, inquit, *vobiscum sum, & Patrem non nostis ?*

Ibid. 6. 38.

Ibid. 14. 9.

Iterum objiciunt. Ibid.

Dicunt etiam quòd in libris dominicis substantia nunquam videatur esse conscripta. Redde quod involaveras ; furacissime tentator : ecce vinceris confutare de substantiâ ; etenim boni clamant Sanctorum antiqui greges Prophetarum tota præconia, ut ait ; vocem substantiæ à volatilibus cœli usque ad pecora expaverunt, & vociferabantur : *Et dabo Hierusalem in transmigrationem.* Ecce cum Christus Deus anterior de populo minimè esset, auditus tabefactis commanentibus Hierosolymæ columnæ ceciderunt. Ecce miser, adhuc licet una Dei sententia sufficere debuit, quod Propheta sanctus intonuit. *Si stetissent in substantiâ meâ, & audissent sermones meos, & docuissent populum meum, avertissem eos à malis studiis eorum.* Ecce hîc felix de substantiâ infelicibus populis proruit auditus, ut & Propheta ex personâ Adæ Christum requirat in lacrymis : *Infixus sum*, inquit, *in limo profundi, & non est substantia.* Scilicet quia necdum Patris substantia apud Christum in carne convenerat. Sicut & ille Evangelista, cum vastatis rebus luxuriosè vivendo perdidit omnem substantiam suam, ut sanctus Dei vates scripsit : *Spiritus Dei effugiet fictum :* Inde ergo substantiam perdidit ; quia per luxuriam sanctitate caruit, si tibi sufficit, dixit, quibus si jam palpitas, plena sunt omnia ; si adhuc torqueris, intendo, Scriptum legimus : *Congregavi enim aurum atque argentum, & substantiam Regum, & regionum.* Hæc est illa substantia, quam Propheta meminit dicens : *Semel loquutus est Deus, duo hæc audivi.* In unâ quippe voce duo hæc audisse se Propheta testatur : ut & David ; *Lingua mea calamus scriba.* Ut enim calamus denticulorum subdivisu æqualitate ducitur, & radiis consonantibus expeditur, ita Salvator indivisibili connexione cum Patris operibus unitatur. Quod enim Pater dixit, filius exclamavit, & quod filius loquutus est, Pater implevit.

Ezech. 12. 11.

Jerem. 23. 22.

Psal. 68. 3.

Sap. 1. 5.

Eccles. 2. 8.
Psal. 61. 11.

Ibid. 44. 2.

Meritò, inquit, *Semel loquutus est Deus, duo hæc audivi.* Duæ personæ unum tulere judicium ; ut in decalogo unâ sententiâ duplices tabulæ con-

scribuntur. Obmutescat hæresis æterno silentio prædamnata, divinis ictibus cæsa, barathro tartarisque deposita. Sola semper cum laureis suis virgo puerpera, Deo una, nobis columba fœcunditate numerosior, usque ad nubes cœli caput coronatum attollat. Sit benedicta cum populis Trinitatis unitate consegregata justissimis ; cujus laude plena est, à nunc & in æterna semper sæcula sæculorum beatificet Pater & Filius & Spiritus Sanctus.

Epistola I. SEVERI [a] ad Sanctum PAULINUM Episcopum.

Anno circiter 400.

Coquum tacitè ad præparandos Monachorum cibos aptum.

POstquam omnes coquos tuos coquinæ tuæ renuntiasse cognovi, credo quia dedignarentur officium vilibus præbere pulmentariis : puerulum tibi ex nostrâ misimus officinâ, doctum satis pallentem coquere fabam, & ignobiles betas aceto & jure condire, vilemque pultem esurientium faucibus inferre Monachorum ; piperis nescium ; laseris ignarum, familiarem cymini, & oprimè callidum herbis suave redolentibus clamosum urgere mortarium. Unum habet vitium, quòd hortorum omnium non est civilis inimicus ; ita, si admissus fuerit, proxima quæque metet gladio ; nec exsaturabitur unquam cæde maluarum. In præbendis autem sibi famis calumniosus tibi non erit, obvia quæque comburet, metet, nec dubitabit inferre tectis manus, & antiquos asseres laribus amovere. Hunc igitur cum his moribus atque virtutibus donatum tibi, non servum, sed pro servo filium cupimus, qui non erubescis minimorum esse pater. Ego tibi pro hoc ferve voluissem, sed si voluntas facti portio est, tu modò facito ut inter prandia cœnasque felices mei memineris ; quia rectius est vestrum esse mancipium, quam dominum cæterorum. Ora pro me.

Epistola II. ejusdem.

Laudat Paulinum ob sapientiam & mansuetudinem quæ ornaticuli in exhortationibus.

SAnctæ religionis fidus interpres universa componit, ut peccatis ulterius locus esse non possit ; nam quid aliud tantâ morum sanctitate promittis, nisi ut vitam beatam submotis erroribus agitemus ? In quo laudem maximam tuis video convenire virtutibus, quòd imperitam mentem piis hortationibus immutâris, & ad optimam traxeris rationem. Cæterum non ita mirabile videretur si eruditos animos instigasses sapientiâ confirmasses ; est enim poetibus viris cum devotione cognatio ; nec est citò conveniens credulitati rusticitas [a]. Sic illi qui figuras animantium de lapidibus ducunt, difficilioris operis negotium gerunt si durissima saxa ferramentis incutiunt ; illi verò qui mollioris materiæ tentamenta susceperunt, manus suas juvari sentiunt facilitate pingendi ; consentaneumque putatur, ut arduus labor opificis honore maximo censeatur : ita tibi, Domine, prædicatio singularis est exhibenda, quòd impolitos agrestesque sensus culpæ caligine liberatos, & humana sentire feceris, & divina cognoscere. Non minùs ille Xenocrates in laude est, Philosophorum longè doctissimus, qui severis exhortationibus fecit ut luxuria vinceretur : nam cum Polemo quidam vino languidus ex antelucano convivio publicè vagaretur, illudque temporis esset, quo ad gymnasium Xenocratis confluerent auditores, ingressus & ipse est, & in numero studiosorum eo habitu quo de cœnâ prodierat suspenderet assedit ; cum caput

---

[a] *Epistola I. Severi*] has epistolas monet Acherius se à V. C. Bigotio accepisse ; additque : An Severo Sulpitio adscribendæ sint, non planè convincere videtur inscriptio in cod. MS. reperta : *Severi epistola.* Verùm stili decor, & sententiarum gravitas si attendantur, conferanturque cum aliis Sulpitii jam editis epistolis, auctorem persuadebunt.

[a] *credulitati rusticitas*] Sic emendare libuit, cum antea legeretur *crudelitati*; Infrà scripsimus *conturbatus deposuit*, ubi erat *exposuit.*

Diplomatum, &c.

ejus florens corona contexerat, neque est virtus se omnibus videri dissimilem, cui reverà caput, quod est domicilium sanitatis usus longæ potionis inverterat. Tunc graviter immurmurantibus cæteris, quòd in multitudinem literatorum intempestivus auditor irrepserat; ne minimum quidem Magister ille commotus est, sed potiùs de disciplinâ morum legibusque modestiæ instituit disputare, tantumque valuit docentis auctoritas, ut petulantis illius animum ad amorem pudoris impelleret. Et primò quidem Polemo coronam capite conturbatus deposuit, discipulumque professus est; ad extremum ita se ad officium gravitatis inflexit, seque totum formavit ad verecundiam, ut prioris vitæ consuetudinem emendato glorioso correxisset. Hoc ipsum nos in tuis præceptionibus admiramur; quòd nullis minis, nullis omnino terroribus ad cultum Dei vesanos animos convertisti, ut confusa mens illud crederet esse rectissimum; cum omnibus bene beatèque vivere, quàm cùm paucis injusta sentire.

Epistola III. ejusdem.

Ut non duriùs agat ergà germanum, sed indulgeat Severus postulat.

Licet dominus & germanus meus de vestrâ petierit honestate, ut tutum velitis esse tutissimum, tamen mihi fas fuit eumdem literis commendare, conduplicatâ petitione tutior habeatur: huic enim nocuerit puerilis culpa, & error ætatis incertæ, ut annorum suorum initia maculatet; sed qui necdum sciret quid bonis moribus debeatur, propè sine culpâ peccavit; nam se ubi ad bonam mentem considerationemque convertit, intellexit vitam scenicam consilio meliore damnandam; huic autem plena non posset evenire purgatio, nisi divinitùs accessû delicta dilueret: si quidem Catholicæ religionis remedio commutatus, usum sibi loci turpioris negavit, seque ab oculis popularibus vindicavit. Domini ut supra[a]. Quomodo itaque & divinæ leges & publicæ fidei corpus, & sanctificatos animos, non permittunt inhonestas exhibere delicias, & vulgares edere voluptates; maximè cum castæ devotionis quodammodo videatur injuria; si quis sacro baptismate renovatus, in veterem lasciviam revocetur: oportet laudabilitatem vestram bonis favere propositis, ut is qui beneficio Dei pium munus indeptus est, in foveam theatralem cadere non cogatur. Vestrum tamen omnium judicium non recusat, si alias injungatis congruas pro necessitate communis patriæ functiones.

Epistola IV. Severi ad Salvium.

Conqueritur quòd Salvius rusticos ejus exagitet, itaque & possessiones usurpet.

Forensis elatio fori debet exercitatione fervere; convenit enim lacertis industriæ quotidiè depugnantis motus habere terribiles; at cum sonora facundia receptui cecinit, & in otiosa nemora atque amœna diversoria se migravit, fremitus inertes oportet abjiciat, & desinat inefficacia minitari. Scimus etenim palmigeros bijuges ubi è circo recesserint, quietissimè stabulari; illos non jugis formido, non ambiguæ palmæ sollicitant, sed demum pacatis affixi præsepibus timere jam nesciunt hortatorem, seditiosæ contentionis dulcia ducentes oblivia. Sed & stipendiis consummatis cropæa suspendere juvat militem gloriosum, & patienter gerere senectutem. An tibi igitur cordi sit terrificare miseros aratores, non planè intelligo; & ruricolas meos cur velis exhibitionis urgere formidine, non agnosco. Quasi verò

[a] *Domini ut supra*] Cum inscriptio hujus epistolæ desit, ad quos scripta sit, ne Apollo quidem ipse divinarit, nisi quòd intelligitur missam ad Decuriones alicujus civitatis, qui adolescentem quemdam, cujus nomen initio latet sub voce *tuum*, quæ proculdubio corrupta est, in scenam in-

---

illos nesciam consolari, & à pavore retrahere, & docere non tantum esse timoris quantum ipse prætendis. Fateor dum nos campus exciperet, me sæpe eloquiâ tuâ fuisse conterritum, sed frequenter ut poteram recidiva vulnera reponebam. Tecum sanè condidici, quo jure coloni, quove ordine repetantur; cui competat actio, cui non competat exitus actionis. Volusianenses, ais, te velle reducere, ac frequenter iratus ingeminas te rusticos ex meâ turriculâ retracturum; & is qui, ut ego spero atque desidero, mihi antiquâ necessitudine iis copulatus, confecturum te homines meos conventione neglectâ temerè minitaris. Quæro de insigni prudentiâ tuâ, utrum jus aliud habeant advocati, aliud ex togatis, an aliud æquum Romæ est, aliud Mataritæ.[a] Interim nescio Volusium fundi unquam fuisse dominum. Siquidem Dionysius fertur ejus possessionis jura servasse, neque hæredes illius defecisse; qui dum viveret, rei navalis in plurimos venenales aculeos intendebat. Fuit eâ tempestate Porfyrius quidam Zibberino satus, neque tamen rectè Zibberini filius nominatus, idem generis quæstionem militia convelebat, & ut nubem à fronte repelleret, officiosâ gratiâ & lætis obsequiis fungebatur; multùm mecum fuit & domi & in foro, cum me & apud patrem defensore, & apud judicem patrono sæpiùs uteretur; aliquando etiam Dionysium comprimebam, quòd Porfyrio non deberet viginti jugerum causâ navicularia jurgia commovere. En causa est cur insignis prudentia tua meis minitetur actoribus, ut cum dominus loci non sis, passim colonorum meorum facias mentionem. At si te Porfyrii denuntias successorem, jugerum noris angustias ne ab uno quidem cultore posse tractari; aut si te memorem custodemque propriæ dignitatis piget hæredem nominare Porfyrii, certum manifestumque est illum posse proponere, qui proponendi habeat facultatem, ut adversùm eos experiatur, qui nihil ex eâdem terrâ possideant. Cæterùm si diligenter inspicias, mihi potissimum deferri potest intentio repetendi. Quare, Domine prædicabilis frater, quiescas oportet, & mecum redeas in gratiam, & ad privatum digneris venire colloquium. Desinas, quæso, inertes & trepidos conturbare, & jactantiam tuam procul exerceas, & existimes me lætari tuâ superbiâ non offendi; nec duri enim nec inerudiit sumus: Saltem te mitem faciat Maximinus.

Epistola V. Severi.

Alla animorum quidem fides & religio manet; sed hæc declaranda est indicio literarum, ut caritatis augmentum salutatione succrescat. Sicut enim fertilis ager fructus copiosos adtollere non potest si cultura cessaverit, & terrarum bonitas perit desidiâ quiescentis: sic amorem gratiamque animi puto posse torpescere, nisi qui absentes sunt epistolari præsentiâ visitentur. Deo gratias, Amen.

In nomine sanctæ & individuæ Trinitatis, incipit Epistola sancti HIERONYMI, *missa ad* CONSTANTIUM. *Præfatio libri sequentis, qui Comes appellatur.*

Anno circ. c p.
Communic. Petr. Franc. Chifflet S. J.

Quamquam licenter assumatur in opere congregatio cœlestium lectionum, & ipsum opusculum ab Ecclesiasticis viris, Comes quidem soleat appellari: quod duobus modis fieri arbitror, aut pro

virum retrahebant, cum huic sacris aquis lustratus renuntiasset.
[a] *aliud Mataritæ.*] Mataritanensis plebis in Africâ mentio fit in Collat. Carthaginensi.

consuetudine uniuscujusque Ecclesiæ (secundùm quod & varium hoc ipsum descriptionis genus esse dinoscitur) aut certè pro voluntate studiosi lectoris, qui (si fieri possit) quidquid in Scripturis divinis mirabiliter fulget ; quidquid in præceptis moralibus copiosum est , totum parvo in corpore adunatum desiderat habere , paupertatis necessitate : Ego tamen , juvante Christo , ingenio quo potui, & maximè occasione oblatâ , quâ id à me fieri voluisti (Constanti mihi venerabilis frater) ita hoc opus etsi minùs instructus assumpsi, ut tanta excerptorum intelligentia caput causam quæstionabilem habere videatur. Nam cum omnis Scriptura divinitùs inspirata, ut ait Apostolus, *utilis sit ad docendum, ad erudiendum, ad justitiam* ; ut perfectus sit homo Dei ad omne opus bonum instructus; & quæcumque sunt hactenùs scripta, ad nostram doctrinam scripta sunt , ut per patientiam & consolationem Scripturarum spem habeamus! quid brevius, quid utilius censui, quàm ut ex tantâ divinorum librorum copiâ, singulis festivitatibus quod aptum ex his vel competens esset, excerperem ; & quodam modo distinctissimè collocarem.

2. Tim. 3. 16.

Incipiens itaque à Nativitate Christi, quod est VIII. Kalendas Januarias, in Vigiliis ad Nonam per ordinem quem assiduè in Ecclesiâ didiceram, lectiones utriusque Testamenti simplicibus ministravi. Porrò editionem illam quam ex Hebraïcis voluminibus in Latinum translatam esse constat, in hunc quippe modum, quæ vel cujusque prophetiæ lectio præsenti festivitati congruat, quid Apostoli doceant, vel ad eumdem titulum quid Evangelii annuntiet auctoritas, dudum vertente jam anno per omnes dies festos Ecclesiæ opportunè omnia secundum tempus esse legenda. Sed & nonnulla alia ædificationis causâ multa illic aggregata sunt, atque suis appellationibus inserta, id est , in capite Quadragesimæ de abstinentia escarum & sobrietate ; item in Quadragesimâ de pœnitentia, de pudicitiâ, de remissione inimicitiarum , vel alia multa. Hæc enim omnia ad multorum equidem utilitatem petitionibus tuis obediens scribere curavi, venerabilis mihi & amantissime frater.

Ann. CDLXII.
Communic.
Hier. Vignier.

Domino Meritorum fastigio laudatissimo & Apostolicæ Sedis dignissimo Papæ Domino HILARO, LEONTIUS *Episcopus.*

Gratulatur de ejus in summum Pont. electione, rogatque ut Ecclesiæ Arelat. integra permaneant jura.

Quod Leonem sanctissimum Prædecessorem tuum mors abstulerit contrà hæreses invigilantem, & lolium in agro Domini, heu ! nimis fruticans eradicantem , dolemus. Quòd de tuâ sanctitate reparaverit , gratulamur. Nam gaudet filius de honore matris , & cum Ecclesia Romana sit omnium mater , fuit nobis gaudendum , quòd in tantâ consternatione rerum , & infirmitate sæculorum , super eam te erexerit , ut judices populos in æquitate & gentes in terrâ dirigas. Unde cum nobis nuntius iste per Concordium Ecclesiæ nostræ Diaconum , qui tunc præsens erat cum sanctitas tua ad id honoris fastigatum culmen evecta est, relatus et ; gratias Deo nostro reddidimus , & te decrevimus quàm primùm hac humilitatis nostræ epistolâ salutare , ut & sic affectus qui inter tuam sanctitatem & nos jam diù coaluit , in Domino corroboretur, & de cætero augeatur , cum debitâ reverentiâ quâ decet filios patrem prosequi. Benedictus itaque qui venit in nomine Domini. Jam fortiter sanctitati tuæ insudandum & anhelandum est , ut quod sanctissimus Leo Papa incœpit , ad terminabilem perducas limitem , & cum exercitu Gedeonis per tubas in ore fortium concrepantes , & per lampadas in robustâ manu agitatas & ventilatas, maledictos muros Jerico jam toties

anathematizatos & quassatos sanctitas tua faciat prosternere. Cæterum cum Ecclesia nostra Arelatensis semper ab Apostolicâ sede amplis favoribus & privilegiis fuerit decorata , rogamus sanctitatem tuam , ut per eam nihil nobis decedat ; sed potius augeatur, ut & collaborare tecum in vineâ Domini Dei Sabaoth valeamus , & invidorum conatus infringere, quos si non esset auctoritas reprimens, certum est de die in diem grassaturos in pejus , quia malitia qui nos oderunt , ascendit semper. Dat. K. . . . . Severo, Aug. Cos.

LUPUS *Domno Papæ* SIDONIO.

Gratias ago Domino Deo nostro JESU-CHRISTO per Spiritum sanctum , qui te , Carissime Frater , in hac generali titubatione & pressurâ dilectissimæ sponsæ Ecclesiæ suæ, ad ejus sustentationem & consolationem in Sacerdotem vocavit , ut sis lucerna in Israël, & sicut ambitiosos honores mundanæ militiæ cum summâ laude exequutus es , ita militiæ cœlestis operosa munia, & humilia ministeria ipso adjuvante Christo alacriter percurras , nec retrò ad aratrum applicatâ manu, pigritantium agricolarum more oculos convertas. Tu Imperatorios apices per gloriosissimas affinitates proximè consequutus es ; tu trabeales ornatus splendidasque præfecturas , & quidquid irrequieta desideriorum series sibi beatius in sæculo potest fingere , honorificus & inter streperos plausus exercuisti. Mutatus est ordo , in domo Domini apicem attigisti, qui non in exuberanti mundani fastûs fulgore, sed in maximè infimâ mentis depressione , & humili resupinati cordis abjectione pertractandus est. Qui olim conabaris natalium decora additis honoribus superare , nec credebas homini sufficere , si cæteris par esset, & pares non transgrederetur , in eum statum devenisti , in quo licet superior nulli se debet superiorem reputare ; minimo subditorum tuorum suppositus , eo plus eris honoratior , quò te humilitas Christi, accinget , & eorum plantas osculaberis , quorum capita pedes tuos olim collocare dedignabaris. Iste profectò jam tibi labor incumbit , ut sis omnium servus , qui videbaris omnium dominus , & aliis incurvaris, qui cæteros conculcabas , non quia eras superbus , sed quia dignitatum præteritarum majestate , ne dicam vanitate , tantùm tibi cæteris est recedendum. Fac ergo ut nunc ingenium transferas ad divina , qui tantùm valuisti ad humana. Colligant plebes tuæ ex ore tuo spinas de capite Crucifixi , qui ex verbis tuis colligebant rosas de pompâ mundiali ; & capiant de eloquio Sacerdotis verba disciplinæ cœlestis , qui capiebant de eloquio dominantis normam disciplinæ civilis. Ego quidem qui te tantùm amavi cum sequebaris ariditatem sæculi, quali mensurâ putas jam amare sequentem ubertatem cœli ? Jam delibor, & instans est resolutio mea, sed non putavero resolvi ; qui licet solutus , in te vivam , & te in Ecclesia relinquam. Gaudeo exui, postquàm Ecclesiam indui, & te induit Ecclesia. Mactæ amicitiæ vetustæ, sed fraternitate recens. Supprimit postremus titulus antiquos , nihil est quod hodie velim de præteritâ meminisse dilectione, quando moderna dignitatis & firmiorem facit esse caritatem & tenaciorem. O si Deus vellet ut te ampleterer ! sed in spiritu perficio quod non possum in corpore, & præsente Christo non amplius Reipublicæ Præfectum veneror & osculor , sed Ecclesiæ , qui mihi filius ætate, dignitate frater , & meritis pater est. Ora pro me, ut in Domino consummatus , opus quod injunxit consummem, & in eo tandem

An. CDLXII.
Idem communicavit.
Quòd eminentiâ dignitate evectus ad regimen animarum gaudet Lupus Tricastinus, quanto eum quatuor obsideat, monet ut qui se gerere debeat.

impleam tempora quæ restant, qui tot & tanta (væ mihi !) his quæ non debui, implevi, sed apud Dominum misericordia. Memor esto mei.

Testamentum PERPETUI [a] *Turonensis Episcopi.*

IN nomine JESU-CHRISTI, Amen. Ego PERPETUUS peccator, Turonicæ Ecclesiæ Sacerdos, abire nolui sine testamento, ne fraudentur pauperes iis quæ superna gratia mihi non merito liberaliter & amanter contulit ; & ne, quod absit, transeant ad alios quàm ad Ecclesiam Sacerdotis bona.

Presbyteris, Diaconibus & Clericis Ecclesiæ meæ pacem Domini JESU-CHRISTI do, lego, Amen. Confirma hoc Domine quod operatus es in nobis, nesciant schismata, stabiles in fide permaneant ; quicumque regulam Evangelii fuerit sequutus, sit benedictus omni benedictione spirituali in supernis per CHRISTUM JESUM, Amen. Et Dominus JESUS occidat impium vento oris sui, Amen, Amen. Pax Ecclesiæ, pax populo, in urbe, in agro à Deo & Patre Domini JESU-CHRISTI, Amen. Veni, Domine, & noli sustinere, Amen. Vobis itaque Presbyteris, Diaconibus & Clericis Ecclesiæ meæ cum consilio Agilonis Comitis sepeliendum cadaver mortis hujus ubicumque elegeritis, permitto; scio quòd Redemptor meus non moritur, & in carne videbo liberatorem meum, Amen. Tamen si indigno mihi feceritis misericordiam, quam supplex postulo, optarem ad Domini Martini pedes in diem quiescere judicii, videritis, judicabitis, eligetis ; volo, statuo, ratum jubeo quod vobis dominis & fratribus meis placuerit.

In primis itaque ego Perpetuus, volo liberos esse liberasque homines & fœminas quotquot habeo in villâ Saponariâ, quos emi de meâ pecuniâ, ut & pueros, quos in die discessûs mei non manumisero in Ecclesiâ : ita tamen ut liberè serviant, quamdiù vixerint, Ecclesiæ meæ, sed absque servitute ad hæredes transmissibili & glebaticâ.

Do etiam Ecclesiæ meæ agrum, quem Aligarius mihi vendidit in dictâ villâ Saponariâ, cum stagno. Item molendina suprà Carum propè dictam villam; necnon pecuaria & prata ipsi Ecclesiæ meæ do, lego.

Villam de Bertiniaco cum sylvâ & omni reditu, eâ conditione, quâ mihi à Daniele Diacono vendita est, Ecclesiæ meæ pariter do, lego. Ita tamen, ut de eorum proventibus oleum paretur pro Domini Martini sepulcro indeficienter illustrando : quod si fuerit neglectum, & voluntas mea, quod non spero, cassa, dicta villa de Bertiniaco cum adjunctis, hæredibus meis mox nominandis cedat, volo, statuo, jubeo.

Quidquid & quoquo in loco, & à quâcumque personâ fuerit mihi debitum, quo die abscessero, debitoribus ipsis do, lego. Exigere quod dimitto nullus præsumat, volo, statuo.

Tibi Fratri & Consacerdoti dilectissimo Eufronio thecam ex argento de Reliquiis Sanctorum do, lego. Illam intelligo quam deferre solebam, nam deauratam aliam quæ est in capsario meo, cum duobus calicibus aureis, & cruce similiter aureâ, quam Mabuinus fecit, Ecclesiæ meæ do, lego. Simul & omnes libros meos, præter Evangeliorum librum, quem scripsit Hilarius quondam Pictaviensis Sacerdos. quem tibi Eufronio Fratri & Consacerdoti dilectissimo cum præfatâ thecâ do, lego, volo, statuo: Memor esto mei, Amen.

Ecclesiæ sancti Dionysii de Rambasciaco, calicem argenteum, & crucem similiter argenteam in cujus manubrio est Reliquia de eodem S. Dionysio, do, lego.

Ecclesiæ de Proillio similiter calicem argenteum & urgeos argenteos do, lego. Similiter & Amalario ibidem Presbytero capsulam unam communem de serico, item peristerium, & columbam argenteam ad repositorium, nisi maluerit Ecclesia mea illam quâ utitur eidem Amalario transmittere, meam retinere : tibi Ecclesiæ meæ eligendum permitto, volo, statuo.

Sorori meæ Fidiæ Juliæ Perpetuæ crucem parvam auream ex emblasmate, in quâ sunt de Reliquiis Domini, do, lego. Quam tamen obnixè rogatam velim, ut si forte, jubente Domino, eam contingat migrare ante Dadolenam Virginem, Ecclesiæ meæ ei possidendam relinquat. Te etiam rogo soror Dadolena, ut moriens eam Ecclesiæ quæ libuerit addicas, ne veniat ad indignos. Quòd si transeat Dadolena ante te, sit tibi liberum, carissima soror Fidia Julia Perpetua, prædictam crucem cui volueris Ecclesiæ relinquere, volo, statuo. Memor esto mei dilectissima, Amen.

Tibi Agiloni Comiti ob egregia tua in Ecclesiam meam, & pauperes filios meos merita, ut in pergas eorum defensionem robustè suscipere sicut cœpisti, equum meum parabilem, & mulum quem elegeris do, lego. Memor esto mei fili dilectissime, Amen.

Ecclesiæ S. Petri peristromata, quæ ei ad utendum in Natali ejusdem sæpe concessi, omninò & absolutè do, lego.

Tibi Fratri & Consacerdoti carissimo, de quo Dominus providebit regendæ post discessum meum Ecclesiæ nunc meæ, tunc tuæ, aut potiùs nec meæ nec tuæ, sed Christi, do quidquid ad usum Episcopalem de rebus meis volueris eligere in camerâ & sacrario vicino. Quod nolueris, hæredum meorum nominandorum elto. Presbyterum de Malleio, cumque ab Orbonâ ad gradus unde meritò dejecti sunt, nunquam restitue. Sportulam tamen habeant quamdiù vixerint super parte redituum meorum de Preslaio ; quod supererit, cum parte illâ quam utendam fruendam illis concessi, postquam obierint, & tibi utendum fruendum relinquo : post discessum tuum Ecclesiæ meæ do, lego. At tu, Frater & Consacerdos carissime, Presbyteros, Diaconos, Clericos, Virgines, meos, tuos, ama, exemplo juva, benevolentiâ præveni ; fac ut sciant se tibi filios non servos, te illis Patrem non dominatorem rogo, volo, statuo.

At vos viscera mea, fratres dilectissimi, corona mea, gaudium meum, domini mei, filii mei, pauperes Christi, egeni mendici, ægri, viduæ, orphani. Vos, inquam, hæredes meos scribo, dico, statuo. His quæ suprà detractis, quidquid in bonis habeo, sive in agris, pascuis, pratis, nemoribus, vineis, mansis, hortis, aquis, molendinis, sive in

---

[a] *Testamentum Perpetui*] Nobile hoc, ait Acherius, antiquitatis monumentum, quod V. C. Hieronymus Vignerius jam pridem eruit, nullâ eget observatione. Concordant universa in eo contenta cum jure Cæsareo, Pontificioque; concordant cum Fastis Consularibus ; concordant cum iis quæ de Perpetuo narrat Gregorius Florentinus cap. 6. *Perpetuus de genere & ipse, ut aiunt, Senatorio, & propinquus decessoris sui : dives valdè, & per multas civitates habens possessiones. Et aliis interjectis* : Condidítque *testamentum, & deputavit per singulas civitates quod possidebat, in eis scilicet Ecclesiis non modicam & Turonicæ tribuens facultatem. Sedit autem annos triginta, & sepultus est in Basilicâ sancti Martini.*

auro, argento, & vestibus, cæterisque rebus, de quibus me disposuisse non constabit, hæredes esse vos jubeo. Et ut omnia per discretionem administrentur, volo ut distrahantur quamprimùm obiero, & fieri poterit, & in pecuniam rediganur, cujus tres partes fiant. Hominibus egenis duæ distribuantur, ut placuerit Agrario Presbytero, & Comiti Agiloni. Tertia viduis & pauperibus fœminis, uti placuerit Virgini Dadolenæ, distribuantur, volo, rogo, statuo.

Testamentum hoc manu propriâ scriptum relegi & subscripsi ego Perpetuus, Calend. Maias post Consulatum Leonis Minoris A. Illud tu, Delmati fili, apud te depositum serva ; & cum alio simili meâ pariter manu scriptum & subscriptum, quod apud Dadolenam deposui, Agiloni Comiti coram Fratribus meis Presbyteris, Diaconibus & Clericis aperiendum & legendum trades, in nomine Domini volo, rogo, statuo, fixum ratumque sit. Benedic Domine: veni Christe Jesu.

Ego Perpetuus in nomine tuo, Amen.

Epitaphium ejusdem Perpetui *Episcopi.*

Culmina sublimi tollunt quæ vertice cristas
Eximiis meritis Perpetuus *dederat*
Domno Martino, cujus sub marmore pausant
Ossa, veneratur quæ pia plebs precibus.
Hæredem scripsit Christum, atque aurea multa
Sacrando Domini vasa cruore dedit.
Transmisit cœlo, quæ plurima cessit egenis,
Fecit & ante suas scandere divitias.
Clarus avis, atavisque potens, fuit atque Senator:
Clarior at sua dum pauperibus tribuit.
Sed neque Martino soli tam grande sepulcrum
Construxit, tumulum fecit & esse suum.
Et licet ante pedes Martini contumuletur,
In cœlo simili gaudet uterque loco.
Respice de superis super hoc, bone Pastor, ovili,
Perpetuusque tuam perpetua patriam.

Dilectissimo fratri Rustico, Gelasius.

An. CDXCIV. Communic. Hier. Vignier. Narrat quæ à Rustico Lugd. Episcopo acceperit subsidia, & quantas ab Acacio sustineat persequutiones.

Inter ingruentium malorum turbines, & variarum tentationum quibus penè mergimur afflictationes, tua nobis charitas, amantissime Frater, grande solatium propinavit. Quid enim consolatius posset accidere quàm videre fratres carissimos invicem compatientes, & partem oneris ferentes, quibus non minima benedictionis portio collata est. Benedictus Deus, qui tua ergà nos taliter affecit præcordia, ut non tantùm quæ patimur animo sentias, sed & monstres in sanctæ tributionis exhibendo misericordiam, qualem habeas in compassivo corde charitatem ; & adjungas ad dulcissimæ consolationis sermones, quæ sunt præcipuæ inter amicos opitulationes. Verùm dilectionem tuam non fatigabimus, scribendus quàm in arcto notius. Scit Frater noster & Coepiscopus Æonius quàm utile fuerit & quod misit, & quod ad nos misisti subsidium. Cæterùm frater noster Epiphanius, qui ad gentis

suæ miserias relevandas, & redimendos captivos ad partes vestras destinatur, Fraternitatem tuam certiorem faciet, quantam ob impiissimi Acacii causam persequutionem sustinemus. Sed non deficimus, & inter tot pressuras, nec cedit animus, nec relaxatur zelus, nec subvertit metus. Sed licet aporiantes & angustiati, confidimus in eum qui dabit cum tentatione proventum : & si ad tempus sinit deprimi, non patietur opprimi. Fac, carissime Frater, ut tuus tuorumque in nos, vel potiùs in sedem Apostolicam, non cesset affectus. Qui enim in petrâ solidabuntur, cum petrâ exaltabuntur. Adjuva Fratrem nostrum Epiphanium, & sentiat quia me amas, & cum redierit ad propria, scribat dilectio tua tam quæ sibi, quàm quæ Fratribus nostris & Coepiscopis per Gallias constitutis circà impiissimi Acacii causam videbuntur, Frater carissime. Datum VIII. Kalend. Febr. Asterio & Præsidio VV. Clariss.

Glorioso & illustri filio Cludoecho, Anastasius *Episcopus.*

An. CDXCVI. Idem communicavit. Quòd nomen Christo deberit Clodoveus Rex, gratulatur Anastasius Papa.

Tuum, gloriose fili, in Christianâ fide cum exordio nostro in Pontificatu contigisse gratulamur. Quippe sedes Petri in tantâ occasione non potest non lætari, cum plenitudinem gentium intuetur ad eam veloci gradu concurrere, & per temporum spatia repleri sagenam, quam in altum jussus est mittere idem piscator hominum, & cœlestis Jerusalem beatus Claviger. Quod serenitati tuæ insinuare voluimus per Eumerium Presbyterum, ut cum audiveris lætitiam patris, crescas in bonis operibus, impleas gaudium nostrum, & sis corona nostra, gaudeatque mater Ecclesia de tanti Regis, quem nuper Deo peperit, profectu. Lætifica ergo, gloriose & illustris Fili, matrem tuam, & esto illi in columnam ferream. Nam refrigescit charitas multorum, & malorum hominum versutiâ navicula nostra feris fluctibus agitatur, & despumantibus undis pertunditur. Sed speramus in spem contrà spem, & Dominum collaudamus, qui eruit te de potestate tenebrarum, & in tanto Principe providit Ecclesiæ, qui possit eam tueri, & contrà occurrentes pestiferorum conatus galeam salutis induere. Perge igitur, dilecte & gloriose Fili, ut Deus omnipotens serenitatem tuam, & Regnum protectione cœlesti prosequatur, & Angelis suis mandet ut custodiant te in omnibus viis tuis, & det tibi in circuitu de inimicis suis victoriam.

Collatio a *Episcoporum, præsertim* Aviti *Viennensis Episcopi, coram Rege* Gundebaldo *adversùs Arianos.*

An. CDXCII.

Providente Dom. Ecclesiæ suæ, & inspirante pro salute totius gentis cor Domini Remigii, qui ubique altaria destruebat Idolorum, & veram fidem potenter cum multitudine signorum amplificabat, factum est ut Episcopi plures non contradicente Rege congregarentur, si fieri posset, ut Ariani, qui re-

---

a *Collatio*] Sæpiùs de fide cum Rege Gundebaldo Avitum fuisse controversatum Agobardus scribens contrà legem Gundebaldi, commemorat, & Avitus ipse epist. 21. Sigismundo Gondebaldi filio demonstrat. Neque verò quidquam est quod nos eam Collationem referre cogat ad Lugdunense illud Concilium, cui S. Avitus cum Cartenio incertæ Sedis Episcopo adfuisse testatur epistolâ 28. *Rediens ab urbe Lugdunensi S. Cartenius Episcopus, in quâ, nobis de Concilio discedentibus, ad privata quædam negotia expedienda resederat, quæstionem sibi, imò magis omnibus nobis,*

proposuisse vos retulit.
Observandum præterea illo ævo morem obtinuisse, ut Lugduni ad S. Justi sepulcrum quotannis convenirent Episcopi, viciniores maximè, quemadmodum Sidonius lib. 5. epist. 17. innuere videtur : *Convenerabamus ad S. Justi sepulcrum, sed tibi infirmitas impediment, ne tunc adesses: processio fueras antelucana, solemnitas anniversaria, populus ingens,* Vincentiolum Avitum ad eam solemnitatem invitasse significatur epistolâ 59. apud eumdem avitum : *Ut in solemnitate S. Justi plebeculam suam Apostolatûs vestri visitatio ligionem*

Diplomatum, &c.

ligionem Christianam scindebant, ad unitatem possent reverti. Quod ut melius fieret, videreturque id non consilio accidisse sed occasione, Dominus Stephanus scripsit ad Episcopos multos, & invitavit illos ad festivitatem S. Justi quae instabat, in quâ ob frequentiam miraculorum fiebat concursus plurimus populorum. Venerunt itaque ad salutationem Regis cum Domno Vienna Avitus, de Arelate Æonius, de Valentiâ . . . . , de Massiliâ . . . . . . ius, & plures alii omnes Catholicae professionis & laudabilis vitae in Domino. Qui omnes ad salutationem Regis cum Domno Stephano ad Sarbiniacum, ubi tunc erat, profecti sunt. Erant quidam inibi de potentioribus Arianis cum eo, qui si potuissent, prohibuissent nostrorum accessum ad Regem; sed, Domino cooperante, nihil profecerunt.

Post salutationem factam, Domnus Avitus, cui, licet non esset senior nec dignitate, nec aetate, tamen plurimum deferebatur, dixit ad Regem: Si excellentia vestra vellet procurare pacem Ecclesiae, parati sumus fidem nostram tuam clarè demonstrare esse secundùm Evangelium & Apostolos, quòd nulli dubium erit, illam quam retinetis non esse secundùm Deum & Ecclesiam. Habetis hîc de vestris qui sunt instructi in omnibus scientiis, jubeatis ut nobiscum colloquantur; & videant si possint respondere rationibus nostris, ut parati sumus respondere rationibus eorum.

Ad quae Rex respondit: Si vestra fides est vera, quare Episcopi vestri non impediant Regem Francorum, qui mihi bellum indixit, & se cum inimicis meis sociavit ut me destruerent: nam non est fides ubi est appetentia alieni, & sitis sanguinis populorum; ostendat fidem per opera sua.

Tunc humiliter respondit Domnus Avitus, faciem habens Angelicam ut & sermonem: Ignoramus, ô Rex, quo consilio & quâ de causâ Rex Francorum facit quod dicitis; sed Scriptura nos docet, quòd propter derelictionem legis Dei saepè subvertuntur regna, & suscitantur inimici omni ex parte, illis qui se inimicos adversus Deum constituunt. Sed redite cum populo vestro ad legem Dei, & ipse dabit pacem in finibus vestris; nam si habetis pacem cum illo, habebitis & cum caeteris, & non praevalebunt inimici vestri.

Cui Rex: Nonne legem Dei profiteor? sed quia nolo tres Deos, dicitis quia profiteor legem Dei. In Scripturâ sanctâ non legi plures esse Deos, sed unum.

Ad quae Domnus Avitus: Absit, ô Rex, ut plures Deos colamus. *Unus est Deus tuus ô Israël*; sed ille unus Deus in essentiâ, est trinus in personis; & Filius; & Spiritus sanctus non sunt alii Dei; sed unus Deus, cujus prima persona est Pater, secunda Filius, tertia Spiritus sanctus; sed Pater non est alia substantia quàm Filio, & Spiritui sancto non est alia substantia quàm Patri & Filio; & ille Deus qui olim loquutus est per Prophetas, novissimè loquutus est in Filio, & adhuc loquitur quotidie in Spiritu sancto. Et quamvis olim per Prophetas, mox per Filium, nunc per Spiritum, unus idemque Deus loquitur, sed sic dicitur ad distinctionem personarum, cum reverâ sint coaeternae & consubstantiales. Hoc profitemur & parati sumus ostendere.

Et cum videret Regem pacificè audientem, protelavit sermonem & dixit: O si vellet sagacitas vestra cognoscere quàm benè fundata sit nostra fides, quantum boni vobis & populo vestro inde proveniret; nam & coelestis gloria vobis non deesset, & pax & abundantia in turribus vestris. Sed vestri cum sint inimici Christi, super regnum vestrum, & super populum iram desuper accendunt, quod, ut speramus, non esset si velletis audire monita nostra, & jubere ut vestri Sacerdotes de his nobiscum colloquantur coram sublimitate vestrâ, & populo vestro, ut sciatis quia Dominus JESUS est aeterni Patris aeternus Filius, & utrique coaeternus Spiritus sanctus, unus Deus benedictus in saecula: simulque ante omnia tempora & absque ullo initio.

Cum haec dixisset procidit ad pedes Regis, & amplectens eos flebat amarè, procubuerunt & omnes Episcopi cum eo; unde Rex valdè commotus est, & inclinans se usque ad eos, erexit Domnum Avitum cum caeteris, quibus amicabiliter dixit se responsum daturum illis super petitionibus illorum.

Quòd & crastinâ die factum est: nam Rex per Sagonam rediens ad urbem, misit ad Domnos Stephanum & Avitum, ut venirent apud illum: qui cum venissent, Rex dixit ad illos: Habetis quod postulatis, nam Sacerdotes mei parati sunt vobis ostendere, quòd nullus potest esse coaeternus & consubstantialis Deo. Sed nolo ut id fiat coram omni populo, ne turbae excitentur; sed tantùm coram Senatoribus meis, & aliis quos eligam, sicut vos eligetis ex vestris quos volueritis; sed non in magno numero, & id fiet die crastinâ in hoc loco. Quo dicto, Episcopi salutato Rege discesserunt & reversi sunt, ut omnia intimarent aliis Episcopis. Erat autem vigilia solemnitatis sancti Justi. Et licet optavissent quòd hoc fieret die solemnitatem sequenti, noluerunt tamen propter tantum bonum ampliùs procrastinare. Sed unanimiter decreverunt apud S. Justi sepulcrum pernoctare, ut illo intercedente obtinerent à Domino petitiones cordis sui.

Evenit autem ut eâ nocte cum Lector secundùm morem inciperet lectionem à Moyse, incidit in illa verba Domini: *Sed ego indurabo cor ejus, & multiplicabo signa & ostenta mea in terrâ Ægypti, & non audiet vos.* Deinde cum post Psalmos decantatos recitaret ex Prophetis, occurrerunt verba Domini ad Isaiam dicentia: *Vade & dices populo huic, audite audientes & nolite intelligere; & videte visionem & nolite cognoscere. Excaeca cor populi ejus, & aures ejus aggrava, & oculos ejus claude ne forte videat oculis suis, & auribus audiat, & intelligat suo corde, & convertatur, & sanem eum.* Cumque adhuc psalmi fuissent decantati, & legeret ex Evangelio, incidit in verba quibus Salvator exprobrat Judaeis incredulitatem: *Vae tibi Corrazaim, vae tibi Betzaida; quia si in Tyro & in Sidone virtutes factae essent, quae jam facta in vobis, jamdudum in cilicio & cinere poenitentiam egissent.* Denique cum lectio fieret ex Apostolo, pronuntiavit ista verba illa: *An divitias bonitatis ejus, & patientiae, & longanimitatis contemnis? ignoras quoniam sustinentia Dei ad poenitentiam te adducit? secundùm autem duritiam tuam & impoenitens cor thesaurizas tibi iram in tempore irae.* Quod cum ab omnibus Episcopis observatum fuisset, cognoverunt lectiones illas sic occurrisse volente Domino, ut scirent induratum esse cor Regis, Deumque illum in suâ impoenitentiâ relinquere, ad osten-

Aviti verba Regis mentem inflexerunt.

Alia Sessio indicta ad diem festivam Sancti Justi.

Exodi cap. 7.

Esaiae cap. 6.

Math. cap. 11.

Ad Rom. 2.

---

benedicet. Avitus quoque epist. 58. ad Vincentiolum, purgat se quòd eidem festivitati interesse minimè potuerit: *Nisi frequenter vos, à communia peccatorum impedimenta objectu, jussioni consuetudinariae solito voluerim parere servitio, &c.* Et mos iste usitatissimus multò anteà fuit, Episcopos ad Martyrum diem anniversarium convocare, cujus

exstat exemplum in epistolâ Magni Basilii 191. Eusebius & Damaso, jocuique ipsorum, quorum anniversaria memoria in urbe nostrâ, totâque vicinià celebratur, admonet vos (Episcopos) peculiare decus suum, Ecclesia, vocuque nostra hortatur, ut antiquam visitandi nos consuetudinem repetatis.

Miscellanea Epistolarum,

dendum divitias justitiæ suæ; unde valde tristes effecti, noctem in lacrymis transegerunt. Non destiterunt tamen veritatem nostræ religionis contrà Arianos asserere.

Congressus cum Arianis.

Igitur tempore quo Rex jusserat, conveniunt omnes Episcopi, & simul ad Regiam vadunt cum multis Sacerdotibus & Diaconibus, & quibusdam de Catholicis, inter quos erant Placidus & Lucanus qui erant de præcipuis militiæ Regis. Venerunt etiam Ariani cum suis. Cum ergo sedissent coram Rege Domnus Avitus pro Catholicis, Bonifacius pro Arianis, sermonem habuerunt. Sed postquam Domnus Avitus proposuit fidem nostram cum testimoniis sacræ Scripturæ, ut erat alter Tullius, & Dominus inspirabat gratiam omnibus quæ dicebat; tanta consternatio cecidit super Arianos, ut qui satis amicabiliter audientiam præbuerat Bonifacius, nihil omninò responderet posset ad rationes Domni Aviti, sed tantum quæstiones difficiles proponeret, quibus videbatur velle Regem fatigare; sed cum ab Avito urgeretur, ut responderet ad antedicta, promittens se etiam responsurum ad ea quæ proposuerat, non potuit respondere ad unam de rationibus quæ fuerant à Domno Avito propositæ, neque ullam pro defensione suæ partis allegare; sed tantum os suum in conviciis aperiebat, & dicebat Catholicos esse præstigiatores, & colere multitudinem Deorum. Quod solum cum diceret, videretque Rex confusionem suæ sectæ, surrexit de suâ sede, dicens quòd in craftinum responderet Bonifacius. Discesserunt ergo omnes Episcopi: & quia adhuc dies non erat inclita, iverunt simul cum cæteris Catholicis ad Basilicam domni Justi, confitentes Dominum quoniam bonus, & laudantes eum qui dederat illis talem victoriam de inimicis suis.

Sessio 3.

Sequenti verò die iterum ad Regiam profecti cum his qui in præcedenti aderant: cumque ingrederentur, invenerunt Aredium, qui eis persuadere volebat ut regrederentur; dicebat enim quòd tales rixæ exasperabant animos multitudinis, & quòd non poterat aliquid boni ex eis provenire. Sed Domnus Stephanus, qui sciebat illum favere Arianis ut gratiam Regis consequeretur, licet fidem nostram profiteretur, respondit ei quòd non timendum erat ne rixæ procederent ex inquisitione veritatis, & ammore salutis fratrum suorum, imò nihil esse utilius ad jungendos animos in sanctâ amicitiâ, quàm cognoscere apud quos esset veritas, quia ubicumque est, amabilis est; & professores ejus reddit amabiles.

Addidit insuper omnes huc venisse secundùm jussionem Regis, contrà quòd resistere non est ausus Aredius ampliùs resilire. Ingressi sunt ergo, & cum Rex eos vidisset; surrexit in occursum eorum, mediusque inter Domnum Stephanum & Domnum Avitum, adhuc multa loquutus est contra Francorum Regem, quem dicebat sollicitare fratrem suum contrà se. Sed cum responderent præfati Episcopi, quòd non esset melior via ineundi pacem, quàm concordare in fide, & operam suam, si gratam haberet, pollicerentur pro tam sancto fœdere conciliando, nihil ampliùs loquutus est, sed unusquisque locum quem præcedenti die tenuerat, occupavit.

Confusione & pudore suffusi sunt Ariani.

Cùm itaque sedissent, Domnus Avitus tam lucidè probavit quòd Catholici non plures Deos adorabant, ut sapientiam ejus tam Catholici quàm adversarii cum stupore mirarentur. Id autem fecit ut responderet conviciis quæ Bonifacius in nostram fidem jecerat. Postquàm ergo conticuit, ut locum daret responsionibus Bonifacii, nihil aliud potuit ille dicere, quàm quod præcedenti die fecerat, & convitiis addens convitia, tanto impetu clamabat, ut præ raucitate non posset ampliùs loqui, & quasi suffocaretur.

Quod cum Rex vidisset & satis diu exspectasset, tandem surrexit vultu indignationem prætendens contrà Bonifacium. Tunc Domnus Avitus dixit ad Regem: Si sublimitas vestra vellet jubere ut hi responderent propositionibus nostris, ut posset judicare quænam fides esset retinenda. Sed nihil Rex respondit, neque cæteri Ariani qui erant cum illo, adeo stupefacti erant de doctrinâ & sapientiâ Domni Aviti. Qui cum videret eorum silentium, subjunxit: si vestri non possunt respondere rationibus nostris, quid obstat, cur non omnes simul conveniamus in eâdem fide. Tunc murmurantibus illis, de suâ fide securus in Domino addidit: Si rationes nostræ non possunt illos convincere, non dubito quin, Deus fidem nostram miraculo confirmet; jubeat sublimitas vestra ut tam illi quàm nos eamus ad sepulcrum hominis Dei Justi, & interrogemus illum de nostrâ fide, similiter & Bonifacius de suâ, & Dóminus pronuntiabit per os servi sui in quibus complaceat. Rex attonitus annuere videbatur: sed inclamare cœperunt Ariani, & dicere se pro fide suâ manifestandâ facere nolle ut fecerat Saül, & ideo maledictus fuerat; non recurrere ad incantationes & illicita, sufficere sibi se habere Scripturam, quæ sit fortior omnibus præstigiis, & hæc semper repetentes, & boantes potiùs quàm vociferantes; Rex qui jam surrexerat, accipiens per manus Domnum Stephanum & Domnum Avitum duxit eos usque ad cubiculum suum, & cùm intraret amplexus est eos; dicens ut orarent pro eo. Cognoverant quidem illi perplexitatem & angustias cordis ejus, sed quia Pater eum non traxerat; non potuit venire ad Filium, ut veritas impleretur: *Non est volentis, neque festinantis, sed miserentis Dei.* Et ex eâ die plurimi Ariani ad pœnitentiam venerunt, & post aliquot dies baptisati fuerunt: & magnificavit Dominus fidem nostram per intercessionem Domini Justi in conspectu omnium.

Urget eos Avitus.

Blanditur ecclesiæ amplexum Episcopi Stephanum & Avitum.

Sancti PROSPERI *Ecclesiæ Regiensis Episcopi, seu veriùs* JULIANI POMERII *in tres libros de Vita contemplativa secundus Prologus, qui non exstat in editione operum Prosperi Lovaniensi an.* 1565. *nec Lugdunensi an.* 1539.

Anno doc. Commiss. Pet. Franc. Chif. S. J.

Itaque jubes ut paucis edisseram quæ sit vitæ contemplativæ proprietas, & quid inter ipsam & activam vitam intersit, quantâ possum brevitate distinguam. Utrum is cui Ecclesiæ regendæ cura commissa est, contemplativæ virtutis fieri particeps possit. Utrum æquanimiter sustinendi sint divina præcepta calcantes, an pro modo peccati debeant Ecclesiasticâ severitate coargui. Utrum congregandis fratribus aut alendis expediat facultates Ecclesiæ possideri, an perfectionis amore contemni. Quæ sit abstinentiæ credenda perfectio: & utrum tantùm corpori, an etiam animæ necessaria debeat judicari. Quantum à virtutibus veris virtutum similitudines distent. Quibus præcedentibus causis, & subsequentibus incrementis nasci soleant vitia, vel augeri; & quibus possint, adjuvante Domino, remediis velut quibusdam medicamentis imminui vel sanari. Quot modis vel gradibus unaquæque virtus possit impleri: & an vera sit Philosophorum illa scientia, quæ virtutum omnium velut quosdam fontes; quatuor virtutes, vitia quoque quatuor velut quasdam origines malorum omnium definivit. Hæc sunt nimirum decem quæ à vobis voluisti enodari capitula, non ut absoluta eorum vobis aliquid cognitionis afferret, sed ut vestra magis cura: si regulariter imperatum munus implevero, nonnihil ædificationis talium studiosis horum & his similium capitulorum explicatione conferret. Cæterum si tu ea nescires, nunquam tanto ordine delucidanda proponeres. Ideo autem voluistis cognita vobis disputationibus illustrari, ut aut me, si aliquid secus, ut ratio habet, exponerem, facere tis emendari vel corrigi; aut certe per sollicitudinem vestram, meumque sermonem ad aliorum notitiam possint catholice disputata perduci. Nunc igitur jam quæ sit vitæ contemplativæ proprietas, Domino vestris orationibus adjuvante, tractemus. *Explicit Prologus.*

Dilectissimo fratri AVITO, SYMMACHUS.

NOn debuit caritatem tuam offendere, quod ad Fratrem [a] & Coëpiscopum nostrum Æonium nuper rescripsimus. Non enim juri tuo, dilectissime Frater, præjudicatum fuit, cum nos, inaudita parte & absque competenti instructione, non posse judicare respondimus. Unde Fraternitati tuæ salvum est, allegare quod putaverit allegandum, & proponere quod viderit proponendum. Nam licet confusionem provinciæ a prædecessore nostro sanctæ memoriæ Anastasio Episcopo præter Ecclesiæ consuetudinem, & antiqua Prædecessorum nostrorum statuta factam esse dixerimus, & non esse tolerandam; attamen si ea quæ fecit, rationabiliter fecisse Fraternitas tua docuerit, gaudebimus nihil esse ab eo contra canones attentatum, quia quod sit præter regulam; modo sit ex justa causa, non infringit regulam, quam sola pervicacia, & antiquitatis contemptus lædit. Nam quamvis a Patribus statuta, diligenti observatione, & observantia diligentia sint custodienda; nihilominus propter aliquod bonum de rigore legis aliquid relaxatur, quod & ipsa lex cavisset, si prævidisset. Et sæpe crudele esset insistere legi, cum observantia ejus esse præjudicabilis Ecclesiæ videtur: quoniam leges ea intentione latæ sunt, ut proficiant, non ut noceant. Quamobrem pergat dilectio tua, rationes quas prædecessorem nostrum ad tractandam prædictam confusionem impulerunt ad nos dirigere, ut & sciamus quid fuerit statuendum, & in Domino lætemur beatæ memoriæ Anastasium nihil fecisse retractandum. Deus te incolumem servet, Frater di-

lectissime. Data III Id. Octobr. Avieno & Pompeio Coss.

Fundatio Abbatiæ [a] *Miciacensis a* CLODOVEO
I. *Francorum Rege Christiano.*

CLodoveus Francorum Rex vir inluster, tibi venerabilis senex Euspici, tuoque Maximino, ut possitis: & hi, qui vobis in sancto proposito succedent, pro nostra, dilectæque conjugis & filiorum suscipiate divinam misericordiam precibus vestris impetrare; Miciacum concedimus, & quidquid est fisci nostri intra fluminum alveos, per sanctam confarreationem & ampullum inexceptionaliter tradimus, & corporaliter possidendum præbemus, absque tributis, naulo & exactione, sive infra sive extra Ligerim & Ligerinum, cum querceto & salicto, & utroque molendino. Tu vero Eusebi sancte, religionis Catholicæ Episcope, Euspicii senectam fove; Maximino fave, & tam eos quam possessiones eorum in una Parochia, ab omni calumnia & injuria præsta liberos; neque enim nocendi sunt quos Regalis affectus prosequitur. Idem agite, ô vos omnes sancti Catholicæ Religionis Episcopi.

Vos ergo Euspici & Maximine desinite inter Francos esse peregrini, [b] & sint vobis loco patriæ in perpetuum possessiones quas donamus in nomine Sanctæ, Individuæ, æqualis, & consubstantialis Trinitatis.

Ita fiat ut ego Clodoveus volui.
Eusebius Episcopus confirmavit.

FACUNDI *Hermianensis* [a] *Episcopi, Epistola Fidei Catholicæ in defensione trium Capitulorum.*

MOvet quosdam, & requirunt quæ sit trium Capitulorum causa, pro qua universa totum penè per orbem scandalizantur Christi membra; dicuntque, quid potest Catholicæ Ecclesiæ nocere damnatio quæ facta est capitulorum, sive personarum sit sive dictorum? Præsertim, inquiunt, cum

---

[a] *quod ad fratrem*] Epistola Symmachi Papæ ad Æonium, quæ Avitum offenderat, exstat apud Baronium in appendice, tomi 7.

[a] *Fundatio Abbatiæ*] Inter prima Christianæ religionis monumenta, ut Achesius, qua Chlodoveus I. feliciter erexit; postquam falsos Deos detestatus Christum Deum adoravit, sacra ipsius mysteria, ritusque didicit, merito hæc est annumeranda fundatio. Illam SS. Euspicii & Maximini gratia factam, Almoinus Chlodovei enarrans victorias, refert Hist. lib. 1. cap. 17. *Dum Rex urbem (Virdunensem) obsidione vallasset, & jam admoto arietes alta murorum pulsarent, supplicante sancto viro Euspicio, ejusdem tunc urbis Archipresbytero, verbum impunitatis à Principe promeruerunt; & Rex civitatem recepit. Postea cum in Aurelianensem urbem Rex adire disposuisset, S. Euspicius, & ejus nepotem B. Maximinum, jussit ut suum prosequerentur iter. Quibus & Miciacensis contulit prædium, & ut ipsi ac posteri eorum illum possiderent locum, per suum firmavit pragmaticum.* Insignis fuit Abbatia Miciacensis, vulgò S. Momis, propter clarissimos sanctitate & doctrina viros, quos Ecclesiæ illustrandæ peperit, Avitum, Liphardum, Leonardum, Urbicium, Agilum, Theodemirum, Maximinum minorem, Framboldum, Launomarum, & alios.

[b] *esse peregrini*] Notandæ voces, quippe & quibus discimus apud veteres Francos non licuisse iis qui ex eorum genere non essent, prædia libera possidere, ac fuisse quamdam inter peregrinorum jura, quo uterentur quicumque literis Regiis Francis adscripti non essent.

[a] *Facundi Hermianensi*] Hanc epistolam ex apographo quod penes me est, scribit Acherius, ea de re nunc in lucem edidi, ut segregum auctorum compinarem, retundere pervicaciam, & vanissimos plausus coërcerem. Si-

mul enim atque publici juris Opera Facundi fecisset Jacobus Sirmondus, homines illi tamquam supremi Senatus decretum Catholicis obtruserunt obscura verba libri 9. cap. ult. quibus suadere tentabat, panis ac vini substantiam in Christi corpus & sanguinem transmutari dum sacrum Altaris mysterium peragitur, nusquam tenuisse Facundum. Etenim si quod pugnacissimè tuentur heterodoxi senserit Facundus, ac proinde dogma catholicum abjuraverit; hoc ipso quasi mucrone lethaliter potius jugulant sese, quam labem aliquam afferant Ecclesiæ aut detrimentum. Docet siquidem Hilarius initio Canonis V. in Matth. agens de Tertulliano, explodendam prorsus schismatici, hæreticive auctoritatem. Docet quoque Augustinus epist. 19. cap. 3. respondens Hieronymo, qui suam de officiolo mendacio sententiam septem auctorum testimonio firmaverat: *Cum sint sex, vel septem, horum quatuor Auctoritatem tu quoque infringis: nam & Laodicenum, cujus nomen taces, de Ecclesia dicis nuper egressum, Alexandrum autem veterem hæreticum Origenem verò ac Didymum reprehensos abs te, lego in recentioribus Opusculis tuis.* Docet postremo Vincentius Lirinensis in Commonitorio cap. 39. *Eorum dumtaxat Patrum sententia conservanda sunt, qui in fide & communione Catholica sancti, sapientes, & constanter viventes, docentes, & permanentes, vel mori in Christo fideliter, vel occidi pro Christo feliciter meruerunt.* Facundum porro è communione Catholicorum descivisse; atque in schismate permansisse, ex hac quam publicamus epistola patet evidentissime; ubi cum seipsum schismaticis reum prodat, nemo non videt quam petulanter, ò duce hæretici de augustissimo Eucharistiæ Sacramento dogmata à Christo ad nos usque per Apostolos ac Patres orthodoxos deducta pessumdare, prorsusque subvertere incassum laborent.

& ipsi damnatores se profiteantur, cum non damnantibus fidem tenere, uno Symbolo baptizare, unoque ritu tam solemni lectionum, quàm etiam sacrificii ordinem celebrare. Quibus, quoniam compendiose rationem sibi reddi flagitant, sic breviter Domino largiente respondendum est, ut isti ipsi trium Capitulorum damnatores, qui negare non possunt causam eorum in Calchedonensi sancto Concilio ante centum, & viginti ferè annos fuisse determinatam, dicere primitùs cogantur, utrum Catholicæ Ecclesiæ, in quâ baptizati sunt antequàm eorum damnatio impiè proveniret, nocuerint, an non nocuerint. Sin cuique dixerint, notam erroris & criminis Catholicæ Ecclesiæ convincuntur importare : ut aut hæretica, quod dici nefas est, fuerit, cum quos isti velut hæreticos damnaverunt, illa non solùm non damnavit, sed insuper & laudavit, dictaque eorum ex decretis Calchedonensis synodi orthodoxa pronuntiavit : aut certè ignorantiæ nubilo circumsepta ab omnibus hæresibus denotanda, cum per tot annorum curricula nesciret, neque intelligere potuit, quod isti ante xv. aut xvi. annos, variis & peregrinis contra Apostolicum præceptum abducti doctrinis, & obsequendo jussionibus palatinis cognoverunt. Ac per hoc & ipsi hæretici sunt, & ab hæreticis baptizati, neque adhuc ab aliquo reconciliati : quoniam sicut dicunt ipsi, sunt Catholici qui nuper Tria Capitula damnaverunt, vel damnant, ipsique damnatoribus communicant ; hæretici autem, qui nec damnaverunt, nec damnant, nec damnantibus communicant. Quæ cum ita sint, aut illa utique fuit, sicut verè fuit, & est, eritque Catholica Ecclesia, quæ tria Capitula nec damnavit, nec damnat, nec istis scelestissimis damnatoribus, eorúmque communicatoribus nisi sub meritâ satisfactione communicat : & isti proculdubio hæretici sunt, quod à novitèr admiserunt, quod in Ecclesiâ quæ eos regeneravit non acceperunt : aut si illa, quod audire sacrilegum est, non fuit catholica Ecclesia, isti simili modo remotis ambagibus hæretici sunt, quia, ut dictum est, ipsa eos Ecclesia baptizavit, quæ Capitula ista nunquam damnavit. Quas ob res utrolibet objecto respondeant, hæretici convincantur necesse est. Si autem, quod verum est, nihil nocuisse eadem Capitula per centum & amplius, ut prædictum est, annos Catholicæ Ecclesiæ dixerint ; multò magis magísque se reos intelligant inexcusabiliter : animadvertant quantùm mali contrà ejus decreta commiserint damnando quod illa non damnavit : cognoscant quid egerint, & sentiant se ab eâ præcisos, cujus decreta quantum in ipsis est convellentes, hæreticorum se caterveis, favendo eorum votis, pertinaciter aggregarunt. Siquidem ab Acephalis hæreticis, id est Semi-Eutychianis, exquisita & elicita capitulorum damnatio ; & Vigilii atque Pelagii Romanorum prævaricatorum, & Primasii Byzaceni præcipui doctoris Acephalorum, edita contrà Ecclesiam scripta protestantur. Quæ cum ita sint, quomodo jam & illud eis poterit constare, quod dicunt unam se cum non damnantibus fidem tenere ? Cum nos in uno Domino nostro Jesu-Christo Dei & hominis Filio, duarum naturarum proprietatem in unitate personæ confiteamur, quod Catholica semper custodit & docet Ecclesia. Isti autem parendo Acephalis, & in scripto dicentes : Anathematizamus impiam Epistolam Ibæ, quam ad Marim Persam scripsit, cum his qui vindicant eam, & rectam esse dicunt, vel partem ejus : omnem procul dubio anathematizasse probantur Ecclesiam, quæ eam vindicavit & vindicat, rectámque esse dixit, & dicit : utpote quæ hoc de Incarnatione Christi, in quâ salutis nostræ sacramentum consistit, confitetur, quod eadem per omnia continet epistola. Verba quippe ejusdem epistolæ ubi sanitas Catholicæ confessionis, post alia sic se habent : Ecclesia autem sic dicit ; Duæ naturæ, una virtus, una persona, quod est unus Filius Dominus noster, Jesus-Christus. Quapropter si hæc duarum naturarum Domini nostri Jesu Christi in unitate personæ confessio, ut isti dixerunt, impia est ; & sine Deo dicant ipsi noviter quid sit pium rectæque Christianorum fidei conveniens. Profectò ergo, sicut veritas eos ex operibus & scriptis eorum redarguens fateri cogit, aut unam in Christo naturam, sicut Eutychiani, vel Acephali, quorum votis cesserunt, & ab Ecclesiâ recesserunt, dicunt, aut nullam : quod quàm sit impium & blasphemum, atque à Catholicâ veritate alienum, quisquis sanâ est præditus mente, absque dubitatione cognoscet.

Nunc deinde illud pertractemus, quod dicunt verbis, uno se symbolo baptizare, utrum rebus & effectibus verum eis esse constet. Quod ut liquidò clareat, ipsius symboli primitùs consideranda est atque pensanda vis magnitudoque veritatis : quoniam nisi præcesserit per quod creditur, virtus munúsque credulitatis, quod subsequitur nequaquam conceditur, sicut scriptum est : Nisi credideritis, non intelligetis. Symbolum itaque collatio sive pactum quod sit homini cum Deo, Patres nostri Catholici doctores interpretari docuerunt. Quoniam ergo pactum cum Deo fecimus, & sic in uno sanctæ Trinitatis nomine baptizati sumus, si quis unum iota, vel unum apicem ex pacto quod cum Deo iniit dissolverit, sine dubio fidem, quâ Deo credidit, & ipsum Deum cui credidit, perdidisse convincitur. Qui autem sint qui hoc violaverint pactum mox videbimus, cum ipsius symboli verba, non quidem in ordinem prolixitatis vitandæ gratiâ, sed admodum delibando posuerimus. Principium itaque symboli hoc est. Credimus in unum Deum Patrem omnipotentem ; & in unum Dominum Jesum Christum filium ejus natum ex Spiritu sancto, & Maria Virgine, qui sub Pontio Pilato crucifixus est & sepultus ; tertiâ die surrexit à mortuis ; ascendit in cælum, sedet ad dexteram Patris, unde venturus est judicare vivos & mortuos, & reliqua. En certè in hoc nunc omnis consistit quæstio, de vivorum mortuorumque judicio : quod contra nullam aliquando hæresim, ut illud de æqualitate Patris & Filii in Nicæno Concilio contra Arrium, vel de omnipotentiâ Spiritus-sancti in Constantinopolitano contra Macedonium in Symbolo est additum, à nullâ unquam hæresi, nisi ab hac novissimis temporibus velut ex compactâ omnium hæreticorum fæce exortâ, violatum est ; per damnationem scilicet vivorum mortuorúmque quam in scripto protulerunt, dicentes inter alia : Si quis defendit impium Theodorum & impia ejus conscripta, sed non anathematizat eum & impia ejus conscripta, & omnes qui suscipiunt vel defendunt eum ; & dicunt orthodoxè eum exposuisse ; & qui scripserunt pro eo, & eadem illi sapuerunt, vel scribunt pro eo, vel impia ejus conscripta, & eos qui similia illi sapiunt, vel aliquando sapuerunt, talis anathema sit. Si quis defendit impia Theodoreti scripta, sed non anathematizat ea, & eos qui similia ejus sapuerunt, vel sapiunt, talis anathema sit. Si quis defendit, impiam Epistolam quam dicitur Ibas ad Marim Persam hæreticum scripsisse, sed non anathematizat eam & defensores ejus, & eos qui dicunt eam rectam esse, vel partem ejus, & qui scripserunt, vel qui scripserunt pro eâ, vel pro impietate quæ in eâ continetur, & præsumunt eam defendere, talis anathema sit. Quâ blasphemâ sententiâ & illos mortuos, quos in cor-

[Isai. 7,9 sec. LXX.]

pore constitutos nemo damnavit, nec hæreticam eorum doctrinam quisquam judicavit; imò verò sicut evidentissimis documentis probari potest, orthodoxam Synodica Patrum pronuntiavit auctoritas, & devota hactenùs conservavit, conservatque posteritas, & ipsos Patres qui eos dictaque eorum laudaverunt, & nos viventes pari cum eis anathemate, quantum in ipsis est, involverunt. Ubi est ergo quod Christiani videri volunt, aut dici, symbolicè se custodire fidem, inani multiloquio jactitant, qui judicium sibi quod soli Filio Pater dedit, superbâ satis nimiumque dolendâ temeritatis audaciâ usurpaverunt, cum per hujusmodi præsumptionem etiam diaboli supergredi probentur insaniam? Siquidem ille superbissimo cordis appetitu dixit; *Ero similis Altissimo.* Hi autem præveniendo judicium Dei, & opere mortifero damnationem mortuorum vivorumque non sibi consentientium perpetrando, non jam æquales aut similes sicut ille adhuc de futuro dixit, *Ero*, sed superiores esse suo Domino, quantum ad eorum attinet intentionem, constituerunt. Et non erubescunt miseri atque impudenti procacitate dicere, se unam cum non damnantibus fidem tenere? Quasi verò non & dæmones credant & contremiscant, sed operationem non nisi erroris, quam & istæ novitiæ pestes exercent, habere noscuntur ipsi errantes, & alios in errorem mittentes. Neque tantummodo verbis mendacibus in errorem traducentes, sed violentis insuper persequutionibus ad consentiendum sibi vel communicandum quos potuerint pertrahendo cogentes. Et non intendunt infelices neque animadvertunt, quòd non eos juvet, imò & satis gravet, dictis polliceri nosse Deum, factis autem negare? Quoniam reverâ si veraciter confessi, sive alii pro eis cum baptizarentur professi sunt, credere se in Deum Patrem Omnipotentem, & in J*esum* C*hristum* Filium ejus, & in Spiritum-sanctum, quod symboli tenet auctoritas, veraciter quoque credere debuerunt, & patienter exspectare eumdem Filium Dei & hominis J*esum*-C*hristum* Dominum nostrum tempore præfinito venturum de cœlis ad judicandum vivos & mortuos, & non ipsi nunc impiâ vehementer atrociter, & viventes nos, & mortuos olim Catholicos Pontifices non solùm judicare, verùm etiam quasi perpetuæ sententiæ anathemate condemnare. Sed forsitan pro suâ sanctitate & mirabilium operum efficaciâ, utpote Judices vivorum & mortuorum, à semetipsis, quin imò à patre suo Diabolo constituti, hos ipsos mortuos, quos damnaverunt resuscitasse se dicunt, & sic auditâ eorum causâ sicut Dominus in Evangelio dicit: *Ego sicut audio judico*, judicii sententiam adversùs eos protulerunt. Quæritur ergo ab eis, quando redivivos eorum cineres collegerint, eosque resuscitaverint; aut ubi ad judicandum sederint. Nempe in valle Josaphat judicaturus est Dominus omnes gentes, quamvis & alium habeat intellectum. Numquid tamen Vallis Josaphat Constantinopolis, ubi hoc inchoatum sacrilegium? Numquid Vallis Josaphat cœteræ urbes & civitates quæ nefandum in damnatione vivorum & mortuorum prolatum subscripsere suscepereque decretum? Dicant etiam & ostendant ubi damnatos suos constituerunt; ut à nullo, non damnante, nisi tantum à damnatoribus sciatur, an ipsis solis aditus reseratus est inferorum locus? Dicant deinde nobis viventibus quos cum pridem mortuis damnaverunt, quando hos mori fecerint, continuòsque resuscitaverint, sicut in illo, vel ante illud Domini judicium ergà hos quos in carne viventes ejus adventus invenerit, futurum Catholica confitetur Ecclesia. Quod si hæc & alia, quæ tempore soli Deo cognito ventura credimus, facere nequiverunt; quæ dementia corda eorum invasit, oculosque eorum fumosâ suâ vanitas, velut densatum palpabiliumque tenebrarum opaca nox obcæcavit, ut non viderent, nec perseverantes tenerent, quod in symbolo quando baptizati sunt, acceperunt? Sed pro suo libitu, modo muneribus corrupti, modo honoribus & ambitionibus illecti, modo etiam peregrinæ, sive potiùs serpentinæ versutiæ doctrinâ circumducti, ventoque superbiæ afflati & inflati contrà Deum superbiæ cristas erexerunt, præripiendo judicium ejus, novumque errorem per damnationem vivorum ac mortuorum condendo, & veterem restaurando, cum & Acephalorum fautores consortesque effecti sunt, & cæteris hæreticis dextras dederunt, ut liceat eis quoties libuerit, & quomodo libuerit, Orthodoxorum Pontificum decreta rescindere vel damnare. Neque enim, ut ignorantes quidam dicunt, Trium Capitulorum geritur causa, sed omnium Pontificum, qui ab Apostolis, Apostolorumque successoribus usque ad Synodum Calchedonensem, in quâ eadem capitula Orthodoxa sunt judicata, ac deinceps ad nostra usque tempora in unâ eâdemque defensione atque communione perdurantes, Catholici ex hac vita emigrarunt, perpetrata doletur damnatio. Quod evidentissimis documentis & veridicis rationibus paternarum traditionum hîc latiùs ostendere possemus, si castigata sineret brevitas.

Quibus diligenter consideratis atque libratis judicet quisquis judicium Dei metuit, quisquis Dei Filium tempore opportuno in formâ servi, quam pro nobis suscepit, venturum credit, & confitetur judicem manifestum, quem credendo didicit in plenitudine temporis venisse occultum, si hi tales qui superbiores & excellentiores audaciâ diabolo, Antichristo quoque exsistunt deteriores, Christiano saltem nomine censendi; & non potiùs Antichristi ministri appellandi, modisque omnibus sint fugiendi. Quæ cum ita sint, quomodo nam eis poterit constare quod credere se dicunt in Deum Patrem, & in Filium ejus, quod præcedit in symbolo, cum non eis constet quod illic subsequitur de uno eodemque Christo specialiter dictum, *qui venturus est judicare vivos & mortuos*? Quoniam isti, sicut superiùs dictum, ostendumque est; & in mortuis olim & in viventibus nobis, damnationis suæ jacula vibraverunt.

Sed his præmissis aliud adhuc videamus. Si enim mortuos quos damnaverunt pravè docuisse, & hæretico sensu libros conscripsisse dicunt, quærimus ab eis, utrum cum viverent admoniti sint juxtà morem Catholicæ observantiæ ac disciplinæ, ut sanum rectumque saperent, pertinaciter restiterint, convictique de errore suo, vel in aliquo Concilio acersiti, ut Arrius in Nicæno, Macedonius in Constantinopolitano, Nestorius in Ephesino primo, Eutyches Dioscorus in Calchedonensi, condemnati fuerint, necne. Si factum dixerint, mox ferri synodalia gesta flagitaverimus, sicut horum proferuntur, ubi condemnatus eorum error, ubi prolata adversùs eos sententia doceatur. Si ostenderint; rursùs quærimus quomodo per centum & ampliùs annorum seriem universam Catholicam latuerit Ecclesia, cum & humanæ leges triginta annis humanas adimant quæstiones, & Dominus noster J*esus* C*hristus* Apostolis suis potestatem ligandi atque solvendi tantummodo quæ super terram sunt, divinam dederit legem. Aut ubi putamus eadem delituerint gesta, ut nuper ad damnantium solummodo, non etiam ad non damnantium notitiam pervenire potuiſſent ? Si autem quod magis verum certumque est, proferre aliquid tale antiquitùs geſtum nequeunt, quia in veritate quod proferant non habent: Nos è contra proferimus Synodicas Epiſtolas Antiocheni Concilii in defenſionem Theodori, dictorumque ejus, qui ab iſtis novo jam hæreſis homine crimineque cauteriatis, id eſt, Necrodioctis, ſive Porcianiſtis [b] damnatus eſt. Congregatæ deinde ſanctæ Calchedonenſis Synodi, cujus auctoritati nullus niſi hæreticus contradicit, geſta demonſtramus, ubi non ſolùm beati Theodori laudes ſuſceptæ & recitatæ, & cum admirabili gloriâ prædicatæ ſunt, verùm etiam Epiſtola venerabilis Ibæ, quæ ab iſtis ut impia condemnata eſt, orthodoxa illic pronuntiata docetur atque laudata. Theodoreti quoque doctrinam dudum, & à principio orthodoxæ fidei concinere in eâdem ſynodo acclamatum, & digni utrique, hoc eſt Theodoretus & Iba, Epiſcopatu judicati ſunt, & gubernare ſicut pridem Eccleſias ſibi creditas ordinati.

Quibus præoſtenſis proponimus iſtis Capitulorum noſtriſque damnatoribus, eorumque communicatoribus, quid de eodem magno Calchedonenſi Concilio ſentiant, utrum Catholicum eum dicant, an non? Si dixerint, Catholicum eſt, reſpondemus, Vos ergo proculdubio hæretici eſtis. Quoniam vel quod, vel quos illi Patres ibidem laudaverunt, & Catholicæ fidei convenire pronuntiaverunt, vos ut hæreticos & impios condemnaſtis; unde conficitur, velitis nolitis, ſicut conſequentia exigit rationis, ut illos quos damnaverunt hæreticos, id eſt Neſtorium, Eutychen, atque Dioſcorum, vos eos Orthodoxos, etſi non verbis pro hominum forſitan timore, operibus certè & effrænatis perſequutionibus, & Catholicorum Pontificum depulſionibus, & hæreticorum ſubrogationibus, ſcriptoque in Catholicos prolatis damnationibus pronuntiatis atque prædicatis. Denique in unâ eâdemque Calchedonenſi Synodo inter alia hæc quoque definita conſiſtit cauſa, approbatio, ſcilicet, trium, & damnatio trium. Ecce enim adſtant quodammodo ex unâ parte ejuſdem Concilii Theodorus, quamvis jam defunctus, ſed in Synodicis Epiſtolis ejus laudes continentibus, ibidemque relectis & approbatis, vivens; Theodoretus quoque & Iba laudati & orthodoxi pronuntiati. Et ex aliâ nihilominus parte Neſtorius in Epheſo quidem primo damnatus, ſed iterato damnationis vinculo Calchedone illigatus. Eutyches etiam atque Dioſcorus illuc ſimiliter ut hæretici condemnati. Quid dicitis? Numquid non ita eſt è Numquid quantolibet callo duritiæ frons veſtra ſolitis mendaciis obducta ſit, negare poteritis ita eſſe? Quod ſi negare præ confuſione veſtrâ duplici volueritis; ecce adſunt ſexcenti & triginta Pontifices illic congregati, vociferant nimirum per eam, & dicunt: Nos laudes Theodori in pace & communione Catholicæ Eccleſiæ defuncti relectas, cœtui noſtro ſuſcepimus, & approbavimus. Nos verè venerabiles Theodoretum & Ibam orthodoxos pronunciavimus, atque in definitionem Catholicæ fidei nobiſcum ſubſcripſiſſe veraciter novimus. Epiſtolam quam venerabilis Iba Mari Perſæ ſcripſit, relectam à nobis orthodoxam eſſe judicavimus, & judicium noſtrum concorditer ſubſcribendo firmavimus. Nos Neſtorium, ante quidem damnatum, iterata damnatione cum Eutyche atque Dioſcoro, ſancto nobis Spiritu præſidente proſtravimus: qui judicium noſtrum violare nitetur, hæreticus eſt; qui decreta noſtra in aliquo convellere pertentat, alienus à Catholicâ fide, alienus à Chriſtiano nomine eſt. Qui enim hos quos Catholicos pronuntiantes laudavimus, damnat; illos è contrario quos ut hæreticos condemnavimus, laudet; & ideo hæreticus eſt quiſquis benè à nobis definitis non acquieſcit, quiſquis legitimo & Catholico ordine determinatis ſuperbus reſultat. Hæc audientes quid rogamus dicturi eſtis tot præclaris Pontificibus vel univerſæ per totum mundum diffuſæ Catholicæ Eccleſiæ, quæ eorum ſtatuta devotè ſemper cuſtodivit, hactenuſque in ſuis reliquiis ubique propagatis cuſtodit, niſi forte verum dicere volueritis: & quomodo futura erat hæreſis Netrodioctarum ſive Porcianiſtarum ? Si autem dixerint, hæreticum eſt Calchedonenſe Concilium, non eſt jam neceſſarium contra eos noviter decertare, niſi ut habeantur ab univerſis in veritate Catholicis, ſicut ille qui à Domino in Evangelio interrogatus quod ei nomen eſſet, reſpondit: *Legio, quia multi ſumus*. Quoniam reverà qui ſanctæ & magnæ Calchedonenſi Synodi authoritati contradicere in aliquo præſumit, aut pertentat, & Arrianus eſt, & Macedonianus, & Neſtorianus, & Eutychianus, & Acephalus, vel quidquid ex variis impietatis hæreticæ germinibus derivari, eiſque coaptari poterit, contrà quas utique peſtes [c] ipſius Synodi vigilavit intentio, ut & præteritos hæreticos iterata damnatione percelleret, & præſentes anathematizaret, & futuros præſago Dei Spiritu damnationis vinculis cum eorum ſequacibus, modoque quolibet participibus innecteret.

Jam porrò de hoc quod dicunt eodem ritu lectionum ſolemnia, vel ſacrificii ordinem celebrare, poſſemus breviter reſpondere, quoniam præciſis, ſicut docuimus, ab unitate Catholicâ nihil proſit divini nominis verbis fictis factâ invocatio, nec uſurpata, & ab Eccleſiâ tracta celebratio; cum & Diabolus Dominum tentans ſcripturarum protulerit teſtimonia, ſed unde deſtrueretur, non unde muniretur: ipſæque ſanctæ Scripturæ non in legendo, ſed in intelligendo conſiſtant, & diverſi hæretici quod benè & ſalubriter in Catholicâ acceperant, pernicioſè & letaliter retinuerunt. Poſſemus & illud de ſacrificio dicere quod initio mundi Dominus ad Cain dixit: *Si rectè offeras, rectè autem non dividas, peccaſti*. Sed & illud quod prævaricatoribus, pactumque Dei violantibus Sacerdotibus idem Dominus per Prophetam dicit: *Cum multiplicaveritis preces veſtras, averſam faciem meam à vobis. Et cum obtuleritis, ſacrificium mihi, non ſuſcipiam illud de manibus veſtris, nec placabor vobis, quoniam iniqui ſunt cœtus veſtri*. Multaque ſimilia quæ commemorare longum eſt. Sed oportunum judicavimus etiam glorioſiſſimi Martyris & Epiſcopi Cypriani, vel unum aut duo contra eos pro ſimili cauſa ſcripta proferre teſtimonia, quia diligenter cordis oculis conſiderata atque perſpecta animadvertet, quiſquis corde intelligens eſt, ſi ultrà novorum hæreticorum ſacrificia appetere debeat: Hic namque in Epiſtolâ pro ſancto Cornelio ſimiliter martyre & Epiſcopo urbis Romæ, quem Novatianus hæreticus expulerat, & ſe loco ejus, ſicut, & nunc à novellis hæreticis factum eſt, ſubrogaverat, ad Magnum ſcriptâ, poſt alia dicit: ,, Si autem grex unus eſt, quomodo ,, poteſt gregi annumerari qui in numero gregis non ,, eſt? Aut paſtor haberi quomodo poteſt? qui manente vero paſtore, & in Eccleſiâ Domini ordinatâ ,, ſuccedente ac præſidente, nemini ipſe ſuccedens ,, & à ſeipſo incipiens, alienus ſit & prophanus, ,,

[b] *Porcianiſtis*] Vide Cotelerium Monum. Eccl. Gr. tom. 1. pag. 661.

[c] *utique peſtes*] Sic emendare libuit: in priori editione *utriuſque peſtes*, quod erat ineptum.

"Dominicæ pacis ac divinæ unitatis inimicus, non habitans in domo Dei, id est, in Ecclesiâ Dei, in quâ non nisi concordes atque unanimes habitant? Denique quàm sit inseparabile unitatis sacramentum, & quàm sine spe sint, & perditionem sibi maximam de indignatione Dei acquirant qui schisma faciunt, & relicto Episcopo alium sibi Pseudoepiscopum constituunt. Quod si aliquis illud opponit, ut dicat eamdem Novatianum legem tenere, quam Catholica Ecclesia tenet, & eodem Symbolo quo & nos baptizare, eumdem nosse Deum Patrem, eumdem Filium Christum, eumdem Spiritum-sanctum; sciat qui hoc opponendum putat, hoc adjuvare tales non posse. Nam & Chore, & Dathan, & Abiron, cum Sacerdote Aaron & Moyse eumdem Deum noverant, pari Lege & Religione viventes, unum & verum Deum qui colendus atque invocandus fuerat, invocabant: tamen quia loci sui ministerium transgressi contra Aaron Sacerdotem, qui Sacerdotium legitimum dignatione Dei atque ordinatione perceperat, sacrificandi sibi licentiam vindicaverunt, divinitùs percussi pœnas statim pro illicitis conatibus rependerunt, nec potuerunt rata esse & proficere sacrificia irreligiosè & illicitè contra jus divinæ dispositionis oblata. Quare qui Novatiano, sive cæteris hujusmodi patrocinantur, frustra contendunt. Atque ut magis intelligi posset contra hujusmodi audaciam, quæ sit censura divina, invenimus in tali facinore non solùm duces & auctores, sed & participes pœnis destinari, nisi se à communione malorum separaverint, præcipiente per Moysem Domino, & dicente: *Separamini à tabernaculis hominum istorum durissimorum; & nolite tangere ab omnibus quæ sunt eis, ne simul pereatis in peccatis eorum.* Et quod comminatus per Moysem Dominus fuerat, implevit; ut quisquis se à Core, & Dathan, & Abiron non separasset, pœnas statim pro impiâ communione persolveret. Quo exemplo ostenditur & probatur, obnoxios omnes & culpæ & pœnæ qui se schismaticis contra Præpositos & Sacerdotes Dei irreligiosâ temeritate miscuerint, sicut etiam per Oseam Prophetam Spiritus-sanctus contestatur, & dicit: *Sacrificia eorum tamquam panis luctûs, omnes qui manducant ea, contaminabuntur:* docens scilicet & ostendens omnes omnino cum auctoribus supplicio conjungi qui fuerint eorum peccato contaminati. " Quid hoc testimonio evidentius? Quid lucidius? Quid dici veracius potest? Ecce enim omnes omninò pati debere, itaque pœnâ constrictos docet, quotquot fuerint malorum communione polluti. Quid ergo est, quod quidam quasi ex se curantes dicunt; sed scit Episcopus meus si damnavit quempiam, [cum Dominus] talibus comminetur, dicens: *Tu autem odisti disciplinam, & abjecisti sermones meos retrò. Si videbas furem currebas ei, & cum adulteris portionem tuam ponebas.* Et infrà manifestat & comprobat Paulus Apostolus morte dignos esse, & ad pœnam venire non tantùm illos qui malè faciunt, sed etiam eos qui talia agentibus consentiunt. Qui cum malis & peccatoribus, & pœnitentiam non agentibus illicitâ communicatione miscentur, nocentium contactibus polluuntur, & dum junguntur in culpâ, sic nec in pœnâ separantur.

At isti: sed non consentimus, inquiunt, damnationi mortuorum. O intolerabile malum! O inauditum opprobrium, non consentire quasi verbis, damnationi dicunt, & consentiunt operibus; quod deterius est, execrabili communioni, cum magis cumulatior maneat pœna eis qui & non ignorant veritatem, & tamen communicant veritatis inimicis.

Si enim hæresim fecerunt; sicut docuimus, hi, quibus communicatis damnando vivos & mortuos, si ad hæreticos exierunt, faciendo quod Acephali voluerunt: hæretici profectò utrisque admissis temansetunt. Quomodo ergo qui hæreticis communicant hæresis crimine teneri negabuntur? aut quâ fronte Catholicæ communicare sibi videntur? An quia manufactas Ecclesias palatino fultî suffragio depulsis Catholicis pervaserunt? Ideo vos fidem Catholicam, pacemque Christianam in parietibus esse arbitramini. Si hoc opinamini; audite quod etiam Sanctus Hilarius Episcopus, Confessor & Doctor egregius quibusdam Episcopis tempore Constantii Imperatoris, quo sic Ariani sub nomine Pacis & Regis pervaserant universas penè totius orbis locales Ecclesias, sicut nunc Eutychiani sive Acephali; de hac re scribat, post alia dicens: " Oro vos Episcopi qui hoc esse vos creditis, quibusnam suffragiis ad prædicandum Evangelium Apostoli usi sunt? quibus adjuti potestatibus Christum prædicaverunt; gentesque ferè omnes ex Idolis ad Dominum transtulerunt? Anne aliquam sibi assumebant è palatio dignitatem? Et infrà: Unum moneo, inquit, cavete Anti-christum; malè enim vos parietum amor cæpit, malè Ecclesiam Dei in tectis ædificiisque veneramini; malè sub his pacis nomen ingeritis. Anne ambiguum est in his Anti-christum esse cessurum? montes mihi & sylvæ, & lacus, & carceres, & voragines sunt tutiores. In his enim Prophetæ erant manentes, & Spiritu Dei prophetabant. " Hæc interim pro brevitate prolata sufficiant testimonia: quoniam si ampliùs coacervare, vel ratiocinari vellemus, legentium forsitan memoriam oneraremus.

Nunc jam illud quoque breviter commemorare debemus quod ex beati Augustini opusculis contra Donatistas scriptis objiciunt, dicentes: dixit Sanctus Augustinus; " Bona est pax, habete pacem: bona est unitas, diligite unitatem, non scindatur unitas. " Sed hæc & talia egregii Doctoris testimonia, quantum eos supplodant, nos verò stabiliunt, nequaquam perspiciunt: Si enim isti qui hæc contra se potiùs opponunt nolebant scindere unitatem; si nolebant bellum inferre Catholicæ Ecclesiæ, per quod pax violaretur, quod in ea invenerunt, hoc utique servare & viriliter custodire, sicut suprà ostensum est, debuerunt: quod autem in illâ, aut ab illâ non acceperunt, tamquam verè noxium & letale fugere, cavereque debuerunt. Nam habenda est pax secundùm Apostolicam doctrinam cum omnibus si fieri potest hominibus, non tamen cum omnibus tenenda. Si quidem longè aliud sit habere aliquid, aliud tenere. Non solùm igitur cum Schismaticis & Hæreticis, sed etiam cum Judæis carnalibus, atque Paganis habenda est pax. Sed illa profectò pax, per quam eos exoptamus & cupimus Deo acquirere, & veritati unitatique sociare Catholicæ: propter quod etiam ut convertantur secundùm mandatum Dei pro eis oramus: non sic tenenda ut ad illos nos exeamus, & quod illi sunt, hoc nos quoque efficiamur. Denique quod beatus Augustinus dicebat, & suadebat Donatistis habere pacem, diligere unitatem, egregiè satis & salubriter dicebat, ipsos enim cupiebat, quemadmodum & nos istos, damnato errore suo ad Catholicam redire, sicut in multis Opusculis contra eorum schisma scriptis luculentissimè edocet. Non ut ipse, aut quisquam Orthodoxorum relictâ, quod abiit Catholicâ, errori eorum communione sacrilegâ misceretur. Hoc &, nos istis cum magnâ pace dicimus: Damnate errorem quem induxistis; auferte damnationis malum quod intulistis, per quod & hæretici facti, & hæreticorum fautores exstitistis, & nobiscum pacem habentes, & sicut pridem tenentes, universos hæreticos confudistis, & Catholicæ vos unitati reddidistis. Quisquis itaque hæc legis, eloquium noli quærere, sed res, pondusque veritatis diligenter intuere. Et si prævaricatorum communione pollutus non es, ora Deum, ut perseveres. Si verò aut ignoranter aut violenter lapsus es, reparare ad Catholicam veritatem recurrendo festina, communionem ejus resumendo: omnibus siquidem pœnitentibus promissa est venia. Nemo desperatione frangatur. Nullus serpentinis deceptionibus ulteriùs irretiatur: quoniam sicut transgressoribus, & impœnitenti corde permanentibus sempiternum cum Diabolo præparatum est supplicium; sic à Domino Deo pactum ejus conservantibus, & fidei Catholicæ fundamenta custodientibus, novitatesque prophanas devitantibus; æternum & sine fine reservatum est præmium gloriosum.

eamdem scripturam, impares quaterniones suscipererent, nec studiosè subtrefactis lateralibus ambiretur; si memoratam rem alicujus meriti esse censueris, quia hoc ipsum, ut præfatus sum, donante Domino tuum est, ut diligentiori studio transcriptum utilius, coaptetur quantociùs studebis. Quod opus si laude dignum processerit, te auctore referam Christo; si verò reprehensioni patuerit, quia utriusque est; statim assumam socium temetipsum. Quâ de re sic te concedet hæc quæ Deus contulit coaptari, ut non de negligentiâ vituperium, sed de industriâ caritatis suscipias fructum: ut fratres nostri qui præcedentium patrum tractatibus epulantur, etiam his neotericis quæ ei sex caritate offerimus, non pro nostro merito, sed pro Dei dono, & sua benevolentiâ vesci quodammodo delectentur: Ave nunc in Christo piissime, nostramque pusillanimitatem sanctis orationibus in Domino fove.

Ann. DXXXV. a

Mittit commentarium in Cantica Canticorum à se editum.

JUSTI *Episcopi* a *Orgelitani ad* SIRGEUM *Papam*.

Domino meo viro piissimo, & præcipuè Dei gratiâ copioso, semper in Christo beato, Domino Sirgeo Papæ; Justus Episcopus.

Sciens te tam solerti studio pro refrigeriis pauperum laborasse, ut illis temporariam consolationem, tibique acquisieris æternam mercedem, quodque jam satis esse judicans, totus ad Dei eloquia, ex quibus nunquam fuisti vacuus, pro animæ culturâ converteris; quoddam tibi in corporali specie spiritale xenium dirigere curavi: quod si tibi Christus non ex nostro merito, sed ex suo munere fecerit esse gratissimum, forsitan proveniet, ut in diebus jejunii quodammodo ad mensam refectus venies, & antequam cibum accipias quædam te prægustasse percipias. Nec hoc dicens transmissionis hujus meritum, priusquam approbes, arroganter insinuare studeo; sed intercedente caritate, in quâ te totum possideo, ita de tuo animo tanquam de meo præsumens, tibi acceptum fore absque ullâ ambiguitate confido. Igitur in Christo Jesu germanum cordis mei te esse non nesciens, Libellum de tractatu Libri Canonici, qui *Canticum Canticorum* præscribitur, quem nuper Christo illuminante edidimus, tibi primitus censui offerendum. In quo non potiùs nostra, sed ea quæ tua sunt, quia sic diligis te suscepisse cognoscas: Quem precor ut cum eâ sollicitudine, quâ in Christo viges, sæpe recenseas. Ut si quid corrigendum illic perfenseris, integra libertate commoveas. Et sic cæteris in Christo fratribus relegendum, vel si fortasse placuerit, offeras transcribendum. Itaque quia sic accidit, ut membranis desistentibus, minutioribus litteris

Libellus MARTINI a *Episcopi ad* MIRONEM *Regem Galliciæ*.

An. circ. DLX a

Gloriosissimae tranquillissimo, & insigni Catholicæ Fidei prædito pietate MIRONI Regi MARTINUS humilis Episcopus. Non ignoro, clementissime Rex, flagrantissimam animi tui sitim Sapientiæ insatiabiliter poculis inhiare, eaque te ardenter quibus moralis b scientiæ rivuli manant, fluenta requirere. Et ob hoc humilitatem meam tuis sæpius litteris admones, ut dignationi tuæ crebro aliquid per epistolam scribens aut consolationis aut exhortationis alicujus, & qualiacumque sint dicta offeram. Sed quamvis hoc à me exigat laudabile tuæ pietatis studium, scito tamen tenuitatis meæ insolentem continuò à cautis impingi protervia, si Regalis reverentiæ gravitatem aut assiduis, aut vilibus, ut libet, dictis adjungam. Et ideo ne aut ego licentiâ piæ reverentionis abuterer loquendo, aut vestro magis desiderio obsisterem reticendo; libellum hunc nullâ sophismatum ostentatione politum, sed planitie puræ simplicitatis excerptum capaciùs fidenter auribus obtuli recitandum. Quem non vestræ specialiter instituto potestati, cui naturalis sapientiæ sagacitas præsto est, sed generaliter his conscripsi, quos ministeriis tuis adstantes hæc convenit legere, intelligere & tenere. Titulus autem libelli est *Formula Vitæ Honesta*, quem idcirco tali volui vocabulo superscribi, quia non illa ardua & perfecta, quæ à paucis & peregregiis Deicolis patrantur, instituit; sed ea magis commonet, quæ & sine divinarum scripturarum præceptis, naturali tantum humanæ intelligentiæ lege etiâ à laicis rectè honestèque viventibus aleant adimpleri.

---

a *Justi Episcopi.*] Duas ejus literas Acherius à se repertas tradit in codice quodam Corbeiensi, & alteram quidem jamdiù editam esse in prioribus editionibus Bibliothecæ Patrum, in quibus Commentario ejusdem super Cantica Canticorum præfixa est; hanc verò ad suam ætatem usque latuisse. Eumdem deinde Stephanus Baluzius reperit in pervetusto codice Colbertino, ac varias lectiones inde corrasit, quas cum plerumque sequamur, non possumus quin breviter loca emendata indicemus. Igitur sic statim in Acheriana editione legebatur ... *piissimo* ... *Domino Syrgæ* deinde ubi *quodquam jam satis, &c.* editum erat *& jam satis te dijudicantis totum:* mox & *in diebus,* nec longè *venies ... persenties, ubi venias ... percipias.* Leviora omitto: statim *tibi primum,* ut *diligitis,* ad *quod gravissimum* & *in paribus quaternionibus,* ubi ex cod. Colb. restituimus *impares quaterniones.* Quod deinde in eodem Colbertino codice legitur *rem alicujus momenti,* ubi habetur *rem alicujus meriti,* non contemnendum videretur sed quod in eodem sequitur, quâ *de re sic te,* optimum est; quod verò ante editum erat *quia decori sic te,* haud dubium quin ineptum sit.

a *Libellus Martini.*] Libellus iste, ait Acherius non semel editus est tùm in Bibliothecâ Patrum, tùm in Martyrologio Hispanico ad diem XX. Martii, sed utrobique sine epistolâ nuncupatoriâ ad Mironem, quam tandem ex MS. Codice S. Remigii Remensis eruit D. Joannes Mabillon. In quodam exemplari manu exarato Bibliothecæ Vallisuncensis libellus iste præteritmissâ epistolâ, hanc inscriptionem præfert: *Martini Episcopi Scoti ad Milonem Regem formula honestæ vitæ.* Verùm hic error est amanuensis: nam Martinum hujusce libelli auctorem, non Scotum, sed Pannoniensem, & quidem Dumiensem Abbatem & Episcopum primum fuisse nemo nescit. Legesis ejus elogium in Actorum SS. Ord. Benedictini sæculo I. ad annum 580. Hæc quidem Acherius: sed deinde Baluzius à se repertum testatur libellum Martini editum cum hac Præfatione anno MDXLIV. Pictavis Eliæ Vineti curâ.

b *quibus moralis.*] Sic ex editione Vineti Baluzius: antea legebatur *mortalis.* Ex eâdem editione vocem *tuis* ante illas *sæpius litteris* addidimus; ac restituimus *dicta offeram,* ubi erat *afferam dicta.*

Quatuor

Quatuor virtutum species multorum sapientum studiis definitæ sunt &c. ut in editis.

Desinit in M S. cod. his verbis, devitet insaniam, aut deficientem contemnat invidiam, contra quam in editis.

Incipit Epistola [a] *sancti* LICINIANI *Episcopi de libro Regularum, ad S.* GREGORIUM *Papam urbis Romæ directa.*

Domino Beatissimo Papæ GREGORIO, LICINIANUS Episcopus.

Librum regularum à sanctitate tuâ editum, & ad nos divinâ gratiâ opitulante perlatum, tantò libentiùs legimus, quanto in eo spiritales regulas inesse cognoscimus. Quis enim non libentiùs legat, ubi jugi meditatione medicinam animæ suæ inveniat: ubi contemptis hujus sæculi rebus caducis & inscia mutabilitate variantibus, ad æternæ vitæ stationem oculos mentis aperiat? Liber hic tuus omnium est aula virtutum: illic prudentia inter bonum & malum discretionis limitem figit. Illic justitia unicuique suum tribuit, dùm Deo animam, corpusque animæ subdit. Illic fortitudo etiam in adversis & in prosperis reperitur semper æqualis, quæ nec in contrariis frangitur, nec in prosperis exaltatur. Illic temperantia furorem libidinis frangit, discretequæ voluptatibus modum imponit. Illic cuncta quæ ad vitæ æternæ participium pertinent comprehendis: & non solùm Pastoribus regulam vivendi præscribis, sed etiam his qui regiminis officium nullum habent, vivendi regulam tribuis. Habent enim Pastores in quadripertitâ tuâ distributione quales ad hoc officium veniant; qualem vitam gerant cum venerint; qualiter vel qualia doceant; & ne in tanto Sacerdotali culmine extollantur, quid agant. Attestantur huic eximiæ doctrinæ tuæ Sancti antiqui Patres, Doctores, Defensoresque Ecclesiæ Hilarius, Ambrosius, Augustinus, Gregorius Nazianzenus, hi omnes testimonium tibi præbent, sicut Apostolis præbuerunt Prophetæ. Hilarius sanctus dicit exponens verba Apostoli Doctoris gentium. Ita etenim quæ propriæ disciplinæ & morum sunt, ad Sacerdotii meritum [b] utilia esse significat, ut etiam hæc quæ ad docendæ ac tuendæ fidei scientiam necessaria sunt, inter reliqua non desint; quia non statim boni atque utilis sacerdotis est, aut tantummodo innocenter agere [c], aut tantummodo docenter prædicare, cum & innocens tantùm sibi proficiat, nisi quàm doctus sit, & doctus si doctrinam vivendo non adjuvet, omninò sibi nihil prosit. Attestatur huic libro tuo sanctus Ambrosius in illis libris quos fecit de Officiis. Attestatur sanctus Augustinus, dicens: » In actione non amandus est honor in hac vitâ sive potentia; quoniam omnia vana sub sole, sed opus ipsum quod per eumdem honorem vel potentiam fit, si rectè atque utiliter fit, id est, ut valeat ad eam salutem subditorum quæ secundùm Deum est. Propter quod ait Apostolus: Qui Episcopatum desiderat, bonum opus desiderat. Exponere voluit quid sit Episcopus, quia nomen est operis, non honoris: Græcum est enim, atque inde ductum vocabulum, quòd ille qui præficitur, eis quibus præficitur superintendit, curam scilicet eorum gerens: Episcopus quippe intentio est. Ergo Episcopum, si velimus latinè superintendere possumus dicere. Ut intelligat non se esse Episcopum qui præesse dixerit, non prodesse. Itaque ab studio cognoscendæ veritatis nemo prohibetur, quod ad laudabile pertinet otium: locus verò superior, sine quo regi populus non potest, etsi ita teneatur, atque administretur ut decet, tamen indecenter appetitur. Quamobrem otium sanctum quærit [charitatis [d]. Charitas veritatis negocium justum suscipit, necessitas charitatis. Quam sarcinam si nullus imponit,] percipiendæ atque intuendæ vacandum est veritati. Si autem imponitur, suscipienda est etiam propter charitatis necessitatem. Sed nec sit omnimodo veritatis delectatio deserenda est, ne subtrahatur illa suavitas, & opprimatur ista necessitas.

Attestatur Gregorius sanctus, cujus stilum sequeris, cujus exemplo delitescere cupiebas, ut pondus sacerdotii declinares, quod quale sit in toto libro tuo liquidè declaratur; & tamen portas quod metuebas. Pondus enim tuum sursum fertur, non deorsum: non quòd ad ima premat, sed quod ad astra sustollat; dum per Dei gratiam, & obedientiæ meritum, operisque boni efficientiam, sit suave quod per imbecillitatem humanam videbatur habere gravedinem. Dicis enim ea quæ consonant Apostolis, & Apostolicis viris: Pulcher enim pulchra dixisti, & in his pulchrum te esse ostendisti. Nolo ergo te similare indecoro pictori pulchra pingenti, quia spiritalis doctrina à spiritali mente proficiatur. Plus plerisque æstimatur homo pictor, quàm inanimata pictura. Sed hoc non assentationi aut adulationi reputes, sed veritati; quia nec me oportet [e] mentiri, nec te decet falsò laudari. Ego planè licet fœdus, & te omnia tua pulchra conspexi, & memet in comparationem tui satis indecorum vidi. Unde precor per gratiam Dei quæ in te exuberat, ut non respuas deprecantem; sed libenter doceas quæ me fateor ignorare. Compellimur enim necessitate facere quod doces non fieri. Peritus enim dùm non reperitur qui ad officium Sacerdotale veniat, quid faciendum est, nisi ut imperitus, qualis ego sum, ordinetur? Jubes ut non ordinetur imperitus: sed pertracta prudentia tua, ne forte ad peritiam sufficiat ei scire CHRISTUM JESUM, & hunc crucifixum: si autem non sufficit, nemo erit in hoc loco [f] qui peritus esse

---

[a] *Incipit Epistola*] Hanc Acherius è duobus Codd. S. Benedicti Floriacensis exscripsit, ac monuit de Liciniano hæc esse scripta ab Isidoro cap. 29. de script. Ecclesiast. *Licinianus Carthaginis Spartariæ Episcopus in Scriptur.s doctus, cujus quidem nonnullas epistolas legimus, de Sacramento denique Baptismatis unam, & ad Eutropium Abbatem postea Valentiæ Episcopum plurimas. Reliqua verò industriâ & laboris ejus ad nostram notitiam minimè pervenerunt. Claruit temporibus Mauricii Augusti, &c.* Eamdem epistolam Baluzius contulit cum optimo quodam codice, quem in ejus Bibliothecâ fuisse conjicio. Quid potissimùm ejus opere emendaverimus, indicare non pigebit.

[b] *ut etiam hæc*] Anteà legebatur hoc loco *et etiam hæc... tenendæ fidei scientiam...reliqua non deerunt.* Quæ sanè ferri poterant.

[c] *innocenter agere*] Hîc mirum quàm turpibus mendis deformata fuerit prior editio: præterquam quod enim legebatur *silenter agere*, sequebatur *cùm & innocens tantùm*

sui sufficiat si doctus sit, & doctus nisi doctrinâ vivendo attestatur, Codex Baluzianus ne ipse quidem erat ab errore omninò immunis, quippe in quo scriptum erat *vivendo non ut juvet ... prosunt*, sed nihil fuit emendatu facilius, nec dubitamus quin lectio nostra *adjuvet ... prosit*, verissima sit.

[d] *quærit charitatis*] Quidquid uncinis inclusum est, id lectorem scire volo additum esse ex optimo codice Baluziano, quem etiam mox sequuti, scripsimus *atque intuendæ ac tuendæ*.

[e] *nec me oportet*] Quid hîc præstiterit Baluz. codex ita lector scire poterit, si moneatur hoc loco fuisse scriptum, *nec me decet ... falsum laudare. Ergo planè licet fidus.* Infra *quod doces non fieri*, horum verborum loco antea hoc tantum legebatur, *quod docues*.

[f] *in hoc loco*] Sic laudatus codex, bene, prior editio *in hoc libro*, male. Haud longè *taliter...qualiter*, in editis nusquam non legitur *talis... qualis*.

314   Miscellanea Epistolarum,

dicatur; nemo erit utique sacerdos, si nisi peritus esse non debet. Bigamis apertâ fronte resistimus, ne sacramentum utique corrumpatur: quid si unius uxoris vir ante uxorem, mulierem tetigerit? Quid si uxorem non habuerit, & tamen si mulieris tactu non fuerit? Consolare ergo nos stilo tuo, ut non puniamur nec nostro, nec alieno peccato. Valde enim metuimus, ne per necessitatem ea faciamus quæ non debemus. Ecce obediendum est præceptis tuis, ut taliter fiat, qualiter Apostolica docet auctoritas, & non reperitur, qualiter quæritur: cessabit ergo fides, quæ constat ex auditu: cessabit baptismus, si non fuerit qui baptizet; cessabunt illa sacro-sancta mysteria, quæ per sacerdotes fiunt & ministros. In utroque periculum manet, si aut talis ordinetur qui non debet, aut non sit qui sacra mysteria celebret, vel ministret.

Quam pauci sacerdotio digni.

Ante paucos annos Leander Episcopus Spalensis remeans de urbe regiâ, vidit nos præteriens, qui dixit nobis habere se homilias à vestrâ Beatitudine editas de libro sancti Job. Et quia festinans pertransiit, minimè eas petentibus nobis ostendit. Postea verò scripsisti ei de trinâ mersione g; in quâ Epistolâ memorasti displicuisse vobis illud opus, sed hoc salubriori consilio statuisse, ut in librorum ductum eas transponeres. Habemus sanè libellos sex sancti Hilarii Episcopi Pictaviensis, quos de Græco Origenis in latinum vertit; sed non omnia secundùm ordinem libri sancti Job exposuit. Et satis miror hominem doctissimum & Sanctum, ut de stellis nænias Origenis transferret. Mihi, Sanctissime Pater, nullo pacto suaderi potest, ut credam astra cœli spiritus habere h rationales, quæ neque cum Angelis, neque cum hominibus facta esse Scripturâ Sanctâ declarat. Dignetur ergo Beatitudo vestra opus ipsum de libro sancti Job ergo; sed & alios libros morales quos fecisse te memoras in hoc libro regularum, exiguitati nostræ transmittere. Tui sine sumus, tua legere delectamur. Optabile namque est & mihi præclarum, sicut tuus Gregorius ait, usque ad ultimam discere senectutem. Incolumem coronam vestram ad erudiendam Ecclesiam suam sancta Trinitas Deus conservare dignetur, sicut optamus, Papa beatissime *.

S. Hilarius libros Origenis in Job. è Græco in lat. vertit.

Anno circ. DCLXII.

Rescriptum a **gratiarum** QUIRICI *Episcopi Barcilonensis, ad* HILDEFONSUM *Toletanæ, Sedis Episcopum, pro Opere de Virginitate sanctæ Mariæ.*

Cum à vobis remeans ad ovilis crediti loca rediissem, ita laboris magnitudine fessus, & vi lassitudinis resolutus, degebam in cellulâ meâ, ut nulla valetudo sineret, vel ad sacrum officium properare: tandem cum tractatu mentis quærerem quod adjumentum meo labori prodesset, illicò memoratus sum vestri muneris: quod cum ardua intentione percurrerem, ac mentis acie defixâ universa, quæ in morem pigmentorum redolentia exstabant, saporare conarer, ita diffugit à me quidquid languidum, quidquid detritum, quidquid erat adversâ valetudine an-

xium, ut in robur plenæ incolumitatis exurgens, valenter ad gremium piæ & sanctæ matris Ecclesiæ cucurrerim, atque unigenito Domino & Redemptori nostro JESU-CHRISTO, Dei filio, gratias retulerim, quòd ita vobis inspirationis suæ flatu vivifico in arcano pectoris insufflaverit, sanctique Spiritus unctione ad universa de se dicenda instruxerit: & quàm decenter novi ac veteris instrumenti series Incarnationis seu Nativitatis Dominicæ mysteria continebat, tam evidenter vos earumdem scripturarum vestem expandere feceriti: Atque, ut ita dicam, ea quæ opaca videbantur pro sui quantitate mysterii, luce clariùs manifesta ac nota pusillis & magnis effeceriti: ita ut ex hoc hebetescat Jovinianus, dissipetur Helvidius, simulque & incredulus ac mente perfidus decidat Judæus.

Gaudeo in hoc dono gratiæ vobis à Deo distributæ, quòd ipse, qui ad Virginem Mariam Gabrielem in plenitudine temporum nuntiaturum miserat, quòd Spiritus sanctus superveniret in illam, & virtus Altissimi obumbraret eam, oris vestri introitum tangens, & cordis vestri stratum præmuniens, tam lucidè & cordis mysterio dicere fecerit, quàm veraciter adimplevit. Cujus rei gratiâ benedicimus Dominum, quòd memor promissorum suorum dignatur esse nobiscum in hoc novissimo tempore sæculorum, & quidquid imbecillitas nostratum mentium, ac socordia animorum, in sacris scripturæ paginis scrutari tam sufficienter, aggravata curis exterioribus non valebat, gratiæ suæ ubertate donante, per vos plenissimè instructi, de Incarnationis ac Nativitatis Christi mysterio sumimus.

Gratias agimus sanctæ Trinitati, quæ Deus est, quia formavit hominem in Virginis utero, quem tamen pro nostrâ redemptione suscepit, sola filii persona.

Item gratias agimus sanctitati vestræ, quòd ipse Dei unicus, qui incarnatus in Virginis utero exstitit, ad vos veniens, ac penes vos faciens mansionem, famis nostræ inediam per vos verbi sui ubertate refecit, gratiæ suæ puritate stabilivit, veritatis suæ dono locupletavit. Sit tibi Domino meo bonum mercedis repositum coram Christo Domino nostro, & Angelis ejus; sis lætus ex fructu operis boni inter æternæ felicitatis gaudia permansura, quia lætos nos cœlestis oraculi participatione fecistis.

Ecce, etsi non ut volui, tamen ut potui, sanctitati vestræ hæc non temeritatis ausu, sed humilitatis affectu suggerere curavi. Quod etsi ruralis intelligentia non ita nitidum sicut saporum formare valuit, charitas tamen, quæ me invitavit ut suggererem, vobis inspiret, ut quæ suggesta sunt placidè suscipere dignemini. Incolumen Dominum nostrum divina gratia conservet, Amen.

Epistola S. ILDEFONSI **Toletanæ Sedis Archiepiscopi.**

Sanctissimo ac venerabili Domino a QUIRICIO *Episcopo,* HILDEFONSUS *famulus vester.*

Dedi gloriam Domino Jesu meo cum accepi Epistolam beatitudinis vestræ, gratiarum orsu

---

g *de trinâ mersione*] In priori editione *de trinâ tinctione*, in eâdem legebatur *in librorum ductu.*

h *spiritus habere*] Vox posterior addita est è codice Baluz. qui etiam in fine habet *Papa beatissime*, loco harum vocum *Beatissime Pater*, quas Acherius edidit.

a *Rescriptum*] Has Quiricii, Hildefonsi & Idalii epistolas Acherius reperit in MS. quodam codice Corbeiensi, sed tot mendis fœdatas, nihil ut unquam corruptius editum sit. Easdem deinde quàm accuratissimè descriptas in codice Hardensiano reperit D. Edmundus, qui eas nobis liberalissimè communicavit. Quid porrò contulerit ejus

apographi cum veteri editione collatio, lectorem sigillatim docere animus. Itaque primùm voculas *me non* ante verbum *sineret*, expunximus; deinde *tractatu* scripsimus ubi erat *contractatu*, & *adjumentum*, ubi legebatur *ad umentum*. Eodem apographo monente ubi editum erat *expandere fecit*, edi curavimus *expandere feceriti*: & *cordis vestri stratum* ubi Acherius *cordis statum.* Mox quod memor, quo loco erat *quo memor.* Et in fine *lætos nos*, ubi solùm *lætos*, & *tamen ut potui*, ubi *tandem ut potui.*

a *venerabili Domino*] In editis *honorabili*: infrà ubi edi curavimus *mortalitas quivis*, editum erat *mortalitas, qui ut,*

Ildefons. Quiricio summâ animi demissione respondet.

confectam. Dederas enim & ipse in bonis ut devota mortalitas quivit, beatæ immortalitati honorem debitum, tenens in æqualitate judicii pondus, ut illi soli laudem inferas, cujus opus agnoscis. Quia ergo gratia Dei ad te misit, pro quibus à te vota laudationis accepi, benedicamus illum simul in unum, qui & per me intulit materiam piæ prosequutionis, & à te accepit sibi soli debitam gloriam laudis.

In cæteris autem sto ego in memetipso in reatu conscius, in pavore anxius, ante judicem confusus, ante adventum judicis terrore commotus; rursùm autem ex redemptione fidus redemptionis, actionis prorsus Redemptoris pietate salvandus. Cujus si quæras opus, peccatum est; si quæras vitæ rationem, * peccati confessio est; si quæras judicium, pœna peccati est. Pro quibus cunctis & peccatis, & peccatorum meorum meritis, obsecro te per eum, cujus judicio absolvi cupimus à reatu, ut defigas pro me manum orationis coram vultu pietatis ipsius, quo non tuis illaqueatus, sed adjutus verbis, obtineam me absolvi, & erui à delictis, dari mihi, vel augeri promerens, ut loquar de illo vera, diligamque piè quæ de illo dixerim, & glorificetur idem in confessionibus meis, & præsentibus, & æternitate sæculi permansuris. Dicere plura vellem, si miserarum pressura sineret, sed totum satisfactum sibi reputet charitas, quod vel minimum permisit tædiosa necessitas.

Epistola QUIRICII Barcilonensis Episcopi.

Domino sanctissimo, & verè mihi specialiter pertimendo HILDEFONSO *Archiepiscopo*. QUIRICIUS *servulus vester.*

Cum ad omnia nova, ut nostis, Omnipotens Deus non novo sed sempiterno utatur consilio, ad egestatem nostri temporis talentorum vobis summam distribuens, ne plurimùm inediâ labefactaremur, vestri oris pabulo nos sustentare curavit. Ac proinde quia summo Patri-familias duplicatione eorumdem talentorum rationis summam referre curatis, obsecro, ut si qua in opacitatibus ᵃ divinarum scripturarum ad utilitatem matris carissimæ, quæ & nunc nobiscum gemit in terrâ, & ad quam suspiramus in cœlo, sedulâ revolutione invenitis, & invenire intenditis, ad profectum ejusdem sanctæ matris, stili oraculo promere non cessetis decenter: & in eo profit, ut tu Domine, qui in cubiculum Regis æterni introduceris, sacrarum scripturarum velitem aperias, atque illa quæ senioribus tegmine vestimentorum adoperta latebant, palam facere solito labore intendas.

Nam ex distributione gratiæ supernæ, ut confidimus, aperitur vobis ostium sermonis ad loquendum mysterium suum. Erit enim respectus operis vestri cum retributione æternæ mercedis, cum infirmantium mentes ad salutem interioris hominis per vos Christus provexerit, ut tibi quæ animæ salutem initiaverant, pleno robore convalescant; jactuque seminum spiritalium per doctrinam sanctæ prædicationis, cum alios ab errore pertraxeris, aliosque ne errent servaveris, collectis manipulis sancti laboris, post cursum longioris ævi, eas ad conspectum æterni judicis potiturus gaudia sempiterna.

Me igitur quem torpore mentis obtusum, & sermone prædicationis ignarum, tu, mi Domne sanctissime, nosti, ut ministrante gratiâ spiritûs sancti quæcumque dixeris piè, quæcumque depromserìs sanctè, quæcumque manifestaveris rectè, quo & idem sanctus Spiritus agnoscat, & omnes qui illo pleni sunt diligant, ut me munire his donis non dedigneris suggero. Sic glorificetis & portetis Christum in confessionibus vestris, & præsentibus & æternitate sæculis permansuris.

De cætero his excursis, ut manu sanctæ orationis erigas imbecillum, atque ut jugitate precum apud communem Dominum obtineas, ut donec me perficiat suæ pietatis curatione, meis languoribus suam medicinam non subtrahat, precor. Christi gratia incolumem servet, Dominum meum in longævitate perennis ævi, Amen.

Epistola sancti ILDEFONSI Toletani Archiepiscopi.

Domino meo QUIRICIO *Episcopo*, HILDEFONSUS *famulus vester.*

Imperas mihi, carissime Domine, aut loqui si taceo, aut ne taceam loquens, & Dominicæ vestis, quæ non habet maculam aut rugam, abdita contectaque devolvens, unius objectu luminis, & desideriis fidelium luceam, & insipientiam perfidorum exstinguam. Non ergo possum, sed ille faciat in me hanc gloriam sibi, qui erigit elisos, solvit compeditos, & illuminat cœcos. Qui erigat me ad se manibus piæ crucis, quem cecidisse constat de manibus suæ divinitatis; qui solvat me imperiis pietatis à vinculo sceleris; qui illuminet me præveniente misericordiâ, quem caligavit malorum culpa: & tunc ab Jesu apprehensus audiam: Dimissus es ab infirmitate tuâ, consestimque erectus glorificem eum. Tunc quoque solutum abire sinat, & curram ᵃ post eum in odore unguentorum ejus; quodque afflatu virtutis attraxeris, eloquii flatu respirem. Illuminet etiam cœcum, & cum lumen miserationis ejus agnoverit, ego quoque & omnis plebs demus laudem Deo.

Nunc certè quia non me, sed gloriam Christi mei quæris in me, & ego non meipsum commendo, sed Christum meum in omni quod loqui appeto, spectantibus amabilem, ardenter exhibeo, ut hunc dilectum meum diligens loquar, loquens annuntiem, annuntians notum faciam, agnitum celebrem, reddam post celebritatem mortalitatis Angelorum hymnis laudem sæculis sempiternis. Igitur ut præcipis apperterem loqui frequenter, & hoc mihi piâ devotione adest, ut in meditatione legis Dei lingua simul & vita silentium non haberet, sed ita necessitas temporum vires atterit animorum, ut nec delectet vita propter imminentia mala.

---

et statim immortalitatis. In cæteris non accuratior erat prior editio, nam & ubi *in reatu* nunc legitur, præpositio *in* deerat, & ubi *vitæ rationem* reposuimus, illic. *interrogationum* legebatur: postremò in eâdem hoc videre erat *obtineas me absolvi . . . dare mihi, vel augere,* quæ ferri nullatenùs poterant.

ᵃ *in opacitatibus*] In hac epistolâ haud pauciora quàm in priori editione emendavimus ope illius apographi quod D. Edm. Martene acceptum referimus: nam cùm hic legebatur *in opacibus,* tum statim vox *sanctæ* desiderabatur, &

eorum sit, editum erat ubi nunc legis *& in eo prosit.* Levissima quæque prætermittimus, nesimus longiores; sed hoc profectò omittendum non est, ubi *sic glorificetis,* &c. reposuimus, antea lectum fuisse *sic glorificetur, ut putetis, Christum*: statim etiam editum erat *præsentibus æternitate sæculorum*.

ᵃ *& curram*] In priori editione *currentem*. In fine ex apographo nostro verbum *delecter* addidimus, quod decesse, postremam epistolæ partem deesse opinatus erat Acherius.

Monenti Quiricio sese obtemperaturum spondet Ildefons.

Quiricius S. Ildef. ut verbum Dei dispenset, adhortatur.

Epistola I. IDALII Barcilonensis Episcopi.

Sanctissimo & mihi præ cæteris peculiari Domino JU-
LIANO *Toletanæ primæ Sedis Episcopo* IDA-
LIUS *Barcilonensis Sedis Episcopus.*

Recordatione meorum peccaminum pavidus, & memoriâ ingentium criminum ulquequaque perterritus, putaveram divinas aures in meis penitus obduratas fuisse clamoribus, cum promissionis vestræ minimè perciperem opus. Et licet hujusmodi causâ nunc diversis perturbationibus agitatus, nunc etiam optatæ opportunitatis eventu privatus, aut, ut assolet, oblivione detentus, suggestionibus meis vale-factionem alternans [b] sanctitati vestræ intulerim minimè preces, fretus tamen Salvatoris & Redemptoris nostri oraculo, quo Discipulos, securavit dicendo : *Si duo ex vobis consenserint super terram, de omni re quamcumque petierint, fiet illis à Patre meo qui in cœlis est* : vestræ quoque promissionis fiduciâ uberrimè fretus, fixum corde tenebam, quòd neque veritas mentiri ullatenùs posset, neque veritatis cultor atque discipulus mendaciis deserviret. Expectabam ergo sanctitudinis vestræ promissum, spem magnam repositam habens in Domino Jesu-Christo : orabam tamen, & si non quotidie, castè vel sæpe, ut idem qui ubique præsens [c] est cordi vestro inspirator adesset, & votis nostris effectum tandem præstaret.

Nunc ergo quia Dominus memor fuit mei, & votorum meorum me compotem fecit, gaudio os meum & linguam exultatione replevit, cum & vos perfectione sancti operis cumulavit, & me laboris vestri effectu ditavit. Dicam ergo illi cum exultatione mentis Prophetæ sui verbis : benedictus Deus, benedictus Dominus de die in diem. Adveniens namque quidam Judæus, nomine Restitutus, quasi brutum, ut ita dixerim, animal, materiam lumini congruentem deportans, librum, quem studiosâ brevitate non solum ex antiquorum sanctorum Patrum sententiis, verùm etiam inspirante & docente Christo, labore ac studio proprio consummare, & nostræ ineptiæ sanctitudinis vestræ prudentia mittere procuravit, gemellis manibus obtulit, quem aviditate noscendi rapiens, potiùs quàm accipiens, citissimè pavidi, titulumque contra suspiciens [d] miratum esse me fateor, cur tanti & tam præclari mercimonii causam tam infido & à cultu fidei alieno vestra sanctitas credideret bajulo. Sed ilico illâ ratione imbutus, quâ thesaurum fictilibus vasis committitur, præfato Judæo cùr ea quæ acceptaret illæsa detulerit priùs, potiùs quàm vobis gratias egi, considerans ne forsan immutatione dexteræ Altissimi ageretis, ut is, qui caduca mercimonia vectare solitus erat, divinis æternisque misteriis pararetur.

Intellexi tamen in hac parte sancti & artificiosi cordis vestri humilitatem, quæ omne quod in dictis vestris venustum, nitens, & purum existit, cum gratiarum actione referendo ad Deum, cujus vobis munere venit ingens & optimum, reddit. Vanam verò gloriam respuendo eo idipsum abjectum videntium obtutibus ostendere nititur, quo viliori gerulo hoc idem credidisse cernitur.

Inspecto igitur præscripti Codicis, discussoque vocabulo, nullum penitùs aliud reperire valui nomen eidem Operi congruentius, nisi quod ipse in principio sui voluminis gestare videtur. Appellatur enim Prognoscicon futuri sæculi, quod latinè *præscientia futuri sæculi*, dici non incongruè potest. In quo quidem quamlibet primus liber quâdam ex parte peccantibus asperitatem metumque incutere videatur ; duo tamen subsequentes libri maximâ fiduciâ Christicolarum relevant corda, ob spem futuræ resurrectionis & Regni, quod se fidelibus Christus daturum promisit. Reliquum verò totius Codicis corpus legendo transcurrens, reperi illud quod Dominus Jesus-Christus in Evangeliis loquitur : *Omnis scriba doctus in Regno cœlorum, similis est homini patrifamilias, qui profert de thesauro suo nova & vetera.* Evidenter enim & dubia effugata, & obscura in lucem producta sunt, cum & antiquorum Patrum decreta, novæ brevitatis, indicia artificii vestri, fructuoso labore ad medium sunt deducta. Manat ergo ex illorum sententiâ veritas, ex vestro autem labore nova & brevissima veritas. Quicquid itaque veraciter illi, castè & sobriè in Dei causis senserunt, et tibi commune cum illis, ad cujus notitiam doctrina Domini hoc ipsum deduxit. Vestræ tamen sollicitudini tantumdem applaudit, quòd curiositate instante, illorum sententias in unum collectas pigris & torpentibus contiguo relatu manifestè aperuit. Propter quod licet illi ministraverint, donante Christo, materiam, vestro tamen Operi totius laboris adstipulabitur summa. Nam & aurum quamlibet originis ac naturæ suæ obtineat splendorem, cum per formas aut etiam [e] figurarum varietates peritè deducitur, decenterque politur, artificis ingenium non immeritò prædicatur. Hujus rei exemplo permotus, ingenii efficaciam, quam divina cordi vestro contulit gratia, insigneque studium, quo vos in causis Christi desudasse cognosco ; attollere laudibus procurarem, aut quia ego nequeo, alios prædicare precarer, nisi quia idipsum vobis displicere soleat conscius essem.

Restat ergo, ut hoc faciam, quod vestræ sanctitatis desiderat anima. Refert itaque mea pusillitas ; imò mecum Ecclesiæ universitas, ad cujus notitiam insignia operis vestri deduxit nostra tenuitas, immensæ & ineffabili Trinitati, non quantas debet, sed quantas valet gratiarum copias, quia in fine temporum, ut penè, ut veriùs dixerim, in consummatione mundi, effudit in corde beatitudinis vestræ donum gratiæ suæ simul & studium operis sancti ; deditque in ore vestro directum & bene sonantem sermonem, quo & delinquentium corda terrendo sanaret, & bonis operibus deditos, in sanctis actibus confirmando, igne cœlesti affatim animaret.

Oramus deinde majestatis supernæ profusissimam pietatem, ut in Præsulatu Ecclesiæ suæ ad illumina-

---

a *sedis Episcopo*] Antea legebatur *Apostolo.* Hæc epistola & sequens editæ jam erant à Joanne Cochlæo, in calce librorum Juliani Toletani, Lipsiæ anno 1536. ut quidem monet Baluzius ; nam illam editionem nobis videre non contigit ; nec de eâ reperiendâ multùm curavimus, quòd nullo nobis adjumento esse poterat postquàm sine eâ nihil erat in his epistolis quòd negotium facessere posset.

b *alternans*] Cum plurima essent in priori editione vitia, quæ apographi ope sustulimus, levissima quæque prætermittere libuit ne lectorem fatigarent ; sed omittendum non erat hîc antea lectum fuisse *alternæ*, & mox ubi legis *securavit*, eam lectionem nos eruisse ex apographo in quo erat *sacravit*, quod ut ferri non poterat, ita propiùs ad veram lectionem accedebat, quàm quod Acherius ediderat *sacrè autem.*

c *ubique præsens est*] In priori editione *ubique præsenti.* Infrà in veteri apographo hæ voces *nomine Restitutus*, desunt.

d *contra suspiciens*] Acherius *contra suspiciens mirasse me*, sed hoc leve, sicut quod edidit *qui thesaurum* ... credidit : illud non leve quod scripsit *à cultu Dei*, ubi nunc est *à cultu fidei.*

e *per formas aut etiam*] Ut intelligatur quid hîc præstiterit apographum sæpius laudatum, repræsentanda est prior editio. Ea igitur sic habet ; *per formas autem* ... *antiquè politur artificis ingenio, non imm. prædicator hujus rei.*

tionem fidelium, annos vitæ vestræ protelando conservet, & ita donum gratiarum suarum, quod cordi vestro diffudit, exuberare concedat, ut Catholicam plebem studiosis operibus, doctrinisque sanctimoniæ vestræ, bonorum omnium compotem reddat. Proque laboris vestri sanctâ instantiâ post longissima vitæ hujus spatia, remissis iniquitatibus, tectisque peccatis, cum sanctis & electis suis cœlestia vobis ad possidendum regna concedat.

Epistola II. IDALII Barcilonensis Episcopi.

Sanctissimo, & mihi præ cæteris peculiari Domno ZUNTFREDO *Narbonensis prima Sedis Episcopo* IDALIUS, *Barcilonensis Sedis Episcopus.*

[a] Julianus Toletanus Prognos. Zuntfredo transmittit.

Opus egregium, quod non solùm [a] ingenti labore, verùm etiam immenso studio, ex antiquorum Catholicorumque Patrum libris, mirabili & novâ brevitate, beatissimus socius vester Dominus meus Julianus Toletanæ primæ Sedis Episcopus, uno volumine colligere, atque *Prognosticon futuri sæculi* appellare, & nostræ tenuitati mittere procuravit, nobisque in instantiâ importunitate laudabili vestrâ beatitas ardentissimè demandavit, sanctitudini vestræ cum devotus essem in hac Civitatulâ (cui ego indignus præsideo) manibus gemellis offerre per præsentem conservulum meum, illuc in sanctæ sublimitatis vestræ sede præsentandum direxi, ut ex hujus agnitione, gaudii vestri participes totius Provinciæ vestræ Præsules facti, conspicere jubeant quàm ingenti muneris lumine præscriptum socium vestrum ad illuminationem Ecclesiæ divinitas summa ditavit; & benedicant in commune Dominum Deum cœli, ex cujus largitate idem ipse socius vester hoc ipsum donum percipere meruit. Deinde Trinitati divinæ postulationum suarum libamina fundant, quo & auctorem hujus operis pro tanto labore divinitatis gratia protegat, & nostræ parvitatis peccamina divina indulgentiâ deleat, pro eo quod curavit nostra ignavia ad eorum deducere notitiam, unde spiritali fructu cor illorum exuberans fiat. Te quoque precor, Vernacule Domne, ut pro meis abluendis criminibus, assiduis divinitatis potentiam adire jubeas precibus, ut ego, qui diversis premor miseriis, revelari merear orationis vestræ remediis. Ita gratiam Domini nostri Jesu-Christi sine fine vos possidere congaudeatis.

---

[a] Anno DCLXXXVII.

Privilegium [a] *à* THEODORICO *Rege* BERCHARIO *Abbati & Monachis Dervensibus datum.*

Principalis Serenitas semper in cuncto debet prospicere; præcipuè petitionibus Sacerdotum, quæ ritè poposcerunt benigno animo suscipere & ad effectum perducere, ut de obtento beneficio valeant gratulari, & eos meliùs delectet pro quiete Regni nostri & constantiâ adtentiùs Domini misericordiam deprecari. Ideoque venerabilis vir BERCHARIUS Abba de Monasterio Puteolos, quod bonæ memoriæ germanus noster CHILDERICUS quondam Rex, ob amorem Dei in forestâ Dervo, & fine Waciacense, suprà fluvium Vigoræ, in honore Beati Petri & Pauli vel cæterorum Sanctorumque Domino cognoscitur

ædificasse: clementiæ Regni nostri suggessit, eo quod ipse Princeps integram emmunitatem ad ipsum Monasterium fecisset. Unde & ipsam emmunitatem nobis in præsenti protulit relegendam. Sed pro rei totius firmitate petiit celsitudinem nostram, ut hoc circa ipsum Monasterium confirmare deberemus. Cujus petitionem non abnegasse, sed in omnibus præstitisse cognoscite. Et ideo jubemus ut de omni facultate ipsius Monasterii, tam quod ipse Princeps ibidem delegasse, quàm etiam quod à reliquis Christianis hominibus noscitur fuisse condonatum, quodque ad præsens in quibus locis ac territoriis, & ex ejus hereditate vel studio, tam ultrà Ligerim, in Herlâ scilicet, & Saturiaco, vel Donnofronte cum appenditiis suis, & Diseio cum appenditiis suis; quàm etiam citrà Legerim possidere videntur; seu quod ibidem adhuc in antea in Dei nomine à Christianis hominibus justè & rationabiliter fuerit additum vel condonatum; pro quiete ipsius Regni nostri integram inmunitatem pro reverentiâ ipsius sancti loci concedimus, ut nullus Judex publicus quolibet modo judiciariâ accinctus potestate, in curtes ipsius Monasterii, ubicumque ad præsens eorum maneat possessio vel dominatio, aut quod inantea fuerit additum aut condonatum: nec ad causas audiendum, nec fidejussores tollendum, nec freda exigendum, nec mansiones faciendum, nec rotaticum infrà urbes vel in mercatis extorquendum, nec ullas paratas aut quaslibet redhibitiones exactare præsumatur. Sed in omni facultate ipsius Monasterii, ut præfatum est; in omnibus locis & territoriis ubi aliquid possidere videntur & dominari, absque interdicto judicum, remotis & resecatis omnibus petitionibus de partibus fisci, usque super ripam fluvioli Magnentis, progrediente in directum termino ad locum qui Vallis-profunda nuncupatur; sub emmunitatis nomine inconcussæ tam nostris quàm futuris temporibus valeant dominari vel possidere. Quo fiat & ut nos pro præstito beneficio mercedem obtineamus, & ipsos servos Dei in ipso Monasterio consistentes meliùs delectet pro stabilitate Regni nostri adtentiùs Domini misericordiam deprecari. Ut hæc emmunitas firmior habeatur, & pro tempore conservetur, manus nostræ subscriptionibus subter eam decrevimus corroborari. Data x. Kal. Junii, Anno decimo Regni ejus. Actum Compendio Palatio.

[An.] DCCXII.

Privilegium à BERTOENDO *Catalaunensi datum Monachis ac Monialibus Dervensibus.*

Dominis sanctis & summi culminis Apostolicæ Pontificalis cathedræ speculis Præsidentibus, in Christo Fratribus seu Coëpiscopis Rigoberto Metropolitano, Basino, Stephano, Adalberto, Aloni, Madalgario, licet indigno in ordine, tamen Katalaunensium Episcopus, supplex in Domino mitto salutem. Quamquam priscæ regulæ decreta nos doceant, & quæ oportet perenniter custodire, & patrum consueta indiminutè servare, attamen & nos super hæc regulariter decernentes, vota supplicum & maximè orthodoxâ fide fulgentium, ut illi provisione tractantes eorum petitionibus libentissimo animo volumus affectum mancipare. Quoniam igitur gloriosus Domnus Clodoveus Rex, & vir illustris Pipinus Major-Domûs, pro religiosâ sollici-

---

[a] *non solùm ingenti*] In editis *nondum ingenti*. Infrà in *instantiâ* adjecimus ex laudato apographo, & *jubeant quàm scripsimus*, ubi legebatur *jubeant eum*. Ex eodem est *libamina fundant*, quo loco Acherius habet, & *parvitatis* ubi *antea pravitatis*. Infrà, *Vernacule Domne* non placet, etsi in apographo nostro legitur, ac malo *venerande*.

[a] *Privilegium*] Hoc privilegium & sequens eruit Petrus Franciscus Chifflet S. J. è tabulario Monasterii Dervensis, quod olim Puteolos vocabant, nunc vulgò *Monstier-en-Der*; alterius Monasterii-Puellarum, cujus mentio fit in posteriori privilegio solùm nomen superest in villâ *Pellemonstier*, quæ duabus circiter leucis à Monasterio Dervensi distat.

dine perspicuè nobis postulasse noscuntur, ut privilegium Monasterio Puteolos in vastâ Dervi, in honore beatorum Apostolorum Petri & Pauli, & sancti Joannis-Baptistæ, & sancti Joannis Evangelistæ, seu & Omnium Sanctorum, à viro religiosissimo sancto Berchario, ubi & ipse Abbas præesse videtur, ex munificentiâ quondam Childerici Regis constructo; seu & alio Monasterio Puellarum super fluvium Vigoræ, etiam & Dria in Dervo in fine Flaciniacense, quod Waimerus & conjux sua Waltidis, & Domnus Bercharius Abbas pariter construxerunt. In quo loco sacrata Waltidis mater esse videtur multarum Virginum præsenti tempore, & se cum eis multimodæ aggregationis agminibus piæ devotionis paribus studiis sociaverunt in Dei laudibus, uno regulæ spiritu supernâ inspiratione commota, ad laudes omnipotenti Deo concinendas pium exhibet famulatum; conferre deberemus.

Quod salubriter annuentes, hoc privilegium quod plenâ devotione petierunt, perenni auctoritate servandum, libenti animo præstitisse comperite. Nec enim nova postulantium vel indulgentium est auctoritas privilegium largiendi, dum profectò cunctis retrò Apostolicæ sedis Præsules, unde sacra propagatur auctoritas non solùm in vicinis provinciis constitutis, sed etiam in cæteris longè regionibus procul sitis postulata semper indulgenda sanxerunt. Unde obsecro Domnos successores Ecclesiæ prænotatæ Pontifices, satis superque per omnipotentiam Trinitatis immensæ, Patris, & Filii, & Spiritûs sancti obtestare, imò conjurare præsumo, ut commendatum prænominatum Monasterium piis mentibus jubeant diligere, jubeant fovere, jubeant continere, jubeant conservare. Et ne succidua fraternitas Sacerdotum hoc nos in regionibus propriæ deliberationis instinctu, aut novâ inventione æstimet decreta fuisse; cum sub hujus constitutionis normâ Sanctorum Agaunensium locus, imòque & Monasterium Lirinense, seu Monasterium Luxoviense, multaque alia Monasteria, necnon & Basilica Domni Marcelli, & innumera in Orientis partibus Monasteria, propriis ex decreto Pontificum servantur privilegiis.

Ergo uno conspirationis consensu, Dei nutu, antedictorum Patrum religionem pensantes, ita ab omnibus decretum est, ut nullam dominationem nos successoresque nostri in superscripta Monasteria virorum seu puellarum Virginum, ubi sunt congregati, quod pro salute animarum suarum prædictus vir Bercharius & Waimerus seu & conjux sua Waltidis unà pariter construxisse noscuntur, habeamus: quatinùs eis liberiùs liceat, Deo juvante, sine impedimento rei alicujus, contemplativam vivere vitam. Et cum Pater Monasterii fuerit de sæculo evocatus, quem unanimiter omnis congregatio ipsorum servorum Dei undecumque sibi optimè regulam compertam elegerint, seniorem sibi Abbatemque constituant: seu & cum Mater Virginum de sæculo fuerit evocata, quam unanimiter omnis congregatio ipsarum ancillarum Christi undecumque sibi optimè Regulam compertam elegerint, sibi seniorem Matrem unà cum consilio Monachorum Dervensium Fratrum Abbatissam instituant, & si eis opportunum fuerit Abbatem benedicendi, aut chrisma consecrandi, vel sacros ordines percipiendi, hoc tantummodo nobis propter canonicam institutionem & præjudicium Ecclesiæ nostræ absque ullo motu reservamus.

Cæterum verò, ut superiùs continetur, nullam potestatem aut dominationem neque nos vel Archidiaconus, successoresque nostri, vel quælibet persona habere non debeat, aut quamcumque de eodem Monasterio vel Cellulis ejus, & Parochiis aut cæteris Monasteriis, causam audeat præsumere vel auferre. Et si aliquid ipsa congregatio de earum religione tepidè egerint, secundùm Regulam S. Benedicti vel Domni Columbani ab eorum Abbate vel Abbatissâ, qui pro tempore spiritalis Pater vel Mater exstiterint, corrigantur. Nam nullum Pontificium à nobis, neque à successoribus nostris in eodem Monasterio pro causâ cupiditatis, aut (quod absit) avaritiæ habeatur; sed proprio in Dei nomine fruantur privilegio. De rebus namque præfatis, constructoribus ejusdem sancti Monasterii pro sustentatione prædictorum sanctorum Monachorum, Puellarum Virginum, victum quoque ac vestitum collatum, seu à cæteris Deum timentibus personis in antea collaturis, vel à Regiâ potestate fuerit concessum, nihil ex hoc neque Pontificum, nec quarumlibet personarum distrahendi minuendive causâ potestas omnimodo non habeatur, nisi in Matribus vel Patribus ejusdem Monasterii, suisque præpositis, gubernandi, regendi, dispensandique arbitrio seu dispensatione consistat.

Ideo quoque præstitimus privilegium, quia nihil de canonicâ auctoritate convellitur, quidquid domesticis fidei & maximè contemplativam vitam ducentibus, pro quiete tranquillitatis tribuitur. Quòd si quis calliditate aut cupiditate præventus, ausus fuerit ea quæ sunt superiùs comprehensâ temerario spiritu violare, à divinâ ultione prostratus, reatui anathematis subjaceat, veniatque super eum lepra Naaman Syri, excommunicatusque à sanctâ efficiatur Ecclesiâ Catholicâ. Et nihilominùs hoc privilegium perpetuis temporibus maneat incorruptum. Quæ constitutio nostra ut firmis subsistat temporibus, manûs nostræ subscriptionibus est roborata. Et ut pleniùs confirmetur, cæteris fratribus & Coëpiscopis qui ad præsens non fuerunt, destinavimus insuper roborandam.

Actum Remis publicè data quem fecit mensis Februar. die xv. anno secundo gloriosi Domni nostri Clodovei Regis.

Testamentum EPHIBII *Abbatis de Geniciaco Villâ, & de iis quæ ad eam pertinent.*

IN CHRISTI nomine, ego EPHIBIUS pro amore Dei ac beatorum Apostolorum ac Martyris Domni Desiderii Episcopi facio testamentum de rebus meis & hæreditate meâ, quæ ex parentibus meis Leobio & Theodignâ legitimâ auctoritate ad me pervenit, & ex sorore meâ Rufinâ, quæ sine liberis defuncta hæreditatem suam mihi vivo ordine dereliquit. Hæc sunt autem quæ per hoc testamentum Deo & Sanctis ejus in Ecclesiâ Viennensi servitura per Domnum nostrum Cacoldum Episcopum trado, villam integram Geneciacum cum omnibus ad eam pertinentibus absque ullius propinquorum meorum parte, cum utriusque sexûs servis, terris, silvis, aquis, portus & districtus & quidquid ad prædictam villam pertinet, absque ullius alicujus propinquorum meorum consortio. Similiter & partem tertiam, quæ ex sorore meâ supradictâ jure ordinis mihi obvenit de Parthenis villâ cum servis utriusque sexûs, terris, silvis, aquis, & cæteris quæ ad censum vel servitutem tertiæ ipsius partis pertinent, ut nullo unquam tempore à potestate Ecclesiæ alienetur. Tradimus etiam alia in circuitum aliquorum nostro glorioso Childeberto pro servitio nostro acquisivimus; in Engolismo villas tres, (de quibus jam testamentum conficimus.) Testamentum sororis nostræ, judicante Senatu in Viennâ civitate residente: huic testamento nostro inseruimus:

Diplomatum, &c.

Domino meo & delicioso Fratri Euphibio Abbati Rufina soror quæ sine filiis orbata resideo, & tu res tuas Deo & Sanctis ejus apud Viennam tradis, nihil aliud mihi melius visum est de dono patris & matris nostræ, tertia scilicet parte Parthenis; quæ adjacet Geniciaco villæ, ut sicut alia, & ista tua potestate redacta, adjuncta hæreditati tuæ sancto loco consociares, ut habeam partem in voto & dono tuo cum Sanctis Dei, quorum amore hæc facis. Ego soror tua Rufina testamentum hoc meum subscribo, quæ sine alia sorore mea & aliis propinquis usque nunc legaliter in integrum possedi, & sacro Senatui ut firmum maneat, roborare manibus rogavi cuncta hæc quæ superius comprehensa sunt. Super quibus etiam edictum Regium fieri petivi, omnia subintegrè, præsidente Reverendo Patre meo Caeoldo sanctæ Dei & Viennensi Ecclesiæ, ut deinceps illi maneat, ab hac die trado & habendum transfundo servos utriusque sexus mille CCCC. sed & liberos qui obsequium ibi faciunt D. Quicumque contra hoc Testamentum venerit, ut votum meum disturbetur; ne servis Dei alimenta, servitia & necessaria non præstentur, Senatorio judicio ad libras CCCC. auri in publico reddere compellatur, præter multa villæ, quæ compensata Ecclesiæ Viennensi & servis Dei reddatur.

Hoc Testamentum ex Genecinco villa, & de tertia portione alia sororis meæ: Ego Ephibius Abba manu propriâ roboravi, & Senatoribus universis ut hoc ipsum roborarent jure petivi & rogavi, Senator Eulogius parens, Rufina soror, Deuphibus Senator, Contumacus Senator, Pelagius Senator, Leubinus Senator, Caracteius Senator, Arginus Senator, Silvanus Senator, Gregorius Senator, Artemius Senator, Eulogius Senator, Deophilus Senator, Siagrius Senator, Rufus Senator, Ergerius Senator, Spectabilis Senator, Macrinus Senator, sic & cæteri: Simplius Quæstor, Notarius Libellarius publicus dictavi, subscripsi anno II. gloriosi Childeberti Regis.

Childebertus Rex Caeoldo Patri, & Euphibio Abbati. Quod poposcistis, quia digna est petitio & postulatio vestra; Edictum nostrum de villis de Genecio, & si qua alia ibi pertinent, superscripsimus, ut quia Viennensi Ecclesiæ integrè cum omnibus suis tradita sunt, & per votum tuum tibi Epiphi condonata, nostrâ auctoritate semper ibi permaneant, & quidquid fisco nostro exire inde poterat, totum Deo nostro & sanctis Dei Apostolis ac ministris eorum permittimus, ut sub immutatione Viennensi Ecclesiæ quod Judices requirere poterant, omnes fines & districtus, sive de servis sive de liberis in villis vel terris, vel silvis, vel redhibitionibus sine ullo unquam tempore maneat, neque ullus Judex publicus neque Officialis ejus ad judicandum vel distringendum locum ibi habere audeat, sed proficiat omni tempore ad victus & alimoniam servorum Dei, quidquid ad nostram gloriam vel ad Judices & Officiales nostros pervenire poterat, & utatur jure & potestate suâ ex hoc Ecclesia Viennensis à nobis sibi concesso. Edictum hoc Ego Childebertus Regno meo in anno tertio constitutum roboravi.

Certa Privilegia concessa habitatoribus Figiaci.

PIPPINUS Dei gratiâ, ordinante jam Rex Francorum constitutus, omnibus populis matris Ecclesiæ filiis sub potestate nostra degentibus æternam in Domino salutem. Igitur quia Regem à Deo constitutum justè & recte decet gubernare subjectos, semperque loca divino cultui mancipanda construere, & ædificatis regali more beneficia opportuna largiri; cum si id agimus, procul dubio ad animæ nostræ salutem & Regni nostri stabilitatem proficere non dubitemus; notum esse volumus cunctis Christum colentibus, præsentibus scilicet & futuris, qualiter locum in convalle Jwantis olim [à] prædecessoribus nostris in pago Caturcino constructum, & ab aquis irruentibus jam penè dissipatum, nos proxima silva in eodem pago habiliori loco, cui Fiacum nomen imposuimus, mutantes, Monasterium vel ædificia à fundamentis ædificavimus, quod præsente Domino STEPHANO Papa mirabiliter à Deo consecratum prospeximus, ubi Monachorum turmam sub cultu religionis, divinâ miserante clementiâ, congregavimus, cui auctore Deo venerabilem virum ANASTASIUM Abbatem ordinavimus.

Huic ergo loco Fiaco per hos nostros regales apices prædictum Monasterium Jwantem cum omnibus Ecclesiis, rebus & mancipiis ad se pertinentibus vel aspicientibus, solemni donatione tradimus, & ab omni potestate humanâ jam dictum Fiacum liberum esse præcipimus, nihilque in eo nos ipsi, nisi tuitionem & orationum juvamina retinemus. Res & mancipia quæ ab antecessoribus nostris & ab aliis bonis viris supradicto loco Jwanti collata sunt, (de quibus, sicut idem Abbas suggesit, per pravorum hominum fraudes, vel per ignem aut aquam instrumenta chartarum perdita sunt) ita ab habitatoribus hujus loci per hanc nostram auctoritatem possessa firmentur, perdita revocentur, sicut per eadem instrumenta, si perdita non fuissent, legibus defendi poterant. Castrum vero Strimolum, quod antecessores nostri Jwanti loco ad se suaque tuenda condonaverunt, ne pagani qui regionem istam irrumpere solebant, tam humilem locum atque indefensibilem omninò diriperent, eidem Fiacensi loco ad munimentum & tuitionem perpetuo jure subjectum esse præcipimus, ut per hanc nostræ auctoritatis confirmationem firmiter & quiete Rectores & Ministri supra nominati Fiacensis Monasterii semper teneant & possideant.

Conferimus etiam huic Ecclesiæ adeo sublimatæ villam nostram cum Monasterio quod construximus in honore sancti Quintini, quod dicitur Galliacus, cum mancipiis & omnibus appenditiis suis: cui superaddimus castella nostra circumadjacentia, videlicet Bedorium, Petruciam, Altam-Rupem; Parisius etiam longius situm. Simili modo villam nostram quæ dicitur Ficella, cum Ecclesiâ de Rigauto, & Ecclesiam de Ambaitaco, cum villâ & mansis & hominibus, seu Ecclesiam quæ dicitur sancta Columba, & Ecclesiam sancti Symphoriani, unâ cum totâ forestâ nostrâ, quæ nominatur Prandenna.

Concedimus pariter alias villas nostras Ornacum & Cuciacum, necnon Silciniacum, Baituacum & Lentiliacum, cum omnibus appenditiis & hominibus earum; pari quoque modo Ecclesiam, quæ nominatur Colmargas, cum aliis duabus de Soltenaco, quæ dicuntur sanctus Stephanus & sanctus Sigismundus, unâ cum mansello qui dicitur Ovantus, cumque omni integritate earum: Et eodem modo Ecclesiam de Senehaco cum totâ curte & hominibus, & in ipso pago eodem tenore Ecclesiam de Gorsias unâ cum illâ de Soceraco, & illam de Sivimiaco, cum hominibus & cum cunctis quæ ad ipsas videntur pertinere. Similiter concedimus Ecclesias, quæ dicuntur sanctus Stephanus & sanctus Lupus, unâ cum mansello qui dicitur Mons-Serenus, & cum omni integritate earum. Eo quoque tenore in pago Ruthenensi concedimus villam Flarcuacum cum tribus Ecclesiis, quarum una sub honore sanctæ MARIÆ, alia sub honore sancti Joannis, alia sub honore sancti Martini constat ; necnon etiam mansum qui dicitur Andonsias, cum omni integritate earum.

Has igitur Ecclesias, vel castella, seu mansos, & alia quæ moderno tempore tenent, vel justè acquisituri sunt Fiacum regentes, absque omni alicujus contradictione aut infestatione deinceps perpetuò teneant, & absque ullà calumniâ possideant : & quidquid ob utilitatem vel necessitatem ejusdem Monasterii & Congregationis ibidem Deo famulantis disponere & ordinare voluerint, proprio in omnibus arbitrio liberè perfruantur. Non solùm autem bonum libertatis Abbati & Monachis concedimus : sed etiam omnes ipsius loci habitatores undecumque advenientes ab omni servitute humanâ liberos esse præcipimus, nec ab aliquo unquam repeti, vel quolibet modo inquietari volumus, sed solius Abbatis & Monachorum servituti & justitiæ semper subdi & subesse. Præcipimus etiam ut nulla potestas cujuscumque ordinis aut dignitatis, vel quilibet ex ministris eorum, nec alia quælibet nota, vel extranea persona in prædicto Monasterio Fiaco, aut in rebus vel mancipiis ad se pertinentibus, aliquam dominationem, aut potestatem exercere præsumat, nec ullam calumniam, aut infestationem inferre, nec paratas, vel paravellas, vel receptiones, aut etiam freda, vel jocaticum, sive teloneum, aut aliquas redhibitiones habitantibus in eodem loco integrè (sic) audeat ; sed liceat memorato Abbati Anastasio, & Monachis, eorumque successoribus res & mancipia prædicti Monasterii cum omnibus hominibus ad se pertinentibus sub nostrâ & Romani Pontificis tuitione atque defensione, remotâ totius judiciariæ potestatis inquietudine, quieto ordine possidere, & nostro atque Romani Pontificis successorumque nostrorum solummodo, si necessitas evenerit, fideliter parere imperio.

Volumus etiam & concedimus eidem Monasterio, ut quidquid de rebus & mancipiis ipsius Monasterii jus fisci exigere poterat, totum nos & Romanus Pontifex in stipendia Monachorum ibidem Deo militantium, & in alimoniam pauperum, nostris futurisque temporibus perpetuò retinere præcipimus.

Item placuit Serenitati nostræ Eremitas, & locum suum, atque omnia quæ ad illos pertinent, consilio Domini præfati Stephani Papæ huic Fiacensi Ecclesiæ subjicere, ut dispositioni illiusque ordinationi tamquam matricis Ecclesiæ semper obedientes existant.

Ad hæc tandem adjiciens prædicta confirmantes, & metas terminorum hujus sanctæ Ecclesiæ possessionibus assignantes statuimus, & omnia quæ ab Ecclesiâ sancti Vincentii, & illâ sancti Sanctini sunt, eisdem tamen non exclusis, & à portu de Agrez, quem antecessor noster gloriosus Rex Clodoveus Jwanti Monasterio dederat, usque ad terminos parochialis Ecclesiæ de Cajarco, quæ est sancti Stephani de Caturcis, & usque ad rupem de Bazas, & à Petruciâ usque ad Ecclesiam sancti Christophori de Teminis, cuncta quæ infrà istos terminos includuntur, huic sanctæ excellentissimæ Ecclesiæ regalis auctoritatis privilegio perpetuò possidenda concedimus. Inhibentes insuper cunctis & interminantes, ne aliquis unquam infrà præfixas à nobis horum terminorum metas præsumat ædificare castella vel munitiones quaslibet, seu domos religiosas, vel habitationes aliquas contrà voluntatem dilecti nostri prædicti Anastasii Abbatis, quem huic venerando loco præposuimus, vel successorum ipsius Abbatum

sive Monachorum : nec de feodis vel quibuslibet hujus Ecclesiæ possessionibus audeat quisquam litigare coram aliquo, nisi tantùm coram Abbate, quem semper volumus & concedimus habere à nobis plenariam potestatem & jurisdictionem super homines omnes sibi subditos in dirimendis & diffiniendis omnibus quæcumque discernenda fuerint vel discutienda.

Placuit etiam nobis & domino Reverendissimo Apostolico, hanc immunitatis prærogativam, quam huic sanctæ Ecclesiæ indulsimus, per duo milliaria circà ipsam extendere, ut cuncta infrà hoc spatium juxtà illam posita, ob reverentiam illius & honorem hujus nostræ beneficio largitionis semper gaudeant uti, & quemadmodum ipsa pro incomparabili sibi divinitùs concessâ dignitate omni humanæ meruit prorsus adimi potestati ; ita quoque membra sibi lateraliter cohærentia ejusdem beneficii semper ob gratiam illius floreant perfruitione.

Et ut omnium prædictorum auctoritas nostris futurisque temporibus, Domino protegente, valeat inconcussa manere, & à Fidelibus sanctæ Dei Ecclesiæ veriùs certiùsque credatur, & diligentiùs conservetur, manu propriâ subterfirmavimus, & annulli nostri impressione sigillari jussimus. Datum in eodem loco VI. Idus Novembris, anno ab Incarnatione Domini DCCLV. Indictione nonâ Childericus vice scriniarii scripsit.

Excommunicatio [a] lata ab Archiepiscopo Senonensi in pervasores rerum Ecclesiasticarum.

Immensus dolor nos urget ad gemitum, ac indicibilis mœstitia commovet ad fletum, quando illos, quos Passio Christi à jugo diaboli redemit, & à sordibus peccatorum sacer baptismus purificavit, & Ecclesiæ Catholicæ corpori sociavit, nunc iterum seipsos sponte antiquo hosti subdere videmus, & non solùm membris Christi persequutionem inferre, sed etiam contrà ipsum totius creaturæ auctorem & Dominum bellum moliri. Qui enim sacrosanctæ Ecclesiæ structores atque defensores esse debuerunt, modo venenato diaboli furore vexati, atque ferinâ rabie concitati, omni timore Dei postposito, & remedio pœnitentiæ neglecto, Ecclesias in Dei honore, ac perpetuæ Virginis MARIÆ, sanctique Stephani dicatas, lacerare, ac sine Pastore esse non pertimescunt, violenter usurpantes ea unde sancta Dei debet restaurari Ecclesia. Admonemus etiam & admonendo adjuramus ut incorrigibiles, & qui pestiferis & flagitiosis moribus sunt inretiti, sicut à bonis moribus sunt alienati, ita & consortio fidelium fiant extranei.

Igitur quosceat universalis Ecclesia hostes sævissimos, & tyrannos improbos, adversarios & persequutores pessimos sanctæ Dei Ecclesiæ Gauzfridum atque Geilonem, Rangenardum, Erodmundum ejus filium, eorumque commilitones, Ecclesiasticarum rerum pervasores, canonicos præceptorum Dei contemptores, sanctorum canonum transgressores, pastoris sui contradictores, quos ab ipso summo Pastore CHRISTO, & beatissimâ ejus matre MARIA, atque beato Petro Apostolorum Principe, cujus quamvis indignus auctoritate & magisterio fungor, nisi citissimè se emendaverint, & satisfaciendo commissa fideliter restituerint, eos cum omnibus sanctis in cœlo meritis viventibus, & in terrâ miraculis

---

a *Excommunicatio lata*] Acherius monet descriptam esse à D. d'Herouval ex vetustissimo Pontificali Ecclesiæ Senonensis, & ex antiquitate codicis conjici posse sententiam hanc latam esse vel octavo sæculo, vel saltem nono.

fulgentibus

fulgentibus obligamus, & à nobis secundùm potestatem nostræ parvitati concessam ligandi atque solvendi, excommunicamus, atque anathematis gladio transfigimus. Deinde excommunicamus Gauzfridum, Geilonem, Gr...... qui meum injustè usurpat Archidiaconatum, Wangerium Arricum : Postea verò Ansellum, item Ansellum, Hugonem, Ansegisum, Balduinum.... hos & omnes, qui postquàm Archiepiscopalem suscepi benedictionem, sanctæ Senonensis Ecclesiæ locum ingredi non permiserunt more antecessorum meorum, desistentes à veritate, adhærentes mendacio, insuper anathematizamus per Patrem & Filium, & per Spiritum Sanctum, & per auctoritatem nobis à Deo concessam, ut nullam Christianorum habeant portionem, Ecclesiamque Dei non ingrediantur, neque Missa eis ab aliquo celebretur, nisi eidem pœnæ voluerit subjacere, nulla pro eis vel pro illorum offensis, nisi satisfecerint, fiat oblatio vel commemoratio, non thuris neque incensi, sed neque sacri luminis carne viventes, vel morientes portionem accipiant, sed cum pravis & contrà Deum tumentibus, sanctosque lacerantibus fiat pars, & hæreditas eorum ignis indeficiens & cruciatus perpetuus. Maledicti sint in civitate, maledicti in agro, Amen. Maledicti sint in domibus, maledicti sint in villis, Amen. Maledicti sint in saltibus, maledicti in aquis, Amen. Maledicti sint in vicis, maledicti in plateis, & in omnibus locis, Amen. Nisi correcti existant multiplici maledictione induantur, Amen. A nemine Sacerdotum in articulo mortis visitentur, neque in cœmeteriis Christianorum sepeliantur, sed velut cadavera fœtida projiciantur, Amen. Maledicta sint horrea eorum, maledictæ sint reliquiæ illorum, Amen. Maledicti sint ingredientes & egredientes, Amen. Percutiat eos Dominus egestate, febri, & frigore, ardore, & æstu, & persequatur donec pereant; Amen. Sicut hæc lucerna exstinguitur in oculis hominum, sic exstinguatur lumen eorum in perpetuum, Amen.

Epistola ALBINI ALCUINI, a GALLICELLULÆ.

Anno. circ. DCCC.

Dilecto Filio meo GALLICELLULÆ ALBINUS salutem. Quia me rogasti de numerorum ratione, vel magis comparatione, qui in veteri Lege inveniuntur, ad auctoritatem novi Testamenti referre; quia non occurrit nobis iter agentibus plura scribere, à denario tamen incipiamus, donec usque ad unitatem perveniamus, ut cum pedibus gradientis calamus currat scribentis.

Decem præcepta sunt Legis, quæ data sunt in duabus tabulis per Moysen & Aaron populo Dei.

Decem mnas dedit Christus utriusque populi Prædicatoribus, immolandus erat.

Decem plagis percussa est Ægyptus, ut populus Dei liberaretur.

Per decem persequutiones coronata est Ecclesia Christi.

Decimâ die mensis primi tenendus fuit Agnus paschalis, qui XIIII. die mensis ejusdem decimâ horâ pro mundi salute Agnus paschalis, id est Christus, in Cruce emisit spiritum.

Decimâ generatione venit diluvium, & perdidit impios.

Post decem Reges novissimi temporis nascitur Anti-Christus, cum quo pereunt omnes impii.

Novem lapidibus opertus est Archangelus qui cecidit de cœlo.

Novem Ordines Angelorum remanserunt in cœlo.

Octo animæ salvæ factæ sunt in arcâ.

Octo beatitudinibus salvantur animæ fideles in Ecclesiâ.

Octavo die in populo circumcidebatur masculus.

Octavo die circumcisus est Dominus, per cujus circumcisionem octo principalia vitia destruuntur.

Septimâ die requievit Deus ab omnibus operibus suis.

Septimâ ætate requiescunt Sancti à laboribus hujus sæculi.

Septem columnas excidit sapientia ad construendam sibi domum.

Septem donis sancti Spiritûs Christus domum suam, id est, Ecclesiam confirmavit.

Sex diebus fecit Deus cœlum & terram; & omnia quæ in eis sunt.

Sex ætatibus omnia currunt hujus sæculi tempora.

Sextâ die creatus est homo de immaculatâ terrâ.

Sextâ ætate filius Dei de immaculatâ Virgine factus est homo.

In quinque libris Israëlitico populo Moyses dedit præcepta vivendi.

Quinque talenta Christus ad cœlos rediens fideli tradidit servo.

Quatuor de uno paradisi fonte ad irrigandam profluunt flumina terram.

Quatuor Evangelia de uno fonte, qui est Christus, procedunt ad irriganda corda arida, ut virtutum floribus vernent.

Quatuor sunt elementa, quibus mundi ornatus maxime constat.

Quatuor sunt virtutes, quibus minor mundus, id est, homo ornari debet.

Tribus modis Adam tentatus est & superatus, id est, gulâ, jactantiâ & avaritiâ.

Tribus modis Christus tentatus est, & vicit victorem Adæ.

Totus orbis in tres dividitur partes, Europam, Africam, Asiam, in quibus partibus tribus modis colitur Deus, fide, spe & charitate.

Tria præcepit Deus Abraham: *Egredere de terrâ tuâ, & de cognatione, & de domo patris tui.*

Tria promittuntur nobis, resurrectio, vita, & gloria.

Duæ fuerunt tabulæ Testamenti, in quibus Decalogus digito Dei scribebatur.

Duo sunt præcepta charitatis, quæ digito Dei, id est, Spiritu sancto in cordibus scribuntur fidelium.

Duo fuerunt Cherubim in templo, Cherubim multitudo scientiæ interpretatur: ideo duæ partes sunt scientiæ, una diabolum relinquere, altera Deum diligere.

Una fuit arca, in quâ mundo pereunte fideles salvati sunt.

Una est Ecclesia, quâ pereuntibus peccatoribus, salvantur Fideles.

Unus fuit transitus Israëlitici populi per mare rubrum, ut promissam acciperent terram.

Unum est baptisma, per quod transeundum est ad vitam æternam.

---

a *Albini Alcuini*] Hanc epistolam, ac duas quæ sequuntur, ait Acherius, Alcuini nomine insignitas; inter varia ejusdem auctoris opuscula nactus sum in scripto codice pervetusto, quem dono mihi dedit solers & eruditus Bibliopola Parif. Ludovicus Billaine. Certone has epistolas Alcuino adscribere debueras? dicet aliquis. Ita sanè, cum enim eas stilum & genium tanti viri spirare animadvertissem, cur non tribuerem nihil causæ fuit.

Idem de decem verbis Legis.

Dat igitur Dominus Moysi legem innocentiæ nostræ & cognitionis suæ; eamdemque in decem verba constituit, & saxeis tabulis digito suo scripsit: & hæc quidem præcepta ita sunt distributa, ut tria pertineant ad dilectionem divinam Trinitatis, septem verò ad amorem fraternum, quibus societas humana non læditur. Primum. Decalogi mandatum ad Deum Patrem pertinet, dum dicit: *Dominus Deus tuus, Deus unus est.* Utique ut hæc audiens, unum Deum Patrem colas, & in multos Deos fornicationem tuam non effundas. Secundum præceptum pertinet ad Filium, dum dicit: *Non assumes nomen Domini tui in vanum:* id est, ne æstimes creaturam esse Filium Dei; quoniam omnis creatura vanitati subjecta est, sed credas eum æqualem esse Patri, Deum Deorum, Verbum apud Deum, per quem omnia facta sunt. Tertium mandatum de Sabbato ad Spiritum sanctū pertinet, cujus donum requies nobis sempiterna promittitur. Nam quia Spiritus sanctus dicitur, propterea & septimum diem sanctificavit Deus: in aliis enim diebus operum non est nominata sanctificatio nisi in sabbato, ubi dicitur: *Requievit Deus.* Proinde igitur hoc mandatum pertinet ad Spiritum sanctum, tam propter nomen sanctificationis, quàm etiam propter æternam requiem, ad donum sancti Spiritûs pertinentem.

Dicitur enim ibi: *Memento ut diem sabbati sanctifices. Sex diebus operaberis, & facies omnia opera tua. Septimus autem dies sabbatum est Domini Dei tui, non facies omne opus in eo.* In sex dierum opere, sex millium annorum operatio continetur. In septimi verò requie, beati illius regni tempus ostenditur, quod carnaliter Judæi celebrantes expectant. Et hoc ne nos ad fidem mendacii fallentes aptemus, clamat per Prophetam Deus: *Neomenias & sabbata vestra odivit anima mea.* Quomodo ergo sanctificata sunt, vel erunt sabbata illa, quæ odivit Deus? Ergo sabbatum est sanctificatum, ubi post bona vitæ hujus opera, requies nobis æterna promittitur. Ideoque quidquid agimus, si propter futuri sæculi requiem agimus, veraciter sabbatum observamus.

Post hæc tria præcepta septenarius succedit numerus mandatorum ad dilectionem proximi pertinens, & incipit ab honore parentum, dum dicitur: *Honora patrem tuum & matrem tuam:* quod in ordine quartum est. A parentibus enim suis homo aperit oculos, & hæc vita ab eorum dilectione sumit exordium. Inde hoc mandatum primum est, sicut & Dominus in Evangelio dicit: *Honora patrem tuum & matrem tuam, quod est mandatum primum;* sed quomodo primum, nisi sicut prædictum est, in septenario numero, quia pertinet ad dilectionem proximi primum est in altera tabula? Nam idcirco duæ tabulæ Legis datæ sunt. Jubetur ergo in hoc præcepto filiis honorare parentes, neque contumeliosos aut protervos illis existere, sed officio pietatis & humanitatis debitam reverentiam præstare. Nam qui parentibus honorem differt, quibus parcere poterit qui suos odit? Quintum: *Non mœchaberis:* id est, ne quisquam præter matrimonii fœdus aliis fœminabus misceatur ad explendam libidinem. Nam specialiter adulterium facit, qui præter suam ad alteram accedit. Sextum: *Non occides:* Etenim non solùm opere perpetrans, homicidium facit, sed etiam qui incurrit in eum esurientem vel nudum, qui mori possit, nisi indumentum cibumque porrigendo subveniat; & ideo homicida reus, tenebitur. Septimum: *Non furtum facies:* quod est vitium rapacitatis. Octavum: *Falsum testimonium non dices:* quod est crimen mendacii & falsitatis. Nonum: *Non concupisces uxorem proximi tui.* In hoc præcepto vetat intentionem adulterinæ cogitationis. Nam aliud est facere aliquid tale præter uxorem, aliud non appetere alienam uxorem: ideo duo præcepta sunt, *Non mœchaberis,* & *Non concupisces uxorem proximi tui.* Decimum: *Non concupisces rem proximi tui:* in quo præcepto damnat ambitionem sæculi, & refrænat concupiscentiam rerum. Itaque horum primum prohibet superstitionem: secundum errorem: tertium sæculi amorem: quartum impietatem: quintum allidit fornicationem: sextum crudelitatem: septimum rapacitatem: octavum perimit falsitatem: nonum adulcerii cogitationem: decimum cupiditatem. Et notandum, quia sicut decem plagis percutiuntur Ægyptii, sic decem præcepta conscribuntur tabulæ, quibus regitur populus Dei, & dæmones occiduntur.

Idem FRIDUGISO, *de tribus generibus visionum.*

Tria sunt genera visionum, unum corporale, aliud spirituale, tertium intellectuale. Corporale est, quod corporalibus oculis videtur: spirituale est, quod remotâ corporali visione, in spiritu solo per imaginationem quamdam cernimus, sicut cum forte quidlibet ignotum oculis perspicimus, statim ejus rei imago formatur in spiritu; sed priùs non apparet illa spiritualis imaginatio, quàm corporalis allata sit intuitio. Intellectuale est, quod solâ mentis vivacitate consideramus, veluti cum scriptum legimus: *Diliges proximum tuum sicut te ipsum.* Literæ autem corporali visione leguntur, & proximus spirituali imaginatione rememoratur, & dilectio solâ mentis intelligentiâ.

Primum autem genus visionis omnibus notissimum est: secundum æque omnibus consuetum: tertium à plerisque ignoratur, quia discernere nequeunt quid sit spirituale, quid intellectuale. Quæ duo Apostolus unâ sententiâ & hac brevissimâ optimè discernit. *Orabo spiritu, orabo & mente: psallam spiritu, psallam & mente.* Spiritum, occultas significationes quæ sunt in scripturis sancti nominavit, & mentem, manifestas harum intelligentias appellavit: voluit enim nos cum intelligentiâ eorum quæ dicimus, vel orare vel psallere; unde & in alio loco dicit: *Si orem linguâ, spiritus meus orat, mens mea sine fructu est.* Hîc autem linguâ obscuras & mysticas significationes, quæ solent tantummodo spiritu cerni, designavit; quarum si intelligentiam ignoramus, mens nostra infructuosa permanet.

Hæc quoque duo genera visionum in Pharaone & Joseph mirabiliter distinguuntur. Illi enim in spiritu futura ostendebantur, isti in mente; horum revelatione factâ, illius spiritus informatus est ut videret, istius mens illuminata est ut intelligeret. Similiter & Danielis excellentia tentata est & probata, qui & somnium futurorum, quod Rex videbat spiritu, intellexit, ejusque interpretationem Regi ostendit: ideo magis ille fuit Propheta qui mente intellexit, quàm Rex qui spiritu cernebat. Sed hæc tria quoque genera visionum in illâ scripturâ, quæ coram Rege Balthazar in pariete est depicta, ostenduntur. Nam corporali visione Rex cernebat in pariete literas perscriptas, cujus nec spiritus informatus fuit ut eas legere posset, nec mens illuminata ut intelligeret. Accessit autem & Propheta, qui utrumque, & in spiritu obscuritatem scripturæ perlegebat, & obscurissimas ejus significationes mentis vivacitate intellexit. Hæc tibi, carissime fili Frudigise, citato sermone dictavi, ne ignarus hujus tripartitæ rationis esses, quæ omnibus usitata est, sed à paucis intellecta.

Ejusdem in expositionem a *septem Psalmorum pœnitentialium, Psalmi CXVIII. & Psalmorum XV. Gradualium, Præfatio ad Episcopum Arnonem.*

SAnctissimo Patri, & summo Pontifici, ARNONI Episcopo, humilis Levita ARCHOINUS salutem. Dum vestram, Venerande Pater, sanctissimam voluntatem Catholicæ fidei fervore fulgentem, & sanctæ charitatis à Deo donis abundantem agnovi, ita ut me minimum divinæ Scripturæ vernaculum de multis Ecclesiasticæ dignitatis consuetudinibus quasi Patrem consulere voluistis ; ne fortassis aliquid vestræ prudentiæ incognitum remaneret, quid, à quibus Patribus de quâlibet re sancitum esset. Proinde subitò sermo inter nos habitus de pœnitentiæ Psalmis, qui essent, vel qualiter intelligendi, vel usitandi fuissent, inquirebat. Quos septem esse ex venerabilium Patrum discretione mox inventum est ; necnon unde Psalmus centesimus decimus octavus tam celebri laude, vel cur tam perpetuâ consuetudine canonicis horis decantari solitus sit : aut unde Psalmi graduum dicerentur ; quorum quindecim esse nemini librum delectante b Psalmorum dubium esse reor. De quibus vestræ sagacissimæ sanctitati breves expositiunculas, quasi quoddam enchiridion, id est manualem librum, fieri flagitastis. Qua petitione almitatis vestræ libens annui : arreptisque sanctorum Patrum tractatibus, qui copiosè de singulis in Psalmorum libro versibus scrutati sunt ; quatenùs de his quoque quid dicerent adnotarem, floresque colligerem dulcissimos ad vestræ voluntatis satisfaciendum desiderio.

Sed primò omnium numerorum eruendas rationes ratum putavi, id est, cur etiam Psalmi pœnitentiæ septenario numero consecrati essent, aut quare centesimus decimus octavus viginti duobus periodis divideretur, quorum singuli octo haberent versùs ; aut quid rationis sit, quindecim esse Psalmos, qui cantico graduum titulo præsignarentur. Notissimum quippe est in sanctâ Scripturâ magnam habere perfectionem septenarium in significatione ubique numerum, vel ex eo maximè quod sancti Spiritûs dona prophetali definitione in Christo esse ab Esaiâ summo Prophetarum dictum est ; ubi idem secretorum Domini conscius ait : *Egredietur virga de radice Jesse, & flos de radice ejus ascendet : Et requiescet super eum spiritus Domini, spiritus sapientiæ & intellectûs, spiritus consilii & fortitudinis, spiritus scientiæ & pietatis, & replebit eum spiritus timoris Domini.* Ipse quoque Dominus septem suis petitionibus informare voluit, & in Apocalypsi Joannis septem candelabra vidisse, septemque stellas, ac septem scripsisse Ecclesiis testatur, & multa alia sparsim in divinis reperiuntur libris, quæ septenarii numeri perfectionem ostendunt. Unde est & illud Salomonis : *Sapientia ædificavit sibi domum, excidit columnas septem* : quæ longiorem poscunt sermonem ; si tamen est nostri temporis quis idoneus universa ejusdem numeri explanare mysteria ; qui etiam in principio creaturarum ipsius Creatoris requie consecratus est, & nunc ordo sæculorum per eumdem numerum decurrere constat : qui etiam si in duo dividitur membra majoris portionis habitudinis suæ, id est, in tres & quatuor, mirabile universitatis habet arcanum. Nam in tribus sanctæ Trinitas creatrix omnium quæ sunt designatur, & in quatuor scilicet universitas demonstratur creaturarum ; seu ob quatuor mundi plagas, sive propter quatuor elementorum originem, aut etiam temporum distributionem, quæ quadrifariè currere noscuntur : quocircà propter perfectam remissionem peccatorum, quam in baptismo accepimus, vel etiam in lacrymis confessionis & pœnitentiæ psalmi pœnitentiales septenario numero consecrantur. Sic etiam & psalmi novissimi in psalterio in laudem Domini Dei æterni, eâdem perfectionis regulâ septenario numero dedicantur. Psalmus siquidem centesimus atque octavus decimus, cui ad probationem animæ, inhærendo sacris orationibus Deo, nullus æquiparari posse putatur, juxtà alphabetum Hebraicæ linguæ compositus est, qui secundum numerum litterarum ejusdem linguæ viginti duobus periodis constare videtur : quorum quisque octo versus habet, semper secundum ordinem alphabeti ab eâdem incipientes literâ, fortassis propter evangelicas octo beatitudines, in quibus legalium constat esse perfectio præceptorum ; sive propter octavam Circumcisionis diem, quæ in novo homine expoliationem carnalium designat voluptatum : cujus psalmi versus sunt simul aggregati bis LXXXVIII. quasi per decem legalia præcepta ad octo Evangelicæ perfectionis beatitudines ascensionis pateceret. Unde mihi modo locus esset idoneus disputandi de mirabili numerorum congruentiâ cum salutis nostræ mysteriis, si alibi oratio non intenderet : similiter verò & de psalmi graduum quindecim pulcherrimus ascensionis ordo designatur usque ad cœnaculum, in quo Spiritus sanctus in igneis linguis cum flamatu vehementi super nomina virorum centum viginti venerat. Ergo si computare c incipies singulos numeros ab uno usque ad quindecim, & omnem summam eorum in unum congregabis cumulum, centum viginti reperies, id est de ter quinis ter quadragenos nasci ; numerum videlicet, in quo Moyses jejunando legem meruit recipere, vel Helias prophetali spiritu exaltatus est ; vel etiam ipse Dominus noster JESUS-CHRISTUS post jejunium quadraginta dierum tentatorem gloriosè vicit malignum.

His omnibus consideratis quanta sit numerorum excellentia in divinis Scripturis, & quàm necessarium sit eas legentibus illorum nosse scientiam, perspicuè patet : per quos etiam sæculorum ordo decurrit, & nostræ vitæ ratio constat, unde in sanctâ Scripturâ legitur Dominum Creatorem omnia in numero, pondere, & mensurâ fecisse. Quocircà fas esse videtur sanctam auctoritatem vestram juvenes exhortari ingeniosos in talibus se exercere studiis discant ferventiâ ætatis, ingenio, ut habeant maturo tempore quid doceant discipulos suos, quatenùs vestrâ sanctitate diligenter prædicante plurimi erudiantur in lege Domini. Sacerdotis quippe est ex alto culminis fastigio prædicare, quid cui conveniat personæ, quibus pascuis nutriat gregem sibi commissum ;

---

a *Ejusdem in expositionem*] Præfationem hanc, sanè luculentam è MS. codice S. Claudii descripserat Petrus Franc. Chiffl. S. J. sed minùs accurate, ut deprehendit Baluzius ex apographo Jacobi Sirmondi ex eodem codice desumpto, cujus ope haud pauca emendavimus, quæ profectò adnotare esset inutilissimum. In eo codice hæc scripta erant *Voto bonæ Memoriæ Mannonis liberi ad septuerum sancti Augendi oblatus*. Arno in cujus gratiam Expositionem Psalmorum Alcuinus susceperat, Episcopus fuit Salisburgensis, obiitque anno DCCCXXI.

b *librum delectante*] Portentum hoc est, quod Acherium

ita terruit, ut in ejus locum puncta ediderit, quibus indicaret hîc nonnihil esse vitii. Haud longè tamen quærenda est vera lectio, nec dubito quin optimè restitui possit *delectanti*. Eodem enim sensu verbum *delectare* accipitur in Narratione Translat. Corporum SS. Ragnoberti & Zenonis, cap. 5. suprà tomo 1. & quod vir ille doctus conjecturat insipienti, ab illo *delectante* nimium abest.

c *si computare*] Sic restituit ex ingenio Baluzius, nam in codice S. Claudii perinde in priori editione legebatur sicut putavi.

ne forte quælibet ex grege ovicula errans, pastoris negligentiâ lupinis pateat morsibus. Unusquisque equidem doctor rationem acceptæ pecuniæ redditurus est Domino suo; nec parvum sibi quislibet pastor fingat in animo imminere periculum, multa millia animarum in rationem animæ suscepisse suæ; laboret studiosè in domo Dei doctor bonus, ut mereatur gloriosè coronari in regno Dei: tempus itaque laboris transiet citò; beatæ verò retributionis nunquam finietur. Si enim feliciter vivere quæramus, illuc animo tendamus, ubi vera est felicitas, ad quam nonnisi charitate suffultus nemo pervenire poterit: quæ nos de terrenis tollat ad cælestia. Nihil sæpiùs in hac vita nostræ peregrinationis animo meditemur, nisi qualiter Redemptori & Judici nostro placeamus: scientes quòd hìc semper non erimus, sed in aliâ quâdam vitâ semper erimus. Quàm miser est qui de hujus mortalitatis labore, in majorem mortalitatis perveniet laborem; & quàm felix est, qui de hoc labore transiet in requiem cujus nullus erit unquam finis! Proinde non transitorias amemus divitias, sed semper manentes. Dominus Jesus non nobis promisit honores transeuntes, sed perpetuos; non gloriam terrenam, sed cælestem; non hìc longævitatem vitæ, ubi peccato nascimur, sed vivimus, dolore morimur; sed in beatitudine perpetuâ æternam nobis promisit vitam; & non perituras spopondit divitias, sed semper manentes: hujus verò sæculi divitiæ bonis, malisque communes esse videntur, quibus boni benè utuntur ad augmentum salutis sibi sempiternæ, mali verò malè utuntur eis ad perditionem sui. Illud verò promisit Dominus Deus charitate ferventibus, quo nihil beatius esse poterit, id est, perpetuæ suæ beatitudinis visionem, ad quam mundato corde festinandum est, sicut ipsa Veritas ait; *Beati mundo corde, quoniam ipsi Deum videbunt.*

Mundi sunt videlicet corde, quos nulla cujuslibet malitiæ macula conturbat, qui castâ mente Deum laudare cœlestibus hymnis assuescunt. Hi Angelicam in terris agunt vitam, qui in Dei laudibus lætantur, & psalmodiæ puro corde delectantur. Nullus mortalium virtutem psalmorum pleniter explicare poterit. In his confessiones peccatorum, in his pœnitentiales lacrymæ excitantur, in his compunctio cordis renovatur; nam totus psalmorum liber cœlestibus redolet mysteriis, spiritalibus abundat præceptis, divinis repletus est laudibus. Quicumque psalmos intentâ mente decantare: & scrutari didicit, inveniet in eis omnem salutis nostræ dispensationem prædictam, miras cœlestium jucunditates gaudiorum.

Proinde, sanctissime Pater, hortare Fratres sanctos eorum diligenter discutere sensus; ut sciant, & intelligant corde quod ore & linguâ resonent; Apostolico imbuti exemplo, qui de seipso dixisse legitur: *Psallam spiritu, psallam & mente: orabo spiritu, orabo & mente.* Verba siquidem cantantis mens meditetur: intelligentes quia Domino patescunt cogitationes singulorum, qui cor contritum & humiliatum in prece ad se clamantium non spernit. Siquidem quidam sapientum ait, humilitate preces cœlum ascendunt; humilitate & misericordiâ Christi salvati sumus, qui ait: *Discite à me, quia mitis sum, & humilis corde, & invenietis requiem animabus vestris.* Qui misericordiam facit, miserebitur illius Deus; ipso Domino dicente: *Estote misericordes, sicut & pater vester cœlestis misericors est.* Imago Dei, ad quam reformamur in mente, in misericordiæ maximè stat operibus, pro quibus Sanctis & Justis regnum promittitur æternum; dum discernentur agni ab hœdis, ad audiendam vocem desiderabilem summi Regis & Judicis in sede paternæ majestatis sedentis: *Venite benedicti Patris mei, percipite regnum quod vobis paratum est ab origine mundi.* Explicit.

Hac lege sancte Pater feliciter atque Sacerdos, d
Sis memor Albini per tempora longa magistri,
Dum sacri Domini supplex altaribus adstas,
Ut pius omnipotens solitâ pietate relaxet
Vincula criminibus cujus condigna nefandis.
Ut valeat tecum gaudens laudare Tonantem
Post hujus Domino vitæ miserante labores.
Angelus almipotens cœli directus ab arce,
Per terras, silvas, colles conmitetur euntem.
Per castella, vicos, per fortia flumina terræ;
Semper ubique, precor, ducat simul, atque reducat
Gaudentem sanctæ cum prosperitate salutis.
Tu Pater alme, Deo Christo donante, per ævum
Tu valeas, vigeas semper, carissime Præsul,
Cumque tuis cunctis ovibus per pascua vitæ,
Quæ currant sanctos virtutum carpere flores,
Te ducente Pater, Pastor, Patriarcha, Sacerdos.

Epistola DUNGALI [a] *Reclusi ad* CAROLUM MAGNUM, *de duplici Solis Eclipsi anni* DCCCX.

IN nomine Patris & Filii, & Spiritûs sancti. Domino gloriosissimo KAROLO Serenissimo Augusto, omnium antecedentium Romanorum Principum

---

[marginalia:]
Quærendum quod æternum est.

Matt. 9. 8.
Utilitas meditationis cantûs psalmorum.

1. Cor. 14.

Matth. 11.

Luc. 6. 36.

Matth. 25.

d

a
Anno DCCCX

---

d atque Sacerdos] Posteriorem hanc vocem ex conjecturâ adjecimus; nam in MS. cod. nec à Chiffletio, nec à Sirmondo legi potuerat.

a Epistola Dungali] Hujus Epistolæ Auctor est Dungalus Reclusus, hoc est, Solitarius, Monasticam videlicet agens vitam procul à consortio tum Monachorum tum Sæcularium. Quâ in Epistolâ cum salebras aliquot reperissemus, V. C. Ismaëlem Bullialdum consuluimus, utpote in mathematicis rebus apprimè versatum, sicut & in omni genere solidæ litteraturæ, ut de illâ judicium suum exponere dignaretur. Scripsit itaque observatiunculam, quam hic exscribendam operæ pretium duximus.

" Hæc Epistola Dungali, quamvis nec perite, nec clarè
" respondeat quæstioni ab Imperatore propositæ, neque
" demonstret quæ ostendere oportuit, utilis nihilominùs
" in eo est, quòd arguat tunc temporis plures, ipsum-
" que Imperatorem dubitasse de eo, quod à quibusdam te-
" merè & inani jactantiâ impulsis asserebatur, duas eclipses
" Solis anno Christi DCCCX. factas ac visas fuisse in no-
" strâ Europâ, qui quidem ratione fulti dubitabant. Cum
" possibile non fuerit hoc anno 810. VII. Id. Jun. Solem
" defecisse, aut defectum illius in Europâ adnotatum fuisse.
" Optimè hoc unum adnotavit Calvisius, & rectis-
" simè judicavit hanc eclipsin Solis idie VII. Id. Jun. ab
" aliquo, qui Kalendarium scripsit, prædictam fuisse, cal-
" culo ex tabulis astronomicis imperfectioribus deducto:
" sed non factam (addo & non visam Europæis nostris ho-
" minibus) Chronologi nihilominùs, Ursamque visam in
" suis Chronicis scripserunt, opinionem, vel potiùs erro-
" rem vulgi sequuti. Addendum mihi videtur, calcula-
" torem anni illius 810. in hoc hallucinatum fuisse, quòd
" non monuerit in lineam eclipsim in locis æquinoctiali
" subjectis, aut meridionalibus apparituram fuisse, & vi-
" sendam in hemisphærio australi. Non est enim possibile,
" ut in locis ab æquinoctiali lineâ paulo remotioribus in-
" tra semestre spatium binæ eclipses Solis cernantur, quod
" sub lineâ æquinoctiali, vel in locis subjacentibus paral-
" lelis ab eâ non longè descriptis accidere potest: intra
" verò quinquemestre spatium in eodem hemisphærio bo-
" reali vel austrino binæ eclipses Solares conspici queunt:
" quæ omnia demonstrari possunt, utpote vera. Sed hu-
" jus Epistolæ Auctor Dungalus has differentias ignorare
" videtur. Cumque pridie Kal. Decemb. ejusdem anni 810.
" eclipsis Solis, animadversa ab Europæis, priorem illam
" VII. Id. Jun. factam, ab Antœcis nostris & Antipo-
" dibus, aut saltem in hemisphærio australi visam fuisse
" asserere debuit, ut quæstioni plenè satisfaceret. " Huc usque Ismaël Bullialdus. Dungali Epistolam collegit noster Joannes Mabillon è scripto codice Sanremigiano.

cunctis nobilibus honestisque regalium virtutum donis & exercitiis studiosissimo, vita longæva, fida salus, continua benivolentia, pax, corona immarcescibilis, gloria sine fine. Audivi ergo, Domine dilectissime, egò Dungalus vester fidelis famulus & Orator, non immemor quòd vos Waldoni Abbati direxistis epistolam, ut per illam me ipse ex vestris verbis interrogaret de ratione defectûs Solis, quem anno præterito ab Incarnatione Domini DCCCX. bis evenisse plurium relatu vobis fuisse compertum existis, & quem sicut vos legisse memoraltis, non solùm antiqui gentilium Philosophi, sed & quidam Constantinopolitanus Episcopus, quasi naturalem concursionis elementorum effectum usitatæ & certæ explorationis peritia cognitum priùs dixere, quàm fieret.

Inde vestræ beatissimæ & clarissimæ Serenitati visum est mandare, ut de dictâ causâ ego quasi sectator & amator sapientiæ interrogarer quid sentirem, & quid scirem, & quid sentirem proferendo & respondendo faterer, exceptum scriberetur, scriptumque vobis deferretur. Non differam igitur, neque dissimulabo vestro secundùm vires sanctissimo & utilissimo parere præcepto: & utinam tam efficax quàm voluntarius existerem, ut non solùm velle, sed & compote voto assequi cupita valerem, licet apud summum Rectorem pronus & alacris affectus pro re effectâ & adimpletâ reputatur.

Quia ergo, Domine mi, hujus rationis investigatio & peritia ad Philosophos, hoc est, Physicos propriè & specialiter pertinet, sicut vestri continent apices, quorum libri compositiores & diligentiores quamvis mihi non suppetant, quibus de his rebus & de talibus exercitatiori sermone & enucleatiori expressione tractaverunt; & per quos vobis pleniùs & eruditiùs de inquisitis respondere me posse crediderim. Secundùm simplices tamen & leves compendiososque libellos, qui inter manus sunt, in quantum de ipsis torpor obtunsi cordis & tardus sensus vix lento conamine pigroque nisu reptans & movens, prælibare quiverit, ne vulgari proverbio lupus in fabulâ, pavido stupidoque silentio reprimi videar, utcumque respondebo; sciens indubitatissimæ vestram serenissimæ & piissimæ longanimitatis indulgibilem clementiam, si quid minùs aut aliter dixero, facilem mihi veniam donaturam, & paternâ correctione me velut præter industriam studium per fragilitatem infirmitatemque delinquentem modestè castigaturam.

Hujus autem quæstionis origo repetenda est, ut ab initio sicut in cæteris solet disputationibus, per ordinem ratio explicanda procedens, congrua reddatur de interrogatis responsio. Macrobius igitur Ambrosius in expositione Ciceronis inter cætera commemorat de novem circulis, qui aplanen illam ambiunt, hoc est maximam sphæram in quâ duodecim signa videntur infixa, & cui subjectæ septem aliæ sphæræ per quas duo lumina sol & luna & vaga quinque discurrunt. Orbium autem, hoc est circulorum prædictorum, primus est galaxias, quod latinè lacteus interpretatur, qui solus subjacet oculis, cæteris circuli magis cogitatione quàm visu comprehendendis. Secundus Zodiacus circulus, hoc est signifer, signa, id est, stellas & sidera ferendo & continendo dictus. Quinque alii circuli parelleli vocantur, dicti hoc nomine, quòd neque in omnibus æquales sunt, neque inæquales; de quibus Virgilius memorat in Georgicis.

Præter hos alii duo sunt Coluri quibus nomen dedit imperfecta conversio: duo, qui numero prædicto superadduntur, Meridianus & Horizon non scribuntur in sphærâ, quia certum locum habere non possunt, sed pro diversitate circumspicientis habitantisve variantur: quæ omnia transitivè nominata & numerata in hoc loco non est opus exponere. Duo ergo prædicta lumina, hoc est sol & luna, & quinque stellæ, quæ appellantur vagæ, septem memoratas sphæras maximæ sphæræ duodecim signa continenti, quæ aplanes vocatur, subjectas dispertiverunt, & occupatis regionibus quasi proprias & speciales hæreditates singulæ singulas obtinuerunt.

In primâ autem sphærâ de septem illa est stella quæ dicitur Saturni, in secundâ Jovis, in tertiâ Martis, in quartâ, hoc est, mediâ sol, in quintâ stella Veneris, in sextâ Mercurii, septimam quæ est omnium extima & infima, luna tenet. Ita Cicero describit, cui Archimedes & Chaldæorum ratio consentit. Plato verò à lunâ sursum secundum, hoc est, inter septem à summo locum sextum solem tenere confirmat, sequutus Ægyptios omnium Philosopiæ disciplinarum parentes, qui ita solem inter lunam & Mercurium locatum volunt. Quamvis autem ista persuasio Tullii & auctorum ejus quibusdam edictis & credibilibus rationibus fulta convaluit, & ab omnibus penè in usum recepta est, perspicacior tamen Platonis observatio veriorem ordinem deprehendisse videtur, quam præter indaginem visûs hæc quoque ratio commendat, quòd lunam quæ luce propriâ caret, & de sole mutuatur, necesse est fonti luminis sui esse subjectam; hæc enim ratio lunam facit non habere lumen proprium, cæteras omnes stellas lucere suo, quòd illæ supra solem locatæ in ipso purissimo æthere sunt, in quo omne quidquid est, ut verbis Philosophi loquar, lux naturalis & sua est, quæ tota cum igne suo ita sphæræ solis incumbit, & cœli zonæ quæ procul à sole sunt perpetuo frigore oppressæ sint; luna verò, quia ipsa sola sub sole est, & caducorum jam regioni luce suâ carenti proxima, lucere non potuit. Denique quia totius mundi ima pars terra est, ætheris autem ima pars luna est, lunam autem terram sed ætheream vocaverunt, immobilis autem ut terra esse non potuit, quia in sphærâ quæ volvitur nihil manet immobile præter centrum; mundanæ autem sphæræ terra centrum est, ideo sola immobilis perseverat: rursus terra accepto solis lumine clarescit continuo tantummodò, non lucet. luna speculi instar lumen quo illustratur emittit, quæ quamvis densius corpus sit quàm cætera cœlestia, ut multum tamen terreno purius, sit acceptæ luci penetrabile, adeo ut eam de se rursùs emittat; nullum tamen ad nos præferentem sensum caloris, quia lucius radius cum ad nos de origine suâ, id est, de sole pervenit, naturam secum ignis de quo nascitur devehit; cum verò in lunæ corpus infunditur, & inde resplendet, solam refundit claritudinem, non calorem; nam & sæculum cum splendorem de se vi opositi eminùs ignis immittit, solam ignis similitudinem carentem sensu caloris ostendit.

His illud adjiciendum est, præter solem & lunam, & stellas quinque quæ appellantur vagæ, reliquas omnes alias infixas cœlo, nec nisi cum cœlo moveri. Alii quorum assertio verò proprior est, has quoque dixerunt suo motu, præter quod cum cœli conversione ferunturi, accedere, sed propter immensitatem extimi globi excedentia credibilem numerum sæcula multa una cursûs sui ambitione consumere, & ideo nullum earum motum ab homine sentiri; cum non sufficiat humanæ vitæ spatium ad breve saltem punctum tam tardæ accessionis deprehendendum. Solem autem ac lunam & stellas quinque, quibus à primo errore nomen, præter quod secum trahit ab ortu in oceasum cœli diurna conversio, ipsa suo motu in Orientem ab Occidente procedere, argumentis ad verum ducentibus comprobatur: moveri enim cœloque non esse infixas & visus & ratio affirmat, dum modo in hac, modo in illâ cœli regione visuntur, & sæpe cum in unum duæ pluresve convenerint, & à loco in quo simul visæ sunt, & à se postea separantur, quod infixæ stellæ non faciunt, sed in iisdem locis semper videntur, nec à sui unquam se copulatione dispergunt, ab ortu verò ad occasum in contrarium motu propiore volvi non solùm manifestissimâ ratione, sed oculis quoque approbantibus demonstratur.

Consideratio enim signorum ordine, quibus Zodiacum divisum vel distinctum videmus, ab uno signo quolibet ordinis ejus sumam exordium : cum Aries exoritur, post ipsum Taurus emergit, hunc Gemini sequuntur, hos Cancer, & per ordinem reliqua. Si istæ ergo in Occidentem ab Oriente procederent, non ab Ariete in Taurum, qui retro locatus est, nec à Tauro in Geminos signum posterius volverentur : sed à Geminis in Taurum, & à Tauro in Arietem rectæ & mundanæ volubilitatis consonâ accessione procederent. Cum verò à primo signo in secundum, à secundo ad tertium, & inde ad reliqua quæ posteriora sunt revolvuntur, signa autem infixa cœlo ferantur, sine dubio constat has stellas non cum cœlo, sed contrà cœlum moveri. Hoc ut plenè luceat, adstruam de lunæ cursu, quæ & claritate suâ & velocitate notabilior est. Secundo ferè die circa occasum videtur, & quasi vicina soli, quem nuper reliquit, postquàm ille demersus est, ipsa cœli marginem tenet antecedenti super occidens, tertio die tardiùs occidit quàm secundo ; & ita quotidie longiùs ab occasu recedit, ut septimo die circa solis occasum in medio cœlo ipsa videatur : post alios verò septem cum ille mergit, hæc oritur, adeo mediâ parte mensis dimidium cœlum, id est, unum hemisphærium ab occasu in Orientem recedendo metitur : rursus post septem alios circa solis occasum latentis hemisphærii verticem tenet, cujus rei indicium est, quòd medio noctis exoritur : postremò totidem diebus exactis, addicis insuper plus minusve aliis duobus, solem denuò comprehendit, & vicinus videtur ortus amborum, quamdiù soli succedens rursus moveatur, & rursùs recedens paulatim semper in Orientem regrediendo relinquat occasum. Sol quoque ipse non aliter quàm ab occasu in Orientem movetur, & rursùs recedens paulatim semper in Orientem regrediendo relinquit occasum ; sol quoque ipse naturaliter quam ab occasu in Orientem movetur. Et licet tardiùs recessum suum quàm luna conficiat ; quippe quod tanto tempore signum unum emetiatur, quanto totum Zodiacum luna discurrit, manifesta tamen & subjecta oculis motûs sui præstat indicia : hunc enim in Ariete esse ponam, quod quia æquinoctiale signum est, pares horas somni & diei facit. In hoc signo Tauro occidente, libram, id est, Scorpii chelas mox oriri videmus, & apparet Taurus vicinus occasui : nam Vergiliæ & Hyadas partes Tauri clariores non multo post Solem mergentes videmus. Sequenti mense sol in signum posterius, id est in Taurum recedit, & ita fit ut neque Vergiliæ, neque alia pars Tauri illo mense videatur : signum enim quod & cum sole occidit, semper occulitur, adeo ut & vicina astra solis propinquitate celentur : nam & canis tunc, quia vicinus Tauro est, non videtur, tectus lucis propinquitate. Et hoc est quod Virgilius ait :

Candidus auratis aperit cum cornibus annum
Taurus, & adverso cedens Canis occidit astro.

Non enim vult intelligi Tauro Oriente cum sole mox in occasu fieri Canem, qui proximus Tauro est, sed occidere eum dixit Tauro gestante solem, quia tunc incipit non videri, sole vicino. Tunc tamen Occidente sole libra adeo superior invenitur, ut totus Scorpius ortus appareat ; Gemini verò vicini tunc videntur occasui : rursus post Tauri mensem Gemini non videntur, quod in eos solem migrasse significat. Post Geminos redit in Cancrum, & tum cum occidit mox libra in medio cœlo videtur : adeo constat solem tribus signis peractis, id est, Ariete & Tauro & Geminis ad mediatatem Hemisphærii recessisse.

Denique post tres menses sequentes tribus signis quæ sequuntur incensis, Cancrum dico, Leonem & Virginem, invenitur in libra ; quæ rursus æquat noctem diei, & dum in ipso signo occidit, mox oritur Aries, in quo sol ante sex menses occidere solebat. Ideo autem occasum ejus quàm ortum elegimus præponendum, quia signa posteriora post occasum videntur, & dum ab hæc quo sole mergente videri solent, solem redire monstramus, sine dubio eum contrario motu recedere cœlum moveri, ostendimus. Hæc autem quæ de sole ac lunâ diximus, etiam quinque stellarum recessum assignare sufficient : pari enim ratione in posteriora signa migrando, semper mundanæ volubilitati contrariâ recessione versantur, quarum cursus recursusque ipso sole moderari perhibetur ; nam certa spatii definitione est, ad quam cum unaquæque erratica stella recedens ad solem pervenerit, tamquam ultrà prohibeatur accedere, agi retrò videtur ; & rursùs ubi non certam partem recedendo contigerit, ad directi cursûs insueta revocatur ; ita solis vis & potestas motus reliquorum luminum constitutâ demensione moderatur.

Circus ergo sive circulus intelligitur, uniuscujusque stellæ, una integra & peracta conversio, id est, ab eodem loco post emensum sphæræ per quam movetur ambitum in eumdem locum regressus. Est autem hîc linea ambiens sphæram ac veluti semitam faciens, per quam sol & luna discurrit, & intrà quam vagantium stellarum error legitimus coërcetur, quas ideo veteres errare dixerunt, quia à cursu suo fuerunt, & contrà sphæræ maximæ, id est, ipsius cœli impetum contrario motu ad Orientem ab Occidente volvuntur, & omnium quidem par celeritas, motus similis, idem est modus meandi, sed non omnes eodem temporis spatio circos suos orbesque conficiunt. Causam verò sub eâdem celeritate diversi spatii inæqualitas spærarum efficit, quas singulæ stellæ perlustrant : à Saturni enim sphærâ, quæ est prima de septem, usque ad sphæram Jovis à summo secundam interjecti spatii tanta distantia est, ut Zodiaci ambitum superior triginta annis, duodecim verò sphæra conficiat, rursus tantùm à Jove sphæra Martis recedit, ut eumdem cursum biennio peragat. Venus autem tanto est à regione Martis inferior, ut ei annus satis sit ad Zodiacum peragrandum.

Jam verò ita Veneri proxima est stella Mercurii, & Mercurio sol propinquus, ut hi tres cœlum suum pari temporis spatio, id est, anno plùs minusve circumeant ; ideo & Cicero hos duos cursus comites solis vocavit, quia in spatio pari longè à se nunquam recedunt : luna autem tantum ab his deorsum recessit, ut quod illi anno, XXVIII. diebus conficiat. Sed Cicero cum quartum de septem solem velit, quartus autem inter septem non ferè medius, sed omnimodo medius & sit & habeatur, non abruptè medium solem, sed ferè medium dixit his verbis : *Deinde de septem mediam ferè regionem sol obtinet.* Sed non vacat adjectio, quâ hæc pronuntiatio temperatur ; nam sol quartum locum obtinens, mediam regionem tenet numero, sed non spatio ; Saturni enim stella, quæ summa est, Zodiacum XXX. annis peragrat : sol medius anno uno ; luna ultima uno mense non integro. Tantum ergo inter-

est inter Solem & Saturnum, quantum inter unum & xxx. tantum inter lunam Solemque, quantum inter xii. & unum; unde apparet totius à summo in imum spatii certam ex mediâ parte divisionem solis regione non fieri. Sed quantum ad numerum pertinet, veluti inter septem quartus medius dicitur, quamvis propter inæqualitatem spatiorum adjectione ferè particulæ temperatur. Zodiacus ergo circulus est unus ex xi. supradictis, qui solus potuit latitudinem hoc modo quem referimus, adipisci. Natura cælestium circulorum incorporalis est, lineaque ita mente concipiatur, ut solâ longitudine censeatur, latum habere non possit, in Zodiaco longitudinem signorum capacitas exigebat. Quantum igitur spatii lata dimensio porrectis sideribus occupat, duabus lineis limitatum est, & tertia ductâ per medium eclipticâ vocatur, quia cum cursum suum in eâdem lineâ pariter sol & luna conficiunt, alterius eorum necesse est evenire defectum; solis, si ei tunc luna succedat; lunæ, si tunc adversâ sit soli. Ideo nec sol unquam deficit, nisi cum tricesimus lunæ dies est, & nisi quinto decimo cursûs sui die, nescit luna defectum: sic enim evenit, ut aut lunæ contrâ solem positæ, ad mutuandum ab eo solidum lumen, sub eâdem lineâ inventus terræ conus obsistat, aut soli ipsa succedens, objectu suo ab humano aspectu lumen ejus repellat. In defectu autem sol ipse nihil patitur, sed noster fraudatur aspectus, luna verò circà proprium defectum laborat, non accipiendo solis lumen, cujus beneficio noctem colorat; quod sciens Virgilius disciplinarum omnium peritissimus ait:
Defectus solis varios, lunæque labores.
Quamvis igitur trium linearum ductûs Zodiacum & claudat & dividat, unum tamen circum auctor vocabulorum dici voluit antiquitas, secundùm verò quosdam Philosophos latitudo Zodiaci xii. lineis mensuratur, ex quibus juxta paris numeri naturam duas haberi medias necesse est, quas tantummodò à sole lustrari confirmantes, lunam per omnes discurrere dicunt. » Quapropter ultrò citroque vaga-
» ta eclipsim fieri singulis mensibus non finit. Om-
» nibus tamen annis utriusque sideris defectus statu-
» tis diebus horisque evenire comprobant, quam-
» vis non semper appareant; ideo quia aliquando
» fiunt subtus terram in parte latentis Hemisphæ-
» rii, aliquando supra; sed propter nubila & pro-
» pter globositatem & convexitatem terræ neque u-
» bique, neque eisdem horis ab omnibus cerni pos-
» sunt; unde certissimùm est sæpius ista fieri quàm
» videri, nec æqualiter cunctis apparere cum viden-
» tur; unde vespertinos solis ac lunæ defectus Orien-
» tales non sentiunt, neque matutinos Occidenta-
» les, obstante cono terræ atque visum arcente Lu-
» næ autem defectum aliquando quinto mense à
» priori, solis verò septimo ejusdem bis in triginta
» diebus super terras occultari, necnon ab aliis vi-
» sum esse, quondam in duodecim diebus utrum-
» que sidus deficere probabili ratione & traditione co-
» gnovimus.
Respondi ergo ut mihi videtur, Beatissime Auguste, secundùm vestrarum exactionum litterarum, & dixi ex eorundem auctoritate quemadmodum antiqui Philosophi & scierunt & præscierunt, quomodo fieret defectus solis, & quando fieret: illi enim omnium disciplinarum peritissimi, & nullius sectæ inscii veteribus approbatæ, sagacissimâ elimatæ & defæcatæ mentis intentione, & perspicacissimâ purgatissimâque interni sensûs acie præfixâ, omnium rerum naturas, rationes, causas & origines subtilissimè & instantissimè naturali investigatione quæsiverunt, accuratissimè & efficacissimè illo

a quo omne datum optimum est & omne donum perfectum offerente quæsita invenerunt, inventa & deprehensa diligentissimè & intentissimè observaverunt; inde physici Astronomiæ specialiter studentes, eâdem diutissimâ meditatissimâque diligentiâ ortus & obitus stellarum intuentes & intuendo experientes, solis & lunæ & reliquarum quinque vagantium cursus & recursus, accessus & recessus plenissimè exploraverunt, in tantum ut explorando indubitatissimè scirent quantas lineas Zodiaci circuli unaquæque stella erratica lustraret, & per quam propriè & specialiter de ipsis lineis in præsenti cursum dirigeret, & in quo signo, & in quâ parte ipsius signi esset. Qui ergo ita de subtilioribus licet veris & naturalibus aliarum stellarum motibus certissimè & studiosissimè cognoverunt, cur solis & lunæ cursus, qui verè notabiliores & faciliores sunt ad cognoscendum, ignorarent, ut eos lateret quomodo vel quando per eamdem Zodiaci circuli eclipticam lineam currerent, & illam unam eamdemque lustrantes, in unum signum & in unam partem coïrent, & in eâmdem partem coëuntes, lunâque in ipsâ soli succedente eclipsis fieret solis.

Non solùm ergo prædicti Pilosophi eclipsim, hoc est defectum solis præsciebant, & præscientes prædicebant quando post unum mensem futurus esset; sed quando per annum, aut xx. aut c. M. annos sequeretur, per supradictam sagacem explorationem & diligentem observationem longè ante experti præsignabant. Sed ut plus miremini, usque ad quindecim millia annorum talibus argumentis protenderunt. Inde Cicero visionem Africani referens ita dicit: » Homines populariter annum tantummodo «
solis unius astri reditum metiuntur; re autem rectâ «
cum ad idem unde semel profecta sunt, cuncta a- «
stra redierunt, eademque totius cœli descriptio- «
nem longis intervallis retulerunt: tunc ille verè «
vertens annus appellari potest, in quo vix dicere «
audeo quàm multa hominum sæcula teneantur. «
Namque ut olim deficere Sol hominibus existin- «
guique visus est, cum Romuli animus hæc ipsa in «
templa penetravit, quandoque ab eâdem parte «
Sol eodemque tempore iterum defecerit, tum si- «
gnis omnibus ad idem principium stellisque re- «
vocatis, expletum annum habeto; cujus quidem «
anni nondum vicesimam partem scito esse conver- «
sam. «

Quæ verba Tullii Ambrosiana expressio aperit hoc modo atque pandit: Annus non is solus est quem nunc communis omnium usus appellat; sed singulorum seu luminum, hoc est Solis & Lunæ, sive stellarum, emenso omni cœli circuitu, à certo loco in eumdem locum reditus, annus suus est, sic mensis, Lunæ annus est intrà quem cœli ambitum lustrat: nam à Lunâ mensis dicitur, quia Græco nomine luna μηνε vocatur.

Virgilius denique ad disertionem lunaris anni, qui brevis est, annum, qui cursu solis efficitur, significare volens ait:
Interea magnum Sol circumvolvitur annum.
Annum magnum vocans Solis comparatione lunaris; nam cursus quidem Veneris atque Mercurii penè par Solis; Martis verò annus ferè biennium tenet: tanto enim tempore cœlum circuit. Jovis autem stella duodecim; & Saturni triginta annos in eâdem circumitione consumit.

Hæc de Sole & Lunâ, ac vagis, ut ante retulimus, jam nota sunt: mensis verò, qui mundanus vocatur, qui verè vertens est, quia conversione plenæ universitatis efficitur, largissimis sæculis explicatur, cujus ratio talis est. Stellæ omnes & sidera, quæ infixa cœlo videntur, quorum proprium motum nunquam visus humanus sentire vel deprehendere potest, moventur tamen, & præter cæli volubilitatem quâ semper trahuntur, suo quoque accessu tam serò promovent, ut nullius hominum vita tam longa sit, quæ observatione continuâ factam de loco permutationem, in quo . . . . primum viderat, deprehendat. Mundani ergo anni finis est, cum stellæ omnes omniaque sidera, quæ aplanes habet, à certo loco ad eumdem locum ita remaverint, ut ne una quidem cœli stella in alio loco sit quàm in quo fuit, cum omnes aliæ ex eo loco motæ sunt ad quem reversæ, anno suo finem dederunt, ita ut Sol & Luna cum erraticis quinque in iisdem locis & partibus sint, in quibus incipiente mundano anno fuerunt : hoc autem, ut Physici volunt, post annorum quindecim millia peracta contingit.

Ergo sicut annus Lunæ mensis est, & annus Solis duodecim menses, & aliarum stellarum hi sunt anni quos suprà retulimus, ita mundanum annum quindecim millia annorum, quales nunc computamus, efficiunt. Ille ergo verè annus vertens vocandus est, quem non Solis, id est unius astri, reditus metitur, sed quem stellarum omnium, quæ in quocumque cœlo sunt, ad eumdem locum reditus sub eâdem, cœli totius descriptione concludit ; unde mundanus dicitur, quia mundus propriè cœlum vocatur. Igitur sicut annum solis non solùm à Kalendis Januariis usque ad easdem vocamus, sed & à sequente post Kalendas die usque ad eumdem diem, & à quocumque cujuslibet mensis die usque in diem eumdem reditus, annus vocatur ; ita hujus mundani anni initium sibi quisque facit quodcumque decreverit, ut ecce nunc Cicero à defectu Solis, qui sub Romuli fine contigit, mundani anni principium sibi ipse constituit, & licet etiam sæpissimè postea defectus Solis evenerit, non dicitur tamen mundanum annuum repetita defectio Solis implesse, sed tunc implebitur cum Sol deficiens in iisdem locis & partibus & ipse erit, & omnes cœli stellas omniaque sidera rursus inveniet, in quibus fuerant sub Romulo, cum post annorum quindecim millia sicut asserunt Philosophi, sol denuò ita deficiet, ut in eodem signo eâdemque parte sit, ad idem principium, in quo sub Romulo fuerant, stellis quoque omnibus signisque revocatis.

„ Anno ergo præterito DCCCXI. ab Incarnatione
„ Domini non est mirum eclipsin Solis evenisse, sicut vestræ indicant litteræ ; *septimo Idus Junias*,
„ primâ tunc incipiente lunâ, & rursus in eodem
„ anno *pridie Kalendas Decembris* XXX. incipiente
„ lunâ, & à priore defectu septimo mense, hoc
„ est Decembre inchoante ; qui sic defectus solis definitur novissimâ primâve lunâ fieri, & septimo
„ mense à priore defectu, quamvis aliquando penitùs
„ non appareat, cum certè sit factus, aut si apparuerit non semper ubique cernatur, aut si ubique
„ conspiciatur, non iisdem horis omnes æqualiter
„ videant evenisse propter supradictas causas.

Si quis ergo etiam in hoc tempore tanto sensûs acumine præditus, tantâ instantiæ diuturnitate nisus, tantâ explorationis & observationis diligentiâ intentus, eâdem otiositate & curiositate sicut priori ætate geniti, sollicitus tantum studium erga astronomiæ aut cujuscumque disciplinæ affectationem adhibuerit, nonne idem facilè credendus est ad eamdem antiquorum scientiam & præscientiam posse pervenire ? Voluntas enim dispar non natura, quæ æqualis est, homines tantum à se distare facit, quamquam in primis hominibus propter mundi adolescentiam & vim corporum, & sensuum vigorem magis valuisse comperimus.

Hic ergo nunc de eclipsi Solis sit finis dicendi, non quòd dixisse forsitan sufficienter arbitrer ; sed quia ad præsens proprii ingenioli exiguitas amplius memorare non quiverit : Plinius enim secundus & alii libri, per quos æstimem hæc me posse supplere, non habentur nobiscum in his partibus, cum de talibus per me ipsum nihil audeam excogitare neque præsumam. Vos autem, domine piissime Auguste, quibus præ omnibus affluentiam sapientiæ, sicut & cæterarum sanctarum virtutum Deus distribuit, rogo suppliciter, ut in quo vobis de hac causâ ignorare videar, aut aliter æstimare quàm rectum est, instruere & dirigere dignemini ; *Stulta enim mundi elegit Deus* : Et, *Non est apud eum personarum acceptio*, ut non solùm vestræ purissimæ & clarissimæ sapientiæ lux his qui propè sunt luceat, sed & his qui longè ; & non solùm per aperta camporum discurrentes illustret, verùm etiam Reclusos licet per rimas & juncturas vestri serenissimi splendoris radius exerens perfundat. Omnibus ergo valde necesse est attentis & assiduis precibus rogare & postulare, ut Dominus & Salvator noster JESUS-CHRISTUS suo populo donet & tribuat multis annis de tali & tanto Principe & Magistro gaudere, qui omnibus æqualiter omnium bonorum operum & virtutum & honestarum disciplinarum doctor præcipuus, & perfectum habetur exemplar rectoribus ad suos subjectos benè regendos, militibus ad suam exercendam legitimè militiam, Clericis ad universalis Christianæ Religionis ritum rectè observandum, Philosophis & Scholasticis ad honestè de humanis philosophandum & sapiendum, reverenterque atque orthodoxè de Divinis sentiendum & credendum. Quid plura de nostri domini Augusti Karoli summis virtutibus & excellentissimis dicere nitor, cum licet multum elaborare velim totas referre non potero ? Hoc tantùm veraciter dicimus, quòd omnes uno ore conclamant, quia in istâ terrâ, in quâ nunc Deo donante Franci dominantur, ab initio mundi talis Rex & talis Princeps nunquam visus est, qui sic esset fortis, sapiens, & religiosus sicut noster dominus Augustus Karolus. De cætero autem per sua sancta & sublimia merita, forsitan de suo semine talis oriatur. Hoc solum superest, ut nos omnes Christiani altissimis vocibus, & devotissimis cordibus unanimiter clamemus ad Dominum & rogemus, ut nostri optimi domini Augusti Karoli triumphos multiplicet, imperium dilatet, sacram coercitet progeniem, sanitatem confirmet, vitam in multos extendat annorum curriculos, Exaudi, Exaudi, Exaudi CHRISTE.

Sicut ergo, domine Reverentissime atque dulcissime, Dei & vestro fideli famulo Waldoni Abbati mandastis, ut me de talibus ex vestris verbis commonendo interrogaret, & exigendo commoneret, qui sicut vobis fidelis, ita mihi de hac re gravis & importunus exactor quamvis moderatè exstitit, ita per illum vobis remitto, ut inde ei gratias referatis, si quid in his benè dixerim, quæ per ejus urgentem exactionem volens nolens solvi : si autem aliquid malè propter meum proprium neglectum, mihi pœnitentiam quam velitis clementer imponatis. Opto vos benè semper valere in Deo optime Domine, & non tantùm optime Domine, sed & piissime atque amantissime Pater.

Reædificatio Brivatis, & Ecclesiæ S. Juliani ejusdem loci à BERENGARIO *Comite.*

IN nomine Domini & Salvatoris nostri JESU-CHRISTI. LUDOVICUS divinâ ordinante providentiâ Imperator Augustus. Notum esse volumus cunctis fidelibus sanctæ Dei Ecclesiæ & nostris, seu etiam

etiam Deo dispensante successoribus ; quia postquam Comitatum Brivatensem fideli nostro BERENGARIO illustri Comiti concessimus, ille ingenio quo valuit quamdam Ecclesiam ubi sanctus Julianus Martyr corpore requiescit, quæ est constructa in vico Brivatensi, non procul à Castro Victoriaco, quæ à Saracenis destructa & igne combusta erat, ad pristinum statum reduxit ; & in eâdem Ecclesiâ constituit triginta quatuor Canonicos, & in castro prædicto Victoriaco, quam similiter reædificavit, viginti, ut juxtà canonicum ordinem Domino militarent & canonicè viverent : quibus dedit Rex ex beneficio suo, scilicet de rebus prædictæ Ecclesiæ sancti Juliani mansos centum, unde eorum necessitates suscirent, & sustentationem habere potuissent, videlicet prædictis Clericis in commune sexaginta, & Abbati quem ipsi pariter super se elegerunt, mansos quadraginta. Precibus quibus valuit idem Berengarius fidelis Comes nostram exoravit clementiam, ut per nostræ auctoritatis Præceptum constitueremus qualiter prædicta centum mansa nullus exinde abstrahere præsumeret ; & ut Abbatem super se Canonici in prædictis locis constituti, inter se eligendi licentiam haberent, & ipse Abbas vel Congregatio ejus sub nullius ditione fuissent, & nemini cuilibet obsequium pro prædictis rebus fecissent, nisi tantùm ad partem Regis annuatim caballum unum cum scuto & lanceâ præsentassent, & in postmodum ab omni exactione vel defunctione publicâ aut privatâ immunes & liberi essent.

Cujus deprecationi, quia justa & rationabilis nobis visa est, aurem accommodare placuit, & hos nostros imperiosos apices fieri, per quos decernimus atque jubemus, ut quemadmodum prædictus Berengarius de suprà scriptis locis, & Abbate atque Canonicis, vel rebus ibidem concessit, constituit, atque præordinavit, & à nobis confirmari postulavit, vel quemadmodum superiùs dictum est, ita deinceps nostris futurisque temporibus, Domino auxiliante, fixum atque stabile permaneat. Sed & hoc nobis inserere placuit, ut quidquid hic futurum in prædictis locis divina pietas per nos aut successores nostros, vel per quoslibet liberos ac Deum timentes homines largitum atque concessum fuerit, sub eâdem conditione, sicut superiùs dictum est, consistat. Et hanc auctoritatis nostræ præceptionem atque confirmationem, ut per futura tempora inviolabilem atque inconvulsam obtineat firmitatem, annulo nostro subter jussimus sigillari. Data cessio ista II. Nonas Junii, anno XII. Imperii Ludovici serenissimi Augusti, Indictione III.

Anno DCCCXXXV. Ex chartulario S. Juliani Brivat.

Præceptum PIPPINI, *Ludovici Pii filii Aquitaniæ Regis, quo bona S. Juliani Brivat. confirmat.*

IN nomine sanctæ & individuæ Trinitatis, PIPPINUS gratiâ Dei Rex Aquitanorum. Si petitionibus servorum Dei justis & rationabilibus divini cultus amore favemus, id nobis proculdubio, & ad præsentem ætatem feliciter transigendum, & ad æternam perpetualiter capessendam profuturum nullatenus dubitamus. Quapropter notum fieri volumus omnibus sanctæ Dei Ecclesiæ fidelibus, & nostris, præsentibus scilicet ac futuris, venerabilem Arvernorum Episcopum ad nostræ dignitatis accessisse clementiam, humiliterque petiisse ut Monasterium constructum in honore S. Juliani in Comitatu Brivatense, cui quoque ipse Canonic......... favente sub nostro mundeburdo ac tuitionis opere reciperemus, acceptumque nostrâ defenderemus prærogativâ ; cujus religiosis suasionibus, ob Dei amorem tanto libentiùs assensum præbuimus, quanto id ad nostræ remunerationis præmium ampliùs profuturum perspeximus. Præcipientesque jubemus jubentesque decernimus, ut in suprascripto Monasterio nullus Regius, aut Abbatialis, aut Episcopalis, vel Comitalis homo mansiones sine Fratrum consensu accipere præsumat ; neque in villabus prædicti Cœnobii ubicumque locatæ fuerint, quas nunc habent, vel quæ Deo donante aucturæ eise potuerint, ut nullus Judex publicus, nulla cujuslibet judiciariæ potestatis persona aliquem distringere, aut fidejussores tollere, aut patentitia accipere, neque mansionarios, sive paratas, aut parafredos, vel teloneum, aut pontaticum, sive cispaticum exigere, seu aliquid quod ad publicam districtionem pertineat agere aut inferre præsumat : sed remotâ procul, ut diximus, omni sæculari vel judiciariâ potestate, liceat eis qualemcumque sibi suâ sponte elegerint Advocatum habere, ipsumque Advocatum nemo præsumat temerario ausu distringere, vel in tortum mittere ; sed nostro coram Comite Palatii Ecclesiam prælibati Martyris, videlicet sacri Juliani absque alicujus inquietudine vel morarum dilatione liceat inquirere ; etiam dictis Clericis sub prætextu nostræ donationis ac pro incolumitate nostrâ, uxorisque nostræ Ingeltrudæ Reginæ, & pro remedio animarum Hermengardæ quondam Reginæ genitricisque nostræ, Thetberti ac Nebelongi Comitum, patre & avo ejusdem Ingeltrudæ, & prole regnique statu libentiùs Dei misericordiam delectet implorare ; statuere nobis nostrisque fidelibus placuit, ut qui hæc statuta à nobis firmata violare tentaverit, talenta, pondera auri libras duas coactus persolvat. Quinetiam eidem Monasterio donavimus quidquid de præfati rebus Monasterii jus fisci exigere poterit, in integrum in usus Congregationis ibidem Deo famulantis, vel in alimoniani pauperum proficiat in augmentum. Ut autem hoc nostræ defensionis immunitatisque Edictum validiorem in Dei nomine obtineat vigorem, manu nostrâ firmavimus, annulique nostri impressione subter jussimus sigillari.

Sig. Pipini gloriosissimi Regis. Data IV. Id. Mart. anno XXIII. Imperii Domini Ludovici serenissimi Augusti, & XXII. Regni nostri. Indict. XIV.

Diploma LUDOVICI & LOTHARII *Imperatorum.*

Anno DCCCXXVI. Ex chartulario S. Crucis Aurelian. Confirmatur Privilegium Jonæ Aurelianensis pro instauratione Monasticæ disciplinæ in S. Maximini Miciacensi Monasterio.

IN nomine Domini Dei & Salvatoris nostri JESU CHRISTI, LUDOVICUS & LOTHARIUS divinâ ordinante providentiâ Imperatores Augusti. Cum petitionibus Sacerdotum Christi ad divini cultûs honorem pertinentibus annuimus, & Imperialem consuetudinem adimplemus ; & id procul dubio nobis ad æternam remunerationem capessendam profuturum fideliter credimus. Notum igitur esse volumus fidelium nostrorum tam præsentium quàm futurorum prudentiæ, necnon & successorum nostrorum magnitudini, quia postulavit nobis vir venerabilis Jonas Aurelianensis Ecclesiæ Episcopus, ut Privilegium, quod ob divinæ servitutis honorem & monasticum ordinem veraciter religioseque servandum circa Cellam S. Maximini, quæ est juris Episcopii sui, cum convenientiâ Metropolitani sui Jeremiæ Archiepiscopi, & Canonicorum Ecclesiæ cui Deo largiente ministrat, nuper fecerat vel firmaverat, nostrâ auctoritate Imperiali confirmaremus ; quod Privilegium nostris obtutibus exhibuit legendum. Cujus constitutionem, quia justè ac rationabiliter ob amorem Dei & animarum salutem factam esse perspeximus, æquum dignumque judicavimus, ut ejus petitioni assensum præberemus. Quapropter per hanc nostræ Præceptionis auctoritatem jubemus, & omninò decernimus; ut sicut ab eodem Episcopo per memoratum Privilegium erga eamdem Cellam constitutum est, ita nostris futurisque temporibus à Rectoribus memoratæ Ecclesiæ modis omnibus observetur. Ita dumtaxat ut in præfatâ Cellâ, in quâ olim quosdam Sanctos viros sub monastico ordine probabiliter vixisse, Deoque placuisse evidentia argumenta testantur, quorum etiam interventu idem ordo in eodem loco creditur esse restitutus, memoratæ Sedis Pontificibus procurantibus, semper regularis ordo religiosissimè teneatur ac custodiatur; & cum Abbas ipsius Monasterii rebus humanis exemptus fuerit, providente ejusdem Sedis Pontifice, ac piam paternamque sollicitudinem gerente, eo ordine præferatur eis Abbas sicut in eodem continetur Privilegio.

Res quoque sive quæ eidem Cellæ justè & legaliter pertinent cum prædiis duobus, Quasellis scilicet & Castaneovillari, sive quæ idem Episcopus postea de causâ Episcopi sui; de ratione scilicet alterius Cellæ S. Maximini ad divinum officium honorificentiùs peragendum ei superaddidit, in integrum absque ullâ sui diminutione, sicut ab eo constitutum est, in usus Monachorum cedant. Quòd si forte his rebus propter Dei amorem Episcopus ipsius Sedis quidpiam superaddere libuerit, id cum Dei gratiâ, suffragante sibi Pontificali auctoritate libentissimè peragat: & si fortè hoc ei facere & voluntas & facultas denegaverit, de his quæ collatæ sunt nihil aut cupiditate ductus, aut alicujus persuasione succensus quolibet modo auferat, sed potiùs Monachi ipsius Cellæ his & cæteris rebus à Dei timentibus sibi collatis suffragati liberiùs devotiùsque divinæ potentiæ famulari valeant, & pro nobis, conjuge & prole, & stabilitate Imperii à Deo nobis collati, & per immensum suâ gratissimâ pietate conservandi, necnon & pro Rectoribus Ecclesiæ cujus loco & rebus utuntur, jugiter divinam implorent misericordiam.

Si verò quispiam Prælatorum memoratæ Sedis præfatam constitutionem contrà hanc nostram Præceptionem quodammodo irritam facere, ac penitùs convellere voluerit, volumus atque decernimus, ut res ad notitiam Senonici Metropolitæ perferatur, quatinùs is adhibitis suæ diœceseos Suffraganeis Episcopis, idem negotium diligenti indagine discutiat & corrigat; & ad statum pristinum, salvâ memoratæ Sedis dignitate ac potestate, revocare procuret. Porrò si contingeret idem negotium propter aliquam sui difficultatem ab eo minimè posse definiri, volumus ut ejus relatu nostris successorumque nostrorum auribus res innotescat; videlicet ut nostræ auctoritatis sanctione in generali Conventu Episcoporum hujus Constitutionis convulsor corripiatur & corrigatur, ut eorum salubri judicio memorata Constitutio pristinum statûs sui recuperare valeat vigorem. Præsul siquidem memoratæ Ecclesiæ summopere provideat, ut Monachi ipsius Cellæ rebus memoratæ matris Ecclesiæ donati, otiumque sanctæ quietis per memoratum Privilegium & hanc nostram Auctoritatem adepti, in his in quibus se Deo devinxerunt, divinâ adjuvante gratiâ inviolabiliter permaneant. Ita videlicet ut nec interiùs à suo proposito deviare, nec exteriùs res sibi deputatæ eorum insolentiâ aut incuriâ quoquomodo negligi aut subripi possint: sed Ecclesiæ, cujus loco & rebus utuntur, in omnibus fidem & humilem congruentemque subjectionem, sicut decet & oportet servare meminerint. Nec se putent propter nostram Auctoritatem à jure & potestate ipsius Ecclesiæ subtrahere aut easdem res quâlibet machinatione alienare posse. Præsertim cum & locus & res quibus utuntur juris sint ipsius Ecclesiæ, & ab ejus merito pendeant potestate.

Quæ ut pleniorem in Dei nomine obtineant vigorem, ut hæc etiam veriùs certiùsque credantur, ac meliùs conserventur, nominis nostri charactere muniri, & annuli nostri impressione signari jussimus. Data XIII. Calendas Martii, anno Christo propitio XIII. Imperii Domni Ludovici Piissimi Augusti Indictione III. Actum Aquisgrani palatio regio in Dei nomine feliciter, Amen.

Anno 817.

AMALARII *Episcopi* HIREMIÆ *Senonensi Archiepiscopo de Nomine* JESU.

Clarissimo Patri & acutissimo Rhetori HIEREMIÆ Vati in nostrâ Jerusalem AMALARIUS. Scribunt Salvatoris nostri Jesu nomen per aspirationem: cujus rationis expers sum. Scio vobis ignotum non esse, si alicujus rationis causa postponatur post I, aspiratio in nomine Jesu, quam intimate filio vestro si assit. Scio si est, affore in promptuario mentis vestræ quod fluat ad me. Antequàm pergeret domnus Carolus Romam novissimè, audivi Sacerdotes Galliæ nostræ sonare Gisus; quod neque cum Hæbræis neque cum Græcis conveniebat. Ab illo tempore audio Jesus, ut opinor, quod convenit cum Hæbræis, quorum Ducis nomen legitimus Jesus. Qui Jesus nomine suo præfigurabat nostrum Jesum, ut Sedulius:

--- *Jam tunc famulata videbant*
Sydera venturum præmisso nomine Jesum.

Nam Græci his notis I.C. conscribunt illud nomen; & legunt IHCOTC. Unde mihi videtur, si tamen vobis non aliàs, oportere scribi per I. & H. & C. sive S. quod legitimum Jhesus. Quibus notis memoratum nomen scribere debeam, oro ut mandetis.

Responsio HIEREMIÆ *Archiepiscopi.*

II. Porphyrius Philosophus nomen JESU in anacrosticâ suâ latinè scribit hoc modo JHESUS, quem novimus utriusque linguæ peritissimum fuisse, usus videlicet *ita* græcâ litterâ pro H. longâ, quam græci in linguâ propriâ pro I longâ semper sonant. Latini verò pro E longâ. Aliâ verò ratione imitantes Hebræos Jesum pronunciamus, non per aspirationem, sed per H græcum scribentes.

AMALARIUS, JONÆ *venerabili Episcopo.*

III. Pater intimate nato, quibus notis inferiùs figuratis rectiùs videatur vobis pingi nomen Jesu IHC an IHS.

At ille inquit, sicut X & P græcis litteris, & alia qualicumque latinâ convenienti superioribus scribitur nomen Christi, ita I & H additâ convenienti latinâ scribitur IHS.

Ad RANTGARIUM *Episcopum.*

IV. Amalarius Rantgario Episcopo Reverendissimo civitatis Noviomensis.

Memini me interrogatum à vestrâ Paternitate quomodo intelligerem quod scriptum est in Dominicâ institutione: *Hic est calix sanguinis novi & æterni Testamenti, mysterium fidei.* Quia comperi vos velle scire quomodo intelligerem illud, ideoque scriptis paucis litteris intimo quid sentiam. Fuit enim calix veteris Testamenti de quo in Exodo scriptum est, Cap. XCVIII. *Tullit itaque Moyses dimidiam partem sanguinis, & misit in crateras: partem autem residuam fudit super altare.* Et paulo post: *Hic est,*

Exod. 24. 6.
Ibid. 8.

Diplomatum, &c.

inquit, *sanguis fœderis quod pepigit Dominus vobis-cum super cunctis sermonibus his.* Hunc calicem consummavit Dominus in cœnâ suâ secundùm Lucam dicentem: *Et accepto calice gratias egit & dixit: Accipite & dividite inter vos. Dico enim vobis, quòd non bibam de generatione vitis, donec regnum Dei veniat.* Calix veteris Testamenti, sanguine animalium irrationabilium redundabat. Ille sanguis figura fuit veri sanguinis Christi. Quem calicem, id est, in quo bibimus sanguinem Christi, initiavit nobis ipse in memoratâ cœnâ post consummatum priorem calicem; ut idem Lucas memorat in sequentibus: *Similiter & calicem postquàm cœnavit, dicens: Hic est calix novi Testamenti in sanguine meo, qui pro vobis fundetur.* Hic calix est in figurâ corporis mei, in quo est sanguis qui manabit de latere meo ad complendam legem veterem, quo effuso deinceps erit novum Testamentum; quoniam novus sanguis & innocens, id est, hominis absque peccato effundetur pro redemptione humanâ, quod antea non est factum sanguine alicujus animalis irrationalis. Iste sanguis novus est, qui effusus est pro salute nostrâ, quia non est animalis alicujus irrationabilis, sed hominis rationalis, propterea dicitur *novi Testamenti*; quoniam illo effuso vetera transierunt, & facta sunt nova. Ipse vocatur *æterni Testamenti*, quia novum Testamentum non mutabitur ad aliud Testamentum, sicut mutatum est vetus in novum. Ipse vocatur *mysterium fidei*, quoniam qui credit se redemptum ab eo sanguine, & imitator sit passionis ipsius, ei proficit ad salutem & ad vitam æternam. Unde Dominus dicit: *Nisi manducaveritis carnem filii hominis, & biberitis ejus sanguinem, non habebitis vitam in vobismetipsis.* Hoc est, nisi participes fueritis meæ passionis, & credideritis me mortuum pro vestrâ salute, non habebitis vitam in vobis. Mysterium græcè, latinè secretum, quia fides ista latet in cordibus Electorum, propterea vocatur secretum fidei. Mysterium fidei fides est, ut Augustinus in epistolâ ad Bonifacium Episcopum: Sicut ergo secundùm quemdam modum sacramentũ corporis Christi, corpus Christi est, sacramentum sanguinis Christi, sanguis Christi est; ita sacramentum fidei, fides est. Simili modo possumus dicere: *Hic est calix sanguinis mei novi & æterni Testamenti*; ac si dicat: hic est sanguis meus qui pro vobis datur, ut deinceps novum & æternum Testamentum à me accipiatur & teneatur. Sequitur: *mysterium fidei*, hoc credere debetis, id est, hanc fidem habere debetis, ut per illum remissio vobis sit omnium peccatorum.

Ad Hettonem* Monachum.

V. Dignas est Fraternitas vestra nobis mandare, ut auctorem illum vobis nominarem, qui distinctionem facit inter Seraphin, quando neutri generis est, & quando masculini. Non omnia mihi in promptu possunt occurrere, quæ de illis agminibus legistis & legi. Tamen illum auctorem modo promam qui discernit inter Cherubin neutri generis & masculini, necnon & illum qui Seraphim per *m*, masculi generis dicit, & neutri per *n*. Opinor quod eisdem finalibus litteris terminetur apud Græcos Cherubin & Seraphin. Dicit Hyeronymus in tractatu Ezechielis tertii libri: » Quamquam plerique Cherubin neutrali genere numeroque plurali dici putent, » nos scire debemus singulari numero esse Cherub » generis masculini, & plurali ejusdem generis Cherubim, non quo sexus in ministris Dei sit, sed quo » unumquodque juxtà linguæ suæ proprietatem di-» versis appelletur generibus. Angeli vocantur numero plurali Malachim, & Cherubim & Sera- « phim ejusdem generis & numeri. « Ubi Sanctus « Hieronymus dicit, nos scire debemus quòd latinus latinis fuit locutus. Ipse erat latinus, Paula & filia ejus Eustochium latinæ erant. Ex hoc intelligere possumus; quòd nos latini debemus illorum ministrorum nomina masculino genere tenere juxtà hebraïcâ auctoritatem, quam Hieronymus interpretatus est. Et ubi dicit: » Non quo sexus in ministris Dei sit « sed quo unumquodque juxtà linguæ suæ proprie- « tatem diversis appelletur generibus: « ex hoc intelligimus quòd alterius generis sunt ministri memorati in peregrinâ linguâ. Dicit Beda in libro, primo de tabernaculo & vasis ejus: » Et quidem nu- « mero singulari Cherub, plurali autem Cherubin « dicitur, & est nomen generis masculini; sed græ- « ca consuetudine neutro genere Cherubin posuit, « littera in *n* mutatâ. Verùm noster interpres he- « bræum sequutus idioma, masculino genere po- « suit.

Monstrabo iterum ubi idem interpres Hieronymus ponat Seraphin neutro genere. Scribit in libro, quem fecit de Seraphin, quæ leguntur in Isaïa inter cætera: » Nullum Prophetarum extrà Isaïam vidisse Seraphin circà Deum stantia, & ne ipsa quidem Seraphin alibi lectitari. « Novit Charitas vestra quando dixit stantia, & ipsa neutro genere ea protulisse. Habemus & non minimam auctoritatem ex consuetudine Ecclesiæ; quæ solet quotidie in oratione quæ sit super mensam proferre, *Beata Seraphin.*

Amalarius Guntradus Dilecto Filio in disciplinâ Christi.

VI. Fili mi recordatus sum percunctatum esse pollens ingenium tuum, quare non me cum majori cautelâ custodirem, ne illicò post consumptum sacrificium spuerem. Addidisti, quod non videres cæteros Sacerdotes hoc facere, id est statim spuere post comestam Eucharistiam. Quando hoc audivi à te nec multum tibi dixi, nec cogitavi ex hoc tibi responderem, nauci dux talem percunctationem; jam in itinere degens aporiatus sum tuâ dilectione; ne aliqua suspicio remaneret tibi falsa in pectore: Quasi ergo protervè hoc agerem contrà nostram religionem, & ne remanerem in aliquo errore ignorantiæ, idcircò potissimùm quoniam sensi te sensisse me agere contrà consuetudinem religiosorum Presbyterorum, malui ex itinere formare tibi animum meum; quàm diutiùs remanere ardens ingenium tuum in suspicione inutili. Attende primò, Fili mi, sententiam Pauli dicentis: *Spiritalis judicat omnia; ipse autem à nemine judicatur.* Siquod circà spiritum est in suo ordine manet, ea quæ per corpus geruntur rectâ deputantur, dicente eodem Apostolo: *Omnia munda mundis.* Multi sunt qui munditiam corporis observant secundùm usum Pharisæorum, ex quorum tamen mentibus procedunt immunda, quæ Dominus computat in Evangelio dicens: *De corde enim exeunt cogitationes malæ, homicidia, adulteria, fornicationes, furta, falsa testimonia, blasphemia; hæc sunt quæ coinquinant hominem.* Inter ista non deputatur sputum, nec procedit ex malâ cogitatione quæ coinquinat hominem. Sputum naturale est nobis, sine peccato procedit ex nobis, sanitati nostræ proficit ejus processio, sine vituperatione religiosorum hominum agimus quod Christus egit, pro salute nostrâ, docente Evangelio: *Lutum fecit Dominus ex sputo, & linivit oculos cæcinati.* Et iterum secundùm Marcum: *Misit digitos suos in auriculas, & exspuens tetigit linguam ejus.* Corpus Domini salu-

---

a Ad Hettonem] Is forsitan Hetto, sive Hettus, qui Abbas fuit Epternacensis post Episcop. Treverensis.

ti hominibus consecratum est in æternum. Ejectio sputi salutem præstat temporalem. Ad hoc deprecamur sanitatem temporalem, ut potius occurramus æternæ saluti. Quod est officium æternæ salutis, non est contra institutionem Domini. Quamvis Apostolus dixisset: *Quando infirmor tunc fortior sum & potens.* [2 Cor. 12. 10.] Tamen sanitati studebat, ut novimus ex admonitione facta ad Timotheum cum dicat: *Noli aquam bibere, sed modico vino utere propter stomachum, & frequentes tuas infirmitates.* [1 Tim. 5. 29.]

Tu Fili in redargutione tua non propter aliud ostendisti mihi tibi displicere me spuere, nisi quia cæteros Sacerdotes perspexisti à sputo diutius se abstinere post sacrificium. Tu adhuc puerulus non vidisti multos Sacerdotes; forsan quos sæpissimè vidisti venatoribus juncti sunt, qui solent manus lavare à recenti sanguine bubalorum suorum & hircorum, sicut & populares faciunt quando ad communem mensam accedunt? Non hoc dico, quòd non debeamus Corpus Domini venerari præ omnibus sumptibus, sed quòd si veneratum fuerit ab interiore homine, quidquid naturaliter ab exteriore agitur, Dominico honori deputatur. Quamvis sagacitas infantiæ tuæ nobilissima mihi quod displiceret non ostenderet, tamen, ut reor, video quod tibi displiceat meo sputo, hoc est, quasi sumptum corpus simul cum sputo projiciam. Fili non ita retur animus patris tui; illum precor qui dicit Psalmista: *Fortitudinem meam ad te custodiam.* [Psal. 58. 10.] Flegmaticus homo si studuerit sanitati suæ, sæpius curabit flegma ejicere. Non est prohibitus flegmaticus à promotione sacrorum Ordinum. Non enim ignoravit Paulus humores nocivos, & nimium abundantes, sæpius fore necesse exire ab homine; tamen quando abnegavit Episcopum superbum, iracundum, vinolentum, percussorem, turpis lucri cupidum, non abnegavit flegmaticum. Fortè vici animales inflati munditia corporis, possunt videre vicia nociva in secreto figmento suo, quæ Paulus Apostolus non potuit forte videre in Spiritu Sancto. Absit Fili mi.

Si potuissem me abstinere tamdiu à sputo quamdiu satisfacerem tuis, ut non haberent quod reprehenderint in me, hoc ultrò curarem, præcipiente Apostolo: *Providentes bona non tantùm coram Deo, sed etiam coram omnibus hominibus.* [Rom. 12. 17.] Sed quia hoc mihi difficile est, tamen confido in Domino, si nimis mea pura fuerit & humilis in conspectu ejus, faciat intrare corpus ad animam meam vivificandam, & quod excudium est propter sanitatem corporis, faciat exire sine dispendio animæ. Si quis hoc non credit eum posse si voluerit, non credit eum omnipotentem esse. Et qui non sperat eum hoc velle, non recipit sententiam Pauli dicentis: *Qui omnes homines vult salvos fieri:* [1 Tim. 2. 4.] id est illos qui salvationi deputati sunt. Fili mi recordare quod sæpissimè solebas mihi proferre: *Nisi Dominus custodierit civitatem, frustra vigilat qui custodit eam.* [Psal. 116. 2.] Si aliquod scrupulum tuæ menti adhuc hæret de re prælibatâ, vita comite noli patri tuo abscondere. Tene quod tenes, Dominus tibi multiplicet sensus prælibatos, ultro quàm petere scias.

De Corpore Domini quod sumimus, est mihi dicendum, quamvis sit dispar exemplum præsenti rei, quod Valentinianus Imperator dixit militibus, qui ei socium adsciscere voluerunt: Vestrum fuit, inquit, quòd me constituistis Imperatorem, meum est socium eligere quem voluero. Ita verò vestrum est velle & precari Dominum cor mundum, suum est corpus suum per artus & venas diffundere ad salutem nobis æternam. Ipse enim dixit quando panem tradidit Apostolis: *Hoc est Corpus meum quod pro vobis tradetur.* [Luca 22. 19.] Suum corpus quando voluit, & quando vult in terrà versatur. Etiam post Ascensionem suam non dedignatus se Paulo Apostolo monstrare in templo Hierosolymis quod erat in terrà: *Domini est terra & plenitudo ejus.* [Psal. 2.] Omnis terra in sua conditione consistens benedicit Domino. Sola mala voluntas facit vas suum pollutum ad suscipiendum Dominum. Hæc propterea dico, ut si forte me ignorante, aut non consentiente exierit de ore meo ex corpore Domini, non me putes alienum à religione Christianâ, quasi contemptui habeam corpus Domini mei; aut ipsum illuc dirigatur quo non voluit, seu non vult venire. Per hoc corpus anima nostra vivit, dicente eodem Domino: *Nisi manducaveritis carnem filii hominis, & biberitis ejus sanguinem, non habebitis vitam in vobismetipsis.* [Joan. 6. 14.] Si enim ipsum corpus vita nobis est, non si auferatur propter nostram separationem ubicumque fuerit quod ex se habet, & nobis ex se tribuit.

Fili mi dic Presbyteris tuis, ut caveant ne unum verbum ex his quæ Dominus loquutus est in Evangelio, excedat de corde eorum, quoniam & ipsum vita nobis est, sicut panis consecratus. Dicit Dominus in Evangelio: *Verba quæ ego loquutus sum vobis, spiritus & vita sunt.* [Joan. 6. 6.] Præceptum est mihi in lege: *Si aliquid remanserit de agno, ut igne combram illud.* [Exod. 19. 3.] Ille agnus Christi carnem præfigurabat. Reliquiæ Agni quæ igne comburi videbantur, mysteria sunt divinitatis, quæ capi non possunt à nobis, sed Domini præcepto igne charitatis assumenda sunt in cœlesti oblatione. Illi, id est igni charitatis, omnia commendo mea, & ab illo vitia consumantur, & boni affectus assumantur.

Ita verò sumptum corpus Domini bonâ intentione, non est mihi disputandum utrum invisibiliter assumatur in cœlum, an reservetur in corpore nostro usque in diem sepulturæ; aut exhalatur in auras, aut exeat de corpore cum sanguine, aut per poros emittatur, dicente Domino: *Omne quod intrat in os in ventrem vadit, & in secessum emittitur.* [Matt. 15. 11.] Hoc solùm cavendum est, ne Judæ corde sumam illud, & ne contemptui habeatur, sed discernatur saluberrimè à communibus cibis.

De altero unde redarguisti patrem, non modo respondeo per omnia: fortè dederit Dominus, ut te aliquando aliquo modo adhuc videam, & loquar de ore ad os. Interim dico: Dic, fili, quare non cecinisti patri tuo Virgilianum istud:

Frigidus, ô pueri, fugite hinc, latet anguis in herbâ.

Præcipitur in Canonibus ut omnes ingredientes Ecclesiam communicent, quòd si non communicaverint, dicant causam quare non communicent, & si rationabilis exstiterit, indulgeatur illi, sin autem, excommunicentur. [Can. 9. Apoll. ex incerpt. Dionisii fatigii. Concil. Antioch. 1. can. 2.] Comperi te anchoram mentis tuæ fixisse in pelago & non in portu; fixisti illam in Gennadio Massiliensi Episcopo. Hortor ut potius fig is illam in portu tutissimo Augustino, scilicet testificato per universas Ecclesias. Hortatus es te Gennadius ut præcipuè per dies Dominicos communices: forte non erat consuetudo illius ut per singulos dies Missam celebraret. Si enim esset, non hortaretur per solos Dominicos dies potissimùm communicare: Græcorum aliquorum Presbyterorum consuetudo est, ut in quintâ feriâ se præparent & sanctificent ad Missam celebrandam; potest evenire, ut in tertia feriâ sive quartâ peccatum commistamus, quod nos ablustare usque post finitum diem Dominicum: Quapropter non ritè communicamus per singulos dies Dominicos: & potest fieri ut Deo placuimus per singulos dies unius hebdomadæ, in quibus gustare & videre fas est quàm dulcis sit Dominus. A tam dilecto hospite non oportet dilectores diù abesse, quem compulerunt secum hospitari in die Resurrectionis ejus, duo ex discipulis in Emmaus.

Fuge, fili mi, à pelago ad tutum portum Augustinum, ipse enim tibi dicit ad Januarium : « Rectiùs inter eos fortasse quispiam dirimit litem, qui monet ut in Christi pace permaneat. Faciat unusquisque quod secundùm suam fidem piè credit faciendum esse : neuter eorum exhorreat corpus & sanguinem Domini, sed saluberrimum sacramentum certatim honorare contendant : neque enim litigaverunt inter se, aut quisquam eorum se alteri præposuit Zachæus & ille Centurio, cum alter eorum gaudens in domum suam suscepit Dominum, alter dixerit : *Non sum dignus ut intres sub tectum meum.* Fili mi, si te cognoscis peccatorem, oportet ut à te non repellas Dominum, sed satis ei fac per pœnitentiam, & in spiritu contrito & humiliato suscipe illum ; si justus es, gaudens suscipe illum; si infirmus, precare ab illo sanitatem, & cade in faciem ante pedes ejus, sicut unus de decem leprosis gratias age, ut dicat tibi : *Surge & vade, quia fides tua te salvum fecit.* Et ne differas de die in diem converti ad illum, quia quocumque die conversus ingemueris, salvus erit. Juxtà Augustinum, quando videbis pium affectum esse in te, sume corpus Domini, ut tibi vitam sempiternam præstet. Noli differre ad diem Dominicum, quia nescis si contingas illum.

De observatione Quadragesimæ.

VII. Avendus quoque est usus multorum. Solent enim plures qui se jejunare putant, mox ut signum audierint ad horam nonam manducare; qui nullatenùs jejunasse credendi sunt, si ante manducaverint quàm vespertinum celebretur officium. Concurrendum enim est ad Missas, & postea auditis Missarum solemniis, sive vespertino officio, largitis priùs eleemosynis, ab cibum accedendum est. Si verò aliquâ necessitate constrictus quis fuerit, ut ad Missam venire non valeat, æstimatâ vespertinâ horâ & completâ oratione suâ, jejunium solvere debet.

Sciendum quoque est, quòd in singulis diebus Dominicis in Quadragesimâ præter hos qui excommunicati sunt, sacramenta corporis & sanguinis Christi ab omnibus fidelibus sumenda sunt, & in Cœnâ Domini, & in vigiliis Paschæ, & in die Resurrectionis Domini penitùs ab omnibus fidelibus communicandum est : & ipsi dies Paschalis hebdomadæ omnes æquali religione colendi sunt. Admonendus est igitur populus ut ad sacro-sanctum Sacramentum corporis & sanguinis Domini nequaquàm indifferenter accedat, nec ab hoc nimium abstineat, sed cum omni diligentiâ atque prudentiâ eligat tempus quando ab opere conjugali abstineat, & vitiis purget, & virtutibus exornet, eleemosynis & orationibus insistat, & sic ad tantum sacramentum accedat.

Literæ Monachorum [a] *S. Remigii Remensis, quibus societatem ineunt cum Monachis Sancti Dionysii in Francia, anno Christi circiter* DCCCXXXVIII.

[a] Anno DCCCXXXVIII.

CUm enim sæculi amatores ad suam aliis ostendendam dilectionem multa sæpe inter se caduca, & ut illis videtur pretiosa largiantur : Spirituales viri, & à sæculi actibus alieni, ac nihil penitùs in sæculo præter victum & vestitum habentes, ut Deo magis placeant rebus spiritualibus & ad suarum salutem animarum pertinentibus vim dilectionis suæ multo magis roborare debent, ut sicut ab illis habitu & moribus discrepant, ita etiam inter se potiora & præcelsiora caritatis munera exhibeant, quoniam in Salvatoris Jesu discipulari, nemo computari poterit, quisquis hoc dilectionis munere caruerit ; ipso testante qui ait : *In hoc cognoscent omnes quia mei discipuli estis, si dilectionem ad invicem habueritis.* Monet etiam Apostolus dicens : *Caritas fraternitatis maneat in vobis.* Æquum siquidem visum est Fratribus in B. Confessoris Remigii Monasterio sub Sanctissimo ac Venerabili Patre Fulcone manentibus, ut cum Fratribus de præclarissimorum Sanctorum videlicet Dionysii, Rustici, & Eleutherii, cui Venerabilis Pastor Hilduinus præesse videtur, tale decretum de pacis ac dilectionis conjunctione facere, & quid unusquisque pro salute atque obitu alterius agere debeat ; quod neque ab ipsis, neque à successoribus eorum nullo unquam tempore corrumpatur, sed semper firmum atque inviolabile permaneat. Igitur anno xxv. Imperii Domini ac Serenissimi Hludovici nos omnes Fratres ex Monasterio B. Remigii, hoc scriptum consensu atque omnium voluntate fecimus, quod & nos omni tempore completuros pollicemur, & ut à successoribus nostris conservetur obnixè flagitamus. Primùm volumus ut talis inter nos & supradictos Fratres nostros fervor caritatis, & tanta vis dilectionis maneat, ac si in uno, si fieri posset, conversaremur loco. De cætero ut quando aliquis ex ipsis corporis nexibus absolutus à sæculo migraverit, unusquisque nostrum infra triginta dies Psalterium

---

[a] *Literæ Monachorum*] Moris fuit apud veteres tum Monachos, tum etiam Clericos, eâdem prorsus ratione coïre societates, quò invicem participes fierent & precûm, & piorum operum, quæ ipsi patrabant. Antiquiores iis hujusmodi literas hactenùs reperi nullas ; in quibus haud novum adinventum videbis, psalmos decantari, vigilias celebrari, atque incruentum Corporis & Sanguinis Christi peragi Sacrificium, in subsidium animarum corporibus solutarum. Videbis & in solo Dionysiano Monasterio Sacerdotes, Monachos, Diaconos, Subdiaconos multò plures quàm sibi falsò suasere, qui præfractè & importunè contendunt, eâ tempestate perraro Monachos sacris initiatos fuisse, ac unum aut alterum copiosæ Monachorum turmæ Presbyterûm Sacramenta tunc administrasse. Nec movere te debet Lector, quòd istei Monachorum promiscuè Episcopus adscribatur, nullâ planè dignitatis habitâ ratione ; siquidem in hac serie observatur ordo temporis, quo quisque vota Deo nuncupavit regularis disciplinæ. Innumera propè occurrunt apud illorum & subsequentium temporum Historicos exempla Episcoporum, qui nuntium remissæ dignitatibus, honoribus, divitiis, quibus exonerari in solitudinem secedebant, uti liberiùs secretiusque privatæ saluti incumberent, ac theoriæ divinæ vacarent. Sed heu! quàm longè absunt ab illius ætatis pietate, sæculi hujus homines Monachorum osores, seipsos amantes, sua semper quærentes non quæ Jesu-Christi ? Parco scriptis ne quid gravius, ac verto ad alia calamum. Ad extremum cuipiam alienum videri, fortean videbitur à Regiâ majestate, catalogo Monachorum Imperatorem Regemque annumerari. At ea fuit Christianorum Principum ac Nobilium pietas, ut summo loco Monachos haberent, & magnæ felicitatis instar ducerent, si quomodocumque in consortionem jejuniorum, vigiliarum, ac precum venire possent illorum, quo unique Theodosius Imperator *Beatos ac Felicissimos* appellat apud Cedrenum cap. 150. Hist. Angel. Chrysostomus Hom. 70. in cap. 23. Matth. Gregorius Naz. ad Jul. trib. exeq. Ganyris nostri Primum. Columna fidei nostrae Ceredus ; Salvianus, lib. 8. de Gubern. *Sanctos Dei.* Anna id magis indecorum putandum erit, quàm quod sæpissimâ usu venit ? Nempe nomina sua Reges inscribi volunt indicibus Societatum, quas Confraternitates vocant. Reperitur & variis in Cathedralibus, aliisque Canonicorum Ecclesiis, Rex primus Canonicus, velut in hac quam edimus epistolâ, primi Monachorum Imperator & Rex.

pleniter compleat, ac Sacerdotes nostri Missas eidem Psalterio congruentes pro eo celebrare studeant; & tres Vigilias, id est, primo & septimo atque tricesimo die communiter pro eo & devotissimè peragamus. Si verò quidam ex eis aliquâ corporis incommoditate occupatus fuerit, mox ut nobis nuntiatum fuerit, omni die quousque convalescat, aut ab hac luce discedat, unusquisque quinque Psalmos pro eo sollicitè compleat. Et ut nomina Defunctorum illorum inter nomina nostrorum Defunctorum inserantur, ut sicut pro nostris, ita etiam pro illis quotidie Domino sacrificium offeratur.

Incipiunt nomina Monachorum de Monasterio sancti Dionisii.

Hludovicus Imperator.
Item Hludovicus Rex.
Hilduinus Abbas.
Item Hilduinus Abbas.
Item Hludovicus Abbas.
Guntharius Monachus.
Dodo Diaconus & Monachus.
Wlfegaudus Sacerd. & Monachus.
Albericus Sacerd. & Monachus.
Madalgarius Sacerd. & Monachus.
Huntgarius Diaconus & Monachus.
Otbertus Sacerd. & Monachus.
Maltranus Subdiaconus & Monachus.
Gautbertus Diaconus & Monachus.
Agembertus Sacerd. & Monachus.
Wandricus Subdiaconus & Monachus.
Asahel Monachus.
Clinus Subdiaconus & Monachus.
Ragamfredus Monachus.
Gauslonus Diaconus & Monachus.
Gedeon Subdiaconus & Monachus.
Theodericus Subdiaconus & Monachus.
Aaron Sacerdos & Monachus.
Adalgisus Sacerdos & Monachus.
Baldela Diaconus & Monachus.
Pugnitus Sacerdos & Monachus.
Wineradus Sacerdos & Monachus.
Balduinus Subdiaconus & Monachus.
Ragimfredus Sacerdos & Monachus.
Bernardus Sacerdos & Monachus.
Ansgarius Subdiaconus & Monachus.
Helias Sacerdos & Monachus.
Job Subdiaconus & Monachus.
Eudo Diaconus & Monachus.
Leutgisus Subdiaconus & Monachus.
Emmo Sacerdos & Monachus.
Samuel Subdiaconus & Monachus.
Gautsoinus Sacerdos & Monachus.
Nordulfus Diaconus & Monachus.
Gauzbertus Monachus.
Adalbertus Subdiaconus & Monachus.
Bernico Monachus.
Guntbertus Diaconus & Monachus.
Fredebertus Sacerdos & Monachus.
Sculfus Sacerdos & Monachus.
Sigemundus Monachus.
Otmarus Sacerdos & Monachus.
Hildebaldus Monachus.
Odalharius Sacerdos & Monachus.
Magamfredus Sacerdos & Monachus.
Teudardus Diaconus & Monachus.
Sigramnus Sacerdos & Monachus.
Abraham Sacerdos & Monachus.
Guunus Subdiaconus & Monachus.
Stuatus Sacerdos & Monachus.
warachius Monachus.
Hincmarus Diaconus & Monachus.

Fubradus Diaconus & Monachus.
Hildebaldus Subdiaconus & Monachus.
Adalbertus Sacerdos & Monachus.
Odelarius Diaconus & Monachus.
Ermenarius Subdiaconus & Monachus.
Hardradus Subdiaconus & Monachus.
Witramnus Diaconus & Monachus.
Ivo Subdiaconus & Monachus.
Hildulfus Diaconus & Monachus.
Berteaudus Subdiaconus & Monachus.
Guntardus Sacerdos & Monachus.
Wirpinus Subdiaconus & Monachus.
Hildebrandus Diaconus & Monachus.
Witramnus Subdiaconus & Monachus.
Adam Monachus.
Atfredus Monachus.
Godofredus Episcopus.
Ragambertus Subdiaconus & Monachus.
Bernoinus Acolytus & Monachus.
Risulfus Acolytus & Monachus.
Herricus Acolytus & Monachus.
Godolandus Sacerdos & Monachus.
Gerulfus Monachus.
Clemens Subdiaconus & Monachus.
Comeanus Sacerdos & Monachus.
Angaliudus Sacerdos & Monachus.
Angalricus Acolytus & Monachus.
Helmericus Acolytus & Monachus.
Bobo Sacerdos & Monachus.
Erfredus Sacerdos & Monachus.
Waltharius Monachus.
Altramnus Monachus.
Mauringus Monachus.
Adraldus Acolytus & Monachus.
Bernardus Monachus.
Ilsidorus Acolytus & Monachus.
Fulcricus Monachus.
Solius Monachus.
Herimannus Diaconus & Monachus.
Madalgarius Monachus.
Ottulfus Monachus.
Sutgarius Monachus.
Winegaudus Subdiaconus & Monachus.
Richardus Monachus.
Ursbertus Monachus.
Heriuinus Monachus.
Bronincus Monachus.
Ermentarius Monachus.
Adalwala Monachus.
Teodac Sacerdos & Monachus.
Hermenricus Subdiaconus & Monachus.
Agtingus Diaconus & Monachus.
Nortbertus Monachus.
Frotgarius Subdiaconus & Monachus.
Adebrandus Monachus.
Fulcarius Monachus.
Milo Monachus.
Alvis Monachus.
Faramannus Monachus.
Anselmus Monachus.
Gerardus Monachus.
Nantarius Monachus.
Eptadus Monachus.
Avo Monachus.
Franco Monachus.
Architridinus Sacerdos & Monachus.
Waltharius Monachus.
Madelelmus Monachus.
Maurontus Sacerdos & Monachus.
Fastulfus Sacerdos & Monachus.
Adalardus Monachus.

Proximè sequebantur nomina Monachorum Abbatiæ S. Germani Parif. quæ idcircò prætermisimus, quòd nulla eorum facta sit mentio in præfatâ Epistolâ.

Apologeticum.

EBONIS Remensis Archiepiscopi, Sanctæ Sedis Apostolicæ Legati pro convocatione [a] Paganorum, redemptioneque captivorum, ex consensu Hludovici Cæsaris, totiusque Palatinæ dignitatis ejus directi, posteaque persequutionis tempore plurimorum Episcoporum cæterorumque nobilium Laïcorum exilia passorum, Remensi ab Ecclesiâ pulsus, septennique custodiâ pressus, hinc succedente Hlotario Augusto revocatus, publicâque ac auctoritate Ecclesiasticâ restitutus, assistentibus vel decernentibus magnis Consulibus pariter cum sanctis hîc subscriptis Catholicis Præsulibus, Drogone Archipalatino Præsule, sanctâque unanimitate illi omnes sibi concordes, Autgarius Archiepiscopus, Amalwinus Archiepiscopus, Audax Archiepiscopus, Hetti Archiepiscopus, Joseph Episcopus, Adalulfus Episcopus, David Episcopus, Hrodingus Episcopus, Gislebertus Episcopus, Herminus Episcopus, Frotharius Episcopus, Badaratus Episcopus Pagano Episcopus, Hrotgarius Episcopus, Ado Episcopus, Samuhel Episcopus, Provocatus Episcopus, Hramberhtus Episcopus, Rataldus . . . . Amalricus vocatus Episcopus, cum cæteris plurimis Presbyteris ac Diaconibus, in Ingelenheim palatio publico assistentibus. His namque explicitis canonicæ restitutionis, Palatinis summis negotiis, comprovincialium receptionis solemniter roborata VIII. Idus Decembris exstitit principali in Ecclesiâ & sanctâ sede Remensi, obviam ibi occurrentibus cunctis Diœceseos Præsulibus aut Missis, cum concivibus inclytis, Ecclesiasticâ aut publicâ necessitate vel utilitate promotis, quibus veniendi impossibilitas sola non restitit, generali conventu congratulantes, hanc subscriptionem publicam concordi unanimitate celebratâ, priscorum Patrum exemplâ edocti rationabiliter ediderunt.

Hæc ita scribendo omnes subternotati Antistites unanimiter præfigentes sanxerunt.

Dum non [b] habetur incognitum, quod à pluribus videtur esse compertum, qualiter Ecclesia hæc maxima Galliarum sub regimine Francorum diversis perturbationibus, ac discordiis Principum indignatione violenta, his temporibus agitata vexatur; unde & plurimi Episcoporum vi propriis à sedibus expulsi, aut timore derelictis gregibus, diversis in partibus exulantur. Inter quos etiam Ebo Archiepiscopus Remensis Ecclesiæ, raptus à propriâ sede; Principum indignatione violenti exilio ductus est. Unde & reductus sub custodiâ, ut periculum evaderet, & furores persequentium mitigaret, redimendo tempus, ut meliori tempori se reservaret, cum consensu Episcoporum Pontificali secessit à ministerio, dum inter terrores & discordias ratio non sinit immolare victimas, dicente Domino: *Si offers munus tuum ad altare, & recordatus fueris, quia frater tuus habet aliquid adversus te, relinque ibi munus tuum*, &c. Postquàm verò Deus Ecclesiæ suæ tranquillitatem reddidit tempora, placuit Principibus & Magistratibus Ecclesiasticis, ut iisdem Pastor ad debitum ovile reverteretur, & oves quas compulsus reliquerat, tuendas reciperet iterum.

Quibus & Ecclesiasticis debitis negotiis ego Theodericus Cameracensis Episcopus assensum canonicè

præbens: sicut priùs de illius discessu compatiendo dolui, ita & modo de illius reversione congaudens Constitutiones has Seniorum vel Fratrum roborando subscripsi; quia talia sæpe contigisse, & in aliis Ecclesiasticis gestis legi.

Hrodhadus Suessionensis Episcopus hæc ita similiter roboravi.

Hildemannus Belvacensis similiter.
Symeon Laudunensis similiter.
Erpwinus Silvanectensis similiter.
Raginharius Ambianensis similiter.
Emmo Nomiomacensis similiter.
Folcwinus Taravanensis similiter.

In nomine Domini nostri JESU-CHRISTI Dei summi: Glorioso imperante HLUDOVICO Cæsare; cujus prima tempora Regni quamquam valde coruscarent prospera, ultima tamen ejus concussa nimiâ adversitate divinam quasi indignationem illam passa, quam de novissimis temporibus vis semper terret Evangelica, dicens: *Tradet autem frater fratrem in mortem, & pater filium, & insurgent filii in parentes.* Multi denique hinc potentes expulsi sunt à patriâ; Episcopi quoque Dei, aliive Ministri custodias & exilia passi; quidam etiam utriusque sexûs nobiles laïci ad monasticum habitum compulsi, ut saltem his flagellis celeri castigatione compuncti remedia salutis reciperent; quia quos blanda vitiaverat prosperitas, necesse erat ut dira purgaret adversitas, ne ad tartaream vindictam divina ultrò sæviret Majestas. *Matt. 10. 21.*

His etenim manifestis cognitis periculis, Ego Remensis Ebo indignus Episcopus inter cæteros anxios tribus afflictus pressuris, id est, si blatis rebus omnibus, in irâ vel custodiâ oppressus Principis, insuper & fessus ægritudine corporis, sanctô cum Psalmista dicere non erubui; *Iniquitatem meam annuntiabo, & cogitabo pro peccato meo*; divinis flagellis monitus si in prosperis legem Domini neglexi, ad ipsam in adversis confugere debui; ita ut si quem per potentiam quondam injustè læsi; hinc in angustiis me lædentem ferre patienter devovi. Si cui etiam aliquid indebitè abstuli; ablatis mihi omnibus non contradixi, sed auferenti tunicam, etiam & pallium reliqui. Si enim quandoque unicum neglexi inimicum diligere, hinc & pro persequutoribus orare didici. Sicque humili satisfactione memetipsum accusans, furores persequentium mitigare; plusquàm litigare decrevi; sanctô instruente Abraham, qui inter pericula à prælatione uxoris se exuens; vim facientibus humiliter cedere magis, quàm damnabiliter resistere elegit. Sanctus utique Apostolus non minùs eadem docuit, cum dixit: *Non vosmetipsos defendentes, carissimi, sed date locum iræ.* Inter divina siquidem verbera beatus Job non murmurare, sed orare atque confiteri peccata maluit, cum anxius inter cætera multa lamenta dixit: *Peccavi: Quid faciam tibi ô custos hominum?* Quibus multimodis Patrum animatus exemplis, ductus eodem mundano impetu, compulsus ad tribunal Palatinum, non ad synodalem Sanctorum conventum, quo violenter non licet trahi, sed magis liberum canonicè convocari Episcopum. Contigit tamen me in mediâ multitudine Sanctorum aditissè fratrum, hiemali vexatione diutinâ ibi afflictorum, quorum consolatione piâ recreatus, illa mihi divinitùs inspirata sententia caritatis præstò apparuit condolentium, sicut scriptum est: *Cum patitur unum membrum, compatiuntur omnia membra*; quorum consilio adjutus tres mihi ex ipsis elegi secretissimos adjutores, Ajul- *Psal. 37. 19.*

Rom. 12. 19.

Job. 7. 10.

1. Cor. 12. 26.

---
[a] *convocatione*] Lege *conversione* & infrà *postea qui*.
[b] *Dum non*] Hæc edita sunt Tom. 2. Hist. Franc. Andreæ Chesnii in Narrat. de depos. Ebbonis, usquead *gestis legi.*

sum videlicet Archiepiscopum, Badaradum, Modoinumque Episcopos, cum quibus de Salvatoris nostri institutione, peccatorumque remissione diligenter contuli, memor Evangelici præcepti dicentis : *Si offers munus tuum ad altare, & ibi recordatus fueris quia frater tuus habet aliquid adversùm te, relinque ibi munus tuum ante altare.* Hac igitur auctoritate cernens, quia frater, quanto magis quia Princeps meus commotus adversùm me erat, reliqui munus oblationis meæ ante altare, & summâ satisfactione jam dictorum consensu Confessorum vel fratrum succumbens propter [spem] recuperandi concordiam illatas omnes patienter suscepi injurias, & puritate confessionis remissionem peccatorum veniamque, & non condemnationem percipere credidi, quia superbiam in me judicavi ut necem diabolicam, vanam gloriam, ruinam perpetuam : mundi hujus (quod est amatorum mundi) noxiam amicitiam, quæ divino testimonia ad Dei pertinet inimicitiam, in me damnavi ut pœnam tartaream, sacrâ dicente Scripturâ : *Qui hujus sæculi amicus fuerit ; inimicus Dei deputabitur.* Fratris convicium, ut fatuè dictum, lege Evangelicâ deputavi ut gehennale supplicium ; mendacium quoque vel odium non minùs quàm homicidium exsecravi, testante Apostolo : *Qui odit fratrem suum, homicida est.* Eodem modo mendacium respui, ut scelus pessimum, de quo divinitùs habetur præfixum : *Perdes omnes qui loquuntur mendacium :* quo scelere offenditur Deus, decipitur proximus, perit & ipse propriâ necessitate dolosus. Quibus quidem aliisque similibus formidolosissimis pestibus territus atque compunctus, non fictè, sed devotè corripiente me Domino ingemui, qui *quos amat, arguit, flagellat omnem filium, quem recipit,* sancto clamante Apostolo : *Cum judicamur, à Domino corripimur, ut non cum hoc mundo damnemur.*

Ne igitur sævientes in me ampliùs peccarent, Salvatoris nostri evadendi usus sum argumento, qui inter manus persequentium se abscondit, & exivit de templo ; neque periculis imminentibus distuli exire de Templo, & secedere à Pontificali officio, qui violenter triennio jam exclusus etiam à debito sacrificandi loco. Nam & Apostoli tempore passionis territi, non ritum sacrificandi, sed providâ circumspectione abdita tantùm loca orationis ᶜ quærebant latitandi : quia metus fraternâ cum discordiâ divina ritè non celebrat charismata, etiam & tempus lugendi non exposcit solemnia, sed potiùs evadendi remedia, dicendo : *Confitebor adversùm me injustitias meas : & tu remisisti impietatem peccati mei : pro hac orabit ad te omnis Sanctus in tempore opportuno.* In hoc ergo tempore oportuno si sancti pro remissione peccatorum laborant, peccatores utique ad confessionis remedia currere non differant necesse est. Unde & nequaquam noxia, sed potiùs saluberrima habenda est illa confessionis meæ publica inscriptio, per quam perhibetur certa peccatorum posse fieri remissio, dùm lex pœnitentium, quæ à mærore incipit, ad gaudia meritò consurgit ; divinâ dicente sententiâ : *Qui seminant in lacrymis, in gaudio metent :* neque enim Dominus despicere aut damnare, sed potiùs fracta atque erigere contritos corde legitur. Subscriptionem ergo mihi in angustiis, nequàquam damnationis sed potiùs ereptionis titulo edidi ; quam non convictus, sed valde constrictus pertuli, meliùs hîc inserendam annotatione publicâ prævidi in testimonio veritatis, ne aucta aut minuta maculetur alicujus æmuli quandoque mendacio, ut & quod tunc gestum est secreto

ereptionis argumento, hinc jam publico ubique discutiatur ab omnibus veræ caritatis studio, & dum nullum ibi certum damnationis præfigitur crimen, nullatenùs ullum possit ultrà pati confusionis discrimen. Non noxia ergo, sed valdè proficua habenda est talis subscriptio, quæ furores persequentium mitigavit, hyemales anxias vexationes fratrum porrecta levigavit, me etiam ab irâ persequentium eripuit ; insuper & secundùm sanctarum Scripturarum auctoritatem mihi confitenti remissionem porrigit peccatorum, si perseveravero divinitùs castigatus certâ in emendatione morum. Scripsi utique in quo apud Deum non corrui, sed potiùs humili satisfactione convalui, & hæc ita vim facientibus edita obtuli, quia certus sum, & scio cui credidi dicens :

Ego Ebo indignus Episcopus recognoscens fragilitatem meam & pondera peccatorum meorum, testes confessores meos Ajulfum videlicet Archiepiscopum, Badaradum quoque, necnon & Modoinum Episcopos constitui mihi judices delictorum meorum, puramque ipsis dedi confessionem, quærens remedium pœnitentiæ & salutem animæ meæ, ut recederem ab officio & ministerio Pontificali, quò me recognosco etiam indignum, alienumque reddens pro reatibus meis, quibus me peccâsse secreto ipsis confessus sum, eo scilicet modo, ut ipsi sint testes, atque succedendi & consecrandi subrogandique in loco meo qui dignè præesse & prodesse possit Ecclesiæ, cui hactenùs indignus præfui. Et ut nullam mihi repetitionem aut interpellationem auctoritate canonicâ facere valeam, manu propriâ subscribens firmáque. Si quis verò per salutarem hanc in pressuris repertam conscriptionis formulam me damnationem decreverit, similiter & in omnibus scriptis meis me opprimere poterit, in sua quidem nullum justifico, sed semper indignum Episcopum subscribens ubique denuntio. Nec tamen me in hac eâdem subscriptione ullus violatorem aut mendacem deprehendere poterit : quia nemo ibi postea utilior præfuit, sed septenni formè sub pœnitentiæ spatio, quo in sanctâ Ecclesiâ peccatorum pœnitentibus fieri solet remissio, patienter exspectans, nemini consecrationis ibi dignitatem impedivi. *Nolite ergo,* dicente Domino Deo nostro, *condemnare, & non condemnabimini : in quo enim judicio judicaveritis, judicabimini.*

Conscriptio itaque hæc diversis necessitatibus, id est, delictorum vel persequentium occasione confecta, si adhuc scandalizanti alicui scrupulum generat, universorum ibi quæso verborum rationem discutiat, in quâ certo crimine invento, unde canonica ritè sequatur damnatio justè, precor ; & non lividè judicet proximum, dumque se æstimat stare, videat ne cadat, quia lividus judex festucam in alterius quærens trabem, in suo nequaquam sentit oculo. Luce clariùs namque Canonica fulget auctoritas, quòd sicut sine certo crimine canonicè nunquam dejicitur Episcopus, ita nec absolutione spontaneâ, quanto minùs violentâ alterius sub custodiâ non licet recedere Episcopum sine concordi præsentiâ, vel consensu civium subditorum.

Prævalet ergo meritò in omnibus his Ecclesiastica repetitio suprà quascumque alias adinventiones violentas aut libitas, sua magis quàm JESU-CHRISTI quærentium. Justè ergo judicantur omnia irrita, quæcumque non fuerant auctoritate canonicâ undique fulta. Fidissimus denique tot talibusque præsidiis Ecclesiasticis ac statutis præsentiâ & æterna quæsivi remedia, dum nimis tacen-

---

ᶜ *loca orationis*]. Editum erat, *loco orationis*. . . .

do in tempore loquendi, nimisque loquendo in tempore tacendi ; inter cætera memetipsum noxia reprehendi contagia, divinam Majestatem implorans, ut ponat ultrà *custodiam ori meo, & ostium circumstantiæ labiis meis. Ne declinet cor meum in verba malitiæ ad excusandas excusationes in peccatis*: sed *corripiat me justus semper in misericordiâ*. Cum enim nec justum nisi in misericordiâ sinat corripere divina potentia : quomodo peccator peccatorem damnare licitè poterit divinâ sine vindictâ ? Dominus utique dominantium meretricem legalibus pœnis dignam, nonnisi sine peccato quemquam damnare acquievit : quo pietatis exemplo compunctum corde non mortificare, sed misericordiam magis quàm sacrificium se velle monstravit. Publicanum siquidem seipsum accusantem non condemnavit, sed magis justificavit, nec oppressit, sed extulit, cum non dixit : *Qui se humiliat condemnabitur, sed exaltabitur*. Semivivum similiter prostratum non respuit, sed procurandum sanctis stabulariis ligandi solvendique potestatem habentibus commisit, & super divina accepta denariorum reparandi munera compassione propriè condolere pro æternæ mercedis lucro commonuit, dicens : *Quodcumque supererogaveris, ego cum rediero reddam tibi*. Davidica quippe compunctio momentanea, non dejectionem sed recuperationem meruit. Sancti quoque Apostoli de promissâ ac mentitâ in passione perseverantiâ, post resurrectionem verò de stultitiâ & incredulitate vel cordis duritiâ increpati : Petri etiam negatio contritione cordis purgata. Nequaquam damnatos hos, verum etiam correctos pristiniſque dignitatibus restitutos non solùm celebrat, sed potiùs de reparatione lapsorum imitando gloriatur ubique gavisa sancta Dei Ecclesia. Moderna equidem auctoritate palatinâ compulsos in angustiis ad Monasticum pœnitentis habitum utriusque sexûs laïcos, itemque pace redditâ rediisse ad statum sæculi pristinum manifestum est ; quo etiam ritu nullum esse dedecus constat, si offensus Clericus post humilem satisfactionem sui debitum clericatûs recuperat.

Igitur tam manifestis novi ac veteris Testamenti divinis nobis ostensis beneficiorum exemplis, ad jam dictam vulgo notam satisfactionem humilem me devotus obtuli, eo quod recuperationem magis quàm damnationem unquam ab initio semper humilis meruit satisfactio. Postquam verò persecutionem succedente offensi Principis glorioso herede, Hlotario Cæsare, mox mihi Ecclesiastica restituta est concordia, & vacantem Ecclesiam, quam quondam violenter amiseram inveniens, non præsumptivè, sed repetentibus ibi sanctis Ordinibus ferè septennem ferè post satisfactionem recepi, assistentibus cum Principe magnificis Præsulibus plurimis, quorum auctoritate omnium revocatus, ad annotationem futuris temporibus recitandam, scriptis his memorabilibus in universâ Ecclesiâ Dei Catholicâ manifestam fieri placuit, & sinistras opiniones falsorum Fratrum hac certâ veritate prolatâ delere, sanctis verisque fratribus in his omnibus satisfacere decuit, & plùs de gratiâ recuperationis congaudere, quàm de nequitiâ damnationis dolere, suggerens (sicut oportuit) festiva hæc restitutio Deo dignis posteris procurabit.

a pro ea] Lege, *& postea causâ compendii*.

Tom. III.

Epistola Hincmari Remensis Episcopi ad Carolum Regem.

Domno Karolo *Regi glorioso Hincmarus nomine non merito Remorum Episcopus, ac plebis Dei Famulus.*

Ecce Domine, sicut hic dilectus frater & venerabilis Coëpiscopus noster Odo, ac Missi vestri verbis pleniùs possunt dicere, & exiguitas mea his litterulis Dominationi vestræ duxit ratum significare. Hincmaro Episcopo rebus, & facultatibus Ecclesiasticis, quibus spoliatus fuerat, revestito in provinciâ, & competenti loco, ab electis, ex utriusque partis consensu Judicibus, secundùm leges Ecclesiasticas, sine potestatis vestræ aliquo detrimento, & cum honoris vestri augmento, dicente Dei Spiritu per Psalmistam : *Honor Regis judicium diligit*. Quæstio contra eumdem Hincmarum commota, regulariter audita, & ventilata, ac diffinita, quantum ad ministerium Episcopale pertinuit, licet iisdem Episcopus ex integro non fuerit revestitus. Contumaciam autem causa alterum finem exspectat. Non igitur quod in adolescentiâ vestrâ quando animus hominis lubricus, & qui ad indebita usurpanda solet esse proclivus, Domino vos custodiente, non accidit, in perfectâ ætate vobis scripsi : minimè autem persuaderi leges Ecclesiasticas vel in modico infringi, sive convelli à quocumque sustineatur. Scientes sicut Constantius & Constans Imperatores in Edicto suæ Legis, quo immunitatem Ecclesiæ, ac suis ministris, debere magis Religionibus, quàm Officiis, & labore corporis, vel sudore rempublicam contineri, sicut sæpe soletis recolere à B. Gregorio Brunichildi Reginæ Francorum scriptum esse : » Facite quod « Dei est, & Deus faciet quod vestrum est. « Huic præmittens sententiæ : » Confidimus, inquit, quod tanto propitius causas vestras suâ pietate disponet, « quanto ipse de suâ vos esse videt causâ sollicitos : « Olim sicut Honorius, & Theodosius in lege datâ Ecclesiæ scribunt (ut eorum verbis utamur) » Clericos indiscretim ad sæculares Judices debere deduci, infaustus præsumptor edixerat, quos abdicatâ « Tyranni præsumptione Episcopali audientiæ reservamus ; fas enim non est, ut divini muneris ministri temporalium potestatum subdantur arbitrio. « Quæ lex postea à decessoribus & prædecessoribus vestris Regibus, Ecclesiæ & Ministris suis conservata fuit (nisi forte aut per excessum Principum, aut per negligentiam Episcoporum ad tempus aliquo modo exstitit violata) quâ aut correctione, aut innovatâ constitutione indigens, per eos ad statum solidatum est reducta, vel in statu solido confirmata, sicut in Avi & Patris vestri Capitulis, in libro primo Capitulorum habetis, quæ in quaternionibus vobis nuper apud Pistas oblatis, & pro eâ a causâ Compendii in rotulâ Dominationi vestræ à me collectâ, & vobis datâ, sine difficultate potestis relegere.

Potest enim fieri ut alicui Principi ante vos hinc subreptum ad modicum fuerit, & iterum æternâ lege correctum, sicut Julianus, & impius Imperator Mauricius decreverunt, ut ei qui semel in terrenâ militiâ signatus fuerit, nisi aut expletâ militiâ, aut pro debilitate corporis repulsus sui in Monasterium recipi, & Christo etiam militare non liceat. Quod religiosi Imperatores, & sanctus Gregorius auctoritate Apostolicâ, & generali Episcoporum consensu Ecclesiastico vigore, ac Reipublicæ Christianæ cohibente religione destruxerunt, velut in ejus epistolis ad ipsum Mauricium Imperatorem, & ad plurimos Archiepiscopos directis, ostenditur. Quod & divæ memoriæ Avo vestro Carolo subripuit, sicut majorum traditione & verbis, & scriptis didicimus ; sicut in primo libro Capitulorum Cap. CXII. demonstratur, de liberis hominibus ad servitium Dei sine suâ licentia non convertendis ; quod Ecclesia & Respublica non consensit, quodque posteà correxit, sicut in eodem libro Cap. CXXXIV. monstratur. De rebus nihilominùs Ecclesiasticis dividendis, eidem Avo vestro incongruentia quædam subripuit, quæ oris professione, & edicti subscriptione correxit, sicut in præfato primo libro Capitulorum cap. LXXIV. evidenter ostenditur. Unde præjudicium ad tempus extortum, vel usurpatum, pro legis judicio nemo sanus sapiens tenuit, retinet, vel tenebit.

In edit 120.
Ibid. 143.
Cap. 85.

Cæterùm in secundo libro Capitulorum cap. XIII. continetur : " ut si talis causa in quâlibet provin- " ciâ, aut in aliquo Comitatu orta fuerit, quæ aut " ad dehonorationem Regni, aut ad communedam- " num pertineat, quæ etiam sine nostrâ potestate " corrigi non possit, non diù latere permittatis, qui " omnia, Deo auxiliante, corrigere debemus. Quic- " quid hactenus in his quæ ad pacem & justitiam " totius populi pertinent, & ad honorem Regni, ac " communem utilitatem, aut à nobis, aut à vobis " neglectum est, debemus, Deo auxiliante, certa- " re, qualiter abhinc nostro & vestro studio emen- " datum fiat. " In quarto etiam libro cap. XXIV. scri- " ptum est : " Si quis aliquâ necessitate cogente ho- " micidium commisit ; Comes, in cujus ministerio " perpetratum est, & compositionem solvere, & " faidam per sacramentum pacificare faciat. Quòd " si una pars ei ad hoc consentire noluerit, id est, " aut ille, qui homicidium commisit, aut qui com- " positionem suscipere debet, faciat illum Comes, " qui ei contumax fuerit, ad præsentiam nostram " venire, ut eum ad tempus quod nobis placuerit " in exilium mittamus, donec ibi castigetur, ut Co- " miti suo inobediens esse ulteriùs non audeat, & " majus damnum inde non accrescat. " Cur autem ista vobis benè scientibus scribo, quia vobis tacere non audeo, patenter contendo. Jam plus quàm quatuor annis, ex quo Luido in Parœciâ nostrâ invitus homicidium perpetravit, unde Lotharius nepos vester in Regno suo sine respectu alicujus personæ Regium ministerium adimplevit. Nunc autem ad Pistas, & inde ad Basium eumdem Luidonem, ut cum hominibus Dominationis vestræ pacificatus esse posset (sicut vobis, & nepoti vestro convenisse audivi) ducere studui, & secundùm commendationem vestram per Legale judicium causa perrexit usque ad id loci, ut ne faidam homines vestri jurarent, vias inde ad vestram commendationem petierint, cum judicatum fuerit ut eisdem Leudem renuntiaret, & homines vestri faidam jurarent. Et si alia eidem Luidoni quærere vellent, in mallo illius de quibuscumque vellent eum interpellarent, & ipse justitiam redderet, quod & ipse Luido humiliter obtulit. Postea autem qualiter inde actum fuerit, vos non latet : scio tamen quia sicut Capitula dicunt, inde actum non fuit, nec tantum inde in Palatio vestro fuit exequutum, quantum Capitulum jubet, ut quilibet Comes in suo Comitatu inde facere per auctoritatem debet ; unde vos inquietare tunc propter Aquitanorum præsentiam nolui.

Cap. 17.

Nunc autem quia ipsi vestri homines & proprietatem & beneficium in vestro Regno, & in meâ Parœciâ habent, sed & Boso in nostrâ Diœcesi beneficium unum habet, consideret inde sapientia vestra qualiter secundùm ministerium vobis à Deo commissum, & secundùm honorem vestrum, inde fiat, ne

hæc causa diutiùs ex vestrâ parte imperfecta remaneat : & si majus damnum inde fuerit, periculum anima vestra, quod avertat Dominus, contrahat. Utrum autem vobis placeat, ut ipsi homines vestri cum Misso vestro in nostram Parœciam, ubi proprietatem & beneficium habent, & ipsa causa corrigi debet, veniant ; aut si non venerint, quod in vestro Regno habent, in bannum mittatur, aut aliter inde fiat, vestræ sapientiæ intererit. Ego autem quoniam ampliùs hanc causam differre non audeo, si iterùm aliud quod rationi & authoritati conveniat, à vobis, aut ab illis inde non accepero, in die sancti Remigii, vita comite, Deo adjuvante, ubi locus sermonis mei inter sacra Missarum solemnia venerit, ante corpus illius sacratissimum, qui verè est Episcopus, authoritate Dei, & sanctorum Apostolorum, & ipsius Francorum Apostoli, in quibus & nobis licet indignis pro patribus natis filiis Dominus dixit : *Quæcumque ligaveritis super terram, erunt ligata & in cœlis :* eos qui ad pacem redire nolunt (sicut Canones sacri præcipiunt) & quolibet modo consentientes eis, ab omni societate totius Christianitatis excommunicate curabo, donec ad pacem, quam Christus ostendit & docuit, redire cum debitâ satisfactione procurent : eosque (sicut præcipiunt Canones) Regibus, & Episcopis, & quibuscumque potuero litteris excommunicatos esse denuntiabo ; ut communicantes excommunicatis, excommunicati & ipsi pariter habeantur. Inde enim vobis, vel nobis, parvipendenda est sancti Gregorii sententia ; quæ concordans Apostolo, præsertim de potestatem habentibus dicit : " Qui non corrigit resecanda, com- " mittit. "

Audivi denique quosdam reprehendere nos Episcopos, & dicere, quia volumus totâ die per scripturas parabolare, quod devotio religionis vestræ non sinat suis auribus susurrari. Apostolus namque Deo plenus dicit : *Quæcumque scripta sunt, ad nostram doctrinam scripta sunt.* Scripta sunt autem propter nos, & Dominus ad Prophetam : *Audiens nuntiabis eis ex me.* Ex me, inquit, id est, ego in scripturis loquor, & non ex te, id est, ex tuo animali & carnali sensu. Et sanctus Leo Canones sacros spiritu Dei conditos, & totius mundi reverentiâ consecratos dicit. Et de Legibus, quibus Ecclesia moderatur, & Christianitas regitur, Christus Dei sapientia dicit : *Ego sapientia habito in consilio. Per me Reges regnant, & conditores legum justa decernunt.* Conditores quippe legum non modò verbo, sed scripto leges condiderunt &, condunt, & subscriptione confirmaverunt, atque confirmant. Quas non illi Reges custodiunt, de quibus Deus, qui (ut scriptum est) *facit hypocritam regnare propter peccata populi,* dicit : *Ipsi regnaverunt, & non ex me : Principes exstiterunt, & non cognovi :* sed illi Reges eas condunt atque conservant, de quibus item Deus, ut præmisimus, dicit : *Per me Reges regnant :* quales promittens Deum timere, jubet honorificari Apostolus, dicens : *Regem honorificate.* Et, *Obedite Regi quasi præcellenti :* videlicet qui Regis Regum obedit mandatis, & ejus custodit judicia. Alioquin, ut sanctus Petrus dicit, *Obedire oportet Deo magis quàm hominibus :* Hinc enim ejus Coapostolus dicit : *Non est potestas nisi à Deo. Et qui potestati resistit, Dei ordinationi resistit :* quia nihil fit in mundo, nisi quod aut Deus misericorditer facit, aut fieri justè permittit. Cum itaque Reges ex illo regnant, misericordia illius est, ut salventur populi eis commissi. Cum verò non ex illo, sed permittente justo ipsius judicio Reges regnare videntur, vindicta est peccatoris populi, & regnantis cumulus pœnæ ; sed fideles quique potestati aut à Deo col-

Rom. 15. 4.

Prov. 8. 11. & 15.

Ofea 4. 8.

1. Pet. 2. 17. & 13.

Act. 5. 29.
Rom. 13. 1. & 2.

Diplomatum, &c.

latæ, aut à Deo permissâ non resistunt, cum juxta Petri vocem: *Sub manu Dei humiliamini, & de bonis Principibus gratias referant*, & de his qui ad purgationem suam à Deo regnare permissi sunt gementes exultant, sicut scriptum est: *Exultaverunt filiæ Judæ in omnibus judiciis tuis Domine*. Sicque non resistunt ordinationi Dei, qui novit non mala facere, sed ordinare. Resistunt autem iniquis iniquorum operibus & mandatis; unde scriptum est: *Verba sapientium quasi stimuli, & quasi clavi in altum defixi*, qui nesciunt culpas palpare, sed pungere, & tolerant patienter propter Dominum illata mala sibi à Principibus malis.

Quapropter qui nobis derogant, dicentes, quia volumus totâ die loqui per scripturam, si de omni verbo otioso reddant rationem in die judicii, sicut veritas non mentiente ore dicit, videant quid sustinebunt de hoc criminoso detractionis, & contrà nos murmurationis verbo. Non enim cum sancto Moyse illis dicimus, *Nec contrà nos est murmur vestrum, sed contrà Dominum*. Nos enim quid scimus, illisque cum Apostolo inculcamus: *Neque murmuraveritis, sicut quidam murmuraverunt, & à serpentibus perierunt*. Quibus enim increscere legere, vel audire quæ scripta sunt, vel scribuntur, sciant quia non de ignorantiâ judicabuntur, sed de contemptu, quo nolunt scire, quo nolunt legere, vel audire condemnabuntur. De qualium chordo Dominus in Psalmo dicit: *Noluit intelligere ut bene ageret. Iniquitatem meditatus est in cubili suo*. Cum enim non dicit, non potuit intelligere, sed noluit intelligere, apertè reatum contemptûs denuntiat, pro quolibet contemptor meritò debitas pœnas luet.

Lotharii ejus nominis I. Imperatoris Præceptum, quo restituuntur Amoloni Lugd. Archiepiscopi prædia, Aulanius, &c.

IN nomine Domini nostri Jesu-Christi Dei æterni Hlotharius divinâ ordinante providentiâ Imperator Augustus. Oportet Imperialem sublimitatem ut prædia, quæ Religiosorum donatione virorum sunt locis Deo dicatis collata, largitatis suæ munere augeat semper atque multiplicet, quatenus per id opus & Sacerdotes Dei, quibus earumdem Ecclesiarum est commissa sollicitudo, cum omnibus sibi commissis pro salute ac prosperitate eorumdem Principum instanter & fideliter orare delectet, & apud omnipotentem Deum pro devotione & liberalitate pietatis, perpetuæ eis remunerationis merces accrescat. Igitur omnium fidelium sanctæ Dei Ecclesiæ ac nostrorum videlicet præsentium & futurorum comperiat magnitudo, quia vir venerabilis Amulus Lugdunensis Sedis Archiepiscopus nostræ retulit celsitudini, quòd est rebus Ecclesiæ B. Stephani protomartyris, cui ipse auctore Deo præesse dinoscitur, pars esset ablata non modica, & in sæcularium hominum ditionem redacta, ac per hoc frequentem eos pati necessitatem qui illic jugiter cultibus famulantur divinis; cujus narrationem, imo querimoniam diligenti consideratione tractantes, hoc serenitatis nostræ Præceptum decrevimus fieri, per quod quasdam res, quæ à dominatione memoratæ Sedis per aliquot temporum intervalla diversis variarum perturbationum casibus noscuntur esse subtractæ, restituimus, sicut sancimus; scilicet in Comitatu Lugdunensi villam quæ nuncupatur Aulanius, & in Comitatu Scutingensi aliam

villam quæ dicitur Morgas, cum pertinentiis earum quæ in quibuslibet pagis ac diversis villulis habentur, id est in Assenaco villaris, Luperciaco, Vercellis, Vercellione, Carnate, Santiane, & villam ubi dicitur ad sanctam Mariam.

In his itaque descriptis locis quantum ex jure Ecclesiæ Beati Stephani esse dinoscitur, & quemadmodum Bertmundus vel pater ejus Ebrardus hoc in beneficio visi sunt habuisse, reddimus & confirmamus eidem Sedi: similiter quoque villulam quæ appellatur Callissis cum omnibus quæ ad eam pertinent, & aliam quæ dicitur Coriatus, quæ sita sunt in pago Lugdunensi, illic tradimus & restituimus, ut absque nostrâ vel successorum seu cujuslibet potestatis subtractione aut diminoratione in usibus præfatæ Ecclesiæ perseverent, habeantque Rectores ejus potestatem eas obtinendi ac disponendi per hoc excellentiæ nostræ Præceptum prout eis utile visum fuerit, sicut & reliquas Ecclesiæ facultates. Et ut hæc nostra Auctoritas per futura tempora inviolabilem obtineat firmitatem, manu propriâ subter eam confirmavimus, & annuli nostri impressione jussimus adsignari.

Ejusdem Confirmatio-Fundationis Abbatiæ Grandis-vallis. [a]

IN nomine Domini Jesu-Christi Dei æterni. Lotharius divinâ providentiâ Imperator Augustus. Imperiali sententiâ vobis innotescat, ut noverit omnium Fidelium sanctæ Dei Ecclesiæ, præsentium videlicet & futurorum industriæ, quia Lutfridus illustris Comes dominusque Monasterii, cujus vocabulum est Grandis-vallis, quod est situm in Ducatu Helisacensi, & constructum in honore Beatæ Dei Genitricis semperque Virginis Mariæ, detulit obtutibus nostris authoritatem domini & genitoris nostri Ludvici Augusti, in quibus erat insertum, quatenus ipse & antecessores ejus priores patres præfatum Monasterium in cellulis sibi subjectis, unâ scilicet quæ nuncupatur Cella, & est constructa in honore S. Urficini Confessoris; & alia quæ vocatur Vertuna, & est dicata in honore S. Pauli Apostoli; ob divini cultûs honorem & reverentiam ipsius sancti loci, sub plenissimâ defensione habuissent: sed pro regni firmitate postulavit nobis prædictus Lutfridus Comes & dominus memorati Monasterii, ut parentes ejus voluntati ob amorem Dei & reverentiam prædictorum Sanctorum nostrâ confirmaremus authoritate; cujus petitionibus acquievimus, & ita in omnibus concessimus, & in perpetuum secundùm nostrum præceptum confirmavimus. Quapropter præcipientes jubemus, ut nullus alia Rex, aut aliqua persona, inde habeat potestatem aliquid faciendi, sed liceat memorato Lutfrido, suisque successoribus res prædicti Monasterii sub immunitatis nostræ defensione quieto ordine possidere. Et quidquid fiscus exinde sperare poterit, totum nos pro æternâ remuneratione eidem Monasterio concedimus, ut alimonia pauperum, & stipendia servorum ibidem Deo famulantium perpetuò proficiat in augmentis. Et ideo volumus ut hæc concessionis nostræ authoritas firmior in posterum habeatur, scriptâ manu nostrâ confirmavimus, & annuli nostri impressione signavimus. Datum VIII. Kal. Septembris, anno Christo propitio Imperii domini Lotharii XII. Imperatoris in Italiâ XXX. & in Franciâ X. Indictione XII. Actum Romarici-monte in palatio publico in Dei nomine feliciter, Amen.

---

b *increscere*] Acherius legit *increscit: quibus increscit,* hoc, est *quos piget.*

a *Grandis-vallis*] Vulgò Munsterthal, O. B. in Diœcesi Basileensi.

Ejusdem Præceptum de Eulaniâ.

Anno DCCCL. Eruit D. Loucet.

IN nomine Domini nostri Jesu Christi Dei æterni Hlotarius divinâ ordinante providentiâ Imperator Augustus. Oportet Imperialem sublimitatem, &c. *ut in superiori Præcepto.* Igitur omnium fidelium sanctæ Dei Ecclesiæ, nostrorumque præsentium videlicet & futurorum comperiat magnitudo, quia dilectissimus patruus noster Drogo venerabilis Archiepiscopus, nostrique palatii Capellanus, atque Berta amantissima filia nostra, seu Hilduinus venerabilis Abba nostræque aulæ Archinotarius, ad nostram accedentes clementiam, deprecati sunt pro redintegratione rerum sanctæ Lugdunensis Ecclesiæ, quæ quibusdam pro causis non modò necessitatis, verùm etiam dissidiorum, quæ inter nos & Antistitem ipsius Sedis orta esset, quædam suboriri contigit diebus, quatenùs pro emolumento nostræ mercedis eidem restituerentur Ecclesiæ, scilicet in Comitatu Lugdunensi villam quæ nuncupatur Aulania, & in Comitatu Scudingis aliam villam quæ dicitur Morgas, cum pertinentiis earum, quæ in quibuslibet pagis ac diversis locis habentur. Item in Assenaco-villaris, Luperciaco, Vercellis, Vercellione, Curnate, Saciana & villam quæ dicitur ad sanctam Mariam. Itemque Luperciaco & Cociaco cum suis pertinentiis, quas Adalardus ordine beneficiario possidet.

In his itaque descriptis locis quantum ex jure Ecclesiæ beati Stephani & nostro esse dinoscitur, & quemadmodum Bertmundus, vel pater ejus Ebrardus hoc in beneficio visi sunt habuisse, eidem Sedi nostrâ auctoritate reddimus & confirmamus: necnon & eas quas Gunduinus in pago Portensi tenuisse non ignoratur, cum omni integritate simili modo restituimus. Similiter quoque villam quæ appellatur Calissis cum omnibus quæ ad eam pertinent, & sita est in pago Lugdunensi, illic tradimus atque restituimus. Quorum petitionibus tam ob eorum devotionis meritum, quámque Remigii devotissimum famulatum, cui curam ac regimen ejusdem Ecclesiæ commissam habemus libentissimè annuentes, memoratas res sub omni integritate illuc præsentialiter revocare studuimus, atque Imperiali corroboratione confirmavimus. Proinde hos celsitudinis nostræ apices fieri decrevimus, per quos statuentes jubemus prorsusque sancimus, ut prædictæ res sæpe dictæ Ecclesiæ Rectores perpetuo jure in augmentum ipsius Ecclesiæ habeant, teneant, & quieto ordine possideant, remotâ procul cujuspiam contradictionis seu machinationis calumniâ, Eis verò quas superiùs positas Adalardus fidelis noster tenet, volumus ut suæ tantùm vitæ diebus usufructuario domineter. Eo tamen tenore, ut annuatim, nonas & decimas earum eidem conferat Ecclesiæ: post verò ejus decessum pars ejusdem .... absque ullius interrogatione seu qualibet refragatione illicò recipiat, ac libitu suo, prout Canonica docet institutio, ordinet atque disponat. Et ut hæc nostræ restitutionis atque largitionis Auctoritas nostris futurisq; temporibus inviolabilis perseveret, manu propriâ subter eam firmavimus, & annuli nostri impressione assignari præcepimus.

Anno circ. DCCCLI.

Ejusdem præceptum de Lucenaco, & Ecclesiâ sancti Gervasii, & sancti Desiderii, rebus sancti Stephani in Comitatibus Lugdunensi & Viennensi.

IN nomine Domini nostri Jesu Christi æterni Hlotharius divinâ ordinante providentiâ Imperator Augustus. Oportet Imperialem sublimitatem ut prædia quæ Religiosorum donatione virorum sunt locis

Deo dicatis collata, largitatis suæ munere augeat semperque multiplicet; quatenùs per id opus & Sacerdotes Dei, quibus earumdem Ecclesiarum est commissa sollicitudo, cum omnibus sibi commissis pro salute ac prosperitate eorumdem Principum instanter ac fideliter orare delectet, & apud omnipotentem Deum pro devotione & liberalitate pietatis perpetuæ eis remunerationis merces accrescat.

Igitur omnium fidelium sanctæ Dei Ecclesiæ, nostrorumque præsentium scilicet, & futurorum comperiat magnitudo; quia Gerardus illustris Comes atque Marchio nobis fidelissimus ad nostram accedens clementiam, deprecatus est pro redintegratione sanctæ Lugdunensis Ecclesiæ rerum, ut quæ per insolentiam, & quorumdam cupiditatem ab eâdem Ecclesiâ ablatæ vel subtractæ esse noscebantur, pro emolumento nostræ mercedis eidem restituerentur Ecclesiæ; videlicet in Comitatu Viennensi Lucennacus-villa cum omnibus suis appenditiis, Ecclesiæ quoque sancti Gervasii & sancti Desiderii, cum universis ad se pertinentibus in Comitatu Lugdunensi consistentibus. Cujus precibus satis rationabilibus tam ob illius devotionis meritum, quámque Remigii devotissimum famulatum, cui curam & regimen ejusdem Ecclesiæ commissam habemus, libentissimè annuentes, memoratas sub omni integritate illuc præsentialiter revocare studuimus, atque Imperiali corroboratione confirmavimus. Proinde hos celsitudinis nostræ apices fieri decrevimus, per quos statuentes jubemus prorsusque sancimus, ut prædictas res sæpe dictæ Ecclesiæ Rectores perpetuo jure in augmentum ipsius Ecclesiæ habeant, teneant, & quieto ordine possideant, remotâ procul cujuspiam contradictionis vel machinationis calumniâ. Et ut hæc nostræ restitutionis atque largitionis auctoritas nostris futurisque temporibus inviolabilis permaneat, manu propriâ subter eam firmavimus, & annuli nostri impressione assignari præcepimus.

Ejusdem Præceptum quo Villam quamdam Ecclesiæ Ednensi restitui jubet.

Ann. DCCCLI. Ex Majori Chartulario Ednensi.

IN nomine Domini nostri JESU-CHRISTI Dei æterni, LOTHARIUS divinâ ordinante providentiâ Imperator Augustus. Si in restitutione rerum Ecclesiasticarum curam adhibemus, providentiamque non minimam gerimus, non solùm in hoc Imperiale exercemus consuetudinem, sed etiam id ad emolumentum animæ nostræ pertinere non ambigimus quodammodis. Quapropter omnium sanctæ Dei Ecclesiæ fidelium nostrorumque, præsentium & futurorum noverit universitas, quia JONAS Venerabilis Augustudunensis Ecclesiæ Episcopus per Remigium venerabilem sanctæ Lugdunensis Ecclesiæ Præsulem, & vassalum suum Gislulfum nomine ad aures pietatis nostræ perducere studuit, quòd Aldricus quondam Comes ex rebus Ecclesiæ sancti Nazarii, cui idem Jonas Deo auctore præsidet, in pago Scudingis villam unam Voltnaus vocabulo, antequam hanc lucem emisisset temerè invasisset, suoque vasallo Rodfrido nomine beneficiario munere delegasset. Quam causam prædicto viro venerabili Remigio & Agilmaro reverentissimis Archiepiscopis diligenter inquirere & discutere jussimus, & per ipsos sicuti superiùs nobis judicatum fuerat, eamdem villam ad præfatam sancti Nazarii Ecclesiam verè & legitimè pertinere didicimus, atque per judicium nobilium virorum, Comitum atque Scabinorum memorato Gislulfo vasallo jamdicti Jonæ Episcopi eam reddi præcepimus.

Sed ut in perpetuum memoratus Jonas Episcopus successoresque ejus ad partem præfatæ sancti Nazarii Ecclesiæ quietè eamdem villam obtinere valeant , hoc nostræ mansuetudinis Præceptum fieri decrevimus : per quod statuentes decernimus atque jubemus, ut abhinc in futuro præscriptam villam in jam dicto pago Scudingis sitam ꝫ pars memoratæ sancti Nazarii Ecclesiæ quietè teneat ac possideat, & prout utilitas ejusdem loci dictaverit, ordinet atque disponat. Et ut nostræ confirmationis auctoritas stabilem & inconvulsam obtineat firmitatem , de annulo nostro subter jussimus sigillare.

Rodmundus Notar. ad vicem Hilduini recognovi. Data v. Nonas Julii, Anno Christo propitio Imperii Domni Lotharii pii Imperatoris in Italiâ xxxiv. & in Franciâ xiv. Indictione primâ, Actum Theodonis-villa palatio Regio in Dei nomine feliciter, Amen.

Ejusdem Præceptum sancti Petri Jurensium.

IN nomine Domini nostri Dei æterni, HLOTHARIUS divinâ ordinante providentiâ Imperator Augustus. Dum toto corde, totâ animâ, totâ mente, & totâ virtute in his quæ Deo cara sunt vitam nostram extendere, & actus nostros ad placendum illi informare cupimus, & amore ipsius Ecclesiam, quæ est sponsa & corpus ejus, honorare, & in sublime ferre omni conamine quærimus, ad aures serenitatis nostræ perductum est, agente hoc maximè venerabili & nostræ celsitudini devotissimo Pontifice Remigio, quomodo sancta Lugdunensis Ecclesia aliquando ditissima & rebus latè florentissima, & Religione præclarissima fuerit, Pontificibus ejus in hoc maximè studium impendentibus, ut non modò fecunda & generosa filiis existeret, verùm & facultatibus & potentiâ sæculi ad fastum mundi comprimendum opulentissima redderetur ; sed causis diverso ordine præcurrentibus actum sit , ut quæ ad gloriam ipsius cumulatæ res undique in eâ profluxerant, divisæ & distractæ multis generibus minuerentur ; quæ res pietatis nostræ animum eo permovit ; ut in gratiam omnis largitoris boni qui primum statum eam reparare niteremur ; manentibus siquidem in ipsâ sanctis studiis , & adhuc piâ Religione . . . . . illi decorem ferrent, cui Martyrum pretiosissimæ memoriæ & merosissimi tropæi, sanctorumque millium gloriosissimi provectus ad tutelam, & incitationem omnis virtutis, ad doctrinam sinceræ fidei abundaret rebus exterioribus, etsi paulatim voluntate hominum defluentibus minorata etiam usque ad ultimum nisi temperasset pietas divina, haberetur. Ut ergo tanti boni participes , fautores, auctores, sublevatores sicut ubique desideramus, propter omnipotentis Dei gloriam essemus, & ut sancta studia in eâ ampliùs valerent ad imperium nostrum & augustam serenitatis nostræ memoriam subducendam , visum est dignationi nostræ dono & largitione rerum nostrarum eam nunc ad præsens aliquantulum promovere , quod donec ad primam formam , si possibile sit , perducatur , semper propter venerationem loci & Pontificis , ubi oportunitas se dederit idipsum animo residebit.

Conferimus itaque sacræ ac primæ Gallorum Ecclesiæ pio animo , promptissimâ voluntate , simplici corde quod deinceps omni tempore firmum esse & stabile permanere cupimus , Monasteriolum cum suis omnibus ad illud pertinentibus in honore Domini nostri JESU-CHRISTI sub invocatione beatissimi Petri Principis Apostolorum constructum , locis Jurensibus situm, quod Nantuadis ab aquis è vicino emergentibus publicè vocitatur. Quam donationem liberalissimâ à pietate nostrâ perfectam, ita reverentissimæ matri Ecclesiæ Lugdunensi indirupto tempore ad solatium & honorem sui manere vo-

lumus ut habitatores locelli ipsius vitâ, doctrinâ, & subministratione rerum necessariarum ordinante & disponente [providentia per] viscera maternæ pietatis,& sanctoPontifice ipsius, salvo privilegio diocæseo eis nuper ante meliores & utiliores ab inde efficiantur, nec detrimentum ex subditione seu datione tali in aliquo sibi proveniisse lugeant : sed ad desiderium nostrum & cumulum remunerationis fructum sui profectûs, & gratiam vitæ melioris inde sibi accrevisse perpetuò lætentur. Ut autem manere nostra donatio & pietatis nostræ collatio , & edictum nostræ præceptionis cunctis annorum curriculis firmum & inconvulsum possit , nec à quoquam violari ullo modo præsumatur, magnitudinis nostræ annulo cum roboratione manum subter imprimere & munire ad durabilem stabilitatem jussimus. Signum Hlotharii serenissimi Augusti. Rotmundus Notarius ad vicem Hilduini recognovi & subscripsi. Data vii. Kal. Jul. anno, CHRISTO proprio, Imperii Domni Hlotharii piissimi Augusti in Italiâ xxxiii. & in Franciâ xiii. Indictione xv. Actum Aquisgrani palatio Regio in Dei nomine feliciter. Amen.

Ejusdem Præceptum de Saviniaco.

IN nomine Domini nostri JESU-CHRISTI, &c. *ut in præcepto suprà S. Petri Jurensium usque ad lineam ubi legitur* : permanere cupimus Monasteriolum , *&c.* cupimus Cœnobium cum suis omnibus ad illud pertinentibus in honore Domini JESU-CHRISTI sub invocatione beatissimi Martini Episcopi & Confessoris constructum , quod Saviniacus publicè vocitatur, quam donationem, &c. *ut suprà*. Data iv. Idus Septembris, anno , Christo propitio , Domini Hlotharii Imperatoris in Italiâ xxxiii. & in Franciâ xiii. Indict. xv. Actum in villa Gerniaco in Dei nomine feliciter. Amen.

Ejusdem Præceptum de Nantoadis.

IN nomine Domini nostri JESU-CHRISTI Dei æterni HLOTHARIUS divinâ ordinante providentiâ Imperator Augustus. Si precibus votisque fidelium nostrorum, maximeque utilibus atque Ecclesiasticis cultibus profuturis, nostræ serenitatis assensum præbemus, ad maximum id animæ nostræ emolumentûm cœlestique regni bravium provenire credimus. Quocircà totius regni nostri noverit universitas, omnisque Ecclesiæ Dei tam præsentis quàm futuræ cognoscat unanimitas, quia postquam Nantuadense Cœnobium locis Jurensibus situm sancto Stephano Lugdunensis sacræ & primæ Gallorum Ecclesiæ, cum suis omnibus ad illam pertinentibus, pio animo, promptissimâ voluntate, ac simplici corde contulimus, ac Deo nostro in jus damnationemque transfundimus, placuit quatenùs ad petitionem Remigii præfatæ urbis Reverendi Pontificis hoc etiam privilegio auctoritatis nostræ concederemus, ut in controversiis causiique omnium de illam pertinentibus res Cœnobiales forent , quà priusquàm à nobis memoratæ Ecclesiæ conferrentur, extiterant ; videlicet ut in cunctis interpellationibus ac responsionibus diversarumque querimoniarum negotiis ipsâ lege , eo modo, eodemque tenore Advocatus jam dicti Monasterii interpellet vel respondeat , quoto tempore solitus erat quando id sub nostrâ proprietatis inerat dominio : quam concessionem liberalissimâ à pietate nostrâ perfectam , indirupto tempore ad solatium & honorem ejusdem Monasterii manere volumus incorruptam ; ita ut hæc nostræ serenitatis collatio, & edictum nostræ præceptionis cunctis annorum curriculis firmum & inconvulsum esse possit, nec à quoquam violari ullo modo præsumatur , magnidinis nostræ annulo cum roboratione etiam manuum

Ejusdem Præceptum de Lentis, & de Capellâ in Ambariaco, atque de villâ Gianâ ex rebus sancti Stephani in Comitatu Lugdunensi.

IN nomine Domini nostri JESU-CHRISTI Dei æterni HLOTHARIUS divinâ ordinante providentiâ Imperator Augustus. Oportet Imperialem sublimitatem, &c. *ut suprà*. Igitur omnium fidelium sanctæ Dei Ecclesiæ, nostrorumque præsentium videlicet & futurorum noverit magnitudo, quia Hilduinus venerabilis Abbas, nostræque aulæ Archinotarius ad nostram accedens clementiam, deprecatus est pro redintegratione rerum sanctæ Lugdunensis Ecclesiæ, quæ per insolentiam & quorumdam cupiditatem ab eâdem Ecclesiâ ablatæ, vel subtractæ esse noscebantur, pro emolumento nostræ mercedis, eidem restituerentur Ecclesiæ, videlicet in Comitatu Lugdunensi Lentis-villam cum omnibus ibi aspicientibus, & in villâ Ambariaco Capellam sub honore sancti Stephani & sancti Symphoriani, & sancti Martini cum omnibus suis appendiciis per diversa loca sitis, villam Gianam etiam in eodem Comitatu cum universis ad se pertinentibus. Cujus precibus utpote rationabilibus tam ob illius devotionis meritum, quamque Remigii nostro famulatum, cui curam ac regimen ejusdem Ecclesiæ commissam habemus, libentissimè annuentes, memoratas res sub omni integritate illuc præsentialiter revocare studuimus, atque Imperiali corroboratione confirmavimus. Proinde hos celsitudinis nostræ apices fieri decrevimus, per quos statuentes jubemus, prorsusque, sancimus, ut prædictas res sæpe dictæ Ecclesiæ Rectores, perpetuo jure in augmentum ipsius Ecclesiæ habeant, teneant, & quieto ordine possideant, remotâ procul cujuspiam contradictionis, & machinationis calumniâ. Et ut hæc nostræ restitutionis, atque largitionis auctoritas nostris futurisque temporibus inviolabilis permaneat, manu propriâ subter eam firmavimus, & annuli nostri impressione assignari præcepimus.

ANGILGUINUS & conjux RIMOLDIS multa apud Fontanas conferunt Ecclesiæ Ambianensi.

ILle benè possidet res in præsenti sæculo, qui sibi caducis rebus comparat præmia sempiterna, testante Evangelio qui dicit : *Date, & dabitur vobis.* Et iterum : *Date eleemosynam, & ecce omnia munda sunt vobis.* Et in eodem : *Quia sicut aqua extinguit ignem, ita eleemosyna extinguit peccatum.* Quapropter ego ANGILGUINUS & conjux mea RIMOLDIS his divinis admoniti præceptis, cogitantes de Dei timore, vel æternâ bonâ retributione, & ut Dominus omnipotens in æterno suo regno nobis centuplicatum dignetur reddere fructum : donamus ad sacrosanctas Basilicas S. MARÆ & S. Firmini in Ambianensi civitate, ubi ipse pretiosus Martyr in corpore requiescit, ubi etiam præest venerabilis vir Helmeradus Episcopus, res proprietatis nostræ, quas quondam Ludovicus Imperator & Karolus Rex nobis jure hereditario per præceptum dederunt. In pago Ambianensi, in villâ nuncupatâ Fontanas super fluvio Salam. Hæc sunt mansa XLVII. id est, mansum dominicatum cum Ecclesiâ, cum casticiis & arboribus desuper positis, perviis & quadris, campis legitimis, communiis, adjacentiis, silvis, campis, pratis, pascuis, aquis aquarumve decursibus, farinariis duobus, ubi sunt rotæ IV. cambis tribus, aspiciuntque ad ipsum mansum dominicatum per loca denominata : de terrâ arabili plùs minùs bovaria CCCC. id est, cultura quæ vocatur Prunerolis, tota peculiaris similiter, callem, furnum similiter, ad illos pagos similiter, & illâ medietate de Dulci-Melario, quæ propior est de jam dictâ villâ quæ vocatur Fontanis, & quidquid de prata de subtus ipsa villa habere videmur usque Bonoglo, & de subtus Bonoglo, usque ad pervium publicum qui tradit per Crissiacum.

Donamus etiam de silvâ in Altavio ad jam dictam villam pertinentem, ubi possunt saginari plùs minùs porci duo millia, cujus termini totum in gyro isti sunt. Per viam quæ ducit ad planias usque ad silvam de Spinolis, inde per silvam Ascultensem usque ad pervium Belvacensem : de alterâ verò parte per summa Dulci-Melario, & per summa profunda valle, & inde ad Arnigilisare, deinde ad Ecclesiam Culturam, & inde à Duvaldo Sunsarte ad illa Cisterna, & Medianum-montem totum. Donamus quoque in ipsâ villâ jam dictâ & Trudoldivalle ad supradictum mansum dominicatum aspicentia mansa fiscalina XLVI. cum mancipiis & omni ordine locorum, & accolas plùs minùs XXX. & VIII. hoc sunt Curtilli, unde manum opus exit : similiter cum ædificiis & omni eorum ordine, cum casticiis & arboribus desuper positis, cum perviis & quadris, campis legitimis, communiis, adjacentiis, silvis, campis, pratis, pascuis, aquis aquarumve decursibus, mobilibus & immobilibus, quæsitum & inexquisitum, totum ad integrum quidquid ad ipsa supradicta mansa XLVI. aspicere videtur ; & mansum dominicatum cum Ecclesiâ, sicut superiùs diximus, ad præfata loca Sanctorum Dei & sanctæ MARIÆ, necnon sancti Firmini Martyris Christi, seu etiam ad opus fratrum Deo ibidem militantium dicimus esse traditum, ex nostro jure & dominatione in illarum jus & potestatem perpetualiter transfundimus ad possidendum.

Nomina verò mancipiorum hæc sunt, Aldranas, Alcfindis cum infantibus, & mancipia eorum, Stutbertus Folchetrudis cum infantibus eorum, Hilbertus & Aelvara similiter, Madefridus, &c. In Trudoldi valle Odelhardus & Adelsemildis cum infantibus eorum, & mancipia, Teuboldus, &c. Angilardus cum uxore suâ & infantibus eorum, Hotbertus similiter, seu etiam cum omni supradictorum prole, vel his qui extrà intràque sunt ad hæc pertinentia.

Hæc omnia superiùs comprehensa in eâ ratione, sicut dictum est, donamus, ut dum in hoc sæculo advixerimus, tam ipsas res quas nos ad præfata sanctorum loca condonavimus, seu etiam illas quas à largifluâ benignitate vestrâ deprecati sumus, hoc est, villa quæ vocatur Bonogilus, cum omnibus appendiciis suis, & beneficium quod Anfredus vasallus noster nunc in præsenti de rebus Ecclesiæ vestræ habere videtur, usufructuario munere nobis & filio nostro Algenino Clerico impendant servitium ; & pro ipsâ usu beneficioque vestro spopondimus vobis singulis annis ad festivitatem B. Firmini ad opus Fratrum denariis sol. decem, & decimam de Bonogilo, & de Fontanis unoquoque anno, & garbis IIIc. frumenti, & hordeo, & avenâ carra tria. Et si de ipso censo tardi aut negligentes apparuerimus, fidem exinde faciamus, & ipsas res dum advixerimus, non perdamus, & pontificium nullomodo habeamus de jamdictis rebus alicubi, nec vendere, nec condonare, necnon cambiare, nec ad aliam causam Dei delegare.

Post nostrum verò de hac luce decessum omnes res

superiùs comprehensas vos vel successores vestri, seu agentes Ecclesiæ vestræ, cum omni integritate, vel emelioratione, seu quidquid super ipsas res quæstum inventum fuerit, absque ullius Judicis consignatione, vel heredum nostrorum contradictione, necnon aliquâ exspectatâ traditione, in vestram ac Fratrum vestrorum, ut perpetualiter ad eorum mensam, quasi mercedis nostræ emolumentum Deo serviant, recipere faciatis potestatem & dominationem. Si quis verò, quod futurum esse non credo, si nos ipsi, aut ullus de heredibus ac proheredibus nostris, vel certa quælibet ulla extranea, vel apposita persona, qui contra hanc donationem venire voluerit, aut eam infringere voluerit, imprimis iram Dei omnipotentis, atque omnium Sanctorum incurrat offensas, necnon nominibus omnium Sanctorum efficiatur extraneus, & cum Judâ traditore perpetuâ sit damnatione percussus, & in nullâ sanctarum Ecclesiarum communione sit receptus; & insuper inferat partibus Ecclesiæ S. Mariæ & S. Firmini unà cum socio Fisco distringente auri libras c. argento pondera mille coactus exsolvat, & quod repetit, nihil evindicet; sed præsens hæc donatio atque præstaria firma & stabilis inviolabiliter permaneat cum stipulatione subnixa. Actum Ambianis civitate in Mallo publico. Datum III. Kal. Aprilis in anno x. regnante Domino Karolo gloriosissimo Rege.

no circ.
DCCCLIII.
Chartula-
Viennens.

AGILMARO *Viennensi Archiepiscopo* WIGERICUS *Comes in Conventu Procerum, quæ usurpaverat, bona, restituere cogitur.*

Notitia rationis seu querelationis inter Agilmarum Archiepiscopum & Wigerium Comitem ex rebus legitimæ proprietatis ipsius Agilmari Episcopi, de quibus adversus prædictum Comitem jam frequens querela exstiterat. Venientes namque religiosissimi & venerabiles Patres, illustrissimaque societas Comitum solito more, sicut in aliis locis, Salmoringam villam, quorum nomina hæc: Remigius Lugdunensis Archiepiscopus, Rotlannus Arelatensis Archiepiscopus, Joseph Maurigianensis Episcopus, Ebo Gratiopolitanensis Episcopus, Truibertus Aptensis Episcopus, Arbertus Ebredunensis Episcopus; Gairardus quoque Comes, Fulherdus Comes, Arnulfus Comes, Autrannus Comes, Begere Comes, Vopoldus Comes, Barnardus Comes, Aldrigus Comes; item Barnardus Comes, Ingelramus Comes, Gairungus Comes: plurimique cum eis in tam præcipuo Conventu adstantes, quorum nomina perscribere perlongum est, ex quibus aliqua adnotare studemus: Adaibertus videlicet, Vuldo dominicus, Richardus simili modo, Erpinus quoque, Airadus, Fulradus, Beringerius, Illusos, Ragambertus, Cristianus, Aistoldus, item Aistoldus, Wandalmatus, Eldebodus, Lanberto, Sutberto, Manevoldo, Berterio, Ebo, Ailulfo, Ingelrico, vel cæteri quam plures. Prædicti verò Majores privilegio & Proceres potestate, dum ibidem in prædicto loco de communi tractarentur utilitate ad justitiam totius provinciæ, inter cætera ibi in præsentiâ prædictorum nobilium virorum, adstitit coram Agilmarus præfatus Archiepiscopus, unà cum suo Avocato Witgerio nomine; proclamans se adversus Wigericum Comitem, quod res & mancipia, quæ ei Domnus Imperator Lotharius legitimo concesserat jure in villâ Coganâ, seu & in aliis villis Calausis & Adnanciâ, quòd ipse Wigiricus easdem res in suâ retineret dominatione injustè. Prædicti verò venerabiles viri jam dictum interrogaverunt Wigiricum si ita veritas esset, an non: ipse tamen hoc minimè denegavit, neque

Avocatum ponere potuit, quia sciebat hujus querelæ causâ esse veritatem, sed præsentialiter per suum wadium ipsi Agilmaro Archiepiscopo vel suo Avocato propriis reddidit manibus, & suum Missum Fulradum nomine in suâ avocatione dedit Witgerio Avocato præfati Episcopi, ut super ipsas res quas ipse reddidit, veniret, & legalem vestituram in omnibus faceret; his præsentibus: sig. Richardo, sig. Beringerio, sig. Gisulfo, sig. Ebroinus, sig. Archimbaldus, sig. Rotard, sig. Ivone, sig. Cristino, sig. Amalgaudo, sig. Airado. Ego Winitarius præsens fui. Sig. Odilone. Sarlulfus præsens fui. Ego Idnarius præsens fui. Ego Astoldus præsens fui. Ostoldus præsens fui. Celdebodus præsens fui. Sig. Ebone. Adalongus præsens fui. Rothaldus rogatus. Sig. Ebroino Rodulfus.

PRIVILEGIA CORBEIÆ
BENEDICTI PAPÆ III.
Confirmatio Privilegiorum Corbeiæ.

BENEDICTUS Episcopus servus servorum Dei, universis Episcopis Galliarum. Cum Romanæ sedis Pontificem constet omnium Ecclesiarum Christi caput atque Principem fore, tamquam B. Petri Principis Apostolorum vices agentem, cui Christus totius Ecclesiæ committens principatum fatur: *Tu es Petrus, & super hanc petram ædificabo Ecclesiam meam, & tibi dabo claves regni cœlorum?* cunctatio nulli fidelium relinquitur, quòd universæ Ecclesiis sollicitudinem prætendere, & omnium in Christo credentium saluti, paci, atque quieti prospicere non oporteat, ut & quæ prava sunt corrigantur, & quæ rata roborentur, quæ corrupta sunt restaurentur, quæ autem integra conserventur. Cumque hanc curam circà universalis Ecclesiæ corpus per totius orbis latitudinem diffusæ custodire debeamus, speciali tamen prærogativâ post Romanam atque Italicam erga Ecclesias Gallicanas nobis convenit observare, quemadmodum prædecessores nostros fecisse manifestum est. Quod compertissime nunc quodque fieri oportere ipse Reipublicæ status testificatur, quandoquidem utramque provinciam unius Imperii sceptrum non divitit, & Romanæ dignitas Ecclesiæ unà cum terreno principatu utriusque provinciæ Regnum communi jure disponit, ut & rerum Principes sua decreta Romanæ Ecclesiæ sancitis præmuniant, & Ecclesiastica jura Principum statutis adjuventur, æstimantes terrenæ Reipublicæ Rectores tunc se feliciter imperare, si suis sanctionibus Apostolica confœderetur auctoritas, quam cùm in nobis suscipiunt ac venerantur, illum se suscipere gratulantur qui Discipulis suis loquitur, dicens: *Qui vos recipit, me recipit.* Hinc è contrario de contemptoribus ait: *Qui vos spernit, me spernit.*

Igitur cum, sicut dictum est, Apostolicæ sollicitudini universalis Ecclesiæ credita sit dispensatio, & pro cunctorum Fidelium statu perpetuas nostræ sollicitudini vigilias prætendere conveniat; maximâ tamen diligentiâ curam earum debemus Ecclesiarum gerere, quarum specialis providentiam ratio suscepti officii à nobis docet agendam; ut non solùm ea quæ hactenùs in suo statu permanent intemerata serventur, verùm ea quæ lapsa sunt ad prioris formæ dignitatem reducantur. Unde cognoscat omnium Præsulum sanctorum per Gallias commorantium reverenda Fraternitas, quòd vir Venerabilis Odo Abbas ex Monasterio Corbeiæ provinciæ Galliarum,

Anno circ.
DCCCLV.
Ex Chartulariis Corbeiæ.

Matt. 16, 18.

quod est constructum in pago Ambianensi super fluvium Sommæ, adiit nos per Venerabilem Amrelmum Abbatem, petens ut nostræ auctoritatis privilegium super electionis propriæ statu, & rerum suarum liberâ possessione seu dispensatione, prædicto Monasterio Corbeiæ concederemus. Ostendit quoque nobis privilegia ab Episcopis edita; unum à Præsule Ambianensi [a], ad cujus diœcesim locus ille pertinet, & Coëpiscopis suis factum atque roboratum, jam antiquis temporibus: & aliud ab Archiepiscopo Remensis Ecclesiæ Hincmaro, & universali Concilio Episcoporum Galliarum paucis intercedentibus annis conscriptum, & subscriptionibus propriis roboratum, ut & quoscumque sive Episcopos sive Abbates pervenerit, subscribere non graventur. In quibus privilegiis decretum est, ut præfatum Monasterium Corbeiæ & rerum suarum liberam obtineant dominationem, & eligendi sibi Abbatem de suis semper habeant potestatem: Contradictores verò & repugnantes huic sanctioni anathemate perpetuo damnandos. Super hæc autem magnifici Imperatoris Hlotharii & Hludowici ac Caroli mandatum atque supplicatio accessit idipsum postulantium; videlicet ut Episcopotum privilegia nostrâ quoque auctoritate firmarentur.

Nos itaque cernentes religiosam fore postulationem, neque ab Apostolicâ sollicitudine prætereundum quod pro servorum Dei quieti, & sancti Pontifices piè statuerunt, & magnifici Principes religiosè rogabant, & Abbas Congregationis ejusdem necessariò postulabat, censuimus rogati concedere, quod ultrò decebat nostram pastoralem sollicitudinem exhibere.

Cognovimus etiam, referente Venerabili Amrelmo Abbate, Cœnobium, de quo agimus, à præcellentissimâ Francorum Reginâ Balthilde nobiliter ædificatum [b], & à primæ fundationis suæ statu cum nobilitate sanctorum virorum & religionis Monachicæ observantiâ, tùm quoque Principum Francorum favoris prærogativâ, & muniminis protectione semper flotuisse. Quâ de re factum est, ut & immunitates rerum suarum, & privilegia eligendi Abbatem omnes ei concederent, concessumque fore perpetuis diebus decernerent, suarumque munimenta cessionum in archivis Monasterii ad memoriam futurorum servanda reponerent. Quibus cognitis, omnibus, nefas esse duximus si non Religiosorum Principum devotionem sequentes, & sanctorum Præsulum exempla comitantes, nostræ cessionis auctoritatem Monasterio Corbeiæ tribueremus, ne qui primi propter Apostolicæ Sedis primatum in Ecclesiasticis negotiis disponendis inveniri debeamus, ipsi posteriores reperiamur; & qui ad servorum Dei quietem comparandam cæteris auctoritatis lumen præstare exemplo nostro jubemur, loquente Domino, *Vos estis lux mundi*, ipsi per negligentiæ teporem minimè boni operis fulgorem aliis præbeamus.

Quâ de re noverit omnis Ecclesia Galliarum, & universus Episcoporum cœtus eidem Ecclesiæ præsidentium, quòd privilegia sanctorum Præsulum, sive quæ diebus antiquis, sive moderno tempore gesta sunt, Monasterio Corbeiæ, quod est constructum in pago Ambianensi super Sommam in honore sanctorum Apostolorum Petri & Pauli, & S. Stephani Protomartyris, præsenti auctoritatis nostræ edicto roboramus; id est, ut res Monasterii, sive quæcumque à Fidelibus oblata fuerint Deo & Congregationi Fratrum ibidem Christo famulantium, in dispositione Abbatis & Fratrum maneant; neque Episcopus Ambianensis, ad cujus diœcesim Cœnobium illud respicit, aliquid exinde præsumat, aut aliquis Episcoporum quorum in Parochiis res aut Basilicas habere cognoscuntur, neque in agris, villis, prædiis aut cellis, aut in his omnibus quæ ad jus & dominationem eorum respiciunt, aut Episcopus, aut Oeconomus, seu Archipresbyter, aut Archidiaconus, aut quilibet Ministrorum, seu Præpositorum ejus aut conventus faciant, aut convivia præparent, aut aliquid potestatis jure sibi vindicent, aut exigant vindicanda. Hac quoque conditionis lege omnes Episcopi se convenire noverint, quorum parochias res Corbeiensis Monasterii respicere cognoscuntur: nec novum, nec inusitatum causetur quisquam fore quod decernimus; quandoquidem & huic Cœnobio constat olim jam hoc concessum; & multis aliis non solùm in Galliâ, vel in Italiâ, verùm toto terrarum orbe, non solùm Monachorum, verùm Canonicorum Monasteriis hodieque conspicimus manere indultum: & una quæque Ecclesia debet manere suis privilegiis contenta; nec ab alia pervadi vel usurpari, quod alterius juris esse conspicitur.

Cumque Galliarum permaximè Ecclesias Fidelium collationibus à Deo constet esse ditatas, ut nemo sit ferè Episcoporum, cui suæ sumptus Ecclesiæ satis superque non sufficiant, cujus gratiâ necessitudinis, quæ servorum Christi sunt usibus collata, in suos convertere sumptus præsumant. Sic enim Clericorum, qui de propriis abundant reditibus, communicatio prohibetur cum eis quæ feruntur Ecclesiæ, ne dum illi acceperint, propriis abundant, eorum qui nihil habent inopia non levetur; qui conscientia Episcopus suæ sumptibus Ecclesiæ sufficiens, quæ servorum Dei fuerint usibus collata præsumat contingere? Nec veretur quod per Propheta Dominus exprobrat Sacerdotibus dicens: *Rapina pauperis in domibus vestris*. Pauperes enim [Isai. 3.] Christi esse quis nesciat, qui contemnentes substantiam mundi, Salvatoris nostri vestigia sectantes, qui cum esset dives pro nobis pauper effectus est, sanctæ perfectionis titulis sibi divitias arbitrantur.

Quisquis igitur aliquid horum quæ fuerint ad necessitates eorum collata, præsumpserit, & suis commodis applicuerit, rapinam in domum suam de substantiâ pauperis congregat. Omnia quoque quæ sunt Ecclesiis oblata vel delegata, in pauperum, pupillorum, viduarum & necessitates destinata. Quare quisquis ex his aliquid in suas utilitates exigit, rapinam pauperis in domum suam congregat, detinet. Et Apostolus ait: *Quia rapaces regnum Dei non possidebunt*. Unde ab omnibus quæ [1. Cor. 6.] Monasterio Corbeiæ fuerint, vel oblata vel quocumque legitimo jure possessa, in pecuniis, in agris, in prædiis, in domibus, in cellis, aut Ecclesiis, nihil ex eis sibi præsumat aut Episcopus, aut quicumque Ministrorum ejus, ne contra nostram & majorum auctoritatem faciens, Regum quoque decreta pro servorum Christi quiete constituta contemnens, reum se sancti Concilii & perpetuæ damnationis efficiat.

Et quoniam Monachi tranquillitatis pacem, & securitatis otium habere debent, ut Deo vacantes professionis suæ regulam valeant observare, nec Episcopus, nec Archidiaconus ejus accedat ad præfatum Monasterium, nec servorum Dei quietem perturbare præsumant; nisi forte aut Abbas, aut Fratres

---

[a] *Ambianensi*] Scilicet, *Bertefrido*. Id Privilegium videtis tom. 1. Concil. Gal. à Sirmundo edit. p. 502. alterum verò tomo 3. eorumdem Concil. p. 69.

[b] *ædificatum*] Vide Tom. 1. Conc. Gal. pag. 500.

alicujus

alicujus utilitatis gratiâ eum vocare voluerint; aliàs nec in Abbatem, nec in aliquem de Fratribus quidquam potestatis obtineat, neque per Episcopalem faltum aliquid in eos ei liceat; verùm Abbas secundùm Regulam S. Benedicti liberam Monasterii sui habeat potestatem, & Monachi ad ejus tamquam ad Pastoris sui solummodo respiciant gubernationem, nec Episcopale ministerium aliquid ditionis super eos obtineat. Quoniam cum Abbas vices Christi in Monasterio creditur agere, Pastoris officium super creditas sibi oves habere cognoscitur: utque dispensationis suæ ministerium exercere prævaleat dignè, nullius debet perturbari potestate subjectus, sed ab omni Episcopali liber dominatione, Christum tantummodo Judicem sustineat; cui redditurus est de creditis sibi ovibus rationem. Quapropter modis omnibus statuimus, ut Episcopus adventûs sui præsentiâ Monasterii tranquillitatem non inquietet, nec aliquid in eo Episcopali potestate facere præsumat; nec Fratribus aut Abbati ullam molestiam, aut inquietudinis perturbationem ingerat. Quod si violare præsumserit, non Pastoris officium, sed eversoris atque conturbatoris Dominici gregis noverit se agitare tyrannidem; ac per hoc non ut pastor suscipiendus, verùm tamquam lupus ab ovili Christi removendus, damnationis suæ pœnas anathematis mucrone percussus, excipiat. Altaria verò seu Basilicas in monasterio rogatus ab Abbate, pro Christi nomine consecret atque benedicat; Chrisma quoque, sive sanctificationis oleum singulis annis præbeat. Sed & si quem petierit Abbas aut de Monachis, aut de Canonicis suis ad aliquem gradum Ecclesiasticum consecrandum, nullatenùs contradicat, nisi forte is pro quo petitur, indignus tali honore veritatis testimonio deprehendatur: quoniam sicut divinæ benedictionis sacramentum aut pro muneribus, aut pro gratiâ largiri cuiquam non decet indigno, ita gratis debet exhiberi dignis, sicut Salvator ait: *Gratis accepistis, gratis date.*

Electionis autem privilegium ut habeant Fratres ejusdem Monasterii, decernimus, id est, ut quemcunque de seipsis, qui sit monachicæ professionis, dignum tamen pastorali prælatione, voluerint eligere, secundùm regularem auctoritatem, potestatem habeant eligendi. Et super monentes obsecramus gloriosos filios nostros Lotharium, Ludovicum, Carolum Augustum, ᶜ ut sicut memorabiles Augusti genitor, & avus eorum, & priores ante se Reges Francorum eidem Cœnobio concesserunt eligendi de semetipsis Abbatem, atque ipsi suis præceptis hoc idem sanxerunt; ita quoque conservare suis temporibus pro Christi amore dignentur, & conservanda perpetuis diebus æternitatis suæ legibus constituant; ut dum famulis Christi libertatem electionis concesserint, & concessam servare studuerint, & præsentis vitæ regnum, & sempiternæ beatitudinis gloriam à Domino ipsi percipere mereantur. Atque quod est aut regio munere, aut fidelium devotione ad idem Cœnobium Deo famulisque ejus oblatum, nec ipsi auferant, nec alios auferre permittant. Quoniam valde justum constat atque religiosum, ut qui à Domino meruerunt percipere regni honorem, ipsi Deo conservent quod ei collatum est piâ credentium devotione; & qui à Christo regali magnificentiâ prælati sunt cæteris, ipsi famulis Christi eligendi sibi Pastorem non auferant libertatem. Nam quis ignorat illa quæ collata sunt, Deo per fidelium manus, divinitati possidenda consignari, & ab humano jure in jus divinum concedi; nec etiam hominum dominationi posse transcribi, quod constat divinitatis possessione semel fore contraditum? Unde quisquis ea sui juris dominationi conatur adjungere, alterius, id est, Dei juris pervasorem certum est fore eum. Etenim si quis alicujus hominis possessionem per violentiam sibi conatus fuerit usurpare, reus publici juris efficitur, & tamquam raptor & pervasor hereditatis alienæ legali judicio puniendus subjicitur; multo magis igitur quicumque res Deo consecratas in jus suæ possessionis transfuderit, non humani tantùm, verùm etiam divini juris noxius tenetur, & non solùm raptoris aut pervasoris crimine, verùm etiam sacrilegii nota damnandus; cœlesti judicio mulctabitur.

Unde magnifici Principes cogitent, quanto se crimine ante conspectum divinæ Majestatis obligent, qui res Deo traditas invadere, & ab Ecclesiasticis usibus in suas utilitates convertere non metuunt. Si verò privatorum quamvis ingenuorum hominum tamen possessiones injustè pervaserint, atque violenter abstulerint, non Reges, id est justi & modesti, sed tyranni, id est, crudeles & iniqui vocantur & habentur: quo omnipe, quove honore consendi sunt, qui divinam hereditatem, id est Ecclesiæ Christi possessionem injustè invadunt, & violenter auferunt? Unde hæc cogitantes filii nostri Religiosissimi Principes, res Monasterii Corbeiensis inviolatas illibatasque tamquam sacræ divinitatis custodiant, nec ipsi eas tollentes, nec ab aliis auferri sinentes, ut ante conspectum superni Regis quod dicuntur nomine, Reges meritò censeantur; ut dum Deo quæ sua sunt custodiunt, eis & Deo & terreni regni principatus custodiatur, & sempiternæ beatitudinis corona tribuatur.

Quapropter monentes eos hortamur, ut tam sua quàm priorum Principum concessa inconvulsa custodientes, Pontificum quoque nostraque decreta nullatenùs præparicantes, Monasterio sæpedicto electionis privilegium tàm suis quàm futuris temporibus & servent, & servanda sanctionis perpetuæ stabilire decernant. Veritatis etenim voce docemur, quoniam si quis in ovile Christi non per ostium ingreditur, sed aliunde ascendit, hic fur est & latro, & talis non dominici gregis salutem, sed sua lucra, non ut salvet, sed ut perdat requirit. Ovile autem Christi fore Collegium sanctum Monachorum, nullus prudentium dubitat. In hoc ovile per ostium ingreditur, quando per electionis ordinem secundùm regularem constitutionem aliquis pastorale ministerium sortitur: qui verò regiâ dominationis potestate suffultus, & non per electionis gratiam super dominicum gregem primatum arripit, hic non Pastor, id est Vicarius Christi, sed fur & latro esse cognoscitur; nec ut dominicum gregem custodiat, sed ut perdat & dissipet intrare deprehenditur. Unde quisquis ei potestatis hujus tribuit dominationem, de morte tantarum animarum in die judicii reus judicabitur, quantis hîc per pravitatis exempla causa fuit perditionis.

Quâ de re, gloriosi Principes, Monasterio huic electionis prærogativam concedite, neque aliquam personam aut Laïcam aut Canonicam, quæ contrà omnem Ecclesiasticum ordinem est, aut etiam Monachum ex alio Monasterio, vel non secundùm Regulam electum, super illud regali potentia constituatis, ne domus Dei, quæ domus orationis esse debet, per vos fiat spelunca latronum. *Neque enim ignoratis hujusmodi prælatos & auctores hujusmodi prælationis à domo æternitatis divinâ censurâ exturbandos, & ad supplicia ultionis perpetuæ deportandos. Unde quæ sententia damnationis à nobis est

---

ᶜ *Carolum-Augustum*] Vox alieno loco posita: scribi debuit *Lotharium Augustum, Ludovicum, Carolum,* ut.

in tales exercenda ; nisi quam Spiritus Sanctus ore propheticò protulit, dicens: *Omnes Principes eorum qui dixerunt, hereditate possideamus sanctuarium Dei. Deus meus pone illos ut rotam, & sicut stipulam ante faciem venti: sicut ignis qui comburit sylvam, & sicut flamma comburens montes, ita persequeris eos in tempestate tua, & in irâ tuâ turbabis eos.* Qui sunt enim qui Sanctuarium Dei hereditate possidere dicuntur, nisi illi qui res Deo dedicatas, & ad usus pauperum servorumque ejus collatas, sæcularis potentiæ dominatu, non electionis gratiâ quærunt obtinere? Principes autem illorum sunt hi, qui votis eorum suffragia præstando, aut Ecclesiæ re illis tradendo consentiunt. Quali autem utrique feriantur divinitùs ultione superiùs dicta sententia comprehendit, quæ ostendit eos à cœlestis patriæ stabilitate projiciendos, & temporalis nobilitate lapsos quasi rotæ vertigine circumferendos, postque præsentis terminum vitæ, turbidine divinæ animadversionis velut stipulam ariditatis vanitate levissimam rapiendos, & infructuositatem eorum atque superbiam tamquam silvestrem sterilitatem, & contrà Deum elatu tumorem terræ, igni, flammâque vorante comburendos.

Ut hâc igitur ultionis divinæ severitatem non subeant, studeant Christianissimi Principes Christi Ecclesiis electionis sua jura conservare, & quod universæ debetur Ecclesiæ, Corbeïensi non auferant Monasterio: ut dum ei propter honorem Dei jus electionis indulserint, & res Monasterii violentorum ambitionibus ne deserviant, incontaminatas servaverint, ipsi cœlestis regni cum Christo participium consequantur. Nec illud aliquando in sæcularium manus, aut Canonicam dominationem permittant; quod habitatorum summa destructio est, & dantis, sive accipientis summa damnatio. Nam quid est aliud sæcularem personam Pastoris vice Ecclesiæ Dei præferri, quàm abominationem desolationis in templo Dei constituere? Quicumque igitur hoc faciunt, Pilato similes inveniuntur, qui Cæsaris imagines in templo Domini statuit venerandas. Et cum Apostolus fidelibus loquitur, dicens: *Nolite conformari huic sæculo, sed reformamini in novitate sensûs vestri:* qui sæcularem personam Monachis præficit, quantum in sæculo [d] de formâ spiritûs ad formam sæculi, & de imagine Christi ad imaginem terreni Regis eos impellit: quoniam omnis sublatus Prælati sui debet imaginem sequendo imitari. Unde non parvo se delicti scelere putet involvi, qui tales Ecclesiæ præponit, in quorum famulo servi Christi non Christi humilitatem, sed superbiam mundi, non cœlestis patriæ desiderium, sed concupiscentiam sæculi contemplentur semper & addiscant.

Quod quia videtis excellentissimi Principes, scelestissimum fore, hoc impietatis sacrilegium à Monasterio Corbeïensi propellite semper: sed nec Canonici ordinis personam super illud aliquando vel præponatis, vel præponi sinatis. Memores estote quod Nadab & Abiu, quia ignem alienum Domino in incensum obtulerunt, divino igni consumpti sunt. Ignem siquidem alienum in incensum offert Domino, qui Monasticæ Religioni aliquem sub canonicâ professione militantem, ut Pastoris vicem obtineat prærogat. Verùm quia tales ultione feriuntur: illorum signat interitus, qui mox præsentis pœnæ supplicio consumpti, quid eorum imitatores mereantur suæ damnationis exemplo posteris signaverunt. Omnes quoque licet monasticæ sint professionis, si non per electionem regularem constituti fuerint Rectores eidem Monasterio, de quo loquimur, qui tales per munera cognoscuntur admissi, id est, aut per pecuniam, aut per gratiam, aut per obsequium, universâ à nobis Petri Principis Apostolorum auctoritate cum Simone, cujus imitatores existunt, anathemate condemnantur. Et ut Religiosi Principes ab hac damnationis sententiâ maneant immunes, studeant omnibus modis circa Monasterium præfatum electionis privilegium servare semper inviolatum: quoniam secundùm jam olim à sanctis Patribus definitam promulgationem, Ecclesiæ Corbeïensis prælationem, non per legitimam Monachorum in eodem Cœnobio Christo militantium electionem, sed contrà regulam atque canonicam auctoritatem, & dantem & accipientem à Christi regno, Sanctorumque consortio anathematizamus, neque societatem poterunt habere Jerusalem cœlestis, qui eam in terris peregrinantem dissociare conantur. Quod agere certum est omnes qui non Pastores, sed latrones, nec Christi Vicarios, sed Anti-Christi sequaces super eam constituere non verentur: ut domus Dei, non domus orationis, sed spelunca latronum existat; nec in eâ formâ Christi, sed abominatio desolationis emineat.

Sed si Reipublicæ Rectores, divinorum contemptores præceptorum & Episcoporum, atque nostram super hac re decernentem contemnentes auctoritatem, non quem regularis electio decreverit, sed quem eorum dominatio voluerit, illi præposuerit Congregationi, Monachi loci ejusdem Episcopum, ad cujus diœcesim Monasterium pertinet, obsecrent, ut aut per se ipsum, aut unà cum eis ad Archiepiscopum Remensem referat, atque simul Principem conveniant, & eum super transgressionis suæ periculo commoneant. Quòd si Episcopus diœcesis illius aut propter timorem, aut propter Principis, aut propter imprudentiam, vel pastoralis curæ negligentiam, ferre auxilium vel noluerit vel contemserit, Fratres per seipsos præfatum Archiepiscopum & vicinos Episcopos adeant, & necessitudinis suæ causam eis manifestent, utque sibi ferant auxilium supplicent. Archiepiscopus autem vel ipse solus, vel cum cæteris Episcopis suæ diœceseos Regem adeant, & super electione violatâ eum commoneant, utque corrigere dignetur & verbis suadere, & precibus obsecrare non desistant. Quòd si eos audire contemserit, nec peccati sui corrigere culpam maluerit, excommunicationis Apostolicæ sententiam damnatus excipiat. Si verò vel Episcopus cujus parochia est, aut Archiepiscopus, aut cæteri Suffraganei negligentes super hoc fuerint, aut contemserint, aut irritum duxerint, damnationis cujus sententiæ teneantur obnoxii, non ignorant. Dicit enim Propheta: *Si non annunciaveris iniquo iniquitatem suam, sanguinem ejus de manu tuâ requiram.* Unde noverint se eodem vinciendos anathemate, si neglexerint pro grege Dominico pastoralis curæ sollicitudinem adhibere.

Scriptum par manum Theoderici Scriniarii sanctæ Romanæ Ecclesiæ in mense Octobrio, Indictione quartâ. Bene valete.

CAROLI CALVI.

Confirmat Regum, & Episcoporum privilegia Corbeïæ collata.

IN nomine sanctæ & individuæ Trinitatis. CAROLUS Dei Omnipotentis misericordiâ Imperator Augustus. Si clementiâ Majestatis nostræ locis Deo sacratis imperiali largitate consulimus, & privilegia Ecclesiastica vel antiqua proprium robur obtinere

---

[d] *quantum in sæculo*] Lego, *quantum in se est.*

statuimus, vel novis emergentibus causis quædam pro liberalitate Augustalis sublimitatis promulgamus; hoc nobis & ad Imperii gloriam sublimandam, & ad obtinendam sempiternitatis coronam sine dubio credimus profuturum. Unde notum esse volumus omnibus præsentis temporis atque futuri, Ecclesiæ CHRISTI nostrisque fidelibus, quia venerabilis & amabilis Serenitati nostræ Congregatio Corbeïensis Monasterii, cui præest GUNTARIUS venerabilis Abbas, petiit cum omni humilitate magnificentiam potestatis nostræ, quatinùs eis quod olim regali edicto inviolabile in posterum statueremus, nunc augustalis excellentiæ decreto, quod & gloriosissimæ recordationis avus & æquivocus noster fecerat, necnon sacratissimæ & memoriæ beatissimæ genitor noster piissimus Augustus, super omnibus immunitatibus & cessionibus Regum & Imperatorum confirmaremus. Hoc etiam devotissimis precibus supplicaverunt, ut etiam privilegia Episcoporum antiquorum & moderni temporis, videlicet Archiepiscoporum Hincmari, Guntboldi, Wenilonis, & aliorum Episcoporum nostrâ mansuetudine sibi concessa; sed & privilegia Pontificum Romanorum, Benedicti videlicet, Gregorii, Christophori[a] atque Domni Papæ Nicolai imperiali edicto in perpetuum intemerata caveremus.

Annuit itaque benignissima dignatio nostra precibus humilitatis eorum, & concessit quod & in perpetuum eis ad munimen proficiat, & dominationi nostræ celeberrimum nomen apud posteros semper exhibeat. Statuimus ergo hoc præcepto auctoritatis Imperatoriæ Celsitudinis, ut omnia illa quæ sanctissima Baltildis Regina, & filius ejus Chlotharius Rex, & exinde cæteri Reges & Imperatores usque ad nostram memoriam eis concesserunt & firmaverunt, illibata permaneant.

Præterea privilegia Ecclesiastica quæ ab Ambianensi Episcopo Venerabili Bertefrido, & sanctis Præsulibus Genelio, Audoino, Audemaro, Farone, Audeberto, & aliis Episcopis eis concessa sunt, sive in electione Abbatis, sive in dispositione liberâ rerum ejusdem Monasterii, sed & in Cellulis, & Ecclesiis eidem Monasterio subjacentibus, sicuti à principio disposita sunt, sic omnia maneant inviolata. Neque aliquis præsumat id aliquo modo rescindere, quod sanctis & sapientibus viris visum est rationabiliter posse consistere.

Privilegium quoque totius Galliæ Præsulum nostrâ serenitate illis concessum, & edicto firmatum manere decernimus intemeratum.

Privilegium etiam quod per nostram jussionem, & per missaticum Odonis Belvacensis Episcopi Beatissimus Papa Nicolaus Trasfulo tunc temporis ejusdem loci Abbati concessit, privilegia aliorum Pontificum Ramanorum memorato Cœnobio concessa, Imperiali edicto censemus omni tempore irrefragabiliter observanda. Et si quid aut in Ecclesiasticis rebus, aut in sæcularibus negotiis est contrà antiqua statuta violatum, decernimus competenti moderamine corrigendum.

Si quis verò aut nostro aut futuro tempore, aut pecuniâ, aut qualibet gratiâ electionis jura ejusdem Monasterii, & rerum liberam dispositionem præfato Monasterio concessam, augustali dignitate nostrâ & Episcopali auctoritate firmatam, violare cum anathemate tentaverit, veluti contrà salutem imperialis gloriæ ac conjugis, filiorumque & omnium fidelium nostrorum, sed & totius Imperii nobis à Domino collati, agens, augustali auctoritate atque

præcepto, quasi inimicus Dominorum & Reipublicæ ab omni arceatur munere publico, & ad satisfactionem Ecclesiæ, quam læsit, Episcoporum offeratur judicio.

Novissimè verò propter subornatos colores justitiæ, & futuras occasiones, hoc sancimus intemeratum omni tempore fore; quod Beatissimus Papa Gregorius his verbis statuit Mariniano Ravennati Episcopo: *Si quis*, inquiens, *ex prædicto Monasterio ad Ecclesiasticum Ordinem pervenerit, ulterius illic nec potestatem aliquam nec licentiam habeat habitandi.* Nos etiam statuendo deliberamus, ut si aliquis ex eodem Monasterio, aut Abbas, aut quilibet Monachorum ex inferiori gradu ad culmen Episcopale conscenderit, nullam denuò inibi quasi potestativè licentiam habeat aliquid ordinandi aut disponendi, ne præfati Cœnobii privilegia in aliquo titubare videantur.

Sed & filios & successores nostros hoc eodem edicto contestamur, quatenùs illi, sicuti & nos idem Monasterium in tutelâ ac familiaritate suscepimus, ita illi quoque nostrâ cum studio erga Dei servos animati, omnibus qui hoc mansuetudinis nostræ præceptum infringere tentaverint, resistant, eosque à consortio benignitatis suæ separent, ut eis à Domino & regni gloria, & triumphus indeficiens, & beatitudo sempiterna conferatur. Et ut hoc præceptum imperatoriæ dignitatis & in futuro tempore maneat illibatum; manûs nostræ subscriptione roboravimus, & bullarum nostrarum impressione subtersignari jussimus.

Audacer Motarius ad vicem Gauzlini recognovit & subscripsit. Data IV. Cal. Aprilis, Indictione X. Domini Caroli Imperatoris in Franciâ XXXVII. Imperii ejus ann. II. atque in successione Lotharii VIII. Actum Compendio Palatio Imperiali in Dei nomine feliciter, Amen.

CAROLI SIMPLICIS.

Approbat Regum & Episcoporum privilegia Corbeiæ collata.

Anno C M I.

IN nomine sanctæ & individuæ Trinitatis CAROLUS divinâ propitiante clementiâ Rex. Si liberalitatis nostræ munere locis Deo dicatis quiddam conferimus beneficii, & necessitates Ecclesiasticas ad petitiones servorum Dei nostro relevamus juvamine, atque regali tuemur munimine, id nobis & ad mortalem vitam temporaliter transsfeniam, & ad æternam vitam feliciter obtinendam profuturum liquidò credimus. Unde notum esse volumus omnibus præsentis temporis atque futuri, Ecclesiæ CHRISTI nostrisque fidelibus, quia venerabilis & amabilis Serenitati nostræ Congregatio Corbeïensis Monasterii, cui præest Venerabilis Abbas FRANCO, petivit cum omni humilitate, & debitâ reverentiâ magnificentiam potestatis nostræ, quatenùs eis regali edicto illud inviolabile confirmaremus in posterum, quod sanctæ recordationis avus piissimus Augustus, & æquivocus noster statuerat super omnibus immunitatibus & cessionibus Regum; ubi sancitum est ut nullus publicus, vel quilibet ex judiciariâ potestate in Ecclesiis, aut locis, villis seu curtis, agris, vel reliquis possessionibus, quas in quibuslibet pagis & territoriis jure & legaliter memoratum in præsenti tenet Monasterium, vel ea quæ deinceps in jure ipsius Ecclesiæ voluerit divina pietas augeri ad causas audiendas, aut præda exigenda, aut mansiones, vel paratas ullas faciendas, vel fi-

---

[a] *Christophori*] Hinc patet, inquit Baluzius, suppositicium esse istud diploma, vel certè interpolatum. Christophorus enim Papa sedit anno D C C C. VI.

dejussores tollendos, nec ullas redhibitiones, aut illicitas occasiones requirendas, vel, sicut in præceptis antecessorum nostrorum continetur, homines potestatis ipsius Monasterii, sive super ipsam terram, tam ingenuos quàm servos commanentes distringendos penitùs exigere præsumat.

Nos etiam devotissimis precibus supplicaverunt, ut privilegia antiquorum Episcoporum, videlicet Bertefridi Ambianensis Episcopi, & sanctorum Præsulum Genesii, Audoeni, Audomari, Faronis, deberti, sed & moderni temporis Venerabilium Archiepiscoporum Hincmari scilicet, Guntboldi, Winilonis, & aliorum Episcoporum; necnon & privilegia Pontificum Romanorum Benedicti videlicet, atque Domini Papæ Nicolai, regali edicto in perpetuum intemerata caveremus.

Præterea iidem Venerabiles Fratres ejusdem Monasterii ad thronum clementiæ nostræ devotissimè accedentes, metu & anxietate futuri discriminis exterriti supplicaverunt, ut instrumenta chartarum, quibus à fundamento Monasterium ipsum usque ad præsens tempus ditatum fuerat, partim propter infestationem Paganorum perdita, partim succensa, nostrâ regali auctoritate repararentur. Ita ut quidquid in præsenti idem Monasterium quietè & absque ullius contradictione tenere vel possidere videtur, nostra inconvulsa permanere dignanter decernat Majestas regalis. Annuit itaque benignissima dignatio nostra precibus humilitatis eorum, & concessit quod & in perpetuum eis ad munimen proficiat, & dominationi nostræ celeberrimum nomen apud posteros exhibeat semper. Statuimus ergo hoc præcepto auctoritatis Regiæ Celsitudinis, ut omnia illa quæ sanctissima Balthildis Regina, & filius ejus Clotharius Rex, & indè cæteri Reges & Imperatores usque ad nostram memoriam eis concesserunt & firmaverunt, illibata permaneant. Privilegia quoque Ecclesiastica quæ à Beatissimis Pontificibus Romanis, vel antiquitùs à Venerabili Bertefrido Ambianensi Episcopo & sanctis Præsulibus supramemoratis, vel moderno tempore ab Archiepiscopis & Episcopis totius Galliæ eidem Monasterio concessa sunt, sive in electione Abbatis, sive in dispositione liberâ ejusdem Monasterii, sed & in Cellulis & Ecclesiis & decimis earum prædicto Monasterio subjacentibus, sicuti à principio disposita sunt, sic maneant omnia inviolata, & nostro regali edicto omni tempore irrefragabiliter firmata. Et si quid aut Ecclesiasticis rebus, aut in sæcularibus negotiis est contra antiqua statuta violatum, decernimus competenti moderamine corrigendum. Si quis verò aut nostro aut futuro tempore vel pecuniâ, vel quâlibet gratiâ electionis jura, & rerum liberam dispositionem præfato Monasterio concessam regali dignitate nostrâ, & Apostolico privilegio & Episcopali auctoritate firmatam violare cum anathemate tentaverit, velut contrà salutem Regali gloriæ, & nostrum fidelium nostrorum, sed & totius regni nobis à Domino collati agens, Regali potestate atque præcepto quasi inimicus Dominorum & Reipublicæ ab omni arceatur munere publico, & ad satisfactionem Ecclesiæ, quam læsit, Episcoporum offeratur judicio.

Placet quoque nostræ mansuetudini, Fratribus ejusdem Monasterii indulgere, ut quoniam propter infestationem Paganorum suas immunitates vel instrumenta chartarum per fugam dilapsa vel incensa sunt, nostrum regale proponamus edictum, quatenùs quidquid illud Monasterium legaliter vel quietè, ac sine alicujus personæ contradictione tenet vel tenuit, ratum & firmum nostrâ auctoritate omni tempore possideat. Decernimus insuper annuente, imò supplicante Ermenfrido ejusdem Comitatûs illustri Comite, suggerentibus quoque unà cum dilectissimâ genitrice nostrâ Adeleide, & regni nostri Primoribus tam Episcopis, quàm Comitibus, cæterisque fidelibus propter futuras occasiones, & propter quietem servorum Dei inibi Deo famulantium, jejuniis delectet attentiùs pro statu regni nostri, vel pro nostra nostrorumque salute Omnipotentis Dei misericordiam exorare, ut nullus Judex publicus in castello propriis sumptibus ac juribus infrà ipsa Monasterii mœnia constructa, nullam ibi quasi potestativè licentiam habeat discutiendi, aut ordinandi aliquid, aut disponendi, sed sicut reliquæ res ejusdem Monasterii absque ullius judiciariâ personâ, immunitate atque auctoritate prædecessorum Regum sancitæ noscuntur, eodem moderamine eâdemque dispositione, Abbatis videlicet atque Fratrum, præfatum consistat Castellum, ne per hoc præcepta eorum atque privilegia in aliquo titubare videantur. Sed & successores nostros & affines hoc eodem contestamur edicto, quatenùs illi, sicut & nos idem Monasterium in tutelâ ac familiaritate nostrâ suscepimus, ita ipsi quoque eodem fervore erga Dei servos animati, omnibus, qui hoc præceptum nostræ mansuetudinis infringere tentaverint, resistant, eosque à consortio benignitatis suæ separent, ut eis à Domino & regni gloria, & triumphus indeficiens, & beatitudo sempiterna conferatur. Et ut hoc præceptum regiæ dignitatis & nunc & in futuro tempore maneat inconvulsum, manûs nostræ subscriptione roboravimus, & annuli nostri impressione subtersignari jussimus.

Datum v. Idus Novembris, Indictione quintâ, anno ix. regnante Domno Carolo gloriosissimo Rege, redintegrante quarto. Actum villâ Fraxnidum in Christi nomine feliciter, Amen. Erluinus Notarius ad vicem Ascherici Episcopi & Archi-cancellarii recognovit.

CHRISTOPHORI PAPÆ.

Confirmat eadem Privilegia.

CHRISTOPHORUS Episcopus servus servorum Dei, universis Episcopis Galliarum. Cum Romanæ sedis Pontificem constet omnium Ecclesiarum Christi caput fore, ac si Beati Petri Apostolorum Principis vices agentem, cui Christus ait: *Tu es Petrus; & super hanc petram ædificabo Ecclesiam meam. Et Tibi dabo claves regni cœlorum*: nulli cunctandum est quòd cunctæ Ecclesiæ paci, saluti, & quieti prospicere nos oporteat: præcipuè tamen his qui ad nos necessitatis suæ causas deferre voluerint. Unde cognoscat omnium Sanctorum Galliæ Præsulum carissima fraternitas, quòd vir venerabilis FRANCO Abbas ex Monasterio Corbeiæ, provinciæ Galliarum, quod est constructum in pago Ambianensi super fluvium Sommæ, adiit nos per Venerabilem Coëpiscopum nostrum Otgarium, petens ut nostræ auctoritatis privilegio præcepta vel edicta Regum & Imperatorum, antiquis aut modernis temporibus eidem loco concessa, firmaremus; necnon privilegia Episcoporum, unum à Præsule Ambianensi Bertefrido, ad cujus diœcesim locus ipse pertinet, & Coëpiscopis suis factum, & primitùs ædificato ipso Monasterio datum; aliud longè postea regnante Carolo ab Hincmaro Remensi Archiepiscopo, & universali Concilio Episcoporum Galliæ conscriptum. Præterea privilegia beatæ memoriæ Benedicti ac Nicolai prædecessorum nostrorum, in quibus omnibus statutum est, ut præfatum Monasterium Corbeiæ rerum suarum liberam obtineat dominationem, & eligendi sibi Abbatem de suis semper habeat potestatem. Contradictores verò & repugnan-

Matt. 16, 18

tes huic sanctionis anathemate damnandos. Quâ de re noverit omnis cœtus Episcoporum Galliæ, quòd privilegia sanctorum Episcoporum Galliæ sive Sedis Romanæ, cui auctore Deo præsidemus, jam dicto Monasterio Corbeiæ concessa, nostræ auctoritatis edicto roboramus, & omnem resistentem divino judicio damnandum denuntiamus.

Super hæc autem jam dictus Abbas Franco cum Congregatione sibi commissa obsecrat, ut quia divinâ decernere justitiâ Piratarum sævitiâ maritima Galliæ loca, in quibus & ipsum Monasterium situm est, adeo devastantur, ut nulli extrà munitiones manendi liber relinquatur locus, cujus etiam vastitatis impulsu cogente sæpememoratum Monasterium muro munitum est, quatenùs idem sicut priùs in Abbatis & Fratrum potestate perpetuò maneat, ita ut neque Comes, nec quilibet Judex aut manendi, aut aliquid contrà voluntatem Abbatis aut Fratrum inibi agendi potestatem præsumere audeat, ne fortè concessa ab initio privilegia violentur. Quorum petitionem justam, & pro tempore oportunam judicantes, decernimus, ne aliqua sive Ecclesiastica sive sæcularis persona contrà roborata nostrâ auctoritate privilegia venire audeat, sed sicut hactenùs, ita deinceps in futurum inconvulsa permaneant. Et quia præteritorum casus nos cautos faciunt in futurum, omnem huic sanctæ auctoritati retinentem, nisi eis quos læsit dignè satisfecerit, alienum à cœtu fidelium & hîc & in futuro decernimus. Omnes verò his nostris, sancti scilicet Petri successoris, decretis faventes, gratiæ suæ ubertate Dominus replere dignetur. Scriptum per manum Sergii Scriniarii Sanctæ Romanæ Ecclesiæ in mense Decembri, Indictione VII. septimo Calendas Januarii, imperante Domino nostro piissimo Augusto Ludovico à Deo coronato Imperatore sanctissimo. Valete.

LEONIS PAPÆ IX.

Approbat Prædecessorum privilegia Monasterio Corbeiensi concessa.

Leo Episcopus servus servorum Dei, FULCONI Abbati Corbeïensis Monasterii, sito in pago Ambianensi, perpetuam in Domino salutem. Convenit Apostolico mederamini piâ religione pollentibus benivola compassione succurrere, & petentium desideriis congruum impartiri suffragium. Et ideo quia postulasti à nobis, quatenùs exempla antecessorum sequentes, privilegio nostræ Apostolicæ auctoritatis Monasterium vestrum ejusque bona præsentia quàm futura sanciremus, & etiam prærogativani ipsi Monasterio collatam ab Episcopis Ambianensibus, & Archiepiscopis Remensibus, necnon Apostolicis viris antecessoribus nostris corroboraremus. Inclinati precibus tuis, per hanc nostræ Apostolicæ auctoritatis censuram confirmamus & corroboramus quidquid invenitur in privilegiis antecessorum nostrorum, Benedicti, Nicolai, Christophori; ut scilicet præfatum vestrum Monasterium, rerum suarum liberam obtineat dominationem, & quæcumque eidem Monasterio in auro, in argento, in agris, in famulis, in quibuslibet aliis rebus fuerint oblata, in tuâ, tuorumque successorum Abbatum, Fratrumque maneant dispositione & liberâ potestate: nec liceat Episcopo Ambianensi quidquam portionis ex eis accipere, vel exponere: nec in Abbate vel in Fratribus vel in ipso Cœnobio potestatem exercere, sive in Cellis ejusdem Monasterii, videlicet Busco, Braczo, Taneta, Naurdi, Uscia, Thenis, sive in Clericis vel in laïcis, vel in famulis, omnibusque possessionibus ad respectum ejusdem Monasterii, ejusque Cellarum pertinentibus, sicut ipsi Monasterio jam dudum concessum cognovimus, & collaudatum ab Episcopis Ambianensibus, & Archiepiscopis Remensibus, cæterisque universis Episcopis Galliarum.

Prohibentes ne quis unquam Ambianensis Episcopus potestatem habeat ipse, vel Oeconomus, vel Archipresbyter, aut Archidiaconus ejus accedendi ad vestrum Monasterium, ejusque Cellas, nisi forte vel necessitate vel dilectione ab Abbate Monasterii fuerit vocatus: ea tamen ratione ut nec in Ecclesiis eidem Monasterio subjectis, vel in earumdem Ecclesiarum Clericis molestationem vel perturbationem agere audeat, vel novam consuetudinem Abbati vel Fratribus statuat, disponens aliquid contrà voluntatem eorum: qui tamen Monachorum vel Canonicorum, & quas Abbas cum Fratribus petierit ordinationes differre non debebit. Similiter altarium & Basilicarum consecrationem tam in ipso Monasterio, quàm in possessionibus ejusdem: chrisma quoque & oleum consecratum singulis annis, nec aliquod propterea munus exposcere.

Constituentes etiam ut nullus per Galliarum Germaniarumque provincias, sive laïcus sit sive Clericus, in Ecclesiis, agris vel famulis aliquam suam voluntatem exerceat, præter voluntatem Abbatis & Fratrum etiamsi Rex sit, Dux, Marchio, Archiepiscopus, vel Episcopus.

Sancimus præterea inter se Abbatem eligere Fratres secundùm Deum, nec aliquem Principem hoc audere agere, nec ipsum Abbatem postquàm electus fuerit, nisi in probabili crimine deprehendatur, dejici, sed canonicè examinetur & dijudicetur. Quam nostram sanctionem si quis violaverit, admoneatur satisfactionis ab Ambianensi Episcopo; si verò non obedierit, etiam à Remensi Archiepiscopo: quòd si nec hunc audierit, liceat Fratribus Monasterii Romanam sedem appellare, & Romanus Pontifex non differat eumdem violatorem ore proprio anathematizare.

Ultimò, quia ad Apostolicam sedem tam devotus, fili carissime, venisti, placuit munificentiæ nostræ usum tibi dalmaticæ & sandaliorum concedere, eâ tamen ratione, ut non negligas annis singulis nuntium ad Apostolicam sedem dirigere, tuique conveniens Monasterii notificare, ut vos valeamus si necesse fuerit adjuvare. Statuentes Apostolicâ censurâ ne quis unquam mortalium sive sit Rex, sive Comes, Archiepiscopus, vel Episcopus, aliave parva magnaque persona, contrà hoc nostrum privilegium venire attentet. Quòd qui fecerit, ad usque dignam satisfactionem vinculo anathematis innodatus sit. Qui verò illibatum custodierit, à Domino Deo benedicatur, & æternæ vitæ particeps efficiatur, Amen.

Data XIV. Cal. Maïas per manus Petri Diaconi Bibliothecarii & Cancellarii sanctæ Apostolicæ Sedis, anno Domini Leonis IX. Papæ secundo, Indictione quartâ.

CAROLI *Calvi Præceptum de Monte-aureo in Cabilonensi.*

Anno circ. DCCCLV.

In nomine sanctæ & individuæ Trinitatis, Carolus gratiâ Dei Rex. Regia dignitas nulla major est, quàm ob æternæ beatitatis remunerationem loca Sanctorum restaurare, atque sublimare. Quapropter litteris nostræ auctoritatis omnibus Optimatibus, cæterisque fidelibus regni nostri præsentibus scilicet atque futuris innotescimus, quoniam Remigius Lugdunensis Ecclesiæ venerabilis & carissimus nobis Archiepiscopus, ad nostræ sublimitatis accedens excellentiam patefecit nobis, quomodo & qualiter à prænominatâ Ecclesiâ suâ, videlicet S. Stephani, dum per incuriam suorum prædecessorum quædam villa nomine Mons-aureus in pago Cabilonensi sita, quamque & præsentialiter Lambertus dilectus nobis ministerialis jure beneficiario obtinuerat, injustè sublata fuerit; ac sic humiliter deprecatus est ut eamdem villam jam dictæ Ecclesiæ S. Stephani per Præceptum nostræ auctoritatis restituentes redderemus, & reddentes restitueremus. Cujus precibus ob amorem cœlestis patriæ, & ipsius benemeritum famulatum præbentes assensum, hoc Præceptum auctoritatis nostræ fieri, & illi ac suis successoribus dari jussimus, per quod præcipimus atque jubemus, ut eamdem villam cum omnibus suis appendiciis eadem Ecclesia, ac Rector ipsius, præsens scilicet atque futurus; sicut alias res proprietatis ejusdem Ecclesiæ jure proprio & more Ecclesiastico perpetim teneat, atque possideat, eo videlicet modo & tenore ut Lambertus fidelis noster diebus vitæ suæ jam dictam Ecclesiam S. Stephani propter vestituram singulis annis nonam & decimam ex eâ persolvens, ipsam jure beneficiario, & usufructuario interim teneat, donec aut nos illi commutemus, aut si ipse mortuus fuerit, mox eamdem villam Montem-Aureum absque ullius repetitionis contradictione, sive tardationis morâ sæpe dictus Rector Ecclesiæ S. Stephani sibi æternaliter possidendam recipiat.

Eo etiam pacto ut in anniversario domini & patris nostri excellentissimi Imperatoris Hludovici, & gloriosæ dominæ matris nostræ Imperatricis Judith, & valdè nobis amabilis conjugis Irmintrudis IV. Nonas Octob. & in die nativitatis nostræ Idus Junii, & unctionis similiter, & in die nativitatis Richildis dulcissimæ nobis conjugis & Augustæ, saltem etiam & in die conjunctionis nostræ IV. Idus Octobris, præsens Rector atque futurus Fratribus ejusdem Ecclesiæ refectionem ipsis placabilem pro hoc præsenti dono, vel cæteris beneficiis quæ eidem Ecclesiæ contulimus, amabiliter exhibeat, quatenus ipsi in prædictis debitis Officium divinum ob salutem nostrorum prædictorum clementiam Dei exorantes devotiùs celebrent: post discessum verò nostrû refectiones quas in die unctionis nostræ & conjunctionis Fratribus Rectores ejusdem Ecclesiæ exhibuerint, in diebus depositionum nostrarum nihilominùs exhibere placabiliter procurent. Et ut hujus nostræ auctoritatis corroboratio pleniorem in Dei nomine obtineat firmitatis vigorem, manu propriâ scribentes, annuli nostri impressione jussimus assignari.

Præceptum de Cangiaco villa in Augustudensi, & de Scopella in Cavilonensi CAROLI *Regis jussu sancto Stephano redditis, flagitante* REMIGIO *inclyto Præsule.*

An. DCCCLVI.

IN nomine sanctæ & individuæ Trinitatis, KAROLUS gratiâ Dei Rex. Si circà loca divinis cultibus mancipata adeoque necessaria aurem celsitudinis nostræ accommodando libenter inflectimus, piorum Regum & religiosorum virorum vestigia imitantes, hoc in futuro non dubitamus esse profuturum. Quamobrem notum sit omnibus sanctæ Dei Ecclesiæ fidelibus & nostris, præsentibus scilicet atque futuris, quoniam REMIGIUS venerabilis Lugdunensis Ecclesiæ Archiepiscopus ad nostræ sublimitatis accedens excellentiam, variarum perturbationum

Ecclesiæ nobis commissæ illata retulit detrimenta, & quasdam res pravorum invasioni à Regibus esse concessas, cui vera referenti Oddo illustris Comes & nostræ fidelitatis strenuus exsequutor, ob non celandæ veritatis amorem testimonium perhibens deprecatus est, ut quasdam in suis aliisque honoribus consistentes, quæ sanctæ matri Ecclesiæ esse scientabantur, de Deamorem & suam deprecationem potentiâ nostræ magnitudinis redderemus, ac reddentes imprævaricabili præcepto nostræ municentiæ confirmaremus, id est in pago Augustudunensi Cangiacum, & in pago Cavilonensi Scopellam. Cujus precibus tanto libentiùs cessimus, quanto id nobis profuturum prospeximus ampliùs. Unde & hoc altitudinis nostræ Præceptum etiam dicto Episcopo dari jussimus, per quod præcipientes decernimus, atque decernentes confirmamus, ut supradictæ villæ cum omni suâ integritate, sicut & reliquæ illius Ecclesiæ villæ tam Remigio quàm suis successoribus à Deo eligendis sint subditæ & subjectæ, ac secundùm Dei & suam voluntatem liceat illis eas disponere, regere, ordinare sicut reliquas sibi Ecclesiæ commissæ villas, absque alicujus subtractionis vel imminutionis, aut immutationis tenore [a], quatenùs hac nostrâ concessione Ecclesia suusque Præsul ampliùs præditus, devotiùs libentiusque pro nobis, regnique nostri statu Dei misericordiam exorare contendat. Atque ut hujus nostræ largitionis pia concessio firmiorem per succedentia tempora obtineat firmitatis vigorem, manu propriâ subter eam firmavimus, & annuli nostri impressione assignari jussimus.

Idem confert Monasterium S. Porciani Abbati & Monachis Abbatiæ S. Mariæ sive S. Filiberti Herensis.

Ann DCCCLIX.

IN nomine sanctæ & individuæ Trinitatis, KAROLUS gratiâ Dei Rex. Decus regiæ Majestatis nullum majus est, quàm loca Sanctorum amplificando sublimare, & servis Dei in ipsis Deo devotè famulantibus quibuslibet necessitatibus sive oppressionibus paganorum compulsis, ob æternæ beatitudinis remunerationem clementer succurrere, & pro amore supernæ retributionis misericorditer subvenire. Quapropter Divinæ admonitionis igne succensi, & salutifero fomite inspirati, ad præsentis vitæ instantiam feliciùs percurrendam, & ad perpetuæ felicitatis gaudia faciliùs obtinenda, Hoc fore certissimè non dubitantes, omnibus Optimatibus ac cæteris fidelibus regni nostri, præsentibus scilicet atque futuris, litteris regiæ auctoritatis nostræ innotescimus, ob id quia serenitatem altitudinis nostræ Venerabilis & Carissimus nobis GEILO Abbas, ab infestatione paganorum per multas necessitates Fratrum sanctæ MARIÆ & S. Filiberti Herensis Monasterii a humiliter deprecans, ut eorum necessitatibus succurreremus patefecit. Nimium dolore perculsi & instinctu cœlestis moniti, verùm etiam ejusdem venerabilis Abbatis famulatu placati, eidem Monasterio Herensi, ipsique Fratribus sanctæ MARIÆ & Beati Filiberti, per Testamentum regiæ auctoritatis nostræ Abbatiam S. Porciani in pago Arvernensi, cum omnibus ad se pertinentibus, sive id jure respicientibus, tam in eodem pago quàm & in aliis sicut ad nostrum habere visi sumus, perpetim habendam tradimus & condonamus, ac demùm ad dominationem illorum solemni more transferimus, ut quam-

---

a *tenore*] Lego *timore*.
a *Herensis Monasterii*] Hero insula in mari, Diœcesis Pictavensis, vulgò *Nermonstier*.

Privilegia Corbeiæ. 351

diù persequutio Normandorum invaluerit, eamdem Abbatiam S. Porciani jam dicti Fratres [possideant] nec huc illucque vacillantes discurrant, ad locum refugii congratulantes aptum. Et licet incerti simus, cum illis Domino annuente pax & tranquillitas in dicto Monasterio Herensi, nullo imminente turbine Normandorum, data fuerit, prænominatam Abbatiam S. Porciani sicut alias res proprias suprà scripti Monasterii Herensis, quò indigentiam non modicam aliquantulum evadere, & Divinum officium liberiùs explere possint, absque cujuspiam contradictione sive repetitione æternaliter possideant.

Quare hoc magnitudinis & celsitudinis nostræ Præceptum fieri; & illis dari justimus, per quod decernentes sancimus; atque præcipientes delegamus; ut jam dicti Fratres sæpiùs nominatam Abbatiam S. Porciani secundùm quod eis visum fuerit, jure proprio & more Ecclesiastico sicut alias suas res proprias, perpetualiter ad suos usus, suorumque utilitates ordinandas disponant, & disponendo ordinent, eo videlicet modo ac tenore, ut pro nobis & pro conjuge ac prole nostrâ, simul etiam pro statu regni, ac populi à Deo nobis commissi salute clementiam Dei devotissimè exorent.

Ut autem nostræ auctoritatis largitio pleniorem in Domino obtineat firmitatis vigorem, manu nostrâ propriâ subter eam scribendo corroborantes, annuli nostri impressione adsignari jussimus.

Signum Karoli Gloriosissimi Regis.

Adalgarius Notarius ad vicem Gausleni recognovit.

Data III. Kal. Novembris Indictione IV. anno XXXII. regnante Karolo Gloriosissimo Rege. Actum . . . . . in Dei nomine feliciter, Amen.

Anno DCCLXXVI.

JOANNES *Papa VIII.* approbat donationem Monasterii S. Porciani factam Monachis Herensibus.

JOANNES Episcopus servus servorum Dei GELLONI religioso Abbati venerabilis Monasterii sanctæ Dei Genitricis semperque Virginis MARIÆ Dominæ nostræ, & S. Filiberti, ac per te eodem venerabili Monasterio in perpetuum. Convenit Apostolico moderamini piâ religione pollentibus benevolâ compassione succurrere, poscentium animis alacri devotione impertiri assensum. Ex hoc enim lucri potissimum præmium à Conditore omnium Domino promeremur, dum venerabilia loca oportunè ordinata, ad meliorem fuerint sine dubio statum perducta.

Igitur omnibus sanctæ Dei Ecclesiæ fidelibus & nostris, præsentibus & futuris notum fieri volumus, qualiter Reverentia tua per Adalgarium sanctissimum Episcopum sanctæ Edunensis Ecclesiæ nostro suggessit Apostolatui, observans quòd Abbatiolam quæ vocatur sanctus Portianus, quamque piæ memoriæ Karolus Imperator, spiritualis scilicet filius noster, ob sui perennem memoriam, per Præcepti seriem in eodem venerabili Monasterio conferens largitus est, nostri Apostolici privilegii auctoritate confirmaremus.

Nos autem considerantes hanc petitionem salubrem fore, & eidem venerabili Monasterio, cui præesse dignosceris, stabilimentum consistere, præcipuè cum omnia pia loca proprium robur & munimentum habere optemus, inclinati petitionibus tuis à præsenti nonâ Indictione præfatam Abbatiolam cum omnibus rebus suis mobilibus vel immobilibus, sibi justè & legaliter pertinentibus, quemadmodum ex prædicto eodem Augusto concessum est,

per hoc Apostolicum nostrum privilegium in sæpedicto venerabili Monasterio confirmamus, & perpetualiter stabilimus, & ad mercedem nostram roboramus; ita quoque Apostolicâ auctoritate munientes decernimus, ut nullus Episcoporum ad negotia divina illuc aut pro aliâ re peragendâ, nisi à te successoribusque tuis Abbatibus fuerit invitatus, ire pertentet, imò ne judiciaria potestas quamcumque vel molestiam aut destructionem quamlibet pergens facere audeat, quàm secundùm ipsius venerabilis Monasterii ritum, & prædicti Augusti concessionem, necnon & hanc Apostolicam concessionem & confirmationem ab omnibus CHRISTI fidelibus observandam sancimus.

Si quis autem cujuslibet dignitatis homo contra hoc nostrum Apostolicum privilegium (quod non credimus) in toto vel in parte ire præsumserit, ac quod à nobis salubriter sancitum est in aliquo frangere ausus fuerit, auctoritate Dei Omnipotentis & beati Petri Apostoli, atque nostrâ, sciat se propriâ communicatione privatum; & nisi citò resipuerit ac Canonicæ sanctioni obedierit, anathemate perpetuò condemnatum: qui verò custos & observator exstiterit, benedictionem & gratiam à Domino Deo nostro consequi mereatur. †

Scriptum per manum Anastasii Notarii Regionarii & Scriniarii sanctæ Romanæ Ecclesiæ in mense Octob. Indictione nonâ †. Bene valete †.

Datum Idus Octob. per manum Christofori Primicerii sanctæ summæ Sedis Apostolicæ. Imperante domino piissimo Augusto Karolo à Deo coronato magno Imperatore, post Consulatum ejus anno primo, Indictione nonâ.

CAROLUS *Calvus* approbat fundationem Monasterii S. Andreæ, Diœcesi Elnonensis.

Anno DCCCLXXI.

IN nomine Sanctæ & Individuæ Trinitatis. CAROLUS gratiâ Dei Rex. Omnibus Episcopis, Abbatibus, Ducibus, Comitibus, Vicariis, Centenariis, Actionariis; Missis nostris discurrentibus, vel cæteris Fidelibus sanctæ Dei Ecclesiæ nostrisque, præsentibus scilicet & futuris, notum sit, quòd & si erga loca divino cultui mancipata tuitionem impertimur, non solùm Regalem consuetudinem exercemus, verùm etiam ad æternæ retributionis mercedem nobis talia facta profutura confidimus. Proinde comperiat omnium nostrorum, præsentium scilicet & futurorum solertia, quoniam Sacerdotes septem liberi genere, id est, Witica, Protasius, Victor, Luganus, Gondefredus, Recesvindus, Sanctiolus, venientes pro parochiâ civitatis quæ vocatur Oriel, acceptâ à Wilado ipsius civitatis Episcopo licentiâ, verùm etiam adjutorio, sed & alii post eis conjuncti homines liberi, Attila, Baro, Leudomirus, cum reliquis eis se conjungentibus secesserunt ad locum qui dicitur Exalada, juxta fluvium nomine Tete, in capite Vallis Confluentis, & emerunt de rebus propriis & facultatibus fidelium sibi liberalitate collatis, locum servis Dei aptissimum, sibique construxerunt Monasterium in honore sancti Andreæ Apostoli, sed & aliorum Apostolorum Petri, Joannis, & Thomæ, quod Monasterium ditaverunt emptis, commutatis vel collatis sibi rebus in locis subterpositis, id est, in tres valles, in Oceniis, in Ranavellas, cum fidibus suis, tertis, & vineis, in Lare, in Coxiano, in Cotaleto, in Saltane, in Maradiadas, in Agnerrâ, in Tauriniano, & monte Alibergâ: ipsumque Monasterium Deo cooperante ad effectum usque perduxerunt.

Qui locus supradictus est situs in confinio Ceredaniæ Marchiæ nostræ, sub diœcesi Fredaldi Narbonensis Archiepiscopi, & parochiâ Audelindi Helnensis Episcopi; unde nostram Excellentiam petierunt, ut eundem locum sub nostrâ immunitate & defensione ac mundeburde susciperemus; & per Præceptum nostrum illis & suis successoribus, & eidem loco præsentibus & futuris temporibus tale Privilegium concederemus, quatenùs post Deum sub manu & potestate nostrâ, ac successorum nostrorum ipse locus & inibi habitantes sub regiâ potestate perpetuò maneant, & in eodem loco degentes sub monastico ordine vivant, atque ut licentiam eligendi Abbatem ex seipsis secundùm regulam sancti Benedicti omni tempore habeant: & ut nullus paraveredum, aut pascuarium, vel mansionaticum, aut aliquam indebitam exactionem ab eis, vel suis successoribus de eodem loco, vel de rebus ad eundem locum pertinentibus, tam præsentibus quàm futuris temporibus exigat : sed quietè liceat eis pro statu sanctæ Dei Ecclesiæ, & Regis ac regni stabilitate orare.

Quorum petitionem rationabilem judicantes, eis in omnibus annuere judicavimus, decernentes, ut tam præsentibus quàm futuris temporibus idem Monasterium cum omnibus rebus ad se nunc pertinentibus, & quæ futuris temporibus ad eundem locum collatæ fuerint, vel quas in eodem Monasterio degentes justè & rationabiliter acquirere quocumque modo potuerint, Privilegium & immunitatem habeat; & sub defensione ac mundeburde Regiæ potestatis permaneat, & in eodem loco habitantes sub Monastico ordine vivant, & licentiam eligendi ex seipsis secundùm regulam sancti Benedicti Abbatem, omni tempore habeant. In cujus Abbatis regulari ordinatione Episcopus ipsius civitatis in cujus parochia est Monasterium, nullam difficultatem exhibeat, vel quamcumque exactionem contrà regulas sacras eidem loco imponat; nec pro ordinatione Ecclesiasticorum Ministrorum, vel largitione consecrati olei vel chrismatis, quodcumque emolumentum contra canones sacros ab Abbate, vel à Monachis Monasterii ipsius requirat. Et nullus judex publicus, vel quislibet ex judiciariâ potestate, seu aliquis ex fidelibus regni nostri, vel successorum nostrorum, paraveredum aut pascuarium, vel mansionaticum aut aliquam indebitam exactionem ab eis, vel ab eorum successoribus exigat, neque in Ecclesias, aut ad loca, vel agros, seu reliquas possessiones memorati Monasterii ubi & ubi constitutas quas nunc habere videtur, vel de cætero per futura tempora idem Monasterium acquirere potuerit, ad causas audiendas vel freda exigenda, aut mansiones, aut paratas faciendas, vel fidejussores tollendos, aut homines ipsius Monasterii injustè distringendos, vel paraveredos aut pascuarios exigendos, nec ullas redhibitiones, vel illicitas occasiones requirendas, aut quamcumque inquietudinem ipsi loco & ejus habitationibus inferendi licentiam habeant, vel ad ejus Monasterii loca ullo unquam tempore ingredi valeant, vel exactare præsumant: sed liceat memoratis Monasterii Abbati suisque successoribus, & omni Congregationi res præfati Monasterii cum omnibus quæ in suâ ditione habuerint, sub immunitatis tuitione quieto ordine possidere, atque pro statu sanctæ Dei Ecclesiæ, & pro stabilitate Regiæ potestatis & regni nostri, atque pro populo nobis subjecto, Domini misericordiam exorare. Et ut hæc auctoritas nostris, futurisque temporibus, Domino protegente valeat inconcussa manere, manu propriâ eam subter firmavimus, & de annulo nostro sigillari jussimus. Signum Karoli gloriosissimi Regis.

Adalgarius Notarius ad vicem Gozelini recognovit.

Datum Nonas Augusti, Indictione IV. Anno XXXII. regnante Carolo gloriosissimo Rege. Actum Doziaco palatio Regis in Dei nomine feliciter, Amen.

Fundatio Monasterii S. Cornelii Compediensis.

IN nomine sanctæ & individuæ Trinitatis : CAROLUS ejusdem Dei Omnipotentis misericordiâ Imperator Augustus. Quidquid voto aut gratiarum actione Deo omnipotenti offerimus, cui omnia quæ habemus, quæque de manu ejus accipimus, sed etiam nosmetipsos debemus, qui nos & predecessores nostros Imperatores & Reges nullo nostro merito, sed suâ benignissimâ gratiâ regium in stemma evehere dignatus est; hoc nobis ad præsentem vitam felicius transigendam, & ad futuram uberius capessendam consequentius fore nullo modo dubitamus. Proinde quia Divinæ recordationis Imperator avus scilicet noster Carolus, cui Divina providentia Monarchiam totius hujus Imperii conferre dignata est, in Palatio Aquensi Capellam in honore beatæ Dei Genitricis & Virginis MARIÆ construxisse, ac Clericos inibi Domino ob suæ animæ remedium atque peccaminum absolutionem, pariterque ob dignitatem apicis Imperialis deservire constituisse, ac congerie quamplurimâ Reliquiarum eumdem locum sacrasse, multiplicibusque ornamentis excoluisse dignoscitur.

Nos quoque morem illius imitari, cæterorumque Regum & Imperatorum, prædecessorum scilicet nostrorum cupientes : cum pars illa Regni nobis sorte divisionis nondum contigerit, infrà tamen potestatis nostræ ditionem, in Palatio videlicet Compendii, in honore Gloriosæ Dei Genitricis ac perpetuæ semper Virginis MARIÆ Monasterium, cui Regium vocabulum dedimus, fundotenùs exstruximus, & donariis quamplurimis Domino juvante ditavimus, atque Clericos inibi numero centum pro statu sanctæ Dei Ecclesiæ, pro genitoribus ac pro genitoribus nostris, pro nobis, conjuge & prole, proque totius Regni stabilitate jugiter Domini misericordiam implorare decrevimus. In cujus Basilicæ usus, atque in præfatorum Fratrum necessaria stipendia, villas has perpetuò habendas delegavimus, id est in pago Tardanensi villam Rumigniacum cum Capellâ & omni integritate suâ; & in pago Belvacensi villam Longolium*, Saciacum*, & Mariscum cum omnibus ad se pertinentibus; & in pago Ambianensi Mesvilare & Herchias; in pago Boloniensi villam Attinium; & cellam sanctæ Marthæ; in pago Tardanensi cum omnibus appendiciis suis, & in Suessionico villam Bruarias; & in pago Laudunensi Stradonis villam, & Bairiacum post Primordii discessum; & in pago Vermandensi villam Capiacum: culturam etiam eidem Fratribus apud suos exteriores usus extrà Monasterium cum piscaturâ concessimus : Capellam in Venittâ, Capellam in Vermeriâ, Capellam in Nantoilo, Capellam in Maniacis post discessum Bertonis : In pago Noviomensi villulam quæ dicitur Bonas mansiones : decimas etiam fiscorum, quas eis per Præceptum concessimus, hoc est decimam Grassini, Vermeriæ, Coonariorum, Ridi, atque Maniacis, & duas partes decimæ de Andriaco villâ, Dorlindo, Ferrariis, Cincumiaco, Arminiaco, Viennâ, Roseto*, Salmoniaco, Antiniaco, Erchiriaco, Siviniaco, Attiniaco, Bermiatasiaco, Bidrico, Pontio-

---

a *Lungolium*] Variant codices, in quibusdam enim legitur, *Longilum, Sassiacum. . . Melvilare.*

ne, Mellao atque Busseto, & reliquas omnes quas per Præceptum nostrum habent; & Quassellas in Burgundia, & Pontem super fluvium Vitulam pertinentem de finibus, & omne telonem annualis mercati, cum prato ubi contrà Venittam congregari solet.

Similiter etiam totius silentii & quietudinis Canonicæ ibi mortem observandum, & ut à nullo exteriori hospite violetur confirmamus, sicut in eorum Præcepto dicitur, & de mansionibus, eique liberam Canonicæ licentiam tribuimus, sicut in eodem continetur Præcepto.

Præterea memorato sancto Monasterio, & Fratribus inibi assiduè Domino famulantibus, in die quâ dedicationem ipsius sanctæ Basilicæ celebravimus, hoc est tertio Nonas Maii, per idem nostræ autoritatis Præceptum concedimus in pago Tardanensi villam Sarciacum cum manso indominicato, & Capellam & quidquid ibi aspicit, vel quidquid ex eâdem Otherus olim Comes habuit; & in pago Belvacensi, in Betonicurte, quidquid ibi de Madriniaco aspicit.

Prædicta itaque omnia, villas & res quas ante dedicationem præfatæ Basilicæ, & has quas in ejusdem dedicatione concessimus, cum Capellis & omnibus appendiciis suis, terris, vineis, pratis, pascuis, aquis aquarumve decursibus, molendinis, mancipiis utriusque sexûs desuper commanentibus, vel ad easdem justè legaliterque pertinentibus, exitibus & regressibus, & universis legitimis terminationibus sæpè, dicto sancto loco, Congregationique inibi Domino deservienti æternaliter habendas, & Canonicè disponendas pro eoru. oportunitatibus destinamus, & de nostro jure in jus & potestatem ejusdem Monasterii transponimus; ita ut quidquid ab hodiernâ die, sicut in aliis Præceptis nostris ordinabimus, per nos perque successores nostros, vel quorumlibet dono Divina pietas sæpè fato loco & fratribus conferre voluerit, habeant, teneant atque possideant, liberamque ac firmissimam in omnibus habeant potestatem, faciendi atque canonicè disponendi, eo scilicet ordine, ut officinæ & ministeria ejusdem loci; scilicet luminarium hospitum, ac receptionis pauperum, atque stipendiorum Fratrum, secundùm quod nos aut Missi nostri, seu Prælati ejusdem Monasterii congruè disposuerint, ordinata consistant.

Sancimus denique etiam, ut præfatæ res omnes sub immunitate & tuitionis nostræ defensione eâ consistant, quâ cæterarum Ecclesiarum res, quæ hoc à nobis vel à prædecessoribus nostris obtinere promeruerunt, consistere noscuntur; ita ut nemo fidelium nostrorum, vel quilibet ex judiciariâ potestate; aut ullus ex reliquis tam præsentibus quàm futuris, in Ecclesias aut loca, vel agros, seu reliquas possessiones præfati Monasterii, quas in quibuslibet pagis vel territoriis justè & legaliter possidet, vel ea quæ deinceps in jure ipsius sancti loci Divina pietas augeri voluerit, ad causas audiendas, vel freda, aut tributa exigenda, aut mansionaticos, vel paratas faciendas, seu fidejussores tollendos, sive homines tam ingenuos quamque & servos super terram ipsius commanentes distringendos, aut ullas redhibitiones, aut illicitas occasiones requirendas nostris nec futuris temporibus ingredi audeat, nec ea quæ suprà memorata sunt penitùs exigere præsumat, & quidquid de rebus memoratæ Ecclesiæ fiscus sperare poterat, totum nos pro æternâ remuneratione prædicto sancto loco concessisse perpeteat, ut perennibus temporibus in alimoniam pauperum, & stipen-

dia Canonicorum ibidem Domino famulantium, in augmentum proficiat; quatenus ipsius servis Dei, eorumque successoribus pro nobis Domini misericordiam uberiùs exorare delectet.

Et quia præfatas res omnes ex fiscis nostris fuisse constat, volumus, pariterque jubemus, ut sub eâ lege quâ res fisci nostri jugiter maneant, atque sub eo mundeburde & defensione tueantur ac defendantur; & sub eâ tuitione Imperali consistant, quâ Cœnobia, Prumia scilicet, & quod Atavus noster Pippinus construxit, [b] & Monasterium Sanctimonialium Laudunense in honore sanctæ MARIÆ constitutum consistere noscuntur.

Enimverò quæ in auro, argento & gemmis, vestibus, rebus, vel in quibuslibet speciebus eidem loco concessimus, quia ob amorem divini cultûs pariterque animæ nostræ, genitorum nostrorum ac progenitorum nostrorum remedium Divino consecranda obtulimus, rogamus atque testificatione Divini nominis interdicimus, ut nullus Regum, aut Imperatorum successorum nostrorum, nec quisquam cujuslibet ordinis quâlibet dignitate præditus, ex iis quæ suprà memorata sunt quidquam in suos usus accipiat, aut in Capellæ suæ cultus amoveat, nec sicut aliquando factum esse constat, ad aliam Ecclesiam quasi sub obtentu eleemosynæ conferat, sed sicut ea Domino ac præfato loco sancto dedimus, integerrimè ac perpetualiter habenda conservet.

Iis verò omnibus supradictis rebus, quas sæpe memorato sancto loco in oportunitate Basilicæ & Fratrum præfatorum numero centum suffragia constituimus, nihil minuere quisquam præsumat, sed hæc nostræ pietatis concessio, & Imperialis altitudinis sanctio, ita perpetuò conservetur, sicut in privilegio Domini & sanctissimi Patris nostri Joannis Apostolici & universalis Papæ, ac aliorum Episcoporum Privilegiis continetur aditipulatum: augere verò si quispiam voluerit, augmentatis & multiplicatis eorum ulibus rebus accumulentur divini cultores servitii. Memoratum denique Domni & sanctissimi Papæ Joannis privilegium per hoc nostræ Imperialis Excellentiæ dictum confirmamus, atque sicuti sua decrevit sanctio, ita perpetuò mansurum nostra decrevit roboratio.

Et ut hæc nostræ donationis auctoritas, ac edicti constitutio, atque immunitatis roboratio per omnia tempora inviolabiliter in Dei nomine conservetur, veriusque credatur, manu propriâ subterfirmavimus, & bullarum nostrarum impressionibus insigniri jussimus. Nos verò in hujus inspectionis testimonium transcripto prædictæ chartæ sigillum nostrum duximus apponendum.

Signum Caroli gloriosissimi Imperatoris Augusti.

Signum Ludovici gloriosi Regis.

Audacher Notarius ad vicem Gauzlini recognovit & subscripsit.

Datum tertio Nonas Maij, Indictione decimâ, anno tricesimo septimo Regni Domini Caroli Imperatoris in Franciâ, & in successione Lotharii septimo, & Imperii secundo. Actum Compendio palatio in Dei nomine. Amen.

CAROLI *Regis Provinciæ Præceptum de villa Urbana.*

Anno DCCCLVII. *Ernst D. Louvet.*

IN nomine Domini nostri JESU CHRISTI Dei æterni, KAROLUS divinâ ordinante providentia Rex, Hlotharii piissimi Augusti filius. Quia mune-

[b] *construxit*] Id est, *Fulda.*

re Omnipotentis Dei regalibus infulis honorati & fublimati vivimus, pro tantis beneficiis ejus gratias exhibentes, Ecclefiis ipfius & miniftris dignam reverentiam femper impendere & fervare meditamur, & ad cumulum laudis ejus femper addere. Noverit itaque fagacitas feu devotio omnium noftrorum tam præfentium quàm futurorum, quia illuftriffimus Comes & parens nofter ac nutritor Girardus, innotuit nobis de quâdam villâ, quæ cum omnibus fuis ufque ad tempora bonæ recordationis & memoriæ Caroli proavi noftri immunitatem & defenfionem folius Rectoris habuit, & quibufdam caufis emergentibus ipfam tandem immunitatis fuæ tuitionem perdidit, ut pro reverentiâ Dei, & beati Stephani & fanctorum Martyrum, quorum nomini villa ipfa dicata nunc defervit, immunitatem antiquam ibi reftitueremus; fed & pro rei firmitate poftulavit nobis præfatus nobiliffimus Comes aut paternum feu prædecefforum noftrorum morem fervemus, noftræ immunitatis præceptum fuper fieri cenferemus; cujus monitionibus fide plenis, & petitionibus affenfum præbuimus, & hoc noftræ ferenitatis præceptum erga ipfam, quam villam Urbanam nominant, immunitatis atque tuitionis gratiâ fieri decrevimus, per quod jubemus ut nullus Judex publicus, vel quiflibet ex judiciariâ poteftate exactor feu in prædictâ villâ, feu in omnibus quæ ad illam pertinent ad caufas audiendas, vel freda, aut tributa exigenda, aut manfiones, vel paratas faciendas, aut fidejuffores tollendos, vel homines ipfius villæ ad jus fancti Stephani pertinentes diftringere habeat poteftatem, nec omnimodò ullas tedhibitiones noftris futurifve temporibus penitùs exigere audeat: fed maneant omnes feu liberi feu fervi immunitatis munere at poteftatem rectoris adfpicientes abfoluti, & liceat Præfuli beati Stephani, fuifque fucceffioribus, res quæ pertinent ad ejus Ecclefiam cum omnibus fibi fubjectis & ad eam afpicientibus & pertinentibus, fub tuitionis atque immunitatis noftræ defenfione, remotâ totius judiciariæ poteftatis inquietudine, quieto ordine poffidere, atque pro incolumitate noftra & totius regni à Deo nobis collati, unâ cum Clero & populo fibi commiffis, Dei noftri immenfam clementiam jugiter exorare; & quidquid de præfatâ villâ jus fifci exigere poterat in integrum beati Stephani conceffimus Ecclefiæ, ut perpetuo tempore ei ad peragendum Dei fervitium augmentum & fupplementum fiat. Quifquis verò contra hanc præceptionis auctoritatem venire aufus fuerit, legibus publicis noverit fe feriendum. Hæc eadem itaque noftræ præceptionis auctoritas, utque in Dei nomine pleniorem & firmiorem obtineat vigorem, & à fidelibus fanctæ Dei Ecclefiæ, & noftris veriùs credatur & diligentiùs confervetur, eam manu propriâ fubter firmavimus, & annuli noftri impreffione fignari juffimus. Signum Caroli regis, Dei Donum Notarius recognovi & fubfcripfi. Datum VI. Idus Octobris, anno II. regnante Domno noftro Karolo gloriofo Rege, Indictione V. Actum Stramiatis palatii in Dei nomine feliciter. Amen.

Anno DCCCLXI. Eruit idem.

Ejufdem Præceptum de rebus REMIGIO poftulatis:

IN nomine Domini noftri JESU CHRISTI Dei æterni, KAROLUS divinâ ordinante providentiâ Rex, piiffimi quondam Hlotharii Augufti & inclyti filius. Oportet regiam celfitudinem Procerum fideliumque fuorum utilitatibus tantò libentiùs annuere, auremque pietatis fuæ gratanti animo accommodare, quantò illos in fuis obfequiis profpexerit promptiores; atque in diverfis exhibitionibus alacriores,

quatenùs illorum juftam poftulationem perficiendo implens in fuis negotiis eos valeat habere efficaces ac in condignis cultibus ferventiores. Quocircà omnium fanctæ Dei Ecclefiæ noftrorumque fidelium, præfentium fcilicet & futurorum univerfitati notum fore cupimus, quòd REMIGIUS Lugdunenfis Ecclefiæ reverendus Antiftes; noftrique Palatii Capellanus fummus, noftram cernuò adiens manfuetudinem enixiùs poftulavit, quatenùs illi ob cujuflibet neceffitatis fuæ fupplementum ei quafdam proprietatis noftræ jure hereditario concederemus. Cujus precibus utpote affabilibus affenfum præbentes, hos ftrenuitatis noftræ apices fieri decrevimus, per quos eafdem res, morem prædeceforum noftrorum exfequentes, eidem Præfuli gratanter concedimus, quæ funt fitæ in Comitatu Belicenfi in diverfis dumtaxat locis, quorum ifta funt nomina: In Coronæ villâ colonica veftita una, & altera apfa cum vercaria; fimili modo in Auraliano vercaria una; in Roftonnaco metaritia una; in Mutiano colonica veftita una, una & altera una cum Vercariâ abfque cenfu. In Blodennaço metaritiæ duæ; in Curte Metiarâ metaritia una; in Cuffano metaritia una; in Lutiaco vercaria una abfa: In Anderno vercaria abfa una.

Hæc igitur omnia tam culta quàm inculta, tam retenta quàm invafa, tam quæfita quàm inexquifita; cum omnibus ad fe pertinentibus mancipiis, fcilicet terris cultis & incultis, domibus, vineis, fylvis, pratis, pafcuis, aquis, aquarumve excurfibus, exitibus univerfique adjacentiis, præfato Epifcopo ob ejufdem devotiffimum famulatum libentiffimè impendimus, ac de noftro jure in ejus tradimus poteftatem. Et ut hæc noftræ præceptionis auctoritas noftris futurifque temporibus inconvulfam atque inviolabilem obtineat firmitatem, manu propriâ fubter illam roborantes, annuli noftri impreffione infigniri juffimus. Signum Karoli gloriofi Regis. Aurelianus Notarius ad vicem Bertra recognovi & fubfcripfi. Datum II. Idus Julii, an. Chrifto propitio regni Domni noftri Karoli gloriofiffimi Regis V. Indictione IX. Actum Mantala publicè in Dei nomine feliciter. Amen.

Ejufdem Præceptum de Tornone.

Anno, circ. DCCCLXII.

IN nomine Domini noftri JESU-CHRISTI Dei æterni, CAROLUS divinâ ordinante providentiâ Rex, Hlotharii quondam Augufti & Imperatoris filius. Si Dei Ecclefiarumque caufas fincerâ pietate perquirimus, & quod neglectum ibi fubreptionibus quorumdam eft, fideliter ad prius & melius ftatutum perducere regia noftra magnitudo ftuduerit. Igitur omnium fidelium fanctæ Dei Ecclefiæ noftrorumque, præfentium videlicet & futurorum comperiat magnitudo, quia venerabilis Archiepifcopus REMIGIUS & fummus facri palatii noftri Capellanus, accedens ad clementem præfentiam noftram innotuit nobis de quodam caftro feu villâ Tornone, quod fitum eft in pago Lugdunenfi juxta fluvium Rhodanum, reftituiffe piæ recordationis patrem noftrum Ecclefiæ beati Stephani, Lugduni venerabiliter fitæ, ob amorem fcilicet Dei, & ut eumdem Martyrem fibi interceforem pararet, ac reliquos quorum millia ipfa eadem urbs fervat cineres, quofque quiefcentes veneratur & digno fufpicit obfequio, petiitque clementem fublimitatem noftram ut & nos ipfum pietatis opus, quod pater nofter tam fanctè & devotè compleverat, præcepto ferenitatis noftræ firmum perpetuò manere juberemus. Cujus petitionibus, utpote rem piam ac juftam exequentes, ut cum pio genitore noftro etiam in pari facto remuneraremur, abfque retractatione illico affenfum dedimus, & præceptionem sanctum factum augustæ memoriæ patris nostri attestantem, etiam & nos super hoc fieri jussimus, cum quod pius pater circà sanctum locum exhibuit, nostra voluntas non minueret, sed potiùs augere succederet, æternoque durabile confirmaret, prædictasque res sancto loco redditas contrà omnes infestationes, & invadere sanctam oblationem cupientes, ut invictè defendere & tutare nos omnium Christianè viventium & Christi consortium in felici vitâ exspectantium remunerationem sciat numerositas; ac ut quiescant omnes subreptiones inde, nostrum simplicem auditum fallere & decipere cupientes, hanc auctoritatis nostræ præceptionem & clementissimi patris nostri pij facti confirmationem manu propriâ subter firmavimus, & annuli nostri impressione secundùm rata assignari præcepimus.

Ejusdem Præceptum de Pisiniaco.

IN nomine sanctæ & individuæ Trinitatis, CAROLUS gratiâ Dei Rex. Quidquid locis divino cultu mancipatis aut largiendo conferimus aut restituendo confirmamus, profuturum nobis ad præsentis vitæ curricula feliciùs transigenda, & ad futuræ Beatitudinis præmia faciliùs obtinenda non dubitamus.

Comperiat igitur fidelium sanctæ Dei Ecclesiæ nostrorumque, præsentium & futurorum solertia, quia ad deprecationem & salubrem admonitionem carissimi satisque amantissimi REMIGII Lugdunensis Ecclesiæ venerabilis Archiepiscopi, libuit celsitudini nostræ quasdam res in Comitatu Tricastino sitas, id est villam Pisiniacum cum omnibus suis appendicibus, & in Comitatu Cavellonensi Villarem cum villulâ Lupiniaco, & villulâ Esnaico, cunctisque suis appendicibus, cunctisque ad præfatas villas pertinentibus rebus, & mancipiis, præfatæ matri Ecclesiæ Lugdunensi in honorem Beatissimi Stephani dedicatæ, cujus juris olim fuisse dignoscuntur, pro nostrorum absolutione peccaminum restituere, & restituendo perpetuò habendas & canonicè ordinandas delegare ac confirmare. Inde hoc altitudinis nostræ præceptum fieri, ipsique sanctæ matri Ecclesiæ dari jussimus, per quod præfatas villas cum Ecclesiis, domibus, ædificiis, curtiferis, verichariis, hortis, vineis, terris, sylvis, patris, pascuis, aquis, aquarumve decursibus, firmariis, mancipiis utriusque sexûs desuper commanentibus, vel ad easdem res justè & legaliter pertinentibus, plenâque integritate ipsi sanctæ matri Ecclesiæ pleniter restituimus, & restituendo confirmamus. Ita præfatus Remigius ejusdem Ecclesiæ Reverendus Archiepiscopus easdem res pleniter recipiat, aliisque ejusdem matris Ecclesiæ rebus uniat, & canonicè ordinet atque possideat: atque ipse suique successores cum omni Clero sibi commisso pro nobis, conjuge, & prole, totiusque regni nostri statu continuis precibus Dei misericordiam implorent; ut hæc nostræ restitutionis confirmatio inviolabilem nostris, futurisque temporibus obtineat firmitatem, manu propriâ subter eam confirmavimus, & annuli nostri impressione sigillari jussimus.

Ejusdem Præceptum de Levia.

IN nomine Domini nostri JESU-CHRISTI Dei æterni, KAROLUS divinâ ordinante providentiâ Rex, piissimi quondam Hlotharii Augusti & inclyti filius. Decet regalem excellentiam tanto fidelium suorum precibus libentiùs annuere, quanto eos in suis prosperitèr obsequiis efficaces, atque in his quæ ad divinum pertinent cultum, & animæ suæ emolumentum cognoverit esse promptiores. Idcirco omnibus fidelibus sanctæ Dei Ecclesiæ nostrisque, præsentibus scilicet & futuris notum fieri volumus, Remigium Lugdunensis Ecclesiæ reverentissimum Archiepiscopum, nostrique sacri palatii Capellanum summum, ad nostram deprecando accessisse clementiam, ut villas sancti Stephani Ecclesiæ Lugdunensium; Liviam scilicet, Colonicas atque Fischibanum cum omnibus suis adjacentiis, Ecclesiæ cui ab antiquo datæ esse dinoscuntur, & multis jam annis injustè exinde ablatæ comprobantur, ob æternæ vitæ beatitudinem feliciter capescendam nostræ auctoritatis privilegio eidem Ecclesiæ reformaremus, & in æternum inibi deserviendas censeremus. Cujus petitioni utpote rationabili ac piæ, clementissimè faventes, nostræ celsitudinis apices fieri jussimus; per quos statuentes decernimus; & modis omnibus jam dictæ Ecclesiæ & Præsulibus ibidem Domino famulantibus præfatas villas cum omnibus appendiciis suis præsentialiter confirmare, & confirmando perpetualiter & integrè cedimus; ita ut ab hac die & deinceps fixè, inconvulsè atque inviolabiliter sine ullius contradictione vel diminutione Ecclesia Lugdunensis, ejusque Pontifices habeant atque possideant. Et ut hæc nostræ auctoritatis largitio nostris, successorumque nostrorum temporibus perpetuam & inviolabilem obtineat firmitatem, manu propriâ eam subter roborantes, annuli nostri impressione jussimus assignari.

Manumissio Servi facta ab eodem.

IN nomine sanctæ & individuæ Trinitatis, CAROLUS Dei gratiâ Rex. Si ea quæ utiliter commutata fuerint, Præcepto nostræ excellentiæ confirmaverimus, regio more consuescimus. Notum sit itaque omnibus sanctæ Dei Ecclesiæ fidelibus & nostris, præsentibus scilicet atque futuris, quia placuit atque omnimodò nobis visum fuit ex mancipiis sancti Andreæ, quodlibet commutare mancipium nomine Anseleum cum suis omnibus rebus. Accepimus itaque consentiente Bosone Abbate & sanctimonialibus ex jam dicta Abbatia, suprafatum Anseleum, & in Segenaco casas duas cum suis appendiciis, cum vineis unde possunt exire modii octoginta, de terrâ arabili ad modios quindecim, alia verò terrâ ad modios viginti, sylva parva si semiri posset ad modios quinquaginta, & in Viennâ casam unam cum horto. Et è contra hujus meriti recompensatione dedimus Warnerium & Warnaldum cum uxoribus & infantibus illorum, de fisco nostro tantum, quantum hoc quod accepimus visum est convalere, & ultrà plus, sicut in commutationibus ex hoc factis continetur, ut jam dictas commutationes legaliter factas & roboratas, hoc præcepto nostræ auctoritatis confirmaremus. Præcipientes ergo jubemus, atque decernimus, ut quidquid pars alterius & rationabiliter contulit parti, jure firmissimo maneat inconcussum, ac utentes nos hoc quod accepimus jure proprietario, liceat Abbati S. Andreæ hoc quod à nobis accepit, sicut aliis rebus uti canonicè, secundùm Dei & suam voluntatem. Ut autem hujus nostræ auctoritatis confirmatio pleniorem in Dei nomine obtineat firmitatis vigorem, de annulo nostro subter eam jussimus assignari.

Confirmatio ejusdem manumissionis.

IN nomine sanctæ & individuæ Trinitatis CAROLUS gratiâ Dei Rex. Notum sit omnibus sanctæ

Dei Ecclesiæ fidelibus ac nostris, præsentibus scilicet atque futuris, quoniam nos ob Dei amorem æternorumque remunerationem præmiorum, necnon & Remigii venerabilis Archiepiscopi deprecationem, servum juris nostri nomine Anseleum manu propriâ à manu illius excutientes, denarium secundùm legem Salicam, liberum cum omnibus quæ habebat vel quæ acquisierit fecimus, & ab omni jugo servitutis absolvimus, ejus quoque absolutionem per præsentem hanc nostram auctoritatem confirmamus, atque in ipso modo eum jure firmissimo mansurum esse, volumus : præcipientes ergo jubemus atque jubentes decernimus, ut sicut reliqui manumissi, qui à religionibus hoc modo noscuntur esse relaxati atque ingenui, ita memoratus Anseleus cum omnibus quæ habet vel habuerit, nemine inquietante, sed Deo auxiliante perpetuis temporibus valeat permanere bene ingenuus atque securus. Ut autem hujus nostræ auctoritatis confirmatio pleniorem obtineat firmitatis vigorem, de annulo nostro subter eam jussimus assignari.

Anno circ. DCCCLVII.

ANGILMARUS *Viennensis Archiepisc. construendæ Ecclesiæ tribuit facultatem.*

IN Dei nomine ANGILMARUS Viennensis Archiepiscopus, dilecto mihi in omnibus MAURINGO. Dignum & congruum esse credimus antiquâ consuetudine monstrante, & præcedentium Patrum normâ instruente, quorum doctrinis & exemplis CHRISTI Ecclesia fundata & roborata consistit, ut sicut corde mundo & purificatis mentibus Deus orandus est, ita etiam domus ad quam hujuscemodi fidelis populi devotio concurrit, idoneè præparanda, ne quid absurdum oculos aut sensum impediat, sed tantùm auditio verbi Dei & orationis affectus delectet. Quamobrem adducti nos, quatenùs concederemus tibi ædificare in valle Anautense in loco Saletas, Basilicam plebi congruam & Ecclesiastico ordine dignam. Nos quoque petitioni tuæ acquievimus studio bonæ voluntatis implendæ, in cujus ædificatione solerti curâ laborans condidisti templum, & propriâ facultate dotasti, cujus dos & constructio nobis & Clero, atque populo nostro complacuit ; & ideo concedimus eamdem domum & villas his nominibus, Monteplano & rebus, ut ibi habitatores earum ad exorandum Deum & verbum ejus audiendum conveniant, & de facultatibus suis in eodem loco decimas Deo famulantibus tribuant, & ut hæc concessio nostra inviolabilem obtineat firmitatem, volo, jubeo, constituo atque decerno, & ob firmamentum manu propriâ subscripsi & firmare rogavi.

Anno DCCCLVIII. Ex majori Chartulario Eduensi.

JONÆ *Eduensis Episcopi.*

ANno Incarnationis Dominicæ DCCCLVIII. Siquidem & gloriosissimi Domini Caroli serenissimi Regis XVIII. In nomine Domini & Salvatoris nostri JESU-CHRISTI, JONAS supernâ præveniente clementiâ Eduorum Episcopus, perpendens quia dum in hac mortalitate vivitur, sine terrenarum rerum adminiculo Deo à mortalibus non servitur, & Pastoris officium esse ut gregibus sibi creditis geminam pastionem impendere debeat, spiritalem videlicet & carnalem. Quoniam dum carnalia eis congruenter impenduntur, adhibito spiritali labore uberiùs in eis salubria quæque excrescunt ; & quia ubi hæc providâ ac rationali distributione non impenduntur, necesse est ut illa negligantur. Idcirco de facultatibus Ecclesiæ cui Deo miserante deservio, Canonicorum cœtui mihi commisso aliquod subsidium, sicut in subsequentibus declaratur, conferre studui. Ductus ergo honore Domini nostri JESU-CHRISTI, eorumque saluti pastorali sollicitudine prospicere gestiens, dignum æquumque judicans pro viribus eis ferre debere consultum, secundùm canonicam auctoritatem adhibito consensu Presbyterorum, Diaconorum, ac totius sequentis ordinis ejusdem Ecclesiæ, ob divini cultûs amorem superaddere studui eis secundùm quod ratio dictavit, quantùm necessaria fore existimavi.

Primùm enim prospiciens illorum habitum officinarum inconvenientem, & penè nullum esse comparatione aliorum, juxta morem aliarum urbium, claustra illis construere, officinasque congruentiores & aptiores ad usus eorum ædificare studui.

Et licet quædam Ecclesiasticæ res ad supplementum eorum & victum administrandum à prædecessoribus meis illis collatæ fuissent, tamen pro quantitate sui atque difficultate itineris, quia longius ab urbe distabant, penuriam sæpissimè pati solebant quotidiani victûs. Ut ergo penitùs hæc occasio tolleretur, receptis eisdem rebus, atque militaribus viris distributis, id est Caramanno & Tillido villis, cum fisciaco ad se pertinente, delegavi in usus eorum in vicioniri & pinguiori loco Marcassolium villam indominicatam cum omni integritate sui ; Simpiniacam etiam villam similiter indominicatam ad quotidianum potum eis administrandum : superaddens etiam beneficium quod ex eodem fundo Ragefredus quondam habuit, ut idem prædium cum omnibus ad se pertinentibus eorum usibus desserviat. Has ergo villas cum omnibus ad se pertinentibus simul cum Anlaciaco villa quæ olim à Domno Motoino eis collata fuerat, prædictis Canonicis matris Ecclesiæ S. Nazarii Episcopali auctoritate cedimus, & perpetualiter deservituras mancipamus : & non solùm hæc, verùm & illa quæ noviter à Canonicis ejusdem matris Ecclesiæ de propriis sumptibus ibidem data sunt, vel ab aliis fidelibus deinceps collata fuerint, in usus famulorum Dei in integrum cedant, quatinùs his ad supplementum sui utcumque suffulti, devotiores in Christi militiâ existant, & non solùm pro Principibus & Rectoribus Ecclesiæ ejusdem, sed etiam pro statu totius sanctæ Ecclesiæ jugiter divinam exorent misericordiam.

Sed quoniam sæpissimè evenire solet, ut benè pieque ob Divini cultûs honorem ordinata, multifariâ occasione convellantur, ideo necessarium judicavi hoc Privilegium Pontificalis auctoritatis fieri & affirmari debere, ut videlicet de supradictis rebus nihil qualibet occasione aut à me, aut à successoribus meis auferatur ; sed neque pro eisdem rebus aliquid terreni servitii aut muneris ab eis exigatur, & quinquagenarius numerus Canonicorum non transgrediatur, donec Deo opitulante prædictæ res augmententur.

Vos igitur, ô Successores mei, quos divina pietas eidem Sedi Pastores substituerit, humiliter obsecro, & per Dominum nostrum JESUM-CHRISTUM Pastorum omnium Pastorem precibus quibus valeo, paternitatem vestram imploro, ut hanc Constitutionem auctoritatis nostræ ob divinæ servitutis honorem factam, ratam acceptamque habeatis, eamq; ita conservetis, & conservari inviolabiliter faciatis, sicuti vultis à successoribus vestris pia vestra indissolubiliter conservari ; quatinus, quod absit, non de convulsione, aut subtractione, aut diminutione aliquem lapsum incurratis, sed magis de conservatione & superadditione liberalissimæ pietatis vestræ præmium apud Dominum acquiratis : verùm si ad votum no-

Diplomatum, &c. 357

strum hæc res cesserit, vestraque voluntas nostris humillimis petitionibus faverit, non solùm mihi qui hoc facere studui, sed & vobis à quibus constiterit observari, plenissimam mercedem à Domino constat retribui.

Hanc ergo Privilegii chartulam tam de supradictis rebus, quàm etiam de his quæ ipsi Canonici intrà vel extrà urbem videntur habere, conscriptam non solùm manûs parvitatis nostræ scripto, verùm etiam insignium virorum, Episcoporum videlicet & Abbatum, cæterarumque spectabilium personarum manuum confirmatione roborari decrevimus.

Jonas humilis Eduorum Episcopus hoc Privilegium à me factum, ob divini cultûs amorem roboravi & subscripsi.

Remigius humilis Episcopus relegi & subscripsi.

Isaac humilis Episcopus relegi & subscripsi.

Ebo indignus Gratianopolitanus Episcopus subscripsi.

Godesaldus Cabilonensis Episcopus subscripsi.

Teutramnus humilis Episcopus relegi & subscripsi.

Brindingus Matiscensis Episcopus subscripsi.

Abba Maurogennensis Episcopus subscripsi.

Remigius Diensis Episcopus subscripsi.

Ratbertus ac si indignus Valentinensis Episcopus subscripsi.

Theodmundus humilis Diaconus scripsi & subscripsi.

Elradus licet indignus Chorepiscopus subscripsi.

Bernardus Abbas Melundensis Monasterii subscripsi.

Ado indignus Presbyter subscripsi.

Manno Presbyter subscripsi.

Codramnus Presbyter subscripsi.

Rando humilis Abbas subscripsi.

Data XIII. Kal. Junii, Anno XVIII. regnante Carolo gloriosissimo Rege, Indictione VII. Actum in territorio Lingonensi in Monasterio sanctorum Geminorum, in Dei nomine feliciter, Amen.

Idem fundatam ac dotatam Ecclesiam à TANCRADO *nobili viro consecrat.*

IN nomine Domini & Salvatoris nostri JESU-CHRISTI, JONAS divinâ providentiâ clementiâ Augustidunensis Ecclesiæ Episcopus. Notum sit omnibus fidelibus sanctæ Dei Ecclesiæ, & præcipuè successoribus nostris, quia venerabilis vir atque religiosus TANCHRADUS nomine acceptâ à nobis licentiâ Oratorium de propriis sumptibus construxit, simul cum suâ conjuge christianissimâ feminâ, quæ vocabatur Rictrudis, in pago Augustidunense, in villa quæ vocatur Lanoscla, quam ipse de densitate sylvarum ad agriculturam & habitationem hominum exercendo & excolendo perducere studuit; deprecatique sunt simul nostram pastoralem sollicitudinem, quatinùs idem Oratorium eorum ope constructum ad debitas Deo omnipotenti laudes persolvendas ex more consecraremus. Quorum descriptionem animadvertentes, etiam dotem ejus Basilicæ secundùm consuetudinem requirere procuravimus, & ipsi prout ratio dictabat studiosissimè adimplere studuerunt, ea videlicet ibidem ad hoc opus deputantes, quæ subter annexa demonstrant.

Sed quia contigit priùs illos ab hac luce migrare, quàm otii nobis fuisset, & congruentia loci & temporis nobis ambobus dictaret, ut illorum laudabile desiderium in consecratione ejusdem Basilicæ ad effectum perducere potuissemus, ne eorum opus & studium frustratum esse videretur, mox ut oportunum fuit quod illis viventibus promisimus, hoc post illorum obitum adimplere curavimus, exhortando & commonendo filios eorum, ut vestigia parentum sequentes, eorumque bonam voluntatem imitantes, in sanctæ religionis studio & Christianitatis opere vigilantissimè excrescant, & semper quæ placita sunt Deo, adjuvante se divinâ illius gratiâ, agere satagant. Illis ergo pro posse & sapere cum Dei omnipotentis adjutorio hoc totum servare se velle pollicentibus, prædictum Oratorium ad persolvendum ibidem divinum jugiter officium; IV. Idus Aprilis in honore Dei omnipotentis & veneratione sancti Cirici egregii Martyris solemni officio dedicavimus.

Ego itaque in Dei nomine Achardus pro amore omnipotentis Dei, & æternâ memoriâ supranominati genitoris atque genitricis meæ, necnon etiam pro remedio animarum eorum, atque pro absolutione delictorum meorum, secundùm paternam ordinationem & maternam dispositionem dono prædictæ Casæ Dei S. Cirici Martyris inclyti, cum consensu carissimi Germani mei Achemundi, de rebus proprietatis meæ quæ mihi hereditariò jure de paterno dato atque materno advenerunt; id est Casalem unum in quo idem Oratorium S. Cirici patris nostri opere constructum esse videtur cum adhærenti sylvâ; qui habet terminationes in uno latere mansum indominicatum ejusdem donatoris, & viam publicam, in unâ fronte terram Grimaldi & Guttam mortuam, in altero latere terram ipsius donatoris quam vocant exartum Heliæ; in quarto terram Grimaldi. Dono etiam in loco qui appellatur Biat terram arabilem ad modios XII. quæ habet terminationes in uno latere sylvam ejusdem donatoris, in altero latere terram sanctæ MARIÆ : in tertio latere rivum decurrentem : in quarto verò latere terram ipsius Achardi infrà istas terminationes totum & ad integrum.

Dono etiam in Marnanto pratum unum ad carra XX. quod habet in duabus partibus viam, & in aliis duabus partibus terram Grimaldi. Dono etiam in Altiaco villâ vineam unam ad modios XX. quæ habet in duobus lateribus viam, in tertio latere vineam Ragentei : in quartâ verò fronte terram ipsius donatoris, infrà istas terminationes totum & ad integrum. Dono etiam in supradictâ villâ Lanoscrâ mansum vestitum unum cum omni superposito, & terris & pratis ad ipsum aspicientibus, & cum mancipiis suprà commanentibus, quorum hæc sunt nomina. Sigradus & infantes sui, Privatus, Dominicus, Madalbertus, Sigrada.

Hæc omnia superius denominata de meo jure & potestate in jus Casæ Dei & Rectorum ejus trado atque transfundo perpetualiter, cum potestate ad faciendum ex his omnibus quidquid justè & rationabiliter judicaverint, & ut omni tempore ab infestatione heredum sit quieta & libera, eamdem Basilicam cum omnibus rebus ad se pertinentibus matri Ecclesiæ sancti Nazarii contradimus, & perpetualiter deservituram mancipamus, eâ conditione & firmitate, ut annis singulis persolvatur inde à me vel ab heredibus meis festivitate S. Nazarii de cera libram unam.

Si quis verò quod futurum esse non credo, si ego ipse aut ullus de heredibus meis, vel quælibet opposita persona contrà hanc Donationem vel Dotationem à me plenissimâ voluntate factam aliquid dicere vel calumniare voluerit, sua repetitio nullum obtineat effectum, sed insuper cui litem intulerit, auri uncias sex coactus exsolvat, & præsens hæc donatio firma & stabilis permaneat, cum stipulatione subnexa.

Actum suprascripta villâ publicè,

Signum Achardi qui hanc donationem fieri & firmare rogavit.

Signum Achamundi fratris ejus qui consensit,

Y y iij

358   Miscellanea Epistolarum,

Signum Arulfi,
Signum Ragentei,
Signum Volberti,
Signum item Ragentei,
Signum Hildemodi,
Signum Fulcherici,
Signum Adelongi,
Signum Aglini,
Signum Bermundi,
Signum Warlanni,
Sarulfus clericus scripsit & subscripsit,
Data in mense Aprili, die quo suprà, anno xxv. regnante Domno Carolo Rege in Dei nomine feliciter, Amen.

Anno circ. DCCCLXIII. Eruit D. Louvet.

Sigiberus ob gravissima quæ intulerat mala Ecclesiæ S. Mauritii in judicium vocatus, ea confessus est.

Notitia qualiter vel quibus præsentibus bonis hominibus, quorum superscriptiones vel signacula subter habentur, veniens Vitfredus Ecclesiæ sancti Mauritii Advocatus publicè in Viennam civitatem, in præsentia Domni Adonis ejusdem Ecclesiæ Venerabilis Archiepiscopi, & Erlulfi Vice-comitis, Missi illustris Bosonis Comitis, vel Judicum qui ibi aderant, & plurimorum nobilium hominum Sacerdotum & Levitarum, Constantii Chorepiscopi, Arleni Præpositi, Teutelmidei ac Girardi Vicarii, Gautseranni Vicarii, Silicionis, Sigifredi, Ardradi, Ugberti, Annonis, & cæterorum multorum, interpellavit quemdam hominem Sigibertum nomine ut requirebat, & dicens quò ipse Sigibertus cum aliis conductis hominibus liberis & servis emunitatem sancti Mauritii vel sancti Ferreoli, in loco qui dicitur Riparia per vim infregisset, ibique incendium fecisset, & omnia spolia domus violenter auferret, cavallos scilicet, arma, vestimenta & cætera consistentia, malo ordine contra legem per arramitam Annonis de removendis legaliter affirmavit: quam verò causam prædictas Sigibertus minimè negare valens, confessus est verba Mallatoris in omnibus esse vera, & tunc per judicium suprascriptorum legaliter pro tanto scelere eidem Advocato vadium suum dedit hujusmodi: namque peracto negotio idem sancti Mauricii Advocatus eumdem Sigibertum interpellavit ex emunitate sancti Mauricii, videlicet de Geneciaco villà, quòd etiam cum liberis suis ac servis, & reliquis conductis hominibus contrà legem & auctoritatem divinam invaserit & exspoliaverit, & in suam potestatem malo ordine redegerit, unde se per arramitam Annonis de removendis legaliter affirmavit; sicque ipse Sigibertus causam præsumptionis & iniquitatis ad præsens negare non valens, coram omnibus confessus est hujusmodi interprisionem & præsumptionem in omnibus esse veram; unde judicio prædictorum vadium suum legaliter dedit.

Cæterum verò tertium iisdem Sigibertus à præfato Advocato ibidem interpellatus est de emunitate sancti Mauricii ex Alausio villà, quòd in eam jubente & amandante illo liberi & servi venirent, ut eamdem emunitatem invaderent & exspoliarent, vinum & annonam inde in suam expensam & usus perducerent, pariter in ipsa villa incendium facerent malo ordine contrà legem; unde se per arramitam Annonis legaliter de removendis affirmavit, & per ipsius manum suumve reditum jurare promisit; quam causam Sigibertus in omnibus denegavit, & per arramitam Annonis suæ, & per remedio pro remedio animæ suæ, Gauceranni promisit ad placitum se juraturum, ut eo mandante nullus hominum eamdem villam exspoliarit, aut in eâ incendium aut quidquam mali

fecerit, quod per legem emendare deberet; pro quâ re cui semper larga pietas Ecclesiastica cavens prudenter periculum, præsens indulsit sacramentum, rogantibus quidem bonis hominibus, & religiosorum virorum intervenientibus precibus, & pro invasione & infractione duarum prædictarum emunitatum, unde confitendo ipse Sigibertus vadios pro omnibus dedit, ex omni multa remissis partibus tribus, quartam partem continentem solidos CCC. per fidejussionem Erlulfi, Gerardi, Gautceranni, atque Annonis, proximis Kal. Septemb. se rediturum & impleturum promisit his præsentibus.

Lotharii Regis Provinciæ Præceptum de Caduliaco & Liviâ.

Eruit D. vet.

IN nomine omnipotentis Dei & Salvatoris nostri Jesu-Christi, Hlotarius divinâ præveniente clementiâ Rex. Expedit regiæ celsitudini ita divinis cultibus operam dare, quatenùs Ecclesiarum Dei jura ac privilegia pristinis temporibus justè & rationabiliter suâ protectione juxta Domini voluntatem conservet; & si qua cæcâ cupiditate inordinatè ablata perspexerit, quantociùs pro Christi nomine reformet, ut de Sanctorum intervenientibus meritis æternæ retributionis præmium acquirat, eos etiam quibus Ecclesiastica jura commissa sunt, sibi devotiores reddat. Quocircà omnium fidelium sanctæ Dei Ecclesiæ nostrorumque, præsentium scilicet & futurorum noverit solertia, quia utilitatis emolumento, tam propter devotissimam famulationem Remigii Lugdunensis Ecclesiæ Reverentissimi Archiepiscopi, restituimus per nostræ auctoritatis Præceptum Ecclesiæ sancti Stephani Lugdunensis villas, quas Caduliacum, videlicet in Comitatu Salmoricensi, & Liviam in pago Viennensi, quas pridem bonæ memoriæ Karolus gloriosus Rex germanus noster præfatæ Ecclesiæ juxtà ratione seu regali auctoritate reformaverat, sed nos postmodum pro quâdam necessitate illas in beneficium contuleramus; quod omnino non rectè factum fore cognoscentes, hos nostræ auctoritatis apices fieri censuimus, per quos memoratas villas præfatæ Casæ Dei reformamus, quatinùs nostris futurisque temporibus absque cujuslibet subtractione in potestate Pontificum ejusdem Ecclesiæ permaneat, ut Deo largiente Præsides ejusdem Casæ Dei pro animâ genitoris nostri, ac genitricis seu fratris nostri Karoli gloriosi Regis, necnon & nostrâ Domino attentiùs preces assiduas fundere studeat. Ut autem hæc nostræ restitutionis auctoritas nostris futurisque temporibus inconvulsa permaneat, firmitatemque omnem obtineat, manu propriâ illam roboravimus, & annuli nostri impressione insigniri jussimus.

Ejusdem Præceptum de Tornone & Cortenaco, seu aliis rebus piissimorum Regum.

Anno cit. DCCCLXIII. Eruit idem.

IN nomine omnipotentis Dei, & Salvatoris nostri Jesu-Christi, Hlotharius divinâ præveniente clementiâ Rex. Decet regalem excellentiam tanto fidelium suorum precibus annuere, quanto eos prospexerit in suis obsequiis devotissimòs persistere. Quocircà notum sit omnibus fidelibus regni nostri, & sub jure & potestate nostrâ consistentibus, quia venerabilis Remigius Lugdunensis Ecclesiæ Archiepiscopus accessit ad clementiam nostræ magnitudinis, & indicavit nobis quia augustæ memoriæ Hlotharius Imperator pro remedio animæ suæ, & sanctæ memoriæ uxoris ejus Ermengardæ, ac nobilissimæ prolis ipsorum multa promiserit, & ubi oportunum fuit contulerit Ecclesiæ Lugdunensi, uti idem

Archiepiscopus munere ipsius & favore constituerat, ac idcirco fiducialiùs accederet, & quodammodo familiariùs ad mansuetudinem nostram, ut memores benevolentiæ & largitionis pii patris nostri quædam ipsius Ecclesiæ, licet quibusdam curriculis annorum ablata Lecularium incursione, deprecatus est ut pro amore pii genitoris nostri ac genitricis, seu & nostro atque fratris nostri Karoli villas, quas idem germanus noster, Turnonem videlicet & Curtenacum sancto Stephano Protomartyri in Ecclesia Lugdunensi per suæ auctoritatis præceptum restituit; sub præcepti nostri firmissimâ roboratione reconsignaremus, & eidem Ecclesiæ perpetuò manere concederemus. Quod nos tam pro honore patris nostri memoriæ, sed & sanctæ recordationis matris nostræ, necnon pro fratris nostri animâ Karoli, & pro indulgentiâ nostrorum maleactorum, quamque pro fidelissimo & obsequio ipsius prædicti Archiepiscopi libenter indulsimus; precibusque ipsius assensum præbuimus, imò nostro munere libentissimè roboravimus Beato Stephano, & sacræ sedi Lugdunensis Ecclesiæ Turnonem & Curtenacum cum Ecclesiis, villulis, ac rebus, & mancipiis quæ genitoris nostri, ac fratris nostri Karoli auctoritate eidem Ecclesiæ reformata sunt, nostrâ perpetuâ firmatione volumus in servis Dei profutura ibi maneant.

Simul etiam alia eidem Ecclesiæ dono & munere modernis temporibus piissimorum Imperatorum & Regum concessa & tradita, in perpetuo ibi maneant nostrâ munificentiâ & liberalitate, sub hoc præcepti nostri tenore concedimus. Ut autem hæc nostræ mansuetudinis auctoritas nostris futurisque temporibus inconvulsam obtineat firmitatem, manu propriâ eam roboravimus, & annulo nostro insigniri præcepimus.

Ejusdem de omnibus rebus Ecclesiasticis injustè retentis.

IN nomine omnipotentis Dei & Salvatoris nostri JESU-CHRISTI, HLOTHARIUS divinâ præveniente clementiâ Rex. Convenit regali excellentiæ tanto gratantiùs Procerum ac fidelium suorum precibus annuere, quanto eos prospexerit in suis obsequiis promptiores; atque alacriores fore; quatenùs id agendo, & alios in suimet famulatu vehementiùs accendat, & istos deinceps sibi devotiùs exhibeat. Igitur totius regni nostri unanimis cognoscat assensio, quia Remigius venerabilis Lugdunensis Ecclesiæ Archiepiscopus, & Gerardus illustris Comes, nostram adeuntes mansuetudinem humiliter suggesserunt, quòd res quaslibet Episcopatûs Comitatûsque illorum, quas unius conditionis & causæ esse declaratur; (unde veteres testes & certa indicia) quorumdam hominum olim usurpasset improbitas, inque sui juris ac natorum suorum ditionem cupida convertisset iniquitas. Hujusmodi igitur fidelium nostrorum audientes affamina, illorumque precibus libenter faventes, hus præceptionis nostræ apices seri jussimus, per quos omnimodis significamus, atque ex auctoritatis nostræ injungimus privilegio, ne quis se per annorum curricula dierumque muniat volumina, ubi veracium testium certa præfert indicia: sed hujusce rei diligenter investigato negotio, ac per idoneos testes sacramentis ob confirmationem causæ exhibitis licenter studeat recipere, quod sanctuarii Domini constat ante fuisse, ne quislibet retinere queat hereditario jure, etiam sibi à parentibus relictum, quod liquido apparet sanctuario Christi priùs fore collatum; quoniam omnem cavillationis illius versutiam nostræ auctoritatis subvertit institutio; ut hæc nostræ institutionis præceptio nostris futurisque temporibus inconvulsa permaneat, manu propriâ eam roborantes, annuli nostri impressione subter insigniri jussimus.

Ejusdem Præceptum contrà Witgarium de rebus sancti Stephani Lugdunensis Ecclesiæ.

Anno circ.
DCCCLIX.
eruit idem.

IN nomine omnipotentis Dei Salvatoris nostri JESU-CHRISTI, HLOTHARIUS divinâ clementiâ Rex. Oportet magnificentissimam liberalitatem nostram utilitatibus Ecclesiarum Dei curam adhibere, libetque nomine ut ea quæ ant illicitis sive irrationabilibus commutationibus inde subtracta esse cernuntur, ad pristinum revocare locum, scientes hoc ad animæ nostræ salvationem, regnique stabilitatem liquidò pertinere. Noverit igitur universitas sanctæ Dei Ecclesiæ fidelium ac nostrorum, præsentium videlicet futurorumque nobilitas, quia REMIGIUS sacræ Lugdunensis Ecclesiæ venerabilis Præsul multifariè querelando pro Ecclesiâ divinitùs sibi commissâ, intimavit auribus humiliter serenissimis nostris, qualiter quidam homo cognomento Witgarius res quasdam præfatæ Ecclesiæ quamplurimum per illicitam atque nimio modo irrationabilem commutationem tempore quo eas per Imperialem fruebatur largitionem, fraudulenter acceperit, in quibus tunc idem sacratissimus locus magnum pertulerit damnum, & nunc non modicum sentiret dispendium. Talibus igitur reclamationibus satisque rationabilibus verum accommodantes, Succardum Comitem nostrum ad hanc causam studiosè indagandam unà cum consultu Procerum nostrorum direximus, ut utrum justè an injustè commutatio foret, perquireret; qui fideli indà i.e undique cuncta perspecta atque rimata, pertulit nobis jam satum Episcopum per omnia justam & plenissimam habere querelam: secundùm quam relationem memoratas res per præceptum Eminentiæ nostræ Lugdunensi Ecclesiæ, cui jure debentur, illicò reddere censuimus. Huic itaque rei cum liberalitas nostra, sicuti ratio expostulabat juridica, fidem imposuisset legalem; tunc demum jam vocatus Witgarius residentibus nobis Gundulfi villâ cum dilectissimo patruo nostro Karolo, & carissimo fratre nostro æquivoco, gloriosissimis scilicet Regibus, adens præsentiam nostram cœpit querelare non illi super hac re justè factum fuisse, inquiens se auctoritatem piissimi genitoris nostri quondam Augusti super eisdem commutationibus habere, & quia ipsas legaliter acquisitas haberet, ideoque legibus possidere deberet: sursum enim ut rei veritas veracius elucidaretur, & ambiguitas in hoc nulla maneret, acceptoque consilio præfatorum Regum Optimatumque nostrorum circumstantium, misimus Gunduinum fidelem nostrum per veriores melioresque homines hujusce rei veritatem sub jurejurando investigaturum, necnon utrarumque rerum qualitatem & quantitatem descripturum, nobisque Confluentibus perlaturum, ibique Witgarium regalem auctoritatem cum præcepto quem fuit confessus, præsentaturum: tandem verò Missus noster imperata sibi complere fideliter accelerans, jam dicto loco ad præsentiam nostram statuit remeare, deferens hanc obtutibus nostris rerum descriptionem.

Sunt autem de rebus sancti Stephani quas Witgarius proprietario jure possidebat, modiatæ duo millia; prata quibus possunt tolli & fœni carra quingenta, de sylva ad mille quingentos porcos saginandos. Contulit econtrà Witgarius ex suâ proprietate gratiâ commutationis modiatas trecentas octoginta octo, colligendum fœnum carra xIIII. Tribuit insuper in ipsâ commutatione ex rebus ipsius sancti loci, quas usurpativè ad jus proprium detinebat, modiatas trecentas sexaginta novem, & modiatam de vino ad modios centum, vineas ad modios octoginta. Ad dictum itaque palatium jam vocitatus Witgarius non solùm venire contemsit, sed etiam bannum nostrum pro nihilo duxit. Jussimus præterea illum denuò ad hoc præsens placitum per bannum venire, sed sicut primum, similiter secundum & tertium sprevit, jussísque nostris in nullo obediens exstitit, quatenùs se dilatiando justitiam sæpe dictæ Ecclesiæ promulgare ac fraudare quivisset. Nunc igitur quia tot vicibus est evocatus & venire distulit, idémque venerandus Episcopus, utpote verissimus conclamator, in suâ perseverat justissimâ querelâ, aurésque clementiæ nostræ incessanter pulsare non differens, dignum æquè repetimus per omnia cum nostrorum voto fidelium atque decreto, ut sanctæ nostræ restitutionis auctoritas fieret illi, per quam superiùs nominatæ commutationes injustæ annihilentur. Quamobrem hos regiæ dignitatis apices ob emolumentum animæ genitoris nostri piæ recordationis, nostrámque æternam remunerationem, seu supplicationem jam fati viri, jussimus fieri, per quos prænominatæ Ecclesiæ sancti Stephani Protomartyris Christi designatas res, quas hactenùs per iniquam commutationem amissas habuit, restituimus; hoc est in Comitatu Portensi & in Calvaniaco-villâ mansum dominicatum unum, & in Lolam-Curte mansum dominicatum alterum, cum omnibus ad eos pertinentibus. Et in Comitatu Batiniacensi, in villâ quæ vocatur Abtiacus colonicas quinque, cum mancipiis utriusque sexûs, omníque cum integritate reddimus; eâ videlicet ratione ut unaquæque quod dederat præsentiliter recipiat, Rectórque memoratæ Ecclesiæ sancti Stephani res & mancipia superiùs insertas ad partem sancti loci exinde recipiendi licentiam habeat, absque ullius repetitione, ad utilitates videlicet & usus successorum suorum. Et ut hæc nostræ restitutionis auctoritas pleniorem in Dei nomine obtineat vigorem, manu propriâ subter eam firmavimus, & annuli nostri impressione assignari jussimus.

Anno DCCCLXX.

ADO *Viennensis Archiepiscopus confirmat in Synodo Ecclesiam Velnensem Abbatiæ S. Eugendi Jurensis.*

ANno DCCCLXX. Incarnationis Domini nostri JESU-CHRISTI congregata sancta Synodus Viennæ Metropolis Ecclesiæ, Domno & Venerabili Archiepiscopo Adone præsidente, & vigilantissimâ curâ causas Ecclesiasticas & filiorum suorum necessitates investigante, ac Ecclesiastico more definiente, adveniens reverendus vir Manno Præpositus Cœnobii sancti Eugendi Jurensis, adventûs sui causam manifestans, protulit in medio, quamdam Ecclesiam ex Cœnobio prædicto & infrà Viennensem diœcesim sitam in villâ Velnis, dotatam in honore sancti Petri, privilegio sibi concesso ab Antecessoribus sanctissimi jam fati Archiepiscopi, necnon ab ipso Compontifice usque ad, id tempus conservato, proclamante vici sancti Albani Rectore desolatam esse: protulit etiam iisdem venerabilis Præpositus scripturam inquisitionis temporibus piæ recordationis Domini Agilmari factæ, eo quod & tunc temporis altercatio haberetur inter ipsarum Rectores Ecclesiarum: sed quia eam sancta Synodus irritam judicavit, eo quod Canonicor..... roboratam non vidit, placuit sanctissimo Pontifici à capite per sanctissimos Presbyteros omnem causam reiterari, quatenùs veritate compertâ altercatio diù ventilata firmaretur.

His igitur testantibus & dicentibus ordinem veritatis, visum est Domno Pontifici unà cum concensu sanctissimæ Synodi, quatenùs sicut in diebus Antecessorum suorum sanctorum Pontificum honorata fuit sancta Congregatio Cœnobii Beatissimi Augendi, sic & in hac petitione; & in cæteris necessitatibus suis honorem & opem ferret ad vires suas sancta Metropolis Viennensis Ecclesia, & ut sopita querelâ firmius privilegium suum super facto Viennensis Ecclesiæ in futurum possideat, litteris etiam roboretur. In hunc itaque modum ego Ado Viennensis Archiepiscopus consentiens, & pio consilio filiorum meorum annuens, manu propriâ subter firmavi, sanctísque filiis meis secundùm morem Ecclesiasticum firmare rogavi. Actum Viennæ publicè mense Aprilis, Episcopatûs Domni Adonis anno X. Indictione III.

HELEGRINA *dotem suam à Folrado quondam marito suo acceptam vendit* SISENANDO.

EGo HELEGRINA filia quondam Caroli, de finibus Valvensibus, & modò habitatrix sum in vico Teatino, in villâ quæ nominatur Casule, consensu & voluntate de filio meo nomine Aliperto, in cujus mundium ego permaneo, seu cum notitiâ Majolfi & Luponi propinquis parentibus meis, nullo homine cogente neque suadente, nec ullum invitum me patiente, nisi tantùm sanâ mente, & spontaneâ meâ bonâ voluntate, venumdavi tibi SISENANDE salego, omnes ipsas res meas in Vico Pinnensi, & in ejus vocabula, qualiter mihi in ipso libello dotis à colligavit, quod bonæ memoriæ FOLRADUS vir meus, vel ipsi Folrado ex comparatione evenit à singulis hominibus ibidem de casis, terris, vineis, campis, sylvis, pascuis, po.... aquis, salectis, cultum, vel incultum, omnia & in omnibus qualiter in ipsis cartulis continetur, & in integrum venumdedi, & die præsenti tradidi & investivi possidendum. Seu venumdavi tibi, scilicet ipsas cartulas pertinentes de ipsis rebus, & ipsum libellum dotis per quem ipsas res acquisivi; ut potestatem habeas tu, Sisenande, vel tui heredes, cum ipsis ante judices ad plicitum stare, & res ipsas defendere sicut tua propria munimina, sicuti ego ipsa facere debui. Unde recepi ego venditrix à te inter boves, peculia, pannos, argentum, totum insimul valentia, solidis viginti indefinitum pretium, quod apud me habere testabor. In tali autem tenore, ut ab hodierno die habeas, teneas, & possideas tam tu, Sisenande, quàm tui heredes nullo contradicente.

Et si quolibet tempore, ego vel mei heredes, tibi vel tuis heredibus causationem mittere præsumserimus, aut vobis defendere non potuerimus, sub æstimatione in simili loco in duplum vobis restaurare promittimus. Unde pro stabilitate vestra Andualdum Notarium scribere rogavi. Actum in Vico, mense & in die suprascripta feliciter. Signum Helegrinæ quæ hanc cartam heri rogavi: Et Aliperti, Majolfi, & Luponi qui consenserunt. Majolfus, Aloini, Lioto testes.

Præceptum Domni BARNOINI *Viennensis Archiepiscopi quod fecit Monachis Sancti Teuderii.*

UNiversalis sanctæ Dei Ecclesiæ ordo qualiter à sanctis Patribus sit constitutus, sub quâ etiam

---

a *libello dotis*] Videsis hunc libellum in lib. Gal. du Franc-Aleu. D. Galland., pag. 321.

curâ Pastoribus sit commissus, scilicet ad benè gubernandum pieque custodiendum, eorumdem sanctorum Patrum decretum studiosè legentibus satis enucleatim elucidatur; unde unicuique Pastorum summopere præcavendum est, ut sicut supradictorum instituta declarant, omni sollicitudine pro possibilitate peragere studeat, & ne sibi commissum aliquem minorationis lapsum patiatur, sed potius augmentetur tam in spiritalibus quàm in temporalibus prudenti sagacitate desudet. Quam ob causam ego BARNOINVS sanctæ matris Ecclesiæ Viennensis humilis Episcopus, quoddam Cœnobiolum Ecclesiæ nostræ sub honore sanctæ Dei genitricis MARIÆ sanctique TEUDERII Confessoris Deo dicatum, videntes ob hujus sæculi varios fluctus ad vastitatem usque deduci, ob amorem Dei sanctæque Dei Ecclesiæ nobis commissæ honorem, animæque nostræ emolumentum Monachos ibidem ex Dervensi Monasterio ad Deo serviendum, & sub sancti Benedicti Patris Regulæ normâ militandum, ac ad eumdem locum reædificandum & restaurandum ponere & collocare delegimus, atque illum in eorumque Abbati Adalrico sub Apostolicâ auctoritate testamentoque Episcopali concessimus: scientes quippe eos secundùm Dei placitum ibi degere & religiosè manere, locumque exstruere, perscrutari diligenter non distulimus, quid illis aliquo subsidio accumulare possemus, quo lætiùs & alacriùs omnia agenda agere, Deoque deservire valerent: tandem annuente & petente filio nostro Hugone qui ibi & temporalibus & spiritalibus pro sensus capacitate est alitus alimentis, ratum duximus ut quidquid census ex omnibus Ecclesiis, quas ipse locus à bonis & sanctis viris collatas possidet, Episcopo proprio & Archidiacono usu antiquo conferri dignoscitur, eidem Monasteriolo integerrimè ab hodiernâ die & deinceps persolvatur; videlicet ex Ecclesiâ sancti Desiderii quæ est sita in villâ quæ dicitur Lepiacus, cum suis subjectis; ex Ecclesiâ iterum sancti Desiderii quæ est posita juxta villam Pinus cum omnibus ad se respicientibus, & ex tertiâ namque Ecclesiâ sancti Petri in villâ Mercatoris, cum Capellâ sibi subjectâ in honore sancti Stephani, in villâ Fontanas cum omnibus decimis ad eas pertinentibus; adjectâ Ecclesiâ Decimacii villæ, & Ecclesiâ sancti Babylæ in Viniaco villâ; necnon Ecclesiâ sancti Maurilii in Aristiâ villâ; quæ caput est ipsius Abbatiæ. Sicque hoc nostrum decretum custodiatur; ut ab hodierno die præscriptæ Ecclesiæ absque contradictione cum suis subjectis quidquid solvunt, quemadmodum suprà scriptum, Abbati præfati ejusdem loci Monachisque reddatur & conferatur.

Infrà scripto deníque tenore adjicimus; ut in cujuscumque Ecclesiæ diœcesis nostræ parochiâ possident & possidebunt, aut emptione aut aliquâ instauratione prædia, ab hodierno & deinceps decimæ absque alicujus adversatione ad Monasterium deferantur, & nullius impulsu ab eo auferri cogantur, sed ibi ad usus recipiendorum panperum retorqueantur de cætero, ut quantum ampliùs Deum laudantibus facultatem Deo deserviendi & collaudandi eum possibilitatem auxerimus, tanto latiùs donis supernæ patriæ & hîc & in futuro accumulemur.

Addimus quasdam res, quæ sunt sitæ infrà immunitatem Abbatiæ sancti Teuderii, in ipsius villâ quæ dicitur Viniacus, cum vineolis quæ sunt positæ juxtà basilicam sancti Babylæ, & adjacente terris, vineisque præfatæ Abbatiæ, partemque Fidelis, servumque nomine Deidonum cum uxore suâ, qui præfatas res possident; quatenùs ab hodierno & deinceps prænominati Cœnobii Abbas & Fratres teneant, possideant, ordinent & stabiliant absque alicujus

molestationis & contrarietatis impulsu: quæ namque res prænominati Cœnobioli quondam Fratribus deservierant, sed jam ab eo abstractæ, & beneficium erant vassallorum effectæ; unde prædecessorum nostrorum morem sequentes Geroino fideli nostro habebamus concessum, sed nos ab hoc usu beneficiandi illas modo alienantes, præliba, Abbatiæ reddimus integerrimè, scilicet quidquid Geroino fideli nostro in ipsâ villâ contuleramus. Alii quoque quidam virorum nostrorum nobilium, utpote viri nobiles & potentes dum ipsarum rerum dominarentur, audierunt & didicerunt, quòd ipsæ res præsentes, necnon & servientes à nobilibus & fidelibus viris essent Deo & sanctæ Mariæ & domino Teuderio aliquando collatæ, & propter remissionem peccatorum suorum & sepulturæ locum distributæ; unde pro sensu cogitantes, & offensionem suam suamque inspicientes, & periculum nostrum suumque considerantes, adierunt præsentiam nostram, petieruntque ut partem quamlibet beneficiorum suorum præsentialiter redderemus prædicto Altari, luminaribusque prædictæ Ecclesiæ, quatenùs ipsi connecterentur illis merito & numero, qui hactenùs res præscriptas contulerunt Sanctorum collegio: ex his fuit Remestagnus, qui consensit unam colonicam absam ex beneficio suo, ex villâ Lusciniacâ, quæ est sita infrà immunitatem sancti Teuderii, in villâ quæ dicitur Colonicas, & unum servientem de ipso beneficio nomine Deodatum, cum omni suo peculiari & filio. Fuit etiam alter Heldegarius nomine, qui consensit terras absas juxta prædictam colonicam, & in villâ quæ dicitur Solemniacus cum servientibus ibidem aspicientibus masculis & feminis. Exstitit quoque tertius Samson, qui consensit de beneficio suo unam colonicam absam in villâ quæ dicitur Vassiliniacus, & unam fœminam nomine Teutbergam cum omnibus infantibus suis.

Hi itaque pro honore Dei, & intercessione sanctæ MARIÆ & sancti Teuderii, & cæterorum Sanctorum, & remedio animæ nostræ, & absolutione peccatorum suorum, reddiderunt & consenserunt per donum & restaurationem nostram, & consensum nostrum, præscripto Altari, & luminaribus, & Congregationi ejusdem loci res supráscriptas, cum mancipiis jam dictis Deo & sanctæ MARIÆ & sancto Teuderio, necnon Adalrico Abbati cum omnibus Fratribus Deo ibidem semper militantibus, tam præsentibus quàm & futuris. Omnia verò quæcumque eis pro amore Dei omnipotentis, & sanctæ MARIÆ & sancti Teuderii, & per deprecationem Fidelium nostrorum reddimus &, concedimus tam in Ecclesiis quàm in vineis, terrisque, pratis, sylvis, & quidquid hodiernâ die jamdicti Rectores ipsius Monasterii possident tam in rebus quàm in mancipiis, omnia & ex omnibus illis consentimus, & affirmamus hoc, quod ad nostram diœcesim pertinet. Hac igitur auctoritate præcipiendo censemus, ut quidquid ab hac die & in futurum, supernâ gratiâ inspirante, communi consilio cum Dei sanctæque ipsius Ecclesiæ nostrorumque Fidelium Monasteriolo supráscripto contulerimus auxilio, nullus ei exinde in nullo adversari audeat, neque donum à nobis collatum abstrahere præsumat, sed liceat ipsius locelli habitatoribus Deo servire, & à nobis data & concessa possidere, quietoque ordine sine cujuspiam objectione. Quod si quis hujus præsentis futurorumque donorum decretis & institutis obsistere quoquo molimine conatus fuerit, anathematis vinculo innodatus, à liminibus sanctæ Dei Ecclesiæ alienus efficiatur, & à consortio Christianorum privetur, ejusque corpus exanime asinorum accipiat sepulturam, & ipse æternarum flammarum incendiis miserabiliter torqueatur. Tandem obsecramus, & coram Deo & Sanctis ejus obtestamur, ut à successoribus nostris hoc nostrum statutum custodiatur, scilicet & quod in præsenti servis Dei Deo famulantibus ipsius præscripti locelli conferimus, & quod ab hodierno & deinceps conferemus; & absque occasione & avulsione observetur: & ut hujus auctoritatis nostræ testamentum præsentibus futurisque temporibus inconvulsum vigorem obtinere videatur, manu propriâ libuit corroborare; Canonicorum nostrorum normam libuit prosequi & assignari. Barnoinus humilis sanctæ Ecclesiæ Viennensis Episcopus, ductus amore Dei & Sanctorum ejus, & pro emolumento animæ hoc auctorisavi, & Hugo Ministrorum Dei Minister hoc fieri à Patre zelo divino tactus, petii. Et ego Barnoinus Diaconus Viennensis Ecclesiæ scripsi. Data vi. Non. Decemb. anno iv. vocato atque electo Ludovico Rege à Principibus & Magnatibus terræ.

Anno cir. DCCCLXXXVII.

Idem dat facultatem RATBERTO instaurandi Ecclesiam S. Blandinæ.

Curam Ecclesiasticarum rerum penes arbitrium & vigilantiam Episcopalem remorari, nullus qui jura Ecclesiastica novit dubitare potest, ut omni studio intendat qualiter diruta, vel vetustate aut negligentiâ dissipata meliorari debeant. Quapropter ego Bernuinus sacræ sedis Viennensis Archiepiscopus, cum in Dei nomine & amore studium hujusmodi gereremus, adiit nostram præsentiam quidam venerabilis Presbyter & Abbas, RATBERTUS nomine, pro quâdam Ecclesiâ quæ est in honore sanctæ Blandinæ Martyris dedicata, atque in monte Quiriaco sita, quatenùs ei licentiam daremus uti de suo proprio, tam pro Dei amore quàm pro æternæ mercedis retributione studiosissimè illam ræedificaret. Siquidem penè destructa & annihilata tam pro vetustate quàm & pro obsidione civitatis, decorem & honorem domûs Dei amiserat. Cujus benivolentiam & studium pietatis collaudantes, non solùm benignè annuimus, sed etiam ut summopere perficeret & omnimodis, cum maximo gaudio hortati sumus; & ut major accresceret tantæ bonitatis voluntas, insuper ei libentissimo animo concessimus, ut tam ipse quàm nepos illius nomine Straderius dum adviveret si res ad effectum perveniret, pro tanti laboris sudore tam de ipsâ Ecclesiâ, quàm & de his quas habet rebus, & acquirere potest, potestatem habeant construendi & usu fructuario operandi.

Notum itaque sit omnibus sanctæ Dei Ecclesiæ hujus Rectoribus & successoribus nostris, religiosissimi hujus viri tantæ pietatis studium, & nostrum super hujusmodi assensum adjutorium, quatenùs nullus deinceps eis auferat si vitæ nostræ cursum supervixerint, quod cū tanto studio laborantes perfecerunt, & sic canonicè eis firmamus quod prompta illorū voluntas in ræedificatione hujus domûs Dei libentissimè impendit, & nostrum favens nutum annuit. Quod si aliquis temerario ausu disturbaverit, iram Dei omnipotentis incurrat, & anathematis vinculo, nisi resipiscat, perpetualiter subjaceat; quoniam sicut auctoritas mandat canonica, ut jura Ecclesiastica à sanctis & antiquis Patribus constituta juniores inviolabiliter observare debeant, ita necesse est ut futuri quique Præsules Ecclesiarum Majorum suorum & prædecessorum suorum edicta inconcussa teneant: quod si secùs fecerint, nulli dubium quod sanctorum Canonum excommunicationibus subjaceant. Igitur ut nullus audeat nostræ auctoritatis testamentum contemnere, manibus & scriptis propriis cum consensu suffraganeorum nostrorum firmantes roboravimus.

Donatio Villæ Mantulæ à TEUTBERTO Comite Ecclesiæ Viennensi facta.

Anno cir. DCCCLXXIII.

Ut omnia quæ mundi machina continet Domino Deo nostro tribueremus, non satis digna beneficiis ejus rependeremus; ipse enim cum non essemus misericorditer fecit nos, & cum perditi essemus mirabiliter nos liberavit, liberatis quoque præmia dignatus est polliceri quæ nec oculus vidit, nec auris audivit, nec in cor hominis ascendit. Hæc ego TEUTBERTUS fideliter audiens, & veraciter credens, ac per hoc in amorem ejusdem Domini Dei nostri inardescens, diutiùs mecum perquirere cœpi, si quid mea parvitas vel exiguum omnipotentiæ majestatis ejus offerre, & condonare valeret. Quamdam verò villam nomine Mantulam gloriosissimus Rex Boso piissimus Senior meus, præcepto magnitudinis suæ mihi quondam contulerat ad habendum & possidendum; hanc cogitavi Deo offerre; qui quamvis nihil indigeat, tamen justè oblatis sibi muneribus semper fuisse repertitur delectatus; maximè ad hoc provocatus, quòd eamdem præfatam villam olim subditam fuisse audierim Ecclesiæ S. Mauritii Viennensis.

Volo itaque ego Teutbertus Comes, omninoque desidero de meâ propriâ substantiâ Dominum Deum nostrum, & sanctissimum Martyrem ejus Mauritium, Ecclesiamque Viennensem pro viribus honorare, veraciter credens me ab eo honorandum qui mercedem se calicis aquæ frigidæ redditurum profitetur. Igitur ego præfatus Teutbertus Comes, simul cum voluntate & consilio dulcissimæ conjugis meæ jam dictam villam Mantulam cum omnibus villis ad se pertinentibus, cum Ecclesiis, cum servis & mancipiis & ancillis, cum vineis & campis, cum domibus & sylvis, cum pascuis & aquis, cum pratis & molendinis, & quæcumque ibi mea possessio est, vel inexquisitum generaliter ex integro Deo altissimo, & sancto ejus Mauritio ad Ecclesiam Viennensem per hanc chartam largitionis meæ dono, trado, atque transfundo, Deumque solum cum sancto ejus Mauritio heredem horum constituo, potens eumdem altissimum Deum ut pro sit animæ gloriosissimi Regis Bosonis, piissimi scilicet Domini & Senioris mei, ac inclytæ uxoris ejus magnificæ Reginæ piissimæ dominæ meæ Irmingardis; præstantissimoque filio ejus gloriosissimo Hludovico, piissimo dumtaxat domino & Seniori meo: mihi quoque & uxori meæ, omnique meæ prosapiæ merces retribuatur, quod fieri non dubito. Denique amodo & usque in sempiternum prædictam villam cum omnibus suis adjacentiis à Rectoribus præfatæ Ecclesiæ Viennensis teneri, possideri, & ordinari volo, seclusis & exheredatis ab eâ omnibus heredibus meis, pro amore Dei, & pro desiderio vitæ æternæ. Proinde si aliquis quandocumque surrexerit, qui hanc chartam donationis nostræ pervertere voluerit, ponat illum Deus noster ut rotam, & sicut stipulam ante faciem venti. Sicut ignis qui comburit sylvam, sicut flamma comburens montes, ita persequatur eum Deus in furore suo, & in irâ suâ exturbet eum: nec quod conatus fuerit efficere valeat; sed irritâ factâ pravâ voluntate ejus, cogatur persolvere xx. libras auri distringente, urgente, & compellente fisco. Ergo ut hæc donatio sive traditio firmitatis jugiter possideat vigorem, manu propriâ subter signavi, & legales testes subscribere & subter signare rogavi.

Diplomatum, &c.

Villam Mantulam, quam Ecclesiæ Viennensi donaverat Teutbertus Comes, cum usu fructuario possidendum ipsi concedit Episcop.

Congrua & alterna beneficia benefactoribus rependere & ipsa natura nos docet, & auctoritas divina nullatenùs prohibet, imò caritas ad hoc nos compellit, quæ non solùm benefactoribus, sed etiam malefactoribus & odientibus bona nos facere suadet. Unde ego BERNUINUS humilis sanctæ Viennensis Ecclesiæ Episcopus, compertum esse volo præsentibus & futuris Christi fidelibus, quia cuidam nobilissimo Comiti nomine Teutberto, vicem beneficiorum ejus convenientem eum consilio & voluntate Fratrum nostrorum referre decrevi. Is namque præfatus Comes per instrumenta chartarum quamdam villam suam nomine Mantulam, quam ei excellentissimus Rex Boso præcepto largitatis suæ dederat, cum omnibus suis appendiciis Deo & sancto ejus Mauritio, ac Ecclesiæ nostræ contulit. At ego vice versâ jure beneficiario eamdem villam Mantulam cum omnibus suis adjacentiis ei refundo & condono; & insuper quamdam aliam villam Ecclesiæ nostræ nomine Ebaonem, sive Tortilianum cum omnibus quæ ad eam pertinent, ejus dominationi concedo. Insuper etiam Geniciacum villam sancti Mauricii cum omnibus ibidem pertinentibus atque aspicientibus, eâ scilicet ratione ut quamdiù ipse Comes Teutbertus & uxor ejus carne vixerint, easdem tres villas Mantulam scilicet, & Ebaonem, necnon & Geniciacum lege beneficiariâ usuque fructuario teneant, & securè possideant, misericorditer Servientes earumdem villarum tractantes, sicut rerum Deo dicatarum convenit Servientes tractari: quæ deserta sunt restaurando, & quæ destituta reædificando, & quæ non sunt vestita revestiendo; & ipsâ die solemnitatis S. Mauricii solo . . . . . persolvant ad luminaria & vestituram Ecclesiæ ejusdem sancti Mauricii. Postquàm autem prædictus illustrissimus Comes Teutbertus & uxor ejus nobilissima carne desierint vivere, ambæ ipsæ villæ ad potestatem S. Mauricii Viennensis sine interrogatione & absque dilatione revertantur; ita ut nullus sit deinceps qui eas teneat vel possideat sine voluntate & dominatione Viennensis Episcopi. Itaque ut hoc perpetuis temporibus valeat, & quod præstitimus, jugiter firmiterque maneat, manu propriâ subscripsimus, & Fratres nostros pariter subscribere præcipimus.

Epistola quam misit HELIAS *Patriarcha Æliæ ad* KAROLUM *Juniorem Imperatorem, & ad cunctos Episcopos & Principes ac nobiles Regni Galliæ, ann. Domini* DCCCLXXXI. *Indict.* XIV.

Omnibus Magnificentissimis, Piissimis, Gloriosissimis, ex altâ stirpe progenitis Domini magnificentissimi summi Imperatoris Karoli, Regibus cunctarum regionum Galliarum, seu Comitibus, vel Sanctissimis Archiepiscopis, Metropolitanis, & Episcopis, Abbatibus, Presbyteris, Diaconibus, Subdiaconibus, & sanctæ Ecclesiæ Ministris, nec non & sacris sororibus, seu nobilibus, vel etiam cunctis Dei cultoribus, feminis gloriosissimis, Principibus, Ducibus, atque cunctis Christi cultoribus, fidelibus dumtaxat Catholicis & orthodoxis carissimis fratribus per universum mundum constitutis, Helias servus Domini nostri Jesu-CHRISTI, & Patriarcha Hierosolymorum in Domino salutem.

Tribulationes multas & magnas, quas à nefandâ & Deo perosâ gente perpetimur, nec esse habemus scribere vobis, quas ipsi satis abundeque per multos hinc illuc veniente cognoscitis. Sed unum est quod nos nimium premit, & vehementer excruciat, quodque Caritati vestræ his nostris literis aperimus. Si quidem cum diuturnâ vetustate omnes Ecclesias nostras partim dirutas, partim casuras aspiceremus, quæ vel olim penitùs ausum ad has erigendas, vel corrigendas haberemus, magnis gemitibus, & assiduis votis Domini misericordiam cœpimus implorare, uti nobis ad laudem sui magnifici nominis aditum reseraret, quod has possemus nostris sudoribus ac nostro tempore restaurare. Tum divinâ providentiâ gestum est, ut Princeps hujus climatis, ordine quem vobis isti nostri Missi possunt referre, Christianus factus, hanc primitùs legem dederit ut Ecclesiæ Dei à Christianis reædificarentur atque recuperantur. Quam rem divinitùs ordinatam atque decretam audientes, nec debuimus, nec potuimus uteumque contemnere. Quippe quæ nobis semper in voto erat, & quam cœlitus postulatam & indultam luce clariùs videbamus. Quapropter erecti & Domino corroborati, ad has renovandas atque resarciendas totius virtutis animum prorsus armavimus. Et quoniam sumptus ad tantum perficiendum onus nequaquam nostros habere potuimus, alienos quæsivimus. Sed quia nemo pecuniam suam sine pignoribus nobis mutuam dare consensit, & nos quod tribuere loco pignerum possemus aliud non habuimus, oliveta, vel vineas, atque ipsa earumdem sanctarum Ecclesiarum sacrata vasa in pignera tradidimus: & adhuc tantam pecuniam non accepimus, unde saltem illas utcumque resarcire valeremus.

Quâ de re actum est, ut his quæ tantam pecuniam commodaverunt, olivetis & vineis nostris fruentibus, nec non & Deo dicatis vasculis abutentibus, oleum Ecclesiis ad luminaria concinnanda desit, & pauperes & monazontes fame tabescant, atque in captivitate multi non redempti deficiant. Nos quippe nec tanto beneficio gratiâ Dei collato abuti potuimus; nec huic rei congruum seu tandem indultum tempus postponere, vel inaniter tanquam ingrati Dei muneribus præterire debuimus. Itaque auxiliante mundi totius Opifice tam dirutas, quàm jamjam casuras Ecclesias nostras magnâ ex parte de commodatis nobis sumptibus utcumque restauravimus. Sed unde pignera nostra, oliveta scilicet, & vineas, atque sacra vasa Ecclesiarum, quæ pro his dedimus, recolligemus, vel potius habemus. Quapropter visum est nobis piæ in Christo generalitati, seu carissimæ paternitatis vestræ dirigere, ut nostris doloribus compatientes (scitis enim secundùm divinum Apostolum, quoniam si quid compatitur unum membrum, compatiuntur omnia membra) vestræ Benignitatis viscera circà nos pandatis, & pias manus vestras, & secundâ largitate decoratas, usque ad nos extendatis. Nam qui nec dat pro fratribus substantiam, quomodo daturus est pro Deo animam suam? Quid autem mirum est pro Ecclesiis Christi reformandis particulam quamdam facultatis vestræ tribuatis, cum pro construendo tabernaculo quondam filii Israël ultroneas pecunias offerebant, ut præco statueretur, qui clamaret, ut ab offerendis donis tandem aliquando parcerent? Et quia quæ obtulerant, sufficiebant, palam cunctis ediceretur, sed tamen vix ab ultroneâ largitate obriguerunt. In quo considerandum est, quia si illi etiam prohibiti sponte tanta tribuebant, quanto magis vos etiam postulati, omni cum hila-

1. Cor. 2. 261.

364   Miscellanea Epistolarum,

ritate sufficientia quæque largiri debetis ? Verùm & illud magnopere considerandum est, quoniam si Christus pro nobis animam suam posuit, quanto magis nos debemus pro fratribus substantiam dare? omne enim quod extrà nos est, minus profectò est quod intrà nos est. Quid ergo ex exteriori substantiâ nostrâ dignè tribuere possumus, ad comparationem ejus quod Dominus ac Redemptor noster exteriori parte corporis sui tradidit; quando nec aurum, nec argentum, quæ extrà se erant, sed id quod ex se erat, pretiosum videlicet sanguinem suum pro cunctis nobis effudit ? Clamat verò Joannes Evangelista, & dicit: *Qui viderit fratrem suum necessitatem habere, & clauserit viscera sua ab eo, quomodo caritas Dei manet in eo?*

1. Joan. 3. 17.

Præterea hos Fratres nostros Gispertum, & Rainardum, Venerabiles Monachos, qui à nobis ad hoc recipiendum proChristi amore ministerium compulsi sunt, dum illi quietam vitam ducere, Deoque famulari remotiùs elegerunt, vestræ caritati commendamus: quippe ponentes animas suas in manibus suis pro fratribus & sanctâ Christi Ecclesiâ, nullum recusaverunt sustinere laborem, imò nec vitæ propriæ pepercerunt: fideles quippe sunt, & eis credere quæcumque placent potestis. Quibus nimirum Christus etiam nec est dedignatus sua credere Sacramenta, seu sanctissima loca. Precamur autem, ut mercedis vestræ augmenta dum se occasio tribuit, multiplicetis : & hos Fratres à vobis citiùs absolvatis, quoniam in arcto sitæ sunt animæ nostræ : & sola nobis spes de misericordiâ Domini nostri JESU-CHRISTI remansit, qui vos in suo tempore custodiat, & ad sua regna quandòque perducat, Amen.

ANNO DCCCLXXXI.

Præceptum KARLOMANNI *Regis in favorem Monasterii sancti Polycarpi Ordinis Benedict. in Diœcesi Narbonensi.*

IN nomine Domini Dei æterni & Salvatoris nostri JESU-CHRISTI, KARLOMANNUS gratiâ DeiRex. Si utilitatibus locorum divinis cultibus mancipatorum, servorumque Dei necessitatibus in eis degentium sagaciter providemus, Regiæ celsitudinis operam frequentamus ; ac per hoc æternæ beatitudinis gloriam faciliùs assequuturos omninò confidimus. Itaque notum sit omnibus sanctæ Dei Ecclesiæ fidelibus & nostris, præsentibus atque futuris, quia venerabilis vir & nobilis dilectus Atila Abba ex Monasterio sancti Polycarpi ad nostram accedens mansuetudinem, coram frequentiâ Procerum Primatumque nostrorum detulit nobis authoriale Præceptum sibi à divæ memoriæ KAROLO avo nostro gloriosissimo Imperatore collatum, scilicet ex præfato Monasterio sito in pago Redensi cum universis & sibi pertinentibus, vel appendiciis atque adjacentiis seu terminis suis, necnon & cum Gajano-villare cum antiquis terminis, sive cum rebus quas Austrimirus eidem Monasterio contulit, & in pago Helenensi, quorum sunt nomina, Palatiolus & Salellas, seu & cum cellâ in pago Carcassinensi conjacenti, quam idem Austrimirus ad idem Monasterium delegavit, cujus vocabulum est Cornicianus, cum omnibus nihilominùs quæ à Deum timentibus hominibus ad idem collatum fuerit Monasterium, id est, sanctâ Cruce & Misirico, sub nostro successorumque nostrorum tuitione in perpetuum maneat; videlicet ut nullus Judex publicus, neque quislibet ex judiciariâ potestate, aut ullus ex fidelibus nostris tam præsentibus quàm futuris ad Cellas aut in Ecclesias, vel loca sive agros, vel reliquas possessiones quas nunc in quibuslibet pagis & territoris possidet ; vel quæ deinceps fidelium devotio ibidem augere voluerit, aut causas audiendas, vel freda exigenda, aut mansiones vel paratas faciendas, aut fidejussores tollendos, hominesque distringendos, aut quascumque redhibitiones vel inquietas occasiones requirendas, nostris futurisque temporibus ingredi audeat, nec ea quæ supra memorata sunt penitus exigere præsumat, sed liceat memorato Abbati suisque successoribus res ejusdem Monasterii cum omnibus ad se pertinentibus, sub tuitionis atque immunitatis nostræ defensione, remotâ totius judiciariæ potestatis inquietudine, quieto ordine possidere.

Petiit etiam venerabilis Abba Attila Celsitudinem nostram, ut homines liberi commanentes infrà terminos ejusdem Monasterii, quos præfixerunt auctoritate domni Ludovici . . . . . & Bernardus Comites, terras quas ex eremo traxerunt quietè possideant, & congruum obsequium, sicut homines ingenui, exinde eidem Monasterio exhibeant, ne eorum ingenuitas vel nobilitas vilescat. Hi verò homines, qui extrà terminum ejusdem Monasterii maneant, & terras infrà fines præfati Monasterii habent, si eorum voluntas fuerit de ipsis terris commutandi aut vendendi, per hoc nostræ auctoritatis Præceptum inter se invicem aut ad idem Monasterium, licentiam habeant, & ipsa emptio vel commutatio plenissimam præsenti nostræ auctoritatis edicto, in omnibus obtineat firmitatem ; alia facta venditio vel emptio non habeat firmitatem.

Quandoquidem aut divinâ ordinatione supradictus Abba vel successores ejus ab hac luce migraverint, quamdiù ipsi inter se tales invenire potuerint de prædicti Abbatis, qui ipsam Congregationem secundùm Regulam sancti Benedicti regere & gubernare valeant, per hanc nostram auctoritatem licentiam habeant ex semetipsis Abbates eligere ; quatenùs servos Dei, qui ibidem Deo famulantur, pro nobis & stabilitate totius Regni nostri, Domini immensam misericordiam jugiter exorare delectet. Et ut hæc nostræ largitionis auctoritas nostris, successorumque nostrorum temporibus inviolabilem atque inconvulsam obtineat firmitatem, manu propriâ subterfirmavimus, & annuli nostri impressione assignari jussimus.   Carlomannus.

Norbertus ad vicem Wulfardi recognovi.

Actum apud Petræfictum, x. Kalendas Junii, anno tertio regni Karolomanni gloriosissimi Regis, Indictione xiv.

Ejusdem Præceptum, quo omnia quæ à prædecessoribus concessa sunt Ecclesiæ Aurel. approbat.

Anno DCCCLXXXIII. Ex Chartario Astensi.

IN nomine Domini æterni, & Adjutoris nostri JESU-CHRISTI, CARLOMANNUS gratiâ Dei Rex. Scripturarum divinarum fluenta sedulo requirentibus ingenio, necnon promulgata Canonum sollicitè relegentibus perfacilè patet, quòd quicumque Principum utilitatibus Ecclesiasticis consulunt, non solùm reipublicæ stabilimenta quæ permaximè sunt necessaria construunt, verum etiam æternæ beatitudinis inenarrabile præmium sibi præparant possidendum. Compertum siquidem non solùm Episcoporum solertiæ, ad quorum notitiam quæ inferiùs subnectenda sunt pertinent præ omnibus, verùm etiam cunctorum fidelium nostrorum notitiæ esse volumus, qualiter venerabilis GAUTERIUS sanctæ Aurelianensis Ecclesiæ Episcopus nostram adiens Celsitudinem, unâ cum consultu venerabilis Hugonis Abbatis, totiúsque Regni nostri utriusque ordinis Procerum, significavit Ecclesiam sibi divinitùs commissam quondam Privilegia, sive Præcepta in eligendis sibi Pontificibus, tam auctoritate Apostolicâ, quámque patrum nostrorum confirmatione habuisse firmata; quod lamentabili Normannorum persequutione cum multis aliis ejusdem Ecclesiæ librorum ac testamentorum copiis concrematione deperiisse incendii, non solùm veridicorum fidelium nostrorum testatur relatio, verùm etiam ipsius matris Ecclesiæ Basilica à supradictis Regni persequutoribus concremata certissimis præetendit indiciis. His igitur venerabilis Episcopus Gauterius anxius, considerans suis diebus memoriâ instanti persequutione & Ecclesiam concrematam, & permaximè tanti ac singularis Privilegii sive Præcepti damnum universarum utilitatum ipsius Ecclesiæ cupidus restaurator, junctò suis precibus inclyto ac venerabili Hugone Abbate tutore nostro, ac Regni nostri maximo defensore, cum reliquis nostris fidelibus sapientissimè nostram magnitudinem exoravit, ut nostræ auctoritatis Præceptum super hoc suæ denuò confirmassemus Ecclesiæ, atque liberam à nostrâ parte licentiam eidem concessissemus antiquam auctoritatem more canonico à Sede Apostolicâ impetrandi.

Petiit quoque memoratus venerabilis Episcopus, ut de villis, Basilicâ scilicet de Ulmeto, quas piæ memoriæ avus noster Carolus Imperator suæ restituit Ecclesiæ, atque de villâ Cadonno per deprecationem Hugonis venerabilis Abbatis etiam concessimus Ecclesiæ, cum omnibus appendiciis ad easdem pertinentibus; necnon etiam de omnibus rebus quas præfatus Præsul tam in luminaribus quamque etiam in omnium suorum Canonicorum usibus, tam scilicet matri Ecclesiæ, quàm reliquis sibi pertinentibus Monasteriis hactenùs per Testamentum delegavit, vel deinceps Deo propitio delegaturus canonicè est, nostri præcepti confirmamus auctoritate, quatinùs futuris temporibus in usus & dispendia & utilitatem Fratrum suprascriptæ Ecclesiæ, vel Monasteriorum ibidem pertinentium, sicut idem Pontifex canonicè Testamenta disposuit, permanendo consistant.

Hujus igitur humillimas petitiones, cum consultu fidelium nostrorum curiosiùs pertractantes, omnibus esse gratissimas, primò omnium pro amore Dei & ipsius sacratissimi loci veneratione, qui speciali ac divinâ benedictione, per manûs scilicet Domini apparitionem noscitur esse consecratum; necnon etiam sæpedicti venerabilis Abbatis petitionibus ac commonitionibus exhortati, fieri quod præmissum est libenter decrevimus; & ut deinceps hoc nostræ Celsitudinis Præceptum per succedentia tempora vigeat, relegatur, manu Excellentiæ nostræ subterfirmavimus, & annuli nostri impressione sigillari jussimus.

Datum tertio Idus Augusti anno quarto regnante Carlomanno gloriosissimo Rege, Indictione primâ. Actum apud Melnacum-villam & Vimnau Comitatu in Dei nomine feliciter. Amen, amen, amen.

Anno DCCCLXXXIV.

CAROLUS *Crassus Imperator confirmat Præceptum* LOTHARII *Imperatoris in gratiam Abbatiæ Grandis-Vallis.*

IN nomine sanctæ & individuæ Trinitatis, CAROLUS divinâ favente gratiâ Imperator Augustus. Notum sit igitur cunctis sanctæ Dei Ecclesiæ Fidelibus, præsentibus scilicet & futuris. Quia quoddam præceptum LOTHARII Imperatoris nobis ostensum est, in quo continebatur qualiter ipse Specialiter in usu fratrum, ad Monasterium quod dicitur Grandis-vallis servientium, loca subtus nominata per suam authoritatem concessit atque confirmavit:

id est, Cellam S. Pauli quæ Vertuna dicitur; villam quæ in Pippiniensi Comitatu Nogerolis dicitur, cum Capellâ sibi subjectâ, Ulliwinc nomine; in eodem Comitatu villam Summa-vallis cum Capellâ sibi subjectâ, Theisvenam nomine; villamque in pago Sornegaudiensi; Rondelena-curtem cum Capellâ sibi subjectâ; Vicum cum Capellâ in eodem Comitatu; sed & villam Saleundis in eodem Comitatu: curtemque. Quinetiam in Alsaugensi Comitatu; Colonicamque unam in pago Alsacensi, in monte Sigoldo, cum sex arpentis ex vineâ.

Nos quoque rogatu Lutfredi Comitis hoc idem præceptum per nostræ authoritatis scriptum roboramus. Insuper etiam rogatu Fratrum ibidem servientium addidimus tria loca, id est, Cellam sancti Imerii cum suis adjacentiis, & villam Bidericam cum capellâ, atque Rechovia-villare cum adjacentiis suis: & jussimus inde hoc nostræ authoritatis Præceptum fieri; per quod decernimus atque jubemus, ut omnia superius denotata ad usus Fratrum specialiter deserviant, nullusque habeat potestatem aliquid inde subtrahere aut minuere, sed perpetuâ firmitate Fratribus & usibus eorum deserviant, potestatique illorum subjaceant. Et ut hæc nostræ authoritatis concessionis per futura tempora veriùs credatur, diligentiùsque observetur, annulo nostro jussimus sigillari. Datum XII. Kal. Octobris, anno ab Incarnatione Domini octingentesimo octuagesimo quarto, Indictione III. Anno verò regni domini Caroli Augusti VIII. Imperii IV. Actum Ratisbonæ civitate feliciter.

Privilegium RAGANFRIDI *Viennensis Archiepiscopi de Ecclesiâ sancti Albani in villâ Vogoriâ.*

Anno circ. DCCCLXXXIX.

QUaliter & quomodo res Ecclesiasticæ subordinatione & dispositione Episcoporum solerti administratione in omnibus agantur nullus ignorare debet, qui canones & Ecclesiasticas regulas novit; sed omnia à sanctis Patribus ex antiquo præfixa satis habeantur, ut in magnis scilicet & in modicis rebus secùs modum qualitatis illorum vigilans industria disponere debeat. Quapropter ego RAGANFRIDUS Ecclesiæ Viennensis Archiepiscopus res Ecclesiæ nostræ, quæ sub regimine nostro videntur consistere, dum in restauratione Ecclesiarum sollicitudinem adhibemus, prædecessorum nostrorum actus imitamur, & hoc ad profectum animæ nostræ pertinere non diffidimus.

Quâ de re noverit omnium fidelium Ecclesiæ nostræ, præsentium & futurorum industria, quia Berilo Viennensis venerabilis Vicecomes, consilio fidelium nostrorum nostram adiit præsentiam; suggerens nobis, ut res ad Ecclesiam sancti Petri pertinentes, quæ extrà muros Viennæ civitatis in honore beati Petri Principis Apostolorum, cæterorumque omnium Christi Apostolorum dicata esse cognoscitur, quas etiam olim regali præcepto Hlotharii quondam Regis per suggestionem sanctorum Episcoporum Remigii Lugdunensis & Adonis Viennensis restitutas esse dignoscimus: sed non longo post tempore ardenti aviditate & consilio nequam easdem subtractas fore perspeximus, per nostram Episcopalem auctoritatem ad eumdem venerabilem locum reddere non omitteremus. Cujus optimam & rationabilem petitionem audientes, libenter annuimus, & hoc nostræ auctoritatis privilegium pro divini cultûs amore, & animæ nostræ remedio fieri decrevimus. Atque ad scriptum venerabilem locum res præfatas, quæ sunt in pago Viennensi in villâ Vogoriâ, hoc est Ecclesiam in honore sancti Albani dicatam cum cæteris ibidem legaliter pertinentibus restituendo conferimus, & conferendo restituimus, quatenùs deinceps ob nostrū remedium nostramque salutem, & totius Ecclesiæ, nostræ honorem, ad utilitatem ipsius Ecclesiæ, & stipendia Clericorum Domino ibidem famulantium absque aliquâ deminoratione, vel subtractione, remotâ omni contrarietate jugiter perseveret.

Hanc itaque auctoritatem, ut pleniorem in Dei nomine obtineat firmitatis vigorem, & à successoribus nostris cunctisque fidelibus sanctæ Dei Ecclesiæ, & nostris veriùs credatur, & diligentiùs conservetur; manu propriâ subter firmavimus, & à fidelibus sanctæ Dei Ecclesiæ nostræ assignari præcepimus.

Præceptum ODONIS *Regis pro Monasterio S. Polycarpi, Diœcesis Narbonensis.*

IN nomine Domini Dei æterni & Salvatoris nostri JESU-CHRISTI; ODO misericordiâ Dei Rex. S. servorum Dei loca divinis cultibus mancipata pro merito nostræ celsitudinis augemus, atque beneficia oportunè largimur, sine dubio ob id nobis propitium Deum minimè diffidimus. Quocircà noverit omnium fidelium tam præsentium quàm & futurorum solertia, quia adierunt nostram clementiam venerabilis Enermirus Episcopus, & Comes Soniarius, & deprecati sunt ut Monasterium constructum in honore beati Polycarpi Pontificis & Martyris, ubi Arnulfus Abba præesse dignoscitur non modicæ turbæ Monachorum, (quod Monasterium situm est in pago Redensi super fluvium Rivograndi) quatenùs ipsum locum in nostrâ defensione cum omnibus ad eum pertinentibus haberemus simul & defensione, sicut præcedentes Reges comprobantur hactenùs Præceptorum indagine fecisse. Quod nos quoque audientes, libenter eorum acquievimus consiliis, & præfatum Cœnobium sub nostro munburdio ac tuitione statuimus, ut nullus deinceps successorum nostrorum de his quæ in eorum præceptis, privilegiis, atque chartulis continentur, aulu temerario præsumat invadere; id est, in Comitatu Redensi Gajano cum suis pertinentiis, sicut in eorum scriptis continetur; & Melisirico & sanctam Crucem & ipsos . . . . Et in termino de villâ quæ dicitur Luco, & Petrolas ac Cassanias, & Bugaragio, terras cultas & incultas, sicut in eorum continetur chartulis. Et in villâ quæ dicitur Salas, in Legello, & in Corniliano; quidquid per chartulas videntur habere. Et in Comitatu Carcassensi Corniciano cum Ecclesiâ sancti Pauli, cum terminis & adjacentiis suis : Et ultrà Clusa in Comitatu Impurinensium in ipsâ garticâ, Ecclesiam sancti Felicis cum terminis & adjacentiis suis; & in Petralatensi Ecclesias sancti Petri & sancti Fructuosi constructas, cum propriis terminis, propriísque finibus, una cum Villare eis pertinente situm in Armorotas suprà taxatum Magregerum; & sanctum Joannem suspineta, & sanctum Cyprianum, cum propriis adjacentiis; & in alio loco condaminam modiorum VI. Et in Comitatu Eleuensi res quas Guistrimirus Comes eidem Monasterio, id est, Palatiolum & Sallelas, & in Petrapurtusense Petianum cum suis appenditiis, & quidquid ibi fuit visus habere vel possidere.

Hæc omnia, & quidquid studium bonorum hominum acquisivit, vel acquirere potuit aut condonare, sancimus, ut nullus successorum nostrorum, nullusque mortalium hujus nostræ auctoritatis ausu temerario præsumat invadere : sed liceat Monachis sub regulari tramite Deo servire, & per studium sanctæ Dei Ecclesiæ votis continuis exorare. Statuimus etiam & præcipimus, ut nullus Judex publicus ad causas audiendas, vel freda exigenda, aut mansionaticos, vel paratas faciendas; vel homines intrà potestatem jam dicti Monasterii distringendos, neque servos aut ingenuos, aut ullas redhibitiones exigendas exigere præsumat. Præcipimus etiam ut obeunte Abbate, non alius ibi subrogetur, nisi quem omnis Congregatio communi voto elegerit. Quilquis autem hujus loci immunitatem infregerit, ac quæ superiùs statuimus violaverit, sexcentos solidos componere faciat. Ut hæc autem Præcepti nostri auctoritas nobiliorem obtineat vigorem per futura tempora, manu propriâ subterfirmavimus, & annulo nostro signare rogavimus.

Signum Odonis gloriosissimi Regis.
Troannus Notarius ad vicem Ebuli recognovit.
Datum mense Junio, Anno DCCCLXXXVIII. Indictione septimâ, anno secundo Odonis Regis, in Dei nomine feliciter, Amen.

Privilegium Domni FORMOSI *Papæ pro Monasterio S. Teuderi Ord. S. Benedicti.*

An. DCCCC. Emit D., &c. vet.

FORMOSUS Episcopus servus servorum Dei, Venerandæ Congregationi Monachorum venerabilis Monasterii sancti Teuderii Confessoris Christi, siti in territorio Viennensi, in perpetuum. Quanto nos piorum locorum juxtà quod nobis divinitus est commissum, studiosiùs curam gerimus, tanto nobis copiam mercedis acquirimus, & status illorum potiori vigebit regimine ; & ideò vera devotio per Barnoinum reverentissimum Archiepiscopum Viennensem nostro suggessit Apostolatui, ut ipsum venerabile Monasterium unà vobiscum Apostolicâ muniremus auctoritate. Unde nos omnium sollicitudinem gerentes, & maximè audientes vos de Trecassino Comitatu ex Monasterio Dervo à facie Paganorum elapsos, & quòd ab eodem venerabili Archiepiscopo misericorditer suscepti estis, inclinati precibus vestris, per hujus Apostolicæ nostræ auctoritatis privilegium vos inibi firmiter & quiete Deo militare confirmamus, & quæ necessaria esse videntur loco & Monasterio, die noctuque instantissimè operari, & Canonicæ, imò B. Benedicti Regulæ obedire, tam in Ecclesiæ restauratione quàm ubi & ubi expedit, câ scilicet ratione ut neque eidem venerabili Archiepiscopo, neque cuilibet successorum suorum liceat sit illis durum servitium imponere, neque longissimi itineris profectionem, sed neque mansionaticos onerosos, neque censum præter id quod impositum est per illos venerabili prædicti sancti Teuderii, in anni libram argenti. Et præterea decernimus & ordinamus & constituimus & contestamur, ut decedente more humano prædictæ Congregationis Abbate, neque præsens præfatus Episcopus, nec quisquam successorum illius, aliquo typo & fastu superbiæ, aut avaritiæ & cupiditatis & iracundiæ alium Abbatem aliquo tempore, & aliquo modo ipsi Congregationi imponere præsumat, nisi quem ipsi Monachi liberâ electione & devotione secundùm Regulam S. Benedicti sibi elegerint.

Sed neque ex his omnibus quæ præsentialiter obtinent mobilibus & immobilibus, & quæ deinceps à Senioribus & aliquo modo justè promereri potuerint, ullo modo exinde aliquid auferatur ab aliquo, neque minuatur, sed neque commutetur, nisi per voluntatem Monachorum : quin etiam, si contrà hanc auctoritatem quis agere tentaverit, nullatenùs à quolibet nostram abeundi præsentiam, successorumque nostrorum Abbati & Monachis denegetur & prohibeatur sive insidietur facultas : & propter adjutorium omnipotentis Dei impetrandum, & intercessionem sancti Petri, & nostræ caritatis auxilium, Abba illorum, nomine Adalricus, taliter cum reverentissimo Archiepiscopo Barnoino limina sancti Petri acceleravit. Quâ dilectione & Apostolatûs nostri auctoritate commoti rogamus &' petimus, & ex Deo & per Deum, & per sancti Petri meritum nostrique ministerii reverentiam adjuramus & contestamur, ut nullus Nobilium & Potentium vicinorum, & extrà advenientium, & circumquaque degentium, aliquatenùs mala illis inferre præsumat, & absque lege inquietare, & mobilia & immobilia usurpare: sed neque servientes illorum destruere quisquam pertentet; & amodo volumus eos securos & quietos permanere, Apostolicâ protectione tutos atque munitos, cum omnibus rebus immobilibus & mobilibus ad ipsum venerabile Monasterium pertinentibus. Si quis autem, quod non optamus, temerario ausu contrà hoc privilegii nostri statutum (quod ad laudem Dei omnipotentis & ejusdem pii loci stabilitatem fieri decrevimus) in toto & ex parte agere præsumserit, & in omnibus non observaverit, sciat se auctoritate Beati Petri Apostoli atque nostrâ anathematis vinculis innodandum, & à Regno Dei suis resipuerit, alienandum : qui autem verus custos, & observator exstiterit, benedictionem & gratiam à Domino consequi mereatur. Scriptum per manum Anastasii Scriniarii sanctæ Romanæ Ecclesiæ in mense Novembrio, Indictione X. Benevalete. Data vii. Kal. Decembris per manum Sergii Primicerii, Defensoris sanctæ Sedis Apostolicæ, Imperante domno piissimo PP. Augusto Vidone à Deo coronato magno Imperatore anno i. & post Consulatum ejus anno i. Indictione X.

Præceptum LUDOVICI Regis, Bosonis Regis Burg. filii de Monasterio S. Teuderii.

IN nomine sanctæ & individuæ Trinitatis, LUDOVICUS supernâ præordinante clementiâ Rex. Si Christi Sacerdotum Deique servorum postulationibus serenitatis nostræ assensum libenter præbuerimus, eorumque justis obsecrationibus gratanti animo aurem accommodaverimus, hoc nobis ad præsentis vitæ salutem feliciter obtinendam, & ad æternæ felicitatis gloriam capessendam profuturum procul dubio credimus. Quocircà noverit prudentia omnium fidelium nostrorum, præsentium scilicet & futurorum, quoniam Barnoinus sacræ Viennensis Ecclesiæ Archiepiscopus nostram cernuè adiens mansuetudinem, petiit ut quoddam Monasterium præfatæ Ecclesiæ Viennensis in honore sanctæ Dei genitricis MARIÆ sanctíque Teuderii Confessoris Deo dicatum, in ejusdem Ecclesiæ Parochiâ situm, atque Adalrico Abbati Monachisque quondam Dervensis Cœnobio ad regendum & Deo serviendum commissum, præcepto nostræ auctoritatis muniremus, ac juxtà Episcoporum testamentum piè & misericorditer corroboraremus. Cujus sacratissimis precibus regali more annuentes, monente dominâ genitrice nostrâ, quæ Christi succensa amore prælibatos Monachos unà cum eodem Archiepiscopo in prædicto Cœnobiolo collocavit: Statuimus & decernimus idem Monasterium secundùm Apostolicum decretum, & prænominati Archiepiscopi statuta semper mansurum, scilicet ut quidquid à Senioribus aut à Dei fidelibus eidem loco est & fuerit collatum, nullius impulsu auferri cogatur, & absque alicujus inquietudine res ad ipsum pertinentes perpetuò permaneant. Quoniam quidem & sagacitas Principum nostrorum omnimodis volumus ut comperiat, prælibati Monasterii Rectores, videlicet Abbatem Adalricum ejusdémque Monachos sub nostri regiminis apice atque tuitionis defensione constitutos, & ex hoc & deinceps nostro Seniorátui, inclyti Archiepiscopi Barnoini commissu & gratâ nostrâ pietate adhibitos, ut cujusdam valitudinis audacia non præsumat illis quidquam inferre mali, nec in ullo necessitatis negotio audeat ipsis adversari, nullius etiam temeritas, aut cupiditas aut invidia præsenti Abbati futurísque locum eumdem muneribus subripere tentet: decedente quoque more humano Abbate, non aliter nisi cum electione & voluntate ejusdem Cœnobioli Monachorum ibi imponatur Abbas, sed omnia sicut Apostolicum sancit decretum, Episcopale autem testamentum, ita in perpetuum permaneat nostrâ regali piâ auctoritate roboratum, quatenus ibi laudes Dei assiduè & patienter peragantur. Et ut hoc nostræ auctoritatis Præceptum nostris, futurísque temporibus inconvulsam atque inviolabilem obtineat firmitatem, manu propriâ subter roborantes, annuli nostri impressione obsignari jussimus.

Sigillum Ludovici Serenissimi Regis.

Arnulfus Notarius ad vicem Barnoini Archiepiscopi recognovi, & vi. Actum est hoc Præceptum apud Lugdunum anno Incarnationis Dominicæ, DCCCXCVI. Indictione xv. Anno vi. regnante Ludovico Serenissimo Rege.

CAROLI Simplicis Privilegium Monasterio S. Aniani in Diœcesi Narbonensi collatum.

Anno DCCCXCVIII.

IN nomine sanctæ & individuæ Trinitatis, CAROLUS Dei gratiâ Rex. Si utilitatibus locorum divinis cultibus mancipatorum, servorúmque Dei necessitatibus nostra impendimus, regium procul dubio exercemus numen, ac per hoc ad æternam beatitudinem faciliùs tandem pervenire non dubitamus. Idcirco notum fieri volumus omnium fidelium nostrorum, præsentium scilicet & futurorum solertiæ: quia sicut in Præceptis patrum nostrorum continetur, immunitatis defensionem atque tuitionem Monasterio sancti Aniani Confessoris & sancti Laurenti Martyris, quod situm est in territorio Narbonensi, in loco cujus vocabulum est Olocianus seu Berane venerabili Abbati suísque successoribus, necnon & Monachis in eodem Monasterio consistentibus, per hoc clementiæ nostræ confirmamus edictum; per quod constituentes decernimus, ut sæpe fatum Monasterium, & in hoc regulari ac Monastico ordine viventes, amodo & deinceps cum omnibus ad se pertinentibus, vel appendiciis atque adjacentiis, seu terminis suis, necnon & cum villares Labrociano & Sortiliano: & in villas Torrilias, quantum ad ipsum Monasterium pertinet, & ipsos molendinos qui sunt in rivulo Verucdupei, cum illorum capud molis, necnon & villares, id est, Madernus cum suis finibus vel adjacentiis & mancipiis qui ad ipsum locum pertinent, quæ sunt nati de progenie Deodato, & villares, quæ vocant Gabiano, sive Gabianello, cum Ecclesia quæ vocant sancti Mazarii, & cum illorum salinas, & matroces, & corzoriis, vel adjacentiis eorum, quod ad ipsos villares pertinent, cum exitibus earum villarum Vo. . . , cum alia ipsâ villam quæ vocant Peyano, cum Ecclesiâ in honore sancti Juliani, cum suis finibus & terminis, vel salinas quæ ad ipsum villare pertinent, cum exitibus vel egressibus earum. Et in Narbonensi civitate casales absos cum buaca, quæ sunt ante Ecclesiam sancti Marcelli, & insula quæ vocant Duniana, cum ipsâ piscatoriâ, & in alio loco ubi vocant Ansedúna, & Sigenola, cum Ecclesiâ sancti Vincentii & sanctæ Agnetis ; & sancta Maria cum illorum finibus seu terminis earum. Concedimus vobis teloneum de villaribus, quod in præceptis sancti Aniani Monasterii continetur.

Hæc omnia superiùs nominata cum reliquis rebus, quæ à Dei fidelibus ibi collatæ fuerint tam ex donatione, quàm ex comparatione de qualicumque venerit per se, sub nostrâ successorúmque nostrorum tuitione in perpetuum maneat; videlicet ut nullus judex publicus, neque quislibet ex judiciariâ potestate, aut nullus ex fidelibus nostris tam præsentibus, quàm & futuris, in Ecclesias, vel loca, sive agros, vel reliquas possessiones, quas nunc in quibuslibet pagis & territoriis possidet, vel quæ deinceps fidelium devotio ex qualicumque parte ibidem augeri voluerit, ad causas audiendas, vel freda exigenda, aut mansiones, vel paratas faciendas, aut teloneum exigendum, aut fidejussores tollendos hominésque distringendos, vel quascumque debitiones aut inquietas occasiones requirere, aut exactare audeat, nec ea quæ suprà memorata sunt, penitus exigere præsumat: sed qui transgressus fuerit vinculum immunitatis, damnetur. Et licet memorato Abbati suisque successoribus res ejusdem Monasterii cum omnibus ad se pertinentibus sub tuitionis atque immunitatis nostræ defensione, remotâ judiciariæ potestatis inquietudine, quieto ordine possidere.

Quando inde divinâ ordinatione supradictus Abbas vel successores ejus ab hac luce migraverint, quamdiù ipsi inter se tales invenire poterunt, qui ipsam congregationem secundum Regulam sancti Benedicti regere & gubernare valeant, per hanc nostram licentiam auctoritatem habeant ex semetipsis Abbates eligere, quatenùs servos Dei qui ibidem Deo famulantur; pro nobis & patribus nostris, & stabilitate Regni nostri Domini immensam misericordiam jugiter exoraré delectet; nostra largitionis auctoritate nostris successoribúsque nostrorum inviolabilem, atque inconvulsam obtineant firmitatem, manu propriâ subtùs firmavimus, & annuli nostri impressione assignari jussimus. Actum VIII. Idus Junii, Indictione II. anno VII. Rege Katolo serenissimo & in successione Odonis II. pleniter regnante. Actum apud Turnum villam in Dei nomine feliciter. Amen.

Anno circ CMVI. Ad Vidonem.

Epistola cujusdam Abbatis Monasterii S. Germani ad V. Episcopum Virdunensem de Hungris.

Domino Beatissimo & verè Apostolico, veræ & æternæ sapientiæ amatori, V. Virdunensis Ecclesiæ Hierarchæ, dignissimè ab omnibus venerando, ejus fidele mancipium & minimus servorum ejus servulus fidelissimas ac devotissimas in Christo orationes & servitium sempiternum.

Omnipotenti Deo gratias refero, ejusque clementiam totis præcordiorum viribus laudo, qui sacræ menti vestræ tantam misericordiam dignatus est inspirare, ut exiguum cognoscere, & sacris vestris litteris omni nectare dulcioribus dignaremini honorare. Taceo quòd multiplici munerum collatione me immeritum decorastis, qui nec saltem dignus sum cuilibet minimo ex vestris servulis exæquari: facitis hoc certè, quia creditis me alicujus esse utilitatis, cum ego nullius meriti vel scientiæ inscius [a] sim. Verùm si quid illud est, totum ejus gratia qui habet statum hominis in manu suâ, quique est no-

stræ dator & mandator vitæ, qui etiam dona sua persæpe indignis & non merentibus tribuere consuevit. Hanc gratiam utique in omnibus & in singulis vos amare certissimum est; quâ & ipse plenus estis, utpote qui secundùm Apostolum, primitias spiritûs abundantiùs exhausistis. Cæterum quod dixistis velle vos me esse vobiscum, me miserum! cui non contigit vos id velle dum adhuc calidus medullas sanguis alebat, solidæque suo stabant sanguine vires, nec longo senio putre corpus & succedentibus sibimet morbis membra debilia; hoc mihi exoptabile bonum invident. Si certè essem apud vos, assisterem, inhærerem, erudirem eloquio, firmarem exemplo, benedictionibus sacrarem. Verùm id quia non licet, ago quod possum: vos noctibus, vos diebus memoriâ, desiderio tenendo, & spirituali intuitu assiduè contemplando.

Sanè quod professi estis, non posse vos non dolere pro miseriis Christicolarum, quas nostris meritis exigentibus patimur; scio, Pater sanctissime, esse verissimum; quod enim pace omnium dixerim, vos vel præcipuum vel solum esse constat: qui pro calamitatibus sanctæ Dei Ecclesiæ ingemiscatis; cujus filios videtis gravissimis cladibus atteri, & divinæ ultionis jam districto jam cervicibus imminenti gladio feriri. Quodque doloris vestri pondus exaggerat, cernitis nonnullos Dei potentiâ in superbiam abuti, & non solùm suorum nullam peccatorum agere pœnitentiam, verùm etiam in Christiana flagella deteriores esse. Dum Dei bonitatis divitias contemnunt, thesaurizant iram in die iræ, & revelationis justi judicii Dei. De quibus per Prophetam dicitur: *Impius cùm in profundum venerit iniquitatum, contemnit*; & Apostolus: *ut impleant*, inquit, *peccata sua semper justè, quia talibus superducitur ira Dei, ut nullam mereantur misericordiam, sed pereant in æternum*: nam electis flagella non ab irato, sed à propitio Deo irrogantur, quorum per illa quasi per ignem purgantur, & excoquitur in eis omnis vitiorum rubigo. Ergo flagellis Dei alii emendantur, alii exercentur, alii puniuntur, ítque miro & ineffabili modo, ut aliquando mali ab irato Deo tollerentur, justi verò à propitio flagellentur. Isti permittuntur ad tempus florere, ut in sæculum sæculi intereant, illi temporaliter affliguntur, ut in perpetuum gaudeant. Cum hæc ita sint, oportet vos, ter beatissime Pater, venerari & admirari judicia Dei, quæ aliquando occulta sunt, semper autem justa & non minus dolere de his quæ ad bonorum correctionem, vel ad malorum constat fieri justissimam damnationem. Nunc enim [b] aliquid novi contigit, usitatissima sunt ista & communi generis humani deplorata querelâ, & ne longiùs ad multa perfluam, Beatus Gregorius in ultima parte Ezechielis Prophetæ hæc ipsa deplorat, dicens: »Nostræ tribulationes excreverunt, undique gladiis « circumfusi sumus, undique imminentis mortis pe- « riculum timemus «. Et post pauca: »Quid igi- « tur restat nisi inter flagella, quæ ex nostris ini- « quitatibus patimur, cum lacrymis gratias aga- « mus «, & cætera quæ Doctor egregius lugubriter « deplorando perseguitur. Ipse auctor salutis nostræ, non prospera sed adversa promisit, dicens: *In mundo pressuram habebitis*: sed continuò consternatos ac pavidos consolari dignatus est, dicens: *Confide, ego vici mundum*.

B. Pater Augustinus scribens ad quemdam Episcopum ruinam suæ civitatis plus justo dolentem, inter cætera dixit: »Non est magnus qui ma- « gnum putat, quòd corruunt lapides & moriun- «

---

[a] *inscius*] Lego, *mihi conscius*.

[b] *Nunc enim*] Imò *non enim*.

„ tur mortales. " B. item Gregorius ad hujus vitæ
„ contemptum nos provocans : " Abſit ; inquit ,
„ ut de mundi perturbationibus lugeam, qui & aliam
„ eſſe vitam credunt , & ad hanc per meritum aſpi-
„ rant. De mundi ſine lugere eorum eſt , qui
„ in ejus amore radices cordis plantaverunt , aut
„ aliam vitam eſſe neſciunt aut non amant , & cum
„ dicat Apoſtolus : *Quicumque voluerit amicus hu-*
jus mundi eſſe, inimicus Dei conſtituitur, qui de
„ mundi perſequutionibus dolore concutitur , ini-
„ micus Dei convincitur. " Quæ igitur ratio eſt ut
ſapiens de mundi perſequutionibus lugeat , quem
finiri ipſis perſequutionibus non ignorat. Scio me
forte improbulum, quòd ſic audacter vel fortaſſis
irreverenter loquar cum domino meo , nullâ ſub-
ſerviente verecundiâ, & quaſi velim conſolari eum
in quo eſt , auctore Deo , conſolationis & ſapien-
tiæ plenitudo ; ſed dabitis , ſpero , veniam obedientiæ quæ me facit tentare quod nequeo ; nec arrogantiæ deputabicis impoſſibilia me præſumpſiſſe, ſed
potiùs devotioni.

Inter hæc vel maximè juſſiſtis, ut aciem mentis ad
ultimam partem Ezechielis Prophetæ converterem, &
quid ſibi velit quod de Gog & Magog & aliis gentibus cum eis congregatis ſermo propheticus deſcribit,
diligentiùs inveſtigarem. Ad primum dicendum, opinionem quæ innumeros tam in veſtrâ quàm in noſtrâ regione pervaſit, frivolam eſſe & nihil verum
habere, quâ putatur Deo odibile genus Hungrorum
eſſe Gog & Magog , cæteræque gentes quæ cum eis
adſcribuntur, propter hoc maximè , quod dicitur :
A lateribus Aquilonis venies , & poſt dies multos
viſitaberis ; in noviſſimo annorum venies ad terram
quæ reverſa eſt gladio. Dicunt enim nunc eſſe no-
viſſimum ſæculi tempus, finemque imminere mundi,
& idcircò Gog & Magog eſſe Hungros, qui nunquam ante auditi ſunt , ſed modò in noviſſimo
tempore apparuerunt. Sed conſiderandum attentiùs
quæ gentes cum eis ventura dicantur : *Fili hominis,*
pone faciem tuam contra Gog & Magog , principem
capitis Moſoch & Tubal. Paulo poſt : *Perſæ & Li-*
byes cum eis , omnes ſcutati & galeati ; Gomer ,
domus Thogorma, & cætera. Si ergo Hungri ſunt
Gog & Magog, ubi ſunt gentes iſtæ quæ cum eis
venire dicuntur ? Nam Moſoch ipſi ſunt Cappado-
ces ſecundùm Joſephum, Tubal Hiberi ſive Hiſpani,
vel ſecundùm Hebræos Itali , Perſæ & Libyes no-
tiſſimæ gentes Perſarum & Æthiopum : Gomer Gala-
tæ (quos Gallogræcos vocamus.) Togorma, Phryges ; Sabæi ; quos in ſequentibus commemorat Ara-
bes ; Vedan , Carthaginenſes ; Tarſis Cilices ſive
maritimi negotiatores. Ubi ergo hæ gentes ſunt
cum Hungris, quorum nomina ſaltem aut regiones
ignorantur ? Quod verò ſagittas & arcum arripere,
& in ſequentibus contos ducere dicuntur, non quòd
ſoli Hungri hoc genere armaturæ utuntur, ſed penè
enim omnes gentes Orientales & Auſtrales , plures
etiam aliæ nationes in hoc armaturæ genere conſi-
dunt. Sed Philiſtæi ſagittis plurimum valuiſſe leguntur : legimus quòd Saül vulneratus eſt à ſagittariis ;
& de David legimus quod Rex factus præcipit ut
docerent filios Juda arcum, ut eodem genere prælii
cum Philiſtæis diſcerent decertare : Judæi & quidam noſtrorum Judaïſantes cum putant Gog &
Magog eſſe Scythicas gentes inanes & innumerabiles , quæ trans Caucaſum Montem & Mæoticam
paludem juxtà Caſpium mare ad Indiam uſque ten-
dantur , eas poſt mille annorum tempus putant à
diabolo commovendas, ut veniant in terram Iſraël,
& regnent contra Sanctos, multis feciſſe gentibus
congregatis ; de quibus etiam in Apocalypſi Joannis
dicitur : *Cum finiti fuerint mille anni, ſolvetur Sa-*
tanas de carcere ſuo , & egredietur ut ſeducat gentes
in quatuor angulis terræ Gog & Magog , & contrà. Cum ergo liber iſte Apocalypſis, id eſt revelationis , titulo prænotetur, quis dubitet totum hoc
eſſe myſticum : & revelatione hoc eſt expoſitione
indigere. Itaque Gog & Magog non gentes eſſe aliquæ corporaliter intelligendæ ſunt , ſed his nominibus immaniſſima perſequutio hæreticorum deſi-
gnatur, qui contra civitatem Dei, id eſt Eccleſiam
ſanctam , diabolo inſtigante conſurrexerunt de angulis & cavernis errorum ; hi ſunt anguli juxta
quos meretrix ſedet , quæ adoleſcentes , hoc eſt
ſtultos quoſque per plateas , id eſt per latam & ſpatioſam viam quæ ducit ad mortem tranſeuntes, decipere feſtinat. In Evangelio quoque reprehendun-
tur Phariſæi , quòd orent in platearum angulis, ut
videantur ab hominibus , & receperunt mercedem
ſuam. God autem tectum , Magod autem de tecto
interpretatur : ex God quidem Hæreſiarchas , id eſt
principes hæreſum ; Magog verò & Gog deductum
nomen , eorum ſequaces & adjutores intelligimus.
God ergo , id eſt tectum , & Magod de tecto , ſunt
hæretici magiſtri cum ſequacibus ſuis , in ſublimi
tecto ſuperbiæ ſtantes , & falſi nominis ſcientiâ gloriantes , de quibus & Iſaïas ſub increpatione dicit :
Quid tibi quoque eſt quod aſcendiſti & tu in tectâ ,
urbs plena, civitas exultans. Quæ quia B. Hieronymo expoſita ſunt , & brevitas epiſtolæ plura de
his dicere non permittit.

Ad noſtrum tempus, God & Magod, ad Hungros
ſcilicet veniamus, ut quæ iſta gens eſſe poſſit , quod-
ve ſolum incolat inveſtigemus. In nullis enim hiſtoriis legimus hujus monſtriferæ nationis nomen ,
& certè nulla eſt in mundo regio mediterranea , nulla media via, nullæ mediæ inſulæ, quas poteſtas Romana non adierit, qui proferendi nominis curioſiſſi-
mâ indagatione ultimam omnium inſularum Thu-
len, Taprobanem quoque inſulam peruſtâ plagâ ſub
ipſâ poſitam, ipſoſque hyperboreos ultrà polum noſtrum feliciter viventes inveſtigare labore maximo,
etiam cum vitæ periculo ſtuduerunt, quorum induſ-
triâ probatum eſt oceanum ex omni parte mundi
navigabilem ; cumque omnes regiones cognoverint,
& ad notitiam ſequentium ſæculorum ſcribendo
tranſmiſerint , cur hanc Hungrorum gentem ſolam
prætermiſerunt, & æterno ſilentio damnantes deſci-
re volunt ? Sed poteſt aliquis dicere aliud nomen hujus gentis aliquando fuiſſe , temporis vetuſtate mutatum , ſicut ſolent mutari urbium vel locorum ſeu
fluminum nomina. Nam Tiberis quondam Albula
dicebatur , unde Virgilius , *amiſit priſcum Albula*
nomen : & Italia priùs Saturnia dicebatur ; ſicut idem
Poëta , *& nomen poſuit Saturnia tellus.* Sic ergo
hæc natio forte alterius nominis in hiſtoriis habetur.
& propter mutatum nomen quæ gens ſit non reco-
gnoſcitur : referam quid primùm audierim in Majoribus. Cum execrandæ hujus gentis nomen apud nos
auditum eſt, ſive illud hiſtoria ſit fabula, fames immaniſſima quondam omnem Pannoniam, Hiſtriam quoque & Illyriam ac vicinas gentes invaſit, cumque jam
ſtrages vulgi cateryatim fieret , Principes regionum
illarum ex conſilio decreverunt , ut numerarentur
ſingulæ domus , & ex ſingulis dominibus tot homines à dominis retinerentur propter ſe viderent à famis
periculo poſſe ſalvare ; cætera verò multitudo innumerabilis diverſi ſexûs , diverſæque ætatis abdicata
eſt, & projecta eſt in deſertis regionibus & ignotis,
interminantibus hisqui illos ducebant, dedituros ſe
morti quicumque ex his reverti voluiſſet ; illi verò
à fuſis tam crudeliter derelicti, diù per vaſtas ſolitudi-
nes vagantes, tandem intrâverunt Mæotides paludi-
des , ibique majore illius multitudinis parte fame con-

sumptâ, pauci qui robustiores erant & ingenio strenui, cœperunt insistere venationi, quoniam regio illa feris, avibus, & piscibus fertilissima est, & captarum ferarum carnibus alebantur, pellibus tegebantur; tali modo innumerabilis eorum crevit exercitus, & à fame quam patiebantur, Hungri vocati sunt. Freti ergo innumerâ multitudine, loca inculta & horrida relinquentes, vicinarum primò gentium terras invaserunt, summam virium statuerunt in exercitatione sagittarum, quam artem ex necessitate didicerant, cum miseram in desertis degerent vitam. Nunc justo Dei judicio in nostris grassantur cervicibus, & ubique intolerabilis eos formido præcurrit, Deo se talia hominum monstra ulciscente de nobis, qui ipsius gratiam cognoscentes, non sicut Deum glorificavimus & gratias egimus, sed elegimus servire avaritiæ, quam Idolorum servitutem definit Apostolus, & à libertate quâ Christus nos liberavit demùm nos captivari, & durissimis peccatorum catenis malè patientes adstringi permisimus. Verumtamen non in perpetuum irascetur Dominus, neque in æternum comminabitur, recordabitur misericordiæ suæ; nec sinet vacuari triumphum passionis quam sustinuit pro nobis; miserebitur pœnitentibus; aperiet sinum clementiæ ad se confugientibus; salvabit sibi populum suum, & dabit gloriam nomini suo, Amen.

Hæc sunt, ô ter beatissime, & ipsâ gratiosior luce, quæ vobis præcipientibus scribere potuimus, quæ poscimus ut benignè suscipere, & congenitâ vobis pietate corrigere ac tueri dignemini. Fratres & domini mei, vestri fidelissimi & devotissimi oratores, omnis videlicet Beatissimi Germani congregatio, æterna vobis præmia exorant, & omnimodas mercedes referunt pro beneficiis sibi à vobis collatis, qui quantum vobis fideles sint, testes sunt orationes quas pro vobis fundunt noctu & interdiu, privatè & publicè: peculiarem vestrum servum & nostrum dilectissimum fratrem, & vestræ, domine, mansuetudini in quantum audeo commendo. Scio enim quòd multum vobis fidelis est, & si necesse fuerit animam pro vobis ponere paratus sit. Omnipotentis Dei gratia vos semper & ubique custodiat, & suâ misericordiâ convallet, provehat in prosperis, protegat in adversis, & post longa vitæ curricula summis Sacerdotibus in cœlesti gloria vos consociet, Domine Beatissime Præsul.

Alia Epistola ejusdem, ut conjicio, Cur Ecclesiæ non dedicentur in memoriam Sanctorum veteris Testamenti.

Placuit Beatitudini vestræ, Pater beatissime, requirere à nostrâ exiguitate, cur modò in orbe Christiniano non ædificentur aut dedicentur Ecclesiæ in memoriâ vel nomine Patriarcharum vel Prophetarum, cæterorumque Sanctorum, qui Domini & Salvatoris adventum præcesserunt, sicut in Beatorum Apostolorum & Martyrum seu cæterorum Sanctorum fieri solet. De quâ re hæc reddi ratio potest, quia perrari sunt ex antiquis Patribus, quorum natalicii dies memoriæ traditi sint. Judæi siquidem bonis omnibus invidentes, noluerunt dies transitûs vel martyrii eorum commendare memoriæ, ne eorum qui passi sunt gloria; illis qui eos occiderant major fieret peracti sceleris pœna, & istorum veneranda recordatio, inimicis esset illorum æterna confusio. Sed nihil hoc agentes profecerunt, quia, quibus singuli dies subtracti sunt per oblivionem, omne tempus tribuitur per honorem, quia etsi nescimus quando passi sunt Martyres, tamen quia Martyres fuerunt novimus. Interea eorum reliquias aut impossibile aut difficile est reperire; sine quibus templa ædificari aut consecrari moris non est. Quia ergo innumeri sunt Sanctorum Patrum, quorum natalicii dies ignorantur, quorumque reliquiarum nihil repetitur, paucissimi, quorum dies mortis vel passionis scitur: idcirco nulli eorum memoriis celebrari, vel templa construi contigit, istorum paucitate intra multitudinem delitescente.

Inter hæc sciendum, quia in veteri Testamento post tabernaculum à Moyse in deserto perfectum juxtà exemplar sibi divinitus ostensum, unum fuit templum à Salomone constructum, nec præter illud alicubi hostias immolari licitum erat, quæ omnia tunc in figura erant, cum necdum tempus venerat exstruendæ arcæ, in qua singularis agnus immolatus typicis hostiis finem imponeret, atque in se cuncta quæ illo tempore inenarrabilibus mysteriis adumbrabantur, impleta doceret. Abolitis ergo veteris legis Sacramentis, Sanctorum quoque memoria qui illo tempore fuerunt, quique ipsa tam vocibus quàm actibus prætulerant symbola futurorum jure (quantum ad cultum celebrem pertinet) subsedit, ut nec in Ecclesia sub eorum nominibus preces fundantur, nec sacella construantur. Nunc autem sublato velamine figurarum, & veritatis luce revelata, per totum mundum ubique gentium construuntur & dedicantur Ecclesiæ in Sanctorum nominibus, ad laudem & gloriam nominis ejus qui mirabilis est in Sanctis suis, donec perveniamus ad unum & singulare templum, Regni scilicet cœlestis ingressum, post quod non erunt multa templa, sed unum templum, nec dicitur *in Ecclesiis Benedicite Deo*, quia una erit Ecclesia ex Sanctis Angelis & hominibus congregata, & tunc erit Deus omnia in omnibus. Hoc est illud templum, juxta illa ara inter quæ duo legitur Zacharias interfectus fuisse. Ait enim, *à sanguine Abel justi &c.* Abel qui luctus vel vapor interpretatur, Sanctos designat qui Passionem Domini præcesserunt. Zacharias verò, qui memoria Domini vel memorans Domini dicitur, eos designat qui passi sunt vel patiuntur à passione Domini usque ad finem sæculi. Et bene inter templum & altare occisus dicitur, quia inter aram Dominicæ passionis & ingressum Regni cœlestis multitudo omnium Sanctorum pro Christo patietur, donec Regnum Dei manifestetur.

Guillelmus *Dux Aquitaniæ decernit, ut mensæ Canonicorum Brivatensium ablata restituantur.*

In nomine Dei summi, Guillelmus gratiâ Dei Aquitanorum Dux. Si justis petitionibus fidelium nostrorum aurem accommodamus, disciplinæ Domini nostri operam accrescemus, & nobis & posteris nostris profuturum esse credimus. Igitur anno Incarnationis Dominicæ DCCCCXIX. Indictione VII. degentibus nobis apud Celsinamgas, & venatoriæ arti insistentibus, adiit serenitatem nostram Arlebaldus Ecclesiæ Brivatensis à nobis præpositus institutus, proclamans & dicens grave nos incurrisse delictum, eo quod facultates terrarum Beati Juliani, ex quibus Canonici ejus vivere debent, communiter in proprios usus tam Clericorum quàm laicorum dispersæ tenerentur, & Clerici ibidem quotidie Deo famulantes aliquanti penuriâ torquerentur. Quod autem aut audivimus grandi excitati scrupulo, quod factum erat penitùs eradicare nequivimus, sed ne abhinc ampliùs fieret prohibuimus. Decrevimus itaque, ut quidquid modo ab illis possidetur quamdiu vixerint, teneant, & nihil ab eis aliquid impediatur, sed statim ut aliquis eorum spiritum exhalaverit, absque nullâ contradictione omnia quidquid ex communi victu Canonicorum possidebant, ad eundem victum communem revertantur, sive Præpositus sit sive Decanus, sive Sacerdos aut Diaconus, aut ullus ex ordine Ecclesiastico, seu ullus laïcus qui aliquid ullo ingenio à communi victu servientium sancti Juliani subtraxit, nullo unquam modo ampliùs ad singularitatem redeat, sed mox ut unusquisque obierit, communi integritate ad eorum victum communem revertantur. Si autem hanc nostram definitionem aliquis tentando violare præsumpserit, quod nostrum & bannum componat : & quia Ecclesiam Salvatoris conculcare voluit, ab ipso Domino ut præsumptor judicetur, & iram ejus incurrat, & cum his qui dixerunt, *hereditate possideamus sanctuarium Dei, ponat illos ut rotam & quasi stipulam ante faciem venti*, erubescant & conturbentur in sæculum sæculi; confundatur & pereant.

Et ut hoc diffinitionis pactum verius credatur, manu propriâ subter illud firmavimus, & ut fidelium nostrorum manibus roboraretur decrevimus. Datùm hoc decretum x. Kalend. Januarii anno xxi. Regni Karoli Francorum & Aquitanorum Principis.

Testamentum HERIVEI *Eduensis Episcopi.*

IN nomine Domini Dei æterni & Salvatoris nostri JESU-CHRISTI HERIVEUS ejusdem propitiante miseratione humilis Eduorum Episcopus. Si pastoralem à Deo nobis commissam curam dignâ, & Deo placitâ sollicitudine providemus, & in pascendis atque enutriendis Dominici gregis collegiis operam damus, ad repromissa bonis servis à summo Pastore præmia percipienda gressus nostros dirigi ipso duce non diffidimus. Quapropter noverit omnium sanctæ Dei Ecclesiæ fidelium, præsentium scilicet & futurorum generalis unanimitas, quoniam cum de variis memoratæ nostræ Ecclesiæ incommoditatibus præcordialiter moveremur, & specialiter de congratione ejusdem sanctæ Matris qualiter in divinis cultibus condignâ sinceritate subsisteret, cum Rectoribus illius sollicitè tractaremus, præcipuè autem cum venerandâ genitrice nostrâ Domnâ Irmengardi illustri Comitissâ, hujus possibilitatis consilium expeteremus, quam tanto noveramus in hujuscemodi incrementis voluntariam, quanto de nostrâ salute non dubitamus ampliùs esse sollicitam ; reperimus horum omnium consilio quamdam nostræ potestatis villam olim à nostrâ Ecclesiâ injustè alienatam, & antecessorum nostrorum studio nonis & decimis eidem servatis solemniter receptam, Mariniacum videlicet sitam in Comitatu Nivernensi super fluvium Icaunam, talibus obsequiis commodam, quam Canonicis prædictæ Congregationis & egregii patroni nostri beati Nazarii usibus destinavimus æternaliter possidendam, cum omnibus ad se justè & legaliter pertinentibus, quæsitis & inquirendis, & cum mansis quinque sitis in Comitatu Avalensi, diversis in locis positis, atque à possessoribus jamdictæ villæ simili jure possessis. In Comitatu etiam Augustudunensi, in montibus scilicet eidem civitati prominentibus mansos duos penitùs absos, & omni culturâ destitutos, pascuis solummodo animalium aptos, quos de potestate comitali Domnus Jonas antecessor noster Regiâ auctoritate adeptus est, in loco videlicet quem Porcaritiam incolæ apellant. Juxtà murum quoque ipsius civitatis, in loco quem Brolium nuncupant, mansum unum similiter absum, hortum similiter ad villam Arneias pertinentem, ad quam & ipse mansus visus est pertinuisse ; & Hottolanum nomine ...... cum uxore & liberis, pistorem verò nomine ...... cum uxore & liberis, coquum necnon nomine Gudinum cum uxore & liberis : hos omnes tam mansos quàm servientes cum supradictâ villâ, & omnibus jamdictis rebus, jure prædicto prælibatæ Congregationi in perpetuum habendos & dominandos mancipavimus.

Unde & hoc piæ institutionis Testamentum fieri decrevimus, successorum nostrorum venerandam assensum præbere orantes successionem, per quod statuentes decernimus, & pontificali auctoritate confirmamus, ut supradictas res cum omnibus suprà consignatis Fratres memorati Collegii sicut reliquas res ad eorum generalitatem pertinentes, Canonico jure possideant, & inviolabiliter prout communi utilitati melius visum fuerit, disponant atque regant, nullo inquietante aut dissumpente.

Omnium igitur Prælatorum & sæcularium Principum, & virorum nobilium unà cum prædicti Ordinis Patribus eorumque subjectis, piam exoramus devotionem, ut hæc statuta nostra ita observent paternâ collaboratione, quemadmodum post se sua observari optabunt decreta, quo participes ejusdem mercedis fieri mereantur, quâ nos credimus remunerandos pro talibus largitionibus.

Ut ergo hoc nostræ institutionis Testamentum tutiorem in Dei nomine obtineat firmitatis plenitudinem, prælibatorum Patrum & Coëpiscoporum nostrorum manibus firmandum offerentes, manu nostrâ firmavimus & prædictorum Principum, eorumque & nostrorum amicorum atque fidelium manibus humiliter firmari rogavimus.

Heriveus humilis sanctæ Eduensis Ecclesiæ Episcopus, huic scripto voluntate plenâ assensum præbui & subscripsi.

Ego Itmingardis humilis Comitissa meæ proli venerabili Episcopo hoc Testamentum constituere suggessi, manuque propriâ confirmatum assensum præbui.

Gislebertus Vicecomes subscripsi.
Argradus Cavillonensis Ecclesiæ Episcopus subscripsi.
Remigius sanctæ Lugdunensis Ecclesiæ humilis Archiepiscopus subscripsi.
Adalardus humilis Aniciensis Ecclesiæ Episcopus subscripsi.
Gerardus peccator & humilis Episcopus subscripsi.
Aimo Abbas subscripsi.
Letricus Monachus & Abbas subscripsi.
Teotbodus humilis Abbas subscripsi.
Durannus Prælatus sancti Vincentii subscripsi.
Arembaldus Archidiaconus subscripsi.
Trutbaldus Archidiaconus subscripsi.
Fulco Archidiaconus subscripsi.
Erbladus Abbas subscripsi.
Aimardus Abbas subscripsi.
Letrardus humilis Levita subscripsi.
Girardus humilis Abbas subscripsi.
Utuldricus Presbiter subscripsi.
Signum Bodonis.
Signum Eldradi.
Signum Radulfi.
Signum Arlegii.
Signum Rotgarii.
Signum Theoderici.
Item signum Arlegii.
Signum Adaldi.
Signum Landrici.
Signum Walicardi.
Datum ix. Calendas Maii. Indictione septimâ,

Anno XXIV. Caroli Regis post obitum Domini Odonis quondam Regis.

An. CMXXIV. E majori Chartulario Brivatensi.

Fundatio Capellæ S. Juliano dicatæ.

ANno Incarnationis Dominicæ DCCCCXXIV. Indictione XII. adiit Joannes Archidiaconus sedem Matris Ecclesiæ Arvernorum, postulans humiliter, & petens apud venerandum Arnaldum ejus sedis providum Præsulem; ædificari sibi in fundo sancti Juliani & suo Ecclesiam ipsis in locis valde pernecessariam : cujus preces cùm primum abnuisset idem egregius Pontifex, tandèm consultu fidelium & precibus victus, compertâ etiam veridicâ ratione acquievit postulanti. Insuper sciscitans eumdem postulantem, si valeret ex rebus suis tantum ibi conferre, ex quibus Sacerdos in ipso loco Deo militans pauperem vitam possit sustentare; ad hæc cùm respondisset velle se quamdam particulam ex suis facultatibus largiri totius Ecclesiæ, à præfato confestim illustri Episcopo Speculatore sancitum est eamdem dedicandam ædem.

Proficiscens itáque prætaxatus Pontifex secundùm sapientiam sibi à Deo collatam oves sibi creditas salubriter visitare, pervenit ad locum sibi crebris precibus & assiduis monitionibus exoratum, cernensque contiguitatem loci, tempusque aptum, edicavit eamdem Capellam specie septimâ mensis novissimi, & illustravit eam pignoribus beatissimi Martyris Juliani Brivatensis. Est autem ipse locus, quo eodem constructa est aula, in Comitatu Talamitense, in Vicariâ Moysacense; in Villâ quæ vocatur Canetus: & in die Dedicationis ejus datum est eidem loco à præscripto Joanne consultu Arlebaldi Præpositi Ecclesiæ sancti Juliani Martyris, & Cuneberti Pentaemtarchi ipsius loci, cæterorumque Canonicorum in eâdem Villâ Caneto mansus, quem Isenbardus excolere videtur, & appendicia tres: & in aice Brivatensi in Vicariâ Cheriacense, in loco nuncupato Illam Calmem quantum ibi visum est habere, & in aice Nonatense in Feveriaco vineam unam.

Hæc omnia suprascripta data sunt eidem Ecclesiæ in honore beati Juliani fundatæ, à Joanne & à cæteris sancti Juliani Canonicis perpetuo dono. Considerans etiam donnus Pontifex, & rem diligenter examinans, dedit præfato altari à se dedicato, & Sanctorum reliquiis decorato, de ipsâ villâ Caneto decimam omnem tam annonarum quàm pecudum; & de villâ quæ vocatur Adimarum similiter omnem decimam; & de villâ, quæ vocatur Moden, medietatem decimæ; & de alio Moden similiter, & de villâ quæ nuncupatur Concas omnem decimam; & de Betel omnem decimam. Et de villâ quæ cognominatur Nueliaco cùm suis appendiciis, omnem decimam; & de villâ quæ dicitur Alto-Cerenno medietatem decimæ; & de Burzantis omnem decimam. Et de villâ quæ vocatur Cunulus medietatem decimæ, & de Rabariis medietatem decimæ, & de omnibus quæ idem Joannes habere videtur modo, vel in posterum Deo auxiliante acquirere poterit; in villâ quæ vocatur Severiacus sive Sorziacus, seu in illo monte, duas partes decimarum similiter dedit, & in aice Brivatensi de villis, his hominibus, Tropennaco, Vendagra, Pinatense, Valilia, & illa Spinatia & Cabrogilo duas partes decimarum, de illâ Calme & de Puxogilo medietatem decimarum, & in Vicariâ Calariense de villis, his nominibus plebis Caleziis, Illabetia, Mallum, Giruhli medietatem decimæ.

Hæc omnia suprascripta dedit venerabilis Arnaldus Præsul Arvernensis Ecclesiæ in die dedicationis Basilicæ in Caneto fundatæ, ut habeat, teneat, atque possideat, & justo ordine gubernet ea rector ipsius Cellæ; eâ scilicet ratione ut quamdiù idem Joannes advixerit, eamdem Capellam teneat, & annis singulis Canonicis sancti Juliani sol. V. in censum incunctanter exsolvat, & post obitum ejus si nepos ejus Girbaudus supervixerit, simili modo eam teneat. Post amborum autem obitum in communi victu Canonicorum sancti Juliani revertatur. Et ut firmiorem per succedentia tempora hæc paginola obtineret vigorem, idem sapientissimus Præsul Arnaldus manu propriâ subter illam corroborare dignatus est, & ut primatum Matris Ecclesiæ manibus insigniretur, decrevit. Arnaldo Papa, & Salomone Decano, & Bernardo Abbate, Adalardo Levita testibus. Regnante Karolo Rege Francorum charta ista facta fuit.

Præceptum Hugonis Regis Italiæ & Comitis Provinciæ, quo confirmantur quæ collata sunt Monasterio S. Teuderii.

Anno CMXXIII Ernst D. li. VII.

IN nomine Domini Dei æterni, Hugo gratiâ Dei Rex. Si sacris & venerabilibus locis temporalia atque transitoria concedimus, magna à Domino remunerari in futuro nequaquam diffidimus. Idcirco noverit omnium fidelium sanctæ Dei Ecclesiæ, nostrorumque, præsentium scilicet & futurorum industria, nos pro timore Dei omnipotentis, & pro remedio animarum parentum nostrorum concessisse, atque per præsentem paginam donasse Ecclesiæ sanctæ Mariæ & sancti Teuderii quæ esse videtur sub regimine sanctæ Viennensis Ecclesiæ omnes res illas, quas justè & legaliter acquisivimus ab Enigrino libero homine, videlicet omnes illas res quas ipse habuit in singulis locis, scilicet in villâ Comugiaco, & in villâ Boriaco atque Posiaco, necnon & in Muneriaco atque Bontiaco & Madelliaco sub omni integritate, unà cum casis, terris, vineis, campis, pratis, pascuis, sylvis, salictis, sationibus, aquis aquarumve decursibus, molendinis, piscationibus, servis & ancillis utriusque sexûs, & cum omnibus quæ dici & nominari possunt prædictis rebus justè & legaliter pertinendi integrum ut habeat, teneat, firmiterque possideat nostrâ plenissimâ largitate, omnium hominum remotâ contradictione. Donamus igitur prædictæ sanctæ Mariæ sanctique Teuderii Ecclesiæ totam illam proprietatem, quam similiter justè & legaliter acquisivimus in villâ Rispatis à quâdam feminâ nomine Annâ, cum omnibus integritatibus prædictæ proprietatis, & cum servis & ancillis eidem proprietati pertinentibus.

Concedimus etiam prædictæ Ecclesiæ totam illam proprietatem, quam acquisivimus à Guttivo & Autberto & ab hæredibus eorum, quæ proprietas adjacere videtur in villâ Corbeliano, cum vineis, & servis, & cum illo servo nominativè qui nominatur Berno, cum uxore suâ & filiis & filiabus.

Confirmamus insuper per hoc nostrum regale præceptum prædictæ Ecclesiæ sanctæ Mariæ & sancti Teuderii illas res, quas olim eidem Ecclesiæ per chartulam donavimus, videlicet Ecclesiam sancti Martini sitam in Veseroncia cum omnibus integritatibus suis, videlicet cum servis & ancillis utriusque sexûs, & cum terris, vineis, campis, pratis, pascuis, sylvis, aquis aquarumque decursibus, & cum Liscis & curvatis, & cum omni districtu suo confirmamus. Igitur eidem Ecclesiæ omnes illas mobiles & immobiles res, quæ ibi justè & legaliter à fidelibus viris collatæ sunt, & deinceps conferendæ, ut per hoc noſtrum regale præceptum ita firmiter eas prædictâ Eccleſia & Abbas, qui pro tempore eidem Eccleſiæ præfuerit, & Monachi ibi pro tempore Deo ſervientes teneant & poſſideant, tamquam in præſentiâ ipſas legales de ipſis rebus habeant firmitates, totiuſque poteſtatis contradictione remotâ.

Statuimus etiam ut ipſa Eccleſia cum omnibus ſuis mobilibus & immobilibus rebus, ab hodie & deinceps ſub immunitatis tuitione & inconvulſa permaneat, & ſecura conſiſtat, omnium hominum vel oſitate deletâ. Jubemus etiam atque præcipimus, ut nullius miniſterii poteſtas ſuper res ipſius Eccleſiæ placita celebret, neque aliquod ſervitium, quod ad publicam partem pertinuiſſe viſum fuit, deinceps exquirere audeat, nec aliquem fugientem ſuper ipſam terram ſine licentiâ Abbatis comprehendere, neque extrahere præſumat. Contrà quòd noſtræ donationis ſeu confirmationis atque immunitatis ſeu tuitionis præceptum, ſi quis temerario auſu inſurgere tentaverit, ſciat ſe compoſiturum auri optimi libras centum, medietatem Cameræ noſtræ, & medietatem prædictæ Eccleſiæ & Abbati atque Monachis ibi pro tempore Deo ſervientibus. Quod ut verius credatur, diligentiuſque ab omnibus obſervetur manu propriâ roborantes, de annulo noſtro ſuper annotari juſſimus.

Sigillum domini Hugonis invictiſſimi Regis.

Petrus Notarius ad vicem Gerlanni Abbatis & Archicancellarii recognovi, & VI. Data pridie Idus Novembris anno Dominicæ Incarnationis DCCCCXXVIII. Regni verò domini Hugonis piiſſimi Regis tertio, Indictione primâ. Actum Viennâ civitate in Chriſti nomine feliciter. Amen.

Epiſtola LEONIS *Papæ ſeptimi ad* HUGONEM *Francorum Principem, & Monaſterii ſancti Martini Turonenſis Abbatem.*

LEo Epiſcopus ſervus ſervorum Dei, Glorioſo Principi Francorum filio noſtro, Hugoni videlicet Abbati Beatiſſimi Martini, & perpetuis ſucceſſoribus in perpetuum. Conditor Univerſitatis atque diſpoſitor Chriſtus Dominus, per Sacroſanctum ſuæ Incarnationis myſterium univerſalem Eccleſiam ſibi copulare dignatus eſt, diverſos membris in eâdem Eccleſia quaſi diverſa in uno corpore membra diſpoſuit, & unumquemque prout interno ejus conſilio placuit in ipſius Eccleſiæ corpore, cujus ipſe caput fieri dignatus eſt, mirabiliter ordinavit. Quoſdam excellentiùs decorans, ut ſicut membra in corpore quædam honeſtiora ſunt, & ſuis officiis apta, ita & in Eccleſia vel excellentior, vel inferior, quiſque vices ſuas ipſo auctore diſponente convenienter expleat, ut ſcilicet juxtâ Apoſtolum ſtella differat à ſtellâ in claritate. At verò inter eos quos divina diſpenſatio ſublimiùs evexit, prædictus beatiſſimus Martinus Turonicæ Sedis Archiepiſcopus non mediocriter effulget: cujus videlicet gloriam univerſalis Chriſtianitas atteſtatur, quæ illum divino inſtinctu quodam ſpeciali affectu communiter amat, ita ut nuſquam alio poſt Sanctorum Apoſtolorum limina, de tam longinquis ac diverſis nationibus confluant oratores, ſicut faciunt ad ipſius venerabile ſepulcrum. Nam & ipſe ſacer locus ubi quieſcit, in magnâ reverentiâ ſpecialiter ab antiquis diebus non ſolùm apud vulgares, ſed & apud excellentiſſimos Reges ac Principes fuit, ſicut nonnulli veſtrûm videndo ſciunt. Ut enim audivimus nulli unquam feminæ intra ambitum Monaſterii etiam ſub tempore Paganorum permittebatur acceſſus. Cum verò neceſſe fuit, ut propter illorum incurſionem in civitate collocaretur, plangebant ſui cultores, quia non valebant eum ſic in tantâ reverentiâ ut olim venerari, nec mulierum prohibere concurſum: ob quod etiam juxtà ejus Baſilicam fundari murum ſtuduiſtis, ut ita vel ab incendio defendi, vel in priſtinâ honeſtate poſſet ipſe locus haberi. Sed res in contrarium verſa eſt, quia per occaſionem caſtelli mulieribus & impudens & libera converſatio eſt: cum tamen hoc nil aliud facit, niſi ſola negligentia & tepor ſervitorum ejus. Siquidem veniet dies Judicii, & unuſquiſque in ſuo ordine inſurget, & manifeſtum erit per quos Religio ſit erecta, vel per quos neglecta. Dolendum nobis eſt tempora jam pericuolſa veniſſe, & ſic apparet caritatem apud multos refrixiſſe, iniquitatem verò nimium ſuperabundaſſe. Verùm quia ſancta Eccleſia beato Petro Apoſtolorum Principi ſpecialiter commiſſa eſt, & per eum ſucceſſoribus ejus, neceſſe eſt, ut quiſque noſtrûm prout Deo largiente potuerit, ejuſdem Eccleſiæ quouſque indiget, utilitatem verò per aliquam authoritatem ſuſtentet. Et idcircò videtur nobis, ut veſtram negligentiam quæ eſt erga cultum illius loci ſanctiſſimi, per noſtrum interdictum commoneamus.

Itaque in primis obſecramus in Domino, ut tu Abbas excellentiſſimus Hugo, & ipſius Cœnobii Præpoſiti, curam ſummopere adhibeatis, quatinùs per totum veteris muri ambitum uſque ad viam quæ juxtâ latus Baſilicæ aquilonare vergit, nulla poſtquam hanc Epiſtolam videritis femina, licentiam habeat commorandi, ſed nec intrandi quidem niſi, ſolius cauſâ orationis. Si quis verò de miniſtris hoc Apoſtolicum interdictum neglexerit, aut aliqua femina intrare præſumſerit, tamdiù excommunicatus ſit, quouſque promiſſâ emendatione abſolvi mereatur. Sin autem, quia per audaciam & contemptionem ad hoc tranſgrediendum pertinax exſtiterit, illum prorſus, vel illam excommunicamus. Obſervantibus hæc gratia & pax Chriſti per ſuos Apoſtolos, & beati Martini preces multiplicetur. Scriptum per manum Theodori Notarii & Scrinarii ſanctæ Romanæ Eccleſiæ in menſe Januario, & Indictione undecima, Ludovico Francorum Rege.

Donatio Liziniaci Monaſterio S. Juliani facta ab STEPHANO *Claromontano Epiſcopo.*

IN nomine ſanctæ & individuæ Trinitatis, STEphanus divinâ annuente miſericordiâ Præſul eximius Claromontenſis Eccleſiæ, vitâ & moribus digniſſimus, innoteſcere volo omnibus ſanctæ Dei Eccleſiæ curam adminiſtrantibus, præſentibus videlicet & futuris, necnon & terræ inclitis; quia ego Stephanus Epiſcopus ſervus ſervorum Dei humillimus, conſiderans caſum fragilitatis humanæ, ut pius & miſericors Dominus de immanitate facinorum meorum aliquid relaxare dignetur, tam pro me ipſo quàm pro ſeniore meo Ludovico Rege & conjuge ſuâ, proleque illorum, & pro abſolutione animæ, genitori meo Roberto, & uxori ſuæ Aldegardi, & genitrice mea Adalgardi nomine, quæ fuit quondam, & avunculis meis Hiuſtorgio, Mafredum videlicet & Guidonem, necnon Stephanum conſobrinem meum, fratribuſque meis, Euſtorgio & Rotberto avunculum quoque meum Armandum & filium ſuum Amblardum, Euſtorgiumque filium Euſtorgii & Rotberti Abbatis, & fratribus ſuis & cunctis propinquis & fidelibus noſtris atque amicis, cunctiſque ſcilicet inimicis.

Reddo Creatori meo Regi Regum & Dominodominantium, & tribuo beati Juliani Eccleſiæ Briva-

An. CMXLV.
E majori Chartulario Brivatenſi.

tenſis, qui propter Chriſtum capitalem ſententiam ſubire non tenuit, locum vel villam, cujus vocabulum eſt Liziniacus, cum manſis, campis, pratis, vineis, verdiganis, & tribus Eccleſiis, quarum una dedicata eſt in honore ſancti Germani, alia verò in honore ſancti Joannis Baptiſtæ, tertia quoque in honore ſancti Clementis Martyris Chriſti, cum ſervis & ancillis qui modo vivunt, & in antea nati & procreati fuerint, cum farinariis & omnibus decimis ad eaſdem Eccleſias pertinentibus, & quantum Deo donante ibi ad præſentem diem habeo, vel in antea ego Stephanus Epiſcopus, & Rotbertus Abbas juſtè acquirere potuerimus totum & ad integrum reddo Creatori omnium Domino, & ſub dominatione & poteſtate libenti animo committo beati Juliani, Canonicorumque ſuorum, & de meâ poteſtate in illorum trado dominatione, trado, transfundo, ut habeant, teneant atque poſsideant, ut ſicut Monaſterium quod dicitur Cantojolus quod eſt conſtructum in honore beati Marcellini, & beati Juliani, & beati Saturnini ſub tuitione Eccleſiæ beati Juliani à die præſente ſubjectus eſſe videtur; ita & villa Liziniacus, cum Eccleſiis & omnibus illorum appendiciis poſt meum obitum, in tuitione & dominatione ſit Eccleſiæ beati Juliani.

Ego verò Stephanus Epiſcopus, quamvis indignus, cupio ſi Dominus ſpacium vitæ mihi dederit in prædicto loco Monaſteriolum conſtruere, & diſponente divinâ gratiâ in ſupraſcripto locello in honore Regis æterni & duodecim Apoſtolorum, duodecim Monachos ibi conſtituere cupio, ut ipſi Monachi diebus vitæ illorum Deo ſerviant, Deum timeant, Deum diligant, præceptum beati Benedicti & illorum Abbatis ſecundùm vires illorum & poſſibilitatem obſervent, & pro me & ſtatu ſanctæ Dei Eccleſiæ diebus & noctibus indeſinenter Dominum exorent, ita dumtaxat ego prædictus Stephanus jam dictas res tenere volo diebus vitæ meæ ſub poteſtate & tuitione meâ, & annis ſingulis in cenſum tempore vindemiæ in cellario beati Juliani modios x. recondere faciam uſque ad illud tempus, quod in prædicto loco, Deo diſponente, Monachos xII. conſtituam: poſtquam verò duodecim Monachi ibi conſtituti fuerint, nullum alium cenſum ſolvant, niſi legitimis diebus ad Matutinas poſtquàm orationem dixerint, & à terrâ ſurrexerint, unuſquiſque duos pſalmos proſtratus decantet, quorum initium ſit, *Beati omnes qui timent Dominum*, pro ſalute vivorum, & alter: *Lauda anima mea Dominum*, pro requie defunctorum. Ad Primam, ad Tertiam, ad Sextam, ad horam Nonam, ad Veſperas ſimiliter faciant, tam illi quàm ſucceſſores illorum. Poſt mortem verò meam hoc volui inſerere, ut nullus Rex, nullus Comes, nullus Epiſcopus, nullus Abbas, neque pater, neque fratres, neque avunculus, neque ullus meus propinquus, auſu temerario ſurgere præſumat. Qui contrà hanc paginam, vel contrà illos Monachos, qui Deo diſponente in hoc loco venturi erunt, ire, agere, vel ullâ calumniâ inquietare præſumſerit, vel reſipuerit, & ad emendationem venerit, imprimis iram Dei omnipotentis incurrat, & Sanctorum offenſam, & cum Datan & Abiron, Anania & Saphirâ, & cum Juda proditore Domini in profundum inferni demergatur: & inſuper qui hoc facere præſumſerit, auri mundiſſimi libras xx. coactus componat, & quod petit non vindicet.

Placuit itaque mihi ut poſt diſcurſum vitæ meæ in manu & dominatione Roberti Abbatis, filii Jozberti, remaneat, ut ipſe diebus vitæ ſuæ pro Dei amore & remedio animæ meæ & omnium fidelium Chriſtianorum, hunc locum regat, ædificet & gubernet, quatenùs in futuro ſæculo illam vocem deſiderabilem audire merear, quam Dominus dixit fideli ſuo: *Euge ſerve bone & fidelis, quia ſuper pauca fuiſti fidelis, ſuper multa te conſtituam, intra in gaudium Domini tui.*

Ut autem hæc Chartula per ſuccedentia tempora firma ſit & vera, ego Stephanus Epiſcopus libentiſſimo animo ſcribere vel firmare rogavi, & nobilium virorum manibus firmare rogavi. Si autem hoc evenerit, quod minimè credo, ut aliquis ex filiis Belial ſurrexerit, qui contrà hanc reditionem Dei omnipotentis, & donationem beati Juliani Martyris auſu temerario, de poteſtate Dei & tuitione beati Juliani in ſuos uſus retorquere voluerit, & tam fortis perſona fuerit ut nullus ei reſiſtere valeat, omnis ei præſumptio in vacuum fruſtret, & inſuper ad parentes meos per ſucceſſiones illorum revertantur hæ res ſupraſcriptæ.

Signum Stephani Epiſcopi, ſignum Roberti genitoris domini Epiſcopi, qui hoc conceſſit, & manu propriâ firmavit: ſignum Aldegardi, ſignum Euſtorgii avunculi Domini Epiſcopi: ſignum Roberti: ſignum Euſtorgii, ſignum Deſiderii, ſignum Armandi. Data ceſſione iſta IX. Id. Octobris apud Lithiniacum vicum, anno X. regnante Ludwico, Rege Francorum, Aquitaniamque regente.

Electio S. MAIOLI in Abbatem Cluniacenſem, vivente HAYMARDO itidem Abbate.

Ordine divinæ diſpenſationis cum primùm ſacris legibus à Patriarchis & Prophetis, tum etiam humanis Conſuliibus & Regibus motus populorum comprimeretur, poſt tempore incarnati Verbi igneâ rhomphæâ in oſtio paradiſi fontis lateris Chriſti exſtinctâ, ut regnum Dei violentiùs raperetur, cœpit ſtatus Eccleſiarum ab Apoſtolicis viris piis moribus informari, & demùm à ſacris viris & Abbatibus in ſubditorum mentibus Regularis Ordo diſponi, ut per eam currentibus facilis cœleſtis patriæ videretur aſcenſus. Sicque fit, ut quando quis per exempla pietatis paterno cultu ſe ad excelſa erigens proceſſerit, & ſubditis ad cœleſtia ſequendi ducatum præbuerit, tanto à remuneratore Domino multiplex mercedis & filiationis fœnus percipiet. Et quoniam ad Prælatos reſpicit quidquid à ſubditis delinquitur, exemplum pravæ vitæ, & negligentiam ſubditorum, ſententia divini examinis ignis gehennæ inexhauſtus vindicat.

Quapropter ego Haymardus, S. Petri Cluniacenſis Cœnobii Abba indignus, præſentibus atque futuris omnibus generatim notum eſſe volo, quia hæc & hujuſcemodi mente pertractans, ætate defatigatus, officiis quoque corporis imminutus, dum minùs me paſtorali cura idoneum perſentiſco, Beati Benedicti capitulatim de conſtituendo Abbate ſollicitudine præmonitus, cum omnibus Fratribus meis, Filiis, & conſervis, Beati quidem Petri pridem Clericum Fratrem ac filium Monachis Maiolum Religioſum eligimus & Abbatem eſſe decernimus, ne inſolentiâ noſtræ infirmitatis Ordo deteraſcat, & repulſam in aliquo patiatur, Domino propitio ſemper ad meliora provehendus; & ne technam alicujus excuſationis prætendat (nam ſicut quis indignè ad regimen incautus aſpirat, ita ſi quis dignus refugit, meritò conſtringendus habetur) Concilium Epiſcoporum & Abbatum adhibuimus. Et ſicut Cluniacenſe Monaſterium bonâ authore à Guillelmo Duce fundatum, nomine Principis Apoſtolorum ſacratum, privilegiis Romanæ Sedis inſignitum, Regalibus præceptis confirmatum, à Reverendis quoque Abbatibus Domno Bernone & Odone ordinatum constat, ita cum omnibus Abbatiis, locis & Cellis ubi ubi eorum vel nostro tempore acquisitis, praedicto Fratri ordinandum tradimus, atque tam ad Ordinem servandum secundùm Beatum Benedictum, & instituta Patrum nostrorum, quàm ad res disponendas, sub omni integritate propriâ divinitate vinculis obedientiae adstringimus, & Abbatem unanimiter omnes proclamamus.

Hujus verò electionis & ordinationis ejus seriem per consultum, ut diximus, primatum Comitis, & etiam nostri & Advocati Leotoldi literis sanciri praecipimus, atque regulariter celebratam ordinationem in Christi nomine confirmavimus, à Patribus & Fratribus nostris scriptis confirmari precati sumus. Acta Cluniacensi Coenobio feliciter, Amen.

Ego Haymardus Abba huic electioni assensum praebui.

Maguboldus S. Matiscensis Ecclesiae Episcopus. Childebodus peccator ipso jubente.

Eilbardus Episcopus & Monachus ipso jubente. Rodulphus humilis Abba S. Petri Cavillonensis. Richardus humilis Abba, & alii Monachi censum triginta duo.

CONRADI *Jurensis Burgundiae Regis, Fratris D. Adeleidis, instauratio Monasterii Grandis-Vallis.*

IN nomine Dei omnipotentis & Salvatoris nostri JESU-CHRISTI, CONRADUS Dei clementiâ Rex. Deum utilitatibus Ecclesiarum cum pio favore consequimur, mortem praedecessorum nostrorum exequimur Regum; atque in emolumentum totius regni à Deo nobis commissi congruere liquidò credimus. Noverit itaque sanctae Dei Ecclesiae nostrorumque fidelium, praesentium ac futurorum industria, quod auribus nostris allatum est de quodam Monasterio quod Grandis-vallis nuncupatur. Hoc quippe secundùm antiquam constitutionem Regum, per conscriptionem praestructum, & sub ipso privilegio usque ad tempus genitoris nostri in Dei servitio, Sanctorumque ejus constitit benè. Ipsius verò patris nostri culpis exigentibus, cuidam Lutfrido nomine praedictum Monasterium concessum est in beneficium: sed non post longa tempora non per beneficium, sed per proprietatem in posteram ejus progeniem divisum, quae crescens multiplicata, praefatum Monasterium & ejus adjacentia destruxit. Tunc enim inventa est conventio Othonis Imperatoris, & filii sui Regis & nostra, Ducibus ibidem praesentibus, Episcopis, Comitibus multis, caeterisque compluribus. Illic nos percunctantes si Monasterium quod per privilegia constructum est, per manum regiam in proprietatem dari liceret. Illis cunctis communiter judicantibus, quòd nullatenus licitum esset, consilium dederunt nobis, ut praedicti Lutfridi filium legaliter ad palatium nostrum vocaremus, & per judicium fidelium nostrorum ipsam Abbatiam per privilegium acquireremus. Quo ita peracto, judicante populo, ipsam Abbatiam & privilegium secundùm legem nobis reddidit. Et nunc verò nos considerantes praedictum Monasterium restaurare, & omnia illi ab antiquâ constitutione data per hoc nostrum praeceptum reddimus.

Haec sunt loca & villae ad eumdem locum pertinentes. In ipsâ valle Capellae duae in honore S. Stephani & S. Martini; villa in Burgensi Comitatu, quae Nugerolis dicitur, cum Capellâ S. Ursicini; & Capella Apostoli Petri, cum villâ Ulvigen nomine, in eodem Comitatu; villa Summa-vallis, quae censetur cum Capellâ sibi subjectâ, & alia Capella cum villâ Thesyenna nomine; Capella S. Imerii & curtis Alerici, cum Capellâ Reconvillare; & alia plura quae partim in originali primâ litterâ conscripta sunt; imò & partim pro senio & rupturâ ejusdem litterae evanuerunt. Haec omnia superinserta ad praedictum locum & Monasterium, in usu & stipendia Fratrum ibidem Deo deservientium tradimus, atque transfundimus, ut nullus successorum nostrorum, nec Rex, nec Imperator, nec Dux, nec Episcopus, neque Comes, nec ulla persona, neque in beneficium dare, neque in precariam, neque alienare potestatem habeat, sed sub omni integritate ad praedictum locum permaneat. Ut autem haec nostri Praecepti authoritas firmiorem obtineat vigorem, manu nostrâ confirmamus subscripsimus, & de sigillo nostro subtus sigillare mandavimus. Data VII. Idus Martii, anno à nativitate Domini JESU-CHRISTI DCCCCLVII.

LOTHARII *Regis Francorum Praeceptum.*

IN nomine Sanctae & Individuae Trinitatis, LOTHARIUS gratiâ Deî Rex. Si fidelium nostrorum justis petitionibus nostrae Serenitatis aures accommodamus, praedecessorum nostrorum Regum consuetudines obtinemus. Quapropter notum sit sanctae Dei Ecclesiae nostrorumque fidelium, tam praesentium quàm futurorum industriae, quòd domina mea Mater Reginaque Girberga, per consensum nostrorum fidelium tam praesentium quàm futurorum imperiali monitu accedens, ut quasdam res, scilicet Monasterium in honore sancti Michaëlis sive sancti Germani cuidam Abbati ipsius loci largiremur nomine Poncio, nostram impulit mentem. Cui aequae monitioni uti dignum est obedientes, pro remedio animae nostrae ejusque placido audivimus affectu. Quâ de re constat nominatim terram supradictorum Michaëlis scilicet Germanique in valle Confluenti in loco Coxano. Habet autem jam dictum Monasterium sibi vicinas Ecclesias subditas in honore sancti Fructuosi sive sancti Martini, cum Parochiis quae ad eas pertinent, sive alodibus quae habet terminos de uno latere ripam Merdarii, de alio in charro Clarmnae, de tertio montem Caningonem, de quarto montem Flamidinum, de quinto ipsas turres Berses, de sexto montem Bovarium, de septimo usque ipsam stratam Franciscam & Petram-fictam, & villam Clerano, cum Ecclesiâ & decimis & terminis & finibus suis; & villa Castellano, cum Ecclesiâ sancti Andreae, cum decimis & terminis & finibus suis, sicut in hac scripturâ resonat, quod fecit Fumefredus Comes sancto Michaëli sive sancto Germano; & vallem Leto cum Ecclesiâ sancti Salvatoris, & habet terminum de uno latere ipsam portellam, de alio ipsam Stelam; de tertio montem Stavellum, de quarto montem Caprarium, de quinto Labum convivium, de sexto montem Cogollem, de septimo villam Senariam, & villam Arbutiolam cum domibus, & terris cultis & incultis, vineis, pratis, sylvis, pascuis, aquis, aquarumve decursibus, exitibus, & regressibus: & planitiolis sive terradis, atque quoddarium sicut Longobardus tenebat ante diem obitus sui; & villa Torrente cum terminis & finibus suis, & villa Tarahigo cum terminis & finibus suis in eâdem valle, in villâ nuncupante Fuliano sive Saufra.

Et iterum in Vernedo sive in Foliolos, & in plurimis aliis locis, domibus, terris cultis & incultis, vineis, sylvis, pratis, pascuis, aquis aquarumque decursibus, exitibus & regressibus. Et in loco qui dicitur Inforcadus, ipsâ Ecclesiâ cum decimis & primitiis. Et in alio qui loco dicitur Laguna cum Ecclesiâ & decimis, & terminis, & finibus suis, sicut in ipsâ scripturâ resonat, quod fecit dictus Sunefridus Comes sancto Michaëli & sancto Germano : ipsum alodum habet terminos de unâ parte pontem novum, de aliâ ad ipsos molendinos ab aquâ Tebeda, de tertiâ ipsâ archâ, de quartâ ne ipsas Guoles, de quintâ à flumine Tebe usque ad Oleta.

Et in alio loco Ecclesiam sancti Thomæ cum terminis & finibus suis, Albareto cum finibus suis, Intervalles cum terminis & finibus suis, & villâ Lare cum Ecclesiâ, cum terminis & finibus suis. Talazo cum finibus suis, Mazumculas cum finibus suis, Canavellas cum terris, vineis, & finibus suis, & ipsum alodum de valle magnâ, ipsa villa cum Ecclesiâ qui habet terminos de unâ parte villam Leborariam; de alio ipso collo de Leboraria; de tertiâ parte ipsas Agulias, de quartâ parte Aderamiaiâ; de quintâ in monte Canigone; de sextâ ad ipsa Capratia; de septimâ ab arbore formoso; de octavâ à gurgo Ansalego in Comitatu Sardaniense, in loco qui dicitur Tollone, cum domibus & terris & terminibus & finibus suis. In Baltarga, Ecclesia sancti Andreæ cum decimis, & terris & vineis. In Tartaria, Ecclesia cum decimis & terris & vineis: sicut in ipsâ scripturâ resonat quod fecit Sclivina ad sancti Michaëlis & S. Germani. In Sagane, Ecclesia sanctæ Eugeniæ cum decimis & primitiis.

In Volvir Ecclesia sanctæ Cæciliæ cum decimis & primitiis cum ipso poio. Et habet terminus uno latere flumen Segure, de aliâ in terminio de Sagana, de tertiâ in fontanaria sive in terminio de villâ Euviles, de quartâ Ecclesia sancti Martini, & in Ventojola, Ecclesia cum decimis & primitiis. Et in villâ quæ dicitur Everdomibus, cum ipso alodo Adelildis, sicut in ipsâ scripturâ resonat, quem ipsa dedit sancti Michaëlis & sancti Germani. Et ipsum alodum Heirogolisa habet terminos de unâ parte flumen Araone, de aliâ strata quæ pergit ubique, de tertiâ rivolum qui decurrit de villa Uri, & ultrâ ipsum rivolum, ipsa insula cum ipso prato, de quartâ, in villâ Evegio, & in pago, qui dicitur Sonelietensis, in loco ubi habetur Ecclesia in honore sanctæ Crucis cum ipsum arduum montem, cum Ecclesiâ sancti Laurentii, & cæteris aliis Ecclesiis, cum decimis & primitiis earum, & cum ipso alode qui habet terminos de unâ parte Buscertedo, de aliâ Fontecuberta, de tertiâ ad ipsa Miardolia, de quartâ Caucano, de quintâ Aquas bonas, de sextâ Taliano, de septimâ fonte merdosa, de octavo in Gugulante, de nono à plaido Lupino, de decimo ipsas Scales, undecima in Verzellia, duodecima à fonte Salvanore, tertia decima à Tribio, quarta decima à Roccaregia, quinta decima à Campogerigo; XVI. Lidinolas. Et in comitatu Bergitanensi in loco qui dicitur Spugiola, Ecclesia sancti Clementis, cum decimis & primitiis, cum domibus & terris scilicet ac vineis, sicut Sumarius Comes detinebat ante diem obitus sui.

Quæ omnia suprà memorata, & alia quæ in aliis pagis, videlicet in Sardaniensi, Foliolatensi, in Bergedano, in Resolionense, in Valle-asperi, vel in cæteris Comitatibus quod hodie retinent, vel Domino propitiante acquirere potuerint per scripturas emptionis vel donationis sive commutationis, aut pro qualicumque voce habere dinoscuntur, sicut in eorum Privilegio, & in chartis eorum continetur, cum omni earum rerum integritate. Et ut hoc firmius stabiliusque retineatur sine omni contradictione, hoc Præceptum exinde fieri jussimus & annulo nostro insigniri.

Signum Domini Lotharii gloriosissimi Regis.

Gezo Notarius ad vicem domini Artaldi Archiepiscopi summi Cancellarii recognovit.

Datum V. Idus Februarii, regnante gloriosissimo Lothario, IV. anno, indictione II. Actum in Compendiaco palatio feliciter, Amen.

Duello probatum est Ecclesiam S. Saturnini Monasterio Bellilocensi debere attribui.

<small>Ann. CMLII. Exchednard Belliloci.</small>

NOtitia gurpitionis vel consignationis in eorum præsentiâ, quamobrem adfuerunt vel ante Raymundum Comitem, seu & ante nobilissimos viros, qui hanc notitiam subter firmaverunt: qualiter venientes duo honorabiles viri, Bernardus videlicet & Gerbertus ad Ecclesiam S. Saturnini die Veneris tertio die Idus Julii ante jamdictum Raymundum Comitem, & ante alios nobiles viros. Interpellabat quisque unus Ecclesiam S. Medardi cum ipsâ curte quæ dicitur Prisca, quam Ricaldus pro remedio animæ suæ parentumque suorum, S. Petri Bellilocensis in stipendiis & usibus Monachorum ibidem servientium divisrat, post mortem filii sui Gerardi: illis siquidem inter se contendentibus, judicavit prædictus Raymundus & alii venerabiles & assistentes, & ut ipsi duo prætaxati viri Vicarios sibi duos eligerent ad certamen expeditos, quò Dominus manifestare dignetur veritatem hujus rei, quod ita factum. Nam secundâ diei horâ certantibus usque ad solis occasum, (neminem quippe erat utrorumque vincere) judicaverunt memorati Raymundus Comes cæterique & in circuitu sistentes, cuiquam eorum, Bernardi vel Gerberti, nihil ad possidendum jure debere in usus usurpare, sed potiùs Domino omnium creatori, & S. Petro Bellilocensi Apostolorum Principi in usibus Monachorum inibi desidentium expendi, cui prædictus Rigaldus pro remedio animæ suæ devoverat offerre. Judicavit iterum memoratus Comes contra quæ ei assistentia turba, quòd exinde Deo & S. Petro gurpitionem Bernardus & uxor sua Estevena seu & Gerbertus facere deberent: quod ita & fecerunt.

Facta gurpitio ista in mense Julio, anno octavo sub Lothario Rege.

SS. Bernardi & uxoris suæ Stevenæ, & Gerberti, qui etiam pro amore Domini & S. Petri hanc gurpitionem fieri vel affirmari rogaverunt; aliis verò nobilibus viris præsentibus actum fuit.

Sig. Raymundi Comitis, Sig. Stephani, Sig. Hugonis, Sig. Matfredi, Sig. Raynulfi, Sig. Genesi.

Fundatio Ecclesiæ Liziniacensi pro XII. Canonicis ab STEPHANO *Arvernensi Episcopo.*

<small>Ann. CMLIII. è majori Chartario Brivatensi.</small>

IN nomine sanctæ & individuæ Trinitatis, STEPHANUS divinâ annuente gratiâ Præsul eximius Arvernensis Cathedræ, vitâ & moribus præclarus, considerans casum fragilitatis humanæ, ut pius & misericors Dominus immanitatem criminum meorum misericorditer minuere dignetur in præsenti sæculo, & vitam æternam tribuere in futuro, seu etiam pro seniori meo Clotario Rege, & animâ genitoris ejus Cludovici Regis, & pro animabus genitorum meorum Rotberti & Algardis, & novercæ meæ Hildegardis & avunculis meis Austorgio videlicet, Matfredo, ac Widone & Stephano consobrino meo, necnon & fratribus meis Austorgio & Rotberto, avunculo quoque meo Armanno & filio ejus Amblardo, sive Austorgio avunculo meo & filiis ipsius Austorgio & Villelmo, ac scilicet Rotberto Abbate, genitoribusque & fratribus suis, cunctisque

ctisque propinquis & parentibus nostris, amicis quoque & inimicis, atque fidelibus nostris, omnibusque fidelibus Christianis vivis atque defunctis. Reddo Creatori, omnium Domino, Regique Regum & Domino dominantium, necnon & cedo gloriosissimo Martyri Juliano, & sacrosanctæ Dei Ecclesiæ Brivatensi vico fundatæ honorabiliter quiescenti, aliquid ex meis rebus, quæ mihi jure, propinquitatis legitimo ordine successerunt, hoc est, vicus qui vocatur nomine proprio Liziniacus, cum Ecclesiis in eodem vallato sive vico dicatis in honore sanctorum Joannis Baptistæ, sanctique Germani Antistitis & Confessoris, seu sancti Martyris Clementis atque Pontificis, cum omnibus decimis & donariis, sive oblationibus ibidem collatis, cum vineis & campis, simulque & pratis, cunctisque rebus ad eumdem locum pertinentibus, vel quantumcumque ibidem nunc possideo ac dominari videor, aut in posterum ego Stephanus Præsul & Robertus Abbas ad eumdem locum accrescere vel acquirere justè potuerimus, cum omni suâ integritate omnipotenti Domino reddo, ut sub tuitione ac potestate sanctissimi Martyris Juliani & Canonicorum ibidem Christo militantium, sit omni tempore; ita dumtaxat, ut à die præsenti & deinceps Canonici prædicti Martyris Juliani omnibus donariis & sepulturis, sive de fructibus per omnia medietatem accipiant, eo tenore, ut post fructum collectum & à Domino perceptum in eodem prædicto loco Liziniaco, in honore Domini nostri & sanctæ Dei genitricis MARIÆ, & sancti Archangeli Michaëlis, & S. Petri Apostoli, omniumque Apostolorum, & sancti Martyris Juliani, sanctique Præsulis Germani, omniumque sanctorum, duodecim constituantur Canonici cum nostro pati consensu Domino jugiter militandi, ipsi quoque ex prædictâ medietate Canonici victum accipiant quotidianum; ex hoc quod exinde superit in communi victu seu usu Canonicorum Brivatensium sit sine ullà controversiâ: post meum igitur ac Rotberti Abbatis sive Præpositi ex hoc sæculo discessum, reliqua medietas ex supradicto loco, quam nunc & in diebus vitæ nostræ in usus nostros tenere videmur, sicuti superiùs scriptum est, in communi jussione Canonicorum seu potestate inclyti Martyris Juliani Brivatensis vici, absque ullo contradicente.

Sanè si quis ullâ aliquando superbiâ, quod minimè fore creditur, ullo unquam tempore surrexerit, sive Rex, aut Comes, sive Episcopus vel Abbas, sive aliquis Præpotens, nobilis aut ignobilis, omnis sexûs, utriusque ordinis, qui contrà hæc statuta à nobis facta, sive adversùs Canonicos prædicti Martyris propter meam cessionem aliquam calumniam inferre aut excitare voluerit, nisi resipuerit, & ad satisfactionem venerit, iram Dei omnipotentis incurrat, & Sanctorum omnium intercessionibus careat, & quamdiu vixerit in hac vitâ de malo in pejus semper attenuetur, & petitio ipsius nullum habeat effectum; sed insuper auri puri libras C. coactus persolvat, & postquàm indignam vitam dignâ morte finierit, cum superbo divite & cum Judâ proditore Domini, ac cum Datan & Abiron in inferno particeps in omnibus pœnis efficiatur.

Placuit itaque mihi Stephano Pontifici, ut quamdiù Rotbertus Abbas & Præpositus supervixerit, pro Dei amore & remedio animæ meæ omniumque fidelium Christianorum prædictum locum regat, ædificet & gubernet, & postquàm ex hac vitâ migraverit, jam dictus locus nullum habeat Rectorem aut Dominatorem nisi Dominum Deum omnipotentem, & sanctum Julianum Martyrem, omniumque Sanctorum merita & intercessiones, atque Canonicos prædictæ Ecclesiæ Brivatensis; ut sicuti superiùs prædictum est, Præpositus ac Decanus, omnesque Canonici antedicti communi consilio & dominatione prædictum locum Liziniacum in honore Domini nostri JESU-CHRISTI, & omnium Sanctorum teneant ac prævideant, ut unà cum eis ad æternam vitam pervenire valeamus.

Hæc autem cessio ut per succedentia tempora firmiorem obtineat vigorem, ego Stephanus Episcopus manu propriâ subter eam signavi, & ut aliorum nobilium virorum manibus roboretur, rogare studui. Signum hoc quod exaratum est manu propriâ firmavit & designavit. Rotbertus Abbas ac Præpositus quod ratum est consensit. Signum Rotberti Vice-comitis: Signum Austorgii fratris sui, qui pariter consensit: Signum Amblardi: Sign. Villelmi Sign. Arberti: Sign. Austorgii: Signum Amblardi Acta sunt autem hæc anno DCCC. LXII. Nativitatis Dominicæ, Indictione V. mense Febr. die Sabbato, sub Imperio Clotharii clarissimi Regis Francigeni seu Aquitanigeni.

GAUFRIDUS *Comes Andegavensis, cui Griseagunnella cognomen fuit, Monachilem Regulam in Monasterio S. Albini instituit.*   An. CMLXVI.

Testificante veridicâ omnium Doctoris Gentium linguâ, novit omnium numerositas Fidelium, quia Deus est qui operatur in unoquoque homine & velle & posse pro bonâ voluntate. Bonæ quippe voluntatis initia misericordis & miseratoris Dei, gratuitâ præveniente gratiâ, dum saluberrimæ devotionis propagantur prærogativâ, ad potioris tandem meriti, scilicet optimæ operationis perducuntur effectum, cum ea constiterit stabilimento perfectionis hujusmodi rerum sumsisse affectum. Namque cum sapientissimi Salomonis sententiâ doceamur, quia omnis laus in fine canatur, illâ potissimùm Evangelicâ monitione, quâ dicitur: *Qui perseveraverit usque in finem, hic salvus erit,* superiori sententiæ concinenti, operam dedisse nos congruit bonæ, ut diximus, operationis effectui. Scimus quoque quia, ut ait præfatus Apostolus: *Omnes nos manifestari oportet ante tribunal Christi, ut recipiat unusquisque sive bonum sive malum, prout gessit.* Hæc ita se se habere cum nemo qui dubitaverit, non tam dubie quàm necessarium unicuique dinoscitur esse fidelium, pro se quemque niti, neque de die in diem differri, præsertim cum noverimus, quia *stat sua cuique dies, & breve & irreparabile tempus. Omnibus est vita:* & ut ait sapientis sententia, *Omnes morimur & in gaudium volumus venire.* Quod profectò gaudium certum habemus nequaquam nos posse adipisci, sine bonorum operum adimpletione: quia, *Quæ seminaverit homo, hæc & metet: & qui seminat in benedictionibus de benedictionibus & metet, ut & qui merit & qui seminat, simul gaudeant in vitam æternam.*

Hæc divina hortamenta ego in Dei nomine Gaufredus gratiâ Dei, & senioris mei Domni Hugonis largitione Andecavorum Comes, considerans, & de Dei & Sanctorum ejus indulgentiâ præsumendo confidens, & confidendo præsumens, aliquid mihi in æternâ vitâ retributionis providere decrevi commodum; assentienteque fratre meo Widone Abbate, Monasticæ religionis perfectionem secus eamdem Monasterii sancti Albini ego statuere decrevimus Andecavorum urbem. Fama denique fertur priscis olim temporibus in Monasterio S. Albini, eamdem floruisse; sed quia id evidentibus minimè declaratur indiciis, nihil nostrûm interest floruerit utrum,

Matt. 24. 13.

2. Cor. 5. 10.

Gal. 6. 7.

an non. Illud notum esse volumus omnibus sanctæ Dei Ecclesiæ Fidelibus, quia in hac re bonam operandi à Deo percipientes voluntatem, statuimus in primis pro remedio animæ senioris nostri Domini Hugonis præsentis Francorum Ducis, seu pro patris matrisque ejus animæ itidem redemptione, necnon causâ adjutorii animæ patris mei Fulconis, matris quoque meæ Gerbergæ, in prædicto Cœnobio S. Albini monachilis ordinis perfectionem, eliminatâ, quæ in eodem loco non dominicis hactenùs, sed suis sæcularibus vacaverit lucris, canonicali Congregatione.

Præfecimus quoque Fratribus ejusdem loci boni testimonii bonæque conversationis Abbatem, nomine Widbauldum, qui dominico gregi velut bonus Pastor diebus suis insistat, & post obitum quandoque ipsius, cum nostro generisque nostri futuri assensu, successor ei, qui à fratribus ejusdem loci electionis privilegio aptus inventus fuerit, substituatur.

Terram quoque, quæ eidem Abbatiæ subjacere dinoscitur, ad integrum reddimus, quamque adhuc invenire poterimus, adjungere studebimus, quatenus misericordia pii Redemptoris mihi Gautrido sæcularium bellorum turbinibus occupato, opem auxilii sui concedat propitius; sicque me intercedente beato Albino ejusdem protegat gratia, ut quandoque corpore exutus eorumdem Monachorum orationibus adjutus, ad cœlestia regna pervenire valeam absolutus.

Concedimus quoque eisdem Monachis, ut nulla in eorum terra vicaricia dominetur potestas, nisi de furto aut homicidio seu incendio.

Et ut hoc scriptum inconvulsæ integritatis solidum vigorem obtineat, manibus Domni & Senioris mei Francorum Principis Hugonis roborandum, manibus quoque Procerum ejus firmandum obtulimus, Si quis autem, quod fieri non credo, si ego ipse avullus de heredibus meis, vel de progenie meâ, seu cupiditate alicujus pecuniæ, aut per seipsum aut per suos, aut per extraneos contrà hanc firmitatis securitatem ut eum infringat, aliquo ingenio venire tentaverit, inprimis iram Dei omnipotentis quisquis ille fuerit incurrat, & cum Juda traditore damnationem accipiat. Similiter & hoc patiatur quisquis voluerit stipendia Fratrum usurpare, & si quis præsumpserit aliquam injuriam Fratribus ejusdem loci inferre, & ter admonitus nisi resipuerit, quadringenio communione privetur. Si autem, quod absit, induruerit, perpetuo anathemate feriatur, nisi forte ab ipsis Fratribus dignâ satisfactione delinitis recipi mereatur.

Signum Hugonis Francorum Ducis.
Signum Gaufridi Comitis qui hanc privilegiam fieri jussit & affirmare rogavit.
S. Widonis Abb.
S. Nesingi Andecavorum Episcop.
S. Widdonis Suessionens. Episcop.
S. Arduini Turonorum Archiepiscop.
S. Roberti Comitis Trecassino.
S. Alberigi Aurel. Vicecomitis.
S. Waldrici Suessionis Comitis.
S. Hugonis.   S. Warini.
S. Sucherii.   S. Griferii.
S. Walaranni.   S. Hilgerii.
S. Roberti.   S. Gonsli.
S. Milonis.   S. Gualterii.
S. Hilduini.   S. Widdoni.
S. Walterii.   S. Baldrici.
S. Rainaldi.   S. Gaufridi.
S. Vicarii.   S. Rodulfi.

LOTHARII Regis confirmatio bonorum Grandis-vallis Monasterio collatorum.

IN nomine omnipotentis Dei & Salvatoris nostri Jesu-Christi, Hlotharius divinâ præveniente clementiâ Rex. Dum utilitatibus Ecclesiarum de pio favore consulimus, morem prædecessorum nostrorum exequimur Regum; idque ad emolumenta totius regni à Deo nobis commissi congruere liquidò credimus. Proinde noverit omnium sanctæ Dei Ecclesiæ, nostrorumque fidelium, præsentium scilicet & futurorum industria, quia Hugo Comes illustris avunculi nostri Lutfridi filius deprecatus esset mansuetudinem nostram, ut quasdam res seu villas ex Cœnobio sanctæ Mariæ & sancti Germani, cujus vocabulum est Grandis-vallis, per nostram authoritatem in stipendiis Fratrum ibidem famulantium confirmaremus. Itaque divino tacti amore, hos regiæ dignitatis decernimus apices fieri, per quos sancimus atque decernimus, ut illud quod in ipso Monasterio conjacere dignoscitur; sed & Cellam in honore sancti Pauli constructam quæ Vertuna dicitur, &c. ut suprà in Præcepto Lotharii Imperat. Pro absolutione Domini genitoris ac genitricis, nostrâque incolumitate, luminaribus ipsius Ecclesiæ seu stipendiis Fratrum, hæc omnia cum Fratre Ebruino nomine superiùs prælibato, absque ullius detractione seu inquietudine, omni tempore perseverent. Et ut hæc nostræ concessionis authoritas firmior in posterum habeatur, subter manu nostrâ confirmavimus, & annuli nostri impressione signavimus. Data iv. Kalend. Aprilis, anno Christo propitio regni domini Lotharii gloriosi Regis undecimo, Indictione xiv. Actum in Arlegia palatio regio, in Dei nomine feliciter, Amen.

De electione RAINALDI Abbatis S. Albini Andegavensis.

OMnibus in domo quibus est Christus vivere & mori lucrum, & potissimum sub jugo Regulæ S. Benedicti sponte colla submittentibus, qui jubet ut Monachi in Monasterio degentes Abbatem sibi præesse desiderent, notissimum esse volumus, quod anno DCCCCLXXXVIII. Incarnationis Dominicæ recedens à loco S. Albini Abbas Gunterius, quem pro fidelitate Dei, & suæ animæ remedio nobilissimus inter suos Gaufridus Comes eidem loco præfecerat, & Romam, vel quod majus est, matrem civitatum Hierusalem expetens gratiâ orationis, successorem sibi præsago spiritu providerit, cui animarum simul & corporum curam committeret, Rainaldum vitæ & morum probitate decorum, quem ipse in Christi nomine nutrierat, cum consensu tamen Fratrum præfati loci, & elegantissimi juvenis filii prædicti Comitis Gozfredi, qui in loco patris feliciter successit, nomine Fulconis. Cui electioni providente gratiâ Dei, ut credimus, prudentissimorum Pontificum, Clericotum quoque & nobilium laïcorum, & super his omnibus electio simul & acclamatio prædictæ Congregationis concordare videtur in melius, eo tenore videlicet, ut secundùm Regulam S. Benedicti, qui est Pater & Dux, Advocatus quoque post Deum omnium fidelium Monachorum tam in hoc sæculo quàm in futuro, in omnibus conversari pro posse & nosse studeat, & plùs prodesse quàm præesse satagat, & omnia cum consilio Fratrum timentium Deum providè & justè disponat, ut cum venerit Pastor Pastorum, cui redditurus est ratio-

Diplomatum, &c.   379

nem de sibi commissis animabus, addita & suæ animæ; audire gaudenter mereatur, quod servus' bonus qui erogavit talentum sibi creditum conservis suis in tempore suo: *Euge serve bone & fidelis, intra in gaudium Domini tui.*
   Widdo Episcopus.
   Sig. Fulconis inclyti Comitis.

Electio S. ODILONIS *vivente sancto* MAÏOLO *Abbate Cluniacensi.*

ORdine divinæ dispensationis, &c. *ut in electione* S. Maïoli. Quapropter ego Maïolus sancti Petri Cluniacensis Cœnobii Abbas indignus, præsentibus atque futuris generatim notum esse volo, quia hæc & hujuscemodi mente pertractans, ætate defatigatus, officiis quoque corporis imminutus, dum minùs me pastorali curâ idoneum persentisco, beati Benedicti capitulatim de constituendo Abbate sollicitudine præmonitus, cum omnibus Fratribus meis, Filiis, & Conservis, sed quidem Petri pridem Clericum fratrem & filium Monachis Odilonem Religiosum eligimus, & Abbatem esse decernimus, ne insolentiâ nostræ infirmitatis Ordo deterescat, & repulsam in aliquo patiatur, Deo propitio semper ad meliora provehendus.
   Et ne technam alicujus excusationis prætendat (nam sicut quis indignè ad regimen incautus aspirat, ita si quis dignus refugit, meritò constringendus habetur) consilium Episcoporum & Abbatum adhibuimus. Et sicut Cluniacense Monasterium, Deo auctore, à Guillelmo Duce fundatum, nomine Principis Apostolorum sacratum, privilegiis Romanæ sedis insignitum, Regalibus præceptis confirmatum, à Reverendis quoque Abbatibus Domno Bernone atque Odone, necnon Haymardo ordinatum constat; ita cum omnibus Abbatiis, locis & Cellis ubi ubi eorum vel nostro tempore acquisitis, prædicto Fratri ordinandum tradimus, atque tam ad ordinem servandum secundùm beatum Benedictum, & instituta Patrum nostrorum, quàm ad res disponendas sub omni integritate; propitiâ divinitate, vinculis obedientiæ adstringimus, & Abbatem unanimiter omnes proclamamus.
   Hujus verò electionis & ordinationis ejus seriem per consultum, ut diximus, Primatum Comitis, etiam & Advocati nostri Henrici Ducis, necnon & Otonis literis sanciri præcipimus, atque regulariter celebratam in Christi nomine confirmavimus; & à Patribus ac Fratribus nostris, scriptis confirmare precati sumus. Acta Cluniacense Cœnobio feliciter, Amen.
   Ego Maïolus Abbas, huic electioni assensum præbui, & signavi.
   Rodulphus Rex.
   Bourchardus Archiepiscopus.
   Hugo Episcopus Genevensis.
   Aguricus Episcopus Lausanensis.
   Hugo Episcopus.
   Teuto Abbas.
   Richfredus Abbas.
   Ermenfredus Episcopus.
   Burchardus Comes.
   Lambertus Comes.
   Adalbertus Comes.
Hoc insuper subsignavêre Monachi centum septuaginta septem: huic etiam electioni subscripserunt:
   Leotaldus Archiepiscopus.
   Walterius Episcopus.
   Hugo Abbas.
   Wago Abbas.
   Tom. III.

   Teobaldus Abbas.
   Warembertus Abbas.
   Willelmus Abbas.
   Maïolus Præpositus.
   Walterius Præpositus.
   Gundulphus.
   David.
   Aguricus.
   Sendelenus.

Forma Electionis Episcopi.

PRisca modernaque Ecclesiarum moderamina theoloquelariis sanxêre Canonibus; quò arripientibus viam universæ terræ quarumlibet lædium Prælibus, per viciniorem Episcopum, aut per quemlibet alium Episcopum, cui Archipræsul injunxerit, extincti fratris tumulatorem, orbatæque Sedis visitatorem atque consolatorem, sine cujus conscientiâ sacri prohibent Canones confiteri aut confici de subrogatione Episcopi, perficiatur ecclesiasticarum inventarium rerum. Tunc verò prioribus viduatæ Sedis dispositis Oeconomis commendetur. Postmodum autem cleri plebisque ordinis desiderioum consensus requiratur, quinimò amotis simoniacis sacculis, postpolitisque omnium cupiditatum argumentis, universa fideliter notitiæ Archiepiscopali significentur; quo disponente cuncta in talibus expedit, cum Suffraganeorum consilio sub divinâ censurâ disponi negotiis ague ordinari. Igitur Metropolitano Dominicâ vocatione rebus humanis vitâque perfuncto, hæc eadem fideliter exigenda sunt omnia à visitatore atque tumulatore, & omnium diocesanorum si fieri potest cognitioni significanda prudentialiter, quò urbes quas gentilium temporibus habebant Idolicolæ Flamines, nunc gubernent Christicolæ Præsules.
   Cum ergo Pastorem contigerit subrogandum, post advocationem & clamationem Cleri petitionemque viduatæ plebis, ne urbs Præsulem minimè optatum non spernat, nec odium habeat, fiatque minus religiosa quàm convenit, cui non licuit habere quem voluit. Quoniam difficile est quòd bono peragantur exitu quæ malo sunt inchoata principio, expedit orbatæ Sedi cum Episcoporum electione, cleri ac populi ipsius Ecclesiæ acclamatione, Episcopum ordinari atque inthronisari. Quapropter vir inclytus Dagobertus, primæ sanctæ Bituricensis Ecclesiæ sedis Archimandrita cognoscens obitum beatæ memoriæ Froterii Episcopi sanctæ sedis Caturcensis Ecclesiæ, cujus memoria æthereo describatur in albo; uti sacra Canonum auctoritas jubet, in ipsius loco jubeo & absolutionem facio ad Coepiscopos nostros eligere & benedicere Gausbertum Sacerdotem verè nobilem, orthodoxum non cenodoxum, frugalem non gastrimargicum, humilem non philarchicum, modestum, hospitem, caritativum, castum, misericordem, & juxta Apostolum, armis divinis decentissimè ac pleniter adornatum.
   Nos quoniam humiles Jesu-Christi unà cum auctoritate & absolutione domni Archipræsulis nostri Dagoberti, Bego Arvernensis, Ingelbinus Albiensis, Froterius Petragoricensis, cernentes tantam acclamatorum unanimitatem, & acclamanti proficuam Ecclesiæ utilitatem, unà per consensum & voluntatem Guillelmi Comitis Caturcensis, matrisque suæ Acilicinæ, recepimus in nostro Episcopali numero atque collegio proclamatum Gausbertum, & cum per auctoritatem Canonicam benedicendum ordinavimus, & electum Episcopum in ipsam sedem sancti Stephani Ecclesiæ Caturcensis Episcopum exaltavi-

BBb ij

Ex veteri Chartulario Ecclesiæ Cadurcensis.

mus, & in nomine sanctæ Trinitatis inthronisavimus, & ipsi Ecclesiæ Pastorem præfecimus. Acta schedula hujus indaginis à corporea trabeatione Verbi divini, Anno DCCCC. XC. Indictione III. factâ electione istâ Nonas Januarii, regnante Carolo Rege.

Ann. CMXCII.

CONRADI *Regis Burgundiæ donationes piæ, factæ S. Andreæ Viennensi Monasterio.*

IN nomine Domini nostri JESU-CHRISTI, CHUONRADUS ipsius præveniente clementiâ omni tempore jugiter serenissimus Rex. Si aliquid compendiorum sanctæ Dei Ecclesiæ ex nostris facultatibus conferre studemus, quatenus antiqua auctoritas præcedentium patrum Regum observetur, & vita Monachorum in hoc laude divinâ altius conscendatur, si est unde victum & vestitum sancta Dei Ecclesia membris suis cotidie, ne à Dei cessent cultu, possit ex aliqua parte nobis donantibus sustentare penuriam suam, vel admistrare: credimus non solùm nos vel successores nostros idcirco feliciùs in hac vita regnaturos; verùm in futuro æternæ vitæ recompensatione cum electis in illâ supernorum curiâ posse conscribi confidimus. Quapropter cupimus notum fieri omnibus sanctæ Dei fidelibus, præsentibus scilicet & futuris, qualiter nos divino amore compuncti, imprimis memores salutis æternæ vitæ, & recordationis beatæ, ut credimus, animæ conjugis nostræ dilectæ Machtildis Reginæ, & ut ipsa donavit, & nos perficere postulavit, ad sacrosanctum Monasterium; quod est constructum in civitate Viennâ, in honore sancti Andreæ Apostoli & sancti Confessoris Maximi; qui hîc corporaliter requiescit, ubi Domnus Heunomus Abba Monachorum præesse dinoscitur, quidquid proprietatis visi sumus habere in prædicto pago Viennensi in prædictis locis, in villa Vitrosco Ecclesiam cum Presbyteratu, & in villâ Areld, & in Mansiano & Arcas habere dinoscimur. Ea scilicet ratione ut prædictus Abba Heunomus, & modò Fratres qui degunt, & qui deinceps ad illud Monasterium pro Dei amore venturi sunt, prædicta loca tenant ad utilitatem ipsius Monasterii, & perpetualiter possidendum per hoc nostræ auctoritatis præceptum illis censemus, & nihil census vel servitii unquam Rectoribus prædicti Monasterii à regiâ potestate inde exigatur, nisi, ut diximus, solo Conditori hominum pro nostra peccamina grata persolvant libamina. Ita ut hactenus ad nos prædictæ res respiciebant qualicumque ingenio nobis devenissent, aut de paternâ potestate, aut etiam nos postea de Walda in villâ Areas acquisivimus, hoc est mansum unum, & in Mansiano colonicam unam, & in Vitrosco quidquid de Thieodewino acquisivimus, & in Areld similiter quantum de ipso comparavimus, hæc ipsa prædia pretio computato trecentorum solidorum constat à nobis esse acquisita.

Omnia hæc à nobis illis tradita seu ab illo Abbate, ac Monachis suis in prædictis villis postmodum simili modo acquisitis, vel etiam ubicumque aliquid habent acquisitum, vel in futuro tempore erit conquirendum, vel si aliqua persona aliquando pro remedio animæ facultatibus ipsius Monasterii de suis rebus cupit ingerere, huic auctoritati subdere decrevimus, ne per successiones futuras aliqua incuriâ desoletur, agris, pratis, vineis, casis, casalibus, pascuis, aquis aquarumque decursibus, & in omnibus appendiciis amodò & deinceps. Ut autem hæc nostra auctoritas apud successores firmum tenorem habeat, & omni tempore stabilis & inconvulsa permaneat, placuit nobis nomini nostro esse conscribendum, & impressione annuli nostri subteriùs subsigillari. Signum invictissimi ac piissimi Regis Chuonradi.

Ego itaque Kerardus indignus Sacerdos præscripti Regis ac Reginæ humillimus Capellanus, jussus ad vicem Haimonis Valentinensis Episcopi Archicancellarii scripsi & subscripsi. Data Kl. Dec. Nonas Decemb. Idus Januarii sub Pontifice Tietpaldo, anno ab Incarnatione Domini nostri JESU-CHRISTI DCCCC. XCII. Indictione quartâ, Epactâ vigesimâ, regnante Rege nostro Chuonrado XXXVIII. anno.

RUDOLFUS *Rex Burgundiæ confirmat quæ Monasterio S. Andreæ Viennensis donaverat Conradus pater ejus.*

An. CMXCII. Ex etiam Chantelou.

IN nomine Domini Dei æterni, Rudulfus Rex. Si locus Sanctorum more præcedentium Regum Catholicorum aliquid compendii, unde vita inibi Deo famulantium sustentetur, conferre studemus: non solùm in hac vita diutiùs cum prosperitate regnaturos, verùm in perenni à Deo recompensationem recipere confidimus. Quocircà noverit sanctæ Dei Ecclesiæ nostrorumque fidelium universitas, præsentium scilicet ac futurorum, qui venerabilis Abbas Haimoinus de Monasterio sancti Andreæ Apostoli in civitate Vigennâ siti, cum Monachis sibi commissis, ante præsentiam nostram præceptum patris nostri deferens postulavit, ut res quæ in ipso ad præfatum Monasterium à se jamdudum restauratum delegatæ erant pro animæ matris nostræ Mathildis Reginæ remedio ac suæ, nostræ auctoritatis præcepto ad sustentationem Deo ibi servientium corroborare dignaremur. Sunt autem res ipsæ in pago Vigenni sitæ, in villâ Vitrosco Ecclesia cum appendiciis suis; & quidquid in ipsâ villâ in Arelo pater noster & mater nostra de Teudowino acquisierunt, & in Arcas mansum unum, & in Mansiano colonica una. Nos verò non solùm in hoc ei assensum præbentes, sed insuper per consilium dilectæ conjugis nostræ Agildrudis Reginæ, ac fratris nostri Burehardi Lugdunensis Archiepiscopi, quamdam villam Crisinciacus nominatam cum familiis utriusque sexûs & ætatis, & rebus omnibus ad ipsam respicientibus, quæ ex multo tempore de præfato Monasterio ablata fuit, pro remedio animæ patris nostri, sicut ipse in fine obitûs sui reddidit, sancto Andreæ sanctoque Maximo reddimus & concedimus, & per hoc nostræ auctoritatis præceptum sancimus, ut deinceps nullus Dux, Marchio, Comes, vel quælibet grandis, aut parva Regni nostri persona de suprâ nominatis rebus nullum teloneum, vel aliquam functionem exigere præsumat, sed ad subsidia Monachorum in præliato Monasterio Deo servientium, omnium hominum inquietudine remotâ, cuncto permaneant tempore.

Si quis autem hujus nostri præcepti violator exstiterit, sciat se compositurum auri optimi libras XXX. medietatem cameræ Palatii nostri, & medietatem Monachis supradictis. Ut autem veriùs à nobis factum credatur, & ab omnibus diligentiùs succedentibus temporibus observetur, manus illud nostræ subscriptione roborantes, sigilli nostri impressione annotari jussimus: & ad confirmationem prælibatam confirmandam addimus Ecclesiam de Masclatis cum apendiciis suis ad prædictorum Monachorum subsidia.

Signum Domni Rudulfi nobilissimi Regis. Paldolfus Cancellarius recognovi. Data II. Idus Januarii anno Incarnationis Domini D C C C C. X C I V. Indict. v. anno verò Domni Rodulfi Regis primo. Actum Vigennæ in Dei nomine fideliter. Amen.

Epistola S. Odilonis Abbatis.

Igne divini amoris fervido Domno Paterno gregis Christi affectu paterno procuratori provido, Frater Odilo cum Domno Episcopo Santio, omniisque Cluniacensium pauperum Congregatio, monastici laboris bravium à Christo.

Si cuncta circà vos sunt prospera & pacata, gaudemus & exultamus, & ut semper de bono proficiatis in melius, votis omnibus præoptamus. Pro statu quoque Regni ut liberetur ab incursione paganorum, & à persequutione falsorum Christianorum, Omnipotenti Deo supplices & continuas preces omni devotione cordis assiduè offerimus. Et ut firmissima pax inter filios Divæ memoriæ Domini nostri Santii Regis defuncti à Deo reformetur, & continuis orationibus, & indefessis die ac nocte precibus exoramus, præcipueque pro Carissimo nostro & visceribus totius amoris ac dilectionis Domino Redimiro, de cujus benignitate & probitate, morumque paternorum in cunctis repræsentatione, Domnus Episcopus; ipsi per omnia fidelissimus & devotissimus, tanta & talia ad nos veniens narravit, ut indissolubilibus vinculis caritatis ita nos ejus familiaritati & fidelitati colligaverit, quatenùs nullà unquam oblivione ipsius memoria à nostris cordibus avelli possit in divinis obsequiis. Nam quotidie pro ejus pace, & salute corporis & animæ, post matutinas recitamus omnes generaliter Psalmum: *Domine quid multiplicati sunt*. Et per omnes alias horas: *Levavi oculos meos*, ut Dominus eripiat animam & corpus ejus ab omni malo, custodiatque introitum & exitum illius, non solùm in præsenti, sed & in sæculum sæculi. Rogamus præterea ut hos Missos, quos Dominus Santius Episcopus & nos mittimus, usque ad sanctum Joannem conducatis. Vult enim Dominus Episcopus sua omnia quæ ibi dimisit, secum habere. Argentum, ut opus quod in nomine ipsius & in nomine Regis defuncti super altare sancti Petri cœpimus, ad perpetuum memoriale sui, & suprà dicti Regis perficiat. Ornamenta verò divinis officiis consecrata penes se quamdiù vixerit, vult esse. Nam de auro, quod ad nos veniens secum detulit, duas listas tabulæ majoris altaris, dexteram videlicet & sinistram; quæ destructæ erant, sicut scitis jam perfecit. Subteriorem verò quæ remanet, & de vaccis quas apud Sanctum......

Epistola Joannis Papæ.

Joannes servus servorum Dei Odiloni Abbati salutem carissimam cum benedictione Apostolicâ. Docente Beatissimo Gregorio, multa videntur bona, & non sunt, verumtamen cur dicatur, si rogas; audies; quia omnia tua quæ videbantur bona, bona non esse sentimus. Quid enim in Monacho obedientiâ sanctius? quid in Christiano acceptabilius? nonne *melior est obedientia sacrificio*, secundùm propheticum judicium: & voce Dominicâ dicitur: *Obedientiam volo & non sacrificium*. Quantum verò beatus Benedictus eam suis præconiis extollat, non est dignum hîc inserere, cum te non lateat; Percepimus igitur injuriam sanctæ Ecclesiæ Lugdunensis petentis te in conjugium, quia competebat: cui etiam salivam in facie jecisti. Omittimus injuriam sanctæ plebis, cui regimen, parcendo soli vitæ tuæ refugisti, & refugis. Tacemus quòd auctoritatem tantorum Præsulum monentium & rogantium ad Episcopalem dignitatem accedere posthabuisti; quod Sanctæ Romanæ Ecclesiæ & nobis inobedientem te reddidisti, id inultum relinquere nec debemus nec possumus. Nisi forte obedientia diluat quæ inobedientia maculavit. Satisfactione purgetur, quod transgressione inquinatum est. Id est, nisi expetitum regimen jam dictæ Ecclesiæ, quod inobediendo usque hactenùs sprevisti, obedienter susceperis, quid amaritudinis vel severitatis erga meritos sciat Romana Ecclesia injicere, senties. Nam hoc sacrum regimen sicut à nullo est temerè usurpandum, ita petente Ecclesiâ nullo tuo simili est vitandum. Quoniam tantorum perditionis reus eris, quantorum saluti exemplo & doctrinâ prodesse potuisses. Nota loquimur, & quæ te scire pleniter confidimus. Ideoque taceat jam carta, & lingua loquatur, verùm Episcopi Gaudfridi, cui luce clariùs voluntatem meam reserandam tam tibi, quàm Confratribus tuis, & omni Ecclesiæ commisimus. Vale.

Epistola II. S. Odilonis.

Morum probitate regalia decenter sceptra regenti, Domno Garsea religioni..........

Odilo cum grege Cluniacensium pauperum sibi commisso, firmam cum fratribus & amicis, omnibusque vobis jure subjectis pacem in Domino, ac de cunctis inimicis victoriam cum triumpho.

Gaudemus, & omnipotenti Deo gratias referimus, quòd vos sublimiter & gloriosè tam in sui dilectione & notitiâ, quàm in sæculari semper audimus crescere & proficere potentiâ. Sumus itaque ex indissolubili familiaritate & societate quâ olim patri vestro probamur copulati, ita in vestrâ fidelitate devoti, ut pro vestrâ vestrorumque salute & incolumitate, atque de cunctis inimicis vestris victoriâ, Deum exoremus assiduis precibus, poscentes ejus clementissimam benignitatem, ut sic cuncta vestra secundùm suam voluntatem nobiliter disponat, quòd post præsentem gloriam & felicitatem, ad cœlestia gaudia vos perducat. Præterea licet non sine rubore pandere cogimur vestræ sublimitatis munificentiæ, nostræ inopiæ necessitatem, quâ jam per duos & eo ampliùs annos affligimur continuè. Nam generalis totius Regni paupertas, famis quoque & inopiæ nos opprimit calamitas, sicut & alios nostræ vicinitatis compatriotas: Quod periculum ut evadere possimus, vestro adminiculo, si placet, perquàm plurimùm indigemus. Pacem, & victoriam, atque perpetuam vitam ut Dominus vobis concedat, tota nostra Fraternitas & optat & orat. Vale.

Epistola III. S. Odilonis.

Nobilissimæ Matronæ R. Frater Odilo fideles orationes.

Mirarer, Domina, valde, cur me ignotum & immeritum toties salutationibus tuis lætificas, muneribus amplificas, nisi illam maternam bonitatem agnoscerem, & in te sentirem, quæ omnibus tam notis quàm ignotis, promeritis & immeritis, communis & æqualis esse solebat. Unde non ad mirandum, sed ad gratias referendum totus convertor, scilicet de omnibus bonis quæ tua Caritas nobis & nostris semper solet impendere. Orationibus nostris fratrumque nostrorum per fratrem Luitfridum dignata es te commendare; in quibus scias devotissi-

BBb iij

mè te esse susceptam, atque adscriptam, & non solùm te, sed etiam Carissimum amicum nostrum seniorem tuum A........... ac dulcissimum fratrem ejus E........ de quibus semper bene audivi, & adhuc, Deo gratias, audio. Quos utrosque ut officiosissimè ex nostrâ parte salutes, multum tuam rogo Caritatem. Vale, & memor tui, nunquam immemor existas.

Epistola cujusdam Monachi.

Frater H. cunctis fratribus Divionense cœnobium incolentibus Christi gratiam; æternamque salutem.

Quòd tardè Domni Sanctissimique Patris Odilonis ad vos mihi adventum mandastis, valdè effectus sum tristis, quia quem longè positum dulcissimæ ac benignissimæ gratiâ consolationis decreveram quærere, propriam visitantem patriam non potero videre. Cui quantum potestis servitii vice meâ vestrâque precor ac moneo exhiberi, ne causâ nostræ absentiæ ejus obsequium in aliquo contingat negligi. Fratres quoque omnes moneri volo, ut tanti respectu Patris studiosiores fiant in Christi servitio. Ego verò alibi positus, pro posse vestris insisto profectibus, quos Deus augeat vestris juvando precibus.

Anno M.
E Chartulario
Mon. S. Andreæ Vienn.

Constitutio Monachorum S. Andreæ Viennensis, quâ Monachis furtum utensilium Monasterii interdicitur.

Anno Dominicæ Incarnationis millesimo constitutio constituitur in Cœnobio S. Andreæ infra mœnia Viennæ urbis posito, corroboratione laudationis cunctorum Monachorum inibi manentium, sub præsentiâ Galterii Monachi, in prælatione Abbatiæ electi: ut quicumque Cœnobita deinceps sacrilegium facere ausus fuerit, subripiendo de refectorio scyphum, aut curullum, aut mantile, aut quodlibet utensile refectorii, ultimus maneat ubique velut fur & sacrilegus, donec sacrilegium emendetur, & insuper talis satisfactio fiat, ut cæteri metum habeant. Similiter quicumque de dormitorio, ut lænam, aut sagum, aut capitale, aut quamlibet supellectilem sine licentiâ regulari subripuerit, in omni loco careat consortio Fratrum velut fur & sacrilegus, donec sacrilegium restauretur, & præcipuè talis fiat satisfactio, ut cæteri metum habeant. Si verò hæc constitutio profanata fuerit, adhibeatur Episcopus & conventus virorum boni testimonii, ut audacia stultorum confringatur, & domus Dei ad obsequium sacræ Regulæ reformetur.

Anno M.
Ex chartis D. d'Herouval.

Gasto Bearnensis Vicecomes spondet filiam suam Guillelmam in matrimonium dare Sancio Regis Castellæ filio.

Hoc est translatum sumptum fideliter à quâdam chartâ pergamenâ sigillatâ septem sigillis cereis pendentibus, quorum primum est sigillum Nobilis viri domini Gastonis Dei gratiâ Vicecomitis Bearnensis, ut ex ipsis litteris, & signis in utrâque parte ipsius sigilli sculptis manifestè apparet. Secundum autem videtur esse venerabilis dominæ Constantiæ Abbatissæ Monasterii de Caynes, in cujus medio est sculptura imaginis mulieris indutæ vestibus monachalibus, stantis, & tenentis crociam. In tertio autem sigillo & aliis sequentibus non possunt discerni plenè eorum litteræ nec etiam possunt in quibusdam ex eis discerni liquidè sculpturæ eorum propter sui vetustatem, excepto sexto, seu penultimo ipsorum sigillorum, quod est sigillum Bernardi de Scintillis, ut ex litteris & signis in eo sculptis apparet. Est tamen in uno ex ipsis sigillis, scilicet in quinto, imago scuti cum signo canis seu leporarii; & in alio eorum scilicet in septimo & ultimo est imago scuti cum signis barrarum per transversum ipsius scuti. Cujus cartæ tenor talis est.

Noverint universi præsens Instrumentum inspecturi, quòd Nos Gasto Dei gratiâ Vicecomes Biernensis, dominus Montis Cathani & Castri-veteris, promittimus vobis Illustrissimo domino Alfonso Dei gratiâ Regi Castellæ, & Illustrissimæ dominæ Violant Reginæ Castellæ ac uxori vestræ, quòd dabimus in uxorem Guillelmam filiam nostram Illustrissimo infanti domino Sancio filio vestro in continenti. Unde ratione dicti matrimonii, Nos dictus Gasto damus tibi Guillelmæ filiæ nostræ jure hæreditario & legitimè de bonis paternis, donatione inter vivos irrevocabiliter, quidquid habemus & habere debemus jure, & ratione in Cataloniâ, videlicet Baronias Montis-Cathani, & Castri-veteris, cum omnibus suis pertinentiis, & in Arragoniâ, & Villâ, & insulâ Majoricensi de Majoricis tam in mari, quàm in terrâ, & in quocumque alio loco ipsa habeamus citrà Salses, sive in totâ Hispaniâ citrà portus; & mittimus in possessionem in præsenti de prædictis Bernardum de Scintillis, qui ipsam possessionem teneat, & recipiat pro dictâ Guillelmâ filiâ nostrâ, & nomine tui, de quâ possessione ipsum Bernardum præsentem nomine tuo cum nostro annulo immittimus. Tali modo, quòd nos dominus Gasto teneamus, & habeamus prædicta, & simus inde domini, & potentes diebus omnibus vitæ nostræ, & sit firmum, & stabile quidquid ibi, ac inde fecerimus; salvo tamen quòd in prædictis, sive de prædictis non possimus de cætero aliquid alicui dare, vendere vel alio modo perpetuò alienare.

Et filii nostri habiti, vel habituri non possint petere portionem nec aliquam aliam rem in dictis bonis, quæ nos damus jure hæreditario & legitimè tibi Guillelmæ dictæ filiæ nostræ, & tu non possis petere aliquid ratione portionis, nec aliquâ aliâ ratione in iis quæ habemus, vel habebimus in totâ Vasconiâ ultrà portus, & de hoc facies nobis publicum Instrumentum. Tali tamen conditione, quòd tu dictâ Guillelmâ solvas debita, & restituas injurias, quas nos debebimus, aut tenebimur, in Cataloniâ, Arragoniâ, vel Majoricâ, de quibus nos ad solutionem, vel restitutionem aliquatenùs teneamur: & si fortè tu dictâ Guillelma non solveris, vel restitueris prænominata debita, & injurias post obitum nostrum in totum; pro eo quod remanserit ad solvendum & restituendum, tenerer illi quos nos ordinabimus in nostro Testamento totam terram Majoricensem, & totam illam dominii Castri-veteris, sicut nobis provenit ratione dominæ Guillelmæ aviæ nostræ, quousque de reditibus super proprio dictorum locorum solutio seu satisfactio integraliter fit completa. Tamen si acciderit, quòd tu dictâ Guillelma haberes guerram cum aliquo, vel aliquibus dictis exequutoribus nostris, tenentibus ista loca prædicta pro solutione debitorum & injuriarum, possis tamen defendere, & juvare de castris & terris prædictis, non tangendo, seu accipiendo redditus ipsorum locorum, nec desapoderando de Castris illis quod pro nobis illa tenerent, quousque esset de ipsis debitis & injuriis plenariè satisfactum.

Quod ita factum, Burgis quarto nonas Aprilis, Æra millesimâ tricesimâ octavâ, præsentibus testibus nobili dominâ Constantiâ sorore nostrâ Abbatissâ Monasterii de Canynes : nobili domino Lop Deiis domino de Biscaïâ : Didaco Lopi de Haro : nobili Garcia : Arnaldo de Gavallis : Bernaldo de Scentillis, & Guillelmi Raymundi de Donaeto. Et ad majorem firmitatem, Nos dictus dominus Gasto Instrumentum sigillo, & dictorum testium rogavimus sigillari. Signum Nicolai de Samaret Notarii Barchinonensis : Signum Bernardi Payarez Notarii Barchinonensis : Signum Guillelmi Ferrarii Not. Barchin. signum Antici Ticionis Vicarii Barchinon. & Vallesii, qui huic translato sumpto fideliter ab originali suo non cancellato, nec in aliquâ parte sui vitiato, ex parte domini Regis, & auctoritate officii quo fungimur, auctoritatem impendimus, & decretum, ut ei tamquam originali suo fides plenaria ab omnibus impendatur, appositum per manum mei Bernardi de Cumbis Not. publici Barchin. regentisque scribaniam Curiæ Vicarii ejusdem civitatis. In cujus manu & posse dictus Vicarius hanc firmam fecit XIV. Kal. Maij, anno Domini millesimo trecentesimo, præsentibus testibus Bonanato de Petrâ Jurisperito, Petro de Podio, & Bernardo Caxerii civibus Barchin.

Et ideo Ego Bernardus de Cumbis Not. prædictus hæc scripsi, & hoc meum signum hic apposui. Signum Petri de Vilardebono publici Barchin. Notarii, qui hoc translatum sumptum fideliter ab originali suo, & cum eo legitimè comprobatum scribi fecit, & clausit quartodecimo Kal. Madii, anno Domini millesimo trecentesimo, cum litteris tamen superpositis in lineâ undecimâ ubi dicitur, *aliquid alicui dare, vendere, vel alio modo*: Signum Petri Rosseti Not. publici Majoric. testis : Signum Artusii Matthei Notarii publici Majoric. testis : Signum Michaëlis Bolandi Not. publici Majoric. ac Curiæ Bajuli ejusdem, qui hoc translatum à quodam alio translato fideliter sumptum translari fecit, cum eodem de verbo ad verbum comprobavit, septimo Idus Junii anno Domini millesimo trecentesimo, cum litteris suprapositis in lineâ primâ ubi dicitur *Domini*. Signum Jacobi Catelli Judicis ordinarii Majoric. pro Illustrissimo domino Jacobo Dei gratiâ Rege Majoric. qui huic translato à quodam alio translato, cui auctoritatem, & decretum apposuit Anticus Titionis Vicarius Barchinonensis, auctoritatem nostram Judiciariam præstamus, & decretum nostrum interponimus.

Pontius *Archiepiscopus Arelatensis Indulgentias concedit in dedicatione Ecclesiæ, ac confirmat Privilegia Montis-Majoris à Summis Pontificibus indulta.*

Dum in pastorali subsellio reverentiæ Opillolum summus resideret Pontius Arelatensis, Dei favente gratiâ, Ecclesiæ Archiepiscopus, spiritualium collegio filiorum undique secus septus, adit ejus præsentiam cum quibusdam oviculis sibi creditis divinitùs quidam illustris vitæ nomine Rambertus, Cœnobii Majoris-montis post primum Abba septimus, obnixè flagitans dicari sibi quamdam in sanctæ Crucis honore cryptam, quam ipse juxtà posse suæ industriæ in prælibato Cœnobio construi prorsùs fecerat mirabili opere.

Cujus flagitationibus libenter annuens Archipræsul præscriptus, cum suorum Canonicorum assensu tale fertur dedisse responsum : Cryptam, Pater Reverende, quam petis, gratis tibi dicabimus pro amore omnipotentis Dei & sanctæ Crucis, ac tuo, atque dotabimus spirituali dono. Ipsa namque cripta per donum Spiritûs sancti, & per nostram benedictionem infusam sibi effecta Christi sponsa, ac cœlestis Regis Basilica ex parte ingeniti Patris, & ejus unigeniti Filii, & almi Spiritûs ab utroque procedentis, & ex nostrâ, hanc habeat gratiam absolutionis, ut quisquis fidelium in eam ingressus fuerit orationis causâ petiturus aliqua beneficia, lætetur se impetrasse cuncta.

Quòd si est talis, qui per indictam sibi pœnitentiam non introëat Ecclesiam, nec Communionem sacri Corporis Christi, aut osculum pacis accipiat, nec capillos sibi tondat aut radat, nec linum vestiat, nec spiritales filiolos de sancto fonte suscipiat, nec feriâ secundâ, aut quartâ, aut sextâ aliquid gustet præter panem aut aquam; hic talis ad jam dictam Ecclesiam si venerit, in die videlicet Dedicationis ejus, aut semel in anno cum suâ Vigiliâ, & adjutorium dederit ad opera Ecclesiæ sanctæ Mariæ, quæ modò noviter construitur in prælibato monte : Ex parte Domini nostri Jesu Christi, qui pro nobis in Crucis ligno affixus fuit, in cujus honore hæc etiam Basilica constat dicata, & ex nostrâ sit absolutus ab ipso die, quo suam vigiliam fecerit, de tertiâ parte majorum peccatorum unde pœnitentiam habet acceptam, usque ad ipsum diem revertentis anni, vel datarum in quo dedicatio celebrabitur prælibatæ Ecclesiæ, & habeat licentiam intrandi in totas Ecclesias per totum ipsum annum, communicandi, & pacem accipiendi, & tondendi, & radendi, & lini vestiendi, & filiolos de sacro fonte suscipiendi, excepto Quadragesimali tempore, & jejuniis de Quatuor temporibus. Et si tres dies de septimanâ sunt ei vetati per pœnitentiam, unum reddimus ei, ut comedat & bibat quod ei Deus dederit, sicuti alius Christianus qui non est in tali pœnitentiâ ; duos alios jejunet. Et si duo, unum reddimus ei : & si unus, illum reddimus ei tali tenore, ut pascat tres pauperes ad unum manducare de ipso conductos, quo ipse manducaturus est. Denique illos qui de minoribus peccatis sunt confessi, & habent acceptam pœnitentiam, si venerint ad dedicationem prædictæ Ecclesiæ, aut semel in anno cum suâ vigiliâ, & cum adjutorio ad opera Ecclesiæ sanctæ Mariæ, absolvimus de unâ medietate acceptæ pœnitentiæ usque ad unum annum, vel datarum, in quo dedicatio celebrabitur præfatæ Ecclesiæ.

Notum autem sit omnibus advenientibus præsentibus & absentibus, quòd omni anno absolutio, quæ facta fuit in dedicatione Ecclesiæ sanctæ Crucis, celebrabitur annuâ recursione in Inventione sanctæ Crucis, quod est v. Nonas Maii : & per singulos annos ipsa absolutio jam dicta erit omni tempore, si ita venerint pœnitentes, ut est præscriptum, cum suâ scilicet vigiliâ, & cum adjutorio ad opus Ecclesiæ jam dictæ. Adjutorium autem tale sit quatenùs possunt, III. denarios ad minus : & qui plus, VI. aut v. potentes autem XII. aut amplius. Oportet autem considerare illos qui adjutorium præstiterint, quàm magnam indulgentiam & absolutionem peccatorum accepturi erunt pro tam parvo dono exigui adjutorii.

Sane si infirmitas corporalis impedierit, ut non possint venire tempore quo prædiximus, mittat unusquisque hominem aut feminam cum suâ vigiliâ, & cum jam dicto adjutorio, & valebit ei tantum quantum si ipse veniret. Sicut absolvimus masculos, ita etiam & feminas quæ ita venerint ad dedicationem, quemadmodum est suprà statutum. Et si in toto illo anno mortui vel mortuæ fuerint, sint absoluti vel absolutæ ex parte omnipotentis Dei, & omnium Sanctorum, & ex nostrâ, ab omnibus peccatis majoribus & minoribus de quibus sunt confessi, & habent acceptam pœnitentiam. Ipsis autem oratoribus qui cum suâ Vigiliâ venerint ad Ecclesiam sanctæ Crucis, fundatam in supradicto Cænobio Montis-majoris, si quis per viam, aut extrà viam aliquam injuriam fecerit, & in veniendo aut in revertendo, aut aliquid eis tulerit, aut eos deviaverit, sit maledictus & excommunicatus hîc & in perpetuo, & in futuro sæculo ex parte omnipotentis Dei, & sanctæ Mariæ, & sancti Petri Apostolorum Principis, & omnium Sanctorum ; & ex nostrâ, nisi emendaverit per congruam pœnitentiam. Hanc siquidem absolutionem quam facimus Ecclesiæ sanctæ Crucis, concedimus etiam omnibus Ecclesiis quæ fuerint constructæ infrà ipsam Insulam Montismajoris qualicumque tempore.

Igitur his ita gestis, quia petisti tibi scripto roborari simul cum nostrâ absolutione, ex parte nostrâ & nostrorum Canonicorum privilegia, quæ olim tui prædecessores ab Ecclesiâ sanctæ Sedis Romanæ promulgata assumpserunt, Mauringus scilicet religiosus valdè Abba & Monachus, necnon & Riculphus Abba & Episcopus, quatenùs ut nostro scripto firmata, & manibus roborata, omni tempore inconvulsa manerent à nobis & à nostris successoribus. Tuis porrò piis desideriis faventes annuimus, & nostrâ authoritate id quod expoposceras effectui mancipamus : & ipsa privilegia laudamus, & cum hac nostrâ absolutione scripto roboramus, ut inviolata & inconvulsa maneant jure perpetuo.

Equidem ut tradunt privilegia vestri locelli, & sancti Canones, non oportet per vim quemlibet Archimandritam, aut Metropolitanum sive Præsulem cathedram collocare in vestro Archisterio, nec ordinationem aliquam quamvis levissimam facere, nisi Clericorum, si voluerit habere Abba unà cum consilio Fratrum aut Ecclesiarum. Debent enim esse Monachi in Abbatis sui potestate. Et quando ipse Abba de corpore exierit, qui in loco ejus ordinandus est, judicio Congregationis eligatur & electione, non per nobilitatem generis vel parentum, nec per virtutem, nec per pecuniam, nec per electionem Comitis aut Comitissæ, aut alicujus potestatis vel personæ secularis ; sed secundùm Regulam sancti Benedicti : nec extraneus eligatur, sed unus ex Congregatione, quem Fratres aptum præviderint ad regendam curam animarum. Et officium hujus electionis non præsumat sibi vindicare Episcopus, aut Comes, aut Vicecomes, aut aliqua sæcularis potestas. Electus igitur à Fratribus qui succedere debet loco defuncti Abbatis, ducatur ab ipsis Fratribus, qui eum elegerunt, ante Pontificem Summum, & benedictionem percipiat ab ipso Pontifice cum adunatione fidelium. In ipsâ autem electione nulla sit diversitas Monachorum, nec discors voluntas ; sed unus amor, una concordia, una voluntas laudationis, ut in domo Dei cum uno consensu Pastor eligatur ab ovibus.

Caveat quidem Abba ne prodigè expenset aut inutiliter tractet res Monasterii cui præficitur Pastor, quas alii Abbates circumquaque aggregaverunt ad honorem Ecclesiarum ipsius loci vel Monasterii, in auro videlicet & argento, & palliis, & libris, & fascitergis, & universis vasis Ecclesiæ pertinentibus, & pannis lineis & laneis. Nempe res, quas præscripsimus, alii Abbates vel Monachi, sive fideles laïci, cum magno ingenio & labore acquisierunt, & Domino Deo & Sanctis ejus dando consecraverunt : res autem Domino semel consecratæ nullatenus debent, ut referunt sancti Canones, redigi sub sæculari potestate. Si obser vaverit nostram admonitionem, ex parte omnipotentis Dei, cui animam debet reddere post mortem, tam suam quàm Monachorum, quibus præfectus est Abba, & omnium Sanctorum, &

ex nostrâ habeat perennem benedictionem, & animæ suæ absolutionem. Quòd si prævaricatus fuerit non observando, damnetur à Deo vivo & vero hîc & in perpetuo, & mancipetur anathematis vinculo, & accusetur ante Deum anima ejus à S. Benedicto, qui dicit non solùm de Abbate, sed etiam de Cellerario, quem præcepit esse ut Patrem omni Congregationi, non sit prodigus exstirpator rerum Monasterii ; & ex nostrâ parte sit in præsenti excommunicatus, & à liminibus sanctæ Ecclesiæ segregatus, & à consortio Christianorum in præsenti vitâ & post mortem separatus.

Ut diximus de rebus Ecclesiasticis, similiter etiam dicimus & de terris pertinentibus præscripto Monasterio, ut nec vendat nisi causâ necessitatis, nec donet tali, cui non possit tollere, & qui servitium sibi impendat & Monachis. Quòd si aliter præsumpserit, præscriptam censuram accipiat ante Conditorem omnium, cum cœperit reddere unicuique meritum secundùm opera sua. Laïcos autem homines vel potentes, qui injustè invadunt, vel per suam potentiam tenent terras S. Petri Montis-majoris sine donatione Abbatis & voluntate Monachorum, implicamus excommunicando vinculo anathematis, nisi ad emendationem venerint.

Poncius Archiepiscopus firm. Amelius firm. Aralas firm. Durandus firm. Gaufredus firm. Ansebertus firm.

Raimbaldus Archiepiscopus. Augerius firm. Engoaldus firm. Ponc. Agarnus firm. Bermundus firm. Rainaldus Clericus firm. Volveratus firm. Atenulphus firm. Willelmus, Joannes, Gencius firm.

Donatio HELDEBERTI *Episcopi Avenionensis,* & ROSTAGNI *viri nobilissimi ac uxoris ejus.*   Anno MI.

IN nomine JESU-CHRISTI, veri æterni Dei, HELDEBERTUS Avenionensis Ecclesiæ humilis Episcopus, ejusdem JESU-CHRISTI servus, & ROSTAGNUS nobilissimus vir cum uxore suâ Beletrude, & filiis Petrone Clerico & Bertranno, & Rostagno seu Emenone. Veteris ac novi conclamat series Testamenti, eos qui terrena dona pauperibus tribuunt, atque de suis opibus in Ecclesiâ Dei militantes sustentant, ab eo æterna præmia recepturos, qui in judicium veniens suis dilectis dicturus erit : *Venite benedicti Patris mei, percipite regnum quod vobis paratum est ab origine mundi.* Quod verum esse non ambigit, qui subtili indagatione mente pertractat, quòd in Evangelio veritas jubet : *Date,* inquiens, *eleemosynam, & ecce omnia munda sunt vobis.* Et iterum : *Thesaurizate vobis thesauros in cœlo, ubi nec arugo, neque tinea demolitur ; & ubi fures non effodiunt, nec furantur.* Et quod bonus pater prudenti filio intulit dicens : *Eleemosyna à morte liberat, & non permittit hominem ire in tenebras.* Et quod quidam Sapiens dicit : *Redemptio animæ viri, propria divitia.* His igitur animadversis, ut arbiter totius Orbis nostris animabus in die tremendi examinis dignetur misereri, atque per intercessionem servorum Dei in illâ mansione, quâ Regis Regum conspectu perfruitur, suorum efficiat consortes fidelium.

Donamus Monachis qui in Cœnobio S. Andreæ & S. Martini, quod esse constat infrà nostram diœcesim in monte Andaone super flumen Rodani, modò famulantur Deo, & futuris temporibus illic divinum egerint ministerium, aliquid ex rebus nobis commissæ Ecclesiæ, id est, Ecclesiam sancti Petri quæ est in comitatu Avenionensi in Alieraco minore, cum omnibus quæ ipsi Ecclesiæ & ipsi villulæ attinere seu pertinere videntur, damus eis potestatem semotâ

Matth. 25. 34.

Luc. 11. [ ]
Matth. 6. [ ]

Tob. 12. [ ]

Prov. 13. [ ]

omni inquietudine tenendi & possidendi. Præcipio enim ut Abbas & Monachi, qui sub eo in eo Monasterio manserint, prædictam Ecclesiam cum suprascriptis rebus obtineant, & per singulos annos in festivitate sancti Petri, Pontifici Avenionensis Ecclesiæ tres solidos fideliter in censum persolvant. Si igitur evenerit, ut aliquis ex successoribus nostris, seu quislibet homo, aut ulla oppolita persona hanc donationem nostram surgat ad irrumpendum, quod tentaverit non vindicet, sed omnipotentis Dei iram, & maledictionem percipiat, & cum Juda traditore, & Dathan & Abiron, quos terra absorbuit, in inferno demergatur, & sit anathema maranata; & insuper sciat se excommunicatum, & à liminibus sanctæ Ecclesiæ separatum à beatis Apostolis Petro & Paulo, & à beato Andrea, cujus donationem irritare præsumsit. Et ut hoc testamentum in futuris temporibus inconvulsum obtineat vigorem, manibus Canonicorum meorum insigniri jussi. Actum publicè Avenione undecimo Calendas Octobris, Anno Dominicæ Incarnationis millesimo sexto, Indictione quartâ.

Signum Heldeberti humilis Episcopi, & Rostagni, qui hoc testamentum scribi & firmari jusserunt.

Signum Durandi Presbyteri.
Signum Ranulfi Levitæ.
Signum Annoni Presbyteri.
Signum Barangarii Presbyteri.
Signum Radfredi Presbyteri.
Signum Annoni Presbyteri.
Signum Pontii Presbyteri.
Signum Geronimi Presbyteri.
Signum Amblardi Presbyteri.
Signum Santoni Presbyteri.
Signum Ademari Presbyteri.
Signum Danielis Presbyteri.
Signum Warnerii Levitæ.
Signum Aicardi Levitæ.
Signum Poncioni Levitæ.
Signum Petri Clerici.
Signum Bertranni.
Signum Rostagni.
Signum Emenoni.
Subscripsit Poncius Comes.
Subscripsit Rostagnus filius Emenoni.
Raymundus subscripsit.
Donavit atque firmavit Lautaldus.
Subscripsit Umbertus filius Bertranni, donavit atque firmavit.

Testamentum GIRUINI & uxoris ejus CONSTANTIÆ.

Auctoritas etenim jubet Ecclesiastica, & lex consistit Romana, ut quicumque rem suam in qualicumque potestate transfundere voluerit, per paginam testamenti eam infundat, ut prolixis temporibus secura & quieta permaneat. Quapropter ego GIRUINUS & uxor mea CONSTANTIA, quo filio nostro nomine. Acardo donamus ad Monasterium constructum in honore S. Andreæ atque beati Martini in monte Andaone super fluvium Rodani, ubi domnus Martinus Abbas præesse videtur, sive ad Monachos qui ibi Deo famulantur, omnem hereditatem nostram quam visi fuimus habere aut possidere in pago Advenico in villâ Marmanicas, &c.

Facta carta ista in Monasterio S. Andreæ in mense Novemb. die Dominico, Anno incarnati Verbi millesimo sexto, Indictione quartâ.

Signum Giruini qui hanc donationis cartam fieri & firmari rogavit.

Signum Constantiæ uxoris ejus, quæ voluit & consentit.
Signum Alardi filii ejus firmavit.

PONCIUS Gabalitanensis & Forensis Comes fundat Ecclesiam Canonicorum Colidensium.

IN nomine sanctæ & individuæ Trinitatis PONCIUS divinâ annuente gratiâ Comes eximius Gabalitanensis telluris, necne Forensis patriæ, vitâ & moribus præclarus, ingenio excellentissimus, considerans casum fragilitatis humanæ, ut pius & misericors Dominus immanitatem criminum meorum misericorditer minuere dignetur in præsenti sæculo, & vitam æternam tribuere in futuro, seu etiam pro animabus genitorum meorum Stephani & Alaiz & uxoris meæ Theotberganæ, & filiis meis Stephano & Poncio; vel fratribus meis Bertrando & Villelmo, & nepotibus meis Stephanum, Rotbertum atque Vilelmum, cunctisque propinquis & parentibus nostris, amicis quoque & inimicis, vel fidelibus nostris, omnibusque fidelibus Christianis vivis atque ab hac luce subtractis; Reddo Creatori omnium Domino Regi Regum & Domino dominantium, necnon & cedo gloriosissimo Martyri Juliano sacrosanctæ Dei Ecclesiæ Brivatensis vici fundatæ honorabiliter quiescenti, aliquid ex meis rebus, quæ mihi jure propinquitatis legitimo ordine successerunt, hoc est Ecclesiam quæ vocatur proprio nomine *Langat* cum omni decimâ, vel appendiciis suis, & in Comitatu Gabalitanense aliam Ecclesiam, quæ nominatur Favairolas cum omni integritate, vel quantum ad ipsum aspicit vel aspicere videtur, cum omnibus decimis & donariis, sive oblationibus, vel sepulturis ibidem conferentibus, cum campis simulque & pratis, cunctisque rebus ad eamdem Ecclesiam pertinentibus; & in Vicariâ Brivatense non longè ad locum prælibati Martyris villam, quæ nominatur *Colide*, cum omni suâ integritate, cum campis & pratis, cunctisque adjacentiis ad ipsam respicientibus, omnipotenti Deo reddo sanctoque Juliano, ut à die præsenti & deinceps omnes res supraescriptas sub tuitione ac potestate sanctissimi Martyris Juliani, & Canonicorum ibidem Christo militantium, sint omni tempore & in communi victu seu usu Canonicorum Brivatensium sine ullâ controversiâ.

Sanè si ulla aliquando persona, quod minimè fore crediderim, ulloque tempore surrexerit, sive Rex, Comes, sive Episcopus, vel Abbas, seu aliquis Præpotens, nobilis aut ignobilis, omnis sexûs, utriusque ordinis, qui contrà hæc statuta à nobis facta, sive adversùs Canonicos prædicti Martyris propter hanc cessionem aliquam calumniam inferre aut excitare voluerit, nisi resipuerit, & ad satisfactionem venerit, iram Dei omnipotentis incurrat, & Sanctorum omnium intercessionibus careat, & quamdiù advixerit, in hac vitâ de malo in pejus jugiter attenuetur; & petitio ipsius nullum habeat effectum; sed insuper auri optimi libras C. coactus exsolvat: & postquàm indignam vitam dignâ morte finierit, cum superbo divite & cum Judâ proditore Domini, & cum Datan & Abiron, & cum eis qui dixerunt Domino nostro JESU-CHRISTO, *Recede à nobis*, in inferno particeps in omnibus poenis efficiatur. Insuper etiam si ullus Præpositus, vel Abbas aut Decanus, aut qualicumque homo de stipendia Canonicorum beati Martyris Juliani aliquo ingenio voluerit abstrahere, cum supradictis nequissimis valeat in infernum teterrimum participes esse.

Hoc quod exaratum est manu propriâ firmavit &

designavit Theotberga Comitissa pro animâ Senioris sui Poncii Comitis, & pro animabus filiorum suorum; Stephanus Vice-Comes quod factum est consensit; Signum Rotberti Vice-Comitis S. W. fratris sui, S. Amblard, S. W. S. Giraldo Præposito, S. Beraldo Præposito. Acta sunt autem hæc anno jam pene finito x. post millesimo, indictione IX. Epactâ XIV. mense Februarii, Feriâ II. Lunâ xx. sub-Imperio Rotberti Clarissimi Regis Francigenâ sive Aquitaniani.

ná prædictum Monasterium; aut Abbates, seu Congregationem inquietare, molestare, disvestire, aut fodrum tollere, seu legem facere, aut placitum tenere, nisi Abbas ejusdem loci; aut suis Missis, præsumat. Si quis autem hujus nostræ corroborationis paginæ violator exstiterit, sciat se compositurum auri optimi libras mille, medietatem, cameræ nostræ, & medietatem Abbati, suisque successoribus. Quod ut verius credatur, & nunc, & in posteris ab omnibus . . . . & manu propriâ roborantes, sigilli nostri impressione jussimus insigniri.

An. MXIV. E veteri membranâ Archivii Ecclesiæ Bisuntinæ.

Sanctus HENRICUS, PETRO *Episcopo & Abbati S. Michaëlis - in Porcariana, bona sua & jura confirmat, anno 1013. post profligatum Arduinum Italiæ Regni invasorem: vel certè anno 1014. ante Pascha, quo die acceptis à Romano Pontifice Imperii insignibus cœpit esse Imperator.*

IN nomine sanctæ & individuæ Trinitatis HENRICUS divinâ favente clementiâ Rex. Dum uniuscujusque regimen oportet rectitudinis moderari habenis, regalis culmen honoris tanto liberaliùs, atque prolixiùs operam suæ desudationis justitiæ impendere debet, & maximè in statu Catholicæ Ecclesiæ, quanto se videt à Domino divinitùs sublimari. Proinde omnium sanctæ Dei Ecclesiæ nostrorumque, præsentium ac futurorum fidelium comperiat solertia, domnum Petrum religiosum Episcopum, & Abbatem Monasterii sancti Michaëlis, in loco Porcariana dicto constructi, nostræ pietatis clementiæ & misericorditer adiisse, quatenùs ob æternæ remunerationis præmium, nostræque animæ remedium, jam dictum Monasterium, in cacumine montis situm, nostrâ præceptali auctoritate, & stabilitate corroboraremus, & confirmaremus. Cujusque sacris precibus, spe futuri emolumenti prospicientes, atque faventes, propositum Cœnobium, cum alpibus, & omnibus sylvis, campis, ædificiis, cæterisque appendiciis, per tria milliaria in circuitu ipsius ex omni parte positis, seu cum castello & corte de Clavasce, quam Ugo Marchio ad eumdem sanctum & venerabilem locum pro suæ animæ remedio dedit, & tradidit, cum omnibus suis pertinentiis eartâ propriæ donationis; atque Castaneto, Cácià, Breteneso Villarez quæ dicitur Castello, Curtes, Maliasco, Sablonem, cæterisque rebus, quas Arduinus Marchio, filius Otonis, ad donationem jam præfatum: cum cellulis, & Ecclesiis, & universis aliis rebus mobilibus & immobilibus, quæ nunc habere videntur, & in sequenti ibidem Deus augere voluerit, præfato Abbati, & sanctæ Congregationi in eodem loco Deo famulanti, suisque successoribus, nostrâ præceptali corroboratione confirmamus, atque (prout justè, & legaliter possumus) stabilimus, & corroboramus. Eo videlicet ordine, quo ipse Abbas, & Congregatio sibi commissa, suorumque successores Monasterium cum omni integritate, intrinsecùs, & extrinsecùs habeant, teneant, firmiterque possideant; nostrâ, nostrorumque successorum, & omnium hominum semotâ inquietatione, & contradictione, seu diminoratione.

Concedimus insuper, & largimur ipsius sancti loci Congregationi, habendi licentiam eligendi Abbatem, moribus probatum, præceptis Christi, & Regulâ sancti Benedicti adornatum. Præcipientes igitur jubemus, & hac nostra præceptali auctoritate sancimus, ut nullus Dux, Archiepiscopus, Episcopus, Marchio, Comes, Vicecomes, Sculdascius, Gastaldio, nullaque nostri Regni magna, parvaque persona

RICHARDUS *Marchio Normanniæ multa confert Ecclesiæ Carnotensi, ut detrimenta quæ ipsi intulerat, resarciat.*

An. MXIV. E MS. Eccl. Carnotensis.

REgnante Domino JESU-CHRISTO in perpetuum, anno Incarnationis ejus post mille XIV. Indictione XV. & Roberti Regis Francorum anno XXVI. Ego Richardus Marchio Normanniæ sollicitè pro captu meo retractans, quanto me Deus honore & potentiâ post antecessores meos suâ gratiâ sublimaverit; animæ meæ valde necessarium judicavi, ut quâdam bonorum meorum parte, quia de toto filiorum, necnon & affinium meorum causa prohibebat, Ecclesiæ Dei facultates augerem, certus quia sic facientem cœlestia manent. Notum igitur esse volo omnibus Christianis, tam præsentibus quàm futuris, qualiter Ecclesiam sanctæ Dei Genitricis Carnotensem esse non tulerim meæ largitatis expertem, tum opitulandi gratiâ quam apud Deum præ omnibus habet, tum injuriæ causâ non modicæ, quàm in vicinia ejus graviter exercueram, quatenus aliquantula satisfactione placata pro animabus nostris vel parentum nostrorum, ut verè piissima est, intercedere dignetur.

Dono itaque pari voto & communi favore, necnon & affinium meorum, & de jure meo in propriam ditionem Dei, cujus omnia sunt, & sanctæ MARIÆ Carnotensis perpetualiter habendâ transfundimus donatione directâ. Videlicet in Abroacensi Comitatu Ebrardivillam totam cum Ecclesiâ, & decimam venationis de silvâ quæ dicitur Bortis. Et in eodem pago Ebroacensi Solam de Hauvillâ, & in Lisvino Ecclesiam de Bonavillâ, & in eodem territorio Anglicsam villam totam cum Ecclesiâ, & Runtiam villam totam cum Ecclesiis, & Ecclesiam de sancto Juliano cum duobus membris appendentibus.

Hæc ita dono pro qualitate peccatorum nostrorum modica, pro excellentia verò sanctæ MARIÆ, ferè nulla, prædictæ Ecclesiæ confisi de immensâ Dei bonitate & ejusdem matris suæ clementiâ desiderantissimè tradimus, omni consuetudine nostrâ vel inquietatione penitus dimissâ, ut piis ejus meritis adoptemur sempiternæ hereditati. Quatinùs autem hæc donatio perpetuâ sit stabilitate subnixa, litterarum exinde notitiam scribere mandavi, scriptam verò signo crucis & mei nominis roboravi, filiorum quoque & affinium, necnon & eorum quorum intererat, manibus corrobori, simul & nominibus insigniri præcepi. Datum XI Kal. Octobris, regnante Roberto Rege feliciter. Actum Rothomæ.

RODULFUS *Rex Burgundiæ approbat & auget quæ Monasterio S. Andreæ dederunt pater & mater Conradus & Mathildis.*

Anno MXV. E Chartulario S. Andreæ Vien.

IN nomine sanctæ & individuæ Trinitatis, RUDULFUS divinâ providentiâ serenus Rex. Justis fidelium nostrorum petitionibus acquiescere justum ducimus & honestum. Quâ de re notum sit omnibus Dei Ecclesiæ filiis, nostrisque fidelibus præsentialiter natis & in futuro nascendis, qualiter petente Irmingarde Reginâ conjuge nostrâ carissimâ, necnon Burchardo Archiepiscopo fratre nostro dilectissimo, sed & Utelino fidele nostro rogante reddimus Monasterio sancti Andreæ in civitate Viennensi constructo, cui Hugo Abbas præesse videtur, Ecclesiam in honore sancti Simforiani dicatam in septimo, cum dotis & decimis & offerendis, & omnibus appendiciis, ut sicut pater noster memoriæ bonæ Chuonraradus Rex, & mater nostra Mathildis pro animâ suâ illud reddiderunt; ita nos pro animâ nostrâ illuc reddimus, ut omni tempore illic permaneat ad stipendia fratrum ibi Deo famulantium, in potestate & gubernatione Hugonis Abbatis & successorum ejus. Damus etiam in valle Ottensi quidquid Constantius ibi ædificavit per donum Aunuini Abbatis, eo ipso modo ut superiora dedimus quæ sunt sancti Andreæ. Volumus ergo ut in pace locus permaneat cum omnibus pertinentiis suis, nullâ alienâ potestate gravatus. Ut hæc à nobis facta credantur, & à posteris nostris non frangantur, manu nostrâ roboravimus, & sigillari jussimus. Signum Domni Ruodulfi Regis. Paldolfus Cancellarius recognovi. Data pridie Idus Aprilis anno Incarnationis Domini M.XV. regnante Domino Ruodulfo Rege anno vicesimo. Actum Aquis.

Epistola FULBERTI Carnotensis Episcopi.

FULBERTUS *Carnotensium Episcopus H. salutem ab illo qui mandat salutes Jacob.*

Epistolari brevitate coactus interrogationi tuæ compendiosè respondeo. De Ecclesiasticis rebus » Hieronymus dicit ad Nepotianum : » Amico quid- » piam rapere furtum est, Ecclesiam fraudare sacrile- » gium est, accepisse pauperibus erogandum, & esu- » rientibus plurimis, vel cautum esse, vel timidum, » aut, quod apertissimi sceleris est, aliquid exinde » subtrahere, omnium prædonum crudelitatem su- perat. « Item ad Pammachium : » Ubi ditior est » largitore cui largiendum est : pars sacrilegii est, » rem pauperum dare non pauperibus. « Unde Isi- » dorus : » Magnum scelus est res pauperum præsta- » re divitibus, & de sumptibus inopum acquirere » favores potentium. » Considera itaque quia nullum scriptura excipit, non Episcopum, non Abbatem, non aliquem domûs Dei Oeconomum. Quisquis sibi commissa Ecclesiæ bona subtrahit, intelligat se jam non pastorem, sed invasorem esse, omnique prædone crudeliorem, furemque domesticum ac familiarem inimicum. Qui enim ea quæ solis omninò pauperibus eroganda suscepit, in alienos usus temerè dilapidat, non vult in deserto hujus sæculi turbam pauperum esurientem reficere, sed cum sceleratissimo Juda loculos sibi constituit, & ea quæ in pauperum cibos aggregamus, fur improbus asportat. Debent quippe nosse Sacerdotes, Ecclesiarum substantiam pauperum esse non suam, nec abutantur in tyrannicæ effusionis morem, creditam sibi degentium dispensationem. Unde Hieronymus dicit ad Pauli- » num : » Jam tunc non sunt tua quæ possides, sed » dispensatio tibi credita est. Memento Ananiæ & » Saphyræ. Illi timidè sua servaverunt, tu confide- ra ne Christi substantiam imprudenter effundas, » id est, ne immoderato judicio rem pauperum tri- » buas non pauperibus, & secundùm dictum pru- » dentissimi viri, liberalitate liberalitas pereat. « De- bémus quoque considerare, quid cui tribuendum

sit, sicut idem paulo superiùs ad eumdem scribit. Præter victum & vestimentum, & manifestas ne- « cessitates, nihil unquam alicui tribuas, ne filio- « rum panem canes comedant. « Sicut ergo pium « est & justum bona Ecclesiæ servare solummodò ad opus pauperum & captivorum, ita sacrilegum est in propriam voluntatem, & in alienos usus distri- buere, & à Christianâ devotione semotum. Quod ipse quoque Hieronymus testatur in Matthæum : Omnes qui stipendia Templi, & his quæ conferun- « tur ad usus Ecclesiæ abutuntur in aliis rebus, qui- « bus suam expleant voluntatem, similes sunt Scri- « barum & Sacerdotum redimentium mendacium « & sanguinem Salvatoris. » Scire debet itaque pia sollicitudo Pastorum, quia nihil omninò agere debent de rebus Ecclesiarum sine consilio & consensu subditorum, quoniam, prudentiæ eorum commissum est ministrandi officium, non dispergendi arbitrium.

His prælibatis, ad vasa Ecclesiæ veniamus, de quibus potissimùm interrogas. Cum enim dicatur sacrilegium incurrere qui aliquid de bonis Ecclesiæ in expletionem voluntatis suæ contraxit, perpendere potes, quantum delinquit qui vasa sacris dicata mysteriis abstulerit.

Primùm, si tanta pauperum & captivorum necessitas incumbit: tribuenda sunt cætera quæ in thesauris Ecclesiæ reposita sunt, deinde ipsa vasa frustratim comminuenda sunt, & in operibus misericordiæ eroganda. Unde dicit Ambrosius in libro de Officiis. » Aurum Ecclesia habet, non ut servet, « sed ut eroget, & subveniat in necessitatibus. Quid « opus est custodire quod nihil adjuvat ? An igno- « ramus quantum auri & argenti de Templo Domi- ni Assyrii sustulerunt ? Nonne meliùs conflat Sa- cerdos propter alimoniam pauperum, si alia sub- sidia desint, quàm sacrilegus contaminet, & a- sportet hostis ? « Et post pauca : » Numquid di- « ctum est sancto Laurentio : Non debuisti erogare « thesauros Ecclesiæ, vasa Sacramentorum vendere? « Opus est, ut quis fide sincerâ & perspicaci providentiâ manus hoc impleat. Sanè si in suum aliquis derivet emolumentum, crimen est ; sin verò pauperi eroget, captivum redimat, humandis fidelium reliquiis spatia amplificet, misericordia est. In his tribus generibus vasa Ecclesiæ etiam initiata « confringere, conflare, vendere licet. » Breviter mihi depinxisse videtur quid agendum sit de rebus Ecclesiæ. Sed neque licitum est de Ecclesiâ tutelâ vasa sacra abstrahere, & aliquorum manibus loco vadimonii tradere, sicut idem quoque testatur : » Opus « est ut de Ecclesiâ mystici poculi forma non exeat, « ne ad usus nefarios sacri calicis ministerium trans- « feratur. Ideo intra Ecclesiam primùm quæsita sunt vasa quæ initiata non essent : deinde comminuta postremò conflata, per minutas erogationes dispensata egentibus, captivorum pretiis profece- runt. «Quòd si forte nova, & quæ nundum initiata videantur, in hujusmodi, quos supradixi, usus omnia arbitror piè posse converti. Priùs ergo usuale argentum in supradictis necessitatibus distribui debet, sicut Beatus Gregorius dicit Domino Episcopo Messanæ : » Fraternitas vestra multùm debet « esse sollicita, ut si quidem in Ecclesiâ vestrâ usuale « argentum sit, prius illud erogetur in redemptione « captivorum : alioquin de sacratis vos vasis præbe- « re necesse est. Nam sicut omninò grave est frustra Ecclesiastica venumdare ministeria, sic itemum culpa est imminente hujusmodi necessitate, res etiam desolatæ Ecclesiæ captivis suis præponere, & in eo- rum redemptione cessare. « Item idem Fortunato « Episcopo Phanensi : » Sicut reprehensibile, & ul-

Sicut qui res Ecclesiæ pro arbitrio impendit sacrilegium contrahit ; ita qui vasa sacra aufert.

Lib. 2. cap. 28. sub init.

Ibid. sub med.

Ibid. paucis interjectis.

Lib. 6. Epist. 35. Varia est lectio in editis.

Ibid. Epist. 13.

» tione dignum est, sacrata quemquam vasa, præter
» in his quæ lex & sacri Canones præcipiunt, venum-
» dare; ita nullâ est objurgatione vel vindictâ plecten-
» dum, si pietatis causâ pro captivorum fuerint redemptione distracta. « Notandum quòd Beatus Gregorius dicit, quia omninò grave est frustrà Ecclesiastica ministeria, id est, candelabra, thuribula, &
cætera hujusmodi venumdare; nisi præter illa tantùm, quæ lex & sacri Canones præcipiunt, scilicet
pro redemptione captivorum, & eleemosynis nihil
penitùs habentium. Qui ergo in alia expendit, contrà Canones facit. Unde etiam sacerdotali dignitate
quisquis ille est, noverit se indignum, juxtà ejusdem Papæ sententiam scribentis Joanni Episcopo
» Larissæo : « Consonâ sanctis Patribus diffinitione
» sancimus, ut qui sanctis nescit obedire Canonibus,
» nec sacris administrare, vel communionem cape-
» re, sit dignus altaribus. «

Lic. 2. Epist. 7. ante fin.

Ex superioribus itaque, quantum conjicio, perpendere potes quia si omninò grave est, vendi ea scilicet, quæ minora sunt Ecclesiæ ministeria sine certâ necessitate, sacrilegium est, & omninò gravissimum absque maximâ pauperum indigentiâ, excel-
lentiora illa, videlicet vasa sacrata & cruces venumdare. Quapropter noverint omnes ministri Ecclesiæ,
quia gregi cui præsunt, ut puta his qui sunt pauperes Christi, scilicet Monachis, & Canonicis Regularibus, vel Religiosis quibusque communiter viventibus, priùs omnia necessaria ministrare modera-
tâ distributione debent : id summopere præcaventes, ne nimium prodigâ superfluitate talis necessitas
proveniat, quæ thesauros Ecclesiæ expendi compellat. Si enim immoderatè effundunt, peccant ; quia
inconsiderata effusio totius domûs ruinæ est. Enimverò cæteris in operibus misericordiæ distributis, si
tanta necessitas obvenerit ; ut aliquod vas Ecclesiæ
capiendum sit, ad hoc tantummodo alteri Ecclesiæ
venumdari potest, ut in ipso idem officium quod
antea celebretur, & ex ipsâ pecuniæ distractione a-
liud in loco ejus restituatur, vel pauperibus erogetur. Ita ergo, ut prædiximus, vendi potest, aut secundùm supradicta Sanctorum Patrum testimonia in
frusta comminui ; sed incongruum est, ut in vadimonium ponatur. Etenim sæculares personæ inhabi-
tatam reverentiam sacris mysterii nesciunt impendere,
quoniam hic usus non est eis commissus. Fortasse
autem contingere potest, ut propè arcam, vel in
eâ domo in quâ vasa abscondita sunt, committantur adulteria, & fornicationes, & ea crimina quæ
iram Dei provocant. Nam cum in historiâ Regum
legimus Ozam, eo quod calcitrantibus bobus Arcam Domini tetigerit, illicò interiisse. Et in Leviti-
co præceptum sit Aaron & filiis ejus, ne permitterent filiis Caah vasa sanctuarii ferre, vel tangere,
ne forte perirent de medio Levitarum ; quomodo audet quispiam extrà Ecclesiam suam cuicumque personæ, sive Clerico, sive Laïco aram Christi,
vel sepulchrum ejus, in vadimonium dare ? Quid
enim Crux est, nisi ara Christi ? Et quid Calix, nisi
sepulcrum ejusdem Domini nostri ? Qui ergo aram,
& sepulcrum in vadimonium ponit, cum Judâ Christum vendit : & qui in vadimonium accipit, cum
militibus ne Christi resurrectionem & gloriam, quam
ad sepulcrum Domini viderant, prædicarent, pecuniam à sceleratis Judæis suscipit. Legimus quoque in
Daniele Regem Gentilem Balthasar, eo quod in vasis, quæ de templo Domini pater ejus sustulerat,
concubinis suis potum ministraverit, subitò manum
scriptitantem vidisse, & de scripturæ interpretatione cognovisse mortem sibi instare, & divisionem
Regni sui.

Ego ipse, ut de præsentibus interim loquar, unum
tibi breviter exempli causâ proferam quod nuper audivi, nescio an ad te quoque fama pervenerit. Accidit in Britanniâ minori quoddam miraculum. Nam
quidam nummularius vasa Ecclesiæ sibi loco vadimonii in arcâ repositâ servabat ; casu pueri parvuli
super eamdem arcam ascenderunt, qui illicò in
amentiam versi sunt ; sed & canes forte ascenderant,
& in rabiem efferati fuerunt. Sensit dominus ultionem divinam esse, eo quod vasa sacrata non his de-
putanda locis, vel pactis, pro accommodatâ pecuniâ accepisset, nimiumque perterritus fugit ad Ecclesiam, quid factum fuerat omnibus intimavit, &
sacra vasa quantociùs à se emisit ; non minori formidine, quàm olim Philistii Arcam fœderis Domini propter imminentem cladem à se expulerunt. Quæ res
adeò terræ incolas exterruit, ut sceleratiorem quolibet Idolatra prædicent, qui sacra vasa deinceps in
vadimonium posuerit, vel acceperit. Perpende ergo
quanta culpa sit vasa de sinu Ecclesiæ rapere, & sæcularium manibus committere.

Caveant itaque Prælati Ecclesiæ, ne res sibi commissas, & suspectam pauperum dispensationem negligenter tractantes, incurrant detrimenta animæ
suæ. Audivi enim de quibusdam Episcopis, sicut in
quâdam epistolâ me scripsisse tibi memini, quia sæcularia arma complectuntur, & militares copias pretio conducunt, & alia similia nequaquam eis convenientia sequuntur. De quibus non ego sed Pro-
pheta : *Principes*, inquit, *vestri socii furum*, qui *Isai. 1. 13*
sibi creditam Ecclesiarum substantiam in supradictos
usus nefariè effundunt. Spreto quippe Episcopali officio, ea appetunt quæ omnimodò fugere oporteret.
Unde consilio meo Prælati quique in quantum prævalent, omnes à se occasiones abjiciant, quibus qui
innumera damna filiis suis & rebus Ecclesiasticis provenire solent, ut benè ministrantes ab eo mercedem
recipiant, cujus & locum tenent, & vestigia sequi
deberent. Vale.

Dos facta in consecratione Ecclesiæ sancti Mar- *Anno MLXI.*
tini in monte Anduone, à STEPHANO *&*
uxore ejus GARSINNE, *& à Comitissâ To-*
losæ EMMA, *ac filio ipsius* PONTIO.

ALmiflui Architecti sapientia cuncta adinvenit
suâ prudentiâ, cum primùm caduci orbis poneret fundamenta, creans omnia diversibiliter in
speciebus suis subsistentia, ut condito homine ei
traderet dominanda, eum rectitudine sui moderaminis arbitrioque suo constituens, ut amœna paradisi novus habitator possidens, perpetuæ inviolabi-
lisque beatitudinis jura teneret, si præceptis sui Conditoris obediret. At contrà Adversarius præceptis
Dei semper inimicus & contrarius ob invidiam hominis sui loco positi, jussis Rectoris parere cupienti,
per collegæ virulentum consensum, delectabili pomi
dulcedine transgredi suasit Omnipotentis præceptum. Quia ergo mors dominata erat, surdâ aure
transgressus est qui jam perierat ; atque ut meruerat expulsus est extrà januas paradisi, & cœpit possidere tribulationes & ærumnas hujus regni. Mors
namque quæ jam cœperat dominari in eum, retorsit & in suis sequacibus amplificavit sua jura suprà cunctis mortalibus, atque dominata per longa
tempora, boni malive rapiebantur ad pœnam. Omnipotens autem cujus creatura deperierat, & sponte
se morti tradiderat ; adinvenit quâ arte recuperari,
& non jam mors sed vita quæ est Christus dominaretur, in similitudine sui plasmæ factus est verus
homo ; ut pereuntes animas redderet Deo patri suo,

multa paſſus redemit omnes à jugo diaboli, ut qui ante filii inimici, nunc vocarentur filii Dei. Regrediens verò ad ſupera regna miſit ſuos Doctores in univerſam terram, ut cunctis annuntiarent remiſſionem veram, & qui primo parenti dedit legem, ipſe per ora docet qualiter recuperari debeat amiſſa delectatio regni. Abeuntes ergo per cuncta loca, prædicationis impenderunt doctrinam cum virtute ſignorum, atque cum verbis opera miſcentes, idola diabolica deſtruentes, atque ut dignum erat loco iſtorum Eccleſias ædificantes; quia neceſſe erat ut expulſis dæmonibus, dominus inibi habitator haberetur. Per auditores verò & ſequaces Apoſtolorum doctrina ædificandarum Eccleſiarum replevit mundum.

Igitur quia imitatio eorum docuit nos conſtruere Eccleſias, & conſtructas neceſſe eſt benedici, utique nos in conſecratione ſanctiſſimi Confeſſoris Martini Eccleſiæ fundatæ in monte Andaone, in Monaſterio S. Andreæ, ſicuti mos eſt in conſecrandis Eccleſiis, † Ego Stephanus & uxor mea Garſinnis & filii mei Roſtagnus, Bertrannus, Beraldus, Stephanus pro amore & dilectione Dei omnipotentis, & remedium animæ meæ & animarum Tetbaldi & Ermengardæ; ut Deus omnipotens per interceſſionem Sanctorum dignetur miſereri, dono in dotem ad Eccleſiam S. Martini, quæ eſt fundata in monte Andaone ſuper fluvium Rodani aliquid de alode meo, quod eſt in comitatu Nemoſenſe, in valle Anagâ in villâ quam vocant Cavairaco manſum unum quem tenet Guibaldus, cum curte & exago ſuo, & cum ipſis arboribus, & cum omnibus quæ ipſi manſo pertinent vel pertinere debent, & faciant ipſi Monachi vel Advocati ſuprataxatorum Sanctorum liberam ac firmam in omnibus habentes poteſtatem. Si verò, quod abſit, evenerit ut ego, aut quilibet in meâ progenie, ſeu cujuſcumque dignitatis homo hoc donum moleſtare quolibet modo præſumperit, quod petit, non ſuæ poteſtati ſubjiciat, ſed iram Omnipotentis incurrat, anathematizetur à B. Martino cui hoc donum confertur, niſi ad emendationem venerit; inſuper verò componat in vinculo tantum & alium tantum, & deinceps hæc donatio valeat...

Factum hoc dotalitium in menſe Novemb. Anno Dominicæ Incarnationis milleſimo viceſimo quarto, Indictione ſeptimâ.

Signum, Ego Stephanus, & uxor ſua Garſinnis, & filii ſui Roſtagnus, Bertrannus, Beraldus, Stephanus, qui facientes hoc donum teſtibus firmare fecerunt firmum illorum manu.

Emenone ſubſcripſit.
Emenone rurſus ſubſcripſit.
Gonterius ſubſcripſit.
Ego Emma Comitiſſa & filius meus Pontius pro amore & timore Dei, & remedio animæ meæ dono in dotalitium ad Eccleſiam S. Martini manſum unum in Avenione civitate, quem tenet Petrus filius Brauceiohis.

Emma Comitiſſa ſubſcripſit.
Signum Pontii.
Signum Bertranni.
Barangerius ſubſcripſit.
Amicus ſubſcripſit.

Anno circ. MXXV. Ex Chartulario Mon. S. Andreæ Vienn.

ERMENGARDIS *Regina Eccleſiam S. Joannis donat Monachis S. Andreæ Viennenſ.*

OMnipotentis Dei dulciſſima bonitas benigniter per Prophetam clamat dicens: *Nolo mortem peccatoris, ſed ut convertatur & vivat.* Et quia omnes vult ſalvos facere, & ad vitam æternam perducere, præ-

cipit bona hujus ſæculi poſſidentibus, ut ex his quæ poſſident, amicos acquirant in præſenti vitâ, à quibus recipiantur in æterna tabernacula. Hæc & alia multa, ego ERMENGARDIS Regina ad mentem reducens divina monita, conſideransque innumerabilia peccata mea, in extremo fine poſita, pro redemptione animæ ſenioris mei Radulfi Regis, necnon & pro animâ meâ, ut nobis Dominus indulgeat quidquid peccavimus in præſenti vitâ, dono Deo & ſancto ejus Andreæ Apoſtolo, & Abbati Iterio, & Monachis ejus in Abbatiâ jam dicti Apoſtoli infrà mœnia urbis Viennæ conſtitutis, Eccleſiam ſancti Joannis in Albriniaco, & in Epiſcopatu Gratianopolitano, cum omnibus appendiciis, ſcilicet ut ab hac die Monachi prædicti loci pro redemptione animarum noſtrarum, omniumque fidelium in proprios uſus teneant & poſſideant abſque ullius inquietudine. Si quis verò huic noſtræ eleemoſynæ & donationi, quod futurum minimè credo, contrarius vel calumniator exſtiterit, niſi citò reſipuerit, iram omnipotentis Dei omniumque Sanctorum incurrat. Hæc verò noſtra donatio firma & ſtabilis permaneat per omnia futura ſæcula. Sig. Ermengardis Reginæ quæ hanc chartam fieri juſſit, & adſtantibus ibi firmare præcepit. Sig. Leudegarii Viennenſis Archiepiſcopi. Sig. Artaldi Præpoſiti. Sig. Wigoni Decani. Sig. Ricardi Presbyteri. Sig. Otmari.

GUILLELMI *Burgundiæ Ducis donatio facta Abbatiæ S. Andreæ Viennenſis pro ſalute Imperatoris.*

Anno MXXV. Ex eodem Chartulario.

PRo ſalute ſancti Imperii Romani ego GUILLELMUS Burgundiæ concedo prout poſſum, de regalibus aliquid Abbatiæ ſancti Andreæ inferioris, ſcilicet quartam ſalis omni ſabbato quæ mihi contingit: & hoc, ut Deus dirigat greſſus meos in viam mandatorum ſuorum, & poſt curſum mundanæ vitæ Domno Imperatori, & Vicario ſancti Petri Romanæ Sedis requiem ſempiternam concedat; & quamquam pauciſſima tribuens maxima requiram, hanc donationem facio, corroborante Domno Leudegarii Archiepiſcopi Viennenſis Eccleſiæ & Canonicorum ejus, anno dominicæ Incarnationis milleſimo vigeſimo-quinto.

LEUDEGARIUS *Archiepiſcopus prohibet ne Monachus uſurpet & ſibi attribuat reditus Obedientiæ, ſive Prioratus in quo degit.*

Anno MXXV. Ex eodem Chartulario.

ANno dominicæ Incarnationis milleſimo vigeſimo-quinto, LEUDEGARIUS ſanctæ matris Eccleſiæ Viennenſis Archiepiſcopus, miſerans ſancti Andreæ Cœnobium cum Abbate ipſius domno Yterio & Congregatione amore cœleſtis patriæ æternali exemplo viventium; conſtituo, ut de Obedientiâ de Moidiaco, de Gemmis, de Criſinciaco, nihil de placitis, nihil de manſis mutandis vel miniſtris, nihil de offerendis altaris & decimis dandis, nihil de molendinis, ſeu bathedoriis & telonariis, & cæteris hujuſmodi, aliquis obedientiarius in propriis uſibus deinceps quidquam habere præſumat; ſed in communi utilitate fratrum, prout Abbas juſte juſſerit, omnia omnino deputentur, quatenus in Cœnobio Abbati & fratribus proficiat immenſa populorum converſatio, & Dei fiat inibi dignè laudatio. Similiter ſtabilimus de Vitrofar de Maſiano omnimodo, niſi ibi Monachus aſſiduè manere habuerit. Tranſgreſſorem inventum hujuſmodi noſtræ conſtitutionis auctoritate Dei & noſtræ & ſancti Benedicti tam acriter judicari decernimus, ut cæteri metum habeant : & quicumque ad pristinum errorem quem constituimus, reduxerit, vel reducere certaverit, nisi resipuerit, anathematis vinculo auctoritate Patris & Filii & Spiritûs sancti indissolubiter alligamus ; & quandiù in prædicto transgressu prædicti Cœnobii Cœnobitæ manserint, cunctas auctoritates ipsorum prophanamus, ut irreligiosorum sæcularium regulæ obedire nolentium. Observantibus autem hæc, & communem vitam regulariter desiderantibus benedictionem & peccaminum absolutionem damus.

An. Chr. circ. *M. X X V.*

Conventus Procerum Viennensis civitatis, in quo nonnulla donantur Vagoni *& uxori ejus loco beneficii, ut Monachis inserviant, quamdiù vixerint.*

Qualiter venit ante præsentiam Domni Borchardi Archiepiscopi Viennensis civitatis, ante præsentiam Procerum tam Clericorum quàm laïcorum ejusdem civitatis, videlicet Domno Hugone Abbate, cum cuneo fratrum societatis sancti Andreæ, Domnoque Alamanno Præposito Decanoque, Domno Otgerio, cum coronâ Fratrum sancti Mauritii, adstantibus ibi Domno Eruyso, filioque ejus domno Subodo : Domnoque Rostagno, cum falangâ multimodâ virorum, ante quorum præsentiam venerunt Wago & uxor sua Eldela, quæ quondam fuit uxor Widonis defuncti, qui tenuit terram sancti Andreæ sanctique Maximi in modiatis & in mariatiis per condonamentum Eymoini Abbatis, Domnique Viventii Abbatis, atque Domni Hugonis Abbatis solummodo in vitâ Widonis, post discessum autem ejus cum omni melioratione ad casam Dei sanctique Andreæ, sine ulla tarditate deberent reverti : sed consentiente Domno Borcharco Archiepiscopo Viennensi, unâ cum Clero sibi commisso, cum consilio Procerum & laïcorum inibi adstantium, pro timore Dei & charitate Widonis defuncti, & ut Wago & uxor sua Eldela donent Deo sanctoque Andreæ, sanctoque Maximo, & Monachis ejusdem loci, de hereditate suâ, & serviant Deo, sanctoque Andreæ & Monachis, sicut servivit Wido cum magnâ honestate obediens ipsis Monachis omnibus diebus vitæ suæ. Quapropter donant Abbas Hugo Monachique sancti Andreæ ipsi Wagoni & uxori suæ Eldelæ medium Revestle in modiatis & in mariatiis villis, tali scilicet convenientiâ, ut quandiù Eldela vixerit, teneant & possideant unam medietatem de Revestle. Post discessum verò Eldelæ : sine ullâ tarditate sancto Andreæ & Monachis perveniant. Donantque Abbas Hugo & Monachi sancti Andreæ Wagoni & uxori suæ Eldelæ loco beneficii mansiones & terras de Bosleto, quas Wido tenuit loco beneficii. & vineam de Bolziaco : similitèr donant nomine beneficii, quæ fuit quondam Gottefridi.

Anno MXXVI.

Richardi *Nortmannorum Ducis III. Donatio propter nuptias* Adelæ *facta.*

Ineffabilis Dei Omnipotentis clementia non patiens manere imperfectum numerum Angelorum, apostatæ Angeli prævaricatione imminutum, hominem ad imaginem & similitudinem suam factum disposuit tenere in supernâ felicitate locum, quem Angelus per superbiam lapsus reliquerat vacuum ; cui homini ad propagandam posteritatis prolem, sociam ex proprio latere formavit mulierem, quò & unitas in utroque maneret conditionis, & duo in carne unâ jungerentur in progeniem posteritatis. Hoc enim sic approbatur verbis divinæ legis : *Propter hoc relinquet homo patrem & matrem, & adhærebit uxori suæ ; & erunt duo in carne unâ.* Unde patenter datur intelligi non quocumque modo vel fortuitu, quasi ex libero animi arbitrio mulierem sociandam esse viro, cum constet hoc ut semper legitimè fiat, multiplici Scripturarum divinarum approbatum & stabilitum testimonio, Nam ut Christus mundo manifestaret sacrum & sibi placitum esse legitimum conjugium nuptiarum, suâ personâ dignatus est sacrare convivium, & miraculo potentiæ suæ animos lætificare convivantium. Cujus etiam conjugii copulam indissolubiliter volens utrisque viventibus permanere, ipse aliàs dixit : *Quod Deus conjunxit, homo non separet.* Nisi forte quod evangelicis verbis traditur, occurrat rationabilis causa. Denique super hoc sic Apostolus ait : *Viri diligite uxores vestras, sicut & Christus Ecclesiam.* Iis ergo & multis aliis Dominicis præceptis habetur fixum, viri & mulieris conjugium legitimè in Domino semper celebrandum.

Math. 19.

Ephes. 1, 4.

Quibus ego Richardus Nortmannorum Dux obtemperare contendens, accipio te D. Adela in conjugem legalis desponsationis annulo mihi in carnis unitate jungendam, non voluptatis exercendæ causâ ; sed generandæ in obsequium Christi, prout ipse disposuerit, prolis gratiâ : quod ut obtineam votis omnibus exopto, divinitate propitiâ.

Concedo ergo tibi jure dotali de rebus proprietatis meæ civitatem, quæ appellatur Constantia cum Comitatu, exceptâ terra R. Archiepiscopi.

Concedo etiam castella quæ ibi habentur ; videlicet Carusburc cum eo quod dicitur Holmus, & eo quod dicitur Bruoto, cum his quæ ad hæc aspicere videntur.

Concedo quoque curtem quæ dicitur Ver super fluvium Senæ, cum sylvis & terris cultis & incultis ; & super eumdem fluvium curtem quæ appellatur Cerencis.

Concedo denique curtem suprà mare, quæ dicitur Agons ; & eam quæ appellatur Valangias, cum sylvis, pratis, molendinis, & omnibus appendiciis: Abbatiam necnon quæ appellatur Porthail, quæ sita est super aquam Jorfluctum cum portu & pagum qui dicitur Sarnes cum aquis & portu maris : & pagum qui dicitur Haga cum sylvis & portu maris.

Concedo etiam pagum qui appellatur Balteis, cum aquis, terris cultis & incultis ; & eum qui dicitur Egglandes, cum aquis, piscatoriis, & curte quæ dicitur Percei cum appendiciis suis, curtem denique quæ dicitur Moion, cum appendiciis suis quæ ad eam pertinent.

Et in Comitatu Bajocacensi concedo villam quæ dicitur Cathim super fluvium Olnæ, circumquaque cum Ecclesiis, vineis, pratis, molendinis, cum foro, telonio, & portu & omnibus appendiciis suis.

Hæc omnia tibi habenda, sub nomine & lege dotis, subnixâ adstipulatione de rebus meis transfundo, ut juxtà nobilitatis tuæ lineam dotata, indissolubili mihi jungaris conjugii, & gaudeas nostræ consors donationis iis rebus suo jure tibi benè concessis, cujus cessionis dotalitio, ut sibi convenientem firmitatis teneat vigorem, manu propriâ subscripsi, additâ auctoritate mei nominis.

Ego Richardus hoc dotalitium fieri jussi, & confirmo.

Datum mense Januario, Anno Incarnationis Domini millesimo vigesimo sexto, Indictione IX.

BORCHARDI *Comitis donatio facta Monasterio S. Andreæ Viennensi.*

Sacrosanctæ Dei Ecclesiæ quæ est constructa in Urbe Vienna, & in honore beati Andreæ Apostoli Christi dicata, ubi sanctus Maximus Præsul Christi nobiliter excolitur, & aliorum Sanctorum plurimorum cum digno honore conditæ reliquiæ sunt, ubi Domnus Hugo Abbas præesse videtur, ego in Dei nomine BORCHARDUS, & filius meus Aimo donamus aliquid ex rebus nostris pro remedio animarum nostrarum, & pro remedio seniorum Domni Regis Gondradi, & filii ejus Domni Regis Rodulfi, & Domnæ Reginæ Ermengardis, Domnique Borchardi Archiepiscopi, & Domni Huberti Comitis, & uxoris ejus Hanchilæ, seu pro remedio patris & matris meæ, & Comitissæ Ermengardis uxoris meæ. Hoc est, Ecclesia beati Genesii, quæ olim fuit sancto Andreæ. Donamus Ecclesiam & altare cum decimis & sepultura & offerendis, & terram in circuitu Ecclesiæ. Est autem ipsa Ecclesia in Comitatu Beliacensi, in pago, vel in villa sancti Genesii. Donamus vero tali convenientia, ut amodo & deinceps faciant Rectores sancti Andreæ subterioris, quidquid facere voluerint, & rogent pro nobis, & pro animabus nostris Deum omnipotentem, ut misereatur nostri & custodiat in hoc sæculo, & in futuro, & remissionem peccatorum nobis tribuat.

Si quis vero contra hanc donationem aliquam calumniam, vel contradictionem facere voluerit, non valeat vindicare quod injuste requirit, sed componat tantum & alium tantum, quantum hæ res melioratæ valuerint: & insuper iram Dei omnipotentis incurrat, & sit damnatus in perpetuum cum Juda traditore, & cum Datan atque Abiron, atque cum cæteris persequutoribus. Hanc autem donationem manu propria firmavimus, ego Borchardus, & filius meus Aymo, & cæteris amatoribus Christi qui Deum diligunt, firmare rogavimus. Signum Aimoni. S. Eymini. S. Engelbotoni. S. Gironi. S. Arfredi. S. Dodoni. S. Drooni. S. Duranni. Data per manum Fawel in mense Junio sub die Jovis, regnante feliciter Rodulfo Rege, anno XXX. regni ejus.

Charta fundationis Ecclesiæ S. Martini Sparnacensis Diœcesis Remens. ab ODONE *Comite Campaniæ.*

Scimus, quoniam in humanis negotiis mos iste servatur, ut commissi mensura in debiti redditione detineatur, & quanto quis majoris crediti præfertur cumulatione, tanto solvendi tempore districtius exigatur in reddenda ratione: quodque æquitatis lex justitiæque ratio comprobatur postulare, justissimum quoque Dominum in extremis judicii examine idem proculdubio credimus terribiliter conservare. Et ne in tam certa rei stabilitate diaboli versutia conetur impedire, Salvatoris occurrentis similitudo de servorum fidelium laborantiumque lætitia & tristitia pigritantium id ita venturum esse in Evangelii lectione dignata est nobis misericorditer aperire. Qua in re si æterni supplicii periculum nolumus incurrere, expedit ea quæ nobis divina bonitas confert, in hujus vitæ curriculo citissime transeunte, taliter propter Dominum tractare, ut ex fideli administratione post hujus mundi pereuntis ærumnas mereamur cum ipso æternaliter regnare: quicumque enim pro sui talenti modulo Deo nunc distulerit servire, sciat se in futuro perpetualiter cum diabolo perire.

Hæc ego ODO Comes Palatinus Francorum Regis diu perpendens, hæc mecum secretæ cogitationis assiduitate reminiscens, subtiliter perscrutari cœpi, qualiter bene operando Deo valuissem placere, ac per hoc æterna incendia non timere. Interea uxor mea Ermengardis fidissima comes, cujus piis operibus maxime confido, mentem meam deprehendens ista supradicta jugiter præmeditantem, suis me dulcissimis ausa est aggredi loquutionibus, ut quidnam sciret quod sic sæpe videbat sollicitus, multis suspiriis hujus rei indicia manifestantibus; cujus precibus acquiescens sibi cor meum studui patefacere; & quid consilii ab illa sollicitudine capere quiissem, ab ea fidelissima conjuge non distuli petere. Hæc igitur præfata mulier piis operibus semper intenta, studiose justisque supplicationibus admonere me cœpit, ut Basilicam jam pæne dirutam, in honorem sancti Martini in villa Sparnaco olim constructam reædificaremus, & de nostris bonis illi Ecclesiæ tantum largiremur, unde sacer Conventus Canonicorum secundum Patrum instituta se valuisset sustentare, laudesque assiduas pro nostris animabus nostrorumque successorum omnipotenti Deo toto corde decantare.

Hujus ergo meæ uxoris tam salutiferis admonitionibus præbens assensum, Ecclesiam jam supra nuncupatam diligenter ædificare præcepi; & ad Clericorum victum inibi Deo servientium tale supplementum tradere decrevi, ipsius videlicet vici in quo prædicta fundata est Ecclesia, totam decimam cum molendinis tribus, & medietatem vici cum duobus furnis, & omnibus terris quæ ad ipsius Ecclesiæ altare pertinere videbantur, & quibusdam aliis quas postea superaddere disposui, vineis, pratis, cultis & incultis, aquis, aquariis cursibus, ut Canonicis eis uti liceat sine ulla calumnia; montem Biduenum cum omnibus appendiciis suis, & teloneum in Materna flumine, ad locum qui dicitur *Baixones*; molendinum unum in Siliaco, molendinum unum in monte Felici; altare sancti Martini cum medietate corporis totius villæ *Romains*, districtum cum manso uno dominicali; in Gentiliaco vico molendinum unum, medietatem montis Speratorii cum iis omnibus quæ ad ipsum pertinent; & in villa Pipera nuncupata quondam partem de terra quæ ad eam pertinet, in summo saltu & in Halceio monte medietatem de omnibus quæ ibi pertinent, & in servis, seu in ancillis qui ibi morantur & sub ditione mea detinentur: Et in Vicetico medietatem similiter de omnibus.

Hæc autem omnia superius nominata, quæ ad præsens tradita sunt, vel in posterum tradenda erunt, & ea omnia quæ emta fuerunt in mea terra, tam de prædiis quam de beneficiis, absque calumnia omnia sint in recta dote Ecclesiæ præfatæ, absque ullis consuetudinis. Assistunt fidissimi testes & corroborantes Odo Comes Palatinus, Theobaldus filius ejus, & Stephanus filius ejus, Hilduinus Comes, & Hilduinus filius ejus, Liethelinus Comes, Thiebaldus Archidiaconus, Gilduinus Vicecomes, Harduinus filius ejus, & alter filius Waleranus, Hugo Vicedominus, Ado, Warnerus, Senswalo. In illis diebus erant isti ministri Sparnaci Dado, Hugo, Albertus, Wefelinus, Hugo, Athelimus, Aleramnus, Isembarbus Præpositus, Berengerus Villicus, Thiebaldus Decanus. Anno Incarnationis Domini nostri JESU CHRISTI M. XXXII. regnante Domino serenissimo Henrico Rege Francorum V. anno, procurante

Ebalo Archipræsule pastoralem curam sanctæ Mariæ Remensis Ecclesiæ corroborata est charta & approbata.

Ann. MXXXV. *Testamentum* Guifredi *Comitis Cerritanensis.*

IN nomine Patris, & Filii, & Spiritûs Sancti. Ego Guifredus, gratiâ Dei Comes, facio Testamentum, vel breve divisionis inter filios, quos mihi Deus omnipotens dedit, de terrâ quam ipse mihi concessit & misericorditer conservavit.

In primis volo atque præcipio, ut Comitatus Cerritaniæ cum Castro-Sono: & cum ipsâ terrâ, quem teneo de Redes, & Comitatus Confluente cum ipsâ terrâ, quem teneo de Rossilione, sit filio meo Raimundo, excepto quod Sanctis Dei dono, & Fratribus suis, atque aliis hominibus. Volo etiam ut Comitatus Bergitano simul cum ipsâ marchiâ, quæ est & debet esse de Bergitano, & Castrum S. Stephani de castro Folit, & Pugalto, & Gavar, & Porello, & Albispino, quantum ibi habeo, vel habere debeo, sive per prisione, sive per parentorum, vel per qualicumque voce, usque in fluvio Sigarim, veniat in manu filii mei Bernardi; eo tenore ut si mortuus fuerit sine legitimis filiis, veniet in potestate fratris sui Berengarii. Et si ambo mortui fuerint sine legitimis filiis, veniat in potestate Raimundi fratris eorum, si vivus fuerit. Et si ille mortuus fuerit, veniat in potestate fratrum eorum qui vivus fuerit, qui Comitatum Cerritaniæ tenuerit. Volo etiam ut hæc omnia de Comitatu, scilicet Bergitano, vel filiis meis Bernardo & Berengario, sit in tuitione vel dominatione filii mei Raimundi usque de ista Pascha transacta, qui fuit 111. Calendas Aprilis ad duodecim annos.

Filio autem meo Guifredo Archiepiscopo relinquo in Comitatu Confluente alodem meum de Comâ cum terminibus suis, simul cum ipsâ Ecclesiâ cum decimis & primitiis, & sibi pertinentibus omnibus. Et in Comitatu Cerritaniæ relinquo ei alodem meum quem habeo in villâ Pini, cum terminibus suis, qui fuit de Ermengaudo Episcopo. Et insuper ipsum meum alodem quem habeo infrà parochia S. Andreæ de Baltarga, unde S. Andreas habet decimam ad integrum: hæc omnia mando venire in suâ potestate sine ullo feuatorio, & ut nemo ibi construat castrum sine consensu Comitis Cerritaniæ.

Filio autem meo Ardoiho pro sui hereditate relinquo ipsum feuum, quod Arnallus Boni filius tenet in ipsâ valle, totum ad integrum, sicut est infrà de Era mala usque in viâ qui vadit per Pozes & de Torchovili usque in portum de Tosa [a] cum pratis & pascuis, sylvis & garriciis, cum exiis & regressiis, & cum terminibus suis, præter dominicos quos ibi habeo. Et insuper ipsum feuum ac dominicum quæ habeo vel habere debeo in villâ Enguils, similiter cum pratis & pascuis, sylvis & garriciis, cum exiis & regressiis, & cum terminibus suis, præter servos & ancillas. Hæc omnia mando venire in suâ potestate sine ullo feuatorio, & ut nemo ibi construat castrum sine consensu Comitis Cerritaniæ.

Guillelmo verò filio meo relinquo & pro sui hereditate Ecclesiam S. Mariæ Ripensi, cum decimis & premitiis, & sibi pertinentibus omnibus, & Ecclesiam S. Martini de Campilias similiter cum sibi pertinentibus omnibus. Et insuper Ecclesiam Villerus cum sibi pertinentibus omnibus. Hæc omnia veniant in potestate sine ullo feuatorio. Et ut nemo

ibi construat castrum sine consensu Comitis Cerritaniæ. Filio autem meo Berengario, relinquo ei alodem meum de Molig pro sui hereditate cum pratis & pascuis, sylvis & garriciis, cum exiis & regressiis, & cum terminibus suis; simul cum ipsâ Ecclesiâ, & sibi pertinentibus omnibus; excepto ipsum alodem de Coma simul cum ipsâ Ecclesiâ, & excepto ipsum alodem de Campoltne, quod filiæ meæ Fidei donavi; & excepto ipsum Avere, quod Bernardus tenet in villâ Fornols.

Volo ergo & mando ut jam dicta Ecclesia de Molig, teneat eam Bernardus de Castro-Sono per manum prædicti filii mei Berengarii, & per suum donum, & habeat inde hominaticum. Post mortem ergo jamdicti Bernardi similiter teneat eam per manum præfati filii mei Berengarii filius præscripti Bernardi, aut nepos ejus, qui Castro-Sono tenuerit per manum filii mei Raimundi. Et ipsa montania relinquo filio meo Berengario, villas secùs flumen Ataze, quæ dicunt Crucem, & Riali cum pratis & pascuis, sylvis & garriciis, cum exiis & regressiis, & cum terminibus illorum. Et insuper relinquo ei Ecclesiam S. Mariæ de Livia, cum decimis & primitiis, & sibi pertinentibus omnibus. Hæc omnia mando venire in suâ potestate sine ullo feuatorio, præter Ecclesiam de Molig, & ut nemo ibi construat castrum sine consensu Comitis Cerritaniæ. Hæc autem omnia volo ut teneat mater sua dum vixerit, si in viduitate permanserit. Si autem Berengarius obierit in vitâ matris suæ, teneat mater ejus dum vixerit, si in viduitate permanserit. Et post obitum ejus remaneat ad filium meum Raimundum Comitem. Uxori autem meæ relinquo mea dominicatura de Liviâ, sicut pater meus eam mihi donavit ad integrum cum omnia sibi pertinentia, cum pratis & pascuis, sylvis & garricis, cum exiis & regressiis, & cum terminibus suis, quantum ibi habeo vel habere debeo per qualicumque voce. Eo verò tenore si in viduitate permanserit, teneat & possideat, donec filius ejus, qui Comes fuerit de Bergitano, perveniat ad terminum tuitionis superiùs comprehensum, & ad ipsum terminum ista jam dicta dominicatura de Livia veniat in manu Comitis Cerritaniæ. Et ipsa cum filio suo teneat Comitatum Bergitani, si in viduitate permanserit. Si autem mortuus fuerit, & Berengarius frater ejus ad honorem Comitatûs pervenerit, sicut superiùs scriptum est, similiter teneat jamdictum Comitatum cum filio suo Berengario, sicut superiùs scriptum est de Bernardo, & remaneat subscripta hereditas de Berengario in Confluente, sive in Cerritaniâ, ad Raimundum Comitem filium meum in tali videlicet ratione dum vivit mater de supradicto Berengario teneat & possideat, si in viduitate permanserit. Si autem ambo mortui fuerint, teneat mater illorum jamdictam dominicaturam de Livia, & hereditatem de Berengario in Confluente & in Cerritaniâ dum vixerit, si in viduitate permanserit; & filius meus Raimundus habeat Comitatum Bergitani. Et post obitum ejus remaneat jam dicta hereditas de Berengario ad Raimundum Comitem filium meum. Insuper relinquo uxori meæ alodem meum de Surigarias cum terminibus suis, simul cum ipsâ Ecclesiâ, & sibi pertinentibus omnibus ad deliberum, ut faciat inde quod voluerit, præter servis & ancillis.

Alodem ergo meum, quod filiæ meæ Fidei dedi pro sui hereditate in villâ Onnegâ, donatum eum jam habebam sancto Martino Leanigonensi [b] ideo

---

[a] *de Tosa*] An *Rosa*, ait Acherius: at Baluzius: Longius ab his locis distat *Rosa*. Et est in Pyrenæis montibus, quâ Ceretaniam constituunt, Portus de Tosa nuncupatus.

[b] *Leanigonensi*] Baluzius emendat, *Canigonensi*. Monasterium est in Diœcesi Helenensi.

volo

Ebalo Archipræsule pastoralem curam sanctæ Mariæ Remensis Ecclesiæ corroborata est chatta & approbata.

Ann. MXXXV. *Testamentum* Guifredi *Comitis Cerritanensis.*

IN nomine Patris, & Filii, & Spiritûs Sancti. Ego Guifredus, gratiâ Dei Comes, facio Testamentum, vel breve divisionis inter filios, quos mihi Deus omnipotens dedit, de terrâ quam ipse mihi concessit & misericorditer conservavit.

In primis volo atque præcipio, ut Comitatus Cerritaniæ cum Castro-Sono : & cum ipsâ terrâ, quem teneo de Redes, & cum ipsâ Confluente cum ipsâ terrâ, quem teneo de Rossilione, sit filio meo Raimundo, excepto quod Sanctis Dei dono, & Fratribus suis, atque aliis hominibus. Volo etiam ut Comitatus Bergitano simul cum ipsâ marchiâ, quæ est & debet esse de Bergitano, & Castrum S. Stephani de castro Folit, & Pugalto, & Gavar, & Porello, & Albispino, quantum ibi habeo, vel habere debeo, sive per prisione, sive per parentorum, vel per qualicumque voce, usque in fluvio Sigarim, veniat in manu filii mei Bernardi; eo tenore ut si mortuus fuerit sine legitimis filiis, veniet in potestate fratris sui Berengarii. Et si ambo mortui fuerint sine legitimis filiis, veniat in potestate Raimundi fratris eorum, si vivus fuerit. Et si ille mortuus fuerit, veniat in potestate fratris eorum qui vivus fuerit, qui Comitatum Cerritaniæ tenuerit. Volo etiam ut hæc omnia de Comitatu, scilicet Bergitano, vel filiis meis Bernardo & Berengario, sit in tuitione vel dominatione filii mei Raimundi usque de ista Pascha transacta, qui fuit III. Calendas Aprilis ad duodecim annos.

Filio autem meo Guifredo Archiepiscopo relinquo in Comitatu Confluente alodem meum de Comâ cum terminibus suis, simul cum ipsâ Ecclesiâ cum decimis & primitiis, & sibi pertinentibus omnibus. Et in Comitatu Cerritaniæ relinquo ei alodem meum quem habeo in villâ Pini, cum terminibus suis, qui fuit de Ermengaudo Episcopo. Et insuper ipsum meum alodem quem habeo intrâ parochia S. Andreæ de Baltarga, unde S. Andreas habet decimam ad integrum : hæc omnia mando venire in suâ potestate sine ullo feuatorio, & ut nemo ibi construat castrum sine consensu Comitis Cerritaniæ.

Filio autem meo Ardoino pro sui hereditate relinquo ipsum feuum, quod Arnallus Boni filius tenet in ipsâ valle, totum ad integrum, sicut est infrâ de Era mala usque in viâ qui vadit per Pozes, & de Torchovili usque in portam de Tosa [a] cum pratis & pascuis, sylvis & garriciis, cum exiis & regressiis, & cum terminibus suis, præter dominicos quos ibi habeo. Et insuper ipsum feuum ac dominicum quæ habeo vel habere debeo in villâ Enguils, similiter cum pratis & pascuis, sylvis & garricis, cum exiis & regressiis, & cum terminibus suis, præter servos & ancillas. Hæc omnia mando venire in suâ potestate sine ullo feuatorio, & ut nemo ibi construat castrum sine consensu Comitis Cerritaniæ.

Guillelmo verò filio meo relinquo & pro sui hereditate Ecclesiam S. Mariæ Ripensi, cum decimis & premitiis, & sibi pertinentibus omnibus, & Ecclesiam S. Martini de Campilias similiter cum sibi pertinentibus omnibus. Et insuper Ecclesiam Villerus cum sibi pertinentibus omnibus. Hæc omnia veniant in potestate sine ullo feuatorio. Et ut nemo ibi construat castrum sine consensu Comitis Cerritaniæ. Filio autem meo Berengario, relinquo ei alodem meum de Molig pro sui hereditate cum pratis & pascuis, sylvis & garriciis, cum exiis & regressiis, & cum terminibus suis; simul cum ipsâ Ecclesiâ, & sibi pertinentibus omnibus; excepto ipsum alodem de Coma simul cum ipsâ Ecclesiâ, & excepto ipsum alodem de Campoltne, quod filiæ meæ Fidei donavi; & excepto ipsum Avere, quod Bernardus tenet in villâ Fornols.

Volo ergo & mando ut jam dicta Ecclesia de Molig, teneat eam Bernardus de Castro-Sono per manum prædicti filii mei Berengarii; & per suum donum, & habeat inde hominaticum. Post mortem ergo jamdicti Bernardi similiter teneat eam per manum præfati filii mei Berengarii filius præscripti Bernardi; aut nepos ejus, qui Castro-sono tenuerit per manum filii mei Raimundi. Et ipsa montania relinquo filio meo Berengario, villas secùs flumen Ataze, quæ dicunt Crucem, & Riali cum pratis & pascuis, sylvis & garriciis, cum exiis & regressiis, & cum terminibus illorum. Et insuper relinquo ei Ecclesiam S. Mariæ de Livia, cum decimis & primitiis, & sibi pertinentibus omnibus. Hæc omnia mando venire in suâ potestate sine ullo feuatorio, præter Ecclesiam de Molig, & ut nemo ibi construat castrum sine consensu Comitis Cerritaniæ. Hæc autem omnia volo ut teneat mater sua dum vixerit, si in viduitate permanserit. Si autem Berengarius obierit in vita matris suæ, teneat mater ejus dum vixerit, si in viduitate permanserit. Et post obitum ejus remaneat ad filium meum Raimundum Comitem. Uxori autem meæ relinquo mea dominicatura de Liviâ, sicut pater meus eam mihi donavit ad integrum cum omnia sibi pertinentia, cum pratis & pascuis, sylvis & garricis, cum exiis & regressiis, & cum terminibus suis, quantum ibi habeo vel habere debeo per qualicumque voce. Eo verò tenore si in viduitate permanserit, teneat & possideat, donec filius ejus, qui Comes fuerit de Bergitano, perveniat ad terminum tuitionis superiùs comprehensum, & ad ipsum terminum ista jam dicta dominicatura de Livia veniat in manu Comitis Cerritaniæ. Et ipsa cum filio suo teneat Comitatum Bergitani, si in viduitate permanserit. Si autem Bernardus mortuus fuerit, & Berengarius frater ejus ad honorem Comitatûs pervenerit, sicut superiùs scriptum est, similiter teneat jamdictum Comitatum cum filio suo Berengario, sicut superiùs scriptum est de Bernardo, & remaneat subscripta hereditas de Berengario in Confluente, sive in Cerritaniâ, ad Raimundum Comitem filium meum : in tali videlicet ratione dum vivit mater de supradicto Berengario teneat & possideat, si in viduitate permanserit. Si autem ambo mortui fuerint, teneat mater illorum jamdictam dominicaturam de Livia, & hereditatem de Berengario in Confluente & in Cerritaniâ dum vixerit, si in viduitate permanserit ; & filius meus Raimundus habeat Comitatum Bergitani. Et post obitum ejus remaneat jam dicta hereditas de Berengario ad Raimundum Comitem filium meum. Insuper relinquo uxori meæ alodem meum de Surigarias cum terminibus suis, simul cum ipsâ Ecclesiâ, & sibi pertinentibus omnibus ad deliberum, ut faciat inde quod voluerit, præter servis & ancillis.

Alodem ergo meum, quod filiæ meæ Fidei dedi pro sui hereditate in villâ Onnegâ, donatum eum jam habebam sancto Martino Leanigonensi [b] ideo

---

[a] *de Tosa*] An *Rosa*, ait Acherius : at Baluzius: Longius ab his locis distat Rosa. Et est in Pyrenæis montibus, quâ Ceretaniam constituunt, Portus de Tosa nuncupatus.

[b] *Leanigonensi*] Baluzius emendat, *Canigonensi*. Monasterium est in Diœcesi Helenensi.

volo

STATUTA ANTIQUA

In quibus Angliæ totius Regni Comitiæ ordinantur.

MODUS TENENDI PARLIAMENTUM.

Anno. circ. MXLV.

Hic describitur modus, quomodò Parliamentum Regis Angliæ & Anglicorum suorum tenebatur tempore Regis Eduardi filii Regis Etheldredi; qui quidem modus recitatus fuit per discretiores Regni coram Willelmo Duce Normanniæ & Conquestore, & Rege Angliæ ipso Conquestore hæc præcipiente, & per ipsum approbatus, & suis temporibus, ac etiam temporibus Successorum suorum Regum Angliæ usitatus.

SUMMONITIO PARLIAMENTI.

Summonitio Parliamenti præcedere debet primum diem Parliamenti per quadraginta dies.

CAPUT I. Quinam ad Parliamentum venire debent.

AD Parliamentum summoneri & venire debent ratione tenuræ suæ omnes & singuli Archiepiscopi, Episcopi, Abbates, Priores & alii Majores Clerici, qui tenent per Comitatum vel Baroniam ratione hujusmodi tenuræ, & nulli minores nisi eorum præsentia & eventus aliunde quàm pro tenuris suis requiratur ut sint de consilio Regis, vel eorum præsentia necessaria vel utilis reputetur ad Parliamentum: & illis tenetur Rex ministrare sumptus & expensas suas de veniendo, & morando ad Parliamentum. Nec debent ejusmodi Clerici minores summoneri ad Parliamentum, sed Rex talibus peritis mittere brevia sua rogando quòd ad Parliamentum suum interessent.

Item Rex facere solebat summonitiones suas Archiepiscopis, Episcopis & aliis exemptis personis, ut Abbatibus, Prioribus, Decanis & aliis Ecclesiasticis personis, qui habent jurisdictiones per hujusmodi exemptiones & privilegia separatim, quòd ipsi pro quolibet Decanatu & Archidiaconatu Angliæ per ipsos Decanatus, & Archidiaconatus eligi facerent duos peritos, & idoneos Procuratores de proprio Archidiaconatu, ad veniendum & interessendum ad Parliamentum ad illud subeundum, allegandum, & faciendum idem quod facerent omnes & singulæ personæ ipsorum Decanatuum & Archidiaconatuum, si ibidem personaliter interessent.

Procuratores missi ad Parliamentum.

Et quòd hujusmodi Procuratores veniant cum Warantis suis, duplicatis sigillis Superiorum suorum signatis, quòd ipsi ad hujusmodi procurationem Clerici missi sunt: quarum litterarum una liberabitur Clericis de Parliamento ad irrotulandum, & alia residebit penes ipsos Procuratores: & sic sub istis duobus generibus summoneri debet totus Clerus ad Parliamentum.

De Laicis.

CAP. II. Quinam Nobiles Parliamento debeat assidere.

Item summoneri & venire debent omnes & singuli Comites & Barones, & eorum Pares, scilicet illi qui habent terras & redditus ad valentiam Comitatus vel Baroniæ integræ, videlicet viginti feoda unius Militis, quolibet feodo computato ad viginti libratas, quæ faciunt quadringentas libratas in toto vel ad valentiam unius Baroniæ integræ, scilicet XIII. feoda, & tertiam partem unius feodi Militis, quolibet feodo computato ad viginti libratas, quæ faciunt CCCC. marcas: & nulli minores laici summoneri nec venire debent ad Parliamentum ratione tenuræ suæ, nisi eorum præsentia aliis de causis fuerit utilis vel necessaria ad Parliamentum, & tunc de illis fieri debet, sicut dictum est; de minoribus Clericis, qui ratione tenuræ suæ ad Parliamentum venire minimè tenentur.

De Baronibus Portuum.

CAP. III.

Item Rex tenetur mittere brevia sua custodi quinque Portuum, quòd ipse eligere faciat, & de quolibet portu per ipsum portum duos idoneos & peritos Barones ad veniendum & interessendum ad Parliamentum suum, ad respondendum, subeundum, allegandum & faciendum idem quod Baroniæ suæ, ac si ipsi de Baronibus illis omnes, & singuli personaliter interessent ibidem, & quòd Barones hujusmodi veniant cum Warantis suis duplicatis sigillis communibus Portuum suorum signatis, quòd ipsi ritè ad hoc electi & attornati sunt & missi pro Baroniis illis, quarum una liberabitur Clericis de Parliamento, & alia residebit penes ipsos Barones; & cùm hujusmodi Barones Portuum licentia obtenta de Parliamento recessum fecerant, tunc solebant habere breve de magno sigillo custodi quinque Portuum, quòd ipse rationabiles sumptus & expensas suas hujusmodi Baronibus habere faceret de Communitate Portûs illius, à primo die quo versus Parliamentum venerint usque ad diem quo ad propria redierunt.

Facta etiam expressa mentione in brevi illo de mora quam fecerint ad Parliamentum, de die quo venerint, & licentiati fuerint redeundi: & solebat mentio fieri aliquando in brevi, quantum hujusmodi Barones capere debent de Communitatibus illis per diem, scilicet aliqui plus, aliqui minus secundùm personarum habilitates, honestates, & respectus, nec solebat poni per duos Barones per diem ultra viginti solidos, habito respectu ad illorum moras, labores & expensas: nec solent hujusmodi expensæ in certo reponi per Curiam pro quibuscunque personis sic electis & missis pro Communitatibus, nisi personæ ipsæ fuerint honestè & bene se habentes in Parliamento.

De Militibus.

CAP. IV.

Item Rex solebat mittere brevia sua omnibus Vicecomitibus Angliæ, quòd elegi facerent quilibet de suo Comitatu per ipsum Comitatum duos Milites idoneos, & honestos & peritos ad veniendum ad Parliamentum suum eodem modo quo dictum est de Baronibus Portuum, & de Warantis suis eodem modo, sed pro expensis duorum Militum de uno Comitatu non solet poni ultra unam marcam per diem.

De Civibus.

CAP. V.

Eodem modo solebat mandari Majori & Vicecomitibus Londoniarum, & Majori & Baillivis vel Majori & civibus Eborum, & aliarum civitatum, quòd ipsi pro Comitatu civitatis suæ eligerent duos idoneos, honestos & peritos cives ad veniendum & interessendum ad Parliamentum, eodem modo quo dictum est de Baronibus quinque Portuum, & militibus Comitatuum, & solebant cives esse pares & æquales cum Militibus Comitatûs in expensis, veniendo, morando, & redeundo.

De Burgensibus.

CAP. VI.

Item eo modo solebat, & debet mandari Ballivis & probis hominibus burgorum, quòd ipsi ex se, & pro se eligant duos idoneos, honestos, & peritos burgenses ad veniendum & interessendum ad

Parliamentum eodem modo quo dictum est de civibus, sed duo burgenses non solebant percipere pro expensis suis per unum diem ultra decem solidos, & aliquando ultra dimidiam marcam, & solebat taxari per Curiam secundùm magnitudinem & potestatem burgi, & secundùm honestatem personarum missarum.

De Principalibus Clericis Parliamenti.

VII. Item duo Clerici principales Parliamenti sedebant in medio Justitiariorum irrotulantes omnia placita & negotia Parliamenti, & sciendum, quòd illi duo Clerici non sunt subjecti quibuscumque Justitiariis, nec est aliquis Justitiarius Angliæ in Parliamento, nec habent per se recorda in Parliamento, nisi quatenùs assignata vel data fuit eis nova potestas in Parliamento per Regem & Pares Parliamenti, ut quando assignati sunt cum aliis sectatoribus Parliamenti ad audiendum & terminandum diversas petitiones & querelas in Parliamento correctas, & sunt illi duo Clerici immediatè subjecti Regi & Parliamento suo in communi, nisi forte unus Justitiarius vel duo assignentur eis ad examinanda & emendanda eorum irrotulata: & cùm Pares Parliamenti assignati sunt ad audiendum & examinandum aliquas petitiones specialiter per se, tunc cùm ipsi fuerint unanimes & concordes in judiciis suis reddendis super ejusmodi petitionibus, tunc recitabunt, & processu super eisdem habito, & reddant judicia in pleno Parliamento, ita quòd illi duo Clerici principaliter irrotulent omnia placita, & omnia judicia in principali rotulo Parliamenti, & eosdem rotulos liberent ad Thesaurarium Regis antequam Parliamentum licentietur. Ita quòd omni modo sint illi rotuli in Thesaurario ante recessum Parliamenti, salvo tandem eisdem Clericis inde transcripto sive contrarotulo si id habere velint.

Isti duo Clerici nisi sint in alio officio cum Rege, & feoda capiant de eo, ita quòd inde honestè vivere poterint, de Rege capiant per diem unam marcam cum expensis suis per æquales portiones, nisi sint ad mensam Domini Regis, tunc capiant præter mensam suam per diem, dimidiam marcam per æquales portiones per totum Parliamentum.

De quinque Clericis.

VIII. Item Rex assignabit quinque Clericos peritos & approbatos, quorum primus ministrabit & serviet Episcopis; secundus Procuratoribus Cleri, tertius Comitibus & Baronibus, quartus Militibus Comitatuum, quintus civibus & burgensibus; & quilibet eorum nisi sit cum Rege, & capiat de eo talia feoda & valida quod inde honestè possit vivere, capiet de Rege per diem duos solidos, nisi sint ad mensam Domini Regis, tunc capiant per diem duodecim denarios. Qui Clerici scribent cunctas dubitationes & responsiones, quas faciunt Regi & Parliamento; & intererunt ad sua consilia ubicumque eos habere voluerint; & cùm ipsi vacaverint juvabunt Clericos principales ad irrotulandum.

De Casibus & Judiciis Parliamenti.

IX. Cum briga, dubitatio, vel casus difficilis sive pacis vel guerræ emergat in Regno, vel extrà, referatur & recitetur casus ille in scriptis in pleno Parliamento: & tractetur & disputetur ibidem inter Pares Parliamenti, & si necessarium sit injungatur per Regem seu ex parte Regis, si non Rex intersit, cuilibet graduum Parium quòd quilibet gradus per se, & liberetur casus ille Clerico suo in scripto, & in certo loco recitare faciant coram eis casum illum, ita quòd ipsi ordinent & considerent coram se qualiter melius & justius procedi poterit in causa illa sicut ipsi. Pro persona Regis & eorum propriis personis, ac etiam pro personis eorum, quorum personas ipsi repræsentant; & velint coram Deo respondere, & suas responsiones & avisamenta reportent in scriptis; ut omnibus eorum responsionibus & avisamentis, consiliis & avisamentis hinc inde auditis secundùm melius & sanius consilium procedatur: & ubi saltem major pars Parliamenti concordat, ut si per discordiam inter eos & Regem & aliquos Magnates, vel forte inter ipsos Magnates, pax Regni infirmetur, vel populos, vel patriam, ita quod videtur Regi & ejus consilio quòd expediens sit quòd negotium illud tractetur & emendetur per considerationem omnium Parium regni sui, vel si per guerram Rex & regnum tribulentur, vel si casus difficilis coram Cancellario Angliæ emergat, seu difficile coram Justitiario fuerit reddendum, & hujusmodi.

Et si forte in hujusmodi deliberationibus omnes vel saltem major pars concordare non valeant, tunc Comes Seneschallus, Comes Constabularius, & Comes Marescallus, vel duo eorum eligent viginti quinque personas de omnibus Paribus Regni, scilicet duos Episcopos, tres Procuratores pro toto Clero, duos Comites, & tres Barones, quinque Milites Comitatum, quinque cives, & burgenses, qui faciunt viginti quinque, & illi viginti quinque possunt eligere ex se ipsis duodecim, & condescendere in eis, & ipsi duodecim sex, & condescendere in eis, & ipsi sex adhuc tres & condescendere in eis, & illi tres in paucioribus condescendere non possunt, nisi obtentâ licentiâ à Domino Rege; & si Rex consentiat in tres possunt, in duos, & de illis duobus alter potest in alium descendere, & ita demum stabit sua ordinatio supra totum Parliamentum; & ita condescendendo à viginti quinque personis usque ad unam personam solam nisi numerus major concordare valeat & ordinare; tandem sola persona, ut est dictum, pro omnibus ordinabit, quæ cùm se ipsi discordare non potest, salvo Domino Rege, & ejus consilio, quod ipsi hujusmodi ordinationes postquam scriptæ fuerint, & examinare, & emendare valeant, si hoc facere sciant, & velint; ita quòd hoc ibidem fiat in ordinatio in pleno Parliamento, & de consensu Parliamenti & non retrò Parliamentum fiat.

De Negotiis Parliamenti.

CAP. X.

Negotia pro quibus Parliamentum est, debent deliberari secundùm Kalendar Parliamenti, & secundùm ordinem petitionum liberatarum & affilatarum, nullo habito respectu ad quorumcumque personas, sed qui prius proposuit, prius agat.

In Kalendari Parliamenti remorari debent omnia negotia Parliamenti sub isto ordine: 1. de guerra, si guerra sit, & de aliis negotiis personas Regis & Reginæ & suorum liberorum tangentibus: 2. de negotiis communibus Regni & de legibus statuendis contra defectus legum originalium, judicialium, & exsecutoriarum; post judicia reddita, quæ sunt maximè communia negotia: Tertiò debent rememorari negotia singularia, & secundùm ordinem petitionum filatarum, ut prædictum est.

De diebus & horis ad Parliamentum.

CAP. XI.

Parliamentum non debet teneri diebus Dominicis, sed aliis cunctis diebus, illo die semper excepto, & aliis tribus, scilicet, omnium Sanctorum, & Animarum, & Nativitatis sancti Joannis Baptistæ, potest teneri; & debet singulis diebus inchoari horâ mediâ primâ, quâ horâ Rex tenetur

Parliamento interesse, & omnes Pares Parliamenti debent teneri occulto loco. In diebus festivis Parliamentum debet inchoari horâ primâ propter divinum Servitium.

De Gradibus Parium.

CAP. XII. Rex est caput, principium & finis Parliamenti, & ita non habet parem in suo gradu, & ita ex Rege solo est primus gradus; secundus gradus est ex Archiepiscopis, Episcopis, Abbatibus, Prioribus per Baroniam tenentibus; Tertius gradus est de Procuratoribus Cleri; Quartus de Comitibus, Baronibus, & aliis Magnatibus, & Proceribus tenentibus ad valentiam Comitatûs & Baroniæ, sicut prædictum est in titulo de Laïcis; Quintus est de Militibus Com. Sextus de civibus, & burgensibus. Et ita est Parliamentum ex sex gradibus. Sed sciendum est, quòd licet aliquis dictorum graduum post Regem absentet, dum tamen omnes præmoniti fuerint per rationalem summonitionem Parliamenti, nihilominùs censetur esse plenum.

De modo Parliamenti.

CAP. XIII. Ostensâ primò formâ qualiter cuilibet, & à quanto tempore summonitio Parliamenti fieri debet, & qui venire debent per summonitionem, & qui non; secundò dicendum est qui sunt, qui ratione officiorum suorum venire debent & interesse tenentur per totum Parliamentum sine summonitione. Unde advertendum est, quòd duo Clerici principales Parliamenti, Clerici per Regem & ejus consilium, & alii Clerici secundarii, de quibus, & quorum officiis dicetur specialiùs post; & principalis Clamator Angliæ cum subclamatoribus suis, & principalis Ostiarius Angliæ; quæ duo officia, scilicet officium Clamatoriæ & Ostiariæ solebant ad unum & idem pertinere. Isti Officiarii tenentur interesse primo die. Cancellarius Angliæ, Thesaurarius, Camerarius, & Barones de Scaccario, Justiciarii, omnes Clerici & Milites Regis, una cum servientibus ad placita Regis, qui sunt de Consilio Regis tenentur interesse secundo die, nisi rationabiles excusationes habeant, ita quòd interesse non possent: & nunc mittere debent bonas excusationes.

De Inchoatione Parliamenti.

CAP. XIV. Dominus Rex sedebit in medio majoris banci, & tenetur interesse primo sexto die Parliamenti, & solebant Cancellarius, Thesaurarius & Barones de Scaccario, Justitiarii recordare defalta facta in Parliamento sub ordine qui sequitur. Primò die vocabuntur burgenses & cives totius Angliæ, quo die si non veniant, amerciabitur burgensis ad centum marcas, & civitas ad centum libras. Secundo die vocabuntur Milites Comitatuum totius Angliæ; quo die si non veniant, amerciabitur Comitatus unde sunt ad centum libras. Tertio die Parliamenti vocabuntur Barones quinque Portuum; & postea Barones, & postea Comites; unde si Barones quinque Portuum non veniant, amerciabitur Baronia illa ad centum marcas, & Comes ad centum libras; eodem modo fiet de illis, qui sunt pares Comitibus, & Baronibus, scilicet qui habent terras, & reditus ad valorem unius Comitatûs, vel unius Baroniæ: ut prædictum est in tit. de summonitione. Quarto die vocabuntur Procuratores Cleri, quo die si non veniant, amerciabuntur Episcopi sui pro quolibet Archidiaconatu qui defaltum fecerit ad centum marcas. Quinto die vocabuntur Decani, Priores, Abbates, Episcopi, demùm Archiepiscopi; qui si non veniant, amerciabitur quilibet Archiepiscopus ad centum libras, Episcopus tenens integram Baroniam ad centum marcas, & eodem modo de Abbatibus, Prioribus, &c. Primo die debet fieri proclamatio; primò in aula, sive Monasterio, seu aliquo loco publico ubi Parliamentum tenetur, & postmodùm publicè in civitate vel villa illa, quòd omnes illi qui petitiones & querelas liberare velint ad Parliamentum, quòd illis deliberentur à primo die Parliamenti in quinque dies proximè sequentes.

De Prædicatione ad Parliamentum.

CAP. I Unus Archiepiscopus, vel magnus Clericus, discretus & facundus Clericus per Archiepiscopum, in cujus provincia Parliamentum tenetur, prædicare debet uno istorum primorum quinque dierum Parliamenti in pleno Parliamento, & in præsentia Regis; & hoc quando Parliamentum pro majori parte fuerit adjunctum & congregatum; & in servitio suo consequenter subjungere toti Parliamento, quòd ipsi cum eo humiliter Deo supplicent & ipsum adorent pro pace & tranquillitate Regis & Regni, prout dicetur specialius in sequenti titulo de pronuntiatione ad Parliamentum.

De Pronuntiatione in Parliamento.

CAP. XV. Post prædicationem debet Cancellarius Angliæ, vel capitalis Justitiarius Angliæ, ille scilicet qui tenet placita coram Rege, vel alius idoneus, honestus & facundus Justitiarius, vel Clericus per ipsum Cancellarium & capitalem Justitiarium electus, pronuntiare causas Parliamenti, primò in genere, & posteà in specie stando. Et inde sciendum est, quòd omnes de Parliamento, (quicumque fuerit dum loquitur) stabunt Rege excepto, ita quòd omnes de Parliamento audire valeant eum qui loquitur, & si obscurè dicat, vel ita basse loquitur, dicat iterato, & loquatur altiùs vel loquatur alius pro eo.

Loquela Regis post Pronuntiationem.

CAP. XVII. Rex post pronuntiationem pro Parliamento rogare debet Clericos & Laïcos nominando omnes eorum gradus, scilicet, Archiepiscopos, Episcopos, Abbates, Priores, Archidiaconos, Procuratores, & alios de Clero, Comites, Barones, Cives, Burgenses, & alios Laïcos ut ipsi diligenter, studiosè, & concorditer laborent ad pertractandum & deliberandum negotia Parliamenti, prout majus & principaliùs hoc ad Dei voluntatem primò, & posteà ad ejus, & eorum honores & commoda fore intelligent & sentient.

De absentia Regis in Parliamento.

CAP. XVIII. Rex tenetur omni modo personaliter interesse Parliamento, nisi per corporalem ægritudinem detineatur, & tunc potest tenere Cameram suam, ita quòd non jaceat extra manerium vel saltem villam ubi Parliamentum tenetur; & tunc debet mittere pro XII. personis de majoribus & melioribus qui summoti sunt ad Parliamentum, scilicet duobus Episcopis, duobus Comitibus, duobus Baronibus, duobus Militibus Comitatuum, duobus Civibus, & duobus Burgensibus ad videndum personam suam ad testificandum statum suum, & in eorum presentia committere debet Archiepiscopo loci, Senescallo & capitali Justitiario suo, quòd ipsi Parliamentum nomine suo factà in commissione illà expressà mentione adhuc de causa absentiæ suæ, quæ sufficere debet, & monere ceteros Nobiles & Ma-

Statuta antiqua Angliæ.

gnates de Parliamento, una cum negotio & testimonio dictorum duodecim Parium suorum. Causa est quòd solebat clamor & murmur esse in Parliamento pro absentia Regis, quia res damnosa & periculosa est toti Communitati Parliamenti, & etiam Regni, cùm Rex à Parliamento absens fuerit; nec se absentare debet, nec potest dumtaxat nisi in casu supradicto.

De loco & sessionibus in Parliamento.

CAP. XIX.

Primò, ut prædictum est, Rex sedebit in medio loco majoris banci, ex parte ejus dextra sedebit Archiepiscopus Cantuariensis, & ex parte ejus sinistra Archiepiscopus Eborum, & post illos statim Episcopi, Priores linealiter semper tali modo inter prædictos gradus & eorum loca, quòd nullus sedent nisi inter suos pares; & ad hoc tenetur Senescallus Angliæ prospicere, nisi Rex alium assignaverit. Ad pedem ejus dextrum sedebunt Cancellarius Angliæ, & Capitalis Justitiarius Angliæ, & socii sui, & eorum Clerici qui sunt de Parliamento, & ad pedem ejus sinistrum Thesaurarius, Camerarius, & Barones de Scaccario, Justitiarii de banco, & eorum Clerici si qui sunt de Parliamento.

De Ostiario Parliamenti.

CAP. XX.

Ostiarius principalis Parliamenti stabit infra magnum ostium Monasterii, Aulæ vel alterius loci ubi Parliamentum tenetur, & custodiet ostium, ita quòd nullus intret Parliamentum nisi qui debet ad Parliamentum, vel vocatus fuerit propter negotium quod prosequitur in Parliamento: & oportet quòd Ostiarius ille habeat cognitionem personarum quæ ingredi debent, si necesse sit habere plures.

De Clamatore.

CAP. XXI.

Clamator Parliamenti stabit extra ostium Parliamenti, & ostiarius denuntiabit sibi clamationes suas. Rex solebat mittere servientes suos ad arma, ad standum per magnum spatium extra ostium Parliamenti ad custodiendum ostium, ita quòd nulli impressiones nec tumultus facerent circa ostium per quod Parliamentum ingreditur, sub pœna captionis corporum suorum; quia de jure ostium Parliamenti non debet claudi, sed per ostiarium, & servientes Regis ad arma custodiri.

De Stationibus loquentium.

CAP. XXII.

Omnes Pares Parliamenti sedebunt, & nullus stabit..... sed quando loquitur & loquetur, ita quòd quilibet de Parliamento eum audire valeat. Nullus intrabit Parliamentum, nec exiet de Parliamento nisi per unum ostium, & quandocumque loquitur rem aliquam quæ deliberari debet per Parliamentum, stabunt omnes loquentes, causa est, ut audiatur à Patribus; quia omnes Pares sunt Judices & Justiciarii.

De Auxilio Regis.

CAP. XXIII.

Rex non solebat petere auxilium de regno suo nisi pro guerra instante, vel ad filios suos Milites faciendos vel filias suas maritandas; & tunc debent hujusmodi auxilia peti in pleno Parliamento; & scriptis cuilibet gradui Parium Parliamenti liberari, & in scriptis responderi. Et sciendum quòd si hujusmodi auxilia concedenda sunt, oportet ut omnes Pares Parliamenti consentiant. Et intelligendum est, quòd duo milites qui veniunt ad Parliamentum pro Comitatu majorem vocem habent in Parliamento in concedendo & contradicendo quàm major

Comes Angliæ; & eodem modo Procuratores Cleri unius Episcopatûs majorem vocem habent in Parliamento, si omnes sint concordes, quàm Episcopus ipse & hoc in omnibus quæ per Parliamentum concedi, negari, vel fieri debent. Et hoc patet, quòd Rex potest tenere Parliamentum cum communitate regni sui absque Episcopis, Comitibus & Baronibus, dummodò tamen summoniti sint ad Parliamentum, licet nullus Episcopus, Comes, vel Baro ad summonitiones suas veniat; quia olim nec fuerat Episcopus, nec Comes, nec Baro, & adhuc tunc Reges tenuerunt Parliamenta sua, sed aliter summoniti essent ad Parliamentum, sicut de jure debent, & propter aliquas causas venire nollent, ut si præteenderent quòd absque Episcopis Rex non regeret eos sicut deberet, & assignarent specialiter in quibus eos non rexerat, tunc Parliamentum non esset omnino, licet Archiepiscopi, Episcopi, Comites, & Barones & omnes eorum Pares cum Rege interessent. Et ideo oportet omnia quæ affirmari, vel infirmari concedi, vel negari, vel fieri debent, per Parliamentum, per communitatem Parliamenti concedi, quæ est ex tribus gradibus sive generibus Parliamenti, scilicet ex Procuratoribus Cleri, Militibus Comitatuum, civibus & burgensibus, qui repræsentant totam Communitatem Angliæ, & non de Magnatibus; quia quilibet eorum est pro sua propria persona ad Parliamentum, & pro nulla alia.

De Partitione Parliamenti.

CAP. XXIV.

Parliamentum dispartiri non debet, dummodò aliqua petitio pendeat indiscussa, vel ad minus antequàm non sit determinata responsio. Et si Rex contrarium permittat, perjurus est. Nullus solus de Paribus Parliamenti recedere potest, nec debet de Parliamento recedere, nisi obtentâ inde licentiâ de Rege & omnibus suis Paribus, & hoc in pleno Parliamento; & quòd de hujusmodi licentia fiat rememoratio in rotulo Parliamenti. Etsi aliquis de Paribus durante Parliamento infirmaverit; ita quòd ad Parliamentum venire non valeat, tunc per triduum mittit excusatores, qua die si non venerit, mittuntur ei duo de Paribus suis ad videndam & testificandam hujusmodi infirmitatem; & si sit suspicio, jurent illi duo Pares quòd veritatem inde dicent, & si comperiatur quòd finxerat se, amerciabitur tamquam pro defalta, & si non finxerat se, attornet aliquem sufficientem coram eis ad interessendum ad Parliamentum pro se, nec sanus excusari potest, si sit sanæ memoriæ. Departitio Parliamenti ita usitari debet, punctus peti debet & publicè proclamari in Parliamento & infra Palatium Parliamenti; si sit aliquis qui petitionem liberaverit ad Parliamentum, cui nondum sit responsum; quòd si nullus reclamet, supponendum est quòd cuilibet medetur, vel saltem quatenus potest de jure respondetur, & tunc primò videlicet cùm nullus qui petitionem suam ea vice exhibuerit, reclamet, Parliamentum vestrum licentiabimus.

De transcriptis recordorum in Parliamento.

CAP. XXV.

Clerici Parliamenti non negabunt cuiquam transcriptum processûs sui, sed liberabunt illud cuilibet qui illud petierit; & capient semper pro decem lineis unum denarium nisi forte factâ fide de impotentia, in quo casu nihil capient. Rotuli de Parliamento continebunt in latitudine decem pollices. Parliamentum tenebitur in quo loco regni Regi placuerit.

DDd iij

Anno MXLIV.

GREGORIUS *Episcopus servus servorum Dei, omnibus qui Christianâ fide censentur, & B. Apostolorum Principis, sedem Ecclesiarum omnium matrem recognoscunt, Salutem & absolutionem omnium peccatorum per benedictionem & merita BB. Petri & Pauli Principum Apostolorum.*

Notum vobis fieri volumus, Fratres carissimi, quòd à Sanctâ Romanâ Ecclesiâ communi matre, omnium Magistra & Domina, non solùm splendore sanctæ religionis universum mundum illuminavit, sed etiam multis indigentibus per diversas partes terræ necessaria pietate distribuit : modò verò peccatis non tantùm nostris, sed etiam multarum gentium exigentibus & in religione friguit, & terrenas opes majori ex parte amisit. Nonnulli etiam Imperatores, Reges & Principes, aliorum ordinum personæ, miserâ cupiditate capti maternam maledictionem incurrere non timentes, ejus possessiones invaserunt, distraxerunt, & in proprios usus redegerunt : qui etiam gladio anathematis percussi, & more infelicis Judæ sacrilegii vinculo strangulati, ne ad pœnitentiam redirent desipuerunt. Hinc igitur inopia, devastationes, latrocinia, rapinæ, contrà ipsum Ecclesiæ caput Beatum videlicet Petrum, & in ejus quasi visceribus exortæ sunt. Proinde propria ipsius Ecclesia, & B. Pauli, quæ illorum corporibus per totum orbem refulgent, & suo odore, suâque pietate omnes ad se gentes provocant, jamjam heu pro dolor! ruinam minantur. Unde nos utcumque meritis pauperes, nec rebus quidem divites cœpimus, ut tanto periculo Deo adjuvante succurrere, manumque adjutorii ad instaurandum præbere possemus. Hoc autem religiosi Clerici videntes, & Laïci quamplurimi, quos Guillelmus gloriosus Aquitaniæ Dux ad nostrum auxilium incitare cœpit, uno quoque anno de suis rebus oblationes largiri disposuerunt ad hoc specialiter, ut ea quæ in ejus propriâ Ecclesiâ sunt necessaria instaurentur, & ædificentur, quatenùs Omnipotens Dominus & eorum meritis, & speciali Sanctæ Romanæ Ecclesiæ oratione per veram pœnitentiam eos ad eam fidem instaurare, quam in baptismo Domino promiserunt, & cœlestis patriæ ruinam restituens, in æternâ beatitudine eos collocet. Quorum nos videntes devotionem, & laudabilem erga communem Matrem dilectionem, tam per nos quàm etiam per successores nostros, ter in anno cum omnibus Romanis Ecclesiis generaliter Missam celebrare, & septies illorum specialiter memoriam inter sacra Missarum solemnia habere possumus, ut Omnipotens Dominus meritis Dei genitricis, quæ singulari pietate Romanam semper tuetur Ecclesiam, & Beatorum Apostolorum Petri & Pauli authoritate, omnium Sanctorum maximè Romæ quiescentium oratione, à cunctis eos peccatis absolvat, & ad vitam æternam perducat.

An. MXLVIII.

Dotem conjugi suæ INGÆ *dat* ILDEBRANDUS *Longobardus in Italia.*

EGo ILDEBRANDUS filius quondam PRANDONI, per hoc scriptum morgincap, dono & trado tibi Ingæ, filiæ quondam Rabeni, dilectæ conjugi meæ integram quartam meam portionem de omnibus rebus proprietatis meæ, & de mobilia mea, quantum modò habeo, vel inantea conquirere potuero infrà territorium Pinnense, in locum qui nominatur Castellione, de casis & casarinis, terris, vineis, campis, pratis, pascuis, sylvis, salectis, pomis, arboribus fructiferis vel infructiferis, cum ripis, aquis, & rivis aquarum cultis & incultis, & sanctis Ecclesiis, cum omni ornamento & pertinentiis Ecclesiarum ; de servis vel ancillis, de auro vel argento ; de caballis vel jumentis, de bubus & vaccis, & de minutis animalibus, de ferro & rame, integram quartam meam portionem de omnibus rebus proprietatis meæ secundùm ritum gentis nostræ Lengobardorum. Et hanc paginam ante parentes & amicos nostros ostendas, & scriptum à testibus roboratum, ut dicant, quia ecce quod conjugi meæ morgincap dedi, & in futurum pro hoc causa percurrat. Quam verò à suprascripto rogatus scripsi, ego Ato Notarius & Judex ab Incarnatione Domini JESU-CHRISTI anno MXLVIII. Indictione 1. Actum in Pinno feliciter : Petrus & Joannes testes.

HENRICUS I. *Rex Francorum Ecclesiæ Carnotensi fiscum Unigradum immunem concedit.*

An. MXLVIII.

IN nomine sanctæ & Individuæ Trinitatis, Patris videlicet & Filii & Spiritûs sancti, ego HENRICUS Francorum Rex Dei gratiâ. Si ergà cultum Sanctorum & utilitatem Ecclesiarum, antiquorum institutio nos voluit esse devotos, quanto magis ergà singularem memoriam nostræ salvationis, videlicet Dei Genitricis, quam post Deum credimus & confidimus non solùm nostræ salutis adminiculum, sed & plenum effectum ; unde pro acquisitione æternæ felicitatis admodum sollicitus circumspexi, si circà me aliquid haberem, quod ejus famulatui & promerendæ gratiæ impendere possem : & hoc mihi aliquantisper cogitanti ad memoriam rediit Canonicorum Carnotensis Ecclesiæ, quam sæpius inculcaverant, petitio, per quam à diversis exhibitionibus, & actione illâ quæ vulgari nomine *Vicaria* vocatur, illum fiscum, cui *Unigradus* vocabulum est, liberum & quietum deinceps esse concederem. Ego verò petitionis ipsorum exaggerando cumulum, universa concedo quæcumque quælibet terra præfati fisci mihi meisque hactenus persolvere consueverat, quatenùs in eo habitantes tutiùs vivere, & idcirco quæcumque ab eis usibus Canonicorum debentur, pleniùs valeant reddere, exceptis quatuor sextariis vini de unoquoque arpenno, quos mihi advocationis gratiâ retinui, quatinùs si in posterum quis ei fisco injuriam inferre tentaverit, & Rege auxiliante superno me advocatum sibi sentiat esse infestum.

Et ut nostræ liberalitatis munificentia omnibus sanctæ matris Ecclesiæ fidelibus & nostris esset nota, summo studio & diligentiâ præcipimus exarari, & sigilli nostri impressione signari : quatinùs quod manu propriâ signo crucis impresso statuimus esse ratum, per curricula succedentium temporum maneat inconvulsum. Et si quis hujus conventionis esse tentaverit violator, quod absit, iram Dei incurrat, atque nostrâ nostrorumque auctoritate convictus abscedat, & pro illicitâ præsumptione auri libras centum regali fisco persolvat. Actum publicè Parisius anno Verbi incarnati M. XLVII. Indictione 1. regnante Henrico Rege XVIII anno, XV. Kal. Maii.

Epistola LEONIS *Papæ Noni ad Francos.*

Ann. MXLII.

LEo Episcopus servus servorum Dei, Fratribus & filiis Catholicis per universum Regnum Francorum constitutis, salutem & Apostolicam benedictionem.

Compertum Caritati vestræ credimus, quòd post consecrationem nostram, illam videlicet quâ benignitas Dei humilitatem nostram sanctæ Romanæ Ecclesiæ præesse voluit, Germaniam, Galliamque visitavimus, ac Remorum urbem adeuntes maximo voto & summâ devotione Ecclesiam Beati Remigii (ut longè ante desideravimus) Deo annuente; & ejuidem sanctissimi Viri patrocinantibus meritis, cum magnâ gloriâ dedicavimus; atque post consecrationem Ecclesiæ in eâdem synodum celebramus, plurima ad utilitatem Christianæ religionis necessaria consilio Coëpiscoporum nostrorum, assensu etiam & laude Cleri & populi, quorum innumera multitudo ad tantæ devotionis celebritatem confluxerat, statuendo confirmavimus. Quæ omnia capitulis digesta, inter canones haberi præcepimus, & postea in omnibus synodis, quæ habuimus, idipsum confirmare curavimus. Et quoniam Beatissimum Remigium gentis Francorum prædicatorem & Apostolum scimus, venerari & honorare illum, quem Dominus in terris & in cœlo mirificavit, prout possumus debemus, præsertim cum semper in nostro pectore inde ipsius amor ferventius ardescit, quòd pretiosissimum corpus ipsius sanctissimi viri propiis manibus transferrimus, in locum sibi præparatum, miraque pulchritudine exquisiti operis decoratè reposuimus; unde vestram admonere volumus dilectionem, ut sicut nos in ejus obsequiis perpenditis gratulari, ita & vos causâ nostri amoris, maximeque ex debito paterni honoris, solemnitatem ejus, quæ est Kalendis Octobris celebrem habeatis: quia etsi aliis non est Apostolus, tamen vobis est. Nam primitiæ Apostolus ejus vos estis in Domino. Hunc itaque honorem Patri & Apostolo vestro exhibete, ut juxtà promissum Domini, longævi super terram vivere, & ejusdem Patris precibus æternæ beatitudinis felicitatem mereamini possidere. Valete.

RAYNALDUS *Burgundiæ Comes eo nomine primus, marascalciam, & canariam in villâ Cussiaco, remittit Ecclesiæ Bisontinæ.*

Antiquâ auctoritate sumus edocti, ut Principes qui gubernacula mundi divinâ largiente gratiâ suscipiunt, Ecclesias de propriis rebus pro remedio animarum suarum ditent; & quidquid de ipsis per pravos judices fuerit subtractum, restaurent, consuetudinesque iniquas eradicent, sicuti Sanctos, Regemque Sanctorum in fine mundi defensores habere cupiunt. Quapropter ego Raynaldus gratiâ Dei Comes, notum volo fieri omnibus hominibus, tam vivis, quàm & futuris, quòd pro remedio animarum genitoris mei, & matris, necnon etiam pro remissione omnium peccatorum meorum, uxorisque, & hæredum meorum, concedo, & dimitto Ecclesiæ sanctorum, scilicet Joannis Evangelistæ, & sancti Stephani Protomartyris, consuetudinem quam pater meus & ego accipiebamus ritu temerario in quâdam potestate eorum, quæ dicitur *Cussiacus*, ad equos nostros, sive ad canes, quam vulgo *marascalciam*, & *canariam* appellant. Remitto etiam omnes alias torturas, quas mei homines injustè in ipsâ potestate, & in terris ad ipsam potestatem pertinentibus accipiebant. Tali tenore, ut nomina nostra sint scripta in Canone, & Psalmus *Inclina Domine* decantetur post electionem capituli, omnibus diebus pro nobis, quibus peragi fas est usque in finem mundi. Et ut hæc Charta firma, & stabilis permaneat, propriâ manu firmavi, Hugoni Archiepiscopo, fidelibus suis, & meis firmare rogavi. Signum Raynoldi Comitis, qui has consuetudines remisit. Signum Hugonis Archiepiscopi. Signum Rotzonis Præpositi. Signum Manegaldi Decani. Signum Gibuini Cantoris & Archidiaconi. Signum Umberti Archidiaconi. Signum Usyconis Canonici. Actum Bisontio publicè, VII. Idus Augusti regnante Domino nostro JESU-CHRISTO. Theodericus Decanus & Cancellarius scripsit.

Confirmatio donorum factorum Rotomagensi Ecclesiæ beati Audoëni.

PHILIPPUS. Notum facimus, &c. nos infrà scriptas vidisse litteras sub suo tenore, qui sequitur in hæc verba :

Notum esse volumus sanctæ Ecclesiæ fidelibus; tam futuris quàm præsentibus, quas res Robertus Bertram & uxor ejus Susanna dederint B. Audoëno, pro abolitione delictorum suorum ac vitæ æternæ merito, cum auctoritate Domini Guillermi Normannorum Principis : id est, Ecclesiam de sancto Clodoldo, & in eâdem villâ terram uno aratro, & nundinas in festivitate Beatæ MARIÆ ; & duos rusticos de Claro-Becco ; & foveam unam in Golchâ ad capiendum pisces ; & quatuor acras de pratis apud sanctum Clodoldum ; ac Capellam S. Nicolai de Burco : & illud quod possidet in S. Georgio ; & Ecclesiam S. Stephani de Hunesteroch ; Ecclesiamque sanctæ MARIÆ de Magnavillâ, & quidquid pertinet ad eam: necnon Ecclesiam sanctæ MARIÆ de Owrecoch, & quidquid pertinet; & Ecclesiam S. Petri, similiter quidquid pertinet de Sottinvillâ; & Ecclesiam sanctæ MARIÆ de Brichobec, ac decimam, & quidquid pertinet ; & terram uno aratro in Fonteneit, & Ecclesiam, & quod possidet in eâdem Ecclesia : & de omnibus silvis quas possidet decimas ; necnon etiam decimas de totis nundinis ac teloneis quas possidet, & de omnibus molendinis quæ habet decimas ; & de toto suo sale decimam ; & beneficium totum ; quod Gurslinus Clericus tenet à supradicto Roberto in Barnavillâ, & quadraginta acras de terrâ, & duos rusticos, & decimam de equabus suis, & duos equites, scilicet Gostelinum & Osbernum ; & decimam de Gorgisvilla dedit Gurslinus Gualterii filius. Signum † Guillermi Normannorum Ducis, Signum † Mathildis Comitillæ, Signum † Roberticorum filii, Signum † Roberti Bertram qui hæc donavi, † Susannæ uxoris suæ. His sunt testes, Milo, Maichidis, Wido Sacerdos, Ramenus Sacerdos, Walterius, Radulfus, Normannus, Robertus, Gotselinus, Robertus, Rodulfus, Auffadus, Willermus pater eorum; Emma, & Willermus filius Gorstini qui vocatur Donecam.

Nos autem omnia & singula in suprà scriptis contenta litteris, prout ritè & legitimè facta sunt, & prædicti Religiosi de ipsis usi sunt, ac in eorumdem possessione existunt, rata habentes & grata eadem volumus, laudamus, approbamus, & nostrâ auctoritate regiâ confirmamus, nostro & alieno, &c. Quod ut, &c. Actum Parisius anno ut suprà, mense Octobri, per Dominum Regem, ad relationem Thesaurarii Remensis & Decani Turon. *Signatum* ; Tesson.

Epistola FROLLANTI *Episcopi Silvanectensis ad* BERENGARIUM.

Domino & Fratri Berengario Frollantus Silvanectensium Episcopus suus, quantum sapit fidelis gaudia futuræ felicitatis. Detentus utrâque infirmitate non possum prout disposueram, & tibi mandaveram huc ad te venire: sed quæso ora pro me & attentiùs, ut eâ liberer, quæ animam meam necat, ægritudine; & nescio si in hoc præsenti sæculo amplius te, Carissime Domine, videre potero. Sed satage ut in alio cum tranquillitate mereartre videre. Et tamen si tamdiu Deus mihi vitam cum sospitate servarit, ut oportunitas ad te mihi veniendi esset, nunquam dimitterem quin diù conceptum desiderium tui ad te accedendo adimplerem, quia illud non auderem dicere, ut tu ad nostras partes vel in hac Quadragesimâ, orandi gratiâ dignareris advenire. Quòd si tantâ circumseptus fuero infelicitate, quòd neque huc ego, neque tu ad me valeas venire; etsi præoccupatus morte fuero animam meam tibi committo: mitte pro eâ ad cœlestem curiam obsecrationes nuntias, roga Archangelorum & Apostolorum Principes, & cæteros illius aulæ Centuriones, qui tanto Regi assistunt familiariores, ut illi dignentur suggerere quatenùs peccatricem meam animam liberari præcipiat de mortis carcere: imò tu ipse fultus orationis munere, interdum & sæpiùs piissimum & benignissimum Regem, ut pro aliis soles, pro me aggredere, & per te fiducialiter obsecra, ut dignetur mihi parcere. Domnum R. Abbatem, & cæteros dominos & fratres quos mihi tua dilectio acquisivit, sub meo nomine saluta, & in orationibus suis ut mei meminerint, obsecra. Quidquid tibi placuerit mihi remanda. Illud volo Fraternitas tua noverit, quòd multùm firmiter acquisivi tibi gratiam Domini mei Regis. Vale, & quamvis monitore non egeas, ut mei memineris attende.

Epistola Berengarii ad Richardum.

Dilecto Fratri Richardo, Berengarius salutem ac sospitatem. Quia facilè vobis factum esse cum Rege loqui non nescio, vellem si videretur & vobis verbum illi aliquod pro me faceretis, si forte humanitatis, liberalitatis, dignitatisque Regiæ, atque Christianitatis reputatione aliquâ munificentiâ compensaret damnum, quod in Clerico Ecclesiæ suæ injustissimè, ac Regiâ Majestate indignissimè tantum intulit. Quòd si facit, ab immodicâ culpâ, si modicâ expensâ, non modicum exolvit. Si autem non facit, me tamen præsto nihilominùs habet in eo uno servire Regiæ Majestati, ut satisfaciam secundùm scripturas illi, & quibus velit: injustissimè damnatum Scotum Joannem, injustissimè nihilominùs assertum Paschasium in Concilio Vincellensi, perversè & Regio auditu indignissimè exposuisse illi Clericos Carnotenses: si ita res acta est quomodo ad me pervenit, sententia de Eucharistiâ, quam in scripturâ habet gloriosæ memoriæ Fulberti Episcopi, quam quidam ipsius Episcopi putant fuisse sententiam, sed est beati Augustini. Væ autem *Prophetis qui prophetant de corde suo, qui dicunt hæc dicit Dominus, cum Dominus non sit loquutus.* Propter Ascellinum[a] dico, quòd B. Augustini verba ad pravitatem sui erroris detorquere non timuit; sicut quidam compatriota illius, qui apud Pictavum inter discutientes eamdem beati Augustini sententiam, hanc conjecturam non est confusus inferre. Propheta dicit transitorium Sacramentum, quòd per fauces transiret in ventrem. Quod autem hoc minus fidelitatis meæ servitio refugiat, noverit quæ scribit Joannes Scotus, monitu illum scripsisse præcarioque Karoli Magni antecessoris sui, qui quantum circà res gerendas perstrenuus, tantùm circà religionem devotus, ne ineruditorum, carnaliumque illius temporis prævaleret ineptia. Erudito viro[b] Joanni illi imposuit colligere de scripturis quæ ineptiam illam converterent. Unde fuerat oportet defuncto patrocinium contra calumnias nunc viventium, ne se malit exhibere indignum successione, & sede illius magnifici antecessoris sui, qui etiam circà negotium intelligendarum scripturarum sollicitus, ab erudito vivo viro, non ad tenebrandum veritatis lumen, tale exegit obsequium.

Sacramentum quidem transitorium est, virtus verò quæ per ipsum operatur, & gratia, qua insinuatur æterna: participatio sacramenti multorum est, paucorum communio caritatis. Qui Dominum pure diligit, bene ad sacramentum accedit. Mandatum novum, caritas. Testamentum novum, promissio Regni Cœlorum: pignus hereditatis, id est Sacramentum Communionis.

Fundatio Abbatiæ beatorum Martini & Wulgani de Siggi, & ejus traditio Rotomagensi Ecclesiæ S. Petri Apostoli & S. Audoëni.

Philippus, &c. Notum facimus, &c. Quòd religiosi viri dilecti nobis in Christo Abbas & Conventus Monasterii sancti Audoëni Rotom. quamdam litteram antiquam dudum dicto Monasterio, quæ propter vetustatem in quibusdam suis partibus erat deteriorata & consumta, nobis exhiberi fecerunt humiliter supplicando, quòd eamdem litteram quàm ad suam ac sui dicti Monasterii rerumque & possessionum suarum conservationem quàmplurimum asserebant proficuam, renovari, reassumi confirmare & approbare, & nostro sigillo regio muniri facere auctoritate regiâ dignaremur. Nos autem progenitorum nostrorum, qui ad sanctas Dei Ecclesias præcipuè religiosas piè jugiter concessisse noscuntur devotionis affectum, quantum cum Deo valemus, imitantes vestigia; Religiosorum ipsorum supplicationibus inclinati, dictam litteram & contenta in eâ, ne fides aliàs eidem adhibita propter deteriorationem, sui consumtionem prædictis futuris temporibus deperiret, quatenùs præfati Religiosi de præmissis rite & legitimè usi fuerunt hactenùs, & in eorum possessione existunt, & approbamus, & auctoritate nostrâ regiâ confirmamus, ac in scripturam novam redigi mandavimus sub suo tenore, qui sequitur, & hæc verba:

Quoniam vita mortalium in hoc mundo admodum brevi intercluditur spatio, & antecessores nostri corporis indumentis exuti verissimis hoc approbant argumentis; oportet nos eorum adhuc superstites ultimam resolutionis clementiam cum omni cautelâ providere, & qualiter in divinæ majestatis præsentiâ veniam consequamur, subtiliter pertractare. Sanctorum Patrum auctoritate docemur, quòd hæc activa mortalitatis vita ad contemplationis celsitudinem sit quasi quoddam ascensionis adminiculum. Et ideo bona transitoria nobis divinæ largitatis dono conceduntur, ut æterna vereque manentia Deo reddentes, vicissitudinem per charitatis officium mercemur. Quapropter ego Hugo divinitùs præ cæteris salubriter admonitus, in nomine sanctæ & individuæ Trinitatis, in honore sanctorum Confessorum Martini & Wlgalnii Abbatiam construxi in loco qui dicitur Siggy, & ea quæ subscripta sunt,

---

[a] *Propter Ascellinum*] Cujus Epistola in Not. ad vitam Lanfranci, pag. 24.

[b] *Erudito viro*] Sic restituit Baluzius: legebatur, *ineptia*.

Erudito verò. Infra restituimus *ne se malit*, ubi editum erat, *ne si maluit*.

donavi,

donavi, & tradidi inibi terram S. Martini, & duo molendina, & Ecclesias suprascriptas cum earum præsentationibus. Villam etiam totam quæ dicitur Becmicort, apud Fractam-coxam terram unius carrucæ, & pratum de Ulmo. In monte de Calvincourt XL. agros ad vineam faciendam, silvam etiam quæ incipit à viâ Rotomagensi, usque ad divisionem silvæ Gauffredi & Warnerii; Ecclesiam de Orgoil; Ecclesiam de Suggey, & in ipsâ villâ terram unius carrucæ, & unum mansum, & decem cartarios; in Cousangevillâ terram unius carrucæ & v. mansos, Ecclesiam sancti Samsonis, Ecclesiam S. Petri in castro, & Ecclesiam sanctæ Trinitatis extra castrum, Ecclesiam beatæ Virginis MARIÆ de Castillone, Ecclesiam etiam de Semvaltinont cum terrâ Presbyteri, & Baiderna beneficium, Ecclesiam sanctæ MAde Goillofontanâ cum terrâ Presbyteri; terram etiam Warnerii, & molendinum unum cum terrâ unius carrucæ, ad hoc Ecclesiam de Balsas & xxx; agros, & Lesgors de Poses, & piscatorem unum cum terrâ suâ ad *Pont des Arches*. Præterea Ecclesiam Bilcei & feiram S. Martini, feiram etiam sancti Michaëlis, & terram sanctæ Margaretæ, & Ecclesiam de Osbervillâ, & terram Aloders & Ofridum cum Goscelino & Dragolino; terram etiam Roberti *le Mant*, & terram Ricardi *le Dringli*. Ad ultimum verò decimationem silvarum, axarum, molendinorum, denariorum, equorum, vaccarum, porcorum & ovium, caseorum & piscium; & ut benè concludam, totius possessionis meæ decimationem.

Hæc, inquam, pro remedio animæ meæ, patris & matris meæ ad supradictū locum dedi, ea rationi tenore, ut sine contradictionis molestiâ ea perpetualiter habeant, & hereditariâ lege possideant ibi Deo servientes, & sanctis ejus Confessoribus, Martino scilicet & Wlganio. Hujus etenim concessionis rationem tali auctoritate firmavi, ut quicumque ea manu contradictoriâ vel violentâ deteriorare præsumserit, perpetuæ damnationis ultioni subjaceat; quam Abbatiam sub jurejurando sancto Petro Apostolo sanctoque Audoëno tradidi jure hereditario possidendam, ut moriente Abbate per succedentia tempora exinde eidem loco subrogetur. Signum Hugonis hujus donativi actoris. Ego Malgerus gratiâ Dei Rotomagensis Ecclesiæ Archiepiscopus hoc signo † istud donatium confirmo. Ego quoque Nicolaus Deo miserente Abbas institutus, hoc idem confirmo non dissimili signo. Hugonis indigni Archidiaconi signum. Signum Willelmi Comitis filii Roberti gloriosissimi Ducis Normannorum. Signum Willelmi Magistri Comitis. Signum Nigelli Vicecomitis. Signum Geffredi Vicecomitis. Signum Radulphi Teisson.

Intentionis tamen nostræ non existit, quod per confirmationem vel renovationem hujusmodi præfatis Religiosis adversus aliquem in possessione vel proprietate jus novum acquiri valeat; aut quod nobis seu quibusvis aliis præjudicium aliquod generetur. Quod ut firmum & stabile, &c. Actum Paris. anno Domini M. C DC. XXVIII. Mense Octobris.

HENRICI *Francorum Regis Diploma, quo abrogat injustam consuetudinem.*

IN Christi nomine ego HAINRICUS gratiâ Dei Francorum Rex. Notum volo fieri cunctis fidelibus sanctæ Dei Ecclesiæ, tam præsentibus quàm futuris, qualiter Isembardus Aureliensis Episcopus, cum Clero & populo sibi commisso, nostram Serenitatem adiit, conquestionem faciens super quâdam injustâ consuetudine, quæ videbatur esse in eâ urbe, videlicet de custodiâ portarum, quæ custodiebantur & claudebantur civibus tempore vindemiæ, & de impiâ exactione vini quas faciebant ibi ministri nostri, obnixè & humiliter deprecans, ut illam impiam & injustam consuetudinem sanctæ Dei Ecclesiæ, & illi, clero & populo, pro amore Dei & pro remedio animæ nostræ & parentum nostrorum in perpetuum perdonarem. Cujus petitioni benignè annuens perdonavi Deo, sibi & clero & populo supradictam consuetudinem & exactionem perpetualiter: Ita ut nulli ampliùs ibi custodes habeantur; nec portæ sicut solitum erat illo tempore toto claudantur, nec vinum cuilibet tollatur, nec exigatur. Sed omnibus sit liber ingressus, & egressus, & unicuique res sua jure civili & æquitate servetur. Hæc autem perdonatio ut firma & stabilis in perpetuum permaneret, hoc Testamentum nostræ auctoritatis inde fieri voluimus, subterque sigillo & annullo nostro firmavimus.

Signum Isembardi Aureliensis Episcopi: S. Henrici Regis, S. Gervasii Remensis Archiepiscopi: S. Hugonis Barduli: S. Hugonis Buticularii: S. Henrici de Ferrariis: S. Malberti Præpositi: S. Hervei Viarii; S. Herberti Subviarii. S. Gisleberti Pincernæ: S. Jordanis Cellarii. Balduinus Cancellarius subscripsit. Datum Aureliæ publicè VI. Nonas Octobris, anno ab Incarnatione Domini millesimo quinquagesimo septimo, Henrici verò Regis vigesimo septimo.

Epistola WIMUNDI Benedictini ex Monacho Abbatiæ de Cruce S. Leufredi, seu Heltonis, Archiepiscopi Averiani.

Ad Amantissimum Fratrem ERFASTUM *Frater* WIMUNDUS *indignus Presbyter, sine fine gloriari in Christo Jesu Domino nostro.*

PErlectâ Fraternitatis tuæ Epistolâ, ex ipsâ inquisitionum tuarum ratione perpendi correptum Dei timore; ad sapientiam spiritualium rerum ac scientiam te unde gratulor non inutiliter exerceri. Quod enim de substantiâ atque unitate æternæ Trinitatis quæsisti, sapientæ est. Quod autem de mysterio Dominici corporis adjecisti; ad scientiam spectat. Item illud quod ad comprobandam Trinitatis unitatem, similitudinem rei temporalis, de sphærâ videlicet solis memorasti; scientia nihilominùs est. Commoda planè pulcherrimaque, & jucundissima Philosophia, si ei perseveras. Hæc namque non terrena nec humana, sed verè cœlestis est & divina; hæc laboranti suavis refectio est; post laborem perfecta beatitudo est; quam benè facis studiosè quærendo, quæ ad aperietur indefessè pulsando. Gaudens igitur ego exercitio & profectui tuo, quæ aliquando si voluerit Dominus in longiorem disputationem de his conferre cogito, ne quæstiones tuas differam, quantâ valeo brevitate succinctè respondeo?

In illâ itaque sphæræ solaris collatione, de quâ tibi primùm responderi flagitasti, diligenter observa ad hoc illam valere, ut sicut sphæra, splendor, & calor, non tres, sed unum proferunt solem, ita in Patre, & Sapientiâ, & Amore utriusque non tres Deos, sed unicam sentias Deitatem. Et sicut sol quem mittit splendorem, sibi habet omnino coævum; ita Deus Pater sibi prorsus habet, quem de se generat Filium coæternum. Illud sanè volo sollicitè attendas, longissimè aliter veriusque atque in sole est, illam ipsam summæ divinitatis consistere unitatem. In

De uno Deo & Trino inquirenti Erfasto respondet Guimundus.

sole quippe & fulgor & calor, qualitates sunt, Sol verè ipse substantia est, atque idcirco non idipsum est sol, quod illa duo reliqua sunt. Sed & ipsæ qualitates substantialiter ab invicem differunt, quin & diversa facientes. Nam lucidum splendor, calor autem calidum facit operandi virtute; locis etiam & temporibus subjectisque plerumque discretæ sunt. Sæpe enim sole oriente, solis fulgor cernitur, ubi ejus omninò nullus calor sentitur : & meridiano tempore calor ejus multa solida corpora penetrat, in quæ nihil prorsus luminis intrat. Nec eisdem quoque sensibus à nobis excipiuntur. Nam splendor visu, tactu calor admittitur, ita ut etiam per contrarium, & pergrandi quis frigore torpens magnum à longe lumen solis videat : & tenebras cæcus patiens, calore ejus interdum valido contabescat vel hilarescat.

Longè igitur & ista duo invicem differunt. Non autem Deo cum sapientiâ suâ, & amore suo, tam parva, vel tam discrepans, ut ita dicam, est unitas; nec sapientia & amor Dei ipsius divinæ substantiæ qualitates sunt. Neque item ista duo tantisper ab invicem differunt. Illa quippe unus sol quodammodo dicuntur, quia in sole uno coæva illi, & inseparabilia sunt : non autem idipsum quod sunt per se singula, ad invicem unum sunt; quoniam, ut prædictum est, substantialiter ab invicem omnia differunt. At pater, & Verbum & Spiritus, sive Pater & Sapientia & Amor, ita in uno Deo, vel ita unus Deus sunt, ut unum ad invicem sine ullâ distantiâ sit, quidquid per se singula essentialiter sunt. De Patre & Filio, sic habes in Evangelio Dominum nostrum dicentem : *Ego sum in Patre, & Pater in me*. Et : *Qui videt me, videt & Patrem*; & : *Ego & Pater unum sumus*. Non enim Pater habet ex alio Filium, quàm ex se. Neque enim ante omnem creaturam aliud quidquam erat. Omnia autem quæ facta sunt, sicut, scriptum est, per ipsum filium facta sunt : si igitur omnia facta, per ipsum facta sunt. Neque ipse factus est, neque ex aliâ re, cum nihil aliud esset, sed de se Pater ante omnia genuit ipsum. Si autem ex substantiâ Patris natus est Filius, quoniam in substantiâ illâ nulla pars est (nam primum principium incompositum est, nec componi omninò novit, qui omnia ipse composuit) item nec in Filio pars est, nihil enim ejus nisi ex Patre, & in Patre est : ex Patris porrò a unitate prorsus individuâ & nunquam geminatâ, partium pluralitatem habere non potest. Ex toto igitur totus, nec major in aliquo, nec minor, idem de eodem in essentiâ natus est. Si enim partem non habet, cum ex illo & in illo & jam individuo sit, nullatenùs differt. Nam si de illo est, aliquid ejus in se habet, vel potiùs aliquid ejus ipse est. Porrò si aliquid ejus parte carentis habet, vel est, totum illum in se potiùs habet, vel magis totum quod est ille, ipse est. Si verò sic illam ipsam Patris essentiam in se totam habet, immota illa essentia ipsius est, cum & ipsius simplicitas individua partem nesciens, additamentum recuset : in nullo prorsùs essentialiter differt. Idem igitur omninò ad essentiam quidquid est Pater, & Filius est.

Eâdem tibi ratione de sancto quoque Spiritu satisfiat. Qui enim sine parte de individuâ est substantiâ Patris, una & eadem cum Patre substantia est : & qui parte carens de individuâ est substantiâ Filii, una & eadem cum Filio substantia est. Et cum à Patre simul procedat & Filio, non duæ sunt processiones,

sed una processio, nec duo sunt Spiritus sanctus, sed unus Spiritus sanctus. Quia cùm nec loco divisa, nec tempore, una sit prorsus & eadem Patris & Filii substantia, Spiritus sanctus simul ab utroque procedens; eodem ipso quod ab uno procedit, simul idem procedit ab altero. Hoc in Evangelio Dominum docentem attendo, ubi ait ; *Cum venerit Paraclitus, quem ego mittam vobis à Patre*; Ego mittam à Patre dixit ; ac si diceret, una est ejus processio à me & Patre. Et paulo post : *Ille me*, inquit, *clarificabit, quia de meo accipiet, & annuntiabit vobis. Omnia quæcumque habet Pater, mea sunt, proptereà dixi, quia de mea accipiet, & annuntiabit vobis*. Id est; substantia quam habet Pater, & mea una est : proptereà qui ex nobis est Spiritus Sanctus, cum de Patre est, de me est. Est igitur Spiritus Sanctus una eademque substantia cum Patre & Filio, & est unus utriusque; unâque ejusdem ab utroque processio. Quapropter tria hæc ita in uno Deo, vel ita unus Deus sunt, ut unum ad invicem sine ullâ distantiâ sit, quidquid per se singula essentialiter sunt.

Proinde quòd sapientia vel virtus Patris dicitur Filius, quoniam sapere vel posse essentiale illi est, non qualitas creditur Patris, quâ Pater qualis, sapiens videlicet dicitur & fortis, sed est perfecta sapientia sua, & virtus sua, singulus, ut ita dixerim Pater; perfecta sapientia, & virtus, singulus Filius ; perfecta sapientia, & virtus, singulus Spiritus Sanctus : & simul non tres sapientiæ, aut virtutes, sed una sapientia, & una virtus : estque Filius sapientia de sapientiâ Patris, virtus de virtute Patris : sicut essentia de essentiâ, vita de vitâ, Deus de Deo, lumen de lumine. Sed quia per Filium infirmatum in carne, & stultitiam crucis ejus nos infirmi, & stulti, fortes & sapientes facti sumus ; & sic factus est nobis ipse à Deo sapientia, & virtus & justitia, ut per ipsius infirmitatem & mortem, justificati & corroborati, ad cognoscendum per ipsum quandoque Patrem convalescamus ; ideo enim justè quasi-spicialiter Dei justitiam, atque virtutem & sapientiam confitemur.

Item Spiritus sanctus cum Patris & Filii dicitur charitas, vel amor, aut voluntas, non idcirco amborum qualitas creditur, cujus gratiâ utrique quales, amantes videlicet sint, aut volentes ; aut certè spirituales, sed cum sint etiam singuli Spiritus sanctus (nam & Pater est Spiritus, sicut scriptum est : *Deus est Spiritus*, & Filius secundum divinitatem Spiritus) & Pater sanctus, & Filius sanctus, & non tres Spiritus sancti, sed unus Spiritus sanctus. Et cum singuli sint charitas, quia *Deus caritas est*, & singuli amor aut voluntas, nec tamen tres charitates, vel amores, vel voluntates, sed una charitas, unus amor, una voluntas. Illum tamen qui ex Patre procedit & Filio, quasi propriè Spiritum sanctum, vel charitatem, vel amorem, vel voluntatem Patris & Filii dicimus, ut per hoc quod velut suum habet in nomine, quod commune sit iis ex quibus est, id designetur aliquatenùs, quia ipse ab utroque existens, communis est, consubstantialis, & nexus amborum.

Ita cum & Pater essentia & Principium sit, & Filius æquè essentia & Principium sit ; Spiritus quoque sanctus nihilominùs essentia & principium sit, nec tres essentiæ, aut tria principia, sed una essentia & unum principium; de Patre tamen hæc quasi propriè dicimus, ut per hoc noverimus, quia ipse

---

a *ex Patris porrò*] Totus hic locus interpunctione laborare mihi visus est : sic enim ediderat Acherius: *nulla pars est ; nam primum pr. inc. est ; nec . . . . . ipse composuit*.

Item nec . . . . & in Patre est ex Patris. Porrò unitate &c. An rectè ediderim, Theologorum arbitrium esto.

ita est, ut sit ex se, & sic principium est, ut non ex alio sit principio, tantùm ex se, cæteræ verò personæ ex ipso. Nam filius quidquid omninò est, non ex se, sed ex Patre; item Spiritus sanctus non ex se, sed quidquid omninò est, ex Patre Filioque est est. Sed [&] ut ex filio procedat Spiritus, à Patre hoc habet Filius. Nam si quidquid habet, ex Patre illi est : & id ex Patre nascendo, habet à Patre, ut ex ipso sit Spiritus. Spiritus quoque sanctus procedendo à Patre, ab ipso habet ut ex ipso ita sit, ut simul etiam exiltat ex Filio. Ita igitur sunt singula omnium, & omnia singulorum, & omnia unum; certo tamen, ut dixi, rationis mysterio, quædam quasi propriè de Patre dicuntur, ut essentiale principium, quædam de Filio, ut justitia, virtus, sapientia, quædam de Spiritu sancto, velut hoc quòd Spiritus sanctus dicitur, quod amor vel charitas, vel voluntas Patris & Filii nuncupatur: quatenus per hoc, sicut dictum est, non ex alio, sed ex se esse Patrem : per Filium verò nos justificatos, fortes, doctosque esse ac futuros esse: è Patre autem & Filio Spiritum sanctum communiter procedere intelligamus.

Sicut igitur in essentiâ majestatis idem sunt, cum nec loci aut temporis interstitio sejungantur, nec tres numero potentiæ, sed una potentia; ut unus operator sint,[b] : ita & in operationis effectum differunt : quia Dominus noster dixit : *Quæcumque enim Pater facit, hæc & Filius similiter facit*, & non alia, quia non potest Filius à se facere quidquam, nisi quod viderit Patrem facientem. Idem consequenter de spiritu utriusque sentiendum est. Nam & si hominem solus Filius induit, ipsum tamen hominem atque incarnationis mysterium tota Trinitas fecit, tota eum Trinitas ad mortem dedit, tota eum Trinitas resuscitavit, tota exaltavit. Ita quoque & vocem illam, per quam & solus Pater ad Filium loquens innotuit : *Tu es*, inquiens, *Filius meus dilectus*. Et columbam illam, vel linguas igneas, in quibus vel super Dominum baptizatum, vel super discipulos die Pentecostes Spiritus sanctus apparuit, tota utique Trinitas fecit. Quemadmodum & illa vox dissyllaba, qua Pater dicitur; & trissyllaba, quæ dicitur Filius; & duo nomina quæ Spiritus sanctus appellantur, & similiter aliæ voces quamplures, licet proprietatem singularem seorsum denotent, & audicui præferant personarum; non tamen aliter, quàm illa dissyllaba vox quæ dicitur Deus, tota pariter significans Trinitatem, totius certè sunt opera Trinitatis. Quapropter etsi ex creaturis, aliquæ ad declarationem singulorum propriè, mysterióve pertineat personarum, palam tamen est, quoniam Pater & Filius & Spiritus sanctus sicut nec in substantiâ, ita nec in aliquo prorsus cujusque rei operatione dissentiunt. Palam etiam & hoc est, quia & Patrem & Filium,& Spiritum sanctum non variis corporis sensibus, sed unâ, eademque puræ mentis intelligentiâ & simul contemplamur, sicut à veritate ipsâ didicimus, quæ ait : *Qui me videt, videt & Patrem.*

Ut igitur ex his dicendi finem breviter faciamus, quoniam eæ quæ in sole qualitates sunt, & ab ipso & ab invicem substantialiter differunt, operandi quoque virtute & secundum locum ; & secundùm tempus, diversaque subjecta dissentiunt, variisque sensibus haustæ, longè distare comprobantur. Cumque Patris & sapientiæ & amoris una sit prorsus eademque substantia : cumque in eis nulla, non dico

diversa, sed ne ulla etiam qualitas, nihilque omninò aliud, nisi una pura essentia debeat cogitari, cum eædem sint eorum semper, & ubique, & in omnibus opera, unaque simul & eadem mentis intelligentia, & inseparabiliter videantur, manifestissimè rationis indicio satis liquet, longissimè aliter veriusque non solùm quàm in sole est, sed quàm in ullâ etiam creaturâ esse possit, illam summæ atque individuæ Trinitatis consistere unitatem.

Sanè cum dixissem supra quidquid essentialiter singuli sunt, communiter dici de omnibus, idcircò essentialiter dixi, quia quod Pater aut Genitor dicitur; item quòd Filius aut verbum, vel imago nominatur; vel quòd Spiritus sanctus procedens appellatur, non secundùm se intelligendæ essentiæ, sed distinctionis, vel relationis personarum vocabula sunt. Caventes etenim confundere personas, Patrem quòd non ex alio sit demonstrantes, vocamus ingenitum; & quòd non sine Filio sit, vocamus & Patrem. Item Patris illa & ineffabilis visio, in quâ seipsum Pater intuetur, & omnia, splendor ille, illa lux, quia non ex se, sed ex solo Patre est, dicitur Filius : & quoniam nos, ut per speculum, & imaginem suam (homo enim noster interior licet obscuret, tamen Dei imago est) Deum cernere qualicumque ænigmate valeamus (quoniam, inquam, nos quamcumque rem mente videndo sive quod extrà nos est, sive ipsam mentem, nobiscum quodammodo de re quam cernimus loquimur, similitimamque ejus imaginem animo conformamus ; ita ut cum semetipsam mens nostra intuendo, de se apud se sententiam veritatis quâdam discussione parturiens, veræ tandem intelligentiæ lucem depromserit, jure idipsum veri intellectûs acumen, & partum mentis , quia ex se hoc ipsa peperit, & verbum quo de se ipsa disseruit, & imaginem vel similitudinem, quod ipse de sui contemplatione informavit, liceat appellari. Simili modo ut per ejus, ut dixi, imaginem, quod sumus nos, Deum qualicumque ænigmate videamus, & de temporalibus si audemus, imò quia ita nobis temporalibus expedit, quomodocumque conjiciamus æterna. Simili, inquam, modo ineffabilem illius paternæ visionis lucem semper de Patre, semper apud Patrem, & in Patre manentem, semper Patrem videntem, omnium conditricem, Patris revelatricem, & idem esse Patrem, quoniam de Patre est non de nihilo, & unigenitum, & verbum, & imaginem, similitudinemque Patris corde credimus, & prout sufficimus sentimus ad justitiam, ore autem confitemur ad salutem. Spiritum verò sanctum, nec ingenitum dicimus, quia non est de nullo, nec genitum, quia non est de Patre solo, sed à Patre & Filio procedentem, non tamen ab utroque nascentem, quoniam pariter eodemque modo Spiritus est amborum, cum nullus eodemque duorum pariter eodemque modo possit esse filius patrum. Sed nec verbum utriusque, nec imago, nec similitudo dicitur; quia quamvis amantes aliquid sæpe illud animo versandi, nobiscum dicamus & imaginemur, dicentesque & imaginantes amemus, dicere tamen & imaginare in nobis quidem visionis est propriè, non amoris. Amandum etenim quodlibet per mentis intuitum quid aut quale sit, vel quomodo se habeat, dicitur, ut definito hoc, jam certius ametur.

Sed quæ nostri comparatio ad æternitatem? hoc autem propterea dico, ut non carnali sensu verborum proprietates, ut in nobis, ita omninò in divinitate requiras. Quippe si de verborum sensibus

---

[b] *operator sint*] Ut interpunctionem variis in locis restituere ausi sumus ; ita quidquam in verbis immutare nobis religio semper fuit. Ac præsertim ubi de re tam ardua tractatur. Monebimus tamen lectorem, mendum hoc loco nobis irrepsisse videri, ac nisi admodum fallimur, *ut unus operator sint, ita & in operationis effectu non differunt*.

agas, in Patris & Filii vocibus, & in cæteris relativis, cum de hominibus dicuntur, quædam ipsorum hominum, quibus ad se referuntur, accidentia: item in generandi & procedendi verbo, actum passionemve cum declaratione temporis accipere solemus. Æternam porrò generationem Filii Dei, Spiritûs sancti processionem, sic credimus, ut neque ibi tempus, neque actum generantis, aut passionem geniti, vel procedentis Spiritûs, neque ullum denique accidens divinæ inesse substantiæ sentiamus. Non igitur supra dicta distinctionum, vel relationum verba, propriè divinitati conveniunt, nec omninò in Deo eodem sensu quo & in nobis accipienda sunt. Absit enim, ut in æternâ Trinitate, uno solo Deo, propter verborum nostrorum angustias, ante omnem creaturam aliquod accidens, aut ullam omninò rem, propter [c] simplicem divinitatem fuisse dicamus. Nulla quippe creatura quamlibet perfecta, & ad imaginem Dei facta, plenissimam, ut est, exprimere, vel æquiparare similitudinem prævalet Creatoris, nedum ea quæ penè nihil sunt mortalium verba, illam quæ supra omnem creaturæ omnis cogitatum, ineffabili præeminet veritate, naturam divinitatis explicare sufficerent.

Non igitur hæc de Deo idcircò dicimus, ut id planè quod ibi est explicemus, sed qualibuscumque tamen prout possumus verbis dicimus, ne id quod ex verbo Salvatoris certissimè credimus, & quod vix quantumlibet attenuato Spiritu, Christo adjutore, per ænigmata præguslare valemus, omnimodo comprimere silentio videamur. Cumque ineffabilia utcumque fari cupimus, aliquatenùs per hæc verba non equidem accidentia ulla purissimæ divinitatis, sed prout eloquii humani valet angustia, hoc quod non est Pater ex alio per hoc quod ingenitus dicitur, nec sine eo qui ex ipso est, per hoc quod Pater vocatur, & quod non sit Filius ex se, nec sit nisi à Patre per nomen Filii. Eodemque modo quòd Spiritus sanctus non ex se, sed ex Patre & Filio sit, per procedendi verbum, ut prædictum est, denotamus.

Procul igitur sit à filiis sanctæ & universalis Ecclesiæ, ut pro distinctione personarum, qualibet sibi carnalis anima alicujus rei hîc ulla penitùs interstitia fingat. Nam si hoc in æterna Trinitate, quod absit, admitteretur, cum ante rerum omnium constitutionem sempiterna sit in Deo hæc Trinitas personarum, falsò, quod iterum absit, cunctarum rerum præter se solum unum Deum conditrix, & principium Trinitas crederetur; nec jam Trinitas jure, sed quaternitas aut quinitas meliùs, imò verò ampliùs juxta numerum rerum interjacentium vel accidentium, quod itidem absit, necessariò diceretur. Quod quoniam à Christianâ religione prorsùs abhorrens, catholicæque est veritati summè contrarium, non ergo in omnipotenti æternâque & simplici Trinitate, salvâ, ut dictum est, ineffabili distinctione personarum, ullius accidentis infectio, non rei omninò alicujus admixtio vel interpositio, nonnisi una sola, unica, sincera, & purissima divinitas requiratur.

Quisquis sanè hæc fidei processibus auctus prout desuper datur, Deo jam nunc pro meritis fidei retribuente, interiori etiam quodam prædulcissimo igneoque & inexplicabili mentis attigerit gustu, jam aliquatenùs ut homo Deum suum sentiens, magno cum tremore gaudeat, & cum magno gaudio contremiscat. Ita tamen epuletur, ut non jam in eo remanendum quod invenerit, æstimet, sed ut sibi largiùs aperiatur, piè semper quærendo, desiderando, & orando validiùs pulset. Scriptum est enim: *Cum consummaverit homo, tunc incipit*. Et iterum: *Quærite faciem ejus semper*. Qui autem ad hoc invalidus est, ita tamen esse non dubitet, ad quod cernendum postmodum, patienter interim sinu fidei nutriatur.

Porrò si quis æternitatis malit violentus esse discussor, nec facilè Deum aut sine numero trinum, aut in personis sine interpositione, vel admixtione alicujus rei distinctum, aut sine extensione credat æternum, vel sine loco & situ totum ubique præsentem, vel omninò sine quantitate magnum, sine qualitate bonum, sine motu omnia facientem, sine passione omnia sustinentem, sine complexu omnia continentem, audiat iste quod scriptum est: *Ne quæsieris quæ ultrà te sunt:* & ea quæ facta sunt potiùs admiretur, respondeatque sibi, quòd potentiâ hæc omnia de nihilo prodierunt. Non enim suâ, quæ nulla erat. Si ergo Dei, quomodo ea quæ nihil omninò erant, Dei præcipientis ut fierent imperium persenserunt? Aut certè cum non esse & esse simul non potuerunt, quo medio de altero ad alterum transierunt? Aut si forsitan de mundi principio agere renuit, quia necdum erat, de singulis quæ quotidie in promptu fiunt, quærat ortus, crementa, variationes, defectúsque eorum, quomodo, aut cur hoc, vel illo potiùs modo eveniant, altâ mente consideret. Quòd si fortè in minimis subtiliter pervestigando succumbet; cognovitque experimento veram esse sapientissimi Salomonis sententiam, dicentis: *Cunctæ res difficiles, nec potest eas homo explicare sermone*. Et illam, *Æstimamus difficilè quæ in terris sunt, & quæ in prospectu sunt invenimus cum labore: quæ in cœlis sunt quis investigabit? Sensum autem tuum quis scit, nisi tu dederis sapientiam, & miseris sanctum Spiritum tuum de altissimis?* Desinat gigantea protervia cœlum petere, & credendo humiliter quod . . . .

Ecclesiam sive Monasterium S. Stephani Nivernensis instaurat Hugo Episcopus, atque inibi Canonicos instituit.

IN nomine sanctæ & Individuæ Trinitatis, Patris, & Filii, & Spiritûs sancti. Ad notitiam posterorum notis memoriæ literis assignamus, qualiter olim quoddam oratorium in honore Nativitatis Filii Dei Salvatoris nostri Jesu-Christi, & B. Mariæ Virginis matris ejus, necnon & B. Stephani Proto-Martyris Christi, ac B. Joannis Evangelistæ dilecti Domini, ac Sanctorum Innocentium dedicatum, quorumdam nefariâ impietate percussum & annihilatum, statum maximæ dignitatis amiserit, non reminiscentium illius Davidicî psalmi: *Deus meus pone illos ut rotam, & sicut stipulam ante faciem venti: qui dixerunt possideamus sanctuarium Dei*. Et qui magis spiritualiter & nimis carnaliter sapientes, res Ecclesiæ, scilicet sacrificium in sacrilegium retorserunt, ad laicorum usum; quibus quia plurimùm lacrymæ debemus quàm culpæ, minùs suæ crudelitatis dabimus proloquium.

Vir namque beatæ vitæ Columbanus Abbas de talento sibi credito [ne] sine lucro redderet, semper sollicitus, præmeditabatur duplicare in usurâ fidei, quod ei redditurum non ignorabat austero judicii; unde nec torporis ignaviâ damnaretur à Domino, seipsum spirituale templum divinæ fecit gratiæ, & per multarum terrarum spatia quamplurima Deo ædificavit templa, quorum unum hoc, de quo præ-

---

[c] *propter*] Logo, *præter*.

libavimus, legimus illum fundasse in suburbio Nivernis Civitatis, in quo unicuique suprascriptæ venerationi suum singulare ac marmoreum altare consecravit, sicuti adhuc præsens dies indicat nobis: decoravit quidem ipsam Ecclesiam honestate parietum, & compositione marmorearum pyramidum, quod ex vetustate consumitur, & residuum igne comburitur: thesaurizavit verò illic auri & argenti & lapidis pretiosi, ac ornamenti diversi copiam, quod sacrilegæ manus in infernum deportaverunt, atque *a* diversarum gazarum supplebatur copia, ecce ligni & lapidis premitur indigentia.

Aggregavit ergo inibi B. Columbanus sanctimonialium Collegium, quæ regulæ subjacerent, & contemplativæ vitæ desudarent: illis autem obeuntibus, & cæteris earum subsequacibus per multorum annorum curricula ad tantam inopiam reversus est locus, ut qui plurimorum beneficiorum ditatus fuerat stipendiis, & à multis ibi Deo servientibus totius corporis penuriam abigebat, nunc solius homis vitæ necessaria procul abnegat: quamvis enim authentica dicat Scriptura, *Qui altari deservit cum eo participet*, tamen nemo ei participat quod nihil habet: istud namque altare peccatis nostris exigentibus adeo spirituali annihilatur obsequio, & terreno privatur beneficio, ut non sit qui sibi serviat, vel si esset qui ejus servituti vacaret, profectò unde viveret non haberet, nisi aliunde quæreret.

Quà de re ego Hugo gratiâ Dei Nivernensis Episcopus, intimo cordis dolore tactus, & mentis compassione compunctus, lacrymabili voce querimoniam hujus loci multis ad oculos Dei sæpius fudi, & obnixè deprecatus sui; ut statum hujus sanctæ Ecclesiæ mihi commissæ idem Dominus Deus ad honorem suæ laudis relevando revocaret, quoniam mei officii est jus Ecclesiasticum procurare, & quod benè constitutum est, ne proruat videre, & quod dissipatum depravatur, in melius redintegrare. Cum verò in hac orationis frequentiâ meus incessanter animus preseveraret, venit quidam Clericus, nomine Hugo, nepos meus, nostræque Ecclesiæ Decanus, qui medietatem hujus olim Abbatiæ, nunc jam nec Abbatiæ, nec penè Ecclesiæ, habebat à fratribus meis, qui eam tenebant à Comite, videlicet Domno Willelmo, in beneficio, dicens se secundùm fragilitatem sæculi boni testimonii Clericos qui irriguum inferius, quod est timor gehennæ & irriguum superius, quod est amor Dei, secundùm sui possibilitatem in hac basilicâ libenter procurassent.

Unde cum de consolatione Ecclesiæ quod volebam audire D. Willelmum Comitem regali genere natum, & magnificum virum, qui hujus loci altaria Episcopali dignitate tenebat, & fratres meos Hugonem Vicecomitem, atque Leonem more Episcopali exorando monui, & monendo deprecatus sui, ut in hac fabricâ pietatis manum mitterent, & in restauratione corporis Ecclesiæ corpus peccati pro certo destruerent: Qui ut sapientes meæ saluberrimæ exhortationi bono animo acquieverunt, & auxiliante Deo, ut in unum omnium convenit sententia, Canonicum ordinem in hac Ecclesiâ esse, semperque fore decrevimus ut nostris verò fratribus, quos hîc in Dei nomine & Canonico ordine congregamus, beati Sylvestri Papæ Romani regulam tenentibus, hanc pauperrimam Ecclesiam ab omni servitutis nodo solutam, pro Dei amore concedimus. Indignum enim valdè judicamus, ut quæ est sponsa Dei, & mater nostra, nobis ad serviendum sit subjecta.

Quapropter & ut melius ædificent, & in eâ laborando desudent, & de suis proprietatibus eam honorando amplificent, illis & omnibus posteris eorum hanc chartam perpetualiter firmamus, & adstipulando in infinitum firmissimè corroboramus. Nos ergo authoritate divinâ solidati, quæ vendentes & ementes flagellando de templo ejecit, omninò prohibemus, & excommunicamus, ne præbenda hujus loci, vel aliquid Ecclesiasticæ dignitatis alicui vendatur, seu ab aliquo ematur; neque Simon Magus hîc lucrandæ cupiditatis evacuet sacculum, nec Judas traditor Domini mercator pessimus denuò vendat Christum, sed proculomninò exclusâ totius pecuniæ nequitiâ, Frater probabilis vitæ à cæteris eligatur, & immunis illis jungatur, qui in hac Congregatione voluerit esse major, sit illorum servus & ministrator. Ipsi verò Fratres & seipsis cum deprecatione Dei Priorem eligant, qui illis præsit canonicè verbo & opere, & totius mentis intentione. In Dei nomine vehementer prohibemus ut neminem huic Congregationi adjungat, nisi illum quem cæteri fratres idoneum æstimatum præsentaverint. Frater quoque adjungendus veluti in proximo moriturus, qualiscumque sit, dives seu pauper, sapienter definiendo sua dividat, & deinceps Ananiæ & Saphiræ, qui non ex alieno, sed ex suo perierunt, proprietatem non habeat.

Igitur ego Willelmus memor Salomonis dicentis: *Divitiæ viri redemptio animæ ejus*: pro salute animæ meæ, & omnium parentum ac fidelium meorum, reddo ac concedo Omnipotenti Deo, & sanctæ MARIÆ atque sancto Stephano, cæterisque Sanctis ibi veneratis, & Canonicis ibidem servientibus ac servituris, per laudationem Domni Hugonis Episcopi, & Domni Goffridi Autissiodorensis Præsulis, necnon matris meæ, & uxoris meæ, & filii mei Raginaldi, & cæterorum meorum Willelmi atque Roberti, & filiarum mearum, & Hugonis Vice-Comitis, & fratrum ejus Leonis & Raginaldi, quibus hoc beneficium ex me descendebat; hospitalitates hominum & equorum, & justitiam omnium hominum ibi manentium, omnemque consuetudinem hujus Abbatiæ, quam ibi habebam: omnes quoque terras tam acquisitas quà acquirendas, quascumque ad suum commune proficuum revocare potuerunt, reddo, dono & laudo, & omnibus fidelibus meis laudare facio. Et ut hæc charta firma stabilisque & inconvulsa permaneat, manibus & nominibus nostris eam firmamus.

Actum civitate Nivernis tertio Nonas Martii, Indictione decimâ quintâ, anno ab Incarnatione millesimo sexagesimo tertio, regnante Philippo Rege anno tertio, regimen sanctæ Romanæ Ecclesiæ gubernante Alexandro Papa anno secundo.

Signum Richerii Senonensis Archiepiscopi.
Signum Domni Nivernensis Episcopi.
S. Domni Goffridi Autissiodorensis Episcopi.
Deinde quindecim Canonici, ubi post sex dignitates signat Raginaldus Abbas. *Deinde post eos subsignant* Willelmus Comes, *& filii ejus* Raginaldus, Willelmus, Robertus; *postea* Hugo Vicecomes *& fratres ejus* Leo *&* Rainaldus, *& Milites novem*.

Absolutio à pœnitentiis impertitur in consecratione sanctæ MARIÆ *de Correno, quæ dotatur.*

RAIAMBALDUS servus servorum Dei Apostolicâ authoritate omnibus tam Clericis quàm Laïcis salutem, adjutorium quoque pœnitentibus

---

a atque] Lego, *& quod*

concedo. In benedictione Ecclesiæ sanctæ Trinitatis, & sanctæ MARIÆ, sanctique Joannis ac sancti Petri in Correns, & in ejus consecratione talem absolutionem concedimus, ut quicumque beneficia daturus hanc Ecclesiam ingreditur, cuncta se impetrasse lætetur : & pœnitens, qui ad eam in consecratione ejus advenerit, tale remedium sibi percipiat ; tertiam partem pœnitentiæ illi dimittimus, & Ecclesiam usque ad caput anni ei reddimus & pacem, & capillos incidere habeat ; & si mors in capite anni evenerit, vel insuper annum, ex nostrâ parte absolutus permaneat ; & si in alio anno annualiter vel insuper annum, in eâ absolutione permaneat. Quam absolutionem à sancto Petro accepimus, cui, ut ferè omnis Catholicus orbis agnoscit, potestas cœlestiùs est collata, quemvis solvat . . . : vinculis, & liget quos vult in cœlo & in terrâ, & cui vult dimittat, & quem vult perdat. Quapropter nobis concedentibus quicumque bonum huic loco fecerit, talem benedictionem accipiat, sicut superiùs diximus. Et qui ad hanc Ecclesiam ierit, securus ab omnibus inimicis suis vadat, & qui ei aliquid impedimenti præstiterit ; sciat se excommunicatum & anathematizatum. Si quis itaque, quod non optamus, temerario ausu contrà hanc nostram præceptionem ire conatus fuerit, & in villâ, quæ vulgò Coreno dicitur, offenderit, si infrà quadraginta dies ad emendationem non venerit, sciat se maledictum omnibus maledictionibus quæ in novo & veteri continentur Testamento, &c.

Ipso die quo consecrata fuit, donavit Petrus Rainoardus de propriâ hereditate unam modiatam de terrâ arabile, in planicie quæ vulgò dicitur Villa-Aquensis, posteà verò firmavit. Aliâ vice Petrus Raionardus, & mater sua Fides, reddiderunt terram de Villa-Aquense ; & mansum quem dedit Raionardus Taixomega in Jocar, similiter firmaverunt, & dederunt Deo & Domnæ, sive sanctæ MARIÆ de Correns, & inde acceperunt x. solidatas, teste Trimundo, & Joffredo Riperto, & Guillelmo Bager, sive Rotbaldo Montaner, & Theuberto Riperto. Et hanc redditionem sive donationem fecit in manu Amalrici Præpositi, & propter mansum de Jocar habuit Rainoardus Taixomega unum mulum per triginta solidos, & unum equum per viginti solidos, & unum bovem per v. solidos. Et scripsit Rostagnus mandante Raionardo Taixomega, Anno MLXV. Indictione III. Epactâ X. in Villâ-Aquense. Petrus Rainoardus dedit unam modiatam de terrâ cultâ & incultâ Deo & sanctæ MARIÆ cum tascâ & decimo, & pro hoc habuit unum bovem : Et testes suprascripti firmaverunt ; regnante Domino nostro JESU-CHRISTO, qui vivit & regnat in sæcula sæculorum, Amen.

An: MLXVII. *Donatio Ecclesiæ S. Machuti facta Majori-Monasterio à* ROTBERTO *de Sabulio & uxore ejus* HADULSA.

Notum esse omnibus volumus, quòd ego ROTBERTUS de Sabulio & uxor mea HADULSA dedimus S. Martino Majoris-Monasterii & Monachis ejus Ecclesiis ejusdem castri pertinentibus ad prædictam Ecclesiam Canonicalem, ita ut quando aliquis de Canonicis morietur, aut Monachus fiet, veniant paulatim præbendæ eorum in potestate Monachorum, donec ablatis illis quatuor Canonicis, quatuor eis Monachos Abbas Majoris-Monasterii ibidem constituat. Dedimus quoque supradictis Monachis unam mediaturam terræ cum pratis quæ ad illam pertinent, & exemplationes bosci de Boëria quæ erant meæ propriæ. Dedimus etiam illis terram ad burgum faciendum solutam & quietam sine ullis consuetudinibus, præter has quas hic memoramus.

In die mercati mei quamcumque rem vendiderit homo Monachorum, sive in burgo illorum, sive in meo mercato, præter panem & vinum & carnem mortuam, dabit mihi inde teloneum. De pane autem vel de vino, vel carne mortuâ si vendiderit ea domi suæ, nihil habeo. Si mercator cursorius fecerit venditionem aut emptionem in Burgo Monachorum cum homine illorum, habebo ego teloneum de mercatore : illi verò de homine suo nisi in die mercati. Sed si ille mercator fecerit mihi aliquam injuriam, vel de ipso teloneo, vel de quâcumque re, non tamen repetam eum in burgo eorum, nec faciam ei quidquam molestiæ dum in eo manebit. Similiter si homo Monachorum fecerit qualecumque forisfactum cuilibet homini, faciet homo ille clamorem inde ad Præpositum Monachorum, qui si noluerit inde rectum facere, veniet ille ad Monachum, per quem si non potuerit rectum consequi, referetur causa ad me. Quòd si nec ego potuero impetrare à Monacho, vel de homine suo ut rectum faciat : non tamen faciam ullam vim consistenti in burgo Monachorum, aut in aliquâ re illorum. Extrà autem si invenero injuriosum, compellam eum ad faciendum ad justitiam. Si verò aliquis homo qui non sit mercator cursorius, vendiderit aliquid aut emerit in burgo Monachorum aliis diebus præter diem mercati, dabit illis teloneum, non mihi.

Dedimus quoque supradictis Monachis in Losdunensi Ecclesiam de Anglario, & omnia quæ ego propria habebam pertinentia ad illam Ecclesiam; & quod alius habet in ipsâ Ecclesiâ, si aliquo modo vel uno, vel pretio potuerint acquirere, concedimus nos & filii nostri.

Dedimus etiam illis sex arpennos vineæ sitos in Losdunensi, & decimum denarium, & decimum porcum pasnagii de Brionensi : & præter hæc pastionem ad quingentos porcos in perpetuum.

Hanc eleemosynam fecimus ego & uxor mea pro animabus nostris, & pro animâ Comitis Gaufredi, & pro animabus parentum nostrorum & filiorum nostrorum ac filiarum, & pro animâ Gauffredi fratris meorum Hadvisæ uxoris meæ, & pro animabus fratrum Hainrici & Guidonis. Et ut hæc eleemosyna, pro quâ perpetuam quærimus mercedem, ipsa quoque perpetua & inviolabilis permaneret, fecimus eam confirmari auctoritate Philippi Regis Francorum, dum esset Rex in obsidione castelli Calvimontis, & Balduini cognati ipsius Regis filii Balduini Comitis Flandriæ, & Comitis Gauffridi, de cujus cameratâ erat, & uxoris ejus nomine Julittæ, & fratris ejus Fulconis, tum etiam Bartolomei Turonensis Archiepiscopi, in cujus erat Archiepiscopatu, & ad quem singulariter cura tunc pertinebat Cenomanensis Episcopatûs, in quo post Wlgrinum Episcopum nondum erat alius substitutus. Affuerunt huic auctoramento Regali, Principali & Pontificali Gauffridus Episcopus Parisiensis, Adhericus Episcopus Aurelianensis, Ivo Episcopus Sagiensis; Baldricus Equilibrator Regis, Ingenuisus Magister Pincerna, Radulfus Dapifer, Walerannus Camerarius, Fulco filius Gervisii, & Gervisius frater ejus, Rotbertus Bifardus. Petrus Cancellarius subscripsit. Eustachius firmavit Capellanus, Gaufredus Capellanus similiter firmavit. Signum Gauffredi Comitis Andegavensis. Signum Balduini Comitis Flandriæ.

Signum PHILIPPI *gloriosissimi Regis.*

Data VII. Iduum Augustarum anno IX. Philippi gloriosissimi Regis. Actum apud castellum Calvi-montis in Dei nomine feliciter. Eustachius Notarius ad vicem Balduini recognovit Indictione V. anno ab Incarnatione Domini M. LXVII.

MLXVIII. *Consecratio Ecclesiæ sanctæ* MARIÆ *de Valle, dotante* BALDÆ *Virgine.*

Postquam Dominus pro redemptione generis humani, corporali specie periclitantem visitare dignatus est mundum, ita eum per præceptores suos spiritualibus documentis voluit roborati atque muniri, ut semper cautos atque sollicitos contra impiissimi hostis insidias possit habere quos sua gratuita pietate redemit: unde & ex duodecim, quos ad tuendum gregem elegit, Apostolis, unum præcipuè, videlicet beatum Petrum super Ecclesiam suam custodem instituit, cui potestatem regni cœlorum tradidit, dicens: *Tu es Petrus, & super hanc petram ædificabo Ecclesiam meam, & portæ inferi non prævalebunt adversus eam: Et tibi dabo claves regni cœlorum: Et quod ligaveris super terram, erit ligatum & in cœlis, & quod solveris super terram, erit solutum & in cœlis.* Quem etiam sub trina interrogatione respondentem, ab eo se diligi comprobans, proprias ei oves commisit, dicens: *Si diligis me, pasce oves meas.* Unde idem Pastor egregius post Domini nostri Resurrectionem, atque in cœlos gloriosissimam & admirabilem Ascensionem, earumdem ovium curam suscepit, & totâ virtute mentis ac corporis contra rapacium luporum insidias die noctuque pervigil, pro eisdem ovibus insistere non destitit. Et quoniam Dominus Ecclesiam suam super eum ædificare prædixit, ipse primus ad congregandas vel ad tuendas sibi commissas oves dominicam aulam instituit, quam ideo quòd Ecclesiam continet, Ecclesiam vocare disposuit, & devotissimis sanctionibus, ut Christi sponsam exornatam dotibus, Domino consecravit. Cujus postéri Patres roborati exemplo, per universum orbem Deo ædificari Ecclesias instituerunt, quas cum honorificis dotibus sacerdotali benedictione ad Christi exhibenda servitia dedicari sanxerunt: quia sicut dignum est Deo sacrificium offerri, ita providendum est ubi offerri debeat, quia locus veri sacrificii non est extrà Catholicam Ecclesiam, dicente ipso Domino: *Domus mea, domus orationis vocabitur.*

Cujus rei seriem quædam devota Dei famula nomine Balda, in sancto virginitatis habitu posita, intuens, ad honorem Dei reædificavit Ecclesiam in Comitatu Aquensi, sub Castello quod vulgò Paracollis dicitur; quam videlicet Ecclesiam honorificè conditam in honorem Dei Genitricis MARIÆ, vel S. Joannis Baptistæ sive Evangelistæ, necnon & S. Stephani Proto-Martyris Christi, atque Sancti Sidonii, Domino consecrari deposcit. Cujus devotissimis precibus Domnus Willelmus Carpentoratensis Episcopus, sive Domnus Willelmus Tolonensis Episcopus moniti, vice Domni Rostagni Aquensis Metropolitani Episcopi, anno Incarnati Verbi MLXVIII. Indictione VI. sub die IV. Idus Januarii hanc dedicaverunt Ecclesiam. In cujus consecrationis honorem ipsa prædicta Dei famula, cujus studio hæc est ædificata Ecclesia, concedit ei in dotem de honore suo quid est in Sistericensi Comitatu, videlicet medietatem quam jure habet in castello quod vulgo vocatur Povisiecius, in castello & in villâ, & in omnibus terris ibi sibi jure pertinentibus; & in territorio castelli, quod Petroxium dicitur, omnem hereditatem quam ibi habet, huic Ecclesiæ tribuit, & Deo tuente concedit.

Signum Rostagni Aquensis Archiepiscopi, qui hoc donum firmavit propriâ manu, & firmando corroboravit, & cum omnibus Clericis suis, hujus doni corruptores vel invasores ex parte Dei omnipotentis & B. MARIÆ matris ejus, & beatorum Apostolorum Petri & Pauli, & omnium Fidelium atque Electorum Dei, sub anathemate perpetuo mansuros damnavit, & anathematizando, nisi resipuerint, excommunicavit.

Sign. Domnæ Baldæ, quæ hanc chartam scribere fecit, & testibus firmare rogavit, manu propriâ firmat. Sign. Heldeberti Dodons firm. Signum Fulconis Dodons firm.

ALFONSI *Regis Hispaniarum ad* HUGONEM *Abbatem cluniacensem.*

An. MLXX.

Hugoni venerabili & excellentissimo Abbati Cluniacensium, virtutum floribus claro, comite divino suffulto, atque cunctæ dulcedinis mellifluo seniori, quem suæ dignitatis clarificat gradus; necnon cunctæ nobilissimæ Congregationi Apostolorum Petri & Pauli, ALFONSUS gratiâ Dei Hispaniarum Rex, cum omni devotione mentis & corporis suam stillare fascem, veræque caritatis custodiam, vitæque æternæ gaudia, atque perpetuam prosperitatem & salutem, necnon quidquid sublimius, ex intimo corde, amplexibili dilectione, in Domino Jesu-Christo.

Quantâ te, gloriosissime Pater, devotione diligam, melius, ut deputo, ipse cognoscis, quam aliquis Doctor in chartâ scribere possit, Robertum, quem super omnes Monachos teneo excellentiorem & cariorem, vestrumque ex intimo corde fidelissimum Confratrem, scientem qualiter tuus amor factus est mihi velut ignis totâ die & nocte ardens in corde meo, unde si minus mihi dedisses quod in mundo habere potes, puto nihil esse ad comparationem illius boni, quod causâ mei particulam tui gregis, quem spirituali fovisti manu, in nostris partibus misisti. Quapropter gratiâ Domini te illuminante, ego, servus servorum Dei, omninò tuæ subjectus pietati magis ac magis tuam deprecor paternitatem, ut in bono quod cœpisti perseveres, quatenùs aliquos tuæ sanctissimæ Religionis domesticos mittere digneris, & ut illum nostrum & vestrum locum, quem tuo sanctissimo fonte incepisti rigare, repleant tuâ dulcedine dum in hoc fragili moveor.

Ad hoc scito, sanctissime Pater, sensum quem pater meus illo sanctissimo loco Cluniacensi solitus erat dare, ego annuente Deo, in diebus vitæ meæ duplicabo; & seriem Testamenti composui coram testibus, ut quisque, qui hoc regimen post excessum vitæ meæ accepturus erit quod teneo, quomodo hoc censum, quod sanctis Apostolis Petro & Paulo, vobis & sanctissimæ vestræ Congregationi tribuo, quatenùs ipse similiter qui hoc Regnum habuerit debito persolvat illo sanctissimo loco; sin autem noluerit, quomodo potestate Dei, precibus beatorum Apostolorum Petri & Pauli, ipso regno careat. Idcircò, egregie Pater, vestram deprecor Fraternitatem, ut hoc censum, quod vobis addidi, propter triticum venumdetur, & inde acquiratur; ut illa sanctissima Congregatio vitam suam sustentare valeat. Et

Gratiis de Roberto ad se misso actis, ut ejus animæ curam gerat Abbas, & censum annuum, jam ipsi à Patre concessum, recipere velit Rex expostulat.

a censum quem] De hoc censu agitur in relatione miraculorum S. Hugonis. Vide Bibliotec. Cluniac. pag. 451.

quicumque hoc censum (quod Domnus Robertus noster amicus, vester autem animo & corpore familiaris, mihi die ac nocte addere suasit) in alio loco miserit, nisi sicut supradictum est, & ut ipse proprio ore vobis dixerit, cum Juda traditore in inferno sustineat pœnas, & à fronte suis careat lucernis.

Quapropter, egregie Pater, supplici devotione, tuam deposco clementiam, huic deprecationi meæ benigno sinu favens, quam à te petere ad præsens cupio, vellem admodum, si gratia tui esset, Domnum Robertum omninò in nostris partibus adesse, quem summum atque carissimum pro omnibus rebus habeo, quâ de causâ vellem eum mecum esse in vita & in morte, quoniam illius suffulcione ...., ejusque dulcissimis verbis foveor. Nam scitis pro certo, vestro usui esse omne consilium quod agitur erga me; ideoque ut curam mei habeatis rogo, ut nullius causâ impedimenti dimittatis, quin in nostris partibus omninò eum sinatis habitare.

[margin: Romanum Officium admittitur in Hispania.]

De Romano autem Officio quod tuâ jussione accepimus, sciatis nostram terram admodum desolatam esse, unde vestram deprecor Paternitatem, quatenùs faciatis ut Domnus Papa nobis suum mittat Cardinalem, videlicet Domnum Giraldum, ut ea quæ sunt emendanda emendet, & ea quæ sunt corrigenda corrigat. Vale.

Statuta S. HUGONIS *Abbatis Cluniacensis pro* ALFONSO *Rege Hispaniarum, tamquam insigni benefactore.*

OMnibus Fratribus ac filiis nostris in Cluniacensi Cœnobio, Domino in fide rectâ servientibus, tam præsentibus quàm futuris, Frater Hugo Abbas, cœlestis Regni præmia & æternæ felicitatis gaudia. Convenit, Dilectissimi, ut sicut nos Patrum nostrorum præcedentium instituta, etsi non ad plenum, tamen prout possumus fideliter observamus, ita etiam, & vos ea quæ pro communi utilitate fieri decernimus, & devotè suscipiatis, & salubriter conservetis; quatenùs & vobis meritum, obedientiæ, & illis pro quibus talia præcipiuntur, præmium sempiternæ salutis accrescat.

Notum itaque sit Fraternitati vestræ, præcepisse nos de Domno Alphonso Hispaniarum Rege, nostro fideli amico, qui tanta ac talia bona nobis fecit, & adhuc indesinenter facit, ut neminem Regum vel Principum sive priscis seu modernis temporibus, ei comparare possimus, quòd scilicet in omnibus bonis quæ Domino largiente in nostro loco, vel in aliis nostro juri subditis acta fuerint, specialem habeat participationem tam in vita quàm post mortem.

Præterea dedimus ei in vitâ suâ unum psalmum, id est, *Exaudiat te Dominus*, ad horam tertiam sine intermissione canendum; & ad majorem Missam unam Collectam, id est, *Quæsumus Omnipotens Deus*, simili modo quamdiù vixerit. Decrevimus quoque ut in die Cœnæ Domini trigenta pauperes pro eo mittantur ad Mandatum. Et in die Sancto Paschæ centum nihilominùs pauperes à Camerario pro eo reficiantur. Et super hæc omnia statuimus, ut præbendam quotidianam habeat in refectorio ad majorem mensam, quasi si nobiscum epulaturus sederet; quæ uni pauperum Christi semper tribuatur pro salute animæ ejus, tam in vitâ quàm in morte.

Huic quoque mensuræ bonæ, confertæ, simul & coagitatæ superffluentiam addere cupientes, dedimus ei in Ecclesiâ beatorum Apostolorum Petri & Pauli novâ, quam ipse de propriis facultatibus construxisse videtur, unum altare de præcipuis, quo scilicet divina mysteria ibidem celebrata saluti ejus valeant suffragari. Cum verò hujus temporalis vitæ cursum debito fine compleverit, exceptis Officiis, Missis, atque eleemosynis, quæ pro illo agenda sunt, uno anno in supradicto altari Missâ specialiter quotidie pro illo canatur. Anniversaria verò dies ipsius ita per omnia agatur, sicut pro Domno Henrico Imperatore Augusto: ad Vesperas scilicet, ad Officium, & ad Missam omnia signa tangantur: Tractus in cappis canatur; eadem Missa ad ejus altare decantetur; duodecim pauperes reficiantur; septem diebus justitia detur, exceptâ quotidianâ præbendâ; quæ in majori Missâ semper ponitur; abundans refectio à Custode Ecclesiæ Fratribus præparetur. In his autem omnibus quæ de illo vel pro illo agi decrevimus: in his, inquam, omnibus & Reginam ejus conjugem devotissimam fieri volumus participem. Insuper duodecim pauperes ei in Cœnâ Domini concessimus, & anniversarium ejus, sicut Imperatricis Agnetis agi consuevimus.

Statuta ejusdem recipit LAMBERTUM *Abbatem S. Bertini veluti proprium Cluniaci Monachum.*

HUgo divinâ gratiâ Cluniacensis Cœnobii Abbas, cunctis Fratribus ac Filiis nostris, tam præsentibus quàm futuris, post sanctæ conversationis insignia, beatæ vitæ gaudia. Noverit caritas vestra, dilectissimi Filii, quòd Domnus Lambertus Abbas S. Bertini, veniens ante præsentiam humilitatis nostræ, inter alia magnæ suæ devotionis munera, quòd etiam commissam sibi Abbatiam non dubitavit relinquere, nobisque ad ordinandam offerre, noster quoque Monachus ac professus existere. Cum ad ea quæ devotè postulabat nostræ voluntatis assensum nullo pacto cerneret inclinari, rogatus à nobis propriam compulsus est repetere Abbatiam, eâ scilicet intentione, ut in nostrâ obedientiâ quamdiu vixerit devotè permaneat, & ut Monachus noster ac professus ab omni Congregatione ametur & excolatur. Cum verò expleto hujus vitæ curriculo debitum cunctis mortalibus exsolverit finem, tricenarius in hoc loco pro illo celebretur, ejusque anniversaria dies annuatim celebriter agatur.

THEOBALDI *Comitis* HUGONI *Abbati Cluniacensi.*

IN nomine Sanctæ & individuæ Trinitatis, & sanctorum Apostolorum Petri & Pauli, Hugoni venerabili Abbati, & Cluniaco Monasterio atque Cosseensi, Domnoque Gonzechino Reverendissimo ejus loci Præposito, eorumque successoribus, TETBALDUS Dei gratiâ Francorum Comes, & uxor ejus Adelaidis, cum filiis suis in perpetuum. Quoties Omnipotenti Deo bonorum omnium largitori quædam, licet pauca, laudis suæ usibus profutura conferimus, sua sibi reddimus, non nostra largimur, quatenùs hæc agentes simus non de nostris muneribus elati, sed acceptis à Deo muneribus non ingrati. Nihil quidem magis ingratum est, & à Christianâ pietate constat penitùs alienum, quàm ei non saltem in minimis pro parte aliquâ ministrare, à quo non solùm præsentibus temporalium rerum corpore sumus effecti sublimes, verùm futurorum bonorum per ipsius largissimam misericordiam in æternum optamus fieri heredes.

Scientes ergo quia fiducia magna est apud Deum eleemosyna facientibus eam, eo inspirante & donante, amicos nobis in præsenti facere cogitamus, à
quibus

[margin: Offert Thebaldus Comes filium ut a quis salutaribus B. Hugo abluat.]

quibus post hanc vitam in æterna tabernacula recipi mereamur. Quapropter ego Tetbaldus, & uxor mea Adelaidis, sanctitatis & religionis, quæ penes sanctum vestrum Collegium nostris temporibus divinâ gratiâ largiente potior celebriorque habetur, & devotione permoti, imò Dei inspiratione commoniti, Odonem filium nostrum sacræ regenerationis mysteriis innovandum à vestrâ Paternitate destinavimus, rati supernâ dispensante clementiâ sibi non inane futurum, religiosiores quàm ditiores in Christo habuisse parentes, ad cujus gratiæ & defensionis nostræ propensiorem effectum, efficacioremque profectum, nostrorum etiam redemptionem peccatorum, in servitium & gloriam Domini nostri JESU-CHRISTI, sanctorumque Apostolorum Petri & Pauli, sanctæ Paternitati vestræ, & Monasterio Cluniaco, voto ac traditione solemni perpetualiter concedimus & donamus quamdam in nostro alodio villam, quæ Cossiacus dicitur, cum ipso alodio, eo per omnia quo nos eam hactenus jure & potestate tenuimus, ab omni scilicet aliquorum hominum servitute & ditione immunem, cum omnibus omnino ad eam justè pertinentibus, id est, terris cultis & incultis, pratis, sylvis, aquis, aquarumque excursibus, circumquaque de jure ipsius potestatis existentibus; servis quoque & ancillis, capitecensis, vel aliter se habentibus, cæterisque redditibus cunctis, atque consuetudinibus justis & actionibus, nullo prorsus ad nos respectu consuetudine retentâ, aut debita servitutis aliquâ pensione sive exactione, modo quolibet exhibendâ; quatenus universa tam à nobis, quàm à ministerialibus & servientibus nostris in totâ illâ possessione, cujuslibet oppressionis aut inquietudinis occasio modis omnibus amputetur; Deo autem inibi militantes cum omni pace & tranquillitate liberâ Domini servitute fruantur. Quibus insuper auxiliarem manum nostram ubicumque & adversus quoscumque indigerint, vel ratio postulaverit, tam præsentissimè quàm humanissimè semper promittimus affuturam.

Anno circ.
MLXX.

GERVASIUS dat Monachis Majoris-Monasterii Ecclesiam S. Guingaloei, amotis Canonicis.

AD sananda variorum vulnera peccatorum, quæ cùm mortalibus universis, tum maximè surrepunt occupatis sæculi negotiis, congruentem bonitas Divina providit eleemosynarum medicinam, ut quæ curis terrenorum damna accidunt cœlestium, compensentur terrenarum largitate facultatum; & unde præcessit obligatio, sequatur absolutio. Bonum autem eleemosynæ non tantùm abolet mala, verùm etiam adauget merita bona, & quod datur in abolitionem delictorum, provehit incrementa virtutum: sicque studiosus misericordiæ duplum in suâ lucrum convectat animâ, dum & pœnas vitiis debitas redimit, & præmia virtutibus proposita conquirit.

Hac consideratione permotus ego Gervasius, homo militiæ sæculari deditus, curam gerens de salute animæ meæ, & perpendens me jejuniis & orationibus meis ad Deum pervenire non posse, cogitavi aliquo modo me illis commendare, qui Deo in talibus die ac nocte deservirent, ut eorum intercessionibus, quia per me non poteram, salutem illam mererer misericordiæ. Cùm igitur aliquid hujusmodi hominibus ad subsidium vitæ præsentis istius rei gratiâ vellem impendere, nec mihi de rebus meis suppeteret quod eis dignè possem offerre, subiit spes de misericordiâ Dei, quòd si ea quæ à majoribus meis Deo ad usum servorum ejus collata fuerant, sed modo deserta sunt & vastata, in pristinum statum revocare possem; & peccatorum meorum consequerer veniam, & animæ meæ salutem perpetuam.

Est ergo in pago Cenomanensi in Castello-Ledi Ecclesia in honorem sancti Guingaloei constructa, cui multa majores mei contulerunt ad usum Deo inibi servientium, ad quod Dei servitium Canonicos constituerunt: orto autem bello inter Comitem Gausfredum & dominum illius Castelli, cum idem Comes cuncta per circuitum castelli ferro & flammâ disperderet, res quoque hujus quam dicimus Ecclesiæ ipsas rapere ac vastare, sicut & cætera minimè formidavit, ita ut plerique de Canonicis inopiâ coacti diffugerent, & Ecclesiam cui deserviebant desererent. Ex eo jam tempore & Divinum Officium cœpit negligentius in ipsâ Ecclesiâ celebrari, & res ejus quotidie decideret & in deterius devenire. Quod ego considerans, & maximè dolens non eâ quâ dignum erat honestate ac reverentiâ famulatum Deo in sæpedictâ Ecclesiâ exhiberi, cœpi mecum anxius pertractare si fortè possem invenire tales homines, qui & honestè divinum cultum in ipsâ Ecclesiâ frequentarent, & res ad eam pertinentes jam penè annullatas in pristinum vigorem reparurent, quorum etiam suffultu orationibus ego scilicet Gervasius, & pater meus Rotbertus, & mater mea Elisabeth, & uxor mea Aremburgis, necnon & ayus meus Amelinus, & avia mea Hildeburgis, & Gervasius Remorum Archiepiscopus, qui locum illum fundaverunt; peccatorum veniam à Domino consequamur & salutem.

Itaque adhibito Procerum meorum & amicorum, necnon & Episcopi Cenomanensis domini Ernaldi consilio, rogavi venire ad me dominum Bartolomæum Majoris-Monasterii Abbatem, eumque multis precibus oravi, ut susciperet à me in dominium sancti Martini hanc de quâ loquimur Ecclesiam, cum omnibus ad eam pertinentibus, constitueretque in eâ Monachos, qui ibi die ac nocte divino cultui diligenter deservirent. Quod cum Deo donante apud illum obtinere meruissem, tradidi ei sæpedictam Ecclesiam cum omnibus sibi subjectis rebus, de quibus dotata usque tunc temporis erat, sicuti illius Canonici loci in die illâ tenebant, & cætera cuncta quæ priùs in suâ habuit potestate, ex quibus per minorum tyrannidem despoliata erat; promittens quoque me ei vindicaturum, & sicut antea habuit in jus suum traditurum.

Omnia hæc concessi libera & quieta ab omni consuetudine exactionis vel vicariæ seu cæterorum vectigalium, quemadmodum majores mei eidem Ecclesiæ legitimè contulerunt, ita ut eam sine ullâ meâ vel cujusquam successorum meorum contradictione Congregationi Majoris-Monasterii suisque successoribus, cum Abbatibus qui eis pro tempore præerunt: liceat jure perpetuo possidere. Et quidquid inde agendum decreverint, liberam potestatem habeant faciendi, ordinandi, & qualitercumque eis placuerit, meliusque visum fuerit disponendi, tam præsentibus quàm futuris temporibus, & in arbitrio supradicti Abbatis, & eorum qui ei successuri sunt, qui Abbates Majoris-Monasterii fuerint, pendeat de numero & quantitate illorum Fratrum, qui ad prædictum locum fuerit transmittendi.

Hanc autem donationem feci consensu & auctoritate matris meæ, omniumque fratrum meorum, & Canonicorum ipsius loci omnium. Quæ ut stabilis & inconvulsa in perpetuum existeret, nec deinceps sibi ab aliquo calumniam inferri pertimesceret, ego Gervasius IV. millia solidorum, mater mea Elisabeth c. solidos, Adam x. libras, Rotbertus x. li-

Tom. III.   FFf

410 Miscellanea Epistolarum,

bras, Gervasius Clericus c. solidos, Ursus Canonicus xl. solidos, Haino Canonic. xxx. Ranulfus Canonic. xl. sol. Odricus Canon. xxx. sol. Guido Canon. xl. sol. Fulcodius Canonic. xl. sol. Galterius Canonic. xx. sol. Herbertus Canonic. xl. sol. Jeduinus Canonic. xl. sol. Witernus Canonic. xv. sol. Guarnerius Canonic. xx. sol. Hoc autem notum sit omnibus quòd de denariis domini Gervasii, quos ei dedimus; suos Canonici denarios acceperunt.

Nomina Monachorum qui locum receperunt, Bartolomæus Abbas, Fulchardus Monachus, Gualterius Mo. Ernaldus Mo. Adraldus Mo. Ansegisus Mo. Guillelmus Mo. Girulfus de Relliaco Clericus, Guarinus Clericus, Doselinus Clericus.

Testes hujus rei:
Hilduinus Drudis.
Drogo de Semuro.
Suavis Calvus.
Hamelinus Espinard.
Robertus de Acrisilva.
Gilduinus Miles.
Drogo de Curtiran,
Guillelmus de Mangiaco.
Bencelinus Senescalcus.
Guarinus filius Ainerii.
Hugo de Flaciaco.
Girardus Camerarius.
Rotbertus Picellus.
Giraldus Cellarius.
Rodulphus Toetns.
Belinus de Marson.
Hubaldus Vicarius.
Testes de auctoramento.
Aremburgis uxor Gervasii.
Bencelinus Senescalcus.
Hugo Frigidacoralia.
Gualterius filius Arburgis.
Guarnerius Camerarius.

An. MLXXIV.

Præbenda Ecclesiæ Carnotensis confertur Monachis Cluniacensibus.

EVangelicis atque Apostolicis monemur institutis, atque etiam majorum nostrorum provocamur exemplis, ut sic ex abundantiâ nostrâ Christi servorum temporalem indigentiam relevemus, quatenùs æternorum abundantiam precibus eorumdem cum eis assequi valeamus; quod non ex tristitiâ, aut ex necessitate faciendum est ut docet beatus Apostolus:
2. Cor. 9. 7.
Quoniam hilarem datorem diligit Deus: nec magnum esse reputat temporalia seminare cum suo tempore spiritualia debeamus indesinenter metere.

Quapropter ego ARALDUS Ecclesiæ Carnotensis indignus Episcopus, & ejusdem Ecclesiæ canonica Fraternitas, notum fieri volumus omnibus Orthodoxæ Ecclesiæ filiis tam præsentibus quàm futuris, quòd nos pariter bonâ famâ virtutum Cluniacensis Monasterii, tamquam florentis hortuli suavissimo liliorum atque rosarum odore perflati, & idcircò habendæ Fraternitatis ejusdem Monasterii desiderio divinitùs inspirati, præbendam, quam habebat Fulcherius filius Nivelonis, sic Fratribus prædicti Monasterii, rogatu ejusdem Fulcherii, in perpetuos usus concedimus, & canonicâ authoritate firmamus habendam, ut ab hac die in posterum usum fructuum ejusdem præbendæ recipiant, & ad utilitatem Monasterii sui sivè per se, sivè per suos ministros, secundùm suum velle disponant, nullumque hebdomadale servitium in nostrâ Ecclesiâ pro eâdem præbendâ faciant.

Prædictus verò Fulcherius nihil temporale de præbendâ ejusdem receptutus, quia pro remedio animæ suæ ad voluntatem Dei & nostram hanc eleemosynam Cluniacensi Monasterio fieri permittit, nostrâ spirituali Fraternitate, & communium orationum suffragiis quamdiù vixerit non carebit, imò & in vitâ & in morte propter hoc ipsum meliùs obtinebit. Ut autem scriptura ista certum habeat firmamentum, ego Araldus Præsul propriâ manu subter eam firmavi, & Majorum Ecclesiæ nostræ manibus confirmandam esse decrevi, Regiâque manu posteà roboratam Domno Richerio nostræ Ecclesiæ Metropolitano deinceps obtuli roborandum.

S. Araldi Episcopi. S. Ingelrani Decani & Cancellarii, *& aliorum triginta Canonicorum.*

GREGORII *Papæ VII.*

GREGORIUS Episcopus servus servorum Dei. Dilectis filiis nobilibus viris J. DE NIGELLA & R. DE BOVA Noviomensis &. Ambianensis diœcesis, salutem & Apostolicam benedictionem. Quàm graviter in persequutione suorum offendatur Dominus, in quibus honorari se asserit atque sperni, vos debita volumus meditatione pensare, ut sic dilectos filios Priorem & Conventum Lehunensem Ambianensis diœcesis, qui hujus sæculi vanitatibus abnegatis obtulerunt Domino laudis sacrificium semetipsos, non solùm non gravetis, verùm etiam ipsos studeatis propensiùs honorare. Ad nostram siquidem audientiam eisdem conquerentibus noveritis pervenisse, quòd vos nescimus quorum seducti consiliis, minimè sicut convenit attendentes, quòd laïcis super Ecclesiis, personis & rebus Ecclesiasticis nulla est attributa potestas, ipsos ac homines eorumdem tam per vos quàm per Balivos vestros indebitis exactionibus multipliciter aggravatis & affligitis, extortiones & indebitas exactiones exigendo contrà justitiam ab eisdem, & libertates & immunitates ipsorum infringere moliendo.

Cum itaque gravamen ipsorum Monasterii nolimus clausis oculis pertransire, nobilitatem vestram rogamus duximus attentiùs & hortandam, per Apostolica vobis scripta mandantes, quatinùs ob reverentiam B. Petri & nostram à prædictorum Prioris & Conventûs, necnon & hominum eorumdem molestiis & gravaminibus desistentes, & desistere facientes Balivos eosdem, satisfaciatis de damnis illatis & injuriis competenter. Alioquin dilectis filiis Abbati & Priori sancti Cornelii Compendiensis, Suessionensis diœcesis, nostris damus litteris in mandatis, ut tam vos quàm Balivos vestros ad id, monitione præmissâ, per censuram ecclesiasticam, appellatione remotâ, cognitâ veritate compellant.

Datum Perusii iv. Idus Decembris, Pontificatûs nostri anno tertio.

Privilegium HERIBERTI *Viromandorum Comitis, quo jura & libertates Abbatiæ S. Præfecti in urbe S. Quintini asserit.*

Anno MLXXVI.

IN nomine Patris, & Filii & Spiritûs sancti. Amen. Sæpe longinquitate temporis aboleri solet veritas rei; labilis enim &. caduca conditio humanæ naturæ, quantò longiori vivit tempore, tantò præterita ab ejus recedit radice memoriæ, & quod est deterius à viris Christicolis. Idcircò ego HERIBERTUS in Dei nomine Viromandorum Comes, præsens scriptum inspecturis notum facio, ad nostram accessisse præsentiam Domnum Waldatum Abbatem sancti Præjecti Monasterii, quod prædecessor noster Albertus in confinio suburbii sancti Quintini, in manso indominicato, loco qui dicebatur *Broilus*, ubi placita & mallos tenebat, jussu Lotharii Regis & filii ejus Ludovici fundavit: qui graviter mihi de Servientibus meis, maximè autem de Waltero Præposito conquestus indicavit, qualiter libertati Ecclesiæ suæ invidendo & detrahendo, Dei & sancti Martyris iram adversùm me provocaret, familiam suam, & homines in districto Rodulphicurtis & Orstri vel alibi manentes injustè vexando, jura pigrorum vel viarum, aliasque justitias, quas ad majorem potestatem pertinere dicebant, usurpando, terris quoque & nemoribus, molendinis & aquis, pratis & pascuis pessimas consuetudines & iniquas exactiones imponendo: quæ certè conquestio graviter animum meum pulsavit, atque ad petitionem Abbatis & Monachorum inclinavit, scilicet ut antecessorum meorum eleemosynas augere magis intenderem, quàm minuere; quidquid ambiguitatis vel controversiæ de libertate Ecclesiæ sæpedictæ poterat suboriri, auctoritate propriâ dicendo, & sigilli mei impressione posterorum memoriæ commendando. Decrevi ergo diligenter & districtè præcepi, ne quis à modo successorum meorum sub obtentu advocationis vel dominii dictam Abbatiam audeat perturbare; non pastum, non annonam, nec etiam stramentum & paleam de cunctis ejus possessionibus auferre, nec homines sub ejus tutela ubique manentes contrà voluntatem Abbatis inquietare, aut alibi quàm coram ipso implacitare, neque in omnibus supranominatis locis & districtis, pigrisque quibuslibet seu viis interpositis aliquam justitiam, quantumcumque gravis extrà legem excessus fuerit, præter Abbatem & servientes suos usurpare. Et ut omnia concludam, eamdem libertatis integritatem in omnibus habeat Ecclesia, quam nunquam antecessores mei habere potuerunt, ut ejus indemnitati per omnia provideant, & servientum nostrorum controversiæ & occasiones penitùs abscidantur, quibus servorum Dei simplicitas posset circumveniri, & rerum suarum immunitas paulatim defraudari.

Quisquis igitur contrà tam expressè tamque diligenter elucidatam Ecclesiæ & appendentium ejus libertatem venire præsumpserit violentiam inferendo, Dei Omnipotentis maledictionem se noverit incursurum, & Abbati loci illius quinquaginta libras auri & centum argenti per satisfactionem soluturum. Ut autem hæc nostra corroboratio firmior habeatur cum testibus, subnotatis sigilli mei appensionem necessariam esse judicavi. Testimonium Odonis Decani, Testimonium Widonis Thesaurarii, S. Berengeri Præpositi, S. Gomberti Cancellarii, S. Ramboldi Cantoris, S. Ansselli Castellani, S. Walteri Præpositi. S. Roberti Majoris. S. Odonis Vicecomitis. S. Evrardi Senescalli. S. Oisboldi Pincernæ. S. Thomæ Dispensatoris. S. Odonis fratris Comitis. S. Hugonis Rupeensis. S. Odonis Militis. S. Roberti filii Odonis Vicecomitis. S. Heriberti. S. Heriberti. S. Bosonis Præpositi. S. Joannis filii ejus: Item. S. Roberti Peronensis. S. Yvonis Hamensis, S. Yvonis Nigellensis. S. Hugonis Calniacensis, S. Odonis filii Roberti Peronensis: Item S. Drogonis Majoris. Actum est hoc apud Sanctum Quintinum. Anno Dominicæ Incarnat. MLXXVI. Indict. XIV. Epactâ XII. anno XVII. Philippi Regis Francorum.

GUILLELMUS Dux Aquianiæ fundat Monasterium S. MARIÆ in suburbio Pictaviensi pro Cluniacensibus Cœnobitis.

Anno 1076.

IN nomine Domini Dei & Salvatoris nostri JESU-CHRISTI, GUILLELMUS Dux Aquitanorum, & Wasconum. Si erga loca divinis cultibus mancipata propter amorem Dei ejusque servos in eisdem sibi famulantes beneficia oportuna largimur, præmium nobis apud Dominum æternæ remunerationis rependi non diffidimus. Idcirco noverit omnium fidelium nostrorum, tam præsentium quàm futurorum solertia, quia nos Hugonem venerabilem Abbatem ex Monasterio sanctorum Apostolorum Petri & Pauli Cluniacensi, & eorum memoria dignè recolitur, unà cum congregatione ibidem Deo famulante, nec-

non successoribus eorum; concedo Monasterium quod facio ædificare juxtà civitatis sedem Pictavensis cum propriis constructuris, quas ad præsens licitum mihi non est disserere, sed Dei auxilio gubernante futuro advenientis temporis spatio oportebit vel decenter concessurum me affirmo. Et cum expleverim omnia, ita ut Abbas & Congregatio regulariter & honestè vivere possint, supradictus Abbas Hugo regulariter secundùm præceptum Domini & S. Benedicti Abbatem ordinet cum Monachorum cætervis, ob redemptionem animæ meæ; & parentum meorum, omniumque fidelium.

Quapropter volumus, & per hoc nostræ auctoritatis decrevimus præceptum atque jubemus, ut nullus Judex publicus, vel quilibet ex judiciariâ potestate in Ecclesias aut loca vel agros, seu aliquas possessiones memorati Monasterii, quas moderno tempore infra ditionem imperii nostri justè & rationabiliter possidet, vel quæque deinceps in jure ipsius Monasterii voluerit divina pietas augeri, ad causas audiendas, vel freda aut tributa exigenda, aut paratas faciendas, vel mansiones aut fidejussores tollendos, aut homines ejusdem Monasterii tam ingenuos quàm servos super terram ipsius commanentes distringendos, nec ullas redhibitiones, aut illicitas occasiones requirendas; nostris & futuris temporibus ingredi audeat, vel ea quæ supra commemorata sunt penitùs exigere præsumat, sed liceat memorato Abbati suisque successoribus res prædicti Monasterii sub immunitatis nostræ defensione quieto ordine possidere, & quidquid exinde fiscus sperare poterat, totum nos pro æternâ remuneratione præfato Monasterio concedimus; ut in alimonia pauperum, & stipendia Monachorum ibidem Deo famulantium proficiat perennibus in augmentis.

Hæc verò immunitatis nostræ auctoritas, ut per diuturna tempora inviolabilem atque inconvulsam obtineat firmitatem, ut & à fidelibus sanctæ Dei Ecclesiæ & nostris veriùs certiùsque credatur, & diligentiùs conservetur, manu propriâ firmavimus, anno MLXXVI. præsidente Domno Gregorio Romaniæ sedis Papa, regnante Philippo Rege Francorum.

RAGINARDUS in Concilio Augustodunensi excommunicatus, quæ abstulerat Canonicis Augustodunensis Ecclesiæ restituit.

Anno circ. MLXXVI. Ex majori Chartulario Eduensi.

CUm omni penè humana intentio concupiscentiis carnalibus usque adeo aggravetur, & expediente patre tenebrarum minus quàm necesse sit salutis suæ provida, illos sibi sanius consulere manifestum est qui mundanis persuasionibus repugnantes, quæ sursum sunt sapiunt non quæ super terram; cùmque apud mundanos Principes sæpe fieri videamus, ut quoties aliquis à qualibet potenti personâ quidpiam magnum impetrare desiderat, illum pro se faciat interventorem, quem potenti esse cognoverit familiariorem; ita & nos si apud Regem Regum perpetuam salutem obtinere cupimus, sanctos ejus Martyres, cæterosque ipsius fideles, quos in cœlorum curià prævalere credimus, pro nobis necesse est intercessores acquirere studeamus; de quibus benè confidere possumus, si nos erga sanctam atque Catholicam Ecclesiam mundanæ pervasionis aggravationem de medio ejus prout potuerimus auferentes, pietatis viscera teneamus.

Quocirca ego RAGINARDUS de Monte Sancti Joannis, Christi fidelium universalitati volo fieri manifestum, quòd pro quibusdam consuetudinibus injustis, quas in quâdam potestate meâ Nazarii, Biliniaco scilicet, ex parte uxoris meæ . . . . . salvamenti occasione capiebam, prædicti Martyris calumnias Canonicorum sæpe audiens, sed non exaudiens. Ideoque à Legato Apostolicæ sedis Ugone Diensi Episcopo in Concilio Augustuduno celebrato nisi resipiscerem excommunicatus, tamdiù substiti quoad usque uxor mea molestiâ corporis captâ ad extrema deducta est, quæ ne prædictæ excommunicationis rea judicaretur, prædictas injustas consuetudines dereliqui, méque ut dimitterem studiosissimè familiariterque rogavit. Ego itaque non tantùm uxoris meæ, sed & meæ animæ consulere volens, in sanctâ Pentecostes solemnitate, residente Hugone Duce in civitate Augustuduno, interfui, ibique jussu ipsius Ducis, à quo prædictæ potestatis salvamentum prædecessores mei beneficii jure tenuerant, & ego tenebam, intervenientibus Augustudunensi atque Cabilonensi Episcopis Aganone atque Rocleno, prædictas Consuetudines & universas Captiones, quas in potestate de Biliniaco ubicumque conjaceant prædecessores mei requirerant, & ego requirebam, omninò dimisi & dereliqui, & ut filii mei derelinquerent feci; præter ex unoquoque manso investito duos sextarios avenæ, & sex denarios & dimidium. De apsis verò mansis, si aliquando investirentur, ne ampliùs quàm quæ prædicta sunt requirerem similis conventio facta est. Hoc autem ne ultrà quàm dictum est unumquodque mansum deberet, Girnardus ejusdem potestatis Decanus sacramento probavit, cæteris verò vicinis suis idem facere apparatis dimisi.

Ut autem dimissio hæc firmiorem stabilitatis obtineret vigorem, suprà sacrum altare ejusdem dimissionis donum posui, meque in sempiternum ita servaturum promisi. In testimonium etiam permansurum chartam hanc fieri præcepi, quam & ego manu propriâ firmavi, firmandamque Hugoni Duci, cæterisque adstantibus viris concessi; fidejussorem etiam me in manu Episcopi & Canonicorum pro quingentis solidis ut ita tenerentur, obligavi, pro aliis verò quingentis alios quinque fidejussores imposui, quorum nomina sunt. . . .

Signum Hugonis Ducis.
Signum Odonis Fratris Ducis.
Signum Raginardi.

An. MLXXVII.

Donatio Ecclesiæ in Castro de Avalone, facta ab HUGONE *Duce Burgundiæ Monachis Cluniacensibus.*

POstquam Omnipotentis & æterni Patris Unigenitus Filius, eidem Patri, sanctoque Spiritui coæternus & consubstantialis, humanum genus diabolicâ fraude deceptum, ac ignorantiæ tenebris miserabiliter obvolutum, per mysterium suæ sanctæ Incarnationis ac salutiferæ Passionis à diabolicâ dominatione interventu suæ mortis redemit; quo scilicet remotâ legis umbrâ sancti Evangelii claritas cunctis per orbem Fidelibus per Apostolicam prædicationem innotesceret: multi potentum ac divitum hujus sæculi divinâ edocti prædicatione, facultates à Domino sibi collatas in meliores usus transtulere, exhaerdantes se in hoc sæculo, ut superni regni efficerentur heredes. Imitantes scilicet illam Domini vocem, quæ in Evangelio clamat : *Facite vobis amicos de mammona iniquitatis; ut cum defeceritis, recipiant vos in æterna tabernacula.* Et aliàs : *Date eleemosynam, & ecce omnia munda sunt vobis.* Nec minùs consona his veteris etiam Instrumenti nobis historia pandit, ubi scilicet Daniel Propheta sanctus Regem Chaldæorum legitur commonuisse, ut eleemosynis redimat peccata sua : & alio in loco voce Sapientis viri dicitur : *Redemptio animæ viri, divitiæ ejus.*

His atque hujusmodi legis divinæ informatus exemplis, ego HUGO Dei gratiâ Burgundionum Dux, dono & concedo Omnipotenti Deo, ac beatissimis Apostolis ejus Petro & Paulo, ad Cluniacense Monasterium, ubi Domnus Hugo Abbas præesse pariter ac prodesse videtur, Ecclesiam sanctæ Dei genitricis MARIÆ, quæ sita est in Castro Avalonensi, quæ videlicet ab antecessoribus meis Ducibus antiquitùs hereditariò jure possessa est; cum omnibus rebus ad ipsam Ecclesiam pertinentibus, Sanctorum scilicet reliquiis, ac reliquis Ecclesiasticis ornamentis, quæ sigillatim inferiùs annotata habentur. Dono etiam & concedo quidquid ex meo dominicatu in exteriori substantiâ ad ipsam Ecclesiam pertinere dignoscitur, in terris scilicet & possessionibus, ac prædiis cultis & incultis, sylvis & planis, pascuis ac decimis; & præter hæc omnia ex meo jure unam condaminam, quæ sufficiat ad extertium unius carucæ, ipsam quoque carucam instauratam & integram similiter do. Concedo insuper ac relinquo eidem Ecclesiæ censum de censualibus terris ad eamdem Ecclesiam pertinentibus, & quas Milites mei ex meâ obtinent largitione, ut deinceps idem census Deo illic servientibus ad corporale stipendium proficiat.

Canonici sanè numero novem in sæpedictâ Ecclesiâ hactenùs proprias habuêre præbendas, è quibus unus jam vitâ decessit, alii duo suas præbendas sponte reddiderunt, de reliquis verò qui supersunt communi consilio definitum est, ut si videlicet in vitâ suâ præbendas suas relinquere noluerint, eo tenore quamdiù vixerint eas possideant; ut cum ab hac luce migraverint, nullus eis alius succedat, sed solummodo Cluniacensis Ecclesia eas perpetuò possideat.

Hæc est autem descriptio ornamenti ipsius Ecclesiæ : cappæ duodecim, casulæ novem, albæ undecim, & una ex auro texta, amicti decem aurei, & duo viliores, cinctoria sex, stolæ aureæ octo, manipuli septem, & tres aurei, dalmaticæ tres, tunicæ quatuor, & una cum auro, vexilla quatuor, pallia quatuor aurea, & viginti sine auro, cortinæ palleæ novem, facitergia decem, & unum cum auro, dorsalia duo, tapetia quatuor, tersoria tria, baucales tres, cortinæ lineæ sex, laneæ duæ, tabula una argentea. Cruces aureæ duæ, & argenteæ duæ, turibulum unum argenteum, calices argentei tres, & unus aureus, patenæ argenteæ tres, & una aurea. Textus unus aureus & unus argenteus, aliusque dimidius; capsæ argenteæ quinque, & una aurea, urceolum, mare vitreum unum, corona argentea una; baculum sancti Lupi, scrinia eburnea duo, tabula eburnea una, bustulæ eburneæ duæ, phylacteria aurea viginti duo, argentea quatuordecim, & tria de aurichalco, unum cum capsula, bustulæ eburneæ novem, scirpuli tres, calamus unus argenteus ; imago sanctæ MARIÆ cum aureâ coronâ, & armillis aureis, imago sancti Lazari aurea; Missales tres, libri simul omnes centum quindecim.

Hanc ergo Ecclesiam cum consilio pariter atque consensu Optimatum meorum parentumque, & omnium amicorum, cum omnibus suis ornamentis, possessionibus, vel appendiciis, sicut suprà taxatum est, ad integrum trado Omnipotenti Deo, & sanctis Apostolis ejus Petro & Paulo, pro redemptione animæ meæ suâ antecessorum meorum, ut pius ac misericors Deus peccata & negligentias meas suâ ineffabili clementiâ remittere dignetur.

Facta est autem hæc donatio in Castro Avalonensi undecimo Cal. Martii; præsente Domno Odone

Diplomatum, &c.   413

Cluniacensium Priore, à quo etiam omnes qui hujus doni laudatores exstiterunt, in Fratrum societate admissi sunt, ut scilicet in orationibus & eleemosynis, vel etiam cæteris jam dicti loci benefactis, amodò participes existant. Si quis verò, quod absit, in posterum contra hujus sanctionem decreti ausu temerario manum improbæ contradictionis inferre tentaverit, & hanc nostræ donationis eleemosynam alicujus calumniæ nævo nisus fuerit obfuscare, iram Dei Omnipotentis, & Sanctorum ejus offensam incurrat, nisi citò congruâ satisfactione pœnituerit.

Signum Hugonis Ducis, qui hac donum fecit.
S. Odonis fratris ejus, qui hoc jurisjurandi sacramento firmavit.
S. Roberti alterius fratris ejus Clerici.
S. Widonis Comitis Matiscensis.
S. Bernardi de Montfort.
S. Eustachii filii ejus.
S. Artaldi de Avalone.
S. Gerardi de Fonte-vivent.
S. Warulphi.
S. Rainerii Pincernæ Ducis.
S. Stephani de Noveris.
S. Milonis & Jarentonis germanorum.
S. Hugonis Presbyteri.
S. Hugonis Præpositi.
S. Yvonis & Roberti nepotum ejus.
S. Aymonis de Divione.
S. Odonis.
S. Willelmi.
S. Losmari.
S. Otberti de la Rocha.

Facta est autem hæc charta anno ab Incarnatione Domini millesimo septuagesimo septimo, indictione 1.

Anno MLXXVIII.

WIDONIS Matisconensis Comitis.
Abjectâ sæculi pompâ Monachum induens nonnulla confert Monasterio Cluniacensi.

Notum sit omnibus Christi Fidelibus, quòd ego Wido aliquando Comes Matiscensis, perpendens quam inutilis est omnis honor hujus sæculi, imò quàm noxius & illecebrosus ad æternam damnationem; misericordiâ Christi me visitante & inspirante, pro ejus amore ex toto renuntiavi sæculo, & contuli me ad memoriam Sanctorum Apostolorum Petri & Pauli in Monasterio Cluniacensi, ut de cætero ibidem regulari disciplinæ subditus, pœnitentiam agerem peccatorum meorum; Præterea pro meis parentibus & pro meipso donavi ad memoriam & Ecclesiam sanctorum Apostolorum, omnia quæ infrà sunt annotata, id est has villas; Blandens & omnes clausos & clausarios, sylvas & aquas, & pascuaria, & omnia appenditia; Doblens, & quidquid ibi appendit; mansos & omnes consuetudines quæ in aliis villis sunt huic appendentes; Lammonia & quidquid ibi appendet; Planneisel & servos qui ibi morantur, & quidquid appendet; Lenoretum & omne quidquid ei appendet; Vernedum & sylvas, & prata, & omne quidquid appendet; Vendam, quam dominici asini persolvebant apud Lodons, data est & condonata, & omnimodis interdictum ne ulteriùs persolvatur; Osan & mansos & sylvas, & aquas, & omne usuarium fructum qui appendet.

Hæc omnia donavi & delegavi potestativâ manu, absque omnium hominum contradictione, Deo & sanctis ejus Apostolis ad usum servorum Dei in præfato Monasterio Deo servientium, videlicet perpetuo jure tenenda & possidenda; & si quis in prædictis calumniam vel molestiam ullo modo intulerit, durissimam virgam & disciplinam omnipotentis in hoc sæculo experiatur: quia non est dignum optare cuiquam ut in perpetuum damnetur. Actum anno Dominicæ Incarnationis millesimo septuagesimo octavo, Domno Gregorio septimo Apostolicæ Sedi præsidente, & Francorum Rege Philippo regnante.

GUILLELMI Ducis Aquitaniæ. Monetam de Niort tribuit Cluniacensibus Monachis.

Divinâ miseratione provisum est humanæ fragilitati, ut de terrenis & transitoriis cœlestia mercentur & sine fine mansura. Quod ego WILLELMUS Aquitanorum Princeps & Dux perpendens, enormitatemque meorum peccaminum sedulâ meditatione revolvens, ex his quæ mihi divina munificentia largiri dignata est, dono Deo & sanctis ejus Apostolis Petro & Paulo ad locum Cluniacum, pro salute meâ & Agnetis uxoris meæ, & filiorum meorum Willelmi & Odonis; omniumque parentum & fidelium nostrorum, ut Dominus pro suâ pietate intercedentibus Sanctis suis concedat nobis veniam omnium delictorum, & annumerare dignetur in societatem electorum suorum.

Est autem moneta de Niort quam dono; & de meâ potestate in S. Petri ditionem ac Monachorum Cluniacensium transfundo, eâ convenientiâ, ut memoria mei in memorato loco, & in omnibus appendenciis ejus perpetualiter teneatur. Si quis autem hanc donationem, sive ego sive aliquis ex heredibus meis, vel successoribus, aut quælibet introducta persona frustrari præsumserit, omnibus maledictionibus subjaceat, & cum diabolo & angelis ejus perpetualiter inferni pœnas luat. Donatio autem ista firma & stabilis in æternum maneat.

Sig. Willelmi qui hanc donationem fecit.
S. Agnetis uxoris ejus.
S. Filiorum suptascripti Principis, Willelmi videlicet & Odonis.

Litteræ Commendatitiæ GREGORII VII. datæ BERINGARIO post Concilium Romanum.

Ann. MLXXIX.

Gregorius servus servorum Dei, Omnibus beato Petro fidelibus salutem & Apostolicam benedictionem. Notum vobis omnibus facimus nos anathema fecisse ex authoritate Dei omnipotentis Patris, & Filii, & Spiritûs sancti, & beatorum Apostolorum Petri & Pauli, omnibus qui injuriam aliquam facere præsumserint Berengario Romanæ Ecclesiæ filio, vel in persona, vel in omni possessione suâ, vel qui eum vocabit hæreticum; quem post multas quas apud nos, quantas voluimus fecit moras, domum suam remittimus, & cum eo fidelem nostrum Fulconem nomine.

Donatio AMALRICI militis facta Majori Monasterio.

Ann. MLXXX.

Concessit D. d'Herouval.

Quisquis fidelium ardore succensus adimplens illud præceptionis evangelicæ, quâ cuncti divitias habentes misericorditer admonentur de mammonâ iniquitatis facere sibi amicos, à quibus cum defecerint in æterna tabernacula recipiantur, omnium necessitatibus communicare studuerit indigentium, ut deficiens ab hujusmodi videlicet amicis in mansiones excipiatur æternas, noverit se indubitanter non solùm à sui receptione non esse frustrandum; sed etiam ab omnipotenti Deo se esse inter gloriosiores beatitudinis æternæ præmia percepturum. Hac igitur salubri consideratione ego Amalricus Miles sollicitatus, necessarium duxi aliquid ex his, quæ temporaliter accepi, beneficentiæ munere conferre pauperibus in præsenti, quod post tempus in æternâ retributione centenâ merear multiplicatione recipere: quod ut probabilius fieri possit, eorum potiùs disposui procurare subsidia; qui sunt pauperes spiritu, quorum juxtà veritatis vocem regnum dignoscitur esse cœlorum, qui ut Christi servitio liberiùs expeditiùsque vacarent, propriis abrenuntiantes facultatibus, voluntariam elegere paupertatem.

Igitur Fratribus his qui in Turonensi Cœnobio; quod Majus-Monasterium dicitur, omnipotenti Deo pro posse sub Alberto Abbate famulantur, quemdam locum majorum meorum successione mihi contingentem in Carnoti situm, nomine Senicurtem, in honore sanctæ Trinitatis constructum, cum omnibus sibi subjectis rebus, quas dedimus, vel quas deinceps per nos vel alios in jus ipsius loci divinâ pietas transferre voluerit, voluntate & assensu auctoritatis meæ conjugis nomine Bertredis, necnon & filiorum meorum, Symonis videlicet atque Mamerii; & concedens annuo & annuens concedo jure perpetuo possidendum, quatenùs eorum qui eleemosynis divinæ majestati placuerit, mereamur adjungi consortio.

Ut autem quantitatis sive integritatis earumdem rerum, quas jam præfato loco contulimus, omnis propellatur ambiguitas, earum nomina huic scripto inserere jussimus, id est, Ecclesiam de Olivetis cum omni integritate, & Ecclesiam de Procis similiter cum omni integritate, necnon & casam Ecclesiæ de Hilmaretis, & casam Ecclesiæ de Gaserento, & casam Ecclesiæ de Ramboleto, & quidquid respicit ad villam, cui Senicurtis nomen est, infrà flumen quod vocatur Thau, cum vineis, pratis, molendinis, terris cultis & incultis, servis & ancillis qui in illo loco morantur, & qui ad eundem locum pertinent. Præterea unum stagnum & unum alnetum, necnon & decimam meorum equorum, & decimam rectæ retributionis cujuscumque rei, quæ de Sparnone castro exire videtur; altare verò de Raseranco, & altare de Ramboleto cum medietate villæ de Procis post meum à sæculo discessum eidem loco delegando conscio jure perpetuo possidendam, annuentibus meis filiis; Symone videlicet atque Mamerio, & quidquid jam sæpedicto loco tribuo, liberum ab omni consuetudine exactionis vel vicariæ, seu cæterorum vectigalium facio, ita ut ab hodiernâ die nullus judex publicus, vel quilibet ex judiciariâ potestate, infrà hujus loci potestatem ad causas audiendas, vel freda exigenda, aut mansiones faciendas, aut homines ipsius loci distringendos, aut fidejussores tollendos, nec ullas redibitiones, aut illicitas occasiones requirendas, nostris nec futuris temporibus ingredi audeat; sed sine ullâ vel meâ vel cujusquam successorum meorum contradictione liceat supradictæ congregationi sancti Martini Majoris-Monasterii, suitque successoribus cum Abbatibus, qui eis pro tempore præerunt, prædictum locum cum omnibus sibi subjectis rebus, jure defensionis tuitione jure perpetuo possidere: & quidquid inde agendum decreverint, potestatem habeant faciendi, ordinandi, & qualitercumque eis placuerit, multisque visum fuerit, disponendi, tam præsentibus quàm futuris temporibus.

Et ut hoc nostræ eleemosynæ testamentum per cuncta annorum curricula vigorem perpetuitatis obtinendo, ab omnibus credatur atque diligentiùs conservetur, Henricus divinâ ordinante providentiâ Rex Francorum Augustus per nostram deprecationem suâ actione firmavit, & suæ dignitatis sigillo consignare fecit, necnon & fidelibus suis, quorum nomina subscripta sunt; corroborandum tradidit: Si quis autem, quod absit; ex heredibus nostris, vel alia quælibet cujuscumque ordinis aut potestatis persona, diabolicæ suggestionis instinctu hujus eleemosynæ testamento inferre calumniam temtaverit; & pravæ voluntatis effectum justitiæ convictus obtinere non valeat, & Regi, qui pro tempore fuerit, auri libras decem coactus exsolvat. Signum gloriosissimi Regis Henrici. S. Almarici. S. Symonis filii ejus. S. Mamerii filii ejus. S. Theobaldi Comitis. S. Odonis fratris Regis. S. Galerani Comitis. S. Nescelini Parisiacæ urbis Episcopi. S. Guazonis de Drocis. S. Nivardi de Monteforti. S. Hervei de Galerdone. S. Ainsgodi. S. Galterii de Viletâ. S. Radulfi de Vachiretâ. S. Roberti Clerici. Data anno vicesimo primo, regnante Henrico gloriosissimo Rege, Indictione III. Actum apud Stampas Logias.

Arbertus, & uxor ejus, & filius ineunt societatem cum Monachis S. Andreæ Vienn. ut piorum operum ipsorum participes fiant.

Anno cir. MLXXII. E Chartulario S. Andr. Viennensi.

Ego Arbertus Miles filius Wilbodi, & uxor mea nomine Ay, & filius meus Petrus, accepimus societatem corporis & animæ in Monasterio sancti Andreæ, intrà mœnia Viennæ urbis posito, sub præsentiâ Abbatis Humberti; & ut partem habere possimus in sacris, & in omnibus benefactis quæ huic in Monasterio, & in omnibus membris ejus, & ut inter socios sanctæ Congregationis numerari possimus, donamus prædictio Monasterio, & habitatoribus ejus unam vineam nostræ hereditatis sitam in pago Gratianopolitano, in villâ Albiniaco, & in Parochiâ sancti Joannis. Et ut firma & stabilis sit nostra donatio, corroboramus hanc per manum & laudationem domini Guttfredi & Nantelmi filii ejus, & fratri mei Odonis.

Emmo & Isabella conferunt plura bona Monasterio S. Andreæ Vienn. ob filii susceptionem in Monachum.

An. MLXXXII. Ex eodem Chartulario.

Anno dominicæ Incarnationis millesimo LXXXII. Ego Emmo, & uxor mea nomine Elisabet, & filii mei Nantelmus, Ugo, Petrus, Emmo, donamus filium meum Richardum Monasterio sancti Andreæ intrà mœnia urbis Viennæ posito, & cum filio ipso donamus per manum & laudationem Domni Guttfredi & Nantelmi filii ejus Monasterio supramemorato, & Humberto Abbati & Monachis ejus, & omnibus Monachis futuris inibi mansuris, quartam partem Ecclesiæ matris in honore Petri Apostoli sacratæ cum his appendiciis, videlicet cum quartâ parte oblationum altaris, & cum quartâ parte cimiterii, & cum quartâ parte decimarum, de milio videlicet & panicio, & omni legumine & cannabe, & de omnibus bestiis, & de cunctis primitiis; excipiuntur decimæ frumenti, siliginis & avenæ. Similiter donamus quartam partem de Capellâ, quæ est in castro Mediolano, & de Capellâ quæ est in Burgo sito sub eodem castro. Donamus præterea universas decimas mei alodii, ubicumque fuerit. Similiter donamus medietatem decimarum in omni hereditate, quàm non pro alodio, sed pro beneficio habemus. Similiter donamus eidem Ecclesiæ quatuor modios vini purissimi ex decimis matris Ecclesiæ supradictæ. Insuper donamus campum situm sub Burgo, qui subjacet castro Mediolano, & nunc plantatur vineis. Nos autem per quatuor modios vini supradictos, & per campum supradictum, accepimus xx. solidos denariorum ab Humberto Abbate sancti Andreæ, & receptum filii mei Ricardi & vestimentum. Scripta per manum Bornonis Monachi, in mense Januario, Lunâ sextâ in Kalendario.

Anno circ. MLXXXV.

PHILIPPUS Trecensis Episcopus instituit Canonicos Regg. S. Quintini Belvacensis in Ecclesiâ S. Georgii.

PHILIPPUS Dei gratiâ Trecensis Episcopus præsentibus & posteris salutem. Quoniam apud nos Ecclesia beati Georgii apta erat divino servitio, placuit Fratribus sancti Petri ponere in ea Regulares Canonicos, quatenus & Deo devotiùs servient, & alios exemplo bonæ conversationis incitarent. Illis ergo attendentibus diversas congregationes istius Ordinis, refulsit Ecclesia beati Quintini Belvacensis, ex cujus veneranda Religione locus sancti Georgii posset illustrari. Domno itaque Yvone Abbate Trecis in Capitulo beati Petri residente, hæc ratio approbata est ex utrâque parte, ut Fratres sancti Georgii à sancto Petro sua teneant, à beato autem Quintino Regulam; in quâ quidem si offenderint, illius sit potestas aut aliquid in eis corrigere, aut aliquem ex eis tranmutare: si autem aliquis aliquod terrenum adversus eos proclamaverit, ad justitiam veniant in manu Petri eos undique patrocinantis. Verumtamen si fortè evenerit eam Ecclesiam ad aliam transire Regulam, ista illi nullum ex tunc habeat subjectionem.

Huic autem conventioni interfuerunt Fratres Joannes Decanus, Goisbertus Archidiaconus, Guido Archidiaconus, Theodericus Archidiaconus, Arnulfus Cantor, Hubertus Sacerdos, Berlandus Sacerdos, Berchardus Sacerdos, Petrus Levita, Constantius Levita, Girardus Levita, Hildradus Levita, Frodmundus Subdiaconus, Odo Subdiaconus, Hilduinus Subdiaconus, Hugo Subdiaconus, Ansellus Subdiaconus: Joscelinus Cancellarius manu propriâ scripsit.

Anno MLXXXVIII.

RAIMUNDUS Comes Tolosanus pœnitentiâ ductus, erogat quædam Monasterio S. Andreæ Avenionensis.

UT his qui oderunt pacem malignandi tollatur occasio, ea quæ ad utilitatem Ecclesiarum fiunt scriptis solent memoriæ commendari. Ideo notum sit tam præsentibus hominibus quàm futuris, quòd ego RAIMUNDUS Dei gratiâ Comes Tolosæ, Dux Narbonæ, Marchio Provinciæ, veni apud Monasterium S. Andreæ, consideransque vitam Fratrum ibi Deo contemplativè servientium, meamque in fœditate peccatorum meorum involutam, per eleemosynam à me datam Monasterio Andaonensi & Fratribus ibi Deo famulantibus, meipsum aliquantulum à peccatis mundare desideravi.

Pro sanitate itaque mihi observandâ, & pro salute animæ post mortem meam mihi à Deo retribuendâ, aliquantulum eleemosynæ donavi, atque donando laudavi Deo & Monasterio S. Andreæ, & Abbati Petro Fratribusque ibi Deo famulantibus præsentibus atque futuris, Podium videlicet de Todono supra quem constructæ sunt Ecclesiæ S. MARIÆ & S. Petri, cum nemore, cumque omnibus appendiciis sibi pertinentibus, & cum villâ sibi adjacente, meo annuali albergo excluso, & mecum ire in exercitu quo opus fuerit. Totum etiam territorium Todonis donavi Monasterio similiter & laudavi, & totam paludem cum suis tenementis, portumque etiam Sorgiæ, qui est in loco qui dicitur Albennat, quem portum cum aquâ & piscationibus & litoribus sibi pertinentibus, & sibulam cum finitimâ palude sibi pertinenti Bosoblaus de Paternis, & Aitelena uxor sua, & Isnardus filius eorum, Guillelmus Petri proximus eorum, & alii propinqui sui, consensu & voluntate meâ pro salute animarum suarum donaverunt Deo & Monasterio sancti Andreæ, & Abbati Petro & successoribus suis, & Monachis sancti Andreæ tam præsentibus quàm futuris, & Ecclesiis de Todono sanctæ MARIÆ & S. Petri.

Termini quoque ipsius paludis sunt, quam Bosoblaus & Aitelena uxor sua donaverunt Monasterio; à portu Albennat usque al tor de Lavorzena, del tor de Lavorzena, ad Gadperenc, de Gadperenc al riarmer.

Item termini quoque territorii Todonis sunt (quod territorium ego Monasterio donavi) del riarmer als Sauzes de Isimbart, dels Sauzes de Isimbart ad terram de Vidar exemplador, & inde ad pontem minorem: de ponte minori revertitur al tuver.

Factum est hoc anno ab incarnato Domino MLXXXVIII. Testes hujus rei sunt Franco de Paternis.

Guillermus de Paternis filius de Ozila.
Rostagnus Dauriol.
Alfantus Lautoardus de Toro.
Isuardus Rainoardus de Toro.
Rostagnus Alfantus de Toro.
Eliziardus Rufus.
Guillelmus Cotaronus.
Isnardus Colo.
Guillelmus de Gorda.
Willelmus de Sabra.
R . . . . de Baucio.
Guiraudus Amicus.
Isnardus de Cavomonte.
Isuardus de Lancis.
Pe . . . . Rainaudus Monachus.
Guigo de Molanis Monachus.
Bert . . . . de la Penna Monachus.
Rostagnus de Rocamaura Monachus, & totus Conventus.

Testamentum GERALDI, Cadurcensis Episcopi.

Anno MXC.

IN nomine sanctæ Trinitatis ego Dei gratiâ GERALDUS Caturcensis Ecclesiæ Episcopus, recognoscens ordinis mei statum diuturnis offensionibus & magnis obnoxium; tractavi tandem aliquando mecum, & deliberavi Deo, quod credo, inspirante ac miserante, periclitanti animæ salutis aliquod remedium in futuro providere ac parare. Visum est igitur parvitati meæ plus sanum inter cætera consilium, si Ecclesiam, cui annuente Deo præfuissem, ad disciplinæ regularis canonicalem normam perducere potuissem tenendam. Cujus rei cùm rara vel nulla penè in partibus nostris invenirem exempla, undecumque non sine labore Clericos bonæ opinionis in unum aggregavi, canonicalis vitæ statum & ordinem regulariter professos. Quibus ad temporalis vitæ & communis subsidium tantam rerum summam ad præsens contuli, ac perpetuò jure possidendam contradidi, unde propitiante sibi Deo triginta

Constituit Canonicos Regulares in Ecclesiâ Cadurcensi.

Canonicè vestiri sufficienter possint, & pasci. His ergo uti rebus & dominari Canonicos regulares constituo, laudo, confirmo, propter jugiter agendum in Ecclesiâ beati Proto-martyris Stephani divinum officium. Si quis autem regularis disciplinæ studium recusaverint, &, quod avertat Deus, jugum ipsum ferre detractaverint, ut talibus non sint participandi societas, vel invadendi præsumptio hoc dono, per Dei tremendam omnipotentiam contradico, prohibeo, excommunico.

Vos quoque alloquor, ô successores mei Episcopi, mihi quidem ignoti, Deo verò qui fecit quæ futura sunt præcogniti, credite vos quemadmodùm & me de hac vitâ exituros, ut per hanc admonitionem conventi, hoc exiguum quod ad Dei rationabile obsequium constitui nequaquam minuatis, sed pro Dei amore ac salute animarum vestrarum, ampliare omnibus modis studeatis. Addentibus aliquid ad meum inceptum & benefacientibus pax Dei & benedictio super illos, contrarium quid molientibus ex parte Dei & sancti Stephani, cujus patrocinio locus ipse celeberrimus habetur, contradico, & nodum excommunicationis si non resipuerint, perpetualem obtendo.

Scripta est hæc charta in Caturcensi civitate, me præsente, atque ipsam confirmante, cum consilio Domni Ugonis Venerabilis Cluniacensium Abbatis tunc mecum unà ibidem commanentis. Data 11. Idus Martias, Anno ab Incarnatione Domini millesimo nonagesimo, Indictione XIII. feriâ v. in diebus Quadragesimæ hebdomadâ VII.

Ut autem hæc charta plenissimâ sit auctoritate inviolabilis conservanda, manu propriâ eam subterfirmavi, cum nomine omnipotentis Dei & memoriâ beatissimi Protomartyris Stephani. Quoniam à Canonicis sæculariter & non regulariter viventibus vastata & propè annihilata fuerant bona Caturcensibus Canonicis ad usum necessariæ substentationis pertinentia ; quod ego Geraldus Domini gratiâ Caturcensis Episcopus, Regularibus meis noviter institutis Canonicis de proprio nostro dedi & addidi, placuit ob memoriam posterorum hîc per nomen summatim annotari & conscribi.

Sunt autem & hæc ita. Medietas omnium quæ in altari ex oblatione fidelium venerint ; decimâ monetæ, quæ per meam, id est, mei Geraldi præfati Episcopi providentiam inventa fuit & statuta. Post decessum verò meum constituo Regularibus ipsis Canonicis dimidium quidquid de censu monetæ nostræ parti videbitur competere vel obvenire. Eodem modo post decessum meum quamdam vineam apud Carnerios eis possidendam contrado. Tertiam partem paratarum, & quod in Synodis exierit, ipsorum usui deputavi tertiam portionem. Domum meam & turrim studiosè constructam illis commendavi ob Ecclesiæ & Claustri tutelam & custodiam. Aliam turrim in gyro interiùs ædificatam proprietati eorum & dominio ex integro donavi ; Ecclesiam beati Juliani de Boina ; & Ecclesiam beati Petri Delmontado, & quidquid in villâ, quæ dicitur Pardinas visus sum possidere modo Canonicis contradidi. Præpositura sive Archidiaconatus, & cæteri Ecclesiastici honores Caturcensis Ecclesiæ pro nostro decreto, per consilia Canonicorum ordinanda sint de cætero in posterum.

Hanc conscriptionis paginam ego Geraldus sæpe nominatus Episcopus fieri jussi, cum consilio & auctoritate Domni Archiepiscopi Bituricensis Ricardi ; & Domni Rainaldi Petragoricensis Episcopi ; & Domni Simonis Agennensis Episcopi, & Domni Isarni Tolosani Episcopi, & Domni Guillelmi Albiensis Episcopi, & Domni Rutenensis Episcopi Pontii, & consilio Domni Petri Abbatis Aureliacensis, & Domni Airaldi Figiabensis Abbatis, & Domni Gonberti Marciliacensis Abbatis, & Domni Petri de sancto Saturnino Prioris ; & cum assensu & laudamento Domni Guillelmi Comitis Tolosani.

Harum porrò auctoritate personarum cum meo nomine, ut prælibavi, confirmatum Canonicis meis Testamentum, ut semper maneat stabile per omnia & inviolatum per Deum contestari censeo meos successores, qui futuri sunt in reliquo. Qui adversari præscriptis tentaverit, Dei judicium incurrat & prædictarum personarum, donec perfectè resipiscat, & satisfaciat. Ego Ugo Lugdunensis Archiepiscopus Apostolicæ Sedis Legatus hanc chartam laudo, atque confirmo.

PHILIPPUS *Trecensis Episcopus Canonicis Regularibus confert præbendam in Ecclesiâ Cathedrali, & Ecclesiam S. Mariæ.*

PHILIPPUS Dei gratiâ Ecclesiæ Tricassinorum Episcopus, totius Ecclesiæ filiis regulariter viventibus & victuris futuræ perfrui gloriâ beatitudinis. Est, Fratres carissimi, inæstimabilis meriti nos ea quæ Dei sunt construere, quia nimirum immensi est periculi ea nos, quod absit, destruere. Habet etiam se ad utrumque justitia ut benè agentibus reddantur præmia, malè autem operantibus debita supplicia. Operemur bonum ergo ad omnes, maximè autem ad eum qui omnium Dominus est, quatenùs ad utrumque fervens dilectio ei, qui facit utraque unum, copulet nos charitatis obsequio. Et quoniam Redemptor redemptionis nostræ pretium non aliud misericorditer dedit quàm semetipsum, à nobis quidem est ei reddendum non aliud magis quàm nos ipsos ad tantæ pietatis commercium, quatenùs redempti pretioso sanguine, ipsi pretiosâ Redemptio mereamur per ipsum divinæ Majestati assistere. Verumtamen quia nimium nos premit mortalis infirmitas, perfectos etiam terrena habitatio multum aggravat, curandum est unicuique suspensore pro viribus sanctorum patrocinia conquirere, ut qui diffidimus ex nostro merito, ad spem misericordiæ sublevemur eorum interveniente auxilio.

Quapropter ego Philippus Dei omnipotentis, cujus nutu sum Trecensis Episcopus, horrendo judicio vehementer perterritus, duxi maximè mihi necessarium in cœlesti palatio procurare patronum, illum scilicet Martyrem Martyrum, beatum inquam Georgium. Ejus itaque cuidam Ecclesiæ, quam pluribus miraculis Dominus ad laudem gloriosi Martyris dignatus est sublimare, ego quidem ad ejus promerendam gratiam, & ad ejusdem loci Fratrum utilitatem, in Ecclesiâ sancti Petri concedo præbendam integram atque perpetuam, ut sicut filia allactatur à matre, sic Ecclesia illa consoletur ab uberibus consolationis nostræ.

Et quoniam quæ ab Episcopo fiunt in Ecclesiâ, assensu Clericorum stabilienda sunt, ne fortè perversa posteritas aliquid contra hoc malignetur in posterum, auctoritate sigilli nostri, sigilli etiam Capituli beati Petri, collaudantibus quod feceram communi favore Canonicis, confirmo & corroboro. Servitium autem hujus præbendæ ita redditur ; ut ipsi apud nos septimanam suam faciant, vel fieri faciant ab aliquo Sacerdote ex parte nostrâ. Confirmo etiam eis nominatim Ecclesiam beatæ MARIÆ de Druto, & ut quæcumque seu ab antecessoribus meis, sive ab aliis benefactoribus suis, vel in futurum justè

& canonicè possessuri sint, firma & illabata eis permaneant. Super adversarios autem hujus privilegii immitto anathema nostri officii, anathema, inquam, maranata; quod non dissolvetur per infinita sæcula.

Actum est hoc anno ML.XXXX. indictione XIV. regnante Rege Francorum Philippo, & me Philippo recenti Episcopo, IV. Nonas Martii residente in Capitulo beati Petri. Nomina Fratrum quid adfuerunt & laudaverunt hæc, sunt Normannus Præpositus, Goisbertus Archidiaconus, Petrus Archidiaconus, Guido Archidiaconus, Joscelinus Archidiaconus, Hugo Archidiaconus, Joannes Presbyter atque Camerarius, Berlannus Presbyter atque Decanus, Bochardus Presbyter, Hubertus Presbyter, Odo Cantor, Constantinus Diaconus, Petrus Diaconus, Rainerus Diaconus, Hilduinus Diaconus, Girardus Diaconus.

Ano. circ. MXC. *scripsit P. ***** autographo.*

RAYMUNDUS *Burgundionum Comes, cum esset in procinctu ad expeditionem Hispaniensem, dat multas terras Ecclesiæ Bisontinæ.*

IN nomine sanctæ, & individuæ Trinitatis. Quotiam ad perpetuæ hereditatis gloriam per bonorum exercitia operum pervenitur, altioris consilii est, quisquis ad habendam æternitatem, prava postponens, quæ bona sunt diligenter exsequitur. Huic igitur rationi ego RAYMUNDUS Burgundionum Comes inhærens, quamvis circa terrenæ dignitatis excellentiam nostra satis augeatur potentia : considero tamen quod nisi res illas, & maximè Ecclesiasticas, quas ego injustè tenui, quas antecessores mei invaserunt, invadere dimisero, æternæ damnationis mihi promerebor supplicia. Ad meorum ergo remissionem peccaminum, ad patris mei videlicet Guillelmi Comitis ; ad fratrum quoque, scilicet Guillelmi & Raynaldi prædecessorumque meorum remedium, dono, condono, dimitto injustas, sive justas consuetudines, imò quidquid habebam, vel habere videbar, aut habere calumniabar, in quibusdam terris Ecclesiæ beati Protomartyris Stephani & sancti Joannis Evangelistæ. Videlicet in villâ, quæ dicitur Chols ; & in villâ, quæ dicitur Judicum : scilicet in quibusdam mansis ejusdem villæ ; & in potestate de Buciaco, necnon in villâ Boyonis, & ad Rothas : fundus quarum villarum, vel terrarum, & justa servitia, seu rectæ consuetudines, scilicet placitum, corvata, jornales, & cætera, ab antiquo noscuntur esse suprà memoratæ Ecclesiæ. Sed incuriâ, vel ignaviâ Archiepiscoporum in jamdictâ Ecclesiâ degentium, præterea violentiâ & insolentiâ pravotum Principum, & potestate antecessorum meorum, tortæ consuetudines in terris Ecclesiæ superpositæ sunt ; quas iturus ad Ispanias pro æternæ remunerationis præmio condono. Quod justè facere possum : nam portione paternæ hæreditatis, dono patris, assensu matris, & fratrum meorum, Comitatus ille, in quo supradictæ terræ sunt sitæ, me contingit. Quæ donatio ut firma permaneat, facta est per manum Domini Hugonis tertii, Vesontionensis Archiepiscopi, germani nostri ; datis ab eo nobis septem millibus solidis probatæ monetæ denariorum. Et ne per successiones temporum aliquis malesanæ mentis quandoque infringat donum istud, aut destruere conetur, gladio anathematis frater noster Domnus Hugo Archipræsul, me rogante, facientes, & consentientes contrà hanc nostræ largitionis paginam percussit. Sign. Magnerii Decani sancti Joannis. Sign. Hugonis Decani S. Stephani Sign. Bernardi magistri. Sign. Amedei de monte Falconis. Sign. Stephani Joreh. Sign. Welfonis fratris Amedei. Signum Hubaldi Vicecomitis. Sign. Petri Villici.

GUILLELMI *Comitis Tolosani &* GUILLELMI *Barcinonensis concordia pro castro de Laurago.*

Anno MXC.

IN nomine Domini. Notum sit omnibus hominibus, quòd facta est concordia inter Willelmum Tolosanum Comitem, & Raimundum Comitem Barchinonensem & Carchassonensem, & Raimundum filium ejus, de discordiâ quam habuerunt de ipso Castello de Laurago, in quo jam dictus Tolosanus Comes quærebat adsidamentum per sacramentum, & non potuit habere ullum hominem videntem nec audientem, qui vidisset, audisset facere adsidamentum per sacramentum de prædicto castro ad avum nec ad patrem de prædicto Tolosano Comite. Et propter hoc facta est talis concordia inter prædictos Comites. Quòd jam dictus Guillelmus Tolosanus Comes donavit hoc totum quod acquisivit de Raimundo Guillelmi, & de Bernardo fratre ejus, & quantum ipse jam dictus Tolosanus Comes habebat & habere debebat in prædicto Castello Laurago, & in omnibus suis terminis atque pertinentiis ad jam dictum Raimundum Comitem Barchinonensem & Carkassonensem, & ad filium ejus Raimundum, & eorum posteritati, qui habuerit Comitatum Carkassonensem qualicumque modo ; tali tenore, ut prædictus Raimundus Comes & prædicta ejus posteritas, habeat hoc totum ad feuum per prædictum Tolosanum Comitem, & per posteritatem ejus quæ habuerit Tolosanum Comitatum, quantum prædictus Tolosanus Comes habebat & habere debebat qualicumque modo in Castro Laurago, & in ejus terminis atque omnibus adjacentiis & pertinentiis. Et propter hoc dedit jamdictus Barchinonensis Comes atque Carkassonensis ad prædictum Tolosanum Comitem .... millia mancusos. monetæ .... Barchinonæ, excepto hoc quod dedit uxori ejus Tolosanæ Comitissæ.

Facta est hæc concordia atque donum, sive evacuatio, VII. Idus Septembris anno MXC. ab Incarnatione Domini Regnante Philippo Rege, in præsentia Raimundi Comitis Rutenensis, & Episcopi Catturicensis, & Rodgerii Comitis de Fuxo, domni Abbatis Frotardi S. Pontii Tomeriensis, & Petri Vicecomitis Minerbensis, & Bernardi Rotgerii de Partes, & Ugonis Eschafredis, & filiorum Petri, & Hugonis, & Guillelmi Raimundi de Castello-novo, & Arnaldi fratris ejus, & Guillelmi Præpositi Tolosani, & Bernardi Pontii de Auriago, & Guilaberti & fratris ejus Petri de Laurago, & Isarni, & Jordanis fratris ejus, & Pontii Fortonis, & Guillelmi fratris ejus, & Ugonis de Sexago, & Raimundi fratris ejus, & Umberti Electi Barchinonensis, & Gairaldi Alamandi, & Gariberti Guitardi, & Raimundi Guillelmi Vicecomitis, & Guillelmi Raimundi Seneschalchi & fratrum ejus, & Unberti Gaucberti, & Gauffredi Bastonis, & Rainardi Amati, & Segarii Salomonis, & Guitardi Lupi de Biterris, & Autgerii Gaucfredi, & Ugonis filii Pontii Comitis de Ympuris, & Mironi Fogetri, & Guillelmi Pontii de Carkassona & fratris ejus Deusdedit, & Raimundi Amelii de Avezolâ, & Raimundi Odalrici de Punciano.

Tom. III.   GGg

Urbani Papæ II. Rainoldo Archiepiscopo Remensi, & Suffraganeis ejus.

An. MXCII.

Graviter fert Philippi Regis adulterium, ac Episcopos reprehendit quòd tanto scelere non se viriliter opposuerint.

URBANUS Episcopus servus servorum Dei, Venerabilibus Confratribus & Coëpiscopis RAINALDO Remensi, & Suffraganeis ejus ; Salutem & Apostolicam benedictionem. Si sacerdotale quod geritis officium, consideratione debita pensaretis, tanti facinoris infamia ad aures nostras saltem impunita non pervenisset. Cum enim domui Israël speculatores à Deo dati, impiis impietates suas annuntiare, & pro domo Israël murum opponere deberetis, quâlibet ratione vos pati potuisse miramur, ut tam inclyti regni Rex humani pudoris oblitus, divini timoris immemor, contra jus, contra fas, contra legum & canonum sanctiones, contra totius Catholicæ Ecclesiæ consuetudines, & suam uxorem inordinatè relinqueret, & propinqui sui conjugem amore sibi nefario copularet. Quod factum utique & regni totius confusionem, & Ecclesiarum vestrarum dissipationem portendit, & ad omnium vestrûm reddundat infamiam. Peccantem enim cum possis, non contradicere, consentire est. Te autem, Carissime Confrater Rainolde, noxa hæc maximè impetit, pro eo quod Silvanectensis tibi subjectus Episcopus, hoc publici adulterii crimen suo, ut audivimus, firmavit assensu, cum mœchis illis benedictionis sacerdotalis manum imposuit. Quod, & si licitè nuberent, bigamis tamen impendi secundum canones non liceret. Nunc igitur vobis Apostolicâ authoritate præcipimus, ut his visis apicibus, quod etiam non jubentibus nobis jamdudum fecisse vestram prudentiam decuisset, maturè convenite curetis Regem, & ex Dei, & nostrâ pariter & vestrâ parte instanter commonentis, arguatis, obsecretis, increpetis, & à tanto tamque horrendo facinore desistere compellatis. Quod si contempserit, & nobis & vobis necessitas imminebit, ut ad ulciscendas divinæ legis injurias pro nostri officii debito accingamur, & Phinees gladio Madianitas adulteros peroremus.

Eamdem quoque instantiam pro ereptione Confratris nostri Carnotensis Episcopi adhibete. Quod si monitis vestris, qui eum cepit, obtemperare contempserit, vos & ipsum excommunicationi subjicite, & castellis in quibuscumque eum retinuerit ; & terræ ejus divinum officium interdicite, ne similia deinceps in viris hujus ordinis præsumantur. Ut ordinem vestrum diligitis, ita hoc accelerare omnibus modis satagetis. Valete.

Data sexto Calendas Novembris, anno videlicet Dei Christi M. XCII.

Anno circ. MXCIV.

RAIMUNDI *Galliciæ* & HENRICI *Portugalliæ Comitum* HUGONI *Abbati Cluniacensi.*

Mittit exemplar fœderis amicitiæ inter se initæ, & pactorum de parricidâ successione soceri sui Alphonsi Castellæ ac Legionis Regis.

DOmino atque Reverendissimo Cluniacensi Abbati Hugoni, omnique beati Petri Congregationi, Raimundus ᵃ Comes ejusque filius, & Henricus Comes ejus familiaris, cum dilectione salutem in Christo. Sciatis, Carissime Pater, quod postquam vestrum vidimus legatum, pro Dei omnipotentis atque beati Petri Apostoli timore, vestræque dignitatis reverentiâ quod nobis mandastis in manu Domini Dalmati Geret fecimus.

In nomine Patris & Filii & Spiritus sancti. Pignus integræ dilectionis, quo conjuncti sunt in amore Raymundus Comes, Comesque Henricus, & hoc juramento.

Ego quidem Henricus absque ullâ divortii falsitate tibi Comiti Raymundo membrorum tuorum sanitatem, tuæque vitæ integram dilectionem, tuique carceris invitam mihi occursionem juro. Juro etiam quòd post obitum Regis Aldephonsi tibi omni modo contra omnem hominem atque mulierem hanc totam terram Regis Aldephonsi defendere fideliter ad Dominum singulari atque acquirere præparatus occurram. Juro etiam si thesaurum Toleti priùs te habuero, duas partes tibi dabo, & tertiam mihi retinebo. Amen.

Et ego Comes Raymundus tibi Comiti Henrico tuorum membrorum sanitatem, tuæque vitæ integram dilectionem, tuique carceris invitam mihi occursionem juro. Juro etiam quòd post mortem Regis Aldephonsi me tibi daturum Toletum terramque totam subjacentem ei, totamque terram, quam obtines modò à me concessam, habeas tali pacto ; ut sis inde meus homo, & de me eam habeas Domino ; & postquam illas tibi dedero, dimittas mihi omnes terras de Leon, & de Castellâ ; & si aliquis mihi vel tibi obsistere voluerit, & injuriam nobis fecerit, guerram simul in eum vel unusquisque per se ineamus, usquequo terram illam mihi vel tibi pacificè dimittat, & postea tibi eam præbeam. Juro etiam si thesaurum Toleti priùs te habuero ; tertiam partem tibi dabo, & duas remanentes mihi servabo.

Fiducia quam Comes Raymundus fecit in manu Domni Dalmatii Geret.

Si Ego Comes Raymundus non possum tibi Comiti Henrico dare Toletum ut promisi ? dabo tibi Gallæciam, tali pacto ut tu adjuves mihi acquirere totam terram de Leon, & de Castellâ : & postquam inde Dominus pacificè fuero, dabo tibi Gallæciam, ut postquàm eam tibi dedero, dimittas mihi terras de Leon & de Castellâ. Igitur Deo jubente, sic quoque sancta Dei Ecclesia piis orationibus interveniat, Amen.

Diploma fundationis Abbatiæ Hamensis Ordinis sancti Benedicti, vulgò Ham *in Artesiâ inter hilletium &* Ariam, *ab* INGELRANO *nobili viro factæ, & à* ROBERTO *Flandrensi Comite Confirmatæ.*

Ann. MXCIII.

IN nomine sanctæ & individuæ Trinitatis Patris & Filii & Spiritûs sancti, Amen. Ego ROBERTUS Dei gratiâ Flandriæ Comes universis Christi fidelibus tam futuris quàm præsentibus notum fieri volo ; quòd nobilis vir Ingelranus homo meus terrenus, castri Lilleriensis dominus, & nobilis uxor ejus Emma, de consilio, licentia, assensu & voluntate meâ propriâ Cœnobium Monachorum constituxerunt & ædificaverunt Ordini Monastico congruum, in loco qui vocatur *Ham*, & Abbatem in eo ordinari fecerunt, & omnem tertam totius territorii dicti loci cultam & incultam, aquas & aquarium piscationem, prata, marescum, nemus, paludes & palustria, census, redditus, justitias, relevationes, & omnia quæ ad præfatam Hamensis villæ possessionem pertinebant, in perpetuam eleemosynam integerrimè contulerunt & dederunt ; quatenus Ordo Monasticus sub Abbate Deo militans ibidem perpetuò vigeat, atque pro suâ salute & meâ, & pro prædecessoribus successoribus-

---

ᵃ *Raimundus*] In exemplari quo usus est Dacherius, nomina horum Comitum & Regis signantur tantùm per primas litteras.

que suis & meis Deum incessanter studeant exorare.

Concedentes prædictis Abbati & Monachis, ut homines Hamensis villæ & famuli ipsius Ecclesiæ de omnibus, quæ ad victum vel vestitum suum emerint in Lillerio, teloneum non persolvant. Statuentes etiam ut homines Abbatis & Monachorum nusquam vadant molere nisi ad molendina Ecclesiæ, & à nullo cogantur ire ad alia molendina. Dederunt & concesserunt similiter liberam potestatem, ut si qui hominum suorum Domino largiente aliquid de suis possessionibus prædictæ Ecclesiæ in eleemosynam conferre voluerint, absque omni reclamatione vel contradictione, aut impeditione ipsius Ingelrani aut suorum successorum liberè id facere poterunt.

Præterea ad sustentationem Abbatis & Monachorum qui ibidem Deo servierint, ut & habeant unde hospitalitatis & charitatis suæ necessaria subministrent, dederunt & quamdam villam, quæ vulgò dicitur *Mankavilla*, cum omnibus appendiciis & dominatu atque justitia. Dederunt etiam terram quæ dicitur *Del Tailleio*, & quidquid habebant in villa de Hanclines in terris, sylvis, in aquis, & molendinis, in piscationibus, & pratis, in censu, & redditibus, in justitiis, relevationibus, & in omnibus omnino rebus, tali modo quòd omnia quæ prænotata sunt per legem, & documentum hominum meorum, tam dictus Ingelranus quàm nobilis Emma uxor ejus, & Sarra eorum filia & heres legitimus ad opus dicti Monasterii & Monachorum ibidem Deo famulantium in manu meâ werpiverunt, & à se penitùs abdicarunt.

Et ego prædictas possessiones, & omne dominium, libertatem, & omnem prorsùs justitiam ; & quidquid etiam juris habebam vel habere poteram in prædictis quoquomodo, Abbati & Monachis dicti loci ad opus dicti Monasterii dedi, tradidi, & deliberavi perpetuò possidenda. Ut autem idem locus & possessiones dicti Monasterii quæ nunc habent, & quæ in futuro, Domino largiente, possidebunt & habebunt in meo Comitatu quoquomodo, in pace penitùs, quiete & summâ libertate semper permaneant ; ipsius Ingelrani prece concessi, pro salute animæ meæ & prædecessorum successorumque meorum, ut omnis præfatæ Ecclesiæ possessor præsens & futurus, liber ab omni successorum suorum, ac meorum, videlicet Flandriæ Comitum, seu hominum nostrorum subjectione efficiatur, ut non sit de omnibus qui in eâ de cætero quidquam reclamet, vel hominem capiat, vel bannum aut quamlibet rapinam vel saisinam aut captionem faciat, vel loca seu justitiam dicti Monasterii quâcumque ex causâ violare, molestare aut conturbare præsumat. Si fortè quilibet famulorum vel hominum ad præfatam Ecclesiam appendentium, ubi ubi degentium, quolibet pro facto increpatus fuerit, nisi sit de homicidio, furto vel latrocinio ipso actu probabili & patente, nullo modo vel in foro vel alicubi judicium sive præjudicium patiatur ; sed res in præsentiâ Abbatis delata & audita, erit hominum & Curiæ Abbatis judicio discutienda.

Insuper volo & statuo, ut nullus successorum meorum, Flandrensium videlicet Comitum, seu aliorum quorumcumque ; exactionem, tailliam, expeditionem, equitationem aut servitium exercitûs, seu manuoperationem super homines Ecclesiæ de cætero habeat ; sed tantummodo Abbati & Ecclesiæ Hamensi in omnibus, & non aliis subjecti erunt. Homines etiam extranei undecumque advenerint, si alicujus advocationis exstiterit, quamdiu in terrâ Ecclesiæ commorati fuerint, præter censum capitalem in omnibus Abbati & Monachis subjacebunt. Si verò Milites vel homines qui possessiones suas tenent ubi ubi in meo Comitatu quoquomodo, de suis possessionibus aliquid in eleemosynam prædictæ Ecclesiæ conferre voluerint, absque omni reclamatione, vel contradictione, vel impeditione liberè facere poterunt. In quibus, &. in omnibus quæ de cætero acquisierint quoquomodo, omne dominium, libertatem & omnem prorsùs justitiam prædicti Abbas & Monachi ex meâ perpetuò merâ donatione possidebunt & habebunt.

Ut autem firmiùs & securiùs omnia quæ prædicta sunt in perpetuum maneant, & ne supradicta Hamensis Ecclesia & Monachi de suis personis, famulis, hominibus & temporalibus bonis jam quidem sibi datis, seu in futuro sibi dandis, aut acquirendis aliquando, detrimentum seu injuriam, cujuslibet oppressione vel inquietatione patiantur ; ad preces similiter & instantiam ipsius Ingelrani & nobilis Emmæ uxoris ejus, & Sarræ eorum filiæ &. heredis prædictorum, advocationem & defensionem ipsius Ecclesiæ, personarum, famulorum, hominum & omnium rerum ad eamdem Ecclesiam pertinentium in meâ meorumque successorum, Comitum videlicet Flandriæ tutelâ suscepi, quatenùs eorum in omnibus advocati & prompti contrà omnes defensores existamus : atque eorum beneficiis & orationibus participes simus. Et est sciendum quòd advocationem memoratam amore Dei sub hac deliberatione suscepi, ut nec mihi nec successoribus meis, Comititibus videlicet Flandriæ eam cuique dare liceat, sed ipsi propriè eam sibi retineant. Ac ne aliquis ejusdem Ecclesiæ possessiones, dominium, justitiam aut libertatem invadere aut imminuere, usurpare quoquomodo sibi aut vindicare præsumat, solius amoris divini intuitu, pii in omnibus defensores & prompti contrà omnes adjutores existant. Hujus ergo jure advocationis prædicti Abbas & Monachi de Ham cum necesse habuerint ad nos liberè ingredientur, & quærimonias suas fidenter exponent ; & nos eos tanquam prompti & pii advocati & defensores, tam ipsos quàm eorum Ecclesiam, homines, familiam & res eorum defendere tenebimur & tenemur.

Ut autem nos, successores & prædecessores nostri participes simus omnium eleemosynarum & spiritualium bonorum, quæ amodo in prædicta Hamensi Ecclesiâ fient, centum solidos publicæ Flandrensis monetæ eidem Ecclesiæ in eleemosynam contradidi, singulis annis apud sanctum Audomarum, in officio Simonis dispensatoris mei accipiendos quolibet anno, duobus terminis, videlicet quinquaginta solidos in Natali Domini, & quinquaginta solidos in Pascha.

Præmissa autem omnia sicut sunt prælibata concedo, statuo & confirmo, abdicans à me, & meis successoribus potestatem reclamandi quidquid juris, justitiæ, domini, exactionis, libertatis, servitii seu etiam exercendi quam habueram in præmissis, decernens omnia dictæ Ecclesiæ ad præsens concessa, acquisita, aut etiam imposterum concedenda, vel acquirenda, dictam Hamensem Ecclesiam cum omni prorsùs justitiâ, dominio ac summâ libertate, pace & quiete perpetuò possidendam. Advocatione verò memoratâ amore Dei, ac etiam pro mea meorumque prædecessorum, successorumque salute, penes me meosque successores, sicut superiùs est narratum, solùmmodo retentâ.

Ut igitur hæc mei successores sciant, & ejusdem Ecclesiæ jura perpetuò inviolata conservent, præsentem paginam inde conscriptam sigilli mei & testibus subscriptis roboravi. Acta sunt hæc apud opidum Broburgh anno Dominicæ Incarnationis M. xciii. Testes Arnulfus sancti Audomari Præpositus, Manasses Comes Gisnensis, Rotbertus Advocatus Bethuniæ, Bernardus de Baffol, Hugo Albiniensis, Gualterus Duacensis, Hugo Haveth, Rotbertus Pincerna, Onulfus Dapifer Ariæ, Joannes Atrebati, Wenemarus de Issel, Odechin, Elbodo Marescal, Ipse Ingelramnus & homines ipsius, Eustachius Scoflez, Joannes Berhe, Walandus, Hermannus, Syerius, Evrardus, Ardo, Ebroinus, Rotbertus Tervanniæ, Helgotus filius Alqueri, Bernardus filius Hileberti, Clarbardus Morel, Eustachius Bornine, Wenemetus Stempels, Tirricus de Nivo, Warinus Nidels.

An. MXCII.

Scribit se accepturum à suis Suffraganeis consilium, quo possit decernere de iis quæ mandavit Papa.

a

b

RAINOLDI *Archiepiscopi ad Electum Atrebatensem* LAMBERTUM.

RAYNOLDUS Dei gratiâ Remorum Archiepiscopus dilectissimo Confratri & Consacerdoti suo LAMBERTO, salutem & benedictionem in Domino Jesu. Literas [a] quas nobis pro consecratione tuâ Dominus Papa direxit, suscepimus, sed & earum quæ tibi directæ sunt exemplar audivimus. Quas cum perlegissemus, Coëpiscopo nostro Suessionensi eas transmisimus, & ut ipse cæteris Suffraganeis transmitteret præcepimus : quatenus ab eis accepto consilio, tuæ Fraternitati respondeamus ; ideoque tibi usque ad Octavas S. Andreæ aliquem Legatum tuum ad nos deleges mandamus ; per quem tuæ dilectioni rescribamus quid super omnibus illis, quæ de te Dominus Papa injunxit, acturi sumus. Valete.

Nos [b] verò die statuto Legatos nostros ei misimus, sed nec terminum certum consecrationis, nec ejus literas accepimus, tamen nos à cœpto opere desistere recusavimus. Electum nostrum cum his subjunctis literis misimus ipsi.

Ut mittere velit cum suis literis Lambertum ad Urbanum Papam.

Atrebatensium ad RAYNOLDUM *Archiepiscopum Remensem.*

DIlecto & in veritate diligendo & honorando Patri & Dom. RAINOLDO Dei ordinatione Remorum Archiepiscopo, Clerus & populus Atrebatensis Ecclesiæ, cum LAMBERTO, etsi inutili sanctitatis suæ servo veram dilectionem cum orationibus & obedientiâ. Vestræ excellentiæ dignitati multiplices referimus gratias, quia hactenus gratanter nobis ut pius pater juvamen exhibuistis, & benignum vos erga nos in cunctis causæ nostræ fore promisistis. Sed Paternitatem vestram miramur plurimum, in calce nostri negotii infrigidatam existere, cum infra terminum ab Apostolico vestræ magnificentiæ Electi nostri consecrationis injunctum, nec solemniter literis vestris, ut arbitrabamur, ad consecrationem Electum nostrum vocastis ; nec diem certum infra terminum designastis. Nunc autem cum consecratio deinceps infra tricenalem metam nequit fieri, saltem literas vestras authoritatis quæ Apostolicæ deferantur, ut ipse jussit, pro consecratione nostri Electi nobis dare velitis, plurimâ pace precamur. Valete.

Ann. MXCII.

Mittitur Lambertus cum hac Epistola ad SS.

RAYNOLDI *ad* URBANUM *Papam.*

DOmino & Reverendissimo S. & Apostolicæ Sedis Papæ URBANO, RAYNOLDUS licèt indignus Dei gratiâ Remorum Archiepiscopus, salutis, obsequii, debitæque subjectionis munus uberrimum in Domino. Post directas primùm nobis à Paternitate vestrâ literas, placuit vestro, Serenissime Pater, Apostolatui, ut iterum alias nobis dirigeretis, præcepto præcipientes, quatenùs infra triginta dierum spatium, postquam vestras literas videremus, Atrebatensis Ecclesiæ Electum in Episcopum consecrare non differremus. Addidit & hoc solertia vestra, ut si aliqua nobis occurreret causa, quâ minùs illud aggredi formidaremus, eum vobis cum literarum nostrarum adstipulatione consecrandum dirigeremus. Susceptis igitur hujus vestræ præceptionis apicibus, ne quid inconsultis Coëpiscopis nostris & Consacerdotibus præsumeremus, cum constet utique tam ex eorumdem, quàm ex nostrâ auctoritate eamdem pendere consecrationem, mandatorum vestrorum schedulam ad universos ad quos potuimus, direximus, singulorumque sciscitati sumus sententiam, quatenùs illud nobis super hac re consilium providerent, quod nec vestræ obedientiæ adversaretur, & ex quo Remensi Ecclesiæ dignitas non imminueretur. Itaque hæc omnium, & Episcoporum, & Clericorum nostrorum una vox fuit & sententia, ut nos quidem ab Electi illius consecratione manum suspenderemus, sed eum vobis, cum hoc vestræ præciperent literæ, transmitteremus, & quidquid inde altitudinis vestræ solertia faciendum decerneret, arbitrio vestro relinqueremus. Timuerunt enim & timebant, ne Cameracenses ex hoc facto acceptâ occasione, se à Remensi Ecclesiâ abrumperent, cum & civitas eorum alterius regni habeatur, & regni cujus Rex nobis, & Ecclesiæ Romanæ jam ex longo tempore inimicatur. Addiderunt etiam damnosam admodum fieri commutationem, si dum Remensis Ecclesia Atrebati Episcopum fieri consentiret, Cameracum, quæ sexies quam Atrebatum & continentiór & locupletior est, amitteret. Obsecramus ergo Excellentiam vestram, Pater Sanctissime, obsecrant & Episcopi & Clerici nostri, quatenùs vos, qui in arce & in speculâ omnium Ecclesiarum præsidetis, negotium ita temperetis, ut nec quisquam (quod absit) decretorum vestrorum inde dispositionem reprehendat, nec Remensis Ecclesia ullam suæ dignitatis jacturam vestris in temporibus sustineat. Nos tamen, qui vestris obsecundandum deliberationibus perpetuò proposuimus, quæcumque sit ratio, quicumque sit modus consecrationis, ubieum dignitas vestra consecrârit, consecratum benignè suscipiemus, susceptumque sicut Episcopum & Suffraganeum nostrum deinceps honorabimus. Cæterùm vestram nosse volumus Celsitudinem, nos nequaquam rem hanc ideò tamdiu distulisse, ut aut vestris unquam jussionibus obsistere enitamur, aut ut Domino illi in aliquo derogemus. Eum hoc dumtaxat honore dignum esse censemus, sed cujusvis alterius promotionis apicem ei meritò conferendum adjudicamus. Valeat Beatitudo vestra incolumis in Domino.

P. reddit rationem Lamberti consecrationi revocatæ.

Atrebatensium ad URBANUM *Papam.*

URBANO Dei gratiâ Papæ, zelo boni ferventissimo, ac Ecclesiarum restauratori excellentissimo, Ecclesia Atrebatensis summatim respirans, depulso jugo indebitæ servitutis, vigere, vivereque perenniter in Christo, cum orationum & obedientiæ munere. Sanctitatis vestræ paternitati prædicabili agimus quamplures gratias, & licet quaterno itinere fatigati, virtutem tamen in vobis perseveran-

Expostulant à SS. P. cur Lambertum ordinet Episcopum.

---

[a] *Literas*] Exstant duæ illæ Urbani epistolæ apud Locrium, pag. 140. & 141.

[b] *Nos*] Hoc loco loquuntur Atrebatenses.

tiæ & extollimus & amplectimur, quoniam in restitutione Ecclesiæ nostræ non invenitur in vobis, est & non, sed Spiritu sancto innuente visitati à vobis antiquæ donamur libertati, & propriæ diœcesis jura mancipamus. Omne igitur collegium perfectorum, quia sospitas recuperata unius commembri, fit gaudium totius corporis Christi: Sicut autem jussit vestra Sublimitas, literas vestras de nostri Electi consecratione Archiepiscopo tradidimus, eumdemque Electum infrà tricennalem terminum à vestrâ auctoritate constitutum præsentavimus. Quòd verò cum consecrare distulerit, non ipsius negligentiæ, sed Dei (à quo omnis potestas) ordinationi attribuimus: quas tamen dilationis protulerit causas, Fratribus referentibus, seriatim scietis. Nunc ergo eum ad vestram Excellentiam cum paucis Fratribus pro temporis angustiâ, periculorum instantiâ, rerum quoque diu afflictæ Ecclesiæ penuriâ, transmittimus consecrandum, obnixè pro Christo & in Christo supplicantes, ut sublimatus pontificali infulâ nobis indilatè remittatur noster Lambertus, quia nobis plurimùm est necessarius, existens animarum nostrarum peritissimus medicus. Hinc etiam Sanctitatem vestram affluenter misericordiâ precamur, quo servulis vestris hoc privilegii velitis dare, ut deinceps quibuslibet fortè proclamationem excitantibus hujus canonicæ incardinationis debeamus respondere : quoniam quod semel constat benè diffinitum, perpetualiter debet manere inconvulsum, simulque præcipiat authoritas vestra ut diviso duorum regnorum, Flancorum scilicet & Teutonicorum, sit Episcopatus nostri meta, sicut antiquis temporibus fuisse per successorum relationem & alia certa indicia cognovimus; ne aliquando lis inde oriatur, vel nefas discordiæ efficiatur. Decet namque Sanctitatem vestram ad finem usque bonum perducere, quod constat vos laudabiliter incepisse.

Quæ acta sunt Romæ in consecratione LAMBERTI, narrantur.

ATrebatensis itaque Electus ex obedientiâ Domini Papæ, etsi non multùm rationali invitatione Domni Raynoldi Metropolitani sui ad consecrationem vocatus, tamen ne arrogantiæ, aut injustitiæ ascriberetur, xvi. Calendas Januarii, quæ tunc dies Dominica habebatur, Remis se Archiepiscopo præsentavit juxtà tenorem & terminum sibi à Domino Papâ constitutum. Archiepiscopus verò accepto adstutiori quàm prudentiori consilio, Electum Atrebatensem cum adstipulatione, & suarum, & Atrebatensis Ecclesiæ literarum misit Romam ad Dominum Papam. Igitur Atrebatensis Electus, & Domnus Odo Cantor, & Achardus Magister Scholarum, & Drogo Albiniacensis Præpositus, cum servientibus suis, decimo nono Calendas Januarii, quæ tunc Vigilia Natalis Domini erat, urbem Remorum egreditur, & apud urbem Catalaunorum in Monasterio Omnium Sanctorum à Domino Odone venerabili Abbate Canonicorum ibidem communiter viventium, honestè colligitur, & in Natali B. Proto-martyris Stephani per Fratrem Nevelonem prædicti Monasterii Sacerdotem & Canonicum, usque Trecas urbem conducitur : & licet apud Trecas cum periculo & timore sit demoratus, pro odio Philippi Regis Francorum & Roberti Comitis Flandriæ, tamen Deo miserante, usque Molismum in terram Odonis Ducis cum pace pervenit, ibique Domnum Gualterum, Duacensem aliquando Castellanum, virum religiosum licet laicum exspectavit. Lætificatus tandem & consolatus ex adventu Domni Gualteri Duacensis, laborem viarum & difficultatem aggreditur, & apud Divionem, memorabile Ducis Burgundiæ castellum, propter recreandos & equos, & equites suos, per duos hospitatus est dies. Cum autem demoraretur, supervenit ibi lucerna ardens & lucens in domo Domini, laudabiliter honorabilis, & honorabiliter laudabilis Domnus Hugo Lugdunensis Primas, & Apostolicæ Sedis Legatus. Cognitâ Atrebatensis Electi causâ, venerabilis prædictus Primas & Apostolicæ Sedis Legatus Domnus Hugo, ipsum Electum & omnes suos secum pro magni nominis & religionis virum Domnum Abbatem Cluniacensem amicum & æquivocum suum deduxit, & apud Lugdunum per sex dies pro nimiâ aquarum inundantiâ & hyemis asperitate detinuit, & quæque necessaria abundè subministravit.

Acceptâ tandem tanti Pontificis benedictione, Atrebatensis Electus & Conviatores sui securius iter arripiunt, & post multa viarum & hyemis discrimina, porticum B. Petri Apostolorum Principis, feriâ sextâ ante Dominicam, *Esto mihi in Deum protectorem*, ingrediuntur. Ne autem à Guibertinis aliqua illis inferretur injuria, subsequenti sabbato summo in mane, Domno Urbano Papæ suum præmittunt Electum, Romæ apud sanctam Mariam novam tunc commoranti. Ad pedes autem Domni Papæ Urbani Electus se prosternens, cum lacrymis petiit à Domno Papa se ab illâ electione absolvi, dicens se non esse idoneum, nec debere vocari ad tam importabile onus, tùm pro infestatione Henrici excommunicati Imperatoris, ad cujus imperium Cameracus hactenùs pertinebat, tùm pro infestatione Clericorum & Laïcorum Cameracensium, divitum, potentum, & secundùm sæculum valde sapientum; necnon etiam pro nimiâ vastatione & paupertate rerum & Religionis Atrebatensis Ecclesiæ. Beatissimus verò Papa factâ absolutione, & datâ benedictione, sicut mos est Apostolicæ Sedis, suscepit eum osculo sancto, & floccipendens hæc omnia, dixit ei, *Frater, Non sunt condignæ passiones hujus temporis ad futuram gloriam, quæ revelabitur in nobis*; & cætera verba confortatoria, quæ ad plenum nunc memoriæ non occurrunt. Ad ultimum subjecit : Es-ne, Frater, hospitatus, & ubi sunt comperegrini tui? Respondit : Nondum sum hospitatus, sed socios meos apud beatum Petrum in porticu dimisi. Hoc audiens Papa, statim præcepit adesse Domnum Daibertum Pisanum Archiepiscopum, & ait illi : Hunc Fratrem nostrum Lambertum Atrebatensem Electum in hospitium collige, & qualiter sui & sua de porticu Sancti Petri cum securitate deducantur tu & Petrus Leonis quantociùs providete. Quod & factum est.

Cum autem opportunitatem sibi & locum loquendi Domnus Papa mandavit, iterum sicut & priùs prostravit se ad pedes ejus, rogans eum quatenùs propter Deum ab hac impositâ sibi electione illum absolveret. Sed Domnus Papa nec huic petitioni assensit, sed & prædicti Canonici, & qui cum eo Romam venerant, Domnum Papam instanter exorant, ut eorum & Ecclesiæ suæ misereatur, & Electum suum consecrare non differat. Accepto Domnus Papa consilio, die statuto, absente Electo, in præsentiâ Episcoporum & Cardinalium suorum, & Romanorum, fecit recitare omnem Ecclesiæ Atrebatensis actionem. *Quam Romani audientes petierunt, ut sibi Ostiensis ordinaretur Episcopus. Domnus verò Papa sicut vir prudens, ne novella Atrebatensis Ecclesiæ plantatio eradicaretur, Romanorum petitionem in hac parte non suscepit, sed post aliquot dies secretò alloquitur sæpe dictum Electum, & in nomine

Domini, & ex parte beati Petri præcepitei hanc obedientiam subire in remissionem peccatorum suorum. Ille tandem acquiescens divinæ ordinationi & Apostolicæ obedientiæ, consecratur in Episcopum Romæ apud sanctam MARIAM novam à sæpius jam dicto domno Apostolico Urbano, anno Dei Christi 1093. 14. Calendas Aprilis, quæ tunc Dominica *Lætare Hierusalem* habebatur, sub testimonio venerabilium Episcoporum Joannis Tusculani, Humbaldi Sabiniani, Joannis Portuensis, Brunonis Signensis, Domini quoque Daiberti [a] Pisanorum Archiepiscopi, & Cardinalium Presbyterorum, & maximæ multitudinis Romanorum.

Confirmatus autem Episcopus Atrebatensis, sicut canonicum est, privilegio & authoritate literarum Apostolicæ Sedis, præmisit Drogonem cum quibusdam sociis suis; postmodum verò Odonem Cantorem, & Achardum Magistrum scholarum. Ipse verò associatus Domno Radulpho Turonensi Archiepiscopo, retento secum Gualtero Duacensi, in sextâ feriâ de Dominicâ, *Quasi modo geniti*, Romam egreditur, & apud Ostiam mare intrat; & post aliqua tempestuosa pericula portum Pisanum satis desideratum occupant; & inde Odonem Cantorem & Gualterum Duacensem [ad Clusam] præmittunt. Ibi invento [Auxiensi] Archiepiscopo Petro, rursum Turonensis Archiepiscopus, & Atrebatensis Episcopus mare intrant, & apud Januam anchoram figunt. Dimisso ibi Auxiensi [b] Archiepiscopo, Turonensis & Atrebatensis comperegrini apud Clusam Longobardorum associati, conviatoribus Odone Cantore & Gualtero Duacensi, usque Lugdunum prosperè perveniunt, ibi discedunt. Et sic, Deo mitigante, Domnus Lambertus in die Pentecostes à Clericis & civibus Atrebatensibus devotè suscipitur, & ante horam tertiam in Pontificali sede per authoritatem beati Petri, & obedientiam Romanæ Ecclesiæ inthronizatur.

URBANI Papæ RAYNOLDO Remensi Archiepiscopo.

URBANUS Episcopus Servus Servorum Dei, dilecto Fratri & Coepiscopo RAYNOLDO Remensi, Salutem & Apostolicam benedictionem. Decuerat Fraternitatis tuæ prudentiam ad reparandam dignitatem commissæ tibi Ecclesiæ diligentius insudare. Miramur ergo quòd nunc quoque Cameracensium injustis clamoribus aures inclines, ut eis Atrebatensis subjiciatur Ecclesia, cum constet eos ipsam quoque Ecclesiæ suæ Clericum quem secundùm literarum vestrarum tenorem sibi unanimiter elegerunt, nonnisi per manum excommunicati & hæretici velle suscipere, propter quod solum debitæ etiam dignitatis merentur detrimenta perferre. Illud autem nullo modo vereraris, ut sub hac occasione suum in Cameracensi Ecclesiâ jus Metropolis Remensis amittat. Quisquis enim illic nisi per Remensem Archiepiscopum præsumpserit ordinari, unâ cum ordinatore suo districtionis Apostolicæ gladio ferietur. Quamobrem tuam sollicitudinem expedit vigilanter insistere, ut utraque Ecclesia Cardinali non destituatur Episcopo, nisi fortè Cameracenses privilegium Romanæ auctoritatis ostenderint, quod eis Atrebatensem subdat Ecclesiam. Unde Fraternitas tua eos præmonere procuret, quatenus in proximâ Quadragesimâ, cum Atrebatenses pro Electi sui confirmatione ad nos venerint, ipsi quoque cum Ecclesiæ suæ authoritatibus nostræ se audientiæ repræsentent, Porrò electionem, quam de communi filio Manasse eos generaliter fecisse significasti, collaudamus & confirmamus, nisi quælibet talia obvient, quæ sanctis debeant canonibus coerceri. Quod ut ad effectum veniat, Cameracenses ipsos à sacramento illo temerario parati sumus absolvere; si tamen & ipsi Electum suum recipere; & de temeritate illâ parati fuerint secundùm tuum consilium pœnitentiam exhibere. Alioquin datam in eos à Fraternitate tuâ interdictionis sententiam confirmavimus.

LAMBERTI ad RAYNOLDUM Archiepiscopum Remensem.

Reverendo Patri & Domino suo RAYNOLDO, Dei gratiâ Remorum Archiepiscopo, LAMBERTUS sanctæ Atrebatensis Sedis servus inutilis, cum debita subjectionis reverentiâ, quod oculus non vidit, & auris non audivit, nec in cor hominis ascendit. Cum Paternitati vestræ quantociùs potuimus literas Domni Papæ Urbani, nostras quoque nostri impedimenti causas continentes mittere studuerimus, valde durum nobis videtur, quòd neque ex tenore literarum Domni Papæ, neque ex supplicatione literarum nostrarum aliquid nobis rescribere placuit, sed per Abbatem Hamericum Aquicinensem, quod mansuetudinem vestram non decuisset, literas nobis delegastis, in quibus nos præoccupatorem Sedis Atrebatensis nominastis, & ne Abbates ad obedientiam Ecclesiæ nostræ, secundùm quod missæ eis à Domino Papa literæ præcipiunt, commonerem, mandastis. Nos verò rursus per communem filium vestræ & nostræ Ecclesiæ Domnum Hugonem sancti Dionysii Abbatem, causas impossibilitatis nostræ veniendi ad vos impræsentiarum discretioni vestræ intimare studuimus. Sed super his omnibus, nec primò, nec secundò aliquid ex affectu pietatis, nec alicujus compassionis legationem vestram suscipere potuimus, sed per Monachos Marciacenses pro causâ Domni Alardi Archidiaconi, & pro excommunicato in assultu Ecclesiæ, sine confessione & viatico defuncto, quamquam vobis aliter relatum sit, literas direxistis, in quibus nos quasi contemptorem Remensis Ecclesiæ insinuare voluistis; quamquam non lateat prudentiam vestram, nos hanc Sedem non præoccupasse, sed coactos, & constrictos, & Apostolicæ authoritatis obedientiâ eamdem Sedem obtinuisse. Ne autem quasi contemptor sanctæ Remensis Ecclesiæ videar in oculis misericordiæ vestræ, hos Fratres nostros in personâ & verbo nostro, pro excusatione nostrâ satisfacturos transmittimus. Precamur itaque Clementiam vestram, ut per præsentes Fratres nostros, tùm pro caritate Spiritus sancti, tùm pro dilectione & reverentiâ Domni Papæ, nostram professionem interim suscipiatis, consimile opus misericordiæ nobiscum facientes, quod in Apostolicâ benevolentiâ tempore vestræ professionis consequuti estis. Cum autem Deo miserante ad vos proficiscendi facultas attributa fuerit, quod nunc per Fratres nostros facimus, tunc Deo volente, in propriâ personâ nos facturos profitemur. Exoramus etiam Paternitatem vestram, ut literas Domni Papæ, quemadmodum vobis scripsit, vestris suffra-

---

[a] *Daiberti*] Lectorem moneo alterâ jam vice à nobis scribi *Daibertum*; ubi editum erat *Elaibertum*: quod ad fidem fecimus ejus codicis, quem Acherius ipse exscripserat.

[b] *Auxiensi*] Quæ superius uncinis inclusa sunt addidimus è codice ipso Lamberti, quem etiam hîc sequimur. Acherius dum nimis festinaret, hoc loco edidit *Aquileiensi*.

Diplomatum, &c.

giis prosequamini. Domnum Alardum Archidiaconum & Abbates, & causas eorum intuitu vestri amoris, si literis Domni Papæ obedierunt, benignè tractabimus. Bene valete in Domino semper, Reverende Pater & Domine.

LAMBERTI ad Clericos Remensis Ecclesiæ.

Reverendis Patribus Domino MANASSE Præposito, L. Decano cum omni Capitulo sanctæ Remensis Ecclesiæ, LAMBERTUS Atrebatensis Sedis servus inutilis, seipsum, & æternam in Domino salutem. Cum sciamus non latere diligentiam vestram, quòd quantociùs potuimus Domno Archiepiscopo literas Domni Papæ Urbani sibi & Suffraganeis suis pro me missas, per Domnum Lambertum Monachum virum religiosum miserim: literas quoque impedimenti mei veniendi ad sanctam Sedem Remensem non prætermiserim; postmodum verò per Domnum Hugonem S. Dionysii Abbatem excusationes canonicas mandaverim: satis miror quòd necdum aliquid consolationis aut pietatis nec ab ipso, nec à vobis suscipere meruerim, sed me præoccupatorem Sedis Atrebatensis, & quasi contemptorem sanctæ Remensis Ecclesiæ per Abbatem Aquicinensem, & per Monachos Marcianenses nos nominare complacuit. Sed novit Dominus, cujus oculis sunt nuda & aperta omnia, insuper Apostolica Sedes, quàm rogatus, quàm coactus, imò Apostolicæ obedientiæ auctoritate ligatus prædictæ Atrebatensi Sedi servire compulsus fuerim. De quasi contemptu autem veniendi apud sanctam Remensem Sedem, unde placuit Domno Archiepiscopo nos arguere, satisfacere vobis paratus sim per præsentes Fratres nostros. Nostis enim & inopiam Sedis nostræ, & difficultatem viarum, & tempestatem bellorum, & odium Cameracensium in nos, & quorumdam aliorum in viâ positorum. Prostratus itaque sanctitatis vestræ pedibus, ut in verbo veritatis audiatis, & excusatum me habere velitis, suppliciter exoramus, atque Domno Archiepiscopo suggerere velitis, ut super nos, & super Ecclesiam nobis commissam viscera misericordiæ suæ aperiens, secundùm tenorem literarum à Domno Papa sibi transmissarum, eodem literas suis suffraganeis prosequatur. Ut autem omnem occasionem contemptûs à nobis removeatis, professionem nostram per hos Fratres nostros præsentamus, eam dem facturi, cum ad vos, Deo miserante, cum salute advenire poterimus.

RAYNOLDI ad ROBERTUM Flandriæ Comitem.

Rainoldus Dei gratiâ Remorum Archiepiscopus, gloriosissimo Principi Domno ROBERTO Flandrensium Comiti, salutis & benedictionis ubertatem in Domino. Dilectionis vestræ literas benignè suscepimus, susceptasque gratanter perlegimus. Quoniam itaque in ipsis ut nobis quid animi super ordinatione dilectissimi fratris nostri Lamberti Atrebatensis Episcopi haberemus rogastis, vellemus remandare; nolumus lateat carissimam nobis prudentiam vestram, nos ipsum plurimis diebus, ut quod de eo agendum erat, legitimè & Episcoporum nostrorum consilio fieret, detinuisse; ad ultimum in Concilio [a], quod Remis cum Coarchiepiscopis & Episcopis nostris, atque Principibus multis xv. Calendas Octobris habuimus, juxta Domni Papæ Urbani præcepta, quibus inobedire nefas est, consilio & assensu

Coëpiscoporum nostrorum more ecclesiastico illius professionem suscepimus, ejusque consecrationem confirmantes, confirmavimus. Unde vestræ mandamus sollicitudini, quatenùs eumdem amodo cum debito honore, cum debita reverentia suscipiatis, ejusque laboribus publicè & privatim pro amore Dei communicetis, sed in quantum Ecclesiastica permittit ratio, ei ut Pastori ut Episcopo vestro obediatis. Valete.

URBANI Papæ II. ROBERTO Flandrensi Comiti, & Optimatibus ejus.

URBANUS Episcopus Servus Servorum Dei, dilecto filio ROBERTO Flandrensium Comiti, & Optimatibus suis, Salutem & Apostolicam benedictionem. Pro carissimo Fratre nostro Lamberto Atrebatensi Episcopo, repetitis vos literis exhortamur & oramus, ut ei ad reparandam renovati Episcopatûs dignitatem, consilii & auxilii vestri manus porrigatis, & possessiones ejusdem Episcopatûs à Cameracensibus Episcopis, quibus Ecclesia eadem commissa fuerat, malè distractas, de manibus tenentium eripere, & eidem Ecclesiæ restituere pro vestrorum peccatorum remissione omnibus modis laboretis. Volumus præterea, & Apostolicâ authoritate jubemus, ut nullo deinceps tempore præfatam Ecclesiam alicui Ecclesiæ subjici, vel infestari patiamini, sed ipsam tamquam matrem vestram & Dominam, salvo Remensis Ecclesiæ jure, honorare, ab injuriis tueri, & defendere procuretis.

Data Placentiæ quinto Idus Martii.

HUGONIS Lugdunensis Archiepiscopi ROBERTO Comiti Flandriæ.

Hugo Lugdunensis Archiepiscopus Apostolicæ Sedis Legatus, ROBERTO nobilissimo Comiti Flandrensium salutem. Venerabilem in Christo Fratrem nostrum Atrebatensem Episcopum Excellentiæ vestræ commendamus, & ut eum tamquam Cardinalem Episcopum, tamquam beati Petri manibus consecratum, ope vestrâ & auxilio tueamini rogamus, & vice Domini Papæ secundùm præceptum ipsius in remissionem peccatorum vestrorum vobis præcipimus. Ad restituenda quoque bona Ecclesiæ ipsius brachium adjutorii vestri ei porrigite, cognoscentes vos pro obedientia hîc habituros gratiam Apostolicam, & à Deo retributionem æternam.

URBANI II. quibusdam Abbatibus & Abbatissis.

URBANUS Episcopus Servus Servorum Dei, dilectis Filiis Aloldo S. Vedasti, Richardo Marcien. Alberto Hasnonensi, Hamerico Aquicinensi Abbatibus: item Abbatissæ Sanctæ Ragenfredis, & Abbatissæ Strumensi, salutem & Apostolicam benedictionem. Apostolicæ Sedis nos compellit authoritas universis per orbem terrarum Ecclesiis providere; & sua jura poscentibus paternâ compassione succurrere. Quia igitur Atrebatensis Ecclesia multis jam temporibus propriâ carens dignitate, Cameracensis Ecclesiæ jugum pertulit, dignum profectò duximus, ut ejusdem Ecclesiæ filiis amissam repetentibus dignitatem, nostræ benignitatis inclinaremus assensum: Neque enim subjectionem Atrebatensis Eccle-

---

a *in Concilio*] Acta illius Concilii exstant apud Ferreolum Locrium in Chronico Belgico pag. 235. seqq.

siæ aliquod Romanæ authoritatis Chirographum Cameracenfibus vendicat, & Atrebatenfis urbis populofitas longè illam, cui hactenùs fubdita fuerat, antecedit. Et canonum itaque decretis, & prædeceſſorum noſtrorum exemplis freti, nunc tandem annuente Domino Atrebatenfium votis juſtis & petitionibus importunis effectum dedimus, & venerabilem virum Lambertum, quem communi aſſenſu electum ad nos cum communi decreto deduxerant, in Epiſcopum conſecravimus, & quæque ad Atrebatenſem parochiam antiquitùs pertinuiſſe noſcuntur, ipſi & ipſius ſucceſſoribus perpetuò regenda, & Epiſcopali jure poſſidenda firmavimus. Nominatim Archidiaconias duas, quarum una Atrebatenſis, altera dicitur Oſtrevandenſis. Veſtram ergo dilectionem literis præſentibus admonemus atque præcipimus, ut id deinceps tamquam Cardinali Epiſcopo, tamquam B. Petri manibus conſecrato ſubeſſe & obedire curetis. Unde vos & Clericos univerſos, qui in prædictis Archidiaconiis ſunt, à proceſſione Cameracenſis Eccleſiæ abſolvimus. Si qui verò inter vos noſtræ hujus conſtitutionis tenore perſpecto, prædicto Confratri noſtro Atrebatenſi Epiſcopo obedire contemſerint, quamcumque in eos ſententiam ipſe Epiſcopali moderatione dictaverit, firma permaneat.

Ejuſdem GUALCHERO Cameracenſi Epiſcopo.

Ne Epiſcopū Atrebatenſem perturbet.

URBANUS Epiſcopus Servus Servorum Dei, dilecto Filio GUALCHERO Cameracenſi Electo, Salutem & Apoſtolicam benedictionem. Meminiſſe te convenit, quia jurejurando promiſeris Apoſtolicæ Sedis decreta te fideliter obſervaturum. Quod igitur de Atrebatenſi Eccleſia Sedes Apoſtolica ſtatuit, cave ne tentes quâlibet occaſione turbare; imò volumus atque præcipimus, ut ea omnia quæ ad jus illius Eccleſiæ ſecundùm privilegium noſtrum pertinere cognoſcis, quietè ab eâ poſſideri, & inconvulſa manere permittas.

RAYNOLDI Archiepiſcopi Remenſis LAMBERTO Atrebatenſi Epiſcopo.

Juſſu Papæ mandat ut Lambertus ſe conferat ad Concilium.

RAYNOLDUS Dei gratiâ Remorum Archiepiſcopus dilectiſſimo Confratri & Conſacerdoti ſuo LAMBERTO Atrebatenſium Epiſcopo, ſalutem & benedictionem in Domino JESU. Dilectioni veſtræ inſinuandum dignum duximus, nos nuperrimè Domni Papæ Urbani epiſtolam ſuſcepiſſe, & ab eo ut veſtrâ convocatâ fraternitate circa medium Februarii proximi ad Concilium quod intrà Tuſciam vel Longobardiam tunc temporis celebraturus eſt, præſentiam ejus accedere curemus, ſollicitudinem noſtram monitam eſſe. Et nos igitur ad ipſius monitionem, veſtram monemus Fraternitatem, quatenùs circa prædictum terminum veſtram ipſi præſentiam, cum omnibus Abbatibus veſtris, ad ipſum Concilium exhibere curetis. Valete.

Ejuſdem LAMBERTO Epiſcopo Atrebatenſi.

Anno MXCIV.

Convocatur Lambertus ad Concilium Claromontanum.

RAINOLDUS Dei gratiâ Remorum Archiepiſcopus dilectiſſimo Fratri & Conſaeerdoti ſuo LAMBERTO Atrebatenſium Epiſcopo, Salutem & benedictionem in Domino JESU. Dilectiſſimam nobis Fraternitatem veſtram ignorare nolumus, quoniam Domni Papæ Urbani epiſtolam nuperrimè ſuſcepimus, quæ nos ut ad Concilium, quod in Octavis S. Martini, quarto-decimo videlicet Calendas Decembris, apud Avernenſem, quæ & Clarimontis dicitur, Eccleſiam celebraturus eſt, accede-

remus præſentialiter præmonuit, & ut omnes noſtræ Metropolis Suffraganeos convocatis tam Abbatibus quàm cæteris Eccleſiarum Primoribus, ſed & excellentioribus Principibus ad ipſum Concilium invitaremus præcepit. Et nos ſanè Apoſtolicæ monitioni obviam, quod nefas eſt, incedere nolentes, Concilium, quod in Octavis Omnium Sanctorum inſumſeramus propter hoc, ut juſtum eſt, dimittendum dignum putavimus. Veſtram ergo ſollicitudinem literis præſentibus monemus, quatenùs omni occaſione ſepoſitâ veſtram ad idem Concilium præſentiam exhibere, & ut prædictum eſt, & Abbates & cæterarum Eccleſiarum veſtrarum Primores, & diœceſeos veſtræ Principes, & maximè Balduinum Comitem de Montibus monere curetis. Nulli autem vel inopiæ, vel alicujus neceſſitatis occaſio, quin veniat, præbeat audaciam; cum nos niſi perſonas non ingenti quidem famulorum catervâ ſtipatas requiramus. Quicumque autem poſt hanc admonitionem noſtram ſe ab hoc Concilio abſentaverit, noverit procul dubio, quoniam & Ordinis ſui periculum incurret, & Domni Papæ iram, nec impunè quidem ſibi theſaurizabit. Valete.

URBANI Papæ II. LAMBERTO Atrebatenſi Epiſcopo.

URBANUS Epiſcopus Servus Servorum Dei, dilecto Fratri LAMBERTO Atrebatenſi Epiſcopo, Salutem & Apoſtolicam benedictionem. Noverit dilectio tua nos in proximo Novembri, in Octavis videlicet S. Martini apud Clarummontem, annuente Domino, ſynodale Concilium ſtatuiſſe. Ad quod tuam prudentiam invitamus, ut omni occaſione ſepoſitâ ſtatuto in tempore, prædicto in loco non omittas occurrere. Noveris præterea Cameracenſem Epiſcopum miſſis ad nos literis ac nuntiis pro Atrebatenſi Eccleſiâ vehementer interpellaſſe, dicente ſe & Eccleſiam ſuam Romanis privilegiis eſſe munitam; unde oportet prudentiam tuam ad hujus negotii reſponſionem paratam cum tuis Clericis convenire.

Data apud Anicium XVIII. Calendas Auguſti.

Narratio quomodo LAMBERTUS ad Concilium Claremontenſe proficiſcens in itinere capitur.

TAliter itaque LAMBERTUS Atrebatenſis Epiſcopus, ad Claremont. Concil. Domni Papæ Urbani invitatus proficiſcitur, die Natalis Apoſtolorum Simonis & Judæ, quæ tunc diem Dominica habebatur, & cum eo Domnus Clarembaldus Archidiaconus ſuus, & venerabiles Domnus Aloldus S. Vedaſti, & Domnus Hamericus Aquicinenſis Abbates, Domnus quoque Gualterus Præpoſitus, Odo Cantor, Achardus Magiſter ſcholarum, Hugo Preſbyter & Canonicus, Maſcellinus Archipreſbyter, religioſus etiam Diaconus Joannes de monte S. Eligii poſtmodum Atrebatenſis Archidiaconus, & Drogo prædicti Epiſcopi Œconomus, & Otbertus Scholaſticus ed Bethuniâ. Perveniens itaque apud Provinciacum Comitis Stephani celebre Caſtellum, octavo Idus Novembris Proviniacum egreditur, & ipſâ eâdem die itineris ſui à Guarnerio quodam milite de Caſtello-Pont de viâ ſuâ trahitur, capitur, & captus Epiſcopus cum Clericis ſuis à Guarnerio prædicto milite, & ſuis ſatellitibus detinetur. Abbas S. Vedaſti præceſſerat Epiſcopum cum gratiâ & benedictione ſuâ. Guarnerius verò increpatus à Philippo fratre ſuo Trecenſi Epiſcopo,

scopo, & Dei omnipotentis miseratione vilitatus, quinto Idus Novembris summo in mane ad pedes Episcopi & Archidiaconi sui Clarembaldi, & reliquorum Clericorum suorum prostratus, lacrymis veniam postulavit, dolens ac pœnitens se stultè & pravè egisse, quia manum miserit in Christum Domini; Episcopus verò prostratum militem erigens, discalciatum ad Monasterium præcessit, ibique cum pœnitentiam cum suis, qui eum ceperant, agentem, absolvit, & eodem die Episcopus à prædicto milite cum omnibus suis Clericis & laicis detinetur, servitur, & per manum ejus usque Antissiodorum cum securitate conducitur. Domnus verò Urbanus Papa audiens Atrebatensem Episcopum captum, quantociùs scripsit Guarnerio de Pont & Ritherio venerabili Senonum Archiepiscopo, in hæc verba:

URBANI Papæ II. GUARNERIO de Castellione.

URBANUS Episcopus, Servus Servorum Dei, dilecto Filio GUARNERIO, Pontionis filio, Salutem & Apostolicam benedictionem, si obedierit. Venerabilem Fratrem nostrum Atrebatensem Episcopum ad Concilium venientem te cepisse audivimus, & cur ceperis plurimùm miramur. Rex enim Francorum non solùm venire alios non prohibet, verumetiam omnibus suæ potestatis Episcopis & Abbatibus venire ad Concilium licentiam dedit. Unde literis te præsentibus admonemus ut captum Episcopum pro reverentia beati Petri & nostro amore cum suis omnibus liberum abire permittas; alioquin quamdiù illum tenueris, & te & terram tuam excommunicationi subjicimus.

Ejusdem Archiepiscopo Senonensi.

URBANUS Episcopus, Servus Servorum Dei, Carissimo Fratri RICHERIO Senonum Archiepiscopo, salutem & Apostolicam benedictionem. Audivimus Guarnerium Pontionis filium, venerabilem Fratrem nostrum Atrebatensem Episcopum ad Concilium venientem cepisse, captumque retinere. Ea propter literis te præsentibus jubemus, ut eumdem Guarnerium captum Præsulem cum suis omnibus libertatis restituere commoneas. Quòd si contempserit, quamdiù illum tenueris, & ipsum & locum suum excommunicationi subjicias.

Narratio de itinere LAMBERTI Episcopi Atrebatensis ad Concilium Claromontense proficiscentis.

APud Antissiodorum autem Atrebatensis Episcopus perveniens, associatur comitatui Domni Richerii Senonensis Archiepiscopi, & Consuffraganeorum suorum Remensis provinciæ, Domni Gervini Ambianensis, Domni Gerardi Tarvanensis Episcoporum; & sic decimo-quinto Calendas Decembris in Octavis S. Martini, quas tunc dies Dominica festiviores reddidit, urbem Claromontem ingreditur, & à venerabili Lugdunensi Primate Domno Hugone Apostolicæ Sedis Legato, necnon & ab ipso Domno Papa benignè in osculo sancto suscipitur, atque Apostolicâ benedictione cum suis sociis lætificatus, exhilaratur. Deinde Domnus Papa IV. Calendas Decembris, Indictione IV. Concilium Claromontense concludens, præcepit recitari privilegium renovationis & restitutionis Atrebat. Ecclesiæ in conspectu totius Concilii, in quo Cardinales Romani consederunt ei, & Archiepiscopi XIV. Episcopi CCXXV. &

Abbates XC. & ampliùs, exceptis honestis atque religiosis diversarum regionum atque provinciarum Clericis & laicis, quorum numerum leviter quisquam scire præ multitudine non potuit. Recitatum est autem Atrebatensis Ecclesiæ privilegium, & distinctè & apertè lectum, atque ab omni consessu Concilii sub magno silentio intentè auditum, collaudatum & confirmatum est, anno Dei Christi M. XCV. cui cum Patre & Spiritu sancto est æqualis honor & gloria per infinita sæcula sæculorum, Amen.

Depositus est & ibi judicio Concilii Gualcherius Cameracensis Episcopus ab omni Sacerdotali atque Episcopali officio, & si ulteriùs quolibet modo Sedem Cameracensem occuparet, vinculo anathematis, tàm ipse quàm fautores & adjutores sui innodati. Manasses autem sanctæ Remensis Ecclesiæ Archidiaconus, cui prædictus Gualcherus electionem & Episcopalem Cameracensis Ecclesiæ benedictionem surripuit per invasionem & per manum Henrici excommunicati Imperatoris, adjudicavit sanctum Concilium, ut in Cameracensi Ecclesia Manasses ordinaretur Episcopus.

URBANI Papæ II. Privilegium pro Atrebatensi Ecclesia.

URBANUS Episcopus Servus Servorum Dei, Dilecto in Christo Fratri LAMBERTO Atrebatensi Episcopo nostris manibus consecrato, ejusque successoribus canonicè substituendis in perpetuum.

Liquet sanctorum Canonum institutis integram esse provinciam & Metropolitanum proprium debere sortiri: quæ duodecim constat Episcopatibus. Secundam igitur Belgicam constat integritatem provinciæ obtinere, quæ duodecim quondam fertur Episcopos habuisse, & Remensem Ecclesiam jure Metropolitanam haberi, quæ tot soleat Suffraganeis eminere. Cæterùm peccatis exigentibus accolarum cùm irruentibus barbaris urbes quædam detritæ sunt, duodecimus ille numerus imminutus est; inter quas Atrebatum nobilis quondam & populosa civitas, quæ per beatum Remigium Episcopum Vedastum obtinuit, post nonnullorum Antistitum obitum Episcopalis cathedræ perdidit dignitatem; & per nonnulla tempora Cameracensi Episcopo subdita devit. Porro nostris temporibus supernæ miserationis respectu prædicta civitas in ejusmodi statum reducta est, ut & populi frequentiâ & divitiarum abundantiâ Cameracensem superet civitatem. Dignum igitur Spiritui sancto, & auctoritati Apostolicæ visum est, ut Atrebatensi Ecclesiæ Cardinalis restitueretur Antistes. Sanctum enim Sardicense Consilium statuit non passim Episcopum ordinari, nisi aut in civitatibus quæ Episcopos habuerunt, aut quæ tam populosæ sunt, ut habere mereantur Episcopum. In secundo quoque Consilio Africano decernitur, ut illa diœcesis quæ aliquando habuit Episcopum, habeat proprium, & si accedente tempore, crescente fide, Dei populus multiplicatus desideraverit habere proprium Rectorem, ejus videlicet voluntate in cujus potestate est diœcesis constituta, habeat proprium Episcopum. Beatus quoque Gregorius in Sardinia apud Phausianam oppidum secundum pristinum modum reordinari præcepit Antistitem.

Et nos ergo Atrebatensis Ecclesiæ restitutioni, & Remensis Metropolis redintegrationi, pro nostri officii debito imminentes, Te, Frater Carissime Lamberte, Cleri plebisque consensu electum unanimi, beato Vedasto, & sanctis quis in urbe ipsâ quondam præcederunt pontificibus constituimus successorem.

426   Miscellanea Epistolarum,

Cardinalis Episcop. Atrebatensis perpetuò statuitur.

Per præsentis itaque Privilegii paginam legitimum perpetuum statuimus, ut Atrebatensi Ecclesiæ deinceps Cardinalem semper Episcopum sortiatur. Quidquid autem prædictæ Ecclesiæ beatus Remigius contulit, uidquid antiquis temporibus dum Episcopali dignitate polleret, eam possidere constiterit, salvis legalibus institutis, & Romanæ Ecclesiæ Privilegiis ratum tibi ac tuis successoribus sancimus permanere. In quibus nominatim Archidiachonias duas, quarum una Atrebatensis; altera dicitur Obstrevandensis, præfatæ Ecclesiæ confirmamus, & illos omnino limites inter Atrebatensem & Cameracensem Ecclesias fore præcipimus, quos antiquitus fuisse vel scriptorum monimentis, vel territoriorum diremptione, vel certis aliquibus indiciis potuerit comprobari; ut annuente Deo Ecclesiarum pax nullâ occasione turbetur, & quæ pro fidelium salute statuta sunt, perenni tempore inconvulsâ stabilitate persistant. Sanè si quis in crastinum Archiepiscopus, aut Episcopus, Imperator, aut Rex, Princeps, aut Dux, Comes, aut Vice-comes, Judex, aut persona quælibet magna vel parva, hujus nostri Privilegii paginam sciens, contra eam temerè venire tentaverit, secundò, tertiòve commonitus, si non satisfactione congruâ emendaverit, potestatis, honorisque sui dignitate careat, reumque se divino judicio existere de perpetratâ iniquitate cognoscat, & à sacratissimo Corpore & Sanguine Dei ac Domini Redemptoris nostri JESU-CHRISTI alienus fiat, atque in extremo examine districtæ ultioni subjaceat. Cunctis eidem loco justa servantibus sit pax Domini nostri JESU-CHRISTI; quatinùs & hîc bonæ actionis fructum percipiant, & apud districtum Judicem præmia æternæ pacis inveniant.

Scriptum per manum Bonihominis Scriniarii sacri Palatii. Datum Romæ per manum Joannis sanctæ Romanæ Ecclesiæ Diaconi Cardinalis, decimo Calendas Aprilis, Indictione secunda, Anno Dominicæ Incarnationis millesimo nonagesimo tertio. Pontificatus autem Domni Urbani secundi Papæ septimo.

Recitatum autem est hoc Privilegium, in Claromontensi Concilio ex præcepto Domni Urbani Papæ secundi, cui ipse præsedit, & cum eo Cardinales Romani, Archiepiscopi XIII. Episcopi CC. & XXV. Abbates verò nonaginta & eo amplius, exceptis honestis & religiosis diversarum Regionum & Provinciarum Clericis & Laïcis, & intentè & sub magno silentio ab omni consessu Concilii auditum, collaudatum, & confirmatum est, IV. Calendas Decembris, Indictione quarta anno Dominicæ Incarnationis M. XCV. Pontificatus autem Domni Urbani secundi Papæ octavo.

PROVINCIA II. BELGICA.

Civitas Remorum Metropolis.
Civitas Suessionum. Civitas Cadelaunorum.
Civitas Viromanduorum. Civitas Atrebatensium.
Civitas Cameracensium. Civitas Tornacensium.
Civitas Silvanectum. Civitas Belvacensium.
Civitas Ambianensium. Civitas Morinum.
Civitas Bononensium.

Anno MXCIV.

Ut perseveret opem Ecclesiæ Rom. adferre, Mathildē adhortatur. Deinde sibi

Epistola Lugdunensis Archiepiscopi ad MATHILDEM *Comitissam.*

MATHILDI Dilectissimæ in Christo sorori, ac unicæ filiæ beati Petri HUGO sanctæ Lugdunensis Ecclesiæ servus, Salutem in caritate non fictâ.

Quamvis sciamus, venerabilis Domina, hoc solum sapere, hoc solum inhianter te quærere, quod ad honorem Dei, & Apostolicæ Sedis pertineat, tamen dissimulare non possumus, quin ex abundanti pietatem tuam super hoc admoneamus, ut sanctis desideriis tuis parvitatis nostræ studia adjungamus. Scimus quidem qualiter suprà fœmineum modum in virili pectore ferventem caritatis flammam concipiens, in exemplum facta sis omnium Principum, ut cum te, quæ temporali potentiâ & opibus affluebas, cuncta pro nomine Domini expendisse, & mundi furorem, potestatemque tenebrarum fidei armaturâ evicisse cognoverint, similiter se & non fecisse erubescant, & facere promptâ devotione non dubitent. Sed inter hæc, Dilectissima Domina, ad mentem tibi sæpe reducendum est, & in omnibus modis contendas usque in finem perseverare, & gloriosa principia feliciori consummatione perficere; quia sicut prudentiam tuam per Spiritum edoctam cognoscimus, tunc salutis & præmiorum certa fiducia est, cum usque in finem sancti propositi perseverentia dilatatur. Habetis siquidem in hac re fidelissimos adjutores, & benignos devotionis vestræ apud Dominum commendatores, piissimum scilicet Patrem nostrum sanctæ memoriæ Papam, & beatum A. . . . . . . Lucensem Episcopum, qui sicut cum adhuc viverent in omni pietate & justitiâ vos instruxerunt, ita nunc ab illo æternæ quietis sinu, in quo eos receptos esse confidimus, meritis suis & precibus, caritatis vestræ opera commendabunt, ac amorem perpetuæ vitæ, quo ineffabiliter satiantur, devotionis vestræ visceribus inspirabunt. Eorum itaque patrociniis adjuta in consulendo Romanæ Ecclesiæ totis viribus accingimini, summopere providentes, ut talem ibi personam eligi consentiatis, in quâ possit esse & tantorum laborum finis, & animarum salus, inimicorum confusio, & Apostolicæ reparatio dignitatis.

Et nos quidem licet de recuperatione electionis Domni Abbatis Montis Cassini à quibusdam sanctæ Ecclesiæ Romanæ Episcopis & Cardinalibus Presbiteris dissenserimus, unde aliquibus illorum cur nobis aliter videretur, etiam apud Capuam palam rationes reddidimus: tamen scire vos volumus ab unitate eorum, qua in corpore sanctæ Ecclesiæ ad serviendum beato Petro divinâ dignatione compacti sumus, nec discessisse; nec in perpetuum, Deo miserante, discessuros, imò habere propositum Apostolicæ Sedis profectibus, modis omnibus deservire. Præterea notificamus unanimitati vestræ, à Monachis Cluniacensibus nobis tantas supergressiones & injurias inferri, ut nullomodo eas æquanimiter sustinere valeamus. Et quidem anno præterito, antequàm Romam tenderemus, compertum nobis fuerat, Abbatem in sancto Parasceve orationem, quam pro Imperatore facere consueverat, quæ nunc pro excommunicatione & depositione Henrici à Domino Papâ Gregorio factâ, interposita est, publicè celebrasse; de quo cum eumdem ad rationem posuissemus, conscientiâ debilitatus respondit, orationem illam pro imperatore quolibet se dixisse. Cumque ex circumstantiâ ipsius orationis ad Romanum eam specialiter pertinere prosequeremur, quia ex Apostolicæ Sedis judicio nunc vacaret, veritate oppressus conticuit, neque tamen debitâ pœnitentiâ errorem cognitum emendavit. Post reditum verò nostrum, cum effrænatæ invasioni Monachorum suorum resistere conaremur, objecit nobis quasdam literas, quas dicebat à Papâ Urbano sibi directas, in quibus continebatur, ut tam ipse quam sancti fratres sui à communione nostrâ, & Ricardi Massiliensis abstinere curarent, ut sub prætentione litterarum nostras injurias retineret. Quæ litteræ contra Apostolicum mo-

imposita ab exxcommunicatus diss[?]natur conatur.

deramen, & gravitatem conditæ, manifesta mendacia continebant. A tempore enim electionis quæ de Abbate Casinensi facta est, usque ad Conventum Capuæ habitum, integri anni spatium protestantur exactum; cum verum sit in eo spatio nullatenus annum integrum evolutum. Inter alia autem unum impudentissimè mentiuntur, quia à communione Romanæ Ecclesiæ nos sponte nostrâ sejunximus; cum testis nobis sit conscientia nostra, & caritas, quâ in Domino copulamur, nos non solùm communionem eorum non evitasse, sed omnibus hoc persuadentibus restitisse. Adhibito ergo nobis Confratrum & Coëpiscoporum nostrorum consilio, & per eorum manum inter nos & Abbatem colloquio constituto, cùm intelligeret nos aliter cum illo concordiam non habituros, nisi culpâ cognitâ præfatam orationem interponeret, judicium nobiscum subire prætensis multis occasionibus recusavit, Episcoporum tamen qui aderant studiis discordia nostra aliquantulum modificata est, & per inducias usque ad præfinitum terminum mitigata.

Hæc de his quæ circà nos sunt Caritati vestræ communicavimus, invicem postulantes, ut si quid vobis de servitio humilitatis nostræ placuerit, sine hæsitatione nobis hoc summopere cupientibus assignetis. Si verò præsentium portitoribus Romam eundi occasio, aut facultas defuerit, de benignitate vestrâ plurimùm confidentes, rogamus, ut litteras quas illis perferendas commisimus, Episcopis sanctæ Ecclesiæ Romanæ filiis, & Cardinalibus Presbyteris, celeriter dirigi faciatis. De cætero dilectum fratrem nostrum domnum Rotgerum sanctæ Ecclesiæ Apostolicæ Sedis Cardinalem Subdiaconum, qui in proximo Romam pro vos ad utilitatem sanctæ Ecclesiæ venturum se dicit, nobilitati vestræ sicut necessarium commendamus, rogantes ut in conductu, & in cæteris, in quibus benignitatis vestræ consilio indiguerit, pro gratiâ beati Petri & nostrâ subveniatis: quo referente de his quæ circà nos sunt pleniùs cognoscetis.

Epistola ad PETRUM Priorem S. Joannis.

Carissimo Fratri & in Christi visceribus amplectendo Petro *a* Priori S. Joannis G. A. Cluniacensium Fratrum minimus, æternam in Domino Salutem.

Litteras sanctitatis vestræ per nuntium vestrum nuper accepi, quas luculento sermone vestro compositas clarissimi vestri vena ingenii rhetoricis floribus mirabiliter adornavit. Scitote siquidem quòd rem diù desideratam habui, quando de manu nuntii vestri epistolam ad nos delatam recepi. Nam antea desiderio desideraveram, ut quia faciem vestram videre corporaliter non poteram, saltem quandoque possem videre scripta stilo vestro composita, & nomine vestro titulata. Complevit itaque Deus desiderium meum; nam quod diù animo concupivi, ipse misericorditer adimplevit. Susceptis itaque litteris vestris, inducto aliquantulum mihi spatio legendi, depositis quibusdam commentariis, libris Origenis atque Hieronymi, totum me applicui ad legendum ea quæ mandastis. Septies etenim legi per diem & noctem universa scriptorum vestrorum capitula, incipiens à primis per medium usque ad ultima. Videbatur enim mihi quòd non essent tantummodo quasi melle condita, sed tamquam sancti Spiritus rore perfusa. Vidi etiam in primâ fronte epistolæ, unde gavisus sum gaudio magno valde. Vidi namque

a. Petro.] Acherius in margine annotavit: Is forte est Petrus, de quo Petrus Venerab. epist. *contra eos qui dicunt*
Tom. III.

quòd gratia sanitatis erat vobis in corpore, opulentia in rebus, cætera omnia in circuitu vestro undique in diuturnâ pace. Vidi etiam & multa alia, de quibus non est modo dicendum loco, enim & tempore convenienti proferentur in medium, tamquam profutura communi utilitati legentium: valde quidem omnium bona sunt, & his qui ea diligenter attendunt dulciora super mel & favum, quia non habent in se aliquid rusticitatis admixtum. Magistri etenim hujus temporis multa, & admiranda canunt, sed scripta vestra aliter dicunt, & dulcius sonant.

Et sciendum est, quia nihil de Magistrorum hujus temporis jure sufumant. Ita enim sunt omnia limata, & ad liquidum prosequuta, quod nihil suprà. Ea propter si fieri posset, volebam ad ea convenientia dare responsa; sed ad hoc etiam faciendum multa quidem & varia sunt quæ voluntatem meam vehementer præpediunt. Primùm, quia virtus mea dereliquit me, & non est sanitas in carne meâ. Secundò, quia vena ingenii mei, quæ quondam satis abundanter per diversa loca currere consueverat, temporum antiquitate confecta jam formicino gressu incedit & . . . . suo penè tota exaruit; & tamen ne omninò videar esse mutus & elinguis, & ne in aliquis vestrûm existimet me omninò esse præmortuum, pauca vobis scribere volui, sicut amicus ad amicum. Et si fortè dixero in his aut plùs, aut minùs, quàm dicere debeo cum amico, veniam postulo. Magnas siquidem omnipotenti Deo refero laudes & gratias, quòd ad decorem suæ sanctæ Ecclesiæ sanitatem & incolumitatem suâ pietate conservat. Et quidem cum facta & opera tua frequenter meum intueor, illud etiam magis inter cætera laudo & approbo, quòd à strepitu hujus sæculi tam callidè & sapienter exisi, tamquam de Ægypto subitò ereptus de durissimo Pharaonis imperio. Cives etenim civitatis qui videbantur tibi esse, non & proximi, sub specie consulendi agebant negotium seducendi, nam clandestinis machinationibus instigabant Regiam majestatem contrà te, & super filios Orientis, qui nihil mali egerant contrà celsitudinem suæ dignitatis. Tu tamen quasi vir sapiens cognitâ cordis eorum nequitiâ, laqueos, quos tibi paraverant, citiùs sapienter evasisti. Quippe contemptis omnibus, sancto Spiritu duce ac prævio, subitò & citiùs venisti ad locum, quèm jam antea tibi ostenderat Dominus Deus tuus: ibique indutus regularibus vestimentis, quidquid juventus tua & pueritia tua malè vivendo contraxerat, præmissis jejuniis & orationibus multis citò delevit Dei magna misericordia. Quapropter, Carissime, felicem te esse, me autem infelicem dijudico, qui ad undecimam horam veni in vineam Domini, & tamen nihil in eâ quasi inutilis operarius desudavi; propterea obsecro te, Carissime Frater, ut ad culpas abluendas operas quas iniquè egi diversis temporibus, tuis sacris orationibus juves; ut quòd non valeo assequi meis præcedentibus meritis, tuo sancto interventu valeam à Domino veniam misericorditer consequi.

RAYNOLDI *Remensis Archiepiscopi*
LAMBERTO *Atrebatensi.*

Raynoldus Dei gratiâ Remorum Archiepiscopus dilecto Fratri & Consacerdoti suo Lamberto Atrebat. Episcopo, Salutem & in Domino

Christum nunquam se aperiè in Evang. Deum dixisse.

Anno MXCV.

Præcipit Lamberto ut excommunicatione feriat Hugonem de Incisco.

benedictionem. Memoriter vobis inhærere credimus, quidquid de Hugone de Inciaco nuper cum Fraternitate vestrâ multo sermone contulimus. Ipse siquidem Hugo nuperrimè in villam sancti Gaugerici, quæ Felcherias dicitur, in treviâ Dei cum armatâ manu venit, ibique circumquaque discurrens, igni penitùs totam villam concremavit, prædamque non minimam, atque hominum multitudinem miserabiliter secum abduxit. Pervenit etiam ad aures nostras, quòd se epistolam nostram habere glorietur, quæ eum ab omni timore Cameracensis Episcopi, sed & ab omnium Presbyterorum excommunicatione, in quâcumque dementiâ elatus fuerit, deliberari (quod absit) debeat. Scire igitur vos volentes hanc omnem jactantiam ejus irritam esse, vestræ Fraternitati mandamus, ut & illum, quem præcipuè diligimus, vos admoneamus, quatenùs omni excusatione sublatâ, ut in sanctæ pacis violatorem, in ipsum, gladium anathematis exeratis, & ne ulteriùs, donec ad satisfactionem veniat, in cunctis receptibus suis, seu in omni loco, in quo ipse, vel complices ejus præsentialiter affuerint, divinum celebretur officium præcepti vestri authoritate inhibeatis. Vale.

Ejusdem eidem LAMBERTO.

Lamberto scribit ne absque Episcopi Camerac. & Comitis Fland. assensu pacem ineat cum Hugone de Inciaco, Gallicè d'Incy, Concilium Compendiense.

RAYNOLDUS Dei gratiâ Remorum Archiepiscopus, Fratri & Coëpiscopo suo LAMBERTO Atrebatensi, Salutem & benedictionem in Domino JESU. Ad colloquium Comitis Roberti, & ad recipiendam de eo justitiam in Octavis sanctæ MARIÆ in Augusto, vel præsentiam nostram exhibere, vel nuntios nostros delegare, sicut jam vobis & Coëpiscopis nostris Noviomensi atque Morinensi mandavimus, parati erimus. Quod autem de Hugone de Inciaco nobis scripsistis, liquere vobis credimus, quoniam in Concilio, quod Compendii celebravimus, ad querimonias & clamores Gerardi Cameracensis Episcopi, omnium præsidentium judicio in eum anathematis gladium exeruimus, & in omnes ejus cooperatores & consentaneos. Sed neque ideo ipse, nec filius ejus, Cameracensem Ecclesiam persequi destiterunt, quippe vos par exspectatio ultionis angebat, par malitiæ & immoderationis vinculum adstringebat. Itaque quoniam sicut ab Apostolo dictum est: *Insipiens factus sum, vos me coëgistis.* Et iterum in Actibus Apostolorum ad Judæos: *Quoniam vos indignos judicastis æternæ vitæ, ecce convertimur ad gentes*: sic quia idem Hugo indignum se conversionis & concordiæ judicavit, Gerardus Cameracensis Episcopus, cum Comite Flandrensi, ad convincendum Hugonis malitiam fœdus iniit. Unde Episcopum Cameracensem Gerardum cum Hugone concordiam facere absque Comite Flandrensi nulla æquitatis ratio permisit, nec nos sanè eum nihilominùs nisi excommunicatum habuimus. At verò si voluntas ipsius esset, Cameracensem Episcopum Remis in præsentiâ nostrâ ad justitiam faciendam, & recipiendam ab ipso, termino congruente, paratum haberemus, & nos similiter utrorumque rationes, æquâ judicii & misericordiæ lance penderemus, & in omnibus modum servare non dissimularemus. Per vos autem solum ad emendationem venire, nec solam excommunicationis vestræ sententiam veteri debet, cum & parochianus Episcopi Cameracensis esse dignoscatur, & Inciacum, per quod hanc exercet malitiam, in Episcopatu Cameracensi positum sit. Valete, & quod cum Comite Flandrensi egeritis, nobis rescribite.

1. Cor. 12.
Act. 13.

Charta confraternitatis inter Ecclesias sancti Nicolai & sancti Laudi in civitate Andegavensi sitas.

CHaritas siquidem præceptis Dei principatum probatur obtinere, sine cujus perfectione, ut Apostolus Paulus testatur, nihil Deo potest placere: nihil enim Martyrium, sive sæculi contemptum, sive eleemosynarum largitionem sine charitatis officio proficere posse ostendit in epistolâ ad Corinthios dicens: *Si distribuero in cibos pauperum omnes facultates meas, & si tradidero corpus meum ita ut ardeam, charitatem autem non habeam, nihil mihi prodest.* Item ipse alibi: *Plenitudo legis est dilectio.* Unde ipsa veritas ad Discipulos loquens ait: *In hoc cognoscent omnes quia mei estis Discipuli, si dilectionem adhibueritis ad invicem.* Et beatus Joannes Evangelista: *Hoc*, inquit, *mandatum habemus à Deo, ut si quis diligit Deum, diligat & fratrem suum.* Quod Monachi beati Nicolai Andegavensis, pariterque Canonici sancti Laudi diligenter attendentes, cujusdam mutuæ dilectionis fœdus Spiritu sancto intimante unanimiter inierunt; & ne ullatenùs cassari sive annullari posset, litterali memoriæ illud, velut in sequentibus apparet, veraciter tradiderunt, & communis chirographi testimonio in perpetuum confirmarunt.

Anno cir. MXCI.
1. Cor. 13.
Rom. 13.
Joan. 13.
1. Joan. 4.

Proinde ab utrâque parte stabilitum est, ut in hyemali festo beati Nicolai sive & æstivali, ad ejus Ecclesiam totus Conventus sancti Laudi cum ordinatâ processione servitio solemniter ire non moretur. Idemque honor vice versâ à Conventu beati Nicolai Ecclesiæ sancti Laudi ejus festo, sive festo sancti Juliani, ac sanctæ Crucis unoquoque anno affectuosè compensetur. Abbas verò sive Prior, aut alius de Ecclesia Monachus in Ecclesia sancti Laudi: Decanus verò aut alius Canonicus in Ecclesia beati Nicolai Missam celebrare aut officium aliquod facere tenebitur, non solùm his diebus, sed & aliis quibuscumque alter Conventus ab altero fuerit requisitus.

Nec reticendum, quòd si quilibet Canonicus vel Monachus prædictarum Ecclesiarum aliquâ occasione justâ vel injustâ à sui Conventûs communione depulsus fuerit, aut etiam injuriatus in aliquo, ad alterum Conventum refugium periturus venerit, fraterno affectu ab ipsis statim recipietur, victum ibi canonicum ac vestitum, communionemque Capituli & Ecclesiæ indeficienter habiturus, donec eorum interventu benignè reconcilietur.

Stabilitum est præterea, quòd si quilibet eorum ingruentibus alicujus contumeliis sive calumniis, etiam gravaminibus rerum suarum inquietatus fuerit, fraternam ei consilii & auxilii compassionem invicem ostendent; juxta præceptum Apostoli: *Alter alterius onera ferentes,* propitiique Salvatoris & Redemptoris nostri legem misericorditer adimplentes. Quod etiam in defensione rerum, proventuum ac possessionum aut libertatum Conventuum observabitur, cum patrocinio, consilio, & præsentiâ Abbatis sancti Nicolai, Prioris, Cellerarii aut Obedientiarii in negotiis Conventûs sancti Laudi observabitur. Et quod Ecclesiæ beati Nicolai à Decano, Priore aut Præposito sancti Laudi recompensabitur, & in hoc alter Conventus alteri tenebitur etiam propriis suis sumptibus, si evidens urget necessitas, in toto Andegavorum Consulatu.

Galat. 6. 2.

Defunctis insuper Monachis aut Canonicis, idem per omnia nocte & die supremi muneris, scilicet exequiarum, & processionum honor, quibus consueverant, eleemosynarum suffragia, trigintáque continuis diebus ab utroque Conventu Missæ persolvantur, & eorum anniversaria in Martyrologiis suarum Ecclesiarum & Capitulorum memoriter annotata, in utráque Ecclesiâ eodem affectu paríque devotione singulis annis recolentur.

Statutum est nihilominùs inter eos, quòd si forte cuilibet eorum duorum Conventuum à Canonico, vel Decano, vel Abbate, aut Monacho, ab aliquo sive à pluribus Concanonicis suis aut Monachis aliqua contumelia aut injuria illata fuerit, nullus inde clamor ad aliquem perferetur, sed ab altero Conventu quid sibi super hoc agendum sit priùs inquiretur, ut eorum interventu & consilio, si fieri potest, quidquid malè in eum sive in eos actum fuerit, dignâ satisfactione celeriter emendetur.

Dignum etiam memoratu est, quòd si qui Ecclesiæ Canonici sancti Laudi ante sui obitûs diem nutu divino ad Religionis asylum confugerint, quæcumque si Canonici morerentur eleemosynarum orationúmque, anniversariorum suffragia habituri erant, ab utriúsque prædicti Conventûs fraternitate inter religiosos mortui nihilominùs recipiant.

Nec silendum est, quòd quicumque tam absentes quàm præsentes die præfatæ confœderationis suprà memoratarum Ecclesiarum Monachi aut Canonici erant, prætaxata mutuæ dilectionis beneficia quâlibet occasione, sive etiam præbendarum suarum dimissione factâ, post obitum nequaquam amittant.

Si verò alter Conventus contra hanc concordiam quoquomodo venire præsumpserit, nomine pœnæ ccc. solidos alteri Conventui persolvet, nihilominùs verò ad confœderationem redire compelletur. Si verò sit Canonicus qui contra hæc venire præsumat, à præbendâ suâ ac fraternitatis beneficio spolietur. Si verò sit Monachus, pœnâ jejuniorum in pane & aquâ multabitur, & hæc quoúsque Canonicus vel Monachus ab utroque Conventu reconcilietur: humiliter tamen petenti veniam, non denegabitur.

Scient autem omnes quòd Fulco Andegavorum Comes præsentem confœderationem feliciter commendavit, & propter hanc multa privilegia prædictis Ecclesiis ac libertates concessit. G. verò Meduanensis Andegavorum Episcopus hanc confraternitatem feliciter confirmavit. Nos verò Abbas sancti Nicolai, totúsque ejusdem loci Conventus in ejusdem Festo & Capitulo unanimi voluntate istam fraternitatem fecimus in Capitulo generali, præsente jam dicto patrono nostro bono Fulcone Andegavorum Consule, cum G. prædicto Andegavorum Episcopo. Nos verò Guido Decanus sancti Laudi, totumque ejusdem Capituli in nostro generali Capitulo in festo beati Laudi huic Fraternitati consensimus, & uterque Conventus Ecclesiarum nostrarum prædictarum ad hanc observandam sub fide sanctæ Religionis nos & successores nostros adstringere in perpetuum volumus. Ego verò Fulco Andegavorum Comes ob istam sanctam confœderationem Canoniam Ecclesiæ beati Laudi Lamberto Abbati & ejusque successoribus concessi, & de cætero Abbates & Monachi beati Nicolai Ecclesiæ sancti Laudi Canonici vocabuntur. Ita tamen quòd nisi in articulis supradictis, Abbas aut Monachi ratione præbendæ Ecclesiæ sancti Laudi aliquid corporale exigere non valebunt. Canonici verò beati Laudi Fratres, ac participes bonorum Ecclesiæ sancti Nicolai, & etiam orationum, prout suprà scriptum, perpetuò vocabuntur.

Nec silendum est, quamdam discordiam inter dictos Conventus ante ea per multa tempora agitatam super decimis de Marec & de Lineriis, & super palnagio illius boschi qui Connumalis seu Fullibus truncupatur, à me Fulcone Comite eo modo diffinitum esse, videlicet quòd Monachi medietatem earum, Canonici verò alteram medietatem in perpetuum possideant: ita tamen quòd si Ecclesiæ ibidem construantur, Presbyteri in decimis tertiam partem habebunt: Ecclesiæ verò unâ vice à Conventu beati Nicolai conferri poterunt, & aliâ vice similiter à Conventu beati Laudi. De pasnagio verò supradicto cum dicti Conventus in dicto nemore quartam partem habeant, & nemoris, & pasnagii, medietatem ipsorum quilibet Conventus possidebit. De decimâ verò villæ Laneriæ, de quâ erat contentio similiter inter ipsos, prout in aliis, ordinavimus & in ipsâ.

Nos verò Rolo beatorum Cosmæ & Damiani Diaconus Cardinalis, tunc Apostolicæ sedis Legatus, ad rogatum dilecti filii Fulconis Andegavorum Comitis, ac dilectorum filiorum Abbatis & Conventûs beati Nicolai, ac etiam Decani & Capituli beati Laudi, istam fraternitatem ac concordiam auctorisavimus & etiam confirmavimus, eo videlicet tenore ut quicumque in futurum hoc beneficium violaverit monitione tamen trinâ præmissâ, Canonicæ excommunicationis ac anathematis vinculo se noscat innodatum.

Canonicorum Cadurcensium Donatio facta GAUSBERTO *de Castro novo.* — An. MXCVI.

Hanc jussit Chartam fieri Geraldus Caturcensis Episcopus super honore ad Secretarium beati Stephani pertinente, quem postulaverat diutiùs Gausbertus de Castro-novo qui dicitur Deltalius, injustè & sine omni recto usu dari sibi quasi laicalem hereditatem, nunc precibus, nunc munera promittendo, nunc minis quasi deterrendo; nullatenus tamen à nobis Caturcensibus Clericis impetrare potuit. Orta verò in partibus nostris seditione & turbatione non minima, eo quòd Pictaviensis Comes invaserat & violenter arripuerat Tolosam civitatem parando subjugari sibi totum omninò honorem Raimundi Tolosani Comitis, qui jussu & obedientiâ Urbani Romani Pontificis, & multorum Archiepiscoporum, aliorúmque Pontificum ad peregrinandum transierat, ut expugnaret exteras gentes, & debellaret barbaras nationes, ne diutiùs captiva teneretur civitas sancta Jerusalem, neque contaminaretur Deo auxiliante sanctum Sepulcrum Domini Jesu; nimio rogatu domini Geraldi prædicti Pontificis consensimus, animadvertentes mala quæ imminebant civitati & Ecclesiæ nostræ, ut Gausbertus præscriptus haberet partem honoris malè postulati ad dominium nostrum & proprietatem percepturi tempore constituto, alioqui non poterat illum habere auxiliatorem sibi in supervenientibus pressuris domnus Episcopus, neque adjutores ejus, nisi illicitè concessi sibi partem honoris ad sanctuarium Ecclesiæ nostræ pertinentis. Milites verò quamplures nobiliores Episcopatûs nostri, insurgebant in Episcopum nostrum, scientes angustias maximas sibi esse illatas, alii honores, alii maxima munera, alii sanctuaria, ut sibi in hoc ferrent auxilium expetentes.

His ergo & hujuscemodi disceptationibus sollicitati, pro defensione Ecclesiæ nostræ & tuitione honoris nostri passi fuimus, ut usque ad tempus partem haberet honoris Ecclesiastici prænominatus Miles. Est ergo taliter hujuscemodi discussum negotium. Priùs dimisit prædictus Gausbertus, quidquid in honore sanctuarii nostri justè vel injustè, sive aliquo ingenio vel quâcumque calliditate expe-

Ea lege sit Donatio ut filius Gausberti cùm ad decimum ætatis annum pervenerit induat habitum Canonicum, &c.

tere potuisset. Postea verò quasi pro obedientiâ commendavimus ei, exteriorem honorem secretariæ nostræ, nimiis precibus domini Pontificis obstricti, exceptis Ecclesiis, & decimis, & exceptâ turre quæ in superiori parte civitatis nostræ sita est, cum appositis domibus & furno: hoc tenore tamen & convenientiâ, ut det nobis filium suum unicum è duobus quos priùs genuit illi uxor sua, ut fiat Canonicus Regularis in Ecclesiâ nostrâ, & cum eo relinquat nobis cum omni pace totum honorem ad secretariam nostram pertinentem in perpetuum possidendum cum omni pace & dilectione sæpe nominatus Gausbertus. Fiat verò concessio & pueri & honoris usque ad expletionem decem annorum, ita tamen ut eo die quo puer canonicalem induerit habitum, dimittat nobis totum omninò honorem ad sanctuarium pertinentem, & ad jus Ecclesiæ nostræ ubicumque inventus fuerit, & infra terminum decem annorum disposuerit nobis tradere infantem. Si autem nec expletis decem annis aliquâ confisus calliditate noluerit nobis tradere filium suum ut Canonicus fiat Regularis, sicut pactum est, honorem tamen liberum sive cum filio sive sine filio; consummato termino in pace nobis relinquet.

Testes sunt hujuscemodi pactionis G. Episcopus.
Aimericus de Laroca.
Grimals de Laroca.
Ipse Gausbertus Deltalinc.
Guillelmus Bonafos.
Guillelmus de Meder.
Arnaldus Guillelmus.
Stephanus Beralz.
Arnals Guirals; & omnis Conventus Canonicorum.

MARBODUS *Redonensis Episcopus respondet* HILDEBERTO *Cenoman. Episc. qui illum consuluerat de viro à quo uxor debitum tori postulabat, licet ipse votum Monasticæ vitæ consensu ejus emisisset.*

Anno circ. MXCVIII. E *MS. codice S. Albini Andegavensis.*

M. Dei gratiâ venerabilis Redonensis Episcopus, atque W. Archidiacon. J. Cenomanensi Episcopo salutem. De muliere quæ decumbenti viro, atque postulanti habitum Monachi non solùm præstitit assensum, sed etiam voto continentiæ oblato, ipsa eum tradidit tonsurandum, nunc autem facti pœnitens, eumdem ad debitum tori postulat reverti; nihil aliud nobis videtur, quàm quod Augustinus sic ad " Ecdicium scribens ait: " Quod Domino pari con- " sensu ambo voveratis, perseverantes usque in fi- " nem reddere debuistis, à quo proposito si lapsus " ille est, tu saltem constantissimè perseverâ: quod " te non exhortarer, nisi quia tibi ad hoc ipsum con- " senserat; nam si nunquam renuisses ejus assensum, " numerus te nullus defendisset annorum. " Sanè quòd mulier suam tuetur causam, scilicet quòd per ministros Ecclesiæ, nec assensum viro dederit, nec promiserit castitatem, ei ad rescindendum continentiæ votum non intelligo suffragari: licet si per eos fieret, ordinatiùs factum diceretur. Et hoc beatitudini vestræ scripsi, in eorum sententiam sine disceptatione transiturus; quibus id quod melius est, Dominus revelabit. Vale.

STEPHANI *Comitis Carnutensis ac Blecensis ad uxorem* ADELAM.

An. MXCVIII.

Refert uxori quæ in castris

STEPHANUS Comes ADELÆ dulcissimæ atque amabilissimæ conjugi, carissimisque filiis suis; atque cunctis fidelibus suis tam majoribus, quàm minoribus, totius salutis gratiam & benedictionem. Credas certissimè, carissima, quòd nuntius iste, quem dilectioni tuæ misi, sanum me atque incolumem, atque omni prosperitate magnificatum Dei gratiâ dimisit ante Antiochiam. Et jam ibi cum omni electo Christi exercitu sedem Domini JESU cum magnâ ejus virtute per viginti tres continuas septimanas tenueramus. Scias pro certo, mi Dilecta, quòd aurum & argentum, aliasque divitias multas duplo nunc habeo, quàm tunc quando à te discessi mihi dilectio tua attribuisset. Nam cuncti Principes nostri communi consilio totius exercitûs me dominum suum, atque omnium suorum actuum provisorem atque gubernatorem, etiam me nolente, usque ad tempus constituerunt. Satis audisti, quia post captam Nicæam civitatem non modicam pugnam cum perfidis Turcis habuimus, & eos Domino Deo subveniente devicimus primùm; posthæc totius Romaniæ partes Domino acquisivimus: posteà Cappadociâ, atque in Cappadociâ quemdâ Turcorû Principem Assam habitare cognovimus. Illuc iter nostrû direximus: cuncta verò castra illius vi devicimus, & eum in quoddâ firmissimum castrum in altâ rupe situm fugavimus; terram quoque ipsius Assam uni ex nostris Principibus dedimus, & ut prædictum Assam debellaret cum multis Christi militibus ibi eum dimisimus. Deinde per mediam Armeniam semper nos insequentes nefandos Turcos usque ad magnum flumen Euphratem fugavimus; & etiam ad ripam ejusdem fluminis dimissis cunctis sarciniis, & saumariis suis, per medium flumen in Arabiam fugerunt. Ex ipsis verò Turcis audaciores milites nocte ac die cursu veloci in Syriam regionem intrantes, ut in Regiam urbem Antiochiam intrare valerent ante adventum nostrum, festinarunt. Cunctus verò Dei exercitus hoc cognoscens, cunctipotenti Domino gratias laudesque dignas dederunt. Ad principalem prædictam urbem Antiochiam cum magno gaudio nos properantes, eam obsedimus, & cum Turcis sæpissimè ibi plurimas conflictiones habuimus, & in veritate septies cum civibus Antiochenis, & cum innumeris adventantibus ad subveniendum sibi auxiliis, quibus obviam occurrimus, animis ferocioribus Christo propter pugnavimus, & in omnibus vii. præliis prædictis Domino Deo cooperante convicimus, & de ipsis sine omni numero verissimè interfecimus. In ipsis verò præliis, & in plurimis in civitatem factis congressionibus, de Christicolis confratribus nostris multos occiderunt, quorum verè animas ad paradisi gaudia intulerunt.

Antiochiam verò urbem maximam, ultrà quàm credi potest firmissimam atque inexpugnabilem reperimus. Audaces, itaque milites Turci plusquàm v. millia intrà civitatem confluxerant, exceptis Saracenis, Publicanis, Arabibus, Turcopolitanis, Syris, Armenis, aliisque gentibus diversis, quarum multitudo infinita ibi convenerat. Pro his igitur inimicis Dei & nostris oppugnandis multos labores, & innumera mala, Dei gratiâ, hucusque sustinuimus. Multi etiam jam sua omnia hæc in sanctissimâ passione consumserunt. Plurimi verò de nostris Francigenis temporalem mortem fame subissent, nisi Dei clementia, & nostra pecunia eis subvenisset. Per totam verò hyemem ante sæpedictam Antiochiam civitatem frigora prænimia, ac pluviarum immoderatas abundantias, pro Christo Domino perpessi sumus. Quod quidam dicunt, vix posse pati aliquem in totâ Syriâ solis ardorem, falsum est: Nam hyems apud eos Occidentali nostræ similis est. Cum verò Caspianus Antiochiæ Admiraldus, id est Princeps & dominus, se adeò à nobis prægravatum conspiceret, misit filium suum, Sensadolo nomine, Principi qui tenet Hierosolymam, & Principi de Calep Rodoam, & Principi de Damasco Docap : item misit in Arabiam propter Bolinauth, & in Corathaniam propter Hamelnuth. Hi v. Admiraldi cum xli. millibus electorum militum Turcorum ad subveniendum Antiochenis subitò venerunt. Nos verò hoc totum ignorantes, multos de nostris militibus per civitates & castella miseramus. Sunt verò nobis per Syriam, clxv. civitates & castra in nostro proprio dominio. Sed paulo antequàm ad urbem venirent, per tres leugas cum dcc. militibus in quadam planiciem ad pontem Ferreum eis occurrimus. Deus autem pugnavit pro nobis suis fidelibus contra eos : nam eâ die virtute Dei eos pugnando devicimus, & de ipsis sine numero, Deo semper pro nobis præliante, interfecimus, & etiam plusquàm cc. capita eorum, ut inde congratularentur Christiani populi, in exercitum attulimus. Imperator verò de Babyloniâ misit ad nos in exercitu nuntios suos Saracenos cum literis suis, & per eos firmavit pactum & dilectionem nobiscum.

Quid nobis in hac Quadragesimâ contigerit, tibi carissima, notificare diligo. Principes nostri ante quamdam portam, quæ erat inter castra nostra & mare, castellum fieri constituerant : nam per eam portam quotidie Turci exeuntes, de nostris euntes ad mare interficiebant (Urbs enim Antiochia distat à mari per v. leugas) hac de causâ egregium Boimundum, & Raimundum Comitem de S. Ægidio ad mare, ut inde Marinarios ad hoc opus juvandum adducerent cum lx. tantùm militum milibus, miserunt. Cum autem eisdem Marinariis ad nos reverterentur, congregato exercitu Turcorum nostris duobus improvisis Principibus occurrerunt, & eos in fugam periculosam miserunt. In illa improvisa fugâ plusquàm quingentos nostrorum peditum ad laudem Dei perdidimus ; de militibus nostris nonnisi tantùm duos pro certo amisimus. Nos verò eâdem die ut confratres nostros cum gaudio susciperemus, eis obviam exivimus, infortunium eorum ignorantes. Cum autem prædictæ portæ civitatis appropinquaremus, Antiochena turba militum ac peditum de habito triumpho se extollentes in nostros pariter irruerunt. Quos nostri videntes ad Christicola castra, ut omnes parati ad bellum nos sequerentur, miserunt : dum adhuc convenirent nostri, disjuncti Principes scilicet Boimundus & Raimundus cum reliquo exercitu suo advenerunt, & infortunium quod eis magnum evenerat, narraverunt. Quo pessimo rumore nostri furore accensi, in sacrilegos Turcos pro Christo mori parati, pro fratrum dolore concurrerunt. Inimici verò Dei & nostri ante nos confestim fugientes, in urbem suam intrare tentaverunt ; sed res longè aliter Dei gratiâ evenit : nam cum transire per pontem super flumen magnum Moscholo fundatum vellent, nos eos quominus insequentes, multos ex ipsis antequàm accederent ad pontem, interfecimus, multos in flumen projecimus, qui omnes necati sunt, multos verò supra pontem, plurimos etiam ante portæ introitum interfecimus. Verum tamen dico tibi, mi Dilecta, & verissimè credas, quòd eodem prælio xxx. Admiraldos, id est Principes, aliosque trecentos nobiles Turcos milites, exceptis aliis Turcis atque paganis, interfecimus. Computati sunt ergo numero mortui Turci & Saraceni mccxxx. de nostris autem unum solum non perdidimus.

Dum verò Capellanus meus Alexander sequenti die Paschæ cum summâ festinatione has litteras scriberet, pars nostrorũ Turcos insidiantium victricem pugnam cum eis Domino præeunte habuerunt, & fecerunt & de ipsis lx. milites occiderunt, quorum cuncta capita in exercitum attulerunt.

Pauca certè sunt, carissima, quæ tibi de multis scribo : & quia tibi exprimere non valeo, quæ sunt in animo meo, Carissima, mando ut benè agas, & tibiæ tuæ egregiè disponas, & natos tuos, & homines tuos honeste, ut decet te, tractes, quia quàm citiùs potero me certè videbis. Vale.

Urbani Papæ II. Archiepiscopis & Episcopis Franciæ.

Anno circ. MXCVIII.

Urbanus Episcopus Servus Servorum Dei, Carissimis in Christo Fratribus Manasse Remensi Archiepiscopo, & cæteris per Franciam tam Archiepiscopis quàm Episcopis, Salutem & Apostolicam benedictionem. Carissimi Filii nostri Philippi Francorum Regis nuntius ad Sedem Apostolicam veniens, debitæ humilitatis literas, ac devotionis attulit verba : atque de illius mulieris culpâ, pro quâ venerabilis Confrater noster Lugdunensi Archiepiscopus interdictionis in ipsum sententiam protulerat, secundùm Fratrum nostrorum consilium satisfecit. Juravit enim quòd idem Rex mulierem illam postquàm in manu nostrâ, imò per nos in beati Petri manu refutavit, nunquam eam carnaliter habuerit. Postea verò cum Confratribus nostris consilium habentes, statuimus, ut Rex de Episcopis, & regni sui Primatibus, usque ad festivitatem Omnium Sanctorum aliquot ad nos dirigat, qui hoc ipsum quod nuntius ejus juravit, debeant affirmare. Ejusmodi igitur per Legatum ipsius satisfactione accepta, eundem filium nostrum Regem ab interdictionis, quæ pro hac causâ in eum prolata fuerat, vinculo absolvimus, & utendi pro more regni coronâ authoritatem ei præbuimus.

Data Laterani viii. Idus Maii.

Philippum Regem, qui dimissâ uxore se se adulteræ addixerat, gaudet ad cor rediisse.

Anselmi de Ribodimonte ad Manassem Archiepiscopum Remensem.

Anno MXCIX.

In nomine Domini. Incipit Epistola quam transmiserunt sancti Peregrini qui amore Dei perrexerunt Hierosolymam, anno ab Incarnatione Domini MXCVIIII. tempore Urbani Papæ, Inditione septima.

Domino suo & Patri M. Dei gratiâ Remorum venerando Archiepiscopo, A. de Ribodimonte, suus fidelis homo & humilis servus, salutem. Sciat Sublimitas vestra, Reverende Pater & Domine, quia etsi non præsentialiter, tamen absentes, in cordibus nostris à vobis auxilium quotidie postulamus, nec solùm à vobis, sed etiam ab omnibus sanctæ matris Ecclesiæ Remensis filiis, in quibus sanè maximam fiduciam habemus. Quia etiam Dominus, noster estis, & totius regni Francorum maximè, à vobis pendet consilium ; notificamus paternitati vestræ aliqua de his prosperis & adversis quæ nobis evenerunt. Ceteris verò per vos notificetur ; ut pariter in adversis nobis compatiamini, & in prosperis nobiscum gaudeatis.

Mandavimus vobis obsidentes atque capientes Nicæam, & inde recedentes, totam Romaniam atque Armeniam peragrantes quomodo nos habuimus. Nunc autem restat ut de obsidione Antiochiæ, de multimodis periculis illic prælibatis, de innumeris præliis, contra Regem Galapiæ, contra Damascum, contra illum ultimum Hierosolymitanum perpetratis, aliquantulum loquamur.

Obsessa est igitur Antiochia ad exercitu Domini nimis viriliter, & audacius quàm dici potest. Quàm inauditos conflictus ibi ad quamdam occidentalem portam cerneres! Quàm mirabiliter illos per sex portas prosilientes quotidie, si præsens adesses, videres! Utriusque, illis videlicet & nostris, pro libertate & vita certantibus. In illis diebus nostri Principes cupientes civitatem magis ac magis arctare, orientalem portam tunc primùm obsidimus; castelloque ibi firmato, Boamundus in illo posuit partem sui exercitûs. Principibus autem nostris tunc temporis aliquantulum intumescentibus, Deus, qui flagellat omnem filium quem diligit, adeo nos castigavit, ut vix invenirentur DCC. equites in nostro exercitu, & non ideo quia homines probi & audaces nobis deessent; sed quia equi, aut inopia victûs, aut nimietate frigoris, ferè omnes perierunt. Turci verò equis & omnibus necessariis abundantes, castra nostra quotidie circuibant, fluvio quodam interposito, qui pro muro nobis habebatur. Aberat & castellum Turcorum ferè VIII. millibus; qui ingredientes & egredientes, de nostro exercitu quotidie occidebant. Contrà quos nostri Principes exeuntes; Deo adjutore illos in fugam verterunt, & multos eorum occiderunt. Videns ergo Antiochenus se læsum, Damascum in auxilium advocavit: qui, providentia Dei, Boamundum & Flandrensem Comitem, qui ad quærendas escas ierant cum parte nostri exercitûs, obvios habuit, & Dei auxilio præeunte, victus fugatusque est ab eis. Adhuc Antiochenus cogitans de salute misit ad Regem Galapiæ; pecuniâque maxima promissa, ad hoc ut veniret cum omnibus copiis suis, illum excitavit. Quo adveniente, nostri Principes castra egressi sunt, & Deo adjutore, illa die cum DCC. equitibus & paucis peditibus, XV. milia Turcorum cum suo Rege devicerunt, & in fugam verterunt, & multos eorum occiderunt. In illo igitur prælio nostri, non paucis equis recuperatis, cùm victoria gaudentes reversi sunt.

Ex illa ergo die magis ac magis convalescentes, viribus receptis, consilium inierunt quomodo occidentalem portam, quæ nobis portum maris, ligna & herbam auferebat, obsiderent. Communi verò consilio Boamundus & Comes sancti Ægidii portum adierunt, illos addicturi qui illic morabantur. Interim qui remanserant ad sarcinas, cupientes sibi acquirere nomen, quadam die post prandium incaute illam occidentalem portam adierunt, unde turpiter repulsi atque fugati sunt. Tertia post hæc die Boamundus & Comes sancti Ægidii revertentes, miserunt ad Principes exercitûs ut illis occurrerent, & sic pariter portam obsiderent. Illis autem parumper morantibus, Boamundus & Comes sancti Ægidii à Turcis victi atque fugati sunt. Itaque nostri homines dolentes, atque suum dedecus pariter gementes (Nam illa die de nostris mille corruerant) a rebus ordinatis Turcos militum repugnantes, ac retinentes, vicerunt & in fugam verterunt. Perierunt autem illa die de inimicis ferè mille & CCCC. tam armis, quàm fluvio, qui hyemalibus pluviis abundabat.

His ita patratis, nostri firmare castellum aggrediuntur; illoque multiplici vallo, muro firmissimo, necnon & duabus turribus munito, Comitem sancti Ægidii cum balistariis & sagittariis illic collocant. O cum quanto periculo, cum quanto labore, illud firmavimus! Pars quædam nostri exercitûs castellum orientale, alia pars castra servabat, cum omnes castellum firmabant. Ex illis balistarii & sagittarii portam custodiebant. Reliqui & ipsi Principes, aggerem facere, lapides portare, murum struere non cessabant. Quidam [a] numerare multimodas tribulationes quæ tacitæ etiam satis per se patent, videlicet fames, aëris intemperies, timidorum militum fugas, quæ quanto asperiores, tanto alacriores nostri in sustinendo fuerunt. Verumtamen illud silendum minimè putamus, quòd quadam die Turci se civitatem reddituros simulaverunt, & in tantum nos deceperunt, ut de nostris ad illos exciperent, & de suis ad nos plurimi exirent.

Dum hæc ita agerentur; ut pote nihil habentes fidei, insidias nostris posuerunt, ubi occisus est Wallo Conestables. Et alii, tam de suis, quàm de nostris, plures corruerunt. Post hæc autem transactis paucis diebus, nuntiatum est nobis Corbaran principem militiæ Regis Persarum in nostram mortem conjurasse, & cum innumerabili exercitu magnum flumen Eufratem jam præteriisse. Deus autem, qui semper sperantes in se non deserit; non dereliquit suos, sed civitatem Antiochiam tribus civibus eam tradentibus in Nonis Junii misericorditer nobis dedit. Depopulata autem civitate, ipsa die omnes paganos in ea occidimus, exceptis quibusdam in castello civitatis se tuentibus.

Sequenti ergo die adveniens Corbaran cum Rege Damasci, & Duce Baldach, & cum Rege Hierololymitano, & aliis quàm plurimis, civitatem obsedit. Nos igitur obsessi ab illis, & obsidentes prædictos paucos in castello civitatis, ad edendas carnes equorum & asinorum compulsi sumus. Secundâ die adventûs illorum, Rogerium de Barnonisvilla nobis occiderunt. Tertia die castellum, quod contra Antiochensies firmaverant, aggrediuntur. Sed nil profecerunt. Rogerium tamen Castellanum Insulæ vulneraverunt, unde mortuus est. Videntes quia ex illa parte nihil proficerent, montana ascenderunt. Nos autem contra illos egressi, victi sumus ab illis atque fugati. Ipsi verò nobiscum muros ingressi, illum diem & noctem sequentem insimul fuimus, distantes ab invicem quasi uno lapidis jactu. Sequenti die aurora apparente, altis vocibus Baphometh invocaverunt; & nos Deum nostrum in cordibus nostris deprecantes, impetum facientes in eos, de muris civitatis omnes expulimus. Ibi mortuus est Rogerius de Bithiniacavilla. Ipsi verò castra moventes, totas civitatis portas obsederunt; ad redditionem cupientes nos compellere inopia victûs.

Positis ergo in tanta tribulatione servis suis Deus auxiliatricem dexteram suam porrexit, & divina revelatione lanceam, qua perforatum est corpus Christi, misericorditer revelavit. Latebat enim in Ecclesia beati Petri sub pavimento, quasi duas staturas hominis. Inventa ergo ista pretiosa margarita, cor omnium nostrorum revixit; & vigilia Apostolorum Petri & Pauli accepto inter se consilio, miserunt nuntios ad Corbaran, qui dicerent: Hæc dicit exercitus Domini: Recede à nobis, & ab hereditate beati Petri: alioquin armis fugaberis. Quo audito, Corbaran evaginato gladio juravit per regnum & thronum suum, quòd possideret se de omnibus Francis, & dixit se terram possidere & semper possessurum, justè vel injustè. Mandavit enim quòd nec verbum ab illo audirent, donec derelicta Antiochia Christum denegarent, & legem Persarum profiterentur.

His auditis, Christiani confessione mundati, perceptione Corporis & Sanguinis Christi firmiter armati, paratì ad prælium, portam egressi sunt. Egressus est primus omnium Ugo Magnus cum suis Francis. Deinde Comes Normannorum atque Flandrensis. Post istos venerandus Episcopus Podiensis, &

[a] *Quidam*] Lege, *Quid attinet.*

acies Comitis S. Ægidii. Post illum Tancredus. Ultimus omnium Boamundus invictissimus. Aciebus ergo ordinatis, lanceâ Domini præeunte & ligno Dominico, cum fiduciâ maximâ cœperunt præliari, Deoque juvante prædictos Principes Turcorum confusos & omninò victos in fugam verterunt, & innumeros eorum occiderunt. Revertentes igitur cum victoriâ, grates Domino egimus, & solemnitatem Apostolorum cum lætitia maximâ celebravimus. Ipsa die redditum est nobis castellum, filio Regis Antiochensis cum Corbaran in fugam verso. Ipse Rex, die quâ reddita est civitas, fugiens à rusticis interemptus fuerat in montanis.

Hæc idcircò mandavimus vestræ Paternitati, ut de ereptione Christianorum, & de libertate Antiochensis matris Ecclesiæ gaudeatis, & pro nobis omnibus Deum devotiùs exoretis. Confidimus enim multum in vestris orationibus, & quidquid proficimus, non nostris meritis, sed vestris precibus reputamus. Nunc ergo precamur ut terram nostram in pace custodiatis, & Ecclesias & pauperes de manibus tyrannorum defendatis. Precamur etiam ut de falsis peregrinis consilium capiatis; quatinus aut signum salutiferæ crucis iterum cum pœnitentiâ assumant, & iter Domini peragant, aut periculo excommunicationis subjaceant. Sciatis pro certo quia janua terræ aperta est nobis; & inter alios bonos nostros eventus, Rex Babyloniæ missis ad nos nuntiis, dixit se obedire nostræ voluntati. Valete. Obsecramus in Domino JESU, ut omnes ad quos hæc epistola pervenerit, pro nobis & pro mortuis nostris Deum exorent.

S. ANSELMI EPISTOLÆ.

EPISTOLA I.
Ad B. LANFRANCUM Cantuar. Archiepiscop.

Reverendo & amando suo Domino, & Patri, & Doctori, Cantuariæ Archiepiscopo, Anglorum Primati, Matri Ecclesiæ Catholicæ, fidei utilitatisque merito multùm amplectendo LANFRANCO, frater ANSELMUS Beccensis, vitâ peccator, habitu Monachus.

Quoniam agenda sunt omnia consilio, sed non omni consilio, sicut scriptum est: *Omnia fac cum consilio*; Et, *Consiliarius sit tibi unus de mille*: unum quem scitis non de mille, sed de omnibus mortalibus elegi, quem præ omnibus haberem consultorem in dubiis, doctorem in ignoratis, in excessibus correctorem, in rectè actis approbatorem. Quo quamvis secundùm votum uti non possim, decrevi tamen uti quantum possum. Quamvis enim valde multi sint præter prudentiam vestram, de quorum multùm proficere imperitus possim peritiâ, & quorum subjacere censuræ mea me cogat imperitia, nullum tamen eorum novi cujus me doctrinæ judicio tam confiderem, tamque libenter, quàm vestro subjiciam; & qui mihi tam paterno affectu sic, si res indiget, exhibeat, aut si res exigit, congaudeat. Quare quoniam quidquid de paterno vestro mihi pectore impenditur, & sapientiâ est exquisitû, & auctoritate robora tû, & dilectione conditû; cùm aliquid inde haurio, id me suâ & dulcedine delectat & securitate satiat. Sed quoniâ hæc ipsa scienti loquor, his omissis, cur eorum meminerim expediam. Quidam fratres servi vestri, & conservi mei, me sæpe multumque rogantes tandem coëgerunt, ut acquiescerem illis quædam scribere; sicut in ejusdem scripturæ præfatiuncula considerare poteritis. De quo Opusculo hoc præter spem evenit,

ut non solùm illi quibus instantibus editum est; sed & plures alii illud velint non solùm legere, sed etiam transcribere. Dubitans igitur utrùm illud volentibus denegare debeam, aut concedere, ne me aut invidum putantes oderint, aut stultum agnoscentes derideant, ad singularem meum recurro consiliarium, & scripturam ipsam examinandam vestro mitto judicio, ut ejus auctoritate aut inepta à conspectu prohibeatur, aut correcta volentibus præbeatur.

EPISTOLA II.
ad Ricardum.

ANSELMUS gratiâ Dei Archiepiscopus, fratri & filio carissimo RICARDO Monacho Beccensi, salutem & benedictionem Dei. Cum scias quia multum te diligo, non debetes toties tibi datum consilium & præceptum meum contemnere, & contemnendo me, & Abbatem cui te commisi contristare. Toties enim te monui, & consului, & præcepi, ut indiscretas abstinentias & vexationes corporis tui secundùm ordinationem præfati Abbatis temperares: toties promisisti quia in hac te meæ & illius voluntati penitùs obedires; & adhuc pertinaciter tuæ propriæ voluntati adhæres. Timeo ne dum vis habere præmium, seu potiùs famam, aut inanem intrà cor tuum gloriam abstinentis, incurras potius pœnam inobedientis. Certè sicut majorem coronam meretur simplex obedientia, quàm præter communem usum escarum abstinentia; ita gravius ille punitur, à quo illa contemnitur, quàm à quo ista deseritur. Sine hujusmodi enim abstinentia potest obedientia hominem salvare; sine obedientia verò talis abstinentia non valet nisi damnare. Acquiesce igitur, acquiesce, & totum te Prælati tui dispositioni cômitte, si mihi vis obedire, si mihi vis placere, si dilectionem meam ergà te vis servare, si tuam ergà me vis probare, si me deinceps non vis contristare, & Abbatem, sub quo es, & fratres inter quos vivis tuâ indiscretione gravare. Nimis enim patet, quia corpus tuum & natura tua nequit tolerare quod indiscretio tua præsumit. Omnipotens Dominus deducat te in viâ suâ, & in veritate suâ, Amen.

EPISTOLA III.
ad ROBERTUM, SEYT, & EDIT.

ANSELMUS Archiepiscopus, ROBERTO, SEYT, & EDIT, carissimis suis filiis, salutem & benedictionem Dei, quantum potest. Utinam cognosceretis quanto gaudio cor meum repleverit dilectus filius meus Willelmus, de vestrâ (quàm mihi retulit) invicem sanctâ dilectione, de cœlesti proposito, & spirituali intentione. Quamvis enim multis curis & tribulationibus prementibus me sentiam à spiritali fervore tepere; tamen magna cordi meo generatur lætitia, cum audio alios in amore Dei fervere. Et quoniam ad officium mihi injunctum, & curam pertinet commissam, & vos (sicut sentio) desideratis; moneo, precor quanto affectu possum, ut, in hoc quod non vos sed Deus in vobis cœperit, perseverare, imò & perficere studeatis. Quod utique, Deo adjuvante, poteritis efficere, si minima quæque nolueritis negligere. Qui enim in minimis servat diligentiam, non facilè admittit in majoribus negligentiam. Nec hostis noster illis quos in sancto proposito esse considerat, majora peccata apertè ostendit; sed in modicis, quasi quæ contemnenda sunt, latenter eos fallere contendit. Scit enim quia, *qui modica despicit, paulatim decidit*. Ergo, carissimi, si quamlibet parum à vestrâ bonâ consuetudine aliquando vel semel sentitis declinare, gravem casum gemendo vos incurrisse judicate. Colloquia vestra semper sint munda, & de Deo. Exemplum vitæ accipite ex Angelis de cœlo exceptis his quæ fragilitatis humanæ naturæ ad suam exigit sustentationem. Ut vestra conversatio semper in cœlis sit, Angelicam in omnibus considerate, & imitamini conversationem. Hæc contemplatio sit magistra vestra : hæc consideratio sit regula vestra. Quæ vitæ Angelicæ concordant sectamini ; quæ ab illa discordant, exécramini. Angelos vestros (sicut dicit Dominus, *Angeli eorum semper vident faciem Patris mei*) semper vobis præsentes, & actus & cogitatus vestros considerantes cogitate : & ita velut si eos visibiliter inspiceretis, semper vivere curate. Omnipotens Deus nunquam permittat vos ab hoc ad quod pervenistis deficere, sed semper faciat ad meliora proficere. Oro. Orate pro me.

Matt. 18. 10.

EPISTOLA IV.
ad HUGONEM.

Hugonem Monachum, à quo se multum amari audierat, hortatur ut culpas suas nec celet, nec defendat : ut cor suum Abbati suo patere semper velit : & proprios sensus posthabeat.

ANSELMUS Archiepiscopus, fratri & filio carissimo HUGONI, salutem & benedictionem. Domino Abbate referente didici, quòd tantam erga me habeas dilectionem, ut cum prospera mea audis valde gratuleris, & cum adversa cognoscis multum contristeris ; & cor tuum commoveatur adversùs eos, à quibus contingere sentis aliquam adversitatem mihi : & quia pro me orare pro possibilitate tuâ non desinis. Quoniam ergo tanta tui est erga me dilectio, si te non diligo, meipsum injustum judico. Et quia vera dilectio illum quem diligit semper proficere desiderat ; idcircò te hortor, & moneo, ut meris tua semper ad meliora se extendere studeat. Quòd si quæris consilium quomodo hoc possis facere ; Monachicum propositum super omnia dilige. Quod tunc benè custodire poteris, si nunquam culpam tuam aut celare, aut defendere volueris. Sicut vulpes foveas habent, ubi latenter catulos pariunt & nutriunt ; & sicut volucres nidos habent patenter in quibus pullos fovent ; ita diaboli faciunt foveas, & multiplicant peccata in corde celantis ; & ædificant apertè nidos, in quibus similiter peccata aggregant in corde defendentis. Vide igitur si non vis esse fovea, aut nidus diaboli, ne unquam culpam tuam celes aut defendas. Cor tuum semper pateat Abbati tuo ; & ubicumque sis, non solùm corpus tuum, sed etiam cogitationes tuas in conspectu ejus esse existima, & hoc fac & cogita, quod coram eo facere & cogitare non erubescas. Si hoc feceris, ita fugiet diabolus habitaculum pectoris tui, sicut fur vitat domum illius qui eum nec celare vult nec defendere. In domum namque illius furta sua fur attrahit, à quo se abscondi aut defendi confidit. Si autem hoc quod dico in usu habueris, tunc Spiritus sanctus in te habitationem suam faciet : nec corripietur, nec expelletur à superveniente iniquitate ; sed bonus usus tuus per illum à se repellet iniquitatem. Quæ res in tantam convertetur tibi delectationem ; ut nihil dulcius, nihil unquam existimare possis jucundius. Hoc autem quod dico intelligere non poteris, nisi in quantum ipso opere experiri volueris. Multa bona Dominus Abbas mihi de adolescentiâ tuâ retulit ; sed unum addidit quod mihi placere non potuit : judicas enim melius quod tuus sensus eligit, quàm quod obedientia exigit. Cum enim scribendi habeas scientiam, majus aliud quid tibi videtur, quàm scribere per obedientiam ? Certus ergo esto, quòd melior est una oratio obedientis, quàm decem milla orationum contemnentis. Moneo itaque ut filium carissimum, & dilectum dilectorem meum, ut obedientiam in omnibus actibus præferas, & ea quæ suprà dixi memoriâ perpetuâ teneas, & opere complere efficaciter studeas. Omnipotens Deus suæ gratiæ benedictione te in omnibus semper dirigat, & ab omni malo custodiat, Amen.

EPISTOLA V.
ad WILLELMUM.

ANSELMUS Archiepiscopus, dilecto filio suo WILLERMO, salutem & benedictionem Dei, & suam. Expertus sum te magno & intimo affectu me diligere ; & ideo non possum tibi dilectionis vicem non reddere. Diligis me ut patrem in Deo, cui totum te sine simulatione commisisti : & ego te ut filium, qui sincerâ dilectione te suscepi. A Deo accepisti ut me diligeres : & ego à Deo habeo ut te sic diligerem. Quoniam ergo ex Deo est mutua dilectio nostra, non potest deleri, nec debet, nisi hoc faciat aliqua in Deum offensio. Sicut ergo meam vis servare dilectionem, ita omni studio conare cavere Dei offensionem. Diligo, ut me diligas ; sed plus eligo, ut teipsum diligas. Dilige teipsum, & quantum ad dilectionem, habeto meipsum. Esto memor monitionis meæ ; & semper eris dilectionis Dei, & sub illâ meæ. Nequeo semper tibi esse præsens : Deus te custodiat, qui ubique est præsens. Moneo te, ut semper illi sis præsens.

EPISTOLA VI.
ad HERBERTUM *Episcopum Thiofordensem.*

ANSELMUS servus Ecclesiæ Cantuariensis, HERBERTO Episcopo Thiofordensi, salutem. De Presbyteris, de quibus quærit vestra prudentia consilium, respondeo quia nihil relaxandum est de his quæ constituta sunt in Concilio. Quoniam ipsi autem malunt dimittere quidquid pertinet ad Presbyteri officium, quàm fœminas : si aliqui inveniuntur casti, faciant pro illis. Si autem nullus aut paucissimi tales inveniuntur ; jubete ut interim Monachi Missas dicant populo, ubi ipsi fuerint : & faciant Corpus Domini, quod per Clericos portetur ægrotis. Qui Clerici vestrâ jussione vice versâ accipiant confessionem, & faciant absolutionem, & sepeliant corpora mortuorum. Quæ omnia etiam Monachis provectioris ætatis præcipere potestis ; donec ista duritia Presbyterorum, Deo visitante, mollescat : non enim diù durabit, Deo propitiante, si in incœpto perseveraverimus. De Baptismo, vos scitis quia quicumque baptizet, Christus baptizat. Laïcis omnibus, majoribus & minoribus, ex parte Dei, & ex parte omnium nostrûm qui hoc constituimus in Concilio, rogando præcipite ; ut si Christianos se confitentur, adjuvent vos quatinùs expellatis Presbyteros Concilio inobedientes ab Ecclesiis, & rebus earum ; & dignos pro illis constituatis. Et si expulsi, contrà illos qui Ecclesiis castè servire voluerint [insurrexerint] aut alio aliquo modo in aliquam superbiæ temeritatem proruperint ; omnes Christiani sint contrà illos ; non solùm à societate suâ, sed etiam à terris, quas de illis habent, eos cum fœminis suis excludant, donec resipiscant.

EPISTOLA VII.
ad ANSELMUM *nepotem.*

ANSELMUS Archiepiscopus, dilecto nepoti suo ANSELMO salutem & benedictionem. Sollicitudinem & tristitiam quam tu habes de tuâ matre, ego quoque tolero. Unde à Domino Abbate Cluniacensi petii, ut eam in Monasterio ancillarum Dei in Marcinneio susciperet : quod ipse libenter suâ gratiâ annuit propter nostrum amorem, & ipsæ ancillæ Dei voluerunt. Litteris igitur & nuncio nostro petii ab Abbate Cluniacensi, & Monachis ejus, ut sororem nostram ad hoc mihi concederent, quanto humiliùs & studiosiùs potui. Sed ipsi nullatenùs assensum præbere voluerunt : imò commoti sunt adversùm me, & magnum sibi me fecisse dedecus existimaverunt. Ego tamen nondum desistam conari, ut hoc aliquâ ratione possim quod incœpi, perficere. Quòd si non potero, non debemus tamen ego & tu frustrâ tristitiam inconsolabilem assumere; sed Dei dispositionis nos & illam patienter committere. Spero enim in Deo, quia non patietur eam quibuslibet incommoditatibus ita tentari, ut non possit sustinere: sed per multas tribulationes quas ab infantiâ passa est, & (si Deus ita disposuerit) usque in finem patietur, deducet eam, & intrare faciet in requiem suam. Ego verò in quantum potero, omnibus modis quamdiu vivam illi subvenire non cessabo. Quod autem pertinet ad te, mando, & præcipio tibi, ut nullatenùs sis otiosus; sed in hoc propter quod in Angliâ te reliqui; in dies statûs proficere. Virtutem grammaticæ stude cognoscere: dictare quotidiè assuesce; maximè in prosâ: & ne multùm ames difficile dictare, sed planè & rationabiliter Semper, nisi cùm necessitas te cogit, latinè loquere. Super omnia bonis moribus, & gravitati intende. Loquacitatem fuge: plùs enim proficit homo tacendo, & audiendo, & quid de aliorum dictis & vitâ possit proficere considerando, quàm scientiam suam verbositate, nullâ necessitate cogente, ostendendo. Saluta magistrum suum ex nostrâ parte amicabiliter; cui (si Deus mihi opportunitatem dederit) & pro te, & pro aliis fratribus quos docet, & pro suis moribus bonis, verè desidero prodesse. Interim tamen posui super Domnum Priorem & multùm rogavi illum, quatinus illi ita benè faciat, ut ei se conjunxisse vobis non displiceat. Vale.

EPISTOLA VIII.
ad Walterum Cardinalem.

Domino, & Romanæ Ecclesiæ Legato, Cardinali Episcopo WALTERO, ANSELMUS vocatus Metropolitanus Cantuariæ Episcopus, fidelium orationum cum servitio devotionem. Quoniam de vestræ sanctitatis civitate confido, precor ut domino nostro Papæ fidelitatem nostram, & dilectionem cum reverentiâ, quas illius celsitudini in corde servo, sicut vobis ostendi, benignè monstretis: & laborem mentis meæ sub Archiepiscopatûs onere, sicut vobis conquerendo confessus sum, piâ compassione intimetis. Quatenus paterna ejus pietas, filii & servi sui gemitibus compatiens, aliquando in conspectu Domini nostri JESU-CHRISTI, & beati Petri Apostoli, memor mei esse dignetur: &, si quando ad illam in anxietatibus meis refugero, pietatis ejus viscera mihi non claudantur. Munusculum nostrum illi pro possibilitate nostrâ missum, rogo ut sic vestrâ commendetur benignitate, ut plus placeat vestrâ commendatione, quàm suâ quantitate. Valeat Sanctitas vestra; & omnipotens Deus mittat vobis Angelum suum bonum, qui comitetur vobiscum, & benè disponat iter vestrum. Rogo vos, orate pro me.

EPISTOLA IX.
ad Episcopos Hiberniæ.

ANSELMUS Cantuariensis Ecclesiæ Metropolitanus Antistes, Reverendis Coëpiscopis, DONNALDO, DONATO, ac cæteris in Hiberniæ insulâ Pontificali eminentibus dignitate; à Deo Patre & JESU-CHRISTO, Filio ejus unico, salutem & perpetuæ hæreditatis benedictionem. Odonem religionis vestræ plurimis indiciis agnoscens, calamitates quas patior decrevi potissimùm vobis aperire; ut quanto viciniùs assistitis Creatori, tantò familiariùs angustias meas in ejus conspectu valeatis indicare; & indicantes, compassionis gemitibus ipsius misericordiam mihi impetrare. Defuncto beatæ memoriæ

prædecessore meo Lanfranco Archiepiscopo, cum in Normanniâ Beccensis Monasterii Abbas exstitissem (unde & præfatus antecessor meus ad regendam Ecclesiam, cui Deo auctore præsideo, ante me præcesserat) occulto Dei judicio pro utilitatibus Ecclesiasticis in Angliam veni: quò venientem tam Rex, quàm Pontifex, Regnique Optimates, ad cathedram Pontificalem non vocando, (ut fieri assolet) imò violenter rapiendo pertrahunt, Clero & populo acclamantibus in idipsum, ut nec unus cui displiceret quod gerebatur, visus fuerit interesse. Denique cum adhuc id nolle, nec assentire me debere acclamarem; quòd de potestate Normanni Ducis, quòd de subjectione Rotomagensis Episcopi, ipsis ignorantibus eruptus essem; quorum jure effugere enitebar, eorumdem (præfati videlicet Ducis, & Archiepiscopi) præcepto onus officii coactus & obediens accepi. Quo pacto in gradum Pontificalem sublimatus, idcircò assensi, quia contraire non potui. Proinde infulatus usque quid Christo, quid ejus Ecclesiæ, pro loco, pro officio deberem, cogitare cœpi: & pastorali regimine vitia resecare, præsumptores coërcere, & quæque inordinata ad ordinem debitum volui revocare. Quâ causâ, quos adjutores me oportuerat habere in causâ Dei, terribiliter offensos odiosus exstitam, quòd per me crescere debuerat, me præsente deperit causa Dei. Unde, Reverendi Patres, gemebundè vobis loquens fateor, invenerunt me amarissimæ tribulationes, dum & quietem fructuosam me reminiscor perdidisse, & infructuosum periculum considero me incurrisse. Ita etenim peccatis meis facientibus actum est, ut qui nostræ se sponte subdiderant ditioni, à nostrâ sponte resiliant ditione; & qui illis amabilis exstieram, omnibus fermè odiosus existam. Quapropter, Venerandi Fratres, filii caritatis æternæ, obsecro vos in nomine ejus, qui suos inimicos redemit sanguine suo; orate ut omnibus Deus nobis pacem tribuat, inimicos nostros in gratiam convertat, & secundùm suam voluntatem nos vivere faciat.

Præterea, quamquam rectè viventem, rectèque sapientem pastorali sollicitudine fraternitatem vestram monere compellor: quatenùs viriliter, ac vigilantiùs agat in doctrinâ Dei: canonicâ severitate, si quid contra Ecclesiasticam doctrinam in provinciis suis inventum fuerit, compescens, & secundùm voluntatem Dei cuncta disponens. Si quando verò seu in consecrationibus Episcoporum, seu in Ecclesiasticorum negotiorum causis, seu quibuslibet aliis rationibus aliquid, quod ad sacram religionem pertineat inter vos ortum fuerit, quod per vos canonicè nequeat diffiniri; charitatis officio id ad notitiam nostram deferri commonemus: quatenùs à nobis potius consilium & solatium accipiatis, quàm prævaricatores mandatorum Dei in judicium ejus incidatis. Iterum, carissimi, rogamus vos, orate pro nobis; erigite nos de tribulationibus nostris manu vestræ orationis, piis precibus pulsantes aures clementiæ Dei. Dominus qui jussit de tenebris lucem splendescere, mentibus vestris infundat lucem sapientiæ suæ; ut quæ jubet intelligatis, intelligentes opere compleatis.

PASCHALIS Papæ II. scribit Archiep. & Episcopis Galliæ ut Cluniacensis Cœnobii privilegia tueantur.

PASCHALIS Episcopus servus servorum Dei, Venerabilibus Fratribus Archiepiscopis & Episcopis per Gallias salutem, & Apostolicam benedictionem. Quanta reverentia Sedis Apostolicæ constitutionibus debeatur, Fraternitatem vestram non ignorare credimus. Si quà verò vel minùs dicta, vel aliter intellecta conspiciunt, meminerint qui adversùs sanctam Romanam Ecclesiam conqueri consueverunt, quid pro Felicis Papæ scriptis adversùs Acacium datis Orientalibus Episcopis sanctæ memoriæ Gelasius Papa responderit. Idcircò ad memoriam Fraternitatis vestræ reducimus, quia Cluniacense Cœnobium ab ipso fundationis exordio S. R. E. sit oblatum, quod profectò religiosi Antistites & egregii Principes pro religione, eximia donis suis ac possessionibus ditaverint : Romani verò Pontifices tamquam oculi sui pupillam custodientes, cum loca ad se plurima pertinentia Fratrum illorum regimini commisissent, tam locum ipsum, quàm cætera ei cohærentia, privilegiorum suorum munitionibus vallaverunt. Scitis enim quanta per vos Galliarum partibus nova instituta, vetera sint ad Religionem Monasteria reparata.

Quapropter charitatem vestram monemus, monentes rogamus atque præcipimus, ne tot tantorumque Pontificum privilegiis obviare tentetis, ne per eorum violationem Apostolicæ Sedis, quod absit, indignationem inveniatis. Imitatores estote Patrum vestrorum qui Congregationem illam venerabilem devotiùs coluerunt, & saluti, quam per eos Dominus super multis peccatoribus operatur, manus socias adhibete; ita eos diligite, ita tuemini, ita fovete, ut quietivè per vos Omnipotenti Domino valeant deservire. Vos autem, qui inter mundi fluctuantis turbines statis, per eos tam Apostolicæ Sedis, quàm Omnipotentis Dei gratiam consequamini. Datum Laterani xiii. Cal. Decembris.

Ejusdem DAYMBERTO Archiepiscopo Senonensi.

Anno Chr. MCI. Scribit se onerasse Episcopum Parisiensem absque præjudicio Archiepiscopi Senonensis.

PAschalis Episcopus servus servorum Dei, Venerabili Fratri DAYMBERTO Senonensi Archiepiscopo salutem, & Apostolicam benedictionem. Venit ad nos cum tuo seu Suffraganeorum tuorum testimonio Parisiensis Ecclesiæ Electus [a] per nuncios & per literas ejusdem Ecclesiæ preces afferens, ut à nobis Dei gratiâ deberet in Episcopum consecrari. Nos personæ gravitatem videntes, morum maturitatem attendentes, infirmitati divinæ compatientes, Ecclesiæ preces duximus audiendas. Salvo igitur in omnibus Senonensis Ecclesiæ jure & personæ tuæ reverentiâ, eum nostris tamquam beati Petri manibus, largiente Domino, consecravimus. Ipsum itaque ad dilectionem tuam cum beati Petri gratiâ remittentes, literis præsentibus plurimùm commendamus, omnipotentem Dominum rogantes ut eum ad vos reducat incolumem, & Ecclesiæ suæ utiliorem, fore concedat.

Ejusdem ad LAMBERTUM Episcopum Atrebatensem.

Anno MCII. II. April. Restituum Episcopum confirmat summus Pontifex.

PAschalis Episcopus servus servorum Dei, Venerabili Fratri LAMBERTO Atrebatensi Episcopo, ejusque successoribus canonicè substituendis in perpetuum. Quæ justè à Patribus constituta sunt, oportet profectò ut sub metu & irrefragabili auctoritate teneantur. Dignum enim est ut nullâ desidiâ negligantur, nullâ dissensione violentur, nullâ concertatione turbentur. Unde & nos quod à piæ memoriæ prædecessore nostro Urbano de restitutione Atrebatensis Ecclesiæ constitutum est, justum omninò & sacris Canonibus congruum perpendentes, nostri quoque Decreti auctoritate sancimus, ut videlicet Ecclesia eadem, sicut antiquitùs Episcopali dignitate claruit, ita etiam in posterum Cardinalem per Dei gratiam sortiatur Antistitem. Divinæ siquidem miserationis affectum, quem in Ecclesiarum suarum & populorum restitutionibus operatur, debemus & nos competentibus subsequi ac implere suffragiis. Te igitur, Dilectissime, ac Reverendissime Frater, quem in Atrebatensi Ecclesiâ prædecessor noster Domino restituente constituit, nos quoque cum divini favoris præsidio in Episcopali dignitatis functione firmamus. Quidquid autem prædictæ Ecclesiæ beatus Remigius contulit, quidquid antiquis temporibus dum Episcopali dignitate polleret, eam possidere constiterit, salvis legalibus Institutis, & Romanæ Ecclesiæ privilegiis, ratum tibi ac tuis successoribus permanere censemus. In quibus nominatim Archidiaconias duas, quarum una Atrebatensis, altera dicitur Obstrevandensis, præfatæ Ecclesiæ confirmamus, & illos omninò limites inter Atrebatensem & Cameracensem Ecclesias fore præcipimus, quos antiquitùs fuisse vel scriptorum monumentis, vel territoriorum diremptione, vel certis aliquibus Indiciis potuerit comprobari, ut Ecclesiarum pax, annuente Deo, nullâ occasione turbetur, & quæ pro fidelium salute statuta sunt, perenni tempore inconvulsâ stabilitate persistant. Si qua sanè Ecclesiastica secularisve persona, hanc nostræ Constitutionis paginam sciens, contrà eam temerè venire tentaverit, secundò, tertiòve commonita, si non satisfactione congruâ emendaverit, potestatis honorisque sui dignitate careat, reamque se divino judicio exsistere de perpetratâ iniquitate cognoscat, & à sacratissimo Corpore ac sanguine Dei ac Domini nostri JESU-CHRISTI aliena fiat, atque in extremo examine districtæ ultioni subjaceat. Cunctis autem eidem loco justa servantibus sit pax Domini nostri JESU-CHRISTI, quatenùs & hîc fructum bonæ actionis percipiant, & apud districtum Judicem præmia æternæ pacis inveniant. Amen, Amen.

Ego Paschalis Catholicæ Ecclesiæ Episcopus subscripsi.

Scriptum per manum Petri Notarii Regionarii & Scriniarii sacri Palatii.

Datum Laterani per manum Joannis sanctæ Romanæ Ecclesiæ Diaconi Cardinalis, XVII. Cal. Maii. Indictione nona : Incarnationis Dominicæ anno M.C. II. Pontificatûs autem Domni Paschalis secundi Papæ secundo.

Ejusdem ad RADULPHUM Archiepiscopum Remensem.

Confirmat Privilegia Atrebat. Epist. concessa.

PAschalis Episcopus Servus servorum Dei, Venerabili fratri RADULPHO Remensi Archiepiscopo, Salutem & Apostolicam benedictionem. Quod de Atrebatensis Episcopatûs restitutione à prædecessore nostro sanctæ memoriæ Urbano factum est, scitote apud nos firmum & inviolabile permanere, nec unquam passuros nos ut Cameracensi subjiciatur Ecclesiæ. Porrò tam vos quàm successores vestros præsentium litterarum auctoritate compellimus, ut post mortem Atrebatensis Episcopi ad faciendam illi Episcopi electionem sollicitè invigilare, & electum sine moræ longioris obstaculo consecrare curetis. Si quis autem adversùs hæc agere tentaverit, excommunicationis vinculo innodetur.

Data Laterani octavo Idus Aprilis.

---

[a] *Electus*] Fulco, ut Acherio videtur; sed eum Baluzius emendat; & Galonem hîc intelligi monet.

MCI. *Donatio terræ Rumiliaci facta ab* HUGONE *Trecorum Comite, & uxore ejus* CONSTANTIA.

CUm Scripturæ sacræ sit generale præceptum dicentis: *Facite eleemosynam, & ecce omnia munda sunt vobis*; meritò nonnulli sanctæ Ecclesiæ filii hac dominicâ voce divinitùs excitati, ad suarum contemptum facilè pertrahuntur, de suisque facultatibus, vel possessionibus pauperibus Christi distribuere non verentur, dum pro caducis æterna; pro terrenis cœlestia perpetuò adipisci se cognoscunt: de quorum numero unum, Hugonem scilicet strenuissimum Trecorum Comitem, ejusque nobilissimam conjugem Constantiam nomine ad medium deducimus, & quam S. MARIÆ, suisque pauperibus sibi in Ecclesiâ Molismensi famulantibus, suarum rerum divisionem fecerint; ad posteriorum memoriam literis mandare curamus. Hic ergo Comes prædictus, illius famosi Theobaldi Comitis filius, ejusque conjux Constantia Philippi Francorum Regis filia; anno ab Incarnatione Domini millesimo centesimo primo; Indictione octavâ, Epactâ decimâ octavâ, Concurrente primo, ad Cœnobium Sanctæ MARIÆ Molismensis devotionis simul & orationis gratiâ cum multis nobilibus viris quâdam Paschali solemnitate, pari consensu convenerunt. Fratrum orationibus devotè se commendaverunt, & de quâdam suâ potestate, quæ Rumiliacus vocatur; hanc concessionem prædictæ Ecclesiæ Molismensi fecerunt. Concesserunt ergo ad præsens in vitâ suâ medietatem totius prædictæ potestatis, & nemoris ad eam pertinentis, & omnium justorum, & consuetudinariorum reddituum terræ cultæ, & incultæ, censorum, & pratorum; & curvatæ rusticorum, & de labore quem sui boves fecerant, & quidquid per justam consuetudinem de prædictâ villâ procedit, medietatem sanctæ MARIÆ, ut dictum est, concessit; alteram quamdiù ipse viveret; sibi retinuit: ita tamen ut si ante non vellet, post ejus discessum, hæc eadem pars ad Ecclesiam retinuit *a* eamque sine alicujus contradictione jure perpetuo possideret. Quòd si propriis carrucis nostris aliquam ponere inibi voluerimus, ponemus quantas placuerit, & quidquid laboraverint nostrum erit. Præterea præfata Comitissa quædam in suâ proprietate possidebat, quatuor scilicet boves, & laborem eorum, cum aliquâ terræ & pratorum portione; sibi à Comite separatâ, quæ omnia hæc venerabilis sanctæ MARIÆ concessit. Pro his & aliis innumeris beneficiis ab eis sibi multimodè collatis statuerunt pro eis Fratrum orationes privatas & communes; & tantumdem beneficii pro eorum cuique se acturos, quantum pro uno ex Fratribus si moreretur; proponderunt: & insuper duos pauperes in Eleemosynâ Monasterii deinceps sustentandos pro eis posuerunt. Partem quoque & matrem ejus, & utrosque fratres, hujus beneficii participes non minùs concessêrunt.

Acta sunt apud Molismum tempore Philippi Regis Francorum, tempore Philippi Episcopi Trecorum, Roberti Episcopi Lingonensis Ecclesiæ, Roberti primi Cœnobii Molismensis Patris. Hujus rei testes fuerunt, Hugo Comes Risvelli, Pontius de Ponto, Gaufredus filius Otranni, Otrannus filius ejus, Achardus nepos Achardi filius, Herbertus filius Dodonis, Walterius de Curte Airardi, & Ysoardus de Plaiotro, Bartholomæus de Barro, Odardus, Wandelbertus, Flodoveus, Albertus, Milo & Osamardus Capellani Comitis, Milo Vicecomes, Hugo Comes de Rameruco, Hugo Senescalcus Ducis.

a retinuit] Lege *rediret*.

ADELA *Virmandensis Comitissa præbendam Ecclesiæ S. Quintini confert Canonicis Regularibus Belvacensibus.*

Anno MCIII.

ADELA memorabilis Virmanduorum Comitissa, concessit Ecclesiæ S. Quintini Belvacensis præbendam, quam habebat in Ecclesiâ ejusdem sancti Quintini Virmandensis, pro anniversario conjugis sui Hugonis, & sui ipsius, & filiorum suorum: videntibus & laudantibus eisdem filiis Radulfo .....; præsentibus Roberto Mischinno, Adam Rabie, Odone Britone Militibus suis; Galone Præposito, Radulfo de Biarrâ Clericis, Odone Abbate, Brictione Canonico, Ernaldo.

GUILLELMI *præpositi Cadurcensis sacramentum sive Jusjurandum.*

Anno MCIII.

Spondet se personas, omnia jura & bona Ecclesiæ Cadurcensis defensurum.

IN nomine Sanctæ Trinitatis. Ego WILLELMUS electus in præposituram ad tuendos beati Stephani exteriores honores, ob nimiam molestiam & injuriam à plurimis eumdem honorem ultrà modum vastantibus ibi illatam; volo me subjici & suponi famulitio Caturcensis Ecclesiæ, & Domno Geraldo Episcopo & Canonicis ejus: & profiteor me eis fidem servaturum inviolabilem, & securitatem, & defensionem sine omni fallaciâ pro posse meo, semper adhæsurum præceptis eorum; & quòd terram & homines sancti Stephani cum omni modestiâ, & cum omni mansuetudine, & sine molestiâ & gravi vexatione tractabo, nec eos aliquibus illicitis & extraordinariis exactionibus gravabo. Concedo etiam & confirmo & laudo eis in Domino possidendum quidquid ex eo tempore quo regula Canonicæ Religionis in Caturcensi Ecclesiâ initium sumpsit, vel ex honore beati Stephani, vel aliunde quolibet modò adepti sunt, vel amodo sive ex concessione vivorum; seu sepulturâ mortuorum, sive alio quolibet exquisitionis modo adepturi sunt; me neque prohibente, neque concessionem illam in aliquo impediente, neque ibi ulterius quidquam quærente, sed potius confirmante & corroborante; ut proprietati eorum sine omni obstaculo deinceps subjaceat.

Constituo quoque & constituendum censeo; ut habeant Canonici modò per totum honorem mutationes & investituras, & quæsturas, & hospitia, & justitiam suam, & ut cultores & procuratores honorum accipiant, per manus eorum quisque admistationem sui officii, scilicet vicarii, satellites, & rustici. Hoc etiam placuit instituendum Ecclesiasticâ censurâ, ut omnibus diebus vitæ meæ sine conjugio sim, & ut Ecclesiasticos Ordines hujusmodi honori debitos temporibus certis, per admonitionem Episcopi & Canonicorum libenter accipiam, & ut in honore beati Stephani nullum modum omninò obstaculum ponam, vel aliud quiddam quo alienari à Canonicorum proprietate possit, efficiam.

Hæc omnia supradicta me observaturum esse dando fidem meam in manu domini Episcopi, cum obsidibus meis Pontio de Belfort, Stephano de Monpesat, Gausberto de Castronovo, Aimerico de Rupe, Reinaldo Seniorel, confirmavi & confirmo, & sicut fidem dedi, ita juro. Ego Guillelmus quod promisi fide tenebo, & servabo amicitiam & fidelitatem domino Geraldo Episcopo, & Canonicis Regularibus præsentibus Ecclesiæ, & tuebor vitam eorum & membra, ut nullo modo insurgam in eos, vel cæde, vel captione, vel aliquâ læsione quâ infamiâ notari possit, vel aliquis . . . . . meâ vel ingenio. Perscripta est Charta hæc in Caturcensi civitate in præsentiâ domini Geraldi ejusdem civitatis Episcopi, & omnium Canonicorum, & civium adstantium & plurium Nobilium mense Julio, hebdomadâ III. feriâ I. anno Dominicæ Incarnationis MCIII. Indictione XI.

Anno circ. MCLV.

Quæ oppigneraverat Guillelmus Vicecomes, data fuerant Canonicis Cadurcens. sed postea ablata restituuntur.

GUILLELMI *Vicecomitis Sancti Cirici.*

GUILLELMUS Vicecomes sancti Cirici fecit pignoram Raimundo Rateri in villâ quæ dicitur Crem, videlicet, unum prandium cum centum Militibus, per trecentos solidos Aquitanenses. Postea possedit eam Raterius de Belfort, & dedit eam Domino Deo & sancto Stephano. Posteà verò filius præfati Vicecomitis inferebat injuriam ruricolis : quam valde condolentes Clerici Caturcensis Ecclesiæ, dederunt præfato Vicecomiti Guillelmo septuaginta solidos, ut ultrà nec ille nec aliquis aliâ affinitate sibi conjunctus, aliquam violentiam inferre præsumerent : & omne quod in hac terrâ justè vel injustè quærere poterant, cum istâ pignora jure perpetuo Domino Deo & sancto Stephano, & Clericis ipsius Ecclesiæ relinqueret, quoadusque pignoram supradictam redderet, videlicet trecentos solidos nummorum Aquitanensium, & septuaginta solidos nummorum Caturcensium per singulos annos in capite Kalendarum Novembrium.

Ut autem firma sit ista conventio, est fidejussor Gaucelinus Arnals, tali ratione ut si Vicecomes aliquid in hac terrâ ultrà quæsierit, ipse Arnaldus ex castro sancti Cirici nullo modo exeat, mox ut à Clericis admonitus fuerit, usquequo ad usque Vicecomes ad emendationem veniat. Si autem Arnaldus fidem servare noluerit, super eum fidem fecerunt Arnaldus de Laribera, & Stephanus Du-trans.

Testes sunt ipse Guillelmus Vicecomes & filius ejus Ademarus, Aimericus de Laroca, Grimals Bos, Pontius de la Pincta, & Stephanus Arnaldi. VI. nonas Julii, feriâ IV. Lunâ VII. Temporibus Philippi Imperatoris.

Donatio facta Canonicis Cadurcensibus à RA-TERIO *de Belloforte.*

EGo RATERIUS de Belloforte concedo convivium illud quod accepi in pignore pro trecentis solidis de Vicecomite de sancto Ciricio, Domino Deo & sancto Stephano & Canonicis ejus, pro animâ meâ & patris mei, illum videlicet censum quem accipere solebam in honore beati Stephani qui vocatur Crem, ut semper habeant, & absque alicujus perturbatione possideant, quoadusque trecenti solidi nummorum probatæ monetæ illis reddantur. Sint autem isti nummi in eorum proprio, pro peccatis meis, redimendis.

Dimitto etiam & dono beato supradicto Stephano, & Canonicis regularibus terram illam & honorem, qui est apud Esperam, quam ego dudum & verbis & armis injustè perturbabam. Ideo dico injustè, quia scio antiquis temporibus eumdem honorem donatum fuisse beato Stephano & Caturcensi Ecclesiæ à legitimis possessoribus. Nunc verò quidquid justè vel injustè, aut aliquo ingenio vel requirebam vel possidebam in eodem honore, redo-

no & confirmo beato Stephano & Canonicis ejus pro salute animæ meæ ut omnia in æternum possideant. Facio autem donationem istam præsente Geraldo Episcopo illustri viro, ut semper ejusdem donationis meæ protector fiat in vitâ suâ, & tutor, & testis rationis. Quisquis verò hanc eleemosynam meam instigante diabolo in aliquo perturbare voluerit, in inferno cruciandus Dei judicio incurrat.

Scribere autem jussit hanc chartulam præfatus Episcopus Geraldus ob memoriam posterorum, ne aliquâ oblivione inficiari possit. Quæ scriptio facta est in conspectu totius Canonicæ congregationis, mense Aprilio VI. Idus ejusdem mensis, feriâ III. post Ramos Palmarum. Regnante Philippo Rege.

BERNARDI *Traucapeti.*

IN Dei nomine, ego BERNARDUS Taucapetus veniens ad Canonicam conversionem, pro redimendis peccatis meis concedo beato Stephano, & Canonicis regularibus Caturcensis Ecclesiæ quinque porcos, & quinque arietes, ut accipiant per singulos annos de villa quæ vocatur Allnag ; dono etiam beato Stephano vineam meam quæ est apud beati Laurentii Ecclesiam, ut semper securè possideant prædicti Canonici. Quibus iterum concedo decimam Ecclesiæ Desiderii quæ est illorum : ut confidenter suo subjiciantur dominio. Delinquo etiam filium meum nomine Arnaldum, ut fiat Canonicus regularis in Ecclesiâ Caturcensi, cum quo concedo quidquid possiderè visus sum in honore qui vocatur Cavamo.

Hæc omnia suprà dono & concedo fieri sine omni dolo in præsentiâ domni Geraldi Episcopi, nobilissimi viri, consentiente & volente & rogante uxore meâ, & omnibus filiis meis, & cum consilio nepotum & cognatorum & omnium affinium meorum, ut semper, ex hac horâ possideant Canonici regulares sine omni perturbatione (sive vivat sive moriatur filius meus) totum supradictum honorem. Scripta verò est charta ista, mense Aprilio, feriâ III. post Ramos Palmarum, jubente domno Gerardo Episcopo.

Anno MCII.

Induxit bitum Canonicum n'cum nutribus & ium omni Ecclesiæ durcens.

GODEFRIDI *Episcopi Ambianensis.*

GODEFRIDUS gratiâ Dei Ambianensis Episcopus, omnibus in Christo credentibus, & sacro fonte baptismatis renatis salutem & sanitatem. Adierunt nos dilectissimi Fratres nostri Leunensis Ecclesiæ Monachi, deferentes secum chartas sigillatas à Roberto Flandrensi Comite juniori, & ab uxore suâ Clementia, & filio eorum Balduino, & à Paronensi Rotberto fratre Comitis nostri Ingelranni, & à conjuge ejus Adelide ; quibus inscriptum erat, quòd prædictæ personæ omne alodium de Hajbonieres, & omnia ad illud pertinentia præter altare, Monasterio sanctorum Apostolorum Petri & Pauli, in quo Fratres jam dicti Domino serviebant, hilari devotione tribuerant, quatinus suis & antecessorum suorum animabus id fieret ad retributionis præmium, quod temporalibus necessitatibus suis subtrahentes, pauperibus Christi conferebant in victum, quibus allatis atque perlectis, oraverunt nos Fratres illi ut quia prædictum alodium in Episcopio nostro erat, quod factum fuerat chartâ nostrâ testificaremur & confirmaremus. Quam petitionem libenter suscipientes, precibus eorum satisfaciendo sic factum fuisse testificamur, & quantum ad nos pertinet concedendo firmamus, incrementum non detrimentum rebus eo-

Anno MCII.

Confirmat quæ Lhuno-si Monasterio donata fuerunt a Comite Flandriæ Roberto juniori & à Roberto Pieroronens.

Diplomatum, &c.

rum maximè cupientes.

Hujus doni testes scriptos in prædictis chartis reperimus. In charta Flandrensi Abbatem Molismensem:
Robertum de Betunia.
Onulfum Senescalcum.
Baldricum de Colham.
Amolricum de Neura.
Ostonem Bostelarium.
Guillelmum Castellanum de S. Aldomaro.
Hacetum Brugensem.
Balduinum Camerarium.
Sigerum de Lilerio.
Thebaldum de Hipra.
In Charta Paronensi erant, Maincrus de Parona.
Odo filius Ingranni.
Petrus filius Hilsindis.
Acardus filius Gerardi.
Gerardus Frotetus.
Geraldus de Capi.
Gonzo & Rabellus.
Drogo.
Lupus.
Waldricus de Vermendesviler.
Sibodus filius Rogeri.
Rainerus de Lehuno.
Herbertus Major de Herbonieres.
Herbertus avunculus ejus.
Walbertus & Gilbertus.

Si qui hoc violaverint, ut sacrilegi Episcopali judicio condemnati, à corpore Christi quod est Ecclesia separabuntur.

Data Ambianis IV. Kal. Martii, Anno primo Godefridi Episcopi.

Canonicorum Ecclesiæ Parisiensis, PASCHALI Papæ II.

PAternitati vestræ quantas possumus gratiarum actiones toto mentis affectu referimus, quoniam idoneam ac perutilem nobis personam in Episcopum concedendo, providâ dispensatione consuluistis, & Ecclesiam nostram inter adversariorum procellas quasi sine capite diù vacillantem, tanti Pastoris consolatione misericorditer respexistis. Qui nimirum juxta legem forma gregis factus, suæ doctrinæ verbo nos id templum Dei ædificet, & religiosæ conversationis exemplo informet. Ei itaque tum vestro super hoc mandato, tum pro honestæ conversationis merito diligenter servire studemus, & tamquam Patri debitam in omnibus obedientiam impendimus. Apostolicam verò sollicitudinem latere non volumus, quòd Comes de Dammartino terras nostras quibusdam injustis exactionibus infestare non cesset, quas idem cum patre suo pro eadem re præcepto Urbani Papæ quondam excommunicato, & tandem satisfaciente & prædictas exactiones dimittente antea dimisit. Precamur igitur, ut sicut prædictus antecessor vester patrem prædicti Comitis à suâ compescuit nequitiâ, & ita filium vestræ discretionis refrænet providentia, & Episcopis Belvacensi & Meldensi, ut eum excommunicent & ejus castella interdicant donec nobis satisfaciat, injungatis.

PASCHALIS Papæ II. ad Archiepiscopos & Episcopos Provinciarum Remensis, Senonensis ac Turonensis, ut Philippum Regem & ejus pellicem à vinculo excommunicationis absolvant.

PAschalis Episcopus servus servorum Dei, Venerabilibus fratribus Archiepiscopis & Episcopis per Remensem, Senonensem, ac Turonensem provincias constitutis, salutem & Apostolicam benedictionem.

Significatum nobis est quorumdam vestrum litteris, quia filius noster Francorum Rex feminam illam pro quâ toties commonitus, imò excommunicatus fuit, juxtà præceptum nostrum abjurare decreverit. Ipsa etiam mulier Regem abjurare parata sit. Super quarum conversione personarum non minimum exultavimus, quia super uno peccatore pœnitentiam agente gaudium esse Angelis Dei, ipso Domino testante didicimus. Quam nimirum causam fratri nostro Ricardo Albanensi Episcopo reminiscimini à nobis fuisse commissam. Si ergo idem frater Franciæ jam fines egressus est, nos eamdem causam, aspirante Domino, unà vobiscum peragendam Venerabili Fratri Lamberto Atrebatensi Episcopo committimus. Convenientibus itaque vobis in unum, si communis filius Francorum Rex, & illa ejus lateralis, tactis Sacrosanctis Evangeliis omnem carnalis copulæ consuetudinem abjuraverint, mutuum quoque colloquium & contubernium nisi sub testimonio personarum minimè suspectarum, nunquam videlicet ad idem flagitium redituri, sicut quorumdam vestrum litteris significatum est, satisfactionem eorum vice nostrâ vobiscum Atrebatensis Episcopus suscipiat, & à vinculo excommunicationis absolvat, quatinùs largiente Domino & filium Ecclesiæ, & Regem sibi Francia reconciliatum Episcopali ministerio gratuletur. Data Laterani per manum Joannis III. Nonas Octobris.

Juramentum Philippi Regis Francorum.

Audias, Tu Lamberte Atrebatensis Episcope, qui hic Apostolicâ vice fungeris : Audiant Archiepiscopi, & præsentes Episcopi, quòd Ego Philippus Rex Francorum peccatum & consuetudinem carnalis & illicitæ copulæ quam hactenùs cum Bertrada exercui, ulteriùs non exercebo : sed peccatum istud & flagitium penitùs & sine omni retractatione abjuro. Cum eâdem quoque feminâ mutuum colloquium & contubernium, nisi sub testimonio personarum minimè suspectarum, non habebo : hæc omnia sicut litteræ Papæ dicunt, & vos intelligitis, sine omni malo ingenio observabo. Sic me Deus adjuvet, & hæc Sacro-sancta JESU-CHRISTI Evangelia. Similiter & Bertrada eum excommunicationis vinculo solveretur, tactis Sacro-sanctis Evangeliis in personâ suâ hoc idem juravit sacramentum.

Actum Parisius in præsentia Domini Daimberti Senonensis, & Radulfi Turonensis Archiepiscoporum ; Domini quoque Ivonis Carnotensis Episcopi, Humbaldi Autisiodorensis Episcopi, Joannis Aurelianensis Episcopi, Gualonis Parisiensis Episcopi, Manassæ Meldensis Episcopi, Baldrici Noviomensis Episcopi, Lamberti Atrebatensis Episcopi, Huberti Silvanectensis Episcopi : Abbatum quoque Adæ Parisiensis, Olrici similiter Parisiensis, Rainoldi de prato sancti Germani Parisiensis, Rainoldi nihilominus Stampensis : Archidiaconorum etiam quamplurium, & honorabilium Clericorum, & Laïcorum non parvâ multitudine inibi consistentium.

Taliter itaque ex Apostolicæ sedis auctoritate reincorporatus est Philippus Rex Francorum Sanctæ Catholicæ Ecclesiæ matri suæ IV. Nonas Decembris, Indictione XIII. anno autem Dei Christi M. C. IV. Pontificante verò in sede Romanâ Domino Paschali Papa II. anno sexto.

Ejusdem DAIMBERTO Archiepiscopo Senonensi.

PAschalis Episcopus servus servorum Dei, Venerabili Fratri D. Ecclesiæ Senonensis Archiepiscopo

copo, salutem & Apostolicam benedictionem. Quanto major tibi animarum cura commissa est, tanto sollicitiorem esse in omnibus te oportet. Invigila igitur, frater carissime, sicut bonus pastor super gregem Domini, ut eum talem possis Domino assignare, qui & sibi placeat, & te dignum bonâ retributione ostendat. Finis tuus quotidie appropinquat; & licet hoc certum sit omnibus, extremus tamen dies incertus est. Esto itaque semper sollicitus; & si fortè negligenter te aliquando habuisti, nunc totum studeas per Dei gratiam emendare: ut cum Dominus venerit, te vigilantem inveniat & sic paratum, quatinùs in æternæ vitæ suscipi gloriâ merearis. De quærimoniâ quam Virziliensis Abbas adversùs Floriacensem pro quâdam gerit Ecclesiâ, justitiam debitam facias. Non enim volumus privilegiorum obtentu Ecclesiæ quælibet præjudicium patiatur. Datum apud Ziphernum X. Kalendas Novembris.

Anno MCV.

PHILIPPUS I. Rex Francorum jubet bona Episcoporum Carnotensium defunctorum intacta servari.

IN nomine sanctæ & individuæ Trinitatis, Amen. PHILIPPUS Dei gratiâ Francorum Rex. Notum fieri volumus universis in Regno Francorum per futura tempora successuris, quod Domnus Ivo sanctæ Carnotensis Ecclesiæ venerabilis Episcopus humili devotione celsitudinem nostræ serenitatis adierit, obnixè deprecans, ut pravam consuetudinem in domibus Episcopalibus ejusdem Ecclesiæ à Comite Henrico cognomine Stephano, & Adela uxore ejus, concessione filiorum suorum Willelmi, Theobaldi, Odonis, Stephani, remissam & libertatem prædictis domibus & rebus in eisdem collectis à prædictis Comitibus donatam concederemus, & nostra pragmatica sanctione firmaremus.

Cujus pio desiderio assentientes, & æquissimæ postulationi aurem inclinantes, secundùm tenorem scripti, quod de prædictis rebus prætaxati Comites fieri decreverunt, nostræ majestatis auctoritate res prætaxatas à pravâ consuetudine liberamus, domum scilicet, & domûs ejusdem ferrum, plumbum, vitrum, lignum, lapides, cæteramque supellectilem, scilicet tabulas, scamna, scabella, vasa vinaria, lectos, necnon coquinas & horrea, granaria, cellaria, torcularia, furnos, furnorumque domos, sive in urbe, sive extrà urbem, silvas ut non vendantur, nec succidantur, nec dentur; annonam quoque, vinum, fenum, oves, & boves, & cætera animalia, omniaque reliqua mobilia, quæ congregata, vel collecta fuerint, sive in urbe, sive extrà urbem, ante obitum, vel discessum Episcopi cujuslibet, intacta manere firmamus: illis profutura, quibus Episcopus reservare, vel donare, seu per se, seu per œconomum suum decreverit, vel majores personæ Ecclesiæ, si id Episcopo aliquâ occasione, prævento, facere non licuerit. Concedimus etiam ut exacto, quæ defunctis Episcopis, vel discedentibus fieri solet, in servientes Episcopi vel rusticos, de cætero nunquam fiat.

Hæc omnia sicut à prædictis Comitibus concessum est, & firmatum, & nos, ut prædictum est, concedimus, & per pragmaticam sanctionem nostram firmamus testificante charactere nostri nominis, & sigillo nostræ Majestatis. Philippus Dei gratiâ Francorum Rex. Actum & confirmatum Parisiis anno Dominicæ Incarnationis M.C.V. anno verò regni nostri XLVI.

Ejusdem argumenti PASCHALIS II. *Litteræ ad Canonicos Ecclesiæ Carnotensis.*

PASCHALIS Episcopus, servus servorum Dei Carnotensis Capituli Clericis salutem & Apostolicam benedictionem. Quoniam pravas consuetudines in domibus & rebus Carnotensis Episcopi defuncti vel depositi, Comites quondam Carnotenses habuerunt, vestra memoria recognoscit: fratris Ivonem nostri Ivonis Carnot. Episcopi labore & industriâ ab egregio Comite Stephano, sicut scitis, impetratum est, ut easdem consuetudines abdicaret. Nos autem ne quis ulteriùs eadem præsumat, decreti nostri paginâ interdiximus. Nunc vestram sollicitudinem præmonemus, & monentes præcipimus, ut si fortè aliqui Carnotensium Comitum, vel Ministrorum eorumdem aliquando cupidâ temeritate; & temerariâ cupiditate libertatem à Comite concessam à nobis confirmatam infregerint, tamquam Ecclesiastici juris sacrilegii pervasores à vobis vel successoribus vestris excommunicentur, & eis Ecclesiæ tam civiles quàm suburbanæ usque ad satisfactionem claudantur.

Addimus etiam, ut si Episcopus amittendi Episcopatum timore, vel electus in Episcopum, acquirendi ambitione, illius sacrilegii patratores absque satisfactione absolverit, vel supportaverit, tamquam sacrilegii particeps & Episcopatûs emptor, abdicetur. Novis siquidem moribus novum convenit antidotum adhiberi, & Ecclesiæ salutem modis omnibus conservari. Datum Laterani VII. Kalend. Aprilis.

Fundatio Abbatiæ SS. Trinitatis in Novoburgo à GUILLELMO *Comite facta pro sanctimonialibus.*

Anno cit. MCV.

ANno ab Incarnatione Domini millesimo centesimo quinto, ego GUILLELMUS Comes Moretonii, filius Roberti, qui fuit frater Guillelmi Regis Anglorum, construxi Abbatiam Sanctimonialium in honore sanctæ Trinitatis in Novoburgo Moreton. adjuvante fratre Vitali, tunc temporis Abbate Savigniac. existente; cui Abbati de possessionibus meis dedi ad opus Dei ministratum, videlicet pro animâ meâ & animabus dominorum meorum Regum Anglorum & Principum Normanorum, & omnium amicorum meorum, tam vivorum quàm defunctorum, & omnium fidelium Christianorum, in puram & perpetuam eleemosynam omninò liberam & quietam, & ab omni exactione sæculari penitùs absolutam. In primis totum dominicum & dominium meum, & quidquid habebam inter Canciam & Canciolam, & in telonio, in molendinis, & in firmis, & in feriâ, & Ecclesiam sancti Hilarii cum omnibus Ecclesiasticis eidem Ecclesiæ pertinentibus, quam habebat sanctus Ebrulfus. Et pro excambio sancti Hilarii, ego Comes dedi sancto Ebrulfo Ecclesiam de Mrauda cum feodo Presbyteri, sicut de me tenebat, & totam feriam de Juvigney. Et pro quatuor masuris, quas habebat sanctus Ebrulfus in Novoburgo, ego Comes excambiavi Roberto Matriculario; & pro tribus masuris, quas Robertus filius Giraldi habebat in Novoburgo, in excambio habet Rainaldum Fulvum. Hamulfus Vicecomes dedit duas masuras pro animâ suâ Milo Camerarius duas, unam dedit, & alteram excambiavit. Guido de Landeni dedit tres. Robertus Pincerna tres, & unam sanctus Ebrulfus in communi, quam

quam dederunt Canonici. Rogerus filius Theoderici unam , & terram Engenulfi, quam tenuit in Novoburgo. Et Robertus filius Giraldi vineam, quam ibi habebat ; & quidquid per partes. . . . . quæ quicumque ibi habebat, quidquam totum datum est Ecclesiæ sanctæ Trinitatis.

In Angliâ verò dedi ego Comes Guillermus decem libratas terræ in Chevenih ; & in Constantino in parochiâ de Appevillâ ; in Baltesio dominicum meum quod habebam apud Mudelonde, cum medietate marescorum, & unam piscinariam anguillarum , & . . . . terram trium carrucarum, & terram Tirpet, & apud Temchebraïnum unam medietariam , & in forestâ boscum ad ignem , & ad ædificia Ecclesiæ , & omnium domorum suarum, & pasnagium in forestâ , & herbam, & fulgeriam , & juncos ad falcandum , & omnia necessaria sua , sicut ego Comes habeo, Ecclesiæ hominibus mortuum boscum ad necessaria & quitanciam in omni terrâ meâ. Hugo de Pontivis dedit in Surdâ-valle feodum de suspensis, totum concedente me Comite Richardo de Estra , totam terram quam habuit mater sua in Surdâ-valle. Adam de Malâ herbâ dedit septem masuras super pontem de Egrania. Robertus filius Oberni in Rusâ vetulâ sexaginta acras terræ, & in Monte fauciello, decem acras. Lodefiodus de Sageyo suam medietariam de Bello-monte.

Et ita ego Guillermus Comes antedictus, fundator Abbatiæ memoratæ, dedi & concessi donationes Baronum meorum, & aliorum hominum meorum factas Abbatiæ & Monialibus ibidem Deo servientibus , quidquid habebam in dominio, & in dominico in Burgo-novo & omnibus aliis locis in chartâ contentis ; quòd nihil mihi & heredibus meis omnino retinui præter denarium in die feriæ meæ , & panagium forestæ meæ de hominibus Ecclesiæ , & retributionem divinam , cum omnibus pertinentiis suis in tegris , in Ecclesiis , in decimis , in bosco & plano , in pratis & pascuis , in viis & semitis, in aquis, in molendinis, in vivariis & piscariis , & in omnibus aliis locis & aliis rebus ad illas pertinentibus , tam ex donatione meâ , quàm aliorum donatorum , in puram & perpetuam eleemosynam penitùs liberam & quietam , benè & in pace , liberè & quietè , plenariè & integrè , & honorificè cum omnibus libertatibus & liberis & consuetudinibus suis. Et volo & concedo Monialibus antedictis, quòd possint ædificare , construere domos, furnos , stagna , molendina ad aquam & ad ventum , & omnia alia ædificia ad habitandum & ad utilitatem Abbatiæ necessaria in omnibus locis à me, Comite, & ab aliis hominibus meis datis & concessis in Episcopatu Ebruicensi, Constantiensi , Bajocensi, bona Ecclesiæ augmentando : & prohibeo ne eis vel hominibus suis vel rebus suis injuria vel contumelia fiat, vel fieri permittatur, quæ ipsæ & omnia sua sunt in manu & custodiâ & protectione meâ.

Anno MCVI. **Epistola I.** HENRICI *Imperatoris ad S.* HUGONEM *Abbatem Cluniacensem.*

Conqueritur de filio quòd is illum insurrexerit.

HENRICUS Dei gratiâ Romanorum Imperator Augustus, Carissimo atque dilectissimo Patri HUGONI, & universis sanctis fratribus Cluniacensis Cœnobii, dulcem filii affectum , ac devotum fratris, imò servi obsequium.

Quia tuam semper pietatem , & paternam erga nos sollicitudinem benignè experti sumus , ita ut de multis sæpè periculis, tuis sanctis orationibus credamus nos liberatos ; idcircò , Pater Carissime, ad te post Deum quasi ad singulare refugium necessi-

tatis nostræ recurrimus , & ut apud te saltem miseriarum nostrarum solatium inveniamus, humiliter exposcimus. Et utinam nobis contingeret faciem tuam Angelicam corporaliter videre , ut tuis affusi genibus , caput nostrum quod de fonte salutari suscepisti , in sinum sanctitatis tuæ familiariter possemus reclinare , ibique peccata nostra deflendo multitudinem tribulationum nostrarum per ordinem enarrare. Sed quia talem nobis consolationem invident non solùm longa terrarum interjecta spatia, sed etiam mira sævientium inimicorum odia , tuam paternitatem omni devotione obsecramus , quatenùs nostræ humilitatis litteras nihil falsitatis aut simulationis, Deo teste , continentes , non dedigneris suscipere, & attentè , & misericorditer intelligere , monstrum inauditæ traditionis nostræ. Quam quidem ut magis mirandum sit , non tam domestica vel inimica manus (nam *si is qui oderat me super me magna loquutus fuisset* , abscondissem me forsitan *ab eo*,) quàm etiam filius uteri nostri unicè nobis dilectus , impiè , inhumanè , & indignè in nos exercuit ; ita ut non absque dolore vel ingenti admiratione possimus clamare ad Deum voce illâ Psalmistæ Regis ; à facie non dissimilis filii fugientis : *Domine quid multiplicati sunt qui tribulant me.*

Scire te credimus , quia audistis non dubitamus, quantâ affectione , & intimâ cordis dilectione , contra voluntatem multorum, eumdem filium nostrum exaltavimus usque ad Regni solium , qui in ipsâ electione suâ nobis juravit Moguntiæ vitam & salutem personæ nostræ ; & quòd de regno & omni honore nostro , & de omnibus quæ habebamus , vel habituri eramus , nullomodò se intromitteret me vivente contra voluntatem, & præceptum nostrum. Idem quoque super Crucem & Dominicum clavum cum lanceâ , coram omnibus Principibus, nobis juravit , cum inthronizatus fuisset Aquis. Verùm his omnibus posthabitis , & obnivionî tradita consilio perfidorum & perjuratorum ; mortaliumque inimicorum nostrorum ita à nobis separatus est , ut omnimodè nos persequi tam in rebus quàm in personâ cupiens, nos privare regno & vitâ , ab eâ horâ semper intenderet. Cœpit enim castra nostra obsidere , & prædia nostra usurpare , quotquot potuit tam de familiâ , quàm & alios sibi contra nos sacramento alligavit. Proh dolor ! cum pro tanto filii exspectaremus , ut tactus dolore cordis intrinsecùs humiliatus resipisceret , magis ac magis furore perfidiæ accensus, nihili pendens Dei timorem & paternam reverentiam , non dubitavit nos de civitate in civitatem persequi, & omnia nostra pro posse invadere.

Sic venimus Coloniam. Proinde cùm ipse in proximâ Nativitate Domini disposuisset colloquium apud Moguntiam congregatis fidelibus nostris cœpimus illuc ascendere. Quo audito , occurrit nobis obviam in locum qui dicitur Confluentia, ibi cum nihil vi contra nos posset agere , cœpit laborare astutiâ , dolo , & omni arte , Misit namque nobis nuntios suos ut secum loqueremur : nos autem accepto consilio nostrorum fidelium annuimus. Postquàm verò illuc convenimus , statim procidens ad pedes ejus cœpimus pro solo Deo & animâ suâ affectuosissimè rogare , ut vellet jam cessare ab inhumanâ patris persecutione. Ille autem è contrâ sub specie & velamine pacis & conventionis , provolutus ad pedes nostros lacrymando rogabat & obsecrabat nos , ut fidei & animæ suæ nos committentes , nostrum & caro nostra erat, non dubitaremus cum eo ad præfatum colloquium . . . . . Moguntiam, illuc nos ipse duceret omni certitudine securitatis , & cum Principibus quanto fideliùs posset de honore nostro sollicitè tractaret, & inde non peracto negotio vel infecto, ad locum quem vellemus securissimè reduceret. His omnibus auditis & intellectis, collaudantibus nostris commisimus nos fidei & animæ ejus, dicentes: Committimus nos animæ tuæ sub eâ fide, quâ Deus voluit filium diligere patrem. Ille verò datâ dextrâ, sub eâdem fide salutis & honoris nostri nos securos reddidit. Hac igitur fiduciâ nihil dubitantes, remisimus nostros ut ad præfatum colloquium redirent; mandando etiam cæteris fidelibus nostris, ut ibidem nobis occurrerent, & sic cum illo profecti sumus.

Cum autem essemus in mediâ viâ, nuntiatum est nobis privatim quòd traderemur. Hoc cum ipse sciret nobis relatum esse, cœpit jurare & detestari nullo modo esse verum, recipiens nos iterum sub præfatâ fide. Deinde in sequenti die circà noctem pervenimus in locum qui dicitur Binga. Mane autem facto circumvenit nos armorum strepitu, & omni genere terroris, dicens se nos nolle ducere Moguntiam, sed ad castrum quoddam. Cum igitur provolveremur ad pedes tam suos quàm aliorum, ut secundùm fidem datam nos duceret Moguntiam, vel nos dimitteret liberos abire, rediturus in termino quem disponeret omni certitudine securitatis ; responsum est nobis quòd nihil aliud liceret nobis facere quàm ad præfatum Castellum ire. Quid plura ? Contrà omnem voluntatem nostram captivos nos duxerunt, ibique retrusi in arctissimâ custodiâ traditi sumus mortalibus nostris inimicis, exclusis omnibus nostris præter tres laicos, nec etiam relictus est nobis Sacerdos, cum de vitâ nostrâ desperaremus, à quo possemus Corpus & Sanguinem Domini pro viatico accipere, & cui possemus peccatorum nostrorum confessionem facere. Ubi, etiam afflicti sumus fame & siti, & omni genere contumeliæ terroris, usque ad ipsum articulum mortis, ita ut certissimum nobis esset nos ulteriùs non posse vivere, quantum in ipso erat, nisi voluntati ejus satisfaceremus. Interea mandatum est nobis, quòd liberationis nostræ nullum esset consilium, nisi extemplo daretur & crux & lancea, cæteraque regalia insignia. Quod ergo indubitanter intellexissemus, nos nullatenus aliter quàm hoc modo liberari posse, mandavimus illis qui erant in Castello ubi regalia habebantur, ut saltem hoc modo vitam nobis redimerent. Qui periculum vitæ nostræ intelligentes, præfatam crucem & lanceam cum aliis insigniis, licet inviti, tradiderunt.

His ita (posthabito Deo, & omni jure & justitiâ) inhumanè peractis, eduxerunt nos de horribili carcere in locum, qui dicitur Ingilheim juxtà Moguntiam, quò venit filius noster cum mortalibus inimicis nostris, & eorum multitudine, relictis fermè omnibus fidelibus nostris Moguntiæ, eâ spe, quòd nos illuc ad eos deberet ducere. Quibus omnibus hac spe deceptis, in præfato loco iterum producti sumus ad crudelissimas quæstiones, & iniquas exactiones, præsente Nuntio Papæ, ubi multa inconvenientia non tam zelo rectitudinis, quàm studio nostræ damnationis, sunt nobis ab inimicis nostris objecta, quæcumque scilicet saluti & honori nostro potuerunt esse contraria. At verò nos cum postularemus, ut liceret nobis respondere, & de omnibus objectis dignâ ratione satisfacere : illi pro imperio tenuerunt, quòd etiam barbari alieni servo non facerent. Cum ergo videremus nobis, violentiam & præjudicium fieri, tunc prævoluti ad pedes eorum cœpimus suppliciter implorare, cum pro Deo, tùm pro suo honore, ut hujusmodi quæstiones & objectiones differrent usque ad Apostolicam sedem, concessâ interim nobis dignitate propriæ libertatis, us-

que ad locum præfatæ sedis ; ubi præsente Romano Clero & populo remoto odio & invidiâ, & cæteris quæ justitiæ sunt contraria, liceret de objectis vel dignè purgare, vel humiliter satisfacere. At cum id quoque nobis inhumanè denegaretur, & nos deinde misè . . . . . . reremus, si qua spes vitæ aut salutis, vel quæ tandem esset . . . . . . copia liberationis. Tum nobis responsum est, quòd à gravi captivitate ita . . . . . . possemus, si ea exequi vellemus quæ nobis, licet contrà jus & honorem nostrum, proponebantur, id est, ut secundùm eorum voluntatem redderemus imperii coronam. Quid plura ? Postquàm à nobis omnia pro voluntate & imperio extorserunt ; abeuntes Moguntiam, in eodem loco nos sine honore reliquerunt : cum ecce mandatum est nobis, quod nisi æternam captivitatem subire vellemus, quantocyùs discederemus. Quapropter locum ipsum detestantes, navim conscendimus, Coloniam festinanter venimus, & sic gratutâ misericordiâ divinæ majestatis à crudelibus inimicorum manibus vix liberati sumus.

Sed jam tempus est tam longæ miseriarum nostrarum tragœdiæ finem imponere ; quam idcircò tuæ, Pater amantissime, pietati deflere curavimus, quia in Deo & in te magna & singularis spes est nobis consilii & auxilii, salutis & liberationis nostræ. Unde quod hactenùs facere distulimus, nunc toto affectu & desiderio animi totum consilium nostrum tuæ fidei committimus, & quidquid de nostrâ cum Apostolico reconciliatione, quidquid de pace & unitate sanctæ Romanæ Ecclesiæ, salvo honore nostro, faciendum esse decreveris, totum nos facturos sine dubio, Deo ubique promittimus. Festina ergo, Pater Carissime, nobis consulere, nec te pœniteat quæsumus, etsi non pro filii liberatione, quia peccavimus in cœlum & coram te, saltem pro mercenarii tui salute laborare. Præterea conquerimus pietati tuæ, quòd filius noster litteris suis mandat ubique regalia omnia sponte nos reddidisse ; quod noverit Sanctitas tua omninò verum esse.

Epistola II. HENRICI *Imperatoris ad* HUGONEM *Cluniacensem.*

HENRICUS Dei gratiâ Romanorum Imperator Augustus UGONI venerabili Cluniacensi Abbati, quidquid licet peccator, tamen spiritalis filius, devotius & humilius suo desiderantissimo & dilecto Patri.

Etsi per familiares Monachos & Fratres vestros tribulationis, & à sæculo inauditæ horribilis traditionis nostræ omnem ordinem vobis, propriis litteris, sicut contigit, significare & mandare disposuimus ; tamen noluimus prætermittere quin per hos nuntios vestræ paternitatis sanctitatem, ut publicanus peccatorum suorum refugium, & naufragans salutis portum, desiderantissimâ devotione deposceremus. Rogamus igitur, venerande Pater, vestræ sanctitatis memorabilem probitatem, quatenùs audita & intellecta nostræ monstruosæ traditionis detestabili miseria, ita caritas Dei quæ in vobis est accendatur pro solo Deo ad defensionem execrabilis injuriæ nostræ, quòd manifestè appareat sanctitatem vestræ paternitatis solo divino respectu sollicitari pro inauditis tribulationibus nostris. Nos enim coram Romano Nuntio de causâ, quæ est inter nos & Papam, consilio religiosorum virorum volumus pleniter agere : verùm quia disposuerant non omninò de hac vitâ perdere, nullo modo voluerunt nos recipere. Iterum tamen qualitercumque tractati simus, ponimus nos in consilio vestro patris nostri, aliorumque religiosorum virorum, quos ad hoc habere

Rogat Hogonem, ut arbiter esse velit illum inter & Papam.

Diplomatum, &c.

vultis, ita ut salvo honore nostro totum Papæ faciam quod disposueritis. De cætero orationibus vestris me committo, venerande Pater, & per vos sanctæ congregationi vestræ præsentari rogamus, & eorum orationi devotissimè commendari.

Epistola III. Henrici *Imperatoris ad* Hugonem *Cluniacensem.*

Gratias habet Hugoni pro restitutâ sibi orationibus sanitate.

Henricus Dei gratiâ Romanorum Imperator Augustus, Hugoni venerabili Abbati Cluniacensi gratiam & salutem.

Visis sanctitatis tuæ litteris, admodum gavisi sumus. Tuas tanto libentiùs suscepimus, quanto ferventiori studio divinæ contemplationi te inhærere novimus. In quibus quoniam te dixisti nimium exultasse de reddita nobis sanitate, de concessa cælitùs filii adoptione, grates paternitati tuæ referimus, grates ex intimo corde persolvimus. Id etiam tam summopere mandamus, quàm humiliter deposcimus, ut tua apud clementissimum Dominum nostrum jugiter non desit oratio, pro Reipublicæ commodo, pro totius regni honore, pro nostrâ nostrorumque salute, ut divinitùs nobis collata prosperitas, Ecclesiarum & populi totius pax possit esse & tranquillitas. Quis enim sapiens tuam orationem, tuorumque non exoptet? Quis insolubili caritatis vinculo retinere non ambiget? quorum oratio tanto purior, quanto ab actibus seculi remotior; tanto dignior, quanto divinis conspectibus exstat propinquior. Quòd autem pro longinquitate itineris negasti potuisse venire sicut jussimus, quamquam gratanter tuum suscepissemus adventum, eo ignoscimus tenore, ut in Pascha ad nos Coloniam venias, si est fieri possibile, quatenùs si audemus dicere, eumdem puerum de quo ita lætatus es, de sacro fonte suscipere, & spiritualis pater tuæ benedictionis munere signares, sicque simul expiati fermento delictorum Paschali solemnitate mereamur perfrui azymis cœlestis gloriæ.

Rogat Abbatem ut è sacro fonte filium suscipiat.

Epistola Anonymi ad Hugonem *Abbatem.*

Orat ut pro defuncto electo Imper. preces Deo offerat.

Dilectissimo Patri & omni acceptione digno Hugoni Abbati ..... quæquæ modo Deo jubente sit, Salutem, & devotum obsequium.

Quia in luctum versa est cithara mea, pro gaudio gemitum, pro exultatione, quam litteræ vestræ fecerant, refero lamentabile planctum. Cor tamen mœrore tabidum refugit ex toto referre. Quapropter & quia velox fama malorum, ut credo, meum vobis dolorem nuntiavit, precor ut dominum meum, quem diutiùs in carne servare noluistis, saltem orando cum vestro conventu defunctum Deo commendetis; filiumque vestrum diù sibi heredem fore ac Deo dignum obtineatis: & turbas si quæ contra eum in vestris vicinis patribus regni sui oriuntur, etiam consilio sedare studeatis. Vale Pater.

Epistola Henrici *Imperatoris.*

Abbatem pietatur, ut illum invisat, quò pacem inire possit cum Summo Pontifice.

Henricus Dei gratiâ Romanorum Imperator Augustus Hugoni Reverendo Abbati, quod filius Patri.

Diù est Domne ac Pater quòd infirmum vestrum sicut soletis non visitastis, & quòd adhortationum & consolationum fomentis contritum vestrum non curastis: Sed proinde pietati vestræ non æstimamus derogandum, sed totum inquietatibus nostris imputandum, quia fortasse Spiritus Domini prohibuit, ne propter infructuosam arborem sanctitas vestra fatigari debuerit. Verùm quoniam tempus est omni rei sub cœlo, & sicut tempus est iræ Domini, ita & misericordiæ ejus, quam vicissitudinem sæpiùs in Israëlitico populo animadvertere possumus, qui peccans à Domino puniebatur, pœnitens dignus veniâ judicabatur: sicut planè factum est quando à Nabuchodonosor muri Jerusalem destructi sunt, templum Domini dirutum, populus captivus ductus est; quando filia Sion sedit per septuaginta annos sine Rege, sine Sacerdote, sine sacrificio: sed rursùm quando cœli distillaverunt misericordiam Dei, sub Cyro Rege Persarum laxata est captivitas, rediit populus, Jerusalem reædificata, templum reparatum, & cæremoniarum ritus ex integro est restitutus. Si ergo, sicut Apostolus loquitur, *hæc omnia in figurâ contingebant illis*, nos qui similem in destructione Ecclesiasticæ Religionis, Domini diù sustinuimus iram, quare in reparatione ejusdem Religionis similem non speremus misericordiam? Hoc itaque exemplo animati notum facimus Serenitati vestræ, quòd pro reparatione ecclesiarum, quæ nostris temporibus nostris peccatis, heu! corruerunt, omnibus modis prout Deus vires dederit, volumus laborare; & sanis consiliis omnium bonorum amodo acquiescere, si quo modo valeamus dispersa colligere, & hiantia cuneo schismatis, unionis glutino coadunare, atque ruinam Ecclesiæ, quæ per nos facta est, pacis & justitiæ instauratione recompensare.

Præterea significamus vobis, quòd si Deo propitio Regnum & Sacerdotium in unum recolligere poterimus, post confirmatam pacem ire Jerusalem disponimus, & videre sanctam terram in quâ Dominus noster in carne visus est, & cum hominibus conversatus est, ipso propitio valde desideramus, ut ibi expressiùs eum adoremus, ubi eum alapas, sputa, flagella, crucem, mortem, sepulturam, passum esse pro nobis cognovimus. Hæc autem omnia propterea Sanctitati vestræ indicamus, ut enixiùs pro nobis oretis, & nos Deo cum sancto Collegio Fratrum vestrorum attentiùs commendetis, ut ipse qui nos bonæ voluntatis prævenit misericordiâ, ad fructuosum effectum nostra dirigere dignetur opera.

Epistola Hugonis *Abbatis ad* Philippum *Regem.*

Ex singulari familiaritate, Regem, ut abdicato Regno Monasticam vitam arripiat, adhortatur.

Domino Philippo Dei gratiâ Francorum Regi, Frater Hugo Cluniacensis Abbas, cœlestis Regni dignitatem & gloriam.

Sicut vestræ Sublimitatis prudentia recognoscit, sponteque fatetur, nullo unquam tempore, vel Dignitati, vel Coronæ, vel Amplitudini vestræ contraire conati sumus, nec honorem vestrum, aut gloriam, aut majestatem, in quoquam minui seu defraudari optavimus, sed ea potiùs quæ istis contraria sunt, quibuslibet ista corrumpi possunt, longè à vobis semper fore, fide non fictâ & optamus assiduè & oramus: & si quid horum, videlicet contrariorum ac corrumpentium ex humanâ vobis tentatione atque infirmitate inhæsit, illud Deus amoveat, illo vos purget, illo vos ad plenum emundet; Quia verò Mansuetudo vestra ex multâ quâ vos præditum scimus humilitate ad hoc se non dedignatur inclinare, ut quod restat temporis, nobiscum se unanimem ac concorde vivere velle fateatur, suamque nobis benevolentiam offerens, nostram devotè reposcat, id gratulanter amplectimur, & super hoc corde benivolo exultamus, dicentes: *Gloria in excelsis Deo; & in terrâ pax hominibus bonæ voluntatis.*

Et quoniam Deus januam nobis dulcis familiaritatis ad vos de se alloquendum aperuit, nunc vobis primùm aperimus, quod de vobis non nunc primùm cogitare cœpimus & optare; ut propensiorem affectum & intentionem majorem a modo habeatis ad bonum: ad verum dico bonum, ad summum bonum, quod Deus est. O magne amice, recordamini quia me aliquando interrogastis, an aliquis unquam de Regibus factus fuerit Monachus. Respondi, etiam. Sed etsi de nullo alio certi essemus, solius sancti Guntranni Francorum Regis exemplum sufficeret, qui relictis sæculi pompis, & vanitatibus, & illecebris factus est Monachus imitans illum, qui cum dives esset, pauper pro nobis factus est, ut suâ nos paupertate ditaret. Igitur si nos regnum delectat, & potestas, & dignitas, imitamini quod auditis; quia sic & verè Rex, & verè potens, & verè dignitatis compos, & perenniter dives esse poteritis. Moveat etiam vos ac perterreat contemporalium, vicinorumque vestrorum, Willelmi, dico, Anglorum Regis, & Henrici Imperatoris, lamentabilis casus, plangendusque interitus: quorum alter unius sagittæ ictu, non in bello, sed in bosco sub momento temporis interiit. Alter multos angores gravesque ærumnas, quas diù sustinuerat, nuper, sicut vos audivisse jam credimus, defecit. Qui quomodo nunc se habeant, quidve sustineant, quis hominum novit? Propter quod, ô Rex amicabilis, apprehendite jam ad plenum timorem Domini, assumite sanum & tutum consilium animæ vestræ; ne, quod Deus avertat, contingat vobis, sicut præfatis Regibus contigisse dolemus. Sunt enim casus vitæ humanæ innumeri, innumerabilia mortium genera. *Et horrendum est incidere in manus Dei viventis.* Igitur mutate vitam, corrigite mores, appropinquate Deo per veram pœnitentiam, vel conversionem, perfectam. Quam videlicet pœnitentiam, vel conversionem, nec faciliori, ut credimus, nec certiori viâ potestis apprehendere, quàm quod multum volumus & optamus, monachicâ professione. Ecce Principes Apostolorum, Judices Imperatorum, & Regum, & orbis, beatus Petrus & Paulus, parati sunt recipere vos in domum suam hanc, quam Patres nostri asylum pœnitentium nominaverunt. Et nos parati sumus vos ut Regem habere, ut Regem tractare, ut Regi servire; & pro vobis Regi Regum devotiùs supplicare; ut vos propter se ex Rege Monachum, ex Monacho in Regem per se restituat, non jam in brevissimo atque pauperculo terræ angulo, tempore modico dominantem, sed in amplissimâ ac felicissimâ cœli latitudine secum sine fine regnantem. Amen.

PASCHALIS II. Papæ.
De legatione S. A. datâ GIRARDO *Engolismensi Episcopo.*

PASCHALIS Episcopus servus servorum Dei, Venerabilis Fratribus Archiepiscopis, Episcopis, Abbatibus, atque Principibus per Bituricensem, Burdegalensem, Auscitanam, Turonensem, atque Britannicam Provincias constitutis, & cæteris tam Clericis quàm Laïcis, Salutem & Apostolicam benedictionem. Apostolicæ sedis auctoritate providentiâque compellimur, cui auctore Deo præsidemus indigni, non solùm vicinis & proximis, sed procul etiam positis fidelibus, quæ ad salutem spectant animæ providere: quod quantum in nobis est, auxiliante Domino, implere satagimus. Proinde vobis carissimi fratres & filii, Apostolorum Petri & Pauli benedictionem impendimus, & paternâ vos affectione cohortamur in Domino, quatenùs usque in finem, firmum propositum justitiæ teneatis, laboris mercedem maximam in æternâ gloriâ percepturi. Ut autem penes vos habeatis, apud quem querelas vestras atque negotia, cum oportunum fuerit, referatis, cujusque consilio & hortatu quæ ad salutem vestram attinent, peragatis; Vices nostras fratri Carissimo Girardo Engolismensi Episcopo commisimus, in partes nostræ sollicitudinis asciscentes. Huic vice nostrâ, ut nostro Apostolorumque in partibus vestris Vicario, ad Dei honorem & ad salutem animarum vestrarum fideliter obedite, ut vobis per Dei gratiam collaborantibus, quæ exstirpanda sunt exstirpare, quæ corroboranda sunt corroborare prævaleat. Nec sollicitudinem, fratres Carissimi, pigeat; cum necessitas Ecclesiasticæ utilitatis exegerit, Synodales cum eo celebrare Conventus, quos nimirum convocandi nos ei vice nostrâ potestatem indulsimus. Data Laterani XVIII. Calendas Maii.

RAIMUNDI *de Banzâ & uxoris ejus Donatio dum filium offerunt ut fiat Canonicus Regularis in Ecclesiâ Cadurcensi.*

EGO RAIMUNDUS de Banzâ & uxor mea ASTORGA, damus hunc filium nostrum Petrum Deo & Protomartyri Stephano Caturcensis Ecclesiæ, ut ibi Canonicus Regularis serviat omnibus diebus vitæ suæ, damus ei tertiam partem Ecclesiæ Autoire, scilicet de decimis, de decimatore, & presbyterio, & de omnibus omninò rebus quæcumque inde proveniunt, concedimus Beatissimo Stephano Caturcensis Ecclesiæ tertiam portionem, ut liberè possideant Canonici ibidem regulariter conversantes omni tempore. Si verò vel Episcopus, vel Præpositus, vel quælibet hujusmodi persona aliquid à mensâ vel communione Fratrum distraxerit & subripere voluerit, ita discernimus fieri, ut unus ex filiis vel fratribus nostris vel ex propinquioribus cognatis nostris, statim in suos retorquere conetur. Et ipse Raimundus qui chartulam istam fieri jussit, & Ugo filius ejus & cæteri fratres, & W. de la Mota, & Geraldus de Palmas. Scripta est charta ista mense Maio, XIII. Kal. Junii. Regnante Philippo Rege, in diebus domni Geraldi prædictæ civitatis nobilissimi Episcopi.

Testamentum HUMBERTI *Guerilla.*

IN nomine sanctæ & individuæ Trinitatis, Patris & Filii & Spiritûs-sancti ab utroque procedentis. Ego HUMBERTUS Guerilla pro salute & remedio animæ meæ & parentum meorum relinquo, imò dono & concedo Deo & sancto Eparchio totam illam pravam consuetudinem, seu injustitiam, vel inquietudinem, quam in terrâ sancti Eparchii, quæ vulgo Vicaria appellatur, violenter & injustè per occasionem Vigeriæ capiebam. Hæc terra lata est & spatiosa, & de mensâ S. Eparchii specialis ac propria. Hanc quippe terram Arnaldus, Buchardus, & alii antecessores mei peccatis suis facientibus, per potestatem vicariam plùs justo vehementer vexaverunt, & ad magnum detrimentum hactenùs eam deduxerunt.

Nunc ego, ut Deus Omnipotens eis parcat & clementer indulgeat, & mihi peccatori remissionem faciat, ad continuam quietem & perpetuam libertatem reduco; delens & exstirpans omnes illas antiquas, & frequentes molestias, atque nefandas oppressiones, quibus patrimonium S. Eparchii usque hodie malè premebatur: & Sanguinem nominatim, id est justitiam sanguinis, quam requirebam, relinquo, quocumque modo vulneratio, vel sanguinis effusio facta fuerit in totâ terrâ illâ, amodò & usque in sempiternum, de justitiâ S. Eparchii, & Monachorum ejus sit; nisi tantùm in morte hominis: nam sanguis qui tantummodò in morte hominis effundetur, meus erit ad justificandum. Has itaque quatuor justitias solas, quæ de meo feodio esse dignoscuntur, id est furtum, incendium, raptum, homicidium mihi retineo. Ita ut si in furto, vel in incendio, vel raptu mulierum, effusio sanguinis evenerit, non meæ justitiæ, sed justitiæ sancti Eparchii & Monachorum ejus erit. Insuper quoquo modo sanguis evenerit in totâ terrâ illâ, nisi in morte hominis, S. Eparchii, sicut dictum est, & Monachorum ejus erit.

Has igitur quatuor justitias, furtum, incendium, raptum, homicidium, quæ mihi, sicut prælibatum est, retineo, non ideo retineo, ut per hanc occasionem sanctuarium Dei ultrà velim fatigare; quia Deus, qui conscientiæ testis est & Judex, non irridetur, sed ut ipsam terram à tantis criminibus, & nefariis operibus debeam mundare, & custodire. De cætero totam terram illam absque ullâ retractatione liberam, & ab omni contagio noxiæ consuetudinis quietam censeo; remotis vexationibus, ac cunctis gravaminibus, ut usibus & stipendiis, atque diversis utilitatibus servorum Dei perpetuâ lege inviolabiliter famuletur; quatenus sine aliquâ intolerabili necessitate pro nostrâ & omnis populi Christiani salute divinam misericordiam quotidianis precibus eos exorare delectet.

Hoc autem Testamentum priùs apud Ajarniacum Castrum infirmitate validâ correptus, ac timore mortis perterritus die Calendarum Augusti per manum Hugonis Abbatis composui, atque ad præceptum ipsius Abbatis datâ fide meâ, sic me observaturum professus sum: necnon Petrus Guerilla nepos meus datâ fide suâ firmavit, ac majoris firmitatis gratiâ, prece & præcepto nostro commonitus, super altare S. Petri posito sancto Evangelio juravit. Petrum quoque Baldrandi virum industrium per fidem suam ipsi Abbati obsidem contuli, sub testibus Richardo de Montebruno, Fulcone Barbosté, Ramnulfo Roil, & aliis multis.

Tempore verò procedente cum de infirmitate illâ convaluissem, & contentio inter me & ipsum Abbatem oriretur propter justitiam sanguinis, quam requirebam; tandem per justitiam Girardi Episcopi convenimus apud Varnum villam, Episcopalem; ubi convenit frequens turba bonorum virorum, & prudentium, quorum consilio & assensione in manu ipsius Episcopi, atque in manu jamdicti Abbatis, totum sicut superiùs tractatum est, reliqui, dedi, concessi & contuli sine simulatione ad laudem & gloriam nominis Dei, & ad remedium animæ meæ, & decessorum meorum; atque ad utilitatem Ecclesiæ S. Eparchii, Amen.

Posteà in Capitulum Fratrum veni, per hoc pargamenum præsente Conventu, atque præsente Willelmo Comite Tallifer, necnon aliis nobilibus viris assistentibus in manu ipsius Episcopi Girardi, atque in manu præfati Abbatis Hugonis, sicut superiùs dispositum est, dedi & concessi. Egrediens verò à Capitulo donum super altari sancti Eparchii pro hoc ipsum pargamenum posui, ac manu meâ subter firmavi.

† Sign. Girardi Episcopi. † Sig. Hugonis Abbatis.
† Sign. Willelmi Comitis cognomento Tallifer. † Sig. Willini de Borno. † Sign. Humberti Guerillæ. † Sign. Arnaldi de Portâ, †. Sig. Petri Guerillæ. † Sign. Petri Baldrandi. † Sign. Humberti Arnaldi de Montignac.

† Sign. Alduini Ostendi. † Sign. Arnaldi Ademari. † Sign. Villini Jordani. † Sign. Joselini de Castello Novo; regnante Philippo Rege Francorum: atque Willelmo Taglifer Comite in Engolismâ.

THEOBALDI *Stampensis ad Episcopum Lintolniensem.*

De quibusdam in divina pagina titubantibus.

SI quis prædicat & prædicando temerè deffiniat aliquem non posse salvari quâcumque horâ manus suas pœnitentiæ dederit, fallitur, sicut veritas testatur, nec catholicè sentit. Ipsa enim inquit: *In quâcumque die peccator conversus fuerit, peccata ejus non reputabuntur ei; sed vitâ vivet, & non morietur.* Inde Augustinus contrà Faustum: « Pœnitentiâ cordis aboleri peccata, etiam in ultimo vitæ spiritu indubitanter credimus. Qui verò » aliter sentit, non Christianus est, sed Novatianus. » Inde Gregorius super Ezechielem: » Nunquam « sera est pœnitentiæ, Propheta asserente: *Quâcumque horâ peccator ingemuerit, salvus erit.* Nec latro in cruce pendens veniam habuisset, si bona voluntas unius horæ non subvenisset. « Inde Hieronymus contrà Jovinianum: » Pœnitenti, & vero corde gementi, si statim moritur, bona voluntas ipsa opera fecisset, reputabitur. « Inde ad Damasum: » Ne cui sera videatur esse pœnitentia, Christus in cruce pœnam homicidii fecit martyrium. « Cui consonat Hilarius dicens: » Pœnitudo mores immutat, & longa temporum crimina in ictu oculi pereunt, si bona cordis nata fuerit compunctio. « Est autem compunctio, humilitas cordis cum recordatione peccatorum & lacrymis. Inde Gregorius in Moralibus. » Omnis strepitus pravæ actionis obmutescit « vi bonæ compunctionis. « Si enim cor verè dolet, » vitia contrà nos obmutescunt; & à mente tribulatione doloris attritâ tamquam fumus evanescunt. Iste est Spiritus qui conterit naves Tharsis, id est vis compunctionis, quæ mentes mari, id est, mundo deditas, tribulationis gemitu salubriter afficit. Inde Ambrosius: » Vera peccati pœnitentia est, ab eo quod pœnitendum intellexeris, desistere. « Inde Calixtus Papa: » In pœnitentia tantum valet longitudo temporis, vel confessio oris, quantum vera compunctio cordis: si quis enim ore confitetur, » & corde non credit, inter illos computatur, de » quibus legitur: *Populus hic labiis me honorat, cor autem eorum longe est à me.* « Inde Alexander Papa: » Nihil ita Dei misericordiam captat, quemadmodum cor pœnitentis. « Inde Presbyter Venerabilis: » In Christianis non principium, sed finis quæritur; quia unusquisque de fine suo judicabitur. « *Cujus enim finis bonus est, ipsum quoque bonum est.* Quid etiam ipse Deus mulieri in adulterio deprehensæ respondeat, audiamus: *Vade, jam ampliùs noli peccare.* Petrus autem culpam trinæ negationis, foras egressus amarissimè flevit, & mox ab ipso Domino indulgentiam habere meruit. Quem Papa Gregorius imitatur dicens: » Lacrymis amarissimis conscientiam nostram baptizemus, « quia post baptismum magnitudine peccatorum vitam inquinavimus. « Nemo tamen de magnitudine peccatorum desperet, dicendo: Peccata mea multa sunt in quibus usque ad senectutem perseveravi, & jam ampliùs veniam non potero promereri, maximè quia illa me dimiserunt, non ego illa. Absit ut talis de misericordiâ Dei desperet; magna namque, &, ineffabilis Dei pietas, non vult alicui in aliquo tempore ponere metas. Quicumque enim ni-

Anno circ. MCVIII.

Quæ vera sit pœnitentia ostendit.

Ezech. 18, 12, 18.

Rom. 10. 13.

Matt. 15. 8.

Joan. 8. 11.

446   Miscellanea Epistolarum,

mio peccatorum fasce gravantur, si gravati ad Dominum convertantur, illico peccatorum nimio fasce alleviantur. Deus enim magis approbat in extremis vitæ puritatem mentis, quàm longam cordis munditiam in fine à bono deficientis. Verbi gratia: Latro per ante facta dignus erat inferno; sed puritate mentis coronatus adiit paradisum. Quidam verò Eremita Angelicam vitam ducens, dignus erat paradiso, sed semel lapsus in culpam, damnatus descendit ad infernum. Ampliùs, sicut sanctum Evangelium testatur, pater-familias undecimâ horâ conducit operarios, & æqualem vitæ mercedem solvere dignatur. Unde constat quòd pœnitentia non est in numero dierum, vel in longo tempore afflictionis; sed in amaritudine cordis. Qui enim in Christum credit, etiamsi in multis moratur peccatis, fide suâ vivit in æternum, sicut ipse ait in Evangelio: *Ego sum resurrectio & vita; qui credit in me, etiam si mortuus fuerit, vivet.* Et alibi: *Ego sum via, veritas, & vita*; via sine errore quærentibus; veritas sine falsitate invenientibus; vita sine morte manentibus. Quod autem Apostolus ait: *Corde creditur ad justitiam, ore autem confessio fit ad salutem*; verum est, quia confessio pœnitentibus necessaria est. Quod enim de Christo credimus, non erubescere, sed confiteri coram omnibus debemus. Et si aliquis pro fidei confessione occiditur, licet quibusdam vitiis sit præpeditus, tamen in illâ occisione ita mundatur, ut statim in æternam gloriam suscipiatur. Et hoc est, *Ore autem confessio fit ad salutem.* Cum autem confessio oris fiat ad proximum, confessio cordis ad Deum, si aliquo eventu confessio oris impediatur, non tamen idcircò cordis confessio infructuosa reprobatur. Augustinus enim de Sodomitis in lacu submersis tractans, dicit quòd quidam ex illis salvati sunt, per bonam compunctionem, & verum cordis gemitum, quia non solùm superfluæ cogitationes, sed etiam pravæ actiones ante vim compunctionis fugiunt.

Si quis tamen importunus asserit neminem posse salvari, nisi possit ore confiteri, non benè discernit confessionem, nec ejus talem cognovit divisionem. Confessio alia cordis, alia oris, alia utroque modo. Bonum est quidem & laudabile confiteri corde & ore, Jacobo Apostolo attestante qui ait: *Confitemini alterutrum peccata vestra*, &c. Quâ auctoritate, sicut quidam putant, non lædimur; quia hoc tantùm tanè de valentibus & confiteri nolentibus intelligitur. Quia nimirum si aliquis pro aliquâ infirmitate, sive etiam ab ipsâ nativitate confiteri ore impotens efficiatur, cum bonam & discretam confitendi ore habeat voluntatem, si corde confiteatur, discretorum judicio prorsùs alienus à salute non judicatur. Inde Propheta; *Desiderium pauperum exaudivit Dominus*, id est, humilium non de se, sed gratiâ Dei confitentium. *Petitionem cordis eorum audivit auris tua.* Et alibi: *Sacrificium Deo spiritus contribulatus, cor contritum & humiliatum.* Inde Salomon: *Omni custodiâ serva cor tuum, quia ex ipso vita procedit.* Quod autem aliquis loqui corde vel confiteri posse, ipse Deus apertè demonstravit, cùm Moysi tacenti respondet: *Quid clamas?* Tacebat enim quantum ad strepitum vocis, sed loquebatur devotione cordis. Proinde si quis toto corde, totâ animâ, & totâ mente Deum diligeret, & affectum tantæ dilectionis labiis explicare non valeret, quis præsumptuosus etiam à misericordiâ Dei alienum judicare præsumet? Cùm enim interioris hominis facies per bonam compunctionem ab omni vitio purgata renovatur, & renovata per verum gemitum munditiam cordis consequitur, licet vocem perdiderit, non tamen est ab illo divisus qui dicit: *Beati mundo corde, quoniam*

ipsi Deum videbunt: videntes amabunt, amantes laudabunt. Sicut enim dicit Augustinus: Hoc erit officium divinæ Majestati adstantium, scilicet, videre, amare, laudare. Videbimus enim & amabimus, amabimus & laudabimus; hæc tamen laudatio non fiet sonabili verbo, sed potiùs ibi erit vox ipsa dilectio. Nam qui in se fremit, bona Dei & mala quæ ipse reddidit computando, & in corde gemit seipsum de peccatis increpando, meliùs sine voce loquitur, quàm si voce sine istis loqueretur; æternam vitam si ore petimus, & corde non desideramus, clamantes tacemus. Si verò desideramus ex corde, etiamsi ore conticescimus, tacentes clamamus. Hinc Hieronymus: Quidquid vis & non potes, Deus factum computat. Sicut enim deliberatio cum molimine vitiorum damnatur, sic quoque bona voluntas, cum deest copia agendi, remuneratur: quia non secundùm hoc quod quisque non potuit, vel non licuit, sed secundùm hoc quod fuit & proposuit ex conscientiâ accusatur vel defenditur, cum Deus judicabit occulta hominum. Ideoque nemo desperet, qui in fine corde pœnitet, quia non est locus diabolo nisi ex nostro desiderio. Unde Ambrosius super Lucam libro decimo: » Petrus doluit « & flevit, quia erravit ut homo. Invenio quod flevit, non invenio quid dixerit. Lacrymas ejus « lego, satisfactionem non lego. Lacrymæ enim confitentur; lacrymæ culpam sine voce loquuntur; lacrymæ veniam postulant, & meritum inveniunt. « Petrus tacuit, & bonus Petri fletus delictum abluit. « Quod autem Augustinus ait: » Nisi quis longo tempore ante mortem confiteatur, non purgatorio igne « purgabitur, sed æterno supplicio damnabitur; « benè intelligenti nihil obest. Longum etenim tempus accipit, omne illud tempus quod est sufficiens correptioni. Nam quicumque confitetur in tempore sufficiente ad correptionem, confitetur longo tempore ante mortem. Unde Celestinus Papa: » Vera ad « Deum confessio hominum in extremis positorum, potiùs mente quàm tempore æstimanda est. « In Decretis etiam Pontificum legitur, quod si quis ore confiteri non possit, indicia exteriora faciat, & post ei sacratissimum Corpus est committendum, nec de eo defraudandum. Non igitur secundùm Decreta Pontificum sequitur, si non potest ore confiteri, non potest salvari. Quia sicut auctoritas clamat: Deus non de facto, sed de voluntate judicat. Nihil enim bonâ voluntate felicius, quia nihil est Deo bonâ voluntate pretiosius. Inde Cyprianus: Cum multa in lege jubeantur, quæ ab Apostolus impleri non posse testatur, hîc bona voluntas quæritur quæ in nostro arbitrio est, & quæ sola potest sufficere, & primum habere. Unde rursum auctoritas: Nunquam vanus est vacua à munere, quoties arca cordis repleta fuerit bonâ voluntate. Ampliùs, sicut præfatus Augustinus in libro Confessionum testatur: » Nemo sine bonâ voluntate benè operatur, etsi judicio hominum « benè operari videatur. « Sicut enim mala voluntas, quæ prima est mors animæ, dicitur damnare; nullum enim opus malum sine malâ voluntate, testante Augustino & dicente, peccatum est voluntarium, quòd ubi non est voluntas, non imputatur peccatum: sic quoque bona voluntas salvat, & salvatos perenniter coronat. Ad cujus bonæ voluntatis commendationem Angelus ait pastoribus: *Gloria in Excelsis Deo, & in terrâ pax hominibus*, non aliis, sed *bonæ voluntatis*. Patet ergo quod quicumque bonam voluntatem habebit in terris, pacem indubitanter & gloriam consequetur in cœlis. Amen. Si quis verò hanc Epistolam improbare voluerit, & hos præfatos Doctores Catholicos recipere noluerit, lapide percutiatur, percussus comminua-

---

Pœnitentia non tempore, sed cordis amaritudine ponderatur.
Joan. 11, 25.
Ibid. 14, 6.
Rom. 10, 10.
Ibid.
Varia confessio.
Jacob. 5, 16.
Quando oris confessio non necessaria.
Psal. 10, 17.
Ibid.
Ibid. 50, 18.
Prov. 4, 23.
Exod. 14, 15.
Matt. 5, 8.

Quàm etiam bona voluntas.
Luc. 2, 11.

tur, comminutus in pulvere redigatur.

Ejusdem Pharitio Habendonensi Abbati.

PHARITIO Venerando Habendonensis Ecclesiæ Prælato, Domino suo, & indubitanter amico Theobaldus Magister Oxenefordiæ, sic suorum curam subditorum gerere, ne mors in olla dicatur esse. Quòd mihi morum vestrorum honestatem, & filiorum non fictam caritatem prædicanti, calumniam de salvatione puerorum non baptizatorum, ita ex abrupto, ita etiam digito discretionis remoto, sicut plures aiunt, nudiustertius imposuistis, vehementer admiror, cùm priùs ut homo discretus debuissetis esse cognitor, quàm, ut ita dicam, salvâ reverentiâ vestrâ, sectæ criminationis accusator, & cum omnis Ecclesia hic de eorumdem perditione potiùs diffiniat: quòd aliquem catholicè sentientem in ambiguum non relinquat. Omnes enim qui catholicè sentiunt, indubitanter asserant, & asserendo non temerè definiunt, aliquem hôc tempore minime membrum Christi posse fieri, nisi ex aquâ visibili, & spiritu invisibili regeneratum, vel quod alio tempore contingere potuit, aliquo alio genere baptismatis purificatum. Unde à beato Cypriano inter Martyres reputantur, qui sæviente persequutione causâ Christi sanguine suo baptizantur. Inde Augustinus de natura & origine animæ ad Victorem scribens, ait: » Noli dicere, noli » credere, noli docere sacrificium Christianorum pro » eis qui non baptizati de corpore exierint, offeren- » dum; sicut sacrificium Judæorum pro eis qui non » circumcisi de corpore exierant, legimus nullatenùs » esse oblatum. « Inde Hieronymus contrà Jovinia- » num: » Pueri si statim post baptisma moriuntur, » per sacramentum pœnitentiæ & fidei salvari dicun- » tur. Sacramentum enim pœnitentiæ notatur ubi » dicitur, Abrenuntio. Sacramentum verò fidei in » nuitur ubi respondetur, Credo. « Manifestum est igitur quod consequens est, pueros hoc tempore non baptizatos proculdubio damnari; baptizatos verò si statim hominem exuant, indubitanter salvari. Si quis autem veritatis inimicus contrà hanc sententiam catholicam vellet delatrare, paratus essem eum sacrilegum, & cum improbum, & scripto & vivâ voce confutare: De nativitate verò sententiarum hoc solùm vobis respondeo, quia multo magis gratulor imitari non errabunda priorum doctorum vigilantium vestigia, quàm modernorum dormitantium sequi falsas opiniones & somnia. Quòd enim veteres Doctores vix pertingere potuerunt vigilando, hoc quoque juniores docere præsumunt dormitando. Vigilantes autem Doctores dicuntur, qui sanè referunt quod à sanctis Patribus rationabiliter audierunt. Doctores verò dormitantes appellantur, qui ex parte suâ semper aliquid novitatis afferre laborant. Unde Hilarius Pictaviensis ait in libro, quem de Trinitate composuit: » Optimus quidem lector est qui refert. « Sciatis igitur me non de afferentibus, sed de referentibus esse; & quamdiu vita comes fuerit, in hoc diligenter perseverare. Hanc autem excusationem nolite judicare invectionem. Non enim judicanda est invectio, sed rationabilis potiùs excusatio, & facta bono zelo. Nolo enim facere mihi inimicum, quem vestra bona moralitas nuper peperit amicum; nec mihi nec vobis adscribitur illud proverbium: *Occasiones quærit, qui vult recedere ab amico.* Valete. Vestrum venerabilem Conventum vice nostrâ salutate, principaliter autem vestrum bonum Priorem, amicum nostrum interiorem.

Ejusdem ad Margaritam Reginam.

MARGARITÆ præcellenti Reginæ, præcellentis Regis filiæ; Theobaldus Stampensis Doctor Cadumensis, illuc canticum fidelis animæ in facie cœlestis sponsi, ut solet, frequentare: *Dirige gressus meos secundùm eloquium tuum, ut non dominetur mei omnis injustitia.* Imprimis dilectioni vestræ non ignotum esse desidero, quatinùs inæstimabiliter interior homo noster cum exteriori gratulatur, & gratulando immensas Deo gratias agere non gravatur, quoniam fama vestræ honestatis, munificentiæ, liberalitatis non solùm per loca vobis affinia propagatur, verùm etiam ferè per totum orbem dilatatur; & dilatando quasi de gradu in gradum promoveri quotidie comprobatur. Est namque munificentia in animo tam liberalissimo, lapis pretiosus in purificato auro: sicut enim species illa aromatum speciosa, quæ pretiosiùs aliis redolet, odore suo ad se attrahit præsentes; sic quoque liberalitas vestra bono suo odore latiùs redolente absentes aspergit; & aspergendo vobis allicere non desistit. Proinde si maris inconstantia non prohiberet, & præsentatio mea vobis fastidium non generaret; quod semper optavi, vestro aspectui me gauderem præsentare, quia animum meum vestræ visionis fames cruciatum nullatenùs valeo refrænare. Verumtamen si maris inconstantia constans fieret, & aura languida tarditate suâ cursum meum non præpediret, mallem tamen naufragus vestræ visionis satiari præsentiâ, quàm ab ea jejuniis omni carens adversitate redire ad propria. Quod autem de laude vestrâ scribendo per pauca prælibavi, inertiæ vel rusticitati minimè debet imputari; quia nimirum si omnia membra mea in linguas verterentur, non tamen per illa cuncta quæ circà vos sunt laudanda sufficienter explicarentur. Omnimodâ igitur supplicatione vos exoro, quatenùs in hoc mihi permittatis gloriari, ut in numero Clericorum vestrorum deinceps valeam computari. Angelus magni consilii & fortitudinis vobiscum sit, ut recta sapiatis, & recta facere non desistatis.

Ejusdem ad Philippum amicum.

THEOBALDUS Magister Cadumensis Philippo amico suo desiderabili, à laqueo venantium & à verbo aspero liberari. Condoles tibi opprobria, necnon & insultas calumnias non rectè judicantium, nec ea quæ Dei sunt satis providâ ratione considerantium sustinenti. Ad quorum insanos sive belluinos latratus confutandos ex Propheticis, & Evangelicis, & Apostolicis scriptis exempla subveniant; quibus doceantur in seipsos descendere, nec aliorum facta temerario dente corrodere: hoc solùm illis respondere sufficiat quod Tullius Cicero testatur: » Facilè divitias despicit qui habet: difficiliùs « viles æstimat qui non habet. « Inde Seneca: » Ven- « ter, inquit, satur facilè disputat de jejuniis. « Quilibet enim facilè disputat de eo quod ignorat. Similiter & illi cum sint omni fœditate sordidati, facilè de abstinentiâ possunt disputare, qui huc usque voluptatibus carnis inhiantes studuerunt deservire. Quod enim non sunt, videri volunt & appetunt; in quo longè à quodam sapiente dissentiunt, qui inter cætera ait: » Malo quidem infamis vi- « deri in conspectu hominum, leviùs peccans co- « ram & apertè, quàm videri justus hominibus, « graviùs peccans coram Deo & occultè. « Unde Hieronymus super Isaïam libro sexto: » Leviùs « malum est apertè peccare, quàm simulare & fin- « gere sanctitatem. « Sunt tamen quidam qui timore hominum peccare non audent, intus tamen habent, & inventâ occasione non mali fiunt, sed quod erant produnt. Lupus & leo similiter cupiunt, sed non similiter nocent; æqua cupiditas, sed ille timet canem, iste non timet. Sunt item quidam qui multo vino nocte dieque madentes, & cuti curandæ curiose studentes, mulierum usum abhorrent & execrantur, quia vitam sibi placere pudicam contestantur, ignorantes quòd vita pudica modus appellatur, nec attendentes Hieronymum dicentem ; scellus esse fœdum & execrabile quòd caper appetat hœdum, cum non desit ei capra. Sic enim Salomonis pagina testatur : illud malum bonum est & laudabile : quod expellit pessimum & abominabile. Cui consonat Augustinus dicens : » Melius est cadere super lectum, quàm super gladium. « Proinde mundus quod verum est non judicat ; sed tantùm ad famam spectat, & bonam conscientiam nullatenùs considerat, & cum culpam proprii magis accusare deberet operis, quàm fragilitatem fratris infirmantis suas vires examinare negligit, nec non vitiis famulatur ad mentem reducit, & cum infertiùs jaceat, quasi ex alto prospectans cæteros spernit.

Multi namque cum luxuriam detestantur & vituperant, avaritiam sub abstinentiæ nomine ut videatur ; palliant ; & quòd Salomon sceleribus avaro nihil esse dicat, non considerant : sicque in avaritiæ voluptate deterius, quàm in luxuria se commaculant. Quid de superbia, quid de invidia cæterisque vitiis ? Quis tam sanctus qui in aliquo horum amicitia non sit conjunctus ? Quorum quidem amplexibus si non luxuriosus ligatur, avarus, invidus, contumeliosus & alii quàm plurimi retinentur: *Initium enim omnis peccati superbia,* & quasi generalis pestifer morbus corpus corrumpit, quæ etiam si esse virtus ostenditur, non per hoc Deo, sed soli vanæ gloriæ placere quærit. Hæc & alia multa vitia in se speciem rectitudinis ostendunt, sed ex pravitatis infirmitate prodeunt, & tantâ arte se palliant, ut ante deceptæ mentis oculos culpas virtutes fingant, & unde quisque exspectat præmia, inde dignus est invenire supplicia : quia cum culpam velut virtutem aspicit, tanto tardiùs deserit, quanto quod perpetrat non erubescit. Deinde multoties Deus suos à corporalibus vitiis non custodit, sicut David custodire non voluit. Multi enim per castitatis, vel alicujus virtutis donum in superbiam cadunt, & quòd ceciderint non agnoscunt. Deus autem permittit eos in luxuriam cadere apertè, quod quandoque minus est, quàm tacitâ cogitatione ex deliberatione peccare. Quia verò superbia minùs turpis creditur, minùs vitatur ; luxuriam cum magis erubescunt, quia turpem omnes noverunt, etiam citiùs hoc malum corrigunt, seque inter alios humiles & viliores recognoscunt, & elationis culpam quâ priùs intumescebant, virtute humilitatis sternunt ; & qui de virtute se extulerant, per vitium ad humilitatem redeunt. Elati quippe castitate non corrigerentur, nisi tentarentur ; nec sancti essent si de castitatis dono superbirent : & sic miro modo dum tentantur, humiliantur, & ejus est desinunt, cujus superbiendo servi fuerant. Non laudo luxuriam ; sed in vitiis ei præfero superbiam. Est enim in luxuria quod ferre jubemur, in superbia verò nihil est quo excusemur. Apostolus enim unicuique suam propter fornicationem concedit habere. Sed & beatus Hieronymus Angelicæ est naturæ dicit non humana, in carne præter carnem vivere. *Deus autem superbis resistit, humilibus verò dat gratiam.* Considerare ergo debemus, quia si non sumus aliis æquales in luxuria, fortassis sumus in superbia, ut tanto humili corde eos respiciamus, quanto nos metipsos inter eos invenimus.

Ejusdem ad ROSCELINUM *Compendiensem Clericum.*

ROSCELINO Compendioso Magistro THEOBALDUS Stampensis Magister Oxnefordiæ : Non plus sapere quàm oportet, sed sapere ad sobrietatem. Quoniam Sacerdotum filios, & alios ex lapsu carnis generatos, non satis providâ ratione culumniaris ; & calumniando illos exleges esse nimis impudenter adstruere conaris, quæ super iis à patribus sanctis rationabiliter audivimus, non quasi præsumendo, sed diligentiæ subserviendo, ad memoriam revocare curavimus. In Decretis namque Calixti Papæ legendo invenimus, & inveniendo legimus : Si quis prædicat Sacerdotem post lapsum carnis per pœnitentiam ad Sacerdotalem dignitatem redire non posse, fallitur, nec catholicè sentit : Si verò Sacerdotibus post lapsum carnis licet ad sacros ordines reverti, multò magis innocentes illos qui ex lapsu carnis orti sunt, sacris licet ordinibus insigniri. Errat enim, errat, & os impudens in blasphemiam acuit & armavit, qui eos appellat & judicat exleges, quos à servitute legis in libertatem gloriæ filiorum Dei gratia liberavit ; quia non est infeliciter natus, qui ad vitam æternam feliciter est renatus. Inde Paulus ait de renatis : *Unum corpus sumus in Christo.* Et alibi: *Heredes quidem Dei, coheredes autem Christi.* Inde etiam Petrus. *In veritate comperi ; quòd non est personarum acceptor Deus ; sed in omnes qui timet Deum, & facit justitiam ejus, acceptus est illi.* Et alibi de renatis : *Genus electum, regale Sacerdotium, gens sancta, populus acquisitionis.* Inde Hieronymus : » Cum baptizatus quilibet de fonte « ascenderit, sacro chrismate ungitur in vertice, ut « cognoscat se promotum esse in regium genus & « sacerdotale, id est, à Christi consortio Christia- « nus vocetur, & æterni regni cohæres fieri com- « probetur. Tegitur etiam post sacram Unctionem « caput ejus sacro velamine, ut intelligat se exor- « nari regni diademate, & sacerdotali, sicut jam « dictum est, dignitate. « Et alibi : *Quicunque baptizati estis Christum induistis:* Sic ergo cujuscumque generis sit ille novus homo, in utero generatur Ecclesiæ, generatus unitati corporis Christi indubitanter aggregatur. Joannes quoque in Apocalypsi : *Qui lavit nos in sanguine suo, & fecit nos Deo regnum & Sacerdotes.* Quâ igitur fronte quidam homunciones non palam, sed è latibulis loquentes, & totam Campaniam libidinosâ peregrinatione polluentes, indignos sacerdotio judicant, quos Petrus & Joannes regali sacerdotio dignos esse confirmant ? Christus quoque in Evangelio docens orare Discipulos, primùm, inquit, *Pater noster:* inde constat omnes renatos esse fratres: Et alibi : *Nolite vobis vocare patrem super terram, unus est enim Pater vester qui in cœlis est.* Si ergo ex eodem patre, & ex eodem sanctæ matris Ecclesiæ utero sumus omnes, nihil est quo alter alteri calumniam imponat, quod quo alter adversùs alterum superbire debeat. Et alibi Dominus inquit : *Vivo equidem, non maneat hoc proverbium ampliùs in Israël, quia filius non portabit iniquitatem patris. Ut enim anima patris, ita & anima filii mea est.* Ideoque Deus nasci voluit de progenie peccatricis, ut discerent homines peccata parentum non obesse sibi. Unde in genealogia Christi nulla sanctarum nominatur, sed Thamar, & aliæ tres quas divina pagina reprehendit, apponuntur ; ut qui pro peccatoribus veniebat, de peccatricibus nasci dignaretur. Inde Agnus ex Pascha immolandus, jussus est assumi ex capreis & ovibus ; quia ex justis & peccatoribus verus Agnus erat generandus. Plùs itaque prodest

Diplomatum, &c. 449

benè vixisse, quàm de justis parentibus originem duxisse. Deus enim vitam hominis, non nativitatem attendit.

Quod autem ipsi objiciunt, quia exleges legitimæ Ecclesiæ præferendi non sunt; bona est quidem sententia & certa, sed indecenter assignata. Assignant etenim illam renatis illis quos mater Ecclesia in Curia Christi recipit, receptos lacte proprio nutrivit, nutritos pane suo solidavit; qui planè adversantur Hieronymo dicenti: « Absit Domine, « ut in tabernaculo tuo sint divites præ pauperibus, « & nobiles præ ignobilibus. » Inde Basilius contra Judæum quemdam de lege sibi data gloriantem : » Vera caritas in Christi corpore non præfert indi-»genam alienigenæ, non nobilem ignobili ; non »pauperem diviti ; sed potiùs omnes per adoptio-»nem spiritûs facit filios, per eumdem spiritum »clamantes, *Pater noster, dimitte nobis debita nostra* : « Sic quoque in Christi corpore ille solus habetur sublimior, qui fuerit in Dei amore potentior. Unde quidam sapiens contra quemdam de nobilitate, sua præsumentem loquitur, dicens : Si longè repetas longeque revolvas, nomen ab infami ducis asylo.

Rursùs quid illi opponunt ? Quod quando homo baptizatur, non conditio mutatur, sed peccata abluuntur, verum est ; sed nullus ambigit hoc esse dictum de mundanis conditionibus ; quòd si quis servus baptizatur, servitus illa non mutatur. Unde Apostolus : *Si servus es, magis utere* : quia servitus illa non est contraria coronæ. Unde alibi : *Servus sis, generosus eris, si mens bona fiat.*

Sis liber, turpis mens tua, servus eris. Ampliùs : Quod prohibetur ne filii Sacerdotum ad Ordines promoveantur, sic est intelligendum secundùm Augustinum, eos, qui hanc prohibitionem audiunt, ab hujuscemodi concupiscentiis abstinere debere. Si enim filius Sacerdotis honestè vivit, ordinandus est. Si verò militis filius inhonestè vivit, repudiandus est : quia magis placet Deo vitæ perfectio, & contra peccatum afflicta, quàm superba de legitimis parentibus gloriatio. Filii namque Sacerdotum non ideo quòd sint exleges refutantur, sicut imperiti homines arbitrantur, sed ut sacerdotes à concupiscentiis carnis refrænentur. Quia nimirum quemlibet sacro fonte renatum, vel plenariè divina mundat gratia, vel sacri mundatio lavacri non est sufficiens nec plenaria ; quod contradicit fides Catholica. Non enim sunt exleges judicandi, quorum Deus ipse est pater, & quos peperit Christi gratia, omnium regeneratorum piissima mater ; nec debemus illis delictum patris, sive thorum matris improperare, sed potiùs morum perfectionem diligenter attendere : quoniam patris sive matris perpetratum crimen non potest filiis paradisi claudere limen. Unde quidam sapiens : Quid meruere pati quocumque thoro generati ? Quod autem filii Sacerdotum ab ordinibus reprobentur, ex rigore justitiæ factum est : sed nullo modo justum est, testante Augustino, quia non justè pœnam portant, qui culpam non commiserunt. Sic itaque illi, prolatores novitatis nova præcepta dantes, & quodammodo virtutem baptismatis evacuantes, qui rationibus suprà dictis oblatrant, dum de hujuscemodi scrupulosè & conventiosè disputant, quasi clauso ostio ad parietem pulsant. Ut autem major honor & gloria filiis Sacerdotum accedat, Joannes Baptista quo nullus major inter natos mulierum surrexit, filius fuit Zachariæ Sacerdotis ; Maria etiam mater Domini & de Sacerdotali progenie descendit, cum dicatur cognata Elisabeth quæ de Aaron originem duxit. Si autem vellem enumerare omnes de lapsu carnis procedentes, qui principa-

tum in sancta Ecclesia tenuerunt, priùs deficeret vita quàm exempla. Inde etiam Jacob omnes, quos de liberis & ancillis genuit, filios æquali honore heredes constituit, nec apud illum præfertur, qui secundùm carnem nobilior videbatur. Quicumque fidem Domini promeretur, nullis maculis carnalis nativitatis obfuscatur. Hoc autem Jacob idcircò fecisse legitur, ut ostenderet quòd non est discretio, Judæus an Græcus, Barbarus an Scytha, servus an liber sit : quia per omnia & in omnibus Christus est. Propterea enim salvator noster & Dominus humanam figuram induit, & pro libero & servo servivit, ut omnibus in se credentibus pari honore & gloria cœlestia præmia largiretur. Salomon etiam qui feliciter, sapienter, subtiliter regnavit, docuit, prophetavit, etsi de lapsu carnis ortus sit, Deus ipsi tamen templum suum ædificare concessit, quod David patri suo legitimo Jesse filio ne construeret, prohibuit ; in quo ipsius Deus patenter innuit, quòd magis approbat vitæ sanctitatem, morum honestatem, quàm legitimæ nativitatis generositatem. Non igitur sibi applaudat dives & nobilis, nec diffidat pauper & humilis, quia *excelsus Dominus humilia respicit, & alta à longè cognoscit* : humiles respicit, ut attollat, altos, id est superbos, à longè cognoscit, ut dejiciat. Sicut enim Apostolus ait : *Nemo coronabitur nisi qui legitimè certaverit* ; cum dicit nemo, nullus excluditur, in superba hujus mundi stultitia confutatur, quæ eum exlegem appellat, & judicat in terris, quem Deus ad dexteram suam collocat & coronat in cœlis.

HENRICI *Romanorum Regis Epistola ad Monachos Cluniacenses.*

HENRICUS Dei gratia Romanorum Rex, P. Patri venerando, & sanctæ Congregationi domûs Dei Cluniacensis, fraternæ dilectionis amplexus, & divinæ militiæ quàm exercent æternum comprehendere bravium feliciter triumphando.

Relatu multorum frequenter audivimus, quia noster avus, & pater, Imperatores beatæ memoriæ, sanctitatem hujus loci plurimùm suis temporibus dilexerunt, & in magna veneratione habuerunt, quoniam æternum auxilio sanctorum virorum qui hìc Deo militaverunt, se consequuturos æternam salutem indubitanter crediderunt. Quorum enim fraternitatem, spem salutis veraciter promittentem, habuerunt, & hujus loci bona ubicumque sita fuere in eorum regno, tam Theutonico, quàm Italico, dilectionis studio custodierunt atque defenderunt. Quos nos in hoc profectò corde & opere desideramus imitari, commendantes eos vobis ; rogando plurimùm, ut eorum memoriam in vestris orationibus apud Deum incessanter faciatis. Hos autem vestræ sanctitatis fraternitatem, & vestrarum orationum auxilium & consolationem habere dignum ducimus, & humili devotione postulamus ; fiduciam habentes in Domino, quòd militiæ vestræ merita, obtinebunt apud Deum nobis salutem corporis & animæ ; regnique nostri pacem & stabilitatem quam in Christo receptamus.

Bona quidem vestra ubicumque fuerint in nostra potestate, tam circa montes, quàm ultra nominatum locum sancti Benedicti, unde nos rogavistis, diligenter servabimus ; & si fortè aliquid adversi in eis acciderit, libenter emendare curabimus. Orate rogamus, pro unitate regni ac sacerdotii, quam diligimus & quærimus, & ut dominus Papa cesset contraire nobis de nostra justitia. Voluntas verò nostra esset, si tibi placeret, ut conveniremus, & tu nostram caperes notitiam, & nos tuam, & inde posset oriri magnum bonum, tùm quia noster sanguineus es, tùm quia tuum vellemus habere consilium antequàm Romam transiremus. Quod Lausannæ posset fieri, si illuc nobis obviam venires octavo die post Assumptionem sanctæ MARIÆ, qui tunc ibi erimus.

Abbas Regis consanguineus.

HILDEBERTI
CENOMANENSIS EPISCOPI,
ac deinde Archiepiscopi Turonensis
EPISTOLÆ.

An. MCVIII.

Epistola I. ad GUILLELMUM *Wincestrensem Episcopum.*

Scripta sua mittit amico.

GUILLELMO Dei gratiâ, venerabili Wincestrensi Episcopo HILDEBERTUS humilis Cenomannorum Sacerdos salutem & obsequiorum instantiam. In me mihi benè complacuit, si quid egi quod tuæ possit voluntati complacere: unde & spiritus meus magno gavisus est gaudio, cum didici transfretasse nuntium tuum ad me, per quem postulares, aliquid ex me: postulasti etenim exarari tibi Opuscula mea, & exarata transmitti. Quo audito hæsi diutiùs, vel amicum offendere mutuens, vel risum legentibus suscitare. Si enim tibi non pareo, delinquo: si præsumo quod exigis, ridiculus invenior. Cum autem necesse esset incidere in alterutrum, malui legentes in me, quàm in amicum delinquere me. Illud si quidem incommodum est, hoc vitium: ibi persona læditur, hîc natura: docente autem Philosopho didici, miseriabilorem esse qui facit, quàm qui patitur injuriam. Ex eo enim est quòd sapiens æquanimiter injurias sustinet, inferre autem vel offensus ignorat. Hanc ergo pro te, Beatissime Præsul, indui sapientiam, ut dum meo morigerarer amico, nihil lætitiæ meæ detrahant linguæ gratuitò detrahentes: successum confiteor, si gratiam tuam vel his vel aliis promereor obsequiis. Hoc autem certum habens, quia mihi vicem rependes si diligis me, & oras pro me. Vale.

Ejusdem II. De laude cujusdam Simonis.

Gratulatoriè amico scribit.

SUccessisse confitebor si gratiæ vestræ limen mihi contingat aperiri; ad quod, nisi fallor, compendiosam inveni viam, cum Simonem vestrum colere decreverim & amare. Usus enim habet ut qui filium diligit, diligatur à patre: diligo autem præfatum juvenem, cujus indoles & multæ mores gratiæ satis expetunt diligi, plùs extolli. Quod ut fiat, dilatari vellem ejus notitiam, eumque fieri Romanæ familiarem Ecclesiæ, in quâ mores hujusmodi & gratiam inveniunt, & mercedem acquirunt. Multis eam frequentasse profuit, qui promotionem, quæ pro conditione subtrahitur, pro vitâ consequuntur. Valete.

Ejusdem III.

Anno MCXI.

Deflet calamitates Ecclesiæ ab Imperatore inflictas.

IN lacrymis effluant oculi eorum, mi dilecte, quos de dolore capitis caritas vulneravit. Ad ludos iterum te voluerаm exhortari sed communis omnium luctus, gaudium impedit singulare. Ecce enim martyrum purpura senescentem rursùs ornat Ecclesiam, & rediviva perfidæ crudelitatis insania, pereuntis mundi reliquias Filiorum Dei pretiosâ morte consummat. Grassatur in plebem Christi funestus satelles, & de pietate pœnas exigit gladius impiorum. Datur in prædam Civitas Romanorum, & Apostolici sedes fastigii cruentis Saxonum direptionibus prophanatur. Adducitur Papa captivus, & iniquorum pedibus Pontificalis infula conculcatur. Desolata mœret Cathedra Sanctitatis; & cui omnes tribus & linguæ servierant, Roma redigitur sub tributo. Polluerunt Ecclesiam Dei canes immundi, & Germanorum cruda barbaries divinæ legis jugulat filios & captivat ministros. Ita nimirum in Ecclesiâ Dei Scripturæ sacræ vaticinium adimpletur. *Facti sunt hostes ejus in capite.* Et rursus in Evangelio dicitur: *Percutiam Pastorem, & dispergentur oves gregis.* Non ergo sine periculo Christianæ Religionis id obvenisse crediderim, ut Rector pariter & Magister Ecclesiæ ligaretur: fortiorem hostis percussit, ut postmodum ei facilior de subjectis esset triumphus: præcisum est caput nostrum, & membra cætera non arescunt? Dux exercitûs Christi ligatur, & miles imperterritus sustinebit? JESU bone! ubi est promissionis tuæ veritas, si cum Ecclesiâ tuâ non permanseris in æternum? aut quid prodest oratio tua, si fides Petri deficiat? Confirma Christe, confirma fidem Ecclesiæ, pro quâ tu rogasti: mane nobiscum, sicut dixisti. Porrò tamen nihil sollicitus in oratione, ne à spiritu circumveniamur à Satana. Ecce enim quem heri laudum præconiis extollebas, quem dilectionis sanctæ sequebaris officio, duobus in mundo miraculis, si fas est dici, coruscat; aut si tibi displicet, duobus alligatur flagitiis, qualia nec in Gentibus sunt audita: quis enim potest præter eum inveniri, qui Patres suos spiritualem pariter & carnalem subdolâ ceperit factione? Iste est qui præceptis dominicis in utrâque tabulâ contradixit: nam ut de his quæ actu priora sunt priùs dicam: patrem carnis suæ non honoravit, sed eum captivavit priùs, & deinceps expulit fraudulenter, & in Deum postmodum & ejus Ecclesiam insurrexit, & de sede Petri Vicarium usque in vincula proturbavit. Felix ergo Papa Paschalis, & omni devotione diligendus, qui sic Apostolicam sedem rexit, ut & Apostolicæ passionis imitator fieri mereretur. Felix vinctus JESU-CHRISTI, cui licet pedes & manus etiam vinciantur, verbum autem Domini nunquam est alligatum: qui autem hujus capitis membrum esse voluerit, capiti suo se debet assimilare conjunctum: spectat enim in contumeliam filiorum, si qua patribus ingeritur injuria; non enim est hujus capitis membrum, non hujus patris filius, non est hujus Prælati subditus, qui non sentit, qui non condolet, qui insultat.

Quantum crudelitatis in Papam Romanum exercuerit Imper. hæreticus.

Laudat Paschalem summum Pontificem, ob perferendas pro Ecclesiâ passiones Imperator.

Ejusdem IV.

NUnquam feliciùs ad desiderium meum sortis adversæ respondit asperitas, quàm cùm mihi de Papa, de Rege, & Romanis lamentatiunculam conscripsisti: adeò namque me, care meus, pagina tua nodis cujusdam necessitatis adstrinxerat, ut si ad ejus primum vellem impetum respondere, apud te quod non vellem, Regem Saxonum accusarem; aut contrà te, quod non deberem, illam domi forisque notissimam gratiam læderem caritatis. Inter has ergo jactatus angustias cum nec contra Dominum tuum ducerem assentari, nec propter amicum honestum refellere quod dicebas; longiùs mecum quid agerem sollicitus pertractavi. Ex imminentibus tandem occasione tristitiæ materiam nactus, ita domesticis angariatus angustiis, ut de criminibus conquerri non vacaret, interim obtuli tibi pro responsione silentium. Sed ecce cum veritas aperitur, & erumpit in lucem Canonicus rigor, disciplina justitiæ, schola virtutum: & iniquitatis, si non rel-

Tamquam prologus ad Paschalis Papæ calumnias diluendas studet, probans quam prudentius se præstiterit se gesserit.

Hildeberti Epistolæ. 451

ondeo, & livoris est, si non collaudo. Cum ergo itorum vel paulisper injuriæ siluerunt, & inter angustias licuit respirare, & veritas ipsa suam quoque peragit actionem & justitiam simul morem gerimus Domino, & te quoque quem forsitan exacerbavimus, complacamus. Quis fecerit strages? Quis sacra polluerit? Quis prophanaverit testamentum, & cum superbia sanctuarium Dei sit ingressus, aut si hæc quispiam fecerit, hoc, obsecro loco mihi liceat præterire? quæ singula sane tam copiose & tam luculenter explanasti, & tam solemnibus vocis tuæ lacrymis complorasti, ut earum me quoque rivulis irrorares, & invitum tecum raperes in querelas. Licet profectò, licet simul Papæ Paschalis tecum præconia non tacere, & non accusare quos amo. Quàm feliciter, sic ais, Papam Paschalem, qui gradus ac nominis sui sic obtinuit sanctitatem, ut quod & nominis ratio designaret, & ex officii Canone mandaretur usque ad sanguinem & docere, & facere non timeret. Benedictus JESUS CHRISTUS qui sic nondum Christianæ castra militiæ inter hostium cuneos dereliquit, ut non eis fortem athletam & ducem optimum providere! Non sobriabitur in Israel amor ejus, & de fortis electæ spoliis non gaudebit, dum Josue nostri pervigilabit instantia: stabit ad ejus nobis fixus in æthere sol indefessus imperium, & nocturnæ caliginis abiget fœditatem, donec de vitiis nobile referat victrix turma trophæum. Sed quoniam mundus in maligno positus est, & amaritudinis multum est & livoris in plebe, puto non deerit qui audeat in hæc verba prorumpere: Ecce quomodo gloria & honore prosequeris? & ad sydera laudibus effers, & virtutis insignibus amplias, quem vidimus ante congressum in acie trepidantem, tubæ clangorem perferre non posse, deditionem moliri non sanguinem, fœdus cum hostibus contra leges & jura ferire, & ad extremum signa relinquere, detrectare militiam, arma projicere, fugere, & latere. Fortis athleta, qui æquè in acie stare, congredi, vincere consuevit: & hunc vocas ad præmium, ad coronam? Hoc persuadere poteras ignoranti: mihi quem viri fortiter facta non fugiunt, de Achar nunquam efficies Machabæum? angariis talibus, aut longè majoribus, Christum Dominum non ambigimus impetendum. Et ipse qui mundo spectaculum factus est & Angelis ejus, fortiter omnia sustinebit: nos vero, qui nos filios ejus profitemur (in contumeliam siquidem suorum, sicut ais, respicit filiorum, si qua patribus irrogetur injuria) in adjutorium ejus & nos ipsos pro illo, periculis exponentes, festinemus assurgere? & tamquam Herculi clavam de manibus extorquentes, assertionibus suis inimicos justitiæ retundamus, ut propriis scilicet duriùs emolumentis elisi gravius confundantur, & reverentiùs erubescant? Utinam autem sic patienter ad audiendum aures nobis patulas præbeant, sicut ardenter ad pungendum linguæ stimulos acuerunt. Si Papa Paschalis pro jure, pro patria, pro testamento Apostolorum ✶ pro republica JESU CHRISTI sponte se manibus obtulit impiorum, si cervicem præbuit ad securim, quid sanctius, quid melius potuit, debuit? quid utilius proximo, quid honestius sibi? nonne sic oderat animam suam in hoc mundo; ut in vitam servaretur æternam? numquid ex Canone legislatoris attenderat, majoris ad proximum locum gratiæ non haberi, quàm si pro fratribus animam quis donaret? quis unquam tribunum accusabit ignaviæ, qui se primum conjecit in vincula, & pro milite obtulit postmodum feriendum? quod si postmodum cessit injuriæ, & tamquam fugiens ut à Sanctorum sanguine & Civium strage jamjamque vibrantis aciem dextræ revocaret,

vel ad horam his quæ rogabantur assensit, & tamquam datis induciis & fœdere collocato, donec urbis instrueret muros, machinas collocaret, & convocaret exercitum, anticiparet angustias, acies ordinaret; ictus suspendit in aëre ferientis? quid prudentius? quid cautius Ducis industria facere posset? quis imprudentiæ condemnabit, qui sic hostium cuneos exarmavit? sic revocavit ad propria, ut ab his quos acceperat vel minimus non perire? numquid non David Rex ille sanctissimus & robustissimus præliator, ne urbis sanctæ mœnia & civium sanguine prophanaret, persequentis filii rabiem fugit; exprobrantium æquanimiter injurias ferens, domo Juda & fortibus Israel postmodum convocatis, ipsum simul & complices ejus acerbius fudit? Impetus sane properat & non statim pervenit ad coronam. Impatientia mox prorumpit, & more torrentis repente siccatur; tormenta balistæ quò amplius retrahis, fortius feriunt. Quod si, ut aiunt, quod ad horam licuit tolerare, cum voluit, permutavit; si auditum fecit in plebe, & testamentum filiis dereliquit: & quoniam illud nisi in morte testatoris non confirmatur, renuntians domo, patriæ, rebus, officio, mortificandus in carne Pontianam insulam commigravit. Quid obsecro, quid habet in hac parte vel improbus livor ut obloquatur, ut rodat? si vero inter extrema nobiscum novus infrequens rumor obtinuit, populi vocibus, & Cardinalium lacrymis revocatus in Cathedram Apostolici culminis iterum moderatur habenas, voces exercet: si Sanctorum Synodum cogit, Ecclesiam convocat, cœtum facit, & à domo Dei omnium vult assensu falce judicii scandala relecare; quod æquum & bonum est ex justitia confirmare; quod differens est ex misericordia tolerare, vel mutare; quod confractum est discretionis fasciis alligare; si se Cleri plebisque judicio sic commisit, ut ex eorum sententia pendeat, an nova capitula cudat, an vetera destruat, aut quæ constituit roboret, aut temporum ratione sic inconvulsa pertranseat; in cathedra commoretur, aut deportetur exilio: numquid hæc quoque lingua pravorum sermonis aculeis non formidabit incessere, condemnare? noli, noli quæso, quisquis es irrumpere temulenter, patrum instituta discutere, carpere mores, accusare doctrinam. Argue, sed cum primum rei exitum comprobaveris: accusa, sed cum perpenderis aberrasse, sed & tunc in spiritu lenitatis: multa ex loco multa ex tempore, multa ex personis differentiùs fiunt. Rector Ecclesiæ nonnunquam aut dissimulabit aut faciet quæ accusat: cum viderit malum schismatis imminere, Canonum locis mutabit: debet cessare censura, cùm dissolvitur unitas, caritas læditur, pax vacillat. Audisti quid legitur. *Turbati sunt & commoti sunt sicut ebrius?* Delibutus unguentis, cruentum militem formidinis non accuses. Nescit plerumque quid prohibere, aut dissimulare, quid præcipere, quid indulgere debeat dispensator: servus fidelis & prudens in tempore tritici mensuram conservis præcipitur erogare: ad mensuram triticum datur, cùm eadem caritas quod rudibus annuit, fortibus negat; cùm pios exercet; & tolerat malos; cùm quod nunc ex rigore præceperat, post paulùm ex indulgentia relaxavit. Paulus Apostolus evacuator legis, & gratiæ Prædicator liberè proclamabat: *Si circumcidimini, Christus vobis nihil prodest.* Idem postmodum quod vetuit fecit. Comam nutriebat: ex voto caput totondit in Cenchris. Nescis, Frater, nescis quàm diligenter, quàm sollicitè patres faciunt quod mireris, quod arguas, quod condemnes. Desine, inquam, spiritualium prosequi sanctiones, secreta rimari, decreta damnare: In Canonibus legitur; Oves pastorem ar-

Tom. III.   L L l ij

guere non præsumant. Quæcumque nescimus quo animo fiant, interpretemur in melius. Universalis Episcopus omnium habet leges & jura rescindit. Ad ipsos venio qui audeant aspirare judicium. Et tu homo, tu cinis, secundùm Deum formica Leonem sollicitare non metuis? Differ, differ in tempus opprobria. Sententiâ Caim damnantur qui patribus injurias irrogarunt. Confitere commissum, pœnitentiam age, concute pectus, offensas luctu & lacrymis lava, & recantatis opprobriis juxtà quod dicitur, palinodiam canta, tu ipse argue, tu ipse sententiam judicis antiticipare festina.

Sed ecce quid feci? dum Epistolam ordior, historiam texui. Libet igitur, libet hoc loco rei summam paucis & brevibus capitulis annotare, ut quod legentis excursus seu festinans seu fastidius pertransiit, tamquam sub verbis duobus arctatum facili valeat etiam mens occupata lectione complecti. Captus est Dux exercitus Christiani, dùm armatus hostibus occurrisset; quisquis eum veritatis fortunam argue, non tribunum: legem quam tulerat alligatus absolvit; insimulanda necessitas, non voluntas; liber factus quod ante reciderat resarcivit: fortis athleta post vulnera, post cruores, surgit acerbior, & cautiùs postmodum ictus excipere, & fortiùs reddere consuescit. Præformatas leges, & jura conscripta ranuntius omnibus ad secreta migravit; hæc est justitia perfectorum: reportatur in cathedram vocibus subditorum. Viri, quæso, mansuetudinem advertamus, humilitatis & obedientiæ quod docebat primus in se proponebat exemplum egregius Prædicator, gestabat in manibus gratiam, quam vocis officio filiis erogabat universalis Ecclesiæ; vel communicandi, vel commorandi, seu rescindendi quod fecerat, seu confirmandi, publica manet certaque sententia, æqui bonique consulit. Satius igitur erit tibi, lingua dolosa, jugi silentio contorpere, quàm viri sancti conscientiæ, quam nescis, accusare. Tu autem cor meum & gloria mea, deliciæ Regum, Principum gratia, decus in Clero, amor in populis, exemplar honesti, speculum gratiæ, fidei forma, & nostrorum Orpheus sæculorum, pulsa fidelibus, & modulos dulces vocis adjunge. Age quod agis, prædica virum sanctum, constantem, discretum, qui sic fugit ut vinceret, sic vicit ut victos absolveret, ita pro subditis se proturbavit in vincula, ut Reges secum traheret vinculatos ad palmam. Posce secretam, coge pierides, & resultantibus organis per varios vocis anfractus ad titulos ejus dulcia laudum cantica modulare; inter fistulas concrepantes raucas tibias liceat, quæso, & calamos quassatos obstrepere, deliciosa varietas in unam conveniat symphoniam. Tu esto David, & me de numero facito succentorum; si tu per singula, si qui non valeo, vel dum respiras in clausulis, interim plausibus potero personare.

Ejusdem V.

Jocunditas mihi & exultatio exuberat, quoties obsequio famæ vos benè valere cognosco. Etenim solemne mihi est vos colere, vestramque promotionem inter meos assignare successus. Inde est ut mihi ad plenitudinem gaudii cedant, quæ circà vos prospera sunt, ad cumulum verò vos esse incolumem. Mendacii arguar si frustra postularis & me quod possit, & expediat amico erogari. Interim rogo ut & me vestra transferatur pagina, quà mysterium vestræ voluntatis transfretet salutis agnoscam.

Ejusdem VI.

Consilium subministrat

SI vera sunt quæ de commisso tibi fratre asseris, desuper implorandum est ei auxilium; quærenda quibus dimicet arma; rogandus ab illo triumphus, qui non patietur eum tentari supra id quod possit, sed faciet cum tentatione etiam proventum ut possit sustinere. Porrò tentationibus fatigari divinum professos obsequium, nemo vel cum audit stupeat, vel desperet cum tentatur, scriptum est enim: *Fili, accedens ad servitutem Dei præpara animam tuam ad tentationem.* Hinc est quòd exeuntem de Egypto Israël Pharao cum curribus & equis persequitur; quòd Satan egressurus ab eo quem tenuerat in vinculis ab infantia, discerpit eum graviùs, & quasi mortuum derelinquit. Hæc sunt prælia quæ necesse est præliari tyrones Christi: his velut quibusdam zizaniis præfocare bonum semen inimicus homo conatur, ostendens quanto illud oderit odio, cui & ortum invidet & provectum: hoc apud fratrem tuum importunus tentator persequitur, hoc volucris cœli conculcat & commetit; hoc eradicare nova & inaudita contendit audaciâ. Siquidem præter cæteras tentationes, quibus & alii plerumque pulsantur, in illâ fratris tui pugnâ aliquid esse accepi, quo sicut illud viro Dei sine stupore non audio, sic illusionem sine noxio consensu vix credo sustineri. Dicis enim quòd illum orandi gratiâ prostratum spiritus nequam aggreditur, manus ad orantis genitalia mittit, non prius illa vel attractare, vel carne carnem confricare desistens, quàm sic agitatum seminis effusione compellat maculari; nec tamen vel cogitatione, vel in somnis hæc eum fatigat illusio; totum hoc circà orantem quasi vera manus hominis operatur. Quærenti mihi de conversatione fratris respondisti eum virginem esse; insuper hanc vixisse illum, ut ignarus parati ignibus eduli & vitiis hostem circumferret & carni. De hoc igitur quid sentiam præsens tibi pagina declarabit. Ex qualitate tentationis & tempore facile est, ni fallor, agnosci quid ab illo minister mortis extorquere desideret, quibus bonis illius invidiâ graviore torqueatur; oratione, scilicet, & virginitate; pro quibus expugnandis tantâ cum mortalibus pertinaciâ congreditur, ut eum sæpiùs vinci non pudeat, dummodo possit unâ victoriâ gloriari. Ideo igitur in orante grassatur, ut ei vel orationem omninò auferat, vel orationis horas interrumpat: Scit enim quia *Respicit Dominus in orationem humilium, & non sprevit preces eorum.* Scit quòd immutabilem mutat oratio; quòd judicem convertit in patrem; quòd colligationes nostrarum dissolvit impietatum. Scit quòd Moyses oratione divinam frangit indignationem; quòd Josue solis cursum figit; quòd Elias aufert & reddit imbres; quod Ezechiæ quindecim adjiciuntur anni; quòd Paulo ducentæ septuaginta quinque animæ condonantur in nave. Audis quanta sit virtus orationis, quæ non solùm de naturâ, sed & de Domino naturæ triumphat: hanc excuti servo Dei, sequestrem divinæ pacis amittere est. Porrò quâ ratione virginem esse dicas ignoro, quem adstruis per attrectationem genitalium seminis effusione maculari. Si quidem tentari potest aliquis nolens, stimulari potest nolens: ad hoc autem usque pertrahi nescio quomodo possit nisi volens: si ergo tentationi tentatus consentit, Satanas habet quo gaudeat, eumque videt sibi prostratum, quem ad flagitium fornicationis per consensum inclinavit: quòd si frater à consensu immunis est, det gloriam Deo, quia unde hostis victoriam quærit, inde victus ipse succumbit. Est igitur fratris illius propriam perscrutari conscientiam, & si se viriliter pugnasse cognoverit, orare ne cadat: si autem senserit emersum ex tentatione consensum, multo devotiùs ut resurgat est orandum, sacris insistendum jejuniis, per singulas noctes rigandum lacrymis stratum suum, suscipienda frequens & gravis disciplina, castigandum cum Paulo corpus, & in servitutem redigen-

quomodò gerere debet Frater assidibus diaboli pulsationibus vocatus. Eccli. 1.

Orationis efficacia. Psal. 101.

Hildeberti Epistolæ.

dum; membra quoque, de quibus hostis præter auditum præsumit, impressione Crucis munienda sunt, & salis benedictionibus aspergenda. Opus est armaturâ multiformi, quâ multiformes ictus adversariorum retundantur: promissam nobis agnosce colluctationem hujusmodi. Cùm Moysi, Josue subrogatus resistentes, alienigenas delere niteretur, noluit Dominus hostes omninò deesse Israëli, sed eis adversarios dereliquit, quatenùs filii eorum muliebrem declinantes inertiam, propulsare alienigenas usu præliandi docerentur: unde & eum noluisse quasdam nationes delere, nec eas tradere in manibus Josue, in primo libro Judicum his insinuatur verbis : *Hæ sunt Gentes quas Dominus dereliquit, ut erudiret in eis Israël, & omnes qui non noverant bella Chananæorum*; & Posteà discerent filii eorum pugnare cum hostibus. & haberent consuetudinem præliandi. Ista profectò bella colluctationem filiorum Ecclesiæ figurabant, quæ nobis adversùs Principes & potestates, adversùs mundi rectores tenebrarum harum contrà spiritualia nequitiæ in cælestibus est derelicta. Est enim tamquam arena quædam tota hominis vita, ubi nobis semper imminet continuus & anceps conflictus, ubi casus frequens: & resurgere difficile; ubi vulnus innumerum, nec cicatricem ex facili promittens; ubi rara & nunquam secura victoria. Inde est quod in lubrico hujus vitæ nunquam tuta est à lapsu Christiana religio; semper præstò est quod semitam ad vitam perturbet, quod neminem transire permittat intentatum: semper & inoportunè super sacrificium Abrahæ volucres descendunt; semper Pharao mergit in flumine masculos nostros; semper Balach illecebrarum materiam transeunti populo disponit; semper sacra vasa de templo Domini Baltazar asportat. Adversùs talium insidias & impetus bestiarum tuus Frater orationis hostiam multiplicet, lacrymis pugnet & suspiriis; in lapsu spe confortetur, prædantur humilitatem in victoriâ; post illum clamans tot desiderio, qui suis in Evangelio ait: *Nolite timere, ecce ego vobiscum sum usque ad consummationem sæculi*.

Ejusdem VII.

Inter amorem hujus mundi, & amorem Dei hæc est differentia, quòd hujus mundi amor in principio esse dulcis videtur, sed finem habet amarum: amor verò Dei ab amaritudine incipit, sed ultima ejus dulcedine plena sunt; quod pulcherrimâ similitudine Evangelicus sermo Dei nobis ostendit, dicens cum de sponsi nostri nuptiis decantaret: *Omnis homo primùm bonum vinum ponit, & cum inebriati fuerint, tunc id quod deterius*. Omnis homo, id est carnalis primùm bonum vinum ponit, quia in suâ delectatione falsam quamdam dulcedinem sentit, sed postquam furor mali desiderii mentem inebriaverit, tunc quod deterius est propinat: quia spina conscientiæ superveniens, mentem quam priùs delectabat graviter cruciat, sed sponsus noster postremò bonum vinum porrigit, cum mentem, quam sui dulcedine amoris replere disponit, quâdam priùs tribulationis compunctione amaricari sinit, ut post gustum amaritudinis, bibatur suavissimum poculum caritatis. Et hoc est primum signum quod facit JESUS coram Discipulis suis; & credunt in eum: quia inde peccator & pœnitens primùm de misericordiâ Dei fiduciam habere incipit, quòd post longa mœroris tædia sancti Spiritus consolatione cor suum relevari sentit.

Ejusdem VIII. ad HONORIUM Papam.

HONORIO Dei gratiâ Reverendissimo ac Sanctissimo Patri suo, sanctæque Romanæ Ecclesiæ Summo Pontifici, Hildebertus humilis Turonorum Minister, integræ perseverantiam obedientiæ. Litteras ad nos, Beatissime Pater, vestra dedit sublimitas, continentes ut causam quæ de conjugio Wisonis de Credone, & Agnetis uxoris suæ, suscitata fuerat, utrâque parte convocatâ canonicè satageremus terminare; quibus cum vestro agendi ex vestro dedissemus præcepto, ipsa Agnes & pro brevitate temporis, & pro loco ad quem suos deducere non poterat advocatos, & maximè Guidonem de la Valle fratrem suum, cum Comite guerram habentem, se non posse ad causam venire prætendit. Præterea contigit ut ante diem quem posueramus, Francorum Rex ad coronandum secundum filium suum & in Regem unguendum nos invitaret, & in eâdem die quam utrique dederamus egredi de nostrâ sede, nos tempore & conditione viæ cogeremur. Porrò non exaudire Regem, cui postulatum debebamus obsequium, & quem vel sic mitigandum speravimus, in damnum Ecclesiæ cessurum, & in majorem adversùs nos indignationem, nemo est qui dubitet. Cum igitur nos & excusatione Agnetis, & vocatione qua vocati sumus à Rege, præscripto die causam terminare non possemus, competentem ei obtulimus diem, quem tamen ipse omninò suscipere recusavit. Quod ideo vobis, Pater sancte, significandum censuimus, ut si quis vobis id aliter deferret, vos & dilationis causam agnosceretis, & rei veritatem. Conservet vos Dominus Ecclesiæ suæ, Pater sancte.

Ejusdem IX.

Etsi quantas debemus non possumus, quas tamen possumus vobis gratias agimus, quia calciastis nostros pedes in præparationem Evangelii pacis: optima enim misistis sandalia, in quibus & Evangelicus ostensa est amicitia, & oblata doctrina. Ea namque teporem nostrum secretis excitant stimulis, & quasi quâdam manu pulsant ut evigilemus, & assumamus nobis pedes Evangelizantium pacem, evangelizantium bona. Placet nobis exhortatio hujusmodi, & ex eâ sortiuntur sandalia gratiam, licet sandaliorum non servent formam. Nimirum consuetudinis est & rationis pertusata desuper esse sandalia, ut nec totus appareat pes, nec totus sit coopertus; prædicator enim nec abscondere omnibus, nec omnibus Evangelica debet aperire sacramenta: hinc est quod Apostolis Dominus ait: *Vobis datum est nosse mysterium regni Dei; cæteris autem in parabolis, ut videntes non videant, & audientes non intelligant*. Et alibi: *Nolite margaritas ponere ante porcos*. Inde etiam est quod manus ad Ezechielem mittitur, in quâ erat involutus liber, qui & expansus coram eo legitur, & scriptus intus & foris. Ex eo quoque traxit hanc Ecclesia consuetudinem, ut textus quidem Pontifici apertus, cæteris autem clausus ad osculandum deferatur: nec nos velut vos doceamus hæc loquimur, sed ut pariter & amico significemus Episcopo, cujusmodi formæ sandaliis Ecclesia utatur Gallicana. Quæ si apud nos integram gerunt speciem nihilominus in integris, sed exprimimus qua ratione utamur pertusatis.

Ejusdem X.

Pueris nostris quibus navigaturis tempestas mare clauserat, cum ventorum gratia decesset, vestra non defuit. Qui tandem ingressi navem, cum jam prope cursum peregissent, à portu jam proximo temporis perfidia retrorsum jactati; portum in pectore antistitis invenerunt. Ibi quies fatigatis, ibi supplementum quæ defecerant expensarum. Attriverat eos diuturnior serenitatis exspectatio, sed vos ratem ad utendum ventis, & ad exspectandum ventos eis necessaria providistis. Pulcrum sanè atque prædicandum beneficium nullis redditum est meritis, nullâ collatum tristitiâ, nullis supplicationibus comparatum, nihil in eo fuit quod beneficii minueret majestatem, ad nomen amicorum, non ad preces venit.

Ejusdem XI. ad HENRICUM *Anglorum Regem.*

De ægritudine suâ.

Dei gratiâ excellentissimo Regi Anglorum, omnique gloriâ & honore sublimando, Hildebertus humilis Turonorum Archiepiscopus, suis semper devotus obsequiis salutem. Exspectans exspectavi misericordiam Domini JESU-CHRISTI, siquando in lecto ægritudinis suam visitaret servum, & usque ad hoc meam leniter infirmitatem, ut possem videre faciem vestram, & consolari in verbis vestris & in consilio vestro. Cæterum nondum ei placuit, ut omninò manus sua super me requiesceret, quam tamen ingenti misericordiâ tantùm retraxit, ut frigus quod talem comitatur infirmitatem, non sentiam, calor autem & brevis sit, & vestræ *a* præstet in sanitatem converti.

Regi congratulatur, quòd ei benè sit cum Comite genere suo.

Porrò de his de quibus quid sentirem, vobis scripsi, quia finem acceperunt, ex vestro completa sunt consilio, scribere supersedi. Audivi autem relatione quorumdam, quòd in infirmitate meâ mihi cessit ad gaudium, scilicet vos benè cum vestro Comite esse, eumque se totum vestro commisisse consilio: ita ut in omnibus quæ ac vestram respiciunt filiam, vestram sit sequuturus voluntatem. Veritatem autem hujus rei per præsentem nuntium, seu per litteras vestras mihi precor aperiri. Nolo autem vestram latere majestatem, Ecclesiæ nostræ pacem Regis redditam, Clericos invicem pacificatos, nos in gratiam Regis gravamine ingenti rediisse, atque præposituram quam Ecclesia nostra abstulerat, & per quatuor annos tenuerat, quæ etiam meum cruciabat spiritum, non tam nobis redditam, quàm redemptam à nobis. Non enim ea aliter potuit matri Ecclesiæ restitui, donec certum & taxatum obsequium nobis benignum Regem exhibuit. In hac igitur necessitate spes mea, serenissime Rex, ad vos spectat, clamat post vos spiritus meus, ne in præsentibus angustiis vestrum mihi desit auxilium; & quidem cum non egerem, & vos nec aliquid postularem, nisi diligi à vobis, & meum dignari obsequium, vos tamen servo vestro gratuitas & uberes impendistis benedictiones.

Ejusdem XII.

Respondet cuidam qui eum interrogaverat de adulterâ à CHRISTO dimissâ. Jerem. 22.

Notum te mihi significasti, atque à me doceri velle, unde habuerim quòd Dominus noster dum illi à Judæis adultera præsentaretur judicanda, digito in terrâ scripsit: *Terra, terra, scribe hos viros abdicatos.* Rogasti etiam quòd Salvator bis idem scripsit, aut etiam aliud quod ad meam pervenisset notitiam, tibi, dulcissime frater, scribere non gravaret. Ego sanè nihil aliud inde didici, quàm quod de epistolis Ambrosii diligens Lector facilè potest eliquare. Quod igitur de his parvitati meæ innotuerit, tibi perstringere curavi. Manifestum est ad accusationem adulteræ Dominum caput inclinasse, & in terrâ scripsisse. Quid autem scripserit, aut si idem scripserit, seu quid primò scripserit aut secundò, nihil certum nobis Evangelista dereliquit. Ambrosius autem ad

Epist. 78. l. 7. " Studiosum scribens ait: " Cum adulteram reprehendi sent Judæi, obtulerunt eam Salvatori, captantes " ut si absolveret eam, videretur legem solvere, qui

dixerat: *Non veni legem solvere, sed adimplere.* Si damnaret, videretur adversùm finem venisse propositi sui. Hoc igitur prævidens Dominus JEsus, inclinato capite scribebat in terrâ. Quid scribebat ? nisi illud propheticum: *Terra, terra, scribe hos viros abdicatos.* Quod legitur in Jeremiâ Propheta. " Idem ad Irenæum scribens de eâdem muliere ait: " Oblata erat à Scribis & Pharisæis Domino JEsU adulterii rea, & hac oblata fraude, ut si eam absolveret, legem solvere videretur : sin verò damnaret, propositum sui evitaret adventus, quia peccata omnium remissurus advenit. Denique supra ait: *Ego non judico quemquam.* Offerentes ergo eam dixerunt: Hanc mulierem invenimus publicè mœchantem. Scriptum est enim in lege Moysi, *omnes mœcham lapidari.* Tu ergo quid dicis de te ? Quæ cum dicerent, JEsus, inclinato capite digito scribebat in terrâ, & cum exspectarent, ut audirent eum, erigens caput, dixit: *Qui sine peccato est, prior lapidet eam.* Quid cum divinum quàm ista sententia, ut is peccata puniat, qui expers peccati sit ? Quomodo enim feras alieni ultorem, & proprii criminis defensorem ? Nonne se magis ipse condemnat, qui in alio damnat quod ipse committit ? Hoc dixit, & scribebat in terrâ. Quid utique dicens nisi : *Festucam quæ in oculo fratris tui est, vides; trabem autem quæ in oculo tuo est, non vides.* Libido enim velut festuca est, citò accenditur, & properè consumitur.

Epist. 76.
Joan. 8.
Levit.

Porrò sicut Evangelistæ testimonio prudentia tua didicit, peractâ scriptione primâ, cum Christus erexisset caput, Judæis exspectantibus responsum illius, dixit: *Qui sine peccato est vestrûm, primus in illam mittat lapidem.* Post secundam verò scriptionem, elevato interim capite, mulieri legitur dixisse : *Mulier, ubi sunt qui te accusabant ?* Quâ respondente : *Nemo, Domine :* ipse subjunxit : *Nec ego te condemnabo, vade, & ampliùs jam noli peccare.* Sanè cum Joannes hoc ita digessisset, quid tamen Dominus scripserit, scribere supersedit. Ex verbis etiam Ambrosii, quid ipse scripserit, habemus; quid tamen primò scripserit aut secundò, non habemus. Vale, frater, & si de his aliud aliquid authenticum inveneris, doceri quæro tuarum obsequio litterarum.

Ejusdem XIII.

Consolatur Abbatissam, quam sis Moniales affligebant malis & dissolutis moribus.

Celebre solatium est, cum Christus est in causâ, in eâ persequutionem sustinere : unde nequaquam decet absorberi à tristitiâ filiam Christi, cui & conscientia cedit ad gloriam, & tribulatio ad coronam: cui & conscientia Apostoli gloria est, quia ipse mirabiliter confortatus inter ærumnas & persequutiones, inter famis cruciatus & sitim, inter innumeras falsorum fratrum injurias, bonum certamen certavit, cursum consummavit, fidem servavit. In hujusmodi conscientiâ sacræ virgines & viduæ calcato sexu & mundo, corpora sua, mundi obsequium rationabile facientes. Hinc est quòd inter ignes Agnes gratias agit, in torturâ mamillarum suarum Agatha Deum laudat, aliæque virgines sacræ sponsum proprio sanguine quærunt, eligentes potiùs Agnum sequi, quocumque ierit, quàm hominem quò malè vadit. Tales universis adversitatibus mundi puram præferunt conscientiam, scientes non esse condignas passiones hujus temporis ad futuram gloriam quæ revelabitur in nobis. Earum exemplis assume solatium, gratias Domino Deo agens, quòd à filiabus procul es ad tempus, quarum stu-

a & vestræ] Lege *& brevi.*

Hildeberti Epistolæ. 455

dium est reverentiæ derogare, pariter & continentiæ vo tis & instantis disciplinæ : tu tamen confortare, & esto robusta in Domino, sciens quòd non derelinquet Dominus virgam peccatorum super sortem justorum.

Exspectamus autem Innocentium Papam, in cujus audientiâ nos & innocentiam tuam, & querimoniam nostram digesturi, de utrâque finem amicum justitiæ exspectemus. Tu interim igitur esto memor mei, cæterísque filiabus, quæ tecum Domino serviunt, nomine meo suggerens, ut in orationibus suis vel aliquam mentionem mei faciant. Porrò post primam Quadragesimæ septimanam tuum nobis nuntium destinabis, per quem & tuam nobis voluntatem, & tu nostrum possis agnoscere responsum.

Ejusdem XIV.

Congratulatur & compatitur amico, cui ait se dictum scribus quartanis.

SI benè tibi est, congratulor : si secùs, quod absit, compatior, quippe litteraturâ & conversatione amplectendus, in pectore meo perennem invenisti mansionem unde licèt remotus à me, memoriâ tamen totus es apud me. Scias autem quòd à festivitate sancti Laurentii febribus quartanis afflictus, omninò curas deposui, sustinens quod placet Domino meo me sustinere. Noveris autem me tuæ voluntati devotum & obsequiis.

Ejusdem XV.

Narrat Episcopo cuidam causam indignationis Regis Francis, ut rogat, ut colloberet Regi perditio sibi propitiando.

AD vestrum, beatissime Præsul, in Franciam ingressum, gaudio magno gavisus est spiritus meus, jucunditatem induens & exultationem : in eo siquidem [spes] mihi suscitata est, præcellentissimi Francorum Regis indignationem circa me lenire posse, cujus, dum zelor legem Domini, gratiam amisi. Cùm enim ex præcepto Romani Pontificis de Episcopatu ad Turonicam Metropolim transiissem, Archidiaconatum in eâ atque Decaniam personis vacantes inveni. Deinde peracto ferè in eâdem Metropoli anno, Regis litteras accepi, continentes Regem præscriptas dedisse dignitates, atque mihi præcipere quòd personas quibus eas ipse dederat, in sedibus earum dignitatum mittere non differrem. Quo audito nolui in causâ Dei contra Dominum parere potestati, sciens melius esse Deo quàm hominibus obedire : attendens tamen oportere convenire Regem, atque ut ab ejusmodi temperaret, admoneri, ad eum profectus sum. Cæterùm inexorabilem inveni Christum Domini, inveni eum plusquam Christum Domini deceret, obduratum. Denique nec bonam spem mecum ab eo reportans, agendi cum eo diem suscepi, affui statuto die & loco in audientiâ eorum qui convenerant, paratus respondere objectis, & canonicum subire judicium. Dehinc auditâ utriúsque partis causâ, cùm ego adhuc debitum exspectarem judicium, Rex mihi per seipsum prohibuit, ne quidquam de prædictarum redditibus dignitatum aut præsumerem, aut ordinarem. Frustra preces attuli, frustra protuli plurima, quibus in manifestis etiam injuriis iratam deceret mitescere potestatem. Arguar mendacii, nisi venerabilis Andegavorum Episcopus, necnon plures cum eo Sacerdotes mihi testimonium perhibuerint, quòd paratus fuerim justitiam exequi, quod eorum subdidi judicio, qui de me non habebant judicare.

Denique sic regressum à Rege sequutus est nuntius qui diceret dixisse Regem, ne fructus possessionum Turonensis Ecclesiæ, quos Regis potestas attingit, ad præfatam deferretur Ecclesiam, sed fisco deinceps adscriptus regiis usibus deserviret ; quod ita factum est. Terra quoque ipsius mihi ita suspecta est, ut eam ingredi non audeam. Nec tamen hæc loquor tamquam vobis clamorem super Christo Domini deponens, tamquam postulans ecclesiasticæ rigorem disciplinæ, subvenire Ecclesiæ & mihi per vestrum deprecor interventum, & Regi ex caritate suggeri, ne sagittas suas in sene compleat Sacerdote, ne contrà sanctorum Patrum sanctiones insurgat, ne persequatur cineres Ecclesiæ jam sepultæ, cineres in quibus ego panem doloris manduco, in quibus bibo calicem luctûs, de quibus vocari à Domino votis omnibus exopto, precibus Dominum interpello.

Et quidem desiderio desideravi vestræ sanctitati occurrere : sed ita Regis meum impedivit desiderium. Sicut autem mihi significatum est, vobis in Angliam necesse est transfretare, & prudentiæ vestræ injunctum exequi legationem. Quod si ita est, de quibusdam negotiis à Romanâ mihi impositis Ecclesiâ, vobiscum loquuturus, in Normanniâ vobis occurrere disposui, si diem & locum mihi significare dignemini. Eapropter exoro ut & hoc mihi sigillatis designetis litteris, & Regis indignationem quam pro tuendâ justitiâ incurri, circa meam innocentiam mitigare satagatis.

Ejusdem XVI.

Scribit Henrico Anglor. Regi, ut Abbatissæ cuidam, quæ sibi bonum nomen ex moribus comparaverat, faveret velit:

SUo benefactori & Domino. Quantum liberalitati vestræ simus obnoxii, quantásque beneficiis vestris debeamus gratias, nec explicare linguâ sufficimus, nec opere promereri : in quantum nobis tamen desuper datum est, æquè pro vestrâ incolumitate & salute orationes Domino multiplicabimus, quemadmodum & pro nobis. Quia verò fortassis, quod sine lacrymis dicere non possum, faciem vestram ulteriùs visuri non sumus, quod ad salutem vestram pertinet vestræ, providentiæ duximus suggerendum. Est Obedientia quædam in terrâ vestrâ, ubi Sanctimoniales boni testimonii & probati Domino servire noscuntur : unde & vestram rogamus sublimitatem, quatenùs pro salute animæ vestræ parentumque vestrorum Obedientiam illam manutenere dignemini, præfatique loci Abbatissam quæ sibi nomen bonum religione & vitâ promeruit, & pro tuitione memoratæ Obedientiæ fatigatam usque ad vos exaudire velitis, Christum in illâ, sicut credimus suscepturi. Denique transfretaturum vos audivimus, & à nobis longè recessurum. Sed hoc certum habeatis, quòd *aquæ multæ non poterunt exstinguere caritatem*, quâ vos amplectimur, quâ Dominum deprecamur, ut Angelus pacis iter vestrum comitetur.

Ejusdem XVII. ad amicum de gratitudine.

CAnitiem & ætatem sensu pariter & consilio superare eos qui obsequiorum sunt immemores, bruta etiam accusant, quæ benefactores suos devotiùs sequi manifestum est, & velut in gratiarum actione eis assistere & blandiri ; quæ profectò te imitari, Domino Deo gratias ago : cujus consilio providisti, ne beneficia vel obsequia illius apud te irremunerata remanerent ; quod ego & laudo, & tibi gratias ago, fidem mecum gerens, quòd in futurum etiam majora providebis. De quo quid ipse pleniùs tibi indicabit, utpote qui preces meas & consilium ad illos vidit in litteris meis, legit & intellexit.

Ejusdem XVIII. ad Innocentium Papam II.

Pallium Episcopo Dolensi negari petit.

JUstum est cum spem de reliquis amittere beneficiis, qui gratiarum actione nec primum prosequitur, nec secundum. Unde & ego quia vobis quas debui gratias, non egi de præteritis, minùs spero de futuris. Ut autem sperare debeam, vestra facit benignitas; cui solemne est benefacere, vel ingratis. Præterea vestram non latet prudentiam, venialiter eum esse ingratum, qui cum ex impossibilitate benefactori vicem non reddit, habet plenam reddendi voluntatem. Licet igitur ingratitudinis verear argui, tamen adhuc post Christum Domini clamo, post Patrem Turonensis Ecclesiæ sic lacrymis expono. Bandricus Dolensis Ecclesiæ discessit, eum indebitè pallium habuisse Occidentalis Ecclesia, nequaquam ignorat. Docet hoc etiam Pontificalium catalogus Ecclesiarum, nullam omninò faciens de Dolensi Ecclesiâ mentionem. Unde diligentiùs intuenti manifestum est totam Britanniam limites Turonensis Ecclesiæ contineri. Nec ego tamen super hac re, quasi discutiendam quærelam, quam dudum in Romanâ decisam Ecclesiâ religiosæ noverunt & testantur personæ. Testantur idipsum venerabilis Papæ Urbani privilegium Turonico Metropolitano collatum, in quo qui legit, totam intelligit Britanniam ei tamquam suæ Metropoli subjectam, palliumque non Dolensi Ecclesiæ prærogatum, sed personæ. Quapropter ego cum totâ Turonensi Ecclesiâ vos exoro, quatenùs ad debitum præfatæ Metropolis respiciatis, eique suam reformare dignemini dignitatem: in quo benè nos cognoscemus exauditos, si ei, qui in præfatâ sede est Episcopus eligendus, usum pallii vel nomine negetis, vel nobis & illi diem ad agendum statuatis.

Commendat Episcopum Andegavensem,

Præterea præfatis precibus addendum decrevi; quatenùs Andegavensis Episcopus, homo Dei & exemplar Christianæ religionis, in causâ suâ vos benignum inveniat, in quâ credimus eum non aliena quærere; sed Ecclesiæ quod suum est, vendicare. De cætero nolumus sanctitatem vestram ignorare, Stephanum de Montesorello præsentem exuisse vitam; Radulphum tamen Decanum, cui ad agendum cum præfato Stephano vestra sublimitas diem dederat, ad Apostolorum limina fatigandum, nisi misericordia vestra ei parcendum, & laborem transalpinandum relaxandum decreverit. Super hac igitur petitione quid sanctitati vestræ placuerit, nobis & ei tamquam humillimo filio vestro, vestris litteris significare dignemini.

ac Radulfum Decanum.

Ejusdem XIX. ad eumdem.

De Canonico Turonensi graviter mutilato.

NOn dubitamus contumeliam de abscissione membrorum Canonico nostro illatam, ad aures vestras usque pervenisse; de quâ videlicet contumelia cum ipse demembratus adversus quosdam nobis querelam deposuisset, dicens præfatam injuriam eorum consilio & machinamento sibi illatam, nos illis diem dedimus. Affuerunt simul uterque, accusator & accusatus; cæterum nolente accusatore judicium suscipere, sed moratoriam quærente dilationem, nos cum accusatis, nisi priùs de nostrâ & totius Ecclesiæ purgarentur contumeliâ, communicare nolentes, purgationem utriusque sub septimâ manu legitimarum suscepimus personarum.

De cætero vestra noverit sublimitas, de illis qui in Canonicum manus injicere & demembrare præsumserunt, nos gravissimam exercere justitiam; Comitemque multipliciter exorare, quatenùs de illis rectitudinem capiamus, cui nos responsum reddere distulimus, donec inde vestrum haberemus consilium. Res enim gravissima est, & ut aliâ similibus absterreantur, cautissimè providendum. Sunt autem qui dicunt, quòd ipsi demembrato adversùs malefactores incumbat suam probare injuriam. Qui autem ita sentiunt, illi adhærent judicio, quod Carnotense Concilium auctoritate litterarum Calixti Papæ de Cenomaniæ Comite & Lisiardo promulgavit, quo judicatum est ipsum Vicecomitem proclamantem, quòd homines Lisiardi de maceriâ cujusdam Ecclesiæ, cui ipse Vicecomes egressus de captione confugiens ad Ecclesiam, inhæserat, debere contactu ferri calidi probare se violentiâ hominum Lisiardi à maceriâ abstractum.

Ejusdem XX. ad eumdem.

SIcut de carissimo patre filius, sic apud vos de vobis in aure conqueror, quoniam pro obedientiâ vestrâ adversariis meis factus sum totâ die in derisum, & insultationi eorum expositus ita confundor, tamquam omninò qui amiserim disponendi de commissâ mihi Ecclesiâ facultatem. Quod profectò emerserit ex eo quod corrigendi enormitatem capelaniæ meæ, canonicam & traditam omnibus Episcopis potestatem abstulistis. Accessit etiam ad hoc, quod ego satis stupeo, quod vehementis, quicumque audiant, admirantur, scilicet vos præcepisse excommunicatis meis, non solùm Ecclesiæ beneficium quod pro suâ amiserant culpâ, reddi; verùm etiam communionem Altaris & Sacerdotii officium sine satisfactione, sine audientiâ, sine absolutione restitui. Ego autem licet gravatus, vestris tamen sum obsequutus præceptis, minùs attendens illud Apostolicum: *Quæ conventio Christi ad Belial? aut quis consensus templo Dei cum idolis.* Vestram itaque paternitatem lacrymis & precibus exoro, tamquam pedibus Apostolicis provolutus deposco, ne corporis mei infirmitatem mentis anxietate gravetis; sed dignemini tunc præcipere, ut disponendi canonicè de capellaniâ meâ, integram habeam potestatem.

Ejusdem XXI. ad eumdem.

De controversiâ apud inter Episcopum Carnotensem, & Abbatem Majoris-Monasterii.

INter Carnotensem Episcopum & Abbatem Majoris-Monasterii negotium emersit, concordiâ, non judicio decidendum: de quo cum idem Episcopus & Theobaldus Comes postularent, ut Abbas de domo concordiæ in eorum se mitteret consilio, assensum eis etiam Monachi dederunt. Fertur autem Episcopum & Comitem in intuitu & dispositione suum posituros consilium. Sicut itaque decet religiosum & sapientem virum, ita circumspectè studeas agere, ne Majus-Monasterium in præsenti damnum sustineat, vel in futuro dedecus cùm damno patiatur. Quod ego summissus exoro, licet credam vel ipsum sine precibus acturum. Interim valete.

Ejusdem XXII.

PLerumque humanis obrepit mentibus, ut aliquâ perstricti levi assensione, si non illis cedant pro studio voluntaria, officio destituant. Quod in alio genere tolerabile, in his verò qui rei divinæ intendunt, plenum doloris est. Silentium meum rumpit sermo clementiæ tuæ: doleo, fateor, dolore acerbo, qui hucusque silentio latueram super illius obitu, qui tantam devotionem erga Dominum induerat, atque tanto in me incubuerat affectu: ut quem ante persequebatur, nunc diligeret; quem ante ut adversarium repellebat, nunc ut parentem putaret.

Ejusdem XXIII. ad RANULFUM Dunelmensem Episcopum.

Afflictus Hildebertus lugeri mortem cujusdam ex inimico amicissimi.

RAnulfo Dei gratiâ Dunelmensi Episcopo, omni honore & gratiâ sublimando, ALDEBERTUS humilis Cenomanorum Sacerdos, salutem & orationes in Christo. Credidi me peccaturum in plures, si quos
debes

debes pluribus oculos, prolixiore paginâ detinerem. Ut igitur me totum paucis agnoscas, totum hoc tuum in me, quidquid alterius potest esse de me. Unde & mihi vice rependes, si & diligas me, & ores pro me. Præterea ut præsentium latorem filium vestrum, & fratrem Robertum in sacrarium tuæ familiaritatis susciperes, humiliter imploramus, nisi crederem eum jam tibi notum, sibique sufficere qui gratiam tuam possit sine interventu alterius promereri. Precor tamen ut cui benefacturum te credo pro se, melius sibi sentiat esse pro me. Vale.

Ejusdem XXIV. ad ALGARUM *Priorem sancti Cuthberti.*

HILDEBERTUS Cenomanensis humilis minister, ALGARO Priori, totique Conventui B. Cuthberti, salutem & orationes. Benedictus Dominus Deus Israël, qui secundum magnam misericordiam suam bonas facit vias vestras & studia vestra. Ex ejus gratia panditur nobis ab Aquilone bonum, & per ollam succensam incensa sanctæ conversationis vestræ relationibus adventantibus odoramus. Reficitur inde spiritus noster: Domino Deo gratias agens & congaudens eis, quos audit cantare canticum graduum, & ascensiones in corde disponere suo. Unde & nos tanto confidentius vestrarum suffragia deprecamur orationum, quantum novimus vos velut à foribus supernam respicere Jerusalem, & jam videre Dominum sanctorum in Sion. Nos quoque, si quid peccatoris, sed Sacerdotis potest oratio, ibi pro vobis fratribus nostris agemus, ubi Patri Filius immolatur. De cætero fratrem nostrum & filium Robertum vestræ sanctitati commendantes, ut apud vos nostrâ ei prosit gratia, humiliter imploramus. Vale.

Societas, sive fraternitas Episcopi & Canonicorum Ecclesiæ Aurelianensis, inita cum Abbate & Monachis Cluniacensibus.

SAlutare & exequendum divinæ institutionis præceptum est, ut ad quoscumque fieri potuerit, maximè autem ad domesticos fidei, charitatis, ac dilectionis opera dilatari, & hæc in invicem beatæ commutationis commercia alternâ vicissitudine, & mutuâ reciprocatione propagari. Quod cùm in omnibus, & ex omnibus divinæ largitatis muneribus fieri debeat, tùm maximè ex orationum devotione promptissimâ, quarum frequens celebrata collatio, collatores strenuissimos potissimùm Deo commendat, & ut pes pedem adjuvat, & quasi per lubricum pergentes manibus alterutrum innexis peccatorum oneribus pressos ne labantur, sustentat; hoc cùm singulis fidelium ex divinâ authoritate imponatur personis, tùm præcipuè tam Canonicorum quàm Monachorum Ecclesiis, quæ quanto ex pluribus personis constant fidelium, tanto uberiore & Deo acceptiore fructum reddunt, & tamquam pluribus manibus impositis sibi invicem supportandis subveniunt.

Hac igitur spe subnixi, & Evangelicâ & Apostolicâ admonitione & ad ista & ad cætera charitatis officia conferenda instructi, Ego ISEMBARDUS gratiâ Dei Aurelianorum Episcopus, & tota Congregatio sanctæ Crucis, ad notitiam fidelium tam præsentium quàm futurorum venire volumus, qualiter Hugo Venerabilis Abbas Cluniacensis Monasterii, & sanctissima Congregatio sibi commissa, Fraternitatem nostram postulaverit, ut pro anteriore dilectione & societate, quam invicem iniramus, præbendam cujusdam Canonici nostri, nomine Gotfridi, Levitæ

& Subdecani S. Aniani, illius precatu in vitâ, & in morte ejus Ecclesiæ S. Petri, & Fratribus ibidem servientibus, perpetuò habendam concederemus, ut iidem Fratres vice & nomine S. Petri, nostri Canonici efficerentur; & sicut S. Benedictus & S. Maximinus, in Catalogo nostro Sanctus Petrus scriberetur, & Canonica officia quæ & ipsis, sibi deputarentur. Quorum postulationi assensum præbuimus, eâ ratione, ut & ipsi nos in consortium suum reciperent, & unumquemque Canonicorum nostrorum tamquam unum ex Monachis facerent, & nobis orationum & eleemosynarum, & cæterorum benefactorum suorum participium darent; & uniuscujusque Canonicorum nostrorum obitum & anniversarium obitus diem, tamquam unius Monachorum suorum claustrensium precibus, eleemosynis, & cæteris solemnitatibus commendarent. Si verò alicui Canonicorum nostrorum placeret Monachum fieri, si nihil dare vellet, vel posset, gratis reciperent. Nostrum verò anniversarium, hoc est Episcopi, tamquam Abbatis sui facerent, & successorum meorum quotannis; nos autem illius Ecclesiæ Abbatibus & Monachis tamquam nostris Episcopis & Canonicis, & vivis & mortuis faceremus.

Hac itaque pactione alterutrùm fœderati, decrevimus hoc inde ex utrâque parte memoriale fieri, & à nobis, & ab illis, & in nostro & in suo Capitulo & vocibus & signis confirmari. Unum quòque nullâ oblivione transiri vel negligentiâ prætermitti optamus, quod ipsi nobis ante pactionem istam in signum & monimentum nostræ fraternitatis spoponderunt, duos videlicet pauperes se nostri nomine recepturos quotidie, atque pasturos, unum sub personâ nostri, id est Episcopi, alterum sub personâ Canonicorum nostrorum tam præsentium quàm futurorum.

Sign. Isembardi Episcopi.
S. Rodulphi Abbatis Miciacensis.
S. Hugonis Episcopi Nivernensis, & nostræ Ecclesiæ Abbatis & Canonici.
S. Decani.
S. Gunonis Præcentoris.
S. Magistri Scholarum.
S. Renthonis Subdecani.
J. Huberti Archidiaconi.
Walterii Succentoris.
Jostelini Archidiaconi.
Everardi Levitæ.
S. Gerardi cujus præbenda est.
S. Bartholomæi Sacerdotis.
S. Girberti Levitæ.

Pactum initum inter GUILLELMUM *Montispessulani Dominum, &* BERTRANDUM *de Andusia pro ineundo matrimonio filii & filiæ ipsorum.*

IN nomine Domini, anno ejusdem Incarnationis millesimo centesimo nono, mense Novembris, Ego GUILLELMUS dominus Montispessulani trado filiam meam Guillelmam tibi Bertrando de Andusia & uxori tuæ Adalaiz in Dei fide & vestrâ, ut eam teneatis & nutriatis in bonâ fide, ab hoc veniente festo B. MARIÆ secundo die Febr. usque ad quatuor annos; idcirco quòd filio vestro Raimundo de Rocafolio detis omnes Castros vestros de terris vestris, & omnes fortias, & senioryvos, & potestativos, quæ modò habetis vel in antea aliquo modo habebitis; & ut illam filiam meam eidem Raimundo de Rocafolio filio vestro in legitimam uxorem tunc

Præbenda Ecclesiæ Aurel. confertur Cluniacensibus.

Si Canonicus fieri cupiat Monachus gratis recipiatur in Cluniacen. Monast.

Anno circ. MCVIII.

Anno MCIX.

detis, in præsentiâ meâ si ibi esse voluero; si verò ego tunc decessus fuero, vel non ero in terris nostris, dabitis eam similiter filio vestro prædicto in uxorem legitimam, in præsentia filii mei domini Montispessulani, si esse ibi voluerit. Et nolo ut ante hunc terminum illam filio vestro jam dicto in matrimonio tradatis, eo quod ipsa sit benè ætatis duodecim annorum, nisi cum consilio meo vel filii mei domini Montispessulani. Et promitto & convenio vobis, quòd ego dabo filio vestro Raimundo in dotem cum filia meâ centum marchas argenti fini in, fra annum unum postquam eam in uxorem habebit, & non faciam aliquid nec fieri faciam, nec aliquis arte vel consilio meo, quin hoc matrimonium ad effectum veniat. Sic Deus me adjuvet, & hæc sancta Dei Evangelia.

Ideoque ego Bertrandus de Andusiâ & ego Adalaiz ejus uxor, recipientes filiam tuam Guillelmam in Dei fide & nostrâ, promittimus & convenimus tibi Guillelmo Domino Montispessulani in bona fide, quòd nos nutriemus & tenebimus prædictam filiam tuam ab hoc festo sanctæ MARIÆ Februarii usque-ad quatuor annos; & tunc dabimus eam in uxorem legitimam filio nostro Raimundo de Rocafolio in præsentiâ tuâ, si tunc superstes fueris; vel si esse ibi volueris; si verò tunc decessus fueris, in præsentiâ filii tui domini Montispessulani, similiter si esse ibi voluerit præsens. Et damus & concedimus huic filio nostro Raimundo de Rocafolio, omnes castros nostros de terris nostris, & omnes forcias & sennorias & potestativos quæ modo habemus, vel inantea aliquo modo habebimus. Et in tempore matrimonii, nos & filius noster pro supradictis centum marchis argenti, quas filio nostro dabis cum filiâ in dotem, dabimus & obligamus pignori filiæ tuæ castrum de Breissaco cum omnibus suis pertinentiis, & totum illud quidquid sit quod habemus & habere debemus, vel habituri sumus, vel aliquis per nos, ab Ecclesiâ sanctæ MARIÆ de Sumenâ in Aval versus mare. Et dabimus filiæ tuæ in donationem propter nuptias, sive in sponsalitio suo omne illud quod habemus, & habere debemus, vel habituri sumus, seu aliquis per nos, in toto terminio de Valle-Eraurga, & in parochiâ sancti Martini, & in parochiâ sanctæ MARIÆ de Roveriâ, & in parochiâ S. Andreæ de Maençolas, & totum illud quod habemus, vel habere debemus, & habituri sumus, seu aliquis per nos, in villâ de Solanon, & in ejus terminio. Ita tamen quòd si filius noster Raimundus priùs decesserit, filiâ tuâ superstite, habeat & teneat ipsa totum hoc prænominatum pignus, & totum sponsalicium prædictum, & fructus & reditus inde exeuntes, suos proprios faciat & percipiat, ne in solutione computentur tamdiu in omnibus vitæ suæ diebus, quamdiu absque marito manserit. Si verò maritum acceperit, debemus nos vel nostri recuperare totum hunc honorem; ita tamen quòd quandocumque illum honorem recuperare voluerimus, dabimus filiæ tuæ jamdictæ ducentas marchas argenti fini, quæ marchæ sint suæ propriæ ad omnes voluntates suas faciendas. Et pro istis ducentis marchis recuperabimus castrum de Breissaco, quod est pignori oblatum pro dote, & totum sponsalicium prædictum sine omni impedimento & contrarietate.

Et promittimus & convenimus tibi Guillelmo domino Montispessulani, quòd totum hoc sicut superiùs scriptum est, quando Raimundus filius noster in uxorem filiam tuam duxerit, bonâ fide & sine dolo & fraude, cum chartâ nos laudabimus, & faciemus filium laudare & confirmare sacramento, & benè assecurabimus pignus dotis & sponsalicium tenendum & habendum filiæ tuæ, per viginti Milites de terris nostris quos tibi & filiæ tuæ dare possimus sacramento, cognitione tuâ vel filii tui domini Montispessulani. Si verò filius noster priùs decesserit, & filio tuâ castrum de Breissaco acceperit pro pignore suo, tu Guillelme dominus Montispessulani, si tunc vivus fueris, vel heres tuus dominus Montispessulani, & filia tua jam dicta assecurabitis nobis castrum de Breissaco per decem Milites sub sacramento & mandato vestro, ut nos sine omni impedimento & contrarietate castrum de Breissaco recuperemus quandocumque nos, vel nostri filiæ tuæ jam dictæ vel mandatario suo centum marchas argenti fini dedemus suæ dotis. Sed quandoque illud assecuramentum facere volueritis, nos illud accipiemus, & statim castrum de Breissaco cum omnibus suis pertinentibus filiæ tuæ pro pignore suo trademus.

Item promittimus & convenimus tibi, quòd si filius noster Raimundus decesserit antequam filiam tuam in uxorem duxerit, ut eam tibi vel heredi tuo domino Montispessulani infra unum mensem postquam inde admoniti fuerimus, de admonitione illâ non substrahemus, sine omni dolo & fraude in villâ Montispessulani reddemus, & non faciemus ei aliquid nec fieri faciemus, nec aliquis homo vel femina arte vel consilio nostro, quod sit diminutio, vel dedecus, seu damnum tibi vel filiæ tuæ.

Hæc omnia prædicta ut in hâc Chartâ continentur, Ego Bertrandus de Andusiâ promitto & convenio tibi Guillelmo Montispessulani per stipulationem, ut ita plenariè tenebo & observabo, & teneri & observari faciam, & ad diem à te constitutum tantas assecurationes tibi dabo, quòd benè securum te tenebis, & hoc idem similiter ab uxore meâ, & filio meo Raimundo sub sacramento assecurari faciam, sic Deus me adjuvet, & hæc sancta Dei Evangelia.

De omni hoc sunt firmantiæ & hostatici per Bertrandum de Andusiâ, Raimundus de Mandagot, Bremundus de Salve, Bertrandus de Salve, Guillelmus de la Roca, Bremundus Dessunaz, Gervasius Dalgua, Petrus de sancto Marciali, Arnaldus de Cantobre, Fredol de Monte Judeo, Hugo de Rabastenes, Pontius de Montelauro, Guillelmus de Monte Olivo, Siguinus de Calcadits, Petrus Raimundus de Sobeiraz, & Raimundus de Cornules, quisque per sacramentum factum super sancta Dei Evangelia. Ita tamen quòd si aliquid infringeretur de supradictis conventionibus, debent revertere apud Montempessulanum & tibi debent tenere hostaticium tamdiu, donec totum compleatur ad notitiam domini Montispessulani, sine engannò. Et insuper est inde fidejussor Bremundi, & promisit & convenit quòd omnes prædictas conventiones ex parte Bertrandi de Andusiâ, & uxoris suæ, & filii sui, tenere & observare, sicut superiùs scriptum est, faciet.

Et ex parte Domini Guillelmi Montispessulani pro centum marchis persolvendis, sunt firmantiæ & hostatici, Pomaius Gaucelmi, Pontius de Vallauches, B. Acrrataerra, Pontius de Monte-Lauro, Petrus de Veruna, Pontius de Pomairols, Guillelmus de Cornone, Frotardus de Corbonna, Guillelmus de Monte Olivo, quisque per fidem suam, qui debent tenere hostaticum ad Andusiam tamdiu donec persolvantur.

Et insuper ex parte Domini Guillelmi Montispessulani sunt firmantia Petrus Bremundi, & Raimundus Gaucelmi, de omnibus conventionibus implendis.

Hoc totum factum fuit apud Montempessulanum in domo Militiæ Templi, in Præsentiâ Domini I. Magalonensis Episcopi, Fulcrandi Præpositi, G. Mauriny Archipresbyteri, Suriani Canonici, Bernardi Guillelmi Biterrensis Archidiaconi, Masfredi Monachi sancti Guillelmi, Bertrandi de Armazanicis, Berengarii de Vallauches, G. de Fabricis, Agullonis de Castronovo, G. de Texeriis, Pontii de Mesoa, Arnaldi de Montaren, Raimundi Aimoini, Guillelmi Rostagni de Monte-Olivo, G. de Arzaz, B. de Insula, G. Leterici, & filii sui Guillelmi Leterici, Arbrandi, Pontii Lamberti, G. Petri, G. Adalguerici, G. Olrici, Petri Olrici, Pontii Betonis, Raimundi de Narbona, Gitberti de Arlenis, Brunonis Silvestri, Aimerici Tallatoris, Petri de Mairois, Pauli, Otonis de Campo-novo, Pontii Guillelmi, Raimundi Rotgerii, & multorum aliorum, & Silvestri qui hæc scripsit.

Heliæ Cenomanensis Comitis donatio facta Monasterio de Cultura, in gratiam fratris sui qui Monachum induit.

Notitiæ tam præsentium quàm futurorum intimare curavimus, quòd ego Helias Comes Cenomanensis, divinæ pietatis intuitu, pro salute etiam & remedio animæ meæ, & antecessorum meorum, necnon & pro monachatu Enoch fratris mei, Deo & Monachis S. Petri de Cultura in perpetuum dedi & concessi medietariam de Boifart in eleemosynam, cum pratis, & terram de Liminario, in præsentia Hoelli tunc temporis Cenomanensis Episcopi, in præsentia Juhelli tunc temporis Abbatis Culturensis, qui quasi in materno gremio fratrem meum prædictum cum summo honore & jocunditate in Abbatia suscepit. Et ne hujus rei memoria, ut solet, in irritum revocetur, ad hanc paginam recordationis, quam munimento sigilli mei confirmavi, recurrendum. Testes Josbertus tunc temporis bajulus Abbatis Juhelli, Landricus Golgothas, Joannes Bellimontis.

Baldricus Dolensis Episcopus approbat omnia bona Monasterii sancti Florentii quæ sita sunt in sua Diœcesi.

Quoniam antiquorum benè gesta à modernis multoties depravantur, nec sæcularia tantùm sed etiam ecclesiastica, jura ignorantium leria læpe perturbat cupiditas: non incongruum hinc arbitror juxta rerum necessitudinem, & temporum rationem, præcedentium instituta succedentium consensu quasi quibusdam fulciri sustentamentis, atque quibusdam munire præsidiis, ut qua manum inferre possit alieni cupidus appetitor, nihil reperiat. Hac quidem consideratione à Monachis S. Florentii res quædam ita gesta est. Dum Domnus Baldricus Dolensis Archiepiscopus Româ rediens, in secundo ordinationis suæ anno pallium, sui scilicet ordinis perfectionem, secum deferret, pridie Nonas Martii Salmuro apud sanctum Florentium hospitatus est, qui in crastina die, quæ tunc Dominica evenit, Capitulum ingressus, cum sermonem cum Fratribus habuisset, ab ipsis rogatus est ut ea omnia quæ in suo Episcopio possidebant, & suæ dignitatis consensui pertinebant, firmissimè eis concederet, & sua authoritate protegeret: quibus ipse se facturum spopondit. Post triduum ergo, die scilicet quo discessurus erat, summo mane tabulam pulsare fecit, & Fratribus congregatis Capitulum ingressus est, & eis omnia sicut popoícerant concessit, salvâ tamen querela Canonicorum S. Sansonis, & Ecclesiæ sanctæ Mariæ, quæ in castro Dolis sita est. Hujus concessionis te-

stes sunt Joannes Episcopus S. Briochi qui cum eo venerat & præsens aderat; Domnus Abbas Guillelmus ejusdem Cœnobii, Orgerius Prior, & omnes alii Fratres qui tum in Conventu S. Florentii aderant, quos longum est enumerare. Ipse quoque Joannes Episcopus concessit nobis & quidquid in Episcopio suo habebamus, & quidquid exinde acquirere possemus. Actum est hoc anno ab Incarnatione Domini MCIX. Indictione Romanorum II. Cyclo lunari VIII. Termino Paschali XIV. Calendas Maii: die ipsius Paschæ VII. Calendas Maii: Luna ipsius diei vigesimâ primâ.

Paschalis Papa II. Guidoni Archiepiscopo Viennensi.

Paschalis Episcopus servus servorum Dei, Venerabili Fratri Guidoni Viennensi Archiepiscopo, Sedis Apostolicæ Legato, salutem & Apostolicam benedictionem: Super prudentia tua plurimùm admiramur quòd in negotio Ecclesiæ B. Stephani Clericorum ipsorum testimonium acceptare nolueris: cùm B. Gregorius in hujusmodi causis Ecclesiarum auctoribus probationem imponat. Diversæ namque sunt in causarum actorum species, nec in omnibus causis crimina agitantur. In criminibus siquidem accusatorum testium illa districtio observanda est quæ canonibus continetur, ne qui ad probationem domestici assumantur. Cæterum in possessionem vel cæteris hujusmodi negotiis hi potissimùm assumendi sunt qui eadem negotia tractaverunt, de quorum usu & auditu hæsitatio esse non debeat. Si ergo iidem Clerici idonei sunt, ab assertione causæ illius nullatenùs repellantur. Sed sicut aliis literis deliberatum est, inter S. Joannis & S. Stephani Canonicos lis illa pleniùs decidatur. Cesset jam malitiæ zelus & dolositatis cavillatio, & prædictarum Ecclesiarum negotium juxta literarum tenorem omnimodis paragatur. Alioquin ad præsentiam nostram pariter prorsus & instructi proximo quadragesimalis Concilii tempore revertantur. Datum . . . . . . VI. Kalendas Septembris.

Donatio facta Monasterio sancti Pontii Tomeriarum à Bernardo de Minerbâ, in gratiam filii qui Monasticum ordinem suscipiebat inibi.

Mundi terminum propinquante, ruina illius crebrescente; oportet unicuique ut dum in hoc mortali corpore degens festinet, ut in futuro propitium Deum possit habere, Domino præcipiente: *Date eleemosynam, & omnia munda sunt vobis. Quia eleemosyna à morte liberat, & non sinit ire in tenebras. Et, Sicut aqua extinguit ignem, ita eleemosyna exstinguit peccatum.* Igitur ego in Dei nomine Bernardus gratiâ Dei Vicecomes de Minerbâ, considerans ultimi diei finem, in quo Judex verus venturus est reddere singulis secundùm opera sua, & terribilem vocem quàm impii pro peccatis suis audituri erunt: *Discedite à me maledicti in ignem æternum, qui paratus est diabolo, & Angelis ejus*; desideras bonitatem Dei & clementiam ipsius, ut copulari merear sanctorum Collegio, & cum justis audire: *Venite benedicti Patris mei, percipite regnum*. Quapropter ego Bernardus jam dictus Vicecomes, pro remedio & salute animæ meæ, & parentum meorum, dono, laudo, & concedo Omnipotenti Deo & sanctæ Mariæ Virgini, & sancto Pontio Tomeriensi Monasterio, & Domino Abbati Petro & Monachis ejusdem Monasterii, tam præsentibus quàm futuris ibidem Deo servientibus in perpetuum; videlicet totum alodium de villâ & de omni Parochiâ de Saisserras, cum ipsâ Ecclesiâ sancti Martialis, cum omni suo Ecclesiastico, cum decimis & primitiis & oblationibus, & cimiteriis, & cum omnibus rebus ad prædictam Ecclesiam pertinentibus; & in ipsâ Parochiâ de Saisserra damus totum alodium de omni territorio de Arguzac; & in alio loco dono similiter totum alodium de omni territorio Deroerra: dono similiter in alio loco totum alodium de villâ de Casellas, cum omnibus suis pertinentiis: Et in alio loco dono similiter totum alodium de omni territorio de Monte Auruz. Prædictus honor de Monte Auruz à fronte ab oriente usque ad Fontavillas, & ab occidente usque in Salisceira: ab Aquilone usque in rivo Molier, ex meridie usque in prædictum honorem de Casellas. Omnis honor prædictus est in Episcopatu Narbonensi in suburbio Minerbensi.

Hæc omnia prædicta ego Bernardus Vicecomes jam dictus dono, laudo & concedo Omnipotenti Deo, & sanctæ MARIÆ, & sancto Pontio Tomerarium Monasterio, & Abbati & Monachis ejusdem Monasterii tam præsentibus quàm futuris in perpetuum, scilicet totum alodium & dominium de omni honore prædicto, & cum omnibus suis pertinentiis, cum terris cultis & incultis, cum vineis & hortibus; cum pratis & cum arboribus fructiferis; & infructiferis, & aquarum cursus & recursus cum molendinis & furnis, cum herbis, cum pascuis & pasturalibus; cum rivis, & fontes, montes, colles & valles cum maneriis; cum nemoribus, cum sylvis & forestiis; & cum omnibus feualibus & vicariis, & serventagiis; & venationes, cum hominibus & feminabus inde naturalibus; & gistas & tallias, & omnes actiones, & omnes usaticos, & omnes actus, & quidquid in jam dicto honore, & in omnibus suis pertinentiis habeo, totum illud dono Deo & Monasterio prædicto in perpetuum absque omni retentu.

Hoc donum facio pro amore Dei, & remissione peccatorum meorum & parentum meorum, & pro hereditate filii mei Raimundi, quem in eodem Monasterio trado & offero Deo & Sanctis prædictis, ad Monasticum ordinem suscipiendum: Si quis verò contrà hanc chartam donationis venerit ad irrumpendum, nisi pœnam dignæ satisfactionis egerit, in iram Dei Omnipotentis incurrat, & à liminibus sanctæ Dei Ecclesiæ extraneus fiat, & excommunicatus fiat, cum Dathan & Abiron, & cum Juda traditore Domini in inferno semper ardeat. Facta est charta hujus donationis sub die feriâ VI. anno ab Incarnatione Domini millesimo centesimo decimo, regnante Philippo Rege, duodecimo Kalendas Septembris. Sigillum Bernardi Vicecomitis, qui hanc chartam donationis manibus suis firmavit, & testes firmare rogavit: Sigil. Petri filii ejus qui hoc donum concessit: Sigil. Engilberti de Olargio, Sigil. Pondi fratris ejus, Sigil. Bernardi de Durbanno, Sigil. Airici de Minerba, Sigil. Guillelmi qui hanc chartam scripsit.

Anno circ.
MCX.

Testamentum RAIMUNDI Comitis Melgoriensis.

IN nomine Domini nostri JESU-CHRISTI. Ego RAIMUNDUS Comes Melgoriensis ire volens in Jerusalem, tale facio Testamentum de Honore meo. Dono Domino Deo & sancto Petro Apostolorum Principi Sedis Magalonæ, & Canonicis ejusdem loci præsentibus & futuris in communi viventibus, pro redemptione & emendatione peccatorum meorum, sive parentum meorum, Manaiam [a], quam habeo in salinis, si mortuus fuero in hoc Hierosolymitano itinere: & si mortuus fuero in hoc Hierosolymitano itinere, vel filius meus mortuus fuerit sine legali herede de uxore, dono Domino Deo & sancto Petro præfatæ sedis; & Canonicis ejusdem loci præsentibus & futuris in communi viventibus, portum marinum per quem naves intrant & exeunt; & totum usaticum qui de eodem portu in quibuscumque rebus ad me pertinebat, & quidquid habet Bernarda de Puteolis de me, & quidquid habet Petrus de Podio de me, excepto eo quod habet idem Petrus de Podio de Attala sorore mea, & exceptis feudis, quæ de me milites habent in hoc Honore: Et relinquo suprà scriptam Manaiam, & totum pulmentum piscium quem de toto stagno habeo ubicumque sit.

Et sciendum quia ego Raimundus Comes Melgoriensis, dimitto Beato Petro sedis Magalonæ, & Canonicis ejusdem loci præsentibus & futuris in communi viventibus, quidquid habeo à ponte sito in amansione juxta molendinum, quod vocatur Tricamendicos; totum & ab integro, sicuti via publica discurrit usque ad villam quæ vocatur Vicus in aval, à parte sinistrâ, vel in aquis, vel intrà [b], exceptis feidis Militum, quæ de me habent in hoc terminio Milites: excepto eo, quod habet soror mea Adala in manso Petri de Podio: ita tamen si mortuus fuero in hoc Hierosolymitano itinere, vel heres meus mortuus fuerit sine legali herede de uxore.

Et insuper si mortuus fuero in hoc itinere, dimitto uxori meæ filium meum & Honorem meum quamdiu à marito cessare voluerit; & virum acceperit, habeat in moneta Melgoriensi decem millia solidorum Melgoriensis monetæ propter sponsalicium; eâdem supradictum numerum, scilicet decem millia ad plenum habeat, postquàm redempta fuerit de tredecim millia solidis. Et si mortuus fuero in hoc itinere, habeat Oto de Cornone septingentos solidos de lucro monetæ pro labore & servitio quod fecit mihi de Honore meo. Et si mortua fuerit uxor mea, vel virum duxerit, reddatur filius meus Aviæ suæ, & totus Honor meus, exceptâ Manaiâ, quam reliqui Beato Petro & Canonicis Magalonæ sedis.

Et si mortuus fuero in hoc itinere, dimitto castrum de Murles cum honore Castro pertinenti, & honore de Valle Retenensi matri meæ. Et si mortuus fuero in hoc itinere, dimitto Bernardo Sigerii in monetâ Melgoriensi, quod pater suus habuit in eâdem monetâ, quando redempta fuerit de tredecim millia solidis. Et si mortuus fuero in hoc itinere, dimitto filio Petri Otonis, quod suus pater habuit in eâdem monetâ, quando de tredecim millia solidis redempta fuerit. Et si filius Petri Otonis sine legali herede de suâ uxore mortuus fuerit; ad Comitem, quod ipse in monetâ habebat, revertatur.

Hujus Testamenti sunt testes Bertrannus de Breisac, Oto de Cornone, Berengarius Maltos, Augerius Archidiaconus, Nanterius Prior Deodatus Mancip....

Ad ultimum verò recogitans servitium, quod mihi fecerat Bertrannus de Breisac, dimitto ei septingentos solidos Melgoriensis monetæ in monetâ Melgoriensi de Monedatge, postquàm redempta fuerit de tredecim millia solidis, antequàm aliquis homo vel

---

[a] *Manatam*] Baluzius emendat *Monteiam*.

[b] *vel intrà*] Lege *vel in terrâ*.

femina aliquid habere de monetâ fuprafcriptâ de Monedatge, fi mortuus fuero in hoc itinere. Hujus verò inferioris Teftamenti funt teftes Augerius Archidiaconus, Nanterius Deodatus, Pontius, Gaucelmi de Mata.

Matrimonium initum inter GAUFREDUM *de Roffilione* & ERMENGARDEM *filiam* BERNARDI *Vicecomitis Biterrenfis.*

IN Nomine Domini, Ego BERNARDUS Atonis Vicecomes Biterrenfis, & uxor mea Cæcilia donamus ad te Gaufredum filium de Guirardo de Roffilione, cum filiâ noftrâ Ermengardi ipfum feuum quem Raimundus Bafilis de Anniciano habet de nobis : &. donamus tibi ipfum feuum, quem Petrus Raimundus de Columbariis habet de nobis : & donamus tibi ipfum feuum quem Imbertus de Montadino habet de nobis cum fuis parieriis : & donamus tibi ipfum feuum, quem dominus de Ponciano habet de nobis : & donamus tibi fimiliter totum quantumcumque habemus, & habere debemus in Caftello de Abelliano : & donamus tibi fimiliter totum quantumcumque habemus, &. habere debemus in Caftello de Mefoâ; & in totis ejus terminis : & hoc per talem convenientiam, quòd ego Bernardus Atonis fuprà fcriptus habeam & teneam omnia dicta in vitâ meâ : & fi fupradicta filia noftra Ermengardis mortua fuerit, donamus fupradicto Gaufredo filio de Guirardo omnia fupradicta per fupradictas convenientias cum aliâ unâ de filiabus noftris, quam habueris ad uxorem. Et fi ego Bernardus Atonis mortuus fuero fine infante mafculo, poft mortem meam, & poft mortem de Cæciliâ uxore meâ dono tibi Gaufredo fupradicto, cum ipfâ meâ filiâ quam habueris ad uxorem totum quantum habeo, & habere debeo in Biterris &. in Biterrenii Epifcopatu; & in Agathâ, & in toto Agathenfe Epifcopatu ; & fi non habuero alium infantem, dono tibi totas meas dricturas ubicumque illas habeam, & habere debeam.

Facta fuit hæc Charta v. Idus Madii, & anno Dominico millefimo centefimo decimo, regnante Rege Lodoico. Signum Bernardi Atonis, qui omnia fupradicta ut fupradictum eft donavi & firmavi, & teftes firmare rogavi. Signum . . . . . de Orleê Signum Raimundi de Villare-novo : Signum Raimundi Petri de Gorda : Signum Guillelmi Calveti de Trefmals : Signum Petri Andreæ de Perpighiano.

Stephanus Siefredi fcripfit.

Epiftola Encyclica Monachorum Burgidolenfis Abbatiæ, vitam, librofque HERVEI *continens.*

CUm Propheta dicit : *Dominus virtutem operum fuorum annuntiabit populo fuo* : fi ipfe non pro fuâ fed pro auditorum falute proprias enarrat laudes, quomodo nos, quorum tota falus in laudibus ejus eft, tacere audebimus magnalia ipfius, quæ noftris temporibus oftendere nobis dignatus eft ? Noverit itaque quifquis hæc auditurus eft; vel locurus nos nequaquam vanis vel falfis laudibus velle mortuos extollere, fed ad laudem & gloriam Chrifti, falutemque audientium, pro amore veritatis, de veritatis ipfius amatore veraci ftilo pauca defcribere.

Fuit igitur vir tam vitâ, quàm doctrinâ Venerabilis, Herveus nomine, Dolenfis Cœnobii Monachus, degens ibi circiter quinquaginta annis in præ-

dicandâ morum probitate ; patriæ autem Cenomanenfis indigena. Multa apud nos fuæ fidei & fapientiæ, necnon & innocentiæ monimenta relinquens. Jam namque juvenis, & à puero fcholarum dogmatibus multipliciter imbutus, cum prædictum Monafterium ingreffus fuiffet, totum fe ftudio fanctarum fcripturarum dedit atque Catholicos tractatores, Auguftinum videlicet, Hieronymum, Ambrofium, Gregorium, ac reliquos frequentare cœpit ; jugiterque diebus ac noctibus eorum lectioni incumbere, meditationi infervire, non deftitit ; nec quolibet impedimento ab inquifitione veritatis avelli potuit. Cumque fingularis ingenii, atque inæftimabilis memoriæ effet, cœpit in vafculo cordis fui multa profutura recondere, & columbæ more meliora grana eligere, fibique memoriter retinere, fcriptoque commendare.

Fecit ergo primùm Expofitionem mirabilem fuper librum B. Dionyfii de hierarchiis Angelorum. Deinde expofuit totum librum Ifaïæ Prophetæ, & Lamentationes Jeremiæ, extremamque partem Ezechielis, ibi incipiens ubi fanctus Gregorius Papa dimiferat, & ad finem ufque perducens. Simul etiam Deuteronomium Moyfi ; & Ecclefiaften Salomonis ; necnon quoque librum Judicum ; & libellum Ruth ; librumque Tobiæ, omnia quæ in illis minùs intelligentibus folam litteram fonare videntur, inconvincibili ratione oftendens Chrifti & Ecclefiæ conteftari, & prædicare myfteria. Præterea Apoftoli & Pauli Epiftolas cum tantâ fapientiæ affluentiâ expofuit, ut qui eas legerint, afferant nunquam fe illis comparabiles cognoviffe, & vix aut nunquam tantâ expofitas diligentiâ poffe alicubi reperire. Ad ultimum cum fama doctrinæ ejus circumquaque fpargeretur, & jam nullus ei, ficut atteftatur qui eum voraciter cognoverunt, Canonicarum fcripturarum fcientiâ primus haberetur : Librum duodecim Prophetarum, & librum Genefis ex integro, tam mirabili fenfu expofuit, ut expofitionem fuper illos necdum potuerimus invenire, quæ fuæ æquiparari poffit. Inter hæc quippe fecit plurimas expofitiones de lectionibus fanctorum Evangeliorum ; Canticorum etiam quæ in Ecclefiâ leguntur ; Libellum quoque de connexione quarumdam Lectionum ; oftendens aliter in quibufdam Ecclefiis legi, quàm in facrâ Hiftoriâ continentur. De quibus unum quod fubditur exemplum fufficiat. Legitur in Quadragefimâ lectio quædam de libro Efter ; & ita in quibufdam Lectionariis incipit lectio libri Efter : *Oravit Efter ad Dominum dicens : Domine Deus Rex omnipotens, in ditione tuâ cuncta funt pofita.* Quam ultimam ipfe illic ex Authore Sacræ Hiftoriæ probat non feciffe Efter ; fed feciffe Mardochæum, & ideo non effe legendum oravit Efter, fed legendum effe, *Oravit Mardochæus*, & multa fimilia ibidem afferit. Librum etiam non minimum fecit de Miraculis fanctæ MARIÆ Dei Genitricis, quæ eadem inviolata Virgo temporibus ejus geffit in Dolenfi templo, ut ipfe mox poftquàm gefta erant, ficut audiebat ab ipfis in quibus fiebant, à Monacho Cuftode Monafterii, fine aliquâ dilatione fcribebat.

Demùm quamvis propinquum finis fui terminum paulatim vigore deficiente fenfiffet, tamen fine confueto fcribendi opere effe non poterat ; & rogatus à nonnullis, ut qui omnes fcripturas fuper cunctos memoriter retinebat, de caufâ fancti Cypriani Cæcilii Carthaginenfis Epifcopi, ferè de omnibus libris Canonicis aggregatâ, quæ quid intimaret catenùs apud nos incognitum erat, edoceret, ipfe quid de eâ fentiret Acquievit rogantibus, dicens dum fcriberet, fe fortaffis cum iftâ præfentem vitam finire. Et quia prior liber Expofitionum fuarum de dictis Sanctorum Patrum, Dionysii videlicet Areopagitæ, exstiterat, de eorumdem sanctorum Patrum dictis iste posterior esset. Sicque contigit. Namque cum eamdem cœnam usque ad illum locum exposuisset, quo dicitur: Confundebatur Elizabeth, stupebat MARIA, ridebat de facto Sara: quo loco videlicet apud nos terminabatur: arbitraretur autem de eâ non nimiam abesse partem tam ipse, quàm Domnus Abbas Girbertus, qui hoc ei tamquam Monacho & filio suo mandaverat, eamque quæ deerat partem ab Abbate sancti Savini, qui se eam habere dicebat, & mittendam eis promiserat, exspectabant. Multa siquidem in eâ vel dempturus fortasse, vel additurus; illam sicut erat in abolitione reliquit.

Austerrimam vitam agebat.

Et cùm tempus Quadragesimæ in maximâ mentis, & majore corporis quàm nuper fuerat virtute, in multâ abstinentiâ, multisque quotidianis virgarum verberibus, devotis atque assiduis orationibus, & in quotidianâ Sacrosancti sacramenti corporis & sanguinis Domini reverendâ celebratione, cum alacritate & gaudio sancti Spiritus consummâsset; & in die sancto Cœnæ Domini nos dulcifluo verbi Dei pane in Capitulo refecisset, in die sancto Paschæ Missæ hebdomadarius fuit, & sermonem in Capitulo fecit. Secundâ feriâ Missam in Conventu cantavit, & postmodum debilitate correptus, quartâ feriâ in unctis est; sed tunc communicari non potuit: quod ipse postea aliquantulum convalescens, divinâ providentiâ accidisse asseruit, dicens non Dominum ad se, sed se ad Dominum venire debere; & sic sequenti quam præcedenti die non audierat, ipsusque dici Missam audivit, & confessus priùs Sacrosancta Mysteria Corporis & sanguinis Domini in tutelam exituræ in proximum animæ devotissimè accepit; sicque per totam hebdomadam dum Missam quotidie audisset, quam nullomodo amittere volebat: & Domnum Abbatem, qui tunc fortè deerat, antequàm recederet nimium videre vellet; postquàm venit, ab eo visitatus atque absolutus, inter manus ipsius cui se accusabat, cœpit acri quidem, sed brevissimo dolore fatigari usque ad mortem, Dominicâ in octavis Paschæ transiens ex hac vitâ, & scandens, ut credimus, ad sydera Regna.

Quotidie sacrum faciebat.

Ne verò longius protraharur Epistola, de omni tempore vitæ ejus breviter diximus: In diebus nostris majoris abstinentiæ, pudicitiæ mundioris, sanioris consilii, humilitatis altioris, taciturnitatis magis assiduæ, loquutionis plus circumspectæ, prorsusque à vanitate alienæ; purioris, vel amplius Catholicæ doctrinæ, inque universa morum honestate præclariorem nullum nos cognovisse. Hæc scribimus vobis, quoniam frater erat, ut de tanto fratre gaudeatis, & quod ei promiseratis devotè persolvatis in Regno Dei, ad quod eum evolasse confidimus, ei consociari sperantes. Valete.

An. MCXIII

Epistola Enciclica Monachorum Casalis-Benedicti, ANDREÆ Abbatis vitam continens.

UNiversis sanctæ Ecclesiæ filiis, præcipuè Clericis, Religiosis, & orthodoxis, necnon fratribus monasticæ professionis, & degentibus secundùm regulam beati Benedicti, quin etiam sanctis mulieribus regulariter viventibus, pusillis grex sancti Petri Casalis-Benedicti salutem, pacem, gaudium, felicitatem perpetuam.

Quamvis sanctam Ecclesiam per diversarum regionum loca constet esse divisam, tamen testante sancto Spiritu in Canticis est unâ in fide. Dicitur enim in eisdem Canticis; *Una est columba mea, una*

Cantic. 6. 8.

est perfecta mea. Unde cùm aliquod de suis membris ab hoc sæculo nequam eripitur, supplicando, deprecando, flagitari debet à Sponso suo, videlicet Domino nostro JESU-CHRISTO, quatenùs servum suum promissæ hereditatis coheredem faciat, & in supernâ cœlesti Ecclesiâ cum Hymnidicis choris illum gaudere, & tripudiare jubeat. Hac igitur universali sententiâ admoniti, Fratres Carissimi, pro Domno Andrea Abbate nostro, Fratre verò vestro, piissimas aures Omnipotentis Dei nobiscum pulsare satagite, quatenùs cui devotâ mente servivit, dum spiritus membra vegetavit, inhærere membris corporis à vitâ destitutis perpetualiter valeat. Hic etenim Beatus vir Anno ab Incarnatione Domini nostri JESU CHRISTI, millesimo centesimo duodecimo, Indictione quintâ, duodecimo Kalendas Februarii, explevit naturæ jura, mortis persolvens debita. Pro cujus animâ fundere Deo preces non sit vobis desidia, quia illum credimus regnare in cœlesti gloriâ, & pro nostris excessibus supplicare Deo in supernâ curiâ.

Ann. Mcxij. II. Jan. obiit.

Iste etenim vitæ admirabilis, ciliciniis vestibus & laneis post conversionem suam super propriam carnem semper usus fuit: eamdem quoque multis macerans jejuniis, & octo annis Quadragesimalem vitam duxit. Præterea pietate, misericordiâ, caritate ineffabili plenus, multis subvenit egenis, quibus consilium, quibus auxilium, quibus refugium fuit. Primus quoque Abbatiam nostram quæ vocatur Casale-Benedictum construxit, plaresque cellulas sibi suppositas, scilicet Corneliacum, Contras, Altaria, S. Benignum, Beescam, Polinas, S. Anianum, Cambonum, Salviniacum. In quibus locis duntaxat pro Dei amore Monachos sub normâ Beati Benedicti victuros, & divinæ pietati quotidie militaturos coadunavit, quos verbis divinis spiritualiter, & temporalibus cibis corporaliter, prout potuit pascere non destitit. Sæpe etiam cum fratres paupertatis onere nimium gravarentur, non habentes unde humanam naturam ut deceret reparare valerent; iste non ad modum mercenarii, sed ad similitudinem pii & boni pastoris, semetipsum, periculo mortis tradens, pro eorum utilitate non solùm per loca vicina mendicando ibat, sed etiam mare transiens in Anglicam terram pergebat. Unde gratiâ Dei cum ornamentis pluribus, & marcis argenti redibat: quibus Ecclesiam suam honorificè decorabat, & Fratrum suorum inopiam sustentabat.

Quàm austerè vitam egit.

Primus Abbas Casalis-Benedicti.

Cœnobiola, sivePrioratus ejusdem Abbatiæ.

Clericos verò tam pauperes quàm divites & laïcos, prædicando ut mundum cum suis delectationibus derelinquerent, & religionis habitum susciperent, hortabatur: quibus si rerum deesset copia, unde indumenta non possent sibi emere ad religionem pertinentia, libenter, gratulanter, properabat administrare propria. Quid per singula referam? Omnibus ferè quibus potuit, nulli nocere volens, proficere studuit. Cui mos inerat celebrando Missas quotidie se in holocaustum Domino mactare: quin etiam multoties totum ex ordine psalterium legendo offerre Deo antequàm cibum sumeret, conabatur.

Hæc pauca super vitâ prætaxati bonæ memoriæ viri ad ædificationem vestram huic Rotulo scribendo comendavimus. Cætera ne dilectioni vestræ fastidium generent, relinquentes, quæ gratiâ largiente divinâ in nostris voluminibus dictando reservare desudabimus. De tanti Patris obitu nos inconsolabiliter lugentes, non parem, non similem nos ulteriùs habentes, lacrymabiliter pietatis vestræ oculis, Fratres Carissimi, supplicamus, & supplicando Caritatem vestram, per eam quæ invicem est fidem vestram atque nostram obsecramus, quatenùs, sicuti supra taxavimus, pro ejusdem Patris requie, & pro defunctis nostris Algerios Gerado. *Cætera in membranis desiderantur.*

PASCHALIS *Papæ II. ad Clerum & Populum Atrebatensem.*

PAschalis Episcopus Servus Servorum Dei, Clero & populo Atrebatensium, Salutem & Apostolicam benedictionem. Audivimus quosdam perverse agentes, & Apostolicæ Sedis authoritatem annullare cupientes, in hoc conatus suos molimina intendere, ut Atrebatensis Ecclesia Episcopali cathedra perdita pessumdetur, & Cameracensi subjiciatur Ecclesiæ. Unde nos universitati vestræ scripta præsentia dirigentes, omnipotentis Dei Patris & Filii & Spiritus sancti authoritate sancimus, restitutionem Atrebatensis Episcopatus à prædecessore nostro Urbano factam, & à nobis per Dei gratiam confirmatam, firmam, & inviolabilem permanere. Quascumque verò possessiones ab eâdem restitutione Episcopatus ipse possidet, quietas semper integrasque possideat. Sub anathematis etiam prohibitione interdicimus, ne Atrebatensis Ecclesiæ status Cameracensi unquam subdatur Ecclesiæ. Si qui verò temerario ausu adversus ista præsumpserint, eos Dathan & Abiron judicium subsequatur, qui Moysi & Aaron datam divinitùs potestatem comprimere tentaverunt. Post excessum igitur venerabilis Fratris nostri Lamberti, qui nunc Atrebatensi Ecclesiæ præsidet, à vobis, Episcoporum omnino præcipimus eligendum. Cui, si canonica electio non respondet, omnino non licet electionem aut communi aut melioris partis consensu impositam subterfugere.

Data Laterani octavo Idus Aprilis Indictione v.

Ejusdem LAMBERTO *Atrebat. Episcopo.*

PAschalio Episcopus, Servus Servorum Dei, venerabili Fratri LAMBERTO Episcopo Atrebatensi, Salutem & Apostolicam benedictionem. Pro Canonicorum vestrorum & Monachorum S. Vedasti lite diutius frequenter & nos tibi scripsimus, & tu nobis literas misisti. Cæterum quod non parum nos gravat, adhuc lis eadem. Ad illam etiam divisionem quam Monachis absentibus diremisti, nos justè cogere non potuimus. Venientibus autem nuper ad nos utriusque partis nunciis, nos ad eligendos hujus divisionis arbitros utramque partem nostra authoritate cœgimus. Rogamus ergo dilectionem tuam ne graviter ferat, quod divisionem veteris & novi Burgi literis vestris significatam, nequaquam firmaverimus, quia in præjudicium cogi ad eam Monasterium non poteramus. Cæterum ad hanc infra dies quadraginta, sicut statuimus, peragendam, omni voce voluntis inniteris. Quia nec huic parti electio arbitris poterit refragari.

Data Anagniæ viij. Idus Novembris.

Ejusdem, Duodecim Arbitris.

PAschalis Episcopus Servus Servorum Dei, bonis viris Hugoni majori, Deodato de Basta, Guazelino & Gonzelino fratribus, Fulconi filio Anselmi, Hilvino filio Adelfridi, Gauselmo militi, Girardo Saraceno & Gerboldo patri Balduini, Tebaldo filio Bonevitæ, Heriberto, Aiganoni, Atrebatensis municipii civibus, Salutem & Apostolicam benedictionem. Viros bonos vos esse audivimus, & ideò vobis, tamquam bonis Ecclesiæ filiis quæ imperanda sunt confidenter imperamus. Lis enim quæ inter Ecclesiæ vestræ Clericos, & B. Vedasti Monachos jamdiu agitata est, molesta nobis vehementer & gravis est. Novissimè ad eam litem dirimendam, quæ de veteris & novi Burgi terminis agitur, vos tamquam veraciores arbitros elegerunt. Vobis igitur et Dei & B. Petri authoritate præcipimus, & in peccatorum remissionem injungimus, ut omni amicitiâ inimicitiâque sepositâ, de illis veteris & novi Burgi terminis quidquid nostis verius ac certius proferatis. Ne qua verò pars de testimonii vestri veritate ambigat, ab unoquoque vestrûm jusjurandum hujusmodi fieri pro animarum vestrarum salute præcipimus : Quia de his terminis se sciente veritatem proferet, neque pro amicitiâ aut inimicitiâ, aut pro pecuniâ mendacium dicet. Si autem de vobis aut duo, aut tres aut quatuor dissenserint, aut defuerint, octo testium assertio obtineat firmitatem.

Data Anagniæ tertio Idus Novembris.

BALDRICI *Noviomensis Episcopi.*

EGo BALDRICUS Dei gratiâ Noviomensis Episcopus Ecclesiæ B. Petri GISBERTO Priori & cæteris Fratribus Lehuniensis Cænobii, omnibus qui in eâdem Ecclesiâ sub Christo & monasticâ professione nunc degunt & substituendi sunt. Quoniam præcedentium Patrum admonemur exemplis, laicorum oppressiones & illicitas possessiones ab Ecclesiis removere, exhortando & cogendo ad id prosequendum debemus insistere, & eos qui super hoc pœnitere voluerint ut Ecclesiæ filios benigne suscipere. Unde Boso Miles de Perona Deo vocante pœnitentiâ ductus ad extremum vitæ suæ duas partes decimæ altaris de villâ quæ Vermendovviler nuncupatur, quas sui prædecessores tenuerant, pro decreto & excommunicatione Apostolicâ prorsus dimissas, per manum Domni Henrici Abbatis, & Bislani Peronensis Decani nobis renuntiavit, petens vobis & Ecclesiæ vestræ, cui jam prædictum altare concesseram, etiam eamdem decimam condonari, & nostrâ auctoritate confirmari. Cujus justæ petitionis votum, etiam amita ejus Leiardis & filius ejus Hugo Peronensis Canonicus, qui eamdem decimam à suis prædecessoribus & assensu ipsius Bosonis tunc tenebant, devotè prosequendo illam decimam, nec non & alodium suum & quidquid proprium & hereditarium in eâdem villâ possidebant, vobis annuentes sub perpetuâ libertate nostrâ auctoritate confirmari postulaverunt. Itaque quod Episcopalis curæ & officii nostri est diligenter exequentes, nostrâ & Gerardi Archidiaconi nostri, &cæterorum quorum interest auctoritate, & præsentis chartæ paginâ vobis & Ecclesiæ vestræ in perpetuum confirmamus altare de villâ quæ Vermendovviler vocatur, cum universis decimis & appendiciis suis, alodium & universam hereditatem quam Leiardis & Hugo filius ejus in eâdem possidebant.

Quicumque igitur huic eleemosynæ assenserit & augmentum dederit, æternæ hæreditatis remunerationem à Deo percipiat. Quisquis verò contraire voluerit, nostræ excommunicationi & divinæ ultioni donec resipuerit, subjaceat. Quòd si pro hac eleemosynâ & pro impensis Ecclesiæ vestræ beneficiis Remensem, seu etiam Apostolicam sedem vobis adire placuerit, sancti ac reverendi ad quoscumque pervenerîtis Patres per eamdem paginam nostræ humilitatis preces exaudiant, & tam huic eleemosynæ quàm cæteris vobis impensis beneficiis suæ corroborationis munimentum adhibeant.

Signum Baldrici Episcopi.
Signum Roscelini Decani.
Signum Gerardi Archidiaconi.
Signum Rorigonis Præpositi.
Signum Hugonis Thesaurarii.
Signum Hagenonis Cantoris.

Ann. MCXII.

Boso Miles à suis prædecessoribus ablata Lehun. Monasterio, moribundus reddit.

Signum Landrici Subcentoris.
Signum Anselli Sacerdotis.
Signum Agnulfi Sacerdotis.
Signum Petri Canonici.
Signum Odonis Canonici.
Actum an. Dominicæ Incarnationis MCXIII. Indictione VI.

Anno MCXIV.
Otbertus Præpositus Ambianenſ. Ecclesiæ Monachum induens Lehunenſibus, confert Ecclesias de Harbonieres & de Hangesto.

GODEFRIDI *Ambianensis Episcopi.*

FRater GODEFRIDUS gratiâ Dei Ambianenſis Epiſcopus, ſanctæ Ecclesiæ filiis & fratribus ſalutis & pacis interminabilem jocunditatem. Notitiæ fidelium omnium tam præſentium quàm futurorum præſentibus literis ſignificamus, Cluniacenſis Monaſterii Fratribus in Lehunenſi Cœnobio Deo devotè ſervientibus, conſenſu & petitione Archidiaconorum noſtrorum Fulconis & Ingelranni, Rogerii quoque Decani atque Guarini Theſaurarii, omniſque quoque Cleri noſtri atque ſynodi Ambianis congregatæ, nos in perpetuum conceſſiſſe atque præſenti Privilegio confirmaſſe totum altare de Herbonerris, altare quoque de Hangeſto, quod filius noſter Ambianenſis Eccleſiæ Præpoſitus Otbertus, ab eâdem Eccleſiâ ſatis diù in perſonatu poſſederat, ſed cum vanitatibus ſæculi renuntiare decreviſſet, ad converſionem monaſticam properando, adhortante Archidiacono noſtro Fulcone, me quoque deſiderante prædictis Fratribus illud dimiſit.

Ut autem firmi munimiuis robur hoc Privilegium perpetualiter obtineret, Ego Godefridus Epiſcopus primus ſubſcripſi, perſonæque aſſiſtentes, ſuffragiumque ſive conſenſum noſtræ actioni adhibentes ſimiliter ſubſcripſerunt. Altare de Halud ſimiliter eis eodem Privilegio confirmavimus.

Signum Godefridi Epiſcopi Ambianenſis.
Signum Fulconis Archidiaconi.
Signum Rogerii Decani.
Signum Acardi Sacerdotis.
Signum Nentaudi Diaconi.
Signum Simonis Canonici.
Signum Ingelranni Archidiaconi.
Signum Guarini Theſaurarii.
Signum Radulfi Sacerdotis.
Signum Gerardi Diaconi.
Signum Radulfi Subdiaconi.
Actum eſt hoc anno ab Incarnatione Domini MCXIV. Indictione ſeptimâ, XV. Kalend. Maii, in Eccleſia Ambianenſi majore.
Radulfus Cancellarius ſcripſit & ſubſcripſit.

Anno MCXV.
Incipit Tomellus, ſive Epiſtola ERNULFI *ex Monacho Benedictino Epiſcopi Roſſenſis, de inceſtis conjugiis.*

DOmino celſi conſilii, ac integerrimæ ſinceritatis viro, Wentanæ Eccleſiæ digno Pontifici WALCHELINO, ERNULFUS ſub veſte religioſâ viventium minimus, dum hîc vivitur fœliciter vivere, & in vitâ, quæ finem non habet, verâ ac beatâ fœlicitate gaudere.

Benedictus Deus & Pater Domini noſtri JESU CHRISTI, qui benedictam animam veſtram copioſo ſui amoris ſuique deſiderii fervore ditavit, conſilio, & prudentiâ tam ſeculari quàm divinâ replevit, ac repletam moribus honeſtavit. Quod ſanè diſcretum quemque non latet, dum pro defenſione pauperum conſtat beatitudinem veſtram quotidianas ſecularium negotiorum curas patienter ſuſtinere, pro

tuendâ libertate Eccleſiæ, neceſſitatibus regiæ majeſtatis, totiuſque Regni ſaluti certum eſt operam dare. Non latet profectò, dum quæ ad pontificale officium ſpectant, ſine intermiſſione, manu, verbo, cæteraque ſollicitudine operamini, tam veſtram quàm ſubditorum vitam colentes, quæque ad culturam utrorumque valeant cautè ac diligenter indagare non ceſſantes. Cujus rei veritatem propriâ experientiâ cognovi, quando mihi Cantuarberiæ poſito colloquium veſtrum participare voluiſtis. Eo enim tempore quo regii Exequtores Cantuarberiam convenerunt, contigit eminentiam veſtram ad eamdem urbem deveniſſe : Ubi Cæſariſque ſunt Cæſaris, & Dei quæ ſunt Deo reddentes, paululum ſemotis occupationibus, quæſtionem de cujuſdam adulteræ conjugis faciendo divortio mihi propoſuiſtis, mecumque de eâ conferre maluiſtis, non tam meam, quàm quæ mea eſſet, ut reor, appetendo nôſſe ſententiam ne forſe quæ mea eſſet, ei quam veſtram feceratis conſonantes.

Quæſtio ergo erat, *An uxor à filio conjugis non ſuo adulterium paſſa, à thoro conjugis merito ſuo ſit pontificali judicio removenda.* Accidit ergo, ut de propoſitâ quæſtione contraria ſentiendo, uterque noſtrûm partem quam prætulerat tuendam ſuſceperit. Conabar igitur modis omnibus aſtruere ſeparationem conjugum prædicto modo, prædictâ cauſâ fieri debere, id tum ex Patrum conſiliis, tum ex libris pœnitentialibus, tum ex more Eccleſiæ, cui contradici non modò fas non eſſe, imò nefas eſſe credituur, aſſerens fieri oportere. Quod nequaquam ſentiendum, nequaquam eſſe faciendum Sanctitas veſtra conſtanter acclamabat, id ipſum prolatis nitens approbare firmamentis, cum Evangelicæ, tum Apoſtolicæ auctoritatis, quæ omni ſcripturæ, omni ſcientiæ, omni denique rationi opponenda ac præponenda ab omnibus ſcitur ac præſcitur, nemo qui neſciat. Unde amicâ altercatione utrobique modicè & modeſtè certatum eſt, ſed veſtris curis facientibus, ab utroque indiſcuſſâ veritate manſuetè ceſſatum eſt. Perſpiciens itaque Reverentiæ veſtræ diligentiam in quæſtionem præfatam ; proſpiciens etiam Celſitudini veſtræ irruentibus curis tam Regiorum, quàm Pontificalium negotiorum facultatem veſtigandi negatam, decens & commodum fore ratus ſum, quod de re Majeſtati veſtræ ſentio Tomelli clauſulâ explicare, & explicando indicare. Opus quidem difficile, quis de conjugiis quæſtionem implicitam eſſe, non ignorat, quiſquis ejus nexus ac nodos non inextè contrectat. Quod magnus ille Doctor, beatum Auguſtinum dico, in libro de Adulterinis conjugiis his conteſtatur verbis : *Quæſtionem de conjugiis obſcuriſſimam & implicitiſſimam eſſe non neſcio.* Nec audeo profiteri omnes ſinus ejus, vel in hoc Opere, vel in alio, me adhuc explicaſſe, vel jam poſſe, ſi urgear, explicare. Ad hoc ergò ut dicere cœperam quando de quæſtione propoſitâ teneo, brevi ſcripturâ volo excellentiæ veſtræ aperire, ut quod fuſius poterat verbo, enucleatius ſiat ſcripto, & quo planius & plenius dicitur, eo attentius auditur, auditum facilius intelligatur, intellectum tenacius memoretur, ac ſubtilius judicetur. Nec ab re depromendum videtur decreta Patrum, Eccleſiæ morem, Evangelicæ ſive Apoſtolicæ auctoritati non modò nullâ contrapoſitione occurrere, verùm familiari veneratione, ac veneranti familiaritate concurrere.

Ut ergo cuncta quæ dicenda ſunt perſpicuâ luce clareſcant, primùm eâ quæſtio, quam diſcutiendam arripio, in duas partes, id eſt, veſtram & noſtram,

a *conſonantes*] Lege *conſonarent.*

diſtributa

distributa disponatur, ut omni ambiguitate remotâ, quid nostra pars affirmet, quid vestra neget Lector agnoscat; & quæ affirmat, unde affirmet, quæ negat, unde neget, coram positis rationibus indubitanter appareat. Et ea quidem pars cum suis firmamentis ordine prima digeratur, quæ à vobis idcirco præferenda judicatur, quòd eam excellentia legis evangelicæ munit ac roborat, Apostolicæ suadelæ protectio asseverat. Quod asseverat dico, pro parte vestrâ dico, non tamen ita fieri posse polliceor; hoc deinceps apparebit. Quod ergo statuitis, quodque lege divinâ statuere, fulcire, firmare satagitis, hoc est conjux à conjugis filio passa adulterium, à conjuge pro ipso facinore manu Præsulis non est separanda. Cujus propositi testimonia ex Evangelio & Apostolo sumpta, quibus id contenditis approbare, consequens est consequenter supponere. Matthæus: *Omnis qui dimiserit uxorem suam exceptâ causâ fornicationis facit eam mœchari. Et qui dimissam duxerit, adulterat.* Item multa: *Dimittet homo patrem & matrem, & adhærebit uxori suæ, & erunt duo in carne unâ. Itaque jam non sunt duo, sed una caro. Quod ergo Deus conjunxit, homo non separet.* Et post pauca: *Quicumque dimiserit uxorem suam, nisi ob fornicationem, & aliam duxerit, mœchatur.* Marcus: *Relinquet homo patrem suum & matrem, & adhærebit uxori suæ, & erunt duo in carne unâ. Itaque jam non sunt duo, sed una caro. Quod ergo Deus conjunxit, homo non separet.* Et iterum: *Quicumque dimiserit uxorem suam & aliam duxerit, adulterium committit super eam: & si uxor dimiserit virum suum, & alii nupserit, mœchatur.* Lucas: *Omnis qui dimittit uxorem suam, & alteram ducit, mœchatur.* Si revolvat ac percurrat quispiam lector universas Evangeliorum scripturas, nihil me reliquisse, nihil quod ad vestram propositionem tuendam atque roborandam putetur, me subterfugisse reperiet. Hæc ad vestræ partis defensionem accire contenditis, & vobis summum in eis fortitudinis esse robur confiditis; hæc ipse quoque approbo, & dignâ veneratione approbanda censeo; sed tamen ex eis approbari posse quod quæritur non adeo confido, imò plurimùm diffido. Id loco suo explanatione sequenti clarebit. Sed ad proposita redeamus.

Ex Apostolo quoque sicut ex Evangelio gessimus, probationis vestræ juvamina colligantes, hanc præordinatam summi Præceptoris doctrinam Apostolica prudentia prudenter intelligens, providenter ad Romanos scribendo; *Quæ*, inquit, *sub viro est mulier, vivente viro alligata est legi. Si autem mortuus fuerit vir ejus, soluta est à lege viri. Igitur vivente viro vocabitur adultera, si fuerit cum alio viro. Si autem mortuus fuerit vir ejus, liberata est à lege viri, ut non sit adultera, si fuerit cum alio viro.* Item. Corinthios de eâdem lege instruens, sic ait: *Propter fornicationem unusquisque uxorem suam habeat, & unaquæque virum suum: uxori vir debitum reddat; similiter & uxor viro. Mulier sui corporis potestatem non habet, sed vir; similiter autem & vir non habet sui corporis, sed mulier. Nolite fraudare invicem, nisi fortè ex consensu ad tempus, ut vacetis orationi; & iterum revertimini in idipsum.* Et paucis interpositis: *Præcipio,* inquit, *non ego, sed Dominus, uxorem à viro non discedere: quod si discesserit, manere innuptam; aut viro suo reconciliari.* Prudenter dico intellexit, ac providenter Doctor Gentium ea conscripsit, in quibus à suo, imò universali ac summo Doctore dissentire non præsumpsit, in utroque sexu neminem conjugum permittens relinquere suum, aut arripere non suum, indulgentem cuique consulens habere

suum; in altero justus, in altero misericors, in utroque Domini sui faciens voluntatem. Hanc legem tanto Præceptore concessam, tanto testimonio roboratam, perhibemus nullâ novitate violandam, nullâ invectione contaminandam; nullâ ullius usquequaque oppositione esse temerandam.

Hanc in vestræ causæ tutelam asciscitis, sed quid ex eâ conficiatur, pace vestrâ, acutiusculâ animadversione attendere debetis. Aliud enim quæritur, & aliud probatur. Quæritur an conjux à conjugis filio adultera facta, à suo conjuge Pontificali sit auctoritate separanda. Probatur quòd conjux à conjuge, innocens ab innocente, propriâ voluntate, propriâque potestate se non debeat separare. Quid enim aliud loquuntur memorata Domini mandata de conjugibus lata, quæ constat Dominum sine interrogantibus respondentem, seu auditores docentem protulisse, reddidisse, insinuasse; nisi quâ lege, quo fœdere ad invicem juncti; ab invicem teneri, nec posse alterum ab altero dimitti, nisi causâ fornicationis? Quid ipsa etiam præscripta Apostoli verba, sive dicant à conjugio non esse discedendum, sive moneant vicariis motibus esse serviendum, seu ad concordiam à discordia esse redeundum? Quid, inquam, aliud loquuntur, quid aliud clamant, quàm copula conjugali fœderatos fœdus mutuum non omittere debere? Fœdus dico, cœlitus mandatum, conjugibus datum, jure debito custodire debere. In cujus observantiæ mandato ideò etiam excepta est causa fornicationis, ut intelligatur quia innocens nocentem dimittere potest causa fornicationis.

Quæstionis itaque propositæ parte vestrâ ita præmissâ, sicut fuerat promissa: deinde quid à parte nostrâ ponimus, quid vestræ opponimus, quid quibus firmamentis adstipulamur, proximo loco digerere non incompetens esse reor, neque aspernandum. Rectores Ecclesiarum intuentes nonnullorum imbecillitatem conjugum circà præfatarum custodiam legum; quibusdam quidem faciliùs eâ in parte ruentibus, quâ eniti constantiâ majore debuerant: peccabant enim vicissim in conjugum parentelâ, eo fragiliùs ruentes, quo familiariùs colloquentes: Rectores, inquam, pro compescendâ tali petulantiâ, habitis Conciliis tantæ severitatis leges decreverunt, quæ & hujusmodi transgressores punirent, & sectatores à tali nequitiâ deterrerent: Decreverunt enim, ut qui pudicitiam conjugalem incestuosè fornicantes nollent exhibere, indictâ pœnitentiâ Episcopali judicio cogerentur in æternum à licito usu continere. Nec immeritò tali pœnâ, talique pœnâ, talis præsumptio est multanda, à justis viris nequaquam ferenda, imò graviter ferienda. Qui enim illicita perpetrare noscuntur, ritè à licitis & concessis abstinere jubentur. Quanto ergo magis districtâ severitate, ac severâ districtione sunt puniendi, qui petulantiâ stimulante ea admittunt, quæ scelerosi nefariam ducunt; adulteri immundum & infandum dicunt? Hujusmodi ergo impudici dignè coguntur pœnitentiæ fructus agere, à carnalibus desideriis abstinere; amplexus devitare, tùm ut iram Dei placare valeant, tùm ne similes similia committant. Id si quis Antistes præter regulam proprio fieri juberet arbitrio, rem procul dubio nefandam præciperet, ad veritatem Evangelii minimè incederet, imò à semitâ prædicationis excederet. Id ipsum si forte superior quælibet potestas præsumere attentaret, à Deo ipsâ separata canonicâ ultione terribiliter esset percellenda. Unde illa evangelica sententia, quâ dicitur: *Quod Deus conjunxit, homo non separet;* à quibusdam ita est exposita ut propriè contra humanæ præsumptionem potentiæ videatur esse posita. Providâ namque veritatis dispensatione no-

men, quod est, homo, appositum esse creditur, per quod humana potestas insinuata esse cognoscatur. Per hoc enim distinguitur, & divinæ virtuti esse potestatem separandi servatam, & humanæ potestati ejus rei possibilitatem sublatam. Ea planè separatio non est attribuenda virtuti humanæ, sed judicio Dei, ubi violenter nemo divortium molitur, sed consilium Dei. Illud quippe divinâ comparatum esse providentiâ comprobatur, quod decreto Patrum vigore Ecclesiasticæ disciplinæ, annosâ consuetudine sancitum esse dignoscitur : nec quenquam perturbet, si per Deum conjuncti à Deo dicantur separari, quasi Deo contrà se sentiente, & consilii sui immutabilitatem mutabiliter agente. Non enim divini permutatio fit consilii, ubi pro ratione causarum, pro diversitate temporum, cœlestium conceditur distributio mandatorum. Quod ex Evāgelio ostenditur, ubi priori tempore sacculus portari præcipitur, posteriori non portari. De quo beatus Augustinus in libro contrà Faustum hæreticum edito, de quibusdam calumniatoribus, sic » ait : » Jamne intelligunt quemadmodum nullà in-
» constantiâ præcipientis, sed ratione dispensantis,
» pro temporum diversitate præcepta, vel consilia, vel permissa mutentur ? » Itaque sanctorum Antistitum præceptis, doctrinis, regulis instructi dicimus, quia conjux cum prole conjugis incestuosè peccans, canonicè ad pœnitentiam cogi, & tam conciliis, quàm more & auctoritate Ecclesiæ testantibus, perpetuò ab usu conjugii pastorali judicio amoveri debet.

● Ex Concilio Moguntino : » Si quis viduam
» uxorem duxerit, & postea cum filiastrâ fornicatus
» fuerit, seu cum duabus sororibus ; aut si qua
» cum duobus fratribus : seu cum patre & filio. Si
» quis relictam fratris neptem, novercam, nurum,
» consobrinam, filiam avunculi, aut ejus relictam,
» aut privignam polluerit, eos disjungi, & ulterius
» numquam conjugio copulari præcipimus. « Idem in Concilio apud Vermeriam habito, & in Masticensi & Triburiensi præceptum invenitur. Quorum multiplicitatem, quia indifferenter loquuntur, epistolarum compendiis minimè æstimavi inserendam, ne insolentibus & tædiosis auribus molestus existam. Similis sententia de illis habetur, qui proprios filios de sacro fonte levàsse perhibentur. Id bene cautum est in sacrorum serie Canonum, Patrum decretis ac consiliis planè perfecteque definitum. De quo Deus dedit Romanæ & Apostolicæ Ecclesiæ Præsul inter alia sic ait : » Invenimus in archivo hujus Aposto-
» licæ Sedis jam satis contigisse in Ecclesiâ Hauriæ
» Ephesiorum, simulque Jerosolymæ, aliarumque
» civitatum Episcopis ab hac Apostolicâ Sede scire
» volentibus, si viri & mulieres qui de sacro fonte
» levaverunt filios suos redirent ad proprium tho-
» rum. Beatæ memoriæ sanctissimi Patres Julius, In-
» nocentius, & Cælestinus cum Episcoporum plu-
» rium & sacerdotum conventu in Ecclesiâ beato-
» rum Apostolorum Principis, prohibentes talia per-
» scripserunt, & confirmaverunt ; ut nullo modo se
» in conjugium reciperent mulieres & viri qui per
» quamcumque rationem de sacro fonte susciperent
» natos, sed separarentur, ne suadente diabolo tale
» vitium peccati inolescat per mundum, & univer-
» sorum error eorum accrescat. « His & hujusmodi sententiis ea pars declaratur, quæ ex præposita quæstione à nobis superius statuebatur.

Præterea Ecclesiæ esse atque fuisse hunc morem, hanc ejus consuetudinem norunt omnes qui hujus rei curam gesserunt : qui in locis propriis peregrinos, vel in peregrinis indigenas talium studiosos de talibus consuluerint. Hoc ipse aliquando Venetiæ positus vidi, audivi ; & quibus, & de quibus factum

fuerat agnovi. Morem profectò Ecclesiasticum sicut à Sanctis Patribus esse custoditum scio, ita consonâ scripturarum veritate inviolabilem esse censeo. Unde Magister Gentium dicit : *Si quis videtur contentiosus esse, nos talem consuetudinem non habemus.* Insinuans videlicet non esse temerandam Ecclesiæ consuetudinem, cujus auctoritate præceptorum munire nititur rationem. Ecclesiæ morem quantum violare peccatum sit, benè beatus Augustinus in libro quem contra Faustum conscripsit, his verbis ostendit, dicens : » Quando mos erat habere plures uxores,
» crimen non erat. Nunc verò propterea crimen est,
» quia mos non est. « Item in responsionibus ad Ja-
» nuarium ? » Quod faciendum divinæ scripturæ
» præscivit auctoritas, non dubitandum, quin ita
» faciamus ut legimus. Similiter de eo quod tota per
» orbem frequentior Ecclesia. « Quibus sententiis morem Ecclesiasticum firmum, ratum, nec ullà simultate immutandum, fore liberè comprobare potest, quisquis ejus fidem confitetur, ejus doctrinam suam sanctamque esse fatetur. Porrò an non qui hæc statuère Catholici fuère, Catholicè vixère Evangelia & Apostolos legère, lecta prædicavère, prædicando docuère ? Cur ergo talia mandaverunt, si non esse facienda intellexerunt ? Aut quomodo Ecclesiam Dei rexerunt, verbo & exemplo illustrarunt, si contrà Deum, contrà Dei Apostolum, contrà denique totius ferme religionis Christianæ salutem à veritate missi falsitatis præcones exstiterunt ? Atqui eos dignè sanctis & Deum coluisse, & quæ Dei sunt docuisse, & legimus, & meminimus, & allegamus. Proinde illorum prudentiam certissimè cognitam, sancta Ecclesia prudenter ac venerabiliter accepit, fideliter tenuit, more & antiquitate firmavit, neminem reprobavit. Liquidò igitur constat præcepta corrigendæ præsumptionis illicitæ, castigandæ turpitudinis nefariæ talibus sceleteis imposita, salubriter esse inventa, divinitùs data, pro veritate non contrà veritatem loquentia. Præterea si ab universâ Ecclesiâ non fuerunt instituta, non idcircò sunt reprobanda ? Numquid Decreta & Canones universi Christianæ fidei Confessores aut defensores uno spiritu, eodemque sensu decrevère ? Pleraque enim ab uno, nonnulla à pluribus definita ; quæ tamen ab omnibus gratanter sunt accepta ; à nemine contempta.

Huc accedit ; si omne divortium conjugum à Domino prohibitum erat, exceptâ causâ ejus adulterinæ fornicationis, quem ex Evangelio assignatis, alia causa separandi admittenda non erit. Quo ergo jure, quâ audaciâ ab ipsis Divini eloquii Prædicatoribus nova exceptio est introducta ? Aiunt enim, ut præfatum est, pro suorum susceptione filiorum de salutari fonte, divortia conjugum fieri debere. Qua ergo facilitate, quâ fronte mandatum Dominicum, intellectu perspicuum, nemini ambiguum, ab hominibus est derogatum, aliud subrogatum ? aut cur ab Ecclesia memorata exceptio est adaucta, quæ à Domino non est excepta ? Cur, inquam, nisi quia mandata Dei probè intellexerunt, piè susceperunt, sibi id licere licenter posse cognoverunt, salvâ reverentiâ canonicarum scripturarum ? Ad hæc, quis gradus ac genera pœnitentiarum pro qualitate & quantitate peccatorum distribuit, nisi Ecclesia Dei, instructâ verbo Dei, docente & regente eam Spiritu Dei ? Non enim in totâ veteris & novi serie Testamenti leguntur modi pœnitentiarum, quamquam tam exemplis quàm præceptis legatur esse pœnitendum. Quis ergo pœnitentiales libros decernente Ecclesiâ roboratos, more & antiquitate firmatos, quis, rogo, aut quo jure, quâve novitate evertere queat, audeat, aut præsumat? Nemo equidem, nemo tantæ præsumptionis arcem sibi arripiat. Si ergo in cæteris pœnitentiarum distributionibus accipiuntur, accepta distribuuntur, à quo hac in parte utiliter data, nulli canonicæ sententiæ adversa, abjiciuntur, aut reprobantur? Postremò, luce clarius apparet Dominum Ecclesiam suam ubique & in omnibus regere, ac dirigere, judicia sua per eam decernere, ac discernere, Quâ de re ipsa in Psalmo lætabunda clamat: *Dominus regit me.* Et Evangelista: *Ecce ego vobiscum sum:* Et alio loco: *Ubi duo vel tres congregati fuerint in nomine meo, ibi in medio eorum sum.* Et illud: *Vos non estis qui loquimini, sed Spiritus Patris vestri qui loquitur in vobis.* Si ergo Dominus habitat in suis, loquitur per eos & in eis, quis hominum, quis fidelium, quis, obsecro, sanum sapiens, & compos sui abnuat, abdicet, contradicat, tantorum decreta virorum, decreta esse Dei, quæ ad salutem humanam misericorditer sunt procurata, dictante Spiritu Dei? Quia ergo evidenti ratione ea ipsius Domini esse edicta (quamquam enim à suis præconibus sint prolata, ipso tamen sint præsidente lata) magno gradu, magno locanda culmine, sublimique servanda censentur veneratione. Nimirum non injuriâ ea dignâ reverentiâ custodiuntur, quæ per servos suos Auctor omnium instituit, & Ecclesiæ sanctæ usus & auctoritas roboravit.

Nonnulli humanam fragilitatem attendentes, aiunt lapsos in conjugio nullo pacto esse separandos, ne unde procuratur eis medicina, amplior casus deteriorque contingat ruina. Quia cum putantur rigore hujus disciplinæ posse sanari, suâ æstuante incontinentiâ paratur eis laqueus & vorago fornicationis. Continentiæ quorumdam impossibilitatem comprobant ex ipso Evangelii loco, ubi Dominus ait: *Non omnes capiunt verbum istud.* Et ex Apostolo, ubi conjugalia disponendo cubilia: *Unusquisque,* inquit, *proprium donum habet ex Deo.* Unde & inter verba Evangelica apposuit: *Aut viro suo reconciliari.* Id videlicet insinuans potissimum esse reconciliari suæ, quàm misceri alienæ. Quibus dictis inferunt: Quicumque ergo voluerit conjuges separare, noverit se contrà Evangelium prædicare, contrà Apostolum sapere, contrà salutem multorum, imò in perniciem miserrimam laborare. Hujusmodi ergo objectionibus quo eo modo esse respondendum, quo de ejusmodi inobedientibus à beato Augustino legimus esse responsum: Numquid propter incontinentiam eorum censes legem Dei esse mutandam? Quid si captivitate, violentiâ, aut ægritudine concubitus impediatur, numquid desertâ castitate conjugali, spretâ lege Dei, incontinentia cujusquam conjugati Christiano judicio remedium inveniet sibi? Cæterùm si cæteris propter incontinentiam misericorditer cuique suum concedatur possidere, hujusmodi impudicis quemque separari à suo dignâ censetur ultione. Illos quidem incontinentia adjuvat, ne non habendo suum non valeant continere; istos incontinentia impugnat, quia habentes suum cum possent, noluerunt continere, eo miseriùs ruentes, quo negligentes suum, præsumpserunt irruere in alienum.

Dicit aliquis, eum qui non peccavit injustè damnari, videlicet ut separetur ab uxore, qui non peccavit cum uxore. Non enim æquo judicio in inferenda pœna, in quo non fuit par culpa. Cui Apostolicâ voce respondemus: *O homo, tu quis es, qui respondeas Deo?* Cui, inquam, omnipotens Deus revelavit consilia sua? Quid ille peccavit, cujus uxor recens nupta infirmatur, aut eripitur, aut quolibet alio modo tantoperè alienatur, ut ipse vivens & continere cogatur sine eâ? Occulta sunt Dei judicia, sed justa. Unde scis si ad hoc permisit Deus

cadere periturum, ut propter humilem patientiam, & obedientiæ observantiam, coronaret quem prædestinavit sine fine victurum? Ideo fortassis voluit innocentem pati in hac vitâ, ut tali patientiâ comprobatum collocaret in æternâ vitâ. Aut unde nosti si ipse, quem justum pronuncias, eo ipso pœnam promeruit, veniam obtinere non debuit, qui id genus dilectionis, correctionis, custodiæ, negligentiâ aut malevolentiâ faciente conjugi non adhibuit, quod aut quale si justus aut prudens esset adhibere debuit? Præterea etsi de conjugis reatu conjux innocens nullâ sorde inquinatur, nonne id ei sufficere videtur ad communem pœnam, quòd unum sunt corpus & una caro, ut propter unitatem conjunctionis in eâ re meritò communiter affligantur, pro quâ facti sunt una caro?

Positâ utrâque portione propositæ quæstionis, appositâ confirmatione ejusdem utriusque portionis, hîc breviter memorandum videtur Evangelicû mandatum, quod ad probandum assertis, & afferendo præfertis, quid quibus jubeat, quid ad quæstionem attineat, ut aliud à vobis statui, & aliud Evangelio allegari indubitanter appareat. Deinde non incommodè, neque non suo loco dicendum erit, quo pacto posteriora prioribus statutis nec contraponantur, neque contradicant, quoque modo eis conveniant, eisque quodammodo subsidium ferant. Redemptor noster in eo sermone quem apud Matthæum celebravit in monte, quibusdam præmissis, ait: *Quicumque dimiserit uxorem suam, exceptâ causâ fornicationis, adulterat.* Et in alio ejusdem Evangelii loco legitur, eum de eâdem re à suis tentatoribus interrogatum esse his verbis: *Si licet homini dimittere uxorem suam?* Quod Marcus remotâ ambiguitate sic protulit: *Si licet viro dimittere uxorem suam?* Ubi planè ostenditur quòd ille dixit homini hoc esse, quod iste dixit viro. Huic ergo interrogationi Salvator respondens, & in respondendo rationem reddens, juxta utrumque Evangelistam eodem modo intulit: *Quod ergo Deus conjunxit, homo non separet.* In hac igitur illatione quid aliud intelligere debemus, valemus, hominem, nisi virum? & separare, nisi dimittere? Idem enim & de eodem debuit respondere, unde & de quo interrogatus fuit. Veritas quippe non venerat ut falleret, potiùs ut fallaciam amoveret, veritatem doceret. *Eloquia* enim *Domini, eloquia casta.* Idem ergo valet, *Quod Deus conjunxit, homo non separet,* ac si dictum esset, quod Deus conjunxit, vir non dimittat. Hac igitur explanatione comperimus evangelicam doctrinam id simpliciter habere, nulli viro uxorem suam, id est, casto castam, dimittere licere. Quia ergo addidit: *Exceptâ causâ fornicationis,* tali cautelâ insinuavit castum incestam dimittere posse. Idipsum ex supradictis Apostoli verbis Apostolum sentire innuitur, & docere. Quia ergo excellentiâ utriusque scripturæ id accipitur, firmiter tenetur, nullum virum uxorem suam, id est, castam castam, sicut ibidem cautum est, dimittere debere; rationabiliter colligi possit, quòd vir, de quo sermo cœpit, videlicet cujus filius ejus thorum fœdavit, propriam uxorem non deberet abjicere, aut dimittere, exceptâ causâ fornicationis, ita quidem si ambo essent justi. Quia verò ille est castus, illa incesta, ex scripturis potest potiùs probari; quòd ipse eam licitè dimittere possit; ad hoc enim valet quod dicit: *Exceptâ causâ fornicationis.* Illud quidem quod dixi, quia ad castos conjuges Evangelium loquitur, ratione docente, & ad id ducente, posset probari, sed quod à vobis propositum erat, sicut debuit, ac decuit, ex eâ sententiâ nequit approbari.

Propositum quippe, & quâ poteratis eloquutione à

vobis, assertum erat, conjugem à conjuge quacum filius ejus peccarat, pro nequitiâ tali manu Pontificis minimè separari debere. Quæstio ergo de casto & incesto conjuge erat. Id, ut dixeram, præfata Evangelii sententia, quæ de utroque casto loquitur, nec approbat, nec contestatur. Si quis enim ex eâ generali propositione Evangelicâ, quæ dicit, *Nullus vir dimittat uxorem suam*, id est, castus, castam, *exceptâ causâ fornicationis*, concludere conetur; quòd conjux, de quo sermo cœptus est, à conjuge non debet separari manu Pontificis pro incestæ causâ fornicationis, numquid argumentatio rectè procedit, atque ad suum regulariter finem decurrit? Fidenter dico nequaquam. Adeo enim Evangelica illa propositio, quæ separationem casti à casto conjuge perhibet non esse faciendam, disjuncta ac separata est ab eâ vestrâ propositione, quæ separationem conjugum casti ab incestâ prohibet esse faciendam, ut nullâ se virtute rationis, nullâ probationis affinitate aspiciant. Sicut enim refert inter pudicos & impudicos, ita cum an ad hos, an ad illos sermo dirigitur; vel an de istis, an de illis ratio conficiatur, parva distantia est.

Est tamen quiddam quod à Sanctitate vestrâ ex Apostolo sumptum, non parum confidentiæ videtur vobis subministrare. Apostolus dicit: *Nolite fraudare invicem, nisi forte ex consensu.* Ubi consensum auditis, pari judicio nullos conjuges à conjugali debito præter consensum removendos esse intelligitis. Sed animadvertat Sanctitas vestra, quia Apostolus eo loco non eis loquebatur conjugibus, qui debita defraudassent, qui indebita surripuissent; Quo genere ii extitisse feruntur, de quibus & à vobis quæstio fuit proposita; & à nobis diutinâ est disputatione ventilata. Verùm is scribebat, qui vicariam sibi fidem servarant, qui quatenùs, qualive concordiâ ea fides servanda esset, discretiùs intelligere indigebant. Quâ causâ ad tales loquens, de pudicitiæ conjugalis custodiâ piè commonens, jura conjugii prudenter ipsos edocebat, & cum infirmis infirmus, compatiens fragilibus, ne in adulteria prorumperent, reddere debitum consulebat. Unde constat Apostolicam illam admonitionem nihil ad illam dubitationem attinere, quæ de casto & incesto conjugibus nos designabat ambigere. Porrò quod dicitur, conjuges reconciliari licere, hoc solùm est quod ad rem pertinere, & ad quæstionem magis valere videtur accedere. Hoc enim solùm de casto & incestâ conjuge dictum est, casto incestum insinuat esse reconciliandum. Hoc est, illud præcipuum in cujus virtute pars vestra superior, nostra inferior, vestra superans, nostra superata putatur. Dicit enim Apostolus, *mulierem viro posse reconciliari.* Proponitis ergo, si secundùm Apostolum licet reconciliari, quis est qui contrà Apostolum prohibeat reconciliari? Acutè quidem dictum, sed acutiùs intuendum, subtiliùs discutiendum. Neque enim & in hac parte deerit misericordia Dei, quæ & ignorantium cœcitatem queat illustrare & quæstiunculæ asperitates velit explanare. Apostolus memorans legem à Domino latam; *Præcipio*, inquit, *non ego, sed Dominus, mulierem à viro non discedere; quòd si discesserit, manere innuptam; aut viro suo reconciliari.* Hoc quidem aut illud necesse est fieri. Sed non hoc tantùm, aut illud tantùm fieri necesse est. Non enim necesse est manere innuptam, neque necesse est reconciliari. Quæ verò separata manet, innuptam esse necesse est. Ita enim faciendum est Dominus jubet. Reconciliari verò non est Domini jussum, sed Apostoli permissum, sive consilium. Idcircò licet reconciliari, & licet non reconciliari. Nec tamen omnibus licet reconciliari. Quæ enim ex consensu con-

1. Cor. 7. 5.

1. Cor. 7. 11.

tinentiam vovent, post votum jam non debent omninò denegatum exspectare conjugium. Unde beatus Augustinus: » Quæ rectissimè voventur, cum homines voverint, nullâ conditione rumpenda sunt; quæ sine ullâ conditione voverunt. « Sufficit ad enervandam vestræ argumentationis oppositionem ostendisse quosdam non posse reconciliari. Non ergo omnes mulieres à viris separatæ, Apostolicâ licentiâ eisdem sunt reconciliandæ. Cum ergo quibusdam permissum sit reconciliari; quibusdam illicitum esse pervideatur, enthymema propositum non immeritò fragile judicatur & infirmum. Illæ quippe valent reconciliari, quibus Dominica lex id non contradicit. Porrò illæ non sunt reconciliandæ, quæ per reconciliationem & concordiam viri sui, offendunt in odium Dei sui. Unde apparet quia neque ex istâ Apostoli sententiâ ulteriore vestram partem tueri valetis; neque nostram infirmare. Quod non ignorat quisquis veritatem rerum agnoscere; sensum scripturæ discutere, verborum proprietatem discernere, ac quidque quò debeat referre non ignorat.

Ecce, ut proposueramus, manifesta ratio docet, sacræ paginæ sacras auctoritates; quas adsciscitis ad probationem; nil valere; nil facere, in eam quam probandam statueratis propositionem. Sicut autem nullum parti vestræ; ut ostensum est, subsidium præstant, ita nec nostræ adversantur, nec à nostrâ aliquatenùs impugnantur. Non enim eâ causâ inventa sunt statuta posteriorum ut pereant; aut infirmentur antecedentium præcepta Doctorum. Verùm eo fine libidinosis, ac neglectoribus imposita noscuntur; quò verba Dei cautelâ majore illibata custodiantur. Dum enim Dominici mandati prævaricatores, conjugalis pudicitiæ contemptores, conjugum parentelæ violatores, prædictâ severitate puniri jubentur, nonne peccatores ejusmodi circa mandatorum observationem solliciti redduntur, tanto cautiores effecti, quanto præceptorum asperitate conterriti? Quibus rebus dubium non est, morem Ecclesiasticum, sive Concilia Patrum, non modò Evangelicæ sive Apostolicæ institutioni non opponi, verùm quasi quodam venerabili obsequio famulari. Quâ in re etiam perspicua probabilitas conjectari potest, quæ ad tantam data sunt hominum salutem, placita esse illi qui venit hominibus ministrare salutem.

His ita digestis, nunc ipsa opportuna commoditas loci videtur admonere diù dilatam, quam vestra celsitudo postularat de quæstione sententiam, proximo loco prodere debere. Sicut sæpe dictum est, præcepit Dominus ne dimittat vir uxorem, causâ fornicationis, quam fornicationem beatus Augustinus in eo libro, quem de sermone Domini in monte declarato composuit, dicit generalem esse, asseverans videlicet fornicationem esse omnem illam prævaricationem, quâ animam malè utentem corpore suo, alienam facit à Creatore suo. Non igitur solo concubitu intelligendum est fornicari, verùm furto, sacrilegio, homicidio, idololatriâ, aliisque capitalibus peccatis privantibus hominem ab æternâ vitâ. Et juxta jusdem Doctoris explanationem, non licet virum recedere tantummodò causâ fornicationis uxoris suæ, sed & etiâ causâ fornicationis suæ; hoc est, vel quia ipsa fornicatur; vel ne ipse fornicetur. Cujuslibet enim utriusque modi fornicationis causâ recedens, fornicationis causâ recedere docetur. Si ergo pudicus cum impudicâ uxore quovis genere fornicationis delusâ, eâ sanctitate cohabitare valeat, ut nullâ pro ejus consortio non incurrat, nec se incursurum metuat, sperans etiam se illius offensionibus esse consulturum: hic salubre consilium sibi invenit, si ab eâ facilè discedere nolit; & offensam ejus dimittens, meliorem

De Adulter. conjug. lib. 1. C. 14.

Variæ fornicatio sumitur.

sibi viam oftendere ac docere velit. Ad quod pertinere intelligitur illud Apoftoli confilium dicentis : *Si quis frater infidelem habet uxorem, & hæc confentit habitare cum illo, non dimittat illam.* Quod non effe dictum gratiâ imponendæ neceffitatis, fed mifericordiâ confulente amborum faluti, paucis interpofitis aperuit, dicens : *Unde fcis vir si mulierem falvam facies?* Qui verò ita fe facilem cernit, ad ipfum, proclivem ad periculum, ut à pravæ mulieris peffimâ voluntate in partem aliam nequeat declinare ; hic urgente periculo eam prudenti confilio dimittit, fine quâ Deo placitam poteft facere vitam fuam, cum quâ inter ejus fordes nullo pretio poteft redimere animam fuam, ficut Apoftolus dicit : *Voluntariè peccantibus, jam non relinquitur hoftia pro peccato.* Ut fi qua mulier tanto furti defiderio teneatur, five maleficiorum, feu immunditiæ corporalis, ut non modò à viro non corrigatur, fed potiùs vir ab eâ quâdam violentiâ, gratâ feu moleftâ, ad ea, vel ad eorum confenfum cogatur : fatius eft talem relinquere, quàm cum tali æquo judicio perire. Cujus fententiæ benè confonat Eliberitanum Concilium dicens : » Si confcio marito uxor fue- » rit mœchata, placuit, nec in fine dandam effe ei » communionem. Si verò eam reliquerit, poft de- » cem annos accipiat communionem, fi eam cum » fciret adulteram aliquanto tempore in domo fuâ » retinuit. « Hoc quippe Canone datur intelligi quanto peccato fit involutus, quantoque judicio à Deo fit damnandus, qui peccato uxoris voluit confentire, quique etiam peccantem noluit excludere ; maluit retinere. Quàm fapienter fapiens Salomon fuam uxorem omninò exterminaffet, quàm per eam fe à Deo exterminari permififfet ; Idola coluiffet. Præftantius fuerat Deo æternaliter adhærere, quàm talibus amplexibus mulieris ad horam diffolutè inhærere.

Quòd fi quifpiam Ecclefiæ Paftor certiffimè fciret aliquos in fuo regimine conjuges aliquâ in hunc modum fpurcitiâ coutentes, nonne rectiffimè eorum miferiam corripere, arguere, increpare, ad ultimum etiam, fi res id exigeret, feparare deberet ? Cum ergo non fit dubium, mundum conjugem ne immundus fiat immundum mittere debere, non dubitavit juftum virum inceftæ nequaquam reconciliandum effe, quando certum habetur capitale peccatum per ipfum fibi reconciliationem imminere. Sicut enim expedit illi relinquere illum ut falvet animam fam, ita expedit ifti non reconciliari ne perdat animam fuam : Porrò veteri teftamento continetur : *Qui concubuerit cum novercâ fuâ, vel qui dormierit cum nuru fuâ, morte moriatur.* Quæ præcepta non magis prædeceffores Salvatoris venientes in mundum accipere, quàm & fucceffores accipere meruere. Refert enim Magnus Auguftinus præcepta agendæ vitæ quæ data funt antiquis, non impariter collata effe & nobis, in quos finis fæculorum venit. Non quòd in novo Teftamento hujufmodi peccatores corporali fint morte puniendi ; poftquam morte unius univerfus orbis à morte eft redemptus, & fingularis hoftia pro peccatis omnium eft oblata ; fed ad mortem oftenditur eis effe hoc peccatum, quibus pœnitentiæ fatisfactione non fuerit indultum. Ideo enim illo in tempore tali morte plectebantur, quia nullis adhuc hoftiis à tali peccato redimebantur. Quia ergo hoc genere concubitûs ejus operis auctores ad æternam mortem creduntur pervenire, dum quæ ore Dei ad Moyfem facie ad faciem colloquentis minaciter prohibita funt, non verentur temerare, dum immobilitatem mandatorum feveritate tonitruorum, ignium, nubium, fulminum terribiliter teftatam, renuunt cuftodire, cubare filium cum eâ cum

quâ pater cubuit, aut patrem offendere in eam quam filius habuit, horrendum nefas effe dicitur, & intrà fumma fcelera effe deputatur.

Ampliùs : *Qui adhæret,* inquit Apoftolus, *meretrici, unum corpus efficitur.* Quia ergo filius, de quo præloquuti fumus, novercæ admixtione effectus eft unum corpus, cujus filius illi eft, illa filia facta eft. Si ergo pater appofuerit ampliùs cubare cum eâ, cubabit fimul cum uxore & filiâ. Quod quantum nefas fit, me tacente omnibus innotefcit. Quod tamen & ex antiquis fancti David geftis dilucidè valet affignari. Quem cum Abfalon regno privaffet, idem confultò ingreffus eft ad patris concubinas, teftante fcripturâ : *Tetenderunt Abfaloni tabernaculum in folario, ingreffufque eft ad concubinas patris fui coram univerfo Ifraël.* Quo mortuo, & Rege in domum regiam confenfu communi reftituto, exhortui Rex ad eas denuò introire : non ignorans fibi illicitum effe poft tantum facinus ulteriùs ad eafdem fecedere. Unde fcriptum eft : *Cumque veniffet Rex in domum fuam Jerufalem, tulit decem mulieres concubinas fuas, quas dereliquerat ad cuftodiendam domum ; & tradidit eas in cuftodiam, alimenta eis præbens, & non eft ingreffus ad eas, fed erant inclufæ ufque ad diem mortis fuæ, in viduitate permanentes.* Præterea tam Decretis quàm Conciliis legitur effe definitum, quatenùs ufque ad feptimum gradum cognationis nemini cubare liceat cum eâ, cum quâ cubuit aliquis cognationis fuæ ; fi qui hoc violare præfumpferit ; dignus æftimetur aut legibus corripi, aut perpetuo anathemate feriri. Quod & nos fentimus, univerfi acclamamus, neminem diffentire novimus. Id fi quis aliter fieri perfuaderet, aut cogeret, profectò infolubilia ftatuta folveret, præfatas auctoritates damnaret. Poft quorum edictum, eft etiam in eamdem peftem coërcendam etiam fequenti tempore conjugibus indictum, ut nunquam ad operam conjugalem redeant ; quicumque fimile fecerit inceftum. Nec id tantummodo indictum eft inceftis conjugibus, fed, ut dictum eft, carnalem filium fpiritualiter regenerantibus. Hæc indictio, ut legitur in libro Pœnitentiali, folo difciplinæ vigore quibufdam eft impofita ; iis verò, de quibus præloquuti fumus, à fornicationis timore eft appofita, ut tanto cautiores effe debeant ; quanto eos & fornicationis timor repellit, & obedientiæ feveritas compefcit.

Si quis itaque contemptor, inobediens, præfumptor hæc tranfgreffus fuerit mandata Dei, ille rectiffimè intelligitur à Deo fornicari, id eft animam fuam alienare ; pro unius quidem folius unâ folâ prævaricatione meritò damnandus, pro omnium verò contemptu maximè à Deo repellendus ; ac modis omnibus exterminandus. Si ergo tanta præcepta à Chriftianis veneranter obfervata, pro fervandâ Chriftianâ focietate ftudiosè imperata, per reconciliationem cafti & inceftæ evacuantur ; quis judicet talem tali fub tali peccato licere reconciliari, præfertim cum anima quæ pœnitere debuerat, ipfâ concordiâ deteriùs incipiat periclitari, & poft corporalem fornicationem, mente ; quod pejus eft ; fornicari ? Quæ ratio, quod confilium five permiffum adducit hominem ad eam reconciliationem, quæ eum introducit ad mortiferam fornicationem ? Quis fuadeat quemquam eo pacto oportere cuipiam reconciliari, quo videt eum non poffe à Deo non feparari ? Quis Pontificum, quis fanum fapiens moneat, eum ad eam concordiam redire, quam rectè exigentibus culpis ab alio factam anathemate crudeli debuerat feriri ? Hieronymus in epiftolâ ad Amandum Prefbyterum fcifcitantem ; utrum mulier, relicto viro adultero & Sodomita, & alio per vim accepto poffit abfque pœnitentiâ communicare Ecclefiæ, vivente adhuc eo, quem priùs reliquerat, datâ de quæstione sententiâ « ait : » Rem novam loquor, imò non novam, fed » veterem, quæ veteris Teſtamenti auctoritate firma- » tur. Si reliquerit ſecundum virum, & reconciliari » priori voluerit, non poteſt. Scriptum eſt in Deu- » teronomio. *Si accêperit homo uxorem, & habue- » rit eam, & non invenerit gratiam in conſpectu ejus » propter aliquam fœditatem, ſcribet libellum repu- » dii ; & dabit ei, & dimittet eam de domo ſuâ. Cum- » que egreſſa alterum maritum duxerit ; & ille quo- » que oderit eam, dederitque ei libellum repudii, » & dimiſerit eam de domo ſuâ ; aut certè mor- » tuus fuerit, non poterit prior maritus recipere eam » uxorem ; quoniam polluta, & abominabilis facta* eſt coram Domino. Si ergo non licet hujuſmodi adulteras patrato adulterio redire ad viri thorum, quo jure, quâ lege licebit eas reconciliari ; quæ tam grande fecit inceſtum. Reconciliata inceſtum duplicabit, præceptum violabit. Quod præceptum eſt, non fieri non licet, quod permiſſum eſt, non fieri licet. Licet enim quemquam ſine peccato & reconciliari, & non reconciliari ſi non offenditur in præceptum Dei. Ubi verò occurrit præceptum, ceſſabit permiſſum. Majus eſt enim præceptum, quàm permiſſum. Præceptum uſquequaque ſanctum eſt. Permiſſum verò aliquando peccato non caret. Præceptum eſt, *Uxorem à viro non diſcedere, quod ſi diſceſſerit, manere innuptam.* Permiſſum eſt, *Unuſquiſque habeat ſuam uxorem propter fornicationem: Hoc autem ſecundùm indulgentiam dico, non ſecundùm imperium.* Ubi indulgentia fuit, locus erat peccati. Quia ergo majus eſt præceptum, minus permiſſum ? ubi adeſt præceptum, quieſcat permiſſum.

De præceptis Dei & Apoſtolicis permiſſis Magnus, ac reverenter nominandus Auguſtinus in libro de A- » dulterinis conjugiis ita diſputat : « Teneatur pri- » mitùs ac maximè, ne committantur illicita. Ubi » autem aliquid ita licitum eſt, ut aliud facere om- » ninò non ſit illicitum, fiat quod expedit, vel quod » magis expedit. Illa igitur quæ Dominus ita dicit ut » Dominus, id eſt, non monentis conſilio, ſed do- » minantis imperio, facere non licet, & ideo nec ex- » pedit. « Et poſt pauca : » Hæc conſtituta Domini » ſine ullâ retractatione ſervanda ſunt. Habet enim » hæc juſtitia, quæ coram illo eſt, ſive approbent, » ſive improbent homines : & ideo dici non oportet » propter offenſiones hominum, aut ne impediantur » homines ab eâ ſalute, quæ in Chriſto eſt, non » eſſe ſervanda. « Et item aliquibus interpoſitis : » Nihil expedit quod illicitum eſt, & nihil quod » prohibet Dominus, licitum eſt. Quæ autem nullo » Domini conſtringente præcepto, in poteſtate di- » miſſa ſunt, in his audiatur Apoſtolus in Spiritu ſan- » cto monens & conſulens, ut vel meliora capian- » tur, vel ea quæ non expediunt, caveantur. Ibi au- » diatur dicens : *Præceptum Domini non habeo, con- » ſilium autem do.* Hæc modulum meum cognoſcens » non ex meo ſenſu, non ex propriæ intelligentiæ vir- » tute approbo, verùm ex ſacrarum doctrinâ ac » magiſterio ſcripturarum conjicio, arbitrans nihil » in Chriſtianâ religione temerè fore definiendum, » nihil ſi fieri poteſt ſine divini examine eloquii ter- » minandum, nonnihil tamen quantum fieri poteſt, » & ratio poſtulat, rationabilis diſputationis à nobis » adhibendum. Si verò quis aliter ſapit, & quod » ſapit indeficienti animo efferre, atque præferre » maluerit, non præjudicabo ſententiæ electioni ; tan- » tummodo, ſi eam teſtimonium ſcripturæ adjuvat, » & dominici auctoritas mandati non obumbrat. « Hanc ſancti viri cenſuram obſervantes, &, ut ſæpe dictum eſt, terrore diſciplinæ ſceleris immanitatem cohibere diſponentes, conjuges quibus fallente diabolo offenſio tanta contigerat, decrevêre non eſſe reconciliandos, callentes tutius eſſe, rationabili cauſâ mutare permiſſum conſulentis ſervi, quàm irreverenter offendere in venerandum ac reverendum præceptum omnipotentis Dei. Quorum tamen vinculum conjugale nullo pacto dirumpi licet, quod, dicente Apoſtolo, non niſi morte alterius ſolvi poteſt. Semper enim & ille dicetur vir uxoris, & illa uxor viri. Hoc tantummodo audiant, ut à debito abſoluti débitum non exigant, non reddant, de cætero uterque contineat, caſtius in inceſtis vitâ, inceſtus in caſtâ vitâ. Propter idem fornicationis genus juſſi ſunt conjuges ſimili modo unâ continere ; ii videlicet qui unâ proprios de aquâ baptiſmatis filios accepêre. Dictum eſt enim illos à Deo & contrà Deum fornicari, qui contemptâ obedientiâ tranſgrediuntur mandata Dei. Mandatum Dei eſt : Ne cubaverit compater cum ſpirituali commatre. Unde in decretis Gregorii minoris ſcriptum reperitur : » Si quis ſpiritualem comma- « trem in conjugium duxerit, anathema ſit. « Inde Eccleſiæ obtinuit conſuetudo, ut qui cum tali cubare non abhorruerit, ut nefandi ſceleris auctor à liminibus Eccleſiæ arceri, & cunctorum aſſenſu Chriſtianâ communione jubeatur privari. Si ergo pater & mater filii quem carnaliter genuerunt, ſpirituales profitendo pro eo exſtiterunt genitores, mandato Dei, ex Catholicâ conſuetudine, ex decreto Patrum, non licet eos redire ad proprium thorum. Si enim reconciliati fuerint, inducentur in prædictæ perniciem fornicationis.

Ad exaggerandam probationum contra poſitionem, adjicitis etiam Dominum glorioſæ memoriæ Lanfrancum Archipræſulem, de divortio caſti & inceſtæ quod dicitis ſenſiſſe, quod ſentitis celebraſſe. Celebriter enim memoratur ſimile negotium inter matrem & filiam pro filiæ marito invicem contendentes, coram eodem Præſule nonnullis confidentibus Epiſcopis exſtitiſſe, matri quem ſibi uſurparat maritum filiæ Epiſcoporum judicio ablatum fuiſſe, filiæ redditum fuiſſe. Et quidem, venerande Pater, idem venerandus Antiſtes fecit quod debuit, ſed non perfecit quod decuit. Quia enim queſta erat filia de rapinâ matris, de fraude viri, dictante juſtitiâ, meritò & raptrix rapinâ privanda erat, & quod ſuum erat, videlicet fraudulentus ei, quæ fraudem paſſa fuerat, reſtituendum erat. Quæ dum jure debito reparavit, Eccleſiæ quod debuit. Quia verò quantitatem patrati facinoris per pœnitentiam non indicavit, nec qualitatem futuræ cautelæ per doctrinam inſinuavit ; non perfecit quod decuit. Decuerat e-im non propter excellentem peritiam, ne poſteritati dubietatem relinqueret, ea terminaſſe, ſed querelâ terminatâ maluit ea interminata relinquere, ne jura Epiſcopi, cujus id intererat, videretur uſurpare. Noverit glorioſa Beatitudo veſtra, nos de hac ſententiâ cum Domno Archiepiſcopo nonnunquam ſermonem habuiſſe, & pro amandâ ejus humilitate, pro venerandâ patientiâ, de eâdem quia familiares ei aſſiſtebamus familiariter cum eo contuliſſe, & quod nobis implicitis quia ſic eo tempore intelligebamus ei objeciſſe, quod vobis reſpondemus eum nobis reſpondiſſe.

Epiſtola II. ERNULFI *Riffenſ. Epiſcopi, quâ variis Lamberti quæſtionibus reſpondet.*

VEnerabili, ac gremio caritatis venerabiliter conſovendo, LAMBERTO, Frater ERNULFUS in ſanctorum felicitate conſortium felicitatis æternæ.

Faciem veſtram in carne nunquam vidi ; quam ut viderem terrarum intercapedo non conceſſit. Per ea verò quæ de moribus veſtris, de humilitate, benignitate, affabilitate, cæterisque animæ vestræ ornamentis latore litterarum vestrarum referente cognovi, notitiam vestri certiùs in animo meo teneo impressam, quàm si præsens præsentem his incognitis aspiciam. Ita fit, ut animi vestri egregiæ compositioni eâ nectar dilectionis qualitate, quæ nescit amico rectè petita denegare, largitur propria, vendicat aliena. Cujus rei dilectione vestrâ condigna postulante, experientia vestra meam possibilitatem servatâ ordinis integritate inveniet efficacem. Ante biennium, ni fallor, quamdam schedulam, quam ad me vestra beatitudo direxerat, suscepi, præferentem conscriptas quæstiones quinque, nonnullas habentes pauca verba, sed tegentes mysteria immensa. Cujus portitor se obsequio vestro aiebat postulare, quatenùs ad interrogata responderem, & quod ibi tenebrosum claudebatur, nonnullorum tarditatem fallens, aliquo splendore vestirem. Per idem tempus gravi ægritudine correptus diutissimè lecto decubui, eâ languoris vehementiâ fatigatus, ut præ doloris impatientiâ penè omnibus membris exstiterim dissolutus. Hæc idcircò posuerim, ne petitioni dignationis vestræ videar parere noluisse; dum tanto tempore sit dilatum, quod ante tantum temporis fuerat postulatum. Proinde sedato aliquâ ex parte languore diuturno, de vestris inquisitionibus quam petieratis sententiam fero, ponens mea, supererogans aliena.

Quæstio, ur mutata consuetudo antiqua de porrigendo corpore Christi sanguine intincto.

Prima ergo posita est percunctatio de Sacramento Altaris; ita propositâ, ut quæratur, cur hodierna Ecclesiæ consuetudo alio & penè contrario ritu censeat porrigi corpus Dominicum, quam à Domino in Cœnâ Discipulis suis fuerit distributum. Id enim quotidianus Ecclesiæ prætendit usus, ut tribuatur hostia sanguine intincta, cum à Domino priùs Corpus, deinde Sanguis porrectus fuisse memoretur. Quem etiam morem Ecclesiæ ex Decretis Julii Papæ nitimini improbare, quibus idem Papa dominicum commendat ordinem, & Apostolicâ confidentiâ Ecclesiasticam arguit dispositionem, adjiciens intinctam panis buccellam Dominum proditori suo contulisse; & ex eâ mentis ejus impuritatem prodidisse. De cujus dubietatis ambiguitate quod intelligimus, quod à nostris Doctoribus accepimus, edicere parati sumus.

Decret. 7. & ix consec. dist. 1.
Cùm omnes,

Redemptor noster veniens in mundum, quia propter hominum salutem inter homines apparuit, quæque reparationi infirmitatis humanæ commoda seu necessaria fore prævidit, sicut oportere vidit in sapientiâ suâ, ita ab hominibus fieri & esse voluit in Ecclesiâ suâ. Hæc eis, cum quibus conversari dignatus est, verbo vel exemplo insinuavit, quæ facienda erant docens, certum quo facienda erant modum præfigere omittens. Hinc esse videtur quod ait: *Hoc facite in meam commemorationem.* Non ait, hoc modo facite. Et: *Ite baptizate omnes gentes in nomine Patris, & Filii, & Spiritus sancti.* Non ait, hoc modo baptizate, non ait, semel mergite, aut tertiò mergite. Non ait, scrutinium facite, chrisma sacrate. Quâ in re insinuasse videtur quæ præcepta sunt non fieri non licere; pro ratione verò necessitatis, vel honestatis, alio & alio modo fieri licere. Unde nonnulla Christianæ religionis instituta eum in Ecclesiæ nascentis initio suæ modum originis accepere, quem in progressu ejusdem crescentis propter quasdam rationabiles causas non diu tenuêre. Id beati Augustini responsiones ad Januarium evidenter ostendunt, de eo ipso de quo agitur sacramento, hæc dicentes: » Sacramentum Corporis & sanguinis Do- » mini apparet, discipulos non accepisse jejunos. Ex » hoc placuit sancto Spiritui ut in honorem sacra- » menti in os Christiani priùs Dominicum corpus in- » traret, quàm cæteri cibi. Nam ideo per univer- » sum orbem mos iste servatur? » Idipsum ex S. Hie-

Modum, quo sacramenta conferantur, ordinandi potestatem Ecclesiæ Christus reliquit.
1. Cor. 11. 24.
Mat. 28. 19.

Epist. 118. c. 6. post init.

ronymi scriptis potest approbari, in expositione Epistolæ Pauli ad Titum ita loquens: » Antequàm diaboli instinctu studia in religione fierint, & diceretur in populis, *Ego sum Pauli*, *Ego Apollo*, *Ego autem Cephæ*, communi consilio Presbiterorum Ecclesiæ gubernabantur. Postquàm verò unusquisque eos quos baptizaverat, suos esse putabat, non Christi, toto orbe decretum est, ut unus de Presbiteris electus superponatur cæteris, ad quem omnis cura Ecclesiæ pertineret, & schismatum semina tollerentur. » Quibus documentis manifestum redditur, aliquos Ecclesiæ ritus alio modo cœpisse, & alio modo per ejus incrementa cucurrisse. Ubi patet attestantibus scripturis, sacramenta Altaris, quæ jejuni modò accipimus, Discipulos Domini cœnatos accepisse. Patet etiam quod sumimus de mensâ lapideâ ac sacratâ, illos sumsisse de mensâ ligneâ, non secundùm morem Ecclesiæ sacratâ, aut fortasse nullâ. Ibi panes quotidianos comedebant, de genimine vitis biberunt. Nos in formâ nûmi panê accipimus, vinû aquâ mixtû potamus. Neminem ergo dubitare licet, tanti ritum sacramenti multis ac longe diversis modis in præsentis Ecclesiâ temporis celebrari, quos in primordio non accepit.

In cap. 1. ad hæc: Et constitutus, &c. 1. Cor. 3. 4.

Qui ergo quærit, cur non accipiantur exemplo Dominico singularim, quæ de altari sumuntur novâ consuetudine simul mixta; simili ratione quærere potest, cur non sumantur in simili loco, aut de simili mensâ, vel in simili formâ, aut cur etiam aliud sumatur, videlicet aqua, quæ à Domino non legitur in Cœnâ esse porrecta. Si verò ea necessariis causis intelligit rationabiliter esse parta ac reperta; noverit & ea de quibus quæritur, & cur aliter fiant quàm à Domino facta sunt inquiritur, ratione non inferiori esse comparata. Porrò cur miratur quispiam quòd sacramenta porriguntur simul mixta? Nonne indesinenter in Dominici Corporis & Sanguinis consecratione diviso corpore in tres partes, una à Sacerdote, videlicet quæ ab ipso sumenda est, in calice reservatur, sanguini admiscetur, sanguine infunditur, cum sanguine sumitur? Quis Sacerdotem peccare dicat, dùm in quotidiano tanti mysterii officio carnem cum sanguinis suscipit admixtione? Si ergo bonûm est sumere hostiam sanguine infusam, malum erit porrigere hostiam sanguine intinctam? Quod qui malum non esse agnoverit, desinet mirari, cum ratione factum esse cognoverit. Arguitur iste mos ex eo quod buccellæ intinctæ à Domino Traditori suo porrectæ similitudinem videtur habere. Id si diligenter inspiciatur, nihil dignum reprehensione continere videbitur. Si enim exteriora pensentur, nemo dicet justum hominem edere non debere panem intinctum in suâ cœnâ, quia id proditor manducavit Judas in Dominicâ Cœnâ. Aut nemo ideo non dabit osculum pacis, quia Judas osculo dedit signum proditionis? Simili modo quid nobis obstat accipere corpus Domini Dominico sanguine intinctum, licet Judas accepit buccellam de manu Domini dominico vino intinctam? Si autem interiora cogitemus, propter aliud ille, propter aliud nos. Ille in suæ signum nequitiæ, in signum doli & proditionis, quam mente gerebat, de manu Domini buccellam intinctam fraude suscepit. Nos carnem Domini intinguimus in sanguine Domini, non ut designemus malitiam esse in cordibus nostris, sed ne accipientes, sive porrigentes, peccemus non habitâ forte competenti cautelâ in labiis, & manibus nostris. Evenit enim frequenter, ut barbati, & prolixos habentes granos, dum poculum inter epulas sumunt priùs liquore pilos inficiant, quam ori liquorem infundant. Si accesserint ad altare liquorem sanctum bibituri, quomodo periculum devitare poterunt inter accipien-

Quare corpus Domini intinctum sanguine non est porrigêdum seu potiùs Calix cum corpore Domini non est offerendus.

dum, quomodo uterque, accipiens videlicet & porrigens, effugient grande peccatum? Præterea si imberbes, & sine granis, aut mulieres, ad sumendam Communionem sanctam conveniant, quis Sacerdotum poterit tam providè ministrare, tam cautè calicem Domini distribuere, ut multis eum singulatim dividat, dividens sic in ora eorum fundat, ut infundens nihil effundat? Sæpe enim dum sibi soli calicem infundere disponit, negligentiâ aut imprudentiâ faciente effusionis periculum incurrit: quanto faciliùs in multitudine posito Sacerdoti, multis diversarum formarum ministranti, contingere potest, unde graviter offendat, unde eum asperam pœnitentiam agere oporteat?

Mox porrigendi Corporis sanguine infusi.

Ne ergo polluamus sanguinem nostræ redemptionis, ne tamquam impietatis manibus effundamus poculum humanæ salutis, à religiosis viris providè actum est, ut Dominici portiuncula corporis non sicca sicut Dominum egisse novimus, porrigatur, sed Domini infusa sanguine fidelibus tribuatur. Quo pacto evenit, ut secundùm Salvatoris præceptum ejus carnem edat, sanguinem bibat, periculum evadat, quem in tantâ re offendere oppidò formidat. Id enim solidum edimus, id liquidum bibimus, quod simul separatimve ore sumptum per guttur trajicimus: in quâ distributione nemo ut dictum est formidare debet, quòd buccella panis intincta proditori Domini à Domino similiter est porrecta. Non enim ea operatio congruam habet similitudinem, quæ causæ habet dissimilitudinem. Unde Julii Papæ decreta quamquam rationabiliter data perfuêre, apud aliquos modernos hac in parte quievêre, Ecclesiæ prævaluit consuetudo, quæ pondere rationis antecellit eminentiore. Nec mirum, rationabilem usum tantis actum necessariis causis Julii decretis antepon, cum legamus, & ipsis quotidianis actionibus frequentari videamus, cæterorum instituta Pontificum propter similes, aut inferioris, ut videtur, generis causas discretione prudentiâ esse mutata. Telesphorus Papa in decretis suis Missarum officia quâ horâ

Decreta Pontificum subinde abrogari probat exemplis.
Epist. c. 2.

„ celebranda sint, his verbis absolvit: „Nocte san„ ctâ Nativitatis Domini Missas celebrent, &c. „ Reliquis temporibus Missarum celebrationes ante „ horam tertiam minimè sunt celebrandæ; quia „ eâdem horâ & Dominus crucifixus, & super „ Apostolos Spiritus sanctus descendisse legitur. Quod cujus decretum quam pauci servavêre, quam multi abjecêre, testatur Ecclesiastici frequentia servitii; testatur ipsa pro fidelibus vivis ac defunctis sacerdotalis oratio, & Domini corporis & sanguinis quotidiana immolatio; testatur nec non pro se ac suis sive id fieri petens, seu præsentiam suam exhibens popularis multitudo. Intellexerunt enim satius esse, multis horis multas fieri oblationes, quàm usque ad horam tertiam pluribus omissis paucarum oblationum fieri dilationes. Similiter Victor Papa in decretis suis docet Baptismum faciendum esse in Pascha, „ sic dicens: „Eodem tempore, id est Paschæ, Ba„ ptismus est celebrandus Catholicis. Si tamen mor„ tis periculum ingruerit, gentiles ad fidem venien„ tes quocumque loco, vel tempore baptizentur. Quod etiam Papa Syricius decretali assertione corroborat, sic dicens: „ Baptismi privilegium apud „ nos, & apud omnes Ecclesias, dominicum spe„ cialiter cum Pentecoste Pascha defendit. Quibus „ tamen in qualibet necessitate opus fuerit, omni „ volumus celeritate succurri, ut ipso suæ passionis „ mysterio per prædicta martyrii genera ad vitam „ migrandum esse insinuant, signans etiam per „ certamen legitimum neminem posse coronari, „ qui non uno horum studuerit corporaliter seu spi„ ritualiter crucifigi.

Epist. 1. c. 1.

Secundâ quæstione percunctatum est: *Cur quarta pars hostiæ in calice ponitur*. De quâ ita respondemus: Non est nostræ consuetudinis ut quarta pars hostiæ dimitti debeat in calice, sed tertia. Alicui fortassis quarta idcircò mitti videtur, quòd hostia per medium secta, medietatis quasi medietas in calice ponitur, quæ quia ad totius hostiæ quantitatem ceu quadrans est, quarta ideo esse videtur. Sed noverit dilectio vestra, quia non attendimus quanta quæque pars sit in toto, sed quota sit de toto. Sufficit enim in divisione hostiæ ternarium numerum consummare, non quæ partium major, quæve minor sit, attendere. Unde nonnullæ Ecclesiæ illum habent usum, ut hostiam non per medium dividant, sed eam trium æqualitate partium comminuant. Cur autem in tres determinatè dividatur, ex decretis Anacleti Papæ probabiliter conjicitur. In eisdem namque legitur: „Quia Episcopus sacrificaturus Deo „ in solemnioribus diebus septem aut quinque aut „ tres Diaconos & Subdiaconos, & reliquos mini„ stros secum habeat.„ Et paulo pòst. „Peractâ „ consecratione omnes communicent, qui noluerint „ ecclesiastica carere liminibus.„ Inde Ecclesiastica inolevit consuetudo, ut Episcopo, aut Presbytero sacrificante, & Diacono ac Subdiacono cooperante, ejusdem obsequii nemo, aut rarò quisquam à sanctæ communionis excipiatur participatione. Quia ergo ipsis tribus Dominici altaris servitoribus commissa sunt Dominica sacramenta, quibus scriptura communicare jubet, statutum est, ut arcanæ recordationis hostia in tres partes dividatur, quæ divisæ à singulis servitoribus suscipiantur; quarum sacerdos in calice securiùs sibi reservatâ, cæteras in patenâ ministris; si præsentes fuerint, porrigendas custodiat. Eis absentibus sicut agit quod erant acturi, ita accipit quod erant accepturi. Nec tamen vacat à mysterio, quod numero Trinitatis illa solet fieri divino. Corpus enim Domini, quod in Altari conficitur, sacramentum est ejus corporis, quod est Ecclesia. Quæ quia in tribus electorum ordinibus consummatur, Præpositis, Continentibus, & Conjugatis, rectè corpus Domini tripertitò dividitur, quod electis omnibus signum est unitatis, signum concordiæ & pacis, & causa æternæ salutis. Hi sunt illi ordines, in quorum figurâ Ezechiel Propheta se tres liberatos viros cogitur audisse: Noë scilicet, Danielem, & Job. Noë quippe qui Rector Arcæ exstitit, inter undas Præpositorum ordinem signat. Daniel pro suâ excellentiâ abstinentiâ, à mundanis delectationibus Continentium vitam figurat. Sanctus Job figuram gerit Sanctorum Conjugum, de acceptis bonis Deo ministrantium in operibus bonis.

Dicunt non improbandæ auctoritatis viri, idcircò trifariam tanti fieri sacramenti divisionem, ut ipso numero præsentia Trinitatis æternæ adesse cognoscatur, cujus de modicâ creaturâ tantam fieri operationem credimus & miramur. Videtur etiam nonnullis summæ peritiæ viris, hanc idcircò inter sacra Missarum solemnia Dominici corporis triformiter fieri divisionem, quatenùs illo partium numero solemniter recoletur, qualiter ipsa eadem substantia in figurâ humani corporis à verbo Dei assumpta, sub trinâ varietate hominibus propter homines fuerit exhibita. Mortalibus enim oculis mortalis apparuit, in sepulcro mortuus jacuit, immortalis surrexit. Quibus contractæ infirmitatis quasi medelis, clementiæ placuit divinæ desperantes animos stoliditatis humanæ ad fidem erudire, ad morem accendere, ad venturæ spem resurrectionis attollere.

Tertio loco tertia sequitur quæstio; hæc ita proponitur

Epist. 1. c. 1. Pauli sive in edit.

In tres partes quare hostia dividatur.

Altera ratio

Tertia.

Diplomatum, &c. 473

ponitur: *In perceptione Eucharistiæ corpus Domini aut ex toto sumitur, aut ex parte.* Si verò ex toto sumitur ore fidelium; & integer Christus in partes non scinditur, quemadmodum certum tenemus, quomodo tunc vel quare separatim sanguis sine corpore sumitur? Duas in unâ proponitis quæstiones; videlicet quare & quomodo separatim sanguis sumitur; hæc verò, quare sumitur, nullâ responsione indigere videtur. Puto enim à me sufficienter absolutum esse, quare sumitur Corpus Domini sine sanguinis admixtione, puto absolutionis perspicuitatem diligenter attendenti sufficere debere. Quia ergo in manifestæ rei vestigatione ineptum est superfluè laborare, omittimus de eâ ulteriùs loqui, factores dominici ordinis nequaquam arguentes; Ecclesiasticæ verò disciplinæ cautelam minùs providis commendantes. Altera verò quæstio, quæ dicit: *Quomodo sumitur sanguis separatim sine corpore*, non magnâ discussione videtur egere. Si enim eam paulo attentiùs aspiciatis, facili explicatione seipsa prodit vobis. Quia enim omnem corpoream substantiam constat corpus esse, sanguinem Domini corpus esse manifestum est remotâ omni ambiguitate. Sed cum Dominus passionis suæ sacramenta commendaret, dicens: *Hoc est corpus meum*. Et item: *Hic est calix sanguinis mei.* Corpus à sanguine distinxit, corpus propriè intelligens quod solidum erat, quod cruci affigendi erat, per sanguinem assignans quod erat liquidum, quod erat effundendum, in utroque passionis suæ qualitate præfigurans. Et nos quoties de corpore & sanguine Domini loquimur, in eâdem significatione homina ipsa memoramus. Domini ergo corpus quamquam in sacramentorum velamine sumatur ex toto, sicut videmini asseverare, separatim tamen & sanguis sine corpore, & corpus percipitur sine sanguine; dum & liquor sine soliditate, & soliditas consumitur sine liquore. Nec repugnare videtur, si totus sanguis separatim sumatur sine corpore, quem totum credimus sumi cum corpore, cum & totum ab uno, totum à multis corpus Dominicum percipi certissimè teneatis. Quomodo autem totum ab isto, totum ab illo sumitur, separatim vero sumitur ab isto, & ab illo, ita cum totum corpus accipitur per se, & totus sanguis per se separatim, & sanguis sine corpore, & corpus sumitur sine sanguine. De quæstione verò tanti Sacramenti modestius, ut opinor, esset, colloquendo dicere quod dici opus habet, quam discutiendo scribere quod periculosum judicium habet; ne forte quod perspicuum est inutiliter exponatur; aut quod obscurum est incautè relinquatur; seu ambiguo verbo dum scriptor non advertit, auditor offendatur. Familiari enim colloquio commodius ostendetur & quantum dici debet, & quantum credi oportet, & quod dici sive credi Catholica fides abhorret.

In quartâ quæstione sic quæritur: *Si integer Christus sumitur, utrum solum corpus sine animâ, an etiam anima cum corpore sumitur.* Cujus generis percunctationes ab his frequenter proponi solent, qui appetunt sapientes videri, quos magis delectat philosophicis disputationibus elatè inservire, quàm Ecclesiasticis disciplinis, & sacris auctoritatibus humiliter ac fideliter obedire. Hi timentium Deum, & fide potiùs quàm ratione probantibus corpus Christi sanguinem esse quod sumitur de altari, decipulas hujusmodi obtendere solent. Corpus Christi quod sumitur de altari, aut est animatum, aut est inanimatum; si est animatum, cur non ex se movetur? Si verò inanimatum, quomodo est illud quod surrexit à mortuis, & vivit in sæcula sæculorum? Itemque sic aiunt: Corpus Domini aut est corruptibile, aut est incorruptibile. Si est incorruptibile, quomodo frangitur, minuitur, inveteratur? Si autem est corruptibile, qualiter verum est veram resurrectionem illud accepisse, veræ incorruptelæ participes esse? Has, ut dictum est, nodosas disputationes illi objicere moliuntur, quos amor humanæ laudis, quos favor fatigat popularis, qui gaudent imperitis scrupulosarum parare laqueos quæstionum, quibus sacrarum non sufficit robur & auctoritas scripturarum, quibus cordi est, potiùs sequi rationem sapientiæ sæcularis, quæ stulta facta est à sapientiâ Dei, quàm fidei veritatem quæ inscrutabilia penetrat, & rationis impotentiam pertransiens ascendit usque ad ipsum nutum Dei. At justus ex fide vivens, humiliter sapiens non sensum suum præferendo, sed Domini sui mandata reverenter amplectendo, omnia credit quæ Spiritus sanctus credenda esse præcepit, non quærens quomodo hoc vel illud esse possit, sed ad omnia divinitùs imperata quæ legit, vel audit, ut pote mitis & humilis corde, humillimè acquiescit. Hæc idcircò dixerim, ut quæ fide solâ intuenda sunt in quæstionem non adducatis, quia non est utile animæ Christianæ insolitis disputationibus discutere mysteria redemptionis nostræ. Quoniam de suâ salute dubitare videtur, qui de mysteriis salutis quæstiones facere cognoscitur: Scriptum quippe est, *Qui dubitas, non credit*.

Cæterum quo argumento, quâve subtilitate disputandi queat, quis approbare, panem & vinum corpus sanguinemque fieri Christi per verba Christi? Tamen, quia omnipotens veritas loquuta est, ita dicens: *Hoc est corpus meum.* Et, *Hic est sanguis meus*, neminem dubitare licet ita verum esse ut scriptura docet, i tùm quia veritas mentiri non potest, tùm quia omnipotens non facere hoc non potest. Porrò si rationis acumine comprehendi non potest, utrum panis & vinum per consecrationem fiant corpus & sanguis, nemo disputandi arte fretus vestigare debet quomodo sit corpus, aut quale sit corpus, aut quomodo sit sanguis, vel qualis sanguis. Cum enim secreta cœlestia nequeat quis rationis scrutari, ineptus sit si, quamvis quod de ipsis legitur fide teneat, quod non legitur, videlicet quàm pulchra, aut quomodo sint disposita, ratione inquirere sui discentere præsumat. Qui enim de quâcumque re an sit ignorat, frustra de ea qualis sit, aut quomodo se habeat, interrogat. Ita hujusmodi sacramenta cum sint quod nemo ratione apprehendere queat, qualia sint superfluâ curiositate indagare curat. Id sanè mysterii genus idcircò mysterium fidei vocatur, quia ejus secreta sola capit fides, quæ ratio assequi non potest. De quo nimirum ita scriptum est: *Si quid residuum fuerit, igni comburetur.* Ejus profectò secreta abscondita sunt in thesauris sapientiæ cœlestis, quæ inde sacrilegium est furari, præsertim sic prohibente Spiritu Dei: *Altiora te ne quæsieris.* Et illud: *Ne transgrediaris terminos patrum tuorum.* Unde id sacrilegii perpetrare cavendo quod fidei solius arcano custoditur, disputationis acumine discutere devito. Nihil enim pro arbitrio meæ intelligentiæ ponere volo, sed id solum quod ex scripturis authenticis, vel probatorum sententiâ Doctorum collectum est, proferre instituo. Aut certè si dicendum sit quid aliud, vel quare aliud debet de carne nostræ redemptionis, quàm quod omnipotens veritas sibi allegavit? Quæ ubi inter cœnandum carnem suam discipulis edendam protulit, dicens: *Hoc est corpus meum*, de qualitatibus tacuit, substantiæ mutationem esse factam insinuavit. Quid ergo? Nonne sicut dixit, facere potuit? Nonne potuit mutare panem in substantiam carnis, sine assumptione qualitatum ipsius carnis? Quid omnipotens facere non potuit? Credimus & certum tenemus, substantiam panis verborum virtute esse mutatam in substantiam Dominicæ carnis. Certissimè tamen scimus, & sensibus corporeis comprobamus qualitates panis immobiliter permanere, cujus substantiam quia caro facta est, credimus non manere. Visu enim candorem, tactu contrectamus panis saporem, cæterasque eisdem cæterisve sensibus qualitates panis ita judicamus, ut panis, cujus substantia deest, qualitatem nullam deesse videamus, carnis substantiâ adest, qualitatem nullam adesse sentiamus. Cùm ergo manentibus panis qualitatibus, non miremur panis abesse substantiam, sed integritate fidei in substantiam carnis credamus eam adesse, non mutatis ejus qualitatibus, permutatam; quid mirum si præsente carnis substantiâ, qualitates carnis sicut non videntur adesse, ita dicantur abesse? Quo pacto quod sacratur quamvis concedatur esse Christi caro, non tamen rectè quæritur mortalis, mortua, sive immortalis existat; sicut non rectè fideles à fidelibus quærimus an hostia sacrata; cum qualitates panis aspiciamus; panis existat: Sicut enim, ut dictum est, translatâ panis substantiâ qualitates ejus videntur non esse translatæ, ita admissâ carnis substantiâ, qualitates ejus non sentiuntur esse admissæ. Sed ad me redeo, mei excessûs præsumptionem castigo, malens cum simplicibus simpliciter credere, quàm simplicitati columbæ amarus existere.

Quinto loco vestra venerabilis diligentia versiculum de Propheta Joël, sumptum digerit, percunctans videlicet quid intelligere voluit Propheta, cum dicit: *Quis scit si convertatur, & ignoscat Deus; & relinquat post se benedictionem?* Hujus lucubratiunculam de beati Hieronymi commentariolo super duodecim Prophetarum expositionem composito decerpere potuistis, si fortè librum apud vos habuistis. Quod quia liber idem nobiscum est, & ego possem, nisi brevitatem ejus sufficere vobis non posse dubitarem: Dicam itaque quid sentio, judicet qui vult, capiat qui potest. Propheta suos auditores, Domini contemptores, hortatur ad pœnitentiam, dicens: *Convertimini ad Dominum Deum vestrum.* Et quasi quis quæreret, quâ spe convertemur? Id est, unde possumus sperare nos veniam consecuturos? Subjungit, dicens: *Quia benignus & misericors est; patiens, & multum misericors, præstabilis super malitiam.* Quo posito æquipollenter interrogativam pronuntiativâ oratione subinfert, sic dicens: *Quis scit si convertatur?* Hoc est, forsitan convertetur; ac si diceret: Quia Deus misericors est, si convertamini à pravis operibus, forsitan & ipse convertetur ab eâ sententiâ quam merentur peccata vestra. Scriptum est enim, *Mutat Deus sententiam, consilium nunquam.* Quomodo autem sententiam, mutetque sententiam, exponit dum dicit: *Et ignoscat, & relinquat post se benedictionem*, id est, & peccata remittat, & remissis peccatis gratiam tribuat. Quod verò dicit relinquat post se, id est sequentibus se, est sicut illud: *Pacem meam do vobis, pacem relinquo vobis:* Quod expositor sic dicit: » Sequentibus relinquo, pervenientibus do. « Quod ibi dicitur sequentibus, est id ipsum quod hîc dictum est,

post se. Relinquit igitur benedictionem, id est, pacem sive gratiam post se; id est, sequentibus se; iis scilicet qui volunt facere voluntatem Dei, non quærunt ut Deus faciat voluntatem suam. Quamvis & eumdem versiculum sed apertiùs positum in Prophetia Jonæ valeamus invenire, sic: *Quis scit si convertatur, & ignoscat Deus, & revertatur à furore iræ suæ, & non peribimus?*

FREDERICI Coloniensis Archiepiscopi Litteræ formatæ.

Reverendissimo [a] cultuque almifluæ religionis sincerissimo BRUNONI Sanctæ Treverensis Archiepiscopo, FREDERICUS reverendæ Coloniensis Ecclesiæ ac plebis ipsius humilis famulus in CHRISTO pastorum Principe, mansuram cum gaudio prosperitatis & perpetuitatis gloriam. Decreta sanctorum trecentorum octo decim Patrum Nicææ constitutorum saluberrima servantes, Deo dignam piamque paternitatem vestram canonicè aggredimur, & sub nomine formatæ Epistolæ reverenter vestram sanctitatem adimus; vobis videlicet intimando quia præsenti cuidam Diacono nostro nomine BALDUINO has dimissorias dedimus litteras, quem in vestrâ diœcesi canonicè educatum, de Ordine Clericorum ad Diaconatûs proveximus gradum, ut his canonicis munitus apicibus cum nostrâ licentiâ ei in vestrâ parochiâ sub defensione ac regimine vestræ caræ dilectionis degere liceat, & ut eum si morum probitas & doctrinæ dignitas suppetit, ad Presbyteratûs ordinem promoveatis fideliter annuimus, illiumque in sinu sanctæ Matris Ecclesiæ canonicè fovendum ad regendum vobis committimus. Hanc ergo Epistolam græcis litteris hinc inde munire decrevimus, & annulo nostræ Ecclesiæ bullare censuimus. Christus pastorum Princeps fraternitatem vestram ad custodiam sui gregis diù conservare dignetur incolumen. I. XL. VIII. L. [DCCC. DCCC. C.CC.

Donationes factæ ROBERTO de Arbricello Fundatori Monialium Fontis-Ebraldi.

Ego GUILLELMUS de Birontio, & Alpaydis uxor mea, & filiis nostris concedentibus Guillelmo & Bertrando, pro nostri nostrorumque salute immobiliter concedimus Deo & sanctæ MARIÆ de Cadunio, Dominoque ROBERTO de Arbresello & servis Dei medietatem unius mansi in sylvâ quæ Cadunensis appellatur, & locum qui Vallis-Seguini nuncupatur. Concedimus etiam per totam sylvam pabulum omnium pecorum, & quidquid de prædictâ sylvâ ejusdem loci ædificiis vel usui fuerit necessarium. Damus præterea locum qui Passa-Calderia vocatur, ubi stagnum cum molendinis, domus cum horto spatiose construatur. Testibus Guillelmo Gauterii, Begone Decimato, Guidone de Salis, Geraldo Priore sancti Aviti, Geraldo Guillelmi Canonico S. Aviti.

Similiter Ebrardus & Brochardus de Madelano cum uxoribus suis medietatem unius mansi, eodem modo & in eodem loco quo Guillelmus de Birontio tribuit, irrevocabiliter tribuerunt. Testibus Ray-

---

a Reverendissimo]. In hac Epistolâ non reperiuntur numeri in fine apponi soliti, inscitiâ haud dubiè Scripteris. Etenim duplex est ordo numerorum in formulis antiquis litterarum ejuscemodi, ut patet in exemplis, tomo 2. Concil. Gal. à Sirmundo relatis. Primus exprimit litteras verbi AMHN græcè scripti. Secundus ordo, summam numerorum tam communium quàm propriorum cujusque Epistolæ formatæ: uterque ordo in Epistolâ Friderici vitiatus apparet, uti & quinque elementa Græca, postremo ordine in apographo subjecta, quæ hic præ formarum typographicarum defectu reddere nequimus.

Erant autem, primò duplex nota, ea quæ ab antiquis Ennacos dicitur, signatque numerum nongentesimum; tum litteræ T. H. & Ξ, seu C, sic enim antiquitùs pingebatur. Attamen ex regulis Formatarum hæ subscribi debuerant litteræ. Θ. P. A, Θ; nimirum Θ, pro primâ litterâ scribentis Friderici; P. pro secundâ Brunonis cui scribitur; A pro tertiâ accipientis Balduini; Θ pro quartâ civitatis Coloniensis de quâ scribitur. Et si quinta esset adhibenda, erat B, pro quintâ civitatis Treverensis, ad quam scribitur. Quibus omnibus addenda erat Indictio.

Marginal notes:
- Panis substantia in corpus Christi mutatur.
- Quæstio 5. De Sententia Joël Prophetæ. *Jonæ; 3. 9.*
- *Joël, 2. 15.*
- *Ibid.*
- *Joan. 14. 27.*
- Anno Chri. MCXV.
- Anno MCXII.

mondo Bernardi de Calniaco, Oliverio fratre suo. Idem circà eumdem locum Mainardus de Bainaco & uxor ejus Alpaydis, filia Poncii de Gordone, unum mansum dederunt & pabulum quorumlibet animalium, & insuper locum qui Fons de Bassa-Calderia dicitur, sicut Guillelmus de Birontio tribuerunt. Testibus Aymerico de Synaco, Reginaldo de Fagid, Hugone de Fagid Priore S. Cypriani, Guillelmo Eblonis. Hoc autem donum firmavit Guillelmus de Gordone, testibus Guillelmo Petragoricensi Episcopo, Mainardo de Bainaco.

Similiter Algerius de Moysidano, concedente Annâ uxore suâ, & Arnaldus de Monteincenso, Almoyde uxore illius concedente, unum mansum dederunt: testibus Geraldo Capellano de Moysidano; Geraldo de Cariofo.

Sed quoniam præfata sylva Cadunensis inter prædictos Proceres est communis, noluimus occupare vel percalcare totum mansum quem dederat Mainardus, vel illum totum quem dederant Algerius de Moysidano & Arnaldus de Monteincenso, non tantum [a] medietates, donec Guillelmus de Birontio & Ebrardus atque Brochardus de Medelano, & eorum posteri tantum tribuant quantum isti. Harum autem medietatum percalcationem jussu prædictorum Procerum nobis ostenderunt Guillelmus Gautu, Bego Vicarius, Bego de Cunaco, Bernardus de Gorgolono, Guillelmus Elonis, Ugo de Fagis Prior S. Cypriani, & Guido de Salis.

Hæc autem prædicta dona concesserunt nobis hujus sylvæ Forestarii, unusquisque dando partem suam, sicut prædicti eorum dudum dederant Bego Vicarius, Bego de Cunaco, Bernardus de Podiojactato, consensu uxoris suæ Berengarii filiæ; Testibus Guillelmo de Birontio, & Guillelmo Gauterii. Eodem modo cæteri Forestarii dederunt, Grimoardus Beronis, Raymundus Bernardi, Guillelmus Bernardi : testibus Gerardo de Limolio, Grimoardo de Argarno, Geraldo de Nemore. Bernardus Bero similiter dedit: testibus Rogerio de Miliaco, Heliâ de Salis. Idem Rogerius de Miliaco similiter dedit, concedente uxore suâ matre Bernardi Beronis : testibus Heliâ de Clarentio S. Frontonis Canonico, Gaufrido de Landa. Hæc autem prædicta omnia concessit ac confirmavit Guillelmus Talerandi Consul Petragoricensis : testibus Rudello fratre suo, Guillelmo Iderii. Eadem dona concessit Aldebertus Comes Petragoricensis : testibus Heliâ Delfini, Geraldo de Salis, Broleto.

Rudellus concessit similiter eodem die eisdem testibus, quidquid in valle Seguini Algerius de Moysidano, & Arnaldus de Monteincenso, eorumque uxores dederant, postea firmaverunt apud Moysidanum coram Domino Roberto. Dederunt etiam vallem quæ exit à valle Seguini usque ad Bassam Calderiam, & quamdam partem terræ in eadem valle ad ædificandum aliud molendinum, & pratum: testibus Geraldo de Salis, Geraldo de Briva, Geraldo Jugerio. Hæc eadem dona concesserunt apud Gordonem Mainardus de Bainaco, & Guillelmus de Gordone in manu Recildi Prioris de Salis: testibus Roberto de Albarope, & Bosone, Aimardo de Malaterra, Pontio de Tolnio. Item eadem dona concessit Alpaydis conjux Meinardi de Bainaco: testibus Petro Capellano, & eodem Mainardo, & Everardo fratre ejus, & Arnaldo Gaufridi. Stephanus Lamberti dedit quidquid habebat in Bassâ-Calderia : testibus Guillelmo de Birontio, Gauterio de Poido, Petro Capellano de Molleanis, Gerardo de Salis. Hebrardus de Madelano concessit in sylvâ Cadu-

---
[a] *non tantum*] Lege, *sed tantum*.
Tom. III.

nensi, quantum Guillelmus de Birontio & filii ejus Guillelmus & Bertrandus dederant, vel deinceps daturi erant : testibus Amaneu de Berserii, Gauberto de Belens, Guillelmo mancipio, Begone de Conacho.

Guillelmus Episcopus Petragoricensis & Canonici S. Frontonis, concedunt eidem Roberto & Monialibus Fontis-Ebraldi locum qui dicitur in Sylvâ Cadunii Salvitas.

Consuetudinem sanctæ Ecclesiæ sequentes, volumus universis fidelibus de loco qui dicitur in Sylvâ Cadunii salutaris certitudinem veritatis relinquere, ut hujus rei memoriæ per litteras possit in perpetuum manere. Dùm venerabilis Robertus de Abrecello, Petragoricas partes advenisset, & Capitulum S. Frontonis intrâsset, ibique Canonicos ejusdem sanctæ prædicationis reficeret, rogaverunt eum, iidem Canonici ut ad sustentationem Sanctimonialium in Ecclesiâ Fontis Ebraldi omnipotenti Domino servientium, unum de locis sancti Frontonis dignaretur accipere, & ad victum sanctarum feminarum ædificare. Qui precibus eorum quandoque devictus, unum de minoribus locis eorum, & eo tempore jam penè desertum accepit, & ad honorem S. Frontonis, & ad recognitionem hujus nostræ donationis unam libram incensi, quæ in ejus festivitate reddatur, ibi imposuit. Itaque ego Guillelmus Petragoricensis Ecclesiæ Episcopus, & Canonicorum S. Frontonis Abbas, & iidem Canonici hunc locum qui dicitur in Sylvâ Cadunii Salvitas Domino Roberto, & Sanctimonialibus Fontis-Ebraldi dedimus mansuras, & omnia quæ ibi possidebamus; & nostris propriis manibus subscripsimus, & ad confirmationem hujus donationis hanc chartulam sigillavimus : testibus Heliâ Præcentore de Cassent, Bernardo Sacristâ de Pairac, Iterio Archidiacono de Salis, Arnaldo de Favars, Stephano Iterii, Raymundo Demur, Iterio de Sauret, Heliâ Sciro, Heliâ de Clarent, Heliâ Vicario, Guillelmo de Bordella, Guillelmo magistro Nanclarensi, & Aldoino S. Stephani Canonico, & Arnaldo Capellano de Pabancelos, & aliis quam pluribus. Guido de Salis & Helias frater ejus dederunt quidquid in Salvitate clamabant : testibus Geraldo Priore de Salis, Arnardo Richardi. Iterius Archidiaconus similiter dedit : testibus Iterio Stephani, Geraldo Priore de Salis.

Alia donatio Guillelmi de Birontio eisdem facta.

Guillelmus de Birontio dedit quamdam partem terræ prope molendinum de Bassâ-Calderia, in quâ ædificaretur aliud molendinum & pratum, concedente uxore suâ Alpayde, & Guillelmo & Bertrando filiis suis : testibus Gerardo Priore de Salis, Guillelmo Gauterii. Hoc autem similiter concessit Brocardus de Madelano & uxor ejus, & insuper quantum Guillelmus de Birontio dare vellet : testibus Geraldo Priore de Salis, Geraldo de Nitecent, Geraldo de Teirac.

Robertus de Arbricello omnia præfata dona tribuit Gerardo de Salis, confirmantibus Petronillâ Abbatissâ Fontis-Ebraldi & aliis.

Ego Robertus de Arbecello concedo & irrevocabiliter tribuo nullo pacto, nisi solo charitativæ germanitatis amore retento, Domino GERARDO de Salis venerabili Magistro socio meo, inter necessarios amicissimo, ejusque filiis imò conservis, tam extemporaneis quàm successuris utrumque locum in Sylvâ Cadunensi situm; videlicet tam eum de Seguini-valle, quem ipse Gerardus cùm suis commilitonibus tamquam sibi sub mei personâ acquisierat; & acquisitam ædificaverat, quàm illum qui Salvitas vocatur, & universaliter quidquid mei vel aliis vice mei præfatum infrà nemus concessum est; atque ut ibidem sub dominicæ clientelæ normâ Deo militent, eorum arbitrio & affectui relinquo. Hanc autem donationem authenticam & solemniter actam coram generali Sanctimonialium Capitulo, collaudante & concedente earum fidelissimâ matre Petronillâ, imò Dei ancillarum ancillâ, inconvulsam & inviolabilem persistere decernos omnisque calumniæ querelam sive controversiam hinc funditùs excludo, hinc radicitùs evello & penitùs interdico. Est prædictorum concessio facta locorum apud Fontem-Ebraldi Beati Benedicti die festivâ quinto Idus Julii, anno ab Incarnatione Domini millesimo centesimo decimo quinto, anno præsulatûs Domini Papæ Paschalis octavo, Indictione octavâ, in tempore viduatæ Pictaviensis Ecclesiæ, viam ingresso universæ carnis Petro Antistite, Ludovico Francigenarum Rege, Guillelmo Aquitaniæ Duce, Talia testantur qui taliter intitulantur; Fulco Andegavensium Consul. Paganus de Claris-vallibus, Archilosius, Simon Enfandi, Aymericus filius Arbeati Vicecomitis Toarcensis, Bartholomæus Boslope, Bernardus de Saponariis Clericus, Paganus Sacerdos, Ravennus de Troiea, Rainaldus de Salmonea, Aymericus Caheus, Paganus pædagogus filius Arbeati Vicecomitis suprà.

1115.

Item Donatio GUILLELMI de Biron.

EGo GUILLELMUS de Biron & Alpaÿs uxor mea, filiique mei Guillelmus & Bertrandus, laudamus & firmamus donum quod fecit dominus Robertus Geraldo de Salis de loco Cadunensi, concedente Petronilla Abatissâ in Capitulo universali, & sicut domino Roberto & ancillis Dei dederamus, pari tenore parique vigore Geraldo de Salis, ejusque commilitonibus tam præsentibus quàm futuris firmiter concedimus, immobiliter donamus, testibus Raymundo Galterii, Roberto de Magnamaco, Guillelmo de Nemore, Guillelmo Galterii.

Item Donatio AINARDI de Bainaco.

AINARDUS de Bainaco & uxor ejus Alpaydis domini Roberti laudantes & firmantes donum Geraldo de Salis, sicut Guillelmus de Biron similiter concesserunt: & insuper prope Pogayoeam in Dordoniâ .... & molendinum ubicumque vellet dederunt: testibus Raginaldo de Fagis, Guidone de Casnaco, Raymundo Galterii.

Item Donatio ITERII de Moysidano.

ITERIUS de Moysidano & uxor ejus & filia; Ana scilicet, & Alinodis & Algerius filius Arnaldi de Monte-Incenso similiter dederunt: testibus Bernardo de Beurona, Guillelmo de Flaviaco, Bernardo de Caulas, Relia Rabin.

Item Donatio ARNALDI de Monte-Incenso.

EOdem modo ARNALDUS de Monte-Incenso dedit; testibus Arnaldo de Falgeiraco, Guillelmo de Alanis, Seguino de Lasterna, Hella de Peldoizo. Omnes autem isti prædicti dederunt unum mansum extrà Cadunum in qualibet terrâ, ubicumque Mainardus dare vellet in terrâ cum eis communi.

Item Donatio EBRARDI de Madelano.

EBRARDUS de Madelano domini Roberti donum, quod de loco Cadunensi Geraldo de Salis fecerat, sicut cæteri prædicti laudavit atque firmavit, & quidquid Guillelmus de Birontio ejusque filii dederunt & daturi sunt, dedit: testibus Amanerio Debrifer, Guillelmo de Berontio juniore, Begone de Conaco, Grimoardo de Macmonte, Gauberto Debelens.

Confirmatio Donationum ab GUILLELMO Petragoricensi Episcopo facta.

EGo GUILLELMUS Petragoricæ sedis Antistes atque Frontoniani Collegii Abbas, locum qui Salvitas appellatur coram universali Capitulo Gerardo de Salis, ejusque condiscipulis tam modernis quàm posteris immobiliter concedo, inviolabiliter dono, omnemque querelam sive controversiam ab hujusmodi donatione authenticâ, non in angulo sed solemniter actâ, Pontificali vigore removeo, imò qui obviare præsumptivè tentaverint, si pertinaci animositate incorrigibiles exstiterint, æternaliter anathematizo. Hoc etiam donum horum consensus nutus præsentia roborat, quos sequens pagina explanat. Helias de Cassens, Bernardus de Paizaco, Iterius de Salis, Stephanus Iterii, Arnaldus de Pavancellis, Petrus Picij, Helias de Rallano, Stephanus Sallati: testibus Airaldo Talacorii, Gaufredo Catuelli, Bordelia, Arnaldo de Gaures; anno ab Incarnatione Domini millesimo centesimo decimo sexto, anno præsulatûs domini Papæ Paschalis decimo septimo, Indictione nonâ, Ludovico Francigenarum Rege, Guillelmo Petragorico Præsule, Aldeberto & Rudello Consulibus.

Anno MCXV.

1116.

Confirmatio, seu renovatio cujusdam privilegii antiqui, olim Abbati & Conventui Monasterii Cluniacensis per inclytæ memoriæ LUDOVICUM Regem Francorum concessi.

IN nomine sanctæ & individuæ Trinitatis, Amen. PH. Dei gratiâ Francorum Rex. Inter cæteras curarum fluctuationes, quibus nostra sollicitudo distrahitur, progenitorum nostrorum facta magnifica cunctis manifesta fidelibus ante nostræ considerationis oculos revocamus, qui cunctos undique rebelles & inimicos in brachii sui fortitudine conterentes in immensum regni sui fines & gloriam dilatarunt, quod eis à Majestate divinâ concessum esse credimus ob sanctæ devotionis affectum, quem ad sanctas Dei Ecclesias, Ecclesiarumque ministros & servos Dei continuatis temporibus habuisse noscuntur. Etenim sicut nostra tenet fiducia, ille qui in altis habitat, & qui Regibus dat salutem, beneficia & charitatis opera respicit quæ à viris magnificis suis sanctis Ecclesiis & servis in ejus nomine liberaliter impendi considerat, sibi impensa testatur, & benefactores ipsos juxtà suæ dispositionis libram gloriâ remunerat & honore. Exhibuerunt siquidem nobis Religiosi viri dilecti nostri Abbas & conventus Monasterii Cluniacensis quoddam antiquum privilegium sibi & suo Monasterio per inclytæ memoriæ Ludovicum Regem Francorum

Anno MCXIX. Confirmati ann. 1311.

prædecefforem noftrum conceffum, cujus tenor fequitur in hæc verba: In nomine fanctæ & individuæ Trinitatis. Amen.

Ego LUDOVICUS Dei gratiâ Francorum Rex Notum fieri volumus cunctis fidelibus, tam præfentibus quàm futuris, quòd nos pro falute noftrâ & ftabilitate Regni noftri ad preces Archiepifcoporum, Epifcoporum & Principum Regni noftri, Monafterium Cluniacenfe nobilius membrum Regni noftri, cum omnibus Prioratibus, poffeffionibus & pertinentiis fuis in Regno noftro conftitutis, in noftrâ & fucceflorum noftrorum Regum Francorum defenfione, gardâ & tutelâ recipimus. Et quia certum eft quòd finguli Prioratus ad Abbatem & Monafterium Cluniacenfe pertinentes, per Abbates Cluniacenfes acquifiti funt, & eis dati ad fuam & Monachorum fuorum, & pauperum Chrifti fuftentationem, & quòd à fundatione Ordinis Cluniacenfis eft obfervatum, quòd Abbas Cluniacenfis Prioratus fuos committit regendos & cuftodiendos, ficut rem fuam propriam, cuicumque voluerit de fuis Monachis, fine aliquâ diftinctione, electione, vel certæ perfonæ requifitione, vel nominatione, & eofdem removet, quando fibi bonum videtur & utile. Ideo ad tanti gregis dominici unitatem fub poteftate & dominio & obedientiâ Abbatis & Monafterii Cluniacenfis regendam perpetuo, ad requifitionem Abbatis & Conventûs Cluniacenfis, & ad preces Priorum & Monachorum Prioratuum Cluniacenfium, nomina Prioratuum in quibus Abbas Cluniacenfis habet & exercet fupradicta ad fuam voluntatem præfentibus litteris inferi fecimus.

Sunt autem hæc nomina: videlicet Prioratus beatæ MARIÆ de Charitate fuper Ligerim; quem Gaufridus Autifliodorenfis Epifcopus, & Guillelmus Comes Nivernenfis, & Bernardus de *Chailant*, & alii fideles noftri Regni, ad quos locus ille de Charitate cum villâ & pertinentiis fuis omnibus in fpiritualibus & temporalibus totaliter pertinebat, Hugoni Abbati, & Monafterio Cluniacenfi & eorum fucceforibus dederunt & conceflerunt abfque ullâ retentione per fe & Monachos fuos profeflos omni tempore habendum, tenendum & poffidendum. Prioratus fancti Martini de Campis Parifiis, & alii Prioratus, qui fequuntur: videlicet de Lehuno, de Monte-defiderio, de Abbatis-villâ, de Crifpeio, de Nantolio, de Antolio, de Grandi-campo, de beatâ Margaretâ, de Confiaco, de Gayâ, de Vendoperâ, de Turribus fuper Matronam, de fancto Theobaldo, de fanctâ Margaretâ, de Florino, de Vergeio, de Troaudo, de Magobrio, de Longoponte, de Nongento, de Gazïencuriâ, de Pewert, de Ponte Monachorum, de Prato juxtà Douziacum, de fancto Stephano Nivernenfi, de fancto Salvatore Nivernenfi, de fancto Reveriano, de Luperciaco, de Borbonio, de Paredo, de Ambertâ, de Caro-loco, de Marcigniaco, quem Hugo Abbas Cluniacenfis fundavit in patrimonio fuo, de Rumiliaco, de Wafto, de Bugifenti, de Domnâ Petrâ, de Silviniaco, de Rivis, de Celfonus, de Voltâ, de fancto Floro, de portu fancti Saturnini Prioratus.

Statuimus infuper, & concedimus & promittimus, quòd nos & fucceflores noftri Reges Francorum tenemur Abbates qui pro tempore fuerint, & eorum fucceflores, & Monafterium Cluniacenfe, & Prioratus prædictos manutenere, defenfare & cuftodire, ficut res proprias, & ipfis Abbati & Monachis Cluniacenfibus garantiare cum omnibus bonis & rebus fuis in Regno pofitis, vim & violentiam removere, damna & injurias à quocumque inferantur, facere emendari, promittimus & tenemur pro nobis & fucceforibus noftris Regibus Francorum, quoties nos vel fucceflores noftri Reges Francorum per Abbatem & Conventum Cluniacenfem fuerimus requifiti, For-

talitia autem caftra & munitiones propter neceffitates & defenfiones Coronæ Regni Franciæ, publicè faciendas, in manû Coronæ Francorum habebimus Abbate & Conventu Cluniacenfi priùs requifitis. Prædicta autem aliquo cafu extrà manum & Coronam Regni Francorum non poterunt ad aliquam aliam perfonam aliquo modo transferri five pervenire. Adftantibus in Palatio noftro his, quorum fubticulata funt nomina, facta funt hæc, videlicet Guillelmo Dapifero, Gifleberto Buticulario, Hugone Conftabulario, Guidone Camerario.

Ut autem hæc memoriæ traderentur, fcripto commendavimus, & figilli noftri auctoritate, & nominis noftri impreffione, ne à pofteris infirmari poflet, vel infringi, corroboravimus. Actum publicè Aurelianis, anno Incarnati Verbi milleflmo centefimo nonodecimo, regni noftri undecimo. S. Guillelmi Dapiferi. S. Gifleberti Buticularii. S. Hugonis Conftabularii. S. Guidonis Camerarii. Data per manum Stephani Cancellarii.

Supplicantes humiliter, ut privilegium ipfum, & contenta in eo divinæ pietatis intuitu pro contra tranquillitate & pace fervandis, approbare & confervare vellemus. Nos igitur Religioforum ipforum converfationem laudabilem, regulariumque difciplinarum ftrictam obfervantiam, quibus apud Deum & homines florere mirificè prædicantur, affligentes corpora, & in fervitutem redigentes obedientiæ, mundi rejectis oblectationibus, carnem fpiritui fervire compellunt; eximiæque devotionis finceritatem, quam ipfos & eorum prædeceffores ad noftros habuifle & præfentes ad nos habere novimus, attendentes; eorum devotis fupplicationibus inclinati, fuprafcriptum privilegium, & contenta in eo, quatenùs de eis ufi funt, ob noftræ progenitorum noftrorum prædictorum, recolendæque memoriæ Joannæ Dei gratiâ Francorum & Navarræ Reginæ quondam conforris noftræ cariffimæ, animarum remedium & falutem, approbamus tenore præfentium & auctoritate noftrâ Regiâ confirmamus; ut omnibus femotis perturbationibus, & moleftationibus propulfatis, eorumque perfonis & rebus fub noftro protectionis clypeo in quiete manentibus, divinis myfteriis liberiùs infiftere valeant & vacare; non intendentes tamen per hujufmodi noftram confirmationem memoratis Religiofis in proprietate vel poffeffione contrà quemcumque jus aliquod novum acquiri, nobifve, aut quibufvis aliis præjudicium aliquod generari. Quòd ut perpetuæ ftabilitatis robur obtineat, præfentem paginam figilli noftri munimine & regalis charactere nominis inferiùs defignato, fecimus communiri.

Actum Viennæ anno Incarnati Verbi milleflmo trecentefimo duodecimo, regni verò noftri vicefimo feptimo, menfe Martio. Adftantibus in Palatio noftro, quorum nomina fuppofita funt & figna, Dapifero nullo. S. Guidonis Buticularii. S. Ludovici Camerarii. S. Galcheri Conftabularii. Data vacante Cancellariâ.

Compofitio pro Abbatiâ S. BLASII *Diœcefis Bafilienfis.*

COntroverfiam quæ agitata eft inter Bafilienfem Ecclefiam, & Monachos S. Blafii, nos GREGORIUS Presbyter Cardinalis, & PONTIUS Cluniacenfis Abbas, vice fungentes Domini Papæ Calixti, per Dei gratiam fic diffinimus, auditâ utriufque partis caufâ. Si alii Archiepifcopi vel Epifcopi regni, qui funt Advocati in Abbatiis aliorum Epifcopatuum jure Ecclefiæ fuæ, ex conceffione vel ex tolerantiâ fedis Apoftolicæ, electis Abbatibus conceffionem per vir-

Anno MCXX.

gam fecerint, Episcopus quoque Basiliensis Abbatibus, qui in Ecclesiâ beati Blasii præponendi sint post electionem hoc ipsum faciat. Quòd si Romana Ecclesia cæteris Episcopis concessionem per virgam contradixerit; sic se habeat Dominus Episcopus Basiliensis, sicut & cæteri Archiepiscopi vel Episcopi dispositione Romanæ Ecclesiæ se habuerint.

De cætero Domnus Episcopus prædictos S. Blasii Fratres sic tueatur, ut Fratrum religio Monasterii possessio per ejus industriam non minoretur, verùm etiam in dies augmentetur.

Præterea illa antiqua observantia quæ ab Episcopis retenta est, & scriptis confirmata, videlicet quòd Advocatus Laïcus quem Episcopus eis dederit, si tyrannidem in possessionibus vel hominibus Monasterii exercuerit; ab eodem Episcopo amoveatur; & aliùs bonus subrogetur.

Hæc igitur omnia ut rata & illibata permaneant, Apostolicâ auctoritate confirmamus, & sigilli nostri impressione signamus. Actum publicè Basileæ apud sanctum Albanum, anno ab Incarnatione MCXX. præsidente in sede Apostolicâ Calixto Papâ II. imperante verò Henrico IV. Imperatore Augusto; adstantibus atque collaudantibus Domno Radulfo Basiliensi Episcopo; & Domno Rostanno S. Blasii Abbate. Testes hujus nostræ actionis fuerunt Domnus Girardus Lausanensis Episcopus & prædicti Imperatoris Cancellarius; & Wichardus Camerarius; Hugo Constabularius; Petrus Armarius; & Willelmus Prior S. Albani Monachi Cluniacenses; Canonici quoque Basilienses; Hesso Præpositus; Heremannus Decanus Claustri, Hugo Cantor & alii multi. Monachi etiam S. Blasii Drutmannus, Giraldus, & plures alii. De Laïcis verò Comes Adelbero, Warnerius Advocatus; Warnerius vice-Dominus. De Præpositis verò Basiliensis Ecclesiæ Sigenandus Præpositus S. Germani Grandis vallis, & Bucco Præpositus S. Ursini. Scriptum per manus Domni Adelberti Prioris de Cellâ S. Petri Cluniacensis in sylvâ nigrâ, sub die Kal. Aprilis.

Nunc Domine mi providentia vestræ authoritatis decernat super hanc rem.

Anno circ. MCXXI.

CALLISTI *Papæ II.* LUDOVICO VI. *Francorum Regi.*

Commendat Legatum à latere quem mittit.

CAlistus Episcopus servus servorum Dei, Carissimo in Christo filio LUDOVICO Illustri & glorioso Francorum Regi, salutem & Apostolicam benedictionem. Concessam tibi à Domino gratiam & regiam potestatem te recognoscere scimus & gaudemus. Siquidem Deum diligis, Ecclesias veneraris, & personis Ecclesiasticis debitam exhibes reverentiam & honorem. Ea propter, fili carissime: benedictione Apostolicâ te duximus visitandû, hortantes ac monentes ut in hoc Dei glorioso proposito tamquâ religiosus & Catholicus Rex per ejus gratiam perseveres: quatenus Regum Rex qui terrenum tibi regnum contulit, æterni etiam coronam & gloriam largiatur. Sanè Carissimum filium nostrum P. Sedis nostræ Presbiterum Cardinalem nobilitati tuæ attentiùs commendamus; Nos enim à latere nostro cum secundûm antiquam Apostolicæ sedis consuetudinem ad terram potestatis tuæ pro corrigendo & confirmando quæ corrigenda & confirmanda fuerint, delegamus. Regamus igitur excellentiam tuam & in Domino commonemus, ut eum tamquam Vicarium nostrum reverenter suscipias, honestè habeas, & ita ei facultatis tuæ consilium & auxilium præbeas, quatinus sibi injunctum possit ministerium adimplere. Uxorem tuam Dominam Reginam & filium Philippum, quos tamquam viscera nostra diligimus, per te salutamus & benedicimus, omnipotentis Dei misericordiam obsecrantes ut personam tuam & ipsos dexterâ suæ protectione per tempora longa servet incolumes. Stephanum quoque Cancellarium & omnes fideles tuos salutamus & benedicimus. Datum Beneventi pridie Kalendas Octobris.

LUDOVICI *VI. Francorum Regis* CALLISTO *Papæ II.*

SCripsit nobis Sublimitas vestra de captione illius Apostatæ Burdini, & de incolumitate status vestri: unde, Pater dulcissime, plurimùm & præ cæteris vos amamus, honoremque vestrum studium nostrum in omnibus esse intelligimus. De sententiâ sanè in Metropolitanum Senonensem pro nostro honore relaxatâ animum nostrum ex parte mitigastis; sed quoniam ad tempus est relaxata, suspensum vehementer ac dubium reddidistis. Videtur enim aliquam adhuc spem habere Lugdunensis Archiepiscopus; super illâ quam quærit subjectione; sed ut verùm fatear sustinerem possessio regni nostri totius incendium, capitis etiam nostri periculum, quàm hujusmodi subjectionis & abjectionis opprobrium. Videtur enim ad nostrum respicere contemptum, contrà nos hoc modo fieri quod nunquam exstiterit factum. Novit autem experientia vestra Regnum Francorum in obsequiis promptum, in necessitatibus amicum vobis extitisse, nec à fidelitate Romanæ Ecclesiæ precibus aut promissionibus Imperatoris nos avelli unquam potuisse; & quanto animi fervore, quantâ mentis humilitate vobis obedirimus; ut si taceat vox vestra, clament opera nostra; monstrent obsequia mea; ut enim cætera dimittam; illud inter alia meminerit Paternitas vestra; quod quamvis gravi, ut scitis; laborarem infirmitate; molestiâ corporis vehementer urgente; Remensi tamen Concilio, cum labore quidem nostro, sed cum honore vestro, interesse studuimus, & plùs vestræ voluntati, quàm nostræ facultati, plùs honori vestro, quàm dominio nostro consuluimus. Hoc vobis, Dulcissime Pater, memorando scripsimus, non quia non placeat nobis hoc fecisse, sed quia volumus hoc à memoriâ vestrâ non recessisse. Si quid igitur valet, si quid potest apud vos amor noster, & obsequium nostrum, rogamus & petimus ut Senonensis Ecclesia, quæ ab istâ de quâ nunc pulsatur subjectione huc usque aliena existit & libera; per vos non fiat ancilla; sed antiqua ejus libertas authoritate Apostolicâ roboretur, & Privilegii firmitate muniatur; in quo tamen nihil à vobis contrà justitiam exigitur. Si enim opponitur quòd veterum institutio Lugdunensi Ecclesiæ Primatum contulerit, respondetur ex opposito quòd antiquæ libertatis possessio Senonensem Ecclesiam ab ejus subjectione defendat. Quod enim antiquâ possessione acquiritur, nullo, ut fertur, jure adimitur, etiamsi de jure Romanæ Ecclesiæ fuisse cognoscitur. Hac igitur ratione Senonensis Ecclesiæ libertas remanere debet inconcussa & intacta, nec pulsari aut violari debet pro subjectione noviter & imprudenter factâ. Facta est enim, ut dicitur, latenter & quasi furtivè subjectio ista, nesciente scilicet Clero Senonensi, inconsultis etiam Episcopis illius diœcesis, ignorante etiam Rege, à quo omnibus quidquid dignitas pendet Ecclesiæ; & subjectio taliter facta respicere potius videtur ad ignominiam malè accipientis, quàm ad commodum Ecclesiæ nescientis. Res enim communis communi tractanda est consilio, non latenti & privato terminanda colloquio. Cùm igitur dignitas sit Ecclesiæ non personæ, si Senonensis Archiepiscopus iste & quidem solus de non suâ fecit quod non oportuit, si promisit quod non debuit; Ecclesia tamen Senonensis quod suum est non amisit, nec privatam libertatem a quam ex antiquitate habuit; nec cogenda est ad subjectionem quam nunquam exhibuit. His ita se habentibus videat, Dulcissime Pater, discretio vestra ne civitas Lugdunensis, quæ de alieno est regno, de nostro floreat detrimento; nec subjiciatur amicus amico; quia si decipitur pro amico amicus, justè fiet de amico inimicus. Rex ergo Franciæ, qui propriùs est Romanæ Ecclesiæ filius, si in facili causâ, si in levi petitione contemnitur, nulla spes in majori relinquitur; nec ulteriùs in aliis patietur repulsam, si in istis sustinet repulsionis offensam. Melius est enim Regiæ honestati à precibus desistere, quam de repulsâ novum ruboris contrahere. Quod minus in litteris continetur, præsentium lator Algrinus vivâ voce supplebit, cujus verba tamquam ex ore nostro suscipite & custodite.

Eamdem remissionem confirmat CALIXTUS *Papa* II. *anno* 1124. *Raynaldi Comitis nepos ex Guillelmo Testardiæ, avi sui Raynaldi patrem designans Guillelmum, qui fuit Otto Willelmus, Adelberti Longobardiæ Regis, & Gerbergæ Burgundæ filius.*

CAlixtus Episcopus, servus servorum Dei, Dilectis filiis Canonicis Ecclesiæ S. Joannis Evangelistæ, salutem & Apostolicam benedictionem. In Apostolicæ Sedis gubernatione Dei providentiâ constituti, necesse habemus Ecclesiis & Ecclesiasticis utilitatibus providere. Siquidem illustris, & egregiæ memoriæ Ruynaldus Burgundiæ Comes, in quâdam vestri juris potestate, quæ Cussiacus dicitur, consuetudinem quamdam ad equos, sive ad canes suos, quæ vulgò marascalciam, & canariam vocant, patris sui Guillelmi & suo tempore obtinuerat. Quam videlicet consuetudinem nimis Ecclesiæ vestræ damnosam, & nocituram esse considerans, pro animæ suæ, parentumque, & heredum suorum remedio in perpetuum refutavit. Dimisit insuper, & abdicavit omnes alias torturas, quas ejus homines injustè in ipsâ potestate, & in terris ad potestatem ipsam pertinentibus arripiebant. Tali tenore; ut eorum nomina specialiter sint, scripta in Canone, & Psalmus *Inclina Domine* decantetur post lectionem capituli, diebus omnibus quibus peragi licitum est pro animarum illorum salute. Prædictam itaque refutationem & dimissionem, necnon & constitutum pro ea tenorem, præsentis scripti nostri auctoritate firmamus; & futuris censemus temporibus inconcusse, atque inviolabiliter conservari. Datum Laterani, III. Nonas Januarii. Indictione secundâ.

CALLISTI *Papæ* II.

CAlixtus Episcopus servus servorum Dei, venerabilibus fratribus GAUFRIDO Carnotensi, & Joanni Aurelianensi, & STEPHANO Parisiensi Episcopis salutem & Apostolicam benedictionem. Sicut omne quod irreprehensibile est Catholica defendit Ecclesia, ita ea quæ contrà scita Canonum ista sunt, secundùm æquitatis & justitiæ destruere nititur ratione. Causam siquidem matrimonii inter Guillelmum filium Comitis Roberti, & filiam Comitis Andegavensis contracti, cui patentelæ titulus opponitur, dilecto filio nostro I. ... Presbytero Cardinali commisimus finiendam. Qui post susceptam idoneorum testium de parentelâ probationem, ubicumque Guillelmus filius Roberti Comitis fuerit, prohibuit officia celebrari, nisi utique ad datum à se terminum conjugium idem dissolverit. Unde fraternitati vestræ præcipimus, ut eamdem sententiam à nobis firmatam per vestras faciatis parochias observari. Datum Laterani VII. Kal. Septemb.

HONORII *Papæ* II. *Canonicis Ecclesiæ Turonensis.*

HOnorius Episcopus servus servorum Dei, dilectis filiis Clericis Turonensibus matris Ecclesiæ S. Mauricii salutem & Apostolicam benedictionem. Sicut boni & humiles filii sunt paternæ dilectionis nexibus arctiùs adstringendi, ita ingrati & inobedientes sunt rigore justitiæ coërcendi. Siquidem compertum habuimus quòd Fulco Andegavensis Comes divortium illiciti matrimonii filiæ suæ & Guillelmi filii Roberti Comitis à dilecto filio nostro I. Cardinali Presbytero Apostolicæ sedis Legato, & ab aliis fratribus nostris Coëpiscopis, & sapientibus viris acceptâ idoneorum probatione testium judicatum servare contemsit. Præterea quod gravius est uti accepimus, ad B. Petri & sanctæ atque Apostolicæ Romanæ Ecclesiæ injuriam prædicti Legati Nuntios ad eum directos capiens, & in arctâ custodiâ per duas septimanas retinens, barbas eorum & capillos flammis exurere, & literas in conspectu hominum sub dio cremare præsumsit. Unde Legatus idem in propriam Comitis terram interdictionis, & in personam ejus excommunicationis sententiam promulgavit. Nos ergo habito Fratrum consilio, eamdem usque ad condignam satisfactionem sententiam ratam habemus. Interdictum autem præcipimus observari. Datum Laterani pridie Idus Aprilis.

Ejusdem LUDOVICO VI. *Francorum Regi.*

HOnorius Episcopus servus servorum Dei Carissimo in Christo filio LUDOVICO Illustri & glorioso Francorum Regi, salutem & Apostolicam benedictionem. Internæ caritatis dilectio, quâ personam tuam paternæ affectionis visceribus amplexamur, aures nostras ad admittendas tuas petitiones inclinat. Amor enim & piæ reverentiæ devotionis, quam B. Petro & Sanctæ Romanæ Ecclesiæ defers, ut ad tuam & regni utilitatem intendamus, hortatur. Tuum itaque filium Henricum, quam divinis mancipare voluisti servitiis, & in B. Petri & in nostram protectionem suscipimus. Ipsum igitur tamquam specialem sedis Apostolicæ filium; & bona quæ vel regiâ tuâ liberalitate, vel aliis modis divinâ præstante gratiâ poterit adipisci, authoritatis nostræ robore communimus. Nullique hominum fas sit personam suam & bona ejus temerè perturbare; sed omnia quieta ei & libera sub B. Petri & Romanæ Ecclesiæ patrocinio conserventur. Si quis autem hujus nostræ confirmationis temerator exstiterit, nisi congruâ satisfactione correxerit, animadversione Sedis Apostolicæ feriatur. Datum Laterani pridie Cal. Aprilis.

Damnat Summus Pontifex pravam consuetudinem exigendi pecunias ab his qui recipiuntur in Canonicos.

HOnorius Episcopus servus servorum Dei, ALEXANDRO Episcopo & Clero Leodiensi salutem

---

a *privatam libertatem*] Lege *privata est libertate.*

& Apostolicam benedictionem. Relatione Fratrum vestrorum ad nos venientium comperimus hanc in vestrâ Leodiensi Ecclesiâ detestabilem ex antiquo fieri consuetudinem, ut quicumque ibi Canonicus fieri voluerit, oporteat eum Præposito & Decano determinatam pecuniam exhibere, & hoc de investituris Ecclesiarum & altarium Archidiaconos & Decanos facere accepimus. Scriptum est in Evangelio quia Dominus noster vendentes & ementes ejecit de templo. Ideoque per præsentia scripta firmiter præcipiendo mandamus, quatinùs tam prava consuetudo de cætero apud vos nullatenùs conservetur, sed modis omnibus annihiletur. Quod si quis deinceps præsumpserit agere, nos & dantem & accipientem jubemus locum in Ecclesiâ ulteriùs non habere. Datum Laterani VII. Id. Novemb. I.

Anno circ. MCXXV. E MS. Codice Ecclesiæ Carnotensis.

A GAUFRIDO *Episcopo Carnot. Licentia Canonicis concessa eligendi Decani.*

EGO GAUFRIDUS Dei gratiâ Carnotensis Ecclesiæ humilis minister, notum fieri volo tam futuris quàm præsentibus, quòd Clericis Ecclesiæ nostræ unanimiter sæpe reclamantibus proprium jus, quod in eligendo sibi Decano sese habere dicebant, tandem intuitu fraternæ pacis, necnon amore & gratiâ ipsorum, nullam eis injuriam seu violentiam inferre volens, concessi eis, ut liberam & canonicam electionem Decani absque impedimento & calumniâ de cætero habeant. Et ut hæc mea concessio ab hac horâ in antea firma & stabilis maneat, ad notitiam posterorum præsens scriptum inde fieri, & sigilli mei munimine roborari præcepi.

Institutio Canonicorum Regularium in Abbatiâ sancti Martini Sparnacensis à THEOBALDO *Comite Campaniæ.*

An. MCXXVII.

IN nomine sanctæ & individuæ Trinitatis, ego THEOBALDUS Dei dispositione Comes Palatinus, pernecessarium duxi notum fieri tam præsentibus quàm futuris Ecclesiæ Catholicæ filiis, quòd divinâ inspiratione commonitus, Sparnacensem Ecclesiam à prædecessoribus meis fundatam & ornatam, jure hereditario ab ipsis mihi derelictam, in . . . voluntati meæ obnox. . . . mei esset jux. . . . . consuetudinem. . . . . nave Abbatiam Episcopo Domino Regularibus. . . . . perpetuò omnium Domino servituris. Cum enim secundum pristinum morem prædictam Abbatiam Waleramno venerabili Andreæ Dapiferi mei filio tradidissem, incommutabili voluntati Dei, qui omnia mutat, quando vult & quomodo vult, eadem Ecclesia ad meliorem statum taliter est mutata. Præfatus namque Waleramnus Spiritûs sancti gratiâ inflammatus, & Domni Bernardi Abbatis Claravallis salutari consilio roboratus meipsum adiit, seseque sæculo abrenunciaturum, & apud Claramvallem Monachum futurum enuntiavit, utque ad ordinem & regulam Beati Augustini Sparnacensem Ecclesiam commutari concederem devotissimè postulavit; cujus petitioni tam piæ ac rationabili libenter annuens, Deo Regularibusque Canonicis Ecclesiam ipsam ab omni ditionis meæ & successorum meorum exactione liberam funditùs, & sub regulâ S. Augustini in perpetuum permansuram dimisi; ita ut libera sit facultas Regularibus Abbatem sibi eligere, electum Archiepiscopo ad consecrandum præsentare, à quo totius Ecclesiæ curam suscipere, cui soli dumtaxat, & de actionibus suis Ecclesiæque negotiis respondere, cujus

& Concilia debebit frequentare. Communicato itaque cum religiosis viris consilio Abbate Claravallis, Guidone venerabili Monacho, fratre Abbatis, & cum Abbatibus Canonicorum Ursione Sancti Dionysii, & Eustachio omnium Sanctorum; personam ad regimen Sparnacensis Ecclesiæ satis idoneam communi assensu Canonicorum Sparnacensium elegimus, Domnum videlicet Fulconem Tullensis Monasterii Canonicum Regularem, quem per litteras nostras ab Abbate suo bonæ memoriæ Schero, necnon à Capitulo, sicuti ordo poscebat, requisivimus, & Deo volente, canonicè requisitum habuimus. Abbas itaque electus diebus sacris Pentecostes Sparnacum ante præsentibusque Sparnaci Canonicis addictus, ipsisque ac omni collaudante collegio ipsius Abbatiæ, nostrâ voluntate & assensu secundum præscriptam libertatem compos effectus: eisdemque denique diebus gratiâ Spiritûs sancti cooperante, astantibus Abbatibus, necnon Ecclesiæ Remensis Canonicis, ante altare Virginis perpetuæ benedictus; curâ Sparnensis Ecclesiæ juxta pristinum tenorem in exterioribus atque interioribus ab Archiepiscopo, cui soli profectò erit responsurus; canonicè est investitus, salva, ut decet, ejus reverentiâ in omnibus. Hoc igitur opus bonum à Deo dispositum, & à nobis eo annuente peractum, ego ut in perpetuum ratum foret, sigilli mei impressione firmavi. Actum Dominicæ Incarnationis anno MCXXVII. concurrente V. Indictione IV. Epactâ sextâ.

Chartâ RAINALDI II. *Remensis Archiepiscopi, de eâdem institutione.*

Anno MCXXVII.

IN nomine sanctæ & individuæ Trinitatis, ego RAINALDUS Dei miseratione Remorum Archiepiscopus, pernecessarium duxi notum fieri omnibus Ecclesiæ Catholicæ filiis tam præsentibus quàm futuris, quòd illustris Comes Theobaldus divinâ, ut credimus, inspiratione compunctus, Sparnacensem Ecclesiam ob remedium animæ suæ; necnon & prædecessorum suorum; Stephani videlicet patris sui, & avi sui Comitis Theobaldi, qui in eadem Ecclesiâ sepultus est, in manu nostrâ hujusmodi libertate donavit. Cùm prædictus Comes Theobaldus præfatam Ecclesiam à progenitoribus suis quasi hereditario jure sibi derelictam teneret, & Abbatiam Ecclesiæ suæ Waleramno domini Andreæ Dapiferi sui filio dedisset, incommutabili voluntate Dei, qui mutat omnia, quando vult & quomodo vult, eadem Ecclesia ad meliorem statum mutata est. Præfatus namque Waleramnus, Spiritûs sancti gratiâ divinitùs inspiratus, & Domini Bernardi Abbatis Claravallis prudenti consilio roboratus, jam dictum Comitem adiit, sese sæculo abrenuntiaturum, & apud Claramvallem Monachum futurum enuntiavit, petivitque ab eo, quatenùs Ecclesiam Sparnacensem ad ordinem & regulam beati Augustini per manum nostram permutari concederet: cujus petitioni satis rationabili Comes sæpedictus libenter annuens, Deo & nobis Ecclesiam supradictam liberam, & sub regulâ sancti Augustini in perpetuum permansuram dimisit.

Nos itaque, qui auctore Deo eidem Ecclesiæ Metropolitanâ auctoritate præsidemus, communicato cum religiosis viris consilio, Episcopo scilicet Suessionensi Josleno, & Joffrido Abbate sancti Medardi, Abbate quoque Claravallis Bernardo, Guidone fratre Abbatis, & cum Abbatibus Canonicorum Ursione sancti Dionysii, & Eustachio Omnium Sanctorum,

rum, personam ad regimen Sparnacensis Ecclesiæ satis idoneam communi assensu Canonicorum Sparnacensium elegimus, videlicet dominum Fulconem Tullensis Monasterii Canonicum Regularem, quem per litteras nostras, & Comitis Theobaldi ab Abbate suo bonæ memoriæ Schero, necnon & à Capitulo, sicut ordo poscebat, requisivimus, & Deo volente, canonicè requisitum habuimus; Abbasque electus diebus sacris Pentecostes in Capitulum Ecclesiæ Remensis ante præsentiam nostram, nonnullorumque Abbatum, toto assistente Capitulo, præsentibusque Canonicis Sparnaci adductus, de Abbatiâ à nobis collaudante omni Collegio regulariter est investitus; ita tamen quòd Canonici qui tunc temporis in Ecclesiâ Sparnacensi erant, quamdiù viverent præbendas suas tenerent. Eâdem deinde die prædictum fratrem, gratiâ Spiritûs sancti cooperante, assistentibus Abbatibus & Canonicis nostris, ante altare perpetuæ Virginis benediximus, & benedicto curam Sparnacensis Ecclesiæ juxta antiquum tenorem in exterioribus nobis dumtaxat responsuro commisimus, salvâ Remensis Ecclesiæ, ut decet, in omnibus reverentiâ & jure. Hoc igitur opus bonum à Deo dispositum & à nobis eo auxiliante peractum, ego & Comes prædictus, ut in perpetuum ratum foret, sigillorum nostrorum impressione firmavimus. Si quis autem hujus nostræ institutionis tenorem violare præsumpserit, Redemptoris nostri ac beatissimæ Genitricis ejus MARIÆ, beatorumque Apostolorum Petri & Pauli, sanctorumque Martini, Augustini, omniumque Sanctorum ac nostrâ auctoritate excommunicatus, iram Dei incurrat, & nisi condignè satisfecerit, anathema maranatha fiat. Ut autem præsentis decreti pagina rata & inconvulsa in perpetuum permaneat, probabilium personarum subnotatione corroborari fecimus. Signum Joannis Abbatis sancti Nicasii. S. Gilleberti Abbatis sancti Dionysii. S. Anselmi Cissolensis Abbatis. S. Hugonis Archidiaconi. S. Frederici Præpositi. S. Gervasii Cantoris. S. Hugonis Thesaurarii. S. Leonis, Bosonis & Drogonis Diaconorum. S. Magistri Albrici. Actum Remis anno incarnati Verbi MCXXVIII. Indictione v. regnante Ludovico Francorum Rege anno 20. Archiepiscopatus autem domini Reginaldi III.

Anno MCXXVIII.

LUDOVICUS VI. *Rex Francorum confirmat Privilegium, quo servi Carnotensis Ecclesiæ habent in omni foro sæculari liberam potestatem testificandi, &c.*

LUDOVICUS Dei misericordiâ Rex Francorum, omnibus Christi fidelibus. Cùm juxta sacratissimarum legum instituta regia potestas ex injuncto sibi officio Ecclesiarum defensioni & honori vacare plurimùm debeat, operæ pretium est eos quibus tanta permissa potestas à Deo, earum tranquilitati & paci attentiori curâ sollicitudinis providere, & ad laudem Dei omnipotentis per quem Reges regnant, Ecclesias & earum res quodam honoris privilegio decorare, ut in bonis actibus & regium morem exerceant, & supernæ retributionis præmium indubitanter recipiant.

Noverint igitur universi, quia fidelis noster Goffridus venerabilis Carnotensium Episcopus, & beatæ MARIÆ Carnotensis Ecclesiæ Conventus majestati nostræ præsentialiter adierant, humiliter conquerentes & ostendentes, quatinùs servi præfatæ Ecclesiæ sæcularibus personis tanto contemptui habebantur, quòd in forensibus & in civilibus causis vel placitis adversus liberos homines in testimonium nullatenùs recipiebantur, & ecclesiastica mancipia sæcularibus servis ferè in nullo præferebantur. Unde res ecclesiastica ob tanti scilicet opprobrium dedecoris non solummodo vilescebat, sed maximum diminutionis incommodum de die in diem incurrebat. Cognitâ verò prædictâ Ecclesiæ querelâ, moti tam ratione, quàm dilectione, necessarium duximus ab eâdem Ecclesiâ tantum scandalum omnino removere, & Carnotensem beatæ MARIÆ illius gloriosissimæ Virginis & Reginæ Ecclesiam regio beneficio sublimare.

Ego igitur Ludovicus, divinâ in Regem Francorum clementiâ sublimatus, antiquam consuetudinem Carnotensis Ecclesiæ recognoscens, communi Episcoporum & Procerum nostrorum assensu & consilio, necnon & uxoris meæ Adelais, & filii mei Philippi in Regem designati, instituo & decerno, ut servi sanctæ Carnotensis Ecclesiæ, tam qui ad Episcopum, quàm qui ad Canonicos pertinent, adversus omnes tam liberos quàm servos, in omnibus causis, placitis & negotiis liberam & perfectam habeant testificandi & bellandi licentiam; & nemo umquam servitutis occasionem eis opponens, in eorum testimonio ullam dare præsumat calumniam. Quòd si aliquis temerariâ præsumptione illorum testimonium in aliquo refutaverit, aut calumniatus fuerit, non solùm regiæ majestatis & publicæ institutionis reus existat, sed quærelam negotii sui vel placiti irrecuperabiliter amittat; ita scilicet, ut præsumptuosus calumniator de querelâ suâ, si quærat ulteriùs, non audiatur; & si aliquid ab eo quæratur alterius querelæ, reus omnino & convictus habeatur.

Aliud etiam statuimus, ut prædictus calumniator, nisi de tantâ calumniæ culpâ Carnotensi Ecclesiæ satisfecerit, ad testimonium proferendum ulteriùs non admittatur. Quod ne valeat oblivione deleri, scripto commendavimus, & ne possit à posteris infirmari, sigilli auctoritate, & nominis nostri charactere subter firmavimus. Actum Parisius publicè anno M. C. XXVIII. regni nostri XX. adstantibus in palatio nostro, quorum nomina subtitulata sunt & signa. S. Ludovici Buticularii. S. Hugonis Constabularii. S. Alberici Camerarii, Dapifero nullo.

Constitutio LUDOVICI VI. *Regis Francorum, quæ leges pacis ab ipso constitutas in civitate Laudunensi continet.*

Anno MCXXVIII.

IN nomine sanctæ & individuæ Trinitatis, Amen. LUDOVICUS Dei gratiâ Francorum Rex. Notum fieri volumus cunctis fidelibus tam futuris quàm præsentibus institutionem pacis, quam assensu & consilio Procerum nostrorum & Laudunensium civium Lauduni instituimus; hanc scilicet quòd ab Ardone usque ad Brolium, ita ut villa Luillaci inter hos terminos contineatur quantum ambitus vinearum & montis tenet.

I. Nullus quempiam liberum vel servum, pro aliquo forisfacto sine justitiâ capere possit. Quòd si justitia præsens non fuerit, liceat ei sine forisfacturâ tamdiu eum tenere quousque justitia veniat, vel ad justitiarii domum adducere, & prout judicatum fuerit, de forisfacto illo satisfactionem accipere.

II. Quòd si aliquis quoquomodo alicui Clerico, Militi, Mercatori, indigenæ vel extraneo injuriam fecerit, si de ipsâ civitate sit is qui injuriam fecit, infrà quartum diem submonitus ante Majorem & Juratos ad justitiam veniat, & se vel objecta ab Ardone purget, vel sicut ei judicatum fuerit emendet. Si verò emendare noluerit, cum omnibus qui de peculiari ejus familiâ funt, exceptis mercenariis (qui si noluerint eum ipso exire, non compellentur) de civitate ejiciatur, nec redire permittatur, quousque forisfacturam dignâ satisfactione emendaverit. Si autem infrà ambitum civitatis possessiones domorum aut vinearum habuerit, à domino sive à dominis si plures fuerint, in quorum districto possessiones ejus sunt, vel si in allodio fuerint; ab Episcopo Majori & Juratis de malefactore illo justitiam requirant. Et si à dominis vel Episcopo submonitus, infrà quindecim dies culpam suam emendare noluerit, nec vel per Episcopum, vel per dominum in cujus districto possessiones ejus sunt, de eo justitia haberi potuerit, liceat Juratis omnem malefactoris illius substantiam destruere. Quòd si malefactor de civitate non fuerit ; re ad Episcopum perlatâ, si per ejus admonitionem infrà quintum decimum diem forisfactum non emendaverit, liceat Majori & Juratis prout poterunt de eo vindictam quærere.

III. Si quis autem malefactorem de civitate ejectum infrà terminos pacis institutæ ignoranter conduxerit, & ignorantiam sacramento probare poterit, eumdem malefactorem illâ solâ vice liberè reducat. Si verò non potuerit, usque ad dignam satisfactionem malefactor retineatur.

IV. Si verò fortè, ut sæpe evenire solet, aliquibus altercantibus alter alterum pugno vel palmâ percusserit, vel turpe improperium ei dixerit, legitimo testimonio convictus, ei in quem peccavit, lege quâ vivit emendet, & Majori ac Juratis violatæ pacis satisfactionem faciat. Si verò is, emandationem ejus suscipere dedignatus fuerit, non liceat ei ultrà de eo vel intrà terminos pacis vel extrà aliquam requirere ultionem. Et si eum vulneraverit, expensas in medicos ad vulnus sanandum vulnerato persolvat.

V. Si quis in alium mortale odium habuerit, non liceat ei vel euntem de civitate prosequi, vel venienti insidias tendere. Quòd si vel venientem vel recedentem interfecerit, aut quodlibet ei membrum truncaverit, aut de prosequutione, aut de insidiis appellatus fuerit, divino se judicio purget. Quòd si eum aut verberaverit aut vulneraverit extrà terminos pacis, ubi per homines pacis legitimo testimonio, vel de prosequutione, vel insidiis potuerit comprobari, sacramento se purgare licebit. Quòd si reus inventus fuerit, caput pro capite, membrum pro membro reddat, vel ad arbitrium Majoris & Juratorum pro capite aut membri qualitate dignam solvat redemptionem.

VI. Si quis in aliquem de aliquo capitali querelam habuerit, ad justitiam in cujus districto inventus fuerit, primùm de eo clamorem faciat, & si per justitiam jus suum obtinere non potuerit, ad dominum ejus si in civitate fuerit, vel ad ministerialem ejus si in civitate dominus ipse non fuerit, de homine suo clamorem faciat. Et si per dominum vel per ministerialem ejus justitiam de eo habere non potuerit, ad Juratos pacis veniat, eisque se de homine illo nec per dominum ejus, nec per ministerialem ipsius justitiam posse habere ostendat. Jurati autem si dominus ejus si in civitate fuerit, vel si non fuerit ad ministerialem ejus veniant, & ut vel dominus vel Ministerialis homini clamanti de homine suo justitiam faciant, diligenter requirant, & si de eo justitiam facere non potuerint vel neglexerint, Jurati quærant qualiter is qui clamat jus suum non perdat.

VII. Si fur quilibet interceptus fuerit, ad illum in cujus terrâ captus fuerit, ut de eo justitiam faciat, adducatur. Quam si dominus terræ non fecerit, justitia in furem à Juratis perficiatur. Antiqua enim forisfacta, quæ ante urbis destructionem vel hujus pacis institutionem facta fuerunt, penitùs sunt condonata, exceptis tredecim, quorum nomina hæc sunt, Fulco filius Bomardi, Radulphus de Capritione, Hamo homo Leberti, Pagnus Seill. Rotbertus, Remigius Bnt. Mainardus Drag. Reimaldus Suess. Paganus filius hoste Lupi Ansellus Quatuor-manus, Radulfus Wastins, Joannes de Molrem, Ansellus genet Leberti. Præter istos si quis de civitate ejectus pro antiquo forisfacto redire voluerit, de omnibus suis investiatur, quæcumque habuisse, nec vendidisse vel in vadimonio posuisse poterit ostendere.

VIII. Statuimus etiam ut homines capite censi, dominis suis censum capitis sui tantùm persolvant; quem si statuto tempore non persolverint, lege quâ vivunt emendet, nec nisi spontanei à dominis requisiti aliquid eis tribuant, licebit tamen Dominis pro forisfactis suis eos in causam trahere, & quod judicatum fuerit de eis habere.

IX. Homines Pacis, exceptis familiis Ecclesiarum vel Procerum, qui de pace sunt, cujuscumque generis potuerint uxores accipiant. De familiis autem Ecclesiarum, quæ sunt extrà terminos Pacis, vel Procerum, qui de pace sunt, nisi dominorum voluntate uxores accipere non licebit.

X. Si qua vilis & inhonesta persona honestum virum vel mulierem turpibus conviciis inhonestaverit, liceat alicui probo viro de pace, si supervenerit objurgare illum, & illum uno aut duobus vel tribus colaphis sine forisfacto ab importunitate suâ compescere. Quòd si eum pro antiquo odio percussisse criminatus fuerit, liceat ei juramento se purgare quòd pro nullo odio eum percusserit, sed tantùm pro pacis & concordiæ observatione.

XI. Mortuas autem manus omninò excludimus.

XII. Si quis autem de pace, filiam vel neptem sive cognatam maritans, terram vel pecuniam ei dederit, & illa mortua sine herede fuerit, quidquid terræ vel datæ pecuniæ adhuc comparentis de eâ remanserit, ad eos qui dederunt, vel ad heredes eorum redeat. Similiter vir si sine herede mortuus fuerit, præter dotem quam uxori dedit, tota possessio ad propinquos suos redeat, dotem autem in vitâ suâ mulier tenebit; post mortem verò ipsius, ipsa dos ad propinquos viri sui redibit. Si verò nec vir nec mulier hereditates habuerint, sed de mercimoniis quæstum facientes, substantia fuerit ampliati, & heredes non habuerint, altero eorum mortuo, alteri tota substantia remanebit. Si autem propinquos non habuerint, duæ partes substantiæ pro animabus eorum in eleemosynam dabunt, tertia verò ad muros civitatis ædificandos expendetur.

XIII. Præterea nullus extraneus de capitecensis Ecclesiarum vel Militum civitatis, in hanc Pacis institutionem nisi annuente domino suo recipietur. Quòd si per ignorantiam absque domini voluntate aliquis receptus fuerit, infrà quindecim dies sine forisfacto cum totâ substantiâ suâ salvus abire quò voluerit permittetur.

XIV. Quicumque autem in pace istâ recipietur, infrà anni spatium aut domum sibi ædificet, aut vineas emat, aut tantùm suæ mobilis substantiæ in civitatem afferat, per quæ justitiari possit, si quid fortè in eum querelæ evenerit.

XV. Si quis bannum civitatis se audisse negaverit, aut per scabinos tantùm comprobetur, aut propriâ manu juramento se purget.

XVI. Consuetudines autem quas Castellanus in civitate se habere asserit, si in Episcopi curiâ dirationare legitimè potuerit, prædecessores suos antiquitùs habuisse, liberè eas obtineat, & si minus fecerit, minus habeat.

XVII. Consuetudinarias autem tallias ita reparavimus, ut unusquisque hominum ipsas tallias debentium singulis terminis, quibus tallias debet, quatuor denarios solvat. Ultrà autem, nullam aliam talliam persolvet, nisi forte extra terminos pacis aliquam terram talliam debentem tenuerit, quam ita caram habeat, ut pro eâ ad talliam solvat.

XVIII. Homines pacis extrà civitatem placitare non compellentur. Quòd si super aliquos eorum causam habuerimus, judicio Juratorum nobis justitiam exequentur. Si autem super universos causam habuerimus, judicio Episcopalis curiæ nobis justitiam prosequentur.

XIX. Si quis Clericus intra terminos pacis aliquod forisfactum fecerit, si Canonicus fuerit, ad Decanum clamore perlato per eum justitiam exequetur. Si Canonicus non fuerit, per Episcopum vel Archidiaconum, aut eorum ministeriales justitiam facere compelletur.

XX. Si aliquis Procerum regionis in homines pacis forisfecerit, nec submonitus eis justitiam facere voluerit, si homines ejus intra terminos pacis inventi fuerint, tam ipsi quàm eorum substantiæ, in emendationem factæ injuriæ per justitiam illam in cujus districto inventi fuerint, capientur. Ita ut & homines pacis jus suum habeant, & ipsa justitia itidem jure suo non privetur.

XXI. Pro his igitur & aliis beneficiis quæ prædictis civibus regali benignitate contulimus, ipsius pacis homines hanc nobis conventionem habuerunt, quod exceptâ curiâ coronatâ, sive expeditione; vel equitatu, tribus civibus in anno singulas procurationes si in civitatem venerimus, nobis præparabunt, Quòd si non venerimus, pro eis viginti libras nobis persolvent.

XXII. Totam autem hanc Constitutionem salvo nostro pariter & Episcopali jure & ecclesiastico, necnon & Procerum, qui intrà terminos pacis distincta sua legitima jura habent, stabilivimus, ita ut si vel de nostro, vel Episcopali jure, aut Ecclesiarum, aut Procerum civitatis aliquid fortè interceperint, infrà quintum decimum diem sine forisfacturâ quod interceperunt, liceat emendare.

Ut igitur pacis Institutio firma in perpetuum & inconcussa permaneat &c. præcepimus roborari. S. Ludovici Regis, S. Philippi filii ejus &c. Actum anno Dominicæ Incarnationis M. C. XXVIII. Regni Ludovici Regis XX. Data Compend. per manum Simonis Cancellarii.

An. MCXXIX.

Pactum de futuro matrimonio SIBYLLÆ *filiæ* PETRI *de Obillone cum* ARMANNO *de Omelaz.*

Notum sit omnibus hominibus tam præsentibus quàm futuris, quòd PETRUS de Obillone filius meus reliquit in potestate & bailliâ de me Echiva filiam suam SIBYLLAM cum omnibus rebus sibi pertinentibus, ut eam maritem. Quapropter Eschiva in nomine Domini trado eamdem Sibyllam neptem meam in sponsam filiam Petri de Obillone tibi Armanno de Omellaz, cum omnibus alodiis, feudis, pignoribus, bailliis, & beneficiis, atque universis sibi pertinentibus, excepto usufructu feudi Guillelmi Montispessulani & drudariâ Pontii Raymundi, & unius maris, quem usumfructum in totâ vitâ meâ retineo, & post mortem meam ad te Armannum, & ad neptem meam revertatur.

Hanc autem Sibyllam neptem meam tali ratione trado tibi Armanno in sponsam, ut si ab hac festivitate S. Hilarii quæ est anno Dominicæ Incarnationis millesimo centesimo vigesimo nono, usque ad continuum quadriennium, quod Deus avertat, eam mori contigerit, totus prædictus honor cum omnibus suis pertinentibus ad propinquos Sibyllæ neptis meæ revertatur, post deductis, & recuperatis impensis quas Armannus ibi se fecisse comprobaverit. Si vero per misericordiam Dei totum quadriennium continuum vivere contigerit, statim completo quadriennio eam legitimè uxorem ducas. Tali tamen ratione, quòd totum prædictum honorem teneas & possideas in totâ vitâ tuâ, & post mortem tuam ad infantes qui de te fuerint generati, & de nepte meâ nati, revertatur. Quòd si non habueritis infantes qui de te sint generati, & de nepte meâ nati, totus prædictus honor post mortem tuam ad legitimos heredes revertatur.

Hoc autem totum factum est consilio patrui sui, videlicet Hugonis de Obillone, & consilio Cognatorum ejus quos decet, scilicet Petri Lutevensis Episcopi, Guillelmi Rainonis de Casiar, Guillelmi Rainonis de Marcillano, Pontii de Bentano, Raymundi de Nucato, & consilio maximæ partis Melgoriensium Militum.

Et ut hoc totum tibi Armanno bonâ fide & sine dolo compleatur, decem Milites per fides suas requisita firmaverunt, videlicet, Hugo de Obillone Guillelmus Mironis, Bertrannus Oconis, Raymundus Monachus, Raymundus Gandalmar, Petrus de Nempte de Fraxino, Guillelmus de Monte Ferrario, Guilardus Aloardi, Guillelmus Tallandus, & Berengarius de Pinnano.

Hoc autem totum factum est præsente domino Guillelmo de Montepessulano, qui etiam communi voluntate feudum, quem Raymundus Nommeal tenuit de patre ejus, dedit tibi Armanno ad omnes honores eorum cunctis præscripti, eodem anno quo Hierosolymam rediit. Et etiam ferendum est quòd iste feudus venit ad partem Petri de Obillone.

Ego in Dei nomine Armannus, plivio per fidem meam, quòd accipiam te Sibyllam filiam Petri de Obillone in uxorem, sicut suprà scriptum est, & dabo tibi in tuo sponsalitio medietatem omnium mearum rerum mobilium & immobilium, quas modò habeo, & inantea tecum aequirere potuero, tali ratione quòd si tu supervixeris me, habeas in totâ vitâ tuâ, & post mortem tuam ad infantes qui de me sint generati & de te nati, revertatur. Quòd si non habuerimus infantes, ad legitimos heredes meos revertatur.

Et ut hoc bonâ fide & sine dolo compleatur, decem Milites mandato meo per fides suas requisita firmaverunt; scilicet Guiraldus de Omellaz, & Petrus de Fleis, Pontius de Salvinnac, Bernardus Ebrardi, Petrus Guillelmus de sancto Firmino, Aimericus de Duabus-Vicibus, Pontius Ademarius, Petrus de sancto Stephano, Guillelmus de Castellonovo, Raymundus de Fabricolis, Bertrannus de S. Firmino. Testes hujus placiti sunt videlicet Guillelmus de Valle-mala, Guillelmus de Fabricis, Pontius frater ejus, Petrus de Fleis, Pontius de Salvinnac, Raymundus Rostagnus, Berengarius Lambertus, Fairius, Guillelmus Girbaldus, Petrus Girbaldus, Lambertus Ulricus, Pontius Amelius, Berengarius Monachus, Bertrannus Oto de Melgorio, Guillelmus Mironis, Raymundus Gandalmar, Bertrannus Monachus, Guillelmus Raines de Casiar, Petrus Episcopus de Ludevâ, & Guillelmus de Montepessulano.

Ludovici VI. Francorum Regi, Legato Sedis Apostolicæ.

Anno circ. MCXXX.
Petit, ut liceat filio suo Henrico Præbendam Ecclesiæ Pontisarensis conferre.

Memoriæ discretionis vestræ infixum non ambigimus, quàm diligenti reverentiâ nos & Regnum nostrum vos honorare, & vobis obedire huc usque studuimus & studemus. Undè & propensiori curâ de statu dignitatis nostræ cogitare, & ipsam in integritate suâ præ cæteris conservare debetis. Audivimus siquidem in voluntate vestrâ non esse Henricum Abbatem Pontisarensis Ecclesiæ præbendam, de quâ in præsentiâ vestrâ actum est, alicui præbere : & Clerico qui eam canonicè non acceperat, ipsam penitùs abjudicasse. Salvâ igitur reverentiâ vestrâ omnimodis precamur, ut, cum hoc ad regni nostri detrimentum spectare videatur, sententia vestra in melius mutetur. Rogamus etiam & petimus ut Henrico literas vestras super hoc dirigatis, in quibus ipsi præcipiatis & concedatis, ut Præbendam illam utili & honestæ personæ cum suâ consideratione præbeat, ita ut Clericus, cui justè abjudicata est, illam sine omni spe recuperationis amittat. Sciatis autem Henricum quod inde fecit, nostro consilio fecisse, & nos ipsum decretum Domini Papæ super hoc datum ignorasse : unde si illi aliquid damni ideo inferatur, nobis, cum hoc nostro fecerit consilio, imputabitur. Valete.

Cleri Rotomagensis ad Honorium II. Summum Pontificem.

An. MCXXX.
De electione Hugonis in Archiepisc. Rotomag.

Domino & Papæ Universali Honorio Rotomagensis Ecclesia omnem in Christo obedientiam & subjectionem. Elegimus electione communi filium vestrum Hugonem Abbatem Radingensem nobis in Pontificem : super hoc quæsivimus assensum Domini nostri Henrici Regis Anglorum, & obtinuimus ; ab Episcopo quidem Saleberiensi, sub cujus manu Abbatis officio fungebatur, nobis eum reddi liberum & absolutum quæsivimus, & cum libertate suscepimus. Sed quia ipso revelante percepimus, quòd sine authoritatis vestræ assensu non habere non poteramus, maximè cum & hoc in literis vestris prædicto Regi Anglorum directis ita scriptum legimus : *Ipsum itaque sub proprio jure atque dominio nostro tamquam specialem B. Petri & S. R. Ecclesiæ Clericum retinemus* : ea propter donari eum nobis à sublimitate vestrâ requirimus : quem tanto cariorem habebimus, quanto à vestræ Celsitudinis Sede nobis donatum esse lætabimur. Quem humili supplicatione nobis ita donari à vestrâ gratiâ quærimus, ut sub nullius unquam jure vel potestate, nisi sub vestrâ tantummodo piâ protectione eum persistere gaudeamus, Carissime Pater & Domine.

Epistola Henrici I. Anglorum Regis ad Innocentium Papam II.

Conqueritur de Hugone Archiepisc. quòd obedientiam ab Abbatibus exigat.

Innocentio Dei gratiâ summo Pontifici, Patri suo venerando Henricus, eâdem gratiâ Rex Angliæ, & Dux Normanniæ, Salutem & debitam obedientiam.

Conqueror apud paternitatem vestram de Hugone Archiepiscopo Rotomagensi, qui personam meam conturbavit, & ducatum meum Normanniæ gravavit, & contrà me, & dignitates, & statum Ducatûs mei à patre meo, & ab omnibus antecessoribus meis, & à me ipso usque ad novissimum discessum vestrum de Normanniâ in pace habitos, & tempore Beatissimorum Romanorum Pontificum antecessorum vestrorum, & sanctorum Rotomagensium Archiepiscoporum prædecessorum ejus, inconcusse, illibatæque possessos, vehementer & irreverenter egit. In benedictionibus scilicet & extortis professionum scriptis, extrà Ducatum meum, & provinciam suam, ab Abbatibus meis Normanniæ, me inconsulto, vobis in Concilio querimoniis inde propositis, cùm eos in pace dimiserim, quando novissimè in Regnum meum transfretavi, & ipsum Archiepiscopum amicabiliter ad vos destinavi.

Attentiùs itaque suppliciter rogo paternitatem vestram, ut his & cæteris quæ contrà honorem, & consuetudines, & dignitates regni mei, & ducatûs mei spectare videritis, eo ut *o* manum correctionis imponatis, tam de his qui fecerunt, quàm de his à quibus exigitur ut faciant ; ne, quod absit, insolitis novitatibus, & consimilibus gravaminibus me ab amore, & fidelitate, & servitio vestro vestrorumque discedere cogatis ; quoniam sine honore olim habito & debito terram tenere non possem, nec ullo modo à Baronibus & hominibus meis, sine quorum consilio & auxilio esse non possum, in hujusmodi vilitate & ignominiâ terram tenere ampliùs permittar, qui inde vehementer & frequenter improperant mihi & insultant, tamquam qui honorem pristinum, & Regni mei jura tam integrè semper hactenùs conservata, meo tempore tam negligenter & nimis remissè mihi surripi sustineam ; nec ullo modo ampliùs acquiescent Barones terræ, me, & ipsum Archiepiscopum, in eâdem terrâ cum pace vel amore remanere, nisi vos, & ipse, hæc & hujusmodi studueritis emendare. Quoniam si ipse Archiepiscopus in præsentiâ vestrâ dum Rotomagi fuimus, super hac re verbum fecisset, ego in omnibus quæ Deum velle, & contra honorem meum non esse cognoscerem, acquievissem. Qui itaque in his quæ ad Deum sunt, & sanctæ Romanæ Ecclesiæ & vestræ personæ dignitatem, semper obedire paratus sum & fui, postulo mihi à vobis honorem debitum, & habitum hactenùs integrè conservari, ac de his de quibus prætaxatum est, revestiri. Conservet autem Deus Apostolatum vestrum ad honorem suum & pacem Ecclesiæ suæ.

Innocentii Papæ II ad Hugonem Archiepiscopum Rothomagensem.

Ut nonnihil juris Ecclesiastici Regi deferat exhortatur.

Innocentius Episcopus servus servorum Dei, Carissimo Fratri Hugoni Rotomagensi Archiepiscopo, Salutem & Apostolicam benedictionem.

Quemadmodum sit concedendum Regibus, & terrarum Principibus, quorum potestate ac justitiâ Dei Ecclesia & Christianus Populus proteguntur, prout credimus, tua Fraternitas non ignorat. Cæterum Carissimus filius noster Rex Anglorum Henricus, prout accepimus, est adversùm te graviter indignatus, quòd contrà consuetudinem suam, & aliorum Ducum Normanniæ, à quibusdam Abbatibus professionem & obedientiam suscepisti. Quod profectò quamvis justum fuerit, à nobis in Concilio Rhemensi mandatum : pro ejus Caritate à rigore justitiæ aliquando condescendere debemus, & pro tempore ipsius voluntati assensum præbere. Credimus enim, sicut nostris auribus intimatum est, & nos ei per scripta nostra mandavimus, quoniam si ei detuleris, quod ad honorem & jus Rotomagensis Ecclesiæ pertinet, cum plenitudine gratiæ suæ imposterum obtinebis. Undè fraternitatem tuam rogamus atque mandamus, quatenus de Abbatibus illis

Diplomatum, &c.

ejus voluntati consentias, & si quem de Abbatibus ligasti, absolvas.

Epistola Canonicorum Petengensis Ecclesiæ.

CANONICI sancti MARTINI Petengensis Ecclesiæ, Capitulo Tornacensi Salutem, & in omnibus obsequium.

Nos quidem Ecclesiæ nostræ fidelitatem, utpote illi filiali fœdere, adstricti debentes, illi providere, consulere ex debito & pro posse nostro debemus. Necessitate autem incumbente quam per nos dijudicare, vindicare nequimus, ad vos illam discutiendam referimus, quippe quod nos illi ex debito, vos pro gratiâ debetis. Erpolphus ergo, quem nec vos latet omni fraude imbutum, Præpositum habentes, eversoremque potiùs Ecclesiæ, quàm Rectorem noscentes, canonicâ ratione inde removere proposuimus, aliumque, quem utilem fore Ecclesiæ credimus, vobis mediantibus introducere. Quod ut ille prænovit, ne non itinere quo cœpit percurreret, alium non per ostium, sed aliunde induxit sui successorem. Domino Joanne namque mediante, & illicita munera sibi impertiente, Libertum de Cesonia nos & Ecclesiam recturum, suo loco succedere voluit: de quo ut nos taceamus, qualis pastor futurus sit vos ipsi cognoscitis. Introduxit autem eum hoc modo.

Die festo Omnium Sanctorum, finitâ Missarum celebratione Dominus Joannes stipatus militibus, cum Erpulfo, & Liberto chorum nostrum intravit, & nos primùm multis ambagibus sibi attrahens benivolos, ad quid intenderet sic tandem nobis propatus ostendit: Sæpe conquesti estis & mihi & majoribus vestris, quòd hic Erpulfus Ecclesiam malè rexerit, & hinc ergo eum removeri velletis. Nunc verò sine vestro labore, & vestrâ impensâ, cum removebo, hoc pacto, ut hunc Libertum idoneam ad hoc personam, Ecclesiæ illius præditum, suo loco restituatis. Unde à nobis consilio accepto, sic illi respondimus. Magnum est, Domine, quod petitis, & majoris consilii, quàm in nobis est, eget. Nos quidem pueri & sensu & ætate, hanc rem ad Capitulum Tornacensem transferemus, unde quod illi visum est, secundùm privilegium nostrum disponemus. Tunc ille commotus irâ; verè, inquit, non ex vobis hæc res, sed ex me pendet. Nosque priùs contumeliosis verbis objurgans, Erpulphum provocat, & ait: Date huic Liberto ut mihi pacti estis beneficia vestra, & quidquid vestri juris est in Ecclesia. Tunc ille procedens, omnia sua Liberto subdidit. Nobis verò ne hoc videremus exire parantibus, milites obstiterunt, & nos tandem, ut verum fateamur, laïcâ violentiâ coacti, hunc elegimus; hac conditione tamen interpositâ, si Episcopus vobis consulentibus hunc idoneum considerans, nobis præponeret. Ad vos ergo consultum venimus, & obnixè petimus, quatenùs rem ordine perspiciatis, & qualem nobis, & quali electione elegerimus, consideratè, & nos, & Ecclesiam in prospero statu restituite. Valete.

Epistola RAINALDI Rhemorum Archiepiscopi.

RAINALDUS Dei gratiâ Rhemorum Archiepiscopus, Carissimo suo ROBERTO Tornacensis Ecclesiæ venerabili Archidiacono, Salutem.

Significatum est nobis, quòd Domnus Ingelbertus signifer Comitis Flandriæ impetravit à bonæ memoriæ Rabodo Noviomensi ac Tornacensi Episcopo, ut Ecclesia de Petingen libertate donaretur, & Monachi in eadem ponerentur: Unde & ab eodem Episcopo Privilegium habuisse & habere dicitur. Postmodum tamen hortatu & rogatu matris suæ in eadem Ecclesia Presbiteros & Clericos posuit. Qui siquidem quia contra priorem & meliorem institutionem ibidem positi fuerunt, nec sibi nec Ecclesiæ proficere potuerunt, imò penè defecerunt. Quocirca dilectionis vestræ devotionem exhortamur, rogamus, atque monemus, quatenus pro salute animæ vestræ hoc omnimodè efficere studeatis, ut Monachi beati Theodorici qui regulariter vivunt & in sanctâ religione Deo serviunt, in Ecclesia illa ponantur. Intelligimus etenim quod eis est plurimùm necessaria, & præveniente divinâ misericordiâ, & vestro adjutorio, per eosdem poterit ad honorem Dei regulariter ordinari.

Epistola LOTHARII Imperatoris.

LOTHARIUS Dei gratiâ Romanorum Rex, Regibus, Archiepiscopis, Episcopis, Principibus, & universis Dei fidelibus, ad quos litteræ istæ pervenerint, Salutem.

Majestatis divinæ dispensatione & consilio placuit nos Patronum ac Defensorem sanctæ Ecclesiæ Romanæ statuere. Ideoque necesse habuimus pro ipsius liberatione propensiùs laborare. Cum igitur ascitis nobis Archiepiscopis, Episcopis, Abbatibus, Principibus, Ducibus, Comitibus, Marchionibus Regni nostri; Episcopos etiam, Comites, & alios Barones Italiæ nobiscum ducentes, bellico apparatu stipati, ad Urbem proficisceremur, nuntios schismatici illius Petri Leonis frequenter habuimus. Qui nimirum ex parte illius justitiam prætendentes, ipsi in jus ire parato non debere audientiam denegari, nec hostilibus impugnationibus molestari, publicis clamoribus asserebant. Diutinis ergo eorum interpellationibus provocati, idipsum Episcopis & Cardinalibus, cum Domno Papa Innocentio erant, significare coacti sumus. Ipsi verò tamquam canonicarum sanctionum, & institutionum Ecclesiasticarum non ignari, universam Dei Ecclesiam jam super hoc promulgasse sententiam, Petrum Leonis ac complices suos damnasse asserentes, quod erat universitatis non debere privatum fieri responderunt.

Nos autem idipsum cum patientiâ supportantes, & Patrem nostrum Papam Innocentium ad urbem cum gloriâ duximus, & Lateranensi cathedræ restituimus, atque in monte Aventino castrametati fuimus. Ibique Petrus Leonis aures nostras, & Principum nostrorum, per Petrum olim Portuensem Episcopum, & per alios fautores suos prætendendo justitiam, sollicitare non destitit: Quietiam munitiones, & obsides, se nobis daturos ad sufficientiam pro servando judicio, & vivâ voce, & litteris promiserunt. Pacem igitur sine effusione sanguinis reformare in Dei Ecclesiâ cupientes, quæ nobis illi dixerant, Fratribus qui cum Domno Papa Innocentio erant per nos ipsos significavimus. Cæterùm ipsi, utpote pacis amatores, de justitiâ confidentes, tam personas suas, quàm Leonis, & filiorum suorum, necnon Cen. Pet. Frajapanis, & Petri Leonis, & munitiones in manu nostrâ liberè obtulerunt. Adversa verò pars dies redimere cupiens, sub velamine fraudulentarum promissionum nos aliquanto tempore à nostrâ intentione retraxit. Tandem quia ipsi sæpe commoniti implere quod promiserant, noluerunt, tamquam fallaces & perfidi, & tam divinæ quàm Regiæ majestatis rei, cum Petro Leonis, ejusque complicibus damnati sunt, & hostes à Principibus nostræ curiæ judicati. Videlicet Norbertus Magde-

Ann. MXXXI.
Lotharius II. stans à parte Innocentii Papæ II. Petrum Leonisatque ejus gregarios, jure damnatos fuisse scribit.

burgensi Cancellario nostro, & A. Bremensi Archiepiscopis, & P. Osemburgensi, P. Adelbronnensi, An. Brandenburgensi, & B. Parmensi, R. Albensi, O. Astensi, O. Cremonensi, G. Yponensi, Episcopis, & Abbatibus, Henrico Fuldensi, Alberone Noemburgensi, & Luneburgensi : Proceribus, Alberone & Henrico Marchionibus: Othone, Sagifredo vexillifero, Herimanno, Willelmo de Lomello, Gothone de Marchuingo, Hidebrando, & Tancredo de Prato Comitibus, & Alberto de Castello.

An. MCXXX.

Epistola GAUFRIDI de Meduanâ ad PETRUM Abbatem.

Dilectissimo sibi PETRO Abbati SS. Martyrum Sergii & Bachi, omnique sibi commissæ Congregationi GAUFRIDUS de Meduanâ, benè vivere. Gratiâ Dei, vestrique & religionis vestræ odor ad nos usque distillans fragravit. Unde factum est Deo donante, & Fratribus vestris nostrisque G. atque R. mihi jamdiù est nimium dilectis instigantibus, quatenùs pro redemptione animæ meæ, parentumque meorum, Deo & Ecclesiæ vestræ, vobisque ea quæ summatim perstringam in eleemosynâ dederim. Decem aratra cum bobus, quæ carucas vocatis, & terram duabus sessionibus aptam ad laborandum dedi. Dedi etiam ducentos modios terræ ad opus rusticorum vestrorum, quos sextaritatas dicitis. Addidi insuper decimam totius laboris mei proprii pertinentis ad Castrum quod Sesula vocatur ; & decimam fusariæ meæ, atque plateæ propriæ (alteram verò plateam antea vobis dederam) & decimam omnium molendinorum meorum. Hanc itaque eleemosynam propriâ manu sub sacramento confirmavi, & omnes Barones mei sub eodem sacramento suis manibus hanc eamdem eleemosynam ; eâ videlicet ratione, quatinùs me decedente nullum recepturi sint Dominum, nisi priùs hæc eadem servare adjuraverit. Unde vobis supplico, quòd me & patrem meum, & Rotbertum antecessorem meum, uxoremque meam, quæ Filquelgardis vocatur, atque fratrem meum Amelinum, qui nuper defunctus inibi tumulatus est; in beneficio vestro uti Monachos suscipiatis, & omnes Barones meos, qui hujus rei auxiliatores sint in beneficio vestro recipiatis. De hac autem concessione scriptum remittite.

Supplico iterùm vobis, & toto affectu deprecor, quatinùs septem Monachos electos & utiles, si locus fuerit, sin autem, quatuor, nobis ad præsens mittatis : Officinas cum claustro quas ego facio, præparatas invenient. Valete. Illud verò vobis notifico, quòd unoquoque anno unam cappam pallii aptam ad minus, & ampliùs ab eodem loco habebitis. Ea verò quæ Monachi in equis & procuratione sua mittent usque ad nativitatem Domini, redditurus sum. Iterùm valete. Fr. W. & Fr. R. his Interfuerunt verbis, vosque salutant. Hæc autem omnia concesserunt, & auctorisaverunt, atque sigillis suis corroboraverunt, R. Princeps, & R. Comes, & filii, & fratres eorum.

Epistola INNOCENTII Papæ, ad PETRUM Abbatem.

Ex variis periculis ereptus votivas orationes exposcit.

INNOCENTIUS Episcopus servus servorum Dei, dilectis filiis PETRO Abbati, & Fratribus Cluniacensibus salutem & Apostolicam benedictionem.

Protexit nos Deus à conventu malignantium, & à multitudine operantium iniquitatem. Olim namque debacchante Judaïca rabie, divinæ virtutis dextera de profunditate sui consilii nos & Fratres nostros ad sua reservatos obsequia, de urbe sub protectione suæ commiserationis eduxit. Modò verò in faciem suæ respexit Ecclesiæ, atque nos sanos & incolumes ad sedem propriam revocavit. Dignum est igitur quatenùs pro tantis nobis collatis à superno Numine, beneficiis nobiscum pariter gratulemini, & divinæ Majestati grates debitas referatis. Illud omnimodis exorantes, ut causam Ecclesiæ nunc usque in suo patrocinio sustentatam magis ac magis attollat ; & bonis principiis exitus meliores adhibeat. Credimus enim quòd preces vestræ majorem efficaciam apud Deum obtineant, quàm sæcularis potentia quorumlibet armatorum. Nos autem in urbe cum Carissimo filio nostro Romanorum Rege Lothario constituti, super sollicitudine ac studio quod super sanctam Romanam Ecclesiam geritis devotioni vestræ multimodas gratias exhibemus ; & quæ ad liberationem Ecclesiæ pertinent, Deo gratias, salubriter operamur. Data Laterani 10. Kal. Junii.

Fundatio Abbatiæ de Miratorio Ordinis Cisterciensis.

Anno ab Incarnatione Domini M. C. XXXI. Humbertus Coloniacensis construxit Abbatiam, quæ Miratorium dicitur, in Archiepiscopatu Lugdunensi, tempore Domini Petri Archiepiscopi, & Willelmi Comitis Matisconensis, à quo tenam eamdem tenebat, deditque fratribus ibidem Deo servientibus consensu & concessu uxoris & filiorum suorum Guirrici, Humberti & Willelmi Comitis, omnem terram quam ibi habebat, & nemus eidem terræ contiguum, quod Bileium dicitur. Concessit etiam quidquid Miratorienses Monachi ab ejus hominibus quoquo loco, vel quelibet modo possent acquirere, necnon & per omnem terram suam pascua & nemora eorumdem usui necessaria.

Hujus rei testes sunt Rainaldus de Cusiaco, Milo de Bello-forti, Aimo Lumb. de Cusello, Guido Bardulfus. Dedit etiam terram apud Gisiacum, in quâ fratres prædicti vineam ædificaverunt, & partim ab hominibus ejus ipso adjuvante emerunt, videlicet à Girino, & ab Aimone & fratribus suis de septem Chavannis, & à Widone Marescaldo filiis suis. Quam venditionem Girini ipso eunte Jerusalem nepotes sui laudaverunt, videlicet Lambertus, & Wido, & Willelmus, & Bernardus pater eorum. Dedit iterum terram de Lisiniaco eisdem fratribus, teste Humberto de Toria & Girardo de Chavannis : similiter & Colongiam unam in Nauns, quæ erat Dalmavaco de Variaco, laudante uxore suâ & filiis suis, Guidone videlicet, atque Dalmatio & Bernardo.

Tempore verò procedente Domnus Guirricus prædicti Humberti filius, anno M. C. LVI. cumbam Osseii, & omnem terram prædictæ cumbæ circumjacentem adjacentem fratribus prædictis pro c. solidis vendidit, laudante Humberto fratre suo, cujus termini sunt à via Lisiniaci, quæ dicitur via Perlestar, Willelmi Asterii, usque ad terminum campi Guidonis Titelli à parte australi, quæ dedit Deo & Fratribus Miratorii, & habuit inde duos solidos & dimidium, & à termino illo per juxta campum usque ad crossam Vongeii, & à crossâ illa usque ad terminum Bellofortis & Calendiniaci. Testes sunt Gauterius de Castello Reinaldi, Aimo Major de Minceio, & David Præpositus. Hoc idem concesserunt homines, qui ab eo terram illam tenebant, videlicet Guido Sacerdos, & fratres ejus Stephanus & Petrus, Stephanus Sacerdos de septem Cavannis, & fratres ejus Aimo &

Arcux, Aimo eorum avunculus, Girinus & nepotes sui, videlicet Lambertus, & Aimo, & Wido, & Willelmus, Guido Titellus, Aimo & Hugo de Forchi, David Præpositus, & Guido Malez frater suus, Hugo & Bernardus de Chisia, Hugo Bilinus & fratres ejus, Bernardus Adtedux & Stephanus frater suus. Inde testes sunt Nantelmus & Albertus Monachi, Guido & Stephanus Sacerdotes de Gisiaco, Guido Bardulfus, Aimo Lumb.

Idem vero Guirricus anno ad Incarnatione Domini M. C. LVIII. ergà prædictos fratres de quibusdam terris & de decimis, quas à Guidone Bardulfo, laudante & adjuvante fratre suo Humberto, acquisierunt, & maximè de cumbâ Osseii calumniam movit: quam calumniam fratres pacificare cupientes: per manus Willelmi Vicarii, tunc Prioris de Frontoniaco & Rogerii fratris sui, & Pontii Vicarii, & Willelmi Caler de Coloniaco, ad diem pacis convenerunt. Quæ pax eodem anno Deo adjuvante fuit composita; videlicet terram prædictam de Osseio ad decimas prædictas, & omnia quæ ab exordio Abbatiæ à patre suo, & ab ipso, & à cunctis hominibus suis, quocumque modo possedissent, remotâ omni querelâ, Deo & beatæ MARIÆ, & Ordini Cisterciï fideliter dedit & concessit, & fratres dederunt ei trecentos solidos & unum palafredum ferrant. Cujus rei testes sunt Guido Abbas, Symon Monachus, Willelmus Vicarius, Rogerius Vicarius frater suus, Pontius Vicarius, Willelmus Calers, qui fuerunt accordatores, Hugo de Loco-nacto, Humbertus de Tria, Hugo Bastardus frater G. Eschasis famulus Guillelmi, Richardus de Caponerest, Tetardus de Cosantia. Qui postea veniens in Capitulo Miratorii hoc idem præsentibus Fratribus laudavit, firmamque pacem in perpetuum tenere promisit: deinde sacramento confirmavit, quòd si ipse vel quisquam suorum super his injuriam faceret, vel de substantia Fratrum aliquid auferret, si infrà septem dierum, ex quo Conventus fuerit ab Abbate, vel ab aliquo suorum non restitueretur, in uno castrorum suorum, scilicet in Cabrello, vel in Andalost maneret, nec inde exiret, quousque damnum ex integro persolveretur. Hujus rei testes sunt Conventus Monachorum & Conversorum ibidem præsentium, & Guido de Mugnet Prior Gignaci, Jocerannus de Vogneio Monachus suus, Pontius Vicarius, Petrus Præpositus de Gigniaco, & Reinardus famulus Prioris, & David Præpositus de Gisiaco. Et ut hoc ipsum ratum haberetur, jussit hanc chartam facere, & sigillo Domni Braclii Lugdunensis Archiepiscopi, Apostolicæ Sedis Legati, & Stephani atque Girardi Comitum, & suo proprio confirmare.

BARTHOLOMÆI *Episcopi Laudunensis.*

EGO BARTHOLOMÆUS Dei gratiâ, S. Laudunensis Ecclesiæ Minister indignus. Quia Pontificali cathedræ licet indigni præsidemus, & ex debito curæ pastoralis exterioribus negotiis occupati, in terreni actûs pulvere mundis vestigiis transire non valemus, eorum intercessionibus, qui calcatis mundi illecebris jocundâ contemplationis quiete cum Domino resoventur, imperfectioni nostræ subsidium aliquod comparare debemus, ut aut nostro si facultas suppetit, eorum necessitatibus subveniamus, aut aliorum erga eos munificentiam benigno favore prosequamur, & Episcopali auctoritate roboremus. Notum igitur esse volumus tam posteris quàm modernis, quia cum bonæ memoriæ Ingelramus de Fara, & Anselmus Clericus frater ejus, & Robertus tertius frater, annuente Mathilde sorore suâ, possessionem de Cais Monasterio B. Petri de Lehuns in eleemosynam dedissent, cumque Fratres loci illius possessionem illam tricennali tempore aut eo amplius quiete habuissent; Robertus de Cais præfati Anselmi filius, ipsam terram calumniari cœpit: sed Priore & Monachis ipsius loci justitiam subire minimè subterfugientibus, causam inde prosequi & judicialem sententiam suscipere noluit. Tandem autem cum ad colloquium cum domina Milesinde apud Vallabriniacum in sylvâ quæ Gislaniricius dicitur, convenissemus, ibi Robertus in audientiâ nostrâ præsente Milone præfati loci Priore, se nihil juris in terrâ illâ habere, nec aliquando quidquam in eâ habuisse recognovit, & quidquid querelæ super illam terram exercuerat, in perpetuum quietum clamavit.

Hanc itaque efficientiam præsenti scripto firmari præcepimus, quod testium subscriptione & sigilli nostri impressione roborari curavimus; & ne vel ipse quispiam alius imposterum super hac re Fratres inquietare præsumat, anathematis sententiam interposuimus.

Signum Bartholomæi Episcopi qui hoc scriptum fieri jussit.

S. Andreæ Abbatis.
S. Arnulfi Clerici.
S. Nicolai Castellani Laudunensis.
S. Wermundi Dentart.
S. Bonifacii Præpositi.
S. Adonis de Guni.
S. Oilardi fratris ejus.
S. Rainardi Bellahera.

Actum Lauduni IV. Kal. Decembris, Anno Dominicæ Incarnationis MCXXXI. Indictione X. Epacta I. concurrente III.

Ego Badulfus S. Mariæ Cancellarius relegi.

ALDEFONSI *Hispaniæ Regis Præceptum.*

AD hoc divina providentia Imperatores & Reges terreni regni apicem conscendere permittit, ut servorum Dei de suâ abundantiâ suppleant inopiam, & sic per misericordiam quam impenderint, æternam post temporalem mereantur percipere coronam. Hoc enim modo & nobis consulitur & ipsis, dum in altero nostrâ largitate eorum relevatur inopia, in altero ipsorum devotâ oratione æterna nobis paratur corona. Idcirco ego ALDEFONSUS Hispaniæ Imperator, compertâ Cœnobii Cluniacensis tam celebri, tam probatâ, tam sanctâ religione, divino mox timore compunctus & amore, societatem fratrum ibidem Deo & sancto Petro militantium humiliter peto, & dono Deo & Ecclesiæ præfatæ beatorum Apostolorum Petri & Pauli Cluniaci, & Petro Abbati, omnique Conventui Abbatiam Sancti Facundi & Primitivi, quæ sita est in Legionensi Episcopatu suprà flumen quod dicitur Ceia, cum universis honoribus suis quos possidet, vel quos est possessura in æternum, pro animæ meæ & patris mei Raimundi Comitis, matrisque meæ Urrachæ Reginæ, & avi mei Regis Aldefonsi, & omnium parentum meorum redemptione, per consilium & prudentiam Domni Stephani Abbatis supradicti Monasterii, & Hugonis Camerarii.

Tali autem pacto donum istud facio, ut Abbas Cluniacensis quicumque ille sit, de Congregatione suâ quem voluerit Abbatem in præfata Monasterio ordinet, qui sub ejus & Ecclesiæ Cluniacensis obedientiâ permaneat, & in uno quoque anno quatuor marcas argenti Cluniaco pro censu reddat.

Si quis autem ex heredibus meis, aut alius aliquis contra hanc donationem nostram venire tentaverit, & præsenti chartæ obviare, cum his qui Dominum tradiderunt & crucifixerunt in inferno perpetualiter ardeat, & totius hereditatis meæ meâ imprecatione, & Dei manu vindicante exsors fiat.

Factum est autem hoc Testamentum erâ millesimâ centesimâ septuagesimâ. Anno ab Incarnatione Domini millesimo centesimo xxxii. Epactâ xii. Indictione x. vii. Idus Septembris. Ut autem inviolabilis tam à me quàm ab omnibus successoribus meis in perpetuum hæc mea teneatur Donatio, hanc chartam fieri præcepi, quam regiâ manu & auctoritate subterfirmavi & coroboravi, atque firmandam æquè Principibus meis & fidelibus mandavi. Et hoc donum in manu Domini Stephani ejusdem Monasterii Abbatis, & Hugonis Cluniacensis Camerarii peregi.

Raimundus Archiepiscopus in Toletâ confirmavi,
Didagus Archiepiscopus in Compostellâ confirmavi,
Aries Episcopus in Legione confirmavi,
Petrus Episcopus in Palentiâ confirmavi,
Robertus Asturicensis Episcopus confirmavi,
Infanta Sanctia germana Regis confirmavit.
Rodrigus Gunzaluet Comes in Toletâ confirmavit.
Petrus Comes in Monte-forti confirmavit.
Rodrigus Gomiz Comes confirmavit.
Rodrigus Comes in Legione confirmavit.
Belasco Moniet confirmavit.
Goter Pelagius confirmavit.
Petrus Pelagius confirmavit.
Goter Fernandus confirmavit.
Anaïa Rodrigo confirmavit.

Ego Rex Aldefonsus cum uxore meâ Reginâ Berengariâ, & Sanctiâ meâ Germanâ dono Abbatiam sancti Facundi & Primitivi, cum suis honoribus Deo & sancto Petro Cluniaci. Et hanc Chartam fieri jussi, quam propriâ confirmavi & corroboravi manu.

An. MCXXXI. **HUGONIS** *Castrinovi, confirmat ea quæ concesserat Canonicis Regg. Abbatiæ S. Vincentii in nemore, Diœcesis Carnot.*

Ego Hugo Castrinovi dominus, omnibus ad quos præsentes litteræ pervenerint, in Domino Salutem. Noverint universi quod ego Hugo Castrinovi dominus, apud sanctum Vincentium in præsentiâ Domini Gaufridi Carnotensis Episcopi constitutus, qui ibi tunc quoddam Altare in honore SS. Simonis & Judæ consecraverat, Canonicis ibi Deo servientibus multas eleemosynas de meo proprio donavi, & multas à meis hominibus eisdem Canonicis datas concessi, atque confirmavi, & in manu ejusdem Gaufridi Episcopi misi, exorans eum obnixè, ut de suâ propriâ manu jam dictas eleemosynas eisdem Canonicis daret, & auctoritate suâ confirmaret.

In primis itaque locum suum & Abbatiam liberam & quietam, exemptiones, venditiones, ab omni consuetudine liberas & quietas, justitias terræ suæ cum litibus, percussuris, effusionibus sanguinum, homicidiis, furtis, seu quibuslibet aliis forisfactis, & belli etiam campo submonendas, tractandas, determinandas, judicandas in curiâ eorumdem Canonicorum sancti Vincentii procurantibus & dominantibus Canonicis, omni inquietudine seposita decernimus. Donamus etiam de nostro proprio eisdem Canonicis nemus, quod est circa Abbatiam, usque ad Vallemblevici, sic ut non desit, non vendatur ad devastationem nemoris, liberum & quietum ab omni violentiâ & oppressione, tam meâ, quàm meorum hominum, & forestariorum, omni consuetudine remotâ: Donamus etiam eisdem Canonicis totam terram sive in plano sive in nemore à Vallebleviei metaxde camino petroso usque ad Vallem Girardi, &c. & pasnagium porcorum suorum in forestis meis; in Festo SS. Simonis & Judæ unam feriam tribus diebus ab omni pedagio per totam terram meam liberam. In stagno Blevici post obitum matris meæ unam piscationem in anniversario suo, & alteram in anniversario meo post obitum meum, & hoc in perpetuum; Decimam reditûs mei de Normaniâ; in Castro novo duos Burgenses, & duos in Brevoliis; Capellæ de Rebonvillari, cum decimis, & terris ad Capellam pertinentibus. Et si fortè contigerit hospites hospitari in nemore Gravoliæ, Parrochiatûs & decimæ erant Capellæ de Robonvillari: apud Danamarchiam duos solidos per singulas septimanas, & in unâquâque festivitate Beatæ Mariæ, & Natalis Domini, & Paschæ, & Pentecostes, & Omnium Sanctorum, tres solidos: decimam septimanam pedagii nostri de Drocis, & de Sorel similiter: in omni sextâ feriâ unum servitium piscium; in quadragesimâ, die Mercurii cineris viginti duas anguillas: terram inter duos castra, &c. Quòd si quis deinceps hominum nostrorum aliquod beneficium eisdem Canonicis donare voluerit, nos concedimus & confirmamus.

Et ut hæc quæ suprà scripta sunt, firma & inconcussa permaneant, sigilli nostri impressione roborare curavimus. Hoc factum est præsentibus & concedentibus uxore meâ Alberedi, & matre meâ senio jam detentâ Mabiliâ, & filiis meis Hugone, Gervasio, & Galeranno. Anno gratiæ millesimo centesimo trigesimo secundo.

An. MCXXXII. **INNOCENTII** *Papæ II. Ludovico VI. Francorum Regi.* Scribit se supitem Cluniacum pervenisse.

Innocentius Episcopus, servus servorum Dei Carissimo in Christo filio Ludovico Illustri & glorioso Francorum Regi, salutem & Apostolicam benedictionem. Sani, Deo gratias, & incolumes Kalendis Februarii Cluniacum pervenimus, ubi cum Fratribus nostris, Episcopis, Abbatibus, & aliis sapientibus, & religiosis viris Purificationis B. Mariæ festivitatem solemniter & honorificè celebrantes, à Fratribus nostris Guillelmo Patriarcha Jerosolymitano, & A. Bethleemiticæ civitatis Episcopo literas obedientiæ & subjectionis suscepimus. Quia igitur causam Ecclesiæ cum omni constantiâ & fortitudine certis experimentis te nobiscum portare, & nostris prosperitatibus congaudere jamdudum agnovimus, earumdem literarum transcripta serenitati tuæ duximus transmittenda: ut quos nimirum veræ caritatis sinceritas sociabili fœdere copulat, de prosperis quoque successionibus nihilominùs gratulentur. Noverit sanè strenuitatis tuæ nobilitas quoniam A. de Monforte nec absolvimus nec absolvi præcipimus. Dilectæ filiæ nostræ A. Reginæ uxori tuæ pro xeniis nobis transmissis multimodas gratias referimus, & tam ipsam quàm amantissimum filium nostrum Ludovicum Regem, & alios filios tuos per te in Domino salutamus. Datum Cluniaci IV. Nonas Februarii.

ARCHENBALDI *Ecclesiæ Aurelianensis jubdiacani* HENRICO *Archiepisc. Senonensi.* Anno circ. MCXXXII. Periit ut judicium in Joan.

Henrico Dei gratiâ venerabili Senonensi Archiepiscopo, Domino & Patri suo Reverendissimo,

Diplomatum, &c.

dissimo, ARCHENBALDUS S. Crucis Subdecanus, salutem & devotum dilectionis obsequium. Quot & quantos labores pro Joannis Aurelianensis Archidiaconi intrusione, & Ecclesiæ nostræ libertate pertulerimus, prudentiæ vestræ non ignotum esse credimus. Damna verò & dedecus quæ ejusdem Ecclesiæ Clerici & eorum familiæ nobis intulerunt, & quàm malè adversùm nos se habuerunt, vestræ dilectioni graviter conquerendo, vobis curavimus manifestare. Idem autem Joannes Archidiaconus, & Bartholomæus Capicerius, & Zacharias, & Paganus Archidiaconus, & Jacobus sancti Aniani Subdecanus, & eorum familiæ tam Clerici quàm laïci, violentâ fraude & consilio Algrini vineas nostras & Clericorum qui nobiscum sunt, & virgulta exstirpaverunt, domos & graneas & torcularia combusserunt, prædas nostras rapuerunt, servientes nostros de civitate expulerunt : & honoribus nostris, quos in suâ protectione & custodiâ Domnus Papa Innocentius & antecessores ejus susceperunt, nos exspoliaverunt, & omnia bona nostra tam in vino quàm in annonâ & multis aliis, dum in reditu à Curiâ Domni Papæ essemus, publicaverunt. Super his autem omnibus per legatos nostros sæpe justitiam requisivimus, nec ullam habere potuimus. Unde paternitatem vestram obnixè deprecamur, quatinùs de malefactoribus nostris plenariam nobis justitiam faciatis ; & Ecclesiam quæ sanguinis effusione & sacrilegiis multis polluta est, cessare jubeatis : & hanc injuriam quæ in Domnum Papam redundat, ulcisci non differatis. Sciatis enim quod ei manifestabimus. Similiter de Philippo Præcentore, & Radulfo Archidiacono, & Humberto conquerimur. Valete.

GAUFREDI *Episcopi Carnotensis* HENRICO *Archiepiscopo Senonensi.*

Domino & Patri suo HENRICO Dei gratiâ Senonensi Archiepiscopo, GAUFREDUS eâdem gratiâ Carnotensis Ecclesiæ humilis Minister, salutem & devotum obsequium. Quot incommoda rerum suarum Aurelianensis Ecclesiæ Subdecanus nuper pertulerit, ipso indicante nobis plenè cognovimus; cujus anxietati quia aliud non potuimus conferre, ex fraternæ caritatis affectu non tamen debuimus non condolere. Vestrâ quidem interest qui Dominus & Magister super Ecclesiam Aurelianensem estis institutus, ut Clericos dissipatores & destructores rerum præfati Subdecani conveniatis, & tantæ turbationi sedulam vigilantiam adhibeatis, ne differendo vel non faciendo quod vestrum est, honorem vestrum alteri detis.

INNOCENTII *Papæ II.* GAUFREDO *Carnotensi, &* STEPHANO *Pariensi Episcopis.*

INNOCENTIUS Episcopus servus servorum Dei, venerabilibus fratribus GAUFRIDO Carnotensi Apostolicæ sedis Legato, & STEPHANO Parisiensi Episcopis, salutem & Apostolicam benedictionem. Prout novit vestra fraternitas, damna & injurias dilectis filiis nostris Archembaldo Aurelianensi Subdecano, Magistro G. & eorum sociis irrogatas, & honores sibi ablatos restituendos in vestro arbitrio & æstimatione posuimus. Quod quia minimè impletum esse accepimus, dilectioni vestræ mandamus atque præcipimus, ut quemadmodum bene inchoastis in nomine Domini procedatis, & eamdem causam effectui mancipetis. Datum Placentiæ Nonis Novembris.

INNOCENTIO *Papæ II.* STEPHANO *Episcopo Parisiensi.*

INNOCENTIUS Episcopus servus servorum Dei, venerabili fratri nostro STEPHANO Parisiensi Episcopo, salutem & Apostolicam benedictionem. Olim fraternitati tuæ scripsisse meminimus, quatinùs Ecclesias sanctæ Genovefæ ab interdicto, quo eas alligasti, salvâ justitiâ Ecclesiæ Parisiensis absolveres. Quod profectò nondum esse impletum, tanto amplius admiramur, quanto præfata Ecclesia sub B. Petri tutelâ & protectione consistit. Cujus rei gratiâ dilectioni tuæ per iterata scripta mandamus, ut Ecclesias ipsas ab eodem interdicto absolvas : postmodum verò, si quam te justitiam habere confidis, congruo loco & tempore quod justum fuerit, consequeris. Rogamus præterea caritatem tuam, quatinùs si filius noster La. quem tibi procurandum commisimus, à te discessit, filio nostro Io. cognomine Piccuto in victualibus & aliis necessaria largiaris, eumque pro reverentiâ B. Petri attentiùs habeas commendatum.

STEPHANI *Episcopi Parisiensis* HENRICO *Archiepiscopo Senonensi.*

Significavit nobis in literis vestris sublimitas vestra quod placuit : quibus obtemperare minimè contemnimus, sed terminos quos posuerunt Patres nostri antiquos transgredi formidamus. Nunquam enim reverenda Patrum sanxit authoritas, nusquam hoc servare consuevit antiquitas, ut aliarum Ecclesiarum causas alicui Metropolitano liceat terminare, vel sine consensu illius Episcopi, cui cura commissa est, judicia judicare. Unde scribit Papa Calistus xv. à Petro, Benedicto fratri & Episcopo : » Nullus Metropolitanus diocesani Ecclesiam vel Parochiam, aut aliquem de parochiâ præsumat excommunicare, aliquidve agere absque ejus consilio vel judicio : sed hoc observent quod ab Apostolis ac Patribus & Prædecessoribus nostris statutum, & à nobis confirmatum est. « Iterum : » Si quis metropolitanus non quod ad suam solummodo propriam pertinet parochiam sine consilio & voluntate omnium Comprovincialium Episcoporum aliquid agere tentaverit, gradûs sui periculo subjacebit, & quod egerit, irritum habeatur. « Iterum : » Nullus alterius parochiam disponat aut ordinet aut judicet : quia sicut ordinatio, ita & ministratio & aliarum rerum dispositio prohibetur. Radulfo siquidem Bituricensi Archiepiscopo de re simili ita scribit Papa Nicolaus : » Conquestus est Apostolatui nostro frater noster Sigebodus Narbonensis Archiepiscopus, quòd Clericos suos eo inconsulto ad judicium tuum venire compellas, & de rebus ad Ecclesiam suam pertinentibus eo invito, quasi jure Patriarchatûs tui disponas ; cum hoc nec antiquitas, cui Patres sanxere reverentiam, habeat ; & authoritates sacrorum Canonum penitùs non habeat. « His igitur & aliis authoritatibus muniti, nolumus nec debemus ad præsens nostræ & Fratrum nostrorum Ecclesiis inauditam novitatem inducere, & earum jura antiquitùs statuta permutare. Hoc dicentes non instruimus prudentiam vestram, quæ satis novit plura de paucis colligere, nec tollimus quin possint Metropolitani Episcopos comprovinciales convocare & quæ præcipienda sunt præcipere, sed antiquum jus pro parvitate nostra volumus conservare. Unde non satis mirari possumus, quod verba G. fallacia & R. nobis inobedientis suscipitis, cum causam istam à nobis ipsis & à religiosis viris veraciter audieritis, & manifestam ejus culpam, si placet, plenius ipse cognoveritis. Pro illius itaque irrationabili & non canonica invitatione (quam nullius ponderis esse, quando & ubi oportuerit, manifestissimè monstrabimus) ante vestram, quam valde diligere & honorare volumus, præsentiam ad præsens ire visum fuit nobis non esse opus, cum per nos tam sibi quam scholaribus suis plenariam justitiam obtulerimus, & ad ultimum in præsentia Domini Papæ, ad quem hujus causæ finis maximè spectat, invitati fuerimus. Mandatum etenim sedis Apostolicæ habuimus, cujus authoritate tam Algrinum quàm omnes res suas sibi retinet & munit. Insuper & Vobis & Nobis præcipitur ne super eo ab aliquo judicetur, sed potius Apostolicæ sedis judicio omnis ejus causa decidatur. Cum igitur ejus causa ad Domini Papæ audientiam fuerit invitata; & à nobis, ut ante ipsius præsentiam monstrabimus, huc usque rationabiliter sit tractata, quod justè fecimus, salva reverentia vestra, quia line contemptu Domini Papæ facere nequimus, & co inconsulto, relaxare non audemus. Redeat ergo ad se mansuetudo vestra, & ne in amicum subitò insurgat, indignationem suam erga nos compescat, qui sic parati sumus vestræ parere amicitiæ, ut honorificemus ministerium vestrum satisfaciendo justitiæ. Valete in Domino Deo. Valete in Christo.

Anno circ. MCXXXII.

Gualonem ejusque sectatores excommunicatos absolvere non posse ante satisfactionem contendit.

STEPHANI *Episcopi Parisiensis*, *Legato S. A.*

Visis literis vestris non minimùm doluimus, supra modum moti sumus suggeri vobis posse quod vos nolumus exaudire. Novit siquidem Curia nostra, novit Parisiensis Ecclesia, utpote quod vidit & audivit, quoniam literas vestras nobis missas in præsentia Gaionis legi fecimus, & quod mandastis, si voluisset, fecissemus. Ipse autem non in causa sua, sed in Archiepiscopi & Dapiferi fisus potentia contempsit, & ad contemptum Dei & nostrum legit. Nos verò cum Rege & Episcopis habuimus consilium quid super hoc esset agendum; & quia juxta eorum conditum in Clericos & Parochianos nostros sententiam dedimus, & quia defuerunt auditores, Gualonem silere compulimus. Videat itaque dilectio, videat vestra discretio si inobedientes, & ideo mortuos & fœtentes, quos justè ligavimus, ante discussionem, ante satisfactionem solvere debeamus, maximè cùm Domni Papæ præcepto & authoritate sententiam excommunicationis nos promulgasse constiterit. Ipse enim Domnum Algrinum suscipit in protectionem suam, & nobis injungit ut de malefactoribus suis plenariam ei faciamus justitiam; & si qua fortè super eo causa emerserit, sibi emancipavit, & in Curia Romana finiendum statuit: sicut in literis ejus, quas vobis mittimus, videbitur, si diligenter inspicuritis. Et quia super Domni Papæ statuto & sententia nolumus auferre aut unum apicem, aut unum iota, juxta Gualonis invitationem in festo sancti Andreæ Romam staturimus ire, si interim congrua satisfactione non deleverit quod in nobis, imò in Domino Papa contumaciter committit. Quod si vultis, & si consulitis, causam istam tractari in Curia vestra, & vos terminare, non renuimus. Sciatis proculdubio quoniam nos temerè periculis non offerimus, imò, quantum in

nobis est declinamus. Attamen & Alpium asperitatem & viæ longitudinem parvipendimus, ut primæ sedis & Romani Pontificis dignitas, quantum ad nos spectat, conservetur; & ne in aliquo per nos Romana authoritas minuatur. Unde Paternitatem vestram suppliciter exoramus, ut quod justè, quia Domni Papæ & Episcoporum consilio fecimus, interim stare permittatis, nec mutari præcipiatis donec in Romana, aut in vestra discutiatur audientia, si consulitis, sicut diximus, & Gualo in sua pertinacia perseveraverit, & Ecclesiæ Romanæ non satisfecerit. Scimus proculdubio, & scitis pro certo quoniam Parisiensis Ecclesia & omnes personæ, una exceptà (tuebuntur eam causam, si vestram pervenerit ad audientiam. Et quoniam epistolari brevitate omnem negotii nostri qualitatem non possumus comprehendere, Legatos nostros, Canonicos videlicet Parisienses Ecclesiæ dirigimus Sanctitati vestræ, ut cum mora & perspicaci diligentia jus nostrum politis ad plenum cognoscere.

HENRICI *Archiepiscopi Senonensis*, STEPHANO *Episcopo Parisiensi*.

Anno circ. MCXXXII.

Monet ut veniat Provinciam ad examinandam causam Stephani Archidiaconi Parisiensis.

Dilectioni vestræ querimonia & clamore Domini Stephani Archidiaconi vestri compellimur scribere. Idem namque vester Archidiaconus super hoc conquerendo clamat, quod licet Abbati S. Victoris Vicario vestro rectitudinem offerret, & per eum justitiam exequi paratus esset: licet etiam seipsum cum omnibus suis sub protectione Domini Papæ prætenderet, idem Abbas super terram ejus sententiam posuit, unde præfatus Archidiaconus se prægravari dicit. Addit etiam in his se prægravatum esse, quòd à vobis justitiam requirivit, & habere non potuit de rebus Ecclesiæ Parisiensis, & rebus hominum suorum violenter ablatis, quamvis, sicut dictum est, sub defensione Domini Papæ & custodia ipse Stephanus sit constitutus. Et quoniam in his se prægravari sensit, ad nos clamorem fecit, & convenientem diem & locum sibi & suis coadjutoribus tutum dari requirit. Unde vobis & ipsi diem in Vigilia imminentis Ascensionis Domini, & Pruvinum, quia tutus locus est, locum constituimus, & vestræ dilectioni præcipimus, ut ad diem datam & locum constitutum, quantum res postulabit responsurus, veniatis, & tamquam carissimo consulimus ut Interdicti sententiam relaxetis. Valete.

STEPHANI *Episcopi Parisiensis*, HENRICO *Archiepiscopo Senonensi*.

Respondet se non potuisse à Metropolitano extra sedem Metropolitanam vocari ad examen causæ Archidiaconi sui.

Audito clamore consanguinei vestri, Domini videlicet Stephani Parisiensis Archidiaconi adversùm nos injustè apud vos conquerentis, diem nobis & locum tutum, videlicet Pruvinum in terra hostili statuistis, & me Suffraganeum vestrum iteratque vivà voce neque literis prius commonitum ad exequutionem justitiæ extra Metropolitanam Sedem venire præcepistis: quoniam vester consanguineus, ut dicit, à nobis justitiam requirivit, & habere non potuit. Hoc verò, si placeret vestræ Discretioni, & Metropolitanæ gravitati, etsi non potuissetis non audisse, non debuissetis credidisse, quia ei sine læsione fidei; cum homo meus sit, justitiam denegare non potui. Et quoniam literis alternantibus ad invicem loquuti sumus, & ipsæ adhuc pene omnes nos habemus, cum in commune venerit, & lecta fuerint, aut nos, aut ipsum de mendacio arguent, & alterum erubescere cogent. Nos siquidem statuiut Parisius venimus, super sacrilegio, incendiis, homicidiis, & aliis criminalibus capitulis Domini S. Archidiaconi in terrâ sancti Germani injustè à Clerico, injustiùs à Diacono, injustissimè ab Archidiacono & Decano factis, clamorem Abbatis audivimus; Dominum Stephanum submonuimus, diem dedimus, & quia propinquissimus ei videbatur, inducias vimus, securum locum, securum conductum, Regis videlicet & Reginæ, & Domni Radulphi Comitis, & nostrum ei obtulimus: & fortasse hoc modò cum eo agere, est ei justitiam denegare? Et quia in nullo, ut auditis, quantum ad hoc spectat, excessimus; unde curiam nostram exire debeamus, si placet benignitati vestræ, submonitionem vestram & præceptum relaxare, quia contra honorem & dignitatem Parisiensis Ecclesiæ nec volumus, nec debemus obedire. De interdicto autem, & de literis Domini Papæ sufficienter respondebitur, si Dominus Stephanus ubi justum est, causam suam tractari non dedignetur.

Anno circ. MCXXXII.

Significat Stephanum Archid. delictæ arbitrii suæ esse Abbate Clarævallensi & Bernardo.

GAUFRIDI *Episcopi Carnotensis*, STEPHANO *Episcopo Parisiensi.*

DE reformandâ pace inter Vos & Stephanum de Garlanda, dudum vobis ipso petente loquuti fuimus: nunc autem quoniam audivimus quòd omissis quibusdam quæ adversùm vos videbatur habere, pacem vestram desiderat: Sanctitatis vestræ discretioni consulimus (quem ex cordis affectu diligimus, & cui consulere nisi quod honori vestro serviet non possumus) consulimus, inquam, & petimus ut diem ei competentem & terminum constituatis, in quo juxtà considerationem rationis pacem cum eo reformetis, quam offert vobis ad cognitionem & examinationem amicorum vestrorum, videlicet Abbatis de Claravalle: Non enim decet Paternitatem vestram oblatam pacem respuere, quam etiam non oblatam modis omnibus provocare debetis. Nam juxta Domini Salvatoris exemplum ovem errantem debetis requirere, & ad pacis ovile vestris etiam humeris reportare. Si cum omnibus hominibus, sicut dicit Apostolus, pacem debemus habere, quanto magis cum his de quibus nos oportet Domino respondere? Unde, quod absit, si prædicti viri latisfactionem ex amicorum sententia non recipitis; certum est, quod & apud Deum offensam incurritis, & amicis vestris ruborem incutitis. Valete.

Anno circ. MCXXXII.

Significant pervicaciam Theobaldi Archidiaconi Parisiensis atque Episcopum suum.

Abbatum, & Clericorum Parisiensium, INNOCENTIO II. *Summo Pontifici.*

DOminus Stephanus Parisiensis Episcopus vocavit nos ad causam suam Parisius. Contendebat enim cum eo Theobaldus Notarius Archidiaconus suus, jus Episcopi sui usurpans sibi. Quidam Canonicus Parisiensis iter agens in Archidiaconatu suo, res suas amisit, quas ei quidam prædo rapuit, personâ quidem Canonici neque læsâ neque captâ. Archidiaconus verò die alterâ Archidiaconatum suum interdixit, & prædonem excommunicare cœpit, Episcopo suo, in eodem Archidiaconatu existente, & inconsulto. Episcopus verò Archidiaconi sui ægrè ferens præsumptionem & contemptum, laxavit interdictum; solvit ligatum absque aliquâ vocatione anathematis, vinculo innodatum. Hoc forisfactum emendari sibi ab Episcopo voluit Archidiaconus, a abbatibus & Clericis, qui ad causam venerant, super

hoc admirantibus: cùm potiùs Archidiaconi festinata interdicti præsumptio, & injusta excommunicatio punire deberet ab Episcopo. Verumtamen auditâ ejus pulsatione & Episcopi responsione; Nos Abbates & Clerici in partem ivimus, & injunctâ sententiâ Archidiaconi præsumptionem & Episcopi officium ostendente, ad eam proferendam reversi sumus. Cùm verò sententia in communi audita à quodam Diacono beatæ MARIÆ Parisiensis Canonico proferri deberet, Theobaldus Romani Pontificis audientiam appellavit, in hoc dicens se gravari, quòd proferens sententiam à judicibus injunctam de mensâ erat Episcopi. Unde vestræ sanctitatis discretionem humiliter exoramus, quatenùs sic in isto tantæ præsumptionis temeritatem compescatis, ut cæteri Archidiaconi timeant, nec Episcopo præsente & inconsulto totum Episcopatum ejus interdicere, & ora omnium Sacerdotum claudere audeant; & cum jam multa præsumserint, hoc inauditum, hoc insolitum usque ad tempora vestra facere ausi sunt. Valeat Sanctitas vestra.

STEPHANO *Episcopo Parisiensi.*

QUamvis Paternitatis vestræ constantiam nihil adhuc mutari nec debilitari persenserim, tamen pro vobis more amici sollicitus, vos moneo & remoneo ne à proposito vestro, & à justitiæ rigore declinetis, nec Ecclesiæ vestræ libertatem, quæ temporibus antecessorum vestrorum floruit, annihilari permittatis; illamque Dominicam sententiam memoriter retineatis: *Beati qui persequutionem patiuntur propter justitiam.* Sciatis autem me in omnibus & per omnia vobiscum perseverare, nec pro damnis, quæ mihi & hospitibus meis pro vobis contigerunt, à proposito meo pedem retrahere. Rex enim & Regina meis hospitibus xii. libras dederunt, & hoc totum pro redemptione suarum rerum abstulerunt: & mei parentes & amici Regi & Reginæ vineas meas exstirpari jubentibus x. libras dederunt: & hoc totum Decani & Archidiaconorum instigatione, imò G. Succentoris nocturnâ susurratione peractum est. Deo verò vobis & mihi subveniente, ne omnia, quæcumque amiserim, recuperaturum non vereor, nec vos sine me rerumque mearum recuperatione pacem recepturum arbitror. Præterea nisi vos consilio satis abundare sentirem, parvitas mea paternitati vestræ consuleret, ut Dominum Senonensem Archiepiscopum & Coëpiscopos vestros precibus vestris, & amicorum vestrorum vobis alliciatis; & ad justitiæ vestræ aggravationem, ut in Episcopatibus suis à divinis cessent modis omnibus impetrare vel, ejusdem justitiæ participes vobis contra omnes subveniant, &, si necesse fuerit, Romam nobiscum veniant. Valete.

STEPHANO *Episcopo Parisiensi.*

QUoniam, sicut mihi testis est Deus, non ficto corde sed in veritate vos diligo, & salutem vestram non solùm spiritualem sed etiam corporalem desidero: tribulationibus vestris, cordis affectu condoleo, & si aliquid quòd vobis nocere debeat mihi referatur, lætus audire non valeo. Hac igitur ergâ vos caritate compulsus, quod de vobis recenter audivi, vobis insinuare non distuli. Audivi siquidem, & pro certo audivi quòd quidam maligni & perfidi, non solùm extranei sed etiam familiares vestri simul conspiraverunt[a], & mortem ve-

Anno circ. MCXXXI.

Laudat Episcopi constantiam, & perseverantiam ipsi suadet.

Anno circ. MCXXXII.

Monetur ut caveat sibi ab adversariis, qui in illius necem conspirarunt.

---

a *conspiraverunt*] Impetuus est hoc tempore Episcopus à nepotibus Theobaldi Archiep. Vide S. Bern. Ep. 158. & notas J. Picardi.

stram juraverunt; & vos aut impetitione aut armis interficere disposuerunt. Et ne hoc frivolum esse putetis & ideo negligatis, pro certo sciatis quia unus eorum qui conjurationi interfuit, mihi hoc in confessione revelavit, & vobis citò manifestare multis precibus obsecravit. Cautè igitur de cætero vos custodite, & sicut scriptum est, à domesticis vestris cavete: sed quid dico? Quid quæso valeat humana industria, si divina non adsit custodia? ô ineffabilis pietas Dei! Ecce omnipotens Deus qui tanta vobis bona in hoc sæculo contulit; qui mala vestra tamdiu æquanimiter pertulit, modò in præsenti pro peccatis vestris subitò & inopinatè vos pertutere noluit; sed solâ pietate præcedenti misericordiæ misericordiam misericorditer addidit, qui hoc quod perfidorum malitia in occulto disposuit, vobis occultum esse noluit. Quid igitur exspectatis? Ecce oculus Judex arcum tetendit, sagittas paravit: & nisi citò vos converteritis ad ipsum, emittet sagittam & percutiet inimicum. Sed prius vos Deus suâ protectione custodiat, oculos vestri cordis aperiat; cor ad pœnitentiam compungat, & vos ad seipsum sine morâ convertat: qui non vult mortem peccatoris, sed ut magis convertatur & vivat.

Anno circ. MCXXXII.

GAUFRIDI *Episcopi Carnotensis,* STEPHANO *Episcopo Parisiensi.*

Excusat se quòd ad colloquium non possit accedere.

Literas apud Bonam-vallem accepimus die Veneris quas nobis misit vestra dilectio, in quibus nostrum colloquium die proximâ Lunæ postulabatis. Quod nullo modo fieri vel grandium quæ in manibus nostris erat negotiorum multitudo, vel ipsa temporis angustia patiebatur. Pontilevenses namque monachi, quibus ut Abbatem provideremus, Deo authore operam dabamus, gravem nobis & inauditam contumeliam irrogarunt; Abbatibus & Archidiaconis nostris, quos ad hoc ipsum illuc direxeramus, armatâ in eos manu rusticâ intentantes mortem, & supplicia comminantes; & hæc interim cum aliis pluribus causa nos occupat. De eo autem unde nos consulitis, quod nobis ad præsens occurrit, vestræ fraternitati mandamus, ut Curiæ invitati vos ad justitiam, ex abundanti quidem, si salvum habueritis conductum, die competenti vestram exhibeatis personam, de his in quibus appellamini responsuros, si vobis prius facta fuerit justitia, & exspoliato restituatur investitura. Posteà Fratrum vestrorum judicio, si quid adversùm vos Dominus Rex habuerit, quantum res exigat, eo ordine quo debebitis, sicut pro Domino & per omnia facietis. Nos verò sicut vobis scripsimus, die proximâ Jovis apud Latiniacum vobis occurremus, & si aliquod consilium interim acceperitis, contramandate nobis.

S. BERNARDI *Abbatis,* GAUFFRIDO[a] *Abbati.*

Ut scandalum quod Abbas de Bernardo perperà sumsit amoveat.

Domno GOIFFRIDO Abbati sancti Medardi, frater BERNARDUS Ecclesiæ Clarevallis Ordinator incompositus, Salutem, & non in viâ. Primò precor ut præsentes literas Domno Abbati Aquicinctii Monasterii dirigere non gravemini. Deinde ut ad id quod portant pro absente amico præsens satagatis cùm venerit locus. Neque enim cujuslibet, nedum tanti patris vel justum vel injustum adversum me debet scandalum dissimulari. Quidquam non faciam, loquens potius quàm scribens ei forsitan aperire po-

[a] *Goffrido*] Qui posteà Episcopus Catalaun. fuit.

tuissem. Nam solet in talibus acceptior esse sermo vivus, quàm scriptus, & efficacior lingua, quàm litera. Oculi quippe loquentis fidem faciunt dictis. Nec ita potest affectum exprimere digitus, quomodo vultus. Nunc autem quia absens per me non possum, per vos satisfacio quantum possum. Rogo ergo vos, & iterum rogo, ut de regno Dei, quod videlicet intrà nos est; scandalum auferatis, dum salubriter potestis; ne si, quod absit, usque ad Angelos, qui utique in fine sæculi in id ministerii deputandi sunt, perduraverit, rancor, necesse sit irrevocabiliter aut ambos; aut alterum è nobis è medio tolli. Unde autem ad me vos jam dudum scripsistis conquerendo super tribulationibus vestris, scitis quia juxtà est Dominus his qui tribulato sunt corde. De ipso confidite, quia ipse vicit mundum: Ipse scit inter quos habitatis; & in conspectu ejus sunt omnes qui tribulant vos. Ipse exaudiet vos in abscondito tempestatis, qui nunc probat ad aquas contradictionis. Valete.

Ejusdem RAINALDO *Abbati.*

Abbatem laudat de prudentia & benignitate.

Domno Abbati RAINALDO Frater BERNARDUS, quidquid sibi cupit gratiæ spiritualis. Laudo prudentiam quâ Monachum propter novicium tristare timuistis, sed magis approbo humilitatem, quâ factam vobis injuriam, & tam grandem injuriam, tam patienter tulistis. Incomparabiliter autem præfero charitatem, quâ calamum quassatum non patiendo conteri, nostrâ expetere consilium ei suadere curastis: O prudens humilitas, humilisque caritas! sic parcens Monacho injurianti, ut non deesset novicio fluctuanti. Quantum ergo potui confirmatum, & omnia quantum reor, de quibus notatus est, emendare paratum, ad vos eum remitto, tam probatæ vestræ benignitati consulens, & si necesse est, supplicans, ut recipiatur, ut tamen prædictus frater, cui & literas proinde precatorias misi; à suâ priori, si fieri potest, sententia flectat. Valete.

GAUFRIDI *Episcopi. Catalaunensis,* STEPHANO *Episcopo Parisiensi.*

Anno circ. MCXXXII.

Petit ut defloris Catoris Canonico, qui institutus Abbas Victoriensis.

Multiplici seminario discordiæ civitas nostra longo jam tempore conquassata, etiam nunc in eo statu est, ut sine grandi discrimine absentiam nostram sustinere non possit. Ecce vinculum quo alligatus teneor: ecce necessitas quæ sancto Conventui vestro non patitur nos interesse. Sed hæc hactenùs. Frater & amicus noster Abbas Virtuensis, & Fratres ejus loci vocaverunt nos, multo religionis desiderio, Deo gratias, accensi, unanimiter postulantes, ut ad honorem Dei & salutem animarum suarum Pastorem eis utilem, sollicitudo nostra provideret. Curam & administrationem Abbas ipse in manu nostrâ deposuit: una fuit totius Capituli illius vox, unanimis in præsentiâ nostrâ consensus & electio; ut Pastor eis concederetur de monasterio sancti Victoris Parisiensis. Quia verò domus illius religiosas personas non cognoverunt ex nomine, nullam quæsierunt, sed sanctitatis vestræ religioni curam hanc & sollicitudinem commiserunt. Locus enim ille vobis familiaris & religio personarum. Sanctitatis igitur vestræ prudentiæ, quâ possumus humilitate supplicamus, ut justo desiderio consilii & auxilii manum porrigatis. Suscipient enim cum gratiarum actione personam, quam de prædicto B. Victoris monasterio electio vestra eis obtulerit.

Stephani Episcopi Parisiensis.

Matthæum de Montemorenciaco pro noverca sua ad causam vocavimus, diem dedimus. Contigit autem ut sub & circa diem datum Dominus Rex esset Belvaci, ducturus exercitum super Drogonem de Monciaco & Lancelinum. Videns verò Dominus Rex quòd milites, qui secum ierant, venire ad causam prænominatam disponebant (multi enim erant) eos retinuit, & ut causa induciaretur, nobis mandavit & rogavit. Hac igitur necessitate causâ induciatâ & die datâ; interim literis vestris nos monuistis ut Matthæum Remis Dominicâ *Gaudete in Domine* ad executionem justitiæ ante vos haberemus; quod & fecimus. Ipse autem dicit quòd ante vos extra provinciam non veniet. Paratus enim & est & fuit (quod negare non possumus) in præsentiâ vestrâ, & ubi tutus ei sit locus in provinciâ suâ subire causam, & novercæ suæ plenam exequi justitiam. Nobis igitur, si placet, significate quid debemus facere. Parati enim sumus obedire.

Innocentii Papæ II. Alviso Aquicinctino Abbati.

Innocentius Episcopus Servus Servorum Dei, dilecto in Christo Filio Alviso Aquicinensi Abbati, Salutem & Apostolicam benedictionem. Divinis ingratum constat illum esse beneficiis, qui talentum sibi à Domino creditum in sudario, tepescente caritate reponit. Qui enim saluti proximi providere negligit, indignationem benigni & districti judicis adversùm se intorquere non metuit. Accepimus autem quoniam Atrebatensis Ecclesia proprio destituta Pastore, te unanimi voto & pari consensu sibi in Episcopum & Pastorem elegit. Per Apostolica igitur scripta dilectioni tuæ mandando præcipimus, quatenùs absque refragatione aliquâ opus Dei ad quod vocatus es, perficiendum suscipias; ut Atrebatensis Ecclesia peccatis exigentibus tam in spiritualibus, quàm in temporalibus, plurimùm imminuta, tuis salubribus exhortationibus, & bonæ vitæ exemplo, divinâ suffragante gratiâ percipiat incrementum.

Data Pontisaræ tertio Nonas Maii.

Ejusdem Archiepiscopis Remensi & Senonensi.

Innocentius Episcopus Servus Servorum Dei, Venerabilibus Fratribus R. Remensi, B. Senonensi Archiepiscopis, & eorum Episcopis, Salutem & Apostolicam benedictionem. Horrenda cædes dilecti Filii nostri bonæ memoriæ Thomæ Prioris S. Victoris, audientium corda turbavit, & nos Fratres nostros gravi mœrore perfudit: quid autem prodest Galliam monstrorum horribilitate non fœdari; nec hæreticâ pravitate non pollui, si in eâ sacra dignitas effusione sanguinis sacerdotalis fœdatur? unde mirandum valde est, quoniam regnante Filio nostro carissimo illustri & glorioso, Ludovico Francorum Rege, cujus regalis vigore justitia homicidæ sacrilegi & flagitiosi gravissima sunt animadversione coërcendi, tam atrox, tam detestabile facinus aliquorum temerariorum nefandis ausibus, temporibus suis fuerit attentatum. Exurgant igitur leges, quoniam in tanti atrocitate facinoris fuere, non debeant, & tam Ecclesiastici quàm mundani censura propriis mucronibus accingatur. Quæ immensa bellica clades, & immanis hostilitas, vel aëris inclementia tantam stragem populo Dei inferre valebit; quàm si

Sacerdotes, quibus animarum cura, & divina sacramenta commissa sunt, quibus non obedire periculosum est, & Clericos in sorte Dei assumptos, & Monachos contingat occidi? Quia igitur perpetrata flagitia si sequatur impunitas, audaciam cæteris conferunt delinquendi, ne tanti sceleris immanitas, & profana temeritas posteris vestigia fœda relinquat, & sui contagii imitatores efficiat; ejusdem flagitii complices sacræ rigore disciplinæ prosternite, ut justus de promulgatâ justitiâ gaudeat, & hoc audiens impius conquiescat: si enim zelus vestræ ultionis in consimili crimine exarsisset, nefas geminatum hodie non fuisset admissum. Evigilate igitur, Fratres, quibus legis divinæ dispensatione commissa est potestas, & omni dissimulatione remotâ adversùs parricidas illos, & hujus criminis conscios, graviter plectendo justè animadvertite. Si quid enim à vobis dissimulatum & omissum fuerit, cognoscetis id ad animarum vestrarum & officii periculum pertinere: sanè quidquid super his prudentia vestra decreverit, B. Petri & nostrâ erit firmitate subnixum. Sanctorum siquidem Patrum decreta, & novissima & antiqua Consiliorum statuta, vos instruunt quid oporteat in hujusmodi casu decerni. Ad hæc mandamus ut corpus præfati boni viri, qui coram judice superno modo de suâ justitiâ & innocentiâ testimonium perhibet, & sub obedientiâ vivens in obsequio proprii est interfectus Episcopii, in suâ Ecclesiâ honorificè tumuletur.

Data Pisis 21. Decembris.

Ejusdem Papæ Sententia.

Innocentius Episcopus servus servorum Dei, Venerabilibus Fratribus Gaufredo Carnotensi Apostolicæ sedis Legato, & Stephano Parisiensi Episcopis, salutem & Apostolicam benedictionem. Noverit vestra dilectio quoniam Goffredus de Viconovo nuper ad nos veniens, in præsentiâ Fratrum nostrorum jurejurando firmavit, quòd salvâ fidelitate carissimi filii nostri Lodovici Francorum Regis ligium hominium facere dilectis filiis nostris Stephano Subdecano, S. Præposito, & aliis cognatis & nepotibus Archembaldi bonæ memoriæ Aurelianensis Subdecani, qui hoc recipere voluerint; & tam ipsis quàm omnibus aliis qui cùm eodem defuncto fuerant exultati; vitam & membra & bona jurabit; & cum eo melioribus de cognatione ipsius eamdem veritatem jurabunt. Hoc etiam addito quòd fideliter laborabit, quatenùs Henricus similiter juret idem & faciat, & uterque Aurelianensi Ecclesiæ quàm graviter læserunt, satisfaciet. Præterea Herveus de Viconovo, Hugo nepos ejus, & Thebaldus Hervei & cum eo tot milites ad centesimum numerum complentes, & centum quadraginta de melioribus burgensibus urbis Aurelianensis, quos ad hoc poterunt invenire, prædictis Archembaldi Subdecani parentibus hominia facient. Quòd si Henricus hoc jurare noluerit, prædictus Goffredus hoc per se nihilominùs faciet adimplerit.

Deinde verò proximâ Omnium Sanctorum festivitate nostro conspectui præsentabunt, pœnitentiam quam eis injungere voluerimus fideliter suscepturi, ut per nos ab excommunicationis vinculo absolvendi. Denique præfatus S. Subdecanus, & S. Præpositus, mortem jamdicti Archembaldi recolendæ memoriæ eidem Goffredo in conspectu Fratrum nostrorum pro Dei amore misericorditer indulserunt, & hoc ipsum fecerit aliis militibus ejusdem Subdecani interfectoribus, qui Aurelianensi Ecclesiæ & parentibus interfecti satisfacient. Verumtamen ipsi omnes interim extra Ecclesiam & in pœnitentiâ erunt, & si quem eorum ad extremum vitæ venire contigerit, & absolutio ab excommunicatione &

Anno MCXXXII. Quam pœnitentiam interfectores Archembaldi Subdecani Aurelian. agere teneantur, ut satisfaciant & ab excommunicatione absolvantur.

viaticum non negabitur. Volumus autem ut pro his qui Ecclesiæ satisfecerint, Aurelianensis Ecclesia ulteriùs à divinis non cesset officiis. Si qui autem de eisdem interfectoribus se ab ipsâ satisfactione substraxerint, donec in terrâ de speciali dominio gloriosi filii nostri Lodovici Francorum Regis in ipso Aurelianensi Episcopatu manserint, tota civitas & Archidiaconatus Stephani de Garlanda usque ad eorum satisfactionem à divinis vacet officiis. Ideoque sollicitudini vestræ mandamus, ut quia status terræ notior vobis existit, de modo satisfactionis & absolutione Ecclesiæ, quæ sub interdicto tenetur, vice nostrâ providere curetis. Datum Pisis sexto Idus Januarii.

Institutio Canonicorum Ordinis S. Augustini, & jurium Decani Ambianensis confirmatio per GARINUM *Episcopum.*

An. MCXXXV.

IN nomine sanctæ & individuæ Trinitatis Patris & Filii, & Spiritûs sancti, Amen. WARINUS Dei ordinante clementiâ Ambianensis Episcopus, omnibus sanctæ Ecclesiæ filiis præsentibus & futuris, ad id dignitatis promoti [a] ut omni lacrimâ ab oculis eorum extersâ, cælestis Jerusalem dulcedine delectati, jugi gaudio manifestatæ visionis Dei perenniter satientur. Memini, dilectissimi, professionis meæ esse, ut destructa Ecclesiæ nostræ pro facultate meâ restaurem, ac deformata occasionibus temporum seu negligentiæ, in melius reformando commutem. Hac itaque professione nostrâ convenior, simulque officii mei ratione compellor, ut voti promissi compleam actionem, sollicitudinisque pastoralis non intermittat in junctam mihi vicem, ne forte voti reus, & nominis præmium perdam, & divinæ promissionis, quod consummatoribus professionis & ordinis in terrâ suâ duplicia, & lætitiam sempiternam repromittit. Ut ergo ea quæ noveram, quæque ex debito officii exigebar complerem, quatenùs consummati in bono cursûs præmia adipisci valerem, quod prædecessorem nostrum beatæ memoriæ Godefridum Episcopum, de Ecclesiâ in honore egregii Confessoris Christi Martini intrà muros nostræ civitatis sita, in loco ubi parte chlamydis suæ Christum in pauperis vestivit, incepisse cognovimus, concordi petitione & assensu Cleri nostri, cui illa ad regendum subjicitur Ecclesia, perficere satagimus. Canonicis sancti Augustini Regulam, propositumque profitentibus Ecclesiam prædictam cum possessionibus, quas nunc habet, quæque nostris temporibus regulariter ei accedere poterunt concedimus & confirmamus, & sub Decano Majoris Ecclesiæ, cui, divinâ gratiâ largiente præsidemus, Priorem ipsius loci regularibus ipsis Præpositum & Magistrum constituimus, ut curam eorum agat, culpæque eorum in proprio Capitulo per se corrigat, & in quibus necesse fuerit coadjutorem sibi Decanum præfatum adhibeat. Omnis namque Ecclesia pro dispositione nostrâ & successorum nostrorum juxta Canonum sancita ditioni Decani & Canonicorum matris Ecclesiæ subjacebit, nec sub alio quolibet judice de quocumque negotio Prior vel quisquam ei impetetur aut respondebit, nisi pro culpâ criminali à proprio ordine quemlibet ex illis, quod absit, oporteat degradari.

Canonicos verò matris Ecclesiæ ipsosque regulares æquâ libertatis proportio in omnibus negotiis continebit, omnes decimas omnium novalium & segetum Episcopalium urbi adjacentium, sicut à prædecessoribus nostris Widone, Radulfo, Roricone, Gervino, Godefrido, Ingelranno prædictæ Ecclesiæ concessum est, nos quoque confirmamus, exceptis decimis terrarum, in quibus mater Ecclesia vel aliæ nostræ civitatis Ecclesiæ decimas sumunt: lanæ quoque omnium pecorum Episcopalium decimas ei annuimus: altare S. Petri ultrà pontem & omnia ad id pertinentia; Ecclesiam quoque S. Lupi, Valaricique & Desiderii; altare de Estombli, & terram do tis ejus; altare de Wardelvis & de Selincourte, quæ ab omni Episcopi & Ministrorum ejus reditu & servitio libera sunt; altariaque eorum & hospites, familiamque sancti Apri: altaria quoque S. Donfront & de Hargicurte cum appendiciis eorum; hec non & præbendam cujusque Canonici nostri uno anno concedimus prædictæ Ecclesiæ, si infirmitate corporeâ attactus eam dimiserit; & ex eâdem infirmitate in quolibet habitu obierit, ut quotidie Missam toto anno pro salute ejus Canonici ejusdem Ecclesiæ persolvant, & in obsequio sepulturæ ejus cum nostræ Ecclesiæ Canonicis cum candelis assistant nostræ quoque Ecclesiæ Clerici similiter eos sepeliant, & trigesimale pro eis perficere non omittant, præbendam quoque Fratrum S. Acheoli anno integro habeant post obitum illius, cui personatus ejusdem præbendæ fuerit assignatus, juxtà constitutum Domini Gervini Episcopi, & quæcumque in futuro tutè acquiri poterunt eis concedimus, tribuimus, & præsenti privilegio confirmamus: & in molendino S. Mauricii quoque anno modium hybernali, & decem & octo sextarios Hordei: altare quoque sanctæ MARIÆ de Remencourt cum omnibus quæ ad illud pertinent, & atrium dimidium quoque oblationum & minutæ decimæ; altare Amelli & dimidium atrii, altare quoque materiarum [b] Si quis hoc evertere tentaverit, anathema sit.

Sign. Guarini Ambianensis Episcopi. Sign. Alvisi Attrebat. Episcopi. Sig. Gosvini Aquicin. Abbatis. Sig. Radulfi Archidiaconi. Sign. Balduini Archidiaconi. Sign. Rogeri Decani. Sign. Simonis Præpositi. Sign. Guarini Thesaurarii. Sig. Achardi Sacerdotis. Sig. Rogeri Sacerdotis. Sig. Thetbaldi Sacerdotis. S. Radulfi Diaconi. S. Dodomani Diaconi. S. Arnulfi Diaconi. Sig. Andreæ Subdiaconi. S. Walteri Subdiaconi. S. Gervasii Subdiaconi. S. Balduini. S. Hugonis. S. Rogeri Acolytorum.

Confirmata est hæc charta anno Christi Incarnationis MCXXXV. Indictione XIII. in oratorio beati Petri Apostoli quod est in Ecclesiâ Majori Ambian. Regnante in Galliâ Rege Ludovico, anno Episcopatûs Guarini Episcopi octavo feliciter. Amen. Ego Arnulfus Notarius in Oratorio beati Petri legi, & in Synodo relegi. Sign. Abbatum in eadem Synodo residentium, Domini Serlonis Belvacens. Leodegarii Flaviacensis; Theodorici Noviomensis; Dodescaldi Astiacensis.

Hugo Episcopus Autissiodorensis complurium decimas Ecclesiarum suis Canonicis concedit, eâ conditione, ut totâ Quadragesimâ communiter comedant.

Ann. MCXXXV.

IN nomine sanctæ & individuæ Trinitatis, res gestas memoriæ tradere, chartarumque testimonio confirmare, legum sancit auctoritas, magnamque mortalibus esse videtur utilitas. Unde ego HUGO

[a] *promoti*] Lege *promoveri*.
[b] *materiarum*] Acherius conjecit legendum *Maceria-rum*, hoc est *Mezieril*.

Autissiodorensis Ecclesiæ Episcopus notum fieri volo, chartæque hujus testimonio confirmo, quòd fratres nostri, Canonici videlicet sancti Stephani, ad me venerunt; & ut eis decimas Ausiaci & quatuor Ecclesias, Ecclesiam videlicet Baserniæ, & Ecclesiam S. Prisci, & Ecclesiam Montiniaci, & Ecclesiam Vendonsæ donarem, me rogaverunt. Ego autem petitioni eorum diligenter acquievi, & prædictas decimas & Ecclesias perpetua possessione habendas salvo jure Episcopali eis donavi, ea quidem conditione, ut per singulos annos tota Quadragesima in refectorio communiter comedant, ut & ipsi & volunt & petunt. Et ego concedo, ut eorum perpetua sit hujusmodi possessio, sic & ego & volo, & præcipio, & ipsi concedunt, ut perpetua sit prædicta conditio. Si verò sine legali essonio dimittatur, omnia ad Episcopum revertantur. Hujus autem rei petitores & concessores fuerunt Ulgerius Præpositus, Jocelinus Decanus, Stephanus Thesaurarius, Ato Archipresbyter, Hugo Presbyter, Joannes Presbyter, & alter Hugo Presbyter, & alii Presbyteri. De Diaconibus Gaufridus, Sabaricus, Rodulfus, Ato, & alii Diacones. De Subdiaconibus Rainaldus, Anselmus, Wilelmus, Iterius, & alii Subdiacones. Huic quoque petitioni & donationi adfuerunt Hugo Decanus sancti Petri, Olricus Prior S. Amatoris, Herveus Præpositus sanctæ MARIÆ. Hoc verò actum est Autissiodori in Capitulo S. Stephani, anno ab Incarnatione Domini M. C. XXXVI. Ludovico Rege, Willelmo Consule, Jona Cancellario.

Quæ Abbatiæ Caricampi Ordinis Cisterciensis, vulgò Cercamp, in Artesia prope Dullendium, contulerat Hugo Candavenæ, rata habent THEODERICUS *Ambianensis &* MILO *Morinensis Episcopi.*

Anno MCXXXVII.

IN nomine Patris & Filii & Spiritûs sancti, Amen: Ego THEODERICUS Ambianensium, & ego MILO Morinorum Dei gratiâ Episcopi, tam præsentibus quàm futuris in Christo fidelibus in perpetuum. Sæpe longiturnitas temporum auferre solet notitiam rerum; labilis enim & caduca naturæ humanæ conditio dum juxtà morem deperit, subsequentem nimirum se à certitudine transducit. Eapropter, filii Hugo Abba venerabilis Caricampi, collatas à devotis viris eleemosynas tibi Monasterioque tuo in perpetuum possidendas, scripto & memoriæ commendare curavimus, quarum eleemosynarum nomina condonatoribus suis subscripsimus.

Noverint igitur tam homines tam præsentes quàm futuri, quòd cum diù Hugo Candavene[a] propter combustionem villæ sancti Richarii sub anathemate mansisset, tandem concedente Domino Papa Innocentio meruit ut pœnitentiam in terra sua ageret, & de suis possessionibus Abbatiam quamdam construeret. Ecclesiam itaque Cistercien, quæ de Carocampo dicitur, constituit, quam terris & possessionibus dotavit. Hæc sunt nomina possessionum, tertia pars Haiæ atque Caricampi, terra ad duas carrucas, & quidquid juris in eodem territorio habebat. Hoc laudaverunt filii ejus Engelrandus & Hugo, Anselmus, Radulfus, & Wido. Hujus rei testes sunt Balduinus Sacerdos sancti Hilarii, Arnulfus Clericus de Sancto Paulo, Andreas de Baldemento, & Bona-Fides Monachi, Adam Chareth, & Hugo de Hestruz, & multi alii.

Anselmus de Paz dedit Beatæ MARIÆ medietatem Caricampi. Hoc laudaverunt Helfridus frater ejus & sorores Aelidis, Gisla & Emma. Huic rei interfuerunt Hugo Comes Candavene, & Balduinus Sacerdos sancti Hilarii, Arnulfus Clericus de sancto Paulo, Andreas de Baldemento, & Bona-Fides Monachi, Balduinus & Gosselinus de Ortevilla, Hugo de Hestruz & Adam Ghareth.

Mainardus de Maritania dedit se B. MARIÆ, & quidquid habebat in territorio Caricampi. Hoc concessit Miriadoil & uxor ejus Clemens & filii eorum Engelrandus, Balduinus, Miriadoil, & Arnulfus, & filia Clemens.

Radulfus Luvel dedit Beatæ MARIÆ medietatem terræ Caricampi, & nemus. Hujus rei testes sunt Hugo Comes Candavene, & Engelrandus filius ejus, Andreas de Baldemento, & Bonafides Monachi, Balduinus Sacerdos sancti Hilarii, Arnulfus Clericus de sancto Paulo, Balduinus, & Goscelinus de Ortevilla, Robertus de Durkz, & Hibertus frater ejus, Robertus Wastavene & Odo frater ejus, & Hugo de Hestruz, Nicolaus de Erin, Adam Chareth, Robertus de Halli, Bachelier de Heseche, & multi alii.

Engelrandus de Vaccariâ, & Rogerus dederunt quidquid habebant in territorio Caricampi, quod laudaverunt filii eorum Petrus, Mainardus, Balduinus, Engelrandus, Radulfus Luvel, Rogerus Spinoe, Vivianus de Pas.

Lambertus de Arbruviis dedit Beatæ MARIÆ quidquid habebat in territorio Caricampi: Burnel & filii ejus Vivianus de Pas, & Landricus, frater ejus Rainelmus concesserunt Beatæ MARIÆ quidquid habebat in territorio Caricampi. Hujus rei testes sunt Anselmus de Pas, Balduinus Sacerdos sancti Hilarii, Radulfus Luvel, Hibertus Desalteus, Rogerus Spinoe, & Balduinus filius ejus. Galterus Gohart, & Hubertus de Vaus & uxores eorum, filii & filiæ eorum concesserunt Beatæ MARIÆ quidquid habebant in territorio Caricampi. Hujus rei testes sunt Rogerus Spinoe, & Balduinus filius ejus, Girardus Sacerdos de Balli, Amisardus, Odo & Joannes filius ejus. Hoc factum est anno ab incarnatione Domini MCXXXVII.

PETRUS *venerabilis Abbas Cluniacensis, pro* RODULFO, *de Perronâ benefactore ordinat Missas ac preces tum Cluniaci tum in toto Ordine celebrandas.*

Anno circ. MCXL.

EGo frater PETRUS humilis Cluniacensis Abbas, nota facio legentibus ea quæ sequuntur. Comes RODULFUS de Perronâ, filius Hugonis Magni fratris Philippi Regis Francorum, magnus amicus & benefactor exstitit hujus, in quâ omnipotenti Deo servire optamus sanctæ Cluniacensis Ecclesiæ. Hic post reliqua bona opera sua, quibus Deum sibi propitiare dum incolumis viveret, laborabat, jam infirmus & morti proximus præcedentibus aliquid majus adjunxit. Nam Monasterio de Crespeio, quod antiquitùs in eodem Crespeii castro construcctum fuerat, & Cluniacensi Ecclesiæ subditum erat, tam in terris quàm in terrarum redditibus, tanta largitus est, ut redditus annui terrarum illarum, mille solidorum quantitatem excederent. Præter hæc multa alia quæ diversis ad Cluniacum pertinentibus Monasteriis delegavit, etiam ipsi Cluniacensi Monasterio quingentas argenti marcas jure testamentario donavit. Quæ

---

[a] *Candavene*] Comes S. Pauli & Beatrix uxor ejus fundatores Caricampi. Vide Annales Cistert. ad ann. 1137.

c. 6. n. 5. 6. an. 1141. c. 10. n. 5. 6. 1142. c. 10. n. 6. Tom. I.

ipso jam vitâ exempto paucis post diebus Cluniacum allatæ sunt, & Cluniacensi Conventui publicè in Capitulo præsentatæ.

Nolentes ergo, imò vitantes tantis beneficiis ex toto apparere ingrati, communi consilio & precibus præcipimus ei duo tricenaria fieri, tres Missas ab unoquoque Sacerdotum cantari, ter septem pœnitentiales psalmos à cunctis aliis non Sacerdotibus dici; per universa Monasteria ad Cluniacum pertinentia, ubi ordo tenetur, tricenaria celebrari, ab aliis Sacerdotibus tricenaria non facientibus duas Missas absque exceptione aliquâ celebrari. Super hæc omnia, quod raro cuilibet conceditur, datum est ei & anniversarium solemne, sicut uni post Imperatores & Reges de majoribus amicis & benefactoribus nostris. Ut autem sciatur cujusmodi sit hoc anniversarium, die quâ illud celebrandum est, fiet pro eo generale officium in Conventu cum Missâ similiter publicâ: fratres universi Sacerdotalis ordinis Cluniaci morantes, eâdem die Missam pro ipsius salute celebrabunt, alii psalmum *Miserere mei Deus* dicent, & tredecim pauperes reficientur. Annuale insuper Missarum, hoc est anno integro quotidiana Missa pro eo celebrabitur. Facta sunt ista ut omnipotens miserator per immensam misericordiam suam ejus misereatur, & à sorte impiorum ereptum, cum numero suorum associet, & felicis ac sempiternæ vitæ participem facere dignetur, Amen, Amen.

S. BERNARDI ad Dominum Papam INNOCENTIUM pro ARNULPHO Lexoviensi Episcopo electo.

AMantissimo Patri & Domino, Dei gratiâ summo Pontifici INNOCENTIO, BERNARDUS Clarevallensis vocatus Abbas, modicum id quod est. Benedictus Deus & Pater Domini nostri JESU CHRISTI, qui Ecclesiam suam, immaculatam sponsam dilecti Filii sui, in diebus nostris liberam, & absolutam à tribulationibus malorum custodivit & dolore: schismata corruerunt, hæreses siluerunt, superborum & sublimium colla calcantur. Et quidem in schismate vidi impium superexaltatum, & elevatum sicut cedros Libani, & transivi, & ecce non erat. In hæresi multorum redivivi pullulabant errores, sed obstructum est os loquentium iniqua. Tyrannus Siciliæ extulerat in altum cor suum, sed jam humiliatur sub potenti manu Dei. Nullus gradus prætermissus est, de quo non acceperit victoriam per vos Ecclesia Dei, in manu potenti & in brachio excelso. Superest tamen in tertio gradu Comes Andegavensis malleus bonorum, oppressor pacis & libertatis Ecclesiæ : persequitur Ecclesiam Lexoviensem, non ut introitum habeat pastor Ecclesiæ illius in ovile oviû nisi aliunde : Sed quod factum est non potest non fieri. Denique si res ipsa habeat diligenter, inspectorem, & prudenter examinetur ad commodum causæ, & ad rei gestæ confirmationem, omnia cooperantur in bonum, persona, negotium, auctor operis, impugnator. Si enim ad personam respicias, hic est filius tuus dilectus in quo tibi complacui. Si ad negotium, ordine integro, & canonicâ libertate consummatum est. Si ad auctorem operis, vir religiosus est, & timens Deum. Si ad operis impugnatorem, ecce homo qui non posuit Deum adjutorem suum, hostis Ecclesiæ, inimicus crucis Christi. In omni siquidem negotio validissimum argumentum est ad faciendam rei dubiæ fidem, id semper est melius quod placeat bonis, malis autem displiceat. Sed appellavit sedem Apostolicam Comes Andegavensis. Quare obsecro ? quâ læsione ? quo gravamine urgente ?

non quia opprimeretur, sed quia opprimeret; non ut injuriam suam relevaret appellationis remedio, sed ut benedictionem istius obstaculo appellationis impediret. Cum itaque & religio promoventis, & promoti dilectio, & causæ justitia confluant in unum, superfluum videtur & vanum rogare pro eo, ubi ejus humilitas postularit. Loquar ergo ad Dominum meum cum sim pulvis & cinis. Loquar servus sponsæ ad amicum sponsi, jocundum sit ei eloquium meum. Tibi Domine commissa est Ecclesia à solis ortu usque ad occasum ; tu ei debes esse murus & antemurale à facie inimici & persequentis, tu debes fovere filios ejus sub umbrâ alarum tuarum. Suscipe Lexoviensem Episcopum uterinum filium Romanæ Ecclesiæ, & remitte eum in benedictionibus dulcedinis, nequando dicat inimicus ejus : prævalui adversùs eum. Accingere gladio tuo, Pater, ad exaltationem filii, ad depressionem inimici, ad conservandam Ecclesiæ libertatem. Non enim sumus ancillæ filii, sed liberæ, quâ libertate liberavit nos Christus.

CELESTINI II. *De sui electione in Summum Pontificem certiores facit Cluniacenses, atque ut pro se ad Deum preces fundant, rogat.*

CÆLESTINUS Episcopus servus servorum Dei, dilectis filiis PETRO Abbati, & Monachis Cluniacensibus salutem, & Apostolicam benedictionem. Charitatem vestram de statu sanctæ Romanæ Ecclesiæ matris vestræ sollicitam cognoscentes, quæ circa nos acta sunt vobis significare curavimus. Notum igitur facimus dilectioni vestræ quòd Domino nostro bonæ memoriæ Papa Innocentio octavo Kal. Octobris defuncto, & in Lateranensi Ecclesia cum maximâ Cleri ac Populi Romani frequentia tumulato, Cardinales Presbyteri & Diaconi, unà cum Fratribus nostris Episcopis & Subdiaconis, Clero & populo Romano acclamante, partim & expetente, tertiâ die in ipsâ Ecclesiâ unanimi voto & pari consensu, me indignum, & prorsùs tanti officii imparem, nescio quo Dei judicio, in Romanum Pontificem concorditer elegerunt. Ego autem considerans infirmitatem meam ad Apostolicæ Sedis culmen non posse pertingere, onus hoc multo declinare, ne in Pastorali regimine imparis administrationis actione succumberem. Sed quia contraire non est Domini disponentis arbitrio, obedienter sequutus sum, quod misericors de me regentis manus voluerit operari. Dispositioni itaque divini consilii colla submittens, tanto pondere pressum me recognosco : ut non per prophetiæ spiritum, sed per experimentum dicam : *Incurvatus sum & humiliatus sum usquequaque*. Tanta quippe occupationum onera deprimunt, ut ad superna vix aliquando animus erigatur. Multis causarum fluctibus quatior, & post illa quietis otia quæ ante hoc officium me recolo habuisse, tantis tumultuosæ vitæ tempestatibus affligor, ut rectè dicam : *Veni in altitudinem maris, & tempestas demersit me.*

Unde Fratres carissimi, per Omnipotentem Dominum rogo, ut me sub hoc pastoralis curæ onere lassescentem, orationum vestrarum intercessionibus adjuvetis, ut ejusdem Omnipotentis Dei misericordiam totis nisibus & plenis desideriis imploretis, quatenus mihi inter undas pelagi laboranti Majestatis suæ dexteram porrigat, & sic naviculæ suæ præesse concedat, ut ad æternæ quietis portum cum susceptæ navis onere, ipso ducente, perveniam.

Nos autem Cluniacense Monasterium tamquam B. Petri

B. Petri proprium, more prædecessorum nostrorum diligere volumus & fovere, & suam eis justitiam conservare.

Quòd autem Claromontensis Episcopus præteritâ B. Lucæ festivitate à prædecessore nostro bonæ memoriæ Papa Innocentio evocatus non venit, nec canonicam excusationem prætendit, pro vestrâ dilectione ad præsens æquanimiter toleramus. Datum Laterani octavo Idus Novembris.

Ludovicus VII. decimam panis ad Curiam suam allati dum Parisius moratur, concedit Monialibus Hederensis Abbatiæ.

LUDOVICUS Dei gratiâ Rex Francorum & Dux Aquitanorum, omnibus Christi fidelibus in perpetuum. Quoniam Deo disponente bona quæ temporaliter agimus, & contrà adversarium nostrum arma sunt inexpugnabilia, & æternæ hereditatis indubitanter nobis acquirunt præmia, ratio consulit, necessitas exigit, ut dum tempus habemus, bonum ad omnes, maximè autem ad domesticos fidei operemur, ut pauperes spiritu nostræ largitatis munificentiâ necessitatis suæ obtineant remedium, & nostra fragilitas eorum orationibus adjuta, in districto examine Judicem sibi misericordem inveniat & propitium. Eleemosyna enim, teste scripturâ, & oratio justi assidua, peccatum exstinguere, & Dominum cujus imaginem portamus valet inoffensum reddere, in cujus manus durum & horrendum est incidere. Hac igitur ratione instructi, hac consideratione admoniti, volumus & immobili lege statuimus, ut panis qui ad Curiam nostram & successorum nostrorum quotiescumque Parisius fuerimus defertur, totus ex integro decimetur, atque eadem decima Sanctimonialibus sanctæ MARIÆ de Edera ob remedium animarum nostrarum in perpetuum præbeatur. Id etiam Regibus posteris nostris denuntiamus, quatinus hanc eleemosynam nostram acceptam habeant, manuteneant, & in nullo unquam minui permittant. Quod ne valeat oblivione deleri, scripto commendavimus, & ne possit à posteris infirmari, sigilli nostri auctoritate, & nominis nostri caractere subter firmavimus. Actum Parisius publicè anno Incarnati Verbi MCXLIII. Regni nostri VII. adstantibus in Palatio nostro quorum nomina subtitulata sunt & signa. S. Radulfi Viromandorum Comitis Dapiferi nostri, S. Willelmi Buticularii, S. Matthæi Camerarii, S. Matthæi Constabularii. Data per manum Cadurci Cancellarii.

Littera THEODERICI Episcopi de Ecclesia S. Martini Ambianensis Promotione in Abbatiam.

IN nomine Patris & Filii & Spiritus sancti, Amen. Ego THEODERICUS Dei gratiâ Ambianensis Episcopus dilectis filiis suis Radulfo Decano, Warino Præposito, Radulfo, Balduino Archidiaconis, Fulconi Præcentori, Simoni Cancellario & toti Capitulo B. MARIÆ & sancti Firmini Martyris, eorumque successoribus in perpetuum. Novit sancta Ecclesia à suæ originis primordio de bono in melius prosperari, & secundùm successum temporis, successum semper habuit sui gradûs & honoris. Unde vos, Fratres carissimi, hoc incrementum vestræ Ecclesiæ vestris temporibus considerantes, unanimi consilio & studio caritatis nostram parvitatem postulastis, ut Ecclesia sancti Martini pretiosissimi Confessoris Christi quæ dicitur in Gemellos, quæ etiam honorificè fundata est in eadem parte nostræ civitatis, eodemque loco in quo prædictus Confessor Christum in specie pauperis chlamydis suæ parte vestivit, quæ sub vestrâ ditione semper habita, & à Prioribus hactenus gubernata, sub titulo Abbatis poneretur, & Clerici ejusdem loci, salvo jure vestro, sub nomine Abbatis, efficaciori curâ & honorabiliori disciplinâ regeretur. Est autem, prout à vobis didicimus, prætaxati loci consuetudo, ut Priore decedente, Prior à Fratribus canonicè eligatur, & electio in Capitulo vestro præsentetur, & laudata electione pari favore tam à vobis quàm ab ipsis electus requiratur. Concedimus siquidem, ut quod huc usque de Priore actum est, & ordo electionis, & favor vestræ concessionis in prærogativam Abbatis transeat, & quidquid in Priorem habuit, in Abbatem Capitulum vestrum habet, & Abbas à Fratribus electus & à vobis laudatus benedictionem tantùm ab Episcopo recipiat, vobisque subjectionem & obedientiam promittat, & à Decano curam recipiat animarum.

Ut igitur vestræ petitionis & nostræ annuitionis concordia firma & illibata permaneat, præsentem paginam vobis scribimus, & sigillo nostro communimus, & perturbatorem hujus rei vinculo anathematis innodamus, testiumque subsignatione privilegium istud corroboramus. Sig. Theoderici Episcopi. Sig. Radulfi Decani. Sig. Warini Præpositi. Sig. Radulfi, Balduini Archidiaconorum. Sig. Fulconis Præcentoris. Sig. Simonis Cancellarii. Sig. Theobaldi, Alelmi Præsbyterorum. Sig. Rodamani, Arnulphi Diaconorum. Sig. Rogeri Wermondi Subdiaconorum. Sig. Theobaldi Abbatis sancti Martini Ambianensis. Sig. Deodati Abbatis sancti Acheoli. Sig. Gygomari Abbatis sancti Fusciani. Sig. Fulconis Abbatis sancti Joannis. Sig. Adam Abbatis sancti Jodoci de Nemore. Sig. Theobaldi Abbatis sancti Jodoci supra mare. Sig. Serlonis Abbatis sancti Luciani. S. Gosvini Abbatis Aquincensis. S. Hugonis Abbatis de monte S. Quintini. S. Fulberti Abbatis Flaviacensis.

Actum anno Dominicæ Incarnationis MCXLV. Datum per manum SIMONIS Cancellarii.

EUGENII Papæ III. Clero & populo Tornacensi.

EUGENIUS Episcopus Servus Servorum Dei, dilectissimis Filiis Clero & Populo Tornacensi, Salutem & Apostolicam benedictionem. Tornacensis Ecclesia in proprii Pastoris absentiâ à longis retrò temporibus plurimum laboravit, & sicut multorum Religiosorum & discretorum virorum attestatione cognovimus, tam animarum quàm corporum damna plurima & gravia detrimenta sustinuit; audivimus enim multa millia hominum in eodem Episcopatu, qui Episcopum nunquam viderunt, sed quasi Episcopum non habentes, absque illâ sacri chrismatis unctione, quam fideles contrà diaboli insidias pugnaturi per manus Episcoporum suscipiunt, de præsenti sæculo migraverunt. Unde nos officii nostri debito, & multorum Religiosorum de partibus vestris crebris exhortationibus provocati, & caritatis zelo succensi, tantis malis occurrere Domino authore decrevimus, atque Fratrum nostrorum communicato consilio, dilectum Filium nostrum Anselmum Abbatem S. Vincentii Lauduneusis, Spiritûs sancti gratiâ invocatâ, vobis in Episcopum consecravimus. Eumdem itaque cum gratiâ Sedis Apostolicæ & litterarum nostrarum prosequutione, ad vos remittentes, per Apostolica scripta universitatem vestram rogamus, monemus, atque præcipimus, quatenus ipsum reverenter suscipiatis, diligatis, & honoretis, eique tamquam proprio Pastori, & animarum vestrarum Episcopo obedientiam ac reverentiam humiliter exhibeatis. Nos autem illos qui occasione Episcopatûs Tornacensis, Fratri nostro S. Noviomensi Episcopo sacramento vel fidelitate seu obedientiâ adstricti sunt, ab eâdem fidelitate & juramento vel obedientiâ, Apostolicâ authoritate absolvimus, & ut præfato nostro Anselmo Episcopo eâdem fidelitate & obedientiâ teneantur præcipimus ; si quis autem ei rebellis & inobediens esse præsumserit, sententiam quam idem Frater noster Episcopus in eum canonicè promulgaverit, nos authore Domino ratam habebimus.

Data trans Tiberim Idibus Martii.

An. MCXLVI.
Consecratum à se Episcop. Tornacésem Anselmum commendat.

Ejusdem LUDOVICO *Regi Francorum.*

EUGENIUS Episcopus Servus Servorum Dei, Carissimo in Christo Filio LUDOVICO illustri Francorum Regi, Salutem & Apostolicam benedictionem. Oportet nos pro his qui nostro regimini disponente Domino commissi sunt sollicitos esse, & de ipsorum salute tamquam de nostrâ propriâ cogitare : in extremo namque examine, si circà ipsorum salutem negligentes fuerimus, reddituri sumus pro ipsis Domino rationem. Tornacensis Ecclesia, sicut te ignorare non credimus, à longis retrò temporibus proprio Pastore caruisse dignoscitur, unde sicut multorum Religiosorum & discretorum virorum veridicâ relatione cognovimus, præter alia detrimenta, multa millia hominum absque illâ sacri chrismatis unctione, quam fideles contrà diaboli insidias pugnaturi per manus Episcoporum suscipiunt, de præsenti sæculo migraverunt, & tam his quàm aliis diversis modis, tam animarum, quàm corporum, in eodem Episcopatu propter proprii Pastoris absentiam damna plurima provenerunt : ideoque & nobis & ipsis providere volentes, tantis malis occurrere, Domino authore, decrevimus, atque dilectum Filium nostrum Anselmum S. Vincentii Laudunensis Abbatem, Spiritûs sancti gratiâ invocatâ in Tornacensem Episcopum consecravimus : quod ad magnum regni tui à Deo commissi, & coronæ tuæ incrementum credimus proventurum. Monemus itaque nobilitatem tuam, & exhortamur in Domino, ut nullius prava suggestio vel tuum super hoc moveat, sed quod pro tantâ necessitate, & tot millium hominum salute, factum est, hilari vultu, & lato animo suscipias, & eumdem Episcopum pro beati Petri & nostrâ reverentiâ, Magnitudinis tuæ consilio & auxilio juvare, & manutenere studeas : quidquid enim honoris & beneficii à tuâ liberalitate sibi exhibitum fuerit, nobis adscribimus. Data trans Tiberim Idibus Martii.

An. MCXLVI.
a

Testamentum a GUILLELMI *domini Montispessulani.*

IN nomine Domini nostri JESU-CHRISTI. Anno Incarnationis ejusdem millesimo, centesimo quadragesimo sexto, tertio Idus Decembris, feriâ quartâ, Lotoico Rege regnante, Ego GUILLELMUS de Montepessulano filius Ermessendæ sic facio meum Testamentum. In primis itaque pro Dei amore, & redemptione animæ meæ cuidam Ecclesiæ, quam ego Hierosolymis rediens in honorem Dei & sanctæ Crucis, & aliorum Sanctorum juxtà domum meam ædificavi, & verè Dominicum lignum cum pluribus aliis Reliquiis ibi attuli, ipsi Ecclesiæ dono & concedo ; ac de meo jure in ejus jus in perpetuum transfero cameram scilicet meam, quæ est prope ipsam Ecclesiam, & totum illud quod pertinet ad ipsam cameram, & porticum qui est ante cameram, sicut determinatum est à pilari usque ad parietem stilæ, & usque ad parietem cameræ, & quamdam petiam horti, quæ est ad caput ipsius Ecclesiæ ; & totum illum porticum qui est ante Ecclesiam : totum hoc dono huic Ecclesiæ, ut Capellanus ibi Deo serviens cum Clericis suis habitare possit. Et dono huic Ecclesiæ totum meum hortum, qui est juxtà viam quâ itur ad Ecclesiam sancti Cosmæ : qui hortus confrontatur ex unâ parte cum horto Petri Vincfranc ; & ex alterâ parte cum horto Pontii de Mesoa ; & ex aliâ parte cum areâ : & septem quartiatas de vineis in vineto, quod vocatur Maranegues. Hunc hortum & has vineas dono huic Ecclesiæ pro luminaribus ipsius Ecclesiæ, ac pro vestitu Capellani & Clerici sui : & dono in perpetuum victum in domo meâ Capellano ipsius Ecclesiæ cum suo Clerico.

Item ; præterea post obitum Dominæ meæ matris, infirmis qui morantur prope pontem de Listo dono & concedo, ac de meo jure in eorum jus in perpetuum transfero, illum scilicet molendinum qui est juxtà domum ipsorum infirmorum ; illum videlicet, quem mater mea tenet & possidet. Et dono eis similiter septem quartiatas de vineis in terminio de Salzeto : hoc totum videlicet molendinum & vineas habet domina mea mater, & possidet in vitâ suâ.

Item post hæc propter lapides & ea quæ habui de Ecclesiâ beatæ MARIÆ, dimitto duas modiatas de terrâ in terminio de Palude, de proximioribus ipsi mansô sanctæ MARIÆ, præter illas terras de insulâ, ita scilicet, ut *tavilus* b operis beatæ MARIÆ tanto tempore ipsam terram teneat, donec de aissimento ipsius terræ habeat perceptum & recuperatum, quod valet duo millia solidorum ; & postea meus heres illam terram recuperet.

Item item illum locum, qui vocatur Neut, à possessoribus suis emi, non propter me, nec propter opus meum, sed ideo ut ipsi qui ibi morabuntur, securè possint ibi Deo servire ; & mei infantes ipsum locum cum habitatoribus suis semper defendant, & manuteneant, & nihil inde accipiant vel quærant, necin aliquo inquietent, sed pro Dei amore tantummodo faciant.

Item cum Reverendo Magalonensi Episcopo, & cum Clericis ejusdem Ecclesiæ de Magalonâ de Montepessulano ejectis, de quo Honore ipse Episcopus & Canonici conquerentur, dominus Montispessulani cum eis de hoc pacem & concordiam faciat ; sin autem, quod jure indeterminatum fuerit, ipsi Episcopo & Canonicis faciat.

Item cum hominibus illis, qui in castro meo Montispessulani domos habebant, dominus Montispessulani convenienter emendando cum eis concordiam faciat ; si aliter fieri non poterit, in meâ veteri curiâ arbitrio & existimatione bonorum virorum eis emendetur.

Item si Honorem aliquem injustè alicui habeo, vel teneo, meus heres qui illum honorem possidebit, postquàm sciverit cujus juris sit, nullo modo illum honorem retinere audeat, sed ei, cujus juris est sine morâ reddat.

Item dominæ meæ matri dimitto quæcumque modo possideo, & ipsa teneat & custodiat castrum de Palude, & tantum de aissimentis Honoris ipsius Castri, unde possit illud Castrum benè tenere & regere quamdiu vixerit, & semper de toto Honore Paludis, & Montispessulani, & de omni alio meo jure ubicumque sit accipiat domina mater mea quidquid sibi

---

a *Testamentum*] Partim edidit Petrus Gariel in Serie Præsulum Magalon. 137. Ubi multa desunt quæ hic attexuntur. Probat idem Auctor Guillelmum fuisse Monachum in Grandissylva Abbatia postquàm condidit Testamentum, pag. 188.

b *tavilus*] Acherius conjecit *Bajulus*.

placuerit. Post mortem verò ipsius cuncta heredi meo remaneant.

Item Guillelmo filio meo majori dimitto Montempessulanum cum suo termino, & cum omnibus suis pertinentiis, & omnia quæcumque ibi habeo & habere debeo, vel aliquis per me: dimitto ei Castrum de Monteferrario cum omnibus suis pertinentiis, & omnia quæcumque ibi habeo & habere debeo, vel aliquis per me: orratas, caminos, boscos & pascua, aquas & vilarias, peretras & eremos: quæ teneo ad feudum de Comite Melgoriensi, dimitto Guillelmo filio meo minori, & dimitto ei civitatem Tortosam cum toto suo termino, & cum omnibus suis pertinentiis, & omnia quæcumque ibi habeo & habere debeo, vel aliquis per me: quam civitatem, mihi Comes Barchinonensis ad feudum & ad totos Honores [dedit.] Item Guillelmo filio meo minori dimitto Castellum-novum cum omnibus suis pertinentiis, & omnia quæcumque ibi habeo & habere debeo, vel aliquis per me: & villam de Salzeto cum suis pertinentiis, & omnia quæcumque ibi habeo & habere debeo, vel aliquis per me; exceptis his quæ Montispessulano valde necessaria sunt, scilicet pannos in flumine ablui & sessicari in ripis & graveriis, patriis frui, ingredi per vias & regredi. Iterum dimitto ei Castellaniam quam habeo in castro de Melgorio, & meam partem monetæ Melgorii, & Castellanium de Monteferrando, & albergas & baillias, & omnia quæcumque in illâ patriâ habeo, & habere debeo, vel aliquis per me. In villâ de Sottanson, & villam sancti Martini de Cretio, & omnia quæcumque ibi habeo & habere debeo vel aliquis per me: & castrum de Piniano, & omnia quæcumque ibi habeo vel aliquis per me: & totos feudos & omnia quæcumque habeo, & habere debeo vel aliquis per me in toto Episcopatu Sustancionensi [c], exceptis his suprà dictis quæ dimitto Guillelmo filio meo majori (Raimundus Guillelmi filius meus pro nostrâ & suâ salute Deo omnipotenti, & sancto Petro Cluniacensi Monachus est oblatus.) Item Bernardum Guillelmi filium meum dimitto Guillelmo filio meo majori, ita scilicet ut usque ad ætatem octodecim annorum benè faciat eum docere, & in litteris studere; & si tunc voluerit Clericus fieri, & ad sacros ordines promoveri, dominus Montispessulani in omnibus ei subveniat, & cuncta quæ ad hoc sibi necessaria fuerint honorificè administret. Si verò noluerit Clericus fieri, nec ad sacros ordines promoveri, hoc ei sit in liberâ ejus voluntate, dominus Montispessulani teneat illum honorificè secum, ita scilicet ut equos & arma & armigeros, & victum & vestitum sibi honorificè administret: & Bernardus nihil aliud in toto Honore ipsius aliquo jure petere possit: vilis enim hereditas nobilem hominem non decet.

Item filio meo Guidoni dimitto castrum de Paoillano cum omnibus suis pertinentiis, & cuncta quæ ad dominium ipsius castri pertinent, & omnia quæcumque ibi habeo & habere debeo, vel aliquis per me; ita scilicet quòd tunc cum Guido ætate viginti annorum fuerit, dominus Montispessulani redimat illud castrum, & persolvat illam pecuniam pro quâ illud in pignore misit, & persolvat quinque millia solidatas Comiti Provinciæ, cum ipse eas petierit propter castrum de Paoillano. Dimitto etiam Guidoni castrum de Poïer cum suis pertinentiis, & omnia quæcumque ibi habeo & habere debeo, vel aliquis per me.

Item illud quod defuit de pecuniâ illâ quam debui dare Guillelmæ filiæ meæ cum marito suo, reddat ei ac persolvat dominus Montispessulani.

Item filias meas Alazais & Ermessendam, cum venerint ad tempus conjugii, maritet eas dominus Montispessulani, & donet unicuique illarum centum marchas argenti, & optima vestimenta, & unum lectum de palio, & duos scyphos argenteos de sex marchis, & unum palafredum, unicuique illarum honorificè administret.

Item, si Guillelmus filius meus major sine herede de legali uxore, vel heres ejus moriatur sine herede de legali conjugio, Montpessulanus & totus alius Honor, quem suprà ei dimiseram, remaneat ad Guillelmum minorem vel ad heredem ejus legalem, & totus ille Honor, quem Guillelmo minori dimiseram, statim remaneat ad Bernardum, vel ad heredem ejus legalem, nisi promotus sit ad Ordinem Subdiaconatûs: sed si promotus fuerit ad hunc Ordinem, nunquam ampliùs hereditatem habeat, sed ad Guidonem remaneat, vel ad heredem ejus legalem.

Item, si verò Guillelmus filius meus minor moriatur sine herede de legali uxore, vel heres ejus moriatur sine herede de legali conjugio, tota sua hereditas remaneat ad Bernardum vel ad heredem ejus legalem, nisi promotus fuerit ad Ordinem supradictum.

Item, si Guillelmus major & Guillelmus minor moriantur sine heredibus de legalibus uxoribus, vel heredes eorum moriantur sine heredibus de legalibus conjugiis, tota hereditas eorum remaneat ad Bernardum filium meum, vel ad heredem ejus legalem, nisi promotus sit ad supradictum Ordinem; & tunc alius Honor quem Bernardo dimiseram, revertatur ad Guidonem; vel ad heredem ejus legalem.

Item, si Bernardus filius meus moriatur sine herede de legali uxore, vel heres ejus moriatur sine herede de legali conjugio, tota sua hereditas remaneat ad Guidonem, vel ad heredem ejus legalem.

Item, si verò Guillelmus major & Guillelmus minor, & Bernardus moriantur sine heredibus de legalibus uxoribus, vel heredes eorum moriantur sine heredibus de legalibus conjugiis, tota hereditas eorum remaneat ad Guidonem, vel ad heredem ejus legalem.

Item, si Guido moriatur sine herede de legali uxore, vel heres ejus moriatur sine herede de legali conjugio, tota sua hereditas remaneat ad Bernardum, vel ad heredem ejus legalem, nisi promotus fuerit ad supradictum Ordinem: & tunc dominus Montispessulani redimat castrum de Paoillano ipsi Bernardo, cum fuerit ætate viginti annorum.

Item, si Bernardus & Guido moriantur sine heredibus de legalibus uxoribus, vel heredes ejus moriantur sine heredibus de legalibus conjugiis, tota hereditas eorum revertatur ad Guillelmum minorem, vel ad heredem ejus legalem; & tunc dominus Montispessulani redimat castrum de Paoillano ipsi Guillelmo minori, cum fuerit ætate viginti quinque annorum.

Item, si verò Guillelmus minor & Bernardus, & Guido moriantur sine heredibus de legalibus uxoribus, vel heredes eorum moriantur sine heredibus de legalibus conjugiis, tota hereditas eorum revertatur ad Guillelmum majorem vel ad heredem ejus legalem.

Item, & si isti quatuor filii mei Guillelmus major & Guillelmus minor, & Bernardus & Guido moriantur sine heredibus de legalibus uxoribus, vel he-

---

[c] *Sustancionensi*] Id est *Magalonensis*.

redes eorum moriantur sine heredibus de legalibus conjugiis, tota hereditas eorum remaneat ad Guillelmam filiam meam, vel ad heredem ejus legalem. Item, eodem modo si Guillelma filia mea moriatur sine herede de legali marito, vel heres ejus moriatur sine herede de legali conjugio, tota hereditas sua remaneat ad Adalassiam filiam meam, vel ad heredem ejus legalem. Item, similiter si Aja̅zais filia mea moriatur sine herede de legali marito, vel heres ejus moriatur sine herede de legali conjugio, totus Honor ejus remaneat ad Ermessendam filiam meam vel ad heredem ejus legalem.

Item, Ego Guillelmus supradictus de Montepessulano dimitto dominæ matri meæ omnes meos infantes, & totum meum Honorem, & totos usus, & omnia aissimenta ipsius Honoris in gardiâ & in bailliâ, & sub potestate & jussu ipsius matris meæ. Ipsi Pontio de Maraplanâ consobrino meo, ut ipse jussu & voluntate dominæ matris meæ hæc omnia supradicta custodiat, gubernet, atque defendat, hanc bailliam dominæ matri meæ dimitto, & sub ejus potestate ipsi Pontio; ita scilicet ut omnia hæc ipsa teneat & gubernet, & custodiat, donec Guillelmus filius meus major ad ætatem viginti annorum perveniat: sed si Guillelmus major infrâ ætatem viginti annorum decesserit, quicumque filiorum meorum sibi successerit, similiter in gardâ & in bailliâ dominæ Mattis meæ usque ad ætatem viginti annorum permaneat. Postquam autem dominus Montispessulani ad ætatem viginti annorum pervenerit, & suam hereditatem possederit, omnes suos fratres & sorores & totam ipsam bailliam diligenter teneat, gubernet atque custodiat, donec ad ætatem viginti annorum unusquisque fratrum suorum perveniat; & sorores similiter donec maritentur. Cum autem unusquisque viginti annorum fuerit, suam hereditatem, sicut supradictum est, possideat. Si verò domina mater mea antequàm dominus Montispessulani ad ætatem viginti annorum pervenerit, ab hoc sæculo migraverit, ipse Pontius de Maraplana consobrinus meus totam ipsam bailliam similiter teneat, gubernet atque custodiat.

Item, dimitto omnes usus & omnia aissimenta totius mei Honoris ad omnia mea debita persolvenda; & domina mater mea tanto tempore hæc omnia accipiat, donec omnia debita mea inde persolvantur. Si verò mater mea decederet antequàm debita mea solverentur, Olricus Adalguerii, & Guillelmus Leryci atque arbitrarius cum consilio aliorum testium hujus Testamenti tanto tempore omnes usus & aissimenta totius mei Honoris accipiat, donec omnia mea debita inde persolvantur. Et si unus ex istis moriatur antequàm omnia debita mea sint soluta, illi duo qui superstites fuerint hoc faciant similiter cum consilio aliorum testium hujus Testamenti. Et si duo ex illis testibus moriantur antequàm debita mea solvantur, alii testes hujus Testamenti insimul hoc faciant.

Item illud malum quod feci, cum hominibus meis in villâ de Pozaleno, & in terrâ Narbonensi, & in terrâ de Carcasses quando fui ibi cum Comite Tarchinonensi, sic emendetur, ut ab ipsis hominibus mihi & meis condonetur.

Jubeo & volo ne unquam Judæus sit bajulus Montispessulani. Item Monachi illius Ordinis de Cistellis vel eorum homines nunquam amplius dent lesdam, nec usaticum in villâ Montispessulani.

Item domina mater mea, vel ille, qui meos usus & aissimenta accipiet, emendet illam sustam, quam habuit de Ecclesiâ de Pruneto, & de Ecclesiâ de Santelranieis, & de Ecclesiâ de Soregio, & de Ecclesiâ de Monrels, cum eram in obsidione Montispessulani.

Item jubeo etiam & rogo ut aliquis testium hujus Testamenti aliquâ occasione offensionis seu criminis, quod dictum aut factum habeant, ab hoc Testamento nunquam reprobentur, sed tamquam testes idonei illi qui superstites fuerint solo sacramento inde credantur.

Hoc Testamentum est datum in Montepessulano in domo & in camerâ quæ fuit Berengarii Lamberti, in quâ domo habitabat tunc domina mater Guillelmi de Montepessulano, in præsentiâ & audientiâ Berengarii Abbatis Lucevæ, Ermessendæ matris ipsius Guillelmi de Montepessulano, Guillelmi de Cause, Pontii de Maraplana, Bertrandi de Armazanicis, Bremundi de Someino, d Roberti de Castriis, Guillelmi de fabricis, Petri de Monteferrario, Ermani de Omelacio, Petri de Fleis, Olrici de Algueriis, Guillelmi Lateryci arbitrarii, & Guillelmi Bernardi.

Epistola GUALTERI Abbatis S. Martini Laudunensis.

Anno. circ. MCXLVIII

Arbiter decernit quoddam altare ad Petingensem Ecclesi. pertinere.

GERAULDO venerabili Dei gratiâ Tornacensium Episcopo, GUALTERUS Ecclesiæ sancti Martini Laudunensis Abbas vocatus, Salutem. Controversiam quamdam inter vos, & Abbatem sancti Theoderici, super quodam altari habitam, jamdudum audivimus. Cui disceptationi prædictus Abbas finem ponere cupiens, obnixè nos rogavit, ut quemdam Fratrem nostrum sacerdotem, Simonem nomine, virum boni testimonii, qui in Petegensi Ecclesiâ ad quam prædictum Altare pertinere dicitur, Canonicus exstitit, ad audientiam Domni Archiepiscopi Rhemensis, quatenus veritati hujus rei attestaretur, produceremus. Ejus itaque justis petitionibus annuentes, præfatum Fratrem ante Archiepiscopum statuimus, & præcepto virtutis obedientiæ, ut quæ sibi super hac re nota fuissent, aperiret, constrinximus. Ipse autem præfatum Altare ad Ecclesiam Petegensem pertinere incunctanter protestatus est : & per triginta annos, vel eo amplius, pro præbendâ liberè ab eâ possessum. Hoc igitur Fratris testimonium scripto mandare, vestræque Sanctitati præsentare curavimus. Vale.

Epistola ad GERAULDUM Tornacens. Episcopum.

Altare de Thidingen juris esse Ecclesiæ de Petingen.

GERAULDO Dei gratiâ Tornacensium Episcopo, Frater A. ejusdem Dei vocatione Eversamensium minister, licet indignus, Salutem, & utriusque hominis sospitatem.

Ut diutina contentio, quæ super altari de Thidingen inter vos, & Abbatem sancti Theoderici, in cujus manu altare de Pintingen nutu Dei incidit, in Christo terminaretur, prout rationabilius potuimus, ejusdem rei veritatem investigare curavimus. Statuentes igitur in medio Fratrum, fratrem Arnulfum, cujus idem altare cum sæculo viveret, cessit usibus, ut nobis quomodo res se habuerit, elucidaret, per virtutem obedientiæ conjurantes injunximus. Frater autem, quòd prædictum, inquit, altare de Thidingen, ad altare de Pithingen jure Cœli pertinere debeat, virtute obedientiæ adjuratus, affirmare non timeo, præsertim cum illud à Præposito Er-

d Semeino.] Acherius legi vult de Somerio.

polfo canonicè fusceperim, & inde deinceps Canonicus exstiterim. Hoc itaque à Fratre sacerdote audientes scripto commendare, & universitati vestræ intimare satègimus. Vale.

Epistola ad Magistrum Militiæ Templi.

DE ... Dei gratiâ pauperis Militiæ Templi Magistro, Domino & Patri suo Frater A. ejusdem militiæ Dapifer dictus, & omnium Fratrum humillimus Conventus, cum salute obedientiam, ac devotarum orationum munus.

Postquàm à nobis discessisis peccatis nostris exigentibus contigit, quòd Principem Antiochiæ cum suis omnibus Baronibus, & hominibus mortuum in quodam prælio perdidimus. Quo mortuo, statim Parthi terram Antiochiæ invadentes, nullo resistente, illam totam acceperunt, & Castella munierunt, & munita tenuerunt, tenent & tenebunt, nisi divina nobis subvenerit clementia. Post hoc flebile infortunium cum Rege Jerusalem congregatis Fratribus nostris Antiochiam venire subveniendi gratiâ non distulimus. In quo exercitu centum & viginti Milites, armigeros, & servientes benè armatos, usque ad mille pugnantes, duximus. Pro quorum apparatu, antequam pontem Tyri transissemus, septem millia Bisantiorum, Accar, & mille Jerusalem, mutuò accepimus. Sed quia vos petioni domini nostri Regis Francorum concessimus, & ut auditis inopiâ Militum, & servientium, & pecuniæ undique coartamur; supplicamus vestræ paternitati, ut citò ad nos revertamini, & ita munitus, quatenùs Deo auxiliante, armis & pecuniis, Militibus & servientibus, matri vestræ Orientali Ecclesiæ miserabiliter depressæ, subvenire possimus. Clamat enim ad vos, *Miseremini mei, miseremini mei, saltem vos, ô filii mei*, qui proposuistis mori pro meâ defensione. Manus enim inimicorum Domini graviter tangit me. Et dùm Antiochiam venissemus, superveniente Soltano de Estanconiâ, & ex aliâ parte Parthis do Corrozanâ irruentibus, ut intra muros civitatis nos incluserunt, messes & vindemias nobis ex toto abstulerunt. His igitur doloribus compulsi, vobis scribimus, & omni dilatione remotâ ad nos redire festinetis. Meliorem enim causam revertendi nunquam habebitis, nec ullo tempore adventus vester Deo poterit esse gratior, domuique nostræ, & Jerosolymitanæ terræ utilior. Domus namque nostra Patre, Rectoreque suo vivente non debet esse orbata. Et quidquid de nobis sit, de quibus nihil nisi misericordiam Dei exspectare potestis, venite. Sicut enim potens est Deus de lapidibus suscitare filios Abrahæ, ita si ei placuerit nos de manibus inimicorum suorum liberare; tamen nobis nulla patet evasio, nisi nobis ille subveniat, qui nos terramque redemit sanguine suo. Nec miremini quòd tam paucos, aut tam nullos Fratres vobis mittimus; utinam enim vos, & omnes Fratres in transmarinis habitantes partibus, nobiscum haberemus. Plures enim eorum, quos nobiscum in exercitu duximus, mortui sunt. His igitur de causis necesse habemus ut nos visitetis, & quos idoneos ad hoc noveritis de Fratribus & servientibus vobiscum adducatis. Nam licet multum properetis, minimè tamen nos, ut credimus, vivos invenietis. Venite igitur, & nolite tardare; sic enim volumus, monemus, & postulamus, & inter cætera, domûs nostræ necessitatem attendite, quam vobis nec litteris, nec vivâ voce explicare possumus.

Præterea terræ perditionem, Domino Papæ, & Regi Francorum, & personis Ecclesiæ, & Principibus nuntiate, eos admonendo, ut subveniant solatæ Matri suæ; aut præsentiâ corporum, aut bonorum suorum participatione. Et licet vos tardè venturos intelligamus, tamen venite. Tempus enim est, vota Deo persolvamus, scilicet animas nostras pro Fratribus nostris, defensioneque Orientalis Ecclesiæ, & sacri Sepulcri ponamus: hæc enim sunt vota quæ reddere debemus in hoc tempore oportuno, si votorum cupimus habere merita. Memores anxietatum, & paupertatum nostrarum cum Magistro Fratres estote, & venditis omnibus quæcumque poteritis, Venerande Pater, vobiscum, ut vivere possimus, nobis afferte. Valete.

HENRICUS *Episcopus Trecensis Bernardum Clarevallensem Abbatem mittit in possessionem Bulencuriæ, ultrò cedentibus qui eam obtinebant Augustinianis.*

An. MCLII.

VEnerabili & Reverentissimo Patri BERNARDO Clarevallensi Abbati, ejusque successoribus regulariter substituendis, ego HENRICUS Trecensis Episcopus in perpetuum, salutem. Si Monasteriis & Ecclesiis in Episcopatu nostro constitutis curam & vigilantiam ut in melius proficiant adhibemus, ab illo cui cura est de omnibus, speramus auxilium, & præmium expectamus. In Episcopatu nostro quædam Ecclesia Canonicorum erat, Bulencuria nomine, Abbatem habens, Canonicos & Conversos & mulieres; qui omnes voverant propositum sanctitatis: ubi cùm penitùs disciplina defecisset, regnaret insolentia, honestas deperisset, vocatus ab illius loci habitatoribus, qui jam seipsos per semetipsos sustinere non poterant, adveni. Ibi ab illius loci Abbate, & ab omnibus tam Canonicis, quàm Conversis & mulieribus cum multis precibus rogatus sum, ut Ecclesiam ipsam & omnes possessiones ejus, quæ jam per se itare non poterant, Deo & Ordini Cisterciensi, specialiter autem, venerabili Patri & domui Clarevallis emendandam & possidendam juxta consuetudines Cisterciensis Ordinis in sempiternum concederem. Abbas autem prædicti loci in manu nostra Abbatiam dimisit, & ad opus Clarevallense reddidit.

Videns ergo quia omnipotens Deus tua sollicitudine, sapientiâ & religione pene totum illuminaverat & correxerat mundum, ipsam Ecclesiam Cisterciensi Ordini, tuæ Paternitati, & Clarevallensi domui cum omnibus possessionibus suis in perpetuum dono. In quibus hæc sunt quæ nominibus propriis duximus adnotanda. Terram Abbatiæ adjacentem, grangiam de Frigido-fonte, Pertam in Rosteria, Pertam Haymonis, Pertam siccam, Dominiperuclum, Bruliam, cum omnibus appendiciis & pertinentiis ipsarum grangiarum, & omnia quæ prædicta Ecclesia in dominio possidebat. Ne autem hoc aliquâ temporum vetustate, vel alicujus hominis perversitate aut mutaretur, aut penitùs deperiret, sigilli nostri munimine confirmavi. Actum est hoc anno ab Incarnatione Domini MCLII. regnante Ludovico Juniore Rege Francorum.

Charta fundationis S. Bartholomæi Apostoli in Alniensi pago sub Hyensi Prioratu.

Ann. MCLII.

TEmporibus Ludovici Regis minoris, filii Ludovici Magni Regis Francorum, qui mortuo Guillelmo Pictavorum Comite apud sanctum Jacobum, filiam ipsius consilio & voluntate patris cum Consulatu Pictaviensi, & Aquitanorum Ducatu sibi copulavit. Insurrexerunt in Pago Alniensi duo viri consanguinei, Elbo de Maleone & Gofridus de Ruperforti cum filiis sceleratis, filiis, inquam, Belial, disperdentes totam terram & interficientes homines, & castrum Julii suprà mare positum cum viris & munitionibus nihilominùs possidere cupientes. Hoc igitur castrum cum adjacenti patriâ dominus Isambertus vir per omnia pacificus, jure possederat, quoadusque prædictus Comes invidiæ stimulo agitatus, clandestinâ obsidione exinde quasi idem illum expulerat. Et quoniam præfati duo viri Elbosius & Gofridus videbantur esse de genere & familiâ ipsius Isamberti, adeuntes Ludovicum Regem impetraverunt ab eo tam verbis pacificis, quàm armis dominium totius terræ, retentâ ab eo dumtaxat munitione castri Julii, cum medietate redituum Rochellæ.

Deinde duobus his pacificatis, qui priùs discordiam inter se propter eamdem possessionem habuerant, siluit terra in conspectu eorum à præliis. Et dum pacificè dominarentur in territorio Abaisiensi, multitudo hominum tam indigenarum, quàm advenarum ex diversis orbis partibus illuc per terram & mare applicantium postulaverunt à prædictis dominis ad habitandum campum Cuillelmi de Syre, qui erat villæ & portæ contiguus. Quia enim grave erat eis propter viæ longitudinem adire parrochialem Ecclesiam sanctæ Mariæ de Conniâ, in superiori parte ipsius villæ sitam, postulaverunt sibi in Campo prædicto Ecclesiam fieri in honore sancti Bartholomæi Apostoli. Prænominati igitur duo viri eorum petitioni acquiescentes convenerunt Priorem Ayensem, Guillelmum videlicet, postque & alios fratres suos ad quorum jus spectabat Parrochia matris Ecclesiæ totius Rochellæ, precantes ut commodam, ubi dictum est, ædificarent Ecclesiam. Et ad ædificium operis urgendum, largiti sunt Monachis viginti cubitos terræ in longitudine, & totidem in latitudine, ubi Guillelmus Prior instantibus fratribus cœpit ædificare Ecclesiam per manum Petri de Mogono Monachi sui, cui hoc opus pro remedio animæ suæ injunxerat. Unde iratus Bernardus Xantonensis Episcopus, in cujus Diœcesi est Rochella, prædictum opus Guillelmo Priori interdixit. Quâ de causâ Guillelmus Prior consilio fratrum suorum cum Domno Abbate Cluniacensi perrexit, & Papæ Eugenio apud Signiam civitatem tunc constituto, rem gestam exponens, licentiam & concessum & libertatem ædificandi Ecclesiam sicut volebat, ab eodem Papa obtinuit. Insuper ad confirmationem rei litteras Apostolicas ad Xantonensem Pontificem destinatas revexit, datas anno M. C. LII. Signiæ x. Kal. Martii.

Ann. MCLIII. *Judicium* LUDOVICI VII. *Regis Francorum, quo* GODEFRIDO *Lingonensi Episcopo ablata ab* ODONE *Burgundiæ Duce, restituuntur.*

IN nomine sanctæ & individuæ Trinitatis Amen. Ego LUDOVICUS Dei gratiâ Rex Francorum & Dux Aquitanorum. Regiæ sublimitatis est officium eos qui justitiam subterfugiunt humiliare, subditos & obedientes exaltare, & eisdem ad integrum conservare jus suum. Notum igitur fieri volumus tam præsentibus quàm futuris, qualiter Godefridus Lingonensis Episcopus & Odo Dux Burgundiæ in curiâ nostrâ placitaverint, & ad quem finem res perducta fuerit. Igitur ad præfixum illis à nobis diem apud Moretum venientes, congregatis multis Archiepiscopis, Episcopis atque Baronibus in Præsentiâ nostrâ, Episcopus sic exorsus est:

In primo quæro à Domino Duce quare cum casatus sancti Mammetis homo noster esset, & bonâ

feodum inde haberet, placuit ei hominium nostrum derelinquere, quatenùs feodum reddat, & quidquid præterea de eo accepit. Quæro etiam quæ mihi abstulit in Castellione, capiendo Presbyteros aliosque homines nostros, & res nostras, incendendo etiam villam quæ vocatur Oce. Quæro etiam quidquid forisfecit mihi Hugo Dacels & socii ejus, eamdem villam & alias incendendo, homines nostros occidendo, aliaque multa mala inferendo. Quia illud se mihi redditurum per manum Domini Abbatis Clarevallis promisit; quando ei homines suos quos captos tenebam reddidi. Quidquid etiam ipse Hugo & complices ejus infrà respectum quem dominus Dux mihi de eis dederat, forisfecerunt. Quæro dimidium pedagii quod accipit in Castellione, quia sine me ibi nihil debet habere; molendina etiam quæ super terram sancti Mammetis violenter & sub excommunicatione fuerunt, sunt, & tenentur. Varennas quoque & alia multa, quæ contrà me exercent in ipso castro ipse & ministri ejus in nos, contumelias, capitalia damna, & hæc in præsenti nominamus. Quæro etiam villam Brasi, & aliam quæ dicitur sanctus Joannes, quas in vadimonio tenet sine assensu nostro, cum sint de nostro feodo. Quæro etiam ut novos muros Divioni destruat, quia Abbatias nostras nobis excludunt, & super terram nostram fiunt, & contrà castella nostra scilicet Sals & Tilicastrum, turrim etiam villaris, quia nociva est nobis, & super casamentum nostrum fundata, & contrà castrum Burgi. Quæro etiam capitalia quæ aufert Canonicis nostris in pago Divionensi, & in exitu portarum ejus, & damna quæ infert Abbatiis nostris.

E contra Dux: Ista, inquit, respondere volo, tùm quia quædam facta sunt antequàm homo suus essem, & postea me in hominem recepit, tùm quia cum essem homo ejus rectum mihi facere denegavit, unde & hominio ejus abrenuntiavit; sed quæro ut destruat mihi calmam & fossatum quod factum est apud Mussi.

Ad hæc, Episcopus: Quando homo meus, inquit, factus est bonam fidem promisit mihi, & ego bonâ fide recepi eum, nec ideo auferre mihi debet quæ aufert. Quòd si opus est aliquid addere, dico, qui salvis justitiis meis recepi eum. Quod verò dicit me ei rectum denegasse, non cognosco, sed veritatem dicam. Designavi ei diem in curiâ nostrâ jus faciendi & recipiendi, veni ad diem, ipse autem non venit; sed nuntios misit ut eis responderem. Mandavi iterum ut veniret in domum domini sui, renuit, & ego nuntiis respondere. Calmam destruere nolo, tùm quia frater meus eam ædificavit ipso Duce juvante, & iturus Jerosolymam in pace ab eo discessit, ut ipso homo suus; tùm quia in vagio sancti Mammetis facta est, & ad eum nihil pertinet, & alia munitio in finagio ejus priùs fuit, & propior Castellioni.

Ad hæc Dux: In curiâ Episcopi nec ego, nec antecessores mei placitaverunt, sed per nuntios, & illis solis respondere fuit consuetum.

Ad hæc Episcopus: Istud totum nihil est, quia nec ego, nec prædecessores mei nunquam nuntiis Ducum responderunt in placitis nisi Ducibus præsentibus, & antecessores ejus in domo ipsorum vocati multoties placitaverunt, & hîc præ manibus sunt qui avum suum in domo Episcopi Lingonensis atque aliàs placitare viderunt, & duellum in manu ejus firmare & Lingonis deducere. Similiter patrem ejus bis & ter Lingonis, & Castellioni, & alibi multoties. Iste etiam Dux qui præsens est, placitavit in domo meâ semel & bis.

E contra Dux: Ob amorem, inquit, factum est.

Ad hæc Episcopus: Non ob amorem tantùm, sed ob

reverentiam dominii, & debitum homini.

His dictis, itum est ad judicium. Sed Judices judicio alium diem quæsierunt, & nos præfiximus alium diem. Episcopus venit, Dux commandavit. Iterum dedimus alium diem. Episcopus venit, Dux rursùs commandavit. Dedimus & tertium. Episcopus venit, Dux venire contemsit : habito adhuc consilio, nuntium nostrum misimus ad Ducem qui eum reperit incolumem & equitantem, & ipsi de parte nostrâ nominavit quartum diem, ad quem venit Episcopus, sed Dux non veniens suum misit nuntium, qui in eo solo excusabat dominum suum non venisse, quia tantas diætas facere non poterat. His de causis judicio Curiæ abjudicavimus Duci querelas suas, Episcopo suas reddi debere judicavimus.

Quod ut ratum sit in posterum, sigilli nostri auctoritate confirmari præcepimus. Actum Moreti anno Dominicæ Incarnationis M. C. LIII. adstantibus in palatio nostro, quorum subticulata sunt nomina & signa. S. Guidonis Buticularii, S. Matthæi Constabularii, S. Matthæi Camerarii. Testes qui affuerunt Hugo Archiepiscopus Senonensis; Episcopi, Lingonensis, Theobaldus Parisiensis, Alanus Autissiodorensis, Bernardus Archidiaconus Parisiensis, Theodoricus, Galerannus, Adam Camerarius, & alii quamplures. Data per manum Hugonis Cancellarii nostri.

HENRICI *Huntindonensis Archidiaconi Lincolnensis, exemplar tertiæ Epistolæ de contemtu mundi per ea quæ ipsi vidimus hoc est.*

VValtere quondam decus juvenum, quondam deliciæ rerum, nunc proh dolor! diutino languore decoqueris, nunc lamentabili dolore consumeris. In ætatis nostræ jocundabili flore librum tibi Epigrammaton poëticè composui, carmen etiam in amorem acceptabilem contexui : juvenis quidem juveni juvenilia, jam senex seni senilia destino. De contemptu igitur mundi quædam tibi & mihi scripsi, in quibus te languens exerceas, & ipse potissimum sæpe legendo recurram, nec disserendo rhetoricè, nec tractando philosophicè, id unde omnis divina pagina intonat, omnia Philosophorum ingenia desudant : sed loquendo omnino simpliciter, ut pateat pluribus, id est, minùs doctis ; & his quæ tu & ego vidimus, hinc jam senes contemnere contemptibilia discamus. Nihil igitur de historiis deante relatis, sed quæ videndo scimus, quia tale testimonium nec aliud lex admittit, apponimus. Quòd si temporis nostri nomina posteris barbara videantur, vel quia tot apponuntur asper & obliquus tædeat tractatus, saltem mihi & tibi proderit.

CAPUTULUM PRIMUM.

Sit igitur primum Capitulum de his quæ in Ecclesiâ nostrâ contigerunt.

Igitur à pueritiâ omnia ferè vitia præter luxuriam pullulant, inter quæ cacumen exigit rigidissimum, & principatur nimius amor præsentium. Cum autem ætatis naturali bono mala multa pueritiæ vacuentur, velut in scientiâ levitas, mutabilitas, & alia, hoc præ dictum quod jocundius est cæteris, & melle venenato conditur, remanet & crescit. Ætatis tamen magno processu pungere videntur quæ mulcebant, & amaricare quæ indulcabant. Visa tamen mali velut hamo ferè inextricabili captæ mentes, divitiis & deliciis fugientibus retinentur, quod à meipso didici. Cum namque puerulus, cum adolescens, cum juvenis Roberti Præsulis nostri gloriam

conspicerem, scilicet equites decentissimos, adolescentes nobilissimos, equos pretiosissimos, vasa aurea & deaurata, ferculorum numerum ferentium splendorem, vestes purpureas & byssinas, nihil nimirum beatius æstimare potui. Cum igitur omnes, & ipsi qui etiam de mundi contemptu in sæculo legebant ei obsequerentur, & ipse quasi pater & Deus omnium æstimatus, mundum valde diligeret & amplexaretur, si quis tunc mihi hæc pulcherrima quæ omnes admirabamur contemnanda diceret, quo vultu, quo animo ferrem? Insaniorem Oreste, importuniorem Tersite judicassem. Nihil tanti viri tantæ beatitudini obesse posse putabam. Vir tamen effectus, narrationem audivi de turpissimis omnino conviciis ad eum dictis, quæ si mihi nihil habenti in tantâ audientiâ dicta fuissent, semimortuum me duxerem. Cœpi ergo illam beatitudinem minoris pendere, quia verò multis sæcularibus solent ante mortem acerbissima contingere, quid ante finem ei contigerit ediseram.

Qui Justiciarius totius Angliæ & ab omnibus summè formidatus fuerat, in ultimo vitæ suæ anno bis implicitatus est à Rege per quemdam justiciarium ignobilem, & damno gravissimo cum dedecore bis afflictus. Unde istum stupore mentis angariatus est, ut cum ego jam Archidiaconus ejus inter prandium juxtà eum recumberem, lacrymas eum fudisse viderim. Causam quæsitus: Quondam, inquit, adstantes mihi pretiosis induebantur, nunc multæ Regis cujus semper gratiæ studui maximè, compegerunt eos agninis vestiri. Tantâ verò post hæc desperatione de Regis amicitiâ usus est, ut cum laudes egregias, quas Rex de eo absente dixerat, ei retractarentur, suspirans dixit : Non laudat Rex quempiam suorum, nisi quem voluerit funditùs delere (Rex namque Henricus si dicere fas est, summæ simultatis erat & mentis inscrutabilis.) Post paucos exhinc dies apud Wdestoch, ubi Rex conventum hominum & ferarum statueret, cum Episcopus loqueretur cum Rege & Episcopo Salesburiensi, qui summi erant in regno, percussus est apoplexiâ. Vivus tamen, sed elinguis in hospitium suum deportatus, præsente Rege mox exspiravit. Rex magnus, cui semper servierat, quem valde dilexerat & metuerat, quem tanti ducebat, in quem adeo confidebat, nihil pluris in summâ necessitate fuit ei mendico. Animadverte igitur non frustra dictum : *Maledictus homo qui confidit in homine, & qui ponit carnem brachium suum.* Dum igitur puer vel adolescens vel juvenis conspiciunt beatos, præcogitent quàm sit eorum finis ambiguus, & in hoc etiam mundo marcescere incepturi sunt in miseriis. Fuit autem Robertus Præsul mitis & humilis, multos erigens, nullum deprimens, pater orphanorum, deliciæ suorum, hoc tamen usus est fine.

Tractandum autem erat de prædecessore ejus Remigio, qui cum Willelmo Rege in Angliam venit, & bello interfuit, qui postea Episcopatum Dorcheceastriæ prædicto Rege largiente susceptit, qui deinde sedem Episcopatûs à Dorcheceastriâ in Lincolniam transtulit, qui Ecclesiam vestram fundavit, fundatam possessionibus variis ditavit, ditatam personis honestissimis instoravit. Sed non loquimur nisi de auditis & visis, eum autem non vidimus : Clericos autem venerabiles quos in Ecclesiâ primos imposuit, omnes vidimus; quorum paucos memorabimur paucis.

Radulfum igitur sacerdotem reverendum constituit Decanum : Reinerum verò, in cujus loco Galfridus nepos ejus adhuc degit, Thesaurarium exhibuit. Reinerus verò adeo religiosus fuit, ut sæpe in tumulo quem morti suæ præparaverat, psalmodiam

De Roberto Episcopo, qui divitiis & mundanis rebus abundabat.

Miserè periit Episcopus.

Jerem. 17. 5.

exerceret; & domui æternitatis suæ assuescens diutius orabat, ut cum orare non posset, ibidem recumbens à Dei pietate visitaretur: felix exemplum viri clarissimi. Nec tacendus est Hugo Sacerdos, vir memoriâ dignus, principium & quasi fundamentum Ecclesiæ. Cui successit Osbertus vir omninò comis & desiderabilis. In quorum loco jam Willelmus exstat, juvenis magnæ indolis. Guerno verò Cantor effectus est: hujus in loco Radulfus inpræsentiarum Cantor degit. Nec præterco Albinum Andegavensem, Magistrum quippe meum. Cujus fratres honestissimi & consocii mei qui terno pollebant habitu, scientiâ profundissimâ, castitate clarissimâ, innocentiâ summâ, occulto tamen Dei judicio leprâ percussi sunt; sed jam purgamento mundati mortis.

Septem autem Archidiaconos septem provinciis quibus præerat, Remigius imposuit: Richardum Archidiaconum Lincolniæ, cui successit Albertus Longobardus, cui successit etiam Willelmus Bajocensis: & nunc Robertus junior, omnium Archidiaconorum, qui in Angliâ sunt ditissimus; Cantebrugensi & Huntidonensi. & Herfordensi Nicolaum, quo nullus erat corpore formosior, nec moribus corpori multum erat absimilis. Cujus circa transitum cum Cantebrugensis provincia ab Episcopatu nostro separata novum Episcopum suscepisset, duabus reliquis provinciis Archidiaconus ei ipse successit. Nigellum verò Archidiaconum Haintoniæ præposuit: cui successit Robertus, quibus modo Willelmus Alexandri Episcopi nepos egregius. Leicestriæ verò Radulfum, cui successit Godefridus. Quibus Walterus vir omninò laudandus: nunc verò Robertus de Querceto vir famâ dignus. Oxinfordiæ quidem præposuit Alveredum, cui successit Walterus superlative Rhetoricus. Buchingehan præposuit Alveredum parvum. Cui successit Gillebertus, versibus & prosâ & habitu curialissimus. Quibus successit Rogerus jam Cestrensis Episcopus effectus, postea Ricardus. Nunc verò D. Frater Alexandri venerabilis Episcopi à primo quintus. Septimum verò Archidiaconum Beneforaiæ præposuit Osbertum, cui successit Radulfus miserandè occisus: quibus Hugo à primo tertius: nunc verò Nicolaus quartus. Cæteri verò Clerici honestissimi ne prolixitatis arguar, taceantur.

Cogitetur igitur quomodo prædictæ personæ venerabiles exinanitæ sunt, & mox oblivione æternâ absorbendæ sint. Imò mente revolve omnes quos in choro dextro, omnes quos etiam sinistro prius vidimus, nec unus quidem jam superest. Amabant quæ amamus, optabant quæ optamus, sperabant quæ speramus, mors omnes dedit oblivioni. Cogitemus igitur quia similiter & nos eadem manet oblivio, curemus omni nisu quærere quod duret; quod stabile sit, quod differat à somnio, imò quod quid sit, quia hæc nihil sunt.

CAPITULUM II.

Ad contemptum mundi est de his quos in summis deliciis educatos vidimus, summis miseriis tandem deletos.

De Guillelmo Regis Henrici I. filio.

Ideoque autem per capitula tibi scribo, ut quia diversorum nomina & gesta ubique dispersa intermiscentur, hinc apertior & dilucidior fiat Tractatus. Vidimus igitur Willelmum filium Regis vestibus sericis & auro consutis ihduCum, famulorum & custodum sertâ consertum, gloriâ quasi cœlesti coruscentem. Ipse unicus erat Regis & Reginæ filius, nec dubitabat se diademate sublimandum. Enimverò nescio quid magis afferebat ei certa spes in futurum regnandi, quàm patri suo ipsa essentia regni, quia

patri magnum regnandi spatium jam præterierat; filio verò totum adhuc reservabatur; pater etiam jam de amissione cum mentis angariâ cogitabat; filius verò tantum ad habendum cum gaudio totus inhiabat. Displicebat autem mihi, & in animo meo cladem futuram portendebat nimius circa eum cultus, & nimius in ipso fastus, & dicebat animus meus: hic adeo delicatus nutritur in cibum ignis. Ille autem semper de Regno futuro, de fastigio superbo tumidus cogitabat. Deus autem dicebat: *Non sic impii, non sic.* Contigit igitur ut quod pro coronâ auri, rupibus marinis capite scinderetur, pro vestibus deauratis nudus in mari volutaretur, pro celsitudine regni maris in profundo piscium ventribus sepeliretur. Hæc fuit *mutatio dexteræ Excelsi.*

Psal. 1, 4.

Ricardus etiam Consul Cestrensis, filius unicus Hugonis Consulis, summo splendore nutritus, summâ exspectatione patris, heres eximius adhuc imberbis in eâdem nave deperiit, eamdem sepulturam habuit. Ricardus quoque filius Regis nothus, ab Episcopo nostro Roberto festivè nutritus, & in eâdem quâ degebam familiâ à me & aliis celebriter honoratus, cujus indolem mirabamur, & magna quæque exspectabamus, in eâdem navi oscillans illisâ, cum mare ventis careret subitâ morte raptus est, & à mari voratus est. Cum igitur Willelmus regius nepos, filius scilicet Roberti Normannorum Ducis, jam solus regius esset heres, & omnium exspectatione dignus judicaretur, probitate ineffabili Consulatum Flandriæ adeptus esset, & vigore inexterminabili Theodoricum signis collatum superasset, parvo ictu sauciatus in manu periit. Omnes qui cum Regem futurum securi exspectabant, & qui jus ad libitum præjudicabant illusi sunt. Si singula sequerer exempla, fieret epistola codex magnus.

Nunc autem Decanum nostrum Simonem non prætereo, qui filius Roberti Præsulis nostri fuit, quem genuerat dum Cancellarius Willelmi magni Regis esset; qui ut decebat regaliter nutritus, & adhuc impuber Decanus noster effectus, in summam Regis amicitiam & curiales dignitates mox provectus est. Erat autem celer ingenio, clarus eloquio, eruditus venustus, gratiâ coruscus, ætate junior, prudentiâ senilis, sed superbiæ vitio respersus. Ex superbiâ crevit invidia, ex invidiâ odium, ex odio detractiones, jurgia, delationes. Benè igitur prophetavit de se dicens: Ego curialibus interpono quasi sal anguillis viventibus. Sicut enim sal anguillas excruciat, sic delationibus suis omnes Regi famulantes distorsit; sicut sal anguillarum destruitur humore, sic ipse omnium aspirationie annullatus est. Hujus tamen prophetiæ partem priorem intellexit, alteram non prævidit. Vera tamen de se dixit nescius. Summus igitur in fastigio Curiæ & Regni, post dies in summum Regis odium devolutus est, & in carcerem positus per latrinam aufugisse dicitur, & in exilium & miser jam juvenis interiit. Bene igitur in illo illud propheticum patuit; *Qui in croceis nutriebantur, amplexati sunt stercora.* Non igitur magni æstimemus cum nobiles pueros vel juvenes viderimus tam formâ quàm divitiis & favoribus præradiare, cum sæpenumero in summas miserias redigantur. Tunc omnis exspectatio stultorum dissoluta est, & quod nihil erat ad nihilum redigitur.

Thren. 4. 1.

CAPITULUM III.

Tertius erit Tractatus ad hujus vitæ labentis despectum, quæ utinam despici posset à me quantum animus optat meus, & dignitas exigit sua, de sapientiâ hujus mundi, scilicet de hoc quod potissimum est in mundo. Illa namque pretiosior est cunctis dis opibus terræ, & omnia quæ mundo desiderantur, huic non valent comparari. Scriptum est tamen: *Sapientia hujus mundi stultitia est apud Deum.* Quod Apostoli signaculum vilis prosequar exemplis.

Fuit igitur Robertus Consul de Mellent, in rebus sæcularibus sapientissimus omnium vixque in Jerusalem degenerum, fuit scientiâ clarus, eloquio blandus, altutiâ perspicax, providentiâ sagax, ingenio versipellis, prudentiâ insuperabilis, consilio profundus, sapientiâ magnus. Possessiones magnas & varias; quas vulgò vocant honores, urbes & castella, vicos & villas, flumina & sylvas prædictis acquisierat instrumentis. Erant autem honores ejus non solùm in Angliâ, verùm & in Normanniâ & in Franciâ. Pro libitu suo Reges Francorum & Anglorum nunc concordes uniebantur, nunc discordes præliabantur. Si adversùs aliquem insurgebat, contritus humiliabatur: si prodesse volebat, gloriosus exaltabatur. Hinc thesauri copia, auri scilicet & argenti, gemmarum & palliorum incredibiliter ei confluxit.

Cum igitur in summo statu gloriæ suæ degeret, contigit quemdam alium Consulem sponsam ei tam factione quàm dolosis viribus arripuisse. Unde in senectute suâ mente turbatus, & angariâ obnubilatus in tenebras mœroris incidit, nec usque ad mortem se lætum vel hilarem sensit. Cum autem post dies dolori dedicatos in infirmitatem mortis prænuntiantis incidisset, rogatus ab Archiepiscopo & Sacerdotibus cum ei confessionis purgatorium impenderent officium, ut terras quas vi vel arte multis abstulerat pœnitens redderet, & erratum lacrymis lavaret. Quibus respondens ait: Si terras quas aggregavi multifariam diviso, quid miser filiis meis relinquam? Cui contrà ministri Domini: sufficerent filiis tuis hereditates pristinæ, & quas justè terras acquisisti, cætera redde; alioquin animam devovisti gehennæ. Respondit autem Consul: Filiis omnia tradam; ipsi pro salute defuncti misericorditer agant. Eo autem defuncto, filii ejus magis injustè congregata injustè studuerunt augere, quàm aliquid pro salute paternâ distribuere. Liquet igitur summam viri sapientiam in fine quâ illa canitur, non solùm in summam stultitiam; sed in cæcam devenisse insaniam.

Quid memorem Gillebertum cognomine Universalem; Episcopum Londoniensem? non fuit ad usque Romam par ei scientiâ, artibus erat eruditissimus: theoriâ singularis & unicus. Famâ igitur celebris & splendidus, quapropter dum scholas regeret juvenis in Galliâ, ad summum Londoniæ sacerdotium vocatus est; & exoratus concessit. Qui magnâ expectatione susceptus, cœpit avaritiæ crimini deservire, multa perquirens, pauca largiens: Moriens siquidem nihil divisit, sed infinitam thesauri copiam Rex Henricus in ejus deliciis invenit. Ocreæ etiam Episcopi auro & argento refertæ in fiscum Regium allatæ sunt: unde vir summæ scientiæ ab omni populo habitus est pro stultissimo.

Quid etiam de Ranulfo Regis Cancellario, qui cum esset vir sagacissimus, astutus & callidus, omnem vim sapientiæ suæ convertit ad simplices dehereditandos, & pecunias eradendas. Sed inter agendum decidit in languores interminabiles. Tunc verò quasi Deo renitens & naturæ victor, facinus cumulare, quos poterat devorare non destitit. Crescebat cum cruciatu cupiditas, cum infirmitate impietas, cum doloribus dolus, donec cum ex æquo corrueret, Monachus super eum equitavit, & insolitâ mole demolitus est.

Ex infinitorum sylvâ exemplorum ad mundi sa-

pientiam; imò fallaciam discernendam jam dicta sufficiant.

CAPITULUM VI.

Quarto subdetur loco virorum magni nominis felicitas, quam scilicet dedisse se Regi suo David Dominus ipse pronuntiat his verbis: *Fecique tibi nomen grande, juxta nomen magnorum qui sunt in terris.* Ille igitur hanc felicitatem feliciter habuit, nostri autem infeliciter: his namque temporibus non pervenitur ad magnum nomen, nisi summis sceleribus.

Thomas Princeps magnus juxta Laudunum in Galliâ principans, magnus erat nomine, quia summus erat scelere. Ecclesiis igitur circumjacentibus hostis, omnes in fiscum suum redegerat: si aliquem vi vel dolo in captione suâ teneret, non falsò dicere poterat: *Dolores inferni circumdederunt me.* Cædes humana voluptas est & gloria. Comitissam contra solitum in carcere posuit; cui crudelis & spurius compedes & supplicia diebus ut pecuniam extorqueret, stuprum noctibus inferebat ut eam derideret: à carcere in lectum Thomæ crudelissimi quâque nocte ferebatur; à lecto in carcerem quâque die referebatur. Pacificè loquens, proximum in corde non sine risu gladio transpungebat. Unde gladium sæpiùs sub chlamide nudum ferebat; quàm vaginatum. Hunc igitur omnes timebant; venerabantur, adorabant, fama omnis Galliæ circà illum, crescebat in dies ei possessio, crescebat thesaurus, crescebat servitus. Audire finem scelerati desideras? gladio lethaliter percussus, pœnitentiam recusans, & à corpore Domini collum retorquens, sic periit ut benè dici posset:

Conveniens vita mors fuit ista tua.

Vidisti Robertum de Belesme, qui Princeps Normanhensis in carcerem positis erat Pluto; Megæra, Cerberus, vel si aliquid horrendiùs scribi potest; nec curabat captos redimere, sed interimere. Filioli sui oculos sub chlamyde positi quasi ludens pollicibus extraxit. Homines utriusque sexûs ab ano usque in ora palis transforabat. Erat ei cædes horribilis hominum, cibus jocundus animæ. Erat igitur in ore omnium positus, ut dicerentur in proverbiis mirabilia Roberti de Belesme. Tandem veniamus ad finem, ad rem scilicet optabilem. Qui cæteros carcere vexaverat, in carcere perenni à Rege Henrico positus, longo supplicio sceleratus deperiit; quem tantopere coluerat dùm viveret, in carcere utrum viveret vel obiisset, nesciit. Diem quoque mortis ejus obmutescens ignoravit. Hos igitur duos inter multos descripsi, nec jam ampliùs de gente ipsis dæmonibus horrendâ loquendum duxi.

CAPITULUM V.

Quinto tractabitur de summis hominum, qui sic sunt in rebus humanis, ut generalissimi in prædicamentis. Reges verò gentium subditis suis quasi Deus sunt, quibus omnes juramento se devoverunt; quibus stellæ cœli deservire videntur. Horum igitur mundi cacuminum tanta est sublimitas, ut in eos videndo cæteri non satientur, ut eis cohabitantes suprà homines æstimentur: Nec mirandum est si ad eos inspiciendos mulierum turba, vel juvenum turba, vel etiam viri levitatis prosiliunt; sed etiam sapientes & discretione graves ad infanda sæpe vivos nescio quâ gratiâ mulcente impelluntur. Quid igitur est? Quid jocundiùs est? Quid beatius esse potest? Vellem tamen unem ex eis tibi colloqui, & mentis suæ secreta funditùs revelare; longè aliter judicares. Cum eos alii beatos judicent, ipsi dolore detorqueantur, timore decoquuntur. Nemo in re-

Miscellanea Epistolarum,

Henricus Anglorum Rex etsi felicissimus, tamen miserrimus est habendus.

gno eorum par eis miseriis, nemo par sceleribus. Unde dicitur? Regia res scelus est.

Rex Henricus fratrem suum dominum Robertum in carcerem perennem posuit, & usque dum moreretur detinuit; neptum suarum oculos erui fecit; multos proditione cepit; multos subdolè interfecit; multa contrà sacramenta egit, semper cupiditati & avaritiæ deservivit. Quos terrores sensit, dum frater ejus Robertus in eum exercitus à Normanniâ in Angliam duceret? Concordiam quidem territus cum eo instituit; sed in eâ Procerum optimos perjurare fecit, quia pacem fregit, & fratrem cepit. Quos terrores habuit, dum Consul Andegavensis castella ejus diriperet, nec ipse procedere auderet? Quos terrores, dum Balduinus Consul Flandrensis Normanniam ipso præsente inflammaret, nec ipse procedere auderet? Quomodo mente contribulatus est, cum filii ejus & filiæ, & Proceres pelago sunt devorati? quibus curis demolitus est, dum nepote suo Willelmo Flandriam adipiscente, se diadema regni amissurum prø certo putaret? hinc tamen beatissimus Regum habitus est, sed certè miserrimus est.

Philippus Francorum Rex & Ludovicus filius ejus.

Quid de Philippo Rege Francorum, & Lodoveo filio ejus qui temporibus nostris regnavit, quorum Deus venter fuit, imò funestus hostis fuit, adeo voraverunt, ut seipsos pinguedine amitterent, nec sustinere se possent. Philippus olim pinguedine defunctus est. Lodovicus adhuc juvenis pinguedine tamen jam mortuus est. Quid autem de felicitate eorum? Nonne Philippus à suis sæpe victus est, & à personis vilissimis sæpe fugatus est? Nonne Lodovicus per Regem Henricum à Martio campo expulsus est, & à suis ut patet sæpenumero fugatus est?

Rex verò Norwagensis fratrem suum Regem nuper bello cepit, oculos capto eruit, mentulam abscidit, pedem dextrum ademit, filium ejus lactentem excapitavit; Pontificem ejus laqueo suspendit. Infelix æquè Rex uterque.

Quare Auctor in suâ historiâ Regem Anglorum laudavit, quem hîc vituperat.

Sed oppones: Cur igitur Regem Henricum in historiâ tuâ tantis laudibus extollis, quem hîc tantis criminibus subvertis. Ad hoc respondeo: Regem sapientiâ magnum dixi, consilio profundum, providentiâ clarum, armis insignem, gestis sublimem, divitiis singularem, & tamen omnia quæ hîc apposui, vera nimis sunt; & utinam falsa essent.

Sed forsitan adhuc dices: Triginta & quinque annis jam regnavit, & multo plura si numeres prospera sensit, quàm adversa. Contrà quod ego: imò nec millesima pars fortunæ ejus prosperitati potest adhiberi; ea namque quæ prospera videbantur, doloribus semper immixta erant. Cum Regem Franciæ prælio vicit, quàm longâ turbatione mentis breve illud gaudium adeptus est? breve hoc, quia mox alius exercitus insurgens mentis febribus aliis eum contribuit. Quòd si diuturnitatem vitæ & regni miraris, jam non per biennium regnaturum vir Dei prædixit. Nuper itaque videbis miseræ vitæ miserum finem, quod utinam si fieri potest absit, sed tamen non aberit. Non igitur mireris Reges istos infelices, sed Deum solum felicem, & regna felicia suis dantem.

Reges quorū meminit infelices, solus Deus Rex felix.

CAPITULUM VI.

Sextus autem qui & ultimus erit Tractatus, de Regni nostri Proceribus habeatur, qui nuper potentissimi fuerunt, nec jam impotentes sunt. Jam enim nihil sunt, nusquam sunt, & per excessum penè dici potest, nunquam fuerunt: nunc etenim ferè nemo eorum recordatur, omnis memoria eorum interire incipit & prox nulla erit. *Ad nihilum devenient tamquam aqua decurrens.* Audi igitur Waltere consors carissime, sermocinationem de viris illustribus, sed tamen in audiendo tædiosum; licet eos oculis nostris inspexerimus. Splenduit igitur temporibus nostris Lanfrancus Archiepiscopus, vir Philosophus, vir perspicuus; cui successit Anselmus Philosophus & sanctissimus. Vidimus post eos Radulfum dignum tantâ celsitudine habitum. Postea verò sedit Cantuariæ Willelmus, cujus laudes dici nequeunt, quia non sunt. Impræsentiarum Thebaldus vir omni laude dignus. Fuit etiam temporibus nostris Walchelinus Wintoniensis Episcopus, cui successit Willelmus Giffardus vir nobilissimus. Hi quoque exinaniti sunt, & ad nihilum devenerunt. Hunc autem sedet in loco illorum Henricus nepos Regis Henrici, qui futurus est novum quoddam monstrum ex integro & corrupto compositum, scilicet Monachus & Miles.

Illustres Angliæ Archiepiscopi Cant.

Fuit etiam tempore nostro Ingulfus a Præsul Rovecestrensis, post quem Baldulfus, post quem Ernulfus deinde Joannes, hi omnes exinaniti sunt. Nunc autem sedet Ascelinus mox periturus.

Tempore nostro Mauricius Episcopus Londoniensis decessit: post quem Ricardus, post quem Gillebertus magnus philosophus; nunc verò Robertus vir animo magnus: & hi exinaniti sunt. Badæ vero Joannes, medicus, & Godefridus; nunc verò sedet ibidem Robertus. Et hi jam nihil sunt, Wirecestriæ Samsonem vidi clarissimum, post hunc Teulfum; nunc autem ibidem Simonem videmus. Cestriæ verò vidimus Robertum Pontificem: deinde alium Robertum qui cognominatus est Peccam. Nunc autem sedet Rogerus mox nihilum futurus. Norweciæ sedit Herbertus vir benignus & doctus, cujus exstant scripta. Cui succedit Everardus vir erudelissimus & ob hoc jam depositus; nunc verò sedet ibi Willelmus.

Heliensis Episcopus primus fuit Herveus, cui successit Nigellus. Salesberiensis Episcopus fuit Osmundus; cui successit Rogerus vir magnus in sæcularibus; nunc verò Gocelinus. Execestriæ verò sedit Robertus nuper mortuus, & pridem cæcus, nunc verò nepos ejus item Robertus. In Sicestria verò sedit Radulfus; in cujus loco sedit Pelochin vir gnathonicus, & ob hoc jam depositus. Dunelmæ verò sedit Willelmus qui occisus est: post quem Ranulfus qui totam raptor Angliam succendit: quibus successit Galfridus; impræsentiarum verò Willelmus.

Vidimus autem Gerardum Archiepiscopum Eboracensem, post eum Thomam, post eos Turstanum omninò laudandum, sed nunc Willelmum ejusdem Ecclesiæ Thesaurarium. Lincolniæ vero tempore nostro Remigius deguit Episcopus; cui successit Robertus vir clementissimus; quibus successit Alexander vir fidelis & munificus. Hactenùs de Episcopis.

Nunc agit viris solū sumis.

Nonne vidisti Hugonem Consulem Cestriæ, & Ricardum filium ejus: & Randulfum successorem eorum; & nunc alium Randulfum. Et hi omnes exinaniti sunt. Vidisti virum nequissimum, & sapientissimum Robertum de Mellent scilicet in sæcularibus, de quo prædixi: & nunc filium ejus Robertum laude parvum. Nonne vidisti Henricum Consulem de Warewic, & filium ejus Rogerum, qui nunc deget, animis ignobilem. Vidisti Willelmum Consulem Warenniæ, & Robertum Consulem de Belesme, & Robertum Consulem de Moretuil: de

---

a *Ingulfus*] Si Acherium audias, leges *Gundulfus Præsul Roffensis*, qui scil. obiit anno 1170. ut quidem monet, & quartum ejus successorem Ascelinum credes mortuum anno 1147.

quibus in historiâ Anglorum loquuti sumus : & Simonem Consulem Huntendoniæ, & Eustachium Consulem Boloniæ, & alios multos , & ipsa memoria tædiosa est. Qui cum potentissimi & aspectu intento dignissimi viderentur, nunc nec pronuntiatione digni sunt ; sed & pellis ovina in quâ depinguntur eorum nomina, perdita videtur omnino, nec invenimus oculos qui eam perlegere velint. Testis est hæc Epistola , quam pro nominibus potentissimorum , & omnium assurrectione dignissimorum , nemo tamen , vel vix aliquis, potest perlegere.

Quid memorem Alwinum dominum meum Abbatem Rameliæ, & successorem Bernardum, & postea Remaldum virum callidum sed inclementem, nunc autem Walterum virum elegantem. Turaldus Abbas Burgensis , & Ernulfus , & Mathias , & Gedricus , & Joannes , & Martinus ; quos omnes vidimus, exinaniti sunt , & ad nihilum devenerunt.

Quæris autem cur post mortuos , & in fine vivos interponam , & jam ad nihilum devenisse dicam ? Cujus causa hæc est', sicut enim mortui ad nihilum devenerunt , ita & isti mox devenient , imò ut libriùs dicam jam devenerunt. Nostra namque quæ dicitur vita , ut Tullius ait , mors est : ex quo incipit vivere , incipit mori.

Prætereo viros clarissimos scilicet Radulfum Basset , & Ricardum filium ejus Justitiarios totius Angliæ ; & Galfridum Ridel Justitiarium totius Angliæ , & alios absque numero. Quibus jamdudum magni constanter servitium impendere jocundum mihi videbatur ; nunc autem mortuis brevissimam operam vile videtur impendere.

Cogita igitur, Walter, quàm nihil sit hæc præsens vita : cum namque videamus potentissimos , qui ejus divitias plenariè adepti sunt , nihil effecisse , ne & nos nihil efficiamus quæramus aliud iter vitæ , in quâ beatitudinem speremus & adipiscamur. Surge , frater , surge & quære , quia & in hac vitâ quod quæsisti nunquam invenisti. Nonne Rex Alexander, vir , ut ita dicam , plusquàm potentissimus, parvo tandem veneno demolitus est ? Non invenit quod quæsivit. Nonne & Julius Cæsar vir æquè magis potens , cum omnia subjugasset exinanitus est ? Quod quæsivit non invenit. Quære igitur quod invenias , quære vitam post vitam, quia vita non est in hac vitâ. O Deus magno quàm justè mortales dicimur ! Mors enim nostra ex quo vivimus , continua est. Illa autem quæ dicitur mors, finis nostræ mortis est. Quidquid enim agimus , quidquid dicimus , ex quo actum est vel dictum statim moritur. Memoria quidem eorum ut circà mortuum aliquamdiù vivit ; cum autem & illa deperierit , jam quasi secunda mors facta omnia & dicta nostra omnimodè annihilavit. Ubi est quod heri feci, ubi quod dixi ? Ad nihilum devenerunt. Ubi & quod præterito anno hodiernâ licet die feci vel dixi ? Æternâ morte oblivionis absorpta sunt. Optemus igitur in hac morte mortem , quia non evademus hanc vivendi mortem nisi corporis morte , quæ scilicet medius terminus est mortis & vitæ.

Sed antequàm Epistolam hanc perfinierim , nuntiatum est amicum meum cui scribebam , mortis legibus concessisse. O mortalium sors abjecta nascendi , misera vivendi ! dura moriendi ! O mors quàm citò proruis, quàm inopinatè irruis , quàm magnificè subruis ! Ille igitur qui post mortem est medicus, donet tibi, Waltere , antidotum suæ pietatis ad capescendam vitam continuæ sanitatis. Jam tibi quidem Epistola, mitti non potest , sed Epitaphium breve, scilicet monumentum cum lacrymis scribendum est.

HENRICUS tibi serta gerens Epigrammata,
    primùm
Prælia , mox Veneris gramina deinde tuli.
Nunc WALTERE , tibi fero carmen funebre totus.
    Alter ab Henrico , qui tria serta tulit.
Dimidius perii , periit mens & decor & lux ,
    Formaque , mensque viri , mens caritura pari.
Mens assueta viri dare magna tamen pudibundè ,
    Mente minora suâ se tribuisse videns.
Mens assueta viri quantumlibet alta parare ,
    Sed cum multa paret xenia, parva timet.
Mens assueta viri festino tradere vultu ,
    Lætitiâque pari congeminare datum.
Mens assueta viri dare sic ne danda rogentur ,
    Præveniens vocem bina ferente manu.
Nil medium , nil par magnis vir summus habebat ,
    Summa Dei sit ei gratia , grata quies.

Sermo ARNULFI *Lexoviensis Episcopi, in Annuntiatione beatæ* MARIÆ.

Ex MSS. Codicibus Fulcardimontis , Ord. Cisterciensis. Luc. 1. 26.

Missus est Gabriel Angelus ad MARIAM Virginem desponsatam Joseph. Quod ab æterno prædestinatum fuerat, quod ab antiquo per multa Prophetarum oracula repromissum , debuit, Fratres carissimi, die istâ, divinâ gratiâ opitulante, compleri. Siquidem ab æterno æternus Pater Unigenitum suum in causam redemptionis humanæ decreverat incarnari, ut mysterio incarnationis ejus vetus satanæ solveretur astutia, & humilitatis dignatione potestas ejus ac superbia frangeretur ; quod fortassis ab initio nec ipsis etiam fuerat Angelis indicatum, sed intrà secretum divinæ bonitatis magnitudo consilii tegebatur absconditâ , donec conscius secreti nuntius mitteretur , qui indulgenda generi humano libertatis beneficia nuntiaret. Missus est itaque Angelus Gabriel divinorum factus conscius secretorum , tamquam fidelis divinæ voluntatis interpres , & ut quodammodo proprii nominis interpretationem adimplens , fortitudinem Dei in infirmitate carnis prædiceret affuturam.

Si igitur præmissæ salutationis inspiciamus alloquium , rectè nuntius salutis verba proposuit , qui ad salutem omnium nuntiandam , tollendamque perniciem mittebatur. Virgo autem prima verbum salutis accipit & affectum , quia humilem statim, revelatis per Angelum omnibus fidem præstitit & assensum , unde per nuntium ab originali , & cæteris si qua erant actualia , penitus [a] emundata est : ut nulla penes eam peccati corruptio , nulla corruptionis concupiscentia resideret. Talem enim tibi Virginis humanitatem divina magnificentia præparavit, qualem de ipsâ disponebat assumere, ut primæ creationis dignitate receptâ , incorruptæ possit uniri divinitas incorruptæ naturæ. Unde etiam rectè *gratiâ plena* potuit appellari, quæ primò plenitudinem propriæ sanctificationis accepit , & singulari statim privilegio potuit exultare , ut scilicet mater esset & virgo , & in ipsâ placabilem contraria sortirentur eventum. Neque enim alibi vel virginitatem fecunditas, vel fecunditatem simplicitas virginitatis agnoverat , nullâque invicem communione , nullo fœdere unquam jungebantur : porrò utramque bonam esse , utramque constat esse laudabilem. Sed & aliis majus est virginalis privilegium castitatis, in MARIA excellentior est virginitatis fecunditas, si rectè

a *peniuus*] Lege *peccatis*. Locus omninò notandus.
Tom. III.

fecunditatis fructus & virginitatis merita comparentur. Siquidem fructus iste de juratâ David à Domino veritate procedens, suprà sedem ejus positus est, super solium scilicet ipsius & regnum jure perpetuo constitutus, ut de Sacramentorum efficaciâ firmitas, & robur de virtutum sanctificatione concrescat. Cujus sanè fructus germen in magnificentiam & gloriam adjunctæ sibi divinitatis excrescens, omni factum est terrenâ plasmatione sublimius, adeo ut nihil sit vel potestate fortius vel excellentius dignitate.

Inde est quòd in MARIA contrahit fecunditatis honor de ipsâ fructûs sui qualitate substantiam, ubi nulla quarumlibet virtutum dispendia, sed argumenta concurrant. Sed in aliis detrimentum virginitatis sobolis beneficio restauratur, & integritatis amissæ gloriam susceptæ prolis gaudia recompensant; in illis enim de proventus qualitate recipiunt præcedentia detrimenta solatium, ubi quæ fecunda est, pressuræ remedium, & optatæ sobolis percipit incrementum. Virgo autem quæ carnales motus animo & corpore contendit, quanto magis à semetipsâ per gratiam continentiæ deficit, tanto magis proficit ad mercedem. Habent igitur fecundæ quod debeant, habet virgo quod speret: dum eis in gratiarum actiones virginitatis merita transeunt, & ei semper ad præmium eadem virginitatis merita convalescunt. Virgini autem nostræ nullum intulit partus aut conceptio detrimentum, sed tanto majoris fastigium honoris adepta est, quanto mirabiliore est consecrata conceptu. Occurrunt itaque in eâ sibi invicem quasi quibusdam virginitas fecunditasque complexibus, ut fecunditatem virginitatis gloria redimat, & virginitatem fecunditatis fructus attollat. Fecunditas igitur ipsius multis & veneranda miraculis, multis utilitatibus amplectenda, multis illustrata laudibus, in quâ sic humilitati sublimitas Deitatis occurrit, ut nec infirmitas opprimatur à gloriâ, nec majestas aliqua ex parte propriâ dignitate privetur. Profectò in aliis tanto major est fecunditate virginitas, quanto major est integritate corruptio, quia fecunditatem voluptas quædam improbata præcedit, quæ sine culpâ esse commercium carnale non patitur, & affectuolæ corruptarum carnium passiones: unde conceptum in peccatis Psalmista commemorat, quia in ipso utrobique peccatum de corruptâ traduceretur origine, fomitemque peccati procedens de ventris corruptione concupiscentia ministrabat.

At verò in MARIÆ fecunditate sola est operata divinitas, dum virginem virtus obumbrat Altissimi, & superveniens Spiritus carnis & Verbi consecrat unitatem, in quo non potuit de non vitioso vitium provenire, nec auctor virtutum auferre debuit, sed afferre virtutes. Ideoque propositæ castitatis privilegium singulare non abstulit, sed honorem fecunditatis adjecit. Novam itaque sobolem pudor virginalis agnoscit, carnemque miratur natura Spiritu fecundari, legem propagationis humanæ penitùs immutatam; cum ibi sit nec de voluptate conceptio, nec prolis emissio cum dolore. Siquidem Deus de Deo semper, non ex commixtione carnis nascebatur ex tempore, ut hominem assumens sola sancti Spiritûs operatione formaret. Mirum hoc solique divinæ Majestati possibile, ut quamlibet humanitas & divinitas, caro scilicet & spiritus ille concipiant unitatem, quòd impassibilis passibilem, quòd æternus se nobis exhibeat temporalem, quòd eum corporalibus oculis liceat intueri, cujus excellentiam cœlestium civium spirituales oculi non attingunt. Quod

sanè fides nostra necesse est ut saniore concipiat intellectu, nec substantiarum quidem, sed personæ prædicet unitatem, nec alteram in alteram transiisse factâ quolibet modo confusione vel commixtione credamus. Verbum enim in æternâ semper propriæ divinitatis simplicitate consistens, nec alterius est admixtione compositum, nec in aliud sui abolitione transfusum, sed substantiis in se permanentibus & naturis, Christus ut gigas, incomparabili scilicet virtute præcellens, gratuitâ viam nostræ mortalitatis alacritate cucurrit.

Igitur ad propositum divinæ prædestinationis effectui mancipandum Angelus destinatur ad Virginem, qui dilatum usque adhuc divinæ voluntatis hodie patefecit arcanum. Quod sicut æternaliter à totâ Trinitate provisum est, ita nihilominùs à totâ Trinitate nuntiari adimplendum: ait enim: *Spiritus sancti superveniet in te, & virtus Altissimi obumbrabit tibi; quod enim ex te nascetur sanctum, vocabitur filius Dei.* Itaque vim verborum & ordinem studiosâ consideratione pensemus, quòd scilicet primò Spiritus sanctus superventurus nuntiatur in Virginem, eademque postmodum obumbrans Altissimi, id est, Patris virtute proponitur obumbranda: ut ita Virginis præparato conceptu, segregatâ ex utero ejus, sed in utero carne, ineffabilis novissimè Filii generatio proveniret. Vides hîc Angelum manifestè totius Trinitatis expressisse præsentiam, dum superventuræ [b] Spiritus Altissimi obumbrat, Filius verò dicitur incarnari. Liquet igitur totius Trinitatis opus esse quod factum est, licet unus tantùm fuerit incarnatus, è totâ Trinitate scilicet unus tantùm, totius ad id divinitatis exhibuit substantiam, uno tamen proposito redemptionis humanæ ministerium personaliter exhibente. Igitur æternæ generationi generatio temporalis accessit, & æternæ nativitati nihilominùs temporalis est adjecta nativitas; ut quod æternum est, in suâ consisteret æternitate perfectum; quod verò temporale est, perfectionis suæ statum, non tam de naturâ quàm de miraculo sortiretur. Siquidem personam hominis ex duorum hominum commixtione provenire necesse est, hîc verò unius hominis tantùm simplici præcedente substantiâ, nova soboles proficiscitur & formatur; quâ scilicet humanitate perceptâ, sic humilitati nostræ excellentia divinæ majestatis infusa est, ut præeunte mirabili carnis Verbi commercio totum dicatur homo, totum dicatur Deus, alterumque de altero novâ quâdam enuntiationis specie prædicetur; siquidem enuntiatio hæc unionem, non prædicat aut naturam, nec alterutrum in altero, vel substantiam in substantiâ consistere ratio, vel natura consentit; sed personalem ineffabilis quædam quasi consolidatio unicatem. Neque enim carnis essentia in Verbi transivit essentiam, neque Verbum carnis passiones assumsit; sed utique proprietates suas semper attribuit impermixtaram discretio naturarum.

Si igitur Verbum carnem factum esse evangelica tibi dictat auctoritas, factum nihil aliud intelligas, quàm unitum: neque hanc tibi confusio, vel permixtio constituat unitatem; sed singulas semper in in se consistentes debitâ æstimatione venerare substantias, unamque tibi ipsamque singularem proponas de tam diversorum pluralitate personam. Unde si de Christo, Deo scilicet & homine, modò humanum, modò divinum aliquid audias, prædicari intelligas; non ex eâdem causâ procedere, sed ad diversas utrumque prædicamentum respicere rationes. Quod enim modò Omnipotens, modò Creator omnium dicitur, modò unigenitus Patris Filius ab æ-

---

[b] *superventura*] Lego *superventurus Spiritus, virtus Altissimi obumbratura . . . incarnatum iri.*

terno, id eum ex divinitatis constat habere substantiâ: quòd verò natus ex muliere, factus sub lege, quòd ignominiam crucis, quòd amaritudinem sustulit passionis; id ex humanitatis processisse naturâ, nullus est qui dubitet. Porrò si personæ utramque substantiam complectenti, quod specialiter unius est, toti personæ videris attributum, scias ratione assumptionis, toti convenire personæ, nec tamen passiones corporis divinitati, vel humanitati divinam tribuas majestatem. Quippe quod de virgine nasciturum dicit Angelus, Filium Dei nuntiat appellandum, quamvis ei ex eo quod de virgine est, non possit hæc appellatio convenire: sed divina bonitas non voluit nominis detrahere dignitatem, cui communicandum destinaverat ejusdem substantiæ veritatem.

Ad quod sanè post multa tempora novissimè consummandum, ad expertem omnis concupiscentiæ destinatur, cujus denuntiatione votum perpetuæ virginitatis firmatum est potiùs quàm sublatum, cum virum ejus Angelus ad similem formasset assensum. Nullaque hinc vel inde carnalis commercii resideat affectio, sed ad custodiam & obsequium virginitatis & virginis se congaudet fidelis viri devotio prælectam. Igitur ad præparatum sibi prudenter à Spiritu sancto conjugium, secura voti Virgo sancta procedit, & sacri animorum potiùs quàm corporum fœderantur amplexus. Sanè in contrahendis ab initio sponsalibus alia viri fuerat fortassis intentio; sed edoctus ab Angelo, statim totus ad perfectæ continentiæ transivit affectum, ut animi eorum pari invicem similitudine responderent, ne quasi dissidium facere videretur diversarum dissensio voluntatum. Nemo itaque dixerit sublata, sed subsequuto conjugio consummata sponsalia: nec aliquid sacramento nuptiali sanctitate detractum est, sed eos ad maritalem copulam individua vitæ consuetudo condixit. Porrò si nec opus intercesseit carnalis commercii, vel voluntas, nihilominùs tamen constat esse conjugium, quia contractus ille non trahit de carnis commixtione substantiam, sed de solâ legitimâ consentientium voluntate.

Si igitur ad hoc neque concupiscentia, neque carnales requiruntur amplexus, atque intercessisse constat quidquid ad conjugii desideratur effectum; manifestum est veros conjuges extitisse, ut ille rectè [vir] & illa, conjux debeat appellari. Quòd si dicatur non posse matrimonium contrahi nisi communicato copulæ carnalis assensu, ne requisitum alter alteri negare possit accessum: verùm quidem si eâ convenirent voluntate, & præoptata futuræ sobolis pignora contemplantur. Si verò conditioni huic renuntiare vel amore castitatis, vel impotentiâ qualibet obsistente decreverint, legemque matrimonii in aliis omnibus constituant observare, individua vitæ consuetudo, & dispositio alternæ potestatis obsequium affectati contractatûs format substantiam, perpetuamque firmat (sacri consortii fides & gratia veritatis. Quæ etenim ratio assensum hunc commodare pollebat invito, cui perpetua virginis complacebat integritas, votumque erat ipsius, quod in eâ naturâ erat, perpetuæ custoditæ sanctimoniâ venerari? Quòd si à minoribus ad majora trahatur exemplum, aliquid fortassis expressæ similitudinis in Cæciliâ virgine poterit inveniri, quæ cum familiari voto perpetuæ virginitatis munus velut holocaustum quoddam Domino consecrasset, cum Tiburtio tamen amicorum interventu contrahere minimè recusavit, fiduciam habens in Domino, quòd divina devotam in eâ pudicitiam sapientia conservaret, & humiliter parentum desideriis acquievisse Cæcilia videretur. Cantantibus organis igitur

dum juvenis prædestinatus ad vitam: ad nuptiales festinat amplexus, & ad optatum thori virginalis anhelat ascensum, illa procedentibus de conscientiâ voti suspiriis & precibus implorabat à Domino, ne ad confusionem spiritûs & corporis ipsius macula quælibet concupiscentiæ carnalis obreperet, sed corpus prorsùs intactum sincero spiritui conservaret. Cum eo itaque quasi transactione quâdam virgo prudens sic amicabili compositione convenit, ut ipsum asseruerit sibi in eamdem conservandæ pudicitiæ voluntatem, & abesse, sanctiusque & sincerius observatur conjugium absque eo quod sine culpâ esse non potest, nisi per bonum conjugii fuerit excusatum. Profectò cur nos saltem simile casûs & voluntatis privilegium erit, ut eodem fungi concedantur effectu, cum necessitate impotentiæ constringantur inviti, voluntatem verò devotionis affectio & zelus sanctitatis informet. Quibus omnibus manifestum est Angelum rectè virginem appellare potuisse, conjugemque Joseph, nullam prorsùs voto virginitatis viro volenti vim vel injuriam irrogare: sed studium semper cum omni diligentiâ sedulus impendebat, ut suscepti ministerii munus laudabiliter similis & devotus impleret, docente eum frequenti Angelorum commonitione, & omne opus sanctæ sedulitatis dirigente semper in bonum Spiritu sancto, cui est honor & gloria in sæcula sæculorum. Amen.

Ejusdem Epistola I. ad dominum Papam
ALEXANDRUM.

PEtitiones à nobis tertiò factas, & à majestate vestrâ semper benigniùs exauditas, quartò nunc iterare compellimur, quia delegatorum novissimè judicum multitudo cognitionis impedivit eventum. Si quidem Bajocensis & Ebroicensis Decanorum diutina & frequens absentia, tertium collegam, dominum scilicet Abrinc. à negotiorum exequutione suspendit, quia nihil ei fuerat ante alterius eorum vel utriusque præsenti cooperatione commissum. Et ego quidem miratus sum, quòd standi necessitatem Sacerdoti ipsique Episcopo coram Diaconis, seu coram adolescentibus vestra majestas indixerit, cum potiùs minores à majoribus, inferiores à superioribus, juniores à senioribus soleant judicari. Paratus tamen eram cum omni reverentiâ quorumlibet judicum vestrorum imperata recipere; sed adversæ partis astutia in eorum de quibus agitur possessione consistens, nunc & ab antiquo semper dies & tempora dilationibus redimit, & me semper ad omnem diem & locum judicibus occurrente, nec semel adhuc in judicio dignata est comparere: siquidem quandoque nobis sicut hactenus semper, violentia potentiæ sæcularis opponitur, quandoque redempus cautè judicum favor qualibet adversùs nos, manifestissimè etiam frustratorias dilationes admittit. Cum verò reclamante semper Ecclesiâ, nostrâ parochiales Ecclesias & decimationes emptionibus aut quibusdam illicitis modis de manu laicâ, sacrilegâ temeritate Monachi præsumpserint occupare, sæculari semper potestate defensi sunt, ut malè parta possessio malo nihilominùs præsidio servaretur. Tempus autem violentiæ hujus ad præscriptionem longi temporis nituntur opponere, cum ad præscriptionem proficere non possit violentia, vel interpellata possessio; ubi scilicet nec experiendi copia, neque dies utilis indulgetur auctori. Rogamus igitur ut labori nostro, cui jam triginta annis inefficaciter institimus, bonitas vestra finem curet imponere, dominoque Abrinc. quem vestra judicem nobis assignavit electio, quem volueritis adjungatis, quem certum sit zelum Dei habere & peritiam judicandi, qui ejus sit ætatis & ordinis, ut nec ordini nostro irrogari videatur injuria, nec confusio senectuti. Petitiones autem nostras lator præsentium Hugo Archidiaconus & nepos noster, majestati vestræ pleniùs indicabit, quia eas præsentibus litteris non duximus inserendas, ne forte prolixitas epistolæ in tædium verteretur.

Ejusdem II. Ad dominos ALBERTUM & THEODINUM Ecclesiæ Romanæ Cardinales Legatos pro viro venerabili Reginaldo Bathoniensi Electo.

Causam venerabilis fratris nostri Reginaldi Electi Bathoniensis majestate audivimus ad Apostolicâ vestræ experientiæ commendatam. Gavisi sumus quòd amatoribus veritatis est commissa cognitio, apud quos nec justitia periculum incurrere poterit, nec innocentia detrimentum : in quo si personam respicitis, vir est cujus prudentia, cujus honestas, cujus virtus & industria publicè multis, ipsísque probabilibus innotuit argumentis. Si factum electionis inquiritur, omnium ad quos pertinet in personam ejus unanimi concordia vota concurrunt, statumque Ecclesiæ multis labefactatum temporibus certissimè confidunt ipsius magnificentiâ reparandum.

De eo autem quod ei ab his ad quos non pertinet, tam mendaciter quàm impudenter objectum est, certis probationibus constabit vobis, nihil esse nisi odii & invidiæ quæstionem. Nos verò quibus de proximo certiùs & faciliùs veritas potuit apparere, de multorum quibus fides adhibenda creditur, testimonio & publicâ assertione didicimus nativitatem hujus, de quâ quæritur, sacros patris ordines præcessisse, ipsúmque patrem eo tempore, licitè, si præoptasset, militare, vel matrimonium contrahere potuisse. Agite itaque, & calumniam hanc quam non aliunde quàm de zelo malitiæ deprehenditis exortam, secundùm quod vo is à Deo spiritum & potestatem mediâ ratione discutite, nec vota Ecclesiæ ludificari diutiùs dilatione aliquâ permittatis; sed munere huic debitæ benedictionis indulto, ipsum quàm citiùs ad Ecclesiam destinate, ut ex hoc nunc in spem meliorem attritæ diutiùs Ecclesiæ desideria convalescant, seque populus ille optatæ consolationis subsidia gaudeat assequutum.

Ejusdem III. ad ROBERTUM Rotomagensem Archiepiscopum.

Monachus ille G. olim Cormeliensis, pro quo sanctitatem vestram rescriptum Apostolicum scribitis accepisse, de Monasterio illo tertiò egressus est, & tertiò misericorditer est receptus, egressus quartò cum ipsum Abbas & Fratres pro commissis in Ecclesiâ sacrilegiis & furtis pluribus intrà officinas, multísque flagitiis quæ etiam verecundia prohibet recitare, duplici etiam sobole de meretricibus ante fores Monasterii susceptâ, suscipere recusarent; in præsentiâ nostrâ & Abbatis Pratellensis Fratrúmque nostrorum publicè de omnibus tàm convictus quàm confessus, ab Abbate litteras dimissorias impetravit, abjurato ad totam vitam Abbatis Monasterio, & totâ banlevâ Monasterii, quia se ignem missurum publicè comminatus abscessit. Porro cum ipse hoc postmodum ad notitiam Willermi de Papiâ Cardinalis & Abbate præsentibus retulisset, recensitâ veritate, ab ipso auctoritate Apostolicæ Sedis repulsus est & damnatus. Exinde perlustratis terris, rejecto prorsùs habitu monastico, factus apostata, ut parciùs dicam, omni se dissolutioni pubicè mancipavit. Novissimè si majestatem Apostolicam, cui hæc nota esse non poterant, circumvenire mendaciis attentavit, apud vos veritati & justitiæ præjudicare non debet, cui nos eorum quæ dicimus, manifestam faciemus per omnia veritatem. Scitis autem prudentiam Apostolicam nihil in rebus dubiis præcipere diffinitum : sed omnia mandata ejus conditionem habent implicitam, scilicet si preces veritate nitantur : eisque quibus hujusmodi mandata mittuntur, in omnem causam partes judicis, cognitio scilicet & pronuntiatio, reservantur. Quieti itaque Monasterii & claustralis disciplinæ sanctitas vestra provideat, ne reducto auctore iniquitatis, cæterorum qui per pœnam istius correcti sunt, revivíscat audacia, & exemplo veniæ remissioris, ipsorum denuò convalescat.

Ejusdem IV. universis Fidelibus.

Causas quæ sive ex ordinariâ jurisdictione nostrâ, sive ex superiori delegatione ad nostram evidentiam perferuntur, sicut mediâ ratione decidere, sic decisas oportet veritatis testimonio communire, ne ad veritatem vetus litigium qualibet audaciâ quæstio rediviva consurgat. Causam igitur, quæ inter venerabilem fratrem nostrum Simonem Abbatem sancti Andreæ & Fratres Hospitalis Jerosolymitani, super testamento illustris viri Hugonis de Pinu vertebatur, ex Apostolicâ delegatione suscepimus sine appellationis obstaculo terminandam. Auditis itaque utriusque partis allegationibus, cum meticulosâ judicii necessitas videretur instare, nostro se pars utraque commisit arbitrio, & litigium omne per nos amicabili compositione sopitum est. Siquidem pecuniam quæ apud prædictam Abbatem à nominato illustri viro dicebatur fuisse in deposito constituta, in necessarias & pias causas secundùm tenorem testamenti censuimus dividendam, sicut nobis eorum qui à Fratribus Hospitalis producti sunt, testimonio factum est manifestum. Unde assignatâ creditoribus & necessariis personis, ipsíque Abbati, aliísque diversis pauperibus congruâ portione, ipsis nimirum Fratribus Hospitalis intuitu religionis & paupertatis eorum plurimam assignavimus portionem, adhibito in omnibus eorum consensu, ipsorum utilitatibus conferendam, ipsúmque Abbatem duximus super hac quæstione penitùs absolvendum.

Ejusdem V. ad HENRICUM Regem Anglorum Seniorem.

Est in Episcopatu Lexoviensi quædam Parochialis Ecclesia apud Wasseyum, quam ego in manu meâ possessam diutiùs, Canonicis Regularibus sancti Victoris, priúsquam ad eos demigrassem, donavi, ut sumptibus meis aliquâ ex parte proficere possit, cum ego ad Ecclesiam illam pertransissem. Res modica est, sed ego non habebam in quo ampliùs possem pauperibus Fratribus subvenire. Verùm in eâdem Parochiâ quædam Præbenda est Lexoviensis Ecclesiæ, quam ego Hugoni de Nonant nepoti meo solitus sum, licet invitus, & ei confuevi eram, quidquid ferè possem profusâ liberalitate donare, neque quidquam ejusmodi posset in regione illâ ei gratius obvenire. Lætatus est ille, & ego nihilominus exultavi, sperans de liberalitate meâ præsertim apud nepotem meum mihi fructum in tempore subvenire : sed me quidem debuerant præcedentium temporum satis experimenta docuisse, nisi me indulgentiæ gratia & tam proximæ cognationis compassio seduxisset.

Ego enim ex sorore natum parvulum indulgentiùs educavi, erudiri feci diligentiùs, redditibus ampliavi, mihique ad conferendum ei omnis ultrò copia respondebat; donavi siquidem ei in Episcopatu Lexoviensi v. Ecclesias circiter centum librarum, Præbendam in Ecclesiâ Lexoviensi nihilominùs 1. librarum, Archidiaconatum centum librarum, & eo ampliùs, quantum poterat proficere, tam rapinæ quàm injuriæ subditorum. Nec me à largitionibus hujusmodi frequens ipsius ingratitudo poterat cohibere; sed super caput ejus carbones inutiles semper omni studio aggerebam. Præterea quòd de jure Archidiaconatûs homini mihi & fide ligiâ tenebatur obnoxius, quàm ipse mihi utinam fideliore memoriâ conservasset! Expertus sum quia fidem in eo non creat affectio, sed cupiditas aut superioris reverentia majestatis. Utimini eo securè, quia majestatem vestram fallere non audebit: sed ab omnem exequutionem beneplaciti vestri se prosequente metu, non devotione vel fide, promptâ semper actione procedet.

Speraveram quòd saltem novissima mea propitiante vellet oculo contemplari, & super senectute & debilitate meâ & paupertate spontaneâ moveretur adeo, ut etiam sua mihi liberaliter in omni opportunitate exhiberet, meæque saltem de iis quæ ego contuleram ei, misericorditer in tempore vellet inopiæ subvenire. Sed ipse partem modici beneficii quod ego pauperibus Canonicis contuleram, imò quasi conservaveram mihi, absque omni judicio violenter usurpat; licet prædicti Fratres aliquibus annis, & prædecessores eorum ab antiquo pacificè possedissent. Requisivi eum instantiùs, ut justitiam Dei & pauperis Ecclesiæ, meamque consideraret inopiam; sed in nullo proficere potui, quin manus audaces semper præsumeret extendere, & jus pauperum impudentius usurpare. Est etiam in Parochiâ illâ Capellula quædam nullos parochianos, nullos prorsùs redditus habens, ad jus nimirum parochialis Ecclesiæ pertinens ab antiquo, quam omni ferè servitio & ædificio destitutam Sacerdos ejusdem Parochiæ solus cum vellet, devotionis intuitu visitabat; nec divina ibi honestè poterant officia celebrari, quam Fulco Decanus ad quem tunc Parochia pertinebat; jure parochiæ ædificavit attentiùs, & in cœmeteriolo veteri, quod ibi adjacet, domos suas construxit, usu sepulturæ sicut voluit, transformato ; de quâ quidem Capellâ Hugo de Nonant Sacerdotem arreptis clavibus & sacerdotalibus indumentis amovit; cum Sacerdos ad Romanam Ecclesiam antea provocasset, & in ipso facto nihilominùs insisteret appellare; ibique postmodum continuè fecit divina Sacerdotem suum in anathemate celebrare, & parochianos à manu Sacerdotis quam semper cognoverant, violenter amovet & amovit, scilicet ut si veniret ad causam, hac arte fungi possessoris commodo videretur.

Ad vos itaque spectat tantæ enormitatis correptio: neque ego spero aliquod aliunde remedium, quia longinquum & sumptuosum est pauperibus Ecclesiæ Romanæ subsidium; licet nos de ipsius non oporteat auxilio desperare. Apponite itaque regiam manum vestram, & effrænatam hominis avaritiam cohibete, & Fratres illos Ecclesiam illam cùm Capellâ in antiquâ integritate suâ faciatis possidere pacificè, sicut antecessores eorum constiterit longo tempore possedisse, & ipsi duobus aut tribus annis novissimis possederunt, fructusque perceptos eum nihilominùs restituere faciatis.

Reminiscatur, obsecro, Dominus meus, quomodo in novissimo discessu meo apud Gisortium lætificaverit animam meam, & me de copiâ munificentiæ suæ dimiserit affluentem; adjuncto siquidem verbo regiæ promissionis, quòd me in omni oportunitate meâ deinceps adjuvaret, sicut unquam liberiùs fecerat, & omnem à me molestiam propulsaret. Nihil autem mihi constat esse molestius, quàm quòd is qui stare mecum per omnia debuisset, in quo Fratres lætificare speraveram, convertit potiùs in mœrorem : & quietem animi mei, quam quæsisse depositâ omni sæcularitate speraveram, implacabili malignitate perturbat, & usque in sepulcrum persequi indefessa cupiditas non cessat, neque se perturbare juris ordinem revereatur; cum hi qui possidebant, non debuerint absque judicio spoliari. Primò itaque restituendi sunt, cum fructibus scilicet & expensis, & spœna ei pro excessu arbitrio judicis infligenda. Reddat itaque me mihi Dominus meus, & speratam requiem misericordi bonitate restituat ; ut de his quæ ad Deum sunt, liceat mihi sine molestia cogitare. Nihil autem est quod magis regiæ majestati conveniat, quàm audaciam reprimere superborum, & suam justis ac simplicibus justitiam virtute regiâ conservare.

Ejusdem ad Lucium *Papam.*

Quidam de Canonicis nostris Lexoviensibus ante no præterito de paucorum, non de universitatis conscientiâ, ad Majestatem vestram litteras pertulerunt, liberè adversùm me quæcumque voluerunt mendacia conscribentes. Quia verò adversùm me de nullâ in falsum poterant veritate confidere, & me sanctæ Romanæ Ecclesiæ ab ineunte adolescentiâ esse notum noverant & acceptum, famæque meæ integritatem multa apud eam gloriâ resplendere ; ad mentiendum securius mirabili processere commento, ut multa velut infinita confingerent, ut velut auctoritatem faceret falsitas falsitati, nec ipsi mendaces possent de tot falsitatibus æstimari, & falsitati testimonium fallax videretur assertio perhibere. Vix enim credi poterat quòd quivis præsumeret sinceritatem vestram tot & tantis obfuscare mendaciis, nec aliquis erat qui meo posset nomine respondere, satisque erat eis si vel ad momentum opinionem meam possent in aliquo denigrare, vestramque ad ambiguam aliquantenus trahere sanctitatem. Audistis eos, & magis quàm expedieret mihi etiam exaudistis, quoniam absens & innocens, nulloque, citatus edicto punitus sum, & ex magnâ Officii Episcopalis mei parte suspensus, ipsòque ad dicenda & facienda quæ vellent remississ ampliùs animatos, ut, & alii quilibet invitari possent, & ampliùs animari. Miratus sum ego, & nihilominùs qui audiere mirati sunt, quâ ratione in filium, ipsumque specialem, tam immitis statim sententia processisset. Continui tamen manus meas, neque eas etiam usque ad protectionem capitis meis tremebundus opposui, & ad dimissionem Episcopatûs, quam semper optaveram, vestra me indignatio confirmavit. Super quo vestræ gratias refero Sanctitati, quòd me tam misericorditer ab importabili onere liberastis ; & ad providendum animæ meæ liberiorem procedere permisistis.

Adversarii verò mei litteris & Judicibus ad arbitrium impetratis, studuerunt meum multis artibus impedire processum, & me ex litteris vestris ad judicium Abrincensis Episcopi, & Beccensis, & Saviniacensis Abbatum continuò pertraxerunt, quos ex multis causis mihi tota Provincia noverat adversari. A quibus super tot tantisque capitulis, nulla potuit impetrari dilatio, neque deliberatio respondendi. Confessi sunt ab initio Judices dum ageremus, nullam se juris habere peritiam, nec exceptionum, vel quarumlibet allegationum compendia receptu-

Injurias à suis Canonicis (qui litem movent) illatas repellere conatur.

Suspectos habet Judices.

ros; sed iis tantùm insistere quod eis primâ facie velle littera videretur. Accedebat ad gravamen meum, Regis indignatio, & infatigabile studium Walteri Constantiensis, quem illi factionis suæ, quam adversùm me juraverant, promisso Episcopatu principem statuerunt, & ipse eis in omnibus auxilium, & favorem Regium conservabat, sigilloque Regis, quod ipse servabat, securè præsumebat quidquid vellet adversùm me, etiam sine Regis conscientia, consignare, ut de ipsius voluntate procedere crederetur. His itaque dolis instructi etiam Judices à veritate judicii terroribus abierunt, parati quidem ad omnia quæcumque eis possent ab adversariis imperari.

Bona Ecclesiæ haud dilapidasse, imò auxisse probat.

Proposuerunt itaque me bona Ecclesiæ dilapidasse profusiùs, cum me mille ducentas libras & eo ampliùs perpetuas acquisiisse constaret, & thesauro etiam intulisse quingentas, & duodecim millia librarum exstantibus ædificiis impendisse; ipsamque Ecclesiam Episcopalem ex parte sumptibus meis, & acquisitionibus innovatam; ad Communiam quoque Canonicorum sexcentas libras annuas & perpetuas acquisivi, atque mensam Episcopalem quingentis libris, & eo ampliùs, annuis & perpetuis augmentavi. De ipso autem thesauro, ut nihil subtraham, decem & septem marcas in initio meæ promotionis assumsi, quia bona omnia Episcopalia redimere de manu Comitis Andegavensis angebar, quæ ipse mihi per duos annos & tres menses abstulerat, quia electus canonicè sine ipsius designatione fueram consecratus. Quod ego quidem de permissione Domini mei gloriosæ memoriæ Papæ Innocentii feci, cum ego priùs de meo nongentas libras in eam causam & ampliùs expendissem. In expeditione quoque Jerosolymitana ad quam me Sanctus Pater Eugenius Papa destinavit invitum, mandato ipsius calicem aureum triginta & quatuor unciarum expendi, cum ipse mihi, si ampliùs oporteret, meâ causâ assumere concessisset. Præterea, ne forte jactantia videatur, quanta interim fuerit hospitalitatis effusio, quam etiam frequens donorum caritas illustrabat, adeo ut ab homine mediocritatis meæ vix tanta posset largitas exspectari, quod ab his qui viderunt, & his qui experti sunt, publico passim testimonio confirmatur. Supplicavi judicibus ut eorum quæ apposita sunt & detracta, quantitate perspectâ, rationem compensationis admitterent, si tamen æstimandum videretur quod in tam pias & necessarias causas expensum fuerat, & posteà plusquam septuagies septies restitutum. Non sum exauditus in aliquo, quia ora eorum & corda non metus, & antiquæ simultatis obstinatio clauserat: neque jam latens odium, sed prorupta in omnibus audacia videbatur. Condemnaverunt me itaque in centum libras donandas Canonicis, quas in utilitates Ecclesiæ & legitimos sumptus expenderant, mihique de Capellâ prorsus novâ quam mihi paraveram, casulam, dalmaticam, tunicam abstulerunt; sicque me privatum pecuniâ, & sacris spoliatum vestibus emiserunt. Quod sanè cum ad vestram audientiam pervenisset, sententiam eorum eorum Apostolicâ severitate quassastis, & me sicut ex litteris vestris intelligi potest ab ipsorum voluistis pervicaciâ liberari. Rogo itaque ut vestra in decreto suo sententia perseveret, suumque litteræ vestræ consequantur effectum, mihique quod ex injustâ causâ sublatum est, restitui faciatis, ut ad fratres [a], ad quos concessi, pervenire possit quod eis ab initio fuerat destinatum. Insultant illi siquidem, suoque quod ad pias causas deputatum fuerat, distribuunt arbitratu, & me quasi

[a] *fratres.*] Canonicos Regg. S. Victoris Parif. Innuit.

nudum & inopem exiisse improbâ congratulatione lætantur. Faciat itaque vestra misericordia quod cœpistis, & quod à vobis quasi decretum est, districtâ severitate præcipite consummari, ne de nostris gaudeat simplex vel imperita malicia detrimentis.

Ejusdem VII. ad sanctum Thomam *Cantuariensem Archiepiscopum, cum exularet in Galliis.*

Magnam mihi lætitiam dignationis vestræ litteræ contulerunt. Omnibus quidem diligenter iteratâ lectione perspectis, nihil inventum est quod non aut humilitatem saperet, aut zelum justitiæ redoleret. Placuit mihi zelus vester, quia ipsum robusta commendabat humilitas; mutuoque sibi invicem favore zelus & humilitas concurrebant. Sit enim oportet, ut humilitas fervoris incendia temperet, & humilitatis modestiam zelus excitet & accendat, ne aut in pusillanimitatem descendat humilitas, aut in furorem zelus incitatus excedat. His igitur sese invicem mutuâ caritate complexis, intellexi tertiam duabus accessisse constantiam, quæ factis initiis lætos exitus, & felices forti patientiæ repromittit eventus. Hæc siquidem in vobis nec damna, nec labores attendit, sed omni studio sinceræ conscientiæ testimonium quærens, fortunæ simul & personæ haufragium minoris æstimat, quàm justitiæ vel virtutis.

Quæ S. Thomæ imponebantur.

Arbitrabantur aliqui, quorum malitia consuevit de alienâ conscientiâ divinare quod nescit, opus vestrum de superbiâ, non de virtutis procedere veritate, affectare vos pristinos Cancellariæ mores, in hac quoque dignitate servare, ut nullus potentatui vestro, nullus audeat resistere voluntati: gloriosum vobis fore, si procedentem olim de lubrico voluntatis alienæ potentiæ vestro possetis nomini vendicare, cum rectiùs Ecclesiasticæ dignitati reverentia debeatur, quàm officio sæculari. Sublimatum enim vos, & ad altiora divinâ bonitate provectum; nec jam vos scabellum pedis; vel lateris etiam observare consessum, sed ipsius diademati capitis imminere, quod scilicet adeo de vestrâ auctoritate pendeat, ut ipsius ad vos principalis assignatio, & assignationis consignatio debeat pertinere: Idcirco sanè vos inter initia Regalibus obstitisse mandatis, ut in ipso crederetur universitas expugnata, cum nulla relinqueretur aliis fiducia resistendi, ubi regia illi possent imperia prævalere: Addebant & vos inter amicos aliquando dixisse, non fovendos in Principe inconsultos elatæ juventutis affectus, sed statim viriliter intemperantiæ resistendum, ne dissimulatio creet audaciam, vel insolentiam indulgentia prona confirmet. Notos vobis esse omnes Regalis animi motus; quid lenitatis habeat, quid virtutis audeat attentare, ipsumque prudentiæ vestræ magnificentiam nihilominùs agnovisse, quam toties in opportunitatibus utilem, & in difficultatibus expertus sit efficacem. Non repudiandum ab eo blandis adulatorum fallaciis consilium salutare, quo consueverit fulcire nutantia, complanare scrupulos, obstantia dimovere. Quæ verba cum ad Regis notitiam malignitatis invidia detulisset, asserebant irrevocabiliter indignatum dixisse, quòd totis utendum esset viribus, totis artibus obsistendum, quoniam ei de dignitate contentio parabatur: Impossibilem fore concordiam, quoniam neque vos destinata dimittere, nec ipse quidquam vellet dignitati regiæ derogare.

Constantiam ejus extollit Author.

Igitur de incerto opinionis & malignitatis invidiâ procedente judicio variæ dissidentesque sententiæ ferebantur. Porrò jam processu temporis omnis est sublata dubietas, propositique vestri sanctitas evi-

dentibus

dentibus argumentis innotuit, adeo ut boni certè compatiantur & gaudeant, & debita cœperit operire confusio malignantes. Certum est hoc, & luce clarius apud omnes exstitit, minoris reputasse vos divitias quaslibet, & præcelsæ fastigium dignitatis, quàm justitiam quæ ex Deo est, & gloriam Ecclesiasticæ libertatis. Si enim favori divino favorem præferretis humanum, & ad inducendos profanæ novitatis abusus vestra consentiret auctoritas, poteratis non solùm cum summâ tranquillitate degere, sed ipsi etiam magis quàm olim Principi congregare. Quod autem vestram familiam interesset, vestro temperaretur arbitrio, & exposito sanguine cæterorum, domesticus status vester ex omni parte servaretur illæsus. Verùm Sanctitas vestra debitum Episcopalis officii recognoscens, maluit interim sequestrate potentiam, facultates exponere, ipsam quoque personam quibuslibet injuriis patienter offerre. Evangelicum siquidem illud fideli memoriâ retinetis, summi Pastoris doctrinâ proditum, & firmatum exemplo, quòd pro ovibus & fratribus nostris debeamus animas ponere, non de ipsorum detrimentis detestabilem lucri materiam comparare. Poterat autem onus distributionis levari, si causa communis communi tractata consilio, communi suffragio litteretur. Firmatam quippe concordiâ Spiritus unitatem, verum est vexationibus concuti, nullâ tamen improbitate convelli. Igitur invalescente malitiâ, qui ad tempus crediderant, tentationis tempore recesserunt, ducisque sui non tantum facti sunt desertores, sed in castra hostium facto transfugio transcesserunt. Si verò cœptis perseveranter insisterent, & quaslibet patienter experirentur eventus, in semetipsam vehementia collisa recideret, & conceptos immunitas desperata frænaret affectus. Sed ubi pertractatis animis singulorum communi causæ privata prævaluit, desperatio resumsit audaciam, & sepultas spes rediviva suscitavit denuò quæstiones. Verùm tergiversantibus, imò prævaricantibus universis, ad standum ex adverso, & opponendum se murum pro domo Israël, virtutis vestræ magnificentia tantoque relicta est, quæ redemptam semel sanguine Christi, suo iterum sanguine, redimat libertatem. Licet enim nondum usque ad sanguinis effusionem causa pervenerit, supplet tamen devotio meritum passionis, quæ personam vestram minis & terroribus non solùm exposuit, sed objecit. Et cum prorsus incredibile sit ipsum in vestram aliquid crudelius excogitasse personam, tamen non satis poterat inter tot indignationis motus bonitas absconditâ divinari; præsertim cum rerum omnium signa in vestram viderentur perniciem convenire. Speravit siquidem vos ad obsequendum terroribus inclinare, & tantoque severius terrendum censuit, quanto à majori læsione censuit abstinendum. Denique si vestrum voluisset impedire discessum, non serenitas aëris, non ventorum gratia, non tranquillitas maris, non vos nautarum industria deduxisset. Ubique enim vobis manus regiæ potestatis occurreret, cujus nec diligentia falli poterat, nec potentia circumscribi: sed & quamdiu domestica vos complectentis Insulæ brachia continerent, neque vobis tanta nocendi pateret occasio, nec tanta invidiæ materia garriendi. Nunc verò quibuslibet querimoniis silentia vestra præponderant, & quolibet improbior est fuga vestra congressu, dum nobis favorem publicum, modestia vestra conciliat, & ipsum efficacius apud opinionem publicam typo quodam excusantis accusat. Mallet igitur si animum ejus severior induravit affectus, præsentem frequentibus vexare molestiis, quàm ad indulgentiam qualibet importunitate compelli; mallet si mitius aliquid quandoque proposuit, ut id liberalitati ejus in beneficium, quàm patientiæ vestræ cederet in triumphum.

Ad summam, frequenter vobis est consideratione tractandum, quæ causa vestra sit, quis adversarius, quæ parti vestræ studia suffragentur. Et causa quidem justitia manifesta est; quoniam pro Ecclesiæ Dei libertate contenditur, quam ille semel in cruce liberator evicit, & redemptam impretiabili pretio universis qui ipsius nomine censerentur reddidit uniformem. Sicut enim una fides est, una est & libertas, quam identitas Sacramentorum, & operantis omnia Spiritûs simplicitas consecrat &. confirmat. In hoc quippe consistit unitatis Ecclesiæ mirabile Sacramentum, quòd sicut una fides, unus Spiritus, & unum baptisma, ita est unum manumissionis perpetuæ testamentum; quo nos divinæ bonitatis adoptio non tantùm liberos efficit, sed etiam cohæredes. In quo quoties libertati detrahitur, constat fidei nihilominus derogari; quoniam mutuâ sibi invicem ratione connexæ, eadem semper & dispendia sentiunt & proventus.

Porrò adversùs eum vobis agendum est, cujus astutiam remoti, vicini potentiam, severitatem subditi reformidant: quem adeo crebri successus & fortunæ fecit gratia delicatum, ut quidquid non obsequitur, ducat injuriam: quem quanto moveri facilius, tanto sit difficilius mitigari; a quid quem temeritatem non fovet impunitas, sed indilatam delicti irrogat ultionem: Verùm humilitati & patientiæ præparat se quandoque tractabilem: viribus non sustinet expugnari, sed planè quidquid fecerit, de voluntate videatur non de impotentia provenisse, quod erit : Potiùs gloriam quærere, quàm proventum: quod in Principe posset satis commendabile reputari, si gloriæ materiam virtus, & veritas non vanitas, & dulcis usque in exitium adulatio compararet. Magnus est, multorumque maximus, quoniam nec superiorem habet qui terreat, neque subditum qui repugnet, nec alienis extrinsecùs pulsatur injuriis, quibus ab innato domesticæ feritatis mansuescat affectu, sed omnes qui adversùs eum contentionis causas habent, potiùs ad vanæ pacis fœdera peritura conveniunt, quàm ad virium experimenta decurrant, quoniam divitiarum copiâ, multitudine fortium, amplitudine potestatis excedit.

Quod sanè contemplati, quorum ope niti, quorum consilio fulciri suffragio quorum debuisti, à vobis velut facto agmine discesserunt; quando maximè nominis sui rationem deberent agnoscere, & se vobis suffraganeos non refraganeos exhibere. Utinam pristinæ professionis suæ memores exstitissent, quæ concepta semel in seriem totam futuræ successionis extenditur, & novo succedente vetus semper in idipsum obligatio reformatur. Hi sunt qui ad vestram causam, imò causam Christi per omnia discrimina prosequendam tenebantur obnoxii, si debitum Ordinis sui, & detrimentum Ecclesiasticæ libertatis attenderent? sed quâ fide, quâ caritate vobiscum, imò cum Deo cœperint ambulare vidistis, quia in necessitate vestra nec utendum dissimulatione, nec sermonibus temperandum, nec parcendum contumeliis censuerunt, sed totis studiis sese invicem prævenire certabant, ut unusquisque vos vel magis odisse crederetur, vel in nihilo pepercisse. Mirabatur Romanus Pontifex, & hi penes quos cum eo summa disponendæ Ecclesiæ cura consistit, quòd oves in pastorem, quòd in patrem filii, quòd in seipsos denique tantâ vehementiâ gladios contorquerent. Si enim potuissent efficere quod quærebant, nec ipsum libertatis nomen, nec spes libertatis aliqua resedisset, sed tanta tàm regiminis Ecclesiastici fuisset sequuta confusio, ut nihil ordinè

Regis describit indolem, ac vitia.

Episcopi S. Thomæ adversantur.

tractaretur, sed omnia stolido permiscerentur errore, cum sublatis pristinis institutionibus nihil ad debitos suo jure dirigeretur effectus. In his igitur, quantum mihi videtur, non nisi inanem vobis potestis collocare fiduciam, quia fidelem reconciliationi operam non impendent, qui causam diffidio præstiterunt.

Multi in Angliâ à partibus ejus stat, sed occultè.

Reliqui verò ferè omnes qui in inferioribus sunt gradibus constituti, personam vestram sinceræ caritatis brachiis amplexantur, altis, sed in silentio suspiriis implorantes, ut sponsus Ecclesiæ ad gloriam sui nominis felici vota vestra secundet eventu. Nullus tamen est qui se vobis amicum audeat confiteri, sed quo magis odisse credantur, veteres inimiciarum causas allegant, ne indictâ velut in cæteros proscriptione damnentur. Fertur enim de suspicione sententia, nec ad irrogandam pœnam veritatis argumenta quæruntur, sed involvuntur æqualitate supplicii, quos culpa non æquaverat qualitate delicti. Profectò gratissima vobis eorum debet esse compassio, quia licet animos sublimium, minorum vota non moveant, indignationem tamen divinæ etiam Majestatis expugnant, ut tantò fiat ad indulgentiam pronior, quantò ab humiliore fuerit reverentiâ supplicatum. Respicit enim in orationem humilium, causam potius reputat, quàm personam, ut causæ semper justitia sua quantumcumque dilata respondeat, & personæ nihilominùs merces meritis compensata concurrat. Eorum igitur apud Deum vobis poterit prodesse devotio, sed apud Regem sicut nullam impetrandi fiduciâ habent, sic nulla fiducia supplicandi.

Proceres, ei & Ecclesiæ sunt adversarii.

Ad hæc si studia Procerum ducitis inquirenda, certum est eos adversùs Ecclesiam Dei quod fœdus invicem contraxisse, ut utilitates ejus semper impediant, & dignitatibus incessanter obsistant, quia totum sibi reputant deperire, quidquid ejus vel honori, vel proventui viderint accessisse. Instant alacriùs, eo quod eis grata de temporis oportunitate refulget occasio, quia vires ei Regiæ suffragantur, quoniam prædicant se in his ad statum Regni conservandum fidelem diligentiam adhibere. Aiunt prædecessores nec tantas vires, nec tantam potestatis amplitudinem habuisse, non oportere eum indigniùs regnare, vel remissiùs operari, dignitati magis quàm utilitatibus intendendum, cum plerumque cupiditatem lucra redoleant, dignitas semper reverentiam augeat, & gloriam majestatis illustret. Attribuunt ergo dignitati quidquid olim de potestate constat esse præsumptum, licet illud nec fidei concordet, nec rationi conveniat, nec consentiat æquitati. Ille verò avidiùs quàm expediret blandos adulantium sermones amplectitur, fidem reputans, quod nihil aliud quàm dolum malignitatis esse novissimo deprehendet effectu. Si quis enim eorum altiùs vota discutiat, intelliget quia callidè sibi gratiam ejus, & ipsi laboris ac detrimenti materiam præparant in futurum. Ad hoc totis anhelant desideriis, totis artibus elaborant, dummodo eorum non innotescat, intentio, ut scilicet ejus quandoque potentia reprimi possit, ipsisque vetus delictorum impunitas, & nova delinquendi licentia reparetur. Horum quanto promptior est malignitas, tanto est efficacior ad nocendum, quia eis familiaritas occasionem præstat, & auctoritatem excellentia subministrat.

Præter hæc si extraneorum subsidia discretio vestra consideret, in illis cum gratiâ statim effusæ liberalitatis concurrunt, sed postmodum tædio diuturnitatis tepescit affectio, & liberalitas impendii quantitate lassatur. Onus quippe modicum itineris longitudine certum est ingravari, & domesticæ sarcinæ onus sæpe præponderat alienum. Hæret altiùs, difficiliùsque convellitur, qui de præcedentibus meritis adolevit affectus, semperque se verecundia re-

putat obligatam, donec saltem quæ præcepta sunt uberiùs compensata solvantur. Constat itaque delicatè tractandos esse quos ad beneficium ultroneæ gratia caritatis invitat, nec oblatum liberaliter poculum quis absorbeat alienum, sed citrà votum etiam largientis manus continendæ sunt, ne alienam virtutem necessitas vel impudentia nostra consumat.

Ut ratio momenti apud se tractet.

Hæc sunt quæ bonum est vestram crebriùs tractare prudentiam, & rationis instrumentis sæpiùs expensa revolvere; & sic omnia quasi sub unum conferatis aspectum, ut quid singula ponderis habeant, pleniùs de ipsâ possit collatione perpendi. Cæterùm media vobis erit via securior, ut nec propositum vestrum adversitatis austeritas, intervertat, nec conscientia veritatis obduret, ne vos vel pavor desperatum faciat, vel confidentia pertinacem. Tolerandum quippe est quod sine crimine potest, fideique periculo temperari, multaque ad tempus dissimulare necesse est, quæ statim nequeunt emendari, donec tranquillior nobis spiritus auræ lenioris habuerit. Non enim semper eosdem diversa tempora repræsentant eventus, sed præsentia nobis quandoque præteritorum detrimenta restaurant. Circa contingentia nihil stabile sibi potest infirmitas humana præfigere, nec de suorum etiam niti possunt affectibus animorum; sed & ipsos fortuitis casibus cohærere necesse est, & ad singulos eorum motus singulas effingere voluntates. Totis siquidem studiis coguntur exquirere, quod ab eis modò nullis poterat precibus impetrari, quia dextera Excelsi repentina mutatione totam docet illicò mansuescere feritatem. Sic est; in manu Dei corda sunt hominum, pariter & personæ, pariterque facilitate, & personas de medio tollere potest, & animos immutare. Super quo Ipsem vobis certissimam tribuant conscientiæ puritas, & momenta fortunæ; quia nec ea, quæ vobis adversantur æterna sunt, nec sperantem in se confundi justitia divina permittit. Inclinabit siquidem Deus animum Principis, & adversum suâ bonitate convertet, ut Regnum & sacerdotium paribus sibi invicem cooperentur auxiliis, mutuam sibi reverentiam, mutuam exhibeant caritatem. Si quis enim provida prudentia veteris instituta consideret, à quibus tam religionis Ecclesiasticæ quàm Regaliæ excellentiæ jura fluxerunt, cognoscet ea tantâ sibi invicem rationis necessitate connexa, ut plurimam alterum de altero contrahat firmitatem. Unde si quid invicem violentiæ vel injuriæ fuerit irrogatum, in eum qui irrogaverit constat esse vertendum: quia neque pax Ecclesiæ sine Regno, neque Regno salus poterit nisi per Ecclesiam provenire. In caput igitur actoris revertetur injuria, ipsumque sibi manus intulisse noviſsimo comparebit effectu.

Si quid de pace tractandum occultè subtilitatè discernere oportet.

Interim si quid vobis serenitatis cœperit apparere, occasionem vestra sapientia non repellat, sed oblatam prompto colligatis amplexu. Super quo si quid tractandum inciderit, nolite singulos articulos nimiâ subtilitate discutere; quia subtilitas contentionem parit, contentio verò sopitos odiorum ignes quasi quibusdam flatibus excitat & accendit. Non erit vobis ad singularia decurrendum, sed quasi generalibus studiosius inhærere, quia salva res est, nisi pactiones specialiter expressæ perimant libertatem. Si enim nos fidei profitemur, & reverentiæ & obsequii debitores, si bona, & personas nostras honori & utilitatibus ejus offerimus impendendas, sed Regias dignitates, & antiquas consuetudines, in quibus legi Dei non obviant, promittimus observare, non lædit, quia in his omnibus contra debitum nullatenùs obligamur. Si ergo sub hac, vel simili verborum conceptione, pacem vobis & vestris bonitas divina paraverit, interpretationes verborum futuris reservate temporibus, quia nec ipse vobis tot movebit de cætero quæstiones, & vos in omnibus poterunt experimenta præsentia reddere cautiorem, sed neque vobis apud homines gloriam videamini quærere vel triumphum, sed Regi tamquam præcellenti omnis honor, omnis victoria conferatur, dum tamen vobis liceat coram Deo conscientiæ vestræ testimonio gloriari. Ego verò fidele paci vestræ ministerium, ut devotus, ita promptus impendam, quoniam adversitati vestræ, Deo teste, compatior, & personam vestram, & causam sinceræ brachiis caritatis amplector. Certum liquidem est quia fortunam vestram & personam, velut quoddam holocaustum pro fratribus vestris Deo in odorem suavitatis offertis, ut labor vester nobis cedat ad requiem, inopia vestra nostras redimat facultates, & quod residuum libertatis est patientia nobis vestra confirmet. Proinde sic agendum erit mihi, ut me vobis primâ facie profitear inimicum, quia amicum profitenti neque fides haberetur, nec aliquis præstaretur accessus. Poterit igitur concilianto favori simulatio deservire, ut utilitati vestræ cautius virtus operis, & industria sermonis incumbat.

Fideles Regi ad concordiam impetrandam asserit.

Proinde consolamini, quia de adventu ejus ad partes istas plurima nobis commoditas incipit apparere, quia præsens efficacius ab his qui vos diligunt poterit eorum auctoritati cedere, acquiescere consiliis, precibus inclinari. Venit autem animi solito mansuetioris, ut aiunt, quia animum ejus licet ipse dissimulet, quædam præsagæ futurorum amaritudines compellunt, quoniam intelligit in plerisque factis scintillas quasdam ad excitanda incendia convolveri. Movetur enim Francorum invidiâ, calumniis Flandrensium, Galensium improbitate, Scotorum insidiis, temeritate Britonum, Pictavorumque fœderibus, interioris Aquitaniæ sumptibus, Gasconum levitate; & quod gravius est, simultate ferè omnium quoscumque ditioni ejus constat esse subjectos. Suspectam etiam habet Romani Pontificis, quam ipse motu repentino contraxit offensam; Regnique status adeo de absentiâ vestrâ causâ confusus est, ut nec Ecclesiastica, nec sæcularia suo procedant ordine, neque quisquam sciat quid juri Ecclesiastico, quid sæculari debeat assignare. Pro his omnibus proposuit primò cum Rege Francorum quibusdam conditionibus convenire, ut suo & ipsius terrore coiunctô facilius possit cætera complanare. Disposuit etiam, sicut aiunt, in plerisque mitius agere, ut in pacem omnia dissimulatis revocentur injuriis, & ipse celeri reditu ad reprimendam Galensium revertatur audaciam, priusquàm cum eis Scoti Britonesque conveniant, & Albania sicut Prophetatum est, incipiat indignari. Venit igitur imperata facturus, si fuerit qui sciat vel audeat imperare, utilius æstimans aliquid ad tempus de fastu veteris supercilii sequestrare, quàm exspectare, ut in perniciem ejus quæ prædicta sunt omnia vel pleraque concurrant. Valete. Dominus personam vestram conservet incolumem, & adversitatem vestram velociter ad secundos reducat eventus.

Ejusdem VIII. ad Dominum Papam ALEXANDRUM.

Quòd electio Cantuariensis Archiep. seclusâ sæculari potentiâ facta fuerit, meritis S. Thomæ adscribit.

QUæ detrimenta, quos labores, quas injurias Ecclesia Cantuariensis hac tempestate pertulerit, vestra compassio non ignorat. Verùm afflictam diutius, & miserabili mœrore confectam miserator & misericors Dominus oculo misericordiæ respexit ad præsens, ipsamque cœpit ad statum pristinæ dignitatis & excellentiæ per gloriosa beati Thomæ novi Martyris magnalia revocare, quibus eam frequentius magnificentia divinæ majestatis illustrat. Certum est autem ibi noviter quoddam inter cætera contigisse miraculum, quod nullâ spes animo, nulla fiducia præsumebat: scilicet quòd ibi persona ad regimen Ecclesiæ sine designatione laicæ potestatis electa est, cum ibi nullus antea promoveri potuerit, nisi de quo prius potentia sæcularis edixit. Siquidem cum opus illud ad veterem abusum revocari multis fuisset artibus attentatum, per merita prædicti Martyris omnis semper machinatio elusa est; quia ea, quam ipse ibi proprio redemerat sanguine libertatem, personæ committi non pertulit, cujus non electio libera, & canonicus probaretur ingressus. Si enim tam recenter convalere veteris ritum violentiæ contigisset, inanis fortasse à pluribus pretiosi sanguinis reputaretur effusio, & in defectum decertata tot laboribus victoria concidisse. Cæterùm nunc tota provincia in specie optatæ tanto tempore libertatis aspirat, & confirmatum Christi sanguine testamentum, novo gaudet iterum sanguine consignari.

Omnium igitur ad triumphum noviter evictæ libertatis concurrente licentiâ, exorato spiritu, & eos in unum suaviter dirigente consensum, electus est vir cujus religio, cujus prudentia, cujus magnificentia tanto operi idonea crederetur, quòd non externis indiciis, sed intrâ domestica claustra per longum tempus ipsis rerum constiterat argumentis. Nulla invidia, nulla ambitio, nulla denique vis obviare præsumpsit: quoniam sanctus ille successoris sui consecrare videbatur initia, & altari, cujus ipse sacerdos exstiterat, gratum sibi substituere sacerdotem. Felicitati temporum vestrorum hæc licentia servabatur, ut hoc ad vestrorum accederet gloriam titulorum; scilicet quod ubique virtus vestra suam restituerit Ecclesiæ libertatem. Benedictus autem Deus, qui ad consensum hunc devoti filii vestri senioris Regis animum inclinavit, factumque hoc debito favore prosequitur, quod aliquando consueverat designatione necessariâ prævenire.

Electioni Rex junior reluctatur.

Verùm filius, quem ad succedendum sibi in Regno fecit præmatura patris affectio consecrari, tanto bono cœpit obsistere, eorum scilicet impellente consilio qui eum de sinu patris abstrahere potuerunt, & simplicitatem adolescentiæ ejus in proprium magis, quàm in patris convertere detrimentum. Studium igitur eorum est ipsum patri semper opponere, ut ex omnibus causis inter eos quæ ipsi seminaverunt odia convalescant; ne aliquando conversus ad cor debitum gratiæ naturalis agnosceret, & ad paternos incipiat redire complexus. Super quo prudentiam vestram necesse est sollicitè prævidere, ne violentia necessariæ designationis quam in patre per gratiam Dei & gloriam vestram penitus exspiravit, intuitu mansuetudinis, vel dissimulationis vestræ resurgat in filio, ne tam sublata quàm translata videatur in alium, tantoque vehementius paret insistere; quanto paternam abrenuntiationem proposito suo considerat obviare. Personam itaque ad quam desideratæ diu libertatis cœperunt initia consecrari, benignè suscipite, ipsique ad exequutionem tanti operis necessariam de magnificentiâ virtutis Apostolicæ conferte fiduciam, ut primitiæ vestræ vestris semper auspiciis convalescant, & læto consummentur effectu. Ad vos omnium fidelium oculi, ad vos omnium Ecclesiarum vota suspirant, ut ex hoc qui libertatem habent, retinendi fiduciam, & qui non habent, spem concipiant obtinendi. Ad hoc opus, hoc studium, hæc Martyris illius jugis fuit intentio, Ecclesiæ cui præerat redimere libertatem. Hic laboris fructus, hæc mercedes sanguinis, hoc præmium passionis. Quia verò ille hunc velut heredem & successorem conservandæ libertatis elegit, gloriosum vobis est cooperari Martyri, & ipsius initiis vestrum addere complementum, ut operationi ejus operatio vestra velut eodem spiritu vegetata concurrat. Ipsum ergo ad opus ad quod tam sanctè, tam celebriter assumptus est, cum festinatione remittite, ne de absentiâ ejus occasionem malitia contrahat, & rediviva potentiæ sæcularis incipiant germina pullulare, sed per istum Beatitudo vestra renascentes parvulos teneat, & allidat ad petram: sublatoque pristinæ servitutis elogio Ecclesia Dei lætabunda procedat; meritisque illius, & vestris; de antiquâ semper iniquitate triumphans, hostibus suis incipiat apparere terribilis ut castrorum acies ordinata. Porrò intelligat sapientia vestra, non solùm Provinciæ illius & Regni, sed aliorum etiam Regnorum desideria supplicare ad quæcumque Sancti illius tam relatione, quàm præsenti inspectione magnalia pervenerunt.

Ejusdem IX. ad HENRICUM Regem Anglorum seniorem.

Regi objicit obsequia ab se præstita, quo gratiam ejus sibi conciliet; & quantam de regiâ dignitate rationem Deo sit redditurus, indigitat.

VEnturus etiam ad vos, sed me senectus, & infirmitas, & debilitas retinent quasi quibusdam reprimentis impotentiæ vinculis alligatum. Sed & à multis partibus multis vexor injuriis, in quibus nullum remedium nisi de gratiâ vestræ bonitatis exspecto. Mitto itaque ad vos Joannem de Albaciâ hominem fidelem vobis pariter & devotum, quem audire vice meâ, & precibus meis ad momentum velitis aures regias inclinare. Obsecro reminiscatur Excellentia vestra fidei, devotionis, & obsequii, honori & utilitati vestræ ab ineunte puëritiâ vestrâ à me semper exhibiti, & in oportunitatibus meis apud vos merita mea mihi quandoque respondeant, nec impotentiam senectutis meæ dignetur magnificentia vestra conterere, sed hominem ad omnem patientiam cum omni humilitate voluntati vestræ semper expositum, liberalitate regia confovere, & novissimos dies meos, quibus adhuc apud vos modico tempore futurus sum, permittatis, imò faciatis in lætitia consummare. Non me permittit puritas conscientiæ meæ de vestrâ sapientiâ desperare, apud quam sæpius in multis & maximis gratiam merui, & si quid quandoque per ignorantiam aut simplicitatem minùs prudenter actum est, fides semper & sedulitas impensi incessanter officii compensavit. Ad summam, meliora sunt verè diligentis severa consilia, quàm fallax assentatio blandientis, sicut novissimo tempore gravibus indiciis vestra majestas experta est; quando scilicet amicis ferè desperantibus magnificentiæ vestræ terror invaluit, & omnes conatus hostium vestrorum Deo propitio vestrâ sunt industriâ puriter & virtute compressi.

Memini adhuc, neque hoc unquam aliquid à meâ poterit extorquere memoriâ, sublimitatem vestram me inter initia vestra in ulteriorem gratiam recepisse, meumque semper quo sæpius utebamini, vobis in omni tranquillitate profecisse consilium; adeo ut nihil unquam dispendii, nihil laboris, nihil cujuslibet confusionis attulerit, sed omnium operum vestrorum quasi de miraculo procedere magnalia videbantur. Non erat qui vestræ præsumeret obsistere potestati, quia tunc omne opus vestrum disponebat ratio, dirigebat justitia, misericordia temperabat. Postquam verò mendax adulatorum turba convaluit, potuitque letalia venenati mellis blandimenta licenter infundere, affectioni justitia, ratio cœpit cedere voluntati, & meliore consilio præformatos olim sensus, in contrarios quandoque dolosâ sedulitate convertit affectus. Unde nimirum certum est, ortum esse quod .... dit, qua radix qua viriditatem de justitiæ & veritatis humore non contrahit, ad jocundos & utiles fructus novissimè pervenire non potest. Sanè verum est bona quandoque vexationibus concuti,

& quæ mala sunt fallaci quâdam ad tempus lætitiâ prosperari, sed divino judicio semper suus novissimè rerum meritis respondet eventus. Sic est, inconsultorum operum exitus infelices pœnitentia sera prosequitur, quæ dolori quidem materiam comparat, sed nulla eorum quæ provenerunt detrimenta restaurat. Inde verbum celebre sapientis illius est: *Omnia fac cum consilio, & post factum non pœnitebis*. Porrò consilium est, aliquid faciendi vel non faciendi benè excogitata ratio, sicut Tulliana nobis eloquentia definivit. Intelligat dominus meus tria diffinitionem formare consilii, veritatem, diligentiam, rationem, ut scilicet quod fit aut dicitur, nitatur veritate, dirigatur studio, ratione formetur. Quidquid enim stabilem non contrahit de veritate substantiam, ruinæ & defectui necessariò tenetur obnoxium, ut videlicet quod de nihilo ortum est redigatur in nihilum, nec in fundamenti alicujus soliditate subsistit; quod quasi de inani quodam præstigio falsitatis effulsit. His etiam quæ vera sunt oportet semper cum instanti diligentiâ rationis adhibere judicium, ne quis alienam quietem turbare, vel jus alienum confidentiâ potestatis præsumat invadere; sed modum justitiæ continenter amplexus superioribus reverentiam, gratiam inferioribus, parem proximis exhibeat caritatem; & ad omnem partem mentis acie callidè circumducta, sic omnes omnium de propriâ conscientiâ metiatur affectus, ut aliis se talem in beneficiis & offensis curet impendere, quales eos vellet in suis oportunitatibus invenire.

Quid consilium.

Verùm qui præsunt, officii sui debitum arctiùs tenentur agnoscere, ut se dominum potiùs ad custodiam, quàm ad violentiam accepisse cognoscant, nec eum cui cura est de illis, Deum scilicet, putant ob aliam causam eis fastigium dignitatis, copiam divitiarum, potentiæ gloriam contulisse, nisi ut eos in opus ministerii collocaret, reddituros nimirum de singulis suo tempore sub severo districti Judicis examine, rationem. Qui ergo periculum administrationis accepit, rationem præparet ad reddendum, quia usque ad quadrantem comminatur se qui credidit, exacturum. Quòd si sua cum hujusmodi potentibus gloria non descendit, nec enim eis ascensus promittitur, sed descensus, quid exigenti proferet qui nihil reservavit sibi quod habeat ad solvendum, nempe carnem & spiritum; quia nihil est eorum quæ rapta sunt quod subsistat; neque alius esse poterit satisfactionis modus, nisi ut pœnam perpetuam solvat, qui non habet aliud unde possit à debito perpetuò liberari. Meminisse debent ab eo sibi commissos esse, qui eos proprii sanguinis redemit impendio, & mortis etiam amaritudine liberavit, à quo ejusdem substantiæ naturam, idem redemptionis pretium perceperunt, & ejusdem gratiam mercedis expectant. Unde si omnium eadem natura, omnium idem præmium, omnium eadem consummatio & merces est, non est de quo aliis adversùs alios possint privilegio gloriari, nisi quia qui præsunt graviori ruinæ, & majori periculo sunt objecti. Scripsi diffusiùs quia verborum copiam devotio ministrabat, singulaque mihi dictu necessaria videbantur, ut fidelis admonitio vestræ vos faciat gloriæ reminisci. Utinam viros virtutis, & consilia fortium Regia majestas æstimet & agnoscat, ne spiritus iniquitatis & mendacii fallacibus blanditiis robur animi regalis enervet, & ad opera malitiæ vel defectus contrahat, & inclinet.

Regibus, & his qui præsunt, cur Deus potentiam, gloriam, divitias, &c. conferat.

Non aliis se præferre debent.

Ejusdem X. ad Dominos ALBERTUM & THEODINUM Ecclesiæ Romanæ Cardinales, & Legatos.

Petit ut ratam habeant electionem.

PRo viro venerabili Reginaldo Batoniensi Electo Excellentiæ vestræ nos supplicasse meminimus, quòd scilicet ab Ecclesiâ illâ concorditer electus sit, & unanimi omnium voluntate susceptus. Quod quidem adeo certum est, ut nihil in toto Regno sit notius, nec aliquis est qui vel personæ disponat obsistere, vel facto electionis velit in aliquo derogare. Sanè negotia & bona Ecclesiæ quietè cum omni potestate disponit, & quidquid ab electo Episcopo citra gratiam consecrationis expediri potest, ordinat, & dispensat. Quia verò sine consensu auctoritatis vestræ ad perfectionem gratiæ illius pervenire non potest, misit ad vos Ecclesia illa venerabiles & electas de totâ universitate personas, quæ vice omnium à bonitate vestrâ complementum promotionis ejus pro moribus votis exquirerent, & obnixis precibus implorarent. Vidimus eos, Thomam scilicet Archidiaconum, & A. Monachum Ecclesiæ illius (quoniam Ecclesia illa Conventum Monachorum habet; non Collegium Clericorum) & Magistrum Ranulfum, viros litteratos quidem & prudentes, & approbatæ à pluribus honestatis; negotium scilicet istud ex delegatione omnium omni studio prosequentes, sed viam quâ ad vos pervenire possent nullatenus invenire potuerunt. Laboravimus cum eis, & plerique alii, nec ulla securitas penetrandi ad vos potuit inveniri; præsertim quia negotio illi Rex junior; qui in partibus illis commoratur; dicitur adversari. Ad suffragandum itaque votis, litteris tam ab humilitate nostrâ, quàm ab aliis diligentiùs impetratis, nuntium pro se, quamvis habitus arctioris religionis & paupertas absconderet; ad perferendum negotium, quia aliter id fieri non poterat, transmiserunt. Quia igitur tantæ rei effectus nonnisi instantium bellorum importunitate & casibus fortuitis impeditur; sanctitati & officio nostro credimus convenire; ad idem etiam devotas preces duximus adjungendas, ut quod residuum est auctoritatis vestra compleat, & confirmet, ne vota Ecclesiæ ludificari diutiùs permittatis, & ipsius utilitates impediri.

Ejusdem XI. ad Willelmum *Cenomanensem Episcopum.*

VErum est in Archiepiscopi electione Suffraganeorum desiderari præsentiam, ut eorum, qui præesse habet, consilio res utiliter disponi possit, & conniventiâ confirmari. Asserunt autem Canonici Turonenses se nihil in offensam vestram de præsumptione, aut superbiâ facere voluisse, sed plurimâ necessitate compulsos accelerasse quod factum est; quoniam si differrent, multa eis impedimenta in detrimentum Ecclesiæ, multa obstacula comparebant. Sed & de oportuno Episcoporum adventu maximè dubitabant; cum tempestas ista, quæ circumquaque diffusa est, singulos in partibus suis detineat, & multis necessitatibus occupatos. Audivimus autem multis eorum non displicere quod factum est; sed adhibito confirmare consensu, quoniam si quid in ordine facti minùs observatum est, nota laudabilis personæ merita recompensant. Sanè ut in electionibus ordinis diligentia requiratur institutum est, ut cautiùs & fideliùs possit de personâ idoneâ utilitati Ecclesiæ provideri, sempérque personæ meritum specialius amplectendum est, quàm principali bono observantiis quibuslibet obsistendum. Quod enim favore alicujus introductum est, hoc ad læsionem ejus retorqueri non debet; majórque favor personæ debet esse quàm ordinis, quem institutum constat ad inquirendam potiùs personam idoneam, quàm tollendam. Super quo apud Excellentiam vestram multorum desideriis adjungendas, ut ad consensum operis & effectum vestra benignitas inclinetur, & cum id ad vos principaliùs habeat per-

tinere, vestra possit promptior in operis exequutione & complemento gratiam recognosci. Siquidem hoc facto multorum vobis laudem & gratiam acquiretis, neque bonum est ut sanctitas vestra inter tot perturbationes & scandala, quæ omni ex parte peccatis nostris exigentibus incessanter emergunt; ad vindictam tolerabilis injuriæ, vestræ Ecclesiæ, cujus tamquam major, & primogenitus filius estis, tantum & laboris inferat & perturbationis, Et res fortassis ad superius deducta judicium, prosperos sortietur eventus: satiusque debet esse prudentiæ vestræ omne rei complementum quasi de vestro beneficio cum multis gratiæ actionibus provenire; quàm vobis invitis à superiori procedere potestate.

Ejusdem XII. ad Cælestinum *Papam pro Ecclesiâ Sagiensi.*

PRò Sagiensi Ecclesia totâ mente pedibus vestræ pietatis advolvor, confidens de vobis in Domino, quia bonum quod in illa per antecessores vestros Deo auctore fundatum est, &c. *ut in editione Epistolarum Arnulfi. fol.* 77.

Ejusdem XIII. ad eumdem.

SUstulit virum gloriosæ memoriæ Innocentium Papam necessitas humanæ conditionis è medio, cujus Ecclesia Dei liberat atriumphis, cujus adornata virtutibus, cujus denique magnificentiâ fuerat sublimata; qui eam humilibus placabilem, tyrannis autem formidabilem reddens, quanto plus pravitati terroris intulerat, tanto Religioni plus exhibuit caritatis. Quod etiam tam regularis disciplinæ, quàm monasticæ Religionis provectus ostendit, cum civitates & castella passim pro secularibus Regulares Clericos habent, quæque plus hodie Monachorum quàm ferarum quondam habuerint bestiarum; In morte igitur ejus spem sibi redivivam posuerat desperata malignitas, ut tunc ad nefarios liberè conatus erumperet, & statum triumphantis in omnibus Ecclesiæ contulcaret. At verò in promotione vestrâ quasi quodam statim langore spes maligna contabuit; bonis orta est ex timore securitas, & exultationes Dei in gutture omnium sonuerunt. Non enim ambigunt quin vestræ Sanctitatis studio propagetur, quod pio ejus labore plantatum est. Quis enim audeat sperare dissimilia vel minora de vobis, quem adeo & prioris vitæ rudimenta commendant, & modernæ promotionis auspicia divinâ probant voluntate prælatum. Sapientia enim cujus est à fine usque ad finem fortiter ac suaviter cuncta disponere, fortiter hoc de vobis, quia efficaciter, suaviter, quia concorditer adimplevit.

Sed nec sibi soli Romana Ecclesia tanti operis ludum arroget, nec invidiose adversùm nos de tantâ concordiâ glorietur; quoniam in hoc ipsum à multo jam tempore minorum Ecclesiarum vota convenerant, nec alium adeo magnificentiæ tanti prædecessoris idoneum Roma nobis offerre poterat successorem. Fecit sanè tantam excellens virtutis præ-rogativa concordiam, contra quam vel nullus erat, vel nullus ausus est adversarius apparere. Verum est etiam electiones vestros longè antea inde à nobis quasi quoddam accepisse mandatum, cujus fines excedere non habebant quoniam quod multo ante advenarum præsagio præsumptum erat, incolarum ivote completum est, ipsorumque consensum nostra desideria creaverunt. Loquar ergo ad Dominú meum cum sim pulvis & cinis; loquar devotus filius unico patri meo. Quanto, Domine, pluribus desideriis expetitus es, quanto faciliore concordiâ prælectus, quanto majore omnium exultatione susceptus, tanto te Deo & hominibus intelligis obligatum;

T Tt iij

Gratiam divinæ dignationi, gratiam humanæ benevolentiæ debes. Insistendum tibi est, ut dignus sit exspectatione proventus, ut Deo scilicet reverentiam, hominibus exhibeas pietatem. Inter alios vero obsecro ne serenitatem tuam mihi majestas tantæ dignitatis obducat, sed vivat mihi apud te semper pristinæ benignitatis affectus, teque prædecessori tuo in gratia mihi & benevolentia sentiam successisse. Venissem autem ad vos, nisi circà confirmandam mihi recentem novi Principis gratiam, & resarciendas Ecclesiæ, & domûs nostræ ruinas, & curanda germanorum funera, graviùs occuparer. Quibus causis nec tempus adhuc, nec alacritatem habui, nec expensas.

Fragmentum Sermonis ejusdem in Synodo, cujus est initium : Quis putas fidelis servus, &c.

UT semper Domino proventus & familiæ proventus accrescat. Oves Christi sunt, quarum cum ipse sit Dominus, tamen pastorem se nihilominùs profitetur, ut suam circà eas, & potestatem prædicet & affectum, ut ipsæ ei tamquam Domino in auditu auris obediant, & ipse eas tamquam bonus pastor super aquas refectionis in loco pascuæ collocet, & conservet : *Oves :* inquit, *meæ vocem meam audiunt.* Ecce quia quærit ab his, quæ suæ sunt, tamquam Dominus exaudiri : *Et ego Dominus cognosco eas.* Ecce quia ipse rependit eis benignum mutuæ cognitionis, & agnitionis affectum. Quantâ verò eas caritatis gratiâ complectatur, facile pretio redemptionis ostenditur, quod ad eorum liberationem beneficentia Redemptoris impendit. Emptæ enim sunt pretio magno, impretiabili scilicet sanguine Crucifixi, quem licet appretiaverit Judas, non potest tamen sub pretii recidere vilitatem, cui nihil in rebus comparabile, quod omni prælatum creaturæ, quod in patris est dexterâ collocatum. Ignorabat homo quanti posset ejus humanitas æstimari ; quia licet de Creatoris imagine similitudinem contraxisset, nullâ spe tamen, nullâ ratione præsumere poterat aut præscire, vel Incarnationis humilitatem, vel amaritudinem passionis. Quippe rerum creatio gloriam quodammodo divinæ majestatis illustrat, dum opus admirabile sapientiam declarat opificis. Et per ea quæ ab eo visibilia facta sunt, sempiterna virtus ejus, & divinitas innotescit. Videbatur sibi fecisse quod fecerat, ut ignotus à seculis in rationalis naturæ notitiam deveniret, & fieret quasi quoddam cognitionis alternæ commercium, dum ipse sciret figmentum nostrum, & nos aliquatenùs intelligeremus divinæ substantiæ veritatem. Quod autem minoratus est ab Angelis ; quòd brevi virginalis uteri thalamo clausus formam nostræ servitutis assumpsit ; quòd injurias hominum, quòd denique dolorem sustinuit passionis ; hoc saluti nostræ singulariter impensum veritas manifesta declarat, ut mors temporalis ipsius nos ab antiquæ damnationis elogio solveret, & ad vitam revocaret æternam novi consignatio Testamenti. Ipse itaque singulare pretium redemptionis est, quod pari benignitate pro singulis & omnibus est oblatum, ut nullus sibi majoris amplitudinem gratiæ, nullus sibi cujuslibet privilegii prærogativam valeat arrogare. Uniformitatem creationis sequuta est redemptionis æqualitas, ut pariter omnibus proficeret ad futurum prædestinatæ retributionis eventum. Poterat enim superbiæ vel invidiæ materiam præstare si, aliquos amplior indulgentia prætulisset cæteris, quasi defectu quodam deterioris essentiæ, aut minoris misericordiæ condemnatis. Itaque si ortum hominis & processum diligenter attendimus, apparet circà eum incomparabilis bonitas Conditoris, admirabilis Redemptoris caritas, inæstimabilis gratia Salvatoris. Super quo magnæ dignationis est ; nobis commissum esse quod tantâ bonitate formatum est ; quod tantâ servatum caritate ; quod tantâ novissime creditur gloriâ sublimandum. Porrò quantò major dignatio est, tantò majus constat esse periculum. Quantoque majora studium diligentiæ præmia recompensant ; tanto major negligentiæ vindicta procedit. Sicut enim retributor bonorum, ita Deus ultionum Dominus est ; apud quem sicut nihil irremuneratum dimittitur, ita nihil relinquitur impunitum. Beati itaque servi illi, quorum cum venerit Dominus, fides & prudentia complacebit. Super omnia siquidem bona sua, super ea scilicet quæ præparavit Deus diligentibus se, constituet eos. Nihil reservabit absconditum ; sed velut effusâ in omnes munificentiâ largietur divinitas gloriæ suæ ; cœlestium scilicet plenitudinem gaudiorum, Regnique cœlestis cohæredes admittet, ut de manu ejus diadema speciei recipiant, quo speciosi facti, cum qui speciosus est formâ præ filiis hominum, in decore suo revelatâ facie contemplentur, & delectentur in multitudine pacis, præstante eodem Domino nostro JESU-CHRISTO, cui est honor & gloria in sæcula sæculorum, Amen.

GAUFREDI *Avenionensis Episcopi Arbitrium.*

ANno Incarnationis Domini MCLIV. Ego GAUFREDUS Avenionensis Ecclesiæ Episcopus, querimoniam Cabillonensis Ecclesiæ adversùs Monasterium S. Andreæ factam auctore Deo ita terminavi. Communi siquidem utriusque partis assensu nostri arbitrii distinctione electâ, venerabilis præfatæ Ecclesiæ Episcopus Alfandus cum Clericis suis, & venerandus prænominati Monasterii Abbas Pontius cum Monachis suis, ob dirimendam susceptæ litis dispendiosam controversiam ante nostram præsentiam convenerunt : Ecclesia itaque adversùs Monasterium intendente, quòd Ecclesia B. MARIÆ, & Ecclesia sancti Phileæ suæ proprietatis fuissent antiquitùs, & à præfato Monasterio per manum laicam sibi violenter ablatæ & hoc ab antiquorum & Clericorum & laïcorum testimonio approbare nitente ; Monasterium canonicam præfatarum Ecclesiarum donationem, à bonæ memoriæ primùm Radulfo, demùm Desiderio Cabillonensis Ecclesiæ Episcopis, magnarum & religiosarum personarum consilio sibi factam Scripturæ attestatione asseruit ; & eamdem donationem felicis memoriæ Romanorum Pontificum Urbani, Innocentii, Eugenii privilegiis munitam & roboratam, eorumdem privilegiorum attestatione demonstravit.

Nos verò beneficiorum & privilegiorum jura temerare formidantes, & quieti Monasterio prompto studio intendentes, ita arbitrium nostrum temperavimus, ut Monasterium canonicâ donatione & privilegiorum munimento gauderet, & intenta querimonia amicabili de cætero compositione sopita cessaret.

Dominum itaque Episcopum & Clericos ejus supplicando rogavimus, ut omni quæstione & quæstionis præfatarum Ecclesiarum pietatis intuitu de medio sublatâ, easdem Ecclesias jamdicto Monasterio perpetuo beneficii jure tenendas concederent. Abbatem verò & monachos communivimus ut intuitu conservandæ pacis & quietis monasticæ desiderio debitam, & si opus esset plusquàm debitam matrici

Diplomatum, &c. 519

Ecclesiæ reverentiam dependentes, duos solidos veteris Melgoriensis monetæ, nomine censualis canonis pro sæpedictis Ecclesiis singulis annis Canonicis persolverent. Quod & in nostrâ & multorum tam nobis assistentium, quàm utrique parti faventium, omnibus volentibus & hoc fieri postulantibus, præsentiâ factum est.

Præterea idem Episcopus omnes Ecclesias & alias res quas præfatum Monasterium in Cabillonensi Episcopatu longis retrò temporibus habuit, Abbati & Monachis Clericorum suorum assensu laudavit, & habendas sicut habuit hactenùs perpetuò confirmavit; salvo tantùm matricis Ecclesiæ jure synodali:

Testes sunt hi & qui inferiùs scripti sunt:
Petrus Arelatensis Monachus.
Raimundus Garnerii Clericus.
Guillelmus Grammaticus.
Raimundus Rostangnus Moltanarius.
De illis, Fulcherius.
Rainulfus Canonicus.
Guillelmus Gaufredi Monachus.
De Militibus, Guillelmus de Bolbone.
Bertrannus Romeus.   Rostagnus de Lastelladas.
Raimundus Giraldi.
Abfandus de Fosso.   Petrus Lunardi.
Petrus Ugonis.   Rostagnus Lamberti.
Raimundus Bottini.   Petrus Alfanti.
Raimbaldus Siluri.   Guillelmus Adalberti.
Alphandus Agarnus.   Pontius de Vallejovina.
Raimundus Guillelmi.   Franco.
Aigardus Atan...   Odilus.
Bertrannus Bermundi.   Pontius Rostagni.
Petrus Ebrardi Sacrista.   Petrus Conils.
Petrus de Assivel Decanus.   Amadus Cavallons Caimsnus.
Pontius Siluri.   Rostagnus Capitis scholæ.

Monachi verò S. Andreæ fuerunt testes Pontius Abbas.
Robertus Sacrista. [Rolandus.
Bertinus de Cruerio.
Petrus de Rostagni.
De Militibus testes fuerunt Raimundus de Bolbone.
Petrus Bermundi de Avelloneges.
Raimundus de Langnas.
Rostangnus Scherpa. [Milo de Avellonege.
Petrus Botini de Cabillone.
Petrus Bermundi de Laudono.
Bertrannus de Insula & Rostagnus frater ejus.

Epistola GERALDI Cadurcensis Episcopi.

FREDERICO Dei gratiâ Triumphatori & Gloriosissimo Romanorum Imperatori, & semper Augusto, GERALDUS Caturcensis dictus Episcopus, Parcere subjectis, & debellare superbos.

Ex quo, Serenissime Princeps, in festo Dominicæ Nativitatis apud Albam celebritati gaudii Coronæ vestræ me sublimitas vestra interesse voluit & honorare, eamque mihi Excellentiæ vestræ conferre gratiam, ut inter alia Benignitatis vestræ indicia, litteras etiam securitatis per universum Imperium vestrum, & ad omnes fideles vestros, mihi dignati sitis concedere; tantum circa magnitudinem vestram fidelitatis concepi fervorem, ut nihil possit esse, quod honori & beneplacitis vestris consonet, ad quod parvitas mea non sit per omnia prona, & in omni puritate cordis promptissima. Cumque tunc ut per vos haberem regressum Sublimitas vestra mihi imposuisset, & in Ramis Palmarum apud Placentiam aspectui vestro me præsentassem, Imperialis Magnificentia in tantâ gratiæ vestræ benignitate me suscepit, & dimisit, ut sicut carissimo domino suo fidelis famulus fuerim honori vestro ex tunc obnoxius factus, & pro viribus obligatus.

In hoc itaque fidelitatis proposito constitutus, contigit quòd ad visitandum quemdam consanguineum meum Vicecomitem, Eborum nomine, qui à Jerosolymis rediens apud Sanctum Benedictum de Monte Cassino infirmabatur, ad partes illas irem. Qui cum esset jam mortuus, quia Dominus Rex Franciæ, consanguineus vester, mihi dixerat, quòd ad curiam, ad quam dominus Pavembergensis pro reformandâ pace Ecclesiæ ex mandato vestro, & dominus Mendensis de beneplacito vestro ab eo missus erat, accederem, visurus quid de ipsâ pace factum esset; per curiam illam transivi, volens satisfacere & domino Marchioni Montis-ferrati, qui mihi fideli suo, quædam negotia sua imposuerat. Cumque inde redirem, à Coirado nuntio vestro, & Marchione Marchiæ Guarnerii, nullas prorsùs litteras habens, captus, & sub custodiâ detentus, cùm quibusdam Clericis & Monachis de Regno Francorum, & Anglorum, non divitibus quidem, sed de nobilibus Ecclesiis, qui omnes sub spe pacis Ecclesiæ perrexerant, quam & ipsi similiter factam esse audierant. Inter quos etsi aliqui litteras portarent, nihil tamen contrà honorem vestrum, sed tantummodo Ecclesiarum suarum justitias continebant. Ad pedes igitur Imperialis misericordiæ provoluti, Majestatem vestram suppliciter exoramus, quatenùs dignationis vestræ miseratio me, & quemdam consanguineum meum Vicecomitem de Albucione, illius terræ Marchionem, atque omnes alios cum honore & integrâ restitutione ablatorum faciat liberari. Religiosi siquidem sunt Monachi & Clerici, & in viâ istâ quâ ambulabamus absque dolo & malitiâ euntes sub spe pacis, quam factam esse audierant, qui nihil quod vobis credant contrarium volentes, si per alium super aliis gravaminibus justitiam assequi possent, ad eum utique libentiùs iissent. Iteratis itaque & lacrymosis precibus ad pedes Serenitatis vestræ provolvimur, Imperatoriam humiliter flagitantes misericordiam, ut amore Dei, intuitu domini Marchionis Montis-ferrati, & domini Comitis sancti Ægidii fidelis vestri, in meam liberationem aperiat pietas vestra oculos suos super me, & alios concaptivos, quatenùs super hoc Deus vobis retribuat, & nos, qui ab omnibus Principibus Gallicani Regni multiplices faciemus vobis gratias reddi, semper pro incolumitate vestrâ orare, & fideliores debeamus existere. Ad hoc, Benignissime Principum, Celsitudinem vestram exoro, ut litteras illas securitatis ad omnes fideles vestros, quas mihi olim concessistis, non quidem momentaneas, sed sicut credidi perpetuas, & nunc elargiri, & mihi velitis transmittere, quatenùs pro tali gratiæ vestræ argumento Imperii vestri non solùm fidelissimus, sed & famulus efficiar devotissimus. Liberalitas autem vestra nullam diminutionem in liberatione nostrâ inveniet, sed id ad augmentum nominis & gloriæ vestræ plurimum poterit provenire. Statim enim ut captus fui ad Majestatem vestram appellavi, me & mea, ac socios meos sub protectione vestrâ constituens, fidei jubere volens, quòd recto gressu antequam ad propria redirem, vestro me conspectui præsentarem mandatis vestris pariturus. Tantum enim de gratiâ quam mihi dedistis confidebam, ut mihi Benignitas vestra indulgeret, si in aliquo nescienter peccassem.

Epistolæ GUALTERI *de Mauritaniâ Episcopi Laudunensis.*

Epistola I.

Magistro GUILLELMO, Monacho, GUALTERUS de Mauritania salutem.

Dixistis quòd non creditis firmiter peccatorum remissionem conferri parvulis, ante tempus discretionis ab hæretico Christi baptismo baptizatis. Indubitanter verò credendum est Christum æqualiter in dispensatione suorum Sacramentorum per quoscumque ministros operari. Quis enim dubitet hæreticum, qui per ignorantiam ab Ecclesiâ ordinatur, & Catholicum se esse simulat, in administratione sacramentorum æqualem Catholicis habere potestatem, cum ipsâ veritas dicat: *Super Cathedram Moysi sederunt Scribæ & Pharisæi: Quæ dicunt facite; quæ autem faciunt facere nolite.* Quod non dixisset Dominus, nisi Pharisæi, quamvis Christum persequentes, veritati non crederent, tamen eamdem quam & Moyses haberent in sacramentis potestatem. Judas quoque fur & proditor inter Apostolos potestatem dæmones expellendi, & morbos curandi, & peccata ligandi & solvendi recepit à Domino. Nec legimus eum hanc amisisse quamdiu fuit cum Domino, quamvis Dominum prodere moliretur. Caiphas quoque nequam Pontifex cùm tractaret de morte Domini, ex officio Pontificatûs prophetavit. Sic igitur cum occultus hæreticus in Ecclesiâ ordinatur, & juxtà potestatem quam in ordinatione suscepit, & juxtà institutionem Ecclesiæ divina celebrat sacramenta, quis audeat affirmare sacramenta ab hæretico celebrata esse minùs sancta & efficacia, quàm ea quæ fuerunt ab Apostolo Petro celebrata? Alioquin veram non haberent Scribæ & Pharisæi æqualem Moysi potestatem.

Præterea hoc attendite, in sacramentis Ecclesiasticis qualescumque sint ministri, solus Deus invisibile donum gratiæ spiritualiter operatur, non illi per quos sacramenta dispensantur. Quod Dominus in libro Numeri declaravit de Aaron & filiis ejus, sic dicens: *Invocabunt nomen meum super filios Israël, & ego benedicam eis.* Sacramenta quoque solius Dei sunt, non eorum per quos dispensantur. Quis enim homo sanæ mentis audeat dicere: Hic Baptismus meus, Hæc Confirmatio mea? Cum ergo sacramenta solius Dei sint, & talia qualis est ille cujus sunt, non quales illi per quos administrantur: manifestum est Deum, qui totius generis auctor est & largitor, eamdem sanctitatem & efficaciam suis conferre sacramentis, & per ea æqualem præstare gratiam baptizatis parvulis per quoscumque ministros. Absurdum est enim dicere, quòd Christus remissionem præstet parvulo per Petrum baptizato, & non ei quem ipse Christus baptismo suo baptizat per ministerium hæretici, vel etiam ipsius Judæ proditoris. Jam enim videtur ministri fides Christo suffragari, sine quâ nil conferre possunt parvulis. Etiam indubitanter prodesset vel noceret baptizato baptismo Christi diversitas baptistarum, ita ut meliùs essent baptizati per baptistam fidelem, & pejùs per infidelem, etiam illi qui effent à fidelibus baptizati non irrationabiliter præsumendo de fide & sanctitate suorum baptistarum, dicere possent: *Ego sum Apollo, ego Cephæ.* Sed de tali præsumptione Corinthios reprehendit Apostolus.

Fateamur igitur æqualiter inundari parvulos Christi baptismo, per quoscumque ministros baptizatos. » Ait enim Augustinus: » *Quos baptizavit Judas,* Christus baptizavit. Non timeo adulterum, non homicidam, quia columbam attendo, per quam mihi dicitur: *Hic est qui baptizat.* « Nicolaus quoque ad consulta Bulgarorum sic dicit: »A quodam, nescitis utrum Christiano an Pagano, multos in patriâ vestrâ baptizatos asseritis, & quid inde agendum sit consulitis. Hi profectò si in nomine sanctæ Trinitatis baptizati sint. Unum quippe & idem est, sicut exponit Ambrosius. «

Præterea quod per quemque baptistam baptismo Christi baptizantem conferat dona suæ gratiæ Spiritus sanctus, nisi infidelitas, vel alia baptizati perversitas impediat, testatur Isidorus dicens: »Romanus Pontifex non hominem judicat qui baptizat, sed Spiritum Dei subministrare gratiam baptismi, licet paganus sit qui baptizat. « Nec vos moneat quòd Simoni Mago à Philippo baptizato nil profuit baptismus Christi, & Paulo ab Anania baptizato profuit. Nec ideo dicatis Deum inæqualiter per diversos ministros in sacramentis suis operari. Non enim ideo dicimus Deum in baptismo suo per quoscumque ministros celebrato æqualiter operari, quòd omnes baptizati veniam peccatorum inde consequantur, sed quia in similibus personis baptizatis per quosbibet ministros æqualiter operatur Spiritus sanctus. Justis scilicet qui baptizantur gratiam conferendo tam per malos quàm per bonos; injustis autem omnibus gratiam subtrahendo, tam his qui à Catholicis sacerdotibus, quàm eis qui ab hæreticis baptizantur. Inveniuntur tamen nonnullæ auctoritates Romanorum Pontificum, qui videntur asserere quòd baptismus Christi per hæreticos consequutus nihil conferat baptizatis. Quibus supersedendum judicavi, cum prædictæ auctoritates magis consentiant rationi. Vale.

Ejusdem II. ad universos fideles.

Gualterus omnibus in fide Catholicâ sanam intelligentiam.

Quia frequenter solet contingere quando aliqua festinanter proferuntur, & cursim, ut aliter prolator & aliter auditor intelligat: Idcircò mihi placuit explicare quædam verba ad unionem Divinæ & humanæ naturæ pertinentia. Comperi enim quosdam quasi de verbis illis male sentiant, latenter susurrare. Sunt autem hæc verba: *Assumptus homo est Deus,* & similia. Pauca ergo de mysterio Incarnationis ad quod hæc verba pertinent, præmittamus.

Cum genus humanum in utrâque naturâ suâ, id est corpore & animo, corruptionem & originalis peccati maculam contraxisset, Unigenitus Dei Filius, coæternus & æqualis Patri per omnia, & cum Patre idem Deus, ut humani generis maculam mundaret, assumsit in utero Virginis totum hominem, id est corpus & animam, ut per naturam nostram quam assumsit, nos redimeret. Assumptio autem illa facta est tam miro & ineffabili modo, ut Creator, id est, Dei Verbum, & creatura, id est assumpta humanitas, in eamdem unirentur personam; ita tamen quòd assumens natura, id est, Verbum, non est assumpta humanitas, nec in ipsâ aliquatenùs immutata, nec ullo modo imminuta. Similiter assumpta humanitas non est assumens Divinitas, nec in eam est conversa, sed utraque in integritate suæ proprietatis sine omni versibilitate perseverant: quamvis una non sic altera; tamen sicut anima & corpus sunt una pars hominis & unus homo, ita Divinitas & humanitas sunt una pars & unus Christus, id est Verbum humanatum. Unde Augustinus: » Una pars est Deus & Homo, & uterque est unus Christus Jesus; ubique est id quod, Deus est, in cœlo tamen per id quod homo est. « (Hæc autem persona

sona est in sanctâ Trinitate, & idem Deus cum patre, juxta illud : *Vita æterna est ut cognoscere te unum Deum, & quem misisti Jesum-Christum.* Est etiam verus homo propter assumptam humanitatem, juxta illud : *Verbum caro factum est.* Hîc enim caro pro homine accipitur : nam ipse Dei Filius à Patre genitus ab æterno, in tempore natus est ex Virgine, in eâ carnem assumendo, quod declaravit Angelus sic dicens ad MARIAM : *Quod ex te nascetur sanctum, vocabitur Filius Dei.* Quem sequutus » Origenes ait : » Patris unigeniti Filius ex Virgine » generatus est. « Augustinus : » Ingressus est uterum » virginis Dei Filius, & iterum nasceretur. Suscepit » totum hominem, qui à Patre habebat plenissimam » Deitatem. « Ex his patet quia eadem persona, id est, verbum humanatum, Deus est verus, & homo verus, & Dei Filius, & hominis Filius. Et quamvis in hac unâ & eâdem personâ aliud sit assumens Verbum, & aliud assumptus homo, id est, corpus & anima, tamen non est alia persona Verbum, & alia persona humanitas ; nec alius Verbum per assumptionem carnis ex MARIA generatum, & alius homo quem assumpsit, nec alius Filius Dei, & alius Filius hominis, sive per Filium hominis intelligamus Verbum ex MARIA generatum, sive hominem assumptum. Velut in alio homine non est alia persona corpus, & alia anima ; nec alius homo corpus, & alius anima ; sed sicut corpus & anima sunt eadem persona & idem homo, & idem Filius. Unde Augustinus : » Sicut non alius homo corpus, & alius » animus, sic post partum virginis non alius Dei Filius » & alius hominis ; sed sicut in uno homine aliud animus, » sic in uno mediatore aliud Dei, & aliud hominis » Filius ; sed idem tamen, & non aliud Dei quàm » hominis Filius. «

His præmissis significationes nominum ad Incarnationem pertinentium breviter exponamus. Christus nomen verbi ex temporali assumptione hominis : Christus enim græcè, Messias hebraicè, unctus latinè interpretatur ; Filio autem Dei nullius gratiæ unctio convenit ab æterno, sed propter assumptum hominem in tempore, in quo plenitudo gratiæ redundavit, Christus, id est unctus, dicitur. Unde Augustinus : » Quid est homo ? ani-»ma habens corpus. Quid est Christus : Verbum »habens hominem. Et quamvis Verbum Christus, »id est unctus, appelletur, tamen nihil accrevit ei, »nec aliqua gratia collata fuit ei, sed tantummodo »homini quem assumpsit. Et quamvis propter incarnationem ex tempore Christus appelletur, tamen hoc homine significare possumus Dei verbum, »quando etiam de æternitate ejus loquimur, hoc »modo : *Christus fuit semper & est æternus* ; nec »per hoc affirmamus Filium Dei semper fuisse hominem, sed eum, qui homo est factus ex tempore, »assumamus semper fuisse.

Sola humanitas aliquando appellatur Filius hominis, juxta illa præmissa verba Augustini : *Aliud est Dei Filius, & aliud hominis Filius.* Aliquando verò Verbum appellatur Filius hominis, ideò quia carnem assumsit in Virgine. Quod ipsa Veritas insinuat dicens : *Nemo ascendit in cœlum, nisi qui descendit Filius hominis, qui est in cœlo.* Hîc enim per Filium hominis Verbum humanatum, id est Dei Filius, debemus accipere, qui ubique præsens erat ; sed corpus & animam, id est, assumptum hominem, qui nondum in cœlum ascenderat, nec assumta tota ubique præsens erat : quia loca permutando de loco ad locum recesserat. Quod monstrat Dominus ita loquens ad Apostolos: *Gaudeo propter vos quia ibi non eram.* Et hoc idem monstrat Angelus mulieribus ita

dicens : *Jesum quæritis crucifixum ; surrexit, non est hîc.* Unde Gregorius : » Non est hîc per præ-«sentiam carnis, qui tamen nusquam deerat per« præsentiam majestatis « Homo aliquando solam« humanitatem nominat, juxta hæc verba Leonis :« Verus homo ubi unitus est Deo, aliquando est no-«men Verbi incarnati, non solius humanitatis,« juxta illud : *Homo natus est in eâ : & ipse fundavit« eam Altissimus.* Hîc enim per hominem intelli-«gitur Dei Filius ex tempore humanatus, cujus alti-«tudo præcellit omnia, & est creator & fundator Ecclesiæ. Juxta quam significationem ait Leo : Dicimus Christum Dei Filium natum de Deo Patre« sine initio temporis : eumdemque hominem verum« natum de Matre homine in plenitudine temporis. «

Jam nunc restat inquirere quid in personâ Christi assumptus homo significet. Cum igitur in personâ Christi duæ sint naturæ, scilicet Divina assumens, & humana assumpta, Divina assumptus homo vocari non potest : ipsa enim non est assumpta, sed assumsit hominem. Similiter persona Christi, in quâ unitæ Divina natura & humana, assumptus homo vocari non potest. Non enim persona Christi assumpta, sed in eâ humanitas sola assumpta est. Liquet igitur cur humanitas sola, id est anima & corpus, quæ à Verbo assumpta sunt, assumptus homo appellatur. De hoc autem homine assumpto quidam imperiti, ut non dicam insensati, audent dicere, quòd sit Deo coæternus ; quòd anima quæ Verbum assumsit, omnia & seipsam creaverit. Nec sufficit eis hoc verbis affirmare, sed ad seducendam simplicitatem minùs eruditorum errores suos audent scripto committere, & perversâ expositione scripturarum, quas non intelligunt, confirmare. Quorum stultitia manifestis authoritatibus facile convincitur. Apostolus enim de Christo ait : *Qui factus est ex semine David secundum carnem.* Non est ergo æterna caro quam assumsit Verbum, cum facta sit & creata. Unde Augustinus : » Non susceptam« in Christo carnem perpetuitate Divinæ generatio-«nis extrahendo.« Et Leo Papa : » Non animam« quæ ante exstitisset, nec carnem quæ non materni« corporis esset, accepit : natura quippe nostra non« sic assumpta est, ut priùs creata post assumeretur,« sed in ipsâ assumptione crearetur. « His authorita-«tibus liquet hominem, quem assumsit Verbum, non« esse creatorem aut æternum.

Jam nunc ad exponendas propositiones, de quibus me malè sentire quidam æstimant, veniamus. Hæc propositio : *Assumptus homo est Deus,* juxta usum loquutionum similium exponi potest hoc modo : Homo quem assumsit Verbum, id est corpus & animam, est Deus, id est assumens Divinitas. Et hunc sensum quidam imperiti, de quibus suprà mentionem fecimus, affirmant esse verum. Et quia tanto errori eorum contradico, contra me murmurant, & de expositione prædictæ propositionis me malè sentire dicunt. Nunc autem audiant omnes qui volunt, & reprehendant si possint. Sæpe dixi & adhuc dico, & liberâ voce pronuntio, fallum esse quòd homo assumptus sit Deus in hoc sensu, assumpta humanitas est assumens Divinitas : quamvis enim hæ duæ naturæ in eâdem personâ sint unitæ, tamen sicut suprà dictum est, una non potest mutari in alteram, nec una earum aliquo modo altera potest esse ; unde Hieronymus ait : » Deus est Verbum, non caro quam« assumsit. « Licet autem superiorem sensum prædictæ propositionis non approbem, tamen propter unionem assumpti hominis & Verbi assumentis, non nego quin veraciter exponi queat prædicta propositio sed aliter quàm superiùs. Si enim Dei appellantur homines ad quos factus est sermo Dei, multo magis dici potest assumptum hominem esse Deum, idcirco quòd illæ duæ naturæ sint unitæ in unâ eâdemque personâ Christi, quæ est Deus verus; nec tamen recolo hanc propositionem in aliquo authore invenisse, sed multas alias reperi ex quibus conjicitur cur dici possit. Assumptus homo est Deus, etsi nusquam possit inveniri. Dicit enim Augustinus: » Gloriam » suam dicit ille Deum quem sic suscepit Verbum, » ut similis cum illo Deus fieret. « Et alibi: » Quæ » bona opera præcesserunt, quibus mereretur iste ho- » mo una fieri persona cum Deo? nempe ex quo » homo esse cœpit, non aliud esse cœpit quàm Dei » Filius. « Ad similitudinem harum loquutionum potest etiam dici cur assumptus est homo Deus, nec tamen propter hæc verba vel istis similia aliquatenùs concedendum est, cur humanitas assumpta, sit assumens Divinitas, & cur assumptus homo sit æternus aut creator. Hoc autem ideo de assumpto homine toties replico, quia ad nostras manus venerunt quædam litteræ nullius authoritatis nomine prænotatæ, quæ affirmant assumptum hominem non solùm esse Deum, sed insuper Deo coæternum, & animam quam assumsit Verbum, rerum omnium & sui ipsius exstitisse creatricem: quod nemo Catholicus recipere debet, sed ut rem profanam & hæresim manifestam respuere & prorsùs abdicare. Valete.

Ejusdem II. ad Magistrum Theodoricum.

Theodorici sententiam, quòd essentia Dei ubique non adsit, explodit.

MAgistro Theodorico, Gualterus salutem. Pervenit ad nos quòd dicere soleatis, essentiam Dei non ubique adesse. Quod de vobis credere non potui, cum plures auctoritates tam veteris quàm novi Testamenti Deum ubique præsentem, & totum esse attestentur. Quia verò asserunt quidam imperiti, quòd Deus ubique tantummodo potentialiter non essentialiter, idcirco contrà eorum errorem partim rationibus quas invenire potui de naturâ Dei incomprehensibili, partim auctoritatibus confirmare proposui. Quòd Deus essentialiter ubique sit; in multis locis scripturarum invenitur. Quòd Deus ubique præsens & totus est, nec æstimo esse aliquem qui verbis istis contradicat. Si autem Deus ubique præsens & totus est, tunc non solùm potentialiter ubique est, sed etiam ejus essentia ubique est. Non enim verum esset Deum præsentem & totum ubique esse, quia suam potentiam ubique exerceret, nisi etiam ejus essentia ubique præsens esset. Sicut non est verum de aliquo Rege potentissimo, quòd ubique sit præsens & totus suis in civitatibus omnibus, quamvis voluntatem suam per totum Regnum suum potenter exerceat. Constat ergo quòd essentia Dei ubique est, cum ipse Deus ubique præsens & totus sit. Si verò essentia Dei ubique est, tunc Deus essentialiter ubique est.

Præterea quicumque negant in multis & diversis locis esse divinam essentiam, hæc attendant. In utero Virginis conceptus est Dei filius, qui cum Patre idem est Deus, ibique humanitati quam assumsit unita est divina essentia, quod nemo sanæ mentis denegabit. Constat itaque quòd tunc in terra fuit Deus essentialiter, nec tamen à cœlo recesserat Deus. Quod Romana synodus confirmat his verbis: » Si » quis dixerit quia in carne degens Dei filius, cum » esset in terrâ, in cœlo autem cum Patre non fuit ana- » thema sit. « Sicut aut emin cœlo essentialiter erat Dei Filius, quando præsentia corporis assumpti & divinitatis in terrâ fuit, sic quoque in terrâ est præsentia divinitatis, cum in cœlo sit ad dexteram Patris præsentia corporis & divinitatis. Quod ipse in cœlum coram Apostolis ascensurus declaravit, dicens: *Vobiscum sum usque ad consummationem sæ-*
culi. Quæ verba exponit Gregorius sic: » Verbum » incarnatum manet & recedit; recedit corpore, » manet divinitate. « De ipso quoque Dei Filio dicit Origenes: » Verbum Dei unigenitus ubique » totus est & in cœlo & in terrâ, & apud Patrem » & in Virginem; & non dividitur neque in partes » efficitur, sed totum totus tenet, totum implet. « Cum autem constet Dei Filium qui est Deus, & ut dicam expressiùs, qui est ipsa divina essentia, in cœlo & in terrâ essentialiter fuisse, vel esse in præsenti, quæ ratio est cur magis in illis mundi partibus esse concedatur, quàm in aëre, & in mari? Ubicumque autem est Dei filius; necessariò est Pater & Spiritus sanctus; cum sancta Trinitas tota sit inseparabilis.

Nec solum apparet ex præcedentibus ubique esse divinam essentiam, sed etiam ex sacris scripturis. Ipse quippe Deus per os Prophetæ sic loquitur: *Cælum & terram ego impleo*: & David: *Si ascendero in cœlum, tu illic es; si descendero in infernum, ades.* Et Paulus in Actibus Apostolorum: *In quo vivimus, movemur, & sumus.* Et Leo Papa: » Cum » ad considerandum Deum aciem mentis intendimus, discedat à corde quod spatio extenditur, quod fine concluditur, & quidquid nec semper nec ubique totum est. « Augustinus: » Ut eum » amitteremus non ejus absentia qui ubique est, sed nostra fecit aversio. « Hieronymus: » Numquid » localis est Deus? & localis est & non localis: localis est ad se venientibus, & non localis est, quia ubique est. « Cassiodorus: » Adest per ineffabilem » naturam suam ubique totus, cuncta penetrans & » continens, nec more creaturarum ut alibi sit & » aliunde discedat. «

Sufficiunt hæc ad confutandum errorem eorum qui divinam essentiam ubique adesse negant, ad confirmandam contrariæ sententiæ veritatem, quam breviter subnotavi. Deus est quædam essentia incorporea, indivisibilis, penitus simplex; quæ proculdubio est in mundo quem creavit, dicente Evangelista: *In mundo erat, & mundus eum non cognovit.* Nec aliqua est particula mundi, in quâ non sit divinæ majestatis præsentia. Unde liquet quòd omni creaturæ adest Deus essentialiter, & in ipso est omnis creatura, dicente Apostolo: *Ex quo omnia, & per quem omnia.* Licet autem sit ubique, id est in omni loco, non tamen in loco, sed sine loco est. Unde Augustinus: » Intelligamus Deum quantum » possumus sine situ præsentem, sine loco ubique « totum. « Non igitur est localis, sed incircumscriptibilis, quia cum ubique sit, in nullo loco inclusus continetur. Nec reperitur locus canonicæ scripturæ, qui huic veritati contradicat. Si quis verò propter quorumdam locorum immunditiam abhorret credere quòd ubique sit Deus, sciat quòd ita præsentialiter omnibus locis adest, quòd tamen nullam eorum propinquitate contrahit maculam, nec suæ gloriæ patitur detrimentum, dicente Augustino: » Quis cum illo non est, de quo dicitur: *Si ascendero in cœlum, tu illic es; si descendero in infernum, ades?* Cum illo totum est, sed non sic est » cum illo, ut aliquam ex his quæ creavit contagionem, aut eorum indigentiam patiatur. « De divinâ essentiâ quæ ubique est, ista sufficiant. Illos verò qui de Deo turpiter & irrisoriè loqui solent, moneo ut resipiscant. Si enim contra mortales dominos proferre turpia non audemus, quanto magis cavendum est, ne de Deo turpia, & irrisoria proferamus. Vale.

Ejusdem IV. ad Magistrum ALBERICUM.

Magistro ALBERICO, GUALTERUS salutem. Asseritis, ut quidam dicunt, Salvatorem nostrum nullo modo timuisse mortem, nec esse contristatum imminente sua passione, nec esse turbatum. Quia verò in hoc à vobis dissentio, quid inde credam vobis explanare proposui; ut si à veritate devio, à vobis corrigar cum amore. Credo Dominum Christum (qui, ut ait Leo, in se suscepit omnia infirmitatis nostræ, præter peccatum) timuisse mortem, & esse contristatum & conturbatum. Ipse enim dicit *Anima mea turbata est, & quid dicam?* In resurrectione quoque Lazari: *Fremuit spiritu & turbavit semetipsum*. Hieronymus sic ait: *Cor meum conturbatum est*, id est secundùm hominem, sed divinâ virtute confirmatum & confortatum est. Nam & Evangelista inquit, *Angelus ascendens confortabat eum*. Liquet his auctoritatibus Dominum conturbationis molestiam suscepisse, nec tamen credimus ex ipsâ conturbatione eum aliquam peccati maculam contraxisse, nec oblivionis defectum incurrisse. Quòd autem contristatus sit, Matthæus insinuat, dicens: *Cœpit contristari, & mœstus esse*. Ipseque ait: *Tristis est anima mea usque ad mortem*. Et beatus Ambrosius de infirmitate Christi loquens ait: »Tristitiam prædico, quia crucem prædico.« Et Augustinus: »Tristitiam sic assumsit, quomodo carnem. Si enim non fuit tristis, cum Evangelium dicat; *Tristis est anima mea*: ergo & quando dicit: *Dormivit Jesus*, non dormivit Jesus. Ergo tristis fuit, sed voluntate tristitiam suscepit veram.« Et Hilarius ait: »Non erat sine perturbatione, qui infirmitatem & tristitiam fatebatur.« Et Leo Papa de Christo: »Nec quia in illo omnia erant plena sacramentis, ideo aut falsis lacrymis flevit, aut mendaci esurie cibum sumsit: in nostrâ mœstitudine contristatus, in nostro dolore est crucifixus.« Nec moveant vos verba Hieronymi; quibus videtur affirmare Dominum non esse contristatum, quæ sunt hæc: »Non passio in illius animo dominaretur, propter passionem cœpit contristari. Aliud est enim contristari, aliud incipere contristari.« Sic Hieronymus. Sed sciendum est, quòd quamvis hoc dixerit, non tamen tristitiam ab eo separavit; sed eum contristatum verbis sequentibus affirmavit; addidit enim: »Contristabatur propter infelicissimum Judam, & scandalum Apostolorum.« Nos igitur tot apertis testimoniis Evangeliorum, & Sanctorum Patrum fidem adhibentes, credimus Salvatorem nostrum esse contristatum & conturbatum. Nec aliquas auctoritates reperimus quæ apertè contradicere huic veritati videantur.

De timore autem Domini diversas & quasi contrarias auctoritates invenimus; quarum quædam videntur timorem Domini asserere, aliæ removere. Nam quòd Dominus timuerit insinuat Evangelista, dicens: *Cœpit pavere & tædere*. Hieronymus quoque, ex personâ Domini sic ait: *Timor & tremor venerunt super me*. Timor animi & tremor corporis. Hilarius verò super illum versum: *Insuper & usque ad noctem increpuerunt me renes mei*: sic ait: »Si alibi David ait: *Mortis metus cecidit super me*; & *operuerunt me tenebræ*; rectè hæc tristia ex timore mortis veniens, quam nimiam fuisse in filio Dei non convenit, nec nox, sed quasi nox appellatur. Beatus quoque Leo de Christo sic ait: »Per omnia incrementa corporea in virum perfectum veri hominis natura profecit, non sine fletu miserationis, non sine pavore formidinis.« Hæ ergo auctoritates manifestè indicant Salvatorem ex veritate assumptæ humanitatis timuisse.

Inveniuntur autem aliæ sive prædictorum, sive aliorum Auctorum, quæ videntur ab eo timorem passionis penitùs removere. Beatus Hieronymus sic ait: »Erubescant qui putant Salvatorem timuisse mortem, & passionis pavore dixisse: *Pater si fieri potest, transeat à me calix iste*. Post biduum tradendum se ut crucifigeretur novit, & tamen non trepidus fugit, in tantùm ut cæteris ire nolentibus pergat intrepidus. « Beatus etiam Augustinus: »Infirmos in se præsignans ait: *Transeat à me calix iste*. Non enim timebat Dominus pati tertiâ die resurrecturus, cum arderet Paulus dissolvi & esse cum Christo. « Beda quoque sic ait: »Transferri à se calicem postulat, non quidem timore patiendi, sed misericordiâ prioris populi, ne ab illo bibat calicem propinatum. « Hæ posteriores auctoritates affirmant Dominum mortem non timuisse; & prioribus videntur repugnare; unde quidam arbitrantes has superioribus esse contrarias, diversa sentiunt, alii autem credunt Dominum timuisse, alii non timuisse. Ego autem æstimo has omnes auctoritates veras esse; & licet verbis dissentire videantur, in sensu tamen non arbitror dissentire, sed potiùs credo eas secundùm usum loquendi prolatas, & de diversis timoribus agere, & nil nisi quod verum sit affirmare.

Dicendum ergo de diversitate timorum, quorum alter in Christo fuit, alter esse non potuit. Est unus timor de more corporali, sive ab aliâ temporali adversitate proveniens, qui quandoque tam vehemens est, & in tantùm subjugat rationem, ut hominem contemptu Domini præcepto inducat in peccatum gravissimum. Pro tali siquidem timore negavit Petrus se novisse Dominum; qui priùs cum eo in carcerem & in mortem ire promiserat. Pro tali etiam timore multi fideles à fide recesserunt, cum pro fide trucidari Martyres aspicerent. Quicumque autem hunc timorem habuerit; de illo veraciter dici non potest juxta aliquem usum loquendi; quòd non timuerit. Est alius timor moderatus, qui pro morte imminente naturaliter inesse solet omni homini, & si modum non excedat, sine peccato est: quemadmodum fames, & sitis, & alia naturalia: tali timore moderato Helias Propheta timuit, quando timens crudelitatem Jezabel in speluncis latuit. Nec in eo tamen fuit timor vehemens, non enim propter hunc à lege Domini declinavit. Paulus quoque tali timore timuit, quando timens ne à Romano Præside traderetur Judæis occidendus, Cæsarem appellavit. Nec tamen timor vehemens in eo prævaluit, qui in fide perseverans passionem fortiter tulit. Quando autem homo aliquis caret timore vehementi, & timore moderato, juxta communem loquendi usum solent homines ita loqui, ut ipsum indifferenter affirment timere, & non timere. Alii enim attendentes quòd homo ille contristatus est, & tormentis imminentibus trepidat, credunt & affirmant quòd, mortem verè timeat, & hoc est verum, quia timet timore moderato. Alii verò attendentes quòd posset aufugisse si vellet, & mortem evasisse, dicunt quòd mortem non timeat. Nam aufugisset si timeret; & hoc quod isti dicunt verum est, quia non timet timore vehementi. Itaque juxta hunc loquutionis modum, verum est Salvatorem timuisse mortem, quam sicut verus homo naturaliter & moderatè timuit. Verum est igitur quòd dicit Evangelista: *Cœpit pavere & tædere*. Et quod alii sancti dicunt, qui affirmant Dominum timuisse. Quia verò Dominus caruit timore vehementi, & ut Patris compleret voluntatem, passioni se obtulit, idcirco juxta usum loquendi verum est etiam quòd non timuit mortem, sicut testanur alii Auctores quorum verba superiùs apposui. Et cum quidam Auctores dicant, *Dominus mortem non timuit*: alii verò dicant, *Dominus mortem timuit*: in sententiâ non discrepant, licet eorum verba repugnare videantur. Nam, ut suprà dictum est, verum est eum timuisse, quia timore moderato timuit, & verum est juxta usum loquendi eum non timuisse, quia timore vehementi non timuit. Sed falsum est dicere quòd nullo modo timuerit. Vale.

Ejusdem V. ad Petrum Abaëlardum.

<small>Petrum Abaëlardum qui nonnulla fidei Catholicæ haud consona docuerat, sugillat.</small>

Magistro Petro Monacho Gualterus Salutem.

Quidam discipuli vestri subtilitatem & sapientiam vestram, sicut justum est, latè & gloriosè prædicantes, affirmant inter cætera vos in tantum esse rimatum sanctæ Trinitatis profunda mysteria, quòd perfectè & ad plenum cognoscatis, qualiter tres personæ sint in unâ divinâ essentiâ, & in personarum pluralitate unitas divinæ essentiæ. Dicunt etiam quòd ad plenum disserere, & aliis intimare soleatis, qualiter à Patre sit genitus Filius; & qualiter Spiritus sanctus procedat ab utroque. Solet autem frequenter contingere, quòd discipuli discordent à sensu magistrorum, sive per imperitiam verba eorum malè exponendo, sive ad ostensionem sui aliquas novitates inducendo, quas causâ majoris auctoritatis magistris suis licet ignorantibus, consueverunt adscribere.

Ego igitur hoc attendens, ea quæ suprà diximus à discipulis vestris prædicari, nullatenus adscriberem vobis, nisi quòd ad oculos nostros pervenit pars prima cujusdam tractatûs vestri, quam librum theologiæ appellatis, in quâ parte satis confidenter de distinctione & proprietatibus personarum disserendo, promittitis in parte posteriori exponere modum generationis Filii à Patre, & processionis sancti Spiritûs ab utroque: ubi etiam quædam legi quæ à consuetudine scriptorum orthodoxorum discrepant, velut illud quod in prologo posuistis in hæc verba: » Summam quasi divinæ scripturæ introductionem » conscripsimus, non nos tam veritatem docere pro- » mittentes, quàm opinionis nostræ sensum quem » efflagitant; exponentes «: hoc in tractatu vestro legi. Quis autem orthodoxus de fide Catholicâ tractaturus, non veritatem, sed sensum opinionis suæ promittat exponere? Quis etiam audiens non veritatem, sed opinionem promitti, fidem audeat sequentibus adhibere? Quædam etiam ibi legi, quæ videntur à fide Catholicâ discrepare; ubi scilicet majorem omnipotentiam esse Patris, & Filii minorem, videmini affirmare his verbis: » Si potentiam tam ad » naturam subsistendi, quàm ad efficaciam opera- » tionis referamus, inveniemus ad proprietatem per- » sonæ Patris specialiter attinere potentiam, quæ » non solùm cum cæteris duabus personis æquè om- » nia efficere potest, verùm etiam ipsa solâ à se, non » ab altero existere habet: & sicut ex se habet exi- » stere, ita etiam ex se habet posse. Cæteræ verò » personæ sicut ab ipso Patre habent esse, ita & ab » ipso habent posse quod volunt efficere«. Et post » pauca: » Per Filium quippe intelligimus divinam » Sapientiam; Sapientia autem est, qua tit quædam po- » tentia discernendi, scilicet quasi quædam portio » est divinæ omnipotentiæ, sicut quilibet filius quæ- » dam propriè patris portio esse dicitur. Hæc verba in tractatu vestro legi. In quo etiam auctoritate Martini Episcopi conamini astruere, quòd omnipotentia Patris consistat in utroque.

Quis autem ex verbis vestris diligenter attendens, nequeat manifestè concipere, quòd omnipotentiam dicitis Patri convenire, non solùm in hoc quòd omnia facere potest, sed insuper in hoc quòd ex se habet existere & posse, non ex alio. Si verò in his duobus consistit omnipotentia Patris, tunc nimirum Filius qui de alio est, cum altero de prædictis duobus careat, id est non à se esse vel posse habeat, sed à Patre, & alterum solummodo habeat, id est posse quemcumque quodcumque vult efficere, inæqualem & minorem habet potentiam, &, sicut verba vestra testantur, partialem, velut cum humana potentia, partim ex divitiis, partim ex strenuitate proveniat; profectò minoris est potentiæ, qui solas habet divitias, & majoris, qui cum strenuitate æquales possidet divitias. Est autem nefas affirmare Patris majorem, & Filii minorem esse potentiam, cum Patri sit æqualis Filius, veritate testante; quæ ait: *Ego & Pater unum sumus*. Et Apostolo dicente: *Qui cum in formâ Dei esset, non rapinam arbitratus est se esse æqualem Deo*. <small>Joan. 12,13. Philip. 1.</small>

Nunc autem interpositis his, ad ea redeamus de quibus cœpimus superiùs. Inspecto siquidem Tractatu vestro, in quo proprietates personarum distinguere, & generationem Filii, & processionem Spiritûs exponere, confidenter promittitis, cum promissiones vestræ dictis discipulorum vestrorum consonarent; ferè compulsus sum credere illius jactantiæ, ut non dicam vesaniæ, originem à vobis processisse. Sed rursus compellor non credere, cum sapientiam vestram & modestiam considero, quæ nollet aliquatenùs à scriptis canonicis deviare, nec tantis & manifestis auctoritatibus obviare, quæ affirmant homines in hac visâ non posse pervenire ad perfectam & plenam sanctæ Trinitatis notitiam. Unde Dominus loquens Moysi ait: *Non videbit me homo & vivet*. Et Joannes: *Deum nemo vidit unquam*. Ipsa quoque veritas sanctæ Trinitatis perfectam notitiam non ad præsentem, sed ad futuram vitam & æternam pertinere insinuat, dicens: *Vita æterna est cognoscere te unum Deum, & quem misisti Jesum Christum*. Fortasse autem vobis visum est, sicut etiam discipuli vestri testantur, cum quibus loquutus sum, quòd istæ auctoritates non removent ab hac vitâ S. Trinitatis perfectissimam notitiam, id est scientiam, sed perfectam delectationem de illâ scientiâ provenientem, quæ perfecta Dei notitia non pertinet ad hanc vitam, sed Sanctis convenit æternâ visâ fruentibus: & fortasse prædictas auctoritates ad vestram sententiam quoquomodo retorquere conamini, ut sic aliquomodo eas exponatis: *Nemo Deum vidit unquam*, videlicet: Nemo habuit de visione Dei perfectam delectationem. Verumtamen quàm absurdum & ab omni visu sit remotum, pro visione delectationem exponere, satis novit vestra discretio. Sed concedatur modò ut prædictas auctoritates tam absurdè, tam evidenter exponatis, numquid tamen omnes alias similiter exponetis? Audite Clementem Petri Apostoli successorem, falsitati quæ nobis imponitur ita manifestè repugnantem, ut nulla expositio quantumcumque violenta prætaxatæ falsitati Clementis verba valeat applicare, quæ sunt hujusmodi: *Nec loquatur quomodo genuit Filium, quod Angeli nesciunt, & Prophetis est incognitum. Unde & illud dictum est, Generationem ejus quis enarrabit! Quia secretam originem, cum proprio filio suo, novit ipse solus qui genuit*. Cum itaque dicat Clemens Angelos nescire genituram Filii à Patre, an de ipsâ sententiâ, vel de ipsâ delectatione loquitur? Sancti quidem Angeli jam ad præsens habent eamdem beatitudinem & delectationem, quam sancti homines habituri in futuro. Restat igitur ut loquatur de perfectissimâ scientiâ illius geniturae. Sed si ad eam sancti Angeli non ascendunt, tunc profectò est incredibile vos ad illam perfectissimam scientiam pervenisse, quod vestri jactitant discipuli. Nondum <small>Exod. 33. 1 Joan. 4, 10. Joan. 17, 3. Isai. 53.</small>

enim, ut opinor, perfectionem Angelicam transcendistis.

Quòd si vobis Clemens non sufficit, attendite Paulum Apostolum contrà temeritatem illius jactantiæ, quam vobis imputant, apertè reclamantem, qui ait: *Sive prophetiæ evacuabuntur, sive scientia destruetur, ex parte enim cognoscimus, & ex parte prophetamus. Cum autem venerit quod perfectum est, evacuabitur quod ex parte est.* Nonne Apostolus hìc apertè testatur se imperfectam habere scientiam? Si verò Apostolus imperfectam habuit, quid aliud est nisi furor manifestus, si quis se perfectam habere jactaverit? Verumtamen ne dicatis Apostolum habere scientiam imperfectam de rebus exterius, perfectam autem de Deo, quæ tamen præ cæteris scientiis profunda est & inscrutabilis, audite sequentia verba Apostoli: *Videmus nunc per speculum in ænigmate; tunc facie ad faciem. Nunc cognosco ex parte, tunc autem cognoscam sicut & cognitus sum.* His equidem verbis apertè insinuat se ad præsens imperfectè & obscurè videre Deum, sed in futuro ad perfectam & claram Dei notitiam perventurum, & sicut à Deo est cognitus, ita in futuro de illius essentiam nosciturum. His auctoritatibus monstratum est arbitror homines adhuc humano more conversantes in corpore, quod aggravat animam, ad perfectam Dei notitiam non posse pervenire.

Ut autem de incomprehensibili naturâ Divinæ majestatis descendam ad res inferiores, quæ ad ejus comparationem nihil sunt, quis hominum carnem fragilem adhuc gerens, naturam animæ propriæ, nedum alienæ, valeat perfectè cognoscere? Quid enim occurrit animo contemplanti, & in rem incorpoream interiorem oculum figere volenti, nisi imagines corporeæ quæ à specie rei invisibilis penitùs sunt diversæ? Quis etiam animæ suæ varietates, & augmenta meritorum in bono vel in malo ad plenum potest comprehendere? Præterea quis adeò sapiens est, ut sui patris & suæ matris animas, postquàm solutæ sunt à corporibus, recognoscere queat, & ab invicem discernere, etiam si fortè eas præsentes adesse contigerit? Proinde ut adhuc descendam inferiùs, scilicet ad naturam corporis, nemo est ita peritus in mundanâ sapientiâ vel divinâ, qui omnes naturas proprii corporis, & causas varias morbi [ac] sanitatis plenariè investigare & cognoscere valeat. Cum igitur nemo de ipsis creaturis, & naturâ propriâ animæ & corporis perfectam habeat notitiam, quis audeat aspirare ad comprehendendam sanctæ Trinitatis majestatem, quæ exsuperat omnem sensum, & humanam rationem?

Postquàm monstratum est quòd summa & plena sanctæ Trinitatis notitia ad hanc vitam temporalem minimè pertineat, consequenter proposui facere mentionem de quibusdam locis Scripturæ, ex quibus forsitan videri possit illam summam sanctæ Trinitatis notitiam ad vitam præsentem pertinere. Si quis itaque in mortali adhuc corpore positus, se æstimat ad eam pervenisse exemplo Pauli Apostoli, qui ad eam tunc pervenit quando raptus ad tertium cœlum, audivit arcana verba quæ non licet homini loqui; quisquis ille est, hoc attendat quòd nondum raptus est usque ad tertium cœlum, verùm adhuc nobiscum in terrâ moratur. Nec ideo credat aliquis hominem in hac vitâ ad perfectissimam Dei venire notitiam, quia scriptura dicit à Patribus antiquis Deum esse visum, & Moysi loquutum; sicut loquitur vicinus ad vicinum. Non enim de ipso Deo, sed de Angelis scriptura hoc asserit, quos ipsi loquentes ex personâ Dei Moyses & reliqui Patres viderunt in assumptis corporibus. Si enim de ipso Deo hoc scriptura diceret, quare Moyses post multas visiones & colloquutiones oraret Dominum, dicens: *Ostende mihi gloriam tuam?* & quomodo responderet ei Dominus: *Non poteris videre faciem meam; non enim videbit me homo & vivet.*

Præterea in Evangelio inveniuntur quædam verba Domini, ex quibus non benè expositis fortasse possit intelligi, quòd perfectissima Dei notitia hominibus in hac vitâ conveniat, velut illa in Evangelio Matthæi: *Nemo novit Patrem nisi Filius, & cui voluerit filius revelare.* Et illa in Evangelio Joannis: *Tanto tempore vobiscum sum, & non cognovistis me? Philippe, qui videt me, videt & Patrem.* Et alibi: *Omnia quæcumque audivi à Patre meo, nota feci vobis.* Possunt verò hæc verba Domini referri non ad præsentis vitæ notitiam, sed ad eam quam habebunt sancti in futuro, quando videbunt Deum facie ad faciem. Nec mirum si per verba præteriti temporis Christus agit de illis quæ ad futurum pertinent, cum non solùm Christus sed & Prophetæ hoc frequenter facere soleant pro certitudine futuræ veritatis. Si autem superiora verba ad notitiam vitæ præsentis referantur, quemadmodum & hæc alia: *Hæc est voluntas Patris, ut omnis qui videt Filium, & credit in eum, habeat vitam æternam:* proculdubio in eis agitur de imperfectâ Dei notitiâ, in quâ nondum perfectè videmus Deum facie ad faciem, sed per fidem obscurè tanquam per speculum in ænigmate. Nec intelligendum est quòd Sanctis in hac vitâ positis, Filius notificaverit omnia quæ audivit à Patre, ad futurum sæculum pertinentia, sed potiùs omnia quæ sunt eis in præsenti necessaria, ut salutem consequantur. Juxtà quem modum etiam illa verba Domini intelligenda sunt: *Cum venerit ille Spiritus veritatis, ille docebit vos omnem veritatem.* Non enim ait omnem veritatem eorum quæ ad futurum sæculum pertinent, sed quæ in præsenti essent necessaria ad salutem assequendam. Hactenus determinasse sufficiat ea loca scripturarum, quæ malè intelligentibus videtur affirmare, quòd ad homines hujus vitæ perfectissima Dei notitia pertineat.

Hæc scripsi vobis non præsumens vos docere, qui in divinâ scripturâ præ cæteris eminetis, sed per litteras vestras scire desidero si in notitiâ Dei vos imperfectum esse creditis, aut si jam in hac vitâ ad summum ejus augmentum vos pervenisse confiditis. Hoc enim vestri jactant discipuli, quibus scripta vestra videntur attestari. Præterea notificate mihi si adhuc creditis, quòd Deus essentialiter non sit in mundo vel alibi, & quòd Angeli & animæ nusquam sint. Quod si benè memini, audivi vos fateri, quando novissimè invicem contulimus de quibusdam sententiis. Præterea apud nos ventilatum est vestram affirmare sapientiam, quòd Christus prædicando, laborando, ad extremum moriendo, nihil meruerit, & quòd nemo propter opera sua bona vel mala nisi pro solâ voluntate remunerari debeat vel puniri. Quid itaque de his sentiatis mihi breviter rescribite, &, scribendo materiam vobis invicem rescribendi mihi præbete. Nec convenit ut aliquam occasionem prætendatis, quo minùs mihi rescribatis, cum nullo alio modo tam quietè, tam exquisitè possit investigari veritas, sicut in scribendo de absentibus ad absentes. Qui enim scribunt ad absentes, auctoritates intuentur, & in omnes apud se perscrutantur sine irâ & disceptatione, quæ animos disputantium, & præsentialiter colloquentium frequenter solent commovere, & mentis oculum offuscare. Præterea quod solo verbo à disputantibus proferatur, oblivione deletur. Sed è contra quod scribitur, memoriæ commendatur, & quæ pars prævaleat, indicio scripturæ declaratur. De supradictis igitur mihi rescribite, & quod in aure discipulorum dicitis super te-

... &a prædicate, ne incurratis reprehensionem illius stultæ mulieris, quæ cum sit inops panis & aquæ, prætereuntes tamen invitat occultum panem & aquæ latentis dulcedinem attingere. a Vale.

Donatio facta MATHILDI sorori Ducis Burgundiæ à GUILLELMO Montispessulani domino propter nuptias.

Cum in mundi principio Deus omnia creando, ad ultimum hominem condidisset, tulit unam de costis ejus dicens: *Non est bonum esse hominem solum in terra, faciamus ei adjutorium similem sibi*: ex quâ cum feminam fecisset, benedixit eis & dixit: *Crescite & multiplicamini, & replete terram*. Quapropter relinquit homo patrem & matrem, & adhæret uxori suæ: & fiunt duo in carne una. Apostolus autem quanto vinculo dilectionis ligari debeant ostendit, cum dicit: *Viri diligite uxores vestras sicut Christus Ecclesiam*. His Dei testimoniis eruditus ego GUILLELMUS Montispessulani dominus, in Dei nomine ducens te MATHILDEM sororem Ducis Burgundiæ in uxorem, dono & mitto tibi eidem Mathildi dilectæ uxori meæ in sponsalicium seu donationem propter nuptias, castrum scilicet de Monteferrario, & castrum de Pinnano, & forum seu mercatum Delpeiro, cum redditibus, usaticis, & omnibus suis pertinentiis, & balnea Montispessulani cum suis similiter redditibus, & duo molendina in palude cum suis redditibus & omnibus suis pertinentiis, & totum meum laborivum de Arileir. Hæc omnia, tali tamen ratione & pacto, tibi in sponsalicium dono & concedo, quòd habeas & teneas, & utaris, fruaris more sponsalicii in vita tua tantum.

Et ut hoc sponsalicium seu dotalicium firmius observetur, & tutius tibi caveatur, juravit Guillelmus de Tortosâ frater meus suprà sancta Dei Evangelia, ut si quandoque inde tibi aliquid imminutum vel detractum ab aliquo ex his quæ supradicta sunt, tibi fuerit, secundum electionem voluntatis tuæ postquam à te vel tuis commonitus inde fuerit, vel apud Montempessulanum donec damnum tibi restitueretur, ostagium teneret, vel fidelis coadjutor existeret inde tibi. Et hoc idem tibi juraverunt Raimundus Stephani de Cerviano, & Elisiatis filius Gaucelini de Clareto, & Pontius de Montelauro, & Raimundus de Castris, & Guillelmus de Fabricis, Raimundus de Monteferrario, Bermundus de Someire, Ermengaudus de Mergorio, Guillelmus de Centrairancis, Guillelmus de Pinnano, & Raimundus Guillelmi de Pinnano, Frotardus, Petrus Guillelmi de sancto Firmino, Guillelmus de Alba-terra, Petrus Gaucelini de Monte Albedone, Bernardus de Castriis, Raimundus de Soregio, Raimundus de Selviniaco, & Ermengardus de Lopiniaco. Et præter hos qui sic juraverunt, sunt tibi fidejussores & manulevatores, Raimundus Trencavilli Vicecomes, & Bernardus de Andusiâ, ut quod supradictum est te quietè habere & tenere, & damnum si quod inde tibi contigerit, restitui faciant, vel decem millia solidos Mergoriensium quisque illorum tibi persolvat.

Hoc autem factum est apud Montempessulanum in domo seu stari sancti Firmini, Anno ab Incarnatione Domini millesimo centesimo quinquagesimo sexto, quinto Kalendas Martii, sub præsentia Raimundi Magalonensis Episcopi, Bernardi de Figareto, & Joannis Prioris sancti Firmini, & Bernardi de Andusiâ Senioris, & G. Prioris sancti Ægidii & Engelerici, & Radulfi Cisterciensium Monachorum, & Bernardi de Villei, & Arnulfi de Veirainicis, Militum, & Guillermi Litterici, Arbratidi, Guillelmi Urbani, Berengarii Lamberti, Guillelmi Petri, & Durandi Notarii, & aliorum multorum.

Epistola HUGONIS Abbatis ad Imperatorem.

Serenissimo & Felicissimo Domino Frederico Imperatori Romanorum, Frater Hugo humilis Cluniacensis Abbas utriusque vitæ jocunditatem.

Proposueramus ad vos venire, & notitiam & gratiam vestram quærere, sed plures causæ propositum nostrum impediunt. Patentes Roberti Grossi, quem Dominus Papa damnavit, undique Cluniacensem Ecclesiam inquietant, & novam plantationem nostram valde concutiunt. Ad Dominum Papam ituri sumus, & in præparatione itineris intenti occupamur. Conquerimur plurimum Magnificentiæ vestræ, quòd Fratres nostri, & Confratres vestri, qui pro salute & prosperitate vestra, & regni vobis a Deo commissi, Deo quotidie supplicant, & anniversarium avunculi vestri Conradi annuatim celebrant, de Abbatiâ Balmensi, quam Dominus Papa Eugenius in Prioratum Ecclesiæ Cluniacensi dedit, & vos sigillo auctoritatis vestræ confirmastis, violenter expulsi sunt. Rogamus autem obnixe, ut ipsum Prioratum, & possessiones ejus & calidariam, quam Aymo Major de Ruviniaco Ecclesiæ Balmensi aufert, quâ etiam antecessorem nostrum investiri, nobis, si placet, restitui faciatis: Præsentium latores ad Serenitatem vestram a nobis transmissos sciatis, & his quæ Serenitati vestræ dixerint, fidem adhibeatis, & petitiones quas pro Cluniacensi Ecclesiâ fuderint, misericorditer exaudiatis.

Testamentum GUILLELMI de Tortosa.

IN nomine Domini nostri JESU-CHRISTI: Anno ab Incarnatione ejusdem millesimo centesimo quinquagesimo septimo, mense Octobri: Ego GUILLELMUS de Tortosâ ne absque rerum mearum dispositione humanâ sorte forte decedam; ne de bonis meis tamquam ab intestato quæstio ulla oriatur; existens Dei gratia sanus mente & corpore, sic ultimum elogium meum compono. Et gadium sive Testamentum meum nuncupativè facio. In illâ plantatione & Oratorio Cluniacensi sito in territorio de Salzet super ripam Lesi fluminis corpus meum pro sepulturâ relinquo, & do, lego ibi pro remissione animæ meæ, & parentum meorum unum de molendinis meis de Salzeto. Totum honorem meum, Castrum scilicet de Castris, & alium, & omnia jura mea undecumque mihi provenerint tam ex uxore quàm ex paternâ successione, Guillelmo Montispessulani domino fratri meo relinquo, & ipsum in universis bonis meis heredem instituo.

Hujus gadii sive Testamenti testes sunt ad hoc rogati Joannes Prior sancti Firmini: Atbrandus: Giraldus Atbrandi: Guillelmus de Sordonicis: Petrus de Flexo: Guillelmi Petri: Poncius Lanberti: Bernardus Airaldi: Guillelmus Bernardi, & magister Durandus qui rogatus ab ipso Guillelmo de Tortosâ hoc scripsit. Factum est hoc in domo Atbrandi.

Signum Guillelmi de Tortosâ.

---

a *attingere*] Edidit quæ sequi debuerat Epistolam Gualteri ad Hugonem à S. Victore Hugo Mathoud in suis ad Robertum Pullum eruditissimis Observationibus pag. 331.

Memoriale LUDOVICI *VII. Regis Francorum Libertates confert Episcopo & Ecclesiæ Laudunensi.*

IN nomine sanctæ & individuæ Trinitatis, Amen. Ego LUDOVICUS Dei gratiâ Francorum Rex, Magistro GALTERO Laudunensi Episcopo, ejusque successoribus in perpetuum. Sollicitudinem quàm viventes gerimus pro Ecclesiis Regni, post vitæ præsentis decursum apparere volumus posteris. In Laudunensi Ecclesiâ Præsul erat Galterus, qui longo tempore Decanus ibidem exstiterat, & Episcopis sui temporis quàm plurima viderat defecisse: exemplo decessorum territus, & sibi præcavens, Pontificalem insidens Cathedram dedit operam agriculturæ & vinearum plantationi, ut semper abundaret annonâ & vino, & curtes diversas constituit: formidinem iterum suscipiens, ex eo ipso quod decedente Episcopo in manum Regiam ex consuetudine res Episcopatûs deveniunt, & sic curtes & omne instauramentum suum videbatur periturum, adiit Serenitatem nostram & expostulavit humiliter, ut Ecclesiæ suæ & successoribus suis instauramentum suum conservaremus.

Notum itaque facimus universis præsentibus atque futuris, quòd per consilium fidelium nostrorum nobis assidentium, pro humili & reverendâ prece jamdicti Episcopi Laudunensis Magistri Galteri de Mauritaniâ, grangias & curtes, carrucas, greges & armenta de quibuscumque animalibus, vineas de Campo-Britonis, de Clauso juxta Brolium & ipsum Brolium, vineas de Poliaco, alias etiam vineas quascumque plantaverit sive acquisierit, & omnino omne instauramentum suum libertate donavimus in perpetuum.

Ipsius etiam petitione omnes ejusdem successores in eâ necessitate posuimus, ut tempore vindemiarum ad reficiendum vineas de fructu earum tantum conservetur, & cultoribus tradatur quòd earum culturæ sufficiat.

Libertate quoque donavimus domos Episcopi de Lauduno, & quascumque extra Laudunum habet, & quidquid in eisdem domibus subsistit de ligno & filo, de ferro & vitro, & ære, & de quâcumque aliâ materiâ.

In hoc autem Memoriali Regio, & pro evidentiâ rerum in posterum, & pro conservando hujus libertatis statu inserere dignum ducimus, quòd decedens Episcopus sicut testatus fuerit, ratum erit, & si decesserit intestatus, quod absit, Regii juris erit aurum ejus & argentum totum, annona tota, exceptâ illâ quam custodes grangiarum, & magistri carrucarum retinebunt ad seminandos agros, & ad sufficienter substentandum se & servientes necessarios sibi, & animalia sua. Similiter vinum ab intestato Episcopo remanens, totum Regii juris erit, excepto vino illo, quod de vineis acquisitis vel plantatis a præfato Episcopo fuerit; quod sanè vinum nostrum non erit, sed inde præoccupati Episcopi solventur debita, & si nulla sunt, reservabitur vinum successori.

Porrò per decessum Episcopi, Episcopatu veniente in manum Regiam, servientes de Ponte Regis venientes non stabunt in domibus Lauduni, neque in aliis domibus ubi munitiones non erunt, sed aliis in locis ubi munitiones sunt, ipsi ministeriales Regii in munitionibus manebunt ad custodiam earum, & in distrahendis rebus Episcopi prædictis quas libertate donavimus, vel ordinandis, vel in usus suos assumendis potestate carebunt. Sed illi potius servientes,

qui in vita Episcopi eam sortiti sunt, administrationem retinebunt eamdem, & seorsùm in domibus & grangiis Episcopalibus manebunt: dum in manu Regiâ Episcopatus fuerit, Brolium nec vendere, nec donare, nec aliquo modo diminuere poterimus. Et si vacaverit sedes messionum tempore, custodes grangiarum retinebunt quod sufficiat seminandis agris, pascendis & conducendis bubulcis, pastoribus, ministris, & animalibus, cæterùm Regii juris erit. Et si vacaverit sedes in vindemiis, vinum de taxone, de talliis, & vinagium quod per pagum colligitur, cæterique omnes redditus, præter ea quæ libertate donavimus, similiter Regii juris erunt.

Ut autem hoc donum nostrum in posterum ratum sit, & omnis deinceps amoveatur inquietatio, præsenti paginâ commendari, & sigilli nostri auctoritate roborari, & nominis nostri charactere consignari præcepimus. Actum publicè Parisius Anno Incarnationis Domini MCLVIII. Regni verò nostri XXII. Adstantibus in palatio nostro quorum subtitulata sunt nomina & signa. Signum Comitis Theobaldi Dapiferi nostri: Signum Guidonis Buticularii: S. Matthæi Camerarii. Signum Matthæi Constabularii.

Epistola PHILIPPI *Abbatis de Eleemosynâ,* ALEXANDRO *Papæ noviter facto.*

Ann. MCLIX.

AMantissimo in Christo Patri & Domino ALEXANDRO Dei gratiâ summo Pontifici, & universali Papæ, Frater PHILIPPUS de Eleemosynâ, modicum id quod est.

Gratulatur Alexandro quòd ad summam dignitatem fu it evectus; atque ut ejus partes alliceret Reges Franc. & Angl, convenerit.

Susceptis vestræ dignationis apicibus respiravit in gaudio cor meum, & tamquam corona spei quæ ornata est gloriâ, refloruit in spiritu meo jucunda serenitas, & cathedratum vestrum ulnis veræ dilectionis amplectens, & supplicationem pro vobis exhibui devotam bonorum omnium Largitori, sonuitque in commune actio, & vox laudis, & de vestrâ promotione carmen referimus Deo nostro, væ denuntiamus homini per quem scandalum venit. Confidimus in misericordiâ Conditoris quia impetus partis ad nihilum deveniet, tamquam aqua decurrens, & sicut cera quæ fluit auferentur transgressores, quia cecidit super eos ignis abominationis; & non videbunt solem justitiæ Christum, qui superbis resistit, & humilibus dat gratiam. De reliquo, Beatissime Pater, celsitudini vestræ significo, quia nunc mandatum vestrum devotione quâ debui, sollicitudine quâ oportuit & commendatione, litteras vestras Domino Henrico Anglorum Regi cum reverentiâ præsentavi, quas ipse benignè suscipiens habitâ cum suis & nobiscum deliberatione, vos in Patrem, spiritualem summumque Pontificem cum omni alacritate susceptum, cognovit, & obedientiam suam per nos humiliter repræsentat. Missurus etiam ad vos est in brevi nuntios suos. Hic parvitati nostræ contulit in mandatis, ut opus vestrum devotæ sedulitatis ministerio prævenirem, ut quod postmodum facturus est, ad vos secretiùs & celeriùs perveniret. Literas autem generales quas Prælatis Angliæ universaliter destinatis, per fidelem virum, cum venerabilibus Episcopis Gilleberto Herefordensi, & Hilario Cicestrensi, studui delegare, qui personam vestram, & opus vestrum, quod asseritur, sive quantum intelligimus, fovent & diligunt, & studebunt negotium vestrum fideliter promovere.

Continuato labore accessi ad devotum filium sanctæ Romanæ Ecclesiæ Dominum Regem Francorum, cujus, sicut Catholicum Principem decet, fidelis affectus, & prompta devotio, personam vestram, & opus vestrum certâ dilectione prosequitur, & sui sententiam jam operis, exhibitione firmasset, nisi gravia eum impedimenta & causæ multiplices perturbassent. Dirigitur vobis nostro ministerio & suo spiritu dictata salutatio, sed signacula providentiæ conscientiæ suæ liber tegitur, involutus donec opportunum tempus occurrat, quo vobis tamquam Patri, & sincerè dilecto, imò & diligenter electo, & commodè vobis convenientes uterque utiliter obedientiam suam & servitium suum debita caritate cum triumpho jucunditatis exhibeat. Sed hoc ipsum per Dei misericordiam in januis est, quia inter ipsum & Regem Angliæ de reformatione pacis agitur, & in brevi credimus terminari ; quod inter manus virorum fidelium pro communi regnorum concordiâ devotè & fideliter agitatur.

Factum est quod jussistis, quod ad me pertinuit : sollicitus fui, & opus meum vobis certâ & fideli narratione transmitto, & de statu & continentiâ vestrâ & sanctæ matris nostræ Romanæ Ecclesiæ recurrente dignationis paginâ certificare desidero. Confidimus autem de divinæ pietatis adjutorio, quia conteret Dominus satanam sub pedibus vestris velociter ; & educet ad victoriam judicium certum : & in judicium justitia convertetur : ut juxtà illam lætomnes qui recto sunt corde. Scitote præterea quòd Archiepiscopi & Episcopi omnes, & Ecclesiæ Rectores in electione vestrâ unanimiter consentiunt.

Anno circ. MCLX.

Epistola LAURENTII Abbatis Westmonasterii ad ALIENORAM Reginam Anglorum.

Precatur ut Monacho Malmesburiensis Monasterii insolentiam compescat.

Amantissimæ Dominæ ALIENORI Dei gratiâ Anglorum Reginæ & semper Augustæ, LAURENTIUS suus dilectus Abbas Westmonasterii modicum munus seipsum.

Virtus Principum in nullo clariùs elucescit, quam si populis pacem, Ecclesiis libertatem, Monasteriis ordinem firmare studeant, & vitiis infligant disciplinam : Circà quæ, Dulcissima Domina, idcirco solertior esse debet vigilantia vestra, ut si quid propter absentiam serenissimi Domini mei Regis defuerit ; industria prudentiæ pariter & providentiæ vestræ suppleat. Doleo quidem in Ecclesiâ Malmesburiensi mox contigisse dispendium, & honestatis jacturam : Jam enim secundò vel tertiò insurrexit filius in patrem, ovis in pastorem ; adeo ut Monachi ordinis similiter & honoris obliti, & fræna ruperint obedientiæ, & Abbati suo debitum jus subtraxerint reverentiæ. Nuper eò missi à Domino Archiepiscopo, Abbas S. Albini & ego, quàm dilapidatum invenerimus ordinem in provinciâ vestrâ, cum placuerit monstrabimus. Juxtà Apostolum arguimus, increpavimus, obsecravimus, opportunè, importunè, donec spem aliquam pacis concepimus, sed fallitur augurio spes bona sæpe suo.

Jerem. 14, 19.

Emendationem namque promiserunt, satisfactionem obtulerunt, & quantum æstimare licuit cum omni humilitate sese ad pedes Abbatis sui projecerunt, sed facta sunt novissima eorum pejora prioribus. *Exspectavimus ergo pacem, & non venit. Quæsivimus bona, & ecce turbatio.* Exspectavimus quidem vinea illa faceret uvas, & fecit labruscas ; quoniam terra maledicta, quam tamen ille pius pater & mansuetus Abbas cum omni diligentiâ excoluerat, non dedit fructus suos, sed potiùs spinas & tribulos germinavit ei. Innotuit vobis, Pia Domina, pleniùs rei veritas per Abbatem ipsum, quem huper præsentem vidistis, innotescat & nobis si placet zelus correctionis vestræ, & censura regiæ potestatis, quandoquidem & virtutibus reverentiam, &

flagitiis districtionem consuevit irrogare. Et quoniam hujusmodi malitia per momenta temporum solet incrementum suscipere, zizania istud dum in herbâ est, antequàm ad messem concrescat, eradicare curate :

> Serò enim *medicina paratur,*
> *Dum mala per longas convaluere moras.*

Epistola Reginæ Angliæ Domino ALEXANDRO Papæ.

Reverendo Patri ac Domino suo ALEXANDRO, Dei gratiâ sanctæ Romanæ Ecclesiæ summo Pontifici, ALIENOR humilis Regina Angliæ, debitum cum omni devotione famulatum.

Super hac tantâ Serenissimi Patris mei dignitate humilis filiæ devotio exultare, Deúmque laudare non desinit, & filialis ac veræ dilectionis furor exuberans, paternam sæpe numero prorumpit in laudem. Non potest exstingui tantorum æstuans cumulis gaudiorum, & justissimi favoris gratia intempestivo nescit interire silentio : unde quoties me præsente sit sermo de partibus, ego pro parte vestrâ confidenter defendens, inimicæ ausus potestatis impugnare, imò meis rationibus expugnare non vereor. Ante utique justissimè lætabar, & vestros merito amplectebar successus, sed illa scripturæ & salutationis vestræ plurimæ etiam commendationis atque in finem verissimæ promissionis gloriosâ dignatio, parvitatis meæ omnem sufficit impetrare favorem. Nescio quam hausi spiritualem & intimæ suavitatis dulcedinem, ac singula verba tamquam singula divinæ benedictionis munera lætissimè simul devotissimeque suscepi. Præterea filii vestri, & domini mei Cardinales, Henricus Pisanus, & Magister Guillermus, Dei, vestrâque gratiâ, multum honorificentiæ & benevolentiæ mihi exhibuerunt. Gratulor itaque tales à latere vestro delegatos fuisse, qui & vestræ electionis censurâ, & omnimodâ subditorum reverentiâ dignissimi æstimantur. Sed quia non illis meus, sed illorum mihi necessarius est & salutaris interventus, jam pro P. consanguineo meo, Abbate S. Maxentii, sublimitati vestræ supplicans, & ad scabellum pedum vestrorum humillimè prostrata, postulationem continuo ; ut carissimo meo ordinis sui usum, & liberam ministrandi potestatem miseratio vestra piè restituat. Adventum vestrum ad partes nostras in Dei nostrique beneplacito desideratus desiderarem ; sed & absenti & præsenti paratissima sum omnem exhibere humilis & fidelis ministræ devotionem. Universis Ecclesiæ filiis Patrem suum divina miseratio conservet incolumem.

Epistola II. Ejusdem Domino JACINTO Cardinali.

Domino & dilecto suo JACINTO Dei gratiâ sanctæ Romanæ Ecclesiæ Diacono Cardinali ALIENOR Regina Angliæ, Salutem & debitum dilectionis officium.

Non est enim aut novus aut dubius vestræ favor excellentiæ, si semper habitus, semper exhibitus, nec remitti novit nec intermitti. Gaudeo in tantâ personâ, tantum me habere & habuisse amicum. Cujus solius auctoritate & diligentiâ mea quælibet & quantalibet negotia suo valeant lætari perventu. Testantur enim litteræ vestræ, & litteris vestris mea testatur conscientia, vos ex proposito ad honorem meum & meam plurimum intendere magnificentiam. Ego quod sum, quod possum, totam mentem meam, omnes facultates meas vobis devotè, fideliterque expono. Spero autem & plurimum desidero vestrum in partes istas adventum, quem si Deus meus præstiterit, vobis serviendi, & affectûs mei sinceritatem exequendi, copiam habebo pleniorem. Interim si quæ in his locis sunt, aut reperiri possunt, quæ vestræ placeant majestati; agnitâ vestrâ super his voluntate tam læta de mandato, quam devota in obsequio, ea vobis mittere non differam. Præterea fratri carissimo, consanguineo meo P. S. Maxentii Abbati, precor & supplico, ut pro meâ in vobis confidentiâ, pro vestrâ etiam erga me benevolentiâ, ordinis sui usum, & liberam ministrandi potestatem ei à Domino Papa vestra impetret dignatio. Valeat Caritas vestra in Christo.

Epistola I. ODONIS Canonici Regularis.

Fratri R. Frater ODO Canonicæ professionis votum persolvere.

Ut tibi scriberem, Frater Carissime, plus me coëgit otium, quàm aliquod certum negotium; plus fraternæ dilectionis fiducia, quàm aliqua litterarum scientia: sed quia verba mea qualiacumque sint puto tibi placere, idcirco malui aliquid scribere, quàm silere. Precor itaque quatenùs otiosi verba non otiosè perpendas, & quidquid insipienter dixero, sapienter ut corrigas attendas.

In professione igitur nostrâ quam fecimus, tria, sicut bene nosti, promisimus, Castitatem, Communionem, Obedientiam. Si verba ista superficie tenùs tantùm attendimus, mox quasi de professione observatâ ineffabiliter, sed tamen puerilìter exultamus. Dicet enim forsitan aliquis: Professionem quam Deo inspirante promisi, usque huc ipso adjuvante servavi: Castitatem quippe corporis teneo: nihil habendo proprium communiter vivo: faciendo quod mihi præcipitur, obedientiam servo. Ecce si ita est, ut dicit, benè utcumque se habet, sed tamen qui hoc dicit securus esse non debet: si enim professionis verba diligentiùs attendamus, & quod intùs latet paulo subtiliùs inquiramus, videbimus planè necdum nos forsitan inchoasse, quod inaniter putabamus nos perfecisse.

Sed quia castitatem priùs promisimus, priùs utrum benè servata fuerit videamus. Scriptura quippe sacra duplicem asserit esse castitatem, carnis videlicet integritatem, & animi puritatem. Quæro igitur quæ sit pejor corruptio, mentis an corporis? Sed hujus quæstionis sapienti patet solutio, si eum vera comitatur discretio. Mentis quippe corruptio tanto est longè deterior, quanto natura ejus incomparabiliter melior. Quæ sit autem carnis integritas, est omnibus ferè notum? Sed quæ sit mentis puritas, multis, quod pejus est, ignotum. Sed quantùm mihi videtur, illa mens castissima comprobatur, quæ cum sit inter omnia, Deum super omnia diligit, & pro ejus amore nulli peccato vel saltem in cogitatione consentit. Quoties enim peccato alicui quantumlibet minimo consentimus, toties aliquid præter Deum diligimus, toties castitatem nostræ mentis corrumpimus, quia Creatorem sponsum animæ relinquentes, & creaturæ nos per illicitum amorem conjungentes, quodammodo spiritualiter fornicamur. Plus aliquid dicam. Quoties de transitoriis rebus otiosè & inutiliter cogitamus, toties puritatem animi in conspectu Domini violamus. Hoc quod dico senserunt esse verissimum qui dixerunt; Fornicationem esse momentaneum à Christi contemplatione recessum. Perfecti etenim viri internæ dulcedini tanto dilectionis ardore per contemplationem inhærent, ut

cum per desidiam, seu per negligentiam, vel modicum ab eâ recesserunt, fornicasse se judicent. Hanc David fornicationem devitans, hanc castitatem desiderans, aiebat: *Perdidisti omnes qui fornicantur abs te.* *Mihi autem adhærere Deo bonum est.* Sed hujusmodi castitatem tenere fragilitati nostræ est valde difficile, & penè impossibile. Ut enim de corpore taceam, quis gloriabitur castum se habere cor? Atque ideo forsitan dicis, hanc castitatem nemo promisit, nemo servavit. Quis enim auderet promittere, quod sciret se servare non posse? Quis unquam hanc tenuit castitatem, ut nulli prorsùs peccato aliquatenùs consentiret, aut per contemplationem Deo jugiter inhæreret?

Hac igitur quæstione, infirmitate nostrâ compulsi, quamvis superiora nos dixisse non pigeat, talem in sequenti castitatem describimus, quam per Dei gratiam & habere possumus & debemus. Dicamus itaque castitatem esse illam carnis integritatem, quæ vel in virginibus nunquam corrumpitur, vel in jam corruptis per confessionem & pœnitentiam reparatur, & religionis amore de cætero jugiter conservatur. Adjungamus etiam si placet illam animi puritatem, de cujus corruptione sic in Evangelio legitur: *Qui viderit mulierem ad concupiscendam eam, mœchatus est eam in corde suo.* Hujusmodi castitatem nostrûm, ut puto, negabit se esse professum, id est, ut nec per carnem fornicationis expleat actum, nec in corde habeat fornicationis consensum. Si igitur superiorem castitatem tenere non possumus, ut nihil peccato quamvis minimo consentiamus, hanc saltem ultimam teneamus, ut nec immunda violatio corrumpat carnem, nec illicita fornicandi concupiscentia per consensum polluat mentem. Hæc de castitate.

Dicamus de Communione: Sicut superiùs diximus, quia nihil exterius proprium se videt habere, ideo communionem se perfectè putat tenere. Attendit forsitan quòd proprium non habet panem, quòd non habet propriam vestem, & non attendit quòd habet propriam voluntatem. Attendit se habere communem cum cæteris mansionem, & non attendit se non habere cum cæteris communem dilectionem. Qui sic attendit cœcus est, foris est. Redeat intùs, aperiat oculos cordis, & attendat veritatem internæ communionis. Illa quippe communio vera & sancta esse putatur, de quâ in Apostolorum Actibus legitur: *Erat illorum cor unum & anima una.* Plus valet inter multos cor unum, quàm commune cellarium: plus anima una, quàm communis mensa. Quid verò prodest in cibo & potu aliis esse conjunctum, & per propriam voluntatem ab aliis esse disjunctum? Parum prodest communio facultatum, ubi fuerit discissio voluntatum. Ampliùs, si uni placet sobrietas, alteri ebrietas; uni silentium, alteri multiloquium; ubi fraterna concordia, alteri fraterna discordia; quomodo, rogo, potest esse valens exterior rerum communio, ubi fuerit tam nefanda & detestanda morum disjunctio? Non ergo propter unius domûs habitationem, vel unius mensæ participationem, vel, quod majus est, propter unam Dominici corporis & sanguinis perceptionem, putet se implere aliquis communionis professionem, qui sibi aut propriam retinet voluntatem, aut per malos mores fraternam dividit unitatem. Hæc de communione.

Nunc de obedientiâ pauca dicamus. Magna est certè virtus obedientia, & subjectis omnibus necessaria. Sed quid est aliud obedire, nisi omni terreno timore & amore postposito, pro solo Dei amore quæ sibi jubentur implere? Sed sunt nonnulli qui idcircò obedientiam exhibent, quia Prælati eorum nihil eis nisi quod est prosperum jubent: at si eis aliquid asperum, & quod eos gravet, imponitur, continuò eorum obedientia utrùm vera fuerit demonstratur: & hi tales rectè lilio comparantur, quod dum non tangitur, suavissimum reddit odorem; cum verò premitur, pessimum emittit fœtorem. Sciendum verò est, quòd injunctæ nobis obedientiæ debemus aliquando voluntatem nostram adjungere, aliquando autem ab eâdem penitùs removere. Cum enim Abbas meus mihi præcipit jejunare, silentium tenere, pro offensis meis correptionem accipere, vel aliquod opus, quamvis sit vilissimum, facere, obedientiam talem debeo gaudens & cum lætâ voluntate suscipere. At si mihi præcipit lautiores cibos pro aliquâ causâ comedere, pro diversis negotiis huc illucque frequenter discurrere, villarum procurationes suscipere, & cætera quæ carni placent, & quæ prospera sunt, agere; hujusmodi obedientiam non debo quidem arroganter quasi pro religione respuere, sed delectationem propriæ voluntatis non debeo in illâ aliquatenùs quærere. Itaque in obedientiâ exhibendâ, ista est discretio retinenda, ut scilicet si obedientia gravis vel etiam vilis injungitur, hanc bonæ voluntatis discretio vel devotio comitetur. Si autem suavis & quæ carni placet, imponitur, mox ab eâ propriæ voluntatis cupiditas repellatur. Quicumque enim semel pro amore Dei sæculi blandimenta & impedimenta reliquerit, peccat proculdubio si adhuc quandoque ex propriâ voluntate redierit.

Quòd si aliquis contendat professionem nostram simpliciter & secundùm quod verba sonant, intelligi oportere, meliùs volo ejus intellectui humiliter & pacificè cedere, quàm superbè & contentiosè resistere. Ego enim quando fragilitatem & imperfectionem meam respicio, etiam illum qui eam simpliciter & humiliter servat, magnum apud me judico. Sed tamen melius mihi videtur, quasi de non servatâ prudenter esse suspectum, quàm de servatâ imprudenter esse securum.

Sed hæc hactenùs: Ecce, mi Frater, quia eram aliquantulum, imò nimiùm otiosus, longe protrahendo epistolam factus sum in loquendo verbosus. Sic vitium de vitio nascitur; sic de malâ radice malus surculus propagatur. Ecce enim quia sectabar otium, incurri multiloquium, in quo secundùm Salomonem non puto me effugisse peccatum. Sed quia jam insinuavi quod volui, verbositati terminum posui. Vale, & ora pro me, gratia tecum. Fratres nostros ex toto corde saluto, & ut se invicem diligant, nihil per contentionem agant, id ipsum sapiant, extraneos advenientes cum caritate suscipiant, supplex deprecor & exoro.

Epistola II.

Fratrem consolatur, adhortaturque ut in Monasterio permaneat.

Fratri N. Frater Odo felicitatem & felicitatis perpetuitatem.

Cum adhuc, Carissime Frater, in Apponi-villâ maneres, voluntatem tuam mihi insinuasti, ut ad Dominum Abbatem pro reditu tuo rogarem, per internuntium monuisti: velles verò si fieri posset, nobiscum libenter manere, velles Fratres, quos amas, videre, velles eorum dulci colloquio interesse. Dulce esset tibi eorum consortium, dulce colloquium, dulce solatium. Non miror ista; sunt enim, ut verum fatear, Fratres nostri ad societatem amabiles, ad imitandum utiles. Sunt, inquam, amabiles ad societatem, tùm pro vitæ sanctitate, tùm pro morum suavitate. Verùmtamen, mi Frater, noli pro absentiâ nostrâ dolere, noli hoc graviter ferre; certè si ex propriâ voluntate nos reliquisses, pro aliquâ sæculari delectatione, & per licentiam foris exisses,

tunc meritò dolere debuisses. Nunc verò quoniam vera obedientia te coëgit propriam relinquere voluntatem, & insuper fratrum tuorum amabilem societatem, exulta & gaude, & virtutem obedientiæ toto cordis amore complectere. Quòd si propter discendi studium, nostrum velles habere consortium, ad hoc non ego, sed in vitis Patrum ille Sapiens senex respondeat: *Cella tua*, inquit, *omnia te potest instruere.* Quomodo, inquies? Quomodo instruit quæ non intelligit? Quomodo docet quæ vocem non habet? Audi breviter: Instruit planè si sit qui intendat, si sit qui aures cordis aperiat: cella quippe instruere dicitur, cum qui in eâ sedet, Spiritu sancto illustratus instruitur, cum in eâ positus diversis tentationibus agitatur, sed per Dei gratiam liberatur. Magna quidem doctrina tentationum, cum & per hominem suam intelligit infirmitatem, & tentatis diaboli malignitatem, & Dei liberantis benignitatem.

Videmus plerosque illiteratos in cellulis habitantes de moribus subtiliter disputare, diaboli occultas insidias mirabili celeritate deprehendere, & deprehensa cavere, & insuper Deum super omnia amare & quærere. Quis quæso docuit istos? Non docuit eos Magistrorum eloquentia, sed Spiritûs sancti gratia, & tentationum experientia. Huic igitur doctrinæ intende, & in cellâ tuâ jugiter propter Deum sede: quia, sicut scriptum est, qui sedet in cellâ suâ propter Deum, ibi erit ubi Abba Antonius. Habes certè tecum grande solatium, Fratrem videlicet G. qui te potest & verbo docere, & bonis operibus informare. Vale & ora pro me. Gratia tecum.

Epistola III.

Nosti, Frater Carissime, quia *melior est obedientia, quàm victima*. Et iterum: *Vir obediens loquitur victorias.* Et, *Melior est vir patiens viro forti, & qui dominatur animo suo, expugnatore urbium.* Apostolus: *Obedite per omnia præpositis.* Sed quare tot obedientiæ testimonia profero? Si aliquis extraneus audierit ista, vel legerit, forsitan te inobedientiâ suspectum habebit. Sed hoc penitùs absit. Non intendo per ista verba te inobedientiâ revocare, sed potiùs in virtute obedientiæ quam fideliter exhibes, confirmare. Sed tamen cum hæc inceperim, sic tibi relicto quodam velamine manifesto, ut & quod volo dicere tibi sit manifestum, & nescientibus quoque si legerint, maneat occultum. Novit conscientia tua, & ego similiter te revelante cognovi, quia priùs quàm Dominus Abbas obedientiam istam, quam modo exerces, tibi injungeret, quiddam tibi aliud agere libuisset, si licuisset; & quidquid agere disponebas, bonâ voluntate & piâ utilitate facere cupiebas. Nam si dispositionis tuæ sequeretur effectus, aliquis inde, ut sperabas, proveniret fructus. At postquàm subitò & inopinatè à Domino Abbate ut huc venires mandatum obedientiæ suscepisti, continuò totum quod disposueras, quamvis bonum, quamvis utile, dereliquisti, & voluntatem propriam deserens, cum domino Jesu dixisti: *Non veni facere voluntatem meam.*

Scire tecum te convenit, quia plerumque diabolus eos, quos non potest ad inobedientiam trahere, facit in obedientia murmurare, ut saltem per occultum murmur obedientiæ meritum minuat, qui per apertam inobedientiam non supplantat. Sollicitè igitur contra diaboli insidias nos vigilare oportet; quia ipse est adversarius ille, qui *tamquam Leo rugiens circuit quærens quem devoret.* Sed quia verba ista de Apostolo posui, ea breviter non necessariò, scilicet quasi ex superfluo, pro capacitate mei sensûs exposui. Rectè itaque diabolus adversarius dicitur, quia quibusdam in via Dei existentibus, & ad eum toto desiderio cordis currentibus, seipsum opponere nititur, & ne ad eum perveniant, quantumcumque potuerit, adversatur. Qui etiam cum devorare quemlibet appetit, tamquam leo rugiens circuit. In rugitu notatur sævitia, in circuitu autem astutia. Itaque rugit ut terreat, circuit ut decipiat. Per rugitum terret formidolosos, per circuitum decipit incautos. Sed nos per Christum, qui est Dei virtus & sapientia, & roborati & illuminati, & contra utrumque armati per fortitudinem, contemnamus rugitum, & per prudentiam caveamus circuitum.

Vellem adhuc si possem diaboli circuitum subtilius indagare, & ejus insidias ut caveri possint lucidius propalare. Diabolus igitur quando aliquem cupit subvertere, si id leviter facere potest, non curat ibi diutius laborare. Et ideo imprimis in aperto quasi in facie ad facinus seu flagitium perpetrandum instigat, ut citò & sine labore subvertat. Vult ut homo malum quod ei suggerit apertè videat, & tamen faciat, ut eum majori reatu involvat. Quod si à facie victus recesserit, mox circuire incipiens ad sinistrum latus paulum se occultando convertit. Per latus sinistrum intellige opus malum. Sed notandum quia illud quod à nostro latere stat, oculus noster nequaquam ex opposito, sed obliquo imperfectè considerat. A sinistrâ ergo parte diabolus tentationem immittit, quando malum est quidquid suggerit : sed ne perfectè videri possit, illud velamine vel necessitatis, vel fragilitatis abscondit. Sicut plerisque sub prætextu necessitatis inducit vitium gulositatis, & sub excusatione fragilitatis ingerit culpam noxiæ levitatis. Dicit enim : oportet te multum comedere, quia hoc exigit tua necessitas : licet tibi ridere & loqui, quia sic est humana fragilitas. At si ibi quoque se viderit deprehensum, continuò gyrando transit ad dorsum, ut saltem ibi percutiat hominem, ubi non videt, quem per apertum malum si facit, nec per velatum in latere decipere valet. Sæpe etenim sic deceptiones suas latenter occultat, ut quasi à tergo veniens, subitò & inopinatè percutiat. Sed forsitan ille qui tentatur, more sanctorum animalium non solùm in facie, sed etiam in dorso oculos habet, & ideo diabolica illa tentatio velociter deprehensa, nihil ei penitùs nocet.

Inimicus autem malitiam, quam post dorsum paraverat, videns esse detectam, ut totum circumeat pergit ad dexteram. Sed quid per dexteram nisi bona actio designatur ? Ad dexteram ergo transit, non ut bonum suadeat, sed ut bonum corrumpat. Quia enim dum malum suadet, ex omni parte repulsus excluditur, suâ eum urgente nequitiâ quando plus non potest, saltem bonum inficere nititur. Quibus autem modis illud inficiat, in paucis ostendam. Per superbiam, per vanam gloriam, per indiscretionem. Tunc enim per superbiam bonum corrumpitur, quando cor bene operantis cæteros despiciendo, seque aliis præferendo, in altum tumidè sublevatur. Hoc superbiæ vitio Pharisæi bona actionem malè infecerat, cum publicano à longè stanti & pœnitenti præferendo dicebat : *Non sum sicut cæteri hominum : velut etiam hic Publicanus.* Vana etiam gloria tunc suam maculam ingerit quando is qui bonum operatur laudem propriam ab hominibus quærit. De quibus in Evangelio veritas ait : *Amen dico vobis, receperunt mercedem suam.* In quibus verbis boni operis corruptio magna ostenditur, cum æternæ remunerationis præmium pro laude transitoriâ, corruptione pessimâ commutatur. Tertio autem modo bonum quod agit vitiatur, si in exhibitione boni operis discretio non tenetur. Propter quod dicitur : *Si rectè offeras, & rectè non dividis, per-*

didisti. Rectè quippe offert, sed rectè non dividit, qui bonum quidem facit, sed faciendi tempus & modum per discretionem subtiliter non discernit.

Sunt etiam alia multa corruptionum genera, quibus nostra, si qua sunt, bona opera frequenter inficiuntur, quæ & longum esset scribere, & fastidiosum audire, & quod verius est, ego cœcus & mutus, nec videre valeo, nec proferre. Sed hoc tibi, Frater, de diaboli circuitu dictum sufficiat, quem Deus & intelligere & cavere suâ nobis pietate concedat.

Epistola IV.

FRatri R. Frater ODO salutem.

Oportet, Carissime Frater, ut hi & cæteri Fratres nostri qui foris ad obedientias habitatis, partim pro vota professionis, partim pro amore Religionis, verba vestra & opera solicitè conservetis. Ad vos enim quorumdam oculi detractorum vitiosè & malitiosè frequenter respiciunt; ad vos diligenter, sed non causâ dilectionis intendunt; opera vestra non ad imitandum, sed ad lacerandum, considerant; verba vestra non causâ ædificationis, sed potiùs causâ detractionis osculantur, & si in eis aliquid reprehensibile viderint, exultantes & insultantes, deridendo & subsannando blasphemant. Dicunt enim : Videte quales sint Monachi, quales Regulares Canonici : Videte quantum sint cupidi, quantum superbi, quàm iracundi, quàm invidi. Ecce Regularis ille cupidè aliena diripuit ; ecce illi & illi contumeliosa verba respondit ; ecce non solùm cum extraneo, sed & cum Fratre suo litigium habuit. Utinam detractores nostri pro suâ tantùm iniquitate, & non pro rei veritate tibi dicerent. Utinam in nobis de his omnibus nihil penitùs invenirent. Sed væ nobis, si verum est istud quod dicitur, si per nos inter homines nomen Domini blasphematur. Hoc enim est per nos nomen Domini blasphemare, divino scilicet cultui ac sacræ Religioni propter cupiditates & contentiones nostras derogare.

Necesse est igitur nosmetipsos circà vitam nostram sollicitè vigilare ; & quantum possumus pro amore Dei coram hominibus verbis & operibus, irreprehensibiles exhibere. Sed sunt nonnulli qui quantum ad opera spectat semetipsos cautè custodiunt, & ad perfectionem quamdam jejunando, vigilando perveniunt, sed tamen ad illius perfectionis sublimia non pertingunt, de quâ beatus Jacobus Apostolus ait : *Si quis in lingua non offendit, hic perfectus est vir.* Rectè virum perfectum appellat, qui quasi vir viriliter stando in sermone suo offendendo non titubat ; fragilis enim & quasi fœmineus esse convincitur, qui non solùm otiosa vel levia proferendo, & quasi in minimis offendendo, huc illucque vacillando dilabitur, verùm & impellente irâ, præcipitante furore, nullo moderamine retinens frænum linguæ, litigando & convicia irrogando, quasi fortiter offendens, graviter corruens, totus penitùs conquassatur. Periculosum quippe est otiosa verba proferre, sed valde periculosius convicia irrogare. Nam pro otioso verbo ratio redditur ; pro contumelioso pœna exsolvitur. Siquidem Dominus in Evangelio ait : *Omne verbum otiosum quod loquuti fuerint homines, reddent de eo rationem in die judicii.* Et alibi : *Qui dixerit fratri suo fatue, reus erit gehennæ ignis.*

Ecce in his verbis hoc quod prædixi patenter ostenditur, quia & otiosum verbum sequitur inquisitio rationis, & illatum convitium pœna certæ damnationis. Magnum quippe est illud peccatum, per quod homo separatur à regno cœlorum. David Propheta cum quæreret : *Domine quis habitabit in tabernaculo tuo ?* subjunxit dicens : *Qui ingreditur sine maculâ,*

Et post pauca: *Nec fecit proximo suo malum & opprobrium non accepit adversùs proximum suum.* Sed quid est adversùs proximum opprobrium accipere, nisi illatum proximo opprobrium libenter audire? Ille quippe accipit qui libenter audit. Si igitur à tabernaculo Dei excluditur qui adversùs proximum opprobrium accipit, quanto magis ille qui intulit? Idem etiam Propheta cum alibi quæreret, quis scilicet etiam vellet, & dies bonos videre diligeret? Supposuit dicens: *Prohibe linguam tuam à malo:* ac si diceret: Si linguam tuam à malo prohibueris, vitam & dies bonos proculdubio consequéris. Salomon quoque ait: *Mors & vita in manibus linguæ.* Quia plerumque pro sermone malo & dicentis & audientis anima moritur: & rursum pro bono, & qui dicit, vitam meretur; & qui audit, à morte animæ suscitatur. Nam quia sermo malus more gladij mortem animæ inferendo trucidat, Propheta David quodam loco instrumenta sermonis, instrumenta mortis appellat, dicens: *Filij hominum, dentes eorum arma & sagittæ, & lingua eorum gladius acutus.* Et rursùm quia sermo bonus vitam tribuit, Scriptura sacra alio loco dicit: *Lingua placabilis lignum vitæ.* Oportet ergo à malo cohibere linguam, si volumus pervenire ad vitam.

Sed forsitan dicis: Vos qui intùs in Monasterio vivitis, qui horis constitutis silentium tenetis, qui lectioni & orationi assiduè vacatis, offensiones linguæ facillimè cavere potestis. At nos qui jugiter foris sumus, qui pro innumeris causis huc illucque discurrimus, qui possumus loqui cùm volumus, in verbis nostris frequenter offendimus. Vestras autem, linguas ne perniciosè fluant silentium ligat, nostras verò licentia loquendi nobis concessa relaxat. Istis sermonibus tuis sic ego respondeo. Verum est quòd ad custodiam oris multum nos & spirituale studium, & constitutum silentium juvat, ita ex utroque adjuti, otiosa verba proferre nec libeat, plerumque nec liceat. Vobis autem qui foris estis, etsi propter necessitatem data est licentia loquendi, sed nulla concessa est potestas peccandi. Non enim ideo vobis data est loquendi licentia, ut vel cum extraneis habeatis jurgia, vel vobismetipsis inferatis convitia. Quòd si cum eis qui foris sunt litigatis, & intùs vobismetipsis derogatis, fateor vobis quia à regularis viæ tramite longissimè aberratis.

Denique exteriora vestra paulo diligentiùs attendamus. Si nostrum nomen & habitum consulamus, non benè convenit vocari Regularem Canonicum, & verbis & operibus illicitis esse distortum. Non unquam benè concordat caput rasum, & cor superbum; cappa religiosa, & lingua litigiosa: parum profunt ea quæ foris sunt humilitatis indicia, si intùs in mente dominatur superbia: parum prodest in modum pœnitentiæ caligas truncatas habere, & de perpetratis malis nullum dolorem pœnitentis sentire: parum prodest quòd corona in capite dilatatur, si in corde refrigescit caritas coarctata: parum prodest alta tonsura, si non tenetur in sermone mensura. Igitur nostrum exteriorem habitum attendamus, & quid nobis admoneat intendamus. Si autem propter humanam infirmitatem, & loquendi assiduitatem, otiosa verba, & cætera quæ videntur esse minima, dimittere omninò non possumus, contentiones tamen & detractiones per Dei gratiam extirpare prorsùs & possumus & debemus. Quòd si aliquando, quod absit, diabolo suadente, & iracundiâ impellente, alter alteri convitium vel maledictum intulerit, secundùm Regulæ nostræ consilium & ille qui intulit debet quantociùs satisfacere, & ille qui læsus est suam disceptationem dimittere. Ut autem offensiones linguæ, quæ multæ sunt, cavere possimus, Domino Deo nostro cum Prophetâ dicamus: *Pone Domine custodiam ori meo, &c.*

Ecce, mi Frater, litteras istas etsi tibi specialiter misi, tamen ea quæ scripta sunt de omnibus Fratribus generaliter dixi; quia sic mihi placuit, ut tecum loquendo omnes pariter ac monerem, & omnes admonendo te non exciperem.

Epistola V.

Fratri R. Frater ODO salutem.

Precor te, Carissime Frater, quatenùs in Obedientiâ tibi commissâ sic te contineas, ut & in vitâ tuâ Deus laudetur & honoretur, & per bonam famam tuam nostra Ecclesia exaltetur. Vide ut & de foris coram hominibus bonum testimonium habeas, & intùs coram Deo de bonâ conscientiâ gaudeas. Tunc autem conscientia erit bona, si nullum malum feceris ex deliberatione, & quodcumque bonum feceris ex simplici intentione; alioquin nisi intentio tua fuerit simplex & recta, nec fama quæ foris est erit vera, nec conscientia quæ intus est erit bona. Intentionis autem simplicitas, hæc rectissima esse comprobatur, quando in bono opere penitùs laus humana respuitur, & solummodo laus Dei & utilitas proximi quæritur. Itaque ista duo recta, scilicet operatio & simplex intentio duo faciunt bona, quia & simplex intentio per conscientiam bonam operantis mentem intùs lætificat, & recta operatio, quæ foris ostenditur, ad laudem Dei alios invitans, eos ad bonum operandum informat. Dicamus cum Apostolo, si tamen in veritate dicere possumus: *Gloria nostra hæc est, testimonium conscientiæ nostræ.* Ille enim solummodo certissimè gloriari valet, cui conscientia bona intus testimonium perhibet. Certè, ut mihi videtur, facillimè homo decipitur, sed Deus nullatenùs irridetur: *Homo verò videt in facie, Deus autem videt in corde.* Deo igitur, qui intùs videt, conscientia nostra pura & simplex appareat, & hominibus, qui vident faciem, ut glorificetur Deus, vestrum opus bonum reluceat.

Si itaque operatio recta, sit intentio simplex & pura, qui incassum ante oculos operatio nostra procedit, si eam bona intentio non præcedit. Nec conscientia intus requiem habet, quam vel perpetrata culpa deterret, vel de bono opere laus humana quæsita remordet. Tamen si de conscientiâ nostrâ veram volumus habere notitiam, necesse est ut præcedat scientia conscientiam. Ubi enim non est scientia, nulla potest esse vel bona vel mala conscientia. Ubi verò scientia præcedit, mox utrum conscientia bona vel mala sit innotescit.

Sunt autem quidam boni, qui propter vitæ munditiam malam non habent conscientiam, semetipsos diligenter per scientiam inquirunt, sed quia puri sunt & mundi, nullius mali sibi conscii sunt: in istis præcedit scientia, & sequitur bona conscientia. Sunt verò alii qui mali quidem sunt, sed per scientiam suam recognoscunt: isti cognoscendo semetipsos malam quidem habent conscientiam, sed tamen dolentes & gementes quandoque convertuntur ad pœnitentiam. Horum scientiam mala conscientia sequitur, sed conscientia per scientiam illustrata in bonum per pœnitentiam commutatur. Sunt etiam alii pejores, & supradictis multo deteriores, qui propter suam stultitiam, suam non attendunt malitiam. Et quia seipsos per scientiam discutere aut nolunt aut negligunt, lucem scientiæ non habentes, in peccatis suis quasi in teterrimâ nocte periculosissimè dormiunt, & tales ad pœnitentiam aut vix aut nunquam redeunt, quia pœnitentiæ viam, id est scientiam perdiderunt. Scriptum quippe est: *Qui addit scientiam, addit & dolorem.* Unde liquidò patet quia qui nullam scientiam habet, de peccatis suis dolere non valet. Videmus plerosque justos, pro levissimis delictis amarissimè flere: & è contrario quosdam pessimos pro horrendis sceleribus nullum dolorem sentire, imò etiam, quod valde dolendum est, lætari & exultare, de quibus scriptum est: *Qui lætantur cum malè fecerint, & exultant in rebus pessimis.* Sed ut quid hoc, nisi quia & justi luce scientiæ illuminati, etiam de minimis quæ in se cognoscunt, semetipsos graviter reprehendunt, & mali lucem scientiæ non habentes, & semetipsos penitùs ignorantes, etiam horrenda scelera quæ faciunt, pœnitendo plangere nesciunt? Si igitur conscientias nostras quales sint veraciter scire desideramus, necesse est ut scientiæ operam demus, & ad hanc habendam non de nostra præsumamus industria, sed de sola Dei misericordia & superabundanti ejus gratia. Rogemus itaque Dei misericordiam, imploremus ejus gratiam, ut det nobis scientiam & bonam conscientiam, quatenùs & per scientiam nosmetipsos veraciter agnoscamus, & de bona conscientia in conspectu ejus ineffabiliter gaudeamus.

Sed væ mihi misero qui conscientiam bonam non habeo, & tamen de bona conscientia loqui præsumo. Quomodo etiam conscientia mea poterit esse bona, qui & mala multa commisi quæ dignè per pœnitentiam non delevi; & bona quæ facere debui, torpens & negligens facere nolui? Aliter ipsa conscientia nostra bona esse non potest, nisi & mala quæ fecimus dignè per pœnitentiam defleamus, & præveniente nos gratia Dei, bona quæ possumus, faciamus. O conscientia bona, quantum es amabilis & jocunda! O Thesaurus magnus, nullis terrenis divitiis comparandus! Certè nihil in hac vita felicius, nihil jocundius.

Sed forsitan dicis: Quomodo scis quod nihil sit felicius, nihil jocundius? Aliquando cibum esse bonum dicimus, quia hoc per experientiam scimus. Tu verò, sicut dixisti, conscientiam bonam non habes, quomodo quod nihil sit felicius scire potes? Hoc forsitan dicis: ego autem quid dicam? Non in veritate dicere possum quod Apostolus ait: *Nihil mihi conscius sum:* imò multum conscius sum. Audi tamen similitudinem & intellige rationem. Certè per oculos multa videmus: quæ tamen non habemus; sic per rationem multa esse bona cognoscimus, quæ tamen non tacimus. Et per eamdem rationem de virtutibus multa disserimus, à quibus vacui sumus. Ecce verò ego ipse de bona conscientia loquens, & per rationem multa differens, quasi per oculum bonum video, quod tamen in memetipso non habeo. Audi & aliud: Plerumque dum gustamus amaritudinem fellis, laudamus dulcedinem mellis, & quamvis in præsenti solam fellis amaritudinem sentiamus, ex ejus tamen comparatione non sentimus mellis dulcedinem approbamus. Sic & in paupertate natus, & totus in miseriis enutritus, cum sæculi potentes & divitias obtinentes consideret, illos beatos, se miserum clamat, cum tamen solam miseriam sentiens, eorum beatitudo qualis sit per experientiam nesciat. Sic plerumque laudamus satietatem, infirmantes bonam esse dicimus sanitatem. Sic & ego ex infelicitate conscientiæ malæ quam sentio, satis sit felicitas conscientiæ bonæ penso: & quia per experientiam scio conscientia mala nihil esse tristius ex ipsa tristitia judico conscientia bona nihil esse jucundius.

Certè si mihi daretur optio, mallem omnes mundi miserias cum bona conscientia tolerare, quàm omnes mundi divitias cum mala conscientia possidere. Sed quia hi qui foris sunt, conscientias nostras videre non possunt, saltem fama nostra, quæ ad eos potest pervenire, in eorum auribus debet non putere. Si enim de conscientia nostra confidentes famam nostram negligimus (sicut ait Beatus Augustinus) crudeles sumus. Imò ut ego puto, nec bonam habemus conscientiam, si per nostram negligentiam incurramus infamiam. Quòd si nos è contrario fama hominum laudat, & conscientia intùs vituperat, similes sumus his qui in publico divitiæ prædicantur, & in privato suo paupertatis angustia cruciantur.

Tu igitur, mi Frater, appone diligentiam, inquire conscientiam. Testimonium ejus quale sit diligenter attende: quid de operibus, quid de verbis, quid & de cogitationibus tuis tibi veraciter testetur, intende. Attende, inquam, utrùm sit in opere sanctitas, in verbo veritas in cogitatione puritas, in intentione simplicitas. Si conscientia tua horum testimonio sibimetipsi conscia fuerit, illud, Apostoli, quod suprà dictum, est, rectissimè dicere poteris. *Gloria nostra hæc est, testimonium conscientiæ nostræ.* Si autem exemplo mali operis aliquem destruxisti; verbo tuo alicui maledictum seu convitium intulisti, cordis munditiam cogitatione illicita polluisti: si hæc fecisti, & necdum pœnitendo satisfecisti, puto quòd de istis non solùm in conscientia non gloriaris, verùm etiam confusione intima cruciaris. Sunt etiam quædam alia, de quibus plerumque nostra confunditur conscientia, id est superbia, ira, tristitia. Quæ omnia priùs Deus à nobis auferat, & mundam conscientiam conferat. Vale, & ora pro me.

Epistola VI.

Quanto desiderio & affectu bonum vestrum & salutem vestram desiderem, ille solus veraciter novit, qui secreta cordium solus agnoscit. Nunc autem quia ore ad os præsentialiter loqui non valeo, litterulas istas exhortatorias dilectioni vestræ transmitto. Nec scribo vobis causa nostræ necessitatis, sed solo intuitu Caritatis. Adversitas enim quæ vobis contigit, etsi mihi abstulit præsentem vestram colloquutionem, non tamen auferre potuit de corde dilectionem; & si mihi abstulit realem vestram præsentiam, non tamen de oratione vestri memoriam. Ut enim verum fatear, quando Missarum solemnia celebramus, omnipotentis Dei clementiam imploramus, quatenùs ipse qui nullius [obliviscitur] per ignorantiam, vestri fiat memor per gratiam. Nunc & priùs quàm incipiam exhortationem hanc, præmitto orationem, quatenùs gratia Dei admonitionem nostram præveniat, atque aures vestri cordis aperiat, ut ea quæ ad veram salutem pertinent, libenter audiat; memoriter teneat; efficaciter impleat.

Quid igitur primum dicam? ubi exhortationem incipiam? Volo quidem dominum & amicum meum, ut fidelem servum & verum amicum ab amore vitæ præsentis evellere, & ejus desiderium ad amorem sui Creatoris & patriæ cœlestis erigere. Debeo igitur aliquid de contemptu mundi præponere, & postmodum ea quæ animum ejus ad amorem Dei excitare possint, subnectere. Sed quia scio vos sæcularibus curis incubare, vellem si possem admonitionem nostram paucis sermonibus explicare.

Salomon igitur sapientissimus primus accedat, & veram sententiam vobis de contemptu mundi proponat, & dicat: *Vanitas vanitatum, vanitas vanitatum, & omnia vanitas.* O domine mi, numquid intelligis verum esse quod audis? certè non est quod dubites: appone aurem & intellige veritatem, aperi oculos & considera vanitatem. Rogo vitæ tuæ cursum diligenter consideres, quia, nisi fallor, in ipsa vitâ tuâ, quàm sint vana omnia perfectè cognosces. Recole quanta in tempore prosperitatis tuæ concessa sit tibi sæcularis potentia, quanta divitiarum abundantia, quanta, & quod majus est, in dispositione rerum temporalium prudentia. Primus inter aulicos residere solebas, totum Francorum Regnum pro tuo libitu disponebas; quin & secundùm hoc quod Salomon se fecisse commemorat, magnus effectus opera tua magnificasti, turres excelsas & pulchra palatia exstruxisti, vineas plantasti, servos & ancillas multamque familiam habuisti, coacervasti tibi argentum & aurum, substantias Regum & provinciarum, & repletus es deliciis filiorum hominum. Sed attende paulisper in istis omnibus quanta sit vanitas, quæ instabilitas.

Ecce enim ipse Rex de cujus dilectione plurimum confidebas, & juxtà quem familiaritatis causâ & honoris gradu residere solebas, te velut hostem persequitur, & quidquid Parisiis, cum magno labore construxeras, præcepto Reginæ totum destruitur. Argentum & aurum & pecuniam quæ in tranquillitatis tempore congregasti, nunc in tempore guerræ te oportet expendere, & ne inimici tui te incautum opprimant, nocte & die sollicitè cogitare. Potes itaque, Domine mi, in vitâ tuâ evidenter cognoscere sententiam quam Salomon de vanitate protulit veram esse. Certè iste Salomon Regia potestate fuit sublimis, sapientiæ dono incomparabilis, divitiarum opulentiâ pinguis; & quamvis omnia ista affluenter suppeterent, nullam tamen attribuit eis veritatem, sed quia transeuntia vidit, appellavit propriè vanitatem. Tanto igitur ei meliùs est credendum, quanto ea quæ dixit, didicit per experimentum.

Nisi brevitati studerem, adhuc quædam de contemptu mundi dicere possem, quæ animum vestrum ab ejus appetitu non solùm rationabiliter revocarent, sed & fortiter deterrerent. Quale est illud; *Mundus peribit & concupiscentia ejus*. Et illud ; *Quicumque voluerit amicus esse hujus sæculi, inimicus Dei constituetur.* Formidolosa sententia! Quid terribilius dici potest? quandoquidem inimicus Dei convincitur, quicumque sæculi hujus amicus efficitur. Est aliud cur rationalis mens debet mundana ista contemnere; quia & cum labore maximo acquiruntur, & cum sollicitudine custodiuntur, & cum dolore amittuntur. Scriptum quoque est : *Potentes potenter tormenta patientur.* Et : *Qui divitias habent, difficilè regnum Dei consequuntur. Quid autem prodest homini si totum mundum lucretur, animæ vero suæ detrimentum patiatur?* Hæc de contemptu mundi dicta sufficiant.

Quòd si dilectio vestra ad amorem Dei cupit mentem erigere, debetis frequenter beneficia Dei vobis collata ad memoriam revocare. Cogitate quanta erga vos ejus exstiterit gratia, quanta ejus misericordia Gratia in hoc, quòd bona sua vobis granter contulit : misericordia in hoc, quòd mala vestra æquanimiter pertulit. Certè si benè vultis attendere, hæc sola causa ad amandum Deum potest vobis sufficere, quod scilicet de per gratiam bona præbuit, ut vos ad amorem suum accenderet, & per misericordiam mala vestra sustinuit, ut vos ad pœnitentiam provocaret. Ad ultimum verò postquam exhibuit patientiam, sicut pius pater dilecto filio adhibuit disciplinam, ut saltem flagellatus ad patrem redeat qui beneficiis provocatus redire nolebat. Scriptum est enim : *Flagellat Deus omnem quem recipit.* Flagellum quippe Dei est guerra ista quam habetis & persequuntur, quia etsi inimici vestri vos persequuntur ex odio, tamen hoc quod faciunt, præcedit quædam occulta & justa Dei dispositio.

Nolite ergo de flagello isto contra Deum murmurare, quia durum esset vobis contra stimulum calcitrare. Mementote quia cum David Rex filii sui Absalon persequutionem fugeret, & Semei quidam pessimus ei malediceret, viri qui erant cum David, Regis injuriam doluerunt, & illum Semei interficere voluerunt. Quos tamen David compescuit dicens: *Dimitte ut maledicat, Dominus enim præcepit ut malediceret Davidi, si forte reddat mihi Dominus benedictionem pro maledictione hac hodiernâ.* Rogo pro Deo diligenter attendite, & sicut David fecit, sic & vos facite. Ecce ab inimico maledictionem sustinuit, & tamen de eo cum leviter posset, semetipsum ulcisci noluit, & maledictionem illam non Semei, sed Domino imputavit, cum dixit : *Dominus præcepit ut malediceret David.* Ipse quippe unus de filiis Dei erat; & à pio patre se flagellari sciebat, nec attendere voluit maledicentis iniquitatem, sed maledictionis utilitatem. Ideoque dicebat : *Si forte reddat mihi Dominus benedictionem pro maledictione hac hodiernâ.* Puto etiam quòd peccata sua præterita ad memoriam revocabat : puto quia pro adulterio & homicidio graviter in corde dolebat, & ideo filii sui persequutionem, & servi sui maledictionem patientissimè tolerabat. Hoc exemplum de David & hoc proposui, ut & vos peccata vestra aperta & occulta, minima & majora sedulè cogitetis, & in persequutione quam præsentialiter sustinetis, non attendatis inimicorum vestrorum nequissimam voluntatem, sed admonentis Domini misericordissimam pietatem.

Audite quid Dominus dicat : *Ego quos amo, arguo & castigo.* Ipse enim idcircò percutit, ut sanet, ipse idcircò flagellat peccatorem, ut purget. Nolite igitur vocationem Dei aures obstruendo, respuere : nolite flagella Dei obdurato corde suscipere. Nolite in limo profundi, in amore mundi, tam tenaciter & pertinaciter inhærere ; permittite Deum vos ad lucis miseriæ & de luto fæcis extrahere. Nolite fieri sicut plaustrum in luto demersum, quod & boves ex anteriore parte fortiter trahunt, & homines ex posteriori toto conatu impellunt, & tamen nec trahendo, nec impellendo illud de luto extrahere possunt. Ecce pius Deus priùs vobis prosperitatem concessit ut traheret, nunc manum adversitatis apposuit ut impelleret. Cum igitur in conversione vestrâ Dominum, ut ita dicam tantùm laborare facitis, videte ne ad iracundiam eum provocetis. *Horrendum est enim incidere in manu Dei viventis.* Nam si commotus fuerit, quis ei resistit ? *Nolite*, secundùm psalmi sententiam, *in Principibus*, nec in filiis hominibus, *in quibus non est salus*, considere: sed in eo solo qui potest vos de omni angustiâ liberare.

Sed ut modò postponam exhortationem, rogo, ut de his quæ dico vestram consulatis interiùs rationem. Mirum est enim cum ratio vestra, quæ tantum in provisione & dispositione sæcularium viget : mirum est, inquam, cum ad bona cognoscenda & facienda quasi mortua jacet. Sed forsitan ratio vestra, ea quæ bona sunt per discretionem intelligit, & tamen superbiâ resistente non perficit. Rationi enim vestræ superbia dominatur, & ei lege tyrannicâ reluctatur. Ratio dicit : si hoc vel illud faceres, Deo acceptabilis esses. Superbia dicit : si hoc vel illud faceres, in conspectu hominum vilis esses. O servitus nefanda & detestanda, quando videlicet ratio quæ debet imperare ut domina, superbiæ obtemperat ut ancilla. Quæso ut ad debitam libertatem ratio redeat, superbia de corde vestro expulsa exeat & locum ejus ea quæ Deo cara est, humilitas vera possideat.

Epistola VII.

FRatri F. Frater Odo salutem.

Quando in feriis Pentecostes ad nos, Carissime Frater, venisti, vocasti me secretò, atque increpando dixisti: Vos de me nullam curam habetis, sed me quasi aliquid vile & inutile projecistis. Cum diligenter inquirerem quare hoc diceres, respondisti: Cæteris fratribus litteras vestras consolatorias frequenter dirigitis, mihi verò qui plus omnibus indigeo, qui tentationes multas sustineo, nullam consolationem penitùs exhibetis. Quod ego audiens increpationem tuam grataenter accepi, & si mihi vacaret, in posterum aliquam tibi consolationem me facturum esse promisi. Verùmtamen scire debes, me frequenter tantis occupationibus implicari, tantis curis quamvis minimis intùs & foris exagitari, quòd secundùm desiderium meum non mihi vacat aut lectioni intendere, aut aliquid scribere, aut, quod melius est, orationi vacare. Sed quia per nuntium tuum ut promissionis meæ memor essem iterum admonuisti, quamvis, ut dixi, multis impediar, caritate urgente faciam breviter quod promisi.

Nolo igitur, frater, mireris, si tentationes varias pateris. *Tentatio est enim vita hominis super terram.* Hinc etiam scriptum est: *Fili accedens ad servitutem Dei, sta in justitia & timore, & præpara cor tuum ad tentationem.* Ecce evidenter habes in hac sententia quid debeas facere. Jam enim ad Dei servitium accessisti, jam Deo servire, jam religiosè vivere promisisti. Stare debes in justitia & in timore, & animam tuam ad tentationem, non ad requiem præparare. Plerique enim cum ad servitium Dei accedunt, quia pro acquirendis virtutibus laborem refugiunt, Deo permittente, ad priora peccata redeunt. Si ergo tentationum laqueos cupis evadere, oportet te multos labores & cordis & corporis sustinere. Quis enim potest sine labore cor suum ad lamenta compungere, proprias voluntates abjicere, & aliorum voluntates bonas in omnibus adimplere? Quis, inquam, potest sine labore magno studioque continuo, multiplices insidias diaboli plenè cognoscere, & cognitas evitare? Magnus est certè tentationum labor, & non contemnendus, sed tamen pro amore Dei patientissimè tolerandus. Et ne propter tentationem cadas in desperationem, audi quid beatus Jacobus Apostolus dicat: *Omne gaudium existimate, fratres mei, cùm in tentationes varias incideritis.*

Magna est, Carissime Frater, tentationum utilitas: quia per tentationes vera possidetur humilitas. Multum enim, ut credo, superbia nostra se in altum erigeret, nisi Deo permittente, eamdem superbiam nostram tentationum pondus in imo deprimeret. Plerumque dum nullas foris tentationes patimur, graviùs in corde per elationem periclitamur; & quia iniquitatem nostram considerare negligimus, magna quædam & incomparabilia de nobismetipsis sentimus, & cæteros quosque meliores in comparatione nostrum despicimus. Sed pius Deus aliquando cum nostram misericorditer respicit elationem, ad correptionem nostram super nos venire permittit carnis tentationem. Vult enim ut tentatio carnis deprimat elationem cordis, vult ut infirmitatis nostræ conscii de nobis abjecta & vilia sentiamus, quatenùs minores quosque nobis per humilitatem præponamus. Bonum est etiam ut quando tentationem aliquam sustines, professionem quam fecisti ad memoriam revoces. Professus es enim castitatem, communionem, obedientiam. Quando professionem istam fecisti, diabolum graviter offendisti. Hanc professionem vidit & in-

vidit: & ideo contra singulas professiones, singulas adhibet tentationes. Contrà professionem castitatis suggerit luxuriam carnis, contrà communionis professionem alicujus rei propriæ accendit cupiditatem; contrà virtutem obedientiæ opponit vitium inobedientiæ. Sed tu, Frater mi, tene fortiter professionem, & devita cautè tentationem. Si diabolus te impugnat, cave ne expugnet, cave ne superet. Resiste fortiter, pugna viriliter: si intorserit concupiscentiæ jaculum, castitatis oppone clypeum. Si ad memoriam tuam reduxerit præteritas actiones, præteritas delectationes, tu è contra cogita inferni dolores, & pœnas horribiles. Si enim ignem gehennæ diligenter attendis, ignem luxuriæ citò extingues. Oportet etiam ut & intùs conserves cordis affectum, & exteriùs oculorum aspectum. Plerumque enim corruptus affectus, oculorum aciem ad illicita dirigit; & aspectus illicitus, intùs affectum corrumpit: atque ideo debes & intùs affectum purificare, & foris aspectum per disciplinam restringere. Cogita frequenter quanta sit munditia castitatis, quàm grata sit Deo & acceptabilis. Hinc in Evangelio Veritas ait: *Sint lumbi vestri præcincti.* Quid est enim lumbos præcingere, nisi fluxum luxuriæ castitatis cingulo cohibere? O munda castitas, quantum in alto resides! O immunda luxuria, quantum in imo jaces! Certè castitas hominem Deo jungit, templum Dei incorruptum custodit: luxuria verò hominem à Deo separat, diabolo sociat, templum Dei violat. Castitatis ergo virtutem amplectere, luxuriæ vitium perhorresce; istius ama pulchritudinem, illius fuge turpitudinem.

Magna est certè & pulcherrima virtus castitas, si tamen cum castitate teneatur humilitas. Alioquin de sola castitate Deo placere non possumus, nisi etiam cum castitate humilitatem veraciter habemus. Imò plerumque magnos tentationum assultus castitas patitur, ideircò quia superbia de corde non expellitur. Si igitur de castitate vis esse securus, esto in humilitate fundatus. Denique diabolus quia per virtutem castitatis nos Deo placere considerat, etsi eam auferre non prævalet, tamen hanc inquieterare non cessat. Hinc est quòd vigilantibus nobis turpes cogitationes, si potest, immittit, dormientibus verò ad illusionem nostram diversarum specierum formas assumit. Tanta est ejus nequitia, tanta invidia, non ut attendat quid de se faciat, quàm vilium rerum formas accipiat, tantùm ut nos illiciat, ut nos decipiat. At nos seu vigilantes seu dormientes, Domini existentes, & [ad] Deum tendentes, turpes cogitationes bonis objectis cogitationibus, repellamus, & nocturnas illusiones signo sanctæ crucis munici, nullatenùs timeamus.

Bonum est etiam ei qui castitatem custodire desiderat, ut in cibo & potu sobrietatem teneat, & orationi frequenter insistat. Postquàm enim diabolus naturalis concupiscentiæ ignem ciborum adjectione paululum ardere conspicit, continuò in semetipso spiritum nequitiæ colligit, & ad accendendum concupiscentiæ ignem toto conatu flatum tentationis emittit. Et ideo Bonum est ut ignis concupiscentiæ aquâ parsimoniæ extinguatur, & diaboli flatus orationis spiritu repellatur. Multa sunt quæ ad conservandam castitatem plurimùm juvant, sed hæc tibi, Frater Carissime, dicta sufficiant.

Si autem de professione communionis & obedientiæ adhuc vellem disserere, jam Epistola modum excederet; & prolixior sermo lectori fastidium gigneret. Hoc tamen breviter dico, quod hoc scire te volo, quia quicumque post communionis professionem, aut equum, aut vestimentum, aut quod minus est, obolum, in suâ proprietate retinet, nullam cum

Deo partem, nullam cum Sanctis ejus communionem, nisi dignè pœnituerit, habere valet. Similiter qui post promissam obedientiam Prælati sui imperio contumaci superbiâ renuit obedire, nullatenùs JESU CHRISTI, qui factus est obediens usque ad mortem, coheres potest existere. Et ideo bonum est ut nullam penitùs habeamus proprietatem, ne Sanctorum perdamus amabilem societatis, & obedientiam cum Domino JESU-CHRISTO usque ad mortem teneamus, ut post mortem obedientiæ fructum ab eodem Domino recipere valeamus. Vale, & ora pro me.

Anno MCLXI. Ex tabulario Hederensis Abbatis.

LUDOVICUS VII. dat Monialibus Hederensis Abbatiæ quidquid percipere solebat de Capiceria Parisiensi, sede Episcopali vacante.

EGO LUDOVICUS Dei gratiâ Francorum Rex. Post obitum Parisiensis Episcopi bonæ memoriæ Theobaldi, Episcopatus & regale in nostram manum venit, & similiter Capiceriæ redditus; sed cum oblationes & redditum altaris nollemus assumere in usus Regios, Monasterium virginale de Edera conspeximus multis indigere, & sacrarum virginum indigentiæ succurrere dignum duximus. Notum itaque facimus universis præsentibus & futuris, quòd pro nostrâ & antecessorum nostrorum Regum Franciæ animabus, quidquid capiebamus in Capiceriâ Ecclesiæ Parisiensis sede vacante, & Episcopatu existente in manu Regiâ, Conventui sororum de Ederâ quotiès vacaverit Episcopatus donavimus habendum usque ad ipsam diem quâ facta fuerit electio. Et interim dum tenuerint Moniales Capiceriam, ipsius Capiceriæ & Altaris tam de luminaribus quàm de aliis necessariis, sicut est consuetudo Ecclesiæ, expensas facient. Quod ut ratum sit & penitùs inconcussum, per scripturam præsentem & Regii sigilli impressionem confirmari præcipimus, subscripto nominis nostri charactere. Actum publicè Parisius anno ab Incarnatione Domini MCLXI. adstantibus in Palatio nostro quorum subtitulata sunt nomina & signa. Sig. Comitis Theobaldi Dapiferi nostri, S. Guidonis Buticularii, S. Matthæi Camerarii, Constabulario nullo. Data per manum Hugonis Cancellarii & Episcopi Suessionensis.

Ann. MCLXI.

Quæ acta sunt in deditione Mediolani narrat Comiti.

FRIDERICI Imperatoris Comiti Suessionensi.

FRIDERICUS Dei gratiâ Romanorum Imperator, & semper Augustus, ... Comiti Suessionensi dilecto suo, Salutem cum intimâ dilectione. Dilectionis tuæ uberrimas grates agimus, quòd sicut multorum relatione didicimus, circà honorem Imperii promovendum fervens desiderium semper habuisti: inde est, quòd inter principales amicos te connumerantes, felicissimis eventibus & gloriosissimis triumphis nostris, quos nulli antecessorum nostrorum concessos esse credimus, tamquam carissimum nostrum participare volumus. Tuæ igitur dilectioni, quam honorem nostrum sitibundo pectore anhelare luce clariùs constat significandum duximus, quòd in virtute Dei per quam Reges regnant, & potentes faciunt justitiam, felicem & gloriosam de Mediolanensibus victoriam cum omni plenitudine honoris adepti sumus. In Calendis enim Martii, primâ videlicet die mensis, hostes Imperii Mediolanenses, summotâ omni simulatione fraudis, quâ in primâ deditione dolosè circumvenerant, summâ necessitate famis & inediæ coacti ad curiam nostram apud Laudam venerunt, & nudos gladios in cervicibus suis deferentes, & Majestati nostræ reos se fore profitentes, personas, res, ipsamque civitatem, absque ullo tenore, & sine aliquâ conditione interpositâ, in nostram potestatem cum plenâ deditione reddiderunt. Præterea IV. Nonas ejusdem mensis, Mediolanenses cum omni militiâ & viribus civitatis ad nos redeuntes, vexilla & universa signa bellica, clavesque civitatis, & Consulatûs dignitates Majestati nostræ resignaverunt, refutantes omnia genera armorum, omnemque potestatem, nisi quam cum gratiâ & permissione nostrâ possent obtinere. Juraverunt insuper quæcumque eos jurare fecimus, scilicet quòd universa mandata nostra bonâ fide, & sine fraude observarent, & de his omnibus observandis quadringentos obsides meliores & majores de civitate nobis dederunt. Sanè ne quid deesse posset ad complementum imperialis gloriæ, vel omnimodam deditionem inimicorum, pridie Nonas prædicti mensis universus populus civitatis cum vexillo sancti Ambrosii, quod miro artificio egregiæ molis & altitudinis ferebatur in carrocio, quem jugo boum non pauca trahebant; nec cum universis vexillis suis, eo ordine quo ad bellum procedere solebant, ad Curiam nostram venerunt, non judicium, vel justitiam postulantes, sed quia crucem meruerant, per crucem quam quisque manu gestabat, misericordiam suppliciter implorabant. Ex indultu ergo imperialis clementiæ, quæ nullum magis quàm Imperatorem & Principem decet, universos Mediolanenses vitæ munere donavimus, à vinculo Imperialis banni absolvimus, deputatis in exilium patriam concessimus, rebus omnibus & libertate privatis, alodia, quæ justè videbantur contraxisse, restituimus, & universa regalia nostra, quæ ipsi hactenùs per rapinam possederant, fisco nostro applicuimus. Porrò ex sententiâ divinâ, cujus judicia abyssus multa, qui frangit omne superbum, ne de cetero prædictis hostibus occasio malignandi, vel facultas rebellandi præstetur, fossata complanavimus, muros subvertimus, turres omnes destruimus, & totam civitatem in ruinam & desolationem ponimus: sicque ad promovenda alia negotia, & ad plenariam Imperii reformationem exercitum nostrum, & victrices aquilas feliciter convertemus.

Ann. MCLXII.

JOANNES Martini seipsum ac filios tradit dominio GERARDI Comitis Rossilionensis.

IN Dei nomine notum sit cunctis præsentibus & futuris, quòd ego JOANNES Martini dono corpus meum per hominem, per me, & per omnem meam posteritatem, tibi GIRARDO Rossilionensi Comiti, & omni tuæ posteritati in perpetuum, & convenio tibi, ut semper stem omnibus diebus vitæ meæ in villâ de Malpas per stagem cum infantibus meis, quos ego meliùs voluero. Et si ego hoc passaverim, vel fregerim, (quod non fecissem) dono tibi & tuis in retorno omnia mea alodia, quæ habeo in termino villæ de Canomals in ajacentiâ sancti Salvatoris, & in termino, & in ajacentiâ sanctæ Eugeniæ de Labegan, vel in qualicumque alio loco habeo, vel habere debeo. Et ego Joannes Martini convenio tibi Girardo & tuis, quòd semper sim adjutor vester, & Valedors de hominibus omnibus & fœminis, exceptis de dominis meis de Bergedan, de vitâ vestrâ, & de membro vestro, & de vestro honore. Et sicut superiùs scriptum est, convenio tibi, ut ita attendam, & juro ego tibi per Deum & hæc quatuor Evangelia.

Et ego Girardus Rossilionensis Comes recipio te
Joannem

Diplomatum, &c.

Joannem Martini ad hominem, & convenio tibi per me & per meos, ut semper te manuteneam, sicut unum de meis probis hominibus, sine omni enganno, & est manifestum. Actum est hoc x. Kal. Novembr. anni ab Incarnatione Domini M. C. LXII. regnante Lodoïco Rege. S. † Joannis Martini, qui hanc chartam fieri jussi, firmavi, laudavi, & testes firmare rogavi. Sig. † Girardi Comitis, qui hanc chartam fieri jussi, firmavi, laudavi, & testes firmare rogavi. Sig. † Petri de sancta MARIA. Sig. † Martini Jacobi, Sig. † Petri Magistri de Malpas. Sig. † Petri Boirelli. Sig. † Guillelmi Majoris. . . . . . . Nicolaus Levita, qui hoc scripsit rogatus atque jussus, sub die & anno quo supra.

FREDERICI Imperatoris NICOLAO Cameracensi Episcopo.

Anno circ. MCLXIII.

Monet Clericos, Prælatos & Religiosos Camerac. diœceseos, in Paschalis Antipapæ obedientiam aditos a sacramento, & Abbatem consecrare jubet.

FREDERICUS Dei gratia Romanorum Imperator Augustus, fideli suo Nicolao Cameracensi Ecclesiæ venerabili Episcopo, gratiam & omne bonum. Audivimus, & ex multorum de partibus Cameracensis Episcopatus relatione fidelium auribus nostris jam sæpius insonuit, quòd in partibus tuis, nec debitus honor ut deceret imperio impendatur, nec obedientia seu etiam reverentia Domino Papæ Paschali prout expediret, exhibeatur; præsertim cum multi Clericorum & Prælatorum, imò etiam Religiosorum, tua nimia patientia abutentes, per Episcopatum Cameracensem debitum juramentum nondum prælitérint. Super quo plurimùm admiramur, mirantur & universi qui vident & audiunt, in quo liquidò patet, nobisque manifestè datur intelligi, quòd circa negotium Domini Papæ Paschalis fidelitas tua non sincerè se gerit, vel moderatur. Quia verò super his omnibus quotidie admirari non cessamus, & omnis mora seu dilatio semper ad se trahit periculum, hujus rei causa honorabilem Curiæ nostræ Principem & Stabulensis Ecclesiæ Abbatem, virum discretum & prudentem, cum plena auctoritate nostræ legationis ad universum Cameracensem Episcopatum transmittimus, eumque tuæ fidei dilectioni attentius commendamus, monentes summoperè atque rogantes, quatenus in omni parte tui Episcopatus, ubicumque tua ope opus habuerit, fideliter & viriliter ei assistas, & ad promovenda imperil. & Domini Papæ negotia contra rebelles Clericos vel Abbates, seu alios Prælatos tuum auxilium diligenti opera studeas adhibere. A nostra enim majestate in mandatis accepit, quòd nulli rebelli Clerico vel Monacho in toto Episcopatu tuo oculus ejus parcat vel lingua, sed in ejus præsentia & tua eos, qui nondum juraverunt Domino Papæ Paschali, jurare faciat, nolentes autem & contradicentes, nostra jussione & auctoritate ab Episcopatu Cameracensi prorsus eliminet atque ejiciat. De cætero maxima ducimus admiratione super negotio dilecti & fidelis nostri Abbatis S. Gisleni, quà videlicet occasione, quà intentione manum consecrationis ei imponere distuleris, præsertim cum eum a nobis honoratum atque investitum, & cum plenitudine honoris & gratiæ tibi & Ecclesiæ tuæ remissum cognoveris & acceperis, maximè cum nobis & imperio ipse fidelis habeatur & utilis, ac devotus tibi & Ecclesiæ Cameracensi semper debeat inveniri, præcipuè & cum in ejus literatura & honestate nihil quod sit dignum repudio inesse, veraciter cognoscamus. Mandamus itaque tuæ fidelitati, & monendo præcipuè rogamus, quatenus prædicto Abbati . . . quem tuæ discretioni remittimus, omni occasione & dilatione remota, sicut jure debes manum consecrationis sta-

tim imponas, ejusque personas & Ecclesiam, & bona Ecclesiæ nostræ pertinentia, prout de te affidimus, omni studio cures defensare. Quòd si aliquo legitimo impedimento interveniente hoc promovere distuleris, rogamus & volumus, ut Abbati Stabulensi potestatem & licentiam concedas, quòd ipsum Abbatem consecrandum ex tua permissione Leodiensi Episcopo repræsentet, qui ei manum imponat. Volumus enim absque omni dubio, ut sicut in temporalibus nostris plenitudinem honoris à nobis accepit, ita & plenitudinem officii in spiritualibus consequatur & habeat.

GUILLELMI de Raucamaurâ & PETRI fratris.

An. MCLXIV.

Conferunt Monasterio S. Andreæ quidquid in Jaxiâ habebant, dum frater illorū Pontius cucullam assumsit.

NOtum ac manifestum sit tam præsentibus quàm futuris, quòd Guillelmus de Rocamaurâ & Petrus frater ejus, illorumque mater Azalaicia de Rocamaurâ, venerunt in præsentia Domini Abbatis Pontii ad Monasterium S. Andreæ, & ibidem frater eorum Bonitius de Rocamaurâ monachatus est, & deseruit matri & fratribus hereditatem suam. Quapropter prælibati fratres Guillelmus & Petrus, & illorum mater Azalaicia dederunt illi & Monasterio quidquid habebant in Jaxia in aquâ & terrâ quantumcumque sit illud, à campo Benedicti subtus rupem, & protenditur usque ad viam quæ vadit juxta Manicam, & quidquid est usque ad viam quæ venit à Tavellis, & vadit usque ad idem stagnum. In stagno quidem donant, dum aqua fuerit, sextam quàm ibidem partem habebant. Si verò ad terram redactum fuerit, medietatem donant quam habere debent.

Dederunt insuper Deo & Monasterio S. Andreæ & Monachis ibidem Deo famulantibus præsentibus & futuris, omne dominium quod habebant in Petro Milone & ejus fratre, pro terris quas acquisverunt de illis de Morers. Habebant enim in ipsis II. solid. in omnibus annis, dum ibidem aliqui fructus fuerint. Si verò nullam ibidem alicujus bladi culturam facerent, quamvis in eisdem terris nihil laborarent, semper in tertio eosdem II. solidos idem Petrus Milor & frater ejus reddere debent. Terræ verò illorum has habent confrontationes, & &c.

Adhuc etiam dederunt terram illam quæ est ad Rocam caducam, quam faciunt Pontius Balsanus & Pontius Alonis, & terminatur, &c. Hanc præfatarum rerum donationem inconvulsam fecerunt, & perpetuò non retracturi Deo & Monasterio tradiderunt, & firmantias dederunt Bertrandum Bollaroth, & Pontium Bertrandi, & Petrum Bertrandi fratrem ejus, ut Monasterio in pace teneri faciant. Quòd si facere non possent, ad mandatum Domini Abbatis & Monachorum se placitarent.

Actum est hoc anno Incarnationis Domini MCLXIV. in novo proloquutorio, in præsentia Domini Abbatis S. Andreæ, Guillelmi Prioris, Rotlamdi, Trimundi Decani, Lamberti, Ugonis, Petri Bremundi, Petri de Furnis, Guiraldi de Rocamaurâ, Bertrandi de Cabannis, Petri Armandi, Rainoardi, Petri Lombardi, Guillelmi de Guillestra Petri Guillelmi, &c.

Isti viderunt traditionem & ostensionem Lautaldus, Pontius de sancto Juliano, Petrus Bremundus de Podio, Guillelmus de Obra, Guillelmus de Cortezon, &c.

Interfuit Domnus Pontius Abbas, & Ugo de Lauduïo, & Guillelmus de Rocamaurâ, & Petrus frater ejus.

Ann. MCLXV.

ALEXANDRI Papæ III. Archiepiscopo Remensi, & suffraganeis ejus.

Enarrat quomodo à Romanis sit exceptus.

ALEXANDER Episcopus Servus Servorum Dei, Venerabilibus Fratribus HENRICO Remensi Archiepiscopo, ejusque Suffraganeis, Salutem & Apostolicam benedictionem. A nostra vel successorum nostrorum memoria nullo tempore elabetur, quomodo vos in devotione B. Petri, & nostra constanter & semper & firmiter persistere, & nobis non modicum honoris & reverentiæ curaveritis, & larga obsequia exhibere. Unde nos id præ oculis semper habentes, firmum propositum & promptam gerimus voluntatem, vos sicut honorabiles Fratres, & immobiles columnas Ecclesiæ arctiori caritate diligere, & ad honorem & profectum vestrum, & Ecclesiarum vestrarum ferventiori desiderio aspirare. Quia verò vos prosperitatibus Ecclesiæ congaudere, & plurimùm congratulari cognoscimus, præsentium significatione Fraternitas vestra cognoscat, quòd nos diversa maris pericula, & graves hostium & iniquorum incursus, divina potentia & Apostolorum meritis evadentes, tandem ad portum salutis pervenimus, & à Senatoribus populoque Romano devotissimè invitati, nono Calendas Decembris urbem intravimus in omni pace & tranquillitate suscepti, & illam nobis, & Fratribus nostris reverentiam, honorem & devotionem prædicti Senatores, Nobiles civitatis, Clerus populusque Romanus exhibuerunt, quà nulla major alicui antecessorum nostrorum, sicut omnia ora testantur, aliquando exhibita fuisse probatur. Unde & credimus, & de misericordiâ Dei speramus, quòd in proximo Ecclesia Dei plenâ pace & prosperitate gaudebit. Rogamus autem fraternitatem vestram, monemus & exhortamur in Domino, quatenus sicut devotissimi viri, ad augmentum & exaltationem Ecclesiæ solita devotione intendatis, & alios in B. Petri & nostra reverentiâ exemplo vestro studeatis propensius solidare. Data Laterani VIII. Calend. Decembris.

Ann. MCLXV.

Datum à Ludovico VII. Rege Franc.

Confirmatio Privilegium Ecclesiæ Narbonensis.

Confirmati à Philippo VI. an. 1344.

PHILIPPUS, &c. Notum facimus universis tam præsentibus quàm futuris, nos infra scriptas vidisse litteras formam quæ sequitur, continentes.

In nomine Sanctæ & Individuæ Trinitatis, Amen. Ego Ludovicus Dei gratiâ Francorum Rex. Contemplantes Ecclesiarum vetera privilegia, quibus majorum nostrorum Regum Franciæ donaria confirmantur, quædam exemplo eorum in nobis charitas excitatur, & venerabilium Prælatorum petitionibus exaudiendis faciliùs inclinatur. Siquidem Narbonensis Ecclesia de antiquis possessionibus suis, & antecessorum nostrorum largitionibus habere documenta solebat; sed jam vetustatis senio attrita, neque diutius duratura nullatenùs modò memoriam poterunt excitare; ad quæ renovanda, & quædam novæ scripturæ puericiâ convenustanda providus ejusdem Ecclesiæ patronus, & dignissimus Archiepiscopus Pontius humiles nostræ serenitati preces porrexit, & nos libenter commodavimus aurem precanti.

Notum liquidò facimus universis sanctæ matris Ecclesiæ fidelibus & filiis, quòd quidquid Narbonensis Ecclesia ex dono & concessione antecessorum nostrorum Regum Franciæ, & quidquid etiam ex aliâ parte justè & canonicè possidere dinoscitur, tam ipsi Archiepiscopo & successoribus suis, quàm ejusdem Sedis Canonicis auctoritate regiâ confirmamus. Insuper etiam ad instar patrum nostrorum sancimus, ne aliquis Dux, Comes, Vicecomes, sive alius aliquis Princeps super jamdictam Narbonensem Ecclesiam, aut Clericos, Milites, aut burgenses, sive rusticos ad eamdem Ecclesiam pertinentes, injustas exactiones exerceat, omnimodis inhibemus.

Antecessorum igitur nostrorum liberalitatem sectantes concedimus, & præsenti auctoritate rescripti firmamus præfato Pontio, Ecclesiæ Narbonensis Episcopo, & successoribus suis in perpetuum, in civitate Narbonâ Ecclesiam Metropolim sanctorum Justi & Pastoris, cum omnibus ad eamdem Ecclesiam in eâdem civitate & suburbiis, & toto termino ejusdem civitatis pertinentibus, & medietatem civitatis Narbonæ, cum turribus omnibus, & muris & adjacentiis eorum intrinsecus, & telonei & portatici, at de navibus per mare & fluvium decurrentibus, necnon de salinis, & de omnibus omninò rebus, de quibus ledda vel usaticus dari solet, pro ejusdem Ecclesiæ reverentiâ in omnibus medietatem eidem Ecclesiæ concedimus.

Concedimus etiam præfatæ Ecclesiæ Narbonensi molendina, quæ sunt subtùs pontem ipsius civitatis, & molendina quæ sunt in loco, quem vocant Matam Pedilii, & de portâ Coriani usque ad Celatam, & usque ad medium flumen Atacitis, & usque ad lavatorium Coriani, cum monte Judaïco, & omnia prædia culta & inculta, ædificata, sive inædificata, quæ protenduntur ex parte Circii usque ad muros prædictos prædictæ civitatis, & usque ad viam publicam quæ à portâ regiâ discurrit versus pontem septimum, sicut hodierno die eâ justè & rationabiliter Ecclesia tenet & possidet. In burgo etiam Ecclesiam sancti Pauli, cum omnibus in eodem burgo, & aliis ubicumque sint, ad eamdem Ecclesiam pertinentibus, ita ut nulli deinceps Ecclesiæ, sæcularive personæ post hujus nostri edicti confirmationem, præfatam Ecclesiam Sancti Pauli à jure & ab administratione Narbonensis Archiepiscopi nostris futurisque temporibus subtrahere liceat. Villa quoque Decemstrada, Casolos, Alentianus, insulam quæ vocatur Madiaracus, Villars quod vocatur sancta Agatha, Curcuciacus, Vencenatus, villa quæ dicitur sanctus Saturninus, Abbatiam quoque sancti Laurentii, quæ vocatur Baujolas, Abbatiam de Quadragintâ, villam etiam de Limos, villam Cesafam, villam Argeregii, Trapas castrum; præterea de Auriaco cum villis suis & terminis, castrum de Fonte Joucoso cum villâ suâ & terminis, castrum de Villâ rubeâ cum villâ suâ & terminis, & in Redensi Comitatu castrum de Corniliaco cum terminis suis, castrum de Salis cum villâ suâ & terminis, castrum de Pozalerio cum villâ suâ & terminis, castrum de Argens cum toto suo districtu, castrum de Ventenaco cum villâ suâ & terminis, castrum de Quilano cum villâ suâ & terminis, & honorem & villam de Fonte-eredocum toto termino suo, castrum de Grursano cum toto suo districtu, castrum quod dicitur villa Damiani cum toto suo districtu, & Immunbensi Vicecomitatu castrum de Peiraco, castrum de Onerato, castrum de Crustacadas cum villâ suâ & terminis, castrum de Canet cum villâ suâ & terminis, castrum de Sejano cum villâ suâ & terminis, castrum de Monciliaco cum pertinentiis suis, castrum etiam de Capite Stagni cum villâ suâ & terminis, & omnibus ad id castrum pertinentibus.

Hæc demumque omnia & quæ justè & canonicè, Deo auctore, Narbonensis Ecclesia habet, & possidet, concedimus præfato Pontio Narbonensi Archiepiscopo & successoribus suis, atque Ecclesiæ sanctorum Justi & Pastoris in perpetuum, & sub nostræ protectionis munimine perpetuò valitura suscipimus, ut gaudeat præfatus Archiepiscopus suique successores sub nostrâ defensione quietè residere & nostro parere imperio ; & quidquid jus fisci exinde in omnibus præfatis exigere poterat, hoc est, omnia regalia jura, totum nos pro æternâ remuneratione eidem concedimus Ecclesiæ ; ut perpetuis temporibus Archiepiscopis & Clericis ibidem Deo servientibus proficiat in augmentum, quatinùs rectores ipsius cum omnibus ad se pertinentibus pro nobis & conjuge proleque nostrâ ac totius Regni à Deo nobis concessi, Domini misericordiam alacriter exorare delectet.

Decernimus præterea, & per hujus nostri rescripti sacros apices statuendo sancimus, ut præfatus Pontius Narbonensis Archiepiscopus & successores sui in burgo de Narbonâ quantum modò tenet, sive quantumlibet in futurum excreverit, & in castro de Moncilio, & in castro & villâ de Capite-Stagni, & in toto termino castri & villæ, quantumcumque dilatatum fuerit in omnibus ; & de omnibus illius loci habitatoribus occasione aliquâ commemorantibus, firmantias, justitias, publicas exactiones, & in omnibus omnino causis potestativum plenariè districtum, & quidquid ad jus regium pertinet ; post hujus nostri præcepti donationem, sine alicujus hominis contradictione in pace habeat & possideat, & exercendam justitiam quæ ad feudum in burgo Narbonensi ab Archiepiscopo habetur : & ut liceat jam dicto Pontio Archipræsuli & successoribus suis omnia castra, quæ nunc habet & possidet, sive aliquis Narbonensis Ecclesiæ, condirigere, efforsare, & in alio (si Narbonensis Ecclesiæ Rectoribus idoneum visum fuerit) loco de novo construere & transmutare statuimus in alodio suo & in castellariâ, id est, mino ejusdem castri.

Et ne hæc præcepti nostri auctoritas nostris futurisque temporibus Domino protegente valeat inconvulsa manere, manu propriâ subsignantes, sigilli nostri impressione consignari præcepimus. Actum publicè apud Silviniacum anno ab Incarnatione Domini millesimo centesimo sexagesimo quinto, adstantibus in palatio nostro, quorum subtitulata sunt nomina & signa. S. Comitis Blesensis, Theobaldi Dapiferi nostri. S. Guidonis Buticularii. S. Matthæi Camerarii, Radulfi Constabularii. Data per manum Hugonis Cancellarii & Episcopi Suessionensis.

Quas quidem litteras & omnia alia singula supradicta in eisdem contenta rata & grata habentes, ea volumus, laudamus, ratificamus, approbamus, & de nostrâ speciali gratiâ & certâ scientiâ, quatenùs Gasbertus nunc ipsius Ecclesiæ Narbonensis Archiepiscopus, & ejus prædecessores huc usque eisdem usi sunt, tenore præsentium confirmamus. Quod ut firmum & stabile permaneat in futurum, præsentibus fecimus apponi sigillum, salvo in aliis jure nostro, & in omnibus quolibet alieno. Datum apud sanctum Germanum in Layâ, anno Domini millesimo trecentesimo quadragesimo quarto, mense Septembri.

XVII. *Concordia facta inter Clericos Lugdunensis Ecclesiæ, & Guidonem Comitem Forensem.*

Quoniam ea quæ gesta sunt facilè oblivioni traduntur, ea quæ inter Clericos Lugdunensis Ecclesiæ, & Guigonem Comitem Forensem transactione gesta sunt litterarum apicibus commendavimus. Notum itaque sit omnibus quòd sub præsentiâ Ta-

rentasiensis Archiepiscopi jura Comitis Forensis, & Archiepiscopi Lugdunensis testimonio jurejurando confirmato, G. Desal & G. de Talaru sacristæ, Armonis de Rovori Pœnitentiarii, Salomonis Presbyteri, Abodiis Crassi & Duranni Solerii infrà terminos Lugdunensis civitatis, qui sunt à cruce beati Irenæi, usque ad crucem beati Sebastiani, & à flumine Escharavai usque ad portam veterem, declarata jussu domini Papæ fuerunt hoc modo. Pedagia tam in fluminibus quàm intrà, communia sunt inter Archiepiscopum & Comitem Forensem. Moneta similiter communis est, exceptâ decimâ quæ Archiepiscopi specialis est. De feodariis dictum est, ne Archiepiscopus feudum Comitis acquirat, vel Comes suum, leges fori & feriarum communes, clamores atque banni communes ; exceptis Clericis, & familiis eorum domesticis. Hi verò, si quid commiserint, per justitiam judicandi sunt. Simili lege tenentur domestici Comitis, à portâ palatii usque ad portam Frin. si quid commissum fuerit, communiter puniendum est. Infrà domos tamen nihil requirendum est, exceptis latronibus, adulteris, homicidis, & falsis mensuris. Archiepiscopus & Comes communiter habent per totam civitatem, excepto Claustro, credentiam in cibo & potu tantùm ; eo excepto quòd ab extraneis vendendi causâ defertur, ita tamen ut quater in anno credentiam persolvant ; si verò persolvere noluerint, tredentiam amittent, quousque solverint. Si verò omninò solvere cessaverint, Archiepiscopus à Comite exigat ; vel à suis, vel solvatur ; & Comes ab Archiepiscopo, vel à suis similiter.

Si homo Comitis reum ceperit sine homine Pontificis, judicare, nec liberare eum præsumat. De hominibus Archiepiscopi idem dictum est. Si ambo eum ceperint, ante Senescalcum judicandus est, præsentibus tamen hominibus utriusque. Puniendi corpore ante Archiepiscopum judicentur, præsente Comite tamen, vel ejus hominibus.

Pons super Ararim communis est. Si in ripis fluminum vel in plateis ædificium factum fuerit, vestitura utriusque est, ædificio remanente ejus in cujus solo fuerat. Clerici specialiter Archiepiscopi sunt. Viæ, plateæ, ripæ fluminum, & cursus communes sunt. Domus Clericorum Ecclesiæ sanctæ Crucis, & beati Stephani, & beati Joannis servientium, quas ipsi corporaliter inhabitant, quamdiu eorum fuerint, & domus Clericorum. De Abbatiis similiter, qui tamen Ecclesiis deserviunt eodem jure, quo & domus Claustri utantur : Canonici verò assiduè convivantes credentiam habeant sicut Archiepiscopus & Comes, jure tamen prædicto, habeant. Orta autem discordia inter Comitem & Clericos, ante Archiepiscopum legitimè terminetur. Simili modo si inter Comitem & Archiepiscopum orta fuerit, in Capitulo ante Canonicos legitimè terminetur.

Hoc autem Instrumentum factum est, & completum, anno MCLXVII. Indictione XV. Epactâ XXVIII. Concurrente VI. Feriâ I. Idus Octobris, Lunâ XXVIII. Ludovico Rege regnante, Frederico Principe, Alexandro Summo Pontifice vivente.

An. MCLXVII.

Pactum initum inter Ildefonsum *Regem Aragon. &* Hugonem *Comitem Ruthen. pro Vicecomitatu de Carlades, &c.*

In nomine Domini nostri Jesu Christi, anno Incarnationis ejusdem millesimo centesimo sexagesimo septimo, tam præsentibus quàm futuris pateat hominibus, quòd ego Ildefonsus Dei gratiâ Rex Aragonensis, Comes Barchinonensis, Dux Provinciæ, pro cognitione Hugonis Rutenensis Episcopi & Guillelmi Montispessulani, de controversia quæ erat inter me & Hugonem Comitem Rutenensem, talem amicabilem compositionem feci consilio & voluntate Hugonis Tarragonensis Archiepiscopi, Raimundi Arelatensis Archiepiscopi, & Episcoporum Guillelmi Barchinonensis, Petri Avinionensis & Petri Cæsaraugustani, & Militum Guillelmi Raimundi Dapiferi, Guillelmi de Montecatano, Beraldi de Jorba, Peregrini de Castellazol, Rimini Dartojella, Rimini Romeu, Petri de Castellazol. Guidonis de Seucirac; Berengarii Bertrandi, Hugonis de Baucio, & Bertrandi fratris ejus, atque Porcelli, Guillelmi, Raimundi, Gentelini & multorum aliorum Procerum meorum.

In primis ego Hugo Rutenensis Comes consilio virorum meorum, Aldeberti videlicet de Stagno, Grimaldi de Salas, Bernardi Raimundi de Crescel, Hugonis de Panaz, Guillelmi Hectoris, & ceterorum virorum meorum, dono tibi Ildefonso prædicto Regi & successoribus tuis medietatem totius Carlades, quæ medietas contigit avo meo Ricardo in partem, & me inde devestio & te investio, & tibi & successoribus tuis eam perpetuò trado & concedo.

Ego Ildefonsus Rex Aragonensis prædictus, consilio & voluntate supradictorum Procerum meorum hanc partem tuam de Carlades in dominium meum recipio, & eamdem partem & aliam medietatem de Carlades, & castrum de Carlat, sicut totum avus patris mei Guilbertus videlicet Comes habuit & tenuit, & in partem ei advenit, tibi & successoribus tuis in feudum honorabiliter trado & concedo, ita ut deinceps propter hunc feudum mihi & meis fidelis permaneas, & hominium & sacramentum fidelitatis mihi & successoribus meis tu & successores tui faciant.

Et ego prædictus Hugo Comes Rutenensis Carlat & totum Carlades à te prædicto Ildefonso Rege Aragonensi in feudum recipio, & propter hoc feudum hominium tibi facio & fidelitatem juro, videlicet vitam & membra, quòd te non capiam, nec occidam, nec de membris tuis te decipiam, vel aliquis homo vel femina meo consilio vel ingenio, & quòd terram tuam neque tuorum hominum tibi non auferam, neque auferri faciam : & si aliquis homo esset vel femina qui tibi auferre vellet terram quam habes in Episcopatu Rutenensi, & in Episcopatu Mimatensi, te specialiter juvarem; & in omni aliâ terrâ tuâ quam habes & possides, vel aliquis homo vel femina per te, vel inantea meo consilio tu vel tui acquisieritis, contrà omnem hominem vel feminam qui eam tibi auferre vellet, pro posse meo tibi fidelis adjutor existam, & bonâ fide tibi sicut domino meo serviam, & per me & per meos heredes tibi & tuis heredibus ita facere & adimplere sacramento convenior.

Et ego Ildefonsus Rex prædictus te Hugonem prædictum Rutenensem Comitem in bonâ fide suscipio, & terræ tuæ videlicet de Rozenegue & de Carlades quam modo habes & tenes, vel inantea meo consilio tu vel tui acquisieritis, contrà omnem hominem vel feminam qui ea tibi auferre vellet, per me vel per meos homines tibi defensionem promitto.

Hoc totum quod suprà scriptum est convenio ego prædictus Hugo Rutenensis Comes tibi prædicto Ildefonso Regi Arragoneno, complere & attendere semper atque tenere per bonam & rectam fidem sine inganno. Sic me Deus adjuvet & hæc sacro-sancta Evangelia.

Facta est hæc charta & hæc amicabilis compositio in civitate Atelatensi. Signum Ildefonsi Regis Arragonum Comitis Barsilon. Ducis provinciæ : signum Hugonis Comitis Rutenensis, signum Hugonis Rutenensi, Episcopi. Et sunt ibi alia signa cujuslibet tunc qui sequuntur, Guillelmi Montispessulani, Hugonis sanctæ Tarragonensis Ecclesiæ Episcopi, Petri Ausonen. Episcopi, Petri Dei gratiâ Cæsaraugustani Episcopi, W. Barchinonen. Episcopi, Will. Raimundi Dapiferi, Hugonis de Baucio, Bertrandi de Baucio, Geraldi de Jorla, Guido de Seucirac, Berengarius Gerardi, Will. de Monte Catano.

Sequitur littera pactionis & recognitionis habitæ inter dominum Jacobum olim Regem Arragonum & Majoricarum; patrem domini Infantis Petri & Infantis Jacobi ab unâ parte, & dominum Hugonem olim Comitem Rutenensem patrem istius Domini Henrici Comitis, ex alterâ.

Pateat universis quòd nos Jacobus Dei gratiâ Rex Arragonensis & Regni Majoricarum, Comes Barchinonensis & Urgelli, & dominus Montispessulani, promittimus vobis dilecto nostro Hugoni eâdem gratiâ Comiti Rutenensi, quòd non desexiemus nos unquam de dominio quod in vobis habemus, & super vos ratione terræ sive Vicecomitatûs de Carlades, quam per nos in feudum tenetis, sed semper retinebimus vos & dictum feudum & vestros ad nostram proprietatem & dominium, & nostrorum. Et ego Hugo prædictus Comes Ruten. pro dictâ terrâ & Vicecomitatu, quem per vos & vestros recognosco tenere, facio vobis homagium & fidelitatem, & ero inde vobis & vestris legalis & fidelis, & salvabo membra vestra & jura secundùm posse meum ad bonam fidem. Datum apud Montempessulanum xv. Kal. Febr. anno Domini millesimo ducentesimo trigesimo sexto. Hujus rei testes sunt Hugo Comes Empuriarum, Assaijhicus de Gual, Exominus de Foribus. Scripta per malum Guillelmi Scribæ, loco, die & anno prædictis.

LUDOVICI VII. Francorum Regis.

IN nomine sanctæ & individuæ Trinitatis. Ego Ludovicus Dei gratiâ Francorum Rex omnibus in perpetuum. Salvatorem adoravimus in terrâ, ubi steterunt pedes ejus, ubi in amore pariter & timore sanctâ visitavimus loca, & Ecclesiam Sebaste civitatis vidimus, in quâ Præcursor Domini beatus Joannes Baptista, & cum eo multa corpora Sanctorum requiescunt. Placuit nimirum, ac pectori nostro vehementer insedit reverendi sanctitas loci; & ad diligendum Ecclesiam & Fratres, ipsorum Fratrum religio, & honesta conversatio magnum nobis fervorem accendit. In hac adhuc devotione persistentes, Notum facimus tam futuris quàm præsentibus, quòd amore Dei, & B. Joannis, in cujus interventu plurimùm confidimus, Ecclesiæ videlicet Sebastenfi, & Fratribus inde ad nos transmissis, concedente filio nostro Philippo, viginti libras in censu nostro apud Castrum Nantonis, die solito annuatim recipiendas, in perpetuum donavimus, & inde investimus Fratres, ita quod liberè & absolutè, ut cum aliquam in regno & potestate nostrâ Ecclesiam eis contulerit Deus, Fratres in eâ servientes hoc habebunt beneficium : quamdiu verò nullam habebunt Ecclesiam, nihilominus tamen ad Ecclesiam Sebastensem transmittetur. Si autem de viginti libris in censu illo defuerit, nos in eodem Castro in nostro redditibus nostris reliquum eis competenter assignabimus. Eleemosynas etiam, quas justè usque ad præsentem diem largita est eis fidelium devotio, benignè concedimus, & præsentis scripti patrocinio con-

firmamus. Quod ut ratum sit in posterum, scribi & sigilli nostri auctoritate communiri præcepimus. Datum solemniter Parisiis, Anno Verbi Incarnati MCLXX. Die S. Augustini; astantibus in palatio nostro quorum subscripta sunt nomina & signa.
S. Comitis Theobaldi Dapiferi nostri.
S. Matthæi Camerarii.
S. Guidonis Buticularii.
S. Radulphi Constabularii.
Data per manum Hugonis Cancellarii.

Ejusdem Præceptum.

MCLXXI. Chartula Aureliana. probat donationem Aureliana. Ecclesiastatam à ejusde Episcopo.

IN nomine sanctæ & individuæ Trinitatis, Amen. LUDOVICUS Dei gratiâ Francorum Rex, Omnibus in perpetuum. Regiæ sublimitatis nostræ deposcit officium, ut nos qui in solio regni Francorum munere divino residemus, amore Dei de Ecclesiis sub nostra potestate constitutis solliciti simus, & si qua personis divino mancipatis servitio beneficia conferantur, maximè illis quas caritatis ac familiaritatis brachiis arctiùs amplexamur, benignum præbeamus assensum, & ne processu temporum perturbari, aut in irritum duci valeant pietatis intuitu caveamus. Notum itaque facimus universis tam futuris quàm præsentibus, quòd fidelis ac naturalis noster vir venerabilis Manasses Ecclesiæ Aurelianensis Episcopus Canonicis suis videlicet Capitulo sanctæ Crucis, annuum reditum quindecim librarum in oblationibus magni altaris & calicis in eleemosynam perpetuam donavit; certos etiam terminos quibus singulis annis reciperentur assignans, statuit & decrevit, ut de illis quindecim libris semper in die anniversarii nostri sexaginta solidi, & in die anniversarii uxoris nostræ Constantiæ Reginæ, quæ in eâdem Ecclesia consecrationis suæ benedictionem accepit, quadraginta solidi Canonicis illis qui servitio intererunt persolventur. Primus terminus decem librarum est, ab isto die quando incipit Passio Domini, donec integrè reddantur: Secundus terminus centum solidorum est, à crastinâ die Exaltationis sanctæ Crucis, donec integrè reddantur.

Nos igitur à fideli nostro Episcopo requisiti & rogati cum apud Caritatem essemus, præsentibus fidelibus nostris Comite Blesensi Theobaldo, & Petro fratre nostro, & cæteris; petitioni ejus quæ nobis rationabilis videbatur condescendimus, & rem totam sicut ab ipso facta est, amore Dei, & intuitu devotionis quam erga nos ipsum Capitulum habere dinoscitur, concedimus, & præsentis scripti patrocinio confirmamus. Quod ut ratum deinceps permaneat & inconvulsum scripto commendari, & sigilli nostri auctoritate communiri præcepimus. Actum publicè apud Caritatem anno Verbi incarnati millesimo septuagesimo primo. Adstantibus in palatio nostro quorum subscripta sunt nomina & signa. S. Comitis T. Dapiferi, S. Guidonis Buticularii, S. Matthæi Camerarii, S. Radulfi Constabularii. Data per manum Hugonis Cancellarii.

An. MCLXXII.

Pactum matrimonii inter GUILLELMUM de TURRE, & SEBELIAM ARNALDI de Villis-Passantis filiam.

NOtum sit hominibus hæc audientibus, quòd ego BERNARDUS de Turre de Celiano, dono tibi Guillelmo filio meo quidquid juris habeo in villâ de Ciliano, vel habere debeo infrà muros vel extrà, tam in eremis quàm in directis, tam in hominibus quàm in feminabus, & omne jus quod pertinet ad Senornium, excepto uno locali, cum exitibus suis-

que regressibus, qui affrontat de circio & meridie in honore Petri de Crucio; de Altano in honore Bernardi sancti Joannis, qui fuit ab Aquilone in La Rocha. Præterea dono tibi tres partes totius mei honoris, quem modo habeo, & habere debeo; undecumque vel qualitercumque ad me pertineat, scilicet in terris, vineis, hortis, hortalibus, arboribus, pratis, guarricis, aquis, ductibus, & deductibus, eremis, & condirectis, tam in quæsitum, quàm ad inquirendum, & in omnibus aliis quæ nominari possunt, quæ hîc nominata non sunt, & cum hac præsenti chartâ, omnia supradicta tibi trado, & de meo jure in tuo dominio transmitto, & te in possessionem omnium prædictorum mitto, & in his omnibus donationem propter nuptias tibi constituo, quam tu & ego pro te facimus filiæ Arnaldi de Villis-Passantis, nomine Sebeliæ, quam tibi in uxorem adjungo.

Et ego prædictus Guillelmus medietatem omnium prædictorum, quia te Sebelia in uxorem habere cupio, in donationem propter nuptias tibi liberisque tuis ex me progenitis dono, & si forte te mori contigerit antequàm mihi nubas, alteram sororem tuam, si tempore mortis tuæ non erit nata, per quinquennium exspectabo, cui eamdem donationem facio, quam tibi superiùs feci.

Et ego Bernardus de Turre, si filius meus moritur antequàm aliquam filiarum Arnaldi de Villis-Passantis in uxorem ducat, filiam meam in uxorem trado uni filiorum prædicti Arnaldi, quem Arnaldus voluerit, cum omni meo honore, ubicumque sit. Et si forte me, vel filios meos pœniteat, quòd Guillelmus filius meus nolit habere filiam prædicti Arnaldi, vel Guillelmo mortuo, filia mea unum filiorum prædicti Arnaldi, quem ipse elegerit, dono tibi Arnaldo nomine pœnæ quadraginta marcas argenti, & si quo jure defendi possem, ne hanc pœnam tibi præstarem, illi renuntio juri, & pro hac pœnâ omnem meum honorem jure pignoris tibi obligo.

Hæc omnia supradicta per hæc sancta quatuor Evangelia tibi attendam. Actum est hoc tertio Idus Aprilis, anno Domini M. C. LXXII. regnante Rege Lodoico. Hujus rei testes sunt, Adalbertus de Crucio, Frotardus de Villis-Passantis, Pontius de Villis-Passantis, Bernardus de Ciliano, Petrus de Crucio, Petrus Amblardi, Jordanus de Ciliano, Raimundus Rogerii: Petrus scripsit rogatus.

ARNULFUS de Monceaux coit abit matrimonium cum AGNETE.

An. MCLXXVI.

IN nomine sanctæ & individuæ Trinitatis, Amen. Nuptiale Sacramentum ab ipso mundi exordio in primis parentibus auctoritate Dei præcipientis inceptum, Patriarcharum imitatione & Angelorum obsequiis confirmatum; humanæ invicem societatis non parvum posteritati reliquit exemplum. In fine verò temporum Salvator noster ad nuptias veniens, eas præsentiâ suâ maximè commendavit, & illius miraculi attestatione, quo aquas in vinum mutaverat, nuptiarum dignitatem perpetuò consecravit. In conjugali enim copula verba ipsius Domini quibus virum uxori suæ adhærere, & propter hoc patrem & matrem derelinquere præcepit, humilis exhibetur obedientia, & hæreticorum, qui nuptiali bono conantur detrahere, perfida & exsecrabilis confutatur insania. Porro ipsius caritatis vinculum inter extraneos & ignotos etiam per nuptias dilatatur; & ubi caritas ipsa per lineam propinquitatis detineri non potuit, per bonum & fidem conjugii quasi fugiens revocatur.

Ego igitur ARNULBUS de Monceaux Sanctorum Patrum exemplis instructus, tantis etiam nuptiarum privilegiis invitatus, dilectissima sponsa mea nomine AGNES, legali & firmo matrimonio te mihi uxorem conjungo, doque tibi jure dotalitio optimam partem de his quæ possideo, scilicet Wionagium meum de Lauduno, & quinquaginta libras Suessionensis monetæ, triginta videlicet pro quâdam domo, amicorum tam meorum, quàm tuorum consilio, loco tibi congruo facienda, & reliquum in terris multiplicabitur. Si verò ante persolutionem hujus pecuniæ prædecessero, quod minùs receptum fuerit, recipies in Wionagio meo de Moncellis, donec prædicta summa plenè fuerit persoluta. Insuper dono tibi medietatem omnium quæ acquiluero.

Ut igitur hæc in pace possideas, ea tibi feci sigillo Domini nostri Rogeri Laudunensis Episcopi confirmari, & subscriptorum testimonio roborari. Sign. Galteri Laudunensis Archidiaconi, S. Balduini Archidiaconi, S. Fulconis Cantoris, S. Magistri Brunonis. S. Raineri Archipresbiteri, S. Radulfi de Hussel, S. Guidonis de Erblencurt, S. Clarembaldi de Ast, S. Simonis de Flayel, S. Guidonis de Moy.

Actum anno Dominicæ Incarnationis MCLXXVI. Ego Willelmus Cancellarius scripsi.

Anno MCLXXVII.

Charta fundationis Carthusiæ Luvigniacensis.

EGO GALTERUS Dei gratiâ Episcopus Lingonensis Notum facio præsentibus & posteris: quòd pro animæ meæ & prædecessorum meorum salute Domum Luvigniaci à me fundatam, religionemque Carthusiensem exemptam ab omni jurisdictione ordinaria professam tradidi generali Capitulo dictæ Religionis in perpetuum observandam; & à Prioribus, & Fratribus, qui pro tempore ibidem fuerint, pacificè & liberè possidendam, cum omnibus prædiis, pascuis, pratis, terris, sylvis, finibus, & quidquid juris, justitiæ, aut dominii ibi habebam: & similiter grangiam Vallis Vercellis, quam tradiderunt mihi Fratres de Longo Vado pro grangia de Grandi-Bosco, nihil omninò in his retinendo pro me, vel pro successoribus meis, excepto hospitio cum meis propriis expensis, in quo etiam nolo uti carnibus quoquomodo. Dedi insuper, & eisdem Carthusiensibus ibidem Deo servientibus procuravi ab aliis Dominis & habitatoribus Villarum de Lengleio, de Chalma, de Leuxeio, de Faverolliis, & de Receyo, pasturas per omnes fines dictarum Villarum ac Parrochiarum pro omnibus animalibus suis grossis & minutis omni tempore, tam in bosco quàm in plano, & aisanciam omnium aquarum, me quoque Duce, & domino de Granceyo, & omnibus Dominis de dictâ Villâ de Receyo, eisdem Fratribus concedentibus libertatem accipiendi vel acquirendi liberè, & tenendi imposterum quascumque possessiones in villa de Receyo & territorio ejusdem, cujuscumque conditionis exiflant: quòd similiter concessi eisdem per totam terram meam propter augmentum Religionis & divini cultûs. Ad majorem etiam tranquillitatem Fratrum & emunitatem loci, dictam domum, Fratres, & totum sinagium eorum liberavi ab omni servitute, & costumiâ, seu aliâ exactione, ita ut eisdem & omnibus aliis liceat ibidem liberè vendere, emere, ac uti de mensuris consuetis sine renovatione vel redevantia aliquo tempore facienda. Concessique dictis Fratribus meis, ut imposterum vocatis vocandis, quoties necesse fuerit, possint ubique sine alterâ licentia metas ponere inter possessiones suas, vel sinagia: quia licet à sinagiis de Essarreto, & de Receyo fines Luvigniaci bene sint divisæ, tamen à sinagiis de Faverolliis, in quibus habent jus tamquam domini dictæ villæ, & de Leugleyo non ita planè: à Valle enim de fonte Hoigelot per Choceas & montem Escoth, ac Mombrecium, quâdam parte suprà le Fay remanente, de sinagio prope Luvigniacum sæpiùs circueundo perveniunt es Comelles de Luxeyo. Dehinc ad metas quæ sunt in Forestellâ de Lugleyo, & tendunt ad Cumbam, quæ est in finibus communiæ Leugleii, & sic per fundum ejus contrà meridiem quasi in summitate montis dividunt nemus dictæ communiæ Leugleii: illud nemus dictorum Fratrum quod est suprà grangiam Vallis-Vercellis: sicque per eminentiam montis circueundo Chapagris &, Valchenin tendunt ad rupem de Villepot, ac perveniunt ad locum ubi intrat rivus de Valverner in Uxam. Hæc igitur omnia de assensu Capituli Lingonensis, sigilli mei auctoritate confirmata, posteris elucidare curavi. Anno gratiæ millesimo centesimo septuagesimo septimo.

Testamentum GUIDONIS Gueregiati.

ANno ab Incarnatione Domini millesimo centesimo septuagesimo septimo mense Februarii, Ego GUIDO Gueregiatus meâ bonâ existens memoriâ sic ultimam voluntatem meam facio, & rebus meis dispono. Reddo & dono me ipsum Deo & Beatæ MARIÆ Vallis-magnæ in Ordine Cisterciensi. In primis dono & laudo molendinos de Paoillano, & terram de Vallavire, & terram de Cocone, vivam aut moriar, Monasterio Vallis-magnæ in sempiternum. Dimitto Guillelmo de Montepessulano, Castellum novum cum suis pertinentiis, & Villam de Sustancione, & villam de Crez; ita tamen ut viginti millia solidos persolvat in debitis & clamoribus meis persolvendis, scilicet in uno quoque anno quinque millia solidos consilio Abbatis Vallis-magnæ.

Dimitto Bergundioni nepoti meo, scilicet Paoillanum cum suis pertinentiis, exceptis molendinis; & dimitto eidem Bergundioni feudum de Berirando ultrà Lesum; & totum hoc quidquid sit quod habeo ad Centrairaneguas. Dimitto castellum de Poiteo cum suis pertinentiis eidem Bergundioni. Dimitto eidem Bergundioni pignus Dencat de Petrabruna.

Dimitto filiis Raimundi de Castriis, hoc quod habeo in Castello de sancto Pontio, & in Castello de Lopiano. Si Guillelmus de Montepessulano noluerit paccare primo anno quinque millia solidos, & uno quoque anno totidem usque ad viginti millia solidos in debitis & clamoribus, Bergundio habeat Castellum dictum, & persolvat viginti millia solidos, sicut scriptum est, aut primum teneatur.

Dimitto medietatem honoris de Salzeto uxori meæ in vitâ suâ, & fructus alterius medietatis ejusdem honoris de Salzeto in debitis meis paccandis. Quibus paccatis honorem totum de Salzeto habeat Bergundio & ejus heredes. Dimitto adhuc uxori meæ pignora & patinos de Castello de Armazanicis, quæ de Ribalta & Bremundus de Someire supposuerunt mihi, & Vicecomes.

Dispono adhuc quod si Bergundio decesserit absque legitimâ herede, Domus Vallis-magnæ habeat totum honorem de Pavoillano, & totum alium honorem habeat Guillelmus de Montepessulano: quòd si Guillelmus de Montepessulano decederet absque legitimo herede, habeat Castellum novum & persolveret quod superesset de debito viginti millia solidorum in debitis & clamoribus meis persolvendis, sicut scriptum est. Quòd si ambo deficerent absque legitimis heredibus, Castellum-novum & honorem de Salzeto, alios honores Dominus Montepessulani, exceptis molendinis de Pavoillano, habeat; quos molendinos habeat Domus Vallis-magnæ.

Dispono adhuc quòd decem millia solidos quos defert Rostagnus de Monte Arbedone, vel illud quòd attulerit, quidquid sit, persolvatur totum in debitis meis, cognitione Gladiatorum meorum, scilicet Abbatis Vallis-magnæ, Rostagni Aguillonis, Guillelmi de Alba-terra. Quòd si uxor mea habuerit filium, scilicet Mathia, ille filius meus habeat totum honorem meum, excepto Castello-novo, & villâ de Crez, & villâ de Sustansione, quæ habeat Guillelmus de Montepessulano, sicut scriptum est; exceptis molendinis de Pavoillano, quos habeat Domus Vallis-magnæ. Si filiam habuerit, illa filia habeat honorem de Salzeto, paccatis debitis & clamoribus meis prius, sicut scriptum est.

Factum est atque completum in Castello de Armazanicis in estari quòd fuit R. de Armazinicis.

Præterea voluit & præcepit, quòd si Bergundio decederet sine legitimo herede uxoris, Domus Vallis-magnæ haberet Castellum de Paoillano, & honorem Castelli cum suis pertinentiis : ita tamen quòd Domus Vallis-magnæ persolveret viginti millia solidos in debitis & clamoribus suis persolvendis. Quòd si domus Vallis-magnæ hoc totum facere noluerit, hoc totum faciat domus Militiæ, & habeat Castellum de Paoillano cum suis pertinentiis, & honorem Castelli. Quòd si domus Militiæ hoc totum facere noluerit, hoc totum faciat domus Hospitalis Jerusalem, & habeat Castellum de Paoillano cum suis pertinentiis, & honorem Castelli.

Quòd si non valet jure Testamenti, valeat jure ultimæ voluntatis.

Item sciendum est quòd anno & mense quo suprà, hanc ultimam voluntatem juraverunt tactis sanctis Evangeliis veram esse sicut scriptum est : Aquillonus de Castro-novo, Guillelmus de Alba-terra, G. Frezol, Comes de Meginis, Guillelmus Obrici, G. Raimundi, & Joannes Vallis-magnæ Abbas in verbo veritatis dixit & fassus est, hanc ultimam voluntatem veram esse sicut scriptum est; & hoc ipsum similiter dixerunt commoniti per obedientiam ab ipso Abbate Bernardus de Pedenacio, & Petrus de Monte alto, Monachi Vallis-magnæ.

Hujus ultimæ voluntatis fuerunt testes rogati a Guidone Guesegiato illi viri prænominati, qui hanc ultimam voluntatem juraverunt, & affirmaverunt veram esse sicut scriptum est.

Facta sunt hæc sacramenta & testium depositiones in Castello Montispessulani in porticu juxta cameram, in præsentia Domini J. Magalonensis Episcopi : adfuerunt testes Bernardus de Andusia, P. Præpositus Magalonensis, G. Maurini Prior sancti Firmini, R. Guillelmi Abbatis Anianensis, Olricus Prior sancti Dionysii, Magister Guiraldus, G. Leterici, G. Adalguerii, R. Lamberti, Joannes Beltolfi, P. de Conchis, Stephanus de Conchis, G. Arbrandi, P. de Coza, G. Olrici, Pontius Beton, B. Medici, B. Sevini, Gerbaldus, Albaricus Flochet, Gimbertus de Arieris, G. Lamberti, Geraldus Raimundi, R. de Gironda, Peregrinus, G. de Fontanis, S. Bedocii, R. Rotgerii, Paulus, P. Lucianus, & Fulco.

Sciendum est quòd anno quo suprà mense Martii, G. dominus Montispessulani, & Bergundio frater ejus juraverunt tactis evangeliis, se perpetuâ firmitate observaturos hanc ultimam voluntatem Guidonis patrui sui sicut scriptum est; & hanc ultimam voluntatem sicut scriptum est, omni postposita occasione sine dubio firmiter in perpetuum laudaverunt; & sic totam firmam & in perpetuum valituram esse voluerunt, & concesserunt & affirmaverunt G. Dominus Montispessulani prænominatus, & Bergundio frater ejus jamdictus. Factum est hoc in porticu præscripto juxta Cameram Castelli, in præsentia & testimonio Domini R. Guillelmi Abbatis Anianensis, Pontii de Vallaviris, Bernardi de Insula, Aguillonis de Castro-novo, G. de Albaterra, R. de Veruna, R. Darsas, P. de Monteferrario, P. de Jocon, Joannis Betulfi bajuli Montispessulani, B. Austrini & Fulconis.

Fundatio Nosocomii Noviomensis à RAINALDO *Episcopo approbata.*

Anno MCLXXVIII.

IN nomine Patris & Filii & Spiritûs sancti, Amen. Quoniam apud sapientiæ fontem, quæ hominem mirabiliter creavit, ac mirabilius recreavit, in illius districti examinis areâ ubi grana à paleis segregabuntur; misericordiæ opera præ cæteris commendabuntur; filiique misericordiæ ab auditione mala non timebunt : Eapropter ego RAINALDUS per Dei gratiam Episcopus, minister ejus licet indignus, mihi plebisque commissæ salutis studens, tam futuris quàm instantibus notum fieri volo, Henrico Sacerdoti bonæ opinionis viro, Simoni de sancto Quintino, Canonicis nostris, Magistro Rainaldo & Nicolao Clerico & amico nostro, & Laurentio venerabili Burgensi nostro, quos ad bonum opus credo esse animatos, vetus hospitale cum omnibus appendiciis suis, & etiam potestatem construendi novum hilari animo concessisse, & quidquid per Dei gratiam poterunt adipisci; sub ejus ac nostrâ protectione suscipio, & in omnibus consilii & auxilii nostri plenitudinem promitto : placet etiam quoddam tamquam calcar ad benè agendum intuitu pietatis addere, ut quoscumque prædicti beneficii divina clementia fecerit participes, eis oblita indulgeantur peccata, vota fracta, si ea redire non contemserint, confessiones parentum, si in eos manus violentas injecerint; venialium medietas, criminalium quadragena, vel septem dies pœnitentiæ injunctæ relaxentur. Ne ergo adversus tam honestæ, tam sanctæ concessionis paginam aliquis perditionis, aut discordiæ filius ausus sit aliquid machinari, sub anathematis vinculo prohibeo, præsentisque scripti testimonio communio, atque sigilli mei impressione subterfirmo, salvo jure Ecclesiarum Noviomensium. Actum anno Domini m. o. LXXVIII. Ego Balduinus Noviomensis Ecclesiæ Cancellarius legi & subscripsi. *Sigillatum cerâ viridi.*

Pactum initum inter ILDEFONSUM *Regem Arragoniæ, &* BERNARDUM *Atonis Vicecomitem Nemausensem.*

An. MCLXXIX.

HÆc est convenientia facta inter dominum Ildefossum illustrem per Dei gratiam Arragoniæ Comitem Barchinoniæ, Marchionem Provinciæ, & Venerabilem virum B. Atonis Vicecomitem Nemausensem. Donat namque & commendat jam dictus Ildefossus Rex prædicto B. Atonis homini suo civitatem de Nemauso, cum turribus, & fortitudinibus omnibus ejusdem civitatis, cum muris & antemuralibus, & cum omnibus adjacentiis & pertinentiis, & terminis suis. Item donat ei castrum & fortitudinem de Arenis, quæ propè eamdem civitatem constituta est. Castrum etiam quod nuncupatur Turris-magna. Castrum quoque suum de Margaritis, similiter & Castrum de Gaisanicis. Item & Castrum de Berniz, Castrumque de Bellovicino, & Castrum de Candiaco, Castrum similiter de Poscheriis, quantum ibi habet, vel habere debet : & eodem modo Castrum de Castlaris: similiter & Castrum de Armazanicis; Castrum etiam de Albais; Castrum etiam de Hueriis, & Castrum de Calvitione, & Castrum de Clarenciaco.

Tali modo commendat & donat prædictus dominus Rex jam dicto Bernardo Atonis homini suo, prædictam civitatem de Nemauso, cum cæteris prænominatis pertinentiis & terminis, & omnia quoque supradicta castra cum pertinentiis suis & terminis etiam, & cum omnibus illorum fortitudinibus quæ de cætero vel infrà civitatem prædictam, vel infrà jam dicta castra, vel infrà terminos eorum fient, & cum omni honore ejusdem civitatis, vel eorumdem castrorum, quòd ipse B. Ato & sui per eum habeant omni tempore per dominum Ildefonsum sæpedictum Regem Arragonensem, per suos successores, eos videlicet qui domini fuerint, & seniores Barchinoniæ ad sevum; & quòd donabunt *irati & pacati* potestatem Domino Regi prædicto & successoribus ejus, dominis videlicet Barchinoniæ, tam de supradictà civitate cum omnibus fortitudinibus ejusdem civitatis, quam etiam de supradictis castris, quæ nunc prædicta sunt, quàm etiam de castris & fortitudinibus quæ infrà terminos vestros de cætero fient; quotiescumque per se, vel per nuntios suos, vel per nuntium suum requisierint aut demandaverint: & quòd prædictus B. Ato sit inde & successores sui; solidus suus homo domini Regis, & dominorum Barchinoniæ successorum Regis, sicut homo debet esse de suo meliori domino, & quòd adjuvet cum supradictis castris & civitate dominum Regem & successores ejus dominos Barchinoniæ contrà omnes homines & feminas, sine enganno: Prædictum autem hominium & fidelitatem & sacramentum faciet B. Ato, & sui successores perpetuò R. Berengarii Comiti, & successoribus ejus, qui per Comitem Barchinoniæ fuerint domini & seniores constituti in Comitatu Provinciæ, salva, inquam, in omnibus & per omnia fidelitate Domini Barchinoniæ, sicut melius dici & intelligi potest, sine enganno ejusdem Domini Barchinoniæ.

Quòd si supradictus B. Ato Vicecomes fal.....domino Regi de jam dictis conveniendis, vel fecerit ei malum quod non posset aut nollet ei emendare; deveniant omni occasione & dilatione cessante prædicta civitas de Nemauso, & cætera omnia castra supradicta cum eorum pertinentiis, in potestate Domini Regis, donec jam dictus B. Ato haberet emendatum & directum totum; ad laudamentum Curiæ Regis.

Et ut hæc firmius sinceriusque teneantur, & fiat Domino Regi & successoribus ejus Barchinoniæ ab eodem B. Atone Vicecomite & successoribus ejus in æternum faciat jurare idem B. Ato fidelitatem omnes habitantes in Nemauso & in Arenis, & in aliis omnibus supradictis castris, de quibus Rex voluerit & mandaverit, ut juxtà quod prædictum est, domino Regi & successoribus ejus attendatur & compleatur, sine illorum enganno: & quòd omnes dicti habitantes in civitate & villâ de Nemauso, & in cæteris castris supradictis fideles semper existant.

Hæc autem convenientia, sicut superius annotata est, per ordinem ibit in perpetuum inter B. Atonem & successores ejus, & futuros omnes habitantes in Nemauso & omnibus aliis castris prænominatis, & inter præsentes juxtà modum prædictum, & Dominum Ildefonsum Regem, & successores ejus dominos Barchinoniæ, & Comitem Provinciæ & ejus successores, salvâ omninò fidelitate ejusdem Domini Barchinoniæ.

Si quis, quod absit, hæc prædicta in aliquo frangeret, in duplo componeret, & præsens carta firma & stabilis *prædicta* permaneret. Actum est hoc

apud biterras præsentibus domino Berengario venerabili Tetraconensi Archiepiscopo, Arnaldo & Raimundo de Villamulorum, Mirone Judice de Palatio; Arnaldo de Ril. Berengario de Ceritania, Arnaldo de Palatio, Pontio de Mataplana, R. de Olivis, Guidone de Severaco, Guitt, Gros de Marsilia, Guitt. de Castro Azol, Assalito, & quampluribus Baronibus Curiæ. Anno Domini millesimo centesimo septuagesimo nono, mense Octobris. Fortunii de Bergoa, Arnaldi Morlana, Guillelmus de Bassia scripsit.

Notum sit scire volentibus, quòd ego B. Ato Vicecomes Nemausiensis dono; & in præsentiarum trado tibi Domino Ildefonso illustri per Dei gratiam Regi Arragoniæ, Comiti Barchinoniæ; & Marchioni Provinciæ, meam civitatem de Nemauso cum suis turribus & fortitudinibus, muris & antemuralibus, & cum omnibus suis pertinentiis & terminis, sicut melius habeo & habere debeo. Dono etiam tibi castrum meum de Arenis satis propè supradictam civitatem. Dono etiam tibi castrum meum, turrem magnam & castrum de Margaritis, de Caisanicis, de Berniz, de Bebuzim, de Candiaco, de Poscheriis, de Castlano, de Armazanicis, de Albasio, de Hueriis, de Calvitione, de Clarenciaco. Supradictam igitur civitatem de Nemauso cum turribus & omnibus fortitudinibus suis; cum muris & antemuralibus, & cum omnibus pertinentiis & terminis suis, & prædicta castra omnia cum pertinentiis & terminis suis, cum omnibus denique fortitudinibus & fortiis, quæ in prædictis locis vel infrà terminos castrorum ipsorum de cætero fient, dono & concedo, & trado tibi supradicto Ildefonso Regi gratuità voluntate & animo; ut tu & progenies & posteritas tua habeas per proprium alodium & francum per sæcula cuncta, sicut ego melius habeo & habere debeo, ullâ ratione vel modo; tali modo quòd ipse nec tui non possis dare extraneæ personæ vel potestati, nisi illi qui terram Provinciæ per te tenuerit, vel per Comitem Barchinoniæ. Nam & tibi inde & fratri tuo R. Berengario illustri Comiti Provinciæ per te facio hominium & sacramentum corporaliter præstitum cum fidelitate; quod etiam ego & successores mei tenemur facere tibi & successoribus tuis, illi videlicet qui Barchinoniam & Provinciam ab indiviso unus post alium habuerint. Quòd si seniotatus Provinciæ ad aliam personam quàm ad Dominum Barchinoniæ aliquando convolaverit, ex tunc domino tantùm & seniori Barchinoniæ ego & mei tenebimur, & prædictum hominem cum sacramento & fidelitate ei faciemus, & successoribus suis dominis Barchinoniæ.

Nec est prætereundum quòd si semel aut secundò vel eò ampliùs prædictus Comitatus Provinciæ ad Dominum Barchinoniæ iterato transferretur, tam Domino Barchinoniæ quàm Domino Provinciæ sub potestate ejus ibi constituto tenebimur de hominio supradicto cum sacramento & fidelitate; salvâ siquidem omninò fidelitate ejusdem Domini Barchinoniæ in omnibus & per omnia sine suo inganno. Si quis hæc prædicta tentaret frangere in aliquo, in duplo componeret, & postea hæc præsens carta firma & stabilis permaneret. Actum est hoc apud Biterras in præsentia scriptorum virorum, & plurium aliorum curiæ Regis Aragonensis.

Epistola I. PETRI S. Remigii Rhemensis, aliàs Cellensis Abbatis, post Episcopi Carnotensis.

Carissimis in Christo Fratribus WILLELMO, PETRO, WIDONI, PETRUS Rhemensis spiritum consilii & fortitudinis.

Diplomatum, &c.

Pontinia-si Monasterio professi erant, ad-hortatur.

Primùm loquar tibi, Frater Willelme, quia in te & propter te commota sunt viscera mea, turbatus sum à facie commotionis, dicam ad commutationis tuæ. Audieram enim propositum tuum, laudaveram fortitudinem, approbaveram discretionem, modò autem nescio quo spiritu exagitatus cœpisti, qui debueras esse columna immobilis, qui portaveras jugum ab adolescentiâ tuâ, & modò tandem ad frugem melioris vitæ, scilicet ad ordinem Cisterciensem veniens; levaveras te suprà te. Timeo, Dilecte, versutias illius qui transfigurat se in Angelum lucis; timeo ne in te mutetur color optimus; ne argentum, imò aurum vertatur in scoriam: siquidem *cum immundus Spiritus exiit ab homine, ambulat per loca inaquosa quærens requiem, & tunc assumptis septem aliis spiritibus nequioribus se redit in domum suam: unde & fiunt novissima illius hominis pejora prioribus.* Nec hoc quod à te exierit spiritus immundus, qui per gratiam Dei in te non fuit, sed quòd à te magis elongatum, modò quâdam mutabili tuâ levitate, & levi mutabilitate vicinior tibi fieri conatur: & qui, ut ita dicam, substantiam religionis, & sinceritatem zeli tui mundanis istis & manifestis immunditiis non potest corrumpere, quibusdam pessimis accidentibus, locorum, scilicet & ordinum mutationibus, & occultis illusionibus nititur te absorbere. Quippe spem habet ut influat Jordanis in os ejus. Teste Philosopho primum argumentum benè compositæ mentis existimo, posse consistere, & secum morari. Discurrere enim & locorum mutationibus inquietari, ægri animi jactatio est, non enim coalescit vel convalescit planta quæ sæpe transfertur.

Quod autem de professione prioris voti moveris, nullum scrupulum habet. Auxisti enim votum, non fregisti; modò enim imples, & pleniùs adimplebis illud Davidicum: *Labores manuum tuarum quia manducabis, beatus es, & benè tibi erit.* Quid plura? Credo, fateor, & obtestor, quòd de minori ad majus instinctu & inspiratione Spiritûs ascendisti, & quanto ascensus altior, tanto descensus, ne dicam casus, gravior. Proinde obsecro te, Carissime, ego tuus Petrus jam ex solo auditu pro te usque ad effusionem animæ vulneratus, ne mihi dolorem super dolorem adjicias, ne Clero, populo, & diabolo materiam risûs præbens, ne te moveas, ne in felici ascensu ubi non est voti fractio, sed integratio, ubi non est metus, timeas.

Tibi, Frater Petre, incognitus facie, absens corpore, præsens autem spiritu, & devoto corde consulo, & ad pedes profusus anxiè & obnixè supplico, ut non obtentu pristinæ ad quam suspiras quietis, te & alios inquietare incipias. Vera enim quies est in Ordine Cisterciensi, ubi Martha Mariæ jungitur, ubi juxta verbum sapientis, & agenti quiescendum, & quiescenti agendum. Sanè quod de priore quiete & otio objicis, ut pace tuâ loquar, ita sine quæstione omni procul est à ratione, ut responsione non indigeat; quia enim plus silentii, plus jejunii, minus sollicitudinis mundanæ, & ideo plus contemplationis & sanctæ quietis, quàm in ordine Cisterciensi? Quiescat ergo, quiescat ista tua commotio, & dum parvula est, allidatur ad petram; dum vulpecula parva est, capiatur, & in matutino occidatur, ne demoliatur vineam Domini, id est, conscientiam tuam: ne sub obtentu cujusdam vanæ quietis, ad pisces, non dico Ægypti, & adhuc dico Pharaonis, videaris suspirare, Invalidæ sunt ad exprimendum quod super tuis & Fratris Willelmi phantasticis illusionibus sentio, litteræ: Sed tu cum Fratre Willelmo ex paucis multa perpende: Consilium meum est, imò ut paululum audaciùs loquar, sacræ scripturæ mandatum, ut in ordine Cisterciensi sic curratis, sic in

agone contendatis, ut bravium æternæ vocationis feliciter comprehendatis.

De te nunc, Wido, minus ad præsens sollicitus sum, tibi novissimè non tamquam abortivo, sed quasi perfecto, cui non opus lacte, sed solido cibo soliditati tuæ congratulans pauca scribo morte matris, quæ magis anxiatur circa parvulum & debilem filium, quàm circa fortem & perfectum. Tu ergo robustus in Domino alios conforta, viriliter ageres, argue, obsecra, increpa; oportunè, importunè. Arduus quidem est Ordo Cisterciensis, sed tendit in ardua virtus: si quidem juxtà verbum Philosophi, *serpentis arbor arena, Dulcia virtuti gaudet patientia duris.* Expergiscimini ergo gloriosi militis Christi, mementote quia transit mundus, & figura, & gloria, & omnis concupiscentia ejus. Valete. Magistrum Arraudum, fortem & prudentem Christi Athletam salutat anima mea, & per vos orationum munus ab eo expostulat.

Ejusdem Epistola II.

Ut in Ordine Cisterc. permaneant admonet.

Humilis Abbas sancti Remigii WIDONI, PETRO, Fratribus Monasterii Pontiniacensis, salutem & omne bonum. Ut breviter tumultuosis cordium vestrorum quæstionibus super professione factâ, tam in ordine Grandimontis, quàm in Cisterciensi respondeam, id mihi videtur, quòd fidem promissi non lædit, qui solvit quod promiserit. Is quoque gratiæ meritum superaddit, qui plus solverit, quàm ex voto debuerit. Non est meum ordines sanctos judicare, neque meis stateris merita illorum appendere, suo domino stant aut cadunt: stant autem: opinionis tamen meæ est, plus rigoris, plus justitiæ, plus severitatis, plus etiam discretionis esse in Ordine Cisterciensi, quàm in illo qui mihi incognitus est, & de quo propter incertitudinem nullam audeo sententiam præcipitare. His omissis, ranam & muscam perturbantes penetralia cordis vestri, utinam abjicere, vel potiùs exterminare brevi admonitione possem. Non ignoro apud Aristotelem dubitare de omnibus non esse inutile. Teneo autem apud Hippocratem quod mutationes maximæ generant morbos. Dicunt quòd plantæ quæ sæpe transferuntur, radices non mittunt. Paulus anathematizat qui aliud evangelium prædicaverit, quàm quod ipse prædicavit: Dominus Jesus de Joanne Baptista dicit: *Quid existis in desertum videre: Arundinem vento agitatam?* In parabola quoque Evangelii, dum fatuæ virgines irent emere oleum, clausa est janua. Harum auctoritatum sensus hic est, ne instabiles simus, ne fluctuemur, ne omni vento circumferamur, ne dicamus: *Ecce hic, ecce illic Christus.*

Videte itaque vocationem vestram, & bases & plantas vestras statuite suprà petram, & cum Job dicite: *In nidulo isto moriar, & sicut palma multiplicabo dies.* Rogo amicitiam & fraternitatem vestram, ut parcatis vobismetipsis, & pro certo scias, quia unum ad salutem sufficiens est & necessarium, Deo se committere: nunquam cum Deo disputare: Prælato in omnibus obedire: omnia sua onera humeris ejus imponere; & sufficientem in Dei judicio contrà omnes adversarii allegationes tam veras quàm falsas, illum constituere: in simplicitate, non in subtilitate Deum quærere. Valete.

Epistola G.

Consiliis prudentis est acquiescendum.

Dilecto in Domino Fratri W. frater G. de sancto V. spiritum consilii & pacis.

Juxtà consequentiam eorum quæ nobis intimata sunt ab his qui pro te & de te loquuti sunt miramur quòd consilium quæris, & respuis, cum plurium & magnorum audis consilia. Inde vides exempla ad perseverandum in Cisterciensi Ordine monentia, multorum millium martyrum sudore & sanguine consecrato : & de conscientia tua opponis, quasi esse possit conscientia sine scientia, vel scientia sine consilio, imò veritatis negligens dicentis : *Omnia fac cum consilio, & post factum non pœnitebis.* Sanè ut sano acquiescas consilio, propriam necesse est primò humiliter insipientiam recognoscas, juxtà Spiritûs sancti consilium per Apostolum loquentis : *Si quis vult sapiens esse stultus fiat, ut sit sapiens* : id est suam humiliter, ut diximus, stultitiam recognoscat, ut initiari valeat ad sapientiam : aliquin de pessimâ superbiæ filia præsumptione, quâ discretione nascitur, quòd contra sapientum consilia judicare præsumit de votorum mutatione, dispensatione, vel dispensationis recompensatione? Superbam igitur caveas præsumptionem, ne incurras illam maledictionem : *Væ qui sapientes estis in oculis vestris, & coram vobis ipsis prudentes.*

Eccli. 32. 24.

1. Cor. 3. 18.

Isai. 5. 21.

RAIMUNDI *Comitis Tolosani confirmatio donationis ab* ISNARDO *factæ, dum habitum Monachalem susciperet.*

An. MCLXXX.

Dilectis in Christo fidelibus tam præsentibus quàm futuris, ad quos litteræ istæ pervenerint, R. Dei gratiâ Dux Narbonæ, Comes Tolosæ, Marchio Provinciæ, in Christo gaudere & prosperari. Quoniam ex concessâ nobis à Deo potestate suæ sanctæ Ecclesiæ, ubi jurisdictionem terrenarum rerum habere videmur, advocati, tutores ac defensores ad utilitatem nostrarum animarum ubique esse debemus, ea quæ Proceres nostri religiosis & Catholicis viris pro remedio suorum peccatorum largiuntur confirmare, & maximè illorum qui se & sua Deo dedicantes Monasteria ingrediuntur, votis favere dignum duximus, & vobis notum fieri volumus, quòd Isnardus de Gargaïa Monasterium S. Andreæ ingrediens, & ibi habitum religiosis suscipiens, ac exitum hujus labilis vitæ in bono finire desiderans, in præsentiâ bonorum hominum, quorum nomina subterleguntur, omne jus quod habebat vel habere debebat in castro Podii-alti, scilicet quatuor menses, per Februarium & Martium & Aprilem & Maïum, tam in ipso castro quàm in ejus territorio, sive in terris cultis & incultis, pratis, pascuis, vineis, paludibus, piscationibus, aquis, aquarumque decursibus, nemoribus & venationibus, in manu nostrâ refutavit : & ejus rogatu nos Guillelmo venerabili Abbati S. Andreæ & Fratribus ibi Deo servientibus, suisque in perpetuum successoribus donavimus, laudavimus, & justitiâ mediante defendere promisimus.

Et etiam feudales ei concessimus habendos, quorum Amilius custodiam unius mensis ab ipsis de Gargaïa cognovit se habere, cui præcepimus ut a-modo ab Ecclesiâ S. Andreæ se habere recognoscat, & ei debitam fidelitatem faciat, salvâ tamen in omnibus justitiâ & jurisdictione nostrâ.

Testes sunt Bernardus Abbas sanctæ Crucis.
Jordanus Prior Tortonii.
Magister Guillelmus Sacrista S. Andreæ.
Isnardus Draconetus Vicarius domini Comitis.
Raimundus de Boqueto.
Petrus de Albarone.
Laidetus de Medernis.
Bertrandus de Montelliis.
Guillelmus Laidertus.
Pontius Lautaldus.

Radulfus Causidicus & Cancellarius domini Comitis.
Rostagnus Malussanguis.
Gandalmannus.

Factum est hoc anno Incarnationis Domini MCLXXX. mense Augusti, regnante PHILIPPO Rege Francorum.

De Eleemosyna Comitis PHILIPPI *Flandriæ.*

Anno MCLI.

IN nomine, &c. Notum, &c. quòd PHILIPPUS quondam Comes Flandriæ pro salute animæ suæ & antecessorum suorum, necnon & successorum, in eleemosynam perpetuam assignavit Ecclesiæ sanctæ MARIÆ de Longo-villari unam marcam argenti, singulis annis habendam ad Molendinum de Hesdino, ad emendum panem & vinum ad faciendum sacrificium altaris. Recipietur autem marca illa singulis annis in festo Omnium Sanctorum : Nos verò dictam eleemosynam auctoritate, &c. Actum Hesdini mense Februario.

Consuetudines communiæ urbi Suessionensi concessæ à LUDOVICO *Crasso Rege Francorum, confirmatæ à Ludovico Juniore, & à* PHILIPPO *Augusto.*

An. MCL.

IN nomine sanctæ & individuæ Trinitatis, Amen. PHILIPPUS Dei gratiâ Francorum Rex. Noverint universi quòd quondam carissimus avus noster Ludovicus Burgensibus Suessionensibus Communiam inter se habendam concessit, & sigilli sui auctoritate confirmavit. Post ejus decessum pater noster Ludovicus bonæ memoriæ eis eam manutenuit & custodivit. Nos verò priorum patrum nostrorum vestigiis inhærentes, chartam super Communiâ eis à memorato avo nostro concessam, & Communiæ consuetudines sicut pater noster eas eis tenuit, concedimus & confirmamus, has videlicet :

I. Infra civitatis Suessionensis firmitates alter alteri rectè secundùm suam opinionem auxiliabitur, & nullatenùs patietur quòd aliquis alicui eorum aliquid auferat, vel si talliatam faciat, vel quidlibet de rebus ejus capiat, excepto hoc quòd homines civitatis Episcopo per tres menses de pane & de carnibus & piscibus creditionem facient. Et si Episcopus post tres menses quod ei creditum fuerit non reddiderit, nihil ei credetur, donec illud ab Episcopo persolvatur. Piscatores autem forenses nonnisi per quindecim dies ei creditionem facient, & si post quindecim dies non reddiderit, tantum de rebus Communiæ ubicumque potuerint capient, quoad quidquid Episcopo crediderint habeant.

II. Omnia forisfacta, exceptis infractione urbis, & veteri odio, quinque solidis emendabuntur : & si ab aliquo teloneum requiratur, & requisitor diem, quo illud, & unde illud habere debuit minimè nominaverit, nunquam ei respondebitur : & si diem nominaverit, & ille dictum ejus solâ suâ manu infirmare non poterit, quinque solidis emendabit.

III. Si quis sacramentum alicui facere debuerit, & ante arramitionem sacramenti se in negotium suum iturum dixerit, propter istud faciendum de itinere suo non remeabit, nec ideo incidet, sed postquàm redierit convenienter submonitus, sacramentum faciet.

IV. Si autem Archidiaconus aliquem implacitaverit, nisi clamator ante venerit, vel forisfactura apparuerit, non ei respondebit. Si tamen testem habuerit, contrà quem accusatus defendere se non potuerit, emendabit.

V. Homines etiam Communionis hujus uxores quascumque voluerint, licentiâ à dominis suis requisitâ, accipient, & si domini hoc concedere noluerint, & absque consensu & concessione domini sui aliquis uxorem alterius potestatis duxerit, & si dominus suus in eum implacitaverit, quinque tantùm solidis illi inde emendabit.

VI. Capitales homines censum debitum dominis suis persolvent, sed si in die constituto non reddiderint, quinque inde solidis emendabunt.

VII. Et si aliquis aliquam injuriam fecerit homini, qui hanc Communionem juraverit, & clamor ad Juratos inde venerit, si illum hominem, qui injuriam fecerit, capere potuerint, de corpore suo vindictam accipient, nisi forisfactum emendaverit illi cui illatum fuerit, secundùm judicium virorum illorum qui Communiam custodierunt. Et si ille qui forisfactum fecerit ad aliquod receptaculum perrexerit, & homines Communiæ ad ipsum receptaculum transmiserint, & domino receptaculi, vel primatibus ipsius loci quæstionem fecerint, ut de eorum inimico faciant eis rectitudinem, sicut superiùs dictum est, si satisfacere voluerint, rectitudinem accipient; quòd si facere noluerint, homines Communiæ auxiliatores erunt faciendi vindictam de corpore & pecuniâ ipsius qui forisfactum fecit, & hominum illius receptaculi in quo inimicus eorum erit.

VIII. Si mercator in istam villam ad mercatum venerit, & aliquis ei aliquid fecerit infrà loricam istius villæ; si Jurati inde clamores audient, & mercator in istâ villâ eum invenerit, homines Communiæ ad vindictam faciendam super hoc rectè secundùm opinionem suam auxilium parabunt, nisi mercator ille de hostibus sæpedictæ Communiæ fuerit. Et si ad aliquod receptaculum ille adversarius perrexerit, si ipse mercator vel Jurati ad eum miserint, & ille hostis satisfaciat mercatori secundùm judicium eorum qui Communionem servaverint, vel probare & ostendere poterit se illud forisfactum non fecisse, Communiæ sufficiet. Quòd si ille facere noluerit, si postmodum villam intraverit, & capi potrit, de eo vindictam facient Jurati.

IX. Nemo autem præter nos & Dapiferum nostrum, poterit conducere in villam Suessionensem hominem, qui forisfactum fecerit homini qui hanc Communiam juraverit, nisi forisfactum emendare venerit secundùm judicium eorum qui Communiam servaverint.

X. Si Episcopus Suessionensis ignoranter adduxerit in civitatem Suessionensem hominem qui forisfactum fecerit homini istius Communiæ, postquàm sibi ostensum fuerit illum esse de hostibus Communiæ, nullo modo eum posteà adducet, nisi assensu illorum quibus Communia servanda incumbit, & eâ vice eum reducere poterit.

XI. Pecuniam illam quam homines istius Communiæ crediderant antequàm Communiam hanc jurassent, si rehabere non poterint, postquàm inde justum clamorem fecerint, quærent quoquo modo poterint quomodo creditam pecuniam rehabeant. Pro illâ verò pecuniâ quam crediderint postquàm hanc Communiam juraverint, nullum hominem capient, nisi sit debitor aut fidejussor.

XII. Si extraneus homo panem aut vinum suum in villam Suessionensem causâ securitatis adduxerit, si posteà inter dominum ejus & homines Communiæ discordia emerserit, quindecim dies habebit ille vendendi panem & vinum in eâdem villâ, & deferendi nummos & aliam pecuniam suam præter panem & vinum, nisi ille forisfactum fecerit, vel fuerit cum illis qui fecerint.

XIII. Nemo de villâ prælibatâ, qui hanc Communiam juraverit, credet pecuniam suam vel commodabit hostibus Communiæ quamdiù guerra duraverit. Et si quis probatus fuerit credidisse aliquid hostibus Communiæ, justitia de eo fiet ad judicium eorum qui Communiam servabunt.

XIV. Si aliquando homines Communiæ contrà hostes suos exierint, nullus de Communiâ loquetur cum hostibus Communiæ, nisi licentiâ custodum Communiæ. Ad hoc statuti homines jurabunt, quòd neminem propter amorem seu propter odium deportabunt, seu gravabunt, & quod rectum judicium facient secundùm suam æstimationem. Omnes alii jurabunt quòd idem judicium quod præstiti statuti super eos fecerint, & patientur & concedent, nisi potuerint probare quòd de censu proprio nequeant persolvere.

XV. Universi homines infrà murum civitatis, & extrà in suburbio commorantes, in cujuscumque terrâ commorentur, Communionem jurent: qui verò jurare noluerit, illi qui juraverunt de domo ipsius & de pecuniâ justitiam facient.

XVI. Si quis etiam de Communione aliquid forisfecerit, & per Juratos emendare noluerit, homines Communiæ exinde facient justitiam.

XVII. Si quis verò ad sonum factum pro congregandâ Communiâ non venerit, duodecim denariis emendabit.

XVIII. Præter has consuetudines à patribus nostris eis concessas & indultas concedimus, ut nullus infrà ambitum villæ Spessionum aliquid possit capere, nisi Major & Jurati, quamdiù de eo justitiàm facere voluerint. Et si aliquis de Communiâ nobis aliquid forisfecit, oportebit ut nos in Curiâ Episcopi Suessionensis per Majorem villæ ad judicium Juratorum justitiam de eo capiamus, nec eos extrà prædictam Curiam vel placitare, vel chartam, monstrare compellere poterimus, nec cuiquam licebit ab aliquo vel ab aliquâ de Communiâ manum mortuam exigere.

Has itaque consuetudines prætaxatas, & eas quæ ab avo nostro eis concessæ fuerunt, & confirmatæ salvo jure nostro & Episcopi, & dominorum & Ecclesiarum, quæ in prædictâ villâ aliquid juris habent, concedimus & confirmamus. Quæ omnia ut perpetuum robur obtineant, &c. præcepimus confirmari. Actum Suession. anno Incarnationis Dominicæ millesimo centesimo octogesimo primo, Regni nostri secundo. Data per manum Hugonis Cancellarii.

Lucius *Papa III. prohibet Canonicis Carnotensibus pluralitatem beneficiorum, & residentiam præscribit.*

Anno circ. MCLXXXIV.

Lucius Episcopus, servus servorum Dei, venerabili fratri Petro Episcopo, & dilectis filiis G. Decano & Capitulo Carnotensi salutem & Apostolicam benedictionem. Cum ab eo cui plus committitur, amplius exigatur, dignum est & consonum rationi, ut in Ecclesiâ vestrâ quo aliis honorantur, studiosiùs illi deserviant, & utilitati ipsius intendant. Hac itaque ratione inducti auctoritate duximus Apostolicâ statuendum, ut Honores Carnotensis Ecclesiæ aliis de cætero minimè concedantur, nisi qui secundum antiquam & rationabilem consuetudinem residentiam se promiserint habituros. Si autem post promissionem suam hoc nequaquam impleverint, ab ipsis reddantur honoribus alieni. Ad hæc auctoritate Apostolicâ inhibemus, ne quis in aliâ Ecclesiâ beneficium habens, in Canonicum Ecclesiæ vestræ, aut plebanum Presbyterum admittatur, nisi priori cesserit beneficio, & ab proprio fuerit Episcopo absolutus.

Decernimus ergo ut nulli omninò hominum liceat hanc paginam nostræ constitutionis infringere, vel ei ausu temerario contraire. Si quis autem hoc attentare præsumserit, indignationem omnipotentis Dei & beatorum Petri & Pauli Apostolorum ejus se noverit incursurum. Datum Velleit. XVI. Kalend. Februarii.

Anno MCLXXXIV.

Jusjurandum GUILLELMI *Montispessulani, præstitum* JOANNI *Episcopo Magalonensi.*

AUdi tu Joannes Magalonensis Episcope. Ego GUILLELMUS dominus Montispessulani, filius Mathildis, ab istâ horâ inantea personam tuam non capiam, vitam & membra tua tibi non tollam, nec homo, nec femina meo consilio vel meo ingenio. Et si in illo honore quem tu hodie habes & possides, & Canonici Magalonenses habent & possident, in Communiâ vel in antea tu acquisieris meo consilio, & Canonici meo consilio acquisierint, ego Guillelmus tollerem, vel forisfactum ibi facerem, cum tu me *commonras*, per sacramentum, vel si præsens non fueris, aut Ecclesia Magalonensis tum forte Episcopum non habuerit, Prior Magalonensis consilio Capituli Magalonensis me *commonra* per sacramentum infrà quadraginta dies *cabalmenoendrai od œmendarai*, vel ad tuam *mercedem mencontanrai*, & ad mercedem Canonicorum similiter. Et si homo vel femina in illo honore quem tu habes & possides, & Canonici habent & possident, vel inantea tu meo consilio acquisieris, & Canonici similiter meo consilio acquisierint, tibi vel Canonicis aliquid tolleret, vel forisfactum faceret, si per me sciret *redercere* nollet, vel directum tibi & Canonicis facere nollet, tùm si me *commonrias* per sacramentum, aut si præsens non fueris, vel Ecclesia Magalonensis tum forte Episcopum non habuerit, Prior Magalonensis cum consilio Capituli Magalonensis me *commonra* per sacramentum, tibi & Canonicis Magalonensibus adjutor ero sine enganno. Sicut in hac charta continetur, & Clericus legere & intelligere potest, ita tenebo & adimplebo sine omni enganno me sciente, tibi Joanni Magalonensi Episcopo & Catholicis successoribus tuis, & Canonicis Magalonensibus præsentibus & futuris : Sic Deus me adjuvet & istæ sanctæ Reliquiæ.

Hoc fuit factum anno Dominicæ Incarnationis millesimo centesimo octuagesimo quarto, mense Aprilis, apud Magalonam super altare sancti Nicolai, in præsentiâ P. Præpositi, Guillelmi Maurini Archidiaconi, Guillelmi Raimundi Archidiac. Magistri Richardi, Guillelmi Petri, Pontii Gaucelini, P. de Brodet, P. de Cocone, Hugonis de Ulmis, R. Guinet, P. de Piniano, P. de Lunello, P. de Castronovo, Pontii Almeraz, Pontii Garnerii, Guillelmi de Monte Arnaldo, P. Raimundi, R. de Sanrederi, Pontii de Cornone, J. de Monte Lauro, Bermundi Fulconis, Pontii de Cell. Bertrandi Sacristæ, Olrici Guillelmi de Flexio, R. Darboraz, Guillelmi de Lechas, Petri de Albalanicis: R. de Vico, J. de Rocafolio, R. Petri de Aganticio. P. Blanchet, Bernardi Bisdocii, Bernardi Petri, Bernardi Vidiani, Berengarii Balbi, Guidonis de Ventador, Guillelmi Rotberti, Guillelmi Ademari, R. de sancto Bricio, Durantii de Lodeva, Aimerici Guillelmi, Adalgueri, Bernardi Bermundi Bertrandi de sancto Gervasio, P. Richardi Guillelmi de Brodet, Pontii Comi Archipresbiteri Canonicis, P. de sancto Hippolyto, Guillelmi de Mesoa, Stephani Berdocti, J. Bertoldi, Guillelmi Olrici, Giraldi Atbrandi, R. de Centrairanicis, Guillelmi de Terico, R. Guillelmi de Piniano, Guillelmi de Fabricis, Bernardi Lamberti, R. Lamberti, Guillelmi Hugonis, Bernardi Austrini, Magistri Guidonis Francees, Martini de Gradu, R. Bernardi, Guillelmi Petri de Monte Ferrario, Guillelmi Agullonis, & alii quamplures.

PHILIPPI *Belvacensis Episcopi.*

EGo PHILIPPUS Dei gratiâ Belvacensis humilis Episcopus, Omnibus in Christo fidelibus in Domino salutem. Quoniam ad officium nostrum spectat utilitatibus Ecclesiarum pastorali sollicitudine prudenter invigilare, & eas patrocinii suffragio munire devotiùs & confovere, ad noticiam tam præsentium quàm futurorum pervenire volumus, quòd sicut prædecessores nostri piæ memoriæ Petrus & Odo Belvacensis Episcopi Ecclesiæ Lehunensi in Ecclesiâ Ursivillari, quam esse constat in nostrâ Diœcesi, duas partes totius decimæ & oblationum in tribus festivitatibus, videlicet in Natali, & in Purificatione beatæ MARIÆ & in Paschâ, personatum quoque & donationem ejusdem Ecclesiæ annuente Henrico Archidiacono, in cujus Archidiaconatu erat, salvo jure Belvacensis Ecclesiæ piâ devotione concesserunt, Nos quoque in beneficiis ejusdem Ecclesiæ partem habere volentes, donum istud integrè & absque ullâ diminutione præfatæ Lehunensi Ecclesiæ concedimus, & sigilli nostri impressione, atque præsentium adstipulatione confirmamus, annuente etiam Roberto Archidiacono, in cujus Archidiaconatu tunc temporis erat præfata Ecclesia.

Quoniam igitur Monachis Lehuni liberum præbuimus assensum in suis petitionibus, ipsi pro tanto beneficio minimè ingrati spiritualem in Domino mercedem nobis retribuentes, audito obitu nostro tricenarium in generali Conventu nobis concesserunt, & anniversarium nostrum solemniter celebrandum in perpetuum. Hujus rei sunt testes Walbertus Abbas S. Luciani & ejusdem Ecclesiæ Monachi, Magister Walerannus, Wibertus de Mallers, Rainerus de Gornaco, Clerici, Magister Drogo de Moi, Walbertus Decanus Montistharensis, Magister Petrus de Chambli, Joannes Bugres, Monachi de Lehuno, Hugo secretarius, Ernaudus Thesaurarius, Herberus Presbyter.

Actum apud Sanctum Lucianum Belvacensem, anno Incarnationis Domini MCLXXXV.

Diploma fundationis Abbatiæ Monialium ordinis Cisterciensis in Blendeca, vulgò Blendeque prope sanctum Audomarum in Artesia, ab Desiderio Morinensi confirmatæ.

IN nomine sanctæ & individuæ Trinitatis. Ego DESIDERIUS Dei gratiâ Morinorum Episcopus universis fidelibus in perpetuum. Cùm omnes retrò sancti Patres præventi & adjuti gratiâ Spiritus sancti, in id modis omnibus elaboraverint, ut amplificarent nomen sanctitatis, nos à longe eorum sequentes vestigia, adjuvante eo qui vocat ea quæ non sunt tamquam ea quæ sunt, concurrentibus votis filiorum nostrorum, & instantiâ postulationis magnorum virorum circummunientium, statuimus in Blendeco vico diocesos nostræ Congregationem feminarum Deo regulariter servientium collocare. Ne verò in

Anno MCLXXXVI.

tanto negotio aliquid de nostro sensu præsumtione temeraria cœpisse videremur, Dominum Metropolitanum Willelmum sanctæ Romanæ Ecclesiæ titulo sanctæ Sabinæ Cardinalem Apostolicæ sedis Legatum, virum videlicet altioris consilii, dignum duximus super hoc esse consulendum. Quo consulto, & propositum approbante, & congratulatione sua ad id quod proposueramus amplius provocante; Principem quoque terræ illustrem Comitem Ph. unà cum M. nobilissima conjuge ipsius super eadem causa adivimus, qui & unanimem assensum cum multa hilaritate præbuerunt, & se auxilio & consilio affuturos promiserunt. Hinc ergo majore fiducia nec immerito assumpta propositum aggredientes; communicato consilio cum Capitulo nostro, & partes suas assensibus implente, Personatum Ecclesiæ sanctæ Colombæ de Blendeka, cum omnibus pertinentiis suis, & obventionibus, Capellam quoque de Soieca ad eumdem Personatum spectantem, inibi Deo servituris, salvo jure parrochiali & Episcopali, liberaliter contulimus. Hanc libertatem & immunitatem eidem Ecclesiæ de communi consilio Fratrum decernentes & indulgentes, ut in eâdem Ecclesiâ Deo servientes, liberam electionem habeant, & nulli personæ nisi nobis & successoribus nostris de ordine suo, vel de quâcumque aliâ re extrà Capitulum suum habeant respondere, salvâ in omnibus auctoritate sedis Apostolicæ.

Ita ergo in nomine Domini inchoato negotio, accesserunt ad nos dilectus filius noster Boidinus ejusdem parrochiæ Presbyter in præsentia Capituli nostri donationem eidem Ecclesiæ faciens centum marcarum & ampliùs, & fidelis vir Ghiso filius Everardi de Aria, similiter sexcentarum marcarum & ampliùs. Nos verò providentiam ejusdem domûs in temporalibus, duobus prænominatis, tamquam industriis & primis in ejusdem loci fundatione coadjutoribus nostris, commisimus. Prædictas igitur donationes tam nostras quàm illorum sigilli nostri appensione, Clarembaldi quoque Morinensis Decani, & Lambini Morinensis Archidiaconi, & Joannis Cantoris, cæterorumque Canonicorum assensu, cum eorumdem sigilli attestatione, in perpetuam possessionem eidem Ecclesiæ confirmamus. Si qua verò Ecclesiastica sæcularisve persona præfatas donationes, vel quidquid devota largitio fidelium Ecclesiasticarum sæculariumve personarum contulit, vel in futurum contulerit, seu quidquid alio modo legitime acquisitum fuerit, subtrahere ab eodem loco vel imminuere tentaverit, cum Domino Jesu-Christo, & Matre ipsius Judicis, & Beata Columba virgine & Martyre, cujus patrociniis idem locus munitur, in die Judicii rationem deducat, & ab Angelis Dei de medio justorum separetur. Quisquis verò ad sustentationem inibi Deo servientium piam donationem intulit vel intulerit, mensuram bonam & confertam & coagitatam & superessluentem remetiatur ei Dominus noster Jesus-Christus, Amen. Actum anno ab Incarnatione Domini M. C. LXXXVI.

Anno circ. MCLXXXVII.

ARCHEMBALDI *de Borbonio pactum initum cum* PETRO *de Blot coram Rege Anglorum* HENRICO.

PRæsentibus & futuris notum fiat, quòd ARCHEMBALDUS de Borbonio & PETRUS de Blot, causam habuerunt ante dominum suum HENRICUM Regem Anglorum. Domnus etenim Ar. quærebat ab eo forisfactum de castello Montis-acuti & Castellaniæ quod domnus Ar. habebat à Rege Anglorum, quod cum eo quamvis esset in bonâ pace cepit & destruxit, exceptâ turre. Petrus verò coram Rege factum à se ei denegavit: domnus verò Ar. de perjurio & de proditione Petrum appellavit. Cum enim domni Archembaldi Petrus homo ligius salvâ ligiantiâ Regis Anglorum devenisset, & similiter filii domni Ar. in eo amore & in eâ pace castellum quod à Rege habebat combussit & destruxit. Domnus autem Ar. tradidit ei militem suum Jordanum Corallum, qui eum de hoc scelere convinceret & comprobaret de perjurio & de proditione. Petrus autem vadimonium suum de se defendendo reddidit in manu Ricardi de Hummet. Rex verò diem belli assignavit. Petrus verò dixit domno Archembaldo, quòd pater suus & pater illius fratres germani fuerant. Domnus Archembaldus dementivit eum, dicens quòd pater suus & pater illius nihil sibi pertinuerunt. Petrus dixit, quòd cum pater suus moreretur, se in manu & in tutelâ domni Ar. dimisit, & quòd domnus Archembaldus eum de castello suo devestiverat in scelere & in malitia. Domnus Ar. dementivit eum inde, & militem suum tradidit qui eum de suâ appellatione defenderet. Sed domnus Ar. suam appellationem priorem esse volebat, si curia judicaret. Si verò judicaret curia, quod Archembaldus prior se defenderet, ipse concedebat. Judicavit autem curia quòd sua appellatio prior esset. Homines siquidem Petri loquuti sunt cum hominibus domini Ar. de pace faciendâ. Domnus Ar. dixit nullum verbum inde tenere, nisi ex præcepto domini Regis. Placuit autem domino Regi ut pax inde fieret. Fuit autem pax coram Rege hoc modo. De appellatione quam fecerat Petrus versus domnum Ar. & de defensione quam versus Jordanum militem suum fecerat, se dementivit ipse. Iterum ipse Petrus omne jus quod in castello de Monte-acuto habebat, Ar. & filio suo & heredibus suis liberè, & sine querelâ concessit. Domnus Ar. dedit Petro medietatem castellaniæ ejusdem castelli. Petrus fuit inde homo ligius domni Ar. salvâ fidelitate Regis Anglorum, & erit filii domni Ar. post mortem suam. Illam medietatem quam dedit sibi domnus Archembaldus, tradidit in vidamonium Petrus domno Archembaldo usque ad septem annos pro septem millibus solidorum: si infrà septem annos voluerit redimere, benè poterit facere. Si verò non, post septem annos terra Petri libera. Rex Angliæ fuit responsor domino Archembaldo, quòd hoc pactum sibi faceret tenere, & Richardus filius ejus Dux Aquitaniæ, & Regina.

Facta sunt hæc videntibus & audientibus ex parte domini Regis, Rotomagensi Archiepiscopo, Lexovienli Episcopo, Præposito Luscar, Bartholomæo Morall. Ex parte Archembaldi Franco de Rupe Dagonis, &
Willelmo de Bosco,
Jordano Corallo,
Amone de Montignac,
Theobaudo Dartborsa,
Raimundo Crasso,
Stephano de Bugenville,
Bernardo filio suo,
Hugone Duols,
Willelmo Comite de Montferrant,
Petro de Mercurol,
Hugo de Montmoris,
Chatart de Bossiol,
Chatart de Chaponeres,
Willelmo Herveo,
Stephano de Perol Dalfino.
Ex parte Petri B. Abbas Claromontis,
Wido de Ponte Gibaldi,
Girberio Tanevele,

Stephanus de Grantual, Jordanus Taïsson.

Anno MCLXXXVII.

URBANUS *Papa III.* REGINALDO *Carnotensi Episcopo, ne domus in Claustro laïcis dentur, aut locentur à Canonicis.*

URBANUS Episcopus, servus servorum Dei, venerabili fratri R. Episcopo, & dilectis filiis Decano & Capitulo Carnotensi salutem & Apostolicam benedictionem. Audivimus & audientes nequivimus non mirari, quòd laïci quidam in Claustro vestro domos jure hereditario possidentes, tales personas plerumque admittunt, per quas Clericorum quies inhonesto strepitu sæpe turbatur, & devotio populi ne divinis intendat officiis, præpeditur. Joculatoribus quidem, aleatoribus, cauponibus & mulieribus turpibus præscriptæ domus de consuetudine pravâ locantur. Volentes igitur communi Ecclesiæ honestati consulere, auctoritate Apostolicâ prohibemus, ne domos canonicales ulteriùs laïcis, per quos honestati Ecclesiasticæ derogetur, vel gratis dentur, aut etiam sub quâcumque occasione locentur. Constituimus etiam de domibus, quas laïci in Claustro jure hereditario tenent, si eas in personis propriis cum honestâ familiâ, exclusis mulieribus turpibus, inhabitare noluerint, ut nonnisi Clericis, vel personis regularem vitam professis, gratis, vel pro pretio concedant, si congruum eis pretium voluerint exhibere. Nulli ergo omnino hominum liceat hanc paginam nostræ constitutionis infringere, vel ei ausu temerario contraire. Si quis autem hoc attentare præsumpserit, indignationem omnipotentis Dei & beatorum Petri & Pauli Apostolorum ejus se noverit incursurum. Datum Ven. XII. Kal. Martii.

Anno MCLXXXVII.

GUILLELMUS *Montispessulani contrahit matrimonium cum* AGNETE.

Conditor omnium Deus cum in mundi initio cuncta creasset ex nihilo, ex osse viri dormientis formam fecit mulieris, ex uno duos faciens, duos unum esse debere monstravit, ipso testante; *Relinquet homo patrem suum & matrem, & adhærebit uxori suæ: & erunt duo in carne unâ.* Quapropter in Dei nomine ego Guillelmus Montispessulani dominus, procreandorum filiorum amore elegi mihi sponsam assumere, nomine Agnetem, & facio ei dotem sive donationem decimæ partis omnium rerum mearum mobilium & immobilium, ubicumque habeo & habere debeo, & inantea, Deo largiente, ubique locorum acquisiturus fuero. Volo igitur & concedo ut hæc dos & donatio firma & stabilis in perpetuum remaneat. Factum est hoc mense Aprilis anno Domini MCLXXXVII. Ego Guillelmus Dei gratiâ Montispessulani dominus signum facio; S. Ulrici, S. Guillelmi de Mesuâ, S. Rostagni de Monte-Alledon, S. L. de sancto Hypolito, &c.

Anno MCLXXXVII.

PHILIPPUS II. *Rex Francorum pagensibus de Vailli, de Condé, &c. Diœcesis Suess. Communiam concessam confirmat & auget.*

IN nomine sanctæ & individuæ Trinitatis, Amen. PHILIPPUS Dei gratiâ Francorum Rex. Noverint universi præsentes pariter & futuri, quòd karissimus avus noster Ludovicus hominibus de Vailli, de Condé, de Chavonois, de Filaine, & de Paregni Communiam inter se habendam concessit, & sigilli sui auctoritate confirmavit: post cujus decessum pater noster venerandus Ludovicus eam manu tenuit & custodivit. Nos verò priorum patrum vestigiis inhærentes, Communiam prædictis hominibus concessam, & Communiæ consuetudines, sicut avus & genitor noster illas eis tenuerunt, concedimus & confirmamus.

I. Has videlicet inter villas superiùs nominatas alter alteri rectè secundùm suam opinionem auxiliabitur, & nullatenùs patietur quòd aliquis alicui eorum aliquid auferat, vel eis talliatam faciat, vel quidlibet de rebus ejus capiat.

II. Omnem forefactum, exceptis infractione villarum & veteri odio, quinque solidis emendabunt. Et si ab aliquo teloneum requiratur, & requisitor diem quo illud & unde illud habere debuerit, minimè nominaverit, nunquam ei respondebitur. Et si diem nominaverit, & dictum ejus ille solâ manâ infirmare non poterit, quinque solidis emendabit.

III. Si quis verò sacramentum alicui facere debuerit, & ante arramissionem sacramenti se in negotium suum iturum dixit, propter illud faciendum de itinere suo non remanebit, nec ideo incidet: sed postquàm redierit, convenienter monitus, sacramentum faciet.

IV. Si autem Archidiaconus aliquem implicitaverit, nisi clamor ante venerit, vel forefactum apparuerit, non ei respondebit. Si tantùm testem habuerit, contra quem accusatus se defendere non possit, emendabit.

V. Homines autem Communionis hujus uxores quascumque voluerint ducendi licentiam à dominis suis accipient. Et si domini hoc concedere noluerint, & absque consensu & concessione domini sui aliquis uxorem alterius potestatis duxerit; si dominus suus eum inde implicitaverit, quinque solidis tantùm illi inde emendabit.

VI. Capitales homines censum debitum dominis suis persolvent: & si die constituto non reddiderint, inde quinque solidis emendabunt. Et si aliquis aliquam injuriam fecerit homini, qui hanc Communiam juraverit, & clamor ad Juratos inde venerit, si ipsum hominem qui injuriam fecerit, capere potuerint, de corpore suo vindictam accipient, nisi forefactum emendaverit ei cui illatum fuerit, secundum judicium virorum illorum qui Communionem custodierint.

VII. Et si ille qui forefactum fecerit, ad aliquod receptaculum perrexerit, & homines Communiæ ad ipsum receptaculum transmiserint, & domino receptaculi vel primatibus ipsius loci quæstionem fecerint, ut de eorum inimico faciant eis, rectitudinem, sicut superiùs dictum est; si satisfacere voluerint, rectitudinem accipient; quod si facere noluerint, homines Communiæ auxiliatores erunt faciendi vindictam de corpore & de pecuniâ ipsius, qui forefactum fecit, & hominum illius receptaculi, ubi eorum inimicus erit. Si mercator in istas villas venerit ad mercatum, & aliquis aliquid ei forefecerit infra leucam istarum villarum, si Jurati inde clamorem audierint, & mercator eum in istis villis invenerit, homines Communiæ ad vindictam faciendam super hoc rectè suam opinionem & auxilium præstabunt, nisi mercator ille de hostibus sæpedictæ Communiæ fuerit. Et si ad aliquod receptaculum ille adversarius perrexerit, & ipse mercator vel Jurati ad ipsum miserint; & hosti mercatori satisfecerit secundum judicium illorum qui Communiam servaverint, vel ostendere poterit forefactum illud se non fecisse, Communia sufficiet:

quòd si ille facere noluerit, si postmodum inter dictas villas capi poterit, de eo vindictam facient Jurati.

VIII. Nemo autem præter nos & Dapiferum nostrum & heredes defuncti Milonis, poterit conducere hominem in villas istas, qui forefactum fecerit homini qui hanc Communiam juraverit, nisi forefactum emendare venerit secundum judicium illorum qui hanc Communiam servaverint.

IX. Si Abbas Corbiensis adduxerit in istas villas ignoranter hominem, qui forefactum fecerit homini de istâ Communiâ; postquam sibi ostensum fuerit illum esse de hostibus Communiæ, nullo modo eum postea adducet, nisi de assensu illorum, quibus observanda Communia incumbit: & eâ vice eum reducere poterit. Pro illâ verò pecuniâ, quam homines hujus Communiæ crediderunt, postquàm hanc Communiam juraverunt, nullum hominem capient, nisi sit debitor, vel fidejussor.

X. Si extraneus homo panem vel vinum suum in istas villas causâ securitatis adduxerit, si postea inter dominum ejus & homines Communiæ discordia emerserit, quindecim dies habebit ille panem & vinum vendendi in eisdem villis, & defendendi nummos & aliam pecuniam suam; præter panem & vinum, nisi ille forefactum fecerit, vel fuerit cum eis qui forefactum fecerint. Nemo de villis prælibatis, qui hanc Communiam juraverint, credet pecuniam suam, vel commodabit hostibus Communiæ, quamdiu guerra duraverit. Et si quis probatus fuerit credidisse aliquid hostibus Communiæ, justitia de eo fiet ad judicium eorum qui Communiam servabunt. Si aliquando homines Communiæ contra hostes suos exierint, nullus de Communiâ loquatur cum hostibus Communiæ; nisi de licentiâ custodum Communiæ.

XI. Ad hæc; statuti homines jurabunt, quòd neminem propter amorem seu propter odium deportabunt vel gravabunt, & quòd rectum judicium facient secundum suam æstimationem. Omnes alii jurabunt, quòd iidem judicium, quod prædicti statuti super eos fecerint, patientur & concedent, nisi probare potuerint quòd de censu proprio persolvere nequirent.

XII. Universi homines inter villas supradictas commorantes, in cujuscumque terrâ morentur, Communiam jurent; qui verò jurare noluerit, illi qui juraverint, de domo ipsius & de pecuniâ facient justitiam. Si quis etiam de Communione aliquid forefecerit, & per Juratos emendare noluerit, homines Communiæ exinde justitiam facient. Si quis verò ad sonum pro Communiâ congregandâ factum non venerit, duodecim denariis emendabit.

XIII. Inter has autem consuetudines à patribus nostris concessas & indultas concedimus, ut nullus infra ambitum dictarum villarum aliquem possit capere, nisi Major & Jurati, quamdiu de eo facere justitiam voluerint. Et si aliquis de eâ Communiâ aliquid nobis forefecerit, oportebit ut nos in Curiâ beati Petri Corbiensis apud Vailliacum per Majores hujus Communiæ ad judicium eorum Juratorum justitiam capiamus, nec eos extra prædictam Curiam, vel placitare, vel chartam monstrare, compellere poterimus; nec cuiquam licebit ab aliquo vel ab aliquâ de Communiâ manum mortuam exigere.

XIV. Has itaque consuetudines prætaxatas, & quæ ab avo nostro eis concessæ fuerunt & confirmatæ, salvo jure nostro, & salvâ fidelitate nostrâ, & salvis conluetudinibus nostris & heredum Milonis defuncti, & Ecclesiæ Corbiensis, & Ecclesiarum & dominorum, qui in prædictis villis aliquid habent juris & consuetudinis, concedimus & confirmamus. Sciendum est quòd hæc Communia nobis annuatim debet centum solidos, & heredibus Milonis defuncti centum solidos. Quod ut ratum & inconcussam sortiatur perpetuam firmitatem; præsentem paginam sigilli nostri auctoritate, ac regii nominis karactere subtùs annotato communimus. Actum anno Incarnationis Domini M C L X X X V I I. regni nostri VIII.

Usus & consuetudines Tornacensis Communiæ à PHILIPPO II. Rege Francorum ordinatæ.

Anno MCLXXXVII.

IN nomine sanctæ & individuæ Trinitatis, Amen. PHILIPPUS Dei gratiâ Francorum Rex. Quoniam Regum interest ad ea quæ pacis sunt intendere, id quod in bono zelo gerimus, litterarum apicibus duximus annotandum, & vivacis scripti memoriæ commendandum. Noverint itaque universi præsentes pariter & futuri, quoniam Burgensibus nostris Tornacensibus pacis institutionem, & Communiam dedimus & concessimus ad eosdem usus & consuetudines, quas dicti Burgenses tenuerant ante institutionem Communiæ. Hæc autem sunt consuetudines.

I. Si quis aliquem hominem de Communiâ Tornacensi infra civitatem Tornaci vel extra occiderit, & captus fuerit, capite plectetur, & domus ejus, si aliquam habuerit diruetur, quidquid residuum habet interfector infra justitiam Communiæ Tornac. debet Communia habere, & si interfector evaserit, civitatem Tornac. intrare non poterit, quousque parentibus interfecti fuerit reconciliatus, & emendationem decem librarum Communiæ fecerit.

II. Si aliquis super alicujus morte fuerit accusatus, & per legitimos testes illum occidisse probari non poterit, judicio aquæ frigidæ innocentiam suam purgabit.

Si aliquis aliquem percusserit, & querimonia inde facta fuerit, quocumque modo eum percusserit, si constans fuerit, centum solidis emendabit, percusso XLVIII. Communiæ XLII. & si constans non fuerit, tertiâ manu se purgare debebit.

III. Si verò aliquis de nocte, sive de die armis insolutis aliquem vulneraverit, & vulneratus testes super hoc habuerit; percussor, decem libras dabit, centum solidos percusso, & centum solidos Communiæ; si autem testes non habuerit, & de die factum fuerit, septimâ manu se purgabit, si verò de nocte, judicio aquæ frigidæ.

IV. Si aliquis propter odium aut rancorem aliquem habuerit suspectum, & Præposito Communiæ hoc intimaverit, Præpositus ei securitatem fieri faciet juramento accepto ab eo; & si suspectus coram Præposito non fecerit securitatem, ipse & omnia sua in voluntate Communiæ debent remanere, & si nihil habuerit, inimicus erit civitatis.

V. Si aliquis extraneus, qui de Communiâ non fuerit, homini de Communiâ fecerit assultum, vicini sui eum juvare debent; quod nisi fecerint, Præpositus super eos clamare debet dedecus civitatis; & quidquid de eo fecerint, nullum debent adversus civitatem incurrere forisfactum.

VI. Si homo alii homini infra justitiam Communiæ fecerit assultum; Præpositus accedens utrimque pacem teneri jubebit, & si neuter eorum pacem tenere voluerit pro ipso, & hoc duobus Juratis, vel duobus hominibus de Communiâ constiterit, uterque decem libras dabit Communiæ. Similiter quilibet qui assultui intererit, & Præpositi præceptum non fecerit, emendationem decem librarum dabit Communiæ. Si verò Præposito in Legem villæ incedenti aliquis turpia fecerit, emendationem decem librarum ad opus Communiæ dabit.

VII. Si quis alicujus domum assilierit, & ille cui sit assultus assilientem, defendendo se, assultumque repellendo, occiderit, nihil super hoc emendabit Communiæ.

VIII. Si aliquis convicia dixerit alicui, & per testes legitimos fuerit convictus, quadraginta solidos dabit, contumeliam passo xviii. & Communiæ xxii.

IX. Si aliquis aliquem pulsaverit iracundè aut traxerit, & super hoc testibus convinci potuerit, quinquaginta solidorum faciet emendationem, tracto vel pulsato xxiii. Communiæ xxvii. Et si non fuerit convictus, tertiâ manu suam faciet purgationem. Qui per iram ensem super aliquem in villâ traxerit, si Præpositus de eo querimoniam faciens testes legitimos habuerit, quadraginta solidos de illo habebit Communia, & si Præpositus testes non habuerit, tertiâ manu se purgabit accusatus.

X. Si aliquis alicui ponens insidias, ipsum cœno vel luto involverit, Præpositus & Jurati veritate intellectâ à viris sive à feminis, ipsum ad solutionem decem librarum Communiæ compellent pro emendatione forisfacti, si convictus fuerit, & illas decem libras infrà quindecim dies persolvere, aut villam relinquere oportebit, & si villam interim intraverit & captus fuerit, uno membro truncabitur: ille autem cui hoc dedecus factum est, si voluerit querimoniam facere, poterit, & justitia fiet illi.

XI. Si vero aliquis alicui unum membrorum suorum abstulerit, & captus fuerit, tale corporis sui membrum amittet; si vero prius parentibus reconciliari potuerit, centum solidos Communiæ persolvet.

XII. In emendationibus forisfactorum habebunt Castellanus & Advocatus portionem suam *a* ad judicium Juratorum.

XIII. Si aliquis cum latrocinio in villâ captus fuerit, Communia de eo faciet justitiam. Qui vero per veram famam de latrocinio fuerit accusatus, per tres annos inbannitus villam relinquet, & si interim redierit, justitiam de eo Communia faciet.

XIV. Si aliquis puer aliquem puerum casu occiderit, considerationi Præpositi & Juratorum debet relinqui, utrum puer debeat solvere pœnas, aut immunis delicti remanere.

XV. Si homo Communiæ fuerit super falso convictus testimonio, Communiam debet amittere, quousque per voluntatem Præpositi & Juratorum possit eam sibi recuperare.

XVI. Si miles alicui civium Tornac. debito obligatus tenetur, & civis Præposito super hoc querimoniam fecerit, Præpositus militem ad diem citare debet, quòd justum de milite fecerit clamorem; & si super hoc duorum Juratorum habuerit testimonium, querelam suam adversùs militem obtinebit; & si testimonio caruerit, miles tertiâ manu militum se nihil ei debere juramento purgabit. Postquam autem civis clamorem suum obtinuerit; si miles infrà villam manens sit, Præpositus res ipsius militis pro debito ad opus civis debet saisire, & donec satisfecerit detinere: si verò extrà villam manserit, villæ communio ipsi debet interdici. Ex tunc autem civis ubicumque poterit de suo tantum accipiat, quod suum possit debitum recuperare. Si verò miles ad diem nominatum occasionem prætendens rationabilem, venire non poterit ad diem prænominatum, an-

te diem sibi præfixum suam excusationem Præposito insinuabit, à quo alius ei dies præfigetur, & post illum diem, tertius, ad quem, vel eum, vel pro eo responsalem venire oportebit. Præpositus autem militem infrà villam conducere poterit, quousque coram Juratis à cive ei inhibitum fuerit.

XVII. Si miles hominem feodatum in civitate habuerit, ipse homo eum in hospitio suo de jure recipere poterit, sed ei nec creditionem nec vicinagium faciet.

XVIII. Si fortè Castellanus, sive Advocatus, aut eorum servientes res civium violenter abstulerint, Præpositus eos ad diem citabit; si ad diem venire noluerint satisfacturi, Præpositus eorum res, quæ ad Communiam pertinent, saisire debet, quousque satisfactionem fecerint condignam.

XIX. Si quis Crucem, Dominicum visitaturus sepulcrum acceperit, occasione crucis non remanebit, quin eum oporteat jura civitatis & consuetudines observare secundùm omnes divitias suas, propter litas quas secum deferet ad servitium Dei.

XX. Quislibet homo legitimus de quâcumque terrâ fuerit, si in civitatem venerit, & ibi manere voluerit, licitum erit ei, ut consuetudines civitatis observet.

XXI. Nemo civium alium civem ad duellum provocare poterit.

XXII. Quicumque uxorem alicujus hominis infrà civitatem manentis abduxerit, inbannitus civitatem per septem annos relinquat; si postea reconciliatus redeat, res illius hominis quas cum muliere asportavit, ex integro ei restituat.

XXIII. Quicumque puellam vi oppresserit, si constans fuerit, per septem annos inbanniri debet, & si de voluntate ipsius & parentum suorum eam uxorem ducere voluerit, ei liceat.

XXIV. Quicumque hominem occiderit, & ad Ecclesiam confugerit, Ecclesia ei garandiam conferre non poterit.

XXV. Quicumque fecerit injuriam in aquâ Tornac. viæ ipsius aquæ catenâ debent recludi, quousque injuria fuerit emendata.

XXVI. Cum Præpositus & Jurati, & cæteri homines Communiæ propter negotia civitatis per civitatem ierint, quicumque alicui eorum convicia dixerit, & convictus fuerit, quadraginta solidis illud Communiæ emendabit. Ille verò cui convicium dictum est si clamorem fecerit, justitia fiet ei.

XXVII. Emendationes forisfactorum de Communiâ debent custodire per annum quatuor Jurati, & quatuor qui nec sint Jurati nec Scabini, super hoc sacramentum facientes, & utraque pars suum habeat clericum. Illos verò qui nec Jurati sunt nec Scabini, eligant homines de Communiâ; Juratos instituant Jurati.

XXVIII. In Communiâ Tornac. debent haberi triginta Jurati, de quibus duo erunt Præpositi; & cum unus, vel duo, vel plures ex illis triginta decesserint, superstites Jurati numerum de aliis suppleant supradictum.

XXIX. Charitatem beati Christophori, & calidos furnos, & excubias debent custodire quinque homines legitimi, qui nec Scabini, nec Jurati, & duo Scabini, quorum alter citrà aquam, reliquus ultrà aquam esse debet, & quidam Præpositus qui de triginta Juratis erit assumptus. Prædicti quoque homines legitimi jurare debent, quòd de emendationibus charitatis, calidorum furnorum & excubiarum ultrà quinque solidos non expendent, nisi ad usus villæ communes, & isti quinque emendatio-

a propter] An *præter*?

nos, & eorum scripta debent custodire.

XXX. Si tallia debeat in villâ fieri ultrà quadraginta libras, secundùm valentiam cujusque hominis quam habet, accipi debet id quod excedit quadringentas libras; si summa talliæ non excedit quadringentas libras, ad arbitrium proborum hominum villæ imponetur. Hanc autem talliam colligere debent legitimi viri parrochiarum, qui nec sint Scabini nec Jurati, & cum eis sex jurati, & sint in parrochiâ & omnes similiter parrochiæ Scabini. Numerus autem colligentium talliam, scilicet, inter legitimos homines & Scabinos & Juratos, debent esse viginti, de quâlibet parrochiâ quatuor homines, qui nec sint Scabini nec Jurati, debent talliam custodire.

XXXI. Homines de parrochiâ sancti Bricii debent esse de Communiâ Tornac. & de consuetudinibus Tornaci, exceptis hominibus de Brolio, & de Rolmegines.

Has itaque præhominatas consuetudines; & si quas alias oblivioso omisimus, quas Tornacenses habere soleant & debeant, ipsis in perpetuum inviolabiliter & in pace observandas, sicuti hucusque dignoscuntur observasse, concedimus ad recordationem Juratorum, salvo jure Ecclesiarum, Castellani, & Advocati, & Dominorum Monetæ & *Maeria*, & nobilium virorum circummanentium, & easdem eis per Droconem de Vilon militem nostrum assecurari fecimus. Propter hoc autem quotiescumque servientes Communiarum nostrarum in nostrum mittemus servitium, homines de Torcano mittent in nostrum servitium trecentos pedites bene armatos, si Præcepto nostro vel successorum nostrorum Regum Franciæ fuerint inde requisiti.

Si verò versus Artesiam cum exercitu venerimus nos vel successores nostri, tota Communia Tornaci usque ad eumdem locum, vel usque ad æque remotum locum citrà Tornacum nobis occurrere debet, si absque impedimento illuc usque potuerit pervenire; & hoc servitium nobis faciendo homines Tornaci erunt quitti & liberi ab omnibus aliis consuetudinibus à nobis & heredibus nostris Regibus Franciæ & nos eos in jure suo adjuvare tenebimur.

XXXII. Præterea eisdem hominibus concessimus, ut campanam habeant in civitate in loco idoneo ad pulsandum ad voluntatem eorundem pro negotiis villæ.

Quæ omnia ut rata permaneant & inconcussa, præsentem chartam &c. præcipimus confirmari. Actum Parisius anno Domini M. c. lxxx. vii. Regni ix. Adstantibus &c. Data Vacante Cancellariâ.

Anno MCLXXXVIII.

PHILIPPUS *Flandriæ & Viromandensis Comes confirmat leges & consuetudines Amicitiæ Ariensium in Artesiâ.*

IN nomine Patris, & Filii, & Spiritûs sancti. Ego PHILIPPUS Flandriæ & Veromandiæ Comes præsentibus & futuris. Peregrinaturi ob terram sanctam, in quâ nos Filius Dei pretio sanguinis sui de potestate diaboli liberavit; ministerio nostro si dignabitur, sed virtute suâ ab immundâ gente liberandam; dignum duximus hominibus terræ nostræ libertatem & immunitatem, quam eis antecessores nostri retro Principes indulserunt, eisdem subservare & confirmare. Super hac igitur re adeuntibus nos burgensibus Ariæ ut legibus & consuetudinibus approbatis libere uterentur, quas ob injurias hominum perversorum propulsandas illustris Comes Robertus, & Clementia Comitissa, & Carolus Comes, & Guillelmus successor ejus, & piæ memoriæ Theoderi-

cus Comes pater meus eis indulserant: Nos quoque eisdem, ut pote quos erga nos devotiores æstimamus, easdem leges vel consuetudines tenendas & observandas libentissimè indulgemus.

I. In amicitiâ igitur sunt duodecim selecti Judices, qui fide & juramento firmaverunt, quoniam in judicio non accipient personam pauperis, vel divitis, nobilis vel ignobilis, proximi vel extranei. Omnes autem ad amicitiam pertinentes villæ, per fidem & sacramentum firmaverunt, quòd unus subveniet alteri tamquam fratri suo in utili & honesto.

II. Quòd si unus in alium aliquid admiserit verbo vel facto suâ illius qui læditur culpâ, non accipiet ultionem per se vel per suos qui læsus est; sed apud Præfectum domini Comitis conqueretur, si negotium ad eum attinet, ne domino Comiti jus suum depereat; & reus arbitrio duodecim Judicum selectorum admissum emendabit.

III. Et si unus in alium aliquid admiserit verbo vel damno, similiter non accipiet ultionem per se vel per suos qui læsus est, sed apud Præfectum amicitiæ conqueretur, si negotium ad eum attinet, & reus arbitrio duodecim Judicum selectorum admissum emendabit: Quod quidem arbitrium si lædens, vel læsus, sequi tertiò admonitus noluerit, ipse & qui eum in hac pertinaciâ foverit, reus & perjurus contrà utile & honestum amicitiæ quòd juraverat vadens, ab amicitiâ communi ejicietur, & amicitiæ in tribus libris nummorum condemnabitur, reliquum substantiæ ejus domini Comitis & Castellani erit.

IV. De turpi convicio quinque solidos Præfecto Amicitiæ, & amico contumeliato infrà octo dies dabit; quòd si primam hebdomadam illos quinque solidos non solvens neglexerit, in secundâ hebdomadâ duplicabit; in tertiâ verò septimanâ triplicabit; si autem hoc totum transgressus fuerit, reus & perjurus ab amicitiâ pelletur, & de suâ substantiâ tres libras habebit communiter Amicitia, & totum quod erit residuum Comes & Castellanus.

V. Quòd si aliquis suum conjuratum occiderit, infrà quadraginta dies nullus amicorum mortui, nisi eo præsente interfectus fuerit, potest de eo ultionem accipere, vel eum qui interfecit de Amicitiâ pellere; sed nisi infrà quadraginta dies secundùm judicium selectorum Judicum mortem amici emendaverit, & nisi parentibus satisfecerit, ab amicitiâ pelletur reus & perjurus, & de rebus illius tres libras habebit communiter Amicitia, & totum quod remanet Comes & Castellanus: Et si duodecim judicaverint, per Comitem & Castellanum domus illius diruetur; si verò amici mortui emendationem judicatam nolunt accipere, eidem subjacebunt culpæ, quòd tres libras dabunt, & de Amicitiâ pellentur.

VI. Quòd si aliquis de Amicitiâ res suas perdiderit, vel per furtum vel per rapinam, & ipse certa vestigia de re perditâ invenerit, ad Amicitiæ Præfectum querimoniam faciet, qui convocatis villæ amicis rem perditam investigabit itinere unius diei in eundo & redeundo; qui autem ire neglexerit, quinque solidos Amicitiæ infrà hebdomadam dabit.

VII. Si autem ille qui non fuerit de Amicitiâ aliquid homini de Amicitiâ abstulerit, Præfectus Amicitiæ auditâ quærimoniâ, adhibitis testibus, conveniet eum qui abstulit, & si non composuerit cum illo cui rem abstulit, res villæ venalis ei interdicetur.

VIII. Milites autem & Vavassores de Amicitiâ existentes, qui tallias & exactiones villæ per suggestionem Præfecti Amicitiæ solvere noluerint, si amico suo aliquid abstulerint, tamquam extranei eidem subjacebunt damno, quòd res venalis villæ eis interdicetur. Et quicumque post bannum factum eis aliquid vendiderit, vel ab eis emerit, aut in hospitio receperit; si per duos de amicis inde convinci poterit, quinque solidos Amicitiæ communiter dabit, & amico suo restituet. Hæc est lex universalis de omnibus quæ auferentur.

IX. Quòd si quis, qui non est de Amicitiâ turbâ patentum fretus, homini de Amicitiâ injuriam in verbo vel facto fecerit, ille ad Amicitiæ Præfectum conqueretur, & nisi culpabilis ad honorem illius in quem peccavit emendaverit, & emendationem arbitrio duodecim Judicum selectorum Præfecto Comitis & Amicitiæ solverit, res venalis villæ ei interdicetur, donec ei se composuerit; & si quis post bannum factum ei aliquid vendiderit, vel ab eo emerit, & inde convinci poterit, Amicitiæ communiter quinque solidos infrà octo dies dabit.

X. Si verò tumultus in villâ evenerit, qui de Amicitia est & ad tumultum auditum non venerit, & auxilium non feret pleno corde prout tempus dictaverit, Amicitiæ communitati quinque solidos infrà octo dies dabit.

XI. Si verò homo qui non est de Amicitia amicum villæ vulneravit, vel etiam occiderit, & de villâ fugerit & capi non potuerit, quandocumque sive post annum, sive post duos, vel tres annos, aut plures, ab amicis villæ poterit teneri, statim Præfecto Comitis præsentetur, ipsis graviter conquerentibus, & unâ voce deprecantibus, ut secundùm arbitrium Judicum selectorum ultionem de eo faciat. Et si fortè enim occiderint, nullum forisfactum ab eis Comes exigere poterit; & si quis ad capiendum illum se subtraxerit, Amicitiæ viginti solidos infrà octo dies dabit, & quadraginta solidos Comiti & Castellano.

XII. Omnis qui ad forum villæ venerit, nisi sit homicida de amicis villæ, pro honore Comitis, & pro utilitate villæ salvus eundo & redeundo in die fori, si inducias à Præfecto Comitis & Præfecto Amicitiæ postulaverit. Homicida verò de amicis villæ ad forum veniens, statim sicut suprà dictum est capiatur, & Præfecto Comitis præsentetur, & qui se subtraxerit, viginti solidos de rebus suis Amicitia communiter habebit, & quadraginta solidos Comes & Castellanus.

XIII. Clerici non cogentur inferre ultionem, nisi de debitis.

XIV. Si verò alicui domus sua combusta fuerit, vel aliquis captus se redimendo attenuatus fuerit, unusquisque pauperato amico nummum unum in auxilium dabit.

XV. Præterea sciendum est, quòd lex Amicitiæ jus Comitis non destruit, nec amicitiæ legem delet jus Comitis; nam quocumque modo amicus in amicum forisfaciens se composuerit, si contumelia to amico visum fuerit, ab Amicitiæ lege suam emendationem habebit.

XVI. Has igitur leges & consuetudines Amicitiæ Ariensium, & si quid meliorari potest consilio duodecim Judicum selectorum ad honorem & utilitatem totius villæ, salvâ fidelitate Comitis, sicut antecessores nostri concesserunt & confirmaverunt, nos quoque eis concedimus, & sigilli nostri appensione confirmamus.

XVII. Præterea terram illam pascualem, quæ est inter Belti & Lambres, quam prædicti Burgenses à domino Roberto Comite & Clementia Comitissâ prece & pretio sicut eorum scripto edocemur, obtinuerunt, eisdem Burgensibus nostris in perpetuum liberam & immunem in communem possessionem confirmamus.

Actum est hoc anno Domini M. C. LXXXVIII. apud Ariam sub his testibus. Signum Gerardi Brugensis Præpositi, Sig. Gerardi Insulensis Præpositi, Sig. Roberti Betuniensis Advocati, Sig. Joannis Insulensis Castellani, Sig. Willelmi Audomarensis Castellani, Sig. Gilleberti Bergensis Castellani, Sig. Rassonis de Gavera, Sig. Baldevini de Ariâ, Sig. Gilleberti de Ariâ, Sig. Renaldi de Ariâ, Sig. Balduini Flael.

PHILIPPUS II. Rex Francorum quæ usurpârat Regalia Eduensis Ecclesiæ restituit.

Anno MCLXXXIX.

PHILIPPUS, &c. Noverint universi præsentes pariter & futuri, quoniam legitimorum hominum testimonio Lugdunensis Ecclesiæ jus esse didicimus, ut quoties Eduensis sedes vacaverit, toties Lugdunensis Archiepiscopus, & Regalia nostra Eduensia, & alia quæ ad Episcopatum Eduensem pertinent in manu suâ habeat: & versâ vice quoties Lugdunensem sedem vacare contigerit, toties Episcopus Eduensis in manu suâ habeat & custodiat universa ad Archiepiscopatum Lugdunensem pertinentia. Quocircà quoniam jura harum Ecclesiarum volumus & debemus immutilata conservare, decrevimus ac præcepimus quatinùs utraque Ecclesia jus suum integrè habeat sicut prædictum est, & sicut ex legitimorum hominum testimonio didicimus; ita videlicet quòd Ecclesiarum non cedat ad præjudicium id quod Regalia Episcopatûs Eduensis ignorantiâ occupavimus post decessum Stephani Eduensis Episcopi. Unde fideli nostro Joanni tunc Archiepiscopo Lugdunensi regalia ipsa restituimus, & per ipsum successoribus suis, ipso Episcopatu vacante, in perpetuum habenda cessimus.

Quod ut perpetuum robur obtineat, præsentem paginam sigilli nostri auctoritate & Regii nominis charactere inferius annotato præcepimus confirmari. Actum Parisius anno ab Incarnatione Domini millesimo centesimo octuagesimo nono, regni nostri anno decimo, adstantibus in palatio nostro quorum nomina supposita sunt & signa.

Signum Comitis Theobaldi Dapiferi nostri,
Signum Guidonis Buticularii,
Signum Matthæi Camerarii,
Signum Radulfi Constabularii. Data vacante Cancellariâ.

RAIMUNDUS Tolosan. Comes approbat ea, quæ BERTRANDUS professionem Monast. amplectens tradidit Abbatiæ S. Andreæ Avenionensis.

Anno MCLXXXIX.

NOtum sit omnibus hominibus tam præsentibus quàm futuris, quòd Nos R. Dei gratiâ Comes Tolosanensis, Dux Narbonensis, Marchio Provinciæ donamus, concedimus, & cum hac chartâ in perpetuum per nos & successores nostros tradimus tibi Guillelmo Monasterii S. Andreæ Abbati, & successoribus tuis Bertrandum Jordanum filium Bertrandi Jordani pro Monacho, & omnia jura & dominationes quas Bertrandus Jordani habebat vel habere debebat in castro de Podio-alto, & in toto tenemento ipsius castri in aquâ sive in terrâ, & dominationes omnibus Jordanensibus & omni tenemento eorum, salvo tamen albergo & cavalgadâ, & omne hominium quod Jordanenses, nobis facere debent, de cætero tibi faciant & succefforibus tuis. Et ego præfatus Guillelmus Abbas ob hanc dominationem mihi à vobis domino meo R. Comite datam & conceffam, quingentos solidos Raimundensium dono.

Acta & completa sunt hæc anno ab Incarnatione Domini MCLXXXIX. mense Junii, feriâ quintâ, regnante Philippo Rege Francorum, in villâ S. Ægidii. Hujus recognitionis sunt testes Elisiardus de Avinione, & Amelius de Podio-alto, Bertrandus de Montilio, & Raimudus de Monte-bruno, & Petrus Fulcodii & Bertrandus Riperti, Petrus Bermundus Monachus, & Raimundus de sancto Victorio, & Bernardus de Liris, & Petrus Raïmundi domini Tolosani Notarius, & Elias qui chartam scripsit, & Bernardus Guillelmi & Gaufredus de Cerviano, & Raimundus de Ulcescia.

Dotalitium ob matrimonium inter GUILLELMUM *Montispessulani &* TITBURGAM *filiam* RAIMUNDI *Atonis.*

Anno Dominicæ Incarnationis MCLXXXXI. mense Junio, ego ADEMARUS de Muro veteri per stipulationem cum hac chartâ promitto tibi Guillelmo Domino Montispessulani, filio quondam Mathildis Ducissæ, quòd ego collocabo in matrimonium Guillelmo filio tuo domino Montispessulani, neptem meam Titburgam filiam quondam majorem Raimundi Atonis, olim filii mei, & cum eâ do & trado tibi Guillelmo domino Montispessulani, nomine filii tui, in dotem omnia omninò quæcumque Raimbaldus de Aurengâ, vel pater ejus Guillelmus de Omelacio per se vel per alios habuerunt & tenuerunt, vel habere debuerunt vel potuerunt in toto Episcopatu Biterrensi, & in toto Episcopatu Lodovensi, & in toto Episcopatu Agathensi, & in toto Episcopatu Magalonensi, scilicet castrum de Omelacio cum omni dominio ejus, & dominatione, & & districtione, & hominiis, & satisdationibus & firmantiis, & justitiis, feodis, feualibus hominibus, feminis, quartis, usaticis, albergis, aquis, pascuis, ripariis, nemoribus, garricis, cascivis, dervesis, mansis & mansuris, appennariis, voltis, quæstis, castris, villis, campis, vineis, molendinis, cultis & incultis, hermis & condictis, fortiis & munitionibus, domibus estaribus; & cum omnibus aliis quæcumque ad dictum castrum de Omelacio pertinere debent, seu unquam pertinuerunt, vel pertinere potuerunt ad ipsum Raimbaldum, vel ad patrem ejus, per se, vel per alios.

Insuper omnia quæcumque Raimbaldus de Aurengâ, vel pater ejus habuerunt & tenuerunt per se vel per alios in toto castro de Popiano, & in ejus terminio; & in toto castro de Mazernis, & in ejus terminio; & in toto castro de sancto Pontio, & in in ejus terminio; & in toto castro de Pogero, & in ejus terminio; & in toto castro de monte Arnaldo, & in ejus terminio; & in toto castro de Piniano, & in ejus terminio; & in toto castro de Cornone sicco, & in ejus terminio; & in toto castro de Montebaseno, & in ejus terminio; & in toto castro de Frontiniano, & in ejus terminio; & in totâ Forcin-vallis, & in totâ ipsâ valle, & in eorum terminiis; & in totâ villâ S. Paragorii, & in ejus terminio; & in totâ villâ de Vindemiano, & in ejus terminio; & in totâ villâ sancti Amantii, & in ejus terminio; & in totâ villâ de Muro-veteri, & in ejus terminio; & in totâ villâ sancti Georgii, & in ejus terminio.

Hæc omnia suprascripta do & trado tibi Guillelmo domino Montispessulani, nomine filii tui in dotem, & generaliter universa superiùs nominatim expressa & dicta, & omnia alia quæcumque Raimbaldus de Aurengâ, vel pater ejus Guillelmus de Omelacio per se vel per alios habuerunt vel tenuerunt, vel visi sunt habuisse & tenuisse in suprascriptis Episcopatibus.

Hæc omnia superiùs nominatim expressa, vel generaliter dicta, eâ lege & pacto in dotem do & trado tibi Guillelmo Domino Montispessulani nomine filii tui cum dictâ Titburgâ nepte meâ, quòd manente matrimonio dictus Guillelmus filius tuus Dominus Montispessulani habeat & teneat, & fructus exinde exeuntes suos proprios faciat, & percipiat; & mortuâ prædictâ Titburgâ habeat & teneat in totâ vitâ suâ, & post obitum ejus ad communes liberos revertatur: sin autem, ad eum cui ipsa dimiserit revertatur. Et si fortè contigerit Titburgam neptem meam ante contractum matrimonium præmori, eâdem lege & pacto, & dote & modo filius tuus Dominus Guillelmus Dominus Montispessulani habebit & accipiet in uxorem neptem meam minorem Sibyllam, filiam quondam ipsius Raimundi Atonis filii mei. Et si fortè filius tuus Guillelmus Dominus Montispessulani ante contractum matrimonium moreretur, eâdem lege & pacto, & dote, & modo filius tuus secundus, qui Dominus fuerit Montispessulani, habebit & ducet in uxorem neptem meam majorem Titburgam præscriptam, vel aliam sororem suam Sibyllam, si Titburga mortua fuerit.

Sed si culpâ tui Guillelmi Domini Montispessulani, vel filii tui, contigerit, quòd supradictum matrimonium non contrahatur, vel contractum dissolvatur, debes perdere decem millia solidorum Melgorensium de illâ pecuniâ, pro quâ haberes præfatas res obligatas. Similiter si culpâ mei, vel neptis meæ primæ vel secundæ prædictum matrimonium non contraheretur, vel contractum dissolveretur, suprà totum honorem prædictum & super omnia supradicta laudo & concedo tibi Guillelmo Domino Montispessulani & filio tuo alios x. millia sol. Melgorien.

Item per stipulationem firmiter expromitto tibi Guillelmo domino Montispessulani, & filio tuo, quòd quando Sibylla neptis mea minor fuerit nubilis ætatis, curabo & faciam quòd ipsa hæc omnia laudabit, & jurabit corporaliter tactis sacro-sanctis Evangeliis, & cum Chartâ remittet & sine retentione solvet ad vestram vestrorumque notitiam, & inde obligo me vobis, & omnia bona & jura mea.

Sed est sciendum, quòd Stephanus de Cerviano debet tenere & fideliter custodire Sibyllam neptem meam, donec fuerit facta viripotens, & laudet & jure præfato modo se omnia ista observaturam, & tempore matrimonii jure sponsaliciæ largitatis Titburga vel Sibylla habeat Castrum-novum, & Balnea Montispessulani: & si Sibylla memorato modo nollet laudare, jurare, solvere, & remittere, aut si fortè rapta, vel furata, vel à se ipsâ subtracta fuerit, vel si quocumque modo alicui se copulaverit in matrimonium sine consilio & assensu nepotum meorum, Stephani de Cerviano, & Bernardi de Menerba ante laudationem, sacramentum, solutionem, & remissionem, eam penitùs à bonis meis omnibus exheredo.

Item ego ipse Ademarus de Muro-Veteri, eâdem lege & pacto, & modo qui superiùs continetur, de aliis rebus suprascriptis, do & trado tibi Guillelmo domino Montispessulani, nomine filii tui, in dotem totum castrum de Poallano, cum omnibus suis pertinentiis, & cum omni dominio & dominatione suâ, & cum omnibus quæ ad jus & dominationem castri pertinent, vel pertinere debent.

Hæc omnia suprascripta sicut pleniùs continentur, bonâ fide & sine omni dolo, Ego Ademarus de Muro-Veteri tenebo, & observabo ad vestram vestrorumque notitiam & commonitionem, nec aliquid istorum mutabo vel infringam per me, vel per alium. Sic Deus me adjuvet & hæc sancta Dei Evangelia.

Et ego Guillelmus dominus Montispessulani hæc omnia suprascripta laudo, & in perpetuum confirmo, & ita totum firmiter tenebo & observabo, & à filio meo Domino Montispessulani teneri & observari faciam sine omni dolo. Sic Deus me adjuvet & hæc sancta Dei Evangelia. Et hanc dotem nomine filii mei recipio, & sponsaliciam largitatem constituo dictæ Titburgæ vel Sibyllæ, sicut superiùs plenariè continetur.

Pro his omnibus observandis ex parte Ademari de Muro veteri sunt fidejussores & debitores, & hostatici per sacramentum, Stephanus de Cerviano, Bernardus de Menerba, Guillermus Ermengavus de Fozillon, P. Raimundus de Salviano, Ademarus de Monte-maurel.

Et ex parte Domini Guillelmi Montispessulani similiter per sacramentum, Guillelmus de Mesoâ, Guillelmus de Abbaterâ, Rostagnus de Montarbezon, R. de Centrairanicis, Daude Lagot, Ermengavus de Piniano, R. de Piniano & Michael de Latir.

Acta sunt hæc in cœmeterio Canonicorum de Magalona. Horum omnium testes sunt, R. de Montepessulano,

G. Segnorel,	G. Malcauzet,
B. Salera Monachi Grandis-sylvæ,	P. de Vallato,
	R. Eguezerius,
Guido de Ventatorio Prior S. Firmii,	Pontius de Barut,
	Durantius Noüelas,
B. de Buada,	P. Andreæ,
Olricus,	Joseph Bonafos,
Gitbertus,	R. de Corbessas,
Michaël,	Stephanus Guarinus,
G. Eldini,	Ricardus de Rodes,
Julianus,	Daude de Columbio,
B. de Frontiniano,	G. Melgor,
Ferrerius,	B. Bergonon,
P. Calvet Canonici,	Joseph de Soregio,
R. Lamberti,	Stephanus Bermundus,
Stephanus de Concas,	Pontius Mancip,
Stephanus de Porta,	G. Pellicius,
G. Petri,	G. de Hospitali,
Magister Guido P. Luciani,	P. Ægidius,
	G. Noüelas,
B. Glera,	Bertrandus Arberti,
R. de Moreze,	P. Pontius,
Pontius de Montarbedon,	Et Guillelmus Raimundi Notarius qui hæc scripsit.
G. frater ejus,	

An. MCXCIV. *Fundatio Monasterii B. MARIÆ de Sylva regali diœc. Arelatensis, Ord. Cist.*

SIt notum cunctis præsentibus & futuris; quòd ego ILDEFONSUS Dei gratiâ Rex Arragonum, Comes Barcenoniæ, & Marchio Provinciæ, pietatis intuitu, & remedio animæ meæ & parentum meorum, per me, & per meos omnes successores in perpetuum dono, concedo, & præsenti scripto roboro, & auctorizando confirmo Domino Deo, & Monasterio Cisterciensi, & tibi Stephano Abbati, & Petro Priori, cæterisque Monachis, totique Conventui præsenti & futuro, totam sylvam de Albarono

ad ædificandum ibi Monasterium Monachale in honorem Beatæ MARIÆ semper Virginis, cum omnibus terris, & pertinentiis suis, cum omnibus directis & juribus nostris, quæ ibi habeo vel habere debeo, taliter quòd vos dicti Monachi præsentes & futuri per infinita sæcula, dictam sylvam francam, liberam, immunem, cum pascuis, aquis, venationibus, laborationibus, & omnibus arboribus diversi generis, & cum omnibus illis quæcumque ad usum & servitium hominis utuntur, vel uti possunt, tam in terrâ, quàm in mari, tam in aquis dulcibus, quàm in salsis habeatis, teneatis, possideatis, & expletetis vos & omnes successores vestri in perpetuum & proprium alodium, & libertatem; ita tamen quod in generali Conventu vestro singulis diebus in Sacro-sanctis mysteriis quæ celebraveritis, propriam pro animâ meâ, & parentum meorum solvatis orationem in perpetuum, tam in vitâ, quàm in morte: auditò autem decessu mei, unusquisque Sacerdos per se triginta Missas celebret, & singulis annis in anniversario meo singuli tres Missas; & si in prædictâ donatione naufragium evenerit, illud solvo & relaxo. Retineo autem in prædictâ donatione mihi & successoribus meis, quòd si nobis fusta fuerit necessaria pro constituendis & ædificandis domibus, lignis seu ingeniis, seu pro aliis ingeniis nostris, habeamus inde fustam, & possimus eam inde extrahere, cum vobis sigillo nostro & proprio nuntio nostro significaverimus. Ut autem Donatio firma, stabilis, & quieta per me & successores meos vobis præsentibus, & futuris in perpetuum liberè permaneat, Ego Ildefonsus manu meâ signo, confirmo, & cereo signo sigillo meo signari mando.

Ego autem Stephanus Dei gratiâ Abbas, & Petrus Prior & totus Conventus noster accipimus vos Dominum Ildefonsum Regem participem omnium beneficiorum nostrorum, & convenimus vobis singulis diebus pro animâ vestrâ tam in vitâ quàm in morte in perpetuum, & pro animâ parentum vestrorum, propriam in Sacro-sanctis mysteriis solvere orationem : auditò autem decessu vestro, convenimus vobis quòd unusquisque Sacerdos illâ die pro salute animæ vestræ triginta celebret Missas; & unoquoque anno in die anniversarii vestri unusquisque Sacerdos tres celebrabit Missas. Quod est actum primâ die Martii anno Dominicæ Incarnationis Millesimo Centesimo Nonagesimo quarto, & in Civitate Arelatensi scriptum.

Signum Ildefonsi Regis Arragonum, Comitis Barcenoniæ, & Marchionis Provinciæ. Testes hujus donationis sunt Berengarius de Porcellâ, Assalitus & G. Arbanes Procuratores in Provinciâ; P. de Altalono; Pontius de Brugeris Bajulus; Joannes de Arcazonâ Bajulus in Aquis; B. Prior S. Sepulcri & Domini Regis Capellanus; G. Bernardi de Aquis; Frater B. Eleemosynarius; Frater P. Isnardus Monachus; Giraldus Conversus.

An. MCXCIV. *Sacramentum fidelitatis à GUILLELMO Montispessulani domino, factum RAYMUNDO Comiti Tolosano.*

IN nomine Domini nostri JESU-CHRISTI, anno Dominicæ Incarnationis ejusdem millesimo centesimo nonagesimo quarto, & quarto Kal. Junii; Ego Guillelmus Montispessulani dominus, filius quondam Mathildis Ducissæ, bonâ fide & sine dolo & fraude, & aliquo malo ingenio, juro tibi Domino nostro R. Comiti Tolosano & Melgori, Faiditæ Comitissæ filio, super sancta quatuor Evangelia, vitam tuam, membra tua, terram tuam, homines tuos, ut de cætero inantea non te occidam, nec occidere faciam, vel permittam, vel machinem; non te capiam, non te decipiam, non te defraudam, nec capere, nec decipere, nec defraudare ullo modo faciam, permittam, vel machinem. Juro tibi fidem, fidelitatem bonam, incorruptam, inviolatam tibi servare. Juro tibi quod aliquis tuorum inimicorum de cætero inantea, auxilium, opem, refugium, manutenentiam quicumque sit inimicus ille, sive homo, sive femina, à me, vel à terrâ meâ, seu ab hominibus meis, ad damna seu injurias contra te, Reverende Domine mi prædicte Comes, inferenda, vel contrà homines tuos, vel contrà terram tuam, aliquo modo non habebit. Juro tibi quòd de cætero inantea usaticum, pedaticum, gardaticum non capiam, nec capere faciam vel permittam in toto Sustancione, exceptis usaticis antiquis, sicut in chartis continetur de pedaticis compositis. Et juro tibi quòd si aliquis homo vel femina aliquid ibi caperet præter usatica vetera, ero tibi domino Comiti inde fidelis adjutor & amicus, donec ille desistat, & guerra quæ inde orta esset componeretur. Hæc omnia juro tibi, & sacramento promitto integrè me servaturum, & contra sacramentum istud me non venturum.

Et ego R. Comes prædictus hæc omnia superiùs scripta sub eâdem formâ, sub eâdem lege, sub eodem pacto & in eodem loco tibi juro super quatuor Evangelia, & me in integrum servaturum promitto tibi Montispessulani domino.

Facta sunt præsente domino R. Lodevensi Episcopo, G. R. Magalonensi Episcopo, R. Agatensi Episcopo, Singon. Magalonensi Præposito, B. de Andusia, S. de Sabrano, R. Rascatio, R. de Barth. R. de Bonciro, B. de Mlins......, P. de Agangis, R. de Arsaz, Draconeto de Bocairano, R. de Sambrano, P. Fulcodia Causidico, B. Radulfo & Bernardo Luspio; & ego Petrus Sevenerius Domini Comitis Notarius, qui præsens utriusque partis mandato scripsi & signavi chartam istam.

Sententia divortii facti inter GALCHERUM *de Salinis & M. de Borbonio Consanguineos.*

GALTERUS Eduensis, GARNERIUS Trecensis Dei gratiâ Episcopi, &...... Abbas Monasterii in Argona, Omnibus ad quos litteræ istæ pervenerint in Domino salutem. Noverit universitas vestra quòd Dominus Papa nobis scripsit in hunc modum.

CELESTINUS Episcopus servus servorum Dei, Venerabilibus Fratribus G. Eduensi, G. Trecensi Episcopis & dilecto filio........ Abbati Monasterii in Argonâ, salutem & Apostolicam benedictionem. Cum ex assumpto regiminis universalis officio, de salute gregis sollicitudini nostræ commissi curam omnimodam gerere teneamur, circà matrimonia tantò magis cautos & sollicitos nos esse convenit, quantò ex ipsis si indiscretè agantur majora pericula proveniunt animabus, si vel illi videlicet quos Deus conjunxit, per hominem minùs rationabiliter separantur, vel invicem cohabitare sinantur, quos contrà Deum esse constat ab homine copulatos. Significantibus autem consanguineis dilectæ in Christo filiæ nobilis mulieris Mᵃ dominæ de Borbonio ad nostram noveritis audientiam pervenisse, quòd nobilis vir Galcherus de Salinis, dictus vir ejus, ipsam in eâ lineâ consanguinitatis attingit, infrà quam nec matrimonium contrahi potest, nec contractum subsistere secundum sacrorum Canonum instituta. Quoniam igitur nobis non constitit de substantiâ veritatis, discretioni vestræ per Apostolica scripta præcipiendo

mandamus, quatinus evocatis ad vestram præsentiam qui fuerint evocandi, & inquisitâ super præmissis diligentiùs veritate, quod canonicum fuerit non obstante super principali seu etiam incidenti quæstione contradictionis vel appellationis obstaculo, statuatis, & faciatis quidquid exinde duxeritis statuendum per censuram Ecclesiasticam firmiter observari; provisuri auctoritate nostrâ ut sic eidem mulieri favorabiliter assistatis, ne in jure suo aliquod sustineat detrimentum. Verùm quia ipsa, sicut accepimus, quondam fuit ab eodem G. arctæ custodiæ deputata, & ob hoc de periculo proprii corporis sibi timens, ad suos de novo consanguineos liberata confugit, volumus & præsentium vobis auctoritate mandamus, firmiterque præcipimus, ut ne rursùs lite pendente periculum idem incurrat, eam omni contradictione & appellatione remotâ, tutelæ venerabilis fratris nostri V. Remensis Archiepiscopi sanctæ Sabinæ Cardinalis, Apostolicæ Sedis Legati, sine dilatione aut difficultate aliquâ auctoritate Apostolicâ committamus, nec prædicto viro aliquatenùs restitui permittatis, donec causa ipsa fuerit sine canonico terminata, illos per censuram Ecclesiasticam punientes, qui contrà duxerint veniendum. Si qua verò partium legitimè citata, præsentiam vestram adire, vel judicio vestro parere noluerit, vos in eâdem causâ nihilominùs appellatione cessante prout ratio dictaverit procedatis.

Cæterùm quia sicut nobis est intimatum, venerabilis frater noster Henricus Bituricensis Archiepiscopus in ipsam excommunicationis sententiam promulgavit, volumus ut ab eâ juxtà formam Ecclesiæ sufficienti cautione receptâ, quòd coram vobis debeat juri parere, ipsam auctoritate nostrâ sublato appellationis remedio absolvatis.

Quòd si post iter ab hujus negotii Procuratoribus ad nos arreptum, quidquam contrà prædictam mulierem attentatum temerè fuerit aut mutatum ante litis ingressum, in statum pristinum appellatione postpositâ reducatis, eos qui nominati fuerint ut testimonium perhibeant veritati, si se gratiâ, odio vel timore subtraxerint, ad id per districtionem Ecclesiasticam, appellatione remotâ cogentes. Nullis litteris obstantibus si quæ apparuerint, harum tenore non habito à Sede Apostolicâ impetratæ. Quod si omnes his exequendis nequiveritis interesse, duo vestrûm ea nihilominùs exequantur. Datum Laterani decimo octavo Kalendas Maii, Pontificatûs nostri anno quinto.

Cum igitur hujus auctoritate rescripti G. de Salinis ex certâ causâ peremptoriè citassemus, & datâ ei rescripti copiâ, ac spatio competenti ad deliberandum indulto vocassemus ipsum, ad locum satis idoneum & securum, Tornodorum videlicet in terrâ Comitis Nivernensis, qui eum tanquam fidelem suum & hominem diligebat præfixo sibi die, Procurator ejusdem Comitis cum litteris de rato ad nos accessit, qui cum tanquam de merito causæ diffidens, dilatoriis exceptionibus & litigiosis subterfugiis diutiùs instituisset, & jam fuisset super principali lis contestata, appellatione factâ contumaciter recessit à nobis. Nos verò prudentum & in utroque jure peritorum, qui præsentes aderant, communicato consilio, & habitâ deliberatione super hoc pleniori, consideratis etiam damnis atque periculis quæ ex hujus protractione negotii exsurgere poterant multipliciter provenire, cum ipse G. se ab uxore separandum præsentiens, terram ipsius circumquaque vastaret, juxtà tenorem litterarum domini Papæ, debitâ sedulitate processimus, cumque procedente accusatore in medium, & receptis ac diligenter examinatis testibus idoneis & omni exceptione majoribus, famâ etiam consentiente nobis constaret ipsos esse consanguineos in quarto & quinto gradu, sententiam divortii inter ipsos juxta formam canonicam solemniter promulgavimus. Ipsa verò domina ad mandatum nostrum prædicti Galcheri consortium abjuravit, unde in hujus rei testimonium præsentem paginam scribi, & sigillorum nostrorum impressione fecimus communiri.

Ann. MCXCV. JOANNES *Portugaliæ Rex, confert* MENENDO *Abbati Monasterium Ceicense.*

IN nomine Domini nostri JESU-CHRISTI, Amen. Quoniam antiquâ temporis institutione juris debito rationabilis consuetudo penè omnis emerserit, ut factorum series, successuum numerus fortunarumque eventus scripto commendetur, ut commendata ab hominum memoriâ non decidant, & omnibus præterita præsentialiter consistant. Idcircò ego JOANNES Dei gratiâ Portugalensis Rex, unâ cum uxore meâ Reginâ Dominâ Dulciâ, & filiis & filiabus meis, facio chartam donationis & perpetuæ firmitudinis vobis Domno MENENDO Alcobaciæ Abbati, & Fratribus vestris de Monasterio de Ceicâ, quod damus vobis & cunctis successoribus vestris jure hereditario in perpetuum possidendum cum omnibus suis pertinentiis, ut sit filius Monasterii Alcobaciæ, & concedimus vobis plenariam potestatem instituendi ibi Abbatem, Priorem deponendi juxtà discretionem & voluntatem Abbatis & conventûs Alcobaciæ in cunctis sæculorum temporibus. Vobis Abbati Donno Menendo & Conventui Alcobaciæ, & cunctis successoribus vestris sit potestas integra ordinandi cuncta in Monasterio de Ceicâ in perpetuum, & si aliquis vobis resistere præsumserit, juxtà beneplacitum vestrum tractetur. Quicumque ergo contrà hoc factum nostrum venire præsumserit, maledictus à Deo, Amen. Et qui vobis illud integrum observaverit, benedictionibus repleatur.

Facta charta donationis & perpetuæ firmitudinis apud Leirenam Kal. Martii, Erâ MCCXXXIII. Nos suprà nominati Reges qui hanc chartam fieri mandavimus, coram subscriptis eam roboravimus, & hæc signa in eâ fecimus.

Qui adfuerunt : Martinus Bracharensis Archiepiscopus consensi.
Joannes Fernandi Dapifer Regis consensi.
Martinus Portugalens. Episcopus consensi.
Joannes Lamecensis Episcopus consensi.
Nicolaus Visensis Episcopus consensi.
Petrus Conimbricensis Episcopus consensi.
Suarius Ulisponensis Episcopus consensi.
Petrus Salvatoris testis.
Petrus Nuniz testis.
Gunsalvus Mendi Major-domus Curiæ consensi.
Petrus Alfonsi consensi.
Martinus Valasquis signifer Regis consensi.
Alfonsus Ermigii consensi.
Rodericus Valasquis consensi.
Gunsalvus Gunsalvii consensi.
Suarius Suarii testis.
Petrus Guomez testis.
Pelagius Veneguas testis.
Julianus Notarius Curiæ scripsit.

An. MCXCVII. *Pactum Matrimonii inter* BERNARDUM *Convenarum Comitem, &* MARIAM *filiam* GUILLELMI *Domini Montispessulani.*

CUm masculi & feminæ conjunctio à jure naturali, & ex divino præcepto descendat, & ob hanc rem donationes à muliere vel ex parte mulieris intervenire soleant ad matrimonium observandum, & propter onera matrimonii leviùs sustinenda, Ideo in Dei nomine ego Guillelmus dominus Dei gratiâ Montispessulani, filius quondam Mathildis Ducissæ, collocans filiam meam Mariam in matrimonium tibi Bernardo Comiti Convenarum, dono tibi cum eâ ducentas marcas argenti fini & ornamenta nuptialia.

Quâ de causâ in Christi nomine ego Bernardus Comes Convenarum accipiens te Mariam in legitimâ uxorem, & me tradens tibi virum legitimum, dono & concedo tibi in donatione propter nuptias totum castrum de Murell. cum hominibus & feminis, & cum totâ jurisdictione suâ & potestativo, & suis omnibus pertinentiis & adjacentiis, & quæ pertinere possunt vel debent, ita scilicet quòd si mihi supervixeris, habeas & teneas istud castrum in totâ vitâ tuâ, & omnes fructus & redditus inde exeuntes, tuos proprios facias & percipias ad omnes voluntates tuas plenariè faciendas. Et super idem castrum dono & concedo tibi ipsi Mariæ supradictæ cc. marcas argenti fini quas tecum accepi, ita quòd fructus vel redditus inde exeuntes in sortem vel *paguam* nullatenùs computentur. In quibus cc. marcis expressim renuntio exceptioni non numeratæ dotis, & etiam ex certâ scientiâ renuntio omnibus juris auctoritatibus, quibus contineatur ut dos & donatio æquis passibus ambulent. Et quamvis donatio dotem excedat, nihilominùs volo ut valeat, & in eo quod excedit omni juri abrenuntio. Si verò filium ex te Maria habuero, totam terram meam, & donationem qualicumque sit, absque ullâ retentione irrevocabiliter dono & concedo in perpetuum. Et cum filius ille natus fuerit, totam terram meam ei jurari faciam ab hominibus meis. Si verò filiam de te habuero sine libero masculo, totam terram meam qualicumque sit, excepto Comenge, illi filiæ dono & concedo in perpetuum, & eodem modo ab hominibus meis similiter illi filiæ jurari faciam cum nata fuerit. Ab hac tamen donatione excipio & mihi retineo Montem-desertum & Favere, & Ceren & Gillacum ; quæ castra possim donare filio meo Bernardo, quem habui ex Contores filia Arnaldi Guillelmi de Barta, ut his sit contentus, & nihil ampliùs in terram meam petere possit.

Item per stipulationem tibi Mariæ promitto, quòd nihil dixi, nec feci, nec dicam, nec faciam quominùs toto tempore vitæ meæ te Mariam in uxorem honorificè habeam & teneam, nec aliam superinducam ; sed omni tempore vitæ meæ te & liberos tuos in magnâ honorificentiâ habebo & tenebo, & heredes mihi faciam, ut supradictum est.

Et ego Maria supradicta, filia Guillelmi domini Montispessulani, dono & concedo tibi Bernardo Comiti Convenarum mecum in dotem omne jus & actionem, quam habeo vel habere possum vel debeo contrà res vel heredes Barralis quondam mariti mei, nomine vel occasione dotis vel relicti, quod mihi Barralis debebat, vel quod mihi reliquerat usque ad quantitatem trecentarum marcarum argenti. Et cum hac chartâ in veritate profiteor, quòd pater meus Guillelmus dominus Montispessulani tibi dicto Comiti marito meo dedit supradictas cc. marcas mecum in dotem, quæ fuerunt solutæ nomine illarum quingentarum marcarum, quas Barralis in testamento suo reliquerat. In quibus cc. marcis profiteor ego Maria, quòd continentur illæ centum marcæ quas pater meus Guillelmus dominus Montispessulani olim dedit Barrali mecum in dotem.

Et ego Bernardus Comes Convenarum has quingentas marcas supradictas dono, laudo & concedo tibi Mariæ uxori meæ, & tuis fructibus in sortem non computatis super dictum castrum de Murel cum suis omnibus pertinentiis, & quæ pertinere debent. Totum hoc ita tenebo & observabo sine omni dolo, sic Deus me adjuvet, & hæc sancta quatuor Dei Evangelia.

De his omnibus & singulis supradictis, ex parte Comitis Convenarum est firmantia & debitor per sacramentum corporaliter præstitum Raimundus Comes Tolosæ, Dux Narbonæ & Marchio Provinciæ, dictæ Mariæ & patri suo Guillelmo domino Montispessulani, & infantibus quos Comes Convenarum ex dictâ Mariâ habuerit. Item sunt firmantiæ & debitores de his omnibus Vitalis de Montecuto, Ademarus de Genzac, Galterius de Nogueriis, B. de Miramon, Tignosus de Castillon: omnes per sacramentum corporaliter præstitum mandato Comitis Convenarum. Insuper B. Auxensis Archiepiscopus, R. Convenarum Episcopus, F. Tolosæ Episcopus, mandato & precibus dicti Comitis Convenarum promiserunt, & se inde obligaverunt; quòd nisi ita totum ut supradictum est Comes Convenarum attenderet, vel aliquid infringeret; ipsum excommunicent nominatim, & totam terram ejus interdicto subjiciant, donec ad plenum sit super omnibus satisfactum, & integrè emendatum ad voluntatem & notitiam dictæ Mariæ, & patris sui Guillelmi Domini Montispessulani.

Item mandato Comitis Convenarum, & etiam Comitis Tolosæ sunt de omnibus supradictis firmantiæ & debitores quisque in solidum, G. de Balcio, & Ugo de Baucio frater ejus, per sacramentum corporaliter præstitum; & etiam Comes Tolosæ sub eodem sacramento promisit & se inde obligavit dictæ Mariæ, & patri suo G. domino Montispessulani, quòd si Comes Convenarum omnia ista non adimpleret, vel aliquid infringeret, vel ex his mutaret, ipse erit fidelis eis adjutor in guerrâ & placito, cum totâ terrâ suâ, & hominibus suis.

Facta est charta ista & laudata apud Montempessulanum in Camerâ G. Domini Montispessul. anno Dominicæ Incarnationis M. C. LXXXXVII. mense Decembri.

Horum omnium supradictorum sunt testes R. Agatensis Episcopus, G. Magalonensis Præpositus, Helias frater ejus, Rainoardus de Momolenâ, Rostagnus de Montarbezon, B. Lamberti, R. Albrandi, R. Lanberti nepos ejus, Magister Guido, P. Lucianus, G. de Rabastenes, P. de Concas, Berengarius nepos ejus, W. Petri, P. de Montebeljardo, Guiraldus Albrand, Jacobus Lambardus, G. de Conchis, G. de Salzeto, Randulfus Bonifacius, Ermengavus de Azillano, Ugo Pulverellus, B. Ecclesia, P. de Bisanças, G. Capion, P. Deodatus, Berangarius de Montcatnaldo, G. de Albaterra, G. de Melôa, Robolanus, P. Galvan, G. de Montarbezon, P. de Porta, Bermundus Rainaldus, Raimundus D'arlens, G. Rigaldus, Jordanus de Conccas, Bertrandus Vesiani Canonicus, Bertrandus Sacerdos, P. de Circio, B. Austrinus, & Guillelmus Raimundi Notarius qui hæc scripsit.

Item de his omnibus complendis ex parte Comitis Convenarum est firmantia & debitor dominus B. de Andusiâ, per sacramentum corporaliter præstitum. Testes sunt Ugo Pulverellus, P. Guiraldi, B. Fresnellus, B. Ecclesia, B. Gandalricus, Farssire, P. Luciani, & Guillelmus Raimundi qui hæc scripsit.

Hugo de Gornaco fundat ac dotat Abbatiam Bellosanensem, Canonicorum Ord. Præmonstratensis.

Anno MCXCVIII.

UNiversis sanctæ Matris Ecclesiæ filiis, ad quos præsens scriptum pervenerit, Hugo de Gornaco salutem. Notum sit tam omnium futurorum quàm præsentium caritati, quòd ego Hugo de Gornaco divinæ pietatis & dilectionis intuitu, pro salute animæ meæ, & patris mei & matris meæ & aliorum antecessorum meorum, & pro salute heredum meorum in propriâ hereditate meâ, in forestâ meâ juxta Bellosanam, in honorem Dei & Salvatoris nostri JESU-CHRISTI, & beatissimæ Virginis MARIÆ matris ejus, fundavi Abbatiam, ibique ad serviendum Deo in perpetuum secundùm regulam beati Augustini & consuetudines Ordinis Præmonstratensis Abbatem & Conventum piè institui, usque ad quorum victum & vestitum, ad necessaria Christi pauperum ad se confluentium secundùm possibilitatem loci, de terris & reditibus & justis acquisitionibus meis in perpetuum, puram & liberam eleemosynam omnipotenti Deo & beatæ MARIÆ, & Abbati & Canonicis ibidem Deo servientibus ea quæ scripta sunt, super altare ejusdem Abbatiæ devotè obtuli.

Scilicet locum illum in quo fundata est Abbatia, & quamdam pieçam forestæ meæ de Braço juxta ipsam Abbatiam, sicuti signa facta fuerunt, quando donavi eam, & sicut fossata ibi facta demonstrant, usque ad rivulum qui descendit de Merreval in forestam, & totum alnetum quod est inter nemus Canonicorum & rivulum de Merreval: & quamdam pieçam campi, qui fuit Assæ de Quatroge, inter ipsam Abbatiam & villam de Bellosanâ, & Ecclesiam sancti Petri de Wellebuc cum capellâ sancti Aniani, & Ecclesiam sancti Martini de Bresmostier, cum capellâ sancti Leonardi de Merreval, & capellâ sanctæ Margaretæ de Bellosanâ; & quidquid juris & libertatis Abbatia de Becco Herluin & ego habuimus in prædictis Ecclesiis & capellis, & in omnibus pertinentiis & decimis, & libertatibus earum; exceptâ capellâ beatæ MARIÆ, quæ est in curte meâ de Bellosanâ, quam in manu meâ retinui ad voluntatem meam faciendam. Ita quòd Canonici præfati in prædictâ meâ capellâ nullam reclamationem facere possunt.

Et præterea totum maisaigium cum toto pomerio quod Monachi de Becco Herluin habuerunt apud Bremostier, cum omnibus terris & tenementis, quæ iidem Monachi habuerunt in parochiâ de Bremostier, exceptis hospitiis cum mansuris eorum, & duas carrucatas terræ, quas iidem Monachi suprà montes habuerunt, cum omnibus libertatibus & quietationibus, quas præfati Monachi in omnibus præscriptis tenementis & in pertinentiis eorum habuerunt. Et juxta pomerium suum dedi eis terram triginta pedum latitudinis in masurâ, quam tenuit Radulfus Fauvel, usque ad communem viam villæ, & totam culturam de Betonessart, & totam Culturam Desbore, & culturam de Gonestey MARIÆ, & unam pieçam terræ juxta Audon, & culturam de Mesnil, & culturam Talami, & unum campum in Monte-Ricardi, & culturam de Bequerel, & culturam de Rustuchon, & unam virgatam juxta, & aliam ad viam Romaissene, & virgatas tres ad spinam de Merreval, & Ecclesiam de Tyl, cum omnibus suis pertinentiis, & quidquid juris in eâdem Ecclesiâ habebam, quam mihi Simon de Belsart donavit.

Et iterum donavi prædictæ Abbatiæ totam terram, quam scambiavi ab Odone de Bresmostier, apud Bellosanam, præter hortos & prata. Dedi etiam eis usam culturam terræ, quam emi ab Ydrâ filiâ Philippi de Corcellis, quæ vocatur cultura de Sabloniâ; & quamdam terram, quam emi ab Alberedâ filiâ Willelmi Blangiuan, quæ dicitur Campus de Prato Monachi. Et juxtà terras quæ fuerunt Monachorum de Becco super montes, dedi eis particulam nemoris mei à Tronquiâ ad viam, quæ venit per ante Rogos de Busco Erèmbodi, sicut divisiones demonstrant; ad ibi ædificandum sibi manerium, & centum acras terræ in haiâ de Maei propinquiores bosco Monachorum de Bello-becco, pro quâ terrâ Monachi de Belbec reddere debent centum minas frumenti singulis annis; ad misam Rotomagi; præfatis Canonicis ad festum omnium Sanctorum requirendas in grangiâ de Morimont de meliori frumento post sementem, sive terra fuerit culta, sive non, pasnagia quieta porcorum suorum, & pasturas suorum animalium, & mortuum boscum in forestâ meâ & haiis meis de Braio pacificè habeant & possideant.

Et præterea eisdem Canonicis concessi libertatem vendendi & emendi ea quæ necessaria fuerint ad proprios usus prædictæ Abbatiæ per totam terram meam absque ullâ consuetudine dandâ.

Hæc autem omnia præscripta ad fundationem Abbatiæ meæ de Bellosanâ liberâ & absolutâ ab omni sæculari servitio, & ex omnibus exactionibus, & querelis mihi & heredibus meis pertinentibus, nihil in prædictis eleemosynis mihi vel heredibus meis retinens, præter orationes & beneficia spiritualia, Deo & beatæ Mariæ in perpetuum donavi. Ut autem hæc donatio mea rata & inconcussa perseveret, appositione sigilli mei & præsenti scripto corroboravi. Actum est hoc Verbi incarnati anno M. C. XCVIII. Teste Domno Galtero Rotomagensi Archiepiscopo, omnes prædictas donationes approbante & confirmante. Teste etiam Hugone de Caugumiler, Abbate de Becco, Herluin, Roberto Abbate de Bello-becco, Roberto Abbate de Insulâ Dei, Roberto Abbate de Ardenâ, Magistro Roberto de sancto Paterno Rotomagensi Archidiacono, Magistro Hugone de Archis, Odone Capellano domini Hugonis de Gornaco, Radulfo Thesaurario de Gornaco, Ricardo de Aufay, Rad. de Mallion, Herunendo de Marvel, Ægidio de Hodenc, Morello fratre suo portario, Nicolao de Frosseres, Hugone de Agia, Willelmo de S. Martino, Adam de Ferrieres, Acardo Malovicino, & pluribus aliis.

An. MCXCIX. TITBURGA renunciat pactionibus matrimonialibus à parentibus confectis, quibus eam uxorem dùm adhuc infans esset spoponderant filio GUILLELMI Montispessulani.

Anno ab Incarnatione Domini MCXCIX. mense Augusto, ego TITBURGA filia quondam Raimundi Atonis, scio & in veritate cum hac chartâ cognosco, quòd tu GUILLELME domine Montispessulani cum multis Militibus & probis hominibus, promisisti, & jurasti, & pœnam spopondisti quòd Guillelmum filium tuum primogenitum, vel alium filium tuum sequentis gradus, primo mortuo, cum pubes factus foret, mihi nuptui copulares; scilicet cum qui dominus esset Montispessulani, & hoc nomine meo firmiter promisisti, & jurasti Adinaro de Muro-veteri avo meo. Quorum omnium notitia ad me puberem factam plenariè pervenit.

Et quoniam parentela certa & indubitata est inter me Titburgam & te dominum G. Montispessulani, & filios tuos, quæ nullatenus inter nos matrimonium consistere patitur; participato propinquorum & amicorum meorum consilio, visum est magis interesse, & utilius expedire matrimonium non contrahere, quàm contra fas contractum dissolvere. Quapropter quoniam sacramentum illicitum non potest nec debet esse Vinculum iniquitatis, bonâ fide, & sine dolo; & absque ullâ arte & malo ingenio, omnibus cessantibus quæ solent impedire liberationes spontaneæ voluntatis arbitrio, te dominum Guillelmum filium quondam Mathildæ Ducissæ, & tuos, & res tuas & hominum tuorum, & omnes fidejussores & juratores inde obligatos, perpetuo jure & absque ullâ retentione, libero & absolvo ab omnibus pactionibus, conventionibus & sacramentis, pœnis, promissionibus, factis occasione matrimonii inter me & filium tuum contrahendi, & hæc omnia supradicta & singula sub eisdem pactis, & tenoribus, sacramentis, & renuntiationibus, iterum de novo cum sacramento corporaliter præstito, quod hodiè & temporibus voluntatis, & me commonueritis per vos vel interpositas personas, solvam, & iterum laudabo & confirmabo vobis, vel successoribus vestris, vel heredibus, gratis, & sine omni pretio & exactione pecuniæ, & aeteriis rei. Hæc omnia & singula supradicta firmiter me observaturam, & contra non venturam, ego Titburga corporaliter tactis sacro-sanctis Evangeliis juro, sub eodem juramento expressim renuntians beneficio minoris ætatis & omnibus aliis auxiliis in jure vel extrâ jus mihi competentibus & competituris.

Horum omnium testes sunt Dominus Gaufridus Biterrensis, & Dominus Raimundus Agathensis Episcopi.

Guido Magalonensis Præpositus,
Magister Guido,
P. Luciani,
Calvetus Succentor Biterrensis,
A. de Pruneto Præcentor sancti Affrodisii,
B. de Muro-veteri Canonicus Agathensis,
G. de Altiniaco Canonicus Magalonensis,
Pontius d'Orlague, & Pontius, & Frotarus filii ejus,
Stephanus de Cerinano,   P. Raimundi,
                       G. de Bellojoco,
G. de Altiniaco Miles,   G. Raimundus,
G. de Mesoa,   Pontius Duranti,
Rastagnus de Montberzon,   P. de Osca,
                P. de Castelleto Armanus,
P. Raimundi de Felgeriis,   P. de Villa nova juvenis,
Pontius de Pomairols,
B. de Hispaniâ,   A. Januensis,
G. Petri,   P. Aderinari,
Stephanus de Limotgis,   P. Duranti,
G. Gervasius,   P. d'Obilons.

Peironetus & Guillelmus Raimundi Notarius publicus Montispessulani qui hæc scripsit; & omnia vidit in riperiâ Eravi prope Agathem.

Anno circa MCC. HUGO de la Rocca offert Deo filium suum in Eccesiâ Cadurcensi.

BReve quod jussit facere Ugo de Laroca ad mortem suam. Inprimis filium meum Ademarum dono Domino Deo, & Stephano sancto, cum honore cujus vocabulum istud, videlicet, la Vila de Bergonionio, totum quod in eâ possidebat, justè

Quoddam dominium confert.

aut injuſtè dedit. Teſtes ſunt ac fidejuſſores filii ſui Bernardus Ugo, & Ugo frater ejus; ut ipſi teneant, ac totis viribus tenere faciant omnibus diebus vitæ ſuæ. Super eos eſt fidejuſſor Aimericus Luroſ, Willelmus Gauſbertus, Folc. de Lapopiâ, Aimericus de Larocâ, Petrus de Cuſalo, Vicecomes ſancti Cirici ſuper omnes.

Transcriptum litteræ Prælatorum Normanniæ ſuper contentione juris patronatûs Eccleſiarum.

EXcellentiſſimo domino ſuo PHILIPPO illuſtri Francorum Regi Sereniſſimo Walterus Dei gratiâ Rotomagenſis Archiepiſcopus, & Suffraganei ſui, Robertus Bajocenſis, Willelmus Abrincenſis, Lucas Ebroicenſis, Jordanes Lexovienſis, Viviànus Conſtantienſis, Sylveſter Sagienſis, ſalutem & paratum in omnibus obſequium. Pro ſalute animæ noſtræ & prædeceſſorum unanimiter requirimus, quòd de Eccleſiis vacantibus unde contentio eſt, & contentio erit; ſuper præſentatione earum recognitio fiat per quatuor Presbyteros, & per quatuor Milites; & Epiſcopus ſeu Archiepiſcopus in cujus Diœceſi contentio erit ſuper præſentatione Eccleſiæ; & Bailliuus domini Regis illius Diœceſis, eligent bonâ fide Presbyteros & Milites fideliores & legaliores quos poterunt invenire. Et quatuor Presbyteri & quatuor Milites jurabunt ſuper Sacroſancta, & Epiſcopo exinde excommunicet ſive Archiepiſcopo, quòd ipſi octo dicent; ad quem debeat ſpectare donatio Eccleſiæ de jure Patronatûs. Archiepiſcopus verò live Epiſcopus: & Bailliuus domini Regis ſingulos Presbyterorum & Militum, qui jurabunt pro recognitione, diligenter ſeorſum examinabunt unum poſt alium; & in quem major pars converſerit, ille habebit jus Patronatûs. Et ſi illi octo non poſſent ſcire ad quem deberet ſpectare donatio Eccleſiæ de jure Patronatûs, ipſi dicent qui ultimam fecit præſentationem Eccleſiæ, & ille inde habebit ſaiſinam.

Et ſi aliquis Clericus contrà hujuſmodi inſtitutionem venire præſumſerit, nos eſſemus in nocumentum eidem Clerico de querelâ iſtâ. Et nos concedimus bonâ fide unanimiter, quòd nos hujuſmodi negotium ſine dilatione terminabimus. Et ſi aliqua contentio inde emergeret, negotium ad dominum Regem referret; & dominus Rex inde faciet ſicut viderit expedire. Nulla verò Eccleſia, unde contentio fuerit, interim donari poterit ab Archiepiſcopo vel Epiſcopo antequàm diffinitum fuerit, ſicut ſuprà dictum eſt, niſi vacaverit per ſex menſes; ſalvo etiam tunc jure Patronatûs ei qui Patronatum obtinuerit. Archiepiſcopus verò ſive Epiſcopus ſuper his non poſſet ſe exoniare, niſi haberet exonium proprii corporis. Et ſi exonium proprii corporis haberet; tunc loco ſuo ſubſtituat bonâ fide fideliorem & legaliorem quem poſſet invenire ad id faciendum. valete benè & diû in Domino.

Teſtamentum GUILLELMI *Montiſpeſſulani.*

IN nomine Domini. Anno Incarnationis ejuſdem MCCII. pridie nonas Novembris. Ego GUILLELMUS Dei gratiâ Montiſpeſſulani dominus, filius quondam Mathildis Duciſſæ in meâ bonâ memoriâ & ultimâ voluntate meâ, ſic diſpono, & ordino Teſtamentum & ultimam voluntatem meam; In primis volo & jubeo, ut heres meus Montiſpeſſulani dominus omnes injurias meas reſtituat & emendet; & querelis quæ ſient nomine meo rationabiliter ſatisfaciat, & debita mea perſolvat.

Item, volo & jubeo heredi meo domino Montiſpeſſulani, ut faciat corpus meum deferri & ſepeliri in cœmeterio Grandis-ſylvæ; cui Monaſterio Grandisſylvæ dimitto C. lib. Inter opus & menſam dominorum Eccleſiæ Magalonæ dimitto MM. ſol. in honore emendo, de cujus fructibus fiat annuatim anniverſarium in feſto S. Michaëlis pro animâ meâ & parentum meorum: Monaſterio ſancti Felicis in honore emendo M. ſol. unde fiat anniverſarium pro animâ matris meæ & parentum meorum: Monaſterio ſancti Geneſii D. ſolid. in honore emendo: Hoſpitali ſancti-Spiritûs M. ſol. Domui Grandiſmontis de Montarbrizon M. ſol. Hoſpitali S. Guillelmi cc. ſol. Cuique aliorum Hoſpitalium L. ſolid. Eccleſiæ ſancti Firmini unum calicem argenteum de marcâ & dimidiâ: Eccleſiæ ſanctæ MARIÆ unum calicem argenteum de marcâ & dimidiâ: cuique aliarum Eccleſiarum Montiſpeſſul. L. ſolid.

Item, volo quòd de calicibus Eccleſiæ de Caſtello tres vendantur, quorum pretium detur in ornamentis ejuſdem Eccleſiæ. Item volo quòd calix qui fuit de domo Abrahæ, dominio reddatur pro capitali tantùm.

Inſirmis de Ponte dimitto centum ſolidos.

Volo & ſtatuo quòd heres meus in perpetuum donet Monaſterio Bonæ-fidei, quod eſt de ordine Chartroſſæ in Epiſcopatu Vivarienſi, inter Natale & Carniprivium annuatim unam ſaumiatam piſcium ſalſorum pro animâ meâ.

Firmiter etiam jubeo & volo quòd induantur centum Presbyteri pauperes omnibus veſtibus nigris, & calciamentis, & camiſiis, & bracis pro animâ meâ. Et præterea b. pauperes induantur omnibus veſtibus & calciamentis, exceptis capis; pro animâ meâ. Item, volo quòd per quinque dies procurentur quotidie mille pauperes pro animâ meâ; ita quòd quinque millia ſint ad plenum refecti. Item, volo quòd heres meus in perpetuum annuatim ad Paſcha induat XXX. pauperes omnibus veſtibus, & XIII. pauperes ad Natalem Domini, & ſeptem pauperes ad Pentecoſten. In redemptionem captivorum dimitto centum marcas argenti. Volo quòd quinque millia Miſſarum celebrentur pro animâ meâ: & in mulieribus maritandis dentur centum libræ.

Domui Vallis-magnæ dimitto & confirmo in perpetuum molendina de Eravo, quæ patruus meus Guido eidem Monaſterio reliquit.

De primis redditibus Honoris mei poſt obitum meum detur medietas in Teſtamento meo complendo; & alia medietas in debitis meis & querelis ſolvendis, notitiâ quindecim proborum hominum meorum, videlicet, B. Lamberti, R. Lamberti filii ejus, P. de Conchis & Guillelmi filii ſui, R. Atbrandi, & R. Lamberti nepotis ejus, Magiſtri Guidonis, G. de Salzeto, Jacobi Lombardi, Ugonis Pulverelli, G. Petri, P. de Pottâ, Berengarii de Conchis, P. Bittiani, & G. de Mezoa. Quibus completis, compleatur Teſtamentum patris mei & Teſtamentum matris meæ, & fratris mei Bergundionis, & Guidonis patrini mei.

Eccleſiæ de Caſtello dimitto præterea omnia ornamenta quæ ibi dedi, & feci; & Cappellanus major habeat Cappellaniam, & oblationes panis, & pro veſtibus ſuis hortum & vineam ipſius Eccleſiæ, & annuatim XII. ſeſtariâ bladi, & centum ſolidos in denariis; candelas verò & denarios qui offeruntur in Eccleſiâ Caſtelli, dimitto in unâ candelâ perpetuò tenendâ & illuminandâ in dictâ Eccleſiâ: Sacriſta verò habeat partem ſigilli, & bullæ reſiduæ tres partes dentur in ornamentis Eccleſiæ: de bullâ verò & ſigillo fiat ſicut erat temporibus patris mei. Nemo cogatur bullare niſi pro libitu ſuo. De aliis

Clericis Ecclesiæ Castelli, & de eorum fornimento fiat sicut statutum fuit tempore consecrationis Ecclesiæ de Castello.

Item, volo quòd heres meus dominus Montispessulani teneat alium Capellanum in ipsâ Ecclesiâ, cui in victu provideat, & quemdam Diaconum, & alium Subdiaconum, unum Clericum & unum scobolium. Qui omnes honorem Dei & Beatæ MARIÆ, & salutem animæ meæ & parentum meorum decantent, Ecclesiam & serviant.

Guillelmum filium meum primogenitum heredem instituo, & jure institutionis dimitto ei villam Montispessulani cum suis omnibus adjacentibus; & Castrum de Palude, & Castrum de Monteferrario, & Castrum-novum, & Castrum de Castris; & Lupianum & Omellatium, & Poietum, & Popianum, & Montem-Arnaldum, & Vindermianum, Tressanum, villam sancti Paragorii, & Sanctum-Pontium, & Cornonem siccum, & Montem Bazenum, & Frontinianum, & Miram-vallem; & Pinianum, & villam S. Georgii, & villam de Muroveteri, & Moiolanum, cum omnibus eorum adjacentiis, & quidquid habeo & habere debeo à flumine Eravi usque ad flumen Vitturli, vel alius per me.

Thomæ filio meo, qui dicitur Tortosa, jure institutionis dimitto Castrum de Paollano cum suis omnibus adjacentiis, & omnia jura quæ habeo in civitate Tortosæ, & quidquid habeo per me, vel per alium ultrà flumen Eravi in toto Lodovensi & in toto Bitterrensi Episcopatu.

Item, volo quòd filius meus Guillelmus major natu postquàm Tortosa equitaverit cum armis, det ei toto tempore vitæ suæ annuatim mille solidos, & pro his sit contentus omnibus aliis bonis meis.

Raimundum filium meum volo esse Monachum Grandis-sylvæ, & dimitto eidem Monasterio centum libras: quibus Raimundus filius meus sit contentus de bonis meis.

Bernardum Guillelmum filium meum volo esse Canonicum Girundæ & Lodoicensem, cui Bernardo Guillelmo dimitto jure institutionis centum libras, quibus sit contentus de omnibus bonis meis.

Guidonem filium meum volo esse Monachum Cluniacensem; & dimitto Ecclesiæ Cluniacensi quæ est juxtà Montempessulanum in Honore emendo centum libras, quibus dictus Guido sit contentus de bonis meis. Item, centum libras habeat jure institutionis. Item, si ante Monachationem Guido decesserit, habeat dicta Ecclesia de istis centum libris tantùm D. sol.

Filium meum Burgundionem volo esse Canonicum de Podio: cui Burgundioni dimitto jure institutionis tantùm centum libras, quibus sit contentus de omnibus bonis meis.

Filiæ meæ Mariæ dimitto jure institutionis ducentas marchas argenti, quas Comes Tolosæ ei debet, & Comes Convenarum maritus ejus. Item, si infrà annum non fuerint istæ cc. marchæ eidem Mariæ solutæ. Guillelmus filius meus donet ei de suo proprio ducentas marchas, & ornamenta honorabilia nuptialia, scilicet quatuor vestimenta mutatoria cum quatuor venerabilibus lectis ornatis; & habeat præterea Maria omnia ornamenta sua quæ habet. Sed Guillelmus filius meus si has ducentas marchas ei dederit, habeat actiones in Comitem Convenarum ut & fidejussores ab eo datos in/his cc. marchis, salvo jure suo dictæ Mariæ, & in Comitem Convenarum, & Comitem Tolosæ, & etiam Roncelinum & fidejussores ab Arralo datos.

Filiabus meis Agneti & Adalaiz maritandis dimitto, cuique centum marchas argenti jure institutionis, & ornamenta nuptialia.

Si Agnes uxor mea habuerit filios vel filias, sint Clerici qui masculi fuerint, & habeat quisque eorum centum libras de bonis meis jure institutionis, quibus sint contenti de omnibus bonis meis: & si feminæ fuerint, fiant Monachæ, & habeat quæque illarum de bonis meis jure institutionis centum libras, quibus sint contentæ de omnibus bonis meis. Uxor mea Agnes habeat quidquid ei concessi tempore nuptiali. Item, filius meus Dominus Montispessulani, ejusque tutores vel curatores exhibeant & donent eidem uxori meæ, unde se & infantes suos benè & honorificè possint exhibere.

Mando & volo & jubeo, quòd filius meus Dominus Montispessulani Capellam de Castello honorificè teneat, & decantari faciat sicut superiùs statui, & nihil minuat vel immutet; & totum thesaurum & ornamenta Ecclesiæ præsentia, & futura, & omnes reditus quos Ecclesiæ assignavi incommute custodiat, nec ullâ voluntate, vel necessitate aliquid inde moveat, vel distrahat, impignoret, vel alienet, vel ab alio fieri patiatur: & Testamentum meum inviolabiliter servet & adimpleat; sicut in hac chartâ continetur pleniùs. Item, specialiùs injungo ei, & rogo in eo amore & honore quem ei facio, cum præ cæteris ferè omnia bona mea ei relinquo, ut compleat & observet modis omnibus Testamentum meum, & in hoc ostendat & repræsentet dilectionem filii erga patrem.

Item, si dictus Guillelmus filius meus sine prole legitimâ quocumque tempore decesserit, volo & statuo, ut omnia quæ ei reliqui jure institutionis, pertineant ad filium meum Thomam, qui dicitur Tortosa. In prole autem intelligo masculos priores natu: itaque semper prior natu in succedendo alios præveniat, & solus habeat. Masculis autem deficientibus, succedant feminæ si sibi fuerint, salvâ gradûs prærogativâ primogenitæ & priores natu. Item, si Tortosa sine liberis legitimis decesserit; ad Raimundum filium meum, si Monachus non fuerit, jure institutionis dicta hæreditas pertineat. Sed si Tortosa habuerit filios, ad primogenitum pertineat, & ille solus habeat. Item, si masculi superstites non fuerint; ad filias primogenitas, salvâ gradûs prærogativâ pertineat. Item, si Raimundus filius meus Monachus fuerit, pertineat ad B. Guillelmum filium meum, nisi ad ordinem Subdiaconatûs pervenerit. Item, si B. Guillelmus filius meus antequàm Subdiaconus fiat decesserit, ei succedat Guido, nisi Monachus fuerit; & Guidoni succedat Burgundio, nisi fuerit Subdiaconus, sicut de aliis masculis superiùs dictum est. Ea verò quæ superiùs Tortosæ reliqui jure institutionis, scilicet castrum de Paollano & cætera, deficientibus liberis legitimis suis ad dominum Montispessulani liberè pertineant. Item, si omnes filii mei sine liberis legitimis nullâ substitutione, sicut dictum est, locum habente decesserint, ad filiam meam Mariam primogenitam, vel ad ejus heredes primò masculos primogenitos, vel maribus deficientibus ad feminas primogenitas gradatim pertineat; ita quòd unus vel una præcedens solummodo præ cæteris habeat. Item, si Maria superstes non fuerit, vel secundùm dictum modum liberi ejus, ad Agnetem filiam meam vel ad ejus heredes primò masculos primogenitos, vel maribus deficientibus ad feminas primogenitas gradatim pertineat, ita quòd unus vel una præcedens solummodo præ cæteris habeat. Item, si Agnes superstes non fuerit, vel secundùm dictum modum liberi ejus, ad filiam meam Adalais vel ad ejus heredes primò masculos primogenitos, vel maribus deficientibus, ad feminas primogenitas gradatim pertineat, ita quod unus vel una præcedens solummodo præ cæteris habeat. Item, si nulla istarum filiarum mearum vel earum heredum superstes, esset omni substitutione secundùm quod dictum est deficiente, ad filias superstites natas, vel nascituras, nisi Monachæ fuerint, vel earum heredes secundùm quod per omnia & in omnibus superiùs dictum est, totum revertatur.

Item si nulla filiarum superstes fuerit, vel earum heredes, vel secundùm dictum modum liberi earum, ad R. Gaucelinum nepotem meum Dominum Lunelli integrè revertatur. Item, si R. Gaucelinus superstes non fuerit, vel ejus heres secundùm dictum modum ad nepotem meum R. de Rocafolio revertatur. Item, si R. de Rocafolio vel ejus heres secundùm dictum modum decesserit, ad nepotem meum Berengarium Guillelmum revertatur.

Item, volo & statuo pro magno amore & honore & servitio quæ fecerunt mihi probi homines Montispessulani, & propter fidelitatem quam mihi & antecessoribus meis semper exhibuerunt, ut consuetudo villæ Montispessulani, quæ erat, ut major quatuordecim annis posset alienare, prorsùs deleatur & in posterum locum non habeat, sed & in omnibus spectetur ætas viginti quinque annorum suæ ætatis, sicut jus scriptum est, & hæc locum habeant in futuris negotiis; sed ea quæ usque ad hoc tempus facta sunt, vel pacta seu promissa, fiant & expleantur secundùm antiquam consuetudinem, ut valeant pacta præterita, vel facta ab his quæ habebant à xiv. annis usque ad viginti quinque annos. Remitto etiam in perpetuum & solvo salinariam, & omnia spectantia ad salinariam, ita quòd unusquisque habitantium in villâ Montispessulani, & in Castro de Latis & ibi venientium, possit salem emere & vendere sine omni contrarietate & inquietudine. Item, injungo heredi meo & omnibus supradictis probis hominibus meis, ut in posterum salinariam aut nullum novum pedaticum non statuat vel faciat, & omnia nova pedatica & vectigalia penitùs destruantur.

Item, supradictus filius meus Dominus Montispessulani, consilio dictorum quindecim virorum de redditibus meis solvat Boneto Judæo annuatim quinque millia solidorum, donec sint ei completa x. mil. solid. quæ ei debeo, scilicet ad pascha MMD. sol. & in festo S. Michaëlis MMD. sol. Illud verò quod statui de scocaria, & tabulâ, & molendino & tincturis, pacato debito R. Carlson & Boneti omninò deleantur in perpetuum; ita quòd heres meus istud non exerceat, nec patietur ut fiat in filios meos, & uxorem, & totam terram meam & potestativum, & bailium, & administrationem omnium rerum ad me pertinentium, & fructuum, & obventionum, & districtionum & justitiarum, & omnium aliarum rerum quovis modo ad me pertinentium committo, dimitto, & relinquo prædictis xv. probis hominibus meis, donec filius meus Guillelmus perveniat ad xxv. annum ætatis suæ; & ita de aliis substitutis: ipsosque quindecim probos homines cum infantibus meis, & uxorem, & totam terram meam, & omnes alios homines meos dimitto in protectione & custodia & defensione Domini R. fratris mei Agathensis Episcopi, & Domini G. Magalonensis Episcopi, & Guidonis Magalonensis Præpositi; ita quòd illi tres jamdicti nullam habeant administrationem nec ullam participium in administratione, sed quando opus fuerit, & ipsi supradicti xv. cognoverint expedire, veniant in adjutorium dictorum quindecim virorum ad negotia explicanda, & expedienda

villæ Montispessulani: sed consilium dictorum tum nullo loco vel tempori aliquam habeat necessitatem.

Item, si labor vel guerra evenerint rebus vel hominibus meis vel terræ meæ, volo & jubeo quòd Dominus B. de Anduziâ & Stephanus de Cerviano manuteneant & defendant terram meam & liberos meos ambo, vel si unus eorum noluerit aut nequierit interesse, alius nihilominùs solus manuteneat & defendat consilio alterius.

Item, nisi Testamentum meum fuerit completum, rogo dictos Episcopos & Præpositum, ut auctoritate Apostolicâ freti excommunicent filium meum Dominum Montispessulani, & totam terram suam interdicto subjiciant.

Item, constituo ut prædicti quindecim viri unum, & neminem alium de probis hominibus villæ Montispessulani constituant Bajulum, & mutetur prout eis visum fuerit expedire filio meo, & utilitati Montispessulani. Item quidquid B. Lamberti Bajulus meus laudaverit, vel alii Bajuli post eum, ratum sit & firmum in perpetuum. Quidquid autem filius meus Guillelmus vel ei substituti infrà xxv. annum ætatis suæ consilio & assensu dictorum quindecim virorum fecerint, ita ratum & firmum semper habeatur, ac si essent viginti quinque annorum.

Addo etiam & injungo heredi meo quòd victuales sumptus præstet Sacristæ de Castello. Item si testes hujus Testamenti interiùs vel exteriùs scripti, essent vel possent probari infames, quantum ad hoc Testamentum meum probandum nihil possit eis objici, nec infamia eis nocere. Jubeo & volo ne unquam Judæus Bajulus sit Montispessuli.

Item, si aliquis de supradictis quindecim viris ab hac luce migraverit, in locum demortui liceat superstitibus alium substituere. Specialiter autem injungo filio meo Domino Montispessul. ut paternâ affectione probos homines Montispess. prædictos, & omnes alios in omnibus & per omnia diligat, & istis quindecim credat, & omnia negotia sua consilio eorum tractet & peragat. Item, rogo similiter probos homines Montispess. tam præsentes quàm futuros & omnes alios, quòd dominum suum Montispessul. filium meum affectuosè diligant, & ei bonum & rectum consilium donent & præstent.

Infantes meos, & terram meam, & homines, & res eorum relinquo cum custodiâ & protectione Dei & beatæ MARIA, & in custodiâ & manutenentiâ dominæ Reginæ Arrag. & domini Regis filii sui, & domini Comitis Tolosæ.

Quod autem superiùs statui & dixi de Bernardo de Anduziâ, & S. de Cerviano & Rege & Reginâ, & Comite Tolosano, ita intelligo & dico & teneri volo, quod nullam coactionem vel districtionem vel administrationem, vel expensarum exactionem, vel restitutionem habeant vel habere possint vel debeant in heredes meos, vel res eorum, vel hominum meorum.

Hoc Testamentum meum nuncupativum & hæc ultima dispositio plenissimâ firmitate munita valeat, non obstantibus juris apicibus vel aliis juris solemnitatibus. Item si aliud ª dixi, vel feci quod videatur his adversari, vel istam voluntatem minuere vel mutare, statuo & decerno ut illud nullomodo valeat: sed ista voluntas perpetuo jure vallata teneat & vigeat. Item, si ista voluntas mea non valet jure Testamenti, volo ut valeat jure codicillorum vel epistolæ, vel alterius ultimæ cujuslibet voluntatis: sed in isto Testamento mitto quæ superiùs dixi de sepulturâ corporis mei, & eligo sepulturam in cæmeterio Ca-

---

a *si aliud*] Considerat alia duo Testamenta, unum in Tom. III.   1178. alterum 1198.

nonicorum Magalonæ ; salvis relictis quæ superiùs feci domui Grandis-sylvæ.

Clementiæ sorori meæ dimitto centum marchas argenti fini, quas heres meus transacto anno ei solvat, nisi ipsa infrà annum recuperaverit has centum marchas à viro suo Rostagno de Sabino ; & cum has centum marchas ei solverit, cedat ei Clementia suum quod habet in his centum marchis, etiam Rostagnum.

Uxori meæ Agneti vice & loco eorum quæ tempore matrimonii ei concessi, relinquo ei tempore vitæ suæ Castrum-novum, & Castrum de Monteferrario, & balnea & Lesdam pe . . . & de Legatorio, & censu Judæorum.

Item, volo quòd Bajulus Montispess. reditus meos accipiat, & singulis mensibus computum reddat prædictis quindecim viris, & ipse Bajulus cum aliis prædictis viris bis in anno reddant de omnibus reditibus meis domino Episcopo Agathensi fratri meo, & domino Magalonensi Episcopo, & Præposito.

Infantes meos, & homines, & res eorum relinquo in protectione & custodia Dei & beatæ MARIÆ, & in custodia & manutenentia domini Comitis Tolosæ, & dominæ Reginæ Arag & domini Regis filii ejus.

Item, ego Guillelmus filius domini G. Montispess. supradicti, filius etiam Agnetis, hoc Testamentum dicti patris mei, & hæc omnia supradicta laudo, approbo & in perpetuum confirmo, & ita totum firmiter me observaturum & contrà non venturum juro corporaliter super hæc sancta quatuor Dei Evangelia.

Hujus ultimæ voluntatis, & horum omnium supradictorum sunt testes rogati & vocati, dominus Raimundus Agath. Episcopus, Guido Magalonæ Præpositus, G. de Mezoâ, B. Lanberti, R. filius ejus, P. de Conchis, Willelmus de Conchis filius ejus, R. Atbrandus, R. Lanberti nepos ejus, Berengarius de Conchis, G. Petri, P. de Porta, Jacobus Lombardus, Ugo Pulverellus, Guill. de Salzeto, Magister Guido, Petrus Luttiani & Guillelmus Raimundi Notarius publicus Montispessulani qui hæc scripsit.

Post hæc domino G. Montisp. mortuo, præfati omnes testes Testamentarii, videlicet dominus R. Agath. Episcopus, Guido Magalo. Præpositus, Guillelmus de Mezoâ, B. Lanberti, R. filius ejus, Petrus de Concas, Guillelmus de Concas filius ejus, R. Atbrandus, R. Lamberti nepos ejus, Berengarius de Concas, Guill. Petri, Petrus de Porta, Jacobus Lombardus, Ugo Pulverellus, Guillelmus de Salzeto, Magister Guido, P. Luttiani & Guillelmus Raimundi Notarius venerunt ante præsentiam domini Guill. de Flexio Magal. Episcopi anno & mense quo superiùs, quinto Idus Novembr. & tactis corporaliter sacrosanctis Evangeliis sub legitimo examine domini Episcopi juraverunt omnia supradicta & singula vera esse, & dominum Guill. Montispess. ita suum Testamentum ordinasse, & filium suum dominum Guill. Montispess. illud Testamentum jurasse, & sub jurejurando se observaturum promisisse. Præterea in eisdem juramentis dicti testes addiderunt, quòd dominus Guill. Montisp. addidit præterea in eodem loco & tempore, & in serie ejusdem Testamenti in perpetuum statuit, quòd omnes chartulæ quas alicui vel aliquibus fecerat contrà rationem, in perpetuum sint cassæ & inutiles, & nullius momenti.

Quod autem de Novis pedaticis superiùs dictum est, ipsemet dominus Guillelmus exposuit de illis pedaticis, quæ ipse de novo in omni posse suo aliquo tempore vitæ suæ instituerat vel augmentarat : Sed V. Pulverellus, & Guill. de Conchis & Berengarius de Conchis, & Jacobus Lombardus de Chartulis non fecerunt mentionem. Præterea R. Lamberti, & Guillelmus de Salzeto, & P. Luttiani, isti tres testes in suis juramentis hoc ampliùs dixerunt, quòd dominus Guill. omnes novas costumas quas ipse instituerat vel augmentarat, remisit & condonavit. Istius publicationis ultimæ voluntatis juratæ depositiones sub præsentia & testificatione multorum recepit dominus G. de Flexio Magal. Episcopus in estari suo de Montepessulano, anno & die jamdicto, assidentibus ei P. de Lunello Archidiacono Magal. G. de Rabastenez, Silvestro Causidicis, Berengario, Lanberto & P. de sancto Johanne.

Eodem etiam loco & tempore audito & recitato, & secundùm præfatum modum sub legitima examinatione publicato Testamento, dominus Guillelmus Montisp. filius prædicti domini G. & dominæ Agnetis spontaneæ voluntatis arbitrio, tactis sacrosanctis Evangeliis corporaliter juravit se observaturum in omnibus & per omnia præfatum Testamentum, & quòd nullo loco vel tempore contrà istud Testamentum, vel aliquid in ipso comprehensum veniret : & istud sacramentum recepit dictus dominus G. Magal. Episcopus, & sub eodem sacramento affirmavit hic dominus G. quòd pubes erat factus & major xiv. annis.

Horum omnium interfuerunt præsentialiter testes Jacobus de Muella, G. de Narbona, P. de Sancto Cyro, Ugo de Rodernis, Ar. de Bitterri, P. Clement, Pontius de Ahura, Pontius de Vabre, R. de Albaterra, P. Verré, G. de Attonicis, B. Oto, B. Mazellerius, J. de Bejanicis, B. Silveri, P. Girardi, Deodatus Nota, Jo. de Cella-nova Publicerius, Guiraldus de Piniano, P. Calcerius, B. Cogola, Lucas Pulverellus, Guiraldus de Plantio, P. Porcel, Michaël Martin, Rainaldus Stornellus, Deodatus Godafridus, Pontius Rex, P. de Podio, Salvaire, Ricardus Publicerius, B. de Montaniaco, Rotgerius Cabreira, Ricardus de Cornoalle, Ugo de Monterotundo, G. Garellus, Petrus de Operibus, Willanus, D. Capdermal, P. Garnerius, P. de Pezenatio, R. Ebrardus, B. frater ejus, S. de Cerviano, R. Menabes, Pontius Vital Alem, P. Picapan, S. Doista, Andreas de Congerais, G. Cambius, B. Molnerius, Paulus Sicardus Bigorra, Pontius de Amiana, G. Berunus, Bonsevera, P. Medicus, G. Xanus, P. de Roderens, Guichon, Petrus de Bosco, P. Pipinus, R. Laudatus, B. de Fronte, J. Tacon, R. Carson major, B. Connon, P. Bligerius, Girardus Taon, B. Daudatus, R. de Lorderlis, Pincus, B. Faber, B. Guido, G. Johinus, Bertrandus Gilius, M. Ricardus, B. Amelius, S. Cabeza, V. d'Ocham, Pontius de Monte-rotundo, Guido Ricardus, G. Arnaldus, R. Blancus, G. Parator, R. Catalanus, B. de Ribalta, Carbonellus Aimericus Cappellanus, G. Espazerius, G. Bidotius, G. Rafficot, J. Maurella, Bertrandus Laudatus, Blanchus de S. Tiberio, Bertrandus Medicus, G. de Cavannaco, G. Petri junior, S. de Concas, P. d'Azillano, V. de Fonz, V. de Porta, P. de Cavannac, S. Caifaz, Austorgius de Dorllaco, B. de Roderens, Ricaldus de Rodens, G. Pallada, Laurentius Ricardus, B. de Azillano, Berengarius Medicus, G. de Azillano, B. de Rascazol, Pontius de Roveria, G. de Lunello, G. Fortis, B. de Barta, G. de Villanova, P. Richerius, V. de Roca, P. Topasse, J. de Baldac, R. Carizon, G. Malcalzat, Vivaldus, G. Carizon, G. Raimundus, P. Girardinus, B. Lanberti junior, Berengarius Lanberti, G. Lanberti, J. Catalanus, G. Diderius, P. de S. Desiderio, R. Arboza, B. Leutardus, G. Radulphi, G. Gros, Guiraldus Vasladerl, J. Limotgan, Talon, Guiraldus Atbrandus, B.

Leceria, J. Bligorius, P. Perinol, G. de Camburac, Pontius Carbonel, P. Salvaire, P. Giraldus, B. Ecclesia, S. Arbertus, B. de Azilla, Berengarius Aimericus, Marcus de Tornamira, S. Pulverelius, P. de Monbelliardo, J. Luttianus, P. Rainaldus, Guiraldus Raimundus, D. Defans, Berengarius amicus, Bertrandus Rainaldus, A. de Vilario, P. frater ejus, M. de Carrion, J. de sancto Antonio, J. Godofridus, J. de Azillam, Berengarius Lanberti Junior, Jo. de Castillo, B. Scanderius, Pontius de Montarbazon, R. Arberti, Bertrandus de sancto Amantio, D. Ratberti, G. Capderbou, P. Lobetus, P. de Cispiano, Jacobus Canonicus Agath. Bertrandus de S. Firmino, R. de Mairosio, &c.

Ad cautelam autem perpetuæ firmitatis, & ad servandum in suâ incolumitate omnium supradictorum memoriam, dominus Guillelmus de Flexio Magalonensis Episcopus universa & singula bullæ suæ plumbeo patrocinio communivit.

Ann. MCCIV. GUILLELMUS de Turre & GUILLELMA matrimonium ineunt.

IN Dei nomine, anno nativitatis ejusdem M. CC. IV. regnante rege Philippo, mense Julii. Notum sit omnibus quòd ego ALADAICIA, & ego GUILLELMUS Franchi, & ego RAIMUNDUS, & ego PETRUS fratres filii ejus, quia te GUILLELMUM de Turre volumus habere in legalem generum & cognatum, damus tibi filiam & sororem nostram nomine GUILLEMAM in propriam & legalem uxorem, optantes ex te & illa legales videre nepotes, & damus tibi cum eâ in dote & pro omni ejus hereditate duo millia solidorum Melgoriensium, ex quibus redimas totum honorem de fiscis, de pignore in quo erat; quæ duo millia solidorum Melgoriensium damus vobis tali pacto, quòd illa habeatis & teneatis ambo simul in omni vitâ vestrâ, post mortem autem vestram remaneant infanti vel infantibus ex vobis duobus pariter creatis & natis, si illos vobis supervinentes habueritis, si verò infantem vel infantes tales, ut duximus, vobis supervenientes non habueritis, & tu Guillelmus de Turre filiam & sororem nostram Guillelmam uxorem tuam supervixeris, damus tibi de prædictis duobus millibus solidis Melgoriensibus quingentos solidos Melgorienses, ad omnem tuam voluntatem plenariè faciendam, & mille quingenti solidi Melgorienses confestim debent reverti proximis dictæ Guillelmæ filiæ & sorori nostræ, vel debent habere & tenere totum honorem de fiscis pro suo pignore fructibus in sortem non computandis, tamdiu donec eis persolvantur dicti mille & quingenti solidi Melgorienses in die festo Omnium Sanctorum.

Hæc omnia superiùs scripta, ego dicta Guillelma laudo & confirmo bonâ fide sine inganno: & ego Guillelmus de Turre, quia te dictam Guillelmam volo habere in legalem uxorem, & ex te Deo dante legales cupio habere infantes, meipsum trado tibi in legalem maritum, & dono tibi in donationem propter nuptias sive in sponsalitio pro augmento mille solidos Melgorienses; tali pacto quòd illos habeamus & teneamus ambo simul in omni vitâ nostrâ, post mortem autem nostram remaneant infanti vel infantibus ex nobis duobus pariter creatis & natis, si illos nobis supervinentes habuerimus; si verò, infantem vel infantes tales, ut dixi, nobis supervinentes non habuerimus, & tu uxor mea Guillelma me supervixeris, dono tibi dictos mille solidos Melgorienses ad omnem tuam voluntatem plenariè faciendam, quos illos mille solidos Melgorienses simul, cum prædictis duobus mille solidis Melgoriensibus præfatæ hereditatis tuæ quæ sunt tria millia solidorum Melgoriensium completa, laudo tibi Guillelmæ uxori meæ & tuis more pignoris super totum honorem meum de fiscis, citrà & ultrà fructibus in sortem non computandis, tamdiu donec tria millia solidorum Melgoriensium tibi, vel cui jusseritis à Bernardo de Vinciano, & Bernardo, & Guillelmo fratribus consubrinis meis in pace persolvantur in die festo Omnium Sanctorum, vel de anno, in annum in isto festo Omnium Sanctorum, & teneo me benè perpacatum de omnibus prædictis duobus millibus solidis Melgoriensibus præfatæ hereditatis tuæ, sicut dictum est, integriter renuntiis exceptioni non numeratæ pecuniæ, & non numeratæ dotis. Et ultrà hoc totum dono tibi dictam cameram integriter. Hujus rei sunt testes Bernardus de Vinciano, & Bernardus frater ejus, Petrus Raimundi de Vinciano, Ugo de Ciliano & Berangarius de Ciliano nepos ejus, Guillelmus de Salutano Notarius, Capustagno mandatus scripsit.

Ann. MCCIV. Donationes ob nuptias factæ inter PETRUM Aragoniæ Regem, & MARIAM Montispessulani dominam.

CUm masculis & feminæ conjunctio à jure naturali & ex Divino præcepto descendat; & ob hanc rem donationes à muliere vel ex parte mulieris intervenire soleant ad matrimonium observandum, & propter onera matrimonii leviùs sustinenda. Ideoque in Dei nomine ego Maria filia quondam domini Montispessulani, collocans me in matrimonium tibi domino Petro Regi Aragoniæ, & Comiti Barchinonis, do tibi mecum in dotem totam villam Montispessulani cum omnibus suis pertinentiis, & cum tota dominatione sua, & castrum de Latis, & castrum novum, & castrum de Monteferrario, & castrum de Castris, & castrum de Omelacio cum omni dominatione sua, & castrum de Pinano, & castrum de Popiano, & castrum de Poallano, & villam sancti Paragorii, & villam de Vindemiano, & castrum de Arluz, & villam de Tresano, & villam sancti Georgii, & villam de Miravalle, & castrum de Lupiano, cum omnibus eorum adjacentiis & pertinentiis, & omnes villas, & mansos, feoda, & feodatarios, & generaliter omnia alia jura, quæ pater meus tempore mortis suæ habebat vel possidebat, & generaliter omnia alia jura mea. Hæc omnia & singula tali pacto & conditione do tibi domino Regi marito meo, quòd si habuerimus infantes superstites de te generatos & de me natos, ad primogenitum masculum, vel eo decedente ad subsequentem masculum, ad unum tantùm & non ad plures; & masculis deficientibus ad filiam primogenitam, vel eâ decedente ad subsequentem filiam, hæc dos revertatur, sin autem ad propinquos meos.

Et Ego Petrus in Dei nomine Rex Aragoniæ & Comes Barchinonis recipiens te dictam Mariam in legitimam uxorem, & me tibi tradens in virum legitimum, & cum dictâ dote te recipiens, dono & concedo tibi in donationem propter nuptias & in sponsalicio tuo totum Comitatum de Rossilon cum omnibus villis, & castris, & dominationibus, & hominibus & feminis, & omnibus suis pertinentiis, & generaliter totum hoc quod habeo & habere debeo de fonte Salsa & usque ad Clusam: tali pacto & tenore quòd si mihi supervixeris habeas hæc omnia, & teneas in omni vitâ tuâ, & post mortem tuam eisdem pact isad liberos communes superstites, vel ipsis deficientibus ad propinquos meos liberè revertantur.

Et promitto tibi Mariæ stipulanti, quòd nunquam te viventem dimittam, nec aliam quamlibet superinducam, neque bona & jura quæ tecum in dotem accipio, in solidum vel pro parte in damnum tuum fraudulenter diminuam, permutabo, vel quolibet alio genere alienationis in aliquam personam transferam, nec à te fieri patiar, sed ea omnia semper tibi fideliter servabo & retinebo, nec aliquod donum, vel pactum, vel relictum de omnibus supradictis, vel aliquo ipsorum recipiam, vel ab aliquo recipi patiar; quòd si feci vel fecero, illud cassum & inutile sit & remaneat. Et hæc omnia & singula firmiter me observaturum; & quòd te Mariam uxorem meam nullo modo decipiam juro super hæc sancta Dei quatuor Evangelia. Et si forte contrà dictum sacramentum ullo tempore venirem, vel in aliquo effringerem, aut etiam censurâ Ecclesiasticâ, vel alio modo dictum matrimonium dissolveretur, absolvo & libero in perpetuum ab omni vinculo fidelitatis, & sacramenti, & hominii omnes homines Montispessulani, & omnium castrorum & villarum superiùs nominatarum, & omnia superiùs à te in dotem data; ita quòd mihi deinde non tenerentur, sed tantùm tibi. Nihilominus post dictam absolutionem & dimissionem factam, prædicto sacramento à me superiùs tibi facto suas vires in perpetuum obtinente, ita quòd per te, vel per alium à dicto sacramento & pactis, & conventionibus nullatenus absolvi possim.

De his omnibus supradictis & singulis, quòd ita à domino Rege compleantur plenariè & observentur, & quòd ab ipso nullatenùs violentur vel infringantur, obligaverunt se Comes Santius in bonâ fide, Ildefunsus Comes Provinciæ frater domini Regis, Guillelmus de Balcio, Hugo de Balcio frater ejus, Rocelinus Vice-Comes & dominus Massiliæ, Guido de Cabilione, Petrus Amici, Petrus de Albanes: omnes per sacramentum cum renuntiatione omnis juris scripti & non scripti, super sancta quatuor Dei Evangelia præstitum.

Acta sunt hæc omnia & laudata in domo Militiæ Templi juxtà Montempessulanum in cœmeterio, Anno ab Incarnatione Domini millesimo ducentesimo quarto, mense Junii, septimo decimo Kalendas Julii.

*Horum omnium testes sunt:

Dominus Guido Magalonensis Præpositus.
W. de Rabastenes.
Bertrandus Radulfi.
Petrus Luciani.
Stephanus, Joachim, Joseph de Latis Causidici.
Petrus de Bisanchis.
Petrus Lumbardi Diaconus.
Pontius de Vallauques.
Bertrandus de Vallauques ejus filius.
Petrus de Stagno, Milites.
Petrus de Conchis.
W. de Conchis ejus filius.
Berengarius de Conchis.
Raimundus Atbrandi.
Petrus Lobeti.
Berengarius Amicus.
Luchas Pulverellus.
Joannes Lutianus.
Guillelmus frater ejus.

Stephanus de Litmogis.
Raimundus Elyas.
Petrus Tropasten.
Joseph de Montebeliardo.
Pontius Vitalis.
Bertrandus Ægidius.
Firminus Burgensis.
× Petrus Vitalis.
Bernardus de Azillano.
Guillelmus de Azillano.
Petrus de Azillano frater ejus.
Stephanus de Azillano.
Simon de Campo-novo.
Guillelmus Berengarius.
Petrus de Tripoli.
Bartholomæus Bigorra.
Guillelmus Borrell.
Petrus de S. Desiderio.
Petrus de Salviano.
Hugo de Monte-Rotundo.
Bernardus Racastol.

Pontius Aldeguerius.
Guillelmus filius ejus.
W. de Conchis Cerarius.
Austorgius de Orllaco.
Bernardus de Redorta.

Petrus Ademari.
Bernardus de Ortols.
Hugo Laurentius Notarius.
Guillelm. Raimundi Notarius.

Jacobus Laurentii Notarius; & alii quamplurimi.

Bernardus de Portâ publicus Curiæ Montispessulani Notarius qui hæc scripsit, & hæc omnia vidit.

MARIA Regina dat Montempessulanum, &c. Anno MCC PETRO Reginæ Aragoniæ.

IN Dei nomine. Notum sit cunctis quòd ego domina MARIA, filia quondam Guillelmi domini Montispessulani, Dei gratiâ Regina Aragoniæ, Comitissa Barchinonis, & domina Montispessulani, non inducta vi, vel in aliquo circumventa, cum hac præsenti publicâ scripturâ in perpetuum valiturâ per me & per omnes meos, bonâ fide dono inter vivos & irrevocabiliter trado tibi domino PETRO Dei gratiâ Regi Aragoniæ, Comiti Barchinonis marito meo, castrum & villam Montispessulani, cum omnibus pertinentiis suis, & appenditiis, & tenementis, & cum hominibus & feminis præsentibus & futuris, & leuzdis, seniorivis, dominiis, dominationibus, & omnibus aliis quibuscumque juribus & causis ad ipsum pertinentibus aliquo jure vel aliquâ ratione, vel consuetudine, sicut ea meliùs & pleniùs habuit & tenuit prædictus pater meus.

Eodem modo dono tibi castrum de Latis, & villam cum suis juribus & pertinentiis; & castrum de Castro-novo & villam cum suis juribus & pertinentiis, & castrum de Monte-ferrario, & villam cum suis juribus & pertinentiis; & quidquid habeo vel habere debeo in castro de Pinano, & in castro de Castris, & eorum pertinentiis; & in Lupiano, & in Frontiniano, & eorum pertinentiis. Eodem modo dono tibi castrum de Homeliacio cum omnibus fortiis, & municipiis ad ipsum castrum vel ad jus ejus & dominium pertinentibus.

Omnia prædicta, & quidquid in cunctis aliis locis habeo vel habere debeo, quocumque modo vel quâcumque ratione, dono tibi Petro Regi Aragoniæ marito meo, sive sint feuda, sive feualia, sive alodia; sive alius teneat à me vel tenere debeat, sive ego teneam ab alio, vel tenere debeam. Dono etiam tibi plenariam & liberam potestatem agendi, experiendi, & defendendi contrà omnes personas pro prædictis rebus & eorum juribus.

Omnia supradicta & quæcumque ad ea pertinent, dono tibi eo pacto ut habeamus quamdiù vixerimus & teneamus; post mortem meam tu habeas & teneas in omni vita tua, & facias inde quidquid volueris; ita tamen quòd post dies tuos ad infantem quem de me susceperis, liberè revertantur. Quòd si mihi talis proles, quod Deus avertat, ex te suscepta non fuerit, vel te vivente sine liberis decesserit, tu habeas omnia supradicta, & quidquid juris ubicumque habeo vel habere debeo, ad omnem tuam tuorumque faciendam voluntatem in perpetuum. Cedo itaque tibi omnes actiones, petitiones, exceptiones, defensiones, & jura quæ pro prædictis vel aliquo illorum mihi competunt, aut competere debent vel possunt. Omnia erga supradicta, & eorum singula ego domina Maria prædicta Regina Aragoniæ laudo, concedo, & confirmo tibi domino Petro Regi Aragoniæ; & quòd ita teneam, & contra non veniam, vel etiam sustineam, vel ali-

Diplomatum, &c.

quid ibi mutem, facto, dicto, consilio vel voluntate expressâ, tacitâ, vel etiam præsumptivâ; bonâ fide per stipulationem tibi stipulanti promitto; & etiam tactis corporaliter sacrosanctis Evangeliis sponte juro; renuntians per ejusdem sacramenti religionem omni juri, legi & consuetudini; cujus auxilio contrà venire possem, & etiam specialiter, & scienter, & consultè, legi illi quæ donationem prohibet inter virum & uxorem.

Hoc autem totum facio propter multa & magna beneficia, & maximum honorem quem ex tuâ gratiâ & benignitate me cognosco & confiteor recepisse. Et ad majorem facti auctoritatem & perennem rei memoriam, hanc paginam sigilli mei auctoritate munio & corroboro.

Datum in Quoquolibero secundâ Dominicâ Septembris, anno Domini millesimo ducentesimo quinto.

Hujus rei testes sunt:
Examenus de Lavatâ Prior domûs Hospitalis sancti Ægidii, & Castellanus Compostæ.
Domina Clementia.
Guillelmus de Cervaria.
Guillelmus Durfortis.
Bernardus Amelei.
Berengarius de sancta Eugenia.
Petrus de Porta.
Joannes de Montebeliardo.
Guillelmus Rotgerii.
Simon de Campo-novo.
Petrus de sancto Guillelmo.
Raimundus Daltani.
Collumbus &c.
Ferarius Notarii.

Signum Petri de Blandis Notarii domini Regis, qui mandato dominæ Mariæ Reginæ Aragoniæ hoc scripsit sub testimonio supranominatorum, loco, mense, die & anno quibus suprà.

PETRUS Rex Aragoniæ RAIMUNDO Duci Narbonæ spondet filiam SANCIAM daturam RAIMUNDO ejus filio in matrimonium.

IN Dei nomine. Anno Incarnationis ejusdem millesimo ducentesimo quinto, mense Octobris. Notum sit cunctis, quòd ego PETRUS Dei gratiâ Rex Aragoniæ, & Comes Barchinoniæ, & dominus Montispessulani volens tibi Raimundo Duci Narbonæ, Comiti Tolosæ, & Marchioni Provinciæ amore perpetuo connecti, dilectam filiam meam nomine Sanciam, promitto me daturum & traditurum in uxorem legitimam Raimundo filio tuo, & Reginæ Joannæ; & cum prædictâ filiâ meâ bonâ fide promitto me daturum pro suâ dote & hereditate filio tuo præfato, castrum & villam Montispessulani, cum omni plenitudine dominii & jurisdictionis & potestatis, & castrum de Homeliacio cum omnibus jurisdictionibus & pertinentiis suis, & omnes villas alias & munitiones & castra, quæ ad dominium & jus Montispessulani & castri de Homelacio pertinent & pertinere debent, sicut hodie habeo & teneo, & de jure habere debeo, vel alius per me nomine meo.

Hanc promissionem & concessionem facio eo pacti tenore posito, ut ego habeam & teneam omni tempore vitæ meæ omnia supradicta, post mortem verò meam habeat prædicta filia mea cum prædicto marito suo, & communes eorum infantes, absque portione & parte & clamore aliorum infantium, si qui mihi nascerentur ex hac uxore, & alia omnia supradicta. Si, quod Deus avertat, filia mea decederet absque liberis, omnia supradicta revertantur ad proximos meos, vel illos quibus ego dividero. Cæterum si morte alterutrius infantium (quod Deus nolit) nuptiæ inter eos non contraherentur, prædictæ pactiones cassæ remaneant: ita quòd de sponsalibus & matrimonio supradicto, & de promissionibus præmissis neuter alteri teneatur.

Ego itaque Petrus Rex prædictus promitto bonâ fide per stipulationem vobis Raimundo Comiti prædicto, & filio vestro R. quòd totum factum supradictum fideliter complebo, & absque aliquâ quæstione & occasione compleri faciam.

Et rursùm ego Petrus præfatus Rex, laudo, concedo, & confirmo, & renovo pactiones, & fidelitates, & sacramenta inter me & vos, & Comitem Provinciæ fratrem meum factâ, sicut meliùs & pleniùs continentur in instrumentis inde factis per alphabetum divisis.

Item ego Petrus prædictus Rex promitto vobis Raimundo Comiti prædicto, quòd filio vestro Raimundo fidelis amicus ero, & ipsum in Dei fide & meâ recipio, quòd cum non decipiam in aliquo, vel engannem, & in eisdem conventionibus quas vobis facio, ipsum recipio. Et hoc toto complendo & fideliter observando, dono pro fidelitate & constituo, Castrum-novum, castrum de Castris, & castrum de Monteferratio; salvo etiam vobis Comite alio jure, si quod ibi habere debetis, ita scilicet quòd si culpâ meâ vel facto meo, vel partis meæ, vel contrariâ voluntate filiæ meæ præfatæ sæpedictum matrimonium cum pactionibus prætaxatis non perveniret ad effectum, castra præfata tradantur vobis, & filio vestro Raimundo, pro faciendâ omni vestrâ voluntate uxorisque in perpetuum. Et de hoc dono vobis Bernardinum fidelem meum, qui mandato meo facit vobis hominium & sacramentum, quòd si ego omnia supradicta vobis & filio vestro Raimundo non observarem & complerem prædicta castra vobis traderet; ad faciendam omnem vestram voluntatem.

Et ego Bernardinus Bajulus domini Regis, qui etiam teneo fidelitates prædictorum castrorum; voluntate & mandato ejusdem promitto & convenio per stipulationem vobis domino Raimundo Duci Narbonæ, Comiti Tolosæ; & Marchioni Provinciæ, & filio vestro R. quòd si dominus meus Rex vel pars ejus contrà prædicta veniret, & ad admonitionem vestram infrà quinquaginta dies emendare nollet; statim dabo & tradam vobis & vestris plenam potestatem prædictorum castrorum, & de hoc facio junctis manibus . . . . hominium, & per hæc sacro-sancta Dei Evangelia corporaliter tacta, vobis gratis juro.

Promitto præterea ego prædictus Rex vobis Raimundo Duci Narbonæ, quòd prædictum Bernardinum Bajulum meum non mutabo, nec ibi alium instituam, donec ille substitutus prædictam fidelitatem, hominium & sacramentum de prætaxatis castris vobis faciat. Si forte mors sæpedicti Bernardinum præveniret, promitto vobis quòd infrà quinquaginta dies alium idoneum cum assensu & voluntate vestrâ instituam, qui prædictam fidelitatem, hominium & sacramentum vobis faciat & observet.

Omnia supradicta universa & singula ego præfatus Petrus Rex laudo & confirmo, & quòd ita tenebo & contrà non veniam, sicut suprà pleniùs continetur, & in aliis instrumentis de conventionibus factis bonâ fide, solemni stipulatione promitto, & etiam tactis sacro-sanctis, corporaliter Evangeliis sponte juro, renuntians per ejusdem sacramenti religionem omni juri, legi & consuetudini cujus auxilio contrà venire possem.

Et ego in Dei nomine Raimundus, Dux Narbonæ, Comes Tolosæ & Marchio Provinciæ, promitto vobis Petro Regi Aragoniæ, Comiti Barchinonæ & domino Montispessulani, quòd assignabo, & tradam, & constituam in maritum legitimum filium dilectum Raimundum, Reginæ Joannæ filium, filiæ tuæ & dominæ Mariæ uxoris tuæ, nomine Sanciæ, & assigno ei pro suâ hereditate; & post mortem eidem filio dono Ducatum Narbonæ, & Comitatum Tolosæ cum omnibus eorum pertinentiis, & jurisdictionibus, & alodiis & feudis, & generaliter quidquid habeo, & habere debeo, ultrà flumen Eravi versus Guasconiam. Præterea promitto me constituturum & daturum cùm filio meo prædicto in sponsalicio, sive donatione propter nuptias, filiæ vestræ jamdictæ quidquid habeo in Castro-novo de Arri, & in castro Sarraceno, & in Moxaco, & in Monte-Albano, & in eorum pertinentiis. Similiter eodem concedo modo, & firmiter renovo, & confirmo pactiones de fidelitate & valenciâ factas inter me & vos, & Comitem Provinciæ fratrem vestrum, sicut meliùs & pleniùs continetur in instrumentis inde factis per alphabetum divisis. Omnia supradicta, sicut superiùs meliùs continentur, vel etiam in aliis instrumentis conventionis inter nos factis, per alphabetum divisis, laudo & confirmo.

Promitto præterea ego Raimundus prædictus Comes, quòd, si ante matrimonium contractum filius meus decederet, ego statim reddam vobis Petro Regi Aragoniæ, vel reddi faciam prædictam filiam vestram liberè & absolutè; & si post contractum matrimonium ipse decederet, eodem modo ipsam redderem vel reddi faciam. Promitto similiter vobis, quòd cum filius meus ad annos pubertatis pervenerit, faciam vobis ipsum jurare prædictas convenientias. Et pro iis & aliis omnibus supradictis adimplendis & fideliter observandis, constituo pro fidelitate castrum de Monte-rotundo, castrum de Calycione, castrum d'Albaix; tali scilicet pacto, quòd si culpâ meâ vel facto partis meæ, vel adversâ voluntate filii mei prædicta non adimplerentur, statim prædicta castra tradantur per nostros vobis & vestris, ad faciendam omnem voluntatem vestram vestrorumque: & de omnibus iis observandis & adimplendis dono vobis & constituo Elisiarium d'Albaix, qui vobis faciet hominium & sacramentum, & teneatur vobis & vestris ad prædicta castra reddenda, nisi infrà quinquaginta dies post admonitionem vestram supradictam adimplerentur & observarentur.

Et ego Elisiarius d'Albaix Bajulus domini Comitis, qui teneo fidelitates prædictorum castrorum, voluntate & mandato ejusdem promitto & convenio per stipulationem vobis domino Petro Regi, quòd si dominus Raimundus Comes vel pars ejus contrà prædicta veniret, & ad admonitionem vestram, infrà quinquaginta dies emendare nollet, statim dabo vobis & vestris plenam potestatem prædictorum castrorum, & de hoc facio junctis manibus vobis hominium, & per hæc sacro-sancta quatuor Evangelia corporaliter tacta, vobis gratis juro.

Promitto præterea ego prædictus Raimundus Comes, quòd prædictum Elisiarium bajulum meum non mutem, nec ibi alium instituam, donec ille substitutus prædictam fidelitatem, & hominium & sacramentum de præraxatis castris vobis faciat. Si forte mors sæpedictum Elisiarium præveniret, promitto vobis quòd infrà quinquaginta dies alium æquè idoneum cum assensu & voluntate vestrâ instituam, qui prædictam fidelitatem & hominium & sacramentum vobis faciat & observet.

Omnia supradicta universa & singula ego præfatus Raimundus Comes laudo & confirmo, & quòd ita teneam; & contrà non veniam, sicut superiùs & pleniùs continetur, vel in aliis Instrumentis de conventionibus factis; bonâ fide, solemni stipulatione promitto; & etiam tactis corporaliter sacrosanctis Evangeliis sponte juro, renuntians per ejusdem sacramenti religionem omni juri, legi & consuetudini cujus auxilio contravenire possem.

Datum Florenzaco, Anno Domini millesimo ducentesimo quinto, mense Octobris. In testimonio subscriptorum & quamplurium aliorum:

Signa, Gaufridi de Rocabertino.	Fratris Fulconis Commendatoris Mansi Dei.
Michaëlis de Lusia.	Fratris Pontii de Montelongo.
Guillelmi de Cervaria.	
Raimundi de Montecatano.	Fratris Sancii de Sangoza.
Dalmatii de Crexello.	Fratris Imberti.
Pontii G. de Tortcella.	Raimundi Targerii.
C. de Ila.	Bernardi de Andusia.
Raimundi Gauceraudi.	Petri Bremundi filii ejus.
Arnaldi de Foxano.	Pontii Bernardi.
Guillelmi de Caneto.	Bertrandi de Orianicis.
Raimundi de Castro veteri.	Guidonis Capitis-Porci.
	Stephani Ademari.
Raimundi de Palatio.	Raimundi de Salvis.
Berengarii de Acquaviva.	Raimundi de Arzacio.
Fratris Exam. de Lavata Prioris Hospitalaris.	Petri de Arzacio.

Signum Petri de Blandis Notarii domini Regis Aragoniæ, qui mandato utriusque patris supradicta scripsit mense & anno quibus suprà.

STEPHANI *Cantuariensis Archiepiscopi.*

Serenissimo Domino JOANNI *Dei gratiâ Anglorum Regi,* STEPHANUS *Cantuariensis Archiepiscopus in Domino salutem, & pietatis visceribus abundare.*

Regnum diù stare non poterit, cujus statum vera Regis clementia on communit. Largiente clementia Redemptoris, licet merita nostra non exigere viderentur, personam nostram fratrum electio generalis Cantuariensi Cathedræ subrogavit. Et licet consecrationis beneficium simus per Apostolicæ sanctitatis ministerium assequuti; forte, peccatis nostris exigentibus electioni nostræ Regalis intuitus non consentit, & ad Ecclesiam, ad quam vocati sumus, accessum habere liberum non permisit. Propter repulsam à nobis factam in universos fines Anglicæ regionis generale promulgavimus interdictum, quod in dispendium animarum quibus Jurisdictione regia præsidetis, & in vestræ Majestatis ignominiam perduravit. Et cum nos visceraliter doleamus super tanti continuatione dispendii, vos qui regere debetis in virgâ ferreâ, deberetis super interdicto multo districtiùs perturbari. Cum igitur vestrum Regnum vallare deberet exuberantia pietatis, Majestatem vestram suppliciter exoramus, quatenus nobis tranquillum præbeatis introitum; & nos ad Dei laudem, ad vestræ gloriam majestatis relaxabimus interdictum.

JOANNIS *Regis,* STEPHANO *Cantuar. Archiepiscopo.*

JOANNES *Dei gratiâ Anglorum Rex* STEPHANO *dicto Cantuariensi Archiepiscopo salutem.*

Revocari debet in irritum omnis electio, quam pars major & sanior consensus sui non roborat fulcimento.

fulcimento. Cum ex generali consensu Capituli te promotum in Cantuariensem Archiepiscopum protestaris, & per manum summi Pontificis consecratum: nos promotioni tuæ, sicut proponis, duximus resistendum, ingressum tibi liberum prohibentes; & nunc piâ sollicitudine flagitasti, quòd tibi velimus consensum liberum impertiri, cum sis revocaturus sententiam interdictionis. Tuis quidem propositionibus respondentes, te minùs electum Canonicè protestamur; quia liquet & in Juris corpore continetur, quòd majore vel saniore parte non consentiente, nulla censetur electio. Propter quod quidquid circà te factum est reputari debet penitus pro infecto. Cum igitur in terram nostram sententia videatur non legitimè promulgata, cùm excommunicandi non habeas potestatem; tibi mandamus quatenùs, si quid juris habeas in electione quam asseris esse factam, cures attentiùs resignare; sciturus quòd ad honorem Regiæ Majestatis, & fortè non ad damnum tuum, Ecclesiæ Cantuariensi curabimus providere.

Symon Comes Montisfortis C. sol. anniversario matris suæ assignatos confirmat.

Symon dominus Montisfortis, Dux Narbonæ, Tolosensis & Licestrensis Comes, Biterrensis & Carcassonensis Vicecomes, omnibus ad quos præsentes litteræ pervenerint, salutem in Domino. Noverit universitas vestra, quòd nos audivimus & vidimus quasdam litteras sigillo carissimæ dominæ & matris nostræ quondam Amiciæ Comitissæ Leicestrensis & dominæ Montisfortis sigillatas sub hac formâ.

Amicia Comitissa Leicestrensis, domina Montisfortis, universis tam præsentibus quàm futuris, ad quos litteræ istæ pervenerint, salutem. Noverit universitas, quòd nos Ecclesiæ beatæ Mariæ Carnotensis centum solidos monetæ Parisiensis de annuo reditu in perpetuam eleemosynam concedimus & donamus, expendendos in opus ipsius fabricæ, dum vivemus. Post nostrum autem decessum distribuendos Canonicis ejusdem Ecclesiæ, qui nostro intererunt anniversario. Assignamus autem eosdem centum solidos in censu nostro apud sanctum Leodegarium castrum nostrum, ab ejusdem castri Præposito annuatim in castrino festi sancti Remigii dictæ Ecclesiæ persolvendos; hoc tenore, quòd idem Præpositus, nisi eos ad terminum prædictum reddiderit, pro singulis diebus, quibus eos reddere differet, quinque solidos Parisienses tenebitur reddere Ecclesiæ pro emendâ. Quod ut ratum & stabile in perpetuum perseveret, præsentem chartulam inde notari fecimus, & sigilli nostri munimine roborari. Datum anno incarnati Verbi M. CC. sexto. Nos autem donationem istam, sicut prælibata est, gratam & ratam habemus, & præsentem paginam in testimonium sigilli nostri munimine roboramus. Datum anno Dominicæ Incarnationis M. CC. quinto-decimo, mense Aprili.

Quibus conditionibus recipiatur à Capitulo Noviomensis Ecclesiæ Decanus.

Joannes Decanus, totumque Noviomensis Ecclesiæ Capitulum, omnibus in perpetuum. Paci nostræ posterorumque nostrorum tranquillitati providere cupientes, paginâ præsenti declarare, & sigilli nostri munimine decrevimus roborare, quæ ex antiquo & consuetudinario jure Decanus noster in novitate promotionis suæ, antequàm à Canonicis ei canonica præstetur obedientia, super sanctum Evangelium, corporali sacramento præstito, firmiter & inviolabiliter observaturum se promittere debet.

1. Primum quidem, quòd in Ecclesiâ nostrâ mansionem & residentiam continuam faciet. 2. Quòd in damnum vel detrimentum seu præjudicium Ecclesiæ munera non accipiet. 3. Quòd ab Episcopo nostro feodum non recipiet, nec ei homagium faciet, nisi fortè quæ hoc exigat, hereditario jure successio quælibet ad ipsum fuerit devoluta. 4. Quòd in Ecclesiâ nostrâ duos personatus non obtinebit. 5. Quòd res Ecclesiæ ad recensum non tenebit, nisi fortè illas quas ante tempora suæ promotionis tenuerit. 6. Quòd præbendarum partitionem non impediet, nec constitutioni quam major & sanior pars Capituli [fecerit] de partitione præbendarum obviabit, vel de partitione aliquid recompensationis gratiâ postulabit. 7. Quòd tempore messis in grangiis nostris procurationem non accipiet, nisi fortè specialiter à Capitulo pro aliquo negotio Capituli fuerit in partibus illis destinatus. 8. Quòd nonnisi de consilio & convenientiâ Capituli, Canonici præbendam non saisiet, aut occupabit; nec ipsum suspendet, nisi per Capitulum. 9. Quòd ipse Decanus, si Presbyter non fuerit, ad submonitionem Capituli ad Presbyteratûs ordinem tenebitur accedere. 10. Quòd homagia Capituli ad submonitionem partis, vel communitatis absque exactione & redemptione in Capitulo recipiet. 11. Quòd nonnisi de consensu Capituli Clericos in choro recipiet, nec receptos ad ordinandum præsentabit ex parte Capituli, nisi per Capitulum.

Ut igitur præmissa futuris temporibus, observatione perpetuâ gaudeant & firmitate, præsentem paginam sigilli nostri appensione roboravimus; & ne aliter fiat, sub anathematis interminatione prohibemus. Datum anno Incarnationis Dominicæ millesimo ducentesimo octavo, mense Maio.

Constitutio Domini Philippi Regis Francorum de jure patronatûs Ecclesiarum.

Philippus Dei gratiâ Rex Franciæ, Fidelibus suis R. Rotomagensi Archiepiscopo, & Universis Episcopis Normanniæ ejus Suffraganeis, salutem & dilectionem. Noveritis quòd recognitionibus Ecclesiarum per quatuor Presbyteros & iv. Milites, præsentibus Archiepiscopo vel Episcopo loci vel personâ loco eorum, per litteras patentes sufficienter transmissâ; & Bailliuo nostro, ad certum locum de communi assensu electum ad assisiam; de quâ inter eos convenerit; ubi intervenerit; contentio inter Ecclesiasticas & laicas personas, vel inter Ecclesiasticas & Ecclesiasticas personas de Ecclesiâ vacante vel non vacante. Si Archiepiscopus, vel Episcopus lite motâ Ecclesiam illam alicui contulisset, hæc est voluntas nostra, quòd, videlicet partibus ad certum locum convocatis, & quatuor Presbyteris ab Archiepiscopo, vel Episcopo, vel eorum assignato, sicut præmissum est, & quatuor Militibus à Bailliuo nostro ad recognitionem datis, & illis diligenter examinatis ab ipsis, & aliis quos secum viderint evocandos, parti illi remanebit præsentatio Ecclesiæ, in quam plures illorum octo concordabunt.

Nulla autem excusatio locum habebit cùm Archiepiscopus, vel Episcopus per se veniat, vel personam per litteras suas patentes loco suo, ut dictum est, ad assisiam transmittat.

Item si tres illorum octo vel plures de visu concordabunt, similiter penes illum juri patronatûs possessio remanebit.

Item si plures illorum octo qui loquuntur de auditu vel credulitate, legitimè super sacramenta sua dixerint, quia firmiter credunt quòd ille cui attribuunt patronatum illum, eum habuerit & possederit pacificè usque ad tempus illud, penes eum remaneat possessio.

Præterea volumus quòd nisi ille qui dicitur esse patronus, vel qui ad se patronatum Ecclesiæ asserit pertinere, à die vacationis infra sex menses continuos super hoc non moverit quæstionem, Archiepiscopus vel Episcopus illam Ecclesiam cui voluerit liberam conferendi habeat potestatem: quod non habebit si ille, qui dicit se esse patronum, contra Archiepiscopum vel Episcopum infra sex menses moverit quæstionem. Et si inter eos quæstio oriatur, quòd mota fuerit controversia super jure patronatûs de Ecclesiâ vacante infra sex menses prænominatos, per quatuor Presbyteros & quatuor Milites, sicut prædictum est, examinatos veritas inquiretur.

Volumus etiam ut si fortuito casu contingat quòd Archiepiscopus vel Episcopus patronatum clamet in Ecclesiâ, Archiepiscopus ille qui clamat, vel Episcopus ille qui clamat, & est auctor; non sit elector quatuor Presbyterorum qui jurabunt, nec inquisitor, sed vicinus Episcopus statuatur loco Episcopi qui clamat, vel Archiepiscopus tamquam superior, si ipse Archiepiscopus non sit de querelâ.

Anno MCIX.

PHILIPPI Regis Stabilimentum de feodo Regni Franciæ.

PHILIPPUS Dei gratiâ Francorum Rex. O. Dux Burgundiæ, Comes Nivernensis, R. Comes Boloniæ, G. Comes S. Pauli, G. de Domnâ Petrâ, & plures alii Magnates de Regno Franciæ unanimiter convenerunt, & assensu publico firmaverunt, ut à primo die Maii in posterum ita sit de feodalibus tenementis. Quidquid tenetur de domino ligiè, vel alio modo, si contigerit per successionem heredum, vel quocumque alio modo divisionem inde fieri, quocumque modo fiat, omnes qui a de illo feodo tenebunt, de Domino feodi principaliter & nullo medio tenebunt, sicut unus antea tenebat, priusquàm divisio facta esset; & quandocumque contigerit pro illo totali feodo servitium domino fieri, quilibet eorum secundùm quod de feodo illo, tenebit, servitium tenebitur exhibere, & illi Domino deservire, & reddere rachatum, & omnem justitiam. Quidquid autem antea factum est & usitatum usque ad primum diem Maii, maneat sicut est factum; sed de cætero fiat sicut supra est dictum. Quod ne possit oblivione deleri, & in posterum irritari, præsens scriptum sigillorum suorum munimine roborari fecerunt. Actum anno Domini MCIX. mense Maio, primo die Maii apud Villam-novam Regis juxta Senones.

a omnes qui] Contra morem hoc institutum est, nec locum habuit, ut ex ipsis S. Ludovici stabilimentis perspicuum cuique esse potest.

a Chronicon istud non est vetus, & scriptum fuit à N. Sabaterio Præfide Parlamenti Tolosani & Præcentore Ecclesiæ Castrensis. Ita accepi à V. C. Guillelmo Masnavio Senatore Tolosano, qui mecum Chronicon istud communicaverat diù ante editionem. Auctor enim fuerat ejus avunculus. Ab eodem Masnavio acceperat Acherius.

b Anno Domini.] Hæc in margine Cod. MS. aliâ manu scripta erant.

c Gilibertus] Gislebertus Aimoino c. 7. l. 1. de Translatione S. Vincentii.

Chronicon a Episcoporum Albigensium, & Abbatum Castrensium.

Anno Domini b sexcentesimo quadragesimo septimo ROBERTUS, ANSELINUS, & DANIEL tres viri pii & nobiles, relicto cingulo militiæ sæcularis, in pago Albigensi juxta fluvium Agouti sub Regula S. BENEDICTI Deo militantes castra metati sunt: & inde nomen loco indictum Castra. Tres Cellas manibus propriis sibi construxerunt ex lignis silvaticis, terra & foliis: vacabant orationi, jejuniis, vigiliis, & operationi manuali. Tanta pietatis fama spargitur circumquaque: plurimorum fit concursus; multiplicantur Cellæ usque ad numerum vigenti novem. Advenit FAUSTINUS Miles strenuus, opibus abundans: Deus tetigit cor ejus, fit Monachus, Ecclesiam S. Benedicti à fundamentis magno sumptu ædificat, & per mortem Roberti fit secundus hujus Monasterii Abbas.

Subsequuntur nomina Episcoporum Albigensium, & Abbatum Castrensium, à primordio & origine Monasterii de Castris usque ad an. MCCXI.

ANno Domini sexcentesimo quadragesimo septimo Constantius in Albigesio Episcopabat: Robertus eodem anno abbatiabat apud Monasterium de Castris.

Anno sexcentesimo septuagesimo tertio Ricardus episcopabat:
Faustinus abbatiabat.
Anno 692. Citruinus episcopabat:
Bertrandus abbatiabat.
Anno 702. Hugo episcopabat:
Bertrandus abbatiabat.
Anno 734. Joannes episcopabat:
Alfonsus abbatiabat.
Anno 812. Verdatus episcopabat:
Grimoaldus abbatiabat.
Anno 825. Guillelmus episcopabat:
Adelmus abbatiabat.
Anno 844. Baldoinus episcopabat:
Adalbertus abbatiabat.
Anno 854. Panderius episcopabat:
Gilibertus c abbatiabat.
Anno 869. Lupus episcopabat:
Salomon abbatiabat.
Anno 870. Lupus episcopabat:
Bernon abbatiabat.
Anno 879. Lupus episcopabat:
Rigaudus abbatiabat.
Anno 921. Paternus episcopabat:
Guillelmus abbatiabat.
Anno 972. Froterius episcopabat:
Durandus abbatiabat.
Anno 992. Honoratus episcopabat:
Sancius abbatiabat.
Anno 1020. Amelius episcopabat:
Sancius abbatiabat.
Anno 1030. Amelius episcopabat:
Arnaldus abbatiabat.

Anno 1043. Guillelmus episcopabat :
Gerebardus abbatiabat.
Anno 1052. Aldegarius episcopabat :
Gerebardus abbatiabat.
Anno 1066. Frotardus episcopabat :
Gerebardus ᵈ abbatiabat.
Anno 1087. Guillelmus episcopabat.
Geraldus abbatiabat.
Anno 1096. Gauterius episcopabat :
Geraldus abbatiabat.
Anno 1099. Hugo episcopabat :
Geraldus abbatiabat.
Anno 1110. Aldegarius episcopabat :
Godofredus de Mureto abbatiabat.
Anno 1115. Bertrandus episcopabat :
Godofredus abbatiabat.
Anno 1126. Humbertus episcopabat :
Reginaldus abbatiabat.
Anno 1141. Rigaldus episcopabat :
Rogerius abbatiabat.
Anno 1154. Arnaldus episcopabat :
Rogerius abbatiabat.
Anno 1165. Guillelmus episcopabat :
Rogerius abbatiabat.
Anno 1176. Geraldus episcopabat :
Guilabertus abbatiabat.
Anno 1190. Geraldus episcopabat :
Petrus Isarni abbatiabat.
Anno 1193. Guillelmus episcopabat :
Petrus Isarni abbatiabat, qui obiit anno 1211. Idibus Junii.

Versus ᵉ *Fronti Majoris januæ Ecclesiæ S. Benedicti Castrensis inscripti.*

Faustinus lapsis à Mauri morte decem octo
Lustris, has S. Benedicto dedicat aras ;
Impensisque suis tota est structura peracta,
Aptavitque suis humeris de more cucullam.
Religionis amans, Cellis se devovet istis ,
Atque Abbas factus, mirâ pietate refulsit.

Robertus I. *Abbas an.* 647.

Adduxit socios secum in deserta Robertus
Binos, spernentes delicias hominum.
Construxere sibi Cellas à cespite parvo :
Hæc est Castrensis fons & origo Domûs.
Virtus illorum facta est contagio sancta :
Turba exhinc Fratrum multiplicata viget.

Faustinus II. *Abbas an.* 673.

Divitiis pollens multis Faustinus & altâ
Militiâ, Albigæ gloria lausque fuit.
Corde retractato meditans ventura, caducas
Sprevit divitias, tactus amore poli.
Fit Monachus, struxit Templum Benedicti in honorem ,
Et baculo Abbatis rexit ovile Dei.

Citruinus *an.* 680.

Hesperias rigidus censor pervenit ad oras :
Ritusque antiquos restituisse ferunt.
In Toletano ᶠ cœtu Citruinus obivit
Carcassonensis munus Episcopii.
Cumque cathedra suo Albigæ sessore careret,
Antistes factus judicio est populi.

Bertrandus III. *Abbas an.* 691. & 722.

Dulce jugum Christi teneris portavit ab annis,
Evitans cautè Dæmonis insidias.
Centum terque duos vitam produxit in annos
Bertrandus, summi plenus amore Dei.
Hanc tandem subitâ, at prævisâ morte precando
Ejicit, æternâ ut luce frui valeat.

Alfonsus IV. *Abbas an.* 734.

Nobilium ut reparet Martellus damna virorum,
Injecit dominas in sacra feuda manus :
Castrensi gazæ parcens Abbatis amore,
Cujus consilio est usus & auxilio.
Proximus est morti princeps : hunc excitat Abbas,
Et tinctum Christi sanguine monstrat iter.

Grimoaldus V. *Abbas an.* 812. & 815.

Bellum atrox, urgensque fames, pestisque cruenta
Cuncta vorant, Trini terna flagella Dei.
O fera corda hominum, quæ tantis acta procellis,
Accumulant semper crimina criminibus !
Inter tot clades sine damno Castra fuere,
Virtute Abbatis conciliante Deum.

Adelmus VI. *Abb. an.* 825.

Quæ ventura forent tentavit prodere Adelmus,
Astrorum vanis lusus imaginibus.
Ex libro Mosis vitæ secreta futuræ
Novit, & hoc sacro lumine vera videt.
Astrorumque loco sunt illi vulnera Christi.
Non sunt majora his sidera vulneribus.

Adalbertus VII. *Abbas an.* 844.

Dum Carolus validâ premit obsidione Tolosam,
Castrensem firmat regia charta domum.
In sylvam Vauri stipatus milite multo,
Hostiles Hugo provocat ense acies.
Victor ovat, transitque vadum, populosque ruinis
Implens, quas dederat cogitur ipse pati.

Elisachar ᵍ VIII. *Abbas an.* 854.

Gilibertus IX. *Abbas an.* 858.

Salomon X. *Abbas an.* 864.

Servorum insidiis potuitne resistere quisquam,
Queis condere jussa tradita cura fuit ?
Infecta horrendo Monachis datur esca veneno.
Bis septem Fratres hoc periêre cibo.
Sex servi flammis usti : scelus igne piatum est :
Libertas reliquis est data mancipiis.

Berno XI. *Abbas an.* 870.

Rigaudus XII. *Abbas an.* 879. 884. 888.

Vincenti ædificat templum Rigaudus, opusque
Perficit oblatis à Patre muneribus.
Transfert Reliquias, populi comitante catervâ :
Tunc audit surdus, mutus & alloquitur.
Tres comites feretrum portant, Rigaudus & alter
Lætatur pondus sustinuisse sacrum.

Guilhem XIII. *Abbas an.* 921.

Ascendit cathedram nulli sermone secundus
Guilhem : Pastores arguit esse lupos.
Innocuo trahitur collo, populique tumultu
Exiit immunis carceris è laqueo.

ᵈ *Gerebardus*] Post eum, ait Baluzius, Arnaldus Abbas Castrensis anno 1086. *Scheda Narbon.* pag. 170.
ᵉ *Versus*] Hi versus, ait Baluzius, sunt ejusdem auctoris qui scripsit Chronicon.
ᶠ *Toletano*] Acherius legi vult *Tolosano.*
ᵍ *Elisachar*] Omissus suprà.

Sponte suâ Albigam repetito carcere venit,
  Fit nolens liber seditione pati.

DURANDUS XIV. *Abbas an.* 953.

Quæ via sit Domini meâ linguâ docebit iniquos,
  Cordeque converso corruet impietas.
Valfredus [h] spargit doctrinæ semina falsæ,
  Corpus & unâ animam morte perire docet.
Insurgit contrà vero sermone Durandus,
  Et gladio linguæ dogmata falsa secat.

SANCIUS XV. *Abbas an.* 992. 1020.

Sancius inculcat Domini præcepta, viasque
  Ipsius monstrans, dissipat omne scelus.
Castigat corpus, menti retinacula tradit,
  Commissumque gregem dirigit atque fovet.
Oblitos voti Monachos meretricio amori
  Subripit : huic meretrix Paula dolone petit.

ARNALDUS XVI. *Abbas an.* 1030.

Deliciis hominum Arnaldus satiatur iniquis,
  Intrat Castrensis Claustra Monasterii.
Pœnitet adversùs Dominum peccasse, suique
  Peccati veniam postulat : illa datur.
Infirmos sanat tactu, mutosque loquaces
  Reddit : contrito hæc gratia facta viro est.

GEREBARDUS XVII. *Abbas an.* 1043. 1052. 1066.

Dum loca sancta petit Gerebardus noster, obortum est
  Rupto inter fratres fœdere dissidium.
Sedari potuit monitu discordia nullo,
  Abbatis reditus pacis origo fuit.
Grex illi commissus erat, non cura videndi
  Judæam : officio defuit ipse suo.

GERALDUS XVIII. *Abbas an.* 1081, 1096, 1099.

Fulgure tacta domus reliquas incendit, & imber
  Miscetur flammis : ignis & undâ furit.
Incassum Fratres tentant exstinguere flammas.
  Namque ardentem ignis provocat unda sitim.
Jamque Monasterium furibunda incendia volvit,
  Cum Christi oblato corpore flamma cadit.

GODOFREDUS de Mureto XIX. *Ab. an.* 1110. 1115.

Adstricti sanatæ qui sunt anathemate diro,
  Noluntque absolvi restituique Deo.
Post annum hos Præsul voluit compellere duro
  Carcere ; sic arctans corpus & unâ animam.
Vincula ferre duo populo renuente, querela
  Nascitur hinc ingens inter utrumque forum.

REGINALDUS XX. *Abbas an.* 1124. 1126.

Nocte Dioscorius Benedicti altaria nudat,
  Infandoque onerat colla latrocinio.
Porta adaperta fuit : tamen illi clausa videtur :
  Et frustra templum circuit ut' fugiat.
Dum matutino Reginaldus surgit,
  Sub scamno furem & furta simul reperit.

ROGERIUS XXI. *Abbas an.* 1141. 1154. 1165.

Istas se confert juvenis Ludovicus ad ædes,
  Vincenti ut Sancti pignora honore beet.
De cane suspenso Miles carus Ludovico,
  Principis ante fores ense trium cecidit.
Sæpiùs exorant veniam : at conceditur illis,
  Ut sit supplicii sumpta cuculla loco.

GUILABERTUS XXII. *Abbas an.* 1176.

Inter Raimundum Comitem concordia facta est
Et Regem Anglorum connubio stabili.
Tuncque Tolosani Legati munere functus
Est Abbas, nomen cui Guilabertus erat.
Fitque Joanna uxor Comitis [i] : pro dote Cadurcum
Dat. Regi Comitis sic stabilita fides.

PETRUS Isarni XXIII. *Abbas anno* 1190. 1193. 1211.

Jura & Consuetudines Civibus Attrebati concessa ab LUDOVICO *Philippi Augusti filio, & à* ROBERTO *Comite Attebatensi confirmata.*

IN nomine sanctæ & individuæ Trinitatis, Amen. ROBERTUS Comes Atrebatensis, excellentissimi Principis Ludovici Dei gratiâ Regis Franciæ illustris nepos, universis præsentes litteras inspecturis salutem. Noverint universi nos litteras felicis recordationis Ludovici quondam avi nostri, primogeniti quondam Philippi Dei gratiâ Regis Franciæ illustris vidisse, & diligenter inspexisse, in hæc verba :

In nomine sanctæ & individuæ Trinitatis, Amen. LUDOVICUS domini Regis Francorum primogenitus. Noverint universi præsentes pariter & futuri, quòd jura & consuetudines civium Attrebatensium perpetuò inconcussè manere decrevimus, videlicet :

I. Quicumque burgensis alium burgensem occiderit scienter, sive intra villam sive extra, caput pro capite perdet, si per Scabinos convictus fuerit.

II. Quicumque membrum alii scienter abstulerit & convictus inde fuerit per Scabinos, in voluntate nostrâ erit vel de tali membro auferendo, vel de sexaginta libris, nisi se defendendo hoc fecerit.

III. Quicumque raptum aut homicidium fecerit, justitia nostra eum quàm citius poterit capiet, & submonebit Scabinos ut eum infra quadraginta dies judicent, & Scabini debent eum justè judicare infra quadraginta dies. Et si à die submonitionis usque ad quadraginta dies cum non judicaverint, judicium de eo ex tunc nostrum erit, & Scabini nobis exinde facient emendationem.

IV. Quicumque de raptu convictus fuerit per Scabinos, caput perdet, nisi mulier cui vis illata est ei voluerit nubere, & hoc de voluntate nostrâ.

V. Quicumque per Scabinos convictus fuerit quòd treugas infregerit de plagâ ad bannileugam, caput perdet ; quòd si plaga ad bannileugam non fuerit, sexaginta libras amittet : & quem Scabini inde justè inculpaverint, in culpâ erit ; & quem justè liberaverint, liber remanebit.

VI. Quicumque alium occiderit, vel ad mortem vulneraverit, si justitiæ nostræ eum retinere volenti quispiam violentiam fecerit, in voluntate nostrâ erit de illo facere sicut & de eo qui forisfactum fecit, si protractum hoc fuerit per Scabinos.

VII. Si quis alii vulnus fecerit, & justitia nostra eum coram Scabinis duxerit, si Scabini viderint quòd vulnus illud non sit ad mortem, sed ad bannileugam, perdet sexaginta libras. Si verò viderint quòd possit esse ad mortem, triginta diebus observabitur, & si interim moriatur, caput pro capite. Si verò interim non moriatur, sexaginta libras amittet super se, & super suum, & de illo judicio non poterimus capere ad Scabinos.

VIII. Quicumque intra pacem civitatis infracturam fecerit de raptu, vel de furto, vel de plagâ

---

[h] *Valfredus*] De quo nihil hactenus Scriptores, ait Acheus.
[i] *Comitis*] Tolosæ Raimundi VI. An. 1195. Joan.

Henrici II. Regis Angl. filiam duxit, & pro dote Cadurcos accipit. & Aginnenses sub homini conditione.

ad bannileugam, justitia nostra debet eum arrestare & coram Scabinis ducere, & ibi debet facere securitatem per considerationem Scabinorum tantum faciendi quantum Scabini judicabunt.

IX. Quicumque alium occiderit vel ad mortem vulneraverit, Major & Scabini & tota Communia debent juvare justitiam nostram ad capiendum eum, & Communia poterit eum sequi ubique infra bannileugam, sine forisfacto nostro & justitia nostra, secum acceptis circiter decem vel duodecim hominibus civitatis quos voluerit, poterit eum sequi usque ad domum ad quam fugerit, & recommendare eum & ad dominum domus, qui veniat ad justitiam.

X. Quicumque cultellum cum cuspide, vel curtam spatulam, vel misericordiam, vel aliqua arma multritoria portaverit, sexaginta libras perdet; & si inde aliquem vulneraverit, in misericordia nostra erit perdendi pugnum: & hoc de manentibus citra Oysam.

XI. Justitiæ nostræ licet in res banniti manum mittere; qui bannitus est de sexaginta libris quousque suum habeat, salvis vadiis prius factis per Scabinos.

XII. Qui bannitum de sexaginta libris vel de morte hominis infra bannileugam occiderit, quantum ad Communiam sine forisfacto erit.

XIII. Si quis fuerit in libera domo, quem justitia nostra detinere voluerit, per dominum domus, vel per se & auxilium suum arrestare poterit eum quousque Scabini veniant, & tutus eorum justo judicio debet tractari.

XIV. Si quis foraneus burgensem primo & injuste verberaverit, aut vulneraverit, vicini eum sequi poterunt & vicinum suum juvare sine forisfacto; & si ille se defendat, quidquid in eum fiat, fiat sine forisfacto.

XV. Si Miles burgensi pecunias debens, se inde subdiderit legi Scabinorum coram eis, eumque non juverit justitia nostra ab eo requisita, burgensis vadium Militis & abandon capiet intra partem civitatis sine forisfacto. Et qui post prohibitionem inde factam eam hospitatus fuerit, pecuniam solvet.

XVI. Nullus intra partem civitatis manens submoneri debet, nisi per Scabinos, & Scabini non possunt conducere, quin eam cum justitia nostra quandocumque eos submonuerit, si justitia debet eis dicere causam submonitionis an sit rationabilis, nec ire debent nisi sit rationabilis.

XVII. Qui per Scabinos pertractus fuerit de assultu domus, sexaginta libras perdet.

XVIII. Qui alium intra bannileugalem cum armis fugaverit, si per Scabinos pertractus fuerit, sexaginta libras perdet.

XIX. Quidquid homo faciet corpus suum defendendo, nullum forisfactum facit.

XX. Qui de robaria pertractus fuerit per Scabinos, sexaginta libras perdet, & ei robaria reddetur qui eam amiserit.

XXI. Quamcumque concordiam bannitus faciat nobiscum, remaneat bannitus hominibus civitatis, donec sexaginta solidos eis persolverit.

XXII. Qui bannitum de sexaginta libris hospitatus fuerit, sexaginta libras perdet.

XXIII. Qui alium baculo percusserit, si per Scabinos pertractus fuerit, decem libras perdet, quarum nos centum solidos habebimus, Castellanus viginti, burgenses viginti, percussus sexaginta. Qui alium pugno vel palma percusserit, seu per capillos cepit, triginta solidos perdet, videlicet percussus quinquaginta quinque solidos habebit, Castellanus decem, homines civitatis quinque.

XXIV. Qui alium per capillos ad terram traginaverit, vel pedibus desolaverit, undecim libras & dimidiam perdet, videlicet nos decem libras habebimus, Castellanus decem solidos, traginatus quindecim, homines civitatis quinque.

XXV. Qui alii convitia dixerit, quinque solidos ei dabit, & justitiæ duodecim denarios.

XXVI. Qui duobus vel pluribus Scabinis treugas refutaverit, sexaginta libras perdet.

XXVII. Guerræ & discordiæ & aliqua mala si in civitate contingunt, per Scabinos emendari poterunt salvo jure nostro.

XXVIII. Qui pacem & concordiam, quam Scabini considerant, refutaverit, sexaginta libras perdet, & cuique Scabinorum decem dabit.

XXIX. Qui super Scabinos per malum manum miserit, sexaginta libras perdet.

XXX. Qui de infractura civitatis falsum testimonium dixerit, sexaginta libras perdet.

XXXI. Quicumque alii pecuniam debuerit, per testimonium Scabinorum non poterit liber esse, donec creditor ipsum quitum clamaverit per Scabinos.

XXXII. Quicumque burgensis in dolo pro damno a faciendo alicui super se clamare fecerit, & coram Scabinis probatum fuerit, clamor ille & totum residuum illius creditoribus communiter remanebit.

XXXIII. Quicumque de civitate pro debito fugerit, totum residuum illius creditoribus remanebit, & fugitivus de civitate bannietur pro sexaginta libris.

XXXIV. Nullus civium debet alium implacitare de catallo, nisi coram justitia nostra & Scabinis, & si alias eum implacitaverit, liberare debet eum infra terminum à Scabinis constitutum: quod si non fecerit, sexaginta libras perdet.

XXXV. Nullum donum, nulla venditio, nulla concessio, nulla investitura tenebitur, nisi facta fuerit coram Scabinis.

XXXVI. Nullus Clericus adversus laicum hereditatem suam petere potest, nisi per Advocatum suum & per justitiam nostram & judicium Scabinorum: similiter nec feodum suum nisi per dominum à quo descendit, & judicio hominum suorum.

XXXVII. Qui forum locabit, sexaginta solidos nobis dabit. Banni vini & banni venalium à sexaginta solidis, & infra, & banni de tremerello remanebunt hominibus civitatis.

XXXVIII. Si homo foraneus Attrebatum manere veniat, Scabinis præsentatus, deinde quietè & sine calumnia per diem & annum ibi manserit, burgensis erit, & legem civitatis habebit.

XXXIX. Qui fossare debent, ad fossatum veniant sicut debent.

XL. Nullus accipiat denarios ex parte nostra ad portas civitatis ad emundandum calceias, nisi burgensis.

XLI. Quacumque hora nos voluerimus de bannitis nostris, & de aliis rebus omnibus veritatem habebimus, si Scabini eam dicere sciunt. Banniti in Flandria per veritatem, vel per Scabinos Flandrenses de furto, vel de multro aut raptu, nominari debent Scabinis Attrebati, & ab eis banniri, & deinceps si in villa inveniantur capi possunt.

XLII. Quoniam autem quæ dicta sunt cognitione & justo judicio Scabinorum tractari debent.

XLIII. Præterea concessimus burgensibus Attrebati Scabinos novando se singulis quatuordecim mensibus in quatuordecim menses: ita quod post singulos quatuordecim menses Scabini qui eo tempore fuerint, eligent quatuor probos & legitimos

CCcc iij

viros civitatis, priùs præstito sacramento quòd magis legitimos bonâ fide eligent; & illi quatuor eligent alios quatuor viros probos & discretos per suum sacramentum., & iterum secundi quatuor eligent alios quatuor per suum sacramentum similiter, & isti duodecim erunt Scabini per quatuordecim menses, ita quòd in Scabinatu non poterunt esse simul consanguinei germani, nec proximiores, nec socer, nec gener. Quicumque autem Major sit, non potest habere in Scabinatu consanguineum germanum, nec propinquiorem, nec socrum, nec generum, quemadmodum dictum est de Scabinis.

XLIV. Prædicti verò duodecim Scabini debent submonere de talliis suis ad hospitia sua, & isti duodecim Scabini debent eligere quatuor probos viros, qui debent recipere omnia estaamenta civitatis, & de eis debent reddere computationem Scabinis.

XLV. Fiet autem electio Scabinorum de quatuordecim mensibus in quatuordecim menses, sicut superiùs dictum est, salvo jure Majoris Attrebati quale debet, & omnium aliorum.

XLVI. Adhuc eisdem Scabinis dedimus stratam & denarios portæ qui sunt ad calceiam faciendam, ad usus & consuetudines civitatis, salvis tamen nobis redditibus nostris & forisfactis, & justitiâ illius loci.

Ut autem prædicta omnia firma sint & inconcussa, sigilli nostri auctoritate, & nostri nomine characteris inferiùs annotato præsentem paginam præcepimus confirmari. Actum Parisius anno Dominicæ Incarnationis millesimo ducentesimo undecimo, regni patris anno tricesimo secundo, adstantibus in palatio ejusdem patris nostri quorum nomina supposita sunt & signa. Dapifero nullo. Signum Guidonis Buticularii, S. Bartholomæi Camerarii, S. Dronis Constabularii; per manum Guidonis de Atheis vacante Cancellariâ.

Nos autem præfatus Robertus Comes Attrebatensis ea omnia & singula quæ præmissa sunt volumus, laudamus, ac etiam approbamus, salvis tamen nobis, heredibus & successoribus nostris justitiis, redditibus, redevantiis & expletis nostris, & omnium alio jure nostro.

XLVII. Præterea villæ nostræ Attrebatensi & Scabinis ejusdem villæ concedimus cognitionem & judicium multri, incendii, & totius altæ & bassæ justitiæ intra judicium Scabinorum, salvis nobis expletis, emendis & forisfactis nostris in omnibus supradictis.

XLVIII. Concedimus etiam eisdem, ut statutum quod de nostro eorumque consensu factum fuit de talliis per juramentum perpetuò apud Attrebatum faciendis, & de emendis levandis ab his qui de suis facultatibus veritatem non dicerent, firmum & stabile amodo permaneat sine contradictione aliquâ teneatur.

XLIX. Volumus autem & concedimus eisdem, ut omnes qui pro tempore Scabini Attrabatenses erunt in posterum, in primo ingressu sui Scabinatûs jurent quòd jura Ecclesiastica, jura nostra, vitam & membra nostra & honorem nostrum terrenum, & ea quæ in chartâ nostrâ præsenti continentur fideliter servabunt, & legem & jus omnibus facient bonâ fide, salvo tamen in his omnibus jure nostro, ac etiam alieno. Ut autem hæc præsens concessionis nostræ charta illæsa & inconcussa permaneat in futurum, Nos in prædictis utilitatem & pacem villæ nostræ Attrebatensis prædictæ & Scabinorum, & omnium habitantium in eadem villâ attendentes, præsentem chartam nostram eisdem concessimus, & eam sigilli nostri charactere, fecimus roborari. Actum Parisius anno millesimo ducentesimo sexagesimo octavo, mense Martio, die Martis ante Ramos palmarum, videlicet in festo beati Gregorii.

De anniversario STEPHANI de Pertico.

STEPHANUS de Pertico Miles, omnibus ad quos litteræ istæ pervenerint, salutem in Domino. Noverint universi præsentis scripti paginam inspecturi, quòd Joannes de Friesiâ Miles omnem viariam, quam ipse in terrâ Ecclesiæ beatæ MARIÆ Carnotensis habebat, eidem Ecclesiæ in perpetuam eleemosynam contulit & donavit, volente hoc & concedente fratre suo Garino. Hanc autem donationem ego concessi & confirmavi.

Præterea pro anniversario meo in eâdem Ecclesiâ annuatim celebrando quinquaginta solidos Carnotensis monetæ assignavi in reditu de Longovillari, post decessum meum percipiendos. Institutionem etiam anniversariorum karissimi fratris mei Gaufridi Comitis Perticensis, & Mathildis Comitissæ uxoris ejusdem Comitis, & reditum pro eisdem anniversariis celebrandis, sicut in litteris ejusdem Comitissæ continetur assignatum, ego concessi & approbavi. Ad quorum robur atque memoriam sigilli mei appositione præsentem paginam communivi. Actum in Capitulo Carnotensi præsente Raginaldo ejusdem Ecclesiæ Episcopo, & multis aliis adstantibus. Anno gratiæ MCCXI. mense Junio.

Fundatio duarum Præbendarum in Ecclesiâ S. Matthæi de Foilliaco.

RADULFUS Dei gratiâ Archidiaconus Pontivensis, & dictus Abbas præbendarum S. Matthæi de Foilliaco apud Corbeiam, universis ad quos litteræ præsentes pervenerint, salutem in Domino. Noverit universitas vestra, quòd in constitutione duarum Præbendarum, quas dilecti in Christo Hugo de Vers, Canonicus Noviomensis, & Thomas alumnus ipsius, zelo charitatis succensi, temporalia quæ in possessionibus feodalibus cum suis pertinentiis apud Aubegni à Stephano de Marasco cognato eorum emptionis titulo obvenerant, conferendo de novo in eâdem Ecclesiâ S. Matthæi de assensu nostro & Capituli ipsius Ecclesiæ plantaverunt, ita voluntatem suam propter tenuitatem temporalium & pietatis intuitu declarare curaverunt, ut postquàm ambo fuerint ab hac luce subtracti, illæ duæ Præbendæ cum temporalibus eis deputatis ad communes usus ejusdem Ecclesiæ & Canonicorum reducantur: illius verò qui priùs humanæ sorti debitum exsolverit, Præbenda cum temporalibus superstiti, quoad vixerit, integraliter accrescat, & ita demùm ad Ecclesiam ipsam & Canonicos Præbendæ illæ post utriusque obitum devolventur. Nos igitur devotionem eorumdem Hugonis & Thomæ in Domino commendantes, & Deum præ oculis habentes, de assensu & voluntate Capituli ejusdem Ecclesiæ, sæpedictos Hugonem & Thomam ad easdem præbendas in Fratres & Canonicos consuetâ solemnitate adhibitâ, admittere curavimus, dantes eis vocem in Capitulo, & locum in Choro assignantes. In cujus rei firmitatem & testimonium eis præsentem chartam sigillorum nostrorum charactere signatam duximus concedendam. Actum anno Dominicæ Incarnationis 1211.

Diplomatum, &c. 575

An. MCCXII.

GUILLELMUS *Comes Forcalquerii fœdus init cum Guidone de Dampetra quo suum omne jus quod prætendebat in Borbonio ipsi relinquit.*

Dominæ & amicæ suæ chariffimæ BLANCHÆ illustri Trecensi Comitissæ Palatinæ, WILLIELMUS Comes Forcauquerii, & MARGARETA uxor ejus, salutem & sinceræ dilectionis obsequium & honorem. Noverit serenitas vestra quòd cum matrimonium nostrum de laude & assensu Domini Ducis Burgundiæ, Guidonis de Dampetra, M. Dominæ Borbonii, & aliorum amicorum nostrorum celebratum fuisset : Nos videntes quòd dictus Guido de Dampetra volebat bonâ fide quòd nos jus nostrum haberemus in omni terrâ, quæ me Margaretam contingere debebat de capite matris meæ M. dominæ Borbonii, venimus propriâ voluntate in curiam Domini Regis Francorum pro audiendo arbitrio curiæ suæ super hoc ad usus & consuetudines Franciæ. Fuitque arbitrium curiæ suæ ad usus & consuetudines Franciæ hactenus approbatas ; tale scilicet quòd non audierant neque viderant ; quòd Baronia aliqua esset divisa pro herede feminâ in quâ heres masculus haberetur, sed heres femina maritagium acciperet à patre vel matre suâ, vel fratribus suis ; tale siquidem in quo non esset disparatus, & quòd ei conveniret secundùm genus & nobilitatem suam. Cumque arbitrium curiæ suæ audissemus, nos de libera voluntate talem fecimus pacem super omni jure nostro supradicto cum dicto Guidone, quòd nos quitta vimus ei & heredibus suis omne jus nostrum ; & dictus Guido dedit nobis pro quittatione illâ mille & ducentas marcas argenti. Rogavimus autem Dominum Regem Francorum, ut pro bono pacis hanc quittationem nostram litteris suis patentibus dicto Guidoni & heredibus suis confirmare & testificari dignaretur ; Quod quidem ipse sui gratiâ facere dignatus est diligenter.
Hanc etiam pacem & quittationem quam fecimus supradicto Guidoni & heredibus suis juravimus eis tenendam bonâ fide, & observandam. Hinc est quòd dilectionem vestram rogamus attentè & requirimus, quatenus eamdem quittationem nostram supradicto Guidonis & heredibus suis à nobis factam per litteras vestras patentes eis confirmare & testificari velitis. Actum anno Domini millesimo ducentesimo undecimo, mense Februarii.

An. MCCXII.

PETRUS *Rex Aragonum donat* GUILLELMO *de Montepessulano Montempessulanum & alia castra, de quibus Guillelmus præstat sacramentum.*

IN Christi nomine, sit notum cunctis quòd nos PETRUS Dei gratiâ Rex Aragonum & Comes Barchinonensis, bono animo & spontanea voluntate donamus & concedimus per nos omnes & successores nostros tibi GUILLELMO de Montepessulano, & posteritati & consanguinitati tuæ in perpetuum ad feudum, villam de Montepessulano, & castrum & villam de Latis, & castrum de Paollano quod tibi in præsenti tradimus & castrû & villâ de Omelacio, cum omnibus juribus, & terminis & tenimentis, ac pertinentiis, & appendiciis suis, & cum omnibus dominiis & dominationibus, & jurisdictionibus suis, & cum omnibus castris & villis, & munitionibus sive fortiis, quæ ad prædicta castra & villas & ad jurisdictionem & dominationem earum & eorum spectant & pertinent, vel spectare & pertinere debent quoquo modo, ubicumque, & qualiacumque, & quantacumque sint, exceptis illis quæ tenere debes per Comitem Tolosanum : alia autem omnia prædicta cum feudis & feudalibus & retrofeudalibus, cum militibus & hominibus & feminis ibi habitantibus & habitaturis, cum dominicaturis omnibus, cum montibus & planis, cum cultis & incultis, cum nemoribus, sylvis, garriciis, arboribus, herbis, pratis, pascuis, pascheriis, cum fontibus, fluminibus, rivis, stagnis, & aliis aquis dulcibus atque salsis, & earum ductibus & reductibus, cum molendinis & furnis omnibus atque balneis, cum venationibus, piscationibus maris & stagnorum & aquarum dulcium, cum stabilimentis & justitiis omnibus, cum stacamentis, placitis & firmamentis omnium causarum civilium & criminalium, cum hostibus & cavalcatis omnibus, cum quæstiis, toltis, fortiis, censibus, servitiis, usaticis & aliis omnibus *ademirivis*, cum mercatis & nundinis sive feriis, cum leudis, pedaticis, ribaticis & consuetudinibus terræ & maris ; cum bajuliis & vicariis omnibus, & cum omnibus omninò aliis juribus & causis expressis hic & non expressis, quæcumque in prædictis omnibus & singulis habemus vel habere debemus aliquo modo, aliquo jure, aliquâ occasione, aliquâ ratione vel causâ, & cum omnibus etiam melioramentis quæ ibi tu aut tui feceritis, vel facere potueritis unquam.

Promittimus etiam tibi, quod te potenter & fideliter adjuvabimus requirere & recuperare omnia supradicta ab illis, qui ea detinent contrà voluntatem nostram ; & recipimus te in bonâ fide nostrâ de omnibus supradictis, & pro omnibus supradictis.

Ego itaque præfatus Guillelmus de Montepessulano, filius Agnetis feminæ, recipio à vobis Domino meo Petro Divinâ dispositione Rege Aragonum & Comite Barchinonensi, filio Sanctiæ feminæ felicis recordationis Inclytæ Reginæ Aragonum, hæc omnia supradicta modo prædicto, & devenio unde homo & vassallus vester ; promittens & conveniens firmiter bonâ fide quòd fidelis ero vobis de corpore vestro & membris, & de totâ terrâ vestrâ, & de toto jure vestro, sicut homo debet esse ad suum meliorem Seniorem, cui propriis manibus se commendat ; & specialiter de villâ de Montepessulano, & de castro & villâ de Latis, & de castro de Paollano quod in præsenti mihi tradidit, & de castro & villâ de Omelacio ; & de omnibus castris & villis & munitionibus, quæ ad prædictas villas & castra, & ad dominationem & jurisdictionem earum & eorum spectant & pertinent, vel spectare & pertinere debent, exceptis illis quæ tenere debeo per Comitem Tolosanum, & de omnibus fortiis sive munitionibus, quæ in terminis vel pertinentiis earum vel eorum, vel in toto honore quem mihi donatis, fient vel construentur unquam ; & faciemus de prædictis omnibus ego & omnes mei successores pacem & guerram per vos & successores vestros in perpetuum ; & præstabimus etiam vobis & successoribus vestris valentiam & auxilium contrà omnes personas bonâ fide, ad vestram cognitionem ; & dabimus vobis & successoribus vestris, & nuntio, & nuntiis vestris plenam potestatem irati & pacati faciendi pacem & placitum & guerram, de prædictis villis & castris & fortiis & munitionibus fideliter & potenter, quotiescumque & quantocumque admoniti fuerimus vel commoniti per vos, vel per nuntium aut nuntios vestros aut litteras ; & de admonitione vel commonitione non vetabimus nos, nec subtrahemus aliquem malo ingenio vel arte.

Cæterum si quis vel si qui aufert vel auferunt, abstulerit vel abstulerint vobis aut mihi prædictas, villas, vel castra seu fortias aut munitiones, vel ipsarum aut ipsorum aliquod, cum illo vel illis finem vel pacem aut concordiam non habebo, usquequo totum recuperatum habeam, ita quod amisso recuperato, teneam & habeam illud per vos modo & forma prædictis.

Omnia supradicta prout melius scripta sunt & plenius intelligi possunt, ego prætaxatus Guillelmus de Montepessulano fideliter observabo & adimplebo vobis prænominato Domino meo Petro Regi Aragonum, & successoribus vestris, & ita me fideliter observaturum bona fide per stipulationem solemnem vobis stipulanti promitto, & etiam sub hominio, quod vobis pro dicta feudo junctis manibus facio; quod totum etiam per sacro-sancta Evangelia corporaliter à me tacta sponte juro, statuens in perpetuum quod successores mei eamdem formam fidelitatis, idem hominium, consimile sacramentum vobis & successoribus vestris in Regno Aragoniæ facere teneantur.

Datum Tolosæ nono Kalendas Februarii, anno Dominicæ Incarnationis millesimo ducentesimo duodecimo. Signum Petri Dei gratia Regis Aragonum & Comitis Barchinonensis : Signum Guillelmi de Montepessulano qui hoc firmò & laudo. Huic rei præsentes interfuerunt Guillelmus Durfortis, Petrus Almarranus; Raimundus Seguinus, & Bononatus Scriptor Domini Regis. Testes hujus rei sunt Raimundus Dux Narbonensis, Comes Tolosæ, & Marchio Provinciæ; Raimundus Rotgerii Comes Fuxensis; Bernardus Comes Convenarum; Dominus Nuno Sancii; Eximinus Cornelii, Gassia Romei, Michael de Lusia, Raimundus de Monte catano; Raimundus Gaucerandi de Pinos; Raimundus de Ripollis; Raimundus de Castro-vetulo, Guillelmus de Cervaria, Guillelmus de Cervilione, Guillelmus de Monte-Catano, Guillelmus Raimundi Senescalcus, Azenarius Pardi, Arnaldus de Alascuno, Arnaldus Palacini; Assallitus de Gudal, Petrus de Aonisio, Petrus Berengarii de Rivo pirorum, Petrus Martini de Leheth, Petrus Pardi; Bernardus de Portella, Bernardus de Talamanca, Bernardus de Sentellis, Bernardus Ermangaudi de Fraxianeto. Signum Bononati qui mandato Domini Regis pro Ferrario suo hoc scripsit loco, die & anno præfixis.

An. MCCXIII

Testamentum MARIÆ *Reginæ Aragonum.*

In nomine Domini, Amen. Anno Incarnationis ejusdem millesimo ducentesimo tertio decimo, Pontificatus Innocentii Papæ tertii anno decimo-sexto, mense Aprili, die vigesimo, indictione prima. Ego MARIA Regina Aragonum & domina Montispessulani, quamvis ægra corpore, mente sana, nolens decedere intestata, nuncupativum, quod sine scriptis dicitur, facio Testamentum, in quo mihi Jacobum filium Regis Aragonum & meum, mihi omnium bonorum meorum mobilium & immobilium hæredem instituo : ita tamen quod si forte, quod absit, idem filius meus obierit sine prole, duæ filiæ meæ Mathildis scilicet & Perona, quas suscepi de Comite Convenarum, heredes in omnibus meis bonis succedant, & simili modo earum altera decedente, altera vicissim alteri hereditario jure succedat : statuens firmiter atque præcipiens, ut Testamentum quod in partibus meis feci ultimò ante istud, quod est sigillo idoneorum virorum solemniter consignatum, in omnibus obtineat firmitatem, exceptis illis quæ in hoc Testamento ultimo commutantur.

Ideo autem mihi apud Basilicam beati Petri Apostolorum Principis meam eligo sepulturam, volens, mandans atque statuens, ut omnia debita, quæ in veniendo Apostolicam sedem & ibidem morando contraxi, adhuc pro familiæ meæ reditu, & sepulturæ meæ exequiis contrahentur, primitus omnia persolvantur.

Deinde verò legata omnia secundùm tenorem subscriptum distribui, præcipio & expendi : In primis Basilicæ beati Petri Principis Apostolorum lego viginti quinque libras, pro officio funeris mei & exequiis sepulturæ lego secundùm providentiam Camerarii domini Papæ libras triginta Provinciales : Basilicæ beati Joannis Lateranensis viginti quinque libras : Basilicæ beatæ MARIÆ Majoris unum calicem duarum marcarum : Basilicæ beati Pauli unum calicem duarum marcarum.

Præterea Monasterio sancti Salvatoris de Aniana lego quidquid habeo vel habere debeo in piscariis castri de Fruntiniano, & in pertinentiis suis ; quas piscarias bonæ memoriæ Comes de Montepessulano pater meus ab eodem Monasterio tenuit & possedit.

Præterea Castrum de Miraval cum omnibus pertinentiis suis Monasterio sancti Felicis de Monte-favo dimitto, reservato tamen usufructu & pleno dominio ejus dominæ Clementiæ amitæ meæ omnibus diebus vitæ suæ.

Fissendiæ Camerariæ meæ lego viginti quinque libras in Ergeron-monte, præter id quod eidem in alio testamento dimisi, & capam meam guasnaciam, pallium & tunicam, & pelliciam novam scarlateam & mantellum, & guasnaciam de viridi panno. Guillelmæ mulieri servienti meæ guasnaciam de bruneto, & aliam pelliciam de scarleto, & victum in domo mea ipsam habere volo, prout pater meus illi concesserat. Orderico Bononiensi pro recompensatione servitii sui volo & mando dari quinquaginta libras Turonenses : Advocato causæ meæ triginta libras Provinciales. Magistro Obicioni decem libras : Magistro Thomæ quinque libras : Magistro Guillelmo Correctori unam marcam argenti. Præterea Mergoto valleto meo cum his quæ sibi in alio Testamento legavi, dimitto libras quinquaginta. Michaeli famulo meo decem libras, præter id quod in alio Testamento dimisi : Magistro Theobaldo Medico meo viginti libras : Caponi Confessori meo decem libras : Bernardo de Lancen tres libras.

Hæc autem omnia & alia, quæ in alio Testamento ultimo condito ante istud in partibus meis non sunt per istud expressè mutata, jure Testamenti vel Codicillorum, vel favore ultimæ voluntatis, rata & firma perpetuò esse volo.

Ad ultimum verò volo & statuo, & sanctissimus pater Innocentius Summus Pontifex liberam habeat potestatem mutandi, addendi, minuendi & ordinandi de hoc Testamento pro suæ beneplacito voluntatis, sub cujus & Ecclesiæ Romanæ protectione, defensione atque tutela præfatum filium meum & filias meas, & omnia bona & familiam dimitto.

Actum est hoc in præsentia subscriptorum ad hoc specialiter vocatorum, scilicet Magistri Joannis Castellomate Medici Domini Papæ; Magistri Raynerii domini Papæ ..... & familiaris : Magistri Benedicti domini Stephani Camerarii, Capellani Abbatis Monasterii Anianensis ; Guarini Monachi Anianensis ; Magistri Theobaldi medici, Guidaldi Capellani prædictæ Reginæ, & Raymundi Erram, & plurium aliorum.

INNOCENTII

INNOCENTII *Papæ III.* PHILIPPO *Regi Francorum.*

INNOCENTIUS Episcopus servus servorum Dei, carissimo in Christo filio nostro PHILIPPO Regis Franciæ illustri salutem, & Apostolicam Benedictionem. Quanto melior est anima corpore, tanto spiritualia sunt temporalibus præferenda; unde commodum temporale non est cùm spirituali damno quærendum, ne unde lucrum quæritur temporale; inde spirituale periculum oriatur, teste veritate quæ dicit: *Quid prodest homini si universum mundum lucretur, anima verò sua detrimentum patiatur.*

Auditis itaque literis, quas tu & quidam Barones tui contrà dilectum filium R. tituli Sancti Stephani in Cælio-monte Presbyterum Cardinalem Apostolicæ Sedis Legatum, super variis articulis destinastis diversas querimonias continentes: protinus nobis & querelas contra eumdem Legatum propositas, & responsiones ipsius fecimus explicari, easque tibi probabiliter moderatas præsentibus literis mittimus interclusas, hoc tuæ Serenitati breviter respondentes: quòd licet idem Legatus à nobis super usurariis non acceperit speciale mandatum, quia tamen in Regno tuo plùs solito usuraria pestis increverit, in tantum facultates Ecclesiarum, Militum, aliorumque multorum devorans & consumens, quòd nisi tanto languori adhiberetur efficax medicina, intendere non sufficerent ad subsidium Terræ sanctæ, propter quod ipsum duximus specialiter destinandum; unde ipse tamquam spiritualis medicus adversùs hanc mortiferam pestem, de consilio virorum prudentum in diversis Conciliis ad curandas animas salubre remedium adinvenit; quocircà non decet tuam Regalem prudentiam, quæ inter cæteros Principes sæculares Christianitatis titulo est insignis, pro aliquo temporali commodo spiritualem impedire profectum, sicut per quasdam literas ad diversas comunias destinatas te fecisse dolemus, quas ut prudentiori retractes consilio, præsenti paginæ fecimus intercludi: serenitatem Regiam exhortantes, quatenus nec impedias nec facias impediri quòminùs in regno tuo Ecclesiastica jurisdictio valeat exerceri. Nos enim prædicto Legato præcipimus, ut adhuc super his, quantum cum Deo potest, necessarium adhibeat moderamen, ne in aliquo modum excedat, honestas consuetudines & usus rationabiles non immutans, limam omnium generali Concilio, reservando; unde volumus & mandamus, ut interim idem negotium hinc inde modestè procedat, quia tunc super his &, aliis cum sacri approbatione Concilii statuemus, quod spiritualiter & temporaliter videbimus expedire. Datum Romæ apud sanctum Petrum 11. Idus Maii, Pontificatûs nostri anno septimo decimo.

Ejusdem PHILIPPO *Regi Francorum.*

INNOCENTIUS Episcopus servus servorum Dei, carissimo in Christo filio nostro PHILIPPO illustri Franciæ Regi salutem, & Apostolicam benedictionem. Expedit universis, maximè sublimibus viris, ut secundùm Apostoli dictum à suo sensu non facilè moveantur, propter varias immissiones, quæ fiunt per angelos malos, dicentes bonum malum, & malum bonum, ponentes tenebras lucem, & lucem tenebras: ut rupto vinculo caritatis, dissentionis materiam liberiùs valeant seminare. Licet autem illum te credamus habere prudentiam, ut de nostra non dubites caritate, cum te, Deo teste, sincerissimè diligamus, & libenter & efficaciter ad tuum commodum intendamus & honorem, ut tamen peramplius & perfectiùs de nostro reddaris favore securus, pro certo confidas, quòd adeo statum regni Francorum prosperum affectamus merito devotionis & fidei, quam erga nos & prædecessores nostros ac Romanam Ecclesiam semper exhibuit, quòd æquanimiùs pateremur Romanæ Ecclesiæ quàm regno Francorū aliquod grave imminere discrimen, cum faciliùs hæc quàm illud ab hujusmodi posset incommodo relevari. Unde quamvis interdum propter inopinatos casus oporteat agere nos diversa, ut pote qui ex Apostolicæ servitutis officio debitores sumus omnibus constituti, speramus tamen in Domino, quod illam in actibus nostris providentiam observabimus, quòd contra te ac regnum tuum nihil statuemus indebitum, recognoscentes nos ei, multis ex causis specialiter debitores, imò quantum honestè poterimus, tuæ regali curabimus Sublimitati deferre. Quocirca Serenitatem tuam rogandam duximus & monendam, quatenus tanto te circà nos & Romanam Ecclesiam studeas exhibere, quòd de die in diem in tuæ dilectionis fervore crescamus. Ad hæc dilectus filius Magister Thomas nuntius tuus vir providus & fidelis, ea quæ à nobis audivit pleniùs tibi poterit vivâ voce referre, quem Regali magnificentiæ reddimus commendatum.

PHILIPPI *II. Stabilimentum Crucesignatorum.*

An. MCCXIV.

NOveritis, quòd nos per dilectos & fideles nostros PETRUM Parisiensem & GUARINUM Sylvanectensem Episcopos, ex assensu domini Legati fecimus diligenter inquiri, qualiter sancta Ecclesia consuevit defendere Crucesignatos, & ipsorum Crucesignatorum libertates; qui factâ inquisitione pro bono pacis inter Regnum & Sacerdotium, usque ad instans Concilium Romanum ista volunt observari.

Nullus Crucesignatus burgensis vel rusticus, sive mercator fuerit sive non, primo anno quo crucem assumsit, talliebitur, nisi tallia priùs fuerit imposita quàm crucem assumeret; & si primo anno imposita fuerit, immunis erit secundo anno, nisi aliquid accipiatur pro exitu [a]. Tunc autem talliam esse impositam intelligimus, quando denuntiatum est alicui, vel domui suæ quantum debeat solvere, vel ponere in talliâ. Quia verò constat de consuetudine hactenus obtenta in Regno Franciæ, quòd Crucesignati debeant exercitum, nisi per speciale privilegium Domini Regis sint exempti, dicimus quòd in exercitu quilibet Crucesignatus de suprà dictis ire tenetur, sive ante citationem, sive post competentiam, si tamen debeat exercitum; & si Rex viderit expedire quòd villa mittat in exercitum, servientes potiùs quàm illi qui sunt de villa, poterit Rex accipere pro exercitu de Crucesignatis competenter, sed habebunt de cætero electionem Crucesignati eundi in exercitum, nisi per exceptionem, vel ponendi portionem suam in prisiâ pro redemptione exercitûs factâ, & si gravati fuerint de prisiâ, ad Diœcesanum Episcopum vel ejus Officialem habebunt recursum: si verò Crucesignatus habeat possessiones quæ debeant talliam, reddet talliam ac si non esset Crucesignatus; & si neget possessiones debere talliam, probetur coram Diœcesano Episcopo vel ejus Officiali. De Crucesignatis manentibus in communiis dicimus, quòd si à communiâ aliquid accipiant

[a] *pro exitu*] Legendum est *pro exercitu*, ut Baluzius vidit.

propter exercitum Regis, vel clausuram villæ, vel defensionem villæ ab inimicis obsessæ, vel communiæ debitum factum & juratum reddi antequàm crucem assumerent, partem suam ponent in prisiâ sicut & alii non Crucesignati. De debito verò contracto à communiâ post crucis assumptionem, immunis erit Crucesignatus usque ad præsentem moram, & quamdiù erit in peregrinatione. Si Ballivi Domini Regis aliquem Crucesignatum deprehenderint ad præsens forefactum, pro quo debeat membris militari, vel vitam amittere secundùm consuetudinem curiæ sæcularis, Ecclesia non defendet eum vel res ejus: in aliis autem levioribus & minoribus forefactis, pro quibus non debeat membris militari, vel vitam amittere, non debet Ballivus corpus Crucesignati vel res ejus capere, vel captum detinere, quin reddat absolutè ipsum & res suas Ecclesiæ requirenti pro jure faciendo. Si autem in foro Ecclesiæ convictus fuerit de tali forefacto, pro quo debeat juxtà Judicum sæcularium consuetudinem membris militari, vel vitam amittere, Ecclesia nec ipsum nec res ejus ampliùs defendet: de aliis convictus in foro Ecclesiæ, secundùm consuetudinem villæ emendet læso. Quòd si dominus Rex alicui burgo, vel civitati, vel castello concesserit immunitatem exercitûs, si petat Rex aliquid de eis pro exercitu, Crucesignati primo anno nihil ponent.

De feodis autem & censivis respondeat Crucesignatus coram domino feodi vel censivæ, & si gravati fuerint recurrant ad Episcopum vel ejus Officialem. Si verò Crucesignatus conveniat quemcumque Christianum super debito vel mobili, vel injuriâ corporali sibi illatâ, vel conveniatur à Christianis super præmissis, electionem habet conveniendi eum sub Judice sæculari vel Ecclesiastico, sub quo maluerit. Nullus Crucesignatus tenetur respondere in foro sæculari, sed in Ecclesiastico; exceptis feodis & censivis, de quibus litigabunt coram dominis feodorum & censivarum; de possessione quam pacificè tenuerunt per diem & annum, donec perfecerint peregrinationem observentur prædicta. Si autem super negotio Crucesignatorum aliquæ novæ dubitationes emerserint, ad duos prædictos Episcopos recurratur.

Ista pro bono pacis per totum domanium domini Regis de Crucesignatis pro terrâ Hierosolymitanâ usque ad Concilium volumus observari; salvis jure & consuetudinibus sanctæ Ecclesiæ, & similiter salvis jure & consuetudinibus Regni Franciæ, & authoritate sanctæ Romanæ Ecclesiæ per omnia salva.

Actum Parisius anno Domini MCCXIV. mense Martio.

BERTRANDI *Episcopi Cavellicensis.*

Anno Domini MCCXIV. V. Cal. Januarii. Notum sit omnibus quòd nos B. Dei gratiâ Cavellicensis Episcopus, ad Castrum-novum de mandato Geraldi amici, qui ibi infirmabatur, accessimus, & auditâ ipsius confessione ei innotuimus quòd Monachi sancti Andreæ nobis de ipso conquerebantur, quia paulo ante illis diebus ad Tedonem cum viginti equitaturis & pluribus hominibus venerat, & ibi per duos dies & noctes moram fecerat, contra promissionem quam eis promiserat, sicut in instrumento confecto super his continetur. Ipse verò respondit pro suis necessitatibus hoc fecisse, adjiciens quòd si malum fecerat, & quòd non ......

veniret bajulus Abbatis, & computaretur quidquid expenderat, & totum se promisit ex integro redditurum. Ibique coram nobis recognovit præsente domno Bermundo Abbate S. Andreæ, & quibusdam aliis inferiùs subscriptis, quòd apud Tedonem nec herbergium, nec aliquam exactionem habebat, nec habere debebat.

Unde nos mandato ipsius G. in hujus rei testimonium præsentem chartulam fecimus fieri, & sigilli nostri munimine roborari. Actum est hoc anno & die quo suprà apud Castrum-novum, in camerâ ipsius Geraldi amici.

Interfuerunt etenim huic facto domnus B. S. Andreæ Abbas, Joannes de Andusiâ Prior de Toro, Hugo Richardi & Guillielmus Monachi S. Andreæ, Pontius de Valeaquariâ Canonicus Ecclesiæ Insulanæ.

INNOCENTII *Papæ III.* JOANNI *illustri Anglorum Regi, ejusque de suâ uxore liberis heredibus in perpetuum.*

Rex Regum, & Dominus dominantium Jesus-Christus Sacerdos in æternum secundùm ordinem Melchisedech, ita Regnum & Sacerdotium in Ecclesiâ stabilivit, ut sacerdotale sit Regnum, & Sacerdotium sit regale, sicut in epistolâ Petrus & Moyses in lege testantur; unum præficiens universis, quem suum in terris Vicarium ordinavit, ut sicut ei flectitur omne genu cœlestium; terrestrium, & etiam infernorum, ita illi omnes obediant & intendant, ut sit unum ovile & unus Pastor. Hunc itaque Reges sæculi propter Deum adeò venerantur, ut non reputent se ritè regnare, nisi studeant ei devotè servire. Quod tu, Fili carissime, prudenter attendens, illo misericorditer inspirante, in cujus manu sunt corda Regum, & quò voluerit vertit illa; teipsum, & regna tua etiam temporaliter ei subjicere decrevisti, cui noveras spiritualiter esse subjecta; ut in unam Vicarii Christi personam, quasi corpus & anima, Regnum & Sacerdotium uniantur ad magnum utriusque commodum & augmentum. Ille utique hoc dignatus est operari, qui cum sit alpha & omega finem retulit ad principium, & principium protraxit ad finem, ut illa Provinciæ quæ olim sacro-sanctam Ecclesiam Romanam propriam in spiritualibus habuêre magistram, nunc etiam in temporalibus dominam habeant specialem. Tu quippe, quem Deus ad hoc idoneum ministrum elegit, tam Te, quàm etiam Regna tua, Angliæ videlicet & Hiberniæ, cum omni jure, ac pertinentiis suis devotâ & spontaneâ voluntate, ac communi consilio Baronum tuorum, Deo & sanctis Apostolis ejus Petro & Paulo, sanctæque Romanæ Ecclesiæ, nobisque ac successoribus nostris, in jus & proprietatem sub annuo mille marcharum censu offerens concessisti, sicut in tuo conficito authentico scripto aureâ bullâ munito, cujus de verbo ad verbum talis tenor existit:

JOANNES [a] Dei gratiâ Rex Angliæ, Dominus Hiberniæ, Dux Normaniæ & Aquitaniæ, Comes Andegaviæ, omnibus Christi Fidelibus præsentem chartam inspecturis, Salutem in Domino. Universitati vestræ per hanc chartam aureâ bullâ munitam volumus esse notum, quia cum Deum & matrem nostram sanctam Ecclesiam offenderimus in multis, & proinde divinâ misericordiâ plurimùm indigere noscamur, nec quid quod dignè offerre possimus pro satisfactione Deo & Ecclesiæ debitâ faciendâ, nisi

---

[a] *Joannes*] Matth. Paris. aliud diploma ad an. 1213. refert.

nos ipsos habeamus, & regna nostra. Volentes nos ipsos humiliare pro illo; qui se pro nobis humiliavit usque ad mortem, gratiâ sancti Spiritûs inspirante, non vi inducti, nec timore coacti, sed nostrâ bonâ spontaneâque voluntate, ac communi consilio Baronum nostrorum offerimus, & liberè concedimus Deo & sanctis Apostolis ejus Petro & Paulo, & sanctæ Romanæ Ecclesiæ matri nostræ, ac Domino nostro Papæ Innocentio III. ejúsque Catholicis successoribus totum Regnum Angliæ, & totum Regnum Hiberniæ, cum omni jure & pertinentiis suis, pro remissione peccatorum nostrorum, & totius generis nostri tam pro vivis, quàm pro defunctis. Et amodo illa à Deo & Ecclesiâ Romanâ tamquam feudarius recipientes & tenentes, in præsentiâ venerabilis Patris nostri Domini Nicolai Tusculani Episcopi Apostolicæ Sedis Legati, & Pandulphi Domini Papæ Subdiaconi & familiaris, fidelitatem exinde prædicto Domino nostro Papæ Innocentio, ejúsque Catholicis successoribus, & Ecclesiæ Romanæ, secundùm subscriptam formam fecimus & juravimus, & homagium etiam ligium, pro prædictis Regnis Deo, & SS. Apostolis Petro & Paulo, & Romanæ Ecclesiæ, & eidem Domino nostro Papæ Innocentio, per manus prædicti Legati, loco & vice ipsius Domini Papæ recipientis, publicè fecimus; successores & heredes nostros de uxore nostrâ in perpetuum obligantes, ut simili modo Summo Pontifici, qui pro tempore fuerit, & Ecclesiæ Romanæ sine contradictione debeant fidelitatem præstare, & homagium recognoscere.

Ad indicium autem hujus nostræ perpetuæ oblationis & concessionis volumus & stabilimus, ut de propriis & specialibus redditibus prædictorum Regnorum nostrorum pro omni servitio & consuetudine, quod pro ipsis facere deberemus, salvo per omnia denario B. Petri, Ecclesia Romana mille marchas sterlingorum percipiat annuatim; scilicet in festo S. Michaëlis quingentas marchas, & in Paschâ quingentas marchas; septingentas scilicet pro Regno Angliæ, & trecentas pro Regno Hiberniæ, salvis nobis & heredibus nostris justitiis, libertatibus, & regalibus nostris. Quæ omnia sicut supradicta sunt, rata esse volentes perpetuo atque firma, obligamus nos & successores nostros contra non venire. Et si nos, vel aliquis successorum nostrorum hoc attentare præsumserit, quicumque fuerit ille, nisi ritè commonitus resipuerit, cadat à jure Regni, & hæc charta oblationis & concessionis nostræ semper firma permaneat.

Ego Joannes Dei gratiâ Rex Angliæ & Dominus Hiberniæ, ab hac horâ in antea fidelis ero Deo & B. Petro, & Ecclesiæ Romanæ, ac Domino meo Papæ Innocentio III. ejúsque successoribus Catholicè intrantibus; non ero in facto, dicto, consensu, vel consilio, ut vitam perdant, vel membra, vel malâ captione capiantur. Eorum damnum si scivero impediam, & remanere faciam si potero. Alioquin eis quàm citius potero intimabo, vel tali personæ dicam, quam eis credam pro certo dicturam. Consilium quod mihi crediderit per se, vel per nuntios vel literas suas secretum tenebo, & ad eorum damnum nulli pandam me sciente. Patrimonium B. petri, & Specialiter Regnum Angliæ, & Regnum Hiberniæ adjutor ero ad tenendum, & defendendum contrà omnes homines pro posse meo. Sic Deus me adjuvet & hæc sancta Evangelia.

De quibus ne possit in posterum dubitari, ad majorem securitatem prædictæ oblationis & concessionis nostræ præsentem chartam fieri fecimus, & aureâ bullâ nostrâ signari, & pro censu hujus præsentis & primi anni mille marchas sterlingorum per manum prædicti Legati Ecclesiæ Romanæ persolvimus. Testibus D. Stephano Cantuariensi Archiepiscopo, DD. Willelmo Londoniensi, Petro Vintoniensi, Herveo Eliensi, Hugone Lincolniensi, W. de Gran. Cancellario nostro, W. Comite Sarr. fratre nostro Comite Cestrensi, W. Marescallo Comite Pembroc, W. Comite de Ferrariis, S. Comite de Winton, Roberto de Ros, W. Brilier, Petro Filio Hereberti, Matthæo filio Herembert, & Brien . . . de Insulâ Dapifero nostro.

Datum per manum Magistri Ric . . . de Mansto Archid. Ricemundiæ, & Northumbel. apud S. Paulum Londoniæ 3. die Octobris, anno ab Incarnatione Domini 1213. Regni verò nostri 15.

Nos autem oblationem & concessionem hujusmodi piè ac providè factas, gratas & ratas habentes; personam tuam & personas heredum tuorum cum prædictis Regnis & pertinentiis eorumdem, & omnibus bonis aliis rationabiliter nunc possessis, & in posterum possidendis, sub B. Petri & nostrâ protectione suscipimus, Tibi & ipsis secundùm præscriptam formam de communi consilio Fratrum nostrorum suprascripta Regna concedentes in feudum, & præsenti Privilegio confirmantes, ita quòd quilibet heredum tuorum cum Regni coronam acceperit, feudum hujusmodi summo Pontifici & Romanæ Ecclesiæ publicè recognoscat, & fidelitatis eis exhibeat juramentum. Nulli ergo, &c.

Ego Innocentius Catholicæ Ecclesiæ Episcopus.
Ego Joannes Sabinensis Episcopus.
Ego Hugo Velletrensis & Hostiensis Episcopus.
Ego Ben . . . . Portuensis & S. Rufinæ Episcopus.
Ego Cinthius tituli S. Laurentii in Lucina Presbiter Cardinalis.
Ego Cinthius SS. Joannis & Pauli Presbyter Cardin. tituli Pammachii.
Ego Petrus tituli Sancti Marcelli Presbiter Cardinalis.
Ego Leo tituli S. Crucis in Hierusalem Presbiter Cardinalis.
Ego Pet. S. Pudentianæ tituli Pastoris Presbyter Cardinalis.
Ego Guala S. Martini Presbyter Cardinalis tituli Equicii.
Ego Joannes tituli S. Praxedis Presbyter Cardinalis.
Ego Guido S. . . . . in carcere Tullano Diaconus Cardinalis.
Ego Victorianus SS. Sergii & Bacchi Diaconus Cardinalis.
Ego Joannes SS. Cosmæ & Damiani Diaconus Cardinalis.

Datum Romæ apud S. Petrum per manus Raynaldi Domini Innocentii Acolyti & Capellani, XI. Calend. Maii Indict. 11. Incarnationis Domini, anno M. CC. XIV. ejusdem Domini Innocentii, anno XVII.

Diploma Regium, sive Ordinationes JOANNIS *Regis Angliæ queis statuit quid Nobiles, quid plebeii observare debeant, ad pacem & tranquillitatem Regni stabiliendam.* — Ann. MCCXV.

X

JOHAN par la grace de Deu Roi Dengleterre, as Arcevelkes, as Evelkes, as Abbez, as Contes, as Barons, as Justilés, as Foresticrs, as Viscontes, as Prevaz, as Ministres, & à tcz les Bailliz, & ses feels, saluz. Sachiez que nos par la grace de Deu & pur le sauvement de nostre asme, & de nos ancestres, & de nos eirs, & de lenor de Deu, & le sauvement dd seinte Iglise, & lamendement de noſtre Regne, par le conſel de noz enorez Peres Larcevesſke Eſtievene de Cantorbire Primat de tote Engleterre & Cardenal de Rome, & Larcevesſke Henri de Diveline, & Levesſke Willaume de Londres, Levesſke Pieres de Winceſtre, Levesſke Jocelin de Ba, Levesſke Hue de Nichole*, Levesſke Gautier de Wiſteceſtre, Levesſke Will. de Ceſtre, & Levesſke Beneit de Roveceſtre, & Maiſtre Pandol Sodiacre noſtre Seignor Lapoſtoire, & noſtre ami frere Aimer Maiſtre de la Chevalerie del Temple de Engleterre, & de nos Barons Will. le Mareſcal Conte de Penbroc, Will. Conte de Saleſbires, Will. Conte de Warenne, Will. Conte de Arondel, Alain de Galweche, Conſtable d'Eſcoce, Warin le fiz Gerod. Peres le fiz Herebert, Hubert de Borc Seneſchau de Peitou, Huge de Nueville, Matheu le fiz Herebert, Thomas Baſſet, Alain Baſſet, Philippe Daubeigni, Robert de Ropelee, Johan Mareſcal, & Johan le fiz Hue, & de nos autres feels.

* Lincolne.

Premierement que nos avons otrié à Deu & le confermons par ceſte noſtre preſente Chartre, por noz, & por nos eirs à toz jorz, que les Ygliſes de Engleterre ſeront franches, & aient lor dreitures franches & enterines & plenieres; & volon que cili ſeit gardé: la que choſe apert, par ço que nos otriames par noſtre pure volenté & de gré les franchiſes des Elections que len tienent par plus grant & par plus neceſſaire aus Ygliſes de Engleterre, devant que la deſcorde fuſt comencie entre nos & nos Barons, & la confermames par noſtre Chartre, & parchacames que ele fu confermée par noſtre Seignor Lapoſtoire Innocent le tiers; laquelle nos garderons & volons que noſtre eir la gardent toz jorz en bone fei.

Nos avon encore otrié à tos les francs homes de noſtre Regne pur nos, & pur nos eirs à toz jorz totes les franchiſes qui deſoz ſunt eſcrites, quil les aient & les tiegnent il & lor eir de nos & de nos eirs, ſe acuns de nos Contes, vo de nos Barons, vo des altres qui tienent de nos en chief par ſervice de Chevalier mora; & quant il ſera mors, & ſes eirs ſera de plein aage & devra relief, ait ſon heritage par l'ancien relief, ço eſt à ſavoir li eir, ou li eir del Conte, de Baronie Contal entiere par C. livres; li eirs, ou li eir del baron de la baronie par C. livres; li eirs ou li eir de Chevalier de fié de Chevalier entier par C. ſol au plus, & qui deivra meins doinſt ſolon lancienne coſtume del fié.

Si le eirs d'aucun di tels ſera dedens aage, & ſera en garde; quand il ſera parvenu à aage, ait ſon heritage ſans relief & ſans fin.

Les gardeors de la terre de tel heir qui ſera dedens aage, ne pregne de la terre de leir fors Reignables, eiſſues & Reignables coſtumes, & Reignables ſervices, & ce ſenz deſtruiment, & ſenz vaſt des homes & des choſes.

Et ſe nos avons livrée la garde de la terre daucun itel à Viſconte o à acune altre qui nos dei reſpondre des eiſſues de la terre, & cil de la garde ſera deſtruiement o gaſt, nos prendrons de celuy amende, & la terre ſera livrée à deus leals prodeshomes de cel fei qui reſpoignent des eiſſues à nos, o celuy que nos comanderons.

Et ſe nos avons doné o vendu à aucun la garde de la terre de aucun itel, & cil en fra deſtruiement o waſt, perde cele garde, & ſeit livré à deus leals ſage prodeshomes; & dicele que i nous reſpoignent, ſi come nos avons devant dit.

Et ſi le gardeor tant dis com il aura la garde de tele terre, ſoſteinges les meiſons, les viviers, les pars, les eſtangs, les molins, & les altres choſes qui apartient à cele terre de eiſſues, & de celle meimes terre: & rendra al heir quant ſera parvenus en plain aage ſa terre tote eſtorée de charues, de granges, ſolon coque li tens de la gaignerie requera, & les eiſſues de la terre portont muſurablement ſoffrir reiſnablement.

Li heir ſeient marié ſanz deſparagement eiſſi ne purquant que ainz que li mariages ſeit fet, ſeit moſtre al prochains del lignage de cel heir.

La Veve empres la mort de ſon mari naintenant & ſans grevance ait ſon mariage & ſon heritage, ne riens ne doinſt pour ſon mariage, ne pour ſon doaire, ne pour ſon heritage que ele & les maris tindrent, al jor de la mort del mari, & ſeit en la maiſon de ſon mari puis quil ſera mort xl. jorz, dedens les quels jorz li ſeit les doaires livrez.

Nule Veve ne ſeit deſtreite de ſei marier tant dis come ele voldra vivre ſanz mari, eſſi ne-purquant que ele face ſeurté que ele ne ſe marira ſanz noſtre otrei, ſe ele tient de nos; o ſanz lotrei de ſon Seignor de qui ele tient, ſe ele tient dautrui.

Ne nos ne noſtre Bailli ne ſeiſeron terre ne rente del dettor pour aucune dette, tandis com ſis chatels ſoffiſent à paier la dette, ne ſi plege ne ſeront deſtroit, tant dis come le chevetaigne dettor ſoffira à la dette paier. Et ſe le chevetaigne dettor na de quei paier ſa detté, reſpoigne li plege de la dette. Et ſil volent aieſt les terres, & les rentes del dettor juſquil aient reſtorement de la dette quil ont devant paiée pour lui; ſe le chevetaigne detor ne monſtre quil en eſt quitte vers cels pleges.

Se aucuns a emprunté as Jeus plus o meins, & muert devant quil ait paié lor avoir, ne croiſe mie la dette tant dis com li heirs ſera dedens aage, & ſe cele dette vient en nos mains, nos nen prendron que le chaſtel que nos troveron en la charte.

Et ſe aucun muret, & dett as Jeus, ſa feme ait ſon doaire, & ne paiet nient de cele dette, & ſe li enfant qui remaindront del mort ſont dedenz aage, pourvu lor ſeit lor eſtoveir raiſnablement ſelonc le tenement qui fu del mort, & del remanant ſeit paiée la dette, ſauf le ſervice des Seigniors; & en tel maniere ſeit feit de dettes que l'on deit à altres que à Jues.

Len ne mettra nul eſcuage, ne aie en noſtre Regne, fors par commun conſeil de noſtre Regne, fors à noſtre reimbre[a], & à noſtre ainzné fiz faire Chevalier, & à noſtre ainznée fille marier une feiz; & à ceſtes choſes ne face len aie ſe raiſuable non.

En cele maniere ſeit feit daies de la cité de Londres, & eſtre co la cité de Londres ait totes ſes anciennes coſtumes, & ſes franchiſes & par mer & par aigue.

Nos volons eſtre co, & otrions que totes les altres citez & li borc, & les viles, & li port aient en totes lor franchiſes, & lor franches coſtumes; & aient le commun conſeil del Regne, de laie à aſſeer altrement que as treis cas, qui ſont devant dit.

E leſcuage aſeer ferons ſomondre les Arcevesſkes, les Eveſkes, les Abbez, les Comtés, les ſeignors Barons: chacun par ſei par nos lettres, & eſtre co ferons ſomondre en commun par nos Viſcontes, & par nos Bailliz toz ceus qui de nos tienent en chief à certain jor, ço eſt al terme de xl. jorz al mainz & à certain lieu, & nomerons la cauſe en totes lettres de ceſte ſomonſe. Et quant la ſomonſe ſera iſſi feite voiſt li affaires avant, au jor aſſigné ſolon le conſeil di cels qui ſeront preſent, ja ſeit

---

a reimbre.] Id eſt, ad noſtrum corpus redimendum ſi in bello capti fuerimus, ut infra.

Diplomatum, &c.

cō que ne feient pas venu tuit cil qui furent fomons.

Nos notrions à nul des ore en avant quil pregne aie de fes frans homes fors à son cors raimbre, & à son ainznè fiz faire Chevalier, & à fa fille ainznée marier une feiz, & à co ne feit feit aie se raifnable non.

Nuls ne feit deftreintz à faire grenor fervife de fieu de Chevalier o daltre franc tenement, que tant comè il tient & deit.

Li commun plait ne fuient mie noftre cort, mais feient tenu en alcun certain lieu.

Les reconnoiffances de novele deffaifine de mort danceftrè, & de darrain prefentement ne feient prifes fors en lor Contez & cefte maniere: Nos o noftre Chevétains Jufticières fe nos fumes fors del Regne, enveierons deus juftifes par chafcun Contè par l'an. feiz en l'an, qui o quatre des Chevaliers de chafcun Contè efleuz par le Conte pregnent el Contè, & el jor del Conte, & en certain lieu les devant dites affifes, & fe les devant dites affifes ne puent eftre prifes el jor del Conte, tant Chevaliers & franchement tenanz remaignent de cels qui furent prefent al Conte en icel jor, par qui puiffent li jugement eftre fait fofifaument, folon co qui li afaire fera plus grand o plus petit.

Frans hom ne feit amerciez pour petit forfet, fors felon la maniere del forfait, & pour le grant forfait feit amerciez folonc la grandefce del forfait fanf fon contenement, & li marchant enfémt fauve fa marchandife. Li Vilain enfémt feit amerciez faalz fon gaagnage, fil chiet en noftre merci, & nule des devant dites mercíz ne fera mife, fors par le ferment de prodomes & des leaus des vifnez.

Li Conte & li Baron ne foient amerciez fors par lor pers, & folonc la maniere del forfait.

Nuls clers ne foit amerciez de fon lai tenement, fors folonc la maniere des altres qui devant funt dit, & nun pas folonc la quantité de la rente de Siglife.

Ne vile ne home ne feit deftreitz à faire ponz à rivieres, fors cil qui anciennement & par dreit les devent faire.

Nuls Vifquens ne Coneftables, ne noftre coroneor, ne noftre altre Bailli ne tiegnent les plais de noftre Corone.

Chafcune Comtez, Hundrez, Wapulzac, & Treingues, foient as anciennes fermes fens nul croifement, fors nos demeines maners.

Se aucuns qui tient lai fié de nos muert, & en noftre Vifquers, o altres noftre Bailliz, monftre nos lettres overtes de noftre femonfe de la dette que li mort nos deveit, leiffie à noftre Vifconte o à noftre Bailli a tachier & enbrever les chatels del mort, qui feront trové el lai fie à la vaillance dicelle dette, que li morz nos deveit par veue de leaus homes, eiffi ne par quant que riens ne feit ofte jufque nos feit paiée la dette qui fera conceuë, & li ramenant feit laiffie as executers à faire le teftament del mort: & fil ne nos deivent rien, tot li chatel feient otrié al mort, fauves les reignables parties de fa feme & de fes enfans.

Se aucuns francs huem muert fenz teftament, li chatel feient departi par les mains des prochains parenz & de fes amis, par la veuë de feinte Iglife, fauves les dettes à chafcun que le mort lor devoit.

Nus de nos Coneftables ne de nos altres Bailliz ne pregne les blez, ne les altres chatels daucuni, fe maintenant nen païe les deniers, fil nen puet aver refpit par volenté del vendeor.

Nus Coneftables ne deftreigne nul Chevalier à donner deniers pour la garde del Chaftel, fil lavoit faite en fa propre perfone u par altre prodome, fil ne la puet faire par aucune reignable achaifun, & fe nos le menons o enveions en oft, il fera quittes dicele garde tant dis cum il fera par nos en loft.

Nus Vifcontes ne noftre Bailliz ne altre ne pregne les chevals ne les charettes daucun franc home, pour faire cariage, fors par la volenté de cel franc home.

Ne nos ne noftre Baillie ne prendrons altrui bois à nos Chaftels, o à nos altres ovres faire, fors par la volenté de celui cui fera li bois.

Nos ne tendrons les terres de cels qui feront convencu de felonie, fors un an & un jor, & adons les rendrons as Seignors des fiez.

Tot li Kidel feient dici en avant ofte del tot en tot de Tamife & de Medoine, & par tote Engleterre, fors par la coftiere de la mer.

Li bries qui eft apelez precipz, des ci en avant ne feit faiz à nul daucun tenement, dont frans hoem peuft perdre fa cort.

Une mefure de vin feit par tot noftre Regne, & une mefure de cervcife, & une mefure de blé, co eft li quartiers de Londres, & une leife de dras teinz, & de rofez, & de habergiez, co eft deus aunes dedenz liftes, & des peis feit enfement come des mufures.

Riens ne feit donè ne pris des ci en avant pour le brief de l'enquefte de vie, o de membres de aucune, mais feit otréé en pur don, & ne feit efconduit.

Se aucuns tient de nos par feuferme o par fokage, & tient terre daltrui par fervife de Chevalier, nos n'aurons mie la garde del heir, ne de la terre qui eft daltrui par achaifon de cele feuferme, o del fokage, o del borgage. Ne n'aurons la garde de cele feuferme, o del focage, o del borgage, fe cele feuferme ne deit fervife de Chevalier.

Nos n'aurons la garde del heir ne de la terre daucun, que il tient daltrui par fervife de Chevalier, par achaifon daucune petite ferjanterie, quil tient de nos, par fervife de rendre faettes, o cotelz, o tels chofes.

Nuls Bailliz ne mette des ci en avant alcun à lei par fa fimple parole, fors par bons tefmoinz amenez aice.

Nuls frans hom ne fera pris, ne emprifonez, ne deffaifiz, ne ullagiez, ne eiffilliez, ne deftruiz en aucune maniere, ne for lui n'irons ne n'enveierons, fors par leal jugement de fes pers, o par la lei de la terre.

A nulli ne vendrons, à nulli nefcondirons, ne ne proloignerons dreit ne juftife.

Tuit li marchant aient fauf & feur eiffir d'Engleterre, & venir en Engleterre & demorer, & aler par Engleterre par terre & par eauë à vendre & à achater, fans totes males totes par les anciennes drettes coftumes, fors el tens de guerre, cil ki funt de la terre qui nos guerroie, & fe tel funt trovè en noftre terre le commancement de la guerre, foient atachié fans domage de lor cors & de lor chofes, jufqu'il feit feu de nos o de noftre chevetein Juftifier cement li marchant de la noftre terre feront traitié, qui donc feront trovè en la terre qui contre nos guerroie; & fe li noftre funt iluecke fauf, feient fi lor fauf en la noftre terre.

Leife chafcun des ci en avant eiffir de noftre Regne & repairier fauf & feur par terre & par eauë fauve noftre fei, fors el tens de guerre par alcun petit tens pour preu del Regne: mais di co funt jette fors li emprifoné, & li utlagie folon la lei del regne, & la gent ki contre nos guerroie. Des marcheans feit

DDd iij

feit, fi come nous avons devant dit.

Se aucuns tient daucune efchaette fi come del honor de Walingeford, Notingehan, Boloigne, Lancaftre, u dautres echaettes qui funt en noftre main, & funt de baronie, & il muert; fes heirs ne doinft altre relief, ne face à nos altre fervife, quil feift al Baron, ce cele Baronie fuft en main del Baron, & nos la tendrons en tele maniere que le Baron la tint.

Li home qui maignent fors de la foreft, ne viegnent de ci en avant devant nos Juftifes de la foreft par communes fomonces, fil ne font en plait u plege de aucun ou d'aucuns qui feient attachié pour la foreft.

Nos ne ferons Vifcontes, Juftifés, ne Bailliz, fors de tels qui fachent la lei de la terre, & la voillent bien garder.

Tuit cil quifon derent Abbeies, dont il ont charges des Reis d'Engleterre, o anciene tenue, aiant en la garde quanteles feront voides, fi com il avoit devent.

Totes les forez qui funt aforeftées en noftre tens, feient maintenant defaforeftées, & enfement feit teit des rivieres qui en noftre tens funt par nos mifes en defens.

Totes les males coftumes des forez & des Warennes, & des Foreftiers, & des Warenniers, des Vifcontes & de lor miniftres des rivieres, & de lor gardes, feient maintenant enquifes en chafcun Conté par XII. Chevaliers Jurez de meimes le Conté; qui devent eftre efleu par prodeshomes de meifmes le Conté; & de denz xl. jorz apres co quil auront fette lenquefte, feint del tot en tot oftées par cels meifmes, fi que jamais ne faient rapelées, eiffi ne por quant que nos le fachons avant o noftre Juftife, fe nos ne fumes en Engleterre.

Nos tendrons maintenant toz les hoftages & totes les chartres, qui nos furent livrées des Engleis en feurté de pais, o de feel fervife.

Nous ofteron de tot en tot des baillies les parenz Girard d'Aties, fi que des ci en avant n'auront nulle baillie en Engleterre, & Engelart de Cigoigni, Peron, Guion, Andreu de Chanceas, Gion de Cigoigni, Giftrai de Martigni & fes freres, Phelippe, Marc & fes freres, Gefrai fon nevo, & tote lor fuite, & maintenant empres lo reformement de la pais ofterons de noftre Regne tos les eftranges Chevaliers, Aubelaftiers, ferjans, foldeiers, quo chevals & o armies vindrent al nuifement del Regne.

Se alcuns eft deffaifiz o efloignez par nos, fenz leal jugement de fes pers, de terres, de chaftels, de franchifes, o de fa dretture, maintenant li rendrons, & le plaiz en commencera di co, adonc en feit fait par jugement des xxv. Barons, dont len parole de foz en la feurt de la pais.

De totes iteles chofes dont alcuns fu deffaifiz o efloigniez fenz leal jugement de fes Pers par le Rei Henri noftre pere, o par le Rei Richart noftre frere, que ayons en noftre main, o altre tienent, cui il nos covient garantir, aurons refpit jufqu'a commun terme des croizicz, fors que celes chofes dont plaiz fu comenciez, o enquefte faite par noftre comandement, devant que nos prifiions la Croiz. Et fe nos reparrons del pelerinage, o par aventure remanons del pelerinage, maintenant en frons pleine dreiture. Ceft meimes refpit aurons, & en cefte maniere de dreiture faire des forez defaforefter, o que remaignent forez que li Reis Henri noftre pere, o li Reis Richart noftre frere aforefterent, & des gardes des terres qui funt d'aitrui fié, que nos avons eués jufques icy par achaifon de fié que alcuns teneit de nos par fervife de Chevalier, & des Abbeies qui furent fondées en altrui fié que el noftre, ef-

quels li fires del fié dit quil a droiture; & quant nos feron repairie de noftre pelerinage, o le no remanons, nos enfrons maintenant pleine droiture à cels qui fen plaindront.

Nuls ne foit pris ne emprifonez pour apel de feme de la mort daltrui, que de fun marri.

Totes les fins & toz les amerciemens qui font feit vers nos à tort & contre la lei de la terre, foient tot pardone, o len en face par jugement del xxv. Barons dont len parole de foz, o par le jugement de la granthof partie de cels ensemble, o le devant dit Arcevefque Stefne de Cantorbe fil i puet eftre: & cels quil vodra apeler od fei, & fil ni pora eftre neienment ne voift li afaires avant fenz lui; en tel maniere que fe, alcuns des devant diz xxv. Barons feront en tel querele, feient ofté de ceft jugement, & altre efleu & jure feient mis à co faire en lieu de cels, par le remanant des devant diz xxv. Barons.

Se nos avons deffaifiz & efloignez des Walais de terre & de franchifes, o daltres chofes fenz leal jugement de lor Pers en Engleterre, o en Wales, maintenant lor feient rendues; & fe plaiz en fera comanciez, felor en feit fait en la Marche par jugement de lor Peres, des tenemenz d'Engleterre folonc la lei d'Engleterre, des tenemenz de Wales folonc la lei de Wales, des tenemenz de la Marche folonc de lai de la Marche, & ce meifmes facent li Walais à nos & as noz.

De totes celes chofes dont alcuns des Walais fu deffaifiz, o efloignie fenz leal jugement de fes Pers par le Rei Henri noftre pere, o par le Rei Richart noftre frere, que nos avons en noftre main, o altre tiennent cui il nos covient garentir, aurons refpit jufqual communm terme des Croifiez, fors de celes chofes dont plaift fu comenciez, o enquefte faite par noftre comandement devant que nous priffions la Croiz, & quant nos ferons repairiez o fe par aventure remanons de noftre pelerinage, maintenant lor enfrons pleine dreiture folonc les lez de Wales, & les devant dites parties.

Nos rendrons le fil Lewelin maintenant, & toz les hoftages de Wales, & les chartres que l'en nos livra en feurté de pais.

Nos ferons à Alifandre le Rei d'Efcoce de fes fetors & de fes hoftages rendre, & de fes franchifes, & de la dretture folonc la forme que nos frons à nos altres Barons d'Engleterre, fe altrement ne deit eftre par les chartres que nos avons de fon pere Willaume, qui fu jadis Reis d'Efcoce, & co fera fait de fes Pers en noftre Cort.

Totes ces coftumes devant dites & les franchifes que nos avons otriées à tenir en noftre Regne quant à nos apartient envers les noz, tuit cil de noftre Regne, & Clerc & lai devent garder quant à eus apatient envers les lor.

Et car nos avons otriées totes les chofes devant dites por Deu, & par amandement de noftre Regne, & por miels plaifier la defcorde qui es comanciée entre nos & nos Barons; nos voellant que ces chofes féent fermes & eftables à tozjorzs, faifons &, otrions à no Barons la feureté de foz ecrite; co eft que li Baron eflifent xxv. Barons del Regne telz quil vodront, qui dient de tot lor poer garder & tenir, & faire garder la pais & les franchifes que nos avons otriées & confermées par cefte noftre prefente Chartre; eiffi co eft à faver que fe nos, o noftre Juftife, o notre Bailli, o aucuns de nos miniftres mefaifons, en alcune chofe vers alcun, o trefpaffons en alcun point de la pais, o de la feureté, & noftre mefais fera moftrez à quatre Barons del devant dit xxv. cil quatre Baron viegnent à nos, o à noftre Juftife, fe nos fumes fors del Regne, & nos mostrent nostre trespassement, & requierent que nos facions amender cel trespassement senz proloignement; & se nos namendions le trespassement, o se nous sumes fors del regne notre Justise ne lamendra devant xl. jors empres co que il sera moustré à nos, o à nostre Justise se nous sumes fors de la terre; adonc li devant dit quatre reporterent cele cause al altres de celz xxv. Barons, & adonc cil xxv. Baron à la commune de tote Engleterre nos destreindront & greveront, en totes li manieres que il porront. Co est par prendre chastelz & terres & possessions, & en qüeles altres manieres quil poront, jusquil seit amendé solonc lor jugement, sauve nostre persone & de nostre Reine, & de nos enfans; & quant il sera amendé il atendront à nos, eissi come devant. Et qui vodra de la terre jurt que à totes les devant dites choses parsivir, il obeïra al comandement des devant diz xxv. Barons, & quil nous grevera ensemble oels à son poer; & nous donons comunement & franchement congié de jurer à chacun qui jurer vodra, & ja ne le defendrons à neis un; & toz cels de la terre qui de lor bon gré voldront jurer as xxv. Barons, de destreindre & de grever nos, nos les frons jurer oels par nostre comandement; si com devant est dit.

Et se alcuns des xxv. Barons moira; o partira de de la terre, o sera destorbez en aucune maniere quil ne puist les choses qui sunt devant dites poursivir, cil qui seront remes des devant dit xxv. Barons, essient un altre en lieu de celui solonc lor esgart, que jurera en tel maniere com li altre ont fait.

Et en totes les choses que li xxv. Baron devent poursivir, se paraventure cil xxv. seront present, & descorderont entre els d'aucune chose, o aucun de cels qui seront somons ne vodront, o ne pourront estre present, seit ferm & certain co que la greignor partie de cels qui seront present porvera, o recevra ensement com se tuit i aveient consenti.

Et li devant dit xxv. Baron jurent que totes les choses qui sunt devant dites, quil garderont feelement, & feront garder de tot lor poer.

Et nos ne porchacerons dalcun par nos, né par altrui rien, pour quei alcuns de ces otreiemenz o de cestes franchises seit rapelez o amenusiez, & se alcune tel chose sera pourchacié seit cassée, & veine, & ja nen userons par nos ne par altrui.

Et totes males volentes, desdeigz, rancors, qui sont nees entre nos & nos homes clers & lais, deske la descorde comança, avons plainement relaissiées & pardonées à toz, & estre co toz les trespassemens qui sunt fait par achaison di ceste descorde dés la Pasche en la sezain de nostre Regne jusqual reformement de la pais, avom plainement ralaissié à toz clers, & à lais, & quant à nos aportient lor avon plainement pardoné & otrié; di co lor avon fait faire lettres de tesmoin overtes de Seignor Stefne l'Arceveske de Cantorbire, de Seignor Henri l'Arceveske de Diveline, & des devant diz Evesques, & de maistre Pandolf sor ceste seurté & ces otreiemenz; por la que chose nos volons & comandons fermement que l'Eglise d'Angleterre soit franche, & que li home en nostre Regne aient & tiegnent totes les devant dites franchises, & les deitures, & les otreiemenz bien & en pais franchement & quittement, plainement & entierement à els, & lor heirs en totes choses, & en toz leus, à tozjors si com devant est dit. Et si fu juré de nostre part, & de la part des Barons, que totes choses qui desus sunt escrites, seront gardées à bone fei sanz malengin. Tesmoig en sont cil qui sunt devant dit, & mult altre.

Ceste chartre fu donée el pré est appelez Roveninkmede entre Windesores & Stanes, le quinzain jor de Juig l'an de nostre Regne dis & sept ans.

JOHAN par la grace de Deu Reis d'Engleterre as Viscunte de Suthantesire, & à dosce esluz en tel Conté à enquerre & oster les malveises costumes des Viscontes & de lor ministres des fores & des forestiers, des Warennes & des Warenniers, & des Rivieres, & de lor gardes, saluz. Nos vos mandons que senz delai saisissiez en nostre main les terres, & les tenemenz, & les chatels de toz celz del Conte de Suthantesire, qui ne vodron jurer as xxv. Barons solonc la forme qui est escritte en nostre chartre des franchises, o a cels qui auront à co atornez; & s'il ne volent jurer maintenant, empres quince jorz accomplis puisque lor terres & lor tenement, & lor chatel seront seisi en nostre main, faites vendre toz lor chatelz, & les deniers qui en seront pris gardez sauvement à metre en laie de la sainte terre de Jerusalem; & lor terres & lor tenemenz tenez nostre main jusquil aient juré, & co fu porveu par le jugement l'Arceveske Stefne de Cantorbire, & des Barons de nostre Regne. Et en tesmoig de ceste chose, nos envoyons cestes lettres overtes. Tesmoig mer meisme. A Odibaam le vint & septain jor de Juig, l'an de nostre Regne dis & septain.

Institutio Ordinis Vallis Scholarium.

Ann. MCCXV.

EGo WILLERMUS divinâ miseratione Episc. Lingonensis, universis & singulis præsentem paginam inspecturis, Notum facimus quòd W. Prior Vallis Scholarium cæterique ejusdem loci Fratres, prudentium virorum freti consilio certam vivendi formam sibi eligentes proposuerunt sub regula Beati Augustini militare, habentes officium Ecclesiasticum, habitum, gestum, & incessum secundùm propositi & facultatis eorum congruentiam, more Fratrum beati Victoris [a] Parisiensis vacabunt laboribus, horis & temporibus constitutis, more quo decet silentium servaturi: sani carnibus non vescentur, nec in domo nec extrà domum, nisi in ægritudine verâ, & tunc ut citius convalescant. A Paschâ usque Exaltationem sanctæ Crucis bis reficientur in die, residuum temporis sub jejunii abstinentiâ transcursurî, exceptis diebus novem Lectionum & Octavis, in quibus comedent usque ad festum beati Bricii, & à die Nativitatis Domini usque ad Septuagesimam. More dictorum Fratrum beati Victoris habe-

---

a *more Fratrum B. Victoris*] Voces illæ primigeniæ ejus Abbatiæ Consuetudines insinuant. In aliis enim multo haud dubiè post tempore conscriptis, nimirum in parte 2. LIBRI ORDINIS ita statuitur cap. 17. de Jejuniis: *Ab Exaltatione S. Crucis usque ad Adventum, & ab Octavis Epiphaniæ usque ad Quinquagesimam, nisi fuerit festum duplex, ter in hebdomada carnibus abstinentes jejunamus, stilicet Feriâ secundâ, quartâ & sextâ, exceptis infirmis debilibus, & iis cum quibus Abbas dispensaverit, &c.* Et cap. 17. primæ partis, de Vestiario. *Hæc sunt vestimenta quæ uni Canonico conceduntur, cappa, tunica lanea superior &* inferior, pellicium, superpellicium, tunica lanea (rochetam vulgò dicimus) interula, id est camisia, &c. *Quibus ad lectum utimur, sunt, culcitra sine plumis, pulvillus humeri, cervical, coopertorium unum ex pellibus agninis: alterum ex lana alba, &c. Cappa aperitum convenienter capitium habere debet, & aliquantulum amplam. Cappa & tunica lanea unius longitudinis esse debent distantiis in terra uno saltem palmo. Et ultra ipsas nullum aliud vestimentum deorsum prominere debet, &c. Et hujusmodi vestimenti omnes Fratres sive foris, sive intus uti debent.*

bunt lectualia culcitris & linteis carentia, dormientes succincti tunicas & calciati caligis: hospites etiam jacebunt sine culcitris, laneis contenti sicut & Fratres.

Et si annuente Domino Ecclesia Vallis Scholarium in tantum fuerit propagata & ampliata, ut multitudinem pariat filiarum, omnes filiæ ejus, & filiæ filiarum usque ad ultimam generationem Ecclesiæ Vallis Scholarium quasi matri & dominæ subjacebunt, & ibidem omnes Ecclesiarum Priores semel in anno more Cisterciensium tempore determinato convenient, generale Capitulum celebraturi.

Prior Vallis Scholarium habebit liberam potestatem per omnes Ecclesias illius Ordinis monendi & admonendi; & excessus corrigendi: & si forte in Ecclesia Vallis Scholarium fuerit aliquid emendandum vel corrigendum in Capitulo, vel Priorem eligendo vel deponendo, tres Filiæ primævæ liberam habebunt potestatem in matrem visitando, corrigendo, Priorem etiam si causa evidens exegerit, deponendo, & alium substituendo; salvâ tamen Capituli electione dummodo concorditer & ordinatè conveniant in electione. Fratribus recipiendis certum numerum præfixerunt, qui præteriri non potest: statuentes quòd Capitalis Ecclesia in Clericis & Laicis non possit excedere numerum tricenarium: omnes filiæ contentæ erunt duodecim Clericis; & tribus conversis Fratribus, Priore præsidente.

Statuerunt etiam vivere sine agriculturâ, villis & grangiis, & hominibus, solis redditibus contenti & eleemosynis. Pecudum possessiones non habebunt præter decem vaccas tantùm, quæ sufficere possint ad ministrandum lac pulmentis Clericorum & familiæ eorum; ita tamen quòd vaccæ sub custodiâ erunt aliena, longè ab Ecclesiis semotæ. Ablata judicio non reparent, imò si quis eis injuriosus extiterit & molestus, accedent ad Episcopum loci, dicentes: Pater nolumus vos ignorare quoniam ista talis nobis molestus est, & ecce isti quomodo res se habeat non ignorant, ab eis, si placet, rem inquirite.

Mulieres ad habitum suum non recipient, nisi in extremis; & quæ forte apud eos sibi elegerint sepulturam; & tunc ad præsentationem sui plebani; mulieres ad eos passim non ingredientur, præter eas quas portarius viderit habere necessitatem. Per chorum Ecclesiæ, & per Claustrum, & per alias intrinsecas officinas nequaquam ingredientur, nisi quæ causâ devotionis vel visitandi gratiâ advenerint, & tunc juxta discretionem Prioris mulieres infra metas intrinsecas non comedent neque bibent, imò si nox fuerit, extrà metas comedent & pausabunt in hospitio ad hoc deputato, nequaquam pernoctantes.

Prior in Refectorio cum cæteris comedet, & in dormitorio dormiet, nisi ex itinere fatigatus, vel occasione talis hospitis cui debeat honor impendi & reverentia. Prior nec in victu nec in vestitu à cæteris differt. Prior nequaquam poterit fidejubere pro aliquo, neque pecuniam commendatam suspicere nisi de assensu Capituli. Sed neque à Judæo, nec per se, nec per interpositam personam. Item Prior mutuò non accipiet plusquàm centum solidos, nisi de assensu Capituli, nec plusquàm decem libras præter assensum domini Lingonensis.

Item Fratres de Valle Scholarium non poterunt ordinem superiùs specificatum mutare, nec addere, nec subtrahere, neque alicui subjici, nec alios sibi subjicere, nec omninò aliquid horum mutare quæ in præsenti pagina continentur, nisi de voluntate & assensu domini Lingonensis, ac Prioris Vallis Scholarium.

In cujus rei testimonium nos & idem Prior Vallis Scholarium petitioni & assensu Fratrum ejusdem Vallis, sigillorum nostrorum munimine, præsentem chartam signavimus.

Actum anno Domini millesimo ducentesimo quinto-decimo, mense Septembri.

Ordinationes pro Nosocomio factæ ab STEPHANO *Noviomensi Episcopo.* An. MCCC

STEPHANUS Dei gratiâ Noviomensis Episcopus, universis Christi fidelibus, ad quos præsens scriptum pervenerit in perpetuum. Cum domus hospitalis Noviomensis à prædecessore nostro bonæ memoriæ Renaldo Noviomensi Episcopo, ad receptionem pauperum infirmorum cum multâ fidelium devotione fuerit fundata: nos ipsam domum quæ redituum paucitate, & infirmorum ibidem decumbentium, & aliorum domûs ejusdem cohabitatorum multitudine aggravari dignoscitur, & immediatè nobis subjecta est, brachiis charitatis specialiter amplexamur, paupertati & pressuris ipsius salubriter imposterum consulentes. Nos igitur cum ultrà modum in multitudine Fratrum, vel Sororum ibidem cohabitantium eadem domus oneretur, proinde statuimus ut ultrà quàm quinque Presbyteri talis ætatis, qui idonei sint ad divina celebranda, & duo Clerici apti & habiles ad ordinandum, in ea recipiantur; nec unquam numerum istum de cetero simul excedant, & quinque Conversi Laïci tantùm ibidem valeant admitti, & tredecim Sorores tantùm, quæ tales sint & tam fortes, quòd officia domus competenter valeant exercere: nec aliquando iste numerus excedatur, ita tamen ut cum aliquis in utroque sexu recipi debuerit, in habitu laïcali per annum probetur, & anno elapso in conspectu universitatis Fratrum & Sororum ordo demum ei exponatur; & si ei placuerit, & domui similiter, ut remaneat, & se promiserit ordinem observaturum, de consensu universitatis, vel partis sanioris in collegium domûs recipiatur: ita tamen quòd tria vota, videlicet obedientiæ, castitatis & renuntiationis proprietatis humiliter emittat; & quòd sine licentiâ Præceptoris nihil recipiet, vel habebit, vel alii donabit, fideliter promittat: & tunc demum flexis genibus devotè & humiliter in manus Præceptoris in osculo pacis recipiatur. Verumtamen nullus uxoratus cum uxore suâ simul recipiatur. Hanc autem nostræ institutionis paginam auctoritate Dei omnipotentis & beatæ MARIÆ Virginis, & omnium Sanctorum & nostrâ sub anathematis interminatione decernimus observari. Actum anno Domini millesimo ducentesimo quinto-decimo, mense Martio.

Prologus STEPHANI *Noviomensis Episcopi ad regulam fratribus & sororibus hujus Nosocomii ab ipso datam, sive confirmatam.* An. MCCXVII.

STEPHANUS Dei gratiâ Noviomensis Episcopus, universis Christi fidelibus præsentis paginæ inspectoribus salutem in Domino. Cum ex commisso nobis pastoralis officii talento super gregem nobis creditum assiduè & instanter teneamur vigilare, & universis & singulis simus debitores in Christo, præcipuè tamen religiosis personis & mundo renuntiantibus debemus providere, ut sicut sæculo & actibus sæcularibus, voto emisso & habitu Religionis assumto, renuntiaverunt exteriùs, ita quoque Christum operibus sanctis & obedientiæ nexibus astricti, & Christianam Fidem interiùs imitentur. Vestris igitur justis postulationibus grato concurrentes affectu, regulam & ordinem, quem voluntate & habitu assumsistis,

sumsistis, tu Magister Hospitalis Noviomensis, & vos Fratres & Sorores ejusdem domûs, Episcopali auctoritate in perpetuum confirmamus, quædam pro utilitate domûs vestræ de novo providè statuentes, quædam verò de sanctorum Petrum antiquatis regulis, & aliorum ordinum institutionibus approbatis adjungentes; & ut regulam diligentiùs observetis, vobis in remissionem peccatorum vestrorum injungentes.

Deum timete, & mandata ejus observate. Super omnia diligatur Deus &c. *sicut in Regulâ Nosocomii Belvacensis Tomi I.*

Articulus LVIII.

Si verò homicidium fecerit, vel incendium, vel furtum, vel adulterium, vel peccatum contra naturam, & super hoc convincatur, à domo ejiciatur.

Articulus LIX. et ultimus.

Hæc autem à nobis constituta sunt; ita quòd si domui viderimus expedire, ad petitionem ipsius domûs liceat nobis addere, vel subtrahere, vel mutare. Hanc autem nostræ institutionis paginam auctoritate omnipotentis & beatæ Mariæ Virginis, & omnium Sanctorum Dei, nostrâ decernimus observari. Actum anno Domini M. CC. XVII.

Littera Honorii III. *Summi Pontificis Regulam istam approbantis.*

An. MCCXVIII.

Honorius Episcopus, servus servorum Dei, dilectis filiis Rectori & Fratribus Hospitalis Noviomensis, salutem & Apostolicam benedictionem. Justis petentium desideriis dignum est nos facilem præbere consensum, & vota quæ à rationis tramite non discordant, effectu prosequente complere. Sanè autem cum sicut referentibus vobis didicimus. . . . venerabilis frater noster Stephanus Noviomensis Episcopus, datis in Hospitali vestro de approbatis religionibus, ordine ac regulâ super numero Fratrum Hospitalis ipsius; & modo recipiendi eos, ac & aliis quæ regularem sapiunt honestatem, certa & salubria ibidem ediderit instituta. Nos autem vestris justis postulationibus grato concurrentes assensu, statuta hujusmodi, sicut ab eodem Episcopo providè & salubriter facta sunt, & ipsius litteris dicitur contineri, auctoritate Apostolicâ confirmamus, & præsenti scripti patrocinio communimus. Nulli ergo omnium hominum liceat hanc paginam nostræ confirmationis infringere, vel ei ausu temerario contraire. Si quis autem hoc attentare præsumpserit, indignationem omnipotentis Dei & beatorum Petri & Pauli Apostolorum ejus se noverit incursurum. Datum Laterani IV. Idus Decembris, Pontificatûs nostri anno tertio.

Gerardus *Noviomensis Episcopus confirmat fundationem Nosocomii Noviomensis.*

An. MCCXXII.

Gerardus divinâ miseratione Noviomensis Episcopus universis Christi fidelibus, ad quos præsens scriptum pervenerit in perpetuum. Cum domus hospitalis Noviomensis ab antecessore nostro bonæ memoriæ Rainaldo quondam Noviomensi Episcopo ad receptionem pauperum infirmorum cum multâ devotione fidelium fuerit fundata, & postmodùm à venerabili patre prædecessore nostro Stephano in ordine & in numero Presbyterorum & Clericorum, & Laicorum Conversorum & mulierum infirmis ministrantium, secundùm qualitatem temporis fuerit ordinata: nos attendentes ex insinuatione Magistri & Fratrum ipsius domus, numerum istum mulierum ad officium infirmorum non posse sufficere, proinde statuimus ad petitionem ipsius do-

mûs, ut viginti Sorores ad servitium domûs admittantur, quæ tales sint ac fortes, quòd officia domûs competenter valeant exercere; quæ etiam per velamen nigrum capiti suo impositum tamquam Conversæ ipsius domûs cognoscantur. Cætera verò quæ authenticis antecessorum nostrorum continentur, firmiter volumus observari. Actum anno Domini millesimo ducentesimo vigesimo secundo, mense Februario.

Litteræ Willelmi *Noviomensis Episcopi de eodem Hospitali Noviomensi.*

An. MCCLXVI.

Universis præsentes litteras inspecturis Willelmus Dei gratiâ Noviomensis Episcopus in Domino salutem. Cum religiosa domus hospitalis sancti Joannis Noviomensis ab antecessoribus nostris ad pauperum infirmorum receptionem cum multâ fidelium devotione fundata fuerit, & postmodum in ordine & numero proborum Clericorum & Laicorum Conversorum, & mulierum infirmis ministrantium, secundum qualitatem temporis fuerit ordinata: nos intelligentes ex insinuatione Magistri & Fratrum ipsius domûs, numerum istum proborum ad officium divinum tam infirmorum quàm eorum parochialium Ecclesiarum, non posse sufficere. Cupientes etiam cultum divinum non minui, sed potius augmentari, tam ad petitionem dictæ domûs, quàm ad preces devotas venerabilis viri D. Petri dicti Chopin, Canonici in Ecclesiâ nostrâ B. Mariæ Noviomensis, qui zelo devotionis motus dictæ domui centum & quadraginta libras Parisienses ob remedium animæ suæ & antecessorum suorum concessit, ad constituendum de novo unum Presbyterum cum aliis: proinde statuimus, ut sex Presbyteri in dictâ domo dicti Hospitalis ad dictum officium faciendum, tam in dictâ domo, quàm in dictis Parochiis perpetuò admittantur. Cætera verò quæ in authenticis antecessorum nostrorum continentur, firmiter volumus observari. In cujus rei testimonium præsentes litteras sigillo nostro pontificali fecimus roborari. Datum anno Domini millesimo ducentesimo sexagesimo sexto, mense Martio.

De judicio facto inter Blancam *Comitissam Campaniæ, &* Erardum *de Brena, apud Meledunum à* Philippo Augusto *Rege.*

An. MCCXV.

Philippus Dei gratiâ Francorum Rex. Noverint universi præsentes pariter & futuri, quòd cum dilecta & fidelis nostra Blanca Comitissa Campaniæ citata esset per Ducem Burgundiæ, M. de Montemaurencii, & W. de Barris, ut in Curiam nostram veniret juri paritura de querelis quas Erardus de Brena, & Philippa quæ dicitur uxor ejus, contra eamdem Comitissam, & ejus Filium proponebant; & super eo quòd ipse Erardus & eadem Philippa petebant à nobis, quòd nos reciperemus ejusdem Erardi homagium de Comitatu Campaniæ, sicut Comes Henricus nepos noster, quem ipsa Philippa patrem suum esse dicebat, inde saisitus fuerat. Tandem apud Meledunum in nostrâ præsentiâ constituti prædicta Blanca Comitissa Campaniæ, & Theobaldus filius ejus ex unâ parte, & prædicti Erardi de Brena & Philippa ex altera, requirentes super hoc sibi fieri judicium; judicatum est à Baronibus nostris, videlicet à Remensi Archiepiscopo, W. Lingonensi, W. Catalaunensi, Ph. Belvacensi, St. Noviomensi Episcopis, & Od. Duce Burgundiæ Paribus Regni nostri, & aliis multis, scilicet Vn. Comite Pontivi, R. Comite Drocensi, P. Comite Britanniæ, G. Comite S. Pauli, W. de Rupe Senefcallo Andegavenfi, Vn. Comite Joviniacenfi, I. Comite Belli-montis, R. Comite de Alençonio, & etiam quibufdam Epifcopis, videlicet Autiffiodorenfi, Carnotenfi, Sylvan. & Lexov. nobis audientibus & judicium approbantibus, quòd homagium Erardi de Brena, vel dictæ Philippæ de Comitatu Campaniæ nullatenùs recipere debebamus, quamdiù Blanca Comitiffa & Theobaldus filius ejus vellent jus facere in Curiâ noftrâ & profequi: & quòd ufus & confuetudo Franciæ talis eft, quòd ex quo aliquis faifitus eft de aliquo feodo per dominum feodi, dominus feodi non debet alium recipere in hominem de eodem feodo, quamdiù ille qui faifitus eft de feodo per dominum feodi, velit & paratus fit jus facere in Curiâ Domini feodi & profequi.

Et quia Comitem Theobaldum quondam nepotem noftrum, Patrem illius Theobaldi, per affenfum Baronum noftrorum nullo contradicente recepimus in hominem de Comitatu Campaniæ & Briæ, ficut pater ejus Comes Henricus inde tenens fuerat, & poft deceffum dicti Comitis Theobaldi recepimus Blancam Comitiffam de eodem. Vicecomitatu in feminam noftram, ficut de Ballio, & poftea Theobaldum filium ejus, falvo Ballio matris fuæ, nullo contradicente : de jure non debebamus defaifire Blancam Comitiffam Campaniæ vel Theobaldum filium ejus de Comitatu Campaniæ & Briæ, quamdiù parati eſſent jus facere in curiâ noſtrâ & proſequi, & ipſi coram nobis & aliis Baronibus noſtris id femper obtulit. Hoc autem judicium prædictum conceſſerunt prædicti Erardus & Philippa ; & eâ die, quâ iſtud judicium factum fuit, nihil ampliùs quæſierunt à prædictâ Comitiſſâ & ejus Filio ; & ſic ſine die receſſerunt.

An. MCCXVII. ROBERTI *Rotomagenſis Archiepiſcopi fœdus initum cum Rege.*

Univerſis Chriſti Fidelibus ad quos præſentes literæ pervenerint, R. Dei gratiâ Rotomagenſis Archiepiſcopus in Domino ſalutem. Noveritis nos Domino noſtro cariſſimo PHILIPPO Regi Francorum illuſtri conceſſiſſe, ut quotieſcumque Baillivi ſui capitales mandabunt Decanis noſtris quòd ipſi veniant, quilibet eorum, videlicet cum quatuor Preſbyteris, ad faciendum recognitiones Eccleſiarum de quibus dubitatum fuerit ad quos jus pertinet patronatûs, & ad removendos fugitivos ab Eccleſiis ſecundùm uſus & conſuetudines Normaniæ, volumus & præcipimus, quòd prædicti Decani cum Preſbyteris, ſicut ſuperiùs eſt expreſſum, veniant ad diem à Baillivis D. Regis ſibi ad faciendum hæc aſſignatam. Quòd ſi ſuper hæc deficerent, volumus & concedimus quòd ſinguli eorumdem Decanorum pro ſingulis defectibus emendam perſolvant novem libras, quas domus leproſorum Rotomagenſium habebit ſine relaxatione. Ita quòd nobis vel mandato noſtro reddi non poterunt novem libræ, niſi ad opus dictorum leproſorum. Præterea conceſſimus quòd placita Judæorum teneantur in villâ de Deppâ contrà homines de Deppâ, ſicut ſolebant teneri tempore Galteri Archiepiſcopi Rotomagenſis, & tempore Domini Regis Philippi uſque modò. Conceſſimus etiam ob amorem Domini Regis quamdiù nobis placuerit, quòd nos vel Officialis noſter non excommunicabimus capitales Baillivos Domini Regis ſuper hoc non requiſito, dantes eiſdem quindecim dies de reſpectu, niſi iidem Baillivi teneant Clericum tonſuram habentem, vel catalla ejus, quæ reddere nollent nobis vel Officiali noſtro. Et conceſſimus quòd nos inquiſitionem factam per Epiſcopos & Barones, & aliis fide dignos, ſuper articulo iſto in proximo ſcacario Paſchæ tenebimus & obſervabimus.

Item petivimus, & Dominus Rex conceſſit nobis, quòd inquiſitio fiat quales redditus & quales conſuetudines Archiepiſcopus Galterus habuit in portu Archellarum ratione foreſtæ Alacris-montis. Et nos ob amorem Domini Regis volumus & conceſſimus, quòd Haïa archiarum fit immunis ab his conſuetudinibus, quocumque modo fiat inquiſitio. Item conceſſimus ob amorem Domini Regis, quòd quamdiù vendi faciet groſſum & magnum nemus Novi-Caſtri & Luciaci, cum minuto ſub eo exiſtente, cenſarii noſtri de Altermont non ibunt ad vendendum nemus apud Novum-Caſtrum de aſſenſu vel de præcepto noſtro ; & ſi irent, nos eas exinde non garantiremus. Et ſi Dominus Rex non faceret vendi in boſcis Novi-Caſtri & Luciaci, ſicut prædictum eſt, ipſi cenſarii poſſent ire per viam antiquam ad vendendum nemus apud Novum-Caſtrum. Præterea ponimus in bonâ ſufficientâ inquiſitionem de villâ de Donret & de præbendis Gornaii. Itaque quando Domino Regi placuerit, faciet inquiri de jure noſtro, & inde faciet voluntatem ſuam. Actum anno gratiæ milleſimo ducenteſimo ſeptimo decimo, ſexto Kal. Aprilis.

Hæc eſt finis & concordia facta inter HENRICUM *Regem Angliæ & dominum* LODOVICUM *Primogenitum filium* PHILIPPI *Regis Franciæ, ſub hac forma.*

An. MCCXVIII. Ex Chartulario S. Æſidii apud Pontem Audemari.

Notum ſit tam præſentibus quàm futuris, quòd hæc eſt forma pacis factæ inter dominum Regem Angliæ illuſtrem, & Dominum LODOVICUM domini Regis Franciæ primogenitum. In primis quòd omnes homines & impriſii domini Lodovici, & coadjutores ſui Anglici, & alii, qui terram tenuerunt in principio guerræ, in regno Angliæ, habeant terras ſuas & ſaiſinas ſuas quas habuerunt in initio guerræ, & rectas conſuetudines & libertates Regni Angliæ : & ſi emendationes inde factæ fuerint, communes ſint tam illis, quàm aliis.

Item dominus H. Rex Angliæ, & omnes homines & impriſii ſui, qui terram tenuerunt in initio guerræ in Regno Angliæ.

Item civitas Londonienſis, & omnes aliæ civitates & burgenſes, habeant ſuas rectas conſuetudines & libertates.

Item omnes priſones qui capti fuerunt ex utrâque parte poſtquàm dominus Lodovicus applicavit Angliâ, deliberentur. De aliis verò qui capti fuerunt ante primum ejus adventum in Angliâ, ſic erit quòd Conſilium domini Regis Angliæ eliget tres de Conſilio domini Lodovici, per quorum ſacramentum fiat inquiſitio, ſi fuerint homines vel impriſii domini Lodovici die quo capti fuerunt, & per ſacramentum prædictorum deliberentur.

Item de omnibus priſonibus ſic erit, quòd omne quod ſolutum eſt de redemptionibus illorum, ſolutum ſit : & id quod ſolutum non eſt, unde termini tranſierunt ſolvatur ; & redemptionum reſiduum quietum ſit : & ſi contentio fiat, & dicatur quòd termini de redemptionibus priſonum præteriti ſunt, Conſilium domini L. eliget tres de Conſilio domini Regis Angliæ, per quorum ſacramentum declaretur ſi termini de redemptionibus tranſierunt, necne. Et ſi à die Martis proximâ ante feſtum Exaltationis ſanctæ Crucis aliqua deſtructio fieret priſonibus de solutione redemptionum facienda, inde quieti sint. Omnes prisones & aliide Regno Angliæ, qui contrà dominum Regem Joannem quondam Regem Angliæ fuerint, faciant per homagium securitatem domino H. Regi Angliæ secundùm legem & consuetudinem Regni Angliæ, & per sacramenta & chartas suas.

Item, dominus Lodovicus reddet omnes obsides illis à quibus eos habuit, qui traditi fuerint pro fideli servitio, & alios qui traditi fuerint pro pecuniâ unde termini transierunt, solutâ pecuniâ liberabit.

Item, reddentur domino H. Regi Angliæ & suis omnes civitates, burgenses & castra, & terræ quæ occupatæ sunt per guerram istam, in quocumque Regno Angliæ sint.

Item, de insulis sic fiet: Dominus L. mittet litteras suas patentes fratribus Eustachii Monachi, præcipiens quòd illas reddant domino H. Regi Angliæ. Et nisi illas reddiderint, distringet illos dominus L. pro legale posse suo per feoda, & per terras eorum, quæ de feodo suo movent ad illas reddendas. Et si hæc facere noluerint sint extrà pacem istam. De Rege Scotorum sic fiat, & dominus L. mandet ei formam pacis factæ inter dominum Regem Angliæ & ipsum, & quòd si noluerint esse in pace illâ, reddant domino Regi Angliæ omnia castra & prisones, & terras quas occupavit occasione hujus guerræ. Idem faciet dominus Rex Angliæ dicto Regi Scotorum. Eodem modo mandabit dominus prædictus L. Lewelino, & aliis Valensibus.

Item, dominus L. acquietabit omnes Barones & homines de Regno Angliæ ab omnibus homagiis, fidelitatibus, confœderationibus & imprisiis; & de cætero nullam inibit confœderationem unde malum vel damnum possit aliquo tempore evenire domino H. Regi Angliæ, vel heredibus suis de Regno Angliæ occasione hujus guerræ. Idem facient Barones Angliæ domino Henrico Regi Angliæ, quòd nullam facient prædicto domino L. vel alicui illi confœderationem, homagium, fidelitatem vel imprisiam contrà dominum suum H. Regem Angliæ vel heredes suos.

Item, dominus L. faciet juramentum corporale, & sui cum eo, & chartas suas facient singuli, quos Consilium domini Regis voluerit, quòd pacem præscriptam firmiter & fideliter tenebunt. Ad impetrandum super hoc confirmationem domini Papæ & domini Legati apponet legale posse suum per preces.

Item, de debitis sic fiat, quòd omnia debita, quæ debentur domino L. unde termini transierunt, ei reddantur.

Item, notandum est quòd in primo capitulo ubi legitur de imprisiis domini L. intelligitur de laïcis tantùm, Clerici tamen Anglici qui laïca feoda habuerunt, habeant terras & saisinas suas, quas habuerunt in initio guerræ.

Ut omnia prædicta perpetuam obtineant firmitatem, dominus Gwalterius Tituli sancti Martini Presbyter Cardinalis, Apostolicæ sedis Legatus : dominus H. Rex Angliæ, Willelmus Mareschallus Penbroc, H. de Burgo Justiciarius Angliæ, R. Comes de Cestris, Willelmus Comes Sarisberi, Willelmus Comes de Varennes, Will. Comes d'Arondel, Will. Aubenii, Willelmus Bruiere, Willelmus Mareschallus juvenis, Falcasius de Briauté, R. de Mortuomari, L. de Erdivert, R. de Veteri-Ponte, Gaufridus de Nova-villa, R. de Insula, Philippus de Aubignie, R. filius Regis, huic scripto sigilla sua apposuerunt.

Datum apud Lamech Anno ab Incarnatione Domini MCCXVII. xx. die Septembris, anno domini Henrici Regis Angliæ tertii, primo.

NUNONIS SANCII *Edictum pro pace seu treugâ servandâ.*

An. MCCXVII.

AD honorem Dei omnipotentis qui auctor pacis est & amator caritatis, & gloriosæ genitricis ejus Virginis MARIÆ, & omnium Sanctorum. Nos NUNO SANCII dominus Rossilionis, Confluentis, Cerritaniæ & Vallispirii, consilio, & voluntate, & auctoritate dilecti patris nostri Galteri Dei gratiâ Elnensis Episcopi, & consilio Baronum nostrorum, tam civium quam burgensium, antecessorum nostrorum sequentes vestigia, publicæque utilitati totius terræ nostræ consulere providentes, paces & treugas facimus & constituimus in toto Episcopatu Elnensi & Cerritaniæ.

Sed cum ea quæ divino cultui fuerint deputata primò præ oculis debeamus habere, in primâ pacis constitutione, sub pace & treugâ ponimus omnes Ecclesias cum earum cœmeteriis & sacrariis, quæ speciali hominum censurâ in bonis Dei intelliguntur, & cum omnibus rebus earum mobilibus & immobilibus, & se moventibus, & cum hominibus earum & rebus. Item sub hac pace & treugâ ponimus & constituimus omnes Clericos in quocumque sint ordine constituti, & Monachos Regulares, Sanctimoniales, Hospitalarios, Templarios, sive Fratres sancti Sepulcri, & omnes alios viros Religiosos, & monasteria omnia, & quælibet loca religiosa, & omnes honores & possessiones eorum, & alias res mobiles & immobiles & se moventes. Item emunitates sive salvetates Hospitalitatis Jerosolymitani sub eâdem pace constituimus, & aliorum venerabilium locorum. Statuimus tamen quod de cætero domus Templi & Hospitalis, vel alius venerabilis locus religiosus non recipiat novas salvetates sine consilio domini Episcopi, & Vicarii nostri.

Item sub hac pace sint viduæ, & orphani & pupilli, & res eorum mobiles & immobiles & se moventes. Item guidatica, & pennones, & omnia regalia firmiter observari & custodiri sub hac pace & securitate jubemus, etiam omnes venientes ad curiam nostram, stando, eundo, & redeundo, cum omnibus rebus eorum mobilibus & immobilibus & se moventibus. Item sub hac pace sint cives, burgenses & omnes alii castrorum & Reg. & villarum Ecclesiarum & locorum religiosorum habitatores, sive in villis, vel civitatibus, vel aliis locis habitantes, & omnes eorum possessiones, pignora, & universa tam mobilia quàm se moventia. Item sub hac pace sint omnes Judæi & Sarraceni, qui videlicet sub fide & custodiâ in terra nostra habitantes, & omnes res & possessiones eorum.

Item sub hac pace sint camini & stratæ sive viæ publicæ, & omnes homines tam domestici quàm peregrini, mercatores, aliique per eas euntes & redeuntes, cum omnibus quæ secum ducant vel portaverint; & ut nullus idem iter agentes invadat, vel in corpore proprio, sive in rebus suis aliquid injuriæ sive molestiæ infestat; militibus exceptis & eorum filiis, qui inter se manifestè guerram habuerint; & exceptis propriis hominibus, quos domini in campo capere liceat.

Item villanos & villanas Ecclesiarum & Monasteriorum & aliorum locorum religiosorum, & nostra, & omnes res mobiles & immobiles vel se moventes sub pacis & treugæ securitate constituimus. Verùm si cum armis in maleficio fuerint deprehensi, damnum eis ibi illatum non requiratur pro pace fractâ : ita tamen quòd si infrà terminos castri in quo habitantes fuerint capti fine aliquâ redemptione abfolvantur ; fi verò ultrà terminos caftri exierint cum armis & capti fuerint, vel aliquod malum acceperint, non requiratur pro pace fractâ ; fibi enim imputent, nifi res fuas fequerentur. Homines verò Militum fi in maleficio deprehendantur, non requiratur pro pace fractâ five damnum acceperint, five capiantur.

Item ftatuimus & ponimus fub pacis & treugæ fecuritate Villanos & Villanas Militum tam de allodiis quàm de feuodis, cum omnibus beftiis minutis vel groffis, five cum omnibus animalibus parvis vel magnis, five fint aratoria five non, vel apta ad arandum five non, cum inftrumentis aratoriis, & cum fuis bubulcis, five qui ea cuftodierint & gubernaverint, ita quòd nullus eorum animalia capiat, nec etiam in proprio corpore prædictorum rufticorum aliquod damnum inferat, nifi in maleficiis inventi fuerint, vel in cavalcadis cum dominis fuis aut cum aliis ierint. Item beftias ararias Militum cum inftrumentis, & cum eis qui eas cuftodierint & gubernaverint fub eâdem pace & fecuritate conftituimus. Item fub ejufdem pacis regimine fint apud alvearia, five palumbaria, molendina, palearia, oliveta, & fructus eorum cujufcumque fint.

Item fub prædictæ pacis conftitutione mandamus firmiterque ftatuimus, quòd fi aliquid fic pro indivifo aliquorum fuerit commune, quòd aliqua pars fit fub treugâ, alia non, illa pars quæ fuerit fub treugâ falvet aliam quæ non fuerit fub pace. Prohibemus infuper ne aliquis incendium mittat, vel ignem ad nocendum fupponat etiam fi guerram habuerint, quòd fi fecerit tamquam invafor pacis habeatur.

Si quis verò præfcriptam pacem in aliquo vel in aliquibus capitulis infringere, vel violare præfumferit, infrà quindecim dies ad monitionem Vicarii noftri, vel domini Epifcopi damnum componat illi cui malum fecerit in fimplum ; poft quindecim verò dies, duplum, præftandis aliquo fexaginta folidis nobis & Epifcopo ad quos querimonia fractæ pacis & treugæ dinofcitur pertinere, fi Milites fuerint vel eorum filii & nobiles bajuli, vel homines villarum qui pacem violaverint : ruftici verò & alii homines pœnam præftent viginti folidorum, dividendam fecundùm quod in pacibus anteceforum noftrorum invenitur ftatutum. Et infuper fi infrà prædictos quindecim dies per Nos, vel per Epifcopum, vel per Vicarium noftrum, vel nuntios idem temerator damnum non emendaverit, exinde ipfe malefactor & complices fui, coadjutores & confiliatores ejus ab Epifcopo excommunicentur, & poftea à prædictâ pace & treugâ feparati intelligantur, ita quòd malum quod propter hoc eis fuerit illatum non requiratur pro pace & treugâ fractâ ; falvis tamen aratoriis, animalibus & fuis frumentis, apum alveariis, palumbariis, molendinis & olivetis. Sed fi malefactor & coadjutores ejus jamdicto querelanti ullum malum fecerint, emendetur pro pace fractâ.

Ab hac autem pace excludimus hæreticos manifeftos & eorum credentes atque fautores, fures & latrones, & eorum receptatores, & publicè excommunicatos, nifi voluerint fe emendare ad mandatum Epifcopi. Statuentes infuper firmiterque mandamus ut nullus eos defendat, imò manifeftet eos & omnibus modis devitet. Volumus præterea ut nullus pacis violatores manutenear, nec aliquis qui fit baudator appellatus, nifi qui fe voluerit per judicium curiæ expiare. Ad . . . . . tes infuper, firmiterque ftatuimus & jubemus, quòd ea quæ ab anteceforibus noftris ftatuta funt de pacibus & treugis fervandis atque tenendis, inviolabiliter ab omnibus teneantur, ferventur & cuftodiantur.

Violatores autem pacis fatis dare, & pignora mittere in manu Vicarii noftri in propriis perfonis, fi tamen dominus qui eos ad maleficium duxerit, pro guerram voluerit pignora mittere pro fe, & pro militibus, & pro omnibus qui de domo & familiâ fuâ fuerint, recipiatur. Si verò homines Monafteriorum vel aliorum locorum religioforum inter fe damnum dederint in corpore five in rebus, & querimonia ifta ad Vicarium noftrum pervenerit, remittat eum vel eos ad dominos proprios, & fi infrà quindecim dies damnum in poffe dominorum fuorum refarcire noluerint, aut directum firmare, deinde Vicarius accipiat pignora in perfonis propriis, & caufa illa fine debito fub ejus examine terminetur.

Item ftatuimus & mandamus, ut paces iftæ & treugæ fint firmæ & duraturæ ab hac die ufque ad feftum proximum Omnium Sanctorum, & à fefto Omnium Sanctorum ufque ad decem annos continuos & completos. Item ftatuimus firmiter & mandamus, quòd nullus expugnet aliquod caftrum vel aliquam munitionem cum guffâ vel pererio vel manganello, vel cum alio genere lignorum prout in ufaticis anteceforum noftrorum ftatutum eft.

Item ftatuimus atque jubemus quòd omnes Milites, & cives, burgenfes & homines villarum à quatuordecim annis & fuprà paces iftas jurent ut eas teneant, & defendant fideliter fine fraude. Quicumque autem admonitus à domino Epifcopo vel à noftro Vicario, ab Epifcopo fi jurare eas noluerit excommunicetur, & fit à pace & treugâ exclufus, & cogatur per pacem eam jurare.

Hanc autem pacem ftatuimus falvis juribus & libertatibus Ecclefiarum, & noftris atque Militum, & falvis in omnibus confuetudinibus Perpiniani.

Ad majorem itaque firmitatem iftarum pacium & treugarum, nos Nuno Sancii juramus manibus noftris propriis per Deum & hæc fancta quatuor Evangelia, prædicta omnia, ut dictum eft, fideliter obfervare atque defendere fine fraude & aliquo ingenio.

Actum eft hoc fexto Nonas Octobris, anno Domini MCCXVII.

Nuno.	Guittardus de Allamano.
B. Ugo de Serralonga juro.	A. de Villarnaldo.
A. de Salfis juro.	G. de Villarnaldo.
R. de Caftell-roffilione, & filius ejus juramus.	Turrilietas.
	Tortus de Fontejocofo.
G. de Montefquio juro.	Galterus de Orulo.
G. de Salfis juro.	A. Canoto.
Dalmatius de Requefen juro.	Bertrandus Darfato.
A. de Mutationibus juro.	P. de Villalonga.
Po. de Orcafano juro.	G. de fancta . . . .
J. de Mutationibus juro.	A. de Caftrobona.
Bremundus de Villalonga juro.	Ugo de Mataplana.
	B. de Faga.
R. de Villarnaldo.	B. Daragallo.
Odo de Parietibus tortis.	G. B. de Paracollis.
B. de Erreferra.	Gaucerandus Durgio.
B. de Perrellonibus.	Ademarus de Molleto.
B. de Ortafano.	B. de Bredis.
Bn. d	R. de Envegio.
G. Jordanus.	Bertrandus de Infula.
R. de Caranto.	Ot. de Corbonis.
B. de Malloy.	B. de fancta Eulalia.
G. de Infula.	B. de Bolviro.
B. Lenceolus.	R. de Solerio.
A. de Villalonga.	G. de Vidrignanis.
	P. Raimundi de Torna-

bore.
Gueraldus de Insula.
R. de Verneto.
G. de Saltono.
B. de Taurimano.
Berengarius Arnaldus.
Vitalis de Insula.
Ermengaudus de En.

Philippi Augusti decreta de Judæis.

Hæc est constitutio quam fecit Dominus Rex de Judæis potestatis suæ anno D. MCCXVIII. mense Februarii. Nullus Judæus ab octavis Purificationis Beatæ Mariæ inantea mutuo tradet alicui Christiano qui propriis manibus laboret, sicuti sunt agricola, sutor, carpentarius, & hujusmodi, qui non habent hereditates vel mobilia unde possint sustentari, nisi laborent propriis manibus; nec debitum curret ultrà annum à mutuo facto: & libra non lucrabitur per septimanam nisi tantùm duos denarios.

Item nullus Judæus mutuos tradet Monacho vel Canonico Regulari, nisi de assensu Abbatis & Capituli sui, & per literas suas patentes: nec alicui Religioso sine assensu Capituli sui cum literis suis patentibus.

Item nullus Judæus accipiet in vadium ornamentû Ecclesiæ, aut vestimentum sanguinolentum aut madidum, aut ferrum carrucæ, aut animalia carrucæ, aut bladum non ventilatum.

Item si aliquis Judæus Militi, vel Burgensi, seu Mercatori mutuo pecuniam tradiderit, pro debito suo accipiet assignamentum à debitore hereditatis tenementi, vel redditus per assensum domini de quo debitor tenet ; & si debitor violentiam fecerit de assignamento, usura curret quamdiù durabit violentia post clamorem Judæi: & ille qui violentiam fecerit, domino Regi emendabit ; & ex quo factum fuerit assignamentum, non curret debitum nisi facta fuerit violentia, ut dictum est.

Item Judæi Normaniæ coram Ballivo suo in assisiis quæ habent recordationem, vel coram Ballivo præsentibus decem Militibus, habebunt recordationem debitoris de summâ debiti, & de assignamento, ut ibi inrotulentur tam debita quàm assignamenta. Si verò absente Ballivo factum fuerit assignamentum, & debitor noluerit venire coram Ballivo & decem Militibus, vel in assisiâ, sicut dictum est, si Judæus id probaverit per testes legitimos Christianos, Ballivus compellet debitorem & garentes nominatos coram se & decem Militibus, vel in assisiâ ad faciendam recordationem, & inrotulationem tam debiti quàm assignamenti. Si Miles vel aliquis alius quicumque fuerit, voluerit in vadium ponere equum suum, vel vestimenta, vel alias res mobiles quæcumque fuerint, Judæo licebit accipere, & dominus Rex super hoc se non intromittet. De debitis mutuatis ante Purificationem non compelletur debitor, aut ejus plegius, vendere hereditatem suam aut redditus suos; nec propter hoc capientur corpora eorum, sed assignabuntur Judæo duæ partes hereditatum aut redditum tam debitoris quàm plegii, & de tertia parte vivent: nec propter hoc capientur animalia carrucæ debitoris aut culturæ, aut alia utensilia domûs suæ. Omnes debitores tam Franciæ quàm Normaniæ, qui non habent hereditates, vel mobilia unde possint sustentari, nisi laborent propriis manibus, habent respectum trium annorum ad solvendum debita sua, faciendo securitatem de quolibet tertio singulis annis reddendo.

De tribus Personatibus additis in Ecclesiâ Ambianensi, & eorum redditus & munia præscribuntur.

AD. MCCXIX.

Euvrardus divinâ permissione Ambianensis Ecclesiæ Minister humilis, omnibus præsens scriptû inspecturis æternam in Domino salutem. In publicam volumus venire notitiam, quòd de communi assensu & voluntate Capituli nostri, ad servitium nostræ matris Ecclesiæ & honorem ampliandum, pro utilitate etiam publicâ totius Diœcesis tres Personatus in nostrâ Ecclesiâ constituimus, Præcentoriam videlicet, Magisteriam Scholarum, & Pœnitentiariam, ita quod cuilibet Personatui proventus proprios duximus assignandos: Præcentoriæ scilicet proventus, quæ ante hoc statutum Cantoriæ fuerant assignati, loco autem illorum proventuum in recompensatione ipsius Cantoriæ viginti quinque libras de Thesaurariâ percipiendas annuatim assignavimus, donec vacent nobis aliqui redditus altarium, per quos Cantoriæ assignandos usque ad dictam summam viginti quinque librarum Thesaurariam nostram liberemus; dictas autem viginti quinque libras ab illo qui Thesaurariæ præerit, Cantori reddi volumus, & præcipimus ad hos terminos, scilicet ad festum sancti Remigii sex libras & quinque solidos, ad natale Domini tantumdem, ad Pascha tantumdem, in festo sancti Joannis Baptistæ tantumdem : Magisteriæ autem Scholarum viginti quinque libras : Pœnitentiariæ verò viginti assignavimus ad proventus altarium de sancto Maxentio & Ramburelles percipiendas annuatim; ita quòd à Præsbyteris dictorum locorum fidelitatem facimus exhiberi personis quæ dictos Personatus habebunt.

Sic autem distincta sunt dictorum Personatuum officia : Præcentor proximum stallum post Decanum, Cantor proximum stallum post Præcentorem habebunt, Præcentor in superiori stallo Canonicos installabit, Cantor in inferiori. Uterque dabit regimen duarum Scholarum cantûs. Jurisdictio puerorum communis erit utrique ; communi consilio recipient in choro pueros, uterque poterit ejicere delinquentem, ejectus ab uno non introducetur ab alio, nisi ejicentis satisfecerit arbitrio. Præcentor audiet à pueris id quod debent cantare ; Cantor etiam pro excessibus suis verberabit ; Præcentor & Cantor simul regent chorum in Nativitate Domini, in Epiphaniâ, in Paschâ, in Ascensione, in Pentecoste, in festo Trinitatis, in quatuor festis Beatæ Virginis, in duobus festis B. Firmini Martyris, in duobus festis B. Joannis Baptistæ, in festo S. Fusciani, in festo sancti Firmini Confessoris, in festo sancti Honorati, in festo Dedicationis, in festo Sanctorum Petri & Pauli, in festo S. Mariæ Magdalenæ, in festo Sanctorum omnium : in aliis duplicibus Cantor cum uno de Canonicis reget Chorum. In Ordinibus, in consecratione Chrismatis, in benedictionibus Abbatum, Præcentor Chorum reget : in Synodo, prima dies erit Præcentoris, secunda Cantoris ; Præcentor officium anni prænunciabit, & in iis omnibus si alter absens fuerit, ille qui præsens erit supplebit defectum ; Cantoris erit scribere tabulam Cantorum. Si quid autem ad ipsorum officia adjiciendum fuerit, consilio nostro & Capituli disponetur. Magister verò Scholarum proximum stallum juxta Archidiaconum Ambianensem ; Pœnitentiarius proximum juxtà Pontensem habebunt. Magister verò Scholarum signabit lectiones in Matutinis & in Missâ legendas, & auscultabit si fuerit requisitus ; litteras Capituli faciet, regimen Scholarum conferet de anno in annum ; tabulam lectorum

EEee iij

scribet. Pœnitentiarius verò loco nostri Confessiones audiet, de quâcumque parte Diœcesis ad ipsum referantur; exceptis Confessionibus Curatorum nostrorum, & Magnatum & Baronum, quas nobis reservamus: ad illum etiam, tamquam ad illum quem post nos in hoc officio proximum esse volumus, dubitationes si quæ emergent in foro pœnitentiali jubemus reportari. Pœnitentias injunctas ab aliis Confessoribus relaxare poterit aut mutare, prout secundùm Deum viderit expedire: Provisionem etiam & curam domûs hospitalariæ Accianensis loco nostri habebit.

Ut autem hoc statutum imposterum inviolabiliter observetur, præsens scriptum sigilli nostri munimine duximus roborandum. Actum anno ab Incarnatione Domini MCCXVIII, in vigiliâ Paschæ.

J. Episcopi Acconensis Epistola ad HONORIUM *III. Papam.*

SAnctissimo Patri ac domino H. Dei gratiâ summo Pontifici, J. divinâ permissione Acconensis Ecclesiæ Minister indignus, tam debitam quàm devotam cum osculo pedum reverentiam. Postquam divinæ propitiationis mirificencia servorum suorum diuturnos atque multiplices miserata labores, Damiatæ civitatem xl. millibus pugnatorum infrà muros absque gladio & pugnâ interemptis, in manus Christianorum tradidit, & castrum Thaneis inexpugnabile fugientibus Sarracenis impiis nemine persequente, subjecit Christicolis; succedentibus prosperis, multi ex nostris tantorum beneficiorum immemores & ingrati Dominum ad iracundiam provocaverunt, variis criminibus animas suas obligantes, & maximè spoliis paganorum & thesauris civitatis, furto & rapinâ communitatem exercitûs defraudando. Quibus iratus Dominus, exemplo Achor, qui de anathemate Jerico furtivè retinuit, ultione manifestâ in mari & in terrâ eos periclitari permisit; quibusdam eorum à Sarracenis captivatis, aliis mari submersis, aliis mutuò à se interfectis; alii autem pecuniam per sacrilegium retentam cum aleis & meretricibus luxuriosè vivendo turpiter consumserunt. Et ita sordida præda eventus bonos non habuit, sed miseris possessoribus suis excommunicationis vinculo innodatis fuit in laqueum & in ruinam, & cum eis pecunia eorum fuit in perditionem.

In illâ autem tempestate & tenebroso tempore falsi nominis peregrini suprà modum corruperant vias suas, corruentes de peccato in peccatum, divino timore postposito; & qui in sordibus erant, adhuc sordescebant, passim luxuriantes in comessationibus, & ebrietatibus vacantes, invicem mordentes, atque invicem detrahentes, seditiosi, prophani, & proditores, Christi negotium malitiosè perturbantes, & Christiani exercitûs impedientes promotionem. Prælatis autem neque obedientiam neque ullam exhibebant reverentiam; sed gladium Ecclesiasticum contemnentes, excommunicationis vilipendebant sententias.

Rex autem Jerusalem cum omnibus ferè militibus suis exercitum deseruit. Magister Templi cum majori parte Fratrum suorum recessit. Omnes ferè milites Francigenæ abierunt. Dominus autem Patriarcha noluit nobiscum in exercitu remanere. Omnes autem qui de Cypro erant, nos reliquerunt; & generaliter omnes ferè orientales, tam Prælati, quàm Milites sæculares, absentes erant, exercitu peregrinorum ante Damietam in magno periculo remanente. Tantâ autem paupertate omnes ferè milites nostri attenuati fuerant, quòd in toto exercitu quatuor vel quinque vix reperiri poterant, qui de suo in Christi servitio valerent sustentari; præsertim cum nec Reges, nec alii potentes in exercitu remansissent, excepto Comite Matthæo de regno Siliciæ, qui milites quotquot poterat propriis expensis retinebat. Dominus autem Legatus de eleemosynis communitatis quibus poterat, providebat.

Nostri igitur, quia pauci erant, & cum Sarracenorum multitudine securè congredi non poterant, infrà lictas confossati suam ut civitatem custodirent, commorabantur. Soldanus autem Ægypti cum exercitu suo itinere ferè unius diei à civitate Damietâ remotus, castra sua in quâdam insulâ collocaverat, per exploratores suos impios Christianos, qui in exercitu suo pretio conducti latitabant, nobis multipliciter insidiando, captansque opportunitatem si ex aliquâ parte nostris possit aliquas inferre molestias, vel per aliquos viros Belial prophanos Christianos, inter nostros posset discordias seminare. Plerumque autem hi qui in insidiis latitabant Sarraceni, aliquos ex nostris incautè exeuntes ducebant captivos, vel eis capita abscindebant. Pro quolibet enim Christianorum capite Soldanus Ægypti, certam eis sponderat pecuniam. Nostri autem versâ vice de ipsis, paucos tamen, aliquando captabant. Ipsi enim inermes & expediti, velut caprioli celeriter fugiebant, in lacubus paludosis se se recipientes. De nostris autem militibus & Turcopolis, qui quandoque longiùs ab exercitu necessitate aliquâ equitabant pro lignis deferendis, vel graminibus colligendis, equis eorum sagittis vulneratis, aliquos quandoque detinebant. Nostros autem pariter conglobatos & in unum collectos nunquam in congressu expectare audebant, nisi longè plures nostris fuissent. Aliquando autem arte fugam simulantes, aliquem de nostris indisciplinatè subsequentem includentes capiebant. Nostris autem pariter redeuntibus, Bolduini eorum habentes equos agiles, posteriores à longè sequebantur, captantes opportunitatem si fortè aliquem ex nostris ab aliis incautè recedentem detinere valerent. Sed & eorum accharii à parte posterioris recedentium equos vulnerantes, quandoque de nostris aliquos retinebant. Ex quo factum est quòd plusquàm tria millia Christianorum apud Alexandriam & Kairam & Damascum capti teneantur in vinculis: quorum quidam à piratis Sarracenorum in mari fuerant capti, alii in prælio detenti, alii dum pabulatum exirent captivati. Multi autem ex pauperibus, dum in lacu quodam non multum à castris nostris remoto incautè piscarentur, vel in ipsius maris litore à nostris longiùs recedentes, ab hostibus in insidiis latitantibus retenti, abierunt in captivitatem ante faciem subsequentis.

Quâdam autem die cum milites & Turcopoli nostri cum prædâ magnâ tam paganorum quàm animalium à quodam casali fessi valdè & afflicti reverterentur, Turci quidam in insidiis latitantes cum equis recentibus posteriores ex nostris aggressi, & telorum multitudine vulnerantes equos, magnum nobis damnum intulerunt; quibusdam militibus ex nostris probis valdè & in armis strenuis ab ipsis partim captis, partim interemptis. Sic igitur casibus subalternis Christianorum exercitus quandoque inferior, ab hostibus captivitatis & mortis detrimentum sustinebat, quandoque superior inimicos crucis Christi trucidabat partim, & partim captivos ducebat. Quoniam autem Sarraceni cautiores erant, & ad fugiendum promptiores, nostrum autem nisi longè plures essent, & manifestam præminentiam attenderent, exspectare non audebant, cum ipsi plusquàm tria millia ex nostris, ut dictum est, in vinculis detinerent, vix mille ex ipsis detinebamus captivos.

De Sarracenis autem frequenter ad nos aliqui spontanei pertransibant. Qui tamen Christianorum vitam duram nimis & arctam judicantes, eo quod inter suos quidquid libebat licebat, diutiùs nobiscum manere non sustinebant; sed ad consuetas immundities paganorum revertebantur, à nobis occultè recedentes. De nostris autem versâ vice quidam miseri & abjecti ad paganorum castra sponte transibant; ut comessationibus & luxuriis & obscœnis voluptatibus passim & absque ullâ contradictione defixi, in fæcibus suis fœdarentur. Cum autem Soldanus Ægypti ex prædictis Apostatis recepisset, infidelitatem eorum & animi levitatem non ignorans, astutè eis usus est, mittens eos ad remotiores regni sui partes, unde nunquam reverti valerent. Ipsi autem adeo viles inter Sarracenos habebantur, quòd vix unde miseram vitam sustentarent illis tribuebatur; neque eos in suis hospitiis recipere volebant; sed eis improperabant quòd sicut mali Christiani fuerant, ita Sarracenorum legem nunquam benè observarent.

Soldanus autem Ægypti modis omnibus parabat qualiter nostros posset molestare, & exercitum nostrum in plures partes divisum debiliorem reddere. Unde mandavit fratri suo Coradino Soldano Damasci, quatenùs circa partes Acconenses munitionem novam, quæ castrum Peregrinum dicitur, obsideret. Ex quo factum est quòd multi de exercitu nostro ad castri subsidium festinantes abierunt, & quòd Acconenses ad exercitum nostrum ante Damiatam non venirent. Alii autem fratri suo qui Seraph nominatur, qui Princeps est regni Salaph in terrâ Assyriorum, prædictus Soldanus dominus ejus præcepit, quatenùs circa partes Antiochenas & Tripolitinas cum exercitu suo moraretur, ut ex partibus illis nullum haberemus succursum. Sed & galearum multitudinem in mari posuerat, ut transitum peregrinorum & mercatorum impediret, & auxilio eorum qui Cypro commorantur Christianorum nos privaret. In bargis præterea & galionibus multitudinem pugnatorum, circa castrum Thapeos; & in lacu maximo; qui ex unâ parte ferè usque ad castra nostra protendebatur, posuerat.

Interea autem ex utrâque parte civitatis Damiatæ Bebdunos & Turcopolos multos habebat, ut exercitum nostrum multipliciter expugnaret. Et ita his prædictis septem partibus nos infestandos, septemplices nobis inferebat molestias. Dominus autem populi respiciens sui afflictionem, derelictos non deteliquit; sed clementi bonitate consolatus est desolatos : quibus tandem vexatio dedit intellectum; ut in variis tribulationibus & variis periculis clamarent ad Dominum. Quanto magis siquidem paucitatem suam humano subsidio destitutam conspexerunt, tanto firmiùs de superiùs auxilium expectantes, spei suæ anchoram in Domino præcerunt. Interiùs enim à Domino visitati, & divinæ prædicationis sermonibus animati, revertentes ad cor, & pœnitentiam agentes, & confitentes peccata sua, mutati sunt in virum alterum, adeo quod exercitus Domini, respectu ejus quod ante fuerat, quasi claustrum Monachorum esse putabatur. Confestim fervore spiritu accensi, & saniori usi consilio, omnes publicas meretrices ab exercitu recedere coëgerunt. Si quas autem ultra terminum præfixum & diem assignatum reperiebant, per medium castrorum faciebant fustigari, & plerumque ferro calido advertentes, cauterium in frontibus imprimebant. Publico insuper edicto præceperunt proclamari, ne quis jam potationum tabernas frequentaret, vel deciorum sive alearum lusibus operam daret, certam pecuniæ summam transgressoribus infligentes. Latronibus autem, & homicidis, & aliis viris sceleratis non parcebant, duodecim Consiliarii cum Mareschalco domini Legati, qui malefactores punire juramento tenebantur, prædicationibus divinis & salutaribus mandatis libenter & humiliter intendentes. Quod autem præcipiebant, operibus adimplere satagebant.

Quoniam autem pauci valde in exercitu remanserant pugnatores, absque magno & manifesto periculo contrà Sarracenorum multitudinem congregari non valebant. Interim autem quod poterant devotissimè faciebant. Civitas populabatur, construebantur Ecclesiæ, ædificia vetustate diruta reparabantur, seminabant agros, vineas plantabant; civitatem undique muniebant. Ex parte autem opposita civitatis super fluvium Nili; ad custodiam portus & navium mirabilem cum labore maximo construxerunt munitionem, omnes à majore usque ad minorem suprà collum & humeros sabulum deportantes, & in uno loco congregantes quasi in collis similitudinem Toroni altitudinem erexerunt; terræ argillosæ muro sabulum concludentes. Non enim in Ægypto lapides reperiuntur, nisi à partibus Cypri, vel Syriæ cum labore magno navigio deferantur. Construxerunt igitur quasi inexpugnabilem castrum; quod fossores vel petrarias non timeret; nec ignem Græcum. In medio autem turrem ligneam miræ altitudinis erexerunt; non solùm ad castri defensionem, sed ut navigantibus Damiatam tamquam signum à remotis appareret. Construxerunt nihilominùs in medio magni lacus, de quo superiùs fecimus mentionem, inter urbem Damiatam & castrum Theranis medio aliam munitionem loco sitam, quam Buttivant nostri vulgariter appellant. Ob quam causam Sarraceni suprà modum doluerunt, eò quod maximam lacus partem nostri auferentes eis, infinitâ optimorum piscium abundantiâ exercitum nostrum reddiderunt copiosum, & insuper cum bargis & galionibus suis; sicut priùs, exercitum nostrum Sarraceni molestare non poterant. Aliorum autem victualium tantam nobis Dominus contulit abundantiam; quòd pro modico pretio milites nostri, & alii pauperes sufficienter poterant sustentari.

Cum igitur quatuor munitiones haberemus in Ægypto, Damiatam scilicet, Theranis, & Toronum in sabulo, & castrum Buttivant in lacu amplissimo, nostrorum statu semper in melius crescente, inimicorum conditio vergens ad occasum in deterius profluebat; præsertim cum inter se Sarraceni pugnam & dissensiones haberent, Rex Damasci Coradinus, qui castrum Peregrinum obsederat; cum magnâ confusione multis ex suis interemptis recessisset. Frater ejus, dictus Seraph, audiens Regem Indotum David terram suam invasisse, à partibus nostris cum exercitu suo coactus est recedere. Hic autem Rex David; vir potentissimus, & in armis miles strenuus, callidus ingenio, & victoriosissimus in prælio, quem Dominus in diebus nostris suscitavit ut esset malleus paganorum, & perfidi Machometi pestiferæ traditionis, & execrabilis legis exterminator est, quem vulgus Presbyterum Joannem appellat : qui cum Fratrum suorum minimus esset; sicuti de sancto Rege Israël David Propheta legimus, omnibus præpositus est, & in Regem divinitùs coronatus. Quàm mirabiliter autem Dominus ipsum his diebus promoverit; & ejus opera magnificaverit, gressus illius dirigens; & populos innumeros, gentes, tribus, & linguas ejus ditioni subjiciens, ex transcripto chartæ subsequentis patebit; quam de arabico in latinum per fideles interpretes, prout meliùs potuimus, transferre procuravimus.

Habet autem Rex David tres exercitus : quorum

unum misit in terram Colaph fratris Soldani Ægyptii, alium misit in Baldach, tertium misit versus Mausam, quæ prisco nomine Ninive nuncupatur. Et jam non distat ab Antiochiâ nisi per xv. diætas, festinans venire usque ad terram promissiõnis, ut vilitet sepulcrum Domini, & reædificet civitatem sanctam. Priùs tamen proposuit Domino concedente, subjugare nomini Christiano terram Soldani Iconiensis, Calaphiam, Damascum, & omnes regiones interjacentes, ut nec unum post se relinquat adversarium. Præcedentium litterarum exemplaria attulerunt Comiti Tripolitano homines ipsius, ex partibus illis venientes. Mercatores etiam à partibus Orientis species aromaticas & lapides pretiosos deferentes, consimiles litteras attulerunt. Quotquot autem de partibus illis veniunt, idem dicunt. De exercitu nostro etiam quidam à Soldano Ægypti capti fuerunt, quos fratri suo Coradino misit Damascum. Coradinus Rex Damasci misit eos domino suo Caliphæ Baldachensi. Ille autem Regi David pro magno munere prædictos captivos transmisit. Qui postquàm eos Christianos esse cognovit, à vinculis absolutos usque Antiochiam reduci præcepit. Qui prædictos rumores, & alia quamplurima de Rege David nobis retulerunt.

Soldanus igitur Ægypti per nuntios prædicti Caliphæ Baldachensi audiens prædicti Regis David insuperabilem potentiam & mirabiles triumphos, & qualiter jam ferè per ducentas diætas terram Saracenorum in manu potenti occupasset, nec erat qui valeret ei resistere, consternatus animo & mente confusus præcepit sibi adduci quosdam ex nostris nobiles, quos in carcere Kapri detinebat captivos, Electum scilicet Belvacensem, & fratrem ejus, & Vicecomitem Bellimontis, & Joannem de Arceis, & Odonem de Castellione, & Andream de Espoisse, & quosdam de Fratribus Templi & Hospitalis sancti Joannis, & de destructione Theutonicorum, per quos pacem cum nostris se sperabat obtenturum. Proprios etiam nuntios cum litteris in exercitu Damiatæ nobis transmisit, modis omnibus tentans, si pacem vel treugas posset habere nobiscum.

Christianorum autem exercitus prædictis rumoribus exultabat, & confirmabatur in Domino, & maximè postquàm litteras Romanorum Imp. Frederici cum nuntiis affirmantibus recepimus, quòd Domino concedente cum magnâ virtute & magnifico apparatu venturus esset in proximo Augusto, ad honorem Dei & subsidium Christianorum. Anno siquidem præterito liber quidam Sarracenorum, magnæ apud ipsos auctoritatis, in manus nostras devenit. Hunc autem quidam eorum astrologus, quem Prophetam magnum Saraceni vocant, à principio legis eorum cum summo studio scripserat. Prædixit autem inter alia multa quanto tempore lex eorum permanere deberet, & quòd sicut gladio inceperat, ita gladio peritura erat.

Prophetavit insuper quanta mala Soldanus facturus esset Christianis, & qualiter ante destructionem gentis paganorum, & exterminium legis eorum, regnum Hierosolymitanum cum multis regnis aliis propriæ subjicerent ditioni. Inde verò non tamquam vaticinando, sed quasi historiam ordinatè describendo, de recuperatione civitatis Acconensis, & de his quæ in exercitu Regum Franciæ, Angliæ, & aliorum occidentalium Principum acciderunt, apertissimè retulit, ac si ea propriis oculis aspexisset. Addidit insuper, sicut propriis oculis vidimus, quæcumque usque ad captionem Damiatæ his diebus nobis & Saracenis variis casibus contigerunt. Et propter hoc aliis quæ nondum evenerant, quæ ipse in proximo ventura prædixit, fidem facilius adhibuimus. Prænuntiavit etiam qualiter captâ Damietâ, Alexandriam & Kayrum & Babyloniam & universas Ægypti regiones Christianus populus obtineret, Damascum præterea & Alapphiam, & omnes adjacentes provincias Christianorum Principi, potentissimi virtute exercitus populi Christiani occuparet, & civitatem Jerusalem cum universâ Syriâ liberaret de manibus paganorum. Quoniam autem qui talia dixit, Saracenus exstitit, multiex nostris fidem verbis ejus adhibere noluerunt, non audientes qualiter ariolus & gentilis de Christo & filiis Israël prophetavit, & Nabuchodonosor de futuris regnis & lapide sine manibus de monte exciso somniavit, & Pharao Rex Ægypti fertilitatis futuræ & sterilitatis subsequuturæ in somnis prævidit ænigmata; sed & Cayphas, cum esset Pontifex anni illius, non à seipso, sed à Spiritu sancto prophetavit, loquens sicut asina Balaam; & quæ diceret non intelligens: nec aliquem de sanctis Prophetis apertius de Christo & utroque ejus adventu existimo fuisse loquutum, quàm Dominus loquutus est per Sibyllam. Firmius est enim testimonium quod à parte adversariorum profertur.

Ut autem omnis ambiguitas ab his qui dubitant tolleretur, hoc præsenti anno Suriani qui nobiscum erant in exercitu, librum alium antiquissimum linguâ Saracenicâ scriptum de antiquis armariis suis nobis ostenderunt; cujus erat superscriptio: *Revelationes Beati Petri Apostoli, à discipulo ejus Clemente in uno volumine redacta*. Quicumque autem hujus libri auctor exstiterit, ita apertè & expressè de statu Ecclesiæ Dei à principio usque ad tempora Antichristi & finem mundi prænuntiavit, quòd ex completione præteritorum indubitatam facit fidem futurorum. Prænuntiavit autem inter alia de consummatione seu consumptione perfidæ legis Agarenorum, & qualiter imminente & quasi in januis existente destructione paganorum, primò civitatem herbosam & aquis circumdatam, sic enim Damiatam appellant, populus Christianorum subjugaturus esset. Post hæc verò de duobus Regibus novis subjungit: quorum unus venturus est à partibus Occidentis, alium à partibus Orientis obviam prædicto Regi in civitatem sanctam venturum prædixit, & quòd per manus Regum prædictorum Dominus abominabilem impiorum hominum legem exterminaturus esset, multis ex ipsis gladio interemptis, aliis ad fidem Christi conversis, ut intraret plenitudo Gentium, & sic omnis Israël salvus fieret, & post hæc filius perditionis, & inde judicium & finis.

Hunc prædictum Apocalypsis librum postquàm universo populo in sabulo ante Damiatam ad verbum Dei congregato, causâ consolationis & recreationis ostendimus; non multò post tempore memoratas epistolas & rumores jocundos tam de Rege Orientali David, quàm de Imperatore Frederico audivimus, sicut in prædictis duobus libris priùs audieramus. Unde populus Domini inter labores multiplices, & angustias quas huc usque pro Christo sustinuit, plusquàm dicere possemus gavisus, & in Christi servitio confortatus est. Confidimus enim in Domino quia qui cœpit perficiet; dilatabit locum territorii sui, & longos faciet funiculos ejus, *Et erit sepulcrum ejus gloriosum: Et spiritu oris sui interficiet impium. Ipse enim mortificat & vivificat, deducit ad inferos & reducit. Ipse pauperem facit & ditat, humiliat & sublevat. Ipse honor, virtus, & gloria in sæcula.*

Datum in exercitu Damiatæ, Octavâ Paschæ.

Isai. 11. 10.
Ibid. v. 4.
1. Reg. 2. 6.
Ibid. v. 6. & 7.

Capitula de interceptionibus Clericorum adversus Domini Regis jurisdictionem.

PRimum capitulum est, quòd Clerici trahunt causam feodorum in curiam Christianitatis, propter hoc dicunt quod fiduciæ vel juramentum fiunt inter eos in quos causa vertitur. Et propter hanc occasionem perdunt Domini justitiam feodorum suorum. Responsio: In hoc concordati sunt Rex & Barones, quòd benè volunt quòd ipsi cognoscant de feodo, & si convictus fuerit de perjurio vel de transgressione fidei, injungant eis pœnitentiam. Sed propter hoc non amittat Dominus feodi justitiam fidei, nec propter hoc se capiant ad feodum. Præterea volunt Rex & Barones, quòd vidua possit conqueri Regi vel Ecclesiæ, si voluerit de dotalicio suo, si non moveat de feodo: & si conquesta fuerit Ecclesiæ, &, ille à quo petit dotalicium dicat quòd respondebit coram Domino de quo feodum movet, Ecclesia potest ipsum cogere ad respondendum, & decidere causam inter eos de jure.

Secundum capitulum. Quando Clericus capitur pro aliquo forisfacto, unde aliquis debet vitam aut membrum perdere, & traditur Clerico ad degradandum, Clerici nolunt illum degradatum omninò liberare. Ad quod respondetur, quod Clerici non debent eum degradatum reddere Curiæ: sed non debent eum liberare, neque ponere in tali loco, ubi capi non possit; sed Justitiarii possunt illum capere extra Ecclesiam vel cœmeterium, & facere justitiam de eo, nec inde possunt trahi in causam.

Tertium Capitulum. De decimis ita statutum, quòd decimæ reddantur sicut hactenus redditæ fuerunt, & sicut debent reddi.

Quartum Capitulum est, quòd nullus Burgensis vel Villanus potest filio suo Clerico medietatem terræ suæ, vel plusquàm medietatem donare si habuerit filium vel filios; & si dederit ei partem terræ circa medietatem, Clericus debet tale servitium & auxilium quale terra debebat Dominis quibus debebatur; & poterit tailliarii si fuerit usurarius vel mercator; & post decessum suum terra redibit ad proximos parentes; & nullus Clericus possit emere terram, quin reddat Domino tale servitium quale terra debet.

Quintum Capitulum est, quòd Episcopi vel Archiepiscopi non debent requirere à Burgensibus, vel ab aliis, quòd nunquam præstaverint ad usuram nec præstabunt. Si Clericus deprehensus fuerit in raptu, tradetur Ecclesiæ ad degradandum; & post degradationem poterit eum capere Rex vel Justitiarius extra Ecclesiam vel atrium, & facere justitiam de eo; nec poterit inde causari.

Si Clericus aliquem, qui non sit Clericus, traxerit in causam super aliquâ possessione, de quâ nunquam fuit tenens, non debet eum trahere in Curiam Christianitatis, sed in Curiâ Domini ad quem spectat justitia, nisi ratione fundi terræ ad Christianitatem spectet justitia.

Item Clerici non debent excommunicare eos qui vendunt blada, vel alias merces diebus Dominicis, vel eos qui vendunt Judæis, vel emunt ab illis, vel qui opera illorum faciunt; sed benè volunt quòd mittentes Judæorum excommunicent.

Item super eo quòd quando aliquis de voluntate suâ mittit se in carcerem Regis, vel alterius, ubi Rex vel alius habet capitale, sive vitam vel membrum perdere, ut redimatur: vel quando Rex vel aliquis capit aliquem pro redimendo, sive vitam vel membrum perdere, & evadat de carcere, & fugit ad Ecclesiam, & Ecclesia vult eum liberare, & auferre

Domino redemptionem. Respondent, quòd ex quo aliquis de voluntate suâ mittit se in carcerem alicujus ut redimatur, vel quando aliquis capitur pro catallo sive vitam & membrum perdere, Ecclesia non debet Domino auferre catallum vel redemptionem suam, neque illum liberare si fugerit ad Ecclesiam; sed potest custodiri extra Ecclesiam, & extra atrium, nec custodes possunt causari de causa.

Item Clerici non possunt de jure excommunicare aliquem propter forisfactum servientis sui, neque interdicere terram ejus priusquàm Dominus fuerit super hoc requisitus, vel Domini Baillivus, si Dominus fuerit forspaises.

Item si aliquis scienter vel ignoranter forisfecerit Ecclesiæ, non debet excommunicari, vel ejus terra interdici, donec super hoc fuerit requisitus, vel Baillivus ejus, si Dominus fuerit extra patriam.

Ita quando aliquis citatur coram Ecclesiastico Judice, & Judices compellunt eum in prima citatione, jurabit quòd stabit juri, quamvis de jure non defecerit, vel quamvis non sit excommunicatus. Respondetur quòd hoc non debet fieri.

Item super hoc quod quando Clerici aliquem trahunt in causam de servitute, & ille dicit se esse servum alterius, volunt quòd ille respondeat in curiâ eorum, quamvis dicat se non esse servum eorum, & cogunt ipsum ad respondendum coram ipsis per excommunicationem, vel ipsos excommunicant qui ipsum manutenent. Ad quod respondemus, quòd ille debet respondere in Curiâ illius, cujus se esse servum profitetur.

Testamentum HENRICI *Comitis Ruthenensis.*

ANno Dominicæ Incarnationis millesimo ducentesimo decimo-nono: mense Augusti, noverint præsentes & futuri quod Ego HENRICUS Comes Ruth. in bonâ meâ memoria & discretione constitutus, volens Jerosolymam proficisci meum volo condere Testamentum.

In primis dono & lego Deo & beato Petro, & sancto Gerardo de Aureliaco mansum de Monmila, cum omni jure ad eum pertinente. Domui verò Militiæ Templi de Carlat dono & lego alodium mansi de Badallac, quod ego comparavi ab hominibus de Lebeiac. Ecclesiæ de Raollac dono & lego nemus, quod vocatur la Raia. Ecclesiæ verò beatæ Mariæ Montis-Salvii dono & lego mansum de Viveriis, cum omni jure ad eum pertinente. Domui verò d'Aubrac quito & remitto omnem quæstam & talliam & exactionem, quam ego faciebam in illis mansis, quod pater meus donavit Ecclesiæ de Mascale. Ecclesiæ verò sancti Salvatoris de Sansac dono & lego quinque sextaria siliginis censualia quolibet anno in manso de Prantinnac: Domui verò Bonæ-vallis solvo & remitto illud totum legatum; quod pater meus reliquit eidem domui in terrâ d'Antraigas; & volo quod præter illud legatum assignerur eidem Domui quatuordecim sextaria bladi censualia in dictâ terrâ. Domui verò de Bonacumbâ do & lego totum illud, quod ego, & pater meus, & frater meus recipiebant .... occasione Ri ... & omnes donationes, quas pater meus fecerat eidem domui, approbo, & confirmo. Domui verò d'Anonenca do & lego alodium de quatuor mansis qui sunt inter Caissac & Gaia.

Guiberto filio meo dono & relinquo jure institutionis Castrum de Vic, & Castrum de Pons-minnac, & Castrum de Marmeissa, cum eorum districtu, atque honore, & pertinentiis; & Castrum de Scoralla & Castrum sancti Christophori, & quidquid habeo vel habere debeo ultrà aquam, quæ vocatur Cera.

Filiæ meæ Guizæ dono & relinquo jure institutionis quadrigentas marchas argenti. Et volo, & jubeo quòd Guirbertus & Guiza filii mei sint contenti istis portionibus sibi assignatis de omnibus bonis meis, ita quòd in bonis meis nihil ultrà possint vel debeant petere.

Ugonem verò filium meum primogenitum instituo heredem in Comitatu Ruthenensi, & in Vice-Comitatu de Carlat, & in omnibus aliis bonis meis quæcumque sint, & ubicumque sint. Et volo & jubeo quòd si aliqua vel aliquæ de possessionibus relictis filio meo Guirberto sint pignori obligatæ, quòd Ugo filius meus redimat omnes eas à creditoribus universis, & liberas & immunes ab omnium debito ei reddat.

Et volo & jubeo quòd Guirbertus & sui heredes habeat & teneat in feudum ab Ugone filio meo, & suis heredibus, omnia Castra & possessiones, quas ego ei reliqui : exceptis Castro de Scorrallâ, & illis possessionibus, quas ego habeo in feudum ab Abbate Aureliacensi.

Item, volo & jubeo quòd Ugo filius meus persolvat quadringentas marcas argenti Guizonæ filiæ meæ.

Item, volo & jubeo quòd si domina A. Comitissa Uxor mea volens Domino placere, in aliquo Monasterio, vel in aliquo loco religioso vitam religiosam ducere voluerit, & piâ largitione liberalitatem suam voluerit exercere, habeat potestatem donandi & conferendi in perpetuum illi loco religioso usque ad ducentos solidos Rutenenses censuales singulis annis, in illo loco quem ipsa in totâ terrâ meâ eligere voluerit.

Et volo & jubeo quòd si hæc ultima voluntas non posset valere jure Testamenti, valeat jure Codicillorum, vel jure cujuslibet alterius ultimæ voluntatis. Et hæc ultima mea dispositio fuit facta volente & expressim consentiente domina A. Comitillâ Uxore meâ.

Testes rogati † S. B. Darpaio † S. Bec de Calmont, † S. Aldebert Gari, † S. P. Bodi, † S. B. de Proynas, † S. G. de Mirabel, † S. W. de Saint Paul, † S. G. de Viella viâ, † S. Pons della Bastidâ, † S. Ymbertus Porquet, † S. D. Paga, qui hæc scripsit. Sed quia omnes testes sigilla propria non habebant, sigillo domini Comitis Henrici, & sigillo P. Bodi præsentes Testamentum sigillaverunt. Alii testes, † S. R. Arnal, Grimal de Salas, Ugo B. Actum in viridario Ugonimiro.

An. MCCXXII.

Epistola Decani, & Capituli Ecclesiæ Turonensis.

Petit Capitulum ut permittat Episcopus eleemosynas in sua dioecesi exposcere.

Amantissimo Domino & speciali amico PETRO, Dei gratiâ venerabili Redonensi Episcopo I. Decanus, totumque Capitulum Ecclesiæ Turonensis, Salutem, & pro misericordissimo Judice indigentibus facere misericordiam.

Ad aures vestras non sine compassione ac tristitiâ vestrâ credimus pervenisse, quomodo novâ tempestate bellorum, quæ, peccatis nostris exigentibus, partibus nostris vehementiùs incubuit, malorum & dolorum cumulus speciem & decorem Turonicæ civitatis obtrivit. Illa Christi famosa civitas quondam plena divitiis, quondam referta populis, ad tantam est calamitatem perducta, quòd in eâ ubique est dolor, ubique miseria; cui hodie infelicissimum infortunii genus est fuisse felicem, cum jam non habeat quod filiis suis præparet, nisi sepulcrum. Portò inter calamitatum angustias nostra domus eleemosynaria, refugium pauperum, requies infirmorum, operibus caritatis satis celebris, & famosa, non occulto, sed semper justo illius judicio, qui propter peccata populi Sanctuarium suum alienigenis in direptionem & prædam contulit, hinc incendio & prædonum horrendâ feritate nulli parcere consuetâ, hinc miserabili terræ ipsius destructione unde subsidium exspectare solebat, rebus suis amissis; in tantam redacta est paupertatem, quòd confluente ad eam majori solito captivorum & ægrotantium multitudine, cui solitam non potest denegare misericordiam, jam non habet ubi membra Christi valeat refovere, non minimorum debitorum onere prægravata. Timendumque est ne sub dulci pauperum onere pia nutrix succumbat, nisi providente Domino, qui dat escam timentibus se, pietas fidelium cibi subministraverit alimenta, quæ se gerit universis expositam; licet miserabiliter onerâtam.

Eâ igitur ad nos in suis indigentiis his habente recursum, qui & rebus nostris damnificati sumus & plurimùm diminuti, & alios pauperes habemus nobiscum, quos non sufficimus consolari, Clementiam vestram quantâ possumus affectione rogamus, quatenùs amore Dei & nostri Fratres de gremio ejus transmissos, præsentium portitores, liberaliter admittere, & plebanis vestræ diœcesis dignemini commendare, dando eis sicut vobis videbitur in mandatis, ut eos in parochiis suis benignè recipiant, & ad benefaciendum eis, plebes suas attentiùs moneant & inducant.

Pontius Vicecomes Podemniaci contrahit matrimonium cum Adelaide filiâ Garnerii de Triangulo.

Anno MCCXXIII.

Nos Stephanus Dei gratiâ Aniciensis Episcopus, domini Papæ suffraganeus specialis, notum facimus universis præsentem paginam inspecturis, Pontium Vicecomitem Podempniaci, gratis & liberâ voluntate, non deceptum, non coactum ab aliquo, contraxisse matrimonium per verba de præsenti cum A. Adelaidi filiâ Domini Garnerii de Triangulo bonæ memoriæ, in nostrâ præsentiâ & plurium Prælatorum, Nobilium, & Baronum, & ei nomine sponsalitii, vel donationis propter nuptias constituisse Motam, Cucé, & Solesuit, castra, cum pertinentiis eorumdem, & ducentas marcas argenti super aliam terram suam. Et præterea dictum Pontium jurasse, quòd dictam A. teneat & custodiat legitimè & honorificè ut uxorem; & nobis mandasse, & nos rogasse, ut ad hoc faciendum, si in aliquo deficeret, per excommunicationem personæ ipsius, & terram per districtionem Ecclesiasticam compellamus, sententiam nullatenùs relaxando, donec plenam emendam fecerit de offensis.

Nos etiam Episcopus promisimus in verbo sacerdotum, & Petrus de Senomlio, & Mauricius de Glavonas sub juramenti vinculo promiserunt, ut ipsi juvarent dictam A. & amicos ejus, & nos similiter bonâ fide, ut Episcopus juraremus, si dictus Pontius contrà prædicta in aliquo obviaret, nec nos, nec aliquis de nostris, essemus ei Pontio, vel suis consiliariis, nec etiam adjutores. Et in hujus rei testimonium de mandato utriusque partis sigillum nostrum præsenti paginæ duximus apponendum. Actum apud sanctum Habundum anno Domini MCCXXIII. quintâ feriâ ante festum Omnium Sanctorum.

Statuta Ludovici *VIII. Regis Francorum, quibus instituit Communiam apud Crispiacum.*

Anno MCCXXIII.

IN nomine sanctæ & Individuæ Trinitatis, Amen. Ludovicus Dei gratiâ Francorum Rex. Noverint universi præsentes pariter & futuri, quòd nos intuitu pacis in posterum observandæ concessimus Communiam factam apud Crispiacum, quam omnes homines in Crispiaco morantes, & circa castellum Crispiaci manentes juraverunt se perpetuò observaturos.

Juraverunt autem quòd alter alteri rectè secundùm opinionem suam auxiliabitur, & quòd ipsi nullatenùs patientur, quòd aliquis alicui auferat aliquid vel eum talliet, vel quidlibet de rebus suis capiat. Si quis verò Sacramentum alicui facere debuerit, & ante arraminationem sacramenti se in negotium suum iturum dixerit, propter illud faciendum de itinere suo non remanebit, nec ideo incidet, sed postquàm redierit convenienter submonitus, sacramentum faciet.

Si autem Archidiaconus aliquem de Communiâ implacitaverit, nisi accusator ante venerit, vel forisfactum apparuerit, non ei respondebit. Si autem Archidiaconus testes habuit contrà quos accusatus se defendere non possit, emendabit.

Si aliquis aliquam injuriam fecerit homini de hac Communiâ, & clamor inde ad Juratos venerit, si ipsum hominem qui injuriam fecerit capere poterunt, de corpore suo vindictam capient, nisi forisfactum emendaverit ipsi cui factum fuerit, secundùm judicium illorum qui Communiam custodiunt. Et si ille qui forisfactum fecerit ad aliquod receptaculum perrexerit, & Communiæ custodes ad ipsum receptaculum transmiserint, & domino receptaculi vel primatibus ipsius loci querimoniam fecerint, quòd de illo inimico suo ipsis rectitudinem faciat, sicut superiùs dictum est: si satisfacere voluerit, accipient rectitudinem; & si facere noluerit: postea auxiliatores erunt faciendi vindictam de corpore & pecuniâ ipsius qui forisfactum fecerit, & hominum illius receptaculi ubi inimicus eorum fuerit.

Item si mercator Crispiacum venerit ad mercandum, & aliquis ei aliquid forisfecerit in banleucâ ipsius castelli, si clamor inde ad Juratos venerit, & mercator eum invenerit, Jurati erunt auxiliatores vindictam faciendi rectè secundùm opinionem suam, nisi mercator de hostibus ipsorum fuerit; & si ad aliquod receptaculum ille adversarius perrexerit, & si ipse mercator vel Jurati ad eum miserint, & forisfactor mercatori satisfecerit secundùm judicium Juratorum, vel probare vel ostendere poterit se illud forisfactum non fecisse, Juratis satisfiet; si verò facere noluerit, postea si in eâ villam venerit, eum cogere poterunt, & vindictam de illo facient. Nemo autem præter nos & Dapiferum nostrum poterit conducere in villam hominem qui forisfecerit homini de Communiâ, nisi pro forisfacto emendando venerit secundùm judicium Juratorum. Et si Episcopus Silvanectensis ignoranter adduxerit in villam hominem qui forisfecerit homini de Communiâ, postquàm sibi ostensum fuerit illum esse de hostibus Communiæ, nullo modo posteà illum adducet nisi consilio Juratorum, & eâ vice eum reducere poterit.

Si autem homo extraneus panem & vinum suum in villam Crispiaci causâ securitatis adduxerit, & postea discordia inter Juratos & dominum extranei hominis evenerit, quindecim dies habebit vendendi panem & vinum suum in ipsâ villâ, & deferendi nummos, & omnem aliam pecuniam suam præter panem & vinum, nisi ipse fecerit forisfactum, vel fuerit cum illis qui forisfecerint: & nullus homo de Communiâ credet pecuniam suam, vel accommodabit inimicis Communiæ quamdiù guerra durabit, & si aliquis de Communiâ fuerit convictus quòd crediderit aliquid inimicis Communiæ, de eo secundùm judicium Juratorum justitia fiet: & si homines de Communiâ aliquando contrà hostes suos exierint, nullus verò loquetur cum hostibus suis, nisi de licentiâ eorum qui Communiam custodiunt.

Statuti verò ad Communiæ custodiam juraverunt, quòd nemini propter cognationem vel amorem deferent, & neminem propter inimicitiam lædent, & rectum judicium secundùm æstimationem suam facient. Omnes alii juraverunt, quòd idem judicium quod prædicti Statuti super eos fecerint, patientur & concedent, nisi probare potuerint, quòd de propriâ pecuniâ solvere nequiverint.

Præterea concessimus & præcepimus, quòd universi homines infrà muros castelli & extrà manentes, in cujuscumque terrâ morentur, Communiam jurent si de Communiâ esse voluerint.

Si quis autem de Communiâ aliquid forisfecerit & per Juratos emendare noluerit, homines Communiæ facient eis inde justitiam.

Si quis ad sonum campanæ pro congregandâ Communia factum non venerit, duodecim denariis emendabit.

Nos autem super hominem Communiæ mortuum manum non clamabimus, nec forismaritagium, nec alius; nec homo Communiæ nobis vel alteri respondebit, nisi tantùm de canagio suo, quod nisi statuto termino reddiderit, quinque solidis domino suo emendabit. Concessimus etiam quod bannum facere poterimus super Burgenses, nec super res eorum, nisi assensu eorum, sicut nec hactenùs fecimus.

Si quis extraneus sive Miles, sive serviens aut rusticus aliquam forisfacturam fecerit infrà Banleucam, Major eum de hoc forisfacto submonere debet, & nisi ad mandatum Majoris venerit, Major & homines villæ ad diruendam domum ejus exeant, quæ si auco fortis sit ut vi Burgensium dirui non possit, ad eam diruendam vim & auxilium conferemus. Si verò aliqua domus infrà tertiam leucam sita sit, quæ villæ nocuerit, sine forisfacto à Burgensibus diruetur; quæ si vi eorum dirui non possit, vi & auxilio nostro diruetur.

Nos etiam non possumus, nec aliquis de servientibus nostris appellare per vadia duelli hominem de Communiâ, quidquid bigis vel quadrigis accipietur, ad faciendam calciacam dabitur; à bigâ non ferratâ obolus accipietur, à ferratâ denarius, à quadriga non ferratâ denarius, à ferratâ duo denarii accipientur.

Si nos Majorem vel homines Communiæ de re quæ ad nos pertineat, submoneri fecerimus intrà villam Crispiaci, judicio Juratorum causa finietur.

Si rusticus extraneus in villam venerit causâ intrandi Communiam, de quocumque sit districto, quidquid secum adduxerit salvum erit, & hoc quod sub districto domini sui remanebit, domini erit, exceptâ hereditate. Si verò aliquid sub districto alterius domini habuerit, dominus ejus super hoc clamorem non faciet, & hoc quod secum adduxerit, quocumque voluerit liberè remittet, & ipse etiam & res ejus ubique morari liberè poterunt.

Sciendum est etiam quòd Burgenses Crispiaci nullos homines de corpore Silvanectensis Episcopi poterunt de cætero in suâ Communiâ retinere, nec eiam aliquos de hominibus de corpore Beatæ MARIÆ Morgnovalle. Si homo Communiæ terram vel aliud habuerit extrà villam, & illuc causâ negotiationis ierit, de aliquo submoneri non debet, nisi tantùm se redditu terræ.

Si homo de Communiâ hominem de Communiâ per vadia appellaverit, per se ipsum aut per Advocatum, qui sit de Communiâ, appellabit, nullusque ab utrâlibet parte erit Advocatus, qui non sit de Communiâ.

Si verò homo extraneus, qui Burgensi catallum debeat, intrà villam venerit, Burgensis sine forisfacto eum detinebit, & Majori reddet, & Major eum judicio Juratorum tractabit, ubicumque Burgensis pro catallo suo à Milite abandon acceperit, sine forisfacto accipiet. Quòd si Miles negaverit, Burgensis coram Majore ad judicium Juratorum illud infrà banleucam distrationare debet. Ubicumque Major & Jurati villam Crispiaci firmare voluerint, in cujuscumque terrâ sit, absque forisfacto firmabunt.

Nos etiam monetam non possumus divellere, nec aliam facere nisi assensu Majoris & Juratorum. Sed si eam, prout necesse sit, non sufficere videmus, eamdem renovare poterimus, neque eam leviorem fieri permittemus, veteremque cum novâ currere faciemus.

Concessimus etiam quòd Communia habeat omnia forisfacta, & justitias catallorum, & emendationes omnium forisfactorum, quæ in castello Crispiaci & infrà banleucam ejusdem villæ fient de hominibus Communiæ, ubicumque ea habuimus nos vel antecessores nostri hactenus infrà banleugam, eo excepto quòd nobis retinemus murtrum, raptum, homicidium & justitiam pedagii nostri, sicut est consuetum, salvo jure Ecclesiarum & Militum, sicut ea hactenùs habuerunt.

Dicta verò Communia pro his omnibus tenetur reddere Baillivis nostris apud Crispiacum singulis annis, trecentas & septuaginta libras nigellorum, videlicet tertium in festo sancti Remigii, & aliud tertium in Purificatione Beatæ MARIÆ, & reliquum tertium in Ascensione Domini. Dicta verò Communia nobis reddet annuatim undecim modios & quatuor minas avenæ, & sexdecim capones & duos panes ad statutos terminos, sicut solent reddi. Ipsis verò census & omnem legitimam meliorationem quam ibi facere poterunt, in perpetuum concedimus. Et ipsi nobis debent exercitus & equitationes, sicut aliæ Communiæ nostræ.

Quæ omnia ut perpetuæ stabilitatis robur obtineant, præsentem paginam sigilli nostri auctoritate, & Regii nominis charactere inferius annotato, salvo jure nostro, ad usus & consuetudines præsenti chartæ annotatas confirmamus. Actum Compendii anno Dominicæ Incarnationis millesimo ducentesimo vicesimo tertio, Regni verò nostri primo. Adstantibus in palatio nostro quorum nomina supposita sunt & signa; Dapifero nullo. Signum Roberti Buticularii, S. Bartholomæi, Camerarii, S. Matthæi Constabularii. Data per manum G. Silvanectensis Episcopi Cancellarii.

1223.

Anno MCCXXIII.

JAUSERANNA de Medullione vidua spreto mundo sese Deo consecrat, ac subjicit Abbati S. Andreæ Avenionensis, confertque bona aliqua in castro de Barreto.

SCiant præsentes & discant posteri, quòd anno Incarnationis Dominicæ millesimo ducentesimo vigesimo tertio, mense Maii, XII. Calend. Junii, ego JAUSERANNA filia quondam domini Guillelmi de Medullione, uxor quondam Bernardi de sancto Saturnino, dedico meipsam Deo & Monasterio S. Andreæ & Ecclesiæ B. Laurentii de Barreto, & pro salute animæ meæ & parentum meorum dono & offero eidem Monasterio, & eidem Ecclesiæ sancti Laurentii quædam de bonis meis paternis positis in castro de Barreto inferiori intus & extrà; cetera filiis meis relinquens B. & W. & B. sponte, non coacta, non suasionibus alicujus vel aliquorum seducta, purè & sine conventione & conditione aliquâ in perpetuum donatione irrevocabili factâ. Dono, inquam VII. mansiones hominum & eorum successorum, & ipsos homines; & jus & quasi jus & actionem & emplejam, quod vel quam in ipsis hominibus & in eorum successoribus, vel in rebus eorum mobilibus & immobilibus cultis & incultis habeo, &c. ita ut prædicta Ecclesia sine impedimento, sine inquietatione alicujus vel aliquorum prædictos homines & eorum successores, & res eorum liberè in perpetuum possideat; & Ecclesiæ prædictæ prædicti homines & eorum successores emplejam & servitium facere teneantur, & juxta sanctum Laurentium domos suas ædificent.

Item dono & offero in perpetuum prædicto Monasterio & prædictæ Ecclesiæ illam partem taschæ, quam habeo vel habere debeo in prædiis cultis vel incultis, & jus & dominationem, quod vel quam habeo in ipsis prædiis, vel adversùs possessores prædiorum ratione taschæ: quæ prædia sunt infrà taschariam, &c.

Item dono prædictæ Ecclesiæ, ut domus sancti Laurentii in perpetuum in molendino quod situm est super aquam quæ vocatur Meuga, quod molendinum filii mei infrà scripti possident, sine molturâ liberè possit molere omne bladum suum.

Item dono in perpetuum prædictæ Ecclesiæ quinquaginta scutellas, & viginti quinque grasaletos censuales annuatim, &c.

Item dono prædictæ Ecclesiæ decimam partem fructuum omnium vinearum quæ sunt in castro de Barreto, vel inante plantatæ erunt in territorio seu tenemento castri de Barreto, promittens quòd omnes homines castri prædicti, exceptis Militibus, jurare faciam pro se & pro suis successoribus, quòd ipsi & eorum successores decimam partem fructuum omnium vinearum suarum pro decimâ prædictæ Ecclesiæ S. Laurentii, & Priori ejusdem loci, in perpetuum singulis annis reddant, & sine vitio & sine diminutione persolvant, &c.

Et volo & mando quòd B. de S. Saturnino, & W. de Medullione, & B. de sancto Saturnino filii mei sub juramento promittant, quòd prædictam Ecclesiam & domum, & res omnes prædictæ Ecclesiæ, & homines prædictæ Ecclesiæ suprascriptos, & res eorum pro se custodiant & defendant, & libertatem Ecclesiæ teneant & observent: & quòd in eâdem Ecclesiâ vel in hominibus Ecclesiæ quistiam, vel vim aliquam, vel violentiam in rebus eorum mobilibus vel immobilibus non inferant, vel faciant, vel inferri faciant, & quòd contrà donationem vel oblationem quam prædicto Monasterio & prædictæ Ecclesiæ feci, per se vel per alios non veniant.

Reliqua omnia bona mea paterna filiis meis dono, & ultra legitimam dedi, ut meliori animo & bonâ voluntate ea quæ Ecclesiæ dedicavi, observent & defendant. Quæ omnia superiùs dicta & nominata prædicti fratres filii prædictæ Jauserannæ promiserunt ita attendere, servare, & contrà ullo tempore non venire, domino Bermundo Abbati sancti Andreæ, & Priori Ecclesiæ dictæ sancti Laurentii, & tactis sacrosanctis Evangeliis juraverunt.

Et insuper ego Jauseranna prædicta professionem emitto, & me imperio & mandato domini Bermundi Abbatis, & ejus successoribus subjicio, & in manu Calverii de manduto ipsius domini Abbatis me absque proprio vivere.

Anno MCCXXVIII.

JACOBUS *Aragoniæ Rex volens barbaras nationes expugnare cum iis pactum init qui suppetias attulerint.*

Anno ab Incarnat. Domini MCCXXVIII. sexto Kal. julii Magister Petrus Canonicus Majoricarum, & ejusdem procurator Ecclesiæ, attendens coram venerabili Patre R. Dei gratiâ Majoric. Episcopo, & Petro Nunez Vicario in Majoric. provinciis, ut quædam Instrumenta de sponsione, & obligatione factâ per dominum JACOBUM Dei gratiâ Illustrem Regem Arragoniæ, & alios qui accedebant ad occupandas insulas Baleares, pro dotatione Majoricarum facienda Ecclesiæ, quæ incipiebant propter incausti & chartæ vitium aboleri, faceret per manum publicam renovari. Productis itaque ipsis Instrumentis, & diligenter inspectis in publicum per dictos Venerabilem Patrem Raymundum Dei Gratiâ Majoricarum Episcopum, & Petrum Nunez Majoric. Vicarium, præsentibus Raymundo de Arragoniâ, Benedicto de Vallefecundâ, Berengario de Rocz, Arnaldo Ferrario, & Petro Romei Notariis publicis Majoric. & Roberto de Pulcro vicino, Petro de sancto Minato, Petro Scriptore, & Ferrario de Turricella in Operatorio Bernardi de Artez Notarii publici Majoric. quod est in Civitate Majoric. ante Ecclesiam sanctæ Eulaliæ; cum Instrumenta ipsa in nullâ sui parte apparerent abolita, vel consumpta, vel vitiosa aliter, nisi quòd ipsa Instrumenta incipiebant in locis aliquibus propter incausti & chartæ vitium aboleri: Ego Bernardus de Artez Notarius publicus Majoric. memoratus, ad ipsorum mandatum ipsa redegi in formam publicam fideliter & transcripsi: tenor quarum talis est:

IN CHRISTI nomine, manifestum sit omnibus quod nos JACOBUS Dei gratiâ Rex Arragoniæ, Comes Barchin. & dominus Montispessulani promittimus vobis venerabilibus Patribus S. Dei gratiâ Tarrasconensi Archiepiscopo, G. Vicensi, B. Barchinonensi, & G. Gerundensi Episcopis, & vobis item Consanguineo nostro Nunno Sancii, Hugoni Comiti Impuriarum, G. de Montechatano Vice Comiti Biarnensi, G. de Cervariâ, R. de Montechatano, Hugoni de Mataplanâ, R. Alaman, G. de Claromonte, B. Berengarii de Ager, & omnibus aliis qui tunc præsentes estis in nostrâ curiâ Barchin. quòd nos personaliter transibimus in hac proximâ æstate, ultimâ scilicet septimanâ mensis Maii, cum nostro navigio, cum nostris exercicibus ad Insulas Majoricas, Minoricas, Evissam, & alias insulas quæ vocantur generaliter Baleares, ad expugnandas inde barbaras nationes. Promittentes vobis omnibus & singulis bonâ fide, & sine fraude quòd de totâ terrâ, civitatibus, castris, & villis, & terris eremis, populatis cum suis redditibus, & rebus mobilibus & immobilibus, & exitibus universis, quæ in hoc viatico acquiremus, Domino concedente, tam per terram, quàm per mare, leidis, pedaticis, ribaticis, & aliis exitibus universis dabimus vobis justas portiones secundùm numerum militum, & hominum armatorum quos vobiscum duxeritis: & nos similiter habebimus partem nostram omnium prædictorum secundùm numerum militum, & hominum armatorum qui nobiscum fuerint, retentis nobis Alcaceriis & Staticis Regum in civitatibus, ultrà debitam partem nobis competentem. Et si forte Domino concedente acquiremus in hoc viatico alias insulas, vel terras Sarracenorum, vel res mobiles aut immobiles, & in terrâ & in mari, eodem modo inter nos & vos, pro portionibus legitimis dividantur, & omnes istæ divisiones fiant per cognitionem B. Episcopi Barchinon. Nunnonis Sancii, Hugonis Comitis Impur. Guill. de Montechatano, Vice-Comitis Bearn. R. Fulconis Vice Cardon, & Guill. de Cervaria, per quorum etiam cognitionem assignentur Ecclesiis, & Clericis dominicaturæ & redditus competentes.

Item, ad quorum cognitionem ibi remaneant in stabilimento, & retinimento terræ illi qui partem terræ habere voluerint, vel alios pro se constituant defensores. Portiones autem vestras quas ibi habebitis, vos & vestri teneatis per nos & successores nostros, & ad nostram fidelitatem, & consuetudinem Barchinon. Et detis inde nobis potestatem quamcumque voluerimus irati, & pacati: & portiones quas ibi habebitis possitis vendere, & alienare, salvâ nostrâ fidelitate, & dominio supradicto.

Promittimus insuper vobis quòd si de isto viatico desisteremus, restituamus vobis omnes missiones, & expensas, quas inde feceritis, vobis eas averantibus ad consuetudinem Barchinon. Et hæc omnia promittimus vobis in Dei fide & nostrâ legalitate, & in eo dominio supradicto quod in vobis habemus.

Præterea omnes homines de terrâ nostrâ qui hoc jurare voluerint, & venire nobiscum in hoc viatico, habeant similiter partes suas ad cognitionem supradictorum. Volumus & statuimus quòd illi qui partem habuerint de terris illis, non possint gerreriare inter se dum fuerint in partibus illis, nec gerram facere de terris illis.

Ad majorem firmitatem omnium prædictorum Nos Jacobus Rex prædictus juramus per Deum, & hæc sancta Evangelia coram nobis posita, nos hæc fideliter servaturos & ducturos nobiscum ducentos milites. Datum apud Barchinoniam x. Kal. Januarii. Anno Domini MCC. vicesimo octavo.

Signum Jacobi Dei gratiâ Regis Arragoniæ, Comitis Barchinonæ, & domini Montispessullani.

Signum Berengarii Dei gratiâ Barchinon. Episcopi, qui promitto in manibus domini Sparagi Terach. Archiepiscopi me iturum & ducturum centum milites, & quos potero servientes; Signum Nunonis Sancii qui juro me iturum, & ducturum centum milites, salvo tamen jure nostro Castri de Montveri, & Donatione quam inde habeo; Signum Hugonis Comitis Empur. qui juro me iturum & ducturum LXX. milites & servientes. Signum G. de Montechatano Vice-Biarn. P. de sancto Martino G. de Gervilione, qui juramus nos ituros & ducturos centum Milites & Servientes; Signum R. de Montechatano, R. Berengarii de Ager, qui juramus nos ituros, & ducturos L. Milites & Servientes, Sig. Bernardi de S. Eugeniâ, Guilaberti de Crusillis, qui juramus nos ituros & ducturos xxx. Milites & Servientes. Sig. Hugonis de Mataplanâ, Gaucerandi de Pinos, qui juramus nos ituros & ducturos L. Milites & Servientes. Sig. R. Alaman, G. de Claromonte, qui juramus nos ituros, & ducturos xxx. Milites, & Servientes. Signum Guillelmi scribæ, qui mandato domini Regis pro G. Sabatis Notario publico hanc Chartam scripsit loco, die, & anno præfixis.

In CHRISTI nomine manifestum sit omnibus quòd Nos Jacobus Dei gratiâ Rex Arragoniæ, &c. Ut *suprà*.

Datum apud Tarracon. v. Kal. Septembris, Anno Domini millesimo ducentesimo vigesimo nono.

Postea in obsidionem civitatis Majoric. XIV. Kal. Octobris fuerunt positi, & electi de consensu domini Regis & omnium prædictorum in portionibus faciendis loco G. & R. de Montchatano, R. Alaman, & R. Berengarii de Ager : & hoc juraverunt, & cum eis similiter in portionibus faciendis Eximinus de Ureca, & Petrus Cornelii, qui hoc juraverunt.

Signum Jacobi Dei gratia Regis Arragoniæ, Comitis Barchinon. & domini Montispessulani, &c. *Ut suprà.*

Jacobi *Aragoniæ Regis edictum Pacis & Treugæ.*

Anno MCCXXVIII.

IN CHRISTI nomine. Sit omnibus manifestum, quòd nos JACOBUS Dei gratiâ Rex Aragonum, Comes Barchinonæ, & dominus Montispessuli, volentes antecessorum nostrorum sequi vestigia & exempla, consilio & voluntate venerabilium patrum nostrorum Sparagui Terragonensis Archiepiscopi, Bernardi Barchinonensis, G. Vicensis, G. Gerundensis, Episcoporum; proborum & nobilium virorum Nunonis Sancii, Ugonis Comitis Empuriarum, G. de Montecatano, Vicecomitis Biern. R. de Montecatano, G. de Cervaria, Hugonis de Mataplana, Petri Alamandi, Geraldi de Cervilione, Guillelmi de Claromonte, & multorum aliorum Militum, civium, & aliorum proborum hominum villarum Cataloniæ, paces & treugas perpetuas à Cincha usque ad Salsas statuimus in hac formâ.

Ita quòd omnes Ecclesiæ & Clericorum personæ cujuscumque ordinis sint, cum omnibus rebus eorum & juribus, sub hac pace sint constitutæ. Item cœmeteria & sacraria cujuscumque Ecclesiæ in circuitu constituta, nullus invadere aut infringere præsumat, nihilque inde abstrahere attentet. Feriendis hujus statuti temeratoribus, pœnâ sacrilegii inferendâ, & ab Episcopo ejusdem loci distringendâ. Satisfactione dupli damni, quod fecerint, ei qui passus est, præstandâ. Ecclesias quoque incastellatas sub pacis & treugæ defensione constituimus: ita tamen quòd si raptores vel fures in eisdem Ecclesiis prædam vel alia malefacta congregaverint, quetimonia ad Episcopum in cujus Episcopatu fuerit commissum, & ad nos sive ad nostrum bajulum deferatur, &extunc nostro judicio quod commissum fuerit emendetur, vel à pace & treugâ prædicta Ecclesia sequestretur.

Dominicaturas quoque Ecclesiarum Canonicorum & Monasteriorum sub eâdem pacis securitate statuimus, pœnâ duplæ restitutionis imminente eis quicos invadere præsumserint. Clericos, Monachos, pupillos, viduas, orphanos, Sanctimoniales, cum omnibus rebus suis, sub eâdem pacis defensione constitutos decrevimus: ita quòd nemo eos apprehendat, & nihil eis injuriæ inferat, nisi in maleficiis inventi fuerint. Si quis in aliquem istorum manus violentas injecerit, vel aliquid eis abstulerit, ablata in duplum restituat, & de injuriâ nihilominùs judicio Episcopi in cujus diœcesi commissum fuerit, illis satisfaciat : sacrilegii verò pœna Episcopo dependatur.

Emunitates quoque Templi & Hospitalis Iherusalem, necnon & aliorum locorum venerabilium, & ipsos venerabiles Fratres Templi & Hospitalis, & aliorum locorum venerabilium, cum omnibus rebus suis sub eâdem pace defensione, & pœnæ interminatione pariter cum Clericis & Ecclesiis constituimus. Villanos & villanas Ecclesiarum, vel locorum Religiosorum & Canonicorum, & nostros, & omnes res eorum tam mobiles quàm immobiles, & se moventes, videlicet boves, oves, asinos, asinas, equos, equas, cæteraque animalia, sive sint apta ad arandum, sive non, sub pacis & treugæ securitate ita constituimus, ut nullus eos capiat vel invadat in corpore proprio, vel in rebus mobilibus vel immobilibus damnum eis inferat, nisi in maleficiis inventi fuerint, vel quando in cavalcatis cum dominis aut aliis ierint : sed postquàm ad domos reversi fuerint sub prædictâ pace permaneant.

Cives verò & Burgenses, & omnes homines nostros & villarum nostrarum, cum omnibus rebus eorum mobilibus & immobilibus, sub pace nostrâ constituimus Villanos & villanas militum, & eorum familiam sub prædictâ pace constituimus, nisi inventi fuerint cum armis in malefactis. Omnia animalia aratoria, & instrumenta aratoria, columbaria, palleria, abellaria, olivaria, & molendina, in prædictâ pace constituimus. Item nullus homo animalia aratoria, vel instrumenta arandi pro plivio vel proprio debito vel alieno, vel proprio vel alieno delicto, vel pro delicto dominorum suorum pignoret, vel capiat, etiamsi sint specialiter obligata. Rustici verò nec familia eorum pro debitis dominorum suorum, vel propriis debitis, vel fidejussionibus nullo modo personaliter capiantur, nec capti teneantur.

Item mansiones aliquis non incendat, vel aliàs ignem supponat ad nocendum. Si verò Barones nostri vel Milites inter se guerram habuerint, & ad expugnandum castrum vel fortitudinem inimicorum suorum venerint: & expugnando in ipso corpore castri vel fortitudinis ignem supposuerint, non teneatur pro pace fractâ. Terras in contentione positas nullus villanus laboret, postquàm inde commonitus fuerit ab eo, in quo justitia paratus non remanseit, nisi possessor paratus sit directum facere & complere. Si verò ter commonitus eas laboraverit & propterea damnum ceperit, non tequiratur pro pace fractâ, salvâ tamen pace bestiarum deditarum in usu laborationis, & eorum qui eas gubernaverint vel custodierint cum omnibus rebus quas secum duxerint. Nolumus enim quòd propter contumaciam rusticorum animalia aratoria deprædentur, invadantur, vel disperdantur. Vias publicas sive caminos, vel stratas in tali securitate ponimus & statuimus, ut nullus inibi iter agentes invadat, vel in corpore proprio sive rebus suis aliquid injuriæ vel molestiæ inferat, vel si fuerint milites, vel prædones, vel homines de guerrâ, pœnâ læsæ majestatis imminente ei qui contrà fecerit, priùs satisfactione dupli de malefactis & injuriâ damnum passo præstitâ.

Sub hac eâdem pace constituimus Milites, & omnes illos qui iverint cum domnâ uxore Militis, nisi fuerint bausatores vel proditores manifesti, quos ab istâ pace & treugâ penitus ejicimus. Proditores dominorum suorum qui secundùm constitutionem scriptam, innocentiam suam purgare noluerint, ab hac pace & securitate tam eos cum hominibus suis & honoribus, quàm eorum complices & fautores excludimus & excipimus. Salvetates quoque totius terræ nostræ, tam novas quàm antiquitùs constitutas, sub prædictâ pace & securitate ponimus & statuimus Fures & latrones, & eorum receptatores, si redirigere malum quod fecerint noluerint, vel directum facere contemserint, à prædictâ pace & securitate seducimus cum omnibus rebus suis mobilibus & immobilibus. Item statuimus quòd nullus homo capiat per se vel per alium, nec robet nec robari faciat aliquem hominem de genere laïcum vel cleri-

Diplomatum, &c.

cum, nisi acundaverit ipsum ante per quindecim dies. Et hoc intelligimus de illis qui non sunt de guerrâ, nec valitores alicujus guerræ : & qui ceperit vel interfecerit cum, sit statim proditor.

Ab hac autem pace excludimus hæreticos manifestos, & eorum credentes ; fautores atque defensores, fures & latrones & eorum receptatores, & publicè excommunicatos, nisi voluerint se emendare ad mandatum Episcopi. Statuentes insuper firmiterque mandamus ut nullus eos defendat ; imò manifestet eos, & omnibus modis devitet. Volumus præterea & mandamus; ut nullus violatores pacis manuteneat, nec raptores : nec aliquis qui sit baudator appellatus, ut sub hac pace, nisi voluerit se purgare ad cognitionem nostræ curiæ. Si quis verò miles vel civis contra hujus pacis constitutionem commiserit, damnum emendet illi ; cui malum fecerit infrà quindecim dies postquam monitus fuerit, simplum, post quindecim dies duplum, duplici præstantes insuper centum viginti solidos de blencha monetâ, rustici verò quadraginta solidos Episcopo, & nobis ad quos querimonia fractæ pacis & treugæ dinoscitur contigisse. Si verò infrà quindecim dies primos temerator pacis & treugæ simplum non emendaverit, posteà ut suprà dictum est, duplum præstet. Ita quòd medietatem ipsius dupli habeat querelam passus, & aliam medietatem Episcopus & nos, qui ad hanc justitiam faciendam eos compulerimus. Et insuper si infrà prætaxatos quindecim dies per nos, vel per Episcopum vel nuntium aut nuntios nostros idem temerator pacis & treugæ commonitus, damnum non emendaverit, exinde malefactor ipse & complices sui ; coadjutores & consiliatores ejus ab Episcopo excommunicentur, & à dictâ pace & treugâ separati, intelligantur cum omnibus rebus suis : ita quòd malum quod propter hoc eis fuerit illatum non requiratur pro pace & treugâ fractâ. Sed si malefactor & adjutores ejus jam dicto querelanti ullum malum fecerint, emendetur pro pace fractâ.

Præterea constituendum esse & firmiter observandum censuimus sub eâdem pace & treugâ dies Dominicos, & festivitates omnium sanctorum Apostolorum, & etiam Adventum Domini usque ad Octabas Epiphaniæ ; & Quadragesimam usque ad Octabas Paschæ, diem quoque Ascensionis Domini, nec non festum Pentecostes cum Octabis suis, & tres festivitates sanctæ MARIÆ ; & festivitatem S. Joannis Baptistæ, & sancti Michaëlis, & Omnium Sanctorum ; & festivitates sanctæ Eulaliæ Barchinonen. & S. Felicis Gerundensis, & sancti Martini : Violatores autem pacis teneantur satisdare, & pignora mittere tenentia in manu Vicarii nostri in propriis personis : Si tamen dominus qui eos ad maleficium duxerit, vel ad guerram, voluerit satisfare, & pignora mittere pro se & militibus suis, & pro omnibus qui de domo & familiâ suâ fuerint, recipiantur. [Si verò [a] homines Monasteriorum vel aliorum locorum religiosorum inter se damnum dederint in corpore sive rebus, & quærimonia ista ad vicarium pervenerit, remittat eum vel eos ad dominos proprios. Et si ipsi infrà xv. dies damnum in posse dominorum suorum resarcire noluerint, deinde Vicarius noster accipiat pignora tenentia in personis propriis, & causa illa sine debito terminetur.]

Item statuimus ac mandamus, ut paces istæ & treugæ sint firmæ & perpetuò duraturæ. Item statuimus atque jubemus, quòd omnes Milites, & cives, & homines villarum à quatuordecim annis & suprà, paces istas jurent, ut eas teneant

& defendant fideliter sine fraude & ingenio aliquo. Quicumque autem admonitus ab Episcopo, vel à nostro Vicario jurare noluerit ; extunc sit excommunicatus, & sit à pace & treugâ ejectus. Ad majorem itaque securitatem nos Jacobus Dei gratiâ Rex Aragoniæ, Comes Barcinonæ & Dominus Montispessuli, omnia supradicta & singula juramus per Deum & hæc sancta quatuor Dei Evangelia tenere & firmiter observare, & facere observari.

Datum Barchinonæ xii. Kalend. Januarii. Anno Domini mccxxviii.

Signum † Jacobi Dei gratiâ Regis Aragoniæ, Comitis Barchinonæ & Domini Montispessuli.
Signum † Ugonis Comitis Impuriarum qui . . . salvâ ratione.
Signum † G. de Montecatano, Vicecomitis Biern.
Signum † R. de Montecatano.
Signum † de Servaria.
Signum † Ugonis de Mataplana.
Signum † B. Ugonis de Serralonga.
Signum † G. de sancto Vincentio.
Signum † Gaucerandi de Pinos.
Signum † Guiraldi de Servilione.
Signum † R. Alamandi.
Signum † G. de Claromonte.
Signum † G. de Terratio.
Signum † Dalmatii Vicecomitis de Rocabertine.
Signum † B. de sancta Eugenia.
Signum † P. Berengarii de Rivopirarum.
Signum † B. . . . . baulum.
Signum † R. Berengarii Dag.
Signum † R. de Gerundella.
Signum † B. de sancto Vincentio.
Signum † G. de Banerias.
Signum † Pontii de Ulteria.
Signum † A. de Odeo molendinorum.
Signum † A. de Valleviridi.

Nos omnes prædicti & singuli præscripta omnia & singula juramus per Deum & sancta quatuor Evangelia, adimplere, servare & facere servari, ut superius continetur.

Signum † Guillelmi Scribæ, qui mandato domini Regis pro Guillelmo Rabacie Notario suo, hæc scripsi, feci loco, die, & anno præfixis.

Hanc autem pacem superiùs scriptam ego Guillelmus B. de sancto Romano Canonicus Barchinonæ ; tenens locum domini Regis in Episcopatu Elnensi & Ceritaniæ, speciali mandato domini Regis cum consilio & auctoritate ac voce B. Elnensis Episcopi, & Abbatum & virorum Religiosorum ; & aliorum nobilium ejusdem diœcesis, salvâ jurisdictione in omnibus domini Regis feci apud Melleolas, Anno Domini mccxli. quinto Idus Martii.

Signum † G. Vicecomitis de Castronovo.
Signum † Pontii de Verneto.
Signum † B. Ugonis de Serralonga.
Signum † Ademari de Mosset.
Signum † G. de Montesquio.
Signum † P. de Castello.
Signum † A. de Montesquoto.
Signum † A. de Mosseto.
Signum † Bertrandi de Insula.
Signum † Segerii de Perapertusa.
Signum † Jausberni de Insula.
Signum † R. de Insula.
Signum † Gaucelmi de Telero.
Signum † G. de Ardero.
Signum † B. de Orulo.
Signum † Ot. de Parietibus toris.
Signum † A. de Insula.

---

[a] *Si verò*] Quod uncis inclusum est ; addidit Baluzius [b] à Codice 1777. Biblioth. Colbertinæ.

Signum † B. de Palaudano.
Signum † de Furcheriis.
Signum † A. de Cotaleto.
Signum † B. de Petrapertufa.
Signum † A. Bertrandi.
Signum † B. de Turri.
Signum † A. de Monteferrario.
Signum † G. B. de Teſſera.
Signum † Bertrandi de Turre.
Signum † Gaud. de Villa-longa.
Signum † G. de Saragoſſa.
Signum † G. de Clairano.
Signum † A. de Moſſeto.
Signum † G. Gaucelini de Tatone.
Signum † P. de Penna.
Signum † G. de Tatone.
Signum † B. de Tatone.
Signum † Bn. de Ulmis.
Signum † Gaucerandi de Ceteto.
Signum † Bn. de Palaudano.
Signum † R. de Palaudano.
Signum † P. de Monteforti.
Signum † A. G. de Barbairano.
Signum † G. de ſancto J.
Signum † B. Teſſera.
Signum † G. de Teleto, & aliorum plurium.

Anno MCCXXVIII.

Littera de Prebendis Tornodorenſibus conferendis.

DURANNUS Dei gratiâ Epiſcopus Cabilonenſis, Univerſis præſentes inſpecturis ſalutem in Domino. Noveritis quòd cum diſcordia verteretur inter venerabilem Patrem Hugonem Epiſcopum Lingonenſem ex unâ parte, & nobilem virum G. Comitem Nivernenſem & Forenſem, & M. uxorem ejus Comitiſſam Nivernenſem ex alterâ, coram Decano & Conjudicibus ſuis Senonenſibus auctoritate Apoſtolicâ, ſuper collatione præbendarum Capellæ Comitis Tornodorenſis: tandem in nos de conſenſu utriuſque partis ſuper dictâ diſcordiâ exſtitit compromiſſum hoc modo, quòd dicti Comes & Comitiſſa juramento interpoſito, & dictus Epiſcopus in verbo veritatis promiſerunt, quòd tenerent & firmiter obſervarent quidquid ſuper dictâ diſcordiâ pro voluntate noſtrâ duceremus ordinandum. Nos verò de conſenſu utriuſque partis Dictum noſtrum pronuntiamus in hunc modum; quòd dictæ Præbendæ quæ in dictâ Capellâ fuerant inſtitutæ, amodo ſint in Eccleſiâ ſancti Petri Tornodorenſis Presbyteri ejuſdem Eccleſiæ in omnibus jure ſalvo; & Epiſcopus Lingonenſis qui pro tempore fuerit, medietatem Perſonatuum & Præbendarum conferet, & Comes Nivernenſis qui pro tempore fuerit, alteram medietatem. Itaque Comes primum Perſonatum & primam Præbendam conferet, & Epiſcopus ſecundum Perſonatum & ſecundam Præbendam; & ſic deinceps de aliis Perſonatibus & Præbendis alternatim. In cujus rei teſtimonium præſentes literas ſigilli noſtri munimine fecimus roborari, anno Domini milleſimo ducenteſimo vigeſimo octavo, menſe Julio.

Anno MCCXXVIII.

Littera aſſociationis Monaſterii beati Joannis in valle Carnotenſi cum Monaſterio ſancti Quintini Belvacenſis.

UNiverſis Chriſti fidelibus præſentem paginam inſpecturis, GARNERUS Eccleſiæ beati Joannis de Valeia Carnotenſis Abbas humilis, totuſque ejuſdem loci Conventus, ſalutem in Domino. Cum ſecundùm Apoſtolum unum ſimus corpus in Chriſto, ſinguli autem alterius membra, ſicut nec corpus à capite, ita nec membra corporis cenſeri debent à membris capitis aliena. Cum igitur à longè retroactis temporibus à viſceribus matris noſtræ Eccleſiæ beati Quintini Belvacenſis fuerimus ſpiritualiter propagati, & ab ipſâ tamquam à fonte ſacra Religionis fluenta ſumſerimus per venerabilem patrem ac venerandæ memoriæ Ivonem, qui cum floreret in eâdem Eccleſia religionis novella plantatio ſub beati Auguſtini regulâ, dignè Omnipotenti militans, Fratribus ibidem Deo ſervientibus Abbas præfuit. Sed tanti patris ſanctitas eminens tamquam civitas in virtutum acumine conſtituta, diù latere non potuit, quin imò ejus religionis celebri famâ longè latequè diffuſâ, Dei voluntate præambulâ, adeptus eſt cathedram Eccleſiæ Carnotenſis; qui Eccleſiæ noſtræ patronus & fundator exſtitit, & inter alia beneficia quæ nobis paternâ pietate contulit, ad ultimum in ſignum dilectionis ac perpetui fœderis theſauro ſui corporis ac ſuæ ſepulturæ præſentiâ noſtram Eccleſiam illuſtravit; unde cum internæ dilectionis affectu nos pius pater dilexerit, ſicut in fine patuit, dignum fuit ut Canonici ſancti Quintini ejus ſpirituales filii à patris actibus non degeneres, tùm propter ejuſdem Ordinis ſimilitudinem, tùm propter paternam reverentiam & ejuſdem corporalem præſentiam, quaſi triplici funiculo juncti nobis eſſent ſpiritualiter & uniti, & rurſus vice verſâ decens fuit admodum & honeſtum, tùm quia eamdem normam Ordinis profitemur, tùm quia ab eis obſervantiarum regularium primitias habuimus, ut ipſis eſſemus tamquam membrum ſuo cohærens capiti, gratâ viciſſitudine indiſſolubili charitatis fœdere fœderati.

Verùm quia tantæ dilectionis confœderatio uſque modo per negligentiam vel oblivionem novercam memoriæ tepidè fuit & ſegniter obſervata, eam noſtris temporibus renovare volentes, de communi Fratrum conſilio, & ipſorum beneplacito & aſſenſu ſocietatem cum eis contrahimus ſpiritualem præſentibus litteris annotatam. Sed quoniam quantò anima præpollet corpori, tantò ſpiritualia corporalibus præferuntur; à ſpiritualibus inchoantes, dilectiſſimis Fratribus noſtris Canonicis ſancti Quintini Belvacenſis de Fratrum noſtrorum unanimi conſenſu concedimus participationem orationum, & eleemoſynarum, & aliorum bonorum, quæ fiunt & fient à modo tam in noſtræ Congregationis capite quàm in membris.

Id etiam ſtatuentes, quòd quandocumque obitus Abbatum beati Quintini nobis nuntiari contigerit, ſtatim audito obitu novem lectionum officium, & in ſequenti die *Beati immaculati* & Miſſam matutinalem cum Diacono & Subdiacono ſolemniter faciemus: nomina ipſorum Abbatum in noſtro Martyrologio conſcribentes, & revoluto cujuſlibet anni curriculo ipſâ die obitûs à modo præbendam panis & vini eiſdem concedimus, per manum eleemoſynarii pauperibus erogandam. De Canonicis autem ejuſdem Eccleſiæ eſt à nobis providâ deliberatione ſtatutum, quòd audito Canonici obitu, novem lectionum officium, & *Beati immaculati* & Miſſam matutinalem pro ipſo decantabimus, præbendam unius Canonici ipſo die pro eo pauperibus aſſignantes. Quilibet autem noſtræ Congregationis Canonicus & Sacerdos unam Miſſam, & alii non Sacerdotes unum pſalterium decantare tam pro Abbate quàm pro Canonico mortuo tenebuntur. Sanè propter hæc quæ circa obitus Abbatum & Canonicorum hìc ſpecialiter ſunt expreſſa, nolumus intermitti illud commune anniverſarium & ſolemne, quod pro communitate Canonicorum ſancti Quintini ſingulis annis facere conſuevimus, imò & ſi diligenter fecimus, diligentiùs

gentiùs inposterum faciemus.

Illud etiam salubri consilio statuentes, quòd si aliqua persona extranea aliquod gravamen Ecclesiæ sancti Quintini intulerit, tam in consilio quàm in auxilio eidem tenebimur subvenire. Et ut major inter nos & ipsos familiaritas denotetur, statuimus quòd quandocumque aliquem de ipsorum Canonicis ad nos quocumque modo venire contigerit, nisi eum fugitivum vel excommunicatum esse constiterit, ipsum recipiemus gratanter, eum quamdiù apud nos moram fecerit, Fratrem nostrum & Canonicum reputantes.

Ut autem prælibata Societas recensita frequentiùs non marcescat, insinuatione præsentium litterarum, venerabilem patrem Abbatem sancti Quintini affectuosissimis precibus exoramus, quatenùs frequentissimè, quod optamus, vel ad minus semel in anno dignetur sui gratia nos visere. Et ut hæc quæ superiùs sunt statuta, in posterum firmiùs conserventur, præsentes litteras fecimus annotari, & sigillorum nostrorum munimine roborari. Datum anno Domini millesimo ducentesimo vigesimo octavo.

Epistola FRIDERICI II. Imperatoris ad Regem Bœmiæ.

FRIDERICUS, &c. Illustri Regi Boëmiæ, dilecto Principi, &c. Inviti trahimur ad tuam & aliorum notitiam adversùs Austriæ Ducem, materiam publicæ quæstionis afferre, cujus levitas ducta motibus inconsultis adeo processit in publicum contrà honorem nostrum, & Imperii dignitatem, verbo & opere pariter attentando, & ita nos graviter provocavit, ut transire non possimus ulteriùs incorrectos suæ levitatis excessus. Reverà quia dileximus patrem suum, merito paterni servitii cordi nobis est & curæ, in eumdem Ducem favorem ostendere cum effectu. Cum itaque Ravennam Curiam induxerimus celebrandam, vocavimus ipsum, sicut cæteros Principes, ut veniret, proponentes eum favore paterno recipere ac fovere. Sed majori parte Principum venientibus à remotis, ipse, qui oportunus venire poterat, suum denegavit accessum. Deinde nobis transeuntibus Aquilegiam, cum ibidem eum videre vellemus ætatis suæ motibus adscribentes, quin potiùs ut eo non recederemus invito, personaliter nos contulimus ad terram suam Portæ novæ, quam habet in Porolivio, & ibi moram trahentes misimus pro eodem, ut si molestum sibi fuerat in civitatibus nostri Imperii nos vidisse, ad terram suam pro nobis accedere non vitaret; quem venientem venerabili affectione recepimus, satagentes de verbo & opere complacere; tantam insuper sibi gratiam facientes, quòd pro lite sopienda, quam in exactione debiti vel dotis suæ filius noster Conradus contrà eum jure ac viribus attentabat, septem millia marcarum promisimus exhibenda; non omittentes ei de pulchris equis satisfacere, & aliis donativis libentissimè procurare, quæ suis essent affectibus acceptanda, ut eum redderemus nostris aspectibus gratiorem. Nuper Avinalmeramam venientes tantam de ipso confidentiam habebamus, quòd non dubitavimus ei committere personam nostram per terram suam, ut ei daretur major de nostrâ gratiâ præsumptio, & ad nostra beneplacita se magis obsequiosum & benevolum exhiberet. Ipse verò dum essemus in eâdem terrâ suâ, non erubuit duo millia marcarum à nobis exigere pro guerrâ tibi & illustri Regi Ungariæ facienda; quas quia sibi non dedimus, dixit se nunquam à nobis servitiorum munera recepisse, ut quâdam violentiâ non cognosceret Dominum, coram quo tam improbè loqueretur.

Nos tamen propter hoc moti non fuimus, sed dissimulavimus juvenilem levitatem, habentes nihilominùs in proposito sua commoda promovere; indictâ etiam Moguntiæ Curiâ generali eum revocavimus, termino constituto, ubi generaliter & specialiter singuli Principes fuerunt convocati. Qui cum præfixus terminus advenisset, idem Dux nedum venire contumaciter recusavit, qui potiùs cum campestri exercitu absque nostrâ licentiâ, vel assensu terram Regis Ungariæ hostiliter & violenter ingressus, adeo tantum Principem provocavit, quòd expeditione factâ Imperii fines intravit, non sine nostrâ injuriâ & Imperii læsione, humilians eum ad suum beneplacitum & mandatum. Interim etiam non contentus conterminum sibi Regem turbavisse, te Regem Bohemiæ, venerabiles Salzeburgensem, Nurdeburgensem, Pataviensem, & Ratisponensem Episcopos, Bavariæ Ducem, & Moraviæ Marchionem, multipliciter cœpit offendere, auferens eis jura & redditus, quos in Austriæ, & Siciliæ Ducatibus possidebant. Ad cujus ultionem tanta moles Principum irruisset, nisi quòd pacem Imperii volentes nobis & Imperio detulerunt, sæpe coram nobis per litteras & Nuntios deferentes. Delatæ sunt etiam querelæ multiplices pro parte hominum terræ suæ, quòd justitiam & judicium de terrâ suâ proscripserit, & cum iniquitate fœdus iniens prorsùs abjecerit æquitatem, viduis & orphanis, quos de jure fovere debuerat, molestus existens, divites opprimens, & conculcans pauperes, humilians nobiles, destruens populares, diversis flagitiis affligens subditos, nullam adversùs eos aliam causam habens, nisi quòd credit pium esse sibi & licitum quidquid licet: ministerialies & alios infeudatos, quos ab Imperio tenet, tanto graviori persequitur voluntate, quanto in odium nostri & Imperii de ipsis cogitur dubitare. Dato igitur effrenatæ licentiæ loco, mente in omni viâ malitiæ turpiter inquinatâ, deflorat virgines, & facit à suis complicibus deflorari, matronas venerabiles dehonestat, auferens filias patribus, & viris per violentiam conjugatas. His etiam non contentus excogitat in patrum animas & virorum, quorum necem diversis necis exaggerat speciebus, quibus trucidat miserabiliter innocentes.

Quorum ineffabili malorum cumulo mota fuit sæpe nostræ præeminentiæ dignitatis, sed paterni servitii memores noluimus cum levitate procedere, intendentes à viâ malâ virum impium revocare. Quapropter monuimus eum ac benignè rogavimus, ut ad colloquium præteritâ hyeme indictum Augustam, ubi de restitutione status sui complacandi cum prædictis Principibus, & de omni abolendâ infamia supradicta eum alloqui, & cum eo disponere volebamus, proviso ei juxta requisitionem & velle suum de securitate & conductu de personis quas & quot voluit exegisse. Illam eidem gratiam facientes, quòd quia dubitabat pro hujusmodi querimoniis diù morari, promisimus ei per suos nuntios quòd moram & reditum ad suam promitteremus voluntatem fieri, & quòd eum super objectis ad justitiam minimè cogeremus, si deberemus offensis Principum satisfacere per nos ipsos. Deinde quia apud Augustam venire noluit, quòd in tantâ citatione suâ dilecto Principe nostro venerabili Salzebergensi Archiepiscopo, & aliis nuntiis suis acceptantibus, ut apud Genuensem ad nostram præsentiam se conferret, ibidem de bono statu & reintegratione famæ suæ disponere proponentes. Ipse verò cum non posset vulneratæ conscientiæ nefanda contegere, & sic sæpius exposuit se venturum, semper illusit, & patientiam noſtram ſemper in ſuperbiâ & abuſione contemnens, datus in ſenſum reprobum, & penitùs effectus ingratus, cœpit contrà perſonam noſtram verbo & opere machinari, ut præter inſidias quas in captione filii noſtri dudum in itinere manifeſtè paravit, cum Mediolanenſibus & aliis inimicis noſtris contrà honorem noſtrum & Imperii moliretur, & nequiter contrà animam noſtram excogitans, miſit nuntios ſuos ad ſeniorem Moravi. qui dicitur aſinus, promittens pecuniam infinitam, ut noſtram offenderet Majeſtatem; aliàs ſpiritu ſuæ fatuitatis inductus, quod nobis eſt valde moleſtum, non veritus eſt attentare, Sanctiſſimum in Chriſto patrem ſummum Pontificem, ut ſibi eſſet favorabilis, inducere ſatagendo. Præterea nuntios noſtros in ſecuritate & conductu receptos ſpoliari mandavit; exenia per Ducem Bavariæ nobis tranſmiſſa, nuntiis ejus in contemptum & injuriam noſtram fecit auferri. Caſtra quoque quæ Ratisbonenſis quondam Advocatus noſter nobis, & Imperio noſtro in morte ſuâ legavit, enormiter occupavit: nec obmiſit cuncta præſumere, quæ nobis eſſent & Imperio nocumento.

Qui nec Deum timet, ſicut dicit, terrenum velit Dominum revereri; nec reverentiam obſervans, nobilem matrem ſuam bonis ſuis omnibus ſpoliatam de terrâ ſuâ turpiter effugavit, & ſi manus in eam mittere potuiſſet, ubera ejus infelix homo præcidere minabatur; & niſi ad te dulciſſimum Principem & affinem noſtrum confugium habuiſſet, conſilio tuo ad noſtram præſentiam accedens, non haberet ubi caput tantæ nobilitatis Domina reclinaret, quæ lacrymis apud Deum, & apud nos clamore continuo, querulâ non ceſſat inſtantiâ ſibi adverſus tam improbum filium auxilium implorare. Non poſſumus ſilentio præterire qualiter Marchioni Miſniæ ſorore ſuâ nuptui traditâ, in terrâ ſuâ nuptiis celebratis, cum prima thori gaudia celebraſſet, aggreſſus eſt in lecto, & ſurgere non permiſit, donec eos in ejus manibus dotes, & jus de quibus tenebatur eis pro maritagio reſpondere, oportuit neceſſariò remiſiſſo, contrà ſecuritatem ſibi promiſſam veniens, quòd nullam deberet ei petitionem facere, vel remiſſionem aliquam poſtulare, & metu inſuper incuſſo miniſterialibus, quòd de eis nullus evaderet, niſi quidquid petierat, compleretur. Quibus omnibus laceſſitis cum tanta eſſet ipſius iniquitas, quòd non poſſet veniam promereri, ad tot querimonias Principum in noſtram præſentiam replicatas, ad querelas & lacrymas matris ſuæ petentis de noſtra ſublimitate judicium, ad lacrymoſas voces nobilium, populorum, orphanorum, viduarum, & omnium habitantium terram ſuam coram Deo & nobis lacrymantium, contrà eum; attendentes inſuper offenſas noſtri Imperii nequiter attentatas, ad condignam ejus ultionem exigente juſtitiâ duximus inſurgendum, reſponſuri ſtulto ſecundùm ſtultitiam ſuam, ne ſibi ſapiens videatur; ſed diſcat per ſeipſum qualiter Deum timere debeat, & nobis & Imperio teneatur modis omnibus revereri. Quæ omnia tibi & aliis Principibus noſtris duximus exponenda, ut noſtra certitudo ad ejus exterminium pateat univerſis. Nam refrænanda eſt temeritas malignorum, ut pœnæ metu tardiores ſint alii ad ſcelera committenda.

An. MCCXXX.

Tranſactio Facta de Electione Epiſcopi de Majoricis.

IN Dei nomine, & ex divinâ gratiâ, manifeſtum ſit cunctis præſentibus atque futuris, quòd cum inter JACOBUM illuſtrem Regem Aragonum & regni Majoricarum, Comitem Barchinonenſem & Dominum Montiſpeſſulani ex unâ parte, & venerabilem patrem BERENGARIUM Epiſcopum & Capitulum Barchinonenſe ex alterâ, quæſtio mota eſſet ſuper Eccleſiâ Cathedrali de Majoricis, & ibidem Epiſcopo eligendo, quæ omnia dictus Epiſcopus & Capitulum ad ſe de jure ſpectare dicebant ratione cujuſdam donationis, quam quidam Sarracenus olim dominus Deniæ & inſulæ ſupradictæ fecerat Epiſcopo & Eccleſiæ Barchinonenſi, cui donationi conſenſerant olim Comites Barchinon. Archiepiſcopi & Epiſcopi plures & etiam prædicta omnia Sedes Apoſtolica confirmavit. Quæ nitebantur probare per publica inſtrumenta. Tandem dicti Epiſcopus & Capitulum attendentes, quòd dicta civitas & regnum Majoricarum Epiſcopum exigebant, quem dominus Rex Jacobus ſupradictus ibi creare volebat, animatus ad dotandam Eccleſiam ſupradictam, quæ tamquam novella plantatio pullulabat, voluntati regiæ in hâc parte liberaliter adhæſerunt, ita quòd mediantibus Populeti & ſanctarum Crucum Abbatibus, & aliis bonis viris ſuper præmiſſis, ad hanc concordiam ſive compoſitionem amicabiliter pervenerunt; videlicet quòd creetur Epiſcopus in Majoricis, & fiat ibi Eccleſia Cathedralis, & iſtâ primâ vice ſolummodo ſit Epiſcopus civitatis alia perſona quam Dominus Rex voluerit nominare, & quòd dicti Epiſcopus & Capitulum illi nominationi non poſſint reſiſtere, imò annuant regiæ voluntati, & eam charitatis brachiis amplectantur: & ſi fortè perſona nominata à domino Rege ante conſecrationem decederet, vel ejus conſecratio impediretur electionis vitio vel electi, idem dominus Rex aliam nominet perſonam, & ſic de ſingulis, quouſque talem dominus Rex perſonam nominet, quæ ad conſecrationem perveniat licitè cum effectu. Mortuo autem iſto primo Epiſcopo conſecrato, poſtea perpetuò fiat electio per Epiſcopum & Capitulum Barchenonæ, cum aſſenſu Regis Aragonum qui tunc regnabit, & de gremio Eccleſiæ Barchenonæ, ſi ibi potuerit idoneus reperiri, ſi autem ibi inveniri non poſſet, de ipſâ eâdem Eccleſiâ Majoricarum, vel de aliâ, per eumdem Epiſcopum & Capitulum Barchenonæ, conſentiente tamen ſemper Rege, Epiſcopus aſſumatur ad Eccleſiam ſupradictam; & ſic perpetuò res procedat. Verumtamen voluntas Regia ultrà duos menſes nullatenùs exſpectetur.

Iſte idem ordo ſervetur ſi in Minoricis vel Evica fieret Eccleſia Cathedralis, ſalvâ in omnibus portione civitatis & terræ aſſignatâ & aſſignandâ Epiſcopo Barchenonæ, ratione militum & hominum armatorum, quos ſecum duxit & habuit in captione civitatis & inſulæ ſupradictæ, & ſalvo in omnibus Apoſtolicæ Sedis mandato.

Datum apud Populetum octavo Idus Novembris, Anno Domini milleſimo ducenteſimo triceſimo.

Signum Jacobi Dei gratiâ Regis Aragonum, & Regni Majoricarum, Comitis Barchenonenſis, & domini Montiſpeſſulani.

Hujus rei teſtes ſunt, Frater A. Gallaſt Abbas Populeti.
Frater B. Calvo Abbas Sanctarum-Crucum.
Frater G. de Cervaria.
P. de Sentillis Sacriſta Barchinonenſis.
P. Jerrandi de Albarazino.
P. Cornelii.
Pelegrinus de Caſtroacello.
Signum Petri de ſancto Melione Scriptoris, qui hoc mandato domini Regis ſcripſi pro G. Rabacia Notario ſuo, loco, die, & anno præfixis.

GREGORII PAPÆ IX.
EPISTOLÆ.

I. Ad Archiepiscopum Arelat. & Episcop. Arausecanum.

GRegorius Episcopus servus servorum Dei, Venerabilibus fratribus Archiepiscopo Arelatensi, & Episcopo Auraficensi, salutem & Apostolicam benedictionem. Ad audientiam nostram pervenit, quòd nobilis vir R. Comes Tolosanus, & nobilis mulier S.... uxor sua nequaquam cohabitant ut teneantur, neque sibi mutuò affectus exhibent conjugales. Quia verò ex hoc grave potest scandalum suboriri, & utrique imminere periculum animarum, fraternitati vestræ per Apostolica scripta mandamus, quatenùs eos simul ut cohabitent, & sibi mutuò conjugales effectus exhibeant, monentis prudenter, & efficaciter inducatis, eos ad id si necesse fuerit per censuram Ecclesiasticam appellatione postposita compellendo. Quòd si alterutra partium ad hoc impedimentum objecerit, vos audiatis hinc inde proposita, & si de partium voluntate processerit, causam sine debito decidatis: alioqui quæ inveneritis nobis fideliter intimetis, ut procedamus exinde prout secundùm Deum utriusque saluti & honori videbimus expedire. Datum apud Cryptam ferratam XI. Cal. Aug. Pontificatus nostri anno quarto.

II. Petro S. A. Legato.

GRegorius Episcopus servus servorum Dei, Dilecto filio Magistro Petro de Collemedio Capellano nostro, Apostolicæ sedis Legato, Salutem & Apostolicam benedictionem. Exposuerunt nobis Nuntii Nobilis viri Comitis Tolosani, quòd licet in ipsius Patre, qui ante reconciliationem terræ decessit, indicia pœnitentiæ in mortis articulo apparuerint manifesta, nec per eum steterit quominùs reconciliatus fuerit Ecclesiasticæ unitati, corpus tamen ejusdem adhuc exstitit inhumatum; unde ex parte ipsius Comitis suppliciter petebatur à nobis, ut cum sacramentum non contemptus Religionis, sed articulus necessitatis exclusserit; & Ecclesiæ judicium, divinum debeat imitari; mandaremus defunctum, qui propter hoc habendus est ab Ecclesia sicut apud Deum fuisse creditus absolutus, in Cœmeterio Ecclesiastico sepeliri. Quocircà discretioni tuæ per Apostolica scripta mandamus, quatenùs diligenter super hoc veritatem inquiras, eam nobis fideliter rescripturus. Datum Anagniæ XIV. Kal. Octobris, Pontificatus nostri anno quarto.

In eumdem modum scribit Episcopo Tolosano & Abbati Grandis-Sylvæ. Dat. Anagriæ VII. Kal. Octobris Pontificatus anno IV.

III. Eidem.

GRegorius Episcopus servus servorum Dei, dilecto filio Magistro Petro de Collemedio Capellano nostro Apostolicæ sedis Legato, Salutem & Apostolicam benedictionem. Venientes ad præsentiam nostram Nuntii nobilis viri Raimundi Comitis Tolosani, ex parte ipsius devotè à Nobis & suppliciter petierunt, ut tam super passagio suo & suorum in subsidium terræ sanctæ, quàm super summâ decem millium marcarum, in quâ Ecclesiis pro damnorum restitutione tenetur, sibi inducias de tolsta benignitate sedis Apostolicæ concedere dignaremur:

cum de novo reconciliatus sanctæ matri Ecclesiæ de terrâ suâ, sicut oportet, disponere non potuerit; & de transitu suo, cum non instet modo passagium, provenire nequiret utilitas quæ speratur; nec termino assignato, scilicet proximè venturo festo Resurrectionis Dominicæ illuc valeret, prout cum decet, accedere, cum terra sua nimiùm exhausta facultatibus, infrà tam brevi spatium non sufficeret ad expensas necessarias ministrandas. Volentes autem dicto Comiti juxta fervorem devotionis suæ, quam habere dicitur ad Deum & Ecclesiam, gratiam, quam cum Deo possumus exhibere, super solutione summæ præfatæ, usque ad beneplacitum nostrum ei duximus terminum prorogandum; Discretioni tuæ per Apostolica scripta mandantes, quatenùs inquisita super hac concedenda sibi dilatione passagii voluntate Illustrium Regis & Reginæ Francorum, & habito prælatorum ac Baronum, ac aliorum bonorum virorum, quos videris expedire consilio: consideratis quoque statu ipsius Comitis & terræ suæ, aliisque circumstantiis universis, quas inveneris, nobis studeas transmissis singulorum consiliis fideliter intimare, ut per tuam relationem instructi, super hoc securiùs disponere valeamus. Datum Anagniæ VII. Id. Julii. Pontificatus nostri anno quarto.

Iisdem verbis & sensu scribit Archiepiscopo Senonensi, ac Parisiensi & Carnotensi Episcopis. Dat. Anagniæ X. Kal. Octob. Pontif. anno IV.

IV. Ad Comitem Tolosanum.

GRegorius Episcopus servus servorum Dei, Dilecto filio nobili viro Comiti Tolosano, Salutem, & Apostolicam benedictionem. Significante dilecto filio Abbate Cisterciensi nos noveris accepisse, quòd tu quamdam summam pecuniæ, in qua Cistercio & quibusdam aliis Monasteriis ordinis Cisterciensis teneris, sicut in literis super compositionem pacis inter te ex unâ parte, & Ecclesiam ac carissimum in Christo filium nostrum Illustrem Regem Franciæ ex alterâ, per dilectum filium nostrum Romanum sancti Angeli Diaconum Cardinalem, tunc Legatum Apostolicæ sedis reformatâ pleniùs dicitur contineri, detines pro tuæ arbitrio voluntatis, & eis solvere contradicis. Quare à nobis humiliter postulabat, ut tibi super hoc preces nostras & literas dirigere dignaremur. Nos igitur tuis devotis precibus inclinati nobilitatem tuam rogamus, monemus attentius, & hortamur, per Apostolica scripta mandantes, quatenùs jam dictam pecuniam monasteriis sine difficultate qualibet, ut teneris, restituas memoratis: alioquin noveris nos venerabili fratri nostro Episcopo Tornacensi, Apostolicæ sedis Legato nostris dedisse litteris in mandatis, ut te ad id, si necesse fuerit, per censuram Ecclesiasticam appellatione remotâ, cognitâ veritate compellat. Datum Laterani IV. Nonas Januarii, Pontificatûs nostri anno quarto.

V. Ad Comitem Tolosanum.

GRegorius Episcopus servus servorum Dei, Dilecto filio nobili viro Comiti Tolosæ Salutem, & Apostolicam benedictionem. Horrendum facinus quod Bernardus Convenarum, & quidam alii Vassalli tui Jesu Christi opprobrium attentarunt, ipsum Christum sine dubio provocat, & provocare debet homines contrà eum, ipsumque reddere universis odibilem qui Deum timent, & homines reverentur. Sicut enim dilecti filii Abbas & conventus Conchensis gravi nobis conquestione monstrarunt, iidem vassalli quemdam eorum Monachum Subdiaconum juxta altare constitutum, ansu sacrilego eapientes, ac eum, Crucifixum & Eucharistiam amplectentem, lethaliter vulnerantes, & extrahentes ab Ecclesiâ violenter, ipsum in Jesu Christi, & totius Cleri contumeliam in patibulo suspenderunt. Et licet quidam Eremita semivivum eumdem de patibulo deposuisset eodem ; ipsi tamen eum iterum suspendentes, in iis & aliis, eis graves & injuriosi existunt. Quia igitur tantam Dei & Ecclesiæ injuriam non possumus, sicuti nec debemus, æquanimiter sustinere, Nobilitatem tuam rogamus, & monemus attentè, per Apostolica tibi scripta mandantes, quatenùs cum injuria hujusmodi Dei potiùs quàm hominis censeatur, pungat cor tuum tui contumelia Creatoris; & sic hujusmodi sacrilegos traditâ tibi potestate castiges, ac facias eisdem Abbati & Conventui de illatis injuriis satisfactionem congruam exhiberi, quòd per hoc crescas & nomine apud homines, & merito apud Deum. Datum Reate x. Calendas Novembris, Pontificatûs nostri anno quinto.

Abbatis ac Conventûs Concherfis, Raimundo *Comiti Tolosano.*

> Orant ut Comiti Bernardo, quippe qui pro damnis illatis satisfecerat, dominium restituat.

Serenissimo Domino Raimundo Dei gratiâ Comiti Tolosano, Vesianus Dei miseratione Sanctæ Fidis de Conchis Abbas, & ejusdem loci Capitulum, Salutem, & pro ipso preces effundere ad Dominum Jesum Christum. Excellentiæ vestræ tenore præsentium innotescat, quòd nobilis vir Bernardus de Convenis & uxor ejus Blanca nomine, super injuriis quas nobis & nostro Monasterio irrogaverant, tam super morte Joannis Monachi nostri, quàm super aliis clamoribus, quos de ipsis facere poteramus, ita nobis & Monasterio nostro pro se, & suis complicibus, auxiliatoribus, & fautoribus, qui interfuerunt morti Monachi supradicti, plenariè satisfecerunt, & quod inde de ipsis pacati sumus meritò & contenti, quamdiù compositionem, quæ facta est inter nos & ipsum, & scripta per manum V V. Sancti Pauli publici Notarii Tolosæ, ipsi & successores eorum integrè observabunt; & inde Deo & vobis gratiarum referimus actiones. Cum igitur ad cor redeuntibus sit parcendum, Dominationem vestram, quantum possumus, deprecamur, vobis humiliter supplicantes, quatenùs intuitu misericordiæ & pietatis, & precum nostrarum obtentu agentes misericorditer cum eisdem, terram suam misericorditer eisdem restituere dignemini, ita quòd à Deo & hominibus possitis super hoc meritò commendari. Datum Conchis Sabbato ante carnis privium.

V I. Episcopo Tornacensi.

> Anno MCCXXXII.
> Ut benignè se in Comitem Tolos. gerat, efficiatque ut idipsum agãt Episcopi.

Gregorius Episcopus servus servorum Dei, Venerabili Fratri Episcopo Tornacensi, Apostolicæ sedis Legato, Salutem & Apostolicam benedictionem. De parte Dilecti Filii Comitis Tolosani nobis est oblata querela, quòd cum ipse in firmo proposito, & summo gerat desiderio inflexibiliter permanere in devotione sedis Apostolicæ matris ejus; super quo turbati plures tamquam non valentes, cum in se mali sint, aliorum bonitatem in patientiâ sustinere, ipsum ab intentione suâ laudabili retrahere moliuntur. Quidam terræ suæ Prælati non nolentes attendere, in proferendo in eum excommunicationis sententiam nimis faciles & præcipites se ostendunt : contrà quos dictus Comes humiliter petiit per nostram sollicitudinem provideri. Quia verò non modicum expedire dinoscitur, ut ad augmentandum in ipso pietatis affectum quasi nova plantula benignitatis foveatur irrigo, & dulci lacte Ecclesiæ recreetur : fraternitati tuæ per Apostolica scripta mandamus, quatenùs in lenitate ac mansuetudine

tractans eumdem, & ad hoc ipsum prædictos Prælatos inducens, nihil ab eis permittas in ejus gravamen aut contumeliam attentari. Datum Reate xii. Kal. Martii, Pontificatûs nostri anno quinto.

V I I. ad Ludovicum *Regem Franc.*

> Rationem reddit cur Ecclesia Romana desinerit Comitatum Venascenum

Gregorius Episcopus servus servorum Dei, Carissimo in Christo filio Ludovico Regi Francorum illustri, Salutem & Apostolicam benedictionem. Literas, quas pro dilecto filio nobili viro Comite Tolosano super terrâ, quam Romana Ecclesia citrà Rodanum ad manus suas retinuit, Rogalis nobis excellentia destinavit, solitæ benignitatis affectu recipimus ; & quæ continebantur in eis intelleximus diligenter. Sanè illius testimonium invocamus, qui testis est in cœlo fidelis, quòd licet Ecclesia Romana prædictam terram, in quâ infinitis angustiis, & expensis innumeris multorum sanguine hactenus extitit laboratum, ad manus suas duxerit retinendam, ne reprobis repetentibus vel irruentibus in eamdem, fieret durior post prosperitatem adversitas : non tamen intendimus terram illam propriis usibus applicare ; non in eâ privatum prosequuti fuimus interesse, nullam in retentione ipsius utilitatem quæsivimus temporalem, cum sit negotium pacis & fidei, & Dei sit causa quam agimus, & spirituale duntaxat in hoc commodum attendamus. Sed cum illius terræ conversio adeo sit adhuc recens & tenera, quòd ex mutatione subitâ facilè posset incurrere recidivum, & recidivi languores interdum esse soleant prioribus graviores ; accuratâ est sollicitudine præcavendum, ne morbus, qui tam graviter Christi maculavit Ecclesiam, iterum postquàm curatus est, in ipsius possit refluere corruptelam. Quantum claræ memoriæ L. Rex Francorum pater tuus in præmisso negotio laboravit, ad cujus prosequutionem de suis liberaliter contulit, & tandem se liberalius adjecit, vitæ vitam offerens, ut viveret in Christo post mortem ? Quot inclyti in prosequutione ipsius negotii de regno Francorum ceciderunt ? Quanto sudore laboratum est, & quanto labore sudatum, ut terra illa conversa in salsuginem à malitia inhabitantium in eâ, bellis attrita continuis, & hæreticæ pravitatis erroribus involuta & ab hujusmodi respiraret angustiis, & contagiis purgaretur ? Quanta strages populi Christiani ; quot animarum pericula, Ecclesiarum destructio, Religiosorum locorum excidium, damna rerum, & expensarum dispendia, occasione præfati negotii, peccatis exigentibus sunt sequuta ? & utinam sibi adhuc dictum negotium adeo solidatum, quòd ex nullâ parte status ejus penitùs fluctuaret. Numquid non grandi cautelâ opus est, ne tot impensæ perdantur ? Numquid verò nobis si quid inde sinistri, quod absit, accideret, posset non immeritò imputari ? Numquid formidare non immeritò possumus præteritis futura pericula graviora : Et ideo quantumcumque dictum Comitem sicut specialem Apostolicæ sedis filium sincerâ diligamus in Domino caritate, & ad incrementum & exaltationem ipsius libenter, si per eum non steterit, aspiremus, paternæ circa eum sollicitudinis gerentes affectum ; expedit tamen ut in tanto negotio non nisi circumspectâ deliberatione præhabitâ procedatur.

Verùm quia nobis quid super hoc magis expediat negotio memorato, fieri non potuit plena fides, Venerabili fratri nostro Episcopo Tornacensi, Apostolicæ sedis Legato, nostris damus litteris in mandatis, ut vocatis Archiepiscopis, Episcopis, Abbatibus, & aliis Ecclesiarum Prælatis, qui in suâ legatione consistunt, & cum eis super præmissis & corum circumstantiis universis deliberatione habitâ diligenti, consilium quod super his datum fuerit, nobis studeat suis litteris fideliter intimare, ut procedamus exinde prout secundùm Deum videbimus expedire meliùs. Ipsius itaque, habitâ responsione Legati, sic Deo propitio in præmisso negotio procedemus, nihil de contingentibus obmittendo, quòd Deo pro posse satisfaciemus, & homini, ac tuæ Serenitati gratum esse poterit & acceptum. Datum Reate iv. Nonas Martii, Pontificatûs nostri anno quinto.

VIII. Ad Reginam Francorum.

GREGORIUS Episcopus servus servorum Dei, Carissimæ in Christo filiæ Reginæ Francorum illustri Salutem & Apostolicam benedictionem. Literas quas pro dilecto filio nobili viro Comite Tolosano super terrâ, quam Romana Ecclesia citrà Rodanum ad manus suas retinuit, Regalis nobis excellentia destinavit, solitæ benignitatis affectu recepimus, & quæ continebantur in eis intelleximus diligenter &c. *ut in proximè relatâ epistolâ.* Datum Reate iv. Nonas Martii, Pontificatûs nostri anno quinto.

IX. Ad Comitem Tolosanum.

GREGORIUS Episcopus servus servorum Dei, Dilecto filio nobili viro Comiti Tolosæ, Salutem & Apostolicam benedictionem. Non est de arbore dubitandum, cum de fructu constiterit; nec de illius intentione quærendum, qui nihil agit in tenebris, sed in luce ut ejus sint opera manifesta; cum in actibus suis non dubiæ præsumptioni sit locus, sed experientiæ certæ credatur. Sanè quam intentionem in facto tuo gesserimus hactenùs & geramus, licet non pepercerimus virgæ ut filium lucraremur, operis exhibitio manifestat. Paternæ siquidem erga te sollicitudinis gerentes affectum, ac sicut specialem Apostolicæ sedis filium sincerâ diligimus in Domino caritate, ad incrementum & exaltationem tuam si per te non steterit, aspirantes. Cæterum licet Ecclesia Romana terram citrà Rodanum, pro quâ tibi restituendâ Carissimi in Christo filii nostri, Fredericus Romanorum Imperator semper Augustus, Jerusalem & Siciliæ Rex; ac Rex & Regina Francorum illustres nobis humiliter supplicarunt, in quâ infinitis angustiis & expensis innumeris, multorum sanguine hactenùs exstitit laboratum, ad manus suas duxerit retinendam, ne reprobis repetentibus vel irruentibus in eamdem fieret durior postprosperitatem adversitas: Illius tamen testimonium invocamus qui testis est in cœlo fidelis, quòd non intendimus terram illam propriis juribus vel usibus applicare, non in eâ privatum prosequuti fuimus interesse, nullam in retentione ipsius utilitatem quæsivimus temporalem, cum sit negotium pacis & fidei, Dei sit causa quam agimus, & spirituale in hoc duntaxat commodum attendamus. Verùm quia nobis quid super hoc magis expediat negotio memorato, fieri non potuit plena fides: Venerabili fratri nostro Episcopo Tornacensi, Apostolicæ sedis Legato damus nostris litteris in mandatis, ut vocatis Archiepiscopis, Episcopis, Abbatibus, & aliis Ecclesiarum Prælatis, qui in suâ legatione consistunt, & cum eis tam super præmissis, quàm super prorogatione termini de transfretando in subsidium terræ sanctæ quam iidem Rex & Regina pro te à nobis fieri postularunt, & eorum circumstantiis universis deliberatione habitâ diligenti, consilium quod super iis datum fuerit, nobis studeat suis litteris fideliter intimare, ut procedamus exinde prout secundùm Deum videbimus meliùs expedire. Ipsius itaque habitâ responsione Legati, sic Deo propitio in præmisso negotio procedemus, nihil de contingentibus obmittendo, quòd Deo pro posse satisfaciemus & homini, & tua devotio poterit non irrationabiliter acceptare. Tu autem in nostrâ & Ecclesiæ Romanæ devotione ac fidei puritate persistas, cum possis firmiter credere ac sperare, quòd tibi sit devotionis & fidei tuæ sinceritas responsura. Datum Reate iv. Nonas Martii, Pontificatûs nostri anno quinto.

X. Episcopo Tornacensi.

GREGORIUS Episcopus servus servorum Dei, Venerabili Fratri Episcopo Tornacensi, Apostolicæ Sedis Legato, Salutem & Apostolicam benedictionem. Et verbera Patris & ubera matris Apostolica sedes habere dinoscitur, dum & patris rigorem observat, & matris non deserit lenitatem; sic utrumque condiens ne crudelis sit rigor, nec lenitas dissoluta, & sic vicissim alterum altero recompensans, ut nec parcat virgæ dum diligit, nec dum corrigit in caritate frigescat, sed servet in irâ misericordiam, & in benevolentiâ disciplinam. Licet igitur dilectus & Nobilis vir Comes Tolosanus aliquando elongatus à nobis, in regionem dissimilitudinis aberrasset; quia tamen illo non deest signum in bonum qui neminem in misericordiâ suâ repellit, recurrens ab ubera sanctæ Ecclesiæ matris, quæ ipsum desiderat lacte dulci nutriri, Nos paternæ circa eum sollicitudinis gerentes affectum, & ipsum sicut specialem Apostolicæ sedis filium sincerâ diligentes in Domino caritate, ad incrementum & exaltationem suam, si per eum non steterit aspirando, fraternitati tuæ per Apostolica scripta mandamus, quatinùs eumdem Comitem habens pro nostrâ & Apostolicæ sedis reverentiâ propensiùs commendatum, jura sua sic conserves illæsa, sicut Ecclesiastica vis illibata servari. Datum Reate iv. Idus Martii, Pontificatûs nostri anno quinto.

XI. Ad Comitem Tolosanum.

GREGORIUS Episcopus servus servorum Dei, Dilecto filio & nobili viro Comiti Tolosano, Salutem, & Apostolicam benedictionem. Olim operante illo qui vult omnes homines salvos fieri, & neminem vult perire, per ministerium dilecti filii nostri Romani Portuensis Electi, tunc in illis partibus Apostolicæ Sedis Legati, inter Ecclesiam & te pace, divinâ præeunte gratiâ, reformatâ; dictus Legatus tam providè quàm prudenter attendens quòd fides Catholica, quæ penè penitùs videbatur de illis partibus profligata, inibi reflorere valeret, si illic litterarum studium crearetur, duxit providè statuendum, ut in Tolosanâ civitate cujuslibet licitæ facultatis studia plantarentur; quorum Magistris, ut liberiùs possint vacare studiis & doctrinis, à te fuit promissum certum salarium & statutum. Unde nos quod super præmissis factum est gratum & ratum habentes, ut eâ, quâ gaudent Parisienses scholares, perpetuò Magistri scholares Tolosæ, & omnes qui eis successerint in hac parte, gaudeant libertate ipsis duximus concedendum.

Statuimus nihilominùs, ut cives Tolosani domos vacantes ad inhabitandum scholaribus pro competenti pretio taxandas à duobus Clericis & totidem laïcis, viris discretis Catholicis & juratis, communiter electis ab ipsis locare cogantur.

Sancimus præterea quòd nulli Magistri & scholares, vel Clerici ac servientes eorum, si, quod absit, contigerit eos in quocumque maleficio deprehendi, ab aliquo laïco judicentur, vel etiam puniantur, nisi forsitan judicio Ecclesiæ condemnati, sæculari curiæ relinquantur; & ut laïci teneantur studentibus, in causâ quâlibet coram Ecclesiastico judice respondere secundùm consuetudinem Ecclesiæ Gallicanæ.

Necnon & ut tu, Comes Tolosanæ, Ballivi tui, & Barones terræ, securitatem & immunitatem sub jurejurando promittere compellamini personis & rebus scholarium, ac etiam nuntiis eorumdem; & à vestris subditis illud idem fieri faciatis. Et si qui eos, vel eorum nuntios in terris vestris pecuniâ vel rebus aliis spoliaverint, vos vel emendari faciatis, vel etiam emendetis.

Ad hæc & tu cum in reformatione pacis te obligaveris præfato juramento, ut certum salarium usque ad certum tempus, certo numero Magistrorum exsolvas, statuimus ut illud sine quâlibet diminutione persolvas usque ad terminum constitutum, & plenariè satisfacias de subtractis. Quocircà nobilitatem tuam rogandam duximus attentiùs ac monendam, pro Apostolica tibi Scripta mandantes, quatenùs Magistris & scholaribus supradictis te favorabilem exhibeas & benignum, statuta præfati Electi illibata conserves; & ab omnibus tuæ jurisdictionis subjectis facias firmiter observari. Datum Laterani pridie Calendas Maii, Pontificatûs nostri anno septimo.

XII. Ad Archiepiscopos, & Episcopos in Provinciâ constitutos.

Anno MCCXXXIV.
Mandat ut benignitatem Comiti exhibeant, nec facilè in eum excommunic. ferant sententiam.

GREGORIUS Episcopus servus servorum Dei, Venerabilibus Fratribus Viennensi Archiepiscopo, Apostolicæ Sedis Legato, & aliis Archiepiscopis, & Episcopis in Provinciâ constitutis, Salutem & Apostolicam benedictionem. Cum dilectus filius nobilis vir Comes Tolosanus nuper redierit ad Apostolicæ Sedis gratiam, ita quòd devotionis alumnum se reputat, & Ecclesiæ Romanæ filium specialem; per vos eum exalperari non expedit, sed semper in Deum potiùs confoveri, ut idem sentiens affectum in membris, quem cognoscit in capite Ecclesiæ, in dulcedine delectatus ad devotionis augmentum ampliùs inardescat. Quare Fraternitatem vestram monemus, per Apostolica scripta vobis mandantes, quatinùs in benignitate prosequentes eumdem, sibi vos exhibeatis, quantum cum Deo poteritis, favorabiles & benignos; neque sitis, sicut nec convenit, proni vel faciles ad ferendum in personam suam excommunicationis sententiam, vel ad supponendum interdicto Ecclesiastico terram ejus; cum inter alia Prælatos potissimùm decet, maturitatem & gravitatem in ferendis hujusmodi sententiis observare: mandatum nostrum taliter impleturi, quòd ipse mansuetudinem in vobis se gaudeat invenisse, & nos debeamus vos exinde meritò commendare. Datum Laterani Idibus Januarii, Pontificatûs nostri anno septimo.

XIII. Ad Comitem Tolosanum.

Anno MCCXXXIV. d. 15. Januar.
Causam adfer cur Comiti terram Venascensem nō restituerit.

GREGORIUS Episcopus servus servorum Dei, Dilecto filio nobili viro Comiti Tolosano, Salutem & Apostolicam benedictionem. Reputantes Ecclesiæ Romanæ specialem & devotum, ac ad personam tuam patris gerentes affectionem, petitionibus tuis benignum assensum, quantum cum Deo possumus, impertimur. Unde si quando preces tuas non admittimus, credere potes & debes rationabilem causam subesse, propter quam à pietate paternâ, quod filius postulat devotè, non impletur. Cum itaque in terra Venascensi, pro quâ tibi restituendâ nobis per litteras & nuntios supplicasti, multi se jus habere proponant, & nos ex of-

ficii nostri debito teneamur cuilibet justitiam suam conservare, ad præsens super hoc deliberare nequivimus, nec tibi certum aliquid respondere. Unde ei, qui tibi contrà pravitatem hæreticam fidei suæ fervorem inspiravit & zelum, laudes & gratias exhibentes, & tuæ commendantes sinceritatis affectum, nobilitatem tuam monemus & hortamur attentè, ac tibi consulimus, quatinùs id indefesso prosequaris studio pietatis pro exaltatione puritatis Catholicæ, & sis, sicut laudabiliter incœpisti, sollicitus in Romanæ Ecclesiæ dilectione immobiliter perseverare. Nos enim, cum devotionis continuatio te ampliùs reddit favorabilem & acceptum, eo magis in his quæ cum nostrâ possumus honestate, parati sumus favorem tibi & benevolentiam exhibere. Datum Laterani XVIII. Kalend. Feb. Pontificatûs nostri anno septimo.

XIV. Ludovico Regi Francorum.

Anno circ. MCCXXXVI.

GREGORIUS Episcopus servus servorum Dei, carissimo in Christo filio LUDOVICO Regi Franciæ illustri salutem, & Apostolicam benedictionem. Illa filialis devotio & dilectio singularis, quam claræ memoriæ progenitores tui erga prædecessores nostros & Romanam Ecclesiam habuerunt, & in quâ tu illi heres legitimus hereditario jure successisti, Nos in eo constituit proposito voluntatis, ut in his quæ à nobis secundùm Deum Celsitudo regia duxerit postulanda, favorem, Fili, tuis devotis precibus benignum impartientes assensum, auctoritate præsentium firmiter inhibemus, ut nulli liceat Capellas tuas Ecclesiastico supponere interdicto, nisi de licentia Sedis Apostolicæ speciali. Nulli ergo hominum liceat hanc paginam nostræ inhibitionis infringere, vel ei ausu temerario contraire. Si quis autem hoc attentare præsumpserit, indignationem Omnipotentis Dei, & Beatorum Petri &. Pauli Apostolorum, se noverit incursurum.

Datum Terracinæ Idus Novembris, Pontificatûs nostri anno decimo.

Stabilimentum Judæorum factum apud Meledunum.

Anno MCCXXX.

LUDOVICUS Dei gratiâ Rex Francorum. Noverint universi præsentes pariter & futuri, nos pro salute animæ nostræ, & inclytæ recordationis Regis Ludovici genitoris nostri, & antecessorum nostrorum, pensatâ etiam ad hoc utilitate totius regni nostri, de certâ voluntate nostrâ, & de consilio communi Baronum nostrorum statuimus, quòd nos & Barones nostri Judæis nulla debita de cætero contrahenda faciemus haberi; nec aliquis in toto regno nostro poterit retinere Judæum alterius dominii : & ubicumque aliquis invenerit Judæum suum, ipsum licitè capere poterit tamquam proprium servum, quantumcumque moram fecerit Judæus sub alterius dominio vel alio regno. Debita verò quæ usque nunc Judæis debentur, solventur tribus terminis, videlicet in instanti festo Omnium Sanctorum tertia pars; in sequenti festo Omnium Sanctorum tertia pars, & in alio sequenti festo Omnium Sanctorum residua tertia pars.

De Christianis verò statuimus, quòd nullas usuras de debitis contrahendis eos faciemus habere. Nos seu Barones nostri : usuras autem intelligimus quidquid est ultrà sortem. Hæc autem statuta servabimus, & faciemus servari in terrâ nostrâ, & Barones nostri in terris suis. Et si aliqui Barones noluerint hoc servare, ipsos ad hoc compellemus, ad quod alii Barones nostri cum posse suo bonâ fide nos juvare tenebuntur.

Et si aliqui in terris Baronum invenientur rebelles, Nos & alii Barones nostri juvabimus ad compellendum rebelles prædicta statuta servare. Hæc autem in perpetuum illibata volumus servari à nobis & heredibus nostris; & Barones nostri similiter contesserunt se & heredes suos hoc perpetuò servaturos.

Ego Philippus Comes Boloniæ ea quæ præmissa sunt volui, consului, & juravi.

Ego Hugo Comes Marchiæ eadem volui, consului, & juravi.

Ego Hugo Dux Burgund iæedem volui, consului, & juravi.

Ego Theobaldus Comes Campaniæ ea quæ præmissa sunt consului, volui, & juravi.

Ego Amalricus Comes Montis-fortis, Franciæ Constabularius, eadem volui, consului, & juravi.

Ego Robertus de Cortenaio Franciæ Buticularius, eadem volui, consului, & juravi.

Ego Henricus Comes Barri, eadem v. c. & juravi.

Ego Hugo Comes S. Pauli eadem v. c. & juravi.

Ego Radulfus Comes Augi eadem v. c. & j.

Ego Joannes Comes Cabilonensis eadem v. c. & j.

Ego Ingerrannus de Cociaco eadem v. c. & j.

Ego Guillelmus Vice comes Lenoviensis eadem v. c. & juravi.

Ego ARCHIMBALDUS de Borbonio eadem v. c. & juravi.

Ego Guillelmus de Domnopetro eadem v. c. & j.

Ego Guido de Domnopetro eadem v. c. & j.

Ego Joannes de Nigellâ eadem v. c. & j.

Ego Guillelmus de Vergiaco eadem v. c. & j. *Hæc autem volumus, consuluimus & juravimus pro salute animarum nostrarum & antecessorum nostrorum.*

Adjunctum est insuper, quòd omnes Judæi literas quascumq; habent de debitis suis, ostendant Dominis suis infrà instans festum Omnium Sanctorum, alioquin non valebunt literæ illæ, nec iis ex tunc uti poterunt Judæi ad petenda debita sua. Nos autem ut prædicta omnia rata in perpetuum permaneant & inconcussa, in eorum perpetuam memoriam & testimonium, sigilla nostra præsentibus literis fecimus apponi. Actum apud Meledunum, anno Domini millesimo ducentesimo trigesimo, mense Decembri.

Anno MCCXXXI. te Chartulario S. Bertini.

Leges villæ de Arkes ab abbate S. Bertini concessa.

Ego JACOBUS divinâ permissione Abbas sancti Bertini, & Conventus: Notum esse volumus omnibus hæc inspecturis, quòd nos hominibus nostris de Arkes legem juratam, quæ Chora vulgariter appellatur, dedimus & concessimus in hunc modum.

I. Scabinos habeant & Choremannos, per quos negotia terminentur, & communes utilitates disponantur.

II. Scabini judicent de his quæ pertinent ad scabinatum, Choremanni de pace tractent, & de utilitate communitatis villæ, & de forisfactorum emendatione.

III. Scabini quandiù Abbas voluerit in suo officio permaneant, Choremanni verò annis singulis innoventur.

IV. Quando Scabini sunt eligendi, Abbas vel ille qui vices ejus gerit, cum consilio suo unum eliget, & Juratum consilio suo advocabit, & simul cum eo eliget secundum Scabinum, & sic usque ad quinque; deinde illi quinque Jurati duos reliquos per se eligant, & habeant secum consilium Abbatis, si noverint expedire.

V. Quando Choremanni fuerint eligendi, Scabini eos eligant consilio Abbatis, vel ejus vices gerentis, de melioribus & prudentioribus villæ, qui postquàm officio suo functi fuerint per annum, dimittantur ab officio, & alii, vel ipsi omnes, vel aliqui, à Scabinis, ut suprà dictum est, substituantur.

VI. Jurare debent Choremanni, primò jus Ecclesiæ se servaturos, jus etiam Abbatis, & Ecclesiæ sancti Bertini: Jura viduarum & orphanorum, pauperum & divitum, & omnium hominum tam extraneorum, quàm Juratorum suorum super causis quæ coram ipsis venerint, & ad juramentum suum pertinuerint, jus & legem dicere, nec obmittere propter gratiam vel timorem, odium vel amorem. Similiter Justitiarius jurare debet, & addere juramento, quòd omni jus petenti justitiam faciet judicio Choremannorum.

VII. Jurare debent etiam omnes in villâ manentes, Choram & legem villæ.

VIII. Si quis extraneus in villam venire voluerit ad manendum, infrà quadraginta dies Choram jurabit, & de bonis suis, si decem marchis, vel suprà valuerit, decem solidos solvet; si verò minùs, quinque solidos: & hæc habebit Communitas villæ ad ejus utilitate de consilio Præpositi disponenda, & hæc juramento proprio, & aliorum duorum bonorum virorum declarabit, nec poterit ei juramentum dimitti. Si verò infrà quadraginta dies non juraverit Choram, quinque solidos emendabit, & nihilominùs Choram jurabit. Si in villâ voluerit remanere, & de illis quinque solidis habebit Præpositus duos solidos, & Communitas villæ duos solidos, & præco duodecim denarios.

IX. Qui semel Choram juraverit, & post hæc extrà villam per annum manserit, si in eam reverti voluerit ad manendum, jurabit juramentum cum solutione decem vel quinque solidorum, ut suprà dictum est.

X. Qui ponitur extrà præbendam, jurabit choram incontinenti, si Choremannis bonum videatur; sed si de dolo mala suspicio habeatur, Choremanni super hoc de consilio Præpositi providebunt.

XI. Si quis de manentibus in villâ & Juratus in Chorâ, ex toto recedere voluerit, penes Abbatem bona illius immobilia remanebunt, nisi ea vindiderit alteri in villâ manenti vel mansuro, & de hoc securitatem sufficientem facienti.

XII. Pastura, quam Communitati villæ concessimus, libera eis remaneat ab omni usuagio animalium nostrorum, vel ex toto cum terris suis recedere sicut inter nos & villam divisa est, & fossato distincta, salvis consuetudinibus Ecclesiæ hactenùs observatis: denarios tamen de porcis & Waterpain eis remittimus & quitamus.

XIII. In pasturâ eis concessâ, turbas fodere, ad Ecclesiam sancti Bertini tantummodo jure perpetuo pertinebit.

XIV. Nullus de extraneis in villam veniens communi pasturæ participare potest, nisi priùs choram juraverit.

XV. De communi pasturâ disponant Choremanni consilio Præpositi, quæ rationabiliter fuerint disponenda; & qui contrà dispositionem factam porcos vel armenta miserit in pasturam, ipsa amittat, & Præpositus habeat medietatem, & chora aliam.

XVI. Citationes eorum, qui in jus vocandi fuerint, faciet ipse præco cum testimonio duorum Choremannorum, ad eorum domum vel residentiam, vel ubi præsentes inventi fuerint infrà villam, & hoc pridie ante placitum sole lucente.

XVII. Reus si legitimè citatus non comparuerit ad primum diem, & ad alium diem venerit, legitimam causam absentiæ suæ de primo die, proprio juramento firmabit, vel si jurare noluerit, de die neglectâ, quinque solidos emendabit, & liber erit à juramento. Quòd si jurare maluerit, & in juramento ceciderit, tres libras emendabit, & stabit in causâ suâ; & de secundâ die erit similiter, si comparuerit ad tertiam diem, quòd si ad tertiam diem non comparuerit, tres libras domino emendabit, & actor causam suam obtinebit. Actor si causam suam non fuerit prosequutus de primâ die & secundâ, prædictis pœnis subjacebit; & si nec ad tertium diem venerit, tres libras domino emendabit, & causam suam amittet.

XVIII. Dominus & Abbas vel Præpositus pro redditibus suis vel debitis per duos Scabinos pandare poterit; qui pandum contradixerit, tres libras domino emendabit; & si pandum vi abstulerit, iterum tres libras domino emendabit: præco verò choræ neminem pandare potest, nisi per judicium Choremannorum. Quòd si fecerit, & de hoc convictus fuerit, tres libras domino emendabit, & Jurato quinque solidos.

XIX. Sciendum est etiam quòd feriâ quartâ post Missam Choremanni in curiam veniant, & in placito sedeant quamdiù necesse fuerit. Et si de Choremannis aliquis ad placitum non venerit, tenebitur in emendâ decem solidorum, nisi per Choremannos rationabiliter fuerit excusatus. Sedeant in placito reverenter, petitiones & responsiones cum diligentiâ audientes, & bonas consuetudines & laudabiles in placito observent, & apud majores alibi approbatas. Et nemo fungatur in jure officio duarum personarum, nemo sine licentiâ loquatur sub pœna trium solidorum.

XX. Qui virscaram bannitam pugnando vel pugnare volendo temere perturbaverit, tres libras emendabit.

XXI. Majores causæ, ut sunt raptus mulierum, Rerof, Mordad, Daghbrant, à Choremannis in curiâ de Arkes audientur, sed earum emendæ per francos homines Ecclesiæ judicabuntur.

XXII. De his autem qui contrà Abbatem vel Præpositum, aut Monachos Ecclesiæ seu Fratres, vel Ballivum villæ, vel eum qui loco ejus fuerit, committunt, inquisitio & cognitio pertinet ad Abbatem, & per homines Ecclesiæ judicabuntur.

XXIII. Qui de furto convictus fuerit vel confessus, per Choremannos & Scabinos judicabitur.

XXIV. Si verò aliquis super furto in jure fuerit impetitus, primâ vice proprio juramento & aliorum quatuor legitimorum hominum juramentis poterit se purgare, & sic liber erit ab illo furto quod tunc ei imponebatur; quòd si auxilium habere non poterit ad jurandum, hoc primò jurabit, & deinde quinquies jurando propriâ manu se purgabit; secundâ vice impetitus, novem juramentis prædicto modo exhibitis se purgabit. Si per Choremannos liberatus non fuerit vel damnatus: tertiâ vice nisi eum quinque Choremanni liberaverint, habebitur pro condemnato.

XXV. Ille in cujus domo res furtim ablatæ inventæ fuerint positæ in loco obserato, furti reus erit, nisi cognitum sit à Chorâ, quòd res ipsæ per emptionem, vel alio modo rationabiliter ad eum devenissent. Si verò extra seram inventæ fuerint, super Choremannos erit judicium. Qui tales emerit res, reddet eas illi qui eas per legem potuerit obtinere, & tres solidos domino dabit, & jurabit se nescire nomen vel habitationem venditoris.

XXVI. Si condemnatus pro furto uxoratus fuerit, medietas omnium rerum quæ ejus fuerunt propriæ, tam mobilium quàm immobilium, ad dominum devolvetur, & alia medietas uxori relinquetur. Si autem non fuerit uxoratus, tota substantia ejus in jus domini cedet. Si concubina ei fuerit, & particeps extiterit in crimine, viva fodietur, nisi prægnata sit: quia tunc servabitur, donec à partu fuerit liberata.

XXVII. Si de furto impetitus per legem evaserit, impetitor tres libras domino, & impetito totidem emendabit.

XXVIII. De homicidio voluntario convictus, parentibus vel cognatis occisi tradetur occidendus, & bona ejus domini erunt. Et si fuerit à Chorâ cognitum quòd fuerit homicidium casuale, faciet pacem cum parentibus vel cognatis, & tres libras domino emendabit.

XXIX. Qui in causam tractus fuerit de homicidio perpetrato & cognito, si Chora eum liberaverit, liber erit, & sic causa finem habebit. Si autem fuerit profugus, vel causam suam non fuerit prosequutus, plegii ejus stabunt in prosequutione causæ, & si reus convictus fuerit, occidetur; si verò liberatus, actor ejus tres libras domino emendabit, & totidem reo, & similiter causa finem habebit.

XXX. Ille de cujus domo egressus fuerit homicida, si post perpetratum homicidium ibidem refugium habuerit, convictus quòd hoc scivit, tres libras emendabit.

XXXI. Non poterit esse duellum inter duos de Chorâ, nisi ambo voluerint, sed omnia per Choram judicabuntur.

XXXII. Qui alteri membrum voluntariè abstulerit, convictus de hoc, simile membrum amittet, & tres libras domino emendabit. Si casualiter acciderit, satisfaciet, læso, & domino triginta solidos emendabit.

XXXIII. Si de Chorâ cultellum cum cuspide, qui vulgò knivus dicitur, super se portaverit, tres libras emendabit: & si super aliquem inde eum traxerit, sex libras emendabit: & si aliquem inde percusserit, sive de Chorâ, sive extraneus fuerit, manum amittet, & tres libras domino emendabit.

XXXIV. Pugna quæ dicitur Dunslaghen, decem solidos domino, & totidem læso, & si de hoc super eum clamaverit, sin autem, viginti solidos domino emendabit. Similiter Haropen & scissio vestimentorum cum eorum restitutione. Et qui protractus fuerit quod priùs inceperit, solvet utriusque emendam.

XXXV. Percussio cum baculo, viginti solidos domino, & totidem læso si clamaverit, & si vulnus in carne fecerit, vel medico indiguerit læsus, solvet impensas in medicum. Quòd si armis molatis usus fuerit, tres libras, & arma domino, & decem solidos læso, & impensas in medicum. Wapeldrinc, tres libras domino, & viginti solidos læso. Hussoringhe, tres libras domino, & viginti solidos injuriam passo; receptio Banniti, tres libras domino.

XXXVI. Loqui contrà judicium Choremannorum in jure, vel ubi fuerint, pro lege faciendâ tres libras domino, & cuilibet eorum decem solidos.

XXXVII. Si quis de occulto loco hominem insidiatus fuerit cum arcu tenso, vel cum balistâ, & in eum sagittam vel pilum direxerit, convictus de hoc, tres libras emendabit & viginti solidos injuriam passo.

XXXVIII. Si quis de Chorâ conjuratum suum contumeliis verborum affecerit, vel super eum teneri fecerit, quinque solidos emendabit, de quibus habebit Præpositus duos solidos, & injuriam passus duos solidos, & præco duodecim denarios.

XXXIX. Qui mulierem percusserit, vel ei contumeliam dixerit, duplicem emendam solvet usque ad tres libras. Similiter & mulier, si hoc fecerit viro.

XL. Qui de vi convictus fuerit, tres libras domino, & violentiam

& violentiam paſſo, damnum ſuum reſtituet, cum additamento duorum ſolidorum. Qui ſe defenderit in neceſſitate quæ vulgò dicitur Noduvers; ſi à Chora cognitum fuerit, non cadet in emendam: ſed ſi protractus fuerit quod arma portaverit, quæ à Chora ſunt prohibita, tres libras emendabit.

XLI. Quando aliquis ſuper alium clamorem fecerit domino debet fieri ſecuritas de actore, quòd cauſam ſuam proſequatur, & de reo quod ſtabit juri. Et qui in emendam ceciderit, debet cavere de ſolvendâ emendâ infra quindecim dies, & ſi non caverit, poterit teneri, non tamen contumelioſa captivitate. Qui pauper fuerit & improbus, poterit poni in pellorio & ſic dimitti.

XLII. Si quis verò pro aliâ cauſâ non judicatâ, & non in recenti male facto fuerit captus, poſtquàm per tres dies detentus fuerit, ſi nullus contrà eum clamor apparuerit, liber abire permittetur.

XLIII. Qui plegios dare poteſt quos Chora ſufficientes eſſe cognoverit, non capite teneri captus, niſi fur eſſet cum provinciâ captus, vel cum homicidio in recenti facto.

XLIV. Si violentiam paſſus, vel in ſe; vel in rebus ſuis; de hoc clamorem facere voluerit, & Choræ conſtiterit de illâ violentiâ, ipſe dominus clamorem facere poterit, & in judicium deducere.

XLV. Si quis neceſſitate coactus auxilium clamaverit; qui de hoc eum coëgerit, ſi de nocte fuerit convictus, tres libras domino emendabit: ſi de die, viginti ſolidos. Et qui ſine neceſſitate vel manifeſtâ & rationabili cauſâ auxilium clamans villam vel Choram commoverit, ſimili emendæ ſubjacebit.

XLVI. Qui juſtitiario vel præconi jurato in arreſtando aliquem vel legem proſequendo auxilium petendi defuerit, tres libras emendabit.

XLVII. Si pro defectu Juſtitiarii vel Præconis, ſerviens Præpoſiti non Juratus cum duobus Choremannis ad jus faciendum advenerit, qui ei auxilium facere noluerit, convictus tres libras emendabit; propter præſentiam Choremannorum, qui Jurati ſunt, licet ipſe non ſit Juratus.

XLVIII. Qui ſunt de Chorâ, ſi contrà extraneos in neceſſitate ſuper fratres Choræ auxilium clamaverit, qui eis defuerit, convictus viginti ſolidos emendabit.

XLIX. Qui convictus fuerit per Choram de Haleſone intrà villam datâ vel acceptâ, tres libras emendabit.

L. Qui de falſo pondere, vel de falſâ ulnâ convictus fuerit, tres libras emendabit. De falſâ menſurâ ſimiliter tres libras emendabit.

LI. De vino vel cerviſiâ malè menſuratis, quinque ſolidos; de quibus habebit Præpoſitus duos ſolidos, Chora duos ſolidos, & præco duodecim denarios.

LII. Si Juſtitiarius Choræ juſtitiam denegaverit indigenti & petenti, & hoc Chora cognoverit, ad Præpoſitum deferetur querela, ut ipſe faciat hoc emendari. Quòd ſi facere noluerit, poſt diem illam Chora ceſſabit à placitis, donec conquerens juſtitiam fuerit conſequutus.

LIII. Si inter fratres Choræ aliqua diſcordia orta fuerit, ita quòd Chora noverit periculum imminere, Juſtitiarius pacem & treugam exiget à parentibus coram Choremannis, quam qui denegaverit, ſi legitimam cauſam non prætenderit, tres libras emendabit. Si autem pax vel treuga non intervenerit, hoſtagia utrimque capiantur & teneantur prout lex fuerit, quandiù Chora cognoverit eſſe neceſſarium. Si treuga data infracta fuerit, inquiſitio veritatis erit ſuper Choremannos, ſed emenda judicabitur in curiâ domini Abbatis per francos homines Eccleſiæ.

LIV. Si quid in villâ contigerit forisfactum, de quo nemo conqueritur, ſi conſtiterit Choremannis, dabunt inde domino jus ſuum; ſi verò non conſtiterit, eligent de hoc bonos homines de viciniâ per quos veritas patefiat, & hoc ad ſingulas quindenas ſi neceſſe fuerit, & hoc Præpoſitus petierit. Hæc intelligenda ſunt de illis forisfactis, quæ non excedunt emendam trium librarum.

LV. De criminalibus verò cauſis quæ faciunt ad pœnam capitis, & in judicium non venerit, habebit Abbas ſemel in anno ſi voluerit, veritatem per francos homines Eccleſiæ examinandam.

LVI. Si quis fuerit ſuſpectus de hujuſmodi criminibus tali ſuſpicione; quæ Præpoſito & Choræ rationabilis videatur, Juſtitiarius de conſilio Præpoſiti & Choremannorum accipiet ab illo plegios ſufficientes, quòd veritatem exſpectabit.

LVII. *Chora debet diſponere de utilitate villæ & rei publicæ ad tempus ſervandâ, prout viderit expedire; & hoc per conſilium Abbatis vel Præpoſiti, ſalvo in omnibus & per omnia jure & Comitatu Abbatis & Eccleſiæ ſancti Bertini.

LVIII. Et qui contrà diſpoſita vel ſtatuta venire præſumſerit, cadet in emendam ſuper hoc ſtatutam.

LIX. Et quia varii cauſarum eventus, & caſus judiciorum per ſingula deſcribi non poſſunt, ſciendum eſt quòd lex Choræ ſemper per meliorationem erit obſervanda, ita quòd boni malis præferantur, & bonis præjudicari meliora: Et ſi dubietates aliquæ, vel novi caſus emerſerint, ſecundùm quòd placuerit Abbati, à francis hominibus Eccleſiæ in curiam domini Abbatis, vel à Choremannis de burgo Furnenſi judicium requiretur.

LX. Prædictam itaque legem & conſuetudines prænominatas de conſilio prudentium virorum providè & utiliter ordinatas, cauſâ pacis & concordiæ ad invicem, & cauſâ libertatis præfatis hominibus noſtris de Arkes conceſſimus, & ea volentes rata perpetuò permanere, præſentem paginam ſigillorum noſtrorum munimine duximus roborandum. Statuentes ut ſi qui prædictorum hominum chartam iſtam in vadium ponere, vel aliquo modo pro debitis præſumſerit obligare, omnibus illis qui hoc fecerint, vel ad hoc conſenſerint, nullius de cætero ſit valoris. Unde volumus & præcipimus ſub eâdem pœnâ, ut quoties à nobis requiſiti fuerint, infrà triduum eam proferant & oſtendant. Actum anno Domini milleſimo ducenteſimo triceſimo primo, menſe Februario.

Pactum matrimonii inter GRIMAUDUM & GUILLELMAM.

Anno MCCXXXII.

Notum ſit quòd ego GRIMAUDUS Exúcii, laudo & convenio tibi GUILLELMÆ, ut in omnibus diebus vitæ meæ teneam te per uxorem, & faciam tibi tua neceſſaria ſecundùm locum & poſſe. Et laudo & convenio ego Grimaudus tibi Willelmæ; ut ſi tua Willelma vis pergere in tuâ patriâ, ut ego Grimaudus pergam tecum. Et laudo & convenio tibi Willelmæ, ut in omnibus diebus vitæ meæ à te per aliam feminâ nec per aliam uxorem non diſcedam, nec te non derelinquam, nec te non æmulem per aliam uxorem; & in omnibus locis teneam te per uxorem in omni tempore dum vivam. Et hoc juro tibi Willelmæ ſuper ſacroſancta Evangelia Dei; & pluvio per fidem mei corporis, ut hoc totum quod ſuperiùs dictum eſt teneam, & exſequar, & impleam bonâ fide.

Et propter omne hoc quod dictum eſt, ſupermitto tibi Willelmæ in fiduciam Deum & beatam Virginem MARIAM, & omnem curiam cœleſtem Dei. Et ſi ego Grimaudus jamdictus tranſfero hoc; ut ita ſicut ſuperiùs dictum eſt, non teneam & impleam, laudo & convenio tibi Willelmæ ut ego Grimaudus non deffenſio me alicui homini viventi ; qui me vocare voluerit, ut non ſim falſus & infidis in nulla Curiâ ; & reſpondeam ſemper in omni tempore perfalſus & perinfidis ultrâ, fi ita contingerit.

Hoc fuit factum 11. die exitùs menſis Septembris, feriâ IV. regnante Lodovico Francorum Rege ; Raimundo Toloſano Comite, & Raimundo Epiſcopo : anno M. CC. XXX. & ſecundo ab Incarnatione Domini. Hujus rei ſunt teſtes Raimundus de Everſenio, Arnaldus Exucii, Raimundus Jordana, & Willelmus Vaſco qui iſtam Chartam ſcripſit.

Anno MCCXXXII.

Conqueritur ſe de Regnum injuſtè interdicto ab Archiepiſcopo Strigonienſi ſuppoſitum.

Litteræ ANDREÆ Regis Hungariæ ad GREGORIUM Papam IX.

Sanctiſſimo in Chriſto Patri GREGORIO Dei gratiâ Sacroſanctæ Romanæ Eccleſiæ ſummo Pontifici ANDREAS eâdem gratiâ Rex Hungariæ ſuus in Chriſto devotus filius, filialis amoris dulcedinem, ac pedum oſcula beatorum. Cum inter alios Catholicos mundi Principes inclytis exemplis piorum noſtrorum prædeceſſorum matrem meam ſanctam R. E. nulli ſecundus dilexerim, ejusque tentoria per mundi partes in amplius Domino cooperante, ſicut fidelis ac devotus filius feliciter dilatâverim, quotidie ſacrificium obedientiæ & veræ in Chriſto devotionis eidem exſolvens ampliore me præ aliis dilectionis, ac gratiæ prærogativâ gaudere præſumebam. Nunc autem contraria pro contrariis ſtipendia recipiens pœnam patior immeritam, & langueo dolore, proh dolor! inexperto, & qui ad gradus altiores gratiæ anhelabam, jam ſubitò in ingratitudinis præcipitium ſum detruſus, plangoque crimina quæ nullatenùs attentavi : quippe cum nuper ad principium Quadrageſimæ, modo Catholicæ pietatis tam..... quàm regni mei incolæ unuſquiſque ad noſtram Eccleſiam conveniremus, ut his ſacris diebus lacrymis & pœnitentiæ dicatis vota noſtra Domino reddentes, ſacroſancta jejunia ſuſciperemus, ſubitò R. Strigonienſis Archiepiſcopus occaſione auctoritatis, ut aſſerit, à vobis ſuſceptæ, in me & regni mei colonos, & univerſaliter per totam Hungariam ſententiam intulit interdicti, & quoſdam meos familiares, filiorumque meorum, Principes non confeſſos, vel victos ſententiâ excommunicationis innodavit : quibus ita peractis, Pater Sanctiſſime, cum tam ego quàm regni mei incolæ ab uberibus mellifluis ſanctæ matris Eccleſiæ tamquam filii degeneres excludamur, & apud alios mundi Principes quanti nominis ignominioſi dedecus incurram, explicare non valeo, qui quanto eſt inuſitatior, tanto eſt ferocior ad lædendum ; & quanto magis interna, tanto majori mœrore mei cordis inteſtina vulneravit.

Licet igitur ſententiæ tam aſperæ & immeritæ injuriam merito deferre non deberem, tamen ſacræ quoquomodo nullâ prorſùs atrocitate inſultavi, ſed potiùs mitiſſimâ manſuetudine toleravi, mittendo catiſſimum meum primogenitum Belam inclytum Regem, & omnes regni mei Principes ad prædictum Archiepiſcopum primò, ſecundò, tertiò, multipliciter eum exhortans, imò ferè flebiliter ſupplicans eidem, ut pro quibuſcumque exceſſibus, vel exceſſu ſimilibus, Divina mihi & regno interdixit, eoſdem ſalvo jure regio, fi correctione digni invenientur ad ipſius conſilium & mandatum, ut ob hoc nihilominùs me & regnum ab hoc execrabili exſilio

Belam IV. Regem Hungariæ.

eripiens, à maternis permittat uberibus recreari : à quo vix per multiplices precum inſtantias tam Epiſcoporum, quàm aliorum virorum religioſorum, & Prælatorum obtinere potui ut à feriâ quartâ à Paraſceven uſque ad feſtum S. Regis Stephani proximè venturum ſententiam removeat interdicti.

Cum igitur injuriæ immeritò Regibus illatæ, tanto ſint acutiores, quanto Regum excellentiis meritò eſt deferendum, ſanctitati veſtræ præ pudore mihi per Archiepiſcopum Strigonienſem illato conqueror, querimoniæque meæ ſeriem, omniumque aliorum meorum negotiorum apud Sedem Apoſtolicam certandorum, atque promovendorum formam in ore dilectorum ac fidelium noſtrorum Principum Dionyſii Comitis Palatini, Simonis Comitis Levrienſis, & viri nobilis ac religioſi Rembaldi Magiſtri Hoſpitalis per Hungariam & Silaven.... poſiti ſanctitati veſtræ per ipſos tamquam per ſolemnes meos nuntios ad Sedem Apoſtolicam deſtinatos viſitans, & certificans eamdem quatenùs quidquid prædicti nuntii ex parte meâ veſtræ propoſuerint ſanctitati, aut impetraverint, tractaverint ſeu cuicumque contradixerint, ratum & firmum habeatis, fidem eiſdem adhibentes indubitatam tamquam ſi ore tenùs veſtram alloquerer Sanctitatem ; quia, ut prædixi omnia mea negotia apud Sedem Apoſtolicam procuranda ipſorum diſcretioni duximus committenda.

Datum in inſulâ Bubalorum in proximâ Dominicâ ante Aſcenſionem Domini, regni noſtri anno XXIX.

GUILLELMUS Sudra & ERMENGARDIS uxor ſe & ſua conferunt Abbatiæ S. Eparchii.

Willelmus humilis Abbas ſancti Eparchii, univerſis præſentes litteras inſpecturis ſalutem & pacem. Univerſitati veſtræ notum fieri volumus, quòd cum W. Sudra de la Botâ, & ERMENGARDIS uxor ſua nullo relicto herede contuliſſent ſe, & ſua omnia, quæ ad eos jure hereditario ſpectabant, Eccleſiæ noſtræ, & diù tamquam Condonati noſtri in Eccleſiâ, & in membris Eccleſiæ noſtræ manſiſſent, terram eorum & poſſeſſiones, videlicet mainamenta, prata, vineas, hortos, nemora, & quidquid in donatione prædictâ poteſt comprehendi dedimus, & conceſſimus. Poſtea ad cenſum XIII. ſolidorum annuatim reddendorum apud Pleizac Camerario Eccleſiæ noſtræ in feſto beati Michaëlis dedimus, in quâ cenſualiter omnia prædicta ſicut ſuperiùs eſt expreſſum, W. Lamberti de la Botâ & hæredibus ſuis, exceptâ Præpoſiturâ quæ contingebat prædictum condonatum noſtrum, ita quòd præpoſituram illam ſerviet ubique, id eſt ubicumque præfatus Condonatus noſter redderet cenſum ſive aliquod aliud ſervitium, occaſione dictæ præpoſituræ, ſive in prandio noſtro, ſive in prandio Camerarii Eccleſiæ noſtræ, ſive in quolibet alio ſervitio nobis & Eccleſiæ noſtræ, vel alicui alii reddendo totum ex integro ſerviet & perſolvet, præfatâ præpoſiturâ, id eſt, quidquid percipiebat ſæpe dictus Condonatus noſter in blado, vel vino, vel in aliquo jure præpoſituræ, totum illud percipiet Camerarius Eccleſiæ noſtræ ; prædicto W. Lamberti faciente ſervitium Præpoſituræ, ſicut ſuperiùs eſt expreſſum.

Et ſciendum quòd prænominatum cenſum XIII. ſolidorum non tantùm poſuit in donatione prædictâ, ſed ſuper omnibus rebus tam mobilibus, quàm

Anno MCCXXXII.

immobilibus quas tenet à nobis, & quæ funt de dominio noftro.

Actum apud Jarniacum feriâ vi. proximâ ante Dominicam, quâ cantatur *Reminifcere*, vel apud quofdam *Domine dilexi*. Anno Domini M. CC. XXXII.

Anno MCCXXXIII.

HUMBERTI *Bellijoci Domini Statuta, queis jura & libertates civium Bellævillæ afferit, eaque confirmat* GUICHARDUS *Humberti filius.*

Quoniam propter humanæ vitæ brevitatem, humanæ notitia quandoque deperit & deficit actionis: idcirco bonorum virorum provida circumfpectio providè ftabiliit gefta hominum mandari litteris, & ad perenne teftimonium figillis authenticis roborari. Innotefcat igitur præfentibus, & difcant pofteri, quòd dominus HUMBERTUS pater, dominus Bellijoci qui fundator exftitit Bellævillæ, in ipfâ fundatione dedit, & conftituit Bellamvillam liberam, & jurejurando firmavit cum viginti Militibus fe franchefiam & libertatem, quæ in præfenti fcripto fubfequetur, omnibus habitatoribus prædictæ villæ inviolabiliter in perpetuum cuftodire. Dominus verò Guichardus poftea exiftens dominus, qui prædicto Humberto fucceffit, voluit, & præcepit eamdem libertatem adfcribi litteris, & idem juramentum libertatis tenendæ firmiter præftitit cum viginti Militibus, tactis Evangeliis facrofanctis, ad utilitatem, & commodum, & ædificationem Bellævillæ.

Anno MCCXXXI.

Libertas autem, & franchefia talis eft: Quicumque tenet pedam integram, debet ex eâ duodecim denarios, peda integra eft quatuor teifes, & ita debet teifâ tres denarios: fi non eft integra, fecundùm quod tenet, debet.

Si quis emerit domum in villâ, vel pedam, tenetur domino de tertio-decimo denario.

Si quis autem pro fepulturâ legaverit Ecclefiæ, vel Sacerdoti domum vel pedam infra villam, benè poteft hoc facere; & intrà annum & diem debet vendi laico homini, qui poffit & debeat domino tamquam Burgenfes alii, refpondere.

Si moriatur aliquis fine Teftamento, & fine omni herede, Burgenfes fanioris confilii qui funt in villâ, debent priùs fatisfacere de pecuniâ Burgenfis mortui creditoribus, & cuilibet conquerenti de ufuris vel de maleficio, & Ecclefiæ pro animâ fuâ: reliqua debent cedere in bonis domini Bellijoci. Si fine Teftamento moritur & heredes habet, propinquior fuccedit ei in hereditate. Si teftamentum compofuerit, qualecumque fit inviolabiliter obfervetur.

Quicumque per annum & diem in villâ fteterit, & fidelitatem domini, & villæ franchefiam juraverit, de pedagio & læfiis immunis eft, & eodem gaudet privilegio, quo alii Burgenfes; & ita nullus mercator Bellævillæ quicumque fuerit, five carnifex, five alius, dummodo fidelitatem domini, & villæ franchefiam juraverit, ad perfolvendum ledias & pedagia non tenetur. Si aliquo loco Burgenfi res fua ablata fuerit, fi juriftare velit, Bellijocenfis dominus debet ei facere reddere res fuas, fi poteft, & non debet inire cum raptore concordiam, fine affenfu & voluntate amittentis. Si autem amittens in terrâ Bellijocenfis domini rationabile vadium inveniat, vel extrà, poteft illud capere per fe ipfum. Similiter in eodem juramento, & in eâdem franchefiâ continetur quòd Bellijocenfis dominus Burgenfem Bellævillæ non capiat, nec capi faciat propter pecuniam fuam, vel propter aliam caufam, nec equum, nec afinum, nec aliquid quod ejus fit, nifi tale maleficium perpetraverit, & legitimè probatum fuerit pro quo fit in ufagio Bellævillæ, quòd pecunia fua, vel ipfe, vel pars pecuniæ fuæ debeat devolvi ad manus domini; nec debet Bellijocenfis dominus Burgenfi Bellævillæ facere placitum pro violentia.

Similiter in ufagio & franchefia Bellævillæ continetur, quòd fi Burgenfis Burgenfi injuriam fecerit, vel alius qui intrà villam inhabitet, & coram amicis fuis Burgenfibus concordare voluerit, antequàm clamor ad Præpofitum, vel ad dominum devolvatur, fine omni occafione poffunt mutuò concordare.

Burgenfes Bellævillæ non tenentur ire in chavaugia, nifi de gratiâ; fi dominus Bellijoci adduxit exercitum fuum apud Bellamvillam ad morandum pro utilitate fuâ, & Terræ fuæ, benè poteft hoc facere fub tali pacto, quòd damnum non inferat Burgenfibus, vel rebus eorum.

Similiter fub eodem juramento continetur, quòd Bellijocenfis dominus fit dominus Bellævillæ: fed antequàm Burgenfes Bellævillæ teneantur ei jurare hominium & fidelitatem, fimiliter tenetur ipfe dominus eis jurare cum viginti Militibus prædictæ villæ franchefiam & libertatem, ficut in præfenti fcripto pleniffimè continetur.

Si Burgenfis terram tenuerit à Milite ad fervitium; de fervitio tenetur ei tantùm.

Miles non debet effe Præpofitus.

Si coram Præpofito clamor motus fuerit, coram ipfo caufa agatur.

Si quis Burgenfis extrà villam alicui fecerit injuriam, & clamor factus fuerit, intrà Bellamvillam caufa agatur.

Si Miles Burgenfem percutiat, dominus debet habere fexaginta folidos, & Burgenfes fuam capiant ultionem.

Si Burgenfes commune faciunt ad opus villæ fuæ, nec Præpofitus, nec villicus debet intereffe. Si verò Præpofitus, vel Segregallus requifiti fuerint à Burgenfibus, quòd accipiant vadimonia ab illis qui commune nolunt folvere, facere debent fine contradictione.

Si Præpofitus fecerit injuriam Burgenfi, vel accufaverit ipfum fuper aliquo maleficio, ipfe tenetur fidejubere penes Burgenfem, ficut alius fimplex homo, & fi non probaverit, debet talionem reportare.

Si leno, vel meretrix alicui Burgenfium convicia dixerit, ipfe vel aliquis de amicis fuis percutiat eos de palmâ, vel de pugno fine occafione domini.

De verberaturâ cum fanguine fi clamor factus fuerit, dominus fexaginta folidos habere debet; fi probatum fuerit legitimè per teftes, quòd ille de quo clamor fuerit, fecerit fanguinem conquerenti. Si verò clamor inde factus non fuerit, nihil poteft petere dominus, vel aliquis pro eo. De verberaturâ fine fanguine fi clamor factus fuerit, debet habere dominus feptem folidos, fi probatum fuerit legitimè per teftes; & pro modo verberaturæ debet verberato per manus Burgenfium verberis injuria placitari.

Quifquis Burgenfis poteft habere menfuram fuam, fi fit legalis. In falfis menfuris habet dominus feptem folidos, in aliis clamoribus tres folidos.

Si quis portaverit pannum intrà operatorium ad faciendum indumentum, non debet vadiari ab eo in operatorio, nifi ab illo cujus pannus erat, fi non fuerit pagatus.

Quicumque ad forum Bellævillæ venerit, quamvis debitum in villâ debeat, veniens & rediens cum rebus fuis falvus debet remeare. Si alicui Burgenfi debetur debitum ab homine extranco, & reddi contradicatur, Burgensis Præposito debet conqueri, & nisi velit satisfacere, Præpositus debet ei forum prohibere : & si post prohibitionem ad forum redierit, ipse cum rebus suis potest à creditore, vel à mandato ipsius licitè detineri.

Nemo pro debito quod debet, de indumento quod indutum habet potest vadiari, nec de ostio domûs suæ potest vadiari, nec domus firmari pro debito, dum mobile habet unde satisfaciat creditori; sed si mobile non habet, omnia immobilia potest creditor pro suo debito detinere.

Si quis injuriam passus fuerit, & de injuriâ clamorem fecerit, convictus de injuriâ debet solvere clamorem, & non alius.

Præpositus, segregallus .... non potest ferre testimonium contrà Burgensem in curiâ domini accusatum.

Quicumque in villam istam venire voluerit, dominus debet eum retinere, si paratus sit conquerenti cuilibet stare juri. Si juri stare nolit, conducere debet eum dominus ad locum securum, nisi sit latro publicus, vel homicida.

Si servus in Bellamvillam per annum & diem moram fecerit absque calumniâ secundùm villæ franchesiam, liber est, & in numero Burgensium computatur.

Si creditor debitoris pignus capiat, & debitor creditori pignus auferat, si clamor deveniat ad Præpositum, debet per Præpositum pignus creditori rehabere, & in tribus solidis in manu Præpositi debitor condemnatur.

Adulteri si rationaliter de adulterio convicti fuerint tali convictione, si braccis tractis inventi fuerint, & per testes probatum fuerit, vel si nudus cum nudâ inveniatur, & pars de vestibus amborum in uno lecto jacentium subripiatur pro convictis habeantur; & tunc tenentur secundùm voluntatem ipsorum vel nudi per villam currere, vel cursum redimere ad voluntatem Bellijocensis Domini.

Homicidæ & latrones sunt in manu Domini, & non debent in villâ remanere nisi voluntate Burgensium.

Si quis puellam per vim defloraverit, debet eam ducere in uxorem, vel ad consilium Burgensium maritare; & si inde clamor factus fuerit, & probatum fuerit legitimè, in manu Domini est. Si verò puella, vel aliqua mulier dicit sibi fuisse violentiam illatam ab aliquo in tali loco, ubi potuit clamare, & audiri ab aliquibus; sinon clamaverit, non debet ei credi.

Si Milites debitum Burgenli debeant, de equo, vel roucino nisi desuper fuerint, & de rebus aliis possunt vadiari.

Quicumque extraneus ad forum Bellævillæ venerit, si in foro lædias dederit, de pedagio non tenetur. De residuo quod in foro vendere non potest, debet pedagium.

Bellijocensis dominus debet habere credentiam in villâ Bellævillæ per quatuordecim dies, & non alius nisi ipse.

Quicumque vendiderit, vel emerit aliquid in villâ, & non de fori, non debet inde lædiam.

Miles non debet habere domum in Bellavillâ.

Si quis possessionem aliquam, domum, vel agrum, vel pratum vendere voluerit, liberè & absolutè vendere potest, dummodo tali personæ vendatur quæ respondeat domino de viro suo, sicut venditor respondere tenebatur.

Si verò ensem, vel gladium evaginaverit ad percutiendum, in manu domini est.

Si verò aliquis Burgensis Bellævillæ voluerit se ad alium locum transferre, debet retinere, & habere pacificè omnes res suas quas habebat in dominio Bellijoci, dummodo faciat usagium villæ, sicuti alii Burgenses de villâ.

Judæi verò credi non debent super debitis ipsorum contrà Burgenses Bellævillæ, nisi tamquam Christiani.

Hæc autem omnia quæ superiùs dicta sunt, juravi Ego Humbertus Dominus Bellijoci, filius quondam prædicti Guichardi, sacro-sanctis tactis Evangeliis cum viginti Militibus inviolabiliter in perpetuum observare.

Sunt autem nomina eorum qui mecum juraverunt, Thomas de Marze, Stephanus de Marze, Guichardus de Marze Seneschalcus, Humbertus de Noelle, Jocerannus de Pisoys, Joannes de Chasteluz, Hugo Palatinus, Durannus de Marchant, Baynerius de Marchant, Jocerannus de Marchant, Vicardus Salvaticus, Stephanus de Baysinens, Bartholomæus de Cluza, Hugo Foudras, Bernardus de sancto Saturnino, Guido de sancto Saturnino, Willelmus de Borbon, Stephanus de Chastellon, Berardus de Chastellon. Ego verò Humbertus Dominus Bellijoci ad majorem firmitatem & majus testimonium præsens scriptum sigilli mei munimine roboravi. Actum anno Domini millesimo ducentesimo tricesimo-tertio, mense Octobris quarto. Et in veris litteris.

Decreta JUHELLI *Turonensis Archiepiscop. pro Ecclesia Briocensi, Anno* M. CCXXXIII.

Anno MCCXXXIII. E membranis Abbatiæ Majoris Monasterii.

JUHELLUS Dei gratiâ Turonensium Archiepiscopus, Omnibus Christi fidelibus præsentes litteras inspecturis, salutem in Domino.

Cum in Briocensi Diœcesi visitationis officio fungeremur, nos ad Briocensem Ecclesiam accedentes, quædam in eâ ad honorem Dei & ipsius Ecclesiæ, Venerabili Fratre nostro Willelmo dicti loci Episcopo, & Canonicis quos invenimus ibidem præsentibus, & consentientibus, duximus statuenda, quæ si benè custodiri contigerit, ipsa Ecclesia divino servitio, concedente Domino, non privabitur in futurum.

Statuimus siquidem quòd septem Canonici qui in villâ Briocensi præbendas suas percipiunt, ad parochiam Briocentis Ecclesiæ Vicarium unum eligent, quem Episcopo præsentabunt, & qui ab eo curam animarum habebit. Vicarius verò prædictus duos Capellanos secum habebit, quos Episcopo præsentabit : ita quòd ipse Vicarius & duo Capellani prædicti parochiæ servire tenebuntur, & in altari majori altari Ecclesiæ Briocensis, & horis in eâdem Ecclesiâ interesse, Vicarius verò omnes redditus parochiæ prædictæ percipiet, exceptis peregrinorum oblationibus, & bladi decimis, quæ dictis septem Canonicis remanebunt : & etiam Vicarius persolvet eisdem quatuor libras annuæ pensionis. Tenebuntur autem jurare tam Vicarius quàm Capellani sui Canonicis memoratis, quòd redditus ipsorum qui ad eorum manus devenient, fideliter custodient, & reddent eisdem. Alii autem quinque Canonici per se, si voluerint, deservient in Ecclesiâ memoratâ; quod si non fecerint, Cantor & Archidiaconus Guillelmus vicarios Sacerdotes in ipsâ tenebunt, ita quòd uterque eorum centum solidos de redditibus præbendæ suæ vicario suo annuatim concedet. Guillelmus verò Canonicus & Diaconus vicarium diaconum in ipsâ tenebit, qui de redditibus præbendæ suæ sexaginta solidos percipiet annuatim. Magistri verò Willelmus de Altâ villâ, & Petrus de Moncontor vicarios Subdiaconos tenebunt ibidem, quorum uterque de redditibus eorum ipsorum quinquaginta solidos annuatim habebit.

Statuimus insuper quòd nullus Canonicus vel Clericus de choro Briocensi, à pulsatione Matutinarum usque post magnam Missam : & à pulsatione Nonæ usque post Completorium sine supellicio intret Ecclesiam Briocensem.

Statuimus præterea, quòd de redditibus servitio Ecclesiæ deputatis, Canonicis qui horis intererunt, per aliquem vel per aliquos ad hoc à Capitulo deputandos, fiat quotidie distributio, tali modo : ad Matutinas scilicet quatuor denarii : ad magnam Missam tres denarii : ad Vesperas duo denarii deputentur, ita quòd si dicti redditus ad distributiones istas per totum anni curriculum faciendas non possent sufficere, saltem semper Adventûs, & Quadragesimæ temporibus fiat distributio, ut in aliis temporibus sit defectus potiùs quàm in istis. Considerantes etiam quòd in dictâ Ecclesiâ sint quædam pingues, quædam verò tenues præbendæ, cum dignum sit, quòd qui in vineâ Domini sabaoth par pondus sustinent & laborem, pari recompensentur mercede; statuimus quòd post obitum quinque Canonicorum qui pinguiores habent præbendas, omnes in dictâ Ecclesiâ adæquentur præbendæ, sic scilicet ; quòd quilibet Canonicus pro grossâ præbendâ xx. libras percipiat, ratione cujus residentiam sex mensium vel in ipsâ Ecclesiâ facere teneatur, vel in scholâ ubi sit studium generale, super quo & teneatur Capituli sui consensum requirere ; quòd tamen eidem Capitulum non poterit denegare.

Duodecim verò præbendis sic in ipsâ Ecclesiâ adæquatis, residuum, si quod fuerit, servitio Ecclesiæ deputetur. Decedentibus verò Canonicis, si præbendam vacare contigerit, quæ valorem viginti librarum excedat, de illâ viginti libræ instituendo Canonico assignentur, & residuum communitati Canonicorum applicetur. Cum autem præbendæ minoris valoris quàm viginti librarum vacaverit ; substituendus in eâ Canonicus ipsam in statu illo habeat, donec post obitum quinque Canonicorum qui pinguiores habent præbendas ; ita quòd ipsis defunctis, omnes præbendæ tam pingues quàm tenues ad viginti librarum valorem, ut dictum est, redigantur, & residuum servitio Ecclesiæ deputetur.

Episcopus verò prædictus Ecclesiæ suæ honorem & exaltationem desiderans, ut in dictâ Ecclesiâ Canonicorum numerus augeatur, ad preces nostras concessit Capitulo Briocensi Ecclesiam de Ploidran, ab ipso post obitum personæ quæ in præsentiarum tenet eamdem, in perpetuum possidendam. De quâ nos volentes quòd non solùm in Briocensi Ecclesiâ per Vicarios vel per Capellanos, sed per Canonicos sacerdotes serviatur, de consensu ipsius Episcopi & Canonicorum qui tunc erant præsentes, statuimus quòd cum dictam Ecclesiam vacare contigerit, Capitulum in ipsâ ponet Vicarium, Episcopo ut curam animarum ab ipso habeat præsentandum, qui secum unum Capellanum habebit, & tenebit ; cui certa portio de proventibus ipsius Ecclesiæ relinquetur ; de residuo verò fient in Ecclesiâ Briocensi duæ præbendæ sacerdotales, aliis præbendis æquales, in quibus Episcopus duos creabit Canonicos, qui in suâ institutione jurabunt, quòd in Ecclesiâ Briocensi per se deservient, & quòd infrà annum à tempore suæ institutionis se facient in Presbyteros ordinari ; quod si non facerent, præbendæ ipso jure vacarent, & aliis ab Episcopo conferrentur : nec poterunt Episcopus vel Capitulum tempus hujus prorogare. Si quid verò de portione, quam Capitulum percipiet in Ecclesiâ memoratâ ultrà quadraginta libras ad dictas duas præbendas assignandas,

residuum fuerit, servitio Briocensis Ecclesiæ deputetur. Capitulum verò memoratum gratiam sibi factam ab Episcopo tenens memoriter, & volens se ei reddere non immeritò gratiosum, Ecclesias De Pleneet & de Henanbian, ad usus episcopalis mensæ antea deputatas, concessit eidem liberaliter & benignè, ab ipso & suis successoribus in perpetuum possidendas.

Ut autem ista ordinatio futuris temporibus inviolabiliter observetur, statuimus quòd instituendus Episcopus post consecrationem suam, antequàm recipiatur in Ecclesiâ Briocensi, juret se servaturum eamdem, & eam sigillo suo sigillet : similiter quilibet instituendus Canonicus antequàm ei stallum in choro, & locus in Capitulo assignetur, juret se servaturum eamdem ; & quòd denarios distributionum nisi horis interfuerit, non percipiet, nec præbendam suam, nisi residentiam in Ecclesiâ Briocensi fecerit, ut superiùs est expressum.

Actum apud S. Briocum de consensu Venerabilis fratris nostri Willelmi Episcopi Briocensis, qui præsentibus litteris sigillum suum apposuit ; & de consensu etiam Canonicorum qui tunc in eâdem Ecclesiâ præsentes erant. Anno Domini millesimo ducentesimo trigesimo tertio, mense Octobri.

Ego Petrus primò vidi hanc Chartam anno Domini millesimo ducentesimo trigesimo quarto, die Jovis post Epiphaniam Domini.

Fragmentum ex Chronico MS. Ecclesiæ Rotomagensis.

HOc anno cum Dominus Theobaldus Rotomagensis Archiepiscopus voluisset adducere marrenum apud Rotomagum, quod fecerat fieri in forestâ suâ de Loviers, Ballivus de Valle-Rodoli marrenum illud arrestavit, cujus rei factâ denuntiatione Episcopo loci, Episcopus illum excommunicavit. Ex hac occasione, seu excommunicatione Dominus Rex Franciæ traxit eumdem Archiepiscopum in causam coram se, dicens quòd injuriatus erat ei, eo quod fecerat Ballivum suum excommunicari eo inrequisito. Item conquerebatur de eo, de hoc quòd idem Archiepiscopus ceperat foagium de Villetâ, quæ est in Parrochiâ de Loviers, cum illud foagium ad se pertineret, ratione feodi, quod de ipso tenebatur, & miles qui istud tenebat ipsum advocabat Dominum. Item dicebat Dominus Rex quòd Archiepiscopus non debebat facere marrenum in forestâ de Loviers ad usus aliorum marrenorum, non tantum ad usus marenni de Loviers. Item conquerebatur Dominus Rex de dicto Archiepiscopo, eo quod excommunicaverat Decanum & quosdam Canonicos de Gornaco, qui sunt sub protectione ejus, & de patronatu suis. Citari fecit Rex eumdem Archiepiscopum, quòd responderet, quare non veniebat ad Scacarium responsurus, & juri pariturus, de his quæ ei objicerentur, sicut alii Episcopi, & Barones faciebant in Nortmaniâ. Propter istam causam fuit Archiepiscopus citatus coram Rege apud Vernonem, & comparuit : & dixit quòd non tenebatur respondere in Curiâ ipsius de istis causis, tùm quòd quædam earum erant spirituales, tùm quòd feodale nihil tenebat de eo, per quod teneretur respondere in Curiâ suâ. De quâ responsione Rex & Regina valdè irati fuerunt, & recessit Archiepiscopus illis non pacatis.

Unde Rex convocavit plures Barones suos & consuluit eos quid esset agendum super tali responsione Rotomagensis Archiepiscopi. Item citatus fuit Archiepiscopus, & præsentibus Baronibus quæsitum

Lis Regem inter & Archiep.

fuit ab eo, si de aliquâ re responderet in Curiâ Domini Regis, & responsum fuit quòd nihil audierat de quo teneretur respondere, quia nihil tenebat nisi puram Ecclesiam, unde dominium suum tenebat. Unde iratus Rex, per consilium Baronum suorum confiscavit omnes Archiepiscopi possessiones saeculares. Unde Archiepiscopus habito tractatu cum Episcopis suis, omnia dominia & castella, quae Rex habebat in Archiepiscopatu suo, interdicto conclusit, exceptis tantummodo civitatibus, & inde exulavit ad Curiam Romanam profecturus, & infirmitate detentus Remis, & misit ad Curiam Romanam. Impetrato autem à Curiâ Romanâ quòd Legatus nomine Romanus, qui tunc veniebat ad partes Gallicanas, causam audiret, Archiepiscopo priùs restituto: & per rigorem justitiae per Legatum Archiepiscopus plenariam habuit restitutionem mobilium & immobilium, cum fructibus inde perceptis; & reportato in civitate Rotomagensi marreno per Castellanum de Valle-Rodoli, quod ipse arrestaverat, & Archiepiscopo reddito, ita remansit Archiepiscopus de omnibus istis querelis in pace, ad laudem Domini nostri JESU-CHRISTI.

MCCXXXI. In mense Majo constitutus in Curiâ Romanâ Decanus Rotomagensis Thomas de Freavillâ, in praesentia Fratrum renuntiavit electioni de se factae in manu Domini Papae; ad cujus resignationem Dominus Papa dedit Ecclesiae Rotomagensi Dominum MAURITIUM Episcopum Cenomanensem in Archiepiscopum & Pastorem; qui receptus fuit in eâdem Ecclesiâ die Dominicâ ante festum B. Mariae Magdalenae.

MCCXXXII. post decessum Aeliciae Abbatissae Monasterii Villarensis celebrata fuit electio in eodem Monasterio, & fuerunt duae electae, & repraesentata fuit electio Mauritio Archiepiscopo, qui electionem examinavit prout debuit; & comperto quòd non fuit forma servata Concilii in eligendo, electionem de utrâque factam cassavit, & Capitulum jure eligendi eâ vice privavit, assignavitque eidem Capitulo Abbatissam Leciam de Bonsemoncel; sed ipsa non obtinuit Abbatiam propter contradictionem Regis, & ipse Archiepiscopus excommunicavit omnes Moniales adhaerentes Regi in hoc facto, & contradicentes praedictae Abbatissae.

MCCXXXIII. In mense Julii saisivit Dominus Rex Ludovicus Junior Regalia Domini Rotomagensis Archiepiscopi, propter causas quae expressae sunt superiùs in tempore Theobaldi Archiepiscopi, & propter quasdam alias causas; propter quas Dominus Archiepiscopus Rotomagensis Mauritius supposuit totam Dioecesim Rotomagensem interdicto: & incoepit interdictum à vigiliâ S. Michaelis, & duravit usque ad festum sanctorum Martyrum Crispini & Crispiniani anno revoluto, quia tunc ei reddita fuerunt bona sua, cum omnibus quae recepta inde fuerant tempore intermedio.

Hoc anno Magister Stephanus de Castro Auni factus est Decanus Rotomagensis per Mauritium Archiepiscopum, quia compromisit Capitulum in ipsum.

MCCXXXIV. Hoc anno in octavâ Epiphaniae Domini, obiit Mauritius Rotomagensis Archiepiscopus apud Salicosam: & delatum fuit corpus ejus, & sepultum est in Ecclesiâ Rotomagensi.

Epistolae MAURICII *Rothomagensis Archiepiscopi.*

MAURICIUS universis Decanis in Rothomagensi dioecesi constitutis, salutem in Domino. Quantùm sollicitudo ac diligentia quam circà collectionem debiti praeteriti Pentecostes impendistis fideliter & devotè, dignè debeat commendari, rei nobis exitus declaravit, cum ferè totum debitum fuerit persolutum, quod nunquam ut rerò credimus contigisse. Verùm cum ex praeteritis ad spem futurorum sumus uberiùs provocati, dilectionem vestram requirimus & rogamus; quatenùs cum praefatum debitum non sit integrè persolutum, adhibeatis operam efficacem, ut primâ die plenè fiat solutio debiti memorati, tantam super hoc curam & diligentiam adhibentes, quòd gratia quam propter praedictam diligentiam & sollicitudinem estis consequuti, diminutionem non sustineat, sed potiùs incrementum.

Epistola II.

IN nomine Patris, &c. Amen. Cum peteret coram nobis auctoritate ordinariâ I. à tali decem annui redditus certo loco & competenti non habente curam animarum annexam ad vitam praefati I. sibi assignari, prout D. promiserat, ut dictus I. dicebat. Tandem lite coram nobis legitimè contestatâ, instrumento quodam ex parte I. coram nobis exhibito: confessionibus in jure factis, die ad ferendam sententiam assignatâ, praefato D. per procuratorem, & dicto I. personaliter comparentibus, & sententiam instanter postulantibus, omnibus ritè peractis per procuratorem praefati D. nomine ejusdem de bonorum virorum consilio per diffinitivam sententiam condemnamus ad assignandum eidem decem anni redditus, prout superiùs est expressum.

Epistola III.

ARchiepiscopus Rothomagensis universis Decanis.

Cum bona Rothomagensis Ecclesiae, quibus nos pro voluntate suâ minùs justè excellentia regia spoliavit, & ob reverentiam beatae Virginis in cujus honore eadem Ecclesia dignoscitur esse fundata, eidem fuerint ab antiquo collata; nosque regiam majestatem de novo duxerimus requirendam, ut eadem bona nobis restituere dignaretur; qui nec solùm monitioni nostrae satisfacere non curavit, sed nec super hoc certum voluit dare responsum: Vobis in virtute obedientiae districtè praecipiendo mandamus, quatenùs cum praedicta violentia in injuriam Beatae Virginis specialiter redundare noscatur, & ut offensa quae eidem in hac parte irrogatur in coelis, circà imagines ipsius representetur in terris, vos universas imagines Beatae Virginis in Ecclesiis vestrorum decanatuum collocatas, singulas juxta aliquod altare in navi Ecclesiae constitutum, non ad terram nudam, sed super cathedram aliquam, sedem, aut sellam; aut si forte Ecclesia in navi altare non habuerit, in aliquo loco competenti ipsius navis per earumdem ecclesiarum presbyteros faciatis infrà festum N. collocari. Easdem item imagines spinis immediatè circumdari, & aliquibus repagulis, aut obstaculis ne ab aliquo contingi, aut sordidari contingat, easdem circumvallari cum debitâ diligentiâ faciatis. Hoc autem tam in regularibus quàm saecularibus ecclesiis praecipitatis inviolabiliter observari. Hoc idem etiam de imaginibus Salvatoris à quindenâ ejusdem N. Dominicae faciatis: nisi infrà eamdem quindenam à nobis aliud receperitis in mandatis. Datum &c.

Epistola IV.

ARchiepiscopus Rothomagensis dilectis in Christo universis Decanis.

Cum Dominus Rex monitus fuerit competenter,

ut res nostras nobis restitueret, quas pro voluntate suâ detinet occupatas, & restitueret Abbatem sancti Wandregisili, & quosdam Monachos ejusdem Ecclesiæ excommunicatos à nobis, diù est, pro manifestâ offensâ, secundùm consuetudinem Normaniæ coram nobis compelleret stare juri, nec adhuc placuerit regiæ majestati præces nostras aut monitiones in aliquo exaudire: nec per longam dissimulationem negligere videamur Ecclesiasticam libertatem, cum à die Translationis sancti Benedicti rebus nostris per Dominum Regem fuerimus spoliati, & quidam de dictis Monachis à principio Quadragesimæ excommunicationis vinculo innodati; de bonorum consilio interdicimus omnes capellas domini Regis in diœcesi Rotomagensi, nisi quando fortè Dominum Regem vel Reginam adesse contigerit; in quo casu quamdiù præsentes erunt, capellarum illarum suspendimus interdictum. Interdicimus etiam omnes Ballivos, & Subballivos Domini Regis, qui in diœcesi Rotomagensi tenent Ballivas vel Subballivas, & eorum clericos, & uxores, totamque eorum familiam. Interdicimusque omnia cœmeteria in toto dominio Domini Regis in diœcesi prænotatâ. Inhibemus sub pœnâ excommunicationis, ne aliquis præsumat in eis corpora sepelire, vel in terrâ, vel super terram, in plastro, vel in trunco, vel lapide, vel aliquocumque modo, aut etiam ponere super arbores cœmeterii, nisi fuerint corpora Religiosorum vel Clericorum qui sunt beneficiati, vel in sacris ordinibus constituti, quos in suis cœmeteriis ad præsens permittimus sepeliri. Inhibemus etiam sub pœnâ excommunicationis, ne aliquis præsumat corpora illorum qui manent in dominio Domini Regis in nostra diœcesi, ad sepulturam in aliis cœmeteriis admittere, sicut nec in cœmeteriis interdictis.

Interdicimus item omnes Ecclesias & Monasteria nostræ jurisdictioni subjecta in diœcesi prænotatâ, & dicto dominico, à pulsatione campanarum, & divinorum celebratione cum notâ; ne fortè si aliquæ Ecclesiæ clauderentur, & à divinis cessarent omninò, contingeret hæreses pullulare, & ad ea quæ Dei sunt populum indurari: quare præcipimus admitti in Ecclesiis illos, qui non sunt interdicti aut excommunicati, & etiam corpora defunctorum, ut celebretur per ipsis submissâ voce, & sine notâ officium consuetum. Concedimus item benedictiones nuptiales, & mulieres ad purificationem admitti.

Præcipimus etiam per totam diœcesim cum celebrabitur Missa in singulis Ecclesiis post Orationem dominicam, antequam incipiatur, *Libera nos*, &c. quòd sacerdos flectat genua coram altari, & doceat Clericos & populum humiliter genua flectere, & orare pro libertate Rotomagensis Ecclesiæ. Et sacerdos, & Clerici dicant hunc Psalmum: *Ad te levavi*, & *Gloria Patri*, &c. *Kyrie eleison*, *Christe eleison*, *Kyrie eleison*, *Pater noster. Et ne nos*, &c. *Mitte nobis Domine*, &c. *Et de Sion*, &c. *Dominus vobiscum*. Orat. *Ecclesia tua Domine quæsumus preces placatus admitte*, &c. Dicto psalmo pulsentur campanæ, ut populi, qui erit extrà Ecclesiam, excitetur devotio, similiter adorandum: nec aliquo modo liceat alicui pulsare in dominico Regis, vel etiam pulsitare campanas.

Quare vobis mandamus in virtute obedientiæ, firmiter injungentes, quatenùs quisque vestrûm omnes Priores & Presbyteros sui Decanatûs convocare festinet, ita quòd hac die Martis in vigiliâ sancti M. in loco competenti compareant coram ipso, & formam mandati nostri exponant eis in gallico diligenter, eam bis vel ter repetendo, injungens eis sub pœnâ suspensionis & amissionis beneficiorum, ut quod præcipimus diligenter observent, & faciant à suis subditis observari. Scituri quòd si inveniremus eos transgressores, vel transgressiones aliorum sub dissimulatione transire, eos animadversione debitâ puniemus; & quilibet vestrûm Abbatibus sui Decanatûs in dominico Domini Regis manentibus auctoritate nostra præcipiat ab ipsis & suis subditis in eodem dominico manentibus, interdictum hujusmodi observari. Si verò infrà diem Mercurii proximam post instans festum N. non receperitis à nobis super his aliud in mandatis, districtione præmissâ vobis injungimus quatenùs quilibet vestrûm ex tunc per totum Decanatum suum interdictum hujusmodi faciat observari, & hoc hac die Martis Presbyteris injungatis, ita quòd nec nos, nec vos pro iteratione mandati oporteat ampliùs laborare. Valete. Datum, &c.

Epistola V.

MAURICIUS universis Decanis. Cum pluries Dominum Regem moneri fecerimus, ut restitueret nobis res nostras, quas pro suæ voluntatis arbitrio detinet occupatas, nec ipse nos exaudierit in hac parte, & propter hoc, & alias non modicas injurias, quas nobis & Ecclesiæ Dei infert in nostrâ diœcesi, primò dominicum Domini Regis, & postea totam diœcesim tali quali supposuimus interdicto; nec ob hoc idem Rex ab his injuriis cessare curavit, sed injurias injuriis cumulans in suo adhuc proposito perseveret: Libertati Rothomagensis Ecclesiæ condolentes, cum cordis amaritudine & anxietate manum compellimur aggravare. Quocircà vobis præcipientes mandamus, quatenùs visis literis universas ecclesias in vestris Decanatibus constructas, tam in feodis nostris, quàm in aliis, à divinis officiis cessare penitùs faciatis. Itaque nullum ibi divinum officium celebretur, nullum ibi ministretur eucharisticum sacramentum, præter baptisma parvulorum, & pœnitentias morientium. In qualibet tamen parochiali Ecclesiæ permittimus, ut sacerdotes semel in hebdomadâ, januis clausis, exclusis interdictis, diebus non festis, & voce submissâ legant populo Introitum, Epistolam, Evangelium, & dent populo panem benedictum, & eis mandata ecclesiastica exponant, & excusent nos ergâ populum, quòd cum anxietate & dolore cordis istud ponimus interdictum, non ut injuriemur Domino Regis, sed uti libertatem Rotomagensis Ecclesiæ defendamus. Datum, &c.

Ordinationes GAUFRIDI *Ambianensis Episcopi pro Canonicis S. Matthæi de Foilliaco prope Corbeiam.*

GAUFRIDUS divinâ permissione Ambianensis Ecclesiæ Minister humilis, præsentes litteras inspecturis æternam in Domino salutem. Attendentes quòd Ecclesia Canonicorum sancti Matthæi de Foilliaco nostri patronatûs, tam in spiritualibus quàm in temporalibus minùs proficeret incrementis, pro eo quod non esset canonicis ordinationibus informata; accessimus ad locum, & vocatis omnibus Canonicis, de prudentum virorum consilio eamdem Ecclesiam studuimus in divinis ordinare servitiis, disciplinis canonicis informare, & perpetuis fundare statutis.

1. Statuentes quòd divinum servitium secundum possibilitatem Ecclesiæ ordinatè fiat & tempore debito, in Matutinis, Missis & cæteris Horis canonicis, singulis Canonicis residentibus, ministrantibus in ordine vicis suæ; & ad minùs in Festis novem Lectionum cum Diacono & Subdiacono in sacris vestibus Missa celebretur.

2. De bonis quoque pertinentibus ad communionem, singulis Canonicis qui in Matutinis interfuerint in Festis novem Lectionum tres denarii, in aliis noctibus duo denarii distribuantur ad præsens, donec crescente communione, & ipsa divinorum officiorum solemnitas, & quotidiana distributio recipere valeat incrementum.

3. Numerum quoque præbendarum ad quindenarium statuimus reducendum, retentâ nobis potestate, quòd si qui Clerici novas in eâdem Ecclesiâ de bonis suis voluerint creare Præbendas, recipere poterimus eos in Canonicos usque ad quinque, tali tenore, quòd eorum quolibet decedente, Præbenda sua in quotidianam distributionem convertetur. Volentes autem inæqualitatem Præbendarum ad æqualitatem reduci, sic ordinavimus, quòd corpus Præbendarum erit in perpetuum sex modiorum, ita quòd quandocumque vacaverit major præbenda; quod plus fuerit, recidetur, & illud quod excreverit de corpore illius Præbendæ, convertetur in augmentum minorum Præbendarum, quo usque omnes parificatæ fuerint, & pervenerint ad summam sex modiorum. Tres verò Præbendæ, quæ ad præsens excrescunt supra quindenarium secundum quod eas vacare contigerit, in usus similes deducentur: Quidquid autem habet Ecclesia, & quidquid habebit in reditibus futuris temporibus, præter præ-taxata Præbendarum corpora, cadet in communionem, quæ in servitio Ecclesiæ & communibus necessitatibus expendetur : in distributionibus autem quotidianis illi soli percipient, qui intererunt officiis quibus deputatæ sunt, & illi qui minuti fuerint : Decanus verò duplum percipiet. Qui foraneus fuerit, non percipiet corpus Præbendæ : qui verò scholaris fuerit, vel in peregrinatione de licentiâ, corpus Præbendæ percipiet, hoc salvo quod onus servitii, ad quod tenentur Præbendæ quatuor primæ institutionis, omnibus aliis præbendis imponimus, cum earum quamlibet vacare contigerit de manu illius qui eam creavit.

4. Ordinavimus quidem in eâdem Ecclesiâ Decanum, cui curam dedimus Canonicorum, & eidem Ecclesiæ Capitulo concessimus in posterum liberam electionem Decani. Facient autem Canonici Decano suo se eidem ad exemplar nostræ matris Ecclesiæ Ambianensis obedientiam : & Decanus eorum consilio sollicitudinem præstet & operam, quatenùs in divinis officiis devotio, & in personis vitæ servetur honestas, & delinquentium castigentur excessus, & Ecclesia in bonis spiritualibus & temporalibus fortiatur augmentum.

Hanc igitur ordinationem nostram, & hæc statuta salubria, ab universis & singulis Canonicis prædictæ Ecclesiæ concorditer approbata, auctoritate pontificali perpetuis temporibus illibata permanere sancimus. Actum anno gratiæ millesimo ducentesimo trigesimo tertio, mense Decembri.

Anno MCCXXXIV.

Institutio Monasterii Puellaris sanctæ Crucis in Aptensi Diœcesi, seu Donatio ejusdem Monasterii facta ab Abbate & Monachis Cœnobii sancti Andreæ.

IN nomine Domini nostri JESU-CHRISTI. Anno ab Incarnatione ejusdem MCCXXXIIII. videlicet VII. Idus Augusti. Nos CALVERIA Abbas Monasterii sancti Andreæ Avinionensis diœcesis, pro utilitate Monasterii prædicti, de voluntate & consensu expresso totius Capituli ejusdem Monasterii, concedimus & donamus vobis Cæciliæ sanctimoniali Christi ad exstruendum Monasterium Monachorum, quamdam Ecclesiam nostram desertam cum omnibus juribus, rationibus & pertinentiis suis, quæ Ecclesia vocatur Ecclesia S. Crucis, & est sita in Episcopatu Aptensi, videlicet in territorio de Rossillono.

Damus siquidem vobis prædictam Ecclesiam & successoribus vestris, retento tamen nobis & Monasterio S. Andreæ censu antiquo, quem prædicta Ecclesia præteritis temporibus nobis solvere consuevit, videlicet septem saumatas frumenti censuales singulis annis in festo B. MARIÆ de Augusto, à vobis & ab aliis locum vestrum successivè tenentibus, apud Avinionem sumptibus vestris Monasterio prædicto S. Andreæ ad mensuram civitatis Aptensis solvendas, & salvo & retento Monasterio sancti Andreæ, quòd vos & Ecclesia prædicta ; & aliæ quæ pro vobis successivè in Ecclesia prædictâ manserint, nos & Monachos nostros præsentes & futuros, cum eos ad dictam Ecclesiam venire contigerit, teneamini honestè recipere & decenter tamquam dominos, secundùm facultates ipsius Ecclesiæ procurare.

Concedimus etiam vobis Cæciliæ Sanctimoniali Christi jamdictæ de consensu Capituli nostri, quòd Collegium quod in prædicta Ecclesia fuerit, habeat liberam potestatem eligendi Abbatissam, recipiendi Monachas, & omnia vobis & per vos omnibus in prædictâ Ecclesia seu Monasterio succedentibus absolutè concedimus, quæ Conventui seu Capitulo de jure communi pertinere noscuntur.

Omnia autem prædicta vobis concedimus, salvo nobis & Monasterio sancti Andreæ eo jure, quòd si in Ecclesia prædictâ Monacha aliqua non maneret, Abbas sancti Andreæ omnia ad prædictam Ecclesiam pertinentia cum omnibus incrementis & ædificiis ibidem factis, auctoritate suâ per se vel per nuntium suum valeat occupare, & sibi tamquam proprietatem Monasterii sancti Andreæ in perpetuum retinere, & ibidem pro voluntate suâ Priorem instituere possit, prout facere consuevit, & quòd quælibet Monialis quamciuò professa fuerit, jurabit quòd observet omnia supradicta. Et hæc omnia prædicta vobis concedimus salvo jure & honore domini Episcopi Aptensis, in obedientiis, correctionibus, visitationibus & procurationibus, & omnibus quæ ad jurisdictionem diœcesanam pertinere noscuntur.

Et nos prædicta Cæcilia sanctimonialis Christi, nomine nostro & succedentium nobis prædictam Ecclesiam sanctæ Crucis cum omnibus juribus & pertinentiis suis recipimus, & cum omnibus libertatibus & honoribus, sicut superiùs est expressum, concedentes vobis, domne Abbas prædicte, & per vos successoribus vestris, quòd nos & omnes nobis succedentes in Ecclesiâ seu Monasterio supradicto, fideliter observabimus omnia supradicta ; & quòd nos & Abbatissæ seu personæ nobis succedentes, quæ pro ipsis in Ecclesiâ seu Monasterio memorato fuerint institutæ, quælibet in suâ creatione veniemus in propriâ personâ ad Monasterium sancti Andreæ, prædicta omnia recogniturae ; & quòd ita ut scriptum est observemus integrè, per interpositam personam juraturæ ; quod juramentum quælibet Monialis, quàm citò professa fuerit, præstabit se observaturam præsente Conventu & domno Abbate, sicut superiùs est expressum.

Factum fuit hoc in Capitulo Monasterii sancti Andreæ, in præsentiâ W. Raimundi Operarii dicti Monasterii, B. Ruffi, P. Ruffi, Joannis Bajuli, Calveriæ, W. de Coirano, B. de Mesoaga, W. Peleti, W. de Angulis Prioris Claustralis, Rost. Lumbardi, B. Laugeri, Rost. Rebulli, P. de Augustrinis, B. Augerii, B. Guiraudi, B. de Avinione Monachorum ; qui omnia prædicta laudaverunt & confirmaverunt. Testes alii interfuerunt &c.

poſt hæc conceſſit eidem domno Abbati & ejus Conventui per ſe & ſucceſſores ſuas dicta C. Abbatiſſa, ut quandocumque & quotieſcumque mortuâ Abbatiſſâ, vel certâ aliâ de causâ deſtitutâ, ſpontaneâ voluntate Monaſterii prælibati contingeret electionem fieri, ſive eligi Abbatiſſam, electionem Moniales prædicti Monaſterii de conſilio & aſſenſu domni Abbatis & ſucceſſorum ſuorum facient, & eligent Abbatiſſam. Item promiſit & conceſſit per ſe & ſucceſſores ſuas, quòd ſi inter Moniales ejuſdem Monaſterii aliqua quæſtio vel diſcordia oriretur, ſine ſtrepitu, judicii illud per dictum domnum Abbatem vel ſucceſſores ipſius voluit & conceſſit quòd debeat terminari; & ſi aliqua correctione indigeant in Monaſterio prædicto, tam in perſonâ ejuſdem Abbatiſſæ vel ſucceſſorum ipſius, vel Monialium ejuſdem Monaſterii, correctio ad Abbatem Monaſterii ſancti Andreæ debeat pertinere.

Item promiſit & conceſſit per ſe & ſucceſſores ſuas, ut ſuprà velum album quod deferunt crucem nigram deferrent, in ſignum ſubjectionis Ordini Monaſterii prædicti S. Andreæ.

Quia verò nos prædictus Calveria Abbas Monaſterii ſupradicti, videntes devotionem tam Abbatiſſæ quàm Monialium dicti Monaſterii ſanctæ Crucis, ut prædictæ Moniales liberiùs poſſint in dicto Monaſterio Domino famulari, & ne propter penuriam neceſſariorum compellantur deſiſtere ab incepto: de voluntate & aſſenſu Fratrum noſtrorum tunc nobiſcum exſiſtentium, quorum nomina infrà ſcribuntur, conſerimus vobis dictæ Abbatiſſæ & ſucceſſoribus veſtris, & dicto Monaſterio ſanctæ Crucis, Eccleſias ſancti Andreæ de Arnavis, & ſancti Martini de Croſanis Aquenſis diœceſis, cum omnibus juribus & pertinentiis ſuis in perpetuum tenendas & poſſidendas, retento tamen nobis & Monaſterio ſancti Andreæ antiquo cenſu, quem prædictæ Eccleſiæ præteritis temporibus nobis ſolvere conſueverunt, videlicet Eccleſia ſancti Martini VII. ſol. & Eccleſia ſancti Andreæ I. ſummatam annonæ, ſingulis annis ſolvendos & ſolvendam, in feſto Beatæ MARIÆ de Auguſto, prædictam annonam & denariis veſtris ſumptibus ad noſtrum Monaſterium deferendo, ſalvo jure domni Aptenſis Epiſcopi. Concedimus, inquam, vobis prædictas Eccleſias hoc ſalvo & retento: quòd ſi in prædicto Monaſterio ſanctæ Crucis Monaca aliqua non maneret, Abbas ſancti Andreæ omnes prædictas Eccleſias & pertinentia, cum omnibus incrementis & ædificiis ibidem factis, auctoritate ſuâ per ſe vel per nuntium ſuum valeat occupare, & ſibi tamquam proprietatem Monaſterii ſancti Andreæ in perpetuum retinere, & in eiſdem Eccleſiis pro voluntate ſuâ priorem Monachum, vel alium inſtituere poſſit, prout facere conſuevit, ſicut de Monaſterio ſanctæ Crucis ſuperiùs eſt conceſſum.

Et nos dicta Abbatiſſa ſanctimonialis Chriſti nomine noſtro & ſuccedentium nobis, prædictas Eccleſias ſancti Andreæ de Arnavis, & ſancti Martini de Corſanis cum omnibus juribus & pertinentiis ſuis recipimus, & cum omnibus libertatibus & honoribus, ſicut ſuperiùs eſt expreſſum; concedentes vobis, Domine Abbas prædicte, quòd fideliter obſervabimus & faciemus prædicta univerſa & ſingula, & quòd prædicta omnia & ſingula rata habebit Conventus prædicti Monaſterii ſanctæ Crucis, & quòd de novo concedet univerſa & ſingula vobis, vel alii cui ſuper hoc commiſeritis vices veſtras. Et ſi prædictus Conventus ea quæ dicta ſunt, vel aliquid prædictorum nollent concedere, quæ nobis à vobis conceſſa ſunt, pro infectis & irritis habeantur.

Factum fuit hoc in Capitulo Monaſterii ſancti Andreæ præſentibus Monachis infrà ſcriptis, ſcilicet

B. de Caduroſſa Priore Clauſtrali.
C. Decano:
R. Augerii Operario:
C. de Sos Eleemoſynario:
B. Camerario:
R. Sacriſta:
B. Comarco Priore de Garambodio:
B. Stephano:
P. Martini:
R. Milo:
P. Audeberto:
Jacobo Aime:
R. de Aramone, &c.

Litteræ fundationis Hoſpitalis comitiſſæ Inſulis à JOANNA *Comitiſſa*

Anno MCCXXVI.

JOANNA Flandriæ & Hannoniæ Comitiſſa; omnibus præſentes litteras inſpecturis ſalutem in Domino. Cum Dominus in judicio iis qui pietatis operibus abundaverint dicturus ſit: *Eſurivi, & dediſtis mihi manducare, ſitivi, & dediſtis mihi bibere; hoſpes eram, & collegiſtis me; infirmus, & viſitaſtis me. Venite benedicti Patris mei, percipite Regnum quod vobis paratum eſt ab origine mundi*: deſiderio deſideravi benedictionis particeps fieri, & in ſubſidium egentium Hoſpitale quoddam juxta domum noſtram apud Inſulas fundare decrevi in honore Virginis glorioſæ; ad cujus inchoationem pro ſalute animæ meæ, & pro omnibus anteceſſorum & ſucceſſorum meorum, & ſpecialiter pro animâ illuſtris D. Domini ac mariti mei F. claræ memoriæ, quondam Flandriæ & Hannoniæ Comitis in perpetuam eleemoſynam confero quæ inferiùs ſubſequuntur, totam ſcilicet terram, &c.

Matt. 25. 35.

Quia verò Hoſpitale præfatum ſpecialiter in ſuſtentationem peregrinorum & tranſeuntium fundare diſpoſui, volo & firmiter ſtatuo, ut in eodem Hoſpitali non ſuſcipiantur ad ſerviendum ſanis in quantum pauciores poſſunt ſufficere ad miniſteria Hoſpitalis, & præcipuè Fratres & Sorores, qui non recipiantur in eodem Hoſpitali niſi pauci, qui ſufficere valeant ad Hoſpitale regendum. Qui Fratres & Sorores de conſilio Fratrum & Sororum recipi tenebuntur; eo quod niſi quales ſibi neceſſarii ſunt ad miniſteria Hoſpitalis meliùs experientiâ docente noverunt. Eorum verò qui habebunt regimen Hoſpitalis principalis & maxima ſemper ſit intentio, ut quanto plures infirmos pauperes lecto decumbentes recipiant, libentiſſimè, ipſiſque in ſuis neceſſitatibus caritative ſtudeant providere, ſcientes certiſſimè quod quanto plures tales infirmos pauperes ſtudebunt propter Chriſtum recipere, tanto magis ſua temporalia ſentient abundare.

In robur igitur & memoriam prædictorum præſentes litteras ſcribi feci, & ſigilli mei munimine roborari. Sereniſſima Soror quoque mea M. Dominamea, Dominâ de Dampetra ad petitionem meam prædictis omnibus benignè conſenſit, & in ſignum aſſenſus ſui ſigillum ſuum præſentibus litteris fecit apponi. Actum anno Domini milleſimo ducenteſimo trigeſimo ſexto, menſe Februario.

Privilegium de Proviſoribus Hoſpitalis Comitiſſæ Inſulis.

Anno MCCXXXIX.

THOMAS Flandriæ & Hannoniæ Comes, & JOANNA Flandriæ & Hannoniæ Comitiſſa, omnibus præſentes litteras inſpecturis ſalutem. Deſiderio deſideramus ardenter, ut hoſpitale quod apud inſulam juxta domum noſtram in uſus pauperum infirmorum lecto decumbentium ad honorem B. Mariæ fundavimus, laudabiliter & secundum Deum futuris temporibus gubernetur.

Quocirca de consilio proborum virorum duximus statuendum, quòd nos & successores nostri, qui ad sustentationem & promotionem ejusdem Hospitalis semper erimus obligati, singulis annis ante festum sancti Joannis Baptistæ unam personam Ecclesiasticam substituemus loco nostri: & Capitulum sancti Petri de Insula unum Presbyterum Canonicum suum, quem nos & successores nostri postulabimus, nobis concedere tenebimur, & substituere loco sui: & illi duo, quolibet anno instituti erunt Provisores Hospitalis in his quæ ad officium ipsorum pertinebunt: si verò ante festum S. Joannis Baptistæ novos Provisores non accepimus, illi qui usque ad festum S. Joannis fuerunt, manebunt Provisores, donec in sequenti anno ante festum sancti Joannis novos instituerimus Provisores.

Ad officium verò Provisorum specialiter pertinebit instituere de consilio Abbatis de Laude Magistrum in ipso Hospitali residentem, & de consilio ejusdem Abbatis eumdem Magistrum destituere si invenitur manifestè culpabilis, negligens vel remissus. Magister autem institutus, si non sit Presbyter, debet quam citius poterit in Presbyterum promoveri, qui habebit plenam administrationem in temporalibus Hospitalis. Omnia tamen majora negotia de consilio Provisorum facere tenebitur, & de consilio antiquorum & discretorum Fratrum & Sororum Hospitalis, vel majoris partis ipsorum. De consilio quoque predictorum Provisorum, vel alterius ipsorum, ac de consilio Fratrum & Sororum; Magister recipiet Fratres & Sorores: sed non plures quam exigat necessitas Hospitalis. De consilio etiam eorumdem Magister assumet sibi Capellanos & Clericos, sed non plures quàm sufficiant Hospitali. Capellanos autem & Clericos canonicè non instituat, nisi in Hospitali habitum Religionis assumant. Capellani tamen & Clerici, qui Religiosum habitum non acceperint, quamdiu manebunt in Hospitali usum Hospitalis observabunt, ferentes exteriùs Superpellicia, sive nigras cappas.

Provisores etiam eum Abbate, die ad hoc de conscientia Abbatis statuta, debent bis vel semel in anno in præsentia Magistri & Fratrum & Sororum visitationem facere, & audire computationem de expensis Hospitalis & receptis per annum, corrigentes quæ invenerint corrigenda. Nec ad institutionem vel destitutionem Magistri, vel ad visitationem faciendam debent procedere, vel diem assignare, nisi sciente ipso Abbate. Si autem die statuta Abbas non venerit, nec pro se miserit, Provisores ad prædicta tractanda possunt procedere. Sed si inter se discordes fuerint, oportebit quòd Abbatis præsentia expectetur, & tunc standum erit sententiæ Provisoris illius, qui Abbatis consilio adhærebit.

Capellani autem & Clerici Horas & Missas in ipso Hospitali coram infirmis cantabunt congruo tempore, ad commodum Hospitalis, & omnibus sanis & infirmis in ipso Hospitali & infra ambitum ipsius jacentibus, vel manentibus, in vita ipsorum Capellani Hospitalis omnia jura Christianitatis exhibebunt.

Regula quoque vivendi ad petitionem nostram instituetur in Hospitali per Dominum Episcopum Tornacensem: quam Regulam prædicti Provisores facient firmiter observari.

Magister quoque manere tenebitur infra ambitum Hospitalis, & Capellani cum ipso, nec pro propriis negotiis exire poterunt ultra duos dies vel tres, nisi de licentia Provisorum.

Præcipua autem & principalis sit intentio omnium,

ut plurimi infirmi pauperes liberalissimè recipiantur ibidem, & caritativè eis necessaria ministrentur, & maximam semper curam & sollicitudinem Capellani, Fratres & Sores exhibeant erga infirmos pauperes in his quæ ad salutem pertinent animarum suarum, ut scilicet diligenter audiantur confessiones eorum, & frequenter salutaria monita fiant eis. Ut autem jus Parochiale personis & Ecclesiæ servetur illæsum, dabit ibidem Hospitale quolibet anno Thesaurario S. Petri vigenti solidos; Presbytero Parochiali viginti solidos; primo Capellano Capellæ S. Mariæ similiter viginti solidos; ac Presbytero Canonico Provisori Hospitalis quadraginta solidos, medietatem in festo S. Remigii, & aliam medietatem in Pascha, & sic oblationum quæ in Hospitali ad manus Presbyterorum offeruntur ad Missas, medietas erit ipsius Hospitalis, & alia medietas erit Capituli S. Petri.

Corpora Capellanorum & Clericorum, & Fratrum & Sororum Hospitalis (Missâ in Hospitali cantatâ) deferentur post Primam S. Petri cum Processione ejusdem Ecclesiæ ad Ecclesiam sancti Petri, & eorum exequiæ in Conventu fient ibidem, & cum solemnitate debita sepelientur in Cœmeterio sancti Petri. Corpora autem eorum qui erunt de familia Hospitalis, & qui manebunt infra ambitum Hospitalis, Presbyter Parochialis ante Primam S. Petri ducet ad Ecclesiam S. Petri, & eorum exequias ibidem faciet, & sepeliet eos in Cœmeterio sancti Petri, nisi alibi sepulturam elegerint, jure Parochiali in omnibus semper salvo. Pauperum verò corpora unus Capellanus, Missâ in Hospitali cantatâ, ducet ad locum sepulcri, & sepeliet in Cœmeterio Apostolorum, vel alio quod ad hoc præparare proponimus speciale.

Præterea Magister, Fratres & Sorores Hospitalis, possessiones antiquas seu redditus antiquos ad proprietatem seu jurisdictionem Ecclesiæ sancti Petri spectantes, vel decimas in Personatu eorum jacentes, sine voluntate & assensu ejusdem Ecclesiæ nunquam acquirere poterunt, nec etiam obtentu alicujus Privilegii super his impetrati, vel imposterum impetrandi. Et si aliqua decima jacens in Personatu sancti Petri sic venalis, nullum pro ea penitùs ex parte Hospitalis precium offeretur, nisi de conscientia Capituli sancti Petri: hoc semper salvo, quòd de nutrimentis animalium suorum, de hortis ac pomeriis suis decimas Hospitali non persolvat, prout & fuerit ab Apostolica Sede concessum. Si qua verò terræ in fundo sancti Petri jacentes, in puram eleemosynam datæ fuerint Hospitali, infra annum eas laico vendere tenebitur, nisi eas de assensu ejusdem Ecclesiæ ulterius tenuerit, & pro se ipsi Ecclesiæ Laicum substituerit, pro jure ejusdem Ecclesiæ Laicum conservando. Si qua etiam decima jacens in Personatu sancti Petri à Laico possessa, in puram eleemosynam sine dolo & fraude collata fuerit Hospitali, Capitulum ad hoc benignum adhibebit assensum; ita quod infra annum pro qualibet libra redditûs de eadem libra proveniens, Capitulum dabit decem libras pecuniæ Hospitali.

Præterea Magister quàm citò erit à Provisoribus institutus, cum eisdem Provisoribus vel cum ipsorum litteris veniet ad Præpositum & Capitulum sancti Petri, fidelitatem juraturus eisdem, & de manu Præpositi, si præsens fuerit, vel, si Præpositus absens fuerit, de manu Decani, cum libro recepturus officium Hospitalis, & ibidem jurare tenebitur, quod sine omni reclamatione ad dictum Provisorem, prout superiùs expressum est, proferendam, cedet Magisterio Hospitalis, & quod bonâ fide servabit jura & Privilegia Hospitalis.

Præter hæc autem quæ diximus, Hospitale prædictum non obligabitur Ecclesiæ sancti Petri ad aliquod obsequium seu servitium, nec jurisdictionem aliquam ultra id quod dispositum est, universi vel singuli sibi poterunt nomine Capituli vendicare, præter id quod spectat ad eos de jure communi.

Præfata verò omnia consilio proborum virorum, & de assensu Præpositi & Capituli sancti Petri, ordinavimus; salvo in omnibus jure Domini Tornacensis Episcopi; ita quòd in nullo per aliquid prædictorum præjudicetur juri ipsius, quin omne jus in ipso Hospitali habeat ipse Dominus Episcopus, quod debet habere de jure.

In robur igitur & memoriam prædictorum præsentes litteras scribi fecimus, & sigillorum nostrorum munimine roborari. Præfati quoque Præpositus, Decanus & Capitulum, de quorum assensu prædicta omnia ordinata fuerunt, eisdem litteris in lignum sui assensûs, sigilla sua apponi fecerunt. Actum anno Domini millesimo ducentesimo tricesimo nono mense Septembris.

Anno MCCXLVI.

Confirmatio VALTERI *Tornacensis Episcopi.*

WALTERUS Dei gratiâ Tornacensis Episcopus, omnibus præsentes litteras inspecturis salutem in Domino. Noverit universitas vestra quòd nos ordinationem habitam & contentam in Cartâ præsentibus his litteris nostris annexâ, cui Cartæ sigilla illustrium personarum Thomæ quondam Comitis Flandriæ & Hannoniæ & Joannæ Flandriæ & Hannoniæ Comitissæ, & venerabilium virorum Bricii Præpositi & Capituli Ecclesiæ sancti Petri Insulensis sunt appensa, ratam & firmam habentes, eam auctoritate Pontificali confirmamus. Actum anno Domini MCCXLVI. mense Martio.

Anno MCCXXXVII.

Concordia inita inter PETRUM *Archiepiscopum Rotomagensem & Canonicos S. Mellonis Pontisarensis.*

UNiversis præsentes litteras inspecturis, Capitulum sancti Mellonis Pontisarensis salutem in Domino. Noverit universitas vestra, quòd cum inter venerabilem patrem & Dominum Petrum Dei gratiâ Rotomagensem Archiepiscopum & antecessores ejus ex unâ parte, & nos ex alterâ, quæstio verteretur super subjectione, correctione, & obedientiâ, ac jurisdictione, in quibus dicebamus eidem minimè nos teneri; tandem de voluntate & assensu Domini Regis Francorum illustris Ludovici, mediantibus bonis viris recognovimus & recognoscimus, nos in prædictis & in omnibus ei tamquam Ordinario nostro subesse, utpote in suâ diœcesi constitutos; & promisimus ac promittimus eidem ac successoribus suis in perpetuum obedire in mandatis suis adimplendis & exequendis, in interdictis, suspensionibus, & excommunicationibus, cum illa protulerit, aut servanda mandaverit, inviolabiliter observandis. Ita quòd per ipsum etiam judicabimur, aut per mandatum suum, Archidiacono Pontisarensi excepto, cui nullatenùs obediemus. Et in omnibus aliis, in quibus debet diœcesano suo subditus obedire, obediemus eidem & successoribus suis humiliter & devotè.

Visitabit etiam & inquiret, & cognoscet de excessibus, criminibus, & infamiis Capituli, Canonicorum singulorum, Vicariorum & Clericorum chori nostri quandocumque sibi placuerit & viderit expedire. Verùm semel in anno immediatè corriget & emendabit, prout viderit corrigendum vel emendandum in Capitulo Canonicis singulariter, Vicariis & Clericis supradictis. Post illam verò correctionem, si aliqua per visitationem, inquisitionem, vel famam in Canonicis, vel Vicariis sive Clericis de choro intellexerit corrigenda, mandabit Capitulo quòd ea corrigat, & emendet infrà certam diem, exceptis criminibus, quorum correctionem de assensu nostro sibi specialiter reservavit; alioquin ipse ex tunc illa ad suam corriget voluntatem, nisi sufficienter ostenderimus secundùm delicti exigentiam esse correctum infrà prædictam diem ab ipso vel successoribus ejus præfixam.

Quia verò contingit Canonicos in Ecclesiâ quandoque præsentes non esse, sufficit si denuntiet in eâdem Ecclesiâ præsentibus aliquibus bonis viris, sive de Ecclesia sive aliundè correctionem illam faciendam infrà diem certam quam viderit expedire. Semel autem in anno ipsum procurabimus cum ad Ecclesiam nostram accesserit, & pro procuratione tenemur ei dare ipsâ die, quâ ad nos venerit, centum solidos Parisienses, & hospitium paratum in paleâ, lignis, lectis, scyphis, paropsidibus, & aliis utensilibus domûs, nec Prior sancti Petri Pontisarensis, qui solebat nobiscum in procuratione solvere partem suam aliquid solvet de centum solidis prætaxatis, primâ procuratione exceptâ, quam integram simul tenemur solvere nos & ipse eidem Archiepiscopo, & successoribus suis in primo eorum adventu. De quâ primâ procuratione integrâ solvet idem Prior partem tertiam, sicut solet. In aliis autem annis quibus pro procuratione centum solidos solvere tenemur cum utensilibus domûs, Prior sancti Petri nihil tenetur apponere; & salvum sit jus Archiepiscopo contra ipsum.

His omnibus interfuerunt venerabiles patres Henricus Remensis Archiepiscopus, Guillelmus Parisiensis, Adam Silvanectensis Episcopus, Odo Abbas sancti Dionysii, Petrus Præpositus sancti Audomari, Henricus Archidiaconus Remensis, Magistri Petrus de Columna, & Petrus de Papia Canonici Parisienses, In cujus rei testimonium & munimentum præsentes litteras sigillo nostro fecimus communiri. Actum apud Vicenas die Jovis ante nativitatem B. Virginis, anno Domini millesimo ducentesimo tricesimo septimo.

Anno MCCXXXIX.

Charta Institutionis Monasterii beatæ MARIÆ *de Furnis, per* CALVERIAM *Abbatem S. Andreæ secùs Avenionem.*

NOtum sit omnibus hanc præsentem chartam legentibus, quòd anno ab Incarnatione Domini MCCXXXIX. videlicet XVII. Cal. Maii, nos CALVERIA Dei gratiâ Abbas Monasterii sancti Andreæ per nos & per omnes Abbates successores nostros, & nomine dicti Monasterii & pro ipso de consensu & voluntate expressâ totius Capituli dicti Monasterii, conferimus nobis domnæ Mabiliæ, obedienti, donatæ & professæ nostræ, filiæ quondam domni Petri de Albarone, Ecclesiam & Prioratum Beatæ MARIÆ de Furnis, quæ est sita in tenemento, quod Valerga vulgariter nuncupatur, cum omnibus juribus, pertinentiis & appendiciis suis, que in instrumento de possessionibus ad Ecclesiam prædictam pertinentibus confecto pleniùs continentur. Ita tamen quòd in dictâ Ecclesiâ seu Prioratu sit & construetur nostri Ordinis Monasterium Monacharum.

Conferimus inquam vobis, ut dictum est, & per vos aliis Priorissis & Monachabus, quæ in d. Monasterio ingredientur & ibi habitabunt, dictam Ecclesiam, ita quòd perpetuo muramine inclusæ maneant, & nullatenùs ab eâ horâ quâ ingressæ semel fuerint propter Deum, exeant ad vagandum per mundum, nisi fuerit necessitas: & tunc de speciali licentia Priorissæ, vel locum tenentis ejusdem. Excipientes ex hoc Priorissam & Cellerariam, quæ curam habebunt temporalem, quæ propter diversa Prioratûs negotia cum honestis sociis quandoque poterunt extrare.

Confimus inquam vobis dominæ Mabiliæ memoratæ, & per vos aliis Priorissis vobis succedentibus, & Monialibus dicti Monasterii Ecclesiam supradictam cum dictis suis appenditiis: ita scilicet quòd vos & aliæ Priorissæ, quæ in dicta Ecclesia seu Prioratu pro tempore fuerint, nobis & aliis Abbatibus nostri Cœnobii nobis succedentibus canonicè obedientiam promittatis, salvâ obedientiâ & reverentiâ debitâ domino Avinionensi Episcopo, sicut habet in Monachis nostri Monasterii. Concedentes vobis dictæ dominæ Mabiliæ Priorissæ dictæ Ecclesiæ, & per vos aliis Priorissis quæ post vos fuerint, liberam & plenariam potestatem recipiendi Moniales tam Conversas quàm Clericas, & Fratres & Donatos & Donatas, tam Clericos quàm laïcos, qui vel quæ intrare voluerint Ecclesiam supradictam, hoc adhibito moderamine, ut omnes habitantes ibidem possint de bonis Ecclesiæ commodè sustentari: ita quòd omnes qui intrare voluerint, vobis obedientiam promittant, & vivere juxtà Regulam Beati Benedicti, & Constitutiones quas dabimus vobis observent.

Item concedimus vobis & aliis Priorissis, quòd Monialibus & Conversis possitis velum conversionis imponere, & Fratribus & Donatis dare habitum regularem, quando vobis videbitur expedire, juxtà tamen formam Ecclesiæ nostræ religionis.

Item concedimus vobis, & per nos aliis Priorissis plenam & liberam potestatem ordinandi dictum Prioratum, & faciendi Subpriorissam & destituendi eam justâ de causâ, & Sacristanam & Cellerariam & alias Officialias, secundùm quod Dominus vobis inspiraverit, & dicto Prioratui videbitur expedire. Correctionem etiam omnium Monialium & Fratrum & habitantium in dicto Prioratu vobis concedimus, ita quòd nulli liceat à vestrâ correctione ullatenùs appellare, nec correctiones vestras regulariter factas possimus aliquatenùs annullare, nec quod justè statueritis, destituere.

Conferimus etiam vobis dictæ Priorissæ, & per vos aliis Priorissis quæ pro tempore fuerint, & Monialibus dicti Prioratûs, quòd secundùm quod vobis vel successoribus vestris videbitur, Moniales dicti Prioratûs possint à domino Avinionensi Episcopo, de nostro & successorum nostrorum consilio & assensu à Priorissâ requisito, consecrari. Et si super hoc Abbas istalitiose differret dare consilium & assensum, nihilominùs dominus Avinionensis Episcopus dictas possit Moniales liberè consecrare. Priorissâ verò defunctâ, vel certâ aliâ de causâ destitutâ, vel quotiescumque opus fuerit, Moniales quæ ibidem pro tempore fuerint canonicè eligant Priorissam, de nostro & successorum nostrorum consilio & assensu: cujus confirmationem nobis & nostris successoribus reservamus. Correctionem verò & visitationem, & moderatam procurationem cum quinque vel sex bestiis semel in anno nobis similiter in dicta Ecclesia retinemus: salva nihilominùs dicto D. Avinionensi Episcopo visitatione, procuratione, & judiciariâ correctione: hoc excepto, quòd Priorissam destituere non poterimus, nisi causa evidens fuerit, secundùm quod in nostrâ regulâ continetur, reservatâ specialiter domino Avinionensi Episcopo destitutione ordinariâ, in judicio ordinario ventilatâ.

Retinemus etiam censum debitum & annualem nobis & domino Avinionensi Episcopo suis temporibus persolvendum, scilicet nobis & dicto Monasterio duodecim · · · · annonæ, & dicto domino Avinionensi Episcopo unam saumatam annonæ, & aliam saumatam ordei, & duas saumatas vini. Quæ servitia in messibus, scilicet annona & ordeum, & in vindemiis vinum annuatim censualiter servietis.

Concedimus etiam vobis de consensu Capituli, & per vos Prioratui supradicto, & Monialibus quæ in prædicto Prioratu inantea receptæ fuerint, libertatem, & vos & per vos dictum Prioratum à collectis, talliis & exactionibus in perpetuum absolvimus, & à prædictis dictum Prioratum esse volumus de consensu Capituli in perpetuum liberum & immunem, observatis tamen omnibus superiùs nominatis. Si verò inter Moniales & Priorissam aliqua questio vel discordia sine strepitu judicii oriretur, illud per nos vel successores nostros volumus quòd debeat terminari, judiciali quæstione domino Avinionensi Episcopo reservatâ.

Et nos Bertrandus de sancto Martino Decanus; Petrus Duranti Prior Claustralis & Sacrista, Petrus Guilelmi Eleemosynarius, Petrus de Augustrinis Operarius, Guillelmus Raimundi, Guillelmus Rostagni, Guillelmus de Sos, Calveria, Bertrandus Augerii, Guillelmus de Coirano, R. Rotbertus, Arnaudus de Guargaia, Pontius Chabauti, P. Armandi, G. Pandulfi, P. de Arborinis, Bertrandus Giraudi, B. Lombardi, Rostagnus Augerias, Petrus Bermundi, & Bertrandus de Cadarossa Monachi Monasterii S. Andreæ supradicti, super prædictis omnibus & singulis deliberatione habitâ diligenti, & pleno denique tractatu cum viris prudentibus & discretis, recognoscentes & in veritate confitentes prædicta omnia & singula, de expresso assensu & voluntate nostrorum omnium & singulorum in nostro Capitulo per dictum dominum Abbatem esse facta & pleniùs approbata; nobis omnibus & singulis propter hoc in nostro Capitulo convocatis, per nos & per omnes Monachos nostros nobis in prædicto Monasterio succedentes; & nomine nostro & Monasterii supradicti, vobis prædictæ domnæ Mabiliæ præfatæ Ecclesiæ Priorissæ præsenti & recipienti, & per vos omnibus aliis Priorissis & Monachabus deinceps in dicto Prioratu degentibus, prædicta omnia & singula approbamus, laudamus in perpetuum & etiam confirmamus.

Et nos prædicti Abbas & Monachi superiùs memorati ad majorem hujus rei memoriam & robur inantea valiturum, hanc præsentem chartam sigilli nostri & Capituli munimine jussimus roborari.

Acta sunt hæc in Capitulo Monasterii sancti Andreæ. Testes fuerunt præsentes, &c.

Statuta facta ad mores corrigendos Canonicorum Foilliacensium. An. MCCXL

UT Canonicorum nostrorum mores & vita in melius reformentur, statuimus, ne quis in Ecclesiâ, vel atrio Ecclesiæ, vel in plateâ juxtà Ecclesiam ludum taxillorum, vel alearum, vel alium quemcumque ludum illicitum audeat exercere. Ludum taxillorum universis & singulis simpliciter inhibemus: adjicimus etiam quòd nullus publicè tabernam frequentet, nec publicè teneat concubinam. Et cum Clerici sint quasi signum positi ad sagittam, quorum vita debet esse aliis in exemplum, firmiter prohibemus, ne quis spectaculum sui corporis ludibriosum faciat, sed puro corpore incedat per Foilliacum & Corbeiam; & quòd pileum de floribus non portent publicè, imo ita honestè & maturè per dicta loca incedant, quòd gravitate itineris mentis maturitatem ostendant, & quòd in eorum incessu &

conversatione honestas, omnimoda valeat demonstrari. Item quòd arma publicè non ferant, & usurarii non existant. Statuimus insuper, quòd tonsuram habeant congruentem, & quòd officia, vel commercia sæcularia non exerceant, maximè inhonesta.

Si quis verò Canonicorum ausu temerario contrà prædicta venire præsumpserit, ipsum decrevimus sententiâ innodatum. Actum anno Domini MCCXL. in Capitulo facto in Ecclesiâ, die Lunæ proximâ post Assumptionem beatæ MARIÆ Virginis, de consensu Decani.

Anno MCCXLIII. Ab excommunicatione Fratribus Ordinis Prædictorum Inquisitoribus prolata Episcopos appellat.

RAYMUNDI *Comitis Tolosani.*

Anno Domini MCCXLIII. Sabbato infrà Octavas Paschæ. Notum sit universis præsentibus & futuris, quòd RAIMUNDUS Dei gratiâ Comes Tolosæ constitutus in præsentiâ venerabilium Patrum Archiepiscoporum Narbonensis, & Arelatensis: & Episcoporum Tolosani, Lodovensis, Agatensis, Nemausensis, Carpentoratensis, Massiliensis, Ruthenensis, & Albigensis, & aliorum plurimorum Abbatum, Prælatorum, & multorum virorum Ecclesiasticorum in aulâ Episcopali Biterrensi ; præsentibus etiam viris Religiosis Fratre Pontio Priore Provinciali Fratrum Prædicatorum in Provinciâ, & aliis Fratribus sui Ordinis, qui se dicebant auctoritate Apostolicâ judices in terrâ nostrâ contrà pestem hæreticam : patenter ostendimus, quòd Frater Ferrarius, & Frater Willelmus Raimundi ejusdem Ordinis, qui dicunt se habere jurisdictionem auctoritate Apostolicâ ad inquirendum contrà hæreticos in terrâ nostrâ, post appellationem contra eos, & eorum jurisdictionem ad sedem Apostolicam legitimè interpositam, & etiam contrà juris ordinem manifestè tulére in personam nostram gravem & erroneam excommunicationis sententiam ; per quam sententiam personam nostram apud magnos, multos, & graves & in locis plurimis gravissimâ infamiæ maculâ notaverunt. Cæterum quia nos ad pacem & concordiam Domini nostri Regis Francorum venimus, & voluntatem ac firmum propositum habemus, sicut tenemur, purgare terram nostram ab hæreticâ pravitate ; procurantibus & assistentibus nobis in hoc facto Magistro Willelmo Comberio & sociis suis Nuntiis Illustris Domini Regis Francorum ad hoc specialiter destinatis, cum inter nos ex unâ parte, & dictos Fratres Prædicatores, tam super appellatione nostrâ, quam legitimam æstimamus, quàm super excommunicationis sententiâ, quem dicti Fratres, sicut nos credimus, tam super justitiam promulgarunt : tum quia, peccatis exigentibus vacante Romanâ Ecclesiâ, hæc quæstio per Sedem Apostolicam non potest terminari ; tum quia occasione hujus negotium inquisitionis contrà hæreticos potest penitus impediri, nisi salubre consilium apponatur, & tam apud Deum inculpari possimus, & apud homines diffamari propter zelum Catholicæ fidei, quam semper dileximus, & in perpetuum defendemus : & quia summopere affectamus purgare terram nostram ab hæreticâ fœditate, & semper, sicut manifestum est, ad hoc in quantum possumus, dedimus operam efficacem : & quia mora discussionis prædictæ appellationis, & periculum sententiæ, maximè propter carentiam Domini Papæ, qui super hoc tantùm potest esse judex : ad instantiam dictorum Nuntiorum Illustris Regis Francorum, deliberato consilio pro honore Dei, & exaltatione Catholicæ fidei, gratis & bonâ voluntate offerimus vobis prædictis Dominis Archiepiscopis ; vel si vos solummodò non vultis recipere,

vobis & aliis omnibus Episcopis præsentibus, vel illis quos volueritis vobiscum habere socios, vel omnibus Prælatis qui præsentes sunt, vel illis quos vobis in hoc facto duxeritis sociandos, quòd nos tam super prædictâ appellatione, quàm super excommunicationis sententiâ Fratrum Prædicatorum, simpliciter stabimus cognitioni & arbitrio vestro, justitiâ mediante ; & plurimum affectamus, ut hæc quæstio mediante justitiâ terminetur ; vel si fortè vobis & dictis Fratribus non placet ut terminetur per vos, justitiâ mediante, nos ad removendum à nobis omnem malæ suspicionis materiam, offerimus ex abundanti quòd super præmissis simpliciter stabimus cognitioni, ordinationi, vel voluntati vestræ, prout secundùm Deum & honestatem vestram omnes simul, vel vos Domini Archiepiscopi vobis adjunctis quos volueritis, duxeritis ordinandum. Speramus enim de bonitate, & justitiâ ac discretione vestrâ, quòd in facto isto personæ nostræ, & negotio fidei taliter providebitis, quòd famæ nostræ personæ providebitur in futurum, & negotium inquisitionis sortietur effectum in omnibus exoptatum. Hujus rei sunt testes prædicti, Episcopi, & Abbates Villæ-Magnæ, sancti Tyberii, Grassensis, sancti Poncii, de Quadraginta ; Sancti Hilarii, sancti Papuli, Foxensis, Appamiarum, Galliacensis, Grandis sylvæ, Fontis-frigidi, Bolbonensis, & alii plurimi : Archidiaconi Bituricensis, Narbonensis, Magalonensis, Nemausensis, Lodovensis, Tolosanus, Procuratores Carcassonensis, Præpositus Arelatensis, Nemausensis, Magalonensis, Tolosanus, & alii plurimi Prælati & Clerici, & etiam Milites & Laïci.

Initum matrimonium inter RAIMUNDUM *Comitem Tolosæ, &* SANCIAM *filiam R. B. Comitis Provinciæ, Jacobo Rege Majoricarum procuratore.*

An. MCCXLI.

Noverint universi quòd nos Jacobus Dei gratiâ Aragoniæ, Majoricarum & Valentiæ, Comes Barchinonis & Urgelli, & dominus Montispessulani Procurator Nobilis viri R. Comitis Tolosæ, nomine ipsius R. Comitis recipimus vos SANCIAM filiam nobilis viri R. Berengarii Comitis Provinciæ in uxorem R. Comitis antedicti, si placuerit domino Papæ, & super prædicto matrimonio duxerit dispensandum, usque ad Septuagesimam proximò venturam.

Et nos Sancia filia nobilis viri R. Berengarii Comitis Provinciæ recipimus R. Comitem Tolosæ in maritum nostrum, vobis domino Jacobo Rege Aragoniæ in dicto matrimonio procuratore pro dicto Tolosano Comite existente, si placuerit domino Papæ & super dicto matrimonio duxerit dispensandum, usque ad Septuagesimam proximò venturam.

Et hoc juramus per Deum & sancta ejus Evangelia, nostris propriis manibus corporaliter tacta, & prædicta facimus voluntate & assensu Patris nostri domini R. Berengarii Comitis Provinciæ, & matris nostræ dominæ Beatricis Comitissæ Provinciæ. Et nos R. Berengarii, Comes Provinciæ, & nos Beatrix Comitissa, ejusdem prædicto matrimonio gratis & ex certâ scientiâ nostrum præstamus assensum ; jurantes per Deum & sancta Dei Evangelia à nobis corporaliter tacta, quòd prædicto matrimonio sub formâ præmissâ contrahendo dabimus operam efficacem, & in nullo contraveniemus aliquâ ratione vel causâ.

Actum est hoc Achis tertio Idus Augusti, Anno

Domini MCCXL. primo. Testes sunt:
J. Archiepiscopus Arelatensis.
R. Aquensis.
F. Episcopus Regensis.
R. Episcopus Tolosanus.
G. Episcopus Carpentoracensis.
Ex . . . .
R. de Villa-nova.
Alberta,
G. Raimundi Judex Comitatûs Provinciæ.
R. de Albuciano Archidiaconus Gerundensis.
Signum Guilemoni Scribæ, in cujus præsentia prædicta facta sunt.

An. MCCXLI.

Concordia facta inter JACOBUM *Regem Aragonum &* JOANNEM *Magalonensem Episcopum.*

CUm controversia verteretur inter illustrem dominum JACOBUM Dei gratiâ Regem Aragonum, Majoricarum & Valenciæ, Comitem Barchin. & Urgelli, & dominum Montispessulani ex unâ parte, & Venerabilem JOANNEM eâdem gratiâ Magalonensem Episcopum ex alterâ; super diversis & multis quæstionibus ratione jurisdictionis Montispessulani & Montispessulaneti & suburbiorum eisdem pertinentium; videlicet super omnibus appellationibus, querimoniis de domino Rege ad Episcopum faciendis super Consulatu, Justiciis reorum, Jurisdictione habitatorum Villæ-franchæ & Campi Arbrandi, super sexterali, ricorda, ferro, pondere, & cuppis, & sacramento fidelitatis, & exercitu hominum habitantium in parte Episcopi, & super censu ac taliis Judæorum in parte Episcopi habitantium, & super tertiâ parte laudimiorum & justitiarum Curiæ Episcopi: qui post multas & varias altercationes, mediante venerabili B. Dei gratiâ Bitterensi Episcopo ad invicem composuerunt amicabiliter in hunc modum. Videlicet quòd à domino Rege & successoribus suis, vel locum suum tenentibus, ad Episcopum nunquam appelletur à judiciis, causis, sive aliquibus inquisitionibus in Curiâ suâ, vel in aliis in quibus appellatio esse necessaria: sed ipse dominus Rex & sui successores suis judicibus terminet & definiat ipsas appellationes.

Item quòd si aliquis de Jurisdictione domini Regis de eo conqueratur Episcopo, idem Episcopus se non intromittat nec audiat, sed idem dominus Rex per judices ab eodem domino Rege datos faciat terminari. Episcopus verò diffinit in perpetuum, si quod jus habebat vel habere debebat in Consulatu; quod jus domino Regi & suis donat. Dimittit etiam idem Episcopus in perpetuum domino Regi justiciam sanguinis damnandorum habitantium in parte Episcopi, ita quòd Bajulus Episcopi vel aliquis pro eo capiat illos: quibus captis, statim tradat eos Bajulo domini Regis, & in Curia domini Regis ventiletur causa, & Bajulus domini Regis in cognitione illorum vocet Bajulum Episcopi, & illo præsente, vel alio loco ipsius, procedat in factum, & ut jus dictaverit eos puniat. Tamen si Bajulus Episcopi bis aut ter citatus noluerit vel non potuerit interesse, nihilominùs Bajulus domini Regis procedat ad condemnationem faciendam & ad captionem, si Bajulus Episcopi per se vel per alium noluerit capere illos. Et si bona damnati, sive sint in parte domini Regis, sive in parte Episcopi, debeant devolvi ad fiscum, sive cadant in commissum, bona quæ erunt in parte domini Regis mobilia vel immobilia domino Regi committantur: & similiter ea quæ erunt in parte Episcopi, Episcopo committantur.

Habeat insuper dominus Rex in perpetuum sexterale, cordam, ferrum, pondus, leidas & cuppas partis ipsius Episcopi, & omne jus quod in iis idem Episcopus habebat. Concedit etiam Episcopus quòd dominus Rex & successores sui habeant, & exigant per se vel per alios recipiant sacramentum fidelitatis ab hominibus in parte Episcopi habitantibus; & hoc fiat quandocumque mutabitur dominus in Montispessulano.

Dimittit siquidem Dominus Rex & diffinit Episcopo & suis successoribus jurisdictionem quam habet in campo Atbrandi, & hoc quod habet in portâ Abilionis, usque ad domum quæ quondam fuit R. Lamberti; & quod præco Episcopi possit exire extrà villam per viam illam. Concedit & donat dominus Rex eidem Episcopo in perpetuum insulam quam habet in Montepessulaneto cum omnibus juribus & pertinentiis suis, & quidquid juris habet in Montepessulaneto, præter illa quæ in hoc instrumento excipiuntur. Dimittit etiam dominus Rex eidem Episcopo in perpetuum tertiam partem laudimiorum & justitiarum, quam petebat in Curiâ ipsius Episcopi.

Item composuerunt ad invicem quòd de taliis & censibus Judæorum in parte Episcopi habitantium, habeat dominus Rex, & sui in perpetuum medietatem, & aliam medietatem Episcopus.

Item concedit & dimittit Episcopus quòd quotiescumque universitas Montispessulani fecerit exercitum, illi de parte Episcopi exercitum facere teneantur. Habeat autem dominus Rex in perpetuum jurisdictionem hominum habitantium in Villâ franchâ. Dominus verò Rex, vel vices suas gerens in Montepessulano, cum omnibus hominibus Montispessulani defendant & juvent dictum Episcopum & Ecclesiam Magalonensem.

Et est sciendum, quòd dominus Rex & successores sui in Montepessulano, recipiant omnia quæ eidem ab Episcopo sunt concessa & donata superiùs, in feudum ab Ecclesiâ Magalonensi, sub formâ quâ tenet feudum Montispessulani.

Et quoties dominus mutabitur in Montepessulano, omnia supradicta promittat sub sacramento, quod debet præstare Ecclesiæ & Episcopo Magalonensi. In omnibus aliis, exceptis suprascriptis, habeat unusquisque plenariam jurisdictionem in parte suâ.

Et hæc omnia supradicta tam dominus Rex quàm Episcopus laudaverunt & approbaverunt, & in perpetuum pro se & suis successoribus bonâ fide servare & attendere promiserunt, & in aliquo nunquam contrà venire. Datum Montepessulano quarto Idus Martii, anno Domini millesimo ducentesimo quadragesimo primo.

Testes sunt hujus rei, V. Episcopus Bitterrensis. B. de Cervaria. S. Præpositus Magalonensis. R. de Conchis. G. de Bello-loco Domini Regis Notarius. V. de Manso Succentor Bitterrensis. Signum Guillemoni scriptoris, qui mandato & voluntate utriusque partis hæc scripsit, loco & die & anno præfixis.

Anno MCCXLVI.

Litteræ per quas Rex dedit fratri suo CAROLO *Andegaviam & Cenomaniam.*

IN nomine sanctæ & individuæ Trinitatis, Amen. LUDOVICUS Dei gratiâ Francorum Rex. Notum facimus quòd nos de assensu & voluntate dilectorum fratrum & fidelium nostrorum Roberti

Atrebatensis, & Alfonsi Pictavensis Comitum dilecto fratri & fideli nostro Carolo Comiti Provinciæ & ejus heredibus dedimus, & pro parte terræ assignamus Andegaviam cum pertinentiis in feodis & domaniis, Salmurium cum pertinentiis in feodis & domaniis, Baugiacum cum pertinentiis in feodis & domaniis, & id quod habemus apud Bellum-fortem cum pertinentiis in feodis & domaniis, tenenda ab ipso & heredibus suis de nobis & heredibus nostris in homagium ligium, salvis donis, feodis & eleemosynis, quæ in prædictis locis usque in præsens sunt facta; retinentes nobis ad voluntatem nostram faciendam ea, quæ post mortem genitoris nostri claræ memoriæ Ludovici Regis acquisivimus, retinentes etiam Losdunum cum pertinentiis in feodis & eleemosynis.

Item dedimus eidem fratri nostro Carolo Cenomaniam cum pertinentiis in feodis & domaniis, salvis similiter donis, feodis, & eleemosynis usque in præsens ibi factis. Et quoniam civitatem Cenomanensem & Mauritaniam & Mauvas charissimæ uxori nostræ Margaritæ Reginæ nomine dotalitii assignavimus, volumus & ordinamus quòd si dicta Regina uxor nostra nobis supervixerit, loco dicti dotalitii civitatem Aurelianensem, Castrum-novum & Chaciacum, Novillam habeat, sicut Regina Ysemburgis in dotalitium hæc habebat, salvis & exceptis Clariaco, & aliis donis, & feodis, & eleemosynis usque in præsens ibi factis, si hanc commutationem voluerit acceptare: si autem ei non placuerit hæc commutatio, habebit suum dotalitium sicut ei est assignatum, & dictus Carolus Aureliam habebit cum Checiaco, Castro-novo & Novillam, quamdiù Regina vixerit memorata, & post decessum ejusdem Reginæ, Aurelia, Checiacum, Castrum-novum & Novilla ad nostros revertentur heredes; & tunc idem Carolus vel heredes ejus donum quod de Cenomania cum pertinentiis in feodis & domaniis ei modo facimus, rehabebunt.

Sciendum etiam quòd nos Regalia dictarum civitatum, & Abbatiam Fontis-Ebraudi nobis & heredibus nostris Regibus Franciæ retinemus.

Hanc autem donationem & concessionem fecimus salvo jure alieno, & salvo etiam quòd stabiles maneant litteræ si quæ factæ sunt a nobis vel antecessoribus nostris, de rebus aliquibus, quæ manum regiam non debeant extraire. Quod ut perpetuum stabile &c. Actum Aureliæ anno Incarnationis Dominicæ M. CC. XLVI. mense Augusto, regni verò nostri XX. Adstantibus &c.

Anno MCCXLVI.

Pactum initum inter fratres HUGONEM *Episc. Clarom.* HUMBERTUM *Bellijoci,* ARBERTUM *de Turre, &c.*

NOs HUGO Dei gratiâ Claromontanus Episcopus, & HUMBERTUS dominus Bellijoci, & ARBERTUS dominus de Turre, & GUIDO Archidiaconus Lugdunensis, & ARBERTUS de Turre, & HUGO Senescalcus Lugdunensis fratres. Notum facimus præsentibus & futuris, quòd nos pro bono pacis & concordiæ, & inspectâ & consideratâ utilitate nostrâ, totiusque generis nostri, convenimus ad invicem, ordinavimus, & promisimus omnes alter alteri præstito super sancta Dei Evangelia corporaliter juramento, quòd nos ad invicem per nos & heredes nostros, ac heredibus successores, veram dilectionem, pacem & concordiam inter nos tenebimus & habebimus, & si forte contingeret aliquo casu, quòd absit, quòd aliqua discordia inter nos,

vel homines nostros aliquo tempore oriretur, volumus & concedimus, & plenariam potestatem damus sub præstito superiùs juramento Guillelmo Chabue Palatino de Riozter, & Guichardo Laura Militibus ordinandi, faciendi ad voluntatem ipsorum seu dictum, nullâ contradictione, seu reclamatione, super iis quæ ordinaverint à nobis de cætero facienda; volentes & concedentes, quòd si supradicti Milites iis exequendis morte, quod absit, vel alio legitimo impedimento interesse non possent, quòd dominus Bellijoci eligat unum de hominibus domini de Turre, & dominus de Turre unum de hominibus domini Bellijoci, & alter alteri teneatur illum tradere quem elegerit: & illi duo eamdem potestatem habeant faciendi, & ordinandi omnia quam habebant G. Chabues Palatinus de Riozter, & G. Laura Milites supradicti.

Si verò contingeret, quod absit, quòd alicui nostrûm guerra seu discordia, dissensio seu causa moveretur, nos omnes ad invicem super quocumque casu qui posset contingere, alter alteri consilium, auxilium, & juvamen præstabit per se homines que suos, villas & castra sua, omni ratione, & detensione non proponendâ penitùs sed remotâ. Et si aliquem nostrûm contingeret guerram habere, quilibet nostrûm debet eam suam propriam reputare, & facere per se & homines suos, & propriis expensis suis, & motâ guerrâ, alter non potest facere pacem sine altero. Si verò alter nostrûm habeat villam, castrum, seu fortalitium aliquod, quod sit magis vicinum & propinquum illi qui guerram habuerit, vel movere voluerit contra nos, vel alterum nostrûm, ipse debet illud munire, & nos omnes tenere, & munire de gentibus nostris, & propriis expensis nostris; & guerram inde facere prout meliùs poterimus, & nostram propriam reputare.

Et si contingeret alterum nostrûm peregrinari, vel omnes, vel absentari, seu mori, volumus heredes nostros, seu successores hereditarios, homines nostros, & terram nostram ad omnia supradicta generaliter, & singulariter modo & in posterum penitùs obligari, sub vinculo superiùs præstiti juramenti: conventione tali inter nos habitâ sub eodem juramento, quòd quotiescumque unus ab altero vel à successoribus ejus de conventionibus supradictis attendendis & observandis requisitus fuerit, quòd attendet, & observabit, & faciet observari, & cavebit idoneè per homines suos quoscumque poterit, ad voluntatem requirentis.

Nos omnes supradicti promisimus sub religione præstiti juramenti prædicto Guill. Chabua & Palatino de Riozter Militibus, & successoribus suis dare consilium, auxilium, & juvamen, si guerram seu discordiâ contra aliquem ipsos habere contigerit, & guerram ipsorum seu alterius ipsorum, nostram propriam reputamus; quod iidem ipsi nobis per sacramentum supra sancta Dei Evangelia corporaliter præstitum promiserunt. Et ut supradicta universa & singula majorem firmitatem obtineant, nos omnes supradicti præsenti paginæ sigilla nostra duximus apponenda. Datum & actum Anno Domini MCCXLVI. mense Septembri.

Anno MCCXLVII.

Stipulationes queis HUMBERTUS *Bellijoci, spondet se daturum* RAYNAUDO *de Foresio uxorem* ELIZABETH *filiam suam, viduam* SIMONIS *de Luzi.*

NOverint universi quòd anno Domini millesimo ducentesimo quadragesimo septimo, mense

Decembri, inter nobiles viros GUIDONEM Comitem Forisiensem, & RAYNAUDUM de Forisio fratres ex unâ parte, & HUMBERTUM dominum Bellijoci ex alterâ, conventiones habuerunt, & contraxerunt ad invicem in hunc modum. Dictus quidem Humbertus dominus Bellijoci dat & concedit ELIZABETH filiam suam, relictam Simonis quondam domini de Luzi in uxorem Raynaudo supradicto. Dat etiam & concedit eidem in dotem sanctum Bojetum & Polliacum juxtà Ligerim, cum omni jurisdictione & dominio, sicut ea assignaverat in dotem dicto Simoni nomine Elizabeth supradictae : & Chamboscum cum omni dominio & feudo dominae Varennae[a], & cum omnibus juribus, pertinentiis & appendiciis ipsius villae de Chambosco universis. Et si forte dictae villae cum pertinentiis & reditibus earumdem assignare non valerent ducentas libras Viennenses in reditibus annuatim ; dictus dominus bellijoci tenetur & promittit per stipulationem solemnem, perficere ipsas ducentas libras Viennenses annuales de aliis reditibus, ad dictum sive arbitrium Hugonis de Reliz & Zachariae de Pineto Militum. Et si forte ipsi duo Milites non possent aut nollent super hoc concordare, debent stare super hoc dicti domini Bellijoci, & Raynaudus dicto Rogerii de la Palice. Et si forte aliquis dictorum trium Militum non posset super his aut nollet interesse, deberet loco ipsius absentis alius subrogari.

Vult etiam & cōcedit praefatus dominus Bellijoci, quòd supradictus Raynaudus habeat in dotem nomine dictae Elizabeth, quidquid ad eam pertinet & pertinere potest de consuetudine & de jure in totâ terrâ de Luzi, cum pertinentiis, & successione dicti Simonis nomine dotalitii aut supravitae, seu aliâ qualibet ratione.

Adjecit siquidem dictus dominus Bellijoci, & vult & concedit nominatim & expressè, & per expressam stipulationem solemnem, quòd ipsum contigerit decedere sine herede masculo legitimo ex propriâ uxore suâ procreato, vel G. filium suum sine herede ex propriâ uxore suâ procreato, quòd tunc Baronia Bellijoci ad dictum Raynaudum tamquam ad heredem nomine dictae Elizabeth, vel ad heredem, si quem haberet dictus Raynaudus à praefatâ Elizabeth, pleno jure deveniret pacificè & quietè. Memoratus quidem Raynaudus dat & concedit dictae Elizabeth nomine dotalitii sive supravitae, medietatem totius Terrae suae & jurium suorum, quam & quae impraesentiarum tenet & possidet jure hereditario, in quâ medietate debet esse contentum melius Castrum quòd tenet modò Raynaudus supradictus. Et si forte aliquo casu accideret quòd Comitatus Forisiensis ad dictum Raynaudum deveniret, tunc tenetur dictus Raynaudus, & promittit per expressam stipulationem solemnem augmentare dictum dotalitium, seu supravitam dictae Elizabeth de quingentis libris Vienn. annualibus, si ipsum Raynaudum decedere contingeret ante obitum Elizabeth praetaxatae.

Dictus verò Comes promittit dicto Raynaudo, & vult & concedit per expressam stipulationem solemnem, quòd si ipsum Comitem decedere contigerit sine herede legitimo ex propriâ uxore suâ procreato, vel heredem suum si quem haberet ex propriâ uxore suâ, decedere contigerit sine herede legitimo ex propriâ uxore, quòd dictus Comitatus ad dictum Raynaudum tamquam ad heredem, aut ad heredem ipsius procreatum ex dictâ Elizabeth plenariè deveniret.

Dictas siquidem conventiones universas & singulas, Nos supradicti Guido Comes, Raynaudus, & Humbertus dominus Bellijoci promittimus ad invicem per sacramentum super sancta Dei Evangelia corporaliter praestitum, & per expressam stipulationem solemnem inviolabiliter observare facere, attendere & implere, & contra per nos vel per alium facto vel verbo, in judicio, vel extrà, ullo tempore non venire, in toto nec in parte aliquâ ratione, nec consentire alicui volenti contraire.

Nos verò dictus Humbertus dominus Bellijoci, de dicto matrimonio consummando & perficiendo, & de dictis ducentis libris Vienn. dotalibus assidendis, ut suprà dictum est, damus dicto Raynaudo fidejussores & obsides Willelmum Chabue Palatinum de Riozterio, Hugonem Palatini, Rodulphum Lotru, & Guidonem de sancto Saturnino Milites, qui ad defectum nostrum promiserunt per sacramentum super sancta Dei Evangelia praestitum, & quilibet in solidum tamdiù tenere ostagia apud Clepiacum in Foresio infrà octo dies postquàm fuerint requisiti, donec de dicto defectu praefato Raynaudo, & supradictae Elizabeth plenè fuerit satisfactum.

Ego verò dictus Raynaudus de dicto matrimonio à me consummando & perficiendo, de dicto Humberto domino Bellijoci fidejussores & obsides Guidonem Tyer Canonicum Lugdunensem, Hugonem de Coray Decanum Montisbrusonis, Fulcherium Guerrici, Willelmum de Augeroles Milites, & Willelmum de Verneto Burgensem Montisbrusonis, qui ad defectum meum promiserunt per sacramentum suprà sancta Dei Evangelia praestitum, & quilibet in solidum tamdiù tenere ostagia apud Bellijocum infrà octo dies postquàm fuerint requisiti, donec ipsum matrimonium fuerit perfectum, & etiam consummatum.

Nos verò supradicti Guido Comes, Raynaudus, Humbertus dominus Bellijoci, & nos omnes supradicti fidejussores, renuntiamus in hoc facto ex certâ scientiâ, & sub praestito juramento actioni & exceptioni doli, vel fraudis, neque metûs causâ, & legi dicenti pactum de futurâ successione non valere; beneficio Epistolae divi Hadriani, & omni auxilio, beneficio, & Juri Canonico & Civili scripto & consuetudinario, promulgato & promulgando, quod nobis vel nostris ad veniendum contra praedicta, vel aliquid de praedictis posset competere modo aliquo vel prodesse.

Et ne super his posset in posterum aliqua dubietas suboriri, Nos Dicti Guido Comes, Humbertus dominus Bellijoci, & Raynaudus pro nobis & praedictis fidejussoribus, & ad mandatum ipsorum praesenti Chartae sigilla nostra apposuimus in testimonium perpetuae veritatis. Datum Anno & mense supradictis.

ODONIS *Episcopi Tusculani ad* INNOCENTIUM *IV. Papam.*

Anno MCCXLIX

SAnctissimo Patri ac Domino INNOCENTIO Dei gratiâ Summo Pontifici, ODO miseratione divinâ Tusculanus Episcopus, devota pedum oscula beatorum, cum omnimodâ obedientiâ & reverentiâ & honore. Inter alia quae exercitui Christiano in Cypro commoranti acciderunt, postquam Sanctitati vestrae litteras destinavi, haec vobis scribere dignum duxi.

Sextâ feriâ post festum beati Lucae, Vicecomes Castridunensis, & alii quamplures Milites Cypro applicuerunt. Et post aliquot dies, diabolo instigante,

---

[a] *domina Varenna*] Legendum & omni *varenna*.

orta est discordia inter dictum Vicecomitem, & Marinarios suos. A balistariis Vicecomitis interfecti fuerunt duo ex parte Januensium, quorum unus erat magnus homo & nobilis. Idem etiam Vicecomes, nescio quo ductus spiritu, habito tractatu cum Comite Montis-fortis; voluit, & multi Milites cum eo ad partes Acconensium transfretare. Quo cognito, Rex Franciæ inhibuit ei & aliis Militibus ne hoc facerent: quia hac occasione posset totus dissolvi exercitus, & Christianitatis negotium impediri. Quia vero idem Vicecomes volebat quoquo modo quod proposuerat adimplere, fecit Rex armari gualeas suas, & inhibuit dominis navium, ne dictum Vicecomitem vel suos complices ferre aliquatenus attentarent. Tunc idem Vicecomes ad aliud se convertit, & saisivit navem & omnia quæ in navi erant, asserens quòd secundùm conventiones habitas inter ipsos & dominos navis, tam navis quàm omnia quæ erant in navi, sua esse debebant. Tandem mediante Rege Franciæ tractatum fuit, ut compromitterent dictæ partes in duos bonos viros, & Rex poneret tertium. Sed non consenserunt partes. Et ideo dicta discordia non potuit tunc sedari.

His diebus, Dominus Willelmus de Merleto senior, Dominus Willelmus de Barro, Comes Montisfortis, Dominus de Duech, Castellanus de Burgues, & alii quamplures Milites viam universæ carnis ingressi sunt.

Per idem tempus, Magister Militum Templi & Marescallus Hospitalis scripserunt Regi, quòd Soldanus Babyloniæ cum magno exercitu ad partes Gazæ venerat ad conciliandum sibi Soldanos Halapiæ & Damasci; & timebant ne fortè Joppen vel Cæsaream intenderet obsidere. Postea etiam scripsit Regi idem Magister, quòd quidam Admiraldus Soldani Babyloniæ ad ipsum venerat, nec tamen ex parte Soldani veniebat, ut dicebat, nec litteras ejus habebat; sed venerat ad inquirendum voluntatem Regis Franciæ, quia dominus suus libenter cum eo pacem haberet: &, ut dicitur à quibusdam, ad requisitionem dicti Magistri Soldanus ad ipsum miserat dictum Admiraldum: quod factum valde Regi displicuit & omnibus Baronibus. Et incontinenti Rex per litteras suas inhibuit dicto Magistro, ne de cætero tales nuntios recipiat, vel cum eis colloquium habere præsumat sine mandato speciali ipsius. Dicebatur enim ab omnibus qui factum Syriæ noverant, quòd quantumcumque oppressi erant Christiani, nunquam primi faciebant verbum de treugis faciendis; sed tunc primò quando à Turcis super hoc erant cum magna instantia requisiti: & ideo quod dictus Magister primò verbum moverat de treugis, conditio Christianorum facta erat deterior; & maximè, quia ex hoc Turci credere poterant quòd Rex estimans se Turcis inferiorem viribus; festinavit, quàcumque treugâ initâ, ad propria remeare.

Per idem tempus venerunt nuntii ad Regem Franciæ, Principis Antiocheni; & similiter Regis Armeniæ ex parte Dominorum suorum Regi exennia deferentes. Patriarcha etiam Antiochenus, & dictus Princeps quosdam nuntios ad Regem & ad me miserunt, per suas litteras intimantes quòd Turchomani paulo ante cum nimiâ multitudine partes Antiochiæ aggressi fuerant, & Christianitati tam in rebus quàm in personis intulerant magnum damnum. Unde supplicabant Regi ut, eis quàm citiùs ministraret auxilium. Rex verò misit eis sexcentos balistarios; Militiam mittere noluit, timens dissolutionem exercitûs, & quòd tempore statuto non posset exercitus congregari.

Circà verò festum beati Nicolai facta est rixa in Famagustâ inter marinarios gualearum Regis, & servientes ipsius; & quidam de dictis servientibus interfecti fuerunt. Quò Rex properans, plures ex utrâque parte fecit capi, ut sic posset sciri qui erant auctores flagitii antedicti.

His diebus Rex & Regina moram trahebant in Nicossiâ. Militia verò dispersa erat per casalia totius Insulæ. Et Regina ab ægritudine quam passa fuerat, restituta est sanitati.

Per idem tempus Rex solemnes nuntios misit ad Principem Antiochenum, & ad Regem Armeniæ, pro pace inter ipsos reformandâ, vel saltem treugis faciendis.

Eodem etiam tempore Marescallus Hospitalis intimavit Regi, quò Soldanus Babyloniæ & Soldanus Halapiæ cum indignatione recesserant ab invicem sine treugis: & quòd Soldanus Halapiæ in proximo ad Regem nuntios mittere intendebat pro treugâ faciendâ.

Die verò lunæ post festum Beatæ Luciæ, nuntii Regis Tartarorum Castrocherniis, quod distat à Nicossiâ sex leugis, applicuerunt. Die verò Sabbati ante Natale Domini, Nicossiam intraverunt. Die verò crastinâ se Regi præsentaverunt, & ei hujusmodi litteras porrexerunt scriptas linguâ Persicâ & litteris Arabicis, quas Rex interpretari fecit de verbo ad verbum: quarum tenor talis est:

Per potentiam Dei excelsi, missi à Rege terræ " Gan, verba Erchalchai, Regi magno provincia- " rum multarum, strenuo propugnatori orbis, gla- " dio Christianitatis, victoriæ religionis baptisma- " lis, defensori legis evangelicæ, filio Regis Fran- " ciæ. Augeat Deum dominium suum, & concer- " vet ei regnum suum annis plurimis, & impleat vo- " luntates suas in lege & in mundo, nunc & in fu- " turum, per veritatem omnium conductricis homi- " num & omnium Prophetarum & Apostolorum, " Amen. Centum millia salutum & benedictionum. " Ex hoc rogo quòd recipiat salutationes illas, ut " sint gratæ apud ipsum. Faciat Deus ut videam " hunc Regem magnificum qui applicuit. Creator " autem excelsus causet occursum nostrum in ca- " ritate, & facilè faciat ut congregemur in unum. "

Post hanc autem salutationem noverit quòd in " hac epistolâ non est intentio nostra, nisi utilitas " Christianitatis, & corroboratio manûs Regum " Christianorum, Domino concedente. Et peto à " Deo ut det victoriam exercitibus Regum Christia- " nitatis, & triumphet eos de adversariis suis con- " temnentibus crucem. Ex parte autem Regis su- " blimis sublimet eum Deus, videlicet de præsentiâ " Kiokai. Augeat Deum magnificentiam suam. Ve- " nimus cum potestate & mandato, ut omnes Christi- " ani sint liberi à servitute & tributo, & anga- " riâ, & pedagiis & consimilibus, & sint in ho- " nore & reverentiâ, & nullus tangat possessiones " eorum. Et Ecclesiæ redificentur, & " pulsentur tabulæ, & non audeat aliquis prohi- " bere ut orent corde quieto & libenti pro regno no- " stro. Istâ autem horâ venimus ad hoc pro utilitate " Christianorum & custodiâ, Deo dante excelso. " Misimus autem hoc per nuntium fidelem nostrum " patrem venerabilem Sabeldin, Monfac, David, & " per Marchum; ut annuntient illos bonos rumo- " res, & quæ sunt circa nos, dicant ore ad os. Fi- " lius autem recipiat verba eorum, & credat eis, " & in litteris suis Rex terræ augeatur magnificen- " tiâ suâ. Ita præcipuè quòd in lege Dei non sit dif- " ferentia inter Latinum, & Græcum, & Armeni- " cum, Nestorinum, & Jacobinum, & omnes qui " adorant crucem. Omnes enim sunt unum apud " nos. Et sic petimus ut Rex magnificus non divi- " dat inter ipsos, sed sic ejus pietas & clementia "

Epistola Regis Tartarorum ad S. Ludovicum Regem Franciæ, in Tomo V. Duchesnii. p 348.

„ super omnes Christianos. Duret ejus pietas & cle-
„ mentia. Datum in finibus Muharram. Et erit bo-
„ num, concedente Deo excelso.

Noverit etiam Sanctitas vestra, quòd à tempore quo ego & Rex primò intravimus Cyprum, Rex Cypri & Comes Joppensis Regi præsentaverunt litteras talia continentes.

Edita quoque ubi supra : sed mendosè.

„ Excellenti & potenti viro Domino H. Dei gra-
„ tiâ Regi Cypri, & nobilissimæ & potentissimæ Do-
„ minæ sorori suæ E. eâdem Dei gratiâ Reginæ Cy-
„ pri, & nobili viro Domino I. de Ibelin carissimo
„ fratri meo, & nobili Dominæ carissimæ sorori meæ
„ Mariæ Rembach, Constabularius Armeniæ salu-
„ tem & mandatis vestris paratam dilectionem. No-
„ tum facio quòd ego sum sanus & incolumis, il-
„ lud idem desiderans audire & scire de vobis. Scia-
„ tis, Domini mei, quòd sicut ad iter agendum pro
„ Deo & utilitate Christianitatis me specialiter ex-
„ posui, sic conduxit me Jesus Christus usque ad
„ quamdam villam quæ vocatur Sauretrat. Verùm
„ quid dicerem vel scriberem vobis, tot terras quas
„ vidimus, quoniam dimitimus Indiam retrò nos
„ ad Pontem, & transivimus Bandach, & totam
„ terram ejus duobus mensibus arrepti itineris ? Et
„ quid dicerem tot civitates quas vidi desertas, quas
„ Tartari vastaverunt, quarum nullus hominum pos-
„ set opulentiam vel amplitudinem æstimare ? Vi-
„ dimus enim tres villas, quarum quælibet erat iti-
„ neris trium dierum magna. Et vidimus plusquam
„ centum mille aggeres magnos & mirabiles ossium
„ interfectorum, quos Tartari interfecerunt. Et benè
„ videtur nobis, quia si Deus prope Tartaros non
„ adduxisset, qui Paganos sic destruxerunt, suffice-
„ rent ad implendum & acquirendum totam terram
„ cismarinam. Et transivimus unum de fluminibus
„ Paradisi, quod scriptura Gion appellat, majus
„ quod unquam vidimus, quia arena ejus durat un-
„ diquaque per unam magnam diætam.

„ De Tartaris verò sciatis quòd sunt ita innu-
„ merabiles, quòd nullus posset eos æstimare, & justis-
„ simi & boni archerii, terribiles formâ, & pluri-
„ mum facierum; & per litteras non possemus de-
„ scribere ritus eorum. Sed si Deus præstiterit mihi
„ vitam, ut possim vos videre cum adjutorio divino
„ sanos & incolumes, omnia vobis ore ad os enar-
„ rabo. Nunc verò sunt octo menses, quòd de die
„ & de nocte ambulavimus. Et modò dicitur nobis
„ quòd sumus ad medium arrepti itineris terræ no-
„ stræ & terræ Chan, hoc est, majoris domini Tar-
„ tarorum. Super negotio autem nostro, omnes qui
„ obviant nobis, & Tartari & alii dicunt nobis
„ quòd benè & egregiè faciemus; & nos intellexi-
„ mus pro vero, quòd jam quinque anni transie-
„ runt ex quo mortuus est Chan pater istius qui nunc
„ est; & Barones & Milites Tartarorum ita per ter-
„ ras se effuderant, quòd infrà dictos quinque an-
„ nos vix potuerunt congregari in unum locum, ut
„ dictum Chan inthronizarent. Quidam enim eo-
„ rum erant in Indiâ, alii verò in terrâ de Chata,
„ alii in terrâ de Caschar & de Tanghat. Hæc est
„ terra, de quâ tres Reges venerunt in Bethleem a-
„ dorare Dominum Jesum natum. Et sciatis po-
„ tentiam Christi fuisse magnam & adhuc esse,
„ quòd gentes illius terræ sunt Christiani ; & tota
„ terra de Chata credunt illos tres Reges. Et
„ ego ipse fui in Ecclesiis eorum, & vidi Jesum
„ Christum depictum, & tres Reges, quorum unus
„ offert aurum, & alius thus, & alius myrrham.
„ Et per illos tres Reges credunt in Christum, &
„ per illos Chan & omnes sui modò facti sunt Chri-
„ stiani. Et ante portas suas habent Ecclesias suas,
„ pulsant campanas suas, & percutiunt tabulas. Ita

„ quòd euntes ad dominum eorum Chan, oportet
„ primò ire ad Ecclesiam, & salutare Dominum Je-
„ sum Christum, & post ire & salutare dominum eo-
„ rum Chan, sive sit Saracenus, sive sit Christianus,
„ velint nolint quibus ista non placent.

„ Et notum vobis facio quòd invenimus multos
„ Christianos per terram Orientis effusos, & multas
„ Ecclesias pulchras, altas & antiquas & benè ædifi-
„ catas, quas Turci devastaverunt, ita quòd Chri-
„ stiani illius terræ in præsentiâ avi istius Kan vene-
„ runt ; quos ille cum magno honore suscepit, & li-
„ bertati donavit, & fecit prohiberi ne quis faceret
„ vel diceret, de quo vel ad modicum possent me-
„ ritò contristari. Ita quòd Saraceni, qui priùs eis
„ verecundiam faciebant, nunc illud quod faciebant
„ recipiunt in duplum. Et quia propter inopiam præ-
„ dicationis, peccatis nostris exigentibus, non habe-
„ bat Christus qui pro ipso in illis regionibus sanctis-
„ simum nomen suum prædicarent, ipsemet sanctis-
„ simis suis virtutibus pro se ipso prædicat & prædi-
„ cavit, sicut apertiùs scire potestis, ita quòd gentes
„ regionum illarum credunt in ipsum. Et sciatis
„ quòd illi qui tenentur prædicare, secundùm judi-
„ cium meum digni sunt recipere magnam pœnam.
„ Sciatis præterea quòd in terrâ Indiæ, quam San-
„ ctus Thomas Apostolus convertit, est quidam Rex
„ Christianus, qui erat in magnâ anxietate positus,
„ inter alios Reges Saracenos. Faciebant enim
„ ei violentiam undique, usque ad illam horam
„ quâ Tartari venerunt in illam terram, & ipse
„ factus est homo illorum. Et accepit exercitum
„ suum & exercitum Tartarorum, & invasit Sa-
„ racenos ; ita quòd tantum luctatus est infrà ter-
„ ram Indiæ, quòd tota terra Orientis plena est scla-
„ vis Indicis ; quorum plusquàm quinquaginta mil-
„ lia vidi, quos ipsius Rex ceperat, & mandaverat
„ venumdari. Et non possem vobis dicere de vicesi-
„ mâ parte unde quod vidimus. Sed per minus pote-
„ stis intelligere majus.

„ Sciatis quòd Dominus Papa misit nuntium suum
„ prædicto Kan, & mandavit ei dicere utrum esset
„ Christianus animo, & quare miserat gentem suam
„ ad conculcandum mundum, & quare faciebat in-
„ terfici pauperes. Cui respondit Kan, quòd Deus
„ mandaverat avis suis & sibi, quòd mitteret gentes
„ suas ad gentes pessimas interficiendas. Super hoc
„ quòd mandavit utrum esset Christianus, respon-
„ dit quòd Deus sciebat ; & si Dominus Papa vellet
„ scire, veniret, & videret & sciret. „ Carissimi, ista
„ sunt rumores certi quos scripsi vobis, quòd ego ro-
„ go Dominum quòd carta mea sanos & incolumes
„ vos inveniat. Salutate, &c. Et rogetis Deum pro me,
„ &c. Datum in civitate magnâ Saurequant vii. die
„ Februarii.

Huc usque in edit.

Receptis autem litteris ex parte dicti Archelchai, dicto die interrogavit Rex in præsentiâ meâ, & Consilii sui, & quorumdam Prælatorum, quâ occasione dominus eorum adventum Regis audierat, & unde isti Tartari venerant, & quæ fuit causa motiva ut venirent, & quare appellantur Tartari, & quam terram modò inhabitant, & utrum ille Rex magnus magnum exercitum habeat, & quâ occasione & quomodo fidem susceperat, & quot sunt anni ex quo Baptismum susceperat, & utrum plures fuerint baptizati cum eo. Quæsivit etiam Rex de dicto Erchalchai, à quo tempore baptismi susceperat sacramentum, & ubi esset modò. Item, quare Bachon ita malè recepit nuntios nostros. Similiter quæsivit de Soldano Mussulæ, quæ antiquitùs Ninive vocabatur, an esset Christianus. Similiter de ipsis nuntiis, de quâ regione oriundi essent, & quot anni erant ex quo fuerunt Christiani.

Diplomatum, &c. 627

Ad prædicta sic responderunt, quòd à Soldano Mussulæ missæ fuerunt quædam litteræ ad magnum Regem Chan, quas receperat à Soldano Babyloniæ; in quibus Soldanus Babyloniæ mentionem de applicatione & adventu Regis Franciæ faciebat, mendaciter asserendo quòd sexaginta naves Regis Franciæ per violentiam ceperat & deduxerat in Ægyptum, per hoc volens ostendere quòd Mussulæ in adventu Regis Franciæ confidere non debebat. Hac occasione, dictus Erchalchai, audito Regis Franciæ adventu, misit ad eum nuntios cùm litteris antedictis; qui denuntiaverunt ei esse Tartarorum propositum, in hac æstate proximâ obsidere Calipham de Baldak; & rogabant Regem ut Ægyptum aggrederetur, ne prædictus Caliphas ab Ægyptiis posset in aliquo adjuvari. Dixerunt etiam nuntii, quòd isti qui nunc Tartari appellantur, modò sunt XL. anni quòd exierunt de terrâ suâ, quæ non habet civitates vel oppida seu villas, abundat autem pascuis, & ideo homines regionis illius tantummodo in alendis pecoribus sunt intenti, & distat per XL. diætas à terrâ quàm modò inhabitat ille magnus Rex Chan, & in quâ posuit sedem suam. Et hæc terra Trahatar appellatur. Unde & modò Tartari appellantur. Causam autem commotionis eorum dixerunt prædicti nuntii se nescire. Et dicebant quòd dicti Tartari primò debellaverunt filium Presbyteri Joannis [a], & ipsum & exercitum ejus in ore gladii peremerunt. Isti autem Tartari sine lege erant.

Dixerunt etiam quòd Rex ille magnus Tartarorum, secum habet omnes ferè Capitaneos, cum innumerâ multitudine equitum & hominum & animalium; & semper sunt in tentoriis, quia nulla civitas posset eos capere. Equi autem eorum semper in pascuis & animalia commorantur, quia non possunt invenire hordeum & paleam, quæ pollent sufficere equis suis. Capitanei autem præmittunt homines suos in exercitibus, qui mittuntur ad subjiciendum sibi regiones. Ipsi autem remanent cum magno Rege. In potestate autem & in voluntate magni Regis est, ut quando moritur quis, instituat aliquem de filiis suis vel nepotibus Regem. Dixerunt etiam nuntii, quòd iste qui nunc agit in sceptris, Kiokai nomine, matrem habuit Christianam, filiam Regis qui vocatur Presbyter Joannes, & ad exhortationem ejus & cujusdam sanctissimi Episcopi, qui Malassias vocatur, baptismi sacramentum suscepit in die Epiphaniæ cum decem & octo filiis Regum, & plures alii, maximè Capitanei. Tamen multi sunt adhuc inter eos, qui nondum fidei sacramentum susceperunt. Erchelchai verò qui istos nuntios misit, Christianus est, jam sunt plures anni, & non est de semine regio. Tamen magnus est & potens; & modò agit in finibus Persidis, à parte Orientis. Bachon verò, homo paganus est, & habet Saracenos Consiliarios, & ideo malè recepit nuntios vestros. Sed jam non habet tantam potestatem. Modò enim constitutus est sub potestate Elchelchai. De Soldano verò Moyssac sive Mussulæ, dicunt quòd fuit filius cujusdam Christianæ, & ex corde diligit Christianos, & festa eorum observat, nec in aliquo obedit legi Mahemet; & creditur quòd si haberet tempus & oportunitatem, libenter fieret Christianus. Dicti autem nuntii dixerunt quòd oriundi erant de quâdam civitate quæ distat à Mussula, quæ quondam Ninive vocabatur, per duas diætas, & quòd Christiani erant à progenitoribus suis. Dicebant etiam quòd nomen Summi Pontificis modò celebre erat apud Tartaros, & quòd intentio Elchelcai domini sui & propositum erat impugnare in hac æstate proximâ Calipham de Baldak, & vindicare injuriam à Corosminis illatam Domino Jesu-Christo.

Octavo verò Kal. Februarii, dicti nuntii à Rege Franciæ licentiam receperunt; & vi. Kalend. dicti mensis Nichossiam exierunt; & cum eis fratres Prædicatores, Andreas, Joannes & Willelmus, quos Rex mittit ad dictum Regem Tartarorum, cum exenniis, videlicet quâdam cruce de ligno vivificæ crucis, & tentorio de scarleto, cui affixæ sunt bordaturæ, in quibus ea quæ Dominus Jesus-Christus gessit pro nobis in corpore suo, sunt honestissimè exarata, & quibusdam aliis spectantibus ad cultum divinum, & ad id invitantibus dictum Regem.

Ego verò eidem Regi Chan, & materteræ suæ, & Elchelcai; & Prælatis eorum litteras destinavi, eis denuntians quòd sacrosancta Romana Ecclesia conversionem eorumdem ad fidem Catholicam gratulanda audiet, & eos libenter recipiet ut filios carissimos, dum tamen fidem tenere voluerint orthodoxam, & confiteri eam esse matrem omnium Ecclesiarum; & præsidentem ei esse Vicarium Jesu-Christi, & quòd huic Vicario omnes qui Christianâ professione censentur; meritò debeant obedire. Prælati autem ad idem invitantur meis litteris, & ut ipsum sapiant omnes, & non sunt in eis schismata; sed permaneant in veritate fidei, in primis generalibus Conciliis editæ, & à Sede Apostolicâ approbatæ.

Die verò Epiphaniæ catechizavi quinquaginta vii. Saracenos captivos: qui licet deberent nullam libertatem assequi, prout illis expressè dictum est, tamen instanter petebant fidei sacramentum. Et postquàm ex illis triginta manu propriâ baptizavi, perrexi ad processionem Græcorum super quemdam fluvium; qui in præsentiâ Regis Franciæ, & Regis Cypri, & meâ, recognoverunt quòd erat unus Deus, una fides, unum baptisma, & quòd illud quod faciebant, faciebant in rememoratione quòd Dominus Jesus fuit tali die à Joanne aquis Jordanicis baptizatus. Et confessi sunt quando tinxerunt crucem in aquâ, hoc aliquid dixerunt nisi hoc, *Lumen Pater*, *Lumen Filius*, *Lumen Spiritus sanctus*. Et fecerunt ibidem supplicationes pro Sanctitate vestrâ. Pro Vastachio autem orare noluerunt; quia excommunicatus erat à vobis.

Sextâ verò feriâ post Octavas Epiphaniæ, Dominus Archambaudus de Borbonio viam universæ carnis ingressus est.

Dominicâ verò in Quinquagesimâ, cum nuntii Regis venissent in Acon pro conducendis vasis, nullâ ratione flectere potuerunt Januenses & Venetos ad hoc, ut rationale pretium ponere vellent in vasis suis; sed potiùs videbant ad hoc tendere, ut negotium destrueretur, vel quòd eis naulum daretur secundùm voluntatem suam.

His diebus exorta est grandis seditio in Acon, diabolo instigante, inter Januenses ex unâ parte, & indigenas & Pisanos ex alterâ, & unus Consul Januensis telo percussus interiit.

Per eosdem dies pax reformata est inter Soldano

---

[a] *Presbyteri Joannis*] In eum locum scripsit Baluzius: Sic omninò in veteri codice. Habemus præterea epistolam Presbyteri Joannis ad Manuelem Comnenum Imp. CP. in quâ rationem reddit cur Presbyter potiùs nuncupetur quàm Archiepiscopus aut Episcopus. Et Alexander III. in Epistola XLVIII. Regem Indorum (qui est hic noster Presbyter Johannes) vocat Sacerdotum sanctissimum. Tùm & apud Matthæum Parisium, qui hanc Alexandri Epistolam descripsit, scripta dicitur *Presbytero Joanni Indorum Regi*. Vide Tom. Duchesnii, pag. 350.

Tom. III.

Babyloniæ & Halapiæ, mediantibus nuntiis Caliphæ de Baldak; & recesserunt Babylonii ab obsidione Camelæ.

Sextâ verò feriâ ante Dominicam in Passione, misit Rex & ego iterum in Acon venerabiles Patres, Patriarcham Jerosolymitanum, Episcopum Suessionensem, Comitem Joppensem, Constabularium Franciæ, & Dominum Galfridum de Seignes, pro negotio vasorum, & pro Seditione exortâ sedandâ. Quid autem fecerint, nescio.

Comes verò Vindocinensis sabbato ante Ramos palmarum perrexit ad Dominum; & ut dicitur, postquàm intravit exercitus Cyprum, ducenti & sexaginta Milites diem clauserunt ultimum. In omnibus hiis benedictus Deus.

Rex verò disposuit circà medium Aprilem intrare fines Ægypti, Domino annuente. Pater sancte, orate Deum pro suo exercitu, qui promptus est & voluntarius se opponere, & omnia adversa æquanimiter sustinere pro honore & nomine JESU-CHRISTI. Provideat ergo vestra sancta conspiratio, quæ huic tam sancto & pio negotio viderit expedire; & habeat pro certo, quòd de legatis & redemptionibus votorum Cruce-signatorum de transmarinis partibus non pervenerunt ad manus meas centum libræ Turonenses. De redemptionibus verò votorum transmarinorum summa non pervenit ad valorem trecentarum librarum.

Conservet Deus Sanctitatem vestram Ecclesiæ suæ sanam & incolumen per tempora longiora.

Datum in Cypro feriâ quartâ ante Resurrectionem Domini.

An. MCCXLIX. **H. Episcopi Massiliensis ad INNOCENTIUM Papam IV.**

Sanctissimo Patri ac Domino reverentissimo I. divinâ providentiâ Pontifici summo, frater H. Dei permissione dictus Episcopus Marselliæ, cum summâ devotione reverentiam & obedientiam, pedum oscula beatorum. Sicut cavere volumus ne aures Sanctitatis vestræ mendaciis aggravemus, sic cum læta & certa, quæ ad honorem Dei & Ecclesiæ pertinent, intelligimus, cum gaudio intimamus. Licet autem frequentes rumores audivimus, quòd ad exaltationem Christianitatis Castrum de Cadro redditum fuerit domino Regi Franciæ divinâ gratiâ procurante; quod cum tamen per diversos diversimodè dicebatur, supersedimus scribere, donec certitudinem haberemus. Sed nocte præterita Præceptor sancti Joannis Marselliæ misit nobis litteras, in quibus continetur quòd ante Purificationem per octo dies illustris Rex Franciæ cum exercitu suo ad Castrum de Cadro venit, & fuit sibi traditum per quosdam Saracenos qui insurrexerant contrà Soldanum, & per Magistrum Hospitalis & alios Christianos qui ibi solâ vi detenti fuerant. Et post duos dies Soldanus venit cum centum militibus in equis, & pedibus innumerabilibus. Dominus verò Rex, Domino disponente, direxit quatuor acies. In prima suit Comes Flandriæ, cum Templariis: in secunda Comes Britanniæ, & Comes sancti Pauli: in tertia ipse Rex, & Comes Pictaviæ, & Andegaviæ, & Provinciæ, & Dux Burgundiæ, & plures alii Barones: in quarta dominus Robertus Comes Attrebatensis, & Magistri Hospitalium, & plures alii Barones. Duæ verò aliæ scalæ Baronum & militum fuerunt hinc inde ab utroque cornu. Et sic ordinato exercitu, in ortu solis congressi sunt: & à tertiâ usque ad noctem duravit bellum, & fuit strages Saracenorum innumerabilis, & Soldanus absugit, & nesciebatur quò ierat. Ex parte verò Christianorum dicuntur esse mortui usque ad mille inter milites, balistarios, & armigeros. Dominus autem Rex & sui fratres sani sunt, licet tamen Comes Attrebatensis in campo per diem & noctem jacuisset quasi mortuus. Cadrum & Babylonem habet dominus Rex. Et Alexandria, ut dicitur, est eis derelicta. Ergo, Pater sanctissime, *benedicite Deum cœli, & coram omnibus viventibus confitemini illi, quia fecit nobiscum misericordiam suam*, sub vestro regimine Christianitatem taliter exaltando. Datum Marselliæ quinto Kalendas Junii.

Job 11. 6.

Litteræ Institutionis Monachorum Cisterciensium in Monasterio de Caments.

An. MCCXLI. Cænobium de Camentis Augustinianis Monachis Cisterciensibus subrogatur.

In nomine Domini Amen. Nos THOMAS Dei gratiâ Wratislaviensis Episcopus cupientes aliqua ex gestis nostri temporis ad memoriam descendere posterorum, ne per ignorantiam hominum ordine temporis sibi ad invicem succedentium abolita, oblivionem veritas materiam præstet futuris & veritatem præteritorum ignorandi, & falsis opinionibus per linguas vel errantium, vel sponte mentientium in errorem abduci, qualiter domus de Caments in nostra sita Diœcesi à regimine fratrum Ordinis S. Augustini procedentium, à domo sanctæ MARIÆ Wratisl. ad possessionem & proprietatem Ordinis Cisterciensis nostris temporibus devenerit, litterarum officio decrevimus adnotare.

Notum igitur esse volumus universis, quòd temporibus nostri decessoris felicis recordationis Episcopi Laurentii, temporibus etiam domini Innocentii Papæ tertii, quidam vir nobilis Vincentius qui erat Wratisl. Ecclesiæ Præpositus, qui aliquantam moram fecerat in dicto Claustro S. MARIÆ auctoritate dicti domini Papæ ordinatè de eodem Claustro exiens in Caments vitam incepit ducere regularem, assumptis sibi quibusdam Fratribus de domo S. MARIÆ, & satis longo tempore in eodem loco sub Regula S. Augustini ibidem dies suos deduxit, nunquam tamen volens profiteri observationes Arrasiensium, sub quorum obedientiâ Claustrum S. MARIÆ Wratislaviensis fuerat institutum. Verùm idem adhuc in bonâ sanitate suæ vitæ constitutus, cum nos etiam essemus ad Pontificale onus assumpti, nobis valde familiaris existens frequenter nos magnis exorabat precibus, ne post mortem ejus si nos supervivemus, domum dictam de Caments aliquatenùs permitteremus subjici domui S. MARIÆ, cum non speraret hoc ipse quòd ex ejusdem domus regimine domus de Caments vel in spiritualibus vel in temporalibus reciperet incrementum. Præfato verò Vincentio postmodum in S. MARIÆ Abbatem assumpto, & nihilominùs dictam domum de Caments regente quantum ad temporalia, non multo post tempore idem Vincentius est defunctus. Post mortem verò dicti Vincentii fratres de Caments, qui aliquot numero remanserant, tenuerunt se in eadem domo satis tolerabiliter aliquo tempore. Procedente tempore inceperunt deficere paulatim, primùm in personis, posteà in omni observantiâ regulari: ita quòd nos circà visitationes ipsorum, & circà regulares correctiones quas per alios Regulares circà eos procurabamus fieri, quantumcumque laboris ex affectu impendissemus, proficere non potuimus cum effectu. Tandem verò solis tribus vel quatuor ex eisdem personis remanentibus, nec regulariter viventibus (nam in Dormitorio pariter jacebant, nec in Refectorio pariter comedebant, sed vita eorum & status erat hominibus qui eos noverant in scandalum & derisum.) Nos super hoc dolentes & zelo justitiæ & decoris Ecclesiastici ex caritacis radice commoti, post longas deliberationes cum Canonicis nostris, & viris religiosis, & aliis viris discretis, cum eis etiam quos negotium tangere videbatur ratione juris patronatûs, videlicet filiis Jaroslai & Pradislai qui aliqua bona eidem Claustro impenderant, & quorum frater dominus Janus Archidiaconus Wratislensis; ipsum Claustrum suis patrimoniis donaverat. Videntes etiam quòd per personas domûs Beatæ MARIÆ domus dicta non possit ullatenus reformari, vel per alias in Polonia quæ sint Ordinis S. Augustini, cum etiam in domibus principalibus defectum patiantur necessarium & utilium personarum: provisâ necessariâ sustentatione personis quæ residuæ erant in Claustro de Caments in aliis locis idoneis, domum ipsam de Caments Ordini Cisterciensi contulimus per personam & manus Domini Abbatis Henrici de Lubens; à quâ etiam persona necessarias Conventui in domum de Caments recepimus auctoritate Ordinis Cisterciensis, & eas in possessionem domûs de Caments induximus, dantes eis auctoritate Diœcesanâ ejusdem domûs plenum dominium, & disponendi de eâdem domo secundùm Ordinem suum de omnibus liberam facultatem.

Verùm cum hoc in nomine Domini fecissemus, Abbas S. MARIÆ temeritate instigante, & erroris ductus consilio, Fratres Cistercienses, qui erant in pacificâ possessione domûs de Caments, per violentiam sæcularem, Principis ad idem accedente consensu, ejici procuravit. Cæterùm cum tunc temporis vir scientiâ & discretione præcipuus dominus Jacobus Leodiensis Archidiaconus, domini Papæ Capellanus, vices etiam gerens domini Papæ in Poloniam foret transmissus cum plenâ jurisdictione, & de causis cognoscendi, & quæ disturbata erant in totâ terrâ Poloniæ & Pomeraniæ in melius reformandi: coram eodem per Abbates & Fratres Cistercienses Ordinis, ad quos pertinebat negotium, causa fuit mota contra Abbatem & fratres suos S. MARIÆ super ejectione indecenti, quæ facta fuerat fratribus Cisterciensibus per potentiâ sæcularem, & juris ordine non servato. Tandem verò multis altercationibus præmissis, placuit utrique parti in dictum virum honorabilem dominum Jacobum tamquam in arbitrum, sub pœnâ statutâ compromittere, & rationibus suis utrimque propositis, quod ipse super omnibus decrevisset inviolabiliter observare.

Idem verò Dominus Jacobus intellectis hinc inde propositis, de consilio domini B . . . ndote Cracoviensi, & domini Naueleri Lu . . . sensi Episcoporum, qui tunc aderant, & aliorum virorum honestorum, qui de consensu partium eidem additi fuerant assessores, reduxit Abbatem de Caments Ludovicum & Fratres cum ipso olim violenter ejectos in possessionem & proprietatem domus de Caments, imponens super eadem domo perpetuum silentium Abbati S. MARIÆ & fratribus suis. Nihilominùs restitutiones quasdam fieri faciens instrumentorum, librorum, aliarumque rerum ab utraque parte, sicut tunc fuit in tenore suæ ordinationis comprehensum. Satuit etiam tunc ut nos pro bono pacis ex rationibus, quibus ipse motus fuerat, assignaremus reditus septem marcharum argenti annuatim domui S. MARIÆ, & super hoc daremus ei instrumentum nostrum nostro, & nostri Capituli minimine roboratum: quod nos statim fecimus; assignantes domui S. MARIÆ decimam de Wets Petri filii Stossonis, quæ satis plus valet. Sed hoc fecimus ad solatium domûs S. MARIÆ, cum eam diligamus in Domino: ut inter domos S. MARIÆ Wratislæ, & illam de Caments, sublato scrupulo omnis dissensionis caritas intemerata perduret. His igitur dispositis, nos præfatam domum de Caments sicut ad honorem Dei & S. Religionis incrementum, & nostræ animæ remedium Ordini Cisterciensi contulimus, sicut hoc fecimus, de consilio & assensu nostri Capituli perpetualiter confirmamus, petentes ut qui eo pro tempore fuerint, memores sint animæ nostræ in suis orationibus apud Deum, maximè cum eadem domus non solùm suæ fundationis exordium, sed quasi omnem sui status sustentationem à mensâ Wratislaviensis Episcopatûs acceperit, & ex ejus sustentari debeat decimis in futurum.

Datum anno ab Incarnatione Domini MCCXLIX. in præsentiâ Canonicorum nostrorum & plurium aliorum: in cujus rei argumentum præsentem chartam nostro sigillo & nostri Capituli fecimus insigniri.

INNOCENTII *Papæ IV. Episcopo, Clero, &c. Insulæ Majoricarum.*

Annô MCCL. Ex rotulo MS. antiquarum legum à D. d'Herouval communicato. Civibus Insulæ Majoricæ, ne in posterum ad lites dirimendas loca remota petere cogantur.

INNOCENTIUS Episcopus servus servorum Dei, Venerabili Fratri Episcopo, ac dilectis filiis Clero, Consulibus, Juratis, & Universati Insulæ Majoricarum, Salutem & Apostolicam benedictionem. Propter maris pericula Insulam vestram undique circumdantis, ac frequentes piratarum ac paganorum incursus, ad terram firmam distantem ab Insulâ ipsâ ferè per ducenta milliaria, prout asseritis, pervenire sine gravi dispendio non potestis. Cum itaque nonnulli, sicut accepimus, ad loca remota sæpe vos citari procurent, & propter impedimenta præmissa litibus cedere, seu cum adversariis damnosas inire cogamini pactiones. Nos obtentu carissimi in Christo filii nostri illustris Regis Aragonum, qui favente divinæ virtutis auxilio dictam insulam de manibus paganorum eripuit, & pro vobis Apostolicam gratiam per speciales litteras imploravit, dispendiis vestris in hac parte occurrere sollicitudine paternâ volentes, auctoritate vobis præsentium indulgemus, ut per litteras Apostolicæ Sedis, aut Legatorum ejus, quæ de ipsâ insulâ, & indulgentiâ hujusmodi plenam & expressam non fecerint mentionem, extra eamdem insulam super bonis quæ infra ipsam habebitis vos, vel aliquis vestrûm, non possitis de cætero ab aliquibus conveniri, dummodo parati sitis ibidem coram competenti judice de vobis conquerentibus justitiæ plenitudinem exhibere. Nulli ergo omninò hominum liceat hanc paginam nostræ concessionis infringere, vel ei ausu temerario contraire. Si quis autem hoc attentare præsumpserit, indignationem omnipotentis Dei, & beatorum Petri & Pauli Apostolorum ejus se noverit incursurum.

Datum Lugduno pridie Idus Maii: Pontificatûs nostri anno septimo.

INNOCENTII *Papæ IV. Abbati Monasterii Regalis.*

Ejusdem argumenti.

INNOCENTIUS Episcopus servus servorum Dei, dilectis filiis Abbati, Priori dicto Regali, Cisterciensis Ordinis, Majoricarum diœcesis, salutem & apostolicam benedictionem. Propter maris pericula Majoricarum insulam &c. *ut suprà.*

Quocirca discretioni vestræ per Apostolica scripta mandamus, quatinus ipsos non permittatis super his contra concessionis nostræ tenorem ab aliquibus indebitè molestari, malefactores hujusmodi per censuram Ecclesiasticam appellatione postpositâ competescendo. Quòd si non ambo his exequendis potueritis interesse, alter vestrûm ea nihilominùs exequatur. Datum Lugduno pridie Kal. Maii, Pontificatûs nostri anno septimo.

Juramentum civium Parisiensium.

Anno Domini [a] m c c. quinquagesimo primo die lunæ ante nat. beati Joannis Baptistæ, Parisiis in præsentiâ B. Dei gratiâ Franc. Reginæ illustris, Philippi Archiepiscopi Bituricensis, J. Ebroicensis Episcopi, Domini Stephani de Sacrocæsare, Domini Gaufridi de Capellâ Franciæ Panetarii, Domini Petri de Ernancuria, Domini Almaurici de Meuduno, Magistri Guillelmi de Senonis, Stephani Decani beati Aniani Aurelianensis, & multorum aliorum militum, clericorum, & aliorum fecerunt cives Parisienses tale juramentum, quòd servabunt pacem villæ bonâ fide pro posse suo de omnibus gentibus, quantùm ad omnes gentes tam clericos quàm laïcos, & quòd illi vel illis quem vel quos Domina Regina dimittet in custodiâ villæ obedient, quantum ad servandam pacem prædictam & ad faciendum justitiam, si opus fuerit, & quòd si aliquod maleficium fieret in villâ, non se subtraherent quin possent perhibere testimonium veritati, nisi in videndo posset eis corporis periculum imminere, & quòd dicant veritatem de maleficiis quando fuerint requisiti, & quòd malefactores & turbatores pacis nominabunt in secreto illi vel illis qui villam ex parte Dominæ Reginæ custodient.

Universitas Magistrorum Parisiensium eisdem die & anno fecit legi coram Dominâ Reginâ hujusmodi Scriptum; & promiserunt quòd juramenta, de quibus in eo fit mentio, à Magistris & Scholaribus facerent renovari & jurari, quòd servarent pacem villæ bonâ fide pro posse suo de omnibus gentibus, quantùm ad omnes gentes tam Clericos quàm laïcos; quod factum fuit eâdem septimanâ: quod Scriptum sic incipit:

Promissum est pro communi utilitate totius Studii Parisiensis, quòd universi studentes Parisiis tam Magistri quàm Scholares in Theologiâ, Decretis, Medicinâ, Artibus & Grammaticâ, per sacramentum obligabuntur, quòd omnes tam Clericos quàm Laïcos, tam viros quàm feminas, ex quorum malâ vitâ pax & studium Studentium in prædictis Facultatibus impeditur, revelabunt in secreto Parisiensi Episcopo, vel ejus Officiali, seu Cancellario infrà octo dies, si potuerint, postquàm sciverint. Qui Episcopus, Officialis, Cancellarius bonâ fide promittent, quòd nulli personam nominantes vel denunciantes, revelabunt seu manifestabunt.

Item provisum est, quòd quilibet Regens in prædictis Facultatibus sit per prædictum sacramentum obligatus, quòd nullum diffamatum de melleia frequenti, raptorem mulierum, fractorem hospitiorum, de nocte errabundum, furem, raptorem, latronem, publicum homicidam, petet tamquam Scholarem liberari, si contigerit eum capi à Præposito Parisiensi vel ejus mandato, vel ab Episcopo, nisi bonâ fide credat eum, modo quo petit liberari eum, esse liberandum.

Si quis verò Magister vel Scholaris ad prædicta per juramentum in publico se noluerit obligare, non reputabitur esse de Universitate, nec beneficiis Universitatis gaudebit. Bachalarii verò Decretales, & Lèges legentes, se speciali juramento obligabunt, quòd sacramentum recipient ab illis qui eos audient secundùm formam superiùs annotatam. Et quicumque jurare noluerint, non recipientur ab eis in scholis, super hoc ab eisdem Bachalariis de ipsis non recipiendis præstito juramento. Qui etiam auditores Legum vel Decretalium, necnon etiam alii, nisi alicujus Magistri actu regentis bis ad minùs in septimanâ scholas intraverint, scholares nullatenùs reputentur; & si eos capi contigerit, nec per aliquem Magistrum, nec per Universitatem repetentur. Ad hæc autem facienda obligabuntur Bedelli, tam communes quàm speciales, cujuscumque fuerint Facultatis, proprio juramento.

Modus autem repetendi Scholares captos talis erit apud Magistros Artium: quòd Magister scholaris capti cum duobus Magistris regentibus, quibus constet quòd sit scholaris, accedit ad Præpositum & scholarem suum repetit: qui si reddere denegaverit, dictus Magister significabit hoc Rectori Universitatis, & tunc Rector eum nomine Universitatis repetet; & si Præpositus eum reddere noluerit Rectori, tunc recurret Rector ad Cancellarium, & postremo ad Episcopum vel Officialem ejusdem. In aliis autem Facultatibus uniuscujusque Magister scholarem suum repetet per se, si necesse fuerit. Et publicabitur & revocabitur forma ista per Scholas ad minùs bis in anno, videlicet circà festum Omnium Sanctorum, & circà Carnisprivium.

Jura & libertates Habitantium in villâ de Villereys.

In nomine Sanctæ & Individuæ Trinitatis, Amen. Nos G. Comes Forensis, & Frater Jacobus humilis Prior Marcigniaci, totus & ejusdem loci Conventus, Notum facimus universis tam præsentibus, quàm futuris, quod nos hominibus nostris, qui in villâ de Villereys morantur & ibidem venient deinceps moraturi, infra quatuor cruces à nobis positas & assignatas, sicut directè se portant, talem damus & dedimus in perpetuum libertatem, videlicet quod ipsi homines ab omnibus tailliis & exactionibus quieti remaneant penitùs & immunes; & quod aliquis eorum non potest à nobis nec à nostris captus detineri pro aliquo forisfacto, si se velit obstagiare de stando juri coram nobis, nisi pro furto, homicidio, raptu vel adulterio; quæ quatuor forisfacta haut & bas ad nostram remanent voluntatem.

Si quis autem eorum aliquam mulierem blasphemando, eam vocaverit meretricem, septem solidos, & sex denarios fortium Lugdunensium nobis solvere tenetur pro emendâ; & passâ injuriam ad cognitionem nostræ Curiæ emendabit. Item si aliquis de villâ alium perjurum, latronem, homicidam, vel servum, tres solidos, & sex denarios nobis solvet, & passo injuriam ad respectum Curiæ emendabit.

Item, si quis eorum furabitur fructum, vel panem, vel gallinam, anseram, vel lactantem, vel iis similia, tres solidos, & sex denarios de emendâ similiter nobis solvet, & damnum passo tenebitur reddere sortem suam.

Item, si aliquis percusserit alium de gladio emoluto, & percussus de illo ictu mortuus fuit, percussor ad nostram remanebit voluntatem; & si percussus ex eo ictu mortuus non fuerit, ille qui ferierit, de emendâ sexagintâ solidos nobis solvet, & passo injuriam damna, & deperdita ad regardum Curiæ integrè resarciet & restaurabit. Si quis autem extraxerit gladium in melleia super alium, & ex eo non percusserit, quindecim solidos nobis solvet; & si quis aliquem percusserit de palmâ vel pugno, septem solidos, & sex denarios; & si sanguis inde fluxerit,

---

[a] *Anno Domini*] Quod uncis inclusum est, addidit Baluzius è codicibus Colbertinis, n. 1669. & 1670.

quindecim solidos nobis solvet. Item, si quis alium percusserit in capite de baculo, vel massuâ, clavâ, aut lapide, sexaginta solidos nobis solvet pro emendâ.

Item, si quis convictus fuerit se habere falsam ulnam, vel falsam mensuram, sexaginta solidos pro emendâ nobis solvet, & extunc inantea ex eâ non operabitur mercaturâ, nisi à nobis priùs mandatum habuerit speciale.

Item, si quis clamorem Præposito, vel Præpositis nostris de parvis forisfactis fecerit, tres solidos & sex denarios nobis solvet : & si se clamaverit nobis, aut Præpositis nostris, non tenebitur in aliquâ emendâ, nisi captus fuerit in præsenti forisfacto.

Item, si quis eorum per annum & diem in dictâ villâ de Villereys moratus fuerit, & interim ab aliquo non fuerit requisitus ; extunc inantea de aliquo non tenebitur alicui respondere ; nisi ille qui requireret esse forisparatus, ita quòd non posset eum requisisse, vel quòd id ad ejus notitiam nullatenùs pervenisset.

Item, escasuræ ad propinquiorem heredem devenient, salvâ defuncti voluntate ; & si propinquior heres statim non appareat, conservabitur per manus bonorum virorum per annum & diem legitimo heredi ; & si anno & die elapsis dictus heres non appareat, extunc dicta escasura nobis libera remanebit.

Item, homines prædictæ libertatis tenebuntur venire in chavalcatam nostram, videlicet Comitis Forensis, & sequi mandatum nostrum per totum Comitatum Forensem, ad ipsius Comitatûs libertatem defendendam ; & hoc intelligimus quando nos vel mandatum nostrum super hoc publicè faceret edictum ; ita quòd super hoc dolus vel fraus nullomodo comitetur.

Item, homines ipsius libertatis tenebuntur coquere ad furna nostra, & coquentes dabunt pro bicheto siliginis unum obolum pro furnagio, & pro bicheto frumenti unum Viennensem, & non ampliùs.

Item, homines prædictæ libertatis non poterunt habere mensuras vini & bladi, nisi de nostrâ licentiâ & mandato.

Item, quittamus, & remittimus hominibus antedictæ libertatis bannum, quòd habebamus in dictâ villâ de vinis nostris vendendis in mense Augusti, exceptâ trayta quam ad manus nostras expressè retinemus : concedentes eisdem hominibus & habitatoribus prædictæ libertatis, ut per totum annum vina sua possint indifferenter vendere, absque nostrâ & cujuslibet contradictione.

Item, in villâ supradictâ retinuimus, & retinemus emptionem racemorum tempore vindemiarum. Pro hac siquidem libertate quicumque in dictâ villâ, & infra supradictos terminos & metas habitaverit, nobis & nostris successoribus census bladi, denariorum, & gallinarum, quos nobis debent duplicabunt, & duplicatum solvent annuatim in festo beati Martini byemalis ; ad nullum aliud festragium teneantur vel cognantur.

Item, supradictis hominibus & habitatoribus prædictæ libertatis damus & dedimus mercatum in villâ supradictâ die Lunæ, ad usus & consuetudines bonas mercati sancti Habundi.

Item, eximimus & privilegiamus homines, & habitatores supradictæ libertatis, ne nobis & nostris successoribus teneantur dare leydiam de quibuscumque rebus emerint, vel vendiderint in mercato supradicto, vel villâ supradictâ die mercati, vel die feriato.

Item, volumus & concedimus quòd homines & habitatores hujus libertatis, si necessitas urgeat, possint facere commune de nostrâ licentiâ priùs requisitâ & obtentâ.

Quicumque autem in dictam villam venerit moraturus, in eâdem poterit morari sub eâdem libertate ; & pro eâ quatuor solidos Forenses Lugdunenses de introitu nobis solvet, & quando recedere voluerit poterit recedere liberè, & pacificè, & omnes res suas salvò & securè secum ubicumque voluerit reportare ; sed priùs quatuor solidos Forensium Lugdunensium de exitu nobis solvet.

Nos autem Comes Forensis pro nobis, & nos Prior præfatus pro nobis, & conventu Marciniaci, tactis sacrosanctis Evangeliis juravimus prædictam libertatem, & conventiones antedictas nos tenere firmiter in perpetuum, ac fideliter observare. Volumus nos Comes & Prior antedicti, successores nostros ad hæc tenenda specialiter obligari.

Item, Nos Comes Forensis supradictus, volumus quòd Comes Forisiensis, qui pro tempore fuerit, cum ad ætatem legitimam devenerit, & infra mensem super hoc requisitus fuerit ex parte villæ & habitatorum supradictorum, juret libertatem & conventiones prædictas se in perpetuum firmiter & inviolabiliter observare. Ad quod juramentum quilibet Castellanus in terrâ Roennensi instituendus, sine contradictione teneatur infra quindecim dies, postquàm ab habitatoribus dictæ villæ fuerit requisitus. Et nos Prior supradictus omnes successores nostros ad idem juramentum faciendum obligamus, quantum possumus & debemus ; & volumus, & ordinamus quòd omnes ipsius libertatis jurent Comiti Forensi fidelitatem, & ipsam & omnia jura sua fideliter observare.

Quod ut ratum & inconcussum permaneat in futurum, Præsentes literas nos Comes Forensis, & Prior ac Conventus Marciniaci supradicti, & nos Raynaudus de Forizio dominus de Sinemuro, fecimus sigillorum nostrorum munimine auctorari. Actum & datum apud Villereys anno Domini millesimo ducentesimo quinquagesimo-tertio, mense Octobri.

Statuta ad instaurandam Monasticam disciplinam in Monasterio S. Andreæ Avinionensis Ord. S. Benedicti.

An. MCCLIII.

Anno & die quo suprà, Nos BERENGARIUS Forojuliensis Episcopus, Bertranno sancti Eusebii Abbas, B. Cavallerii Vivariensis Canonicus, & Guido Fulcodii Clericus, statu dicti Monasterii S. Andreæ diligenter inspecto & perpenso, libratis arbitrio nonnullis articulis quos credimus reformationis expoluere beneficium : priùs quidem inter dictam Abbatem & Fratres appellatores pace pleniùs reformatâ, & relaxatis per eumdem Abbatem sententiis & cautelam quas tulerat in eosdem, ad honorem sanctæ & individuæ Trinitatis hæc mandata proferimus salvâ moderatione subscriptâ.

In primis statuimus quòd domnus Calveria dicti Monasterii Abbas, per se & alios bonâ fide studeat & laboret, ut in ipso Monasterio religio floreat, & meliùs solito observetur : & licet Priorem Claustro præposuerit seu præponat, cui specialiter post eumdem cura rei hujus incumbit, ipse tamen frequenter intersit Capitulo, & gregem suum considerans vultum sui pecoris diligenter agnoscat, nec solùm corrigat quos corrigere Prior neglexerit, sed etiam si res exigat Prioris puniat negligentiam, eo si quidem justiùs & severiùs, quo sibi specialiùs correctio creditur aliorum.

In diebus autem præcipuis & festivis idem Abbas si in Monasterio fuerit, & ei fuerit opportunum, Matutinum dicat in Conventu cum Fratribus, & Missam non negligat celebrare majorem, ubi diei solemnitas hoc requiret : Fratribus etiam verbum salutis proponat pluries, vel per alium proponi faciat, vel aliquam partem Regulæ saltem exponat, & se talem eis exhibeat, ut si forté pro meritis subditorum interdum verbera patris habuerit, habere matris ubera non omittat.

Verùm quia multiplicatis intercessoribus citiùs obtinetur, quod petitur, & quod à pluribus quæritur faciliùs invenitur, provideat idem Abbas, quòd in ipso Monasterio sit sufficiens numerus Monachorum, ut connumeratis Administratoribus & Claustralibus, sint ad minus vigniti, sic enim & honestiùs Deo servient, & onus tam diurni officii quàm nocturni levius reputabunt.

Quia verò juxta sententiam Sapientis, virga & cibus & onus asino, disciplina, panis & opus debentur servo, volumus, statuimus & mandamus quod Monachi sani & infirmi juxtà morem laudabilem Monasterii sufficienter & regulariter procurentur; quippe si saturati non fuerint, murmurabunt, & obsequium debitum confidentiùs ab eis exigitur, si competenter necessaria ministrantur. Si verò de insufficienti Fratrum refectione murmur seu querimonium suboriri contigerit, ad Prioris Claustralis mandatum absque omni diffugio Cellerarius hoc emendet.

Quia tamen in esum carnium usurpatâ consuetudine, seu abusu, nonnulli se temerè laxasse noscuntur, volumus, statuimus & mandamus quòd infra septa Monasterii, castri ambitum, & ejus territorium & civitatem Avenionensem à carnibus Monachi omnes abstineant, nisi vel Abbatis vel Prioris super hoc habeant licentiam specialem. Quo casu extrà infirmariam in Monasterio, castro vel territorio carnem sine Abbate, non comedant. Abbas verò quem suæ relinquimus conscientiæ; sub divini tamen contestatione judicii, si pravo, quod absit, exemplo, quos deberet ædificare subvertit, cum forsan aliquando carnibus vesci voluerit, vel in infirmaria, vel in suâ camera secretò hoc faciat, non in pompâ commensalium laïcorum; sed assumptis secum uno vel pluribus sociis Monachis, quos refectione hujusmodi viderit aut crediderit indigere, & quantum erit ei possibile vitet scandalum in hac parte. Priores autem aut Monachos extrà Monasterium conversantes, præter debiles & infirmos per totam septuagesimam & Adventum Dominicum à carnibus abstinere præcipimus, & per retiduam anni partem, saltem secundâ & quartâ feriis & in sabbato, nec tamen diebus aliis hoc concedimus ; sed eos potiùs quantum ad dies alios suis committimus conscientiis ; hoc quidem præ oculis habituros, quòd tantò arctiùs abstinere deberent, quanto plurium patent conspectui; verendumque ne pariter & contemptui, nec vitam deberent agere laxiorem otio respirantes continuo, quàm claustrales, qui diei & æstûs assiduè pondus ferunt.

Porrò nullus Monachus sine Abbatis vel Prioris licentia extrà Monasterium eat. Et quia nihil Monacho commune cum urbibus, tam Abbati quàm Priori firmiter inhibemus, ne Monachis Avinionem intrare volentibus dent passim licentiam, vel frequenter, sed si cui super licentiam dederint semel in hebdomada, non dent iterum in eâdem, nisi causa subsit rationabilis & expressa, de quâ causâ licentiæ non dubitent quin sit vera. Quoties verò licentia hujusmodi dari contigerit, provideat ejus indultor ne duobus juvenibus mutuam sui tradat custodiam, sed sit unus eorum Presbyter, vel saltem talis, cui pro meritis possit tutè committi socius; ne si secùs fuerit observatum, de vanitate conveniant in seipsum.

Omnibus autem Monachis S. Andreæ districtè & firmiter inhibemus infrà civitatem Avinionensem comedere, vel jacere sine Abbatis licentia vel Prioris, nisi forsan justa & honesta necessitas eos in tantum arctaverit, ut in suum non possint recipere commodè Monasterium : quo casu non in domo vel domibus laïcorum, sed in aliquo loco religioso, vel saltem apud personas Ecclesiasticas manducare ipsos permittimus vel jacere. Alii Monachi in Monasterio commorantes præter Abbatis socios, in uno jaceant dormitorio, induti & cincti secundùm Regulam Monachalem, exceptis debilibus & infirmis, qui in locis dormire potuerunt consuetis.

Monemus etiam omnes & singulos, ut Regularibus utantur vestibus, quæ nec ex pretio, nec ex formâ sint aliquâ suspicione notabiles, cum ex sententia Sapientis inter alia quæ de homine seu hominis occultis enuntiant, amictus corporis numeretur. Qui verò post mensem à die hujus nostræ monitionis transactum sub veste reperti fuerint peregrinâ, super quos visitaturum se Dominus ore prophetico pollicetur, eam deponere compellantur : & si vestis hujusmodi Monachi fuerit administratione habentis, protinùs distrahatur, & in usus egentium erogetur ; si verò Claustralis simplicis fuerit, in regularem aliam commutetur.

Monachos omnes Abbati dicto ut Patri & Domino obedientes esse secundùm Deum & sancti Benedicti Regulam præcipimus & mandamus : & si quis fuerit cervicosus, regularem non effugiat ultionem.

Rursùm quia juxta verbum Propheticum, vita & cultus silentium, volumus & præcipimus quòd in Ecclesiâ, Dormitorio & Refectorio continuum teneatur silentium, sed [&] certis horis in Claustro, prout in cæteris ejusdem Ordinis Monasteriis observatur.

Quia verò Monachi proprium habere non debent, eis districtè præcipimus ut restituant si quod habent ; omnibus administratione carentibus inhibentes ne absque Abbatis licentia areas & claves teneant, & si qui nunc tenent, eas volumus quod resignent : idemque dicimus de sigillis.

Cæterùm cum secundùm Apostolum multa sint membra in corpore, sed non singula eumdem actum habentia, & hoc ipsum ad corporis pertineat venustatem ; Volumus & mandamus in hoc Monasterio consuetos cum suis juribus restitui Personatus, præter Decanatum dumtaxat ; quem in suo statu usque ad proximum generale Capitulum remanere volumus, extunc ordinabimus Deo dante in quo statu deinceps debeat remanere. In dictis autem Personatibus bonas personas poni volumus & præcipimus, quæ videlicet non solùm debitis insistant officiis, sed etiam Abbatem suo sciant & valeant fulcire consilio in religione tenendâ & emergentibus Monasterio sæpè negotiis faciliùs & utiliùs promovendis.

Cum tenaciùs infigantur in ipsis conversionis initiis imprimuntur ; Volumus & mandamus quòd Pueri & Novitii per Prioratus nullatenùs dirigantur, sed in Claustro permaneant, & adhuc tenerâ cervice capiant quod fideliùs in ætate maturâ conservent. Idem dicimus de obstinatis vel contumacibus Monachis, sed etiam dissolutis, quibus esse Claustrum

Diplomatum, &c.

se Clauſtrum volumus quaſi carcerem, ne ſi fortè ad alia loca tranſmiſſi habenas habuerint laxiores, ex culpâ propriâ ſuum propoſitum aſſequantur liberiùs, & in Fratrum omnium ignominiam plurimos ſcandalizent.

Hoſpitalitatem in Monaſterio & præcipuè circa Religioſas perſonas ſervari præcipimus, per quam aliqui hoſpitio receptis Angelis Domino placuiſſe noſcuntur. Illius non immemores, qui nihil ſibi conſcius cum honeſtâ dicebat audaciâ : *Humerus meus à junctura ſua cadat, ſi negavi pauperibus, negavi quod volebant.* Volumus & mandamus quòd Eleemoſynarius providè & fideliter ſuum exequatur officium, diſpergendo & dando pauperibus, viris & mulieribus juxtà morem. In Hoſpitali autem in quo pauperes recipit ac jacendum, nullo modo recipiat mulieres ; ſed nec ibidem Monachorum & fœminarum colloquia toleret, niſi perſonæ fuerint non ſuſpectæ, & interveniat Abbatis vel Prioris aſſenſus.

Cætera ſtatuta vix poſſunt benè legi. In iis agitur de Capitulo generali annis ſingulis die Lunæ poſt Octavam Paſchæ celebrando, ad quod omnes Priores & Adminiſtratores convenire debent : deinde de modo quem ſervare debet in conferendis Eccleſiis vacantibus, inſtituendis & deſtituendis Prioribus, &c. hujuſmodi. Tandem præcipitur quòd B. Andreæ Apoſtoli feſto Priores omnes interſint, niſi legitima impedimento ſe valeant excuſare.

Acta fuerunt in Capitulo dicti Monaſterii. Teſtes interfuerunt : Magiſter Durantus Monachus.
B. . . . . . de Rupemaura Montis-majoris.
Raimundus de Letida Monachus S. Euſebii, totus Conventus dicti Monaſterii.
Domnus Calveria Abbas.
B. Langerius Prior Clauſtralis.
Calveria Decanus.
B. Augerius.
Roſt. Rebullus.
B. de Laudeno, &c.

An. MCCLIV.

Eduardi *Primogeniti Regis Angliæ Litteræ procuratoriæ ad contrahendum matrimonium cum* Alienora *ſorore Regis Caſtellæ.*

Omnibus Chriſti fidelibus præſens ſcriptum inſpecturis vel audituris, Edouardus illuſtris Regis Angliæ primogenitus & hæres, ſalutem. Licet in contrahendis matrimoniis nomine filiorum familiâs ſecundùm ritum & morem antiquorum, parentum conſenſus ſufficere conſueverit, cum patrum pietas conſilium capiat plerumque pro liberis, decens tum credimus & honeſtum verò ut in matrimonio contrahendo inter ex ex parte una, & inclytam puellam, Alienorem ſororem præcellentis Regis Caſtellæ & Legionis ex alterâ, cujus venuſtatem & prudentiam famâ atteſtante cognovimus, propter antiquæ conſuetudinis obſervantiam ſpecialem præbeamus aſſenſum, cum ea quæ ex abundanti fuerint jus commune non lædant, nec per hoc obtentâ conſuetudini derogetur, ſed videntius approbetur. Proindè notum fieri volumus univerſis, quòd non ſolùm ad patris noſtri domini Henrici Regis Angliæ juſſum & conſenſum, & reverendiſſimæ matris noſtræ Alienoræ Reginæ Angliæ beneplacitum, ſed etiam volentes & ſpontanei in dictum matrimonium noſtro nomine contrahendum, quantum in nobis eſt, per has litteras noſtras patentes expreſsè conſentimus in ſtatu legitimæ ætatis ad contrahendum, in quo nos exiſtere profitemur : ad hoc avunculorum & aliorum parentum noſtrorum, Magnatum & Nobilium, Cleri & populi totius Regni Angliæ accedente conſenſu.

Hinc eſt quòd dilectum & ſpecialem noſtrum Joannem Manſell. Cancellarium Londonenſem, ac Præpoſitum generalem, præfati patris noſtri Secretarium, quem ejuſdem patris noſtri prudentia prælegit ad hoc negotium proſequendum, procuratorem noſtrum & nuntium conſtituimus ad matrimonium noſtro nomine contrahendum per verba de præſenti cum antedictâ nobili Alienora, prædicti Regis Caſtellæ & Legionis ſorore, & ad ea omnia agenda quæ in aſſenſu matrimonii contrahendi fuerint neceſſaria : firmiter promittentes nos ratum & firmum habituros quidquid ſuper hoc nomine noſtro duxerit faciendum. Ad cujus rei ſecuritatem, plenam damus eidem poteſtatem in animam noſtram præſtandi cujuslibet generis ſacramentum ; quodcumque fuerit neceſſarium ad præmiſſum negotium proſequendum & complendum : & ſi fortè quod abſit, prædictus Joannes Manſell. patris noſtri Secretarius in viâ deficiat, loco ſui dilectum & ſpecialem Clericum noſtrum Joannem Clarell. ſubſtituimus eidem in omnibus, eamdem dantes poteſtatem circa prædictum negotium proſequendum, quam prædicto Joanni Manſell. dedimus & præſcripſimus, ſub formâ ſuperiùs declaratâ. Cujus factum in præmiſſo negotio nomine noſtro proſequendo tenere firmiter promiſſimus & obſervare, ac ſuper hoc inſpectis & tactis ſacro-ſanctis Evangeliis corporale præſtitimus ſacramentum: Datum apud ſanctum Macarium die Jovis in craſtino Beatæ Mariæ Magdalenæ, anno Incarnationis Dominicæ milleſimo ducenteſimo quinquageſimo quarto.

Alxandri *Papæ IV. S.* **Ludovico** *Regi Francorum.*

An. MCCLIV

Alexander, &c. Regi Franciæ, &c. Illa filialis devotio, &c. Eapropter, cariſſime in Chriſto fili, tuis devotis precibus benignum impartientes aſſenſum, & felicis recordationis Gregorii Papæ deceſſoris noſtri veſtigiis inhærentes, auctoritate præſentium firmiter inhibemus, ne aliquis Capellas tuas Eccleſiaſtico ſupponere interdicto præſumat, niſi de licentiâ Sedis Apoſtolicæ ſpeciali. Nulli ergo, &c. Si quis autem, &c.

Datum Anagniæ, Cal. Octobris, Pontificatûs noſtri anno primo.

Ejuſdem S. **Ludovico** *Regi Francorum.*

An. MCCLV.

Alexander, &c. Regi Franciæ, &c. Illo caritatis affectu regalem Excellentiam amplexamur, & ſic te tanquam ſpiritualem ac devotum Eccleſiæ Romanæ filium ſincero corde diligimus, & votis tuis favorabiliter annuentes, petitiones regias quantum cum Deo poſſumus, ad exauditionis gratiam admittimus. Hinc eſt quòd tuis devotis ſupplicationibus benignum impartientes aſſenſum, auctoritate tibi præſentium indulgemus, ut nullus poſſit in terram tuam excommunicationis vel interdicti ſententiam promulgare abſque mandato vel licentiâ Sedis Apoſtolicæ ſpeciali. Nos enim decernimus irritum & inane, ſi quid ſuper hoc contra hujuſmodi noſtræ conceſſionis tenorem contigerit attentari. Nulli ergo, &c. Si quis autem, &c.

Datum Laterani ſecundo Cal. Aprilis, Pontificatûs noſtri anno ſecundo.

Ejusdem eidem S. LUDOVICO.

ALEXANDER, &c. Regi Franciæ, &c. & cum illo caritatis affectu, &c. hinc est, quòd tuis devotis supplicationibus benignum impartientes assensum auctoritate tibi præsentium indulgemus, ut nullus Archiepiscopus, seu quilibet alius prælatus, possit in terram tuam excommunicationis vel interdicti sententiam promulgare absque mandato & licentiâ Sedis Apostolicæ speciali. Nos enim decernimus, &c. Nulli ergo, &c. Si quis autem, &c.

Datum Laterani Cal. Aprilis, Pontificatûs nostri anno secundo.

Ejusdem eidem Regi.

An. MCCLIX.

ALEXANDER &c. Regi Franciæ &c. Celsitudinis tuæ precibus benignum impartientes assensum, ut si contingat te aliquos flagitiosos Clericos propter notoria crimina homicidii vel mutilationis, aut alterius enormis facinoris, seu etiam publicè diffamatos, de quorum fugâ vel evasione probabili timeatur, facere detineri, non ut in ipsos jurisdictionem usurpes, sed ut reddantur ad mandatum Ecclesiæ, ne crimina remaneant impunita, propter hoc sententiam excommunicationis non incurras auctoritate tibi præsentium, non per hoc dantes aliquatenùs tibi licentiam Clericos ipsos taliter capiendi, nec detentionem etiam hujusmodi approbantes, duximus indulgendum. Nulli ergo, &c. Si quis ergo, &c.

Datum Anagniæ Pridie Idus Januarii, Pontificatûs nostri anno sexto.

Ejusdem Archiepiscopis, Episcopis, &c. Franciæ.

ALEXANDER &c. Venerabilibus Fratribus Archiepiscopis, Episcopis, & dilectis filiis aliis Ecclesiarum Prælatis, per regnum Franciæ constitutis salutem, & Apostolicam benedictionem. Ex parte carissimi in Christo filii nostri Regis Franciæ illustris fuit propositum coram nobis, quòd nonnulli Clerici bigami, & viduarum mariti, & alii etiam Clerici uxorati regni sui diversa maleficia committere non verentur, quæ oculos divinæ Majestatis offendunt, & homines scandalizant. Quocircà Fraternitati vestræ per Apostolica scripta mandamus, quatenùs non impediatis quominùs idem Rex, Comites & Barones ipsius Regni, sub quorum jurisdictione malefactores ipsi consistunt, ipsos in enormibus duntaxat criminibus deprehensos, quæ sanguinis pœnam mereantur, eis primitus Clericali gradu primâ ratione privatis puniant, secundùm quòd justitia suadebit, & consuetudine contrariâ non obstante.

Datum Anagniæ secundo Kal. Februarii, Pontificatûs nostri anno sexto.

Ejusdem iisdem Archiepiscopis, &c.

ALEXANDER, &c. Venerabilibus Fratribus Archiepiscopis, & Episcopis per regnum Franciæ constitutis salutem, & Apostolicam benedictionem. Ex parte carissimi in Christo filii Regis Franciæ illustris fuit propositum coram nobis, quòd nonnulli Clerici terræ suæ vestrarum civitatum & diœcesium, potiùs sæcularibus negotiationibus quàm officiis divinis intendunt, & gaudere volentes privilegio clericali, nolunt statutis patriæ (quibus quoties expedit sicut laici se tuentur) in negotiationum suarum questibus subjacere. Quocircà Fraternitati vestræ per Apostolica scripta mandamus, quatenùs si tales tertiò à vobis admoniti ab hujusmodi non resipuerint, sed prætermissis divinis officiis, negotiationibus institerint supradictis (cum facto privilegium Clericale...) quominùs dum his se implicant de suis facultatibus, statutis & consuetudinibus patriæ non subjaceant, non defendatis eosdem.

Datum Anagniæ tertio Idus Augusti, Pontificatûs nostri anno sexto.

Litteræ de Matrimonio PHILIPPI filii S. Ludovici, & ISABELLIS filiæ Jacobi Regis Aragonum.

An. MCCLVI.

LUDOVICUS Dei gratiâ Francorum Rex, Universis præsentes Litteras inspecturis salutem. Noveritis quòd cum tractatus diversi habiti fuissent super matrimonio contrahendo inter carissimum filium nostrum PHILIPPUM, & ISABELLAM filiam dilecti amici nostri Jacobi Dei gratiâ illustris Regis Aragonum, Majoricarum & Valentiæ, Comitem Barchinonensem & Urgelli, & Dominum Montispessulani; postmodum idem Rex ad nos solemnes nuntios procuratores suos misit, videlicet venerabilem Arnaudum Barchinonensem Episcopum, Guillelmum Priorem Beatæ MARIÆ de Coneliano, & Guillelmum de Roccafolio tenentem locum ipsius Regis in Montepessulano, cum quibus habito diligenti tractatu, tandem nos, & ipsi procuratores procuratorio nomine, tales conventiones inivimus.

Quòd idem Philippus filius noster Isabellam filiam dicti Regis Aragonum infrà annum postquàm ipsa duodecimum annum ætatis suæ compleverit, accipiet in uxorem, & ipsa eum accipiet in maritum si sancta Ecclesia in hoc consenserit, & dictus Rex Aragonum à domino Papa dispensationem obtinuerit infrà duos annos exnunc computandos, super gradu consanguinitatis in quo ad invicem se contingunt; & etiam dicta Isabella certo mandato nostro infrà instantem Nativitatem Beatæ MARIÆ, vel ipsâ die corporaliter tradita fuerit apud Montempessulanum, & nisi impedimentum deformitatis, vel turpis infirmitatis ante contractum matrimonium evenerit, vel evidenter apparuerit in aliquâ personarum ipsarum.

Et nos quidem hanc conventionem volumus, & in hoc consentimus expressè; qui vocato etiam coram nobis prædicto filio nostro Philippo, præcepimus eidem tamquam pater filio, ut hanc conventionem bonâ fide teneat & observet: qui præcepto nostro voluntariè obtemperans, de consensu nostro & voluntate, tactis sacrosanctis Evangeliis, juravit bonâ fide quòd infrà annum postquàm dicta Isabella duodecimum compleverit, ipsam accipiet in uxorem, si sancta Ecclesia consenserit secundùm conventiones antedictas. Similiter vice versâ prænominati nuntii & procuratores in nostrâ præsentiâ voluerunt, & consenserunt expressè pro ipso Rege Aragonum, & vice ipsius nomine procuratorio, habentes super hoc ab ipso per patentes litteras speciale mandatum quòd dicta Isabella filia ejusdem Regis Aragonum prædictum Philippum filium nostrum infrà annum postquàm ipsa duodecimum annum compleverit, accipiet in maritum, si sancta Ecclesia in hoc consenserit, secundùm conventiones prædictas; & ad hoc faciendum & procurandum iidem procuratores procuratorio nomine memoratum Regem Aragonum specialiter obligarunt, & præstito ab eis juramento super sacrosancta Evangelia, in animam dicti Regis Aragonum firmaverunt, specialem ad hoc præstantes habentes, quòd conventiones ipsas idem Rex, quantum in ipso est, bonâ fide servabit, tenebit, & complebit.

De dotalitio autem sive donatione propter nuptias est sciendum, quòd idem Philippus filius noster in contractu matrimonii assignare tenebitur ad usus & consuetudines Franciæ ; præfatæ Isabellæ ; in dotalitium sive donationem propter nuptias in terrâ planâ absque forteritiis ; quintam partem totius terræ suæ ; quam eidem daturi sumus, prout ipsi filio nostro melius expedire videbitur, nisi forte contigerit eumdem in Regni dignitatem succedere ; quod si forsitan eveniret, idem filius noster assignaret eidem Isabellæ dotalitium, prout ipsi filio nostro videretur bonum esse.

In cujus rei testimonium præsentibus litteris nostrum fecimus apponi sigillum. Actum apud Corbolium sabbato in Vigiliâ Pentecostes ; anno Domini MCCLVIII.

LUDOVICI IX. Francorum Regis.

LUDOVICUS Dei gratiâ Francorum Rex, universis præsentes literas inspecturis salutem. Noveritis quòd cum olim coram nobis quæstio verteretur inter dilectum & fidelem nostrum Hugonem tum Comitem Marchiæ, Isabellam quondam Reginam Angliæ uxorem suam ex unâ parte, & Petrum Baudrandi dominum Taurezii ex alterâ, super Castro & Castellaniâ Jarniacensi & pertinentiis eorumdem ; quæ omnia dicebat idem pro jure suo ad se pertinere, & petebat sibi à nobis adjudicari. Tamdem dicti Comes, & Regina uxor sua, & dictus Petrus ; de bonorum consilio arbitros assumserunt, & in ipsos alte & basse compromiserunt, videlicet Hugonem Bruni filium dictorum Comitis & Reginæ, & Radulfum Comitem Augi.

Qui arbitri, dictum suum, seu arbitrium taliter protulerunt : videlicet quòd dicti Comes & Regina assignarent eidem Petro sexaginta & decem libras annui reditus in Castellaniâ de Jarniaco, & quartam partem hommagiorum Militum, & tertiam partem hommagiorum servientium, tam in Castro, quàm in Castellaniâ Jarniacensi, & alias sexaginta & decem libras in Castellaniâ de Montignac, & darent sexcentas libras in pecuniâ numeratâ ; ita quod nihil amplius petere posset idem Petrus ab eodem Hugone Comite Marchiæ, & Reginâ uxore suâ, vel ab heredibus successoribusve suis. Abrenunciavit etiam idem Petrus omni juri, dominiis & omni jurisdictioni altæ & bassæ quam habebat, vel habere debebat in dicto Castro vel Castellaniâ, quodcumque illud esset, vel esse posset ; sicut hæc omnia præfatus Petrus Baudrandy, & Gaufredus de Leziniaco filius dictorum Comitis Reginæ dicens prædicta, Castrum, & Castellaniam, & pertinentias ex voce & successione maternâ ad se spectare recognoverunt, & confessi sunt coram nobis. Ipsi etiam Petrus & Gaufredus recognoscentes hæc omnia taliter præcessisse, præcedens dictum seu arbitrium approbaverunt in qualibet ejus parte, illudque gratum & ratum habuerunt, promiseruntque pro se, heredibus, & successoribus suis dictum illud plene, & integre tenere perpetuo, & servare, & in nullo per se, vel per alium contrà facere vel venire.

Rursùs dictus Petrus Baudrandi in nostrâ præsentiâ confessus est prædictam assignationem habuisse à dicto Gaufrido, & se contentum, & pacatum esse de ipsâ assignatione, & dictas sexcentas libras se recepisse in pecuniâ numeratâ à dictis Comite & Reginâ, & de illis se tenere pro pagato. In iis autem quæ assignata sunt habebit illud jus & dominium, & jurisdictionem, quod habent alii Milites Castri & Castellaniæ prædictæ, & pro aliis sexaginta & decem libris, quæ eidem Petro assignari debebant apud Montigniac, recepit mille & trecentas libras à Guillelmo de Vallenovâ terræ dicti Gaufridi, de quibus pro assignatione dicti reditûs se tenuit pro pagato, volens & concedens illa universa & singula dictum Gaufridum de Leziniaco, heredes, successoresve suos libere tenere de cætero ut sua prædia, & in perpetuum sine contradictione aliquâ illa ; heredum, successorumve suorum pacifice possidere ; iis tamen exceptis quæ sibi reservantur, sicut superius est expressum : quæ quidem excepta pro eo successoribus reservata, idem Petrus, heredes, successoresque sui tenebunt in feudum in perpetuum, ad hommagium ligium de dicto Gaufrido de Leziniaco ; heredibus, successoribusve suis ; cum antiquo feudo quod tenebat à Comite Engolismensi in Castellaniâ de Castronovo, quod dictus Gaufridus dicit sibi obvenisse ratione successionis maternæ ; quod feodum tenebit eodem modo, quo Milites dictæ Castellaniæ terras suas in dictâ Castellaniâ possident & exceptant.

Nos in testimonio hujus rei ad petitionem præsentibus litteris nostrum apponi fecimus sigillum, salvo jure nostro in omnibus, ac etiam alieno. Actum apud sanctum Germanum in Laya, anno Domini MCCLIX. mense Maio.

Littera sequens est de Eleemosinâ argenti, bladi, & halecum olim à Rege præscripta, ut fiat tempore Quadragesimæ.

IN nomine sanctæ & individuæ Trinitatis ; Amen. LUDOVICUS Dei gratiâ Francorum Rex. Noverint universi præsentes & futuri ; quòd cum olim temporibus Prædecessorum nostrorum piâ liberalitate donata fuerit & hactenùs observata talis eleemosyna, videlicet annis singulis tempore Quadragesimali de bursâ Regis usque ad duo millia centum decem & novem librarum Parisiensium, & sexaginta tres modii bladi, ac insuper sexaginta octo millia halecum : quæ omnia per manus Eleemosynarii & Baillivorum Regis distribui consueverunt pauperibus, Monasteriis, Domibus Dei, Leprosariis, & aliis piis locis ac personis miserabilibus & egenis. In augmentum etiam eleemosynarum, quæ quotidie per manum Eleemosynarii prædicti injunctis pauperibus erogantur tempore prædicto Quadragesimali, ob devotionem sacri temporis, diebus singulis videlicet centum solidi Parisienses per manum ejusdem Eleemosynarii injunctis pauperibus consueverint à prædecessorum nostrorum temporibus erogari : Nos pro illius summi Largitoris amore ; de cujus manu bona suscepimus universa, & pro remedio animæ nostræ, & inclytæ recordationis Regis Ludovici genitoris nostri, & Reginæ Blanchiæ genitricis nostræ, & aliorum antecessorum nostrorum volumus & statuimus, & etiam ordinamus, ut prædicta eleemosyna tam in pecuniâ quàm in blado, & aliis suprâdictis, in posterum à nostris successoribus Regibus Franciæ firmiter & inviolabiliter observetur, & sine diminutione vel contradictione quacumque de proprio Regis ærario singulis annis in posterum exsolvatur, heredes nostros Reges Franciæ ad id in perpetuum obligantes.

Præsentes autem litteras per Magistrum & Fratres domûs Dei Parisiensis in eâdem domo custodiri volumus, & heredi nostro, cæterisque successoribus nostris Regibus Franciæ quoties opus fuerit ; exhiberi. Et nos intuitu divini amoris, & pro remedio animæ nostræ & antecessorum nostrorum prædictorum, & ut diligentiùs & studiosiùs præsentes litteræ custodiantur, ibidem donamus & concedimus eidem domui & pauperibus in eâ degentibus decem

636

Miscellanea Epistolarum,

libras Parisienses annui redditûs, percipiendas in perpetuum ab eisdem apud Templum Parisiense de denariis Regiis in initio Quadragesimæ, pro quærendis ......, & aliis necessariis ad usus pauperum in Quadragesima antedicta. Quod ut perpetuæ stabilitatis robur obtineat, præsentem paginam sigilli nostri auctoritate, ac Regii nominis charactere inferiùs annotato fecimus communiri.

Actum Parisiis anno Incarnationis dominicæ millesimo ducentesimo sexagesimo, mense Septembris, Regni verò nostri anno tricesimo quarto, adstantibus in palatio nostro quorum nomina supposita sunt & signa. Dapifero nullo. Signum Joannis Buticularii, S. Alfonsi Camerarii, S. Egidii Constabularii. Datum vacante Cancellariâ.

Anno MCCLX.

S. LUDOVICUS confirmat mulieribus Leprosis de Salceia prope Parisios, quæ à proavo suo Ludovico ipsis donatæ sunt.

IN nomine sanctæ & individuæ Trinitatis, Amen. LUDOVICUS Dei gratiâ Francorum Rex. Notum facimus universis tam præsentibus quàm futuris, quòd cum mulieres Leprosæ de Salceiâ prope Parisius ex dono inclytæ recordationis Regis Ludovici proavi nostri haberent & perciperent medietatem decimæ totius vini, quod in cellarium Regium Parisius veniret, illius quidem quod idem Rex & Regina ibidem expenderent, vel alter eorum per se. Insuper & decimam panis & vini quam tam memoratus Rex quàm Regina uxor sua, & Philippus eorum filius apud Firmitatem Aaleis expenderent, necnon & summarios suos recreantos. * Item & ex concessione inclytæ recordationis Regis Philippi avi nostri medietatem decimæ vini, quod in cellarium Regium Parisius veniret, illius videlicet, quod idem Rex aut Regina per se ibidem expenderent, vel ambo simul. Insuper & decimam totius vini empti quod iidem Rex & Regina Parisius expenderent, sive alter eorum per se. Item & sigilla aurea quæ eidem Regi Philippo cum litteris transmitterentur. Insuper & omnem ceram in quâ litteræ ad ipsum venirent sigillatæ, prout hæc omnia in litteris dictorum prædecessorum nostrorum Regum, quas dictæ mulieres super his habent confectas, vidimus contineri. Præterea cum sæpedictæ mulieres, sicut per inquestam inde factam didicimus, consueverint percipere decimam vini quod bibitur in hospitio nostro apud Vicennas. Item omnimodum pannum lineum veterem cameræ nostræ, & cameræ Reginæ & liberorum nostrorum. Item residuum candelarum quod superest in camerâ nostrâ, & in camerâ Reginæ. Item veteres coffros cameræ nostræ, hospitii Reginæ, capellæ nostræ, scriptorum nostrorum, & omnes alios veteres coffros emptos de denariis Regiis in hospitio nostro.

Nos piis prædecessorum nostrorum vestigiis inhærentes, divini amoris intuitu, & ob remedium animæ nostræ ac animarum inclytæ recordationis Regis Ludovici genitoris nostri, Reginæ Blanchæ genitricis nostræ, ac aliorum antecessorum nostrorum, eisdem mulieribus præmissa omnia, videlicet tam ea quæ ex dono & concessione eorundem antecessorum nostrorum, & per litteras eorum habebant & percipiebant, licet aliquæ earumdem litterarum expressè de perpetuitate mentionem non facerent, quàm etiam alia quæ in hospitio nostro & Reginæ, ut dictum est, percipere consueverunt, quamvis de his litteras non haberent, in perpetuum concedimus, & auctoritate regiâ confirmamus; addentes etiam

* Id est, equi oneriferi labore exhausti.

& volentes quòd residuum candelæ quod superfuerit in camerâ primogeniti nostri, ac primogenitorum successorum nostrorum Franciæ Regum, quicumque pro tempore fuerint; necnon & decimam vini quod bibitur in hospitio Reginæ apud Vicennas habeant & percipiant in posterum mulieres superiùs nominatæ. Quod ut perpetuæ stabilitatis robur obtineat, præsentem paginam sigilli nostri auctoritate, ac Regii nominis charactere inferiùs annotato fecimus communiri. Actum Parisius anno Dominicæ Incarnationis MCCLX. mense Aprili. Regni verò nostri anno tricesimo quinto. Adstantibus in palatio nostro, quorum nomina supposita sunt & signa. Dapifero nullo. Signum Joannis Buticularii. Sig. Alfonsi Camerarii. S. Ægidii Constabularii. Data Vacante Cancellariâ.

ARTAUDUS de Rossilione filium suum GUILLELMUM emancipat, datque ipsi Castrum-novum.

An. MCLVII.

JOANNES divinâ miseratione sanctæ Viennensis Ecclesiæ vocatus Archiepiscopus, universis præsentes litteras inspecturis rei gestæ noticiam, cum salute. Noveritis quòd constitutis coram nobis nobili viro Artaudo domino de Rossilione Viennensis Diœcesis, & Guillelmo ejusdem filio, idem Artaudus non coactus, non circumventus, non dolo inductus, sed spontaneâ voluntate dictum Guillelmum filium suum præsentem, volentem, & consentientem emancipat, & per emancipationem solemnem liberat à sacris paternis & suâ propriâ potestate per hæc verba:

« Nos Artaudus dominus de Rossilione, Guillelmum filium nostrum in præsentiâ Domini Joan- « nis Archiepiscopi Viennensis emancipamus, & « per emancipationem liberamus à nostrâ propriâ « potestate; dantes eidem Guillelmo liberam pote- « statem & auctoritatem agendi, contrahendi in ju- « dicio & extrâ, testandi & omnia alia faciendi quæ « ad patrem familias sui juris pertinent facienda. »

Nos verò supradictus Archiepiscopus ad præmissis solemnitatibus omnibus, quas in tali negotio jus requirit huic præsenti emancipationi auctoritatem nostram interponimus; ut est juris.

Hâc factâ emancipatione supradictus Artaudus supradicto Guillelmo suo emancipato benemerito, præsenti & recipienti nostrâ simplici & irrevocabili donatione inter vivos, dat, & titulo perfectæ donationis tradit, vel quasi, & concedit in perpetuum castrum suum, quod vulgariter appellatur Castrum-novum, cum mandamento, districtu & jurisdictione, & cum omnibus juribus, feudis, bannis, justitiis, dominiis, homagiis, hominibus, terris, pratis, nemoribus, censibus, vineis, aquis, aquarumque decursibus, pascuis, paludibus, reditibus proventibus, escautis & obventionibus, & aliis omnibus pertinentiis dicti castri, & cum omnibus aliis, quæ ad ipsum Artaudum ratione dicti castri & mandamenti, districtûs & jurisdictionis pertinent, & possunt modo aliquo pertinere. De quibus omnibus dictus Artaudus se devestiens, vel quasi, dictum Guillelmum investit & constituit possessorem, vel quasi, præditus Artaudus supradictorum castri, mandamenti, jurisdictionum & districtûs, & aliorum jurium & pertinentiarum ejusdem castri per unum diem tantùm sibi retinet usumfructum; dans eidem Guillelmo licentiam & auctoritatem apprehendendi elapso die corporalem possessionem, vel quasi, prædictorum omnium castri, mandamenti, jurisdictionum & districtûs, cum pertinentiis universis.

Hæc autem omnia & singula supradicta, prout dicta sunt & narrata, firma tenere & implere, & contrà non venire supradictus Artaudus dicto Guillelmo stipulanti promittit & jurat, tactis ab eodem Artaudo Evangeliis sacrosanctis. Renuntians idem Artaudus in hoc facto ex certâ scientiâ, & sub virtute juramenti præstiti, de jure suo primitùs certioratus, doli, metûs, & infactum, actioni & exceptioni, & juri, donationes absque insinuatione factas ultrà quingentos aureos reprobanti, & omni alii juris defensioni, auxilio & beneficio, quibus contrà prædicta venire posset, vel eadem aliquatenùs impugnare.

Et Nos prædictus Archiepiscopus factâ insinuatione coram nobis, sicut de jure fieri debuit, supradictis omnibus mandato nostro in scriptis redactis, ad preces dictorum Artaudi & Guillelmi præsentem chartam sigilli nostri munimine roboramus in testimonium prædictorum. Et Nos supradictus Artaudus prædicta omnia vera esse confitentes, præsenti chartæ impressionem sigilli nostri appendimus, ad majorem certitudinem præmissorum omnium. Actum Viennæ in Bastiâ nostrâ quarto Idus Februarii, anno Domini millesimo ducentesimo quinquagesimo septimo, præsentibus testibus, Petro Guichardi Milite, Guillelmo Præposito de Rossilione, Hugone de Coindriaco Clerico Viennensi; & pluribus aliis vocatis & rogatis.

ARTAUDI de Rossilione donatio facta GUILLELMO filio emancipato.

Universis præsentes litteras inspecturis Magister J. Offic. Curiæ Viennensis, rei gestæ notitiam cum salute. Noveritis quòd nobilis vir ARTAUDUS dominus de Rossilione Viennensis Diœcesis, in nostrâ præsentiâ constitutus GUILLELMO filio suo emancipato benemerite coram nobis præsenti & recipienti, & successoribus suis dat, & titulo puræ & perfectæ donationis inter vivos tradit, vel quasi cedit & concedit in perpetuum hæc quæ inferius continentur: videlicet castra sua de Rossilione, & de Syureu, & de Riviriâ, & de Dalgoyri, cum burgis & mandamentis & juribus, feudis & usagiis eorumdem, & specialiter pedagium per terram & aquam de Rossilione, & quidquid idem dominus habet & habere debet apud sanctum Romanum Engereis. Item gardiam de Mornont cum omni dominio dictorum castrorum, & aliorum bonorum superius expressorum, & cum omnibus feudis & dominiis suis & homagiis sibi debitis, ubicumque sint.

Retinet tamen prædictus dominus Artaudus sibi quamdiù vixerit, prædictorum omnium usum-fructum. Item retinet dictus dominus Artaudus quòd de terris planis & aliis bonis suis, exceptis fortalitiis, & dominiis, & feudis aliis; filiis suis quod sibi videbitur possit dare, & pro animâ suâ & parentum suorum in pias causas relinquere & legare. De quibus rebus donatis supradictis Artaudus se devestiens, dictum Guillelmum filium suum investit, & constituit possessorem vel quasi, constituens se pro dicto Guillelmo filio suo prædictorum bonorum datorum omnium possessorem, vel quasi. Quæ omnia & singula supradicta prout dicta sunt & narrata, firma tenere & adimplere, & non contravenire supradicta dominus Artaudus dicto Guillelmo filio stipulanti promittens, tactis ab eodem Artaudo sacrosanctis Evangeliis firmat proprio juramento.

Renuncians idem dominus Artaudus ex certâ scientiâ, & sub vinculo juramenti ab eodem præstiti, de jure suo certioratus primitùs, doli, metûs, & infactum, actioni & exceptioni, & juri immensam donationem factam in filios reprobanti, & juri dicenti, donationem ultrà quingentos aureos absque insinuatione factam non valere: & omnibus causis ingratitudinis, privilegio fori, & juri dicenti, generalem renuntiationem non valere: & omni alii juri, defensioni, auxilio & beneficio, per quæ contrà prædicta venire posset, vel eadem aliquatenùs impugnare.

Actum duodecimo Kalendas Augusti, anno Domini millesimo ducentesimo sexagesimo. In cujus rei testimonium nos supradictus Officialis ad preces supradictorum domini Artaudi & Guillelmi filii sui præsentem chartam mandato nostro scriptam, & juri insinuatione prout in tali negotio jus requirit, sigilli nostri munimine roboramus. Et insuper nos supradictus Artaudus Dominus de Rossilione, præsentem chartam impressionibus sigillorum Reverendi Patris & Domini J. Dei gratiâ Archiepiscopi Viennensis, & nostri, fecimus communiri ad majorem certitudinem præmissorum.

An. MCCLXI.

Testamentum ROSTAGNI de Podio-alto.

IN nomine Domini nostri JESU-CHRISTI, anno Incarnationis ejusdem MCCLXI. videlicet XIX. Kal. Septembris regnante Domino Ludoico Dei Gratiâ Rege Francorum. Ego ROSTAGNUS de Podio-alto senior dominus castri de Podio-alto, considerans humanum statum non posse firmiter perdurare, sanus mente & corpore sic facio Testamentum meum nuncupativum atque condo.

In primis dimitto corpus meum & animam meam Deo omnipotenti, & beatæ Mariæ Virgini Matri ejus. Et eligo sepulturam corpori meo in cœmeterio Monasterii S. Andreæ Avenionensis diœcesis. Et accipio pro animâ meâ quinquaginta libras Turonenses, de quibus lego & relinquo prædicto Monasterio XXV. lib. Turonen.

Item lego Fratribus Minoribus de Avenione L. solidos Turonenses.

Item lego Fratribus Prædicatoribus de Avenione L. solidos Turonenses.

Item lego operi pontis de Avenione L. solidos Turonenses.

Item lego luminariæ Ecclesiæ sancti Jacobi de Podio-alto X. solid. Turonenses.

Item lego Hospitali pauperum castri de Podio-alto X. solidos Turonenses.

Item lego domui Monialium de Montaisanengues XX. solid. Turonens.

Item lego Monasterio Monialium de Furnis C. solid. Turonenses.

Item volo quòd residuum dictarum quinquaginta librarum Turonensium expendatur in meo anniversario; in quo anniversario volo quòd sint LX. Sacerdotes, & quòd dictum anniversarium fiat in Monasterio S. Andreæ. Et volo quòd heres meus infrascriptus dictum anniversarium meum faciat honorificè & procuret.

Item volo quòd dictus heres meus infrascriptus faciat dictum anniversarium infrà XV. dies à tempore mortis meæ computandos.

Item volo & præcipio ut de reditibus seu proventibus quos habeo in castro de Teseriis; prædictæ quinquaginta libræ Turonenses persolvantur.

Item recognosco me debere Rostagno de Podio-alto nepoti meo, filio filii mei Petri de Podio-alto quondam XXV. millia solidorum Turonensium, quos habui tam pro dote sibi assignatâ ratione Alazaciæ uxoris suæ, quàm pro dote Alazaciæ matris suæ, & uxoris dicti Petri filii mei quondam ; quàm etiam pro venditione castri de Crizillone ; quod castrum mihi & dicto Petro filio meo & patri dicti Rostagni quondam, communiter fuit datum per dominum Raimundum Comitem Tolosanum quondam bonæ memoriæ.

Item recognosco me debere prædicto Rostagno quinque millia solid. Turon. quos habui pro eschaiucha quæ provenit Alazaciæ uxori dicti Rostagni à Constantia sorore dictæ Alazaciæ, quos dictos xxx. millia solidorum Turonensium, volo dictum Rostagnum recuperare de bonis meis & in bonis meis.

Blavum verò & Gandalmannam nepotes meos in dotem quam dedi & solvi Resplandidæ filiæ meæ & matri prædictorum, quæ fuit VIII. millia solidorum, bonorum Resplandidæ instituo mihi heredes.

Item in quinquaginta solid. Turonens. mihi heredes facio & instituo dictum Blavum & dictam Gandelmannam nepotes meos, & ita sint contenti de omnibus bonis meis, ita quòd nihil ampliùs possint amodo petere in bonis meis.

Item Tiburgem neptem meam, filiam Resplandidæ filiæ meæ, mihi heredem instituo in dotem quam dedi & solvi dictæ Resplandidæ matri suæ, quæ fuit VII. millia solidorum bonorum R... & ultra in L. solidor. Turon. mihi heredem facio & instituo dictam Tiburgem, & cum istis volo eam esse contentam de omnibus bonis meis, ita quòd nihil ampliùs amodo possit petere in bonis meis prædictis.

Item Guillelmum de Podio-alto nepotem meum, filium filii mei Petri de Podio-alto quondam in quinquaginta lib. Turonen. heredem mihi facio & instituo, in quibus dictis L. libris dictus Petrus filius meus quondam, ipsum Guillelmum heredem sibi instituerat.

Et volo & præcipio quòd Rostagnus heres meus universalis infrascriptus eidem Guillelmo providere teneatur juxtà voluntatem dicti Petri filii mei quondam, scilicet in victu & vestitu quamdiù in domo dicti Rostagni esse voluerit, & faciat ipsum doceri in literali scientia , & quamdiù dictus Guillelmus addiscere voluerit , dictus Rostagnus in studio sibi providere teneatur.

Item ultrà prædicta instituo prædictum Guillelmum mihi heredem in quinquaginta libr. Turonen. Et si dictus Guillelmus nepos meus , & frater dicti Rostagni heredis mei infrascripti, decederet infra pupillarom ætatem , vel postea quandocumque sine liberis, substituo ei dictum Rostagnum heredem meum infra scriptum & liberos suos.

Item si dictus Rostagnus nepos & heres meus infrascriptus (quod Deus avertat) decederet sine liberis vel nepotibus vel deinceps, substituo ei propinquiores ex parte patris & mei dicti Rostagni. *a*

Item relinquo dominæ Alazaciæ uxori quondam filii mei Petri de Podio-alto ultrà dotem suam, quæ est quatuor millia solid. Turonen. scilicet centum libr. Turonen. quas dictus Petrus filius meus quondam eidem dictæ Alazaciæ in suo testamento legaverat & reliquerat. Et dictas centum libras dictæ Alazaciam semel tantum habere volo , & dimitto eam dominam & signoressam omnium rerum rucarum, quamdiù sine viro esse voluerit, & non teneatur alicui reddere rationem nec computum ; nec etiam inventarium facere teneatur.

In cæteris verò omnibus aliis bonis meis, & etiam in omnibus bonis quæ fuerunt Petri de Podio-alto filii mei quondam , & juribus & rationibus & dominationibus quæcumque, & qualiacumque, & quantacumque, & ubicumque sint; Rostagnum de Podio-alto nepotem meum filium filii mei Petri de Podio-alto quondam, mihi heredem universalem facio & instituo, retento mihi usufructu in facto quod habeo in castro de Teseriis, & ejus territorio, seu tenemento. Quod factum mihi retineo ad vitam meam, & post vitam meam volo quòd revertatur ad prædictum Rostagnum nepotem & heredem meum pleno jure.

Et volo istud præsens Testamentum meum statim exequutioni mandari : & quod dictus Rostagnus bona prædicta auctoritate sua propria apprehendere possit , & regere & gubernare, & de ipsis bonis me exuens, ipsum Rostagnum nepotem meum investio, & renuntio usufructui quem possem habere quamdiù viverem in dotibus supradictis , & de meo jure in ipsius jus transfero , promittens eidem Rostagno præsenti, stipulanti & recipienti quòd contrà prædicta vel aliquid prædictorum non veniam aliquo tempore , aliâque ratione mihi competenti vel competiturâ. Retineo tamen mihi quamdiù vixero , denarios censuales quos habeo vel habere debeo in castro de Podio-alto , & in castro de Viridi-folio ; & post vitam meam volo quòd prædicti census ad prædictum Rostagnum nepotem & heredem meum pleno jure revertantur. Et volo quòd prædictus Rostagnus mihi providere teneatur quamdiù vixero , honorificè in victu & vestitu , ubicumque mihi magis placuerit sive in castro de Podio-alto , sive in castro de Viridi-folio, sive etiam alibi extrà terram meam ; si de meâ procederet voluntate.

Item volo & præcipio , quòd dictus Rostagnus heres meus restituat & solvat de bonis meis omnia forefacta meo arbitrio , & cognitione Gadiatorum meorum infrascriptorum. Facio autem & constituo Gadiatores meos domnum Abbatem Monasterii S. Andreæ , & domnum Decanum Monachum ejusdem Monasterii Sancti Andreæ , quibus do plenariam potestatem solvendi prædicta , & emendandi forefacta mea.

Hujus rei testes fuerunt vocati & specialiter rogati , dominus Rostagnus de Albagnhaço de Bagneolis, Jurisperitus.

Albaronus dominus de Montefrino ,
Bertrandus de Lauduno Monachus ,
Pontius Ricavi de Rupemaura ,
Guiraudus Rosselli ,
R. Celloni ,
Bertrandus Botinii ,
Guillelmus Mognha ,
R. Faraudus de Avinione ,
Bernardus de Albareto ,
Petrus Blaquerii ,
Bertrandus Dotinus de Cavillione :

Et ego Bertrandus Aurus publicus domini Regis Franciæ Notarius, testis rogatus interfui , & mandato dicti Testatoris præscripta scripsi , & signo meo signavi.

JACOBI *Regis Aragoniæ, &c. Testamentum* An. MCCLXL

IN nomine Domini nostri JESU-CHRISTI , anno Incarnationis ejusdem millesimo ducentesimo nonagesimo-nono , quarto Kal. Octobr. exhibitum fuit Reverendo Patri in Christo domino Raymundo divinâ miseratione Episcopo Elnensi , hoc Exemplum

---

a Rostagni] Acherius : *Hoc est, ex parte patris ejus Petri de Podio, & ex meâ parte qui sum Petri hujusce pater avus Rostagni.*

suprascriptum, fideliter per me Petrum Gumbi scriptorem publicum villæ Perpiniani pro Illustrissimo domino Jacobo Dei gratiâ Rege Majoric. Comite Rossilionis & Ceritaniæ, ac domino Montispessulani, & de mandato speciali ejusdem domini Regis, ad supplicationem discreti viri Magistri Bernardi de Capluc de Amilano, supplicantis hoc pro, & nomine potentis viri domini Henrici eâdem gratiâ Comitis Rutenensis quodam publico Instrumento Originali, non vitiato, nec cancellato, nec abolito, nec suspecto, & in sui figurâ absque suspicione & vituperatione aliquâ apparente, sigillato duobus sigillis cereis in eo pendentibus, quorum unum erat domini Petri bonæ memoriæ, & aliud dicti domini Jacobi fratris sui, qui tempore confectionis dicti instrumenti Infantes vocabantur. Quâdamque Bullâ seu sigillo plumbeo intermedio, in dicto Instrumento appenso inclytæ recordationis domini Jacobi eorum patris Regis Arragoniæ & Majoric. etiam communito. In cujus Bullæ circumferentiâ ab unâ parte erat in medio imago Regis sedentis in quodam sedili sculpta, coronam in capite deferentis tribus pomellis desuper ornatam, quæ quidem imago Regis deferebat in manu sinistrâ versùs sursum elevatâ formam crucis super formam pomi; in manu verò dexterâ tenebat formam ensis evaginati juxtà se in transverso, desuper genua sua, & ipsa sedendo sedilia deversus qua partem dicti sigilli in orbitate ejusdem, formâ tamen crucis scriptâ, supra caput dictæ imaginis erant sculptæ litteræ ut sequuntur: S. JAC. REG. ARAG. ET MAJORIC. ET VALENTIÆ. In aliâ verò parte dictæ Bullæ ejusdem rotunditatis, erat in medio sculpta imago cujusdam militis equitantis desuper formam equi currentis, ut videbatur, armati formâ armorum, signi Regis Arragoniæ, portantis scutum dicti signi Arragon. & lanceam ac si vellet ad junctam venire, & formam coronæ suprà caput cum tribus pomellis; in cujus partis orbitate post formam crucis existentis ferè suprà ultimum pomellum dictæ coronæ, erant sculptæ litteræ, quæ sequuntur: COMITIS BARCHINONÆ ET URGELLI, ET DOMINI MONTPESSULANI. In medio verò unincujusque dictorum sigillorum cereorum erat forma scuti rotundi, signi Regis Arragoniæ, prout prædictam circà designationem, & rei evidentiam clariùs possum designo, & designare possum fideliter absque fraude, & primâ facie apparebant. Quod Instrumentum sic duobus sigillis cereis; & bullâ prædictâ communitum, insinuatum existit, instanter publicari petitum ex parte dictorum dominorum Regis Majoric. & Comitis Ruthenensis, & hoc Exemplum inde sumptum cum dicto Instrumento originali inspici, & concordari & abscultari. Deindeque præsenti exemplo per dictum dominum Episcopum decretum Episcopale solemniter interponi; non tantùm ut eorum [quæ] in ipso Instrumento originali eriprimuntur memoria habeatur, sed ut etiam tali exemplo ubique plena fides adhibeatur in judicio, & extrà judicium; ex causâ justâ penes dictum dominum Comitem Majoric. interesse prædicta dicebat, ut per munimentum hujusmodi probatio rei gestæ maneat & servetur. Quod quidem Exemplum exhibitum, & insinuatum sumptum per me Scriptorem infrà scriptum de dicto originali Instrumento publico, dictis sigillis, & bullâ communito, exhibito, & ostensis dicto domino Episcopo & testibus infrà scriptis; ac primum subscriptum tale est:

Noverint universi quòd nos JACOBUS Dei gratiâ Rex Arragon. Majoric. & Valentiæ, Comes Barch. & Urgelli, & dominus Montispessulani, volentes evitare quòd de cætero nullum scandalum, nulla discordia possint oriri inter carissimos Infantem Petrum, & Infantem Jacobum filios nostros, & heredes bonorum nostrorum. Quia sapientum est prævidere futura, ne possint ea in damnum eorum, vel sui generis redundare: ideo tractavimus pacem, dilectionem, & concordiam perpetuam inter prædictos filios nostros, de expresso assensu eorumdem : quæ quidem compositio talis est : Quòd si prædicti Infantes nostri supervirerent nobis, damus, & dimittimus prædicto Infanti Petro totum Regnum nostrum de Arragoniâ, & Comitatum nostrum Barchinonæ, de Cincha videlicet usque ad Caput de Crucibus, & usque ad collem dictum de Perello, & usque ad collem dictum de Panissars; & sic dividuntur termini Cataloniæ cum Confient & cum Ceritaniâ.

Item, damus & dimittimus prædicto Infanti Petro filio nostro, totum Regnum nostrum de Valentiâ & de Biar, & de Molâ, sicut dividunt termini usque ad mare, & sicut nos dividimus cum Rege Castellæ usque ad rivum Duldecona, & sicut dividit Regnum Arragoniæ, usque ad rivum Dalventoza, Quæ quidem duo Regna Arragoniæ videlicet & Valentiæ, & Comitatum Barchinonæ, cum Civitatibus, Villis, & Castris, & cum Comitibus, Vice-comitibus, Comdoriis, Vasvessoribus, & aliis Militibus, civibus, & burgensibus, rusticis, Judæis, & Sarracenis, & aliis hominibus universis cujuscumque conditionibus sint, & cum omnibus dominationibus, jurisdictionibus, terminis, & affrontationibus, & pertinentis, locis, juribus, vocibus & actionibus nobis in iis, & omnibus vel pro his competentibus, & competere debentibus, damus & dimittimus prædicto Infanti Petro filio nostro si nobis supervixerit, salvis tamen donationibus quas nos fecimus in prædictis Regnis & Comitatu.

Ex aliâ parte damus & dimittimus prædicto Infanti Jacobo filio nostro, si nobis supervixerit, totum Regnum nostrum Majoricarum & Minoricarum integrè; & totum id quod habemus, & de cætero habebimus in Evissâ.

Item, damus & dimittimus prædicto Infanti Jacobo filio nostro, Montempessulanum cum Castris, & cum omnibus pertinentis suis, & cum omnibus juribus & dominationibus quæ & quas non ibi habemus, & habere debemus.

Damus etiam & dimittimus eidem Infanti Jacobo filio nostro, totum Comitatum Rossilionis, & Cauquoliberum, & totum Confient, & Comitatum Ceritaniæ, & Vallem Aspirii, cum omnibus juribus & dominationibus quas ibi habemus & habere debemus aliquâ ratione. Est tamen sciendum quòd termini Ceritaniæ sunt isti, videlicet de Pincen usque ad Pontem de la Corbâ, & totâ valle Rippis cum suis terminis, & Bajulia est de dominatione Ceritaniæ, & extenditur ex parte Berguedani usque ad Rocham Sansam, & totum dominium de Valle-Aspir cum pratis, est de pertinentiis Comitatûs Ceritaniæ, & extenditur usque ad Collem d'Azez, & sicut Serra hoc scindit usque ad collem de Panissars, & de ipso colle de Panissars usque ad collem de Perello, & de ipso colle Perello usque ad Caput de Crucibus. Quæquidem omnia supradicta, scilicet Regnum Majoric. & Minoricarum, & totum id quod habemus & de cætero habebimus in Evissâ, & Montepessulano, cum Castris, & pertinentiis suis, Comitatum Rossilionis & Cauquoliberum, & totum Confient, & Comitatum Ceritaniæ, & Valle-Aspir cum Civitatibus, Villis, & Castris, & cum Comitibus, Vice-Comitibus, & Vasvessoribus, & aliis Militibus, & cum Burgensibus, Civibus, Rusticis, Judæis, & Sarracenis, & aliis hominibus universis cujufcumque conditionis fint , & cum omnibus dominationibus, jurifdictionibus , terminis , & affrontationibus , & pertinentiis, locis, juribus, vocibus & actionibus nobis in iis omnibus , vel pro iis competentibus , & competere debentibus, damus & dimittimus prædicto Infanti Jacobo filio noſtro ſi nobis fupervixerit ; in hunc videlicet modum , quòd in Comitatu Ruſſilionis , & in Cauquoliberº , & in Conflent & in Ceritaniâ , & in Vallaſpir currat moneta Barchinonæ de cætero perpetua , quæ nunc eſt in perpetuum , & Uſatici Barchinonæ , & conſuetudines Cataloniæ ſerventur perpetuò in dictis locis, ſalvis ſpecialibus conſuetudinibus ipforum locorum.

Volumus, mandamus, quòd ſi Infans Petrus filius noſter decederet ſine Infante mafculo legitimi conjugii , quòd Regnum Arragoniæ & Regnum Valentiæ , & Comitatus Barchinonæ cum omnibus iis quæ eidem Infanti Petro dedimus, revertantur prædicto Infanti Jacobo filio noſtro , vel ſuo heredi maſculo ; ita tamen quòd ſi filia , vel filiæ remanerent ex dicto Infante Petro , quòd Infans Jacobus & heres ſuus mafculus teneantur ipſas maritare honorificè , ſecundùm valorem ſuum & generis ſui.

Et ſi dictus infans Jacobus pro eâdem formâ decederet ſine infante mafculo legitimi conjugii , volumus & mandamus quòd Regnum Majoric. & Minoricarum , & totum id quod habemus , & de cætero habebimus in Eviſsâ , & Monſpeſſulanus cum omnibus Caſtris , & pertinentiis ſuis , & toto dominio quod ibi habemus , & habere debemus , & Comitatus Roſſilionis , & Cauquoliberum , & Conflent , & Comitatus Ceritaniæ & Vallaſpir , & totum id quod nos ſibi damus, revertantur prædicto Infanti Petro filio noſtro , vel heredi ſuo maſculo ; & ſi filia vel filiæ remanerent ex dicto Infante Jacobo , quòd Infans Petrus vel heres ſuus teneatur ipſas maritare honorificè , ſecundùm valorem ſuum & generis ſui. Et ſi forſan loca Ruſſilionis & de Cauquolibero & de Conflent , & Comitatum Ceritaniæ & Vallaſpir per matrimonium vel per alium modum haberent, venire in perſonas extraneas , quia non eſſent filii maſculi prædicti Infantis Jacobi vel ſuorum deſcendentium maſculorum , volumus quòd prædicta loca de Ruſſilione , de Cauquolibero , de Conflent , & Comitatum Ceritaniæ & Valaſpir , ſecundùm quod ſuperiùs terminata ſunt , teneantur in feudum pro dicto Infante Petro , & pro ſuis heredibus , pro illo videlicet , qui eſſet Comes Barchinoniæ, volumus & quòd donationes & lexiæ quas fecimus de Caſtris , & aliis rebus , habeant plenariam firmitatem : ſimiliter omnes donationes , & permutationes quas de Caſtris , villis , & planis hereditatibus aliquâ ratione de cætero faciemus, plenam habeant firmitatem ; ita quòd fiant cum æqualitate ſecundùm valorem , & quantitatem donationis & lexiæ factæ utrique filiorum noſtrorum prædictorum : prædicta autem omnia , & ſingula in totâ vitâ noſtrâ nobis plenariè retinemus.

Item , volumus & mandamus , quòd ſi forſan contingeret , quod Deus nolit ; quòd dictus Infans Petrus filius noſter veniret contra hanc ordinationem noſtram , vel moveret guerram contra prædictum Infantem Jacobum fratrem ſuum , ſic quòd nollet ab eo recipere jus in manu & poſſe communium perſonarum, non habeat prædictus Infans Petrus illud jus quòd ſuprà ei à nobis conceſſum eſt , videlicet , quòd loca de Roſſilione , & de Conflent , & de Ceritaniâ , & de Cauquolibero , & de Vallaſpir teneantur pro ipſo Infante Petro in feudum , ſi contingeret ipſa loca venire per matrimonium , vel per alium modum in extraneas perſonas , ut ſuperiùs dictum eſt. Ita tamen hoc volumus , quòd dictus Infans Jacobus non faciat fraudem , neque procuret per ſe , vel per alium quòd oporteat dictum Infantem Petrum venire contra hanc ordinationem noſtram , vel movere ei guerram ; quod quidem ſi certum eſſet , dictus Infans Petrus non amittat dictum jus feudi.

Ad hæc nos Infans Petrus , & Infans Jacobus non coacti ab aliquo , vel circumventi, ſed bono animo, & gratuitâ voluntate recipimus à vobis domino Rege patre noſtro , hanc donationem & hoc hereditamentum quod nobis facitis, ſicut ſuperiùs dictum eſt. De quibus concedimus uterque noſtrum nos benè eſſe pacatos ad noſtram voluntatem. Convenimus itaque , & promittimus vobis, & nobis ad invicem bonâ fide , & ſine aliquo malo ingenio , quòd ad invicem diligemus, & defendemus nos contra omnes perſonas , & hæc omnia ſupradicta , prout ſuperiùs dicta & ordinata ſunt attendemus , cuſtodiemus , & obſervabimus , & contra ea non veniemus aliquâ ratione per nos , vel per interpoſitam perſonam. Et ut prædicta majori gaudeant firmitate , facimus inde vobis & nobis ad invicem homagium ore & manibus , & etiam juramus per Dominum & ejus Sancta quatuor Evangelia manibus noſtris corporaliter tacta , quòd prædicta omnia & ſingula , prout ſuperiùs dicta ſunt, bonâ fide , & ſine aliquâ machinatione obſervabimus , complebimus , & attendemus , & non in aliquo contraveniemus. Actum eſt in Barchinonâ duodecimo Kalend. Septembris , Anno Domini milleſimo ducenteſimo ſexageſimo ſecundo.

Signum Jacobi Dei gratiâ Regis Arragonum , Majoric. & Valentiæ , Comitis Barchinonæ , & Urgelli & domini Montpeſſulani , qui prædicta omnia concedimus & firmamus.

Signum Infantis Petri filii Illuſtriſſimi domini Regis Arragonum , qui prædicta concedimus & juramus.

Signum Infantis Jacobi filii Illuſtriſſimi domini Regis Arragonum , qui hæc omnia concedimus, & juramus.

Teſtes hujus rei ſunt Arnaldus Barchinonæ Epiſcopus, Bernardus Vicenſis Epiſcopus : Guillelmus de Montegrino Sacriſta Gerundenſis : Joannes Vice-Comes de Caſtro-novo : Ferrandus Sanxo : Jaufridus de Cruhillis : Guillelmus de Montecluſo : & Berengarius de ſancto Vincentio : Bernardus de ſanctâ Eugenia, dominus Turricollæ de Montegrino : Raymundus de Urgio , & Gaucerandus de Pinos : Bernardus Guillelmi de Enteza , & Garcia Ortis : Atº de Foſſibus , & plures alii.

Signum Petri Marchiſii publici Barchinonæ Notarii , qui mandato domini Regis , & prædictorum filiorum ſuorum hæc ſcribi fecit & clauſit, die & anno quo ſuprà.

Et dictus dominus Epiſcopus Elnenſis ſedens pro tribunali apud Perpinianum ſuæ diœceſis , viſâ dictâ inſinuatione , & ſupplicatione præmiſſorum , & cauſâ per eum cognitâ ex ſuo officio , ut convenit, eorumdemque factâ collatione fideli de dicto Inſtrumento publico dictis duobus ſigillis , & bullâ plumbeâ prædictâ communito , cum hoc exemplo ſeu monumento ſubſcripto publicato , & cum diligentiâ abſcultato coram ipſo Domino Epiſcopo , præbente aſſenſum ſuum Epiſcopalem ad prædicta, coram teſtibus infraſcriptis, quorum novit poſtulata ſuperiùs ex parte prædictorum dominorum Regis & Comitis fore juſta, prædictumque exemplum cum dicto Inſtrumento originali concordare, dictis ſigillis , & bullâ ; ut præmittitur, communito , ſuam auctoritatem Epiſcopalem eidem exemplo , ac conſenſum

sensum judiciarium interposui, proinde est decretum ut eidem exemplo suprascripto tamquam authentico adhibeatur de cætero plena fides ex causâ præsens dictum convenire, remansuro suo sigillo & Episcopali roborando in testimonium prædictorum.

Facta fuerunt hæc anno & die quibus superiùs in principio præsentis Instrumenti, in villâ Perpiniani, in palatio dicti Domini Episcopi ejusdem suæ diœcesis, præsentibus testibus ad hoc adhibitis & vocatis, scilicet Laurentio Plasense Notario Perpiniani: Guillelmo de Cantalupis Notario dicti Domini Episc. Guillotandi Notarii dicti Domini Comitis: Petro Sapor. Canonico Elnensi: Laurentio Pagesi Canonico Perpiniani: Arnaldo de Benevivere Præposito de Villari Elnensis diœcesis: & M. Petro Querubi scriptore prædicto. Ad quæ Ego dictus Guillelmus de Cantalupis Notarius publicus dicti Domini Episcopi, testis ad hoc adhibitus, unà cum Notariis & aliis testibus superscriptis, meum dictum Instrumentum originale dictis sigillis, & bullâ communitum scriptum, lectum, & diligenti factâ collatione super eo coram dicto Domino Episcopo fideliter inspexi, & abscultavi ; & quia utrumque concordare inveni, de ipsius Domini Episcopi mandato requisitus solemniter ex parte dictorum Dominorum Regis & Comitis ad ejus exempli plenam fidem habendam, & præmissorum testimonium, prædicta testificatus me subscribo, & hoc signum meum appono.

Eodem modo ego Laurentius Plasensa Notarius publicus Perpiniani me subscribo, & signum meum solitum appono.

Eodemque modo ego dictus Guillelmus Tadei publicus Notarius dicti Domini Comitis Ruthenensis, me scienter subscribo, & signum meum appono.

Ego verò dictus Petrus Querubi scriptor publicus Perpiniani, præsens Instrumentum juxta tenorem dicti Instrumenti originalis prædesignatis sigillis & bullâ communiti fideliter exemplavi, nihil addens, mutans, vel minuens quod sensum mutet vel etiam intellectum, inde sumens hoc exemplum per ordinem, & unà cum prædictis subscribentibus Notariis publicis, factâ inde fideli & diligenti collatione coram dicto Domino Episcopo, dictum originale instrumentum per alphabetum divisum fideliter exemplavi, exemplumque scriptum inde feci, & scripsi hoc publicum Instrumentum per prædictum Magistrum Bernardum precatorio nomine dicti Domini Comitis requisitus, & de voluntate dicti Domini Regis, de mandatoque, & licentiâ Domini Episcopi memorati, & quæ concordare inveni ipsis cum dicto originali Instrumento, prædicta in veritate testificans, & in præmissorum testimonium me subscribo, faciens inde hoc publicum Instrumentum cum suppositâ, & quartâdecimâ lineâ dictione *nostrum*, & in octavâ decimâ lineâ dictione *nos*, & cum rasurâ factâ in tricesimâ-quartâ lineâ, ubi dicitur, *Recipe*; & hoc signum meum solitum appono.

Nos verò miseratione divinâ Elnensis Episcopus huic transcripto, quod cum suo originali fideliter percipimus convenire, hac nostrâ subscriptione propriæ nostræ manûs, auctoritatem nostram impendimus & assensum, ipsumque sigilli nostri prædicti munimine jussimus communiri. Testificantes insuper quòd prænominati Tabelliones, & Notarii videlicet Petrus Querubi, Laurentius Plasensa & Guillelmus de Cantaluppis sunt publici Notarii, prout ipsimet in suis subsignationibus Notarios publicos se nominant & appellant.

Transsumptum litterarum nobilis viri Domini OTTONIS *de Cyconis*, CARYSTI *Dominatoris, qui dedit Abbati & Conventui Cistercii, & misit in theca aurea Capsella argenteâ per Abbatem de Bella-Valle, & Abbatem de Delphineto, Brachium B. Joannis Baptistæ, per hæc verba:*

Anno MCCLXIII.

Venerabilibus in Christo Patribus Abbati Cistercii, ac universis Abbatibus, Prioribus, cæterisque Cisterciensis Ordinis Fratribus, in generali eorumdem Capitulo congregatis, OTTO de Cicconis, Dominator KARYSTI in Imperio Romano, salutem, & tam sanctæ Congregationis apud Deum intercessionis gratiam promereri. Si nobis in hujus sæculi fluxu labentibus amicos de iniquitatis mammona facere consulit Magister infallibilis æquitatis, quos in æternorum distributione donorum inveniamus amicabiles receptores ; quales profectò existimet quis futuros de sanctitatis thesauris acquisitos ? Cum itaque [sicut ex attestatione serenissimi Domini nostri Balduini Imperatoris Constantinopolitani, ex cujus munificentia liberali ad manus nostras pervenit portio muneris pretiosi pro certo constat) penes nos haberemus brachium illius venerandissimum, cujus præclaræ vocis zonitruum nobis intonuit, & dextræ manus digitus Redemptorem mundi sæculo demonstravit, & talis tantique thesauri nos custodes reputaverimus, non tam idoneos quàm indignos, sacratissimique Ordinis vestri matrem, domum scilicet Cisterciensem, quàm affectione speciali diligimus, fidelissimam thesaurariam tantæ rei merito inibi conversantium nullatenùs ambigamus. Magnum hoc & gloriosum munus ipsius custodiæ duximus committendum, brachium ipsum aureâ theca tectum, & in argenteâ capsâ reconditum trecentorum ypperorum pretio æstimatis, per venerabiles viros de Bella-Valle, & de Dalphineto, Ordinis vestri Abbates, latores præsentium transmittentes, ac speciali devotione poscentes, ut tam præclaræ possessio margaritæ honore debito conservata virtutis suæ gratiam obtineat, & gloriam dignis exculta laudibus assequatur. Denique nos & consortem tori nostri Dominam felicem ac liberos nostros Congregationi vestræ sanctissimæ, qui salvatorem mundi eo meruit habere propitium, quo in ejus nomine congregata, sudores & labores suos ipsius sancto servitio noscitur consecrasse, recommendamus nos humiliter & devotè, per Dei misericordiam obsecrantes, quatenùs contrà lapsus nostros & discrimina innumeraque pericula quibus incessanter urgemur, opponatis sanctarum orationum vestrarum fortissima munimenta, quibus & hìc à noxiis protecti, remissionem percipere delictorum, & in futuro cum sanctis omnibus ad æternæ vitæ gaudia pertingere mereamur, illum in desse suo regio conspectui; quem ad redemptionis nostræ mysterium venientem in carne mortalem primus ipse præco mortalibus prædicavit. Datum in Romaniâ, in civitate Nigro-Ponte, anno Domini M. CC. LXIII. undecimo Kal. Aprilis.

Tom. III.

MMmm

Item transscriptum litterarum scriptarum in Gallico serenissimi Domini BALDUINI *Dei gratiâ Imperatoris Constantinopolitani, per quas ipse Brachium beati Joannis Baptistæ cum capsellâ argenteâ & thecâ aureâ nobili viro Domino* OITONI *de Cycons,* KARYSTI *Dominatori, concessit, contulit & quitavit perpetuò sub hac formâ:*

NOs BALDUINS par la grace de Dieu tres-feiaux Empereres de Dieu coronez, goviernères de Romanie & toztens accressans, faisons à sçavoir à touz cels qui ces presentes lettres verront, que com nostre amez nobles homs Ottes sires de Cycons & de la Cariste nos eust presté à nostre requeste por la grant necessité de nos & de nostre Empire v. mill. pres sur nos gages, lesquex Niquefores nostre messages li delivra de par nos, il nous en a fait assez de grace & de bonté de l'atendre, & de garder les outre lou termé que il nos dona, de quoi nos li savons bon gré. Nos por ce que ne sumes pas aise de rachater cels devant diz nos gages dou devant dit Monseignour Otte, ne de faire à faire à lui satisfaction de la dette presentement, & por ce que nos ne volons que il en ait plus des hors en avant grevance de garder & tenir les devant diz gages & desette de son paiement, quitons au devant dit Monseignour Otte, & à ses hoirs perpetuement por nos & nos hoirs les devant diz gages, à faire sa volonté come de sa propre chose, senz rapeler ne de nos, ne de nos hoirs en nul temps. E en tesmoignage de cette chose nos avons doné au devant dit Monseignour Otte, ces presentes lettres seellées de nostre seel & seignies de nos imperiaux enseignes. Ces lettres furent donée à Athenes en l'an de la Incarnation nostre Seigneur MCC. & LXI. ou mois d'Octobres, ou XXII. an de nostre Empire.

Item exemplar litterarum antedicti nobilis viri Domini OITONIS *de Cyconis,* KARISTI *Dominatoris quas misit Abbati & Conventui Cistercii, & etiam Capitulo generali, de donatione quam fecit eidem Domui Cystercii de brachio supradicto B. Joannis Baptistæ in hac verba:*

VEnerabilibus in Christo Patribus Domino Abbati Cystercii, totique Conventui ejusdem loci, ac universis Abbatibus ipsius Ordinis ad suum Capitulum celebrandum inibi congregatis, OTTO de Cyconis, KARISTI Dominator, cum sui recommendatione reverentiam debitam & devotam. Pretioso thesauro quæritur locus tutus & pretiosus, fons laudabilis animæ sitienti, arbori stabili, stabile fulcimentum & robustum brachium, ut gravi casui obvietur. Hinc licet non meis meritis illuminante luce, quæ omnem hominem in hunc mundum illuminat venientem, me noscens arborem debilem, ut cæteri mortales in morte casuram, & ideo ad Austrum, non ad Aquilonem pendere desiderans, ut post casum corporis aliquando transplanter in horto cœli vestri, cunctorumque Fratrum vestrorum, quos super angulos mundi plantavit dextera Præpotentis, ut suis humeris portent orbem, ac sanctæ vitæ fulgoribus illuminent omnem terram; humiliter & devotò postulo totis viribus, toto conatu cordis, diligentique affectione suffragia tam in vita, quàm in morte, mihi, uxori meæ ac filiis, animabus quoque parentum & propinquorum meorum defunctorum, omnibusque propinquis meis præsentibus & futuris, & amicis meis, concedi misericorditer & communicari, ut totius Ordinis vestri beneficiorum participatione usque in finem in plantario formatæ fidei fulciar, & ipsorum suffragiorum brachio cunctorum inimicorum *** gnatione defensus, finaliter inveniar efficialiter *** tentatus. Ad cujus devotionis argumentum, piæ postulationis effectum, & memoriale perpetuum, offero Monasterio vestro Cystercii loco tuto & pretioso pretiosum thesaurum, Brachium B. Joannis Baptistæ in thecâ aureâ & capsellâ argenteâ, quæ sunt ypperis trecentis appretiatæ. Hoc siquidem brachium habui priùs in pignore ab Imperatore Constantinopolitano, postmodum idem Imperator ipsum liberè & propriè ac totaliter mihi concessit, ut inde facerem, tanquam de re propriâ velle meum, sicut in ejusdem Imperatoris litteris patentibus cum Bullâ pendente (quas vobis transmitto cum præsentibus) continetur. Quod (inquam) brachium baptizavit appendentem tribus digitis molem terræ, baptizantem in Spiritu sancto & igni, Dominum scilicet Jesum-Christum in stupentis undâ Jordanis, splendorem gloriæ radiumque Solis, qui me dignetur unâ vobiscum in spendore cœli & consortio spirituum beatorum beatificare suâ perpetuâ visione. Datum apud Nigropontem, anno Domini M. CC. LXII. XII. Kal. Aprilis.

Ex registro Capitulorum Gen. Ord. Cist.

Anno Domini M. CC. LXIII. in Capitulo Generali Ordinis Cister. facta fuit diffinitio tenoris sequentis: Abbati de Delphino, qui in deportando de Græciâ ad Dominum Cistercii gloriosissimas Reliquias, videlicet Brachium S. Joannis Baptistæ, non modicum laboravit, volens Generale Capitulum facere gratiam specialem, concedit eidem, quòd quamdiù in dictâ Domo abbatisaverit, eo tantùm venire termino teneatur, quo Abbates Syriæ venire solent ad Capitulum generale.

Charta, sive Vidimus Domini JOANNIS *Episcopi Cabilonensis, de prædictis tribus litteris, acta anno Domini* 1442. *more Romanæ Curiæ,* 25. *mensis Aprilis. Cætera non habemus.*

Aña. Perpetuis nos, Domine, S. Joannis Baptistæ tuere præsidiis, & quanto fragiliores sumus, tanto magis necessariis attolle suffragiis. ℣. Fuit homo missus à Deo. ℟. Cui nomen erat Joannes. *Oremus.* Omnipotens sempiterne Deus, qui præsentem Ecclesiam honorabilem fecisti Dexteræ Beati Joannis Baptistæ præsentiâ, concede propitius, ut ipsius virtute defensi, mereamur ab hostibus mentis & corpore liberari: Per Christum Dominum nostrum.

Christi Baptista, thalamus tuus est domus ista: Nos igitur dextra tua protegat intùs & extrà.

Compromissum Regis ac Baronum Angliæ in quo eligunt arbitrum omnium contentionum & discordiarum Regem Franciæ LUDOVICUM.

Anno MCCLXIII.

LUdovicus Dei gratiâ Francorum Rex, Universis præsentes litteras inspecturis salutem. Notum facimus, quòd carissimus consanguineus noster HENRICUS illustris Rex Angliæ, & subscripti Barones Angliæ in nos compromiserunt, prout continetur in litteris eorum infrascriptis. Tenor autem Litterarum ipsius Regis talis est.

HENRICUS Dei gratiâ Rex Angliæ, Dominus Hiberniæ, & Dux Aquitaniæ, omnibus ad quos præsentes litteræ pervenerint salutem. Noveritis quòd nos compromisimus in D. Ludovicum Regem Francorum illustrem super provisionibus, ordinationibus,

Diplomatum, &c.   643

ſtatutis, & obligationibus omnibus Oxonienſibus, & ſuper omnibus contentionibus & diſcordiis, quas habemus & habuimus uſque ad feſtum Omnium Sanctorum nuper præteritum adversùs Barones Regni noſtri, & ipſi adversùs nos occaſione proviſionum, ordinationum, ſtatutorum, vel obligationum Oxonenſium prædictarum. Promittentes, & per dilectos fideles noſtros Willelmum Belet militem, & Robertum Fulconis Clericum, de mandato noſtro ſpeciali in animam noſtram jurantes tactis ſacro-ſanctis Evangeliis; quòd quidquid idem Rex Franciæ ſuper omnibus prædictis, vel eorum aliquibus de alto & baſſo ordinaverit vel ſtatuerit, nos obſervabimus bonâ fide. Ita tamen quòd idem Dominus Rex Franciæ dicat ſuper his dictum ſuum citrà Pentecoſtem proximò venturam.

In cujus rei teſtimonium præſentibus litteris ſigillum noſtrum fecimus apponi.

Nos autem Edwardus prædicti Domini Regis Angl. primogenitus, Henricus filius Ricardi Regis Alemanniæ, Rogerius Comes Norff & Mareſcallus Angliæ, Joannes de Warenna, Willelmus de Valentiâ, Hunfredus de Bohan Comes Herefort, & Eſſex, Hugo le Bigod, Philippus Baſſet, Joannes filius Alani, Robertus de Briis, Rogerus de Mortuomari, Joannes de Verdun, Willelmus de Beiis, Joannes de Baillol, Henricus de Pertiz, Reginerus filius Petri, Jacobus de Alditel, Alanus Lazuche, Rogerius de Cliffort, Hamo extraneus, Joannes de Grey, Philippus Marmion, Robertus de Neville, Joannes de Vallibus, Joannes de Muſegros, Warinus de Baſſingburn, Adam de Geſenvich, Rogerus de Somery, Richardus Foliot, Rogerus de Leyburn, & Willelmus le Latimer; prædicto compromiſſo, per dictum Dominum noſtrum Regem Angliæ facto, ſicut prædictum eſt, conſentimus, & juramus tactis ſacroſanctis Evangeliis, quòd quidquid Dominus Rex Franc. ſuper omnibus prædictis, vel eorum aliquibus de alto & baſſo ordinaverit vel ſtatuerit, obſervabimus bonâ fide. Ita tamen quòd idem Dominus Rex Franc. dicat ſuper his dictum ſuum citrà Pentecoſtem proximò futuram, ſicut ſuperiùs eſt expreſſum.

In cujus rei teſtimonium præſenti ſcripto ſigillo Domini noſtri prædicti Regis Angl. ſignato ſigilla noſtra fecimus apponi. Datum apud Windeſ. Dominicâ proximâ poſt feſtum ſanctæ Luciæ Virginis, anno Domini M.CC.XIII. Litteræ verò Baronum tales ſunt.

Univerſis præſentes litteras inſpecturis, H. Londonenſis, W. Wigornenſis Epiſcopi, S. de Monteforti Comes Leyceſtriæ & Seneſcallus Angliæ, Hugo le Deſpenſ. Juſtitiarius Angliæ, Humfredus de Boim juvenis, H. de Monteforti, S. de Monteforti juvenis, Adam de Novomercato, Petrus de Monteforti, Radulfus Baſſet de Sapetot, Baldwinus Wake, Robertus de Bos, Willelmus le Blund, Willelmus Mareſcallus, Walterus de Coleville, Ricardus de Grey, Willelmus Badulf, Ricardus de Tamuy, Henricus de Haſting, Joannes filius Joannis, Robertus de Veteriponte, Joannes de Veſey, Nicolaus de Segrave, Galfridus de Lucy, ſalutem in Domino: Noveritis quòd nos compromiſimus in Dominum Ludovicum Regem Franciæ illuſtrem ſuper proviſionibus, ordinationibus, ſtatutis, & obligationibus omnibus Oxonii, & ſuper omnibus contentionibus & diſcordiis quas habemus & habuimus uſque ad feſtum, Omnium Sanctorum nuper præteritum, adversùs Dominum noſtrum Regem Angliæ illuſtrem, & ipſe adversùs nos, occaſione proviſionum, ordinationum, ſtatutorum, vel obligationum Oxonienſium prædictarum, firmiter promittentes &

jurantes tactis ſacro-ſanctis Evangeliis; quòd quidquid idem Rex Franc. ſuper omnibus prædictis vel eorum aliquibus de alto & baſſo ordinaverit, vel ſtatuerit, nos obſervabimus bonâ fide; ita tamen quòd idem Dominus Rex Franciæ dicat ſuper his dictum ſuum citrà Pentecoſt. proximò venturam.

Actum London. die ſanctæ Luciæ Virginis, anno Domini milleſimo ducenteſimo ſexageſimo tertio.

Inſuper prædictus Rex Angliæ & ſuperiùs nominati ex alia parte Barones; de omnibus contentionibus exortis inter eos poſt prædictum feſtum, uſque in præteritum diem ſanctæ Luciæ, occaſione prædictâ in nos compromiſerunt & promiſerunt per juramenta tactis ſacroſanctis Evangeliis præſtita; bonâ fide ſe ſervaturos quidquid ſtatuerimus & ordinaverimus de his, vel eorum aliquibus. Ita tamen quòd citrà Pentecoſtem proximò venturam dicamus ſuper his dictum noſtrum, & ſuper omnibus quæ ſuper rebus in compromiſſum deductis vel circa ipſas interim contigerit attentari. Nos verò partibus propter hoc convocatis Ambiani, dicto Rege perſonaliter, & quibuſdam de Baronibus per ſe, & aliis per procuratores comparentibus; coram nobis, auditis hinc inde propoſitis, & etiam defenſionibus ac rationibus partium pleniùs intellectis. Attendentes per proviſiones, ſtatuta, & obligationes Oxonienſes, & per ea quæ ex eis & occaſione eorum ſubſequuta ſunt, juri & honori Regio plurimùm fuiſſe detractum, Regni turbationem, Eccleſiarum depreſſionem, & deprædationem, & aliis perſonis ipſius Regni Eccleſiaſticis & ſæcularibus, indigenis, & alienigenis graviſſima diſpendia proveniſſe; & quòd veriſimiliter timebatur ne graviora contingerent in futurum. Communicato bonorum & Magnatum conſilio.

In nomine Patris, & Filii, & Spiritûs ſancti, prædictas proviſiones, ordinationes, & obligationes omnes, quocumque modo cenſeantur, & quidquid ex eis vel occaſione eorum ſubſequutum eſt, per dictum noſtrum, ſeu ordinationem noſtram caſſamus & irritamus, maximè cùm appareat ſummum Pontificem eas per ſuas litteras caſſas & irritas nuntiaſſe; ordinantes quòd tam dictus Rex quàm Barones & alii quicumque præſenti compromiſſo conſenſerunt, & de prædictis obſervandis ſe quoquomodo adſtrinxerunt, ſe de eiſdem quitent penitùs & abſolvant.

Adjicimus etiam quòd ex vi ſeu viribus prædictarum proviſionum ſive obligationum, ſeu ordinationum, vel alicujus rei ſuper hoc conceſſæ poteſtatis à Rege, nullus nova ſtatuta faciat; nec jam facta teneat vel obſervet; nec propter non obſervantiam prædictorum debeat aliquis ulteriùs capitalis vel aliter inimicus haberi, vel pœnam propter hoc aliquam ſuſtinere.

Decernimus etiam, quòd omnes litteræ ſuper præmiſſis proviſionibus & eorum occaſione confectæ, irritæ ſunt & inanes; & ordinamus; quòd ipſi Regi Angliæ reſtituantur à Baronibus & reddantur.

Item dicimus & ordinamus, quòd caſtra quæcumque fuerint tradita cuſtodienda & ſecuritatem, ſeu occaſione prædictorum; & adhuc ſunt detenta, liberè à dictis Baronibus, eidem Regi reddantur, tenenda ab eodem Rege ſicut ea tenebat ante tempus prædictarum proviſionum.

Item dicimus & ordinamus, quòd liberè liceat prædicto Regi Capitalem Juſtitiarium, Cancellarium, Theſaurarium, Conſiliarios Juſtitiarios minores, Vicecomites & quoſcumque alios Officiales, ac Miniſteriales Regni ſuæ domûs ſuæ, præficere, inſtituere, deſtituere & amovere pro ſuæ libito voluntatis,

Sententiæ Regis Franc.

sicut faciebat & facere poterat ante tempus provisionum prædictarum.

Item retractamus & cassamus illud statutum factum, quòd Regnum Angliæ de cætero per indigenas gubernetur, necnon ut exirent alienigenæ non versuri, exceptis illis quorum moram fideles Regni communiter acceptarent. Ordinantes per dictum nostrum quòd liceat alienigenis morari in dicto Regno securè, & quòd Rex possit alienigenas & indigenas vocare securè ad consilium suum, quos viderit utiles & fideles, sicut facere poterat ante tempus prædictum.

Item dicimus & ordinamus, quòd dictus Rex plenam potestatem & liberum regimen habeat in Regno suo & ejus pertinentiis, & sit in eo statu, & in eâ plenariâ potestate in omnibus & per omnia, sicut erat ante tempus prædictum.

Nolumus autem nec intendimus per præsentem ordinationem derogare in aliquo Regiis privilegiis, chartis, libertatibus, statutis, & laudabilibus consuetudinibus Regni Angliæ, quæ erant ante tempus provisionum ipsarum.

Ordinamus etiam quòd idem Rex prædictis Baronibus indulgeat & remittat omnem rancorem, quem habet adversùs eos occasione præmissorum ; & similiter Barones eidem. Et quòd unus alterum occasione præmissorum, de quibus in nos extitit compromissum, per se vel per alium de cætero non gravet in aliquo vel offendat.

Hanc autem Ordinationem nostram, seu dictum nostrum protulimus Ambianis in crastino beati Vincentii Martyris, anno Domini millesimo ducentesimo sexagesimo tertio mense Januario.

In cujus rei testimonium præsentibus litteris nostrum apponi fecimus sigillum. Actum anno, mense, die, & loco prædictis.

An. MCCLXII.
vel MCCLXIV.

PETRUS *filius Regis Aragonum dotem* CONSTANTIÆ *uxori suæ constituit.*

Noverint universi, quòd nos Infans PETRUS filius illustris domini JACOBI Dei gratiâ Regis Aragonum, Majoricarum, & Valentiæ, Comitis Barchinonæ & Urgelli, & domini Montispessulani, confitemur & recognoscimus vobis dominæ Constantiæ filiæ illustris Manfredi Regis Siciliæ dilectæ uxori nostræ, quòd tempore quo contraximus vobiscum matrimonium, assignavimus, de voluntate & assensu prædicti domini Regis patris nostri, atque obligavimus, & hypothecavimus pro dote vestrâ, quæ est in summâ quinquaginta millium unciarum auri Comitatum Rossilionis, Comitatum Ceritaniæ & Confluentis & Vallispirii, & Comitatum Bisuldoni ac de Pratis : Villas Calidarum & Lagustariæ cum omnibus juribus, justitiis, rationibus & pertinentiis suis, sicut hæc continentur in Instrumento inde confecto, cujus series sic se habet :

In nomine Domini nostri JESU-CHRISTI, Amen. Anno ejusdem Incarnationis millesimo ducentesimo sexagesimo secundo, Idus Junii. Pactorum declaratio pacem mittit, sepelit materiam jurgiorum, & specialiter in matrimonii fœdere, in quo per parentelæ vinculum veri amoris & pacis concordia, concordiæ puritas, & puritatis integritas copulatur. Ideoque nos Jacobus Dei gratiâ Rex Aragonum, Majoricarum & Valentiæ, Comes Barchinonæ & Urgelli, & dominus Montispessulani ; Et nos Petrus Infans ejusdem domini Regis filius, in præsentiâ infrà scriptorum virorum Optimatum terrarum, &

Guidonis Capitis porci judicis Curiæ Montispessulani, præsenti scripto fatemur pro contractu matrimonii inter nos prædictum Petrum, & illustrem dominam Constantiam domini Manfredi illustris Regis Siciliæ filiam, nos præsentialiter recepisse, & recepimus, à vobis domino Bonifacio de Anglano egregio Comite Montisalbani, & avunculo dicti domini Regis Siciliæ speciali nuntio & Procuratore ipsius, de quo plenè constitit numerantibus, solventibus & assignantibus pro parte ipsius domini Regis Manfredi nomine dotis pro prædicta Constantia filiâ ejus, uxore nostri prædicti Petri inter aurum argentum & lapides pretiosos incastatos [a] ad pondus Regni Siciliæ, viginti quinque millia unciarum auri, videlicet in auro novem millia centum octaginta uncias, at in auro, argento & lapidibus pretiosis incastatis communi æstimatione æstimatas, quindecim millia octingentas & viginti, ad dictum pondus de summâ quinquaginta millium unciarum, quas dominus Giroldus de Posta, Major de Jonevassio, voluntate ac consensu prædicti Domini Regis Aragonum patris, nomine dotis pro dictâ dominâ Constantiâ. Alia verò viginti quinque millia unciarum auri tam in auro ponderato, quam in auro, argento, & lapidibus pretiosis æstimanda, Idem dominus Rex Manfredus solvet nobis in terminis subscriptis ; videlicet in Festo Resurrectionis proximè futuro præsentis quintæ Indictionis, in Civitate Januæ duodecim millia & quingentas uncias, & reliqua duodecim millia & quingentas uncias solvendas nobis in eâdem civitate in fine unius anni à prædicto festo Resurrectionis numerandi ; licet dictus dominus Rex Manfredus obligasset se soluturum nobis prædicta viginti quinque millia unciarum auri reliqua, breviore termino ; quia placuit nobis ipsum terminum dicto domino Comiti, pro parte dicti domini Regis Manfredi velut suo nuntio prorogare.

Prædictam autem quantitatem viginti quinque millia unciarum auri integraliter recepimus, & penes nos habemus : renuntiantes exceptioni non numeratæ pecuniæ, dotis, doli, & non electi aut ponderati auri, & exceptioni non electorum lapidum pretiosorum, seu minùs infrà æstimationem æstimatorum. Pro quibus dotibus sponte & expressè obligamus & impignoramus eidem domino Regi Manfredo, pro parte dictæ dominæ Reginæ Constantiæ, & eidem dominæ Constantiæ Comitatum Rossilionis, Comitatum Ceritaniæ & Confluentis, & Vallispirii, & Comitatum Besaudini & de Pratis ; Villas Calidarum & Lagustariæ, cum omnibus juribus & rationibus suis pro dictâ dote, si casus restitutionis acciderit ; tali pacto scilicet quòd si dictam dominam Reginam præmori contigerit, integraliter prædictam quantitatem quinquaginta millium unciarum auri, excepto quòd dicta domina Constantia legabit pro animâ suâ usque ad summam decem millium unciarum auri. Et si contigerit nos prædictum Petrum præmori, eâdem dominâ superstite, communibus legitimis liberis & prole, obligamus nos nostrosque heredes eidem domino Regi Manfredo, & dominæ Constantiæ integras prædictas dotes tam in pecuniâ, quàm in rebus æstimatis restituere, concessâ eis licentiâ & plenariâ potestate, prædictos Comitatus, villas & terras obligatas capiendi, possidendi & usufruendi, donec dotes ipsæ eidem domino Regi & dominæ Constantiæ, vel eorum heredibus integrè restituantur, & percipiant interim reditus & proventus ex eis pro victu & necessariis ejusdem dominæ, annuatim duobus millibus libris Turonensibus ; reliquam quantitatem reditum computent ipsi in sor-

a. *incastatos.*] Gal. *encastrés*, vel *enchassés* ubi cavus annuli, vulgò *le Chaston*, castum latinè.

tem domini prædictarum, côtraditione nostrâ nostrorumque heredum seu successorum omnino remota.

Item quòd si contingeret nos Petrum prædictum præmori superstitibus nostris filiis & prole ex eadem domina Regina susceptis, eadem domina tenebit & gubernabit Comitatus & terras prædictas, & percipiet reditus & proventus ex eis, & nutriet & gubernabit communes filios usque dum pervenerint ad ætatem viginti annorum : dum tamen eadem domina ad secunda vota non convolet.

Quæ omnia præscripta pacta promittimus & juramus bonâ fide servare, sine dolo & fraude, & in nullo contravenire vel in aliquò prædictorum. Renuntiantes omni auxilio juris tam Canonici quam civilis, quo contrà prædicta vel prædictorum aliquod venire possemus : Renuntiantes omni auxilio juris consuetudinarii. Unde ad futuram memoriam præfati domini Regis Manfredi & prædictæ dominæ Constantiæ, & ipsorum heredum cautelam, præsens scriptum publicum confici fieri jussimus per manum Raimundi Doscha publici Notarii Montispessulani, sigillo & subscriptionibus Nobilium & dicti Judicis, qui rogati interfuerunt, roboratum. Acta fuerunt hæc solemniter & laudata apud Montempessulanum, anno & die præfixis.

Ego Raimundus Doscha publicus Montispessulani Notarius prædicta omnia & singula mandato prædicti domini Regis Aragonum & dicti domini Petri Infantis filii ejusdem, hæc scripsi, & ad majorem firmitatem & fidem in hoc præsenti Instrumento apposui signum meum.

Verùm quia post prædicta dominus Rex pater meus fecit ordinationem & divisionem Regnorum, & terrarum suarum inter nos & Carissimum Infantem Jacobum fratrem nostrum, & prædicti Comitatus Rossilionis, Ceritaniæ & Confluentis, & Vallispirii, & locus de Pratis devenerunt in partem & in hereditatem prædicti Infantis Jacobi carissimi fratris nostri : Nos de voluntate & assensu prædicti domini Regis patris nostri, ad vestram utilitatem & majorem securitatem respectum habentes, & in Regnis & in terris pro nostrâ hereditate nobis assignatis, obligationem dotis vestræ prædictæ habeatis, hanc vobis permutationem facimus, quòd pro omni obligatione & assignatione, quæ ratione dictæ dotis vestræ vobis facta erat in prædictis Comitatibus Rossilionis, Ceritaniæ & Confluentis, & Vallispirii, assignamus & obligamus & hypothecamus vobis de præsenti pro dictâ dote vestrâ in Regno Valentiæ, Castrum & villam de Paniscola, Castrum & villam de Onda, Castrum de Almenar, Castrum de Uxo, Castrum & villam de Exatara, Castrum & villam Alfandet de Alaraganen cum alqueriis, villis & pertinentiis ac juribus suis universis, & etiam prædictum Comitatum Visuldoni, & supradictas villas Calidarum & Logustarum cum omnibus juribus, terminis & pertinentiis suis.

Quæ omnia jure nostræ obligationis prædictæ habeatis & teneatis : ita tamen, quòd si contigerit vos præmori nobis sine filiis ex nobis ambobus legitimè procreatis, tota dicta dos vestra revertatur ad illustrem Regem Manfredum patrem vestrum, exceptis decem millibus unciarum auri, de quibus vestram possitis facere liberè voluntatem. Si autem nos præmori vobis contigerit, omnia prædicta vobis obligata habeatis & teneatis, & omnes fructus, reditus & proventus integrè percipiatis : ita tamen quòd pro sumptibus & alimentis vestris habeatis & recipiatis quolibet anno de prædictis fructibus & reditibus duo millia librarum Turonensium. Reliquam verò quantitatem dictorum fructuum & proventuum omnium habeatis & recipiatis vos & vestri successores in so-

lutionem sortis dotis vestræ prædictæ. Quâ quidem dote vobis solutâ per perceptionem dictorum redituum & proventuum, vel per solutionem vobis vel vestris factam ab heredibus nostris, omnia prædicta castra, Comitatus, villæ, & omnia alia quæ vobis obligavimus pro dictâ dote vestrâ, nostris heredibus integrè revertantur.

Item si filii ex nobis & vobis procreati post mortem nostram superessent, vos teneatis & habeatis prædictos Comitatus, castra & villas superiùs vobis obligatas, & percipiatis integraliter omnes fructus, reditus & proventus ex eisdem Comitatu, castris & villis provenientes pro sumptibus vestris, & filiorum nobis & vobis communium. Quos quidem filios manuteneatis & gubernetis, quousque pervenerint ad ætatem viginti annorum ; dum tamen vos ad secunda vota non convoletis. Postquàm autem filii pervenerint ad dictam ætatem viginti annorum, vos ex fructibus & proventibus prædictorum castrorum, Comitatûs & villarum habeatis dicta duo millia librarum quolibet anno, & residuum ipsorum redituum & proventuum recipiatis in solutionem dotis vestræ prædictæ, ut superiùs est dictum.

Et ut prædicta majori gaudeant firmitate, juramus per Deum & ejus sancta quatuor Evangelia manibus nostris corporaliter tacta, prædicta omnia & singula inviolabiliter observare, & non in aliquo contravenire.

Ad hoc nos Infans Jacobus filius prædicti domini Regis, de voluntate & assensu ejusdem domini Regis patris nostri, gratis & consultè & ex certâ scientiâ laudamus, approbamus & confirmamus omnia supradicta & singula, prout superiùs continentur. Et ad majorem securitatem promittimus & juramus per Deum, & ejus sancta quatuor Evangelia manibus nostris corporaliter tacta, quod nunquam contrà prædicta, vel aliqua de prædictis veniemus per nos, vel interpositam personam aliquo jure vel aliqua ratione.

Nos etiam Jacobus Dei gratiâ Rex Aragonum, Majoricarum & Valenciæ, Comes Barchinonæ & Urgelli, & dominus Montispessulani, laudamus, approbamus, & confirmamus vobis prædictæ dominæ Constantiæ omnia supradicta & singula, prout superiùs continentur. Et ut hæc majori gaudeant firmitate, promittimus vobis & juramus per Deum, & ejus sancta quatuor Evangelia manibus nostris corporaliter tacta, contrà prædicta vel aliqua prædictorum non veniemus, imò ea inviolabiliter observabimus. In hujusmodi autem rei testimonium præsentem chartam sigillo nostro, & sigillis dictorum Infantis Petri & Infantis Jacobi filiorum nostrorum fecimus roborari. Datum apud Barchinonam pridie Idus Novembris, ano Domini millesimo ducentesimo sexagesimo quarto.

Signum Jacobi Dei gratiâ Regis Aragonum, Majoricarum & Valentiæ, Comitis Barchinonæ & Urgelli, ac domini Montispessulani, qui prædicta omnia laudamus, firmamus, & juramus.

Signum nostri Infantis Petri filii Illustris Regis Aragonum supradicti, qui hæc omnia supradicta laudamus, firmamus, & juramus.

Signum Infantis Jacobi filii prædicti domini Regis Aragonum, qui hæc omnia supradicta laudamus, firmamus, & juramus.

Testes sunt hujus rei Bernardus de Vico Judex ordinarius prædicti domini Regis in Gerundâ ; Gerardus de Minoricâ Judex prædicti domini Infantis Petri ; Gerardus de Bolcis Notarius ejusdem domini Infantis Petri ; Guillelmus de Rocha-folio de Monteplano ; & Guillelmus Draperii Sciptor prædicti Infantis Jacobi.

Signum Petri Marci Notarii publici Barchinonensis, qui in absentiâ dominæ Constantiæ, de mandato domini Regis, & eorum Infantis Petri, & Infantis Jacobi, hæc scripsit & clausit cum litteris appositis in lineâ XXIII. ubi scribitur, *Et locus de Pratis*, & cum litteris clausis & emendatis in lineâ XXVI. ubi dicitur, *Supradictis* : Die & anno quo suprà.

An. MCCLXIV. *Fundatio Ecclesiæ sancti Mauricii Silvanectensis, facta à S.* LUDOVICO *Rege Francorum.*

IN nomine sanctæ & individuæ Trinitatis, Amen. LUDOVICUS Dei gratiâ Francorum Rex. Notum facimus universis tam præsentibus quàm futuris, quòd cum ad decus & gloriam divini nominis sacratissimam Agaunensem Martyrum legionem, qui cum beato Mauricio mortem pro Christo suscipere decreverunt, apud nos specialiter honorari & cum dignâ coli reverentiâ cupientes, de preciosis corporibus eorumdem aliquid dudum desiderassemus habere, de illo videlicet sacro thesauro Monasterii sancti Mauricii Agaunensis, in quo sanctorum Martyrum ipsorum corpora requiescunt ; ad nos in partes Franciæ deferenda, & ob hoc speciales nuntios nostros ad dilectos in Christo Abbatem & Conventum dicti Monasterii misissemus ; iidem precibus nostris favorabiliter annuentes plura nobis de sacris corporibus antedictis concesserunt habenda ; & in nostrorum præsentiâ nuntiorum idem Abbas de thesauro prædicto quædam sacra corpora, quæ à longis retro temporibus cum magnâ diligentiâ servata fuerant in Monasterio antedicto, reverenter assumpsit, ac deinde Missarum celebratis obsequiis honorificè sicut decet, assumptis secum quibusdam Fratribus & Concanonicis suis unà cum nuntiis nostris ad nos dirigens iter suum, ea nobis humiliter & honorabiliter attulit ; & dum prope civitatem nostram Silvanectensem venissent, audito jucundo eorum adventu, cum eâ quâ cum in tam brevi tempore potuimus comitivâ obviam eis processimus, & ea processionaliter in civitate prædictâ recipi fecimus cum honore.

Cum autem Clerus & populus civitatis ejusdem, qui processioni interfuerunt, de tantis susceptis muneribus largitori bonorum omnium devotas laudes & gratias in majori Ecclesiâ beatissimæ Virginis reddidissent, processionaliter ea afferri fecimus, & in nostram Silvanectensem inferri capellam, ac deinde per aliquod temporis spatium in eâdem religiosè servari. Verùm cum tam modica capella ad tantas conservandas Reliquias nobis minimè sufficiens videretur, in quâ etiam in magnis solemnitatibus non valebant in nostrâ præsentiâ competenter ut decet, obsequia celebrari divina, juxta domum regiam Basilicam seu capellam aliam fundandam duximus ampliorem in honore beatissimæ Virginis MARIÆ, & sanctorum Martyrum prædictorum, & beati Mauricii ac sociorum ejusdem, ac juxtà eamdem Basilicam ædificia Religiosis competentia construi fecimus, & prædicta sanctorum corpora reverenter, ut decuit, à modicâ capellâ priori ad illam de novo constructam fecimus apportari. Quæ quidem primâ die Junii anno Domini MCCLXIV. dedicata fuit solemniter nobis præsentibus per dilectum & fidelem nostrum Robertum Silvanectensem Episcopum, adstantibus pluribus aliis Episcopis, ac Clerici & populi multitudine copiosâ.

Nos igitur ob devotionem præcipuam, quam ad ipsos Christi Martyres pretiosos habemus, Capellam ipsam nostram propriam & heredum nostrorum Regum Franciæ specialiter reputantes ; volumus & ordinamus quòd tredecim Canonici religionem & ordinem sancti Augustini observantes, & Canonicorum sancti Mauricii Agaunensis habitum deferentes, quorum unus nomen & officium Prioris habeat, ibidem canonicè instituatur, Deo & beatissimæ Virgini, ac sanctis Martyribus antedictis religiosè, jugiter ac devotè ibidem debitum exolvant obsequium, & eorum unus Sacerdos existens, singulis diebus pro nobis quamdiù vixerimus ; ac etiam post decessum nostrum in perpetuum Missam de beatâ Virgine celebret, ad altare consecratum in honore beatissimæ Virginis & Sanctorum omnium ; & nihilominùs ad idem altare post decessum nostrum omni die similiter pro nobis, dum tamen commodè possit fieri ; Missam quæ pro fidelibus defunctis dicitur, exceptis diebus quibus non consuevit prædictas Missas Ecclesia celebrare, nihilominùs etiam post decessum nostrum, singulis septimanis pro nobis similiter iidem Canonici celebrent Missam unam conventualem, quæ pro defunctis fidelibus celebratur ad majus altare, dum tamen Missa de consueta propter hoc nullatenùs dimittatur, exceptis septimanis Nativitatis, Resurrectionis Domini, & Pentecostes. Hoc autem anniversarium nostrum videlicet Reginæ uxoris nostræ Margaretæ, necnon inclytæ recordationis Regis Ludovici genitoris nostri, Reginæ Blanchæ genitricis nostræ, certis temporibus & diebus obitus singulorum celebrare solemniter teneantur.

In nostro autem anniversario pauperibus distributionem eleemosynæ faciant in pecuniâ vel in pane, usque ad summam quadraginta solidorum Parisiensium. In singulis verò tribus usque ad viginti solidos Parisienses, in pane vel in pecuniâ similiter pauperibus erogabunt. In divinis autem officiis usum quem Capellani nostri Parisienses tenent, prædicti Canonici observabunt. Redditus verò & bona quæcumque sibi tam à nobis quàm à quibusumque aliis collata, vel conferenda, seu ab ipsis imposterum acquisita vel acquirenda, per Abbatem sancti Mauricii, vel allum seu alios, quoscumque de mandato vel auctoritate ipsius in aliquo diminui non poterunt in futurum, sed in usus Canonicorum ipsorum seu sustentationem pauperum, vel utilitatem Ecclesiæ seu Capellæ prædictæ, totaliter ependantur. Personas autem idoneas de assensu & voluntate nostrâ recipere poterunt in Canonicos & in Fratres, prædicti Abbatis vel successorum suorum non exspectato vel requisito consensu. Præterea Canonicos jam receptos vel recipiendos in dictâ Ecclesiâ seu Capellâ, seu aliquem ex eisdem, præfatus Abbas vel successores sui absque consensu Regio quâcumque de causâ amovere non poterunt, seu ad locum alium destinare, nisi talis esset ibi Canonicus, qui sine scandalo ordinis vel loci tolerari non posset ibidem.

Cum autem electus in Priorem confirmatus fuerit, nobis vel successoribus nostris Regibus Franciæ præsentabitur, à nobis vel ipsis successoribus administrationem temporalium recepturus, & juramentum nobis & successoribus nostris Regibus præstare tenebitur, quòd fidelis erit nobis & ipsis, & quòd Reliquias, ornamenta & res alias ipsius Ecclesiæ vel Capellæ fideliter conservabit tamquam res nostras proprias, & Regum Francorum successorum nostrorum, quodque nullatenùs ea diminui patietur, seu aliàs transferri præter nostrum vel successorum nostrorum specialem assensum.

Ordinamus insuper, & volumus, quòd in eâdem domo singulis diebus Quadragesimæ & Adventûs Domini tredecim pauperes, & singulis reliquis diebus anni quinque pascantur in prandio in pane & vino limphato, potagio & aliquo alio ferculo, tali, quale Priori videbitur bonum esse. Die verò Cœnæ Dominicæ laventur pedes tredecim pauperum, & eorum cuilibet dentur tres denarii: quod si facultates eorum aut redditus augeantur, augeri volumus eorum eleemosynas secundùm quod excreverint facultates, nec ob hoc tredecim Canonicorum numerus minuatur aliquatenùs aut decrescat. Ingruente verò fame sive caristiâ, tunc magis in eleemosynis se effundant secundùm propriam facultatem.

Cæterum de Capellâ nostrâ antiquâ beati Dionysii, quæ est juxta Cameram regiam, volumus & ordinamus quòd quandocumque cedente vel decedente Stephano Capello, qui nunc eam obtinet, ipsam vacare contigerit, redditus & proventus omnes ad eamdem Capellaniam spectantes in perpetuum habeant Prior & Canonici domûs sancti Mauricii antedicti, & tunc unum recipiant & faciant novum Canonicum ultrà numerum suprascriptum; ita quòd tunc sint quatuordecim Canonici, & in dictâ Capellâ beati Dionysii per unum ex ipsis Canonicis Sacerdotem, in perpetuum Missam faciant diebus singulis celebrari.

Nos autem intuitu divini amoris, & ob remedium animæ nostræ, & animarum inclytæ recordationis Ludovici Regis genitoris nostri, & Reginæ Blanchæ genitricis nostræ, ac aliorum antecessorum nostrorum, donamus & concedimus in puram & perpetuam eleemosynam, Priori & Canonicis, Deo & beatæ MARIÆ & sanctis Martyribus, in Capellâ nostrâ prædictâ servientibus, & eorum successoribus, locum ipsum & plateam in quâ sita est eadem Ecclesia, cum adjacentibus ædificiis; sicut ipsa platea muris nostris civitatis & castelli ex unâ parte clauditur, & ex aliâ sicut eam à nobis acquisitam possident Prior & Canonici memorati. Item terras, possessiones & redditus infrascriptos, quorum de novo acquisivimus per emptiones factas à personis inferiùs nominatis, videlicet terram quam emimus à Simone de Erqueri, Berthaudo de Pratis Militibus, sitam apud Senencourt cum pertinentiis, obventionibus, & omnibus dictæ terræ adjacentibus, cum Alneto de Calceiâ, sitis juxta molendinum de Alneto, & domum quæ fuit ipsorum Militum, sitam apud Clarum-montem. Item ea quæ nobis vendiderunt Nicolaus & Magister Guido de Pratis, videlicet quidquid habebant & possidebant in molendinis de Alneto sitis juxta villam de Senencourt, cum quodam pratello eisdem molendinis adjacenti. Item quidquid habebat Reginaldus de Bargiis Miles apud Senencourt in Comitatu Claromontensi, videlicet in terris, vineis, redditibus, censibus, obventionibus, & omnibus dictæ terræ adjacentibus. Item totam terram arabilem quam habebat & possidebat apud sanctum Patutum. Thomas Cornutus de Fontanis Miles, nobis venditam ab eodem, videlicet septuaginta arpenta & dimidium terræ moventia à Joanne de Barris Milite. Item triginta modios vini annui redditûs nobis venditos à Joanne de Pissiaco, quos annuatim percipiebat & habebat super clausâ vinearum nostrarum apud Campanias in Comitatu Bellimontis. Item duas pecias terræ arabilis, octo arpenta, unum quarterium, decem & octo perticas continentes: quarum una pecia sita est retro domum Guillelmi de Mareschiis Militis, & altera pecia sita est inter Percentum & Campanias juxta terram quæ fuit Simonis dicti Sanæ: & unam peciam prati continentem duo arpenta, tria quarteria & undecim perticas, sitam juxta prata dominorum de Percento, nobis venditam à Simone dicto de Houdenc Armigero. Item decem & novem jornellos terræ arabilis vel circiter, videlicet decem contiguos terræ Domûs Dei de Bellomonte ex unâ parte, & terræ Petri dicti Becquet ex alterâ, sitos versùs haiam de Tilluel. Quatuor jornellos & dimidium sitos *es Ayens* de Bellomonte, & quatuor & dimidium sitos ad ulmum de Menissio, nobis venditos à Joanne dicto Chiart de Chambliaco, Michaële dicto Messent de Pontisara, & Theophaniâ ejus uxore. Item centum & octo libras Parisienses annui redditûs, nobis venditas ab Ansello de Crestonessart Milite & ejus uxore, in transverso de domibus super Sequanam, moventes à Gauçone de Pessiaco Milite.

Item omnes domos quas Joannes de Fayaco Miles, & Ælyda uxor ejus habebant & possidebant apud Silvanectum, nobis venditas, sitas juxta portam de castro ubi venditur panis, & quamdam turriculam sitam super muros prædictæ portæ, cum omnibus appenditiis dictarum domorum & prædictæ turriculæ, sicut se comportant ante & retro. Quatuor libras & quindecim solidos Parisienses censuales super domos Petri filii Simonis, & Renoudi fratris ejus, vivarium situm juxta fontem sancti Reguli Silvanectensis, cum quodam molendino contiguo prædicto vivario; & octodecim arpenta prati contigua vivario supradicto. Item quoddam clausum vineæ, continens sex arpenta vel circiter, quod fuit defunctæ Ermesendis de Murato, situm juxta vineam Joannis Lutratoris, & septem quarteria terræ arabilis vel circiter, sita juxta dictum clausum, moventia ab Ecclesiâ sancti Reguli Silvanectensis, nobis vendita ab exequutoribus testamenti prædictæ Ermesendis prædictæ. Item octo arpenta terræ arabilis vel circiter, sita in territorio Silvanectensi inter villam de Montibus & Barberiacum, contigua terris Episcopi Silvanectensis ex unâ parte, & terris Joannis dicti Choisel scutiferi, & Hugonis dicti Parvi ex alterâ, nobis vendita à Galeranno de Sotemont. Item octo arpenta terræ arabilis vel circiter, sita juxta stultitiam Buticulariorum, quæ terra priùs vocabatur vinea de Ulmo, nobis vendita à Petro de villa scabiosâ Milite, & Ermengarde ejus uxore. Præterea donamus eisdem viginti duos modios bladi annui redditûs ad mensuram Clarimontis, quos habemus in molendinis de Alneto supradictis. Item sexdecim modios bladi quos habemus in minagio Silvanectensi, persolvendos his terminis, videlicet medietatem in octavis Natalis Domini, & aliam medietatem in Octavis sancti Joannis Baptistæ.

Quod ut perpetuæ stabilitatis robur obtineat, præsentem paginam sigilli nostri auctoritate, ac regii nominis charactere inferiùs annotato fecimus communiri. Actum apud Crispiacum anno Dominicæ Incarnationis MCCLXIV. mense Martio, Regni verò nostri anno tricesimo nono. Adstantibus in palatio nostro quorum nomina supposita sunt & signa. Dapifero nullo. Signum Joannis Buticularii. Signum Alfonsi Camerarii. Signum Ægidii Constabularii. Data vacante Cancellariâ.

ROSTAGNI *de Podio-alto Codicillus.*

An. MCCLXV.

Constituit duo anniversaria quolibet anno celebrari in Monasterio S. Andreæ Avinion. &c.

Notum sit cunctis, quòd anno ab Incarnatione Domini millesimo ducentesimo sexagesimo quinto, videlicet quinto Calendas Februarii, regnante dominô Philippo illustrissimo Rege Francorum, ego ROSTAGNUS de Podio-alto Senior, considerans quòd immolatio hostiæ salutaris est summum remedium animarum post exitum hujus vitæ, cum processerim in diebus, in bonâ tamen dispositione mentis & corporis, ordino & constituo pro remedio animæ meæ & parentum meorum, ut in

Monasterio S. Andreæ, in cujus cœmeterio elegi sepulturam, fiant quolibet anno duo anniversaria, & in quolibet celebrent decem vel duodecim Sacerdotes ad minus.

Quorum anniversariorum unum fiat in die, quâ bonæ memoriæ filius meus Petrus de Podio-alto decessit, scilicet pro ipso & pro Maria matre ejus quondam uxore meâ, & pro aliis de genere nostro: alterum verò fiat in die quâ Dominus me migrare jusserit ab hac luce, pro me & meis antecessoribus & amicis. Et volo quòd Prior Ecclesiæ S. Veredimii, qui nunc est vel qui pro tempore fuerit, habeat & possideat ferraginem meam, quæ est propè Sanctum Veredimium. Quæ dicta ferrago confrontatur ab Oriente cum quâdam viâ publicâ, per quam itur ab Avinione versùs Rupemmauram, &c. Et quod dictus Prior de proventibus dictæ ferraginis, quam ad usum dictorum anniversariorum deputo & assigno, procuret Conventum Monasterii sancti Andreæ prædicti, & alios qui celebrabunt in diebus anniversariorum, sicut est supradictum. Si verò Prior sancti Veredimii qui nunc est vel qui pro tempore fuerit, erit negligens circà prædicta per me hîc assignata, tunc volo quòd aliquis de propinquis meis cum voluntate & consilio domini Episcopi Avinionensis, qui pro tempore fuerit, possit recuperare dictam ferraginem, & de ejus proventibus teneatur complere & facere supradicta.

Per hanc autem ordinationem nolo quòd in testamento meo aliquid immutetur, sed ratum maneat atque firmum, prout in quodam instrumento publico confecto per manum magistri Bertrandi Auri publici domini Regis Notarii, continetur.

Factum fuit apud castrum de Podio-alto in camerâ dicti domini Rostagni de Podio-alto Senioris.

Hujus rei testes fuerunt domnus Guillelmus de Remolinis Monachus sancti Andreæ, domnus Guillelmus Rostagni Prior Ecclesiæ sancti Veredimii, &c.

Et ego Bertrandus Aurus de Ruperforti publicus domini Regis Notarius, &c.

Litteræ CLEMENTIS Papæ IV.

An. MCCLXV.

Declarat ac decernit Pontifex Regem Angliæ ac filium ejus Eadmundum Regni Siciliæ veros nusquam fuisse possessores.

CLEMENS Episcopus servus servorum Dei, ad perpetuam rei memoriam. Olim Regno Siciliæ ad dispositionem & ordinationem Apostolicæ Sedis ad quam specialiter pertinet, cum juribus, districtibus & pertinentiis suis pleno & liberè devoluto, ac sede ipsâ circà statum ipsius Regni sollicitè cogitante, illiusque regimen alicui Catholico & devoto Principi cupiente committere, qui ad laudem Dei, honorem & pacem Ecclesiæ, ac tranquillitatem & profectum fidelium ipsius Regni ejus solio præsideret, tandem inter Sedem ipsam & carissimum in Christo filium nostrum Henricum Illustrem Regem Angliæ, de Regno ipso in feudum dilecto filio nobili viro Eadmundo ejusdem Regis nato, sub certis conditionibus concedendo, habitus est tractatus. Et quia Rex ipse multâ erga Romanam Ecclesiam devotione refulget, suumque genus fidei splendor claruit puritate, providit tunc Sedes ipsa cum eodem Rege tractatum hujusmodi consummare. Unde relato & exposito ex parte ipsius Eadmundi felicis recordationis Alexandro Papæ quarto prædecessori nostro, quòd dilectus filius magister Albertus Notarius noster, tunc Apostolicæ Sedis Legatus, eidem Eadmundo & heredibus suis prædictum Regnum Siciliæ, ac totam terram quæ est citrà Farum usque ad confinia terrarum ipsius Ecclesiæ Romanæ cum omnibus juribus, honoribus, districtibus & pertinentiis suis, (exceptâ civitate Beneventanâ, cum ipsius juribus & pertinentiis universis) in feudum de speciali auctoritate & mandato felicis recordationis Innocentii Papæ quarti prædecessoris nostri concesserat, salvis libertatibus & immunitatibus Ecclesiarum prædictorum Regni & terræ tam in electionibus, quàm in aliis spectantibus ad easdem.

Quodque idem. Innocentius prædecessor concessionem hujusmodi, supplendo defectum si quis in eâ fuerat, de plenitudine potestatis autoritate Apostolicâ confirmarat, eidem Eadmundo Regnum & terram prædicta in feudum de novo concedens, prout in suis literis dicebatur pleniùs contineri; præfatus Alexander prædecessor, concessionem & confirmationem hujusmodi sub conditionibus in privilegio Apostolico inde confecto expressis, ratas & gratas habens, ipsas de Fratrum suorum approbavit consilio & assensu, & sub eisdem conditionibus, illas auctoritate Apostolicâ innovans, Regnum & terram prædicta cum omnibus juribus & pertinentiis suis, de Fratrum ipsorum consensu dicto Eadmundo ac ejus heredibus utriusque sexûs, in feudum, sub eisdem conditionibus perpetuò concessit, & etiam confirmavit. Reservavit autem expressè in eodem privilegio sibi, & in suâ voluntate [a] & potestate remansit, dicere, pronuntiare, vel proferre in scriptis, vel sine scriptis, de consilio, vel sine consilio Fratrum suorum, prædictis Rege & Eadmundo, ac alio etiam quocumque cujus forsitan interesset, nequaquam vocatis, & absque omni juris solemnitate approbationem, innovationem, concessionem & confirmationem hujusmodi, quas præfatis Eadmundo & heredibus sub certis conditionibus faciebat, vacuas omninò esse nullumque robur vel valorem habere, aut revocare, cassare & irritare ipsas, & cassas & irritas nuntiare, si memoratus Rex quasdam ex dictis conditionibus, statutis terminis non impleret, ita quòd post hujusmodi pronuntiationem seu irritationem vel dictum præfatæ approbationis innovatio, concessio, & confirmatio, nullius essent vel haberentur efficaciæ vel momenti.

Et licet prædicta Sedes plurimùm affectaverit, adhibendo quam potuit diligentiam, quòd ipsius Regni negotium præfatis Rege ac Eadmundo prosequentibus illud, laudabiliter proficeret, & per illorum studia & auxilia successibus convalesceret prosperis, & processibus promoveretur optatis, idque diutiùs exuberante circà ipsos Apostolicâ gratiâ, non sine innumeris & magnis dispendiis, gravibusque periculis, & dolendâ jacturâ ejusdem negotii expectârit, ipsis tamen omninò deficientibus, nec opem aut operam promotioni dicti negotii præbentibus oportunam, neque conditiones adimplentibus supradictas, ipsum negotium speratis suffragiis non adjutum, & continuis impugnatum adversis, profectum non habuit, sed multis debilitatum defectibus periculosè languit, Ecclesiâ incurrente ac sustinente per hoc maxima detrimenta.

Quia igitur manifestum est & notorium, prædictas non fuisse conditiones impletas, & liberum est nobis, & in nostrâ voluntate ac potestate consistit, eisdem conditionibus non impletis, dicere, pronuntiare in scriptis, vel sine scriptis, de consilio vel sine consilio Fratrum nostrorum, prædicto Rege ac Eadmundo, & quocumque alio non vocatis, & absque omni juris solemnitate præfatas approbationem, innovationem, concessionem & confirmationem vacuas prorsùs esse, aut revocare ipsas & irritas nuntiare, sicut in ipso Privilegio est expressum: Nos

---

[a] *in sua voluntate*] In authentico adeò obliterati sunt characteres ut non appareant.

habito

Diplomatum, &c.

habito nihilominùs Fratrum nostrorum consilio & assensu, auctoritate Apostolicâ sententialiter dicimus, pronuntiamus & proferimus prædictas approbationem, innovationem, concessionem, & confirmationem vacuas esse omninò, nullumque robur vel valorem habere; ac revocamus, cassamus & irritamus easdem, & cassas & irritas nuntiamus, ita quòd deinceps nullius sint vel habeantur efficaciæ seu momenti.

Memorata verò concessio, quæ de Regno & Terrâ præfatis à prædicto Notario, & ejusdem concessionis confirmatio, ac nova de illis concessio; quæ à dicto Innocentio Papa de Fratrum suorum consilio, nominato Eadmundo & ejus heredibus factæ fuisse dicuntur, in nullo sibi prodesse, ac nullum conferre jus, nullamque utilitatem eidem præstare possunt, nec ullum commodum; aut adminiculum vel favorem; cum ab eodem Notario talis concessio nunquam processerit, & constet ipsum concessionem hujusmodi non fecisse. Nec prodest, nec juvat, si forsan hujus concessionis tenor ejusdem Innocentii Papæ literis ostendatur insertus, qui facti non continet veritatem; insertionem hujusmodi, quæ non ad publicationem, sed ad confirmationem facta exstitit, ad probationem minimè suffragante. Nec confirmatio & suppletio ipsius Innocentii Papæ, si sequutæ fuerint, potuerunt præbere concessioni, quæ reverà nequaquam præcesserat nec facta fuerat, vim aliquam seu efficaciam vel vigorem: nec suo interventu efficere quòd falsum foret verum, vel id quod verè non erat; haberet essentiæ veritatem: ipsaque confirmatio & suppletio, ac prædicta ejusdem Innocentii Papæ nova concessio invalidæ sunt penitùs & inanes, ut pote nullam omnino habentes radicem, nec aliquod fundamentum. In iis enim hoc intelligebat & agebat idem Innocentius, ut hujusmodi processum memorati Notarii firmiter roboraret, cum (cum nullatenus intervenisset) nullum profectò poterat dari robur, & quod fabricatur, cùm struitur vel componitur super eo quod exstentiam non habet, solidum quidem & stabile non est, sed instabile totaliter & infirmum. At etsi hujusmodi prædicti Notarii concessio, ad quam de speciali auctoritate ac mandato ejusdem Innocentii processisse asseritur, facta fuisset, nihilominùs tamen vacua & inefficax præsse esset, cum conditiones apponendæ, quarum expressionem & declarationem idem Notarius in ipsa concessione reservasse arbitrio certarum personarum; expressè vel declaratæ per ipsas personas non fuerint, nec possint amodo declarari, aliquibus personarum ipsarum de medio jam sublatis, quibus & reliquis superstitibus quod simul id facerent fuerat reservatum; & hoc ipsum de præfatâ novâ concessione ipsius Innocentii meritò dici potest; cum idem innovando præmissam ejusdem Notarii concessionem, seu quæ priùs ille concessisse dicebatur, noviter concedendo, ab ipsius intentione Notarii quoad conditiones inferendas, minimè recesserit; sed fuerit eam potiùs prosequutus; quamvis & aliàs rationabiliter impugnetur, cum sedes Apostolica in agendis tam arduis, multam servare consueverit gravitatem; & ad concessiones rerum sic grandium & sublimium, sine maturo consilio, & deliberatione solemni, ac expresso consensu Cardinalium non procedat.

Illa denique collatio sive concessio, quam dictus Notarius quibusdam à præfato Rege constitutis procuratoribus fecisse dicitur; de jamdicto Regno tenendo in feudum à memorato Eadmundo sub conditionibus per ipsum Notarium & quosdam alios ordinandis, de quibus conditionum exstiterat; quorumque jam aliqui sunt defuncti; adjecto in ipsa quòd si prædictus Innocentius Papa eam gratam & ratam

haberet; & ex certâ scientiâ, literarum ipsius Notarii super illâ confectarum tenorem de verbo ad verbum suis literis insereret, valida esset & firma, alioquin cassa & irrita haberetur; & nullius esset omninò momenti, valorem non habet aliquem vel vigorem; præsertim quia conditiones ipsæ, nec ordinatæ posteà fuerant, nec possunt ulteriùs ordinari; sicut ad irritationem alterius concessionis superiùs est expositum. Nec apparet neque ostenditur hujusmodi collatio seu concessio per eumdem Innocentium confirmata: quare præmissa, etiam si fortè ipsa, vel aliquid ex eis appareret vel ostendi contingeret, nullum prorsùs valorem nullamque firmitatem haberent, nec possent Ecclesiæ Romanæ circa liberam ipsius Regni dispositionem inferre alicujus obstaculi nocumentum.

Et quamquam felicis recordationis Urbanus Papa quartus prædecessor noster, reservatâ sibi tractandi, disponendi, & ordinandi de ipso Regno cum quovis alio Principe, vel cum quâcumque aliâ personâ mallet, suâ & ejusdem Ecclesiæ libertate, præfatos Regem & Eadmundum, de Fratrum suorum consilio, auctoritate Apostolicâ per suas citaverit literas, ut si forsan in prædicto Regno per quamcumque concessionem sive collationem, eis vel ipsorum alteri de prædicto Regno ab Apostolicâ sede vel ejus Nuntiis seu Legatis factam; vel ex quâcumque aliâ causâ crederent se aliquod jus habere, infra quatuor menses à die receptionis literarum ipsarum, quos eis pro peremptorio assignavit termino, per se vel personas idoneas, de toto negotio sufficienter instructas, cum omnibus juribus & munimentis suis Apostolico se conspectui præsentarent, propositui jus suum si quod se in prædicto Regno Siciliæ habere confiderent, ac facturi de illo fidem plenariam, & justam sententiam receptari. Hujusmodi tamen citatio, & talis causæ, vel quæstionis suspicio nequaquam impedire possunt super ejusdem Regni ordinatione ipsius Ecclesiæ libertatem; cum nec litigiosum factum sit ipsum Regnum, de cujus profectò dominio inter petitorem & possessorem quæstio non movetur, nec etiam rebus ita se habentibus, ut nunc sunt, inter eamdem Ecclesiam, & præfatum Regem Angliæ vel dictum Eadmundum super ipsius Regni dominio lis posset institui; ejusdem Regni possessione nec apud ipsos, nec apud eorum alterum existente, quæ sicut jure cavetur, reali parit & parat adversarium actioni: præsertim cum idem Urbanus, qui securus & certus erat quòd de prædicto Regno liberè disponere poterat, in hujusmodi citatione, quæ de ipsius affluente gratiâ & benignitate processit, tractandi, disponendi, & ordinandi de ipso Regno sibi expressè curaverit reservare.

Consideratis itaque præmissis omnibus diligenter, & attentâ examinatione discussis; ac vigilanti studio comprehensis, necnon solerter Ecclesiæ Romanæ perquisitis & inspectis regestis, & ipsius Innocentii Papæ, ac prædicti Notarii processibus, super eodem Regno circa prædictum Eadmundum habitis, perfectè visis & examinatis, & intentè auditis dictis & assertionibus antiquorum ipsius Ecclesiæ Cardinalium; necnon & ipsius Notarii ac aliorum fide dignorum de ipsa Ecclesiâ, qui de toto negotio & processibus hujusmodi plenam notitiam habuerunt; ac plenariè intellectis ipsius Ecclesiæ super hoc validis munimentis, & pensatis vigilanter omnibus quæ in iis attendenda forent, & cognitâ pleniùs veritate, Auctoritate Apostolicâ, de Fratrum nostrorum consilio & assensu declaramus, manifestamus, notificamus & denuntiamus, quòd licitum & liberum omninò est nobis & Ecclesiæ Romanæ de præfatis Regno Siciliæ & Terrâ, omnibusque suis juribus, districtibus & pertinentiis, quæ quidem ad nos & eamdem Ecclesiam specialiter & plenariè spectant, disponere, providere, statuere & ordinare, quodque liberè ac plenè absque omni ambiguitate, securâ conscientiâ possumus ipsa in feudum concedere, ac eorum regimen & gubernationem committere, prout nobis & ipsi Ecclesiæ placuerit, & viderimus expedire. Et quòd supradictus Eadmundus & præfatus Rex Angliæ, cui nulla unquam à sede Apostolicâ, vel de ipsius mandato aut auctoritate, de ipso Regno collatio vel concessio facta fuit, seu quævis alia persona præter ipsam Ecclesiam in eisdem Regno & Terrâ nihil penitùs juris habet. Nec ipse Eadmundus, nec memoratus Rex pater ejus, nec aliquis alius possunt nos & eamdem Ecclesiam quomodolibet impedire, nec aliquod unquam interponere obstaculum, quin de ipsis Regno & Terrâ pro nostro beneplacito liberè ordinemus.

Ut autem hæc nostra pronuntiatio, prolatio, revocatio, cassatio, irritatio, & nuntiatio, ac declaratio, manifestatio, notificatio, & denuntiatio, illibatæ perpetuò maneant, & inconcussam semper obtineant firmitatem, eas in præsenti conscribi & annotari paginâ fecimus, nostrâ & Fratrum nostrorum subscriptionibus ad perpetuam memoriam roboratæ. Nulli ergo omnino hominum liceat hanc paginam nostræ pronuntiationis, prolationis, revocationis, cassationis, irritationis, & nuntiationis, ac declarationis, manifestationis, notificationis, ac denuntiationis, infringere, vel ei ausu temerario contraire. Si quis autem hoc attentare præsumpserit, indignationem omnipotentis Dei, beatorum Petri & Pauli Apostolorum ejus se noverit incursurum.

Ego Clemens Catholicæ Ecclesiæ Episcopus.
Ego Odo Tusculanus Episcopus.
Ego Stephanus Prænestinus Episcopus.
Ego Frater Joannes Portuensis & sanctæ Rufinæ Episcopus.
Ego Radulfus Albanensis Episcopus.
Ego Ancherus tituli sanctæ Praxedis Presbyter Cardinalis.
Ego frater Guido tituli sancti Laurentii in Lucinâ Presbyter Cardinalis.
Ego Guillelmus tituli sancti Marci Presbyter Cardinalis.
Ego frater Anibaldus Basilicæ XII. Apostolorum Presbyter Cardinalis.
Ego Riccardus sancti Angeli Diaconus Cardinalis.
Ego Octavianus sanctæ MARIÆ in viâ latâ Diaconus Cardinalis.
Ego Joannes sancti Nicolai in Carcere Tulliano Diaconus Cardinalis.
Ego Ottobonus sancti Adriani Diaconus Cardinalis.
Ego Jacobus sanctæ MARIÆ in Cosmydin Diaconus Cardinalis.
Ego Gottifridus sancti Georgii ad velum aureum Diaconus Cardinalis.
Ego Jordanus sanctorum Cosmæ & Damiani Diaconus Cardinalis.
Ego Matthæus sanctæ MARIÆ in Porticu Diaconus Cardinalis.

Actum Perusii quarto Kalendas Martii, Pontificatûs nostri anno primo.

CLEMENTIS Papa IV.

CLEMENS Episcopus servus servorum Dei, ad perpetuam rei memoriam. Cum jamdudum tractatum fuisset de Regno Siciliæ dilecto filio nobili viro Carolo Comiti Andegaviæ & Provinciæ sub certis conditionibus concedendo, felicis recordationis Urbanus Papa quartus prædecessor noster tractatum hujusmodi plenâ voluntate resumens, dilectum filium Magistrum Albertum Notarium nostrum ad eumdem Comitem destinavit, certis conditionibus eidem Notario traditis, sub quibus si Comes ipse acceptaret easdem, dicti Regni collatio fieret, prout idem prædecessor de suorum Fratrum consilio duceret ordinandum. Cumque ipse Notarius ad eumdem perveniens Comitem, & super ipsis conditionibus sollicitè ac prudenter conferens, cum eidem domino prædecessori, quid ipse Comes addi, quid minui, quid omninò tolli, quidque immutari vellet & peteret fideliter retulisset, certis conditionibus deliberatione cum Fratribus suis habitâ, quasdam super eisdem conditionibus modificationes edidit, intendens per hoc ejusdem Comitis satisfacere voluntati.

Sed hujusmodi tractatu præcedente, contigit ipsum Comitem in Senatorem urbis eligi, & ad illius regimen evocari; & licet in eisdem conditionibus contineretur expressè, quòd sibi non liceret vel quòd non posset in Urbe ipsâ Senatoriam recipere dignitatem, & præfatus prædecessor diligenter attendens, quòd si prædictus Comes regimen ipsum taliter susciperet, jus Ecclesiæ Romanæ, ad cujus dominum dicta Urbs plenè pertinet; graviter læderetur, & volens indemnitati ejusdem Ecclesiæ præcavere, ipsi Comiti speciales super hoc litteras direxisset, idem tamen Comes Senatum ipsius urbis, seu dictum regimen recepit, contrâ formam in ejusdem litteris deprehensam: Quod cum postmodum ad eorumdem prædecessoris & Fratrum notitiam pervenisset, ipsi congruos exquisivêre modos, certasque perscrutati sunt vias, quibus idem Comes posset saltem ad tempus eodem uti Senatu, vel dictum regimen exercere: quod ad promotionem negotii præfati Regni multum sibi valere poterat & prodesse, ita quod ipso finito tempore dictum Senatum, vel regimen dimittere teneretur, ne generaretur præjudicium eidem Romanæ Ecclesiæ, quæ sola in solidum dictæ urbis dominium sibi justissimè vindicans, & non sortis impatiens in hac parte sustinere non posset sine gravissimo præjudicio & enormi jacturâ, sive in perpetuum, sive ad longum tempus quemquam inibi dominari.

Unde idem prædecessor dilectum filium nostrum S. tituli sanctæ Cæciliæ Presbyterum Cardinalem pro prædicto ipsius regni negotio in Franciam, commisso sibi plenæ legationis officio dirigens, & duas sibi formas super ejusdem Senatûs articulo exprimens &, exhibens, ut si prima dicto Comiti non placeret, saltem sisteret & quiesceret in secundâ, inter alia, continentia totum ipsius negotium præfato Cardinali imposita & injuncta ; commisit eidem quòd postquàm tam super dicti Senatûs capitulo, quàm super quibusdam conditionibus & modificationibus, ac cæteris aliis cum ipso Comite concordasset, conscriptis vel lectis omnibus in præsentiâ carissimi in Christo filii nostri Regis Franciæ Illustris, posset idem Cardinalis dicto Comiti promittere ipsius prædecessoris & Ecclesiæ Romanæ nomine, quòd postquàm sine gravi scandalo Ecclesiæ Gallicanæ de exhibendâ ipsi Comiti decimâ Ecclesiasticorum proventuum quam petierat, ordinatum existeret & concessum, & negotium pro quo carissimus in Christo filius noster Rex Anglorum Illustris, & Eadmundus natus ejus erant ipsius prædecessoris auctoritate citati, foret per Apostolicam sedem decisum, & pax inter carissimam in Christo filiam nostram Margaritam Illustrem Reginam Francorum, & ipsum Comitem existeret reformata, vel saltem per eumdem Cardinalem, vel per alium, seu alios quos idem Rex Franciæ duceret deputandos, talis super pace hujusmodi tractatus procederet quo esset idem Rex Franciæ contentus, daretur ipsi Comiti ab eadem sede præfatum Regnum Siciliæ cum juribus & pertinentiis suis, sub conditionibus tractatis, & hinc inde firmatis seu acceptatis, non mutandis, nec augendis, vel minuendis in totum vel aliquam sui partem, & de sic dando ipso Regno daret idem Cardinalis dicto Comiti suas litteras; ejusdem Comitis litteris de sic recipiendo præfato regno ab eodem Cardinale versâ vice receptis. Finalem autem concessionem, & investituram ejusdem regni sibi dictus prædecessor specialiter reservavit.

Præfatus verò Cardinalis tam super dicto Senatûs articulo, quàm super conditionibus & omnibus aliis cum ipso Comite conveniens & concordans, fecit eidem Comiti de conferendo sibi prædicto Regno Siciliæ promissionem nomine ipsius prædecessoris, & ejusdem Ecclesiæ Romanæ juxta præmissam ab eodem prædecessore traditam sibi formam, eodem Comite promissionem de illo sic recipiendo similiter faciente, datis & receptis super hoc litteris hinc & inde, prout in ipsis litteris dicitur plenius contineri.

Porrò dicto prædecessore interim viam universæ carnis ingresso, & nobis licet immeritis in Apostolatûs officio substitutis eidem, præfati Cardinalis & Comes transmissis propter hoc solemnibus nuntiis, nobis humiliter supplicarunt, ut cùm de prædicta decimâ exhibendâ in subsidium negotii jam juxta ipsius prædecessoris intentionem & votum ordinatum existeret, & circà præfatæ pacis tractatum idem Cardinalis juxta beneplacitum præfati Regis Franciæ processerit, cujus in hoc dictus voluit prædecessor considerari & inspici voluntatem : præmissum negotium, pro quo jam dictus Rex Angliæ & Eadmundus citati fuerant per definitivam sententiam decidere, ac ad perfectionem & consummationem præfati negotii Regni Siciliæ procedere curaremus.

Nos autem & fratres nostri super iis attente pensantes, & sollicitè conferentes, comperimus eumdem prædecessorem prædictis Regi Angliæ & Eadmundo suas litteras destinasse, per quas inter alia ipsos, reservatâ si bi tractandi, disponendi & ordinandi de ipso negotio cum quovis alio Principe, vel cum quacumque alia personâ mallet, suâ & Romanæ Ecclesiæ libertate, de Fratrum suorum consilio Apostolicâ auctoritate citavit, ut si forsan in prædicto Regno Siciliæ per concessionem factam eidem Eadmundo à felicis recordationis Alexandro Papa IV. prædecessore nostro, seu pro quacumque alia collatione seu concessione, si quam ipsis vel eorum alteri de ipso Regno ab Apostolicâ sede; vel ejus Nuntiis seu Legatis factam fore assererent, vel ex quâcumque alia causâ crederent se aliquod jus habere, quatuor menses à die receptionis litterarum ipsorum computandos, quòs eis pro peremptorio assignavit termino, per se, vel personas idoneas de toto negotio sufficienter instructas, cum omnibus juribus & munimentis eorum Apostolico se conspectui præsentarent proposituri jus suum; si quod se in prædicto Regno Siciliæ habere considerent, ac facturi de ipso fidem plenariam, & justam sententiam recepturi. Expresse prædicens, & apertè prænuntians, quòd sive comparerent, sive non; ipse extunc ad jus prædictæ Ecclesiæ declarandum, & perpetuum silentium iis quos in eodem Regno Siciliæ jus non habere constaret imponendum, & ad pronuntiandum, discernendum, & statuendum quidquid super hoc eidem Ecclesiæ; ipsisque honori ac libertati suadente justitiâ expedire videret, constanter procederet, eorum absentia non obstante.

Comperimus insuper præfatas litteras fuisse dictis Regi Angliæ & Eadmundo per venerabilem Fratrem nostrum Archiepiscopum Cusentinum, quem idem Urbanus prædecessor propter hoc specialiter ad ipsos direxerat, præsentatas. Constitit etiam nobis, quòd ipsi nec intrà terminos, nec in termino, nec etiam post terminum comparuerunt apud sedem Apostolicam per idoneos procuratores, seu personas sufficienter instructas, propter quod forsitan videbatur quòd contumaces existerent, nosque procedere in negotio eis sic absentibus sine juris offensione possemus.

Sed ad defensionem ipsorum non inconvenienter dici poterat, quòd etiamsi nullam habebant excusationem absentiæ, debebat tamen à nobis propter subsequutum dicti prædecessoris qui eos citaverat obitum, novum emanare citationis edictum; cum jure civili sic cautum, quòd licet ab antecessore impletus sit numerus edictorum, solet tamen unum dare successor. Quod si jure urgente judices alii observant, multo magis Romanum decet observare Pontificem, cujus extensior debet esse humanitas, sicut liberior est potestas; ut in quo est plenitudo auctoritatis, sit & mansuetudinis amplitudo. Id quoque in eorum munimen non incongruè veniebat, quòd hujusmodi peremptorii dilatione pendente, cum adhuc tantum restaret de tempore quod citatis ad veniendum sufficere potest poterat vel mittendum, grave & amara turbatio in Angliâ supervenit, prædicto Rege Angliæ, ac dilecto filio nobili viro Eduardo ejus primogenito à subditis suis hostiliter subactis, & miserabiliter ac ignominiose tractis. Et licet dictus Eadmundus citra mare commorans in potestatem hostium non devenerit, tamen filius familias & minor annis personam non habuit in judicio existendi, nec eidem suus pater assistere potuit suâ per suos libertate privatus: quare eum immeritò videbatur, quòd neuter posset de jure contumax judicari.

Super iis igitur plenâ discussione præmissâ, & habito Fratrum nostrorum consilio, ad hujus decisionem negotii per prolationem diffinitivæ sententiæ, cùm id fieri non valeret considerato statu in quo est absque manifesta justitiæ læsione, non duximus procedendum. Sanè nobis & eisdem Fratribus circà præfati Regni Siciliæ negotium instanter vigilantibus, & anxiè cogitantibus super ipso, cum promissio à præfato Cardinali memorato Comiti de illo sibi conferendo facta, nobis ad præmissam decisionem, ut dictum, est non procedentibus, minimè posset in inspecta formâ quam eidem prædicto Cardinali Urbanus Papa super hoc dederat adimpleri; & si contingeret præfatos Regem Angliæ, & Eadmundum de novo, vel iteratò citari, multa confusioni ex hujusmodi dilatione subderetur negotium, magnaque ipsi Comiti & Ecclesiæ Romanæ in tantâ expectatione dispendia, & gravia ipsius Ecclesiæ fidelibus pericula imminerent; viam aliam breviorem & expeditam providâ deliberatione præelegimus, per quam facilius & melius ad complementum eodem negotio procedente, ipsius Ecclesiæ ac dicti Comitis honori & commodo, & bono fidelium ipsorum statui provideretur efficacius & utilius, & ingruentia damna & discrimina plenius & salubrius vitarentur. Recensentes itaque ac relegentes tractatus multiplices inter ipsam Ecclesiam; & prædictos Regem Angliæ & Eadmundum super eodem Regno habitos, & processus ejusdem Ecclesiæ circà illos, plenè invenimus & veridicè vidimus & cognovimus, quòd ipsa Ecclesia ejusdem Regis fide sincerâ & clarâ devotione pensatâ, volente ipsum in suo filio magnificè honorare, ac in ejusdem Regni negotio aliis Catholicis Principibus anteferre, supradictus Alexander Papa relato & exposito sibi ex parte præfati Eadmundi, quòd prædictus Notarius, tunc Apostolicæ sedis Legatus, ipsi Eadmundo & heredibus suis dictum Regnum Siciliæ in feudum de speciali auctoritate & mandato felicis recordationis Innocentii Papæ IV. prædecessoris nostri concesserat: quodque idem Innocentius concessionem hujusmodi, supplendo defectum, si quis in eâ fuerat, auctoritate Apostolicâ confirmavit, Eidem Eadmundo Regnum prædictum in feudum de novo concedens, prout in suis dicebatur litteris contineri, concessionem & confirmationem hujusmodi sub conditionibus in privilegio Apostolico inde confecto expressis approbavit de Fratrum suorum consilio & assensu, & sub eisdem considerationibus illas innovans, Regnum prædictum dare Fratrum ipsorum consensu dicto Eadmundo, & ejus heredibus in feudum sub eisdem conditionibus perpetuò concessit, & etiam confirmavit. Reservavit autem expressè in eodem Privilegio sibi, ac in suâ voluntate & potestate remansit, dicere, pronuntiare, vel proferre in scriptis, vel sine scriptis, de consilio, vel sine consilio Fratrum suorum, prædictis Rege & Eadmundo, ac alio etiam quocumque, cujus forsitan interesset nequaquam vocatis, & absque omni juris solemnitate, approbatione, innovatione, concessione, & confirmatione hujusmodi, quas præfatis Eadmundo & heredibus sub certis conditionibus faciebat, vacuas omninò esse nullumque robur vel valorem habere; aut revocare, cassare & irritare ipsas, & cassas & irritas nuntiare, si memoratus Rex quasdam ex dictis conditionibus statutis terminis non impleret. Ita quòd post hujusmodi pronuntiationem, seu irritationem vel dictum, præfatæ approbatio, innovatio, concessio & confirmatio nullius essent vel haberentur efficaciæ vel momenti.

Unde nos quia manifestum est & notorium prædictas non fuisse conditiones impletas, utentes libertate ac potestate in ipso Privilegio per dictum Alexandrum Papam eidem Romanæ Ecclesiæ reservatâ, sententialiter pronuntiavimus, habito nihilominus Fratrû nostrorum consilio & assensu, prædictas approbationem, innovationem, concessionem, & confirmationem vacuas esse omninò, nullumque robur vel valorem habere: ac revocavimus, cassavimus & irritavimus ipsas, & cassas & irritas nuntiavimus, ita quòd nullius de cætero efficaciæ haberentur.

Advertimus insuper, & liquidò novimus, quòd ejusmodi concessio, quæ de Regno ipso à prædicto Notario, & ejusdem concessionis confirmatio, ac nova de illis collatio, quæ à dicto Innocentio Papa de fratrum suorum consilio, nominato Eadmundo & ejus heredibus factæ fuisse dicuntur, nullum omninò valorem, nullamque firmitatem habebant, cùm Ecclesiæ Romanæ diligenter perquisitis & inspectis regestis, & ipsius Innocentii Papæ, ac prædicti Notarii processibus super eodem Regno circa prædictum Eadmundum habitis, perfectè visis & examinatis, & intentè auditis & comprehensis dictis & assertionibus antiquorum ipsius Ecclesiæ Cardinalium, necnon & ipsius Notarii ac aliorum fide dignorum de ipsâ Ecclesiâ, qui de toto negotio, & processibus hujusmodi plenam notitiam habuerunt; ac plenariè intellectis ipsius Ecclesiæ super hoc validis monimentis, & consideratis ac discussis vigilanter omnibus, quæ in iis attendenda & discutienda forent, clarè patuerit, & constiterit manifestè certis, vivis, & efficacibus rationibus, quòd hujusmodi concessio, confirmatio & collatio, etiam si fortè ipsæ, vel aliquas, seu aliquas ex eis apparere vel ostendi contigeret, in nullo ipsi Eadmundo prodesse, ac nullum conferre jus, nullamque utilitatem eidem præstare possent, nec ullum commodum, aut adminiculum, vel favorem, tamquam vacuæ penitùs & inanes, nec possent eidem Ecclesiæ circà liberam ipsius Regni dispositionem inferre alicujus obstaculi nocumentum. Sed neque prædicta quæ à præfato Urbano Papa emanavit citatio, nec illius causæ vel quæstionis suspicio, cujus fuit decisio postulata, impedire possunt super hoc ipsius Ecclesiæ libertatem, cum nec litigiosum factum sit ipsum Regnum, de cujus profectò dominio inter petitorem & possessorem quæstio non movetur, nec etiam rebus sic se habentibus ut nunc sunt inter eamdem Ecclesiam & præfatum Regem Angliæ, vel dictum Eadmundum super ipsius Regni dominio lis posset institui, de ejusdem Regni possessione, nec apud nos nec apud ipsos, vel eorum alterum existente, quæ sicut jure cavetur, reali parit & parat adversarium actioni: præsertim cum idem Urbanus, qui securus & certus erat quòd de prædicto Regno liberè disponere poterat, in hujusmodi citatione, quæ de ipsius affluente gratiâ & benignitate processit, libertatem tractandi, disponendi & ordinandi de ipso Regno sibi expressè curaverit reservare. Propter quod non consideratis præmissis omnibus diligenter, & cognitâ pleniùs veritate, auctoritate Apostolicâ, de Fratrum nostrorum consilio & assensu declaravimus, quòd licitum & liberum omninò erat nobis & Ecclesiæ Romanæ, de præfato Regno Siciliæ, omnibusque suis juribus, districtibus & pertinentiis, quæ quidem ad nos & eamdem Ecclesiam specialiter & plenarie spectant, disponere, providere, statuere ac ordinare, quodque liberè ac plenè absque omni ambiguitate, securâ conscientiâ poteramus illud in feudum concedere, ac ejus regimen & gubernationem committere, prout nobis & ipsi Ecclesiæ placeret & expediens videretur, & quòd supradictus Eadmundus & præfatus Rex Angliæ, cui missa unquam à sede Apostolicâ, vel de ipsius mandato aut auctoritate de ipso Regno collatio, vel concessio facta fuit, seu quævis alia persona præter ipsam Ecclesiam in eodem Regno nihil penitùs juris habebat; nec prædictus Eadmundus, nec memoratus Rex pater ejus, nec aliquis alius poterant nos & eamdem Ecclesiam quomodolibet impedire, nec aliquod unquam interponere obstaculum, quin de ipso Regno liberè ordinaremus pro nostræ beneplacito voluntatis.

Ut ergo diuturni tractatus inter eamdem Ecclesiam & præfatum Comitem super memorato Regno Siciliæ habiti fine laudabili concludantur; dilatione ac tarditate repulsis, quæ suspensionis dispendio damnificantes negotia eorum effectum subvertere, ac evacuare profectum, ad salutarem consummationem eorumdem tractuum nostrorum animum firmiter dirigentes, de Fratrum nostrorum consilio & assensu dicimus, diffinimus, & ordinamus, præfati Regni Siciliæ negotium, in personâ ejusdem Comitis, ut infra dicitur, fore complendum, & acceptatâ ab ipso ordinatione à nobis factâ super Senatûs articulo, quæ inferiùs inseritur, & factis & impletis per eum quæ habentur in illâ; necnon & acceptatis aliis, quæ in hac paginâ continentur, & super acceptatione ejusmodi exhibitis ab eodem Comite suis patentibus, & authenticis litteris, totum tenorem ipsius paginæ continentibus, præfato Cardinali, vel alii personæ, quam ad hoc duxerimus deputandam, dictum Regnum esse concedendum eidem sub conditionibus inferius annotatis; ipsumque vocandum, & certum sibi terminum fore præfigendum à nobis, quem ex nunc ei assignamus, videlicet festum beatorum Apostolorum Petri & Pauli primò venturum, ut ipse infra eumdem terminum personaliter ad Apostolicam sedem perveniens, de manibus nostris, si nos propitiante Deo vivos invenerit, alioquin de manu illius quem nobis in Apostolatus officio invenerit

Diplomatum, &c.

substitutum, aut à Collegio Cardinalium prædictæ Romanæ Ecclesiæ, si, quod absit, fortè vacaret, recipiat sub ipsis conditionibus dictum Regnum, ut sic in omni eventu, sive videlicet tunc prout Domino placuerit vixerimus sive non, & perficiatur in personâ ejus præfatum negotium, & ipsius Regni concessio sibi fiat, obtineatque in hoc sui desiderii complementum.

Super prædicto ejus Senatûs articulo plurimùm meditantes, & quid suprādicto Comiti, quid ipsi Ecclesiæ, quidque præfati Regni negotio circà illum potiùs expediret satagentes discernere, ac quid utilius cuique foret eligere cupientes, in eo considerationis nostræ defiximus oculum, & judicium deliberationis firmavimus; quòd decentius & melius pro singulis Apostolicâ providentiâ suadente cognovimus, & illud tamquam convenientius duximus ordinandum. Consulentes & providentes per hoc saluti & honori ejusdem Comitis, & in nullo ipsius profectibus & utilitatibus detrahentes, ac ipsum perfectiùs dirigentes negotium, & firmiùs solidantes. Ceterum volumus & decernimus, quòd eodem Comite acceptante prædicta, & sicut præmissum est suas super hoc litteras concedente, ac veniendi ad prædictam Sedem iter arripiente præfatus Cardinalis de proventibus prædictæ decimæ quos collegit vel colliget, congruum ei subsidium tribuat, & contrà Manfredum quondam principem Tarentinum, & Saracenos Luceriæ per terras suæ Legationis verbum Crucis prædicet, & faciat prædicari. Ut autem hæc nostra diffinitio & ordinatio, & hoc nostrum decretum, ac alia præmissa illibata perpetuò maneant, & inconcussam semper obtineant firmitatem, ea in præsenti conscribi & annotari paginâ fecimus, nostrâ & Fratrum nostrorum subscriptionibus, nostrâque Bullâ, & eorumdem Fratrum sigillis ad perpetuam memoriam roboratas.

Summus Pontifex cum diffinientes Carolo Comiti Andegaviæ obcollationem ipsi Regnum Siciliæ imponit.

I.

Conditiones autem sunt hæ: Civitas Beneventana, quam hactenùs Romana Ecclesia sibi retinuit, & in suum dominium & dominium cum omnibus juribus & pertinentiis retulit, & totum tenementum civitatis ejusdem cum finibus ejus antiquis, eidem Ecclesiæ & in ejus proprietate liberè remanebit, nullo jure ipsi Comiti, vel cuicumque alii de Regno prædicto ibi retento, seu quomodolibet reservato. Fines autem seu termini territorii seu districtûs aut tenimenti civitatis ejusdem, cum de illis ad præsens constare non posset, tempore quo tractatus sive negotium consummandum erit, per aliquas deputandas ad hoc personas idoneas distinguentur.

II.

Idem autem Comes, & sui in Regno Siciliæ heredes, in dictâ civitate & ejus territorio ac pertinentiis suis, quæ ipsi remanebunt Ecclesiæ, vel in urbe, seu in Campaniâ vel Maritimâ, sive in Ducatu Spoletano, aut in Marchiâ Anchonitanâ, vel in Patrimonio Beati Petri in Tusciâ, seu in aliis quibuscumque Terris aut dominiis, sive feudis ipsius Ecclesiæ ubilibet constitutis ex successione vel legato, aut venditione sive donatione, aut alio quocumque jure vel titulo seu contractu, nihil unquam sibi acquirent vel vindicabunt, seu poterunt acquirere vel quomodolibet vindicare: & nihil unquam recipient, habebunt vel retinebunt, seu poterunt recipere, habere, vel etiam retinere, ac nullam potestariam seu Capitaniam, vel Rectoriam, nullumque alium honorem, nullamque dignitatem, seu potestatem Senatoriam, vel quamcumque aliam aut administrationem vel commendam, nec quodcumque aliud officium recipient, seu recipere poterunt, habebunt seu retinebunt, vel habere seu retinere poterunt in eisdem. Hoc autem intelligimus de illis heredibus ipsius Comitis, qui eidem Comiti in dicto Siciliæ Regno succedent. Nolumus enim quòd delictum aliorum heredum qui succedent ei in Comitatibus & aliis Terris suis, in pœnam heredis qui est ei successurus in dicto Regno, aliquatenùs extendatur. Ne verò hujusmodi alii heredes ipsius Comitis contrà ea quæ in isto continentur articulo, aliquo forsan tempore venire præsumant, acquirendo vel vindicando, aut recipiendo, vel habendo seu retinendo sibi aliquid in terris in articulo ipso expressis, vel recipiendo, habendo seu retinendo in eisdem terris potestariam seu capitaniam, vel aliquid aliud de iis, quæ in articulo continentur eodem; sic super hoc duximus providendum, ut videlicet nulli eidem hujusmodi aliorum heredum ejusdem Comitis ullo unquam tempore liceat sibi quidquam in eisdem terris acquirere seu vindicare, recipere, habere, vel etiam retinere, aut recipere, vel habere, seu retinere potestariam, seu Capitaniam, vel Rectoriam, aut aliquid aliud ex iis quæ, prout dictum est, in eodem articulo plenius exprimuntur. Quicumque autem ipsorum secùs præsumpserit, eo ipso excommunicatus existat, nec ipse, nec ejus posteri in perpetuum possint in eodem Regno succedere, si eis in casu aliquo hujusmodi successio deferretur, sed ab illâ repellatur omnino, & nihilominùs ille qui tunc ejusdem Regni gubernaculis præsidebit, Romano Pontifici contrà eum potenter assistere teneatur.

III.

Item, pro prædictâ civitate Beneventanâ hac vice reficiendâ per Beneventanos, exponet per septennium pro ligniaminibus omnia nemora ipsius Regni & terræ quæ est citrà Farum usque ad confinia terrarum Romanæ Ecclesiæ, & omnem materiam ad ædificia oportunam, puta lapides, arenam quæ puteolana vocatur, cæmentum & similia, sine præjudicio juris singularium personarum ad unam diætam prope Beneventum. Præstabit quoque ipsis Beneventanis securitatem per totum Regnum & terram prædictam, nisi in terrâ suâ de novo delinquant, propter quod ad ipsum de jure justitia pertinebit. Privilegia etiam dictæ civitati à Regibus & Principibus concessa, illibata servabit. Omnia statuta per quemdam Fredericum olim Romanum Imperatorem, seu quoscumque alios Reges Siciliæ facta contrà libertatem civitatis ejusdem, revocabit, & in omnibus, & per omnia quæ libertatis fuerint cæteris Regnicolis pariicabunt eamdem, nec aliqua statuta seu aliquas leges condet in posterum, per quæ dictæ civitati directè vel indirectè possint præjudicia generari, & pro Apostolicæ sedis & beati Bartholomæi Patroni civitatis ejusdem reverentiâ, fidantias ab omnibus remitti faciet, & remittet eisdem. Fidantiarum autem remissio, est concessio libertatis, ut cives Beneventani possint liberè proprias vineas & terras excolere, ipsarumque fruges & fructus recolligere, ac easdem vineas & terras vendere, & de ipsis pro suâ voluntate disponere sine aliquâ exactione, vel munere, vel etiam datione.

IV.

Item, totum ejusdem Regni residuum perpetuò concedetur in feudum eidem Comiti, & heredibus suis ex eo legitimè, sicut infrà dicitur, descendentibus sub infrà scriptis & suprà scriptis conditionibus, quæ prout competet in concessionis Privilegio exprimentur. Ita videlicet quòd, si in ejus vel heredum ipsorum obitu legitimum, prout subsequitur, heredem, ipsos, quod absit, non habere contigerit, Regnum ipsum ad Romanam Ecclesiam ejusque dispositionem liberè revertatur. Si enim Comes ipse Regnum à nobis recepit, descendentes per rectam lineam ex eodem & ipsius heredibus Siciliæ Regibus mares & feminæ, in eodem Regno succedent; sic tamen quòd de liberis duobus maribus, in eodem gradu per eamdem lineam concurrentibus primogenitus, & de duabus feminis primogenita, & de mare & femina in eodem gradu similiter concurrentibus, masculus omnibus aliis præferatur.

Si verò eumdem Comitem, quod abfit, fine liberis ex eo legitimè descendentibus mori contigerit, possit ei in Regno & terrâ prædictis succedere dumtaxat nobilis vir Alfonsus Comes Pictavensis, germanus ejusdem. Et si dictus Alfonsus eidem Carolo non superviveret, possit ei succedere unus ex filiis Ludovici Illustris Regis Franciæ, videlicet major natu post illum qui succedet in Regno Francorum : & hæc gratia vel successio tam ex parte ipsius Caroli, quàm ex parte illorum erit tantummodo personalis, ita scilicet quòd ad alterum filiorum vel heredum ipsius Alphonsi, si Alphonsum ipsum præmori Carolo prædicto contigerit, hujusmodi successio se extendet. Sed hujusmodi major natu succedet in Regno Siciliæ & Terrâ prædictis. Similiter etiam nullus filiorum vel heredum ipsius majoris natu, si idem major natu præfato Carolo non supervixerit ; hujusmodi successionem habebit ; sed Regnum Siciliæ ac terra prædicta ad Romanam Ecclesiam, ejusque dispositionem liberè devolventur. Si verò Alphonsum & majorem natu prædictos præmori Carolo præfato contigerit, nullusjalius ipsi Carolo sine liberis ex ipso legitimè descendentibus decedenti in eisdem Regno & terrâ succedet, sed liberum erit eidem Romanæ Ecclesiæ de ipsis Regno Siciliæ ac Terrâ disponere juxta suæ beneplacitum voluntatis. Si autem prædictos Alphonsum & majorem natu post successionem hujusmodi, aut eorum heredes sine liberis ex ipsis legitimè descendentibus mori contigerit, Regnum Siciliæ & Terra prædicta similiter ad eamdem Romanam Ecclesiam ejusque dispositionem liberè revertentur. Sed si aliquem de aliis successoribus ejusdem Comitis Regem vel Reginam Siciliæ, sine legitimâ prole sui corporis mori contigerit, in futurum succedent eidem, servatis gradibus si superstites fuerint, hæ personæ, videlicet Regis vel Reginæ sine prole legitimâ sui corporis decedentis frater, vel soror, ac collaterales superiores mares & feminæ, ut puta patrui & avunculi, amitæ & materteræ, & sursum usque ad quartum gradum, duntaxat illis collateralibus, quos prædictus Comes habet ad præsens, & habebit dum vixerit, & qui post ejus obitum ex eisdem forsitan orientur, exceptis : collaterales etiam inferiores succedent similiter mares & feminæ, utpote nepos, vel neptis ex fratre vel sorore, & inferiùs usque ad eumdem tantummodo quartum gradum. Quod autem de feminis rectæ lineæ ac collateralium superiùs est expressum, intelligendum est tam de nuptis, quàm etiam de innuptis, dummodo nuptæ sint fidelibus & Ecclesiæ devotis ; & sicut inter has personas gradus servari volumus, ut scilicet prior gradus posteriori gradui præferatur ; sic & in eodem gradu pluribus concurrentibus priorem natu posteriori, & marem feminæ in hujusmodi successionibus volumus anteferri. Personarum autem hujusmodi nullâ superstite, Regnum ipsum, sicut prædicitur, ad Romanam Ecclesiam & ejus dispositionem liberè revertatur.

V. Item, pro toto generali censu ipsorum Regni & Terræ, octo millia unciarum auri ad pondus ipsius Regni in festo beati Petri ubicumque Romanus Pontifex fuerit, ipsi Romano Pontifici, & Romanæ Ecclesiæ annis singulis persolventur. Si verò idem Comes, vel ejus in dicto Regno heredes, quocumque termino non solverint integrè censum ipsum, & exspectati per duos menses terminum ipsum immediatè sequentes, de illo ad plenum non satisfecerint, eo ipso erunt excommunicationis vinculo innodati.

Quòd si in secundo termino & infrà subsequentes duos menses eumdem censum sine diminutione qualibet non persolverint ; totum Regnum Siciliæ ac tota terra prædicta Ecclesiastico erunt supposita interdicto. Si verò nec in tertio termino nec infrà duos menses proximos plenam satisfactionem illius ejusdem census sibi duxerint consulendum, ita quòd transactis eodem tertio termino, & duobus proximè sequentibus mensibus non sit de octo millibus hujusmodi primi termini ipsi Ecclesiæ integrè satisfactum, ab eisdem Regno & terrâ ipsorumque jure cadant ex toto ; & Regnum & terra ad Romanam Ecclesiam integrè ac liberè revertentur. Si autem de censu octo millium unciarum hujusmodi primi termini infrà dictos tertium annum, & duos subsequentes menses plenariè satisfecerint ; nihilominùs semper pro millibus octo millibus unciarum singulorum terminorum, si simili modo in eorum solutione cessaverint, vel illa non solverint, similes pœnas incurrent, salvis aliis pœnis & processibus, quæ vel de jure inferri & haberi poterunt per Romanum Pontificem in hoc casu.

VI. Item, postquàm dictus Comes præfatum Regnum vel tantum de ipso acquisiverit & habuerit, quòd etiam si aliquæ civitates, vel munitiones, aut aliqua alia loca ipsius Regni adhuc ei rebellia fuerint, reputetur & possit ipsius regni Rex & dominus reputari, solvet Romanæ Ecclesiæ quinquaginta millia marcarum sterlingorum per certos & diversos terminos ad hoc statuendos, tempore quo erit tractatus ve negotium consummandum. Quòd si dictus Comes in hujusmodi terminis illa non solverit, liberum erit Romano Pontifici contrà ipsum Comitem pro singulis terminis ad pœnas spirituales procedere, prout ipsi videbitur expedire. Cum tamen negotium quod agitur, Deo dante feliciter consummari contigerit, nos petitionem Comitis super remittendis sibi eisdem quinquaginta millibus Marcarum factam, ex parte saltem aliquâ, de quâ Comes ipse nobis ad gratias teneri debeat, audiemus.

VII. Item, in quolibet triennio dabit Rex Romano Pontifici unum palafridum album & pulchrum & bonum, in recognitionem veri dominii eorumdem Regni & Terræ.

VIII. Item, quandocumque Romanus Pontifex, qui pro tempore fuerit, asseruerit vel dixerit Romanam Ecclesiam indigere, ita quòd super indigentiâ hujusmodi ipsius Romani Pontificis simplici verbo stetur, idem Comes, vel ejus in dicto Regno heredes requisiti ab eo ad Urbem, in Campaniam, in Maritimam, in Patrimonium beati Petri in Tuscia, Ducatum Spoletanum, Marchiam Anconitanam, & in præmissam civitatem Beneventanam, ac ejus territorium & pertinentias quæ remanebunt Ecclesiæ, & in omnes alias terras ipsius Ecclesiæ per Italiam, trecentos milites equis & armis benè ac decenter munitos & paratos, ita quòd unusquisque ipsorum habeat quatuor equitaturas vel tres ad minus, in obsequium & subsidium Ecclesiæ prædictæ transmittent, per tres menses integros in ipsius vel dictorum in Regno heredum sumptibus & stipendiis, semel tamen in anno in servitio eidem Ecclesiæ moraturos. Mensibus ipsis à die quo iidem milites terram sui dominii, vel fines sui districtus egressi fuerint, per vulgares diætas & solitas computandis. Quòd si maluerit Ecclesia eâdem ingruenti necessitate, super quâ stetur verbo Romani Pontificis, ut est dictum, navali juvari exercitu, prædicti milites debitâ taxatione, ac recompensatione præhabitâ in navale stolium commutentur.

IX. Item, tam ipse quàm sui in Regno heredes nobis, nostrisque successoribus canonicè intrantibus,

& Ecclesiæ Romanæ ligium homagium facient, & juramentum fidelitatis præstabunt, ac hujusmodi homagium facere, & juramentum fidelitatis præstare secundùm formam inferiùs annotatam, si Romanus Pontifici in Italiâ fuerit, infrà sex menses, si verò eum extrà Italiam esse contigerit, infrà annum, postquàm Regni dominium adepti fuerint; teneantur; & singulis ipsis successoribus, & eidem Romanæ Ecclesiæ renovabunt tam ipsum homagium, quàm hujusmodi juramentum. In optione autem & beneplacito erit Romanæ Ecclesiæ, ipsum & heredes suos vocare ad præstandum personaliter juramentum fidelitatis, & ligium homagium Romano Pontifici & eidem Ecclesiæ, dummodo ad hoc sibi tutum locum statuant & assignent, vel aliquem Cardinalem ipsius Ecclesiæ; seu alium, qui vice Romani Pontificis juramentum juxta eamdem formam & homagium recipiat, destinare.

X.

Item, dictus Comes & ejus in Regno heredes Regnum & Terram præfata nullatenùs divident, sed semper illa unus tantùm sub ipsis conditionibus immediatè ac in capite à Romanâ tenebit Ecclesiâ, & tam idem Comes, quàm ipsius in ipso Regno heredes nobis, & successoribus nostris canonicè intrantibus, & Ecclesiæ Romanæ ligium homagium facient, & fidelitatis juramentum præstabunt in hunc modum.

Ego . . . . . plenum & ligium vassallagium faciens Ecclesiæ pro Regno Siciliæ, & totâ Terrâ quæ est citrà Farum usque ad confinia terrarum ipsius Ecclesiæ; exceptâ civitate Beneventanâ cum toto territorio & omnibus districtibus, & pertinentiis suis, (& exprimentur limites territorii, pertinentiarum, & districtuum civitatis Beneventanæ) ab hac horâ inantea fidelis & obediens ero beato Petro, & domino meo Pontifici; suisque successoribus canonicè intrantibus, sanctæque Apostolicæ Romanæ Ecclesiæ non ero in consilio, aut consensu, vel facto, ut vitam perdant aut membrum, aut capiantur malâ captione: consilium quod mihi crediturii sunt per se, aut nuntios suos, sive per litteras ad eorum damnum, me sciente, nemini pandam, & si scivero fieri, vel procurari sive tractari aliquid, quod sit ad ipsorum damnum, illud pro posse impediam, & si impedire non possem, illud eis significare curabo. Papatum Romanum; & Regalia sancti Petri tam in Regno Siciliæ & terrâ prædictis quàm alibi existentia, adjutor eis ero ad retinendum, & defendendum ac recuperandum, & recuperata manutenendum contra omnem hominem. Universas & singulas conditiones contentas in Apostolico Privilegio super ipsorum Regni & terræ concessione confecto, ac omnia & singula quæ continentur in eodem Privilegio, plenariè adimplebo, & inviolabiliter observabo, nec ullo unquam tempore veniam contra illa, sic me Deus adjuvet, & hæc sancta Dei Evangelia.

XI.

Item, ipsi ac singuli sui in dicto Regno heredes Romano Pontifici, & singulis successoribus homagium præstabunt; juramentum fidelitatis jurabunt, se ad hoc specialiter obligantes, quòd nunquam per se, vel alios seu quocumque modo procurabunt ut eligantur, vel nominentur in Regem vel Imperatorem Romanum vel Regem Teutoniæ, seu dominum Lombardiæ, aut Tusciæ, vel majoris partis earumdem Lombardiæ vel Tusciæ; & si electionem vel nominationem ad Imperium vel ad Regnum Romanum, seu ad Regnum Theotoniæ, aut ad dominium Lombardiæ, vel Tusciæ, seu majoris partis earum in ipsis celebrari contigerit, nullum hujusmodi electioni, vel nominationi assensum præstabunt, nec intromittent se ullo modo de regimine ipsius Imperii, vel Regni Romani, seu Regni Theotoniæ aut Lombardiæ seu Tusciæ, vel majoris partis earum, à quocumque horum nominati fuerint vel electi. Quòd si ipse vel aliquis suorum in regno heredum, studentibus & procurantibus eis ad Imperium, ipsum, sive ad dictum Regnum Romanum, seu Regnum Theotoniæ, aut dominium Lombardiæ seu Tusciæ, vel majoris earum partis electi vel nominati fuerint, si hoc verum & manifestum fuerit; aut si post talem electionem vel nominationem de Imperii vel Regni Romani, seu Regni Theotoniæ aut Lombardiæ, seu Tusciæ, vel majoris partis partis regimine se manifestè intromiserint, eo ipso à jure prædictorum Regni Siciliæ & Terræ cedant ex toto, ipsaque prorsùs amittant, & eadem Regnum & Terra ad Romanam Ecclesiam liberè devolvantur. Si autem electioni vel nominationi factæ non procurantibus ipsis, non consenserint, & ut huic electioni seu nominationi vel juri omnino renuntient, & quòd de Imperio, seu de aliquo alio præmissorum, ad quod electi seu nominati fuerint se nullatenùs intromittant, moniti, infra quatuor mensium spatium post monitionem hujusmodi, tali electioni, seu nominationi, vel juri non renuntiaverint, vel de ipso Imperio seu aliquo præmissorum, ad quod electi vel nominati fuerint se intromiserint quoquo modo, ex hoc ipso eisdem Regno Siciliæ ac Terrâ, & eorum omni prorsùs jure privati, & ut dictum est, eadem Regnum & Terra ad Romanam Ecclesiam liberè devolvantur. Si verò ad ipsum Comitem, vel ejus in eodem Regno heredes non poterit commodè talis monitio pervenire, super quo utique impedimento, videlicet quòd moneri commodè nequeant, creditur & stabitur assertioni Romani Pontificis, sive dicto: sufficiet prævia super hoc ipsius Romani Pontificis monitio publica & solemnis; ita quòd si infrà sex menses post illam renuntiaverint, aut de Imperio; seu de aliquo alio prædictorum ad quod electi, seu nominati fuerint; se quomodolibet intromiserint: cadant ex hoc omni jure ipsorum Regni & Terræ, & Regnum & Terra ipsa ad Romanam Ecclesiam liberè devolvantur.

XII.

Cæterum si contigerit aliquem de suis heredibus qui deberet in prædictis Regno Siciliæ & Terrâ succedere, in Regem; vel Imperatorem Romanum, seu Regem Teotoniæ, vel dominum Lombardiæ, aut Tusciæ, seu majoris partis eorum nominari, seu eligi, vel assumi, nullatenùs possessionem eorumdem Regni Siciliæ ac Terræ nanciscatur vel habeat, nec se de illorum curâ seu dominio, & regimine per se, vel per alios aliquatenùs intromittat, nisi priùs Imperio, vel Regno Romano seu Regno Teotoniæ, aut dominio Lombardiæ, vel Tusciæ, seu majoris earum partis ad quodcumque horum electus, nominatus fuerit vel assumptus, & omni juri competentri sibi in illis omnino renuntiet, & illorum regimen nec de jure, nec de facto illud gerens vel retinens, omninò dimittat, ipsum nullo unquam tempore resumpturus: alioquin cadat ab omni successione ac jure, quæ in Regno Siciliæ ac Terrâ prædictis sibi competerent ipso facto, ita quòd eadem Regnum Siciliæ ac Terrâ ad Romanam Ecclesiam, ejusque dispositionem plenè ac liberè devolvantur.

XIII.

Quòd si non exstantibus masculis femina in eisdem Regno & Terrâ successerit, illa Regi vel Imperatori Romano, seu in Regem vel Imperatorem Romanum electo, aut Regi, vel electo in Regem Teotoniæ, seu domino Lombardiæ, vel Tusciæ, aut majoris partis earum, seu electo ad earum dominium nunquam matrimonialiter copuletur; & si contrarium fecerit, eo ipso cadat à Siciliæ Regno & Terrâ prædictis, maneatque prorsùs ipsorum jure privata, ipsis Regno & Terrâ ad eamdem Ecclesiam devolutis. Si autem ipse vel aliquis suorum in Regno heredum contrà hæc venerint, eo ipso excommunicati, & insuper labe ac reatu perjurii respersi & notati exiſtant.

XIV. In hujusmodi quoque juramento addetur expressè, quòd nullo unquam tempore Regnum seu Imperium Romanum, aut Regnum Teotoniæ, vel dominium Lombardiæ sive Tusciæ, seu majoris earum partis, aut easdem Lombardiam vel Tusciam, vel majorem partem ipsarum per se, vel per alios seu alium occupabunt, capient, vel acquirent, aut sibi aliàs quomodolibet vindicabunt; & si secùs fecerint, similes secundùm præscriptam formam pœnas incurrant.

Quod autem dicitur de majori parte dominii Lombardiæ, sive Tusciæ, intelligitur scienter; si verò ignoranter, eam ad mandatum Ecclesiæ dimittere teneantur, & si eam Ecclesia mandante dimittant, non incidant in pœnam in isto articulo & consimilibus constitutam. Si verò moniti non dimittant, remaneat pœna prout est in hoc articulo; & aliis consimilibus constituta.

XV. Quòd si forte in posterum Regem Siciliæ contingat in Imperatorem eligi, postquàm Regni fuerit possessionem adeptus, non transeat ad Imperium, alioquin in pœnas incidat in hoc articulo & aliis similibus comprehensas. Quòd si Regni possessione prædicti nondum agnitâ seu obtentâ, in Imperatorem electus transire voluerit ad Imperium, in manu prius Romani Pontificis, vel illius quem ad hoc idem Pontifex duxerit destinandum, filium suum successurum in Regno cujuscumque fuerit ætatis, emancipet, & Regno renuntiet; nihil juris in eo retinens clam vel palam, nec cujuslibet etiam potestatis, nee ipsum filium ad servitium vel subsidium aliquod faciendum juramento vel voto, stipulatione vel pacto sibi vel successoribus suis adstringat; sicque factus filius sui juris, ab eodem Romano Pontifice, vel alio destinato ab ipso protinùs investiatur de Regno, ad cujus Regis successionem si fortè decederet sine liberis, nullo unquam tempore pater veniat Imperator existens. Sed si Imperio & omnibus quæ ad Imperium pertinent idem pater renuntiare voluerit, & Regno tantùm sit contentus, post renuntiationem hujusmodi ad illius successionem liberè admittatur; & tunc ab ipso Romano Pontifice, vel alio destinato ab eo, investituram recipiat Regni ejusdem. Quòd si dictus filius sic ad Regnum assumptus, major annis decem & octo fuerit, liberè administret, sed quamdiù minor existerit, tam ipse, quàm Regnum ipsius in custodiâ Romanæ Ecclesiæ maneat, donec Rex ipse impleverit supradictam ætatem, fructibus & obventionibus Regni, ex quibus sumptus necessarii faciendi pro ejusdem Regni custodiâ deducantur, Regi conservandis eidem, & lucro alterius, ratione ipsius custodiæ, non cessuris. Quæ verò de filio dicuntur, ut ei videlicet Regnum possit sub observatione præmissâ à patre ad Imperium transeunte dimitti, in filiâ etiam duximus concedendum. Et si Rex non habens filios in Imperatorem electus, ad Imperium transire voluerit, & de personis quas supradiximus liberis non existantibus in Regno posse succedere aliqui superstites fuerint, quæ de filio & filiâ præordinavimus, observentur in illis, excepto emancipationis articulo quæ in solis illis procedere poterit, quæ capaces emancipationis existent ratione patriæ potestatis.

XVI. Declaramus etiam quòd si Regi Siciliæ sine filio decedenti superstes sit filia vel mulier alia, quæ juxtà præfatam formam debeat ad hujusmodi successionem admitti, quæ Imperatori dum ipse Rex viveret fuerat desponsata, vel nupta, non succedat in Regno; & si Regno sibi delato Imperatori huic pserit, cadat protinùs ab eodem, nisi vir ejus Imperio prorsùs renuntians, Regno solummodò sit contentus. In primo autem tali repulsis filiâ & aliâ prædictâ, ad personas illas servatis gradibus Regnum perveniat, quas prænotavimus in Regno posse succedere, si Regi præmortuo liberi non supersint. In secundo autem casu, Regnum ipsum ad Romanam Ecclesiam devolvatur.

XVII. Item, si fortè deficientibus masculis contigerit feminam innuptam in Regno succedere, illa maritabitur personæ quæ ad ipsius Regni regimen & defensionem existat idonea, Romani Pontificis prius super hoc consilio requisito; nec nubet nisi viro Catholico, & Ecclesiæ Romanæ devoto; & si contrà hoc fieret, licebit Romano Pontifici contrà ipsam ad privationem prædictorum Regni & Terræ sine figurâ judicii, & absque omni juris solemnitate in quâcumque ætate filia ipsa consistit, procedere, si hoc ei videbitur expedire.

XVIII. Item, in Regnum & Terram prædicta nullus succedet, qui non fuerit de legitimo matrimonio procreatus.

XIX. Item, Regnum Siciliæ & Terra prædicta Imperio nullomodo subdentur, seu sibi ullo unquam tempore in eâdem personâ quomodolibet unientur, & præcisè super hoc articulo tam per pœnas spirituales, quàm alias cautiones cavebitur, juxtà Ecclesiæ voluntatem; cum prorsùs intentionis sit Romanæ Ecclesiæ, ut Regnum & Terra prædicta nullo unquam tempore Imperio uniantur, ut scilicet unus Romanorum Imperator & Siciliæ Rex existat. Quod autem circa unionem ipsorum Regni & Terræ cum Imperio dicimus, hoc ipsum circa unionem eorumdem Regni & Terræ cum Regno Romano, aut Regno Teotoniæ, seu cum Lombardiâ vel Tusciâ, sive cum majori parte ipsarum Lombardiæ vel Tusciæ intelligimus, & volumus esse dictum.

XX. Item, si ipse vel sui in Regno heredes prædictam civitatem Beneventanam, territorium & pertinentias ejus quæ remanebunt Ecclesiæ, vel aliquam partem eorum, aut Campaniam vel Maritimam, seu urbem vel Ducatum Spoletanum, aut Marchiam Anconitanam, sive patrimonium beati Petri in Tusciâ, aut alias quascumque terras Romanæ Ecclesiæ ubilibet constitutas occupaverint, vel occupari fecerint; aut super iis offenderint, vel molestaverint Ecclesiam, seu fecerint molestari; & postquàm super hoc à Romano Pontifice moniti, & requisiti fuerint, vel si commodè moneri, aut requiri nequiverint, juxtà ipsius Romani Pontificis assertionem, vel dictum, postquàm de hoc ipse publicè ac solemniter se monuerit, infra tres menses non restituerint integrè omnia occupata, eo ipso ab eorumdem Regni Siciliæ & Terræ jure cadant totaliter, ipsaque Regnum & Terra prorsùs amittant, & hæc ad Romanam Ecclesiam liberè devolvantur. Quòd si etiam restituerint occupata, nihilominùs ad plenum de universis injuriis, & damnis illatis ad mandatum ejusdem Romani Pontificis satisfacere teneantur. Alii quoque heredes ipsius Comitis, videlicet qui in Regno succedent eidem, occupare, vel facere occupare easdem terras Romanæ Ecclesiæ, seu molestare, aut molestari facere super illis eamdem Ecclesiam non attenterint; quodque illi qui secùs attentaverint, præmissas pœnas (ut videlicet eo ipso sint excommunicati, & tam ipsi quàm eorum posteritas in perpetuum ad successionem prædicti Regni, in aliquo forte casu in eadem successione devolveretur, ad illos nullatenùs admittantur) incurrant. Et quòd Rex Siciliæ qui tunc erit teneatur assistere Romano Pontifici contra ipsos, prout superiùs est expressum.

Item,

XXI. Item, omnibus Ecclesiis tam Cathedralibus quàm aliis regularibus & sæcularibus, necnon & omnibus Prælatis & Clericis, ac universis personis Ecclesiasticis, sæcularibus, & Religiosis, & quibuslibet Religionis locis plenariè dimittentur, & restituentur integrè omnia bona eorum immobilia à quibuscumque ablata, vel occupata sint, & per quoscumque detineantur. Mobilia verò quæ exstant & poterunt inveniri, simili modo restituentur eisdem: hæc autem restitutio fiet absque contradictione seu difficultate quâlibet, sicut nanciscentur prædictorum Regni Siciliæ ac Terræ possessionem: hoc modo scilicet quòd statim in illâ parte ipsorum Regni & Terræ, quæ sibi obediet, restitutio ipsa fiat, ipsáque postmodum successivè consummabitur, sicut eidem Regnum habebuntur & terra. Ne autem super iis rebus restituendis ingeri possit aliqua difficultas, deputabuntur à Romano Pontifice aliqui viri discreti, ad quorum mandatum & arbitrium jurium, & rerum immobilium & mobilium quæ exstant restitutio plenà fiat; ita quòd ea de quorum dominio vel proprietate, seu possessione notorium fuerit, ad eorum mandatum & arbitrium mox reddentur. In dubiis verò, per ipsos de plano & absque judicii strepitu veritas diligentiùs inquiretur. Sufficiet autem vocari Camerarium vel Procuratorem, seu Ballivum, in cujus jurisdictione vel Balliviâ seu territorio bona de quibus agetur consistent, ad videndum jurare testes qui in hujusmodi inquisitione deponent.

XXII. Item, omnes Ecclesiæ tam Cathedrales, quàm aliæ Regulares & sæculares, necnon & omnes Prælati & Clerici ac universæ personæ Ecclesiasticæ sæculares, & Religiosæ, ac quæcumque Religionis loca cum omnibus bonis suis in electionibus, postulationibus nominationibus, provisionibus, & omnibus aliis plenâ libertate gaudebunt, nec ante electionem, sive in electione, vel post Regius assensus, vel consilium aliquatenùs requiretur. Quam utique libertatem ipse, & sui in Regno heredes semper manutenebunt & conservabunt, & manu teneri & conservari facient ab omnibus subditis suis; dictæque Ecclesiæ, ac personæ utentur liberè omnibus bonis & juribus suis, salvo ei & suis in Regno heredibus jure patronatûs in Ecclesiis, in tantum quantum in hac parte patronis Ecclesiarum Canonica instituta conceditur, ubi antiqui Reges Siciliæ hujusmodi jus patronatûs in ipsis Ecclesiis habuerunt. Omnes etiam causæ ad forum Ecclesiasticum pertinentes liberè & absque ullo impedimento agitabuntur, tractabuntur, & ventilabuntur coram Ordinariis & aliis Ecclesiasticis judicibus, & terminabuntur per eos. Et si ad sedem Apostolicam super hujusmodi causis appellari contigerit, tam appellantes, quàm appellati ad eamdem venire Sedem pro appellationum prosequutionibus liberè & absque inhibitione aliquâ permittentur. Sacramenta verò fidelitatis præstabuntur secundùm antiquam & rationabilem consuetudinem, prout canonica instituta permittunt, ab illis Ecclesiarum Prælatis, quorum prædecessores antiqui illa Siciliæ Regibus præstiterunt; ab illis autem Prælatis & Ecclesiis, qui Regalia, sive temporalia bona tenent, si qui tamen sunt qui hujusmodi bona teneant à domino Regni & aliis dominis temporalibus, & qui ratione hujusmodi bonorum ab antiquo consueverunt Regibus & ipsis dominis temporalibus servitia exhibere; hujusmodi honesta & antiqua servitia eis secundùm rationabilem & antiquam consuetudinem, & sicut instituta patiuntur Canonica impendentur, salvâ semper circà Ecclesias Cathedrales, & alias Regulares, & sæculares, ac personas & loca Ecclesiastica, tam in faciendis provisionibus, & electionibus confirmandis, quàm in omnibus quibuscumque aliis Romani Pontificis & Ecclesiæ Romanæ jurisdictione, ac auctoritate plenariâ & liberâ potestate.

XXIII. Item, revocabit omnes constitutiones, seu leges per prædictum Fr. vel per Reges Siciliæ, sive per Conradum ipsius Fr. filium, aut Manfredum quondam Principem Tarentinum, qui de facto Regnum ipsum detinet occupatum, editas contra Ecclesiasticam libertatem: nec statuta, vel constitutiones aliquas edet, aut etiam promulgabit per quæ juri, vel libertati Ecclesiæ derogetur.

XXIV. Item, Comes promittet, quòd nullus Clericus vel persona Ecclesiastica eorumdem Regni & Terræ in civili, vel criminali causâ convenietur coram judice sæculari, nisi super feudis judicio petitorio conveniatur civiliter; sed omnes Ecclesiæ, ac personæ Ecclesiasticæ omnimodè erunt liberæ, & in nullo Regi vel Principi subjacebunt.

XXV. Item, nullas tallias, vel collectas imponet Ecclesiis, Monasteriis, Clericis, & viris Ecclesiasticis, vel rebus eorum.

XXVI. Item, in Ecclesiis vacantibus Rex nulla habebit Regalia, nullósque fructus, reditus & proventus, nullas etiam obventiones, ac nulla prorsus alia percipiet ex eisdem, custodiâ earumdem Ecclesiarum interim liberâ remanente penes personas Ecclesiasticas, juxtà Canonicas sanctiones.

XXVII. Item, Comites, Barones, Milites, & universi homines totius Regni, & Terræ prædictæ vivent in eâ libertate, & habebunt illas immunitates, illaque privilegia, ipsísque gaudebunt quas & quæ tempore claræ memoriæ Guillelmi secundi Siciliæ Regis, & aliis antiquis temporibus habuerunt.

XXVIII. Item, omnes exules Regni Siciliæ & Terræ prædictæ, cujuscumque conditionis existant, ad mandatum Ecclesiæ reducentur in Regnum & Terram prædictam, ipsísque de bonis, & juribus eis debitis restitutio plena fiet. In hujusmodi autem restitutione secundùm præscriptam formam in capitulo de bonis Ecclesiarum restituendis contentam, tam in notoriis, quàm in dubiis procedetur.

XXIX. Item, nullam confœderationem, seu pactionem, vel societatem cum aliquo Imperatore, vel Rege, seu Principe vel Barone, Sarraceno, Christiano, vel Græco, aut cum aliquâ Provinciâ, seu civitate, aut communitate, vel loco aliquo contra Romanam Ecclesiam, vel in damnum Ecclesiæ scienter faciet, & si etiam faceret ignoranter, teneatur ad mandatum Ecclesiæ revocare.

XXX. Item, omnes, captivos, & obsides, qui tenentur in Regno & Terrâ prædictis, Romanos, Regnicolas, & alios de terrâ Ecclesiæ, Tuscos, Lombardos, & illos de Marchiâ Tervisinâ pro posse suo, bonâ fide restituet libertati. Heredibus verò quondam Riccardi Comitis Sorani, germani felicis recordationis Innocentii Papæ III. jus quod in Comitatu Sorani, & aliis Ecclesiæ Romanæ fidelibus, illud quod in aliis Comitatibus & bonis, si qua eis in Regno & Terrâ prædictis à Regibus, vel Principibus fuit concessa, obtinet, penitùs erit salvum, nec per ipsorum Regni & Terræ concessionem Comitatuum seu concessorum eorumdem cuiquam quoad proprietatem, seu possessionem præjudicium generabitur, Regio in iis omnibus jure salvo: secundùm enim supradictas & infrà scriptas conditiones Regnum Siciliæ, exceptâ civitate Beneventanâ, & omnibus districtibus & pertinentiis suis, Comiti concedetur eidem, & revocabuntur omnes concessiones Comitatuum, Baroniarum, feudorum, & aliorum quorumcumque bonorum, & jurium factæ in prædicto Regno Siciliæ per Fredericum, Conradum, & Manfredum prædictos, & eorum officiales, familiares, & fautores post de-

Positionis sententiam in ipsum Fr. per felicis recordationis Innocentium Papam IV. in Lugdunensi Concilio promulgatam.

XXXI. Item, idem Comes veniet cum mille ad minus ultramontanorum Militum comitivâ, quorum quilibet equitaturas quatuor secum ducet; habebit etiam dictus Comes trecentos Balistarios, & tot alios bellatores quot ad prosequutionem negotii sufficere videbuntur.

XXXII. Item, dictus Comes usque ad annum, à die quo ei fiet collatio de Regno Siciliæ computandum, sic munitus cum totâ suâ hujusmodi comitivâ fines Comitatûs Provinciæ versùs Italiam sit egressus, & extimo infrà tres menses immediatè sequentes sit in terris conterminis Regno Siciliæ, nisi forsan in Italiâ hostium impedimento obstaculo vel occursu, quorum impugnationi, vel debellationi, quamdiù taliter munitus perseveranter institerit, intelligatur negotium prosequi; nec tempus prædictorum trium mensium ei currat. Quòd si dictus Comes sic munitus usque ad annum hujusmodi non fuerit fines prædicti Comitatûs egressus, vel infrà eosdem tres menses tali non præpeditus obstaculo non fuerit in terris eidem Siciliæ Regno conterminis, cum comitivâ hujusmodi constitutus, vel in quocumque casu eo prosequutioni negotii oportunam non impendere operam, ac easdem terras conterminas dicto Regno infrà tres menses ipsos non venerit sic munitus, liberum erit Romano Pontifici, ac in ipsius potestate remanebit, dicere, pronuntiare, vel proferre in scriptis, vel sine scriptis, de consilio, vel sine consilio Fratrum suorum, eodem Comite, vel alio etiam quocumque cujus forsitan interesset non vocatis, & absque omni juris solemnitate, concessionem eidem Comiti, & jus hered:bus de Regno & terrâ prædictis factam, vacuam omninò esse, nullumque robur vel valorem habere, ac eam revocare, cassare, irritare, ac ipsam cassam & irritam nuntiare. Liberum quoque est eidem Romano Pontifici hoc idem facere, si, quod absit, dictus Comes vel longâ præpeditus valetudine, vel morte præventus, dictum negotium juxtà eamdem formam non assumserit, vel assumptum non fuerit prosequutus, nisi forte talis persona & tam idonea juxtà formam eamdem vices ejus, vel suorum hæredum in hac parte suppleverit, quæ meritò ad hoc sufficiens possit & debeat Romanæ Ecclesiæ reputari. Quòd si dictus Comes alio forsan impedimento legitimo fuerit irretitus, & hoc significaverit Romano Pontifici, & in potestate remanebit Romano Pontifici, & in potestate remanebit ipsius vel dicere, pronuntiare, ac proferre juxtà formam in capitulo ipso contentam, concessionem eidem Comiti & ejus heredibus factam de Regno & Terrâ prædictis vacuam omninò esse, nullumque valorem vel robur habere, ac eam revocare, cassare, & irritare, & ipsam cassam & irritam nuntiare, vel talem personam, & tam idoneam assumere, vel admittere ad dictum negotium, quæ meritò ad hoc ab ipso sufficiens reputetur.

XXXIII. Item, omnes præmissas conditiones quæ in personâ Comitis apponentur, circa etiam ipsius Comitis in Regno heredes intelligimus & volumus esse dictas, salvis omnibus quæ circa alios heredes ipsius Comitis ordinata consistunt, prout superiùs est expressum.

XXXIV. Item, postquàm tractatus hujusmodi negotii fuerit concorditer consummatus, fiet super hoc privilegium concessionis à domino Papa subscriptionibus Cardinalium Romanæ Ecclesiæ roboratorum; & Comes dabit privilegium suum eidem domino Papæ ac Romanæ Ecclesiæ aureâ Bullâ bullatum, in quo proprio juramento fatebitur, & recognoscet expressè Regnum Siciliæ ac totam terram quæ est circa Farum, usque ad confinia terrarum Romanæ Ecclesiæ, exceptâ civitate Beneventanâ cum territorio, & pertinentiis ejus, quæ Ecclesiæ remanebit, eidem ex solâ gratiâ & merâ liberalitate sedis Apostolicæ sibi, suisque heredibus de novo fore concessa, seque recipere ac tenere Regnum & Terram hujusmodi dictâ Romanâ Ecclesiâ, sub conditionibus & pactis hinc inde tractatis.

XXXV. Ordinatio verò super Senatûs articulo hæc est: Nobilis vir Carolus Andegaviæ ac Provinciæ Comes præstito juramento promittat, quòd dabit operam bonâ fide, ut Romanis juret non regere Urbem ad vitam. Item, quòd finito triennio à die quo fiet ei Regni Siciliæ concessio computando, vel si infrà triennium ipsum totum prædictum Regnum vel majorem ejus partem, cui minor non possit resistere, acquisierit, vel si forte, quod absit illud acquirere non poterit, & hoc liquido constiterit, Senatum omninò dimittet, & illum extunc per se, vel per alium nullatenùs resumpturus, nec procuraturus quomodolibet, quòd Senatum ipsum quivis alius perpetuo ad vitam habeat, aut quòd ad illum aliquis etiam usque ad certum tempus absque licentiâ Romani Pontificis assumatur. Item, quòd dabit operam bonâ fide, ut idem Senatus ad dispositionem & ordinationem Romanæ Ecclesiæ revertatur, cives scilicet Romanos ad hoc sicut meliùs & honestiùs poterit inducendo. Item, quòd dum Senatum tenuerit, nihil scienter in cæteris ipsius Ecclesiæ domaniis scilicet & feudis in ejusdem Ecclesiæ vel suorum præjudicium faciet contrà Ecclesiam ipsam, & Ecclesiasticam libertatem; & si ipse vel sui quidquam tale fecerint; id sine moræ dispendio revocabit.

Hujusmodi autem juramentum præstabit idem Comes in præsentiâ fide dignarum personarum, quarum tres vel duæ ad minus sint Pontificali prædictæ dignitate, dabitque super iis, verbo juramento & promissione hujusmodi suas patentes litteras sigillis tam suo quàm hujusmodi trium vel duorum Pontificum sigillatas: in quibus utique litteris nomina personarum coram quibus hujusmodi juramentum præstabitur, exprimentur, ac se nihilominùs per easdem litteras obligabit ad infrascriptas pœnas quas incurrat, si contra præmissa vel eorum aliquid fecerit; videlicet quòd præter reatum perjurii quod incurret, eo ipso idem excommunicationis, & Terra sua ubilibet constituta interdicti sententiis subjaceant; quas utique sententias si dictus Comes per mensem sustinuerit, eo ipso cadat à jure Senatûs; & si postea de facto Senatum tenere contenderit, seu intromiserit se de illo, cadat similiter eo ipso ab omni jure quod erit ei in regno Siciliæ acquisitum. Duplicentur autem hujusmodi litteræ ad cautelam propter viarum discrimina, & sic duplicatæ assignentur dilecto filio nostro tituli Sanctæ Cæciliæ Presbytero Cardinali Apostolicæ sedis Legato, si præsens fuerit, vel alii personæ quam ad hoc duxerimus deputandam; ita quòd earumdem litterarum alteræ deferantur vel mittantur ad nos, & reliquæ nostro & Ecclesiæ Romanæ nomine in aliquo tuto loco fideliter deponantur, inibi ad opus nostrum & ipsius Ecclesiæ conservandæ. Nulli ergo omninò hominum liceat hanc paginam nostræ diffinitionis & ordinationis, nostrique decreti infringere, vel ei ausu temerario contraire; si quis autem hoc attentare præsumserit, indignationem omnipotentis Dei, & Beatorum Petri & Pauli se noverit incursurum.

Ego Clemens Catholicæ Ecclesiæ Episcopus.
Ego Odo Tusculanus Episcopus.
Ego Stephanus Prænestinus Episcopus.
Ego Frat. Joannes Portuensis & S. Rufinæ Episcopus.

Ego Radulfus Albanensis Episcopus.
Ego Ancherus tituli S. Praxedis Presbyter Cardinalis.
Ego Frater Guido tituli S. Laurentii in Lucina Presbyter Cardinalis.
Ego Guillelmus tituli sancti Marci Presbyter Cardinalis.
Ego Frater Anibaldus Basilicæ XII. Apostolorum Presbyter Cardinalis.
Ego Riccardus S. Angeli Diaconus Cardinalis.
Ego Octavianus S. Mariæ in Vialata Diaconus Cardinalis.
Ego Joannes sancti Nicolai in Carcere Tulliano Diaconus Cardinalis.
Ego Ottobonus sancti Andriani Diaconus Cardinalis.
Ego Jacobus sanctæ Mariæ in Cosmydin Diaconus Cardinalis.
Ego Gottifridus sancti Gregorii ad Velum aureum Diaconus Cardinalis.
Ego Jordanus sanctorum Cosmæ & Daminiani Diaconus Cardinalis.
Ego Matthæus sanctæ Mariæ in Porticu Diaconus Cardinalis.

Actum Perusii quarto Kal. Martii, Pontificûs nostri anno primo.

Anno MCCLXV.

CLEMENTIS *Papæ IV. Confirmat Privilegia* LUDOVICO *Regi concessa.*

CLEMENS Episcopus servus servorum Dei, carissimo in Christo filio LUDOVICO Dei gratiâ Regi Francorum illustrissimo salutem, & Apostolicam benedictionem. Regalis Excellentiæ zelum sincerum, laudandum quoque multipliciter claræ devotionis affectum, quem ad illum qui te fecit & Romanam Ecclesiam inter cæteros orbis Principes gerere, necnon & alia virtuosa pietatis studia, quibus vacare sollicitus per evidentia operationis indicia exprobaris, Apostolica sedes dignâ meditatione considerans, ac Serenitatem Regiam quàm multæ caritatis benevolentiâ ac favoribus fulcire cupiens oportunis, personam tuam variis privilegiis ac indulgentiis, in quibus certum tempus non præfigitur, insignivit. Nos igitur, qui te in intimis cordis nostri visceribus continemus, gerentes in votis, ut ad tuæ quietis commodum, ac utilitatis augmentum inconcussa ac illibata privilegia & indulgentiæ hujusmodi conserventur tuæ inclinari precibus easdem indulgentias & privilegia ratificamus, illaque tenore præsentium approbamus tibi, quòd ex eisdem indulgentiis & privilegiis plenè in omnibus ac liberè uti possis, auctoritate Apostolicâ nihilominùs indulgentes. Nulli ergo liceat, &c. Si quis, &c. Quia verò privilegiorum prædictorum tenores nobis exhibiti non fuerunt; ne forte verborum generalitas aliquos inducat in laqueum, Serenitatem tuam volumus non latere, quòd si à nostris prædecessoribus, prout dicitur, est concessum quòd civitates, castra, villæ, terra vel terræ tuæ sine Sedis Apostolicæ speciali mandato, Ecclesiastico subjici nequeant interdicto, de his solis quæ sui sunt domanii, hîc intelligendum declaramus & dicimus, ad alias volumus non extendi.

Datum Perusii Cal. Maii, Pontificatûs nostri anno primo.

Ejusdem Abbatibus S. Dionysii & S. Germani, ut conservari curent illibata Regis Privilegia.

CLEMENS, &c. Dilectis filiis Sancti Dionysii in Franciâ Parisiensis diœcesis, & Sancti Germani de Pratis juxtà Parisius, Monasteriorum ad Romanam Ecclesiam nullo medio pertinentium, Ordinis S. Benedicti Abbatibus salutem, & Apostolicam benedictionem. Regalis excellentiæ zelum, &c. [a] devotionis carissimi in Christo filii nostri Ludovici Regis Franciæ illustris affectum, &c. Oportunis personam suam, &c. easdem indulgentias & privilegia ratificavimus, illaque tenore præsentium approbavimus, sibique quòd eisdem indulgentiis & privilegiis plenè in omnibus ac liberè uti possit, auctoritate literarum nostrarum ei duximus indulgendum. Quocircà discretioni vestræ per Apostolica scripta mandamus, quatinùs vos vel alter vestrûm eumdem Regem non permittatis super his contrà ratificationis & induliti hujus tenorem ab aliquibus indebitè molestari, molestatores hujus per censuram Ecclesiasticam appellatione postpositâ compescendo: non obstante si aliquibus à Sede Apostolicâ indultum existat, quòd interdici, suspendi, vel excommunicari, aut extrà certa loca ad judicium evocari nequeant per literas Apostolicas, nisi in eis de indulto hujusmodi plena & expressa mentio habeatur; attentius provisuri quòd de his quæ causæ cognitionem exigunt, vel quæ indulta hujusmodi non contingunt, vos nullatenùs intromittere præsumatis; & si secus præsumpseritis, tam præsentes literas quàm etiam processum, quem per vos illarum auctoritate haberi contigerit, omninò carere viribus, ac nullius fore decernimus firmitatis: hujusmodi autem mandatum sic prudenter & fideliter exequamini, quod ejus fines quomodolibet minimè excedatis.

Datum Perusii Kal. Maii, Pontificatûs nostri anno primo.

Ejusdem JACOBO *Aragonum Regis filio.*

An. MCCLXVI.

CLEMENS Episcopus servus servorum Dei. Dilecto filio nobili viro JACOBO carissimi in Christo filii nostri Regis Aragonum illustris filio, salutem & Apostolicam benedictionem. Si Nobilitati tuæ placet in arduis Apostolicam Sedem consulere, tuam in hoc providentiam plurimùm commendamus. Per illam enim quæ te sincerè diligit pleniùs dirigeris, nec errare poteris in judicio, quod ejus fuerit assensu firmatum. Sanè super matrimonio de quo consulis inter te & dilectam in Christo filiam B. natam bonæ memoriæ Comitis Sabaudiæ contrahendo, nihil aliud tibi possumus respondere, nisi quòd si conditio personæ attenditur, domus Sabaudiæ nobilis & antiqua mulieres produxit electas, quæ diversis jam Regibus placuerunt, & si ad hoc tuos verteris oculos, nihil invenies, si persona placuerit, quod tibi debeat displicere. Genus enim illud viros etiam habuit strenuos & nunc habet, & ad terras finitimas & remotas suos palmites jam extendit. Verùm si requiris consilium in jus habeat in Comitatu puella, scire vel dicere præcisè non possumus, cum jura feudorum partim ex Imperialibus legibus, partim ex terrarum consuetudine in locis diversis à successione hujusmodi mulieres excludant: sed ut factum attendamus ad verum, securè dicimus quòd & si jus habeat, ni forsan, ex pacto ingressus tibi daretur pacificus, longùs esset tractus judicii, & executio difficilior: quam si manu velis armata prosequi, duos expenderes Comitatus & finem non attingeres peroptatum. Hoc ergo videat, hoc discutiat tam tua quàm carissimi in Christo filii nostri illustris Regis Aragonum patris tui circumspectio, an circumscripto penitus Comitatu si pacificè obtineri non possit, dos

Respondet non tantùm posse sed & debere matrimonium contrahere cum filia Comitis Sabaudiæ ob ipsius antiquam nobilitatem, &c.

---

[a] *zelum &c.*] Ea sic expuncta reperit Acherius in Tom. III. MS.

sibi placeat quæ offertur, quam si ambæ duxeritis acceptandam, & persona conveniens invenitur, non occurrit in cæteris quod debeat reprobari. Quòd si dos non placuerit, nosti satis quòd ex causa hujusmodi incompleta conjugia plures remanserunt.

Datum Viterbii III. Idus Augusti, Pontificatûs nostri anno secundo.

Testamentum BEATRICIS Reginæ Siciliæ.

Anno MCCLXVI.

IN nomine Domini, Amen. Nos BEATRIX Dei gratiâ Regina Siciliæ, Ducatûs Apuliæ, & Principatûs Capuæ, Andegavensis, Provinciæ & Forcalquerii Comitissa, sana mente & corpore, volentes de rebus & bonis nostris disponere Testamentum nostrum nuncupativum condendo, ordinamus prout inferiùs continetur. Inprimis filium nostrum Philippum heredem nobis instituimus in mille libris Turonensibus annui reditûs, percipiendis in Comitatibus Provinciæ & Forcalquerii, & assignandis certo loco vel certis locis in dictis Comitatibus, ad cognitionem & arbitrium Domini Caroli Dei gratiâ Regis Siciliæ illustris mariti nostri, vel illorum quos ad hoc ipse deputaverit; volentes ipsum Philippum jure institutionis prædictis mille libris esse contentum, ut nihil ampliùs possit petere vel exigere de bonis nostris in Comitatibus, seu de Comitatibus Provinciæ & Forcalquerii supradictis. Item filiam nostram Blancham maritatam Roberto Flandrensi, instituimus nobis heredem in centum marchis argenti, si maritus ejus decesserit post mortem patris sui, & ad eumdem Robertum jus Comitatûs Flandrensis devenerit. Si verò dictus Robertus ante mortem vel post mortem patris sui, tamen jus Comitatûs ad eumdem Robertum non devenerit, decesserit, instituimus dictam filiam nostram Blancham nobis heredem in decem mille libris Turonensibus, & centum marchis ultra de quibus superiùs est expressum; & alteram prædictarum quantitatum, secundùm conditiones prædictas heres noster, scilicet Carolus filius noster primogenitus, solvere teneatur. Volentes ipsam Blancham alterâ prædictarum quantitatum secundùm conditiones suprapositas jure institutionis esse contentam, & nihil ampliùs possit petere vel exigere de bonis nostris Comitatibus, seu de Comitatibus Provinciæ & Forcalquerii supradictis. Item Beatricem filiam nostram instituimus nobis heredem in decem mille libris Turonensibus, & hanc pecuniæ quantitatem Carolus heres noster solvere teneatur. Volentes ipsam Beatricem hac pecuniæ quantitate jure institutionis esse contentam. Item Isabellam filiam nostram instituimus nobis heredem in tribus millibus libris Turonensibus; & hanc pecuniæ quantitatem Carolus heres noster solvere teneatur. Volentes eamdem Isabellam hac pecuniæ quantitate jure institutionis esse contentam.

Item ventrem nostrum, si contingat nos masculum parere, eum nobis heredem instituimus in tribus millibus libris Turonensibus annui reditûs, percipiendis & assignandis certo loco vel certis locis ad cognitionem & arbitrium Domini Caroli prædicti mariti nostri, vel illorum quos ad hoc ipse deputaverit, in Comitatibus Provinciæ & Forcalquerii. Volentes ipsum prædictis tribus millibus libris jure institutionis esse contentum. Si verò plures postumos masculos nos habere contigerit, quemlibet eorum instituimus nobis heredem in tribus millibus libris Turonensibus annui reditûs, percipiendis in Comitatibus Provinciæ & Forcalquerii. Volentes quemlibet eorum prædictis tribus millibus libris Turonensibus jure institutionis esse contentum. Si autem filiam postumam contingat nos habere, instituimus eam nobis heredem in decem millibus libris Turonensibus, quas heres noster Carolus sibi solvere teneatur, cum venerit dicta filia ad ætatem legitimam ad matrimonium contrahendum. Volentes ipsam filiam postumam prædictis decem millibus libris Turonensibus, jure institutionis esse contentam. Verùm si plures filias postumas nos habere contigerit, ipsarum quamlibet instituimus nobis heredem in decem millibus libris Turonensibus solvendis eisdem per heredem nostrum, scilicet Carolum in Comitatibus Provinciæ & Forcalquerii institutum, sicut de unâ superiùs est expressum. Sanè si filium & filiam, seu plures filios vel filias postumos seu postumas insimul seu separatim contigerit nos habere, quemlibet filium instituimus nobis heredem in tribus millibus libris Turonensibus annui reditûs, & quamlibet filiam in decem millibus libris Turonensibus. Volentes quemlibet filium prædictis tribus millibus libris annui reditûs assignandis ut supradictum est, & quamlibet filiam decem millibus libris, prout supradictum est, jure institutionis esse contentos & contentas.

Item filium nostrum primogenitum Carolum heredem nostrum universalem nobis instituimus in totis Comitatibus nostris Provinciæ & Forcalquerii, & eorum juribus & pertinentiis, & in omnibus aliis bonis nostris, exceptis institutionibus & quantitatibus supradictis, & aliis designatis. Ita tamen quòd dictus Carolus nihil petet etiam ratione legitimæ portionis, in Comitatibus, seu de Comitatibus Andegavensi & Cœnomanensi, ratione paternæ successionis, ultrà quàm erit ei relictum à Domino Carolo patre suo, imò quantum in se erit, procurabit dictus Carolus quòd Philippus, vel alii Fratres sui ex nobis nascituri, secundùm dispositionem dicti mariti nostri patris sui, recipientur à Domino Rege Francorum ad Comitatus Andegavensem & Cœnomanensem supradictos. Si verò dictus Carolus filius noster venerit, seu fecerit contra prædicta aliqua, seu aliquod prædictorum, seu etiam procurare non potuerit, quòd à D. Rege Fratres sui recipiantur ad Comitatus Andegavensem & Cœnomanens. prædictos, secundùm dispositionem D. Caroli mariti nostri patris sui, volumus quòd dictus Philippus filius noster habeat jure institutionis, cum omnibus emolumentis & honoribus, omnia & singula, in quibus dictum Carolum filium nostrum nobis instituimus universalem heredem, legitimâ dicto Carolo filio nostro jure institutionis reservatâ tantummodò portione.

Item si contigerit dictum Carolum filium nostrum sine legitimis liberis ex se procreatis quandocumque decedere, volumus & mandamus quòd dictus Carolus dicto Philippo filio nostro restituat omnia supradicta, in quibus ipse Carolus à nobis fuerat institutus. Ita tamen quòd dictus Philippus filius noster habitâ restitutione prædictâ dimittat fratri suo, scilicet postumo nostro masculo, quem post dictum Philippum nostrum primò contigerit nos habere, terras & proventus Comitatuum Andegavensis & Cœnomanensis jure hereditario in perpetuum possidendas, secundùm dispositionem prædicti Domini Caroli mariti nostri; quòd si facere nollet dictus Philippus, volumus & mandamus quòd prædictus Carolus filius noster restituat antedicto postumo nostro, omnia quæ debebat restituere dicto Philippo filio nostro; sicut superiùs est expressum. Item si contigerit dictum Philippum quandocumque decedere sine liberis legitimis post mortem dicti Caroli filii nostri, volumus & mandamus quòd restituat omnia supradicta postumo nostro masculo supradicto, scilicet majori natu. Et si dictum postumum sine liberis, quandocumque mori contigerit, volumus & mandamus quòd sequenti postumo masculo restituat omnia supradicta. Si verò Carolus filius noster præmortuo Philippo filio nostro, decesserit sine liberis legitimis, volumus & mandamus quòd dictus Carolus omnia prædicta restituat postumo masculo, quem post dictum Philippum contigerit nos habere. Item si contigerit omnes filios nostros masculos natos & nascituros quandocumque, sine liberis legitimis ex se procreatis decedere, volumus & mandamus, quòd ille de filiis nostris masculis, qui ultimo morietur, restituat omnia supradicta Blanchæ filiæ nostræ: ita tamen quòd dicta Blancha nihil petet etiam ratione legitimæ portionis in Comitatibus, seu de Comitatibus Andegavensi & Cœnomanensi, ratione paternæ successionis ultrà quàm erit ei relictum à Domino Carolo patre suo; imò quantum in se erit procurabit, quòd Beatrix, vel Isabellis, vel alia soror sua ex nobis nascitura, secundùm dispositionem Domini Caroli prædicti patris sui, recipientur à Domino Rege Francorum ad Comitatus Andegavensem & Cœnomanensem supradictos. Si verò dicta Blancha filia nostra venerit, seu fecerit contrà prædicta, seu aliquod prædictorum, seu etiam procurare non potuerit quòd à Domino Rege Francorum sorores suæ recipiantur ad Comitatus Andegavensem & Cœnomanensem prædictos, secundùm dispositionem Domini Caroli mariti nostri patris sui, volumus & mandamus quòd ille de prædictis filiis nostris masculis, qui ultimo morietur, Beatrici filiæ nostræ, si tunc vivat, & eâdem Beatrice præmortuâ, Isabelli filiæ nostræ, si tunc vivat, alioquin postumæ nostræ majori natu restituat omnia supradicta.

Si verò dicta Blancha filia nostra, & omnes alii filii nostri & filiæ nostræ decesserint sine legitimis liberis ex se procreatis, volumus & præcipimus quòd ille de prædictis qui ultimò morietur, restituat Domino Carolo marito nostro omnia supradicta. Item volumus, & mandamus, & ordinamus, quòd Dominus Carolus Rex Siciliæ maritus noster, habeat usumfructum quamdiù vixerit in Comitatibus, scilicet Provinciæ & Forcalquerii supradictis, & dictam terram teneat, regat & custodiat quàmdiù vixerit sicut dominus, ita quòd post mortem suam ususfructus consolidetur proprietati, & perveniat ad heredem vel heredes nostros, de quibus superiùs est expressum.

Volumus etiam & præcipimus quòd heres noster universalis, scilicet in Comitatibus Provinciæ & Forcalquerii habeat omnes conquestus nostros factos sive in Provinciâ, sive in Lombardiâ, vel alibi circà partes illas. Volumus etiam, præcipimus & mandamus, quòd debita legata, & relicta nostra ad quascumque causas, & quibuscumque personis per heredem nostrum universalem solvantur, & forisfacta similiter emendentur. Volumus etiam quòd debita contracta à carissimo Domino & marito nostro Domino Carolo Rege Siciliæ supradicto, ratione terræ nostræ Provinciæ & Forcalquerii, & provinciarum earumdem, per heredem nostrum universalem in Comitatibus Provinciæ & Forcalquerii solvantur. Item quòd forisfacta prædicti mariti nostri in prædictis terris Provinciæ & Forcalquerii, seu ratione earum commissa, per heredem nostrum, in dictis Comitatibus emendentur. Debita verò bonæ memoriæ Domini Raimundi Berengarii quondam patris nostri si soluta non sunt, & forisfacta non sunt emendata, volumus & mandamus quòd per heredem nostrum in Comitatibus Provinciæ & Forcalquerii solvantur & emendentur, secundùm quod dictus pater noster in suo disposuit Testamento. Si verò idem heres institutus per nos in prædictis Comitatibus Provinciæ & Forcalquerii debita relicta & legata nostra, & debita prædicti Domini & mariti nostri, ut supradictum est, nollet solvere, & forisfacta nostra, & prædicti mariti nostri, ut supradictum est, nollet similiter emendare, Nos omnes redditus & gauditas prædictorum Comitatuum obligamus, & esse volumus obligatos ad omnia & singula supradicta. Item volumus & ordinamus quòd omnes liberi nostri, qui ex successione nostrâ aliquid habebunt in terris Provinciæ & Forcalquerii, seu pertinentiis earumdem, illud teneant in feudum ab herede nostro universali in Comitatibus Provinciæ & Forcalquerii supradictis.

Hæc est ordinatio seu dispositio de bonis nostris, quam valere volumus jure Testamenti, vel jure Codicillorum, seu jure cujuslibet dispositionis vel ultimæ voluntatis, vel alio quovis modo, quo ultima voluntas alicujus valere potest. Et si aliquo tempore aliam dispositionem, seu ordinationem de terrâ nostrâ in totum vel in partem fecimus, illud & illam cassamus & irritamus, & de cætero volumus non valere. Hujus autem Testamenti, ac etiam Codicillorum quos intendimus facere, exequutores nostros constituimus illos, quorum nomina inferiùs continentur; scilicet reverendos Patres Willelmum Dei gratiâ Aquensem Archiepiscopum, Bertrandum Avinionensem, F. Regensem, Alanum Sistaricensem, & Galterum Tolonensem, eâdem gratiâ Episcopos; & carissimum Dominum & maritum nostrum, Dominum Carolum Dei gratiâ Regem Siciliæ illustrem, & venerabilem virum Joannem de Aciaco Decanum Meldensem, & Magistrum Garnerum Clericum & Physicum dicti Domini Regis & nostrum. Et si omnes supradicti nollent, vel non possent his exequendis interesse, duo ipsorum unâ cum dicto domino & marito nostro, ea nihilominùs exequantur. Ad quod si prædictus dominus & maritus noster nollet vel non posset commodè interesse, tres prædictorum Exequutorum, aliis non expectatis, sufficiant ad prædicta exequenda.

In cujus rei testimonium præsens Testamentum sigillo nostro fecimus sigillari. Actum apud Lacumpensilem in camerâ Palatii, anno Domini millesimo ducentesimo sexagesimo sexto, die Mercurii in crastino Beatorum Petri & Pauli Apostolorum, præsentibus & vocatis & rogatis testibus, quorum nomina subscribuntur; videlicet

B. Dei gratiâ Archiepiscopo Messanensi.
I. de Aciaco Decano Meldensi, Regni Siciliæ Cancellario.
Gaufrido de Bellomonte Cancellario Baïocensi.
Magistro Garnero de Villari-bello, Decano S. Petri de Culturâ Cœnomanensi.
Barrallo Domino Baucii.
Petro Cambellano Franciæ, Furcone de Podio-Ricardi Militibus;
Et me Reginaldo de Cazinco ejusdem Regis Notario publico Provinciæ & Forcalquerii, qui de mandato dictæ Dominæ Reginæ præsens instrumentum & testamentum scripsi, & hoc meo signo meo signavi. Huic autem præsenti instrumento & testamento præfati testes sigilla sua in prædictorum testimonium apposuerunt, excepto me Reginaldo prædicto, qui solùm signo meo usus fui in hac parte.

Anno MCCLXVI.

Matrimonium initum per Procuratores inter FERNANDUM *filium Regis Castellæ*, & BLANCHAM *Regis Franciæ filiam.*

UNiversis præsentes Litteras inspecturis, Frater JOANNES Martini de Ordine Fratrum Minorum, Gadicensis Electus, & Henricus dictus Tuscanus Miles salutem. Noverit Universitas vestra, quòd super Matrimonio contrahendo inter Donnum FERNANDUM Primogenitum Serenissimi Domini nostri ALFONSI Dei gratiâ Electi in Regem Romanorum, necnon, & Castellæ, Toleti, Legionis, Galeciæ, Sibiliæ Cordub. Murc. Giem. & Alguarb. Regis illustris, per nuntios & procuratores ab ipso Domino Rege Castellæ dicto, & Donno Fernando ejus filio, super hoc specialiter & legitimè constitutos procuratorio nomine contrahentes, & dictum Regem ac filium suum in modum subscriptum obligantes, & excellentissimum Dominum LUDOVICUM Dei gratiâ Regem Franciæ illustrem, & dominam BLANCHAM filiam suam, habitæ sunt conventiones in hunc modum; videlicet quòd idem Dominus Rex Castellæ tenetur procurare & facere bonâ fide, quòd Donnus Fernandus ejus filius, quando ad annos nubiles pervenerit, matrimonium contrahet per verba de præsenti cum prædictâ dominâ Blanchâ, & quòd in facie Ecclesiæ solemnisabitur inter eos, si tamen in hoc matrimonio Ecclesia sancta consenserit, dummodo deformitas seu turpis infirmitas, vel alium impedimentum rationabile non appareat in aliquâ personarum ipsarum ante contractum matrimonium inter ipsos.

Tenetur etiam procurare & facere bonâ fide, quòd dictus Donnus Fernandus in præsentiâ nuntii seu nuntiorum, si quem vel quos ad ipsum Dominum Regem Castellæ idem Rex Franciæ voluerit destinare, cum ad nubiles annos dictus Donnus Fernandus pervenerit, matrimonialiter consentiet in eamdem dominam Blancham per verba de præsenti.

Et insuper procuratorem sufficienter instructum mittet in Franciam idem Dominus Rex Castellæ, qui vice & nomine ipsius Donni Fernandi in præsentiâ ipsius Domini Regis Franc. per verba de præsenti consentiet in eamdem dominam Blancham; & portabit secum litteras ipsius Donni Fernandi consensum hujus continentes expressum, unà cum litteris authenticis, de consensu hujusmodi facientibus plenam fidem.

Qui etiam procurator consensum recipiet dictæ Dominæ Blanchæ, & tunc tenetur idem Dominus Rex Franc. procurare bonâ fide, quòd dicta domina Blancha filia sua consentiet per verba de præsenti matrimonialiter in eumdem Donnum Fernandum.

Quibus completis, idem Dominus Rex Franc. procuratoribus, & solemnibus nuntiis ipsius Domini Regis Castellæ & dicti Fernandi filii sui ad hoc specialiter deputatis, tradi faciet in Franciâ dictam Dominam Blancham, per ipsos unà cum nuntiis suis apud Lotronium perducendam. Et quòd infrà octo dies postquàm illuc venerit, solemnisetur matrimonium inter personas prædictas, idem Dominus Rex Castellæ facere & procurare tenetur.

Tenetur autem idem Dominus Rex Castellæ dare in dotalium dictæ dominæ Blanchæ usque ad valorem viginti quatuor millium marabotinorum annui redditûs in locis infrà scriptis; videlicet Lotronio, Castro de Navaret, Castro & villâ de Nazaro, villâ sancti Dominici de Calciata, castro & villâ de Belforado, Burgis civitate: & si contingeret, quòd id,

quod idem Dominus Rex Castellæ habet in prædictis locis, non sufficeret ad summam dotalitii prædicti, tenetur residuum quod defuerit assignare eidem dominæ Blanchæ alibi in locis vicinioribus locis prædictis, & commodioribus dictæ Blanchæ.

Nos verò procuratores jurandi in animam ipsius Regis Castellæ potestatem habentes, nomine procuratorio promisimus, præstito juramento in animam dicti Domini Regis Castellæ, ipsum Dominum Regem Castellæ facturum & procuraturum firmiter & fideliter, quòd præmissæ conventiones pro ipso Domino Rege Castellæ, & dicto Domino Fernando filio suo initæ efficaciter complebuntur.

Consensimus & promisimus vice & nomine dicti Fernandi, dictæ dominæ Blanchæ consensum & promissionem hujusmodi recipienti, quòd dictus Fernandus quando ad nubilem ætatem pervenerit, per verba de præsenti consentiet in eamdem dominam Blancham, & ipsam recipiet in uxorem. Et dicta domina Blancha, filia ipsius Domini Regis Franciæ, in hoc consensit, & nobis consensum & promissionem hujusmodi recipientibus vice & nomine prædicti Donni Fernandi, promisit per juramentum super hoc præstitum, quòd quando dictus Donnus Fernandus ad nubilem ætatem pervenerit, ipsa consentiet per verba de præsenti matrimonialiter in eumdem Donnum Fernandum coram nuntiis ipsius Domini Regis Castellæ, & prædicti Donni Fernandi tunc specialiter ad hoc missis, dum tamen idem Donnus Fernandus per verba de præsenti tunc consentiat in eamdem, & de consensu suo certitudinem fecerit secundùm modum superiùs memoratum, & insuper ipsum recipiet in maritum.

Actum est etiam quòd per dimidium annum antequàm nuntii Domini Regis Castellæ mittantur in Franciam pro dictâ dominâ Blanchâ apud Lutronium perducenda, ut dictum est, dictus Dominus Rex Castellæ plenam & sufficientem certitudinem faciet in Franciâ ipsi Domino Regi Franciæ, & dictæ dominæ Blanchæ de ætate dicti D. Fernandi, ita quòd ipsi certi efficiantur, quòd idem Donnus Fernandus annos habebit nubiles, quando dicti nuntii venerint in Franciam pro dictâ dominâ Blanchâ quærendâ.

Insuper certiorabitur idem Rex Franciæ, & filia sua Blancha, quâ die debebunt esse Parilius dicti nuntii per quindecim dies ante adventum eorum, & dictus Dominus Rex Franciæ tenetur tradere ipsam filiam suam dictis nuntiis infrà quindecim dies postquàm venerint Parisius.

Per has autem conventiones tenetur idem Dominus Rex Franciæ dare filiæ suæ prædictæ in maritagium decem millia librarum Turonensium in pecuniâ numeratâ, solvenda procuratoribus & nuntiis solemniter missis ab eodem Domino Rege Castellæ, ad dictam dominam Blancham apud Lotronium, ut dictum est, perducendam, ac habentibus nihilominùs ab ipso Domino Rege Castellæ speciale mandatum ad recipiendam pecuniam memoratam.

Et si forte contingeret, quòd dicta domina Blancha supervivet dicto Domino Fernando, liceret ei si vellet redire liberè in Franciam; & haberet integraliter id quod dictus Dominus Rex Franciæ in maritagium ei dedit, & dotalitium suum superiùs dictum secundùm consuetudinem Regni Castellæ.

Has quidem conventiones omnes & singulas promisit, & tenetur dictus Dominus Rex Franciæ quantum ad se pertinet, adimplere fideliter & servare; ad hoc specialiter obligans se & suos heredes.

Nos verò S. tit. sanctæ Cæciliæ Presbyter Cardinalis & Apostolicæ sedis legatus, Odo Rotomagensis Archiepiscopus, Radulfus Ebroicensis, & Guido Autissiodorensis Episcopi, qui interfuimus omnibus præmissis ad requisitionem nuntiorum & procuratorum prædictorum, sigilla nostra una cum sigillis dictorum nuntiorum & procuratorum duximus apponenda in testimonium præmissorum.

Actum & datum apud S. Germanum in Layâ in Vigiliâ B. Michaëlis, anno Domini millesimo ducentesimo sexagesimo sexto.

Anno CCLXIX.

Privilegium Ecclesiæ Sancti Juliani Brivatensis concessum à CAROLO *Calvo, confirmatum à* LUDOVICO VII. *& à S.* LUDOVICO.

LUDOVICUS Dei gratiâ Francorum Rex, universis præsentes Litteras inspecturis salutem. Notum facimus, quòd nos Litteras inclytæ recordationis Ludovici quondam Regis Francorum proavi nostri, vidimus in hæc verba:

In nomine sanctæ & individuæ Trinitatis, Amen. Ego LUDOVICUS Dei gratiâ Rex Francorum & Dux Aquitanorum. Hoc est Præceptum Caroli gloriosissimi Regis ad munificentiam beati Juliani datum, sub tempore venerabilis Frotarii Archiepiscopi. Si petitionibus servorum Dei justis & rationabilibus Divini cultûs amore favemus, id nobis proculdubio & ad præsentem vitam feliciter transigendam, & ad æternam perpetualiter capessendam, profuturum nullatenus dubitamus. Quapropter notum fieri volumus omnibus sanctæ Dei Ecclesiæ fidelibus & nostris, præsentibus scilicet & futuris, Frotarium venerabilem Burdegalensis Ecclesiæ Archiepiscopum ad nostræ Dignitatis accessisse clementiam, humiliterque petiisse, ut Monasterium constructum in honore sancti Juliani in Comitatu Brivatensi, cui quoque ipse canonicalis Rector Domino præerat favente, sub nostro mundeburdo ac tuitionis ope acciperemus, acceptumque nostra defenderemus prærogativa: cujus religiosis suasionibus ob Dei amorem tanto libentius assensum præbuimus, quanto id ad nostræ remunerationis præmium amplius profuturum perspeximus; præcipientesque jubemus, jubentesque decernimus, ut in suprascripto Monasterio nullus Regius aut Abbatialis, aut Episcopalis, vel Comitalis homo mansiones sine Fratrum consensu accipere præsumat; neque in villis prætaxati Cœnobii, ubicumque locatæ fuerint, quas nunc habent, vel quæ Deo donante auctùræ esse poterunt, ut nullus judex publicus, nulla cujuslibet judiciariæ potestatis persona aliquem distringere, aut fidejussores tollere, aut pascuaria accipere, neque mansionaticos, sive paratas aut parafredos, vel teloneum aut pontaticum vel portaticum, sive cispaticum exigere, sive aliquid quod ad publicam districtionem pertineat, agere aut inferre præsumat: sed remotâ procul, ut dictum est, omni seculari vel judiciariâ potestate liceat eis qualemcumque sibi suâ sponte elegerint Advocatum habere, ipsumque Advocatum nemo præsumat temerario ausu distringere, vel in tortum mittere, sed nostro coram Comite Palatii, res jam prælibati Martyris, videlicet sacri Juliani, absque alicujus inquietudine vel morarum dilatione liceat inquirere; & jam dictis Clericis suprà textum nostræ donationis quietè vivere, ac pro nobis, cohjuge & prole, regique nostri statu libentius Dei misericordiam delectet implorare. Statuere nobis nostrisque fidelibus placuit, ut qui hæc statuta a nobis firmata violare tentaverit, talenta pondera auri libras duas coactus persolvat. Ut autem hoc nostræ defensionis immunitatisque edictum validiorem in Dei nomine obtineat vigorem, manus nostra firmavimus annulique nostri impressione subter jussimus sigillari.

Ego igitur Ludovicus Dei gratiâ Rex Francorum, & Dux Aquitanorum. Notum fieri volumus universis Ecclesiæ Dei fidelibus tam futuris quàm præsentibus, quia nos hanc eamdem prærogativam & libertatem, sicut superius descripta est, prædictæ Ecclesiæ beati Juliani Brivatensis in perpetuum concessimus & confirmavimus, scilicet ut Ecclesia illa cum omnibus possessionibus suis nulli alii potestati, quàm Regi Francorum, vel Majori domûs suæ si ab eo missus fuerit, sit obnoxia, nullius alterius subjectionis aut consuetudinis debito sit obligata. Quod ut perpetuæ stabilitatis obtineat munimentum, scripto commendavimus, & sigilli nostri auctoritate & nominis nostri charactere subtus firmavimus. Actum publicè Brivati anno Incarnati Verbi MCXXXVIII. Regni nostri II. adstantibus in palatio nostro quorum nomina subtitulata, & signa. Dapifero nullo. Signum W. Buticularii, S. Matthæi Constabularii, S. Matthæi Cameraii. Datum per manum Algrini Cancellarii. In cujus rei testimonium præsentibus Litteris nostrum fecimus apponi sigillum. Actum Parisius anno Domini MCCLXIX. mense Decembris.

Forma in qua Dominus Rex vult ut tallia assideatur in villis suis.

ELigantur per consilium Sacerdotum Parochialium, & aliorum virorum religiosorum, necnon & Burgensium, & aliorum proborum virorum de communi ipsorum, usque ad quadraginta vel triginta boni viri & fideles, vel plures aut pauciores, secundùm quantitatem ipsarum villarum, & illi qui sic electi fuerint, jurabunt super Sancta, quòd ipsi de ipsis vel de aliis probis viris earumdem villarum eligent usque ad duodecim, de illis, qui meliores erunt ad illam talliam assidendam: & illi duodecim nominati ab eis jurabunt super Sancta, quòd benè & fideliter assidebunt dictam talliam, nec parcent alicui, nec aliquem gravabunt odio vel amore, pretio vel timore, seu quocumque alio modo; & assidebunt dictam talliam ad libram æqualiter, & valor immobilium appreciabitur ad medietatem mobilium in assisiâ prædictæ talliæ.

Eligentur etiam simili modo cum prædictis duodecim alii quatuor boni viri, & scribentur nomina eorum, secretò tamen, ita quòd eorum electio non publicetur aliquibus, sed sub secreto habeatur, quousque illi duodecim assiderint, sicut prædictum est, talliam prædictam. Quo facto antequàm publicetur tallia, vel aperiatur scriptura facta super tallia prædicta: illi quatuor sic electi juramento ab ipsis præstito, de illis duodecim fideliter talliendis, sub formâ prædictâ assidebunt talliam competentem.

Epistola S. LUDOVICI *ad* MATTHÆUM *Abbatem, &* SIMONEM *de Nigella.*

An. MCCLXX.

LUDOVICUS Dei gratiâ Francorum Rex dilectis & fidelibus suis MATTHÆO Abbati S. Dionysii, & SIMONI domino Nigellæ, salutem & dilectionem. Quia ad ulciscendas summæ Majestatis injurias, illas maximè quæ vergunt in contemptum & contumeliam Redemptoris, tanto validius animari condecet & amari Christianos Reges & Principes, quanto ab ipso majora beneficia receperunt, & seipsos ad ipsius exaltationem nominis & honoris obligationes esse cognoscunt. Volumus & præcipimus, ac tam vos qui nostrum locum tenetis,

Ut blasphemiam, aliaque nefanda crimina è regno exterminentur præcipit.

quàm Ballivos, Præpositos, & alios justitias habentes à nobis; specialiter adjuramus, ut blasphemos, illos videlicet qui facto, dicto, vel juramento ausi fuerint contumeliosi esse in Dominum Majestatis, aut B. Virginem Dei Matrem, à nobis esse ordinata dignoscuntur: aut si fortè circa ea, ad hoc scilicet ut meliùs hujusmodi divina vindicetur offensa, aliquid emendandum fuerit, vel addendum sit, studeatis efficere, quòd efficaciter aboleri valeat de regno nostro, hujusmodi tam consueti criminis, aut criminosæ consuetudinis corruptela. Ut autem sæpiùs ad memoriam inducatur, & efficaciter hujusmodi Præceptum nostrum servetur, sicut in corde gerimus, & zelamus, in singulis computis nostris inter alia, raciocinia nostra quæratur & exigatur districtè ab omnibus & singulis Ballivis quid habuerunt vel receperunt de emendis & pœnis hujusmodi blasphemorum, & de his teneantur plenam ibidem reddere rationem. Quidquid autem inde habitum fuerit, de portione videlicet nos contingente, in pauperes volumus erogari. In singulis Parlamentis districtè præcipiatur eisdem, ut circa punitionem hujus nefandi sceleris studiosi & vigilantes exsistant. Qui verò desides & remissi fuerint inventi, duriùs arguantur, & secundùm quod bonum visum fuerit districtiùs corrigantur.

Cæterùm notoria & manifesta prostibula quæ fidelem populum suâ fœditate maculant, & plures protrahunt in perditionis interitum, penitùs exterminari præcipimus, tam in villis, quàm extrà, & ab aliis flagitiis, & flagitiosis hominibus, ac malefactoribus publicis, terram nostram penitùs expurgari. Ecclesias etiam & personas Ecclesiasticas à manifestis injuriis & violentiis defensari: Jura nostra & aliena servari: querelas pauperum, & miserabilium personarum diligenter audiri, & tam ipsis, quàm omnibus aliis, quibus justitiæ debitores sumus, ita reddi quòd justum est, justè, fideliter, & maturè, apud quem illum Judicem, qui justitias judicabit, non possimus de neglectâ, dilatâ, vel usurpatâ justitiâ condemnari. Porrò quia in causis & negotiis audiendis & terminandis frequenter ab illis qui libenter munera accipiunt justitia læditur, prosternitur veritas, judicia subvertuntur, nolumus ut aliquem de tali munerum acceptione notabilem, ad Consilium nostrum in prædictis agendis aliquatenùs admittatis, nec committatur ei aliquid de prædictis, sed cautè elongetis eosdem; & hæc eadem volumus, si qui fuerint de criminibus aliis notoriis diffamati. Juramenta etiam quæ solent fieri ab illis qui de Consilio nostro erant, revocare volumus atque præcipimus, ut ea vice nostrâ recipiatis ab illis, & eorum singulis qui Consiliis prædictis intersunt, Prælatis scilicet Episcopis duntaxat exceptis. Datum in Castris apud Aquas-mortuas in crastino B. Joannis Baptistæ.

Epistola S. LUDOVICI, ad Matthaum Abbatem.

Quid primùm in expeditione gesserit, narrat.

LUDOVICUS Dei gratiâ Francorum Rex dilecto & fideli suo MATTHÆO Abbati sancti Dion, sui salutem & dilectionem. Significamus vobis quòd cum nos primâ die Julii apud portum nostrum Aquarum-mortuarum intravissemus mare, & exposuissemus in crastino vela ventis, movimus Tunidam ad partes Sardinæ Deo duce, trahentes ibidem, videlicet apud portum Calleritanum, in nostris navibus per aliquot dies moram, naves Baronum nostrorum, & cruce-signatorum aliorum nostra vestigia sequentium exspectando: cum quibus Baronibus ad nos tandem venientibus habuimus consilium, quòd nos dirigeremus ad partes Tunicii gressus nostros. Sic quòd juxta consilium hoc arrepto itinere, veniendo ad partes easdem applicuimus ad portum Tunis die Jovis ante festum B. Mariæ Magdalenæ: & die Veneris sequenti ipso favente Domino cepimus ibi terram benè & pacificè, absque aliquâ gentium nostrarum læsione: ac demùm exoneratis de navibus equis nostris ab inde recessimus, & ante quamdam civitatem antiquam, videlicet ante Carthaginem accedentes, ibi fecimus castra nostra figi. Nos autem & frater noster Alphonsus Comes Pictaviæ, & Tolosæ, & liberi nostri, Philippus, Joannes, & Petrus, nepos noster Robertus Comes Attrebatensis, nec non alii nostri Barones, nobiscum existentes in castris; ac insuper filia nostra Regina Navarræ, & uxores dictorum, primogeniti nostri Philippi, & Comitis Attrebatensis prope nos in navibus existentes, votivâ per Dei gratiam vigebamus corporum sospitate. Unde mandamus vobis... Cæterùm post confectionem præsentium usque ad locum illum contigit, quòd nos cum Dei adjutorio prædictam civitatem Carthaginensem cepimus per insultum, multique Saraceni existentes ibidem gladio ceciderunt. Vos autem.... Datum in castris ante dictam civitatem in festo beati Jacobi Apostoli.

Carthago capta.

Epistola PETRI de Condeto[a] Capellani Regis.

Scribit quæ gesta sint in illis partibus.

Reverendissimo Domino suo N. Priori de Argentolio PETRUS de Condeto humilis ejus Clericus, quidquid potest reverentiæ & honoris. Statum meum & cursum Reverentiæ vestræ cupiens declarare, vobis significo, quòd postquam Dominus Rex velum fecit, post multas maris amarissimas passiones, die Martis post ascensum suum introivit portum Calliriacum in Sardiniâ. Tunc misit Admiraldum ad Castellanum, & de villâ; qui primitus invenit eos duros & rebelles, quia multum timebant sibi, nec tunc permiserunt quòd intraret castellum, & vix reportavit paucas aquas dulces, paucas herbas, paucos panes. Die verò Mercurii sequenti mane misit Dominus ad eos cum Admiraldo Dominum Cambellanum & Senescallos, qui assecuraverunt eos, & aliquantulum mitigaverunt, & petierunt quòd infirmi nostri, qui multi erant, possent ascendere ad terram, & habere recreationem in villâ: qui ad ultimum responderunt, quòd volebant, quòd dominus Rex, vel aliqui de suis intrarent castellum, dummodo servaret eos de violentiâ Januensium, quia eos solos timebant. Pisani verò, ad quos pertinet dictum Castrum, Januensibus oppidò sunt infesti. Qui verò mihi retulerunt hoc domino Regi. Qui misit infirmos ad terram, ubi multi mortui sunt, scilicet dominus I. Marescallus miles, & Dominus S. & multi alii. Multi verò post dominum Regem remanserunt, scilicet Dominus Philippus frater Comitis Vindocini, magister Joannes de Corbolio Capellanus, & alii minores centum, ut creditur, & plures, quibus Dominus Rex dimisit Custodes Guillelmum Britonem Ostiarium,

---

a *Petri de Condeto*] Petrus de Condeto fuit Canonicus in Monasterio B. Mariæ de Cagiâ Meld. Diœceseos anno 1250. ut patet ex Actis electionis Jacobi Abbatis de Cagiâ, factis an. 1250. die Mercurii ante ramos palmarum, quæ exstant in Chartulario Ecclesiæ Meldensis folio LIII. Idem, ni fallor, fuit etiam Archidiaconus Suessionensis, & Regis Francorum Clericus, anno 1294. & 1298. ut patet ex Chartulario monasterii sancti Maglorii Paris. hæc Baluzius.

& Joannem

Diplomatum, &c.

& Joannem de Aubergenvillâ portarium. Ad illum portum fuit dominus Rex per octo dies, nec exivit de navibus, nec exspectabat Barones qui venerunt de die, venientes post Regem, scilicet Rex Navarræ, Comes Flandriæ, Comes S. Pauli, Dominus Legatus, Joannes de Britanniâ, & multi alii. Et die Sabbati, & die Dominicâ sequenti convenerunt ad Regem, & ad ultimum habuerunt concilium de eundo super Regem Dam.....

Die verò Martis sequenti, scilicet ante sanctum Arnulphum, de portu illo fecerunt unanimiter velum, & die Jovis sequenti intraverunt portum Tunis circà nonam. Multi verò de montibus stupentes fugiebant, & creditur quòd adventum nostrum penitùs ignorabant. Eâdem die Jovis fecit dominus Admiraldum descendere in galeis, ut iret ad portum ad videndum cujus vel quorum erant quædam naves, quæ ibi erant. Qui invenit quasdam naves Sarracenorum, & eas arrestavit. Sed erant vacuæ, & remiserunt ad portum. Naves verò mercatorum non arrestavit. Qui prægrediens descenderunt ad terram, ne habuit contradictum, & remittens ad dominum Regem significavit ei quòd terram ceperat, & quòd ei mitteret adjutores. Quo audito dominus Rex aliquatulum turbatus est, dicens quòd non fuerat missus ad hoc, & vocavit dominum Cambellanum qui consuluit quid super hoc consulerent Barones. Quorum vocati qui propè erant, alii laudaverunt quòd mitterent adjutores, alii contraria dicebant quòd non erat bonus modus capiendi terram: sic Dominus Reginaldus de Priscenniaco, qui dixit: Domine si vultis quòd quilibet faciat de se meliùs quòd poterit, non restat nisi quilibet descendat & capiat terram ubi voluerit. Post ista & multa alia verba concordatum fuit, quòd frater Philippus Ebroicensis, & magister balistarum descenderent ad Admiraldum, & viderent quod viderent, vel cum reducerent, vel mitterent pro servientibus qui descenderent totâ nocte. Qui euntes dictum Admiraldum reduxerunt: super quo multi dubitaverunt quòd malè fecissent, quòd die veneris mane multi Sarraceni ex omni parte confluxerunt ad portum. Sed dominus Rex vocato suo consilio, deliberatum fuit quòd bonum esset descendere. Et in nomine Domini descenderunt, galeâ domini Regis aliquantulùm præcedente, & ceperunt terram per Dei gratiam, sed ita ordinatè, quòd creditur quia si essent centum probi viri contra eos, nunquam, vel valdè difficilè cepissent terram eo modo quo ceperunt, sed Domino operante non invenerunt contradictores, & fixerunt castra sua in insulâ; de quâ tamen exitus esse putabant à duobus capitibus, & extendebat se in longum quasi per leucam & plus, & in latus per tres tractus balistarum, & erat aqua salsata ex utrâque parte, & non poterant in eâ aquas dulces inveniri. Unde plus mali fuit nobis in terrâ quàm in mari. Aliqui verò de nostris progesserunt die Sabbati usque ad unam turrim sat erat propè, & erat ibi dulcis aqua in cisternis. Sed inventi aliqui nostrorum à Sarracenis fuerunt interfecti. Postmodùm euntes quidã servientes ceperunt dictam turrim; sed convenientes Sarraceni illos concluserunt, & conclusissent eos in turre, nisi dominus Rex misisset; & misit dominum Lancelot, Radulphum de Trap, & plures alios, quos fuissent sequuti multi, sed equi adhuc erant in navibus, & qui erant extra naves, adeo erant fatigati & stordati quòd vix poterant se sustinere. Maximus conflictus factus die illâ inter Sarracenos & nostros, non cominùs sed eminùs, quia Sarraceni non fuerunt ausi accedere ad nostros, sed habent lanceas, & fugiendo vel transeundo jactant, & interficiunt equos non equites, & quos pedites & vagos inveniunt, occidunt. In conflictu illo pauci interfecti fuerunt ex utrâque parte. Ad ultimum liberati sunt qui erant in turre, & jussi sunt ab illâ recedere.

Dominicâ die sequenti adhuc remansimus in illâ, sed defectu aquarum dulcium compulsi sumus exire Insulam illam; & die Lunæ sequenti, scilicet in vigiliâ Magdalenæ exivit exercitus versus castellum Carthaginis quod distabat ab illâ insulâ circà unam leucam, & in eodem recapta est illa turris, & adhuc tenetur, & fugerunt multi Sarraceni qui erant circum circà. Et locavit se exercitus in quâdam valle Carthaginensi ubi erant putei infiniti, quia in terrâ cujuslibet est puteus ad rigandum illam; & inde poterat haberi accessus ad portum vel ad naves, & ad terram prædictam. Die Martis castrari venerunt marinarii ad dominum Regem, & dixerunt quòd castrum Carthaginis in brevi redderetur ei captum si vellet, dummodo traderet eis aliquos servientes. Tunc vocato consilio deliberatum est, quòd pararent se & ingenia sua; quibus paratis, die Jovis sequenti redierunt parati, & tradidit eis dominus Rex quatuor bella, scilicet Carcasonense, Catalaunense, Petragoricense, & Bellicadrense, & servientes peditum. Et idem dominus Rex & alii Barones, sicuti erant ordinati per bella usque ad XVII. bella, exierunt circà exercitum contra Sarracenos, qui erant infiniti, ne possent vel intrare pavellam, vel habere accessum ad castrum. Quid plura? Sarraceni videntibus nec se moventibus, ducentis servientibus Carthaginensibus, qui erant in dicto castro, cum aliis castrum habitantibus vel in fugam versis, vel latitantibus, vel occisis, dicti marinarii bellis prædictis ipsos protegentibus, dictum castrum per scalas irruperunt, nec de nostris fuit læsus, nisi quidam pauper marinarius, qui fuit interfectus. Capto castro Carthaginis, qui potuerunt exire per vias subterraneas exierunt, & eduxerunt vaccas, & alia multa, nostris videntibus, nec voluerunt se movere, quia non erant adhuc ordinati. In dicto castro multi Sarraceni latuerunt in latebris, & caveis subterraneis quæ multæ erant ibi, de quibus occidebantur quotidie qui poterant inveniri. Alii sunt in cavernis ignibus suffocati, alii adhuc in cavernis restant aliquo mortis genere morituri. Et nisi esset pro cadaveribus mortuorum, dominus Rex in prædicto castro cepisset hospitium suum, & in confectione præsentium miserat dictum castrum à cadaveribus evacuari. De dicto castro dicitur vulgariter, quòd qui dominus est Carthaginis, dominus est totius regionis; quòd tamen à plerisque non creditur, quia tot & tanti confluunt Sarraceni, & adeo vexant nostros, quòd aliquoties bis in die clamatur un eâ ad arma. Sed à nostro exercitu congregato retrahunt se Sarraceni, quos solos vel vagos, vel nimis infestantes inveniunt, occidentes. Et tamen creditur, quòd plures de suis perdiderunt, quàm nos de nostris. Dum nostri sequuntur eos, fugiunt, dum verò nostri redeunt, ipsos cum lanceis provocare & infestant. Ut autem nostri ad plenum eos prosequantur, exspectant Regem Siciliæ, qui de die in diem est venturus. Miserat autem ad eum dominus Rex de Sardiniâ, & jam venerat frater Amalricus de Rupe, & dicebat ipsum esse venturum, ex quo audierat alios rumores à domino Rege. Et jam dominus Rex suos nuntios miserat ut veniret, & sperabatur quòd infrà sex dies post confectionem præsentium esset venturus. Cæterùm sciat dominatio vestra, quòd ego eram sanus & incolumis, quod de personâ vestrâ, & aliis amicis meis mihi sæpe & sæpiùs fortuna denunciet. Dominus Rex & liberi sui cum uxoribus

Tom. III.   P P p p tunc fruebantur plena corporis sanitate. Valeat dominatio vestra bene & diu in Domino. Actum in castris subtus Carthaginem die Dominica post festum S. Jacobi Apostoli.

Epistola PHILIPPI *Audacis, Regis Francorum, ad* MATTHÆUM *Abbatem &* SIMONEM *de Nigella.*

Approbat summam potestatem Matthæo Abbati & Simoni Nigellæ à Rege Ludovico delegatam.

PHilippus Dei gratia Francorum Rex, dilectis & fidelibus suis MATTHÆO Abbati S. Dionysii, & SIMONI Domino Nigellæ, salutem & dilectionem. Cum piæ recordationis præclarissimus Dominus ac genitor noster Ludovicus, quondam Franciæ Rex illustris, in recessu suo de partibus Franciæ circa bonum statum regni salubriter conservandum cupiens providere, ad ipsius custodiam, administrationem, & curam gerendam vice ipsius, & suo nomine, in assumptæ peregrinationis absentia vos deputarit loco sui, plenam vobis ac certam in iis quæ ad dicti regni custodiam pertinent potestatem committens, secundum formam in litteris suis patentibus quas penes vos dimisit, expressam. Nos piis ejus cupientes inhærere vestigiis, & de vestra prudentia & fidelitate specialiter confidentes, quamdiu ab ipsius regni finibus nos abesse contigerit, vel donec aliter duxerimus ordinandum, Vobis eamdem quam prius ab ipso domino Genitore nostro potestatem habeatis, committimus, & volumus observari. In præmissis autem exequendis tali sigillo quali juxta ipsius Genitoris ordinationem hactenus usi estis, solo nomine proprio mutato, Vos uti volumus. Scientes quod nos Archiepiscopis, Episcopis, Ducibus, Comitibus, Baronibus Regni nostri, aliisque nostris fidelibus damus nostris litteris in mandatis, ut vobis in predictis omnibus fideliter obediant promptis animis vice nostra ob regni securitatem, & pacem, loco nostri utique vobis juramenta præstantes de fidelitate servanda nobis & hæredibus nostris, & debitis servitiis exhibendis; prout à nobis super hoc fuerint requisiti. Unde fidelitati vestræ requirendo mandamus, quatenus super efficaciter exequendis, ita vos diligenter, fideliter, & prudenter habere curetis, quod exinde commendari merito debeatis à nobis. Actum in castris juxta Carthaginem, die Veneris post festum B. MARIÆ Virginis: datum anno Domini M. CC. LXX.

Epistola ejusdem ad Regni Optimates.

Ejusdem argumenti.

PHilippus Dei gratia Francorum Rex, Universis Archiepiscopis, Episcopis, Ducibus, Comitibus, & aliis fidelibus suis in Regno Franciæ constitutis, ad quos præsentes litteræ pervenerint, salutem & dilectionem. Cum piæ recordationis præcarissimus Dominus ac genitor noster Ludovicus quondam Rex Francorum illustris, in recessu suo de partibus Franciæ circa bonum statum regni salubriter conservandum cupiens providere, ad ipsius custodiam, administrationem, & curam gerendam vice ipsius, & suo nomine, in assumptæ peregrinationis absentia certas personas deputaverit loco sui, videlicet Matthæum Abbatem sancti Dionysii, & Simonem Dominum Nigellæ; plenam eis, ac totam in iis quæ ad custodiam dicti Regni pertinent potestatem committens secundum formam in litteris suis patentibus quas penes eos dimisit, expressam; Nos piis ejus cupientes vestigiis inhærere, & de prædictorum Matthæi & Simonis prudentia & fidelitate specialiter confidentes, quamdiu ab ipsius Regni no-

stri finibus nos abesse contigerit, vel donec aliter duxerimus ordinandum, memoratis Matthæo Abbati, & Simoni Domino Nigellæ, eamdem quam prius ab ipso genitore nostro potestatem habebant, committimus, & volumus observari. In præmissis autem exequendis tali sigillo quo juxta genitoris nostri ordinationem usi sunt, solo proprio mutato nomine, volumus etiam uti. Unde vobis universis præcipiendo mandamus, quatenus eisdem vice nostra in prædictis omnibus promptis animis fideliter obedire curetis; ob regni securitatem & pacem, secundum quod vos requisierint loco nostri: juramenta præstantes de fidelitate servanda nobis & hæredibus nostris; & debitis servitiis exhibendis; & ad prosperitatem & pacem regni conservandam, sicut de vobis confidimus sic efficaciter intendatis, quod fidelitatem vestram debeamus proinde merito commendare. Actum in castris juxta Carthaginem die Veneris post festum Nativitatis B. MARIÆ Virginis Anno Domini M. CC. LXX.

Epistola PHILIPPI *Regis ad* MATTHÆUM *Abbatem, &* SIMONEM *de Nigella.*

Iterum ut vices Regis agant, mandat.

PHilippus Dei gratia Francorum Rex, dilectis & fidelibus suis MATTHÆO Abbati sancti Dionysii in Francia, & SIMONI domino Nigellæ, salutem & dilectionem. Statum nostrum & negotiorum nostrorum, & alia plurima tangentia præclaræ memoriæ præcarissimi domini & genitoris nostri Regis Franciæ Ludovici lamentabile vobis funus, & cunctis etiam Christi fidelibus deplorandum, vobis per nostris quam plures litteras, quas per fratres Gaufridum de Bellojoco, & Gulielmum de Carnoto, & quosdam alios de gentibus nostris vobis mittimus, nuntiamus. Sed quia timemus eosdem in suo fuisse itinere impeditos; & non ita citò ad vos, ut credimus, seu æstimamus, accessuros: significamus vobis, quod in aliquibus litterarum ipsarum inter cætera continetur, quod nos dicti domini Genitoris cupientes inhærere vestigiis, illam quam in assumptæ peregrinationis absentia in iis quæ ad custodiam regni nostri pertinent, potestatem commisit; secundum formam in litteris suis patentibus quas penes vos dimisit expressam, eamdem per prædictas, quas vobis per dictos fratres & gentes nostras misimus litteras; vobis commisimus potestatem; & in iis, exequendis tali sigillo quali prius juxta dicti domini ac genitoris nostri ordinationem usi fuistis, vos uti solo nomine proprio mutato, mandabamus. Necnon per easdem vobis, prout recolimus, mandabamus, quatenus ad custodiam dicti Regni, & ad prosperitatem, tranquillitatem, & pacem ipsius conservandam sicut de vobis confidimus, efficaciter intendatis; ac etiam ut castra nostra, fortalitias terræ maritimæ, & finium Regni nostri, sicut commodius & melius expedire videritis, faciatis muniri, ut diversorum eventuum pericula quæ possent forsitan contingere, valeant securius & cautius evitari. Ne tamen ut pecuniæ quantitates in quibus diversis personis tam pro domino & genitore nostro, quam pro vobis teneremur, & quarum aliquas summas dictus pater mandavit, & nos similiter aliquas mandamus persolvi, apud Templum faciatis sine difficultate persolvi, in ipsius domini & Genitoris nostri, ac nostris litteris videbitur contineri; nobis etiam insinuare quantamcumque summam pecuniæ omnibus bonis modis procurantes. Datum in castris juxta Carthaginem die sabbati post festum S. Remigii.

Diplomatum, &c.

Epistola Petri de Condeto ad Thesaurarium S. Framboudi.

Scribit de morte Regis, quæ postea sunt acta.

Reverendissimo domino suo præ cæteris mortalibus diligendo, N. Thesaurario sancti Framboudi Silvanectensis Petrus de Condeto, devotus ejus Clericus, quidquid potest servitii & honoris. De statu curiæ nihil ad præsens volo dominationi vestræ scribere, quia de ipso satis audietis per eos qui cum felicis memoriæ domini Regis corpore revertentur. Cum autem vacarem scripturæ præsentis litteræ, & jam ferè eamdem præscripsissem, mihi nuntiatum est quòd navis, quæ debebat portare illius nobilissimi Regis, & filii ejus Comitis Nivernensis corpora, quæ die Veneris manè debebat velum facere, non erat id factura usque ad diem Dominicam subsequentem: & audivi quòd nepos Theobaldi magistri Balistarum lator præsentium iturus erat in quamdam navem, quæ factura erat velum die Veneris prædictâ. Summo manè habens candelam superaddidi litteræ supra-scriptæ. Volo enim, quòd sciatis, quòd fidelissimæ memoriæ dominus Rex noster Ludovicus die Lunæ in crastino beati Bartholomæi circà horam nonam sanctissimum emisit spiritum. Eâdem horâ, eôdemque momento applicuit dominus Siciliæ, nec licuit ei loqui cum fratre suo, quia jam exspiraverat quando venit ad castrum suum; & cum eum mortuum inveniret, flens amarè procidens ad pedes defuncti, & dictâ oratione, prout testantur qui aderant, cum effusione lacrymarum multâ proclamans, Domine mi, Frater mi, deosculatus est pedes ejus. Elegerat autem dominus Rex sepulturam suam apud sanctum Dionysium, & sepulturâ filii sui Comitis Nivernensis in Ecclesiâ Regalis-montis, quòd nolebat quòd sepultus esset in Ecclesiâ beati Dionysii, in quâ sepulti erant soli Reges, sed sepultus esset in Ecclesiâ Regalis-montis, ubi de ipso fieret magnum festum. Hæc & alia in brevi ut arbitror audietis pleniùs.

Ecclesia S. Dionysii sepulchra Regum, pon a...

Iterum sciatis, quòd die Jovis supradictâ dominus Rex Siciliæ faciebat poni in quodam stagnaculo, quod protenditur usque prope Tunicum, quosdam cursores & barellos, qui musqum, ut dicunt, ad expeditionem negotii faciunt. Et factum est dum traherentur à littore versus stagnum illud, congregati sunt Saraceni infiniti, ut stagnum illud defenderent, appositione cursorum prædictorum. Et venerant Saraceni fortius & ordinatiùs quàm consueverunt. Quod videns dominus Rex Siciliæ, jussit gentes suas armari. Et clam fecit nuntiari Baronibus, quòd armarent se, & exierunt quilibet in bellum suum. Et primus Comes Attrebatensis exivit contrà Saracenos, & consequenter dominus Rex Siciliæ, qui more suo in ipsos irruens cùm suo Philippo de Monteforti, & octies in occursu suo prostraverunt Saracenos, quòd usque ad dimidiam leucam, ut æstimant, totam terram reddiderunt cadaveribus pulveratam. In momento versi sunt in fugam alii Saraceni. Multi verò illorum in stagno prædicto se submerserunt, æstimantes se colligere in bargis suis, quas adduxerant, sed marinarii illos retraxerunt præ timore. Æstimant autem aliqui Saracenos tam occisos quàm submersos, circà quingenta millia. Sed in conflictu illo occisus dilectus noster dominus Arnulphus de Curia-ferardi, Admiraldus, & alii de quibus in brevi certius audietis. De Domino Philippo Rege nostro sciatis, quòd bis recidivavit in acutam febrem, & adhuc in confectione præsentium in suâ recidivatione laborabat, & dubitatum fuerat de illo multum, sed quidam sudor illum arripuerat, unde de ejus convalescentiâ sperabatur. Et dicunt multi quòd vix aut nunquam in regione Tunicensi de cætero esset sanus, quòd pauci licet fortes & valentes, qui ægrotaverunt in terrâ istâ, post morbum ad statum pristinum possunt devenire; sed tales potiùs languent quàm, vivunt in terrâ istâ maledictâ: neque mirum, tanti enim sunt solis ardor, tribulatio pulveris, ventorum rabies, aëris corruptio, foetor cadaverum circumcircà, & cætera inconvenientia, quod longum esset enarrare, quòd etiam satis aliquoties est tædium vita sua. Inde colligunt aliqui, quòd Dominus Rex noster Philippus in brevi forte sit ad propria rediturus.

Si placet, subscribatis Domino Abbati sancti Dionysii de præmissis quæ videritis expedire, excusantes me vestri gratiâ ergà ipsum, quòd, nuntii festinatio me ipsi vel aliis scribere non permisit. Valeat benè & diu in Domino vestra dominatio, Actum in castris juxtà Carthaginem die Jovis ante Nativitatem B. Mariæ Virginis.

Epistola Philippi Regis, ad Matthæum Abbatem, & Simonem de Nigella.

Petit ut pecunias mittant.

Philippus Dei gratiâ Francorum Rex, dilectis & fidelibus suis Matthæo Abbati S. Dionisii, & Simoni domino Nigellæ, salutem & dilectionem. Quia pondus negotiorum quod nobis incumbit, ad præsens grave est, & magnas exquirit expensas: Mandamus vobis ut totum illud quod commodè mittere nobis poteritis, transmittatis, & debita quæ contractâ sunt per litteras piæ recordationis Domini & Genitoris nostri carissimi, quàm, per nostras, quæ ad vos deferuntur, reddi sine difficultate faciatis & solvi. De sigillo autem nostro novo per dilectum nostrum fratrem Guillelmum Carnotensem, & per alias literas nostras, vobis plena certitudo patebit. Datum in castris juxtà Carthaginem die Veneris post Nativitatem Beatæ Mariæ Virginis.

Epistola Petri de Condeto, ad Matthæum Abbatem.

De pace initâ cum Rege Tunicensi.

Reverendo Patri ac Domino Matthæo Abbati sancti Dionysii in Franciâ, Petrus de Condeto, ejusdem & Domini Regis devotus Clericus, quidquid potest servitii, reverentiæ, & honoris. Licet super statum Domini Regis, & totius exercitus Christiani, per majores, & super hæc certiores Reverentiam vestram æstimem eruditam, nolo tamen desistere quin illa vobis scribam paucula, quæ ad meam venerunt notitiam; ne, quod absit, negligentiæ, vel inobedientiæ arguere me debeat vestra Paternitas veneranda. Sciat in primis vestra Reverentia quòd Dominus Rex & Regina, & Dominus Petrus frater Regis, in confectione præsentium sani erant, & ego similiter in numero sanorum per Dei gratiam poteram numerari, quod audire de personâ vestrâ animus meus modicum delectatur. Et quia de pace factâ inter Regem Tunis, & Reges nostros, & Barones, forsitan audivistis, hoc unum vestræ Reverentiæ scribere dignum duxi; quia cum vobis aliàs scripserim, si benè recolo, quòd Dominus Rex Siciliæ Barones nostros in belli principio rogaverat, ne contrà Regem Tunis usque ad nuntium suum aliquid intentarent, hoc propter hoc solùm fuisse arbitror, qui inter ipsum & Regem jam dictum sermo fuerat de pace, & de tributo à dicto Rege Tunis reddendo, sicut hoc audivi à quodam milite ejusdem Regis Siciliæ, qui propter hoc ad dictum Regem Tunis bis fuerat destinatus; & jam ad hoc sermo pacis seu tributi devenerat, quòd Rex Tunis dicto Regi Siciliæ bene volebat tributum à suo tempore, sed Rex Siciliæ petebat dicti tributi arreragia à temporibus Menfredi, & Fredetici. Et sermone diù pendente, intravit exercitus noster Regnum Tunis; unde Rex Siciliæ misit tunc Baronibus nostris litteras rogatorias, ut prædixi. Inde fuit quòd cum Rex Siciliæ venisset ad exercitum nostrum, fratrem suum Dominum Regem Ludovicum invenit mortuum; & tunc arbitror concepit in animo se facturum quasi per violentiam, quod priùs ceperat per nuntios faciendum. Paulo post adventum suum in exercitum, misit ad ipsum Rex Tunis portantes pacem populo, quod à plebe diutiùs penitùs ignoratur. Quid plura? post multas & mutuas missiones & verba, die Jovis ante festum Omnium Sanctorum ad hæc convenerunt unanimes, Reges nostri, & Barones, cum specialibus nuntiis Regis Tunis, quòd illà die inter ipsos pax facta est, in modum qui sequitur confirmata.

Pacis fœdus.

Sabbato sequenti, scilicet ante Omnes Sanctos, missi fuerant Archi. Dominus Gaufridus de Bellomonte, & alii Nuntii speciales ad Regem Tunis; coram quibus juravit idem Rex quòd permitteret de cætero in bonis villis & principalibus Regni sui habitent Christiani, & habeant ibidem liberè & quietè proprietates, possessiones, & alia bona quæcumque sine exactione, vel aliquà servitute, soluto tamen Regi censu possessionum, ut consuetum est, liberis Christianis. Et licebit etiam Christianis in locis prædictis ædificare Ecclesias, & Ecclesiis solemniter etiam prædicare. Promisit etiam dictus Rex Tunis se redditurum Domino Regi Franciæ, & Baronibus suis, pro expensis in viam factis ducentas, & decem mille uncias auri, quarum quælibet uncia valet quinquaginta solidos Turonenses, & prædictà summâ jam solvit in confectione præsentium medietatem, & aliam medietatem soluturus ad duo festa Omnium Sanctorum instantia, ut promisit. Juravit etiam quòd Regi Siciliæ solveret tributum usque ad quindecim annos; scilicet pro duodecim unciis auri, in quibus tenebatur pro prædicto, singulis annis viginti quatuor uncias, & inciperet ista duplicatio ad instans festum Omnium Sanctorum, arreragia verò in confectione præsentium jam solverat de quinque annis, scilicet sexaginta uncias. Et per pacem prædictam reddidit Rex Tunis omnes Christianos quos tenebat, & Christiani nostri omnes Saracenos quos tenebant.

Factâ pace in hunc modum, recollegerant gentes suas in navibus Reges nostri die Martis post sanctum Martinum hiemalem, Rege Siciliæ remanente, & retardante aliquantulum pro pauperibus, & ultimis recolendis. Ordinatum exstiterat quòd omnes applicarent in Siciliâ ad portum Trapani & Panormitanum. Quia verò de futuro non est nobis manifesta, quid ordinandum erat in locis prædictis in confectione præsentium penitùs ignorabam; murmurabant tamen nonnulli quòd ibi ordinandum esset, quòd quidam de exercitu in terram sanctam proficiscentur, sicut fortè Comes Pictaviæ & Dominus Petrus Gambellanus cum multis stipendiariis; & alii proficiscantur in Græciam contra Palæologum, sicut fortè Rex Siciliæ, & multi Barones, cum stipendiariis multis. Dominus autem Rex Franciæ directo tramite profecturus est in Franciam. Dicunt tamen aliqui quòd ad Curiam Romanam est accessurus, & corpus patris sui semper secum vel propè se habiturus est. Veritas tamen super his in confectione præsentium, quo ad me penitùs latitabat. Cum verò super his sciam aliquid veritatis, vobis scribam securiùs veritatem. Valeat Paternitas vestra benè & diù Domino. Quia verò tempus non habeo singulis Dominis meis scribendi singula, utpote scribens ista ipsâ die quâ ferè omnes Christiani Saracenorum terram exierunt, Dominationem vestram rogo, ut Dominis meis Priori de Argentolio, & Thesaurario sancti Franbaudi de præmissis dignetur scribere quæ viderit subscribenda. Actum in recessu à portu Tunis die Martis Novembris sancti Martini Hyemalis.

Ejusdem ad Priorem de Argentolio.

REverendo Patri suo in Christo ac Domino suo carissimo, N. Priori beatæ MARIÆ de Argentolio PETRUS de Condeto Clericus ejus humilis ac devotus, quidquid potest reverentiæ & honoris. Licet de statu Domini ac totius exercitûs Christiani per majores & super hæc certiores habeat vestra Reverentia, ut æstimo, notionem, ne tamen, quod absit, Dominatio vestra negligenti recordationi tribuat aliquando, vobis scribere præsumo illa paucula, quæ quasi de populari famâ ad meam devenerunt parvitatem. Sciat in primis Dominatio vestra, quòd in confectione præsentium Dominus Rex & Dominus Petrus frater ejus plenâ corporis fruebantur sospitate, & ego per eamdem gratiam sanus eram; quod quoties de personâ vestrâ mihi fortuna denuntiat, novum gaudium cordi meo sentio pullulare. Cæterùm quia de pace factâ inter Reges & Barones nostros, & Regem Tunis, vos æstimo pluries audivisse, saltem per Domnum Abbatem sancti Dionysii, cui in maximâ festinatione scripsi formam & modum, quoniam noveram diem pacis, quod vobis obmisi scribere per negotiorum arctitudinem, quâ tenebar, utpote eâdem die & horâ quâ navem attendi; de dictâ pace ad præsens sileo, scribens aliqua de his quæ postmodum contigerunt, licet vos eâdem jamdiù æstimem audivisse.

Die Martis in octavâ Beati Martini hyemalis, circà nonam recessit Rex noster cum aliis Baronibus à portu Carthaginensi, & ascenderunt naves multi minoris famæ, tam nobilium, quàm ignobilium, tunc & totâ nocte sequenti in terrâ remanentium, quorum curam gerebant & custodiam Constabularius & Marescallus Franciæ, cum Cambellano. Die Mercurii sequenti à magno usque minimum recollegerunt se in navibus cum rebus suis: & sciat quòd Rex Tunis bene & fideliter erga Christianos se habuit. Præmiserat enim Christianos, & Sarracenos multos, qui armati custodiebant exercitum recedentem, nec eidem aliquid molestiæ intulerant. Mane facto die Jovis subsequenti Dominus Rex jussit velum fieri, & cæteri consequenter. Quid plura? Domino de thesauris suis ventum prosperum producente, alii die Veneris sequenti in felicem portum Trapanum intraverunt. Rex Siciliæ die Veneris circà mediam nonam per unius galeæ compendium venit ad dictum portum; & Rex noster cum Reginâ per aliam galeam die sabbati circâ nonam, cæteri eâdem die subsequentibus universis. Sed qui suis navigantibus per mare cursum concesserat prosperum, eâdem nocte sabbati permisit adeo turbari maria, maligno spiritu, ut arbitror, instigante, quòd Dominico mane vix potuit haberi ascensus à terrâ ad naves, vel à navibus ad terram; quâ die in tantum crevit hæc turbatio, quòd nullo modo qui in navibus remanserant descendere potuerunt. Quid memorem? totâ nocte dictæ diei Dominicæ, totâ die lunæ, & nocte sequenti, tanta procella facta est in mari, quòd asserunt quidam nautæ nunquam tantam hactenùs se vidisse. Frangebantur enim mali, rumpebantur an-

Maximam Francorum maris tempestate cladem describit.

choræ, & naves, licèt maximæ, submersæ sunt in profundum quasi lapis, ut de ipsis vel rebus amissis adeò dolendum est, quantum de personis periclitatis, nobilibus, & ignobilibus utriusque sexûs, & ætatis, quas quidam æstimant circà quatuor millia, qui ipsas asserunt se vidisse. Plures enim à dolore illo vivi superstites evaserunt, qui tamen præ dolore & angustiâ præteritis millenî postmodum obierunt. Episcopus Lingonensis solus à nave suâ evasit solo contentus armigero, in suâ receptus bargiolâ, recinctus tunicâ paratus ad natandum, imò potiùs ad naufragandum, si Dominus permisisset: in navi ejusdem Episcopi naufragatæ sunt ferè mille personæ, ut asserunt, quod satis est verisimile, quia navis erat magna, & pauci exierant in navem illam. In quâ navi periit ille homo qui dicitur Bonarucca. Quid plura ? Decem & octo naves magnæ & fortes, & novæ, cum multis, & rebus infinitis periclitatæ sunt in eâ tempestate, sine minoribus, de quibus non facio mentionem.

Cessante hujusmodi tempestate, die Martis in festo beatæ Catharinæ virginis convenerunt Reges nostri & Barones ad habendum consilium, tam super præteritis, quàm contingentibus, & futuris. De futuris dico, quia paulò post juraverunt unanimes Reges nostri & Barones, se iterum futuros ad portum nominandum ad instanti die Magdalenæ in tres annos paratos ab transfretandum in terram sanctam; & juravit quilibet singulariter se facturum, nisi occasionem habeat, propter quam Dominus Rex Franciæ ipsum habeat excusatum. Posteà verò Dominus Rex moratus est in villâ Trapanum per quindecim dies, & ab illâ forte citiùs recessisset, sed detentus erat infirmitate Regis Navarræ, quem quædam febris arripuerat ad portum Carthaginensem. Quæ postmodum invalescente confluxu, ille bonus Rex, qui in exercitu præterito valdè laudabiliter se gesserat, die Jovis ante festum sancti Nicolai apud Trapanum exspiravit. Ubi de nostris mortui sunt infiniti; & multi remanserunt infirmi. Quid moror? Dominus Rex noster per diætas suas Pharo Messano præterito venit Cusantiam Civitatem in Calabriâ; Dominicâ post Epiphaniam; ubi Regina dolore & morbo itineris præteriti compulsa, peperit filium ante tempus debitum pariendi, qui ferè ab utero translatus ad tumulum, post inundationem brevi vivens tempore, matrem reliquit repletam multis miseriis & dolore; adeò quòd divinâ permittente clementiâ, die Mercurii ante Candelosam circà noctem mediam post dolores nimios exspiravit. De cujus morte Rex noster doluit ultra modum, & verum, quod de ipso multùm timeatur, si, quòd absit, in dolore perseveret hujusmodi. A Cusantiâ verò profecturus erat Dominus Rex ad Romanam Curiam, & inde in Franciam, Domino disponente. Sciatis, quòd cum in exercitu ejus tam de hospitio suô, quam extrà tot quotidiè moriuntur, vel saltem infirmantur, quod ferè nullus est qui præ morbis pestilentiâ debeat securari. Unde pro Deo orate pro me. Æstimo autem quòd qui eam poterunt evadere per Dei gratiam, & Regem sequi, circà Pentecosten ante poterunt esse in Franciâ, Domino providente. Si placet, rescribatis hoc Decano de Argentolio. Actum apud Cusantiam in Calabriâ die Veneris ante festum Purificationis Beatæ Mariæ Virginis.

Epistola Philippi *Regis ad Abbatem & Monachos S. Dionysii.*

Philippus Dei gratiâ Francorum Rex, dilectis suis in Christo Abbati & Conventui Monasterii sancti Dionysii in Franciâ, salutem & dilectionem. Inter graves & miserabiles hujus vitæ & humanæ conditionis pressuras, afflictiones & tribulationes amaras, in alto positi, imò consternati animo, & vehementis amaritudinis & doloris gladio nostram pertranseunte animam graviter vulnerati, singultuosos fletus, profundos gemitus, & anxios prodere cogimur ululatus. Attendite siquidem, ô dilecti, sumus, & videte, si est dolor similis, sicut dolor noster. Nam cum nuper felicis memoriæ præcarissimus Dominus, & genitor noster Ludovicus Francorum Rex, alumnus pauperum, nutritor Religiosorum, oppressorum solatium, refugium miserorum, patronus Ecclesiæ, præcipuus amator justitiæ, defensor inclytus fidei Christianæ: necnon dilectissimus frater noster Joannes Comes Nivernensis, quem non solùm carnalis affectio, & naturæ vinculum, sed & bonæ indolis primordia, vitæ innocentia, & in ætate tam tenerâ, magnæ discretionis industria plurimùm reddiderant carum nobis: ac insuper Princeps egregius carissimus noster Sororius & amicus Theobaldus Rex Navarræ illustris Princeps quidem tam prudens, tam commendabilis, tam potens: postquam ipsi vivificæ crucis signaculo insigniti se totâ suâ virtute, ad dilationem & exaltationem fidei accinxerant, & ad partes accesserant Affricanas, ad errores infidelium Saracenorum ibidem radicitùs exstirpandos, nobis subtracti fuerint ex hoc mundo, sicut Domino placuit, qui prout vult ac se vocat subjectas suæ potentiæ creaturas; nondum tamen his minimè contentus mundanæ hujus plagii pestilentiæ nos reliquit. Nam carissima uxor nostra Isabella Regina Franciæ cujus Deo & mundo amabilis vita erat, quâdam proprii corporis infirmitate gravata, postulatis attentè primitùs ab eâdem, & cum omni devotione susceptis Ecclesiasticis Sacramentis, demùm die Mercurii ante Purificationem Beatæ Mariæ Virginis vitam præsentem finivit. Unde nostris prioribus doloribus dolores alii continui; & amaritudines inculcantur, suspiria geminantur suspiriis, & gemitus gemitibus cumulantur. Cumque dictorum noștrorum Domini & genitoris, atque fratris & uxoris corpora faciamus, ut tenemur & volumus, ad partes Regni nostri præsentialiter una nobiscum deferri, sic in nostris oculis quotidie hujusmodi plaga recens est: verùm cum expediat & deceat in adversis hujusmodi fortitudinis spiritum nos habere, nostramque voluntatem divinis beneplacitis conformare, ac congruum in Domino consolationis remedium recipere, in conspectu cujus pretiosa esse speratur & creditur mors ipsorum, qui ejus in fide ac dilectione sequentes ejusdem vestigia, suas animas reddiderunt. Attendentes autem esse sanctum & salubre pro ipsis exorare defunctis; & ad alia recurrere subsidia caritatis, de sinceritate vestrâ gerentes in Domino, specialem vestræ caritatis abundantiam effectuosè rogamus; quatinùs animas eorumdem, & nunc specialiter animarum prædictæ Reginæ, pro quâ vobis aliàs non scripsimus, piis Missarum & devotarum orationum suffragiis divinæ misericordiæ commendetis, & faciatis multis Ecclesiasticis, tam Religiosis, quàm sæcularibus, vobis subditis commendari. Nos autem dilectum Capellanum nostrum Vivianum de Bosco, exhibitorem præsentium, ad vestram ob hoc præsentiam duximus super his vobis ore tenus intimanda, rogantes vos quatinus quæ ex parte nostrâ vobis super hoc dixerit, fidem eidem adhibere velitis. Actum Valleti die Mercurii post octavam dicti festi anno Domini ducentesimo septuagesimo.

Epistola D. Matthæi *Abbatis &* Simonis *de Nigella ad* Philippum *Regem.*

Orant Regem, ut citò in Galliam inaugurandus redeat.

Excellentissimo Domino suo Philippo Dei gratiâ Franciæ Regi illustri, Matthæus miseratione divinâ Ecclesiæ Beati Dionysii in Franciâ Abbas humilis, & Simon dominus Nigellæ, tenentes locum suum in Regno Franciæ, salutem, &c. Providi & prudentis est animi sic factâ considerare præterita, sic ordinare præsentia, quo futura faciliùs possint pericula præcaveri. Satis notum est, Serenissime Domine, qualiter progenitorum vestrorum industriâ & labore, cum divinæ adjutorio gratiæ, regnum vestrum benedictum à Domino non solùm in feodis, sed in domaniis, quæ modica quandoque fuerant, dilatatum, conservatum fuerit & firmatum. Nostis etiam qualiter tempore clementissimi Domini Regis nostri, genitoris vestri, cujus memoria cunctis redolet delectabilis & suavis, post aliquas molestias quas passus est circa primordium Regni sui, Regnum ipsum gloriosum in manu ejus floruerit, fructusque suavitatis & pacis non solùm in partes vicinas, sed in remotas plurimùm & longinquas ediderit regiones, adeoque de ejus plenitudine quasi omnes acceperint circumquaque, tranquillitatem scilicet & securitatem Ecclesiæ & Ecclesiarum Ministri, Religiosi quietem, pacem populi, sustentationem pauperes, consolationem afflicti, subsidium & levamen oppressi.

Laudes percurrit S. Ludovici.

Quæ enim proxima vel remota memoratio nostri, felicis memoriæ, non senserit non sua turbatione consilium, in suâ necessitate suffragium & juvamen? Nec tantùm ad amicos & proximos extendebat ejus pietas subventionis auxilia, sed etiam ad hostes & æmulos, quos per hujusmodi subsidia ad sui benevolentiam attrahebat, & ex ipsis aliquos fideles & promptos acquirebat amicos. Relucebat quiddam in eo quasi solare jubar, gratia admirabilis, ex intimo caritatis fervore proveniens, se taliter diffundens in omnes, quòd non erat qui à calore ejus se absconderet vel splendore, aut qui ejus beneficiâ in aliquo non sentiret. Tales & longè ampliores profectus ostendit præsentia hujus solis, sicut decet in medio Regni sui ac suorum, sicut Sol in medio Planetarum residens personaliter. Rex enim in medio Regni residens, est quasi cor in medio gregis sui, ac deinde quasi lignum vitæ in medio Paradisi.

Nunc ergo, clementissime Domine, grex vester non pusillus, sed magnus, tam magno rectoris sui orbatus solatio, consilio, & auxilio destitutus, lamentatur & gemit, ac de cœlo auxilium invocans, vestrumque reditum festinatum cum omni devotione postulans, in solâ Majestatis personâ, post Deum, spem suam posuit, suam confidentiam collocavit, ad suæ desolationis remedium & levamen exspectans. Dominum suum Regem cum omni exultatione & lætitiâ coronandum, sacrâ unctione solemniter inungendum, & in sede patrum suorum collocandum. Age ergo, piissime Domine, ne fraudetur à suo desiderio populus tam devotus, populus, inquam, vester inter omnes populos Regi suo quodam speciali amoris vinculo indissolubiliter obligatus; qui cum adhuc quasi lacrymas in maxillis habeat, non est qui consoletur eum ex omnibus caris ejus, nisi vestræ magnificentiæ personalis adventus. Considerantes enim ex nobis aliqui, quòd etsi præclarissimus genitor vester pro negotiis fidei interdùm se periculis exposuit, securiùs id agere poterat, ut pote filium & heredem Regni sui successorem idoneum derelinquens, & filios, fratres vestros, ætate, scientiâ, & moribus jam probatos. Sed de vobis est aliter, Domine reverende qui liberos habetis teneros & lactentes, & adhuc gerulæ ac nutricis indigentes, aliâ sunt non solùm incommoda, sed pericula plurimùm formidanda, quæ possent ex morâ vestrâ si, quod absit, amplior exstiterit, suboriri. Nulla igitur, præcarissime, vos retrahat aut retardet à festino reditu commoditas, aut necessitas aliena, quin potiùs propriam præferatis omnibus, ut debetis, quoniam evidenter potestis plurimùm attendere & urgentem. Hoc quidem ex communi consensu & deliberatione totius Consilii vestri nobiscum existentis scribenda duximus vestræ Regiæ Majestati. Conservet Dominus altissimus personam Regiam, atque suos, & reducat celeriter cum salute. Amen.

Epistola Philippi *Regis ad* Matthæum *Abbatem &* Simonem *de Nigella.*

Philippus Dei gratiâ Francorum Rex, dilectis & fidelibus suis Matthæo Abbati sancti Dionysii in Franciâ, & Simoni Domino Nigellæ, salutem & dilectionem. Quia indubitanter credimus vos lætari quotiescumque de statu nostro vobis prospera nunciantur, significavimus vobis, quòd nos in confectione præsentium Viterbii existentes votivâ per Dei gratiam vigebamus corporis sospitate, quod de vobis scire frequenter quamplurimùm affectamus. Nos etiam cum carissimo & fideli nostro Carolo illustri Rege Siciliæ, & aliis Principibus & Baronibus nobiscum existentibus, venerabili Collegio Cardinalium sacrosanctæ Romanæ Ecclesiæ cum maximâ supplicaveramus precum & devotarum supplicationum instantiâ, ut ipsi celeriter providerent Ecclesiæ viduatæ de Pastore idoneo, seu etiam de summo Pontifice, fructuoso generali Ecclesiæ, ac fidei Christianæ. Sciatis, quia tempestivè proponimus ab inde recedere, & continuatis dietis per viam Lombardiæ ad partes accedere Regni nostri, & cum vobis propinquiores erimus, quid in Romanâ Curiâ fecerimus, & statum nostrum, vobis scribi plenius faciemus. Datum Viterbii die Sabbati post festum Beati Gregorii.

Viterbii Cardinales compellasse scribit ut quàm citissimè summum Pontificem eligant.

Testamentum Magistri Roberti *de Sorbona.*

An. MCCLXX

Universis præsentes literas inspecturis, Officialis Curiæ Parisiensis salutem in Domino. Notum facimus quòd in nostrâ præsentiâ propter hoc constitutus vir venerabilis Magister Robertus de Sorbona Canonicus Parisiensis in plenâ suâ sanitate, & compos mentis suæ prout primâ facie apparebat, volens sibi præcavere in futurum, de bonis suis immobilibus ordinavit in hunc modum:

Primò enim omnia bona sua immobilia quæ tenet in manu mortuâ, videlicet vineas, domos, census cum eorum pertinentiis quæ acquisivit Parisius seu in confinio ejus, dedit donatione inter vivos Congregationi pauperum Magistrorum Parisius studentium in Theologiâ Facultate, quorum diù Provisor exstitit, & nunc dominium & proprietatem dictorum bonorum in ipsos pauperes Magistros transferendo.

Item dilectum suum virum venerabilem Magistrum Gaufridum de Barro, Canonicum Parisiensem, post decessum ipsius Magistri Roberti suum constituit heredem, videlicet aliorum bonorum suorum immobilium, quæ non tenet in manu mortuâ, videlicet vinearum, domorum, censuum feodi, cum eorum pertinentiis seu appenditiis quæ acquisivit Parisius, vel in confinio ejus, vel quæ acquireret usque ad diem mortis suæ, exceptâ dum-

Diplomatum, &c. 671

taxata domo quâdam sitâ in monte sanctæ Genovefæ, prope domum Magistri Geroldi de Abbatisvilla; de quâ taliter ordinavit, ut dicebat, conferens & concedens prædictus Magister Robertus, exunc scilicet post mortem ipsius Magistri Roberti, eidem Magistro Gaufrido tamquam heredi suo, ut dictum est, omnium prædictorum immobilium quæ non sunt in manu mortuâ totum jus quod habebat, vel habere poterat in præmissis omnibus qualicumque ratione, salvo sibi quamdiù vixerit prædictus Magister Robertus, in omnibus & singulis cum proprietate præmissorum usufructu; volens siquidem & concedens expressè, quòd dictus Magister Gaufridus heres institutus, ut dictum est, teneat & possideat post decessum ipsius Magistri Roberti omnia supradicta tamquam heres pacificè & quietè, absque reclamatione & contradictione qualibet heredum suorum carnalium, seu etiam aliorum quorumcumque: tali appositâ conditione ex parte ipsius Magistri Roberti, quòd dictus Magister Gaufridus heres præmissorum institutus, ut dictum est, pro eodem Magistro Roberto omnibus creditoribus suis satisfacere tenetur de omnibus debitis, in quibus nunc tenetur, vel ea quæ tenebitur tempore mortis suæ.

Voluit & prædictus Magister Robertus, quòd de bonis prædictis provideretur Joanni de Castellario Clerico suo in bursâ & hospitio, sicut uni de pauperibus Magistris provideretur, sive audiat Logicam sive Theologiam, donec dominus sibi provideret de beneficio competenti.

De bonis autem suis mobilibus per alios ordinavit, ut dicebat. Hæc itaque omnia voluit prædictus Magister Robertus rata esse & firma, nisi eum in vitâ suâ contingeret de iis aliter ordinare. In cujus rei testimonium præsentes Literas sigillo Curiæ Parisiensis, unâ cum sigillo ipsius Magistri Roberti fecimus sigillari.

Actum Anno Domini millesimo ducentesimo septuagesimo in die S. Michaëlis.

Libertates & consuetudines villæ Ricomago concessæ ab ALFONSO *Comite Pictaviensi fratre* S. LUDOVICI, *quæ antiquarum legum & consuetudinum Arverniæ locum tenent.*

ALFONSUS filius Regis Franciæ, Comes Pictavensis & Tolosanus, universis præsentes litteras inspecturis salutem in Domino. Noveritis quòd habitatoribus villæ nostræ de Riomo diœcesis Claromontensis, infra fines seu terminos dictæ villæ concedimus libertates & consuetudines infra scriptas; videlicet quòd per nos vel successores nostros non fiat in dictâ villâ tallia sive quæsta, vel albergata, nec recipiemus ibidem mutuum, nisi gratis nobis mutuare voluerint habitantes in eâdem villâ.

II. Item quòd habitantes in eâdem, & in posterum habituri possint vendere, dare, & alienare omnia bona sua mobilia & immobilia cui voluerint; ita tamen quòd si immobilia alienaverint Ecclesiæ, religiosis personis, vel Militibus, per hoc nullum fiat præjudicium nobis vel aliis dominis à quibus res tenebuntur: maximè in hoc quin possint compelli sic alienata extrà manum ponere infra annum.

III. Item nos vel noster Bajulus non capiemus aliquem habitatorem dictæ villæ, vel vim inferemus, vel saisiemus bona sua, dum tamen sufficienter caveat per bona sua mobilia vel immobilia stare juri, nisi pro murtro, vel morte hominis, vel plagâ mortiferâ, vel mutilatione membri, vel aliâ communi, vel probabili suspicione criminis, pro quo corpus suum, vel bona sua de jure, vel consuetudine fidejussoribus committi non debeant, vel in aliis casibus, vel in quibus esset de jure, vel consuetudine faciendum, vel pro delicto quod contrà nos, Connestabulum nostrum, vel servientes nostros ad gagia nostra, seu in familiam nostram fuerit perpetratum.

IV. Item quòd ad questionem, vel ad clamorem alterius non manubit, vel stabit Connestabulus noster Alverniæ, vel Bajuli sui, nisi pro facto nostro negotio, vel querelâ, vel servientum nostrorum, vel familiæ aliquem habitantem in dictâ villâ; extrà fines vel honorem dictæ villæ super his quæ facta fuerint in dictâ villâ, & in pertinentiis & honore dictæ villæ, vel super possessionibus ejusdem, nisi forte Connestabulus noster adeo esset impeditus, quòd ad dictam villam commodè accedere non posset, & tunc ad Connestabuli citationem ad assisias quæ erunt in loco propinquior dictæ villæ, vel ejus territorio, venire tenebuntur, & juri stare.

V. Item si quis habitans in dictâ villâ moriatur intestatus, vel aliàs rationabiliter, & non disposuerit de bonis suis in ultimâ suâ voluntate, nec habeat liberos, nec appareant heredes, qui sibi debeant succedere, Bajulus noster & Consules dictæ villæ de Riomo, bona defuncti scripta commendabunt duobus hominibus probis dictæ villæ, ad custodiendum fideliter per unum annum & diem: & si infrà cumdem terminum appareat heres, & qui sibi debeat succedere, omnia bona prædicta debent integraliter sibi reddi cum fructibus medii temporibus; alioqui bona mobilia & immobilia quæ à nobis in feudum vel censivam, vel alio quocumque modo tenebuntur, nobis tradentur, salvo jure veri heredis, si in posterum appareat, salvo jure dominorum à quibus aliqua bona immobilia tenebuntur, si de jure vel consuetudine patriæ jus aliquod habuerit in eisdem. Debita verò de quibus legitimè constare poterit, de bonis ipsius defuncti solvantur tam à nobis, quàm ab aliis ad quos bona ipsius defuncti pervenerunt, pro ratâ quæ pervenerint ad quemcumque.

VI. Item quòd nullus habitans in dictâ villâ de quocumque crimine appellatus vel accusatus fuerit, teneatur se purgare, vel defendere duello, nec cogatur ad duellum faciendum; & si refutaverit, non habeatur propter hoc pro convicto, sed appellans si velit, probet crimen quod objecit, vel per testes; vel per probationes legitimas, juxta formam juris.

VII. Item testamenta facta ab habitatoribus dictæ villæ in præsentiâ testium fide dignorum, valeant, dum tamen liberi, & domini, aut alii, justâ causâ, jure suo, aut portione debitâ non priventur.

VIII. Item quicumque habet domicilium in villâ Riomi, non tenetur dare leudam de quâcumque re suâ, quando eam vendiderit, vel aliam emerit.

IX. Item Bajulus seu Præpositus noster dictæ villæ tenetur jurare publicè coram Consulibus dicti loci, in principio administrationis suæ, quòd in officio illo hideliter se haberet, & quòd jus reddet cuilibet pro possibilitate suâ & scientiâ, & bonas & approbatas consuetudines dictæ villæ observabit; tenebitur etiam statuta dictæ villæ à nobis facta vel approbata rationabilia observare.

X. Item Consules dictæ villæ mutentur quolibet anno in festo B. Joannes Baptistæ; & si contigerit quòd electi Consules ab aliis Consulibus in se nollent onus Consulatûs suscipere, Bajulus seu Præpositus noster dictæ villæ ad instantiam & requisitionem prædictorum Consulum, ipsos ad hæc compellere teneatur.

XI. Item dicti Consules jurabunt Bajulo seu Præposito nostro dictæ villæ, quòd ipsi benè & fideliter erga nos se habebunt, & servabunt jura nostra, & populum dictæ villæ fideliter gubernabunt, & tenebunt pro posse suo fideliter Consulatum, & quòd non recipient ab aliquâ personâ aliqua servitia pro officio Consulatûs; & prædicti Consules debent semper habere sexdecim Consiliarios.

XII. Item si quis percusserit aliquem coram Connestabulo vel locum nostrum tenente, ad arbitrium nostri Connestabuli secundùm consuetudines patriæ puniatur.

XIII. Item quicumque alium percusserit cum pugno, palmâ, vel pede, gladio, fuste, vel petrâ, seu alio modo, irato animo, sanguine non interveniente, seu interveniente, si clamor factus fuerit, & legitimè probatum fuerit, percutiens nobis in LX. solidos pro justitiâ puniatur.

XIV. Item si aliquis alium interfecerit, & culpabilis de morte ejus inveniatur, ita quòd homicida reputetur, per judicium curiæ nostræ puniatur, & bona ipsius nobis integrè sint incursa.

XV. Item si aliquis aliqua convitia, vel opprobria, vel verba contumeliosa irato animo dixerit, & inde querimonia proponatur, postquam legitimè probatum fuerit à Bajulo nostro, in tribus solidis nobis pro justitiâ puniatur, & emendam faciat injuriam passo secundùm consuetudinem dictæ villæ Riomi diutiùs approbatam.

XVI. Item quicumque inhibitionem nostram seu calumniam nostram, vel Bajuli nostri in bonis alicujus positam ex causâ rationabili, vel ad instantiam alicujus conquerentis fregit, in LX. solidos nobis pro justitiâ puniatur.

XVII. Item si pignus ab eodem Bajulo, seu auctoritate ipsius captum sibi vel mandato suo quis abstulerit, ad arbitrium Connestabuli nostri secundùm usus & approbatas consuetudines patriæ puniatur, & super hac ablatione credatur nuntio curiæ jurato, cum duobus testibus fide dignis.

XVIII. Item quòd pro debitis non pignorentur vestes quotidianæ alicujus, vel lectus suus in quo ipse vel familia sua jacuerunt, nec ferramenta, nec utensilia aptamenta cum quibus panem suum lucratur.

XIX. Item quòd habitantes infrà fines seu honorem dictæ villæ quos tenent, pacificè & quietè gaudeant ex libertate, quâ gaudebant habitatores dicti locis.

XX. Item quòd non possint pignorari, neque bannum in bonis seu rebus eorum poni, nec ostia domorum suarum claudi, nisi priùs citati vel moniti fuerint, vel nec nisi pro re judicatâ vel contumaciâ, vel nisi præfixus dies solutionis annui censûs nostri sit elapsus, vel nisi in casibus in quibus bona eorum nobis debent esse incursa, vel commissa de consuetudine vel de jure.

XXI. Item si aliquis leudam furatus fuerit, nobis in septem solidos pro justitiâ puniantur, & laudam restituat, quam non solvit.

XXII. Item adulter vel adultera si deprehensi fuerint in adulterio, vel per homines fide dignos convicti fuerint, super hoc accusatore exístente & accusationem suam legitimam prosequente, vel in jure confessi fuerint, nudi currant villam, vel nobis solvat quilibet LX. solidos, & hoc sit in optionem delequentis.

XXIII. Item qui gladium emolutum contra alium irato animo traxerit, licet non percusserit, si clamor factus fuerit, & legitimè probatum fuerit, nobis in LX. solidos pro justitiâ puniatur, & emendet injuriam passo secundùm consuetudinem villæ diutiùs approbatam.

XXIV. Item si quis intraverit de die orto, vineas, vel prata alterius, & inde capiat sine necessitate inevitabili fructus, fænum, paleam, vel lignum valens XII. denarios, vel infrà, sine voluntate illius cujus res fuerit, postquàm quolibet anno semel prohibitum fuerit vel præconisatum, in tribus solidis punietur. Et si ultrà XII. denarios valeat res quam ceperit, in VII. solidos nobis pro justitiâ puniatur. Et si nocte quis intraverit, & fructum, fænum, paleam, vel lignum ceperit, & probatum fuerit, in LX. solidos nobis pro justitiâ punietur, & satisfaciat competenter in hoc casu, & in superioribus, damna passis.

XXV. Item quicumque falsum pondus, vel falsam ulnam, vel mensuram tenuerit, in VII. solidos nobis pro justitiâ puniatur, & de falsâ marcâ nobis in LX. solidos puniatur. Et si bis in hoc deliquerit, & convictus fuerit vel confessus, ad arbitrium nostri Connestabuli puniatur, vel officio in quo sic deliquerit perpetuò privetur.

XXVI. Item pro querimoniâ debiti, vel pacti, vel cujuslibet alterius contractûs, si statim, id est primâ die, in præsentiâ Bajuli nostri confiteatur debitor sine lite motâ, & sine induciis, mulcta nobis pro justitiâ solvetur, sed infrà VIII. vel XV. dies, consideratâ debiti quantitate, & personæ qualitate, Bajulus noster debet facere solvi à debitore quod confessus est coram ipso, & complere, alioquin ex tunc in tribus solidis debitor nobis pro justitiâ puniatur.

XXVII. Item pro omni simplici querimoniâ civili de quâ lis moveatur, & induciæ petantur, post prolationem sententiæ tres solidi à victo nobis pro justitiâ solvantur, & actor si in petitionem ejus quod petet defecerit, in tribus solidis nobis pro justitiâ puniatur.

XXVIII. Item Bajulus noster non debet recipere justitiam seu gagium, usquequo solvi fecerit rem judicatam, seu satisfieri parti quæ obtinuit.

XXIX. Item in quæstione immobilium rerum, post prolationem sententiâ tres solidi à victo nobis pro justitiâ persolvántur.

XXX. Item si aliquis tenuerit aliquas res edicto, vel aliquo bono modo acquisitas infrà fines dictæ villæ, moventes de dominio nostro, per spatium decem annorum inter præsentes pacificè & quietè, petitor nullatenùs audiatur secundùm consuetudinem dictæ villæ.

XXXI. Item quicumque in dictâ villâ, vel pertinentiis ejusdem habuerit possessiones, vel redditus, ratione illarum rerum ipse & successores sui in expensis & missionibus ac collectis, quæ fiunt à Consulibus propter utilitatem vel necessitatem dictæ villæ, contribuent prout alii habitatores dictæ villæ per solidum & libram, secundùm jura & consuetudines approbatas.

XXXII. Item si aliqua mulier de extrà villam, quæ sit maritata, venerit in dictam villam, & fecerit meretricium cum homine de dictâ villâ, idem homo non teneatur de adulterio seu meretricio perpetrato, cum ignoretur probabiliter de dictâ muliere utrùm sit conjugata.

XXXIII. Item nemo debet capere pignora alicujus scambiatoris ad mensam scambii, nec ab ipsâ mensâ usque ad domum ipsius, si in aliis rebus possit ipsum pignorare.

XXXIV. Item qui emerit pignus ad usagium dictæ villæ, debet illud tenere per octo dies in villâ Riomi antequàm distrahatur, & si ille qui vendiderit

derit publicè & plus offerenti, & bonâ fide acceperit ampliùs quàm fuerit debitum ipsius, debet illud quòd supereſt reddere illi cujus erat pignus; ſi verò minus acceperit quàm fuerit debitum, poteſt reſiduum exigere à debitore.

XXXV. Item quicumque de villâ Riomi debet alicui de ipſâ villâ, ſi debitor non eſt ſolvendo in rebus mobilibus, debet vendere de rebus ſuis immobilibus ad arbitrium Conſulum pro ſolvendo debito; & ſi debitor non invenerit qui velit emere, creditor debet eas accipere in ſolutum ad arbitrium Conſulum & aliorum proborum virorum, & ad compulſionem noſtram.

XXXVI. Item ſi aliquis de dictâ villâ Riomi habuerit vadia alicujus pro debito ſuo, vel pro fidejuſſione ſibi factâ ab aliquo, ſi incontinenti creditor probare poterit fidejuſſionem vel debitum, non tenebitur ei reſtituere vadia, niſi primò ſuper fidejuſſione, vel debito ſteterit ſatisfactum.

XXXVII. Item ſi caſus aliquis, vel aliquod factum, vel negotium evenerit in dictâ villâ Riomi, de quo in præſenti ſcripto non fiat mentio, per Bajulum noſtrum cum conſilio Conſulum ejuſdem villæ, & aliorum proborum virorum ſecundùm jus, vel propè jus, vel ſecundùm conſuetudines dictæ villæ [ſtatuatur.]

XXXVIII. Item concedimus & confirmamus uſagia & conſuetudines, quas homines dictæ villæ, tenuerunt & obſervaverunt, tam in leudis quàm in vendis ſeu venditionibus, in manſionibus, cum ſuis molendinis, furnis, & rebus aliis, & etiam alias conſuetudines obſervatas ab eiſdem temporibus retroactis, bonas, antiquas, rationabiles, & obtentas pacificè & quietè.

XXXIX. In omnibus autem aliis, quæ non ſunt in præſentilitter à expreſſâ, retinemus nobis & ſucceſſoribus noſtris in dictâ villâ & pertinentiis, & habitatoribus, omnem juſtitiam, juriſdictionem, ſubjectionem, reverentiam, exercitum & cavalcatam, ſecundùm uſus & conſuetudines patriæ, & alia quæcumque verus Dominus poteſt & debet habere in terrâ ſuâ. Ac in præmiſſis omnibus & ſingulis retinemus poteſtatem declarandi, ſecundùm quod propter varietatem temporum & cauſarum viderimus expedire.

Has autem libertates & conſuetudines, & omnia prædicta & ſingula, quantum de jure poſſumus approbantes, in perpetuum earum teſtimonium, ſigillum noſtrum duximus præſentibus apponendum, ſalvo jure noſtro in omnibus, ut dictum eſt, & ſalvo in omnibus jure quælibet alieno. Datum apud Armazancas prope Aquas-mortuas anno Domini milleſimo ducenteſimo ſeptuageſimo.

An. MCCLXX. *Contractus matrimonii inter* SANCIUM *filium Regis* ALFONSI *&* GUILLELMAM *filiam* GASTONIS *Vicecomitis Bearnenſis.*

Noverint univerſi præſentem paginam inſpecturi, quòd nos ALFONSUS Dei gratiâ Rex Caſtellæ, Toleti, Legionis, Galleciæ, Sibillæ, Cordubæ, Murciæ, Guienni, Algarbæ: Et nos domina OSOLANT Regina Caſtellæ & Legionis: promiſſiones & pacta habita inter nos & Domnum GASTONEM Dei gratiâ Vicecomitem Bearnenſem, Dominum Montiscathani & Caſtri-veteris, & dominam MATHAM Vicecomitiſſam Bearn. & Marcianen. de uno filiorum noſtrorum videlicet infante Domino SANCIO, vel infante Domino PETRO, quem ad hoc prælegerimus, dominæ GUILLELMÆ filiæ Domini Gaſtonis, & dominæ Mathæ ejus uxoris, matrimonialiter conjungendo, contenta in quodam inſtrumento ſigillato ſigillis meis, Domini Gaſtonis & Dominæ Mathæ, confecto in Lucronio octavo Idus Februarii, ærâ milleſimâ trecenteſimâ octavâ, per manum Petri Garciæ Toletani: cujus inſtrumenti prædicti prima linea incipit: *Noverint univerſi*, & ultima linea finit, *ſupradictorum ſcripſi*, rata & firma habemus ac etiam confirmamus.

Item notum facimus omnibus præſentibus & futuris, quòd prædictus Dominus infans Sancius filius noſter, electus à nobis ſpecialiter ad iſtud matrimonium contrahendum, & prædicta domina Guillelma inter ſe matrimonium contraxerunt in hæc verba. Ego Infans Sancius accipio vos domnam Guillelmam uxorem meam, & promitto quòd ſemper habebo & tenebo vos pro meâ uxore legitimâ. Et ego Guillelma accipio vos, Domnum Infantem Sancium in meum maritum, & promitto quòd ſemper habebo & tenebo vos pro meo marito legitimo. Et ambo ſcilicet Domnus Sancius & domna Guillelma hoc præſtito ſacramento ad ſancta quatuor Dei Evangelia firmaverunt, nobis præſentibus, & huic matrimonio & ſacramento voluntatem noſtram præſtantibus & aſſenſum. Actum eſt hoc Burgis in camerâ noſtrâ, quarto Nonas Aprilis ærâ milleſimâ trecenteſimâ octavâ.

In quorum omnium præmiſſorum nos Domnus Rex & Regina in hac charta teſtimonium contentorum, ſigilla noſtra præſentibus duximus apponenda. Teſtes hujus rei ſunt Infans Domnus Ferrandus noſter primogenitus, domna Conſtantia Abbatiſſa de Cannas: Domnus Lupus Didaci de Viſcaya, & Domnus Didacus Lupi frater ejus, Domnus V. Lupi de Salcedo, Domnus Amicus Petri de Coires, Domnus Jaufredus de Loalia, Domnus Garzias Arnaldi de Novaliis, Domnus Bernardus de Cintillis, Domnus Guillelmus Raymundi Doazeto, Domnus G. Arnaldi de Morlana, Domnus Joannes Alfonſi Archidiaconus S. Jacobi & Electus ejuſdem loci, Domnus Ferrandus Abbas de Xetes, Domnus Bernardus de Albos, & plures alii.

Teſtamentum JACOBI, *cogmento Magni, Regis Aragoniæ.*

Anno MCCLXXII.

IN Chriſti nomine pateat univerſis, quòd nos JACOBUS Dei gratiâ Rex Aragoniæ, Majoricarum & Valenciæ, Comes Barchinonæ & Urgelli, & Dominus Montiſpeſſulani. Attendentes & conſiderantes attentè quòd omnia prætereunt, præter amare Deum, & ſic Reges omnes & alii Principes, ac cæteri homines hujus mundi, inſpicere debent & attendere ſtudioſè ut, ſi benè incipiunt, fine laudabili & bono principium & medium vincant, ac hoſtis humani generis eis in aliquo reſiſtere poſſit minimè vel nocere, nec impedimentum præſtare ad æternam gloriam obtinendam, cum ſi finis non ſubſequeretur bonus, principium nil valeret, Attendentes etiam quòd nos qui ſumus factura & creatura illius noſtri humani generis Creatoris & Redemptoris, qui nos à principio de bono in melius proſperavit, & nunquam opus noſtrum dereliquit, nec deperire ſuſtinuit, imò ipſum noſtris licet non exigentibus meritis augmentans mirabiliter adimplevit, meritò tenemur ut bona noſtra ab ipſo collata recognoſcamus devotè, ſic ut quando ipſe Dominus & Redemptor noſter nos ad ſe vocare voluerit ab hac vitâ, animam noſtram ei ſalvam reddere poſſimus, & taliter de bonis noſtris diſpoſuerimus, ut per ipſam diſpoſitionem noſtram cuſtodiamus filios noſtros & homines nobis ſubjectos à diſſentione ac diviſione, & quòd non possint inter eos damna vel contrarietates aliquo tempore suboriri, imò si aliquis vel aliqui voluerint divisionem mittere, aut dissentionem inserere in regnis nostris & dominationibus nostris, ipsi filii nostri sint in unum cum hominibus suis, ita quòd possint se ab eo & ab eis deffendere, qui nollent recipere jus ab ipsis. Necnon etiam & attendentes quòd *Omne regnum in se divisum desolabitur*, secundùm quòd ipse Dominus in Evangelio testatur: idcircò nos utentes verbis ipsis volumus in quantum possumus de facto nostræ animæ, & de regnis & terris nostris nobis à Deo collatis taliter disponere, divinâ gratiâ suffragante, quòd in posterum non valeant desolari.

Hinc est igitur quòd nos Jacobus Dei gratiâ Rex prædictus, in plenâ per Dei gratiam constituti corporis sospitate, & in pleno sensu ac sanâ mente nostrâ, nostrum facimus Testamentum, in quo eligimus manumissores nostros, videlicet venerabiles Archiepiscopum Terraconæ, & Episcopum Cæsaraugustodunensem, Episcopum Barchinonensem, & Abbatem Monasterii Populeti, & nobiles Comitem Impuriarum, & Bernardum Guillelmi de Entença, quibus rogando præcipimus, & plenam damus potestatem, quòd si nos mori contigerit antequàm aliud Testamentum faciamus, distribuant ea quæ inferiùs de bonis nostris distribui & persolvi mandamus, & compleant hanc nostram ultimam voluntatem, prout in præsenti Testamento invenerint ordinatum. Et si forté ipsi manumissores omnes exequutioni hujus nostri Testamenti interesse non poterint, prædictus Archiepiscopus cum Episcopis prædictis vel altero eorum, & cum illis manumissorum prædictorum quos secum habere poterit, exequatur & compleat hanc nostram ultimam voluntatem.

In primis autem eligimus sepulturam corporis nostri in Monasterio sanctæ MARIÆ Populeti, & ibi nostrum corpus sepeliri mandamus juxtà monumentum illustris Ildefonsi felicis recordationis avi nostri subsequenter, scilicet post ipsum monumentum; volumus enim quòd ejus monumentum sit priùs.

Item, volumus & mandamus, quòd omnia debita nostra quæ reperientur nos debere quibuscumque personis cum instrumentis vel albaranis nostris, solvantur per dictos manumissores nostros de plano & sine strepitu judiciario, secundùm Deum & forum animæ. Verumtamen si manumissores nostri intelligentes nos aliqua ex ipsis debitis solvere non teneri, vel nos ex ipsis debitis aliquid persolvisse probare poterunt, solutionem ex ipsis debitis in totum vel in partem factam fuisse nostris creditoribus de debitis quæ petierint, ipsi creditores recipiant illud in solutum dictorum suorum debitorum, quod ipsi manumissores probabunt & ostendent ipsis creditoribus nostris solutum fuisse.

Item, volumus & mandamus quòd omnes torts sive injuriæ nostræ quibus obnoxii tenemur, & verè apparuerint, restituantur de plano per dictos manumissores nostros, ad cognitionem ipsorum manumissorum nostrorum secundùm Deum & forum pœnitentiæ; illis videlicet quibus dictas injurias fecimus, vel heredibus eorumdem, ipsis manifestè ostendentibus ipsas injurias nostris manumissoribus antedictis. Verùm si forté apparerent aliqui conquirentes de nobis super quibusdam hereditatibus regni Valenciæ, quas dederamus eisdem, asserentes ipsas eis ablatas fuisse sine causâ, dicimus, quòd ipsas eis credimus esse non abstulimus sine causâ; quoniam cum capta fuit civitas Valenciæ, diximus Domino Ferrando olim patruo nostro, & Episcopis, necnon & Richis hominibus, ac Militibus quos ibi populaveramus, qui erant inter omnes trecenti &

octuaginta Milites, qui postquàm eos ibi hereditaveramus juvarent nos deffendere ipsum regnum Valenciæ contrà Sarracenos ipso anno, ut hereditarii ejus regni, & ipsi habito consilio ad invicem rogaverunt dictum patruum nostrum ut ipse nobis responderet pro omnibus ipsis; qui pro se & omnibus aliis prædictis dixit nobis, quòd rogabant nos ut inter alias gratias quas eis feceramus, deberemus facere istam eis, videlicet quòd essemus contenti ab ipsis de trecentis militibus quos ibi tenerent in anno sub hac formâ, quòd de quatuor in quatuor menses tenerent ibi centum milites; & nos concessimus illud eis: & cum post hoc nos iremus apud Montempessulanum, & stetissemus ibi per aliquod tempus, & postea ad partes Valenciæ rediissemus, non invenimus quòd de prædictis militibus ibi aliquos ut promisserant, tenuissent, nec ibi eorum aliquis remansisset, nisi tantùm aliqui milites qui hereditates in Aragoniâ vel Cataloniâ non habebant. Et post prædicta assignavimus diem eisdem quâ venirent apud Salent, ubi feceramus bastidam contrà Xativam, servituri nobis in guerrâ quam cum Sarracenis in defensionem dicti regni habebamus, ratione videlicet hereditatum quas eis dederamus in dicto regno, & quòd parceremus & remitteremus eis quidquid nobis in ipsâ die defecerant, dummodo manerent ibi per tres menses. Et ipsi nec venerunt ad nos, nec loco sui aliquos transmiserunt, & sic propter prædicta emparavimus eis hereditates quas dederamus eisdem in dicto regno Valenciæ, & dedimus ipsas aliis.

Quare videtur nobis secundùm nostram conscientiam, quia pro eo quod nobis non servarunt quod promisserant, nec juvarunt nos defendere dictam terram, ut superiùs expressum est, non tenemur eis ipsas hereditates restituere, nec aliquid pro eisdem: maximè etiam quia illis qui remanserunt ibi, qui ita modicos redditus ibidem habebant, quòd non poterant eis sufficere, oportuit nos de nostris dare redditibus cum quibus possent in eâ terrâ habere vitam congruam & decentem, ut ipsa terra sine militibus nullatenùs remaneret. Nihilominùs etiam aliqui prædictorum militum & cives quidam promisserant nobis, quòd facerent in regno Valenciæ personalem residentiam ratione hereditatum quas eis dederamus, & quòd eas non venderent vel alienarent, sed darent seu dimitterent eas filiis suis sive parentibus qui ibi facerent residentiam personalem, de quibus aliqui minimè compleverunt, imò ipsas vendiderunt & alienarunt. Fuerunt etiam aliqui populatores dicti regni, qui tenebant ibi hereditates sibi à nobis datas heremas, & non faciebant ibi personalem residentiam ut debebant: & licet citati fuissent à nobis bis vel ter, & assignati eis dies sufficientes, noluerunt venire coram nobis ad excusandum se, nec ibi facere residentiam personalem; & ob hoc hereditates eis à nobis datas recuperavimus ab ipsis, & dedimus aliis. Propter quæ non videtur nobis, quòd de prædictis in aliquo tenemur.

Ad solutionem verò debitorum nostrorum & legatorum infrascriptorum, & restitutionem injuriarum nostrarum, assignamus omnes redditus nostros civitatis Valenciæ, cum salinis & albufferiâ ejusdem, & omnes redditus nostros civitatis Cæsaraugustæ, cum salinis de Castellario, & de Pola & de Remolinis; & cum omnibus pedagiis ipsius civitatis Cæsaraugustæ, & bajuliarum suarum; & omnes redditus nostros civitatis Ilerdæ & bajuliæ ejusdem; & omnes redditus nostros civitatis Barchinonæ, & bajuliarum suarum; & omnes redditus nostros villæ Montispessulani. Volentes, statuentes atque mandantes quòd dicti manumissores nostri habeant, teneant & recipiant tot annis, & tamdiù omnes reditus & exitus civitatum & villarum Montispessulani prædictarum, & aliorum locorum prædictorum, & bajuliarum suarum, donec inde nostra sint debita & legata animæ nostræ infrascripta plenariè persoluta, & nostræ injuriæ restitutæ; ita videlicet ut de omnibus debitis, legatis, & injuriis præfatis persolvantur tres partes ex reditibus & exitibus ad hoc suprà assignatis, spectantibus ad Infantem P. filium nostrum, & quarta pars persolvatur ex reditibus & exitibus præassignatis, spectantibus ad Infantem Jacobum filium nostrum.

Et quia scimus quòd pedagium Cauquiliberi fuit constitutum pro faciendo portu ibidem, volumus & mandamus quòd præfatus carissimus filius noster Infans Jacobus & heredes sui, mittant & mittere teneantur quolibet anno in perpetuum, vel mitti faciant quinque millia solidorum de reditibus Cauquiliberi ad faciendum, & manutenendum, & mundandum, ac reparandum Portum-Veneris; & cum idem Portus-Veneris fuerit mundatus & reparatus, expendantur & mittantur ipsa quinque millia solidorum ad faciendum & manutenendum portum, quem nos incepimus facere Cauquolibero coram villa. Et sic prædicta quinque millia solidorum inter duos dictos portus expendantur & mittantur in perpetuum de reditibus Cauquiliberi supradictis, ad cognitionem scilicet hominum istius loci Cauquiliberi..... ad majorem noverit utilitatem cedere mercatorum, ac etiam loci ejusdem.

Item, legamus ob remedium animæ nostræ Monasterio Populeti quinque millia morabatinorum ad solvendum debita ipsius Monasterii; quos quidem morabatinos ante alia legata animæ nostræ dari & persolvi mandamus Monasterio antedicto.

Item, legamus, damus, cedimus ac concedimus prædicto Monasterio Populeti, & Abbati ac Conventui ejusdem totum plenum locum nostrum, & omnia jura nostra & actiones, petitiones, ac demandas, & quidquid juris & donationis, ac dominii habemus, & habere debemus in villâ & terminis Vinaxiæ, & hominibus ejusdem, ac pertinentiis suis, & contra detentores ipsius villæ ratione partis vel juris nostri ejusdem qualibet ratione. Et Abbas & Conventus dicti Monasterii teneantur facere anniversarium pro animâ nostrâ singulis annis in perpetuum, tali die quali ab hoc sæculo transeamus.

Item, legamus pro animâ nostrâ Monasterio Sanctarum Crucum duo millia morabatinorum: & Monasterio Sexenæ mille morabatinos; & Monasterio de Casoés ad opus clausuræ ipsius Monasterii, mille morabatinos: & Monasterio Vallis-bonæ ad opus clausuræ ipsius, duo mille morabatinos.

Item, dimittimus pro animâ nostrâ Monasterio Scarpii mille morabatinos; & Monasterio de Tulobres mille morabatinos: & Monasterio de Trasoares ducentos morabatinos.

Item, legamus Monasterio de Regali juxtà Alcalanum ad opus clausuræ ejusdem trecentos morabatinos; & Monasterio de Gambron ducentos morabatinos.

Item, legamus Monasterio de Paraman ad opus clausuræ centum morabatinos; & Dominabus sancti Damiani domus Calatajubi centum morabatinos; & Dominabus domûs Ilerdæ ejusdem Ordinis centum morabatinos; & Dominabus ejusdem Ordinis domûs Valenciæ ducentos morabatinos; & Dominabus ejusdem Ordinis domus Barchinonæ centum morabatinos.

Item, legamus Monasterio Benifazani ad opus operis Ecclesiæ ejusdem mille morabatinos; & Monasterio Fontisclari trecentos morabatinos.

Item, legamus Monasterio Petregalis ad opus clausuræ ejusdem ducentos morabatinos; & Monasterio Vallis-sanctæ ad opus clausuræ ejusdem ducentos morabatinos.

Item, legamus pro animâ nostrâ operi Ecclesiæ domûs Prædicatorum fratrum Oscæ ducentos morabatinos; & operi Fratrum Pœnitentiæ JESU-CHRISTI domûs Xativæ ducentos morabatinos; & Monasterio de Valdonzellâ trecentos morabatinos.

Item, volumus & mandamus quòd reditus nostri de Poollano dentur & solvantur operi beatæ MARIÆ Vallis-viridis quolibet anno, donec perfectum fuerit dictum opus; ita tamen quòd procuratores dicti operis teneantur reddere rationem de omnibus reditibus antedictis, & de expensis dicti operis, singulis annis manumissoribus nostris prædictis.

Omnia autem supradicta legata facta ad pias causas, facimus pro debitis & injuriis oblitis, & pro animâ nostrâ: & rogamus Abbates & majores Monasteriorum & Ecclesiarum ac Religionum prædictarum, quibus prædicta legata facimus, ut donent in mandatis omnibus Presbyteris suorum Monasteriorum & locorum ac Ecclesiarum, quod unusquisque celebret Missam de Requie pro animâ nostrâ, & animabus parentum nostrorum perpetuò semel in anno, eâ videlicet die quâ nos ab hoc sæculo transeamus.

Post hæc autem instituimus carissimum filium nostrum primogenitum Infantem P. heredem nostrum post dies nostros in Regno Aragoniæ, & in Regno Valenciæ, & in Ripacurtiâ, & in Pallars, & valle de Aran, & in Comitatu Barchinonæ, & in dominatione quam habemus in Comitatu Urgelli, & in aliis locis & terris Cataloniæ, & in omnibus feudis quæ in prædictis Regnis, terris & locis pro nobis à quocumque & quibuscumque tenentur, & teneri debent; & in pleno dominio, & omnibus juribus & pertinentiis suis, & omnibus omninò & singulis ad dicta Regna, & Comitatum Barchinonæ, ac terras & loca prædicta, vel ad nos ex ipsis & quolibet eorum contra quascumque personas, & in quibuscumque locis & terris valentibus & debentibus pertinere, exceptis tamen Comitatibus & locis aliis à nobis datis carissimo filio nostro Infanti Jacobo fratri suo.

Item, præfatum Infantem Jacobum filium nostrum instituimus heredem nostrum similiter post dies nostros, in Regno Majoricarum, & in Insulis Minoricarum & Evicæ, & in Comitatibus Rossilionis, Ceritaniæ, & Confluentis, & in omnibus feudis quæ Comes Fuxensis & Comes Impuriarum, & alii etiam ibi tenent & tenere debent pro nobis, & in Cauquilibero & in Montepessulano, & toto dominio suo, & castris ejusdem; & in pleno dominio & omnibus juribus & pertinentiis suis, & in jure & dominio quæ habemus & habere debemus in Vicecomitatu de Carlades.

Qui filii nostri proximò prænominati, prædicta omnia eis legata habeant jure institutionis, prout in Instrumentis partitionis seu hereditamenti, quæ fecimus inter ipsos pleniùs & latiùs continentur.

Carissimam autem filiam nostram Domnam Yolant Dei gratiâ illustrem Reginam Castellæ, instituimus heredem in camerâ, & ornamentis, ac aliis quæ eidem dedimus suarum tempore nuptiarum; & ipsam ex eis volumus & statuimus contentam esse de bonis nostris. Filios verò Philippi Dei gratiâ Illustris Regis Franciæ, & Domnæ Elizabet bonæ memoriæ Reginæ Franciæ filiæ nostræ, nepotes nostras, instituimus heredes similiter in camerâ, & alia quæ dictæ Domnæ Elisabet dedimus tempore nuptiarum, & ipsos eis volumus & statuimus esse conventos de bonis nostris.

Item, filios nostros Jacobum & Petrum quos legitimè suscepimus ex Domnâ Teresia Ægidii de Bidaûre, instituimus nobis heredes in castris & villis, quæ & quas dedimus eisdem cum cartis, prout in ipsis plenius continetur: videlicet Jacobum proximum prædictum in castris & villis de Xerica & de Toro, & in castro & villâ de Eilida, & in castris & villis de Beho & de Ahin, & in castris & villis de Cubera & de Franzara, & in castris & villis de Planis & de Travatello, & in Almudaina, quam tenebat Almudinus Saracenus quondam; pro quibus duobus castris, & villis de Planis & de Travatello accepimus in cambium Turrem de Archos, & salinas ejusdem: & hæc castra & villas proximè nominata damus & dimittimus eidem Jacobo pro hereditate, & jure institutionis.

Item, prædictum P. filium nostrum & dictæ Domnæ T. instituimus heredem nostrum in castro & villâ de Ayerbe, & in castro & villâ de Busia, & in castro & villâ de Ahvero, & in villis de Liso de Artasso, & de Castillione de Siest, & in castro & villâ de Borota, & in castris & villis de Azver, & de Cabannis, & in Bentinena, quæ omnia castra & villas cum omnibus juribus & pertinentiis suis damus & dimittimus eidem P. pro hereditate, & jure institutionis.

Omnia verò jura nostra si quæ in quibuslibet aliis terris præter eas quæ à nobis sunt superius divisæ & ordinatæ, ac ad easdem vel ad nos ratione ipsarum contrà quascumque personas spectantia, spectant vel spectare debeant ad nos qualiter ratione, dimittimus & cedimus in eis locum nostrum Infanti Jacobo filio nostro heredi Majoricarum, salvis tamen ordinatione & divisione à nobis factis prout superius continetur.

Post hæc volumus & statuimus ac mandamus, quòd si dictus Jacobus filius noster & dictæ Domnæ Teresiæ, ac filii ejus seu descendentes ab eo legitimi masculi in rectâ lineâ, sine filiis legitimis masculis decederent, omnia prædicta quæ ipsi Jacobo suprà dimittimus devolvantur ad Petrum fratrem ejus filium nostrum & dictæ Domnæ T. si vixerit, vel ad filios ejus legitimos masculos si ipse P. tunc non viveret. Et hanc substitutionem similiter facimus de Petro prædicto ad jamdictum Jacobum & ejus filios legitimos masculos super omnibus, quæ eidem P. jure institutionis & hereditatis dimittimus, ut suprà continetur, si ipsum P. vel ejus filios seu descendentes ab eo in rectâ lineâ legitimos masculos, mori contigerit sine filiis legitimis masculis.

Mandantes & statuentes quòd in prædictis, quæ præfatis Jacobo & Petro filiis nostris & Domnæ T. dimittimus jure institutionis, non possit hereditare femina, filia vel alia, licet esset legitima, nisi filius masculus & legitimus tantùm. Et si filia vel filiæ legitimæ superfuerint ex eisdem Jacobo sive Petro, ille masculus vel masculi heredes ipsorum vel alterius eorumdem, qui ipsa heditabunt juxtà nostram substitutionem prædictam, ipsam & ipsas ut decreverit maritare.

Item, si forte Jacobus & Petrus prædicti ac filii eorum, seu ab eis descendentes in rectâ lineâ legitimi masculi, obirent sine filio vel filiis legitimis masculis, volumus & statuimus ac mandamus quòd omnia suprædicta, quæ eis jure institutionis damus superius & dimittimus, devolvantur ad dictum Infantem Petrum filium nostrum primogenitum vel ad ejus filium, vel nepotem, seu ad quemlibet alium ex eo legitimum masculum in rectâ lineâ descendentem, qui Rex fuerit Aragoniæ & Valentiæ: & si filia vel filiæ legitimæ ex eis vel eorum altero in hoc casu superfuerint maritandæ, aut descendentibus in rectâ lineâ ab eisdem, ipse Infans P. vel filius seu nepos ejus, aut alius ab eo descendens, ut dictum est, ad quem prædicta devolventur, teneantur, eam & eas idoneè maritare, & dare majori quatuor mille morabatinos auri in casamentum, & unicuique aliarum tria millia aureorum.

Item, volumus & mandamus quòd filii nostri & heredes observent donationes quas jam fecimus Ferrando Sancii, & quas fecimus Petro Ferrandi filiis nostris naturalibus, secundùm quod in Instrumentis donationum inde à nobis eis factis continetur.

Necnon etiam volumus, statuimus & mandamus quòd si contigerit, quod Deus avertat, quòd dictus Infans P. primogenitus filius noster, vel filii ejus legitimi masculi, seu descendentes ab eo in rectâ lineâ masculi legitimi, sine filio vel filiis legitimis masculis morerentur, Regna & Comitatus & terra alia quæ sibi dimittimus, devolvantur ad Infantem Jacobum filium nostrum heredem Majoricarum, si vixerit tunc; vel ad filium seu filios ejus, seu ad descendentes ab eo in rectâ lineâ legitimos masculos, qui Rex fuerit Majoricarum, & dominus Montispessulani. Et si forte prædicti Infans Jacobus filius noster, vel filii ejus legitimi masculi, vel descendentes ab eo in rectâ lineâ legitimi masculi, sine filio vel filiis legitimis masculis decederent, volumus & statuimus ac mandamus quòd Regnum Majoricarum & Insulæ Minoricarum & Evicæ prædictæ, & Comitatus prædicti Montispessulani cum toto dominio & territorio ejus, & omnia & singula alia quæ sibi suprà dimittimus, ad Infantem P. prædictum filium nostrum, vel ad filium seu nepotem ejus, aut alium legitimum masculum ab eo in rectâ lineâ descendentem, qui Rex fuerit Aragoniæ & Valentiæ, ac Comes Barchinonæ penitùs devolvantur.

Et si, quod absit, prædicti filii nostri Infans P. & Infans Jacobus, & filii ejus seu descendentes ab eis in rectâ lineâ legitimi masculi, sine filio vel filiis masculis legitimis decederent, volumus & statuimus ac mandamus, quòd Regna prædicta omnia, & Comitatus omnes prædicti, & villa Montispessulani cum toto ejus dominio, & omnia prædicta alia quæ eis dimittimus, ut suprà continetur, devolvantur ad Jacobum prædictum filium nostrum, & dictæ Domnæ T. si tunc vixerit, & si mortuus fuerit, ad filios ejus legitimos masculos, seu descendentes ab eo in rectâ lineâ legitimos masculos, revertantur; & eo Jacobo sive filiis ejus, vel descendentibus in rectâ lineâ ab eodem legitimis masculis, in casu prædicto deficientibus, vel si decederent sine filio vel filiis legitimis masculis, volumus & statuimus quòd omnia Regna & Comitatus prædicti, & Montispessulanus, & terræ prædictæ omnes devolvantur ad Petrum filium nostrum prædictum, & Domnæ T. antedictæ, si vixerit, vel ad filios ejus seu descendentes ab eo in rectâ lineâ legitimos masculos tunc existentes. Quo Petro filio nostro, & descendentibus ab eo, ut dictum est, deficientibus, vel descendentibus sine filiis legitimis masculis, Regna & Comitatus prædicti & villa Montispessulani cum suo dominio, & prædicta omnia devolvantur ad filios legitimos masculos Illustris Reginæ Castellæ Domnæ Yolant filiæ nostræ, cujus filiis legitimis masculis deficientibus, quod absit, prædicta omnia devolvantur ad filios legitimos masculos Domnæ Constantiæ filiæ nostræ, inferius memoratæ, & filiis ipsius Constantiæ legitimis masculis deficientibus, devolvantur prædicta omnia ad filios legitimos masculos Domnæ Elisabet filiæ nostræ Reginæ quondam Franciæ antedictæ. Et deficientibus, quod absit, omnibus prædictis, ut suprædictum est, volumus & statuimus quòd prædicta omnia devolvantur ad illum qui nobis erit proximior in lineâ parentelæ, qui tamen fuerit legitimus & masculus, & descendat certo gradu de genere nostro.

Insuper etiam volentes, ut Regna & terræ quæ & quas dictis filiis nostris Infanti P. & Infanti Ja. dimittimus integra, semper remaneant cuique eorum, & suis, ut suprà ordinatum est, & quòd dividi non possint, nec transmutari in alienum dominium seu transferri.

Volumus, statuimus & ordinamus quod nullus prædictorum filiorum aut nepotum nostrorum, seu à nobis in rectâ lineâ descendentium institutorum, aut substitutorum à nobis, ut suprà continetur, possit in Regnis & Comitatibus prædictis, & in villâ & dominio Montispessulani, & in terris ac castris prædictis, quæ & quos eis, ut dictum est, dimittimus, feminam aliquam, filiam scilicet, vel aliam in totum vel in partem instituere heredem, nec dare etiam sibi in casamentum seu dotem, aut aliter ullo modo.

Nihilominus etiam mandamus ac firmiter perpetuò statuimus, quòd Regnum Aragoniæ & Valenciæ, & Comitatus Barchinonæ, & omnes terræ quæ & quas prædicto Infanti P. filio nostro dimittimus, ut suprà continetur, & omnia etiam ad ipsa Regna & terras ubique pertinentia & debentia pertinere quocumque modo, sint semper unius & ejusdem Domini & dominii, scilicet Regis Aragoniæ: Et idem filius noster Infans Petrus vel sui successores non possint ipsa Regna, Comitatus & terras dividere inter suos filios vel filias, aut in alias personas alienare, sed semper ipsa Regna, Comitatus, & terræ remaneant & sint Regis & dominii Aragoniæ integriter; ut est dictum. Et unum solum filium suum legitimum masculum dictus Infans P. & sui post ipsum successivè heredem faciant in eisdem. Salvis tamen substitutionibus nostris prædictis.

Mandantes similiter ac firmiter perpetuò statuentes, quòd Regnum Majoricarum, & Insulæ Minoricarum & Evicæ, & villa Montispessulani cùm territorio & dominio ejusdem, & Comitatus Rossilionis, Ceritaniæ, & Confluentis prædicti, & Cauquiliberum, & alia quæ ipsi Infanti Ja. suprà dimittimus, & omnia quæ ad pertinere debentia ad eadem ubique quocumque modo, sint semper Domini & dominii, ejusdem scilicet Regis Majoricarum: Et idem Infans Jacobus filius noster vel ejus successores non possint ipsa dividere inter suos filios aut filias, aut in alias personas alienare; sed ipsum Regnum, & Comitatus, & Monspessulanus & alia quæ ipsi Infanti Jacobo dimisimus superiùs, semper remaneant & sint Regis & dominii Majoricarum integriter; ut est dictum; & unum solum filium suum legitimum masculum idem Infans Jacobus & sui post ipsum successivè heredem faciant in eisdem; salvis tamen substitutionibus nostris prædictis.

Item, filios Infantis Domnæ Constantiæ quondam filiæ nostræ, & Infantis domini Emanuelis fratris illustris Regis Castellæ, nepotes nostros instituimus heredes nostros in camerâ, & aliis quæ præfatæ Constantiæ dedimus tempore nuptiarum, & ipsos volumus eis esse contentos de bonis nostris.

Item, cum præsenti testamento confirmamus, & approbamus omnes donationes à nobis factas usque modò pro hereditatibus vel beneficiis quibuslibet personis; & pro animâ nostrâ Ordinibus & Ecclesiis, vel locis religiosis à nobis factas similiter usquemodo. Et hæc est nostra ultima voluntas, quam valere volumus & statuimus jure Testamenti, vel nuncupativi, aut codicillorum, seu alterius cujuslibet nostræ ultimæ voluntatis. Revocantes omnia alia Testamenta, & quamlibet aliam ultimam voluntatem nostram, quæ à nobis ante hujus Testamenti confectionem seu ordinationem ordinata fuerint, seu confecta.

Actum est hoc in Montepessulano septimo Calendas Septembris anno Domini millesimo ducentesimo septuagesimo secundo. Quòd Testamentum fuit per prædictum dominum Regem firmatum & concessum, præsentibus nobili Bertrando de Bello-Podio domino Palappi, Berangario de Tornamira Milite, Jacobo de Rocha Sacrista Ilerdæ, Decano Valenciæ & Notario ejusdem domini Regis; Arnaldo Caynnot Capellano ejusdem Domini Regis, & Joanne de Turre-fracta Canonico Ilerdæ, testibus ad hoc specialiter electis & vocatis, & pluribus aliis. Et testes infrà contenti erant in Curia constituti.

† S. Jacobi Dei gratiâ Regis Aragoniæ, Majoricorum & Valenciæ, Comitis Barchinonæ & Urgelli, & domini Montispessulani.

Testes sunt:
Jaufredus Vicecomes Rocabertini.
Ermengaldus de Urgio.
Garcias de Castroaciolo.
Guillelmus Zacort.
Arbertus de Fuxio.

Signum Simonis de sancto Felicio Scriptoris domini Regis prædicti; qui de mandato speciali & expresso ejusdem domini Regis hæc scripsit & clausit loco, die, & anno præfixis.

PETRI Electi Lugdunensis Ecclesiæ Archiepiscopi.

Anno MCCLXXII. Ex Chartulario minori Eduensi Fidelitatem Regi exhibet eâ lege ut id sibi nullum afferat detrimentum.

NOs frater PETRUS Divinâ miseratione primæ Lugdunensis Ecclesiæ Electus, notum facimus universis, quòd cum nos excellentissimo domino nostro Philippo ejusdem gratiâ Franciæ Regi illustrissimo offerremus fidelitatem debitam; dictum fuit nobis ex parte dicti domini Regis, quòd nobis non licuit gerere administrationem bonorum temporalium Ecclesiæ Lugdunensis circa Sagonam ante exhibitionem fidelitatis prædictæ: ad quod respondimus quòd proximus prædecessor noster, videlicet dominus Stephanus de Sabaudiâ quondam dictæ Ecclesiæ Lugdunensis Electus, & alii prædecessores nostri gesserunt & administraverunt prædicta bona temporalia, antequam excellentissimis dominis Franciæ Regibus fidelitatem debitam exhiberent. Super quo produximus quosdam testes; quia plenè non liquebat dicto domino Regi per testes prædictos de jure suo & nostro; ut dicebat, idem dominus Rex fidelitatem nostram recepit, ita tamen quòd istud nec in possessione nec in proprietate acquiret nobis jus, & salvo jure suo, si quod pro se poterit in posterum invenire.

Actum die Veneris post festum beati Andreæ Apostoli; Anno Domini millesimo ducentesimo septuagesimo secundo.

Testatur Officialis Parisiensis Sepulturæ Ecclesiasticæ traditum corpus ADÆ MILITIS, qui ob debita non soluta, fuerat excommunicatus.

Anno MCCLXXIII.

UNiversis præsentes literas inspecturis, Officialis Curiæ Parisiensis salutem in Domino. Notum facimus quòd in nostrâ præsentiâ constitutus Dominus Guillelmus de Villaribus Miles, asseruit in jus coram nobis, se constituisse fidejussorem de querelâ & de expensis, pro quibus Dominus ADAM, dictus Fourre, Miles erat excommunicatus tempore quo decessit, ad instantiam Capituli Meldensis, ad petitionem & inſtantiam heredum dicti Militis, in præſentiâ Presbyteri de Caudâ : & quòd idem Presbyter ipſo Milite Domino Guillelmo ſcilicet in fidejuſſorem recepto, de præmiſſis Dominum Adam prædictum abſolvit ſecundùm mandatum ipſi directum à nobis, & corpus ejus tradidit eccleſiaſticæ ſepulturæ. Datum anno Domini MCCLXXII. die Sabbati ante Dominicam quâ cantatur *Reminiſcere*.

Anno MCCLXXIV.

LUDOVICUS *Bellijoci Dominus confirmat jura & libertates civium Tyſiacenſium à prædeceſſoribus ſtatuta.*

NOs LUDOVICUS dominus Bellijoci, Notum facimus univerſis tam præſentibus quàm futuris, quòd cum villa Tyſiaci ab ipſius fundatione franca & libera conſtituta fuerit à domino Bellijoci, qui tunc regnabat, & poſtea ab ipſius ſucceſſoribus, qui ſucceſſivè domini Bellijoci fuerunt, libertas dictæ villæ Tyſiaci & franchiſia approbata & confirmata, renovata & jurata fuerit, prout nobis conſtat evidenter, & facta eſt nobis plena fides per litteras dictorum dominorum prædeceſſorum noſtrorum, franchiſiam & libertatem dictæ villæ Tyſiaci continentes; & maximè litteras nobilis viri Humberti quondam domini Bellijoci, avi noſtri, & per litteras bonæ memoriæ nobilis viri Guichardi avunculi noſtri quondam domini Bellijoci, necnon per litteras chariſſimæ matris noſtræ Iſabellæ Comitiſſæ Forenſis, dominæ quondam Bellijoci: Nos volentes libertates & franchiſias à parentibus noſtris, & à Guichardo avunculo noſtro, & ab Iſabellâ matre noſtrâ conſtitutas inviolabiliter obſervare; Attendentes etiam dilectionem, devotionem, & fidelitatem quas Burgenſes villæ Tyſiaci erga nos & parentes noſtros, & Guichardum avunculum noſtrum, & Iſabellam chariſſimam matrem noſtram hactenùs habuerunt : dictas verò libertates, & franchiſias villæ Tyſiaci laudamus, approbamus & corroboramus, renovamus & confirmamus, & litteras continentes dictas libertates & franchiſias renovamus, & tenorem ipſarum de verbo ad verbum ad perpetuæ rei memoriam præſenti Chartæ inſerimus, ne labili hominum memoriâ dictæ libertates & franchiſiæ proceſſu temporis deperirent. Tenor igitur dictarum litterarum dictas libertates & franchiſias continentium talis eſt:

Nos Guichardus dominus Bellijoci Notum facimus univerſis tam præſentibus quàm futuris, quòd cum villa Thyſiaci ab ipſius fundatione franca & libera conſtituta fuerit à domino Bellijoci, qui tunc regnabat, & poſtea ab ipſius ſucceſſoribus, qui ſucceſſivè domini Bellijoci fuerunt, libertas dictæ villæ, & franchiſia approbata, confirmata, renovata & jurata fuit, prout nobis conſtat evidenter per litteras dictorum dominorum prædeceſſorum noſtrorum, franchiſiam & libertatem dictæ villæ continentes, & maximè per litteras bonæ memoriæ nobilis viri Humberti quondam domini Bellijoci patris noſtri. Nos volentes libertates & franchiſias à parentibus noſtris conſtitutas inviolabiliter obſervare, attendentes etiam dilectionem, devotionem, & fidelitatem quas Burgenſes Tyſiaci erga nos, & parentes noſtros hactenùs habuerunt, dictam libertatem & franchiſiam villæ Tyſiaci laudamus, approbamus & corroboramus, & litteras continentes dictam libertatem & franchiſiam renovamus, & tenorem ipſarum de verbo ad verbum ad perpetuæ rei memoriam præſenti Chartæ inſerimus, ne labili hominum memoriâ dicta libertas ſeu franchiſia proceſſu temporis deperiret. Tenor igitur dicta um litterarum dictam libertatem & franchiſiam continentium, talis eſt :

Quoniam propter vitæ humanæ brevitatem cujuſcumque notitia deperit & deficit actionis, idcircò bonorum virorum provida circumſpectio ſtabilivit geſta hominum mandari litteris, & ad perenne teſtimonium ſigillis authenticis roborari. Innoteſcat igitur præſentibus & diſcant poſteri, quòd dominus Humbertus de Bellojoco pater qui fundator exſtitit de Tyſiaco, in ipſa fundatione dedit & conſtituit Tyſiacum liberum, & jurejurando firmavit cum viginti Militibus ſe franchiſiam & libertatem eidem villæ inviolabiliter cuſtodire & in perpetuum. Dominus verò Humbertus poſtea exiſtens dominus, præcepit eamdem libertatem adſcribi litteris, & idem juramentum libertatis tenendæ firmiter præſtitit cum viginti Militibus ; tactis Evangeliis ſacroſanctis, ad utilitatem & commodum & ædificationem Tyſiaci. Libertas autem Tyſiaci & franchiſia talis eſt

Quicumque tenet pedam integram debet ex eâ duodecim denarios, &c. *Ut ſupra in Statutis Bella villæ, mutato tantùm Bellæ villæ nomine in Tyſiacum : paucis exceptis uſque ad*

Quicumque poſſeſſionem habuerit, cuicumque voluerit poſſit vendere; ſolummodò Eccleſiæ, vel Militi non vendatur.

Et quòd de cætero ratum permaneat, ſigillo noſtro duximus roborari. Actum anno Domini milleſimo ducenteſimo viceſimo quinto, menſe Julii.

1225.

Addimus etiam in dicta franchiſiâ, quòd Præpoſitus ſeu alii Ballivi Tyſiaci non poſſunt ponere arras in vadiis præconizatis in foro Tyſiaci; nec ipſa vadia poſſint emere quamdiù in foro præconizantur.

Item, addimus quòd ſi aliquis nobis, vel ignobilis aliquem de gladio percuſſerit in villâ Tyſiaci, aut ſuper aliquem gladium evaginaverit, à quolibet de villâ impune poſſit capi, ſeu detineri, & Præpoſito reddi ; qui Præpoſitus tamdiu debet ipſum detinere, donec Burgenſibus villæ in quorum contemptum tale quid factum fuerit, fuerit plenariè ſatisfactum.

Item, addimus quòd quando menſuræ in villâ Tyſiaci captæ fuerint, duo Burgenſes, vel tres de villa Tyſiaci exprobationi ipſarum menſurarum advocentur, & ſine duobus vel tribus Burgenſibus dictæ villæ non poſſint exprobari.

Addimus etiam quòd Presbyter aut Clericus de cætero in villa Tyſiaci domum non emat, neque à Præpoſito inveſtiatur, niſi omnia uſagia villæ tamquam Laïcus fecerit, aut hominem Laïcum loco ſui reddiderit, qui uſagia dictæ villæ non potuerit recuſare.

Has autem libertates, ſeu franchiſias, & additiones in præſenti Chartâ inſertas, promittimus per juramentum ſuper ſancta Dei Evangelia corporaliter præſtitum prædictis Burgenſibus manutenere, & inviolabiliter obſervare, & contrà aliquatenùs non venire, nec alicui contravenire volenti in aliquo conſentire, imò contravenire volentes graviter punire. In cujus rei teſtimonium præſentem Chartam ſigillo noſtro ſigillamus. Actum anno Domini milleſimo ducenteſimo ſexageſimo tertio, menſe Martii.

1263.

Nos verò prænominata Iſabella Comitiſſa Forenſis, dominaque Bellijoci, præſentem Chartam, dictas libertates ſeu franchiſias & additiones continentem, ſigillo noſtro ſigillamus, & promittimus per juramentum ſuper ſancta Dei Evangelia corporaliter præſtitum, prædictas libertates ſeu franchiſias, prout ſuperius continentur, manutenere & inviolabiliter obſervare, & contrà aliquatenùs non venire, nec alicui contravenire volenti in aliquo

Diplomatum, &c. 679

1170.
consentire. Actum anno Domini millesimo ducentesimo septuagesimo, mense Januarii.

Nos præfatus Ludovicus Dominus Bellijoci præsentem Chartam, dictas libertates seu franchisias continentem, sigillo nostro sigillamus, & promittimus per juramentum super sancta Dei Evangelia corporaliter præstitum, prædictas libertates seu franchisias, prout superiùs continentur, manutenere, & inviolabiliter observare, & contrà aliquatenus non venire, nec alicui contravenire volenti in aliquo consentire. Actum anno Domini millesimo ducentesimo septuagesimo-tertio, mense Februarii.

1173.

Anno MCCLXXIV.

Magistri GAUFRIDI *de Barro Donatio bonorum quæ ipsi contulit* ROBERTUS *de Sorbonâ, facta Congregationi pauperum Magistrorum Parisiis in Theologicâ Facultate studentium; Anno Domini* MCCLXXIV. ROBERTO *jam mortuo.*

UNiversis præsentes Literas inspecturis, Magister GAUFRIDUS de Barro Decanus Parisiensis, in Domino salutem. Noveritis quòd nos omnia bona, quorum vir venerabilis bonæ memoriæ Magister Robertus de Sorbonio, quondam Canonicus Parisiensis, suum nos constituit heredem, pietatis intuitu in puram & perpetuam eleemosynam donamus donatione inter vivos Congregationi pauperum Magistrorum, seu ipsis pauperibus Magistris Parisius in Theologicâ Facultate studentibus, quorum diù Provisor exstitit Magister antedictus, ex nunc dominium & proprietatem dictorum bonorum cum eorum pertinentiis seu appendiciis, cum omni jure quod in præmissis omnibus & singulis qualicumque ratione habemus seu habere possumus, in ipsos pauperes Magistros transferendo, hâc conditione appositâ, quòd dicti Magistri & eorum Congregatio, & Provisor eorum nomine dictæ Congregationis, & ipsorum Magistrorum & pro ipsis, teneantur satisfacere omnibus creditoribus dicti Magistri Roberti de omnibus debitis, in quibus dictus Magister Robertus tenebatur tempore mortis suæ, & ad omnia onera in quibus tenemur vel teneri possumus occasione hereditatis prædictæ.

In cujus rei testimonium sigillum nostrum præsentibus duximus apponendum. An. Domini MCCLXXIV. mense Novembri.

Anno MCCLXXIV.

Capitularis Fundatio Ecclesiæ Collegiatæ sancti Hilarii Sinimuri Briennensis.

UNiversis Christi fidelibus præsentes litteras inspecturis, seu etiam audituris, GIRARDUS Dei gratiâ Eduensis Episcopus & JOANNES dominus Castri-villani, Luziaci, & Sinimuri Briennensis Miles, Eduensis Diœcesis, rei gestæ notitiam cum salute. Piâ devotione Fidelium attendentes, quòd ad instar illius supernæ civitatis Jerusalem in hac Ecclesiâ militante Dominus JESUS-CHRISTUS, augmentato divinæ laudis jubilo, multiplicatis servitoribus glorietur, cujus laudem & gloriam peroptamus toto devotionis affectu nostris temporibus augmentari.

Nos in Parochiali Ecclesiâ Beati Hilarii Sinimuri Briennensis prædicti, cujus jus Patronatûs & collatio ad nos prædictum Episcopum dignoscitur pertinere, volentes & cupientes divinæ laudis organum in perpetuum propagari, de communi voluntate nostrâ, unanimi consensu & assensu, volumus, statuimus, & etiam ordinamus, quòd in dictâ Ecclesiâ Parochiali Beati Hilarii Sinimuri Briennensis tredecim Canonici statim fiant, & instituantur, & quindecim Præbendæ; quorum tredecim Canonicorum unus erit Decanus dicti loci, alius Cantor, & alius Sacrista: qui Decanus duarum fructus habebit & percipiet Præbendarum; Cantor verò habebit & percipiet unius & dimidiæ Præbendæ, & Sacrista similiter unius & dimidiæ Præbendæ, aliis singulis Canonicis ibidem instituendis pro tempore assignabuntur æqualiter cum fructibus earumdem. Decanus autem dicti loci ab ipso Capitulo dicti loci in posterum eligetur; & electus nobis dicto Episcopo, & aliis Episcopis Eduensibus, qui pro tempore fuerint, præsentabitur, & ad nos præfatum Episcopum, & alios Episcopos Eduenses successores nostros ipsius Decani confirmatio, aut informatio canonica pertinebit.

Institutio autem aliorum Canonicorum dicti loci, & collatio Præbendarum ad nos præfatum Episcopum & alios Episcopos Eduenses, qui pro tempore fuerint, pro dimidiâ parte, & ad nos prædictum Joannem Dominum Sinimuri Briennensis, qui pro tempore fuerint, pro aliâ dimidiâ parte perinde pertinebit. Factâ institutione dictorum Canonicorum, & assignatione Præbendarum, nos præfatus Episcopus Eduensis Præbendam primò ibidem vacaturam conferimus, & nos prædictus Joannes aliam sequentem Præbendam post ipsam proximo vacaturam, & sic deinceps, Nos præfatus Episcopus & successores nostri, [&] Domini Sinimuri dicti vicissim dictas Præbendas secundùm quod eas vacare contigerit, conferemus.

Sanè Decanus dicti loci curam & correctionem Canonicorum & Clericorum dicti loci habeat, illud quod alii Decani Diœcesis Eduensis habere consueverunt.

Ad præfatum autem voti nostri desiderium salubriter adimplendum, nos præfatus Joannes Dominus Sinimuri pro animæ nostræ & antecessorum nostrorum animarum remedio & salute, damus & concedimus in perpetuum, & dictis Ecclesiæ sancti Hilarii Decano & Canonicis ibidem instituendis plenariam licentiam, & liberam facultatem acquirendi & accrescendi in castro nostro de Sinimuro prædicto infra terminos inferius adnotatos: videlicet à portâ nostrâ castri nostri de Sinimuro Briennensi, adhærente domui Clericorum de Sinimuro, usque ad aliam portam dicti castri, per quam itur ad domum Domini Hugonis Morelli Militis, prout directè itur de unâ portâ prædictâ ad aliam portam dicti castri, & à dicto itinere in parte Ecclesiæ, prout ambitus murorum dicti castri ab unâ parte usque ad aliam partem dictarum portarum per circuitum se extendit; ad faciendum ibidem cœmeterium infra terminos limitatos; nec non ad construendum & faciendum domos & ædificia, & alia quæ sibi viderint expedire; sine tamen reddituum nostrorum præjudicio dicti castri & jurisdictionis nostræ, retentâ etiam nobis & nostris in dicto loco magnâ & parvâ justitiâ, exceptis sacris locis quæ gaudent immunitate Ecclesiasticâ, & personis Ecclesiasticis, in quibus nullam justitiam seu jurisdictionem habemus. Reservato etiam nobis & nostris, quòd nos possumus munire prædictum castrum infra prædictum ambitum, quotiescumque necessarium fuerit & viderimus expedire.

Damus insuper & concedimus in perpetuum dictæ Ecclesiæ sancti Hilarii Decano, & Canonicis ibidem instituendis viginti libras Turonenses annui redditûs in villâ, seu Castellania, aut Baroniâ Sinimuri Briennensis, ad arbitrium proborum virorum francas ac liberas assignandas ac etiam assidendas, aut tantum pecuniæ, unde poterunt dictæ viginti libræ annui redditûs à dictis Decano & Canonicis acquiri liberè & haberi. Damus etiam & concedimus ipsius Ecclesiæ sancti Hilarii Decano, & Canonicis instituendis in eâdem liberam facultatem acquirendi & accrescendi se in feudis, retrofeudis & dominiis nostris in Baroniâ nostrâ seu castellaniâ de Sinimuro, existentibus usque ad summam ducentarum librarum Turonensium annui redditûs, ita tamen quòd quidquid ipsi acquirent in prædictis locis, de bonâ gardâ nostrâ & successorum nostrorum dominorum Sinimuri in perpetuum remaneat, & quòd ipsi in singulis locis, in quibus ipsos acquirere contigerit, feudum non acquirant. Damus etiam & concedimus ipsius Ecclesiæ sancti Hilarii in perpetuum Decano, & Canonicis instituendis ibidem jus piscandi per se vel per familiam ad opus hospitiorum suorum in fluvio Ligeris, in quantum justitia nostri vel jurisdictio se extendit in castellaniâ nostrâ Sinimuri, retento nobis & successoribus nostris dominis Sinimuri magno pisce, quod ad nos ratione dominii pertinere consuevit.

Profectò ut inter nos & successores nostros dominos Sinimuri Briennensis, & præfatum Decanum & Canonicos dicti loci major confœderatio & dilectionis sinceritas & securitas in posterum observetur; & ut nos & nostri ob hanc causam dictum locum, & præfatum Decanum & Canonicos majoris sinceritatis affectu recommendatos habeamus, dicti Decanus & Canonici, qui pro tempore fuerint & instituentur ibidem, nobis prædicto domino Sinimuri & successoribus nostris dominis Sinimuri fidelitatem jurabunt.

Nos insuper præfatus Episcopus Eduensis ut tam pius devotionis affectus præfati domini Joannis meliùs & uberiùs effectui valeat mancipari, præfatam Ecclesiam sancti Martini de Valle subtus dictum castrum Sinimuri, ipsis Decano, & Canonicis in dictâ Ecclesiâ sancti Hilarii instituendis damus & concedimus, ad perfectionem, augmentationem, fundationem & institutionem Præbendarum prædictarum, & ipsam Ecclesiam eisdem Præbendis unimus, ita quòd dicta Ecclesia sancti Martini erit Capella de cætero dependens à dictâ Ecclesiâ sancti Hilarii Sinimuri, & cura utriusque ad dictam Ecclesiam sancti Hilarii insolidè pertinebit. Volumus etiam & concedimus quòd in dictâ Ecclesiâ sancti Hilarii, & circa ipsam cœmeterium fiat, & quòd ibidem quilibet possit, si voluerit, suam eligere sepulturam, & ibidem liberè sepeliri. Volumus etiam & concedimus, quantum in nobis est, quòd omnis redditus, exitus & proventus, possessiones & bona tam Clericis de Sinimuro Briennensi in eleemosynam collata, quàm ab ipsis communiter acquisita, ad fundationem, augmentationem & institutionem dictarum Præbendarum cedant, & iisdem Præbendis in perpetuum uniantur. In dictâ verò Ecclesiâ sancti Martini prædicti ex causâ poterunt illi de Parochiâ baptizari, & ibidem liberè sepeliri, retentâ tamen nobis Episcopo prædicto & successoribus nostris Eduensibus Episcopis in dictâ Ecclesiâ sancti Hilarii procuratione nostrâ semel in anno ratione visitationis.

Nos verò Guillelmus de Verduno Decanus, & Capitulum Eduense omnia & singula supradicta volumus, laudamus, gratificamus, ac etiam approbamus, & eisdem expressè consentimus,

In cujus rei memoriam & testimonium, nos præfati Episcopus Eduensis, Joannes dominus Castrivillani, Lusiaci, & Sinimuri Briennensis, nec non Decanus & Capitulum Eduense, sigilla nostra præsentibus litteris apposuimus. Actum & datum anno Domini MCCLXXIV. mense Aprilis.

JACOBUS Regis Aragoniæ filius, Procuratores constituit ad contrahendum matrimonium cum SCLARMUNDA *filia Comitis Fuxensis.*

Anno MCCLXXV

Anno Domini M. CC. LXXV, Nono Kal. Septembris post Tertiam, Venerabiles viri Giraldus Dei gratiâ Abbas sancti Pauli de Narbonâ, & Gaufridus Vicecomes de Rocabertino venerant ad villam de Mazeriis juxtà Monasterium Bolbon. & ibi in præsentiâ nobilis viri domini Rogerii Bernardi Dei gratiâ Comitis Fuxensis & Vicecomitis Castriboni, & dominæ Brunissendis Dei gratiâ Comitissæ Fuxensis matris ejusdem domini Comitis, necnon & dominæ Esclarmundæ sororis dicti domini Comitis, & filiæ dictæ dominæ Comitissæ, ostenderunt & præsentaverunt dictæ dominæ Esclarmundæ, ex parte illustris domini Infantis Jacobi filii illustrissimi domini Regis Arag. quamdam epistolam sigillo dicti domini infantis Jacobi pendenti æreo sigillatam, cujus tenor talis est.

Infans JACOBUS illustris Regis Arag. filius, heres Majoricarum, & Montispessulani, Rossilionis, Ceritaniæ, ac Confluent. Nobili & venerabili dominæ ESCLARMUNDÆ filiæ nobilis viri Rogerii quondam Comitis Fuxensis, salutem & dilectionem. Cum diu tractatum fuerit de matrimonio contrahendo inter nos & vos, volentes & cupientes dictum matrimonium ducere ad effectum, idcircò nos Infans Jacobus prædictus volentes vos dominam Esglarmudam ducere in uxorem nostram, cum hac præsenti epistolâ in perpetuum valiturâ, concedimus nos & corpus nostrum seu personam vobis dictæ dominæ Esclarmundæ in virum legitimum, seu maritum. In cujus rei testimonium ad majorem firmitatem præsentem epistolam sigillo nostro pendenti fecimus sigillari. Datum in Perpiniano XIV. Kal. Septembris, anno Domini M. CC. LXXV.

Quâ perlectâ dictæ dominæ Esclarmundæ & etiam tradita, nihilominùs ostenderunt & exhibuerunt ad dominam Esclarmundam quamdam aliam litteram procurationis ex parte prædicti domini Infantis Jacobi, ejusdem sigillo cereo pendenti sigillatam. Cujus forma noscitur esse talis.

Noverint universi quòd nos Infans Jacobus illustris Regis Arag. filius, heres Majoricarum & Montispessulani, Rossilionis, Ceritaniæ ac Confluentis, cum hac præsenti Chartâ constituimus, & ordinamus certos & speciales procuratores nostros venerabiles & discretos viros Giraldum Abbatem S. Pauli Narbon. & Jaufridum Vicecomitem de Rocabertino, & quemlibet eorum in solidum ad faciendum & contrahendum matrimonium nomine nostri inter nos ex unâ parte, & nobilem dominam Esclarmundam filiam nobilis Rogerii quondam Comitis Fuxensis, ex alterâ: dantes & concedentes vobis & cuilibet vestrûm in solidum plenam & liberam potestatem, ut nos & personam nostram sive corpus per verba de præsenti possitis, vel alter vestrûm possit tradere in maritum sive virum dictæ dominæ Esclarmundæ procuratorio nomine, & nostri nomine, ut est dictum; & similiter versâ vice procuratorio nomine prædicto possitis, vel alter vestrûm possit dictam dominam & personam, seu corpus ejus recipere pro consensum, per verba de præsenti in uxorem nostram. Concedentes etiam vobis, & cuilibet vestrûm in solidum, quòd dictum matrimonium possitis si necesse fuerit in animam nostram jurare: Nos enim ratum & firmum semper habere promittimus quidquid per vos, vel alterum vestrûm in præmissis procuratum & actum fuerit, sive gestum. Et ad majorem

majorem omnium prædictorum firmitatem, & in testimonium eorumdem præsentem Chartam, seu Procuratorium sigillo nostro pendenti fecimus sigillari. Datum in Perpiniano XIV. Kal. Septembris, anno M. CC. LXXV.

Asserentes se esse procuratores prædicti domini Infantis Jacobi ad contrahendum matrimonium nomine dicti domini Infantis Jacobi, cum prænominatâ dominâ Esclarmundâ: offerentes se paratos nomine procuratorio, ut suprà, facere & contrahere matrimonium nomine dicti domini Infantis Jacobi per verba de præsenti, cum supradictâ dominâ Esclarmundâ.

Post hæc, perlectis prædictæ dominæ Esclarmundæ epistolâ & procuratorio antedictis; auditis & intellectis iisdem litteris diligenter per eamdem dominam Esclarmundam, prædicti procuratores, cum prædictâ dominâ Esclarmundâ nomine dicti domini Infantis Jacobi sub iis verbis matrimonium contraxerunt.

Nos prædicti Giraldus Abbas Ecclesiæ S. Pauli de Narbonâ, & Jaufridus Vicecomes de Rocabertino damus & tradimus vobis dominæ Esclarmundæ prædictæ corpus, & personam domini Infantis Jacobi filii domini Regis Aragonum in legalem virum, sive maritum nomine procuratorio supradicto: & incontinenti dicta domina Esclarmunda consentiens in dicto matrimonio, contraxit matrimonium cum prædicto domino Jacobo, intervenientibus Procuratoribus antedictis, sub iis verbis: Et nos domina Esclarmunda filia nobilis viri domini Rogerii Dei gratiâ Comitis Fuxensis quondam, de consilio & assensu dominæ Brunissendis Dei gratiâ Comitissæ Fuxensis matris nostræ, dominæ Rogerii B. Dei gratiâ Comitis Fuxensis fratris nostri, recipientes à vobis prædictis Procuratoribus corpus & personam dicti Infantis Jacobi in virum sive maritum, & ab eodem per epistolam per ipsum nobis missam, ut superius continetur, damus & tradimus vobis Procuratoribus prædictis recipientibus nomine ipsius, & ipsi domino Infanti Jacobo corpus & personam nostram in uxorem legitimam, sive conjugam. Et nos prædicti Giraldus Abbas S. Pauli de Narbonâ, & Jaufridus Vicecomes de Rocabertino consentientes nomine dicti domini Infantis Jacobi in prædictis, recipimus vos dominam Esclarmundam, corpus & personam vestram in legitimam uxorem, & conjugem dicti domini Infantis Jacobi, & consensum vestrum. Et ad majorem prædictorum & singulorum omnium firmitatem in animam dicti domini Infantis Jacobi juxtà formam procuratorii supradicti ad sancta Dei Evangelia juramus, quòd dictus dominus Infans Jacobus prædicta omnia rata habebit in perpetuum, atque firma. Et nos dicta domina Esclarmunda versâ vice prædicta omnia & singula volumus, concedimus, & juramus ad sancta Dei Evangelia manu tactâ. Et volentes hunc consensum nostrum dicto domino Infanti Jacobo filio manifestum, eidem scribimus remissivam epistolam sub hac formâ:

Illustrissimo viro domino Infanti Jacobo illustrissimi domini Regis Aragon. heredi Majoric. & Montispessulani, Rossil. Ceritaniæ & ac Confluentis, domina Esclarmunda, filia quondam nobilis viri domini Rogerii Dei gratiâ Comitis Fuxensis, salutem & sinceram dilectionem. Noveritis nos recepisse quamdam epistolam per nobiles viros G. Abbatem S. Pauli de Narbonâ, & dominum Jaufridum Vicecomitem de Rocabertino procuratores vestros nobis missos; in quâ continetur, quòd vos tradidistis nobis corpus vestrum, seu personam in virum legitimum seu maritum: & nos prædictâ gratuitâ acceptantes, vobis versâ vice damus & tradimus corpus nostrum & personam in uxorem legitimam seu conjugam. In cujus rei testimonium, & ad majorem firmitatem, quòd proprium sigillum non habemus, præsentem epistolam sigillo nobilis viri fratris nostri Rogerii Bernardi Comitis Fuxensis fecimus & jussimus sigillari. Datum Mazeriis IX. Kal. Septembris post Tertiam: anno Domini M. CC. LXXV. Hujus rei sunt testes Giraldus Abbas Fuxi: Abbas Mansi Azil. Petrus Rogerii de Mirapic. Petrus d'Urbandi; R. Forcis; Ar. C. de Fossaco; Admarius de Marconh. B. de Sesserat; B. d'Aura Milites; R. de Sancto Martino Prior Bollonii; B. Sanciti; Ar. de Podio Auriolo, Monachi Bolbon. P. Rubei Judex Perpiniani & Rossil. Garcias, Ar. de Castro Virduno Milites, Magister Arnaldus Morlanus, Magister B. de S. Lupo, Magister Sancii Morlan, Magister P. Oliverii Judex domini Comitis Fuxi. Actum est hoc IX. Kal. Septemb. horâ Tertiâ prædictâ. Anno quo superius. Bernardus de Monte Alacri Notarius publicus de Mazeriis ad hoc vocatus, & jussus hanc Chartam scripsit, & signum suum apposuit consuetum, Rege Philippo regnante, & B. Episcopo Tolosano.

Matrimonium initum inter JACOBUM *Regis Aragoniæ filium,* & SCLARMUNDAM *filiam Comitis Fuxensis.*

Anno MCCLXXV.

NOtum sit cunctis, quòd nos domina SCLARMUNDA filia quondam domini Rogerii Dei gratiâ Comitis Fuxensis, & Vicecomitis Castri-boni, de consilio & voluntate carissimi fratris nostri domini Rogerii Bernardi Dei gratiâ Comitis Fuxensis, & Vicecomitis Castri-boni, & dominæ Brunissendis matris nostræ Comitissæ Fuxensis, & Vicecomitissæ Castri-boni, & aliorum amicorum nostrorum, bono animo ac spontaneâ voluntate cupimus vos illustrem dominum infantem JACOBUM illustrissimi Regis Aragonum filium, heredem Majoricarum, Montispessulani, Rossilionis, Ceritaniæ & Confluentis; in legalem maritum habere, vosque ipsam in legalem uxorem nobis tradimus, & ex vobis Deo dante cupimus habere legales infantes: & damus atque constituimus vobis in dotem tria millia marchas argenti fini, recti, pensi Perpiniani, hoc pacto quòd quamdiù insimul vixerimus, nos & vos illas habeamus & teneamus cum infante & sine infante. Et vos nobis supervixeritis, habeatis & teneatis omnes prædictas tria millia marchas argenti in totâ vitâ vestrâ, cum infante & sine infante. Post mortem verò vestram remaneant infantibus nostris communibus ex nobis & vobis procreatis & natis. Qui si defuerint, revertantur propinquioribus nostris, vel cui mandaverimus verbo vel scripto.

Simili modo nos Infans Jacobus prædictus consilio & voluntate illustrissimi domini Regis Aragoniæ patris nostri, & carissimi domini infantis Petri fratris nostri, & aliorum amicorum nostrorum, bono animo ac spontaneâ voluntate cupimus vos dominam Sclarmundam prædictam in legalem uxorem habere, nosque ipsum in legalem maritum vobis tradimus & ex vobis Deo dante cupimus habere legales infantes: & profitemur & recognoscimus nos à vobis habuisse & recepisse omnes prædictas tria millia Marchas argenti fini, recti, pensi Perpiniani, dictæ dotis vestræ. In quibus renuntiamus exceptioni dictarum omnium marcharum non acceptarum & habitarum.

Nos verò damus & constituimus vobis in donationem propter nuptias tria millia marchas argenti fini, recti, pensi Perpiniani, quas quidem tria millia marchas argenti simul cum dictis tribus millibus marchis argenti dictæ dotis vestræ, quæ ita sunt completæ, vt. millia marchæ argenti fini, recti, pensi Perpiniani laudamus & assignamus, & pro illis omnibus marchis tam dotis prædictæ quàm donationis propter nuptias obligamus vobis dictæ dominæ Sclarmundæ uxori nostræ, de consilio & voluntate dicti domini Regis patris nostri, villam Podii-Ceritani, & vallem de Rippis, & Villam Framcham Confluentis, & Castrum, & Villam de Argileriis, & Castrum & Villam de Salsis, cum omnibus juribus & pertinentiis, & jurisdictionibus suis, justitiis majoribus & minoribus, & reditibus & proventibus, & ômnibus aliis ad dictas villas & castra & loca pertinentibus & pertinere debentibus, quocumque modo vel quâcumque ratione: Hoc pacto, quòd quamdiù nos & vos insimul vixerimus, prædictam dotem & donationem propter nuptias habeamus & teneamus cum infante & sine infante. Et si vos dicta domina Sclarmunda uxor nostra nobis supervixeritis, habeatis & teneatis omnia prædicta obligata tam pro dote vestrâ prædictâ, quàm pro donatione propter nuptias prædictâ, tamdiù donec vobis, vel cui volueritis fuerit per heredes vel successores nostros integrè restituta dicta dos vestra, & persoluta dicta donatio propter nuptias. Volentes & concedentes vobis, quòd statim nobis præmortuo, vestrâ propriâ auctoritate possitis recipere possessionem omnium prædictorum vobis superiùs obligatorum, & quamdiù vobis fuerit cessatum in solutione & restitutione dotis & donationis propter nuptias prædictorum, fructus & reditus quos de prædicta obligatione & assignatione receperitis & habueritis, non computentur vobis in sortem vel in solutum dictæ dotis vel donationis propter nuptias prædictæ, sed illos habeatis ex dono nostro & pro interesse vestro dictæ dotis & donationis propter nuptias; dictas verò tria millia marchas argenti fini, quas vobis in donationem propter nuptias constituimus, habeatis & teneatis in totâ vitâ vestrâ cum infante & sine infante; post mortem verò vestram remaneant infantibus nostris, communibus nobis & vobis procreatis & natis, qui si defuerint revertantur propinquioribus nostris vel cui mandaverimus verbo vel scripto.

Actum est hoc quarto Idus Octobris, Anno Domini millesimo ducentesimo septuagesimo quinto.

Signa dominæ Sclarmundæ & domini Infantis Jacobi mariti ejus prædictorum, qui hæc omnia laudamus & firmamus.

Signum domini Rogerii Bernardi, & dominæ Brunissendis matris ejus prædictorum, qui hæc omnia laudamus.

Signa Eymerici Dei gratiâ Vicecomitis Narbonnensis, & Guillelmi Dei gratiâ Vicecomitis Castrinovi, & Ratberti de Barbayrano & Petri Rubei Judicis Perpinianensis, & Rossilionis, & Arnaldi Bajuli jurisperiti testium : Arnaldus scriptor publicus Perpinian. scripsit.

Anno MCCLXXV.

Conventiones pro matrimonio contrahendo inter JOANNAM *filiam* BLANCHÆ *Reginæ Navar. & filium primogenitum* PHILIPPI III. *Regis Franc.*

PHILIPPUS Dei gratiâ Francorum Rex universis præsentes litteras inspecturis salutem. Notum facimus qnqd inter nos & carissimam consanguineam nostram BLANCHAM Reginam Navarræ, Campaniæ Briæque Comitissam Palatinam super matrimonio contrahendo inter filiam suam Joannam heredem unicam Regni & Comitatuum prædictorum, & unum ex duobus primogenitis nostris, qui per dispensationem Sedis Apostolicæ eam habere potuerit in uxorem, tales factæ sunt conventiones, videlicet quòd nos & Regina prædicta curam adhibebimus diligentem, & operam dabimus efficacem, quòd dictus filius noster, & Joanna prædicta constituta in ætate sufficienti ad sponsalia contrahenda, ad sponsalia se obligent. Et quando dicta Joanna ad nubilem ætatem venerit, dictus filius noster eam accipiet in uxorem, & ipsa eum recipiet in maritum, nisi turpis infirmitas, vel enormis deformitas, aut aliud impedimenti rationabile appareret in alterutrâ personarum ipsarum ante contractum matrimonium inter ipsas: Et si contingat quòd filius noster, qui dictam Joannam uxorem habebit, nobis in Regno non successerit, volumus & concedimus quòd ipsa Joanna habeat pro dotalitio suo quattuor millia librarum Parisiensium annui reditûs in terrâ quæ eidem filio nostro assignabitur : si verò contingat eum nobis in Regno succedere, majus dotalitium eidem assignabitur ad arbitrium nostrum vel ejusdem heredis, si de nobis aliquid humanitùs contingeret antequam fieret matrimonium inter ipsos. Præmissas autem conventiones promittimus nos bonâ fide servaturos, & fideliter impleturos, ad hoc nos, & heredem qui nobis in Regno successerit obligantes.

Prædicta verò Regina easdem conventiones juravit ad sancta Dei Evangelia se firmiter servaturam, & toto conamine suo fideliter impleturam, & quòd contrà eas per se vel per alios non veniet in futurum.

Actum est etiam inter nos, quòd Reginæ prædictæ in ballio filiæ suæ, aut in dotalitio suo, aut in conquestibus, quos habere debet in terris prædictis, aut aliis juribus suis per prædictas conventiones nullum omninò præjudicium generetur. In cujus rei testimonium præsentibus litteris nostrum fecimus apponi sigillum. Actum Aurelianis anno Domini millesimo ducentesimo septuagesimo quinto, mense Maio.

JACOBUS *Aragoniæ Rex abdicato Regno Monasticum habitum induit.*

Anno MCCLXXVI. Ex D. d'Hérouval.

HOc est translatum fideliter factum à quibusdam litteris domini Regis Aragonum bonæ memoriæ quondam, sigillatis sigillo ipsius domini Regis in dorso ipsarum litterarum Apostolico, tenor quarum talis est :

JACOBUS Dei gratiâ Rex Aragonum, Majoric. Valenciæ, Comes Barchn. Urgelli, & dominus Montispessulani, venerabili & dilecto B. per eamdem Archiepiscopo Terrachon. salutem & dilectionem. Noveritis quòd nos volentes ex nunc Dei servitio totaliter intendere, ut paradisi gloriam faciliùs consequi mereamur, suscepimus modò habitum Ordinis Cisterciensis, & destituimus ac dereliquimus carissimo filio nostro Infanti Jacobo Regnum Majoric. & terras, quod & quas hereditare debet, & ipsius Regni regimina, ac Terrarum. Quare dicimus vobis atque rogamus, quatenùs de dominio & juribus, ac aliis omnibus quæ in Insulâ Evissæ habemus, respondeatis eidem Infanti Jacobo filio nostro, sicut nobis tenemini. Unde & ratione Castri & Insulæ Evissæ pro ipso exnunc faciatis in omnibus & per omnia, sicut pro nobis facere tenemini, & debetis. Datum Algezeræ XII. Kal. Aug. anno Domini M. CC. LXXVI.

Signum Raymundi Mascaroni Notarii publici Majoric. testis.

Sign. Petri de Conars Notarii publici Majoric. testis.

Sign. Jacobi Mercerii Notarii publici Majoric.

Et hoc translatum fideliter translatari fecit , & cum originalibus litteris comprobavit , & clausit , vi. Kal. Septembr. anno Domini M. CC. LXXVI.

Anno MCCLXXVIII.

NICOLAUS *Papa III. scribit ad* PHILIPPUM III. *cognomine Audacem , Regem Franc. se Papam electum.*

NIcolaus Episcopus servus servorum Dei, carissimo in Christo filio PHILIPPO Regi Francorum illustri salutem & Apostolicam benedictionem. Immensæ Dei potentiæ , qui mundum per se condidit , per se regit, nec eget extrinsecùs quæsitis auxiliis ad regendum , qui non eguit ad condendum : quem enim sacra scriptura testante alium constituit super terram ? aut quem alium posuit super eum quem fabricatus est orbem ? profectò nullum , sed ipse solus regiminis & gubernationis est princeps , qui creationis exstitit solus actor. Ipse quidem Ecclesiæ Catholicæ , peculiaris procul dubio domûs suæ, peculiaris etiam civitatis solus ædificator & custos, (ad cujus fine ipso custodiam seu structuram frustrà ædificantes alii laborem assumerent , frustrà custodes cæteri vigilarent) tanto magis eam specialis regiminis & custodiæ curâ prosequitur , quanto majori singularitate construxit. Siquidem cætera verbo creans , *dixit & facta sunt* ; Ecclesiam verò non solùm verbi expressione, sed & sui pretiosi sanguinis effusione fundavit. Ad hujus autem specialitatis evidentiam discipulis suis , quos eidem Ecclesiæ jecit velut præcipua fundamenta , *Ego* , inquiens , *vobiscum sum usque ad consummationem sæculi* ; suæ virtutis assistentiam repromisit ; & ipsi Ecclesiæ in Apostolorum Principe , cui , ejusque successoribus commisit ejusdem regiminis Vicariam , ait : *Ego pro te rogavi Petre , ut non deficiat fides tua.* Eamdem insuper Vicariam sic esse voluit vicissitudinariæ successionis continuatione perpetuam , ut quamquam ipsi Vicarii , ex humanæ fragilitatis conditione legi mortalitatis addicti , vitæ præsentis occasum imperio mortis incurrerent , ipsum tamen Vicariatûs officium substituendorum vicibus immortale perpetuum remaneret. Proinde sæpe fata mater Ecclesia interdum utili desponsata pontifici, nuptialibus ornata monilibus , sub sponsi sui ducatu , ejusdem rectoris omnium dirigente potentiâ , læta deducitur, interdum verò in pastoris subtracti carentiâ viduitatis amictu circumdata , oculis resolutis in lacrymas , ejus sibi queritur adempta solatia , lamenta de illius subtractione multiplicat , & anxia pro alterius substitutione laborat , eo quandoque prolixiùs, quo his quorum interest cum omni diligentiâ solerter ac instanter ejusdem Ecclesiæ provisioni vacantibus , nihilominùs tamen vacationis prolixitatem ingerit occurrentium casuum qualitas, aliarumque circumstantiarum necessitas, non instantium negligentia vel voluntas. Et licet interim eadem Ecclesia dum ad editionem spiritualis patris , filii , sponsique votivam enititur , parturientis partes experiens , conatus prosequens & molestias perferens , acerbos dolores sentiat , instar illius tamen consultiùs idoneum pariendi tempus expectat , ne inconsultæ festinantiæ impetu partum præcipitet in abortum. O , igitur præsumptuosa judicia murmurantium in Ecclesiæ provisione , quàm sæpe indignè arguunt tarditatem ! Nam etsi providendo utiliter eidem Ecclesiæ in generalitate , quadam sint eligentium vota concordiâ , tamen dum singulariter ad id personâ idonea quæritur , in hoc nimirum quærentium judicia facilè non concordant, sed & nonnunquam occultâ forsan Dei dispositione postponendus eligitur , & postponitur præferendus , sicut his accidisse diebus ex nostrorum defectuum consideratione supponimus , & humiliter confitemur.

Nuper enim felicis recordationis Joanne Papa prædecessore nostro apud Viterbium , ubi tunc enim suâ curiâ residebat, ab hac luce subtracto , & ipsius corpore in Viterbiensi Ecclesiâ cum exequiarum solemnitate debitâ tumulato , tandem nos & Fratres nostri quibus nos tunc officii quoad hoc annumerabat æqualitas, in palatio Episcopali convenimus propensiorem diligentiam desideratæ provisioni ejusdem Ecclesiæ impensuri. Et quamquam ille qui cœlesti dat concentui harmoniam , nos sub clausurâ eâdem habitantes in unam ad utilem provisionem ipsius Ecclesiæ obtinendam, prout singulorum habebat assertio, unanimes fore suâ pietate concesserit , ad consummationem tamen provisionis ejusdem alto suo & secreto consilio dare aliquamdiù distulerit spiritum unitatis. Sed demùm in die beatæ Catharinæ Missarum solemniis cum invocatione sancti Spiritus celebratis , iidem Fratres in humilitatem nostram , utinam non exorbitante judicio, per viam scrutinii concordantes, nos tunc sancti Nicolai in Carcere Tulliano Diaconum Cardinalem , ad conscendendam Apostolicæ dignitatis speculam unanimiter elegerunt , nobis vestem poderis universum orbis ambitum continentem non offerentes tantummodò , sed etiam cum importunâ constantiâ ingerentes.

Verùm ut rei gestæ seriem succinctus sermo pertranseat , ne dum defectus eosdem ad humilitatem nostram gestimus exprimere, sub humilitatis specie notam elationis , seu qualiscumque jactantiæ ingerat seriosâ repetitio veritatis , nos gradûs altitudinem , & oneris imminentis tantæ altitudini ascensuri molem nobis in Cardinalatûs officio experientiâ longæ participio non ignotam , attentâ meditatione pensantes , eligentium & offerentium instantiæ , insufficientiæ nostræ imparitatem objecimus , debilitatem nostram dictante conscientiâ oblatis imparem, cum repetitâ multoties relaxationis supplicatione humili allegantes. Cumque nec sic cessaret instans Fratrum importunitas eorumdem , sed vim inferens nostro proposito vehementiùs Collegii jussus urgeret, nosque violentiam patientes clamaremus lacrymis, nec esset qui auditu exauditionis audiret; vociferaremur gemitu, nec foret qui remissionem injuncti oneris benigno judicio indulgeret , ad illum oculos mentis ereximus , qui sicut præmittitur Ecclesiam quam per se fundavit, non negligit regere per seipsum , quam piè condidit , piè regit ; & quamquam de insufficientia nostrâ timentes, desuper abundantiâ tamen omnipotentiæ suæ confisi , humeros summo superhumerali subjecimus , & humilitatis jugum subivimus Apostolicæ servitutis ; sperantes quòd ipse , qui Petri pedibus marinos vortices inclinavit, ut iter liquidum humanis gressibus solidum præberet obsequium , nobis quos licet indignos illi sua constituit dignatio successorem, in nostri exequutione ministerii humiliabit per suæ virtutis potentiam colla tumentia superborum , & lapsus in delicta labentium cohibendo , eos in bonorum stabilitate operum solidabit.

Adjicit quoque spei nostræ suffragium tua , & aliorum Catholicorum consideratio Principum , quos & desideramus attentiùs & speramus fiden-

Tom. III.

R Rrr ij

tiùs fic ab illo, per quem Reges regnant & potentes fcribunt juftitiam, in fuis regiminibus dirigi, quòd ipfis per vias rectas fe ac fibi commiffos ducentibus populos, grex dominicus curæ noftræ commiffus committentis virtute præambulâ, in dilecta domini tabernacula inducatur. Ideoque ferenitatem regiam monemus, rogamus, & hortamur in domino, in remiffionem tibi peccaminum fuadentes, quatenùs prudenter attendens à Rege Regum te Regem datum in gentibus, ut eas regas & dirigas, vitia in illis cohibeas, inferafque virtutes, fic commiffas in illos tibi partes profequi ftudeas, quòd te pro viribus implente quod imminet, in univerfalis injuncti nobis exequutione regiminis, quoad tuæ ditioni fubjectos nobis onere partito fit levius & minifterio tuæ in hoc cooperationis adjuti, efficaciter circa falutem omnium falutis auctoris beneplacitum de fuo munere profequamur. Illam verò de nobis certam te volumus habere fiduciam, quòd tuam & regni tui profperitatem paterno zelantes affectu, eam confervare proponimus, & in quibus cum Deo poterimus facultate fuccedente favorabiliter promovere. Datum Romæ apud fanctum Petrum XVIII. Kalend. Februarii, Pontificatus noftri anno primo.

Anno MCCLXXXII. Ex minori Chartulario Eduenfi. Ordinat ut more antiquo Archiep. Lugd. & Epifcop. Eduenf. alter alterius Sedem vacantem teneat & adminiftret.

AYMARI *Lugdunenfis Archiepifcopi.*

AYMARUS divinâ miferatione primæ Lugdunenfis Ecclefiæ Archiepifcopus, Officiali Lugdunenfi, & omnibus judicibus temporalem & fpiritualem jurifdictionem exercentibus tam in civitate Lugdunenfi, quàm in caftris & villis ad fedem Metropolitanam Lugdunenfem fpectantibus, & omnibus Caftellanis feu deputatis vel deputandis ad cuftodiam Caftrorum feu fortaliciorum ad dictam Metropolitanam Ecclefiam pertinentium, falutem in Domino fempiternam. Cum nobis conftet vacante Sede Metropolitanâ Lugdunenfi Epifcopum Eduenfem qui pro tempore fuerit, debere de antiquâ & approbatâ confuetudine dictam Metropolitanam Sedem tenere, & omnem adminiftrationem tam in temporalibus, quàm in fpiritualibus habere, & omnia caftra, & fortalicia, villas, & domus prædictæ Sedis tenere, & fructus levare & fuos integrè facere; ficut è contra idem jus per omnia, de antiquâ fimiliter & approbatâ confuetudine Archiepifcopus Lugdunenfis, qui pro tempore fuerit, Sede Eduenfi vacante habere in prædictis : & nos ipfi viderimus Reverendum patrem bonæ memoriæ Gerardum quondam Epifcopum Eduenfem, confanguineum noftrum cariffimum, uti ifto jure pluribus annis in Ecclefiâ Lugdunenfi nomine Ecclefiæ Lugdunenfis, vacante Sede Lugdunenfi per refignationem Philippi de Saubadiâ tunc Electi Lugdunenfis, nunc Comitis Saubadiæ, & nos verfâ vice ufi fumus, & in præfenti utimur eodem jure in Ecclefiâ Eduenfi vacante per mortem Domini Gerardi quondam Epifcopi Eduenfis, & hoc fit per rei evidentiam adeò notorium, quòd non poteft aliquâ tergiverfatione celari. Idcirco ne pro defectu noftro vel negligentiâ pereat, feu perire poffit, vel lædi in aliquo jus quod in prædictis & prædictâ confuetudine competit Ecclefiæ Eduenfi, vobis præcipiendo mandamus fub vinculo juramenti fuper hoc nobis fpecialiter præftiti, quatinùs fi contigit noftram Metropolitanam Ecclefiam quoquo cafu, quod abfit, vacare, vos Officialis & judices prædicti omnem jurifdictionem prædictam fpiritualem & temporalem Epifcopo Eduenfi, qui pro tempore fuerit, vel fuis deliberetis, & ipfum, vel fuos in poffeffionem jurifdictionis fpiritualis vel temporalis inducatis : figilla ad dictam Jurifdictionem fpiritualem & temporalem pertinentia eidem Epifcopo, vel fuis tradatis; & vos Caftellani feu deputati vel deputandi ad cuftodiam caftrorum & fortaliciorum prædictorum, fimiliter dictâ Metropolitanâ Ecclefiâ vacante, omnia caftra, fortalicia, villas & domus ad dictam Metropolitanam Sedem pertinentia vel pertinentes Epifcopo Eduenfi, qui pro tempore fuerit, vel fuis tradatis & deliberetis pacificè & quietè, & ipfum & fuos in corporali poffeffione prædictorum inducatis. Hæc autem omnia prædicta vos omnes & finguli faciatis quàm citò à dicto Epifcopo, vel ab aliquo feu ab aliquibus mandatum fuper hoc habenti vel habentibus fueritis requifiti, ita quòd dictus Epifcopus nomine fuæ Ecclefiæ Eduenfis liberè poffit uti & pacificè jure, quod Ecclefiæ prædictæ de antiquâ & approbatâ confuetudine exftitit acquifitum. In cujus rei teftimonium litteris præfentibus appofuimus figillum noftrum.

Datum Anno Domini milleſimo ducenteſimo octogeſimo fecundo, menfe Decembri.

Proceſſus habitus contra PETRUM *Regem Aragonum, Anno* M.CCLXXXII. *Indictione undecimâ.*

Anno MCCLXXXII.

MARTINUS Epifcopus fervus fervorum Dei, ad certitudinem præfentium, & memoriam futurorum. Longa retrò feries, ipfiufque diffufa narratio, cui vix tempora multa fufficerent, tædio grandi nimirum audientes afficeret, fi quondam Friderici olim Romanorum Imperatoris, pofterorumque fuorum culpas horrendas, & exceſſus infandos, ab ipfis contrà Deum, & contrà Romanam Ecclefiam commiffos, ac proceffus perinde per Romanos Pontifices prædeceffores noftros ritè habitos contrà ipfos, pœnalque juftè illis indictas repetitio ferioſâ narraret. Ideoque fumma rerum faftigia, prout imminentium cafuum neceſſitas exigit, abfque feductionis injuriâ materia patitur, decrevimus profequenda. Et quidem communem non credimus latere notitiam, qualiter felicis recordationis Innocentius Papa quartus prædeceffor nofter, memoratum Fridericum, qui fe per eofdem fuos excesfus & culpas innumeras indignum Imperio & Regnis, omnique honore ac dignitate reddiderat, in Concilio Lugdunenfi, eodem approbante Concilio, propter fuas iniquitates à Deo ne regnaret vel imperaret, abjectum oftendit, & denuntiavit omni honore ac dignitate privatum à Domino, & nihilominùs fententiando privavit, ut in ejufdem prædeceſſoris fententiâ contrà ipfum Fridericum latâ pleniùs continetur.

In Concilio Lugdun. Fridericus Imperio fpoliatus.

Qualiter etiam poft ejufdem Friderici obitum licet Regnum Siciliæ ad difpofitionem Ecclefiæ Romanæ, cujus Juris & proprietatis exiftit, effet liberè devolutum, idemque prædeceffor de illo fe provifurum in eodem Concilio publicè prædixiffet, quondam Conradus dicti Friderici natus, quamquam in eodem Regno ex ipfius fui primogenitoris fucceffione nullum penitùs jus haberet, tamen ficut ex præmiffis apparet, nec illi mortis fuæ tempore habuiffet, nec aliàs eidem Conrado jus competeret in eodem, ipfum Regnum temerariâ præfumptione occupavit, nec illius recentioris facti memoriam obliteravit oblivio, videlicet quòd ipfo Conrado fubtracto de medio, quidam Manfredus tunc Princeps Tarentinus, quem velut de copulâ damnatâ fufceptum, à dicti Regni fucceſſione non folùm præ-

Manfredi Gefta.

Diplomatum, &c. 685

missa ejusdem Friderici privatio, sed etiam macula illegitimæ nativitatis arceret, contrà juramentum fidelitatis, quod dicto prædecessori præstiterat, temerè veniens sub quondam Conradini nati dicti Conradi, suique nepotis, simulatâ protectione tutoriâ ad quasdam Civitates, Castra, & alia loca Regni ejusdem manus occupatrices extendit. Propter quod & alios suos actus nefarios, & graves offensas, piæ memoriæ prædecessor noster Alexander Papa quartus ipsum ex causis variis excommunicationis vinculo innodatum, Tarentino Principatu, honore Montis sancti Angeli, omnibus Comitatibus, terris, feudis, dignitatibus, & aliis honoribus, ac bonis & juribus, quæ in præfato Regno, & quæ alibi etiam ab Ecclesiis & personis Ecclesiasticis obtinebat; necnon & Vicariâ in quâdam ipsius Regni parte sibi ab Apostolicâ sede concessâ; & etiam omnibus concessionibus donationibus, largitionibus, confirmationibus, & privilegiis, sive à prædictis Frederico patre, vel Conrado fratre suis, sive à sede Apostolicâ in Regno sibi factis eodem, vel alibi etiam ab Ecclesiis quibuscumque, vel personis Ecclesiasticis, tamquam rebellem & hostem Ecclesiæ Romanæ, ac violatorem fidelitatis sibi præstitæ manifestum, suorumque jurium invasorem, occupatorem, & detentorem sacrilegum, & tamquam sociatum nefando fœdere Sarracenis, eorumque complicem, ductorem & protectorem publicum, Apostolicâ authoritate privavit.

Cumque idem Manfredus nec iis aliisve remediis contrà malitiam ejus adhibitis in suâ iniquitate remissior; sed in committendo quotidie prioribus deteriora ferventior, postmodum fraudulenter præfati nepotis sui morte confictâ, idem Regnum proprio nomine occupans, & Regium in ipso titulum & nomen usurpans, se, ortûs sui non erubescens primordia, in illius Regem inungi, & coronari fecisset; idem prædecessor noster Alexander ejus iniquitates & fraudes abominans & detestans, cassavit & irritavit, cassum & irritum nuntiavit quidquid circà ipsum Manfredum per se, vel potius execrationem, & coronationem quas excipere de facto præsumserat, quasque nullas esse constabat, extitit tam temerariè, quàm dolosè præsumptum. Eisdem verò Manfredo, & demùm Conradino, qui ætatem præveniendo malitiâ à dictorum prædecessorum suorum iniquis semitis non declinans, sed ad eadem Imperium & Regnum aspirans, præfatam Ecclesiam & Carissimum in Christo filium nostrum Carolum Siciliæ Regem illustrem multis impetiit, & multipliciter apertis conatibus infestavit. Propter quod contrà eum & fautores suos per recolendæ memoriæ Clementem Papam prædecessorem nostrum varii habiti sunt processus, suâ sorte succissis nobis, & Regi, ac Regno prædictis, pacis & quietis serenitas arrideret, in subitas tempestates acta est æstiva tranquillitas, bellum in mediâ pace surrexit, facti sunt hostes ex subditis, & qui eidem Regi Siciliæ ad fidelitatis debitum tenebantur, rebellionis spiritum infideliter assumentes, non solùm hostilia, sed tyrannica patraverunt. Sicut enim gravis clamat infamia, processit adeo Panormitana civitas, & civium præsumptuosa rebellio, quòd rebellandi audaciâ, & jurium interversione Regalium, suique quantum in eis fuit, abjectione dominii non contenta, feriñæ immanitatis dexteras & crudelitates inauditas exposuit, dum eorum exitialis iniquitas, non solùm quos ex devotis Regis ipsius conceptos potuit præoccupare nequitia, sine sexûs ætative delectu inhumaniter cecidit: verùm etiam partus quos adhuc viscerum portionem claustra materna celabant, illis sævè delectis, sic præcipiti festina-

tione produxit in lucem, quòd eis nimirum procul dubio naturaliter lucis usum antequàm concederet natura, subtraxit, ipsis adeo præmaturâ & impiissimâ cæde cæsis, quòd ortûs eorum principia vitæ prævenit occasus. Quia verò, sicut ex tunc multorum habebat assertio, & jam probat exitus evidenter, hæc in nostram & ejusdem Ecclesiæ turbationem & dispendium tentabantur, & plurium ad hoc intentio laborabat & studium, ut fornacis quasi exstinctæ recenter nos Ecclesia & Rex idem renovata eo graviora sentiremus incendia, quo solent nocere graviùs pericula recidiva.

Nos tantorum malorum cupientes obstare principiis, ne serò medicina ipsis jam procedentibus pararetur, in festo Ascensionis Domini præterito, nuper apud Urbem veterem præsente multitudine copiosâ fidelium, de Fratrum nostrorum consilio, universos & singulos cujuscumque præeminentiæ, conditionis, aut status, attentè monuimus, eisque districtè præcepimus, ne in prædicto Regno, vel ejus parte nos, & eamdem Ecclesiam, aut præfatum Siciliæ Regem; qui Regnum Siciliæ tenet ab ipsâ, per se, vel per alium molestarent, impeterent, vel etiam perturbarent, occupando, invadendo, seu occupari aut invadi faciendo Regnum ipsum, vel aliquam partem ejus. Præcepimus insuper universis & singulis Christi fidelibus, & specialiter Marchionibus, Comitibus, Baronibus, Civitatibus, Communitatibus, & Universitatibus Castrorum, Villarum, & quorumcumque locorum Italiæ, maximè ipsius Romanæ Ecclesiæ temporali Jurisdictioni subjectis, ne prædictis molestatoribus, impetitoribus, perturbatoribus, occupatoribus, vel invasoribus, seu occupari vel invadi facientibus dictum Regnum, vel aliquam partem ipsius in præmissis intenderent; ne in eum armis, vel sine armis, ad turbandam in eodem Regno pacem, præfatorum Ecclesiæ ac Regis Siciliæ, præstarent illis consilium, auxilium vel favorem publicè vel occultè; neve super hoc societatem, conjurationem, aut fœdus aliquod cum ipsis inirent. Si quis autem contrà nostram monitionem, & præcepta præmissa, per se, vel per alium quibuscumque dolo, fraude, vel machinatione facerent, cujuscumque forent præeminentiæ, dignitatis, conditionis, aut status, excommunicationis sententiâ, quam ex tunc in eos protulimus, ipso facto se noscerent innodatos. Civitates quoque, & Communitates quaslibet, quæ contrà monitionem & præcepta eadem quocumque dolo, ingenio, arte, vel machinatione venire præsumerent, interdicti Ecclesiastici sententiæ, quam ex tunc in illos promulgavimus, voluimus subjacere. Abhæc prædiximus Patriarchis, Episcopis, Archiepiscopis, Abbatibus, & aliis inferioris gradûs Prælatis, quòd si contrà monitionem & præcepta præmissa, vel eorum aliqua venire tentarent, nos eos omni Ecclesiæ dignitatis honore; cæteros autem Clericos non prælationis officium, sed dignit...es forsitan, vel Prioratus, seu alia beneficia obtinentes, & privare curaremus obtentis, & inhabiles reddere ad alia obtinenda, prout facti qualitas suaderet. Laïcis verò cujuscumque præeminentiæ, dignitatis, conditionis aut status, & præcipuè temporaliter ipsis Romanæ Ecclesiæ subjectis expressè denuntiavimus, quòd si monitionem & præcepta hujusmodi, contrà ea per se, vel per alium veniendo temerè non servarent; Nos tantam temeritatem impunitam remanere nolentes, ipsos feudis, & aliis omnibus, quæ à prædictâ vel aliis tenerent Ecclesiis, privare; Vasallos eorum, si quos habent, à fidelitatis juramento quo tenerentur, eisdem reddere penitùs absolutos, & personis eorum citrà mortis periculum & mutilationis expositis, ad expositionem

Summus Pontif. excommunicationis sentent. profert in Manfredi fautores, ac regni Siciliæ perturbatores.

R R r r iij

bonorum procedere illorum, prout culpæ ipsorum exigerent, & videretur expediens, curaremus.

Et licet Panormitanæ civitatis, & civium, nonnullorumque Castrorum illarum partium, quæ contrà eundem Regem Siciliæ rebellarant, culpa gravis acerbiorem processum exigeret; Nos tamen desiderantes quòd civitatem, cives, & loca prædicta mansuetudo corriperet, & à tanti terroris invio revocaret, erga eos non rigorem, sed mansuetudinem votis nostris accommodam prosequentes, Universitatibus prædictorum civitatis, & Castrorum, aliorumque locorum districtè præcepimus, ut cujuslibet difficultatis & dilationis objectu sublato ad nostra, Ecclesiæ, ac Regis eorumdem mandata redirent: quodque prædictos molestatores, turbatores, occupatores, invasores, aut dantes eis in hoc auxilium, consilium, vel favorem in dictis civitate, Castris, villis, seu districtibus eorumdem nullo modo receptare, vel recipere attentarent, nec ipsorum aut alicujus eorum dominio, vel regimini se quoquo modo submitterent, neve ipsis, vel eorum alicui contrà Ecclesiam vel Regem prædictos impenderent in prædictis auxilium, consilium vel favorem publicum vel occultum; & nihilominùs confœderationes, seu obligationes quaslibet, si quæ inter universitates easdem, vel inter ipsas, & quoscumque alios initas, sive factas super occupatione, ac invasione prædictis; & juramenta de illis servandis, vel aliàs pro prædictis hinc inde præstita relaxantes omninò, Universitatibus ipsis apertè prædiximus; quòd nisi præmissa celeriter adimplerent, contrà Civitatem, Castra, & villas eorum spiritualiter & temporaliter sic procedere, authore Domino, curaremus, quòd pœna docente suæ temeritatis & superbiæ recognoscerent qualitatem.

Itidem Messanenses.
Cæterùm licet dum iis & aliis modis, & viis, filiorum salutem paterna venabatur affectio, reliquorum Civitatum, Castrorum, Villarum, cæterorumque locorum, civium & incolarum Siciliæ in nostram notitiam perlata rebellio, & præcipuè Messanensium, qui eorumdem Panormitanorum imitati sævitiam, quàm plures ex ministris & devotis Regis ipsius post securitatem eis præstitam crudeliter trucidasse dicuntur; Castrum Regium loci ejusdem temerariis ausibus occupantes, causam multæ commotionis inducentes.

Nos tamen propterea non desistentes à cœptis, Venerabili fratri nostro G. Episcopo Sabinensi ad partes alias cum plenæ Legationis officio, tamquam pacis Angelo destinato, bona in illis & pro illis partibus quæsivimus, nec venerunt; pacem exspectavimus, & turbinis gravioris tempestas apparuit, machinatis jamdudum, ut communis quasi fert opinio, & subsequutorum consideratio satis indicat, evidenter dolis & insidiis revelatis. Si quidem Petrus Rex Aragonum, quem carum filium nominari non patitur exprimendus inferiùs status ejus, de procedendo adversùs Affricam quæsito colore, Insulam Siciliæ, terram peculiarem ipsius Ecclesiæ, militum & peditum catervâ stipatus, invadens, occupans, & in illâ ejusdem Ecclesiæ pacem turbans, gravem contrà eam seditionem excitans, graviterque populum concitans, in eam temeritatis prorupit audaciam,

Petrus Rex Arag. regni Siciliæ usurpator.
quòd cum Civitatibus, aliisque locis, Universitatibus, civibus, & Incolis ejusdem Insulæ, quibus ratione uxoris, filiæ scilicet memorati Manfredi, naturumque suorum se teneri prætendit, confœderationibus, pactis, & conventionibus, ut fertur, quin potiùs conspirationibus, & sceleftis factionibus initis, Regium in Regno prædicto nomen usurpat, se Regem Siciliæ nominat, & gerere pro Siciliæ Rege præsumit; in majoris præsumptionis argumentum præfato Regi Carolo in suis litteris Regni Siciliæ ti-

tulum subtrahendo. Sicque non solum dictos Panormitanos, quos aliàs pluries per Nuntios ad hoc sollicitasse dicitur, in incœptæ contrà dictum Regem Carolum seditionis & rebellionis contumaciâ confirmavit, eos per se ac gentem suam fovens, ipsisque favens in illâ, & tam ipsos, quàm cæteros Insulæ memoratæ rebelles adeo contrà eamdem Ecclesiam eorum matrem & dominam concitavit, quòd nonnulli ex eis, & specialiter Messanenses, qui ante ipsius in Insulâ memoratâ præsentiam dicti Legati Nuntios humiliter admittebant, dominium ejusdem recognoscentes Ecclesiæ, nomenque publicè invocantes; eos postea contumaciter admittere denegarunt, baculo arundineo, eidem scilicet Regi Aragonensi prætextu dictorum uxoris & filiorum ipsius, ut dicitur, innitentes. Quos tamen uxorem, filios, sive Regem per eos, ejus ipsorum ratione in eâdem Insulâ, vel aliquâ dicti Siciliæ Regni parte jus aliquod non habere præmissa declarant, & nos nihilominùs decernimus & etiam declaramus. In quæ autem crimina falsæ regiæ dignitatis, imò & simplicis magistratûs assumptio, seditio, violentiæque cum armis commissio incidant, quibus addicendi sint pœnis talium patratores, non est opus exprimere; quia id nota & vetustissima decreta sanxerunt. Nec leve his pondus adjicitur, si ejusdem Regis & Regni Aragonum conditio explicitè describatur.

De Archivo namque ipsius Ecclesiæ munimenta prodeunt, manifestè testantia qualiter piæ memoriæ Innocentius Papa tertius prædecessor noster, quondam Petrum Regem Aragonum, dicti Petri Aragonensis Regis avum, Arelatensi ejus temporis Archiepiscopo, & aliis personis Ecclesiasticis, necnon & quàm pluribus suis associatum proceribus per mare ad Sedem Apostolicam accedentem, ut inibi ab eodem prædecessore Innocentio militare cingulum, & Regium accipere diadema, honoravit multipliciter honorificè, ac benignè recepit, & in Ecclesia sancti Pancratii Martyris trans Tiberim per bonæ memoriæ Petrum, Portuensem Episcopum faciens in Regem inungi. Deinde propriis manibus coronavit, & Regalia insignia universa, mantum videlicet & colobium, sceptrum, & pomum, coronam, & mitram, quæ ad opus ipsius non solùm speciosa, sed etiam pretiosa parari fecerat, ex more in Regum coronationibus observando largitus eidem, ab ipso corporale juramentum recepit. Per cujus religionem memoratus Rex inter cætera fidelitatem & obedientiam ipsi summo Pontifici ejusque successoribus, & Ecclesiæ Romanæ, Regnumque suum in ipsius obedientiâ fideliter conservare promisit: ac demùm idem Rex cum multo tripudio & applausu coronatus, juxtà ipsum prædecessorem nostrum Innocentium ad Basilicam sancti Petri Apostoli rediens, super illius Altari sceptrum & diadema deposuit, & militarem ensem de manu ejusdem prædecessoris accepit; dictumque suum Regnum antea censuale à suis prædecessoribus eidem Ecclesiæ constitutum, cupiens principali post Deum, ejusdem beati Petri & Apostolicæ Sedis protectione muniri, prædecessori eidem Innocentio, & per eum ipsi Sacrosanctæ Apostolicæ Sedi obtulit, illudque sibi & ejus successoribus in perpetuum divini amoris intuitu, & pro remedio animæ suæ, & progenitorum suorum, novo adjecto censu constituit censuale, pollicendo adjiciens, & adjiciendo pollicens, quòd ipse ac successores sui specialiter eidem Sedi fideles & obnoxii teneantur. Hæc autem perpetua lege fore servando decernens, ut hujusmodi Regalis concessio firmitatem inviolabilem obtineret, ipsam in scriptis redactam de Procerum Curiæ suæ consilio, præsente dicto Arelatensi Archiepiscopo,

Idem Regni Petro non competere, sed Ecclesiæ Romanæ probatur.

Sancio patruo suo, Hugone de Baucio, & Arnaldo de Faciano, suis Baronibus, sigilli sui munimine roboratam eidem Innocentio prædecessori concessit.

Numquid igitur præmissa collata pariter & solerti examinatione discussâ, dictum Regem Aragoniæ nepotem fidelitatis, ad quam memoratus avus suus, cujus est in eodem Aragoniæ Regno hæres, ipsum sicut & successores suos cæteros tam publicè, tam solemniter obligarat, eidem Ecclesiæ debitorem, & violatorem publicum, reum grandis infidelitatis & damnabilis non accusant? Profectò fidei debitæ violatio, violantem proculdubio arguit infidelem; præsertim cum præmissa non leviter aggravet fraudulenta confictio, quâ idem Rex Aragoniæ nepos non absque fraudis commento notabilis finxille detegitur, & apud nos etiam per solemnes nuntios affirmasse, quòd cum sumptuoso & sollicito apparatu ad Dei & Ecclesiæ servitium, & exaltationem Catholicæ fidei, potentiæ suæ brachium dirigebat. Quod tamen contra fidei ejusdem utilitatem, dictum Regem Carolum, Cruce signatum in terræ sanctæ subsidium, & publicè ad Dei ejusdemque fidei obsequia prosequenda dispositum, nullâ diffidatione præmissâ, quod multorum judicio proditionis notam non effugit, hostiliter impetendo, necnon & contra ipsam matrem Ecclesiam, ejus, ut prædicitur, terram invadendo, & occupando direxit. Nec eum excusat, sed accusat potiùs, quòd ad partes Africæ, Insulæ prædictæ vicinas, diebus aliquibus declinavit. Id enim ipsum adeo consignasse probat, imò & convincit eventus, ut oportunitate captatâ, commodiùs iniquitatem quam conceperat, perpetraret; maxime cum per suos nuntios missos exinde pluries dictos Panormitanos sollicitasse, ipsis in præsumpta malitia consilium, & auxilium attulisse dicatur. Nec sit verisimile quòd eamdem Africam, terram quippe diffuso vastam ambitu, refertam incolis non prorsùs imbellibus, crebris munitionibus, ut habet fama, non vacuam, opibus & aliis opulentam, cujus invasionem vix multorum Regum Principumve quorumcumque potentia coacervata præsumeret; ipse ad hoc proculdubio divitiis impar & viribus, cum committi vix tam modica bellatorum solus assumeret invadendum. Numquid & iterum hæc non patenter ostendunt, quòd sæpefatus Rex Aragoniæ nepos, tamquam insulæ memoratæ dicti Regni Siciliæ partis non modicæ manifestus invasor & occupator, ac Panormitanorum rebellium, & seditiosis, commotionis, seu concitationis pacifique turbationis contra præfatum Regem Carolum motæ notorius factor, & fautor, & adversùs ipsam Ecclesiam actor & factor, suique complices, comites, satellites, & ministri præmissam per nos in festo prædicto latam in nostris monitionibus, præceptis, & prohibitionibus non parentes, excommunicationis sententiam incurrerunt, nec absolutionis Vassallorum suorum à juramento fidelitatis, si quo tenentur, eisdem, privationis feudorum, quæ ipsi à Romanâ, vel quibuscumque aliis tenent Ecclesiis, & expositionis personarum citrà mortem, & mutilationem, exponendumque suorum comminatum in eodem festo periculum evitarunt? Universos autem sæpefatæ rebelles Insulæ, scilicet Messanenses, Agrigemnenses, & cæteros civitatum, Castrorum, Villarum, aliorumque locorum ejusdem Insulæ cives, habitatores, & incolas, cujuscumque sint præeminentis, dignitatis, conditionis, aut status, qui dictis Panormitanis in pertinaciâ rebellionis assumptæ saltem se illis simili audaciâ sociando, & eos proinde validiores & firmiores in illâ reddendo, necnon societatibus, confœderationibus, pactionibus, pœnarum, & juramenti adjectione firmatis, ut dicitur, uniendo faverunt, &

tam alios, quàm Panormitanos eosdem, qui præfato Regi Aragonum nepoti contrà prohibitiones & monita nostra præmissa intendere in invasione ac occupatione prædictis, ipsum recipere ac receptare, se illius regimini submittere, sibive contrà Ecclesiam, vel Regem Carolum prædictos, favorem, auxilium impendere præsumserunt, eidem sententiæ subjectos, & periculo esse proculdubio liquet expositos. Civitates verò, Castra, Villas, & alia loca prædicta; necnon & Universitates ipsorum, Ecclesiastico suppositas interdicto.

Hæc sunt igitur quæ per eumdem Regem Aragoniæ nepotem Deo & Ecclesiæ servitia offerebantur. Hæc sunt quæ ipsius Ecclesiæ prosequi se jactabat obsequia. Hæc fidei Catholicæ incrementa, sic exaltationem Religionis Christianæ prosequitur, sic procurat, sic Dei, fidei, Ecclesiæ, & Religionis earumdem hostes prosequitur; sic impugnat; talibus in se Regalem dignitatem intitulat, talibus titulis vitam suam, famam genusque decorat? Licet itaque tantis excessibus, excedentiumque demeritis processus gravior deberetur, & ad exequutionem præmissarum comminationum procedere non injustè possemus, imò etiam sicut prædictorum consideratio perhibet, deberemus; quia tamen nescit à caris caritas etiam læsa recedere, inductu paternæ caritatis inducimur, ut cum simus licet insufficientibus meritis illius Vicarii, qui non mortem peccatorum, sed ut convertantur, & vivant, se velle fatetur; Regem Aragoniæ, & alios præfatos, denuntiationibus, monitionibus, mandatis, prohibitionibus & comminationibus, ad conversionem celerem, ne in peccatis, iniquitatibus, & sententiarum laqueis quibus se, ut præmissa docent, apertiùs involverunt, in morte obdormiant; excitemus. Ideoque præsente hac multitudine copiosâ fidelium, de Fratrum nostrorum consilio denuntiamus eosdem Petrum Regem Aragoniæ nepotem, suos comites, complices, satellites, & ministros, ac Insulæ memoratæ rebelles ex supradictis causis excommunicatos; Civitates, Castra, Villas, & alia loca præfata, necnon & Universitates ipsorum, interdicti præmissis sententiis latis per nos subjacere de novo, tam in Regem, & alios sæpefatos, quàm Universitates, Castra, Villas, & loca prædicta ex causis eisdem, & propter auctam eorum contumaciam in non parendo nostris monitis & præceptis, & à nobis prohibita pertinaciter prosequendo diutiùs, similes sententias promulgantes. Ipsum autem Regem & cæteros universos & singulos, qui eum eo seu aliàs, in auxilium præsentis turbationis, seu rebellionis, dictam Insulam intraverunt, vel inibi existentes eidem turbationi seu rebellioni quocumque modo faverunt, attentè monemus; eisque districtè præcipimus, ut ab hujusmodi suis excessibus & offensis desistentes, omninò Insulam eamdem penitus exeant, nunquam illuc, in nostrum, Ecclesiæ, vel Regis Caroli quoad præmissa qualecumque præjudicium, redituri. Adjicientes; ne quis de novo ad id eamdem Insulam intret, vel aliquam ejusdem Regni partem publicè vel occultè impetat, turbet aliquatenùs, vel molestet. Universis quoque civibus, incolis, habitatoribus, & universitatibus civitatum, & aliorum locorum ipsius Insulæ cùm similibus monitione ac districtione jubemus, ut Regem Aragonum, & excommunicatos memoratos de ipsâ Insulâ prorsùs exeuntem, nunquam eos vel alios ad præmissa, vel similia inibi recepturi.

Districtiùs insuper inhibemus, ne idem Rex Aragoniæ se Regem Siciliæ nominet, sigillum Regium sub intitulatione Regni Siciliæ assumat, vel utatur assumpto, neque privilegia, immunitates, feuda,

Interdicto fertis Petrum Arag. ac fautores, &c.

Petrum jure omni in toto Siciliæ regno privatum decernit Pontifex.

dominationes, bona, vel jura quæcumque in eo, aut aliquâ ejus parte concedat, vel tamquam Rex Siciliæ quidquam agat, neque dominium vel subjectionem aliquam in quascumque singulares personas, aut terras ipsarum, seu potestariam, vel quamlibet rectoriam, sive officium quocumque nomine censeantur, in civitate, vel quovis alio loco, maximè ipsius Regni Siciliæ, aut alicujus partis Italiæ in nostrum, Ecclesiæ, ac Regis Caroli eorumdem quodcumque, vel qualecumque gravamen, vel per se, vel per alium recipiant, vel acceptet; aut cum eis, vel eorum aliquo in præfatorum Ecclesiæ ac Regis gravamen, ut prædicitur, societatem, sive aliam confœderationem contrahat, vel conservet qualitercumque contractam: neque singulares personæ præmissæ, vel aliæ undecumque civitates, vel alia loca, eidem in Ecclesiæ, ac Regis Caroli prædictorum persequutione hujusmodi persistenti, vel alii pro eo, seu in favorem ipsius præmissa concedant; vel aliquem præmissorum, aut alium pro eo, vel in favorem ipsius, ad prædicta, vel eorum aliquod eligant, nominent, recipiant, vel assumant: nec ipse Rex Aragoniæ, vel quivis alius easdem singulares personas, civitates, & loca, vel universitates ipsorum specialiter, aut cujuscumque partis Regni Siciliæ, ut se vel terras suas ejusdem Regis Aragoniæ dominio, vel obedientiæ cuicumque supponant, aut eum, vel alium pro eo, seu in favorem ipsius in potestatem, rectorem, vel ad aliud quodcumque officium, ut prædicitur, eligant, nominent, vel admittant, sive cum eo societatem vel confœderationem aliquam contrahant, vel qualitercumque contractam observent: aut quod cives, incolæ, habitatores, civitates, vel alia loca prædicta, seu Universitates ipsorum, præsertim cujuscumque partis ejusdem Regni Siciliæ à nostrâ, Ecclesiæ, Regis Caroli prædictorum fidelitate, seu devotione, quomodolibet avertantur, vel aversa etiam in hujusmodi aversione persistant: per se nuntium, vel litteras inducere, aut donis, promissionibus, seu alio modo quovis allicere, vel sollicitare præsumant: neve singulares personæ, Civitates, Castra, Villæ, aut loca præfata se dicti Regis Aragonum hujusmodi Ecclesiæ, ac Regis Caroli persequutioni quomodolibet insistentis dominio, regimini, vel obedientiæ qualicumque subjiciant; sive in nostrum, Ecclesiæ, seu Regis Siciliæ præjudicium, vel gravamen, ut prædicitur, ipsum Regem Aragonum, litteras, vel Nuntios suos, vasa quævis apta cuicumque navigio, gentemve recipiant, vel receptent, vel ad ipsum vadant, eive litteras mittant, aut sibi, genti, vel nuntiis suis, aut aliis pro eis, maximè in aliquâ parte ipsius Regni Siciliæ obediant, vel intendant, fodrum ministrent, equos, arma, vel vasa hujusmodi sub venditionis titulo, aut aliter quomodocumque concedant, seu ab ipso Rege Aragonum, vel alio pro eo privilegia, immunitates, feuda, vel largitiones quaslibet in eodem Regno Siciliæ, quas constat, & nos nihilominùs declaramus & decernimus non tenere, vel alibi occasione instantis negotii ejusdem Regni Siciliæ, aut stipendia ubicumque contrà nos, Ecclesiam, vel Regem Carolum prædictos recipiant, vel pro receptis promissum audeant servitium exhibere, aut alias præstare consilium, vel favorem publicum, vel occultum, nec cum ipso Rege Aragonum, vel alio pro ipso, seu in favorem ipsius societatem, colligationem, vel quascumque conventiones in nostrum, Ecclesiæ, aut Regis Caroli eorumdem qualecumque dispendium contrahant, aut contractus etiam sub vinculo juramenti, vel quarumlibet adjectione pœnarum, sive pactorum, audeant observare.

Singulariter autem Michaelem Palæologum, qui se Imperatorem nominat, quemque super his, & præcipuè super impenso in prædictis memorato Regi Aragonum nepoti contrà nos, eosdem Ecclesiam & Regem Carolum, consilio, auxilio, vel favore, necnon pactis, conventionibus & confœderationibus initis cum eodem argumenta verisimilia deferunt; vox præterea publica & communis quasi assertionis incessat: omnesque sibi de facto vel quomodocumque subjectos attentè monemus, eisque districtè præcipimus, ut omnia, monitiones, præcepta, inhibitionesque præmissa, quæ ipsos Michaelem & subditos contingunt, vel possunt quoquo modo contingere, vel in eis, seu quæ ad eos qualitercumque locum habere: quæ omnia & singula volumus pro nominatis singulariter & expressè repetitis haberi, & velut taliter repetita robur efficaciamque sortiri, diligenter observent, eisque studeant in omnibus & per omnia humiliter obedire; alioquin tam ipsos Regem Aragonum nepotem, & Michaelem Palæologum, quàm alios universos singulos dictis nostris monitionibus, præceptis, vel inhibitionibus non parentes, cujuscumque sint præeminentiæ, dignitatis, conditionis, aut status Ecclesiastici, vel mundani, excommunicationis sententiâ, quam in eos de ipsorum fratrum consilio ex nunc ferimus, perinde innodatos esse decernimus ipso facto, ac si expressè fuissent in hujusmodi processus nostri serie nominati. Civitates verò, Castra, & alia loca quælibet, necnon Universitates, quæ ipsis monitionibus, præceptis, & inhibitionibus non parebunt, Ecclesiastico interdicto, quod ex nunc promulgamus, in illa esse volumus eodem modo subjecta. Interdicta verò præmissa sic arctè præcipimus observari, ut in locis quæ illud, vel in futurum inciderint, nulla Ecclesiastica Sacramenta, exceptis dumtaxat baptismate parvulorum, & pœnitentiis morientium, ministrentur. Nulla divina celebrentur officia, nisi solùm Missarum solemnia, quæ in Cathedralibus, ac aliis Collegiatis, & Parochialibus Ecclesiis ad conficiendum Corpus Christi morientibus ministrandum submissâ voce, clausis januis, interdictis & excommunicatis prorsùs exclusis, semel tantùm in septimanâ permittimus celebrari: non obstantibus quibuslibet privilegiis, vel indulgentiis, Cisterciensibus, Prædicatoribus, Minoribus, vel aliis Religiosis, aut Secularibus personis, dignitatibus, Civitatibus, Castris, locis, vel Universitatibus quibuscumque, sub quâvis formâ vel expressione verborum ab eâdem Sede concessis. Quæ omnia quoad hoc omninò viribus vacuamus. Et nihilominùs societates, colligationes, conventiones hujusmodi, & quaslibet alias factas, & etiam faciendas in favorem dicti Regis Aragonum, quæ ad instans negotium ejusdem Regni Siciliæ, aut in Ecclesiæ seu Regis Caroli prædictorum qualecumque dispendium vel gravamen, etiamsi fuerint juramentorum, pœnarum adjectione, vel quovis alio vinculo roboratæ, de potestatis plenitudine dissolventes, & carere decernentes omni robore firmitatis; universos & singulos qui se ad eorum observationem quomodocumque seu quantumcumque solemniter adstrinxerunt, ad eas observandas decernimus non teneri, nec pro eo quod ipsas de cætero non servaverint, de reatu perjurii, ac ratione pœnarum, vel conventionum quarumlibet adjectarum, in illis posse in judicio, vel extrà judicium impeti, seu aliquatenùs molestari: quinimò eos ab illarum observatione sub pœnâ excommunicationis, quam ex nunc ferimus, & ipsos si secùs fecerint, incurrere volumus ipso facto, præcipimus penitùs abstinere.

Sanè omnibus tam personis Ecclesiasticis, & sæcularibus,

Michaëlem Palæologum mulctat.

Excommunicatos declarat qui monitionibus hisce non obtemperarent.

Civitatibus, &c. usum interdicit Sacramentorum, &c.

Diplomatum, &c.

cularibus, quàm Civitatibus, locisque aliis, & Universitatibus supradictis, quæ hujusmodi mandatis nostris, præceptis, & inhibitionibus contumaciter non parebunt, apertè prædicimus, quòd non solùm ad exequendum comminationes præmissas, sed & aliàs graviùs spiritualiter & temporaliter contra eos, & specialiter contra Civitates quas contigerit in hujusmodi contumaciâ deprehendi : ad privandum eos Archiepiscopali, vel Episcopali dignitate. Contrà memoratos verò rebelles dictæ Insulæ ad interdicendum ipsis cum quibuslibet aliis, & aliis quibuscumque cum eis omne commercium, quando & prout facti suaserit qualitas, & expediens fore viderimus, procedemus.

Ad hæc præfatis Regi Aragonum, Michaëli Palæologo, & cæteris universis, qui contrà præmissa nostra monita, præcepta, vel inhibitiones, prædictum Regnum Siciliæ in præfatâ Insulâ, sive in reliquis ejusdem Regni partibus invadere, turbare, impetere, seu molestare quomodolibet præsumserint, publicè, vel occultè, hoc generali & publico denuntiamus Edicto, quòd nisi dictus Rex Aragonum, & alii prædicti, in eisdem Insulâ & Regno Siciliæ, ac vicinis, seu totius Italiæ partibus commorantes, infrà, instans festum Purificationis Beatæ Virginis, alii verò magis remoti infrà Calendas mensis Aprilis; dictus Palæologus infrà Calendas mensis Maii proximè futuras : quòd tempus eis ad hoc pro peremptorio termino assignamus, humiliter ad nostra & Ecclesiæ mandata redierunt, præcisè nostris parituri beneplacitis, & tam nobis & Ecclesiæ; quàm memorato Regi Carolo, de contumaciâ & contemptu, damnis & injuriis, omnique interesse satisfactionem plenariam competenti tempore, quòd eis ad id præfiximus, impensuri ex nunc personas eorum, citrà mortis, & mutilationis periculum, & omnia bona mobilia exponimus à quibuslibet fidelibus liberè occupanda, ipsosque tenedis, bonis & juribus quæ à Romanâ, vel à quibuslibet tenent Ecclesiis, privilegiis, indulgentiis, & gratiis quibuslibet ipsis ab eâdem Sede sub quâvis formâ concessis, Apostolicâ authoritate privamus. Vassallos eorum à juramento fidelitatis, quo forsan tenentur eisdem, penitus absolventes. Lapso verò dicto termino, quandocumque nobis visum fuerit ad privandum eumdem Regem Aragonum, ipsius etiam absentiâ nonobstante, præfato Regno Aragonum, omnibusque aliis terris suis, seu ad ipsa Regnum & terras similiter exponenda, quoad ipsum Regnum, & terras magis semper nostro & ejusdem Romanæ Ecclesiæ jure salvo, & nihilominùs contra eum pro qualitate criminum, quibus, ut præfatum est, eum obnoxium superiora prætendunt, quantum nostrum patietur officium, facti qualitas suggeret, & nobis expedire videbitur, authore Domino procedemus.

Prædictas verò excommunicationis sententias prohibemus absque speciali mandato Sedis Apostolicæ, nisi forsan in mortis articulo, relaxari : quo casu nisi absolutionis beneficium obtinentes infrà tres menses postquàm restituti fuerint sanitati, de loco interdicto, si forsan ibi fuerint, recedentes, Apostolico, se conspectui curaverint præsentare, satisfacturi de suis excessibus, pro quibus hujusmodi sententias incurrerunt, & ipsius Sedis beneplacitis parituri, eo ipso in easdem sententias relabantur. Ipsas quoque sententias sic firmiter & inviolabiliter volumus observari, quòd absolvendi ab eisdem vel relaxandi easdem, nisi forsan in mortis articulo, ut dictum est, tam omnibus nostris Pœnitentiariis, quàm aliis quibuslibet Confessoribus, sive generalibus, sive specialibus, seu familiaribus quarumcumque, vel quantumcumque sublimium personarum ubilibet consistentium adimimus potestatem; etiamsi à nobis, vel aliquo prædecessorum nostrorum, sub quâcumque verborum formâ generalem vel specialem, aut liberam absolvendi aliquem, vel aliquos à sententiis hominis, vel Canonis, seu aliàs eas quomodolibet relaxandi obtinuerint facultatem. Si quis autem sine dictæ sanctæ Sedis speciali mandato obtinendo deinceps contrarium forte præsumpserit, tam absolventem à prædictis sententiis, seu relaxantem easdem, quàm hujusmodi absolutionem, vel relaxationem recipientem in quâcumque dignitate, præeminentiâ, statu, vel ordine fuerint constituti; ex hac causâ excommunicationis vinculo innodamus : relaxationem etiam hujusmodi sententiæ Sedi præfatæ similiter reservantes, mortis articulo duntaxat excepto; & tunc nisi sanitate receptâ infrà tempus competens juxta locorum distantiam ad eamdem Sedem venerint suum humiliter recognituri reatum, & ipsius Sedis beneplacitis parituri, relabantur in easdem sententias ipso facto. Ab iis verò mulieribus in hoc tantùm excipi volumus, ut si solùm ratione præstiti favoris in hujusmodi sententias forsan inciderint, possint per suos Diœcesanos juxta formam Ecclesiæ absolutionis beneficium obtinere.

Ut autem hujusmodi noster Processus ad communem omnium notitiam dedicatur, cartas, sive membranas, processum continentes eumdem, in præsentis Ecclesiæ sancti Flaviani Martyris appendi vel affigi ostiis, seu superliminaribus, faciemus, quæ processum ipsum suo quasi sonoro præconio, & patulo indicio publicabunt. Ita quòd dicti Petrus Rex Aragonum & Palæologus, ac alii quos processus ipse contingit, nullam possint excusationem prætendere, quòd ad eos talis processus non pervenerit, vel quòd ignoraverint eumdem, cum non sit verisimile remanere quoad ipsos incognitum vel occultum, quod tam patenter omnibus publicatur.

Actum apud Montem Flasconem ante prædictam Ecclesiam sancti Flaviani, in festo dedicationis Basilicæ Principis Apostolorum : Pontificatus nostri anno secundo, sub anno Domini millesimo ducentesimo octuagesimo secundo, Indictione undecimâ.

Processus depositionis habitus contrà PETRUM *Regem quondam Aragonum.*

MArtinus Episcopus servus servorum Dei, ad certitudinem præsentium, & memoriam futurorum. De insurgentis in Regno Siciliæ fremitu tempestatis, quam execranda Panormitanorum rebellionis audacia inchoavit, & reliquorum Siculorum malitia, Panormitanos imitata, prosequitur, ad Sedem Apostolicam infausto rumore perlato : Nos post processum in hac Urbe-Vetanâ civitate in festo Ascensionis Domini transacto novissimè habitum, ad compescendam tempestatem eamdem, quia procellarum illius spiritus non cessabat, sed per insidias Petri Regis Aragonum, quem stilo circà Reges solito non describi, subscripta ejus de merita meruerunt, invalescere potiùs videbatur, ut ejusdem Regis, qui Regiæ dignitati non deferens, & generis sui claritati non parcens, dictorum rebellium se ducem constituit & aurigam, nequitia revelaretur apertiùs, & Ecclesiæ Romanæ justitia contrà eum evidentiùs appareret, pridem in festo dedicationis Basilicæ Principis Apostolorum præterito, nuper in plateâ Ecclesiæ sancti Flaviani Montisfalconis Balneoregensis Diœcesis, præsente tunc multitudine numerosâ fidelium, duximus recensendum; qualiter fœlicis recordationis Innocentius Papa quartus, &c. *ut in superiori pro-*

cessu usque ad illa beneficium obtineret.

Tantis itaque ac talibus per præmissas monitiones, prohibitiones, & pœnarum comminationes memoratis Petro Regi Aragoniæ nepoti, rebellibusque siculis, ministris, complicibus, satellitibus, & fautoribus eorumdem, tamquam apertis datis significationibus ut à facie arcûs fugerent, & se ab instantiâ recti judicii meritâ duritiâ liberarent, non humiliatum, sed obduratum est in suis perversitatibus insipiens cor eorum. Nec enim acquieverunt monitionibus, nec prohibitionibus paruerunt, nec comminationum horruere sævitiam, nec ab earum instantiâ expaverunt, sed eis contemptis omnimodis suas non solùm continuatione aggravavere nequitias, verùm etiam multiplicationibus variis ampliarunt, ad alias partes Regni Siciliæ extra sæpe satam Insulam constitutas hostiliter impetendas suos, sicut fertur, conatus nefarios extendentes. Ne igitur tam justæ comminationes fiant injustæ ludibrio, si eorum justitia prosequutione debita fraudaretur, neve sine vindictâ gravis adeò crescat insania, dignum putavimus, ut memoratum Petrum nepotem Regem Aragonum, tantamque ipsius pertinaciam ultrix sententia prosequatur. Et ideo Regnum Aragonum, cæterasque terras Regis ipsius, de Fratrum nostrorum consilio exponentes ut sequitur, ipsum Petrum Regem Aragoniæ, eisdem Regno & terris, regioque honore sententialiter, justitiâ exigente privamus, & privantes exponimus, eadem Regnum & terras occupanda Catholicis, de quibus & prout Sedes Apostolica duxerit providendum, in dictis Regno & terris ejusdem Ecclesiæ Romanæ; ut præmittitur, jure salvo, Vassallos ipsius quos prout præmissa declarant à juramento fidelitatis, quo tenebantur, eidem jam absolvimus, denuntiantes penitùs absolutos, & denuò ab eodem, & à quolibet fidelitatis vinculo, & homagio expressius absolventes, ac eumdem Petrum quondam Regem, Siculos complices, & fautores, omnesque alios singulares, qui prædictas inhibitiones, monitiones, & comminationes damnabiliter contempserunt, præmissis excommunicationis, Universitates verò, Civitates, castra, & loca cætera denuntiavimus interdicti sententiis subjacere, ipsos & ipsa ex causis legitimis, & propter continuatam, auctamque ipsorum contumaciam similibus sententiis supponentes. Universis præterea Christi fidelibus, cujuscumque conditionis, præeminentiæ, sive status, etiamsi dignitate Pontificali, sive regiâ fulsit forsitan decorentur, & specialiter Archiepiscopis, Episcopis, aliisque inferioris gradus Prælatis, & personis Ecclesiasticis, Religiosis cujuscumque Religionis aut Ordinis; & sæcularibus, ipsique Petro quondam Regi Aragoniæ, Comitibus, Vicecomitibus, Baronibus, Universitatibus Civitatum, Castrorum, cæterorumque locorum, ac universis incolis, & habitatoribus eorumdem Regni & terrarum, quibus dictum Petrum tunc Aragoniæ Regem privavimus, districtè inhibemus ne idem Petrus de dictis Regno & terris se de cætero aliquatenus intromittat: neve cæteri supradicti eidem Petro dudum Regi, vel aliis quibuscumque contra dictas privationem, expositionem, aut prosequentes easdem, per quos dictum Regnum & terras occupandas, Sedes eadem providebit, tentantibus se opponere, vel qualitercumque faveant sive præstent in hoc consilium, auxilium, seu favorem publicum vel occultum, quâcumque occasione quæsitâ vel prætextu alicujus homagii, vel cujuscumque colligationis, confœderationis, societatis, seu cujusvis conventionis, aut contractæ hactenùs sive in posterum contrahendæ, etiamsi colligationes, confœderationes, societates, conventiones, & alia supradicta pœnarum adjectionis, literarum, vel juramenti, seu cujuslibet alterius sint vinculo firmitatis innexa. Nos enim colligationes, confœderationes, societates, conventiones, cæteraque hujusmodi præmissa, quoad hoc, de potestatis plenitudine dissolvimus. Juramenta super illis præstita, pœnasque propter ea promissas penitùs relaxantes. Universos & singulos qui eas contraxerant se ad eorum observantiam quantumcumque solemniter adstringendo, ab ipsorum in præmissis observatione penitùs absolventes.

Specialiter autem Archiepiscopis, Episcopis, & cæteris personis Ecclesiasticis, Comitibus, Vicecomitibus, Baronibus, incolis, & habitatoribus suprædictis eorumdem Regni Aragoniæ & terrarum, prohibemus expressè, ne dictum Petrum olim Regem Aragoniæ pro Rege vel pro Domino recipiant, vel habeant, neve sibi obediant, vel intendant, aut ipsi, vel alii pro eo de redditibus vel obventionibus, sive juribus Regalibus, seu ratione domini debitis respondeant, vel aliquam satisfactionem impendere sub velamine quocumque præsumant. Alioquin memoratum Petrum quondam Regem, & omnes singulares personas cujuscumque sint præeminentiæ, conditionis; aut status, Ecclesiastici, vel mundani, etiamsi dignitate Regalis honore præfulgeant, excommunicationis: Civitates verò, Castra, Villas, & loca cætera, necnon Universitates ipsarum, quæ dictas inhibitiones, vel earum aliquam præterire, propriâ temeritate præsumpserint, interdicti sententiis, quas ex nunc ferimus, decernimus subjacere, nonobstantibus quibuslibet privilegiis, vel Indulgentiis quibuscumque, Imperatoribus, Regibus, Principibus, Archiepiscopis, seu quibuslibet Prælatis aliis, Cisterciensibus, Prædicatoribus, Minoribus, Hospitalariis, Templariis, seu Religiosis aliis, aut secularibus personis, etiam in dignitate qualibet constitutis, Civitatibus, Castris, Locis, Communitatibus, Collegiis, vel quibusvis universitatibus, sub quâcumque verborum formâ vel expressione, ab eâdem Sede concessis, & quibuslibet aliis Indulgentiis ejusdem Sedis, per quas præsentis processûs effectus impediri valeat, vel differri. Quæ quidem omnia privilegia & Indulgentias, quoad hoc, omninò viribus vacuamus; & nihilominus contra hujusmodi præsumptores, & specialiter contra dictos Prælatos, Religiosos, Comites, Vicecomites, Barones, Incolas, habitatores, Civitates, Castra, Villas & alia loca, & Universitates ipsorum, ad privandum eos, & ea quibuslibet privilegiis, & Indulgentiis, immunitatibus, sive gratiis ipsis ab eâdem Sede concessis, necnon terris, feudis, & juribus, quæ à præfatâ Romanâ, vel aliis quibuscumque tenent Ecclesiis seu personis Ecclesiasticis, aut aliàs graviùs spiritualiter & temporaliter, quando, & sicut facti sua serit qualitas, & expedire viderimus, præviâ divinâ gratiâ procedemus.

Ut autem hujusmodi noster Processus ad communem omnium notitiam deducatur, cartas, sive membranas, processum continentes eumdem, in majoris Urbe-Vetanæ Ecclesiæ appendi vel affigi ostiis, seu superliminaribus faciemus, quæ processum ipsum quasi sonoro præconio, & patulo indicio publicabunt. Ita quòd idem Petrus, vel alii quos processus ipse contigit, nullam postea dicti excusationem prætendere, quòd ad eos talis, processus non pervenerit, vel quòd ignoraverint eumdem, cum non sit verisimile remanere quoad ipsos incognitum, vel occultum, quòd tam patenter omnibus publicatur.

Actum apud urbem veterem in plateâ dictæ majoris Ecclesiæ, duodecimo Calendas Aprilis, Pon-

[margin left:] Petrus Regno Aragoniæ, omnique ditione spoliatū declarat Sūmus Pontif.

[margin right:] Interdicto subjicit Papa Prælatos, ac Religiosos, (licet privilegiis munitos) si Petro Aragon. & aliis excommunicatis faveant.

Diplomatum, &c.

tificatûs noſtri anno ſecundo, anno milleſimo ducenteſimo octuageſimo tertio, Indictione undecimâ.

Teſtamentum PHILIPPI III. Regis Francorum.

'Anno MCCLXXXV.

PHilippus Dei gratiâ Francorum Rex, univerſis præſentes litteras inſpecturis ſalutem. Notum facimus quòd nos litteras inclytæ recordationis cariſſimi domini & genitoris noſtri Philippi Regis Francorum vidimus in hæc verba. En Nom de ſainte Trinité dou Pere, & dou Fils, & dou S. Eſprit, Amen.

Philippes par la grace de Dieu Roy de France. Nous faiſons ſçavoir que nous par la grace Dieu ſain & haitié de cors, avons por le ſalu de noſtre ame ordené noſtre Teſtament en la maniere qui ſenſuit cy-apres; & rappellant touz autres Teſtamenz que nous avons fez ou tems paſſé. Premierement nous volons & commandons que toutes nos detes ſoient payees, & tuit noſtre tort ſet amendé par les Executeurs de ceſt noſtre Teſtament, qui apres ſont nommez, ou par autres, ſi comme il verront que bien ſera à fere. Apres nous commandons & donnons noſtre ame à Dieu; & leſſons à lAbbaie de Ciſtiaus cinquante lib. turn. por fere en cete Abbaie noſtre Anniverſaire perpetuellement. A l'Abbaie de Realmont ſur Aiſe deus cens lib. turn. por ſere perpetuellement noſtre Anniverſaire, & por eſtablir ilec un Moine Preſtre, qui por nos chantera Meſſes apres noſtre decez : A vint autre Abbaie de cele ordre meiſmes, & de Clerevaus en nos demaines cinc cens lib. turn. As Nonnains de Pontoiſe deus cens lib. turn. por fere perpetuellement noſtre Anniverſaire, & por eſtablir un frere Chappelain qui chantera ilec Meſſes por nos apres noſtre decez. As Nonnains de l'Abbaie dou Lis de lez Meleun cens lib. turn. por fere perpetuellement noſtre Anniverſaire : As Nonnains de S. Antoine de lez Paris cens lib. turn. por ce meiſme fere. A autres Abbaies de Nonnains de cele ordre meiſme, en nos demaines ſix cens l.b. turn. A la meſon Dieu de Paris deus cens libr turn. de rente, & deus cens lib. en deniers por fere perpetuellement noſtre Anniverſaire en ladite meſon, & por eſtablir ilec un Chappellain qui chantera Meſſes por nos apres noſtre decez. A la meſon Dieu de Pontoiſe lx. lib. turn. A la meſon Dieu de Vernon lx. lib. turn. A la meſon Dieu de Compiegne lx. lib. turn. A deus cens autres meſons Dieu plus beſoigneuſes & plus chargiees dou Reaume, en noz demaines deus mil. lib. turn. à departir entr'eles ſelonc le ſens &, l'ordenance de nos Executeurs. A VIII. cens Maladeries plus beſoigneuſes & plus chargies dou Reaume, en nos demaines deus mil lib. tur. As freres Meneurs de Paris v. cens lib. turn. por fere perpetuellement noſtre Anniverſaire, & por eſtablir un Frere qui chantera por nos apres noſtre decez. A autres Freres Meneurs en nos demaines vi. cens lib. turn. à departir par le conſeil dou Miniſtre Provincial de France & dou Gardian, & dou Lecteur de Paris.

As freres Preſcheeurs de Paris v. cens lib. turn. por noſtre Anniverſaire fere, & por eſtablir un Frere autre, ſi comme il eſt dit des Freres Meneurs. A autres meſons de freres Preſcheeurs dou Reaume en nos demaines VI. cens. lib. turnois, a departir par le conſeill dou Prieur, Provincial de France, & dou Prieur & dou plus antian Lecteur de Paris. A l'Abaie de l'humilité Noſtre-Dame de lez S. Clooud cinquante lib. turn. por fere perpetuellement noſtre Anniverſaire. Au Priore de S. Moriſe, de Senliz, cinquante lib. turn. (por fere autre ſi noſtre Anniverſaire. As ſereurs S. Dominique de lez Montargi c. lib. turn; por fere autre ſi noſtre Anniverſaire, As ſereurs de cele ordre meiſme de lez le Pont de Roam l. lib. por fere ce meiſmes. A lAbbaie de Fontevraut por ce meiſmes c. lib. turn. As Priorez de cele ordre meiſmes en noz demaines trois cens lib. turn. a departir ſelonc le ſens & lordenance de noz Executeurs: A l'Abbaie de Premonſtré xxx. lib. turn. por noſtre Anniverſaire fere perpetuellement. A lAbbaie de Joieval trois cens lib. turn. por fere perpetuellement noſtre Anniverſaire, & por eſtablir un Chappelain qui chantera por noz. A l'Abbaie d'Aubecort lx. lib. turn. As autres Abbaies de cele ordre meiſme en noz demaines deus cens lib. turn. a departir ſelon lordenance de noz Executeurs. A la meſon de lordre de la Trinité de Paris lx. lib. turn. por fere perpetuellement noſtre Anniverſaire. A la meſon de la Trinité de Fonteinebliaut xl. lib. turn. por fere auſſi noſtre Anniverſaire. As autres meſons de cele ordre meiſme en nos demaines lx. lib. tur. a departir ſelonc lordenance de nos Executeurs. As freres dou Val des Eſcolies de Paris lx. lib. tur. por fere perpetuellement noſtre Anniverſaire. As meſons de cele ordre meiſme en nos demaines lx. lib. turn. a departir par noz Executeurs. A l'Abbaie de la Victoire de lez Senliz lx. lib tur. por fere perpetuellement noſtre Anniverſaire. As Nonnains de Nemos xl. lib. turn. por fere perpetuellement noſtre Anniverſaire. A lAbbaie S. Victor de Paris xl. lib. turn. por ce meiſme. As freres des Sas de Paris xx. lib. tur. As freres dou Mont dou Carme de Paris xx. lib tur. As freres Hermites de lordre S. Guillaume de Montrouge xx. lib. turn. As freres Hermites de lordre S. Aug. de Paris xv. lib. turn. As freres de lordre Ste Croix de Paris xx. lib. turn. As freres de lordre Noſtre-Dame de Paris xx. lib. turn. As fille-Dieu, & as, Repenties de Paris l. lib. turn. A la Congregation des poures avugles de Paris l. lib. turn. As Eſcoliers de S. Thomas dou Louvre xv. lib. tur. As Eſcoliers de S. Honore x. lib. tur. As Bons Enfanz de Paris lx. lib. A autres menuz Eſcoliers de Paris cl. lib. turn. a departir par le Prieur des Preſcheeurs & par le Gardian des Freres Meneurs de Paris. As poures Beguines de Paris xx. lib. turn. As autres povres beguines en noſtre demaine c. lib. turn. a departir par nos Executeurs.

A poures Damoiſelles & poures Dames veves marier, & a poures Gentilhommes honteus ſouſtenir en la terre de Gaſtinois & d'Orleans M. cinq & cens lib. turn. A autres poures femmes, marier ou aſtens & orfelins, & autres poures ſouſtenir es autres terres dou Reaume en noz demaines trois mil lib. turn. a departir par lordenance de noz Executeurs, por buriaus & ſollers acheter a departir à poures en noz demaines ſept cens lib. turn. As œvres des Egliſes parroiſſiaus de Paris ſix cens lib. turn. a departir par lordenance de nos Executeurs, A acheter ornemenz por poures Ygliſe dou Reaume en noz demaines cens cinquante lib. turn. a departir par noz Executeurs.

Dereches nos leſſons à la meſniée de noſtre Oſtel trois mil lib. turn. a departir par noz Executeurs, c'eſt a ſavoir à noz ſerjanz qui nauront eu nul guerredon de leur ſervice, ou qui nauront pas eſté ſouſiſamment guere donez; ſi comme ils ſauront qui ſera a fere. Et requerons les Chapelains de noſtre Chapelle de Paris, qui apres noſtre decez facent toziorimes, por nos chanter par un de leur Chapellain chaſque jor la Meſſe que l'an chante por les treſpaſſez, & fere ſollempnellement toziorimes noſtre Anniverſaire chaſcun an le jor de noſtre treſpaſſement ; & nos por ce leur donnons & lessons x. lib. turn. de rente à prendre en nostre Prevosté de Paris chascun an le jor de l'Anniversaire.

Derechef nos donons & lessons à l'Abbaie S. Denis en France ; là où nos eslisons nostre sepulture, pour nostre Anniversaire fere ou jor de nostre trespassement en avant xl. lib. turn. de perpetuelle rente à prendre le jor devant nostre Anniversaire chascun an en nostre Prevosté de Paris en deniers por soro pitence au Couvent le jor de nostre Anniversaire : & si lessons encore à l'Abbaie S. Denis rente en cele meisme Prevosté por establir par noz Executeurs un cierge qui ardra perpetuelment en l'Yglise saint Denis.

Derechef nos lessons à Blanche nostre suer 10. mil lib. turn. à prendre chascun an au Temple à Paris; tant comme ele vivra après nostre deces, se ainsi estoit qu'ele peust recouvrer son doaire d'Espagne : & que se ele le recouvroit, nos volons que ele cesse de prendre les iv. mil lib. tant come ele porra joir dou doaire.

Et si volons & commandons que chascun des Clers, & des Chapelains qui seront à nos ou tems de nostre trespassement, (& ne seront pourveu en beneficé d'Yglise) aient chascun an de nostre hoir qui sera Lois de France, xx. lib. turn. de rente , tant qu'il soient pourveu en beneficé d'Yglise par nostre hoir ou en autre souffisamment. Et por la grant devotion que nos avons à la terre Sainte (si avenoit que Diex ne vueille que nos trespassissons de cest siecle avant que nos eussions fet nostre pelerinage Doutremer) nos lessons au secors de cele terre xl. mil. lib. turn. à mettre & à despendre ou proufit de cele terre par nostre hoir qui sera Lois de France ; & se il en estoit negligent, nos volons qu'il en soit mis & despendu par ceux que nostre Executeurs verront qui mieux le porront & seront feré, selonc ce qui est nostre Executeurs en porront & sauront mieuz ordener au salut de nostre ame ; & por l'ame de la Reine Isabelle jadis, nostre femme, soient envoié ou secors de là terre Sainte au premier general passage après nostre trespassement x. chevaux au despens nostre hoir si comme nostre Executeurs ordeneront.

Derechef nos volons & commandons que toz les lez & les dons devant diz soient paié des biens que nos aurons ou Reaume de France ou tens de nostre deces. Et à totes ces choses tenir & accomplir, nos obligeons nostre hoir & nostre terre, & volons & commandons que ceste nostre ordenance se valloit comme Testament quele vaille comme derreniere volente, ou en autre maniere en quoi ele porra mieuz valoir.

Derechef nos ordenons & commandons que se aucunes choses estoient diverses ou obscures en cest nostre Testament; que nostre Executeurs desormais aient dou icelui pooir lordonons & declarer & de fere ce queil verront à fere por le salu de nostre ame. Et volons encore que à noz totes ses prouver soufisse tel preuve comme il leur semblera que bien soit.

Et de cest nostre Testament nos establissons Executeurs nos amez feaux Guy Evesque de Lengres, Th. Evesque de Dol, les Abbez de S. Denis en France, & de Beaumont, noz amez cosins Jekan Botelier, & Imbert Connestable de France, maitre Tehan du Pulseuz Chanoine de Chartres nostre Clerc; Pierre de Chambli & Jehan Poussin nos Chambelans. Aussi en ex cause execution fere nos volons & commandons que nostre hoir qui sera nostre successor ou Reaume pourvoie en depens auz avetis comme à ceus qui mettront en leur deus : & se il tuit ne puent ou ne vuelent estre à fere lexecution,

ou se il avient que aucun deus trespasse de cest siecle avant , greignour partie en nombre de ceus qui demorront ou trois de ceus, ou se tuit trespassoient , li dui Abbe , & le tierz que il voudroient apeler avec eus aient poóir de fere lexecution de cest Testament.

En tesmoin de laquel chose nos avons fet mettre nostre seel à ces presentes Lettres. Ce fu fet à Parisien lan nostre Seigneur mil deus cens quatre-vinz & quatre ou mois de Mars.

In cujus rei testimonium præsentibus litteris nostrum fecimus apponi sigillum, actum Parisius anno Domini M. CC. LXXXV. mense Decembri.

Fundatio Monasterii Fratrum Minorum in Insula Majorica ab ALFONSO *Rege Aragoniæ.*

Anno MCCLXXXV.

Noverint universi, quòd nos ALFONSUS Dei gratiâ Rex Aragonum, Majoric. & Valentiæ, ac Comes Barchinon. ad honorem omnipotentis Dei, & laudem gloriosæ semper Virginis MARIÆ omniumque Sanctorum, pro remedio specialiter animæ patris nostri, & nostræ, ac progenitorum nostrorum, dicimus, concedimus, statuimus, ac in perpetuum ordinamus per nos & successores nostros præsenti scripto perpetuis temporibus valituro, in Regno & insula Majoric. in territorio vocato Vaya, in parochiâ S. MARIÆ Vallis de Mossa Monasterium Ordinis Fratrum Minorum, sive locum Religiosum, qui dicitur Miramitte, cum omnibus terminis, & pertinentiis suis, in quo tresdecim Fratres continuè commorentur, juxta ordinationem & institutionem Provincialis Ministri Aragoniæ. Dantes, & concedentes Ordini dicto Fratrum Minorum, ut in prædicto loco ipsi Fratres Monasterium jam inceptum, & Oratorium habeant liberè & quietè. Quod Monasterium cum omnibus suis necessariis nos eisdem Fratribus ædificari, & construi nostris expensis propriis faciemus; ac etiam ad provisionem & sustentationem tam victûs quàm vestitûs, & etiam aliorum necessariorum eorumdem Fratrum assignamus, concedimus, & donamus tantùm quinque millia solidorum Regalium, Valenciæ habendos & percipiendos, annis singulis in redditibus & de redditibus, exitibus, & proventibus Honorum, qui fuerunt quondam virorum nobilium Bernardi de S. Eugenia, & Gudaberti de Crudeliis, pro quibus quinque millibus solidorum annualibus supradictis prædictis redditibus in usus prædictorum Fratrum specialiter assignamus, ita videlicet, quòd prædicta quinque millia solidorum per manum bajuli nostri recipiat annuatim integrè Procurator Ordinis ipsorum Fratrum, quèm idem Gardianus & Fratres secundum privilegium à sede Apostolicâ super hoc Ordini concessum, nominandum duxerint vel etiam statuendum. Qui bajulus teneatur solvere Procuratori dictorum Fratrum per hos terminos quolibet anno, videlicet, medietatem in festo Omnium Sanctorum, aliam medietatem in festo Paschæ Resurrectionis Domini. Nolumus autem quòd de proventibus, seu redditibus supradictorum Honorum in usus successorum nostrorum quorumcumque aliquis aliquid expendatur, quousque supradicta quinque millia solidorum Procuratori Fratrum prædicto plenariè fuerint & integrè persoluta.

Prædictam autem concessionem & assignationem facimus sub tali pacto, quòd si forte, quòd Deus avertat, aliquo casu vel eventu contingeret Fratres locum deserere supradictum, ipse locus cum ædificiis suis, & prædicti redditus ad libs, & nostros penitus liberè revertantur. In hac autem donatione non intendimus dictis Fratribus, nec Ordini, nec Ecclesiæ aliquod jus, seu jurisdictionem vel dominium concedere. Quia verò quisque mortalium quotidie labitur in peccatum, & in majori spatio temporis magis peccatorum nexibus religatur, ad dissolvenda illorum vincula peccatorum quos delictorum catena constringit, indubitanter credimus quòd omnibus fidelibus vivis & defunctis præcipuum remedium adhibuit JESUS-CHRISTUS Dei filius, humani generis reparator, instituendo sacrificium sui Corporis & Sanguinis pretiosi per manus Sacerdotum suorum, in sacro-sanctâ Ecclesiâ quotidie immolandum; hoc enim venerandum & altissimum sacramentum animas pœnâ purgatoriâ obligatas quotidie liberat, delet & mundificat, abstergit & abolet peccata omnia, quibus humana fragilitas jugiter sordidatur. Hanc igitur spem firmam habentes, volumus quòd specialiter pro animâ patris nostri domini Petri magnificâ recordationis qualibet septimanâ in die Lunæ perpetuò Fratres omnes prædicti loci, Missam Conventualem celebrent, & unam privatam Fratrum quilibet prædictorum. Omni autem tempore quolibet die Sabbati ad honorem Beatæ Virginis pro dominâ Reginâ matre nostrâ specialiter, & pro nobis Missam conventualem de Beatâ Virgine celebrent solemniter, & eodem die unam privatam Fratrum quilibet prædictorum.

Et ut in dicto loco Fratrum multitudo Deo serviens numero & merito augeatur, concedimus ac providè ordinamus, ut fideles Christi in Regno & civitate Majoricæ, de bonis temporalibus à Deo sibi collatis pro redemptione animarum suarum, tam in morte, quàm in vitâ eisdem Fratribus valeant impendere pia ejeemosynarum subsidia, ac oportuna beneficia charitatis.

Nulli ergo omninò hominum liceat hanc paginam nostræ donationis, concessionis, institutionis, & ordinationis infringere, vel ei ausu temerario contraire. Si quis autem hoc attentare præsumserit, non solùm iram & indignationem nostram se noverit incursurum; verum etiam pœnæ mille aureorum sine ullo remedio subjacebit quicumque ipsos Fratres molestare præsumserit, vel etiam perturbare, eisdem damnabilem violentiam inferendo, locum ipsum scilicet infringendo, vel ignem apponendo, homicidium in eodem loco committendo. Mandantes firmiter & districtè Vicariis & bajulis ac aliis Officialibus nostris, quatenùs prædicta omnia singula observent, & faciant ab omnibus inviolabiliter observari. Datum Majoric. Idus Januarii, anno Domini M. CC. octuagesimo-quinto.

† Signum Alfonsi Dei gratiâ Regis Aragonum ac Valenciæ & Comi. Barchelon.

Testes ejus rei sunt: Sancius de Ancilione.
Arbertus de Mediona.
Petrus de Monthere.
Blasius de Alagone.
Petrus Garresti de Noc.
† Signum Petri Marchisii Notarii dicti domini Regis, qui mandato ejusdem hæc scribi fecit & clausit loco, die, anno præfixis.

RADULFI *Archiepiscopi Lugdunensis*, & HUGONIS *Episcopi Eduensis Ordinationes pro administratione Archiepiscopatûs & Episcopatûs Sede vacante.*

Universis præsentes Litteras inspecturis, RADULFUS miseratione divinâ primæ Lugdunensis Ecclesiæ Archiepiscopus; Hugo ejusdem miseratione Episcopus Eduensis, Lugdunensis & Eduensis Ecclesiarum Decani & Capitula, salutem in Filio Virginis gloriosæ. Inter opera caritatis illa præcipuè considerari debent, per quæ omnis fraudis & deceptionis materia evitatur, & sanctæ matris Ecclesiæ . . . . . . ministris & servitoribus eisdem . . . .

Igitur cum Archiepiscopus Lugdunensis gerat administrationem Episcopatûs Eduensis ipsius Sede vacante, & versâ vice Episcopus Eduensis gerat administrationem Archiepiscopatûs Lugdunensis vacante Sede ipsius; nos pro communi utilitate, & evidenti commodo utriusque Ecclesiæ, necnon & ministrorum earumdem super dictis administrationibus diligenti deliberatione inter nos habitâ, ordinavimus in hunc modum: primò quòd Sede Eduensi vacante, Archiepiscopus Lugdunensis qui pro tempore fuerit, habeat administrationem in temporalibus & spiritualibus civitatis & diœcesis Eduensis, & è converso Sede Lugdunensi vacante, Episcopus Eduensis qui pro tempore fuerit, habeat administrationem in temporalibus & spiritualibus civitatis & diœcesis Lugdunensis: quia hactenùs ita de longâ & approbatâ consuetudine exstitit observatum, salvo jure Capitulorum & Canonicorum, & aliorum qui habent jurisdictionem in civitate & diœcesi supradictis.

Actum etiam est inter nos, quòd sigilla Curiæ Sedis Archiepiscopalis, vel Episcopalis quæ vacaverit, castraque & fortalicia, necnon & domus civitatis & diœcesis prædictorum ad earum Sedem pertinentium, Archiepiscopo vel Episcopo viam universæ carnis ingresso, incontinenti sine difficultate tradantur, reddantur & deliberentur Archiepiscopo vel Episcopo Ecclesiæ non vacantis, vel ejus mandato, secundùm quod hactenùs exstitit consuetum.

Cæterum de bonis mobilibus Archiepiscopi & Episcopi decedentium inter nos exstitit ordinatum, quòd si Archiepiscopus vel Episcopus moriantur testati, eorum ordinatio servabitur de bonis prædictis, & sua ultima voluntas adimplebitur de iisdem, & per manus Exequutorum deputatorum ad hoc distribuantur, secundùm quod testator Archiepiscopus vel Episcopus in Testamento suo, seu ultimâ voluntate suâ duxerit ordinandum: & hoc casu blada & vina à solo separata, licet in horreo vel doliis reposita non fuerint, mobilia censebuntur, & cedant in utilitatem Prælati mortui: & de dictis bonis inventarium facient dicti Exequutores, & de iisdem reddent in Capitulo rationem. Si verò Archiep. vel Episcopus intestatus decedat, tunc de dictis bonis mobilibus Procuratores ad hoc per Capitulum Ecclesiæ vacantis deputandi, facient restitutiones quæ fuerint faciendæ, & solvent debita ipsius defuncti. Si quid verò de dictis bonis residui fuerit, de dicto residuo facient solutiones & satisfactiones familiaribus ejusdem, & residuum conservent futuro Pontifici: & de dictis bonis inventarium facient, & reddent dicti Procuratores de prædictis bonis in Capitulo rationem, retentis tamen de dictis bonis expensis competentibus. Si quis autem dictorum Procuratorum à Capitulo Ecclesiæ vacantis deputandorum, aliquid fecerit in præjudicium prædictorum, per subtractionem beneficiorum suorum à Capitulo Ecclesiæ vacantis satisfacere compellatur.

Actum est etiam inter nos, quòd si dictarum Ecclesiarum Archiepiscopus vel Episcopus intestatus decedat, [Ecclesiæ] quæ ipsum Pontificali dignitate honoravit ornamenta remanebunt quæ sequuntur, alba cum amictu, stola cum maniculo, tunica cum dalmaticâ, infula cum capâ meliori quæ in capellâ Archiepiscopi vel Episcopi defuncti poterit inveniri.

Si ille Archiepiscopus vel Episcopus prædicta contra prædicta aliquid attentaverit, & Exequutores prædicti, seu bonorum distributores quoquo modo impedierit, aut contra tenorem præsentium aliquid fecerit, post trinam monitionem ab ipsis Exequutoribus, seu bonorum distributoribus prædictis nisi . . . . . restituerit, & prædicta observaverit, excommunicatus sit ipso facto.

Cæterùm actum est inter nos, quòd utensilia domorum coquinorum Archiepiscopatûs vel Episcopatûs prædictorum, Sede vacante reservabuntur futuro Pontifici, & Archiepiscopus seu Episcopus, qui dictam Sedem tenebit, inde faciet inventarium, quod custodietur à Capitulo ipsius Ecclesiæ vacantis, ita quòd cum Prælatus fuerit in ipsâ Ecclesiâ constitutus, dicta utensilia secundùm inventarium valeat rehabere.

Porrò actum est inter nos, quòd Archiepiscopus vel Episcopus qui pro tempore fuerit, durantibus dictis administrationibus jura Archiepiscopatûs vel Episcopatûs pro posse defendat, domos & tecta in bono statu tenebit, terras, vineas excoli faciet, & omnia alia quæ fuerint facienda, fructus autem receptos durante administratione suos faciet, & illos quos à solo levaverit sine fraude: nemora vendere non poterit, nisi esset sylva, nec pisces stagnorum vendere seu alibi transferre, nisi solùm pro hospitio suo ad usum ipsius & familiæ suæ: & si mortuo Archiepiscopo vel Episcopo aliquod stagnum esset quod piscatum non fuisset per triennium, pisces illius stagni Archiepiscopus vel Episcopus possit vendere in fine trienni, vel clauso triennio si de suâ processerit voluntate.

Actum etiam, inter nos, quòd si casu fortuito Sedes Lugdunensis & Eduensis insimul uno concursu vacarent, quod absit, dictis Sedibus vacantibus, Procuratores ad hoc per Capitula deputandi recipient & levabunt fructus, & fideliter conservabunt ad reddendum & deliberandum proximo futuro Archiepiscopo Lugdunensi, vel proximo futuro Episcopo Eduensi, recentis sibi tamen expensis competentibus. Et si dicti Procuratores restitutionem dictorum fructuum Archiepiscopo vel Episcopo Ecclesiæ non vacantis, vel ejus mandato distulerint faciendam, ad id compellantur per Ecclesiæ vacantis Capitulum: de quibus fructibus seu bonis inventarium facient & facere tenebuntur.

Insuper autem actum est inter nos, quòd in creatione uniuscujusque Canonici cum in dictis Ecclesiis primò creatus fuerit, hujusmodi ordinationem juret se inviolabiliter servaturum. Nos autem Archiepiscopus, Episcopus, Decani & Capitula supradicta dictam ordinationem quam utrisque Ecclesiis Lugdunensi & Eduensi esse credimus fructuosam, pro nobis & successoribus nostris bonâ fide promittimus observare, nec contravenire tacitè vel expressè, & eam pro posse nostro procurabimus per sedem Apostolicam confirmari.

In quorum omnium testimonium Radulphus Archiepiscopus Lugdunensis, & nos Hugo Episcopus Eduensis prædicti, sigilla nostra; & nos dictarum Ecclesiarum Decani & Capitula, sigilla Capitulorum nostrorum præsentibus Litteris duximus apponenda.

Datum & actum mense Martio, anno Domini millesimo ducentesimo octogesimo sexto.

Anno MCCXCIV. Ex authentico D. d'Herouval. Nuntiat Regi se in Summum Pontificem electum.

BONIFACII *Papæ VIII. Regi Majoricarum.*

BONIFACIUS Episcopus servus servorum Dei, Carissimo in Christo filio Regi Majoricarum illustri salutem & Apostolicam benedictionem. Gloriosus & mirabilis in operibus suis Deus, qui cum sit in misericordia copiosus, in hujus orbis orbita plenâ malis, confertâ dissidiis innumeras miserationes exercet, Ecclesiam, quam ipse summus Opifex rerum instituit, ac suprà fidei firmam petram altâ & solidâ fabricâ stabilivit, opportunis favoribus prosequi non desistit; assistit etiam illi miserator & propitiator assiduus, non obdormiens nec dormitans, in suarum opportunitatum eventibus pervigil custos ejus. Ipse siquidem sibi est in turbatione pacatio, in tribulatione solamen, in necessitate succursus. Tuncque maximè in adjutorium ejus sua pietas larga diffunditur, cum adversùs illam mundi nubila tempore caligante levantur, quæ inter molestias & afflictiones intrepida colligens in vexatione vigorem, in ipsâ malorum instantiâ convalescit. Nam divino semper munita præsidio, nec comminationum strepitu deterretur, nec adversitatum superatur incursu, & in terroribus tutior & constantior, in adversis pressa prævalet, passa triumphat. Hæc est arca quæ per confluentias & multiplicationes aquarum elevatur in altum, & subactis culminibus montium, libera & secura profundas impetuosi diluvii calcat undas. Hæc est utique navis, quæ vento contrario irruente, strepentis maris furibundis motibus agitatur, firma tamen & solida fragoribus non dissipatur æquoreis, nec marini furoris rapiditate sorbetur, sed elatas procellas obruens, ac spumosâ & tumida freta sternens, triumphanter exsequitur suæ navigationis incessum; quæ ad vitalem crucis salvificæ arborem rectâ intentionis alis totaliter elevatis, in cælum semper intenta procellosum intrepidè mundi pelagus peragrat, eo quod fecum habet seduli gubernatoris auxilium, marium præceptoris: unde regente illo & dirigente salubriter, ac Spiritu sancto flante, adversitatum quarumlibet nebulis dissipatis, victoriosâ peregrinationis suæ liberum agit iter, ad patriæ cœlestis portum supernis nutibus feliciter perducenda.

Cumque sic adversis innumeris prematur & turbetur Ecclesia illa, in intimis ipsam acerbiùs sauciat duriusque ferit adversitas, cum Pastore utili & provido viduatur. Sed licet sæpius Ecclesia eadem Pastoris regimine destituta, longæ viduatis lamenta protraxerit, exspectando gemebunda diutiùs consolationem plenariam successoris, in hujusmodi tamen mœroris nubilo dignanter illi clementiam divinæ pietatis illuxit, doloribus & necessitatibus suis opportunè subveniens per substitutionem optatam & delectabilem novi sponsi, ac eam de amissione prioris interdum inutilis, per promotionem mulcebrem accommodi successoris instaurans.

Sanè vacante Romanâ Ecclesiâ per liberam & spontaneam dilecti filii fratris Petri de Murron, olim Romani Pontificis cessionem coram venerabilibus fratribus Episcopis, & dilectis filiis nostris Presbyteris & Diaconis Cardinalibus, de quorum numero tunc eramus, ex certis rationabilibus & legitimis causis factam ab ipso in festo beatæ Luciæ Virginis proximè præterito, & à Cardinalibus prædictis admissam, cum illam posse sic legitimè fieri, & priorum gesta Pontificum & constitutio declarent apertiùs; & ad eam etiam faciendam expressus accesserit Cardinalium prædictorum assensus: Cardinales ipsi considerantes attentiùs quàm sit onusta dispendiis, quàm gravia malorum incommoda secum trahat prolixa Ecclesiæ memoratæ vacatio, & propterea votis ardentibus cupientes per efficacia & accelerata remedia hujusmodi periculis obviare, die Jovis decimo Kalend. Januarii post festum subsequentem prædictum, Missarum solemniis ad honorem sancti Spiritûs celebratis, hymnoque solito cum devotione cantato, se in quodam Conclavi apud Castrum-Novum Civitati Neapolitanæ contiguum, ubi idem frater cum suâ residebat familiâ, incluserunt ut per mutui commoditatem colloquii Ecclesiæ prædictæ provisio, supernâ cooperante virtute, celeriùs proveniret. Die verò Veneris immediatè sequente, præfati Cardinales mentis oculis erectis ad Dominum, pia desideria benigniùs prosequentem, in electionis negotio per viam scrutinii ferventibus studiis ut prædicta vitarentur incommoda, procedentes, & tandem cum divina clementia Ecclesiæ prælibatæ compatiens eam nollet ulterioris vacationis periculis subjacere, ad personam nostram licet immeritam intentum animum dirigentes (quamquam inter eos quamplures magis idonei & digniores etiam haberentur.) Nos tunc tituli sancti Martini Presbyterum Cardinalem, in summum Pontificem canonicè elegerunt, gravis oneris sarcinam nostris debilibus humeris imponendo.

Nos autem profundâ & sedulâ meditatione pensantes difficultatem officii pastoralis, continui laboris angustias, & præcellentiam Apostolicæ dignitatis, quæ licèt honoris titulis altioris attollit; sic magnitudine ponderis deprimit gravioris. Attendentes insuper nostræ multiplicis imperfectionis insufficientiam, expavimus & hæsitavimus vehementer; nimioque concussus exstitit stupore cor nostrum. Nam cum ad tolerandas particulares vigilias vix nobis possibilitas nostra sufficiat, ad universalis speculæ sollicitudinem vocabamur; & intolerabile Apostolici ministerii jugum inferebatur instanter, debilitati nostræ cervici jugiter supportandum; ac meritorum non suffulti præsidio, ad suspiciendas Apostolorum Principis Petri claves, & gerendum super omnes ligandi & solvendi pontificium urgebamur. Verumtamen ne divinæ providentiæ opus impedire forsitan videremur, aut nolle nostræ voluntatis arbitrium suo beneplacito conformare, ac etiam ne corda electorum concordia per nostræ dissensionis objectum ad discordiam verteremus, voluntatibus tandem acquievimus eorumdem; ad subeundum jugum hujusmodi nostros impotentes humeros submittendo; non quòd de aliquâ nostræ probitatis virtute fiduciam habeamus, sed quia in ejus speramus clementiâ, qui confidentes in se non deserit, sed eis propitius oportunis auxiliis semper adest, quique de sublimi polorum solio Ecclesiæ sponsam suam intuetur misericorditer & tuetur, suæque illam exaltare non desinit copiosis beneficiis pietatis.

Ideoque Celsitudinem Regiam rogamus & hortamur attentè, & obsecramus in Domino Jesu-Christo, quatinus diligenti mediatione considerare quòd judicium diligit Regis honor; metas justitiæ curiosus observes, ullamque sincerè diligere studeas, æquitatem non deserens, clementiam non omittens, ut subjectus tibi populus copiosus in pacis pulcritudine sedeat, & in requie opulenta quiescat Ecclesiam insuper matrem tuam & ipsius Prælatos, nostri utique Salvatoris ministros, cæterasque personas Ecclesiasticas ejus obsequiis dedicatas, quin potius in illis Regem Cœlorum & Dominum, per quem regnas & regeris, incessanter & solerter honorans, ipsos regii favoris ope confoveas, & in plenitudine libertatum, aliorumque suorum jurium efficaciter protegere studeas & tueri; sicque in his tamquam filius benedictionis & gratiæ te geras & dirigas, quòd claræ memoriæ progenitores tuos, qui erga præfatam Ecclesiam summæ devotionis & reverentiæ titulis dum viverent claruerunt, non solùm imitari sollicitè, sed etiam evidenter excedere dignoscaris ad laudem & gloriam Dei Patris, & celebre magnumque tui honoris & nominis incrementum. De nobis autem utpote patre benivolo & sincero, qui personam Regiam in minori etiam officio constituti affectuosè dileximus, & diligere non cessamus, spem certam & fiduciam firmam gerens; in tuis & ejusdem Regni negotiis & oportunitatibus quæ occurrent, ad nos recurrere non postponas. Nam in his super quibus ex parte Regiâ fuerimus requisiti, libenter quantum cum Deo poterimus votis regiis annuemus, tuam & ejusdem Regni prosperitatem omnimodam non solùm studiis conservare sollicitis, sed etiam plenis augmentare favoribus intendentes. Datum Laterani nono Kal. Februarii, Pontificatûs nostri anno primo.

Guillelmi *Rotomag. Archiepiscopi* Philippo *IV. Regi Francorum.*

An. MCCXCV.

Ab Interdicto liberat Regis dominium in Normaniâ situm.

Carissimo Domino Philippo Dei gratiâ illustri Francorum Regi, Willelmus dignatione divinâ Rothomagensis Ecclesiæ Minister salutem, gratiam, & omnipotentis Dei benedictionem. Noverit Excellentia vestra satisfactum esse nobis, & Canonicis nostris, & cæteris Ecclesiasticis personis omnibus de provinciâ nostrâ, plenariè ad honorem Dei & Ecclesiæ nostræ & nostrum, super universis damnis per vos & vestros, & eos qui ad vos pertinent nobis illatis; & quòd nos; & prædictæ personæ omnes, tam Andeliaci, quàm omnium reditûm, & aliarum rerum nostrarum; plenam habemus restitutionem. Et ideo interdictum sub quo terram vestram in provinciâ nostrâ concluseramus, relaxavimus, & quitavimus in perpetuum, vos, & vestros; & universos qui ad vos pertinent, de universis rebus illis, quas de rebus nostris & Ecclesiarum de terra D. Regis Anglorum in provinciâ nostrâ cepistis ante vigiliam S. Michaëlis, anno Dominicæ Incarnationis MCCXCV. nec propter hoc aliquid à vobis, aut à vestris exigemus; nec in querelam vos mittemus super hoc, nec vexari à subditis nostris permittemus: Hoc autem scripto præsenti cum appensione sigillorum tàm nostri quàm Ecclesiæ Capituli protestamur.

Ejusdem. De jure patronatûs ad Ecclesias parochiales.

Excellentissimo Domino suo Philippo illustri Francorum Regi serenissimo, Willelmus Dei gratiâ Rothomagensis Archiepiscopus, & Suffraganei sui, R. Baïocensis, W. Abrincensis, L. Ebroicensis, J. Lexoviensis, V. Constantiensis, S. Sagiensis salutem, & paratum in omnibus obsequium. Pro salute animæ nostræ, & prædecessorum nostrorum unanimiter requirimus, quòd de Ecclesiis vacantibus unde contentio est, quando contentio erit super præsentatione earum, recognitio fiat per quatuor Presbyteros & per quatuor Milites: & Episcopus sive Archiepiscopus in cujus diœcesi contentio erit super præsentatione Ecclesiæ, & Baillivus Domini Regis, eligent bonâ fide Presbyteros & Milites fideliores & legaliores quos potuerint invenire: & quatuor Presbyteri & quatuor Milites jurabunt super sacro-sancta. Et Episcopus excommunicabit exinde sive Archiepiscopus, quòd ipsi octo dicent ad quem debeat spectare donatio Ecclesiæ de jure patronatûs: Archiepiscopus verò sive Episcopus, & Baillivus Domini Regis, singulos Presbyterorum & Militum qui juraverunt, recognitionem diligenter seorsum examinabunt unum post alium, & in quem major pars convenerit, ille habebit jus patronatûs; qui potuit ultimò fecit præsentationem Ecclesiæ, & ille inde habebit saisinam. Et si aliquis Clericus contrà hujus institutionem venire præsumeret, nos intendimus in nocumentum eidem Clerico de querelâ istâ. Et nos concessimus bonâ fide unanimiter, quòd nos hujusmodi negotium non nimia dilatione terminabimur.

Et, si aliqua contentio inde emergeret, negotium ad Dominum Regem referretur. Et Dominus Rex faciet sicut sibi videbitur expedire. Nulla vero Ecclesia unde contentio fuerit interim poterit donari ab Archiepiscopo vel Episcopo, antequam diffinitum fuerit, sicut supradictum est, & nisi vacaverit per sex menses, salvo etiam tunc jure patronatus ei qui patronatum obtinuerit. Archiepiscopus vero sive Episcopus super his non posset se exoniare nisi haberet essonium proprii corporis; & si essonium proprii corporis haberet, tunc loco sui mitteret bona fide fidessorem & legaliorem, quem posset invenire ad id faciendum. Valete diù & bene in Domino.

An. MCCXCIX.

SAURA *filia naturalis Regis Majoricarum contrahit matrimonium cum* PETRO *Gaucerandi de Pinosio*.

Donationes ob nuptias factæ ab utraque parte.

IN nomine Domini, Amen. Noverint universi quod ego SAURA consilio, assensu ac laudamento illustrissimi Jacobi Dei gratiâ Regis Majoricarum, Comitis Rossilionis & Ceritaniæ, & domini Montispessulani patris mei, bono animo ac spontaneâ voluntate cupio vos nobilem virum PETRUM Gaucerandi de Pinosio, filium & heredem nobilis viri Gaucerandi de Pinosio quondam, in legalem maritum habere, meque ipsam in legalem uxorem vobis trado, & ex vobis Deo dante cupio habere legales infantes: & dono & constituo vobis eidem marito meo in dotem quatuor millia librarum Barchin. de Terno, de quâ monetâ sexaginta & quinque solidi valent unam marcham argenti fini, recti, pensi Perpiniani. Quæ quidem quatuor millia librarum Barchin. dictæ dotis meæ mihi donat in præsenti dictus Dominus Rex Pater meus, ut ea vobis dicto marito meo in dotem constituam; quam quidem dotem vobis dono & constituo tali pacto, quòd quamdiù ego & vos insimul vixerimus, ipsam dotem habeamus, & teneamus cum infante & sine infante: post mortem verò nostram remaneat dicta dos infantibus nostris ex me & vobis procreatis & natis: si verò infans vel infantes, quod absit, nobis duobus defuerint, & vos dictus nobilis Petrus Gaucerandi maritus meus mihi supervixeritis, habeatis ex dicta dote meâ & teneatis duo millia libr. Barchin. dicti valoris de totâ vitâ vestrâ, cum infante & sine infante. Post mortem verò vestram si contigerit me mori sine liberis, dicta duo millia librarum remaneant dicto Illustrissimo Domino Regi sive suis, aut cui vel quibus ipse voluerit; reliqua verò duo millia librarum dictæ constitutionis dictæ dotis, possim ego dare & distribuere tempore mortis meæ quibuscumque voluero, cum infante & sine infante. Si verò contingeret me mori intestatam, quod absit, vel aliter non ordinaverim de dictis reliquis duobus millibus librarum, ipsa reliqua duo millia librarum revertantur in casu isto dicto Domino Regi patri meo, vel suis, aut cui ipse voluerit vel mandaverit scripto vel verbo.

Simili modo ego dictus Petrus Gaucerandi filius & heres universalis nobilis viri Gaucerandi de Pinosio quondam, consilio & laudamento dominæ Himgeriæ[a] matris meæ uxoris dicti patris mei quondam, & Domini fratris Guillelmi Dei gratiâ Urgellitani Episcopi avunculi mei, & aliorum amicorum meorum, bono animo ac spontaneâ voluntate cupio vos dictam Sauram in legalem uxorem habere, meque ipsum in legalem maritum vobis trado, & ex

vobis, Deo dante, cupio habere legales infantes. Et confiteor & recognosco vobis eidem uxori meæ, me habuisse & recepisse sub pactis prædictis dicta quatuor millia librarum Barchin. de dicto valore dotis vestræ prædictæ, à dicto Domino Rege patre vestro, qui ipsa mihi tradi fecit in bonâ pecuniâ numerando, de quibus perpacatum me teneo, renuntians exceptioni pecuniæ non numeratæ & dictæ dotis vestræ non acceptæ & habitæ. Ego verò dono & constituo vobis dictæ uxori meæ de meo in donationem propter nuptias quatuor millia librarum Barchin. dicti valoris, quæ simul cum dictis vestris quatuor millibus librarum dotis vestræ, quæ ita sunt comperta octo millia librarum Barchin. ego & vos habeamus & teneamus de totâ vitâ nostrâ cum infante & sine infante. Et si vos dicta uxor mea mihi supervixeritis, statim me præmortuo recuperetis dictæ vestræ quatuor millia librarum prædictæ dotis vestræ, & etiam de dictâ donatione propter nuptias habeatis & teneatis de totâ vitâ vestrâ duo millia librarum Barchin. quæ post mortem vestram remaneant infantibus nostris ex me & vobis communiter procreatis & natis; qui si defuerint, revertantur propinquioribus meis, vel cui præmandavero verbo vel scripto.

Præterea promitto vobis dictæ uxori meæ, necnon & vobis illustrissimo Domino Regi Majoricarum præsenti & stipulandi provobis & vestris, quòd dictam dotem reddam & restituam vobis, vel alteri vestrûm, aut vestris, vel cui volueritis, prout per me debet restitui secundùm pacta prædicta, & prout est superiùs ordinatum & dictum in casibus supradictis: & pro prædictis dote & donatione propter nuptias vobis dictæ uxori meæ, necnon & vobis dicto Domino Regi, salvis fore & reddendis & restituendis cui, vel quibus reddendæ vel restituendæ fuerint, secundùm ordinationem & distinctiones prædictas obligo vobis dictæ uxori meæ, & vobis prædicto Domino Regi & vestris, omnia bona meæ, & specialiter & signanter castrum & villam de Bagaano, & vallem de Bagaano, & castrum de Garraveto, quæ sunt in ditione Urgellensi, cum Baronibus, Militibus, hominibus & fœminis, & cum omnibus reditibus, exitibus, & proventibus, & justitiis civilibus & criminalibus, & mero & mixto imperio; & cum terminis, & omnibus juribus & pertinentiis ad dicta castra, & villas, & vallem pertinentibus & debentibus pertinere, prout meliùs & pleniùs ad me pertinent & pertinere possunt ac debent. Quæ omnia & singula supradicta vos uxor mea, & vos dictus Dominus Rex, & vestri, aut quos volueritis habeatis, teneatis & percipiatis integraliter, & sine aliquâ diminutione, tantum & tamdiù donec de dictis dote & donatione propter nuptias, secundùm distinctiones & ordinationes prædictas, vobis vel vestris, aut cui volueritis fuerit plenariè & integrè satisfactum. Fructus verò, exitus, & proventus prædictorum, quos interim percipietis & habebitis vos & vestri, non computentur vel compensentur, nec computari, vel compensari possint, aut debeant in sortem sive solutum dictarum dotis vel donationis propter nuptias, vel alicujus partis earum; sed dictos fructus, exitus & proventus habeatis, percipiatis & vestros faciatis ex dono meo & bono matrimonii, & pro interesse vestro & vestrorum, tantum & tamdiù donec vobis, aut vestrûm alteri, aut vestris, vel cui volueritis secundùm ordinationem & distinctiones prædictas, ex dictis dote & donatione propter nuptias fuerit plenariè & integraliter satisfactum.

---

a *Hingeriæ*] Acherius monet legendum *Berengariæ*.

Promitto

Promitto insuper vobis dictæ Sauræ uxori meæ, necnon & vobis dicto Domino Regi præsenti & stipulanti, me effecturum & curaturum realiter & cum effectu, quòd omnes Barones, Milites, & vassalli & homines, ac omnes subjecti nostri dictorum locorum de Bargaano & ejus vallis ; & de Garraveto, pro attendendis & complendis omnibus & singulis supradictis facient homagium ore & manibus commendatum , & juramento vallatum ; & fidelitatem præstabunt vobis dictæ Sauræ uxori meæ ; & vobis Domino Regi prædicto : mandans in præsenti eisdem Baronibus, Militibus, vassallis ac hominibus nostris dictorum locorum, quòd quandocumque per vos dictam uxorem meam , aut vos Dominum Regem prædictum, aut aliquem vestro nomine fuerint requisiti , præstent vobis & utrique vestrûm , vel cui volueritis homagium , sacramentum & fidelitatem pro prædictis omnibus & singulis, vobis , & vestris, & quibus volueritis attendendis, & complendis & servandis ; absolvens ipsos Barones , & Milites , vassallos , & homines , & subditos meos dictorum locorum, quoad prædicta tantùm ; ad quæ vobis complenda eos obstringo, ab omni vinculo homagii & fidelitatis , quibus mihi tenentur & teneri debent ac possunt.

Et nos domna Berengaria uxor quondam dicti nobilis viri Gaucerandi de Pinosio, materque dicti nobilis Petri Gaucerandi; & nos frater Guillermus Dei gratia Urgellensis Episcopus avunculus dicti nobilis Petri Gaucerandi, hæc omnia prædicta & singula laudamus, concedimus & approbamus.

Actum est hoc sexto Idus Octobris , anno Domini millesimo ducentesimo nonagesimo nono.

Signa Sauræ filiæ Illustrissimi Domini Regis Majoricarum, & Petri Gaucerandi mariti ejus , & dominæ Berengariæ matris ipsius Petri Gaucerandi, & fratris Guillelmi Dei gratia Urgellensis Episcopi avunculi dicti nobilis Petri Gaucerandi, prædictorum qui hæc omnia prædicta laudamus, approbamus & confirmamus.

Quorum omnium sunt testes illustres Sancius & Ferrandus filii dicti Domini Regis Majoricarum.

Villarius de Villario.

Jacobus de Muredine Milites.

Berengarius de Gardia Canonicus Barchinonensis.

Bernardus Dalmatii Legum Doctor.

Berengarius de Argilageriis Canonicus Urgellensis & Eliensis.

Ego Laurentius Plasensa scriptor publicus Perpiniani, pro illustrissimo Domino Rege Majoricarum prædicto hanc chartam scripsi & suprastripsi in sextâ lineâ, vel suis , & hoc signum feci.

Littera regia per quam concedit Dominus PHILIPPUS *Prælatis & personis Ecclesiasticis Regni, quòd atquisita pacificè teneant.*

PHILIPPUS Dei gratiâ Francorum Rex , dilecto & fideli nostro Episcopo Lingonensi salutem & dilectionem. Quia Flamingorum rebellium nostrorum nefanda perversitas magis ac magis quotidie invalescens , ad subversionem, destructionem & excidium Regni nostri asperiùs solito suæ malignitatis conatus exponit , adeo quod ipsi nuper ad civitatem Morinensem , & nonnullas alias villas & loca Morinensis, Attrebatensis & Tornacensis Diœcesis cum multitudine satellitum hostiliter accedentes , beatæ MARIÆ Morinensis & aliarum villarum & locorum prædictorum Ecclesias, ipsius Virginis , & aliorum Sanctorum imagines eruentes in eis, ipsorum reverentiâ penitus retrojectâ , & Domini timore postposito , nefandis ausibus & temeritate sacrilegâ ignis incendio concremarunt , ac civitates, villas & loca prædicta per depopulationes & cædes, depositâ omni humanitatis mansuetudine totaliter destruxerunt , nec Deo , nec homini, nec personæ , nec dignitati aliquatenùs deferentes, nec sexui , nec ætati parcentes : Nos ad defensionem necessariam dicti Regni Ecclesiarum, & personarum Ecclesiasticarum , ac prædictorum rebellium conterendam superbiam , ac ulciscendos excessus & alios compellendos , totis, ut condecet , studiis intendentes : nosque cum Baronibus & fidelibus aliis nostris , & ingenii , sicut res exigit , gentis armigeris comitivâ ad partes illas propter hoc personaliter conferentes ; quia pro negotio defensionis hujusmodi importabilia subire continuò nos oportet omnium expensarum , dilectos & fideles nostros nonnullos Archiepiscopos & Episcopos dicti Regni ad nostram propter hoc præsentiam specialite revocatos requiri fecimus, ut nobis in subsidium hujusmodi expensarum decimam nobis olim cum dimidiâ decimâ ab eis & aliis Prælatis sub certâ formâ pro dicti Regni defensione concessam, præsentialiter exhiberent , prædictâ dimidiâ decimâ alio congruo tempore persolvendâ ; ipsi verò necessitatis & omnia quæ incumbunt , debitis considerationibus attendentes, tam pro prædictis necessitatibus, quàm pro congruis infrascriptis requisitionibus nostris in hac parte liberaliter assenserunt.

Nos autem eorum devotionem gratuitam & gratitudinem liberalem volentes gratâ recognitione respicere, ad eorum supplicationem , tam sibi quàm aliis Prælatis , Abbatibus , Prioribus , Ecclesiis, Capitulis, Conventibus, Collegiis, & aliis personis Ecclesiasticis, regularibus & sæcularibus dicti Regni, de speciali gratiâ duximus concedendum , quòd omnes conquestus per eos in feodis & retrofeodis, censivis & alodiis nostris factos quibuscumque temporibus retroactis usqi ad diem datæ præsentis litteræ, teneæ & pacificè perpetuò possidere valeant absque occasione vendendi vel extrà manum suam ponendi ; aut præstandi financiam pro eisdem sibi per nos vel successores nostros imposterum faciendam ; quodque tam ipsi quàm alii Prælati & personæ Ecclesiasticæ, qui prædictam decimam solvunt in præsenti , de veniendo vel mittendo hac vice in nostrum Flandrensem exercitum , vel finando aut præstando subventionem aliam pro eodem excusati penitùs & immunes nihilominùs habeantur.

Quocircà diligentiam vestram requirimus & rogamus, quatenùs prædictas necessitates & omnia diligentiùs attendentes, & quòd in hoc casu causa nostra, Ecclesiæ, & personarum Ecclesiasticarum dicti Regni singulariter omnium & generaliter singulorum agi dinoscitur , & proprium cujuslibet prosequutur interesse, nobis in tantæ necessitatis urgentiâ prædictam decimam in præsenti solvere & exhibere curetis, & ab Abbatibus, Prioribus, Ecclesiis, Capitulis, Conventibus, Collegiis, & aliis personis Ecclesiasticis , regularibus & sæcularibus civitatis & diœcesis Lingonensis facia-tis præsentialiter exhibere, eamque per illos per quos aliàs , nec non juxta formam & taxationem quibus aliàs colligi consuevit, fideliter colligi ; & Thesaurariis Parisiensibus cum omnimodâ accelerationis instantiâ apportari .

Damus autem Baillivis & aliis Justiciariis nostris præsentibus in mandatis , ut personas Ecclesiasticas prædictas ad solutionem hujusmodi decimæ, si opus fuerit , ad vestram requisitionem compellant , & quod inde receperint , vobis integrè, libenter & assignent ; patentes litteras vestro munitas sigillo recepturi ; quid , quantum & quando vobis tradiderunt, continentes. Eisdemque Baillivis & Justiciariis mandamus nihilominùs, ut si quæ de personis Ecclesiasticis prædictis in solutione hujus decimæ rebelles, quòd absit, exstiterint, cunctà hæc taliter de remedio opportuno provideant, ne in tantæ necessitatis articulo ob defectum subsidii Regnum nostrum remaneat indefensum. Datum apud Longum-Campum die undecimâ post Assumptionem beatæ MARIÆ Virginis, anno Domini millesimo trecentesimo tertio.

An. MCCCIV. PHILIPPUS *Pulcher Francorum Rex, ob victoriam in Flandriâ relatam, centum libras annuatim persolvendas tribuit Ecclesiæ Carnotensi.*

PHILIPPUS Dei gratiâ Francorum Rex, ad perpetuam rei gestæ memoriam. Si Regnum Franciæ quod à priscis temporibus divina stabilivit potentia, multisque ditavit beneficiis, & honoribus decoravit, novissimis temporibus, doli Sathan adinventor persequutor pacis, & totius malitiæ seminator, invidens quòd Regnum ipsum virtus divina sic vallasset per circuitum, in Flandriæ partibus, Domino permittente, tetigerit, subditosque nostros partium earumdem in superbiâ & abusione contrà nos fecerit nequiter rebellare, ipsósque totius incentor nequitiæ sic in suâ rebellione firmasset, ut cogitantes iniquitates pessimas in corde totâ die nobis constituerent prælia, ita ut Ecclesiis ac suis sacris locis, villis & aliis regularum habitationibus circumpositis summæ vastationis jacturæ deditis, per eosdem plures nobiles & alias personas Regni ejusdem, quod gravius est, hujusmodi causâ rebellionis mors amara rapuerit, nec in his aversus esset furor eorum, sed potius semper eorum superbia ascendisset.

Tandem immensâ Christi pietas suæ gloriosæ matris MARIÆ Virginis piis provocata precibus, ad Regnum ipsum, cujus regimen nobis miseratio divina commisit, cor paternum reflectens, videns inimicorum nequitiam multam nimis, & cor eorum impœnitens, nos cum fideli exercitu Gallicano ad faciendam vindictam in natione illâ Flandriæ contrà rebelles ipsos sub fortis manûs suæ tegumento direxit, nobisque mensis Augusti die decimâ octavâ, die Martis post festum Assumptionis ejusdem Virginis, in loco qui *Môns in Pabula* nominatur, contrà ipsos ad nos in contumaci multitudine venientes ad pugnam conscésis, placuit Altissimo post longam cum inimicis prædictis dimicationem, eos in ventum superbiæ altiùs elevatos ad ima dejiciendo, potenter elidere, eisque cum pluribus ipsorum ductoribus & capitaneis in mortis laqueum per nostrum & ejusdem nostri exercitûs ministerium sub potenti Domini manu deducere, & gloriosum de ipsis nobis præbere triumphum. Sicque mirabilis Deus mirabiliter pro nobis voluit operari, ut meritò dici possit illam à Domino, & non ab homine victoriam factam esse.

Quapropter nos in humilitatis spiritu confitentes Domino, eique & sacratissimæ Genitrici illius devotæ laudis sacrificium offerentes, regratiamur ei, qui sedens super thronum judicavit causam justitiæ Regni sui. Et ut Dominus, qui tamquam vir pugnator delevit impios ante faciem nostram, in suis laudetur operibus, ejúsque non obliviscantur mirabilia, & beatissima Virgo mater ejus MARIA de præstito nobis per ejus suffragia filii sui auxilio honoretur; nos ad laudem & gloriam ejusdem Domini nostri & beatæ MARIÆ Virginis genitricis ejus, Ecclesiæ Carnotensi in ipsius Virginis gloriosæ honore fundatæ, centum libras Parisienses annui & perpetui redditûs ob nostram, & carissimæ consortis nostræ Joannæ Franciæ Reginæ, & liberorum nostrorum salutem, pacem & tranquillitatem Regni nostri, nostrorumque fidelium subjectorum, concedimus ab ipsius Ecclesiæ Decano & Capitulo nomine dictæ Ecclesiæ habendas, tenendas & possidendas liberè & pacificè in perpetuum, absque coactione vendendi vel extrà manum suam ponendi, & absque præstatione finantiæ cujuscumque, capiendasque in Thesauro Parisius singulis annis in festo dominicæ Ascensionis, donec eas in locis & rebus competentibus duxerimus assidendas. Volentes & statuentes, quòd dictæ centum libræ Parisienses. videlicet Canonicis duæ partes ac Vicariis, Capellanis, & aliis quibuscumque personis in choro ipsius Ecclesiæ existentibus, qui in primis Vesperis dictæ diei Martis in Matutinis & solemni Missâ diei Martis prædictæ intererunt, residua tertia pars distribuantur, juxtà consuetudinem Ecclesiæ memoratæ.

Quod ut ratum permaneat, præsentibus litteris nostris fecimus apponi sigillum. Actum in castris prope Insulam, anno Domini M. CCC. quarto, mense Septembri.

An. MCCCVII. PHILIPPUS *Pulcher attribuit fratri suo LUDOVICO Comitatus, Baronias, &c. quindecim millia librarum Turonensium annui redditûs.*

PHILIPPUS Dei gratiâ Francorum Rex. Notum facimus universis, tam præsentibus quàm futuris, quòd cum nos tam ex donationibus & assignationibus per inclytæ recordationis dominum & progenitorem nostrum Philippum, quondam Regem Francorum, quàm per nos factis carissimo fratri nostro LUDOVICO, teneremur eidem fratri nostro assidere in terrâ cum nobilitate & Baroniâ quindecim millia librarum parvorum Turonensium, annui & perpetui redditûs, per eumdem fratrem nostrum & successores suos in perpetuum ex suo corpore descendentes hereditariè possidendas; nosque dudùm per dilectos & fideles Joannem Choiselli & Joannem Venatoris Milites nostros, informationem fecissemus fieri diligentem, de valore eorum quæ habebamus in civitate & Præpositurâ Ebroicensi, in castris & Præposituris de Albiniaco, de Giemo super Ligerim, de Feritate Alesis, de Stampis, de Dordano, de Meullento: & dictorum locorum & Præpositurarum pertinentiis, in quibus civitate, castris, locis & Præposituris assidere dictum annuum redditum dicto fratri nostro volebamus, factâ nobis diligenti relatione per dictos Milites de æstimatione per ipsos factâ de consilio proborum hominum, quantum dicta civitas cum dictis aliis castris & locis, & eorum Præposituris & pertinentiis valebant in annuo redditu pro assisâ terræ faciendâ, vel valere debebant: dictum annuum redditum dicto fratri nostro in locis prædictis, assidemus in hunc modum.

In primis facimus dictum fratrem nostrum Comitem Ebroicensem, & tradimus & assidemus sibi civitatem, Præposituram & Castellaniam Ebroicensem cum earum pertinentiis, prout dicta Castellania terminabitur, & declarabitur, scità veritate valoris dictæ Castellaniæ & omnium subscriptorum cum castro, redditibus, forestis, ceterisque domaniis & juribus, feodis, retrofeodis & homagiis, ac jurisdictione altâ & bassâ, & omnibus aliis ad nos & Comites Ebroicenses quondam in dictis civitate & Præposituâ, ac earum pertinentiis pertinentibus. Quæ omnia sibi in Comitatu & Baroniâ assignamus & assidemus, pro sex millibus sexcentis viginti septem libris, novem solidis & tribus denariis Turon. Deducuntur pro feodis, eleemosynis & expensis, quadringentæ viginti septem libræ, decem & octo solidi, & novem denarii Turon. Et sic prædicta assidemus sibi, deductis prædictis eleemosynis, feodis & expensis dictæ Præpositurræ pro sex millibus centum octaginta decem & novem libris, undecim solidis & sex denariis Turon. exceptis & retentis nobis & successoribus nostris, Regalibus, ressorto, superioritate immediatâ, & gardâ Episcopi, & Capituli & Ecclesiæ Ebroicensis, & terrarum, & feodorum, & retrofeodorum suorum, placito de spatâ in terris eorum supradictis antiquis, & aliis per ipsos de novo acquisitis, & per nos admortisatis, antequam prædictam tertam tradidissemus eidem fratri nostro.

Item assidemus & tradimus sibi Præposituram de Albigniaco, cum totâ Parochiâ & villis d'Oison & de Climont, & earum pertinentiis modo & formâ præmissis, pretio nongentarum septuaginta sex libræ, decem solidorum & novem denariorum Turon. de quibus deducuntur pro feodis, eleemosynis & expensis centum una libr. Tur. & sic assidentur sibi prædicta pro mille & octingentis sexaginta quinque libris, decem solidis & octo denariis Turon.

Item assidemus & tradimus sibi modo & formâ præmissis castrum cum Præpositura de Giemo suprà Ligerim & ejus pertinentiis, cum ressorto villarum de Oratorio super Trisiam, villarum de Briarrâ, Danne Marie in Pezoiâ, Brechau, sancti Romani, Lavoy, Alopin, Dampierre, in Broilli, retentis nobis & successoribus nostris Regibus Franciæ, garennâ grossarum bestiarum in nemoribus de Voure *en Lopin*, & de *Dampierre en Brechi*, *la Buissiere*, quantum pertinet ad Robertum de Sacro-Cæsare, & ad dominam de Montrezer, Satesonges & Arreblayo, & feodis, & retrofeodis, ac domaniis Comitissæ de Barro. Quæ omnia sibi assidemus pro duobus millibus sexaginta decem libris, quatuordecim solidis, & duobus denariis Turon. deductis pro expensis, feodis & eleemosynis centum quadraginta septem libris & viginti denariis Turon. Et sic restat quòd assidemus ea sibi pro mille nongentis viginti tribus libris, duodecim solidis & sex denariis Turon.

Item assidemus & tradimus sibi modo & formâ præmissis, locum & Præposituram de Feritate Alesii exceptis & retentis nobis feodis, retrofeodis, & domaniis, homagiis, ressorto, & altâ justitiâ eorumdem, quæ dilectus & fidelis Joannes de Bovilla, Dominus Milliaci, Miles & Cambellanus noster, & fratres sui habent in dictâ Castellaniâ, & in Castellaniis, infrà scriptis de Stampis & de Dordano. Quæ omnia sibi assidemus pro quingentis quinquaginta unâ libris, decem & septem solidis & octo den. Turon. deductis pro expensis, feodis & eleemosynis quadraginta tribus libris & tredecim solid. Turon. Et sic sibi assidentur pro quingentis octo libris, quatuor solid. & novem denar. Turon.

Item assidemus & tradimus sibi modo & formâ præmissis, villam, Præposituram & Castellaniam de Stampis, cum omnibus earum pertinentiis, exceptis & retentis nobis pluribus villis quæ olim fuerunt de ressorto Præpositurræ de Stampis, & nunc sunt de ressorto præpositurræ Aurelianensis; & prædicta sibi assidemus pro duobus millibus quingentis libris, centum duodecim solidis & quinque denar. Turon. deductis pro expensis, feodis & eleemosynis sexcentis quatuordecim libris, sexdecim solidis & sex denariis Turon. Et sic restat quòd assidentur sibi pro mille octingentis octuaginta decem libris, quindecim solidis & novem denariis Turon.

Item assidemus & tradimus sibi modò & formâ præmissis, castrum & Præposituram de Dordano cum eorum pertinentiis pro mille ducentis sexaginta libris, decem & octo solidis, & novem denariis Turon. deductis pro expensis viginti quinque solidis Turon. Restat quòd sibi assidentur pro mille ducentis quinquaginta novem libris, duodecim solidis & novem denariis Turon.

Item assidemus & tradimus sibi modo & formâ præmissis Præposituram de Meullento, Præposituras de Vaus, de Texancourt, & Davenes. Item *les Griages* Castellaniæ de Meullento, excepto incremento quod extenditur in feodis & retrofeodis, & tenementis *de Larché*, & Castellaniæ de Beaumont, de Domon, de Mente usque ad rippam d'este, & ab inde in antea, juxta antiquam calciatam, quod est juxtà calciatam Juliani Cæsaris usque extrà Telhe, & ab inde usque ad dictum Domon, prout Castellania de Meullento dividitur de dicto incremento. Et prædicta sibi assidentur pro mille septingentis septuaginta novem libris, quinque solidis & quinque denariis Turonens. omnibus expensis deductis.

Summa valoris omnium particularium summarum assisiæ prædictæ, quindecim millia quadringentæ viginti-septem libræ, tres solidi, & octo denarii Turonenses. Restat quòd frater noster prædictus & ejus successores tenebuntur reddere & solvere singulis annis exequutoribus Choleti, & aliis feodis & eleemosynis in Castellaniâ de Meullento quadringentas viginti-septem libras, tres solidos & octo denarios Turon. Et nos & successores nostri Reges Franciæ reddemus & solvemus residuum, de quo est onerata Castellania de Meullento. Retinemus tamen nobis & successoribus nostris Regibus Franciæ prædictis omnibus, civitate, Comitatu, castris, Castellaniis, Præposituris, villis & earum pertinentiis superiùs expressatis & assignatis dicto fratri nostro, superioritatem, ressortum & homagium-ligium; & omnia Judæorum bona, quæ habebant Judæi ipsi tempore expulsionis eorum. Justitiam, gardam, ressortum, & superioritatem omnium Ecclesiarum, & Ecclesiasticarum personarum, & quorumcumque aliorum in personis & bonis eorum, qui sunt privilegiati a nobis, vel nostris prædecessoribus Regibus Franciæ, quòd de manu nostrâ separari non possint, ac etiam omnium Ecclesiarum Cathedralium Regninostri, in personis, bonis & juribus eorumdem, si quæ habent ab antiquo in terris prædictis, vel quæ de novo admortizata tenent à nobis, vel prædecessoribus nostris.

Et est actum inter nos & dictum fratrem nostrum, quòd iterum scietur veritas de valore omnium eorum quæ specialiter æstimata fuerunt per dictos Milites, & tradita olim per alias nostras litteras dicto fratri nostro, ac etiam aliorum jurium, domaniorum, feodorum, & retrofeodorum, ac gardarum, quæ habemus, & habebamus tempore dictæ æstimationis in dictis Comitatu, Castellaniis, castris, Præposituris, locis, eorumque pertinentiis, & circumstantiis quibuscumque, quæ non fuerunt per dictos Milites æstimata, nec nobis tenuerunt locum in assisiâ prædictâ. Et scita veritate de omnibus, dictus frater noster illa quæ aliàs æstimata non fuerunt, tenebitur pro æstimatione recipere competenti, & id quod dicta æstimatio quantitatem quindecim millium librarum Turon. prædictam excedet, recipere tenebitur in deductionem & acquitationem ceterorum redditum quos sibi assidere tenemur, prout in nostris super hoc confectis litteris pleniùs dicitur continerì. Et tunc alias certiores litteras eidem fratri nostro fieri faciemus de assisiâ supradictâ. Quibus factis, istæ & aliæ quas dudum fecimus litteræ, in quibus continentur particulæ æstimatæ assisiæ supradictæ, annullabuntur omninò: salvo in aliis jure nostro, & in omnibus alieno. Quod ut ratum & stabile perseveret, præsentibus litteris nostrum apponi fecimus sigillum. Actum Pissiaci anno Domini millesimo trecentesimo septimo, mense Aprilis. De mandato domini Regis. Per G. de Plasiano.

An. mcccix. Ex membranis D. d'Heronval.

Instrumentum quo MARGARETA *de Bellojoco renuntiat omnibus bonis mobilibus & debitis* JOANNIS *Comitis mariti sui nuper mortui.*

IN nomine Domini, Amen. Per præsens publicum Instrumentum cunctis appareat evidenter, quòd anno à Nativitate Domini millesimo trecentesimo nono, Indictione octavâ, die quintâ mensis Novembris, Pontificatûs sanctissimi patris & domini nostri domini Clementis Papæ V. anno quarto. Corpore nobilis & potentis viri domini Joannis de Cabilone Comitis Autissiodorensis & domini de Ruperforti, viam universæ carnis ingressi, ecclesiasticè in Monasterio de Caritate Bisuntinensis diœcesis solemniter ùt moris est tradito sepulturæ, nobilis & potens domina domina Margareta de Bello-joco, relicta dicti D. Comitis, antequam à tumulo dicti Comitis discederet in præsentiâ mei Notarii & testium suprascriptorum ad hoc vocatorum & rogatorum, corrigiam quâ præcincta erat resolvens, super tumulum dicti domini Comitis projici fecit, ut dicitur esse moris, significans per hoc dicta domina Margareta, volens & proponens per nobilem & potentem virum dominum Beraudum de Chevel Militem, quòd ipsa bonis mobilibus & debitis dicti domini Comitis quondam mariti sui quibuscumque renuntiabat & resignabat. Moxque post inhumationem dicti domini Comitis resignavit, & renuntiavit expressè bonis mobilibus & debitis supradictis, retinens sibi tantummodò dotem suam & maritagium, ac ea omnia & singula quæ per testatum dominum Comitem in ejus Testamento & codicillis, vel extrà, tam in augmentatione dotis, quàm donatione qualicumque sibi donata sunt vel legata: protestans etiam quòd si fortè ipsa aliqua castra, fortalicia, munitiones & terram dicti domini Comitis exnunc adiret vel intraret, aut fortè aliqua de bonis ipsis reciperet, occuparet vel haberet de cætero, quòd hoc faceret sicut persona aliena hospitata, & ex gratiâ speciali sibi modo & nomine accommodati, & cum intentione restituendi præmissa, nolens sibi in posterum præjudicari, nihilque sibi retinens vel approprians in præmissis, sed volens esse contenta de præmissis tantummodò, modo & formâ supradictis. Cui protestationi Reverendus in Christo pater dominus Hugo miseratione divinâ Archiepiscopus Bisuntinensis, Exequutor Testamenti dicti domini Comitis fratris sui consensit, eidem dominæ annuens & concedens præmissa, in modo & formâ supradictis.

Actum & datum in Capitulo dicti Monasterii, Anno, Mense, die, Indictione, & Pontificatu prædictis; præsentibus nobilibus & potentibus viris dominis,

Renaudo de Burgundiâ Comite Montis Beligardi.
Hugone ejus fratre.
Beraudo de Chenel.
Prædicto Milone de Noyers Gardiano Burgundiæ.
Joanne de Coulenier.
Jacobo de Noserois.
Hugone de Neblans.
Guillelmo Deschan Castellano de Chastel Belin.
Petro de Billey.
Joanne de Balmer Militibus.
Pontio de Branc publico Notario, & copiosâ multitudine Cleri & populi, ibidem congregatis testibus ad hoc vocatis & rogatis.

Nos autem Officialis Curiæ Bisuntinensis, ad supplicationem dictæ dominæ Margaretæ, nobis factam, per dominum Garinum publicum Notarium infrà scriptum mandatum nostrum ad hoc, à nobis specialiter destinatum, cui quantum ad hoc vices nostras commisimus & committimus, & quod per eum factum est in hac parte ratum habentes, confirmamus, sigillum prædictæ Curiæ Bisuntinensis duximus præsenti Instrumento apponendum, unà cum dicti Garini signo solito & subscriptione, in testimonium veritatis omnium, & singulorum præmissorum.

Actum & datum anno & die prædictis.

Et ego Garinus quondam Joannis dicti Tristel de Roserius, Tullensis diœcesis, publicus Apostolicâ & Imperiali auctoritate ac Curiæ Bisuntinensis Notarius à prædicto domino Officiali, ad hoc & propter hoc specialiter destinatus, præmissis unà cum dictis testibus interfui, præsenti Instrumento inde confecto subscripsi propriâ manu: subscriptionem hujus vocabuli & debitis in octavâ lineâ manu meâ feci, & etiam approbo, ipsum Instrumentum in hanc publicam formam redegi, meoque solito signo unà cum dictæ Curiæ Bisuntinensis sigillo signavi, à prædictâ dominâ Margaretâ vocatus & rogatus.

Commonitorium sit Priori de Cheza super negotiis quæ sequuntur expediendis in Curiâ, super quibus supplicandum est Domino Papæ, vel super quibus habet Prior litteras præsentare. *An. mcccx.*

PRimò, ut recommendet dominum Regem, liberos suos, fratres, specialiter Regem Navarræ, Domino Papæ.

Item, ut litteræ Apostolicæ super articulis Prælatorum Domno Papæ missis reportentur, & tam super articulis ipsis, quàm super articulis à domino Rege missis, litteræ Apostolicæ patentes remittantur per Dominum Papam, ut ex eis solidi processus fundari possint.

Item, advertat dictus Prior, quòd super articulis prædictis dictorum Prælatorum adhuc nulla est adhibita responsio, nec super articulis à domino Rege missis in dicto negotio responsum est, nisi per litteras clausas Regi missas, quæ non sufficiunt, imò sunt necessariæ litteræ patentes Apostolicæ, quæ super omnibus dirigantur Prælatis.

Item, habet dictus Prior, promovere provisionem Ecclesiæ Senonensis juxta traditam aliàs sibi formam, per provisionem Ecclesiæ Cameracensis de Magistro Guillermo de Triâ, Episcopo Cameracensi priùs, ad Ecclesiam Senonensem translato.

Item, procuraret dispensationem super matrimonio contrahendo inter filiam Comitis sancti Pauli, & filium domini G. de Flandriâ, domini Nigellæ.

Item, super matrimonio contrahendo inter primogenitum Ducis Brebantiæ, & filiam domini Ludovici fratris Regis, Comitisque Ebroicensis.

Item, ut liceat Alberto de Angesto Militi, filio Alberti de Hangesto contrahere matrimonium cum aliâ, nonobstante quòd se asserat olim contraxisse matrimonium per verba de præsenti cum Comitissâ nunc Suessionensi, nullâ tamen carnali copulâ subsequutâ, quæ postmodum Comiti Suession. proximè defuncto nupsisse noscitur, & ab eo liberos suscepisse ; nec sine gravi scandalo, dictus Albertus posset vindicare in uxorem dictam Comitissam, negansem se cum eo contraxisse matrimonium, maximè propter difficultatem probationis, licet dicta Comitissa confiteatur se verba habuisse cum dicto Alberto de matrimonio contrahendo, si placeret amicis Comitissæ ipsius ; quod non placuit eis, nec placet. Super dispensatione verò prædictâ pluries dominus Rex supplicavit Domno Papæ, tam ore tenùs, quàm per litteras ; supplicarunt etiam Domina Regina Maria, & filius ejus Comes Ebroicensis prædictus, quia nuper tractatus est habitus de matrimonio contrahendo inter filium dicti Comitis Ebroicensis, & filiam heredemque Comitis Suessionensis prædicti. Rex instat pro dictâ dispensatione, propter vitandum scandalum maximè, ac etiam subsequenti gratiâ dicti matrimonii, quod de liberis, prædictis tractatur.

Item, super discordiâ, quæ erat inter inclytum Principem Sancium, Regem Castellæ, & dominum Alfonsum, & dominum Ferrandum fratres ipsius Regis consanguineos, pax & concordia facta fuerit inter eos, quæ domino Regi Francorum multum grata extitit, qui utrisque proximo gradu consanguinitatis tenetur. Postmodum quia auctore discordiæ procurante, iterum discordia fuit suscitata inter dictum Regem Castellæ, & dictum Ferrandum; occasione cujus Rex ipse Castellæ terram & castra, de quibus per dictam concordiam providerat dicto Ferrando, ad manum suam retraxit ; supplicat dictus dominus Rex, ut Domnus Papa, qui est pacis amator, super his provideat, ut dicta concordia renovetur, & suscitata discordia tollatur, & dicta terra cum castris prædictis per Regem Castellæ restituatur dicto Ferrando ; & quòd tractatum hujusmodi Domnus Papa committat exequendum alicui magnæ personæ, qui diligat partem utramque ; quòd insuper Domnus Papa efficaciter scribat super his dicto Regi Castellæ, ac Regibus Aragonum & Portugalæ, ut præmissa promoveant & fieri procurent ; quibus dominus Rex Franciæ scribit, similiter : & videtur domino Regi propter multa pericula evitanda quæ sequi possent, & sic expediat præmissa fieri dicto Regi Castellæ, sicut dicto Ferrando. Super his autem Prior de Cheza habet loqui cum Episcopo Sabiensi, ut ipse hoc assumat negotium, & scribat efficaciter dicto Regi Castellæ : cui domino Sabinensi super hoc scribit dominus Rex.

Item, habet præsentare Prior de Cheza summo Pontifici litteras Regis, quæ sibi mittuntur, super negotio Magistri P. de Latilliaco, & domini G. de Plasiano, & sibi exponere, quæ dominus Rex sibi ostendit ; & super eodem negotio habet præsentare Cardinalibus, quæ super ipso negotio Regi scripserunt, videlicet domino Berengario, domino Stephano, ac domino Prænestino.

Item, habet præsentare super quodam secreto negotio non aperto litteras Regis, quæ ejs mittuntur Cardinalibus, domino Remondo, domino Prænestino, domino Berengario, domino Stephano.

Item, habet præsentare domino Berengario, domino Stephano, domino P. de Columnâ, Cardinalibus, litteras rescriptas super negotio termini statuti ad Concilium generale, super quo negotio dominus Rex sibi aperuit velle suum, super quo domino Regi scripserunt.

Item, mem. Priori, quòd sibi mittuntur, districtè gradus consanguinitatis, quibus junctæ sunt conjuncti filius Ducis Brabantiæ, & filia domini Ludovici fratris Regis ; gradus verò consanguinitatis, vel affinitatis, quibus juncti sunt, filia Comitis sancti Pauli & filius G. domini de Flandriâ, sibi satis citò mittentur : sunt enim in gradu prohibito satis remoto.

Item, habet Prior Domno Papæ exponere, domini Regis intentum super negotio Fratrum Hospital. Regni Franciæ, & specialiter nationis Francorum, quorum status & honor est ipso ordine quamplurimum diminutus, & in ordinatione particularis passagii pro Terræ Sanctæ negotio, retardatus. Super quo negotio litteræ Regis dirigendæ, tam domino Papæ quam Magistro & Fratribus dicti Ordinis, satis citò Priori mittentur, quas ipse opportuno tempore præsentabit.

Item, exponat Prior Papæ & Magistro Hospitalis, qualiter Rex malè contentus est de dicto Magistro, eo quod ordinationem particularis passagii non significavit Regi, nec deliberationem habuit cum eodem ; & licet se exculpaverit Magister prædictus frivolâ excusatione, quòd in recessu suo de Pictavis ordinationem scriptam dimisit domino G. de Plasiano Regi tradendam, quam Rex postea nunquam vidit, & dictus dominus G. ab eo recessit, nisi solùm quamdam cedulam scriptam, non clausam, nec sigillatam, quam quidem Procurator Hospitalis sibi ex parte Magistri tradidit ; de quâ idem dominus G. non curavit, quia taliter tradebatur, nec excusationem habet Magister, quominùs postquam certificatus fuit per litteras Regis super hoc, ante Nativitatem Domini ; postea de ordinatione passagii domino Regi intimare curavit, cum postea venerint Parisius, Prior sancti Ægidii & alii Fratres.

Item, malè contentatur Rex de Magistro prædicto, quia suo tempore, & specialiter in ordinatione passagii contrà consuetudinem Ordinis vituperavit, & diminuit honorem Regni, ex quo majus quàm aliunde intendit habere subsidium, & specialiter in duobus ; quia cum sex-viginti Fratres nationis Francorum, esse consueverint in Conventu Hospitalis ultrà mare, modo non sunt nisi duodecim vel circà, & cum tot equites in hoc particulari passagio aliunde assumat, de natione Francorum non assumit nisi paucos, scilicet quinquaginta vel circà. Exponat igitur Prior domino Papæ, ac insuper dicto Magistro, quòd voluntatis Regis esset, ut numerus Fratrum nationis Francorum reintegretur in Conventu ultramarino; & huic particulari passagio quod instat, Domino concedente, agendum, tales præponantur, de quibus Rex possit confidere, & tam de pecuniis corum, quàm de pecuniis Regni Franciæ, prudenter & fideliter erogandis ad usum destinatum, & de litteris voluerit Rex certus esse ; aliter ipse providebit, prout Dominus sibi ministrabit, juxta modum pristinis temporibus observatum. Ostendatúrque Domno Papæ, quòd Rex non vult divisionem linguarum facere in Ordine supradicto ; sed si velint Regni beneficiis gaudere, non permittet nationem Francorum in Ordine ipso postponi per Fratres Ordinis memoratos. Instet ergo Prior apud dominum Papam, quòd in dicto Ordine non fiat divisio, & quòd nationi Franciæ debitus honor servetur, sicut est hactenus consuetum ; & hoc particulare passagium ad laudem Dei sanctæque matris Ecclesiæ, ac sine detractione honoris Regis, & Regni Franciæ taliter ordinetur, quòd Rex ipse debeat contentari, & tot & talea de Fratribus Regni Franciæ ad hoc passagium assumantur, quòd Rex possit confidere de eisdem. Et hæc omnia Prior exponat domino Papæ, dicto Magistro, & Fratribus sui Ordinis, qui debent apud Avinionem in proximo convenire, & super his in proximo mittentur sibi litteræ, quas Domino, Papæ dictísque Magistro & Fratribus præsentabit.

Item, habeat in memoria Prior exponere dictis

Magistro & Fratribus injuriam & damnum, quas intulit Thesaurarius Hospitalis Franciæ, Priori Franciæ. Procurante enim Priore sancti Ægidii recessit & aufugit cum totâ pecuniâ Prioris, congregatâ pro passagio particulari, & cum aliâ pecuniâ mercatoris depositâ in domo Hospitalis Paris. Petatur ergo & remittatur dominus Thesaurarius Parisius, ut ibi respondeat de prædictis, dictâque pecunia per eum asportata, dicto Priori restituatur pro negotio supradicto.

Item, habet dictus Prior loqui domino Papæ de negotio decimæ per eum domino Regi concessæ, ut litteræ exequutoriæ prorsùs inutiles emendentur, juxtà modum in aliis decimis consimilibus consuetum : quæ litteræ exequutoriæ sibi mittentur celeriter per nuntium de Camerâ Compotorum, vel alium idoneum.

Memoria sit Priori de Chezâ, quòd litteræ Apostolicæ exequutoriæ super decimâ per dominum Papam domino Regi concessâ, quæ litteræ diriguntur Archiepiscopis Narbonensi, Rotomagensi, & Magistro Gaufrido de Plex. domini Papæ Notario, sunt in pluribus defectivæ, & per consequens inutiles, nisi per Summum Pontificem corrigantur : sunt enim propter conditiones diversas adjectas prorsùs inutiles, & forma in eis contenta est nova, non solita, nec secundùm stylum in aliis decimis per alios Summos Pontifices concessis servatum.

Primò, continetur in eis, quòd exequutores decimam imponant de consilio Ordinariorum, & duorum Canonicorum Ecclesiarum Cathedralium, &c. Cum tamen nullius consilium sit necessarium, cum secundùm antiquam decimam fiat taxatio, nisi eo casu quo Ecclesiarum facultates auctæ essent, vel diminutæ, propter quod esset opus novâ taxatione.

Item præcipitur in litteris eisdem exequutoriis, quòd ipsi in personis suis habeant circuire Regni Provincias propter hoc, quod est impossibile.

Item præcipitur eis & imponitur difficultates in personis eligendis eorum, per quos decimam levabunt.

Item præcipitur eis, quòd strictam rationem exigant, à substituendis per eos, & quòd ipsi [Papæ] rationem reddant : cum tamen soli Regi, vel gentibus suis, cujus est decima, seu ejus emolumentum, ratio reddi debeat ; non autem Domino Papæ, nec est fieri consuetum.

Item novitas & difficultas inducitur in juramento & ejus formâ, quod collectores præcipiuntur præstare.

Item Dominus Papa onerat super omnibus conscientiam exequutorum, cum tamen postquàm ipsi dederint idoneos substitutos, prorsùs exonerati conscuevêrint esse, nisi aliquis de substitutis querelam referret ; quo casu deberet facere jus de eisdem.

Item consuetum est dari exequutoribus potestatem absolvendi à sententiis excommunicationis, interdicti, latis contrà non solventes ; cum tamen obediunt ; sunt absolvendi ab irregularitate, si forsan ex eâ causâ aliquis incidit in eamdem.

Item cum decimâ conceditur tertii anni, non potest eodem anno tota levari, imò plerumque superest major pars ad solvendum propter impedimenta non solventium. Cum magnâ namque difficultate decimæ hujusmodi exiguntur, quinimò hodie de præcedentibus decimis diversorum Paparum maximæ quantitates Domino Regi debentur ; nec enim potest homo honestè personas Ecclesiasticas sic atrociter coercere, sicut sæculares personas, quæ per captionem personarum in debitis talibus coërcentur, nec unquam cum coërcione sententiarum possent Commendæ coërceri, nisi adesset manus brachii sæcularis : appellant enim, & sententias sustinent. Quare omnia remedia sunt necessaria, & nihilominùs ut cum postmodum obediunt, à sententiis absolvantur & ab irregularitate, cum in ea incidunt ; vel nunquam venirent ad obedientiam plenam. Cum igitur in litteris prædictis exequutoriis scriptum sit, quòd eodem anno, cujus decima conceditur, decima illa levetur ; est necesse quòd clausula illa tollatur, si Dominus Papa vult gratiam suam effectum habere.

Quid plura? videatur in antiquarum decimarum litteris exequutoriis, qualiter difficultates hujusmodi non continentur in eis. Expedit ergo, decet etiam Dominum Summum Pontificem, ut prospiciat super istis, & difficultates amoveat, & defectus suppleat, quibus gratia per eum concessa esset alià inutilis.

Testamentum SCLARMUNDÆ Reginæ Majoricarum.

An. MCCCXII.

Quoniam omnia mundana labilia sunt & transitoria, & nullus in carne positus mortem potest evadere corporalem ; idcirco in Dei nomine nos SCLARMUNDA Dei gratiâ Regina Majoricæ nostrum facimus Testamentum, quod dispositionem omnium bonorum nostrorum, & supremam nostram voluntatem volumus & intendimus continere ; & cum hoc nostro Testamento laudamus, corroboramus & confirmamus donationes causâ mortis, & distributionem, quas hodie fecimus de quinque millibus solidorum rendalibus quolibet anno, sicut continetur planè in publico Instrumento laudato à nobis, & recepto hodie per Laurentium Plasensa Scriptorem Regium, & auctoritate Regiâ publicum Notarium.

Item, donationes quas fecimus causâ mortis Conventibus, Collegiis, & personis ac locis religiosis, & personis de nostrâ familiâ, & aliis, prout latiùs scriptum est & ordinatum in alio publico Instrumento hodie scripto per eumdem Laurentium Plasensa Notarium memoratum : quas donationes, distributiones, & ordinationes valere volumus jure codicillorum, seu jure alterius ultimæ voluntatis, quo meliùs valere poterunt.

In primis cum hoc nostro Testamento legamus & damus inclyto Infanti Ferrando, nobis & Domino Regi Majoricæ bonæ memoriæ viro & Domino nostro communi filio, jure institutionis & nomine hereditatis suæ mille & quingentas libras Barcinonenses, quas volumus & mandamus nobilem Gastonem Dei gratiâ Comitem Fuxi solvere ipsi filio nostro ex debitis, quæ ipse nobis Comes nobis tenetur, & ejus pater bonæ memoriæ nobis tenebatur ex debitis & venditionibus, donationibus & obligationibus, & aliis, prout in Instrumentis, quæ inde habemus, continetur.

Et in ipsis mille quingentis libris dicto Infanti Ferrando nobis heredem instituimus, tali conditione adjectâ, quòd de ipsis mille quingentis libris det & dare teneatur aliis filiis nostris sua legata infrà scripta, quæ eis relinquimus, ut inferiùs continebitur ; videlicet inclyto fratri Jacobo de Ordine Fratrum Minorum, nobis & dicto Domino Regi bonæ memoriæ viro & Domino nostro communi filio, mille solidos Barcinonenses, quos sibi legamus jure institutionis, & nomine hereditatis suæ, & in quibus eumdem Fratrem Jacobum nobis heredem instituimus ; rogantes & hortantes piè illustrem Dominum Sancium Regem Majoricæ filium, nostrum carissimum ac nostrum heredem universalem infrà scriptum , ut de dicto fratre Jacobo germano suo curam gerat solertem, eum visitando personaliter ac per speciales personas frequenter , & si quæ sibi necessaria fuerint, illa placeat ei supplere, præter illas septuaginta libras , quas dictus Dominus Rex pater suus dedit, sive legavit dicto fratri Jacobo rendales quolibet anno ; taliter si placet ; quòd dictus frater Jacobus omnia sibi necessaria habeat abundanter.

Item, idem Infans Ferrandus filius noster prædictus de dictis mille quingentis libris, quas sibi legamus, seu in quibus eum heredem instituimus, & sibi solvi volumus per dictum nobilem Comitem Fuxensem, det & det teneatur illustri Sanciæ Dei gratiâ Reginæ Siciliæ, nobis & Domino Regi bonæ memoriæ viro & Domino nostro filiæ communi, quinque millia solidorum Barc. quæ ipsi filiæ nostræ legamus jure institutionis & nomine hereditatis suæ ; & in ipsis eam nobis heredem instituimus.

Item, idem Infans Ferrandus filius noster de prædictis mille & quingentis libris, quas ipsi legamus, det & solvat , & dare & solvere teneatur inclyto Philippo Thesaurario sancti Martini Turonensis, nobis & dicto Domino Regi bonæ memoriæ viro & Domino nostro communi filio , mille solidos Barc. quos dicto Philippo nostro legamus jure institutionis , & nomine hereditatis suæ ; & in illis ipsum nobis heredem instituimus.

In omnibus verò aliis bonis & juribus nostris, quæcumque sint & ubicumque , instituimus nobis heredem universalem illustrem Dominum Sancium Dei gratiâ Regem Majoricæ filium nostrum carissimum , quem rogamus affectuosè, ut contenta in hoc nostro Testamento , & in prætactis duobus Instrumentis (quorum uno distribuimus quinque millia solidorum rendalia quolibet anno , & inde fecimus institutiones & ordinationes perpetuas , & altero fecimus donationes piis locis & personis , ut in ipsis continetur) compleat , & faciat compleri & servari , & debita & injuriæ nostræ , si quæ verè apparuerint , restituere teneatur , & faciat restitui & persolvi.

Volumus tamen & rogamus , quòd ipse Dominus Rex filius & heres noster universalis, nihil petat vel exigat à nobili Comite Fuxiæ nepote nostro legitimo , vel suis , ratione debitorum , & emptionum, & donationum , vel quarumcumque obligationum. seu ratione supplementi legitimæ nostræ, vel quâcumque aliâ ratione seu causâ , quâ nobis teneatur, & sit obligatus dictis nobilis Comes , aut esset obligatus nobis nobilis Comes pater ejus germanus noster bonæ memoriæ, cùm chartis & sine chartis : nam in compensationem & solutum omnium ad quæ nobis tenetur, imposuimus sibi, quòd solvat inclyto Infanti Ferrando filio nostro mille & quingentas libras ; & ampliùs injunximus sibi alia onera , prout in quodam Instrumento publico, quod inde faciemus fieri , pleniùs continebitur : salvis ipsi heredi nostro universali centum millibus solidis, quæ sibi debentur ex dote nostrâ, quibus nolumus , nec intendimus per hoc vel alia in aliquo derogari.

Sanè volumus & ordinamus , quòd si contingeret aliquem vel aliquos ex dictis filiis nostris præmori nobis, quod Deus avertat, eorum liberi superstites haberent jure institutionis ea quæ dictis filiis nostris superiùs legavimus, seu in quibus eos heredes nobis instituimus ; & in hoc casu si contingat, eorum liberos nobis heredes instituimus.

Legatum verò quòd fecimus fieri Jacobo & Philippo filio nostro, ipsis nobis præmorientibus : & legatum quod fecimus Infanti Ferrando & Sanciæ Reginæ Siciliæ filiis nostris, si præmorerentur nobis , nullis liberis eis superstititibus , darentur amore Dei pauperibus infirmis jacentibus in villâ Perpiniani, & pauperibus mulieribus maritandis, ac pauperibus verecundis , & aliis piis & pauperibus personis, & locis intùs villam Perpiniani, arbitrio & per manus Presbyteri, qui pro tempore institutus fuerit in loco Sacerdotali quem instituimus in Ecclesiâ Pontis Perpiniani, & Capellâ ibidem construendâ , nisi nos de ipso legato , seu legatis ipsis filiorum nostrorum nobis præmorientium aliter vel aliter duxerimus ordinandum.

Prædictos autem filios nostros affectu filiali deprecamur instanter, ut promissis in quibus eorum singulos nobis heredes instituimus, & cæteris omnibus quæ ordinavimus acquiescant, & sint contenti, & nihil ampliùs petant vel exigant in bonis, aut ex bonis nostris , nec quæstionem aut controversiam aliquam faciant contrà præsens nostrum Testamentum & contenta in eo , vel adversùs alias donationes, distributiones & ordinationes per nos factas , sed ea omnia observent firmiter , & faciant inviolabiliter observari.

Cæterùm volumus & ordinamus , quòd credatur firmiter & adhibeatur fides plena cuidam schedulæ & contentis in eâ, quam per Capellanum nostrum vel per Confessorem nostrum scribi faciemus & sigillari nostro sigillo : nam per ipsam schedulam intendimus aliqua ordinare , & ideo quæ continebuntur in eâ valere volumus, & teneri ac servari, etiam si per eam volemus, & nobis placuerit aliqua dare vel legare , sive addere , minuere aut mutare , seu corrigere huic nostro Testamento aut nostris Codicillis, donationibus & ordinationibus nostris jam factis & faciendis.

Ad hæc autem omnia & singula in hoc nostro Testamento , & dictis duobus Instrumentis, quibus donationes & distributiones, ac institutiones fecimus contenta , & quæ continebuntur in dictâ schedulâ faciendâ , complendâ & exequenda facimus & constituimus manumissores & exequutores venerabilem Episcopum Elnensem , & Capellanum nostrum qui institutus fuerit in dicto loco Sacerdotali Ecclesiæ Pontis Perpiniani, & nobiles Guillelmum de Caneto & Petrum de Fenoleto , & Arnaldum Traverii , & Arnaldum de Codaleto , & Capellanum nostrum quem habebimus tempore mortis nostræ , quos rogamus & hortamur ut cariùs possumus , quòd velint gerere curam & dare operam efficacem ; & reducere ad memoriam Domini Regis filii & heredis nostri universalis , & ad eum instare opportunè & importunè , ut donationes , legata , institutiones , distributiones & ordinationes nostræ solvantur , fiant & compleantur , & mandentur exequutioni , ac perpetuò observentur, taliter si placet, quòd à summo Deo inde consequantur meritum & præmium spirituale. Hæc est nostra ultima voluntas, quam semper inviolabiliter servari volumus & jubemus : quæ si non valet jure Testamenti, saltem valeat jure codicillorum , vel jure cujuslibet alterius nostræ ultimæ voluntatis.

Et nos Sancius Dei gratiâ Rex Majoricæ prædictus heres universalis in hoc Testamento institutus à dominâ Reginâ reverendissimâ matre nostrâ, hæc omnia laudamus, approbamus & ratificamus, promittentes sub obligatione omnium bonorum nostrorum Vobis eidem dominæ Reginæ matri nostræ præsenti & supplicanti, ac tibi etiam Notario infrascripto tamquam publicæ personæ , pro omnibus locis & personis , & aliis quorum interest, intererit , & potest ac poterit interesse , stipulanti & recipienti , quòd omnia & fingula fupradicta complebimus & fervabimus, & compleri & fervari faciemus perpetuò firmiter, ut funt fuperiùs ordinata.

Acta & laudata funt hæc in camerâ dictæ dominæ Reginæ, Caftri Regii Perpiniani, die Sabbati intitulatâ nono Kalendas Aprilis, anno Domini millefimo trecentefimo duodecimo, præfentibus teftibus vocatis & rogatis, nobili Guillelmo de Caneto, Arnaldo Traverii Judice, Arnaldo de Codaleto Thefaurario prædicti domini Regis, Guillelmo de Camporotundo, Raymundo Talant, Natali Yfarni Capellanis ejufdem domini Regis, Berengario de Montefalvo Capellano Capellæ Caftri Regii Perpiniani, Petro Plafenfa Scriptore rationali dicti domini Regis, & Laurentio Plafenfa.

Ego Laurentius Plafenfa Scriptor præfati domini noftri Regis Majoricæ, & ejus auctoritate publicus Notarius fubfcripfi & claufi, & fubfignavi meo publico & confueto figno.

Edictum PHILIPPI IV. *Regis Francorum.*

An. MCCCXII.
Ordinat ut debita à fe contracta ad diem præfixum folvantur.

NOverint univerfi, quòd nos GUIDO Columbi Cuftos judicaturæ balliviæ Mafticonenfis, tenenfque locum difcreti viri Girardi de Caftro-novo Gardiatoris pro domino Rege balliviæ Mafticonenfis prædictæ, patentes litteras Regis recepimus, formam quæ fequitur continentes:

PHILIPPES par la grace de Dieu Rois de France au Bailly de Mafcon, falut. Comme nous avons ordené & mandé par nos autres lettres à faire à fçavoir par noftre Baillie & le reffort d'icelle, que chafcun à qui nos ferions tenus pour les defpens de noftre Hoftel de noftre chiere compaigne Johanne jadis Reyne de France, & de nos enfans, foit à Paris à la quinzaine de cefte fefte faint Andrieu, pour eftre paié deüement; & aufint de chafcune des autres parties de noftre Reaume: Nous regardans que par la multitude & l'oppreffion de eux il pourroient donner empefchement à leur delivrance, & par eux mefme eftre grevez de defpens pour attendre, jaçoit ce que noftre volenté eft que il foient paiez fens dilation & fens faute: Vous mandons & commandons que vous faciez fanefier de par nous par cry és lieux de voftre Bailliage, à ce acouftumés, à tous ceux aus quiex nous devons pour les caufes devant dites, que il foient à Orliens à la quinzenne de la Thiphaine procheine à venir, pour recevoir leur paiement fens faillir de ce que appara que nous leur devons; à laquelle jornée nos gens feront ilec appareilliés defdits paiement faire entierement, fi comme nous avons ja piece a ordené. Et ce faites fi diligemment que vous n'en puiffés eftre repris de negligeence. Donné à Paris cinquiéme jour de Decembre, l'an de grace mil ccc. & douze.

Datum figillo noftro in teftimonium receptionis literarum prædictarum: die Lunæ ante feftum Nativitatis Domini, anno quo fupra.

An. MCCCXIII.

Matrimonium contractum inter FERRANDUM *Regis Majoricarum filium*, ISABELLAM *filiam* PHILIPPI *d'Ybellin Seneschalli Cypri*, *&* MARGARITÆ *filiæ* GUILLELMI *Achaiæ Principis.*

IN nomine Domini, Amen. Anno ejufdem Incarnationis millefimo trecentefimo tertio-decimo, octavo-decimo die menfis Februarii, duodecimæ Indictionis, regnante fereniffimo domino noftro domino Rege Friderico tertio, Regni ejus anno octavo-decimo feliciter, Amen. Nos Tornellus de Tornellier, Judex civitatis Meffanæ, Fermus de Lardea Regius publicus ejufdem civitatis Notarius, & teftes fubfcripti ad hoc fpecialiter vocati & rogati, præfenti fcripto publico notum facimus & teftamur, quòd exiftentibus nobis in præfentiâ illuftris domini FERRANDI Infantis, filii illuftris quondam domini Regis Jacobi Regis Majoricarum bonæ memoriæ, & nobilis & magnificæ dominæ; dominæ Margaretæ, filiæ quondam domini Guillelmi Ackay Principis dominæ Matagriffoni, prædicti domina Marguarita & dominus Ferrandus viciffim animo obligandi confentientes, in nos prædictos Judicem & Notarium tamquam in fuos, cum fcirent ex certâ eorum confcientiâ nos fuos non effe Judicem & Notarium, pariter funt confeffi, quòd cum nuper contractum fit matrimonium inter eumdem illuftrem dominum Ferrandum infantem, & dominam ISABELLAM ejufdem dominæ Margaritæ & dicti quondam domini Guillelmi filiam, quam dictus dominus Ferrandus Infans fecundùm facro-fanctæ Romanæ Eccleſiæ & Canonum inftitutâ duxit legitimo matrimonio in uxorem; contemplatione dicti matrimonii prædicta domina Margarita folemniter promifit eidem domino Ferrando Infanti affignare in dotem, & nomine dotis hinc ufque per totum menfem Septembris primò venturum, fequentis tertiæ-decimæ Indictionis, nifi jufta caufa impedimenti fuperveniret eidem dominæ Margaritæ, caftrum & terram Mattagriffoni cum omnibus juribus; rationibus, hominibus, vaffallis, cafalibus, feudis, five pertinentiis fuis, eo falvo quòd dicta domina Margarita poffit perpetuò concedere unam militiam alicui de quo fibi videbitur; de iis bonis quæ funt in dictâ Caftellaniâ.

Item omnes terras, cafalia, caftra, jurifdictiones, villanos, vaffallos, & baronias exiftentes ubicumque extra caftellaniam dicti caftri Mattagriffoni, tam quæ dicta domina Margarita habet, quàm habere fperat vel habere poffet in futurum, retento ufufructu & poffeffione invitâ dictæ dominæ Margaritæ prædictorum bonorum exiftentium extra dictam caftellaniam, & eo quod dicta domina Margarita poffit in fuo fervitio habere tot villanos, quot videbitur eidem domino Ferrando Infanti ad ejufdem domini Infantis arbitrium, excepto cafali uno extra dictam caftellaniam, quod dicta domina Margarita debet habere pleno jure, ad faciendum de eo quidquid fibi placuit.

Item quia dicta domina Margarita afferit fe habere jura in principatu Achaiæ vel Moreæ, in toto dicto principatu, vel faltem in ejus quintâ parte, eadem domina Margarita in caufam feu ex caufâ dotis ceffit eidem domino Ferrando Infanti omnia prædicta jura fibi competentia quâcumque ratione, qualiacumque effent, five in jurifdictione, five in terris, vel feudis, conftituens eumdem dominum Ferrandum Infantem exinde Procuratorem in rem fuam, fi eum exinde expetiri contingeret, promittens de prædictis juribus hinc inantea nulli alteri perfonæ facere aliquam ceffionem, vel quietationem five remiffionem fub pœnâ infra fcripta.

Item quia eadem domina Margarita afferuit debere recipere ex caufâ mutui, vel aliâ caufâ legitimâ ab heredibus quondam dominæ Ifabellæ principiffæ Achaiæ perparos viginti octo millium, prædicta domina Margarita ex caufâ dotis prædictæ ceffit eidem domino Ferrando Infanti jura prædicta, conftituens exinde eumdem dominum Ferrandum Infantem procuratorem in rem fuam, ut poffit inde expetiri, promittens etiam eadem domina Margarita dicto domino Ferrando Infanti de prædictis juribus nulli perſonæ

in futurum

Diplomatum, &c.

n futurum facere aliquam cessionem vel remissionem, nec quòd in præteritum de his aliquid alicui faciet sub prædictâ infrascriptâ pœnâ. Item quia dicta domina Margarita asserit se habere jura in terrâ Calamettæ, & in parte provinciæ Provinciæ, dicta domina Margarita cessit sibi ex prædictâ causâ prædicta jura.

Item prædicta domina Margarita convenit & promisit eidem domino Ferrando Infanti dare, & assignare, & tradere ex causâ dotis prædictæ perparos quadraginta millium, cumputato perparo pro gillatis quatuor, de quibus perparis dicta domina Margarita assignavit manualiter eidem domino Ferrando Infanti in Florenis auri perparos decem & septem millium, & reliquos perparos viginti trium millium prædicta domina Margarita dare & assignare promisit eidem domino Ferrando Infanti per totum prædictum mensem Septembris primò venturum, dictæ sequentis tertiæ-decimæ Indictionis primò venturæ.

Item quia prædicta Domina Margarita asseruit se debere recipere pro Comitatu Cephaliniæ perparos centum millium ex legitimâ causâ, dicta domina Margarita cessit eidem domino Ferrando Infanti jura prædicta ex causâ dotis secundùm dictam formam. Quæ omnia & ipsorum quodlibet prædicta domina Margarita promisit solemniter eidem domino Ferrando Infanti attendere, & inviolabiliter observare sub pœnâ infra scriptâ.

Quòd si forte prædictum matrimonium dissolveretur morte ejusdem domini Ferrandi Infantis, vel dictæ dominæ Isabellæ, liberis ex dicto matrimonio susceptis, quòd de restitutione dictarum dotium fiat totum id quod jus & justitia suadebunt.

Quas dotes dictus dominus Ferrandus recepit sub hypothecâ & obligatione omnium bonorum suorum mobilium & stabilium, præsentium & futurorum.

Quòd si dicta domina Margarita contra fecerit in prædictis, vel in aliquo prædictorum, sponte se obligavit ad pœnam florenorum auri triginta millium eidem domino Ferrando, legitimè stipulanti ab ea solvendorum solemniter promissorum & tenere eidem domino Ferrando ad omnia damna, expensas & interesse propter facta & facienda in Curiâ & extra, rato manente pacto, omnibus & singulis supradictis in eorum robore duraturis, obligando eidem domino Ferrando proinde pignori omnia bona sua mobilia & stabilia, præsentia & futura, ubicumque meliùs apparentia, tali pacto quòd pœnâ solutâ, vel non, liceat eidem domino Ferrando bona ipsius dominæ Margaritæ intrare, capere & vendere quo maluerit, & de pretio sibi pleniùs satisfacere de sorte, pœnâ, expensis, damnis omnibus & interesse, occatione prædicta factis & faciendis non obstante abscentiâ, præsentiâ, vel contradictione ipsius dominæ Margaritæ, vel alterius pro ea voluntariè factâ, renuntiando expressè in iis omnibus consuetudini civitatis Messanæ super pignoribus editæ, privilegio fori, seu legi *Si convenerit*, auxilio Velleiani Senatusconsulti quòd sit certiorata priùs à nobis Judice & Notario memoratis, juri hypothecarum, beneficio restitutionis in integrum, & omnibus & singulis generaliter juribus scriptis & non scriptis, quibus contra prædicta, vel aliquod prædictorum venire posset, vel se tueri vel juvare valeret. Unde ad futuram memoriam & dicti domini Ferrandi Infantis cautelam factum est inde præsens publicum Instrumentum per manus mei prædicti Notarii Firmi, nostris subscriptionibus roboratum.

Scriptum Messanæ, anno, die, mense & Indictione præmissis.

Ego Tornellus de Tornellis judex Messanæ.

Ego Petronus Guereius de Messanâ Advocatus testor.

Ego Andreas Guiterii de Turrillis testor.

Ego Arnaldus de Casano de Majoricis testor.

Ego frater Raimundus Dons Ordinis Fratrum Prædicatorum testor.

Ego Fermus de Lardea Regius publicus Messanæ Notarius, rogatus prædicta scripsi.

SANCII *Regis Majoricarum.*

Anno MCCCXIII. Concessio Feudi facta à Rege Majoricarum.

Noverint universi quòd nos JACOBUS Dei gratiâ Rex Aragonum, Majoricarum & Valentiæ, Comes Barchinonæ & Urgelli, & dominus Montispellulani, & ego Berengarius de sancto Joanne Miles, volentes Instrumentum quoddam scriptum per Raimundum & Radulfum Presbyterum confectum inter Nunonem Sancii Comitem Rossilionis defunctum, & inter Berengarium de sancto Joanne, & Guillelmum de sancto Joanne quondam defunctum avunculum meum, & omnia singula pacta & alia in ipso Instrumento contenta renovare noviter, ac etiam confirmare ipsum Instrumentum, & pacta omnia & alia in eo contenta, ut tunc facta seu inita fuerunt renovanda & confirmanda duximus in hunc modum: Quòd ego Berengarius de sancto Joanne prædictus, fateor & recognosco reverâ vobis domino Jacobo Dei gratiâ illustri Regi Aragonum prædicto, quòd Minimille quondam domina de Plano de Curtibus accepit in feudum justitias suas per Olibam quondam Comitem, cui chartâ inde confectâ & firmatâ ab ipsis Minimille & Oliba Comite, scriptâ per Semofredum scriptorem. Cujus tenor talis est:

IN nomine Domini ego Minimille domina de Plano de Curtibus accipio per te Olibam Comitem meum seniorem ad fevum propter hoc quod me & meos semper manuteneatis & defendatis, & totas meas justitias quæ sunt meum alod de Plano-curtis & de Boscheros & de Villarfello & de Olius sobria & inferius, & de Palatio & de Castelled.

Et ego Oliba Comes accipio te Minimilles & omnes successores quod ibi fuerint cum tota ista honore, & totam aliam quam habes, in meâ guardâ & defensione semper; & facio statutionem, & meus heres similiter faciat per omne tempus, ita quòd tu & tuos successores habeatis semper, & teneatis justitias de parochiâ Pla de Curts, & de alia tua honore à feu per me & meos successores: & sic totum dono & firmo & laudo, videlicet homicidias, cugucias, firmancias & justitias; quod ibi esse possunt. Et insuper vobis dono omnes pasturales, aquas & aquales, boschos & meneres præsentia & futura, & piscationes sicut pertinere debent ad nostrum seniorivum de Paglauro quousque pervenerit ad Volun; & de termino de Cered, ab usque terminos ipsum Volo, & dictas ipsas tuas justitias, & dictas res seniorius quas in Volone habes te & tuos emparo. Quòd si ego aut ullus homo venerit ad irrumpendum, non hoc valeat vindicare, sed firma & stabilis permaneat omnique tempore.

Facta est scriptura quinto Kal. Augustas, anno vigesimo secundo regnante Leutario Rege filio Lodenarii.

Signum Minimille.

Signum Olibæ Comitis qui ista scriptura feudale seu donationis fecimus, & firmare rogamus.

Signum Cimdofredus, & firmare rogamus.

Signum Sperandeu.

Signum Lunesus,

Signum Leupordus,

Signum Vivazane. Et est factum in conspectu aliorum multorum proborum virorum.

Ego itaque Berengarius de sancto Joanne, recipio in feudum à vobis dicto Jacobo Dei gratiâ Rege prædicto dictas justitias modo prædicto. Et nos Jacobus Dei gratiâ Rex præfatus accipimus vos dictum Berengarium de sancto Joanne, & successores vestros quod ibi fuerint, cui toto isto honore & cum toto alio honore vestro quem habetis, in nostrâ guardâ & defensione semper, & facimus statutionem quòd heredes nostri istud idem faciant per omne tempus; ita quòd vos & vestri successores habeatis, & semper teneatis prædictas justitias pro feudo per me & omnes successores meos: & sic totum dono, firmo & laudo vobis prædictas & vestris, videlicet homicidias, cugucias, firmantias, & justitias quæ ibi esse possunt. Et insuper vobis dono omnes pasturas, aquas & aqualés, boschos & menerias præsentes atque futuras & piscationes; sicut pertinere debent ad dominum nostrum de Podiolaurono usque pervenerit usque ad terminos Voloni, & de terminis Curreti usque ad terminos prædictos Voloni, & de prædictis justitiis vestris, & de dominio quas & quod habetis in Volono, vos & vestros emparamus.

Datum Barchinonæ sexto Kalend: Augusti, anno Domini millesimo ducentesimo sexagesimo quarto.

Signum Jacobi Dei gratiâ Regis Aragonum, Majoricarum & Valenciæ, Comitis Barchinonæ & Urgelli, & domini Montispessulani.

Signum Berengarii de sancto Joanne prædicti, quod prædicta omnia & singula concedo & firmo.

Testes sunt Gaucerandus de Pinos,
Raymundus de Guarda,
Petrus de Villari-acuto,
Arnaldus de Lertio,
Maymonus de Castro-aulino.

Signum Guillelmi de Rocha, qui mandato domini Regis & dicti Berengarii de sancto Joanne hoc scribi fecit & clausit, loco, die & anno præfixis.

Tenor verò chartæ determinationis & declarationis prædictæ, est quod sequitur:

Noverint universi quòd ortâ contentione seu quæstione inter Guillelmum de Villa rasa Vicarium Rossilionis, pro domino Rege ex unâ parte, & Berengarium de sancto Joanne Militem ex alterâ, super justitiis civilibus & criminalibus Castri sancti Joannis de Plano de Curtibus, & Mansorum de Vilarizel, & de Castelleto; quas justitias civiles & criminales dictorum locorum dictus Berengarius de sancto Joanne asserebat ad se pertinere, tam ex privilegio & concessione & confirmatione domini Regis prædicti, quàm ex longo & antiquo usu & possessione: dicto Vicario in contrarium asserente, & dicente dictas justitias ad dictum dominum Regem tam de jure communi, quàm ex longo usu & possessione pertinere. Tandem dictus Berengarius cum domino Infante Jacobo venit ad perpetuam transactionem, determinationem, & declarationem in hanc modum:

Nos Infans Jacobus illustris Regis Aragonum filius, heres Majoricarum & Montispessulani, Rossilionis, Ceritaniæ ac Confluentium per nos & nostros laudamus, concedimus & confirmamus vobis dicto Berengario de sancto Joanne, & vestris ad feudum nostrum, justitias civiles & criminales dicti castri de sancto Joanne, & de Vilarizel, & de Castelleto, & cognitionem & punitionem dictarum justitiarum in hominibus dictorum locorum, & terminorum ipsius castris, & ipsis existentibus, exceptis homicidiis, raptibus virginum, & aliarum mulierum honestarum, & crimine hæreseos, & crimine læsæ majestatis commisso contrà nos, vel heredes, vel successores nostros, vel officiales nostros & successorum nostrorum, & curiæ domini Regis; & crimine falsæ monetæ, & falsi testimonii, & crimine merzinarum, & latrociniis publicis sive aggessionibus viarum & itinerum publicorum, & crimine furium qui bis pro furto jam fuerint convicti seu confessi; & exceptâ petitione pacis & treugæ, quas justitias superiùs exceptatas, & petitionem prædictam pacis & treugæ quoad cognitionem & punitionem in prædicto castro, & in prædictis aliis locis de Vilartzel & de Castellet, in hominibus in eisdem omnibus habitantibus, nobis & nostris in proprio retinemus, & alias autem justitias civiles & criminales extrà prædictas vobis & vestris, ut supradictum est, ad feudum perpetuò ducimus concedendas, laudantes & confirmantes vobis ad feudum pasturas & aquas, & aqualia & nemora, & alia vobis concessa ad feudum per dominum Regem patrem nostrum, prout in Instrumento inde confecto continetur.

Et ego dictus Berengarius de sancto Joanne laudans & approbans omnia supradicta, accipio in feudum à vobis prædicto domino Infante, nomine domini Regis & successorum suorum, prædictas justitias & alia à vobis superiùs in feudum mihi concessa, de quibus nomine dicti domini Regis facio vobis in præsenti homagium ore & manibus commendatum, & obligo heredes & successores meos in dicto castro sancti Joannis, ad prædictum homagium faciendum.

Datum in Perpiniano Idus Februarii, anno Domini millesimo ducentesimo sexagesimo nono. 1269.

Signum infantis Jacobi illustris Regis Aragonum filii heredis Majoricarum & Montispessulani, Rossilionis, Ceritaniæ, ac Confluentis.

Testes sunt Ermengualdus de Vergellis,
Aries Juanys,
Eymericus de Pulcro-vicino,
Sancius Jordani,
Arnaldus de Lupiano,

Signum Petri de Calidis, qui mandato domini Infantis Jacobi pro Petro de Capellidis Notario suo hoc scribi fecit & clausit, loco, die & anno præfixis cum litteris scriptis in lineâ duodecimâ ubi dicitur, Et alia.

Acta & laudata sunt hæc per dominum Sancium Dei gratiâ Regem Majoricarum, & Berengarium de sancto Joanne prædictum in Camerâ Regiâ castri Perpiniani domini Regis prædicti, sexto-decimo Kal. Julii, anno domini millesimo trecentesimo tertiodecimo, præsentibus Berengario de Ulinis domino de Camessella, 1313.
Petro de Pulcro-castro,
Hugueto de Tatiohe,
Berengario de Petra-percussa, Militibus;
Berengario de Argilageriis,
Archno Urgellenii,
Arnaldo Traverii judice,

Et Arnaldo de Codaleto Thesaurario domini nostri Regis.

Ego Guillelmus Castelli hoc scripsi vice Scriptoris publici infrascripti.

Ego Laurentius Plasensa Scriptor præfati domini nostri Regis Majoricarum, & ipsius auctoritate publicus Notarius ubique terrarum suæ ditioni subjectarum, hanc chartam scribi feci, & clausi, meo publico & consueto signo.

Diplomatum, &c.

In. MCCCXV.

Manumissio servis Regni Franciæ à LUDOVICO X. Rege data.

LOys par la grace de Dieu Roys de France & de Navarre, à nos amés & feauls Mestre Saince de Chaumont & Mestre Nicole de Bray salut & dilection. Come selonc le droit de nature chascuns doit nestre franc, & par aucuns usages ou coustumes qui de grant ancienneté ont esté entroduites & gardées jusques ci en nostre Royaume, & par avanture pour le messait de leurs predecesseurs, moult de personnes de nostre commun pueple soient encheus en lieu de servitute, & de diverses conditions, qui moult nous desplet. Nous considerans que nostre Royaume est dit & nommé le Royaume des Francs, & veillans que la chose soit accordant au nom, & que la condicion des gens amende de nous en la venue de nostre nouvel gouvernement, par deliberation de nostre grant Conseil avons ordené & ordenons que generaument par tout nostre Royaume de tant comme il puet appartenir à nous & à nos successeurs, teles servitutes soient ramenés à franchises, & à tous ceus qui de ou orine, ou ancienneté, ou de nouvel par mariage, ou par residence de lieus de serve condicion sont encheus, ou pourroient escheoir ou lien de servitute, franchise soit donnée o bones & convenables condicions ; & pour ce especialement que nostre commun pueple qui par les Collecteurs, Sergens, & autres officiaus, qui ou temps passé ont esté deputés seur le fait des mains mortes & formariages, ne soient plus grevés ne domagiés par ces choses, si come il ont esté jusques ci, laquele chose nous desplet ; & pourceque les autres Seigneurs qui ont homes de cors, prengnent exemple à nous de eus ramener à franchité.

Nous qui de vostre leauté & approuvée discrecion nous fions tout à plain, vous commettons & mandons par la teneur de ces Lettres, que vous aliés en la baillie de Senlis & és ressors d'icelle, & à tous les lieus, villes, communautés & persones singulieres qui de ladite franchise vous requerront, traitiés & accordiés avec eus de certaines composicions, par lesquelles souffisans recompensation nous soit faite des emolumens qui des dites servitutes pooient venir à nous & à nos successeurs, & à eus donnée de tant comme il peut toucher nous & nos successeurs, general & perpetuel franchise en la maniere que dessus est ; selonc ce que plus plenement le nous avons dit, desclairé, & commis de bouche. Et nous promettons en bonne foy que nous pour nous & nos successeurs ratefierons, & approuverons, tendrons, & ferons tenir & garder tout ce que vous ferés & accorderés sus les choses dessus dites, & les lettres que vous dourrés seur vos traitiés, composicions, & acors de franchises à villes, commuautés, lieus, ou personnes singulieres, nous les agreons dés orendroit, & leur en donrons les nostres seur ce toutes fois que nous en serons requis. Et donnons en mandement à tous nos Justiciers & subgiés que en toutes ces choses ils obeïssent à vous & entendent diligaument. Donné à Paris le tiers jour de Juliet l'an de grace mil trois cens & quinze.

An. MCCCXV.

Manumissio servorum Regni Franciæ confirmatur.

LOys par la grace de Dieu Roys de France & de Navarre, à nos amés & Feauls Mestre Saince de Chaumont & Mestre Nicole de Braye, salut & dilection. Comme nous aions de nouvel par nostre grant Conseil generaument ordené pour l'onneur & le bon renom de nostre royaume, & pour le bien de nostre pueple, que il puisse demourer plus en pés sous nous, que toutes manieres de gens qui sont en servitute, tant comme à nous appartient, pour nous & pour nos hoirs ; soient mises à franchise par bones condicions, si comme il est plus plenement contenu en nos autres Lettres ; pourroit estre que aucuns par mauvés conseils, & par defaute de bons avis charroit en desconnessance de si grant benefice, & de si grant grace, que il voudroit mieus demourer en la chetiveté de servitute, que venir à estat de franchise. Nous vous mandons & commettons, que vous de teles personnes pour l'aide nostre presente guerre, consideree la quantité de leurs biens, & les condicions de la servitute de chascun, vous en leviés si souffisamment & si grandement, comme la condicion & la richesse des personnes pourront bonnement souffrir, & la necessité de nostre guerre le requiert. Donné à Paris le v. jour de Juillet l'an de grace mil trois cens & quinze.

LUDOVICI X. Regis francorum GAZONI Episcopo Laudunensi.

An. MCCCXV.

Refert Episcopus literas quibus à Rege sibi jubetur ; ut Silvanectum ad examinandam Petri Episc. Catal. causâ conveniat.

UNiversis præsentes literas inspecturis GAZO miseratione divinâ Laudunensis Episcopus, Salutem in Domino. Noveritis nos anno Domini MCCCXV. die Mercurii in crastino festi Beatæ Mariæ Magdalenæ quasdam literas recepisse, formam quæ sequicur continentes. LUDOVICUS Dei gratiâ Franciæ & Navarræ Rex dilecto & fideli nostro GAZON. Episcopo Laudunensi, Salutem & dilectionem. Cum, sicut accepimus, dilectus & fidelis noster Archiepiscopus Remensis pro examinatione quorumdam criminum, super quibus apud eum Petrus Episcopus Catalaunensis his diebus delatus exstitit, certo indigeat Episcoporum numero secundùm Canonicas sanctiones, ac hujusmodi negotium personam nostram plurimùm tangere dignoscatur : Vos attenté requirimus & rogamus, vobis etiam sub debito fidelitatis, quâ nobis tenemini, tenore præsentium injungentes, quatenùs Silvanecti sextâ die instantis mensis Augusti, dicto Catalaunensi Episcopo per eumdem Archiepiscopum ad respondendum articulis super dictis criminibus assignata, juxta requisitionem ipsius Archiepiscopi personaliter intersitis : ita quòd propter vestri defectum (quod absit) nequeat præfati examinatio negotii retardari. Datum Parisiis x. die Julii, anno Domini MCCCXV.

In cujus receptionis testimonium præsenti transcripto, sigillum nostrum duximus apponendum. Datum apud Pratellam domum nostram, Anno & die Mercurii supradictis.

ROBERTI Archiepiscopi Remensis.

Anno MCCCXVI.

Rogat Archiepiscopus quosdam Episcopos ... atum Pro...

REverendis in Christo Patribus Dominis Rotomagensi, Senonensi, Bituricensi, Lugdunensi, Archiepiscopis ; Parisiensi, Aurelianensi, Carnotensi, Eduensi, Lingonensi, Meldensi, Autissio-

Tom. III.

vinciarum, ut Silvanectum petant, discutiendi gratiâ causam Episcopi Catalaunensis.

dorensi, Nivernensi, Claromontensi, Mimatensi, Lemovicensi, Bethlemitano, Bajocensi, Lexoviensi, Constantiensi, Ebroicensi, Briocensi, Macloviensi, Cenomanensi, Andegavensi, Pictavensi, & Santonensi, Episcopis: Robertus permissione divinâ Remensis Archiepiscopus salutem, & sinceram in Domino caritatem. Cum nostrum Provinciale Concilium à nobis & quibusdam Suffraganeis nostris, ac nonnullis aliarum Provinciarum Episcopis, pro causâ venerabilis Fratris Petri Catalaunensis Episcopi, Suffraganei nostri ultimò celebratum, de ipsorum suffraganeorum, & aliorum Episcoporum consensu unanimi, ex certis & evidentibus causis tunc imminentibus, usque ad nuper præteritam quintam decimam diem præsentis mensis Maii prorogassemus; & quia ipsâ die quintâ decimâ, & aliis duabus sequentibus diebus, Episcoporum numerum, qui juxtà Canonicas sanctiones necessariò requiritur in hac causâ, non potuimus habere completum propter aliquorum vestrûm, & suffraganeorum nostrorum ad hoc convocatorum absentiam, & Canonicum impedimentum, virtute dictæ prorogationis, iteratò dictam quintam decimam diem mensis Maii ad diem Lunæ post instans festum Beatæ Mariæ Magdalenæ apud Silvanectum eo jure, quo potuimus, continuavimus & assignavimus; ac dicto Episcopo Catalaunensi, & hujusmodi negotio assistenti, præsentibus etiam vobis, eamdem diem & dictum locum assignantes, eosdem ad hoc personaliter citantes ad procedendum in hujusmodi negotio secundùm anteacta & agenda, ut jus erit; prout in processu super hoc confecto hæc & alia plenius continentur: Paternitates vestras; ne hujusmodi causa deserta remaneat, vel forsitan indiscussa, in juris subsidium requirimus & rogamus, quatenus dictis die & loco cum diebus sequentibus ad hoc necessariis, quamdiù dicto negotio fuerit insistendum, in eodem Concilio nobiscum, & cum Suffraganeis nostris, quos ob hanc causam citari decrevimus ac etiam convocari, personaliter interesse curetis ad resumendam dictam causam & processum ejus secundùm retroacta, & agenda, & ad procedendum ulterius justitiâ mediante. In signum receptionis harum literarum nostrarum sigilla vestra præsentibus apponatis. Datum sub sigillo nostro, Anno Domini MCCCXVI. die Lunæ ante Ascensionem Domini.

Pendent è tabulis sigilla Archiepiscoporum *Rotomagensis, Senonensis;* Episcoporum *Carnotensis, Edunensis, Lingonensis, Meldensis, Autissiodorensis, Nivernensis, Claromontensis, Mimatensis, Lemovicensis, Bethlemitani, Bajocensis, Constantiensis, Ebroicensis, Briocensis, Macloviensis, Cenomanensis.* Perierunt tantummodò sigilla duorum Episcoporum.

ÆGIDII Archiepiscopi Rotomagensis LUDOVICO Regi.

Certas ob causas Regi notas Concilio Silvanectensi intercesse recusat.

Serenissimo Principi Domino suo carissimo, Domino LUDOVICO Dei gratiâ Francorum & Navarræ Regi Illustri, Capellanus vester ÆGIDIUS ejusdem permissione Rotomagensis Archiepiscopus cum recommendatione se ipsum ad beneplacita vestra paratum. Hac die Jovis post festum Pentecostes serenitatis Regiæ literas recepi, per quas me requiritis, sicut nuper per quasdam alias requirendum duxistis, ut die Lunæ post instans festum Beatæ Mariæ Magdalenæ apud Silvanectum pro causâ Catalaunensis Episcopi interesse curarem. Verùm, Carissime Domine, scitis quòd diebus assignatis in dicto negotio non potui interesse propter causas secretas quæ non sunt literis inserendæ, quas in vestri præsentiâ & Consilii vestri secretè apud nemus Viceniarum dixi aliàs, sicut recordari potestis: nec assignandis diebus esse possem; nec potero aliquo modo propter causas easdem, nisi velim esse malus homo & prævaricator & id facere contrà meam conscientiam & honorem; quod non libenter facerem quovismodo; nec vestra clementia, sicut suppono, id vellet. Et sub hac formâ vobis rescripsi per nuntium, qui dictas alias vestras literas mihi nuper attulit, & literas Domini Archiepiscopi Remensis. In dierum longitudinem personam vestram conservet Altissimus sanam & incolumem felici regni sui regimini, cum augmento gratiæ & honoris. Datum Rungiaci die Jovis prædictâ, post Vesperas.

PETRI Patriarchæ Hierosolymitani, & Episcopi Ruthenensis.

Anno MCCCXVI

Litteræ hortatoriæ ad transmarini expeditionem.

Reverendis in Christo Patribus Archiepiscopis, Episcopis, Abbatibus, Prioribus, Decanis, Præpositis, Archidiaconis, & aliis Ecclesiarum Prælatis, cæterisque personis Ecclesiasticis, & omnibus Christi fidelibus ad quos istæ præsentes litteræ pervenerint, Frater PETRUS miseratione divinâ sacrosanctæ Hierosolymitanæ Ecclesiæ Patriarcha, Episcopus Rutenensis, & Sedis Apostolicæ Legatus in partibus ultra-marinis pro negotio terræ sanctæ, salutem in eo qui pro redemptione humani generis dignatus est crucifigi. Quia tempus quo debent arripere iter suum illustres viri dominus de Claromonte, dominus Borbonensis & Camerarius Franciæ, ac Joannes frater suus, & multi alii nobiles & innobiles, satis breve videtur esse sicut potestis videre per litteras vobis missas, major diligentia & providentia est adhibenda. Propter quod habito consilio peritorum non recedendo à contentis in aliis litteris, sed potius inhærendo, pro felici expeditione passagii terræ sanctæ ita exstitit ordinatum.

In primis quòd vos domini Prælati mandetis omnibus Curatis vestrarum Dioecesium, & Fratribus Minoribus & Prædicatoribus, quòd ipsi Dominicis diebus & festivis quando clero & populo prædicant verbum Dei, inducant Crucesignatos & alios qui sumere voluerint, quòd sibi taliter provideant quòd possint à proximo festo Pentecostes venturo in uno anno arripere iter suum, & alios qui non ibunt inducant ut velint de bonis sibi à Deo collatis elargiri pro passagio antedicto, & preces apud Deum effundere pro eodem, ut possit fieri ad honorem ipsius & remedium animarum.

Item quòd in qualibet Dioecesi, videlicet in civitatibus duæ personæ idoneæ eligantur, quibus Curati Ecclesiarum reportent nomina illorum qui se voluerint, & quâ formâ, & auxilium quod invenerint & receperint à remanentibus & non euntibus ad passagium antedictum.

Item quòd illæ duæ personæ electæ in civitatibus, reportent aut mittant Parisius in scriptis per octo dies ante festum Pentecostes proximè venturum, nomina istorum qui ire voluerint, & auxilium quod eis fuerit reportatum. Ita quòd scitis nominibus & aliis possit fieri providentia de navibus & de aliis necessariis ad passagium antedictum.

Item quòd vos domini Prælati visis istis & aliis litteris, & sub sigillo authentico retentâ copiâ earumdem, & litterarum quas vobis mittit illustris vir regens regna Franciæ & Navarræ, reddatis originalia portitoribus earumdem, ut ipsa originalia aliis Prælatis qui non viderint præsentare. Et vos qui copiam receperitis sub sigillis vestris Curatis vestrarum Dioecesium copiam transmittatis, ut ipsi in isto opere quod Dei magis quàm hominis, possint dare clariùs operam efficacem. Unde vos requirimus & rogamus, ut in istis & aliis quæ videritis oportuna, & quæ vestro incumbunt officio, ad felicem expeditionem dicti sancti passagii pro honore Dei & remedio vestrarum animarum sitis adeo diligentes, quòd lux vestra luceat coram Deo & hominibus, & videant opera vestra bona, & possitis à Deo & hominibus meritò commendari.

Datum Parisius sub sigillo nostro die Veneris post festum beatæ Mariæ Magdalenæ, anno domini millesimo trecentesimo sexto-decimo.

Anno MCCCXVI.

JOANNES XXII. *se ad summum Pontificatum evectum scribit* CAROLO *Marchiæ Comiti.*

JOANNES Episcopus servus servorum Dei, Dilecto filio nobili viro CAROLO [a] Comiti Marchiæ salutem & Apostolicam benedictionem. Mira & inscrutabilis providentia Dei summi, firmam retinens in suâ dispositione censuram, circa sacrosanctam Ecclesiam Catholicam, quam sibi charitatis ineffabilis dulcedine copulavit, ita suæ benignitatis affectum & protectionis auxilium gratiosè continuat, quòd ubi ex insurgentis fremitu tempestatis summergi creditur, paratur eidem ex commotione tranquillitas, & in auram mitescentibus procellosi turbinis fluctibus, ab instantibus periculis prorsùs servatur immunis: hoc quippe multifariè multisque modis ipsa magistra rerum experientia olim edocuit, & novissimè diebus istis idipsum evidenter ostendit, dum ipse pius Pater & misericors Dominus Ecclesiam ipsam inter longæ ac periculosæ nimis viduitatis angustias fluctuantem, de suo habitaculo præparato oculo benigno respexit.

Dudum siquidem, sicut tuam credimus notitiam non latere, sanctæ recordationis Clemente Papa V. prædecessore nostro de præsentis vitæ mœroribus ad cœlestem patriam evocato, nos & Fratres nostri ejusdem Ecclesiæ Cardinales, de quorum numero tunc eramus, cupientes eidem Ecclesiæ de Pastore celeriter providere juxtà constitutionem Apostolicam super hoc editam, nos inclusimus in Conclavi quod in civitate Carpentoratensi, ubi tunc Romana curia residebat, ad hoc exstiterat præparatum. Demùm verò electionis prædictæ negotio imperfecto, ex ceteris causis legitimis, Conclave prædictum egredi necessitate compulsis, nos ad diversa loca instituimus, prout unicuique nostrûm expediens visum fuit. Cumque postmodum diffusi temporis spatio sicut Domino placuit, interjecto, ad civitatem Lugdunensem pro ejusdem electionis negotio venissemus, concorditer vias nostras illo dirigente qui novit, & tandem die septimâ præteriti mensis Augusti in loco Fratrum ordinis Prædicatorum Lugduni, in quo residebamus insimul, pro præfatæ electionis negotio fuissemus in loco solito congregati; benignus sapientiæ Spiritus nesciens tarda molimina, tam prolixæ ipsius Ecclesiæ viduitatis piè compatiens, cum eam nollet ulterioris viduitatis incommodis subjacere, Fratrum ipsorum corda sic adduxit ad spiritûs unitatem, quòd miro Dei & nobis nimium stupendo consilio ad imbecillitatem nostram oculos dirigentes, nos tunc Episcopum Portuensem ad suscipiendum onus nobis ex humano defectu importabile, curam videlicet universalis gregis Domini, concorditer nemine discrepante in summum Pontificem elegerunt.

Nos autem difficultatem officii pastoralis, continui laboris angustias, & præcellentiam dignitatis Apostolicæ infrà nostra præcordia recensentes, nostrarumque metientes virium parvitatem, timore ac tremore concussi vehementer hæsitavimus, nec indignè. Quid enim tam timendum tamque pavendum, quàm fragili labor, indigno sublimitas, & dignitas non merenti. Verùm ne post ejusdem vacationis tam diffusa & dispendiosa tempora obstinata contradictionis reluctatio, profusioris dispendii occasionem induceret; Nos quamquam de nostrâ, quam noster nobis animus attestatur, insufficientiâ desperantes, humiles nostros ad mentem illum convertimus oculos, unde nobis spe multâ promittitur auxilium oportunum: sicque de superabundantiâ illius omnipotentiæ conceptâ fiduciâ, cui cum voluerit subest posse, necnon de ipsorum Fratrum nostrorum eminenti scientiâ, industriâ circumspectâ, & experientiâ multâ in agendis comprobatâ confisi, quorum sano consilio dirigi speramus in dubiis, & fulciri suffragiis in adversis, in humilitatis spiritu consensum præbuimus electioni prædictæ, tantique oneris sarcinæ imbecilles exposuimus humeros, debiles misimus manus ad fortia, & colla nostra humiliter jugo summissimæ Apostolicæ servitutis; suppliciter implorantes, ut ipse, qui per hujusmodi vocationem in maris mundi hujus altitudinem nos deduxit, non patiatur nos ab ipsius tempestate demergi, sed illam nobis suæ potentiæ dexteram porrigat, quæ Apostolorum Principem ambulantem & hæsitantem in fluctibus, ne mergeretur erexit, & Coapostolum ejus Paulum nocte ac die in profundo maris positum liberavit, viamque nobis & tibi, cunctisque Catholicis Principibus, ac cæteris Christianis, illis præsertim, qui ad hoc vivificæ Crucis signaculum assumserunt, salubrem & paratam aperiat, nostris & illorum cordibus pium infundat affectum, & infusum augeat & conservet, viresque oportunas suâ dignatione tribuat ad parandum festinum & efficax terræ sanctæ subsidium, & ad recuperandum hereditatis dominicæ præclare funiculum de infidelium manibus, ad quod utique desiderium habemus intensum.

Et quia quod in hac parte nostris assequi meritis non valemus, multiplicatis intercessionibus nobis confidimus elargiri, tua & fidelium aliorum suffragia humiliter imploramus. Nobilitatem tuam attentè rogantes, & observantes instanter in Domino JESU CHRISTO, quatenùs sub timore Domini tuas continuè dirigens actiones, mentem nostram filialis devotionis exhibitione lætifices, & nihilominùs pro conservando & augendo Ecclesiæ tuæ matris honore, te reddas sicut ejus filius specialis semper sollicitum & intentum, ac in omnibus quæ statum ipsius respiciunt prosperum & tranquillum, suæque robur continent libertatis te reddas assiduè studiosum, ita quod exinde tibi gratiæ divinæ præmium, & laudis humanæ præconium augeatur. Datum Lugduni Non. Septembr. Pontificatûs nostri anno primo.

JOANNIS *Papæ XXII.* SANCIO *Regi Majoricarum.*

Anno MCCCXVII.

Ludovicum Tolosanum Episcop. Catalogo sanctorum adscriptum mandat.

JOANNES Episcopus servus servorum Dei, carissimo in Christo filio SANCIO Regi Majoricarum illustri, salutem & Apostolicam benedictionem. Habes, fili carissime, Unde Domino Deo tuo in vocem exultationis & confessionis erumpas, exultes in eo, & fatearis humiliter tibi & domui tuæ de immenso

---

a Carolo] Hic est Carolus Philippi Pulcri filius, trium filiorum minimus cognomento Pulcher, quem pater anno 1314. Marchiæ Comitem fecit, & qui anno 1322. post Philippum fratrem apud Francos regnavit.

ipsius dono concessum, quòd inclyta domus Siciliæ, cui & consanguineâ propinquitate & affinitate propinquâ conjungeris, virum produxit angelicum, consortem gloriæ Angelorum, cujus sperare potes in cœlis patrocinio, favore apud homines, & apud Deum intercessionibus communiri. Etenim magnitudini tuæ ad gaudium intimamus, quòd adveniente nuper Paschalis temporis puritate, die Jovis videlicet, post festum Resurrectionis Dominicæ, venerandæ memoriæ beatissimum Ludovicum Episcopum Tolosanum, tuæ germanum conjugis, quem omnipotens Dominus propter illius merita gloriosa concivem Sanctorum, domesticum suum, & æternæ beatitudinis possessorem effecit : de Fratrum nostrorum, & Prælatorum omnium tunc apud Sedem apostolicam existentium consilio & consensu, canonisatione solemni Sanctorum catalogo duximus adscribendum. Tu ergo, Fili, gratias agens Altissimo, qui in sublimatione Confessoris ejusdem tam immensis benedictionibus te prevenit, in odore unguentorum suorum currere propera, sicque ad exemplar Confessoris ipsius bonis operibus vacare procura, quòd tandem unà cum eo sydereas mansiones incolere merearis. Cæterùm, Fili, Regias de credentia litteras per dilectos filios Arnaldum Traverii Cancellarium, & Dalmatium Milites, familiares tuos, nobis novissimè præsentatas gratè suscepimus, & quæ super quibusdam auditis rumoribus, veluti sollicitus de nostrâ salute, & zelator fervidus prosperi statûs nostri, per eosdem Milites juxtà commissam eis per te credentiam nobis offerre curasti, placido percepimus intellectu. Tuæ itaque Celsitudini de oblatione hujusmodi grates uberes referentes gratanter acceptamus oblatum, ad te si casus exigeret recursum eo confidentiùs habituri, quo certiùs credimus te in sinceritate spiritus & animi promptitudine ad oblationem processisse prætactam. Denique noveris quòd carissimo in Christo filio nostro Philippo Regi Franciæ & Navarræ illustri, efficaciter scribimus super illatorum tibi revocatione gravaminum, ad id per vias quas expedire vidimus inducentes eumdem. Tu verò, Fili, circà ipsa gravamina petitiones tuas sic decenter, sic justè, sic ordinatè ac moderatè facere studeas dicto Regi, quòd nulla sibi supersit rationabiliter illas obaudiendi materia, quæ, quod absit, in scandalum utriusque redundet, quin potiùs tuâ cogente modestiâ ipsas admittere ad exauditionis gratiam inducatur, per quod, ut cupimus, inter vos inconcussa vigeat animorum identitas, & concordia voluntatum. Datum Avinioni sexto Idus Aprilis, Pontificatûs nostri anno primo.

Anno MCCCXXI.

Philippi V. *Regis Francorum Ordinationes pro æqualibus ac similibus ponderibus ac mensuris in universo Regno instituendis, & eximendis dominii sui bonis abalienatis vel usurpatis.*

PHILIPPES par la grace de Dieu Roys de France & de Navarre, à nostre amé & feal Clerc Maistre AUBERT de Roye salut & dilection, savoir vous voulons que lonc temps a grant cure & grant diligence vint a nous du passage d'outre mer, en enfant continuellement comment pour la deffense necessaire de la foy Chrestienne, laquelle est moult deprimée des ennemis mescréans, & par leurs injures la reauté du temple nostre Seigneur forment laidié, nous puissions proffitablement mettre la personne & tout nostre povoir à la destruction desdis mescréans : & pour ce naguieres tant pour la preparation & execution de nostre dit propos, comme pour le proffit de nos subgiés, & la reformation necessaire de nostre Royaume, avec la deliberation de nostre Conseil nous nous perveismes de faire ordonnance sus trois choses.

Premierement que pour oster les griés dommages qui seulent venir des monnoies, lesqueles plusieurs seulent batre en diverses parties de nostre Royaume, non pas sans fraude de deue loy & pois, une seule monnoie de bon & loyal pois fut faite par nous.

L'autre, que en nostre dit Royaume, ou il y a diverses mesures & divers pois en deception & lesion de plusieurs, fussent faites de nouvel & seul pois, & une seule mesure convenables, desqueles le peuple usast dores en avant.

Le tiers, que comme par dons & autres tiltres moult de choses qui estoient de nostre patrimoine & de nostre Royaume ayent esté alienées & translatées en autres personnes, icelles choses feussent ramenées & remises meant justice à nostre domaine, & ainsinc sous une monnoie, un pois, & une mesure convenable li peuples marcheandast plus seurement à la valuë & ou pris des choses, & ce estant en cette maniere leur facultés demourassent en estat plus seur, & les choses alienées rapelées & remises à nostre domaine, nous espargnissions plus profitablement nos subgiez de moult de choses.

Sus lesqueles choses dessus dites nous voulans avoir deliberation avec les Prelats, Barons, Communautés de villes & autres certaines personnes à nous subjetes, en demandant leur conseil, & pour avoir ayde convenable pour mettre a effet les dites choses, les queles sont au commun prouffit : les appellasmes par devant nous, & eux presens leur seismes exposer par ordre les devant dites choses. Et lors li Prelat qui estoient presens eue deliberation sur ce, loërent nostre dit propos comme bon & convenable, mes estant comme touchoit la dit ayde ils vouloient avoir deliberation avec les autres Prelas, les Chapitros des Eglises, & les Convens en leur provinciaus Conciles, les quiex il seroient pour ces choses, & a nous respondre sus ce perçaiument, il accepterent jour a lendemain de la prochenie feste saint André.

Nous considerans estre chose convenable & expedient, que es dis Conciles nous envoyens certeines bonnes personnes & sages : & aians fiance de voftre sagesse & de voftre loyauté, vous mandons & commettons que vous alliés & soies en voftre personne au Concile que nostre amé & feal l'Arcevefque de Sens fera, du quel quant & ou il sera tenus il est meftier que vous sachiés par devant & sans delay, & aus Prelas & autres personnes qui seront au dit Concile exposés meurement & poursuiés sagement lesdites choses, & les induisiés a ce que il si comme la charge de la chose & de la besoigne le requiert, se acordent de otroier & faire tele ayde & si souffisant, que la dite besoigne prengne fin desirée & deuë, a laquele li subgiés doivent aussi volentiers metre leurs desirs comme parmi ce le commun & general proffit est procurés, & leur dommage grandement eschuës. Et monstrés bien aufdis Prelas, que sus ces choses il se aient en tele maniere que il n'ostent pas ne apeticent la bonne volenté à la foy des autres, ains leur doingnent example & chemin de faire ce que les dites choses requierent : & les dits Prelas ne pourront pas mettre par raison delay a noftre entente ; car nous ne faisons nulle imposition, ne nous ne demandons riens par exaction, mes nous faisons instance pour le commun proffit, du quel nous devons estre ministre & aucteur ; & la necessité de cefte chose & le proffit font communes aus perfonnes tant feculieres comme de Eglifes, & des proffis qui s'en enfuiront uferont tous enfemble : & nous cuidons & avons noftre fiance que fus ces chofes de nous & dés dis Prelats les volentés & defirs doient eftre tuit un. Si vous mandons que en la profecution des dites chofes vous foiés fi diligent, comme vous favés que le grant bien du general proffit le requiert. Donné à Paris Dimanche avant la faint Michel, lan de Grace M. CCC. XXI.

Par le Confeil, BARRY.

Ordinatio [a] CAROLI *IV. Regis Francorum pro expenfis domús Reginæ uxoris, ejus.*

Anno MCCCXXII.

I. ORdinatum eft à Domino Rege de hofpitio dominæ Reginæ, quòd decima victualium domûs folvatur, ficut eft confuetum.

II. Item quòd reficiantur tredecim pauperes quotidie, ficut folent; & hæc fint fuper expenfas hofpitii.

III. Item quòd quatuor pauperibus, quos ipfa Domina confuevit reficere die Sabbati, habeat ficut folet quatuor folidos illâ die.

IV. Item fexdecim folidos pro eleemofynâ quando equitat & hofpitium mutat.

V. Habeat autem ipfa ultrà prædicta omnia pro donis, eleemofynis, aliis oblationibus; exeniis, five præfentis, & aliis omnibus quæ fibi placuerint, fexcentas libras Parifienfes per annum, fcilicet ducentas libras in quolibet compoto.

VI. Item pro fex dominarum veftibus, & aliis neceffariis, pro qualibet triginta libras Turonenfes: fumma novem viginti libræ Turonenfes pro iftis.

VII. Item pro viginti aliarum mulierum veftibus & aliis neceffariis, pro qualibet viginti libras Turonenfes: fumma quadringentæ libræ Turonenfes pro iftis.

VIII. De Capellâ ordinatum eft, quòd tota cera Regis fit, & Capellanus habeat pro cerâ fuâ decem libras Parifienfes per annum. Ipfe autem Capellanum fuum tenebit de fuo in veftibus & aliis neceffariis, preter cibum.

IX. A nemine autem Domina Regina mutuum recipiat, aut recipi faciat, neque donum, nec permittat à liberis fuis donum aliquod recipi five dari; in quo non intelliguntur vina, vel victualia, feu alia hujufmodi levia vel minuta.

X. Item quòd abftineat à dominabus vocandis, vel aliis magnis perfonis, & eis cùm venerint diutiùs retinendis; & quòd fe non reddat nimis facilem ad loquendum cum tot venientibus; fed aliquoties fe excufari faciat, ficut decet.

XI. Item quòd nihil mandet vel præcipiat Ballivis regni five Præpofitis, aut aliis ab ipfo habentibus officia, & quòd neminem poni faciat auctoritate fuâ in balliviis, aut fergenteriis, aut aliis officiis quibufcumque.

XII. Item quòd ampliùs ædificari vel operari non faciat : & quòd perfonam aliquam in familiâ, vel liberorum fuorum non recipiat fine licentiâ Domini Regis.

Hæc omnia fupradicta vult Dominus Rex & præcipit à Dominâ Reginâ fervari & teneri. Jurabunt autem tactis facro fanctis in præfentiâ Domini Regis, Dominus Al. & G. Clericus, quòd fideles erunt Domino Regi, & quòd bonâ fide curabunt & providebunt, quòd expenfæ domûs fideliter & moderatè fiant, & quòd in expenfis domûs fub obtentu vel nomine expenfarum nihil ponent vel computent præter expenfas proprias dictæ domûs.

Ejufdem.

A Tous ceux qui ces lettres verront JEHAN Loncle Garde de la Prevofté de Paris, falut. Sachent tous que Nous l'an de grace mil trois cens vint & deus; le lundy apres la Chandeleur, veifmes unes lettres fcelées en cire vert & en foye, du fcel noftre Seigneur le Roy; contenans cefte fourme.

CAROLUS Dei gratiâ Francorum & Navarræ Rex: Notum facimus univerfis tam præfentibus quàm futuris, quòd cùm inter nos feu gentes noftras pro nobis ex unâ parte, & Magiftrum, Fratres & forores domûs Dei Parifienfis ex alterâ, dilectorum noftrorum Decani & Capituli Parifienfis Ecclefiæ affenfu ad hoc interveniente, fuerit concordatum, noftrâ dictæque domûs Dei utilitate penfatâ, quòd præfati Magifter, Fratres & forores ex nunc fingulis annis in perpetuum, in quatuor feftis annualibus teneantur cum quatuor equis fuis, & duobus famulis propriis, cùm fumptibus regiis & expenfis, Reliquias Cappellæ Regiæ Parifienfis ducere feu deferre, vel duci aut deferri facere à civitate Parifienfi ad quemcumque locû, quo perfonam Regiam in prædictis quatuor feftis annualibus perfonaliter contigerit intereffe, intrà tamen triginta quatuor leucarum fpatium à civitate prædictâ, & non ultrà.

Quodque propter hoc, nechon & intuitu pietatis, habeant & percipiant dicti Magifter, Fratres & Sorores ex largitione noftrâ ex nunc in perpetuum anno quolibet centum quadrigatas lignorum, qualibet quadrigata quatuor modulos continente; in foreftâ noftrâ Cuifiæ, vel in aliis foreftis noftris ad dictæ Domûs majorem aifentium, & cùm noftro minori incommodo; una cum ducentis quadrigatis lignorum quantitatis prædictæ, quas ex largitione prædecefforum noftrorum & noftrâ habent & percipiunt ab antiquo: Nos prædicta rata habentes & grata, damus præfentibus in mandatis Magiftris foreftarum noftrarum præfentibus & modernis, ac eorum cuilibet, quatenus præfatis Magiftris, Fratribus & Sororibus, vel ipforum certo mandato, ex nunc in antea fingulis annis in perpetuum, dictas centum quadrigatas lignorum in dictâ foreftâ, vel in aliis foreftis, una cum aliis dictis ducentis quadrigatis, faciant fine difficultate & dilatione quibuflibet liberari. Quod ut ratum & ftabile permaneat in futurum, præfentibus Litteris noftrum fecimus apponi figillum. Actum Parifius anno Domini milleffimo trecentefimo vicefimo fecundo, menfe Januarii.

Et nous ce Tranfcript avons fcelé du fcel de la Prevofté de Paris l'an & le lundy premier dix.

Ejufdem.

CAROLUS Dei gratiâ Francorum & Navarræ Rex, Univerfis præfentes Literas infpecturis. Notum facimus quòd nos ad fupplicationem cariffimi & fidelis patrui noftri Caroli Comitis Valefiæ & Andegavenfis eidem concedimus, noftramque auctoritatem fuper hoc præbuimus & confenfum; quòd idem patruus nofter, cariffimum confanguineum noftrum ejus filium Ludovicum ætatis feptem annorum vel circà emancipare poffit, & à poteftatis paternæ vinculis liberare; non obftante quòd idem Ludovicus in ætate adeo tenerâ conftitutus hoc non poffit petere; nec fuper hoc confentire; ad quòd exnunc dictus ejus filius Ludovicus, in quantum ad paternam

Anno MCCCXXIII.

Reliquiæ facræ Capellæ Parif. dum Rex iter facit, expenfis Domûs Dei deferendæ.

Anno MCCCXXV. Emancipatio filii feptennis auctoritate Regia.

[a] *Ordinatio*] Originale iftius tranfcripti miffum fuit fratri Imberto Confefori Domini Regis ultimâ die Augufti 322. fic in in Codice ipfo.

attinet poteſtatem, exiſtat ſicut paterfamiliàs ſui juris, bona quæcumque ad eumdem Ludovicum quovis titulo provenientia undecumque, in ſolidum pleno jure ſibi ſoli acquirat, abſque hoc quòd eidem patruo noſtro in acquirendum per prædictum ejus filium Ludovicum, nec quoad uſumfructum, nec quoad jus aliud quodlibet aliquid acquiratur. Agat idem Ludovicus & contrahat, cæteraque faciat ſicut paterfamiliàs ſui juris exiſtens, poteſtate paternâ ſibi extunc in antea non obſtante. Defectum verò prædictum illum, videlicet quòd præfatus Ludovicus quòd emancipetur non poteſt petere, nec ſuper hoc præbere conſenſum, & quemcumque alium, ſi quis ſuper præmiſſis exiſtat, ſupplemus de noſtræ regiæ plenitudine poteſtatis, eaque valere volumus & habere perpetuai & efficacis roboris firmitatem, & & per noſtri interpoſitionem decreti et decernimus in perpetuùm valitura, non obſtantibus quibuſvis juribus, conſuetudinibus, rationibus, uſibus, privilegiis & ſtatutis in contrarium editis, vel edendis, quos, quas & quæ quoad præmiſſa viribus vacuamus, caſſamus & penitus adnullamus. Et ut præmiſſa perpetuò ſtabilia ſint & firma, noſtrum præſentibus fecimus apponi ſigillum.

Actum apud Fontembliaud Anno Domini milleſimo trecenteſimo [vigeſimo] quinto, menſe Maio.

Anno MCCCXXVI.

Reſtitutio à Rege Aragoniæ facta ob naves mercibus oneratas à ſuis militibus in mari ſublatas.

JACOBI Aragoniæ Regis, CAROLO Regi Francorum.

Excellenti ac magnifico Principi CAROLO Dei gratiâ Franciæ & Navarræ Regi illuſtri cariſſimo conſanguineo noſtro, JACOBUS per eamdem Rex Aragoniæ, Valenciæ, Sardiniæ, & Corſicæ, Comeſque Barchinonæ, ac ſanctæ Romanæ Eccleſiæ Vexillarius, Ammiratus, & Capitaneus generalis, ſalutem & proſperos ad vota ſucceſſus. Serenitati veſtræ præſentibus intimamus, quòd nobili Franciſco Carrocii olim Ammirato noſtro, dudum agente in partibus regni noſtri Sardiniæ, ad negotium acquiſitionis caſtri Callari adverſùs Piſanos, & alios exiſtentes in caſtro ipſo; qui noſtro dominio rebellabant, viriliter proſequente; cum anno præſenti quædam navis ſeu concha, cujus erat ductor five patronus Bernardus de Ilario miles Narbonenſis; diverſis rebus ſeu mercibus tam mercatorum Narbonæ & Montiſpeſſuli quàm aliorum etiam onerata, ad dicti Regni Sardiniæ maritimam vicinam dicto caſtro Callari declinaſſet, & dictus Ammiratus dictam navim retinuiſſet cum rebus & mercibus ſupradictis: Nos dictâ retentione perceptâ, quæ noſtris voluntatibus ſupervenit diſplicens plurimùm & ingrata, cum nequaquam gentes veſtras vellemus per noſtras aliquatenùs moleſtari, ſed ut proprias pertractari; per noſtras litteras poſtmodum iteratas jamdicto Ammirato multum expreſsè dedimus in mandatis, ut dictam concham abſolveret, & res & merces per eum captas integrè reſarciret. Accepto namque per reſponſionem Ammirati præfati, quòd ipſe ad occupationem proceſſerat ſupradictam neceſſitate maximâ perurgente, cum negotium acquiſitionis caſtri prædicti ex defectu pecuniæ eſſet tunc in caſu & periculo deſerendi; quodque res & merces jamdictas converterat in bellatorum noſtrorum ſtipendia, & alia quæ impugnatio dicti caſtri, & ipſorum rebellium oppreſſio exigebant, nec præmiſſa vel aliqua de eiſdem poſſe reſtituere quoquo modo; Noſtram præſentiam adiverint procuratores dictorum mercatorum Narbonæ & Montiſpeſſuli, à nobis humiliter poſtulantes eis fieri ſatisfactionem integram de præmiſſis.

Nos verò conſiderantes dictam occupationem ſeu retentionem factam fuiſſe, ut præmittitur, per dictum Ammiratum & Officialem noſtrum, per quem etiam res & merces prædictæ in noſtris negotiis, utilitatibus & neceſſitatibus fuerunt poſitæ & converſæ; ut nobis tam per aſſertionem dicti Ammirati quàm per publica documenta per dictos procuratores oſtenſa exſtitit facta, fides: & affectantes per nos debitam ſatisfactionem fieri de eiſdem per tres perſonas idoneas & fide dignas, præſentibus & conſentientibus dictis procuratoribus, & rationes ſuas plenè oſtendentibus coram eis, averationem ſeu extimationem omnium mercium & rerum captarum fieri & recipi juſſimus, & ea omnia nobis, & noſtro conſilio recenſeri.

Et tandem cum de voluntate, & aſſenſu procuratorum mercatorum ſupradictorum, omnes res & merces prædictæ fuiſſent per perſonas prædictas, quibus ea, ut eſt dictum, commiſimus extimatæ, ad quantitatem triginta unius mille trecentarum viginti trium librarum, ſeptem ſolidorum, & ſex denariorum Barchinonenſium, incluſis in ipſa quantitate ſeptem millibus librarum Barchinonenſium pro ſumptibus, damnis, & intereſſe totius præteriti temporis; & etiam pro intereſſe futuri temporis in dicta conventione inantea ſubſequentis, donec eſſet eis integrè ſatisfactum, ſolveretur eiſdem, per nos ultrà interreſſe pro ratâ quantitatis prædictæ, ad rationem videlicet duodecim denariorum pro libra quolibet anno, cum non poſſemus eis ut optabamus protinùs plenam & integram ſatisfactionem facere de præmiſſis, eo quod acquiſitio dicti Regni immenſam requirens voragincm expenſarum, ferè theſaurum Cameræ Regiæ exhauriſſet: cum procuratoribus convenimus memoratis, quòd dicta quantitas per nos eis infrà triennium per tertias ſolveretur; noſque adjecto juramento promiſimus ſolutiones ipſas præfixis terminis totaliter adimplere: adjectâ, inter cætera, clauſulâ, in obligatione & promiſſione, quæ inde jàm fuerant ordinatæ, quòd ſi fortè nos vel noſtri in dictis ſolutionibus, vel earum aliquâ deficeremus terminis conſtitutis, & exſpectati poſtmodum per tres menſes à quolibet ipſorum terminorum immediatè ſequentes, ſolutionem vel ſolutiones ipſarum non adimpleremus; extunc dicti mercatores non exſpectatâ ſeu obtentâ requiſitione aliquâ, ſeu facitâ à vobis vel veſtris officialibus nobis facienda, aut facitâ juſtitiâ in nobis vel noſtris non habendâ ſeu inveniendâ, nec in aliis in clauſulâ ipſa contentis, poſſent adire veſtram præſentiam pro marchâ vel repreſaliâ habendâ vel obtinendâ caſu prædicto, & vos poſſetis eam illis incontinenti concedere five dare in toto Franciæ Regno, & prætextu ipſius marchæ officiales veſtri poſſent pignorare, capere, ſeu marchare in mari & in terrâ ubique noſtras, res & merces quorumcumque ſubditorum noſtrorum Regnorum, & totius terræ noſtræ, non obſtantibus requiſitione ſuper eâ nobis non factâ ſeu facienda, morâ ſeu facitâ juſtitiâ, in nobis non inventâ, aut aliis ſupradictis; & pignorata ſeu marchata vendere, & de eorum pretio eis ſatisfacere, prout in talibus & ſimilibus marchis ſeu repreſaliis eſt fieri conſuetum.

Præmiſſis autem ſic exiſtentibus ordinatis, Conſiliarii & probi homines civitatis Barchinonæ, ad quorum notitiam præmiſſa devenerant, nobis humilitet ſupplicarunt, ut adjectam in promiſſione jamdictâ (ſcilicet marcham, jamdicto caſu conceſſam) clauſulam ſupradictam faceremus à promiſſione hujuſmodi amoveri, cum aſſererent, noſtrâ reverentiâ ſemper ſalvâ, abſque læſione & onere conſcientiæ noſtræ & peccati mortalis incurſu prædictam conceſſionem obſervari non poſſe, nec ad eam nos juramentum in eâ oppoſitum adſtringebat, imò ipſius obſervantia

nobis

Diplomatum, &c.

nobis peccati laqueum præparabat ex causis inferius expressatis.

Nos autem volentes præmissa ipsis mercatoribus omnino servare, quatenus possemus absque reatu perjurii & peccati, & in dubiis præsertim, ubi periculum animæ vertitur, viam eligere tutiorem; præmissa omnia per religiosos viros in Theologica facultate peritos, non modicæ auctoritatis atque scientiæ, examinari fecimus & discuti; mandantes eisdem ut nobis super his consulerent quid agendum, exprimentes eis nostræ propositum voluntatis, per quod perpendere poterant placere & velle, si licite fieri possent, quod conventio supradicta effectualiter compleretur. Coram quibus propositis hinc & inde tam facti quam juris rationibus facientibus pro & contra, cum ex eorum responsione sive consilio, matura ac digesta deliberatione præhabitis, nobis dato, invenissemus juramentum, per nos appositum in clausula memorata, quod iniquitatis vinculum esse non debet, vergere evidenter contra juramenta licita & honesta, per prædecessores & nos prius diu præstita, super privilegiis, franchitatibus, & immunitatibus per nos & eos dictæ civitati Barchinonæ, & toti generali Cataloniæ olim indultis, & pro quibusdam constitutionibus, in generalibus curiis Cataloniæ editis, observandis, nec fore obligatorium, cum perjurium induceret & peccatum.

Reperissemus insuper promissionem ipsam ex natura rei pro parte nostra fore illicitam, cum ex se represaliæ, ut pote juri, rationi & æquitati contrariæ, utroque jure prohibitæ propter defectum justitiæ in Principe damnificante vel damnificantis domino adinventæ, vendicent sibi locum, & ex parte Principis, & domini damnificati sint licitæ & permissæ, non tamen sint licitæ ex parte Principis, ob cujus essent culpam vel negligentiam concedendæ, propter quod convento per nos facta, cum clausula supradicta inserta, quod possent videlicet ex præmissis nostri subjecti pignorari, cum mortale peccatum & perjurii reatum includeret, erat penitus revocanda.

Nos cum dicti mercatores super præmissis nobis protestati fuissent, habito dicto consilio, quod latius & plenius in responsis à nobis dictæ protestationi describitur, eis respondimus, quod amota pignorationum clausula supradicta, cum eam ex causis jamdictis servare non possemus absque dispendio salutis æternæ, parati eramus, & nos paratos obtulimus solutiones facere supradictas, terminis consuetis, & observare cætera contenta & concordata inter nos & eos, & mandate tradi eis libenter & incontinenti Instrumentum dictæ promissionis, amotis his de quibus repertum est inducere animæ nostræ periculum, ut superius continetur.

Igitur ad notitiam vestræ magnificentiæ deducentes præmissa, eamdem cordis affectione rogamus, quatenus attento quod nos, in præmissis fecimus quod potuimus, & pensato de dictis expensis innumerabilibus per nos in acquisitione dicti Regni Sardiniæ factis, quæ nostrum thesaurum, ut prædicitur, exhauserunt, placeat, & velitis mercatoribus antefatis marchandi seu pignorandi bona subditorum nostrorum non concedere, sed potius denegare, cum nos intendamus prædictis mercatoribus damna passis solutiones facere supradictas, terminis antefixis, cum interesse temporis præteriti & futuri; sed dictos potius inducere mercatores, ut præmissa per nos & eos concessa, & communiter concordata velint recipere, quia nos abjecta clausula supradicta parati sumus quod illis promittimus secundum formam condictam, aut aliis modis seu obligationibus vel securitatibus decentibus adimplere, ipsasque solutiones facere terminis prætaxatis. Consideratis etenim considerandis, utriusque subditis providebitis, & nos iis vehementer habemus placitum atque gratum, parati prosperis bonis debitis, & intima dilectione quibus conjungimur, Magnificentiæ vestræ in multo majoribus respondere.

Datum XIII. Kalend. Decembris, anno Domini MCCCXXVI. subscriptum.

Regis Franciæ Responsio.

Anno MCCCXXVII.

Magnifico Principi Jacobo Dei gratia Aragoniæ & Sardiniæ Regi illustrissimo consanguineo nostro carissimo, Carolus eadem gratia Franciæ & Navarræ Rex salutem & dilectionem sinceram. Cum per vestras nuper litteras nobis feceritis aperiri, quod super eo quod Franciscus Carrocii Miles vester Ammiratus in partibus regni vestri Sardiniæ quamdam navim mercatorum quorumdam Narbonæ & Montispessuli, ac aliorum regni nostri Franciæ pluribus mercaturis onustam retinuerat, & in usus vestræ guerræ converterat dicti regni, quæ per alias nostras litteras prædictis mercatoribus nostris restitui rogavimus regiam majestatem, vos cum procuratoribus mercatorum ipsorum suo ad hoc interveniente consensu de valore navis & mercium prædictarum, quæ vos extimari fecistis sibi per tres annos exsolvendo convenistis. Serenitati regiæ notum fieri volumus, quod consideratione personæ vestræ, quam nobis carissimam reputamus, & favore prolequimur speciali, prædicta conventio nobis placet, regiam amicitiam deprecantes quatenus solutiones super dicto valore per vos ordinatas, taliter statutis ad hoc terminis complere curetis, quod ad nos ob defectum solutionis nulla de cætero quæstio referatur, ita quod circa hoc non oporteat nos aliter providere dictis mercatoribus de remedio oportuno.

Datum Parisius duodecimo die Januarii, anno Domini MCCCXXVI.

Concordia inter Jacobum Regem Aragon. & Jacobum Regem Majoric.

Anno MCCCXXVII.

In nomine Domini Amen. Pateat universis præsentis Instrumenti publici seriem inspecturis, quod nos Jacobus Dei gratia Rex Aragonum, Valentiæ, Sardiniæ & Corsicæ, ac Comes Barchinoniæ; Et nos Jacobus per eamdem Rex Majoricarum, Comes Rossilionis & Ceritaniæ, ac dominus Montispessulani, præsente, volente, auctorisante, ac suum expressum consensum præstante honorabili domino Philippo de Majoricis patruo ac tutore nostri dicti Majoric. Regis, (quod nos dictus Philippus, qui præsentes sumus, sic esse asserimus & fatemur,) scientes jamdudum compositionem seu transactionem fore factam inter illustrem dominum Petrum bonæ memoriæ Regem Aragonum, patrem nostri Jacobi Regis Aragonum prædicti ex una parte, & illustrem dominum Jacobum recolendæ memoriæ Regem Majoricarum, avum paternum nostri Jacobi Regis Majoricarum prædicti ex altera, super Regno Majoricarum cum Insulis eidem adjacentibus, & super Comitatibus & terris Rossillionis, Ceritaniæ, Confluentis & Vallispirio, & Caucolibero, & super Montepessulano; cum Castris & villis dominationis Montispessulani, prout in quodam publico instrumento inde facto in Claustro domus Fratrum Prædicatorum Perpiniani tertio decimo Kalendas Februarii, anno Domini millesimo ducentesimo septuagesimo octavo, scriptoque per Arnaldum Mironi scriptorem publicum Perpiniani latius continetur.

Scientes etiam subsequenter dictam compositionem seu transactionem fore renovatam, laudatam & approbatam inter nos Jacobum Regem Aragonensem prædictum ex una parte, & dictum Jacobum quondam Regem Majoricarum ex altera, prout in alio publico instrumento inde facto in castris prope Argilers Elnensis Diœcesis, in festo Apostolorum beatorum Petri & Pauli, videlicet tertio Kalendas Julii, anno Domini millesimo ducentesimo nonagesimo octavo, scriptoque per Michaelem Rotlandi Notarium publicum Perpiniani, plenius continetur. Considerantesque eamdem compositionem & transactionem postmodum fuisse renovatam, laudatam & approbatam inter nos præfatum Jacobum Regem Aragonum ex parte una, & illustrem bonæ recordationis dominum Sancium Regem Majoricarum, filium & hæredem dicti domini Jacobi Majoricarum Regis, patruumque nostri dicti Jacobi nunc Majoricarum Regis ex altera, pro ut in alio publico instrumento inde confecto in civitate Barchinoniæ in Regio palatio die Dominica qua computabatur septimo Idus Julii, anno Domini millesimo trecentesimo duodecimo, clausoque per Bernardum de Aversone Notarium nostri prædicti Aragonum Regis, ac publicum etiam auctoritate nostra per totam terram & dominationem nostram, seriosius continetur. Nos prædicti Jacobus Rex Aragonum, & nos Jacobus Rex Majoricarum, confitentes nos excessisse ætatem duodecim annorum ac plene intelligere quæ aguntur, præsente & auctorizante, ut supra, dicto domino Philippo patruo & tutore nostro, per nos & successores nostros volentes omnia & singula in prædictis tribus instrumentis contenta perpetuo habere roboris firmitatem, ea omnia & singula deinde cum hoc publico instrumento per nos & successores nostros laudamus & approbamus expresse: idcircoque nos Jacobus Rex Majoricarum prædictus, præsente & auctorizante, ut supra, ante fato honorabili domino Philippo patruo & tutore nostro, nomine ipso tutorio, juxta formam in singulis dictorum trium instrumentorum contentam, per nos & omnes successores nostros recognoscimus & fatemur vobis dicto domino Jacobo Regi Aragonum carissimo patruo nostro, tenere a vobis & successoribus vestris Regibus Aragoniæ in feudum honoratum sine omni servitio, sub forma tamen infra scripta, totum prædictum regnum Majoricæ, cum Insulis Minoricæ & Evicæ, & aliis insulis adjacentibus eidem Regno, & omnes prædictos Comitatus & terras Rossilionis, Ceritaniæ & Confluentis, Vallispirii & Caucholiberi.

Item sine præjudicio juris alieni recognoscimus & fatemur vobis dicto domino Jacobo Regi Aragoniæ, tenere in feudum a vobis & vestris secundum modum superius & inferius comprehensum, Vicecomitatum Omeladesii & Vicecomitatum de Carladesio, cum omnibus villis & castris eorumdem Vicecomitatuum, & omnia etiam castra, villas & loca quæcumque habemus in terris Montispessulani, & dominationem & terminis ejusdem; & generaliter omnia alia quæcumque habemus seu habere debemus ubicumque sint, cum Militibus scilicet, hominibus, feudis, Jurisdictionibus ac dominationibus universis, sive illa teneamus ad manum nostram, sive alii teneant pro nobis in feudum. Exceptis feudis quæ consueverunt teneri ab Episcopo & Ecclesia Magalonensi, de quibus aliqua tenentur adhuc ab ipsis Episcopo & Ecclesia, & aliqua ab illustri Rege Francorum habente in eisdem locum ab Episcopo & Ecclesia supradictis; pro quibus omnibus & singulis locis & terris, ac juribus eorumdem recognoscimus nos de præsenti feudatariorum vestrorum secundum formam superius comprehensam.

Excipimus tamen a prædicta recognitione, Feudi Nos Jacobus Rex Majoricarum prædictus emptiones castrorum, villarum & locorum quas dictus dominus Jacobus Rex Majoricarum avus paternus noster post dictam renovationem, & dictus Sancius Majoricarum Rex ejus filius patruus noster, fecerunt & nos fecimus de rebus alodialibus quæ pro ipsis vel nobis non tenebantur in feudum. Nos tamen dictus Jacobus Rex Majoricarum per nos & nostros auctorisante dicto tutore nostro, ut superius, recognoscimus tenere a vobis dicto domino Rege Aragoniæ & vestris in feudum omnes regalias & jura universa, quæ & quos dictus dominus Jacobus avus, & dictus dominus Sancius patruus noster habebant ante emptiones prædictas, & habebamus & habemus nos in emptionibus supradictis. Sane volumus & concedimus quòd sicut nos facimus vobis homagium, ut inferius continetur, sic hæredes & successores nostri faciant & teneantur facere homagium vobis, & successoribus vestris Regibus Aragoniæ in perpetuum, pro supradictis & infra scriptis juxta contenta in hoc præsenti instrumento, & formam ejusdem.

Promittimus etiam per nos & successores nostros vobis dicto domino Regi, & successoribus vestris in perpetuum, quòd nos & successores nostri dabimus vobis & successoribus vestris potestatem de civitate Majoricarum nomine & vice totius Regni Majoricarum, & insularum Minoricarum & Evicæ, & de villa Podii Ceritani nomine & vice Ceritaniæ & Confluentis, & de villa Perpiniani nomine Comitatus Rossilionis, & terrarum Vallispirii, & castri Caucholiberi, & de castro de Omeladcio nomine & Vicecomitatus de Omeladesio. Quas potestates nos, hæredes & successores nostri teneamur dare vobis & successoribus vestris quandocumque, & quotiescumque requisiti fuerimus per vos & successores vestros, ratione tamen recognitionis feudi & fatica juris. Nec prædictas potestates possitis vos vel successores vestri retinere ratione Valentiæ.

Promittimus etiam per nos, hæredes & successores nostros vobis & successoribus vestris in perpetuum, quòd nos & ipsi successores nostri firmabimus jus vobis & vestris in posse vestro & vestrorum, & semel quolibet anno cum fuerimus requisiti ibimus ad Curiam vestram, & vestrorum in Cataloniâ, nisi tunc quando fuerimus requisiti, fuerimus nos & dicti successores nostri in Regno Majoricarum. Promittimus tamen per nos & nostros, & ad hoc de præsenti nos & successores nostros obligamus quòd juvemus, valeamus & defendamus vos & successores vestros cum toto posse nostro contra cunctos homines de mundo.

Item promittimus per nos & nostros servare & servari facere, in terris Rossilionis, Ceritaniæ & Confluentis, & Wallispirii & Caucholiberi usaticos, consuetudines & constitutiones Barchinonenses factos & factas, & etiam faciendos & faciendas per vos & vestros cum consilio majoris partis Baronum Cataloniæ, sicut moris est fieri, salvis specialibus consuetudinibus locorum prædictarum terrarum. Et quòd in prædictis terris Rossilionis, Ceritaniæ, Confluentis, Vallispirii & de Caucolibero currat moneta Barchinonensis, & non alia. Retinemus tamen nobis & successoribus nostris, quòd possimus cudere vel cudi facere absque contradictione & impedimento vestro & vestrorum in regno Majoricarum & insulis eidem adjacentibus monetam & monetas de novo.

Item retinemus nobis & successoribus nostris quòd in nullo casu possit a nobis vel Officialibus nostris vel successorum nostrorum appellari, nec etiam per alium modum recurri ad vos dictum dominum Regem Aragoniæ vel successores vestros. Salvo quòd propter hoc non detrahatur in aliquo iis quæ superiùs & inferiùs continentur.

Item quòd nos & successores nostri possimus absque contradictione & impedimento vestro, & vestrorum facere & ponere pedagium, & novam lezdam in regno Majoricarum & aliis insulis eidem adjacentibus, salvis libertatibus per prædecessores nostros concessis hominibus vestris, nisi prædictæ libertates vel privilegia sint de jure vel contrarium usum vel alio modo abrogata. Quæ tamen omnia quæ nobis retinemus, volumus & concedimus esse de feudo seu feudis prædictis, exceptis emptionibus supradictis sub formâ superiùs comprehensâ.

Item cum dictus dominus Rex Majoricarum avus paternus noster in prædictis instrumentis, de quibus in principio hujus instrumenti habetur mentio, retinuisset sibi & successoribus suis bovaticum in prædictis terris: ita quòd dictum bovaticum esset de dicto feudo, ut alia supradicta quæ sibi retinuit, exceptis emptionibus prædictis. Et subsequenter præfatus dominus Rex Majoricarum avus paternus, et postmodum præfatus dominus Sancius Rex, patruus noster, remiserint bovaticum ipsum gentibus nostris dictarum terrarum, quæ ad præstationem dicti bovatici tenebantur, eâ conditione quòd loco dicti bovatici præfatæ gentes nostræ tenentur dicto domino Regi Sancio solvere viginti millia libr. Barchinonensium, de quibus ementur mille libræ Barchinonenses rendales in alodio, quas haberent & reciperent ipse & sui proposito loco bovatici supradicti. Recognoscimus tamen quòd vos dictus dominus Jacobus Rex Aragoniæ, generosè consensistis remissioni dicti bovatici, & quòd non teneatur dominus Rex Sancius emere dictas mille libras loco bovatici supradicti. Inhibitiones verò seu banna per vos vel successores vestros factas vel faciendas non tenemur nos vel successores nostri servare, nisi factæ fuerint de consilio & assensu nostro, vel nostrorum.

Et pro prædictis omnibus complendis ac firmiter attendendis obligamus vobis dicto domino Regi Aragoniæ & vestris, nos & nostros & omnia bona nostra, & juramus per Deum & ejus sancta quatuor Evangelia nos Jacobus Majoricarum Rex superiùs nominatus, & præsente, volente & auctorisante, ac suum expressum consensum præstante dicto tutore nostro, facimus vobis homagium ore & manibus in præsenti, & sub dicto juramento confitemur nos excessisse ætatem duodecim annorum prædictam.

Ad hæc nos Jacobus Dei gratiâ Rex Aragoniæ prædictus, tenentes nos pro contentis & pacatis cum prædictis à vobis illustri Jacobo per eamdem gratiam Rege Majoricarum beatissimo nepote nostro, nobis recognitis & concessis præsente, volente, auctorisante, ac suum expressum assensum præstante dicto honorabili Philippo tutore vestro, nomine tutorio prædicto, per nos successoresque nostros laudamus & approbamus vobis & vestris successoribus perpetuò prædictum regnum Majoricarum, insulas, Comitatus, & terras, quæ à nobis in feudum tenetis sub pactis & conventionibus supradictis. Et promittimus per nos & nostros vobis & vestris juvare, valere & defendere vos & vestros, & Regnum, terras & Comitatus prædictos & jurisdictiones vestras, & dictarum terrarum, quæ à nobis tenetis in feudum toto posse nostro contra cunctos homines. Et pro prædictis omnibus complendis & firmiter attendendis; vice versâ obligamus nos & nostros & omnia bona nostra vobis & vestris, & juramus per Deum & ejus sancta quatuor Evangelia, & facimus vobis homagium ore & manibus, in præsenti. Convenimus & retinemus nos dicti Jacobus Aragoniæ Rex, & nos Jacobus Rex Majoricarum, præsente, volente, auctorisante, ac suum expressum assensum præstante dicto tutori de honorabili Philippo tutori, qui supra, (quod nos dictus Philippus sic verum esse asserimus & fatemur) quòd substitutiones factæ in chartis hereditamenti inter nos & nostros per dominum Regem Jacobum eximiæ recordationis avum nostri dicti Jacobi Aragoniæ Regis, & per avum nostri dicti Regis Majoricarum, & in Testamento ejusdem, sint salvæ & in suâ remaneant firmitate, salvis his quæ in hoc instrumento continentur.

In quorum testimonium nos Rex Aragoniæ, & Rex Majoricarum prædicti, ac Philippus de Majoricis tutor, qui supra, duo consimilia publica instrumenta inde fieri jussimus, & sigillorum nostrorum appensionibus communiri, & in quibus etiam nos dictus tutor manu propriâ subscripsimus. Quæ sunt acta in Civitate Barchinonensi in Palatio domini Regis Aragoniæ prædicti Kal. Octobris, anno Domini millesimo trecentesimo vicesimo septimo. Visa per Cancellarium. Signum Jacobi Dei gratiâ Regis Aragoniæ, Comitis Rossilionis & Ceritaniæ, ac domini Montispessulani prædicti, qui hoc laudamus, firmamus, & juramus. Nos Philippus de Majoricis tutor prædictus præmissa laudamus, concedimus & firmamus, & manu propriâ subscribimus. Signum Jacobi Dei gratiâ Regis Aragoniæ, Valentiæ, Sardiniæ, & Corsicæ, ac Comitis Barchinonensis prædicti, qui hæc laudamus, firmamus & juramus.

Testes hujus rei sunt qui præsentes fuerunt inclytus dominus Infans Petrus Rippacurtiæ & Impuriarum Comes, Inclytus dominus Infans Raimundus Berengarii Comes Montanarum, de prædictis antefati domini Regis Aragoniæ filii, Gasto Oscensis Episcopus, Cancellarius ipsius domini Regis Aragoniæ, Berengarius Elnensis Episcopus, frater Sancius de Aragonia locum tenens Magistri Hospitalis in Castellaniâ Emposte, F. Raimundus de Impuriis de Ordine Hospitalium, F. Raimundus de Cavillone Commendator Alcaronis, F. Petrus Abbas Monasterii sanctarum Crucum, Capellanus major dicti domini Regis Aragoniæ, Petrus de Viridario Archiepiscopus Majoricarum, & Canonicus Narbonensis, Cancellarius dicti domini Regis Majoricarum, Guillelmus Muralli Canonicus Majoricarum, Guillelmus de Madronà Canonicus Tirasonensis, Antonius de Galiana legum Doctor, Canonicus Majoricarum, F. Petrus de Portello de Ordine Prædicatorum Confessor dicti domini Regis Aragoniæ: Nobilis Otho de Montecathano, Bernardinus de Campana, Galdous de Angellaria, Berengarius de Vilariacuto, Ademarius de Mosseto, Pontius de Caramay. Et Milites Raimundus de Melanno, Eximinius de Tovia, Ferrarius de Villafranca Alguazirius dicti domini Regis Aragoniæ, Guillelmus de sancta Columba, Petrus de Pulcro-castro, Ferrarius de Canneto, Jacobus de Muredine, Berengarius de Podio, Guillelmus de Fontibus, Guillelmus de Jaffero Vicecancellarius, Petrus Marii Thesaurius, Petrus Despens, Guillelmus de Mora Jurisperiti de Consilio dicti domini Regis Aragoniæ, Jacobus Scuderii Notarius dicti domini Regis Majoricarum, Ferrarius de Lilleto Bajulus Cataloniæ generalis. Et quam plures alii. Signum Bernardi de Podio dicti domini Regis Aragoniæ Scriptoris & Notarii etiam publici, auctoritate suâ per totam terram & dominationem ipsius, qui prædictis interfuit & hæc scribi fecit cum litteris rasis & emendatis in lineâ decimâ quartâ ubi dicitur, *Patruus noster fecerunt & nos fecimus*: & in lineâ vigesimâ octavâ ubi scribitur : *Nos Jacobus Majoricarum Rex superius nominatus.* Et claudimus die & anno quo suprà.

Anno MCCCXXVIII.

Decretum Summæ Curiæ Parisiensis, quo declaratur Regem in vacationibus Canonicatuum Ambianensium jus Regalium non habere.

CAROLUS Dei gratiâ Francorum & Navarræ Rex. Notum facimus universis tam præsentibus quàm futuris, quòd cum nos Baillivo Ambianensi, vel ejus locum tenenti, per nostras alias litteras mandavissemus, quòd cum olim vivente carissimo domino genitore nostro certum arrestum pro Episcopo tunc Ambianensi prolatum fuerit super possessione collationis Præbendarum Ecclesiæ Ambianensis, quas sede vacante contingebat vacare, Nosque & Procurator noster probabiliter ignoraremus, an in simili modo cæterorum beneficiorum, personatuum & dignitatum vacantium aliàs in civitate & diœcesi Ambianensi ad ipsius Episcopi collationem spectantium, ad nos ratione juris Regalium pertineret. Nos ne ignorantiâ jus nostrum deserere, aut alienum invadere contingeret, mandavimus & commisimus Baillivo Ambianensi quòd se de præmissis fideliter informaret, & quidquid inde reperiret, sub sigillo suo fideliter inclusum Procuratori nostro Parisiensi mitteret, ut deliberare valeret an super hoc cedere vel contendere deberet.

Factâ igitur informatione super præmissis per dictum Baillivum, & nostræ Curiæ reportatâ, auditis nostro & dicti Episcopi Procuratoribus, visâ & diligenter inspectâ relatione super hoc per gentes Parlamenti nostri nobis factâ, Curia nostra præcepit Procuratori nostro prædicto & per arrestum, quòd ipse super præmissis ulteriùs non contenderet, sibi super præmissis silentium perpetuum imponendo. In cujus rei testimonium præsentibus litteris nostrum fecimus apponi sigillum. Datum Parisiis in Parlamento nostro, anno Domini MCCCXXVII. mense Januarii.

Anno MCCCXXVIII.

Edictum PHILIPPI VI Regis Francorum, de forma juramenti quâ uti debent Tabelliones.

PHILIPPUS Dei gratiâ Francorum Rex, dilecto nostro Magistro JOANNI Vaischiera Clerico Petragoricensis diœcesis, salutem & dilectionem. Reipublicæ expediens, imò necessarium reputantes, ut actus & contractus legitimi publicâ manu ad cautelam præsentium & futurorum memoriam conscribantur : Tibi, de cujus fidelitate & industriâ, & fide dignis, laudabile testimonium perhibetur, Tabellionatûs, seu publici Notariatûs officium, ad quod prout à fide dignis accepimus existis idoneus, per te in terrâ, quæ sub scripto regitur, exercendum auctoritate nostrâ Regiâ tenore præsentium concedimus, recepto à te sub formâ quæ sequitur juramento, quæ talis est :

Juro ego Joannes prædictus, quòd ero fidelis Domino meo, Domino Philippo Dei gratiâ Francorum Regi, & heredi suo Regi Francorum, personam, honorem, statum, & jura ipsius, & Regni sui, in his quæ ad meum spectant officium, pro posse meo diligenter, & fideliter observabo. Et si quid in contrarium attentari vel machinari cognoscerem vel sentirem, illud per me, vel aliàs toto posse impediam, & si impedire non possem, sibi quàm citiùs potero revelabo, vel tali per quem possit ad ejus noticiam pervenire. Consilium quod mihi per se, vel literas aut nuntium manifestaverit, ad ejus damnum vel periculum nulli pandam. Secreta Curiarum etiam, vel Officialium suorum, ad quæ vocatus fuero, nemini revelabo, cui non debeam revelare. Contractus legitimos, processus, & acta judiciaria, & alia quæ de jure mei officii exercebo, in protocollâ sine morosâ dilatione fideliter redigam; & postquàm redacta fuerint, instrumenta super eis conficere malitiosè non differam, sed partibus & aliis quorum intererit pro justo & moderato salario, servatis statutis Regiis, fraude, dolo & malitiâ quibuscumque cessantibus, exhibebo. Super nullo contractu, in quo sciam vim vel metum intercedere, aut juribus Regiis quomodolibet præjudicari vel detrahi, nec aliàs clam recipiam, nec faciam instrumenta ; protocolla, seu libros notularum, & registra ad cautelam & securitatem Reipublicæ, & memoriam futurorum fidelitate sollicitâ conservabo, & ea sine licentiâ Regiâ, vel Seneschalli, aut Baillivi de Seneschalliâ aut Baillivia, in quâ moram traham, non extraham, sed ea cum officio cessero, vel illud deseruero, in testamento seu ultimâ voluntate meâ Seneschallo, Baillivio, aut Judici mandabo, aut faciam assignari, salvo jure meo, vel heredis mei in lucro quod ex eis juxtà ordinationem Regiam posset sequi, & aliàs dictum officium in locis mihi commissis diligenter & fideliter exercebo. Sic me Deus adjuvet & hæc sancta.

In cujus rei testimonium præsentibus literis nostrum fecimus apponi sigillum, quo utebantur antequàm regnum ad nos devenisset prædictum.

Datum Pruvini die xx. Maii, anno Domini millesimo trecentesimo vicesimo octavo.

Anno circ. MCCCXXVIII.

Idem præcipit BERNARDO de Moreul, ut Gallicorum castrorum depositâ Præfecturâ, regimen suscipiat atque institutionem JOANNIS filii sui primogeniti, qui patri successit.

DE PAR LE ROY.

SIre de Moreul, vous savez comment nous vous deymes lautre jour que nous vous aviens ordené pour estre avecques Jehan nostre fils & à Paris : & vrayment nous ne vous ostons de l'office de Mareschal pour nul mal qui soit en vous, né pour nul deffaut qui par vous ait esté en vostre office, mes nous vous amons miex prés de Jehan nostre fils que nous ne feriens nul autre. Si voulons que vous vous ordenés tantost pour y venir, & pour y estre donc en avant continuellement ; car il est temps que ceux qui sont ordenés pour y estre y soient : & si est miex vostre honeur de le faire maintenant, quil ne seroit quant nous serons plus avant en la guerre. Et pour ce que vous nous priastes quant nous vous en parlasmes, que nous y vousissions garder vostre honeur, vrayment si vous y pensés bien vous trouverez que nous vous faisons trop plus grant honneur de vous y mettre, que nous ne feriens de vous lessier Mareschal, mesmement consideré que nous voulons que vous soiez tous li premiers & li principauls de son frain, car il ne ot onques Mareschal en France qui n'en lessast volentiers loffice pour estre li premiers au frain de lainsné fils du Roy. Si nous semble que vostre honeur y est non pas gardée seulement, mes accreuë. Et quant au proufit, il nous semble que il y est plus grant qu'il ne seroit à estre Mareschal ; car pour plusieurs fraudes qui se faisoient pour cause des droiz des Mareschaus, nous avons ordené que dores en avant nul Mareschal ne prandront nul droiz, mes seront tournez à nostre proufit tous les droiz quil soloient prandre, & il auront cinq cens livres tournois chafcun d'eux par an pour toutes chofes, & fi ne les auront, fors feulement durans les guerres. Et nous voulons que nous aiez pour eftre aveques noftre fils cinq cens livres chafcun an, lefquelles nous vous donnons à voftre vie. Si nous y femble le proufit plus grant que eft l'office de Marefchal, pour quoi vous n'en devez eftre en nulle melencolie, mes en devez eftre tous liez & pour honeur & pour profit. Donné à Becoifel le v. jour de Juillet.

Anno MCCCXXIX.

Idem hortatur Italiæ dominos &c. ut Romanam Ecclefiam propugnent, expugnentque hæreticos recens exortos.

PHILIPPUS Dei gratiâ Francorum Rex, Nobilibus & prudentibus viris univerfis & fingulis Dominis, Poteftatibus, Capitaneis, Rectoribus, Confulibus, quibufcumque alliis Gubernatoribus civitatum, caftrorum, & aliorum locorum infignium partium Italiæ, civibus, incolis & habitatoribus locorum prædictorum, & territoriorum ipforum, amicis noftris cariffimis, ad quos præfentes litteræ pervenirent falutem & dilectionem finceram. Ad noftrum noveritis (quod dolentes referimus, & non fine gravi cordis amaritudine recenfemus) pervenit auditum, quòd in nonnullis partibus civitatibufque & locis Italiæ adversùs facro-fanctam matrem Romanam & univerfalem Ecclefiam, cui provifione Divinâ fanctiffimus Pater in Domino Joannes Papa vicefimus fecundus ad præfens præfidet, & jam falubriter favente Domino pluribus præfedit annorum curriculis; necnon & adversùs eumdem fanctiffimum Patrem, infurgentes quidam filii Belial, fuis venenofis fuafionibus & perniciofis latratibus falfis ac fucatis coloribus devotionem veftram (quam femper ficut veri Catholici & fideliffimi Chriftiani ad eamdem inconcuffam habuiftis, fanctam matrem Ecclefiam, & ad ipfum nutu præfidentem, & ad ipfius prædeceffores qui fuerint pro tempore tamquam ad unum in terris Chrifti Vicarium, beati Petri fucceforem, & ipfius naviculæ univerfalis, fcilicet Ecclefiæ caput unicum & Rectorem) conantur inficere, & animos veftros, quos in Orthodoxæ fidei ftabilitate & unitate Ecclefiæ tamquam ipfius veri filii hucufque habuiftis immobiles, & auxiliante Domino habebitis in futurum, erroribus variis pervertere, & ad fuam convertere falfitatem; volentes per has fuas opiniones phantafticas atque hæreticas, jufto Ecclefiæ judicio per præfatum fummum Pontificem & ejus facrum Collegium reprobatas extollere, & pœnas pro fuis hærefibus eifdem impofitas, per abolum alicujus temporalis potentiæ damnabiliter evitare; fingentes fibi, quod etiam profanum eft dicere, & exfecrabile quodammodo recitare, quemdam apoftaticum Papam feu potiùs Antichriftum, & fub pietatis & religionis umbrâ feu pallio fimplicium animis illudentes, per malitiæ fuæ virus corpus univerfalis Ecclefiæ, cujus ipfe Chriftus eft caput, & qui in ipfius fanguine fancti Spiritûs illuftratione continuâ vegetatur & vivit, inficere moliuntur, & id ipfum corpus Ecclefiæ myfticum corpus Chrifti, quo nullum perfectus & nobilius eft creatum, per adjunctionem execrabilem fui præfati Apoftatici, tamquam alterius capitis reddere monftruofum, & inconfutilem Chrifti tunicam, quàm etiam ipfi perfidi crucifixores ipfius dividere noluerunt, fcindere fatagunt, imò veriùs difcerpere totaliter, ac etiam quantum in eis eft viliter conculcare; ipfum ftabile fundamentum Ecclefiæ fuis pervertis conatibus fubvertere attentantes.

Quod quam fit grave, deteftabile ac perniciofum exemplo, cuilibet fideli Catholico planè patet. Per hæc enim, ipfa fides Catholica & ftatus Ecclefiæ, extrà quam non eft falus, etiam ipfis infidelibus, & ethnicis feu paganis magis contemptibilis redditur & exofa, & eorum animi jam fortè per Dei mifericordiam ad eum aliqualiter inclinati, & etiam inclinandi, cooperante fatore fcandali & humani generis inimico, à fuo laudabili propofito faciliter retrahentur. Nec mirum fi fidem, quæ etiam homini integraliter eft fervanda, Chriftianos videant Creatori fuo corrumpere, & fuo piiffimo Redemptori. Quanta autem ex his pericula, quanta mala, quanta fcandala, quantaque animarum & corporum detrimenta ex hac radice peftiferâ provenire valeant in futurum, nifi per fideles Catholicos celeriter præcidantur, nec advertere fufficimus nec proferre, ficut & quilibet fidelis animus piæ ac probandæ confiderationis poteft à fe ipfo clariùs intueri.

Veftram igitur amicitiam exhortamur in Domino, ac requirimus ex zelo & debito fidei Chriftianæ, ut veftrorum animorum conftantiam ad ipfum caput Ecclefiæ, quod eft Chriftus, & ejus Vicarium fupradictum, piè & fideliter erigentes, imitantes pudoratos filios Noe qui patris verecundiam nequeuntes æquanimiter tolerare, & ipfius benedictionem, & inverecundi fratris & pofteritatis ejus prælationem & dominium obtinere perpetuò meruerunt. Ad pericula infuper prædicta advertentes, fidelitatem & devotionem, quam femper ad fanctam matrem Romanam Ecclefiam vos & prædeceffores veftri eftis profeffi fidelitate vos habere, requirente ad præfens non modicum neceffitate negotii, ut videtis, efficaciâ & exhibitione operis pro veftrarum animarum falute ita laudabiliter impleatis, præfatis hæreticis & eorum hæreticalibus documentis, fic viriliter & fidelibus verbis & factis ftrenuè refiftendo, & etiam præ omnibus obviando, quòd cæteris Chriftianis fitis, in his virtutum exemplar, ficut & prifcis temporibus exftitiftis, & per veftros virtuofos labores prædictorum malitiæ exortum incendium non procedat ulteriùs, nec unitati & ftabilitati fidei damna inferat graviora; fed in ortu fuo occidatur & totaliter exftinguatur, ut ex his & temporalis vitæ præconium vobis, & per vos pofteris veftris perpetuò acquiratis, Nofque & filii Principes Chriftiani, & omnes fidei Catholicæ profeffores, veftram in hoc conftantiam, fortitudinem ac fidelitatem ex experto perfpicaciùs agnofcentes, veftris ac veftrorum commodis obnoxius aditringantur, & æternæ retributionis gratiam copiofiùs affequi valeatis. Sinceritatem & amicitiam veftram in tranquillitate ac ferenitate pacis & unitate Ecclefiæ, propulfis fcandalis & exulatis erroribus univerfis, confervet Omnipotens feliciter, ut optamus, per tempora longiora. Datum in Abbatiâ Carolifoci die II. Martii, anno Domini milleffimo trecenteffimo vicefimo octavo.

Idem JOANNI *filio fuo primogenito emancipato confert Ducatum Normanniæ, & Comitatus Andegaviæ & Cenomaniæ.*

Anno MCCCXXXII.

PHILIPPE par la grace de Dieu Roy de France, favoir faifons à tous prefens & advenir, que comme en grant confeil & deliberation fur les chofes cy apres efcriptes & chafcune dicelles, confiderans les exemples de plufieurs Roys nommez en la fainte Efcripture, & d'aucuns de noz predeceffeurs Roys de France, & de plufieurs autres Roys. Voulans à l'onneur de Dieu, pour le bien commun de noftre Royaume pourveoir pour le temps prefent & advenir au gouvernement de noftre tres-chier fitz Jehan de France, lequel apres noftre deces, quant

Dieu plaira, doit eſtre Roy de France, & veoir auſſi, comme nous deſirons, que il ſe gouuerne bien es mendres choſes, qui lui ſeront baillées, que il ſaiche mieulx apres gouverner les plus grans choſes & le Royaume de France, quant il plaira à Dieu qu'il y viengne.

Audit noſtre chier filz Jehan de France preſent & recevant, lui premierement par nous emancipé, & aagé, & ſur ſon aage diſpenſé quant à ce & à toutes autres choſes, de noſtre liberalité royal, & pour bonne & juſtes cauſes, touchant la paix & la ſeureté de noſtre Royaume, qui a ce faire nous ont meuz: Avons donné & donnons, baillé & baillons plainement & entierement la Duchié de Normandie, & les Contez d'Anjou & du Maine, aveques toutes honneurs, nobleſſes, Juſtices haultes, moiennes & baſſes, fiefs, hommages, droiz & appartenances, quelles que elles ſoient, aux charges qui y ſont. A tenir leſdites choſes de nous à ung fié, & ung hommage-lige & en Parrie par ledit Jehan noſtre filz, lequel nous en avons fait & faiſons Per de France, avec tous droiz & honneurs de Parrie, lequel fié & hommage-lige à tenir de nous en Parrie, & le droit du ſervice du fié, & noſtre reſſort, & ſouveraineté royal, nous y retenons, & voulons que tantoſt apres le decés dudit Jehan noſtre filz, ait enfans, ou non, ladite Duchié de Normandie retourne & revienne entierement & parfaitement à nous, ſe nous ſurvivions à luy. Et ou cas, ouquel nous ſerions lors treſpaſſez de ce ſiecle, ladite Duchié retournera & appartiendra à celuy qui ſera Roy de France, & à la Couronne, & au Royaume perpetuellement, ſans eſtre jamais deſlors en avant departie, ne deſſeurte dudit Royaume.

Et ſe ledit Jehan noſtre filz treſpaſſoit de ceſt ſiecle, nous ſurvivant à lui, & de lui ne demeuraſt hoir maſle, mais ſeulement fille ou filles: en celui cas les Contez d'Anjou & du Maine revenront à nous & au Royaume de France. Et la fille ſi elle eſtoit ſeule, ou l'aiſnée, ſe il y en avoit pluſieurs, emporteroit ſept mile livres tournois de terre, ou en rente à la valuë de terre. Et la ſeconde auroit deux mile livres de terre, & cinquante mile livres tournois pour une fois. Et la tierce aura mile livres de terre, & quarante mile livres tournois pour une foiz. Leſquelles ſommes dargent, nous ſe nous vivons, ou celui qui ſera Roy de France apres nous, ſeront tenuz à paier, & aſſeoir & bailler en lieux bons & convenables leſdites terres, & de ce chargeons, & voulons eſtre chargiés nous & noz ſucceſſeurs Roys de France. Ne plus grant droit ne pourroient leſdites filles demander, ne avoir en la ſucceſſion dudit Jehan noſtre filz. Car en celui cas les Comtez d'Anjou & du Maine revenront au Royaume de France.

Et à plus grant fermeté des choſes deſſuſdites avons receu ledit Jehan noſtre filz en noſtre foy & hommage deſdits Duché, Contez & Parrie. Et voulons & commandons à tous Prelats, Ducs, Contes, Barons & autres nobles & non nobles, & à toutes manieres de gens deſdits Duchié & Contez, de quelque condition qu'ils ſoient, que ilz entrent en la foy & hommage dudit Jehan noſtre filz, & lui reſpondent & obeïſſent comme à vray Duc, Conte & Seigneur en tout & par tout, ainſi comme ils faiſoient, & eſtoient tenus à faire à nous pour cauſe dudit Duché & Contez; ſauf noſtre fié & hommage, & le ſervice de fié, avec noſtre reſſort & ſouveraineté royal que nous y avons retenu, ſi comme deſſus eſt dit. Et voulons, octroions audit Jehan noſtre filz, lequel nous avons inveſtu des choſes deſſuſdites, & auquel nous avons baillé la ſaiſine corporelle à la ſeigneurie & proprieté de toutes les choſes à lui données deſſuſdites à tenir de lui, ſi comme dit eſt. Que il de ſa propre auctorité reçoive fiefs & hommages deſdits Duchié & Contez, & en joïſſe de cy-en-avant, comme vray ſire, & ſe appelle & ſoit appellez Duc & Conte d'icelles. Et ceulx qui ſeront entrez en l'hommage de noſtredit filz, nous les quictons de la foy & hommage, par leſquelz ils eſtoient tenus à nous pour cauſe deſdits Duchié & Contez.

Et promettons en bonne foy audit Jehan noſtre filz preſent & retenant, tenir & garder ſans enfraindre, toutes les choſes deſſuſdites & chacune d'icelles, & les garantir & appaiſer à lui en jugement & dehors. Voulant neantmoins & de certaine ſcience decernons, que doreſnavant toute audience ſoit denoiée à toute perſonne qui vouldroit venir en jugement, ne dehors, encontre les choſes deſſuſdites, ou aucunes d'icelles: & que toutes les choſes deſſuſdites vaillent ainſi & ſoient miſes à execution, comme choſe jugée par Arreſt de noſtre Court, nonobſtant droit eſcript, & non eſcript, us, couſtume de Normandie, d'Anjou & du Maine ou de Royaume de France, ou de noſtre Court, ſe point en avoit au contraire. Et avec ce de noſtre plain povoir & auctorité royal, & de certaine ſcience, caſſons & adnullons tous droiz & couſtumes qui pourroient eſtre au contraire. Et ſuppleons tout deffaut, ſoit pour raiſon de eage, ou par quelque autre cauſe que ſeroit ou pourroit eſtre es choſes deſſuſdites, ou en aucune d'icelles.

Si commandons à tous ceulx de noſtre lignage, & à tous autres de noſtre Royaume ſur la foy & loyauté que il nous ſont tenuz, que ledit Jehan noſtre filz aident & confortent contre tous qui luy voudroient nuire, ou mettre aucuns empeſchemens eſdites choſes ou en aucunes d'icelles. Et pour ce que ce ſoit ferme & eſtable à touſiours, nous avons fait mettre noſtre ſeel en ces preſentes Lettres, faites & données au Louvre pres de Paris le Lundy 17. jour en Fevrier, apres ce que nous euſmes emancipé & aagé noſtredit filz. L'an de grace mil cccxxxi. Ainſi ſigné par le Roy, M. de Molins. Tripp[ta].

JOANNIS *Papæ XXII.* LUDOVICO Duci de Borbonio.

Anno MCCCXXXII.

Diſpenſatio juramenti.

JOANNES Epiſcopus ſervus ſervorum Dei, Dilecto filio nobili viro LUDOVICO Duci Borbonenſi, ſalutem & Apoſtolicam benedictionem. Sincera paternæ dilectionis affectio, quâ te tuis claris exigentibus meritis proſequimur, nos inducit, ut tibi ſuper his quæ tuæ concernunt ſalutem animæ, quantum cum Deo poſſumus, ſalubriter conſulamus. Sanè ad noſtram deduxit notitiam relatio fide digna, quòd tu dudum in terræ ſanctæ ac Chriſticolarum partium tranſmarinarum ſubſidium ferventi concepto propoſito transfretandi, te civitatem Parisienſem minimè intraturum, quouſque hujuſmodi compleviſſes Domino tibi auxiliante propoſitum, emiſſo voto & præſtito juramento firmaſti. Nos igitur attendentes quòd circa tractatum paſſagii tranſmarini, quòd cariſſimus in Chriſto filius noſter Philippus Rex Franciæ illuſtris, accenſus zelo fidei & magnæ devotionis aſſumſit, qui quidem tractatus habitus eſt, ut accepimus, & haberi ſperatur frequenter in civitate jamdictâ, tua exiſtere noſcitur præſentia multipliciter opportuna, quodque dicti voti ſeu juramenti obſervatio, de non intrando civitatem eamdem dicto paſſagio non poſſet proficere ſed obeſſe;

ex his, & aliis certis considerationibus nos rationabiliter in hac parte moventibus, & quia præfatus Rex super iis etiam propter utilitatem dicti passagii alias nos rogavit ; te ab observatione voti & juramenti hujusmodi tenore præsentium absolvimus, & penitùs liberamus. Ita tamen quòd propter hoc concepto proposito & voto cuicumque per te de transfretando emisso, quin illa in eodem passagio vel quamprimùm opportunum & utile videbitur compleas, nullatenùs derogetur.

Nulli ergo omninò hominum liceat hanc paginam nostræ absolutionis & liberationis infringere, vel ei ausu temerario contraire. Si quis autem hoc attentare præsumpserit, indignationem omnipotentis Dei & Beatorum Petri & Pauli Apostolorum ejus se noverit incursurum.

Datum Avinione tertio Nonas Februarii, Pontificatûs nostri anno decimo septimo.

Idem JACOBO de Borbonio.

JOANNES Episcopus servus servorum Dei, Dilecto filio nobili viro JACOBO, nato dilecti filii nobilis viri Ludovici Ducis Borbonesii, salutem & Apostolicam benedictionem. Providentia Sedis Apostolicæ circumspecta, sublimium personarum conditiones & status prudenter advertens; & considerans diligenter quòd eorum inclyta devotio gratiam promeretur, eis concedere consuevit interdum, quæ meritò denegat aliis ; maximè cum spectatur probabiliter ; quòd ex hoc eorum sincera devotio erga Deum & Romanam Ecclesiam augeatur. Sanè carissimi in Christo filii nostri Philippi Regis Franciæ illustris, cujus existis consanguineus, petitio nobis exhibita continebat ; quòd cum prosapia generis domûs Regalis Franciæ adeo Domino faciente creverit, & fuerit inter Principes &-Magnates tam intrà quàm extrà Regnum Franciæ dilatata, quòd vix mulier juxta prædicti altitudinem generis condecens tibi copulanda matrimonialiter valeat commodè reperiri ; præfatusque Rex ad caritatem & unitatem inter illos de dicto genere fortiùs observandam & rectiùs consovendam desideret, quòd tu mulierem aliquam de dicto genere tibi tertio vel remotiori gradu, vel gradibus consanguinitatis, vel affinitatis conjunctam duceas (interveniente tamen dispensatione Apostolicâ) in uxorem : nobis humiliter supplicavit, ut providere super his tibi de opportunæ dispensationis gratiâ dignaremur. Nos igitur ex causis præmissis supplicationi hujusmodi benigniùs inclinati, ut cum aliquâ muliere, quæ tibi ex altero vel utroque latere vel lateribus, ab uno vel pluribus stipitibus descendente, tertio consanguinitatis, aut quocumque alio remotiori gradu vel gradibus, ex uno vel pluribus latebus conjungatur, sponsalia & matrimonium contrahere licitè (Concilii generalis & alia quâcumque Constitutione contraria non obstante) valeas, tecum & cum eâdem muliere, pro quâ voluntate & consensu memorati Regis Franciæ, ut præmittitur, contrahes, auctoritate Apostolicâ de speciali gratiâ dispensamus, prolem exinde suscipiendam legitimam decernentes.

Nulli ergo omninò hominum liceat hanc paginam nostræ dispensationis & constitutionis infringere, vel ei ausu temerario contraire. Si quis autem hoc attentare præsumpserit, indignationem omnipotentis Dei, & Beatorum Petri & Pauli Apostolorum ejus se noverit incursurum.

Datum Avinione nono Kal. Octobris, Pontificatûs nostri anno decimo-nono.

LUDOVICUS *Imperator dat potestatem* LUDOVICO *Comiti de Oetingen tractandi quædam negotia cum* HUMBERTO *Delfino Viennensi.*

LUdovicus Dei gratiâ Romanorum Imperator semper Augustus, nobili & potenti viro suoque consanguineo prædilecto HUMBERTO Dalphino Viennensi, Comiti Albonensi, cum sinceræ dilectionis affectu, gratiam suam & omne bonum. Ad tuæ dilectionis præsentiam, spectabilem virum LUDOVICUM juniorem Comitem de Oetingen duximus transmittendum, dantes eidem plenam & liberam potestatem, vice & nomine nostro, tractatus cum dilectione tua super his quæ ad ipsum per te, vel tuos procuratores deduxeris consummandi, finiendi, perficiendi & terminandi, ac ipsis finem debitum imponendi ; & omnia faciendi, quæ super prædictis fuerint necessaria & etiam opportuna, quæ per nos fieri possent, si præsentes essemus, etiamsi mandatum exigant speciale ; promittentes, ac præsentibus nos obligantes, quòd omnia & singula super quibus idem Comes cum dilectione tuâ nomine nostro in convenerit, seu pacta, vel conventiones, aut obligationes quascumque inierit, seu promissiones fecerit, & suo sigillo conscripserit, & conscripta signaverit, grata, firma & rata perpetuò habebimus, quodque ipsa ratificabimus, approbabimus & confirmabimus litteris Majestatis nostræ solemniter consignatis, prout tibi visum fuerit expedire, quotque & quoties per tuum fuerimus requisiti. Datum Monaci XIII. Kal. Aprilis, regni nostri anno vigesimo, imperii verò octavo, anno Domini millesimo ccc. trigesimo-quinto.

LUDOVICUS *Bavarus Imperator Regnum Viennæ confert* HUMBERTO *Dalfino per* LUDOVICUM *juniorem, Comitem de Oetingen, Legatum suum.*

IN nomine Domini, Amen. Noverint universi præsentes pariter & futuri, quòd anno Incarnationis ejusdem Domini millesimo trecentesimo trigesimo-quinto, die XVI. mensis Aprilis, Indictione tertiâ ; in præsentiâ Notarii publici, auctoritate Imperiali, & testium infrascriptorum ; constitutus spectabilis vir dominus LUDOVICUS junior, Comes de Oetingen, Missus, seu Legatus à serenissimo Principe domino LUDOVICO Dei gratiâ Romanorum Imperatore semper Augusto, ut de legatione ipsâ constat ; per litteras patentes sigillo dicti domini Imperatoris sigillatas in pendenti, quæ incipiunt in secundâ sui lineâ, *nobili*, & finiunt in eâdem, *Delfini*; Qui quidem dominus Comes, consideratis obsequiis & servitiis impensis per illustrem Principem dominum HUMBERTUM Dalphinum Viennensem, & ejus prædecessores dicto nomine Imperatori, & ejus antecessoribus in ipso Imperio ; & quæ sperat per eumdem dominum Imperatorem recipere in futurum, dedit, donavit, cessit & concessit, vice & nomine dicti domini Imperatoris, dicto domino Humberto Dalphino præsenti & recipienti, pro se, & suis hæredibus juris, & rei successoribus in perpetuum, in feudum, Regnum Viennæ, cum juribus, pertinentiis & appendentiis dicti Regni, & quidquid idem dominus Imperator habet in dicto Regno, & infra dictum Regnum, & sibi competit

Anno MCCCXXXV.

Anno MCCCXXXV.

Anno MCCCXXXV. Dispensatio consanguinitatis ad contrahendum matrimonium.

Sine consensu Regis matrimonium non contrahat.

vel competere debet, seu potest, necnon & civitates, castra, & dominia, & jurisdictiones, & exercitium jurisdictionis, ac merum & mixtum imperium, & regalia ad Regnum ipsum spectantia, vel pertinentia quovis modo, ad habendum, tenendum, possidendum, regendum & gubernandum per se, aut ejus procuratores, officiales & nuntios, quoscumque voluerit deputare, & quidquid sibi placuerit faciendum, dans & concedens dictus dominus Comes, vice & nomine quibus suprà, dicto domino Delphino præsenti & recipienti pro se & suis, plenam, generalem ac liberam potestatem & auctoritatem dictum Regnum & possessionem ipsius apprehendendi, adipiscendi, & officiales quoscumque ibidem ponendi & creandi, revocandi creatos & creandos tot quot voluerit, & toties quoties sibi videbitur expedire, & in omnibus & singulis locis, ubi voluerit, infrà dictum Regnum; & omnia, & singula faciendi, & dicendi, & exercendi per se, vel per alium, quæ verus dominus Rex facere potest & posset, in & de Regno suo, & quæ ipse dominus Imperator facere & dicere posset, si personaliter præsens esset, vel si ad manum propriam dictum Regnum & jura Regni teneret.

Hoc acto & convento inter prædictum dominum Comitem, vice & nomine quibus suprà, & dictum dominum Humbertum Dalphinum, quod idem dominus Humbertus Dalphinus, & ejus successores in dicto Regno post eum, possit & possint ex nunc inantea ordinare de dicto Regno, testari, & disponere juxtà usum & consuetudinem patriæ Dalphinatûs & ipsius Regni, & de omnibus & singulis ad dictum Regnum spectantibus quovis modo.

Et cum dictus dominus Dalphinus aliàs sit vassallus Imperii, idem dominus Ludovicus Comes, vice & nomine quibus suprà, donavit dictum Regnum, cum juribus & pertinentiis ejusdem in feudum prædicto domino Dalphino stipulanti & recipienti ut suprà, cum eo jure, ratione & formâ, quo & quibus melius potest. Ita tamen quòd ab ipso Imperatore & ejus successoribus in Imperio, & sub dominio Imperii dictus dominus Humbertus Dalphinus & successores ejusdem in dicto Regno, in feudum teneant dictum Regnum. Promittens dictus dominus Ludovicus Comes, vice & nomine quibus suprà, dicto domino Dalphino præsenti & recipienti, ut suprà, per pactum solemni stipulatione vallatum, præsentem donationem ratam & firmam habere perpetuò & tenere, & ipsum Regnum servare, & defendere ab omni homine & personâ dicto domino Dalphino & suis.

Et cum dictus dominus Comes sciat & sentiat, quòd dictus dominus Dalphinus nondum possessionem dicti Regni, dicitur quòd est per diversos & diversimodè occupatam, imò quasi annihilatum, promittit dictus dominus Comes, vice & nomine quibus suprà, dicto Domino stipulanti & recipienti, ut suprà, dictum dominum Dalphinum juvare de facto & de jure, secundùm quod commode poterit, & secundùm quod dominus tenetur juvare vassallum suum & tueri, & ad acquirendum dictum Regnum & jura ipsius Regni, & illud tenendum & custodiendum, & eumdem dominum Dalphinum præsentem & recipientem pro se suique heredibus & successoribus, idem dominus Legatus de dicto Regno, & de omnibus prædictis cum juribus & pertinentiis eorumdem investivit per traditionem unius baculi, ut moris est.

Item & ad cautelam promisit & convenit dictus dominus Comes dicto domino Dalphino se facturum & curaturum cum effectu, quòd etiam dictus dominus Imperator dictum dominum Dalphinum Regem Viennæ constituet & creabit, & ipsum in Regem Viennæ coronabit, & de dicto Regno & ejus pertinentiis, & de his, & omni jure quod & quæ dictus dominus Imperator, & ipsum Imperium, & ipse dominus Imperator ratione dicti Imperii habet in dicto Regno, vel sibi competit, vel competere potest & debet in dicto Regno, cum his quæ sunt intrà dictum Regnum, eumdem dominum Dalphinum infeudabit, & in feudum donabit sibi & ejus successoribus, & ipsum sibi limitabit. Et dato quòd non reperiretur aliàs fuisse Regem in Viennâ, vel non fuisse Regnum conditum, nihilominùs dictus dominus Imperator Regnum ipsum condet & statuet, & terminabit & limitabit, & confines congruos ei assignabit; & de illo & his quæ fuerint infrà dictum Regnum, dictum dominum Dalphinum, & ejus successores in perpetuum infeudabit, & in feudum dabit, & in omnem eventum dictus dominus Imperator præcipiet & mandabit per suas litteras efficaces omnibus & singulis vassallis, & aliis Imperio subjectis in dicto Regno condito vel condendo constitutis, quòd dicto domino Dalphino pareant, & obediant sicut domino & Regi; & dicto domino Dalphino assignent & resignent quidquid habent de Imperio, quòd sibi quandoque commissum fuerit custodiendum pro dicto Imperio, & ad prædicta eos compellet, & rebelles & inobedientes banno Imperii decernat, & præcipiat subjacere, & quod bona ipsorum per quoscumque valeat occupari.

Et si reperiretur aliquam donationem factam fuisse ullo unquam tempore de dicto Regno per dictum dominum Imperatorem vel per alium, quòd dictus dominus Imperator illam revocet & decernat non valere, hanc solam donationem perpetuò valituram: & de prædictis omnibus dictus dominus Imperator dabit litteras oportunas aliis clausulis decentibus & oportunis appositis in eisdem, conficiendas ad consilium peritorum, quas sigillo Imperiali faciet communiri.

Et hæc omnia universa & singula suprascripta voluit & mandavit dictus dominus Comes, vice & nomine quibus suprà, omnibus quorum interest & interesse poterit in futurum, per præsens publicum instrumentum fieri manifesta.

Acta fuerunt hæc apud Balmam, Lugdunensis Diocesis, in domo Dalphinali in Camerâ aulæ bassæ in præsentiâ & testimonio potentium & nobilium virorum dominorum Jacobi Riverre, Petri de Herbeysio, Guorrardi de Nuef-festeingn, Militum; venerabilium & nobilium virorum dominorum Ebrardi de Tumpnow, Archidiaconi Ecclesiæ Augustensis, Marquardi de Raudilr juris Professoris, Canonici Augustensis, & Magistri Uldrici Protonotarii domini Imperatoris prædicti, testium vocatorum & rogatorum ad præmissa, per me Notarium publicum infrascriptum, & datum anno die, & Indictione quibus suprà. Et ego Joannes Nicoleti de Cermiaco, Viennensis Diocesis Clericus, auctoritate Imperiali publicus Notarius, præmissis omnibus una cum dictis testibus præsens interfui, & inde hoc præsens publicum instrumentum manu meâ propriâ scripsi & subscripsi, signoque meo solito signavi rogatus & tradidi. Nos enim præfatus Ludovicus Junior, Comes de Oetingen, Legatus in hac parte, & destinatus per serenissimum Principem dominum Ludovicum Romanorum Imperatorem semper Augustum, dominum nostrum, vice & nomine ipsius domini nostri Imperatoris, asserentes & cognoscentes præmissa omnia universa & singula fore vera in singulis suis capitulis, ut superius enarrantur, & per nos vice & nomine quibus suprà, concessa fuisse, sigillum nostrum huic publico instrumento apposuimus, ad majorem cautelam, & evidentiam rei gestæ.

JOANNA

Anno MCCCXLIII.

JOANNA Renuntiat bonis mobilibus & debitis mariti sui PHILIPPI Regis Navarræ defuncti dum cor ipsius Parisiis in Ecclesia Dominicanorum sepulturæ traderetur.

PHilippes par la grace de Dieu Roys de France, A Tous ceux qui ces presentes Lettres verront Salut. Savoir faisons que en nostre presence là ou nous fumes à l'enterrement du cuer de nostre tres cher Cousin jadis le Roy de Navarre, Conte d'Evreux, en l'Eglise des Jacobins de Paris, le Mercredi IIIe jour de Decembre vinrent tantost apres l'enterrement dudit cuer à la fosse où il estoit mis, nos tres cher filz & frere les Dux de Normandie & de Bourgoigne procureurs, & en nom de procureurs de nostre tres chere Niece la Royne de Navarre jadis femme dudit Roy de Navarre, & comme procureurs de elle, par nostre amé & feal Chevalier & Conseiller Symon de Buxi, parlant en nom de eux pour eux comme procureur, nous firent dire en substance, & puis bailler par escript les paroles qui s'ensuivent.

Ci ont Messeigneurs les Dux de Normandie & de Bourgoigne des plus prochains amis de Madame de Navarre, pour les quiex elle se vuet & entent conseiller & gouverner, lesquiex ses autres amis ne li ont mie conseillé, ne bon ne fust que elle venist ci en sa personne, & pour ce il y sont pour elle, & comme procureurs de elle me font à dire ou nom de elle & pour elle, que comme elle soit sur le point qu'il esconvient que elle se mette ou renonce aus meubles & aus debtes de son seigneur, & en ce & en autres choses est elle tenue de raison requerre, & croire le conseil de ses amis; lesquiex y ont moult pensé, & eu deliberation par plusieurs foiz de ce que elle en devroit faire. Si ont regardé que comme madite Dame sceust petit du gouvernement de son Seigneur, toutevoie pensent ses amis que tant pour les armes que sondit seigneur a suivies & les guerres du Roy Monseigneur, comme pour ce qu'il a esté en moult de païs, & darrainement en ce voiage où Dieu l'a pris, moult de debtes & de finances, de obligations & d'autres choses touchans le fait & la conscience de sondit seigneur, y puet avoir, obscures, doubteuses, & incertaines, si que elle n'en pourroit venir à certaineté, ne en faire satisfaction en maniere que son cuer en fust appaisié, & sa conscience seheure, ne son seigneur bien acquitié. Encore qui est une Dame, ne par li ne se puet gouverner, ne ne pourroit la peinne ne la charge porter des besoignes, debtes, & execution de sondit seigneur, & par sa main seroit la chose trop longue; & en moult grant triboil, grevance & mesaise le mettroit, si il esconvenoit que à li venissent les plaintes & les demandes de ceux à qui son dit seigneur seroit tenuz, & toutefoiz que elle les orfroit si renouvelleroit sa douleur & la mesaise, tel que le corps de li en seroit en peril.

Et quant il y a autres executeurs bons & saiges tiex comme Monseigneur de Navarre à esleuz esquiex il avoit grant fiance, l'en s'en puet bien fier & attendre en eux, & il savoient de son estat, si en pourront miex expletier & en moins de temps que elle ne pourroit, ne pour ce ne laira elle mie que elle ne face du bien pour son seigneur en prieres & en aumosnes; & le miex que elle saura, & bien y est tenue, elle a amé à la vie, si fera elle apres, més senz grant peril de ame, & doubte de conscience ne pourroit elle prenre la charge des debtes, ne de l'execution; si que par la volenté & le conseil de ses amis,

les quiex il li convient croire, elle & Messeigneurs ses ditz procureurs pour elle, combien que il li soit grief & moult à enuit, li aient fait consentir, renonce aus meubles & aus debtes de sondit seigneur, & se tient & vuet tenir à son doaire, & vuet, & se consent, que touz les meubles de sondit Seigneur dont il y doit avoir largement & plus qu'il n'en fait mestier aus debtes & execution paier, les executeurs preignent & expletent tost & briefvement pour son seigneur acquittier & l'execution acomplir, & de ce faire diligemment prie, quar c'est l'un des granz desirs que elle puisse avoir, & la chose de quoi elle sera plus reconfortée, se l'execution de son seigneur & les debtes sont bien paiez. Et à ce ne vuet elle que des diz meubles l'en épargne nuls, que l'en li en baille aucuns qui ne li soient aussi chierement venduz comme au plus estrange marchéant qui y pourra venir; Et en cette renonciation faisant font protestation les diz procureurs ou nom de elle, & pour elle; que pour ce ne li soit fait prejudice ou droit que elle a puet, ou doit avoir en ses meubles & en ses joyaux.

Apres les queles paroles le dit Chevalier se fist avouer, & avoué fu de quanque il avoit dit par les diz Dux, & à monstrer que nostre dite Niece la Royne de Navarre venist à point à faire la dite renonciation, & que faire la peust par procureur, & que quant à ce, & aussi quant à prendre ou laissier la garde ou le bail de ses enfans le temps n'eust couru contre elle, & que l'en ne peust dire que elle se y fust mise, ne és debtes de son dit seigneur pour demeure que elle eust faite en son hostel, ne pour ce que elle eust usé des biens communs puis la mort de son dit seigneur & avant ledit enterrement de son cuer, le dit Chevalier mist en avant & fist lire unes lettres pendens seellées de nostre seel, & à faire foi de la procuration des diz procureurs, unes autres seellées du seel de nostre dite Niece la Royne de Navarre, desqueles lettres, & premier de celles qui estoient seellées de nostre seel les teneurs s'ensuivent:

Philippes par la grace de Dieu Roys de France. A touz ceux que ces presentes lettres verront salut. Comme par aucuns amis de nostre tres chiere & amée Niece la Royne de Navarre, nous ait esté signifié nostre dite Niece avoir oï nouvelle du trespassement de nostre tres chier Cousin le Roy de Navarre son seigneur, pour les queles nouvelles elle est à grant douleur & mesaise de cuer, si que elle ne puet penser ne entendre à chose qui touche l'estat & le gouvernement de elle ne de ses biens, ne pourveoir en besoignes que elle ait, où puisse avoir à faire ou cas du trespassement dessus dit, ne aussi ne li endurent, ne n'osent parler ceux qui entour li sont. Si nous ont supplié que comme par la coustume, usaige, & observance commune du pais, & des parties de France ou quel nostre dite Niece demeure, les dames & femmes nobles doient elles mettre, ou renoncier és meubles & debtes de leurs mariz trespassez tantost apres l'enterrement, & elles tenir à leur doaire si elles veulent par certaines solemnitez, & signes accoustumez si comme l'en dit. Et ainsi soit que elle estant par deça, son dit seigneur & mari le Roy de Navarre soit trespassez en lointain païs, & le corps de li enterrez en Navarre, combien que l'en ait entendu que le cuer sera aporté à enterrer par deça.

Nous pour ce que avant l'enterrement du dit corps ne depuis elle n'a eü, ne avoir ne puet bonnement à present deliberation sur ce que elle devra faire de prendre ou renoncier comme dit est, & ausi à fin que par la demeure & habitation que faite a depuis le trespassement & l'enterrement du corps dessus diz en l'oste.

de fondit feigneur, & ufé des biens commus, & fera de ci à l'enterrement dudit cuer, l'en ne puiffe dire que elle ait pris la garde ou le bail de fes enfenz, ne que elle fe foit meflée aus meubles parquoi elle foit tenue à paier les debtes, li vueillons pourveoir de grace, & de remede conyenable. Nous enclinanz à ladite fupplication, voulons & ottroions à notre dite Niece, que laps ne cours de temps ne li foit ou puiffe eftre imputé à prenrre ou renoncier aus diz meubles & debtes, & li tenir à fon doaire, ainçois li ottroions que elle ait temps de en faire ce que bon li femblera, c'eft affayoir de prenrre ou renoncier jufques apres l'enterrement du cuer de fon dit feigneur, & que elle puiffe renoncier fe elle vuet adonc, ou entre deux là où il li plaira, par li, ou par procureur ou par autre, de bouche, ou par lettres, en prefence de aucuns nos Notaires ou Tabellions publiquement ou autrement, fenz ce que elle foit tenue de venir pour ce faire à l'enterrement, ne fur la foffe dudit cuer, ne de faire les fignes, & garder les folempnitez que l'en dit qui font requifes en ce cas, fur lefquiex fignes & folempnitez à garder nous difpenfons, & les li remettons. Et auffi voulons & ottroions, comme dit eft, que pour chofe que noftre dite Niece ait demeuré és hoftelx de fon dit feigneur, & demeure, & des biens communs ait ufé & vefcu, & face cependant, l'en ne puiffe dire ne tenir ne li oppofer que elle fe foit mife en ladite garde, ou, ou dit bail, ne és dites debtes, ne que elle foit forclofe que elle ne puiffe renoncier fe elle vuet. Mais neantmoins puiffe iceli garde & bail, & debtes prenre ou laiffier & y renoncier fi comme bon li femblera. Et nous ordenons & decernons par ces prefentes ladite renonciation, que noftre dite Niece ou fon procureur, ou autre pour elle vourra faire, eftre valable & d'un tel effet comme fe elle euft renoncié le jour de l'enterrement du corps, ajouftées toutes les folempnitez accouftumées, & comme fe unques n'euft ufé des biens meubles communs depuis l'enterrement du corps.

Toutes les queles chofes, nous avons voulu, ottroié, ordené & decerné par la deliberation de noftre grant Confeil, de grace efpecial, de certaine fcience, & pour caufe & de noftre plainne poiffance & auctorité Royal: non contreftanz les deffus dites, & quelcunques autres couftumes, ufaiges & obfervances contraires & quelcunques droit ou edit, qui à ce la puffent avoir eftreinte, ou obligiée, & par les queles ladite renonciation pourroit eftre impugnée. Toutes les queles couftumes, ufaiges, obfervances, droiz, & ediz, nous quant au cas prefent tant feulement hoftons, & aboliffons du tout de noftre dite poiffance & auctorité Royal & de certaine fcience par ces prefentes, és quels en tefmoign de ce nous avons fait mettre noftre feel. Donné à faint Germain en Laye, le IIIe jour de Novembre, l'an de grace mil trois cenz quarente & trois.

Item. A touz ceux qui ces prefentes lettres verront, Jehanne fille de Roy de France, par la grace de Dieu Royne de Navarre, Conteffe d'Eyreux, d'Angoulefme, de Mortaign, & de Longueville falut. Comme depuis les nouvelles dures & grieves à nous venues du trefpaffement de noftre tres chier feigneur & mari le Roi de Navarre, que Dieux abfoille, le quel fi comme il plaift à Dieu nous à laiffiée veuve en grant douleur, trifteice & melaife de cuer, noz amis aufquiex nous fommes tenue fi comme raifon eft & de croire, & nous par eux gouverner en ce cas, nous aient loué & confeillé, & encore louent & confeillent par grant deliberation & avis quil ont eu fur ce, fi comme nous ont fait favoir par plufieurs foiz, que nous apres l'enterrement ou avant du cuer de noftre dit Seigneur que l'en dit qui fera aportez & enterrez en France, renoncions aus meubles & aus debtes de noftre dit feigneur, & nous teignons à noftre doaire. Nous à qui il eft moult grief du faire & moult le voufiffions efchever fe nous peuffions bonnement, & fens peril de noftre ame & grant charge de noftre confcience, noz tres chiers & tres amez Coufin & Oncle les Dux de Normandie & de Bourgoigne, qui font de noz plus granz & plus prochains amis, & és quiex nous avons pleinne fiance de garder noftre honneur & la feheureté de noftre Eftat, avons fait & eftabli, faifons & eftabliffons par ces prefentes noz procureurs, enfemble & chafcun par li, à renoncier pour nous, & en noftre nom aus diz meubles & debtes, & dire que nous nous tenons & voulons tenir à noftre doaire apres le dit enterrement, ou lieu & en la maniere quil verront que meftier fera, & que bon leur femblera, & de faire en tout & par tout fur ce, & les dependances tout quanques nous ferions & faire pourrions fe nous eftions prefente.

Et quant aus chofes deffus dites, & tout ce que neceffaire, profitable ou convenable y ftera, nous donnons par ces lettres plein pouvoir & efpecial mandement à noz diz Coufin & Oncle, & à chafcun par li, & promettons fouz l'obligation de touz noz biens, avoir aggreable, ferme & eftable tout ce qui fera dit fait & ordené fur les chofes deffus dites, & les dependances d'icelles par eux & chafcun par li. En tefmoign de ce nous avons fait mettre noftre feel à ces prefentes lettres. Donné à Breyal le xxe jour de Novembre l'an de grace mil trois cenz quarente & trois.

Et nous à la requefte des diz Dux procureurs de ladite Royne de Navarre, des dites renonciation, proteftation, & autres chofes deffus dites, & de l'exhibition & lecture des dites lettres, afin de en avoir memoire & que pleinne foi en puiffe eftre faice ou temps à venir, leur avons donné nos prefentes lettres, és queles en tefmoign de ce nous avons fait mettre noftre feel. Donné à Paris le xxiiie jour de Novembre, l'an de grace mil trois cens quarente trois.

CLEMENTIS PAPÆ VI.
EPISTOLÆ.

I. Joannæ Reginæ Franciæ.

CLEMENS Epifcopus fervus fervorum Dei, Cariffimæ in Chrifto filiæ JOANNÆ Reginæ Franciæ illuftri, Salutem & Apoftolicam benedictionem. Quia fcimus te, Filia cariffima, de profpero ftatu noftro gaudere, fcire benevolentiam Regiam volumus, quod licet ex incumbentibus variis & diverfis arduis negotiis ad Apoftolicam fedem inceffanter confluentibus, curis continuis anxiemur; affiftente nobis tamen divina clementia, corporali fofpitate lætamur: quod de te, Filia dilectiffima, & cariffimo in Chrifto Filio noftro Philippo Rege Franciæ Illuftri viro tuo, liberifque Regis, audire quam plurimum nos promptos, quantum cum Deo poffumus, ad tua & ipforum commoda & honores delectat. Cæterum tuam volumus celfitudinem non latere, quod venerabiles Fratres noftri Petrus Præneftinus, & Anibaldus Tufculanus Epifcopi, de partibus Franciæ ad fedem redeuntes prædictam: ac nobis, ac Fratribus noftris fanctæ Romanæ Ecclefiæ Cardina-

Anno MCCCXLIII.

Gratulabundus fcribit Reginæ.

libus, quæ gesta circà negotia, pro quibus missi fuerant, delectabiliter & plenariè in Consistorio referentes, ad laudem & commendationem præfati Regis & tuam multa honorabilia, quæ lætificaverunt mentem nostram non modicùm, relationi hujusmodi adjecerunt. Rursùs pridem relatu quorumdam percepimus, quòd dilecta in Christo filia nobilis mulier Maria, nata quondam Caroli Ducis Calabriæ, absque amicorum consilio matrimonium cum dilecto filio nobili viro Carolo Duce Duracii per verba de præsenti contraxit : an tamen sit vera relatio hujusmodi adhuc certitudinaliter ignoramus. Datum Avinioni quinto Calendas Aprilis, Pontificatûs nostri anno primo.

II. Eidem.

Anno MCCCXLVII.

Gratias agit Reginæ, quòd ipsa effecerit, ut sententia, in Cardinales, ac eorum & Papæ familiares, qui beneficiis potiebantur, latam Rex abrogaret.
Deinde agit de lite in Regem Angliæ motâ.

CLEMENS Episcopus servus servorum Dei, Carissimæ in Christo filiæ JOANNÆ Reginæ Franciæ Illustri Salutem & Apostolicam benedictionem. Serenitatis tuæ, filia Carissima, literas lætâ manu recepimus, inter cætera continentes qualiter his, quæ dilectus filius Magister Firminus de Coquerello Decanus Ecclesiæ Parisiensis, Carissimi in Christo filii nostri Philippi Regis Franciæ Illustris ac tuus Consiliarius, super illis novitatibus adversùs Deum & libertatem Ecclesiasticam per literas dicti Regis, nescimus quorum minùs providis consiliis, his diebus præteritis attentatis, tuæ Regiæ magnificentiæ pro parte nostrâ exposuit, intellectis : Tu filia benedictionis & gratiæ, apud Regem eumdem super revocatione hujusmodi attentatorum, eodem præsente Decano, precibus oportunis insistens, tandem Rex ipse præmissa quoad beneficia venerabilium Fratrum nostrorum Sanctæ Romanæ Ecclesiæ Cardinalium, ac nostrorum & suorum obsequentium & familiarium duxerat, inclinatus precibus hujusmodi, revocanda; quodque pro divinâ reverentiâ, honore Ecclesiæ, ac nostri consideratione, super plenâ & integrâ revocatione apud Regem ipsum insistere intendebas. Nos igitur benignitatem tuam Regiam, quam erga Deum sincera devotione fulgentem, & ad Ecclesiam sanctam suam esse propitiam, dum status nos haberet inferior, certâ probavimus experientiâ; & postquàm ad summi Apostolatûs apicem divina miseratio nos provexit; evidentibus sensimus indiciis & sentimus, cum gratiarum actionibus multipliciter in Domino super his commendamus. Sanè, Filia dilectissima, quia novitates prædictæ aliàs inauditæ, si de illis scintilla remaneret aliqua, sponsum ejusdem Ecclesiæ Dominum nostrum JESUM-CHRISTUM graviter offenderent, & iram ipsius meritò provocarent, saluti animæ dicti Regis ac cebritati sui nominis & honoris, domûsque inclytæ Regiæ Franciæ obvia existerent, & aliis perniciosa ministrarent exempla: Sublimitatem tuam rogamus, & in Domino attentiùs exhortamur, quatenùs illius summi, & æterni Regis, qui opus perfectum diligit, & imperfectionem abhorret, te in hac parte filiam constituens specialem, quod expediendum restat super revocatione attentatorum hujusmodi, ut ad Dei & ejusdem Ecclesiæ sanctæ suæ honorem, Regis prædicti salutem, & dilatationem famæ suæ, plenum opus perfecisse lætare, apud Regem ipsum procures, sicut ex tuâ oblatione benignâ spem nobis dedisti, favorabiliter expediri. In te quidem, præcarissima Filia, illa Regina Esther, quæ iniquum consilium quod ad perdendum populum Dei Israël Rex Assuerus habuerat, imitari suis precibus promeruit in salutem, præfigurata in hoc casu, non absque magnæ laudis præconiis & meritorum cumulis poterit denotari. Nos autem venerabilibus Fratribus nostris Pastori Archiepiscopo Ebredunensi, & Guillelmo Episcopo Carnotensi Apostolicæ sedis Nuntiis, quos propterea destinandos ad præfati Regis viri tui & tuam præsentiam providimus, expressè duximus injungendum, ut ad te recurrant principaliter, & juxtà tui directionem consilii habeant procedere in præmissis. Scitura pro certo, filia præcarissima, quòd per eos ad præsens non scribimus nisi caritativè & hortatoriè dicto Regi. Pro certo quidem tenuimus, cum tenorem literarum novitates prædictas continentium audivimus, quòd si Rex ipse contenta in eisdem litteris deliberatè ac pleniùs advertisset, nullo modo eas permisisset à suâ Curiâ emanare. Nihilominùs confidentes quòd ipse cum super hoc informatus existeret, nullatenùs sustineret quominùs ad revocationem procederet earumdem; quodque talia, vel similia sic divino & humano juri contraria non permitteret quomodolibet ulteriùs adversùs Deum & ipsam Ecclesiam, & præsertim vestris temporibus attentari.

Porrò super his, quæ de faciendis processibus contrà Regem Angliæ nuper tua Excellentia nobis scripsit, breviter respondemus; quòd amore pacis quam desideravimus & desideramus ferventibus desideriis, & ne ipsius posset impediri tractatus, per Cardinales Nuntios à processibus, prout nobis scripserunt, cessatum exstitit usque modò. Nunc verò aliquos de novo ordinari facimus diligenter : quibus breviter ordinatis, illorum tibi mittemus copiam, & eos absque cunctatione faciemus, nihil aliud expectando ulteriùs, expediri. Datum Avinioni Idibus Aprilis, Pontificatûs nostri anno quinto.

III. Venerabili fratri JOANNI Archiepiscopo Rotomagensi.

Anno MCCCXLVII.

CLEMENS Episcopus servus servorum Dei, venerabili fratri JOANNI Archiepiscopo Rotomagensi, salutem & apostolicam benedictionem. Intellecto nuper quòd carissimus in Christo filius noster Philippus Rex Franciæ illustris, occasione novitatis factæ per carissimum in Christo filium nostrum Jacobum Regem Majoricarum illustrem in Comitatu Rossilionis, villam & Baroniam Montispessulani ad manum regiam poni, & nihilominùs contrà ipsum Regem Majoricarum ac subditos & servitores suos, qui ei super hoc adstiterant, procedi mandavit specialiter ad hoc commissario destinato. Nos eumdem Regem Franciæ per nostras litteras deprecamur, ut præfato Regi Majoricarum piè compatiens, velit erga eum benignè agere, ac omnem pœnam, si quam pro præteritis culpis meruit, ei gratiosè remittere, ac manum regiam à Villâ & Baroniâ prædictis, cùm aliunde præfatus Rex Majoricarum non habeat unde se ac filios, licet pauperes regali tamen prosapia genitos, sustentare valeat, amovere. Quocircà Fraternitatem tuam attentè rogamus, quatinùs apud eumdem Regem Franciæ quòd nostris in hac parte precibus annuat pro nostrâ & Apostolicæ Sedis reverentiâ interponas efficaciter partes tuas.

Datum Avinioni undecimo Kalendas Septembris, Pontificatûs nostri anno sexto.

IV. & reliqua ad JOANNEM Regem Franc. & JOANNAM Reginam. Seu Privilegia quædam Regibus Franc. impertita.

An. MCCCLI.

Quòd Rex & Regina in locis interdictis possunt facere celebrare.

CLEMENS Episcopus servus servorum Dei, carissimis in Christo filiis JOANNI Regi, & JOANNÆ Reginæ Franciæ Illustribus, Salutem & Apostolicam benedictionem. Devotionis nostræ sinceritas prometretur, ut votis vestris, his præsertim quæ ad vestrarum animarum salutem valeant, quantum cum Deo possumus, favorabiliter annuamus. Vestris itaque supplicationibus inclinati, vobis & successoribus vestris Regibus & Reginis Franciæ, qui pro tempore fuerint, ac vestrûm & eorum cuilibet, auctoritate Apostolicâ, tenore præsentium indulgemus, ut si forsan ad loca Ecclesiastico interdicto supposita vos contigerit declinare, liceat vobis & illis ; in eis januis clausis, excommunicatis & interdictis exclusis, non pulsatis campanis, etiam altâ voce Missam & alia divina Officia in vestrâ & familiarium vestrorum, ac vos sequentium personarum præsentiâ facere celebrare, dummodo vos vel illi causam non dederitis interdicto, nec id vobis, vel illis contigerit speciatim interdici. Nulli ergo omninò hominum liceat hanc paginam nostræ concessionis infringere, vel ei ausu temerario contraire. Si quis autem hoc attentare præsumserit, indignationem omnipotentis Dei, & beatorum Petri & Pauli Apostolorum ejus se noverit incursurum. Datum Avinioni tertio Kal. Maii, Pontificatûs nostri anno nono.

V. *Quòd possunt eligere Confessorem.*

CLEMENS, &c. Carissimis in Christo filiis JOANNI Regi, & JOANNÆ Reginæ Franciæ Illustribus, salutem & Apostolicam benedictionem. Benigno sunt illa vobis concedenda favore, per quæ, sicut piè desiderare videmini, conscientiæ pacem, & salutem animæ ; Deo propitio, consequi valeatis. Hinc est quòd nos vestris devotis supplicationibus inclinati, vobis, & successoribus vestris Regibus & Reginis Franciæ, qui pro tempore fuerint, ac vestrûm & eorum cuilibet, auctoritate Apostolicâ, tenore præsentium in perpetuum indulgemus, ut vestrûm, & eorum quilibet aliquem idoneum & discretum Presbyterum in suum possit eligere Confessorem, qui quoties vobis & successoribus vestris oportunum fuerit, confessionibus vestris, diligenter auditis, pro commissis vobis, & eis debitam absolutionem impendat, & injungat pœnitentiam salutarem, etiamsi forsan talia fuerint propter quæ Sedes Apostolica sit meritò consulenda. Nulli ergo, &c. Si quis, &c. Datum duodecimo Calend. Maii, anno nono.

VI. *Quòd Confessor potest mutare vota, & juramenta eorum.*

CLEMENS, &c. Carissimis in Christo filiis JOANNI Regi, & JOANNÆ Reginæ Franciæ Illustribus, Salutem & Apostolicam benedictionem. Votis vestris libenter annuimus, iis præcipuè per quæ, sicut piè desideratis, pacem, & salutem animæ, Deo propitio consequi valeatis. Hinc est quòd nos vestris supplicationibus inclinati, vobis, & successoribus vestris Regibus & Reginis Franciæ, qui pro tempore fuerint, ac vestrûm & eorum cuilibet, auctoritate Apostolicâ, tenore præsentium in perpetuum indulgemus, ut Confessor Religiosus, vel sæcularis, quem vestrûm & eorum quilibet duxerit eligendum, vota per vos forsitan jam emissa, ac per vos, & successores vestros in posterum emittenda, ultramarino, ac beatorum Petri & Pauli Apostolorum, ac castitatis & continentiæ votis dumtaxat exceptis ; necnon juramenta per vos præstita, & per vos & eos præstanda in posterum, quæ vos & illi servare commodè non possetis, vobis & eis commutare valeat in alia opera pietatis, prout secundùm Deum, & animarum vestrarum, & eorum saluti viderit expedire. Nulli, &c. Si quis, &c. Datum Avinioni XII. Calend. Maii, anno nono.

VII. *Quòd Confessor in exercitu potest dare licentiam vescendi carnibus.*

CLEMENS, &c. Carissimo in Christo filio JOANNI Regi Franciæ Illustri, Salutem & Apostolicam benedictionem. Provenit ex tuæ devotionis affectu, quo nos & Romanam Ecclesiam revereris, ut petitionibus tuis, quantum cum Deo possumus, favorabiliter annuamus. Cum itaque ex tenore tuæ petitionis nobis exhibitæ nunc accepimus, pro guerris imminentibus sæpe contingat ad loca, quæ non multum abundant piscibus, te cum tuo exercitu declinare ; nos tuis supplicationibus inclinati, ut Confessor tuus, & successorum tuorum Regum Franciæ ; qui pro tempore fuerint, quem tu vel illi duxeris eligendum, tibi & eis, ac tuis, & illorum familiaribus, & omnibus aliis qui tecum, cum eis in eisdem guerris fuerint, vescendi carnibus, quamdiù in hujusmodi guerris fueritis ; tu & illi, etiam diebus quibus earum esus à sacris Canonibus est communiter interdictus, sextis Feriis, ac Quadragesimâ ; necnon Nativitatis Domini, Pentecostes, Assumptionis Beatæ MARIÆ Virginis, & Beatorum Joannis Baptistæ ; & Apostolorum, ac Laurentii Martyris, & solemnitatibus Omnium Sanctorum, Vigiliis dumtaxat exceptis, dum modo tu vel illi juramento vel voto ad abstinentiam ejus hujusmodi diebus illis aliàs non sitis adstricti ; licentiam auctoritate Apostolicâ concedere valeat, cum id Confessor hoc probabiliter expedire viderit ; sui ergo ipsius conscientiam oneramus ; quibuscumque statutis & consuetudinibus ac constitutionibus & privilegiis Apostolicis nequaquam obstantibus, auctoritate Apostolicâ tibi, & eisdem successoribus, indulgemus. Nulli, &c. Si quis, &c. Datum Avinioni, anno nono.

VIII. *Quòd Confessor dispensare potest de jejuniis, &c. de consilio Medicorum, de abstinentiâ carnium.*

CLEMENS, &c. Carissimis in Christo filiis JOANNI Regi, & JOANNÆ Reginæ Franciæ Illustribus, Salutem & Apostolicam benedictionem. Devotionis vestræ sinceritas promeretur, ut votis vestris, quantum cum Deo possumus, favorabiliter annuamus. Hinc est quòd nos vestris supplicationibus inclinati, vobis, & successoribus Regibus & Reginis Franciæ, qui fuerint pro tempore, ac vestrûm, & eorum cuilibet, auctoritate præsentium indulgemus, ut Confessor idoneus Religiosus, vel sæcularis, quem quilibet vestrûm habet, vel vos, & eos imposterum habere contigerit, vobiscum, & cum eis, ut diebus quibus jejunia per Ecclesiam instituta sunt, jejunare minimè teneamini ; ac etiam prædictis, & aliis diebus, quibus esus carnium est prohibitus de consuetudine, vel de jure, carnibus vesci possitis, de consilio tamen Medicorum, quoties Confessor, & Medici prædicti hoc vobis, & eis videbitur expedire. Quorum videlicet Confessoris & Medicorum conscientias oneramus : Constitutionibus Apostolicis contrariis nequaquam obstantibus, auctoritate nostrâ valeat dispensare. Nulli, &c. Si quis, &c. Datum, *ut suprà*.

IX. *Quòd Rex ingredi potest Monasterium inclusarum.*

CLEMENS, &c. Carissimo in Christo filio JOANNI Regi Franciæ Illustri, Salutem & Apostolicam benedictionem. Eximiæ devotionis sinceritas, quam ad nos & Romanam geris Ecclesiam; promeretur; ùt quæ à nobis suppliciter postulas, affectu tibi benevolo concedamus. Hinc est quòd nos supplicationibus tuis inclinati, tibi, & successoribus tuis Regibus Franciæ, qui fuerint pro tempore, auctoritate Apostolicâ, tenore præsentium indulgemus, ut quotiescumque tu, dicti successores, volueritis pro spirituali consolatione vestrâ cum quibuscumque personis maturis & honestis; quas ad ad hoc duxeritis eligendas, Monasteria Religiosorum, & Religiosarum, etiam inclusarum, quorumcumque Ordinum existant, quibuscumque Constitutionibus Apostolicis ac Statutis, Consuetudinibus Monasteriorum & Ordinum prædictorum contrariis, nequaquam obstantibus, liberè ingredi, ac inibi comedere & bibere; at in eisdem Monasteriis Religiosorum pernoctare licitè valeatis, dummodo ad id accedat assensus eorum, qui, vel earum, qui, vel quæ Monasteriis ipsis præsunt. Nulli, &c. Si quis, &c. Datum, *ut suprà*.

X. *Quòd Rex possit facere celebrare super Altare portatile in præsentiâ sui, & gentium exercitus sui.*

CLEMENS, &c. Carissimo in Christo filio JOANNI Regi Franciæ Illustri; Salutem & Apostolicam benedictionem. Eximiæ devotionis sinceritas, quam ad nos & Romanam geris Ecclesiam, promeretur ùt petitionibus tuis, illis præsertim quas ex devotionis fervore prodire conspicimus, quantum cum Deo possumus, favorabiliter annuamus. Hinc est quòd nos tuis devotis supplicationibus inclinati; ut liceat tibi, & successoribus tuis Regibus Franciæ, qui pro tempore fuerint; habere Altare portatile cum debitâ reverentiâ & honore, super quo quotiescumque pro gubernatione & defensione Regni tui Franciæ te, & illos personaliter esse contigerit in expeditione guerrarum; in tentoriis vestris, in locis tamen aliàs congruentibus & honestis, possitis per proprios, vel alios Sacerdotes idoneos; Regulares, vel sæculares, Missam; ac alia divina Officia, sine juris alieni præjudicio, in tuâ & gentium tui exercitûs & eorum præsentiâ facere celebrare, tibi, & eisdem successoribus tuis in perpetuum, auctoritate Apostolicâ, tenore presentium indulgemus. Nulli; &c. Si quis, &c. *ut suprà*.

XI. *Quòd Prælatus celebrans coram Rege, seu Reginâ, conferre potest unum annum & quadraginta dies Indulgentiæ.*

CLEMENS, &c. Carissimis in Christo filiis JOANNI Regi, & JOANNÆ Reginæ Franciæ Illustribus, Salutem & Apostolicam benedictionem. Ut ergà Deum & Sedem Apostolicam eò ampliùs vestræ crescat devotionis affectus, quo sedem ipsam benigniorem in vestris oportunitatibus vos senseritis invenisse. Devotionis vestræ precibus inclinati; ut quotiescumque aliquem Prælatum in Pontificalibus solemniter in vestrâ, & successorum vestrorum Regum, & Reginarum Franciæ, qui pro tempore fuerint; & cujuslibet; & vestrûm, & illorum præsentiâ Missam contigerit celebrare; idem Prælatus vobis, & eis, ac omnibus ibidem astantibus Missam hanc devotè audientibus, verè pœnitentibus & confessis unum annum & quadraginta dies de injunctis, vobis & eis; pœnitentiis auctoritate Apostolicâ relaxare valeat, vobis & eisdem successoribus in perpetuum, auctoritate Apostolicâ, tenore præsentium indulgemus. Nulli, &c. Si quis, &c. *ut suprà*.

XII. *Quòd Confessor Regis & Reginæ, eis semel in mortis articulo, & quotiescumque pro Regni defensione imminet periculum, plenam remissionem peccatorum indulgere possit.*

CLEMENS, &c. Carissimis in Christo filiis JOANNI, Regi, & JOANNÆ Reginæ Franciæ Illustribus, Salutem & Apostolicam benedictionem. Devotionis vestræ sinceritas; quam ad Deum & Ecclesiam Romanam gessisse hactenùs & gerere comprobamini, meritò nos inducit, ut vestris petitionibus, illis præsertim quæ devotionis augmentum, & animarum vestrarum salutem respiciunt, quantum cum Deo possumus, favorabiliter annuamus. Vestris itaque supplicationibus inclinati, vobis, & successoribus vestris, Regibus & Reginis Franciæ, qui fuerint pro tempore, & vestrûm & eorum cuilibet, auctoritate præsentium indulgemus : ut Confessor, quem vestrûm & eorum quilibet duxerit eligendum, omnium peccatorum vestrorum & suorum, de quibus corde contriti & ore confessi fueritis, plenam remissionem vobis, in sinceritate fidei & veritate Romanæ Ecclesiæ; ac obedientiâ & devotione nostrâ, vel successorum nostrorum Romanorum Pontificum canonicè intrantium persistentibus; semel in mortis articulo, & etiam quoties pro Regni vestri defensione imminere vobis, & eis mortis periculum verisimiliter formidabunt, auctoritate Apostolicâ concedere valent : sic tamen quòd idem Confessor de his, de quibus fuerit alteri satisfactio facienda, eam vobis, & eis per vos; vel per ipsos, si supervixeritis; vel per hæredes vestros, & eorum, si tunc vos & illi forte transieritis, faciendam injungat, quam vos, vel illi facere teneamini, ut præfertur. Et ne, quod absit; propter hujusmodi gratiam reddamini procliviores ad illicita in posterum admittenda, volumus quòd si ex confidentiâ remissionis hujusmodi aliqua forte committeritis, quòd ad illa prædicta remissio vobis & aliis nullatenùs suffragetur. Nulli, &c. Si quis, &c. Datum, *ut suprà*.

XIII. *Quòd Rex & Regina; eorumque liberi, sub patriâ potestate existentes non possunt excommunicari; aut interdici ab aliquo.*

CLEMENS, &c. Carissimis in Christo filiis JOANNI Regi, & JOANNÆ Reginæ Franciæ Illustribus, Salutem & Apostolicam benedictionem. Ob vestrorum exigentia meritorum; quibus vos largitor bonorum omnium insignivit; libenter illa vobis concedimus; per quæ non solùm vester, sed & successorum vestrorum status tranquillo pacis munimine fulciatur. Vestris itaque supplicationibus inclinati, ut nullus in vestris, & successorum vestrorum Regum & Reginarum Franciæ qui pro tempore fuerint, & vestrorum & eorum natorum, existentium sub patriâ tamen potestate, personas excommunicationis aut interdicti sententias promulgare; aut vobis seu ipsis ingressum Ecclesiæ interdicere valeat absque Sedis Apostolicæ speciali mandato, faciente plenam & expressam; ac de verbo ad verbum de hac indulgentiâ mentionem, vobis & eisdem successoribus in perpetuum auctoritate Apostolicâ, tenore præsentium indulgemus. Nulli, &c. Si quis, &c. *ut suprà*.

XIV. *Quòd Rex & Regina possunt facere celebrare ante diem circa diurnam lucem, & altâ voce, cum qualitas negotiorum exigit; parcè tamen utendo.*

CLEMENS, &c. Carissimis in Christo filiis JOANNI Regi, & JOANNÆ Reginæ Franciæ Illustribus, Salutem & Apostolicam benedictionem. Sincerae devotionis affectus, quem ad nos & Romanam geritis Ecclesiam, promeretur ut votis vestris favorabiliter annuamus; illis praesertim per quae, sicut pie desideratis, divinis Officiis intenti existatis, & spiritualis salutis vobis proveniat incrementum. Hinc est quòd nos vestris supplicationibus inclinati, ut Missam antequàm illucescat dies, circà tamen diurnam lucem, cum qualitas negotiorum pro tempore ingruentium id exegerit, liceat vobis & successoribus vestris Regibus & Reginis Franciae, qui pro tempore fuerint, ac vestrûm & eorum cuilibet per proprium, vel alium Sacerdotem idoneum in vestrâ, & eorum praesentiâ, etiam altâ voce facere celebrari; ita quòd id nec vobis, nec illis, aut Sacerdoti taliter celebranti ad culpam valeat imputari; vobis, & eisdem successoribus vestris in perpetuum auctoritate Apostolicâ, tenore praesentium, speciali gratiâ indulgemus: proviso quòd parcè hujusmodi concessione utamini, quia cum in Altaris Officio immoletur Dominus noster Dei Filius Jesus-Christus, qui candor est lucis aeternae, congruit hoc non in noctis tenebris fieri, sed in luce. Nulli, &c. Si quis, &c. Datum, *ut suprà*.

XV. Quòd Clerici Jurati, & familiares Regis & Reginae non possunt propter participationem cum excommunicatis excommunicari majori excommunicatione, nisi communicent in crimine criminosi.

CLEMENS, &c. Carissimis in Christo filiis Joanni Regi, & Joannae Reginae Franciae Illustribus, Salutem & Apostolicam benedictionem. Progenitorum vestrorum, qui fide praeclari & devotione sinceri fuerunt orthodoxae fidei & libertatis Ecclesiasticae praecipui defensores, memoriam recolentes, & intuentes quòd in his vestigia imitamini eorumdem, libenter vestris votis annuimus, & vos in desideriis quantum cum Deo possumus, praevenimus. Cum igitur, sicut ex parte vestrâ nostris est auribus intimatum, nonnulli Praelati Regni Franciae, & eorum Officiales, & Judices à Sede Apostolicâ, & à Legatis ipsius delegati, & exequutores hujusmodi personarum, cum aliquos sibi obedire nolentes vinculo excommunicationis astringunt, in participantes excommunicationis hujusmodi non solùm in crimine, sed alio modo, excommunicationis & interdicti praesumunt sententias promulgare: vestris precibus inclinati, auctoritate Apostolicâ vobis, & successoribus vestris Regibus & Reginis Franciae, qui pro tempore fuerint, tenore praesentium indulgemus, ut si quando vestros, & dictorum Regum & Reginarum Capellanos, & Clericos juratos ad vestram & eorum familiam, hujusmodi excommunicatis communicare contingat, propter hoc majoris excommunicationis laqueo, vel etiam interdicto nequaquam ligari possint, dummodò non communicent in crimine criminosi. Nulli, &c. Si quis, &c. Datum *ut suprà*.

XVI. Quòd Rectores Ecclesiarum, ad quod Rex & Regina declinant, possunt Sacramenta eorum familiaribus ministrare.

CLEMENS, &c. Carissimis in Christo filiis Joanni Regi, & Joannae Reginae Franciae Illustribus, Salutem & Apostolicam benedictionem. Eximiae devotionis affectus, quem ad nos & Romanam geritis Ecclesiam, promeretur ut in his quae personarum vobis obsequentium animarum salutem respiciunt, votis vestris quantum cum Deo possumus, favorabiliter annuamus. Hinc est quòd nos vestris supplicationibus inclinati, ut Parochialium Ecclesiarum, ad quarum Parochias vos, & successores vestros Reges & Reginas Franciae, qui pro tempore fuerint, ac vestrûm, & eorum quemlibet, cum gentibus & familiaribus vestris, & suis contigerit declinare, Rectores, vel eorum locum tenentes, gentibus & familiaribus ipsis, quoties expedierit, ministrare valeant Ecclesiastica Sacramenta, quibuscumque Constitutionibus Apostolicis, & Statutis Synodalibus, aut aliis contrariis nequaquam obstantibus, jure Ecclesiae cujuslibet alterius semper salvo: Vobis, & eisdem successoribus, auctoritate praesentium indulgemus. Nulli, &c. Si quis, &c. Datum, *ut suprà*.

XVII. Quòd orantibus pro Rege & Reginâ centum dies de injunctis poenitentiis quâlibet die relaxantur.

CLEMENS, &c. Carissimis in Christo filiis Joanni Regi, & Joannae Reginae Franciae Illustribus, Salutem & Apostolicam benedictionem. Sinceritatis vestrae vota si praeclaris posse effectibus adjuvari promerentur devotis & piis Christicolarum intercessionibus apud omnium bonorum largitorem; ut igitur eorum adjuti suffragiis, hujusmodi intercessionum effectum multiplicatis intercessionibus faciliùs consequi valeatis: Nos considerantes vestrae devotionis affectum, quem ad nos & ad Romanam geritis Ecclesiam, omnibus verè poenitentibus & confessis, qui devotis orationibus pro singulis vestrûm, & successorum vestrorum Regum & Reginarum Franciae qui pro tempore fuerint, quamdiù vos & illi vixeritis; pro incolumitate vestrâ, & post vestrum & illorum decessum, pro vestrarum & illorum animarum salute divinam misericordiam implorabunt, singulis diebus, quibus apud Deum hujusmodi orationes effuderint, de omnipotentis Dei misericordiâ, & Beatorum Petri & Pauli Apostolorum ejus auctoritate confisi, centum dies de injunctis eis poenitentiis misericorditer relaxamus. Datum, *ut suprà*.

XVIII. Quòd eligere possunt Confessorem, qui eos absolvant si excommunicationis sententiam incurrerint propter manuum injectionem in Clericos.

CLEMENS, &c. Carissimis in Christo filiis Joanni Regi, & Joannae Reginae Franciae Illustribus, Salutem & Apostolicam benedictionem. Vestrae devotionis sinceritas, quam ad nos & Romanam Ecclesiam geritis, promeretur, ut desideriis vestris, in his potissimè quae animarum vestrarum salutem respiciunt, oportunis favoribus annuamus. Hinc est quòd nos vestris supplicationibus inclinati, vobis & successoribus vestris Regibus & Reginis Franciae qui fuerint pro tempore, ac vestrûm & eorum cuilibet, aliquem discretum & idoneum Presbyterum, Religiosum vel secularem, in vestrum & eorum possitis eligere Confessorem, qui vos & eos à sententiâ excommunicationis, si quam vos & ipsos contigerit incurrere propter manuum injectionem in Clericos & personas Ecclesiasticas, etiam usque ad effusionem sanguinis inclusivè, citra tamen mortem vel membri mutilationem, auctoritate nostrâ juxta formam Ecclesiae absolvere valeat, injunctis vobis & eis super his poenitentiâ salutari, & aliis quae de jure fuerint injungenda. Nulli, &c. Si quis, &c. Datum, *ut suprà*.

XIX. Quòd nemo potest in terram Regis & Reginae interdicti sententiam promulgare absque auctoritate Apostolicâ.

CLEMENS, &c. Carissimis in Christo filiis Joanni Regi, & Joannae Reginae Franciae Illustribus, Salutem & Apostolicam benedictionem. Illo caritatis affectu Regalem excellentiam amplexamur,

& sic vos tamquam speciales & devotos Ecclesiæ Romanæ filios sincero corde diligimus, ut votis vestris favorabiliter annuentes, petitiones Regias (quantum cum Deo possumus) ad exauditionis gratiam admittamus. Hinc est quòd nos vestris devotis supplicationibus benignum impertientes assensum, vobis & successoribus vestris Regibus & Reginis Franciæ, qui pro tempore fuerint, auctoritate Apostolicâ, tenore præsentium indulgemus, ut nullus possit in terram vestram, & eorum interdicti sententiam promulgare absque mandato vel licentia Sedis Apostolicæ speciali: volumus tamen concessionem nostram hujusmodi ad terras Baronum, & aliorum, quæ à Rege Franciæ, qui est & qui erit protem pore, tenentur aut tenebuntur in feudum, & ad terras quas Reginæ Franciæ pro tempore existentes habent, & habituræ sunt de patrimonio proprio, aut alias, nisi forsan pervenerint ad easdem aut causâ donationis propter nuptias, aut dotalitii ratione, aliquatenùs non extendi: districtiùs inhibentes, ne si aliqui forsan contrà concessionem hujusmodi venientes in hujusmodi vestras, aut eorumdem successorum terras, interdicti sententiam promulgarent, occasione promulgationis hujusmodi quovis pallio seu colore quæsito, per Curiam Regiam trahantur in causam, aut emenda propter ea ab eis aliqua exigatur. Nulli, &c. Si quis, &c. Datum, *ut suprà.*

XX. Quòd non teneantur ad restitutionem bonorum, nisi his qui ad notitiam eorum venerint, sed eleemosynis compensanda.

CLEMENS, &c. Carissimis in Christo filiis JOANNI Regi & JOANNÆ Reginæ Franciæ Illustribus, Salutem & Apostolicam benedictionem. Cum in vobis salutem hominis utriusque sexûs totis desideriis affectemus, nos volentes conscientiæ vestræ super restitutione bonorum (si quæ ad vos ex progenitorum vestrorum successione, vel aliàs forte pervenerit) faciendâ his quorum sunt, (licet, sicut asseritis, nesciatis ad restitutionem aliquam bonorum hujusmodi aliquibus vos teneri) paternâ diligentiâ providere: vobis, & successoribus vestris Regibus & Reginis Franciæ qui pro tempore fuerint, auctoritate Apostolicâ, tenore præsentium indulgemus, ut eleemosynæ, quas vos & illi facitis, & facietis in futurum, cedant loco restitutionis dictorum bonorum. Verumtamen scire vos volumus, quòd si vobis constiterit vos teneri ad restitutionem bonorum talium, & personas, quibus restitutio fieri debeat, ad vestram notitiam pervenire contingat, vos ipsis bona eadem restituere nihilominùs oportebit. Nulli, &c. Si quis, &c. Datum, *ut suprà.*

XXI. Quòd possint eligere Confessarium, qui illis, & Militibus, indulgentiam, auditis Confessionibus, valeat impertire.

CLEMENS, &c. Carissimis in Christo filiis JOANNI Regi, & JOANNÆ Reginæ Franciæ Illustribus, Salutem & Apostolicam benedictionem. Benigno sunt vobis illa concedenda favore, per quæ, sicut piè desideratis, vobis obsequentes animarum suarum salutem Deo propicio consequentur. Vestris itaque supplicationibus inclinati, vobis & successoribus vestris Regibus & Reginis Franciæ, qui pro tempore fuerint, ac vestrûm & eorum cuilibet, auctoritate Apostolicâ, tenore præsentium in perpetuum indulgemus; ut quotiescumque in guerris unâ cum vestro & eorum exercitu, vos & illos contigerit interesse; Confessor secularis vel regularis, quem quilibet vestrûm & eorum duxerit eligendum; vel ejus socius, aut vestræ aut illorum Capellæ princi-

palior Capellanus; seu ille vel illi Sacerdotes idonei, quos ipsi vel eorum alter ad hoc duxerint deputandos: quoties fuerit opportunum omnium de exercitu, & in servitiis vestris existentium, confessiones diligenter audire, eisque de commissis absolutionem impendere, & injungere pœnitentias salutares: (nisi forsan talia fuerint, propter quæ sit Sedes Apostolica meritò consulenda) eisque ministrare valeat Ecclesiastica Sacramenta; felicis recordationis Clementis Papæ V. Prædecessoris nostri, & quibuslibet aliis Consuetudinibus Apostolicis contrariis nequaquam obstantibus: Jure Parochialium Ecclesiarum, & cujuslibet alterius, in omnibus semper salvo. Nulli, &c. Si quis, &c. Datum, *ut suprà.*

XXII. Nulli liceat Capellas Regias interdicto supponere.

CLEMENS, &c. Carissimis in Christo filiis JOANNI Regi, & JOANNÆ Reginæ Franciæ Illustribus, salutem & Apostolicam benedictionem. Illa filialis devotio, & dilectio singularis, quam claræ memoriæ progenitores vestri circa prædecessores nostros Romanos Pontifices & Romanam Ecclesiam habuerunt, & in quâ vos illis velut heredes legitimi hereditario jure succeditis, nos in eo constituit proposito voluntatis, ut in his quæ à nobis vestra Celsitudo Regia duxerit postulanda, favorem velimus vobis Apostolicum impertiri. Ea propter vestris devotis precibus benignum impertientes assensum, auctoritate Apostolicâ, tenore præsentium firmiter inhibemus, ut nulli liceat Capellas vestras, & successorum vestrorum Regum, & Reginarum Franciæ, qui pro tempore fuerint, & cujuslibet vestrûm, & eorum in perpetuum, Ecclesiastico supponere interdicto, nisi de licentia Sedis Apostolicæ speciali. Volumus autem quòd inhibitio nostra hujusmodi ad illas duntaxat Capellas Reginarum Franciæ, quæ sunt & erunt pro tempore, extendatur, quæ consistunt & consistent in terris quas dictæ Reginæ habent & habituræ sunt tantummodò, aut causâ donationis factæ, vel ipsis faciendæ propter nuptias, aut dotalitii ratione. Districtiùs inhibentes ne si aliqui forsan contrà Concessionem hujusmodi venientes, in hujusmodi vestras & eorumdem successorum Capellas interdicti sententiam promulgarent, occasione promulgationis hujusmodi, quovis pallio seu colore quæsito, per Curiam Regiam trahantur in causâ, aut emenda propterea ab eis aliqua exigatur: Nulli, &c. Si quis, &c. Datum, *ut suprà.*

XXIII. Indulgentia conceditur unius anni & 40. dierum quando dedicationi vel consecrationi Ecclesiæ interesse contigerit.

CLEMENS, &c. Carissimis in Christo filiis JOANNI Regi, & JOANNÆ Reginæ Franciæ Illustribus, Salutem & Apostolicam benedictionem. Eximiæ caritatis zelus, quam ad vos & vestram Domum inclytam gerimus, nostrum instanter sollicitat animum, ut vos & illam prælucidis meritorum titulis insignitos, prærogativâ favoris & gratiæ prosequentes, circa ea nos faciles & benevolos impendamus, per quæ vobis & eis, Domini favente clementiâ, honoris & exaltationis grande proveniat incrementum. Vestris itaque supplicationibus inclinati, quotiescumque vos & successores vestros Reges & Reginas Franciæ, qui pro tempore fuerint, & quilibet vestrûm & eorum, ad alicujus Ecclesiæ vel Capellæ dedicationem vel consecrationem ire vel interesse ibidem contigerit, vobis & eis, ac obtentu vestro & eorum, omnibus aliis verè pœnitentibus & confessis, qui ad eamdem Ecclesiam vel Capellam causâ devotionis accesserint, illâ die de omnipotentis Dei misericordiâ, & Beatorum Petri & Pauli Apostolorum ejus auctoritate confisi, unum annum & quadraginta dies de injunctis vobis & eis pœnitentiis misericorditer relaxamus. Nulli, &c. Si quis, &c. Datum, *ut suprà.*

XXIV. Prædicator qui coram Rege & Reginâ verbum Dei proponit, potest audientibus unum annum & 40. dies de pœnitentiis injunctis relaxare.

CLEMENS, &c. Carissimis in Christo filiis JOANNI Regi, & JOANNÆ Reginæ Franciæ Illustribus, Salutem & Apostolicam benedictionem. Consideratione salutaris vestræ affectionis inducimur, ut in his, quæ tàm vobis, quàm aliis ad salutem prosequimini, admitti de benignitate Sedis Apostolicæ debeatis. Vestris itaque supplicationibus inclinati, ut quotiescumque diebus & festis præcipuis, in quibus secundùm usum Regum Franciæ consuetum est coram ipsis prædicare, & proponere Verbum Dei, coram ipsis & successoribus vestris Regibus & Reginis Franciæ, qui pro tempore fuerint, & quolibet eorum infra Missarum solemnia prædicari, & ipsum proponi contigerit; tam vobis, quàm omnibus verè pœnitentibus & confessis, qui vobiscum ibidem interfuerint, ipsumque verbum audierint reverenter, unum annum & quadraginta dies de injunctis vobis & eis pœnitentis, idem proponens misericorditer relaxare valeat, auctoritate Apostolicâ vobis & eisdem successoribus in perpetuum tenore præsentium indulgemus. Nulli, &c. Si quis, &c. Datum, *ut suprà.*

XXV. Esus carnium permittitur Religioso Regis ac Reginæ Confessario, diebus ab Ecclesiâ non prohibitis.

CLEMENS, &c. Carissimis in Christo filiis JOANNI Regi, & JOANNÆ Reginæ Franciæ Illustribus, Salutem & Apostolicam benedictionem. Vota vestra perpetuâ paternâ prosequentes in Domino caritate, eis libenter annuimus, in illis præsertim quæ ex affectu vestræ devotionis procedere dignoscimus. Hinc est quòd vos vestris supplicationibus inclinati, vobis & successoribus vestris Regibus & Reginis Franciæ, qui pro tempore fuerint, ac vestrûm & eorum cuilibet, auctoritate Apostolicâ, tenore præsentium indulgemus, ut Confessor Religiosus quem nunc habetis, ac vos & illi habebitis in posterum, ejusque socii, vestris aut obsequiis eorum insistendo, quibus esset esus carnium secundùm statuta sui Ordinis interdictus, licitè possint in vestrâ comitivâ vesci carnibus, illis diebus quibus à sacris Canonibus esus hujusmodi minimè prohibetur; ac idem Confessor Fratribus & Religiosis ad hospitium vestrum declinantibus, quibus similiter est esus hujusmodi interdictus, vescendi carnibus in dicto hospitio diebus prædictis duntaxat, ac loquendi in mensâ, auctoritate nostrâ licentiam valeat elargiri. Constitutionibus, prohibitionibus, ordinationibus, observantiis, & statutis quorumcumque ordinum contrariis non obstantibus quibuscumque. Nulli, &c. Si quis, &c. Datum, *ut suprà.*

XXVI. Sequentes Curiam Regiam censentur esse in suâ Ecclesiâ Parochiali quoad Sacramentorum administrationem.

CLEMENS, &c. Carissimis in Christo filiis JOANNI Regi, & JOANNÆ Reginæ Franciæ Illustribus, Salutem & Apostolicam benedictionem. Etsi quælibet vota vestra Regia libenter favore Apostolico prosequamur, promptiùs tamen eis annuimus quæ vestrorum & vestrarum etiam salutem respiciunt animarum. Cum itaque, sicut petitio pro parte vestrâ nobis exhibita continebat, vobiscum vestrâ Curiâ ad diversa loca & diœceses multoties declinante, super confessionibus, & Sacramentorum Ecclesiasticorum ministratione pericula, & dubia, & tædia multa inter Curiam ipsam sequentes, & Rectores Ecclesiarum, ad quos sic eos declinare contingit, insurgant; nobis humiliter supplicastis, ut providere vobis & eidem Curiæ super hoc paternâ diligentiâ curaremus. Nos igitur paternis & dubiis ac tædiis hujusmodi paternâ sollicitudine obviantes, vestris supplicationibus inclinati, vobis & successoribus vestris Regibus & Reginis Franciæ, qui fuerint pro tempore, auctoritate Apostolicâ, tenore præsentium indulgemus, ut eamdem vestram ac successorum vestrorum Curiam sequentes quoad Ecclesiastica Sacramenta, in causâ necessitatis duntaxat, perinde sint & censeantur Diœcesano loci, & Rectori Parochialis Ecclesiæ, ad quem seu quam eos, vos & illos ac eamdem Curiam sequendo, declinare contingat, quamdiù ibi manebunt (in omnibus salvo aliarum Parochialium Ecclesiarum jure) subjecti, quacumque Constitutione contrariâ non obstante, ac si de locis ipsis existerent oriundi. Nulli, &c. Si quis, &c. Datum, *ut suprà.*

XXVII. Omnibus Curiæ Regiæ licentiam eligendi sibi quem voluerint Confessarium dat facultatem.

CLEMENS, &c. Carissimis in Christo filiis JOANNI Regi, & JOANNÆ Reginæ Franciæ Illustribus, Salutem & Apostolicam benedictionem. Eximiæ devotionis sinceritas, quâ Deum & Romanam Ecclesiam reveremini, promeretur, ut in his, quæ personarum vobis obsequentium animarum salutem contingunt, petitionibus vestris favorabiliter annuamus. Vestræ itaque supplicationibus inclinati, vobis & successoribus vestris Regibus & Reginis Franciæ, qui pro tempore fuerint, ac vestrûm & eorum cuilibet, auctoritate præsentium indulgemus, ut vestrûm & successorum ipsorum cujuslibet Confessor; aut ejus socius sæcularis vel regularis; vel vestræ, vel eorum Capellæ principalis Capellanus, omnium & singulorum vestrorum & suorum familiarium domesticorum confessiones audire; ac illos à peccatis omnibus, de quibus corde contriti & ore confessi fuerint, (præterquam in casibus Sedi Apostolicæ reservatis) juxta Ecclesiæ formam absolvere, injunctâ sibi pro illis pœnitentiâ salutari; nec non Eucharistiæ ac alia Sacramenta Ecclesiastica ministrare valeat; felicis recordationis Clementis Papæ V. prædecessoris nostri, & qualibet aliâ, Constitutionibus contrariis nequaquam obstantibus, jure Ecclesiæ Parochialis in omnibus semper salvo. Nulli, &c. Si quis, &c. Datum, *ut suprà.*

XXVIII. Clerici Regis & Reginæ possunt à quocumque Episcopo Ordines suscipere.

CLEMENS, &c. Carissimis in Christo filiis JOANNI Regi, & JOANNÆ Reginæ Franciæ Illustribus, Salutem & Apostolicam benedictionem. Ut erga Sedem Apostolicam eo ampliùs vestræ crescat devotionis affectus, quo eam vobis senseritis magis propitiam & benignam, vestris supplicationibus inclinati, vobis & successoribus vestris Regibus & Reginis Franciæ, qui fuerint pro tempore, ac vestrûm & eorum cuilibet, tenore præsentium indulgemus, ut Clerici & Capellani vestræ & eorum propriæ Capellæ, ac alii vestri & eorum familiares & domestici Clerici, præsentes & posteri, vestris & eorum obsequiis

quiis infiftentes, omnes minores & facros Ordines à quibufcumque Archiepifcopis vel Epifcopis Catholicis gratiam & communionem dictæ fedis habentibus, temporibus à jure ftatutis, licitè recipere : quodque hi Archiepifcopi vel Epifcopi eis & eorum cuilibet, dictos Ordines auctoritate noftrâ conferre liberè valeant, dummodo fint ad hoc idonei, & aliud Canonicum non obftat, Conftitutionibus, vel ftatutis in contrarium editis, non obftantibus quibufcumque. Nulli, &c. Si quis, &c. Datum, *ut suprà*.

XXIX. Clericis, Capellanis etiam Religiofis, commensalibus Regis ac Reginæ, permittitur recitare divinum officium ad usum Ecclesiæ Parisiensis.

CLEMENS, &c. Cariffimis in Chrifto filiis JOANNI Regi, & JOANNÆ Reginæ Franciæ Illuftribus, Salutem & Apoftolicam benedictionem. Sinceræ devotionis affectus, quam ad nos & Romanam geritis Ecclefiam, promeretur ut petitiones veftras, quantum cum Deo poffumus, ad exauditionis gratiam admittamus. Hinc eft quòd nos veftris fupplicationibus inclinati, ut veftri, & fucceflorum veftrorum Regum & Reginarum Franciæ qui pro tempore fuerint, Capellani ac Clerici commenfales, etiam Religiofi cujufcumque Ordinis fint, quamdiù veftris & eorum infiftent obfequiis, & non ultrà, poffint divina Officia dicere & celebrare fecundùm morem & ufum Ecclefiæ Parifienfis, vel coram Regibus Franciæ qui fuerint pro tempore, aut eorum liberis, hactenùs obfervatos: nec interim ad alia dicenda feu celebranda Officia fecundùm aliquarum aliarum Ecclefiarum confuetudinem, in quibus etiam obtinent beneficia, teneantur; neque ad id à quocumque compelli poffint inviti (nifi forfan effent per plures dies in aliquâ Ecclefiarum ipfarum, in quibus beneficia, ut præmittitur, obtinent, debeant) Conftitutionibus ac ftatutis Ecclefiarum ipfarum contrariis non obftantibus quibufcumque: Vobis, & eifdem fucceflforibus veftris in perpetuum auctoritate Apoftolicâ, tenore præfentium indulgemus: provifo quòd dicti Capellani & Clerici confuetudinem earumdem Ecclefiarum in quibus, ut præmittitur, beneficia obtinent, in dicendis Horis hujufmodi obfervare ftudeant, quotiefcumque ipfos in eifdem Ecclefiis hujufmodi Horis Canonicis contigerit, ut præmittitur, intereffe. Nulli, &c. Si quis, &c. Datum, *ut suprà*.

Anno MCCCXLIV.

XXX. Indulgentiam centum dierum concedit omnibus Regni Franciæ incolis, qui pro Pace oraverint.

CLEMENS, &c. Univerfis Chrifti Fidelibus præfentes literas infpecturis, Salutem & Apoftolicam benedictionem. Cupientes ut Regnum Franciæ, à quo originem traximus, & ipfius Regnicolæ in verâ pacis tranquillitate lætentur; & fperantes in Domino, qui eft vera pax, quòd fublatis diffidiorum incommodis, affiduis pulfatus Fidelium deprecationibus, pacem dabit. Ut Fideles ipfi eo devotiùs pro pace hujufmodi intercedant, quo ex hoc dono cæleftis gratiæ confpexerint fe refertos: omnibus verè pœnitentibus & confeffis, qui devotis orationibus pro bonâ pace dicti Regni divinam mifericordiam implorabunt, fingulis diebus quibus apud Deum hujufmodi orationes effuderint, de omnipotentis Dei mifericordiâ, & beatorum Petri & Pauli Apoftolorum ejus auctoritate confifi, centum dies de injunctis eis pœnitentiis mifericorditer relaxamus. Datum Avinioni. Nonis Junii, Pontificatûs noftri anno tertio.

XXXI. Quòd Beneficiarii addicti obfequiis Regis ac Reginæ, ad refidentiam non teneantur beneficiorum tamen proventus percipiant.

CLEMENS Epifcopus fervus fervorum Dei, Cariffimis in Chrifto filiis JOANNI Regi, & JOANNÆ Reginæ Franciæ Illuftribus, Salutem & Apoftolicam benedictionem. Eximiæ devotionis finceritas, quam ad nos & Romanam geritis Ecclefiam, fublimifque ftatûs veftri eminentia promerentur, ut illâ vos gratiâ favorabiliter profequamur, quæ perfonis vobis obfequentibus exiftere valeat fructuofa. Hinc eft quòd nos veftris fupplicationibus inclinati, vobis & fucceflforibus veftris Regibus & Reginis Franciæ qui fuerint pro tempore, ac veftrum & eorum cuilibet, auctoritate præfentium in perpetuum indulgemus, ut veftri & fucceflforum ipforum omnes Capellani & Clerici præfentes & pofteri, veftris & eorum obfequiis infiftentes, fructus, redditus & proventus omnium beneficiorum fuorum Ecclefiafticorum, etiamfi dignitates, perfonatus, vel officia fuerint, & curam habeant animarum; (etiamfi dignitates hujufmodi in Cathedralibus poft Pontificales, majores; & in Collegiatis Ecclefiis principales exiftant) quæ nunc in quibuvis Ecclefiis five locis obtinent & in pofterum obtinebunt, cum eâ integritate quamdiù hujufmodi obfequiis inftiterint liberè percipere valeant (quotidianis diftributionibus duntaxat exceptis) cum quâ illos perciperent, fi in ejufmodi Ecclefiis five locis perfonaliter refiderent; ac interim ad refidendum in eis minimè teneantur, neque ad id à quoquam inviti valeant coarctari: non obftante fi idem Capellani & Clerici primam in eifdem Ecclefiis non fecerint perfonalem refidentiam confuetam, quam facere teneantur ab hujufmodi obfequiis recedentes: & quibufcumque Apoftolicis, ac Provincialibus & Synodalibus, Conftitutionibus, ac Statutis, & Confuetudinibus ipfarum Ecclefiarum contrariis, juramento, confirmatione Apoftolicâ, vel quâcumque aliâ firmitate vallatis: etiam à dictis fervandis & non impetrandis Literis Apoftolicis contra ea, & ipfis Literis non utendo, etiam à dictis Capellanis & Clericis, aut alio, vel aliis impetratis, feu quovis alio modo conceffis; & idem Capellani & Clerici per fe vel Procuratores fuos præterierint hactenus, vel eos in pofterum præftare contigerit forfitan juramentum: feu fi locorum Ordinariis à Sede Apoftolicâ fit conceffum, vel in pofterum concedi contingat, quòd Canonicos & perfonas Ecclefiarum fuarum civitatum & Diœcefium, etiam in dignitatibus & perfonatibus aut officiis conftitutos, per fubftractionem proventuum fuorum Ecclefiafticorum, vel aliàs compellere valeant ad refidendum perfonaliter in eifdem; aut fi eifdem Ordinariis, ac dilectis filiis Capitulis earumdem Ecclefiarum, vel quibufvis aliis communiter vel divifim ab eâdem fit Sede indultum, vel medio tempore contigerit indulgeri; quòd Canonicis & perfonis earumdem Ecclefiarum, etiam in dignitatibus vel perfonatibus aut officiis conftitutis, non refidentibus in eifdem; vel qui primam in illis hujufmodi refidentiam non feciffent; fructus, redditus, & proventus beneficiorum fuorum Ecclefiafticorum miniftrare minimè teneantur; & ad id compelli non poffint per literas Apoftolicas non facientes plenam & expreffam & de verbo ad verbum de indulto hujufmodi mentionem; ac quibufdam privilegiis, indulgentiis, & literis Apoftolicis generalibus, vel fpecialibus quorumcumque tenorum exiftant, per quæ præfentibus non expreffa, vel totaliter non inferta, effectus earum impediri valeat quomodolibet, vel differri : & de quibus quorumque totis tenoribus de verbo ad verbum habenda fit in noftris literis mentio fpecialis : provifo quòd beneficia hujufmodi debitis non fraudentur obfequiis, & animarum Cura in eis, quibus illa imminet, nullatenùs negligatur ; fed per bonos & fufficientes Vicarios, quibus de beneficiorum ipforum proventibus neceffaria congruè miniftrentur, diligenter exerceatur, & deferviatur inibi laudabiliter in divinis. Nulli ergo omninò hominum liceat hanc paginam noftræ conceffionis infringere, vel ei aufu temerario contraire. Si quis autem hoc attentare præfumferit, indignationem omnipotentis Dei, & beatorum Petri & Pauli Apoftolorum ejus fe noverit incurfurum. Datum Avinioni duodecimo Kalend. Maii Pontificatûs noftri anno nono.

XXXII. Deputat Commiſſarios qui curent ut beneficiorum ſuorum proventus percipiant Capellani Regii.

CLEMENS, &c. Venerabili Fratri Epifcopo Parifienfi, & dilectis filiis fanctæ Genovefæ Parifienfis, ac fancti Dionyfii in Francia, Monafteriorum Abbatibus, Salutem & Apoftolicam benedictionem. Eximiæ devotionis finceritas, &c. Quocircà difcretioni veftræ per Apoftolica fcripta mandamus, quatenùs vos, vel duo aut unus veftrûm, per vos vel alium feu alios eifdem Capellanis & Clericis vel Procuratoribus fuis eorum nomine faciatis auctoritate noftrâ hujufmodi fructus, redditus & proventus juxta hujufmodi noftræ conceffionis tenorem integrè miniftrari, non obftantibus omnibus fupradictis : feu ii eifdem Ordinariis & Capitulis, vel quibufvis aliis, communiter vel divifim ab eâdem fit fede indultum, quòd interdici, fufpendi vel excommunicari non poffint per literas Apoftolicas non facientes plenam & expreffam, ac de verbo ad verbum de indulto hujufmodi mentionem : contradictores auctoritate noftrâ, appellatione poftpofitâ, compefcendo. Datum, *ut fupra*.

Anno MCCCXLVI.

CLEMENTIS Papa VI. *contra monetarum adulteratores.*

CLEMENS Epifcopus fervus fervorum Dei ; Ad perpetuam rei memoriam. Prodiens quafi ex adipe iniquitatis multorum fceleratorum funefta cupiditas, eos in perniciem præcipitare conatur, dum fequi miferabilem ejus ingluviem fatietatis nefcientem moderamina non verentur. Ipfi etenim turpium lucrorum fe fecibus immergentes, ambitiofis nexibus involvuntur, Dei timorem damnabili cæcitate poftponunt, & quafi ambulantes in tenebris, non vitant excidia perfonarum. Nuper fiquidem ad noftri Apoftolatûs auditum multorum relatio fide digna perduxit, quòd nonnulli nullam habentes auctoritatem, jure vel confuetudine feu privilegio faciendi monetam, falfam monetam cudunt & fabricant in regno Franciæ, & locis circumvicinis. Alii verò monetam fabricatam fub vero figno cariffimi in Chrifto filii noftri Philippi Regis Francorum illuftris ftudiosè, depravant, & ex hoc cadit à fuo recto pofidere. Quamplures etiam in locis circumvicinis, quibus de jure aut confuetudine fine privilegio jus competit fabricandi monetam, fignum proprium monetæ regiæ, monetæ fuæ quam fabricant imprimere feu infculpere moliuntur, ejufdem quantitatis & rotunditatis & litterarum figuræ quam habet moneta regia, monetæ fuæ quam fabricant quantum poffunt, fimilis fpeciem & formam infculpunt, conftituunt & imponunt. Et quamvis moneta prædicta eorum ad ufurpatam fimilitudinem perducta, deficiat à jufto pondere argenti & folito

in regia moneta, & more & confuetudine obfervato, fimplices tamen & populares perfonæ non habentes inter monetas tantæ fimilitudinis peritiam difcernendi, falluntur quotidie eâ occafione, in ufu monetarum recipientes monetas falsò affimilitas pro veris.

Sunt & alii qui fcienter falfas monetas extra regnum prædictum emunt, & poftea infra regnum ipfum eas portant, vendunt & expendunt.

Nos igitur attendentes quòd iidem falfarii & fabricatores monetarum talium, & emptores prædicti, per hoc fe dignos maledictione conftituunt, eos qui, ut præmittitur, præmiffa moliri, aut fabricare, aut emere, vel portare ad regnum prædictum fcienter præfumferint, excommunicationis fententia innodamus, abfolutione prædictorum nobis & fuccefforibus noftris præterquam in mortis articulo refervatâ. Nulli ergo omninò hominum liceat hanc paginam noftræ innodationis & refervationis infringere, vel ei aufu temerario contraire. Si quis autem hoc attentare præfumferit, indignationem omnipotentis Dei, & beatorum Petri & Pauli Apoftolorum ejus fe noverit incurfurum. Datum Tolofæ fecundo Kalendas Januarii, Pontificatûs noftri anno quarto.

Inſtitutio Militum ſtellæ à JOANNE *Fracorum Rege.*

An. MCCCLI.

DE PAR LE ROY.

BIau Coufin, nous à l'onneur de Dieu, de noftre Dame, & en effaucement de Chevalerie & accroiffement d'onneur, avons ordené de faire une compaignie de Chevaliers qui feront appellez les Chevaliers Noftre Dame de la NOBLE MAISON, qui porteront la robe ci apres devifée, c'eft affavoir une cote blanche, un fercot, & un chaperon vermeil : quant il feront fans mantel, & quant il veftiront mantel, qui fera fait à guife de Chevalier nouvel à entrer & demourer en l'Eglife de la Noble Maifon, il fera vermeil, & fourrez de vair non pas d'ermines, de cendail, ou famit blanc ; & faudra quil aient deffouz le dit mantel fercot blanc ou cote hardie blanche, chauces noires & foulers dorez ; & porteront continuement un annel, entour la verge du quel fera efcript leur nom & furnom, ou quel annel aura un efmail plat vermeil, en l'efmail une eftoille blanche, ou milieu de l'eftoille une rondete d'azur, ou milieu dicelle rondete d'azur un petit foleil d'or ; & ou mantel fus lefpaule ou devant en leur chaperon un fremail, ou quel aura une eftoille toute tele comme en lannel eft devifé.

Et touz les Semadis quelque part quil feront, il porteront vermeil & blanch en cote & en fercot, & chaperon comme deffus fe faire le puent bonnement. Et fe il veulent porter mantel, il fera vermeil & fenduz à l'un des coftez, & touz les jours blanc deffouz. Et fe touz les jours de la fepmaine il veulent porter le fremail, faire le pourront & fur quelque robe que il leur plaira : & en l'armeure pour guerre il porteront fremail fur leur camail ou en leur cote à armer, ou là où il leur plaira apparemment.

Et feront tenuz de jeûner tous les femadis fe il peuvent bonnement, & fe bonnement ne peuvent jeuner ou ne veulent, il donront ce jour quinze deniers pour Dieu en l'onneur des quinze joyes noftre Dame. Jureront que il leur povoir il donront loyal confeil au Prince de ce que il leur demandera foit d'armes ou d'autres chofes. Et fe il y à aucuns qui avant cefte compaignie aient emprife aucun ordre il la devront lessier, se il pevent bonnement ; & se bonnement ne la pevent lessier, si sera ceste compaignie devant, & de ci en avant n'en pourront aucune autre emprendre sanz le congié du Prince. Et seront tenuz de venir touz les ans à la Noble Maison assise entre Paris & saint Denis en France, à la veille de la feste, nostre Dame de Mioust dedens Prime, & y demourer tout le jour & lendemain jour de la feste jusques après Vespres : & se bonnement n'y peuvent venir ; il en seront creu par leur simple parole. Et en touz les liex où il se trouveront cinq ensemble ou plus à la veille & au jour de la dite Miaoust, & que bonnement il n'auront peu venir à ce jour au lieu de la Noble Maison, il porteront les dites robes & orront Vespres & la Messe ensamble se il pevent bonnement.

Et pourront les diz cinq Chevaliers se il leur plaist lever une bannière vermeille semée des estoilles ordenées, & une image de nostre Dame blanche, especiaulment sur les ennemis de la foy, ou pour la guerre de leur droiturier seigneur.

Et au jour de leur trespassement il envoiront à la Noble Maison se il pevent bonnement, leur annel & leur fremail les meilleurs que il auront faitz pour latite compaignie, pour en ordener au proufit de leurs ames & à l'onneur de l'eglise de la Noble Maison, en la quele sera fait leur service solemnelment, & sera tenuz chascun de faire dire une Messe pour le trespassé au plus tost que il pourront bonnement depuis que il l'auront sceu.

Et est ordenné que les armes & timbres de touz les Seigneurs & Chevaliers de la Noble Maison seront paint en la sale d'icelle au dessus d'un chascun la où il sera.

Et se il y a aucun qui honteusement, que Diex ne nostre Dame ne veillent, se parte de bataille ou de besoigne ordenée, il sera souspendus de la compaignie, & ne pourra porter tel habit, & li tournera l'en en la Noble Meson ses armes & son timbre ce dessus dessouz sans deffacier, jusques à tant que il sait restituez par le Prince & son Conseil, & tenuz pour relavez par son bienfait.

Et est encore ordené que en la Noble Meson aura une table appellée la table d'oneur, en la quele seront assis la veille & le jour de la premiere feste les trois plus souffisans Princes, trois plus souffisanz Bannerez, & trois plus souffisanz Bachelers, qui seront à la dite feste de ceuls qui seront receuz en ladite compaignie : & en chascune veille & feste de la Miaoust chascun an après ensuivant seront assiz à la dite table d'onneur les trois Princes, trois Bannerez, & trois Bachelers qui l'année auront plus fait en armes de guerres, car nul fait d'armes de pais ny sera mis en compte.

Et est encore ordené que nuls de ceuls de la dite compaignie ne devra emprendre à aler en aucun voiage lointain sanz le dire ou faire savoir au Prince ; les qui es Chevaliers seront en nombre cinq cens ; & desquiex nous comme inventeur & fondeur d'icelle compaignie serons Prince, & ainsi l'en devront estre nos successeurs Roys. Et vous avons esleu à estre du nombre de ladite compaignie ; & pensons à faire se Diex plest la premiere feste & entrée de la dite compaignie à Saint Ouyn la veille & le jour de l'apparition prouchene. Si soiez aus dix jours & lieu, se vous povez bonnement, à tout vostre habit, annel & fremail. Et adoncques sera à vous & aus autres plus à plain parlé sur cette matière.

Et est encores ordené que chascun apporte ses armes & son timbre enins en un fueillet de papier ou de parchemin, afin que les paintres les puissent

mettre plus tost & plus proprement là où il devront estre mis en la Noble Meson.

Donné à Saint Christophle en Halate le sixiéme jour de Novembre l'an de grace mil trois cens cinquante-un. Signé au bas, SERIZ.

LITTERÆ EJUSDEM REGIS.

An. MCCCLII.

Fundatio Ecclesiæ (quam Nobilem Domum vocat) Canonicorum S. Audoëni prope S. Dionysium in Francia, ubi Milites B. Mariæ congregati debeant.

JOANNES Dei gratiâ Francorum Rex. Inter cæteras sollicitudines mentis nostræ sæpe & sæpiùs vigenti meditatione pensavimus, qualiter ab antiquis temporibus Regni nostri militia per universum orbem sic strenuitate & nobilitate floruit & viguit probitate, quòd antecessores nostri Francorum Reges auxilio præstante Divino, & fidelibus ministris ejusdem militiæ manus suas sinceriter & unanimiter præbentibus adjutrices, in quoscumque rebelles suos manus voluerint mittere, victoriam reportarunt, & infinitos, quos perfidus inimicus humani generis in verâ fide Christi dolo suæ calliditatis errare fecerat, ad veræ catholicæ fidei puritatem divinitùs revocarunt ; ac demùm tam pacis quàm securitatis tranquillitatem taliter repararunt in Regno, quòd successu longorum temporum nonnulli ministrorum ipsorum propter armorum insolentiam & defectum exercitii, vel aliis de causis quas nescimus, istis temporibus otiosis & vanis operibus plùs solito se involverunt, honoris & famæ, proh. dolor ! neglectâ pulchritudine, ad utilitatem privatam libentius declinantes. Quamobrem nos reminiscentes præterita tempora laudabilesque gestus, & unanimes prædictorum fidelium, unde tam victoriosa, tam virtuosa & felicia opera processerunt ; fideles ipsos præsentes & futuros ad unitatem perfectam providimus revocare, ut uniti unanimes sitientes honorem & famam, vanis otiositatibus depositis, sicut decet gloriam nobilitatis & militiæ, ad gratiam laudis antiquæ & nobili consortium nostris temporibus revertantur, & renovatâ laude militiæ, propitianteque Divinâ clementiâ, Regno nostro & fidelibus pacis repaeretur tranquillitas ; & laudis præconium undique prædicetur.

Attendentes igitur quòd hæc & alia providentia divina ministrat, sine quâ nihil est validum, nihil sanctum, in honore gloriosissimæ beatæ MARIÆ Virginis, quæ ma[...]trix Dei & hominum esse meruit, & Spiritu sancto cooperante filium peperit Dominum JESUM-CHRISTUM, qui genus humanum à divinorum consortio separatum, ad unitatem veræ fidei, & laudem sui nominis & gloriæ sempiternæ dignatus est suâ misericordiâ revocare, consortium seu societatem *Militum beatæ Mariæ Nobilis Domûs apud sanctum Audoënum propè sanctum Dionysium in Franciâ*, & Collegium Canonicorum, Capellanorum & Clericorum pro divinis servitiis celebrandis ibidem diximus statuendum. Sperantes indubiè quòd intercedente dictâ gloriosissimâ Virgine MARIA pro nobis & nostris fidelibus ad Dominum JESUM-CHRISTUM ejus Filium, & ex orationibus Canonicorum, Capellanorum & Clericorum ipsorum, idem Dominus noster JESUS-CHRISTUS Militibus dictæ Consortii seu Societatis gratiam impendet misericorditer ; taliter quòd ipsi milites in actibus militiæ sientes honorem & famam, sic unanimiter, sic valenter de cætero se habebunt, quòd flos militiæ quæ per aliquod tempus ex causis prædictis subs quâdam taciturnitate marcefcit, in regno noftro lætabitur, & in utilitate perfectâ ad laudem & gloriam dicti regni: &. noftrorum fidelium reflorebit.

Et quia fummis defideriis affectamus ut iftud opus nobile nobiliter & infallibiliter compleatur; notum facimus univerfis præfentibus & futuris, quòd nos merâ liberalitate noftrâ, motu próprio, & ex certâ fcientiâ duximus, ordinamufque, concedimus & donamus per præfentes ad opus dictæ domûs, omnes forefacturas tam in hereditatibus quàm in mobilibus, & omnes efpavias feu *efpaves* vulgariter, quæ in Regno noftro evenient & ad nos pertinebunt, propter crimina læfæ Majeftatis, vel alia quâcumque de causâ, cujufcumque valoris exiftant, convertendas in dotationem dicti Collegii Canonicorum, Capellanorum & Clericorum, aliorumque miniftrorum ftatuendorum ibidem. Necnon & in opus & ad perfectionem operis dictæ domûs diftribuendas & ponendas per illos quos ad hoc deputabimus, feu deputatos fuos, quoufque dictum opus completum & perfectum fuerit, vel aliter ex certâ fcientiâ cum deliberatione maturâ noftri Confilii fuper hoc duxerimus ordinandum.

Mandantes dilectis & fidelibus gentibus Compotorum noftrorum, Thefaurariifque noftris Parifius, & omnibus Receptoribus & Juftitiariis Regni noftri præfentibus & futuris, & eorum cuilibet, ut dictas forefacturas & *efpaves* integraliter tradant & reddant Gubernatori, feu Receptori dictæ domûs, feu deputatis aut deputandis ab eis, vel aliter ad hoc auctoritate noftrâ; nihil inde alibi tradendo vel liberando, per quodcumque mandatum noftrum vel alterius cujufcumque, & de quâcumque forefacturâ & *efpave* mobili vel immobili, cujufcumque valoris exiftat, quæ dicto Gubernatori feu Receptori, vel ab eo deputatis aut deputandis tradentur & liberabuntur. Tradentes ipfos ex traditis exinde exoneramus & liberamus per præfentes, & pro exoneratis & liberatis haberi volumus & tenemus, ac fi Thefaurarii noftris Parifius illud traderent, & etiam liberarent: ordinationibus, prohibitionibus, & mandatis contrariis non obftantibus quibufcumque.

Quod ut firmum & ftabile permaneat in futurum, noftrum præfentibus litteris fecimus opponi figillum in pendenti. Datum in Abbatiâ Regalis-Montis anno Domini milefimo trecentefimo quinquagefimo fecundo, menfe Octobri.

An. MCCCLV. *Litteræ ejufdem Regis ejufdemque argumenti.*

JEHAN par la grace de Dieu Roys de France, à touz ceulx qui ces Lettres verront falut. Comme pour le tres grant defir que nous avons eu & avons encores à l'accompliffement de l'œuvre & fondation de noftre noble Maifon de Saint Ouyn lez Paris, à ce que ladite fondation puiffe eftre parfaite de noftre temps, felon ce que propofé l'avons, aions piega donné & ottroié par nos autres Lettres feellées en las de foie & cire verte à ladite noble Maifon toutes les forefaitures & efpaves de noftre Royaume à nous appartenans, foit pour crime de leze majefté ou pour quelconque autre caufe, pour eftre converties es dites œuvres & fondation, & non ailleurs, fi comme plus à plain eft contenu en noz dites Lettres fur ce faites; & en perfeverant & continuant noftre dit propos aions ordené certain nombre de Chapellains & Clers, qui chafcun jour celebrent & font continuelment le fervice divin en ladite noble Maifon, à certains gaiges par jour, les quels gaiges avec le luminaire & autres chofes qui de neceffité appartiennent à la Chapelle d'icelluy lieu, pevent monter par an environ hiut cens livres parifis, & ne porroient eftre paiez les forfaitures qui font efcheues depuis noftre dit don, pour ce que nous en avons fait plufieurs dons ailleurs, qui eft en tres grant retardement de ladite fondation & du paiement des dis gaiges & autres chofes pour ce neceffaires comme dit eft.

Pourquoi nous volans fur ce pourveoir à plain, & que par deffaut de paiement lefdiz Chapellains & Clers n'aient caufe de euls de partir de ce lieu, par quoi le fervice divin en foit amendriz ou retardez en aucune maniere, ordenons & decernons de certaine fcience par ces Lettres toutes les dites forfaitures & efpaves à nous advenues depuis que nous les donnafmes à ladite noble Maifon, lefquelles nous n'avons données ailleurs au devant de ces Lettres, & qui efcherront dores en avant en noftre Royaume à nous appartenans par quelconque maniere que ce foit, eftre appliquées à la dite noble Maifon pour en paier les gaiges des diz Chapellains & Clers, & autres chofes neceffaires comme deffus eft dit, & non autrement, jufques à ce que les dites huit cens livres parifis par an foient bien & convenablement affis. Et fe il avenoit que depuis notre prefente ordenance nous en feiffions aucuns dons par importunité ou autrement à quelque perfonne que ce foit, foit à noftre linage, nos ferviteurs ou autres, fur quelque fourme de parole que ce fuft, jaçoit ce que en leurs dons feuft contenu, non obftant le don ou ordenance que nous en avons fait pour la dite noble Maifon, fi eft ce noftre attente que non obftant iceulx dons, les gens de ladite noble Maifon à ce ordennés de par nous, eu preignent pour icelle & puiffent prendre de fait la poffeffion & les y appliquer felon noftre prefente ordenance. Et ou cas que fur ce debat naiftroit en noftre dit Parlement pour caufe des dons que nous en aurions fais au contraire de cefte prefente ordenance, nous volons que par nos amez & feaulz Gens qui tiendront noftre Parlement, iceulx dons foient reputez & tenuz pour nulz, car dés maintenant & pour lors nous les y reputons & tenons par ces prefentes, par lefquelles nous donnons en mandement à noz amez & feaulx, Chancellier, Genz, de noftre dit Parlement, de noz Comptes & Treforiers à Paris, & à chafcun de eulx, fi comme à lui appartiendra, que il & chafcun de eulx, tiengnent & gardent & facent tenir & garder noftre prefente ordenance fans enfraindre ou attempter aucune chofe au contraire. En tefmoing de ce nous avons fait mettre à ces Lettres le feel de noftre Chaftellet de Paris en l'abfence du grant. Donné au Temple lez Paris le xvif. jour de Fevrier, l'an de grace mil ccc cinquante & quatre. Ainfi figné, PAR LE ROY, Tvo.

FRACISCI S. R. E. *Cardinalis.*

FRANCISCUS miferatione divinâ tit. S. Marci Presbyter Cardinalis, difcretis viris Bituricenfi, Claromontenfi, Lemovicenfi, Nivernenfi, Eduenfi, Parifienfi, & Belvacenfi Officialibus, vel eorum loca tenentibus, Salutem in Domino. Ex parte nobilis & egregii viri Ludovici Ducis Borbonefii, filii primogeniti quondam Domini Petri Ducis Borbonefii, filii primogeniti quondam D. Petri Ducis Borbonefii, Nobis oblata petitio continebat, quòd ipfe Dominus Petrus dum vitam duceret in humanis, olim fuit, & adhuc eft, per Domini noftri Papæ Cameræ Auditorem, ad inftantiam quorumdam creditorum fuorum, pluribus excommunicationum fen-

Anno MCCCLVII. Petrus Borbonefius excommunicatus ob debita non foluta, vita functus abfolvitur.

tentiis innodatus, & antequàm super hoc absolutionis beneficium obtinuisset, in bello Domini Regis Franciæ exspiravit ; verùm cum circa finem vitæ suæ signa contritionis & pœnitentiæ apparuerint in codem, ejusque corpus sit traditum Ecclesiasticæ sepulturæ dictusque Ludovicus filius pro dicto patre suo defuncto ipsis creditoribus, & aliis, si quibus dum vivebat obnoxius tenebatur satisfacere sit paratus, supplicari fecit humiliter eidem defuncto de oportuno remedio super hoc per sedem Apostolicam misericorditer provideri. Nos igitur auctoritate Domini Papæ, cujus pœnitentiariæ ad præsens curam gerimus, vobis & cuilibet vestrûm in solidum committimus & mandamus, quatenùs si est ita, prædicto filio adimplente quod promittit ; faciatis animam ipsius defuncti debita absolutione prævia suffragiis fidelium adjuvari.

Datum Avinione XII. Cal. Aprilis, Pontificatûs Domini Innocentii Papæ VI. anno quinto.

G. GIRALDI.

No. MCCCLX. JOANNES *Rex Francorum confert* LUDOVICO *filio suo secundogenito Andegaviæ & Cenomaniæ Comitatus.*

JOANNES Dei gratiâ Francorum Rex. Notum facimus universis tam præsentibus quàm futuris, quòd cum amor paternalis nos sollicitet, & affectio naturalis nos adstringat erga filios nostros, ut ipsos dignitatibus & honoribus præ cæteris attollamus ; illos tamen quos filialis devotio & reverentia, ac naturalis obedientia paterno respondentes amori, inclinant nos continuè revereri, & nostra beneplacita diligenti animo adimplere, ferventiùs regius amor prosequitur, & ad ipsorum dignitatum, & honoris, ac status augmentationem inclinamur.

Considerantes igitur quòd LUDOVICUS carissimus secundogenitus noster, personam suam propriam obtidem pro liberatione nostra ad voluntatem & ordinationem nostram promptè obtulerit, & de cujus constanti perseverentia in filiali obedientia persistendi speramus in futurum, paterno & benivolo affectu prosequendo, dignum arbitramus & congruum, ut nos in his, quæ ipsius filii nostri & suæ prolis ac posteritatis honorem, statum & commodum respiciunt, aliquali remuneratione reddamur ad favorem & gratiam liberales. Nos igitur ea consideratione inducti, de nostra certa scientia, auctoritate regia, & gratia speciali pro nobis & successoribus nostris quibuscumque dedimus & concessimus, & damus & concedimus per præsentes donatione pura & simplici inter vivos in perpetuum valitura, dicto Ludovico secundogenito nostro ad hæreditatem perpetuam pro se & suis heredibus, & liberis masculis ex carne suâ legitimo matrimonio procreatis & etiam nascituris, Comitatus Andegaviæ & Cenomaniæ, ac castrum & Baroniam Castrilidi in dicto Comitatu Cenomaniæ situato, & castrum nostrum & Castellaniam de Chanteceaux tenenda perpetuò, & possidenda per eum, & ejus liberos masculos tantùm, ut præfertur, pacificè & quietè, cum omnibus jurisdictionibus, altis, mediis & bassis, mero & mixto imperio, civitatibus, villis, castris, fortalitiis, censibus, redditibus, feudis, retrofeudis, hominibus, homagiis, juribus patronatuum, & collationibus Beneficiorum, sylvis, vineis, terris, pratis, pasturis, nemoribus, stagnis, garennis, aquis, & aliis omnibus, & singulis suis juribus & pertinentiis universis, qualitercumque & ubicumque sint & consistant, & quocumque nomine censeantur. Et quidquid juris nobis competit & competere potest in eisdem Comitatibus, Baroniâ, Castro & Castellaniâ, & eorum quolibet pro nobis & nostris successoribus dicto Ludovico filio nostro pro se & suis heredibus masculis, ut præfertur, cedimus ad perpetuum penitùs & donamus, & ea universa & singula in ipsum transferimus pleno jure, legibus, juribus, usibus, consuetudinibus, vel statutis ad hæc contrariis vel adversis non obstantibus quibuscumque : quæ sibi locum vendicare nolumus in hac parte, salvis tamen & omnibus retentis, & reservatis juribus nostræ regaliæ, monetis & exemptionibus Ecclesiarum Cathedralium, & aliarum quarumcumque, quarum cognitio ad nos, & Coronam Franciæ, ac nostram Parlamenti Curiam pertinet, ac fide, & homagio, & superioritate, & ressorto. Quod siquidem homagium prædictus Ludovicus secundogenitus noster nobis fecit die datæ præsentium, ad quod illum recepimus, nostro & alterius jure salvo. Et eumdem Ludovicum coram nobis personaliter adstantem, de prædictis Comitatibus, Baroniâ, Castro & Castellaniâ, & omnibus aliis præmissis, & singulis eorum, tenore præsentium investimus realiter & de facto.

Dantes per præsentes in mandatis universis & singulis vassallis, hominibus feudatariis, & aliis quorum interest, qui nobis ratione præmissorum Comitatuum, Baroniæ & Castellaniæ, ad fidem & homagium, ac fidelitatis juramentum præstandum & faciendum adstringuntur, ut prædicta homagia & fidelitatis juramenta dicto secundogenito nostro, & suis liberis & heredibus masculis faciant & præstent : & eos & quemcumque eorum à prædictis homagiis & juramentis, ad quod nobis sunt adstricti, per præsentes quittamus & absolvimus, & quittos & absolutos esse volumus absque alterius exspectatione mandati.

Dantes & concedentes tenore præsentium auctoritatem, potestatem & speciale mandatum dicto secundogenito nostro ; ut quandocumque sibi placuerit, possessionem corporalem & realem dictorum Comitatuum, Baroniæ, Castri & Castellaniæ, cum juribus & pertinentiis eorum universis per se vel per procuratorem suum auctoritate suâ valeat apprehendere, recipere, ac etiam retinere. Dantes etiam in mandatis omnibus & singulis subditis dictorum Comitatuum, Baroniæ & Castellaniæ, quorum interest & intererit, ut de præmissis omnibus & singulis, quatenùs quemlibet tangit, & tangere potest & poterit in futurum, dicto Ludovico & suis prædictis respondeant & satisfaciant, & dicta homagia & deveria faciant & præstent liberè, eidemque tamquam dictorum Comitatuum Comiti, & Baroniæ prædictæ ac Castri domino ex nunc & in perpetuum pareant efficaciter & intendant. Necnon dilectis & fidelibus Gentibus Cameræ Compotorum Parisius, quatenùs præmissa omnia & singula eidem filio nostro, ut prædicitur, donata, concessa, & quitata de compotis receptorum, quorum interierit, deducant sine difficultate quâcumque, aliisque donis & gratiis dicto secundogenito nostro factis, & ordinationibus contrariis nonobstantibus quibuscumque. Quæ ut firma & stabilia perpetuò permaneant in futurum, nostrum præsentibus litteris facimus apponi sigillum, nostro in aliis, & alieno in omnibus jure salvo. Datum in villa Calesii anno Domini millesimo trecentesimo sexagesimo, mense Octobris. *Et inferius* : Per Regem, J. ROYER.

Urbani Papæ V. Dispensatio consanguinitatis concessa Ludovico de Borbonio, & Annæ filiæ Beraldi de Alvernia.

Anno MCCCLXX.

Joannes miseratione divinâ tituli sanctorum Quatuor-Coronatorum Presbyter Cardinalis, Commissarius in hac parte à Sede Apostolicâ specialiter deputatus. Nobilibus domino Ludovico Duci Borbonesii, ac domicellæ Annæ natæ nobilis viri domini Beraldi Dalphini Alverniæ, salutem in Domino. Litteras sanctissimi in Christo Patris ac domini nostri Urbani divinâ providentiâ Papæ quinti, verâ bullâ plumbeâ ipsius domini nostri Papæ in cordulâ cannabis more Romanæ Curiæ bullatas, sanas & integras, omnique vitio & suspectione carentes, nobis pro parte vestrâ exhibitas, cum reverentiâ quâ decet recepimus, tenorem qui sequitur continentes:

Urbanus Episcopus servus servorum Dei dilecto filio Joanni tituli sanctorum Quatuor-Coronatorum Presbytero Cardinali, in partibus Franciæ commoranti, salutem & Apostolicam benedictionem. Oblatæ nobis nuper pro parte dilecti filii nobilis viri Ludovici Ducis Borbonesii, & dilectæ in Christo filiæ nobilis mulieris Annæ natæ dilecti filii nobilis viri Beraldi Dalphini Alverniæ domicellæ petitionis series continebat, quòd ipsi desiderant, dummodo ad id carissimi in Christo filii nostri Caroli Regis Francorum illustris accedat assensus, insimul matrimonialiter copulari; sed quia Dux & Anna prædicti tertio sunt invicem consanguinitatis gradu conjuncti, desiderium eorum hujusmodi adimplere nequeunt dispensatione Apostolica super hoc non obtentâ. Quare pro parte Ducis & Annæ prædictorum nobis exstitit humiliter supplicatum, ut providere eis super hoc de opportunæ dispensationis gratiâ, de benignitate Apostolicâ dignaremur. Nos igitur ex certis causis pro parte ipsorum nobis expositis hujusmodi supplicationibus inclinati, circumspectioni tuæ (de quâ in iis & aliis plenam in domino fiduciam obtinemus) per Apostolica scripta committimus & mandamus, quatenùs si est ita, & ad id dicti Regis hujusmodi accedat assensus, cum eisdem Duce & Anna, ut impedimento quod ex consanguinitate hujusmodi provenit non obstante, matrimonium inter se liberè contrahere, & in eo postquam contractum fuerit licitè remanere valeant, auctoritate nostrâ dispenses: propter hoc hujusmodi matrimonio suscipiendam legitimam nunciando. Datum Viterbii xvii. Kal. Octobris, Pontificatus nostri anno septimo.

Post quarum quidem litterarum Apostolicarum præsentationem & receptionem nobis fuit pro parte vestrâ requisitum, ut ad executionem earumdem & contentorum in ipsis procedere curaremus.

Nos igitur Cardinalis Commissarius supradictus, factâ informatione diligenti de & super contentis in litteris Apostolicis supradictis, comperto ita esse sicut narratur in eisdem, & quòd ad hoc domini nostri Regis Franciæ accessit & accedit assensus, vobiscum ut impedimento quod ex consanguinitate hujusmodi provenit non obstante, matrimonium inter vos dominum Ludovicum & Annam supradictos liberè contrahere, & in eo postquam contractum fuerit licitè remanere valeatis, auctoritate Apostolicâ nobis commissâ, & quâ fungimur in hac parte dispensavimus, ac tenore præsentium dispensamus: prolem ex hujusmodi matrimonio suscipiendam legitimam nunciando. In cujus rei testimonium præsentes litteras per Notarium publicum infrà scriptum publicari mandavimus, & sigilli nostri appensione muniri. Datum & factum Parisius in domo habitationis nostræ, anno Domini millesimo trecentesimo septuagesimo, Indictione nonâ, secundùm usum Franciæ, mensis Octobris die tertiâ, Pontificatûs domini nostri Papæ prædicti anno octavo, præsentibus venerabilibus & discretis viris Petro de Dormano, Stephano Reboulé scutiferis, & Nicolao de Putheo familiare nostro, testibus ad præmissa vocatis specialiter & rogatis.

Et ego Adam Wagueti de Villemoutoir Suessionensis diœcesis publicus Apostolicâ auctoritate Notarius prædictarum litterarum Apostolicarum præsentationi & receptioni, ac omnibus aliis per dominum Cardinalem Executorem & Commissarium prædictum, & coram eo modo promisso factis unà cum dictis testibus præsens fui, eâque scripsi & publicavi, & me subscribentem hîc signum meum consuetum unà cum dicti domini Cardinalis sigillo, de ejus mandato apposui in testimonium veritatis omnium præmissorum.

Urbani Papæ V. Quòd Confessarius Regi, quem ipse in mortis articulo elegerit, valeat indulgentiam omnium peccatorum impertiri.

Anno MCCCLXX.

Urbanus Episcopus servus servorum Dei, Carissimo in Christo filio Carolo Regi Francorum Illustri, Salutem & Apostolicam benedictionem. Provenit ex tuæ devotionis affectu, quo nos & Romanam Ecclesiam revereris, ut petitiones tuas, illas præsertim quæ animæ tuæ salutem aspiciunt, ad exauditionis gratiam admittamus. Hinc est quòd nos tuis supplicationibus inclinati, ut Confessor tuus, quem duxeris eligendum, omnium peccatorum tuorum de quibus corde contritus, & ore confessus fueris, semel tantùm in mortis articulo plenam remissionem tibi in sinceritate fidei, unitate sanctæ Romanæ Ecclesiæ, ac obedientia & devotione nostrâ, vel successorum nostrorum Romanorum Pontificum canonicè intrantium persistenti, auctoritate Apostolicâ concedere valeat, devotioni tuæ tenore præsentium indulgemus: Sic tamen quòd idem Confessor his de quibus fuerit alteri satisfactio impendenda, eam tibi per te, si supervixeris, vel per heredes tuos, si tunc forte transieris, faciendam injungat; quam tu, vel illi facere teneamini, ut præfertur. Et ne quòd adest, propter hujusmodi gratiam reddaris proclivior ad illicita in posterum committenda, volumus quòd si ex confidentiâ remissionis hujusmodi aliqua forte committeres, quoad illa prædicta remissio tibi nullatenùs suffragetur: quodque si tibi remissionem hujusmodi semel aut pluries concedi contigerit, si tunc mors non fuerit subsequuta, propterea indultum hujusmodi non exspiret: sed remissionem prædictam plenum effectum sortiri volumus, cùm post concessionem hujusmodi te migrare contigerit ab hac luce. Nulli ergo omnino hominum, &c. Datum Avenioni v. Nonas Octobris, Pontificatûs nostri anno octavo. G. De Bosco.

STATUTA
ACADEMIÆ PARISIENSIS.

Regulæ speciales pro qualibet facultate:

Et primò pro Theologis.

Hic sequuntur Regulæ, seu Consuetudines aut Statuta observata ab antiquo tempore in Venerabili Facultate Theologiæ.

I. SCIENDUM est primò, quòd in prædictâ Facultate Theologi aliquâ crastinâ alicujus Sancti....

II. Item nota, quòd in omni tempore duo Doctores Decretorum cessant à lectionibus suis ordinariis: Doctores in Theologiâ cessant similiter, & è converso ut in pluribus.

III. Item nota, quòd quando est aliquod Festum quo aliquæ Facultates non legunt, si eodem Festo legatur in Theologiâ, tunc non fit sermo illâ die in Universitate.

IV. Item nota, quòd quando Theologi habent aliquod Festum, quo ipsi non legunt, licet in illo festo legatur in aliis Facultatibus, nihilominùs in illâ die fit sermo de mane, & collatio in vesperis in Cordigeris, vel in Jacobitis.

V. Item nota, quòd quando Magistri in Theologiâ legunt in primis, tunc Bachalarii legentes sententias illis diebus legunt in tertiis; aliàs semper legunt Sententias in primis sancti Jacobi prædicti Bachalarii.

VI. Item nota, quòd quando unus Magister in Theologiâ habet aulam suam, illâ die non legitur in Sententiis, nec in Bibliâ.

VII. Item quando unus Bachalarius in Theologiâ habet vesperias suas, tunc unus solus Magister legit in primis, & primâ die non legitur in Sententiis, nec in Bibliâ.

VIII. Item nota, quòd quando unus Magister in Theologiâ debet disputare, tunc ipse solus legit ut in pluribus, & primâ die non legant alii Magistri, nec etiam Bachalarii legentes Sententias & Bibliam.

IX. Item nota, quòd Bachalarii in Theologiâ qui debent legere Sententias, & illi qui habent legere Bibliam in quatuor Ordinibus Mendicantium, debent facere principia sua infra Festum Exaltationis sanctæ Crucis, & Festum Beati Dionysii. Et præsupposito quòd tot sint quòd non possint complere, tamen non fit in qualibet die nisi unum principium, & semper in primis sancti Jacobi immediatè post prædictum Festum Beati Dionysii, illi qui non fecerunt faciunt, nec legitur aliquâ horâ in ipsâ Facultate, quousque omnia prædicta principia sint facta totaliter & completa. Tamen si pauciora essent principia, ita quòd finita essent ante Festum Beati Dionysii, nihilominùs non legitur in ipsâ Facultate à crastino Exaltationis sanctæ Crucis usque ad crastinum S. Dionysii in aliquâ horâ.

X. Item nota, quòd studentes in Theologiâ, si sint Sæculares habent ibi audire per septem annos antequàm admittantur ad lecturam Bibliæ; sed Regulares admittuntur in sexto anno.

XI. Item nota, quòd admissi ad lecturam Bibliæ debent solùm legere duos libros, & tales sicut voluerint legere, scilicet, unum de veteri Testamento, & alium de novo, exceptis illis de quatuor Ordinibus Mendicantium, qui debent Bibliam continuè legere per duos annos, & etiam unus de sancto Bernardo.

XII. Item nota, quòd Bachalarii in Theologiâ, qui incipiunt legere Sententias in crastino sancti Dionysii, tenentur finire vel in Festo Apostolorum Petri & Pauli. Tamen si contingeret illos infirmari infra prædicta Festa Dionysii & Apostolorum, vel propter aliam causam aut causas dimitterent legere in aliquibus diebus legibilibus, tunc tenerentur tot lectiones legere post prædictum Festum Apostolorum, quot dimiserunt infra prædicta festa Dionysii & Apostolorum.

XIII. Item nota, quòd Bachalarii qui legerunt Sententias, debent postea prosequi Facta Facultatis per quatuor annos antequam licencientur, scilicet prædicando, argumentando, respondendo; quod verum est nisi Papa per bullas, vel Facultates super hoc faceret eis gratiam, imò & per quinque annos aliquando exspectat, scilicet quando annus jubilæus non cadit in quarto anno post lecturam dictarum Sententiarum.

XIV. Item nota, quòd quando unus Magister in Theologiâ, qui est de Ordine Mendicantium, facit sermonem de mane in Universitate in domo Ordinis sui, ipse tenetur eâdem die facere collationem. Sed si faciat in domo alterius Religionis sermonem de mane, tunc non tenetur facere collationem.

XV. Item nota, quòd illi qui volunt legere cursus suos in Theologia, debent facere in qualibet libro unum principium solemniter in aliquibus Scholis, & possunt legere in tali horâ sicut sibi placet, dummodo non legant in illâ horâ, in quâ leguntur sententiæ, tamen non possunt facere sua principia nisi in horâ Tertiarum duntaxat.

XVI. Item nota, quòd illi qui legerunt cursus suos in Theologia, debent exspectare postquàm inceperunt legere Bibliam per duos annos, antequàm admittantur ad lecturam Sententiarum.

XVII. Item nota, quòd quando unus Prælatus, vel unus Magister in Theologiâ facit sermonem de mane in Universitate in aliquâ domo Mendicantium, vel alibi; tunc ille qui facit collationem post prandium, debet accipere illud thema in collatione, quod assumptum fuit per Prælatum, vel per Magistrum qui fecit sermonem eâdem die.

XVIII. Item nota, quòd Bachalarii in Theologia tenentur respondere de quæstione in locis publicis aliis Bachalariis, quinquies ad minus, antequam licencientur, scilicet in Aula Episcopi Parisiensis, quando fit ibi aliquis novus Magister in Theologia, Item in Vesperiis alicujus Magistri. Item semel in aula Cerbonitarum tempore quo Magistri in Theologia non legunt, scilicet inter festum Apostolorum & festum Exaltationis sanctæ Crucis. Item semel de

---

a *Statuta*] Decreta antiquiora Parisiensis Academiæ è MS. Corbeiensi excerpsimus; quorum hæc est epigraphe: *Regulæ speciales pro qualibet Facultate*; aliæ item subsequuntur sic inscriptæ: *Statuta facta An. Domini MCCCLXX. 23. Januarii, quæ utuntur legi cum aliis quæ solent legi*. Codex ille primùm complectitur Calendarium Academiæ Parisiensis, tum Statuta præfata, deinde orationes seu præfationes, quas initio anni prælegere incipiebant Doctores; ad excitandos Auditorum animos, ut lerio Juris Canonici studiis incumbrent, haberi solitas. Titulum hunc præferunt trivialibus ac barbaris planè verbis, qualibus scatent Statuta & Præfationes. *Incipiunt Harenge ad recommendationem Juris Canonici.*

Quolibeto in adventu vel circiter. Item semel in disputationibus generalibus antequam permittatur sibi legere Sententias.

Sequitur pro Canonistis.

Hic sequuntur aliquæ Consuetudines laudabiles, sive Statuta observata ab antiquo tempore in Venerabili Facultate Decretorum.

XIX. Primò sciendum est, quòd in prædictâ venerabili Facultate quando Bachalarii licentiantur, in illâ die quando licentiantur non legitur aliqua hora post prandium, nec in toto sequenti die, propter reverentiam eis debitam.

XX. Item nota, quòd Bachalarii qui faciunt proposita sua inter Pascha & festum S. Johannis Baptistæ, tenentur iterum aliud propositum facere post festum S. Michaëlis; secus si fecerint in Quadragesima, vel ante, quia tunc non tenerentur.

XXI. Item nota, quòd quando unus de Doctoribus in Decretis facit aliquod factum solemne, puta quia repetit aliquod Decretum, legit in ortu solis, sicut in Vigilia magni Paschæ, *cap. Omnis utriusque de pœnit. & remission.* Vel in Vigilia Pentecostes, vel in Vigilia Natalis Domini aliquam Decretalem; tunc post lecturam suam, vel repetitionem suam, non legitur aliqua hora postea illa die in vico Brunelli.

XXII. Item nota, quòd Bachalarii in Decretis non debent recipi ad Bachalariatum, nec ad examen, nec ad dicendum harengam, nisi quando Doctores legunt in Decretis ordinariè.

XXIII. Item nota, quòd quando fit unus Doctor in Decretis in vico Brunelli, in primâ die in quâ sunt disputationes non legitur ultrà primam; nec etiam in die doctorizationis, nec per totum diem immediatè sequentem post doctorizationem, propter reverentiam sibi debitam.

XXIV. Item nota, quòd in omnibus Festis, in quibus Doctores consueverunt dare crastinam in vigiliis, non legitur in nonis nostræ Dominæ in vico Brunelli, ut in pluribus.

XXV. Item nota, quòd quando unus Bachalarius novus vel antiquus facit propositum suum in vico Brunelli, in illâ horâ alii Bachalarii non legunt propter reverentiam societatis.

XXVI. Item nota, quòd nullus Bachalarius in Decretis potest facere harengam, nisi quando Doctores legunt in Decretis.

XXVII. Item nota, quòd Bachalarii novi tenentur facere harengam suam post propositum suum, antequàm legant, sed alii veteres non faciunt harengam post proposita sua.

XXVIII. Item nota, quòd quilibet Bachalarius in Decretis, tam novus quàm antiquus, tenetur ad minus facere unum propositum in anno, si velit legere Parisius, aliàs non tenetur.

XXIX. Item nota, quòd quando post prandium non legitur in Bibliâ, tunc aliquoties non pulsatur in Jacobitis pro nonis sancti Jacobi; & tunc Bachalarii in Decretis legentes in illâ horâ, debent legere sine expectatione pulsationis alicujus campanæ.

XXX. Item nota, quòd in quinque Festis Gloriosæ Virginis MARIÆ non legitur in nonis nostræ Dominæ in vico Brunelli. Et de crastino Festo faciunt Decretistæ crastinum, sed alii non.

XXXI. Item nota, quòd Bachalarii in Decretis legentes in Nonis sancti Jacobi, semper in diebus Veneris, in Vigiliis Sanctorum, in jejuniis Quatuor-Temporum, legunt illis diebus in Tertiis.

XXXII. Item nota, quòd Doctores non legunt in Decretis diebus Jovis propter Missam Facultatis. Et si contingat quòd aliquod Festum eveniat in prædictâ die Jovis, tunc recuperant Missam suam in unâ aliâ die illius hebdomadæ; nec legunt in illâ die propter prædictam Missam seu recuperationem.

XXXIII. Item nota, quòd statuta quæ sequuntur, servantur quasi ad unguem in Facultate Decretorum, & leguntur in quolibet anno in primâ lectione Magistrorum legentium in aurorâ in vico Brunelli, in scholis coram omnibus Scholaribus per Bedellum generalem illius Facultatis. Leguntur etiam post Festum Omnium Sanctorum in scholis omnium Doctorum in primis lectionibus suis.

Statuta facta anno Domini millesimo trecentesimo septuagesimo, vicesima tertia die Januarii, quæ debent quolibet anno legi cum aliis quæ solent legi.

Anno MCCCLXXI.

I. Cum sit nimis absurdum ut quis cum vanitate & imperitiâ ad honorem Facultatis literalis, Nos Decanus & Collegium Facultatis Decretorum Parisiensis, maturâ deliberatione præhabitâ pro statuendo, ut moris est, tribus edictis solemniter evocatis, considerantes quòd cum pro eo quod non impediti in audiendis legibus pariter non admittuntur ad lecturam, nisi in certis temporibus leges audiverint, plurimi qui leges non audierunt, habentes hic audiendi & studendi opportunitatem, ab hujusmodi Facultate distrahantur, & quandoque penitùs revocentur: Statuimus & ordinamus, etiam revocando & supplendo ad alia statuta, quòd de cætero in formis inferiùs declaratis quilibet ad lecturam & licentiam admittatur, etiam si nec leges audiverit, nec in ipsis audiendis habuerit aliquod impedimentum.

II. Item quòd nullus in formâ Legitarum admittatur, nisi in studio generali, vel in studiis generalibus in tribus annis per 24. menses. In quibus tribus annis vel ordinariè vel extraordinariè audiverit Decretum & lectionem matutinalem, saltem per viginti menses. Et tunc nisi examinatus à Collegio vel majori parte fuerit approbatus. Licentiati tamen in jure Civili necessariò non examinabuntur. Cæterum volumus quòd cum auditione vel lectura Canonum auditio, vel lectura alterius scientiæ concurrat, ut utraque auditio computetur. Quinimò qui sic canones & aliam scientiam audiverit, juvari volumus, & tempus sibi computari in alterâ eorum Facultatum quàm priùs elegerit duntaxat, nec admittatur ad Licentiam, nisi in duobus annis non currendo, sed temperatè & decenter, prout est legere communiter consuetum, legerit per sexdecim menses completos ad minus, & in ipsis duos libros juris Canonici, quarto libro minimè computato, nisi cum illo legerit Clement. Poterit tamen cum illo, qui legerit unum librum, & majorem partem alterius (dum tamen perfecerit menses) per Facultatem dispensari: ita tamen quòd ipsum librum postea perficiat per juramentum.

III. Idem quia dubitatur à multis, an per integros annos admittendus ad lecturam, audire, vel ad Licentiam, legere debuerit. Nos hujusmodi dubitationem amoventes, Statuimus & ordinamus, quòd Religiosi, & alii Sæculares impediti vel non impediti in legibus audiendis, qui per prædictum tempus hujusmodi leges non audierint, non admittantur ad lecturam juris Canonici, nisi in studio generali jura Canonica audierint in sex annis per quadraginta octo menses completos, & Decretum ordinariè vel extraordinariè

traordinariè à Doctore per triginta menses completos, & tantumdem, scilicet per trigenta menses, de mane: nec ad Licentiam admittantur, nisi in quinque annis per quadraginta menses completos legerint jura Canonica, ut præmittitur, in studio generali. In supradictis verò casibus viginti octo dies continuos seu quatuor septimanas continuas pro mense volumus computari.

IV. Item quia in testificando prædictis auditione & lecturâ Canonum plurimæ fraudes, prout experientia docuit, committuntur, Statuimus & ordinamus quòd de cætero quilibet scholaris quater in anno ad minus, scilicet circà festum Natalis Domini, Paschæ, Apostolorum Petri & Pauli, & S. Remigii, habeat cedulas à Magistro suo, in quibus testimonium perhibeatur super auditione & scholaritate ipsius; ita tamen quòd super auditione Decretalium ipse Magister priùs informetur per cedulas illorum Bachalariorum à quibus testificandus audiverit, vel aliàs competenter, aliàs tempus auditionis vel scholaritatis sibi non computabitur. Testificabitur tamen super minori tempore, si hoc petat scholaris. Et idem circà Bachalarios volumus observari, ut per Magistros in quorum scholis legerint, vel Decanum Facultatis, si Magistros non habuerint, sub formâ & pœnâ prædictis testificetur.

V. Item, ut cesset rumor testificandorum, & favor ex parte testificantium, Statuimus & ordinamus cedulas prædictas testificatorias faciendas sub hac formâ, & apportandas per illos qui voluerint testificari: *Ego talis, &c. assero bonâ fide, & per juramentum meum, quòd fui verus & continuus scholaris in jure Canonico per tale tempus. Datum sub sigillo meo, &c.* & postmodum sequitur testificatio Doctoris sub hac formâ: *Et ego talis actu Regens Parisius in Facultate Decretorum, per juramentum dicti scholaris, vel aliàs informatus, testificor dictum talem audivisse per tempus superiùs expressum.*

Et ut hujusmodi statuta irrefragabiliter observentur, nemini contrà ipsa fiat gratia per juramentum.

Sequuntur statuta pro Artistis.

Hic sequuntur aliæ Consuetudines sive statuta observata ab antiquo tempore in venerabili Facultate Artium liberalium.

PRimò sciendum est, quòd in prædictâ Facultate Artium liberalium observatur, quòd in quocumque Festo, in quo non legitur in vigiliâ, non disputatur in vico Straminis.

II. Item nota, quòd quando in vigiliis non legitur in vico Straminis, ultrà etiam in vico Brunelli non legitur in Nonis nostræ Dominæ, ut in pluribus.

III. Item nota, quòd in illis diebus quibus eligitur novus Rector, in quolibet illorum dierum non legitur post prandium in vico Straminis.

IV. Item nota, quòd à quintâ feriâ ante Ramos Palmarum, usque ad diem Lunæ proximam post *Quasimodo*, non legitur ordinariè in vico Straminis.

V. Item nota, quòd toties quoties legitur cursoriè in vico Straminis, non disputatur in illo vico.

VI. Item non possunt fieri Bachalarii neque Magistri in illo vico, nisi quando legitur ibidem ordinariè.

VII. Item quando legitur ordinariè in prædicto vico, Magistri ibi legentes non possunt legere de mane, nisi in capis nigris fouratis in caputio de minutis variis, tamen post prandium debent legere in capis rugatis cum capucio de eodem panno fourato.

VIII. Item nota, quòd quando legitur cursoriè in vico Straminis, tunc Bachalarii & Magistri, tam de mane quàm post prandium legunt in capis rugatis de tali panno, sicut cuilibet Legenti placet.

IX. Item nota, quòd non eligitur novus Rector nisi quando legitur ibidem ordinariè.

X. Item nota, quòd quando legitur cursoriè in vico Straminis, tunc non sunt disputationes, nec possunt ibi fieri magistri, nec etiam Bachalarii.

XI. Item nota, quòd ab ultimâ die legibili ante Festum B. Petri, usque ad crastinum B. Ludovici non legitur ordinariè, & proclamantur cursus, scilicet in vigiliâ B. Petri.

XII. Item nota, quòd quando legitur in vico Straminis ordinariè, non legitur ibi in Nonis S. Jacobi, sed quando legitur cursoriè, tunc legitur ibi in nonis S. Jacobi, nisi sit vigilia alicujus Festi non legibilis.

Sequuntur Statuta pro omnibus Facultatibus.

Sequuntur aliæ Regulæ generales consuetæ servari in Universitate Parisiensi.

ET primò notandum, quòd in quinque Festis Virginis MARIÆ, duodecim Apostolorum, quatuor Evangelistarum, & quatuor Doctorum, non legitur in aliquâ Facultate, & semper debet fieri sermo.

II. Item nota, quòd quando moritur aliquis Magister in Theologiâ, vel Doctor in Decretis, vel Magister in Medicinâ, vel in Artibus, si sit actu Regens, quando vigiliæ solemnes celebrantur post prandium, non legitur in aliquâ Facultate, nec in sequenti die in quâ inhumatum est corpus.

III. Item nota, quòd quando fit processio generalis in Universitate, tunc illâ die non legitur aliquâ horâ in aliquâ Facultate.

IV. Item nota, quòd Rector Universitatis de consensu aliarum Facultatum potest indicere feriam repentinam, vel cessationem facere in totâ universitate, & omnes indistinctè tenentur obedire, sub pœnâ perjurii & privationis privilegiorum Universitatis.

GREGORII Papæ XI. GUIDONI Tremolliensi.

Anno MCCCLXXIV.

Rogat ut pactum initum observari curet Guido.

GRegorius Episcopus servus servorum Dei, dilecto filio nobili viro GUIDONI de la Tremoillâ Militi, salutem & Apostolicam benedictionem. Concordato per dilectum filium nobilem virum Edwardum de Bellojoco Militem proximâ nobis affinitate conjunctum, cum dilecto filio nobili viro....... Domino de Poisse, qui prætextu certæ quantitatis pecuniæ sibi occasione certi matrimonii dudum contracti à prædicto Edwardo & suis debitæ, ut dicebat, Castrum de Borbonio Eduensis diœcesis ad dictum Edwardum jure hereditatis pertinens, de facto & contrà justitiam diuturno tempore dicitur occupasse; accedit ad dilectum filium nobilem virum Philippum Ducem Burgundiæ claræ memoriæ, Joannis quondam Regis Francorum quartogenitum, dictus Edwardus, ut ad ejus debitæ fidelitatis homagium de dicto Castro & pertinentiis ipsius favorabiliter admittatur, sibique restituatur libera & quieta possessio dicti Castri: super quibus etiam Duci præfato rogatoria dirigimus scripta nostra, nobilitatem tuam nobis caram ex corde rogantes, quatenus ipsum Edwardum ad quem tamquam ad nepotem sincerum gestamus affectum, ejusque negotia suscipiens nostræ contemplationis intuitu recommissa, sic eidem in præmissis assistere velis favoribus oportunis, quod tuo mediante ministerio dictus Edwardus expediatur celeriter & votivè. In hoc nobis non mediocriter placiturus. Datum apud Villam-novam Avenionensis diœcesis Idibus Aprilis Pontificatûs nostri anno quarto.

P. de Soleno.

Anno MCCCLXXV.

Ejusdem. Quòd Capellam Montis Calvaria in Jerusalem Rex Carolus V. conferre possit.

GREGORIUS, &c. Carissimo in Christo filio Carolo Regi Francorum Illustri, Salutem & Apostolicam benedictionem. Ingens tuæ serenitatis devotio promeretur, ut ea quæ ad honorem Dei animæque tuæ salutem desideras, votis tuis, benigniùs annuamus. Tuis itaque supplicationibus inclinati, tibi, tuisque successoribus Regibus Francorum, Capellam Montis Calvariæ in Ecclesiâ sancti Sepulcri Dominici in Jerusalem constitutâ consistentem, auctoritate Apostolicâ, tenore præsentium perpetuò concedimus ac indulgemus, quòd tu, & iidem successores, aliquos Sacerdotes honestæ conversationis & vitæ, sæculares vel Religiosos cujuscumque, etiam Mendicantium Ordinis existant, ad celebrandas Missas in dictâ Capellâ eligere, & cum testimonio & licentiâ Superiorum hujusmodi Religiosorum, ad eamdem Capellam mittere, ipsamque tenere continuò, Constitutionibus Apostolicis contrariis, ac Patriarchæ Jerosolymitani existentis pro tempore, & cujuscumque alterius contradictione non obstantibus quibuscumque, liberè valeas. Nulli ergo omninò hominum, &c. Si quis, &c. Datum Avenioni VII. Kal. Decemb. Pontificatus nostri, Anno v. De Mandato Domini nostri Papæ. Franciscus.

Anno MCCCLXXVI.

Ejusdem. Esus ovorum, lactis, butyri, & casei tempore Quadragesimæ Regi ac Reginæ permittitur.

GREGORIUS Episcopus servus servorum Dei, Carissimis in Christo filiis Carolo Regi, & Joannæ Reginæ Francorum Illustribus, Salutem & Apostolicam benedictionem. Sinceræ devotionis integritas quam ad Deum ac Nos, & sanctam Romanam geritis Ecclesiam, promeretur ut petitionibus vestris, præsertim quæ oportunas vobis fore conspicimus, benignis & gratiosis favoribus annuamus. Hinc est quod vestris supplicationibus inclinati, ut Confessor vester idoneus Religiosus vel sæcularis, quem vestrûm quilibet duxerit eligendum vobiscum, ut singulis diebus quadragesimæ, quamdiù vitam duxeritis in humanis, ovis, lacte, butyro, & caseo vesci possitis, non obstante tamen Medicorum (quorum videlicet Confessoris & Medicorum super hoc conscientiam oneramus) quibuscumque Constitutionibus contrariis nequaquam obstantibus, auctoritate nostrâ dispensare valeat, vobis & vestrûm cuilibet tenore præsentium indulgemus. Et insuper, ut hi qui hujusmodi ova, lac, butyrum & caseum seu fercula ex eis parabunt, & etiam illi qui de eis vobis servient, duntaxat pro probâ faciendâ gustare de ipsis valeant, concedimus per præsentes. Nulli ergo, &c. Si quis, &c. Datum septimo Kalend. Martii, Pontificatûs nostri anno sexto. De mandato Domini nostri Papæ. R. Frontalis.

Anno MCCCLXXIV.

Ejusdem Testamentum.

IN nomine sanctæ & Individuæ Trinitatis, Patris & Filii & Spiritûs sancti, Amen. Quia labilis est memoria hominum, & mens humana sollicitudinibus occupata præteritorum facilè obliviscitur, sapientum providit discretio contractus & voluntates hominum literis publicis & authenticis annotari. Ideo Nos GREGORIUS solâ Dei patientiâ servus servorum Dei, aliàs cum eramus in minoribus constituti nostro proprio nomine tunc vocati Petrus Rogerii, S. MARIÆ novæ Diaconus Cardinalis, attendentes quoniam nostræ humanitatis fragilitas diù humanis sollicitudinibus magnis & arduis implicita, multa incurrisset peccata, divinâ gratiâ inspirante ad id recurrere festinavimus, quod de ejus consiliis misericordia nobis salutem pariet : & remedium peccatorum. Inde enim est quod cum testamentum sit ultima testatio mentis, nos sani & benè compositi mentis nostræ, etiam corpore per Dei gratiam, diem tamen nostræ peregrinationis extremum sic prævenire, rerum & bonorum nostrorum, quæ possidebamus ante assumptionem Apostolatûs officii, & aliquorum aliorum à nobis acquisitorum post assumptionem eamdem, dispositione providâ concupimus quòd æterni clementia Judicis, apud quem exceptio vel provocatio locum sibi non vendicat, dignetur nobis omisso rigore judicii de sui plenitudinis gratia misereri; Testamentum nostrum ultimum nuncupativum, seu nostram ultimam voluntatem dispositionemque bonorum nostrorum, in pleno nostræ rationis judicio, in scriptis fecimus & facimus in hunc modum.

Et primo ad illum per quem facta sunt omnia, & sine quo nihil fieri potest, Dominum nostrum JESUM CHRISTUM, & deinde ad gloriosissimam ac piissimam Virginem MARIAM ejus matrem, & ad gloriosos Apostolos Petrum & Paulum, totamque cœlestem Curiam, ad quam intensis inspiramus desideriis, humiliter recurrendo, animam nostram & corpus nostrum ipsis humiliter commendamus.

Et deinde dicimus, disponimus, volumus & ordinamus omnia & singula per nos recepta vel forsitan occupata, vel detenta qualitercumque indebitè fuerint; necnon debita & clamores quibuscumque personis per nos ex quâcumque causâ debitos, ad cognitionem seu arbitrium duorum de Exequutoribus nostris infrà scriptis reddi, restitui, emendari, & de eis satisfieri de bonis nostris integraliter & persolvi, nisi de eis satisfecerimus in vitâ nostrâ, & maximè illa debita quæ pro tuitione terrarum Ecclesiæ Romanæ sunt contracta, ut infrà dicetur pleniùs.

Item volumus, dicimus, & protestamur ex nostrâ certâ scientiâ, quòd si in Consistorio, aut in consiliis, vel sermonibus, vel collationibus publicis vel privatis, ex lapsu linguæ, aut aliàs ex aliquâ turbatione, vel etiam lætitiâ inordinatâ, aut præsentiâ Magnatum, ad eorum forsitan complacentiam, seu ex aliquali distemperantiâ vel inadvertentiâ, aut superfluitate, aliqua dixerimus erronea contrà Catholicam fidem, quam coram Deo & hominibus publicè ut tenemur præ cæteris, profitemur, colimus, & colere cupimus; seu forsitan adhærendo aliquorum opinionibus contrariis fidei Catholicæ scienter, quod non credimus, vel etiam ignoranter, aut dando favorem aliquibus contrà Catholicam Religionem obloquentibus, illa expressè & specialiter revocamus, detestamur & habere volumus pro non dictis.

Subsequenter verò sepulturam nostram & corporis nostri, cum de hac luce migraverimus, eligimus, si citrà montes nos decedere contingat, in Monasterio Casæ-Dei Ordinis S. Benedicti, Claromontensis Diœcesis, ubi corpus requiescit felicis recordationis Domini Clementis Papæ VI patrui nostri. Volumus tamen corpus nostrum deponi, si moriamur in

Diplomatum, &c.

hac civitate Avenionensi, vel circà, in Ecclesiâ Cathedrali B. Mariæ de Donis, in Capella ubi est sepultus piæ memoriæ Dominus Joannes Papa XXII; vel in aliâ Capellâ ubi fuit sepulta in dictâ Ecclesiâ Domina genitrix nostra, Capella Domini Comitis Bellifortis progenitoris nostri vulgariter nuncupata, prout Exequutores nostri infrà scripti, vel duo ex ipsis dixerint ordinandum. Et deinde dicto corpore nostro incinerato, illud transferri & portari volumus & jubemus ad dictum Monasterium Casæ-Dei, per Religiosos Monachos dicti Monasterii, & alios ad hæc necessarios, juxtà & secundùm voluntatem & ordinationem successoris nostri in Apostolicâ Sede, & Exequutorum nostrorum, aut duorum ex ipsis: qui quidem successor cum dictis Exequutoribus de pannis aureis & sericis; luminaribus, facibus, Missis & eleemosynis tam in Ecclesiâ de Donis in depositione corporis nostri & per novenam, quàm in itinere & Monasterio Casæ-Dei, habeant disponere & ordinare, sicut decet honorem Ecclesiæ sanctæ Dei, & eis videbitur faciendum.

Verùm ex speciali devotione, quam hactenùs habuimus & habemus ad dictum Monasterium Casæ-Dei, volumus & ordinamus, quòd in dicto Monasterio construatur & ædificetur una solemnis Capella, contigua principali Ecclesiæ dicti Monasterii, & per quam sine medio aditus habeatur ad dictum Monasterium; seu Ecclesia in quâ erigantur duo vel tria altaria cum choro competenti, in quâ Collegium pro salute animæ nostræ, & parentum & benefactorum nostrorum, triginta Monachorum nigrorum Ordinis S. Benedicti, quod Gregorianum Collegium perpetuò nuncupetur, instituatur, sicut nos ex nunc ut ex tunc instituimus sub modo, formâ & conditione infrà scriptis.

Et primò quòd præmissi triginta Monachi sint ejusdem conformitatis, habitûs, regulæ, subjectionis & obedientiæ, sicut cæteri Monachi dicti Monasterii, & vivant, comedant & dormiant insimul in refectorio & dormitorio, infirmariâ, & aliis domibus & locis consuetis prædicti Monasterii. Quòd si in antiquo dormitorio recipi commodè non possint, volumus & ordinamus quòd dictum dormitorium amplietur de bonis nostris, & quòd dicti triginta Monachi intrare habeant eorum novum dormitorium per portam antiqui dormitorii. Et in casu quo dictum antiquum dormitorium ampliari non posset, & fieret alibi domus nova pro dicto dormitorio, quòd taliter ordinetur, quòd ad illud accessus habeatur per antiquam portam alterius antiqui dormitorii, & per illam intrare & exire habeant quoties fuerit opportunum.

In quo quidem Collegio volumus, & ordinamus ac statuimus quòd unus ex ipsis triginta Monachis sit Prior Claustralis, & alius Sacrista; & quòd sex Monachi ex illis dicti Collegii qui meliores & docibiles & aptiores reperientur, sint in Studio Parisiensi continuè studentes. Quatuor videlicet ex eis in sacrâ paginâ, & duo in jure Canonico, vel omnes sex in sacrâ paginâ ad ordinationem Exequutorum nostrorum, vel duorum ex ipsis: & quòd creatio, institutio & destitutio dictorum triginta Monachorum ad Abbatem qui nunc est, & qui pro tempore fuerit, pertineat pleno jure, similibus modo & formâ, ac prout ad ipsum Abbatem pertinet de aliis sui & dicti Monasterii Monachis; salvo quòd volumus, statuimus & ordinamus quòd viginti ex eis sint de Lemovicinio, & residui decem de Alverniâ, vel alìunde juxtà ordinationem & arbitrium dicti Abbatis; quibus omnibus triginta Monachis præfatus Abbas qui est, & qui pro tempore fuerit, providere habeat in victu & vestitu, & aliis necessariis prout facit, & facere

tenetur reliquis Monachis Claustralibus, & pensionem prædictis sex studentibus assignare juxta constitutionem fœlicis recordationis Domini Benedicti XII. prædecessoris nostri; & ut sit laus perpetua & devotio continua in dicto Monasterio Casæ-Dei, volumus statuimus & ordinamus, quòd dicti Monachi in dictâ Capellâ cùm volente Deo fuerit constructa, die noctuque habeant Domino continuè famulari cum notâ, prout alii dicti Monasterii Monachi faciunt, seu facere consueverunt. Ita tamen quòd non sit aliqualis intricatio, vel vocum turbatio inter nostrum & antiquum Collegium seu Conventum dicti Monasterii, sed quòd post Matutinum antiqui Conventûs, & post Missas, & alias Horas dicendas cum notâ, Collegium nostrum habeat incipere Matutinum, Missas, & alias horas suas cum notâ conformando se cum aliis in omnibus officiis: ita quòd nulla sit differentia seu distinctio aut divisio inter eos. Si verò omnes Monachi tam de Collegio quàm de Conventu simul & semel officiari possint; & quòd non sit impedimentum aliquod, seu vocum turbatio inter eos, illud relinquimus dispositioni Abbatis qui est, & qui pro tempore fuerit.

Volumus insuper, statuimus & ordinamus, quòd duæ Missæ in dicto nostro Collegio cum notâ diebus singulis, quarum primâ quamdiù vixerimus sit de B. Virgine, vel de sancto Spiritu, vel sanctâ Trinicate; cum Collectâ *Deus omnium*; & post mortem nostram de mortuis; & alia Missa Conventualis prout tempus & festa requirent conformando se, ut præfertur, cum aliis de Conventu: de aliis Missis secretis faciant votum, prout eis Dominus ministrabit. Finita verò Missâ Conventuali supradictâ, statuimus quòd dicti Monachi habeant exire suprà tumulum nostrum processionaliter, & antequàm Capellanus celebrans exuat se sacris, excepto de casulâ, ibidem absolutionem faciant consuetam.

Item, volumus, statuimus & ordinamus, quòd in singulis Capitulis conveniant omnes illi præsentes de Collegio nostro de quàlibet cum aliis de Conventu horâ consuetâ ad audiendum, & faciendum, & tractandum de suis & dicti Collegii, ac prædicti Monasterii & Conventûs negotiis, vocemque habeant ut cæteri, etiam in electione Abbatis quando contigerit; & alia faciant cum aliis in præsentiâ, seu etiam absentiâ dicti Abbatis, prout est hactenùs dicto Capitulo consuetum fieri.

Item, volumus, statuimus & ordinamus, quòd Monachi de prædicto Collegio nostro Gregoriano, debeant quantum possibile fuerit, si tempus patiatur, interesse, præsertim in festis solemnioribus, in Processione, & Missâ majori & Vesperis cum alio Conventu dicti Monasterii. Et in casu quo Capella propter malitiam temporum, seu aliàs pro dicto nostro Collegio fieri seu construi non posset, volumus & statuimus & ordinamus quòd dictum Collegium nostrum, seu Monachi in illo instituti per nos, ut præfertur, in Capellâ dicti Monasterii in honorem Beatæ Virginis constructâ & fundatâ per Joannem quondam Episcopum Anitiensem, qui dicto Monasterio Casæ-Dei ut Abbas præfuit, habeant Domino famulari, & divina ministeria celebrare modo & formâ, ac prout de aliâ Capellâ construendâ fuerat ordinatum. Quo casu sepulturam eligimus in dicto Monasterio Casæ-Dei ante majus altare, vel à dextrâ seu sinistrâ parte, prout convenientius & decentius videbitur dictis nostris Exequutoribus, vel duobus ex ipsis, & sine impedimento servitorum & Ministrorum dicti altaris. Quibus nostris Exequutoribus, & aliis quibuscumque prohibemus expressè ne faciant tumulum elevatum, sed suprà corpus noſtrum ponatur unus lapis qui terræ adhæreat, ſeu pavimento dicti Monaſterii.

Item, ultrà præmiſſa inſtituimus in dicto Monaſterio duas perpetuas Capellanias valoris cujuslibet quindecim librarum rendualium, per Monachos dicti Monaſterii gubernandas & ſerviendas ; quarum una ſit fundata in honorem Beatæ MARIÆ Virginis, & altera in honorem ſancti Sebaſtiani ; quas per Abbatem pro tempore exiſtentem dicti Monaſterii conferri volumus, & de eis ordinari, ſicut de aliis Capellaniis dicti Domini Clementis quondam patrui noſtri diſponere & ordinare tenetur.

Item, legamus dicto Monaſterio Caſæ-Dei unum valde pretioſum jocale de auro & de argento, & lapidibus pretioſis laminatum & elaboratum, in quo eſt reconditum brachium S. Andreæ Apoſtoli, quod quidem jocale in dicto Monaſterio perpetuò volumus remanere. Pro cujus quidem Collegii noſtri Gregoriani fundatione, ac dictæ Capellæ & dormitorii conſtructione, etiam pro dotando duas Capellanias pro duobus Monachis dicti Monaſterii per nos ſuperiùs inſtitutas, aliaque omnia & ſingula ſupradicta complenda, damus & concedimus dicto noſtro Collegio & Abbati qui nunc eſt, & qui pro tempore fuerit dicti Monaſterii Caſæ-Dei, & eorum ſucceſſoribus perpetuò in futurum applicamus & appropriamus ex nunc, cedimus & dimittimus ac relinquimus totaliter & omninò, ſalvis & exceptis centum ſexaginta florenis rendualibus pro quatuor Vicariis per nos inſtituendis in Eccleſiâ Beatæ MARIÆ de Donis Avinionenſi, ut infrà dicetur, omnes & ſingulos cenſus, reditus, proventus, juriſdictiones & emolumenta, domoſque & hoſpitia ædificia, arbergamenta, reparia & alia quæcumque bona immobilia per nos ſeu noſtro nomine acquiſita, tam ante aſſumptionem noſtram ad apicem Summi Apoſtolatûs, quàm poſt ; & de ipſis nos de præſenti exuimus, & in ipſos illos transferimus pleno jure pro faciendis, complendis & adminiſtrandis omnibus & ſingulis ſupradictis.

Item, ultrà præmiſſa legamus & dimittimus eis ampliùs quadraginta quinque millia florenorum ſemel ſolvendorum, nobis debitorum, videlicet triginta millia per Ludovicum Archiepiſcopum Moguntinum, ex compoſitione factâ inter ipſum & Cameram noſtram de & pro fructibus reſervatis dictæ Eccleſiæ, ipſius vacatione durante, à tempore videlicet obitus Joannis quondam Archiepiſcopi ultimi defuncti immediatè prædeceſſoris ſui, uſque ad diem proviſionis Ludovici prædicti : necnon quindecim millia florenorum nobis & dictæ Cameræ debitorum per Prælatos & perſonas Eccleſiaſticas utriuſque ſexûs Ordinis Ciſtercienſis per Almaniam conſtitutas, causâ & occaſione ſubſidii nobis gratis oblati, quas quidem ſummas deſignamus & damus ipſis Abbati & Collegio, & etiam applicamus, eiſque cedimus, & pleno jure transferimus in eoſdem, cum omnibus actionibus & juribus ad nos & dictam Cameram pertinentibus quoquo modo.

Item, inſtituimus in Collegio a fundato per bonæ memoriæ Hugonem Rogerii tituli ſancti Laurentii in Damaſo Preſbyterum Cardinalem Tutellenſem patruum, alias duas Capellanias perpetuas deſerviendas per duos Capellanos inſtituendos ibidem, dotandas, conferendas & ordinandas modo & formâ, ac prout de aliis Capellaniis perpetuis, fundatis & inſtitutis in dicto Collegio per ipſum Cardinalem fuit in ejus teſtamento ultimo ordinatum.

Item, damus & legamus ulteriùs eidem Collegio brachium S. Thomæ in dicto Collegio perpetuò remanendum, quod in aliquo pulcro jocali ad ſimilitudinem brachii faciendo de auro & argento, & lapidibus pretioſis reponi volumus & jubemus.

Item, donamus & legamus decem millia florenorum ſemel pro complendo ædificia, per nos incepta in Prioratu & domo principali Ordinis Cartuſienſis dudum per ignem caſualiter conſumptâ, ultrà alias pecunias per nos conceſſas & expenſas ibidem ; hortantes Priorem majorem, & alios inferiores ac totum Ordinem, ut pro nobis quamdiù vixerimus, & bono ſtatu Eccleſiæ Romanæ ; etiam poſt tranſitum noſtrum pro animæ noſtræ ſalute preces devotiſſimas effundere habeant omnium Creatori.

Cæterùm in caſu quo ſupradicta quadraginta quinque millia florenorum per nos legatorum ſuperiùs pro noſtro Collegio Caſæ-Dei, & decem millia legatorum domui Cartuſienſi à Ludovico Archiepiſcopo Moguntino, & ab Ordine Ciſtercienſi de Almania haberi non poſſent, in eo caſu obligamus & afficimus eis cuilibet prorata ſua ſubſidia de tempore noſtro impoſita Clero Angliæ, Caſtellæ, & Portugalliæ, ac pecunias debitas in Inſulâ Siciliæ nobis & dictæ Cameræ, quæ ad ducenta millia florenorum & ultrà creduntur aſcendere.

Item, cum aliqui perpetui reditus empti fuerint nomine noſtro, & de noſtris propriis pecuniis, tam in Diœceſi Rotomagenſi quàm Pariſienſi, & aliis locis & terris circumvicinis, quæ non ignorat Guillelmus Epiſcopus Carpentoratenſis, volumus, mandamus & ſtatuimus de parte illorum reditum compleri Collegium uſque ad ſummam centum quadraginta librarum ſi tantum indigeat, ſeu Capellanias ordinatas in Eccleſiâ Rotomagenſi per præfatum Dominum Clementem Papam patruum noſtrum, qui illi Eccleſiæ præfuit.

Reſiduum verò dictorum redituum legamus, damus & concedimus, & etiam applicamus Eccleſiæ & Capitulo Pariſienſi pro uno anniverſario pro animâ noſtrâ ſingulis annis perpetuò in dictâ Eccleſiâ faciendo cum vigiliis, pulſatione campanarum, & aliis ſolemnitatibus debitis, prout decet & fieri conſuetum eſt pro Summo Pontifice : & nihilominùs pro unâ antiphonâ in honore B. Virginis MARIÆ ſingulis diebus perpetuò dicendâ & cantandâ altâ voce ante imaginem ipſius B. Virginis, exiſtentem in introitu Chori Eccleſiæ Cathedralis Pariſienſis de mane, ante, vel poſt Miſſam majorem, vel de ſero poſt veſperas per Canonicos, Vicarios, Capellanos, & alios Beneficiatos dictæ Eccleſiæ ſervitores continuos, proceſſionaliter convenientes in navi dictæ Eccleſiæ ante dictam imaginem cum ſupelliciis & almutiis, & Hebdomadarium cum pluviali, & cum cereis accenſis portandis in candelabris per Chorarios dictæ Eccleſiæ, ut eſt moris, videlicet *Salve Regina*, aut *Inviolata*, ſeu *Ave Regina cœlorum*, cum Collecta ipſius Virginis, & cum Collectâ de ſancto Spiritu nobis viventibus, & poſt obitum noſtrum pſalmum *De profundis* cum Collectâ *Deus qui inter Apoſtolicos Sacerdotes*, pro noſtrâ animæ ſalute dicere teneantur. Et volumus quòd diebus ſingulis his peractis, immediatè per burſarium dictæ Eccleſiæ Pariſienſis dentur ibidem cuilibet Canonico præſenti in cantatione hujuſmodi quatuor denarii pariſienſes, & cuilibet Capellano & Vicario duo denarii, & unus ſingulis Chorariis & Preſbyteris aliis Chorum Eccleſiæ ſequentibus non beneficiatis, de monetâ uſuali currenti communiter Pariſius.

Pro quibus quidem anniverſario & Antiphonâ, & aliis in dictâ Eccleſiâ fiendis, mandamus dicto Epiſcopo Carpentoratenſi coram nobis jam præſen-

---

a *in Collegio*] Id eſt, in Collegio ſancti Germani de *Maſeré*.

ti, ut praedictis redditibus emptis; ut praemittitur, assignet Ecclesiae & Capitulo Parisiensi redditus competentes ad hoc necessarios, taliter quòd nullus sit defectus. Quòd si jam acquisiti non sufficerent, mandamus ei quòd absque morae dispendio de nostris & Camerae nostrae pecuniis in partibus illis existentibus penes collectores, faciat persuppleri.

Item, legamus Ecclesiae & Capitulo Ecclesiae Rotomagensis, in quâ fuimus Archidiaconus major, viginti quinque libras perpetuò renduales, pro uno anniversario pro animâ nostrâ remedio faciendo; cum Vigiliis & solemnitatibus decentibus pro Summo Pontifice.

Item, in Ecclesiâ [b], in quâ fuimus similiter Archidiaconus, alias viginti quinque libras de praedictis redditibus emptis; ut praemittitur supplendis, ut supradictum est, nisi illi jam acquisiti sufficerent per dictum Episcopum Carpentoratensem.

Item instituimus in Ecclesiâ B. MARIAE de Donis Avinionensi quatuor perpetuas Capellanias deserviendas, duas videlicet in Capellâ progenitoris nostri, & alias duas in Capellâ B. Martialis sitâ ad oppositum altaris jamdictae Capellae, quas per Exequutores nostros jam scriptos dotare volumus & fundare modo & formâ, ac prout fuerant fundatae & dotatae tres Capellaniae in dictâ Ecclesiâ per dictum progenitorem nostrum; & quòd habeant Capellani Missas & alia divina inibi celebrare diu noctuque, & interesse horis Canonicis in dictâ Ecclesiâ, sicuti tenentur tres alii supradicti per Dominum nostrum progenitorem, ut praefertur, instituti, pro quarum quidem quatuor Capellaniarum fundatione obligamus eis, & cuilibet ipsorum & successorum, perpetuo, usque ad summam quadraginta florenorum pro qualibet Capellaniâ annis singulis, hospitium nostrum quod inhabitabamus cum eramus Cardinalis, cum omnibus suis juribus & pertinentiis universis, quod acquivimus ab Exequutoribus bonae memoriae Gaucelmi Albanensis Episcopi Cardinalis: & post ipsam acquisitionem plures alias domos ipsi principali hospitio contiguas acquisivimus; & multa aedificia alia necessaria, ut pote in claustro seu deambulatorio, & pro coquinâ, quae de novo construi fecimus, & aliis locis hospitii praedicti non sine magnis sumptibus & expensis fieri fecimus, ut liquidè apparet. Quod quidem hospitium cum omnibus acquisitis & de novo aedificatis & pertinentiis universis, per dictos Exequutores nostros, si necesse fuerit, vendi & alienari volumus pro fundatione dictarum Capellaniarum; ut de pretio ipsius acquiratur in bonis & competentibus locis centum sexaginta floreni pro dote dictarum quatuor Capellaniarum, & residum dicti pretii assignamus & applicari volumus Abbati Casae-Dei, & nostro Collegio ibidem instituto, unà cum aliis eis per nos superiùs legatis.

Sanè cum propter defensionem terrarum Romanae Ecclesiae, & subditorum, & colligatorum ipsarum contrà Mediolanenses & alios Ecclesiae Romanae & terrarum ipsarum inimicos, mutua magna & larga contraxerimus, & receperimus realiter & de facto in bonis pecuniis auri & argenti, & praesertim ab Exequutoribus bonae memoriae Hugonis tituli S. Laurentii in Damaso, dicti Cardinalis Tutellensis, & Nicolai sanctae Mariae in viâ latâ Diaconi Cardinalis, & quorumdam aliorum Cardinalium & nonnullorum aliorum, prout in Apostolicis literis concessis Exequutoribus ipsorum & dictarum exequutionum, ad quas non referimus, pleniùs continetur. Nos indemnitati dictarum exequutionum & aliorum providere volentes, & ut voluntates dictorum Cardinalium & aliorum à quibus dicta mutua recepimus, compleantur; ne etiam fraudentur eorum desideriis, quin eorum voluntates & testamenta debitè compleantur, praedictis debitis & mutuis sic nobis factis & Romanae Ecclesiae, de quibus liquebit per Apostolicas literas, vel alias legitimè, ex nostrâ certâ scientiâ, obligamus, afficimus & hypothecamus expressè eo meliori modo & formâ, quibus possumus, dictis exequutionibus & Exequutoribus earum; & aliis creditoribus nostris & Ecclesiae Romanae, omnes & singulos fructus, reditus & proventus, ac emolumenta quaecumque, subsidiaque, procurationes, decimas, & alia quocumque modo ad dictam Cameram pertinentia & provenientia, nunc & in futurum, quocumque modo vel quâcumque occasione sive causâ; necnon terras omnes & singulas ad Romanam Ecclesiam pertinentes in Italiâ & Comitatu Venaysini, cum omnibus civitatibus, castris, castellaniis, villis, oppidis, hominibus & subditis terrarum & Comitatûs praedictorum: necnon & Dominum Papam successorem nostrum, & alios ejus similiter successores; usque ad debitam satisfactionem dictorum debitorum; & ipsum Dominum immediatè successorem & alios obsecramus tenore praesentium per viscera Domini nostri JESU-CHRISTI, & pro aspersione ejus sanguinis pretiosi, ut de praedictis summis & mutuis satisfaciant, ac eas restituant Exequutoribus & exequutionibus praedictis, & aliis sine difficultate quâcumque, cum ipsas pecunias non receperimus pro nostris privatis negotiis seu utilitatibus, sed pro evidenti necessitate Ecclesiae Romanae praedictae.

Volumus insuper pro tutiori cautelâ illorum, quibus pecuniae antedictae debentur, & de quibus constabit; ut praefertur, quòd illi ex praedictis creditoribus eorum praedictorum testamentorum, qui pignora forsitan habent aurea, argentea, vel alia quaecumque cujuscumque valoris seu pretii existant ob dictam causam, quòd illa retinere valeant, & possidere liberè, & sine contradictione quâcumque, donec fuerit eis de praedictis pecuniis mutuatis per eos integrè satisfactum.

Mandamus insuper Camerario & Thesaurario nostris, & eis in nostrâ praesentiâ constitutis districtè praecipimus; quòd absque aliis à nobis exspectato mandato satisfaciant de mutuis & pecuniis sic receptis; quòd si forsan dicta pignora non redimerentur, volumus, concedimus, & mandamus dictis creditoribus & Exequutoribus supradictis, quòd eâ possint & valeant liberè vendere & distrahere pro suae libito voluntatis. Rogamus nihilominùs Exequutores nostros infrà scriptos, & quemlibet eorum, eis nihilominùs fideliter & confidenter injungendo, quòd pro exoneratione nostrae conscientiae apud nostrum successorem, & Cameram Apostolicam pro praemissis fiendis & complendis instare valeant, & ea cum diligentiâ prosequantur.

Si verò aliquid nos contingere poterat, seu potest, aut forsitan posset in futurum de bonis paternis aut maternis, vel adventitiis ex causâ successionis, aut legitimè, vel legati, aut aliàs quovis modo; totum illud damus & remittimus fratribus nostris saecularibus, & eorum heredibus & successoribus in futurum; & volumus quòd nihil per Summum Pontificem successorem nostrum aliquis possit petere de eisdem.

In caeteris autem bonis nostris omnibus & singu-

---

[b] *Item in Ecclesiâ*] Deest hîc aliquid. Intelligit autem Ecclesiam Bituricensem, Aurelianensem, vel sancti Salvatoris Trajecti inferioris. Utrobique enim fuit Archidiaconus.

tis, quæ provenerunt seu provenire poterunt in futurum usque ad diem obitûs nostri & post de terris Ecclesiæ Romanæ, & collectorum censibus ac subsidiis, decimis, procurationibus, seu aliis Cameræ Apostolicæ emolumentis, heredem nostrum universalem facimus successorem nostrum futurum Summum Pontificem, cui animam nostram & exequutionem & ordinationem nostram hujusmodi recommandamus specialiter & expressè, rogando ipsum affectione quâ possumus ampliori, ut præmissa omnia & singula rata & grata habeat ; & ea quæ irrefragabiliter observet & mandet, & faciat ab eis quorum interest efficaciter observari.

Et volumus quòd si præmissa non possint jure testamenti valere, quòd valeant jure codicilli vel cujusvis alterius ultimæ voluntatis, quo meliùs valere poterunt.

Exequutores verò nostros & hujus præsentis, nostri testamenti, seu ultimæ voluntatis, dispositionis & ordinationis facimus, constituimus & ordinamus, nominamus & eligimus, & esse volumus, videlicet successorem nostrum, qui solus & in solidum possit & valeat exequi omnia & singula superiùs contenta; necnon venerabiles Fratres & dilectos filios nostros, duos primos Episcopos Cardinales, qui sunt & erunt pro tempore, duos primos Presbyteros, & duos Diaconos Cardinales : & nihilominùs, Joannem tituli sanctorum Nerei & Achilei, Guillelmum tituli sancti Stephani in Cælio monte, Petrum Hispanum tituli sanctæ Praxedis, Bertrandum Convenarum tituli sancti Marcelli Presbyteros, & Hugonem sanctæ MARIÆ in Porticu, Petrum sancti Eustachii, Guillelmum sancti Angeli, & Petrum sanctæ MARIÆ in viâ Latâ Diaconos Cardinales, Petrum Archiepiscopum Bituricensem Camerarium nostrum, Joannem Archiepiscopum Auxitanum, Simonem Electum Mediolanensem, Guidonem Episcopum Pictaviensem, Guillelmum Episcopum Carpentoratensem, Petrum Episcopum Magalonensem Thesaurarium nostrum.

Abbatem Monasterii Casæ-Dei Claromontensis diœcesis, qui nunc est & qui pro tempore fuerit, Petrum Abbatem Monasterii Anianæ Magalonensis diœcesis, Joannem de Baro Subdiaconum nostrum, & Petrum de Cassaniis Acolythum nostrum, nostros Cubicularios, quibus & duobus ex ipsis in solidum damus & concedimus plenam & liberam potestatem & authoritatem exequendi omnia & singula in præsenti nostro Testamento, seu ultimâ voluntate contenta ; & si quod aliud Testamentum fecimus, seu aliam ordinationem, illud & illam penitùs revocamus, cassamus & irritamus, nulliusque valoris esse volumus seu momenti.

Rogamus insuper vos omnes & singulos testes infrà scriptos, coram nobis præsentes & vocatos propter hoc, ut sitis testes in præmissis, vosque Clericos Cameræ Apostolicæ & Notarios, & quemlibet vestrûm, ut conficiatis super præmissis omnibus & singulis unum vel plura publica instrumenta.

Acta, facta, & ordinata sunt hæc coram me Helia de Vodro, Clerico Cameræ Apostolicæ, Notario publico infrà scripto, per sanctissimum in Christo Patrem & Dominum nostrum Dominum Gregorium dignâ Dei providentiâ Papam XI. in Camerâ suâ Palatii Villæ-novæ, quod tunc inhabitabat, in Papali suâ Cathedrâ sanum & incolumem per Dei gratiam sedentem, anno à Nativitate Domini millesimo trecentesimo septuagesimo quarto, die quintâ mensis Maii, indictione duodecimâ, Pontificatûs sui anno quarto, præsentibus Reverendis in Christo Patribus Dominis Petro sancti Eustachii Diacono Cardinali, Petro Archiepiscopo Bituricensi Camerario dicti Domini nostri Papæ & Sedis Apostolicæ, Simone Electo Mediolanensi, Guidone Episcopo Pictaviensi, Guillelmo Episcopo Carpentoratensi, Petro Episcopo Magalonensi, dicti Domini nostri Papæ Thesaurario, venerabilibus viris Joanne de Baro Subdiacono, & Petro de Cassaniis Acolytho, & Petro Dalbiar Cameræ prædictæ Clerico & publico Notario, ad præmissa vocatis testibus specialiter & rogatis.

Et ego Helias de Vedronio, Apostolicæ Cameræ Clericus, Apostolicâ authoritate Notarius publicus, supradictis, omnibus & singulis dum sic agerentur per sanctissimum in Christo Patrem & Dominum nostrum Dominum Gregorium, dignâ Dei providentiâ Papam XI. præsens unà cum supradictis Dominis testibus interfui, & hoc præsens publicum instrumentum inde confectum per alium scribi feci, publicavique, quod & in hanc publicam formam redegi, signoque nostro solito signavi, & propriâ manu hîc me subscripsi in veritatis testimonium requisitus.

Fundatio Monasterii Cælestinorum de Meduntâ, à CAROLO V. *Francorum rege facta.*

CAROLUS, Dei gratiâ Francorum Rex, &c. Ad laudem, honorem & gloriam sanctissimæ & individuæ Trinitatis, Patris & Filii & Spiritûs sancti. In Capellâ beatæ Christinæ Virginis & Martyris, situatâ in loco qui dicitur Carreria beati Albini de Lymaio prope Meduntam, Rotomagensis Diœcesis, quoddam perpetuum Collegium ac Conventum duodecim Fratrum Religiosorum seu Monachorum exemptorum, Ordinis beati Petri Cælestini, tanquam membrum Monasterii sancti Spiritûs prope Sulmonam Valvensis Diœcesis, qui ut novella plantatio in horto sanctæ matris Ecclesiæ noviter radicata, zelo religionis, vitæ & conversationis munditiâ universæ sanctimoniæ circumfundat, ut speramus, odorem, instituimus & fundamus. Ad cujus Collegii & Conventûs donationem, & ut Fratres inibi sub observantiâ regulari præfatæ summæ Trinitati perpetuum exhibeant famulatum, ac assiduis & supplicibus intercessionibus apud Deum insistant, ut hîc suâ nos pietate dirigat per suorum semitas mandatorum, & post diem extremum salvationis locum jubeat nobis misericorditer indulgeri, annuos trecentarum librarum Par. redditûs in nostris aliis litteris super hoc confectis & conficiendis, & per illas specificè declaratas & pleniùs declarandas, exnunc auctoritate nostrâ regiâ de certâ scientiâ & speciali gratiâ, tenore præsentium deputamus & assignamus, ipsosque trecentarum librarum annuos redditus dictis Fratribus concedimus & donamus : volentes & eisdem Fratribus auctoritate, scientiâ & gratiâ prædictis concedentes, ut ipsi Fratres moderni seu pro se suisque successoribus hujusmodi annuos redditus, etsi in feodo, ac mediâ & bassâ justitiâ fuerint, liberè recipere, & eos licitè retinere, ac perpetuò, pacificè & quietè possidere valeant, absque eo quod illos vendere, & alios quovis modo extrà manum suam ponere, seu finantiam nobis, aut successoribus nostris aliquam propter hoc solvere, aut facere teneantur. Nos enim etiam hujusmodi quantamcumque finantiam de nostrâ uberiori gratiâ, in quantum opus est, eisdem Fratribus penitùs & expressè quitamus, remittimus & donamus. Quod ut firmum & stabile perpetuò perseveret, nostrum præsentibus litteris fecimus apponi sigillum, salvo in aliis jure nostro, & in omnibus quolibet alieno. Datum Parisiis anno Domini millesimo ccc. septuagesimo-sexto, regni verò nostri xiii. mense Februarii. Per Regem, *Tourneur.* Dictisque annuis trecentarum librarum Par. redditibus per nos, aut de mandato nostro in locis, & à personis infrascriptis & nominatis, emptis & acquisitis & primò à Baudi Martelli omnibus redditibus & obventionibus, quos & quas habebat in denariis, bladis, avibus & molendinis, cum feodis & retrofeodis in Parochiis de Essevillà & de Crescot, æstimatis ad septuaginta libras Turon. annui redditûs, valent lvi. libr. Par.

Item à Nicasio Venatoris Milite quatuor modiis avenæ ad mensuram Castellaniæ vallis Redolii, quæ ipse Miles capiebat ad hereditatem annis singulis suprà nos in dicto loco, æstimatis ad xxx. libr. Turon. annuales, valent xxiv. lib. Par. Item ab Aymerico de Beraco Burgens. Par. terram de Ver sitam in Castellaniâ Meduntæ, cum omnibus terris, censibus, nemoribus, redditibus, tegulariis, feodis, retrofeodis, justitiâ & dominio, & generaliter omnibus aliis quæ habebat in villâ de Ver & ejus territorio, æstimatis ad xx. libr. Par. annuales. Item à dicto Aymerico xiv. libr. Par. quas ipse quolibet anno capiebat super villam & Communiam dictæ villæ de Meduntâ. Item à Soullardo de Condin Milite, domino de Longuesse, censibus, redditibus, champardis, nemoribus & omnibus aliis quæ habebat & possidebat in villâ & territorio de Fremevillâ, æstimatis ad xx. libr. Par. annual. Item à Guillermo de Puteo triginta libris capiendis suprà plures domos, vineas & terras, quas habebat in villâ de Vernone & ejus territorio. Item à Petro de Lemovicis x. libr. ac xi. solid. & octo den. Par. capiendis suprà plures domos, vineas & terras quas habebat in dictâ villâ de Vernone & ejus territorio. Item à Joanne de Estainvilla Burgensi Meduntæ, censibus, redditibus, champardis, nemoribus, torculari, foragiis & omnibus terris, obventionibus & possessionibus cum basso dominio, quas habebat in villâ & territorio de Folainvillâ, æstimatis ad xx. libr. Par. annual. Item à dicto Joanne xi. solid. Par. quos ipse annuatim capiebat suprà domum Panseti de Fonte, sitâ in dictâ villâ de Medunta. Item à Joanne Birnin de Medunta censibus, redditibus, champardis, nemoribus, terragiis & omnibus terris, obventionibus & possessionibus quas habebat in villâ & territorio de Semevilla, æstimatis ad quatuor libr. Par. annual. Item à Joannâ Desnappes, censibus, redditibus, champardis, forragiis, terragiis & aliis terris, obventionibus & possessionibus quas ipsa habebat in villis de Medunta & de Lymaio, & earum territoriis, æstimatis ad xi. solid. Par. annual. Item à dictâ Joannâ septem solid. & x. denar. Par. quos capiebat annuatim suprà domum à *la Quatremaille*, sitam in dictâ villâ de Medunta. Item à Guillermo domino de sancto Claro Milite, & Joannâ ejus uxore xlvii. libr. Par. quas ipsi conjuges capiebant anno quolibet super piscidem & obventiones Majoriæ dictæ villæ de Medunta. Item à Ferrico de Metis Milite xi. lib. Par. videlicet xx. quas ipse suprà dictam villam & Communiam de Medunta, & xi. quas suprà mercaturas ascendentes & descendentes & per aquam & terram dictæ villæ annis singulis capiebat. Item à Guiardo Cyroismes x l. solid. Par. capiend. annuatim suprà domum, quam tenet in dictâ villâ Medunta, vocatam *le Barilhet*, & super alia bona sua. Item à Joanne le Bas xxvii. solid. Par. capiend. annuatim supra plures domos, vineas, terras & possessiones quas ipse tenet & habet in dictâ villâ de Vernone & ejus territorio. Item à Radulpho Pelet Presbytero sexaginta & decem sol. videlicet xl. sol. capiendis in dictâ villâ de Medunta, suprà domum Petri le Bourrelier, & xxviii. sol. Par. in villâ de Drocis su-

prà domum *à la Colande*, & ii. sol. suprà unam peciam terræ, quam tenent in villâ de Lunayo heredes defuncti Dionysii *le Hotton*. Item sexaginta solid. Par. capiendis supra omnia hereditagia, quæ fuerunt uxoris quondam defuncti Philippi Rousset, & Joannis de Furno.

Volumus quòd memorati Fratres, dictique eorum successores ipsos annuos trecentarum librarum Par. redditus sic specificè declaratos, & quatenùs in confectis super eorum emptione & acquisitione litteris, quas eisdem Fratribus tradi & liberari fecimus, diffusiùs describuntur, liberè recipere, & eos licitè retinere, ac perpetuò, pacificè & quietè possidere valeant, ut dictis nostris suprascriptis ac præsentibus insertis litteris latiùs est expressum. Quod ut firmum & stabile perpetuò perseveret, nostrum præsentibus litteris fecimus apponi sigillum, salvo in aliis jure nostro, & in omnibus alieno. Datum apud Meduntam, mense Junii, anno Domini M. CCC. LXXIX. regni verò nostri xvi.

1379.

PILEI *de Prata Archiepiscopi Ravennat: S. R. E. Cardinalis ad* LUDOVICUM *Comitem Flandriæ.*

ILlustris Princeps, & Domine confidentissime, Experientia rerum magistra mihi de vestra benignitate monstravit, Catholicum Principem vos semper fuisse, ac fore Ecclesiæ sponsæ Christi zelatorem & brachium singulare, veritatis defensorem, reproborum damnatorem, justitiæ & æquitatis speculum & exemplar. Hæc in causâ fuerunt omnia, ut Excellentiæ vestræ clarè aperiam mentem meam, ut veritatis loquar, ut absconsa patefaciam, ne ex facti ignorantiâ & Schismaticorum quorumdam, Cardinalium detractionibus eorumque sequacium, canonicæ electionis & inthronizationis sanctissimi in Christo Patris ac Domini nostri D. Urbani divinâ providentiâ Papæ VI. veritas tanto Principi, & ejus subditis atque benevolis occultetur. Hinc est, Serenissime Princeps, quod Christi unica & inconsutilis tunica scindi quæritur ab his qui erant suæ custodiæ deputati, templumque pretiosissimum Dei in derisum Fidelibus ponitur, & quæ priùs sedebat ornata in thalamo, planctu & dolore vestitur, &, proh dolor! à Ministris Templi, qui debebant contrà quoscumque nefarios proprio sanguine juxtà priorum prædecessorum vestigia defensare. O sacra Petri sedes, solita dudum à Regibus & Principibus defensari, cur sic ab illis scindi quæreris, qui te unicam sine parcendo suæ vitæ, si fuisset expediens, servare debebant juxtà illud Sponso juxtà cor tuum & populi tui providerant. O Christi Catholici Principes; ò fortia Ecclesiæ brachia quid dormitis? quid tardatis eorum furorem compescere, qui suæ salutis immemores sanctissimam Christi fidem destruere, tanto quondam per orbem totum progenitorum vestrorum sanguine propagatam? Ubi est fides, ubi prudentia, ubi fortitudo, ubi magnanimitas, ubi caritas, ubi spes, ubi omnis strenuissima virtus vestra? Cur sic (si mihi cum reverentiâ vos arguere liceat) à claris priscorum vestrorum operibus ob tantam inertiam deviatis? Respicite cum lacrymarum profluvio, supplex oro, & intelligite totius negotii veritatem, ac demùm exurgite ad sanctissimi Domini nostri præfati, & Sponsæ Christi defensionem, & tanti erroris purgationem, ne in derisum populis Mater Fidelium exponatur.

Clareat namque Celsitudini vestræ, Magnanime Princeps, quòd Sede Apostolicâ vacante Pastore Domini Cardinales Ultramontani sæpiùs antequam

Conclave intrarent (ut de jure tenentur) inter eos de novo Pontifice eligendo tractarunt, patriæ suæ ac sanguini potiùs quàm Christiano populo providere volentes. Inter quos orta fuit dissensio, Lemovicibus quærentibus pro uno ipsorum Papatum habere; aliis. Ultramontanis resistentibus eis, & volentibus pro aliquo eorum Apostolicam Sedem cum maximis industriis obtinere. Sed immensa Christi bonitas, quæ volebat virtuti & non sanguini de ipsius Vicariatu disponere, eos in tantâ & tali dissensione passa non est diutiùs perdurare, ita ut meretricis illius more quilibet ipsorum dixerit, nec mihi nec tibi, sed de illo cujus sit, in Conclavi sortiemur. Nam tunc pars quælibet illorum, præcipuè Lemovicensium, ad Italicum se disposuit eligendum : ita ut sanctissimo Domino nostro præfato, quem posteà eiegerunt, per secretos nuntios notum fecerint, antequàm introissent Conclave, quòd eum Romanum eligerent in Pastorem. Ista est purissima veritas, Fidelissime Princeps, sicut Christus veritas est & Filius Dei Patris. Deinde existentes in Conclavi, licet Romanum Romani velle se Pontificem acclamarent, nihilominùs ipsi dictum sanctissimum Dominum nostrum concorditer & canonicè elegerunt, nemine excepto, nisi Florentino, qui elegit Dominum sancti Petri, & demùm Domino nostro præfato per accessionem consensit : hanc electionem tenendo secretam ut possent interim cum Romano populo concordare, & ut Domini nostri persona in tuto esset, ne à populo læderetur; & tamen diutiùs quod factum fuerat celari non potuit ; etsi primò vox insonuit in populo de Domino S. Petri, tamen secundariò quòd Barrensis esset electus, in populo vox insurrexit, ad quam vocem Romani furere cœperunt, & Conclave frangere conati sunt ; quòd videntes Domini Cardinales, & periculum personale timentes, indui fecerunt Papaliter Dominum S. Petri, fractoque Conclavi, & Romanis eum videntibus ut Papam, à furiâ quieverunt, & DD. Cardinales Conclave exierunt, quorum Gebennensis ad castrum Sagaroli, quod est Domini Agapiti de Columnâ, distans à Româ per sex milliaria; Dominus S. Angeli ad Rocam Ardiæ tutissimam Monasterii S. Pauli juxtà mare ; Domini de Ursinis & S. Eustachii ad castrum Vici-Varri tutissimum dicti Domini de Ursinis pariter confugerunt, quod millibus ...... distat ab Urbe. Octo ex aliis Dominis prælibatis castrum S. Angeli tutissimum & inexpugnabile intraverunt ; quatuor in Urbe remanserunt, videlicet Florentinus, Mediolanensis, de Arragoniâ, & Majoris Monasterii, quibus nulla molestia prorsùs facta fuit, maximè subsedente & populo totaliter quietato. Officiales Urbis se inermes ad Palatium S. Domino S. Petri tamquam Summo Pontifici reverentiam facerent, contulerunt. Quòd cum dictus recolendæ memoriæ Dominus S. Petri vidit, eos fortissimè increpavit, dicens se nullum in Papatu habere juris titulum quoquomodo, & ideo persuadebat eisdem quòd dimissis eorum opinionibus pravis, irent ad eidem vero Papæ reverentiam exhibendam, Domino scilicet dudum Barrensi. Quibus auditis statim nullâ intermediâ morâ dicti Domini Officiales ad Dominum nostrum olim Barrensem accesserunt, eidem ut Summo Pontifici volentes reverentiam exhibere, qui Dominus omninò inhibuit eis, dicens quòd ipse de suâ electione certus non erat, volebatque scire à Dominis Cardinalibus si erat canonica, si erat libera, si erat solemnis, & propterea antequàm clarus esset, ab eis non permitteret sibi reverentiam exhiberi. Statim igitur pro illis quatuor Cardinalibus, qui remanserant, missum fuit, qui venerunt sine morâ, & videntes quòd Dominus S. Petri dicebat se in Papatu jus nullum habere, statim miserunt ad illos de castro quòd liberè vellent venire, quia Dominus S. Petri de Papatu nullatenùs contendebat : qui responderunt non audere se venire, quia licet Dominus S. Petri taliter esset dispositus, tamen dubitabant ne consanguinei sui & populus totus quod de eo factum fuerat, ad injuriam recepissent ; sed ex tunc committebant eis quòd dictum Dominum nostrum investirent liberè de Papatu, & eum inthronizarent omnium vice cum omnibus cæremoniis consuetis : quia ipsi dicebant & confitebantur ipsum verissimum & liberum Christi Vicarium, & Romanû Pontificem. Ad fidem præmissorum singuli Cardinales prædicti se in dictâ commissione propriis manibus subscripserunt.

Hoc non obstante dictus Dominus noster, & Cardinales cum eo, præsentes iterum remiserunt ad eos, quòd nec de populo nec de alio debebant dubitare, quia Dominus S. Petri jam eidem ut Summo Pontifici reverentiam exhibuerat, & exhibebat, & populus erat totaliter quietatus, nec de istâ materiâ volebat se ampliùs impedire. Qui Domini his auditis statim de castro tutissimo descenderunt, & ad Papale palatium venerunt, & statim unâ cum aliis quinque Cardinalibus in Capellam Conclavis concorditer intraverunt unà cum Domino nostro. Quibus Dominus noster dixit quomodo erat sibi relatum quòd eum in Papam elegerant, & propterea de meritis electionis informari volebat : sed ante omnia supplicabat quòd de digniori providere deberent, quia ipse erat indignus ad tantum onus Ecclesiæ supportandum. Qui Domini Cardinales facientes ultra duas partes Collegii responderunt, quòd erat ipse canonicè electus & liberè, & cum omni solemnitate, & erat verus Pastor Ecclesiæ, & Vicarius Jesu-Christi, & quòd pro Deo vellet electioni liberè consentire. Et ipso Domino nostro iterum replicante, quòd pro Deo de digniori providerent : responderunt concorditer quòd pro dignissimo elegerant, & quòd pro Deo assentiret si non volebat, & fidem & populum Christianum in periculo ponere. Tumque Dominus noster cum omni humilitate & lacrymis acceptavit, & voluntati acquievit eorum. At Domini Cardinales cantantes, Te Deum laudamus, pulsatâ campanâ cum habitu Papali induerunt, & eum inthronizarunt cum omnibus cæremoniis consuetis, ipsumque adoraverunt ut Christi Vicarium, & super Altare positum populo exhibuerunt, ut eidem tamquam Christi Vicario reverentiam exhiberent ; & tunc Romanus populus ad ejus pedes corruit. Hisque omnibus per alios Dominos Cardinales scitis qui extra Urbem ad supradicta castra confugerant, scientes quòd cessaverat Dominus sancti Petri, non vocati, non requisiti per litteras, nullâ morâ factâ redierunt ad Urbem, & antequàm proprias domos intrarent, ad dictum Dominum nostrum cum omni gaudio accesserunt ad suæ Sanctitati reverentiam exhibendam, congratulantes quòd Dominus sancti Petri sanctè & justè recognoverat veritatem. Et sic ex tunc cum plenâ concordiâ incœperunt de suâ cōronatione tractare, & concorditer terminaverunt in die Dominicæ Resurrectionis fieri debere. Interim autem in Hebdomadâ sanctâ cum eo in processionibus ordinariis, quæ fiunt ... fer ... majoris hebdomadæ Pontificaliter inducti adstiterunt, eidem Domino nostro, sicut sæpiùs est de more, nobilissima annulorum dona & jocalia donaverunt, specialiter Dominus de Agrifolio, & Dominus Gebennensis. Isto etiam tempore medio ab ejus Sanctitate plura beneficia petierunt & obtinuerunt: sed quòd potentius est, & in quo nulla cadere potest excusatio metûs, eidem Domino nostro absolutionem à pœnâ & culpâ de suis criminibus concorditer petierunt, sicut fuit semper

de more

de more per novos Pontifices Cardinalibus concedi debere, & sic Dominus noster Summus Pontifex prænominatus eisdem gratiose concessit.

Denique in die ordinato sanctissimæ Resurrectionis ipsum cum omni solemnitate & cæremoniis consuetis, ante fores Basilicæ sancti Petri, circumstantibus quasi omnibus nationibus Christianorum, qui ad sacram Urbem pro devotione accesserant, publicè coronaverunt, prius tamen factis officiis consuetis. Idem Dominus noster Romanus Pontifex super Altare sancti Petri Missam solemniter & devotè in Pontificalibus celebravit; in quâ omnia secundùm formam rubricæ fuerunt observata: & ultimò omnes Diaconos Cardinales suâ manu pretioso Corpore & Sanguine Christi communicavit, sicut de more Summorum Pontificum semper fuit: sicque eum coronatum, Pontificalibus indutum ipsi Domini Cardinales Pontificaliter induti cum equis albo panno coopertis, & totâ processione in simili habitu Pontificalium & equorum, ac etiam Religiosorum, Clericorum, & Laïcorum per sacram Urbem cum maximâ tripudiatione & festivitate Romani Populi, & cunctarum Fidelium nationum ibidem adstantium exultatione atque lætitiâ ad Lateranensem Ecclesiam conduxerunt, ibique eum in sedibus ordinatis secundùm formam Romanæ Ecclesiæ, cæremoniis omnibus observatis, inthronizaverunt, & cuncta ibi servaverunt quæ debebant ex consuetudine servari. In eâdemque Ecclesiâ certum numerum monetarum, quæ in coronatione Summi Pontificis consueverunt Cardinalibus dari, receperunt: & deinde Pontificem cum eâdem solemnitate ad Papale palatium reduxerunt, omnibus Cardinalibus secum prandentibus, ut est moris. Et post hæc dicti Cardinales in Consistoriis & singulis Conciliis, ubi facta Imperatorum, Regum, & Principum sunt tractata, promotiones Archiepiscoporum & Episcoporum, & aliorum Prælatorum factæ ab eodem Domino nostro, pro eorum consanguineis, Capellanis, & Familiaribus Archidiaconatus & dignitates petierunt & Beneficia, & obtinuerunt, nec in hoc possunt asserere metum. Et inter cæteros Gebennensis, qui Petri sedem velut alius Lucifer nititur occupare, Episcopatus plures pro suis & petiit & habuit, faciens Episcopos ex illis in suâ Capellâ, in quâ moram trahebat, ex privilegio speciali Domini nostri particulariter consecrari. Ultra hæc omnia secundùm morem antiquum Domino nostro totulos pro beneficiis & gratiis obtinendis pro ipsorum consanguineis, Capellanis, & Familiaribus, & amicis suis secundùm placitum suum cuilibet dedit; nec possunt in hoc metum aliquem allegare; & quod plus est, Catholice Princeps, Dominus Cardinalis Glandatensis, Episcopatum Ostiensem qui tunc vacabat, à Domino nostro petiit, & servatis omnibus solemnitatibus Dominus noster ipsum concessit eidem: post quam concessionem ex commissione suâ Episcopos & Archiepiscopos consecravit, Abbates benedixit, Ordines fecit, Diaconos, Subdiaconos, Presbyterosque faciendo tamquam verus Episcopus Ostiensis; & tandem ad suam Ecclesiam Ostiensem accessit, ibique pueros confirmavit, & cætera Episcopalia exercuit, & reditus sui Episcopatus pro censu annuo affirmavit. Ad majorem autem affirmationem prædictorum Dominus Ambianensis, qui Nuntius Apostolicus in Tusciâ morabatur, ad Urbem post dicta tempora venit, & Dominum nostrum Romanum Pontificem in publico Consistorio adoravit tamquam verum Vicarium JESU-CHRISTI, & eidem ut vero Pontifici reverentiam fecit.

Supervenerunt demùm, Excellentissime Princeps, calores æstivi, & sub primo calore Cardinales à Domino nostro licentiati eundi Anagniam petierunt,

ubi residentia Curiæ pro æstivo tempore per suum prædecessorem fuerat ordinata, quàm eis liberè & bonâ fide concessit, & sic cum ejus verbo recesserunt ab Urbe. Ipsis autem existentibus in Anagniâ sæpe Domino nostro tamquam Vicario Christi literas rescripserunt, & ab eo beneficia & dignitates plurimas petierunt, & de aliquibus obtinuerunt petita. Demùm inimicus humanæ naturæ, qui nunquam cessat in agro Domini zizania seminare, eos reprobum sensum duxit; & contra ipsorum factum proprium cœperunt in disputationem revolvere de Pontificatu Domini nostri, & ad tantam devenerunt insaniam, quòd per eorum patentes literas proruperunt Dominum nostrum non esse verum Pontificem, sed intrusum; & subsequenter crescentes insaniâ ad electionem Anti-Papæ, imò potius Anti-Christi, damnabiliter processerunt, & Gebennensem quondam Cardinalem in Anti-Papali, imò Luciferi sede tenent intrusum.

Ista est facti veritas, Dux Excelse, quæ omni veritate vallatur, quam si velitis inquirere, invenietis, ut præfertur, esse sine unius apicis vel iota diminutione quâquam. Nunc igitur, Generosissime Princeps, notum est vobis quare Petri navicula fluctibus exposita est in mari per nautas illos, qui eam stabilem in portu quietis tenere debebant, hoc agentes in Christi Redemptoris injuriam, Petri piscatoris offensam, & totius Christiani populi contumeliam gravissimam, & jacturam. Non ergo, non sanguis, non parentela, non aliqua particularis affectio Vestram Celsitudinem tardent, quin imò ardentissima fides & devotio vestra christianissima surgant omni tarditate remotâ ad sanctam Dei Ecclesiam sustinendam, & verissimum Dominum nostrum Summum Pontificem à cunctis conatibus impiorum veldro fortissimo brachio defensandum, & tanti sceleris patratores, ut virus eorum Catholicum gregem inficiat, ad exemplum cunctorum pœnâ debitâ castigandum: qui ideo ad hanc devenerunt insaniam, quia sanctissimus Dominus noster præfatus ergo bono & sancto zelo potius, pro quorumdam correctione vitiorum alloqui eos cœpit, ut sanctè & honestè viverent, ut exemplum virtuosum aliis præberent: quod cum nullâ patientiâ eorum animus potuit tolerare: & sic sanctissimus Dominus noster pro verbo veritatis ab eis persequutionem patitur, quæ tamen actore Deo in eorum capita revertetur. Concludendo igitur ex omnibus Celsitudini vestræ, Dux Christianissime, supplico quatenùs Dei justitiæ, honoris, ac perpetuæ famæ vestræ intuitu dignemini juxtà posse tanto Schismati obviare, & hanc veritatem per me scriptam investigare, & pro viribus facere qui sacro-sancta Mater Ecclesia libera maneat & quieta, cum sanctissimo Domino nostro præfato Vicario JESU-CHRISTI: aurea quondam sæcula reveertantur, ne prædicta nefariorum opprobria & spiritualiter & temporaliter tantum ignominiosa fidei nostræ perdurent per tractu temporis possent, quod absit, inexcogitabilia dispendia parere cuncto populo Christiano, & potissime Regibus, Ducibus, & cunctis Principibus Orthodoxis, quos semper oportet suo sanguine proprio tutores esse & pugiles fidei Christianæ.

Hanc autem veritatem, Inclyte Domine, recolendæ memoriæ Dominus sancti Petri, dum adhuc in humanis ad finem positus in extremis ageret, toti mundo notam & clarissimam fecit per publica instrumenta, de quo non est verisimile quod tam sanctæ famæ, tamque Catholicus vir & dominus ævo plenissimus, immemor fuerit salutis æternæ, præsertim in tanto negotio ubi periculum vertebatur omnium animarum, & ideo hanc esse purissimam veritatem nullus debet Catholicus dubitare. Cæterùm, Illustris Domine, noveritis me de mandato Domini nostri præfati gressus meos dirigere versùs Cæsaream Majestatem, rescripturus exinde Magnificentiæ vestræ quæcumque cognovero rescribenda; eidem me intimè recommendans, quam feliciter conservare dignetur Altissimus juxtà vota. Datum Venetiis die xv. mensis Decemb. primæ Indictionis.

Anno MCCCLXXIX.

Litteræ Bullatæ, quibus CLEMENS *Papa VII. Regnum Adriæ instituit ac* LUDOVICO *Duci Andegav. tribuit.*

CLEMENS Episcopus Servus Servorum Dei, Carissimo in Christo filio nostro LUDOVICO Regi Adriæ, Duci Andegavensi & Turonensi, ac carissimi in Christo filii nostri Caroli Regis Francorum illustris germano, Salutem & Apostolicam benedictionem. Constituti in supremâ militantis Ecclesiæ statione ab eo, per quem Reges regnant & Principes imperant, & qui solus habet super universam creaturam plenitudinem potestatis, necesse habemus interdum de Regnis & terris ipsis, & specialiter quæ Romanæ Ecclesiæ juris & proprietatis existunt, cum Fratribus nostris ad pacem & justitiam populorum perpetuâ stabilitate disponere, terras ipsas dignitate decorare Regiâ, & in earum soliis ad regimen gentium subjectarum quos dignos credimus sublimare, ut e-vullis spinosis vepribus plantas inseramus proficuas, fructus uberes suo tempore in domo Domini allaturas; instructi cœlestis Regis exemplo, qui terrenis Regibus potestatem tribuit, ut assumpto officio dominandi in æquitate judicent populos, & dirigant in terris sibi subditis gentium nationes, sitque eorum voluntas in exequutione justitiæ, & meditatis in lege rectitudinis & observantiâ sanctæ pacis. Ea propter terras nostras & Ecclesiæ Romanæ quas habemus in Italiâ respicientes oculo pietatis, & conspicientes eas seu habitatores earum retrò jam lapsis temporibus, adeo esse lacessitas, & dominantium in eis jure & auctoritate sedis Apostolicæ crebrâ mutatione affectas, multitudine Tyrannorum tam circà quàm infrà eas ipsas occupare conantium sic esse afflictas, quòd penè ad exinanitionem Clerus & Populus est deductus in eis; nosque ut pote orbis regimine occupati ad debitam earum reformationem intendere nequeamus.

His & aliis justis considerationibus moti, de Fratrum nostrorum consilio & assensu, terras ipsas videlicet Provincias Marchiæ Anconitanæ, Romandiolæ, Ducatûs Spoletani, Massæ Trabari, nec non Civitates Bononiam, Ferrariam, Ravennam, Perusium, Tudertum, cum earum omnibus comitatibus, territoriis & districtibus, & omnes alias & singulas terras, quas ad præsens nos Ecclesia Romana in Italiâ extra regnum Siciliæ habemus & habere debemus, per quoscumque & quâcumque auctoritate possideantur seu detineantur ad præsens, exceptis duntaxat urbe Romanâ cum ejus districtu, & provinciis Patrimonii Sancti Petri in Tusciâ, Campaniæ & Maritimæ ac Sabinæ, seu Rectoratibus dictarum provinciarum, quas nobis cum omnibus aliis terris per Rectores dictarum provinciarum regi solitis, quæ terræ specialium commissionum vocantur, nostrisque successoribus & Romanæ Ecclesiæ expressè & specialiter retinemus; in unum Regnum erigimus ipsas provincias & civitates cum earum Comitatibus, districtibus seu Territoriis, dignitate Regiâ decoramus, ac Regnum Adriæ ordinamus, statuimus & decernimus perpetuò nuncupari.

Et considerantes quòd personam tuam, qui de illâ præclarissimâ domo Franciæ, quam benedixit Dominus, traxisti originem, strenuitate, magnanimitate ac prudentiâ, aliarumque virtutum donis multiplicibus Dominus dignatus est adornare, prout judex veritatis experientia, ac præclaræ famæ præconium luce clarius manifestant: & propterea ipsam personam tuam honorare & sublimare volentes, ad honorem Dei omnipotentis Patris & Filii & Spiritûs sancti, beatæ & gloriosæ semper Virginis MARIÆ, beatorumque Apostolorum Petri & Pauli, & sacro-sanctæ Romanæ Ecclesiæ, necnon ad utilitatem Regni seu terrarum ipsarum, pacificumque ac tranquillum statum incolarum seu habitantium in Regno seu terris prædictis, Regnum Adriæ prædictum, & omnes terras quas extra Regnum Siciliæ nos & Romana Ecclesia in Italiâ habemus seu habere debemus, per quoscumque, & quâcumque ac cujuscumque auctoritate possideantur seu detineantur ad præsens, urbe Romanâ cum suo territorio & districtu, ac provinciâ Patrimonii beati Petri in Tusciâ, Sabinâ, Campaniâ, & Maritimâ, cum earum Rectoratibus & terris specialium commissionum per Rectores dictarum Provinciarum gubernari hactenùs solitis, cum dignitate, honore, prærogativis, præeminentiis, privilegiis, immunitatibus & libertatibus quibuscumque Regiis, & sub Regni titulo in feudum perpetuum, seu perpetuò habendum, tenendum & possidendum tibi tuisque hæredibus ex te legitimè, sicut infrà dicitur, descendentibus, sub infrà scriptis modis & conditionibus auctoritate Apostolicâ, ac de Apostolicæ plenitudine potestatis, de Fratrum nostrorum consilio & consensu confirmus, concedimus, & donamus, teque Regem Regni prædicti constituimus & creamus.

Conditiones autem sunt hæ. Si in tuo vel hæredum tuorum obitu legitimum hæredem, prout infrà scribitur, te aut ipsos, quod absit, non habere contigerit, Regnum ipsum ad Romanam Ecclesiam ejusque dispositionem liberè revertatur. Descendentes autem ex te tuis hæredibus, scilicet Regibus, mares & feminæ in eodem Regno succedent, sic tamen quòd de liberis pluribus maribus in eodem gradu, per eamdem lineam concurrentibus primogenitus; & de pluribus feminis primogenita, & de mare & feminâ in eodem gradu similiter concurrentibus masculus omnibus aliis præferatur. Quòd si nepotem ex filio primogenito præmortuo cum filio, vel neptem ex filiâ primogenitâ præmortuâ cum filiâ ad successionem hujusmodi concurrere fortè contingat, nepotem patruo, & neptem amitæ volumus anteferri. Si verò nepos cum amitâ, vel neptis cum patruo forsan ad hujusmodi successionem concurrerint, marem feminæ volumus ante ferri: si verò te, quod adsit, sine liberis ex te legitimè descendentibus mori contigerit; possit tibi in Regno prædicto succedere unus de descendentibus ex regiâ stirpe Regum Franciæ masculus dumtaxat, quem tu quandocumque ad successionem hujusmodi qualitercumque duxeris nominandum, & si te, quod absit, absque liberis ex te legitimè procreatis & nullo per te de stirpe præfatâ Regum Franciæ ad successionem hujusmodi nominato, ut dictum est, vel etiam nominato, si ipsum per te nominandum sine liberis mori contigerit, Regnum ipsum ad Romanam Ecclesiam ejusque dispositionem liberè revertatur. Sed si aliquem de aliis successoribus tuis Regem vel Reginam Adriæ sine prole legitimâ sui corporis mori contigerit, in futurum succedent sibi servatis gradibus, si superstites fuerint hæ personæ, videlicet Regis vel Reginæ sine prole legitimâ sui corporis decedentis, frater vel soror ac collaterales superiores mares & feminæ, utpo-

Diplomatum, &c.

te patrui & avunculi, amitæ & materteræ, & sursùm usque ad quartum gradum dumtaxat. Collaterales etiam inferiores succedent similiter mares & feminæ, utpote nepos vel neptis ex fratre vel sorore, & inferiùs usque ad eumdem tantummodo quartum gradum.

Quod autem de feminis rectæ lineæ & collateralium superiùs expressum, intelligimus tam de nuptis quàm etiam innuptis, dummodo nuptæ sint fidelibus & Ecclesiæ Romanæ devotis: & sicut inter has personas collateralium linearum ad successionem hujusmodi venientes gradus servari volumus, ut scilicet prior gradus posteriori gradui præferatur; sic & in eodem gradu pluribus concurrentibus priorem natu & marem feminæ in hujusmodi successionibus volumus anteferri. Personarum autem ipsarum nullâ superstite, Regnum ipsum, sicut prædicitur, ad Romanam Ecclesiam & ejus dispositionem liberè revertatur.

Quòd si fortè deficientibus masculis contingat feminam innuptam in Regno ipso succedere; illa maritabitur personæ quæ ad ipsius Regni regimen & defensionem existat idonea, Romani Pontificis tamen priùs super hoc consilio requisito: nec nubet nisi viro Catholico & Ecclesiæ Romanæ devoto; & si contrà hoc fecerit, licebit eidem Romano Pontifici contrà ipsam ad privationem sine figurâ judicii; & absque omni juris solemnitate, in quâcumque ætate femina ipsa consistat, procedere si hoc ei videbitur expedire. In Regnum verò prædictum nullus succedet, qui non fuerit de legitimo matrimonio procreatus.

Ad hæc, tam tu quàm tui in Regno hujusmodi heredes Regnum prædictum nullatenùs dividetis, sed semper illud unus tantùm sub ipsis modis & conditionibus immediatè & in capite ab Ecclesiâ Romanâ tenebit. Tu autem Romanæ Ecclesiæ & nobis recipientibus juras ad præsens, ac modo simili tam tu quàm tui in Regno hujusmodi successores cuilibet Romano Pontifici, qui pro tempore fuerit, juramentum fidelitatis præstabitis, & homagium ligium facietis, & prædicta juramentum & homagium faciendo, mentionem de præsentibus litteris facietis in hunc modum:

" Ego Ludovicus Dei gratiâ Adriæ Rex, plenum
" & ligium vassallagium faciens Ecclesiæ Romanæ
" pro Regno Adriæ præfato, ab hac horâ inantea
" fidelis & obediens ero beato Petro & Domino meo
" Domino Clementi Papæ suisque successoribus canonicè intrantibus, Sanctæque Romanæ Apostolicæ
" Ecclesiæ; non ero in consilio, aut consensu vel
" facto, ut vitam perdant aut membrum, aut capiantur malâ captione; consilium quod mihi crediturí sunt per se, aut nuntios suos, vel per litteras, ad eorum damnum me sciente nemini pendam; & si scivero fieri, sive tractari, aut procurari aliquid quod sit in eorum damnum, illud pro
" posse impediam, & si impedire non possem, illud
" eis significare curabo. Papatum Romanum & Regalia Sancti Petri tam in Regno Adriæ prædicto,
" quàm alibi existentia, adjutor eis ero ad defendendum & retinendum, ad recuperandum & recuperata manu tenendum contrà omnem hominem.
" Universas conditiones contentas in præsentibus litteris plenariè adimplebo & inviolabiliter observabo, nec ullo unquam tempore veniam contrà illa. Sic me Deus adjuvet & hæc sancta Dei Evangelia.

Hujusmodi autem homagium facere & juramentum fidelitatis præstare tu & dicti tui heredes secundùm præscriptam formam, si Romanus Pontifex in Italiâ fuerit infrà sex menses, si verò extrà Italiam ipsum esse contigerit, infrà annum postquàm Regni dominium adepti fueritis teneamini, & singulis ipsis successoribus nostris & eidem Romanæ Ecclesiæ renovabitis tàm ipsum homagium quàm hujusmodi juramentum. In optione autem & beneplacito erit Romanæ Ecclesiæ, te & heredes tuos vocare ad præstandum personaliter juramentum fidelitatis & homagium ligium Romano Pontifici & Ecclesiæ Romanæ prædictæ, dummodo ad hoc vobis locum tutum statuant & assignent: vel aliquem Cardinalem ipsius Ecclesiæ Romanæ, aut alium, qui vice Romani Pontificis juramentum & homagium juxtà eamdem formam & homagium recipiat, destinare.

Tu quoque nobis & Ecclesiæ Romanæ in nostris manibus juras ad præsens, te ad hoc specialiter obligando, & tam tu singulis nostris successoribus ac prædictæ Ecclesiæ, quàm tui in dicto Regno heredes, nobis & singulis nostris successoribus & prædictæ Ecclesiæ quando præstabitis hujusmodi juramentum fidelitatis, jurabitis vos ad hoc specialiter obligantes: Quòd si contigerit pro tempore vos, seu vestrûm aliquem; in Regem Romanum, seu Alamanniæ vel Teutoniæ, seu in Regem Dominum Lombardiæ, aut majoris partis ipsius Lombardiæ eligi; seu qualitercumque nominari vel assumi, vobis seu aliquo vestrûm per vos, vel aliàs quovismodo pro vobis, vel aliquo vestrûm, quocumque studio vel aliàs procurantibus, seu sine vestrâ vel vestrûm alicujus procuratione ad procurationem alterius cujuscumque, seu sine procuratione alicujus motu proprio Principum, vel aliorum seu alterius, cujuscumque ad quos seu quem electio hujusmodi, nominatio seu assumptio noscitur pertinere, seu aliàs quomodocumque vel qualitercumque: vos electioni seu nominationi aut assumptioni hujusmodi nullatenùs consentietis, nec de Regno hujusmodi Romaniæ, Alamanniæ seu Teutoniæ, aut de Regno seu dominio Lombardiæ, seu majoris partis ipsius; de ipsorum Regnorum vel eorum alterius regimine vel administratione in toto vel in parte aliqualiter vos intromittetis, nisi priùs is vestrûm qui sic electus, nominatus fuerit vel assumptus, in manibus Romani Pontificis, vel illius quem ad hoc idem Romanus Pontifex duxerit deputandum; filium suum successurum in Regno, vel filiam si fortè filium non haberet, cujuscumque fuerit ætatis; emancipet, & Regno renuntiet, nihil juris in eo retinens clam vel palam, nec cujuslibet etiam potestatis; vel ipsum filium seu filiam ad aliquod servitium; seu subsidium faciendum, juramento vel voto, stipulatione vel pacto sibi vel suis successoribus adstringat: sicque factus filius vel filia sui juris, ab eodem Romano Pontifice, vel alio destinato ab ipso protinus investiatur de Regno; ad cujus successionem, si fortè decederet sine liberis, nullo unquam tempore pater veniat Imperator, vel Rex alicujus prædictorum Regnorum. Sed si imperio vel Regno & omnibus quæ ad ipsum Imperium seu Regnum pertinent idem pater renuntiare voluerit, & Regno Adriæ præfato tantùm esse contentus, post renuntiationem hujusmodi ad illius successionem liberè admittatur: & tunc ab ipso Romano Pontifice vel alio deputato investituram recipiat Regni præfati. Quæ verò de filio dicuntur vel filiâ, ut videlicet eis possit sub observatione præmissâ à patre, ad Imperium vel Regnum Romanum, vel Alamanniæ, seu Regnum vel Dominium Lombardiæ transeunte dimitti, si Rex liberos non habeat, in aliis personis quas suprà diximus, liberis non exstantibus, in Regno ipso Adriæ posse succedere, si aliqua personarum prædictarum superstes fuerit observetur; excepto dumtaxat emancipationis articulo quæ in solis ipsis personis procedere potest, quæ capaces emancipationis existunt ratione paternæ potestatis, vel nisi de Romani Pontificis qui pro tempore fuerit licentiâ speciali, nec etiam post obtentam licentiam, nisi formam, conditiones & modos in concessione licentiæ expressatos plenariè adimplendo, & si contrarium, quod absit, faceretis vel vestrûm aliquis faceret, nos electionem, nominationem & assumptionem hujusmodi, ac præstationem consensûs, tamquam contrà tenorem præsentis contractûs, te ad hoc pro te & singulis tuis in Regno ipso successoribus specialiter & expressè consentiente, decernimus irritas & inanes: decernentes ut occasione talis electionis, nominationis seu assumptionis, de regimine vel administratione Imperii vel Regnorum hujusmodi Romani, Alemanniæ seu Teutoniæ, vel Regni seu dominii Lombardiæ vel ipsius majoris partis vos vel vestrûm aliquis intromittere nullatenùs valeatis; & si contrà feceritis vel aliquis vestrûm fecerit, electioni, nominationi, vel assumptioni hujusmodi, nisi priùs Regno per modum præmissum dimisso, vel nisi de licentiâ Romani Pontificis, consentiendo, & administrationi Imperii, vel Regni Romani, Alemanniæ seu Teutoniæ, sive Regni seu dominii Lombardiæ vel ipsius partis majoris pro parte vel pro toto immiscendo, eo ipso cadatis à jure Regni Adriæ præfati, & ad Romani Pontificis qui pro tempore fuerit, & Ecclesiæ Romanæ dispositionem liberè revertatur. Cæterùm si contigerit aliquem de vestris heredibus, qui deberent in Regno succedere memorato, in Imperatorem vel Regem Romaniæ, aut Alemanniæ seu Teutoniæ, vel in Regem seu Dominum Lombardiæ vel ipsius majoris partis eligi, nominari, vel assumi, antequàm Regni hujusmodi sibi successio deferretur, dum casus successionis ipsius Regni Adriæ obveniet, nullatenùs successionem ipsius Regni acceptet, nec possessionem nanciscatur ejusdem, nec de ipsius dominio, curâ, administratione vel regimine per se vel alios aliqualiter se intromittat, nisi priùs Imperio vel Regno Romaniæ, Alemanniæ seu Teutoniæ, vel Regno seu dominio Lombardiæ vel majoris partis ipsius; ad quodcumque eorum electus, nominatus fuerit vel assumptus, & omni juri sibi competenti in ipso vel eis, verbo & facto omninò renuntiet, & nec de jure nec de facto illud gerens, vel retinens omninò dimittat, ipsum nullo unquam tempore resumpturus, nisi de Romani Pontificis licentiâ speciali: alioquin cadat ab omni successione & jure quæ in Regno præfato sibi competeret, ipso facto; ita quòd ipsum Regnum ad Romanam Ecclesiam ejusque dispositionem liberè revertatur.

Si verò aliquem de vestris heredibus qui in Regno deberent succedere memorato, in Imperatorem vel Regem Romaniæ, aut Alemanniæ seu Teutoniæ, vel in Regem seu Dominum Lombardiæ, vel majoris partis ipsius contigerit eligi, nominari vel assumi, antequàm sibi Regni successio deferretur, & ipse Imperio, Regno Romaniæ, Alemanniæ seu Teutoniæ, vel Lombardiæ voluerit esse contentus; sic quòd in Regno Adriæ prædicto nullum velit sibi jus quomodolibet vendicare; tunc quando casus successionis obveniet, illum proximè sequens in successionis gradu secundùm formam superiùs annotatam, dummodo superstes sit aliqua de personis, quas supradiximus posse succedere, in Regno præfato Adriæ succedat; aliàs ad Romanam Ecclesiam ejusque dispositionem plenè & liberè revertatur.

Quòd si non exstantibus masculis femina in eodem Regno successerit quæ maritata non esset, illa Imperatori vel Regi Romaniæ, seu in Imperatorem vel Regem Romanum electo, aut Regi seu electo in Regem Alemanniæ, seu Regi vel Domino Lombardiæ, aut in ejus Dominum aut Regem Electo, aut majoris partis ipsius, nunquam matrimonialiter copuletur; & si contrarium fecerit, eo ipso cadat à Regno Adriæ, maneatque ipsius jure prorsùs privata, ipso Regno ad eamdem Ecclesiam devoluto. Si verò, non exstantibus masculis, femina in Regno hujusmodi successura, antequàm hujusmodi successio deferretur eidem, fuerat matrimonialiter copulata Imperatori, vel Regi Romaniæ, aut Regi Alemanniæ, aut Regi seu Dominio Lombardiæ electo vel assumpto, non succedat in Regno Adriæ prædicto, sed ad illas personas servatis gradibus Regnum perveniat, quas prænotavimus in Regno posse succedere, si Regi præmortuo liberi non supersint; cum nostræ intentionis existat, ut præfatum Regnum Adriæ Imperio aut Regno Romaniæ, vel Alemanniæ, aut Regno seu dominio Lombardiæ, vel ipsius Lombardiæ majoris partis, nullo unquam tempore subjiciatur, vel quòd ipsum Regnum Adriæ cum Imperio, vel Regno Romano, aut Alemanniæ, vel cum Regno seu dominio Lombardiæ prædicto quomodolibet in unam personam uniantur, ut scilicet unus & idem simul sit Imperator & Rex Adriæ, vel Rex Romaniæ, aut Alemanniæ, seu Lombardiæ; & Rex Adriæ. Et super hoc articulo cavebitur tam per pœnas spirituales quàm alias idoneas cautiones, quandocumque hoc Romanus Pontifex duxerit requirendum.

Ad hæc, volentes ut ipsum Regnum Adriæ nullo tempore careat legitimo defensore, volumus & Apostolicâ auctoritate ordinamus, ut si in Regno hujusmodi succedens ætatis decem octo annorum fuerit, liberè administret, sed quamdiù minor fuerit tam ipse quàm Regnum in baillio & custodiâ Romanæ Ecclesiæ maneat, donec Rex ipse compleverit prædictam ætatem, fructibus & emolumentis ipsius Regni, ex quibus sumptus necessarii faciendi pro statu Regis & ipsius Regni custodiâ, deducantur, Regi conservandis eidem, & lucris alteriùs ratione hujusmodi custodiæ non cessuris.

Tu autem & tui in Regno præfato Adriæ heredes in urbe Romanâ, aut ejus territorio vel districtu, aut in provinciis Patrimonii beati Petri in Tusciâ, Sabinâ, Campaniâ, vel Maritimâ, aut in terris specialium commissionum, quæ per Rectores dictarum provinciarum solitæ sunt gubernari, aut aliis dominiis seu feudis ipsius Romanæ Ecclesiæ indebitè constitutis, ex successione vel legato aut quocumque alio jure, titulo vel contractu nihil unquam vobis acquirietis, vel vindicabitis, recipietis, habebitis vel retinebitis, seu poteritis acquirere, vindicare, habere, recipere vel retinere: nullam etiam Potestariam, Capitaneam, Rectoriam, seu honorem, nullamque dignitatem seu potestatem Senatoriam, vel quamcumque aliam administrationem, commendam, vel quodcumque aliud officium recipietis, habebitis, vel retinebitis, seu recipere, habere, vel retinere poteritis in eisdem. Præfatam etiam urbem, aut provinciam Patrimonii beati Petri in Tusciâ, Sabinam, Campaniam, vel Maritimam, nec terras specialium commissionum prædictas, aut earum vel ipsarum alicujus partem non occupabitis, nec occupari facietis, nec in eis offendetis vel quomodolibet molestabitis Romanam Ecclesiam, aut molestari facietis: si contrarium feceritis, & moniti velut requisiti per Romanum Pontificem, vel si commodè requiri vel moneri nequiveritis, juxta ipsius Romani Pontificis assertionem vel dictum, postquam ipse publicè & solemniter de hoc vos monuerit, infra sex menses, habita, acquisita, vindicata vel capta hujusmodi realiter & de facto non dimiseritis, ea postmodum nullatenùs repetituri; vel

Diplomatum, &c.

si à præfatis molestationibus, inquietationibus & impedimentis omninò non destiteritis, seu si per vos vel alios pro vobis occupata seu invasa non restitueritis integrè & perfectè, eo ipso ab ejusdem Regni jure cadatis totaliter, ipsumque Regnum prorsùs amittatis, & ad Romanam Ecclesiam liberè devolvatur. Quòd si restitueritis occupata, nihilominùs de universis injuriis & damnis illatis ad mandatum Romani Pontificis ad plenum satisfacere debeatis.

Alii verò heredes vestri qui non sunt successuri in Regno, si in urbe & aliis terris prædictis aliquid acquirere, vel vindicare, recipere, vel retinere ex quocumque titulo, vel Capitaneam vel potestariam, aut quodcumque aliud officium, præeminentiam vel honorem in eisdem acceptare, recipere, vel retinere præsumserint; aut si aliquas de prædictis provinciis sive terris, aut earum aliquam vel per se, vel per alios occupaverint, vel fecerint occupari; aut si Romanam Ecclesiam molestaverint in eisdem, si moniti vel requisiti, aut si secundùm dictum vel assertionem Romani Pontificis moneri vel requiri non possint commodè, postquàm ipse Romanus Pontifex eos publicè & solemniter monuerit, infrà sex menses habita, acquisita, vendicata quocumque titulo vel causâ non dimiserint, vel si à præfatis molestationibus vel inquietationibus quibuscumque non destiterint, seu si occupata vel invasa plenè non restituerint, eo ipso sententiam excommunicationis incurrant, & nihilominùs ipsi vel eorum posteri in perpetuum non possint in Regno ipso succedere, si ipsis in casu aliquo eadem successio deferretur, sed ab illo tamquam indigni prorsùs & totaliter excludantur, & nihilominùs ille qui tunc ejusdem Regni Adriæ gubernaculis præsideret . . . . Romano Pontifici patenter & cum effectu assistere teneatur.

Rursus cum non expediat Romanæ Ecclesiæ ejusdem feuda in unam personam uniri, volumus, & te pro te & tuis successoribus universis expressè consentiente, disponimus & irrefragabiliter ordinamus, ut tu vel tui in posterum successores in Regno hujusmodi, Regi seu Reginæ Siciliæ, qui pro tempore fuerit in Regno Siciliæ & terris [quod & quas ab Ecclesiâ Romanâ] tenet in feudum, ex quâcumque causâ, jure, sive titulo non possitis succedere, vel aliàs ad dicti Regni Siciliæ & dictarum terrarum dominium vel successionem venire, nec è converso scilicet Rex Siciliæ qui pro tempore fuerit tibi vel alicui tuorum in Regno Adriæ prædicto heredum ex quâcumque causâ, jure, sive titulo non possit succedere, vel aliàs ad dicti Regni dominium vel successionem eve- . . . . propter propinquinquitatem generis, vel aliàs Rex vel Regina Siciliæ Regi vel Reginæ Adriæ deberet in Regno succedere, vel è converso, qui scilicet deficiente Rege vel Reginâ Siciliæ esset successurus Rege Adriæ vel è converso, qui scilicet deficiente Regi vel Reginâ Adriæ esset successurus Regi Siciliæ, successio hujusmodi transferatur . . . . pacta infeudationum, possint succedere in eisdem Regnis: aliàs ad Romanam Ecclesiam & ejus dispositionem ipsum Regnum, de cujus successione agitur, liberè devolvatur.

Non movebitis præterea tu, nec aliquis tuorum in Regno successor pro te, vel alio quocumque, ex quâcumque causâ, titulo vel occasione guerram, vel aliam per viam facti quamlibet novitatem contrà Regem Siciliæ qui pro tempore fuerit, vassallos, subditos vel valitores ipsius qui de ipso Siciliæ Regno existant, facietis: nec facienti alteri dabitis auxilium, consilium, vel favorem; nec ipse Rex Siciliæ contrà te seu aliquem tuorum in ipso Regno heredum, vassallos, subditos vel valitores tuos, & ipsorum tuorum heredum, qui de ipso Regno existunt; sed si quid dissensionis, quæstionis vel querelæ inter vos Reges scilicet Adriæ & Siciliæ contingeret exoriri, Regum dominus adeatur; qui, Romanus Pontifex, vobis Regibus pro concordiæ vel litigii viam, seu aliàs, ut sibi videbitur justitiam administret. Si autem contrà aliquem vestrorum vassallorum seu subditorum ex quâcumque causâ qualiscumque per alterum Regum prædictorum querimonia proponatur, is Regum pro ministrandâ justitiâ adeatur, contrà cujus subditum vel vassallum fuerit querimonia deferenda: [& si] distulerit, justitiam ministrare, Romanus Pontifex ejusdem Regis suppleat negligentiam seu defectum.

Si autem tu vel aliquis tuorum in Regno Adriæ præfato heredum contrarium, quod absit, attentaveritis contrà Regem Siciliæ, ejus subditos vel vassallos, guerram movendo, vel novitatem facti aliam faciendo, seu facienti aut moventi dando auxilium, consilium vel favorem publicè vel occultè; [aut è converso si Rex Siciliæ] qui pro tempore fuerit, contrarium attentaverit contrà te vel aliquem tuorum in ipso Regno Adriæ heredum, seu contrà vestros subditos vel vassallos, guerram movendo, vel faciendo per viam facti novitatem aliam, seu facienti vel moventi dando auxilium, consilium, vel favorem publicè vel occultè, ipse guerram movens vel novitatem attentans, aut moventi vel facienti dans auxilium, consilium, vel favorem, ad [emendationem damnorum] datorum in guerrâ hujusmodi plenariè teneatur, & nihilominùs eo ipso sententiam excommunicationis incurrat; quam si animo indurato per tres menses sustinuerit non cessando totaliter & effectualiter à guerrâ, auxilio, consilio, vel favore prædictis, vel si de damnis vel injuriis in guerrâ seu novitate hujusmodi irrogatis infrà sex menses postea immediatè sequentes ad plenum non [satisfecerit] Ecclesiastico subjaceat interdicto. Nullam etiam confœderationem, pactionem, seu societatem cum aliquo Imperatore vel Rege, Principe vel Barone Saraceno, Christiano, vel Græco, aut cum aliquâ provinciâ, civitate vel communitate, vel aliquo loco scienter contrà Romanam Ecclesiam, vel in damnum Romanæ Ecclesiæ facietis; & si eam feceritis ignoranter, ad mandatum Romani Pontificis revocare teneamini, & si scienter . . . . & ad mandatum Romani Pontificis nolueritis revocare, ipsam eo ipso sententiam excommunicationis incurratis; quam si animo indurato per mensem sustinueritis, ex tunc totum Regnum Ecclesiasticum subjaceat interdicto, donec ipsam effectualiter duxeritis revocandam.

Si quis præterea Imperator, Rex, vel alius Princeps quicumque, universitas, communitas, Tyrannus, vel quævis persona Ecclesiastica . . . . provincias Patrimonii Sancti Petri in Tusciâ, Sabinâ, Campaniâ, Maritimâ, aut ipsarum aliquam, seu partem alicujus ipsarum, vel aliquam de terris specialium commissionum quæ per Rectores dictarum Provinciarum sunt solitæ gubernari, & quas nos nobis, Ecclesiæ Romanæ & nostris successoribus expressè & specialiter retinemus, occupaverint aut fecerint occupari, seu si in eis aliquo modo Rom. . . . . molestaverint vel fecerint molestari, seu si ipsis aut provinciæ ipsæ seu terræ vel earum aliqua contrà Romanam forsan rebellarent Ecclesiam, vos ipsam Ecclesiam Romanam ejusque honores & jura in eisdem urbe, provinciis atque terris, & aliàs semper bonâ fide teneamini custodire; & nihilominùs quandocumque Romana Ecclesia indigebit, super quâ indigentiâ stabitur Romani Pontificis simplici [assertioni, tu & tui] in dicto Regno heredes requisiti ab eo ad Urbem, Campaniam, Maritimam, aut Provinciam Patrimonii Sancti Petri in Tuscia, seu alias terras quas nobis Romanæ Ecclesiæ & nostris successoribus specialiter retinemus, trecentos milites equis & armis benè & decenter munitos & paratos, ita quòd unusquisque ipsorum habeat quatuor equitaturas bonas, vel tres ad minus in ipsius Ecclesiæ Romanæ [auxilium] transmittetis, per tres menses integros & continuos postquam illam ex Provinciis vel terris prædictis, in quâ ipsis indigebit Romana Ecclesia, ingressi fuerint, in tuis vel tuorum in dicto Regno heredum sumptibus & expensis semel in quolibet anno benè & fideliter servituros; quorum si aliquos interim pendente servitio mori, vel aliàs quomodocumque deficere contigerit, tu & tui in Regno heredes . . . . modo consimili statim supplere, vel post lapsum dictorum trium mensium cum tot quot defuerint, & pro tanto tempore quanto defuerint, Romano Pontifici & Ecclesiæ Romanæ teneamini benè & fideliter facere deserviri.

Sanè omnibus Ecclesiis tam Cathedralibus quàm aliis sæcularibus & regularibus, nec non omnibus Prælatis & Clericis ac universis personis Ecclesiasticis sæcularibus & religiosis . . . . plenariè dimittentur & restituentur integrè eorum bona immobilia, à quibuscumque ablata vel occupata sint, & per quoscumque detineantur. Hæc autem restitutio fiet sine contradictione & difficultate quâlibet, sicut nactus fueris ipsius Regni possessionem, hoc modo: scilicet quòd statim in illâ parte Regni quæ tibi obediet restitutio ipsa fiat, & postmodum successivè consummabitur sicut habeb . . . . Ne autem super his rebus restituendis ingeri possit aliqua difficultas, deputabuntur à nobis seu Romano Pontifice qui tunc fuerit, aliqui discreti viri, ad quorum mandatum & arbitrium restitutio ipsa fiat, ita quòd ea de quorum dominio vel proprietate aut possessione notorium fuerit, ad eorum mandatum & arbitrium mox reddentur. In dubiis verò per ipsos de plano & absque judicii . . . . diligentiùs inquiretur. Sufficiet autem vocari rectorem seu thesaurarium vel procuratorem, in cujus jurisdictione vel administratione seu territorio bona de quibus agetur consisterent, ad videndum jurare testes qui in hujusmodi inquisitione deponent: hujusmodi quoque temporalia & mobilia bona quæcumque, etiam si civitates, castra, jurisdictiones existant, quæcumque & quocumque nomine censeantur, tam Cathedralium quàm aliarum Regularium & sæcularium, & universæ aliæ personæ Ecclesiasticæ, tenebunt liberè, absque eo quod ab eis possit ratione ipsorum temporalium per te vel aliquem tuorum heredum peti seu exigi homagium, juramentum fidelitatis vel recognitio aliqualis, nec dissaisentur Ecclesiæ Cathedrales vel aliæ regulares seu sæculares, nec earum Prælati vel cæteræ personæ Ecclesiasticæ, per te vel aliquem tuorum heredum vel Officiales vestros quocumque nomine nuncupentur, eorum temporalitate vel parte ipsius, nec poterunt dissaisiri; nec in eorum domibus vel aliis eorum bonis mobilibus vel immobilibus vastatores seu custodes ponentur, nec poni debebunt seu poterunt quoquomodo; sed omnes Ecclesiæ & personæ Ecclesiasticæ omninò erunt liberæ, & in nullo Regi vel Principi subjacebunt.

Nullas insuper taillias vel collectas imponetis Ecclesiis, Monasteriis, Clericis & viris Ecclesiasticis, seu bonis vel rebus ipsorum; & in Ecclesiis vacantibus tu vel tui in Regno Adriæ heredes nullam habebitis Regaliam, nullosque fructus, redditus & proventus; nullas etiam obventiones, nullaque alia percipietis ex eisdem, custodiâ earum Ecclesiarum interim liberâ remanente penes personas Ecclesiasticas, juxta canonicas sanctiones.

Omnes insuper Ecclesiæ tam Cathedrales, quàm aliæ Regulares & sæculares, nec non & omnes Prælati & Clerici, ac universæ personæ Ecclesiasticæ, sæculares & Religiosæ, æquæcumque loca Ecclesiastica cùm omnibus bonis suis in electionibus, postulationibus, nominationibus, provisionibus, & omnibus aliis plenâ libertate gaudebunt; nec ante electionem, sive in electione, vel post, Regius assensus vel consilium aliquatenùs requiretur: quam utique libertatem tu & tui in Regno heredes semper manutenebitis & conservabitis, ac manutenert & conservari facietis ab omnibus subditis vestris plenariè, sine fraude, salvis semper circà Ecclesias Cathedrales & alias tam sæculares quàm Regulares, ac alias personas & loca Ecclesiastica tam in faciendis provisionibus & electionibus confirmandis, quàm in omnibus & quibuscumque aliis, Romani Pontificis & Ecclesiæ Romanæ jurisdictione & auctoritate plenariâ, & liberâ potestate.

Omnes etiam causæ ad forum Ecclesiasticum pertinentes liberè & absque ullo impedimento agitabuntur, tractabuntur & ventilabuntur coram Ordinariis & delegatis judicibus Ecclesiasticis, & terminabuntur per eos; & si ad sedem Apostolicam super hujusmodi causis appellari contigerit, tam appellantes quàm appellati ad eamdem venire sedem pro appellationum suarum prosequutionibus liberè & absque inhibitione aliquâ permittentur. Et si qui sint Prælati vel aliæ personæ Ecclesiasticæ qui bona aliqua teneant à te Rege prædicto, & successoribus tuis, vel ab aliis Dominis temporalibus tibi subditis, & qui ratione hujusmodi bonorum ab antiquo consueverunt nobis nostrisque prædecessoribus, & ipsis Dominis temporalibus aliqua servitia pecuniaria, vel alia exhibere, hujusmodi antiqua & honesta servitia tibi tuisque successoribus, & eisdem Dominis secundùm antiquam & rationabilem consuetudinem, & sicut statuta patiuntur canonica impendantur.

Poterunt insuper omnes habitatores & incolæ Regni Adriæ præfati, liberè & absque omni impedimento ad Curiam Romanam ubicumque eam esse contigerit, pro suorum negotiorum commoditatibus venire, stare & redire ad propria, necnon ad ipsam Curiam Romanam blada, vina, carnes, pisces, & alia victualia quæcumque pro ipsius Romani Pontificis, Cardinalium sacro-sanctæ Romanæ Ecclesiæ & aliarum personarum Ecclesiasticarum Curiam Romanam sequentium, & in eâ, & in loco ubi Curia residebit commorantium provisionibus portare & portari facere liberè, & sine impedimento, per terram vel per mare prout duxerint eligendum, sine solutione tractæ, pedagii, leudæ, gabellæ, impositionis, vel quocumque alio costagio, vel onere, non prohibentiâ aliquali, & de provisionibus Romani Pontificis & suorum familiarium & aliarum personarum Ecclesiasticarum, Camerarii nostri & Ecclesiæ Romanæ. De provisionibus verò Cardinalium & familiarium suorum cujuslibet ipsorum Camerarii litteris stabitur, & creditur plenariè & absque omni difficultate.

Promittis insuper pro te & tuis successoribus in Regno hujusmodi universis, quòd nullus Clericus, vel persona Ecclesiastica ejusdem Regni in civili vel criminali causâ convenietur coram Judice sæculari, nisi de feudo & petitorio civiliter forsan ageretur. Non facietis quoque seu edetis, seu fieri aut edi facietis aut permittetis in Regno hujusmodi statuta, constitutiones vel leges contra Ecclesiasticam libertatem, seu per quæ juri aut libertati Ecclesiasticæ in aliquo derogetur.

Comites verò, Barones, Milites, & universi homines totius Regni prædicti, vivent in eâ libertate, & habebunt illas immunitates illaque privilegia, ipsisque gaudebunt, quales & quæ antiquis temporibus habuerunt. Præterea exules & exititii Regni prædicti seu Provinciarum, Civitatum, Comitatum ac omnium locorum ipsius, cujuscumque conditionis existant, ad mandatum Ecclesiæ reducentur in Regnum, ac etiam in suis civitatibus, castris, seu locis aliis quibuscumque restituentur eis possessiones, & quæcumque immobilia bona & jura ipsorum quæ non essent legitimè confiscata. In hujusmodi autem restitutione secundùm formam in Capitulo de bonis Ecclesiarum restituendis præscriptam, tam in notoriis quàm in dubiis procedetur.

Habebis autem tu & tui in Regno successores ipsum Regnum, sicut ad Romanam Ecclesiam noscitur pertinere, ea videlicet quæ de dominio sunt Romanæ Ecclesiæ, in dominium, & alia illo jure, modo & formâ quibus ad nos & Romanam Ecclesiam pertinere noscuntur; cum nostræ intentionis existat, ut per præsentem concessionem alicui in suis possessionibus vel proprietatibus nullum præjudicium generetur, Regio in iis jure semper salvo. Pro toto verò generali sensu ipsius Regni quadraginta millia florenorum boni auri ad pondus Cameræ Apostolicæ in Festo B. Petri, ubicumque Romanus Pontifex fuerit, ipsi Romano Pontifici & Romanæ Ecclesiæ annis singulis persolventur. Si verò tu vel tui in dicto Regno heredes quocumque termino non solveritis integrè censum ipsum, & exspectati per duos menses terminum ipsum immediatè sequentes de illo ad plenum non satisfeceritis, ex ipso eritis excommunicationis sententia innodati; quòd si in secundo termino, & infrà duos subsequentes menses eumdem censum sine diminutione aliquâ non persolveritis, totum Regnum Adriæ Ecclesiastico erit suppositum interdicto. Si verò nec in tertio termino, nec infrà duos menses proximos per plenam satisfactionem ejusdem census vobis duxeritis consulendum, ita quòd transacto eodem tertio termino infrà duos menses ipsum tertium terminum sequentes ipsi Romanæ Ecclesiæ integrè non fuerit satisfactum, ab eodem Regno ipsiusque jure cadatis ex toto, & Regnum ipsum integrè ad Romanam Ecclesiam revertatur. Si autem de censu quadraginta millium florenorum prædicto hujusmodi primi termini infrà dictos tertium terminum, & duos subsequentes menses plenariè satisfeceritis, nihilominùs semper pro singulis quadraginta millibus singulorum terminorum si simili modo in eorum solutione cessaveritis, vel illa non solveritis, similes pœnas incurretis, (salvis aliis pœnis & processibus quæ vel qui de jure inferri vel fieri poterunt per Romanum Pontificem in hoc casu.

In quolibet etiam triennio dabitis tu & tui in Regno hujusmodi heredes Romano Pontifici, unum palafredum album, pulchrum & bonum, in recognitionem dicti dominii ejusdem Regni.

Ad hæc postquam tu prædictum Regnum acquisiveris, vel tantum de ipso quòd etiam si aliquæ civitates vel munitiones, aut aliqua alia loca ipsius Regni adhuc tibi rebellia fuerint, reputeris & possis ipsius Regni Rex & Dominus reputari ad dicta quadraginta millia florenorum & palafredum terminis supradictis, & sub pœnis annotatis superiùs tenearis, & tui subsequenter heredes in Regno hujusmodi perpetuò teneantur.

Ad hæc si Romanus Pontifex, qui pro tempore fuerit, vellet cum suâ curiâ in aliquâ civitatum vel aliarum terrarum seu locorum ipsius Regni Adriæ morari, hoc possit liberè & absque impedimento quorumque, & cum eisdem libertatibus, privilegiis & immunitatibus quas Ecclesia Romana tam de jure quam de antiquis observantiis habere debet, & usa est temporibus retroactis; & tam circa libratas ordinandas cancellos f...... ta orationes domorum, jurisdictione Marescalli liberâ, & aliorum Officialium Romanæ Curiæ, quàm aliàs in quibuscumque consistant; & qualitercumque retrò temporibus fuerit observatum.

Tu etiam ad præsens & singuli tui in Regno heredes quando facient homagium, & juramentum fidelitatis præstabunt, dabitis privilegium vestrum aureâ bullâ bullatum Romano Pontifici & Romanæ Ecclesiæ, in quo proprio juramento fatebimini & recognoscetis expressè Regnum Adriæ prædictum ex solâ gratiâ & merâ liberalitate sedis Apostolicæ vobis de novo fore concessum, vosque recepisse & tenere Regnum hujusmodi à Romanâ Ecclesiâ sub pactis & conditionibus supradictis.

Habebis autem tu militum, balistariorum & aliorum belligerorum hominum comitivam talem & tantam, quòd ad prosequutionem & perfectionem negotii acquisitionis ipsius Regni sufficiens reputetur; & cum arripiendo & prosequendo iter versùs Italiam pro prosequutione negotii quàm citiùs commodè poteris, & ad longius infrà duos annos, à datâ præsentium computandos, debeas Regnum Franciæ exivisse, legitimo impedimento cessante; quòd si in tuâ personâ esses forsitan impedicus, ut infrà dictum terminum personaliter non posses præfatos negotio acquisitionis vacare, loco tui talem substitutum seu locumtenentem debeas ordinare, qui judicio Romani Pontificis ad tale & tantum negotium idoneus & sufficiens reputetur. Et si tu personaliter, vel ubi esses in personâ propriâ impeditus, per substitutum vel locum tenentem, ut est dictum, idoneum intrà dictum terminum per modum præscriptum, vel saltem infrà duos menses finem termini immediatè sequentes, non inceperis & prosequutus fueris acquisitionis negotium antedictum, vel si, quod Deus avertat, te interim mori contigerit, ex tunc præsens concessio, infeudatio, & omnia quæ in præsentibus litteris continentur sint nulla, cassa & irrita ipso jure, liceatque Romano Pontifici & Romanæ Ecclesiæ de Regno & terris ipsis disponere & ordinare prout placuerit, & eis videbitur rationabiliter faciendum.

Nulli ergo omninò hominum liceat hanc paginam nostræ ordinationis, statuti, decreti, concessionis, donationis, constitutionis, creationis, voluntatis, dispositionis, collationis & retentionis infringere, vel ei ausu temerario contraire: Si quis autem hoc attentare præsumpserit, indignationem omnipotentis Dei & beatorum Petri & Pauli Apostolorum ejus se noverit incursurum. Datum Spelunga Cajetanæ Diœcesis xv. Kalend. Maii Pontificatus nostri anno primo.

URBANI Papæ VI. Archiepiscopo Mediolanensi.

Anno MCCCLXXX.

URBANUS Episcopus servus servorum Dei, venerabili fratri Archiepiscopo Mediolanensi salutem & Apostolicam benedictionem. Oblatæ nobis pro parte dilecti filii nobilis viri GALEAS de Vicecomimitibus Comitis Virtutum, & dilectæ in Christo filiæ & nobilis mulieris CATHERINÆ, dilecti filii nobilis viri BARNABOVIS de Vicecomitibus Militis natæ domicellæ Mediolanensis, petitionis series continebat, quòd ipsi Galeas & Catherina pro pacifico statu partium Lumbardiæ meliùs conservando, & ex certis aliis causis rationabilibus, cupiunt invicem matrimonialiter copulari; sed quia secundo consanguinitatis gradu in lineâ æquali invicem se contingunt, desiderium ipsorum hujusmodi adimplere nequeunt, dispensatione super hoc apostolicâ non obtenta. Quare pro parte ipsorum Galeas & Catherinæ fuit nobis humiliter supplicatum, ut providere ipsis super hoc de oportunæ dispensationis gratiâ de speciali gratiâ, dignaremur. Nos igitur qui cunctorum Christi fidelium quietem & pacem intensis desideriis affectamus, ex præmissis & certis aliis causis nobis expositis, hujusmodi supplicationibus inclinati, Fraternitati tuæ, de quâ in his & aliis specialem in Domino fiduciam obtinemus, per Apostolica scripta committimus & mandamus, quatinùs si est ita, & dicta Catherina propter hoc capta non fuerit, ut impedimento quod ex consanguinitate hujusmodi provenit, & inhibitione per felicis recordationis Gregorium Papam XI. vel quosvis alios Romanos Pontifices prædecessores nostros facta, per quam forsan interdictum esset ne Galeas & Catherina prædicti insimul, vel cum aliis personis possent matrimonium contrahere, & si contraherent, contractum dirimeretur, nequaquam obstantibus, matrimonium invicem libere contrahere, & in eo postquàm contractum fuerit licite remanere valeant, auctoritate Apostolicâ dispenses. Prolem ex hujusmodi matrimonio suscipiendam legitimam nuntiando.

Datum Romæ apud S. Petrum secundo Nonas Septembris, Pontificatûs nostri anno tertio.

Dispensatio Domini Comitis Virtutum, & Dominæ CATHARINÆ *de contrahendo matrimonio auctoritate Domini Urbani Papæ.*

UNiversis & singulis præsentes litteras, seu præsens instrumentum publicum inspecturis, Antonius Dei & Apostolicæ sedis gratiâ S. Mediolanensis Ecclesiæ Archiepiscopus, delegatus seu Commissarius ad infra scripta per sedem Apostolicam specialiter deputatus, salutem & sinceram in Domino caritatem. Litteras sanctissimi in Christo Patris & Domini, Domini Urbani divinâ providentiâ Papæ sexti, ejus verâ bullâ plumbeâ in filo canapis more solito Romanæ curiæ bullatas, non vitiatas, non cancellatas, non abolitas, nec in aliquâ sui parte suspectas, sed omni prorsus vitio & suspicione carentes, præsentatas nobis pro parte magnifici, & Illustris domini domini GALEAS Vicecomitis, Comitis Virtutum Mediolani, &c. Domini Generalis, & inclytæ dominæ, dominæ CATHERINÆ natæ magnifici & excelsi Domini BERNABOVIS Vicecomitis Mediolanensis, &c. Domini generalis, coram Notario & testibus infrascriptis, Nos cum eâ quæ decuit reverentiâ noveritis recepisse: quarum tenor sequitur in hæc verba:

URBANUS Episcopus servus servorum Dei venerabili Fratri Archiepiscopo Mediolanensi, &c. *ut supra.*

Post quarum litterarum Apostolicarum præsentationem, ut præmittitur, nobis factam, pro parte dictorum Dominorum Galeas & Catherinæ fuimus cum instantiâ debitâ requisiti, ut ad exequutionem dictarum litterarum Apostolicarum procedere deberemus juxta traditam seu directam, à sede Apostolicâ nobis formam. Nos igitur Antonius Archiepiscopus delegatus seu Commissarius antedictus, volentes mandatis Apostolicis supradictis ut tenemur, efficaciter obedire, auctoritate dicti Domini nostri Papæ nobis, ut præmittitur, in hac parte commissâ de causis & rationibus, ac aliis in Apostolicis litteris antedictis contentis, inquisivimus diligenter; & quia diligenti inquisitione & examinatione ac cogitatione præhabitâ, præmissa omnia, & singula in suprascriptis Apostolicis litteris enarrata, dictamque dominam Catherinam raptam propterea non fuisse, reperimus veritate fulciri, tam ex præmissis quàm ex aliis justis, & rationabilibus causis, de quibus informationem plenariam habuimus, auctoritate præfati Domini nostri Papæ quâ fungimur in hac parte, cum eisdem dominis Galeas, & Catherinâ præsentibus & consentientibus, et impedimento quod ex consanguinitate hujusmodi provenit, de quâ in suprascriptis litteris Apostolicis mentio sit expressa, ac inhibitione per felicis recordationis Dominum Gregorium Papam undecimum, vel quosvis alios Romanos Pontifices, ipsius Domini nostri Domini Urbani Papæ sexti prædecessores factâ; per quam forsan interdictum esset, ne dicti Domini Galeas & Catherina insimul, vel cum aliis personis possent matrimonium contrahere, & si contraherent, contractum dirimeretur, nequaquam obstantibus, matrimonium invicem contrahere, & in eo postquàm contractum fuerit licite remanere valeant, tenore præsentium dispensamus, prolemque ex hujusmodi matrimonio suscipiendam legitimam nuntiamus, pronuntiamus, decernimus, & etiam declaramus.

In quorum omnium testimonium præsentes litteras in formam publici documenti per Joannolum de Colduariis, & Bellinum de Merlino, Notarios Mediolanenses, & utrumque ipsorum fieri jussimus, & nostri sigilli munimine roborari. Datum & actum in choro Ecclesiæ sancti Joannis ad Concham Mediolanensem, anno Nativitatis Domini millesimo trecentesimo octuagesimo, die Martis secundo mensis Octobris, Indictione quartâ secundùm stylum civitatis & diœcesis Mediolanensis; præsentibus Reverendo in Christo Patre & Domino, Domino fratre Jacobo, Dei & Apostolicæ sedis gratiâ Episcopo Lunensi, ac venerabilibus viris Dominis fratre Christophoro de Terzago Claravallis, Mediolanensis diœcesis, Fratre Guillelmo de Lampugano, sancti Ambrosii Mediolanensis Monasterium Abbatibus, fratre Bertrando Bonifacii Præceptore Domûs S. Antonii Mediolanensis, Philippolo & Pagamno de Besforno Ordinariis Ecclesiæ Mediolanensis, nobilibus & egregiis viris Dominis Abellonio Milite Comite de Cochonate, Gerardo de Lagruellâ nato quondam Domini Ambrosii Adoardo de Cataneis de Januâ, Antonio de Pegiis, Antonio & Azone Fratribus de Vicecomitibus, & Bartholomæo de Placentinis, Faustino de Lantanis, ac Beltramolo de Ferrariis legum doctoribus, & Vassalino de Bossiis filio quondam Domini Jacobi procuratore Mediolanensi, & multis aliis in multitudine copiosâ, omnibus ad præmissa vocatis testibus & rogatis.

Ego Joannolus natus quondam Domini Francischi de Colduariis publicus Imperiali auctoritate Notarius Mediolanensis portæ Honensis, parochiæ Sancti Salvatoris in Xenodochio, prædictarum Litterarum Apostolicarum præsentationi, & earum receptioni, necnon suprascriptis petitioni, requisitioni, inquisitioni, examinationi, & summariæ informationi, dispensationi, declarationi, pronuntiationi & nuntiationi, omnibusque aliis & singulis supra scriptis, dum per præfatum Dominum Archiepiscopum delegatum & Commissarium antedictum, dictosque Dominos Galeas & Catherinam, ut præmittitur

agerentur

agerentur & fierent, unà cum suprà scriptis testibus præsens fui, eaque omnia & singula de ipsius Domini Archiepiscopi mandato, dictorúmque dominorum Galeas & Catherinæ rogatu, fideliter scripsi, & de his hoc publicum Instrumentum confeci, & in hanc publicam formam redegi, meoque consueto signo signavi in testimonium omnium præmissorum.

Ego Bellinus de Merlino natus quondam Domini Joannis, publicus Imperiali auctoritate Notarius Mediolanensis, & nunc Cancellarius præfati Domini Archiepiscopi Mediolanensis, prædictarum litterarum Apostolicarum præsentationi, &c. *ut suprà.*

Instrumentum dispensationis dominæ CATHARINÆ auctoritate Domini URBANI Papæ factæ.

IN nomine Domini. Pateat Universis & singulis præsens Instrumentum publicum inspecturis, quòd anno Nativitatis Domini millesimo trecentesimo octuagesimo, Indictione quartâ secundùm stylum civitatis Mediolani, die Martis secundo mensis Octobris, in præsentiâ mei Notarii, & testium subscriptorum ad hæc vocatorum & specialiter rogatorum, Magnificus & Illustris Dominus, Dominus GALEAS Vicecomes, Comes Virtutum, Mediolani, &c. Dominus generalis; & inclyta domina, domina CATHERINA, nata Magnifici & Excelsi Domini, Domini Bernabovis Vicecomitis Mediolani, &c. Domini generalis, in secundo consanguinitatis gradu in æquali lineâ sibi invicem attinentes, mox absque alicujus temporis intervallo post dispensationem hodie per Reverendissimum in Christo Patrem & Dominum, Dominum Antonium Dei & Apostolicæ sedis gratiâ sanctæ Mediolanensis Ecclesiæ Archiepiscopum, ex veris, justis, & rationabilibus causis intervenientibus & expressis, auctoritate Apostolicâ sibi in hac parte commissâ factam, debitis solemnitatibus observatis juxtà traditam seu directam à sede Apostolicâ sibi formam, ad interrogationem præfati Domini Archiepiscopi, ipsos dominos Galeas & Catherinam præsentes interrogantis, matrimonium per verba de præsenti palam, publicè, atque sponte, & ex certâ scientiâ insimul contraxerunt; videlicet ipso Domino Galeas ad ipsius Domini Archiepiscopi interrogationem, ut præmittitur, sibi factam, dicente quod placebat accipere, & accipiebat, & accepit ipsam dominam Catherinam suam legitimam in uxorem, ac in eam expressò consensu per verba de præsenti matrimonialiter consensit & consentit; ipsâque dominâ Catherinâ interrogatione per eumdem Dominum Archiepiscopum super hoc confestim & continuò sibi factâ, dicente quòd sibi placebat accipere, & accipiebat, & accepit dictum Dominum Galeas in suum legitimum conjugem & maritum, & in eum tamquam in suum maritum legitimum consentiebat, consensit, & consentit: ac deinde dictus Dominus Galeas eam dominam Catherinam continuò, & confestim in ejus dominæ Catherinæ digito annulari suæ manus dexteræ annulo subarravit, ipsâ dominâ Catherinâ permittente se sponte in signum matrimonialis consensûs & veri matrimonii basurrari.

Et de prædictis rogatum fuit debere per me Joannolum de Coldurariis, ac Bellinum de Merlino Notarios infrà scriptos, hoc publicum fieri documentum. Actum in choro Ecclesiæ S. Joannis ad Concham Mediolanensem, præsentibus Reverendo in Christo Patre & domino domino Fratre Jacobo, Dei & Apostolicæ sedis gratiâ Episcopo Lunensi, ac venerabilibus viris dominis Fratre Christophoro de Terrago Claravallis Mediolanensis diœcesis, Fratre Guillelmo de Lampugnano sancti Ambrosii Mediolanensis Monasteriorum Abbatibus, Fratre Bertrando Bonifacii Præceptore domûs sancti Antonii Mediolanensis, Filipolo & Peragrino de Besozero Ordinariis Ecclesiæ Mediolanensis, ac nobilibus & egregiis dominis Abellonio Milite Comite de Cochonate, Gerardo de Laquiellâ nato quondam domini Ambrosii, Adoardo de Cataneis de Januâ, Antonio de Pogiis, Antonio & Azone Fratribus de Vicecomitibus, & Bartholomæo de Placentinis, Faustino de Lautanis, ac Beltramolo de Ferrariis legum Doctoribus, & Vassalino de Bossiis filio quondam Domini Jacobi Procuratore Mediolani, & multis aliis in multitudine copiosâ, omnibus ad præmissa vocatis testibus & rogatis.

Ego Joannolus natus quondam domini Francisci de Colduariis, publicus Imperiali auctoritate Notarius Mediolanensis, unà cum infrà scripto Bellino de Merlino Notario, & testibus subsignatis, præmissis omnibus & singulis præsens fui, & rogatus, unà cum dicto Bellino hoc publicum instrumentum confeci, & per alium scribi feci aliis negotiis occupatus, in eoque consueto signo signavi in testimonium omnium præmissorum.

Ego Bellinus de Merlino, natus quondam domini Joannis, publicus Imperiali auctoritate Notarius Mediolanensis, unà cum suprascripto Joannolo de Colduariis Notario, & testibus suprascriptis præmissis, omnibus & singulis præsens fui & rogatus, unà cum dicto Joannolo hoc publicum instrumentum confeci, & per alium scribi feci, aliis negotiis occupatus, in eoque consueto signo signavi in testimonium omnium præmissorum.

Clementis Papæ VI. VOLADISLAO *nobili viro.*

Anno MCCCLXXXII.

Ut abdicato habitu Monastico Poloniæ, Regnũ adepturus, petat.

CLemens Episcopus, servus servorum Dei dilecto filio nobili viro Voladislao, quondam Casimiri ducis Evynacensis nato, Militi Voladislaniensis Diœcesis, Salutem & Apostolicam benedictionem. Sedes Apostolica pia mater animarum salutem desideranter affectans, personis sibi devotis generosi sanguinis claritate fulgentibus, libenter suæ benignitatis gratiam impertitur, in illis præsertim per quæ salus hujusmodi verisimiliter creditur proventura. Sanè petitio pro parte tuâ nobis nuper exhibita continebat, quòd in Regno Poloniæ de antiquâ & approbatâ & hactenùs pacificè observatâ consuetudine est obtentum, quòd aliqua mulier non succedit in eo, id quod fuit ibidem pacificè observatum à tempore cujus contrarii memoria non existit, quòdque tu claræ memoriæ Casimiro Regi Poloniæ tertio consanguinitatis gradu per lineam masculinam conjunctus & proximior masculus per hujusmodi existebas, & quòd idem Rex qui nullum superstitem filium sed filiam tantùm habebat, attendens quòd sibi propterea in dicto Regno deberes succedere, dictæque filiæ excluderentur ab illo, cœpit te prosequi odio capitali, teque duobus ducatibus quos in eodem Regno pacificè possidebas nequiter spoliavit, totque insidias vitæ tuæ posuit, quòd te oportuit de partibus illis recedere; & cum in Alamaniâ te non reputares securum, ad Regnum Franciæ transmisisti. Et quia non habebas unde posses secundùm priorem statum tuum vivere, decrevisti quòd velut Conversus in Monasterio Cisterciensi Cabilonensis Diœcesis habitares. Sed Abbas dicti Monasterii qui tunc erat recipere te noluit, nisi promitteres quòd in Cisterciensi Ordine perpetuò remaneres, & quamvis regulatis ordinis totaliter inexpertus existeres, tamen reperiens regularem professionem in eo fecisti. Post medium autem annum vel circiter cum ipsius asperitatem Ordinis pati non posses, ad Monasterium S. Benigni de Divione Ord. S. Benedicti Lingonensis Diœcesis de licentiâ prædicti Abbatis. accedens, in eo tamquam Conversus per annos aliquos moram traxisti.

Tandem verò prædicto Rege sublato de medio, cum dictum Regnum tibi legitimè deberetur, ac ipsius habitatores & incolæ te affectarent in eorum Regem habere, & Lodovicus Rex Ungariæ Regnum ipsum contrà justitiam occupasset, guerram sibi movisti; sed demùm dubitans ejus potentiam, & quòd te interfici faceret, metu mortis ac necessitate cogente de consilio aliquorum patentum & amicorum tuorum ad dictum Monasterium S. Benigni rediisti, & ibidem per aliquos annos ut Conversus mansisti, nullà tamen inibi per te regulari professione emissâ. Quare pro parte tuâ nobis fuit humiliter supplicatum, ut cum nunquam firmum propositum habueris in aliquo regulari Ordine remanere, ac præfati habitatores & incolæ te in eorum Regem habere desiderent, si & in quantum indiges, à quâcumque regulari observantiâ te absolvere, tibique concedere quòd Comitatus & Ducatus, & quæcumque alia temporalia dominia, ac ipsum Regnum obtinere & regere valeas, de benignitate Apostolicâ dignaremur.

Nos igitur attendentes sinceræ devotionis affectum quo Nos & Romanam Ecclesiam revereris, ac sperantes quòd illius, per quem Reges regnant, & Principes dominantur, tibi suffragante clementiâ, prædictos habitatores & incolas, qui Ludovico faciente prædicto contrà nos & Romanam Ecclesiam in schismatis devium damnabiliter sunt collapsi, ad viam salutis & justitiæ revocabis, ac considerantes quòd olim præfatus Ludovicus felicis recordationis Gregorio Papæ XI. prædecessori nostro super hoc humiliter supplicavit, præmissis & aliis rationabilibus causis moti, hujusmodi tuis in hac parte supplicationibus inclinati, te à quâcumque regulari observantiâ ad quam ex professione prædictâ, aut morâ quam in præfatis Monasteriis, ut præmittitur, fecille dignosceris, quomodolibet adstrictus ex istis, ex Apostolicæ potestatis plenitudine per præsentes absolvimus. Tibi nihilominùs concedentes quòd Comitatus, Ducatus & quæcumque alia temporalia dominia quæ ex successione, vel aliàs justo titulo ad te pertinent & pertinebunt in posterum, ac regnum ipsum, si tibi legitimè debeatur, recipere, obtinere, regere ac etiam gubernare libere & licitè valeas, ac si in dicto Cisterciensi Ordine professionem regularem minimè emisisses, nullamque in eisdem Monasteriis vel eorum altero moram traxisses. Constitutionibus Apostolicis, necnon statutis & consuetudinibus Monasteriorum & Ordinum prædictorum juramento, confirmatione Apostolicâ, vel quâcumque firmitate aliâ roboratis, contrariis non obstantibus quibuscumque. Nulli ergo omninò hominum liceat hanc paginam nostræ absolutionis & concessionis infringere, vel ei ausu temerario contraire. Si quis autem hoc attentare præsumpserit, indignationem Omnipatentis Dei & beatorum Petri & Pauli Apostolorum ejus se noverit incursurum.

Datum Avinioni XVII. Octob. Pontificatûs nostri anno quarto.

Crescentius.

Ejusdem Pontificis eidem.

[Margin: Adeat Papam Vladislaus jubetur.]

CLEMENS Episcopus servus servorum Dei, dilecto filio VOLADISLAO de Polonia, Monacho S. Benigni de Divione Ord. S. Benedicti, Lingonensis diœcesis, salutem & Apostolicam benedictionem. Cum pro nonnullis nostris & Romanæ Ecclesiæ negotiis tua præsentia sit nobis plurimum opportuna, præsentium tibi tenore mandamus, quatenus receptis præsentibus ad præsentiam nostram personaliter te transferre procures, etiamsi dilectus filius Abbas Monasterii S. Benigni de Divione, Ordinis Sancti Benedicti, Lingonensis diœcesis, aut aliquis alius Superior tuus licentiam super hoc tibi duxerit denegandam.

Datum Avinio. secundo Nonas Julii, Pontificatûs nostri anno quarto.

De Curia.
B. Salveti.

Procuratorium instrumentum quo LUDOVICUS *Rex Jerosolymit. dat facultatem ineundi matrimonium pro se cum* YOLANDA *filia Regis Aragoniæ.*

[Margin: Anno MCCCXCII.]

LUDOVICUS secundus Dei gratiâ Rex Jerusalem & Siciliæ, Ducatûs Apuliæ, & Principatûs Capuæ, Dux Andegaviæ, Comitatuum Provinciæ & Forcalquerii, Cenomaniæ, Pedemontis ac Rontiaci Comes, notum facimus per præsentes universis & singulis tam præsentibus quàm futuris, quòd cum dudum proloquuto tractato & finaliter concordato matrimonio per procuratores, habentes ad hoc plenum posse & speciale mandatum, inter nos & illustrem YOLANDAM filiam bonæ memoriæ Illustrissimi Principis domini Joannis Aragonum Regis, cum certis pactis & conventionibus contentis & declaratis in privatis Instrumentis propterea factis; Nos tunc existentes prout nunc sumus in nubili ætate, totis desideriis peroptantes, ut hujusmodi matrimonium compleretur, de fidelitate & industriâ nobis notis ab experto magnificorum ac venerabilis virorum Roberti de Dtocis quondam consanguinei nostri carissimi, Raymundi Bernardi Flamingi Militis legum Doctoris majoris, & secundarum appellationum provinciæ Judicis, & Arnulphi la Caille quondam Præpositi Aquensis, consiliariorum & fidelium nostrorum dilectorum plenissimè confidentes, ipsos tres, & duos ipsorum fecimus, creavimus & ordinavimus nostros veros & indubitatos procuratores, factores, negotiorum gestores, & nuntios speciales ad transferendum se personaliter nomine nostro & pro nobis, ad præsentiam præfati Illustrissimi Regis & Serenissimæ dominæ Yolandæ Reginæ Aragonum, tractandumque & contrahendum nomine nostro & pro nobis cum præfatâ illustre Yolandâ filiâ ipsorum Regis & Reginæ per verba de præsenti, & in facie sanctæ matris Ecclesiæ, ut est moris, hujusmodi matrimonium solemnisandum & complendum, & super hoc nomine nostro & in animam nostram, & pro nobis juramentum quodlibet in talibus consuetum præstandum & faciendum; necnon reditus annuos, & quascumque villas, loca & castra pro statu cameræ seu dotalitio ipsius Yolandæ in dictis pactis & conventionibus constitutas & ordinatas, constituta & ordinata assignandum & tradendum, & plura alia faciendum, gerendum & exercendum quæ erant ad perfectionem dicti matrimonii necessaria & etiam oportuna, & in talibus fieri consueta, prout nostræ patentes literæ nostræ majestatis sigillo munitæ super hoc factæ latiùs continebant.

Et proinde præfati procuratores, & nuntii nostri volentes nostris obedire mandatis, ad civitatem Barchinonensem, ubi erant præfati Rex & Regina, ac ipsorum filia præfata Rex & Regina, ac Yolanda eorum filia, se personaliter transtulerunt; & in Ecclesiâ Monasterii sancti Cucuphatis Valentiæ

Barchinonensis diœceseos, personaliter existentibus dictis dominis Rege & Reginâ, ac reverendo in Christo domino Gerardo Episcopo Ilerdensi, qui in majori altari ejusdem Ecclesiæ in pontificalibus celebraverat Missam, tunc sacerdotaliter induto, & coram ipsis constitutis, dictâ illustre Yolanda filiâ ipsorum dominorum Regis & Reginæ, ac prædictis Roberto de Drocis, & Raymundo Bernardo Flamingi Militibus procuratoribus & nuntiis nostris, factis solitis in talibus per Ecclesiam interrogationibus eidem Yolandæ & procurationibus nostris supradictis per dictum Episcopum Ilerdensem, & habitâ congruâ responsione super eisdem interrogationibus, cum jurisjurandi religione à præfatâ Yolandâ & Roberto de Drocis, ac Raymundo Bernardo procuratoribus & nuntiis nostris; ac per ipsam Yolandam in animam suam, & per ipsos Robertum & Raymundum Bernardum in animam nostram, in manibus dicti Episcopi corporaliter ad sancta Dei Evangelia juramento præstari in talibus assueto; memorati Robertus & Raymundus Bernardus procuratores & nuntii nostri, ac nomine nostro & pro nobis, præfatis dominis Rege & Reginâ præsentibus; volentibus & consentientibus, cum dictâ Yolandâ filiâ de voluntate & consensu dictorum dominorum Regis & Reginæ Aragonum cum nobis, mediantibus eisdem procuratoribus & nuntiis nostris, matrimonium per verba legitima de præsenti; immediatè post solemnem celebrationem Missæ prædictæ contraxerunt; prout de contractu hujusmodi legitimi matrimonii pleniùs & latiùs constat publico Instrumento subscripto & signato; ut in eo legitur; manu Petri de Ponte Secretarii dicti domini Regis Aragonum, & Notarii publici, sub anno Domini millesimo trecentesimo nonagesimo-secundo; die vigesimâ-secundâ mensis Septembris, quod incipit in secundâ ejus lineâ, Ecclesia, & finit in eâdem mr......

Hinc est quòd nos totis desideriis cordis nostri præfatam illustrem Yolandam uxorem nostram habere nobiscum affectantes, de fidelitate, prudentiâ, legalitate & industriâ nobis notis ab experto, spectabilis egregii & nobilis viri Raymundi de Agouto Militis, domini Saltus & Vicecomitis Relaniæ, ac Joannis de Mayronis legum Doctoris, magnæ nostræ Curiæ magistri rationalis, consiliariorum & fidelium nostrorum dilectorum plenissimè confidentes, ipsos ambos præsentes; & onus hujusmodi procurationis in se sponte suscipientes, & utrumque ipsorum illis melioribus modo & formâ quibus meliùs tam de Jure quàm aliter possumus & debemus, tenore præsentium, sive præsentis publici Instrumenti, citra tamen revocationem aliorum procuratorum nostrorum, de certâ nostrâ scientiâ, facimus, constituimus, creamus & solemniter ordinamus nostros verstros, certos & indubitatos procuratores, factores, & negotiorum gestores, & nuntios speciales; quibus damus expressum & speciale mandatum ad transferendum personaliter nomine nostro & pro nobis ad locum ubi erunt illustrissimus Princeps dominus Martinus Rex modernus Aragonum, ac præfata serenissima Yolanda Regina, & dicta Yolanda ejus filia uxor nostra, & alia loca quæ noverint oportuna; & requirendum sibi tradi, conducendumque & associandum ad nos sæpe dictam Yolandam uxorem nostram, necnon reditus annuos, villas, loca & castra, pro statu cameræ seu dotalitio ipsius Yolandæ uxoris nostræ, in dictis pactis & conditionibus constitutas & ordinatas, constituta & ordinata, assignandum & tradendum; ac etiam ad petendum, exigendum & recuperandum in totum vel in parte restam dotis promissæ nobis pro oneribus dicti matrimonii supportandis: de receptis quittandum, ac quittationis litteras & instrumenta, cum cautelis omnibus nostro nomine & pro nobis faciendum & concedendum, ac pactum de ulteriùs non petendo expressè faciendum, cum universis cautelis oportunis, necnon promissiones & conventiones factas ratificandum & approbandum, bona nostra quæcumque mobilia & immobilia ac stabilia, præsentia & futura ubicumque existentia obligandum pro præmissis, & generaliter omnia alia & singula faciendum, gerendum, procurandum & exercendum, quæ in præmissis & circa ea, & dependentia ex eisdem fuerint necessaria; & etiam oportuna, & quæ nos faceremus & facere possemus si præsentes & personaliter interessemus, etiam si mandatum magis exigant speciale, promittentes in verbo Regio, & sub hypothecâ & obligatione omnium bonorum nostrorum quorumcumque præsentium & futurorum ubicumque existentium; nos ratum & gratum habere, & perpetuò habituros totum & quidquid per dictos procuratores nostros negotiorum gestores & nuntios speciales; seu alterum ipsorum in præmissis & quolibet præmissorum, requisitum, petitum, receptum, quittatum, concessum, obligatum, factum, gestum in & circa ac pro prædictis fuerit, nec contra unquam venire directè vel indirectè, publicè vel occultè; imò ipsa tenere, attendere & perenniter observare.

In quorum omnium testimonium & fidem has præsentes literas, sive hoc publicum Instrumentum fieri fecimus, & magni nostri sigilli munimine roborari. Datum & actum apud Villam-novam prope Avinionem in domo illustris Principis avunculi nostri domini Ducis Bituricensis; præsentibus magnificis & egregiis viris Georgio de Marlio nostro Senescallo Provinciæ, prædicto Raymundo Bernardo Flamingi legum Doctore, Joanne Gonsalvi, Joanne de Tallesio, Carolo Albe Militibus, Antonio de Villa-nova Consiliariis & Colineto le Pagi Secretario, fidelibus nostris dilectis, & pluribus aliis ad præmissa [vocatis,] Anno Domini millesimo trecentesimo nonagesimo nono die vicesimâ-nonâ mensis Octobris octavæ Indictionis, Regnorum verò nostrorum anno sexto-decimo.

Ego verò Antonius Isnardi de Moreriis civis Aquensis, Secretarius Regius, Rationalis Provinciæ Notarius publicus ubique Apostolicâ & in Comitatibus Provinciæ & Forcalquerii Reginali auctoritate constitutus, præmissis omnibus dum sic agerentur & fierent, unâ cum prænominatis testibus præsens fui, & hoc publicum Instrumentum per alium scribi & grossari feci, & hîc manu propriâ me subscripsi, & signum meum apposui consuetum in fidem & testimonium præmissorum.

Testamentum ANDREÆ de Luxemburgo Cameracensis Episcopi.

IN nomine sanctæ & Individuæ Trinitatis Patris & Filii & Spiritûs sancti, Amen. Noverint universi præsentis publici Instrumenti seriem inspecturi seu audituri, quòd anno ejusdem Domini millesimo trecentesimo nonagesimo-sexto, Indictione quintâ, mensis Octobris die duodecimâ, Pontificatûs sanctissimi in Christo Patris ac domini nostri domini Benedicti Divinâ providentiâ Papæ decimi-tertii anno tertio : in mei Notarii publici ac testium inscriptorum præsentiâ personaliter constitutus Reverendus Pater in Christo ac dominus meus metuendus dominus ANDREAS de Lucemburgo Dei gratiâ Episcopus Cameracensis & Comes, licet aliquali corporis infirmitate detentus ac oppressus videretur, & foret discretionis intentionis mentalium atque sensuum suorum naturalium gratiâ Altissimi opitulante per omnia benè compos, considerans propensiùs humanæ naturæ fragilitatem, nihilque fore certius morte, ac tamen nihil incertius horâ ejus: nolens ab hoc sæculo, si forsan disponente nutu Altissimi laqueo mortis eum præoccupari contingeret, debitum naturæ humanæ ad instar omnis carnis rediturus, quoquomodo decedere intestatus, quinimò cupiens, ut asserebat, animæ suæ saluti pro viribus providere, transitoria bona in spiritualia salubrius satagendo commutare de bonis sibi à Deo collatis super terram, suum fecit, edidit atque ordinavit Testamentum sive ultimam voluntatem: quod quidem Testamentum seu ultimam voluntatem valere voluit jure testamentario seu codicillorum omnibus viis, modis & formis quibus melius valere poterit, tam de jure quàm de consuetudine approbatis, revocando expresse per tenorem ejusdem alia Testamenta seu ordinationes quascumque per ipsum forsan alias facta seu factas, sub quâcumque verborum formâ, si & in quantum hujusmodi testamento suo seu ultimæ voluntatis suæ ordinationi derogare possent, aut quomodolibet contrariari modo ac formâ subsequentibus seriatim.

In primis siquidem animam suam de corporis ergastulo egressuram jugiter Altissimo commendavit, Beatissimæ MARIÆ Virgini ipsius Genitrici, Beatis Petro, Paulo, Andreæ Apostolis ac sancto Michaeli Archangelo, totique Curiæ supercœlesti, in sinu Abrahæ Patriarchæ cum animabus Justorum in gloriâ collocandam: corpus verò suum Ecclesiasticæ sepulturæ, quam quidem elegit & devotiùs obtinere requisivit in Ecclesiâ suâ Cameracensi ante altare Beatæ Mariæ Magdalenæ, ubi situata est imago Beati Petri de Lucemburgo Cardinalis sanctæ Mariæ ipsius germani, taliter quòd caput ejusdem versus eamdem imaginem erigatur sub tumbâ honorificè ordinatâ, absque magnâ pompâ juxta voluntatem & beneplacitum suorum Exequutorum inferius nominandorum.

Item, voluit & ordinavit quòd cor & intestina sua deferantur Avinionem, & Ecclesiasticæ tradantur sepulturæ in Ecclesiâ ubi jacet intumulatus idem dominus Petrus de Lucemburgo ejusdem germanus sanctæ memoriæ dudum Cardinalis.

Item, voluit insuper & ordinavit exequias suas fieri in præfatâ Ecclesiâ Cameracensi minoribus pompis ac cæremoniis quibus commodè fieri potuerunt, juxta discretionem ac beneplacitum suum Exequutorum, in præmissis ipsorum conscientias penitùs onerando.

Item, voluit & ordinavit, quòd debita sua & per eumdem injustè extorta, si quæ fuerint, de promptioribus bonis suis integraliter persolvantur, si & in quantum constiterit Exequutoribus suis de eisdem, aut potuerint legitimè probari, & de eisdem conquerentes ipsi fidem facere valeant competentem.

Item, voluit, ordinavit, & summo cordis desiderio requisivit, residuum bonorum suorum omnium & singulorum, præmissis oneribus debitisque peractis atque persolutis cum effectu, supercrescentium post ipsius obitum aut remanentium si quod fuerit, erogari, tradi atque distribui mediante fabricæ Ecclesiæ novæ Avinionensis, ubi dominus frater Cardinalis sanctæ memoriæ prælibatus inhumatus existit, & ubi ordinavit cor suum cum intestinis deferri, ut præfertur, atque sepeliri, in auxilium pariter & augmentum operis & ædificaturæ ejusdem, & mediatim justâ proportione mediante familiaribus & servitoribus suis, domesticis, in aliqualem servitiorum & vadiorum eisdem debitorum recompensationem, penès discretionem, voluntatem atque beneplacitum Exequutorum suorum inscriptorum, quorum & eorum alterius conscientias super hæc ple-

niùs & expressè oneravit. Reservando tamen sibi plenam & omnimodam potestatem huic Testamento suo sive ultimæ voluntati suæ addendi, substrahendi, illudque diminuendi, commutandi, innovandi, interpretandi & in aliam formam sive seriem verborum toties quoties sibi videretur utile aut expediens commutandi per cedulas, codicillos aut litteras clausas ad partem factas, seu hujusmodi Testamento incorporandas seu insigendas quamdiù vitam duxerit in humanis; quibus, & earum alteri si sic pro meliori fieri contingeret, eamdem fidem & consimilis roboris firmitatem voluit adhiberi, sicut & Testamento huic principali absque difficultate aut repugnantiâ quâcumque.

Item, voluit & ordinavit quòd si quæ dubia, obscura aut ambigua in hoc Testamento imposterum forsan reperirentur, quorum occasione lites, quæstionis materiæ, aut controversiæ inter aut contra quoscumque verisimiliter possent pullulare, vel quomodolibet suboriri, eadem per hujusmodi Exequutores suos, aut eorum alterum onus intercipiendo explanari possint, interpretari, moderari, immutari aut omnimodè terminari, prout juxta æquitatem & discretiones suas sibi visum fuerit expedire.

Pro quo quidem Testamento, seu ultimâ voluntate suâ exequutioni debitæ demandandis nominavit, assumsit & elegit Exequutores suos & fideicommissarios illustrem dominum Walerandum de Lucemburgo Comitem de Lyneis & de sancto Paulo fratrem suum germanum, nobilesque ac circumspectos viros dominum Paulum de Lucemburgo Militem dominum de Foresto & de Bonnay, ejusdem avunculum, Magistros Guidonem Cutelli in legibus licentiatum Canonicum Rumonensem Vicarium, Reynerum Lamelin in legibus licentiatum Officialem, & dominum Nicolaum Clausum canonicum Cameracensem ipsius Consiliarios atque socios, & eorum quemlibet solum & in solidum, onus hujusmodi exequutionis in se assumere volentem: in quorum manibus extunc reportavit omnia bona sua mobilia & immobilia, ubicumque locorum fuerint aut poterint reperiri, in ipsis omne jus, dominium actionemque sibi de jure aut consuetudine in eisdem & quolibet præmissorum competentia plenariè transferendo, cum omni juris factique renuntiatione, doli, fraudis pariter & cautelæ, cum omnibusque aliis clausulis juris utilibus ac etiam oportunis; ipsos tam conjunctim quàm divisim jugiter deprecando, continuus onus exequutionis hujusmodi Testamenti assumere velint & intercipere: id per omnia adimplendo ad debitum, votivumque, ut confidit, perducendum effectum. Super quibus præfatus Reverendus Pater testator petiit & requisivit à me Notario publico infrascripto, fieri atque confici unum vel plura publicum seu publica instrumentum vel Instrumenta sub adstantium tunc ibidem testimonio personarum.

Acta fuerunt hæc in castro Cameracesii in domo seu loco habitationis memorati domini testatoris ibidem, Anno, Indictione, mense, die, Pontificatuque superius designatis: Præsentibus ibidem illo tunc unà cum præfato domino testatore & Nicolao Claiquin altero Exequutorum ejusdem, nobili viro domino Matthæo domino de Humieres Milite, venerabilibus quoque & circumspectis personis Magistro Nicolao Lentiaule, aliàs de Brayo, Magistro artium & licentiato in medicinâ, domino Ægidio Dore Presbytero Canonico Ecclesiæ sancti Quintini in Viromandiâ, Galhando de Bertries, Jacobo Walterii Clericis, Joanne de la Loge, necnon Jacobo le Ghillain jamdicti Reverendi Patris domini testatoris familiaribus domesticis commensalibus, testibus ad præmissa vocatis specialiter atque requisitis.

Et ego Joannes Nicolay de Koldrecht Clericus Tornacensis Diœcesis, publicus Apostolica & Imperiali autoritatibus curiæque Cameracensis juratus Notarius ; quia prædicti Testamenti seu ultimæ voluntatis ordinationi confectionique, necnon omnibus & singulis aliis dum per præfatum dominum testatorem fierent & agerentur in modum prænarratum, unà cum prænominatis testibus præsens fui, eaque omnia sic fieri vidi & audivi. Idcircò hoc præsens publicum Instrumentum de ejusdem domini testatoris mandato in hanc publicam formam redigendo alienâ manu fideliter scriptum exinde confeci, signoque & subscriptione meis solitis roboravi, requisitus in fidem & testimonium veritatis præmissorum.

Testamentum JOANNIS de Luxemburgo & uxoris ejus.

An. MCCCXIII.

1395.

Vobis illustri domino domino Walerano de Luxemburgo Comiti Liney & sancti Pauli, &c. nos Joanna de sancto Severino Comitissa Conversan. &c. Frater Angelus de Baro Dei & Apostolicæ Sedis gratiâ Episcopus Bitterrensis, & Micius Bonicordis de Baro. Tenore præsentium significamus, quòd quondam excellens dominus JOANNES de Luxemburgo vester utique germanus, Conversan. Comes, &c. infirmitate detentus apud Sinisium, ex quâ infirmitate extitit postmodum vitâ functus, sanam tamen habens memoriam, & rectam loquelam, suum ibidem ultimum condidit Testamentum, die scilicet XVI. mensis Martii, tertiæ Indictionis ; & inter alia legata ipsius quondam domini Joannis voluit & mandavit, dimisit atque legavit quondam dominus Joannes præfatus, quòd de bonis suis expendi debeant sex millia ducatorum, tam in ædificatione cujusdam Capellæ ædificandæ in loco ubi corpus beatissimi Petri de Luxemburgo est collocatum apud Avinionem, ad honorem, laudem, & reverentiam ipsius, ita quòd prædicta Capella suo nomine intitulata corpus dicti sancti cooperiat & detineat in æternum ; sub cujus pedibus dictus Testator constitui voluit sepulturam pro suis ossibus deponendis in Ecclesia supradictâ : quòd etiam in emptione certarum possessionum & bonorum, ex quibus vivere possent & nutriri Capellani, & servitores deputandi ad servitium Capellæ præfatæ. Pro cujus Testamenti exequutione ordinavit, constituit, & fecit Testator ipsos suos epitropos, & Testamenti exequutores nos præscriptos, dans, concedens & tribuens nobis auctoritatem & plenariam potestatem, quæ in talibus requiruntur in formâ debitâ & consuetâ.

Subsequenter volente Deo, quondam magnifica domina Margarita de Angia Conversan. Comitissa, uxor prædicti quondam domini Joannis, sequens virum ab hoc sæculo transmigravit ; ante cujus mortem sanam memoriam, & rectam habens loquelam, suum ultimum condidit Testamentum pariter & ordinavit, & inter cætera legata sua, legavit similiter, approbavit & ratificavit quòd de bonis suis, quæ cum bonis dicti viri sui eadem erant, expendi debeant sex millia ducatorum tam in constructione dictæ Testatricis, sive Capellæ ædificandæ, ad laudem & honorem nominis dicti Sancti, quàm in emendis possessionibus & bonis pro vita Sacerdotum Capellanorum, & servientium Ecclesiæ supradictæ, juxtà legatum & ordinationem Testamenti quondam viri sui præfati : constituens, ordinans & faciens Testatrix ipsa suos epitropos & dicti testamenti exequutores nos præfatos, dans, tribuens & concedens nobis omnem auctoritatem & plenariam potestatem ; quæ in talibus requiruntur.

Nos verò desiderantes summè exequutionem dictorum Testamentorum duci ad debitum effectum, juxtà voluntatem & commissionem dictorum Testatoris & Testatricis conjugum, & non existantibus hìc in istis partibus de bonis mobilibus ipsorum, decrevimus de pecuniâ pendentium sive reragiorum terræ Enguinei, & Bellirevideri, ac Comitatûs Brennæ dictis Testatori & Testatrici spectantibus expendere vel expendi facere præfata sex millia ducatorum in ædificationem Capellæ supradictæ, & emptionem possessionum præfatarum, ita quòd legata ipsorum debitè & efficaciter persolvantur : & non valentes ad præsens circa præmissa personaliter interesse ; confisi itaque de Excellentiâ & Celsitudine vestrâ ; confidenter vobis tenore præsentium de certâ nostrâ scientiâ committimus exequendum : supplicantes & exorantes attentè ut ad hoc vestra dominatio inclinetur, nostram commissionem non refutans ; dantes, concedentes & largientes vobis proinde vices nostras, auctoritatem & plenum posse, quas & quod dicti quondam Testator & Testatrix nobis tamquam eorum epitropis, fidei Commissoribus & Testamenti exequutoribus plenariè tribuerunt. Ita quòd vigore præsentium vos, tamquam nos, à modo positis & valeatis dicta sex millia ducatorum sive pendentibus sive reragiis dictarum terrarum Enguinei & Bellirevideri, ac Comitatûs Brennæ exigere & colligere, vel exigi & colligi facere realiter cum effectu à conservatoribus, vel quibusque detentoribus eorumdem, & ex ipsis habitis & collectis fieri & ædificari facere & mandare Capellam eamdem, ac emi possessiones pro nutrimento Sacerdotum Capellanorum servientium Ecclesiæ supradictæ, juxtà ordinationem factam per me Micium apud Avinionem, tamquam per unum de epitropis & exequutoribus ipsius, quam utique acceptam, ratam & firmam habemus : promittentes exinde harumdem tenore præsentium sub verbo & fide nostris omne totum, & quidquid inde duxerit vestra Excellentia faciendum, ratum, gratum & firmum habere, & in nullo contravenire de jure vel facto, aliquâ ratione vel causâ. In cujus rei testimonium & certitudinem præmissorum præsens scriptum exinde fieri fecimus nostris sigillis & meo Micii, ac subscriptionibus manuum Episcopi & præfati Micii roboratum ; dictum & datum in Castro Aquevivæ die duodecimo Novembris, undecimæ Indictionis.

Responsio Congregationis Prælatorum, & aliorum virorum Ecclesiasticorum, per Ducem Bedfordiæ, tunc assertum Regentem Franciæ, Parisios vocatorum super præbendo eorum consensu & assensu levandi subsidia super Clero, sicuti super Laïcis.

An. MCCCCVI

AD Requestam factam per Illustrissimum Principem Dominum Ducem Bedfordiæ per organum primi Præsidentis Parlamenti, die Lunæ decimâ octavâ Octobris, pro præbendo consensu Ecclesiæ ut imponantur, & exigatur à Clero subsidia solita exigi à Laïcis personis ; Respondet Congregatio Prælatorum, & aliorum virorum Ecclesiasticorum propter hoc Parisiis vocatorum, in modum qui sequitur.

Videlicet quòd humiliter supplicat Serenitati ipsius Excellentissimi Principis præfata prædictorum Prælatorum & virorum Ecclesiasticorum Congregatio, quatenùs patienter & non ægrè ferat eadem sua Serenitas quòd consensum pridie præstitum non præstitit, neque præstat, quoniam salvâ conscientiâ, salvis juramentis suis & libertatibus Ecclesiæ, salvo honore Regis & Regni, & præfati Illustrissimi Principis, consensum suum ad talia onera Ecclesiæ imponenda præbere non potest; propter rationes & motiva quæ inferiùs adnectuntur.

Primò, Quia pauci hùc viri Ecclesiastici vocati sunt longè; quia major pars illorum quos tam magnum potest tangere negotium, quæ ad præsentem Congregationem vocata est, minimè comparuit, quamobrem huic præsenti Congregationi securum non videtur tam solemnem Ecclesiæ partem posse repræsentare, aut quod per eam actum extiterit, approbari debere.

Item, Attentè debet considerare præfatus Illustrissimus Princeps, qualiter apud Principes infideles & idolatras tanta fuit libertas Sacerdotibus & Ministris veri Dei, quem tamen Principes ignorabant, quod eximebantur ab omnibus vectigalibus populo impositis, etiam in necessitatibus magnis. Unde *Genesis* 47. scribitur, quòd cum Ægyptii terram suam, pecora, & finaliter seipsos tempore septennis famis Pharaonis servituti pro victualibus habendis subjici cogerentur, Sacerdotes non solùm terram suam & possessiones suas vendere non sunt compulsi, sed etiam eis alimenta sibi & suæ familiæ sufficientia ex Regis & publicis horreis donata sunt. Similiter Rex infidelis Artaxerxes cum omni populo Judæorum per Nabuchodonosor captivato, atque populo suo multà tributa & vectigalia imponeret, Sacerdotes Judæorum ab illis angariis exemptos esse voluit. Vobis, inquit, notum facimus de universis Sacerdotibus, Levitis, Cantoribus, Janitoribus, & Ministris domûs Dei, vectigalia, & annonas & tributum non habetis potestatem imponendi super eos, *Esdræ* 6. Causa quare Sacerdotes eximere voluit præfatus Rex prædicto passui statim interitur, cum dicitur; *Ne forte irascatur Deus contra regnum Regis, & filiorum ejus*.

Item, Et quòd nobiles omnes qui magis statum Laïcalem quàm Sacerdotes appropinquant ad Clerus, ab omnibus vectigalibus talibus etiam si personaliter in armis non serviant, eximuntur. Quapropter multum absurdum videtur, quòd Ecclesia Deo serviens pro salute Reipublicæ, Regis & Regni, & cui propter honorem Dei omni debetur à Principibus reverentia, talibus angariis, quod nec infideles Principes voluerunt facere, sub Catholicis Principibus premeretur.

Item, Et quia bona Ecclesiarum sunt bona Dei, quorum Ecclesiastici solùm habent administratoris dispensationem; & sic viris Ecclesiasticis tales angarias imponere, est à Deo tributum aut vectigal exigere, quod quantum pias aures etiam solo auditu offendat, videant qui ad id agendum Principes excitarunt.

Item, Multum debet considerare Princeps magnas subventiones, quas viri Ecclesiastici ad deliberationem plurium particularium locorum portaverunt, ad quorum subventionem propter inopiam suarum Ecclesiarum vasa sacra atque Reliquias, & alia jocalia cultui divino consecrata, fuerunt venditioni exponere compulsi; imò & Prælati aliqui, & multi Sacerdotes etiam habitibus Ecclesiasticis pro prædictorum solutione privati, & non habentes personaliter capti & detenti. Quod neque infideles in suis sacris imò execrabilibus Sacerdotibus unquam perpetrasse leguntur. Quare contentari debet Princeps, cum penè jam omnia plerarumque Ecclesiarum bona his subventionibus exhausta sint.

Item, Advertere debet Princeps miserias & calamitates, ad quas Principes plurium Regnorum, qui Ecclesiam Dei pretioso sanguine suo à diaboli servitute liberavit, talibus angariis afflixere devenerunt, quorum nonnulli gladio perierunt, aliqui ad captivitatem perducti, cæteri dominio suo præclarissimo privati sunt. Quoniam non debent se divinæ majestatis gratiam putare promereri, qui sponsam ejus Ecclesiam in servitutem redigere conantur.

Item, Quòd temporibus retroactis, quando non currebant etiam super Laïcali populo subsidia, nec erat adhuc obedientia nostra ita ampla, & in proventibus abundans sicut nunc est, major exercitus multò quod nunc continuè habebatur, status Dominorum Regum sustinere oportebat, & optimam in armis disciplinam servabat; ita etiam ut arma sequentibus prædandi licentia interdicta esset; & tamen talia ab Ecclesiasticis Rex Henricus Angliæ nunquam postulasse legitur, imò & magnam partem Regni Franciæ ab hujusmodi exactionibus; & aliis oneribus exemit.

Item, Ut ad Bullam veniamus, quæ super necessitate Principis fundamentum suum videtur assumere, clarum est quòd tanta non potest esse necessitas, attento quòd solius Principis statum sustinere habemus, atque unicum exercitum, qui quidem à paucis diebus solutus est in Angliâ usque ad primam Januarii. Dominium autem Regni jam est amplum & magnum : currunt generaliter subsidia communia, & talliæ particulares ascendentes ad magnas pecuniarum summas. Anglia quolibet anno quasi pro mediâ parte anni armatam stipendiat, nihilominus adhuc currunt particulares subventiones in regionibus circumstantibus & locis ubi obsidiones poni deberent, nihilominùs prædicta omnia subsidia sunt levata : propter quod manifestè apparet quod tanta non est de præsenti necessitas, ut oporteat vel Ecclesiam ad tantam Laïcorum adducere servitutem.

Item, Quia in militiâ præsenti seu modernâ cessavit adeo disciplina, ac sibi est permissa prædandi impunè licentia, quòd non obstante eorum solutione nihil potest viris Ecclesiasticis & aliis extra munita loca remanere, quod ab armatorum violentiâ non tollatur; cum hæc jam in Regno hoc invaluerit corruptela, ut militiam insequentes non nisi terras Ecclesiasticas quas defendere tenentur, si eas invenire potuerint, persequentur, propter quod terræ Ecclesiæ desertæ & absque habitatore remanere coguntur, & ita etiam est depauperata Ecclesia, quòd non habet sustentari; propter quod pluribus Regni locis à divinis longo jam tempore cessatum est.

Item, Sunt multi Laïci & Communitates aliquæ sæculares, quæ tales impositiones & angarias solvere non coguntur; propter quod multum absurdum videtur Clericos velle ultra Laïcos tali servituti subjicere.

Item, Quia Bulla videtur causare pro quiete populi, propter quod manifestè apparet contrarium, quia populates jam mirabiliter murmurant, quòd Ecclesia Dei servituti similiter cum eis subjiceat, existimantes has angarias super se perpetuò remansuras, cum eas usque ad Ecclesiam audiunt adventuras.

Item, Non potest esse quies in aliquâ politiâ aut Republicâ, nisi ordo debitus inter status observetur; si enim caput seorsum super terram poneretur, nihil homine, qui est pulcherrima creatura, inveniretur difformius. Si ergo Ecclesia quæ est supremus mundi status, ad servitutem Laïcorum poneretur, nihil Republicâ confusius, præsertim cum, ut dictum est, Nobiles qui sunt in inferiori statu à talibus angariis eximantur.

Diplomatum, &c. 759

Movent etiam prædictam Congregationem juramenta per Illustrissimos Principes Reges Franciæ & Angliæ ultimatè defunctos facta de prærogativis, privilegiis & libertatibus Ecclesiæ, & virorum Ecclesiasticorum conservandis: ordinationes insuper per Concilium Ecclesiæ Gallicanæ notabiliter Parisiis congregatum, & per prædictum illustrissimum Regem Franciæ ultimatè defunctum, cum consilio & assensu nonnullorum Principum de Regiâ stirpe progenitorum, & plurimorum aliorum Principum, Ducum, Procerum & Baronum factæ, laudatæ & probatæ Parisiis decimâ octavâ Februarii, Anno Domini millesimo quadringentesimo sexto.

His igitur attentis quæ animum vestrum obligare possunt & movere debent, Reverendi in Christo Patres & Domini, qui à sanctâ Sede Apostolicâ ad exequutionem præsentis negotii estis, judices delegati, supplicat præfata Prælatorum, & aliorum Ecclesiasticorum Congregatio, quatenùs non velletis, prout nec jure debetis, ad exequutionem literarum Apostolicarum hanc materiam tangentium procedere, sed magis animum hujus potentissimi Principis prout ex officio tenemini, ad observandum libertatem Ecclesiæ inducere; parata est enim Ecclesia orationum assidua suffragia pro salute & prospero statu Regni hujus ac Principum, & vestrarum paternitatum apud Dei clementiam absque intermissione fundere. Post hæc fuit appellatio interjecta per gentes Ecclesiasticas.

Epistola Regi directa per Prælatos Ecclesiæ Gallicanæ Bituricis existentes in mense Septembri, Anno Domini 1415. ad finem obtinendi exemptionem & libertatem subsidii quadraginta solidorum supra qualibet caudâ vini de novo impositi.

Christianissimo Francorum Regi Domino nostro supremo.

CHristianissime ac Excellentissime Princeps, supreme Domine noster, divinæ legis novi & veteris Testamenti, sacrorumque jurium auctoritate colligimus, Patrum & prædecessorum nostrorum exempla salutaribus provocamur, ut libertatis Ecclesiasticæ materiam, quam & injuncti nobis ministerii juramentis sanâ & salvâ conscientiâ, & absque gravissimarum censurarum periculis præmittere non possumus, verbo, scriptis, & nuntiis apud vestram Regiam majestatem persequamur; pro quâ gloriosorum martyrii Sanctorum plurimos legitimus subiisse triumphum, qui se murum firmiter pro domo Domini opponentes, plùs formidarunt æternum quàm temporalem offendere principatum. Sed Deo major obsecrandi nobis datur occasio; quòd experientiâ manifestè cognoscimus vestram Celsitudinem majoribus quàm nunc opprimi ærumnis, necessitatibusque depressam, nullatenùs voluisse ut in libertate prædictâ quidquam attentaretur scandalosùm, vestrorum Christianissimorum progenitorum vestigiis inhærendo, qui pro quâcumque adventitiâ necessitate captivitatis Regiæ personæ tributariam facere Ecclesiam minimè voluerunt. De quibus refert Gregorius in Registro, quòd propter defensionem libertatis Ecclesiæ amplificatum est terris Regnum, concessâ divinitùs victoriâ triumphalis, & ab omni clade cœlitùs præservatio repromissâ: confidimus igitur atque speramus, Princeps Christianissime, quòd qui cœpit in vobis, & gloriosissimis progenitoribus vestris opus bonum Ecclesiæ protectionis Deus omnipotens, in cujus manu cor Regis est,

perficiet, & ab hoc sancto vos non permittit proposito declinare; nec à vestrâ Regali memoriâ excidere illam sanctissimam & honestam professionem vestro solemni in Regalis diadematis, & sanctissimæ unctionis susceptione juramento firmatam, in ingressu Parisiensis Ecclesiæ roboratam, quâ libertatem Ecclesiasticam & Ecclesiasticorum privilegia promissis perpetuis temporibus observare, perpetuis precibus sanctam & sinceram devotionem vestram ad Deum & sanctam Ecclesiam, quæ inter acerrimas quas Regnum patitur molestias, singulare quoddam nobis solatium ministrat & juvamen; sinceris cogimur exorare precibus, & pauca de multitudine auctoritatum scripturæ sacræ & jurium ad vestræ clementiæ memoriam reducere, & quasi ante oculos Majestatis vestræ, non nos ipsos sed à tergo Patres nostros: inter quos Jeremias deplorat Ecclesiam, imò & ipsam Ecclesiam ad vestra, ut ita dicam, genua provolutam instituere deprecantem, abundare jura, & sacrarum testimonia Scripturarum allegare volentibus, sed quia devotissimum & doctissimum alloqui paucâ hîc brevi tacta compendio sufficiant.

In primis ergo ab æternâ & divinâ lege, per quam Reges regnant, & quâ inviolabili sanctione Ecclesiæ privilegia primitùs sunt concessa, sumentes exordium, id duximus commemorandum, quod in Genesi scribitur de Pharaone, servituti subjectis omnibus Sacerdotes & possessiones eorum in libertate dimisit, & eis de publico alimoniam ministravit, ex tunc, ut dicunt, glorioso Domino pronuntiante Sacerdotes in omni genere liberos esse debere. Quod & Rex Cyrus sequutus, ut legitur in Esdrâ, voluit Sacerdotes pro templi ædificatione tributis non onerari, ne & in Regem & ejus filios divina ultio desæviret. Non arbitrandum igitur sub vestro deterioris conditionis effici Sacerdotum imperio, quàm sub illis Regibus qui divinæ legis notitiam non habebant, dicente Domino: *Nolite tangere Christos meos, & in Prophetis meis nolite malignari*; non enim Sacerdos ut populus, nec æqua utriusque conditio. Nam ut anima corpori, & spiritualia temporalibus, sic Sacerdotes sunt popularibus præferendi, qui & Angeli Domini exercituum dicuntur & Dii nuncupantur; lege quippe Mosaicâ, divinâ imò potiùs cautum est, ut eorum portio ab oneribus libera permaneret. Narrare libet illam divinæ ostensionis evidentiam, Heliodorum Templi & Sacerdotum perturbatorem acerrimum; cui templum Domini irruenti, & ut in libris Machabæorum legitur, apparuisse de cœlo fertur equus terribilem habens sessorem, & cum eo juvenes duo speciosi amictu, qui plagis multis afflictum Heliodorum, & quasi in exterminio palpitantem compulerunt Regi divina magnalia demonstrare. Et cum Rex alium mittere cogitaret, fertur dixisse Heliodorus: si quem habes Regni insidiatorem mitte, & flagellatum recipies, nam qui habitat in cœlis visitator est Templi & Ministrorum ejus, & violatores percutit & perdit.

Sed quid in hac re Canonicæ statuant sanctiones, placeat attendere. Non enim unus Pontifex Summus, sed tota universalis, Ecclesia in celeberrimo Lateranensi Concilio sub anathematis pœnâ tallias exigi ab Ecclesiâ inhibet & tributa, exactores & factores præmissâ monitione decernit excommunicationi eo ipso subjacere, à quâ non nisi plenariâ restitutione præhabitâ non veniunt absolvendi. Quòd si Ecclesiastici quidquam voluntariè duxerint conferendum, Romanum Pontificem statuit consulendum. Sunt & alia jura multa ididem sententia, & sacrilegorum pœnis decernentia tales existere premendos.

Quid autem in legibus Imperatorum sit, & civilibus breviter infumendum occurrit. Omnis, inquit Imperator Juſtinianus, à Clericis tributorum injuria &'exactionis repellatur improbitas. Et cum negotiatores ob neceſſitatem publicam ad exactiones vocantur, in Clericis omnis talis ſtrepitus, omnis moleſtia penitùs conquieſcat, tantaque eis prærogantia ſuccurrat, ut Sacerdotum miniſtri impunes ab oneribus perſeverent. Unde Conſtantius & Valentinus Imperatores plurima Eccleſiæ libertatum privilegia condonantes, dicebant : Gaudere & gloriari ex fide volumus, ſcientes magis religionibus, quàm tributis & laboribus noſtram Rempublicam conſervari. Apud veſtram Regiam majeſtatem perſuaſione non eget quid Carolus Magnus, Carolus Calvus, Robertus, & Sanctus Ludovicus veſtri Chriſtianiſſimi progenitores, hac in re ſancierant. Tantis igitur auctoritatibus & exemplis commoniti, veſtræ Regiæ cogimur dicere majeſtati, quod Ambroſius ad Imperatorem de Eccleſiaſticâ protulit libertate : Nil Regi honorificentius quàm quod filius dicatur Eccleſiæ, verba quæ debet Regi ſuo Sacerdos, conſulere Regum ſaluti oportet, ne quidquam illi potiùs quam ut Eccleſia immunis ſit : hæc beatus Ambroſius. Condolemus Princeps Chriſtianiſſime, & Regni & veſtris neceſſitatibus quàm plurimùm, quas ore veſtro nobis cum ſummâ animi benignitate detectis, non ſine magnis lacrymis ac dolore audivimus. In veſtro namque periclitamur periculo, & in veſtris ruinis corruimus. Sed non niſi cum vitâ jubemur libertatem Eccleſiaſticam relinquere indefenſam, nec pro tranſitoriâ pace mundi perdere ſempiternam : cum non in multitudine victoria belli, ſed de cœlo fortitudo ſit. Orante namque Moyſe legimus viciſſe populum, & ceſſante ſuccubuiſſe. Arma noſtræ militiæ lacrymas & orationes offerimus, dicentes cum Pſalmiſta ; *Hi in curribus & hi in equis nos autem in nomine Domini invocabimus.* Hortamur igitur & obſecramus veſtram Regiam majeſtatem per viſcera miſericordiæ Domini noſtri Jeſu Chriſti, ut ad ſummæ Trinitatis providentiam animum erigens, & magis in Dei adjutorio & Eccleſiæ precibus, quàm bellorum ducibus, multitudine & viribus confidens, libertatem ſanctæ Eccleſiæ protegendo Deum ſibi quærat propitium. Ingreſſuri namque Romani bella Deos ſibi placatos reddere hoſtiarum immolatione ſtudebant, ſi quid in templo illatum moleſtiæ primitùs reparantes. Narratque Valerius eo maximè Dionyſium Regem corruiſſe, quòd nullam divino cultui & miniſtris ſervari prærogativam cenſuiſſet. Hanc noſtram orationem Regia veſtra manſuetudo ſupportet, & noſtras preces clementer exaudiat : nec pro modicâ quantitate quæ parum vobis emolumenti adjiciet, nondum apertam tam pericuIoſam viam aperiat, ne modicum fermenti totam maſſam corrumpat. Deo igitur gratias agentes in immenſum quòd talem nobis dederit Regem, qui purâ mente tanto charitatis fervore Eccleſiam diligit, & omnes Eccleſiaſticos in divino cultu præcellit : obſecramur Cunctipotentem, ut qui ſpecialem vos Eccleſiæ protectorem elegit, ſuâ vos protectione cuſtodiat, & greſſus veſtros feliciter dirigat, amen.

Ex veſtrâ civitate Bituricenſi, die Nativitatis Beatiſſimæ Virginis Mariæ, octavâ menſis Septembris.

Subſcriptio. Veſtræ Regiæ majeſtatis humiles & devoti Oratores Prælati & alii viri Eccleſiaſtici, & univerſitates de ejuſdem mandato Bituricis Congregati.

Concordia facta inter Cœleſtinos Avenionenſes & Comitem Luxemburgenſem.

A Tous ceux qui ces preſentes lettres verront, frere Jehan humble Prieur & le Convent du Mouſtier des Freres Celeſtins de Lucembourc en Avignon de l'ordre de ſaint Benoiſt, appartenant à l'Egliſe de Rome ſans moyen, Salut en Noſtre Seigneur Jesus-Christ. Comme procés euſt eſté n'agaires pendant en la Court pardevant Meſſieurs tenans les Requeſtes ou Palais du Roy noſtre Sire à Paris, entre nous demandeurs d'une part, & hault & puiſſant Seigneur Monſeigneur Pierre de Lucembourc Comte de Converſan & de Brene, Seigneur d'Enghien & de Beaurevoir, fils & heritier de feu Monſeigneur Jehan de Lucembourc jadis Comte & Seigneur deſdits lieux, deffendeur d'autre part, pour raiſon de ce que nous diſions que ledit feu Monſeigneur Jehan de Lucembourc, qui fu frere du benoiſt corps ſaint Cardinal de Lucembourc, par ſon Teſtament avoir eſleu ſa ſepulture, & giſoit en noſtre dict Mouſtier d'Avignon emprés la ſepulture dudit corps ſaint ; Et pour y faire & fonder une Chapelle, & acheter rentes & poſſeſſions pour y dire & celebrer Meſſes perpetuellement avoit ordonné mil onzes d'or, qui font eſtimées à ſix mil livres tournois de la monnoye courante a preſent en France, pour eſtre en ce employées. Et par ce tendions allencontre dudict Monſeigneur le Comte, afin qu'il fuſt condamné à nous payer, bailler & delivrer ladicte ſomme de ſix mil livres tournois pour les cauſes deſſus dictes, & en nos deſpens montans à cent livres tournois, comme plus a plain eſt contenu es lettres de ſentence de ladicte Court ſur ce faites : Sçavoir faiſons que nous conſiderans les grandes pertes & adverſitez que ledit Monſeigneur le Comte a eu tant par guerrres comme autrement, & les grans charges qu'il a, parquoy il ne porroit promptement payer leſdictes ſommes, la bonne affection & devotion que nous eſperons qu'il a à noſtre dite Egliſe & Mouſtier d'Avignon, & pour autres certaines & juſtes cauſes qui a ce nous meuvent & ont meu, avons baillé, octroyé, & concedé, & par ces preſentes baillons octroyons & concedons audict Monſeigneur le Comte termes de nous payer leſdictes ſommes de ſix mil & cent livres tournois en l'Egliſe de nos freres des Celeſtins de Paris, & à procurer par nous ſuffiſamment fondé pour recevoir & bailler quittance ; C'eſt aſſavoir au terme de la ſaint Jehan Baptiſte prochain venant quatre cens livres tournois, dont les cent ſeront pour leſdicts deſpens, & les trois cens en deduction de ladite ſomme de ſix mil livres tournois : & à chaſcune feſte de ſaint Jean Baptiſte continuant enſuite trois cens livres tournois juſques à la fin de payement de ladicte ſomme de ſix mil livres tournois. Promettons en bonne foy à tenir & garder leſdits termes audit Monſeigneur le Comte, ſans plus avant le contraindre ou le faire contraindre en aucune maniere ; & a matere, convertir & employer leſdit ſix mil livres tournois eſdites edification & fondation le mieux & plus proufitablement que bonnement faire porrons fur peine de rendre, payer & reſtituer audit Monſeigneur le Comte à ſes hoirs tous couſts, frais, dommages & intereſts qui leur en porroient avenir. Et quant a ce nous obligeons & ſoubmettons à la Juriſdiction & Coherction de Noſtre ſaint Pere le Pape, du Roy noſtre Sire, & de toutes autres Juriſdictions & Cohercions, tous les biens temporels de noſtre dite Egliſe preſens & avenir. En teſmoing de ce nous avons ſcellé ces preſentes de nos ſceaux pendans, qui furent

Anno MCCCCXV.

Induciæ dit Cœleſtiniani Comit. Lux. ad ſolvendas pecunias, Teſtamento Joannis patris ejus illis legatas.

rent faites & donnees en nostredit Moustier de Lucembourc en Avignon le premier jour du mois de Juing, l'an de grace Nostre Seigneur mil quatre cens & quinze.

Anno MCCCCXX.

Regem juramento solvit.

Martini Papæ III. Joanni Regi Castellæ.

Martinus Episcopus servus servorum Dei, Carissimo in Christo filio Joanni Regi Castellæ illustri, Salutem & Apostolicam benedictionem. Collatâ coelitùs beato Petro potestate, Romanus Pontifex ejus successor Christique Vicarius utitur, prout juxtà negotiorum qualitatem id conspicit salubriter expedire. Sanè pro parte tuâ nobis nuper exhibita petitio continebat, quòd olim tu dilectum filium nobilem virum Carolum Dalphinum Viennensem tueri & defendere, ac ejus partem favere intendens, in ejus subsidium & juvamen quamdam pecuniarum summam tibi à subditis tuis annis præteritis millesimo quadringentesimo decimo octavo, decimo nono, & vigesimo, propterea liberaliter largitam, seu tantum de iisdem expensas jurasti ; verùm sicut eadem petitio subjungebat, postmodum non multis interjectis diebus, aliis nonnullis arduis necessitatibus tibi occurrentibus, pro quarum supportatione nedum pecunias prædictas, verumetiam de bonis propriis non modicam quantitatem necessariò exponere habuisti, propter quod hujusmodi juramentum nequivisti prout non posses observare absque non modico gravamine subditorum prædictorum. Quare pro parte tuâ nobis fuit humiliter supplicatum, ut pro tuæ & Consiliariorum tuorum conscientiæ tranquillitate, & pace revelamineque eorumdem subditorum, tibi ac illis super hoc opportunè providere de benignitate Apostolicâ dignaremur.

Nos igitur hujusmodi supplicationibus inclinati, te, & Consiliarios eosdem, necnon quascumque alias personas, quas hujusmodi juramentum concernit, ab illo, auctoritate Apostolicâ, tenore præsentium absolvimus, ipsumque juramentum tibi & illis prorsùs relaxamus : decernentes te & illos ad illius observantiam in futurum aliquatenùs non teneri. Nulli ergo hominum, &c. nostræ absolutionis, relaxationis & constitutionis, &c. Datum Romæ VIII. Idus Octobris : Pontificatûs nostri anno quarto.

Anno MCCCCXXV.

Gratias agit de Oratoribus obedientiæ ad se missis à Rege.

Ejusdem Carissimo in Christo filio Carolo Regi Francorum Illustri.

Martinus Episcopus servus servorum Dei, Carissimo in Christo filio Carolo Regi Francorum Illustri, Salutem & Apostolicam benedictionem. Illa solemnis legatio tuæ serenitatis ad nos novissimè destinata, quæ adventu suo & significatione tuæ erga nos & Sedem Apostolicam filialis obedientiæ per solemnes Oratores tuos nobis cum effectu exhibita, & sincerâ tuæ devotionis & fidei prout semper optavimus consolata nos fuit lætitia & gaudio singulari. Nam licet tua singularis devotio nobis & Ecclesiæ non esset incognita, ipsi tamen Oratores illam Christianissimæ domûs tuæ fidei plenitudinem pridie in nostro conspectu prudentissimè & diligentissimè teserarunt, exhibentes nobis pro parte celsitudinis tuæ filialem obedientiam, qualis exhibenda est in terris Vicario Jesu-Christi ; pro quibus serenitati tuæ gratias agimus, & Deum rogare non cessamus ut te Christianissimum Regem diù conservet in vitâ, & similes Reges concedat Ecclesiæ ac populo Christiano. Verùm quia venerabilis frater noster Reginaldus Archiepiscopus Remensis principalis ex aliis Oratoribus tuis ab hinc pridie recedens, cæteros anteivit, ad conspectum tuæ celsitudinis continuò reversurus, de expeditione & gestis apud nos & de paternâ benevolentiâ & caritate nostrâ erga personam tuam ab ipso Archiepiscopo clariùs poteris informari. Nos enim, Fili carissime, sicut aliàs scripsimus celsitudini tuæ prosperam valetudinem corporis, consolationem & gaudium mentis, felicem & pacificum statum regni dari tibi à Deo cupimus : sublimitatem tuam rogantes ut sæpe nos certiores reddas de omni conditione rerum tuarum, quæ quanto magis erunt secundæ, tanto libentiùs audiemus, & majorem in mente nostrâ lætitiam & consolationem capiemus. Datum Genezam Prænestinensis diocesis VIII. Idus Septembris Pontificatûs nostri anno nono.

STE. GARNERII.

Ejusdem Carissimæ in Christo filiæ Mariæ Reginæ Francorum illustri.

Ejusdem argumenti cujus præcedens.

Martinus Episcopus servus servorum Dei, Carissimæ in Christo filiæ Mariæ Reginæ Francorum illustri salutem & Apostolicam & benedictionem. Ex illâ solemni legatione quam carissimus in Christo filius noster Carolus Rex Francorum illustris consors tuus ad nos novissimè destinavit, clarè cognovimus, sicut semper speravimus, ejus filialem obedientiam, devotionem, & fidem quam erga nos & Sedem Apostolicam habere dignoscitur more clarissimorum progenitorum suorum Regum Franciæ, qui semper Romanam Ecclesiam singulari studio defenderunt, & conservarunt Ecclesiasticam libertatem. Cognovimus etiam per effectum speratum fructum tuarum laudabilium actionum, quia tua serenitas sicut Reginam Christianissimam decet, & nos scimus, continuè apud Regem ipsum & alios ubi fuit expediens, intercessit pro faciendâ nobis & Ecclesiæ restitutione obedientiæ filialis, quæ cum nobis per solemnes Oratores præfati Regis sit exhibita & oblata, plenissimè gratias agimus præfato Regi & tuæ celsitudini reginali ; rogantes Deum ut te & illum diù conservet in vitâ, & similes Reges & Reginas concedat Ecclesiæ & populo Christiano. De his autem quæ apud nos gesta sunt, & de paternâ benevolentiâ & caritate nostrâ erga personam tuam & præfati Regis, ex relatione venerabilis fratris nostri Reginaldi Archiepiscopi Remensis, suæ celsitudinis Oratoris, ad conspectum præfati Regis præsentialiter redeuntis clariùs poteris informari. Datum Genezam Prænestinensis diocesis VIII. Idus Septembr. Pontificatûs nostri anno nono.

M. PIVARDI.

Epistola Concilii Basiliensis ad Cluniacenses Monachos.

Anno MCCCCXXXII.

Petunt Patres Concilii libros quosdam sibi necessarios.

Sacrosancta generalis Basiliensis Synodus, in Spiritu sancto legitimè congregata, universalem Ecclesiam repræsentans, Dilectis Ecclesiæ filiis Abbati, & toti Conventui Monasterii Cluniacensis, Salutem, & omnipotentis Dei benedictionem.

Accepimus pridie duo volumina Beati Augustini, in quorum altero est Tractatus contrà Donatistas, & contrà Manichæos, & contrà Faustum : in altero verò de Baptismo parvulorum. Commendamus diligentiam & obedientiam vestram, certificantes vos quia non sunt minùs salvi hic, quàm in monasterio vestro ; & quia expedito isto negotio Boëmorum proculdubio vobis remittemus sine aliquo detrimento. Verùm indigemus necessariò Ambrosio de paradiso animæ, Ambrosio de Sacramentis, & Ambrosio super Lucam. Item Anselmo de Sacramentis: item Fulgentio: item Ambrosio super psalterio. Hortamur vos omnes & singulos, mandantes nihilominùs cuilibet vestrûm in virtute sanctæ obedientiæ, & excommunicationis latæ sententiæ, ut prædicta volumina sine morâ mittatis ad nos. Expensas autem quas portando & reportando fieri continget, paratos solvere vos offerimus. Est enim magna necessitas ut prædicti libri sint hîc: nam infra octo vel decem dies Ambasiatores Boëmorum hanc civitatem ingressuri sunt. Datum Basileæ die vigesimâ sextâ mensis Decembris, M. CCCC. XXXII.

Anno MCCCCXXXIII Basilienses à Comite de Villandrando auxilium contra Petrum Episcopum Albanensem requirunt.

Ejusdem RODERICO de Willandrando.

Sacro-sancta generalis Synodus Basiliensis in Spiritu sancto legitimè congregata, universalem Ecclesiam repræsentans, Dilecto Ecclesiæ filio Roderico de Villandrando Comiti de Ribadeo; salutem & omnipotentis Dei benedictionem. Aliàs nobis de sincerâ affectione tuâ plenè scripsisti, teatque tua offerendo huic sacro Concilio, quod nos gratissimum habentes, & ex bonâ intentione tua erga ipsum sacrum Concilium plurimùm gaudentes de te rescripsimus, tuam bonam devotionem in Domino commendantes. Quod nunc etiam facimus, parati semper ad quæcumque tibi & statui tuo beneplacita. Et quia dolenter intelleximus venerabilem Petrum Episcopum, Albanensem Cardinalem de Fuxo, & ejus germanos cum magno exercitu in præjudicium & conmemptum hujus Concilii hostiliter invasisse civitatem Avinionensem, & Comitatum Venexinum, timemusque ne hujusmodi invasio partes illas in periculum & discrimen maximum provocet, Ecclesiamque scandalizet, te in cujus exercitu spem maximam posuimus, cum quantâ instantiâ possumus hortamur & rogamus, ut favoribus & auxiliis tuis velis illi civitati & Comitatui succurrere, & partes illas ne in detrimentum Ecclesiæ pareant, à talibus invasoribus custodire, omniaque remedia salutaria & opportuna circa ejus protectionem adhibere, quæ à te per dilectum Ecclesiæ filium Alfonsum Cardinalem sancti Eustachii, aut per suos quos in nomine suo demiserit, requirentur. Quibus omnibus ita subvenias, ita præsidiis, consiliis & favoribus assistas opportunis, quemadmodum in te speramus; quod ut facias te etiam atque etiam rogamus. Ex hoc enim Deum & universalem Ecclesiam quam repræsentamus tibi valde obligatos reddes, & nos in tuis negotiis paratissimos semper habetis.

Datum Basileæ VII Kal. Junii millesimo quadringentesimo trigesimo-tertio.

Ann. MCCCC XXXVI.

Patres Concilii Basiliensis mutuo accipiunt pecuniam ab abbate Cisterciensi.

Sacrosancta Generalis Synodus Basiliensis in Spiritu sancto legitimè congregata, universalem Ecclesiam repræsentans, universis & singulis in Bisuntinensi, Eduensi, Lingonensi & Cabilonensi Civitatibus & Diœcesibus deputatis à nobis & deputandis ad colligendum, recipiendum & exponendum pecunias quæ ex Indulgentiis provenient, nec non illis qui deputati sunt, aut deputabuntur custodes clavium, truncorum, seu capsarum aut archarum in quibus dictæ pecuniæ reponentur, salutem & Omnipotentis Dei benignitatem. Universitati vestræ notum facimus per præsentes, & attestamur nos dudum pro factis Græcorum mutuo in pecuniâ numeratâ recepisse à dilecto Ecclesiæ filio JOANNE Abbate Monasterii Cisterciensis Cabilonensis Diœcesis trecentos ducatos auri de Camerâ, quos sibi promisimus debere restitui de pecuniis primis ex Indulgentiis colligendis. Quare vobis & singulis vestrûm tenore præsentium mandamus, ut pro dictis trecentis ducatis de Camerâ in quibus eidem Abbati obligati sumus, nomine nostro de dictis pecuniis integrè satisfaciatis, nec non de triginta ducatis quos occasione hujusmodi aliter exposuit. Post hujusmodi satisfactionem ab eo quitantiam petentes; quod ratum gratumque habituri sumus. In quorum testimonium præsentes sigillo nostro munitas fieri jussimus. Datum Basileæ die ultimâ mensis Junii anno ab Incarnatione Domini millesimo quadringentesimo trigesimo sexto.

Locus sigilli.

BARTHOLOMÆUS.

JULIUS Legatus manu propriâ.

Erectio Academiæ Cadomensis ab Eugenio Papa IV.

Ann. MCCCC XXXVII.

EUGENIUS Episcopus servus servorum Dei, ad perpetuam rei memoriam. Dum in hac Apostolicæ ac supremæ dignitatis speculâ superni dispositione consilii licet immeriti præsidentes, multiplici meditationi pensamus quantum literarum studia ad profugandas ignorantiæ tenebras commoditatis, tam publicæ, quàm privatæ, spiritualis ac temporalis mundo conferant universo, ex quibus adversùs hæreses confirmatur fides, Dei cultus augetur, animarum consulitur saluti, pax & tranquillitas inter homines procuratur, dispensantur bonis præmia, mali supplicio puniuntur, humanæ conditionis ampliatur prosperitas, colitur regina virtutum justitia, Ecclesia militans ex earum uberrimis fructibus spiritualiter & temporaliter confovetur, votis illis, per quæ alimenta sapientiæ & virtuti ex hujusmodi studiis provenire noscuntur, assensum gratiosum & benivolum impertimur.

Sanè pro parte dilectorum filiorum, trium statuum videlicet Ecclesiasticorum, Nobilium, & Popularium Ducatûs Normaniæ nobis oblata petitio continebat, quòd licet ex ipsis, qui inter alias Regni Franciæ nationes honorabilem locum tenent, plerique literarum studiis, & diversarum Facultatum scientiæ semper diligenter incumbere, & in eis in Domino proficere consueverint, ex quo doctissimorum virorum copia semper effloruit, & exinde sibi ac hujusmodi Regno honoris & utilitatis non parum provenit incrementi, tamen propter diutina bella ac varias Regni calamitates, quæ in eo dudum, proh dolor! viguerunt, prout vigent etiam de præsenti, pro hujusmodi petiosâ exquirendâ margaritâ ad alia studia prout soliti erant minimè accedere, seu commodè conferre se possunt sine periculis ac magnis dispendiis, & jacturis. Cum autem, sicut eadem petitio subjungebat, neque honestum, neque æquum esse videatur eorum ingenia, quæ semper ad literarum & doctrinæ hujusmodi exercitia prompta & aptissima exstiterunt, ob defectum generalis Studii tepescere, & remanere velut agrum sterilem arida atque inculta, & si docti ac sapientes viri apud eos deficerent, ex defectu hujusmodi, plurima incommoda & damna Reipublicæ in spiritualibus & temporalibus provenirent : pro parte ipsorum nobis fuit humiliter supplicatum, ut ad acquirendum, & acquisitum conservandum pretiosissimum scientiæ thesaurum, quod est cæteris omnibus præferendum ; & ad illum inter multos peramplius effundendum , in oppido Cadomensi Baiocensis Diœcesis , loco ad hoc , ut asserunt , idoneo & accommodo , in quo , ut dicitur , aëris urget temperies , victualium ubertas , cæterarumque rerum ad humanum usum necessariarum copia reperitur , Studium generale erigere instar cæterorum Studiorum generalium Regni Franciæ , cum privilegiis , exemptionibus , immunitatibus & gratiis ipsis generalibus Studiis concessis , de benignitate Apostolicâ dignaremur.

Nos igitur considerantes quòd per literarum Studia & doctrinam fides Catholica dilatatur , illuminantur fidelium mentes , & intellectus hominum illustrantur , quodque per ea ad sapientiam & ipsius Creatoris omnium cognitionem pariter & rerum cœlestium pervenitur , ac propterea affectantes illa nostris temporibus adaugeri , hujusmodi supplicationibus inclinati , ad laudem & gloriam omnipotentis Dei , Rei quoque publicæ & orthodoxæ fidei incrementum ; in eodem oppido Cadomensi (quod quidem ad multiplicanda doctrinæ semina , & ad singulas humano usui res necessarias subministrandas accommodum esse , ac aliàs locum aptum & idoneum , præhabitâ diligenti informatione reperimus) generale Studium auctoritate Apostolicâ tenore præsentium erigimus , statuimus ; & etiam ordinamus , quòd perpetuis futuris temporibus vigeat & præservetur ibidem tam in Theologiâ , jure Canonico & Civili , ac Medicinâ , quàm in aliis quibuslibet licitis Facultatibus.

Volentes ac similiter statuentes quòd Legentes & Studentes ibidem omnibus privilegiis , libertatibus , immunitatibus & gratiis concessis Magistris in Theologiâ , ac Doctoribus , Licentiatis , Baccalaureis , Legentibus & Studentibus in Studiis prædictis , gaudeant & utantur : quodque illi qui processu temporis bravium meruerunt in aliquâ Facultate , in quâ studuerunt , obtinere , etiam mereantur in illâ gradum Baccalaureatûs , Licentiæ , Magisterii sive Doctoratûs assumere ; atque inibi docendi attributa licentiâ ut alios valeat erudire ; necnon hi qui Baccalaureatûs , Licentiæ , Magisterii aut Doctoratûs honorem sibi petierint elargiri per Magistrum vel Magistros , seu Doctores illius Facultatis , in quâ examinatio fuerit facienda , Venerabili Fratri nostro Episcopo Baiocensi , loci Ordinario , qui pro tempore fuerit , quem Cancellarium eidem Studio perpetuò deputamus ; vel sufficienti & idoneo Vicario , quem ad hoc ipse Episcopus suo nomine duxerit deputandum ; sede verò Episcopali vacante , illi qui ad hoc per dilectos filios Capitulum Ecclesiæ Baiocensis deputatus exstiterit ; præsentenur. Idem quoque Episcopus aut deputatus , ut præfertur , Magistris & Doctoribus , actu inibi in eâdem Facultate legentibus , convocatis illis , in his quæ circà promovendos in Baccalaureatûs , Licentiæ , Magisterii , seu Doctoratûs honore requiruntur , juxtà morem & consuetudinem qui super talibus in generalibus studiis observantur , examinare studeat diligenter ; eisque si ad hoc sufficientes & idonei reperti fuerint , recepto priùs ab eis & ipsorum quolibet , nostro & Romanæ Ecclesiæ quòd ipsi beato Petro , præfatæ Ecclesiæ , nobis , & successoribus nostris Romanis Pontificibus canonicè intrantibus , fideles & obedientes erunt , ac jura ipsius Ecclesiæ in omnibus pro posse defendent , nec operabunt aliquid , aut operantibus consentiunt , quod vergat in præjudicium status , aut honoris Ecclesiæ aut Pontificum præfatorum , debito juramento , hujusmodi Baccalaureatum & Licentiam tribuat , necnon Magisterii & Doctoratûs honorem conferat & etiam

largiatur , cum insigniis ad hoc solitis & consuetis. Illi verò qui in eodem Studio dicti oppidi examinati & approbati Baccalaurei ac Licentiati fuerint , ac docendi licentiam & honorem hujusmodi obtinuerint , ut est dictum , ex tunc absque examine & approbatione aliâ docendi & legendi , disputandi & docendi , & cætera faciendi , tam in prædicto ipsius oppido , quàm in singulis aliis Studiis generalibus , aliisque locis ad hoc idoneis , in quibus voluerint legere & docere , disputare & decidere , ac cætera facere , quæ ad similes actus pertinere noscuntur , statutis & consuetudinibus contrariis quibuscumque , etiam Apostolica auctoritate , vel alia quavis firmitate roboratis , nequaquam obstantibus , eâdem auctoritate Apostolicâ plenam & liberam habeant facultatem.

Nulli ergo omninò hominum liceat hanc paginam nostræ erectionis , ordinationis , voluntatis , statuti , & deputationis infringere , vel ei ausu temerario contraire. Si quis autem hoc attentare præsumpserit , indignationem omnipotentis Dei & Beatorum Petri & Pauli Apostolorum ejus se noverit incursurum.

Datum Bononiæ anno Incarnationis Dominicæ millesimo quadringentesimo tricesimo septimo , tertio Cal. Junii , Pontificatûs nostri anno septimo.

Publicata Cadomi ab Officiali Baiocensi die VIII. *Julii , An. Domini* MCCCCL.

Sacratissimæ ac Christianissimæ Regis Francorum Majestati , JANUS *de Campofregoso Dux Januensium.*

Ann. MCCCC-XXXVII.

Orat Regem ut Regno Cyprico periclitanti subsidium conferat.

ETsi jamdiù , Serenissime ac Christianissime Princeps , manifestam regni Cyprici calamitatem ante oculos habueimus , idque civitas nostra apud Christianos tùm Principes , tùm populos denuntiando ac exclamando sæpiùs deploraverit , nunc eò minùs continere rursum non possumus , quo recens terror excrevit regni illius internecionis , ac penè Christiani nominis interitus ad nos defertur : cum Soldanus Christianæ fidei hostis teterrimus , post tentatam toties illius regni servitutem , nuperrimè ac publicè Christianorum omni metu posthabito ingentem classem ad perniciem Regni illius parare videatur. Quòd profectò etsi in communi calamitate præter privatam portiunculam liceat non accipere ; vel primi at saltem non postremi esse volumus , qui taciti tantam tempestatem , pudoremque vel ferre vel præstolari videamur. Olim solebant esse in Christiano populo tùm Reges , tùm Principes , quibus nulla major cura inerat , quàm Christiani nominis cultum ac fidem ab omni injuriâ tuendi ; nunc autem ita crevit auctaque est omnibus suarum cuique rerum cura & libido , ut nihil communi calamitati dignitatique christianæ ampliùs consulatur.

Decrevimus ob id , Christianissime Principes , consilia quæ nos in hac re capere decrevimus , etiam aliis Principibus suadere , maximè quidem Serenitati vestræ , cui aliquod præcipuum hujuscemodi rerum onus videtur incumbere , orando ac adhortando Majestatem vestram , ut futuræ huic tantæ cladi prospiciat , nec solùm per seipsam , sed consilio suo cæteros impellat ad ea omnia agenda , per quæ Christiani nominis & dignitati & saluti consulatur. In quo ne videamur verbis solùm remedia memorare , hoc non facto , offerimus quibuscumque volentibus subsidia illi regno conferre , tot triremium biremiumque corpora quot necessaria fuerint ad protectionem salutemque illius regni , quemadmodum Legati Cyprici, qui pro re hac apud nos fuere, Majestati vestræ enarrabunt. Quòd modo superest, Sublimitatem vestram & rogamus & hortamur, ut non aliena à moribus clarissimorum priorum suorum hujusce rei principalem curam suscipiat, auctoremque se præbeat, tam sancto, tamque pio operi; quo & saluti regni illius, ac Christiani nominis dignitati M. vestra videri possit, ut solita est, consuluisse. In quo etsi toti Christiano populo Serenitas vestra gratum efficiet, Deo primùm, cui maximè aspiciendum est, satisfecisse videbitur. Nos enim nec alieni esse volumus ab omni sumptu, & Orientis ac Syriæ loca nostra ac portus & receptacula hujus communi bello, si cæteri Principes ac Christiani populi conveniant, liberè ac latè offerimus, parati semper in omnia jussa vestræ Majestati.

Data Januæ in nostro Ducali Palatio, anno millesimo quadringentesimo trigesimo septimo, die vigesimo quinto Augusti.

Anno cir̄c. MCCCCXXXVIII.

Ut Dux Bavariæ diutiùs detentum libertate donet.

CAROLI VII. *Regis Francorum* FRIDERICO *Romanorum Regi.*

Serenissimo Principi FRIDERICO Dei gratiâ Regi Romanorum carissimo fratri ac consanguineo nostro carissimo, CAROLUS eâdem gratiâ Rex Francorum, salutem & virtuosos atque celebres actus jugiter amplecti. Serenissime Princeps, carissime frater & consanguinee, miramur admodùm molestissimèque ferimus, quòd licet toties à nobis rogatus liberaliter nobis pollicitus fueritis carissimum filium nostrum Sigismundum Ducem Austriæ ad suas ditiones & gentes permittere liberè & gratiosè reverti &, præsertim infra certum terminum, jam diù elapsum; tamen (ut intelleximus) hactenùs eum detinuistis, & adhuc detinetis. Et quia sicut solebamus &, quemadmodum decens exstat & rationi consentaneum, ei sincerè & ex intimis afficimur, vos enixiùs rogitamus quatinus eum modo sine pluri dilatione velitis expedire, suæreque quòd ad loca sua regrediatur; ipsas ditiones & gentes suas in libertate suâ (ut censetur operæpretium pro quiete paceque, & communi bono reipublicæ) earumdem & aliarum prædictarum sibi adjacentium recturus & gubernaturus.

Potestis etiam per tot conscriptiones nostras pendere, quantam nobis cedit in displicentiam tam longa detentio carissimi avunculi nostri Ludovici Ducis Bavariæ; & ideo vos majori deprecamur affectu, quatinus quantumcumque nobis velletis complacere, hac vice velitis eum facere per consanguineum nostrum ejus filium penitùs liberari, permittique terris, & dominis suis quibuscumque plenariè & pacificè perfungi pariter & gaudere, sicut debet, & ante detentionem suam consueverat. Nobis in his gratitudinis integritatem consecuturis, nos ad mutuæ vicissitudinis pro vobis & vestris explendas repensiones reddendo semper affectiores, prout hæc & alia super his amplè reservavimus dilectis & fidelibus Consiliariis & Ambaxiatoribus nostris Domino de Fenestranges & Henrico Bayere Militibus, vobis per eos oportunè referenda. Quibus in eis, quæ super ipsis materiis hac vice nostri pro parte vobis explicuerint, credulam fidem velitis, quæ sumus, adhibere, & per eos nobis remittere grati habendas ut confidenter præstolamur vestras utique rescriptiones.

Datum Cainone.

Litteræ Concilii Basiliensis, quibus intimantur Ordini Cisterciensi facta contra EUGENIUM *Papam IV.*

Ann. MCCCC. XXXIX.

Sacro-sancta Generalis Synodus Basiliensis in Spiritu sancto legitimè congregata universalem Ecclesiam repræsentans, dilectis Ecclesiæ filiis Abbati Cisterciensi & cæteris Abbatibus ac aliis religiosis viris in Capitulo Cisterciensi congregatis salutem, & omnipotentis Dei benedictionem. Desiderantes devotiones vestras de his rebus veraciter informari, quæ pro salute universalis Ecclesiæ per hanc sanctam Synodum aguntur, mittimus eisdem nostras litteras, decreta synodalia, & alias scripturas, ex quibus veritatem & justitiam hujus sacri Concilii magnâ ex parte poteritis conscribere. Et quomodo necessarium est toti Religioni Christianæ ut in regimine Ecclesiæ provisio salutaris apponatur, quam à suis calamitatibus & languoribus relevari opus est per providentiam alicujus probi pastoris, qui mores hominum exemplo salutari, & Deo dignâ administratione in meliùs convertat, sacrosque Canones & decreta salubria prudenter ac fideliter exequatur in ædificationem cunctorum; qui etiam debitè revereatur auctoritatem Conciliorum generalium, & non res Ecclesiæ pro libito voluntatis agere velit.

Si verò absque hujusmodi provisione relicta fuisset Ecclesia Dei, & postquàm hæc sancta Synodus tot annis congregata exstitit, cui omnes Reges Catholici incorporati sunt, dimissus fuisset ille pro suo libito voluntatis in ipsâ Ecclesiâ regnare, qui ejusdem sanctæ Synodi auctoritatem ejusque decreta & sacros Canones bonum publicum universæ Christianæ Religionis concernentes contemnebat & parvipendebat, ac etiam determinationem Catholicæ fidei de auctoritate Conciliorum generalium repræsentantium universalem Ecclesiam in sacro Constantiensi Concilio conclusam violabat per contrariam hæresim; & dum aliis exemplum correctionis præferre debuerat, ipse abusus augmentabat: facilè omnes conspicerent quantæ desolatio, quanta ruina imminebat Ecclesiæ Dei, cum ampliùs summi Pontifices non potuissent in futurum per Concilia generalia corrigi, sed liberam fuisset eis quidquid voluissent agere. Unde si quisquam eorum fidem evertere voluisset, hominesque passim in damnationem ducere, non potuisset Ecclesia congregata ejus correctionem efficere, si talis incorrigibilitas Gabrielis priùs nuncupati Eugenii Papæ quarti, qualis nunquam inventa est in alio Pontifice quasi à principio sæculi, prævaluisset adversùs hujus sanctæ Synodi auctoritatem. Sed Deus hoc non permisit, qui usque ad ipsius sæculi consummationem Ecclesiam suam non deseret, quique, ut speramus, talem Pastorem donabit eidem Ecclesiæ, sub quo universa Christianitas consolationem accipiet. Vestræ autem devotiones velint omnibus favoribus & auxiliis ipsam juvare Ecclesiam in hoc necessitatis tempore, in gloriam Divinæ Majestatis. Nec ipsam devotionem vestram, aut aliorum quorumcumque à prosequutione præfatæ justitiæ & veritatis retrahant cautelæ supradicti Gabrielis, qui sub umbrâ unionis & reductionis Græcorum sua facta cooperire conatur, & reformationem evitare, atque hanc sanctam Synodum & Decreta ejus prosternere. Satis enim potest cognoscere universus orbis, quibus artibus Græcos ipsos ad se traxit, & impedivit ne cum hac sanctâ Synodo convenirent, sicut fuerat cum eis concordatum, magnumque schisma in orbe posuit, ut ipsos ad se traheret, mittens oratores & galeas in Constantinopo-

Diplomatum, &c.

lim, in contrarium illorum qui mittebantur ex parte hujus sanctæ Synodi; & de facto præterifsum aliud Concilium in Ferrariâ erigens, dum ipsa reductio Græcorum cum unione & bonâ pace Ecclesiæ nostræ fieri potuerat, si ipse non talia objecisset impedimenta. Si quam autem professionem veritatis præfati Græci fecerint in articulis, in quibus à nobis dissidebant, cujuscumque impulsu vel inductione id factum sit, gratias agimus divinæ bonitati, quæ nonnunquam ex malis aliqua bona elicere dignatur: & valde desideramus ut Græci ipsi in rectâ fide semper permaneant pro quorum unione procurandâ multos labores gravissimosque sumptus hæc sancta Synodus sustinuit.

Sed cavebit Ecclesiastica providentia, ne sub umbrâ hujus rei præfatus Gabriel Ecclesiam nostram Latinam pessumdare possit, ne ea quæ in tribus Conciliis generalibus Constantiensi, Senensi & Basiliensi pro reformatione & salutiferâ gubernatione Ecclesiæ elaborata sunt, nunc miserabiliter corruere permittantur, maneatque tam enormiter prostrata Conciliorum auctoritas. Speramus autem quòd Dominus, qui omnia conspicit, illuminabit oculos Christianorum ad intelligendam omnem veritatem, & cuncta convertet in bonum Ecclesiæ suæ sanctæ, qui vestras devotiones feliciter conservare dignetur in æternam salutem.

Datum Basileæ III. Non. Septembris, anno à Nativitate Domini millesimo quadringentesimo trigesimo nono.

Anno MCCCCXLV.
d. 5. Febr.

Fœdus Pacis initum cùm Electoribus Romani Imperii, & Rege Angliæ.

CAROLUS Dei gratiâ Francorum Rex, universis & singulis præsentium seriem inspecturis, Salutem. Ut verus & perfectus amor, & ingentis benevolentiæ nexus, qui semper inter Christianissimos Francorum Reges, progenitores nostros, & Illustres Principes Romani Imperii Electores, laudabiliter viguerunt, ad nos non quidem minori dilectionis fervore, sed quantum fieri poterit majori, ut decet, propagetur & extendatur, cum Illustribus Principibus Federico Romani Imperii Archimareschallo & Electore, nec non Willielmo, Germanis Ducibus Saxoniæ, Landgraviis Turingiæ, Marchionibus Misniæ, ac Burgraviis Aldeburgenhæ, consanguineis nostris carissimis; novum fœdus, & fixa conficiatur amicitia, inivimus in vim, formam, & effectum qui sequitur.

In primis quòd nos statum, honorem, decus, & commodum prædictorum Ducum Federici, Willielmi, ad vitam ipsorum toto posse procurare, tractare, & in hac parte ad conservationem earumdem pro viribus concurrere, ac damnum, jacturam, molestiam, & statûs diminutionem evitare tenebimur, quantum cum honore facere poterimus. Item, quòd ad defensionem & offensionem Domini præfati Duces vexarentur, & nos requisiti fuerimus, concurrere; amicos amicis quoque ipsorum pro amicis, & inimicos pro inimicis habere tenebimur: ita tamen quòd nos nullum, qui dictorum Ducum subditus aut vassallus fuerit, pro amico dicere, nominare, vel reputare poterimus, nec sub amicitiæ velamine, ubi contrà talem suum subditum sive vassallum ipsorum Ducum guerram movere placuerit, aliquid in contrarium dicemus, proponemus, vel allegabimus; sed si opus fuerit, & per ipsos Duces nos requiri contigerit, auxilium, succursum, aut favorem pro viribus elargiri tenebimur: quantum hæc, ut præferuntur, per nos cum requisiti fuerimus cum honore fieri poterunt. Item, ubi per antedictos Duces contra communem nostrum & ipsius subditum, sive vassallum, guerram moveri contigerit, nos contrà talem vassallum & communem subditum favorem dare non tenebitur, sed licitè valebimus in hoc casu à succursu & auxilio abstinere. Item, subditos seu vassallos dictorum Ducum, qui nobis minimè subjiciuntur, pro amicis reputabimus; ita quòd contra tales nobis guerram facere non licebit, aut molestiam inferre: Item, dominia, ditiones, terras, castra, oppida, villagia, civitates, & loca dictorum Ducum præsentia & futura, cum armatorum copiâ, seu armorum gentibus non ingrediemur, neque gentes nostræ armatæ ingredientur, nisi ad succursum vocati per ipsos Duces, aut eorum licentia concederetur. Non obstante hujusmodi confœderatione, liberum erit omnium rerum & victualium, præterquàm armorum, commercium, etiam inter hostes & diffidatos, nec per hujusmodi commercium inter hostes nostros, & dictos Duces hæc confœderatio in aliquo violata censebitur: ita quòd subditi & vassalli dictorum nostri, aut dictorum Ducum, per terras & aquam mercari, & merces hinc inde ferre, emere, vendere, & permutare, inter hostes, & loca hostium, ut præfertur, poterint pro libito voluntatis. Item, præfati Duces succursum à nobis petentes, illum habere debebunt & à nobis consequi, suis quidem sumptibus & expensis ad rationem pro quolibet armorum homine, & archeriis consuetis, juxtà ritum Franciæ, & mortem hactenus in guerris observatum, ut subsequitur: videlicet pro quolibet armorum homine ad rationem quindecim francorum, & pro quolibet archerio ad rationem septem francorum cum dimidio per mensem; & quilibet . . . . uni archerio æquiparetur.

Item, nos expressè personas Summi Pontificis, & Illustrissimorum Hispaniæ, Siciliæ & Scotiæ Regum, præsentium & futurorum; ac Illustrem Principem filium nostrum carissimum Sigismundum Austriæ Ducem, eorumque & cujuslibet ipsorum dominia excipimus; ita quòd nulli præscriptorum, ac terris, locis, castris, & dominiis suis per dictos Duces guerra moveri debebit aut molestia inferri, sed ut amici utriusque partis esse censebuntur; horum prædictorum exceptorum numero dilectum Consiliarium & Cambellanum nostrum Joannem Dominum de Fenestrangis Militem, ejus terras & dominia subjungentes, ita quòd dictis Ducibus eidem Cambellano nostro, suisque dominiis guerram inferre minimè liceat; sed ut amicus & confœderatus hinc inde censeatur. Item, quoniam optima est & quasi spes pacis indubitata inter nos & Illustrissimum Angliæ Regem, communi nostro & dictorum Ducum consensu, idem Rex Angliæ pro excepto habebitur; ita quòd nec nobis ipsorum Ducum auxilium & favorem, neque ipsis Ducibus nostrum auxilium & favorem contrà Angliæ Regem implorare licebit; nobis quoque non licebit eidem Angliæ Regi contrà ipsos Duces, nec ipsius Ducibus contrà nos præfato Angliæ Regi succursum aut favorem quovis modo elargiri.

Præmissa omnia & singula nos bonâ fide, & in verbo Regio loco præstiti juramenti, præsentium tenore præfatis Ducibus pollicemur firmiter observare, quantum cum honore possumus, dolo, & fraude prorsus exclusis. In cujus rei testimonium præsentes literas exinde fieri, & sigillo nostro jussimus communiri. Datum Nanceii in Lotharingiâ, die vigesimâ tertiâ mensis Februarii, Anno Domini millesimo quadringentesimo quadragesimo quarto, Regni nostri vigesimo tertio. Per Regem in suo consilio. CHALIDAUT.

EUGENIO Papæ IV.

Rogat ut Joannis Cordis electionem in Archiepisc. Bituric. confirmet Papa.

Beatissime Pater, & sanctissime Domine, humillimâ usque ad pedum oscula beatorum recommendatione præmissâ. Novi, Pater Beatissime, dominum nostrum Regem pro promotione magistri Joannis Cordis, filii Jacobi Cordis Consiliarii & Argentarii sui, ad Archiepiscopum Bituricensem, jamque pluries scripsisse, alterumque suorum Consiliariorum pro dicto negotio prosequendo misisse; quoniam ipse dominus Rex rem ipsam sibi gratissimam compleri plurimùm desiderat, non solùm patris sui Consiliarii & filii prædictorum favore, quin potiùs pro desolationis dicti beneficii consideratione : maximè cum sit conveniens imò necessarium ad tales dignitates gratos ipsi domino atque fideles, & non alios constituere, propter obedientiam populorum & fortalitiorum tutam custodiam. Sanctitati igitur vestræ beatissimæ humiliùs supplico, ut dictum Magistrum Joannem ad ipsum Archiepiscopatum præficere dignetur; preces domini mei Regis exaudiendo; sicque rem prædicto domino & suo Consilio vestra Sanctitas faciet gratissimam, & ipsum dominum ad ejusdem negotia reperiet paratissimum. Quam sanam & incolumem conservet Altissimus ad felix & pacificum regimen Ecclesiæ suæ sanctæ, præceptis & mandatis ejusdem vestræ Sanctitatis humiliter me submittendo.

Scriptum, &c.

Eidem summo Pontifici CAROLUS Rex Francorum.

Prælati omnes Regni Franc. fidelitatis juramentum Regi præstare debent. Quas ob causas.

Beatissime Pater, credimus Sanctitatem vestram non ignorare, quòd Prælati Regni nostri in præfectionis suæ primordio nobis præstant & præstare tenentur ligium plerique homagium, & omnes alii fidelitatis juramentum, pro suarum temporalitatibus Ecclesiarum, etiam illarum quæ nostrorum quorumcumque circumdantur à terris subditorum, aut quæ sitæ sunt infrà dominia ipsorum, sive sint Duces, sive Comites, aut alii domini temporales in ipso nostro Regno quovis honore seu titulo fungentes: sumus enim unicus Prælatorum & Ecclesiarum hujusmodi Princeps, protector & conservator sæcularis; nec subditi sunt ipsi Prælati & eorum Ecclesiæ aliis temporalibus aut sæcularibus dominis, quàm nobis, omnesque in & sub regaliâ continentur. Et propter ea & alia, dum auctoritate Apostolicâ per electionum confirmationes, aut aliàs canonicè præficiuntur talibus Ecclesiis Prælati, debent tam de jure quàm de consuetudine legitimâ, & maximè propter bonum ipsarum Ecclesiarum ac personarum Ecclesiasticarum, etiamque ob decus & rationem dignitatis & auctoritatis nostræ coronæ & Majestatis Regiæ, de his provisionibus ab Apostolicâ sanctâ Sede descripta vel expressæ bullæ nobis, & non aliis dominis temporalibus dirigi & destinari : & ita dirigere consueverunt summi Pontifices vestri Prædecessores nostris prædecessoribus & nobis. Etsi contigerit interdum & de aliquibus Ecclesiis similibus aliter usum fuisse, hoc forsitan acciderit occasione divisionum quæ in ipso nostro Regno vigebant; quibus profectò causantibus, nonnulli ipsorum dominorum & aliorum nobis subditorum à nobis dissidebant, & nimis auctoritatis usurpativè sibi attribuentes, tunc temporis litteris & mandatis nostris obedientiam ut debebant his in rebus non exhibuissent. Ubi autem modo favente Deo, penitùs sunt illæ divisiones extinctæ, ipsorumque nostrorum erga nos reunio pax que confessæ subditorum, & ab eis nobis & justitiæ nostræ nunc obeditur, exstat operæpretium attendere; ut in his & aliis decenter dignitati & auctoritati nostræ Regiæ deferatur, nec ampliùs sinatur deprimi, neque ei, neque ullis juribus nostris detrahi : nam, sicut tenemur, ad eorum conservationem, sollicitudinem; & operam protinus daturi sumus accuratiorem.

Eas igitur ob res Sanctitatem vestram enixiùs peroramus, quatinus quantumcumque nobis ipse exoptat complacere, & sincerioris affectûs & amoris signum præstantius nobis ostendere, dignetur super his æquanimiter advertere, & amodo nobis, & nulli alii domino temporali de omnium & singularum quarumcumque Ecclesiarum, ubicumque & sub cujuscumque terrâ seu dominio in nostro Regno sitarum, provisionibus prætactis Apostolica rescripta seu bullas, vestrorum more prædecessorum secundùm ipsa jura nostra dirigere atque destinare. In hoc pastorale debitum, Coronæ verò nostræ quam tantoperè & toties apud Apostolicam sanctam sedem, & Ecclesiam Romanam satis promeruisse dignoscitur, rationem & nobis acceptissimam gratitudinem confectura Sanctitas eadem : quam votivâ felicitate pervalere concupimus ad saluberrimam sanctæ Dei Ecclesiæ directionem.

Scriptum, &c. *Nihil præterea in MS. codice.*

Benedicti de Aurea Classis Francorum Regis Capitanei, honorandis dominis Protectoribus sancti Georgii.

Anno MCCCCXLVI.

Genuenses ut se Regi Franc. subdant exhortatur.

Et ex Corsicâ & ex Hispaniâ litteris meis semper vos hortatus sum, viri magnifici, ut vobis cura esset publicas res & meas componere, quam unquam responsum ullum à vobis habui; non desistamus tamen has etiam hac de causâ ad vos dare. Accidisse enim hoc non culpâ vestrâ, sed propter longinquitatem & absentiam meam existimo, quæ vos incertos quò literas vestras dirigeretis, faciebat. Quapropter & ad exequenda etiam nonnulla negotia quæ nobis agenda erant huc in Provinciam accessimus, admiratique vehementer sumus nullam à vobis post nostrum accessum in his locis mentionem his de rebus factam. His igitur de causis cum videretur nobis vos nullam curam hac de re habere, cumque intelligeremus multorum, eorumque optimorum civium voluntatem ad hoc haud alienam esse : ad compositionem cum sacratissimo Francorum Rege devenimus, quòd ut suam patrimonialem rem, civitatem nostram recuperare omninò decrevit. Quamobrem tamquam eos, ad quos quies ac status publicus nullâ mediocriter attinet, vos vehementer exhortor ac moneo, Patres optimi, ne crescere aut multiplicare in dies adeò hoc vulnus sinatis, ut aliquando ad putrefactionem deveniat. Est enim huic Principi omninò assentiendum, cum pro pace publicâ quam nullâ aliâ viâ adipisci possumus, tùm etiam ad evitandam ejus iram, quæ & multa pericula & ingentes impensas urbi nostræ inferre pollet. Habebitur præterea si voluntati suæ assentietis, tertia hæc utilitas; nam cum ipse inclytus Princeps sua benignitate satisfacere impensis per nos factis promiserit, non erit ea vobis eroganda pecunia quæ mihi tradebatur, eruntque ii quibus illata à nobis damna sunt & largius, & certius satisfacti.

Non possum, viri dignissimi, ullo pacto desistere, quin vos ad ea quæ ad æquitatem & statum publicum attinent exhorter, quamquam Domine

Duci vestro non ita videatur, quòd nos his verbis uti præ timore existimat, quod etiam in suis litteris, quæ nuper in manus meas devenêre, vidimus: potiùs enim ac libentiùs ingentes pecunias ad corrumpendos hujus provinciæ Magistratuum animos impendere decrevit, quàm eas quæ à me petebantur ut satisfacerem eos, quibus è me damna illata sunt. Nominat præterea ipse Dux nos omnes rebelles; quòd si rectè consideraverit ipse, omnesque cæteri, qui Regiæ voluntati contradicunt, justè ac legitimè rebelles appellari possunt, habebunturque ab ipso Rege haud secùs quàm rebelles. Ex felicibus navibus nostris die septimo Novembris 1446. in Portuagii.

BENEDICTUS *de Aurea classis Francorum Regis Capitaneus.*

Anno circ. MCCCCXLVII.

CAROLI VII. *Regis Francorum summo Pontifici.*

Pecunias in Regno suo percipi nisi per deputatos à se viros tenuit.

Beatissime Pater, Sanctitatis vestræ litteras per Militem egregium Phœbum de Lusiniano, & Hugonem Podecator Legum Doctorem, serenissimi Principis fratris & consanguinei nostri carissimi Joannis Cypri Regis Oratores & Nuntios, ad nos destinatos nuper suscepimus: eorumque etiam injunctam ex parte Regis ipsius credentiam ad plenum audivimus, per quas quidem litteras, & ipsorum Oratorum relationem, accepimus Infideles eosdem Regi & Insulæ atroces minas intulisse, atque occasionem quærere ipsius Insulæ opprimendæ ac omninò devastandæ, etiam & desolandæ in Regis prædicti detrimentum irreparabile. Adjicientes ulteriùs Oratores illi indulgentiarum subsidium, quod in Regno nostro colligi & levari ex concessione vestræ Sanctitatis ob idipsum depoScebant, absque nostro consensu præfatæ Sanctitati per nos expressè notificato nequaquam concedere voluisse. Nos verò qui ad fidei Christianæ defensionem, & ipsorum infidelium repressionem, ac Regis & Insulæ prædictæ tuitionem pia semper impendia præstari vellemus, etiam ob fidei favorem, vestræ Sanctitatis honorem, & Regis prætacti contemplationem, contenti sumus ipsarum indulgentiarum per vestram Sanctitatem concessarum seu concedendarum emolumentum nostro in Regno per deputatos ad hoc levari & percipi. Quod quidem vestræ Beatitudini & ipsorum Ambaxiatorum instantiam harum serie notificamus. Quoad cætera verò auxilii ferendi hortamenta, nostram super hoc intentionem Oratoribus nostris plenè patefecimus. Sanctitatem vestram tueatur Altissimus ad longissimum regimen Ecclesiæ Dei sanctæ.

Scriptum Bituris 18. Octobris.

CAROLI VII. *Regis Franc. eidem.*

Oratorem Summi Pont. benignè suscepisse, missolùque à se nuntiat, quibus fiduciam omnem adhibendam esse affirmat.

Beatissime Pater, cum his diebus ad nos venisset venerabilis Doctor Decanus Toletanus Orator & Nuntius vestræ Sanctitatis, ipsum gratè suscepimus, & placidè audivimus; viisque Apostolicis litteris, quas ipse secum detulit, apertè intelleximus singularem confidentiam, quam eadem vestra Sanctitas de nobis gerere dignatur; unde plurimùm regratiamur, parati semper favores & auxilia sanctæ Sedi Apostolicæ & Sanctitati vestræ pro viribus impendere, sicuti hactenùs facere studuimus, & ea jugiter agere quæ sunt ad honorem & complacentiam ejusdem vestræ Sanctitatis. Habitis autem pluribus colloquutionibus per Consiliarios nostros cum præfato Oratore super materiis pro quibus venerat: tandem visum est omnibus communi sententia necessa-

rium fore, ut Ambassiatores nostros ad præsentiam vestræ Sanctitatis destineramus, singula quæ hucusque ad pacem Ecclesiæ agitata sunt relaturos, ut per ipsius vestræ Sanctitatis bonam providentiam in finem prosperum & votivos exitus deducantur: qui etiam (sicuti antea disposueramus) devotam & filialem reverentiam & obedientiam vestræ Beatitudini exhibituri essent.

Mittimus igitur ex nostris præcipuis Consiliariis & servitoribus dilectissimum, & dilectos ac fideles nostros, Archiepiscopum Remensem, Joannem Comitem Dunensem & de Longavillâ consanguineum nostrum, Electum confirmatum Ecclesiæ Electensis, Magistros Guidonem Bernardi Archidiaconum Turonensem, Thomam de Courcellis sacræ Theologiæ Professorem, & Jacobum cordis Argentarium nostrum. Quibus vestra Beatitudo plenam credentialem fidem tamquam nobis ipsis exhibere dignetur. Hi enim, ut non necesse sit multa de ipsis dicere, tales sunt qui intima mentis nostræ arcana noverunt, & nobis sunt confidentissimi. Poteritque vestra Sanctitas per eos sicut per quoscumque, quod ad hæc mittere possemus, de omnibus quæ acta sunt, & universa intentione nostra plenissimè informari, necnon & per eosdem intimare nobis cum omni fiduciâ quæque beneplacita ipsius V. S. quam feliciter conservare dignetur Altissimus ad prosperum regimen Ecclesiæ suæ sanctæ.

Scriptum, &c.

CAROLI VII. *Regis Franc. S. R. E. Cardinalibus.*

Oratores suos Summ. Pont. missos cum benevolentia excipiant, rogat.

Carolus, &c. Carissimis & specialissimis amicis, Sanctæ Romanæ Ecclesiæ Cardinalibus, salutem & sinceram devotionem. Pro nullis arduis rebus honorem sanctæ Sedis Apostolicæ & bonum universæ Ecclesiæ concernentibus, mittimus ad præsentiam Beatissimi Patris nostri Summi Pontificis aliquos ex præcipuis Consiliariis & servitoribus nostris, dilectissimum & dilectos ac fideles Archiepiscopum, &c. *ut suprà.* Ambassiatores nostros, quos in agendis dirigere & benignis favoribus atque auxiliis sedulò juvare velint amicitiæ vestræ, dicendis per eos plenam credentiæ fidem tamquam nobis ipsis adhibendo. De his enim plenissimam confidentiam gerimus, qui & intima mentis nostræ noverunt, poteruntque vobiscum universa agere, sicut quicumque quos transmitteremus, quinimò velut nosmet personaliter faceremus.

Datum Turonis xi. mensis Martii.

NICOLAI *Papæ* V. CAROLO VII. *Francorum Regi.*

Anno MCCCCXLVII.

Regem reddit certiorem de sui electione in Summum Pontificem, rogatque ut in ejus regno eâ de causâ fiant supplicationes.

Nicolaus Episcopus servus servorum Dei Carissimo in Christo filio CAROLO Regi Franciæ Illustri, Salutem & Apostolicam benedictionem. Immensa summi Dei bonitas & ineffabilis providentia, volens mundum primi parentis prævaricatione damnatum per suam immensam caritatem ab æterna morte redimere, Filium suum unigenitum nostræ mortalitatis carnem suscipere voluit, ut per ejus sacratissimam passionem depulsâ priorum caligine delictorum, nos ad cœlestia regna evocaret. Qui cum esset in terris prædicans regnum Dei, Apostolos sibi elegit, ut suorum imitatores operum Ecclesiam sanctam suam post ejus ad cælos gloriosissimam ascensionem regerent, & acceptam ab eo gratiam inter homines diffundentes, illam multiplicato fructu redderent ampliorem. Inter ipsos autem Petrum Apostolorum Principem & Caput Ecclesiæ constituit, datâ sibi & suis successoribus solvendi & ligandi plenariâ potestate. Necesse enim fuit, cum sit unicuique finis hujus vitæ constitutus, ut Petri auctoritas, dignitas & potestas transfunderetur ad ejus in Romanâ Ecclesiâ successores, ut esset usque ad consummationem sæculi qui Christum repræsentans, esset caput Ecclesiæ suæ, & solvendi & ligandi potestatem vicariam obtineret. Cum igitur per hanc ab ipso Petro continuatam Romanorum Pontificum successionem felicis recordationis Eugenius Papa IV. prædecessor noster, qui summus Romanæ Ecclesiæ Pontifex, & verus Jesu Christi Vicarius in sede Petri hactenus præfuit, in hac almâ urbe diem suum claudens extremum, animam Deo reddiderit: ipsius funeris in Basilicâ Principis Apostolorum exequiarum celebratione solemni de more, & juxtà observatam consuetudinem subsequutâ; Nos unà cum Venerabilibus Fratribus nostris sanctæ Romanæ Ecclesiæ Cardinalibus, de quorum numero tunc eramus, Romæ in Conventu B. Mariæ de Minervâ, loco ad id ex rationabilibus causis per ipsos Fratres concordius electo, modo & tempore congruis Conclave ingressi sumus pro futuri Pontificis electione; ubi tertiâ die, quæ fuit sexta præsentis mensis, Missâ in honorem sancti Spiritûs de more celebratâ, post diligentem tractatum (prout tantæ rei dignitas poscebat) habitum, prædicti Fratres qui invocatus fuerat gratiâ eorum cordibus infusâ, nos tunc Tituli sanctæ Susannæ Presbyterum Cardinalem in Summum Pontificem elegerunt, grave onus & nostris viribus impar nostris humeris imponendo.

Nos igitur licet humilitatem nostram, & imbecillitatem ad tanti ponderis sarcinam deferendam cognosceremus, tamen confisi quòd is, qui elegit humiles ut fortia confunderet, vota nostra adjuvando prosequetur, nec deseret sperantes in se, suscepimus onus impositum nobis; eâ etiam spe nos hortante, quòd tuæ & aliorum Christi Fidelium pro nobis ad Altissimum porrectæ orationes & preces, nobis auxilium ad regendam suam Ecclesiam apud Salvatorem nostrum uberius impetrabunt; & fortiorem reddent ad tantum regimen infirmitatem nostram. Idcircò exhortamur in Domino tuam Serenitatem, ut indicere velis, ut solemnes processiones cum celebratione Missæ sancti Spiritûs fiant in Regno tuo, & simul precibus omnium Fidelium Altissimo supplicetur, ut nobis gratia sua assistat, & dirigat actus nostros, ut possimus condignè regere Ecclesiam sanctam suam; & ea agere quæ spectant ad salutem animarum Fidelium, exstirpationem hæresis, pacem populi Christiani, & infidelium oppressionem. Nos quidem inter cætera intendimus in relevamen Ecclesiarum omnium, cum nostræ curæ commissæ sint, reducere Cameram Apostolicam ad antiquos & laudabiles mores: dispositi quoque sumus omnia agere, quantum permittet Deus, quæ spectant ad honorem & statum tuum & Regni, & complacentiam votorum tuorum.

Datum Romæ apud sanctum Petrum, Anno Incarnationis Dominicæ millesimo quadringentesimo quadragesimo sexto, duodecimo Kalendas Aprilis. Pontificatûs nostri anno primo. A. de Magio.

Anno MCCCCXLVII. Ex Autographo D. d'Herouval.

Propositiones ad dirimendum schisma tempore Amedei, FELICIS *Papæ V. nuncupati, exortum, ac pacem Ecclesiæ conciliandam.*

Avisamenta pro pace & unione in Ecclesiâ danda is.

Primò, Quòd Dominus Felix det suas literas in bonâ & securâ forma, de renuntiando Papatui in Basiliensi Concilio statim, habitis literis super securitatibus, & aliis infrà scriptis.

Secundò, Habeantur literæ Domini Nicolai, per quas omnes privationes, suspensiones, inhabilitationes, processus, sententiæ, censuræ, & pœnæ contra præfatum Dominum Felicem, contra Basiliense Concilium, seu illos qui sunt aut fuerunt in Basileâ, ac eis adhærentes & obedientes cujuscumque dignitatis, præeminentiæ, aut status, etiamsi Pontificiis, Ducalis, Cardinalatûs, aut Regalis existant: nec non communitates, civitates, & oppida, præsertim Basiliense, occasione hujus divisionis per olim ingenium in suis Ferrariensi ac Florentinâ, aut quâvis aliâ, sub nomine generalis Concilii congregationibus, aut alterius, vel per ipsum Dominum Nicolaum, aut alium, seu alios ipsorum, vel alicujus eorum auctoritate factas aut fulminatas; decernet effectum fortiri non debere, sed perinde haberi ac si non emanassent: fiantque absolutiones, dispensationes, habilitationes, & restitutiones hinc inde ad cautelam.

Tertiò, Habeantur literæ ipsius Domini Nicolai in meliori formâ, per quas omnes privati & spoliati suis Ecclesiis Patriarchalibus, Metropoliticis, Cathedralibus, Dignitatibus, Monasteriis, Prioratibus, Beneficiis, & Officiis Ecclesiasticis; necnon terris, feudis, possessionibus, & rebus aliis quibuscumque, ratione & ad causam prædictæ divisionis, in pristinum plenè & in integrum reducantur, & reponantur; & super hoc habeantur literæ in fortiori formâ, velintque Reges & Principes dare favores & operam efficacem, ut hujusmodi literæ suum sortiantur effectum.

IV. *Item*, Quòd omnes Domini Cardinales utriusque obedientiæ cum honoribus, prærogativis, præeminentiis, emolumentis debitis & consuetis remaneant, ut tales habeantur, reputentur, & honorentur. Quòd si duo vel plures in eodem titulo concurrerint, provideatur quemadmodum in Constantiensi Concilio actum exstitit.

V. *Item*, Quòd omnes Officiarii actu in Curiâ dictorum Dominorum Felicis, & Basiliensis Concilii residentes, in suis officiis remaneant, & ad eorum exercitium liberè, & sine aliquâ contradictione admittantur. Ubi autem duo in eodem officio concurrerint, qui officium non obtinebit, habeatur recommissus.

VI. *Item*, Dabit præfatus Dominus Nicolaus literas suas, per quas actualiter & irrevocabiliter ex tunc convocet, quantum in eo est, Consilium generale in aliquo loco nationis Gallicanæ, primâ die septimi mensis, postquàm adimplenda per Basiliense Concilium & dictum Dominum Felicem fuerint exequutioni demandata & adimpleta, inchoandum: promittetque ipse D. Nicolaus ipsam convocationem per universas provincias publicare modo consueto, & hoc infrà tres menses postquàm prædicta fuerint adimpleta. Etiam statim post adimpletionem hujusmodi mittendo literas convocatorias cum omnimodâ diligentiâ, ut consuetum est, in bullisque suis apponentur omnes clausulæ, & cautelæ possibiles, etiam cum juramento, pollicitatione, & voto de non revocando, prorogando, mutando, vel impediendo dictam celebrationem Concilii in hujusmodi termino.

VII. *Item*, Dabit literas approbatorias & confirmatorias, provisionum Ecclesiarum Patriarchalium, Metropolitanarum, Cathedralium; dispositionum collationum, Monasteriorum, dignitatum in Metropolitanis & Cathedralibus post Pontificales majorum, aut in Collegiatis, principalium, beneficiorum

Diplomatum, &c. 769

rum sæcularium & regularium, commendarum, administrationum, pensionum, dispensationum, indulgentiarum, privilegiorum, incorporationum, unionum, & aliarum quarumcumque concessionum, gratiam aut justitiam quomodolibet concernentium in locis, personis, & rebus obedientiæ præfati Domini Felicis, vel Basiliensis Concilii, per ipsos Dominum Felicem & Concilium, aut Legatos eorumdem, & quoscumque alios de ipsorum auctoritate & mandato conjunctim & divisim factatis. Et hoc quoad possessores Ecclesiarum, & beneficiorum, commendarum, administrationum & pensionum prædictorum, rejectis, cassatis, & annulatis per literas hujusmodi quibuscumque possessionibus per olim Eugenium, per ipsum Dominum Nicolaum, aut quoscumque alios de eorum auctoritate factis; unicuique tamen jureante hujusmodi divisionem quæsito, semper salvo : verùm si in unà obedientià duo vel plures super uno, vel pluribus beneficiis litigarent, conditio possessionis non possidenti nullatenùs præjudicet, sed cuilibet suum jus illæsum, permaneat. Per easdem etiam literas aboleantur & cassentur sententiæ in curià sui prædecessoris & suà, contrà obedientes præfato Domino Felici & Basiliensi Concilio inauditos vel indefensos, qualitercumque post hanc divisionem subortam latæ.

VIII. *Item*, Si aliqui possideant Ecclesias aut beneficia, quarum vel quorum caput in unà obedientià, & aliqua membra in alterà existant, membra reducantur ad caput; sine tamen præjudicio illorum qui in Ecclesiis & beneficiis ante hujusmodi divisionem jus habebant, in quo & possessione suà conserventur.

IX. *Item*, Dabit præfatus Dominus Nicolaus literas, per quas promittet habere ratam & gratam provisionem rationabilem, honestam, & condecentem pro statu, honore, ac quiete Domini Felicis, per Basiliense Concilium rationabiliter ac honestè advisandam & concludendam, in alio Concilio futuro approbandam & confirmandam. Quibus quidem præmissis literis in extensiori, fortiori, & meliori formà habitis, præfatus Dominus Felix decernet omnes suspensiones, privationes, inhabilitationes, processus, fulminationes, sententias, censuras, pœnas nomine & auctoritate suis, vel alicujus ab ipso auctoritatem habentis, emanatas occasione hujus divisionis contrà quoscumque cujuscumque dignitatis, etiamsi Papalis, Imperialis, Regalis, Cardinalatûs, Ducalis, Pontificalis, aut alterius existant, effectum sortiri non debere; sed perinde haberi ac si non emanassent: fiantque absolutiones, dispensationes, habilitationes & restitutiones, hinc inde ad cautelam. Quantum autem ad possessores, concessiones, & collationes Ecclesiarum, Patriarchalium, Metropolitanarum, Cathedralium, dignitatum, beneficiorum sæcularium & regularium, commendarum, administrationum, pensionum quarumcumque validæ firmæque maneant, approbentur, & ratificentur, &c. Dummodo hujusmodi Ecclesias, beneficia, & administrationes, pensiones & commendas, per privationem occasione istius divisionis subortæ, ipsi possessores non acquisiverint. Et super hoc habeantur literæ in meliori formà.

X. *Item*, Post prædictarum suspensionum, privationum, inhabilitationum, &c. cassationem, & annullationem, ad statum ipse Dominus Felix, factà priùs nominatione loci pro generalis Concilii in Natione Gallicanà celebratione, habitis literis supradictis, renuntiabit actualiter & effectualiter Papatui in Concilio Basiliensi : quod quidem Concilium, postquàm ipse Dominus Felix renuntiaverit, similiter decernet omnes suspensiones, privationes, inhabilita-

tiones; processus, fulminationes, & censuras, & pœnas nomine & auctoritate suis vel alicujus ab ipso auctoritatem habentis, emanatas occasione hujus divisionis contrà quoscumque cujuscumque dignitatis, etiamsi Papalis, Imperialis, Regalis, Cardinalatûs, Ducalis, Pontificalis, aut alterius existant, ... effectum sortiri non debere, quinimò quòd perinde habeantur ac si non emanassent. Quantum autem ad possessores, concessiones, & collationes Ecclesiarum Patriarchalium, Metropolitanarum, Cathedralium; dignitatum; beneficiorum sæcularium & regularium, commendarum, administrationum, pensionum quarumcumque validæ firmæque maneant, approbentur, & ratificentur .... Dummodo hujusmodi Ecclesias & beneficia; administrationes, pensiones & commendas per privationem occasione istius subortæ divisionis, ipsi possessores non acquisiverint : & super hoc habeantur literæ in meliori formà.

XI. *Item*, Idem Concilium Basiliense ordinabit, bonis respectibus & considerationibus latiùs exprimendis, & præsertim propter pacem & unionem Ecclesiæ, quòd præfatus Dominus Nicolaus pro Summo Pontifice habeatur, statuendo & ordinando quòd faciat & adimpleat ea quæ Summus Pontifex facere tenetur : mandabitque eidem tamquam Summo Pontifici ab omnibus Christi Fidelibus obediendum esse.

XII. *Item*, Post hoc, ipsum Basiliense Concilium statim se dissolvet modis debitis, ac juxtà formam decretorum, salvis tamen infrà dicendis.

XIII. *Item*, Quòd cum literis præfati Domini dentur literæ ex parte Serenissimorum Dominorum Regum Franciæ & Angliæ, & aliorum, & beneplacito Domini Nicolai ; per quas in verbo Regio, & quantum in eis est, promittent quòd non poterit idem Dominus Nicolaus hujusmodi suæ promissioni seu convocationi contravenire, revocando hujusmodi convocationem, prorogando, mutando, omittendo, vel quomodolibet celebrationem Concilii impediendo. Nihilominùs eo casu mittent suos ad locum hujusmodi, tempore ad hoc præfixo, tamquam ad Concilium generale, aliosque suorum dominiorum & adhærentium venire inducent ; adhærebuntque illi, & obedient tamquam vero Concilio, dando salvos conductus consuetos, faciendo, jubendoque fieri omnia & singula quæ pro celebratione & manutentione dicti Concilii necessaria videbuntur. Quòd si ista vel alia sufficiens securitas haberi non possit, in eo defectu dictum Basiliense Concilium non tenebitur ordinare, quòd prædictus Dominus Nicolaus pro Summo Pontifice habeatur, nec se dissolvere citiùs quàm à primà die celebrationis universalis Concilii præfati. Ordinabit tamen ipsum Concilium statim habitis litteris Domini Nicolai, quòd illà primà die inchoationis futuri Concilii adveniente cessabit, & censebitur esse ipso facto dissolutum : mandabitque ipsi Domino Nicolao ab illà primà die præfati Concilii actualiter inchoati tamquam Summo Pontifici per omnes fore obediendum ; statuendo etiam & ordinando quòd ipse Dominus Nicolaus facere debeat quæ Summus Pontifex facere tenetur : & de hoc habeantur literæ præfati Concilii in meliori formà. Si autem dictus Nicolaus directè vel indirectè impediret quominùs dictum Concilium futurum celebraretur, eo casu renuntiatio & ordinatio supradictæ pro infectis habeantur.

Anno MCCCCXLVII.

Pro pace Ecclesiæ Propositiones ad cogendum Concilium generale.

Advisata in facto pacis Ecclesiæ, in quibus Reverendissimus in Christo Pater & Illustrissimus Princeps Dominus Jacobus Archiepiscopus Treverensis pro se, ac Illustribus Principibus Dominis T. Archiepiscopo Coloniensi, L. Comite Palatino Reni Duce Bavariæ, & Friderico Duce Saxoniæ, suis Coëlectoribus, se conformare voluit Serenissimo & Christianissimo Domino Regi Francorum in modum qui sequitur.

Primò enim desiderant ipsa Regia Majestas, & præfati Domini quatuor Electores sui confœderati, quòd bona pax & tranquillitas vigeat inter viros Ecclesiasticos ubique per orbem, ex quâ cæteri status meliùs disponentur, & magna bona universæ Christianitatis proveniant: intenduntque efficaciter laborare, quòd divisiones & differentiæ modernis temporibus existentes in Ecclesiâ Dei, primitùs sedentur & pacificentur: quodque unum Concilium generale pro bono Ecclesiæ celebretur; in quo magna bona, Deo concedente, procurabuntur; nec non quòd Consiliorum generalium auctoritas refloreat, & ab ommibus in debitâ reverentiâ & observatione habeatur.

Et quoniam hactenùs magnæ & penè inextricabiles altercationes intervenerunt inter felicis recordationis Eugenium Papam IV. & Concilium Basiliense, ac eos qui eidem interfuerunt, variique processus, sententiæ, censuræ, privationes, & pœnæ, hinc inde occasione præmissorum emanarunt, & adhuc aliqui in Basileâ; aliqui in Lateranô se Concilium habere dicunt. Quibus altercationibus finem expedit imponere, ut citiùs & convenientiùs pax in Dei Ecclesiâ haberi, necnon ad pacatam & fructuosam celebrationem unius Concilii generalis perveniri possit. Considerantes Rex, & præfati Principes Electores, quòd Catholica universalis Ecclesia diffusa per orbem & communitas Fidelium, ut plurimùm hujusmodi processus, sententias, censuras, privationes, & pœnas, &c. hinc inde emanatas, non recepit, nec gratas habuit, licet jam ad informationem de iis habendam magnum tempus effluxerit: Volentes inniti ipse Rex, & prædicti Domini Principes Electores auctoritati & observationi ipsius universalis Ecclesiæ, & eam insequentes, atque efficere satagentes quæ ejusdem Ecclesiæ paci congruunt, sicuti pacem ipsam prosequi interest Principum & Prælatorum, visum est disponendum & ordinandum, firmiterque observandum, etiam quantum ad Dominum Ducem Sabaudiæ & dominia sua, qui dispositioni & ordinationi Regis stare promisit, atque apud omnes ubi opus erit prosequendum, quòd sicut communior Ecclesiæ observatio huc usque habuit, præfati processus, sententiæ, censuræ, privationes & pœnæ, occasione præmissorum, & omnium ex eis dependentium. Esto etiam quod in hujusmodi censuris, privationibus, &c. aliæ causæ adderentur hinc inde emanatæ, & quæcumque mandata, ordinationes seu dicta conscripta, aut quomodolibet acta seu gesta in hujusmodi rerum prosecutione, cujuscumque, vel quorumcumque adversùs quemcumque, vel quolcumque, omniscumque statûs, gradûs, dignitatis vel conditionis, etiam si Papalis, Cardinalatus, Archiepiscopalis, vel Episcopalis existerent; seu quocumque nomine, etiam Papæ vel Concilii hæc facta sunt, pro non factis habeantur: quorum omnium tenores hîc habeantur pro expressis, etiamsi talia sint de quibus mentio

specialis de verbo ad verbum habenda foret: Esto etiam quòd talia universalem Ecclesiam & auctoritatem Conciliorum universalium, aut Sedis Apostolicæ concernant quovismodo: omnisque dissensio, divisio, & scissura occasione horum proveniens, penitùs auferatur & dimittatur, & ac si nunquam prædicta facta fuissent. Tractatus pacis & concordiæ inter præfatum Papam Eugenium, & omnes & singulos qui Concilio Basiliensi interfuerunt, seu tamquam eidem Concilio, aut gestis ejus adhærentes, cum eo, seu ipse cum eis, aliquas differentias habuerunt, advisatus per ipsum Christianissimum Dominum Regem Francorum continuetur & iperficiatur. Respectu S. D. N. Nicolai Papæ V. cui per eosdem qui Concilio Basiliensi, aut gestis ejus quovismodo adhæserunt, faverunt, aut obediverunt, & per quoscumque alios qui præfato Eugenio aut ipsi S. D. N. Papæ Nicolao contrariati fuerint, omnis honor, reverentia, & obedientia, eisque per ipsum S. D. Papam Nicolaum omnis amor & paterna dilectio absque prædictorum recordatione exhibeatur. Quodque deinceps ab appellatione Concilii generalis, tam in Basileâ, quàm in Lateranô (quæ appellatio non jam unitati Ecclesiæ de cætero proficeret, sed obesset) penitùs cessetur, ut sic omni impedimento sublato ad Concilium generale, sicut præmittitur, habendum, quod ab omnibus Christianis in unanimitate & concordiâ reputetur, perveniri possit.

Non tamen intendunt præfati Domini, quòd per prædicta, decretis acceptatis cum suis modificationibus tam in Imperio, quàm in Regno Franciæ, aliquod intelligatur præjudicium generari.

Item, Quòd unicuique volenti habere litteras super prædictis, expediantur in formâ meliori.

Dignum insuper arbitrantur Regia Majestas, & Principes Electores præfati, & ad hoc operam cum effectu impendent, quòd Patri Domini Ducis Sabaudiæ se prædictæ observationi communis universæ Ecclesiæ diffusæ per orbem conformanti, & promissionem ejusdem Domini Ducis filii sui præfato Christianissimo Regi factam, quæ ipso Patre sciente & non contradicente non prohibente in dubio facta præsumitur, amplectenti cum effectu; atque pro tanto bono pacis Ecclesiæ omninò nomen & titulum Papatus dimittenti honor exhibeatur, ac statum, honorabilemque provisionem in Ecclesiâ habeat: necnon etiam quòd per eum promoti ad dignitates & honores Ecclesiasticos, qui eos acceperunt, & ad beneficia quæcumque, qui ipsorum beneficiorum possessionem pacificam habent, in suâ obedientiâ eadem assequantur & obtineant. Et similiter de iis qui sub nomine generalis Concilii Basiliensis promoti sunt in eorum obedientiâ, officiariis quoque suis omnis consolatio possibilis fiat; qui tam in Romanâ Curiâ, quàm sub administratione Domini Patris præfati Ducis Sabaudiæ habebuntur recommissi: aliqua tamen super prædictis privationibus & promotionibus aliquos particulares tangentia, bonum hujus negotii concernentia, intendit Rex aperire & moderare in conclusione hujus concordiæ.

Ultrà prædicta super loco & tempore futuri Concilii videbatur prædictis Dominis Principibus Electoribus, quòd haberet fieri in uno quinque locorum in Almaniâ nominatorum; sed Domino Regi Franciæ propter rationes quamplures videtur, & ista instare intendit, quòd locus Concilii rebus agendis accommodus determinetur in suo Regno. Verumtamen quantum ad tempus, advisatum est inter ipsum Dominum Regem Francorum, & Principes Electores præfatos, quòd videtur omnibus ipsis procurandum, ut incipiat illud Concilium de Kalendis

Septembris proximè futuris ad annum.

Item, Inſtabit Dominus Rex Francorum, quòd S. D. Nicolaus Papa V. Concilii Conſtantienſis decretum *Frequens*, & alia ejus decreta, ſicut cætera Concilia, Catholicam militantem Eccleſiam repræſentantia, ipſorum poteſtatem, honorem, & eminentiam, ſicut & cæteri Anteceſſores ſui, ſuſcipiet, amplectetur, & venerabitur.

Item, Quòd Dominus Rex Francorum, & quilibet ſuorum Confœderatorum habeat Bullas ſuper indictionem futuri Concilii, & ſuſceptione prætactâ ſi obtenta fuerit.

Item, Si Dominus Sabaudiæ, vel Dominus Pater ejus, ſeu quicumque eidem adhærentes, iis pacis & concordiæ mediis, de quibus in præſenti cedulâ continetur, repugnaverint, aut acquieſcere noluerint, ſeu diſtulerint, quod non ſperatur, & deinceps contrà eos, aut eorum aliquos per S. D. N. Nicolaum Papam procedatur, non confidant quòd de cætero in pacificandis, quantum ad eos, negotiis Rex, & præfati Principes Electores, quomodolibet ſe intromittant; quinimò intendunt omnibus viis & modis juſtis & rationabilibus præbere auxilium & favorem proceſſibus, cenſuris, & excommunicationibus contrà tales fiendis; maximè poſtquam contenta in præſentibus adviſamentis fuerint per S. D. Papam Nicolaum concordata.

Item, ſupradictis adviſamentis [a] ſupranominatus Reverendiſſimus in Chriſto Pater & Illuſtriſſimus Princeps Dominus Jacobus Archiepiſcopus Treverenſis pro ſe, nec non Venerabilis Joannes de Linſſi utriuſque juris Doctor, pro parte Reverendiſſimi in Chriſto Patris & Illuſtriſſimi Principis Domini Theodorici Archiepiſcopi Colonienſis; & Magiſter Henricus Engellard pro parte Illuſtriſſimi & Excelſi Principis Domini Frederici Ducis Saxoniæ, & ſacri Romani Imperii Principum Electorum miſſi Ambaſſiatores ad præfactum Chriſtianiſſimum Dominum Regem Francorum, pro prædictis Dominis Archiepiſcopo Colonienſi, & Duce Saxoniæ, in vim literarum credentialium per eos nuperrimè exhibitaram præfato Chriſtianiſſimo Domino Regi Francorum, ſe conformant & concurrunt in modum qui ſequitur : ſcilicet ; quòd prædictorum adviſamentorum proſequutio fiat diligenter apud Dominum Patrem Domini Ducis Sabaudiæ, & alios ubi erit oportunum, ex parte præfati Sereniſſimi & Chriſtianiſſimi Domini noſtri Regis Francorum, concurrentibus in hoc ſecum & ſe eidem conformantibus præfatis Domino Archiepiſcopo Treverenſi, & Ambaſſiatoribus ipſorum duorum Archiepiſcopi Colonienſis, & Ducis Saxoniæ, propter multa pericula quæ intervenire poſſent, ſi pratica & expeditio adviſamentorum protraherentur in longum : dummodo tamen præfatis Dominis Archiepiſcopis Treverenſi & Colonienſi proviſiones neceſſariæ pro eorum & omnium ſuorum, ut præmittitur, ſecuritate & indemnitate, & litteræ deſuper oportunæ S. D. N. Papæ Nicolai ſub motu proprio in formâ meliori, ſecundum apun-

ctuata in prædictis cedulis, tradantur & deliberentur. Factum Bituricis vigeſimo octavo die Junii, Anno Domini milleſimo quadringenteſimo quadrageſimo ſeptimo.

Inſtructions à Monſeigneur de Reims, Monſeigneur de Clermont, Monſeigneur de la Fayete Mareſchal de France; Maiſtre Helies de Pompadour, Maiſtre Thomas de Courcelles, Maiſtre en Theologies; De ce qu'ils ont à faire de par le Roy touchant la matiere de la Paix, & union de l'Egliſe.

Anno M.CCCCXLVII.

PRemierement, ſe tranſporteront en la Ville de Lyon, & excuſeront envers l'Arceveſque de Treves, & auſſi envers les gens de Monſieur de Savoye, le retardement de leur allée pour la venuë de l'Arceveſque d'Aix, avec lequel a fallu communiquer & beſongner ſur les matieres de l'Egliſe : parquoy a fallu que leſdits Ambaxadeurs ayent attendu meſmement pour le bien d'icelles matieres.

Item, Que les deſſuſdits beſongneront le plus diligemment qu'ils porront avec les gens de mondit Sieur de Savoye, & avec l'Arceveſque de Treves & les autres Coelecteurs, ainſi & en telle maniere qu'ils adviſeront pour le mieux, & qu'ils verront que le bien des matieres le requerra, & en abregent la concluſion le plus qu'ils pourront.

Item, Et s'il eſt beſoin, & ils voyent que ce ſoit le bien des matieres, pourront aller ou envoyer aucuns d'eux par devers mondit Sieur de Savoye, parler à luy, & y beſongner ainſi qu'ils verront eſtre à faire.

Item, Et au regard du pere de mondit Sieur de Savoye, ſemble qu'ils ne y doivent point aller ſi les choſes ſe peuvent faire autrement : Mais toutesvoies s'ils ſe voient que l'allée d'eux, ou d'aucuns d'eux y feuſt ſi prouffitable, que vray ſemblemment bonne concluſion en peuſt advenir, ils y iront ou envoyeront, ainſi qu'ils ſe verront eſtre pour le mieux.

Item, Et pareillement, ſi le Cardinal d'Arles, ou aucun autre de Baſle venoit, les deſſuſdits pourront aller ou envoyer vers eux en aucun lieu qu'ils verront qui ſera propice, & la beſongner avec eux.

Item, Et s'ils vouloient venir à Lyon, ſemble qu'il ne ſeroit pas expedient que ledit Cardinal d'Arles; ne autre Cardinal y veinſt; & quòy que ce ſoit, ne leur devroit eſtre ſouffert de porter enſeigne de Cardinal. Et pour ce s'ils y vouloient venir, ou s'il ſembloit aux deſſuſdits qu'il feuſt expedient qu'ils veinſſent audit Lyon, faudroit qu'ils entraſſent ſans chappeau, & ſe teinſſent en leurs logeis ; ou s'ils alloient par ville, qu'ils ne portaſſent point enſeigne de Cardinal ; & quoy que ſoit au regard des nouveaux, autres que ledit Cardinal d'Arles.

Item, Et bailleront ou envoyeront les deſſuſdits les lettres que le Roy eſcrit à mondit Sieur de Sa-

---

[a] *Supradictis adviſamentis*] Eaſdem Propoſitiones edidit iterum Acherius tomo XI. in cæteris quidem ab hiſce non diſſimiles : ſed hoc loco in iis ita legitur. *In ſupraſcriptis adviſamentis concurrit & ſe conformavit ſupradictus Reverendiſſimus & illuſtriſſimus Princeps Jacobus Archiepiſcopus Treverenſis, pro ſe & tribus Coelectoribus ſuis ſupra nominatis in eventum ratihabitionis ipſorum trium; Quòd ſiquis præfatorum quatuor Electorum prædicta non ratificaverit infra Kal. Septembris, careat commoditate ipſorum adviſamentorum & contentorum in eiſdem : qui ratificatio intumabitur Chriſtianiſſimo domino Regi Francorum, vel ſuis Rectoribus in præſenti negotio pacis laboraturis, in quocumque loco fuerint, infra tempus prædictum. Quorum quidem adviſamentorum proſecutio poſſibilis fiet apud S. D. N. Dominum Nicolaum Papam, conventum, & alibi ubi dicebat ex parte Sereniſſimi & Chriſtianiſſimi domini noſtri Regis Francorum, concurrentibus in hoc ſecum, & ſe eidem conformantibus præfatis dominis quatuor Electoribus Imperii, Factum Bituricis die viteſima octava menſis Junii, Anno Domini milleſimo quadringenteſimo quadrageſimo ſeptimo.*

Joannes Lux manu propriâ ſcripſi ex mandato domini mei Treverenſis.

Joannes de Huſſ Protonotarius Reverendiſſimi Domini Archiepiſcopi Colonienſis.

H. Sugelliardi Secretarius Illuſtriſſimi domini mei Ducis Saxoniæ, prout ſuprà concurrunt.

Collatio facta cum originali per me, Dyſome.

voye, ainsi qu'ils adviseront estre expedient; & luy diront ou feront sçavoir leur creance, laquelle ils adviseront estre le mieux, & en leur creance luy diront & remonstreront qu'il est besoing que sondit pere delaisse cette pretenduë dignité, & qu'il s'en departe du tout, & que par ce moyen union & paix soit en l'Eglise : & en ce faisant le Roy s'employera à faire faire la chose en la meilleure forme qu'il pourra, & à en tenir promesse honorable & prouffitable audit pere de mondit Sieur de Savoye, ainsi que à ses Ambaxadeurs a esté dit & remonstré, & le porteront à cette fois par les meilleurs manies, & és meilleurs termes qu'ils verront estre à faire, en demandant sur ce responce, & sa finale entention.

Item, Et pour mettre conclusion en cette matiere, traiteront & practiqueront les dessusdits, ou feront practiquer & traicter en & par toutes les bonnes manies qu'ils pourront, & verront estre à faire tant avec mondit Sieur de Savoye, que avec ceux de Basle, à les reduire & faire venir à bonne union, en & sous l'obeïssance de nostre sainct Pere le Pape Nicolas, en la plus honorable forme & maniere pour nostredit sainct Pere, & à la conservation de l'honeur & auctorité du sainct Siege Apostolique qu'ils pourront, & à tout le moins és termes de la cedule & des advis faits sur la matiere dessusdicte.

Item, Et à pratiquer & conduire les choses dessusdictes confereront avec Monsieur de Treves, & les Ambaxadeurs des autres Electeurs de l'Empire, & se ayderont d'eux, & de leur conseil & advis en ce qu'ils verront estre au bien des matieres.

Item, Et pareillement confereront les dessusdits avec les autres Ambaxadeurs des Princes & Seigneurs qui viendront audit Lyon pour ladite matiere, se aucuns y en vient, & se ayderont d'eux ainsi qu'ils verront que bon sera.

Item, Et si les gens de mondit Sieur de Savoye, de ceux de Basle ou autres, vouloient avoir quelque seureté pour aller ou venir audit lieu de Lyon ou ailleurs pour les matieres dessusdictes, ils les leurs bailleront telles, & pour tels temps qu'ils verront au cas appartenir.

Item, Et se les dessusdits treuvent mondit Sieur de Savoye, son pere, & ceux de Basle, en disposition de venir à appointement qui leur semble raisonnable, ils le feront sçavoir en toute diligence au Roy, pour avoir advis qu'il sera de faire au surplus.

Item, Et s'ils treuvent que mondit Sieur de Savoye, sondit pere, ou ceux de Basle, ou aucuns d'eux voulsissent condescendre audit appointement, ils pourront user de telles exhortations, monitions, comminations, & autres manieres pour les attraire, qu'ils verront estre expedient de faire. Toutesvoies avant qu'on execute aucune chose alencontre d'eux par censure Ecclesiastique, ou par l'auctorité du Roy, les dessusdicts adviseront le Roy de l'estat des matieres pour y avoir son advis, & ordonner ce qui sera à faire au surplus.

Item, Et au regard de mondit Sieur de Savoye, s'il refusoit ou differoit de condescendre audit appointement; les dessusdicts le sommeront par vertu de la soubmission & obligation, & avec ce requerront & poursuivront d'avoir Madame Yolant, & de la ramener vers le Roy en toutes les bonnes manieres qu'ils adviseront estre à faire.

Item, Souvent feront les dessusdicts sçavoir au Roy de leurs nouvelles, & de l'estat & disposition des matieres, afin qu'il y puisse tousjours pourveoir ainsi qu'il advisera.

Item, Et sur les choses dessusdictes, lesdicts Ambaxadeurs tendront & auront en ce qu'ils verront que besoing sera, le conseil, advis, & consentement de l'Arcevesque d'Aix Ambaxadeur de nostre sainct Pere, & ainsi que avec luy on advisera estre à faire pour le bien des matieres.

CAROLI VII. *summo Pontifici.*

BEatissime Pater, vacat Ecclesia Meldensis per ejus Episcopi novissimi decessum. Civitas verò nostra Meldensis est situata, in loco tam forti & inexpugnabili, quòd ingens exercitus noster vix eam potuit obsidione longâ crebraque ab hostili manu, per quam diù nimis occupata fuerat, nobis oportunè recuperare. Cujus occupationis tempore, occasione dissidiorum & bellorum, qui diutius illorum, proh dolor! viguerunt; Ecclesiæ præfatæ ædificia in ruinam collapsa, prædinque & ruta inculta & deserta, ac aliæ possessiones, res & bona attrita, destructa & diminuta sunt; adeo quòd totæ prædicti ultimi Episcopi facultates & obventiones, etsi libenter ad hoc operam dederit, non suffecerunt ad ipsam Ecclesiam in statum decentem restaurandum. Non autem distat illa civitas nostra Meldensis à civitate nostra Parisiensi nisi decem leucis, cujus est ab anteriori parte fluviorum in eam descendentium potissimum propugnaculum & munimentum, ac adjacentis ei patriæ nostræ; cui certa subest admodum frugifera, & alimoniæ oportuna, ac commodum receptaculum, & securus utique retractus fuit, & olim quibusdam prædecessoribus nostris in adversitatibus suis refugium & tutamen validissimum : unde majus habemus interesse, & ad nos magis attinet curare, ac totis nisibus persistere pro securitate & conservatione hujusmodi loci & patriæ nostræ circumvicinæ : sicut est operæ pretium in obedientiâ nostrâ, & pro bono & promptiori ipsius Ecclesiæ relevamine & reparatione, ut ei præsit & præficiatur Pastor & Episcopus nobis cognitus, fidus, securus, gratus & aptus, ac etiam potens & valens, sicut exstat dilectus & fidelis Consiliarius noster Abbas Monasterii sancti Mauri de Fossatis prope Parisius, integerrimâ fidelitate utilissimus, plurimisque obsequiis, maximâ prudentiâ, optimo regimine, administratione adaugentissimâ, potentiâ convenientissimâ, & valetudine perflorenti nobis comprobatissimus, notitiæque, familiaritati, gratiæ & confidentiæ nostris satius, ascitus & conjunctus; ad quem propterea quamprimùm scivimus prætactam vacationem, nostri totius affectûs aciem convertimus, hujus personæ idoneitatem illius rei necessitati coaptari concupientes & perquirentes. Et ideo jam scripsimus ad ipsius Ecclesiæ Capitulum, ut præ cæteris in Episcopum eligatur, ubi firmiter eum speramus sic eligendum.

Vestram igitur Sanctitatem totis ex intimis peroramus, quatinùs præmissorum consideratione, & præsertim ipsius Ecclesiæ favore, nostrique contemplatione, & tot hujus Consiliarii nostri meritorum intuitu, nullatenùs in contrarium disponere velit, quinimò dignetur celebrandam de eo ut præmittitur electionem sinere suum penitùs effectum sortiri paternâ caritate ; sæpedictæ Ecclesiæ scandalo & deprædationi si secùs fieret, generandis obviando, & eumdem Consiliarium nostrum, quem per alias nostras litteras ad Ecclesiam extunc ad dispositionem vestram vacaturam, satis affectuosè recommendavimus, specialiùs habendo recommissum. In hoc Ecclesiæ memoratæ prosperitati salubrius consultura, & nobis singularissimam perfectissimamque complacentiam collatura Sanctitas eadem, quam votiva

Anno MCCCCXLVII. Ut Papa Abbatem S. Mauri Fossat. electum ob præclaras virtutes Episcopum Meldens. approbet.

felicitate desideramus pervalere ad Ecclesiæ Dei sanctæ fructuosissimam directionem.

Scriptum, &c.

Anno MCCCCXLVII.

Adhortatur Ducem ut patri suadeat Pontificatum publicare.

FRIDERICI *Imperatoris illustri Principi & Consanguineo nostro L. Duci Sabaudiæ.*

ILlustris, &c. Etsi Catholicâ veritate edocti manifestum noscamus, quòd unica & immaculata sponsa Christi, sancta mater Ecclesia, in suâ integritate tam solida & firma subsistit, ut nulla unquam ratione vel causâ neque dividi valeat neque scindi. Quia tamen ex eo quod genitor tuus se administrando Romano Pontificatu intromiserat, vulgaris assertio Ecclesiam ipsam deplanxit exstitisse concisam. Nos pro tollendâ scissurâ hujusmodi sollerti studio laborantes, sacri Imperii Electores, & alios tam Ecclesiasticos quàm sæculares nostræ Germaniæ nationis Principes & Prælatos, non sine magno expensarum profluvio sæpius congregavimus, & etiam pluries personaliter convenimus cum eisdem: Ambaxiatos quoque & Oratores nostros multiplices hinc ad Apostolicam sedem, ad genitorem tuum, necnon & ad illos qui eum in Apostolatûs apicem erigere conati sunt; ad diversos quoque Catholicos Reges & Principes duximus transmittendos. Cum autem in eâ re omnem sollicitudinem nostram nihil sentiremus proficere, tandem maturè desuper præhabitis deliberationibus atque consiliis, ab animorum suspensione, quam antea cum præfatis nostris Principibus bonis respectibus eramus amplexi, recedendo, declaravimus mentem nostram, & felicis recordationis tunc Eugenio Papæ quarto, quem communiter cæteri Catholici Reges & Principes pro Romano coluêre Pontifice, obedientiam plenariam exhibuimus, quam & in personam Successoris ejus sanctissimi videlicet in Christo patris & domini nostri Reverendissimi domini Nicolai Papæ quinti, decrevimus continuandam, ipsumque pro vero Christi Vicario in Petri sede locatum colimus & veneramur.

Sanè quoniam sicut accepimus Serenissimus Francorum Rex frater noster carissimus, inter præfatum Papam Eugenium dum adhuc viveret, & ipsum genitorem tuum certam tractavit concordiam, per quam si ad conclusionem perducta fuisset, & pax dabatur Ecclesiæ, & ejusdem genitoris tui statui ac honori decenter erat provisum: dilectionem tuam attentè rogamus & hortamur in Domino, tibique sincerâ puritate consulimus & suademus, quatinùs memoratum genitorem tuum diligenter & cum effectu inducas, ut pro Dei laude, pace Ecclesiæ, & populi Christiani salute, conservandoque tam suo, quàm tuo, ac totius domus vestræ, cui singulariter afficimur, honore atque statu laudabilibus, similiter ut præfertur, vel aliam quam obtinere potuerit convenientem concordiam etiam cum prædicto domino Papa Nicolao non recuset amplecti; nec hæsitet transitoriam mundi gloriam, pro qua contendit sub dubio, libenter spernere, ut æternam immarcessibilis gloriæ coronam, quam pacificis paratam habebit, lætanter valeat adipisci. Etenim quasi in manu suâ est & pacem dare Ecclesiæ, & populo ejus desideratam præparare quietem. Nos verò si ad hæc diligentia nostra in aliquo suffragari poterit, illam summo studio impendere cordialiter exoptamus.

Datum Wiennæ, &c.

CAROLI *Francorum Regis, carissimo ac specialissimo amico nostro* NICÆNO *Sanctorum XII. Apostolorum Cardinali Græco.*

CArolus &c. Carissime ac specialissime amice. Quæ ad nos superioribus diebus de Serenissimo Principe fratre nostro carissimo Romanorum Rege scripsistis fuêre nobis omnia jocundissima, at non parva nos alacritate refersit sincerus ipsius Imperatoris affectus, qui tanto à nobis intervallo terrarumque tractu sejunctus, tanto nobiscum potuerit amore conjungi: sed & nos certum est par pari referre, recipereque talem affectum, ut quidquid ad Imperatoriam dignitatem, vel Græcorum utilitatem respexerit, id omne pro viribus exequi cupiamus. Quòd si detur hostes arcere pacemque Regni componere, nihil nec prius nec libentius faciemus, quàm opem Græciæ ferre, liberareque Christianum imperium dominatu nefario Barbarorum. Quis non græciæ faveat genti clarissimæ, quæ omni genere laudis excellens, tanta humano generi peperit ornamenta? Nec memoriâ excidit patronum Franciæ, beatum videlicet Dionysium è Græciâ emersisse, qui divino usus eloquio ejusdem panis verbo quo vivunt Angeli repletum se perhibens, fidem nobis attulit, Dei cultum edocuit, & sublatis tenebris lucem ex abdito in medium protulit: sed de hoc aliàs. Reliquum est ut vos certiores faciamus, si quo modo in Galliam venire contigerit, futurum ut à nobis suscipiamini perbenignè. Est enim animus vester erga nos gratus, ut jam vos in eorum numero reponamus, quos gratos magis acceptosque habemus.

Datum Turonis.

Advisata & deliberata in Diætâ Assehaffemburgensi in die sanctæ Margaretæ Virginis, quæ fuit decimo tertio Julii, Domini millesimo quadringentesimo quadragesimo septimo.

Anno MCCCCXLVII.

PLacuit omnibus nemine discrepante obedientiam felicis recordationis domino Eugenio præstitam in personam Sanctiss. nostri moderni domini Nicolai Papæ V. continuari, & Sanctitati suæ tamquam indubitato Romanorum Pontifici obedire. Publicabitur hoc in singulis locis quantociùs cùm gratiarum actione, Missis & processionibus, prout in talibus fieri est consuetum.

Item pro declaratione jam factâ, & obedientia dicti domini nostri moderni manutenendâ, ad obviandum similiter adversitatibus & involutionibus si quæ contrà declaratos, & qui cum ipsis in posterum concurrerint, aut aliquos ex eis fortassis evenerint, pluribusque aliis in natione nostrâ tam in spiritualibus, quàm in temporalibus necessariò disponendis, Serenissimus dominus noster Romanorum Rex indicat dietam ad Nurembergam: providebit ut ibi sit Papalis auctoritas, convocabitque tam Ecclesiasticos quàm sæculares Principes, & alios solitos convocari pro hujusmodi, ut præfertur, prout meliùs fieri poterit, componendis, & tanto omnium conditio conveniantiùs & utiliùs quanto id citiùs fieri poterit.

Item dabit Sanctiss. dominus noster modernus litteras Sanctitatis suæ in eâ formâ, quâ prædecessor suus pro commodo & quiete nationis nostræ concessit, ratum & gratum habendo in plenâ formâ.

Item providebitur contrà illos qui possessores bene-

EEEee iij

ficiorum contrà concordata cum Sanctiss. D. N. molestaverint, cum pœnarum adjectione per Serenissimum dominum nostrum Regem, & Serenitati suæ adhærentes, prout factum fuit in observatione protestationis.

Item concludetur ibi provisio sanctissimo D. N. & Sedi Apostolicæ facienda, si tempore medio cum Legato non fuerit concordatum.

Item dabit Sanctissimus Dominus noster facultatem Diœcesanis, dummodo & rationabiliter visum fuerit, tollendi censuras propter præsentiam vel communionem adversariorum principaliter non culpabilium, quomodolibet inflictas; ne propter communionem, vel præsentiam, quæ casualiter sæpe eveniunt, & prohiberi difficulter possunt, cultus divinus diminuatur, & scandala in populo nascantur.

Henricus Lupi Cancellarius Reverendissimi Domini Maguntinensis, &c.

Anno MCCCCXLVII.

Rogat ut ad pacem Ecclesiæ conciliandam, omnem adhibeat curam.

NICOLAUS *Papa V. Dilecto filio nobili viro* GUILLELMO *Franciæ Cancellario.*

Dilecte fili, salutem & Apostolicam benedictionem. Cupiens Ecclesiam Dei, quam perspicimus in corruptos mores ex magnâ parte collapsam, recuperare decorem suum, quod minimè fieri potest nisi in ipsâ Ecclesiâ Dei unitas perseveret, quâ stante omnia membra corporis mystici in uno corpore connectuntur : rogamus nobilitatem tuam, ut in tam sancto opere dexteram porrigas, & apud regiam Celsitudinem, & aliàs ubi expedire prospexeris, ita ut cooperantibus & auxiliantibus multis Ecclesia ipsa Dei desideratâ pace & unitate lætetur. Venerabilem autem fratrem nostrum Alanum Episcopum Avinionensem, quem nobis tuis litteris commendasti atque honorem suum, commendatum habuimus & habemus, ac habebimus in futurum. Latori autem præsentium dilecto filio Joanni Herberti Secretario regio nonnulla injunximus super his nobilitati tuæ nostro nomine referenda, cui velis adhibere plenam credentiæ fidem. Datum Romæ apud sanctum Petrum sub annulo Piscatoris die tertiâ Octobris, anno Domini millesimo quadringentesimo quadragesimo septimo. Pontificatus nostri anno primo.

P. de Noxeto.

Anno MCCCCXLVII.

Amedeum omni dominio Sabaudiæ privatum, atque illud ad Regem Franciæ devolutum declarat. Deinde fideles adhortatur ut sumant arma in Amedeum ejusque sequaces.

Ejusdem.

NICOLAUS servus servorum Dei, ad futuram rei memoriam. Quàm sit plena periculis & horrenda schismaticorum immanitas, qui vineam Domini Sabaoth, & inconsutilem Christi vestem dividere satagunt & turbare nituntur, animarum illorum perditio docet, quia non veri baptismatis fonte renati, aliaque suscipientes nulliter Sacramenta, viam universæ carnis ingressi in tetrum barathrum dilabuntur. Contra quos licet per felicis recordationis Eugenium Papam IV. Prædecessorem nostrum, sacraque & œcumenicas Ferrariensem, Florentinam, & Lateranensem Synodos plurimi processus tam generales quàm speciales habiti fuerint, diversas pœnas & sententias continentes, quas in suo robore volumus permanere, & habere præsentibus pro expressis : Ex pastoralis tamen sollicitudinis cura, quam habere erga gregem Dominicum perurgemur, ad iniquitatis alumnum Amedeum olim Sabaudiæ Ducem, ejusque fautores, adhærentes, complices, & sequaces, (ne ipsorum invalescente malitia furor hujus tempestatis invalet, & ad similia animos aliorum inducat, præsertim in regno Franciæ, cui vicina Sabaudia est & proxima, & à quo illius Regum operâ infinita bona Catholicæ fidei, omnique Christia-

no populo, continuatis temporibus provenerunt) oculos congruâ animadversione convertimus, ut hujusmodi pravorum nequitiis, quantum cum Deo possumus, oportunis remediis occurramus.

Consideratione igitur præmissorum, diligenti cum Fratribus nostris deliberatione præhabitâ, ad ipsorum Amedei fautorum, adhærentium, complicum, & sequacium protervam exstirpandam, Carissimum in Christo Filium nostrum Carolum Francorum Regem Illustrem (quem post progenitores suos Franciæ Reges, qui, ut exacti temporis antiquitas fidelis insinuat, Romanam Ecclesiam multipliciter extulerunt, propugnatorem præcipuum & paratum semper invenit) auctoritate Apostolicâ præsentium tenore vocamus, eique Ducatum Sabaudiæ, omnemque ipsius Amedei notorii schismatici, hæretici, excommunicati & anathematizati terram ; ac ejus fautorum, adhærentium, complicum, & sequacium bona diversimodè hactenùs confiscata donamus, firmâ spe fiduciâque tenentes, quòd populi Ducatus & terræ hujusmodi ad ovile Domini ipsius, Regis potentiâ reducentur ; & per se vel dilectum filium Ludovicum Delphinum Viennensem primogenitum suum, assumpto Crucis signaculo contrà præfatos Amedeum & sequaces viriliter se accinget, & triumphum obtentum de hujusmodi nefandis hostibus reportabit. Et ut tam salubre negotium in manu forti & robustâ procedat, omnes Christi fideles ad hoc fidei exercitium salutare non solùm piis exhortationibus, sed etiam superabundantibus gratiis invocamus. Et ut universi & singuli eo libentiùs & animosiùs ad id currant, quo spiritualia dona, quæ temporalibus præferuntur, perceperint potiora : Nos de omnipotentis Dei misericordiâ, ac Beatorum Petri & Pauli Apostolorum ejus auctoritate confisi, omnibus qui cum Rege aut Delphino præfato contrà Amedeum & sequaces eosdem in propriis personis, propriisque expensis processerint, plenam suorum peccatorum veniam indulgemus, & in retributionem justorum vitæ æternæ pollicemur augmentum. Eis autem qui non in propriis personis hoc fecerint, sed eorum expensis alios juxtà facultates & qualitates suas viros idoneos destinaverint, ac iis qui alienis expensis, sed in propriis personis accesserint, plenam suorum concedimus veniam peccatorum.

Datum Romæ apud sanctum Petrum, Anno Incarnationis Dominicæ millesimo quadringentesimo quadragesimo septimo, pridie Idus Decembris, Pontificatus nostri anno primo.

Ejusdem.

NICOLAUS Episcopus servus servorum Dei, ad pertuam rei memoriam. Tanto nos pacem & tranquillitatem cunctorum Fidelium procurare & amplecti convenit, quanto desideramus fructus uberrimos inde sequi. In eo quippe cor nostrum suavissimè delectatur, quòd diebus nostris sanctam Dei Ecclesiam in pacis & unionis pulchritudine, ac debitâ integritate florentem videre valeamus. Cum itaque superioribus temporibus propter divisiones subortas inter felicis recordationis Eugenium Papam IV. prædecessorem nostrum, & tunc Basiliense Concilium, plurimùm turbata, ac variis modis afflicta fuerit Ecclesia Dei, jam autem divinâ favente ac dirigente clementiâ, tractatu Oratorum carissimorum in Christo filiorum Francorum, Angliæ, & Renati Siciliæ Regum ; nec non Delphini Viennensis primogeniti Francorum Regis Illustris, integræ pacis & unionis consequendæ dispositio optima videretur, Amedeo in suâ obedientiâ Felice V. nominato, juri quod in Papatu se habere asserit cedere volente, eis qui olim Basileæ, nunc autem Lausanæ, sub nomine generalis Concilii permanserunt & permanent concurrentibus in idipsum, aliasque ad pacem Ecclesiæ laborantibus. Cupientes igitur, quantum omnipotens donaverit, id agere, quo universi Christi Fideles ipsius pacis jucunditate fruentes, animorum conjunctione sibi invicem cohæreant, & rejectis quæ ex discordia exorta fuerunt, status uniuscujusque, honor, fama, & reputatio illæsi, & integri remaneant, literas, processus, mandata, & decreta quæcunque; necnon excommunicationum, suspensionum, & interdicti anathematisationumque; etiam privationum beneficiorum, officiorum, ac dignitatum quorumcumque, sive Patriarchalium, Archiepiscopalium, Episcopalium, Abbatialium, aut aliarum quarumcumque Ecclesiasticarum, vel mundanarum, inhabilitationum quoque, necnon declarationum, innovationum, damnationum, reprobationum, expositionum personarum, ac bonorum mobilium ac immobilium, juriumque & jurisdictionum publicationum & confiscationum, privationum feudorum, ac etiam quorumcumque jurium spiritualium, vel temporalium, & inhabilitationum ad illa: necnon absolutionum à fidelitatibus, & alias in eisdem literis processibus, mandatis & decretis, quomodolibet contentas sententias, censuras & pœnas quascumque & qualitercumque statutas, inflictas, & promulgatas, etiam si expressæ, pares, vel majores, aut alterius cujuscumque naturæ forent, per præfatum Eugenium prædecessorem nostrum, & quibuscumque suis literis quorumcumque tenorum & sub quacumque data existant, etiamsi cum expressione, approbatione Ferrariensis, seu Florentini, aut alterius Concilii generalis, sive per nos, aut per alium, seu alios, ipsius, aut nostra seu quâvis aliâ auctoritate contra dictum Basiliense Concilium, & eos qui sub nomine generalis Concilii tam in Basiliensi quàm Lausanensi Civitatibus memoratis fuerunt, & perseverarunt, ut præfertur, ac inpræsentiarum perseverant: necnon contra præfatum Amedeum, Felicem V. in suâ obedientiâ nuncupatum, ac quasvis personas Ecclesiasticas, sæculares, vel regulares, ac etiam laïcales eisdem conjunctim vel divisim adhærentes, assistentes, obedientes, obsequentes, credentes, recipientes, ac quovis modo faventes, eosque sequentes; qui sunt & fuerunt, cujuscumque dignitatis, præeminentiæ, status, gradus seu conditionis existant, etiamsi Pontificali, Cardinalatûs, Regali, aut Ducali dignitate præfulgeant. Contrà dominia quoque, necnon communitates, universitates, etiam generalium studiorum, civitates etiam, præsertim Basiliensem, ac oppida, & alia loca quæcumque præmissorum occasione emanata, facta, concessa, decreta, & promulgata. Simili quoque modo declarationes, & confirmationes, super præmissis, & eorum singulis, nostrâ, seu dicti prædecessoris auctoritate, quomodolibet factas: necnon processus habitos per easdem, ac quæcumque inde sequuta, etiamsi ad sententiarum, censurarum, atque pœnarum declarationem, seu illarum, aut alicujus earum publicationem, vel plenariâ exequutione contrà personas, dominia, communitates, universitates, civitates, oppida, & loca supradicta; communiter, vel divisim quomodolibet sit processum: quorum omnium & singulorum tenores etiam si de illis plena & expressa, ac de verbo ad verbum præsentibus mentio habenda foret, hîc pro sufficienter expressis haberi volumus. Motu proprio, & ex certâ nostrâ scientiâ, ac de Sedis Apostolicæ potestatis plenitudine, necnon de Venerabilium Fratrum nostrorum sanctæ Romanæ Ecclesiæ Cardinalium consilio & assensu, decernimus, & declaramus nullum effectum penitùs sortiri, sed perinde haberi debere, ac si

nullatenùs emanassent; eaque omnia & singula, cum inde sequutis, in Regestris ipsius Eugenii prædecessoris, & nostris, & locis aliis quibuscumque, aboleri & deleri mandantes, omninò tollimus, cassamus, irritamus, & annullamus, ac pro infectis haberi volumus. Et nihilominùs si, & in quantum opus esse, ad abundantem cautelam singulas ex personis, dominia, communitates, universitates, civitates, oppida, atque loca supradicta & supradicta, ad famam, dignitates honores, status, & privilegia, quatenùs illis eadem occasione privatæ & privata pretendi possent, in statum pristinum & debitum restituimus, reponimus, & reintegramus plenariè per præsentes, motu, scientiâ & plenitudine potestatis, ac consilio & assensu antedictis.

Et quoniam difficile fore præsentes literas ad singula, in quibus eis fides forsan facienda fuerit, loca deferre, dictâ auctoritate decernimus, quòd ipsarum transumpto manu publicâ & sigillo alicujus Episcopalis, vel Superioris Ecclesiasticæ Curiæ munito, tamquam præfatis si originales exhiberentur literis plena fides exhibeatur, & stetur perinde ac si dictæ originales literæ forent exhibitæ vel ostensæ: juribus, constitutionibus, & ordinationibus Apostolicis, cæterisque contrariis non obstantibus quibuscumque. Nulli ergo omninò hominum liceat hanc paginam nostræ constitutionis, declarationis, mandati, cassationis, irritationis, annullationis, voluntatis, restitutionis, repositionis, & reintegrationis infringere, vel ei ausu temerario contraire. Si quis autem hoc attentare præsumserit, indignationem omnipotentis Dei & Beatorum Petri & Pauli Apostolorum ejus se noverit incursurum.

Datum Romæ apud sanctum Petrum, Anno Incarnationis Dominicæ millesimo quadringentesimo quadragesimo octavo, quintodecimo Kalendas Februarii, Pontificatûs nostri anno secundo.

FRIDERICI *Imperatoris* CAROLO VII. *Regi Francorum.*

FRIDERICUS Dei gratiâ Romanorum Rex semper Augustus, Austriæ, & Stiriæ, &c. Dux, Serenissimo Principi CAROLO eâdem gratiâ Francorum Regi, Fratri, & Consanguineo nostro carissimo, Salutem, & fraternæ dilectionis continuum incrementum. Serenissime Princeps, Frater & Consanguinee noster carissime, accepimus literarum vestrarum sub datâ ultimi diei mensis Martii anni præsentis, pridie nobis præsentatarum continentia quomodo pro felici negotiorum complemento in facto pacis universæ Ecclesiæ, ad sanctissimum Patrem nostrum Summum Pontificem Ambassiatores vestros solemnes transmittere velletis. Et quoniam res ipsa, ut tangitis, salutem totius Christianitatis concernit, vestra Fraternitas prædictos Ambassiatores vestros in brevi ad urbem Romanam accessuros in eum finem, ut & nos in quantum nobis placeret nostros ibidem destinaremus, ut nostris & vestris pariter in hoc opus concurrentibus, eo facilius votiva conclusio haberetur; quodque vestris hujusmodi Oratoribus, ut omnia per eos in his rebus acta & quæ in posterum agenda supersunt, his qui à nobis destinati fuerint communicarent, injunxeritis, nobis notificavit quemadmodum ea vestris supratactis literis latiùs exprimuntur. Verùm quia indubitatam apud vestram Fraternitatem & omnes saltem Catholicos credimus esse, quod nos Romanorum Rex atque Ecclesiæ sanctæ Advocatus summoperè fecimus exactissimâ adhibitâ sollicitudine in reipsâ diligentiam, & hodie animo Regali ab intimis ad plenam rerum consequutionem, stabilitionem, & tuitionem ac-

Anno MCCCCXLVIII.

Priusquam Oratores suos mittat ad pacem Ecclesiæ conciliandam, rogat ut mentem suam Rex planius aperiat.

commodas, ferventer indefesso inclinamur proposito: convenit utique & pernecessarium est in tanto negotio pro mittendis nostris ad vestra scripta Ambassiatoribus, uti vestra cognoscere poterit Fraternitas, nos magis specificè ac expressiori & clariori ordine & modo de intentione & voluntate vestrâ his in rebus informari, ad finem quòd praevia hujusmodi informatione eo intelligibiliùs, deliberatiùs & efficaciùs ad promotionem votivae pacis universalis Ecclesiae, ipsos nuntios nostros sufficienter ad causam instructos expedire & mittere possimus, eamdem à vobis vestrae mentis apertam intentionem in hoc nobis quantociùs declarari, sincero rogamus atque requirimus affectu: ad honorem enim supremi pacis Auctoris, & tranquillitatem Ecclesiae suae sanctae, cui meritò & permultum afficimur, prosequutioniae tuitioni optatae & saluberrimae unionis ut fidelis Ecclesiae sanctae Advocatus auctore Deo gloriosè convenientibus modis incessanter inhaerebimus.

Datae in Grecz. die undecimâ Junii, Regni nostri anno nono.

NICOLAI Papæ V. CAROLO VII. Francorum Regi.

Nicolaus Episcopus servus servorum Dei, Carissimo in Christo filio CAROLO Francorum Regi Illustri, Salutem & Apostolicam benedictionem. Non possumus, Christianissime Princeps non agere gratias omnipotenti Deo, qui temporibus nostris Serenitatem tuam Christianissimo Francorum Regno praesidere concessit; ita ut pietate & religione, quâ maximè polles, te non tantùm Galliis, sed universae Reipublicae Christianae divina Providentia voluerit profuturum. Non nobis ignotum erat tempore sanctae memoriae Praedecessoris nostri Eugenii Papae IV. quantam operam praebuisses, ut Ecclesia Dei unitate & pace frueretur: cum nunquam nec expensis, nec laboribus pepercisses, ut sancto desiderio praefatae unitatis & pacis Christianitas potiretur. Nobis postea divinâ Providentiâ Praedecessore nostro, ut credimus, ad meliora translato, in ipsius honore & onere succedentibus divinâ miseratione concessum est, ut Serenitatis tuae religiosissimam mentem & verbis experiremur & factis. Misit quippe ad nos Celsitudo tua legationem Praelatorum, ac aliorum insignium & nobilium virorum omni ex parte praestantem, cum adeo insigni & praeclaro comitatu, ut qui sexaginta annorum in Romanâ Curiâ memoriam retinebant, nunquam meminerint tam praeclaram, tam insignem, tam numerosam legationem advenisse. Retulerunt Oratores tui in totius Romanae Curiae Auditorio publico, quae usque in eam diem Serenitatis tuae curâ atque operâ actitata essent; ex quibus nos totumque Auditorium, Celsitudinis tuae ad pacis & unitatis Ecclesiasticae ardentissimum desiderium intelleximus, quantoque christianissima anima tua flagraret incendio, quo pax Ecclesiae redderetur: ex quibus percepimus non tantùm nos & praesentem militantem Ecclesiam, verùm etiam & usque in finem saeculi successuram, Celsitudini tuae & Christianissimae domui Franciae debere gratias immortales, quae nunquam fluctuantem Ecclesiam & Apostolicam Sedem deserere consuevit.

Audivimus Oratores Celsitudinis tuae, non more communi, sed ut peculiares filios nostros sumus cum omni caritate complexi, aperientes eis arcana cordis nostri, nihil iis occultum esse patientes, cujus apud te poterunt esse optimi testes. Volumus illorum consilio dirigi, non dubitantes Oratores tales esse, qualem mittentem Principem intelligeremus. Itaque patefactis per omnia interioribus cordis nostri, nihil illis occultum esse voluimus; diximus quantum cupiamus deformitates ab Ecclesiâ submoveri; quantum velimus Ecclesiarum gravamina moderari; quantum crediti nobis populi Christiani utilitatem magis procurare quàm nostram. Praeterea ut Serenitas tua, atque universi Reges & Principes populi Christiani intelligerent clementiam & mansuetudinem Apostolicae Sedis, ipsis aperuimus quantum apud nos Serenitatis tuae posset auctoritas; tantum namque potest, ut salvo Dei honore & Ecclesiae suae, nihil est quod Celsitudini tuae negare debeamus. Explicabunt omnia Serenitati tuae, quibus clementiam tuam minimè dubitamus. Et licet non existimemus oportere addere calcaria sponte currenti, rogamus tamen & obsecramus Celsitudinem tuam, ut in sancto desiderio & opere perseveres, donec videris unitatem Dei Ecclesiae restitutam. Multa super iis cum praefatis Oratoribus tuis contulimus; sed maximè cum venerabili Fratre nostro Archiepiscopo Remensi, viro prudentissimo & gravissimo, cui prae caeteris expressiùs aperuimus mentem nostram, & praecipuè in facto celebrandi Concilii generalis, cui & tempus & locum, & silentii causas plenè aperteque patefecimus, Serenitati tuae pariter intimandas, cui velit fidem adhibere plenariam: & Apostolicam Sedem, quam semper progenitores tui prae caeteris Principibus venerati atque tutati sunt, undeque sibi Christianissimi Principis titulum vendicarunt, ipsorum more tueri atque defendere; tam sancti operis mercedem ab ipso Ecclesiae capite JESU-CHRISTO Domino nostro, & in militante simul & triumphante Ecclesiâ suscepturus.

Datum Romae apud sanctum Petrum, Anno Incarnationis Dominicae millesimo quadringentesimo quadragesimo octavo, quinto Idus Augusti, Pontificatûs nostri anno secundo.

CAROLI Francorum Regis, SIGISMUNDO Duci Austriae.

CAROLUS, &c. Illustri Principi Sigismundo Duci Austriae carissimo filio, ac dilectissimo Consanguineo nostro salutem, zeliquè filialis dilectionem. Illustris Princeps, filique carissime, directos jamdiu ad nostram praesentiam caros ac nobis dilectos Ludovicum Beulé Militem, Praeceptorem Comitatûs de Tyreul, & Haveze Pachel Consiliarios ac Ambaxiatores vestros advenisse benignè, litterasque per ipsos vestri ex parte nobis praesentatas, laeto animo suscepimus, eosque ad plenum super credentia earumdem tractatum matrimonii inter vos, carissime Fili, ac illustrem sororem consanguineamque nostram Alienor filiam serenissimorum quondam Regis, necnon sororem Regis praesentis Scotorum, nostrorum carissimorum fratrum, tangente, placidis auribus audivimus. Quâ in re post quamplures praesentis in materia dilationes, propter consensus dicti carissimi fratris nostri Scotorum Regis erat necessarius, ad cujus praesentiam quosdam nobis fidos destinavimus, qui (prout nobis nuntiaverunt) rem gratam acceptamque habuit: tùm etiam id carissimis consanguineis nostris Britanniae & Sabaudiae Ducibus, quibus sorores ejusdem carissimae nostrae Alienor junctae sunt, notificavimus: quod laudaverunt, & huic operi ob ferventem animum quam ad vestram personam gerimus, ejus successus tamquam pro filio proprio prosperè optantes, tantam adhiberi diligentiam fecimus, quòd sponsalia per verba de futuro inter vos & praefatam quam carissimam Consanguineam nostram, sub certis conditionibus & modificationibus contracta fuêre. Verùm

rùm quia intrà quatuor mensium spatium vestram ratihabitionem, secundùm ea quæ agitata sunt, ad consummationem hujus matrimonii mittere tenemini, vestris Ambaxiatoribus utilius visum fuit impræsentiarum præfatum Hayeze Pachel vestram ad personam fore transmittendum, per quem latiùs super omnibus poteritis informari, quàm multo longior scriptura contineret.

Datum in Monte-aureo prope Laverdini.

Anno MCCCCXLVIII.

NICOLAI Papæ V. CAROLO VII. Regi Francorum.

Rogat Regem ut Antonio Crepin. è Parisi. Cathedrali Laudunensem translato faveat.

NICOLAUS Episcopus servus servorum Dei Carissimo in Christo filio CAROLO Regi Franciæ illustri, salutem & Apostolicam benedictionem. Gratiæ divinæ præmium acquiritur, si per sæculares Principes Prælatis præsertim Ecclesiarum Cathedralium regimini præsidentibus, opportuni favoris præsidium & honor debitus impendantur. Sanè Ecclesia Laudunensi ex eo Pastoris solatio destitutâ, quòd nos hodie venerabilem fratrem nostrum Joannem Episcopum olim Laudunensem in Archiepiscopum Remensem electum à vinculo, quo ipsi Laudunensi Ecclesiæ cui tunc præerat tenebatur, de fratrum nostrorum consilio & Apostolicæ potestatis plenitudine absolventes, eum ad Ecclesiam Remensem tunc Pastore carentem duximus auctoritate Apostolicâ transferendum ; præficiendo eum illi in Archiepiscopum & Pastorem, Nos ad provisionem ipsius Laudunensis Ecclesiæ celerem & felicem, ne illa longæ vacationis exponeretur incommodis, paternis & sollicitis studiis intendentes, post deliberationem quam super his cum eisdem fratribus habuimus diligentem, demùm ad dilectum filium Antonium Crepin nunc Laudunensem, tunc Parisiensem electum, consideratis grandium virtutum meritis, quibus personam suam Altissimus insignivit, & quòd ipse Antonius electus illis sibi suffragantibus præfatam Laudunensem Ecclesiam sciet & poterit auctore Domino utiliter regere & feliciter gubernare, convertimus oculos nostræ mentis. Intendentes igitur tam dictæ Laudunensi Ecclesiæ, quàm ejus gregi dominico salubriter providere, ipsum Antonium Electum à vinculo quo tenebatur dictæ Parisiensi Ecclesiæ, (per eumdem Antonium Electum, illius regiminis & administrationis bonorum possessione non adeptâ, nec consecrationis munere suscepto,) de fratrum consilio, & potestatis plenitudine hujusmodi absolventes, præfatum Antonium Electum ad eamdem Laudunensem Ecclesiam de dictorum fratrum consilio eâdem auctoritate transtulimus, ipsumque illi præfecimus in Episcopum & Pastorem ; curam & administrationem ipsius Laudunensis Ecclesiæ eidem Antonio Electo in spiritualibus & temporalibus plenariè committendo, liberamque sibi tribuendo licentiam ad præfatam Laudunensem Ecclesiam transeundi, firmâ spe fiduciâque conceptis, quòd dirigente Domino actus suos, dicta Laudunensis Ecclesia per ipsius Antonii Electi circumspectionis industriam & studium fructuosum regetur utiliter, & prosperè dirigetur, grataque in eisdem spiritualibus & temporalibus suscipiet incrementa.

Cum itaque, Fili Carissime, sit virtutis opus Dei Ministros benigno favore prosequi, ac eos verbis & operibus pro Regis æterni gloriâ venerari, Serenitatem regiam rogamus & hortamur attentè, quatinus Antonium Electum, & suæ curæ commissam Laudunensem Ecclesiam, prædictos habens pro nostrâ & Apostolicæ sedis reverentiâ propensiùs commendatos, sic eos in ampliandis juribus suis tui favoris

præsidio prosequaris, quòd ipse Antonius Electus in commissæ sibi dictæ Laudunensis Ecclesiæ regimine possit Deo propitio prosperari, ac tibi exinde à Deo perennis vitæ præmium, & à nobis condigna proveniant actio gratiarum.

Datum Romæ apud Sanctum Petrum, Anno Incarnationis dominicæ millesimo quadringentesimo quadragesimo octavo, quinto Nonas Martii, Pontificatûs nostri anno secundo.

Magistri Hospitalarii Jerusalem CAROLO Regi Francorum.

Anno MCCCCXLVIII.

SErenissime & Christianissime Francorum Rex, debitâ recommendatione præmissâ. Consueverunt semper læto animo Principes audire ea quæ in exteris regionibus geruntur, & præsertim si quid est quod ad detrimentum infidelium intercesserit. Nuperrimè siquidem ex litteris ex Constantinopoli, Pera & Chio huc Rhodum missis nobis innotuit, magnum Teucrorum sive Turchorum Regem classem ingentem manu, exercitumque coadunâsse, ut terrâ marique ipsam Constantini urbem oppugnaret ; quæ classis cum in Danubium flumen esset ingressa, descendissetque Teucri plurimi ex eâ in terram, repente classis Blanchi longè eâ inferior numero ex superiore ad nos parte insiluit, & ferè infidelium totam classem combussit. Illi verò qui terram petierant, à Blanchi gentibus trucidati sunt. Hoc infortunio & clade Teucris datâ, & Imperatoria ipsa civitas, & omnes insulæ Ægæi pelagi à formidine magnâ, Deo victoriam Christianis dante, liberati sunt.

Insuper Presbyter Joannes Indorum Imperator, ut quidam Sacerdotes Indiani huc Rhodum devecti, per veros interpretes dixerunt, magnam stragem & occisionem Saracenis suis finitimis, & his maximè qui ex stirpe Machometi se ortos prædicant, intulit, ut vix credatur : nam per trium dierum iter passim cadavera occisorum conspiciebantur. Destinavit præterea Oratorem is Indorum Rex Soldano Babyloniæ cum muneribus, sicut mos Orientalium est, ei denuntians nisi ab affligendo Christianos desierit, se bellum pestiferum civitati Mechæ, ubi sepulcrum Machometi esse dicitur, Ægypto, Arabiæ, & Syriæ, quæ ditioni ipsius Soldani subjectæ sunt, illaturum : flumenque Nili totum, qui Ægyptum irrigat, & sine quo nullus illic vivere posset, surrepturum, & iter aliud illi daturum simili pacto minitans. Orator ipse primò benè admissus & visus fuit : dataque ei copia ut sanctum sepulcrum Domini nostri viseret, qui cum reversus ad Cayrum fuisset, ab ipso Soldano carceri traditus est, hac intentione illum non relaxaturum, nisi Orator suus ad Indiam missus & detentus non redierit. Hæc pauca tum memoratu digna, & Serenitati vestræ dignissima ; quam semper valere optamus.

Datum Rhodi in nostro Conventu, die tertiâ Julii anno Domini millesimo quadringentesimo quadragesimo octavo :

Serenitatis vestræ,

Magister Hospitalis Jerusalem.

Oratorium Regis Franciæ, in causâ Nicolai Papæ V. & Amedei Felicis itidem Papæ V. nuncupati.

Anno MCCCCXLIX.

NOs ALFONSUS Segura Decanus Toletanus, Sanctissimi in Christo Patris & Domini nostri Do-

Promittunt Amedeo tres

Miscellanea Epistolarum,

Bullas, queis abrogantur omnes lites, pristiro gradui asseritur omnes privati aliquo officio, & confirmantur quæ ex utraque parte sunt acta.

mini Nicolai divinâ Providentiâ Papæ V. Jacobus miseratione divinâ Patriarcha Antiochenus & Episcopus Pictavensis; Helias Episcopus Electensis; Joannes Comes Dunensis, magnus Camerarius Franciæ; Jacobus Cordis; Guido Bernardi Magistri Requestarum hospitii; Joannes le Boursier, Miles & Cambellanus; & Thomas de Corsellis in sacrâ paginâ Professor, Consiliarii Serenissimi & Christianissimi Francorum Regis Oratores: Notum facimus universis: Quòd cum nos, & Deputati per Dominum Amedeum, in suâ obedientiâ Felicem nominatum, varios labores jamdiù & diebus proximis multos tractatus habuerimus, pro dandâ pace & unione in Ecclesiâ sanctâ Dei; & tandem certi articuli nobis dati sint pro responsione pro parte Domini Amedei, in suâ obedientiâ Felicis nuncupati, ad dandam ipsam pacem & unionem, in quibus inter cætera continetur articulus, quo nos dicti Oratores, per literas nostris sigillis sigillatas nos obligabimus dare, aut dari & tradi facere infrà mensem Julii proximè futurum in sufficienti formâ, præfato Domino Amedeo, in suâ obedientiâ Felici nuncupato, in civitate Gebenensi vel Lausanensi, aut in manibus Capituli Gebenensis tres Bullas plumbatas, & debite expeditas in Romanâ Curiâ, secundùm formam minutarum hîc concordatarum, quarum tenor in obligatione designabitur: Unam videlicet super cassatione processuum duplicatam, ut una sit sub datâ ante diem renuntiationis fiendæ per ipsum Dominum Amedeum, in suâ obedientiâ Felicem appellatum, alia sub datâ post dictam renuntiationem: alia super restitutione aliàs privatorum: & alia super confirmatione gestorum.

Et quoniam veraciter scimus quòd idem sanctissimus Dominus noster Nicolaus Papa toto cordis affectu præfatam pacem & unionem Ecclesiæ desiderans, hujus intentionis est, quòd præmissi tres articuli videlicet de cassatione processuum, confirmatione gestorum, nec non de restitutione privatorum, in omnibus & per omnia suum sortiantur effectum, quod nobis etiam declaratum exstitit, per credentiam expositam per me præfatum Decanum Oratorem suæ sanctitatis, virtute sui Brevis. Attendentes etiam quòd ipse sanctissimus Dominus noster Papa super dictis tribus articulis literas suas bullatas præsentari fecit, quæ per eundem Deputatos non fuerunt sufficientes reputatæ: propterea nos Oratores prædicti volentes, quantum nobis est possibile, pro ipsâ pace & unione Ecclesiæ laborare, per præsentes assecuramus, affirmamus per juramentum, & promittimus suprà mentionatas Literas sive Bullas ipsius sanctissimi Domini nostri Nicolai Papæ V. more Romanæ Curiæ bullatas & expeditas in formâ bonâ, & secundùm minutas hîc concordatas, quæ manibus nostris subscriptæ sunt. Quarum prima de cassatione sic incipit: *Tanto nos ad pacem & tranquillitatem cunctorum Fidelium procurare & amplecti convenit, &c.* Et sic finit: *Cæteris quæ contrariis non obstantibus quibuscumque. Nulli ergo, &c.* Secunda de confirmatione gestorum sic incipit: *Ut pacis quâ nihil desiderabilius, &c.* Et sic finit: *Si secus super his, &c. Nulli, &c.* Tertia de restitutione privatorum sic incipit: *A pacis auctore & omnium bonorum largitore, &c.* Et sic finit: *Auxilium sui brachii sæcularis præbeant, favoresque oportunos exhibeant. Nulli ergo, &c.* Præfato Domino Amedeo, in suâ obedientiâ Felici V. nominato, sive in Capitulo Gebenensi, realiter & cum effectu infrà dictum tempus datum ut suprâ, præsentabimus & trademus, ut præsentari ad tradi faciemus sine dolo & fraude. Et ad hoc nos tam conjunctim quam divisim obligamus. Et ut ista observentur & firma sint,

Nos Oratores præfati nomina & sigilla nostra huic literæ securitatis, affirmationis & promissionis apposuimus.

Datum Lausanæ die quartâ Aprilis, Anno Domini millesimo quadringentesimo quadragesimo nono. Alfonsus Decanus Toletanus & Domini nostri Papæ Orator: Jacobus Patriarcha Antiochenus, & Episcopus Pictavensis: Helias Episcopus Electensis: Joannes Comes Dunensis. Jacobus Cuar, G. Bernardi, I. le Boursier, Th. de Courcellis. *Horum signis munita, ac sigillis septem cerâ rubrâ obsignatæ erant Literæ.*

Oratorum Delphini Viennensis in eâdem causâ.

Ejusdem argumenti.

Nos Alfonsus Segura Decanus Toletanus sanctissimi in Christo Patris & Domini nostri, Domini Nicolai divinâ Providentiâ Papæ V. Joannes miseratione divinâ Archiepiscopus & Princeps Ebredunensis; & Gabriel de Bernes Dominus de Targe Magister hospitii, Illustris Principis Domini Delphini Viennensis consiliarii Oratores: Notum facimus universis; quòd cum nos unà cum Ambassiatoribus Domini genitoris nostri, & deputati per Dominum Amedeum in suâ obedientiâ Felicem nominatum, varios labores, &c. *ut in præfatis literis.*

Nos oratores præfati nomina & sigilla nostra huic Literæ securitatis, affirmationis, & promissionis apposuimus.

Datum Lausanæ die quartâ Aprilis, Anno Domini millesimo quadringentesimo quadragesimo nono. A. Decanus Toletanus, & Domini nostri Papæ Orator. I. Archiepiscopus & Princeps Ebredunensis. Gabriel de Bernetio. *Signis ac sigillis duobus rubrâ cerâ erant obsignatæ.*

Decretum Synodi Lausanensis.

Anno MCCCCXLIX. Abrogatæ occasione schismatis institutæ.

Sacro-sancta generalis Synodus Lausanensis in Spiritu sancto legitimè congregata, universalem Ecclesiam repræsentans, ad perpetuam rei memoriam. Beatæ pacis apertâ viâ Domino concedente, qui tandem Ecclesiam diu attritam languoribus oculo pietatis respexit, summopere ac diligenti providendum est studio, ne divisionis ullum ampliùs superfit vestigium, nullus mentes humanas ambiguitatis scrupulus inquietet, nullius conscientiæ latarum & promulgatarum sententiarum ac censurarum formidine tabescat, aut scandalum patiatur; sed populum Christianum, quem secuit divisitque nubilosa discordia, resarciat & reintegret concordiæ & communionis serenitas. Superiori sanè tempore sancta hæc Lausanensis Synodus, dum Basileæ in Spiritu sancto legitimè congregata perseveraret, ad assentiendum tunc Eugenio Papæ IV. Ferrariæ congregationem sub nomine Concilii generalis erigenti; ac demùm postquàm erecta exstitit, & aliis ab inde suboritis differentiis, adversùs Curiam suam sequentes, omnesque & singulos eidem adhærentes & faventes generaliter promulgavit sententias, censuras, & pœnas. Nunc verò cum per renuntiationem quam sanctissimus Dominus Felix Papa V. facere voluit de Papatu purè, simpliciter & sincerè, medium paratius & atertius ad consequutionem perfectæ & integræ unionis in Ecclesiâ sanctâ Dei videatur: Cupiens eadem sancta Synodus tam excelsi necessariiique boni contemplatu, cujus gratiâ cum præfatis sanctissimo Domino Felice durissimis hactenùs non pepercit laboribus, tolli de mundi medio quæ unioni, tranquilitati & paci universalis Ecclesiæ repugnare aut officere possent quovismodo; omnes & singulas excommunicationis, suspensionis, & interdicti,

Diplomatum, &c.

ac privationis beneficiorum, officiorum, dignitatum, etiamsi Cardinalatûs, Patriarchalium, Archiepiscopalium, Episcopalium, Abbatialium, aut aliarum quarumcumque Ecclesiasticarum, vel mundanarum, necnon etiam privationis feudorum, honorum, privilegiorum, ac quorumcumque bonorum & jurium spiritualium & temporalium, inhabilitationisque ad illa, seu alias sententias, censuras & pœnas quascumque & qualescumque ab eâdem sanctâ Synodo, seu ejus auctoritate, contrà quascumque personas Ecclesiasticas vel sæculares, ac etiam Laicales, cujuscumque status, gradûs, ordinis, conditionis vel præeminentiæ, etiamsi Cardinalatûs, Patriarchalis, Archiepiscopalis, Episcopalis, seu Abbatialis, aut alterius cujuscumque dignitatis Ecclesiasticæ vel mundanæ existant; contrà Capitula quoque & Collegia quarumvis Ecclesiarum, & Monasteriorum, ac Ordinum; necnon Dominia, Communitates, universitates, civitates, oppida, & alia quæcumque loca præmissarum occasione differentiarum generaliter emanatas, inflictas, & promulgatas, cum omnibus inde sequutis, etiamsi ad sententiarum, censurarum, privationum, atque pœnarum prædictarum declarationem, seu illarum aut alicujus earum publicationem, sive plenariam exequutionem contrà personas, Capitula, Collegia, Dominia, Communitates, universitates, civitates ac oppida & loca prædicta, communiter vel divisim quomodolibet processum foret; quorum omnium & singulorum tenores, etiamsi de illis plena & expressa, ac de verbo ad verbum præsentibus mentio habenda esset, vult hîc pro expressis haberi; Decreti hujus tenore, & certâ scientiâ decernit & declarat effectum sortiri non debere, sed perinde haberi ac si nullatenùs emanassent. Et nihilominùs ad superabundantem cautelam à prædictis aliisque censuris & pœnis occasione divisionis prædictæ, esto quod earum absolutio & remissio sanctæ Synodo reservata fuerit in aliis suis decretis generaliter promulgatis, singulas personas absolvens, omnemque irregularitatis notam ac infamiæ maculam, tam juris quàm facti, si qua fortassis contraxerint, removendo & penitùs abolendo, habilitat, & cum eis quatenùs indigent habilitatione; ipsasque singulas personas, necnon Collegia, Dominia, Communitates, universitates, oppida quoque & loca hujusmodi ad famam & honores restituit, reintegrat, plenarieque reponit.

Datum Lausanæ in Sessione publicâ hujus sanctæ Synodi in majori Ecclesiâ Lausanensi solemniter celebratâ, decimo sexto Kalendas Maii, Anno à Nativitate Domini, millesimo quadringentesimo quadragesimo nono. V. Languidi.

Anno MCCCCXLIX.

NICOLAI Papæ V. CAR**TA** o VII.
Francorum Regi.

Gratias agit Regi ob impensam in extirpando schismate operam.

NICOLAUS Episcopus servus servorum Dei, Carissimo in Christo filio CAROLO Francorum Regi illustri, Salutem & Apostolicam benedictionem. Magno munere misericordiâ Dei, Christianissime Princeps, Apostolicæ Sedis & totius Ecclesiæ Catholicæ multiplicata sunt gaudia, cum sancto & gloriosissimo statu Ecclesiæ perniciosissimum schisma deletum est. Et licet instinctu Spiritûs sancti hoc factum esse minimè dubitemus, tamen per ministerium Serenitatis tuæ; quod istud Prædecessore nostro vivente non defuit, consummatum est. Hæc pietati tuæ, hæc Christianissimis Francorum Regibus victoria congruebat; ut qui sæpenumero contrà hostes fidei dimicassent, & pro Christo gloriosissimè mori elegissent, & à Sedis Apostolicæ cervicibus imminentem

tyrannicam rabiem sæpiùs retulissent, etiam pro Catholicæ Ecclesiæ unitate & pace labores, sudores, expensas, vigiliasque perferrent. Digna profectò Christianâ Principe opera, dignus labor, & quem maximè debeat creatori, à quo suscepit & tenet imperium, & Redemptori, qui pro ejus salute æternâ mori dignatus est. Clara hæc pugna, & insigne certamen, quo cum diabolo pro Christi corpore quod est Ecclesia, tua pietas dimicavit, quo nec gloriosior triumphus exstitit ille Fidelium, qui passi sunt ne idolis immolarent; imò, ut Dionysius Alexandrinus Martyr auctor est, majus hoc putandum est esse martyrium, si quis pro Ecclesiæ unitate & pace durâ pertulerit: ibi namque unusquisque pro suâ tantùm animâ martyrium sustinet, in hoc verò pro totâ Ecclesiâ vita profunditur. Ineffabiliter ergo gaudemus in Domino, quòd labor tuus, & desiderium nostrum ad desideratum pervenit effectum: unde cum Propheta exclamare cogimur: *Adjutorium nostrum in nomine Domine, qui fecit cælum & terram.* Et, *Dextera Domini fecit virtutem.* Et, *Dominus fecit hæc omnia.* Turbabat Ecclesiasticam pacem tempore progenitorum tuorum pacis inimicus, ac per longa tempora divisam detinebat Ecclesiam. Tandem non defuit misericordia Dei, quæ desideratam unitatem suis Fidelibus restituit. Invidit confestim Ecclesiasticæ paci, pacis inimicus, & consuetis actibus in Ecclesiam schisma molitus est: neque enim, ut auctor est Augustinus, ipse accusator Fratrum, & qui juxtà Evangelicum verbum ab initio homicida exstitit, tanto astu quidquam machinatur, aut quærit, quàm Ecclesiam scindere; quòd illâ divisâ astutiæ suæ artesque prævaleant, illâ verò in unitate manente dispereant, & velut fumus à facie venti penitùs evanescant. Egimus omnipotenti Deo gratias, nec agere desinemus pro tanto munere præstito temporibus nostris ne ingrati esse videamur. Legimus enim Ezechiam Regem Juda, optimum, & religiosissimum Principem, in divinâ Scripturâ culpatum esse; quòd juxtà divina beneficia gratias non egisset.

Nos itaque, licet exigua & impares auctori tanti operis quas possumus gratias ex toto corde nostro persolvimus, orantes misericordiam suam, ut desiderium cordis nostri suscipere pro gratiarum actione dignetur. Pietati verò tuæ pro tanti temporis laboribus & expensis, quid dignum, quid congruens, referemus? Sentit profectò animus noster multo plus se debere quàm possit, & hanc grati animi esse potissimam partem, cum se intelligit beneficii magnitudine superari. Hoc profitetur, hoc dicit, Celsitudinem tuam in exhibendis Sedi Apostolicæ beneficiis Christianissimis Principibus progenitoribus tuis imparem non fuisse, & propterea se pietati tuæ plurimùm debere non dubitat. Suadet ipsa animi tui pietas, atque religiosum propositum, ut, cum tanta feceris, ampliora petamus, ut peritorum more medicorum ægrum corpus Ecclesiæ, nec plenè redditum sanitati, non deseras usque in finem, donec plenè integreque sanetur. Et sicut illi depulsâ ægritudine artibus suis & consiliis sanitatem redditam conservare consueverunt, ita pietas tua assistat & consiliis & auxiliis oportunis, ne recuperata unitas in Ecclesiâ, operante pacis inimico possit aliquâ ex parte turbari. Deus autem omnipotens, qui Celsitudinem tuam in hæc tempora reservavit; Te & Regno, & toti Ecclesiæ Dei incolumem, felicem atque gloriosum servare dignetur. Et beatissimi Petrus & Paulus, eorumque sanctissimi Successores, qui in conspectu Dei semper assistunt; quique Romanam Ecclesiam & Apostolicam Sedem tuentur & servant, pro tuæ Serenitatis incolumitate & incremento jugiter intercedant.

Datum Romæ apud sanctum Petrum, Anno Incarnationis Dominicæ millesimo quadringentesimo quadragesimo nono, quarto Nonas Maii, Pontificatûs nostri anno tertio. Signatum, D. Dalucâ.

Anno MCCCCXLIX.
Rata volunt Patres quæ tempore schismatis acta sunt.

Decretum Synodi Lausanensis.

Sacrosancta generalis Synodus Lausanæ in Spiritu sancto legitimè congregata, universalem Ecclesiam repræsentans, ad perpetuam rei memoriam. Quantum Deo pax placeat, veritas aperit Scripturarum testimonium perhibentium, quòd Salvator noster nascens ex Virgine pacis edictum præconiis Angelorum proposuit promulgatum, pacem reliquit Discipulis moriturus, pacem resurgens à mortuis nuntiavit; inter cuncta præcepta salutaria eis specialiter illud commendans ut sincerè inter se pacem observare curarent: Nos igitur pacem universalis Ecclesiæ desiderabiliter affectantes, ad id solertius nostra apponimus studia, laborum quoque & expensarum indefessas proinde habuimus & habemus sollicitudines, ut sedatis divisionibus, quibus Dei Ecclesia impræsentiarum impeditur, ac Petri navicula veluti procellosâ concutitur vehementiâ, negotium Dei & Ecclesiæ suæ sanctæ ad salutarem exitum, per effectum optabilis unionis & integræ pacis perducatur; ipsaque Dei sponsa Ecclesia sicut columba pulcherrima soliti retineat sui splendoris candorem; & universi Fideles virtuosis actibus dirigantur; paxque & unitas in totâ Christianitate refloreat, prout hæc sancta Synodus semper desideravit, & summopere desiderat; ad cujus tam religioni utilem Christianæ, quàm etiam necessariam rei consummationem Catholici Principes, & carissimi Ecclesiæ filii Franciæ, & Angliæ, ac Renatus Siciliæ Reges, ac dilectus Ecclesiæ filius Ludovicus Delphinus Viennensis ejusdem Regis Franciæ primogenitus, Illustres, ut fidei mater Ecclesia eorum temporibus pacata redderetur & tranquilla permaneret, sua ad hoc ministrantes præsidia, solemnes pro pace hujusmodi tractandâ, & componendâ destinaverunt Oratores, quibus intervenientibus atque tractantibus in hujusmodi pacis negotio: attentâ etiam sanctissimi tunc Papæ Felicis V. pridem de Papatu pro bono pacis ejusdem liberaliter factâ renuntiatione, talis habetur dispositio, quòd pacem ipsam Deo auctore speramus de proximo sequituram.

Ne autem præmissarum occasione divisionum Christi fideles pace & unione hujusmodi frui cupientes, litium quomodolibet agitentur dispendiis; sed pax sincera & caritas inviolabilis inter eos, nullo scrupulosè timoratæve illos perurgente conscientiæ stimulo, perseveret: Omnes & singulas promotiones, electiones, confirmationes, postulationû admissiones, translationes, commendas, administrationes, & provisiones quarumcumque Patriarchalium, Metropolitanarum, & aliarum Cathedralium Ecclesiarum, necnon Abbatialium dignitates, & Monasteriorum regimina quorumcumque exemptorum & non exemptorum; quascumque collationes, provisiones, & dispositiones quorumcumque beneficiorum Ecclesiasticorum regularium vel secularium, de jure patronatûs etiam Laicarum, cum curâ vel sine curâ, etiamsi Ecclesiæ Parochiales fuerint, aut Canonicatus & Præbendæ, dignitates majores post Pontificales in Cathedralibus, vel principales in Collegiatis existant, personatus, perpetuæ administrationes, vel officia etiam curata vel electiva in quibuscumque Ecclesiis: Prioratus etiam Conventuales, aut alia Beneficia cujuscumque conditionis, qualitatis, vel naturæ fuerint, etiam alterius generis quàm expressa, paris vel majoris; etiamsi ex quâvis causâ tunc dispositioni Apostolicæ specialiter vel generaliter reservata fuerint, vel aliàs affecta; vel ad nos seu ad Sedem Apostolicam quomodolibet devoluta, in vim seu prætextu quarum habita est possessio, & possidentur de præsenti, præter quàm de Ecclesiis Monasteriis, dignitatibus, beneficiis, & officiis quæ præfatæ Synodo incorporati ac eidem obedientes, adhærentes atque sequentes, possidebant, & durantibus hujusmodi divisionibus, alterius quàm ejusdem Synodi auctoritate privati seu destituti fuerint, vel contrà ipsos possessores sententias, qui in rem transiverunt judicatam apud nos dum in Basiliensi, aut in hac Lausanensi civitatibus eramus & sumus constituti, sive in Curiâ sanctissimi Domini Felicis, tunc Papæ V. partibus se defendentibus obtinuerunt, aut surrogati sunt, aliter quàm titulo privationis & spolii seu destitutionis præmissorum occasione divisionum factas: admissiones etiam resignationum quorumcumque beneficiorum, dignitatum, Ecclesiarum simpliciter vel ex causâ permutationis, auctorizationes & institutiones: in vim etiam quarum habita est possessio, pensionum quarumcumque super quorumvis beneficiorum Ecclesiasticorum fructibus reservationes & assignationes, cum processibus & fulminationibus inde sequutis: necnon uniones, annexiones, incorporationes quorumcumque dignitatum & beneficiorum Ecclesiasticorum, sæcularium & regularium, quibusvis Patriarcalibus, Archiepiscopalibus, Episcopalibus, Abbatialibus vel Capitularibus, Mensis, aut Monasteriis, Conventibus, Dignitatibus, Canonicatibus & Præbendis, vel Beneficiis seu ad invicem sub quibusvis verborum formis: demembrationes etiam Ecclesiarum & Beneficiorum quorumcumque; Ecclesiarum quoque, Monasteriorum, studiorumque generalium fundationes, erectiones, suppressiones & subjectiones, & quorumcumque Beneficiorum creationes, exemptiones; item revocationes, pallii dationes, consecrationes; benedictiones, personarum de ordine ad ordinem translationes, infeudationes, institutiones, contractuum confirmationes, facultates testandi, concessiones, absolutiones, liberationes, quittancias super quibuscumque debitis etiam decimarum, semidecimarum, indulgentiarum, annatarum, communium & minutorum servitiorum, vel alias quomodolibet, dispensationes tam super ætatis, quàm natalium, & aliarum inhabilitatum defectibus: Super incompatibilibus in quocumque numero, etiam si ad curas parochiales, matrimoniis, juramento, ordinibus, & voto etiam transmarino, & rebus aliis quibuscumque.

Necnon absolutiones à quibuscumque excommunicationis, anathematizationis, & aliis censuris Ecclesiasticis, interdictorum tam generalium quàm specialium relaxationes, ac etiam illorum fulminationes, & appositiones juramentorum; etiam fidelitatum relaxationes, rehabilitationes ab omni maculâ, irregularitate, aut aliâ inhabilitate undecumque processerit: restitutiones etiam ad famam & honores, gratiarum, indultorum, indulgentiarum ac privilegiorum; & quæcumque alias concessiones, & omnia & singula tam justitiam, quàm gratiam concernentia, tam in foro conscientiæ quàm in contentioso; in personis & locis quæ tempore concessionum, & aliorum præmissorum obedientiæ præfato *Eugenio* post ejus suspensionem ab administratione Papatûs atque depositionem, seu *Thomæ*, Nicolao V. in suâ obedientiâ, Romanis Pontificibus nuncupatis, tam per ipsos successivè quàm alium seu alios, suâ, aut alterius eorum mandato, etiam de latere Legatos, delegatos, sive alios quoscumque ab eis vel eorum altero potestatem habentibus, conjunctim vel divisim qualitercumque facta, gesta, concessa, data, indulta, disposita & ordinata; etiamsi majora & graviora aut alterius cujuscumque naturæ à præmissis existant, & specialem requirentia expressionem; quæ volumus & decernimus pro expressis specificè haberi, cum omnibus & singulis inde sequutis, ac etiam omnia & singula per ordinarios in dictis locis facta, præter illa & sine eorum præjudicio, qua per ipsum *Nicolaum*, ut præmittitur, Papam quintum in suâ obedientiâ nuncupatum, tam super restitutione nostræ congregationi incorporatorum, & nobis adhærentium, quàm super confirmatione gestorum per nos & ipsum Dominum *Felicem*, nostráque aut illius auctoritate facienda, concedenda, approbanda, & confirmanda sunt, prout continetur in certis minutis per carissimorum Ecclesiæ filiorum Franciæ, & Angliæ, & Renati Siciliæ Regum, necnon Dalphini Viennensis dicti Regis Franciæ primogeniti, illustrium, solemnes Oratores concordatis, & manibus propriis subscriptis, quibus per hanc nostram confirmationem & approbationem nullatenùs derogari aut præjudicari intendimus, nec aliquod detrimentum afferri; quinimò decernimus illam plenam in omnibus ac in quâlibet earum parte roboris firmitatem obtinere debere, perinde ac si præsentes nostræ literæ minimè emanassent, pro bono pacis & unionis Ecclesiæ, & certâ scientiâ, auctoritate universalis Ecclesiæ præsentium serie approbamus, ratificamus, & confirmamus, ratáque & firma haberi volumus.

Necnon potiori pro cautelâ, de personis Patriarcharum, Episcoporum, & Abbatum, quibuscumque Ecclesiis & Monasteriis, quarum & quorum assequuti sunt possessionem & possident de præsenti: necnon de dignitatibus, prioratibus, personatibus, administrationibus, officiis, canonicatibus, & præbendis, commendis, ac Beneficiis quibuscumque, etiam dispositioni Apostolicæ specialiter vel generaliter reservatis, devolutis, vel quomodolibet affectis eorum possessionibus quibuslibet, de novo providemus; ac ipsorum omnium fructus, redditus, & proventus, necnon emolumenta singula, in quibuscumque & ubicumque etiam extra diœcesim, in quibus Ecclesia, Monasterium, Prioratus, dignitas, seu Beneficium hujusmodi fuerit consistentia, ad eorum possessiones, excepto semper privationis & spolii titulo, spectare & pertinere; & quòd ipsi in suarum Ecclesiarum, Monasteriorum, Prioratuum, dignitatum, & Beneficiorum, prout illorum singulos concernit, possessionibus pro hujusmodi bono pacis & unionis pacifici remaneant & quieti, decernimus & etiam declaramus: nomina & cognomina, valorésque ipsorum Beneficiorum & dignitatum, ac nonobstantias ipsorum possessorum pro expressis habentes, constitutionibus & ordinationibus nostris & Apostolicis cæterísque contrariis non obstantibus quibuscumque.

Fructus etiam illos, quos durante hujusmodi divisione ex dictis Ecclesiis, dignitatibus, Beneficiis, & Officiis indebitè perceperunt; etiamsi & Camaræ nostræ debiti essent, penitùs ipsis & eorum cuilibet remittimus munificentiâ liberali; Camerario, Thesaurario, Clericis Cameræ, Collectoribus, Subcollectoribus nostris quibuscumque inhibendo sub excommunicationis sententiâ, & aliis censuris Ecclesiasticis atque pœnis, quas remissioni & inhibitioni nostris hujusmodi quomodolibet contravenientes incurrere volumus ipso facto, ne fructus præmissos, occasione præmissâ, dictâ durante divisione perceptos ac per nos remissos, ut præfertur, à quoquam quomodolibet exigere seu extorquere præsumant; dictorum rursus possessorum singulis adversariis super præfatis Ecclesiis, Monasteriis, Prioratibus, dignitatibus,

Officiis, & beneficiis, perpetuum silentium imponentes; quascumque promotiones, impetrationes, concessiones, provisiones, declarationes & literas desuper pro ipsis adversariis & aliis quibuscumque in præjudicium ipsorum possessorum, vel derogationem hujusmodi per nos confirmatorum quomodolibet, etiamsi ex certâ scientiâ, per nos sive alium quemcumque nostrâ auctoritate, sive aliâ quâcumque factas, datas, concessas, & habitas, etiamsi in vim earum ipsis vel alicui eorum, jus in re, vel ad rem quæsitum foret; necnon diffinitivas & alias etiam quæ partibus se non defendentibus in rem transiverunt judicatam, semper Ecclesiis & aliis præmissis apud nos vel alios ubicumque contra dictos possessores promulgatas sententias, & quæcumque inde sequuta prædictis motu & scientiâ ac plenitudine potestatis pro bono pacis & unionis prædictorum cassamus, irritamus, & annullamus; ac cassa, irrita, infecta, nulla, & inania, ac juribus vacua declaramus & denuntiamus. Illas verò ex sententiis quæ pro dictis possessoribus super præmissis, ac etiam quascumque alias sententias quæ pro quibusvis partibus se defendentibus, illarum omnibus nominibus & cognominibus pro expressis habentes, & quæ sententiæ in rem transiverunt judicatam in Curiis prædictorum *Eugenii* & *Nicolai* nuncupatorum usque in hodiernum diem prolatæ sunt, validas & ratas decernentes. Necnon quascumque lites & causas desuper apud nos, vel alibi contra ipsos possessores, super prædictis Ecclesiis, dignitatibus, Beneficiis, & officiis quomodolibet pendentes: quorum omnium, etiamsi una, vel duæ, seu plures diffinitivæ vel aliæ sententiæ prolatæ sunt, status præsentibus pro expressis habentes, ad nos advocamus & totaliter extinguimus.

Et pro majori omnium & singulorum securitate ac roboris validitate, quibuscumque personis tam Ecclesiasticis quàm sæcularibus, cujuscumque dignitatis, status, gradûs, ordinis, conditionis, vel præeminentiæ existant, etiamsi Cardinalatûs, Patriarchali, Archiepiscopali, Episcopali, aut aliâ quâcumque præfulgeant dignitate; necnon quarumcumque tam Cathedralium, quàm Collegiatarum, & aliarum Ecclesiarum ac Monasteriorum Capitulis, Collegiis, & Conventibus, ac singularibus personis earumdem: illíque vel illis, ad quem seu ad quos dictarum Ecclesiarum, Beneficiorum, & Officiorum electio, collatio, provisio, præsentatio, seu quævis alia dispositio communiter vel divisim pertinet; ac hujusmodi possessorum adversariis, quibus per nos seu auctoritate nostrâ vel aliâ quâcumque factæ sunt concessiones & provisiones de hujusmodi Ecclesiis, Beneficiis, & Officiis, possessis, omnibúsque aliis & singulis quorum interest vel intererit quomodolibet in futurum, mandamus expressè inhibentes; videlicet Patriarchis, Archiepiscopis & Episcopis sub suspensionis ab ingressu Ecclesiæ; minoribus verò personis singularibus, sub excommunicationis; necnon dictorum possessorum adversariis sub simili excommunicationis ac privationis omnium & singulorum Beneficiorum suorum quæ obtinent, & inhabilitationis ad illa, & ad alia imposterum obtinenda, perpetuǽque infamiæ; Collegiis verò, Capitulis & Conventibus sub suspensionis à divinis, pœnis, sententiis & censuris, quas contrafacientes & rebelles, prout quemlibet ipsorum concernit, ex nunc prout ex tunc & ex tunc prout ex nunc incurrere volumus ipso facto, ne ipsi seu ipsorum aliquis publicè vel occultè, directè vel indirectè, quovis quæsito colore vel ingenio contra declarationes, concessiones, approbationes, ratificationes, confirmationes, & alia prædicta, vel eorum aliquod in præ-

FFFff iij

judicium, damnum, & gravamen dictorum possessorum, ac derogationem præmissorum per nos confirmatorum, aut alicujus eorum facere, dicere, & attentare; seu ipsi prænominati, ad quos spectat hujusmodi electio, collatio, provisio, præsentatio, seu quævis alia dispositio, quemquam alium ad Ecclesias, dignitates, Beneficia, & Officia seu alia præmissa hactenus sic possessa recipere & admittere; neque possessores hujusmodi super præmissis in aliquo vexare, molestare, perturbare, seu inquietare quomodolibet præsumant aut præsumat: sed ea omnia & singula inviolabiliter, & sine contradictione quâcumque, quantum in eis est, manuteneant & observent, dictosque possessores in possessione suâ hujusmodi teneant, & defendant. Si quæ etiam, quod absit, per quempiam quâcumque, etiam auctoritate nostrâ, contra præmissa seu eorum aliqua, aut in præjudicium prædictorum possessorum sive alicujus ipsorum novitates factæ fuerint, illas ac quæcumque inde sequuta, ex nunc prout ex tunc habemus, & haberi volumus pro infectis; & nihilominùs contravenientes & rebelles hujusmodi, sive fuerint Patriarchæ, Achiepiscopi, aut Episcopi ab ingressu Ecclesiæ; minores verò personas singulares excommunicatos; necnon dictos adversarios & eis auxilium dantes, ultra excommunicationis pœnam, Beneficiis & Officiis suis privatos, inhabiles, & infames: Capitula verò, Collegia & Conventus à divinis suspensos per quemlibet Ordinarium loci, aut alterum in dignitate constitutum, sive Canonicum alicujus Ecclesiæ Cathedralis, per quemcumque ex hujusmodi possessoribus eligendum & requirendum: seu exequutores dandos super hujusmodi nostrâ voluntate in Curiâ Romanâ sive extrà, declarari & denuntiari volumus & mandamus.

Super quibus omnibus & singulis ipsis & eorum cuilibet auctoritate universalis Ecclesiæ damus, & concedimus facultatem, rejectis in præmissis omnibus, & singulis cautelis & appellationibus quibuscumque in præjudicium præmissorum interpositis, seu interponendis, quas tamquam frivolas & inanes cum inde sequutis & sequuturis ex nunc prout ex tunc, & ex tunc prout ex nunc, cassamus, irritamus, annullamus, & pro infectis haberi volumus: Vicecancellario & quibusvis aliis Officialibus Romanæ Curiæ expressè inhibentes, ne ad cujusvis instantiam super causis prætensarum appellationum hujusmodi, aut alterius viâ simplicis querelæ seu restitutionis in integrum, aliquam commissionem signare sive rescriptum etiam extrà Romanam curiam concedere. Nec auditores causarum Palatii Apostolici seu Ordinarii loci, aut quicumque alii, commissiones sive rescripta hujusmodi recipere, seu causas desuper motas & movendas audire præsumant seu attentent. Adjicientes quòd si ullo unquam tempore appareret de aliquâ concessione seu declaratione per nos aut nostrâ auctoritate quascumque clausulas etiam derogatorias, generales, vel speciales, sub quâcumque verborum formâ in se continente, (licet in ipsis dicatur non obstantibus clausulis dicentibus quòd in illis non derogetur, nisi de illis specialis mentio fiat, aut quod de verbo ad verbum, & cùm toto tenore illarum inseri debeat) factâ seu fiendâ, per quam dictos possessores seu eorum aliquem in hujusmodi suorum Beneficiorum possessione, seu alterius turbari, vexari, molestari seu inquietari, aut contra hujusmodi nostras concessiones, provisiones, & alia per nos approbata fieri atque contraveniri posset, etiamsi ex certâ scientiâ & auctoritate universalis Ecclesiæ emanarent seu emanassent, tales declarationes aut concessiones pro bono pacis & unionis Ecclesiæ nullatenùs effectum sortiri; sed pro infectis ex nunc prout ex tunc haberi volumus. Verùm, si in obedientiâ prædicti nuncupati Nicolai V. duo vel plures super uno vel pluribus Beneficiis litigarent, possessor non possidenti non afferat præjudicium; sed cuilibet jus suum conservetur, semperque salvum etiam unicuique maneat jus quod ante hujusmodi divisionem sibi quæsitum erat, & si aliquæ fuerint, Ecclesiæ, seu Beneficia, quarum seu quorum caput in unâ obedientiâ, & membra in altera existunt, membra reducantur ad caput; salvo tamen quod membrum obtinens in illius remaneat possessione, si jus eidem competebat ante hujusmodi divisionem. Cæterùm, quia difficile foret præsentes literas ad singula in quibus eis fides forsan facienda fuerit loca deferre, dictâ auctoritate universalis Ecclesiæ decernimus, quòd illarum transumpto manu publicâ & sigillo alicujus Episcopi, aut illius Vicarii seu Curiæ aut Superioris Ecclesiasticæ signato & munito, perinde ac si originales literæ hujusmodi exhiberentur, fides plenaria adhibeatur & stetur; irritum decernentes & inane si secùs super iis à quoquam quâvis auctoritate, scienter, vel ignoranter contigerit attentari. Nulli ergo omninò hominum, &c.

Datum Lausanæ decimo sexto Kalendas Maii, Annô à Nativitate Domini millesimo quadringentesimo quadragesimo nono.

Epistola Amedei Felicis Papæ V. nuncupati.

Anno MCCCCXLIX. Licet Papatui renuntiet, rata vult quæ acta sunt sui Pontificatus tempore.

FELIX Episcopus servus servorum Dei, ad futuram rei memoriam. Disponentes renuntiare Papatui causâ dandæ pacis in Ecclesiâ sanctâ Dei, quam carissimorum in Christo filiorum Francorum, Angliæ, & Siciliæ Regum, necnon Delphini Viennensis primogeniti Francorum Regis solemnes Oratores apud nos summâ diligentiâ prosequuntur: ex altâ nostræ mentis speculâ cuncta providere necesse est, per quæ semotis cujuscumque divisionis fomentis ad salutem animarum, & cujuslibet honoris, famæ, statûsque conservationem, desideratæ unionis consurgat & vigeat integritas. Omnes igitur & singulos quocumque nomine censeantur, qui ratione obedientiæ, adhæsionis seu favoris, tam olim Eugenio IV. quàm Nicolao Papæ V. in suis obedientiis sic nominatis, quomodolibet præstitorum & factorum, Ecclesiis forsitan Metropolitanis, Cathedralibus, Monasteriis, Dignitatibus etiam majoribus post Pontificales in Cathedralibus, aut Principalibus in Collegiatis Ecclesiis: necnon Monasteriis, Prioratibus, Præposituris, Personatibus, Administrationibus, & Officiis, necnon Canonicatibus, & Præbendis, cæterisque quibuslibet Beneficiis Ecclesiasticis, cum curâ vel sine curâ, secularibus & regularibus quibuscumque, &c. ut in priori Decreto Lausanæ, eis, aliis verbis.

Datum Lausanæ Nonis Aprilis, Anno à Nativitate Domini millesimo quadringentesimo nono, Pontificatûs nostri anno nono.

Ejusdem Felicis V.

Revocat & abrogat omnes censuras ratione schismatis latas.

FELIX Episcopus servus servorum Dei, Ad perpetuam rei memoriam. Dum renuntiare Papatui de proximo intendimus propter dandam Ecclesiæ pacem, cujus contemplatu Petri sedem Domino vocante conscendimus, conveniens arbitramur, primùm circa serenissimorum conscientiarum Christi Fidelium oculos dirigere, easque tam salubri pacificare remedio, quòd nullis ambiguitatibus involvantur, aut metu censurarum atque pœnarum occasione diversitatis obedientiarum detineantur illatarum. Omnes igitur literas, processus & mandata quæcumque; necnon excommunicationis, suspensionis & interdicti, atathematisationisque; etiam privationis Beneficiorum, Officiorum, ac Dignitatum quorumcumque, sive Patriarchalium, Archiepiscopalium, Episcopalium, Abbatialium, aut aliarum quarumcumque Ecclesiasticarum, vel mundanarum; inhabilitationis quoque, necnon declarationis, innovationis, damnationis, reprobationis, expositionis personarum, ac bonorum mobilium & immobilium, juriumque & jurisdictionum publicationis & confiscationis, privationis quoque feudorum, aut etiam quorumcumque bonorum, & jurium spiritualium vel temporalium, & inhabilitationis ad illa; necnon absolutionibus à fidelitatibus; & alias in eisdem literis, processibus, & mandatis quomodolibet contentas sententias, censuras, & poenas quascumque, & qualitercumque statutas, inflictas & promulgatas: etiamsi expressis pares, vel minores, aut alterius cujuscumque naturae forent, per nos aut per alium seu alios, nostrâ seu quâvis aliâ auctoritate contra *Gabrielem, Eugenium IV.* seu contra *Thomam, Nicolaum V.* in suis obedientiis nominatos, necnon contra quasvis personas Ecclesiasticas saeculares, vel regulares, ac etiam Laïcales, quae praefatis *Eugenio & Nicolao* nominatis conjunctim, vel divisim adhaerentes, assistentes, obedientes, obsequentes, credentes, recipientes, & quovismodo faventes, eosque sequentes, qui sunt ac fuerunt; cujuscumque dignitatis, &c. quâ aliis verbis in *Decreto Lausana* legere licet.

Datum Lausanae Nonis Aprilis, Anno à Nativitate Domini millesimo quadringentesimo nono, Pontificatûs nostri anno nono.

Ejusdem.

Omnes electiones, Privilegia, & caetera id genus, à se collata, valitura decernit.

FELIX Episcopus servus servorum Dei, Ad perpetuam rei memoriam. Summopere desiderantes, ut pax integra jam tempore multo ab Oratoribus solemnibus Carissimorum in Christo Filiorum Francorum, Angliae, & Siciliae Regum, necnon Delphini Viennensis primogeniti Francorum Regis Illustrissimi procurata, in universali Ecclesiâ reddicetur: opportunum judicamus omnis divisionis seminarium & fomentum evellere, ne Christi Fideles damnosis litibus, & discordiis in posterum contingat agitari. Omnes & singulas promotiones, electiones, confirmationes, postulationum admissiones, translationes, commendas, administrationes & provisiones quarumcumque Patriarchalium, Metropolitanarum, & aliarum Cathedralium Ecclesiarum; necnon Abbatialium dignitates, & Monasteriorum regimina quorumcumque, exemptorum & non exemptorum; quascumque collationes, provisiones & dispositiones quarumcumque Beneficiorum Ecclesiasticorum, regularium, vel saecularium, de jure Patronatûs etiam Laïcorum, cum curâ vel sine curâ, etiamsi Ecclesiae Parochiales fuerint, aut Canonicatus & Praebendae, Dignitates majores post Pontificales in Cathedralibus, vel principales in Collegiatis existant, personatus, perpetuae administrationes vel Officia etiam curata, vel electiva in quibuscumque Ecclesiis; Prioratus etiam Conventuales, aut alia Beneficia cujuscumque conditionis, qualitatis, vel naturae fuerint, etiam alterius generis quàm expressa, paris vel majoris, etiamsi ex quâvis causâ tunc dispositioni Apostolicae reservata fuerint, vel aliàs affecta, vel ad nos, seu ad Sedem Apostolicam quomodolibet devoluta, in vim seu praetextu quarum habita fuerit possessio, & possidentur de praesenti. (praeterquàm, de Ecclesiis, Monasteriis, Dignitatibus, Beneficiis quae nobis obedientes, adhaerentes, atque sequentes possidebant, & durantibus hujusmodi divisionibus aliàs quàm nostrâ auctoritate privati seu destituti sunt, vel contrà ipsos possessores sententias, quae in rem transierunt judicatam, in Basiliensi, aut in hac Lausanensi civitatibus, sanctâ generali Synodo itidem permanente, sive in Curiâ nostrâ partibus se defendentibus obtinuerunt, aut surrogati sunt, sive aliàs quàm titulo privationis & spolii seu destitutionis praemissarum occasione divisionum factas) admissiones etiam resignationum quorumcumque Beneficiorum, Dignitatum, Ecclesiarum simpliciter vel ex causâ permutationis; auctorisationes & institutiones, in vim etiam quarum habita est possessio; pensionum quarumcumque super quorumvis Beneficiorum Ecclesiasticorum fructibus reservationes & assignationes, cum processibus & fulminationibus inde sequutis, necnon uniones, annexiones, incorporationes quorumcumque Dignitatum, & Beneficiorum Ecclesiasticorum saecularium & regularium quibusvis Patriarchalibus, Archiepiscopalibus, Abbatialibus vel Capitularibus mensis, & Monasteriis, Conventibus, Dignitatibus, Canonicatibus & Praebendis vel Beneficiis, seu ad invicem sub quibusvis verborum formis; dimembrationes Ecclesiarum & Beneficiorum quorumcumque, Ecclesiarum quoque, Monasteriorum, Studiorumque generalium fundationes, erectiones, suppressiones, & subjectiones, & quorumcumque Beneficiorum creationes, exemptiones, item revocationes, pallii dationes, consecrationes, benedictiones, personarum de ordine ad ordinem translationes, infeudationes, institutiones, contractuum confirmationes, facultates testandi, concessiones, absolutiones, liberationes, quietancias super quibuscumque debitis ratione decimarum, semidecimarum, indulgentiarum, annatarum, communium & minutorum servitiorum, vel aliàs quomodolibet, dispensationes tàm super aetatis, quàm natalium & aliarum inhabilitationum defectibus, super incompatibilibus in quocumque munere, etiamsi ad curas Parochiales, matrimoniis, juramento, ordinibus, & voto etiam transmarino, & rebus aliis quibuscumque, necnon absolutiones à quibuscumque, excommunicationibus, anathematizationis, & aliis censuris Ecclesiasticis; interdictorum obedientiam, quàm specialium relaxationes, aut aliâ inhabilitate, undecumque processerit; restitutiones etiam ad famam & honores; gratiarum, indultorum, indulgentiarum, & privilegiorum, & quascumque alias concessiones; ac omnia & singula tam justitiam quàm gratiam concernentia, tùm in foro conscientiae quàm contentioso, in personis & locis quae tempore concessionum & aliorum praemissorum obediverunt praefato *Eugenio* post ejus suspensionem ab administratione Papatûs, atque depositionem, seu *Thoma, Nicolao V.* in suâ obedientiâ Romanis Pontificibus sic nuncupatis, tam per ipsos successive quàm alium, seu alios, suo, aut alterius eorum mandato, etiam de latere Legatos, delegatos, sive alios quoscumque ab eis vel eorum altero potestatem habentes conjunctim vel divisim qualitercumque facta, gesta, concessa, data, indulta, disposita & ordinata, etiamsi majora & graviora, aut alterius cujuscumque naturae à praemissis existant, & specialem requirentia expressionem, quae volumus & decernimus pro expressis specificè haberi, cum omnibus & singulis inde sequutis; ac etiam omnia & singula per Ordinarios in dictis locis facta praeter illa, & sine eorum praejudicio quae per ipsum *Nicolaum,* ut praemittitur, Papam V. in suâ obedientiâ nuncupatum, tam super restitutione praefatae sanctae Synodo nostrae congregationi incorporatorum, ac illi & nobis adhærentium, quàm super confirmatione gestorum per eandem Synodum & nos, nostrâque aut illius auctoritate facienda, concedenda, approbanda, & confirmanda sunt, prout continetur in certis minutis per carissimorum Ecclesiæ filiorum Franciæ, & Angliæ Regum, necnon Delphini Viennensis dicti Regis Franciæ primogeniti Illustrium solennes Oratores concordatis, & manibus propriis subscriptis, quibus per hanc nostram confirmationem & approbationem nullatenùs derogari & præjudicari intendimus, nec aliquod detrimentum afferri; quinimò decernimus illas plenam in omnibus ac in qualibet earum parte roboris firmitatem obtinere debere, perinde ac si præsentes nostræ literæ minimè emanassent, pro bono pacis & unionis Ecclesiæ motu proprio, ex certâ scientiâ, & de Apostolicæ potestatis plenitudine, ac consilio & assensu venerabilium Fratrum nostrorum sanctæ Romanæ Ecclesiæ Cardinalium, præsentium serie approbamus, ratificamus & confirmamus, rataque & firma habere volumus, &c. *ut in præfato Decreto Lausanæ.* Datum, *ut suprà.*

Anno MCCCCXLIX.

JACOBI JUVENALIS *de Ursinis Episcopi Pictaviensis.*

A mes tres-chiers Seigneurs & Freres mes Seigneurs de la Chambre des Comptes du Roy nostre Sire.

Ob pacis Ecclesiæ fœdus initum supplicationes in gratiarum actiones decernant, exhortatur.

TRes-chieres Seigneurs & Freres, je me recommande à vous tant comme je puis, & vous plaise sçavoir comme aptes plusieurs longs labeurs, sollicitude, & diligences en la prosecution de la paix & union de nostre Mere saincte Eglise, il a pleu à Dieu nostre Createur elargir sa grace à son peuple longuement agité par le cisme & division qui a esté, comme sçavez, despuis dix ans en la Chrestienté; & tellement que moyennant icelle grace par la prosecution & bonne conduite du Roy nostre souverain Seigneur, tres-excellent Seigneur le Pere de Monsieur le Duc de Savoye n'agueres en son obeïssance appellé Pape Felix, & de present tres-Reverend Pere en Dieu Monseigneur l'Evesque de Sabine premier Cardinal de la saincte Eglise de Rome, & Legat du S. Siege Apostolique, en grande humilité, liberalement, & solemnellement a renoncé au droict, tiltre, & possession qu'il pretendoit en la dignité Apostolique, laisse & depose les enseignes & habits: & ceux qui se disoient tenir & celebrer Concil general en cette Cité de Lausane, translaté de Basle par eux en cette dite Cité, se sont dissolus; & tous unanimement ont fait obeïssance à nostre sainct Pere le Pape Nicolas V. en le reconnoissant vray Pape unique & Vicaire de Nostre Seigneur JESUS-CHRIST: & tout par bons, justes, & sains moyens, à l'honneur de tous, sans confusion de personne, à la serenation de toutes consciences, & au bien & bref reformation de l'Eglise, à l'aide de Dieu, comme autresfois plus particulierement pouvez sçavoir. Et à tout considerer les matieres, les qualitez des personnes, & la forme de faire, & les circonstances des choses, c'est tout evidemment œuvre divine, non pas humaine, & en laquelle le Roy nostre souverain Seigneur a acquis gloire & grand honneur, & renommée par toute la Chrestienté, & memoire perpetuelle, & immortelle. Or devons tous bien loüer & regracier nostre benoist Saulveur, qui telles & si grandes graces nous fait à tous sans nos merites ne deservices. Et singulierement le doyvent loüer, & remercier le Roy nostre souverain Seigneur, & tous ses Officiers & Subjets; car à luy & à sa nation a donné Dieu l'honneur de cette œuvre, & maintes autres grandes & evidentes, voire comme miraculeuses graces a fait, & fait chacun jour, en & sur luy, & sa Seigneurie & Nation, autant ou plus que en autre nation Chrestienne, comme vous le sçavez mieux. Si vueillez entant que en vous est, pour ce singulier don de Dieu, & pour tous les autres, & aussi pour le bon estat & gouvernement de l'Eglise, & pour la prosperité du Roy nostredit Seigneur, ordonner & disposer de faire rendre graces, loüanges, & prieres à Dieu ainsi que vos discretions sçauront mieux, ainsi que en tel cas appartient pour reconnoistre les dons de Dieu, qui vous ait en sa saincte garde. Escrit à Lausane le xx. jour d'Avril.

Infrà hanc epistolam ista erat annotata.

Vostre serviteur le Patriarche d'Antioche Evesque de Poitiers.

Et le Jeudy au soir 15. jour de May 1449. par l'Ordonnance des Prevost des Marchans, & Eschevins de la Ville de Paris, furent faits feux & festes par tous les quarrefours, & autres plusieurs lieux en la Ville de Paris: Et le lendemain furent faites Processions generales à Nostre-Dame, & d'illec allerent à S. Victor remercier Dieu.

Suprà verò hæc inscripta.

Presentées au Bureau le 14. jour de May 1449.

NICOLAI *Papæ V.*

Anno MCCCCXLIX.

Irritas decernit quascumque censuras inflictas occasione schismatis.

NICOLAUS Episcopus servus servorum Dei, ad perpetuam rei memoriam. Tanto nos pacem & tranquillitatem cunctorum Fidelium procurare & amplecti convenit, quanto desideramus fructus uberrimos inde sequi. In eo quippe cor nostrum suavissimè delectatur, quòd diebus nostris sanctam Dei Ecclesiam in pacis & unionis pulchritudine, ac debita integritate florentem videre valeamus. Cum itaque superioribus temporibus propter divisiones sub ortas inter felicis recordationis Eugenium Papam IV. prædecessorem nostrum, & tunc Basiliense Concilium, plurimùm turbata, ac variis modis afflicta fuerit Ecclesia Dei: jam autem divinâ favente ac dirigente clementiâ, tractatu Oratorum Carissimorum in Christo Filiorum, Francorum, Angliæ, & Renati Siciliæ Regum, necnon Delphini Viennensis primogeniti Francorum Regis Illustris, pacem Ecclesiæ reddita agnoscimus, dum percipimus venerabilem & Carissimum Fratrem nostrum Amedeum, primum Cardinalem Episcopum Sabinensem, in nonnullis Provinciis Apostolicæ Sedis Legatum, Vicariumque perpetuum, Felicem Papam V. tunc in suâ obedientiâ nominatum, juri, quod in Papatu asserebat se habere, ad hujusmodi pacem Ecclesiæ obtinendam cessisse. Eos verò qui Basileæ, postmodum Lausanæ, sub nomine generalis Concilii hactenùs permanserunt, ordinatâ ac publicatâ nobis tamquam unico & indubitato Summo Pontifici obedientiæ esse à cunctis Fidelibus; & præfatam Lausanensem dissolvisse Congregationem.

Cupientes igitur quantum Omnipotens donaverit id agere, quo universi Christi Fideles ipsius pacis jocunditate fruentes, animorum conjunctione sibi invicem cohæreant, & rejectis quæ ex discordia orta fuerant, status uniuscujusque, honor, fama & reputatio illæsi & integri remaneant: Literas, processus, mandata, & decreta quæcumque; necnon excommunicationum, suspensionum, & interdicti, anathematizationisque, etiam privationis Beneficiorum, Officiorum, ac Dignitatum quorumcumque, sive Patriarchalium, Archiepiscopalium, Episcopalium, Abbatialium, aut aliarum quarumcumque Dignitatum Ecclesiasticarum vel mundanarum: inhabilitationum quoque, necnon declarationum, innovacionum, novationum, damnationum, reprobationum, expositionum personarum, ac bonorum mobilium & immobilium, jurium ac jurisdictionum, publicationum & confiscationum, privationum feudorum, ac etiam quorumcumque jurium spiritualium vel temporalium, & inhabilitationum ad illa : necnon absolutionum à fidelitatibus, & alias in eisdem literis, processibus, mandatis, & decretis quomodolibet contentas sententias, censuras, & pœnas quascumque & qualitercumque statutas, inflictas, & promulgatas, etiamsi expressæ, majores vel pares, aut alterius cujuscumque naturæ forent, per præfatum *Eugenium* Prædecessorem nostrum in quibuscumque literis suis quorumcumque tenorum, & sub quacumque data existant, etiamsi cum expressione, approbatione Ferrariensis seu Florentini aut alterius Concilii generalis ; sive per nos, aut per alium, seu alios : ipsius, aut nostrâ, seu quâvis aliâ auctoritate contrà dictum Basiliense Concilium, & eos qui sub nomine generalis Concilii tam in Basiliensi quàm in Lausanensi civitatibus memorati fuerint, ut præfertur : Necnon contrà præfatum venerabilem ac Carissimum Fratrem nostrum *Amedeum* primum Cardinalem Episcopum Legatum, & Vicarium supradictum, Felicem V. in suâ obedientiâ nuncupatum: ac quasvis personas Ecclesiasticas, sæculares, vel regulares, ac etiam Laïcales, quæ eisdem conjunctim vel divisim adhærentes, assistentes, obedientes, credentes, recipientes, ac quovismodo faventes, eosque sequentes fuerunt, cujuscumque dignitatis, præeminentiæ, status, gradûs, seu conditionis existant, etiamsi Pontificali, Cardinalatûs, Regali, aut Ducali dignitate præfulgeant : Contrà dominia quoque, necnon communitates, universitates etiam generalium studiorum, civitates etiam, præsertim Basiliensem, ac oppida, & alia loca quæcumque, præmissorum occasione emanata, facta, concessa, decreta, & promulgata. Simili quoque modo declarationes & confirmationes super præmissis, & eorum singulis nostrâ, seu dicti prædecessoris auctoritate, quomodolibet factas : necnon processus habitos per easdem, ac quæcumque inde sequuta, etiamsi ad sententiarum, censurarum, & pœnarum declarationem, seu illarum aut alicujus earum publicationem, seu plenariam exequutionem, contrà personas, dominia, communitates, universitates, civitates, oppida & loca supradicta communiter vel divisim, quomodolibet sit processum; quorum omnium & singulorum tenores, etiamsi de illis plena & expressa, ac de verbo ad verbum præsentibus mentio habenda foret, hîc pro sufficienter expressis haberi volumus ; motu proprio, & ex certâ nostrâ scientiâ, ac de Sedis Apostolicæ potestatis plenitudine, necnon de venerabilium Fratrum nostrorum sanctæ Romanæ Ecclesiæ Cardinalium consilio & assensu decernimus, & declaramus nullum effectum penitùs sortiri, sed perinde haberi debere, ac si nullatenùs emanassent ; eaque omnia & singula, cum inde sequutis, de Regestris ipsius *Eugenis* Prædecessoris & nostris, & locis aliis quibuscumque aboleri & deleri mandantes, tollimus, cassamus, irritamus, & annullamus, & pro infectis haberi volumus. Et nihilominus si, & in quantum opus esset ad abundantem cautelam, singulas, ex personis, dominia, communitates, universitates, civitates, oppida ac loca supradictas & supradicta, ad famam, dignitates, honores, status, & privilegia, quatenùs illis eâdem occasione privatæ & privata prætendi possent, in statum pristinum & debitum restituimus, reponimus, & reintegramus, plenariè per præsentes, motu scientiâ & plenitudine potestatis, ac consilio & assensu antedictis. Et quoniam

difficilè foret præsentes literas ad singula, in quibus eis fides forsan facienda fuerit, loca deferre : dictâ auctoritate decernimus, quòd ipsarum transumpto manu publicâ, & sigillo alicujus Episcopalis, vel Superioris Ecclesiasticæ Curiæ munito, tamquam præfatis, si originales exhibeantur, literis plena fides adhibeatur, ac perinde stetur, ac si dictæ originales literæ forent exhibitæ vel ostensæ ; juribus, constitutionibus, & ordinationibus Apostolicis, cæterisque non obstantibus quibuscumque. Nulli ergo omninò hominum liceat hanc paginam nostrorum voluntatis, constitutionis, declarationis, mandati, cassationis, irritationis, annulationis, restitutionis, repositionis, & reintegrationis infringere, vel ei ausu temerario contraire. Si quis autem hoc attentare præsumpserit, indignationem omnipotentis Dei, & Beatorum Petri & Pauli Apostolorum ejus se noverit incursurum.

Datum Spoleti, Anno Incarnationis Dominicæ millesimo quadringentesimo quadragesimo nono, quarto-decimo Kalendas Julii, Pontificatûs nostri anno tertio.

CAROLI VII. *Regis Francorum* NICOLAO *Papæ V.*

Beatissime Pater, &c. Cum nuper Prælatos regni nostri in civitate nostrâ Rotomagensi congregari mandassemus, ut super quibusdam differentiis inter vestram Sanctitatem & Ecclesiam nostram Gallicanam concordandis bona & votiva caperetur conclusio, nostris tamen obstantibus guerris in hac reductione nostri Ducatûs Normaniæ ad nostram obedientiam plurimùm occupati, in ea congregatione personaliter adesse nequivimus ; propter quod re ipsâ non perfectâ juxtà votum nostrum, Prælati, qui tunc in eo loco convenerant, absque finali conclusione discesserunt. Quia verò totis nostræ mentis desideriis bonam super his concordiam adipisci percupimus, iterum Prælatos Regni nostri & Delphinatûs in magno numero infrà paucos dies congregari mandavimus, ut more nostro solito, & pro tantâ re debitâ solemnitate servatis, in his quæ cum dilecto nostro Minturnensi Episcopo vestræ Sanctitatis Oratore, in præfatâ Rotomagensi civitate proloquuta & advisata exstiterant, fixa & permanens & desiderata per nos conclusio subsequatur ; quod annuente pacis Auctore fieri firmiter speramus, quâ ratione ducti præfatum Episcopum Minturnensem apud nos remanere fecimus ; quod pro tanto fructu consequendo gratum vestræ Sanctitati fore non dubitamus. Quam feliciter conservet Altissimus ad felix regimen Ecclesiæ suæ sanctæ.

Scriptum in oppido de Berneio nono die Martii, anno Domini millesimo quadringentesimo quadragesimo nono.

Idem Rex ad Summum Pontificem.

Beatissime Pater, Sanctitatem Vestram latere non credimus, infrà metas Regni nostri consistentes Archiepiscopos & Episcopos de jure consuetudineque retrolapsis inconcussè temporibus observatis, quosdam ad homagium ratione temporalitatum quas obtinent, cæteros autem omnes ad fidelitatis juramentum nobis ob causam coronæ nostræ Magestatisque Regiæ præstandum teneri. Fulciti nempe nostræ speciali protectionis præsidio, nullis aliis nostri Regni Principibus, etiam prætextu prædictarum suarum temporalitatum, obsequi vel parere tenentur ; quod ad non modicum eorum Ecclesiarumque suarum decus & utilitatem redundat. Et ob hoc Apostolica rescripta, seu bullæ super eorum promotionibus nobis solito, & non aliis cujuscumque præeminentiæ seu status prætactis Principibus, sicut ante novissimas ipsius Regni nostri divisiones & differentias solitum semper exstitit, dirigi debent.

Quia verò, prout intelleximus, dictis divisionibus & differentiis durantibus aliter quandoque in Coronæ nostræ, ac Ecclesiarum ipsarum grande præjudicium directæ feruntur, Beatitudinem Vestram attentiùs exoramus quatinùs ampliùs in præmissis nostræ Regiæ Majestati detrahi non sinat, & à modo super promotionibus prædictis Apostolica Scripta, sive bullas prædecessorum suorum more nobis dirigi faciat. In hoc enim jus Coronæ nostræ servabit, pastorale debitum & nobis acceptissimam gratitudinem perficiet eadem Beatitudo sanctissima. Quam ad felix regimen Ecclesiæ suæ conservare dignetur Altissimus salubriter & votivè.

Scriptum, &c.

GUILLELMI *Franciæ Cancellarii* NICOLAO *Papæ V.*

Ut Ecclesiæ Collegiatæ in Baroniâ de Treignello, annecti permittat Ecclesias parochiales.

Beatissime Pater, ac Domine clementissime, humillimâ semper usque ad pedum oscula beatorum recommendatione præmissâ. Si status bonæ memoriæ domini Eugenii Papæ prædecessoris vestri immediati, ac antiquæ dignitatis sanctæ Sedis Apostolicæ, & post assumptionem vestram prædignissimam ad summum Apostolatûs apicem, honoris suæ Sanctitatis ubilibet observantissimus, posse tenùs exstiterim, satis agnoverunt, qui hæc oculatâ fide viderunt, præsertim reverendissimus in Christo Pater dominus Aquensis Archiepiscopus, ejusdem Sanctitatis Orator & Nuntius. Nec id ad exprobrationem rememoro, Pater sanctissime, sed ut in his quæ ad me attinere noverit, vestræ Sanctitatis ingenita clementia exorabilem se præbere velit atque perbenignam.

Est autem in Belgicâ Campaniâ baronia quædam nuncupata de Treignello, hereditario jure mihi pertinens. Quæ siquidem inter cæteras illius patriæ inclytas baronias prioritatis obtinet prærogativam : in hac enim à vetustis temporibus fundata exstitit solemnis quædam Ecclesia collegiata, cujus reditus & proventus belli Gallici vastitate ad tantam exilitatem, proh dolor ! devenêre, ut ex ipsis alimentum tenue vix possint habere Canonici ac Ministri Ecclesiæ sæpefatæ, quamquam inibi minimè intermissus fuerit cultus divinus. Eget præterea, Pater Beatissime, Ecclesia prælibata reparatione non parvâ, tùm propter ejus structuræ vetustissimam, proximam minantem ruinam, tùm propter belli prædicti diuturnam calamitatem ; ad cujus Ecclesiæ debitam instaurationem nullatenùs suppeterent ejusdem, aut populi ibidem degentis, his malis incommodisque pressi, facultates tenuissimæ. Quare pietatis vestræ paternam providentiam supplex imploro, quatinùs hujusmodi desolatæ Ecclesiæ subveniendo certas parochiales Ecclesias in Baroniâ prænominatâ consistentes, debiti obsequii Ecclesiastici propter incolarum penuriam expertes, eidem Ecclesiæ Collegiatæ in perpetuum unire ac annectere, & gratiæ suæ uberiori largitate de thesauro Christi mystico quamdam notabilem indulgentiam misericorditer largiri, ac personas reverendorum Patrum dominorum Remensis ac Laudunensis Præsulum, meamque etiam vestræ Beatitudinis obsequiis paratissimam singulariter

recommissas suscipere. Et super his prælibatum dominum Aquensem Archiepiscopum audire mansuetè dignetur. Sic enim, Pater Batissime, Ecclesia illa suum decus pristinum, suamque amissam sustentationem honestam recuperabit, & me servitorem suum perhumilem ad suæ Sanctitatis obsequia beneplacitaque peramplius obligabit : quam Sanctitatem ad Ecclesiæ suæ salubre ministerium dirigat & conservet Altissimus in longævum.

Scriptum Bituris die vigesimâ tertiâ Augusti.

CAROLI VII. *Francorum Regis carissimo Consanguineo nostro Duci Clevensi.*

Carolus, &c. Carissime Consanguinee. Litteras habuimus iteratas à carissimo Consanguineo nostro Archiepiscopo Colonienti, quòd licet aliàs vobis scripsissemus ex caritativè & amicabiliter adhortando, rogitandoque ut pro faciliùs sedando bello inter ipsum & vos exorto, & comperiendâ invicem bonâ pace, ab illationibus damnorum & aliis expletis belli adversùs eum & ejus Ecclesiam, terram & gentes abstineretis : nihilominùs gravioribus injuriis & molestiis eum & suos lacessere non destitistis, quod nobis in maximam cedit admirationem pariter & displicentiam. Et quia sicut ex suarum tenore litterarum concepimus, vobis obtulit ad omnem rationem super controversiis & querelis vestris hinc inde se fore paratum exhibere & convenire, seque suâ de parte nostræ & nostri Consilii ordinationi submittere & acquiescere velle, si pari modo vos id facere velletis : Nos qui ob Dei & Ecclesiæ reverentiam & honorem, ac etiam sanguinis & affinitatis hinc inde vinculum, ad componendam inter vos invicem bonam concordiam libenter operam daremus ; vos iterum attentiùs rogamus, quatinùs ad hujusmodi pacem intendere velitis, & à pluri lacessitudine adversùs eum & suos omninò cessare ; de intentione vestrâ super hoc nos certiorando, ut eam valeamus opportunè ipsi Archiepiscopo notificare. Sciturus quòd attentis confœderationibus inter nos & ipsum initis & confectis, si & dum nos de præbendis sibi auxilio & succursu requireret, non possemus hoc commodè sibi negare, nec nos ullatenùs excusare. Non igitur omittatis vestram super hoc nobis modò scribere voluntatem. Datum, &c.

Ejusdem Carissimo Consanguineo nostro Archiepiscopo Coloniensi.

Milites & pecuniam ipsi præstiturum pollicetur.

Carolus, &c. Carissime Consanguinee, recepimus litteras vestras credentiales, & audivimus earum credentiam nobis expositam per carum consanguineum nostrum Comitem de Blankhen. Cui super expositis per eum nobis statim respondimus, offerentes in auxilium vestrum quadringentos armigeros & mille ducentos sagittarios, eorum armis bellicosis decenter communitos, vobis obsequuturos per annum, vel saltem per novem vel octo menses, cum stipendiis per mensem pro quolibet armigero quatuor francorum, & pro quolibet sagittario duorum francorum : necnon ultra contemplatione vestri, capitaneis prout per ipsam dictarum gentium certam pecuniæ summam, ut quantociùs iter arripuerant, distribui ordinaveramus, consanguineum nostrum poteritis pleniùs informari.

Datum Caynone.

Diplomatum, &c. 787

Ejusdem, quàmcaro ac dilectissimo amico nostro Joanni Hiongad *Wayvoda Transsilvano*, The-*mesiensi Comiti*, *necnon Duci ac Capitaneo generali militiæ exercitus armorum inclyti Hungarorum Regni.*

Promittit se opem, pacè priùs in Regno firmata, laturam.

CAROLUS Dei gratiâ Rex Francorum, Carissime ac dilectissime amice, vestræ benivolentiæ litteras per Vincentium de Bala de Bathia Militem, Cancellarium vestrum & Nuntium benignè recepimus, ac ejus credentiâ luculenter explicatâ Regni Hungariæ turbationibus & afflictionibus per inimicos Christi ingruentibus intimè condoluimus, virtutem vestram in ejusdem defensione fideique Christianæ propugnatione laude dignissimam extollentes. Desiderabilius autem quidquam à divinâ clementiâ consequi nequiremus, quàm contrà orthodoxam Religionem infestantes in finibus regni prædicti maximè, cui naturaliter afficimur, progenitorum nostrorum more nostras & militiæ nostræ vires experiri. Sed proh dolor! si firmâ pace non sopiatur, finiendâ breviter cum hostibus nostris antiquis initâ treugâ, bellum ingruens nos non sinit bellatores nostros alibi divertere. Quapropter non possumus vestris precibus super Regni præfati succursu pro nunc intendere. Si tamen, ut speramus divinâ favente gratiâ, pacem cum ipsis nostris hostibus firmemus, fiduciam habete quòd ad Regni prætacti Hungariæ succursum pro viribus intendemus, quemadmodum prælibatus Miles vester & Nuntius super his, & aliis nobis intimatis nostram latiùs intentionem referabit.

Datum Caynone.

Ejusdem, carissimis ac dilectissimis amicis nostris Dionysio *Cardinali Archiepiscopo Strigoniensi*, Laurentio de Hidrehirara *Palatino Hungar.* Nicolao de Woylak *Wayvoda Transsilvano Comiti*, Georgio de Russon *Judici Curiæ Regiæ*, *ac* Landislao de Garabanno *Marchionensi.*

Auxiliares copias promittit, statim atque Regnû pace fruetur.

CAROLUS Dei gratiâ Rex Francorum. Carissimi ac dilectissimi amici nostri. Susceptis benivolè per manus Vincentii Bala de Bathia Militis nobis vestri ex parte directis litteris, ac per ipsum explicatis, seriosè, cognitis vestri regni turbationibus & afflictionibus, quas quasi proprias reputamus, meritò compatimur, per vos exhibitam ad ejusdem defensionem & orthodoxæ fidei fulcimentum providentiam quamplurimum collaudantes; optatique fruemur si disponat divina pietas Regni nostri negotia taliter, quòd ad impendendum inimicorum Christi Regnum vestrum inquietantium impugnationi robur omnè nostrum, & nostræ militiæ vires, nostrorum progenitorum inhærendo vestigiis, facultas se offerat. Verùm nondum firmâ pace datâ, Regni nostri cunctis mundi nationibus cognitâ tam diuturnâ turbatio, pro nunc bellatores nostros non patitur à nostris finibus elongari. Quamobrem quòd tam orthodoxæ fidei zelo, quàm singulari quà continuatâ nostrorum prædecessorum trahimur ad regni vestri prætacti commoditates affectione, dolenter explicamus, non possumus pro præsenti vestris obtemperare precibus. Confidite tamen quòd si pacem firmam habuerimus, anno prout annuente Dei clementiâ brevi speramus, ad succursum inclyti Regni vestri prædicti, prout casus exegerit, operam dabimus efficacem, quemadmodum vobis explicare poterit præfactus Miles, cui nostram super hoc latiùs intentionem declarare fecimus.

Datum in oppido S. Martini de Cande.

Ejusdem; diploma commeatûs Arnoldo Duci *Romam ire cupienti concessum.*

An. MCCCCL.

CAROLUS &c. Universis Regibus, Principibus, Ducibus, Marchionibus, Comitibus Vicecomitibus, Gubernatoribus, Rectoribus, Prætidibus, Potestatibus, Constabulariis, Marescallis, admiraldis, ac Custodibus & Capitaneis civitatum, villarum, oppidorum, castrorum, portuum, pontium, districtuum, aliorumque locorum, bellatorum Ducibus & Capitaneis, Vexilliferis, Burgimagistris. Consulibus, Majoribus, Scabinis, Ancianis Justiciariis, Officiariis & subditis, amicis confœderatis & benivolis nostris, aut eorum loca tenentibus, salutem & complacentiæ similis oblationem. Honestis poscentium precibus annuere congruit. Hinc est quòd nos attendentes pium propositum carissimi ac dilecti consanguinei nostri Arnoldi Gueltrensis & Juliacensis Ducis, qui, ut fertur, pro indulgentiâ hujus anni Jubilei, favente Deo, assequendâ Romam peregrè proficisci dispositus est, & desiderat propter itineris sui prosperitatem nostrarum fulciri præsidio litterarum. Vobis Officiariis & subditis nostris prædictis districtè mandamus: Vos verò amicos confœderatos & benivolos nostros attentè rogamus, quatinùs præfatum Ducem & consanguineum nostrum unà cum universâ familiâ suâ usque ad numerum quinquaginta personarum, aut pauciorum, & totidem equorum, ac bahutis, valisiis, salmis, indumentis, auro, argento, jocalibus in quâvis formâ aut specie existant, libris Ecclesiasticis ut diversarum scientiarum & artium approbatarum litteris, rebus & bonis suis quibuscumque, per loca prænominata etiam si aquatica sunt aut aquatica de noctuque ire, transire, morari, perendinare, redire & reverti liberè, francâ & quietè facintis & permittatis; non inferentes eisdem aut ipsarum alicui arrestum, disturbium, nocumentum, damnum, injuriam aut molestiam occasione solutionis vectigalis, telonei, pedagii, daciis, nauli, fundi naris, aut cujusvis alterius tributi, quin imò acta in contrarium debitè reparare studeatis indilatè.

Providentes sibi sumptibus eorum moderatis de salvo conductu, scorta, hospitiis, victualiis, & aliis rebus necessariis. Eosdem juxtâ statûs & conditionis qualitatem, nostri etiam favore benigniter humaniterque admittentes & tractantes. Tantum inde facientes vos officiarii & subditi nostri, quòd de obedientiæ promptitudine apud nos debeatis commendari. Et vos amici confœderati & benivoli nostri, quantum velletis pro vobis pariformiter effici. Præsentibus post annum, à data præsentium computandum minimè valituris.

Datum apud Montem Basonis die XXVI. Octobris, anno Domini millesimo quadringentesimo quinquagesimo, & Regni nostri vicesimo nono. Per Regem: Episcopo Agatensi, domino de Villequier, Jacobo Cordis, & pluribus aliis præsentibus.

Thierry.

Ejusdem Regis, Alfonso *Aragonum Regi.*

Anno circ. MCCCCLI. *Commendat Summum Pontificem, quo ipsum honore prosequatur.*

CAROLUS, &c. Serenissimo Principi Alfonso Aragonum Regi consanguineo nostro carissimo salutem, & fraternæ dilectionis augmentum. Serenissime Princeps atque consanguinee carissime, Regum Catholicorum pietatem decet summi Pontificatûs dignitatem sublimissimam, & sanctam Romanam Ecclesiam sincerâ devotione venerari pariter & defendere, quemadmodum majores vestri exactis fecère temporibus, & vestram Celsitudinem piorum vestigiorum eorumdem prædecessorum imitatricem egisse

Tom. III.

GGGgg ij

accepimus, Beatissimi Patris nostri Summi Pontificis moderni, & ipsius sanctæ Romanæ Ecclesiæ decus ac statum plurimis favoribus prosequendo, favendo & tuendo, unde Serenitati vestræ congratulamur, rogantes attentius in hoc ferventibus animis perseverare, & dilecto ac fideli Consiliario nostro Magistro Guillelmo Destampis Eccles. Montis Albanensis Electo super his credentiis plenam fidem adhibere.

Datum Turonis primâ Aprilis.

Ejusdem FREDERICO Romanorum Regi.

Ejusdem argumenti.

Serenissimo Principi FREDERICO Dei gratiâ Romanorum Regi, fratri & consanguineo nostro carissimo, CAROLUS, &c. Salutem & fraternæ dilectionis incrementum. Serenissimæ Princeps, atque frater carissime, etsi cunctis fidelibus pax Ecclesiæ optata esse debeat, singulariter tamen Principibus Orthodoxis cura hæc ex ordine divinæ providentiæ indita est, ut Ecclesiam ipsam diebus suis pacatâ videant, & in tranquillo statu tueantur ac defendant. Placuit autem divinæ pietati, ut vestram Celsitudinem non latet; graves ejusdem Ecclesiæ dissentiones sedare, & ad concordiam gratissimam reducere; pro quo quidem pacis munere salutari assequendo Beatissimus Pater Summus Pontifex modernus zelo domûs Dei accensus, ante suam assumptionem ad summi Apostolatûs apicem, etiam & postmodum grandes noscitur labores pertulisse, & ad hæc ac alia pacificum statum sanctæ Romanæ Ecclesiæ, & totius orbis Christiani concernentem perbenignum ac exorabilem semper se præbuisse. Ex quo personâ suâ sanctissimâ, quæ jam provectæ ætatis existit, à cunctis fidelibus, præsertim Principibus Catholicis, ex præcordiorum medullis revereri, diligi, & summæ commendationis cultu complecti perpetuò promeretur. Quas ob res Serenitatem vestram propensius rogamus, ut idipsum more Majorum vestrorum inclytæ recordationis cum effectu faciat, & dilecto ac fideli Consiliario nostro magistro Guillelmo Destampis, Electo Ecclesiæ Montis-albanensis, fidem creditivam super his ex parte nostrâ adhibere velit perbenignè. Postremi serenitatis vestræ prosperis successibus gratulamur, quorum votivum incrementum sæpius audire nobis erit perjucundum.

Datum Monte Basonis.

ÆNEAS SILVIUS dilecto HIPPOLYTO Mediolanensi salutem plurimam dicit.

Anno circ. MCCCCL.

Contra fornicationem Æneas monita subministrat

Quærebaris mecum nocte præteritâ quòd amori operam dares, nec delibatum ac victum animum solvere posses. Dixisti te nec virginem nec nuptam amare, sed viduam quamvis pulchram meretricem cum quibuslibet viris precii causâ se substernentem postergare. Id tibi molestum esse aiebas, libenterque amorem hunc te velle postergare; sed viam modumque nescire quo fieri liber & amore vacuus posses. Nam etsi plures Sacerdotes consulueris, neminem tamen remedia quæ tibi viderentur efficacia protulisse dicebas. Rogasti igitur me magnifiquè precibus flagitasti, ægritudini tuæ ut aliquam afferam medelam, ac iter ostendere tibi, quo possis ardentis amoris flammas effugare. Parebo desiderio tuo, salubriaque tibi præbebo remedia etsi etiam plecti nolueris. Nec verebor medici culpam mihi adscribere, si tu obedientis ægroti personam susceperis; quamvis arbitror quos consuluisti Sacerdotes tibi satisfecisse, si præcepta fecisses quæ tibi illi dederunt; sed tibi visa fuerunt fortasse gravia. Nam cum dicerent: Fuge illam, nihil tibi loquaris, nihil de eâ audias, durum tibi visum est. At febricitans quoque animus invitus audit frigida pocula tibi negari; si tamen sanari vult, quod mandat medicus diligenter observet.

Tu ergo, mi Hippolyte, si vis mortem evadere, liberque fieri, præpara quæ præcipiam facias. Noscito ægrotum te fore, maximâque infirmitate detentum, & propter sanitatem dura tibi & aspera plurima subeunda. Nempe ægrotus est omnis qui amat, ac nedum ægrotus, sed & mente captus atque insanus & amens, de amore, inquam, illicito: Nam Deum colere, amare parentes, virtutis est non vitii, sanitatisque non ægritudinis. At tu amorem illicitum sequeris. Quid tu esse amorem de quo jam loquimur credis? Veteres putaverunt illum ex Venere Vulcanoque natum puerum alatum, secum sagittas in manibus habentem, quibus viros & mulieres feriens ardorem dilectionis infunderet. Apud Virgilium legimus:

Ecloga 8.

Nunc scio quid sit amor; duris in cotibus illum Ismarus, aut Rodope, aut extremi Garamantes, Nec nostri generis puerum, nec sanguinis edunt.

Sed error hic mortalis populi fuit, qui veritatem attingere non potuit. Amor, in tragœdiis inquit Seneca, nihil aliud est, nisi vis quædam magna mentis, blandusque animi calor; juventâ gignitur; luxu, otio inter lætæ bona fortunæ nutritur. Hic mentem hominis eripit, judicium omne pervertit, sensum hebetat & animum exstinguit, nam cum mulierem diligis, non in te sed in illâ vivis. Quid igitur pejus est quàm viventem non vivere, quàm sensum habentem non sentire, quàm oculo prædituum non videre? Hic quidem qui amat in alium mutatur virum, nec loquitur nec facit quæ antea solebat. Hinc Parmeno apud Terentium:

Trag. Octav. Act. 2.

Dii boni quid hoc morbi est adeo homines mutarier

Eunuch. Act. 2, scen. 1.

Ex amore, ut cognoscas non eumdem esse? Putat Comicus Morbum esse amorem, nec malè putat. Nam & si apud Macrobium luxuria, sive mater amoris vel filia teterrimi morbi partem esse dicit, hic morbus plerumque juvenes aggreditur; sed viros quoque & senes vexat, tantoque periculosior & risu dignior, quanto persona quæ capta est, ætate aut scientiâ censetur præstantior. Cum ergo Hippolyte captus sis, amorique servias, scias te morbosum esse: si morbosus es, liberari stude. Nam qui morbum patitur, qui curari non vult: Sanè ut morbus gravior est, acerbior, periculosior, eo morbosi major sanitate cura. Tua infirmitas magna est, sic & cura diligentiâ magnâ. Cogita, mi Hippolyte, quo in statu es. Tu nihil æstimas: quidquid tibi eveniat, leve est: solùm super amicâ anxius es: non parentes, non necessarios, non benefactores magnifacis; solùm tuus animus in amicâ est, illam amas, illam promoves, illam somnias, de illâ loqueris, de illâ suspiras, nihil facis quin memoriam ejus habeas. Si stultitia, amentia, morbusque teterrimus est, an non est petenda cura? Quis non sanari vult a morbo velit?

Cæterùm ad salutem tuam hæc sunt necessaria, Hippolyte, quæ si feceris sanus eris, si neglexeris, sepelieris in morbo. Cogita primùm quàm remotè à præceptis Dei recessisti, qui deberes Deum ex toto corde diligere, sed creaturam amasti, & in eâ totam tuam delectationem & oblectationem posuisti. Sic enim factus es idolorum cultor: nam qui creaturam Deo præponit idolatra est. Negabis te idolatram esse, quasi non præponis Creatori creaturam. At si verum fateri vis, plus etiam amicam diligis quàm Deum. Nam quæ Deus mandat negligis, postergas, contemnis, quæ vult amica, summâ cum diligentiâ curas adimplere: & hoc nempe est præferre mulierem Deo. Heu! quàm magnum est malum, quàm periculosum, quàm detestabile, creaturam sic amare ut Creatorem parvifacias. Deus cum non esses & nihil, te aliquid esse fecit, nec te lapidem, nec feram, nec Gentilem, nec Judæum, sed hominem Christianum te fecit, ut possis scire divina sacramenta, & viam quâ itur ad cœlum. Ipse quoque Deus ob culpam primi parentis, cum tu & cæteri homines paradisum amisissetis, nasci pro te voluit, homo fieri, capi, cædi, vituperari, crucifigi, mori, ac suo te pretioso redimere sanguine. En quàm magna ingratitudo est, iniquitas, inhumanitas, feritas, hunc qui tanta pro te fecerit, propter vilem relinquere mulierem.

Hoc satis te cæterosque Christianos movere deberet, ut omissis illicitis Deo soli serviretis. Sed cogita ulteriùs. Quid agis, Hippolyte? pulchra tibi videtur amica tua, credisne sic semper pulchra erit? Res est forma fugax, ut inquit Tragœdus. Mulier quæ hodie formosa est, cras difformis erit. Quid tu bona perpetua & immutabilia pro caducis mutabilibusque permutas? Sic ut putas spectabili formâ mulier, leve hoc bonum est, nihil est formæ mulieris nisi moribus adjuta. Castitas est quæ feminas laudat, non forma. Tu non castitatem sequeris, formam tantùm amas, forma uti flos agri decidit; rosa mane rubet, sero languescit. Nihil est formosius virtute atque honestate; hanc si intueris, multo formosior tibi videretur, quàm tua sit amica. Etenim nec lucifer nec hesperus tam decorus est, quàm ipsa facies honestatis; quam qui relinquit propter mulierem, æstima, oro, quàm sit delirus & amens.

Cæterum ut tecum non jam multis utar, hæc quam amas mulier non tua sola est, sed quamplures eam habent; nec ipsa te solum amat, sed alios quoque amat. Quid tu in turbâ vis facere? Cogita te jam esse in vespero, senem jam morti proximum; visne cum juvenibus contendere? Vis cum robustis pugnare? Quid tibi in illo prælio quæris contendere, in quo victor succumbes? Magna res est virum senem à juvenibus extorquere mulierem; Sis tamen potens ut extorqueas; quid vicisti cum prælium hujusmodi convincens succumbat. Quid est, oro, mulier nisi juventutis expilatrix, virorum rapina, senum mors, patrimonii devoratrix, honorum pernicies, pabulum diaboli, janua mortis, inferni supplementum. Cogita, Hippolyte, quot mala cum Salomon, cum Holofernes, cum Samson per mulieres decepti sunt. Non te credas sic fortem esse, ut non illudaris; sed quanto tu illis debilior, incautior, imprudentior, tanto te ab eo loco semove in quo poteris decipi. Nihil est mulieris amor qui cum peccato est. Non est in muliere stabilitas; quæ te nunc amat, cras alium amabit, aut unà tecum amabit alios. Quid tu hunc amorem æstimas, qui in plures divisus est? Nulla mulier tam fixè aliquem amat, quæ veniente novo proco, novisque vel precibus vel muneribus non mutaverit amorem. Mulier est animal imperfectum, varium, fallax, multis morbis passionibusque subjectum; sine fide, sine timore, sine pietate. De his loquor mulieribus quæ turpes admittunt amores: nunquam hæ stabiles sunt: nam quæ ut à recto tramite semel recesserunt, jam se liberas arbitrantur, ut quocumque velint vagentur; nec ampliùs vel mariti vel amici timorem habent.

Credo equidem illam coëundi fœtidam voluptatem tibi, qui senio exhaustus es, placere parum. Quid nedum tibi antiquo & arido, sed juveni humecto illa mœsta & spurcida voluptas conferre potest, quam mox pœnitudo consequitur? An non magna res est admonitio quædam, quæ post peccatum è vestigio statim hominis mentem cruciat? Quàm iniquus est homo qui toties admonitus non quiescit, qui punitus non emendatur, qui correctus non efficitur melior. Quid ille actus carnalis operatur, nisi carnis interitum? utinam solam carnem interimeret, & non occideret animam. At duo insimul cum uno coëunt vir atque feminâ, quasi duo vasa testea mihi videntur, quæ inter se confricentur donec rumpantur, & ad nihilum redigantur.

Tu tamen non in coitu forsan, sed in visu & sermone oblectaris. Quid obsecro in visu est tam pulchrum, ut non invenias aliud pulchrius? Pulchritudo quam debemus quærere in cœlis est, cui nulla potest res mundana comparari; in illis omnis perfectio mundana semper diminuta est: illa perpetua, hæc caduca; illa fixa, hæc fluxa. Hanc quam tu miraris formam, paululum quid febris eripiet; at si morbus abfuerit, senectus non deerit quæ illam teneram succique plenam faciem, rugosam crispamque reddet. Fient illa quæ nunc miraris membra, decursu temporis arida, nigra, fœtore & spurcitiâ plena: non oculi splendorem servabunt; fœtebit os, collum curvabitur, corpus undique sicco trunco fiet simile. Cogita hæc, & averte priusquam fugæ spem posueris. Melius enim est rem contemnere quàm perdere.

Jam vero de sermone suavi, dulci ac placido & mellifluo, quo te dicis oblectari, non admodum mireris. Quid enim sermo mulieris in se dulce habet? Quid tibi dicet amica? Nempe aut queritur, aut plorat, aut minatur, aut munera postulat, aut tibi inanes fabulas refert. Dicit quid cum vicinâ fecerit, quid somniaverit, quot ova gallina pepererit, quibus floribus serta componantur. Omnis sermo mulieris de re vanâ & levi est; in quo qui oblectatur, & ipsum levem esse oportet. Narrat tibi nonnunquam quo pacto cum alio amatore jacuerit, quid doni receperit, quam cœnam habuerit, quibus voluptatibus usa fuerit; quæ res non gaudium sed cruciatum afferunt. Sed accipe quæ velis gaudia in sermone amicæ; erisne tam amens rationeque inops, ut non magis in alicujus viri docti verbis sermonibusque læteris? Resume omnia simul quæ in amore sunt gaudia, rursùs quæ tædia; multa ista, pauca illa reperies, veramque sententiam dices illius, qui parum mellis in multo felle mersum inquit amorem sibi.

Cum ergo, Hippolyte, totus amor de quo loquimur vanus, asper, amarus, damnosusque sit, & hominem morbo sævissimo teneat, curandum est ut ab eo libereris. Cura autem hæc est, ut menti tuæ persuadeas malum esse amorem: post hæc declines amicæ sermonem, otium fugias, in negotio semper sis: viros bonos qui te instruant sequaris: nulli ludo, nulli convivio intersis. Si quid largita est amica, abs te abjicias, nihil penes te sit quod illius fuerit. Sint in memoriâ Christi beneficia quæ tibi impendit; cogita quot benefacienti præmia in cælestibus, & quot malefacienti supplicia apud inferos præparata sint. Cogita dies tuos assiduè fieri breviores, instareque semper ultimum. Cogita quia irritus est qui amat, præsertim vir ævo maturo. Cogita instabilem mulieris animum: cogita dissipationem temporis, quâ nihil est perniciosius: cogita perditionem bonorum: cogita vitam quà vivis brevissimam in hoc sæculo, quamvis voluptatibus deditam, & in altero mundo quem inquirimus nullum esse vitæ finem. Hæc si sedulò cogitaveris, præceptaque ista teneris, amorem quo cruciaris à te brevi tempore relegabis, vitamque alium te præstabis Deo gratum, cœloque dignum. Vale. Hæc habui tecum quæ nunc raptim contrà amorem dicerem, aliàs ubi otium fuerit pluribus te admonebo. Iterum vale. Quod tibi damno est, avertere stude.

Epistolæ NICOLAI *Papæ.*

Cariſſimo in Chriſto filio CAROLO *Francorum Regi Illuſtri.* NICOLAUS *Papa quintus.*

Renuit Pontifex tributum Eccleſiaſticis ab Rege imponi.

CARISSIME in Chriſto fili, Salutem, & Apoſtolicam benedictionem. Receptis litteris tuæ Celſitudinis, & intellecto deſiderio tuo ſuper gabella vini quod venditur per Eccleſiaſticas perſonas Regni tui; Reſpondemus nos dolere vehementer, naturam rei de qua agitur, eſſe talem, quæ per nos fieri non poſſit. Nam voto huic tuo ſine magnâ infamiâ noſtri, qui Eccleſiaſticæ libertatis protectores, non oppreſſores eſſe debemus, & offenſa Dei ac conſcientiæ noſtræ nullo modo ſatisfacere poſſemus. Certiſſima debet eſſe Tua Serenitas, nullam rem eſſe ita difficilem, quæ facilis non eſſet apud nos, quando videremus eam honori ac commodo tuo futuram: verùm auferre hanc Eccleſiaſticam libertatem, nec noſtro conveniret honori, neque tuo. Hortamur itaque Serenitatem ipſam, ut velis tamquam Chriſtianiſſimus Princeps hanc Eccleſiaſticam libertatem in Chriſtianiſſimo Regno tuo, tempore tui, non modò non infringere, verùm etiam protegere, quemadmodum Chriſtianiſſimi progenitores tui fecerunt: quo caſu ſucceſſus tuos Deus, cujus veneratione præfata libertas indicta fuit, continuò feliciores faciet, & Serenitatis tuæ ſtatum augebit. Si in aliâ re poſſumus celſitudini tuæ complacere, libentiſſimè faciemus; & nobis, qui Serenitati tuæ multis reſpectibus quàm maximè ſumus obnoxii, jocundiſſimum erit. Datum Romæ apud ſanctum Petrum ſub annulo piſcatoris, die II. Maii M. CCCC. L. Pontificatûs noſtri anno quarto. PET. DE NOXETO.

Anno MCCCCLII.

Ejuſdem. FRANCISCUM SFORTIAM *Ducem Mediolan. adhortatur Pontifex ad pacem ineundam.*

NICOLAUS Epiſcopus ſervus ſervorum Dei dilecto Filio nobili viro FRANCISCO SFORTIÆ Duci Mediolani, ſalutem & Apoſtolicam benedictionem. Licet deſiderium noſtrum ſemper fuerit, quòd Italia, quæ diu omni ex parte bellis laceſſita fuit, & in dies magis laceſſitur, pace & quiete temporibus ſaltem noſtris potiretur, & ad id ſuperioribus annis operam omnem dederimus, mittendo Legatos noſtros primo anno aſſumptionis noſtræ Ferrariam, & poſtmodum ad alia loca; etiam anno præcedenti Oratores Partium hîc apud nos pluribus menſibus fuerint, & nihil omiſerimus ut pax ipſa ſequeretur: tamen peccatis noſtris & aliorum ſic exigentibus non placuit illi, à quo pax & omne bonum procedit, ut votis noſtris pro tunc potiremur; impræſentiarum verò diligenter conſiderato, quot mala, quot hominum interitus, prædæ & devaſtationes clariſſimarum Civitatum, & Rerumpublicarum ex his continuis Italiæ bellis proveniunt, viſum eſt nobis, & Venerabilibus Fratribus noſtris ſanctæ Romanæ Eccleſiæ Cardinalibus, dignitati noſtræ convenire, nec id abſque Dei offenſâ prætermittere poſſe, iterum hoc negotium pacis aggredi, omnique ſtudio, ingenio, & diligentiâ procurare, ut præfato deſiderio noſtro ſatisfiat: & quamquam dictæ pacis concedendæ, certam ſpem habere non poſſimus, in illo tamen, qui eſt auctor pacis, & omnium bonorum largitor; confidentes, longè meliorem ſpem nunc habemus, quàm hactenùs. Nam credimus Nobilitatem tuam, & omnes alias Italiæ Potentias, ſatis cognitum & exploratum habere quot ſint bellorum incommoda pariter & diſcrimina, quæ talia ſunt, ut aliquando potentiores, & qui vicerunt, propiores fuerint periculo. Quare ut tantum bonum pacis ſequi poſſit, hortamur eamdem Nobilitatem tuam, ut Oratores tuos huc citiſſimè mittere velis benè inſtructos de omnibus, & cum pleno ac ſufficienti mandato ad hanc pacem concludendam, ad quam ut totis affectibus inclineris, eamdem Nobilitatem tuam ex corde rogamus. Idem ſcribimus ad alias Potentias quarum intereſt, & credimus firmiter eas Oratores ſuos ſine morâ miſſuras. Nos enim quamprimùm præfati Oratores advenerint, ipſi paci, omnibus aliis poſtpoſitis, omni ſollicitudine incumbemus, ſperantes in clementiâ Dei noſtri qui precioſiſſimum Sanguinem ſuum in remiſſionem peccatorum noſtrorum effundere dignatus eſt, & non habito reſpectu ad peccata noſtra, ſed ad ſuam ineffabilem miſericordiam, hac vice nos fortaſſis compotes faciet hujus optimi deſiderii noſtri, & ita Majeſtatem ſuam ſupplices deprecamur.

Datum Romæ apud ſanctum Petrum, Anno Incarnationis Dominicæ milleſimo quadringenteſimo quinquageſimo ſecundo, octavo Idus Januarii, & Pontificatûs noſtri anno ſexto. DE LUCA.

Ejuſdem; CAROLO VII. *Francorum Regi.*

NICOLAUS Epiſcopus ſervus ſervorum Dei, Cariſſimo in Chriſto filio CAROLO Francorum Regi Illuſtri, Salutem & Apoſtolicam benedictionem. Accedens ad præſentiam noſtram Venerabilis Frater noſter Joannes Archiepiſcopus Turonenſis, tuæ Serenitatis literas detulit, ex quibus intelleximus ipſum à tuâ ſublimitate Oratorem & Ambaxiatorem ſuum ad nos deſtinari. Intelleximus ipſum & graviter & ornatè referentem quantum ſemper Religionis, pietatis, & fidei, & præcipuè devotionis in Apoſtolicam Sedem antecesſores tui Francorum Reges Illuſtres indeſinenter oſtenderint, quantumque curæ, ſollicitudinis & operæ pariter adhibuerint, ne tyrannicâ factione vel Longobardorum, vel aliorum quorumvis ſimili factione nitentium, Sedes Apoſtolica ſuis juribus & dominiis ſpoliaretur; & cum ita divinæ Providentiæ placuiſſet, ut Celſitudo tua tantorum Principum & ſucceſſor & heres exiſteret, eamdem poſtquam rerum dominata eſt, ſicut nominis ita & religionis & devotionis in ſeipſâ velle officium adimplere, nec pati ut in tam ſancto & divino propoſito præſentium Principum te aliquis antecedat.

Verùm hoc unum nobis velle ſignificare, quòd propter ſuperiora tempora, quibus ferè per quadraginta annos Regnum tuum bellicis calamitatibus ſine ceſſatione vaſtatum eſt, ea onera non poſſe tolerare quæ cum florentiſſimum & pacatiſſimum erat, & libenti, devoto & grato animo toleravit. Itaque congruis precibus obſecrabat, ut æquo animo ferre vellemus, ſi vaſtatum bellicis concuſſionibus Regnum, donec convaleſceret, florentis temporis onera conſueta non ferret. Nam non minus erat devotionis & fidei, ſed ita filiis noſtris pro temporum qualitate cenſebat tua Serenitas à nobis meritò providendum. Reſpondimus; Sereniſſime Princeps, Fraternati ſuæ nos omnipotenti Deo, immortales gratias habere, quòd Sublimitatem tuam temporibus noſtris tanti Regni tenere gubernacula præſtitiſſet, in quâ tot præſidia in neceſſitatibus Eccleſiæ ſumus experti, quòd vix plura ſciviſſemus optare. Nonne ingrati animi eſſet non meminiſſe quantâ impenſâ, curâ & ſollicitudine in principio Pontificatûs noſtri, cum Eccleſia eſſet in ſchiſmate, pacem & unitatem tuæ pietatis operâ conſequuta fit?

Anno MCCCCLII. Regi, quòd nonnulla poſtulet contra Canonum ſancita, concedere non poſſe ſignificat.

Nonne omni humanitati & gratitudini esset adversum, non semper memoriter tenere quanta Serenitati tuæ cura fuerit, ut res & loca Romanæ Ecclesiæ, quæ in natione Gallicanâ consistunt, intactæ & incolumes permanerent, quibus tuendis semper & auxilium & consilium præstitisti? Nonne impium esset & penè sacrilegum non jugiter attendere, & ante cordis oculos infixum tenere, quantâ pietate plurimorum voluntates & studia, quibus Ecclesiam magnis discriminibus agitare' contenderent, compescuisse & silentio compressisse? Dedit Serenitatem tuam misericors Deus temporibus istis, quibus multorum frigescente caritate superabundavit iniquitas, Christianissimi illius Regni moderamina tenere, multâ & admirabili Christi caritate ferventem. Servet Ecclesiæ suæ, servet & nobis personam tuam incolumem misericors Dominus, & si fieri possit, faciat immortalem: servet & hoc sanctum, hoc pium, hoc divinum propositum, ut te Christianissimo Principe tutore ac defensore frui diutius valeamus.

Hæc licet prolixiori oratione coram venerabilibus Fratribus nostris sanctæ Romanæ Ecclesiæ Cardinalibus præfato Archiepiscopo perstrinximus: adjicientes nos Christianissimi Francorum Regni non aurum sitire, non divitias, sed animarum salutem; & cum à nobis Oratores & Legati destinati fuêre, non insedit cordi nostro ulla rerum temporalium cupiditas, ulla sitis habendi quæ temporalia sunt & transeuntia, nec permanent; sed nos de æternis rebus, hoc est, de animarum salute fuisse sollicitos. Unde & impræsentiarum pariter obsecramus, ut non credat Serenitas tua, nos aliud velle, aliud intendere, nisi quæ animarum saluti consulant, & ab itineribus damnationis eripiant. Nam in his excusationis locus non est propter ignorantiam. Nam in hoc præcipue verificatur illud Apostolicum dictum: *Qui ignorat, ignorabitur.* Itaque rogavimus & rogamus, ut quæ sine læsione conscientiæ servari non poterunt, dignetur tua Serenitas è medio removere. Nam quid prodest homini si universum mumdum lucretur, animæ verò suæ detrimentum patiatur; aut quam dabit homo commutationem pro animâ suâ? Una est enim Ecclesia, una est fides ipsius, eædem debent esse leges, quibus tota & in toto orbe gubernatur & regitur. Nec licet alicui quâcumque potestate præfulgeat, qui ulle esse ovis gregis Dominici, & inter illas numerari, quæ Petro à Christo commissæ sunt, cum dictum fuit illi: *Pasce Agnos meos:* se ab illis legibus propriâ auctoritate subtrahere: nec dubitare debet qui contrarium fecerit, se illas pœnas incurrere, quæ Canonum & Ecclesiasticarum legum transgressoribus infiguntur; & contrarium sentire, idem esset quod dubitare de potestate clavium. Nos si ista taceremus aut non nosceremus, Nos successorem Petri, cui nos Dominicæ commissæ sunt; aut Celsitudinem tuam à Dominicarum ovium numero videremur excludere, & apud illum æternum Pontificem qui judicaturus est vivos & mortuos, cujus vicem in terris gerimus, silentii nostri rationem minimè assignare possemus. Hæc quæ impræsentiarum summatim attingimus, latiùs diximus præfato Archiepiscopo, Serenitati tuæ per ipsius organum uberiùs explicanda, cui fidem plenam tua Celsitudo adhibere dignetur super his, ac etiam super nonnullis aliis particularibus negotiis, quæ sibi commisimus præfatæ Serenitati tuæ referenda. Cui nos & Apostolicam sedem cum universâ Christi Ecclesiâ affectuosissimè commendamus.

Datum Romæ apud Sanctum Petrum, Anno Incarnationis Dominicæ millesimo quadringentesimo quinquagesimo secundo, Kal. Febr. Pontificatus nostri anno sexto.

CAROLI VII. *Francorum Regis* NICOLAO *Papæ V.*

Beatissime Pater, &c. Non sine vehementi admiratione auribus nostris noviter nuntiatum est, operâ & directione quorumdam Gallicanæ nationis titulis & honoribus detrahentium jura & privilegia nationi præfatæ, suis virtutibus, suis clarefact:s, magnis quidem periculis magnâque sanguinis effusione, à longis temporum curriculis in Religione ac Ordine Beati Joannis in Jerusalem Rhodi immenso caritatis & devotionis ardore laudabiliter acquisita, sibique in virtutis & meritorum præmium præ cæteris nationibus legitime competentia; in ultimo Religionis præfatæ apud Senas congregato Capitulo adeo Sanctitatis vestræ declarationibus promulgatis diminuta, & in nihilum ferè redacta fuisse, ut si hujusmodi declarationes exequutioni darentur, Religioni præfatæ scandalum atque damnum, nobis quoque & toti nationi nostræ injuriam & ludibrium meritò parturirent. Sed eo vehementiùs in admirationem ducimur, quòd cum de prædictâ celebratione prædictæ fratrum solitum, nonnullorum suggestione Senis tunc fiendâ advisaremur, & in eâdem coloratis eorumdem adinventionibus sub caritatis velamine, multa in præjudicium nationis præfatæ, & antiquæ observationis tractari debere: ne talium astutia tenebrosis figmentis rei veritatem offuscaret, Sanctitati Vestræ scripsimus, nationem ipsam, suaque jura obnixiùs recommissa faciendo: à quâ quidem Sanctitate tunc responsionem suscepimus, se nil in præjudicium Magistri attentare, nec Baillivorum officia quovis modo mutare; sed ad quamdam reformationem laudi & honori Religionis congruentem procedere disposuisse.

Quòd autem Sanctitas ipsa ad declarationes præfatas, jura & prærogativas Gallicanæ nationis penitùs absorbentes, & quæ soli Gallicanæ debentur nationi, ad universas communicantes præter & ultrà litterarum suarum seriem, absentibus præfatæ nationis Fratribus, nobis ac procuratore nostro inauditis, sic festinè processerit; non ex mente S. V. sed potiùs (ut credimus) oblitâ serie litterarum vestrarum nobis directarum quædam inadvertentiâ, ac impulsionibus & importunitatibus quorumdam contigisse arbitramur. Quid enim absurdius, ac nobis dictæ nationi nostræ vituperabilibus accidere potuisset, quàm prædecessorum nostrorum tantis sudoribus, tantisque laboribus in exteras regiones parta & acquisita merita, nostro in tempore nonnullorum conjuratione, ut ita dixerimus, denigrari? Quid præjudicabilius, quàm Coadjutorem Magistro tamquam insufficienti dedisse, & Baillivorum officia nationi nostræ duntaxat suis meritis deputata mutasse; & in cæteras nationes, ac si nationis nostræ Fratres inhabiles forent, propagasse? Nec quemquam tam iniquum rerum æstimatorem fore ambigimus, qui si prædicta senserit, Sanctitatem Vestram, Nos, nationemque nostram ubi res sine reparatione sic abirent, magnis & intolerabilibus injuriis atque damnis afficille non judicet.

Resipiant ergo qui talia procurarunt, vestraque Sanctitas pulsis illorum affectionibus, nostrum, & nationis nostræ maximum interesse degustans, querelam nostram justam & legitimè fundatam suarum declarationum ravocatione sopire dignetur; & scandalis ac divisionibus, quæ exinde suboriri possent, paternâ caritate occurrere, & nedum privilegia nationis nostræ à beatissimis prædecessoribus vestris benignè confirmata diminuere velle, sed etiam tempo-

Queritur Rex quòd contraria juri suo & nationi Gallicanæ in Capitulo Generali Ordinis S. Joan. Rhodi acta fuerint.

re nostro, qui continuis vigiliis unionem Ecclesiæ procuramus, illa curet adaugere. Quòd si Sanctitas ipsa fecerit, rem nobis admodum gratam, Religioni salubrem efficiet, honorique suo ac juri & justitiæ subserviet : sin aliter (quod vix credere possemus) Sanctitas ipsa proponeret, ne nostri & dictæ nationis honoris, quem maximè cordi gerimus, jacturam patiamur, talia silentes per dissimulationes sic abire ferre nequiremus, tantam dedecoris labem temporibus nostris nationi præfatæ & per consequens nobis irrogari molestè gerentes : sed longè gratius atque acceptius fuerit Sanctitatem ipsam, à quâ declarationes ipsæ processisse dicuntur, congruum remedium per revocationem declarationis apposuisse. Super quibus ejusdem Sanctitatis responsionem affectuosè postulamus, & dilecto nostro Magistro Joanni Pidieu Secretario nostro, quem propterea expressè destinamus, plenariam fidem adhiberi. Sanctitatem Vestram conservet Altissimus, &c.

Scriptum, &c. Turonis.

Anno MCCCCLII.

Academiam Cadomensem à Summo Pontifice EUGENIO *erectam confirmat* CAROLUS VII. *Rex Francorum.*

CAROLUS Dei gratiâ Francorum Rex. Sicut ad arduos & salubres actus, Reges & Principes, more veterum Patrum virtutes imitando, se pronos & liberales reddere consentaneum censetur, sic ad ea virtutum opera exequenda frequentius inducuntur, per quæ vitiorum fomenta præcipuè corripiuntur, & virtutes seruntur, & fidei orthodoxæ religio vitiosorum eruditione adaugetur, ut Christicolarum merita ferventi devotione crescant, & æterna ipsorum salus subsequatur inde.

Notum igitur facimus universis præsentibus pariter & futuris, quòd cum almæ recordationis prædecessoribus nostris Francorum Regibus, nonnulla Studia generalia magnis & speciosis privilegiis, franchisiis & libertatibus communita, diversis in partibus Regni nostri ad Christi fidelium eruditionem, hæresium exstirpationem, & Catholicæ fidei exaltationem creata & erecta fuêre : ipsorum nempe prædecessorum nostrorum vestigia si stantes, ipsumque tam salubre & insignem bonum, quod sui ipsius est diffusivum, volentes multiplicari : ea rursum quæ sincerè nobis dilecti & fideles viri Ecclesiastici, nobiles Burgenses, patriotæ, & alii incolæ nostri Ducatûs Normanniæ, ad id exequendum bonum enixiùs exposuerunt, considerantes : videlicet quòd ipsa patria nostra, quæ inter cæteras Regni nostri portiones magnam obtinet protentionem, gente plebanâ multùm acutâ floret, Cœnobiorum copiâ atque victualibus innumeris abundat, patulúsque sibi fluminum & portuum marinorum aditus inest : quodque felicis recordationis Eugenius Papa, prædicta, quæ conformiter ad erigendam seu creandam Universitatem uno in loco haud dubium concurrere debent, propensiùs considerans ; intuensque villam nostram Cadomensem, quæ à proximiori Studio generali quinquaginta leucis distat circiter, medium seu centrum Neustriæ sistere, superque suo opulento situ, aëris temperie, habitationum & librarium copiâ, portuque marino & victualium aditu convenienti, sufficienter informatus, Universitatem atque Studium generale quinque Facultatibus, Theologiâ videlicet, Legibus, Decretis, Medicinâ & Artibus compositum, ad trium statuum prædicti nostri Ducatûs instantem requestam, inibi solemniter creavit pariter & erexit, ipsámque privilegiis Apostolicis, sine quibus sustentari nequibat, suâ inclytâ bonitate amplissimè communivit atque ditavit ; dilectos & fideles Consiliarios nostros Lexoviensem & Constantiensem Episcopos, dictorum privilegiorum conservatores ordinando. Concedens insuper ut more aliarum Universitatum adeant confugientes, & in eis Facultatibus sufficienter eruditi, gradûs honorem adipisci, cæterósque actus scholasticos exercere & complere valerent. Postremò verò sanctissimus Nicolaus Papa modernus, perpendens ipsam Universitatem ac Studii generalis erectionem, seu creationem per suum prædecessorem ritè, justè sanctèque factam, nedum approbavit, quinimò libertates, franchisias, & privilegia priùs eidem concessa ampliando confirmavit.

Nos insuper volentes de prædictis, ipsiúsque Universitatis & loci statu, meritis, & perseverantiâ perampliùs informari, eam diurno temporis lapsu in statu, quo post reductionem nostri Ducatûs Normanniæ histebat, toleravimus.

Quibus siquidem omnibus longè ac digestè perpensis, attendentes quòd ipsam Universitatem per sæpefatos sanctissimos Patres nostros summos Pontifices, ad Dei laudem, decus Ecclesiæ, honorem Regni nostri, & ejusdem incolarum salutem, creatam & erectam exstitisse. Prospicientes insuper prædictam villam nostram Cadomensem extensam valdè, portu marino constatam, quódque pro sui tuitione numerosâ gente multùm egere cernitur : prælibatorum statuum trium nostri Ducatûs Normanniæ supplicationibus & requestis inclinati, Consilii nostri maturâ super hoc deliberatione præhabitâ, & de nostrâ Regiâ auctoritate & gratiâ speciali, cum plenitudine potestatis, Universitatem & Studium generale cum quinque Facultatibus præinsertis, in præfatâ villâ nostrâ Cadomensi denuò creavimus & ereximus, creamus pariter & erigimus per præsentes ; ut qui inibi residentes & venturi litterarum studio liberiùs atque commodiùs vacare valeant, eidem Universitati gratiâ & auctoritate, quibus suprà, concedimus, denuóque concedimus privilegia, franchisias & libertates aliis Universitatibus Regni nostri solitas dari.

Pro quibus manutenendis & conservandis deputavimus & deputamus, ordinavimus & ordinamus sincerè nobis dilectum & fidelem Baillivum nostrum Cadomensem, præmissorum privilegiorum Regalium conservatorem, qui Regentes, scolares, & supposita ejusdem, ut à litterarum studiis nullatenùs distrahantur, qui potiùs iisdem liberiùs & quietiùs valeant intendere, in causis personalibus & possessoriis extra muros prædictæ villæ nostræ Cadomensis quovis modo non trahi non permittat, sed de præfatis causis defendendo duntaxat valeat cognoscere. Causas verò reales prædictorum Regentium, scholarium, & suppositorum coram judicibus ordinariis agitari ac definiri volumus, earum cognitionem & decisionem præfato Conservatori penitùs inhibendo. Non intendentes præterea quòd prætextu supradictorum privilegiorum, in quibusvis causis realibus, possessoriis & personalibus præfatis, scholares, Regentes, & supposita quempiam à suâ jurisdictione ordinariâ trahere possint.

Nolumus insuper supposita, scholares, & Regentes, etiam veros, si eos aut alios pro ipsis & eorum nomine contingat vinum, ciceram aut alia quæcumque pocula publicè seu minutatim vendere, à solutione quarti denarii, aut alterius cujuscumque subsidii eximi quovis modo, quinimò ipsum plenè & integraliter quâcumque semotâ difficultate persolvant.

Quamobrem dilectis & fidelibus nostris gentibus Cameræ nostræ Computorum, Thesauriis, cæterísque Justiciariis que Justiciariis & Officiariis nostris damus in mandatis, quatenùs presenti indulto & concessione nostris sinant & permittant prædictos Scholares, Regentes, & supposita uti & gaudere pacificè & quietè, quibusvis aliis editis, ordinationibus & consuetudinibus non obstantibus quibuscumque; quoniam sic fieri volumus, & nobis libet. Concedimus ulteriùs eisdem, ut vidisse præsentium literarum tanta fides adhibeatur, sicut originali.

In cujus rei testimonium præsentibus literis sigillum nostrum duximus apponendum. Datum Pomeriis in Forestâ die penultimâ mensis Octobris, Anno Domini millesimo quadringentesimo quinquagesimo secundo, & Regni nostri tricesimo primo.

Sic signatum, DES CAIGNEUX.
Per Regem in suo Consilio, A VILLA.

Epistola Reverendissimi in Christo Patris & domini domini Cardinalis Sabinensis, aliàs Ruthenensis, de expugnatione urbis Constantinopolitanæ.

ISIDORUS miseratione divinâ Sanctæ Romanæ Ecclesiæ Cardinalis Episcopus Sabinensis, Ruthenus vulgariter nuncupatus, Universis Christi fidelibus has litteras inspecturis salutem in Domino. *Audite omnes gentes, auribus percipite omnes qui habitatis terram*, David Propheta in sui præfatione Psalmi ait. Ego verò per hanc imitans propheticam vocem, sic memorabor. Audite hæc omnia omnes; qui piam & fidelem partem orbis terrarum colitis, sancti, & fideles & ministri, Pastores & Principes omnium Ecclesiarum Christi, Præstites, & Doctores fidei Christianæ. Universi quoque Reges & Principes; necnon universus populus Christicola Domini, qui vestram mundam & immaculatam animam omnipotenti & trino Deo offertis cum omnibus. Insuperque omnes, & super omnes vos qui Deo perfectè dedicati, & ab ipso sæculo seducti, & habitum angelicum vitæ monasticæ estis induti, & omnia temporalia abdicastis, & futuris atque æternis bonis Regni cœlorum ea temporalia permutastis. Audite omnes sicut Domini mei, Christi, & fidelissimi Christiani. Quoniam jam prope Antichristi præcursus Teuchrorum princeps & dominus, cujus nomen est Machometa, qui illius primi principis hæresis, seu ut potiùs & veraciùs dicatis impietatis est heres. Ille enim multo magis nequam est quàm ille primus. Ille enim deceptoriis & mendacibus verbis homines imperitiores & insipientiores assentire urgebat; hic cum suâ magnâ vi & potentiâ, & maximè ferro & suppliciis Christianos macerat & affligit, totaliterque nomen Christi de terrâ delere conatur. Tantum enim habet odium, & abominationem & iracundiam contra Christianos, quòd cum ipse inspexerit suis oculis Christianum, æstimans se maximè deturpatum fore & sordidatam, proprios oculos abluit & abstergit; qui talis inimicus fidei Christianæ apparuit & apparet, qualem nunquam homo in genus humanum vidit neque videbit. Hic enim felicissimam oculis omnium urbium, nunc autem infelicissimam & miserrimam Constantinopolitanam urbem expugnavit atque delevit.

Quis meorum oculorum lacrymarum, & earum immensæ effusionis, & tantarum afflictionum & detractionum meminerit, & me dementem fore, & stupore & lethargiâ detentum minimè memorare præsumserit? Præcipuè nunc me miseriis obvolutum,

& hominem funditùs perditum, & sui modi vivendi oblitum, esse intuetur.

Attamen etsi talis sum, qualem me fore existimo, aliquantisper me ad me ipsum reducens, hinc narrandi sumam initium, & vestræ fidei res, ac quæ consequuta sunt dolenter narrabo, non tamen omnia quæ egit & quæ in præsenti agit; vel quæ hactenùs in posterum est acturus offero me extracturum, imò cum & permissione Dei Constantinopolitana urbs capta est, aliquos habitatores necavit, aliquos verò pedibus & manibus alligavit, & per collum ligatos ultrà & extrà urbem deduci mandavit. Dico enim tam nobiles quàm populares, tam Monachos consecratos quàm etiam alios simplices populares & feminas, virtute præditas & nobilitate, vituperosè & indecoratè detractas; nonnullas injurias, ac si meretrices & prostibulo institutæ essent trahebat, cædens & improbriosè ac inhonestè eas vituperans, absque compassione & misericordiâ tanta & talia contra eas peragens, quanta & qualia de pecudibus quidem haud sine rubore quis diceret. Adolescentulos verò & adolescentulas, puellos & puellas à parentibus segregabat, & divisim eos vendebat. Infantes tam masculos quàm feminas coram suis parentibus perdebat; matres filiis privabantur, & filiis matribus, fratres fratribus; uxores à suis viris, viri ab uxoribus miserè plorantibus, languentibus linquebantur; qui & quæ disjuncti & ad partes Orientis seducti, vendebantur per totam Europam. Patres autem orbati sunt filiis, & filii patribus. Quorum lacrymas & ex illa plena doloribus quis unquam tam compos mentis ac linguæ posset explicare, quibus fungebantur dum segregabantur? Sorores cum sororibus oscula conferebant, hinc nobis dicentes, quæ nostrarum alteram videbit; & verbis assuetis fructus dulcibus & jucundis? Illi enim & illæ, qui paulo ante Nobiles & Principes fuêre, servis suis deterioribus effecti sunt, qui & quæ homululis ductoribus porcorum & pecudum etiam vilissimis personis effecti sunt famuli & subjecti.

Cogebantur etiam nonnulli teneri nefariè, negatores fidei Christianæ de adolescentulorum numero & à decennio & infrà fieri, & suo neglectæ despectæque & irregulatæ fidei adoratores fiebant. Etiam iis tamen paucis de omnibus de tantarum rerum numero vobis sensus satisfieri: Servi usuræ, a quas intulerunt versus sacra & templa sacratissima gloriosæ Virginis MARIÆ & aliorum Sanctorum, contrà imagines & reliquias eorum, versusque sacratissimas ipsius Domini nostri JESU-CHRISTI ineffabiles ignominias & verba detestanda; quibus etiam freti sunt in sacra Evangelia ejus; etiam in libros Sanctorum & exornamenta templorum; & in sacra altaria tam latina quàm græca, & in sacras & divinas cruces; in omnia denique quæ honorabilia & venerabilia apud Christianos sunt; quis unquam absque suspiratione maxima & lacrymarum effusione, & magno tremore describere poterit? Illud tum propheticum verbum ilicò est consummatum in ipsâ expugnationis die. *Deus, venerunt gentes in hereditatem tuam, deturbaverunt templum sanctum tuum, sed potiùs sancta templa tua.* Urbem namque Constantinopolitanam speluncam latronum nefariorum & lenonum sordidam, & furum impiorum habitationem, & residentiam malefactorum omnium constituerunt. Mox enim in templo eximio & præclaro sanctæ Sophiæ ingressi sunt, & sacratissimas imagines Sanctorum Sanctarumque omnes pedibus conculcârunt, deturpârunt & diripuerunt, super quas omne genus vituperii, opprobrii & sorditatis indi-

---

a: Servi usuræ] Lege, Verùm injurias.
Tom. II.

HHHh

Margin notes:
Anno MCCCCLIII. Ex MS Cistercii à D. Jacobo de Launey descripto.

Psal. 48. 1.

Quanta mala & quam gravia suppliciâ Turcæ Christianis intulêre.

Psal. 78. 1.

cárunt. Similia his & in sacra pella hoc est ornamenta egerunt. Hæc eadem apta in sacratissimis fluminibus, qui in sacra altaria ascendentes & salientes vociferando jubilant, & Macometam ipsum hymnis & laudibus excolebant, & ut verum & maximum prophetarum omnium prophetam & destructorem fidei Christianorum omnibus intimarunt. Mox enim illi Teuchrorum nefarii & sublime Templi tegimen, ejusque altæ & famosæ sanctæ Sophiæ ascenderunt, & crucem ejus cacumini infixam dejecerunt & diripuerunt. Quid dicam de sacris corporibus Sanctorum, quæ laniabant & devastabant, ac canibus porrigebant? Nonnulla alia hujusmodi agebant in sanctas stolas, quibus imagines Dei & ipsius Virginis MARIÆ matris ejus, & sacratissimæ passionis & miracula Christi erant intexta atque depicta, deludendo & deridendo nostram sanctissimam fidem.

Nonnulla alia ulteriùs scriberem mala & inhonestissima opera ab ipsis peracta, quæ sacris calicibus injuriosè contulerunt, & tamen memoriæ tradere totus tremo, & ulteriùs fari & scribere nequeo: tanta & alia mala sunt quæ temporibus suis linquo ut referam, & de malis peractis in omnibus Monasteriis & Ecclesiis Dei tam Latinis quàm Græcis. Quid denique dicam? vituperosè enim Monachos & sacra Monasteriorum & Ecclesiarum Dei detrahebant. Alia quidem nonnulla mala etiam egerunt in famosis & illustribus hospitalibus & aliis domiciliis, quæ nullatenùs possent narrari, adeo sunt detestanda & exsecranda. Et nulli alteri personæ post creatos homines expugnationem & desolationem urbis adæquare poterimus. Vidistis namque juxtà illud propheticum verbum, quoniam de domibus eorum metus contrà etiam tremor. Mox enim nullum habitatorem intùs reliquerunt, non Latinum, non Græcum, non Armenum, non Judæum, quos omnes actus, & opera præfata propriis oculis vidi. Et ego ipse cum viris Constantinopolitanis omnibus unà passus sum, licet de manibus impiorum me Deus eripuerit, ut Jonam de utero ceti.

Urbs igitur Constantinopolitana exstincta, nec ullum sensum illa nunc habet, hanc etiam eâdem horâ & civitas Pera nuncupata exstincta est, quam demùm Teucri occupant & gubernant: cujus muros usque ad terram diruperunt, quæ servituti à Deo tradita est, qui non in exaltatione sacratissimi corporis & sanguinis Christi tintinnabulum aut nullam campanam pulsari aut sonari, imò crucem quæ suprà magnam stabat turrim, unà cum ipsâ turri in ruinam miserunt. Cujus denique civitatis totam rempublicam perdiderunt & destruxerunt, & Teuchrorum Principem eis in judicem constituerunt. Gabellas & nonnullas alias impositiones & gravamina, omnibus à majore usque ad minorem ponere instituerunt. Misit enim personas à mare majus versùs opida Græca & Latina, gabellas & impositiones instituendo, ut reditus fructuum & proventus juxta institutionem eis traditam reddantur. Et quod pejus est, Christianis imperio suo subjugatis & serviendo subjectis, bella detestanda contrà Christianos reliquos unà cum aliis Teucris jubet fieri.

Hæc igitur sunt quæ hactenùs à Teuchris exacta sunt contrà Christianos: ea verò quæ de cætero contra eos excogitat, quis poterit enarrare? Primò enim dromones centum septuaginta inter parvas & magnas præparavit, & mare nigrum misit ad insulas Cyclades causâ suo imperio eas subjugandi. Deinde præparat se cum infinito exercitu ad tres urbes solidas & potentes juxtà Danubium sitas transmigrare, & eas expugnare & devastare, videlicet unam quam Pensteium nuncupamus, aliam Sondorobrium, aliam Colostadium. Et sic proponit totam transire Ungariam, eamque perdere & delere, ut neminem habeat impeditorem: quoniam in Italiam anno futuro transmigrare decrevit, unde jam anno præsenti hæc omnia agere introducit & proponit. Itaque præparat & præparare conatur galeas parvas & magnas trecentas, naves magnas viginti & ultrà, pedestrium & equestrium exercitum ultra centum millia. Et sic à Durano transire ad Vramdisium.

Hæc omnia non solùm agere disponit, verùm incipit facere. Quapropter deprecor, & exoro, atque hortor vos omnes Christianos, ut pro Christianâ fide zelum & amorem pro libertate vestrâ suscipiatis, & inter vos primò pacem & unionem habere velitis, omnemque miseriam & pusillanimitatem ejiciatis quæ inter vos etiam videtur; & induite vobis ipsis caritatem Dei & pacem, & præparate vos ipsos viriles & stantes & magnanimes: in ipsum Teuchrum multas habere naves, & magnum exercitum, Deo dante, unde numero decem valeant prælia & bella tanta ei fieri, ut firmiter quinquaginta de illis valeant prosternere. Magna enim est nostra virilitas, & usus bellandi magis aptus & idoneus, & gratia Dei solidior & constantior est super iis. Rursùs deprecor atque exoro ut hoc proponere & disponere vestris animis velitis. Ego autem Deo disponente veniam ad vos personaliter, & narrabo multa alia, quæ erunt valde congrua circa præsentem materiam. Spero siquidem in Deum, confido vos magnoperè festinare quæ audistis, & pro quibus vos deprecor audacter facere & exequutioni mandare, valete vos, & omnia vobis esse facienda jubeo & feliciter vivere. Et tale bravium & magnam hanc coronam à Deo dignemini suscipere. Datum Cretæ in domibus presidentiæ nostræ sub sigillo nostro quo utimur, anno à Nativitate Domini MCCCCLIII. die octavâ Julii, Pontificatus sanctissimi in Christo Patris & Domini nostri domini Nicolai divinâ providentiâ Papæ V. anno septimo.

NICOLAI Papæ V. CAROLO septimo Regi Francorum.

NICOLAUS Episcopus servus servorum Dei, carissimo in Christo filio CAROLO Francorum Regi illustri, salutem & Apostolicam benedictionem. Accepimus superioribus diebus dilectum filium nostrum Guillelmum tituli sancti Martini in Montibus Presbyterum Cardinalem, & Archiepiscopum Rotomagensem, possessionem liberam Ecclesiæ suæ Rotomagensis cum gratiâ & benevolentiâ tuæ Serenitatis assequutum fuisse: quæ res grata admodum nobis fuit, ita ut exinde gratias tuæ Celsitudini referamus: nam in eâ re voluntati & dispositioni nostræ, ac tuo erga ipsum Cardinalem, qui negotiorum tuorum omnium curam habet immensam, officio & benivolentiæ satisfecisti. Sed quia nuper intelleximus annuam temporalitatem ipsius Ecclesiæ eidem Cardinali denegari, cum juramentum solitum fidelitatis & homagii non præstiterit, rogare decrevimus enixiùs & ex corde tuam Excellentiam, ut pro tuâ erga nos & Apostolicam Sedem sinceritate, ad singularem nostram complacentiam, temporalitatem pro uno anno eidem Cardinali concedas, quæ sub nomine vulgati *de souffrace seu respit*, ut audivimus, dari solet, & quam scimus personis aliis quæ tuæ Serenitati nullâ erant parentelâ conjunctæ, concessam fuisse. Cum autem ipsum Cardinalem impræsentiarum permittere non possimus ad tuam præsentiam prout optaret personaliter accedere, quia ejus assistentia in magnis & arduis fidei Catholicæ quæ nunc occur-

Anno MCCCCLIII.

Rogat Regem ut Cardinali Rotomagensi Archiep. qui fidelitatem & homagium nondum præstiterat annuum redituum percipere sinat.

runt, negotiis nobis plurimùm necessaria existit, nostrâ interesse videtur, ut nos ipsi ejus anni temporalitatem suo nomine impetremus. In quâ re nobis præmaximè complacere debet tua Excellentia, cùm de communi Christianæ religionis statu nunc agatur. Velit igitur Celsitudo tua in hoc brevi temporis spatio nostræ annuere petitioni, & per Nuntium præsentem; quem hac de causâ destinamus, gratum & acceptum dare responsum, quemadmodum de tuâ devotione plurimùm confidimus & spetamus.

Datum Romæ apud sanctum Petrum, Anno Incarnationis Dominicæ millesimo quadringentesimo quinquagesimo tertio, tertio Idus Octobris, Pontificatûs nostri anno septimo.

A. de Magio.

Anno MCCCCLIV.

FRIDERICI *Imperatoris Serenissimo Principi Carolo Regi Francorum Fratri nostro Carissimo.*

Hortatur Regem ad comparandum exercitum adversus Turcas, qui nuperrimè Constantinopol. ceperant: atque ut in eam rem suos Ratisponâ mittat Oratores.

FRIDERICUS divinâ favente clementiâ Romanorum Imperator semper Augustus, Austriæ &c. Dux; Serenissimo Principi CAROLO Dei gratiâ Regi Francorum, Fratri nostro Carissimo, Salutem & amoris fraterni continuum incrementum. Quantum dedecoris, quantumque detrimenti diebus nostris acceperit Christiana Religio, expugnatâ per Turcos & in servitutem redactâ memorabili Civitate quam Magnus olim Constantinus antecessor noster in æmulationem Romanæ Urbis erexit; etsi omnes Christiano nomine insignitos cum maximâ cordis amaritudine percipere non dubitemus, præcipuè tamen fraternitatem vestram & dolere quàm vehementer, & anxietate mentis urgeri credimus non mediocri; cum & vester animus ad profectum orthodoxæ fidei; communeque bonum populi Christiani intentus fuerit, & clarissimi progenitores vestri suis temporibus sæpe Domûs Dei zelo succensi, sumentes arma; vexillumque salutiferæ Crucis præ se ferentes, innumeras Paganorum, Saracenorumque turmas prostraverint, atque deleverint, nomenque illud Christianissimum in vestrâ familiâ velut hereditarium sua virtute quæsiverint. Ea propter cum intelligatis impræsentiarum Orientalis Imperii solium, Patriarchalemque sedem Regiam, & amplissimam Civitatem in hostium devenisse potestatem, murum & antemurale fortissimum nostræ Religionis amissum, Imperatorem Græcorum occisum, nobilitatem Urbis majori ex parte cæsam, innumeras animas in servitutem redactas, Templa divino dicata nomini quæ fuerunt illic juxtà Imperialem magnificentiam splendidissimæ, spurcitiæ Mahumeti servire: everti altaria Salvatoris nostri, & gloriosissimæ Matris ejus Imagines, & universa Christianitatis signa deseri. Ductorem autem illum Turcorum, quem de nomine Pseudo-prophetæ Mahumetum appellant intolerabili fastu, & incredibili superbiâ elatum Occidentem sibi totum polliceri subigendum; Christi cultoribus servitutem, vincula, verbera, cædes, & innumera minitari supplicia; exercitus instruere copiosos, classem apparare ingentem, vigilare, instare, nitique modis omnibus ut Christi legem, Evangeliumque subvertat; non est nobis dubium quin vestra Fraternitas & plurimùm doleat, & dolendo de remedio cogitet oportuno; quo tanta & tam enormis injuria Christiano irrogata nomini vindicetur, & qui majora minatur communis hostis filius Sathanæ secundus Mahumetus, Christiano mucrone confossus cum Juliano tandem Apostatâ *Vicisti Galilæe, vicisti*, dicere compellatur. Equidem nos cladem hujusmodi Contantinopolitanam in mente sæpiùs revolventes, sævissimûsque Turcorum actus, & studia quibus in nos utuntur animadvertentes, Christianæ genti maximum imminere discrimen intelligimus, & nisi citò ac magnis animis & unitis viribus fideles Reges & Principes sese opponant, timendum esse conspicimus, ne brevi tempore eorum qui supererant Christianorum magna pars à fide deficiat. Eam ob causam cum primùm accepimus de subactâ Constantinopoli nuntium, statim Beatissimo Domino nostro Summo Pontifici literas dedimus, & offerentes ad tuitionem Ecclesiæ Catholicæ nostras operas, in agendis consilium directionemque postulavimus, sicut in tanto negotio fidem concernente necessarium judicavimus. Ipse verò Legatum suum per hos dies ad nos direxit, venerabilem Joannem Episcopum Papiensem devotum nostrum dilectum, qui exornatâ oratione quamvis flebili, & rebus agendis accommodatâ coram nobis habitâ, periculum in quo Christiana Respublica versaretur ostendit, & quæ Sanctæ Romanæ sedis esset pro tutelâ fidei vel cura; vel præparatio, declarando Serenitatem nostram velut Ecclesiæ Catholicæ protectricem magnopere adhortatus est, ut adversùs Turcorum insolentem audaciam cum nostris Principibus ac Magnatibus insurgamus; atque ut primi inter sæculares potestates quibus de salute communi Christianorum cura, & sollicitudo incumbit, cœteros Reges & Principes ad ipsum nostris exemplis, & hortationibus invitemus. Nos autem considerando hujusmodi negotium pro majestatis Imperatoriæ sublimitate, & advocationis Ecclesiasticæ debito inter sæculi Principes nostram potissimè curam diligentiamque deponere, nequaquam in tanto Christianæ Reipublicæ discrimine aut silendum duximus, aut dissimulandum; sed ad expellendum ex Christianorum dorso crudelissimum hostem totis conatibus elaborandum, festinandumque per nos & nostros Principes existimavimus.

Verùm quia res ipsa maxima & ponderosissima est, ac plurimorum indiget auxilio, necessarium nobis visum est nostrorum Principum Ecclesiasticorum & sæcularium, necnon communitatum & universorum Imperii subditorum habere conventum, quem ad Festum sancti Gregorii proximè futurum in civitate nostrâ Ratisponensi suprà Danubium indiximus: in quo personaliter comparaturi de congregando contrà Turcos exercitu, deque cæteris rebus ad defensionem & augmentum Christianæ Religionis pertinentibus, cum his qui aderunt modis congruentibus auctore Domino disponemus; sperantes & Apostolicæ Sedis illic intervenire Legatos, & aliorum quamplurium Regum & Principum quibus super hoc scribimus, Oratores. Cum autem Fraternitas vestra inter Christianos Reges sublimem locum divino munere sit sortita, Regnoque maximo & potentissimo præsit, non est nobis ambiguum quin ad juvandum ejus causam, cujus dono regnat, suosque populos in pace gubernat, mentem erectam habeat, jamque vias & modos excogitaverit quibus Turcorum confringi gladius, compesci furor, & audacia plecti, Christianaque rursus resurgere gloria possit. Quibus ex rebus apprimè nobis gratum esset, & ad negotium fidei benè feliciterque deducendum admodum utile reputamus, quòd vestra Fraternitas in diè dictâ ad Civitatem Ratisponensem, nostramque præsentiam suos præstantes destinet Oratores, qui nos de mente vestrâ in hoc tam grandi & utili negotio efficiant certiores; cum quibus vestro nomine conversari, & de salute Reipublicæ Christianæ tractare, ac per eos Serenitati vestræ quidquid in Conventu Ratisponensi per nos cum nostris Principibus deliberatum conclusumque fuerit, communicare poſſimus; ut ſic in re fidei, in Chriſti negotio, in facto communi alter alterum intelligentes, & concordibus animis procedentes, Chriſtianum populum, & ſubjectam plebem, cujus ſudore vivimus, & in alto verſamur, faciliùs defendamus, hoſtemque noſtris ex finibus acerrimum propulſemus. Nihil enim ambigimus quin nobis fideliter agentibus ac Chriſti Redemptoris noſtri cauſam virili & forti animo defendentibus, ille nobis Angelus aſſiſtat qui primogenita percuſſit Ægyptiorum; qui Pharaonem & ejus exercitum projecit in mare; qui lapidem David in Goliath ſuperbum direxit; qui centum octuaginta quinque millia in exercitu Sennacherib unâ nocte interemit; quique tumentem & gloriabundum nimis Holofernem manu femineâ detruncavit. Voluntas in communi nobis & ordo fuerit, ac rectus in Deum animus, nihil eſt quod de Turcorum potentiâ formidemus; homines, equi, currus & arma abundè ſuppetunt Chriſtianis, & fortiſſima bello juvenum pectora, nec ſcientia deeſt rei militaris excellens. Certa in manibus victoria eſt, ſi placato Domino zelus nos fidei, & ſincerus in prælium ſpiritus duxerit.

Hortamur igitur Serenitatem veſtram, Cariſſime Frater, ut ad hoc tam pium & neceſſarium opus totis præcordiis intendentes, inclyti Regni veſtri vires in ſubſidium fidei, in Chriſti laudem, in Occidentalis populi gloriam apparetis; atque unà nobiſcum contra communem hoſtem de modo reſiſtendi, & ſumendis armis cogitetis: digna eſt enim cauſa in quâ laboremus. Namque ſi pro noſtris aut amicis, aut ſubditis levi nonnunquam injuriâ laceſſitis irritati gladios apprehendimus, magniſque nos ipſos periculis objectamus; quid nunc agamus quando mater noſtra Eccleſia laceratur, fides oppugnatur orthodoxa, Chriſti nomen blaſphematur, & omnis Chriſtianitas in diſcrimine cernitur. Ecce jamdudum terram illam in quâ viſus eſt Deus noſter, & annis ſuprà triginta homo cum hominibus converſatus, & in quâ primæ reſurrectionis flores apparuerunt, propter noſtras iniquitates vivificæ Crucis inimici conculcant. Terra benedicta, Terra promiſſionis, Terra lacte fluens & melle, ſceleratæ gentis imperio paret: quin ipſam Dei viventis civitatem officinaſque noſtræ Redemptionis, ſanctaque loca, Agni immaculati purpureâ cruore, præcipuum piæ religionis ſacrarium, ſimulque venerandum lectum, ſpurcidi Mahumeti ſatellites occupant, in quo propter nos vita noſtra obdormivit in morte. Nihil eſt jam noſtrum apud Jeroſolymam; Antiochiam, & primùm venerabile nomen Chriſtianorum eſt auditum, Saracenorum invaſit impietas; Africam & Aſiam univerſam alieni à Chriſto detinent. In Europam jam pridem tranſitum fecere Mahumetiſtæ. At decus illud Orientis, Græciæ columen, Helleſponti oſtium portumque firmiſſimum Propontidis, Conſtantinopolim, hoc ſolùm anno conquirere potuerunt. In angulum redacta Chriſtianitas eſt; Apoſtolicas Sedes præter Romanam cunctas amiſimus. Ex quinque Patriarchalibus Eccleſiis, quibus veluti ſolidiſſimis baſibus Catholica ſubnixa fides in altum latumque mirificè per orbem totum felices olim propagines extendit, Romana nobis tantummodo ſuperat. Non eſt igitur ampliùs ſuperſedendum, non eſt cur otio atque deſidiâ torpeamus; ſurgendum eſt, occurrendumque diris hoſtibus, antequam nos in domibus noſtris aggrediantur, antequam cordi vulnus infligant. Exurgat ergo veſtra Serenitas, pugnatoreſque Regni ſui delectos in Domini caſtra tranſmittere ſe diſponat, noſque de ſuâ diſpoſitione, ut eſt prædictum, oraculo præſtabilium Oratorum in diætâ Ratiſponenſi aviſet, ubi & nos cum Principibus & ſubditis noſtris de modis oportunis, per quos bellatores in exercitum Domini dirigendos quàmplures & ſtrenuos & audentes congregare poſſimus, diligenter conſultabimus & agemus; ut ſic cum noſtrâ & veſtrâ militiâ coadunatis aliorum Regum & Principum conſiliis & auxiliis, non ſolùm Chriſtianos tueri fines, ſed ultrò in ſuis ſedibus exterminare Turcos ſub vexillo Crucis Fidelium gladius & poſſit & audeat. Adſit tantùm Dominus Deus noſter, Dominus exercituum, noſtroſque dirigens greſſus & apparatus, actuſque juvans, pugnantibus pro ſuâ immaculatâ & puriſſimâ ſponſâ militibus adverſus exprobratorem & blaſphemum hoſtem, brachium ſuæ pietatis accommodet; ut qui confidens in multitudine ſuorum equitum cœleſtem contemnit Regem iniquus Mahumetus, maturè ſuorum ſcelerum pœnas luat.

Datum in Novâ Civitate, die nonâ menſis Januarii, Imperii noſtri anno ſecundo.

Ad mandatum Domini Imperatoris in Conſilio, Reverendo P. Domino Æneæ Epiſcopo Senenſi. H.

CALLISTI *Papæ III.* CAROLO VII. *Galliæ Regi.* An.MCCCCLV.

CAllistus Epiſcopus ſervus ſervorum Dei, Cariſſimo in Chriſto filio Carolo Francorum Regi illuſtri, Salutem & Apoſtolicam benedictionem. Immenſa ſummi Dei bonitas, & ineffabilis providentia, volens mundum primi parentis prævaricatione damnatum per ſuam infinitam caritatem ab æternâ morte redimere, Filium Unigenitum noſtræ mortalitatis carnem ſuſcipere voluit, ut per ejus ſacratiſſimam Paſſionem depulſâ priorum caligine delictorum, nos ad Regna cœleſtia evocaret; qui cum eſſet in terris, prædicans Regnum, Apoſtolos ſibi elegit, ut ſuorum imitatores operum Eccleſiam ſanctam ſuam poſt ejus ad cœlos glorioſiſſimam aſcenſionem regerent, & acceptam ab eo gratiam inter homines diffundentes, illam multiplicato fructu redderent ampliorem. Inter ipſos autem, Petrum Apoſtolorum Principem, & caput Eccleſiæ conſtituit, datâ ſibi & ſuis ſucceſſoribus ſolvendi & ligandi plenariâ poteſtate: neceſſe enim fuit cum unicuique huic vitæ finis conſtitutus, ut Petri auctoritas, dignitas, & poteſtas traduceretur ad ejus in Romana Eccleſia ſucceſſores, ut eſſet uſque ad ſæculi conſummationem, qui Chriſtum repræſentans, caput eſſet Eccleſiæ ſuæ, & ſolvendi & ligandi poteſtatem vicariam obtineret. Cum igitur per hanc ab ipſo Petro continuatam Romanorum Pontificum ſucceſſionem felicis recordationis Nicolaus Papa quintus prædeceſſor noſter, qui Summus Romanæ Eccleſiæ Pontifex & verus CHRISTI Jesu Vicarius in Sede Petri hactenùs præfuit, in hac almâ urbe, ſuum diem claudens extremum, animam Deo reddiderit, ipſius funeris in Baſilicâ Principis Apoſtolorum exequiarum celebratione ſolemni de more, & juxta obſervatam conſuetudinem ſubſequutâ: Nos unà cum venerabilibus Fratribus noſtris, ſanctæ Romanæ Eccleſiæ Cardinalibus, de quorum numero tunc eramus, Romæ in Palatio Apoſtolico, apud Baſilicam Beati Petri Apoſtolorum Principis, in quo idem prædeceſſor dum viveret habitabat, & curſum præſentis vitæ finierat, convenientes in unum modo & tempore congruis, conclave ingreſſi ſumus pro Summi Pontificis electione; ubi factâ celebratione Miſſæ in honorem Sancti Spiritûs, & poſt diligentem tractatum, prout tantæ rei dignitas poſtulabat, prædicti Fratres, ejus qui invocatus fuerat gratiâ cordibus ipſorum

Regem reddit certiorem de ſua in Summum Pontificem electione, ac mentem ſuam aperit de pellendis Turcis Conſtantinopoli.

infusâ, Nos tunc tituli Sanctorum quatuor Coronatorum Presbyterum Cardinalem, & Episcopum Valentinensem, in Summum Pontificem elegerunt, grave onus & nostris viribus impar, nostris humeris imponendo. Nos igitur, licet humilitatem nostram, & imbecillitatem ad tanti ponderis sarcinam sustinendam cognosceremus, tamen confisi quòd is qui elegit humiles ut fortia confunderet, vota nostra adjuvando prosequetur, nec deseret in se sperantes; suscepimus onus impositum nobis, eâ etiam spe nos hortante, quòd tuæ & aliorum Christi fidelium pro nobis ad altissimum porrectæ orationes & preces, auxilium ad regendum suam Ecclesiam apud Salvatorem nostrum uberius impetrabunt, & fortiorem reddent ad tantùm regimen infirmitatem nostram. Idcircò hortamur in Domino tuam Serenitatem ut indicere velis, ut solemnes processiones cum celebratione Missæ sancti Spiritûs fiant in regnis tuis, & simul precibus omnium Fidelium altissimo supplicetur, ut nobis gratia sua assistat, & dirigat actus nostros, ut possimus condignè regere Ecclesiam sanctam suam, & ea agere quæ spectant ad salutem animarum Fidelium, exstirpationem hæresum, & pacem populi Christiani. Inter cætera autem intendimùs circà oppressionem Turcorum & aliorum infidelium omnes vires & conatus nostros adhibere, ut illi immanissimi hostes Christiani nominis, non solùm à civitate Constantinopolitanâ, quam nuperrimè occuparunt, sed à finibus Europæ penitùs expellantur : dispositi quoque sumus omnia agere, quantum cum Deo poterimus, quæ spectent ad honorem & statum tuum. Cæterùm Bullam plumbeam sine impressione nostri nominis esse præsentibus appensam tua Sublimitas ne miretur, sed potius gratuletur, eo maximè quia ejusdem tuæ Sublimitatis desiderio occurrentes, ipsas literas ante accepta coronationis nostræ insignia duximus transmittendas, infrà quòd tempus perfectæ Bullæ usus cùm Pontificis impressione nominis, de consuetudine non habetur.

Datum Romæ apud sanctum Petrum sexto Idus Aprilis, millesimo quadringentesimo quinquagesimo quinto.

Proximè post hanc Epistolam ejusmodi Callisti Papæ votum sequebatur.

Votum CALLISTI Papæ III.

EGo Papa CALLISTUS III. promitto & voveo Sanctissimæ Trinitati, Patri, Filio, & Spiritui sancto, Dei Genitrici B. MARIÆ semper Virgini, sanctis Apostolis Petro & Paulo, totique Curiæ cœlesti, quòd etiam usque ad effusionem proprii sanguinis, si opus fuerit, dabo operam, & adhibebo omnimodam diligentiam, quantum cum Deo potero, juxtà consilium Venerabilium Fratrum nostrum, pro recuperatione civitatis Constantinopolitanæ, quæ heu! peccatis hominum exigentibus, his nostris temporibus occupata & eversa est per JESU-CHRISTI Crucifixi & Salvatoris nostri benedicti inimicum, & filium diaboli Machometum Turcorum dominium; & pro liberatione inde Christianorum; necnon ad exaltationem fidei Orthodoxæ, & exterminationem diabolicæ sectæ reprobi perfidique Machometi, potissimè in partibus Orientalibus, ubi maximè fidei lumen occubuit. Quòd si oblitus fuero tui Jerusalem, oblivioni detur dextera mea; & adhæreat lingua mea faucibus mei, si non meminero tui; & si non proposuero te Jerusalem in principio lætitiæ meæ. Sic me Deus adjuvet, & hæc sancta Dei Evangelia.

S. R. E. Cardinalium CAROLO VII. *Galliæ Regi.*

An. MCCCCLV.

SEreníssimo Principi, & Illustrissimo Domino, Domino CAROLO Dei gratiâ Francorum Regi Christianissimo, Miseratione divinâ Episcopi, Presbyteri, & Diaconi sanctæ Romanæ Ecclesiæ Cardinales, Salutem in Domino sempiternam. Quia non dubitamus Serenitatem vestram pro innatâ sibi bonitate & devotione erga Romanam Ecclesiam plurimùm lætari & gaudere, quandocumque ad ejus notitiam deducitur, statum ipsius Ecclesiæ in Dei honorem & Christiani nominis exaltationem salubriter dirigi, & feliciter gubernari, ac felicia in spiritualibus & temporalibus incrementa suscipere. Idcircò Excellentissimæ Serenitati vestræ notum facimus, quemadmodum diebus proximè præteritis, felicis recordationis Domino Nicolao Papa quinto, sicut Domino placuit, Rebus humanis exémpto, apud sanctum Petrum ejus exequiis solemni ritu ibide more peractis, ex eodem loco descendimus ad electionem futuri Romani Pontificis, qui potestate divinitùs omnibus collatâ, & exemplo vitæ ac sanctitatis oves Christi tamquam bonus Pastor in uberrimis spiritualium bonorum pascuis, & virentibus herbis abundè pasceret & impinguaret, sicut per Ezechielem moniti atque instructi fueramus : qui præterea exemplo Evangelici Pastoris, si res exigeret, animam daret suam pro ovibus suis. In quo Conclavi quindecim Cardinales numero interfuimus, ubi post Missarum sancti Spiritûs peracta solemnia, in cujus quidem Spiritûs vinculo & benignitate omnis nostra spes constituta exstitit & firmata : habitâ tamen priùs rerum diligenti & maturâ deliberatione, & discussione, ac mentis intuitivin non privata commoda, sed ad universalis Ecclesiæ necessitatem dirigentes, attendentesque quòd orbis universus ad nos potissimùm in tantâ re prospiceret. Tandem omnes in unam sententiam convenientes, quod divinum potius quàm humanum arbitrati simus, elegimus Reverendissimum Dominum Alfonsum tunc Presbyterum Cardinalem Valentinensem vulgariter nuncupatum, in Romanæ & universalis Ecclesiæ Pontificem & Pastorem, qui Callistus III. vocari appellari: quum quidem electionem ab omnipotenti Deo factam judicare licet, qui Ecclesiam suam novis semper incrementis tutatur & auget, nec diuturnâ viduitate angi vel conquaesari permittit. Sic enim Christus ejus sponsus ei pollicitus est, quando usque ad consummationem sæculi secum esse promisit; proinde nobis Pontificem dedit qualem vix meliorem, & iis temporibus magis idoneum optare potuissemus : qui etsi ex hominibus assumptus est, audenter tamen dicimus ipsum à Deo fuisse vocatum tamquam Aaron; in quem sanè concurrunt omnia quæ ad felicitatem Reipublicæ requiruntur, in quâ honores, dignitates, ac præmia quanto magno & excellenti viro ac omnibus virtutibus decorato dari possunt, consequutus est, tùm in Ecclesiâ Dei, tùm in administratione rerum publicarum, tùm in consiliis Regum & Principum, ubi primum locum semper obtinuit propter summam ejus integritatem, & benignitate, ac excellentem juris utriusque peritiam, in quâ ab adolescentia claruit, & Doctor famosissimus semper exstitit. Cujus doctrina & lectio etiam clarissimos viros & titulis insignes in totâ Hispaniâ effecit, & tanquam sidus fulgentissimum hac nostrâ ætate in Romanâ Ecclesiâ multis annis effulsit, pro fide Catholicâ adversùs hæreses & schismata invictissimus bellator existens : propter quod, ut arbitramur, Deus exaltavit ipsum, & dedit illi

Regi significant electionem Callisti Papæ III. ejusque de pellendis Turcis Constantinopoli votum.

diadema supremi honoris in militanti Ecclesiâ. Accedit ad hæc sanctissima ejus vita, religio in Deum, pietas in proximum, justitia in omnes, & liberalitas erga indigentes & benemeritos: sed præcipuè studium & desiderium quoddam ardentissimum vindicandæ injuriæ a perditissimo Mahometo Turcorum Rege annis proximis in civitate Constantinopolitanæ debellatione, nomini Christiano illatæ. Quâ in re ita fervens præfatus Dominus noster exstitit, ut cum primùm electus fuerit, electionem suam in Deum referens, votum solemnissimum emiserit pro illius Civitatis liberatione, cujus voti copiam præsentibus includi fecimus, ut ea faciliùs quæ scribimus, vobis innotescant. Quia igitur Pontificem elegimus qui poterit compati infirmitatibus omnium, idcircò magno caritatis fervore ducti, ipsum vobis denuntiamus, ut communicato gaudio, pariter in Domino exultemus, commemorantes Angelicum canticum quod in ortu Salvatoris suscepimus, videlicet, *Gloria in altissimis: & in terrâ pax hominibus bonæ voluntatis.* Quare rogamus eximiam vestram Serenitatem ut indicere velitis, quòd solemnes processiones cùm celebratione Missæ sancti Spiritùs in vestris Regno & Dominiis fiant, & simul precibus omnium Fidelium Altissimo supplicetur, ut nobis gratiâ suâ assistat, & dirigat actus nostros, ut possimus condignè omnia agere quæ in Dei honorem & Ecclesiæ suæ sanctæ ad animarum Fidelium salutem redundant.

Datum Romæ sub trium nostrorum priorum impressione sigillorum, die quintâ decimâ mensis Aprilis, Anno à Nativitate Domini millesimo quadringentesimo quinquagesimo quinto.

C ΑRΟLI *Regis Francorum, carissimis Consanguineis nostris Archiepiscopo Maguntinensi Electori Romani Imperii,* ΑLΒΕRΤΟ *Marchioni Brandburgensi,* JACOBO *Marchioni Badensi Comiti, &* ULRICO *Comiti de* Wirtemberg, *Capitaneis &c.*

CAROLUS &c. Carissimi Consanguinei, litteras vestras credentiales datas in Heydelli, die penultimâ Januarii novissimè præteriti, in oppido præsenti Alençonii vigesimâ primâ hujus mensis Martii nobis per Joannem de Lisura Præpositum Ecclesiæ Maguntinensis, & Joannem de Walderade Militem, Consiliarios & Oratores vestros præsentatas recepimus, earumque credentiam per ipsos expositam ad plenum audivimus, in effectu continentes, qualiter Communitates patriæ illius clandestinis confœderationibus cùm aliquibus Communitatibus eis vicinis conjunctis, animo elevato ad libertates & privilegia Ecclesiæ Ecclesiasticarumque personarum abolendas, ac auctoritatem Nobilium omninò prosternendam arma sumserunt, & nisi properè provideatur patriam pessumdabunt: vestri ex parte requirentes si contrarium nobis exponeretur, minimè credere velle. Verùm si necesse foret ad libertates Eccl. auctoritatemque Nobilium conservandas auxilia, ac nostris subditis favere ipsis Communitatibus inhibere. Grave enim nobis est audire, Ecclesiam in suis libertatibus pati, ad quam pacificandam tantum laboravimus, quòd eam, Deo concedente, reddidimus unitam, & ipsius libertatem conservari, ac auctoritatem vestram & cæterorum Nobilium ab injuriis præservari, vestigia prædecessorum nostrorum insequendo vellemus, ut latiùs dictis vestris Consiliariis & Oratoribus responderi fecimus; per quos poteritis ad plenum informari.

Datum in oppido Alençonii vigesimo quarto Martii.

Ejusdem Summo Pontifici

Beatissime Pater. Licet Prælati Regni nostri suæ præfectionis in primordio pro suarum temporalitatibus Ecclesiarum, in ipso Regno nostro constitutarum ligium quidam homagium, cæteri fidelitatis nobis (cum unicus Prælatorum & Ecclesiarum hujusmodi Princeps, protector simus & conservator) præstare teneantur juramentum: eâque ratione propter nostrum interesse, ac bonum earumdem Ecclesiarum & personarum Ecclesiasticarum, tam de jure, quàm consuetudine, dum per electionum confirmationes auctoritate Apostolicâ seu aliàs canonicâ, in illis aliqui præficiuntur Ecclesiis, ob decus & honorem dignitatis & auctoritatis nostræ Coronæ Majestatisque Regiæ, rescripta & bullæ super his emanatæ nobis primò dirigi debeant & destinari.

Itaque S. V. Prædecessores Summi Pontifices dirigere consueverunt: quòd si aliquoties aliter usum fuisse contigerit, forsitan divisionum & dissentionum quæ in regno nostro tunc vigebant, causa fuit. Quibus profectò causantibus nonnulli dominorum inferiorum temporalium nobis subditorum à nobis dissidebant, & auctoritatis nostræ sibi nomen attribuentes tunc temporis litteris & mandatis nostris, sicut debebant, obedientiam his in rebus non exhibebant. Ubi tamen modo, favente Deo, penitùs sunt ipsæ divisiones exstinctæ, ipsorumque nostrorum omnium subditorum pax & reformatio factæ sunt, ut in his & aliis decenter dignitati auctoritatique nostræ Regiæ deferatur, nec ampliùs deprimi, neque ei nec ullis nostris juribus detrahi; cum inter cæteras Regni nostri prædicti sollicitudines præcipuè nobis cura sit, honores & libertates Coronæ nostræ conservare, semperque illibatas permanere. Sanctitatem igitur vestram enixiùs peroramus, quatenùs nobis complacentes sinceritatis & amoris signum reciprocum præstantius ostendere, veluti nostri antecessores Francorum Reges pro tuitione rerum & jurium Ecclesiæ Romanæ viriliter insudarunt, nosquemet quotidie prædecessorum more posse nostro favorabiliter eadem prosequimur, dignetur super his æquanimiter providendo, necnon à cætero nobis tamquam principaliori & unico summo domino temporali, nullique alteri de omnium & singularium quarumcumque Ecclesiarum ubicumque, & sub cujuscumque terrâ seu dominio prædicto in nostro regno sitarum, præactis provisionibus Apostolica scripta sive bullas vestrorum more prædecessorum dirigere atque destinari. In hoc pastorale debitum, Coronæ verò nostræ rationem, & nobis acceptissimam gratitudinem faciet eadem Sanctitas Vestra, quam &c.

Eidem Summo Pontifici idem Rex Francorum.

Beatissime Pater, pridem Sanctitati vestræ scripsisse recolimus dilectum ac fidelem Consiliarium nostrum Jacobum wisse in Abbatem Monasterii de Gorziâ Ordinis S. Benedicti, Metensis Diœcesis, canonicè riteque electum exstitisse. Cui quidem electioni personaliter iaterfui Gerardus de Luddes Prior S. Nicolai de Varengevillâ à prædicto cœnobio dependente, ad hujusmodi Abbatialem dignitatem aspirans. Qui siquidem Gerardus suâ intentione frustratum se conspiciens, voluit nihilominùs hanc electionem canonicam impugnare, & præfatum electum à suo jure, suâque legitimâ possessione dejicere, prætextu quarumdam literarum commendatitiarum Veſtræ Sanctitati directarum, quas tacitâ electione prædictâ, & Monaſterii ſæpedicti quod Regiæ ditionis exiſtit fundatione ſuppreſsâ, à vobis obtinuit. Poſtmodum verò informati debitè exſtitimus, ipſum Monaſterium à prædeceſſoribus noſtris inclytæ recordationis fundatum & dotatum, ac ſub eorumdem ditione protectioneque ſpeciali ſemper fuiſſe. Quod evidenter oſtendit juſtitiæ ſuperioris recognitio. Quamvis, ut accepimus per Brancardinum de Bethutis de Perutio Oratorem & Nuntium veſtrum dudum ad nos deſtinatum, Veſtræ Sanctitati relatum fuerit Monaſterium prænominatum in Regno noſtro ſituatum non eſſe. Satius enim foret illi ſilentium habuiſſe, quàm de non veris Sanctitatem veſtram informaſſe, & cujus ſuggeſtione talia relata ſint, profectò nos non latet.

Cæterùm quin ingens noſtrum Regnique noſtri verſetur intereſſe, ut eidem Monaſterio præficiatur Paſtor idoneus, probus, nobis fidus & Religioſis acceptus, quemadmodum is eſt antedictus electus, res ipſa ſatis indicat.

Qua de re Sanctitatis Veſtræ providentiam exoramus, quatinus prætenſam ipſius Gerardi proviſionem revocare, ſibique ſilentium perpetuum imponere, ac ipſius electi canonicam electionem approbare & confirmare, cariſſimi fratris noſtri Renati Siciliæ Regis, & cum ſuis alternis minimè ſuaſionibus exauditis, etiam noſtræ tam afficientis interceſſionis contemplatione, benignè dignetur. Rem quippe Deo gratam, ipſi Monaſterio perutilem, nobis verò acceptiſſimam confectura Sanctitas prælibata. Beatitudinem Veſtram tueatur Altiſſimus ad felix regimen Eccleſiæ Dei ſanctæ.

Scriptum, &c.

Datum Romæ apud ſanctum Petrum, anno Incarnationis Dominicæ milleſimo quadringenteſimo quinquageſimo quinto, tertio Kal. Martii, Pontificatûs noſtri, anno primo.

CALIXTI Papæ III. gratias agit Regi Francorum de ipſius erga Sedem Apoſtolicam cultu ſingulari.

CALIXTUS Epiſcopus ſervus ſervorum Dei, cariſſimo in Chriſto filio CAROLO Francorum Regi illuſtri ſalutem, & Apoſtolicam benedictionem. Etſi ſatis cognitum haberemus tuam Serenitatem hanc ſanctam Sedem Apoſtolicam, & ſedentes in eâ more Chriſtianiſſimorum progenitorum tuorum ſummâ fide & ſinceritate colere ac venerari, permaximè tamen lætati ſumus, quòd præclaram ergà nos & ipſam Sedem devotionem tuam per Oratores tuæ Sublimitatis, tam amplè & religioſè declaraveris in dando nobis obedientiam, quæ Romanis Pontificibus in principio ſuæ aſſumptionis ad Apoſtolatûs apicem ſemper publicè conſuevit præſtari. Nam cum tua Celſitudo ſit fidei noſtræ ſingulare decus & ornamentum, atque ad eam propagandam plurimùm conducat tua auctoritas & potentia, non eſt res parvi momenti apud cæteros Principes & populos Chriſtianos, quòd ipſam Apoſtolicam Sedem devotiſſimè venereris. Quare lætamur quidem meritò, & tuam Serenitatem omni laude & commendatione dignam judicamus, quòd tales ad nos Oratores deſtinaveris, qui cum omni gravitate, maturitate & modeſtiâ quæ ſibi commiſſa non minùs eleganter quàm prudenter expoſuerunt; nec dicere poſſemus quàm libenter illos audiverimus, cum de rebus tuis apud nos agerent. Nam cum maximo ſtudio & amore tuam Celſitudinem ſemper proſequuti fuerimus, gratiſſima nobis fuerunt omnia per illos relata, quibus annuimus, quemadmodum ex aliis literis noſtris, & ex relatione dictorum Oratorum latiùs intelliges.

LADISLAI Regis Hungariæ CALLISTO Papæ III.

BEatiſſime Pater, non abs re morati ſumus expectationem S. V. quominùs edoceri hactenùs potuerit, cui & quanto uſui paremus operam in hac neceſſitate communi Chriſtianæ Reipublicæ: cujus conditionem non ex eo duntaxat quod læſa ſit, ſed quia pluſquàm læſa eſt, dolendam conſpicimus. Pependit hucuſque ex ancipiti quadam rerum mutatione deliberatio noſtra variis caſibus, variis occupationibus implicita; non cunctationi, non denique negligentiæ vacatum eſt: ſed uti conſilia noſtra & ratione & eventu felicia forent, animus, voluntas, votum parendi monitis Apoſtolicis nuſquam defuit; tempora, modus, & facultas reſponderidi defuerunt; quæ ſimul ut conſequi potuimus, mox dilationem curâ vincere aggreſſi, nihil aliud magis quàm de hoſte & de remedio publico, quæ ex parte S. V. proponebantur cogitavimus. Reverendiſſime Pater noſter Dominus Cardinalis ſancti Angeli, Apoſtolicæ Sedis Legatus, quem & Patronum rerum noſtrarum, & comitem teſtemque ſtudiorum habuimus, plurimùm nobis ad hæc negotia obeunda præſentiâ & auctoritate ſuâ adjumenti præſtitit: quo fortiora à præſenti oportunitate conſilia caperemus, neceſſitatem noſtram docens transferre in remedium, & debita in præmium commutare; ita quòd ſi verè exiſtimare volumus, & noſtra ſtudia tali Legato, & hunc Legatum ſtudiis noſtris fatebimur aptiſſimum. Hoc igitur Arbitro paulo ſuperioribus literis notum fecimus Beatitudini veſtræ; quid de conſtanti & fideli intentione noſtrâ circà defenſionem Fidelium, cùm gerendam tùm promovendam ſentire deberemus, quidve cauſæ interceſſerit, ut eidem Legato ſuperinde ad plenum reſpondere diſtulerimus.

Nunc verò mox poſt adventum noſtrum in hoc Regnum, coacto Conventu, & accerſitis in præſentiam noſtram Principibus Regni, præſidibus armorum, atque his qui rei militaris duces ſunt; ſuſtulimus in primis è medio complures difficultates, quæ his rebus impedimento erant, demùm nudius tertius de mente, animo, & deliberatione noſtrâ: Item ſuper rebus & articulis qui ab ipſo Domino Legato propoſiti ſunt, reſponſum publicum fieri & dari juſſimus, pauca quædam privatæ declarationi reſervantes. De quibus omnibus Legatus ipſe plenius Beatitudinem veſtram certiorem faciet. Quo quidem reſponſo ſatisfactum & debito noſtro dedimus, & Legato Apoſtolico morem geſtum. Paruimus Decreto Apoſtolico; & Legato in omnibus exquiſitis conſenſum, & voluntatem, & operam non ſolum exhibuimus, ſed ſponte obtulimus, parati tam mori pro fide quàm pugnare. Viam, ductores, cuſtodes, ſalvum conductum exercitui pro commodo & voto petentium decrevimus; tempora veniendi juxtà oportunitatis conditionem deſignavimus; pretia, rerum commercia & commutationes æquo jure futura edixímus: acturi, & depoſituri alia quoque omnia juxtà conſilia Legati Apoſtolici, in quibus vel debito, vel favore, vel auctoritate noſtrâ opus erit. Placeat modo Deo noſtro, ut belli hujus fama non minùs habeat operis quàm nominis. Nos in his quæ polliciti ſumus, vel quæ agere inſtituimus, ſolidâ tutâque deliberatione agimur, edocti curare calamitatem vicinorum ex parte maximâ ad nos re-

Anno MCCCCLVI.

Papæ votis ſe ſatisfacturû in omnibus ſpondet aſſeritque paratû habere exercitum in Turcas.

dundantem. Habemus autem perniciosum hostem non tantùm bello paratum, sed famâ quoque belli adversùm nostros tamquam telo agentem, qui nomen Christianum, gentemque in ultimum dedecus jam contrudere parat. Is, ut certâ & recenti nunc relatione audivimus, magno exercitu, magnâque armorum sedibus suis excitâ mole castra metatur in Bulgariâ, transgressurus hinc Serviæ terras, ac tandem è proximo fines Regni nostri aditurus.

Cum igitur diu jam monstri hujus artes pertulerimus, videamusque nos callidè cogi ut tandem potiùs, quàm nostram occasionem sequamur: prævenire decrevimus hostem apud fines Regni nostri, ne præveniamur ab hoste. Hanc quoque deliberationem novissimè de consilio Legati S. V. suscepimus, ut non diebus, non mensibus exspectatis quo citiùs fieri poterit parati simus ad hoc bellum; quod & pro nostro suscepimus debito & pro aliorum exemplo; Supplicantes Beatitudini vestræ, ut de classe & exercitu navali à se promisso ita deliberet ac disponat, ut sine morâ expeditus mittatur ad profectum & usum destinatum, quo celeriùs littora, portus, & civitates hostium nunc, ut intellexumus, omni ferè timore vacuas vexare, copiasque hostiles hinc inde distrahere possit. Hæc est rebus nostris fiducia præcipua, hæc omnibus spes vincendi, hæc denique Christianis convalescendi via; is erat effectus famæ par; in hoc maximè laudabilis erit bonæ rei maximus auctor: quo principe sociorum plenitudo timore, compedibus, servitute, precario victu liberabitur. Ne autem & apud alios Princeps fidei Catholicæ quominùs emissa per eos vota complæantur, vel cunctatio aliqua vel dissimulatio interveniat, curet S. V. pro more suo operam dare, ut & bono tempore exercitus eorum adsit, quo tandem instructi æquis viribus valentiùs tanti belli discrimen adeamus: alioquin plerumque sera, ut aiunt, pro nullis iuat: & tempora momentis aut pretiosa fiunt, aut vilia. Quod nostræ partis est, enitemur ut opera nostra & fidei communi, & publicæ libertatis usui dono Domini proficiat. In aliis nos ad ea quæ Reverendissimus ipse Pater noster Legatus S. V. scribet, & ex parte nostri nota faciet, referimus; quam Dominus Deus conservet fideliter regimini & profectui Ecclesiæ suæ sanctæ.

Datum Budæ, die septimâ mensis Aprilis, Anno Domini millesimo quadringentesimo quinquagesimo sexto.

Ejusdem S. V. filius LADISLAUS *Dei gratiâ Hungariæ, Boëmiæ, Dalmatiæ, Croatiæ, &c. Rex, & Austriæ & Stiriæ Dux, nec non Marchio Moraviæ, &c.*

Anno MCCCCLVI.

JOANNIS *Cardinalis S. Angeli* CALLISTO *Papæ III.*

Certiorem reddit S S. Pontif. quòd Rex Hungariæ brevi exercitum adversus Turcas sit comparaturus: idque ut agant alii Duces Italiæ, efficiat suis comonitionibus.

Beatissime Pater, & Clementissime Domine, post pedum oscula beatorum. Distulit Serenissimus Dominus Rex LADISLAUS respondere mihi in negotio fidei propter absentiam aliquorum, qui majorem peritiam rei militaris habent & exercitium pugnandi cum Turcis. Quibus ad se accersitis ex magnâ deliberatione publicè respondit præsentibus Prælatis, Baronibus, Nobilibus Regni Hungariæ, Boëmis & Australibus, qui hîc adsunt, quòd pro honore Dei & obedientiâ S. V. vult bellum gerere contra Turcas, ut S. V. jubet. Verùm quia isto anno fuit sterilitas in Serviâ, & in confinibus ubi bellum gerendum est, non possunt ibidem exercitus commodè manere, sed maturis anni præsentis fructibus erit ibidem abundantia tam ex novis frugibus, quàm ex his quæ conducentur. Unde promisit in proximo mense Augusti congregatum exercitum habere, & bellum gerere. Et quia Turci potentatus maximus est: supplicat eidem S. V. ut suam classem citiùs mittat, & ut Serenissimus Dominus Rex Aragonum, & alii mittant, curet, & terras mari proximas invadant; ut hostis intentus illarum defensioni terrarum, minoribus copiis terrestrem muniat exercitum: Hoc sextâ Aprilis actum est; sequenti die fuit Rex certior factus quòd Turcus venit obsidere Castrum Nandoralba, & alia Castra, claves & introitus istius Regni, & transire Danubium. Quare sublatâ omni dilatione Rex decrevit obviandum illicò hosti, defendenda vada Danubii, occupare passus, castraque munire. Propter hoc misit Regia Majestas Reverendissimum Dominum Cardinalem Strigoniensem, Episcopum Varadiensem, Dominum Joannem Vaivoda Gubernatorem ad me notificare quæ intellexerat, & monere me, & monuerunt ex parte Regis, ut ista S. V. nota faciam, ac supplicarem humiliter, ut illicò sine aliquâ dilatione mittat classem contrà Constantinopolim, & bellum per mare fieri mandet, ut potentia istius hostis pessimi dividatur. Beatissime Pater, nisi Sanctitas Vestra provideat, Regnum hoc maximam cladem patietur, quia non sufficit per se, nec de Germaniæ Provinciâ saltem habet auxilia, maximè æqualia Turcorum potentatui. Tota spes posita est, quòd Deus placatus vestris precibus dabit cor V. S. mittendi sua auxilia sine morâ, & procurandi aliorum Catholicorum potentiam. Hoc maximè desideratur à V. S. ut suam classem illicò mittat; & quòd Serenissimus Dominus Rex Aragonum idem faciat, ac Scanderbeth terrâ bellum gerat, & Magnus Caramanus Turchiam invadat, & Illustres Principes Venetiarum, Mediolani, & Januensium Duces, & Florentini, & alii terrâ & mari concurrant in auxilium. Quia scio S. V. zelum optimum, verbis finem pono: tantùm oneri mihi à S. V. delato satisfactum puto, periculum quod eminet notificando. Periculum tale est, quòd mora diei & horarum potest talem inducere cladem, quam perpetuò Christianitas defleat; & à quibus auxilia petuntur, cogantur rogare. Deputati sunt ad tractandum mecum de rebus, bellum & exercitum concernentibus, Dominus meus Reverendissimus Cardinalis Strigoniensis, qui omnia facit quæ potest, Episcopus Varadiensis, Illustris Dominus Joannes Vaivoda Gubernator, qui offert se omnia possibilia facturum. Curabo occurentia nota facere S. V. quam omnipotens Deus noster conservare dignetur.

Ex Buda septimo Aprilis, Anno millesimo quadringentesimo quinquagesimo sexto.

E. S. V. Humilis servitor Joannes Cardinalis sancti Angeli.

CALLISTI *Papæ III.* CAROLO VII. *Regi Francorum.*

Anno MCCCCLVI.

Gratias agit, quòd Rex permiserit decimam in subsidium exercitus contra Turcas exigi.

Carissime in Christo Fili, Salutem & Apostolicam benedictionem. Licet jamdiù nec immeritò Serenitatem tuam omni affectione dilexerimus, tamen receptis nuper humanissimis literis tuis, quibus ipsa Serenitas nobis apertè regioque animo, & liberalitate significat se pro sacro-sanctæ Catholicæ fidei defensione & exhortatione nostrâ esse consentire, ut decima super universali Ecclesiæ, & præsertim in tuo Regno levetur; adeo ex hac tam mirificâ, & Catholico Rege dignâ liberalitate animus noster gaudet, ut fatendum sit jamdiù nihil nobis accidisse jocundius. Tuæ itaque Celsitudini immortales gratias agimus, tias agimus, quæ Majorum suorum vestigia sequitur, in quibus semper firmum columen & præsidium Catholicæ fidei constitutum fuit. Nunc, Carissime Fili, nunc promendæ sunt omnes vires facultatesque; nunc clarâ voce ipsa Christiana fides auxilium vocat, ut immanissimorum hostium furor sæviens in Christi Fideles, reprimatur : quod facile erit, si priùs quàm illorum audacia & rabies invalescant, viriliter resistatur. Deus & Beatissimi Apostolorum Principes nobiscum erunt, & sancti Spiritûs aura naviculam Petri ad optatum portum, superatis fluctibus, adducet. Nos autem magno animo sumus; &'quæ ad obsistendum inimicis Christi necessaria sunt, omni curâ & celeritate paramus; hortamurque ac rogamus tuam Serenitatem, ut quæ liberaliter obtulit, pro rei magnitudine & necessitate adimpleat, detque operam ut decima hujusmodi exigatur, ut pecuniæ non desint operi sanctissimo. Et ut efficacius tua Celsitudo mentem nostram, & quo in statu res omnis apparatusque noster consistat, intelligere possit, remittimus ad eamdem dilectum Filium Ludovicum Lescases, quem virum bonum, & Deum timentem cognovimus, ob idque voluntatem nostram Serenitati tuæ per eumdem significandam ordinavimus: quam precamur ut ipsi Ludovico in omnibus quæ nostro nomine narraverit, sine aliquo dubio, prout in aliis nostris Literis scripsimus, plenissimam fidem adhibere velit. Orantes Deum pro felici statu tuæ Celsitudis.

Datum Romæ apud sanctum Petrum sub annulo Piscatoris, die primâ Maij, millesimo quadringentesimo quinquagesimo sexto, Pontificatûs nostri anno secundo.

Anno MCCCCLVI.

JOANNIS *de Huniad, Reverendissimo in Christo Patri D. D.* DIONYSIO *Cardinali Archiepiscopo Strigoniensi, Domino nobis honorando.*

Refert se victoriam de Turcis, qui castrum Nandualbense, id est Taurunum obsidentant, æternisse.

Reverendissime in Christo Pater Domine nobis honorande. Novitates has vestræ Dominationi scribere possumus, quomodo Imperator Turcorum cum suâ validâ potentiâ, & cum nonnullis ingeniis ad expugnandum Castrum Nandualbense venerat : cum quali enim potentiâ & ingeniis venerat, nunquam oculus hominis talia vidit, nec mente cogitare potuit. In tantum enim ipsum Castrum per ictus bombardarum destruxit, quòd ipsum Castrum non est Castrum, sed campum, quia usque ad terram murus est destructus. Tandem feriâ quartâ proxime præteritâ post horam Vesperarum circà ipsum Castrum sturroniam mirabilem fecerunt, in tantum quòd per totam noctem, & die crastinâ usque ad prandium duravit, ita ut in medio Castri duabus vicibus cum ipsis pugnam habuimus tamquam in uno campo. Tandem extrà campum ad ipsos irruimus, cum quibus usque ad sero pugnam habuimus; ipsumque Imperatorem Turcorum de supradicto Castro, Deo auxiliante, ejecimus, omnesque bombardas & ingenia sua obtinuimus, ipseque solus cum quibus remansit feriâ sextâ proximâ de nocte confusus & destructus se in fugam convertit. Pro eo si aliqui ad præsens contrà ipsum Imperatorem se moverent exercitualiter, extunc nunquam leviùs Regnum suum obtinere possent sicut ad præsens. Ex quo principales & capitales gentes suæ, & signanter pedites, Castro supradicto sunt perditæ; dictique pedites ipsius Imperatoris, qui alias gentes suas prævalebant quasi omninò sunt annihilati: nosque cum proprio capite nostro in ipso Castro fuimus tempore

expugnationis : & ab illo die quo ipsum Castrum obsessum fuit in eodem fecimus. Multi enim etiam ex familiaribus nostris & hominibus vulnerati, & aliqui mortui sunt; sed tamen, Deo auxiliante, nunquam Imperator Turcorum cum tantâ verecundiâ de campo se in fugam, sicut ipse convertit tamquam debellatus. Priùs enim in aquâ conflictum habuimus, ex quibus nonnullas galeas eorum obtinuimus. Quæ enim ex eisdem remanserant, dum prædictâ feriâ quintâ contra ipsas galeas ire volebamus, illæ se mox in fugam converterunt, de eisdem homines salientes ipsas igne combusserunt. Pro eo nunc ignoramus quid simus facturi Castro prædicto, quia non possumus dicere cum esse Castrum, sed campum propter fractionem & nimiam ipsius destructionem.

Datum in loco præfato feriâ sextâ proximâ ante festum S. Jacobi Apostoli, Anni Domini millesimo quadringentesimo quinquagesimo sexto.

Joannes *de Huniad* Comes Bistiniensis.

In aliis literis de vigesimo octavo Julii ex Buda Episcopi Sibenicensis ad S. D. N. scribitur infrà scriptum Capitulum.

Refert Nuntius quòd duodecim bombardæ viginti palmarum ab hostibus receptæ sunt; octo verò quæ sursum lapides jactant, centum quinquaginta instrumenta ad lapides jaciendos : Vice-Imperator Tartarorum occisus est:

JACOBI *Scotiæ Regis ad* CAROLUM VII. *Regem Francorum.*

Anno MCCCCLVI.

Relatis quæ in suo Regno acciderit adversùs prosperis, petit à Reg. Franc. suppetias.

Christianissimo & excellentissimo Principi CAROLO Dei gratiâ Francorum illustrissimo Regi, fratri & confœderato nostro amantissimo, JACOBUS eâdem gratiâ Rex Scotorum, cum recommendatione ac dilectione votivis feliciter triumphare. Christianissime Princeps, frater & confœderate amantissime, Ambassiatam nostram ad vestræ Majestatis præsentiam nuperrimè destinatam, Reverendum videlicet in Christo patrem Thomam Episcopum Candidæ Casæ, Joannem dominum Lindesay de Byris nostrum consanguineum, & Joannem Arons Archidiaconum Glasguensem decretorum Doctorem, nostros Consiliarios intimos confisos, cum ipsis literis, credentiis, & aliis ex parte nostrâ commissis ad eamdem vestram Majestatem credimus pervenisse, ac ipsam de nostrâ prosperitate & Regni nostri statu, potissimè verò de rebellione Jacobi olim Comitis de Douglas, suorumque fratrum & complicium, deque ipsorum nefandissimis proditionibus & conspirationibus contra nostram Majestatem, de iis saltem quæ ante ipsorum ambaxiatorum recessum per eosdem proditores gesta fuere; ad plenum informasse. Verùm quia Vestram Christianissimam Majestatem de nostris votivis successibus semper audire & certiorari avidam fore cognoscimus, præfati Jacobi suorumque fratrum & complicium sinistros eventus novissimè recurrentes præsenti scripto duximus explicandos.

Dum enim præfati conspiratores in suis maleficiis induratis animis perseverarent, nos ad castrum de Abertorne, quod dicto Jacobo pertinebat, respicientes, attendentes etiam quòd illud nobis verisimiliter magis nocere poterat, pro eo quod Regni nostri pomerio de facili resisti poterat, idcircò illuc cum nostro exercitu in hebdomada Paschali personaliter nos contulimus, ibidemque fixis tentoriis obsidionem firmavimus, & ab eodem non recessimus, quia enim infrà unius mensis spatium turribus ejusdem castri per circuitum ex continuo machinarum ictu collapsis, per insultus, scalas, & arma bellica muros ipsius potenter ascendimus, ipsiusque adversariis resistere minimè valentibus cepimus, & ad terram funditùs prosterni fecimus. Principales verò rebelles qui in eodem castro inventi fuerunt pœnâ suspendii justificavimus, cæteris verò minoribus qui nostram misericordiam implorabant, vitam gratiosè concessimus; præfatus verò Jacobus, nobis circà dicti castri obsidionem occupatis, videns se auxilio & assistentiâ subditorum nostrorum fidelium destitutum, infrà limites Regni nostri exspectare non audens, ad partes Angliæ quatuor quinque personis associatus se contulit, tribus fratribus suis Archimbaldo videlicet Comite Moraviæ, Hugone Comite de Ormonde, & Joanne de Donglas de Balvany juniore in fronteriis Marchiarum nostrarum versùs Angliam, in partibus videlicet de Osdaile, post se relictis, qui dum in eisdem partibus deprædationes & homicidia in nostros fideles exercerent, nobiles & fideles nostri ejusdem patriæ in marchis & fronteriis Regni nostri commorantes, contrà eosdem insurrexerunt, & ipsos viriliter insequentes apprehenderunt. Sicque primo die mensis Maii ultimò præteriti inito lethali conflictu, præfati conspiratores terga sunt dare coacti, ubi præfatus Comes Moraviæ cecidit mortuus, cujus caput abscissum statim nobis in dictâ obsidione castri de Abettorne existentibus, per nostros fideles est transmissum. Dictus verò Comes de Ormonde ibidem captus & ad nos destinatus, pœnâ capitali extat condemnatus. Tertius verò frater ad partes Angliæ se retraxit.

Quibus sic feliciter expeditis, castrum de Donglas præfati Jacobi principale, & castrum de Strathavane, cæteraque præfati Jacobi fortalitia per inhabitantes qui nostram misericordiam implorabant, nobis sunt reddita, & solo coæquata, excepto dumtaxat castro de Trese per nostros fideles impræsentiarum obsesso, quod Domino concedente in brevi obtinere speramus.

Sic igitur Divinâ disponente clementiâ rebus prosperè succedentibus, Regno nostro absque quâcumque Baronum aut subditorum nostrorum rebellione feliciter præsidemus, præfatis conspiratoribus extinctis penitùs & expulsis. Hæc omnia scribimus ad vestræ Majestatis gaudium singulare, quia quemadmodum nos vestræ Majestatis honorem & commodum libenter amplectimur, sic eamdem vestram Majestatem vice mutuâ diligere nos & nostra minimè dubitamus.

Insuper V. Christianissimæ Majestati innotescimus, qualiter per nonnullos fideles nostros in fronteriis marchiarum nostrarum contrà Anglicos commorantes, qui notitiam oppidi nostri Beribits per eosdem Anglicos à longo tempore injuriosè detenti, optimè habere noscuntur, fuerimus informati, quòd si cum exercitu nostro subitò & ex inopinato illuc accederemus, ipsum oppidum absque difficultate capere potuissemus. Dumque circà hujus rei exequutionem nostram providentiam faceremus, accidit quòd quidam Anglicus, qui in Regnum nostrum venerat sub nostro salvo conductu, & qui sacramento magno adstrictus erat, quòd non recederet sine nostrâ licentiâ petitâ & obtentâ, quamdam etiam præsumptionem seu suspicationem habens de nostro proposito antedicto, subitò ad partes Angliæ se contulit, & nostrum propositum præfatis Anglicis patefecit, sicque factum est quòd cum ad præfatum oppidum cum exercitu nostro copioso venimus, sperantes Anglicos de nostro adventu omninò fuisse inscios, reperimus ibidem inimicos in armatorum numero copioso, tam per terram quàm per mare ad ejusdem oppidi defensionem confluxisse; propter quòd nostrum propositum illâ vice ad effectum perducere commodè non poteramus: sed isto nonobstante, Divinâ favente clementiâ, cum adjutorio etiam vestræ Christianissimæ Majestatis proponimus brevi præfatum oppidum cum tali ac tantâ provisione expugnare, quòd inimicis prædictis nobis resistendi non erit plena facultas. Super quâ materia & aliis nostrum honorem & commodum intimè concernentibus ordinavimus dilectum nostrum Herraldum Rothissay latorem præsentium, nostrâ intentione plenè instructum, cui ac etiam aliis Ambaxiatoribus nostris transmissis fidem indubiam, & expeditionem celerem & gratiosam adhibere dignetur vestra Christianissima Majestas, fraternitasque carissima memorata.; quam omnium Regum Princeps dirigat atque regat. Scriptum Comburg. VIII. Julii.

PHILIPPUS *Dux Burgundiæ scribit* CAROLO VII. *quid Delfinus ejus filius agat.*

A mon tres redoubté Seigneur Monseigneur le Roy.

MOn tres redoubté Seigneur, tant & si tres humblement comme plus puis je me recommande à vostre bonne grace, & vous plaise savoir, mon tres redoubté Seigneur, que depuis la date de mes autres lettres que je vous escrips par Perrenet chevaucheur de vostre escuierie, porteur de ceste, j'ay eu nouvelle que mon tres redoubté Seigneur Monsieur le Daulphin de Viennois estoit allé en pelerinaige à Monsieur saint Claude, & desia s'estoit alé esbatre devers mon Cousin le Prince d'Orenges en son hostel de Vers: lesquelles nouvelles je deis tantost audit Perrenet pour les vous rapporter; & pour ceste cause ay delayé de expedier icelui vostre chevaucheur, en attendant se jauroye nouvelles plus avant de ceste matiere; & depuis ay eu nouvelles que Mondit Sieur le Daulphin lui estant au dit lieu de Vers, a mandé venir devers lui le sieur de Blammont mon Mareschal de Bourgoigne, auquel il a requis le vouloir acompagnier jusques devers moy, ce que mondit Mareschal ne lui a osé refuser, & comme m'a escript & fait savoir icelui à mon Mareschal, il sen y vient de tire; de laquelle chose mon tres redoubté Seigneur, je ne me donnoie point garde, & en ay esté bien esmerveillié, & vous en advertis, comme raison est: & s'il est ainsi vous savez, mon tres redoubté Seigneur, que pour honneur de vous, de lui & de vostre noble maison, raison veult & enseigne que je lui face tout l'onneur, reverence & plaisir que pourray bonnement, ainsi quil appartient & comme faire le doy, & otray volentiers ce quil lui plaira, moy dire & declarer, & apres le vous signifieray, car Dieu scet que de tout mon cueur je leroye desirant qu'il eust tousjours en vostre bonne grace, & se acquittast envers vous comme bon fils doit faire envers son Seigneur & Pere, en quoy de tout mon loyal povoir je me voudroye employer se l'opportunité si adonnoit, moiennant vostre bon vouloir & plaisir. Mon tres redoubté Seigneur, plaise vous tousjours moy mander & commander vos bons plaisirs & commandemens, lesquels je suis, & seray tout prest d'accomplir de tout mon loyal povoir, comme raison est, par layde du benoist Fils de Dieu, auquel je prie qu'il vous doint donne vie & longue, & accomplissement de tous haulx & nobles desirs. Escript à Utrecht le xxv. jour de Septembre.

Vostre tres humble & tres obeïssant Philippes Duc de Bourgongne & de Brabant; Et plus bas, Gros. Et au deſſus de la lettre eſt eſcrit : A mon. tres redoubté Seigneur Monſeigneur le Roy, *Et à coſté eſt écrit : Lettres de Monſieur de Bourgongne receuës à Lion le* XVIII. *jour d'*Octobre M. CCCC. LVI.

Anno MCCCCLVII.

Orat ut Rex Franc. compellat Scotiæ Regem ob maximas ſibi injurias illatas ſatisfacere.

CHRISTIERNI *Daciæ Regis* CAROLO VII. *Regi Francorum.*

SEreniſſimo & Chriſtianiſſimo Principi CAROLO Dei gratiâ Regi Francorum, fratri noſtro cariſſimo CHRISTIERNUS eâdem gratiâ Daciæ, Norvegiæ, Slavorum, Gotorumque Rex, Dux Eſtoniæ, Comes in Oldenborkh, & Delmenhorſt, ſalutem & ſinceræ dilectionis affectum. Operæ precium eſt, Princeps Sereniſſime & Chriſtianiſſime Rex, frater confidentiſſime, quamquam anhelantiùs optari libet veſtram Regiam celſitudinem jocundis blandiri potiùs & demulcere novitatibus, ad infauſtam tamen rem nuper in nos & noſtros per gentem Scotorum præſumptam exarandam compellimur, ingratam quidem ac geminato & horrendo congeſtam facinore, non minus in offenſam veſtram quàm noſtram, ſatagente illa inter nos neceſſitudine mutuâ, quæ in duobus corporibus unicam vigere animam aſpiravit ; magis quoque pertæſum eſt quòd Regiis auribus id nos invitos querulari & referre expediat, quàm ſit offenſæ magnitudo illatæ. Itaque cum ante tempora, poſt dira guerrarum certamina, quibus Norwegiæ & Scotiæ Regna mutuis ſe agreſſibus confligebant, laſſatis utriuſque militiæ marique terraque viribus, populis igne & gladio laceſſitis, & anxiis ſingultibus pacem flagitantibus, poſt crebros & varios inter Regem & regna prædicta interjectos tractatus, tandem in finali appulſu concluſos, fœderum nexus pragmaticâ & juratoriâ cautione firmatos, perpetuò ſtabiliere decurſu, pœnis graviſſimis contrà ipſorum infractores adjectis, quos licet prædeceſſores noſtri & nos intemeratos ſervavimus, & ſub comminatione graviſſimæ ultionis à ſubditis Regnorum noſtrorum ſervari mandavimus; quòd nulla hinc inde illata offenſa illos inficeret.

Noviſſimè quoque exortâ ſuper debitis & obligatoriis pecuniarum ſummis, ac aliis ex cauſis inter nos ſereniſſimumque fratrem noſtrum Regem Scotorum queſtione, nos ut fraternæ ſinceritatis moderantiam ſervaremus, & ne propterea noxiales inter nos differentiæ orirentur, veſtræ Serenitatis arbitrali judicio nos ſubegimus, reminiſcentes quàm formidabile & Chriſtiano exitiale nominî, ſi hoc periculoſo ævo inter ſe Reges & Principes diſſentiant, & inde ſuccreſcant fomenta bellorum, quorum impulſibus regna peſtiferis jaculis quatiuntur, & totus ferè orbis dilabitur, unde Paganorum convaleſcit atrocitas, & Chriſtianorum vires tabeſcunt.

Verùm cum Oratores noſtros ad præſentiam Regiæ magnitudinis paratos deſtinare vellemus, in tempore rumores ad nos certi delati ſunt, quòd proximo hyemali tempore Beronem Torlevi Capitaneum, & locum noſtrum tenentem in terrâ noſtrâ Yſlandiæ, juſſione regiâ ad noſtram præſentiam navigantem, cum carinis ſulcantibus validus aquilo intumeſceret carbaſa, & ponti in altum freta ſpirarent, ſe ut vindicaret ſalutem in portum Regni noſtri Norwegiæ apud Orkadiam contuliſſet, fixâque anchorâ auram præſtolaretur tranquillam, nihilque titubaret adverſi, cum ex finitimis latebris Scotiæ prodeuntes naves Beronis aggreſſi, poſt durum certamen Beroni prælibatum, uxorem ipſius, mulierem ſpectabilem, familiam, & cunctos concomitantes captos cum bonis, jocalibus, & clenodiis,

ac ſupellectilibus ſuis, tributiſque noſtris & Eccleſiarum Yſlandiæ reditibus, manumiſſos & captos vinctos ad interiora Scotiæ, & præſentiam Regiam adeo notoriè produxere, quòd de ignorantiâ excuſari non poſſit.

Et quamquam replicatis epiſtolis cuncta reſtitui poſtulavimus, uſque quod factum ſit nullam certam notitiam obtinemus ; & in præmiſſo facinore compungimur, graviuſque dolemus, quòd ſtantibus ſtrictiſſimis fœderum nexibus, ut ſuprà prælibavimus, in vadiis æquoris noſtri, & Regni noſtri frankeſtis nephas tale patratum ſit, & multo magis angimur quòd impunè ſordeſcat. Quòd ſi talia prænominatus illuſtris frater noſter, ut difficulter credere poſſumus, toleranda diſſimulat, hæſitare meritò poſſumus, quòd ad diem ſtatutum apud veſtram Majeſtatem Oratores ſuos pleno ſaltem mandato ſuffultos deſtinabit, inde otioſum foret & frivolum noſtros ſupervacuè deſtinare. Quocircà ſuperſedere decrevimus donec de dicti Regis intentione finali, & an amicum proſequi, vel inimicum inſequi debeamus liquidò cognoverimus. Et nihilominùs ne videamur à prioribus votis ſecedere, nos paratos ſicut & priùs offerimus ad mittendum Oratores noſtros pleno mandato ſuffultos, & Regale veſtrum ſubire arbitrium, his conditionibus ſtantibus, pro quibus dictus Rex Scotorum idem cum effectu facturus ſit, & noſtros ac noſtra propriùs liberos & libera in integrum relaxabit.

Carolo occupato Regno Sueciæ expugnatur & expellitur.

Et quia inpræſentiarum occupationibus permaximis detinemur, quòd ferociſſimum hoſtem noſtrum Carolum tyrannum Sweciæ, qui Regium titulum indignè occupabat, à regno ſupremo præſidio, gladio, & potentiâ expugnavimus, & ab ipſo Sweciæ Regno fecimus fugitivum, & ad dictum regnum noſtræ ſubdendum ditioni omnium Baronum, ac Magnatorum applauſu vocati in brevi iter arrepturi ſumus, quod magno deſiderio affectamus, quatinus diætam, quam inter nos & fratrem noſtrum Regem Scotorum indicere ſtatueritis, non ad proximum tempus, ſed poſt feſtum ſancti Martini & ultrà indicatur ; & tam de diætâ tenendâ, quàm de tempore ac aliis circumſtantiis velit fraternitas veſtra tempore opportuno nos per veſtras litteras reddere certiores.

Rex Daciæ poſcit à Rege Franc. exemplar pragmaticæ ſanctionis.

Inſuper ut vota noſtra votis veſtræ Excellentiæ conformemus, affectamus nobis per veſtram celſitudinem pragmaticæ ſanctionis ſub ſigillo Regio copiam tranſmitti, quod per regium veſtrum ſervari didicimus, cum copiis approbationis ſacri Concilii & Apoſtolicæ Sedis : in quo habebimus complacentiam ſingularem. Offerimus nos toto ex cordis affectu ad beneplacita Regia præparatos. Datum in Caſtro noſtro Kopenhaven Regni noſtri Daciæ, Dominicâ in Ramis Palmarum, anno Domini milleſimo quadringenteſimo quinquageſimo ſeptimo, noſtro ſub Regali ſecreto.

HENRICI IV. *Anglorum Regis.*

Anno MCCCCLVII.

Gratulatur Cardinali quòd à Summo Pontif. electus fuerit Legatus à latere ac non poſſe impreſentiarum quòd à Legato SS. Pontifex conferre.

HENRICUS Dei gratiâ Rex Angliæ & Franciæ, & Dominus Hiberniæ, Reverendiſſimo in Chriſto Domino, Domino N. tituli ſancti Petri ad vincula ſacroſanctæ Romanæ Eccleſiæ Preſbytero Cardinali, & Apoſtolicæ Sedis à latere Legato, cum ſincera in Chriſto dilectione Salutem. Reverendiſſime in Chriſto Pater, ſcriptas ex Brixina vigeſimo quinto Octobris literas Paternitatis veſtræ ad nos detulit diſcretus veſter Nuntius, qui credentiam ſibi commiſſam honeſtis verbis clarè & diſcretè expoſuit, quem grato animo audivimus, accipientes ex ejus manu quarundam Bullarum Apostolicarum & commissionum copias, quas simul & vestræ Paternitatis desideria intelleximus; quibus tale damus responsum. Quòd non mediocriter inprimis recreati sumus, gavisi gaudio magno, eo quòd Altissimo placuit talem in terris hoc lamentationum tempore in suum erigere Vicarium, cui maximæ sit curæ fidei nostræ inimicos à finibus Christianorum pellere, & in nefandissimum Teucrorum Ducem magno animo insurgere, qui tanta rabie sævit in Christi gregem, sitiens Fidelium sanguine debacchari: & quòd sua Sanctitas ad hoc Regnum nostrum Reverendam Paternitatem vestram suam in Legatum delegit, quem clarissima fama, & omnium commendatio, magna laude prædicant & extollunt, gratanter accepimus, visuri oculis nostris eandem perlibenter, si itineris vestri aliæ fuissent causæ. Perpendimus quòd decreta & suscepta vestra Legatio in duo resolvitur puncta; quorum primum eo versatur, ut pacem sive treugas inter Principes procuret, Paternitas vestra promoveat & componat: alterum verò est, quòd pro subsidio habendo à spiritualibus & secularibus operam detis, Reverendissime Pater, dum nuper à Sanctissimo D. N. Nicolao moderni Sanctissimi D. N. Prædecessore ad nos transmissus fuisset Reverendus in Christo Pater Martinus Archiepiscopus Tarentinus, vir maturus & eloquens, qui Legatum à latere ad nos venturum nuntiavit pro eisdem superioribus causis; quantum ad pacem tractandam sive treuguas inter nos & adversarios nostros ineundas, meminimus nos ad eumdem tunc S. D. N. tale dedisse responsum; quòd summum & singularissimum desiderium nostrum atque studium semper fuerant pacem habere cum omnibus, cujus aviditate ducti contenti eramus supersedere à prosequutione juris nostri hereditarii, & ab illatarum nobis injuriarum reparatione, præsertim erga adversarium nostrum Franciæ, cum quo illo respectu sæpe treuguas & abstinentias guerrarum inivimus, vallatas promissis, sponsionibus plurimis, & jurisjurandi religione; sed quanta fides pactis aut promissionibus dicti adversarii esset adhibenda, aut treuguis initis aut ineundis, satis cum maximo detrimento nostro didiceramus; quoniam nihil nobis fraudis aut doli cogitantibus idem adversarius noster, suæ salutis & honoris immemor, contrà Deum & justitiam fraudulenter & dolosè Civitates, Castra, Dominia, Terras & Possessiones nostras usurpaverat, & de obedientiâ nostrâ subtraxerat: quæ cum ita fuerant, non videbamus qualis effectus aut utilitas ex Legati ad nos transmissione vel adventu sequi posset. Quam nostram responsionem Paternitati vestræ innotescere volumus, ut intelligat non fore expediens labores sumere pro re, quæ nullum sui fructum productura. Addentes, si chronicæ inspiciantur, nunquam treuguas cum adversario prædicto initas per Progenitores nostros aut nos invenire licet, sub quarum umbrâ non maxima fraus ex ejus parte commissa fuerit: ex quo cautiores erimus, ne proni ad rem nobis nocituram inveniamur.

Quod etiam vestra Reverenda Paternitas subsidium petitura advenit, illud omnibus Christi Fidelibus palam esse volumus, non minorem esse nobis animum aut desiderium exponendi nos & nostra in exterminationem illius teterrimi Teucri, ordine rationis & oportunitate temporis, quàm cæteris Christianis Principibus, quoniam non sumus ignari quantum fidei nostræ debeamus. Sed tot & tanta ad præsens nostris humeris incumbunt onera, ut contenti valdè essemus, si ad illa supportanda suppeterent facultates. Non quidem sine gravissimo onere deprimere potuimus quorumdam conatus, qui instigante diabolo rem nostram publicam superioribus diebus exstingere laborabant. Non sine magnâ æris effusione pellere valemus ab oris nostris inimicorum vesaniam, qui dominia nostra & mare undique perturbant. Et nuper pacatis aliquantulum rebus nostris, subitò Scotorum Rex contrà treugas & pacta, sine monitione aliquâ, magno exercitu fortiter terras nostras invasit, & obsidione vallavit oppidum nostrum de Berrico, pro cujus repulsâ ærarium nostrum exhaurire oportuit, & subditos nostros gravissimis impositionibus subjicere ad propulsandam violentiam, quam idem Scotorum Rex contrà firmatas juramento treuguas molitur in dies nobis & dominiis nostris inferre. Neque prætereundum est, quòd jam hoc Regno nostro non exigua summa à Christi Fidelibus sit collecta ex Jubilæo nuper hîc celebrato, de quâ mediam integram, ut informamur, Sedes Apostolica accepit in causam fidei distribuendam: altera verò pars, quam ordo sancti Joannis Hierosolymitani habuit, in idem opus conversa speratur: quo fit ut subditi nostri, inter eos qui plura in subsidium prædictum dederunt, se ipsos connumerant & reputant. Possemus, Reverendissime Pater, in medium afferre plura similia & alia multa, quæ hoc volunt, ut neque Vestra Paternitas hoc studeat, neque nos id suadere debeamus, quæ silentio committimus, reservantes in aliud tempus dicenda, pro quibus Sanctissimo D. N. latiùs aperiendis cogitavimus nostros Ambassiatores transmittere, quod omninò ex animo non delevimus. Sed quia Consiliarii, & Regni nostri Proceres absunt, de præsenti duximus super hoc eorumdem adventum præstolari, ut cum illis deliberationem habere, eumdemque Sanctissimum D. N. de conclusione habitâ certiorem facere, cujus ad universalis Ecclesiæ & fidei nostræ optimum zeluni augmentet Altissimus, & vestræ Reverendæ Paternitatis feliciter dirigat actus. Datum ex Palatio nostro Westmonasteriensi, sub privato nostro sigillo, mensis Decembris die trigesimâ, Regnorumque nostrorum anno trigesimo quarto.

JOANNIS *Cardinalis Tit S. Angeli A S. Legati, Serenissimo ac Christianissimo Principi & D.* CAROLO *Regi Francorum.*

Serenissime Princeps & Christianissime Rex. Post humilem commendationem. Accessit ad Regiam Vestram Celsitudinem Reverendissimus in Christo Pater Dominus meus A. Sanctæ Romanæ Ecclesiæ tituli sanctæ Praxedis Presbyter Cardinalis, Apostolicæ Sedis Legatus, qui pro suâ maximâ prudentiâ exposuerit Vestræ Magnitudini quanta scelera, vulnera, & cruentas neces intulerit gens Turcorum perfida credentibus Incarnationem æterni Verbi, Baptismatis & Crucis remedium: ac quòd contendat illa importuna gens nomen Jesu, in quo salus est, de terrâ delere, & spurcitias Mahometi occupatione subjectioneque orbis comprobare. Ad hoc gens illa omnem curam, conatúmque convertit, & alia quæ Sanctissimus Dominus noster suæ Paternitati Reverendæ imposuerit. Quâ ex re paucissimis quæ mihi incumbere videntur absolvam.

Postquàm intravi Germanias ubi S. D. N. clementia me Legationis officio fungi decreverat, Imperatoriam Majestatem adivi, quæ dudum animo gessit, quod multis constat exemplis, bella movere Infidelibus, intellecto ad id Summi Pontificis desiderio ac zelo ferventissimo, eodem zelo ipse Imperator incensus literas sacri Imperii Principibus destinavit, quibus jubet ut pro vere futuro auxilia ferant; quæ dudum ipsa Imperialis Majestas ordinaverat aliquorum

Communicavit D. d'Herouval.

Postulat à Rege ut exercitum adversùs Turcas mittat.

Principum in præsentiâ, aliorumque Oratoribus adstantibus. Dat etiam literas ad Celsitudinem vestram, & tamquam Christianissimum Regem, & potentissimum Fratrem suum & amicum rogat & petit, ut ferat auxilia, cujus potentiam novit ipse Imperator maximo robori Christiano exercitui, & Infidelibus terrori futurum. Ita enim accensus est iste Serenissimus Imperator, ut sperem ipsum, si exercitus convenerit ductu Imperiali dignus, præbiturum Deo personale ministerium in bello. Idem quoque spero Serenissimum Dominum Ladislaum Hungariæ & Boëmiæ Regem facturum. Velit ergo vestra Regalis Celsitudo, cujus Progenitores reddendo vices Christo sanctissimum Christianitatis nomen sortiti, Christianissimi appellati sunt, in hac persequutione fidei Christo, in fidelissimis membris suis tot vulnera & cædes passo, ferre auxilia. Ad hoc enim V. M. invitat sanctissimum illud remedium baptismatis, cujus gens ista perfida est blasphema: hoc monet Beatissima Virgo, cujus ex sanguine purissimo Verbum Caro factum est, ut in corpore illo portaret Christus nostra crimina, ut feratis auxilia, quia hoc Sacramentum venerantes, colentesque interficit gens Turca. Hoc admonet etiam Christus noster Redemptor, cujus Passionem & Crucem quâdam levitate Turci contemnunt, & sperantes in Cruce gladio perimunt: Ad hoc Vestra Celsitudo studia sua convertat, quia qui Christo in hac necessitate auxilia non præbet, nescio quid sperare debeat à Christo, nisi condemnari Spiritûs sancti vocibus, dicentis; *Non ascendistis ex adverso, nec posuistis vos murum pro domo Israël, ut staretis in bello.* Ferat itaque Vestra Celsitudo auxilia, qui non dubito, completos esse dies iniquitatis istius perfidæ gentis, ut auferat Deus jugum servitutis de domo Israël. Cum gens ipsa peruda omnium flagitiorum scelerumque genera commiserit, ut nihil quàm vindictam de his sperare debeamus: quia non est justiturus piissimus Deus *Virgam peccatorum super sortem justorum, ut non extendant justi ad iniquitates manus suas*, nisi forte pro torpore & desidia justissimus Deus illis qui potentes sunt resistere, & Christo auxilia præbere, flagella permittat; quamquam ipse Deus est qui conterit brachium peccatoris & maligni, vult tamen suos Fideles cooperari, & gladio accingi; nec prætendat quispiam securitatem paratam ab impiâ istâ Turcorum gente, propter magnam intercapedinem terrarum, quasi flagellum torporis & desidiæ pertingere non valeat; distabat ab Arabiâ plùs latis Hispania, & mare interjacens majoris tuitionis securitatem promittebat: attigit tamen ad eam Mahometi crudelitas, & permaximè vulneravit, quorum vulnerum cicatrices sanguine manant, manarentque sanguinis fluvios, nisi potentissimus ille Rex Henricus suâ illustri operâ importunos crudelesque illius gentis conatus reprimeret, qui ut sanguinem tutetur Christianum, suum maximis periculis objicit.

Velit ergo vestra religiosa magnitudo fortitudinem gentis Gallicorum communicari Christo, qui eos fortiores cæteris effecit, quos divini amoris flamma urit: ut si vestra Regia concesserit auctoritas, non retrahet bellici laboris formido, quia illi sunt ministeria præbituri, qui pro redimendis liberandisque eis post flagella & sputa mortem Crucis obiit: nec tenebit eos patriæ amor, ingentia palatia, aut divitiarum multitudo, si vestra auctoritas licentiam præbeat, quia illi sunt auxiliaturi in bello, qui de excelso habitaculo hinc in utero Virginis pro salute humanâ descendit; qui pro parvo labore daturus est cœli cœlorumque patriam, ubi habitacula fulgentia, & incomparabiles sunt divitiæ, & ubi mors non est nec labor, sed perpetua quies, & Angelorum æterna societas. Apparuit enim gratia Salvatoris nostri quando dedit Pontificem Romanum, qui corpus quamquam senio confectum pro tutandâ fide Deo devovit, ut intelligatur propior salus Christiani populi, quam vivens Deus ministerio poterit dare Regum aut aliorum, seu Angelo de cœlo misso, ut populo Judæorum salutem dedit contrà Sennacherib superbiam Angelo percutiente. Multis modis, dicit Scriptura, Salvare potest Deus populum suum. Occurrat itaque Vestra Majestas ministrare Christo in hac persequutione, ne alio præveniatur ministro; ut ipse vos & vestra Regna custodiat, ut sicut juvenis gubernacula Regni susceptis, senex quoque teneatis, & post longitudinem dierum filio heredi relinquatis, & juxta promissiones Christi dicentis: *Ubi ego sum, ibi & minister meus erit;* sedebitis ad dexteram Dei, qui vestram Regiam Majestatem conservare dignetur. E. Wihenna II. Decembris.

E. V. M. S. Joannes Cardinalis S. Angeli Apostolica Sedis Legatus.

LUDOVICI *Delfini ad Patrem* CAROLUM VII. *Francorum Regem, nuntiat sibi natum filium.*

Anno MCCCCLIX.

MOn tres redoubté Seigneur, je me recommande à vostre bonne grace tant & si tres humblement comme plus faire puis, & vous plaise sçavoir, mon tres redoubté Seigneur, qu'il a pleu à nostre benoist Createur & à la glorieuse Vierge sa mere delivrer ce jourd'huy au matin ma femme d'un beau fils, dont je loue mondit benoist Createur & le remercie tres humblement, de ce que par sa clemence il luy a pleu si benignement me visiter, & donner vraie cognoissance de ses infinies graces & bontés: lesquelles choses, mon tres redoubté Seigneur, je vous signifie en toute humilité, afin de tousjours vous donner à cognoistre mes nouvelles, & mesmement quand elles sont bonnes & joieuses, comme raison est, & tenu y suis. Mon tres redoubté Seigneur plaise vous adés me mander & commander tous vos bons plaisirs pour y obéir à mon pouvoir, de tres humble vouloir à l'aide du benoist saint Esprit, qui mon tres redoubté Seigneur vous ait en sa sainte & digne garde, doint bonne vie & longue, avec l'entier accomplissement de vos tres haulx & tres nobles desirs. Escrit à nostre Dame de Hal, le XXVII. jour de Juillet.

Voutre tres humble
& tres obeissant
fils LOYS.

Au dessus est escrit. A mon tres redoubté Seigneur.

Au dessus est encore escrit: Lettres de Monseigneur le Dauphin receues le V. jour d'Aoust mil CCCCLIX.

Regis Responsio ad præfatas litteras.

DE PAR LE ROY.

Anno MCCCCLIX.

TRes cher & tres amé fils, nous avons receu vos lettres, par lesquelles nous faites sçavoir que le vingt-septiesme jour du mois de Juillet dernier passé nostre chere & tres amée fille la Dauphine delivra d'un beau fils, nous nous sommes bien merveillés que paravant ne nous avez aucune chose notifié de sa groisse: car combien que ne soyés par devers nous, comme deussiés estre, & que de tout nostre cuer le desirons, ainsi que plusieurs fois le vous avons fait sçavoir, ce nonobstant, que si en eussiez averty nous

Anno MCCCCLIX.

Pii Papæ II. *cariſſimo in Chriſto filio noſtro* **Carolo** *Francorum Regi illuſtri.*

Cariſſime in Chriſto fili, ſalutem & Apoſtolicam benedictionem. Intelleximus dilectum filium Guillermum de Torretà votum emiſiſſe ſocietatem ſub vocabulo Jeſu nuncupatam, ad Dei honorem, & infidelium oppugnationem noviter inſtitutam ingrediendi, & in eâ unà cum aliis pro defenſione fidei Chriſtianæ contrà Turchos perſiſtere velle. Verùm cum is impræſentiarum in civitate Aſtenſi in tuis ſervitiis permanere aſſeratur, & votum ſuum hujuſmodi ac deſiderium adimplere nequeat, niſi tuæ Seren. licentiam impetret : exhortamur idcircò Celſitudinem tuam ac rogamus, ut tu, qui Chriſtianiſſimum nomen à proavis & prædeceſſoribus tuis clariſſimis Regibus per longiſſimam temporum ſeriem ductum amplioribus tuis virtutibus roboraſti, in hac piâ cauſa non deficias, & præfato Guillermo, quem propter ſuas eximias virtutes ac merita promotorem dictæ Societatis deputavimus, liberam licentiam concedere placeat, ut cum bonâ gratiâ tuæ Sublimitatis recedere, & ad ſerviendum præfatæ Societati accedere valeat. In quo rem Deo imprimis acceptam, fidei utilem & neceſſariam, & honori tuæ Regiæ Amplitudinis convenientem efficies.

Datum Mantuæ ſub annulo Piſcatoris decimâ tertiâ Octobris, milleſimo quadringenteſimo quinquageſimo nono, Pontificatûs verò noſtri anno ſecundo.

Marcellus.

Anno MCCCCLIX.

Nicolai Petit *Narratio eorum quæ in Conventu Mantuano acta ſunt coram Summo Pontifice Pio II.* ad **Guillelmum** *Juvenalem de Urſinis Franciæ Cancellarium.*

Mon tres-honoré & redoubté Seigneur, je me recommande tres-humblement à voſtre bonne grace. Voulantiers vous euſſe eſcripz le train & la maniere de paſſer par les terres du Conte Franciſque, ce que ne puis faire pour la grande haſtivité que avoit le porteur de ceſtes ; en effect l'ambaxade du Roy eſt arrivée en ceſte ville de Mantoue le xvi. jour de ce preſent moys de Novembre, auquel jour, & à l'entrée ſe trouverent les gens du Roy de Sicile en bon nombre ; les gens auſſi de Monſeigneur d'Orleans : leſquels tous accompaignerent l'ambaxade du Roy noſtredit Seigneur. Pluſieurs Prelats & en grant nombre vindrent au devant de l'ambaxade, & juſques à cinq mille hors Mantue à une Abbaye nommée Noſtre-Dame de Grace, ou Meſſeigneurs repaiſſoient en actendant auſſi Monſeigneur de Montſoreau, & autres qui eſtoient alez à Veniſe, leſquels ſurvindrent & feurent de bonne heure à l'entrée. Et approuchant de la ville environ trois mille, vint au devant le Marquis de Mantue & ſes enfans avec lui en grant appareil, & à grant nombre de gens tant citoiens que autres, trompectes & meneſtriez devant lui. Et apres la reverence faicte d'un coſté & d'autre ſe joignt au principal ambaxeur, ſon frere & ſes enfans tout derriere les ambaxeurs. En chauvauchant ſurvenoient les Eveſques, & familiers de chaſcun Cardinal, & faiſoit chaſcun chief de maiſon une petite collation ſoy adreçant à Monſeigneur de Tours comme principal ; lequel pour le jour *anhelahat*, & euſt grant peine, car ſi toſt quil avoit baillé reſponſe, une autre ſurvenoit. Toutes ambaxades, qui paravant eſtoient audit lieu de Mantue vindrent au devant, meſmement les Veniciens qui vindrent à cinq milles & juſques au lieu où l'on repaiſſoit, & la feiſrent une belle collation en congratulant à la venue de l'ambaxade du Roy tres Chreſtien : & y euſt grant contention entre eulx & les Savoyſiens à preceder : finablement les Veniciens feurent premiers, car ils anticiperent l'eure, & feurent mis entre les ambaxeurs. Noſtre ſaint Pere envoia les gens de ſon hoſtel, Referendaires, Eſcuiers, Maſſiers, & autres en grant nombre : brief ſi grant multitude de gens y avoit hors la ville que lon ne povoit entrer dedans, & dyent ceulx qui ont veu toutes les precedantes entrées, que oncques telle ne feuſt vrüe.

L'entrée faicte ſurvindrent la femme du Marquis & ſes filles, & alerent juſques au logeiz de Monſeigneur de Tours. Noſtre ſaint Pere avoit aſſigné jour pour l'audience acoſtumée que on appelle Conſiſtoire publique ; mais pour ce qu'il eſtoit tres mal diſpoſé, il a differé juſques à un autre jour, & ſera Merquedi au plus tart, & s'eſt fait excuſer bien grandement, diſant que ſon intention eſt de ouyr bien au long le propoſant, & de parler apres : & croy que la propoſition ſera moult belle, à ce que j'en puis concevoir ; *ſecundùm nomen tuum*, ſic & *laus tua in fines orbis terrarum* : & ſe diviſe en deux parties, dont la derreniere giſt en pointe. Et croy que noſtre dit ſaint Pere aura matiere pour lever les oreilles. Pluſieurs de Meſſeigneurs les Cardinaulx qui encores ne ſavent l'effect de la matiere, ſont doubte de l'iſſue. Il y a matiere grande, & à bien parler, veu les termes que le Pape tient & a tenus, dont on eſt informé tres à plain. Je vouldroye avoir le double de la propoſition que on fait aux Veniciens, car ils ſe ſont monſtrés gens de grant façon, en loüant le Roy noſtre ſouverain ſeigneur, diſans que bonne concluſion en ceſte matiere ne ſe pouroit prendre ſans lui, & autres ſes a-liez : diſans oultre au Pape ; *Tu es homme né en pouvreté, & ne ſcés que c'eſt de tels beſongnes que de vouloir faire bataille au Thurcq* en la maniere que tu le prens, mais eſt beſoing attendre la deliberation du grant Roy, & autres, ſans leſquelz riens ne ſe peut faire. Dont le Pape feuſt fort indigné.

Les Genevois ſont arryvez & joings à l'ambaxade, ſoy excuſans bien & grandement pour ce qu'ils ne ont eſté à l'entrée. Ils ne propoſeront point, mais feront compagnie en toutes choſes à l'ambaxade & l'enſuivront, auſſi ceulx de Sicile.

Le Duc d'Autriche eſt arrivé en grant eſtat, & ſe joingt & conforme du tout au fait du Roy, Eſpaigne pareillement. On cognoiſtra apres la propoſition la voulunté de noſtre ſaint Pere, lequel comme l'on dit ne l'a gueres bonne, & eſt choſe bien eſtrange.

Mon Seigneur, en eſcrivant ces lettres bien hativement, le pourteur de ceſtes, qui à grant haſte & diligence ſen vouloit partir, a eſté arreſté par mes Seigneurs les Ambaxeurs, & juſques à ce que la propoſition feuſt faite. En effect :

Aujourd'huy xxi. jour de ce mois noſtre ſaint Pere a tenu & celebré Conſiſtoire public en l'Egliſe Cathedral pour myeulx honorer l'ambaxade du Roy.

Et a propoſé Monſeigneur de Paris tres elegammeut l'espace de deux heures, & plus, & à prins son theume, *more gallico, secundùm nomen tuum; sic & laus tua in fines terræ;* lequel il a divisé en deux parties, & reste la partie derreniere pour la fin des matieres. Car selon ce que nostredit saint Pere se gouvernera : tels termes en proposition final lui seront baillés. Le proposant a farcy sa collation de auctoritès tant de la sainte Escripture (sans oublyer le droit Canon) que d'autres aucteurs, *artis poëtica*, & tousiours selon la disposition de sa matiere. Il a gardé le stile *libri elegantiarum super hoc vocabulo*, PRONONTIATIO. Car en matiere & termes de doulceur, il tenoit doulce prolation, en accentuant & faisant les pauses de gramaire sans riens oblier. En matiere de grant acerbité il eslevoit sa voix, son ton, & en si bon organe, que tous les assistans prenoient moult grant plaisir & delectation à l'ouyr. Il s'est monstré homme de grant audace, en eslevant le Roy & ses progeniteurs, remonstrant aussi le courage que tousiours a eu le Roy au bien de l'Eglise, laquelle a esté honorée & affermée par lui, & du temps present en rejectant le scisme, voulant vivre comme Roy tres Chrestien sans vouloir gloire mondaine à lui estre attribuée.

Apres ce a mondit Seigneur de Paris en continuant sa matiere, parlé du royaume de Naples, & du fait de Gennes, faisant fin à sa proposition, rendant obeïssance tout ainsi qu'il a esté acoustumé, & que autrefois a esté fait par les predecesseurs Roys de France.

Apres laquelle proposition finie, nostre saint Pere cognoissant la vertus du proposant, a commencé l'exordium de sa response, adressant sa parole envers mondit Seigneur de Paris, disant : *Orationem tuam, venerabilis Frater noster Parisiorum Episcope, laude dignam audivimus ; dicti tuis, non quantum tua elegans postulat oratio, sed pro viribus respondendum.* Et en ceste maniere nostredit saint Pere poursuivit sa response, la divisant en six poins, le premier touchant sa personne ainsi que mondit Seigneur de Paris l'avoit prins, & peu si arresta, le second touchant le siege Apostolique sur quoi longuement demeura, & allegua toutes choses servans à la loüange dudit Siege, tandant à ses fins, en resumant par deux fois, *Arbitramur omnes Principes Catholicos, Ecclesiæ Romanæ & sedi Apostolicæ debere esse subjectos* : qui est à deux visages en la maniere de le prononcer. Le tiers point, touchant le bon vouloir & affection que le Roy a envers l'Eglise Romaine, & mesmement au bien des matieres presentes, & sur ce commença à loüer & nombrer les grans frais des Roys de France, & du temps de Charles le Grant, Loys premier, & autres, disant comment l'Eglise Romaine a esté honorée & preservée par les tres Chrestiens Roys ; descendant au Roy, le loüant & magnifiant bien grandement, & que sans lui ne peut estre rebouté le Thurcq ; pareillement en loüant le Royaume, faisant diverses descriptions *Franciæ & Galliarum*, dont vint l'imposition de ce nom François, loüant l'Université de Paris sur toutes autres ; faisant mention des belles Eglises & Monasteres du Royaume. Le quatrieme touchant le fait du Roy de Sicile, en la faveur du Roy ; & quant à ce les Catelans furent tres esbays, quant nostredit saint Pere commença à ces mots : *Pro parte carissimi in Christo filii Regis Renati Siciliæ ac Jerusalem Regis illustris*. Ceulx qui estoient de la part de Domp Ferrando vouloient rompre l'audience, mais nostre saint Pere leur imposa silence, & ne les voulut point oyr. Le cinquiesme touchant le fait de Gennes, en quoy se declaira l'avoir en singuliere recommandation, & telle que le demaine & patrimoine de l'Eglise. Le sixiesme & dernier feut l'obeïssance & reverence filiale dont lui & ses Freres Messeigneurs les Cardinaulx rendoient graces, &c.

Tous ces poins expliqués, les Ambaxeurs du Roy de Sicile assistans avec ceulx du Roy feirent telle obeïssance de toutes les Seigneuries que tient & possede ledit Roy de Sicile, comme avoit esté fait pour la part du Roy en disant ces paroles : *Le Roy de Sicile comme membre ensuivant le Roy tres Chrestien son chief, &c. fait & adhere*, &c. Apres parlerent les Genevois, disans : *Nos Januenses subditi & fideles Christianissimi domini nostri Francorum Regis, præbemus obedientiam de omnibus terris & dominiis ubilibet*, &c. *quemadmodum fuit expositum pro parte Ambasiatorum Christianissimæ Majestatis*. Le pouvoir du Roy, qui estoit en françois, feut mis en latin le jour devant par le conseil de Messeigneurs d'Estouteville & d'Avignon, & print grant plaisir nostredit saint Pere à l'ouyr, & en feust tres content.

Ces choses finies nostre saint Pere adreça ses parolles au Duc d'Austriche, qui voulut estre audit Consistoire pour honnorer l'Ambaxade. Brief le triumphe est reservé à la nation de France, ceulx d'Espaigne ont tousiours accompaigné l'Ambaxade & en Consistoire & parmy la Ville, adherans à tout ce que sera fait pour la part du Roy. Nostre saint Pere cognoist la force & puissance du Roy. J'espere que tout viendra à bonne fin : & doubtoit nostredit saint Pere que l'on ne lui voulsist faire obeïssance [sinon] conditionelle, mais à la fin il a fait tres grant chiere & offert son Palais à Messeigneurs les Ambaxeurs pour y loger.

Au surplus, Monseigneur, plaise vous moy commander vos bons plaisirs pour y obeir & les accomplir à mon povoir, au plaisir Nostre Seigneur qui vous doint tres bonne vie & longue. Escript à Mantue le XXI. jour de Novembre.

Vostre tres-humble & tres-
obeïssant serviteur
NICOLAS PETIT.

Pii Papæ II. Oratio habita in Conventu Mantuano. Respondet Orationi GUILELMI *Parisiensis Episcopi & Oratoris Regis Franciæ.*

MUlta hîc hodie magnaque dicta fuerunt auditu digna : nam quatuor orationes audivimus, quarum tres tùm pro carissimo filio Carolo Christianissimo Francorum Rege illustri, tùm pro carissimo filio Renato etiam Rege illustri, tum pro præpotenti Januensium populo dictæ sunt. Alterâ maximo eloquentiæ splendore ostendit Orator elegans, & Doctor Gregorius [a], quantum polleret religio, dignitas, & illustrissimus Austriæ sanguis. Tua oratio, venerabilis frater Parisiorum Episcope, laudatione non eget : nam congesta coronâ hujus atque confessûs totius attentio, quanta fuerit plenè ostendit; elegans quidem verborum ornatu, pulchra & artis & venustatis, sententiarum varietate redundans, quodque bis majus est, elocutione suavi : cui respondebimus non ordine illo quo per te dicta est, sed quo multa præter vecti majora collegimus, sex partes inde complexi, quarum quidem prima laudibus

---

[a] *Gregorius*] Heimburgicus Jurisconsultus Germanus, eâ tempestate celeberrimus : de quo Æneas Comment. lib. 3. & lib. 1. Epist. 116.

personæ nostræ niti magnopere visa est : secunda Beatissimi Petri, cujus nunc insidemus sedi, dignitatem aperuit ; Tertia præstitam per eumdem Christianissimum Regem explicavit obedientiam. In quartâ commendavit nobis Christianissimus Rex Renatum Regem, populumque Januæ : quinta in ipsius Regis atque regni Francorum laude versatur : sexta optimam voluit item ejusdem Regis expressit, in eo quod pertingit expeditionem in Turcos.

Quod primum attinet, non inflatur, non extollitur laudibus infirmitatis suæ conscium pectus; scimus quidem & agnoscimus nostras infirmitates, nec arbitramur aliud cur divina bonitas nos ad sacrum beatissimi Petri solium, & fastigia ista provexit, nisi ut ex nostrâ tenuitate luceret sua potestas, ex imperfecto nostro fulgeret virtus ipsius, qui piscatores, qui homines e vulgo, qui infirma mundi elegit, ut fortia æque confunderet, utque tot miraculorum fulgorem, tantam vim fidei, quæ potestate mundum omnem complexa sit, quæ ubique radices egerit, non hominis cujusquam merito, sed ipsi soli Deo adscribamus. Præclarè verò cui meritis impares insidemus, beatissimi Petri sedem laudasti, quam nemo quamvis præstantissimo ingenio & flagranti studio satis dignè unquam laudavit. Non enim Principes, non Reges, non Imperatores, non potentes populi, non Patrum & Conciliorum decreta Romanam & Apostolicam sedem fixerunt & erexerunt, nec ullis synodicis constitutis omnibus Ecclesiis per Orbem prælata est, sed omnes Ecclesias per Orbem sparsas universum, unam Ecclesiam esse, unum sibi thalamum, & ipsius Præsidem fore beatum Petrum voluit Christus verus homo, qui regnat in Trinitate verus Deus. Hæc sedes est una perfecta matris suæ, illa electa genitricis suæ: hæc est Apostolica sedes, quam Verbum illud, per quod cœlum & terra creata sunt, non hominum mortalitas fluxa instruxit. Hæc quam Prophetarum præsagio constituit Deus super Gentes & Regna, quam Apostolorum testimonio, Martyrum sanguine, Imperialis sedis adeptione munivit : hujus ordinationi quisquis resistit, utique potestati Dei resistit.

Dignitatem & excellentiam Ecclesiasticæ sedis Apostolicæ probat.

Nemo in pravum sensum sermonem nostrum detorqueat. Nemo carissimum in Christo filium Carolum Francorum Regem Illustrem putet à nobis insimulari : nam Christianissimus ille Rex, ut audivisti, obedientiam Apostolicæ sedi omni conatu impendit. Ad illos loquimur, qui aliud aut docent, aut sentiunt quàm ipse, qui est caput totius Ecclesiæ, cui ait Dominus : *Tu es Petrus, & super hanc petram ædificabo Ecclesiam meam.*

Matt. 16. 18.

Nemo se fallat, nemo veritatem fidei perfidâ prævaricatione corrumpat. Ecclesia una est, quæ in multitudinem latiùs incremento fecunditatis extenditur, quomodo multi radii solis sunt, sed unum lumen : & rami arboris multi sunt, sed robur unum tenaci radice fundatum : & quomodo de fonte uno rivi plurimi defluunt, & numerositas licet diffusa videatur exundante copiæ largitate, unitas tamen servatur in origine. Avelle radium solis à corpore, divisionem unitas non capit : ab arbore frange ramum, fructus germinare non poterit : à fonte præcide rivum, præcisus arescit. Sic Ecclesia Dei luce perfusa per totum Orbem radios suos porrigit, unum tamen est quod ubique diffunditur, unum tantùm caput est & una origo, & una mater Ecclesia, quæ incorrupta unam domum novit, unius cubiculi sanctitatem casto pudore custodit. Alienus est, profanus est, hostis est, & habere non potest Deum patrem, qui Romanæ sedis, quæ universalem Ecclesiam virtute complectitur, non tenuerit unitatem. Hæc sedes demùm est, quæ potestatem ligandi, atque solvendi accepit, quam si quis corripientem, corrigentem, jubentem contemserit, censeri debet sicut Ethnicus & Publicanus. Positus in petrâ legitur Moyses ut faciem Dei contemplaretur : super hanc petram ædificavit Ecclesiam suam Christus Deus ; quam qui non agnoscit, divinam præsentiam intueri non poterit. Sola quippe est per quam sacrificium Dominus accipiat libenter, sola quæ pro errantibus intercedat fiducialiter, sola est quæ intra se positos validâ charitatis compage custodit. Hæc est arca & navis, quam ingressi non merguntur diluvio, sed super aquas evecti in sublime feruntur : omnes autem extra istius sedis arcam præclusos diluvium exstinguit & perimit.

Nemo sibi blandiatur Conciliorum auctoritate istius Apostolicæ sedis potestatem restringi, quam incommutabilis Dei sententia firmavit : neque quorumlibet Doctorum & Magistrorum in adversum audiantur opiniones, quas Concilium Florentinum destruxit. Quicumque enim ab unitate istius sedis, ab auctoritate beati Petri sejungitur, ingredi non poterit januam regni cœlestis. Diximus pro angustiâ temporis, & horâ jam altiore fortasse diffusiùs ; pro hoc domicilio Imperii divini, religionis & gloriæ, pro imagine cœlestis solii & excellentiâ parum, pro quâ nimium dici non potest : sed nos utcumque materia locuples longiùs traxit.

Nunc verò tertium, quod obedientiam præstitam vice Christianissimi Regis attinet, illam nos & venerabiles Fratres nostri sanctæ Romanæ Ecclesiæ Cardinales, ut est integrè delata, complectimur. Habet hoc à naturâ Rex, & à majoribus in se transfusum, tuerique non immeritò debet obedientiæ meritum, quod sacrificiis præferri divinitùs promulgata lex sanxit, benequè prospicit suo decori, suæ gloriæ, suæ saluti, cum sequutis semper Romanæ sedis obedientiam suis majoribus videat evenisse prosperitatem, quodque quantum quilibet Regum detraxit ex obedientiæ studio, tantum amisit ex gloriâ.

Præstita à Franc. Rege obedientia Romano Pontifici.

Quod quarto loco efflagitasti, ut carissimum in Christo filium Renatum Regem Siciliæ Illustrem, Januensemque populum commendatos habeamus, nos quamquam velimus paterno illos favore complecti, cum & responsuri simus suo loco legatis ipsius, hanc rem differemus, illam strictim tunc tractaturi ; quia secretior locus ad ista petitur à te, & polliceris tunc nobis aperta in plurima latius.

De Renato Siciliæ Rege.

Quintum verò cum tu venerabilis Frater sis exorsus collaudare ipsum Christianissimum Regem, nec sustinet angustia temporis, nec satis dicere possemus ad dignitatem, neque etiam opus est extollere immensas prope quas audivimus inesse ipsi virtutes, nec fas est solem facibus adjuvare, ut nunc dicebat Regis Renati Orator. Hæc una Francorum Regum progenies est, quæ magnitudine dominii antistat aliis. Nam G. Cæsar, quem Cosmographi sequuntur, latissimam Galliam propterea ostendit, quòd eam descripsit complecti quidquid inter Oceanum, Rhenum, Alpes, montes Pyræneos continetur. Vetustas verò gentis Francorum jam satis constat pluribus annalibus, eaque ad Orientalem primùm plagam sedit, demùm magnâ hominum vi Gallias immigravit. Qui resederunt, non Francorum, sed Francum retinent nomen. Illud autem Regium genus, quod ab Orientalibus tractum, est Francorum nomen adeptum, ut venit & immigravit Galliam suis virtutibus illustravit, adjunxit quamquam non omnem : Helvetiorum nempe populi, paucisque exceptis, Belgæ gens secluduntur ab ipso Regno.

Laudibus extollit Reges Regnumque Franciæ.

Nihil verò videtur præstabilius Regni ipsius religione,

gine, quâ semper sic floruit, ut præcipui Romanæ sedis defensores, & fidei athletæ omnibus Regibus aliis Christianissimi nominis semper gloriâ præstiterint Francorum Reges. Quid enim tam admirabile, quàm cernere in ipso Regno sparsos tamquam flores Ecclesiasticos cœtus, & præter infinitam in ipso Regno Collegiorum multitudinem, centum & unam Episcopatus, & innumerabilium in illo Monasteriorum ubique opus illustre, illustres opes, unumque Regem Francorum, (si benè Salomon, *In multitudine*, inquit, *populi gloria Regis.*) qui admirabili populorum multitudine, virorumque viribus polleat, quibus naturâ sit datum, ut aeres ingenio, pugnacissimi bello reperiantur. Sunt quidem in Regno ipso Ducatus & plures & maximi, Comitatusque æquandi Regnis : & mite cœlum, aër suavis & fertilis ager. Sunt in ipso Studia plurima scholasticorum, sed tuum illud Parisiorum, venerabilis Frater, fertur illustrius, in quo Theologiæ maximè necessaria doctrina viget, ex quo etiam magisterium promeruisse magni honoris, maximæque difficultatis existimatur. Ita omnibus & fortunæ, & naturæ, & doctrinæ, & religionis puræ præsidiis collustratur Franciæ florentissimum regnum.

Quid Reges veteres majoresque hujus Christianissimi Regis, qui non solum Regibus plurimis & maximis anteponerentur, sed veteribus illis Scipionibus Camillisque compararentur ? Celebratur ab Oratoribus pluribusque Poëtis virtus eminentissima Caroli Magni, & Ludovici primi. Fuerunt & Dagoberti & Philippi Reges, quorum virtutem Carolus ad præsens Rex & reddit & imitatur : nam & religionis & cæremoniarum fertur observantissimus; & præclarâ Regnorum gubernatrice sapientiâ Regnum quod dissipatum accepit, florentissimâ pace tranquillitateque moderatur. Est autem ex sapientia Regis populorum pax, & tempestatum fluctuumque secura depulsio. Plura de æquitate, de justitiâ, de temperantiâ, de pietate ipsius dicenda forent, nisi defatigatis animis ex auditione quatuor orationum, horâ detraheret dicendi prolixitatem.

Quod igitur exordium sumsisti, quasi jure nostro ad extremam orationis partem sumemus, *Secundùm nomen tuum, sic & laus tua in fines terræ*: nam cum oppugnantibus Turcis Christianorum fines immineat extrema calamitas, in Rege verò sit ea potentia, ut ipse vel solus, vel cum paucis aliis mederi possit, nos tui thematis, Venerabilis Frater, nolumus auctoritatem negligere: nos enim & Regem, qui & christianissimus sit, & appelletur, & Regem Franciæ Carolum dictis per te verbis alloquimur, *Secundùm nomen tuum, sic & laus tua sit in fines terræ*. Calamitas Græcorum jamdiu deflata est, jam Latinorum, quotidianæ clades per omnes angulos Orbis intelliguntur. Quid tam regium, tam liberale, tam dignum nomine Regis, quàm opem ferre petentibus, succurrere afflictis, dare salutem periclitantibus, liberare periculis fratres eodem secum baptismatis fonte renatos, retinere quos Turcus lacessit Principes in dignitate ? Quid tam decens Christianissimum Regem, quàm Christianæ religionis decus armis contra arma, vi contra vim protegere, nec sinere tot Christianas provincias in servitutem Turchorum & fœdam superstitionem perverti ? Quid tam proprium Franciæ, quàm semper ad omnes pro fide paratas expeditiones tenere arma, quibus protegi valeat Christianus populus, vel impetere fidei hostes, vel se ulcisci lacessitus ? Nulla certè legitur expeditio adversùs infideles acta insignitèr, in quâ Francorum non polleat nomen, emicet virtus, fulgeat fortitudo, multaque pereximia gesta per Antiochiam, per Hierosolymas, per Damascum, Syriam, Phœnicem, & usque Mesopotamiam pro Christi religione arma circumtulerunt, victoresque Regionibus illis sunt dominati, quamquam hæc posteà per inertiam nostram amisimus.

At ne plura quæ sunt innumerabilia consectemur, multis in historiis legimus illum propè divinum Regem Carolum Magnum, cujus exemplis incumbere Carolus christianissimus Rex debet & studet, & Ludovicum item, multosque Francorum Reges legimus, quorum per Italiam, Africam, Syriam tùm Religionis, tum fortitudinis fuerit impressa vestigia: His unum studium peculiare fuit, tueri fidem, defendere Sedis Apostolicæ auctoritatem. Id quidem agentes tamquam gratissimi nati & illecti & provocati, & Apostolicæ Sedis beneficiis amplissimis præventi, tanto animo tanta gesserunt, tùm præter cætera ab ipso fonte & capite Christianæ religionis Apostolicâ Sede, ad eos fidei religio orta, & per totum Occidentem diffusa fluxit, & emanavit. Nos ista tanta, tamque multa longiùs produceremus, nisi te alio tempore aperturum in hanc rem plura pollicitus esses, & nisi defatigatio hujus coronæ atque confessus, horaque tardior amplioris sermonis eriperet aviditatem.

Oratio Legatorum Regis Franciæ coram Pio Papa II. recitata en Conventu Mantuano.

Anno MCCCCLIX. Ex quaternione MS. D. d'Herouval. Titulus non extat in MS.

AUdiverunt Christianissimæ Majestatis Oratores, Pater beatissime, quæ tùm oratio disertissima vestræ Sanctitatis binâ vice, tùm etiam organo reverendissimorum dominorum ab eâdem Sanctitate deputatorum in hac parte diversis diebus pro facto fidei & materiæ principalis hujus conventionis dictâ, exposita & aperta, bifariò divisa.

Prima enim pars aperturam conventionis in festo beati Joannis proximè futuro to . . . . . inter excellentissimos Principes Christianissimum Franciæ & Serenissimum Angliæ Reges confœderatos, & illustrissimum dominum Ducem Burgundiæ declaran . . . . . uno quatuor locorum nominatorum videlicet Avinionis, Metis, Coloniæ & Lo . . . ut media pacis inter Principes prædictos perquiri possint, exindeque advisari super succursu est, quali, & defensione fidei adversus immanissimum Turchum.

Secunda autem pars narrativa fuit oppressionum & vexationum assiduè occurrentium in patriâ Hongariæ prosequente Turcho. Quâ in materiâ necesse est & celeriter de remedio provideri oportuno, nullâ expectatâ conventione; alioquin imminens restat periculum pro totâ perditione Hongariæ, aut alio magno scandalo inde sequuturo: quæ provisio non aliter pro præsenti commodè fieri potest, nisi mediantibus pecuniis in stipendia Hongarorum convertendis, qui dicunt nullatenùs posse aliter onus guerræ contrà dictum Turchum sustinere. Et ut huic materiæ succurratur, vestra Sanctitas decimam beneficiorum Ecclesiasticorum Franciæ postulat.

Beatissime Pater, ut pluries expositum fuit vestræ Sanctitati, in fide orthodoxâ nullus invenietur Princeps inclinatior ad effectualem succursum fidei orthodoxæ, nullatenùs parendo consanguineis, subditis, & facultatibus regni, imò, & proprium exponendo personam, si opus fuerit, & facultas aderit, quàm Rex Christianissimus supremus dominus noster Regno, terris, & dominiis suis in securitate manentibus: quod si secùs fieret, nec humanâ rationabile, aut laudabile à quoquam reputari deberet.

Igitur aperturam faciente vestrâ Sanctitate, ut conventio teneatur inter Reges præfatos ob securitatem & amicitiam inter eos procurandam & componendam, & discordiam & hæsitationem cedendam, hoc laudabile & gratiosum plurimum . . . . . quia inimicos nostros formidemus rationibus prioribus diebus de . . . . ob honorem Dei, Sedis Apostolicæ, & orthodoxæ fidei ac propter bona quæ . . . . contingere sperata sunt. Et utinam finis succedere posset votivus . . . . . nobis pacificatis & viribus coadunatis Turchum illum immanissimum . . . . . possemus ad honorem Salvatoris nostri JESU-CHRISTI, qui pro nobis debella . . . . . fidei exaltationem, ac nostrarum salutem animarum. Et credimus præfatum Principem nostrum hanc aperturam non egre suscipere.

De locis tamen certitudinem ullam minime dare possumus, quamquam speramus loca ipsa, aut aliqua ipsorum satis grata fore supremo domino nostro. Quia tamen hæc in dispositione prædictorum Principum plus videtur jacere, quàm in nobis, relationem condignam faciemus Christianissimo nostro Principi, ut hac in re deliberare valeat, certioremque vestram reddere Sanctitatem; idemque speramus fore pro parte Serenissimi Regis Angliæ. Et certitudinibus hinc inde habitis, poterit locus aptiùs appunctuari & concordari, & ut Princeps noster animum ferventiorem ad hæc præstare dignetur, obscuritate omni seclusâ libenter intelligeremus à vestrâ Sanctitate, quisnam Legatus à latere transmittendus erit ex parte vestræ Sanctitatis in conventione prædictâ.

Et cum inter cæteros Principes prænominatos placuit vestræ Sanctitati semper cum Regibus nominatim comprehendere illustrissimum dominum Burgundiæ Ducem, ut intersit, vel ejus Oratores in conventione præloquutâ. Nulli dubium est illustrissimum illum Principem à prosapiâ Liliatorum descendisse, consanguineum proximum & subditum Christianissimæ Majestatis fore, & tamquam talem toties quoties treugæ aut appunctuamenta habita fuerunt inter Regem nostrum christianissimum & Anglos; idem Rex christianissimus in præfatis treugis & appunctuamentis illustrissimum illum Ducem de parte suâ cum cæteris Magnatibus & Proceribus Regni in gradu suo semper eum comprehendit, speramusque in præsenti conventione quòd similiter faciet. Sed omnibus notum est cum guerra . . . . inter Francos & Anglos, Regibus ipsis Franciæ & Angliæ pertinet etiam tacere, & appunctuamenta, quorum subditi fideles & obsequiales semper in iis comprehenduntur.

Ad secundam verò partem, mentionem facientem de decimâ levandâ in Regno Franciæ recentis memoriæ est decimam nuperrimè levatam in præfato regno, cujus solutio vix adhuc perfecta est, aut saltem qui hac de causâ fuerant, minimè isto dè quieti fuitque in favorem fidei ad verum valorem collecta secundùm privilegium Gallicanum, quòd nullatenus permissum fuisset, nisi in favorem fidei. Et si pecuniæ adhuc integræ sunt, prout verisimiliter credendum est, non est opus nuncium petere decimam. Si autem consumptæ sunt, fructus nullus exinde nobis apparet sequutus. Et nisi horum declaratio clarior, & Regi ac Prælatis magis notorie videretur, nullo modo ausi essemus postulatam nuperrimè concordare decimam, nec facultatem habemus aut potestatem faciendi. Vidimus, perlegimus, & iterato prospeximus nostras instructiones, quæ procuratorium nostrum limitant, tenore quarum certum est omnibus intuentibus, quòd ita est sicut dicimus, nec aliter facere possumus. Quòd & si faceremus, semotâ pœnâ Legatorum transcendentium fines mandati nostri promissi, concordia aut concessa invalidæ essent, nec apud Principem nostrum ratificarentur, aut homologarentur.

Præterea nobis visum est vestram Sanctitatem advertere debere ad unum in hac materiâ; cupit enim eadem Sanctitas conventionem futuram votivum suscipere effectum, quod formidandum plurimum foret, alium finem suscipere, si prædicta concordaremus; quia ultra ea quæ nobis impingi possent pro transgressione mandati, dicerent Prælati, & non absque colore, quòd istud esset præparativum alterius decimæ, vel aliarum decimarum in conventione prædicta tenienda; conquererenturque quòd dicti Prælati, & non absque causâ, ex solutione primæ decimæ; & formidantes de tertiâ aut quartâ decimis, plus forsan optarent conclusionem nullam fore in conventione speratâ, quàm illum exitum votivum ab eâdem Sanctitate desideratum. Et ratio, quia inde sequi posset destructio omnium Ecclesiarum Regni nostri, aut saltem onus valde importabile.

Et ad objectum nobis factum quòd tres decimæ sunt in Italiâ. A . . . . . ratio, Beate Pater, nostro in Regno pactum reformat; nam majoris valoris est unius provinciæ decima in Regno nostro, quàm mediæ partis aut duarum partium totius Italiæ; sciunt qui receptas fecerunt, & redditus cognoscunt Ecclesiarum.

Et ad comparationem nobis factam de illustrissimo domino Duce Burgundiæ, qui armatam sex millium hominum promisit pro succursu fidei, &c. quamquam non tantæ sit æstimationis & reputationis, sicut est potentissimus Francorum Rex; habere debet vestra Beatitudo tria pro constanti à Rege nostro Christianissimo: primum, quòd quidquid promisit retractis temporibus cuicumque personæ, inconcussè observavit: secundum, quòd quidquid promittet, effectualiter adimplebit: tertium, quòd nunquam sub incerto, aut conditione promissum aliquod faciet.

Promissum enim illustrissimi domini Ducis Burgundiæ sub incerto est & cum conditione; videlicet tam pro subsidio jam levato in Regno & extra Regnum, quàm pro subsidio levando in prædictis terris. Et etiam hoc promittit tam pro terris & dominiis suis existentibus in Regno, quàm extra Regnum, nullâ factâ divisione aut partitione hominum subsidiandorum & levandorum pro terris Regnicolis & forensibus.

Et non mirum si plura promisit ipse dominus Dux Burgundiæ; nam jam plures pecunias levavit in regno permissu Christianissimæ Majestatis, qui in favorem fidei litteras auctoritatis & facultatis eidem concessit levandi subsidia supra gentibus Ecclesiasticis, ac etiam laïcis in omnibus terris & dominiis existentibus in Regno, sicut postulare & expetere voluit, interdicendo suæ supremæ Curiæ Parlamenti, ac etiam Cameræ suæ omnia remedia & provisiones, quæ huic materiæ præjudicare possent. Quibus de causis nullum impedimentum in levatione earum invenit: quod secus factum fuisset, nisi auxilio Christianissimæ Majestatis . . . . medio superiùs tacto. Nam cum denarii sint Principis supremi, levari nequeunt publicè cessante auctoritate prædicti Principis supremi. Non loquor de Episcopis, aut majoribus dignitatibus Ecclesiarum; non loquor de Ducibus, Marchionibus, Comitibus, Baronibus, cæterisque Nobilibus, aut Burgensibus, imò de . . . . . minore Curato, Capellano, vel respectu status laïcalis agricultore vel ministrali. Si à levatione, aut exactione prædictarum pecuniarum appellarent, incontinenti provisionem obti-

Diplomatum, &c. 811

nuissent, & quas ...... pecunias sic levatas ad utilitatem sæpe dicti dominii Ducis Burgundiæ occasione præmissâ, credendum & ipsum dominum dictum sanas & intactas apud ipsum conservare.

Quod non ita dici potest de Christianissimo Rege: nam ob causam supradictam sui ex parte nullæ fuerunt in suo Regno pecuniæ levatæ : & quoad decimam modernam super gentes Ecclesiasticas, numquam ad eum solus denarius pervenit, nec apud ipsum remansit; hoc excepto duntaxat, quòd ejus jussu Fratres Ordinis de Rhodo pro conservatione suæ Insulæ, quod pium opus erat, sexdecim millia ducatorum ex prædictâ decimâ receperunt, residuo remanente in dispositione Sedis Apostolicæ.

Et ideo, Beatissime Pater, non ægrè ferat vestra Beatitudo, si decimam aut aliud subsidium certum inpræsentiarum minimè offerimus; quia longa est differentia materiæ Regis, & Regni nostri ergà plures alios, qui non simili laborant ægritudine.

Sed nomine suæ Majestatis illud dicere & assecurare possumus, quòd Regno Franciæ in securitate respectu suorum inimicorum remanente, tùm de subditis, tùm de facultatibus Regni, tùm de bonis Ecclesiarum & laïcorum, & si opus sit de propriâ personâ nullus fervention, inclinatior, aut amorosior cum effectu invenietur inter principes orthodoxos pro succursu & auxilio effectualibus fidei, in quantum Regni extensione concurrere poterit, & ejus vires; sicut est Christianissimus noster Rex & Princeps.

Non quia honorem, voluntatem, effectionem & potentiam aliorum Regum Serenissimorum & Principum ad causam præmissorum in ullo diminuere intendamus, nec auctoritatem, excellentiam, præ-eminentiam quascumque super eos habere vel prætendere velimus, aut ipsos præcellere quoquomodo arbitremur, nisi juxtà gradum & ritum antiquitùs observatum. Imò de ipsius nostri Principis sacratissimi voluntate nos certos ita reddimus, quòd unicuique Regni & Principi honorem vult servare illæsum, cum ipsis ad perfectionem hujus sancti operis laborare curans, viresque suas cum eisdem adunare, communique consilio uti, ut unanimi consensu, voluntate unità, & zelo orthodoxo classem potentissimam parare possint, negotiumque peragere Deo gratum, suæque fidei & universæ christianitati utile; unde in hac vitâ honorem quilibet in suo gradu, & juxtà suorum exigentiam meritorum reportare possit, & in fine gloriam consequi sempiternam.

Restat tamen unum quod abique prætermissione honoris Principis nostri & nostræ nationis, maximæque culpæ nobis realpinatis imponendæ nullatenùs subticere possumus. Cum illâ tamen humilitate & sincerâ devotione, quibus decet sanctam alloqui Apostolicam sedem explicanda, quam exoramus, ut cum benignâ supportatione & affabili mansuetudine ipsa suscipere dignetur.

Anno MCCCCLIX.

P II *Papæ II. Responsio ad orationem Oratorum Gallicorum in celebri conventu Mantuo publicè habita, & divinitùs uno spiritu pro sui excusatione recitata.*

Joan. 8. 46.

Responsuri verbis vestris, insignes Oratores, quæ superioribus diebus non habita longè plura continuerunt, quàm scripta nobis postmodum reddita, non audemus cum Salvatore nostro dicere, *Quis vestrûm de peccato nos arguet ?* Sumus enim peccatores, non negamus, & iniquitate circumdati. Solus ille bonus, solus immaculatus & innocens a-

Tom. III.

gnus, solus irreprehensibilis in hoc mundo versatus est; quem digito Joannes ostendit dicens; *Ecce agnus Dei ; ecce qui tollit peccata mundi.* Possumus tamen & audemus ipsis verbis uti, quibus Salvator usus est cum impiè nefariéque cæderetur ? *Si malè loquutus sum ; testimonium perhibe de malo: si autem benè, quid me cædis ?* Verba vestra quamvis modesta fuerint, (& nihil à vobis dictum est impudenter, nihil insolenter) existimationem tamen nostram apud intelligentes & oculatos viros non parum læsere. Nam quid aliud vestra insinuavit oratio, quàm Siciliæ Regnum Renato Regi exploratissimo jure deberi, & nos à rectitudinis tramite deviâsse, qui illud alteri concessimus, & inclytam Francorum Domum de Romanâ Ecclesiâ optimè meritam neglexîmus atque contempsimus, ex quâ Renatus ipse natus est : hæc enim licet eâ reverentiâ exposuistis quæ hoc loco digna est, & quâ tanti Regis Oratores uti decuit, reprehensos nos tamen & læsos esse his sermonibus nemo sanæ mentis ignorat. Licet igitur dicere cum Magistro & Domino nostro; Si malè loquuti fuimus, idest, si quid injustè circâ Regni Siciliæ dispositionem egimus, testimonium perhibete de malo, si autem benè, quid nos cæditis ?

Sed minimè hoc testimonium neglexistis. Ostendere enim conatiestis multis rationibus Regnum Siciliæ ad Renatum pertinere, cujus progenitores ab Ecclesiâ Romanâ investiti, possessionem ejus diuturnam obtinuêre, à Carolo scilicet, quem primum in eo Regno vocavit usque ad hunc Renatum, quem Alfonsus Rex Aragonum armis deturbavit. Etenim, quamvis aliquando Hungariæ Reges, quos vocant Dyrachienses, Regnum illud obtinuerint, à Caroli sanguine, ex quo illi descenderant, non abiit, jus autem Dyrachiensium à Reginâ Joannâ primâ ex voluntate ac decreto Romanæ sedis in Ludovicum Andegavensem Regem, sanguine Francorum genitum postea transfusum est, in quo successit filius sui nominis, & iterum nepos Ludovicus tertius, & denique Renatus, de quo nunc agitur, & cui Regnum hoc non solùm ex concessione Romani Pontificis Eugenii, sed paterno & avito successionis jure deberi putatis.

Commemorastis deinde Francorum in Apostolicam sedem & præclara & multa merita, quibus postergatis aut oblivioni traditis haud rectè à nobis factum esse contenditis, quòd Regnum Siciliæ in Aragonensem familiam transmiserimus. In quo non solùm nos, sed prædecessores nostros arguitis, & tùm injustitiâ, tùm ingratitudinem Romanæ primæque sedis accusare videmini.

His nos morsibus impetiti, his colaphis cæsi, his vulnerati sagittis sumus ; sic vos testimonium de malo nostro perhibetis. Non dicemus hîc quod ex officio dignitatique Sedi nostræ competit : oves pastorem suum non accusent, neque reprehendant, non damnabimus ferram tamquam surgat adversùs illum qui trahit in illâ ; beatum Petrum Apostolorum Principem, cujus locum tenemus indigni, potiùs imitabimur, qui reprehensus quod ad gentiles divertisset, rationem facti sui reddere non recusavit, neque beatum Leonem IV. si oportuerit sequi pigebit, qui ad Ludovicum Imperatorem scribens : » Nos, inquit, « si quid incompetenter egimus, & in subditis ju-« stæ legis tramitem non servavimus, vestro ac Mis-« forum vestrorum cuncta volumus emendari judicio. « Sic enim ex humilitatis dispensatione sæpe præ-« decessores factitarunt, ut rationem de omnibus etiam minimis redderent eorum quæ fecissent. Neque enim tamquam *dominantes in cleris*, sed *forma facti gregis* esse debemus, non ignorantes, potestatem in Ecclesiâ ad ædificationem non in destructionem nobis

Ibid. 1. 29.

Luc. 18. 23.

Leo IV. Papa.

1. Pet. 5. 3.

KKKkk ij

attributam, & quòd tanto promptiores ad reddendam rationem nos ipsos exhibere debemus, quanto majoribus cumulati donis & præventi gratiis à Domino sumus: nam multa quæ aliis essent levia & dignâ veniâ, peccata nobis capitalia sunt: verum est enim quod ille ait, quamquam profanus & ethnicus auctor:

Omne animi vitium tanto conspectius in se
Crimen habet, quanto major qui peccat habetur.

Quòd si piè & justè vivere præceptum omnibus est, hoc tamen Romanum Præsulem præ cæteris decet, qui gregis Dominici Pastor & Caput Ecclesiæ, suo exemplo reliquos trahit: hunc non solùm esse propter se ipsum, sed videri quoque bonum propter proximos oportet. Neque cuiquam tam necessarium est, quàm Summo Sacerdoti famam servare bonam, cujus neglectores testimonio Salomonis crudeles habentur.

Feretis igitur æquo animo, Præstantissimi Oratores, si nostri nominis curam gerentes, innocentiam nostram tùm cæteris omnibus, tùm Regi vestro excellentissimo notam facere studebimus, & de his quæ sunt nobis objecta purgabimur. Etenim quamvis per infamiam & bonam famam transeundum esse Apostolus ait, summo tamen studio innitendum est ut falsi rumores cessent, & boni nominis odor custodiatur, & omis calumnia procul absit. Putabamus quidem Regem Franciæ nihil sinistri de nobis credere, in his præsertim rebus quæ suam Serenitatem concernunt. Nam teste Deo, cui mentiri sceleratissimum est, suum honorem, suamque gloriam & Domûs suæ claritatem, Regnique potentiam semper magni fecimus, & multa in ejus laudem publicè privatimque sumus loquuti; nunc de nobis cur malè sentiat, & cur sibi putet injuriatum, non possumus non mirari. Delatorum hæc jacula sunt: suggesserunt impii pio Regi non vera, falsa calumnia nobis imposita est. Angeremur cruciaremurque vehementiùs, nisi sciremus solitam esse Apostolicam cymbam sæpenumero fluctuare, & procellis agitari frequentibus. Semper virtutes invidia sequitur, feriuntque summos fulgura montes. Symmachum & Damasum prædecessores nostros falsi accusatores, in magna dejecêre pericula. Nec Petro nec Paulo calumniatorum verba pepercêre. *Non est discipulus suprà magistrum, nec servus major domino suo.* Salvatorem nostrum alii vini potatorem, alii dæmonium habere mentiti sunt. Quid mirum, si & nos vilis pulvis ac cinis labiis subjacemus iniquis? Non dolemus quòd nos lingua dolosa persequitur, sed Regi optimo pessimam linguam fecisse fidem molestissimè & amarissimè ferimus. Rectè Pythagoras hirundinem idest garrulum, & verbosum relatorem in domo non esse tenendum monuit: & Propheta liberari sese optat *à labiis iniquis & à linguâ dolosâ.*

Vulneraverunt nos verba malorum, & apud sapientem Regem velut stulti habiti sumus; stultos dicimus, quia omnis injustus stultitiæ argui potest. Injustitia nobis & ingratitudo imputata est, qui Renato Regi benè merenti jus suum abstulisse dicimur: tolerabimus ne hanc infamiam? an potiùs innocentiam nostram & Apostolicæ sedis clementiam, justitiam, æquitatem, benignitatem omnibus ostendemus? Vos Regii Oratores filii estis Apostolicæ sedis, non audietis invitî matrem vestram objecta sibi diluere crimina; docti & justi estis; libenter quæ justa sunt audietis, Regem vestrum magnopere colitis, gratum vobis erit, illi nos nihil injuriatos fuisse verbis nostris intelligere: ipse quoque Rex, ut nostra

Matt. 10. 24.

Psal. 119. 2.

a *quis Danos*] Videtur Pius rem augere per jocum ut

fert opinio, quæ sibi de nostro in se aut suos odio relata sunt, ut falsa demonstrentur plurimum cupit: satisfaciemus desiderio suo, &. vobis, qui etsi vestrâ oratione existimationem nostram haud parum læsistis, non tamen vestro nomine loquuti estis, sed Regis, cui remotè à nobis agenti facile fuit falsa pro veris inculcare. Sed jam ad rem veniamus, vobisque per singula capitula respondeamus.

Duo principaliter per vos proposita sunt; primum Januam respicit, alterum regem Renatum. In primo commendastis nobis nobilem populum. Januæ, qui commendatissimus nobis erit & suis meritis, & Regiâ contemplatione. Petivistis Archipræsulem ejus urbis tamquam læsæ majestatis reum ad aliam Ecclesiam transferri. Obstant desiderio vestro decreta Summorum Pontificum, quæ Prælatos invitos non cognitâ causâ transferri prohibent: quod etiam in Concilio Constantiensi exstitit repetitum. Placet tamen vobis requirentibus causam adversùs eum committere, & juxtà canonicas sanctiones procedere.

Supplicastis deinde ut heredibus Perrini quondam Januensis Ducis in eâ causâ quam habent adversùs mercatores Avinionenses, silentium imponamus. Non est moris nostri cuiquam silentium imponere, nisi causâ diligenter inspectâ. Suspendemus tamen censuras jam fulminatas ad aliquod tempus, ut interim negotium discuti possit, & justitia vobis favorabiliter ministrari.

In secundo principali membro quatuor capita esse notavimus: primum jus Renati Regis illustris in Regno Siciliæ: secundum gloriosa Francorum gesta: tertium contumeliam eis factam: quartum & postremum petitiones Regis concludit. Reddenda est sua unicuique particulæ responsio & succincta, & pro rei magnitudine brevis. Nam quod primò dicitis, Regnum Siciliæ Regi Renato deberi, neque improbamus priusquàm causa discutiatur. Quòd si dicat aliquis, cur ergo indiscussâ & incognitâ causâ Ferdinando regnum commisisti? reddetur ratio inferiùs: nunc tantùm hoc dicimus, nos vestro juri minimè adversari, neque ullam esse gentem cui de Regno illo magis quàm Francis faveamus, si constiterit eis jus competere. Nam cur nos Francorum genus excluderemus, quod tùm nobilissimum, tùm virtutis amantissimum est, ac de nostrâ Sede optimè meritum? Non exclusimus nos Francos, sed exclusi invenimus; non prætulimus aliquem sanguini vestro, sed prælatum invenimus: non viam novam reperimus, sed veterem tenuimus: nihil juri Francorum detraximus, quamvis Regnum ac Regni coronam Ferdinando certo modo concessimus sicut postea suo loco pressiùs ostendemus. Sicubi de jure contentio est, nihil aliud nobis incumbit quàm partibus auditis jus reddere, qui Regni Siciliæ directum dominium Romanæ Ecclesiæ nomine nullo dubitante retinemus. Verùm sicut ea quæ de Renati Regis jure dixistis, neque negamus, neque probamus, ita & illa manifestè atque apertissimè confirmamus, quæ de gestis Francorum magnificentissimis, & eorum ingentibus meritis in medium attulistis. Magna est Karoli Martelli laus, major Pippini, & maxima sequentis Karoli, qui ob ingentia facta id Magni cognomen adeptus est, quod Alexander Macedo orbe subacto, & Gneus Pompeius, & Constantinus primus clarissimis rebus gestis meruêre, plena est omnis Francorum historia præconiis: nulla unquam ætas vestræ gentis gloriam conticescet. Nam quis Danos ᵃ Normannoque religionem Christi per Galliam persequentes compescuit? Franci. Quis Sa-

elevet, & omissis veris, falsas Francis laudes tribuere. Nam

Objecta ab Oratoribus Regis Galliæ diluit.

Responsio Pii Papæ.

Quî tia præ Jus dific

Præclara Francorum facinora explicantur.

xones toties fidei Catholicæ rebellantes perfregit ? Franci. Quis Bohemos ac Polonos Christiano nomini insultantes in fræna redegit ? Franci. Quis Hungaros Pannonias devastantes coercuit ? Franci. Quis Longobardos Romanam diripientes Ecclesiam contrivit ? Franci. Quis Græcos ex Campaniâ atque ex Apuliâ expulit ? Franci. Quis Saracenos ex Trinacriâ deturbavit ? Franci. Quis citeriorem Hispaniam ex Maurorum manibus eripuit ? Franci. Quis Antiochiam, Ptolomaïdam, Alexandriam, & nostræ salutis officinam Hierosolymam ex Barbarorum dentibus aliquando extrahere præsumsit ? Franci. Qui usque ad Euphratem & Tigrum signum Crucis portare, & Edissam Mesopotamiæ urbem Christiano nomini restituere ausi sunt ? Franci. Quis vexatam, laceratam, conculcatam, & omnibus modis à tyrannis oppressam Apostolicam Sedem in pristinam libertatem & gloriam reduxit ? Franci.

Non sunt hæc ignota ; non potest abscondi civitas suprà montem posita ; nulla gens tam barbara, tam inculta, tam inhospita est, ad quam Francorum gloria non pervenerit. Illustræ gentis nomen in omne permanebit ævum : patres filiis, & filii nepotibus in generatione & generationem nobilissimi sanguinis excellentiam & clarissima facta referabunt. Exegit sibi Francorum virtus monumentum ære perennius, quod nulla possit destruere vetustas.

Sed cur hæc ante oculos nostros commemorantur, qui nunquam ea negavimus, sed publicè ac privatim honoris causâ sæpè recitavimus ? An ista commemoratio exprobratio est immemoris beneficii ? Nemo quidem qui vos audierit, Oratores, alio sensu loquutos putat. Et sanè ita est. Nam cum vos hæc retulistis majorum insignia ; cur veterum imagines ante oculos nostros posuistis ? cur triumphos & vestræ gentis trophæa commemorastis, & Romanam Ecclesiam suis adjutam viribus exposuistis, nisi quòd indigna perpessos esse Francos arbitramini, quibus post tot beneficia, tùm religioni, tùm fidei Catholicæ, & Romanæ Ecclesiæ præstita, Regnum Siciliæ est ademptum ? Ingrata igitur Sedes Apostolica, ingrati & nos qui bene merentibus jus suum auferimus, indignis alienum concedimus.

Quæ beneficia Francis præstiterunt Summi Pontifices.

Excusanda est hoc loco sacro-sanctæ Romanæ & Apostolicæ Sedis auctoritas, & ab ingratitudinis notâ eximenda tanta majestas. Ad quam rem necessarium est, ut & beneficia referantur, quæ Romani Præsules in Francorum familiam contulerunt : neque erit inutile & hanc partem cognovisse. Fatemur, magna sunt, neque quispiam parva dixerit, quæ Franci Romanæ Sedi præstiterunt ; sed & mater Apostolica Sedes benemerentes filios suos non rejicit, nec laborantes in vineâ Domini mercede debitâ fraudat ; horum siquidem quæ liliati gessere perpetuè memor, quæcumque hactenùs potuit, quæcumque habuit in augmentum gloriæ eorum salutisque contulit ; semperque ut domum illam præcipuam tenuit, cujus præsidio in suis adversis se tueretur, sic & primam habuit in quam omnem amoris, & benignitatisque suæ sinum effunderet. Nam si vetera simul & nova recolimus, beneficentissima semper inventa est Beati Petri & Summi Præsulis cathedra cùm in cæteros omnes, tum vestros in Francos. Insistamus hîc paululum, & quantum generi vestro profuerit, quantum faverit, quantum consuluerit animadvertamus. Quis vobis lumen fidei, quis legem Evangelicam, quis Christi sacramenta, quis viam vitæ, nisi Sedes Apostolica monstravit ? *Eratis aliquando tenebræ, nunc autem lux in Domino estis*. Eratis mancipia satanæ, nunc filii Dei per adoptionem facti estis : eratis gehennæ servi, nunc hæreditatem Regni cœlestis exspectatis. Unde vobis hæc libertas, nisi per primam Sedem, quæ missis in Galliam atque Germaniam Prædicatoribus verbi Dei, exstirpato lolio, bonum tritici semen in cordibus patrum vestrorum seminavit, & aberrantes Francos ad ovile Christi perduxit ? Nihil his majus inveniri potest, nulla his compensari dona, nulla beneficia, nulla obsequia possunt : spiritualia hæc, & tam vestræ quàm aliis nationibus communia.

Ad sæcularia veniamus ; & in his quoque multa sunt quæ recenseri possunt ab Apostolicâ majestate in Francorum prosapiam congesta cumulataque dona. Languebat eorum Regnum, & ad internecionem defluebat in manibus Childerici inutilis Regis : non tulit Zacharias antecessor noster nobilissimi Regni ruinam, sed missis Legatis Regem totondit, & in Monasterio reclusit, Pipinoque qui Major domûs esset & ingenio valeret, regium nomen & gubernationem commisit. Atque ita servatum est Franciæ Regnum, & in gentem quæ nunc regnat derivatum, quod per rectam lineam in aliam familiam defertebatur : nam Pippinus quamvis Francus, Regis sanguine natus, gradu tamen remotior erat. Hanc ille ex Apostolicâ Sede gratiam tulit, nec minorem filius ejus Carolus consequutus est. Nam cum defuncto patre germanus quoque Carolomanus obiisset, uxor ejus Berta Hildegardæ uxoris Caroli gloriæ invidens, & Desiderium Longobardorum Regem cum liberis confugit, quos ille benignè excepit, existimans per eos Francorum vires se facilè concussurum, præsertim si Romanus Præsul ex filiis Karlomanni alterum in Franciæ Regem inungeret. Præsidebat tunc in Apostolicâ Sede Hadrianus primus, qui neque minis, neque promissis ullis flecti potuit ut impio Desiderii desiderio consentiret, quamvis exarchatus Ravennas, & omnis ager Ecclesiæ Longobardorum ferro diriperetur, & igne vastaretur : quæ res Carolo unitum Regnum retinuit.

Magnum hoc, sed majus illud, quod Leo tertius Romanus Præsul in eumdem Karolum contulit. Etenim Leone quarto, qui duos inter Constantinos imperavit, alterius filius, alterius pater, Italiam negligente, & in hæresim lapso, qui culturas imaginum exhorrebat prohibebatque, indignatus Leo Pontifex Maximus imperium de Græcis ad Germanos in personâ magnifici Caroli Magni transtulit. Quid majus potuit Apostolica sedes præstare Francorum Domui, quàm eam Romano Imperio decorare, provinciarum dominam & principem populorum, gentium : nationumque constituere ? *Quid potui facere vineæ meæ*, (inquit Propheta in personâ Domini) *& non feci* ? honorata est præ cæteris Francorum gens, & in sublimi vertice montium à Romanâ Ecclesiâ susceptô Imperiô collocata. Neque ut vos asserere visi estis, dimidiatum Imperium ad Francos transmissum est, sive duo imperia facta, Græcorum alterum, Latinorum alterum. Nunquam Romani Præsules hanc absurditatem commisissent, ut hosti fidei gladium dimitterent. Totum & solidum translatum est Imperium : sed Carolus ipse cum Hirene priùs Imperatrice, & Constantini sexti matre, & deinde cum Nicephoro Patricio, & cum eodem postea Imperatoris nomen adepto imperium partitus est : & quod totum accepit, dimidiatum retinuit, Orientales Græcis partes dimittens, sibi Occiduas servans : & quamvis Imperium ad eos Francos transierit, qui tum Galliam Germaniamque

Normannis & Danis victoribus agros dare coacti sunt Franci adeò eos compescere non potuerunt. Cum Hungaris & Polonis res Francis non fuit : iidem nec Græcos ex Campaniâ, nec Saracenos è Siciliâ aut citeriore Hispaniâ expulerunt. Sic Acherius.

possidebant, & postea in eis continuatum sit, qui Germaniæ præsunt, non tamen Franci qui remanserunt in Galliâ, quorum Carolus soboles est, ab Apostolicâ Sede relicti sunt. Quis enim tot Pontificales, tot Metropolitanas Sedes in Regno Franciæ, nisi Romanus Pontifex erigi jussit? Quis tot privilegia, tot gratias, tot indulgentias vestris Ecclesiis ac Monasteriis, nisi Romanus Pontifex concessit? Quis Gymnasia literarum, Scholam illam Parisiensem toto orbe celebrem & famâ claram, nisi Beati Petri successores illustraverunt, à quibus ea indulta consecuta est, quæ vix optare audebat?

Regnum Siciliæ ad Francos quomodo pervenit.

Illud quoque quod à vobis relatum est de Regno Siciliæ, in Francorum Familiam translato, quis non intelligit præclarum & maximum fuisse munus? Dicet fortasse quispiam, & vos idem oratione vestrâ sentire videmini, occupabant tyranni Regnum, Manfredusque armis potens expelli non poterat, largita est Romana Sedes quod sibi obtinere nequibat; donare quàm perdere maluit. Haud quidem ita est. Innocentius enim quartus Romanæ urbis Antistes, natione Januensis, cum deposito Frederico ex Galliâ in Italiam rediisset, Neapolim se contulit, ibique tamquam dominus receptus est; ad quem salutandum omnes ferme Regni Proceres concurrerunt, se suaque illi committentes; inter quos etiam Manfredus fuit; neque dubium erat quin Regno toto potitus fuisset Innocentius, nisi morte inmatura rebus excessisset humanis. Nec minor spes successoribus offerebatur, si non minor illis animus, non segnior cura fuisset quàm Innocentio. Sed defuncto Alexandro quarto apud Avarinam, qui successerat Innocentio, Urbanus quartus natione Trecensis, armorum curam & belli molestias ut par erat execratus, Carolum Andegavensem ex Francorum domo ad Regnum vocandum censuit; sed priùs obiit quàm Carolus intraret Italiam: intravit autem sub Clemente quarto cum triginta triremibus Romam petens; ubi per annum Senatoriâ dignitate functus, & deinde cum conjuge Beatrice jussu Pontificis apud Lateranum Siculi Regni coronam adeptus, ad bellum profectus est; in quo victor, non sine magnis Ecclesiæ Romanæ auxiliis, possessionem Regni quietam & tranquillam obtinuit. Fuissent & alii qui hoc oneris cum tanto honore & cum tanto emolumento cupidè suscepissent, sed Liliatos, ut vos appellatis, præferendos omnibus censuit Apostolica majestas. Intrarunt Franci Regnum, eoque armis potiti sunt; at non sine Romanæ Ecclesiæ præsidio, quæ non solùm titulum dedit, sed etiam arma conjunxit, & anathema in hostes promulgavit, quod non parvi momenti fuit. Tenuerunt exinde Franci Regnum longo tempore (non imus inficias) Carolus, & item Carolus, & Robertus, & Joanna quæ prior dicta est, at non sine favore & magnâ ope Romanorum Pontificum. Neque enim Coradinus Frederici II. nepos, qui conflato numerosa exercitu ex Germaniâ in Italiam venerat, ut avitum Regnum vindicaret, absque Romani Præsulis auxilio vinci capique potuisset.

Joannes xxi. adeo Carolum dilexit, ut ei Græcorum Imperium committere cogitaverit, fecissetque suo desiderio satis, privato Michaële Palæologo ab conventa Lugduni non servata, nisi cogitationes actionesque suas repentinus interrupisset obitus. Simile studium fuit & Martini quarti, qui Nicolaum tertium sequutus est. Ipse enim Senatoriam dignitatem Carolo restituit, & Michaëlem Constantinopolitanum excommunicavit. Impedivit autem Martini conatus Siculorum novitas, & Petrus Aragonensis qui rebellantem Carolo Trinacriam advectus, eam cum validâ classe sibi subegit. Multa inter Carolum, & Petrum terrâ marique sequuta sunt prælia, & ingentibus cladibus concussum est Regnum, nec servari à Francis potuisset ni sedes Apostolica adjutrix fuisset. Captus fuit navali prælio Carolus secundus, & apud Aragoniam in carcere detinebatur cum Carolus pater vita excessit. Nutabant sine Principe, sine auxiliis Neapolitani, Capuani, Gaietani, cæterique Regni accolæ. Sed affuit Apostolicæ Sedis Legatus, qui consolatus afflictum & penè desperantem populum in fide retinuit, neque ullum Petrus Aragonensis apud Romanam Ecclesiam præsidium invenire potuit, quominùs cum filiis & uxore extrà Ecclesiam fieret, quoniam Francis fuisset injuriatus Martinus quartus in eum anathema promulgavit, quod etiam Honorius quartus gente Sabellâ natus innotavit. Nisi Romani Præsulis Francorum partes enixissimè adjuvissent, emarcuisset in carcere Carolus secundus, & Regnum Siciliæ in alienas manus haud dubiè pervenisset. Quid Robertus Caroli hujus filius? An & hic Romanam Ecclesiam sibi clementem & benignam expertus est. Qualia ei & quàm inexplicabilia cum Romano Imperatore Henrico septimo certamina imminebant, nisi Clemens quintus auxilio fuisset, qui etiam sui causâ Clementinam eam edidit, quam vocant *Pastoralis*.

Quid Carolus Roberti filius, qui Florentiæ dominatum obtinuit? Quos & illi favores Joannes xxii. adversùs Vicecomites Mediolanenses præstitit? Qui etiam Joannem è gente Ursinâ Cardinalem, magni nominis virum, in Etruriam ut ipsi assisteret Legatum mittere non dubitavit. Quid Joanna? Numquid & ipsa hujus Sedis auxilia persensit? Fugerat ipsa cum secundo viro in Provinciam Narbonensem, cum Ludovicus Rex Hungariæ ulturus fratrem, quem Joanna virum suum interfici jussisse ferebatur magnis congregatis copiis in Apuliam trajecisset. At sequestro Romano Pontifice Clemente sexto, qui Legatum ad eam rem misit Guidonem Episcopum Portuensem, pax his legibus data est, ut Joanna Regnum recuperaret. Scissum est deinde Regnum, & ipse Francorum sanguis inter se collisus est. Nam cum Ludovicus Rex Hungariæ iterum necis fraternæ memor Carolum in Italiam misisset, qui pœnas interfecti viri ex Joannâ deposceret, & jam hic deletis Joannæ copiis & captâ Neapoli, Regnum in potestatem suam redegisset, Joannamque novâ in arce clausam obsedisset: Ludovicus verò Andegavensis ad eam liberandam cum magnâ equitum manu in Regnum venisset, & jam Schisma esset in Ecclesiâ Dei, & Franci atque Hispani Clementem septimum, Romani & reliqui ferme omnes Urbanum sextum Beati Petri successorem putarent: ut quisque Pontifex sibi consultum ratus est, sic favores suos impertitus est; nec tamen à Francorum sanguine recissum est. Siquidem & Dyrrachienses & Andegavenses Francorum à stirpe duxerunt originem. Urbanus sextus primò amicus, deinde hostis Carolo Dyrrachiensi fuit, quem etiam Regno privasse fertur, cum circumseptus in Etruriâ ab eo detineretur, nec filio ejus Ladislao impuberi placatus est, cui & Regni possessionem admere conatus est, & Ludovici Andegavensis partibus favit.

Contrariam viam tenuit Bonifacius ix. successor ejus, qui Ladislaum ad Regnum restitui, & coronam mandavit, Ludovici fautoribus & amicis prorsùs attritis. Derivata est in partes Summus Pontificatus per varias manus usque ad Joannem xxiii. qui Constantiæ in magnâ synodo durante Schismate depositus est, cum defuncto Bonifacio nono Innocentius septimus, & Gregorius duodecimus, & Alexander quintus in Apostolicâ Cathedrâ sedissent. Joannes autem adeo partibus Andegavensium favit, ut priùs

Romam pelli sustinuerit quàm Ladislao conciliari vellet.

Quid Martinus quintus? Quanta hic Pontifex incommoda passus est, ut generi Andegavensi Regnum servaret? Adoptaverat Joanna secunda Ludovicum Andegavensem sibi filium: Id ratum Martinus habuit. Cùm mutasset Joanna propositum, & Alfonsum ex Aragoniâ vocavisset, non mutavit Martinus aut animum aut sententiam; sed amicus Ludovico, Alfonso semper infestus fuit. Invaserat Brachius Perusinus Aquilam haud contemnendam Aprutiorum urbem, eamque cinctam obsidione premebat: neque dubium videbatur quin eâ potitus, universum ad se Regnum traheret, tanta ejus inter belli duces auctoritas erat. Martinus collecto milite, & magnis copiis magno ære paratis, inter quarum Ductores Franciscus Sfortia, qui nunc Mediolanensibus dominatur, tunc admodum adolescens egregiam navavit operam, victus est in prælio Brachius captusque, paulo post ex vulnere mortuus, obsessa civitas liberata, & Regnum Andegavensi familiæ Romanæ Ecclesiæ sumptibus reservatum. Cumque Alfonsus modo unâ, modo alterâ viâ Regnum invaderet, & recentibus dietim classibus urgeret, semper Martinum adversum habuit, nec eo vivo potiri suo desiderio valuit, ab illius ducibus impeditus, & ab eo extrà sacramenta & Communionem fidelium factus. Et quamvis graves hi essent Martino sumptus, non tamen destitit, quin omnia experiretur, per quæ Regnum, Alfonso negatum, ad Francos integrum deveniret: non aliter Samuël Regno David, quàm Martinus Andegavensi domino favit.

Successit Martino Eugenius IV. & idem iter sequutus, summâ vi Regnum Alfonso prohibuit. Missus est adversùs eum Joannes Cardinalis Vitellus & Joannes Cardinalis Tarentinus, sæpe collatis signis & Regis & Pontificis copiæ inter se dimicârunt: & quamvis Renatus Regno excesserit, visusque fuerit victori Alfonso cedere, Eugenius tamen illi non cessit, sed omnem belli molem in se suscepit. Incredibile fuerit, si auri pondus retulerimus, quod Romana Ecclesia pro servando Francis Regno profudit. Nam solus Eugenius longè suprà quinquaginta millia auri nummûm in expeditionibus absumsit. Tacemus rapinas, incendia, cædes & innumerabilia damna, quæ subditi Ecclesiæ pertulerunt; & Anconitanæ Marchiæ perditionem, & multarum urbium rebellionem; quæ omnia passus est potiùs quàm Regi Alfonso blandiretur, Renato adversaretur, quem nunquam reliquit. Sed neque Rex ipse Carolus, qui tempestate nostrâ Franciæ præsidet, ab Apostolicâ Sede relictus est: bis enim memoriâ nostrâ Nicolaus Cardinalis sanctæ Crucis in Galliam missus est, ut quieti ejus Regni consuleret; primò ex Martini decreto, secundò Eugenii. Norunt omnes cujus doctrinæ, cujus sanctimoniæ, cujus auctoritatis hic vir fuerit, ex cujus familiâ duo Romani Præsules assumti sunt, Nicolaus V. & Pius II. Ambo enim illius discipuli & contubernales fuimus, ambo ex illius scholâ ad summum Apostolatum inscrutabili Dei judicio vocati sumus: ambo in minoribus agentes, in Atrebatensi magno Conventu ei servivimus, sed Nicolaus major natu & meritis, majori loco apud eum fuit. In eo conventu Legatus Apostolicus, quamvis capitales inimicitiæ inter Carolum Regem Franciæ & Philippum Burgundiæ Ducem vigerent, & odia hinc atque inde penè implacabilia exstarent, alteri tamen alterum conciliavit, & pacem illam Atrebatensem confecit, ex quâ Regnum Carolo firmatum & solidatum est, & afflictæ, laceratæque Franciæ quies data.

Sæpe in hunc modum Romana Sedes consolata est Francos, neque unquam Regnum in calamitate aliquam lapsum est, quin vigili curâ nostri antecessores ejus saluti studuerint. Longum esset omnia commemorare quæ Franci ex Sede nostrâ beneficia receperunt; illud exploratum manifestumque est; nulli unquam genti præcessores nostros majores honores, majores favores præstitisse quàm Francis. Quibus ex rebus non est cur prima Sedes ingratitudinis accusetur.

Sed dicitis tacitè, non bona opera esse quæ lapidantur, atque ideircò displicatis Regum Franciæ laudibus atque meritis, ad ea transivistis, quæ contrà Liliatos sive per nos sive per nostros antecessores facta esse dicuntur. Tertium hoc vestræ orationis membrum fuit, cui nunc satisfaciendum. Gravior hic locus cæteris est, in quo palam animadvertimus Regem vestrum de rebus gestis non benè instructum esse, nec vobis ipsis omnia cognita sunt: multa enim quasi vera dixistis quæ sunt à vero remota. Non impingimus modestiæ vestræ mendacium, neque vos quovis modo accusamus: ex alieno relatu loquuti estis. Verba ipsa vestra cum grano salis, ut aiunt, pronuntiata sunt, audita & vobis commissa exposuistis. Illos pœnâ dignos censemus, qui vel Regi vel vobis ficta pro veris suggessêre. Mala illis mens, malus animus. Ut nocerent nobis, os in cœlum posuêre; fulmina & flammas ore conceptas tenere non potuerunt: *Alienati sunt peccatores à vulvâ, erraverunt ab utero, loquuti sunt falsa. Sed mentita est iniquitas sibi: Et, Sagittæ parvulorum factæ sunt plagæ eorum.* Magna vis veritatis, quæ contrà omnes hominum insidias, omnes artes, per se ipsam facilè emergit. Rectè Pythagoras post Deum veritatem esse colendam affirmavit, quæ sola homines Deo proximos facit. Nihil veritate fortius, ut in Esdrâ legitur. Et in Evangelio Salvator noster sese veritatem appellat. Consentiamus igitur veritati, eique caput inclinemus, neque recedamus ab eâ: audiamus quid objiciatur.

Accusatur Eugenius prædecessor noster, quòd Alfonso Hispano & Renati hosti Regnum Siciliæ commisit; & Francorum sanguinem sprevit. Hæc injuria, hæc contumelia Regi Franciæ facta contenditur, vilipensa & contempta est nobilissima Domus, totâ eminentior Europâ, toto generosior orbe, de Romanâ Ecclesiâ optimè merita: indignum facinus, Aragonenses prælatos fuisse Francis. Quid his respondebimus? Non desunt arma quibus adversantium tela repellantur. Non negamus Regnum Siciliæ Aragonensi commissum esse; sed hortamur Francos ut facta sua meminerint; & de se ipsis rationem reddant, & judicantes alios, ut jubet Pythagoras, stateram ne transiliant. Nemo sibi ipsi ignoscat: sæpe Deum odisse deprehenditur, qui sese nimium diligit: & grandior in se ipsum pietas, in Deum impietas est. Acrem sui se judicem exhibeat necesse est, qui alios lacessit. Intelligamus igitur dilucidè pressequè tùm Renati, tùm Eugenii opera, eaque hoc loco referamus: exinde mundus judicet, imò verò Deus, apud quem non est acceptio personarum, quis alter alteri fuerit injurius. Adversatus est diù Alfonso, ut dictum est, Eugenius, & potiùs extrema omnia passus, quàm illi Regnum committeret:

Justum & tenacem propositi virum,
Non civium ardor prava jubentium,
Non vultus instantis tyranni
Mente movit solidâ.

Et quamvis Rex vester alieno auscultans consilio, novam quamdam legem & inauditam & incognitam priùs, quàm Pragmaticam vocat, servari, atque Romanam Ecclesiam in juribus suis antiquis & diutiùs observatis turbari permisisset; non tamen

Tertia Francorum Legatorum objectio.

Psal. 17. 4.
Psal. 26. 18.
Psal. 63. 8.

perduci potuit, ut Regnum Siciliæ, quod est Ecclesiæ peculiare, Francis adimeret: sed obsessum in Neapoli Renatum quibus potuit auxiliis consolatus est, frumentique copiam maximam atque vini magnam ei vim misit, quò clausum populum & fame pereuntem in fide contineret.

Cumque paulo post armis Alfonsi cedens Renatus, ad Eugenium Florentiæ agentem venisset, ab eo benignè susceptus, investituram, ut aiunt, Regni tum primùm consequutus est. Ibi multa Eugenio promissa à Renato Rege, quæ minimè observata sunt, ex quibus quinque in hac parte referre libet, quæ suis in litteris continentur aureâ bullâ munitis, quæ apud nos custoditur. Primò enim auri quinque millia nummûm brevi se numeraturum promisit, quæ postea nunquam dissoluta sunt. Promisit & cum pinguioris fortunæ fieret, unum & triginta millia: neque hæc numerata fuerunt. Promisit Ecclesiam Arelatensem procuratori Eugenii tradere; non est tradita. [Promisit Cardinali Andegavensi Ecclesiæ suæ possessionem concedere: non est concessa.] Promisit curaturum se summo studio ut pragmatica sanctio deleretur; non est deleta. Non accusamus Renatum fractæ fidei, aut promissi non servati: fortassis etiam sibi excusatio est cur hæc non fecerit, & aliqua sunt quæ non erant in suâ potestate: ipse tamen Eugenio nunquam satis excusatus est. Cum ergo hinc Rex Franciæ Romanam Ecclesiam adversùs consuetudinem progenitorum impediri sineret, & Renatus neque auxilia mitteret, neque promissa servata appareret: illinc Rex Alfonsus patrimonium beati Petri magnis exercitibus urgeret, premeret, laniaret, & Franciscus Sfortia Vicecomes, nunc Mediolanensis dominus, agrum Picenum invasisset, & Basilienses sub nomine generalis Concilii novas excitarent turbas, cepit consilium Eugenius, quod Cardinales & viri prudentes sumendum pro tempore suaserunt: non disputamus nunc de jure inter partes, hoc est agendum in judicio. Pacem Eugenius ab Alfonso non utilem tantùm, verùm etiam necessariam accepit, eique non solùm Regnum promisit, sed ultro etiam nonnulla de patrimonio Ecclesiæ oppida tradidit, inter quæ Teratina fuit, quæ olim Ansur appellata est. Sic consuetudo belli est, pax pro victoris libidine semper emitur. His de causis Eugenius Siculi Regni titulum Alfonso largitus est, cum jam Renatus nec unam domum, nec unam terræ glebam in Regno possideret, & tamquam spem omnem vindicandi posthâc Regni prorsus amisisset, arcem Novam quæ Neapoli adjacet hosti vendidisset, & nonnullis fidelitatis juramenta remisisset.

Nec Alfonsus ingratus Eugenio fuit; qui Picenos in obedientiam Ecclesiæ suis armis reduxit. Idem Eugenius Ferdinandum Alfonsi filium extrà matrimonium natum, ad Regni Neapolitani sive Siciliæ successionem auctoritate Apostolicâ idoneum reddidit, cui præter genituræ maculam nil obstabat, litteris & moribus egregiè instituto. Neque novum est hujusmodi viros ad regni fastigia provehi. Nam quamvis sancta lex est, quæ vetito natos coitu dignitatibus arcet (sic enim incontinentia non parum coërcetur) id tamen vitium patris, non filii est, & clarissimos Reges tam ex illicito quàm ex alio minus digno concubitu natos constat. Romulus ex Rheâ Sacerdote natus, & Servius ex ancillâ Romæ regnaverunt: apud Græcos Hercules clarus habetur, quamvis Alcmena ex adulterio eum genuerit; & Alexandrum Macedonem Orbis dominum

Olympias ex alio quàm ex Philippo concepisse traditur; immundâ natus ex ancillâ Masinissæ Iugustha Regnum tenuit: inter Hebræos Jacob ex ancillis magnos sustulit Patriarchas: & Phares ex Thamar inde natus est, ex cujus progenie Christi nativitas secundùm carnem trahit originem: & Jephte meretricis filius Israel judicavit: & Salomon ex eâ quæ fuit Uriæ procreatus est, cum quâ lege nostrâ matrimonium contrahere non licuisset. Et ne pluribus utamur exemplis, satis est Constantinus magnus, qui quamvis ex Helenâ stabulariâ (sicut ait Ambrosius) genitus esset, Romani tamen Imperii Monarchiam conscendit, & magnificè gubernavit: & Carolus etiam Magnus Carolum filium extrà matrimonium genitum non ignobiliter Regno præfecit [a]. Nec plura in Eugenii Apologiam.

Nunc ad Nicolaum transeundum est, qui nationi vestræ amicissimus fuit, & tamen Alfonso Regnum confirmavit, & Ferdinandi legitimationem tam gratamque habens, extendit ampliavitque. Quid hîc? si salvatur Eugenius, & Nicolaus salvus est. Ille principium dedit his quæ postea sequuta sunt. Sed procedamus ulteriùs. Per tempora Nicolai flagrabat omnis Italia bello; hinc Alfonso Veneti socia arma conjunxerant, inde Francisco Sfortia Mediolani potito Florentini ex foedere juncti, communibus viribus bellum administrabant: ardebant omnia, ubique cædes, ubique rapinæ, neque profana, neque sacra tuta erant. Elati Constantinopolitanâ victoriâ Turci, & impunè per Rasciam & Albaniam debacchati, extremum Hungaris excidium minabantur. Operæ præcium Nicolao visum est in tantis periculis de pace Italiæ agere, & arma quibus cives urgebantur in hostes vertere; conventus apud Neapolim dictus est. Eo Cardinalis Firmanus ex decreto Nicolai, Legati ex totâ Italiâ se contulêre: inter quos tandem pax conclusa est & foedus percussum, cujus conservatorem Romanum Præsulem designavere. In eo foedere ab omnibus recepto inter alia cautum est, ut quæcumque cum Alfonso Rege ordinata essent, eadem omnia cum Ferdinando filio tractata & recepta esse intelligantur, quem futurum Regni successorem idem foedus appellat: quod Apostolicæ Sedis Legatus amplexus est, omnis Italia recepit, & Nicolaus posteà ratum habuit & confirmavit. Similiter & Calixtus egit, & tam post coronationem nostram ex consilio Fratrum vestigia prædecessorum nostrorum sectantes, ne tam salutaris pacis vinculum solveretur, foedus ipsum comprobavimus: sed de rebus nostris paulò post agemus.

Nunc expositis Eugenii & Nicolai operibus, quæ quantum calumniari carpive possint planè cognoscitis; ad Calixtum transeamus, quem magnificis verbis ac laudibus prosequuti estis, nec abs re. Fuit enim doctrinâ singulari præditus, & suo tempore civilis sapientiæ facilè princeps, & maximarum rerum experientiâ callens, ut qui multorum mores vidit & urbes. Dicitis hunc quamvis ejus nationis esset, cujus Alfonso, illique multa deberet, non tamen justitiam ejus causâ violare voluisse, sed filium ejus Regno privasse. Nihil horum negamus; verùm incivile est non totum referre: supplebimus nos quod vestræ orationi defuit. Calixtus enim mox ut Pontificatum adiit, id foedus cujus suprà mentionem fecimus ratum gratumque habuit, eoque usus est cum Jacobus Picinius Senenses bello quater adversus quem vi foederis & Venetos & reliquos Italiæ Potentatus excitavit: neque Alfonso Regni investituram negasset, nisi Marchiam Anconitanam, & plura alia

---

[a] *regno fecit*] Errat hîc Pius. Nam Carolus Magnus Carolum præ cæteris filium natu maximum habuit, sed ex legitimâ uxore Hildegarde susceptum qui tamen patri non successit, cùm ante eum obierit.

Regni feuda adjici petivisset. Alfonso autem vitâ functo, quâ ratione incertum est, Ferdinandum quem ex fœdere successorem Alfonsi in Regno Siciliæ acceptaverat, à Regno removit. Illud certum est, quòd Regnum Siciliæ non ad Francorum prosapiam, sed ad Romanam Ecclesiam devolutum esse declaravit. Testantur hoc ejus litteræ, & recens curialium exstat memoria : nihil dicimus, quod non in promptu probare possimus : si vixisset diutiùs providus & magnanimus Pontifex, vidissent omnes quo suus ferebatur & aspirabat animus, quem nemo Regnum hoc generi Gallico aut quærere aut servare arbitratus est. Non est igitur, quòd magnopere ad Renati causam assumatis facta Calixti, quamvis Ferdinando Regnum adimere conatus sit.

Pius Papa sese conatur defendere.

Cæterùm eo in aliam vitam translato, nos ei quâvis indigni & tanto ponderi prorsùs insufficientes, ut Altissimo placuit suffecti sumus. Ad res nostras modo veniendum est, quas multi lacerant carpuntque. Homines sumus & fragiles, labimur, fallimur, decipimur, inviti tamen erramus, & cum recognoscimus errorem, malumus illum cum nostro potiùs revocare rubore, quàm cum subditorum scandalo, damnoque retinere. Verùm in hoc negotio Regni Siciliæ nihil à nobis factum est, quod reprehensione dignum existimemus, quamvis illud Ferdinando concesserimus : sed accusamur quòd illegitimo & inhabili eximiam Regni dignitatem & coronam elargiti sumus, quòd inclytam Francorum Domum sprevimus & abjecimus, nec Oratores Caroli & Renati Regum audire dignati sumus. Hæc summa est accusationum, huc omnes orationis vestræ nervi tendunt. Parum est quod Eugenius, quod Nicolaus, quod Calixtus fecit. Pius est [qui plus cæteris audire videtur, Pius est] qui Francos, qui nationem Gallicam, qui æquitatem justitiamque contemnit : in Pium omnia tela cadunt. Tolerabilia sunt quæ nostri antecessores fecerunt : quod nos fecimus, ferri non potest : illi excusati, nos injusti, nos ingrati, nos impii sumus, quamvis Pii nomine vocitemur. Sed non deest nobis animus quo pugnemus. Dominus auxiliator noster, non timebimus quid faciant nobis homines : bonus & misericors Deus, qui non patietur tentari homines suprà vires suas : neque nos impingi falso crimine sinet, quod refellere non valeamus. Comprehendimus ex dictis vestris neque vobis, neque Regi vestro veritatem omnem esse detectam, sed dicta esse quæ contrà nos viderentur, tacita quæ pro nobis adduci poterant. Nam quid majus est sequi, an præcedere ? Nos apertum à prædecessoribus iter sequuti sumus, & monstratam viam tenuimus ; nihil plus egimus quàm nostros antecessores egisse reperimus. Dicat fecimus ; ter viam publicam ne ambules, quod Pythagoricum fuisse præceptum Hieronymus affirmat : sed hoc exponitur, id est, multorum ne sequaris errores ; nos autem Eugenium aut Nicolaum sequi arbitramur, quos fuisse Præsules rectissimi judicii, & integerrimæ vitæ constat.

Sed aperiamus ampliùs innocentiam nostram, factaque nostra, non solùm exemplis & auctoritate, verùm etiam ratione defendamus ; & quo in statu esset Ecclesia cum summi Præsulatûs ascendimus cathedram, ostendamus. Audite, non longa res est, & breviter explicabitur. Invaserat Jacobus Picininus agrum Ecclesiæ, non ignobilis nostri temporis copiarum ductor ; Assisiorum arcem per proditionem Præfecti arcis obtinuerat, & urbem ipsam in potestatem acceperat ; Nuceriam quoque invaserat, & oppido Galdi potitus, arcem summâ vi oppugnabat. Timebant vicini Fulginates, nec minus Spoletani, quorum arcis Præfectus ad Picæninum inclinare videbatur, munitaque loca Ecclesiæ in manibus Catelanorum detinebantur : quos etsi fideles constantesque putaremus, nexus tamen & amor nationis timorem incutiebat ne cum Ferdinando sentirent, qui Regno Siciliæ nemine adversante potiebatur. Fuerat apud Capuam conventus Principum regni, omnes illi jurejurando fidem ut Regni suo præstiterant, nec una quidem vox audita fuerat quæ Renatum desiderare videretur. Quieta omnia in Regno erant ; petebatur à nobis ut Ferdinandum investiremus ; instabant Veneti jure fœderis ; instabat Dux Mediolani ; instabant Florentini : aiebant omnes non posse illi Regnum negari, quod patris ultimâ voluntate, & omnium populorum assensu recepisset. Picininus, qui jam tria Ecclesiæ oppida occupasset, nisi Ferdinando cui militabat Regnum committeremus, maximum subditis nostris malum illaturus videbatur. Pacem Romani, pacem Umbri, pacem Picentes, pacem omnes per circuitum petebant : omnis mora gravis, omnis contradictio periculosa judicabatur. Nobis nihil antiquius videbatur, nihil animo nostro fixius hærebat, quàm conventum Christianorum facere, in quo de retundendâ Turcorum insolentiâ, & Christiano sanguine defendendo tractaremus. Imminebat Ecclesiæ gravissimum & periculosissimum bellum, si Ferdinandi postulatis adversaremur ; nec nobis vires erant quibus resisteremus : nec Massiliensis Episcopus à Renato missus aliud tulerat, quàm verba dubia & incertas promissiones ; spes in Renato longinqua, & auxilium dubium, in Ferdinando propinquus hostis & apertissimum damnum : nec Rex Franciæ apud nos Legatum habuit, ut vobis persuasum esse videmus, quamvis Decanus Carnotensis Romæ tunc ageret, qui ad Calixtum missus Turcorum, non Regni Siciliæ causam tractaturus venerat ; & mortuo Calixto nihil habebat quod nobiscum ageret, nec verba ponderis habebat exstinctâ legatione, quamvis impulsus ab aliis aliquando nos in hac parte compellaverit. Quid faceremus ? Armane movere pro Regno ejus oportuit, qui nihil curare videretur, otiosam vitam domi agens ? imparibusne hosti viribus occurrendum, illidendumque muro caput fuit ? Castra & arces Ecclesiæ perdere, patrimonium beati Petri dilapidare, subditos omnes rapinæ ac neci objicere, defensionem fidei negligere debuimus ?

Profectò non ita nobis nec Fratribus nostris visum est, sed cùm aliter non possemus, Ferdinando potiùs morem gerere, quàm Romanam Ecclesiam tot periculis exponere, quàm religioni, quàm fidei defensionem negligere maluimus. Conceduntur enim multa necessitati, & inter duo mala minus eligitur. Quid igitur fecimus ? Nihil ampliùs sanè quàm antecessores nostri fecerant, quamvis illi Alfonso, nos Ferdinando Regnum commisimus. At cui Ferdinando ? Nempe filio Regis, non legitimè nato, auctoritate tamen Apostolicâ legitimato, heredi à patre Rege destinato & instituto, & à Regnicolis recepto, nobisque vi percussi pridem fœderis ab universâ Italia commendato, Regni etiam possessori, sive ut vos vultis occupatori. Nihil juri vestro detraximus, nec tamen huic tot favoribus munito aliter Regnum commisimus, quàm si non esset, id est, si ad nos devolutum existeret, aut si illi jure hereditario deberetur. Et quis hoc damnare potest ? Si pater ejus Rex fuerat, eumque legitimatum heredem instituerat, injuria erat paterno ei Regnum negare ; si nostrum devolutione fuit, licebat nobis cui vellemus dare : & illi dare voluimus : si ad Francos Regemve Renatum aut alium pertinuit, nihil ei dedimus, neque dare voluimus. Reservavimus enim nostris in litteris aliorum jura, quos nostri antecessores

Tom. III.   LLLll

non fecerant. Quid igitur calumniamur? Quid reprehendimur? Quis non intelligit pio Regi vestro & vobis dictas esse nugas, quibus persuasum est nos Francorum inclytam Domum Regno privasse, qui neminem privavimus, nemini jus abstulimus, nemini derogamus?

Objectionibus respondet.

At si devolutum erat, (dicat fortasse aliquis) praeferendi fuerant Franci. Praetulissemus, si tam propè fuissent quàm Ferdinandus, & non nobis tantum impendisset discrimen, atque necessitas. At grave est coronatum esse Ferdinandum. Certè si jure investitus est, justè quoque coronatus est: si jure caret, nihil ei corona confert. At populorum favorem ei conciliat. Cum jussimus coronari, non erat favore opus, omnes ei populi Proceresque favebant: conventum insuper erat coronam illi dandam esse cum peteret, quemadmodum antecessores nostri Eugenius & Nicolaus cum Alfonso patre convenerant. Non potuimus petenti negare, & promissis obviam ire. Nam si privati ex pacto tenentur, Principes teneri non est ambiguum. Nihil foedius est quàm Princeps fidei fractor. Nota est nobis modestia & integritas vestri Regis: nunquam ille ex nobis peteret ut promissa rescinderemus, quorum tanta vis est, ut Deus etiam ex his compellari possit, dicente

Psal. 118. 49

Propheta: *Memento, Domine, verbi tui, in quo mihi spem dedisti*. Dicitis fortasse nos coronam non debuisse promittere. Verum est, si non licuit investire; at si licuit illud, & hoc licuit: sed de justo licitoque certamine contendentibus inter se partibus dimittamus. Nos si de facto nostro conveniamur, non reperimur inermes. Et jam satis nostra in hac parte ostensa est rectitudo.

Nunc illud attingamus, quod de Aquilanis & aliis plerisque objectum est, quos se nobis dedere volentes rejecimus, ut asseruistis, ne Ferdinando incommodaremus. Laus nostra haec est, qui fidem Ferdinando servavimus, neque parti vestrae injuriati sumus, cum nobis illi, non Renato sese subjicere vellent. Nos certè nihil aliud facere decuit, sive ante investituram, sive post, ne Regnum divideremus quod tunc erat unitum.

Rursum & illud reprehendistis, quòd equites Regnum petentes, qui militare Ferdinando vellent, transire permisimus; qui ei adversarentur, his iter clausimus. Neque haec negamus, sed decuit nos ita facere, & hoc quoque ad fidem nostram spectabat, ut eum salvum esse vellemus, qui ex nobis Regnum accepisset. Neque hoc Francis molestum esse debuit: nemo ex vobis transitum petiit qui Renati causam esset acturus, cujus nominis in Regno mirum silentium erat. Princeps Tarenti Primus omnium adversari Ferdinando coepit, non quia Regem eum esse negavit, sed quòd insidias ab eo sibi paratas diceret. Nam quoties ad nos scripsit, semper Ferdinandum Regem appellavit, nec aliud ex nobis petiit quàm securitatem, ne sub illo Rege periret: promittebamus id sibi. Caeterùm sumenti arma contra dominum ministrare auxilia non debuimus, neque ministrantibus locum dare; sed minimus Legatum, qui rebus inspectis Regni Regem Principi conciliaret, quod & factum est, Venetorum Oratoribus intervenientibus; quamvis postea nova exorta dissidia similatam fuisse concordiam ostenderunt, ut quaecumque diuturnitate rerum innotescunt. Nostri officii erat pacem in Regno quaerere, ut sive Renati sive Ferdinandi sit, integrum potiùs quàm lacerum suo domino pareat.

Sed imputatis nobis, quòd Jacobo Picinino in Regnum transire volenti, quamvis Renato stipendia faciat, iter praeclusimus. Nihil certè nobis de stipendiis constat, licet vulgo ita feratur, cujus rumores saepe inanes falsosque vidimus. Illud certum est, iter à nobis Jacobum nunquam petivisse. Sed arguitur negatio ex copiis quas misimus in Etruriam ex agro Bononiensi ac ex aliis gentibus, quas misimus Marchiae Saltum & Apennini claustra tueri. Id nos tutelae nostrae causâ fecimus, veriti ne Picinini transitus, cujus non parvae copiae esse feruntur, agrum Ecclesiae laederet, aut mutationem aliquam in oppidis nostris ut antea faceret, in quibus plurimi sunt inquieti homines, & rerum novarum cupidi. Nec quispiam arguendus est si res suas diligenter custodit, in quâ parte periculosius est nimis sperare quàm nimis timere.

Atque hoc modo singulis Objectionibus respondisse sufficiat: quòd si non omnibus verba nostra fidem faciunt, satis est nobis, quòd nemo adversùs ea quae loquuti sumus absque mendacio loqui potest: nunquam enim aut Regi Franciae aut Renato nocere studuimus, sive facta nostra, sive verba inspiciantur. Sed minimè pari modestiâ erga nos Renatus est usus; testis est ipse modestissimus Francorum Rex, qui Renati Oratores adversùs nos multa loquutos audivit. Testes sunt quamplurimi Germaniae Principes ad quos Renati litterae pervenerunt, nos partiales atque injustos appellantes, qui Domum Franciae Regno Siciliae privaverimus. Testes sunt subditi ejus & in Provinciâ & in Lotharingiâ, quibus imperatum est ne nostra mandata susciperent. Testis est Cardinalis Fuxi grandaevus & fide dignus senex, qui ad nos scribens, idcirco litteris suae legationis per Provinciam jussu Renati non esse paritum affirmat, quoniam in earum calce nostri Pontificatus annus annotatus est. Dolenter haec & inviti referimus, non ut Regem Renatum sugillemus, sed ut nostram patientiam ostendamus. Nam quantum ad Regem attinet, nos eum & pium & mansuetum existimamus, & accusari potiùs ab eo quàm accusare eum volumus, & injuriam pati quàm facere. Audivimus Apostolum dicentem: *Non vos ulciscentes, carissimi, sed date locum irae: Scriptum est enim: Mihi vindictam, & ego retribuam*. Sed neque vindictam poscimus, Deum potiùs rogamus & enixè precamur, ut huic Regi benignus sit & clemens, quando per obedientiam publicè praestitam Romanae Sedi matri & alumnae suae reconciliatus erit. Fuerat bonus & mitis Princeps, ut videmus: de veritate non bene instructus, & quod humanum est, credens se lacessitum injuriis, non potuit tacere, non lacessere: sed citò ignis stipulae conticescit, & exundans flamma deficientibus nutrimentis paulatim emoritur. Caveat tamen Rex ipse, ne Sedem Apostolicam lacessendo, eas incidat poenas, quibus vassalli contrà dominos committentes plectuntur.

Rom. 12. 19.

Illud autem nobis grave, & Christianae reipublicae periculosum & valdè noxium est, quòd stante hoc Conventu Mantuano, & nobis pro tutelâ fidei laborantibus, classis Januae armata est, & in Regnum missa, & novus ignis accensus, & omnis Italiae turbata est quies. Non erant haec tempora, quae novas inter Christianos lites cuperent: cum Turcis nunc depugnandum erat, pro fide, pro religione certandum; divinus honor tuendus, quem Turci conculcare nituntur. Quo loco satis admirari non possumus de providentiâ & intentione Regis, qui cum annos circiter duo de viginti tacuisset, nunc demùm arma sumere, & Regnum vindicare adorsus est iniquo & inoportuno tempore, idque clam nobis, ad quos directum Regni hujus dominium spectat, & de omni controversiâ in eo positâ. Quibus ex rebus apertè cognoscitis, peritissimi Oratores, non nos esse qui Carolo Renatove clarissimis Regibus, vel Domui Franciae sumus injuriati, sed nobis potiùs & Ro-

Diplomatum, &c.

Matt. 18. 7.
Hebr. 11. 6.
Quid Oratores Regis Franciæ à Summo Pontifice postulent.

manæ Sedi contumeliam irrogatam, quam pro Deo Salvatore nostro parvifacimus, scientes quòd cum flagellamur, cum vituperamur, cum scandalum patimur, tunc Deo curæ sumus, dicente Scripturâ, *Væ mundo à scandalis* ; Et, *Quem Deus diligit, corrigit atque castigat.*

Sed jam tempus est ut ad petitiones vestras descendamus, quæ hujus summæ sunt. Ut rescindamus quæcumque Ferdinandi gratiâ facta sunt ; Regnum Renato concedamus, homagium ab eo recipiamus, Legatum mittamus, qui Renati partes consoletur, Ferdinandum terreat, huic favores accumulet ; illi auferat : Picininno denique iter in Regnum aperiamus. Postulata hæc cùm audimus, intelligimus omnes in suâ causâ nimis affectos esse, idque vobis accidere. Nam cum paulo ante questi essetis, quòd inaudito Renato Rege, incognitâ causâ, Ferdinando Regnum commisissemus ; nunc tamen inaudito Ferdinando, quæ sunt ei concessa rescindi postulatis. Cur hoc vestræ parti arrogatis, quod alteri non debuisse concedi affirmatis ? Ut par pari referatur, dicat aliquis. Verùm hæc imparia sunt. Nos Renato nihil abstulimus, ut ante monstravimus ; vos quidquid concessum est Ferdinando retractari revocarique petitis. At ubi de jure alieno abrogando agitur, audienda est alia pars, &, consultò matureque procedendum, ne sine causâ jus quæsitum, si quod est, auferatur. Cumque non ipsi simus, qui primo in Aragonenses jus Regni transmisimus, & adversarius vester magnam Regni partem obtinet, suadet ratio, exposcit æquitas, requirit consuetudo, jubet antiquitas priùs audiri partes, quàm juris cujuspiam detractio fiat. Quòd si juris iter placet, deponenda sunt arma, & legibus disputabimus. Nos æqui judicis partes tenebimus. Nam quid nostrâ interest, uter vestrûm possideat Regnum ? Quippe si discussâ causâ constiterit Renati Regnum esse, aut ei deberi, non solùm quæ petitis, sed majora horum faciemus.

De itinere Comiti Jacobo aperiendo, nisi ab eo petatur, & nisi se Renato militare fateatur, non videmus quid respondere possimus : nec nobis satis est quòd securitatem promittitis. Nam contrà tenentes arma, sola post Deum securitas est in armis. Cognoscimus nostri temporis milites, & quantum eis credere oporteat, non ignoramus. Tritum est illud apud eos detestabile proverbium. Si violandum est jus, regnandi causâ violandum ; & illud quoque verum :

Nulla fides pietasque viris, qui castra sequuntur :
Venalesque manus : ibi fas, ubi plurima merces.

Nos & armis, & orationibus priorum res Ecclesiæ servare studebimus : si decipiemur, si violabimur, ipse Dominus vindex erit, qui ait Petro : *Modicæ fidei, quare dubitasti ?* Præsentia & futura in manu Dei sunt, ipse nos secundùm suam voluntatem dirigat, & ad eam vestrorum etiam Regum corda mentesque trahat, pacemque illis Christianam suadeat ; quâ nihil dulcius, nihil suavius inveniri potest. Etenim cur non potiùs dimissis armis, aut per communes amicos, aut legibus aut jure hæc lis Regni dirimitur ? Si bellumei igitur, hoc est quod milites optant, equites peditesque : hoc illi immortale cupiunt esse : hinc aluntur, hinc pinguescunt, hinc ad Principatus & ad Regna conspirant. Satius fuerit Regnum amittere, quàm eos alere canes, qui omnes regni opes, & ipsos denique Reges devorent.

Exposcit præterea tempus hoc, ut Christiani sepositis inter se odiis, concordibus animis atque studiis, ad tutelam fidei se accingant, & tela quæ viscera nostra fodiunt, Turcorum pectora feriant. Juvate nos, Oratores, & ingenia vestra intendite. A-

Matt. 14. 31.

Adversùs bellum & militum vota.

periti media, excogitate vias quibus non solùm habites Regni, sed aliæ quoque Christianorum controversiæ sopiantur : audiemus consilia vestra, judiciis vestris plurimum tribuemus. Nolite nobis, nolite Christo deesse : Christi hoc negotium est. Ex latere nostro nihil deerit. Quidquid enim in nobis aut consilii aut auxilii erit, studii, diligentiæ, vobis & reipublicæ in hac parte communicabimus. Nostro judicio nullo pacto ferendum, ut hæc Regni dissentio latiùs efferatur : ut pace, aut judiciis componenda est. Si ferro dirimitur, actum est de Regno, & verendum ne hoc incendium per omnem Italiam latiùs evagetur : Injuriosi essemus & inimici patriæ ; si pro nostrâ virili pacare Italiam non curaremus : Dissidentes in Germaniâ Principes per Legatos conciliamus, & nunc viscera nostra patiemur evelli, Italiam lacerari, Regnum Ecclesiæ incendi, diripi, desolari ; Non fient hæc nobis volentibus. In Turcos qui verè Christianus est, in Turcos armari debet ; & Christiano parcere sanguini. Non debet Renato durû videri, si pro communi salute paululum arma continere rogatur, qui per tot annos nullo rogante concituit. Cogitemus tandem pro pacto Regnum hoc quietum reddatur ; & non sinamus, portam hanc Turco aperiri. Nihil ille magis cupit, quàm vires Italicas inter se concurrere, ut tandem ab his vocetur qui debiliores fuerint ; sicut in Græciâ factum est. Dissidentibus enim inter se Constantinopolitanis Imperatoribus, vocati in auxilium Turci ab hiis qui erant inferiores, utramque denique partem oppresserunt.

Agite præstabiles Oratores, incumbite huic parti, consulite in medium quæ pacis sunt : nam hoc potissimum est quod sapientissimum Regem vestrum nobis mandasse in litteris ejus vidimus. Intellexit prudentissima Serenitas sua, ad domandam Turcorum ferociam, Christianorum pacem atque concordiam necessariam esse, ejusque rei curam in hoc Conventu vestræ circumspectioni commisit. Expectamus quæ media quærendæ pacis afferatis. Maximi & potentissimi Regis vices geritis, multum in vobis situm est : Imperator eo animo est, ut pax per omnem Christianitatem reformetur : idem propositum nostrum est. Si concurrit Rex vester, concurrent & alii quamplurimi, & cessabunt tantem civilia & intestina bella, vertentur Christianorum tela in hostes fidei, sentient Turci quid valeat Christianus miles, & quantus in hostem assurgat. Christianissimus Rex vester, consensu populorum gentium, nationumque vocitatur. Magni honoris nomen gerit ; servanda est & ad posteros transmittenda hæc dignitas virtute majorum quæsita. Verùm sicut Imperia, ita & egregia cognomina hiis artibus retinentur ; quibus ab initio parta sunt. Franci cum ab initio pro defensione & augmento Catholicæ fidei, pro tutelâ & gloriâ Romanæ Sedis nulla timerent pericula ; nullos declinarent labores, nullos fugerent sumptus, sed delicias, voluptates, Regna, Imperia, ipsam denique vitam pro communi salute contemnerent : & nunc in Europâ, nunc in Asiâ adversùs inimicos Crucis depugnarent, Christianissimi jure merito vocati sunt. His nunc itineribus incedendum est, ut hæreditas tanti nominis conservetur.

Venistis, Oratores, ad hunc Conventum, qui de communi Christianorum salute sollicitus est. Rex maximus & potentissimus vos misit, in quem omnium oculi respiciunt, cujus progenitores honorem Christianam tutati sunt. Audiamus quam rebus afflictis consolationem afferatis. Non ambigimus quin vobis multa commissa sint. Consulite in medium quæ pacis inter Christianos, quæ belli contrà Turcos sint, & spem quam de vestro adventu concepimus implete. Sapientes viri estis, & periculum in quo sumus agnoscitis. Christi an Machometi lex plus valeat, in certamen jam ferus venit. Ferus ille & terribilis coluber Evangelium Salvatoris nostri ex Asia deturbavit, Ægyptios, Afros, Mauros, & Hispaniæ partem suæ vesaniæ subegit; & diebus nostris Byzantium Regiam urbem, & Orientalis quondam Imperii caput armis evicit, & usque ad Danubium & Savum signa protulit; jam Hungariæ imminet, jam jam Germaniæ & Italiæ servitutem minatur; nec cessabit victoriam sequi, nisi magno resistamus animo. Tædet referre quanta patiuntur infelices Christiani, qui proximi sunt rugienti & sævissimo leoni. In servitutem pueri rapiuntur, matronæ ac puellæ libidinem fœdissimæ gentis explere coguntur: virorum alii cruces, alii palos subeunt; quidam exemplo Isaiæ secti per medium animas tradunt, quibusdam etiam vivis in morem Bartholomæi cutis adimitur: nullum tormenti genus nostri non ferunt: non ætati, non sexui parcitur, sanguis omnium qui pereunt ex nostris manibus requiretur: jam Rasciani ætate nostra descîverunt à fide, jam Bosnenses defecerunt, Bulgaria & Græcia tota Turcorum est, nisi Peloponnesi portio quædam; Albani exhausti sunt, Hungari fessi; Valachi exterriti, nisi opem ferimus, aut fugere, aut se se dedere; & cum perfido Machometo Christum blasphemare cogentur. Et nos interim miseri inter nos contendimus? Absint hæ lites, facessant jurgia, resurgat pax si non perpetua, saltem temporalis, donec Turcorum pestis ab Europa dejiciatur: quod facile fiet, si magnus & pius Rex vester suas manus, suas operas interposuerit, & vos ipsi suo nomine totis assurgatis viribus, consulendo, dirigendo, agendo, nihil omittendo; usquequo pace inter Christianos composita terrestris & maritimus exercitus ducatur in Turcos, adversus quos raro sine Francorum sanguine feliciter pugnatum est.

De Pragmatica Sanctione.

Cæterum quia pragmaticæ sanctionis superius incidit mentio, cujus secreta magis pulsavimus quàm aperuimus, urget nos conscientia, imò verò caritas, quâ genti vestræ devincti sumus; priusquam dicendi finem facimus, de eâ aliquid libare; ne taciturnitas nostra indulgentiâ reputetur; & quod sanabile vulnus est, fiat mortale, & nos à consortio vestro oporteat abstinere; quoniam sicut in veteri lege sancitum est, super omnem animam quæ mortua est non ingredietur Pontifex: quod teste Hieronymo perinde accipiendum est ac si dicat, ubicumque peccatum est & in peccato mors, illuc Pontifex non accedet. Cupimus sanctam esse Francorum gentem, & omni carere maculâ, & cum Apostolo dicere: *Despondi enim vos uni viro Virginem castam exhibere Christo.* At hoc fieri non potest, nisi hæc Sanctionis macula seu ruga deponatur: quæ quomodo introducta sit ipsi nostis. Certè non auctoritate generalis Synodi, nec Romanorum decreto Pontificum recepta est, quamvis de causis Ecclesiasticis tractatus absque placito Romanæ Sedis stare non possit.

2. Cor. 11. 2.

Unde lata.

Ferunt aliqui idcirco initium ei datum, quia nimis onerarent Romani Pontifices Regnum Franciæ, nimiasque pecunias inde corraderent. Mirum si hæc ratio Carolum movit, quem prædecessoris sui Magni Caroli decebat imitatorem esse, cujus hæc verba leguntur in Memoria Beati Petri Apostoli. » Honoremus sanctam Romanam Ecclesiam & Apostolicam
» Sedem, ut quæ nobis Sacerdotalia Magistra est dignitatis, esse debeat Ecclesiasticæ Magistra rationis.
» Quare servanda est cum mansuetudine humilitas:
» & licet vix ferendum ab illâ sanctâ Sede imponatur
» jugum, tamen feramus, & piâ devotione toleremus.

Non est credibile Carolum, qui modo regnat, suo sensu hanc pragmaticam introduxisse. Deceptum putamus, & piæ menti suggesta fuisse non vera. Nam quo pacto religiosus Princeps ea servari jussisset, quorum prætextu summa Sedis Apostolicæ auctoritas læditur, religionis nostræ vires enervantur, unitasque Ecclesiæ & libertas petimitur? Durum Verbum, durius factum. Audite patienter, hortamur. Vulnera quæ putrescunt, non olei lenitate sed vini potiùs austeritate sanantur. Non ponderamus causarum auditionem, non beneficiorum collationem, non alia multa quæ curare putamur. Illud nos angit, quòd animarum perditionem ruinamque cernimus, & nobilissimi Regis gloriam labefactari. Nam quo pacto tolerandum est Clericorum judices laicos esse factos? Pastorum oves cognoscere? Siccine regale genus & sacerdotale sumus? Non explicabimus honoris causâ quantum diminuta est in Galliâ Sacerdotalis auctoritas, Episcopi norunt, qui pro nutu sæcularis potestatis spiritualem gladium nunc exerent, nunc recludunt. Præsul verò Romanus, cujus parochia Orbis est, cujus provincia nec oceano clauditur; in Regno Franciæ tantùm jurisdictionis habet; quantum placet Parlamento. Non sacrilegum, non parricidam, non hæreticum punire permittitur, quamvis Ecclesiasticum, nisi parlamenti consensus adsit, cujus tantam esse auctoritatem nonnulli existimant, ut censuris etiam nostris præcludere aditum possit. Sic Judex Judicum Romanus Pontifex, judicio Parlamenti subjectus est: Si hoc admittimus, monstruosam Ecclesiam facimus, & hydram multorum capitum introducimus, & unitatem prorsùs extinguimus: Periculosa hæc res esset; Venerabiles Fratres, quæ Hierarchiam omnem confunderet. Nam cur Regibus, cur aliis Præsulibus sui subditi parerent, cùm ipsi superiori suo non pareant? Quam quisque legem in alium statuit, eam sibi servandam putet. Verendum est, ne prope adsit quod ad Thessalonicenses significare videtur Apostolus, quia post dissensionem revelabitur homo peccati. Adventum quippe Antichristi sollicitant, qui discessionem à Romanâ Ecclesiâ quærunt, qualem præ se ferre videntur, quæ sub obtentu pragmaticæ Sanctionis fieri dicuntur.

1. Thess. 1. 1.

Sed credimus hæc, ut ante diximus, Regi vestro incognita esse, cujus natura benigna est, & inimica mali. Docendus est & instruendus, ne pestem hanc in suo Regno debacchari amplius, & animas interficere sinat: Vos Episcopi lucernæ estis ardentes coram eo, & candelabra lucentia in domo Domini: sic lucete, ut lux vestra tenebras omnes ac caligines pragmaticæ Sanctionis ex nobili & Christianissima Francorum gente depellat; solumque lumen Solis, id est veritatis splendor & veritas eluceat. Quòd si Rex vester opera vestra fecerit, & vos mercedem Prophetæ recipietis à Domino, & ipse par suis progenitoribus majorque per omnes Orbis Ecclesias, & in Romanâ potissimum, jure merito & erit & vocabitur Christianissimus.

Responsio Legatorum Caroli VII. Regis Francorum ad orationem à Pio Papa II. habitam in conventu Mantuano.

Jam certis lapsis diebus, beatissime Pater, ad præsentiam vestræ Sanctitatis jussu sacræ Majestatis Christianissimi Domini nostri Regis Francorum venientes, primùm eidem obedientiam & reverentiam filiales, sicut . . . . . ejusdem Majestatis consuetum est, cum eâ quâ potuimus reverentiâ & de-

Diplomatum, &c. 821

votione præstitimus. Nos quoque ad tractandum de succursu præstando fidei Catholicæ, ob quem hæc Conventio indicta est, venisse insinuavimus, paratissimos nos esse audire quæ in præsenti Conventione aperientur, & in his cooperari omnibus modis rationabilibus. Quibus auditis vestra Sanctitas benignè non suscepit, plures & celeberrimas laudes suis elegantissimis sermonibus Regi nostro Christianissimo attribuens. Alterâ autem die ad ejusdem vestræ Sanctitatis præsentiam pro materia serenissimi Regis Siciliæ, & insignis Januæ civitatis accessimus; vocatis tantùm nobiscum Principibus, seu Principum Ambaxiatoribus, qui Domino nostro Regi fœderibus, amicitiâ singulari & cognatione juncti sunt, sicut nobis in instructionibus expressè mandatum fuerat. In quibus causis quas pro tuendo non solùm jure præfati Domini Regis Renati, sed totius domûs Regiæ Francorum deduximus, nihil diximus animo quempiam accusandi, aut eorum qui jam vitâ functi sunt; aut qui adhuc in humanis agunt; sed dumtaxat juris prosequendi gratiâ, quod præfatis Regibus & inclytæ domui eorum competit: justamque rem petere arbitrati sumus, quærendo præfatum dominum Siciliæ Regem in rem suam restitui; & in contrarium acta cassari.

Super his cum eâ modestiâ quâ scivimus & potuimus loquuti sumus, sicuti Vestra Sanctitas pro suâ clementiâ benignè interpretata est, cum, primùm super his respondit; & quid insuper fiendum sit, vestra Sanctitas cùm reverendissimis Patribus Dominis Cardinalibus cogitare poterit; ut ipsius Regni prædicto Domino Renato, cui debitum est, justa restitutio fiat; ut nullatenus in præjudicium succursûs fidei Catholicæ cedere putavimus; quin potiùs ad ejus auxilium singulare, dùm ille strenuissimus & victoriosissimus Princeps Dominus Dux Calabriæ, filius prænominati Regis, qui restitutionem Regni paterni, auxiliante sibi divino præsidio, manu validâ prosequitur, virtutibus optimis præditus in ætate convenienti constitutus, Regibus & magnis Principibus omnium ferè nationum religionis Christianæ conjunctus, magna auxilia ipsi fidei Catholicæ Altissimo dirigente ferre poterit.

Sed dum his in rebus super nostris petitionibus responsum dissertissimâ oratione vestræ Sanctitatis dictum est, aliqua dicta fuere, quibus pro tuendo Christianissimi domini nostri Regis honore, jure & famâ cum omni reverentiâ vestræ Beatitudinis & sanctæ Sedis Apostolicæ, ut fideles nuncii tanti Regis, aliquid breviter respondere compellimur.

Non enim in primis subticere possumus unum, quod ipsius domini nostri Regis honorem admodum concernit: illud videlicet, quòd inter cætera præloquuta enarrando beneficia Regibus & Regno Francorum à Sede Apostolicâ præstita, dictum est, Zachariam Papam Legatum suum in Franciam misisse, & per eumdem tonsum fuisse Hildericum Regem, atque Pipino, Caroli Martelli filio Majori domûs Regiæ, longè tamen distanti à sanguine Regio, ipsius Regni regimen concessum extitisse; quo mortuo succedentibus sibi Carlomano & Carolo Magno suis filiis, mortuo Carolomanno postulantibus Sedi Apostolicæ Desiderio, relictâque dicti Carolomanni, & suis filiis, ad Regnum seu portionem Regni prædicto Carolomanno contingentem eosdem filios vocari, Sedes Apostolica rejectis supplicationibus præfatis, omnia jura Regni collata in Pipinum, præfato Carolo Magno confirmavit, & in eum contulit. Quibus verbis innui videtur, Christianissimos Francorum Reges exhinc successores non ex verâ stirpe Clodovei descendisse, necnon Regni dispositionem Sedi Apostolicæ competere.

Ut autem hujus rei veritas omnibus innotescat, nec quidquam sinistrum animis audientium concipiatur, scimus ex Historiographis & Chronicis authenticis ac probatis, quibus fides adhibetur, quis fuit Clodoveus ille Christianissimus Rex, ad quem è cœlo lilia transmissa fuere, sacraque unctio, & alia quæ divinitùs recepit, quæ usque in hodiernum diem tùm in . . . . . tùm in sacrâ unctione, tùm in miraculis dietim coruscantibus; tùm in curatione vulnerum, & quæ vulgariter *escrouelles*, latinè verò scrophulæ nuncupantur, tùm in vexillo auriflameo ad Francorum Reges cœlitùs emisso; tùm in aliis . . . . . singularitatibus, & specialissimis prærogativis pluribus, & diversis modis impensis apud Francorum Reges permanent. E perlectis ad plenum historiis, & chronicis authenticis clarè constabit Pipinum præfatum à stirpe Clodovei & successoribus ejus descendisse, & à sanguine Regio processisse. In quantum verò Regem & Regnum ipsum tantis tamque insignibus donis cœlitùs decoratum & illustratum concernit; certum est eosdem nulli in terris subjici; nec cuiquam humanæ subjacere potestati.

Unum aliud in postremâ parte prælibatæ orationis tactum est, cui aliquâ ex parte etiam respondere cogimur.

Arguitur quidem ipse dominus noster Rex, quòd pragmaticam sanctionem in suo Regno sustinet, quæ privilegiis Sedis Apostolicæ derogare prætenditur; atque exinde Regnum ipsum rugam atque maculam contraxisse allegatur. In quâ re pro defendendis ipsius Regis & regni innocentiâ, honore, & famâ, ut tenemur, aliqua in præsenti explicare duximus.

Præsentata olim fuerunt decreta Concilii generalis Basiliensis Christianissimo Domino nostro Regi, præsentibusque quampluribus Principibus & Proceribus Regni sui, necnon etiam absentium Oratoribus: ipse habitâ consultatione Archiepiscoporum, & Episcoporum atque Universitatum, aliorumque peritorum & prudentium Regni, informatus est quomodo hæc erant edita authoritate præfati Concilii, quod ex institutione duorum præcedentium Conciliorum Constantiensis & Senensis, necnon duorum Romanorum Pontificum Martini quinti, & Eugenii quarti, ad reformationem Ecclesiæ in capite & in membris fuerat convocatum.

Intellexit præterea hæc decreta sacris Canonibus antiquorum Conciliorum ac decretis summorum Pontificum conformari; propter quæ sicut devotus Ecclesiæ filius, sicut Princeps Catholicus & Christianissimus eadem decreta cum aliquibus additionibus, quæ Apostolicæ Sedi nequaquam derogare videbantur, acceptare duxit.

Nec in acceptatione prædictâ ullatenùs præjudicium privilegiis Apostolicæ Sedis afferre putavit, quam semper & revereri, & honorare decrevit. Quin etiam ab illo tempore ad Summum Pontificem subditi Regni illius, sicut ad Christi Vicarium & Pastorem summum recursum semper habuerunt. Nec aliquis de scitu ipsius Christianissimi Regis in Regno suo sibi quidpiam eorum usurpare præsumsit, quæ ad solum summum Pontificem pertinere noscuntur. Et ulteriùs, Legatis & Nuntiis per eamdem Sedem missis sæpenumero oblationes & variæ aperturæ factæ sunt, in quibus semper benignè & piè Regis & Prælatorum animus ad quæque rationabilia se dedidit inclinatum. Et quidquid Canonicè & rationabiliter in hac parte videbitur fiendum, ad hoc Christianissima Majestas paratam se exhibebit, & observabit inconcussè.

Quantum verò ad ea quæ adversùs Curiam Parlamenti ipsius domini nostri Regis objecta sunt, omnibus intelligere placeat, quòd hæc venerabilis Cu-

Petunt Oratores ut Regnum Siciliæ restituatur.

Pippinum probant à stirpe Clodovei originem ducere.

Quare pragmaticam sanctionem edidit Carolus Rex Franc.

Objecta Curiæ Parlamenti Paris. diluunt Oratores.

LLLll iij

ria ex Ecclesiasticis & sæcularibus viris jurisperitiam habentibus constituta, usque ad numerum octuaginta personarum, absque duodecim Paribus Ecclesiasticis & sæcularibus, & octo Magistris requestarum hospitii Regis, qui omnes de corpore ipsius Curiæ existunt, quamplurimùm necessaria est ad conservationem Ecclesiarum & jurium suorum, & de quibuscumque ad eos querimonià defertur, sive de Officiariis Regis, sive de quibuscumque aliis in ipso Regno, quantumcumque potentibus, per ipsam cuique justitia ministratur. Quòd si ita per omnes regiones Orbis Christiani fieret, non ita in multis patrimonia Ecclesiarum dirrupta & delapsa forent, sicut, proh dolor! esse referantur. Tantaque ab antiquo fama est illius Curiæ, quòd nedum subditi aliorum Regnorum Christianorum in causis privatis ad judicium illius Curiæ recurrere voluerunt, prout & adhuc multi faciunt, sed etiam infideles interdum hoc idem fecerunt. Nec est verisimile quòd tam solemnis Curia aliquid sinistrum agere vellet, quod sibi ad culpam & notam imputandum esse videretur.

Super omnibus tamen præmissis Christianissimus dominus noster Rex pleniore deliberatione habità; & consultis viris peritis juris divini & humani; quorum in Regno suo copiosa multitudo est; poterit exinde quidnam agendum sit maturiùs & sanctiùs advisare. Sed hæc pauca nos sui Oratores effari ad præsens duximus, ne defensionem justitiæ, honoris, & famæ ipsius domini nostri Regis intactam præteriisse videamur.

Et in his ad honorem Dei, universalis Ecclesiæ, & sanctæ Sedis Apostolicæ obsequium, utilitatemque & prosperitatem fidei Catholicæ, & totius Christianitatis, & apud ipsum dominum nostrum Regem, & ubicumque poterimus pro viribus laborare curabimus.

Iterùm de Rege Siciliæ agitur.

Quia tamen articulis præcedentibus de facto Regis Siciliæ mentionem facientibus verba generalia sunt, & absque specificatione, ut de intentione dictorum Oratorum in materià prædictà sanctissimus dominus noster pleniùs valeat certiorari, supplicant Oratores præfati eidem sanctissimo domino nostro, quatenus supplicationibus has in sue Sanctitati ex parte dictorum Oratorum porrectas admittere dignetur.

Ad quæ eadem Sanctitas, ultrà rationes alias in parte hac allegatas, inclinari debere videtur zelo defensionis fidei, ut votivus inde sequatur effectus causis & rationibus sequentibus.

Ortum ac nobilitatem Renati Andegav. ex consanguineis demonstrant Oratores.

Nam prædictus Rex Renatus consanguineus est in lineâ masculinâ Christianissimo Regi, & ferè omnibus majoribus Principibus Regni in tertio gradu.

Christianissima Regina nostra . . . .
. . . . Majestatis . . . . . . secundo gradu.

Regina etiam Angliæ filia est naturalis & legitima prædicti Regis Renati, Rexque Angliæ ipsius Regis filius in affinitate. Dominus Dux Calabriæ prædictorum Regis & Reginæ Angliæ frater est, Principisque Walliæ eorum hæredis avunculus, & in parentelâ proximior . . . . . . consanguinei sunt germani idem Princeps, & filius præloquuti domini Ducis Calabriæ.

Dominus etiam Comes Cenomaniæ, quia à juventute continuam traxit moram cum Christianissimo Rege, in cujus domo alitus, & sic præcarus & dilectissimus, germanus est ipsius Regis Siciliæ.

Et ultrà hæc, inter cæteras provincias, nationes, & territoria Regni nostri, citrà præjudicium quorumcumque aliorum, nobiles & Proceres Andegaviæ & Cenomaniæ præfati Regis Renati subditi, Regi nostro supremo & coronæ servierunt prudenter, efficaciter & indefessè, unde vocem, famam, & nomen in Franciæ Regno non modicum, & meritò meruerunt. Et cum de tantâ materiâ, prout est fidei defensio, locus erit sermonem facere, eorum vox & opinio non mediocris erunt importantiæ.

Et si tanti Principes & nobiles quilibet suo respectu effectualiter cognoscant, vestram Sanctitatem ergà dictum Regem Renatum in suis supplicationibus aures benignas inclinare, sibique in suis jure & ratione legitimè favere, eorum ex parte nulli dubium est in materiâ prædictâ fidei ferventiores & animosiores se præbere, ac exortationibus & desideriis Sedis Apostolicæ promptiores, & inclinatiores.

[Quo verè ad factum civitatis Januæ, ad obviandum quibusvis sinistris eventibus, utque ipsa civitas quieta & pacifica remaneat sub manu & ditione Majestatis Regiæ, placeat sanctissimo Domino nostro admittere supplicationem aliàs suæ Sanctitati porrectam per Oratores prædictos, super translatione ejusdem Archipræsulis, cujus mora titulo suæ dignitatis vehementem suspicionem animis hominum affert, multisque posset esse incommoda & nulli prodesse, prout eidem suæ Sanctitati latiùs fuit expositum, &, dum opus fuerit, adhuc explicabitur.]

Petunt ut sententia in Perrinum reum læsæ majestatis proferatur.

Similiter ut jura & prærogativæ Christianissimæ Majestatis illibatæ remaneant, placeat sanctissimo domino nostro mandare sententias contra Perrinum de Campefrigoze latas per judices competentes, occasione maleficiorum & delictorum per dictum Perrinum perpetratorum in & adversùs Regiam Majestatem: de quibus sententiis, necnon & de processu in hac materiâ agitato, iidem Oratores promptam offerunt facere fidem; exequutioni debitæ demandari, silentiumque imponi prætendentibus se illius Perrini hæredes, tam ab eo causam habere, si per censuris & sententiis excommunicationis per eos, ut fertur, obtentis adversùs mercatores Avinionenses, eosdemque mercatores absolvi; quietos verò & pacificos ergà prædictos, se, ut præmittitur, jus habere dicentes, teneri.

Pii *Papæ II.* Carolo VII. *Galliæ Regi.*

Anno MCCCCLX.

Excusat se quòd Regis petitionibus non consentiat.

Pius Episcopus servus servorum Dei, Carissimo in Christo Filio Carolo Francorum Regi Illustri, Salutem & Apostolicam benedictionem. Venerunt ad nos Oratores Celsitudinis tuæ, viri præstabiles & digni, qui a tanto Rege ad Apostolicam Sedem & in negotium fidei mitterentur. Gesserunt se omnibus in rebus diligenter ac studiosè, nihil judicio nostro prætermittentes, quod ad officium fidelium Oratorum pertinet. Si petitiones tuas omnes illis instantibus non adimplevimus, Deo teste, non minor est nobis quàm tuæ Majestatis anxietas, honor Apostolicæ Sedis, quem tueri toto posse debemus, & justitiæ debitum, in quâ obligati omnibus sumus, facere hoc non compulerunt; quod est necessitatis, pro Deo tua bonitas imputare voluntati non velit. Amamus, & in cordis visceribus gerimus tuum Christianissimum nomen, cujus veri prædicatores, quantum in nobis fuit, semper sumus inventi, & auctore Deo inveniemur in posterum: negationes nostræ tibi singulares non sunt, facimus hoc idem cum reliquis Christianis Regibus ac Potentatibus, quibus frequenter non damus quod concedere cum Deo non possumus. Hanc nostram institutionem tibi qui veri ac justi es cultor, non dubitamus pro tua bonitate probatissimam esse. Quæ autem ad negotium Regni Siciliæ pro officio nostro respondimus, Oratores tui prædicti, & noster quem ad te destinabimus, plenius referent, si fideliter omnia exponent, non dubitamus quin necessitatem nostram habeas excusatam: Unum hoc verè affirmamus, intentionem nostram erga Carissimum in Christo Filium nostrum Renatum Regem Illustrem optimam esse, nec alienam ab officio indulgentissimi Patris; cui quandocumque facultas se offeret, contemplatione Christianissimæ tuæ domûs, & suæ, re ipsâ probabimus, quod nunc verbis testamur. Et quoniam non dubitamus Serenitatem tuam more Progenitorum suorum negotium Christianæ Religionis, cujus causâ conventum hunc Christianorum tanto labore peregimus, gloriosè esse amplexuram. Nos ne quid ad hoc exequendum piæ voluntati tuæ obstaret, diætam unam indiximus, & ad eam Legatum nostrum obtulimus, qui inter inclytum Regnum tuum, & Carissimum in Christo Filium nostrum Anglorum Regem Illustrem, & alios quos negotium hujusmodi concernit, pacem seu treugas componat. Tempus conveniendi proximum Joannis Baptistæ Festum dúximus oportunum: loca quoque ea delegimus, in quorum aliquo partes ipsas consensuras facilè putaremus. Ea hæc sunt, Avinionensis, Metensis, Leodiensis, Coloniensisque civitates partibus non suspectæ, & propter vicinitatem etiam commodæ. Legatum illuc mittemus qui conventuris sit gratus, & nulli suspectus; hortantes in Domino, ac requirentes tuam Serenitatem, ut sicut nos pro salute Dominici gregis sincerè omnia agimus, tu tu pro tuâ innatâ bonitate in bonam partem cuncta accipias, & in hoc salutari opere, quod Regibus Catholicis summè est debitum præstes omnipotenti Deo, Apostolicæ Sedi, & toti Christiano populo Christianissimi & verè Religiosi Principis munus, quod non dubiè cessurum est nomini tuo ad gloriam sempiternam. Sed de his omnibus, etiam Oratores tui & noster plenius referent.

Datum Mantuæ, Anno Incarnationis Dominicæ millesimo quadringentesimo quinquagesimo nono, quarto Idus Januarii, Pontificatûs nostri anno secundo.

Anno MCCCCLXI.

Ejusdem Epistola missa Episcopo Attrebatensi Apostolicæ Sedis Legato.

Venerabilis Frater salutem & Apostolicam benedictionem. Veniens ad nos proximis diebus dilectus filius Prosper de Cumulio Orator Ducalis, multa nobis exposuit quæ jucunda cordi nostro fuerunt. Rediit enim proximè ex Galliis, ubi cum carissimo in Christo filio Ludovico illustri Francorum Rege familiariter est conversatus. Fuit secum cum in minoribus ageret, fuit & postquàm in regnum paternum successit. Minutatim de Serenitate suâ voluimus cuncta audire, ipse libentissimè omnia retulit. Memorat Celsitudinem suam esse justi & honesti cultricem, devotionem plurimam ad Romanam Ecclesiam gerere, de nobis quoque eum filii caritate sentire & loqui, in omnibus dictis & factis Catholici Principis documentum præstare. Magnum hoc duximus donum, magnum lucrum Apostolicæ Sedis, quæ veræ religionis cultores in tam præclaro Regno posuerit, ut nota nobis hæc fierent. Misit ad nos eumdem Prosperum dilectus filius nobilis vir Franciscus Forcia Mediolanensis Dux, pariter & ipse ejus Regis benivolentia gaudens. Non dubitamus, bonam mentem suam continuâ exhortatione augebis, implebisque veri Prælati officium.

Nos ideo hæc ad te scribimus ut spem & consolationem nostram cognoscas, sciasque cœpisse nos mirum in modum suam Serenitatem diligere velle. Quem in omnibus quæ sine offensione Dei poterimus præ ceteris Regibus amplectemur, & appositis gratiis exaltabimus; sperantes eodem erga nos animo ipsum quoque semper futurum. Quam nostram mentem volumus Celsitudini suæ crebrò inculces. Exultavi autem his diebus litteris tuis, quas de intentione suâ ad tollendum pragmaticam [a] miseras. Eidem propriâ manu litteras dedimus, quarum exemplum credimus ad te pervenisse. Itaque hortamur ut omnium quæ diximus frequentem illi memoriam facias. Sunt enim vero corde cogitata & scripta, & in se continent quod non minùs ad gloriam suam, quàm ad desiderium nostrum pertineat. Audivimus Cancellarios nonnullos istuc ex regno Neapolitano venisse, à turbulentis quibusdam transmissos: eorum consuetudinem nosti, mendaces sunt & dolosi, semper ad incendendos animos parati. Si aures habebunt, nitentur persuadere quamplura quæ forsitan credita non invenientur ita esse ut dicent. Ei rei diligenter intende, & Reginam Celsitudinem doce quales hi homines sunt, & quàm à se repellendi.

Datum Romæ apud sanctum Petrum sub annulo piscatoris die undecimâ Novembris, anno Domini millesimo quadringentesimo sexagesimo primo, Pontificatûs nostri anno quarto.

JOANNES GODEFRIDUS (Geoffroy) Abbas S. Dionisii in Franciâ, & Cardinalis Albiensis, Regi Franc. LUDOVICO XI. scribit Abbatem Cluniacensem esse moribundum, &c.

Anno MCCCCLXI.

Sire, tant & si tres humblement que plus puis, me recommande à vôtre benigne grace. Et vous plaise sçavoir, que presentement j'ay sceu que Monsieur du Puy Abbé de Cluny est tres fort malade, & j'espoir l'en la mort plus que la vie. Pourtant, Sire, je vous en adverti afin que ne soyez prevenu de importunité de requerans, que premierement n'y ayez advisé au regard de ladite Abbaye de Cluny. C'est la plus belle de vôtre Royaume. Et a dessus mil Benefices soubz elle en divers Royaumes & Nations, qui est grant gloire à vôtre Couronne. Pourtant, Sire, il me semble, o vôtre correction, que vous feriez bien de y pourvoir de homme qui soit de l'Ordre, & capable de ce, afin que les étranges Nations ne contendent à y faire quelque cissure.

Le Pape m'a envoyé de nos guerres un Brevet, lequel parce present porteur je vous envoye, afin qu'il vous plaise voir qu'il contient. Au surplus, Sire, le Roy de Portugal m'a escrit lettres, que son Ambassadeur m'a envoyées; & croy, Sire, par ce que m'a escrit ledit Ambassadeur, que le Roy desire moult fort avoir vostre benevolence. J'ay autrefois esté pardevers lui: mais je vous certifie, Sire, que c'est un gentil courage, & de bon & noble affaire. Sire, ce qu'il me surviendra, je vous le feray incontinent sçavoir, comme tenu y suis, vous suppliant qu'il vous plaise m'avoir toujours en vôtre benigne grace & recommandacion, en me mandant & commandant continuellement vos plaisirs, pour les accomplir à mon pouvoir, comme vôtre tres humble & tres obeïssant sujet & serviteur, o l'aide de Dieu, qui vous

---

[a] *Pragmaticam*] Extat, inquit Baluzius, in veteri Codice MS. Querimonia profligata Pragmaticæ Sanctionis, in qua totius istius Concilii invidia rejicitur in Episcopum hunc Attrebatensem.

doint perfection de vos tres haults & tres nobles defirs. Ecrit en voſtre Abbaye de ſaint Denis le XI. jour de Juin.

Votre tres-humble Chappelain le Cardinal d'Alby, Abbé de Saint Denis.

Pii Papæ II. Joanni Duci Borbonii.

Anno MCCCCLXIII.
Hortatur Ducem ut contra Turcos arma ſumat.

Pius Episcopus Servus Servorum Dei, dilecto nobili viro Joanni Ducis Borbonii, ſalutem & Apoſtolicam benedictionem. Incredibili nos nuper lætitia affecerunt quæ dilectus filius Joannes Petit de Conſiliarius tuus nobis de ingenti tuo deſiderio ad hanc ſanctam (quam ſine intermiſſione utcumque poſſumus in Turcos paramus expeditionem) proficiſcendi retulit. Eſt enim id argumentum maximum non modò fidei & devotionis tuæ, verùm etiam miſerationis & dilectionis ejus in te; qui obſtrepere dignatur ad aurem cordis tui, ut excitẽris & exurgas tandem in auxilium Chriſti ſui. Unde pro noſtrâ in Domino affectione congratulandum felicitati tuæ cenſuimus; quòd in eam potiſſimùm militiam voceris à Domino, in quâ tibi ac cæteris ejus meritis bonis Pincipibus vera laus, certa ſummaque victoria deeſſe non potest. Quid enim, fili dilecte, audiviſti unquam, aut legiſti ex omni tuorum memoriâ, illuſtrius præclariusve, quàm quod progenitores tui pro Chriſti nominis defenſione geſſerunt? Habes ex tuâ familiâ, ut noſti excellentes Principes, & divinum illum Francorum Regem Ludovicum, quem hodie inter Sanctos Mater veneratur Eccleſia; quos poſſis & debeas imitari eo faciliùs, quo es Dei benignitate ad perferendos labores ætate & corpore robuſtior, ac proinde ſtudiis militaribus ita à puero exercitatus, ut in eâ ipſâ re ſive terrâ, ſive mari bellum geratur, conſilio, auctoritate & viribus plurimùm valeas. Quid quod opportuniori tempore ſtatuere quidquam famâ & gloriâ tuâ dignum nequeas? Perit fides noſtra niſi occurratur. Ecce jam Chriſtus denuò Crucem ſumit, & relictis omnibus ſequi canitiem noſtram & imbecille corpus jubet. Offeremus Domino languores, & pro te & Chriſti fidelibus orare non ceſſabimus, ut miſericorditer agat nobiſcum, *nec nos deſerat in tempore malo*.

Quare, Princeps optime, aperi oculos tuos & vide afflictionem noſtram, & ſimul patere eam mentem tuam piam ad hoc ſanctum opus in dies magis accendi & inflammari, nec Spiritui ſancto quoquo modo reſiſtas, nec piis Eccleſiæ precibus, neque lacrymis noſtris ad Dominum. Habebis nos comitem peregrinationis hujus; habebis inter cæteros avunculum tuum clariſſimum Principem Philippum Ducem Burgundiæ, qui tibi in omnibus locis aderit; habebis denique in primis ipſum Unigenitum Dei filium, qui te ex omnibus periculis eripiet; & tandem efficiet ut de tuâ virtute, de tuis laudibus nulla unquam ætas ad gloriam ſancti ſui nominis conticeſcat.

Datum Romæ apud S. Petrum, anno Incarnationis Dominicæ milleſimo quadringenteſimo ſexageſimo tertio, quinto Idus Januarii, Pontificatûs noſtri anno ſexto.

Pauli Papæ II. Ludovico XI. Francorum Regi.

Anno MCCCCLXIV.
Ludovicum Regem hortatur ad ferendum ſuppetias adverſus Christianæ religionis hoſtes.

Paulus Epiſcopus ſervus ſervorum Dei, Cariſſimo in Chriſto filio noſtro Ludovico Francorum Regi Chriſtianiſſimo, ſalutem & Apoſtolicam benedictionem. Placuit omnipotenti Deo ad ſe evocare ſanctæ memoriæ Pium prædeceſſorem noſtrum, cujus morte intermiſſa eſt expeditio quam magno animo pro fidei defenſione parabat. Nos autem qui divinâ diſpoſitione in ejus locum aſſumti ſumus, debiti noſtri eſſe intelligimus pericula Chriſtianorum occurrere, Catholicam fidem tueri, & ad defenſionem nobis commiſſi gregis omne ſtudium animumque convertere. Verùm quia ſine divino auxilio nihil valet humana imbecillitas, ad Dei noſtri clementiam recurrentes, illum quotidianis precibus & ſacrificiis morte exoramus, ut viam nobis oſtendere dignetur ac modum, quibus immaniſſimi hoſtis potentia conteratur. Licet enim Omnipotens Deus ſine ullo humano præſidio inimicorum ſuorum potentiam conterere poſſit, fideles tamen ſuos ob id ſibi cooperari vult, illos in perſequutionibus & preſſuris exercens, ut zelum probet & excitet Chriſtianorum, & juxta Apoſtolum, *Qui probati ſunt manifeſti fiant*. 1. Cor. 11. 19.

Unde licet ærarium noſtrum magnis prædeceſſoris noſtri expenſis exhauſtum, multiplique debitis gravatum invenerimus, omnia tamen auxilia præſtare decrevimus, quæ ſecundùm vires & facultates noſtras erogare poterimus. Et quia magna eſt & creſcit in dies inimici potentia, & hoſtis acerrimi vigilantia non ſinit diù quieſcere, cui ſine magno Chriſtianorum conatu obſiſti non poteſt, & non habet Apoſtolica Sedes unde tanta conquirat ſubſidia, niſi Chriſtiani Reges & Principes opem ferant; nuper nacti opportunitatem Oratorum Italiæ Principatuum, qui ferè uno tempore ad præſtandam nobis obedientiam concurrerunt, tractavimus cum ipſis Oratoribus Principum Italiæ tamquam proximioribus imminenti periculo, ut ſaltem hoc primordio impetum illius, ſi quomodolibet fieri poteſt, reprimamus, donec ſpatium detur Chriſtianis Potentatibus, ut vires conferant, & ad commune incendium exſtinguendum communibus opibus conſiliiſque concurrant : ſcimus namque Italiam ſine externis præſidiis ad tantam belli molem ſuſtinendam nullo modo ſufficere.

Quapropter tuam Celſitudinem per viſcera miſericordiæ noſtri requirimus & hortamur, ut memor debiti quo Catholicæ fidei & Deo teneris, ea ſubſidia ad hanc ſanctam expeditionem præſtare non differas, quæ propter amplitudinem Regni tui, & tuæ potentiæ magnitudinem ferre potes, certò ſciturus cum id facies non tam Hungaris, aut Italiæ, vel cæteris finitimis populis auxilia præbere, quàm teipſum, Regnum tuum, & creditos tibi populos ab hoſte defendere. Nam niſi hoſtis à finitimis Chriſtianorum finibus arceatur, facilè illis (quod Deus avertat) occupatis ad reliquas Chriſtianorum provincias tranſibit, quod plures admodum Reges & provinciæ expertæ ſunt, quæ dum Græcis, reliquiſque finitimis ſuccurrere neglexerunt, ſenſim hoſtem in penetralibus exceperunt, & non arcentes vicinum incendium, ipſi perî incuriam conflagrarunt. Tanta enim acerrimo hoſti dominandi cupido inceſſit, ut nihil gratius ei ſit; nihil avidius, quàm ſanguinem fundere Chriſtianorum, Reges & Principes interficere atque delere, ſicut Boſnæ Regem cruentus hoſtis propriâ manu truncavit, & alios plures Reges extinxit. Id enim ſtudet, ut ſolus ipſe dominus &, princeps nominetur. Tuam inſuper Serenitatem hortamur, ut ea quæ in hac re facere intendis, & quæ ſibi de ratione belli gerendi opportuna videbuntur, nobis ſignificet. Tuum enim conſilium, tuumque judicium ſuper his libenter intelligamus.

Datum Romæ apud ſanctum Petrum, Anno Incarnationis Dominicæ milleſimo quadringenteſimo ſexageſimo quarto, octavo Idus Januarii, Pontificatûs noſtri anno primo.

Sic ſignatum, Jo. de Tartarinis.

Joannis

Diplomatum, &c.

Anno Mcccc-LXVIII.

JOANNIS GODEFRIDI S. R. E. Cardinalis Oratio. Haranga facta per Reverendissimum Cardinalem Albiensem in Ecclesia Parisiensi anno 1468 quâ die Cardinalatûs dignitatem recepit dominus Cardinalis Andegavensis.

Satis, ut opinor, ex litteris quæ recitatæ sunt vobis apertum est (Reverendi Patres). Principes excellentissimi, viri doctrinâ & dignitate fulgentes) quàm ardenti studio & exquisitis honoribus Pontifex Maximus maximo Regum omnium Ludovico Regi nostro indulsit, favitque voluntati ipsius & gloriæ. Nam cum in Ecclesiasticâ hierarchiâ tantum sit Romanæ Ecclesiæ Cardinalibus auctoritatis, quantum noster (ut Canon Omnis xxxviii. distinctione loquitur) magnus Dionysius Seraphicis spiritibus, qui rubras flammas effundunt, asserit in cœlesti hierarchiâ esse tributum; atque tantum prærogativæ, quantum Moyses detulit Cherub quæ Arcæ fœderis affixit, lege quâ possent communem sculptilium legem contemnere: denique tantum amplitudinis quantum Ezechiel Levitis porrigit, qui Summo Sacerdoti sunt assessores; atque in parte interiori templi versantur; intelligere profectò licet maximi fieri à Patre omnium Christianorum Christianissimum Regem nostrum, cujus precibus & testimonio splendorem Cardinalatûs ignoto alioquin huic Reverendissimo domino Andegavensi porrexit. Haud secùs enim quàm tertii Regum capitulo 7. Salomoni à Rege Tyri datus est Hiram artifex plenus intelligentiâ ad omne opus. Imò verò ut ipse Salomon, quò templum maximâ venustate fulciret, voluit editioribus columnis earumque capitellis inprimis lilium; sic non vulgaris, neque humilis, neque insuavis est erga Regem nomen dignitatis, ac benivolentiæ sanctissimi Pauli Papæ II. significatio, quam Reverendissimum hunc Patrem Cardinalatu, altissimisque columnis ac totius Ecclesiæ sublimioribus coaptavit atque inauguravit; vel eo solo quòd Rex, qui liliferi Regni personam sustinet, & Aula tota illi testimonium summæ prudentiæ fideique dederunt.

Nam quamvis isti Patri tantum laudis impartior, quantum vigilantissimo viro & sapientissimo homini, & callenti usu rerum multarum debetur; quamvis ipsi non adimo scientiam, non illam sophisticam atque volatilem, sed quæ bonis litteris erudita prudentiâ magnâ conditur; quamvis & facilè concesserim, quod Romam secum profectus vidi, ingenium ad cuncta versatile, miram sollicitudinem, summam solertiam: hæc tamen omnia communia, forte in multis aliis sæpè jactata non suffecissent. Totum hoc culmen honoris sibi vindicat noster Rex, Regum omnium primus, cujus religioni, sapientiæ, fidei Christi Vicarius divinam suam auctoritatem non dubitavit adjungere, dum istius quem cernitis capitello lilium sculpsit atque impressit. In quo tamen profectò vix tam peperit Rex huic Rever. Patri hoc honestamentum honoris, quàm iter aperuit cæteris honorum acquirendorum. Jam nempe id verum constat, quod Appius in omnibus scripsit: Unumquemque fabrum esse suæ fortunæ: dum vident homines hunc Reverendissimum Patrem non desidem obtorpuisse, non inertem timuisse ascendere, ne fortè rueret, instar eorum qui semper jacent, sed generoso animo præscripsisse cunctis exemplum, quo labor Herculeus Acheronta perfringit; quo egestatem operatur manus remissa: manus autem fortium, ut ait Salomon, parat divitias: atque Quintiliano auctore: Qui ad summa nituntur, in cacumina vadunt.

Prov. 10. 4.

Tom. III.

Jam rursus ad dignitates rectus ascensus apertus est, quò Ecclesiastici viri condicant altrici Ecclesiarum Sedi Romanæ non contumaces fore, sed supplices, dum intuentur quantâ severitate ipsa insolentiam aliquorum perstrinxit, contrà verò quantâ liberalitate, indulgentiâ, celeritate fidem & studia ipsius reverendissimi Patris erga se, ad eum qui honorum Ecclesiæ finis est speciosissimum cardinalatûs & altissimum gradum provexit. Ipsa enim est ipsa Sedes Romana, quæ illud Proverbiorum octavo clamitat: *Ego diligentes me diligo. Mecum sunt divitiæ & gloria, & opes superbæ. In viis justitiæ ambulo, ut diligentes me diem, & thesauros eorum repleam.* Denique jam palam est, quod in Proverbiis Salomon ait: *Quo pacto Acceptus est Regi minister intelligens.* Et quo modo *Qui diligit cordis munditiam, propter gratiam labiorum suorum habebit amicum Regem.* Atque quantopere Regius honor judicium diligit, dum cuncti cernunt sic honorari, quem Rex voluit honorare. Neque injuriâ. Si enim vel divinis oraculis & lege civili testatum est: *Cor Regis est in manu Domini; & quocumque voluerit inclinabit illud*: nemini certè sine afflatu quodam divini numinis Rex cuiquam diù magnos favores aspirat.

Sic se res habet, Patres & Principes, divinam quamdam vim, divinam dignitatem, divinam quamdam religionem possidet Regius honor. Nam & ille, quem Cicero nuncupat Deum Philosophorum, Plato in legibus ait, naturâ fieri quòd Rex virtute sit universitas; at durus videretur Deus ac ferreus, si non Regibus peculiari curâ prospiceret, dirigendisque Regum animis inflammato benivolentiæ studio non raperetur. Illud præterea ingenii cœleste fulmen Augustinus in libro Quæstionum veteris ac novi Testamenti: *Rex*, inquit, *quisque etiam gentilis præ se fert imaginem Dei*, sicut & Episcopus Christi. Estque in Regibus ordo secretior, cujus merito etiam idololatriæ Reges resplenduerunt, cum Pharao futuram famem præviderit; Nabuchodonosor, cæteris non videntibus, vidit Filium Dei intrà caminum ignis ardentis: Salomon quamquam aberrans insulam priùs sapientiam sibi retinuit, non suo quidem sed regalis ordinis merito. Quòd si Regius ordo etiam Gentiles atque idololatras divinitatis quâdam lucidissimâ luce collustrat: quid est quod ab Antistite sacrorum impetrare non debuerit Rex religione Christianissimus, Rex solus quem cœlestis liquor sacravit, Rex indole optimus Ludovicus, cœlo simillimus Princeps.

Equidem, Inclyti Principes, non sum nescius homines in theatris ita de quâcumque re & sentire & loqui, ut ipsorum simultas atque factio fertur. Atqui si invidi putant huic Reverendissimo Patri eò dignitatis florem dignissimum potuisse pertingere, quò non suapte virtute, sed Regis precibus & commendatione ascenderit: ostendam tanto præclariùs ipsum evectum, quanto veluti luce adjunctâ luci, suffragatio, indulgentia, gratia regia divinæ auctoritati Summi Pontificis ad dignitatem istius Patris accessit. Quomodo, inquit Salomon, *probatur in conflatorio argentum, & in fornace aurum*: sic probatur homo ore laudantium. Et quæ magnificentior vel præclarior laus eâ, quæ proficiscitur à laudatissimo Rege? Ea, siquidem est, (ut Aristippus Diogeni succenset) non solùm laus maxima, sed mater omnium virtutum, posse & benè scire Regibus uti. Cur ita? Quia ut Plato scribit ad Hieronem, unica tantum est virtus, quam stabilitatem animi nuncupat. Nam reliquæ illæ, quæ dicuntur virtutes, non sunt virtutes, sed ornamenta istius. Atqui ut montium vertices variis ventis circumflari videmus, istique arbores altas atque robustas evelli

Ibid. 3. 17.
Ibid. v. 20.

Ibid. 14. 35.

Ibid. 21. 1.

Quanta sit Regia dignitas.

In append. Tom. 4. 35. sensum potius quàm verba refert Auctor. Lib. iste falsò tribuitur Augustino.

stirpitûs : sic aulæ Regum pariunt dissensionum procellas asperrimas, quas perferre diù non potest, nisi vir fortis ac propositi tenax. Quo pacto ? Quia (ut Cicero in Verrem oratione quintâ dixit) videmus quanto in odio apud quosdam nobiles homines sit novorum hominum virtus & industria. Si tantulum oculos dejecerimus, præsto esse insidias : si locum aperuerimus suspicioni vel crimini, accipiendum esse statim vulnus : esse nobis semper vigilandum, semper laborandum : inimicitiæ oportet subeantur, pericula suscipiantur. Etenim tacitæ magis & occultæ inimicitiæ vitandæ sunt, quàm indictæ & apertæ. Non hominum nobilium ferè quisquam industriæ novorum favet : nullis officiis allicere illorum benivolentiam possunt ; quasi naturâ & genere disjuncti sint, ita dissident à novis hominibus animo & voluntate. Quare quid non habent inimicitiæ in aulâ Regum periculi, cum amicos jam habiturus sis inimicos & invidos, antequàm ullas inimicitias susceperis ?

Hiccine igitur Reverendissimus Pater Dominus Andegavensis vobis videtur constans & fortis, qui suapte virtute totius aulæ vicit invidiam, & velut arbor in immensum succrevit magis semper & floruit ? Quo uno quid mirabilius ? Non Charybdim tam infestam nec Scyllam navibus Cicero putat, quàm aulæ Regiæ motus. Habet nempe, ut Quintilianus loquitur, natura animi sublime aliquid, & impatiens superioris. Ex quo etiam inter Angelos, ut Hieronymus ait, regnavit invidia. Livius quoque ob id Scipionem etiam à Catone allatrari solitum refert. Ipse quoque Plato Græcorum sapientissimus in aulâ Dionysii Regis Syracusani : Callisthenes quoque in aulâ Regis Alexandri Magni : Demetrius Philosophus nobilis sub Phalereo Demetrio Regiæ aulæ pericula non effugerunt, cum alter bonis excussus, alter ab Alexandro Rege occisus, tertius aspide admotâ corpori necatus sit. Hiccine ergo Reverendissimus Pater vigilans vobis fuisse videtur ac temperatus, qui velut Ulysses Calypsonis atque Circes præcepto tot annis inter fumum & flammam navem recte adegit ?

Adde quod prudentiam spectat, cum tot sint latebræ in animis hominum, tamque alti recessus, cum aulam sæpe immergitet obfuscata malitia, fallax, condita artificio simulationis : cum velut maximum mare, fretum aut euripum nunquam quiescere, sed semper agitari cernamus regias aulas : cum totam aulæ de homine opinionem parva nonnunquam commutet aura rumoris : nonne necessitas est ut prudentissimus sit, turbari qui nesciat, & tot variis rebus induci in laqueum ? Ita profectò. Magnaque & admirabilis laus prudentiæ ornat hunc Reverendissimum Patrem, qui semper gratior Regi non retinuit solùm, sed auxit in tam variis rebus authoritatem.

Sed hæc quoque pars justitiæ specimen flagitat. *Plautus.* Astutum, inquit Comicus, versutum, callidum hominem aula deposcit, qui vultum è vultu comparet, bonus sit bonis, malus sit malis, harpaget pluribus, utcumque res sunt, ita animum habeat ; multa simulabit invitus, & dissimulabit cum dolore, placebit multis simul & Regi. Quæro quæ justitia libratior existimabitur inter eos, qui sibi fortè parum consentiunt, cum alter alteri diversa dicat, quam ut statuas vel dicas aliquid, quod utrique partium profit aut placeat, & non in mendacio vel cupiditate nocendi deprehendaris, tibique retineas famam justitiæ, atque istius virtutis inter tot ignes viriditatem ? Siquidem ex icotibus argumentabimur. *Prov. 22. 29.* Vidisti, inquit Scriptura, virum velocem in opere suo : coram Regibus stabit. Unguento, inquit Salomon,

& variis odoribus delectatur cor ; & bonis amici *Ibid. 27. 9.* consiliis anima dulcoratur. Quapropter magni consilii sit, magnæ diligentiæ, magnæ justitiæ, admirabilis temperantiæ, divinæ constantiæ & fortitudinis, quisquis Regibus assidet primus vel inter primos. Nam & jure Gentium stabilita Regia dignitas, non allicitur repugnante Minervâ. Atque (ut Cicero pro Lege Maniliâ dixit) Regale omnibus gentibus nomen magnum & sanctum esse videtur.

Debuit igitur futurus Cardinalis, locandusque inter Ecclesiæ Principes, antea in aulâ Regis, veluti aurum igne purgatum, liberatus existimationis metu, defunctus honoribus, designatus Consiliarius, tamquam in palæstrâ rerum variarum formari, indeque detrahi ; quia ita ad consulendum Ecclesiæ quisque rectè movetur, ut est experimento rerum variarum ante formatus. Id nempe video in more Sedis Romanæ positum, non modo nostræ ætatis, verùm etiam superioris institutis servatum, ut Cardinales arcesserentur qui videbantur in aulâ Regum florere. Nam ut omittam Reverendissimum Dominum Constantiensem, Consiliarium Caroli VII. Ut illum magni nominis Cardinalem Ambianensem prætermittam, qui omnia pro nutu atque renutu sub Carolo V. moderabatur : ut sileam Urbanum V. *Errat Auctor. Etenim Urbanus V. nunquam fuit Cardinalis.* atque Clementem VI. arcessitos ex consilio Regum nostrorum, evectosque ad fastigium Cardinalatûs. Innocentius IV. ex primo Consilio primi Frederici Imperatoris hanc dignitatem consecndit. Calixtus etiam nostri temporis optimus Pontifex quam habuit laudem, quæ ipsum ad Cardinalatûs culmen extollere ? Itidem Pontifex Pius provectus est in Consilio Alfonsi Regis Aragonum, ac Frederici nunc imperantis. Neque id mirum : tanti nempe est elucere in Consilio cujusquam Regis, quanti lex sacra æstimat Joseph Consiliarium Regis Ægypti ; aut Danielem Regis Balthasar ; aut leges civiles Silentiarios : denique quanti vetustas, quæ Prometheum Diis consecravit, veluti Jovis Cretensis Regis Consiliarium, & Tiresiam Apollinis, Solonem Crœsi, & Homericum Phœnicem Achillis, aut Æneæ Virgilianum Achatem, aut Mæcenatem Octaviani, aut illum, quem Aristoteles in Politicis optandum docet, Nestorem Agamemnonis Consiliarium.

Quis est hic Nestor ? Me certè stimulat Regis Regum Agamemnonis, & invictissimi Regis nostri Ludovici similitudo, atque divina laus, quæ me ad se rapit velut flumen, quod occurrenti fossæ infunditur. Iste est Nestor, cujus lingua placabilis, ut *Prov. 15. 4.* Scriptura loquitur, lignum vitæ victoriamque Græcis peperit, dum Achillis avertit violentum furorem. Iste est cujus consilio non Diomedem, non Ajacem, non Achillem, sed multimodi pectoris virum Ulyssem Rex Agamemnon sentit ac prædicat finitorem bellorum istius suasionibus. Ipse Rex Agamemnon omnium Græcorum sine controversiâ Princeps, Achillis sibi subditi molliuit iras donis & precibus, cum illum posset & coërcere armis, & comprimere robore militum ac multitudine. Sic nempe ut apis Sicula scripsit, Nestor Agamemnoni persuadebat, sic hortabatur : non tibi Achillem vincere, sed Troiam delere studium sit.

O Rex Agamemnon, tune teipsum ferro attinges ? Tune Græcorum exercitui subsidia belli Achillem ; tune robur tuum tibi eripies ? Tuamne vim & manus tibi ligabis ? Civitatumne deprædatorem Achillem, castrum infrangibilis defensionis à Græcis abjicies ? Utrum pulchrius vincere putas vel verbo, vel vi : cum illud proprium Deorum & hominum sit ; istud verò sibi belluæ arrogent, à quibus constat homines robore ac celeritate vinci ? Victor victorum eluces, si animum potiùs viceris, quàm animus te. Non in omnia in quæ poteris impetum facias, sed in id quod principaliter est expugnandum: pars tui exercitus, pars tui roboris Achilles est. Tuum est, ô Rex, dum istâ Trojanorum tempestate jactamur & fluctibus, allicere tuorum Procerum voluntates alienas, partas retinere, placare turbatas. Hoc minor, hoc queror quemquam hominum Regi persuadere, ut navim perforet in quâ ipse naviget. Navis est Regnum Græcorum, ô Rex Agamemnon, in quâ tu proreta & gubernator. Navem si dimittis, neque tu neque Achilles eam habebitis, cum tota sit interitura quâlibet divisione. Hæc Nestor Agamemnoni. Dicite obsecro, Principes, putatisne fuisse divo Ludovico Regi nostro in divinis suis Consiliis aliquem Nestorem ? Putatisne ipsum memorem fuisse dicti, quo sapiens: *Melior*, inquit, *est patiens viro forti : & qui dominatur animo suo, expugnatore urbium. Melius est humiliari cum mitibus, quàm dividere spolia cum superbis.* Quippe qui scitus & moderatissimus Princeps ex periculis plurimis & insidiis non ad gloriam inanem, sed ad sui regni salutem reservatum se sciens, omnium consiliorum suorum rationes ad utilitatem regni sui convertit.

Duo quidem lumina & ornamenta Regni Francorum, Duces Burgundiæ atque Britanniæ falsis suspicionibus incitati, ut filii à parentibus sæpe dissentiunt, secedere à suo Rege videbantur: undique bella fremebant. Illis teterrimis bellorum principiis, cum quid tanti Principes sentirent nesciretur, objecit magnanimus Rex tres exercitus durissimâ fronte collectos, & qui cœlum ipsum poterant irrumpere : sed, ô dulce invicti Principis ingenium ! ô sapientiam divinam optimi maximi Regis, qui hominum utrimque suorum cædem in societatem, furorem belli in fœdus arctissimum, altercationem irarum in benevolentiæ certamen ita convertit, ut quomodo Hectoris & Ajacis post acerrimum conflictum, aut David Jonathæ ; sic Regis & bellicosissimi Burgundionum Ducis anima animæ conglutinata cernatur. Nam Brittonum Ducem cum exercitus Regius illius terras & munitissimas arces vi irrupisset, cum posset omnia, tam molli articulo tractavit Rex sapientissimus, ut inter ipsos non hostilem contentionem, sed familiare dissidium diceres incidisse. Cognoscite Francorum populi, cognoscite Regem memorem vestri, oblitum sui. Ecce enim Rex Ludovicus idem ipse, qui velut veteres scribunt Delphinem super tergum Arionem quemdam per medios maris fluctus tulisse, in obsidione Pontisaræ castra paterna pœr tutatus est. Iste, qui ocior fulminis alis, erumpentem conspirationem periculosam in Aquitania armis, astu, celeritate prorsùs obtrivit. Iste, qui tunc formidatos omnibus gentibus Anglicos pone oppidum Diepes, cum militum numero, & arce inexpugnabili cuncta contemnerent, irrupit, vicit, occidit, patrique peperit armorum felicitatem. Iste insuper, qui Helvetios & Suiceros à tempore Cæsaris semper victores, prope Basileam fudit & vicit. Denique iste idem Ludovicus est, qui supergressus cæteros Franciæ Reges, ereptos ab Hispanis & Celtiberis Galliæ fines, Perpinianum munitissimam urbem, Empurias, Rossilionem, & ferè trecentas arces, juga Pyrenæi montis, ut olim Cyrus Medos regno Persarum, regno Francorum armis restituit.

Numquid ergo nunc ipsi magnitudinem animi, consilium, potentiam, exercitationem bellicæ artis defuisse putatis ? Minimè! At illam ipsam vehementem aciem, quam sibi tunc & tempus ; & pater, & regni dignitas imposuit, nunc certè regia dignitas & sanguinis sui dulcedo, & Nestoris sui

Prov. 16. 32.
Iud. v. 19.

consilium sacrum detraxit. Quid ita ? Profectò quia divinus Homerus Regem pastorem populorum appellat. Plato verò in politia scribit divinitùs, bonum pastorem & medicum non quod se delectet inquirere, sed quod gregi prosit vel ægrotanti. Et Cæsar quidem tametsi furens in arma, nisi sanguine fuso nullas gaudebat vias habere ; aliam tamen personam adversùs externos hostes, aliam bello civili sumsit. Nam & in Pharsalicâ pugnâ illacrymavit, & cum ad amicos scriberet, nullam mentionem fecit tantæ victoriæ. Sic nempe in una epistolarum suarum loquitur : Non est ingenii mei, Bruti, injurias meminisse in nostros cives : quas ego si ulcisci possem, tamen oblivisci mallem. Alio transferenda arma mea : donis qui sanari non potuerunt, bellum geram cum tumidis, amicis ignoscam, proditores vix vindicabo.

Videte igitur, Patres & Principes, ut in illo Salomonis judicio, cum inter duas mulieres disceptaretur, commota sunt viscera matris, quæ malebat etiam alteri dare infantem integrum, quàm dissipari. Videte virissimi Regis sacros instinctus, qui florens opibus, viribus insuperabilis, maluit animi & voluntatis suæ flexu retinere subditorum pacem, salutem, otium, bona, fortunas, quàm periculosæ aleæ tractare opus, qui utcumque victor suas vires proprias attrivisset, suum robur dissipavisset. Videte, ut spreta interdum gloria, cumulatior redit. Atque ut, Salomone auctore, humilem suscipiet gloria. Quod enim victoriæ genus Regi accidere potuisse putatis illustrius, quàm exercitus hostiles, cum opibus, armis, viribus plurimùm possent, sibi adjungere ? adjunxit ; illis præesse ? præfuit ; imperare eisdem ? imperavit ; quorum Dux studet nunc Regi tantò ardentius, quantò ferociùs antea visus est dissidere. Jactent Romani suos Reges, Duces, Imperatores. Jactent & Græci, si libet. Epaminondas quidem docuit, ut in navigando cedere tempestati esset summæ ars sapientiæ, si modò navem ad portum tutum deducas : sic feliciorem atque illustriorem esse victoriam, illam si flexu animi & ingenio pares, quàm cruore vel ferro. Illam præterea Trojanam victoriam Minerva peperit ; tutor verò Trojanorum Mars violentus illi concessit ; plurisque fuit ligneus equus, quàm secures & enses. Omnium Ducum profectò præcellentissimus, atque flos illibatus victoris gentium Romani populi Scipio sanxit, nullum victoriæ genus altius & dignius, quàm ut res ad id quod velis efficere perveniat ; aut eo deducere hostem, ut tuus sit ; atque ut illi quasi non invito quod velis extorqueas. Quâ ratione adductus Scipio ipse speciosissimum sibi victoriæ culmen putavit, vincere Celtiberos muneribus & donis & temperantiâ, non cruore & ferro. Laudat Livius Latinum Regem, quòd contrà Æneam Trojanorum ducem cum armatus progrederetur, aciesque struxisset, ad Æneam tamen hostem suum processit ; cujus admiratus nobilitatem, maluit advenas sibi conciliare donis, fœdere, affinitate, eosdemque facere Latinos & sibi subditos, quàm victoriâ vincere plenâ discriminis.

Si mansuetudo & sapientia illius Regis in advenas laudatur, quid Ludovico Rege divinius, qui Principes, quos communis sanguis, quos Regia domûs dignitas, quos amor Franciæ dulcissimus abstractos non revocabat, patientiâ suâ lenivit, & linguâ molli fregit durissimam dissensionem. Laudatur Romulus, qui inter acies dimicantes cum esset longè superior, Melium Ducem Sabinorum salvum quàm vincere maluit, nec pacem modo sed civitatem unam ex duabus effecit, Regnum consociavit, Imperium contulit : ita (inquit Livius) geminatâ urbe, ut

Lucanus.

Suppositiria hæc epistola Caii Cæsar. Bruto.

non modo commune, sed consors etiam regnum Principibus duobus fieret ; quo fœdere factus est Romanus populus domitor orbis. Mitto Menenium Agrippam, qui Porsenæ hosti Romanorum, ut hospes ex hoste fieret, partem agri Romani contulit : idque illius Plutarchus ad summam gloriam trahit. Si in exteros illius viri prudentia & liberalitas laudibus in cœlum fertur, cur non Ludovici Regis in suos ; quando, Salomone auctore, *Munus absconditum exstinguit iras, & donum in sinu indignationem maximam.* Quando ut vidimus, tumentes nostra dissensione Britanni quâ solâ fortes sunt, erexerant animos, struxerant classem infaustam, quam sapientia Regis nostri repressit. Quando præterea Turcus orbis archipirata omnia vexat, omnibus imminet. At testimonio Caii Cæsaris, "Totius Galliæ con-"sensui ne orbis quidem terrarum possit obsistere. Denique si benè Ennius Quintum Fabium & Maximum nuncupat & laudat his versibus :

Unum enim nobis cunctando restituit rem ;
Non ponebat enim rumores ante salutem.

Nonne vobis videtur Rex noster Ludovicus eo sublimior, quo auram vulgi contemnens, non inanem rumorem est aucupatus, non falsæ laudis & gloriæ umbras est consectatus : sed ita saluti regni prospexit, ut cum nuper omnia direptionibus & miserandâ prædâ agricolarum infesta essent, subitò urbes pacatæ, agri Francorum Principum status integri floreant. Ergo Ludovicus Rex fundator pacis, restitutor quietis dono quodam providentiæ genitus, in quo Regia dignitas totas sapientiæ, fortitudinis, temperantiæ, mansuetudinis vires experiretur, velut Agamemnon sui Nestoris sacro consilio, belli plusquàm civilis tempestatem felicissimâ facilitate discussit, ut vos carissimi Principes, scitis & testes estis, Reverendissimo domino Cardinali Andegavensi assectatore, interventore, consiliario. Justè igitur celsissimam istam Cardinalatûs sedem reverendissimam Pater ipse conscendit, cum ut sapientes advertunt, furorem iræ resedârit Præses impulsus sapientiâ istius Patris.

Atque juvat & certè decet, Reverendissime Pater, ut dignitatis Cardinalatûs flosculos quosdam carpam atque delibem, quatinùs mente memori, & gravissimo animo quantum Pontifici Regique debeas, recorderis, quoties aspicies tantos honores tibi Regiis precibus condonatos. Fontem equidem gloriæ, & segetem honoris arbitror in ipso Cardinalatu, qui Christi Vicario, etsi vinciri vel uniri non posse dixeris, alligatur. Neque enim est nova recens hæc dignitas, ut blaterantes quidam hallucinantur. At ita garriunt, quia putantur esse multa nova, quæ pervetusta sunt, sed inaudita indoctis.

Quamvis autem apud veteres in limine templorum picta Angerona Dea, digito admoto labellis jubebat viros sacra cernentes fore conticuos ; quia hominum religiones longè maximis atque occultissimis cerimoniis continentur, proindeque satis esse deberet observantia totius Ecclesiæ, quâ Cardinales, velut illa quæ dixi Cherub, quæ Moyses arcæ fœderis impressit, eminent Principes in tabernaculo Dei. Si tamen vetustas Cardinalium desideratur, (cum omnium Philosophorum consensu denominativa illis à, quibus exoriuntur coætanea sint) dum primi Regum 2. Capitulo, *Domini sunt cardines terræ, & ipse posuit super eos orbem*; profectò & cardo & Cardinalis sub ipso mundi nascentis ictu nomen accepit. Julius quidam Maternus, elegans auctor & nobilis, in libro suæ matheseôs quasdam stellas præcipuas omnium siderum asserit affixas Soli, quas cardinales appellat. Inficiantem verò virtutes omnium virtutum primas, nuncupari cardinales virtutes, omnium Philosophorum greges urgerent. Sed quid ista conse-

ctor, cum Clemens in Stromatibus suis, Joannem, Jacobum, Paulum, Linum, Anacletum, sese, item Silvanum, decem præterea viros sanctissimos asserat beatissimi Petri coadjutores & Cardinales ? Textus præterea Decret. lxxix. Decretorum distinctione : Oportebat, inquit, ut hæc sacro sancta domina nostra Romana Ecclesia ritè ordinaretur, sicut à beato Petro statutum est, & unus de Cardinalibus Presbyteris, aut Diaconibus in eâ præficeretur. Verùm equidem in his non magnopere nitor, cum ut eminent fastigia turrium, latent fundamenta, estque semper in rebus altissimis origo suppressior. Si verò flagitatur Cardinalium dignitas & altitudo, hanc ab Apostolis adscitam & acceptam, ut Cardinales à Reges, nisi infulsi sunt, tantâ religione publicè & privatim tuentur, ut Cardinalibus Regum nullus se præferat. Atque ne longè petam exempla, constat ex actis celebratissimi Concilii Constantiensis, primùm Cardinalibus, deinde Sigismundo Imperatori, tum Patriarchis sententiæ dicendæ locum datum fuisse : isticque constitit (quod canon Hieronymi causâ decimâ sextâ, quæstione prima, Cap. Ecclesia instruit) Cardinales existere Senatores totius Ecclesiæ, legum sacrarum, judiciorum, juris auctores. Vultis hîc comparare civilium dignitatum omnia culmina ? Vultis Senatores quibus per legem jus Senatorum de dignitatibus libro xii. Codicis, Imperator se lubens annumerat ? Hos certè xvi. distinctione, canon, Constantinus, non supergredi Cardinales ostendit, sed à Cardinalibus vinci, quos, & Clerum Romanæ Sedis Senatorum dignitate illustrat.

Vultis Consules ? per legem secundam ff. de origine juris, suffectos, atque suppares Regibus : & quibus lex antiquitùs de Consulibus libro xii. nihil altius putat ; Imperatorius ille Canon quidquid dignitatis, nominis, ornamentorum Consulibus unquam tributum est, Cardinales porrigit, celsioribusque insignibus Consules à Cardinalibus ostendit vinci. Vultis denique illud culmen dignitatis, quod (ut textus capituli Hadrianus. LXIII. distinctione docet) Concilium Lateranense putavit dignum Christianæ religionis propugnatore Carolo Magno, dignum præmio pulcherrimorum factorum ipsius, dignum regno Franciæ atque istâ arce Christianæ religionis, dignum quod supergrederetur regiam altitudinem ac dignitatem, ab Hadriano Papa dicatum Carolo Magno veluti præcellentissimum honestamentum omnis honoris, dignitatem dico patriciatûs ? Cardinales esse Patricios, indeque Regibus nusquam inferiores Imperatorius ille Canon declarat.

Equidem Episcopis non aufero & Patriarchis locum & typum Apostolorum, qui Actuum xx. capitulo scriptus est. Atque etiam xxxv. distinctione Decret. Hieronymus Presbyter & Cardinalis, Cap. Ecclesiæ Principes. Nos, inquit, in Apostolorum loco sumus. Illi Dispersorum, ac Cardinales Collectorum in Summo Pastore Apostolorum figuram sustinent : illi tamquam in arcâ Noë tristegis distinctis limitati sunt, ac diœcesibus certis & finibus : Cardinales verò ut universo prospiciant sunt instituti. Ergo ut in Philippicis Lucius Flaccus Flaminem Præsuli præfert, eo Episcopis & Archiepiscopis usitatos honos & pervulgatus Cardinalibus vult antecellere, quo omnis uni parti totum, speciei genus. Etenim omnium sacrorum Ordinum vertices omnes sacro collegio sunt illigati : atque, nisi refragari voluerimus Dionysio Magno in Hierarchiâ Ecclesiasticâ, illi primi sustinent locum, qui Summo Præsuli majori connexione conjunguntur. Itaque ut in structurâ Rationalis Aaron duodecim lapides simul junguntur, omniaque coagmentata, & fortiora sunt & venustiora, quàm dissipata & distantibus locis posita, elucere cernuntur : ex quibus oritur mira sublimitas, quæ Pontifici maximo proxima suprà cunctos Ecclesiasticos status sine arrogantiæ notis attollitur.

Multa profectò divinitùs in hanc sententiam liceret scripta producere, sed nihil præclarius arbitror eo, quo xxii. Decret. distinctione, capitulo Sacrosancta, Ecclesia Romana omnium Ecclesiarum caput & cardo est. Quid enim dignius capitis & cardinis conformitate ? Quid capite altius ? Quid ipso cardine robustius, qui ostium sustinet, per quod, nisi latrones sint, omnes ingrediuntur sanctum ovile ? Ista est, ista capitis & cardinis sacra conformitas, ut *Archidiaconus* LXIII. distinctione, capitulo, *Tibi Domino*, scripsit : quâ juramentum fidelitatis à multis Regibus & ab ipso Imperatore præstitum Pontifici, & Cardinalibus scitis ab ipsis porrigi legibus. Ista est unitas, quâ non modo in Iliade splendet cum Jove Deorum sacer consessus ; sed attestante Propheta, *Deus stat in synagoga Deorum, & in medio Deos dijudicat* ; dum Ecclesiæ vir maximus Pontifex elucere putatur, *Quando* (ut Proverbiorum ultimo scriptum est) *sederit cum Senatoribus terra*. Ista est insuper capitis & cardinis unitas, quam consectatus sanctus Silvester, quasi cœlo tantùm Cardinales ferre innocentiam debeant, perstrinxit illam (secunda, quæstione v. Capitulo *Præsul* :) convincendorum Cardinalium difficultatem. Quid dixi difficultatem ? Imò præter casum hæresis aut schismatis, quibus Decretalis, *ad succindendos*. de Schismaticis libro 6. prospexit (nih refragabimur aquilæ juris Innocentio IV. in Capitulo 2. de Clericis non residentibus) ista unitas etiam Romano Pontifici Cardinalium deponendorum nisi per Concilium universale sustulit auctoritatem. Denique ista unitas est capitis & cardinis, propter quam omnium Jurisperitorum doctissimus Ostiensis in Capitulo *per venerabilem*. Qui filii sint legitimi, Cardinales in plenitudinem potestatis assumptos dicere audet, & rectè audet. Confringat quisquam sanè in suâ doctrinâ Conciliorum Decreta ; opiniones omnium Doctorum perrumpat ; evolet acumine sui ingenii & argumentorum subtilitate ; mihi credite, indissolubilibus laqueis implicatur, quoties Hilarium de Sede Romanâ nostroque sacro Senatu asseverantem audiet illud ab Isaïâ dictum : *Erit in novissimis diebus præparatus mons in vertice montium ; ad quem confluent omnes Gentes.* Credentem ipsi Cardinali Hieronymo, qui licet ferarum scorpionumque socius omnem pompam vitaret, dixit tamen super Isaïam ipsius Prophetæ de Ecclesiâ præsentis temporis & Sede Romanâ dici divinitùs : *Ædificabunt filii peregrinorum muros tuos ; & Reges eorum ministrabunt tibi. Gens enim & regnum quod non servierit tibi, peribit ; & Gentes solitudine vastabunt. Venient ad te curvi filii eorum, qui humiliaverunt te, & adorabunt vestigia pedum tuorum omnes, qui detrahebant tibi, & vocabunt te civitatem Domini Sion sancti Israel. Pro eo quod fuisti derelicta & odio habita, ponam te in superbiam sæculorum, gaudium in generationem & generationem : suges lac Gentium, & mammillâ Regum lactaberis ; & scies quia ego Dominus salvans te, & redemptor tuus fortis Jacob.* Hîc est, ô Principes, summi Pontificis & Cardinalium defixa dignitas : hîc ejus, cui nunc cooperatur iste Reverendissimus Pater, dignitas Senatûs nostri : hîc Apostolicæ Sedis illa majestas, quam vester heres Carolus Magnus tantì putavit, ut ante acceptas imperiales infulas isto titulo gloriaretur : Carolus Magnus Francorum Rex, urbis Romanæ Patricius, humilis Ecclesiæ Romanæ defensor.

Non potes igitur, Reverendissime Pater, propiùs, ut aiunt, cœlo pedem conferre, aut volare altiùs, quàm cerni quasi provectus atque statutus inter custodes arcis, capitis, cardinis omnium Ecclesiarum.

Itaque, Patres, Principes, si Moyses potestate acceptâ circumfuso nitore ad populorum concionem processit ; si afflatus ipse Legislator divinus & Princeps populi divino Spiritu, ne Sacerdotii dignitas forte vilesceret, omne genus pretiosi cultûs Aaron detulit, & Exodi 39. columnas templi colore rubro ornavit, cæteras verò partes suppressiore colore. Si, Parabolarum ultimo, mulier fortis, & ipsa Ecclesia victrix & retinens semper laureæ viriditatem, bysso & purpurâ ornatur : Egredimini & videte non Regem, sed cui Reges non insulsi concedant. Videte si non Salomonem, consectatorem divinus & Principis Salomonis : qui pacificus docuit, quomodo lingua placabilis est lignum vitæ : in tempore iracundiæ factus est reconciliatio. Videte in diademate suo, quo coronavit illum mater Romana Sedes in die lætitiæ cordis ejus.

Multas quidem res pretiosas diligentiâ Romanorum Principum Senatoribus & Consulibus ducibus suis ornandis pervestigavit, fasces, secures, sellam curulem, togam prætextam, trabeam, equos candidos, tubas, lictores, militaria signa, aquilas, & fulgentia per aërem vexilla. Atqui pileus & diademata tamquam sphæra omni contagione carens Diis sacrabatur, Flaminibus, ac Pontificibus. Quid est hoc ? quo jure dices, quâ lege, quo exemplo, quâ potestate exoritur pilei tanta majestas ? Equidem non inficias eo, quædam in pileis gratiâ significationis, quædam decoris assumi. Atque si Juris Canonici auctoritas desideratur, ut Canon, Cleros, xxi. Decretorum distinctione, affirmat, pileus ad eminentiam summæ dignitatis inventus est. Si Lex Civilis spectatur, video legem, *Temperent*. Et legem, *Valeria*. Codice de vestibus oloberis, libro undecimo, quæ vetant conchylii, muricis, purpuræque colores, præterquam Imperatorio culmini tribui. Video legem, *Nemini*, de Consulibus libro Codicis xii. sanxisse, ut ipsa quam sine controversiâ Imperatorius Constantini Canon Cardinalibus, more majorum tribuit, purpura adornaretur. Si lex divina spectatur, ut Josue secundo capitulo, funiculus ille occineus salvat domum Raab in directione Hiericontina, iste color pilei nostri, ne quisquam personam Cardinalis attingat, ita deterret. Quædam decretalis Felicis de pœnis. lib. 6. 36. c. pœnas illi vixdum audito sacrilegio fixit atque infixit. Imo verò ut meretricis Raab domum salvavit color similis colori quem gerimus, asserit Baldus acutissimus Doctorum omnium, in lege addictis, Codice de episcopali audientiâ, liberandum à morte illum qui adjudicatus sit ultimo supplicio, si fortè obviaverit Cardinali. Quam quidem pilei nostri dignitatem quantâ severitate, quantâque diligentiâ populi servent, vidi ergo Senis vidi Coloniæ, isto Pontifice Paulo tunc Cardinale sancti Marci, & Nicolao Cardinale sancti Petri ad Vincula, interventoribus & liberantibus addictos morti.

Sed ut revertar ad Jus Canonicum atque Ecclesiasticum, pileus Flaminibus & Archiflaminibus, (ut ille Canon *Cleros* declarat) erat specimen honoris altissimi. Tertullianus autem in libro quem de pallio scripsit, id tractum docet ab eo ritu, quo Diis omnibus vetustas pileum consecrat, pari quidem figurâ, dispari gloriâ : cæteris nempe Diis pullus & niger pileus tribuebatur : at soli Jovi & Mercurio flammeus & rubeus, ut insigne cœleste summa potentia & sapientia tibi conjungeretur. Et Episcopis quidem ac Patriarchis pileus ornatus est, ac eo suppressior, quo sidera in sole desinunt cerni, noster autem fulget ut ignis, splendet ut carbunculus preciosissimus, coruscat ut sol. Atque ut Hieronymus ad Fabiolam de vestibus sacerdotalibus scripsit, pilei species mediâ sphæra est, quâ Cardinales Pontifici excubant, qui orbem potestate complexus, quod Deuteron. 17. quod Decretali *per venerabilem*, qui filii sunt legitimi, scribitur; simulque Cardinales tamquam cum Moyse Levitici generis Sacerdotes judicant orbem; sive ut Rabanus interpretatur, quod velut boves duodecim in templo Salomonis orbem, ac fusile illud miræ pulchritudinis mare sustentant. Sic cervicibus fidei, sapientiæ, religioni Cardinalium totius orbis cura atque pondus impendet, haud secus quàm apud veteres Atlantis & Herculis capitibus fertur sustineri cœlum ut ruat.

Pileo insuper sic omnis Ecclesiasticæ Hierarchiæ vertices alligantur, quomodo auctore Dionysio figura & victus ignis illuminat, purgat & perficit, inferiorumque graduum omnem vim allicit, & trahit ad se, cuncta communicans eis, quæ summa supremo præsidi propinquiora sunt attributa, ne fiat Hierarchiæ Ecclesiasticæ ordo similis agmini, eosdem lixas habenti quos Duces & summos milites. Denique pileum tibi, Reverendissime Pater, largitur Pontifex obsidem fidei tuæ, qui etiam tuum sanguinem pro fide & Ecclesiæ Romanæ dignitate reposcat. Non satis autem honorem judicii cœlestis intelliges, nisi ex hoc oneris quoque magnitudinem metiaris. Quod enim præsentius putas tuæ fidei pignus, quàm coccineum colorem adjectum pileo, ut tuum sanguinem quasi depositum sacrum dignitas Sedis Romanæ, & Religio Christiana reposcant, ut nullas contentiones, nullas inimicitias, nulla pericula, nullam vitæ dimicationem pro fide atque Sede Romanâ unquam declines, cui te redimiculis pilei chordonibusque illigabit Reverendissimus dominus meus Avinionensis senior noster, qui tuo capiti purpuram regiam, qui diadema imponet, qui tibi verticem tribuet omnis generis omnium ornamentorum.

Finit Harenga per Reverendissimum Cardinalem Albiensem, Aubatem quoque sancti Dionysii in Franciâ composita, propositaque in laudabili Ecclesiâ Parisiensi Dominicâ prima Adventus, Anno Domini millesimo quadringentesimo sexagesimo octavo; quâ die Cardinalatus dignitatem recepit Reverendissimus dominus Cardinalis Andegavensis per manum Reverendissimi domini Cardinalis Avinionensis.

Georgii Pogiebracii Regis Bœmiæ Epistola apologetica Regi Hungariæ MATTHIÆ genero suo.

Serenissime Princeps, &c. Quanto patientius, & æquanimius injurias æmulorum nostrorum perferimus, tanto amplius eorum adversus nos & tranquillitatem regni nostri fovetur audacia, nutritur insolentia, omnisque rationis expers turbato rerum ordine, Principatum sibi vendicat ipsa temeritas. Deum testamur, nostramque conscientiam, quâ nihil dedit Deus homini divinius, quòd cum primùm ad inclyti regni Bœmiæ gubernacula aspiravimus, non ambitione ducti, sed miseratione permoti rem tantam aggressi sumus; quippe cum naturalis heres regni sub tutione degeret, quem nos postea mox à tutelâ, curave resolutum in regnum paternum & avitum majore applausu introduximus, quàm ipse potuisset optare; sed cum videremus arces, terras, urbes, & oppida regni quibusque patere violentiis, & hanc miserandam conditionem omnes boni deplangerent, simulque cuncti exclamarent tantummodo duce opus esse, incœpto demùm opus esse, cætera omnia rem expedire; Nos huic functioni præmaturâ adhuc ætate nosmetipsos submisimus, in Domino confisi; & contractis copiis quæ parenti quondam avoque nostro adhærere solebant, continuò Pragam tetendimus; ubi Pragensibus in eam sententiam spe pacis illectis, non parum auxilii nobis accrevit. Identidem & per alias urbes pacis æquè cupidas copiis nostris opes accesserunt, quas contrà fortalitia, arces, & castra violentorum hominum subitò convertimus; quæ admotis machinis bellicis partim diruimus, & à fundamentis demoliti sumus: alia verò pugnâ super mœniis commissâ devicimus, & in deditionem accepimus. De subactis autem nos, nostramque familiam minimè locupletare, sed regnum intestino malo pressum, & civilibus bellis lacerum sarcire, coadunare, & consolidare totis viribus nisi sumus. Dumque omnium bellorum nostrorum exitus edocuisset nos, nihil nisi pacem Reipublicæ regni Bœmiæ quæsivisse, neque de ritu Eucharistiæ sumendæ, cæterique sacrificiorum ritibus, quidquam agitare, præterquam compactata olim auctoritate Concilii Basiliensis facta pro pace inducendâ regni, voluimus observari: facilè tota Bœmia, Moravia, Silesia, &c. post longua bellorum discrimina in nostram coière sententiam, sævæque bellorum calamitates salutaris pacis suavitate commutare gavisæ sunt, nosque pacis hujus auctores statuerunt, & conservatorem, ut quibus artibus quæ peperimus, eisdem facilè conservare & augere nosceremus; finitimæque ipsius regni Bœmiæ Potestates per Legatos suos pacem petierunt à nobis; quibus & pacem dedimus, ultroque oblatam accepimus, pacis fœdera ferientes, atque solidantes.

Sic itaque pax nostra fragrantiam boni odoris sui per finitimos quosque populos suavissimè diffudit; hinc hominum commercia restituta; hinc mercatura per omnes angulos regni quidquid Regnicolarum usui reliquum superaret, aut aliarum mercium commutatione, aut pretii solutione, fructuosum effecit: sed & metallaria, præcipuum regni decus, restitutæ sunt ac reparatæ, & in summâ, pax rediens omnes comites, & pedissequos ejus, quos abiens largo cum fœnore affatim cumulatimque revexit. Jura quoque regni, quibus unicuique justitia ministratur, restituta sunt, quæ tamen longè retroactis temporibus minimè processum habebant. Sed ut in omnibus fermè gentibus, nationibus, & linguis, omnique republicâ pax diuturna longo in otio semper aliquid monstri alit, ut Romæ Lucium, Catilinam, Lentulum, Cethegum cum reliquis conjuratis: sic & in regno nostro qui ex diuturnâ pace incrassati sunt, & dilatati, calcitrare cœperunt. Nam etsi magnanimus ille putatur, qui incidens in adversa invictum se tenuit, non minor tamen est ille cui præsens felicitas si allusit, nil arrisit; quamquam facilius sit reperire qui temperantiam retinuerunt contrariâ sibi fortunâ, quàm qui propitiâ non perdiderunt. Hoc si in Romanâ republica contingere potuit, tam salutaribus legibus institutisque formatâ, minimè miramur si & in nostra republica id acciderit, quam nos ab effrænatâ barbarie sub politiâ monarchicâ, viginti vix annis effluxis, Domino adjuvante, redegimus. Sed hoc querimur, quòd tam patenter sceleris, rebellionis, ac perduellionis suæ colorem prætendunt Apostolicæ Sedis obedientiam, & reverentiam, ac sanctæ matris Ecclesiæ Catholicam unitatem, quasi nos ab illâ desciverimus, hujusque figmenti testes, sibique fidem adhibentes invenisse miramur.

Id verò permaximè stupemus, scilicet facilitatem

Diplomatum, &c.

credulitatis erga sanctissimum in Christo Patrem, & Dominum nostrum Romanum Pontificem, de quâ Doctor devotus ad Eugenium scribens sic declamat: *Hæc est, cujus callidissimæ vulpeculæ Magnorum neminem comperi satis caviisse versutias; inde enim ipsis pro nihilo ira multa, inde innocentum frequens additio, inde præjudicia in absentes, &c.* De quâ re nunc dicendum est nobis, & idcirco latiùs assumenda materia. Sanctissimus in Christo pater & Dominus noster Dominus Paulus Papa II. credulitatis facilitate permotus, ac instigatione cujusdam Antonii de Engabio fisci ac fidei procuratoris stimulatus, nuper de anno Domini MCDLXV. Reverendissimis Dominis Nicensi, Sancti Angeli, & Spoletanensi Cardinalibus causam super relapsu in hæresim contra nos commisit, qui tamen de hæresi nunquam convicti sumus; qui quidem Domini Cardinales eodem anno, die secundâ mensis Augusti suum qualis in nos esset palam detegentes, ab injuriis, & convictis exorsi, tali formâ verborum sunt usi: *Præfatum Georgium de Prodiebrad citamus, quatenùs centesimâ octuagesimâ die compareat procuratori fidei super hæresis relapsu &c. responsurus.* Numquid injurium est, Regem coronatum & unctum, & taliter à sede Apostolicâ recognitum, ab Imperiali quoque splendore, & cunctis Principibus, cum quibus illi negotium fuit, taliter honoratum, neque etiam de jure, neque de facto privatum vel depositum, suppresso Regio titulo, solo prænomine, humilisque castri adjectione nuncupare? Numquid captatoria fuit hæc citatio? cui parere minimè poteramus, sine abdicatione Regiæ Majestatis; quâ non ut Rex, sed velut incola regni comparere jubemur; sic parendo, jam fateri videremur id quod de nobis ipsa citatio præsupponit. Numquid captiosa rursùm fuit quâ super crimine relapsûs in hæresim respondere jubemur? quod si faceremus, nos profectò aliquando hæreticum fuisse recognosceremus, à quo reatu nos semper insontes & immunes fuisse & esse confidimus.

Porrò quod longè severius est, iisdem sanctissimus Pater & Dominus noster non exspectato præfatorum centum octoginta dierum exitu, nullâ etiam aliâ in jus vocatione præmissâ, sexto Idus Decembris immediatè sequentis omnes nostros, & regni nostri Boëmiæ subditos, ab omni subjectionis nostræ vinculo, quantum in se fuit, absolvit, nobis etiam de omnibus juribus, & obventionibus regni seu coronæ Boëmiæ vetando responderi. Quæ tamen omnia contra nos & in nostri præjudicium, nobis non vocatis, nec auditis, contrâ divini ac naturalis juris & rationis doctrinam & exempla, pariter instinctum, & præcepta nimium severiter emissa, ob ejusdem Sanctissimi Patris & Domini nostri, tanquæ sedis Apostolicæ reverentiam, patienter ferentes, Sanctitatem ejus humillimis precibus ducimus interpellandam, ne tam informi clamori qualem fert fama, fidem habere dignaretur; sed si ad sonitum, vel boatum ejus sua Sanctitas excitata esset, non tamen idcirco sententiam illa firmaret; sed sublato velo, quo tegitur, originem ac zelum ejus investigaret. Sic enim illam linguæ latinæ doctissimis auctor depingit, quasi solo gradiens caput inter nubila condat, quo nihil aliud, quàm vagam & confusam relationem famæ voluit designare; ideoque ipsam non tam loqui quàm potiùs stridere, ait de sola noctu volare dixit propter obscuram & vagam ejus propalationem, quæ tam ficti pravique tenax, quàm nuntia veri perhibetur. Sunt enim & in regno nostro pacis osores, quietis turbatores: sunt qui jura negent sibi nata, qui nostris rectè factis sæpe fastidire volunt, qui omnes sceleratis rebellionibus suis Apostolicæ sedis obedientiam ac reverentiam obtendunt, ut temeritatem, & fœdifragia sua honesto quodam velamento circumducant.

Hoc ampliùs, nos suæ Beatitudini tam plenè submisimus, ut si verbo, vel facto à sanctæ Sedis Apostolicæ obedientiâ aut reverentiâ, ab orthodoxæ fidei rectitudine, à sanctæ matris Ecclesiæ unitate quid devium; vel lubricum dixisse vel egisse, vel in aliquo deviasse quomodolibet constare possit, id revocare, emendare, ac suæ Sanctitatis arbitrio in melius commutare obtulimus; modo suæ Beatitudo diem & locum statuat, ubi de nostrâ, & æmulorum, vel delatorum nostrorum nocentiâ, vel innocentiâ, & totius causæ conditione & qualitate possint gravissimorum virorum suppetere testimonia; ubi etiam de totius regni statu agi; & quidquid deforme, vel ab universalis Ecclesiæ ritu dissonum reperiretur, ad conformitatem deduci, & omnia debitè componi possent; & concordari. In quâ re &' nostræ, ac omnium Principum sacri Romani Imperii Electorum, nostrorum videlicet Coëlectorum, omniumque Principum, affinium, & fœderatorum nostrorum suasiones & suffragia plurimùm opitulari potuisse non dubitamus. Hanc oblationem nostram, & has preces nostras, à Sanctissimo Domino nostro repulsas esse plurimùm dolemus, quas nec à minimo subditorum nostrorum ante pedes suæ Sanctitatis oblatas despici remur oportuisse: neque enim decet Christi Vicarium despicere animam pro quâ Christus mori dignatus est; neque tantum luci negligere, quantum ex hoc toti orbi Christiano superimpendebat; potissimè autem in plagâ Orientis contrâ Turcorum rabiem, qui bellorum assiduitate quidem indefessâ per Mœsiam & Bosnam ad regna Liburnorum aditum sibi struxerunt, quorum ferociam Boëmica militia duce quondam genitore vestro, deinde vestro quoque ductu sæpe contrivit. Vestram fidem appellamus, Frater Carissime, vir insignis bellicis laudibus genitor vester quòd unquam bellum contrà Turcum gessit; in quo Boëmica militia assignatum sibi munus ullius difficultatis, vel periculi metu diffugerit, vel declinaverit; quin potiùs per omnes hostium cuneos, omnesque difficultates intrepidè penetravit: & hoc de paucis quos in militiam traxerunt stipendia. Quid verò sperandum arbitramini, si contractis regni viribus expeditio militaris in Turcos ordinibus militum explicatis conficeretur? Vestræ Fraternitati loquimur, bonâ fiduciâ freti, quòd aliunde minùs fortasse liceret, ne alienorum meritorum laudes nobis arrogare superbè videremur. Talia, tantaque commoda precum nostrarum repulsa disturbari sincero corde dolemus; statueramus enim nos suæ Beatitudinis arbitrio submittere, quemadmodum gloriosissimus ille Monarcha Dei Theodosius, post crudelem cladem apud Thessalonicam ab eo perpetratam, beatissimo Ambrosio Mediolanensi Episcopo colla submisit, si sua Sanctitas nostras oblationes paternè suscepisset. Hactenùs hæc omnia patienter ferre non dubitavimus, obedientiæ & reverentiæ Apostolicæ Sedi præstitæ non immemores, contrà quam aut contrà Sanctissimum Patrem & Dominum nostrum Dominum Paulum Romanum Pontificem, nihil ægrè diximus, nihil sinistrè loquuti sumus: neque enim nostra conditio ex his omnibus imminuta vel infracta est; nemine scilicet à nostrâ fide, fœdere, vel societate deficiente, quamquam ii, qui dudum vel rebellarunt, aut perduellionem commiserunt, scelus suum hoc colore deducere conabantur; nonnullos enim condignæ castigationi subjecimus, de reliquis opportunitate suadente, Deus, ut speramus æquè providebit: eorum autem clamores, vanasque gratulationes hactenùs non magis quàm ranarum loquacitatem fastidiendam reputavimus; quia rumusculos hominum nunquam studuimus aucupare; scientes quia per bonam & malam famam, à dextris, & à sinistris miles Christi graditur, nec laude extollitur, nec vituperatione frangitur, non divitiis tumet, non conteritur paupertate, & læta contemnit, & tristia per diem Sol non uret eum, neque Luna per noctem.

Nunc verò, quia per æmulos nostros fama in longinqua diffunditur, etiam Apostolicis literis licet contrà nos inauditos emissis concomitata, ne crudelitatis insimulemur, si famam & innocentiam nostram defendere negligeremus, restat nunc ut suggestionibus æmulorum & delatorum nostrorum, quibus Sanctissimus in Christo Pater & Dominus noster instigatus, tam severas contrà nos literas emisit, respondeamus: ut quisque intelligat nos, neque vocatû, neque auditû, sed penitùs innocentem esse de facto condemnatum. In primis liquidem causæ relapsûs hæresis commissionem tribus Dominis Cardinalibus contrà nos factam perlustremus: & quidem spurcissima verba Antonii Procuratoris fisci & fidei transiliamus, quia delatoris horrida vox infractum animum minimè concutit Regiæ Majestatis; quippe cujus verba nemini præjudicant: sed ad judicum verba veniamus. Aiunt judices; *Citamus Georgium de Podiebrad, quatenùs centesimâ octuagesimâ die compareat Procuratori fidei responsurus, &c.* Jam constat ipsos judices non publico & officiali nomine, sed privato nuncupantes, non pro Rege, sicut debuerunt, sed pro privatâ personâ nos tenuisse, & reputasse; coram quibus, si, ut vocati eramus, comparuissemus, tacito consensu nos talem professum esse videremur, qualem ipsi nos in suo citatorio nuncupaverant. Dixerint fortasse Domini Cardinales: *Non est hoc nostrum inventum, sed formam commissionis Apostolica sequuti sumus, ubi nusquam Rex Boëmia, sed Georgius de Podiebrad nuncupatus reperitur.* Sed & hoc discutiamus; verba commissionis à principio usque ad verba signaturæ, quid aliud quàm spurcitias in se gerunt blasphemi, rancorosique delatoris, quæ nostram non valent minuere dignitatem, quia nuda sunt nullius adjuta suffragiis, nec ullâ firmitate subnixa? verba autem Romani Pontificis talia esse perhibentur: *Placet & committimus Cardinalibus Nicensi, sancti Angeli, Spoletanensi.* Quæ verba nihil aliud sonare videntur, quàm quòd contrà nos causa commissa censeatur, non autem quòd nos tamquam privata persona, non Rex censeri debeamus; latior verò signatura, quæ Vice-Cancellarii fuisse putatur, superaddit facultatem personalem, & per edictum citationis cum inhibitione & declaratione jubendo procedi ut petitur; non autem præcipit nos Regiæ dignitatis titulo spoliari; nisi quis dicere velit, quòd per verbum, *placet*, in Papali signaturâ positum, & per verba ista, *procedatur ut petitur*, in signaturâ latiore adjectâ, præcipiatur contrà nos tamquam privatam personam, Regio honore indignam, ita procedi, & nos taliter despici prout ille blasphemus & rancore plenus Delator nos in illâ suâ contumeliosâ commissione nuncupavit: quod de Summo Pontifice nefas remur suspicari. Sed esto sic accipi stylo authorante, & Dominorum Judicum eminentiâ id arrogante; omni consideratione tamen eo res redit, quòd nos Regio honore non vocati, nec auditi, reperimur de facto, non de jure, inaniter tamen & absque effectu destituti. Sed cui vim nobis illatam imputemus nostrâ nihil refert, dummodo Fraternitatem vestram de nostrâ innocentiâ reddamus certiorem. Hæc acta sunt de anno 1465. mensis Augusti die secundâ.

Quid autem acciderit hac centesimâ octuagesimâ dierum dilatione pendente, intrà quam judicis officium de jure quiescit, quæso attendite. Sexto Idus Decembris immediatè sequentis, idem Sanctissimus Pater & Dominus noster omnes subditos Regni nostri ab omni subjectionis vinculo, quo nobis quomodolibet ab omni subjectionis vinculo, quo nobis obnoxii sunt, quantum in se fuit, absolvit; & sciens semestre, jam licet impiè & contumeliosè præfixum; nondum elapsum, hanc prætendit occasionem, ut verbis suæ Sanctitatis utamur, ne inter moras temporum & exspectationum declarationis res eo deducatur, ut postea Legislatoris sententiam melius sit ante occurrere, quàm post vulneratam; vel desperatam causam remedium adhibere. Quasi liceat quemquam propter convalescentiam potentiæ suæ, non vocatum & inauditum condemnare? aut jus suum quomodolibet auferre ut infirmare? quòd tamen divinâ & naturali ratione improbatur, & exemplo Domini ad Protoplastum prævaricatorem, Cain fratricidam, & Sodomos dum dixit: *Descendam, & videbo*, &c. Prospexit quidem Legislator Ecclesiasticæ Reipublicæ pupillis, & sub curâ degentibus, viduis, & miserabilibus personis, circâ rerum alienationem, proscriptionem, judicia, sententias, rem judicatam, appellationes, in integrum restitutiones, & cætera quæ juris sunt; ita scilicet, ut jura eorum potiùs illæsa serventur, quàm post vulneratam causam remedia quærantur; & ibi paribus verbis utitur Legislator: sed iis omnibus sic jura sua tutatur, ut nemini inferat injuriam, nec ullius alterius jus auferat, vel possessionem postponat. Et nunc, quæso, in digitos mittite tempora præmaturationum, quibus sua Beatitudo pœnas suas in nos præmaturavit, & præcucurrit, occasione fretus, ne res eo deducatur, ut exequutio postea fieri minimè possit: & considerate statum & eventum rerum & negotiorum, quæ interea usque nunc fluxerunt; & ex iis pensate num fructuosius fuisset diem & locum juxtà humiles preces & oblationes nostras indicere, quàm hujuscemodi pœnalibus literis causam exaggerare.

Sed quia sua Beatitudo preces nostras non solùm repulit, sed tamquam virulentas, aliis suis literis pridie Idus Januarii ad nos datis, acerrimè condemnat, nostræ sinceritatis integritas efflagitat, ut illis cum veritate, sicuti se res habet, constantiùs respondeamus. Primùm quidem (inquit Sanctitas sua) nos hæresim notoriam ac sæpe damnatam sectari, atque fovere, publicè professum esse: hoc & in aliis literis de nobis sentit Sanctitas sua malè informata, dicens nos in magno frequentique comitatu Pragæ habito, nos hæreticum declarâsse, & in eâ perfidiâ usque ad mortem cum conjuge, ac liberis nostris perseveraturum publicè contestatum esse. Subdit & hoc jura Legationis nos in personâ Phantini violâsse. Hoc amplius addit contra nos Procurator fisci, quasi nos dixerimus, communionem utriusque speciei ab omnibus Laïcis de præcepto Salvatoris inevitabiliter esse suscipiendam. Talia sunt quæ Sanctissimo Patri & Domino nostro de nobis falsò suggeruntur; quæ nemo conscius nostræ conscius de nobis suspicari quidem potest; nos scilicet in tantam furoris dementiam incidisse, ut nos hæreticum esse velle profiteremur, aut contestaremur. Certè minùs quàm furem aut latronem (adhuc enim de sanâ mente subgloriari nobis licet) qui ferocissimam gentem nostram circumspectione, & præmaturâ adhuc ætate mansuefactam tantâ pace gubernamus, ut finitimis Principibus & populis ejus rei spectaculum habeamur & exemplar. Sed hæc omnia, ut prædiximus, procedunt à facilitate credulitatis. Quid autem alienius à tramite rationis, quàm ex hujuce tam vanis, vagis, &

gis, & variis relationibus notorietatem hæreseos nobis impingere, ut tam graves & immites literæ examinis & cognitionis vacuæ, poenarum autem & exequutionis plenæ, contrà nos fulminentur? Aliter enim in unis, aliter in aliis literis Apostolicis, ac rursùm aliter in spurcissimâ Procuratoris fisci & fidei suggestione de nobis referuntur: si enim coram judicibus pro tribunali quis judiciario ordine interrogatus aliquid respondendo confiteatur, idque in scripturam authenticam judiciorum more fuerit redactum suadet æquitas per viam monitoriorum adversùs eum ad exequutionem procedere: en verò quæ de nobis referuntur, duntaxat emissa evolasse dicuntur; quod est omninò contrarium notorietati, cum neque scriptum, neque sculptum referatur. Erat igitur ordinaria via super his ad rationem ponere, dicendo, Quid hîc audio de te? &c.

At ne cuncta videamur merâ inficiatione declinare; rem ordine pandemus, ex quâ rumor ille scilicet, & de violatione Legationis in personâ Phantini contrà nos suscitatus est. Putamus Serenitati vestræ, Frater Carissime, per famam innotuisse, qualiter olim sacrum Basiliense Concilium regnicolis regni nostri indixerit, ut ii qui ad annos discretionis pervenissent, quibus usus esset Eucharistiæ sub utrâque specie sumendæ, quique hoc devotè petierint, taliter, scilicet sub utrâque specie, communicentur; hac præfatione, ut firmiter credant non sub specie panis Corpus exangue, nec sub specie vini Sanguinem duntaxat, sed sub quâlibet specie integrum sumi Christum: & hæc omnia, non per modum tolerantiæ, sicut interdum peccata tolerat Ecclesia; sed ut hoc liceat auctoritate Domini nostri JESU-CHRISTI, & sanctæ matris Ecclesiæ sponsæ ejus. In his autem nos referimus ad documenta desuper edita, ne quid temerè vel superfluè dicamus, & hoc sacrificii ritu Nos & Parens uterque noster, & Avus quoque, usi sumus. Iis prælibatis ad rem pergamus. Postquàm annuente Domino, puro omnium consensu, sincero omnium judicio, ad Regalis solii fastigium provecti fuimus, Procuratorem nostrum apud Sedem Apostolicam habere, Christianorum Regum more decrevimus; ad quod opus Phantinum supradictum pretio conductum adhibuimus, mittentes eum ad Curiam Romani Pontificis tempore Papæ Pii, cum viatico & commeatu affatim abundèque provisum: & quia nihil tam cordi nobis hæsit, quàm Regnum istud olim tam variè divisum, ut quotquot arces ad loca munitiora, tot Reges in illo vel summæ Potestates esse tentarentur, nostrâ tamen operâ divinâ favente clementiâ eo perductum, ut nihil pacatius habeat Germania, æquè operâ nostrâ sub Apostolicæ Sedis obedientiâ in hoc ritu ab Ecclesiâ concesso vel decreto, unanimiter reduceretur: pro quâ re legationes quamplurimàs ad Sedem Apostolicam fecisse meminimus. Quàdam ergo die Legati nostri à Romano Pontifice redierunt, cum quibus unâ venit Phantinus; non tamen ut Procurator noster, sed mantello revoluto, tamquam Legatus Apostolicus, ibi sacri Basiliensis Concilii compactata damnavit, omnium eorum, quæ nostri nomine tamquam Procurator in se susceperat, factus prævaricator; qui etiam coram Conventu Pragense palam benevolè nostrum se Procuratorem recognoscebat, ac de culpâ & excessu pro eo à nobis sibi objectis privatim voluit respondere. Ibi nos palam dixisse meminimus, nos sub ritu communionis Eucharistiæ sub utrâque specie natum & educatum, in illo ritu juxta sacri Basiliensis Concilii compactata velle persistere; hoc certè non est hæresim profiteri vel contestari; nihil enim sub æternæ salutis necessitate redigimus; sed hoc sub determinatione sanctæ Matris Ecclesiæ relinquimus. Phantinum autem prævaricatorem in custodiam duci jussimus, quem interventu Illustris Principis affinis nostri Carissimi Domini Ludovici, inferioris ac superioris Bavariæ Ducis, ob reverentiam usurpati Apostolicæ Legationis tituli leniter tractatum, curatumque dimisimus. Itaque sibi parcitum est, ignotum est, & crimen condonatum est: ipse viderit quâ fronte, quâ honestate à nostræ procurationis functione ad Apostolicæ Legationis Officium in eadem causâ, insciis nobis, transmigraverit.

Deinceps Sanctissimus Dominus noster per totas illas literas diætam per nos humiliter & reverenter petitam, ac de optimo zelo nostræ apud Sedem Apostolicam devotionis postulatam, variis rationibus permotus, declinat ac recusat: rationes autem & exempla per suam Sanctitatem adducta ex hoc fonte descendunt, atque eo tendunt; quia non licet hæresim semel à Synodo sanctâ condemnatam, rursùs in disputationem venire. Ait enim Beatitudo sua; *Rursus diætam indici, in quâ hæresis iterum ventiletur, frustrà postulas, &c. minuitur sacrorum Conciliorum auctoritas, & hæreticorum augetur audacia, si hæresis semel damnata denuò in disputationem suscipiatur, &c.* Ab hac certè sententiâ neque nos discrepamus, quin etiam hoc ampliùs adjicimus quòd omnem hæresim ab Ecclesiâ damnatam, nos quoque, uti Christianum decet Regem, talem tenemus & reputamus, qualem tenet Ecclesia, in quâ manentes cum illâ credimus, extrà quam non est salus. Hoc autem non repugnat nostræ petitioni, nec aliquatenùs refragatur: non enim petivimus indici diætam, ut inibi super Hussitarum, ut refertur, hæresi disputetur; id enim ad concordiam, unionem, & tranquillitatem regnicolarum & regni minimè conduceret, sed fortasse concertantium mentes, magis, magisque exaggeraret; sed ut in tali diætâ Apostolicæ Sedis indictione auctoratâ, & Legatorum ejus præsentiâ insigniâ, ac Serenissimi Domini, & affinis nostri Romani Imperatoris Augusti, vestræque Serenitatis, aut celeberrimorum Oratorum vestrorum, ac Illustrissimorum Principum Dominorum Coelectorum, ac cæterorum Principum fœderatorum nostrorum præsentiâ illustratâ, Barones ac Satrapæ regni, cives quoque & urbium habitatores, veteris illius Regni gloriæ admoniti; quæ non nisi sub Romani Pontificis obedientiâ recuperari potest ac servari, piis adhortationibus, & suavissimis suasionibus ad obedientiam & reverentiam, ac conformitatem Ecclesiæ Romanæ illiciantur potiùs quàm cogantur. Ab hac spe neminem dissterreat, si qui pro tempore Legati Apostolici hoc opus aggressi, non sunt assequuti quod optarunt vel conati sunt: tunc enim longè major fuit hujus regni deformitas, & plerumque stetit regnum absque regente. Fateri nos oportet, si vera magis quàm dictu speciosa sunt dicenda, in hoc regno per varios errores viguisse circa ipsum Eucharistiæ Sacramentum, circa remanentiam panis Sacramentalis (sic enim illi nuncupabant) & de eo quod in substantiam alii converteretur; sed & circa decorem ac formam ornamentorum, aut vestium sacerdotalium, in quibus sacrificium Missæ peragitur, ut de veneratione Sanctorum taceamus, quæ omnia divinâ gratiâ cooperante usque eo sunt redacta, ut vix notari possit inter Romanæ Ecclesiæ, ac istum adhuc superstitem ritum discrepantia, vel observantiæ alteritas: quæ omnia partim vidit vestra Serenitas, de reliquo à fide dignis informata est, ut nobis super hoc testimonium perhibere possit. Et profectò si quis piæ mentis vir aciem suæ considerationis intenderit in ea quæ jam à triginta, vel

...circiter annis in hoc regno emendatum sunt, plane comprehendet ea quae restant minima fore, in respectu eorum quae transacta sunt seu peracta.

Censeat nunc vestra Serenitas num pia, fiducialis, & honesta fuerit nostra erga Summum Pontificem petitio exhibita; an verò à sua Sanctitate rationabilius fuerit denegata? Postremò Summus Pontifex illas ipsas literas, ultimo loco adversùs nos datas, hoc modo claudit: *Tuum est igitur coram illis comparere, illorum subire judicium, & sententiam exspectare; quàm illi pro singulari sapientia sua, atque doctrina justam proculdubio promulgabunt.* Ecce coram illis comparere jubemur, qui nos non vocatos, & inauditos pro deposito, & Regio honore destitutos tenent & reputant; qui nos tamquàm privatam personam evocaverunt, quique nobis semestre tempus praefinierunt, quo pendente Romanus Pontifex, à cujus nutu dependet tota eorum potestas, nobis non vocatis, & inauditis, obedientiam & subjectionem omnium regni fidelium, quantum in se fuit, licet inaniter, abstulit, & interdixit. Num iis judices factum Romani Pontificis auderent infirmare? quod contra divini, ac naturalis juris & rationis ordinem, & instinctum; quo etiam Principes legibus humanis licet solutus, divino tamen exemplo tenetur obstrictus, adversùs nos tam inclementer praecipitavit. Quid ergo aliud iis verbis nobis praecipitur, quàm si dicatur; abdica regnum, & omnem potestatem depone; abjice clypeum, projice arma, & perge nudus, & inermis ad carnificinam ut maceris? Porrò quis Dialecticus hoc asystatum, sive perplexum enodabit vel dissolvet? Si Domini Cardinales deputati judices ratas faciant literas, quibus Sanctissimus Dominus noster mandavit omnem obedientiam nobis subtrahi, neque de fructibus nobis responderi, aut à quoquam pro Rege teneri, quid reliquum manebit, de quo Cardinales & judices habebunt cognoscere vel definire? Vacuavit enim Sanctitas sua judicium potestatem, id scilicet statuendo, quod cognoscendum nuper judicibus fuerat delegatum. Erit ergo Summi Pontificis piissimi patris officium, cunctas poenales literas, omnesque processus, qui ab exquutione ordiuntur, quibusve jus nostrum, vel possessio nostra, honor aut fama, majestas & gloria palpatur vel attingitur, quae non vocatis nec auditis nobis ad cujuscumque, etiam fisci ac fidei Procuratoris suggestionem emanarunt, paternâ pietate tollere de medio, nostramque innocentiam in loco rebus gerendis accommodo audire, percipere; tractare & examinare........ ad plenum informationes clementer suscipere; quibus benignè receptis, perfacile erit Romani Pontificis Legatorum, vestraeque Serenitatis, & aliorum quos suprà nominavimus interventu, deformata reformare, & cuncta quae restant debito ordine transigere, ac feliciter consummare. Iis itaque superiùs descriptis, rogamus Fraternitatem vestram, quatenùs dicto Sanctissimo Domino nostro supplicare velit, unà cum Illustribus Principibus amicis nostris, qui similiter pro nobis intercedunt, quatenùs sua Sanctitas dudum optatam audientiam nobis in loco competenti concedere velit, & nos suppliciter orantes in eo gratiosè exaudire, quâ nobis datâ speramus in Deum illa respondebimus quae Domino Deo grata erunt, & hominibus accepta. Datum Glac... die 28. Mensis Julii.

AD MANDATUM DOMINI REGIS.

Hic sigillum in cerâ rubrâ erat appositum.

Venerabili Fratri Archiepiscopo Lugdunensi
PAULUS *Papa II.*

Venerabilis Frater, Salutem & Apostolicam benedictionem. Consueverunt praedecessores nostri Romani Pontifices, annis singulis in die Coenae Domini sedentes pro tribunali in Pontificalibus parati, assistentibus sibi Venerabilibus Fratribus nostris sanctae Romanae Ecclesiae Cardinalibus, necnon Archiepiscopis, Episcopis, & aliis Praelatis, similiter in Pontificalibus constitutis, ex eminenti aliquo loco audiente multitudine tam curialium & incolarum, quàm peregrinorum ad urbem Romam eo tempore propter indulgentias & benedictionem Apostolicam confluentium, ad majorem detestationem gravium quorumdam criminum, quoscumque criminibus ipsis illaqueatos solemni publicatione cum candelis accensis, & deinde exstinctis, & in terram projectis, excommunicatos denuntiare; quem ritum ac laudabilem consuetudinem nos quoque sequuti, tempore nostro observavimus & observaturi sumus, nihilque hactenùs excommunicationi consuetae addidimus, praeter justissimam & omninò necessariam condemnationem obstinatae perditionis filii Georgii de Pogiebrat Hussitarum haeresin ne modo pertinaciter tenentis, verùm etiam illam totis conatibus defendentis. Cum autem non mirum sit nonnullos esse in Provincia tuâ eisdem criminibus in supradictis Bulla & publicatione contentis irretitos, nemoque quamvis excommunicato ipsa praeter hujusmodi solemnem publicationem singulis annis in propatulo aliquo ad tempus aliquod affigatur, ita ut quicumque voluerint illa legere, vel inde exemplum transcribere optimè possint, ne quisquam verisimiliter ubivis constitutus ignorantiam praetendere valeat: Nos tamen pro debito Pastoralis officii, ne ignorantia hujusmodi sub quâvis excusatione praetendi possit, obviare, & quantum in nobis est etiam salubriùs in ipsâ provinciâ tuâ providere cupientes, literas excommunicationis & publicationis originales cum praesentibus ad Fraternitatem tuam transmittimus; eidem committentes, & in virtute sanctae obedientiae mandantes, ut ter saltem singulis annis tribus festivis diebus infrà Missarum solemnia, dum populus ad divina concurrerit, non solùm in Metropolitanâ, & aliis locis Civitatis & Dioecesis tuae, sed etiam à singulis suffraganeis tuis in Cathedralibus Civitatum & Dioecesium suarum Ecclesiis, per universam Provinciam tuam palam & solemniter, altâ & intelligibili voce, non tantùm in Latino, sed etiam in materno ac vulgari sermone, juxta idioma uniuscujusque loci, publicari facias, transmittens singulis ipsorum suffraganeorum unum transsumptum ad literam originale, ipsius nostri, manu publici Notarii coram testibus, ac tuo pendenti sigillo roboratum. Cui quidem transsumpto ex nunc, prout ex tunc, & è contra, decernimus & mandamus ab eisdem suffraganeis tuis, & ab aliis quibuscumque, indubitatam fidem tamquam eidem originali nostro, non obstantibus in praemissis omnibus contrariis quibuscumque, omninò adhiberi. Datum Romae apud S. Petrum sub annulo Piscatoris, die 25. Februarii 1469. Pontificatûs nostri, anno quinto. L. DATHUS.

Scripsit isidem in hac verba ad Archiepiscopum Tolosanum iisdem Anno & die.

Anno MCCCCLXIX.

Sententiam excommunicationis latae in Georgium de Pogiebrat mandat ut promulget.

Propositio facta per Reverendissimum dominum Cardinalem Albiensem coram præcellentissimo Rege Castellæ HENRICO, *anno Domini millesimo quadringentesimo sexagesimo nono.*

Legati veteris amici tui Ludovici Francorum Regis Christianissimi venimus ad te, Præcellentissime Princeps, refarcire, confirmare, augere fœderis quod natura Francis & Hispanis infudit, vim ac vetustatem: fœderis, quod per uberrimas victoriarum societates Hispani Francique milites fundarunt fuso plurimo sanguine, numen; fœderis, quod propè omnes utrimque Reges, omnes ætates, omnes obtestationes Dei, omnes obsecrationes, juramentorum sacro-sanctam sanxerunt religionem. Nam inita quidem cum alterutrius vestrûm hostibus societates utinam ex hominum memoriâ possint evelli; vulnera nempe illa Regnorum vestrorum, crimen, fortunæ, calamitates temporum, non valida fœdera puto, quæ vim vetustioris societatis, jusque perfringunt.

Novum verò hoc & infrequens, Serenissime Princeps, credo mirari me Cardinalem injussu Pontificis Maximi veluti Nuncium Regis ad te progressum, gravem quidem ætate ac longissimâ viâ: quippe qui Icias Cardinales in Apocalypsi seniorum viginti quatuor personam sustinere, qui Altissimi throni assessores circumfunduntur: & in Actibus Apostolorum intra porticum Salomonis tantâ majestate collecti fulgent, *Ut illis*, inquit, *sese conjungere nemo auderet.* Insuper quorum auctoritas, ut Innocentius tertius asseruit, ex judicandi potestate immensâ, tamquam Sacerdotum Levitici generis in Deuteronomio cum Moyse populo præsidente ac Clero universo: Denique quibus Constantini mundo tunc imperantis auctoritas, omnia omnium regnorum inclyta decora ipsumque senatorium culmen, consulares infulas, & quo nihil altius leges civiles existimant, Patriciatûs dignitatem indulsit.

Atqui ego ab invictissimo genitore tuo multis honestatus honoribus, & Christianissimo Regi meo tot beneficiis obstrictus, ut me referri quidem a me gratia posse videatur, in eo mihi cuncta remittere atque concedere dignum putavi; ut omne studium meum in honorem atque utilitatem utriusque vestrûm consumerem. Etenim præter spem bonam quam mihi video illâ in Ecclesiastico sententiâ porrigi: *Ad amicum etiam si produxeris gladium, ne desperes: est namque regressus ad amicum*; quæro cum potentissimus Dominus noster Francorum Rex afflatu quodam divini numinis tè altissimum Regem, falsis suspicionibus atque tempestatis fluctu à se distractum, nunc allicere studet, benevolentiæque pristinæ aperit fores; quid minus foret, non Cardinalis modò, verùm hominis religiosi, quàm quod Apostolus vetat exstinguere spiritus dignitatis obtentu, atque interventoris declinare laborem? Siquidem Legislator divinus Moyses vetitorum sculptilium legem justè contemsit, ut duo altissimæ Cherub Arcæ fœderis conjungerentur. Si Machabæi legem Sabbatorum Dei digito scriptam publicè salutis obtentu non servando servârunt; ego ex animo tui fautoris & qui tuam gloriam semper tuetur Pauli Papæ II. ex menteque sacrarum legum facere puto, si tui nostrique Regis fœdus, societatem & benevolentiam quali tepentem accendo, ex quâ Barbaris & Infidelibus terror, Christianorum verò omnium salus omnis oritur.

Quid enim istâ conditione utilius Christianæ religioni, aut quid tantæ utilitati anteponendum? Hispania profectò fœderibus Francorum ex formidine circumfusorum Barbarorum securitatem serentibus, sæpe influentes in Europam totius Africæ copias fudit, à processu arcuit, bellis acerrimis refrænavit. Francia Hispanorum fœderi fisa crebrò è finibus suis emigrans, victrix per Orientem totum arma circumtulit. Sub Carolo Magno, & Godefredo bis sepulcrum Christi vendicans armis Christianorum, potestati liberæ reddidit. Saxones, Illyricum, Pannoniam, Cyprum, Siciliam, Hellespontum, Constantinopolim Barbaris hæreticisque eripiens, Christo testituit.

Quousque igitur oblatam divinitùs restituendæ amicitiæ vestræ occasionem differre debui? Numquid jure, numquid legibus, numquid cunctando decertandum fuit, ut illud Prophetæ incurrerem: *Mundâ, remanda, exspecta reexspecta modicum ibi, modicum ibi*, quo interea incitatum Regi nostro studium recuperandæ benevolentiæ tuæ teperet? Ego, ut Cicero loquitur in Oratione pro Cn. Plancio, Rex Serenissime, hæc didici, hæc scripta legi, hæc de sapientissimis viris monimenta litteræque mihi prodiderunt sententias quæcumque reipublicæ status, inclinatio temporum, ratio concordiæ postularet esse captandas; moramque omnem esse tollendam. Justissimè igitur ad tuam Majestatem, Rex Regum clarissime, summâque ratione, summis honoribus æstimans peregrinationis pœnam processi, cum leges omnes manans ex concordiâ tuâ nostrique Regis ipsâ magnitudo utilitatis præcludat.

Summa profectò sapientia divis majoribus tuis data divinitùs, summaque altitudo consiliorum, quam ut beatus Remigius scriptum reliquit, sacratis cœlesti liquore Francorum Regibus cœlestis favor aspirat; tibi nostroque Regi principatuum amplitudinem, opes excelsas, urbium celebritatem, formidatum omnibus gentibus robur militiæ, & Duces optimos pepererunt. Sed fœderibus inter vos decentissimè descriptis eam vobis gloriam elevarunt, quâ sine controversiâ vos Regum omnium duo maximi Reges & primi estis. Num igitur vestra discordia venenum est omnium Christianorum, quorum vestri majores, Duces ac signiferi semper conjuncti fuerunt? Profectò ut divinus Plato in illo pulcherrimo suorum operum, omne robur civile quatuor verbis significat, vestri majores quatuor rebus Regnorum vestrorum vim fundaverunt, nobilitate scilicet stirpis, fœderis vinculo, paribus fœderatorum moribus ac studiis, denique facilitate ferendarum suppetiarum. His quatuor namque firmissimis septa præsidiis Regna Franciæ atque Castellæ; quamquam variis oppugnata procellis, perpetuam sui roboris ac sui floris retinuerunt viriditatem: Quid? vanè dicitur forsan beata terra cujus Rex est nobilis? minimè. Quæ res enim valet ad amicitiam magnorum Principum instaurandam; fovendam & retinendam? Nobilitas. Cur ita? Quia sublimes animi Regum facilè dissiderent, difficile permulcerentur, nisi suavitas nobilitatis illos naturâ miti condiret. Quo pacto? Quia ut ad Hieronem ipse Cicero loquitur Deus Philosophorum Plato testatus est: Cœlo similis est Regum nobilitas. Etenim quasi fulmen aspera est & acuta ad iram, sic intermisso impetu quasi cœlum, nihil tam molle, tam tenerum, tam ad omnem mansuetudinem ac benignitatem flexibile, ut vera nobilitas; ex quâ tamquam clementiâ cœli fruges, sic quies, suavitas, concordia omnis emanat. Commodè hic dici posset omnem nobilitatem à Francis & Hispanis oriri, ut stimulatrice ipsâ nobilitate sanguinis agglutinati, amicissimi inter exteros haud secus fuerint, quàm Clusi David, aut Hyram Tyriorum Rex Salomoni, vel anima ipsius David & anima Jonathæ conglutinatæ leguntur. Sed hoc dimittam. Omittam etiam id quod Chrysostomus super Joannem ait, Japhet filium Noë, qui patris verenda texit, cum Sem ad Hebræos putetur esse Melchisedech; Japhet, inquam, illum fuisse à quo nobilitas Principum orta, in cæterosque distributa putatur. Atqui Beda super Genesim scripsit, primogenitum ipsius Japhet Gallicam gentem progenerasse, Tubal verò ipsius fratrem genuisse Hiberos atque Hispanos. Ex quo deducitur non ascitum sed natum fœdus nobilitatis & stirpis inter Gallos atque Hispanos, quod non aquis pluviis, sed gurgite vivo exundans, interventricem bellorum plusquàm civilium iracundiam tuam, ac nostri Regis debet extinguere. Prætermittam etiam illud quod Diodorus Siculus scribit, Herculem ex filiâ Regis Celtarum genuisse Galatem, Alesiamque oppidum condidisse, ac in Hispaniam fixisse Gades; proindeque utrumque Regnum consecravisse, nobilitate sui seminis Rege alteri dato, in altero suæ virtutis ac fortitudinis signo relicto.

At ista subticeo, Serenissime Princeps, nam te præsente de Hispanorum laude timidus dicerem, meque similis ratio pudoris à gloriâ Regni nostri tardaret. Satis id constat nobilitatem esse, quâ Rex noster instinctus, ad te veluti nobilitatis aut paris aut similis Regem, duce naturâ, nunc fertur & rapitur, præsidia quidem veteris fœderis poscens parata fore utrique nostrûm magis quàm necessaria. Sic nempe apud patrem omnis virtutis Homerum Rex Regum Agamemnon amicissimo Ulyssi convicia inferens & fervens irâ; Nos, inquit, ista postea valde placabimus. Nam convicia quæ inter nobilissimos amicos si datur contingere, faciunt, inquit, hæc citò Dii omnia vana. Sic Sarpedon filius Jovis cum ab amicissimo Hectore aspérrimè dissideret, majori postea benevolentiâ flagrat; adeo ut Comicus loquitur: *Amantium iræ, amoris integratio est.* Neque verò hîc disputabo, uter vestrûm justè commotus est. Illud disputabo, ut Paulus & Barnabas Apostoli pleni Spiritu sancto stomachati leguntur; utque Hieronymus & Augustinus scribentes invicem asperati sunt; utque filii à parentibus, uxores à maritis salvâ pietate sæpe dissentiunt. Quid enim mirum, cum furia infernalis illa Alecto potuit utrique vestrûm unanimes in prælia fratres armare ? Si falsæ suspiciosus animum nostri Regis, tuamque majestatem exulceraverunt; adfuit utrique vestrûm similis ferè tempestas, furor similis perditorum hominum eodem tempore in utrumque vestrûm exarsit. Liberè finxerunt maligni susurrones, impunè loquuti sunt falsa quibus credulitas, quæ optimi cujuscumque animum facilè irrepit, orta est. Neutrique vestrûm licuit periculosè cum tempestate pugnare, cui in multis inviti obtemperastis. Atqui dum tranquillitas utrique vestrûm illuxit, hic dies, ut Terentius loquitur, aliam vitam, alios mores expostulat ; Vultque vos in eam amicitiæ fidem redire, in quâ natus uterque vestrûm atque alius est.

Attende verò nunc, Rex Serenissime, ne transgrediaris terminos antiquos quos posuerunt patres tui: atque ut est Pythagoræ præceptum, fœdera Francorum & Hispanorum quæ non posuisti, ne tollas. *Prov. 25. 10.* *Gratia*, inquit Salomon, *& amicitia antiqua liberant ; quas tibi serva, ne exprobabilis fias. Qui* *Ecclef. 10. 8.* *sepem antiquam dissipat*, ut idem Salomon asserit, *mordebit eum coluber*. Nonne si viam contrariam ceperis, erit tibi aliquis gradibus ad infimum descensus, quibus ascensus est? Tuos majores conservatâ Francorum fœdera florere semper fecerunt: si per te nunc evertuntur, an tibi possunt nocere rogas ? Cujus opes tantæ esse possunt aut unquam fuerunt, quæ sine amicitiâ, officio, fœdere stare possint ? Ærumnosíne vides plurimorum Regnorum casus defectu fœderis & amicitiæ ? Cernisne verum id esse quod divus Nestor apud Homerum dicebat, lubricas esse Regibus opes, quibus multi insidiantur, multique imminent ? Sensitne tua Majestas quantas ipsi asperitates nostroque Regi dissensia orta inflixit, dum illicò ut primùm intellectum est vos dissidere, tùm in Franciâ tùm in Hispaniâ omnia mixta sunt, egentes in locupletes, mali in bonos, subditi in Reges suos armati vidi ? Satis profectò vos erudire debet illa sententia divini Platonis, quâ Oligarchia insidians semper Monarchiæ foribus illius excubat, popularisque status Regum potentiam semper nititur debilitare : satis recentia sunt exempla ; Sueciæ Daciæque sceptra pro nutu suo mutavit ; cujus impetu Regna Hungariæ & Bohemiæ tenuis sortis duo nobiles irruperunt. Cui ille qui nuper affinia Regna vexabat Rex Angliæ, nunc servit in vinculis. Quam exitium Regis Serviæ, calamitas Reginæ Cypri, clades Regis Bosnæ ferocem culpant. Satis denique hæc præviderunt sapientissimi Franciæ & Hispaniæ Reges, qui ut *Væ soli* *Ecclef. 4. 10.* dicitur, sic quo frater qui juvaretur à fratre, foret, *Prov. 18. 19.* quasi civitas firma, amicitiæ fœdusque invicem percullerunt, quo tu, Rex optime, atque Rex noster antequam ex utero progrederemini nati fueratis, & vittâ aureâ adstricti estis. Numquid nati estis ad ea quæ vestri patres tam sapienter pepererunt, nunc evertenda ? Nisi fortè superiores illi Franciæ & Castellæ Reges insulsi existimabantur, qui non solùm fœdera Regis ad Regem, sed stirpis ad stirpem hereditaria, gentisque ad gentem, Regni ad Regnum struxerunt, ut si quid fœderibus ira subditorum fortè detraheret, tamquam canis à pastore ab alterutro Regum revocaretur. Quin etiam illorum heroum consilij magnitudo hæc fuit, ut adverterent etiam ferro rubiginem, ligno uredinem, vermes frumentis rebusque omnibus innasci vitium ; nec abnuerent, si quid injuriæ in administrandis tam amplis provinciis suorum Regnorum suboriretur, quin pactum fœderis ratum maneret.

Denique Reges sapientissimi non excludentes legem fecialium juris Gentium, æquitatem naturæ ac morem Principum, voluerunt priscis fœderibus, quæ vestris reposita intelliguntur, superesse animum, tempus respiciendi priusquàm ab icto fœdere alteri Regum imigrare liceret. Quis ista fœdera sanxit ! hæc primogenito fratrique Tubal ab ipso Japhet eorum patre Principeque nobilitatis non scripta sed nata sunt : hæc, ut prætervehar vetustiora, quamquam plerumque vetera ipsâ vetustate gratiùs nitent : tanti ponderis fuerunt Teuderedo Gothorum, & Hispanorum Regi, atque Clodomiri Regis Francorum, ut intrà Galliam apud agros Cathalanicos adjuti ab Aëtio Romano ausi sunt aggredi, vincere, profligare, delere Attilam Regem Hunnorum. Adeo, qui Orientem compilaverat, qui Italiæ urbes diripuerat, qui everterat Alamanniam atque concusserat, qui Persis exercitum viribus numeroque superans undecies centena millia armatorum trahebat ; qui se orbis malleum atque se esse flagellum Dei, protervè petulanterque gloriabatur, Francorum & Hispanorum fœdere fractus est.

Sparserunt latiùs hæc fœdera : Clodoveus à cujus sorore Legionis & Castellæ orti sunt Reges, Dagobertus omnium Regum Franciæ præter Carolum Magnum bellicosissimus, natus ex filiâ Regis Hispaniæ, Carolus etiam Magnus, ut pridem Gothorum & Hispanorum Rex Francos adjuvaret in illâ, quam dixi, Attilæ profligatione mirabili, sic etiam occupatis ab Infidelibus duabus Hispaniis gratias animo grato persolvit : qui apud Empurias continuato per quinque dies prælio, Afrorum Arabumque suprà octingenta millia fudit: qui apud Nageram Argolandi gigantis; ferocitatemque Barbarorum manu Rotholandi ferro perftrinxit: qui fpurcitie omnium Barbarorum depulsâ totas Hifpanias Religioni vindicans ac libertati, adamantinum, ut opinor, in hoc fœdus percuffit Francis atque Hifpanis. Et quid adjutrices Francorum copias Alfonfo quem caftum nuncupant, Hifpanorum Regi commemorem? Philippi certè, quem nos propter fummam felicitatem nuncupamus Auguftum, cum tuis majoribus Regibus Caftellæ hoc pactum legimus, ut pia Francis & Hifpanis focietas atque æterna pax fit. Ludovici præterea qui ex Blanchâ filiâ Regis Caftellæ Ludovicum nobis fanctum generavit & Regem: alterius Philippi, Ludovici alterius item hoc pactum eft: Caroli infuper quinti hoc fuit pactum, à cujus fœdere Rex Petrus ad Anglicos immigrans tales exitus tulit, quales in libris Regum Rex Achab pertulit ex fœdere icto cum Benadab hofte antiquo. Tam firma deinde fuit tamque fidelis inter avum tuum Henricum & Carolum fextum ifta focietas, ut Henricus ipfe apertè profiteretur, æquè tardè fe defecturum ab icto cum Francis fœdere, ficut à fide vel Evangelio Chrifti. Denique eminentiffimi Reges Carolus feptimus, & pater tuus Joannes Rex invictiffimus, nonne ftruxerunt quafi arte Vulcani fœdus indiffolubile? Nonne tu atque Rex nofter illud firmaftis ex ore veftro? Vis quæfo ifta pollui atque confundi contrario cum Rege Anglorum fœdere, ad quod invitus per furias bellorum plufquàm civilium convolavifti?

Verfatur profectò magnus error propter infidiofiffimas quorumdam fimulationes, qui cum Anglicis & Principis Walliæ viribus omnibus connixi oppugnarunt Henricum tritavum, ut credo, tuum, & oppofitis pectoribus impedierunt ne regnaret inter Hifpanos: nunc verbis affequi putant ut Anglicos tibi fautores, amicos, auxiliares fore confidas? Eft eft fœdus ictum cum Anglicis per te, Sereniffime Princeps, non tui animi, fed temporis, quo ut fcis, & ut es teftis, omnia tibi erant plena timoris, plena follicitudinis, nec erat quidquam mali aut adverfi quod non metueres, & qui te oppugnabant non expectarent. Sublata erat de tuo Regno & noftro fubditorum Principum magnâ ex parte fuo Regi debita reverentia; fides perturbabatur, undique judiciorum contemptus, rerum judicatarum, novæ dominationes, extraordinaria regna non obfcurè opponebantur, adeo ut Chriftiani coacti, urfi, impulfi vi tempeftatis Barbarorum littora petunt. Tu Anglicos inimiciffimos tuæ Majeftatis adifti facturus fœdera, quibus fœdus noftrum tempore prius, naturâ majus, ufu commodius in præftantiori conditione causâque ponitur. At quis, obfecro, gubernator prudens in portu cum, qui navis tempeftate vecta eft, ceffante tempeftate navem diù tenebit? Præclara & divinitùs à Cicerone refertur Platonis illa fententia, quâ docet, ut urgente tempeftate obtemperare & parere artis eft, fic illâ ceffante fequi curfum, quem obfequendo tempeftati cœperas, effe dementiæ. Nifi forte Anglicos, qui Regem fuum tenent in vinculis, perpetuos vexatores ac direptores Hifpanorum, quafi Æthiops fubitò pellem fuam mutaverit, potiores defenfores quàm Francorum tibi fore confidis. Moneo ne facias: nam fi Peripateticorum fchola defideret, ut vera judicetur amicitia, oportere fimul confumi modium falis: una Anglicorum tuis orationibus oblata fpes benevolentiæ per fe fragilis ac fluxa eft, nec una hirundo ver facit: Francorum verò gens veteri focietate, amicitiâ, fponfione, pactione, fœdere ita conjuncta eft Hifpaniæ genti, ut mihi maximè converfionem beneficiorum,

præmiorum, honorum, quafi unius civitatis utraque gens fit, obtinere videatur.

Nunc verò ut folida, conftans, firmaque focietas fœderis ex harmoniâ & confonantiâ ftudiorum inter Hifpanos Francofque coaluerit, atque radices egerit, vide divinam tuorum patrum prudentiam, qui à principio fui generis ac Regni accepti, ab omni ftudio amicitiâque Anglicorum mentes fuas ad Regnum Franciæ nomenque flexerunt, immanemque & feram linguâ moribufque à fe abhorrentem gentem Anglorum exhorruerunt: qui cum maxima bella gererent, longè inferiores fe Reges Lufitanorum five Portugalenfium, & Cantabrorum five Navarrorum fœderibus excluferunt, Francorum autem fœdera complexi funt: qui veterem illam fpeciem culminis Imperialis, quafi altiorem fœdere legitimo non funt fectati; fanctiorem verò duxerunt benevolentiam Regum Francorum; aliorum verò Regum funt afpernati. Proptereaque ferocem Anglorum naturam confequebatur odium, inferiores verò Caftellæ Regibus, Portugaliæ atque Navarræ Regiis contemptus comitabatur. Præcelfæ autem Majeftati imperiali facilè affurrexiffet invidia, quæ concinnitas illa atque confonantia civilis firmique fœderis, quam Plato muficam vocat, diffoluta fuiffet. Etenim malè farta, ut Cicero loquitur, gratia nequicquam erit, fed citò refcinditur. Negatque Plutarchus his ullam vim effe naturæ quæ difcrepantia invicem poffit diù ad fœderata tenere. Quod enim fœdus diù confiftere inter difcrepantes naturâ populos poffet? Muficam fiquidem, ut Plato fcripfit in legibus, quifquis ex civili focietate fuftulit, civile fœdus in totum abftulit.

Ergo ut fabulis doctiffimi homines prodiderunt tres effe gratias, quæ Deæ & filiæ Deorum dictæ funt Pafytheam, Egyalem & Eufronilfam, quas attrahentem, oblectantem, retinentem interpretavi, vide ut iftæ gratiæ fœderi Francorum & Hifpanorum conglaciant. Siquidem Pafythea utique attrahens gratia defiderat tuam noftramque gentem, auctore Bedâ, ex duobus Fratribus oriri, effeque omnibus gentibus principium, fontem & caput nobilitatis. Magnus illectus, magna attractio benevolentiæ; quamquam quid dulcius aut contrahendo fœderi potentius, quàm recordatio illa tot expeditionum, quibus Hifpani Franciæque contrà Infideles, contraque Anglicos fulgentia per aërem vexilla & victricia figna tulerunt? Si Egyalis five oblectans gratia requiritur, Regnum tibi noftroque Regi ut vidi amplitudine, ac viribus propè par, intelligibilis ad res neceffarias tuæ gentis & noftræ fermo, & coæquales nullis gentibus: aliis datur nitor domefticus atque mundiciæ, fimiles mores & paria paribus quadrant, oblectent eft neceffe. Vis illud Ammiani Marcelli explicem, ut naturâ datur Hifpanis hilaritas, facetiæ, humanitas & lepos? Vis aperiam ut eodem auctore fuaves, benigni, faciles Franci funt? Contrà verò quàm fit Britannis natura petulans, infolens, minax, faftidiens cæteros. Equidem ut Plautus admonet, ceffabo preffare vomicam. Denique fi Dea, ut veteres loquebantur, Eufroniffa, five retinens gratia confideratur, potefne meliùs amicitia & fœderis benignifque confervari, quàm unius ejufdemque virtutis gentis ad gentem fimilitudine? poteft aliquod retinendi fœderis vinculum feriri fortius quàm virtute, gloriâque bellandi?

Hiberorum profectò & Hifpanorum gentem Ariftoteles in Politicis pugnacem nuncupat; fapientiâ verò Græcos, fed gloriâ belli Gallos, cæteros antere Saluftius auctor eft; & magnanimos Hifpanos Ammianus nuncupat: atqui, ut fe res habet, Ælius Spartianus in Francis iftam admiratur virtutem, majorem eis semper in adversis quàm in prosperis animum esse: Hispanis Hercules laborum, itinerum virtutis suæ terminos vim & periodum dedit, ex quo per omnes terras gnari sunt instare ferro, sevire securibus. Atqui Caïus Cæsar in Commentariis scripsit, totius Galliæ consensui nec Orbem ipsum terrarum posse obsistere. Hæccine igitur tam conformia, tu Rex Henrice, tam conjuncta dissolves? Tuone tempore hilaritas Francorum & Hispanorum, Anglorum jactabundæ & truci fronti concedet? Tunc ignotos notis, inimicissimos tuæ stirpis Anglicos amicissimis Francis, alienigenas conjunctissimis anteponès? Anglicis qui se hactenùs tibi ingrato heredes fore jactarunt, defensores nunc tibi constitues & fœderatos? moneo ne facias, nam malè sibi consulit qui medicum scribit heredem.

Nunc verò ut Regnorum vestrorum quartum ex facilitate ferendæ opis & commoditate præsidium attingam, tametsi tu animo excelso Princeps, atque in theatro gloriæ natus, honesti solâ ratione flecti potes & frangi, ut factis cum Christianissimo Rege nostro fœderibus hæreas, fœdera verò Angliæ facta tumultu concitato deponas: si tamen alterutrius fœderis commoditas, proventus, utilitasque desiderantur, vincet ratio Francorum, qui omni commeatûs genere tua Regna sæpe juvarunt: vincet negotiatorum Castellæ mœror, luctus & dolor ex intermittum cum Francis negotiandi consuetudinem: vince☞ sapientia, judicium, gravitas patrum tuorum, ut fœderibus cum Francis ictis, quasi thesauro eorum virtute tibi parato suavitas tua incubet. Siquidem inter ænigmata Pythagoræ sapienter dicitur, super scenicem non sedendum, neque pauci temporis commoditatem sectandam. Te admirarer, Rex sapientissime, illius gentis amicitiam tibi arcessere, quæ tres sibi Reges Richardum, Henricum, Eduardum unâ hominis ætate mutant; Francorum verò, quorum Hectoreus sanguis, nomen & honos jam nulle ducentis annis inveteravit, facta fœdera etiam si hoc tibi liceret, repudiare. Si te vis, audacia, feritas Anglorum forte delectat; ego etsi non illos negaverim fortes ac bellicosos, seditionibus tamen Francorum fortes, concordiâ Francorum debiles, fluxi, ab iis quæ simultatibus nostris irruperant armis fugati, præliis plurimis victi, etiam Aquitaniam veterem illorum possessionem, urbesque inexpugnabiles inviti deseruerunt. Quamquam quid in his disputo? cum illi omnibus viribus innixi, ne provincias tibi connubiis obvenientes retinere sciverunt: & unus Dux Normannorum Guillermus totam Angliam vicit, sibi subdidit, & parere coëgit.

Ergo si Cæsar benè sponsiones fœderis atque opis ferendæ inutiles existimabat ex eâ gente, quæ Principes sæpe commutat: si Principes quidem Regi Francorum subditi minimè Anglicis ritibus cederent; parsque Franciæ vix sexta totam Angliam vicit; nunquam verò Anglia superavit tertiam Galliæ partem; quid foret aliud tibi Francos deserere, & mutabilium in Angliâ Regum societatem complecti, quàm ut Ecclesiasticus loquitur, Persequi ventum & apprehendere umbram? videturne tibi (si Salomone auctore, *Melior est vicinus juxtà, quàm frater procul*) natura ipsa te Regi nostro conjungere: quippe quæ nullo spatio terræ intermittente, nullo mari objecto, sed fluvio tantùm meabili pedibus nudis, denique Regnis aliis interjectis Franciam Hispaniæ prorsùs adjunxit: at contrà ipsa eadem natura, Rex Serenissime, sublato aditu, revulsis omnibus viis, intermisso mari sævissimo à tuis Regnis Angliam totam seclusit. Numquid obsecro, ut Comicus loquitur, Neptuno semper fallaci, semper instabili, marique, ut Periander unus ex septem Sapientibus Græciæ dicit; mari, inquam, quo nihil perfidius, fœderis tui fidem tuam committes? Erige, Sapientissime Princeps, mentem & aures tuas, atque adesto animo; non eadem nunc facilitas foret Anglicis ferendarum tibi suppetiarum, quæ olim Principi Walliæ, posteà Duci Leucastriæ fuit cum tuum Regnum, tuosque auctore Domino sunt exclusissimi. Illi namque Burdegalam, Baionam, Aquensem urbes maximas ac munitissimas & Aquitaniæ robur, tunc occupabant, quibus auctore Domino sunt exclusissimi. Sola ipsis in tuum Regnum maritima via est. Ergo ut Alcibiades sapienter dixisse fertur, stultum esse confidere fœderi, cujus opem procellæ ventique tardare poterant; & cunctis invitis aliorsùm flectere atque deducere; vide quo consilio Anglos tibi excussos viribus colligis, quos cum florerent opibus & viribus Aquitanorum, tui majores Francis postposuerunt & contemserunt? Vide quâ mente disjunctos, ut Virgilius loquitur, orbe toto Britannos tibi adjunges: affines verò Francos, quorum virtutem, constantiam, benevolentiam tot annis, tot præliis tui Majores experti sunt, repudiabis? Sylla fortunatus dicebat duas sibi fuisse felicitates, quibus victor fulgebat; unam quæ Metellorum benevolentiam veterem sanctè servaverat; alteram quæ auxiliis sibi Etruscorum sibi affinium potiùs quàm Insulanorum in Hellesponto fidem dedisset.

Tua profectò Regna Castellæ ac Legionis tantâ Francis fide, pietate, religione adstricta sunt; tam altas jam radices hoc fœdus egit, tantus amor animos populorum tuorum de se in Francis infixit, ut icto ad te cum Rege Anglorum fœdere non solùm Regna, sed rerum natura reclamet. At fœdus ictum est cum Anglicis, dixerit quispiam. Quid si dixero quod Romani de suis Legatis dixerunt in Numantino fœdere, quod omninò sunt aspernati, apud unum ex Legatis nec Jovem, nec Minervam plus potuisse quàm aurum? quod quidem emergens ab extremâ mendicitatis paupertate ad divitias, Religionis obtentu nescio quis suprâ modum sitire fertur. At hoc non dicam: neque enim mihi studium est quemquam incessere neque vulnerare, sed vulnerum medicinam inquiro, tuamque sapientiam solam, tuum judicium acre & prudens solum intueor. Si enim jura hîc prætexerentur & leges, dicerem non ritè factum fuisse cum Anglicis fœdus, non feciali solennitate, non trino, ut veteres loquebantur, nundino promulgato: quod non idoneo tempore, sed tuis undique Regnis bello flagrantibus: quod contrà sponsiones fœderis vetustioris, contrà intercessiones antiquas populi tui, contrà auspicia patrum tuorum processit: dicerem quod à Plutarcho laudatur dixisse Rex Artaxerxes, non valuisse recens fœdus repugnans causæ fœderis formæque antiquioris: quod tibi multis procellis jactato, multisque fluctibus inspicere plenè non licuit, non comminisci fortasse licuit: insuper dicerem quæ Romani in fœdere cum Samnitibus icto declaraverunt, non valuisse fœdus à te percussum cum Anglicis mente tuâ oppressâ bello plusquàm civili, linguâ verò interventorum incitatâ odiis, ac factionibus, vel districtâ timore. Denique dicerem fœdus juramentorum Francorum non rogato, nec requisito Rege, quem res ipsa altè pertingit, nulloque disceptatore, nullâ causæ cognitione intercedente, non potuisse per te dissolvi, quod non magis Regum quàm Regnorum videtur. Hæc autem omnia multasque rationes omittam; neque enim tam mei Regis nomine loquor, quàm assectatoris ad pacem, potiùsque consiliatoris utriusque, quàm advocati sumsi personam.

Verùm non dubito, Rex Serenissime, multos de Rege nostro, de teque loqui ut homines irati solent, qui

Diplomatum, &c. 839

tui putantur : in circulis hunc rodunt, nostri te fortisse vellicant. Atqui esto, uterque vestrûm aut alteruter existimetur errasse. Quid attinet hæc refricare quæ tacta tument, & obductæ jam cicatrici vulnus, aperiunt ? Siquidem ut plurimis utrimque beneficiis errata utrimque condonentur, valet apud Christianissimum optimumque Regem nostrum memoria virtutis ; quam Hispani milites durissimis Francorum bellis adversus Anglicos præstiterant, qui nostri propugnatores actorum prælii victores fuerunt in Delphinatu : qui coronam Franciæ intestinis bellis afflictam externo bello ab Anglicis vexatam, oppugnatam ; oppressam classe juverunt, suisque humeris, & manibus sustinuerunt. Non autem vereor, Serenissime Princeps, quin sit in te ille sensus humanitatis, illa ratio gratitudinis, ut tibi sanguis Francorum apud Nageram fusus ; capti deinde per Blesium de Villanimes Petri, qui Anglorum fœdere regnum Castellæ fœdaverat ; denique tuo tritavo Henrico parti atque retenti sceptri tibi frequenter veniat in mentem. Huic itaque dignum fœderibus nostris, videatur hoc deberi illius Henrici tam excellentis Regis præstantissimæ gloriæ ; hoc proprium esse tuæ virtutis ; hoc satis esse causæ, ut quod fecisti cum Francis fœdus ipsum Henricum constet nefas sit per te trinepotem suum perfringi. Fac nunc ut quasi excitatus huc, quæso, veniat, hæcque oratione tecum utatur : Quid est hoc ? Tune mei Regni & mei nominis hæres Henrice ? Tune gentem Anglorum, quæ me ut deleret crudeliter invasit, arcesses tibi auxiliarem ? Tune adversus Francos, quibus adjutoribus regnas, Anglicis promittes auxilia ? Princeps Anglorum omnibus viribus & studiis extulerat Hispaniæ Tyrannum, quem ego virtute & ope Francorum sustuli. Anglici asperrimo prælio ut me obtruncarent, necarent, occiderent, omni robore suo certarunt. Franci opposita laterum suorum ne occiderer, fortissimè pugnantes ut Laconici in Marathonia pugnâ occubuerunt. Anglici ut tuum regnum diriperent, compilarent, excuterent, sumserunt arma : Franci nullo proposito præmio, cum pecunia nulla mihi restaret, solo fœderis quod frangere pares instinctu, nullius laboris, nullius obsessionis, nullius periculi pro me expertes, sceptrum atque coronam quam ipse gestas propugnaverunt. Numquid inimicus eris amicissimis Hispanorum, infestus tuis auxiliatoribus, hostique meus atque patrum tuorum ? nisi forté discrepante à tuâ linguâ tu Ferrum Anglicorum, insolenti congressu & superbissimâ fronte lætaris. Equidem, Rex invictissime, ut puto, ille ipse Henricus tui Regni parens atque fundator, te ab Anglorum objurgatione asperiori terreret.

Atqui videre profectò videor illum quem inter Heroas collocant Bertrandum de Glesquin, multosque Hispanos & Francos Proceres, qui nostrum Christianissimum Regem tuamque Majestatem supplices obtestantur, obsecrant, proclamant, vestram fidem implorant, ut si quis ardor contentionis, si quæ inter flamma dissentionis erupit, illam extinguat sanguis eorum pro vestris patribus per agros Hispanos & arva Galliæ fusus, ne tot honestos militiæ suæ labores, tam sancta pignora amicitiæ, tam vetusta jura militaris societatis una iracundiæ vestræ aura pervertat. Illi te, Rex Serenissime, nunc deprecantur ne opprobramento, dedecore, infamiâ, turpitudine, maculisque ipsos aspergas, quasi certaverint adversùs Anglicos præliis vanis, & quasi tanto tempore causam victoriæ malam sortiti videantur, nunc impia arma & injusta saga cœpisse. Quod te deceret, sapientissime Princeps, noli aspernari, noli contemnere, noli negligere; utrique, nempe genti tuæ & nostræ, Cœlorum Rex vim & audaciam dedit ; atque

si benè Cicero ad Brutum scripsit, nihil inimicitius hominis esse, quàm non respondere in amore iis à quibus provocetur ; cum Rex noster magnanimus quanto felicior est fratris sui, Ducum Burgundiæ & Britanniæ æquandorum Regibus obedientiâ, tanto te magis allicit ad amicitiam ; peto à te quod Salomon hortantur, ut ipsum Regem amicum tuum & amicum patris tui non deseras, neve teipsum lædas ; perversa nempe possessio est spervicacia. Denique si velut torrens, qui multis imbribus actus aggeribus ruptis insertos pontes evellit, tu ex fœderibus cum Regno nostro percussis violentiâ objectæ tibi tempestatis existi ; flagito & consulo, ut in antiquam consuetumque fœderis cum Francis alveum te referas. Hoc nempe morituros tuus avus suis liberis præceptum scripsit ; hoc tui genitoris admonet perpetua in Francos benevolentia, hoc impellunt Anglorum in tuos injuriæ ; idipsum denique jus omnium legum, extimatio commoditatum, amor tuarum provinciarum, fœderum nostrorum usque ad tuum tempus illibata vetustas, facilitas quoque tibi ferendæ opis exposcit. Nos quoque quod initio dixi, hoc à te reposcentes venimus resarcire, firmare, augere fœderis inter Francos & Hispanos antiquitatem, fœderis inviolabile numen, fœderis omni genere juramentorum percussi religionem.

Finit harenga per Reverendissimum in Christo Patrem Dominum Cardinalem Episcopum Albiensem, Abbatem quoque inclyti Monasterii Sancti Dionysii in Franciâ, composita, propositaque Corduba coram præcellentissimo Castellæ Rege Henrico, anno Domini millesimo quadringentesimo sexagesimo nono.

JOANNES *Borbonius Episcopus Podicensis, Pecuniæ summam confert Regi Francorum* LUDOVICO XI. *qui bellum tunc tempori gerebat.*

Anno MCCCCLXX.

SIre si tres humblement comme je puis je me recommande à vôtre bonne grace ; & vous plaise sçavoir, SIRE, que sachant que en cette guerre & armée, où de present vous estes à bonne, sainte & juste querelle, ne peut estre que nayez aucunes necessitez & besoin d'estre secouru & servy de vos subjects, & desirant de tout mon cœur & pouvoir que en veniez à vôstre au dessus, comme croy parfaitement que si ferez, pour à ce vous subvenir & selon ma possibilité servir, me suis deliberé vous prester la somme de quatre mil escus d'Or & icelle delivrer es mains de Messieurs de vos finances, pour la convertir & employer au fait & entretenement de vôtre guerre. Si vous supplie, SIRE, si tres humblement comme je puis, que mon petit offre & service vous plaise prendre en gré ; & avoir advis au fait de la succession du feu Prieur de la Charité, plus pour abvier au donger de conscience, que pour en faire le proufit de vôtre sainte Abbaye de Cluny, laquelle est aujourdhuy plus que jamais desolée, si sont les pouvres Religieux qui sont pour la plufpart en captivité de vos ennemis, pour ce que Lordon est en vôtre main ; mais je suis certain, SIRE, que lesdits pouvres Religieux comme bons & loyaux à vous, & esperans que brief serez leur Messias, auront bonne patience, attendans la dellivrance que de par vous en recouvrant vôtre paix & droit demaine de Masconnois leur sera en brief faite. Et pleust à Dieu, SIRE, que eussiez veu, comme j'espere que brief ferez, que c'est de ladicte Abbaye, & de la bonne & sainte vie qui y est gardée & tenuë. Car je crois fermement que bien l'aurez agreable & en bonne grande & devote estimation comme vôtre fille & de fondation royale, laquelle est & la plus florissante en bonne regle jusques cy des autres du monde, selon le commun bruit. Sire, plaise vous tousiours moy commander vos bons plaisirs, comme à celluy qui autant que aucun autre vôtre subjet a eu & tousiours aura vouloir de les loyaument accomplir, quelque chose que l'on vous ait peu contre verité dire d'au contraire; ainsi que set le benoist Fils de Dieu, qui vous donne bonne vie & longue, & vos nobles desirs accomplir. Escript à Monistrol le XI. jour de Fevrier.

Vostre tres humble & tres obeïssant Subjet & Orateur
EVESQUE DU PUY.

Anno circ. MCCCCLXXI.

Oratio coram Summo Pontifice & Collegio Cardinalium Romæ habita in causâ Joannis Balue Cardinalis, à Rege Franc. ob proditionem carceri mancipati.

ET si hominum virtuosior in conspectu Christi Vicarii Ecclesiæ Principis, tantique cœtûs venerabilium ac reverendissimorum Patrum affari pertimescat; ego quidem imbecillis, modicis sive nullis virtutum donis imbutus, peritiâ litterarum parcissimâ instructus, facundiâ carens, rudis eloquio, & prudentiâ incautus, militaribus negotiis deditus, & sæcularibus materiis adeo implicatus, quòd si in primordio puerilitatis & adolescentiæ quidquam librorum conceperam, tanta diverso postmodum ad varios successit actus, quòd perinde est ac si nulla jamque forent: si pertimescere habeo, degens quasi ex exstasi, nulli mirum, atque cum Isaia & merito dicere possum, *A a a, Domine, puer ego sum, nescio loqui.* Et profectò finem orationi imponerem, nisi Divini auxilii mihi spes inesset, quod balbutientes disertat, & indoctos dirigit & ornat, maxime cum qualitas materiæ æquitate, justitiâ & ratione freta hoc expostulat, & ad verum producit sensum. Quâ in fiduciâ, ac benignæ supportationis vestræ Clementissimæ Beatitudinis, quæ solito more venientibus ad se gremium aperit, & defectus, si qui sint, gratiosè supplet, vires resipiscendo, licet pergrave mihi opus sit, & admodum insuportabile, christianissimis jussibus, quibus obnoxius teneor, parendo nobis commissa meo grosso latino militari, maternâ linguâ nimium vicino, posse tenùs exarabo, devotissimè supplicans meis in dicendis, si vicium aut error ullatenùs inciderint, benignè indulgeri, & omnia validiori interpretari sensui.

Pater Beatissime, Christianissimæ Majestatis mandato, cujus Oratores sumus, licet indigni, ad præsentiam V. S. accessimus, quæ nuper Franciæ in Regno occurrere tamquam Patri summo Christi Vicario explanaturi, heu proh dolor! Ita & Princeps noster supremus & Christianissimus pariter & Regnum, dum talia acciderunt, præsertim per viros in tantâ dignitate constitutos, qui sacrorum Canonum dispositione tamquam Ecclesiæ cardini dediti Patres spirituales cognominari deberent, & eorum operibus ordine retrogrado non patres spirituales, sed pseudopatres, vel antipatres nuncupari merentur.

Concernit quippe præsens materia nedum personam & statum Principis nostri christianissimi, sui etiam carissimi fratris domini Aquitaniæ Ducis, pariter & illustrissimi Principis domini Ducis Burgundiæ, ac omnium Magnatum, Principum, Prælatorum, atque cæterorum virorum Ecclesiasticorum & laïcorum Regni cujuscumque status, dignitatis, gradûs, aut qualitatis existant; verùm tangit honorem, securitatem, & utilitatem sanctæ Sedis Apostolicæ, sacrique Cœtûs & Collegii Reverendissimorum dominorum Cardinalium, & totius Ecclesiæ, necnon & quorumcumque Principum Christianorum.

Gravis proculdubio, imò gravissima est materia de quâ igitur, quodque expedire eam sanè intelligere, nec brevi sermone exarari potest. Igitur ne tædio afficere valeam circumspectissimam districtionem V. B. ac aures dominorum sacri Collegii, disposui summarium causæ inpræsentiarum verbaliter dumtaxat referare, particularitates autem casuum scripto tenùs declarare.

Casus igitur sub brevibus & summâ talis est. Magister Joannes Balue ex humili prosapiâ ortus, litteris & scientia non abundè eruditus, subtilitate suâ, astutiâ viperali satis relatâ, ad majora postmodum provectus fastigia, medio tempore diversos habuit modos faciendi. Inprimis equidem, omissis aliorum servitiis & famulatibus, Clericus fuit Compotorum Christianissimæ Majestatis, demùm Consiliarius in suâ Parlamenti Curiâ, atque prosequente Christianissimo Rege ad dignitates, Commendas & alia beneficia assumptus, non mediocriter nec longo expedito tempore per arrupta ad majora perquirens ascensum, effectus est Episcopus Ebroicensis, ac cum instanti supplicatione, & multiplicatis precibus, si fas sit dicere, ad dignitatem Cardinalatûs evocatus est.

Quodque casu magistri Joannis de Bello-valle occurrente translatus est ad Episcopatum Andegavensem, fructibus, possessione, & administratione prædicti Episcopatus Ebroicensis apud eum remanentibus, Fisci campi etiam opulentam Abbatiam, sancti Joannis Angeliaci ac sancti Theodori, cum pluribus Prioratibus mensæ usuique suis adjunxit.

Et licet his de causis præter naturalem subjectionem & sacramentorum præstationes occasione Officiorum atquetemporalitatis prædictorum beneficiorum, Christianissimæ Majestati adeo obnoxius & obligatissimus esset, ut & totâ mente & solidatæ inter præloquutam sacram Majestatem & illustrissimum dominum Burgundiæ Ducem, certis viis exquisitis procurando: quæ non mediocria crimina sunt, cum jure cavetur; qui pacem violare præsumpserit aut tentaverit, nec beneficio, nec lege pacis fruatur, quoniam extrà legem est: zizaniam & dissensiones cum aperturis diffidentiarum nimium excitans seminando, ædificando inter Regem Christianissimum & principaliores Principes ac Magnates Regni, perinde ut si divinâ opitulante gratiâ (quæ illa nunquam deserere voluit, sed protegere, defensare, & manutenere semper curavit ad honorem & utilitatem Christianissimorum Francorum Regum, quos præ cæteris Regibus sin-

gularissimis

Joannes Balue proditor describitur.

Quantorum malorum auctor exstiterit enarrantur.

Jerem. I. 6.

Diplomatum, &c.

gularissimis gratiæ donis illustravit, & dotavit) nequitiæ, iniquitates, & malitiæ suæ detectæ non fuissent, non dubium male successisse, & inconvenientia non parva, non mediocria, non tenuia, nec transitoria, sed execrabilia & irreparabilia, prout latiùs in deductione materiæ in particulari hæc omnia describentur.

Belli seu seditionis & dissentionis perniciei.

Insurrexissent quippe gens contrà gentem, populus contrà populum, subditi contrà superiores suos, amici contrà amicos, parentes contrà liberos, & econtra, consanguinei & affines contrà suos propinquiores, & indubiè hominum strages permaxima inde sequuta fuisset, atque more solito in guerris, ultrà hominum mortes; Ecclesiarum destructiones, earum redituum & proventuum annihilationes, & Officii Divini imminutio. Mulieres viduæ remansissent, Sanctimoniales insecuræ, & forsan è Monasteriis ejectæ, virgines & puellæ absque normâ & exemplo priorum temporum tamquam effrænatæ pudore carentes. Quodque omnis sexus muliebris, Ecclesiasticus & temporalis in perniciem deductus fuisset, liberi orbati parentibus morassent, injustitia sine fallo regnasset; rapinæ, violentiæ publicæ, civitatum, urbium, villarum, oppidorum & castrorum eversiones profectò locum sibi vendicassent. Nulla securitas, nulla fides, nullus amor, nulla quies; est etenim guerra omnium malorum mater & alumna, Christo minimè grata, & malignis spiritibus soror, filia & amica. Quamobrem quàm pium, quàm justum & sanctum, quamque necessarium erat his obviare interprisiis, & ne talia contingeret legitimo modo providere, conniventibus oculis omnibus perspicuè constare potest. Nam cui licentia iniquitatis & facultas delinquendi eximitur, faciliùs vincitur, & veritas sanctiùs attingitur; atque justitiæ & pietatis ratio utiliorem producit fructum:

S. August. Epist. 5.

quoniam nil infelicius est felicitate peccantium, quâ pœnalis nutritur impunitas, & mala voluntas velut interior hostis roboratur; unde infinita sæpiùs contingunt & irreparabilia inconvenientia. Error, cui non resistitur, approbatur; atque negligere cum possis perturbare perversos, nihil aliud est quàm fovere, & maximè cum ad hoc quis ex officio teneatur: sicut & Princeps noster Christianissimus, qui est lex animata in terris apud nos, curam habens subditorum, in quorum quiete quiescit, & noctes sæpe vertit insomnes ut scandala ab eis removeat, & ideo laudabile est quidquid hac in re fecit, nec ullatenùs reprehensibile. Atque tali ambitione obcæcatus erat prædictus Balue, ut propriâ confessione dilucidè professus est, majorem cupire statum & dignitatem, si possibile sibi fuisset, quàm sit Papalis dignitas.

Expedito summario casu magistri Joannis Balue, ad Episcopum Verdunensem [a] accedere volo. Balue prænominatus, pseudo vel Anti-Cardinalis, qui sacro Collegio neque cœtui dominorum Cardinalium jamque annexus nec conjunctus fuit, atque nuncupari nomine Cardinalis quoquomodo meruit, suæ perniciosæ intentioni Episcopum Verdunensem associavit, ut faciliùs ad scelestam factionem, conjurationem & conspirationem suas pervenire valeret. Et quia Episcopus præfatus Verdunensis notitiam majorem habebat cum domino Aquitaniæ Duce, existimans suis persuasionibus præfatum dominum Ducem liberiùs assentire. In quâ associatione non mediocriter peccavit Antistes præloquutus, cui post tanta facinora, proditiones & perjuria contrà Christianissimam Majestatem commissa, prælibata Majestas suam impertitâ est gratiam, & quamplurima bona sibi con-

tulit & procuravit. Atque de proximioribus ex consilio & familiâ eum habebat. Quibus abjectis & his nonobstantibus, consilium, auxilium & consensum efficaciter præbuit, & in omnibus prætactis materiis, prout principalis, videlicet Balue, manus porrexit adjutrices, non præcavens dicto sapientis, videlicet, *Si quem videris malis pergravari operibus, nec te illi associes, nec ei subvenias: quia qui pendulum solverit, super illum ruina erit.* Quilquis enim iniquæ gentis consortio fruitur, proculdubio immeritæ mortis pœnas lucratur.

O egregium facinus! O imperscrutabilis nequitia! O scelus sceleratissimum! O intentio perversa! O damnata malitia! O detestabile propositum! O ingratitudo, quæ quasi intellectui hominum comprehendi non valet, prodere suum naturalem & supremum dominum, suum magistrum, suum educatorem, suum promotorem, suum benefactorem, qui tantis beneficiis & honoribus & dignitatibus eos dotaverat, & exaltarat? & ad modum perfidorum Judæorum reddentium malum pro bono, & iniquum pro beneficio, tantam procuraverant, & conspiraverant proditionem contrà Christum Domini, & nedum personæ & statui, quinimò & rei publicæ universali Regni, mandata divina transgrediendo, atque patriæ & parentibus minimè parcendo? His omnibus nulli dubium ad incommoditatem & dedecus sanctæ sedis Apostolicæ, sacri etiam Collegii dominorum Cardinalium, & universalis Ecclesiæ, ac totius fidei orthodoxæ redundantibus.

Plures namque Principes attentâ notorietate materiæ, quæ nullatenùs velari, tergiversari, abscondi, vel abnegari potest, non tam patienter eam sustulissent, verùm Christianissima Majestas ob honorem sanctæ sedis Apostolicæ, & V. B. cujus devotissimus filius semper extitit, & esse cupit, atque ut jura, libertates, prærogativæ, & præeminentiæ sanctæ sedis & Ecclesiæ illæsæ serventur, manus porrigere adjutrices, pariter & sacri Cœtûs & Consistorii dominorum Cardinalium, quos Christianissimæ coronæ & suæ Majestati amicissimos, præcarissimos, & confidentissimos reputat, tenet, vocat & profitetur. Noluit repentè subitò, temerariè, nec inconsultè irruere in præfatos delatos, nec permittere irrui: sed deliberatione permaximâ, & sæpius repetitâ plurium Procerum Regni & peritorum sui Magni Concilii, prout sui moris est, dumtaxat ordinavit & disposuit, ut sub fidâ custodiâ in loco honesto & rationabili reducerentur, donec hæc omnia particulariter V. S. manifestasset. Et ut ordine judiciario servato & absque præjudicio prærogativarum, præeminentiarum, dignitatum, & jurium suorum, atque Christianissimæ Coronæ, & Christianissimi Regni, quibus hactenùs à tanto tempore, quod non exstat hominum memoria, in contrarium usi & gavisi fuerunt; his tam abhorrendis & detestabilibus delictis & criminibus contrà delatos prænominatos provisio condigna ab eâdem Sanctitate adhibita fuisset.

Nam qui gladium reprimit, pœnam merentibus, vincula dissolvit, laxat exilium, & delinquendi præbet exemplum. Molestus quippe debet esse medicus furenti frenetico, alioqui dulcedinis est crudelitas quàm mansuetudo: ex alienis periculis nobis prospectu facile est, quâ pesturiâ priores corruere, arbitrari nos stare dementia non punire, sed crudelitas crimina punire, sed pietas, unde in lege dicitur: *Si frater tuus, & amicus tuus, & uxor, quæ in sinu tuo dormit, depravare volunt veritatem; sit manus tua super eos, & effunde sanguinem proximorum.* Non autem intel-

[a] *Verdunensem*] Guillelmum de Haraucourt.
Tom III.

ligo de sanguine materiali, sed prout sancta Mater Ecclesia in talibus facere consuevit: ad ea quæ juris & justitiæ sunt, S. V. B. cum omni humilitate & devotione adivimus, ut provisionem condignam obtinere valeamus, sicuti fides, & spes Regiæ Majestatis insunt; & ad hos venimus fines.

Atque advenerat V. S. pariter & cœtus dominorum Cardinalium, quâ modestiâ, quâ benignitate, quo amore erga vestram B. & sacrum Collegium Christianissima Majestas procedere voluit, quæ nec auctoritati sanctæ Sedis Apostolicæ derogare nisa est, nec honorem sacri Collegii enervare, quinimò illibatos conservare & manutenere semper cordi habuit. Et his de causis quàm citò veridicè sua Majestas informata fuit de forefactis prædictorum delatorum, cum omni celeritate nuncium expressum apud Oratorem V. S. dominum Falconem destinavit cum litteris oportunis, ut sibi placeret pro honore & utilitate V. B. & dominorum Cardinalium, ad præsentiam suam priusquàm transalpinaret, remeare; quibus litteris parendo, & cum gravi & honestâ responsione humaniter & benignè apud Christianissimum dominum nostrum regressus est. Quod gratissimum eidem Majestati fuit, & immensas V. S. agit gratias. Quodque domino Falcone Ambasiæ applicato reverentiâ præsoquutæ Majestati exhibitâ, sicut in talibus moris est, summarium casus prælibata Majestas declaravit: particularitates autem materiæ jussit sibi latiùs explanari, ut de omnibus advisaret V. S. atque sacrum Collegium dominorum Cardinalium; ut honor sanctæ sedis Apostolicæ & prædicti Collegii servaretur illæsus, nec aliquod exinde succederet scandalum. Demùm adveniente domino Oratore Turonis, omnis materiæ effectus per principaliores deputatos ex Regio Consilio, in præsentiâ Reverendissimi in Christo Patris domini Cardinalis Avinionensis fuit sibi amplissimè communicatus & declaratus, eâ spe & intentione, ut quàm breviùs Vestram de præmissis informare deberet Sanctitatem, atque sacrum Collegium, sicut & credimus effecit; nec cupiebat sua Majestas præmissa velari, nec celari Vestræ Sanctitati, præcipuè attentis rumoribus & formidalibus scandalis. tunc temporis in regno vigentibus occasione præmissâ, quos temperatè, & melioribus viâ & modo quibus fieri potuit pacificare & moderate curavit: rogando insuper prædictum dominum Oratorem pro honore & utilitate S. Sedis Apostolicæ & sacri Collegii, necnon ut ob defectum decentis provisionis scandalum forsan irreparabile suscitaretur in Regno, præfatam Vestram Sanctitatem ore tenùs de gestis in hac re & veritate rei ad plenum informare; ut talis daretur provisio quæ sit honesta sanctæ Sedi Apostolicæ, & sacro Collegio, Christianissimo domino Regi, totique Regno salutaris; & ut pax & tranquillitas inter nostrates cujuscumque status vigere & permanere valeant: sitque inter Ecclesiasticos & sæculares amor semper connexus & inseparabilis, prout retroactis temporibus huc usque continuò exstitit.

Anno MCCCCLXXII.

BESSARIONIS *Cardinalis Serenissimo Principi & illustrissimo Domino D.* LUDOVICO *Francorum Regi Christianissimo Domino mihi colendissimo.*

Regi scribit à Summo Pontifice Legatū se electum, ut pacem inter

SErenissime Princeps, & Illustrissime Domine, Domine mihi colendissime: Nusquam deflexi ab instituto itinere postea quàm sum ex urbe egressus, ut ad Majestatem vestram pervenirem. Nam meum Legationis obeundæ officium, piissimaque Pontificis maximi mandata vix valetudinis curandæ, inclinatæque ætatis recreandæ spatium relinquebant, cum præsertim res Gallicæ undique tumultus & cædes parturirent, armatique exercitus, quod sine maximo animi dolore scribere non possum, ad cruentam dimicationem in dies magis compararentur. Hac unâ cogitatione & curâ nec salutis meæ, nec imbecillitatis rationem ullam duxi, cùm aut Cinisium montem Alpesque conscenderem superarem, aut reliquum iter asperrimum conficiebam. Nullum enim vehiculi genus, nulli acceleratio tanta esse poterat, quantam Sedes Apostolica, meaque in Christianum nomen pietas maximè postulabat hac rerum conditione & fortunâ. Nam cum Pontifex Maximus hanc nationem rebus gestis amplissimam, multitudineque pene infinitam, cujus opibus ac virtute Dei Ecclesia & secundis rebus ornata est, & difficillimis temporibus defensa, mutuis seditionibus bellisque labefactari intelligeret, ingemuit vehementer, ac pro boni Pastoris officio deligendum statuit, qui gregem Dominicum dissidentem mutuâ componeret pace & quiete, ne impetum faciat sævissimus lupus, cui nomen Christianum jamdiù est ludibrio. Multi quidem ingenio & sapientiâ præstantiores mitti poterant, sed qui me voluntate superarent, & studio conficiendæ, pauci. Nam, ut cætera aliis concedam, Religionis amore vinci turpe esset, cum antactæ victæ, tum præsenti ætati. Cum autem omni itinere admodum suspensus & sollicitus fuerim, ut priùs adessem quàm manus consererentur, nunc maximè angor & crucior, quòd me quoque tantâ celeritate fesso & penè præsente belli sævitia nullâ ex parte conquiescet; utinam uno momento apud Majestatem tuam, Illustrissimosque Duces Burgundum & Britannum mihi adesse liceret, diviso etiam hoc corpusculo in tres partes, ut uno ordine armis repressis de communi dignitate, amplitudine, salute agaretur. Id quoniam fieri non potest, molestissimum est. Sum omnes aditurus mandato Pontificio; ac instituto ordine Legationis, primùm ad te venio, Christianissime Princeps, quoniam tuæ Celsitudinis ratio ita poscit; me conferam deinceps ad Illustrissimum Ducem Britannum cum & proximus sit, & strictis prope gladiis prælium impendeat. Majestatem tuam rogo per Majorum laudem immortalem, per Christianissimi nomen quod domesticum est & hereditarium, per excellentem pietatis & misericordiæ gloriam, per Christi majestatem, quâ tanti Regni gubernacula jamdiù tenes, ut prælio abstineas prorogatis induciis, quæ, ut audio, die Lunæ insequenti exituræ sunt. Ego paulo post adero, Deo duce, Majestatisque tuæ consilii religiosissimis, & voluntate optimâ ea meditari & perficere studebo quæ tibi; reliquis omnibus Principibus, communi libertati præsidium, sempiternamque pietatis laudem videntur allatura. Misi nunc Reverendum Patrem D. Bartholomæum Præsulem Parentinum, virum cùm ingenio cùm fide non vulgari præditum, qui hæc meo nomine rogabit, exponetque alia nonnulla coram. Oro ut audias hominem, fidemque habeas ac mihi ipsi si adessem, à me enim proficiscitur & loquitur. Felix sit Majestas Vestra, cui me commendo.

Ex Samurro, die decimâ quintâ Augusti, millesimo quadringentesimo septuagesimo secundo.

Majestatis Vestræ,

Deditissimus B. Cardinalis Nicænus, Apostolicæ Sedis Legatus.

Regē ipsum, & Duces Burgundiæ ac Britanniæ, armis depositis, componere curaret.

Diplomatum, &c. 843

Anno MCCCC-LXXIII.

Litteræ LUDOVICI XI. *Regis Francorum ad Cancellarium nomine Doriole, ob Augustam Viromanduorum sive S. Quintini urbem à Comite stabuli occupatam.*

MEssieurs le Chancelier, grant Maistre, & de Craon ; Je vous escris par Maistre Loys d'Amboise, & Monsieur de Genly, ce que les gens du Connestable ont dit, & ce que je leur ay respondu ; ils vous diront ce qu'ils ont de charge, touchant nostre Connestable. Il me semble que Monsieur de Genly a bonne voulenté, & m'a promis de gagner Monsieur de Moy, & les gendarmes, & de recouvrer la ville maugré le Connestable. Entretenez le bien ainsy que vous saurez bien faire, pour voeir s'il fera ce qu'il dit ; Je leur ay baillé par escrit, que si le Connestable veult rendre la Ville de Monsieur sainct Quentin, & faire le serment sur la vraye Croix de sainct Lo ainsy qu'ils vous monstreront, que je suis content de luy pardonner ; & tandis vous saurez se le Duc de Bourgongne veult accepter le party que je vous ay mandé par Monsieur de Limolin ; & par avanture que cest offre gardera nostre Connestable, de asseurer de tous poins son fait avecques le Duc de Bourgongne si tost comme il seroit, s'il n'avoit point d'entretenement d'autre part ; s'il na conclud son appointement avecques le Duc de Bourgongne, je ne vois point que le Duc de Bourgongne ne accepte l'un des deux partis par paix ou par treve de luy courresus ; & si davanture le Duc de Bourgongne le refusoit, je raurois Monsieur Sainct Quentin, par quoy il n'auroit plus de quoy me tromper que de ses places, qui est peu de chose : car au regart des gendarmes je les rauroye quand je vouldroye.

Je vous prie sentés le plustost que vous pourrés par nostre Prothonotaire la voulenté du Duc de Bourgongne, & s'il est besoing que je me approche jusques à Creil, escrivés le moy, je le feray incontinent soit pour le traicté du Duc de Bourgongne, ou pour celuy du Connestable ; & de Creil je yroye de Guyse en une nuit jusques à Compiengne pour parler à nostre Prothonotaire s'il besoing est, & m'en retourneroye le lendemain, & cuideroit on que j'eusse les ammoroites. J'envoyeray Monsieur de Bouchage apres eux affin qu'il les face charrier droit, mais je vous asseure que Maistre Loys d'Amboise est bon pour cette querelle, à cause de l'advertissement qu'il me fit, & ne voudroit point qu'il eut pouvoir de luy nuyre ; vous les connoisterés bien quant vous parlerés à luy apart. Monstrés ces lettres au Gouverneur du Lymosin, & non à autre, & après les gectés ou feu devant ce porteur. Adieu. Escrit à Montlean le vingt-unième jour de Decembre. Signé, LOYS, plus bas, TILHART.

Au dos est escrit, A Messieurs le Chancelier, Grant Maistre de Craon : *Et à costé sont escrits ces mots de la main du Chancelier Doriole.* Lettres du Roy apportées par Sezille, receuës à Compiengne le vingt-quatriéme jour de Decembre mil quatre cens soixante treize.

Tom. III.

FERDINANDI *Regis Siciliæ ad* LAURENTIUM *Medicem.*

Magnifico viro Laurentio de Medicis de Florentia amico nostro carissimo.

REX SICILIÆ.

MAgnifice Vir, amice noster carissime : Etsi tanto in nos amore esse jam pridem vos intelleximus, ut nullâ præterea testificatione opus sit quin exaltationem nostri status & nominis semper optaveritis ; tamen litteræ eæ, quas nuper accepimus, & ea quæ Augustinus Diliottus retulit, ita nobis amorem ipsum significarunt, ut omninò difficillimum nunc quidem videatur judicare, utrùm ab Alfonso ipso filio nostro magis vel amemur vel veneremur, quàm à Laurentio, qui & amantissimus nostri est, & officii plenissimus. Facitis itaque ut amicum amicissimum decet, quin nobis conditionem proponatis, quæ honori & commodo nostro factura sit maximam accessionem, dùm foedus feriendum, & ineundam esse affinitatem cum Rege maximo Francorum, dandamque filiam nostram filio ejus primogenito uxorem suadetis, ut ipse suis ad vos litteris scribit. Quâ de re tantum nos vobis debere profitemur, quantum ut cupimus persolvere, ita posse optamus. Sed ut nostram mentem aliquando intelligatis : esse sanè nobis non modo gratum, sed quàm optatissimum, etiam cum Rege ipso foedus percutere in rèquéque affinitatem, quem ut nobilissimo genere, ita amplissimo regno primum esse in toto Orbe non ignoramus.

Sed quando eis conditionibus res ipsa proponitur, quam cum integritate honoris nostri accipere nullo modo possumus, causa est cur molestissimè videatur. Etenim non modo adversùs serenissimum Regem Aragonum Patruum nostrum, nos unquam colligare, sed ipsi deesse tam iniquum putamus, ut priùs mori statuamus, quàm id simus facturi ; vel quòd ita ejus in nos beneficia postulant, vel quòd pietas nostra in illum tanta, est ut nobis ipsis deesse, quàm illi æquius putemus. Neque movere nos debet, quòd Rex ipse polliceatur, si conditionem acceperimus, tutum se hostem familiæ Andegavensi. Ille enim jure optimo & posset & deberet id facere propter Andegavensium ipsorum perfidiam, eorumdemque in eum inimicitias. At ego immanitate, ac potiùs feritate adductus videbor, si Patruo defuero, cui adesse saltem ratione familiæ, quando cætera arctiora vincula deessent, semper debebo, nisi is esse videar, qui meis desim & adsim externis. Quamobrem quod ad ineundam affinitatem foedusque Rex ipse pacisicitur ut ego Patruo meo adverser, atque sibi faveam : æquius sanctiusque fuisset, si se affinitatis ipsius gratiâ fautturum me cum Patruo meo dixisset, visuque esset cùm pro suâ humanitate agere, tùm affinitatem hanc familiæ meæ commodo, potiùs quàm ejusdem incommodo desiderare, & honoris mei habere rationem.

Impedit etiam hæc non minùs ictum foedus & societas cum illustrissimo Burgundiæ Duce, quam ut optatissimum fuit inire, nunc tueri esse debet jucundissimum. Ex quo sit ut nisi Rex ipse cum illo etiam Principe in pace victurus sit, perducere quo velle se ostendit negotium non poterimus. Ita enim æquitatis amatores, fidei nostræ observatores sumus, ut hanc omnibus nostris commodis præponamus ; honorem autem nostrum tanti facimus, ut non modo res externas, verùm etiam regnum universum nostrum amittere, & capitis subire periculum malimus, quàm ex eo ipso ho-

Anno MCCCC-LXXIII.

Iniquis conditionibus filiam suam in matrimonii primogenito Regis Franciæ LudovicoXI. dare recusat Rex Siciliæ.

Ooooo ij

note quidquam minui patiamur. Verùm si Rex ipse facturus est quod ejus alioqui humanitatis officium fuerit, ut neque in Patruum nostrum, neque in Ducem amicum, socium & fratrem, bellum sit habiturus, sed vires suas in fidei hostes versurus, ex quibus gloriam atque triumphum honestiùs possit referre, non nostram affinitatem societatemque abnuemus, sed pollicemur nos omnia facturos, quæ vel honori vel commodo ei futura intelligemus. Neque verò Regi ipsi ægrè ferendum est, si fidem datam, honoremque, ac familiæ nostræ imperium non minui, aut labefactari velimus; quandoquidem si aliter faceremus, quæ ipsi in nobis spem reponere, aut fidem habere conveniens foret, quem scimus etiam non ignorare gerenda esse bella in eos à quibus injuriam acceperis. Nos autem quâ injuriâ provocemur, aut ab Rege Patruo nostro, aut ab illustrissimo Burgundiæ Duce, quis est qui ignoret? Quòd si regnû ipse habere potest tranquillum & otiosum, simul Deo immortali gratias agere, eundemque precari, ut tale semper habere licet; simul verò contentus esse debet, ne si aliquid appetat non suum, violare videatur jus humanæ societatis. Quamobrem suademus vos Regi poteritis honestissimas conditiones, quas si acceptaturus est, accipiemus nos quas ille nobis proponit. Proinde date operam ut persuadeatis. Ita enim nos vobis obligaveritis, ut qui nunc magnum quiddam vobis debemus, perfectâ re infinitum simus debituri. Reliquum est si quid vestrâ causâ efficere possimus, licet utimini facultate nostrâ, quod nostræ vires patientur. Datum in Castellonovo Neapolis die IX. Augusti MCCCCLXXIII. *sic signatum:* Rex Ferdinandus. *Et infrà,* F. à Secretis.

Anno MCCCC-
LXXIV.

Conqueritur
quòd Concordata Rex non observet.
Ea concordata extant inter Extrav. com. Cap. *Ad univerigilis. De Treuga & Pace.*

SIXTI *Papæ IV. carissimo in Christo filio nostro* LUDOVICO *Francorum Regi Christianissimo.*

Carissime in Christo Fili noster, salutem, & Apostolicam benedictionem. Quotidie ad nos perfertur ex querelis multorum, concordata inter nos & te non observari, sed provisiones Apostolicas deferentes capi, & contumeliis & injuriis affici; quod est nobis & molestum, & de Majestate tuâ, quæ Christianissima est & apostolicæ Sedis observantissima, semper fuit creditu admodum difficile: quamquam existimamus tuorum potiùs quàm Celsitudinis tuæ culpâ id fieri. Hæc cùm apertè tendant in diminutionem honoris tui, & Sedis Apostolicæ contemptum, non debes pro singulari sapientiâ tuâ id ullo modo tolerare. Non enim te latet, quantâ cum difficultate venerabiles Fratres nostros adduxerimus, ut hujusmodi concordatis & conventionibus assentirentur: quod libenter quidem fecimus; primò ne tanta animarum multitudo, quæ in inclyto tuo Regno est, hujusmodi Pragmaticæ labe ampliùs involveretur & periclitaretur: tùm etiam ut & honori tuo, qui Christianissimus es, & quem singulari caritate prosequimur, & honori Sanctæ Romanæ Ecclesiæ pariter consuleretur: quod secùs evenire intelligimus, & plurimùm admiramur; nam postquam hujusmodi concordata Oratores tui ad te detulerant, ratificationem quamdam transmisisti, per dilectum filium Ludovicum de Amboisia Procuratorem tuum, quam ad te remisimus, propter quòd insufficiens erat, petentes ut pleniorem ad nos remitteres, quæ nunquam posteà missa est, neque aliquid ampliùs audivimus in tanto temporis spatio, non sine magnâ omnium admiratione. Quamobrem hortamur & rogamus Celsitudinem tuam, ut aut ratificationem plenam ad nos mittat, & concordata faciat inviolabiliter observari, aut Bullam ipsam concordatorum remittat. Aliter enim non videmus quomodo & honori tuo consuli possit, & Sedi Apostolicæ, quæ dùm in dies promissa adimpleri expectat, magno afficitur detrimento. Quod te pro singulari religione animi tui & devotione, quâ nos & Sedem hanc sanctam prosequeris, diligenter consideraturum & adimpleturum esse non dubitamus. Haec in re latiùs ipsam tuam Majestatem alloquetur dilectus filius Andreas de Spiritibus Nuntius noster, cui fidem indubiam hortamur adhibeas.

Datum Romæ apud sanctum Petrum sub annulo Piscatoris die trigesimo Decembris, anno millesimo quadringentesimo septuagesimo quarto, Pontificatûs nostri anno tertio.

L. GRIFUS.

Ann. MCCCC-
LXXIV.

FERDINANDUS *Siciliæ Rex* LUDOVICO *Regi Francorum queritur, quòd Christophorus Columbus triremes suas deprædatus sit, postulatque sibi ablata restitui.*

Serenissimo & Christianissimo Principi, ac illustrissimo domino LUDOVICO Dei gratiâ Regi Francorum, &c. tamquam patri nobis carissimo, FERDINANDUS eâdem gratiâ Rex Siciliæ, &c. salutem. Perlatum est ad nos, quòd credere nunquam potuissemus, nisi palam paulo post certissimis nuntiis ac famâ ipsâ, & multorum testimoniis comprobatum confirmatumque esset, duas nostras magnas triremes, quæ mercaturæ gratiâ anno superiori in Flandriam Britanniamque nostro jussu navigaverant, cum redirent, à Columbo qui quibusdam navibus præest, Majestatis vestræ subdito, apud portum Hispaniarum quem Vivarium nominant, vi expugnatas, captas esse, ac remigibus cæterisque mercatoribus spoliatas, Normandiam versùs deductas; quam rem quo animo ferre debuerimus, Majestati vestræ compertum esse arbitramur, cum tantam tùm à nostris subditis, tùm ab alienis, quorum res ac mercimonia eisdem vehebantur, jacturam factam esse sentimus. Miramur & dolemus, cum semper & triremes Francorum, & mercatores ipsi in nostrâ ditione omne humanitatis genus apud nos experti fuerint, & singularibus officiis affecti, non modò, ut æquum erat, eadem liberalitatem humanitatemque apud eos (quod decebat) triremes nostras non invenisse, sed expugnatas; captas ac direptas esse. Nescimus an tanta immanitas & contumelia ab ullo hominum genere expectanda eis fuisset, quantam ab ipso Columbo perpessas fuisse intelleximus.

Nos confisi nostrâ conscientiâ, qui & subditos vestros, & ipsas imprimis triremes omni comitate semper excepimus, & quibus potuimus officiis complexi sumus, cùm inter Majestatem vestram & nos nec bellum esse, nec ullam belli suspicionem perspiceremus, ac rati, ut par erat, apud vestram Majestatem ejusque subditos eamdem, quam vestræ triremes apud nos humanitatem expertæ essent, consequuturas, in eam navigationem misimus, quam tutissimam fore arbitrabamur. Quod itaque ipsi sperabamus, præter merita aliter evenisse magnopere dolemus, & officia beneficiaque nostra, quæ non exprobrandi gratiâ commemoramus, sed ut nobis tantû contumeliæ injuriâ illatum esse ostendamus, pro maleficiis accepta esse satis admirari non possumus. Quòd si conscii essemus ullius injuriæ à nobis vel nostris subditis vestræ ditionis hominibus illatæ, hanc injuriam minùs molestè ferremus, nec eâ tantopere angeremur.

Quamobrem cum triremes in potestatem Majestatis vestræ pervenerint, oramus eamdem, ut rationem officiorum, quibus semper erga subditos ipsius, & ipsas imprimis triremes usi sumus, habendam sibi existimet, & tantùm nobis injuriæ illarum, quod vix manifesti belli tempore agendum fuisset, ira emendet, atque incommoda resarciat, ut quæ Columbus in nostras triremes præter jus fasque egit, ea suo consilio ac judicio, non ex auctoritate decretoque vestro acta esse unusquisque facilè intelligat ; à cujus dignitate alienum esset, si ab ejus subditis nostræ triremes, quæ fiduciâ publicæ fidei, quâ à vestrâ Majestate donatæ erant, & conscientiâ fretæ nostrâ in vestras triremes liberalitatis tutas se putabant, captæ & direptæ sint, id que tuæ Majestatis nomini. Quod omnium Regum maximum atque amplissimum est, nonnihil decoris afferret, essetque omnibus exemplo ac documento, quantum ejus fidei credendum esset, si nobis, id est, triremibus nostris, datam fidem, cum quibus nec bellum habet, nec inimicitias gerit, violari à suis passa fuerit.

Igitur hortamur ac obtestamur Majestatem vestram, ut triremes sub ejus fide publicâ captas, & in potestatem ejus perventas, ita restituendas putet, ut nihil desit ex rebus, quantum cum captæ fuerunt, in ipsis erat, & omnia ita incommoda recompenset, ut absque detrimento redeant, ablata omnia reddi restituique curet, tam nostrorum, quàm alienorum : quos si Majestas vestra sibi esse inimicos ostenderet, ob eamque rem restitui non debere, oramus ut nobis vicem reddat, & nostræ in se liberalitati gratiam referat, qui vestris triremibus per maria nostræ ditionis, eorum etiam (Majestatis vestræ gratiâ) qui nobis semper fuerunt inimicissimi, quibuscum apertum nobis bellum erat, merces bonaque convehi animo æquissimo tulimus. Si Majestas vestra triremes ipsas ex animi nostri sententiâ, ut facturam confidimus, cum rebus omnibus quibus, quo tempore captæ sunt, onustæ erant, restituet, existimabimus Columbum ipsum id ausum esse præter majestatis vestræ mentem, quem tam etsi triremes ipsæ cum apud Antonam essent, naves instruxisse quamplures cognovissent, freti fide publicâ Majestatis vestræ, & quòd nullum inter nos & ipsam belli genus esse scirent, illinc ut redirent, nihil sibi ab illo timendum esse existimantes, ventum nactæ discesserunt, à quo nefariè circumventæ, captæ & direptæ sunt.

Sin aliter sibi faciendum existimaverit, quod nobis persuadere non possumus, putabimus eamdem alio in nos esse animo, ac nos erga ipsam semper fuimus : placebitque ut suis litteris quo animo in nos sit, certiores nos reddat, ut quo pacto cum eâdem vivendum nobis sit, à cupiusque nobis cavendum intelligamus. Testisque erit totus orbis terrarum à vestrâ Majestate nobis inimicitiarum cum eâ gerendarum causam esse præbitam, cum tantâ nos contumeliâ de se non malè meritos affecerit. Cujus rei causâ mittendum ad vestram Majestatem censuimus Arminium, nostrorum armorum Regem, qui has litteras eidem reddet, ut responsum Majestatis vestræ, si quod ei dandum decreverit, ad nos perferat. Datum in Terrâ nostrâ Fogiæ die VIIII. Decembris. M. CCCC. LXXIIII.

Sic signatum.

Rex Ferdinandus. *Et infriùs*, J. à secretis. Et in superscriptione : Serenissimo, &c. *ut initio. Et infriùs* : Litteræ Regis Ferdinandi receptæ Parisiis die Jovis XXVI. Januarii M. CCCC. LXXV.

LUDOVICUS XI. *Rex Francorum* FERDINANDO *Siciliæ Regi.*

Anno MCCCCLXXV.

Serenissimo potentissimoque Principi, carissimo ac dilectissimo consanguineo nostro FERDINANDO, Dei gratiâ Siciliæ Regi, LUDOVICUS eâdem gratiâ Francorum Rex, salutem. Litteras vestræ Serenitatis per Arminium vestrum armorum Regem accepimus, expugnationem & captionem duarum vestrarum triremium per Columbum subditum nostrum apud Vivarium Hispaniarum portum continentes. Quam rem eo quod à nostris facta sit, admiramini, cum Francorum triremes & mercatores nostri omnem semper fuerint apud vos ac vestros humanitatem experti. Quorum gratiâ putastis violentiam subditis vestris à nostris unquam fieri non debere, quin potiùs eos mutuâ humanitate, non minorique benevolentiâ & caritate tractari, maximè cum inter nos & vos nullum esse bellum, aut belli suspicionem perspectum sit ; nosque propterea per ipsas vestras litteras hortamini, ut triremes ipsas, ac res quæ in eis erant, restitui facere curemus.

Petitis dehinc quo pacto inter nos vivendum sit, efficiciertiores. Serenissime potentissimeque Princeps, consanguinee noster carissime, ex multis jam temporibus nos non latuit, neque latet, quantis humanitatum officiis vestra Serenitas in nostras Gallicas triremes & subditos, dum ad vestras ditiones & dominia profecti sunt, semper usa fuerit : atqui multo maxima vestra stant hæc officia, quàm litteræ vestræ protestentur, quod nunquam à nostrâ excidit, nec excidet memoriâ, & inde vobis gratias ingentes habemus ; nec arbitretur Celsitudo vestra, quin similia & reciproca humanitatis officia in vos ac vestros, cum casus & facultas se obtulerint, referre cupiamus. Neutiquam præterea scivimus Serenitatem vestram unquam palam, vel publicè adversùm nos aut nostros hostilitatem, aut arma parasse, donec stipendiarios vestros introduci feceritis ad invadendum armatos nostros, quos nuper misimus pro recuperandis tutandisque nostris patriis & Comitatibus Rossilionis & Ceritaniæ, qui erepti nobis injustè & violenter exstiterant. In vos etiam, nec vestros nullum unquam bellum, aut hostilitatis indicium à nobis, aut nostris antehac illatum est, neque quidquam egimus, quo inimicitiis aut dissidiis inter nos via posset aperiri. Verùm ob vestras excellentissimas dignissimaque virtutes, vestram semper voluimus & cupivimus amicitiam capessere, nec minore curâ aut favore, prout nostræ facultatis erit, vestra vestrorumque subditorum, quàm nostra propria complecti negotia.

Quantum verò ad triremium vestrarum captionem attinet, ipsa nobis insciis acta est, eamque permoleftè & displicenter quàm maximè tulimus ; & quamprimùm ad nos ipsa captio fuit perlata, quidquid ex mercaturis, aliisque rebus, quas ipsæ vestræ triremes devexerant, potuit inveniri, arrestari continuò, sub tutâque poni custodiâ mandavimus ; pleraque tamen à vestris remigibus, & aliis qui caption interfuerant, capta & latitata fuisse compertum est. Sed nihilominùs quæque vobis & vestris subditis pertinentia reperiri potuerunt, mox illa vestris reddi & restitui, & ablatorum occultatorum vice tantum valoris & æstimationis, Capitaneo & aliis vestris, quantum ipsa ablata & occulta valere asseruerunt, expediri fecimus. Et licet illarum rerum ablatarum nihil penitùs ad manum, notitiam, aut utilitatem nostram pervenerit, super petitis tamen & declaratis per capitaneum vestrum, pro omnium mercium,

OOOoo iij

quibus ipsæ vel triremes onustæ fuerant, naulo rationem dari & fieri fecimus. Ac ut securiùs ad vos usque perduci valerent, pro stipendiis gentium pecunias dari, ipsasque triremes victualibus munitas in manus & potestatem Capitanei vestri tradi liberè præcepimus & reponi.

Quando autem cum ipso Columbo & aliis inquiri dispicique mandavimus, quænam causa eos ad captionem hanc præter mentem nostram nobis non jubentibus impulisset, hi profectò respondendum duxerunt, se proptereà ad illam tractos incitatosque fuisse, quòd gentes vestræ contrà nostras in agro nostro Rossilionensi se injecerant; quodque ipsæ vestræ triremes ab oris & ditionibus Anglorum nostrorum &. Coronæ Franciæ inveteratorum hostium, necnón etiam à patriis per Carolum de Burgundiâ nostrum utique rebellem & inobedientem subditum occupatis, tunc reverterentur. Et illuc plura detulerant, quæ adversùs nos auxilio, favori & fortificationi forent nostrorum hostium, & rebellis prædictorum, aliaque dehinc similiter reportarent, quibus multa ad nostram & Regni nostri jacturam tractabantur.

Allegabant insuper Columbus & alii pro ratione suâ, quòd per usum belli notoriè & inconcussè huc usque in hoc Occidentali freto servatum omnes triremes, naves aut aliæ fustes à regionibus & dominiis hostium quomodovis demigrantes, maximè cum res apud ipsos gestassent, quibus vel potentiores, aut fortiores essent effecti, vel aliter adjuti, lege & observantiâ bellorum maris licitè capi pollunt & impunè. Et quoniam ipsæ vestræ triremes quamplures etiam merces hostium & rebellium nostrorum suorumque subditorum deferrent, nullâ super hoc à nobis securitate habitâ, quemadmodum nostræ Gallicæ triremes, quoties ad vestras ditiones & dominia proficiscuntur, hactenùs semper habere solitæ sunt.

His de causis impulsi Columbus & cæteri prætendunt lege & observantiâ prædictis suadentibus, ritè rectèque ipsas triremes potuisse adoriri. Tantus tamen fuit & est apud vos dilectionis & amicitiæ vestræ zelus, ut his omnibus allegationibus & excusationibus postpositis, omnia vestra subditorumque vestrorum extemplo fecerimus restitui. Tristes admodum hanc rem à nostris in vestros, uti præscribitur, obtigisse: sed ne deinceps produci similia videantur, & ut eò amplius nostra sit apud Serenitatem vestram amicitia præcognita, nos ipsis vestris triremibus, illarum Capitaneis, patronis, mercatoribus, remigibus & cæteris amicis, aut inimicis nostris in eis transfretantibus, cujuscumque status, qualitatis, nationis, aut conditionis exstiterint, cum eorum bonis & mercaturis, plenam securitatem & salvum conductum ad unius spatium liberè concessimus. Quo res & bona ipsa intra Regnum nostrum & extrà ubique terrarum mercatoriis exercendæ causâ possint in tuto & securo, quantum nos nostrosque subditos concernit, devehi, velut per nostras prædictæ securitatis litteras, ad quas nos in hac parte referimus, poteritis edoceri.

Quantum autem ad merces hostium, & bona quæ vestris in triremibus adinventa captaque esse dicuntur, habet hoc usus inter propugnatores in hoc Occidentali mari indelebiliter observatus, res hostium & bona, etiamsi infrà amicorum, aut confœderatorum triremes, seu naves posita sint, aut recondita, nisi tamen obstiterit securitas super hoc specialiter concessa, impune & licitè jure bellorum capi posse, naulum propterea debitum exsolvendo.

Hæc, serenissime potentissimeque Princeps, carissime & dilectissime consanguinee noster, ad vos perferri voluimus, ne vestra putet Serenitas, nos ergà eam in aliquo velle esse injurios. Quæ profectò ultra hæc apertiùs poterit informari per carum & dilectum amicum nostrum Thomam Taquin, qui apud nos adhuc erat, cum præmissa obtigissent: quem vobis, de supradictis, & quò nós erga vos semper invenerit animo, verbum facere monuimus. Ad postremum, cum vestris quæratur' litteris, quo pacto deinceps vivendum inter nos erit: ut paucis hanc rem absolvamus, unâ vobiscum bonâ & perpetuâ pace ac tranquillitate vivere decrevimus, vestrasque triremes & cætera vos & vestros subditos concernentia negotia, cum casus aut res in facultate nostrâ se obtulerint peculiari quodam favore & affectu, tamquam nostra propria commendata suscipere; neque nos ullo unquam tempore quidquam censeatis facturos, quod inter nos pacem, amorem, & benevolentiam interturbare debeat, nisi pro parte vestrâ contrarium faciendo lacessiti, aut compulsi fuerimus. Quod si quovis modo accideret, non discidiorum causâ vel auctores esse vellemus, imò nobis apprimè, & plus quàm dici soleat, displiceret.

Datum apud urbem nostram Parisiensem die ultimâ mensis Januarii. Sic signatum, LOYS Tilhart.

JOANNIS Ducis Borbonii leges in Blasphemos latæ.

Anno MCCCCLXXV

JEHAN Duc de Bourbonnois & d'Auvergne, Conte de Clermont, de Forestz, de l'Isle Jourdan & de Villars, Seigneur de Beaujeu & de Nounay; Per & Chambrier de France, A tous ceux qui ces presentes Lettres verront salut. Sçavoir faisons comme par prohibition en nostre tres saincte & catholique foi, & ensuivant par saincte Eglise il soit prohibé non jurer en vain, regnier ou blasphemer le nom de Dieu nostre Createur, & de la glorieuse Vierge MARIE sa precieuse Mere, & des benoists Saincts & Sainctes de Paradis, & pource que plusieurs nos subgets & autres, non aians regard à l'observation des Commandemens de Dieu, plains de leur voulenté desordonnée & dampnable, regnioient, maulgreoient & blasphemoient le nom de Dieu de jour en jour, deffendismes & tres expressement ordonasmes deffendre par Ordonnance & Edict exprés, que on ne regniast ou blasphemast le nom de Dieu, ou de Nostre-Dame, ny des benoists Saincts dessusdicts, sur certaine paine & amende lors specifiée. Mais depuis il est venu à nostre cognoissance que plusieurs en nos pais & seignories, ne par vertu & obeissance envers Dieu & observation de sa voulenté, ne par crainte de venir contre nosdicts Edicts & Ordonnances, & encourir les paines par nous indictes & ordonnées, ne laissent point à perseverer par maulvaise voulenté, coustume abusive, mespris & contempt de nosdictes Ordonnances, jurer, regnier & blasphemer le nom de Dieu à nostre grant desplaisance, mespris & contempt de Nous & de nostre Justice, dont vrais semblablement nous & nos païs pourrions encourir l'indignation de Dieu nostre Createur, & en pourroient avenir sur nous & le peuple nos subgets divines persecutions, afflictions & tribulations.

Pour obvier ausquelles & nous reformer à la voulenté & grace d'iceluy nostre Createur, desirons donner & mettre ordre, police & provision, & nostredict Createur estre servy & honnoré par nosdicts Subgets, & en nosdicts pais, & ceulx qui feront le contraire estre pugnis, sans difference de quelque sexe, estat ou condition qu'il soit. Avons derechief deffendu & deffendons à tous nos Subgets de nosdicts païs de quelque estat ou condition qu'il soit, que aucun ne maulgrée, regnie, despite ou blaspheme dorefnavant le nom de Dieu, ne de ladite glorieuse Vierge MARIE, & desdicts benoists Saincts & Sainctes de Paradis, sur paine pour la premiere fois de paier la somme de cinq solz tournois, & une livre de cire à appliquer à l'Eglise dudict lieu qui par reparation ou autrement en aura mieulx besoing : Et pour la seconde fois doublant ladite paine, c'est assavoir dix solz & deux livres de cire : Et pour la tierce fois d'estre mis & lié au pilier dont cy-dessous sera faicte mention : Et si pour la quatre fois il y ranchoit & persfrequence de quatre fois, en quoy nous tenons & repputons & voulons estre reputé pertenacité & obstination, nous ordonnions l'oreille estre attachée audict pilier. Et si encores il y ranchoit jusques à la cinquiesme fois, nous voulons pour icelle cinquiesme fois la langue estre percée d'un fer chault à plain jour de marché, sans delayer ou attendre autre declaration ou commandement de nous. Et si apres lesdictes paines aucun d'eulx ranchoit aux regnieuns, blasphemement ou despitement dessusdicts, nous voulons iceluy estre banny perpetuellement & à tousjoursmais de nos païs & seignories, sans actente ou esperance de pardon, misericorde ou rappel ; en prenant ou declarant oultre ce sur ses biens telle & si grande paine & condempnation pecuniaire selon la faculté de ses biens pour les deux amendes si elles se peuvent lever, exhiger ou prendre ; & icelles amendes convertir au service de Dieu, reedification des Eglises, & autres œuvres pitables & misericordieuses à nostre voulenté, si nous sommes au païs ; ou en nostre absence, de nostre Conseil ou païs ou ledict delict sera commis, & lesdictes paines encourues.

Et en oultre voulons & ordonnons que celuy, ou ceulx, qui sera present & oyant regnier, despiter, blasphemer, comme dit est, le denonce ou face sçavoir à Justice, & aux Chiefs qui de par Nous auront l'exercice & gouvernement de y aller, sur paine pour chacune fois qu'il les oyront & ne le denonceront, & selon les fois qu'il y rencherra telle que dessus est dict, de ceulx mesmes qui regnieront, maulgreront, despiteront ou blasphemeront ; c'est assavoir pour la premiere fois qui seront presens & les oyront, & ne le denonceront, cinq sols & une livre de cire, & pour la seconde fois le double, & pour la tierce la langue percée, attachée audit pilier, & pour la quarte bannis & condempnez comme dit est.

Et pour l'execution des choses dessusdictes ordonnons estre mis & establi un pilier ferré aux deux bouts au milieu des places marchandes & communes des lieux, Villes & chasteaux de nosdicts païs en la plus parante d'une chacune Ville ; auquel pilier lesdits delinquents seront attachez, ainsy que dict est. Et s'il y a aucun desdicts delinquens qui n'ait dequoy, ou autre pour luy, à payer à la maniere que dessus lesdictes paines & amendes civiles & pecunieres, Nous avons voulu & ordonné, voulons & ordonnons qu'il soit pour la premiere fois mis & ataché audict pilier à jour de feste ou de marché publiquement sans delay ou difference aucune. Et si par la seconde fois il y ranchoit, il souffrira les autres paines par ordre, ainsy que dessus sont declarées.

Et pour ce que Nous voulons ceulx à qui le gouvernement de Justice est ou sera par le temp avenir commis, estre exemplaire de l'obeissance & accomplissement de nosdicts Edicts & Ordonnances, & que par eulx qui les doivent observer ne soient nos Ordonnances enfraintes ou contempnées, voulons & ordonnons que s'ils regnient, despitent ou blasphement, ils paieront pour les fois dessusdites les paines dessus declairées, sachans, oyans & denonncians ; si eulx sachans sont trouvez ou congneux en demoure, faute ou negligence de faire pugnir, ainsy que dit est, lesdicts delinquens, & soubs dissimulation passent les cas & crimes dessusdicts, oultre la privation de leurs Offices, dont nous les voulons & declairons desmaintenant estre inhabilles, non souffisans ne ydoines, ils soient pugnis de amendes arbitraires, corporelles ou civilles selon leur erreur, faulte, delit ou negligence du cas.

Si donnons en mandement par ces mesmes presentes à nos amez & feaulx Bailly & Juge de nostre païs de Beaujeulois, Chastelains, Procureurs & autres nos Officiers en iceluy nostre païs de Beaujeulois ou leurs Lieutenens & chacun d'eulx, que nostre presente Ordonnance & edict ils publient & facent publier rieres eulx, & icelluy observent & facent observer de point en point, en pugnissant & corrigeant les transgresseurs d'icelle, blasphemeurs & regnieurs, dont dessus est faicte mention, selon leurs demerites, & par la maniere cy-dessus declairée, sans dissimulation ou support, sur paine d'encourir nostre indignation. En tesmoing de ce nous avons faict mettre nostre scel à cesdictes presentes.

Donné en nostre Chastel de Molins le penultiesme jour du mois de Fevrier, l'an de grace Mil quatre cens soixante & quatorze.

JOANNES *de la Grollaye de Villiers Episcopus Lomberiensis scribit* LUDOVICO XI. *Regi Francorum, quæ in Legationis munere gesserit apud Regem Castellæ, & quòd Rex ipse paci inter eos initæ subscripserit.*

Ann. MCCCC-LXXVIII.

· AU ROY MON SOUVERAIN SEIGNEUR.

SIre, tant & si tres humblement comme je puis me recommande à vostre bonne grace. Plaise vous sçavoir, Sire, que le Dimanche apres les trois Roys, les Roy & Roine de Castille ont juré la paix d'entre vous & eux à grande solemnité, & ont voulu que j'aye dit une Messe haute, & à la fin d'icelle prés Messieurs le Cardinal, Connestable, Maistre de saint Jacques, & plusieurs autres Princes & grands Seigneurs, & l'Eglise toute pleine de peuple, firent le serment en mes mains sur un Reliquaire où il y a de la vraye Croix, & sur le Missel devant le grand Autel de Nôtre Dame de Gadeloupp, qui est une tres devotieuse Chapelle, & continuellement si y sont de grands miracles. Les Religieux de ladite Eglise sont de l'Ordre saint Hierome, & tiennent grande observance & sainte vie, & est leur Prieur de Paris, qui ne vous a pas oblié en ses saintes oraisons.

Sire, je vous certifie que lesdits Roy & Royne & tous ceux du Royaume sont fort joyeux de la paix, & ne le celent pas, mesmement la Royne ; car je croy qu'elle est la meilleure Françoise qui jamais fut en Castille, & vous ayme & vous voudroit obeir autant que si vous estiez son propre pere, & pour tel vous tient : aussi le Roy m'a dit que jamais n'obliera le grand bien, honneur & secours que vous luy fistes à Peronne ; & quelque question que aiez eüé avec le Roy d'Arragon son pere, pour chose du monde avec luy n'en aurez jamais, & m'a chargé vous dire que combien que comme Roys de France & de Castille vous soyez freres, si veut-il que vous soyez son pere, deliberé de vous servir & obeir comme à son propre pere le Roy d'Arragon. Plusieurs autres beaux langaiges m'ont chargé vous dire, & m'ont fait de grands honneurs pour l'amour de vous, tant à ma reception où furent le Connestable, le Maistre de saint Jacques, & tous les autres Princes de la Cour, que aussi ledit jour qu'ils firent le serment, & me firent souper avec eux, & y eut une tres grande feste.

Au regard de Monsieur le Cardinal, je croy que vous n'avez en vôtre Royaume, ne en tout le monde, meileur, amy & serviteur que luy, & he desire que a oyr parler de vous & vous obeir & servir, & en passant par son ...... de ..... & par ses terres & a ..... où se tiennent le Duc de Linphantade & ses autres freres qui m'ont fait tres grande chere & honneur par tout, suis esté defrayé. Incontinent que fus arrivé il vint en mon logis, & ne vous sçaurois escrire le grand recueil & honneur qu'il m'a fait, car à toute heure il falloit que je fusse avec luy.

Sire, j'ay bien trouvé bon ce que distes à Monsieur de Torcy & à moy à Therouenne, que par le moyen de Monsieur le Cardinal pourriez faire la paix, car je vous certifie que le Royaume de Castille est entre ses mains & de ses aliez, desquels est Monsieur le Conestable qui est venu expressément devers le Roy de Castille pour entendre à ma reception, & s'est fort declaré vostre bon serviteur, & ainsy en entretenant Monsieur le Cardinal, vous estes asseuré de toute Castille, aussy le vault il ; car c'est un des nobles, vertueux & sage Prelat que je vis jamais : j'ay entendu qu'il deure fort avoir un Evesché en vostre Royaume afin d'estre vostre subjet pour plus estre obligé à vous servir, aussy il me semble que luy avez fait dire autrefois. Il ne se cele pas d'estre vostre serviteur, car à tout le monde se declaire estre tel, & bon François, & m'a donné charge vous dire, que le plus grand desir qu'il a en ce monde, c'est avoir occasion de vous aller voir, & dit que en son absence il donneroit ordre à l'entretenement de Castille, aussy bien que s'il estoit present.

Sire il m'a monstré un Bref que le Pape luy a envoyé, luy priant qu'il fut mediateur entre luy & vous touchant le fait de Florence, & autres differens ; & aussy en a escrit le Pape aux Roy & Royne de Castille, quand il a sceu que la paix estoit faite entre vous & eux ; mais ils ne vous ont voulu escrire sur ce, jusques à tant qu'ils sçachent si vous y prendriez plaisir. Au regard de Monsieur le Cardinal il a deliberé n'en faire sinon ce que luy commanderez, car en cela & toutes autres, veut vous obeir & complaire.

Sire, lesdits Roy & Royne avoient deliberé d'envoyer une ambaxade devers vous, mais ils ont differé de l'expedier jusqu'à tant que les Roys d'Arragon & de Castille son fils se feront veus, qui sera bien tost. Monsieur le Cardinal a deliberé se trouver expressément pour vous, & servir, & incontinent vous advertir de tout ce qui y sera fait.

Le Vicaire de Fescamp est avec moy & ne m'a jamais abandonné, & ay bien connu qu'il est bien vostre bon serviteur.

Au regard du fait de Rouxillon, l'arbitrage tirera avant pour entretenir le Roy d'Arragon, & m'ont dit lesdits Roy & Royne que apres son trespas vous en appointerez bien aisément ; & m'a dit la Royne à part, que pour Rouxillon, Cathalongne ne Arragon, jamais n'aurez guerre de Castille, & que ne vous souciez de Rouxillon ; car elle en prend la charge ; & m'a dit le plus grand .... qu'elle a en ce monde, c'est de vous voir, car il luy sembleroit qu'elle verroit le bon Roy Dom Johan son pere.

Aussy Monsieur le Cardinal m'a dit que quelque marché qu'il y aye, Roussillon vous demeurera, & de toute Castille vous pouvez estre asseuré aussy bien que de vostre Royaume.

L'Archevesque de Tolete a baillé toutes ses forteresses ez mains de la Royne depuis que je suis deçà, & aussy a recouvrée une autre forte place, nommé Trugilles, que tenoit le Marquis de Villaignes. D'autres nouvelles de pardeçà pourrez sçavoir par ce porteur s'il vous plaist de l'oyr. Je feray la meilleure diligence que pourray de m'en aller devers vous.

Sire, je prie au benoist Fils de Dieu qu'il vous doint tres bonne vie & longue, & victoire de vos ennemis. Escript à Montbeltran le xxiv. jour de Janvier.

Vostre tres-humble & tres obeissant subjet & serviteur, l'Evesque de Lombes.

DE PAR LE ROY.

Nos amez & feaulx, pourceque l'année passée & tousiours depuis le tems & saison ont esté fort indisposés, principalement pour le vent de Galerne qui a couru ; & afin que Dieu le vueille abatre & amoderer, consoler, & aider le pouvre peuple de nostre Royaume, nous vous prions & neantmoins enjoignons que tous ensemble avec les officiers & supposts de nostre Chambre des Comptes & du Tresor, vous disposez & mettez en estat de grace, & alez processionnalement avec tels gens d'Eglise que adviserez au lieu & Monastere de Monsieur Saint Denis en France, & illec avec les Religieux & Couvent dudit Monastere faites processions, prieres & oroisons envers Dieu pour ce que dit est, & que par sa grace il nous vueille & nostre tres chier & tres amé fils le Dauphin de Viennoys preserver & maintenir en bonne santé & entretenir paix & union à nostre dit Royaume. Donné au Plessis du Parc le troisiéme jour de Fevrier.

Signé Loys
plus bas, Charpentier.

Et au dessous est escrit, Apporté le Jeudy au soir septiéme dudit Fevrier mil quatre cens quatre vingt deux, & le lendemain fut faite ladite procession.

Au dos est escrit, A nos amez & feaulx les gens de nos Comptes, Tresoriers & autres officiers & supposts tant desdits Comptes que du Tresor, à Paris.

DE PAR LE ROY.

A nos amez & feaulx nos gens des Comptes à Paris.

Nos amez & feaulx, pource que voulons bien sçavoir la forme que ont tenu nos predecesseurs Roys à donner audience au pouvre Peuple, & mesmes comme Monsieur Sainct Loys y procedoit. Nous voulons & vous mandons que en toute diligence faictes chercher par les registres & papiers de nostre Chambre des Comptes ce qui s'en pourra trouver, & en faictes faire un extraict, & incontinent apres le nous envoyez.

Donné à Amboyse le vingt-deuxiéme jour de Decembre.

Signé, Charles.
Et plus bas, Mozelot.

Apporté le trentiéme jour de Decembre mil quatre cens quatre vingts dix-sept.

Testamentum JOANNÆ *Ludovici* XI. *Regis Franc. Filiæ, ac Ducißæ Biturigum, anno* M. D. V. *confectum.*

AU nom de Dieu & de la Vierge MARIE, Je JEHANNE de France, Duchesse de Berry, en ma santé de cors & d'antandement fais mon Testament & Ordonnance de derniere volenté an la forme qui sansuyt. Pourtant qu'il est plus pleasant à Dieu, & salutere à mon ame que de differer & atandre jusques à la mort ; & pour ladite cause de plere à Dieu, & du salut de mon ame, ay antancion moy mesmes l'acomplir an ma vie an ce qui se pourra acomplir.

Premierement je donne mon ame à Dieu & à la Vierge MARIE, & ma sepulture eslis an mon Eglise de ma Religion de la Vierge MARIE, que jé fondée en ma Ville de Bourges, & veulx qu'elle soit dedans leurs ceur, afin qu'elles prient plus souvent pour moy. Et veulx & ordone avant toutes chosses an cas que ne l'aroïe fet & acomply avant ma mort, que ma Sœur, laquelle je institue & és mon heritiere, & après elle ma Niepce sa Fille, acomplissent maditeReligion : & veulx qu'elles soient rantées de cinq ou six cent livres. Et ad ce je oblige tous mes biens quesconques il soient ; car set la chose dequoy plus je prie madite Seur, & ma Niepce après ma Seur, que j'antans etre la prisipalle, & aussi mes Executeurs, lesquelx je eslis Monsieur Dalby qui est à present, & Monsieur Daulmont ; & prie Monsieur Dalby qui veuille acomplir la devocion de feu Monsieur Dalby son Oncle, qui m'avoit promys, & s'eroyt obligé de fere hun Convent de la Religion de la Vierge MARIE.

Item je veulx & ordonne que tous mes serviteurs hommes & fames qui ont gaiges en ma maison soient poiés, tant pour le quartier dans lequel je mourray, que ausi pour l'autre quartier qui escharra après ma mort : lesquelz quartiers je donne à mesdits serviteurs & servantes, pour prier Dieu pour mon ame, & pour satisfere aux services qui m'ont feiz, oultre leurs gaiges.

Item je veulx que toutes mes debtes qu'on poura raisonablement montrer estre deués, soient poyées.

Item je veulx que mon corps soit porté le jour de ma sepulture à ma sainte Chapelle, & que là soit fait tout mon service requis en tel cas, à la discretion de mes Executeurs ; & que à la fin dudit Service, je prie tous les Chanoines, & autres de madite sainte Chapelle, qu'ilz aconpaignent mondit corps pour estre ensevely au lieu de ma Religion, ainsy que dessus ay dit.

Item ausi quant au Colliege lequel noutre Seneur de sa grase m'a donné puisance de fonder an noutredite ville de Bourges, qui est le prumyer Colliege de fondacion pour estude & science qui jamés fut fondé yseile ; je veulx & ordonne, & de prumyere fondacion y donne & fonde à l'onneur des dix vertus & plaisirs de la Vierge MARIE, dix pouvrés escoliers ; ausquelz je donne cent livres de ranté ; & ordonne quant à leur vie & estude qu'elle soit en la forme & maniere qui s'ensuyt. Premierement quant à leur abit, veu que c'est ma devocion & intencion, que il soient toujours pouvres, & qui autrement ne peuvent s'entretenir en l'estude ; & afin qui eussent volenté d'estre Religieux en une des Religions approuvées de noutre Mere Sainte Eglise, laquelle mieulx ils aymeront, je veulx & ordonne qu'il porte l'abit tel comme les Freres Convers dé ma Re-

ligion desudite, que j'ay ausi fondée la prumyere. Et veulx qui dient les Heures telles qui sont ordonnées pour lesdits Freres Lays en leur regle ; c'est assavoir.... *Ave Maria & Patenotes* : & que tous les jours ilz oyent une Messe selon l'ordinere des Freres Clers de ladité Religion. Et que le Prebtre tenu à dire ladite Messe soit ung des dix ; auquel je donne & ordonne qu'il soit tousjours le Principal de mondit Colliege ; ayant en iceluy tout droit à la forme des Principals des Collieges de Navarre ou de Montagcu de Paris. Et veux aussi que cesdits Escoliers vivent & mangenssent toujours ensemble : & quant ils seront Licenciés en Theologie soient tenuz tant ledit Principal, que tous aussi, en leurs lieu en mettre d'autres, pour senblement estudier & proficer jusques à avoir ledit degré & licence.

Item je donne aux Ladres, qui sont és terres ou sont mes Seigneuries, selon la discretion de mes Executeurs, pour tous ensemble la somme de vingt livres.

Item je donne aux pouvres fames vefves, & aultres pouvres tant orphelins que autres, la somme de LXX. livres. Et entendons des pouvres qui sont és terres de nous Seigneuries.

Item aux Maisons Dieu qui sont en nosdites terres C. livres, lesquelles seront appliquées à la necessité desdits pouvres, ou pour leurs maisons, ou pour leurs lis, couvertures, & autres choulses, sans les bailler és mains des Hospitaliés.

Item je donne aux pouvres des terres ou sont mes Seigneuries & jurisdicon à noutre Duché de Berry C. livres ; & à Pontoise XXV. livres : & à ceulx de Chastillon XXV. livres aussy : & ce pour particuliere satisfaction des Officiés & benefices qu'avons donné, & des extorsions qui aroient esté faites à mes sugés par mesdits Officiers. Et entendons par les pouvres en ce article, pouvres gens de labeur ou méchaniques, qui sont en necessité ou pouvreté sans mandier leur vie.

Item je donne à Convent des Freres Mineurs de Chasteauroux XX. livres.

Item aux Freres Mineurs d'Argenton XX. livres.

Item au Convent des Freres Mineurs de . . . . . XV. livres.

Item au Convent des Freres Mineurs de Mun sus Loire XX. livres.

Item aux Freres du Convent dans Amboise de l'Observance L. livres.

Item aux Seurs de sainte Clere de notre ville de Bourges XV livres.

Item aux Freres de Nostre-Dame des Carmes de nostredite ville de Bourges X. livres.

Item aux Freres Prescheurs de nostredité Ville, X. livres.

Item aux Freres Mineurs de nostredite Ville, X. livres.

Item aux Freres Augustins de nostredite Ville, X. livres.

Item pour la conduite de mes filles d'onneur à une chacune, X. livres.

Item à Isabeau de Cullan VII. C. livres. Et à ma fillose, fille de mon Secretere Cretofle Chardon, C. livres : en cas que ne les aroyes mariés avant ma mort.

Item à mes fames qui sont à ma maison, & ont gaiges, pour les conduyre après ma mort en leurs maisons ; je prie mes Executeurs d'avoir regard de leur aider & plus là où plus yl y aroit necessité : & le tout je lesse à la discretion de mesdits Executeurs.

Item je veulx & ordonne au jour de ma sepulture, estre dites és lieux par mes Executeurs advisés, en l'onneur des douze Apostres & des LXXII. Disciples, LXXXIV. Messe.

Item je veulx & ordonne ung Annuel de Messes en ma sainte Chapelle de Bourges estre dit, au premier jour & au dernier la Messe sera à note, & toutes les autres Messes seront sans note, & seront toutes les deux grans Messe de la Vierge MARIE: quant aux petites Messes seront dites à la devotion du Celebrant, expté qu'il en y aye une toutes les semaines du Saint Esprit, l'autre du Sacre, & l'autre de la Vierge MARIE de son Anunciade. Et pour le susdit Annuel leur donne C. escuz.

Item pour ung Annuel de salut, qui sera dit des Coriaulx avec leur Mastre : ung des jours ce dit, *O Gloriosa* : l'autre jour, *Ave maris stella* : avec le verset, *Dimire* : l'autre jour, *Inviolat* ; l'oraison, *Famulorum* ; en la fin de ladite Oraison sera dit, *De profundis*, aveques l'oraison *Annue nobis*. Et pour ce dit Annuel leur donne L. livres.

Item je veulx & ordonne Annuel de Vigiles à neuf leçons, estre dit à S. Sulpice sans note ; & pour ce leur donne L. livres.

Item je veulx estre dit un trentenier de Messes à sainte Clere de sete Ville ; dont la prumyere & derniere seron de l'Anonsiacion, avecques *De profundis*, & l'oraison *Annue nobis* : & pour ce leur donne XV. livres.

Item je veulx & ordonne estre dictes cinq Messes de la Passion à saint Suplice, & pour ce leur donne ung escu.

Item je veulx & ordonne estre dictes cinq Messes de Nostre Dame de Pitié chés les Freres Carmes : la prumyere & la derniere à note, avec ung *Ne recorderis*. Pour lesdites Messes à note je leur donne ung demy escu, & III. solz pour les petites Messes.

Item je veulx & ordonne estre dictes chés les Freres Mineurs troys grans Messes de la Trinité : pour checune leur donne demy escu.

Item je veulx & ordonne estre dictes chés les Freres Prescheurs IX. Messes en l'onneur des nef ordres des Anges : la prumyere & derniere sera à note : pour ungne checune des grande demy escu, & pour les autres Messes basses, III. solz.

Item je veulx & ordonne estre dictes chés les Freres Augustins III. grans Messes de l'Anonciade : pour ungne checune Messe leur donne demy escu.

Item je veulx & ordonne estre dictes chés mes Religieuses dix Messes sans note, dés dix plaisirs de la Vierge MARIE: pour ce leur donne dix livres.

Item je veulx & prie la Mere Anselle, & les Seurs, que je fondés en ceste Ville, que pour mon ame après ma mort, & aussi pour les ames du tres Roy Loys mon pere, & de la Royne Charlote ma mere, & du Roy Charles mon frere, & generalement tous mes Ansestres, soyent celebrés à jamés dix Obiz, & soyent celebrés dans les Octaves des dix festes de la Vierge MARIE, qu'elle solemnicent par léur Regle. Et seront lesdits Obiz celebrés tellement que elle diront une grant Messe de *Requiem*, avec Vigiles de neuf leçons le jour precedant : & ce en signe & pour raison que suys leur Fondateresse, & en recognoissance de ladite fondacion : & ausi poir raison des biens que leur ay donnés, & l'amour qu'ay eue à elles : & en lieu de avant ma mort je prie mesdites Seurs que au jour de dessus elle dient une grant Messe du saint Esprit, ou de la Trinité : & prie les susdits Escoliers, que j'ay fondé en nostredit Collige, qu'il celebrent sanblement ung Annuel tous les ans à perpetuité ; & ce le jour que aray rendu l'esprit.

Cestuy mon Testament ay de ma main tout escript, & signé, & aussi sellé de mon petit signet, & fait seller du petit seau duquel j'ay accoustumé d'user : aussi l'ay fait signer par mon Secretere ordinere nommé Crestofle Chardon, afin qu'il fut autentique, & que checun seut & congnust que c'est ma volanté & derniere ordonnance en y adjoutant foy. Lequel ay aujourduy dixhiesme de Janvier mil cinq cens & quatre achevé d'escrire. Et digne Mere de Dieu MARIE, pour l'amour & honneur de laquelle mon entencion est de tout fere pour plere par elle à son Enfant, me veulle donner grasse de l'acomplir avant ma mort en tout ce qui se peut par moy acomplir.

JEANNE DE FRANCE.

C. Chardon.

Inscripti sunt duo versus isti seorsim ante præfatum Testamentum.

Filia Francorum Regis, soror, unaque conjux,
Et non pulsa thoro, Joanna ego mater eram.

Testamentum MARGARETÆ *à Lotharingia uxoris Renati Ducis de Alençonio, confectum die* IX. *Octob. Anno* M. D. XX.

OU nom de la tres-glorieuse Trinité, du Pere, du Fils & du Saint Esprit, de la tres-digne Mere de Dieu la Benoiste Vierge MARIE, de Monsieur saint Michel Ange, de mon bon Ange, de Monsieur saint François, & de Madame sainte Claire, & de tous les Saints & Saintes de Paradis ; Je MARGUERITE de Lorraine vefve de défunct Monsieur RENE' en son vivant Duc d'Alençon, que Dieu absolle ; considerant qu'en ce present siecle nous n'avons point de cité permanente, & que à chacune personne esconvient mourir sans avoir certitude de l'heure ne du temps ; je me submets tres-humblement à la tres-sacrée disposition & bon plaisir de mon Createur & Redempteur, & comme sa tres-subjette creature ne veil point mourir intestate, mais selon l'Ordonnance de nostre Mere sainte Eglise fais mon Testament & derniere volonté en la maniere qui ensuit.

Et premierement, je recommande mon ame à Dieu mon Createur & Redempteur, & à sa tres-digne Mere, à Monsieur saint Michel, à Monsieur saint François, & Madame sainte Claire, à Monsieur saint Jean-Baptiste, à Monsieur saint Jean l'Evangeliste, à Monsieur saint Nicolas, sainte Elizabeth de Hongrie, sainte Marie Magdelaine, sainte Marguerite, & à tous les Saints & Saintes de Paradis, afin que par le merite de la tres-doloreuse Passion de mon Créateur, & la priere de la Benoiste Vierge MARIE, & de tous les Benoists Saints & Saintes, je puisse vivre & mourir en la sainte Foy Catholique, & en l'amour & charité de Dieu mon Sauveur & Redempteur JESUS, ouquel est ma totale & finale esperance, & duquel depend le commancement & la perfection de toute reguliere observance.

Secondement, quand il plaira à mon Dieu faire son commandement de moy, après la separation de mon ame, j'elis & ordonne la sepulture de mon corps en mon Convent de sainte Claire d'Argenten, en une voute qui sera entre le Cueur & le Chapistre dudit Convent ; En ordonnant service, luminaire, distribution aux poures, & autres droits funeraux à la disposition de mes Executeurs cy-après nommez.

Tiercement, des biens dont je l'administration & dispensation soubs mon Dieu, j'en ordonne & fais Testament en la manière qui ensuit. Prémierement, vueil & ordonne que les services de mes serviteurs, & toutes mes autres debtes loyales soient payées & satisfaites entierement.

Item, je donne à la Fabrice de Nostre-Dame d'Alençon vingt livres tournois ; à la Fabrice de saint Lienard vingt livres tournois ; à la Maison Dieu quinze livres ; aux trois Confrairies generales à chacune ung escu ; aux trois Eglises ausquelles on porte les Croix és Rogations, à chacune cent sols tournois ; le tout une fois poyez.

Item, pource que feu mondit Sieur & moy assemblement vouäsmes pour une griefve maladie que lors avoit nostre fils, faire dire à tousjours mais six Messes par chacune sepmaine : C'est assavoir de la Nativité Nostre Seigneur, de la Nativité Nostre-Dame, de saint Joseph, de Nostre-Dame, de saint Gregoire, & de saint Antoine de Pade ; desquelles six Messes j'ay fondé les trois premieres, & pour fondation y ay donné la mestairie de Goupille que j'ay acheptée de mes deniers ; pour estre lesdites trois Messes dites & celebrées chacune sepmaine en la Chapelle du parc d'Alençon, si par moy ou mes hoirs après ma mort n'y est autrement pourveu pour bonne cause : laquelle Chapelle j'ay fait edifier & dedier, & fait decreter ladite fondation : & afin que toûjours soient continuées & celebrées lesdites Messes en ladite Chapelle, comme dit est, j'ay ordonné ung Calice d'argent, une chasuble, aulbe, amict, fanon, estolle, nappes, corporalier & corporaulx, avec chopines à mettre vin & eauë, estre baillez une fois seulement au Chappellain de ladite Chappelle ; lequel & ses successeurs seront tenus pour l'advenir d'entretenir tels & semblables ornemens, & fournir de luminaire à leurs despens. Pareillement pour par accomplir ledit veu, & faire dire les autres trois Messes que nous vouäsmes, estre dites en l'Eglise de saint Lienard à Alençon à l'Autel de Nostre-Dame de Pitié, aussi pour satisfaire à l'interest & recompense que pretendoit le Curé d'Alençon à cause de l'Erection du Convent de sainte Claire, que j'ay fait edifier en sa Paroisse, j'ay fait appointement avec ledit Curé, que en luy baillant vingt-cinq livres tournois de rente jouxte la teneur de l'appointement, il se tient content de ladite recompense, & demeure subject à faire ou faire dire lesdites trois Messes par chacune sepmaine ; c'est assavoir de Nostre-Dame, de saint Gregoire, & de saint Antoine de Pade, en ladite Eglise de saint Lienard, si par nous ou nos hoirs n'est autrement pourveu, comme dit est ; lequel appointement ay promis faire ratiffier & avoir agreable à mondit fils, auquel je prie ainsi le faire ; & ou cas qu'il ne le fait, j'ay ordonné fondation estre faite desdits vingt-cinq livres de rente annuelle & perpetuelle. Et pourtant qu'il pourroit advenir plusieurs Festes en la sepmaine, au moyen desquelles ne pourroient bonnement estre dites lesdites Messes en la maniere dessusdite, je vueils & consens que en celuy cas lesdites Messes ou aucunes d'icelles puissent estre dites de la Feste occurrente, avecque commemoration de l'Office dont elles seront deuës.

Item, s'il est trouvé qu'aucune recompense soit deuë au Prieur dudit lieu d'Alençon pour l'Erection dudit Convent, je vueils & ordonne qu'elle soit baillée à la discretion de mes Executeurs & autres gens sages.

Item, pour l'ame de feu mondit Sieur & la mienne, & de nos parens & amys, je ordonne fondation estre faite de deux Messes de Requiem haulte par chacune sepmaine ; avecque Libera à la fin, & Vigiles à neuf Leçons le jour precedent, desquelles l'une sera dite en l'Eglise de Nostre-Dame d'Alençon au Jeudy, pour ce que à semblable jour deceda feu mondit Sieur, & l'autre sera dite au Convent de sainte Claire d'Argenten à tel jour que je decederé, fors que si se decede au Jeudy, elle sera postposée au Vendredy ; & s'il advient quelque Feste du commandement ou privilegiée, on pourra anticiper le jour. Et seront icelles Messes celebrées, c'est assavoir la Messe du Jeudy par le Curé d'Alençon ou son Vicaire, & autres Chappellains que nous ou nos hoirs nommerons : & la Messe du jour de nostre decez par les beau Peres dudit Convent de sainte Claire d'Argenten, lesquels fourniront d'ornemens & autres choses requises à dire lesdites Messes.

Item, je vueils & ordonne que avant ma mort, ou incontinant aprez, on advertisse les Convents des Cordeliers de Sées, de la Flesche, de Laval ; les Jacobins d'Argenten & de Laval ; aussi les Religieux & Religieuses d'Alençon, & de Mortaigne, & de Chasteaugontier, de prier Dieu pour mon salut. Et que à chacun desdits Conventz soit distribué & incontinant envoyé la somme de vingt livres tournois.

Item, je veux & ordonne que pour la parpaye de la fondation que j'ay commancé au Monastere de Mortagne de deux Messes, Vigiles à neuf Leçons, soit baillez quatorze centz livres une fois payez.

Item, au Monastere de Chasteaugontier, tant pour subvenir à ce qui reste plus à la perfection d'iceluy, que autres necessitez de leans, une fois payez cinq centz livres.

Item, & pour ce que en accomplissant & executant la volunté qu'il a pleu à Nostre Seigneur me donner de long-temps, de me sequestrer des troubles & encombrementz de ce mortel monde, & du tout me dedier & donner à Dieu ; pour m'esprouver & experimenter, j'ay premierement prins l'habit de Religion du pur tiers Ordre de Monsieur saint François, deliberée avecques la grace de Dieu après avoir esprouvé les austeritez des Constitutions de l'Ordre, faire & parfaire tous les veuz essentielz de la Religion, & faire profession solemnelle ainsi que en tel cas est accoustumé : considerant que pour du tout me retirer & segreger avecques mes Seurs, & servir Dieu en consolation & repos d'esprit, le lieu d'Argenten estoit propre & convenable, de l'accord & consentement, & par l'advis de mes enfans, j'ay choisy & esleu ledit lieu d'Argenten pour y faire bastir & edifier Eglise & Convent de Religieuses de l'Ordre saint François, selon les Statutz & Observance de Madame sainte Claire, constitutions & modifications de nostre Saint Pere ; lequel edifice est ja commancé & fort avancé, & par la grace de Nostre Seigneur ay proposé & deliberé le parfaire.

Et congnoissant que je suis vieille & ancienne, & que à cause des ennuys & travaux d'esprit que j'ay souffert depuis le trepas de feu Monsieur, que Dieu absolle, je suis fort extenuée & debilitée de mon corps, craignant estre prevenuë de mort, de laquelle l'heure est toûjours incertaine ; par ce present mon Testament & Ordonnance de derniere volunté, ay voulu & ordonné, veux & ordonne que lesdites Eglise & Convent de sainte Claire d'Argenten encommancez à faire, soient parfaitz & aagreez de toutes choses tant en bastimens & edifices, que en ornemens, paremens & accoustremens d'Eglise,

& en meubles & mesnagements, ustancilles, & autres choses necessaires pour ledit Convent, & les Seürs servans, & que cy-aprés serviront Dieu perpetuellement en icelluy.

Item, je prie mon fils, & Madame Margueritte de France, ma tres-chere & tres-aimée fille sa compagne, estre peres, protecteurs, & bienfacteurs, eux & leurs successeurs desdites Religieuses & Convent de sainte Claire d'Argenten, comme leurs patrons & fondateurs à toûjours mais. Semblablement qu'ilz soient peres, protecteurs, & bienfacteurs des Monasteres de sainte Elizabeth de Hongrie de Mortaigne, de sainte Claire d'Alençon, de Chasteaugontier, que j'ay fait construire & edifier durant ma viduité ; aussi du Convent de saint François de la Flesche encommancé par feu Monsieur, & jouxte sa devote intention par moy parachevé ; & par cettuy mon Testament tant comme je puis & de tout mon cueur les leur recommande, en les exhortant & requerant que de cette presente recommandation faite par leur mere en sa derniere volunté, ilz ayent pour l'advenir memoire & bonne souvenance.

Item, je says & eslis mes Executeurs mon fils & ma belle fille, mon fils & ma fille de Vandosme, Maistre Jehan Brignon Conseiller du Roy & premier President en la Cour de Parlement de Normandie, Chancelier d'Alençon, mon Confesseur Maistre Jehan le Maignen, Maistre Jehan Goueurot Docteur en Medecine, les Maistres d'Hostelz Jehan de Laubrier & Jehan de se Foye, Maistres Guillaume Caignon & René Jambry mes Secretaires : ausquelz & à chacun d'eux je prie affectueusement en prendre la charge & accomplir mon Testament en diligence, & donne puissance ausdits Executeurs, & à chacun d'eux en l'absence des autres, de proceder à l'execution d'iceluy, & ad ce faire & accomplir je oblige tous & chacuns mes biens meubles & immeubles, presens & advenir : & ordonne la somme de vingt escus à chacun desdits Executeurs, autres que mesdits enfans, qui vacqueront à l'Execution de mondit Testament.

Item, je submetz mon present Testament & l'execution d'iceluy à la souveraine Cour de Parlement de Paris, en luy suppliant que son plaisir soit le faire accomplir & executer de point en point selon sa forme & teneur, & voir & examiner le compte de l'execution d'iceluy.

Item, je supplie le Roy mon souverain Seigneur, qu'il luy plaise de sa benigne grace avoir ce present Testament pour agreable, & le remercie tres-humblement des biens qu'il luy a pleu faire à mon fils, à mes filles, & à moy, en luy suppliant de tout mon cœur avoir en bonne recommandation mondit fils & mesdites filles.

Item, je veux ce present Testament estre valable par forme de Testament & Codicille, & de tout droit parquoy peut & doibt valoir la derniere volonté de chescune bonne personne Catholique. En revocant & mettant à neant tous autres Testamens par moy faits, ou precedent le jourd'huy. Et pour approbation de ce Testament je l'ay signé de ma main, & fait seeller de mon seel, & d'abondant fait signer des seings de Maistres Guillaume Caignon & Jehan Ferré mes Secretaires ordinaires. Fait à Argenten le neuviéme jour d'Octobre mil cinq cents vingt.

MARGUERITTE, je l'approuve CHARLES.
MARGUERITTE de France.

Obitus aliquot Franciæ Regum.

PHILIPPUS Magnus Francorum Rex & Navarræ obiit 2. Jan. 1321.
PHILIPPUS de Valesio ob. 22. Aug. 1350.
JOHANNES ejusdem Philippi filius coronatur Remis 26. Sept. 1350. & ob. in Anglia 8. Apr. 1364.
CAROLUS ejus filius regnavit 17. an. & ob. apud nemus Vincennarum, videl. in hospicio vocato *Beauté*, 16. die Sept. an. D. 1380.
CAROLUS ejus filius VI. de hoc nomine, ob. Par. in sua domo S. Pauli 22. die Octob. an. 1422. & regnavit 43. an.
CAROLUS VII. ejus filius obiit Magduni super Euram hora 1. post meridiem, 22. Julii 1461. & regnavit an. 39.
LUDOVICUS ejus filius obiit penult. Aug. 1483.
LUDOVICUS 12. Dux Aurel. Rex Franc. obiit Pariliis die Lunæ circiter decimam horam post meridiem in æde Turricularum an. 1514. 1. Janvar. regnavit an. 16. mens. 8. dies 23.

PETRUS DE MARCA Archiepiscopus Tolosanus,

R. P. Domno LUCÆ D'ACHERY *Monacho S. Benedicti, & Bibliothecario S. Germani à Pratis.*

S. P.

CUM nudius tertius in instructissima illa S. Germani bibliotheca, quam animo tuo complecteris, incidisset inter nos sermo de Ratramni Opere adversus errores Græcorum, quod publici juris facis ; deque aliis compluribus mediæ & sequioris ætatis scriptoribus, quos vel jam è codicibus manuscriptis in lucem edidisti, vel porrò tuo labore quotidie publicare pergis in magnum rei literariæ commodum ; à me postulasti quænam esset mea sententia de Bertrami Presbyteri Tractatu, quem aliqui Ratramno tribuunt. Illud præcipuè te ad inquirendum movebat, quòd libri illius anceps vel potiùs damnata sit fama apud eruditos, qui tamen ægrè ferebant, quòd sub veteris Presbyteri titulo, Novatores de Catholica fide triumphos sibi agere viderentur, ac si eorum hæresis in Eucharistiæ explicatione, quam Bertrami commentis non absimilem putant, ideo probata esset, quod ab ejusdem vel posterioris ævi tractatoribus non sit improbata ; saltem cùm temporibus Berengarii ortæ hac de re disputationes, ut locum dabant Joannis Scoti damnationi, sed etiam Bertramo proscribendo dedissent. Non possum deesse huic justæ petitioni : cui ut satisfaciam ponere debeo, & in unum corpus compingere quæ sunt in antecessum dicenda, ut sententiæ meæ fidem faciam.

Paschasius Abbas Corbeiensis anno 818. Ecclesiæ Catholicæ fidem de mysterio Eucharistiæ, & de illa quæ fit rerum sensibilium mutatione per potentiam Spiritus sancti in corpus & sanguinem, Christi ex Virgine natum, luculento libro explicuit. Usus autem est homo Græcæ linguæ peritus eo loquendi genere, quod alienum non videbatur ab iis locutionibus quas Orientalis Ecclesiæ Episcopi eâ tempestate usurpabant ; Germanus scilicet & Nicephorus Patriarchæ Constantinopolitani, qui quidem, Anastasium Sinaitam Patriarcham Antiochenum sexto sæculo florentem in hujus sacramenti patefacienda veritate sequentes, symbola panis & vini per sancti-

Eruit v. C. Anto du Fresne du Cange, Ex codice Cameræ côputorum Parif. notato C, fol. 169. versô.

ficationem absque ullo quantitatis & substantiæ discrimine, tota & integra in corpus & sanguinem Christi mutari docebant. Enimverò viri quidam graves & eruditi, Heribaldus scilicet Autissiodorensis Episcopus, & Rabanus Monachus, postmodum Moguntinus Archiepiscopus, qui modum interpretandæ mutationis juxta sententiam Ambrosii & Augustini amplectebantur, statim contrariis adversus Paschasium scriptis certaverunt, non in eo quod attinet ad veterem mutationem, sed ad istum modum. Isti quippe putaverunt dividendum esse sacramentum in duas partes ex quibus componitur, scilicet in formam panis & vini, quæ residua est post consecrationem, ex quantitate, qualitatibus, & proprietatibus nutrientibus compactam, atque in carnem & sanguinem invisibilem, & spiritualem Domini nostri ex Virgine natam, quæ per consecrationem conficitur, quæque speciebus externis conjuncta, sacramentum est carnis crucifixæ, cujus immolationem olim verè factam nunc in Eucharistia per mysterium repræsentat. Quare non dubitavit Rabanus in Epistola quam scripsit ad Egilonem Abbatem anno 822. sic formam symbolorum tueri, ut delata in stomachum, verti in alimentum corporis, atque *secessui obnoxia esse* assereret.

Desideratur quidem Epistola Rabani, sed ejus sententiam nos docuit auctor Anonymus (quem MS. servant plutei Bibliothecæ S. Germani) cui fides in eo habenda quòd Rabanus ipse alibi mentem suam disertissimè aperiat; quam firmare potuit Irenæi verbis. Hæc sunt Rabani verba lib. 1. de Instit. Cleric. cap. 1. *Sacramentum in alimentum corporis redigitur.*

[Iren. l. c. contra hæret. c. 20.]

Observandum tamen est modestè & verecundè locutum Rabanum. Non enim scripsit sacramenta recipi in secessum ire, sed *illi obnoxia esse*, ut testatur Anonymus, id est ejus esse conditionis, ut in secessum ex natura sua dejici possint. Quod tamen ipsum velut immane facinus ea tempestate plerique aversabantur, præsertim illi qui quantitatem cum ipsa substantia symbolorum mutatam putabant. Quare necdum Algeri Leodiensis temporibus, id est post trecentos annos, huic Rabani doctrinæ assuescere poterant pii homines, licet plenior & facilior invaluisset specierum sacramentalium à vero Christi corpore & sanguine distinctionis traditio. Tanta est penes fidelium animos mysteriorum hac in parte veneratio, quæ hodie superstitioni, ne duriùs loquar, deputari periclitaretur. Solus Origenes docuerat olim, in fragmento Commentariorum in Matthæum quod edidit Erasmus, *Corpus Christi typicum & symbolicum juxta id quod habet materiale, non solum in ventrem abire, sed etiam in secessum ejici.* A quo longissimè discessit Chrysost. cujus est hoc effatum de pane & vino consecratis: *Non sicut reliqui cibi in secessum vadunt. Absit: Ne hoc cogites.*

[Chrys. Hom. de pœnit. in Eucœn.]

Alteram disputationem movit Rabanus adversus Paschalium, quæ difficilioris videtur esse tractationis, aliud esse nempe corpus Christi passum, ab eo quod est in sacramento, ut scribit Anonymus; cujus etiam opinionis vestigia supersunt in Pœnitentiali Rabani: juxta quam Ratramnus quemdam scripsisse ad Carolum Regem refert idem Anonymus. Verumtamen pars ista disputationis pendet à priori. Polita quippe quam Paschasio adscribebat opinione, quantitatem panis scilicet mutari cum substantia in corpus Christi, sequebatur corpus quoque ipsum esse extensum, pro modulo quo panis fuerat anteà extensus. Atqui ex Ambrosio & Augustino corpus Christi in mysteriis est spirituale, & invisibile. Atque *illo modo*, aliud est à corpore nato & passo, ut iidem illi auctores docent, unà cum Hieronymo.

Differentiam quippe petunt; non à substantia, quam disertissimis verbis eamdem agnoscunt in corpore mortali, & eodem prout est in mysteriis; sed à *solo modo*, quo spirituale & invisibile discernitur à corporali & invisibili. Quod uberiùs ostendam in Dissertatione de veritate mutationis, quam vocant Transsubstantiationem, in Eucharistia, ubi genuinum quoque Paschasii sensum de modo mutationis enarrabo. Hoc unum isto loco adnotasse sufficiet, in summa convenire Rabano cum Paschasio, quod attinet ad veram Ecclesiæ Catholicæ fidem, de mutatione in verum corpus & sanguinem Christi.

Orthodoxorum hominum contentiones istæ occasionem præbuerunt novæ cuidam & hæreticæ opinioni, quæ Rabanum affectari videbatur, in retinendis sacramentorum proprietatibus; & in distinguenda carne mystica, à corpore crucifixo; sed per has rimas meram hæresim inferebat. Docebat enim corpus Christi verum, quod passum est in cruce, non celebrari in altari, sed tantum illius sacramentum, quod erat corruptibile, atque tantummodò mysterium & signum, cum quadam virtute & efficacia; Itaque nudam esse in sacramento figuram, & speciem, non veritatem corporis; quod sola fide percipiebatur. Hujus opinionis auctor fuit Joannes Scotus, sive Erinigena, vir ex Hibernia delatus in Galliam, qui Regis Caroli Calvi amicitiâ cum honestaretur ob eruditionis famam, & Latinæ Græcæque linguæ peritiam, ab eo interrogatus de hac quæstione, tractatu ad Regem transmisso, sub veterum Patrum nomine, sua commenta patefecit. Id unum modestiæ retinuit, quòd professus sit in epistola libello præfixa, se non Ecclesiæ tunc vigentis fidem, sed quid ipse de hac quæstione sentiret secundum veteres explicare. Enimverò quoniam videbat se novitate sua incessere vetustatem, dissimulato Joannis proprio nomine, sub larva Bertrami sive Ratramni latere curavit, assumpto nomine isto quod opere præfixit. Sed persona isthæc illi detracta fuit in Concilio Vercellensi, ubi sub proprio nomine Joannis Scoti doctrina illius anathemate, & deinde in Romana Synodo igne damnata fuit.

Sentio me nova quædam & hactenus inaudita prodere, qui libellum Bertrami nomine à Protestantibus publicatum, & Ratramno tributum à Sigeberto & Trithemio, illi nunc abjudicem, & vindicem Joanni Scoto, præsertim cùm Anonymus hanc opinionem Ratramno cuidam tribuere videatur, nulla Scoti mentione facta. Attamen certissimis testimoniis hoc evinci posse puto, quòd si à me confectum fuerit, non erit cur de Bertramo nondum damnato ab ulla Synodo Protestantes sibi subblandiantur.

Antequam verò probationem instituam, observanda est origo conflictionis quam Bertramo cum Paschasio intercitavit: eaque desumenda ex epistola quam Bertramus *Carolo Magno* diserte inscribit, id est Carolo Calvo, quem adulatoris verbis *Magni* cognomento ad exemplum Avi Caroli Imperatoris exornat. Ea quippe in Epistola scribit se *Principis imperio adactum*, ut ei sign ficaret mentem suam de mysterio corporis & sanguinis, ob quod *non parvo schismate* divisos esse fidelium animos docet. Varietatem opinionum ponit, de quibus consulebatur, quæ Paschasio & Rabano ducibus fideles populos in duas veluti factiones scindebat, seque demum pugnantibus velut arbitrum à Principe adactum permiscet: *Dum enim quidam fidelium*, inquit, *corporis sanguinisque* (deficit vox sacramentum) *quod in Ecclesia quotidie celebratur, dicunt quòd nulla sub figura, nulla sub obvelatione fiat, sed ab ipsius veritatis manifestatione peragatur. Quidam verò testamur,* quod hæc sub mysterii figura contineantur, & aliud sit quod corporis sensibus appareat, aliud autem quod fides aspiciat, non parva diversitas inter eos esse dignoscitur. Prior opinio Paschasii sententiam exprimit, qui, ut superiùs dixi, videbatur Rabano & aliis, Orientalium more, mutationem substantiæ & quantitatis Latinis incognitam profiteri: quod deinde Berengarium impulit ut scriberet in Epistola ad Ascelinum de Paschasio: *Solus sibi confingit sacramento Dominici corporis decedere panis omninò substantiam*, scilicet integram cum quantitate.

Secunda verò sententia, quam exponit Bertramus, pertinet ad Rabanum, qui externa sacramentorum forma cum proprietatibus nutriendi manente integra, panis substantiam in corpus Christi verum, sed præsens, modo spirituali invisibili mutari contendebat. Quod attinet ad præsentiam non dissimulat Bertramus quin illam docuerit Rabanus, *contineri nempe corpus & sanguinem sub mysterii figura*. Ille autem sic dirimit litem de modo mutationis excitatam, ut veritatem corporis in sacramento *præsentis* tollat. Veteratoriè tamen se gerit in hac opinione sua explicanda, quam veterum Patrum verbis sic involvit, ut antiquam fidem spirare videatur. Sed Scholiis suis dolo malo adhibitis, & Patrum quos laudat genuinum sensum evertit, & quandoque testimonia quibus utitur ea in partes quæ sibi sunt adversa mutilat. Fraudis istius exemplum sumam ex Ambrosii loco quem profert ex cap. 9. *De his qui mysteriis initiantur : Vera utique caro Christi quæ crucifixa est, quæ sepulta est : verè* ... *arnis illius sacramentum est. Ipse clamat Dom*... *us, Hoc est corpus meum.* Quibus verbis glossema suum subjungit: *Distinguit sacramentum carnis à veritate carnis.* Sed poterat temperare ab hac impietate, si locum integrum adjunctis superioribus verbis recitasset, *Hoc quod conficitur corpus ex Virgine est :* ubi manifestè docet Ambrosius per consecrationem confici verum corpus quod est ex Virgine, quod cum externa forma panis conjunctum, est sacramentum carnis crucifixæ & mortuæ pro salute hominum. Ex quo discere poterat Bertramus, quàm falsæ & hæreticæ opinioni se implicaret, negando carnem Christi mysteriis contineri, ac proinde non eamdem esse cum carne quæ nata est ex Virgine.

Non potuit ferre insanam istam novitatem Paschasius, quam editis in cap. 26. Matthæi commentariis ex proposito refellit: iterumque testimoniis confirmat, quod in priore Tractatu docuerat, ipsam quæ nata est ex Maria Virgine carnem esse in mysterio Eucharistiæ, non tantum in virtute, sed etiam in proprietate naturæ. Scripserat enim Bertramus, *Non in specie, sed in virtute, corpus & sanguis Christi existunt, quæ cernuntur :* quod variis argumentis probare pergit. Quæ stylo satis acri Paschasius distringit his verbis: *Audiant qui volunt extenuare hoc verbum corporis, quod non sit vera caro Christi, quæ nunc in sacramento celebratur in Ecclesia Christi, neque verus sanguis ejus, nescio quid volentes plaudere aut fingere, quasi quædam virtus sit carnis aut sanguinis in eo tantummodo sacramento, ut Dominus mentiatur, & non sit vera caro ejus, neque verus sanguis, in quibus vera mors Christi annuntiatur ; cùm ipsa veritas dicat : Hoc est corpus meum.* Mox: *Nec itaque dixit cùm fregit & dedit eis panem, hæc est, vel in hoc mysterio est quædam virtus vel figura corporis mei, sed ait non fictè, Hoc est corpus meum, & ideò hoc est quod dicit, non quod quisque fingit.* Non solùm autem hanc disputationis Bertrami partem attingit, sed etiam compendio, argumentorum ejus summam proponit, & refutat: *Quidam*, inquit, *loquacissimi magis quàm*

docti, dum hæc credere refugiunt ; quacumque possunt, ne credant quod veritas repromittit, opponunt & dicunt, & quæ sequuntur apud auctorem, à quibus describendis abstineo. Quâ de re disputat iterum jam senex, ut se quidem appellat in Epistola ad Frudegardum : ubi quod illi objiciatur velut absurdum de visibili, & palpabili corpore Christi, sic confirmat, ut fidei tamen soli patere doceat quod latet: & *non tantùm virtus, sed etiam proprietas naturæ jure credantur.*

Hæc nova opinio, quam Paschasius libelli sui olim editi in ipsa adolescentia ; ac Catholicæ fidei vindex, posterioribus curis toto ingenii sui & doctrinæ conatu prosternere molitur, non latuit Hincmarum Remensem Archiepiscopum, qui eam non Bertramo alicui, sed *Joanni Scotigenæ*, & Prudentio Tricassino apertè tribuit, atque hæreseos damnat: *Sunt & alia quæ vocum novitatibus delectantes, unde sibi inanes comparant runusculos, contra fidei Catholicæ veritatem dicunt* (scilicet illis quos solos superiùs nominaverat ; Prudentius nempe & Scotus) *videlicet quod trina sit deitas, quod sacramentum altaris non verum corpus & verus sanguis sit Domini, sed tantùm memoria veri corporis & sanguinis ejus.* Quæ quidem adnotatio, ut Prudentium attingit, qui de trina deitate libellum ediderat, ita Joannem Scotum, qui de sacramento altaris hæreticè sensisse in Synodo Vercellensi tandem convictus est.

Cùm itaque pugna instituta fuerit inter Paschasium, & hæreticæ opinionis auctorem sub nomine Bertrami publicatam, si probetur adversarium illum cui Paschasius obluctatur, fuisse Joannem Scotum, qui eodem tempore hæresim illam spargebat teste Hincmaro, manifesta erit quoque probatio sententiæ nostræ, quam asserendam mihi propono. Ejus fundus nobis erit Berengarius qui duos illos adversarios velut gladiatores, aut potiùs partium duces, inter se componebat Scotum & Paschasium. Perfidi illius hominis extant literæ ad Lanfrancum datæ, quibus illi exprobrat, quòd *hæreticas habuisset sententias Joannis Scoti de Sacramento altaris*, in quibus *dissentit à suscepto suo Paschasio.* Quæ recitatæ cùm fuissent in Synodo Romana coram Leone IX. patuit omnibus, quòd *Joannem Scotum extollebat, & Paschasium damnabat*, ut observat Lanfrancus in Libro de Sacramento Corporis & Sanguinis Domini cap. 4. Denique gravis est ejusdem hæretici expostulatio in Epistola ad Ricardum ; *Injustissimè damnatum Scotum Joannem, injustissimè nihilominus assertum Paschasium in Concilio Vercellensi.* Habitum fuit Concilium istud Vercellis mense Septembri anno 1050. ex decreto prioris Romani, ad quod evocatus fuit Berengarius, ut doctrinæ suæ rationem redderet : ubi se sistere judicio veritus est, duobus Clericis tantùm eò missis, qui procuratorio nomine caussam illam agerent, quæ personaliter ab accusato disceptanda erat. Illud autem judicium subsecutum est, quod notavit Lanfrancus : *In audientia omnium qui de diversis mundi partibus illuc convenerant, Joannis Scoti liber de Eucharistia lectus est & damnatus, sententia Berengarii exposita & damnata.* Tandem in Synodo quam Romæ habuit Nicolaus secundus anno 1059. unà cum centum & tredecim Episcopis eadem Berengarii præsentis & convicti opinio damnata est, & libri in ignem conjecti. *Tu quoque* (inquit Lanfrancus cap. 1.) *inclinato corpore, sed non humiliato corde ignem accendisti, libroque perversi dogmatis in medio sancti Concilii in ignem conjecisti.* Inter combustos istos libros recensetur Joannis Scoti codex in fragmento Floriacensi quod laudat meritissimus Antecessor Andegavensis Franciscus de Roye in suo Berengario ;

Hincm. lib. de Præd. c. 11.

In præsentia Papæ & multorum Episcoporum Joannem Scotum igni comburens, cujus lectione ad hanc nefariam devolutus fuerat sectam. Sanè utramque paginam faciebat Joannes Scotus in hac controversiâ. Etenim in Concilio, quod Henricus I. Rex Galliæ Parisiis cogi jussit anno 1050. (sic enim Antecessor ille anni numerum apud Durandum emendat) ante Synodum Vercellensem, ut definitione Ecclesiæ Gallicanæ nascentem hæresim comprimeret, Berengarii absentis quidem sed vocati literæ quædam ad familiarem, cui arcana sua prodebat, prolatæ sunt & perlectæ, ut testatur Durandus Abbas Troarnensis, ejus temporis auctor, qui superiori narationi hæc verba subjungit: *Itaque omnibus talis lectio, quoniam nequissima sordebat heresi, vehementer displicuit, damnato proinde communi sententia talium auctore, damnatis etiam ejus complicibus, cumcodice Joannis Scoti, ex quo ea quæ damnabatur sumpta videbantur.*

Ut ergo in pauca verba contrariam argumentum Paschasius cum Bertramo conflixit scriptis suis; porrò adversarius ille, quo cum disputavit Paschasius, est ipsemet Joannes Scotus, teste non solùm Berengario arcani istius ob doctrinæ societatem conscio; sed etiam Concilii Parisiensi & Vercellensi atque demum Romano.

Sed promovendum est ulteriùs argumentum ex Epistola Berengarii ad Ricardum, à te, *Vir Religiose*, hoc in volumine edita, quæ demonstrat tractatum Bertramo inscriptum ad Scotum omninò pertinere. Obsecrat Ricardum Berengarius, ut sibi apud Philippum Regem adversus æmulorum accusationem patrocinetur, quòd Scoti opinioni adhæreret: spemque impetrandi patronicii in eo constituit, quòd opinio illa monente Carolo Magno Rege publicata sit à Scoto. *Noverit*, inquit, *quæ scribit Joannes Scotus monitu illum scripsisse ; precarioque Caroli Magni antecessori sui, qui quantum circa res gerendas perstrenuus, tantum circa religionem devotus, ne incruditorum carnaliumque illius temporis prævaleret ineptia, erudito viro Joanni illi imposuit colligere de scripturis quæ ineptiam illam converterent.* Bertrami Libellus de Eucharistia jussu Caroli Magni scriptus, à Joannis Scoti, jussu quoque ejusdem Caroli Magni eadem de re scriptus, non conficiunt nisi unum eumdemque libellum ni fallor.

Attamen ut è firmioribus assensum extorqueam, adducendum est præterea Ascelini testimonium, cui Berengarius per Epistolam exprobraverat, quòd inconsideratè, impiè, & indignè sacerdotio suo, Joannem Scotum hæreticum haberet. Respondet Ascelinus iis verbis, quæ probationis meæ interest, licet prolixiora, ut hîc describam. *Quandiu vixero adjuvante divina virtute certum, indubitabile, nullisque eventibus violabile in sacrario cordis retineho, panem scilicet & vinum in altari, Spiritus sancti virtute per sacerdotis ministerium, verum corpus, verumque sanguinem effici. Quod scriptura attestante satis evidenter probatur si non sinistra interpretatione temeretur. Joannem verò Scotum nec inconsideratè, nec impiè, nec indignè sacerdotio meo hæreticum habeo, quem toto nisu, totaque intentione ad hoc solùm tendere video, ut mihi persuadeat, hoc videlicet quod in altari consecratur, neque verè corpus, neque verè Christi sanguinem esse. Hoc tamen astruere nititur ex sanctorum Patrum opusculis ; quæ pravè exponit. Quorum illam B. Gregorii orationem hîc annotari sufficiat. Perficiant in nobis tua, Domine quæsumus sacramenta quod continent, ut quæ specie gerimus, rerum veritate capiamus.* Quo-

In Not. ad vitam Lanfranci p. 14.

ponendo prædictus Joannis inter cætera nostræ fidei contraria ; specie, inquit, geruntur illa non veritate.

Hæc Ascelinus de glossemate Scoti ad orationem Gregorii adhibito, quod verbis totidem extat apud Bertramum, in quo Gregorii oratio recitatur, & testimoniis Patrum pravè expositis subjungitur ; eodem ordine quo apud Scotum erant descripta, ita ut dubitare non liceat quin Scotus sit siremspe Bertramus. Sub adscititio illo nomine novam hæresim cudendo & scribendo latere voluit Joannes Scotus, ne sub proprio nomine à piis hominibus tamquam hæreticus traduceretur : à qua tamen infamia planè se immunem artibus suis præstare non potuit, quin ab Hincmaro licet amicitia conjuncto hæreseos illi nota inureretur ob hanc novitatem. Quamquam, ut scribit Paschasius in Epistola ad Frudegardum, *nemo in apertò adhuc contradixerit ei, quod totus orbis credit & confitetur ;* ut mirandum non sit, si proscripta nova hæresis ab Hincmaro nulla posteà Synodorum cognitione sit discussa atque damnata, cùm popugnatorem non habuerit qui publicè & apertè doctrinam Ecclesiæ ut hæreticam condemnaret. Cæterùm quæ Bertramum prætulit inscriptio, facilè deflexa est ab exscriptoribus in Ratramni nomen, quod eorum vitium Sigeberto fraudi fuit ; qui cùm in eos codices incidisset, Ratramno tribuit, quod vetustiores Bertramo inscripserant. Desinant igitur eruditi Ratramno viro doctrinâ insigni, ac pietate apud Episcopos sui temporis commendatissimo, hæreticum Opus tribuere : præcipuè cùm Corbeiensis Monasterii c... ergebat, & eadem opera fidem Catholicam scripta disputatione violaret vix censendus sit, tantum facinus impunè non laturus.

Vapulet ergo Bertramus alius à Ratramno, & novitatis hæreticæ pœnas ferat, quas Joannes Scotus tulit in Vercellensi Concilio ut jam monui. Quare meritissimè hic auctor in Indice Concilii Tridentini inter damnatos libros relatus est : & licet deinde Duacensibus tolerari posse si emendetur, persuasum fuerit, rectiùs à Clemente VIII. in universum repudiatus est : cùm juvari nulla possit interpretatione liber, qui ex professo apertam hæresim docet, ut rectè pridem monuerunt Sixtus Senensis, Sanctesius, Possevinus, & Eminentissimus Cardinalis Perronius.

Habes sententiam meam, quæ Ratramno factam injuriam delet, nunc primùm prodito veritatis arcano, quæ Joannem Scotum sub Bertrami nomine olim latentem, larvâ detractâ, omnibus manifestum reddit, & caussâ cognitâ sub veri nominis appellatione damnatum demonstrat.

Post exaratam hanc Epistolam indicatum mihi est à familiari quodam volumen à R. P. Ludovico Cellotio Societatis Jesu Presbytero de historia Gottschalci editum, cui subdidit Appendicem Miscellaneam opusculorum aliquot, in quibus locum suum obtinet Anonymus ille, cujus memini superiùs, quem notis suis uberioribus illustrat. In quibus sanè, quemadmodum in corpore Historiæ Gottschalci, industriam suam, eruditionem, & dictionis elegantiam cum sanæ fidei propugnatione conjunctam, doctis probisque omnibus probaturum mihi persuadeo. Cæterùm cùm Ratramno tribuat à Sigeberto, Trithemio, atque ex styli similitudine Bertrami Libellum, sententiam nostram, quæ Joanni Scoto etiamdem tribuit quam Concilio Vercellensi, & Durando Troarnensi, apud te accuratè expendet. Interim Vale. Parisiis Kalend. Januarii M. DC.

INDEX RERUM
VOLUM. II. ET III.

Linea transversa monet numeris sequentibus indicari paginas voluminis tertii.

A.

ABBATES.
— *Asstigemiensis*. Albertus 777
— Almericus Tayus 779
— Arnulfus *ibid.*
— Carolus de Croi *ibid.*
— Franco 776
— Fulgentius 772
— Godefcalcus 777. 778
— Gofwinus Herdingus 779
— Guillelmus I. 778, alter *ibid.* III. *ibid.* IV. Michaëlis 779 V. de Croi *ibid.*
— Henricus I 778. alter *ibid* III. de S. Gaugerico 779 IV. de Hafcha *ibid*.
— Joannes I. 778, alter 779 III *ibid.* IV. Wolmeroy *ibid.* V. Alphius *ibid.*
— Robertus 778
— Sigenis *ibid.*
— Thomas 779
Agaunensis. Apollinaris 363
Alcobaciæ. Menendus — 558
Aldenborgensis. Hariulfus 316
Altovillarensis Ingelramnus 880
Andaginensis. Heribertus 740
Andrensis. Gilebertus 785, 786
— Gregorius 807
— Guillelmus 781. 841
— Iterius 815
— Petrus I. Charbonellus 781, 784. 800 II. Mirmet 808
— Reinaldus 792
Angeriacensis. Henricus 444
Antana. Petrus — 742
Aquarum Salviarum Bernardus — 5
Aquicinctii. Alardus 771
— Alexander 813
— Aluifus 730 — 493
— Gofwinus 757. 841 — 494. 497
— Haimericus 893 — 422. 425
— Simon 813
— Warnerus Daureus 758
Ardenæ. Robertus — 560
Aremarensis. Waleramnus 141
Arowasiensis. Fulbertus 881
Atacensis. Dodefcaldus. — 494
Aureliacensis. Petrus 479 — 416
Baccensis. S. Anselmus 900
— Hugo de Caugumiler — 560
— Rogerus — 158
— Theobaldus — 144
Belli-becci. Robertus — 560
Belli-loci. Gualterus 836. 861
Besuensis. Bercangus. 404
— Ferreolus *ibid.*
— Gaulcaudus 412
— Gaufbertus 432
— Geratdus 351
— Guido 432
— Guidricus 456
— Guillelmus 413
— Halinarius 410
— Jofbertus 434
— Milo 411
— Oddo 421
— Seraphim 375. 405. 406
— Stephanus 434

— Syrannus 404
— Teutbertus 408
— Walcaudus 412.
— Walcaudus 407. 411
— Waldalenus 401
— Warinus 408
— Wigerius five O'gerius 420. 421
Blesensis Gaufridus 79
Bonæ-vallis. Ernulfus 179
de *Boso*. Ægydius 85.
— Euftachius 619
— Henricus 805
Bremetensis. Alradus — 193
Broniensis Guilielmus Caulier 758
— Robertus 7.
Brunwildrensis. Wolfgangus 6.9
Burgensis. Tetaldus 107
de *Buxeria*. Hugo 52 — 175
Caladiensis Guiterus 216
de *Cameoti*. Ludovicus — 619
de *Capella*. Guillelmus 859
Cari-campi. Hugo — 495
Cari-loci. Amaricus — 11
— Guillelmus — 10
Carrofensis. Gaufridus 825
— Hugo 817
— Jordanus 807
Casæ-Dei. Joannes — 739
— Jordanus 517
Casalis-Benedicti. Andreas — 462
Cassinensis. Bertharius 938
— Wibaldus 725.
Castellionis. Lambertus 575
Castrensis. Adalbertus — 570. 571
— Adelmus *ibid.*
— Alfonfus *ibid.*
— Arnaldus — 570. 572
— Bernon — 570. 572
— Bertrandus *ibid.*
— Durandus — 570. 572
— Elifachar — 571
— Fauftinus — 570. 571. alter *ibid.*
— Geraldus — 571. 572
— Gerbardus *ibid.*
— Gilibertus — 570. 572
— Godofredus de Mureto — 571. 572
— Grimoaldus — 570. 572
— Guilabertus — 571. 572
— Guillelmus — 570. 571
— Petrus Ifarni — 571. 572
— Reginaldus *ibid.*
— Rigaudus — 570. 571
— Robertus *ibid.*
— Rogerius — 571. 572
— Salomon — 570. 571
— Sancius 570. — 572
Centulensis. Aldricus 301
— Angelrannus 331
— Angilbertus 302
— Ansherus 351
— Carlomannus 321
— Cofchinus 301
— Elifachar 311
— Fulcherius 326
— Gerbertus *ibid.*
— Gervinus 338. alter 356
— Girardus 342
— Guicmarus 361
— Heddeoldus 322

— Heligaudus 316
— Herebertus 322
— Hericus 308
— Hugo I. Fr. Dux 314. alter 322
— Ingelardus 315
— Ludovicus 314
— Nichardus 308.
— Ocioaldus 298
— Ribbodo 315
— Rodulfus 316
— Symphorianus 301
Cisoniensis. Anselmus 876 — 482
— Dionysius 887
Cisterciensis. Corardus — 72
— Galterus *ibid.*
— Guillelmus de Tolofa 576
— Henricus — 57
— Joannes de Pontifara — *ibid.*
— Rainardus 485
— Stephanus *ibid.* 577 — 556
Claravallensis, S. Bernardus 251. 175. 577. 579 — 480
— Girardus — 13
— Petrus Monoculus *ibid.*
Claravallis in Diœc. Mediolanensi. Christophorus de Terzago — 752
Claromontensis. Herbertus 576
— Philippus *ibid.*
Clauftrensis. Ranulfus 255
Cluniacensis Berno — 375
— Haimardus — 374
— S. Hugo 475 — 408. 411
— Hugo III. 825 — 526
— S. Maiolus 381. 431 — 374
— S. Odo 475
— S. Odo 469 — 375
— Petrus 512 — 486. 487. 495
— Stephanus 541
Conchensis. Yehanus — 604
Condomensis. Americus Sanctius 595
— Arnaldus Odonis 199. 600
— Arnaldus de Lomaiha 602
— Augerius de Andirano 199. 600
— Aynerius Sanctii de Caninont 587. 602
— Bergomus de Lana 602
— Durandus de Sentaler *ibid.*
— Garfias 592. 594
— Guillelmus de Puerletian 602
— Montañuus de Gualardo 601. 602
— Oddo de Casanova 592
— Peregrinus de Forcas 592. 599
— Petrus de Sentas puellas 583. 602
— Raimundus 584. 189. 593. 595
— Ramundus de Gualardo 601. 602
— Siguinus de Caliada 583. 588. 592. 593. 602
— Verecundus de Lana 583* *Non alius videtur à Bergomo de Lana.*
Corbeiensis. Adalardus 307
— Franco — 347. 348
— Fulco — 349
— Grimo 174
— Guntarius — 347
— Odo — 343
— Ratoldus 371
— Trafulfus — 347
— Wibaldus 7.1
Crispiniensis. Algotus 714

Dervensis

Index rerum Memorabilium.

Dervoenfis. Bercharius — 317
Eleemofynæ Philippus — 527
—— Richardus 579
Fœdopinenfis. Henfridus 881
Ferrarienfis. Joannes de Pontifara 497
—— Anaftafius — 519
Fifcannenfis. Guillelmus 386
—— Joannes ibid.
—— Petrus Rogerii — 91
Flaviacenfis. Anfigifus 179
—— Fulbertus — 497
—— Leodegarius — 494
Flavininiscenfis, Alexander de Monteacuto 397
—— Amadeus 388
—— Galcherus 489
Florenfis. Joachim — 169
Floriacenfis, Benignus 268
—— Gennardus ibid.
—— Macharius 532, 536
—— Simon 478
Florinenfis, Drogo 712
Fontanellenfes. Anfbertus 284
—— Anfigifus 278
—— Auftrulfus 275
—— Bainus 267
—— Benignus 268
—— Einhardus 273
—— Fulco 283
—— Gerardus 287
—— Gervoldus, five Girowaldus 277, 279
—— Gradulfus 289
—— Guido 273, 277
—— Herimbertus 283
—— Hugo 270
—— Joseph 231
—— Lando 271
—— Lantbertus 272
—— Mainardus 286
—— Raginfridus 273
—— Robertus 289
—— Romanus 273
—— Teutfindus 272
—— Trafarius 279
—— Wando 268
Fontanenfes. Alexander 576
—— Gilbertus 575
—— Henricus — 147
—— Herbertus 576
—— Odo 575
—— Peregrinus 577
—— Robertus 576
—— Theobaldus 575
Fontenfi, Guillelmus 522
Fordenfis, Balduinus — 563
Foreftii-Cellæ, Fulco 317
—— Guido 319
—— Hubertus 337
Foffatenfis. Benedictus 279
Fruilinarienfes. Joannes 385
—— Subpo 386
Fuldenfis, Henricus — 486
Fuxenfis. Giraldus — 681
Gemblacenfes, Anfelmus 769
—— Erluinus 760, 761, 762. alter 763
—— Havardus 763
—— Licardus 768
—— Marcellinus 767
—— Olbertus, 744, 763
—— Tietmarus 768
Gemmeticenfes, Cofchinus 301
—— Elifachar 312
—— Guillelmus 386
—— Hugo 270
—— Landricus 277
—— Subpo 386
—— Theodericus 385
Gladbacenfes, Adelbero 687
—— Folradus 617
—— Henricus 655
—— Sandradus 657
Gorzienfes. Azelinus 683
—— Guillelmus 386
—— Sigifridus ibid.
Grandi-filva, Bertrandus 599
Tom II.

Habendonenfis, Pharitius — 447
Hafflingia, Fulgentius 699* Videtur effe Affigemienfis.
Hameufes. Bernardus 815
—— Guillelmus 815
—— Iterius ibid.
Hafnanienfes. Albertus — 413
—— Fulco 861
Herenfis, Geilo — 350, 351
Herfeldienfis Fredericus 662
Infulæ-Dei. Robertus — 560
Joiaci, Henricus — 17
Latiniacenfes S. Eloquius 715
—— S. Furfeus, ibid.
Leganacenfis. Gualaricus 325
Lobienfes. Adelardus 745
—— Ægidius 758
—— Alerrannus 739
—— Anfo 733
—— Arnulfus 745
—— Baldricus 737
—— Bartholomæus 757
—— Berrannus 758
—— Carlomannus 755
—— Dominicus Chappron 758
—— Eggardus 744
—— S. Erminus 738
—— Erminus François 758
—— Farabertus 737
—— Folradus 734
—— Franco 735. alter 755
—— Fulcardus 746
—— Fulcuinus 740
—— Gualterus 749. alter 757. III. ibid.
—— Guillelmus I. 757. II. Cordier 718. III. Caulier ibid. IV. Gilbert 759
—— Harbertus 734
—— Herigerus 744, 763
—— Hildricus 734
—— Hubertus 757
—— Hugo 737. alter 744
—— Jacobus 757
—— Ingobrandus 744
—— Joannes I. 757. II. ibid. III. 758. IV. ab Anfelino ibid. V. ab Effen ibid.
—— Lambertus 753
—— Leonius 751
—— Michaël 758
—— Nicafius 757
—— Nicolaus 758
—— Petrus I. 757. alter. ibid.
—— Philippus ibid.
—— Radulfus ibid. alter ibid.
—— Ratherius 737
—— Richardus 744
—— Richarius 736
—— Robertus 717
—— Stephanus 736
—— Theodoinus 753
—— Theodulfus ibid.
—— Thomas 757. alter ibid.
—— Werricus ibid.
—— S. Urfmarus 732
Lubenfis. Henricus — 619
Lunaburgénfis. Albero — 486
Luxovienfis Anfigifus 279
Majoris-Monafterii, Albertus 414
—— Bartholomæus — 259. 409
—— Helgaudus 555
—— Herbernus — 140
—— Joannes 105
Marcianenfes. Amandus 909
—— Ingrannus 489
—— Jonatas 781
—— Mauronus ibid.
—— Milo 916
—— Richardus — 422
Marciliacenfes, Gombertus — 416
Marolinenfes, Balduinus 881
Mauri-Montis Hugo 256
—— Thomas ibid.
Meliani-Monafterii, Adelbertus 614
—— Alexander 630
—— Fortunatus 614
—— Humbertus 618
—— Pipinus 614

Mediolanenfes Bertolfus 213
—— Hitti ibid.
—— Rathodo 214.
Mellinenfis. Matthæus 190
Melundenfes. Bernardus — 357
Miratorii. Guido — 487
Moliondenfes. Guillelmus 381
Molifmenfes. Robertus — 437
—— Theobaldus 559
Montis-Majoris. Mauringus — 384
—— Rambertus — 383
—— Riculfus — 384
Montis-S. Eligii, Hugo 804
Montis S. Joannis, Petrus 522
Montis-S Martini. Godefcalcus 808
—— Walbertus 909
Montis S. Michaëlis, Guillelmus 386
Montis S. Petri. Petrus de Briei 259
Montis-S Quintini, Hugo — 497
Mofomenfes. Bernerus 572
—— Bofo ibid.
—— Joannes ibid.
—— Lietaldus ibid.
—— Richardus.880
—— Rodulfus 572
Noembourgenfis, Albero — 486
Omnium-Sanctorum, Euftachius — 480
Omnium-Sanctorum Andegav. Michaël 190
Omnium-Sanctorum Catalauni: Odo — 419
Piperacenfes. S. Petrus de Chavanon 157
—— Pontius 155
Pistarienfes. Adam 941. II. 947. III. 958
—— Aimericus 939
—— Albericus 963.
—— Alparius 941
—— Beatus 919
—— Berardus 956
—— Dominicus 953
—— Franco ibid.
—— Gilebertus 919
—— Gilebertus ibid. 945
—— Gifo 963
—— Grimoaldus 946. alter 959
—— Guido 548
—— Ildericus 941
—— Joannes 945. II. 946. III. 958
—— Irto 940
—— Leonas 970
—— Lupus 940
—— Oldrius 965
—— Paparus 947
—— Petrus ibid.
—— Pontius 746
—— Romanus 929, 931
—— Stephanus 947
—— Trafmundus 957
Pontiniacenfes. Galterus — 17
—— Guichardus 544 — 11
—— Hugo 485
Pontiforenfis. Lecelinus 543
Populeti. A. Gallart — 602
Porceti. Azelinus 386
—— Joannes 687
Pratellenfes. Ansfredus 189
Prumienfes. Farabertus 737
—— Poppo 693
—— Richarius 736
Pulterienfes. Lambertus 444
Radingenfes. Hugo — 484
Ramefi. Alwinus — 507
—— Bernardus ibid.
—— Gualterus ibid.
—— Reinaldus ibid.
Reginacenfis. Stephanus 521, 535, 536, 579
Reomenfes. Guillelmus 381
—— Joannes 359, 482
Reftacenfes. Agilus 301
—— Robertus 476
de Rota. Gaufridus 190
S. Achioli. Deo-datus — 477
S. Agerici Virdunenfis. Jacobus 159, 260
—— Martinus 160
—— Nicolaus ibid.
—— Rodulfus 256, 772.
S. Albini Andegav. Gualterius — 393
—— Gunterius — 378

QQQqq

Index rerum Memorabilium.

— Primoldus — 393.
— Rainaldus — 378
— Widboldus — 377. 378
S. *Amandi Helgonenf.* Absalon 389
— Gislebertus 917
— Hugo 908
S. *Ambrosii Mediolanenf.* Guillelmus de Lampugnano — 754
Sancti Andreæ Avenionenf. Bermundus — 578. 596
— Calveria — 616. 619. 631
— Guillelmus — 546. 554
— Martinus — 385
— Petrus — 415
— Pontius — 518. 537
S. *Andreæ Brugenf.* Henricus Vandenzipe 779
S. *Andreæ Viennenf.* Boso — 555
— Gualterius — 382
— Haimonius — 380. 390
— Hermomus — 380
— Hugo — 387. 390. 391
— Humbertus — 414
— Viventius — 390
— Yterius — 389
S. *Apollinaris Ravenn.* Joannes 385
S. *Apri Tullenf.* Apollinaris 363
— Guillelmus 385
— Widricus 385. 638
S. *Arnulfi Metenf.* Benedictus 385
— Gualo 667. 670
— Guarinus 229
— Guillelmus 385
S. *Audoëni Rotomagenf.* Guillelmus 386
— Joannes de Auteul 498
S. *Basoli.* Adzo 571
— Albricus 880
S. *Bavonis.* Gualricus 699
S. *Benigni Divionenf.* Adam 396
— Adelbero 395
— Adsmarus 396
— Albericus 381
— Alexander de Monte-acuto 397
— Apollinaris 363
— Aridius 373
— Azo 381
— Berthilo 376
— Bobolenus 365. alter 370
— Claudius de Charmis 398
— Etherius 363
— Eustadius 359
— Fulbertus 380
— Fulcherius 381
— Galterius 396
— Gerontion 245
— Gilebertus 397
— Girardus 396
— Godefridus 378
— Godradus 380
— Gozwinus ibid.
— Gualterius de Falerenco 398
— Gudinus 365
— S. Guillelmus 381
— Guillelmus alter 397
— Haimo 396
— Halinardus 378. 392
— Henricus 396
— Herlebertus 406
— Herlegaudus 373. 375
— Hildebrannus 373. 378
— Hingo ibid.
— Hugo 365. alter de Arcu 396. III. de Monte-cuniculo 397
— Humbertus de Saulbiez ibid.
— Jarento 374. 442
— Joannes 395. 396. 397
— Lanterius 378
— Ludovicus de Tincavilla 398
— Manasses 381
— Maurinus 365
— Milo 396
— Nivaldus ibid.
— Odelcus 365
— Otto 397
— Panco 380
— Petrus 396. 397
— Philippus 396

— Rainaldus ibid.
— Richardus ibid.
— Richimatus 365
— Saro 377
— Stephanus 397
— Stephanus-Raimundus Loys 396
— Suanus 380
— Tranquillus 359
— Vidradus 365
— Waldricus 373
— Walo 378
— Wlfecrannus 369
S. *Berrini.* Godescalcus 8 3
— Jacobus 368 — 607
— Joannes 824. 828. 836
— Lambertus 754. 788. 913 — 408
— Leo 807
— Leonius 713
— Simon 813
S. *Blasii.* Rostannus — 478
S. *Columba Senonens.* Hieremias 312
S. *Crucis Burdegalens.* Gualbardus 599
SS. *Crucium.* Calvo — 601
— Petrus — 715
S. *Deudati.* Adelbertus 614
— Eucherbertus 615
S. *Dionysii in Francia.* Adam 495 — 2
— Ægidius — 36
— Aigulfus 368
— Guido de Castris — 84
— Guillelmus 495. 497 — 37
— Henricus 496. II. Malet 497
— Hilduinus — 135
— Hugo Mediolanensis 496
— Hugo de S. Dionysio ibid.
— Joannes Geoffroy — 823
— Ivo 495. alter ibid.
— Matthæus Vindocinensis 497 — 41. 663
— Odo 495. II. Clementis 496 — 32. 619
— Petrus de Aurelio 496
— Reginaldus Gifardi 498 — 36
— Robertus 495
— Sugerius ibid. — 2, 3. 6
— Vivianus 495
Sancti Dionysii Remens. Gislebertus 380 — 481
— Hugo — 422. 423
— Urho 251 — 480
S. *Eligii Noviomens.* Eustasius 435
— Sparvus 118
— Theodoricus 921 — 494
S. *Eparchii.* Guillelmus — 619
— Hugo — 445
S. *Engendi.* Huraudus 454
S. *Eusebii.* Bertrannus — 631
SS. *Facundi & Primitivi.* Stephanus — 487
S. *Favonis Meldens.* Guillelmus 386
S. *Felicis Metens.* Hadroë 728
Sancti Florentii Salmurienf. Guillelmus — 419
S. *Fructuosi Caput-montis.* Berardus 953
S. *Fusciani.* Gygomarus — 497
S. *Gentilis Stracens.* Odo — 251
S. *Germani à Pratis.* Guillelmus 386
— Hugo de Moncellis 540 554
— Ingo 474
— Rainoldus — 439
— Theobaldus 536
S. *Germani Antisfiodorens.* Arduinus 553
— Claudius de Charmes 599
— Franciscus de Bello-joco ibid.
— Hugo 442. 468 — 2
S. *Huberti.* Theodoricus 748
S *Jacobi Leodiens.* Drogo 752
— Olbertus 744
— Stephanus 680. 681. 683. 685
S. *Joann.* Fulco — 497
S. *Joannis de Arleno.* Albericus 963
S. *Joannis Laudunens.* Drogo — 3
S. *Joannis de Valeia.* Garnerus — 600
S. *Judoci de Nemore.* Adam — 497
— Milo 804
S. *Judoci supra Mare.* Theobaldus — 497
S. *Laurentii Leodiens.* Berengarius 665.

667. 680. 685
— Heribrandus 700
S. *Leodegarii.* Teuto 407
Luciani Belvacenf. Serlo — 494. 497
— Walbertus — 543
S. *Mansueti Tullenf.* Guillelmus 261
— Rogerus 638
— Stephanus 621
S. *Margaretæ.* Otbertus 522
S. *Mariæ Bolonæ.* Fulco 818
— Joannes 804. 805
S. *Mariæ de Piceano.* Albericus 963
S. *Mariæ Senonens.* Gerbertus 475
— Grimerius 474
S. *Mariæ Wratislaviæ.* Vincentius — 628
S. *Martini Ambianens.* Theobaldus — 497
S. *Martini Laudunens.* Gualterus 873. 915 — 500
— Guarinus 878
S. *Martini Masiancens.* Ingo 474
S. *Martini Pontisforens.* Theobaldus 154
S. *Martini Sparnacens.* Fulco — 480
— Walerannus ibid.
S. *Martini Tornacens.* Ægidius de Cella 926. II. de Warnaria. ibid. III. Muifis. ibid.
— Amandus ibid.
— Gualterus 923
— Herimannus 922
— Jacobus de Insula 926
— Joannes de Necin ibid. II. de Sobrengien ibid. III. Carpentarius ibid.
— Ivo ibid.
— Milo ibid.
— Odo 900
— Radulfus 926
— Segardus 914
— Simon Baras 926
— Theodericus de Parco ibid.
S. *Martini Trevirens.* Sigebertus 118
— Theodericus ibid.
S. *Martini Turonens.* Agericus 210
— Alcuinus 465
— Hugo M. Francorum Princeps — 575
— Teutfindus 271
S. *Mauricii.* Gerbertus 245
S. *Maximini Trevirens.* Hugo 737
S. *Medardi Suessionens.* Albricus de Braná 483
— Auberrus 75
— Bertrannus 289
— Galcherus ibid.
— Galterus ibid. II. Balena. ibid.
— Gaufridus ibid. alter Cossum-Cervi 488
— Goiffridus — 492
— Hieronymus de Coussiaco 492
— Hilduinus 74
— Ingrannus 489
— Joannes de Merincourt 492
— Joiffridus — 180
— Milo de Basochiis 489. 926
— Odelcus 572
— Odo 488
— Radulfus de Braná 492
— Reginaldus de Nancejo ibid.
— Rodulfus de Bria 492
— Rogerus Faucillon
— Warimbertus 75
S. *Memmii.* Ansigisus 279
S. *Michaëlis.* Guido 444
S. *Michaëlis in Porcæniacá.* Petrus — 386
S. *Michaëlis in Tiraschá.* Godefridus 729
— Immo 728
— Machalanus ibid.
SS. *Michaëlis & Germani in Coxano* Pontius — 576
S. *Nicasii Remens.* Joannes — 481
S. *Nicolai Andegavenf.* Lambertus — 419
S. *Nicolai de Prato.* Ogerus 921
S. *Pantaleonis.* Herimannus 701
— Rodulfus ibid.
S. *Pauli Narbonens.* Giraldus — 680
S. *Pauli Virdunens.* Fulcradus 245
— Rogerus 254
— Theodericus ibid.
S. *Petri Cabillonens.* Rodulfus — 375

Index rerum Memorabilium.

S. *Petri de Culturâ.* Juhellus — 459
S. *Petri Ferrariens.* Aldricus 465
S. *Petri Gandavens.* Arnulfus 699
— Gislebertus 896
— Richardus 285
S. *Petri Molodunens.* Gualterus 473
S. *Petri Vivi Senonens.* Aigilenus 464
— Aiglo 468
— Albertus 465
— Anastasius *ibid.*
— Aquila 468
— Archengerius 469
— Arnaldus 477
— Chrodolinus 464
— Dachelmus 469
— Ermenaldus 475
— Franco 468
— Frodbertus 465
— Gauterius de Naudo 486
— Gerbertus 475. 476
— Girardus 485
— Haimo 476
— Herbertus 485
— Hetmuinus 476
— Ingo 474
— Notrannus 470
— S. Odo 469
— Odo II. 486
— Otbertus 469
— Rainardus 471. 473. 474
— Samson 468
— Wtraibaudus 464
S. *Polycarpi.* Arnulfus — 366
— Atila — 364
S. *Pontii Tomeriarum.* Frotardus — 417
S. *Prajecti.* Waldatus — 410
S. *Quintini Belvacens.* Ivo — 600
S. *Quintini Tingens.* Lietaldus 508
S. *Remigii Remens.* Fulco — 333
— Gerardus 567
— Odo 880. 913
— Petrus — 544
— Rodulfus 568. 571
S. *Remigii Senonens.* Bono 468
— Guillelmus 478. alter *ibid.*
— Ravilandus 466
— Stephanus 517
— Suavus 468
S. *Rufi,* Nicolaus — 149
S. *Salvii.* Gualterus Grimutio 319
— Hugo 318
S. *Sepulcri Cameracens.* Gualterus 549
S. *Sequani.* Henricus 435. 444
S. *Sergii Andegavens.* Joannes 171. 190
— Wlboldus 278
SS. *Sergii & Bacchi.* Petrus — 486
S. *Severi Urbis Classis.* Joannes 385
S. *Sixti prope Remos.* Ansigisus 179
S. *Teuderii.* Adalricus — 361
S. *Theoderii.* Airardus 565
— Guillelmus 880
S. *Trudonis* Adelardus 660. alter 662
— Adelbodus 660
— Ambrosius *ibid.*
— Augelramnus *ibid.*
— Columbanus *ibid.*
— Ermenrannus *ibid.*
— Erenofridus *ibid.*
— Gislebertus *ibid.*
— Grimo *ibid.*
— Guntramnus 661. 662.
— Hardebenus 660
— Herimannus 671. 672. alter 673. 674.
— Hildradus 660
— Lauzo 666
— Ludovicus 660
— Luipo 667. 672. 673
— Radbertus 660
— Radulfus *ibid.*
— Reimanus *ibid.*
— Reinerus *ibid.*
— Rodegangus *ibid.*
— Rodulfus 686
— Sabbatinus 660
— Theodericus 674.
— Theutfridus 660

S. *Vedasti Atrebatens.* Aloldus — 423
— Gogislenus 273
— Guido *ibid.*
— Martinus 885
S. *Victoris Massliens.* Guillelmus Grimoüart — 129
S. *Vincentii Laudunens.* Anselmus — 7. 497
— Berlandus 575
S. *Vincentii Mettens.* Fulcuinus 767
— Lango 247. 666. 670
S. *Vitoni Virdunens.* Adelardus 259
— Adelmarus *ibid.*
— Alestannus 259. alter *ibid.*
— Conon 258
— Ermenricus 259
— Fingenius *ibid.*
— Guillelmus 262
— Hugo 259
— Humbertus 259
— Lambertus 259
— Laurentius 248. 249
— Ludovicus 260
— Richardus 259. 744. 765. 767
— Richerus 259
— Rohardus 259
— Stephanus 260
— Thomas 259
— Walerannus 241. 242
S. *Wimari.* Balduinus 804
— Gerbodo 826
Saviniacenses, Gaufridus 575
— Guillelmus de Tolosa 576. 577
— Serlo 575
— Simon 576
— Vitalis — 440
Senonienses. Adelhardus 617
— Agericus 612
— Angelramnus *ibid.*
— Antonius 612
— Balduinus 619
— Bercherius 618
— Bernardus 610
— Bonciolus 612
— Conon 610
— Galterus 619
— Gerardus 610
— Henricus 614. 619. 636
— Magneramnus 612
— Mangetamnus *ibid.*
— Norgandus 613
— Rambertus 618
— Rangerus *ibid.*
— Stephanus 612
— Theodericus 610
— Widericus 617
Sigebergensis. Conon 701
Sigginsis, Nicolaus — 401
Stabulensis, Poppo 661. 695. 744. 767
— Werinfredus 740
— Wlboldus 708. 725
Stampensis, Rainoldus — 438
Studii & Saccudiorum, Theodorus 123
Tornacorensis, Guido 455
— Guillelmus 382
— Hunaldus 384. 385
— Ledbaldus 385
de Tribus fontibus, Guido 256
Teinortensis. Petrus 524
Tuitiensis. Robertus 700. 701
Valciodorenses. Erembertus 719
— Forannanus 713
— Godefridus 719
— Godescalcus 724
— Gualcherus 718
— Hadroë 718
— Henricus 729
— Immo 718
— Lambertus 723
— Machalanus 718
— Nicolaus 729
— Petrus 717
— Popo 710
— Robertus 717
— Rodulfus 710
— Theodericus 719. alter 726
— Warnerus 728

— Widricus 725
Vallis-lucentis. Herpaldus 485
Vallis-magna. Joannes. — 543
Vezeliacenses. Aimo 504
— Albericus 518. 519
— Altardus 205
— Berno *ibid.*
— Eldradus 504
— Eudo 503
— Gaufridus 505
— Guido 504
— Guillelmus 382. 556
— Pontius 506
— Robertus 504. alter 505
Viconienses, Gerardus 874
— Guarinus 873
Villariensis, Gerardus 916
Ursi-campi Walerannus 804
Weissembergensis Sandradus 657
Westmonasterii Laurentius — 528
de Xeres, Ferrandus — 673
A. Gallart Abbas Populeti — 602
AANORDIS Abbatissa S. Mariæ Andegavens. 198
ABBA Episc. Mauriziacensis — 357
ABBA-COMITATUS nomen dignitatis amplissimæ — 144
ANBO Episcopus Metensis 217. alter Goëricus dictus *ibid.*
— Episcopus Nivernensis 466
— Episcopus Virdunensis 226
S. ABEL Scotus Monachus Lobiensis 733 dein Archiepisc Remensis *ibid.*
ABEL Daniæ Rex sic submerso in mari Henrico fratre — 37. 194 in prælio interficitur — 37. 191
ABELLONIUS Comes de Cochonate—751
ABSALON Abbas S. Amandi Helnonensis, Electus Tornacensis 889. 925
ACACII Martyris corpus in mare projectum, Calen in Calabria appellit 125
ACCON à Saracenis obsessa — 48 capitur — 49
ACHARDUS Episc. Lingonensis 381
— vir pius, Ecclesiam Lanoscleæ à patre conditam dotat — 557
ACHARIUS Episcopus Noviomensis & Tornacensis 90. 917
ACMERICUS Monachus cœnobium Belmontis regit, quod ab eo deinde Achericii cella dictum est 614
ACILICINA mater Guillelmi Comitis Caturcensis — 379
ADA uxor Theoderici de Avenis: ejus pietas 98/
ADALARDUS Episcopus Aniciensis — 371
— Abbas Corbeiensis 407
ADALAUDUS Archiepiscopus Turonensis — 243
ADALBERO Archiepiscopus Remensis 314. 363 734 Summus Lotharii Regis Francorum Cancellarius 314 bello persequitur nobiles Ecclesiasticorum bonorum pervasores 363 Monachos in cœnobio S. Theoderici restituit 565.571 Monasterium Mosomense condit 667 ejus obitus 574
— Episcopus Laudunensis 571
— Episcopus Metensis 210. 748
ADALBERTUS Abbas Castrensis — 570. 571
ADALGARIUS Episcopus Augustodunensis 472 — 361.
S. ADALGISI corpus translatum in Monasterium S. Michaëlis in Tirascià 711
ADALGISUS Desiderii Longobardorum Regis filius, Italiâ pulsus 371
ADALINDA Caroli M. concubina 174
ADALRICUS Dux rebellis in Theoderi cum III. ejus bona fisco adjudicantur, eorumque pars Besuensi Monasterio donatur 403
— Abbas S. Teuderii — 361. 366. 367
ADALSINDA filia Amalgarii Ducis, prima Dornatlaci Abbatissa 401 cœnobium suum donat Monasterio Besuensi 402

Index rerum Memorabilium.

ADALULFUS primus Episcopus Carleoli: ejus obitus - 151
ADAM Episc. Sylvanectensis - 619
—— ex Archidiacono Parisiensi Episc. Tarvanensis 8:3 ejus obizus 867
—— Abbas Piscariensis 941 ejus obitus 945
—— II. Abbas Piscariensis 947. III. Abbas Piscariensis, antea Praepositus 958
—— Abbas S Dionysii in Franciâ 495 ejus obitus. —2
—— Abbas Sancti Judoci de Nemore — 497
—— Gourdun, nobilis Scotus: ejus duellum cum Eduardo filio Henrici III. Regis Angliae — 101
—— de Marisco, Ord. FF. Minorum, eximius Theologiae Doctor - 195
ADDOLENUS Episcopus Albiensis 472
ADELA Regina, uxor Ludovici VII. ejus obitus - 21
—— uxor Richardi III. Ducis Normanniae: quaenam ei dotati jure concessa sint - 190
—— uxor Hugonis Comitis Virmandensis, praebendam Ecclesiae S Quintini Virmandensis donat Ecclesiae S. Quintini Belvacensis - 437
—— uxor Balduini I. Comitis Gisnensis 783
—— Comitissa Lovaniensis 770
—— filia & heres Gaufridi Comitis Gastinensis, nubit Ingelgerio Cambellano Regis Fr. — 238 in Monasterium secedit — 239
ADELAIS Regina uxor Ludovici Balbi, mater Caroli Simplicis - 348
—— Regina uxor Ludovici VI. ejus consensûs mentio in diplomate regio - 481
—— filia Hugonis Burgundiae Ducis, uxor Henrici IV. Comitis Lovaniensis, ac Ducis Brabantiae - 2.4
—— filia ejus Henrici, uxor Guillelmi Comitis Arvernorum - 295
—— uxor Theobaldi Comitis Francorum - 408
—— Oddonis Marchionis vidua, socrus Henrici II. Imp - 393 ejus liberi ibid.
ADELARDUS Abbas Lobiensis - 45
—— Abbas S. Trudonis 660 661
—— II. Abbas S Trudonis Monasterium suum, & Ecclesias ab eo pendentes instaurat 662. 663 sub vitae finem vexatur ab Episcopis Leodiensi & Metensi, aliisque magnatibus 663. 664 caetera ejus gesta, & obitus 664. 665. 667
—— Abbas S. Vitoni Virdunensis, 239
—— Abbas Senoniensis 617
ADALBERTUS Episc. Metensis 228
—— II. Episcopus Metensis, Beatricis filius, Theoderici Ducis frater 229. 238 antea Episc. Virdunensis 1. 238
—— III. Episcopus Metensis 229
—— Episc. Leodiensis, frater Godefridi Ducis Lovaniensis 701 ejus mors & laudes 302
—— II. Episc. Virdunensis 238
—— de Lucelembure, Praepositus Ecclesiae S. Paulini Treverensis, Archiepiscopatum Treverensem invadit 114 invitus dimittit 215
—— Abbas Gladbacensis 687
—— Abbas S. Benigni Divionensis 391
ADALBERTUS Italiae Rex decernit Episcopum Pinnensem nullum jus habere in Monasterium Piscariensis. 941
—— Cancellarius Henrici V. Imp. dein Archiepisc. Moguntinus 221 680. 687 Brunonis Archiepisc Treverensis quem laeserat, operâ è carcere liberatur 221 A S. Legatus 213
—— Episcopus Senogalliae 949

—— ex Monacho Gorziensi Abbas Mediani Monasterii, & S. Deodati 614
—— Monachus Piscariensis, dein eremita condit Monasterium S. Nicolai de Civitatulâ, &c. 911
ADELBODUS Abbas S. Trudonis 660
ADILBOLDUS Clericus Leodiensis, dein Episc. Ulterioris Trajecti 742
ADELFRIDUS Episc. Noviomensis & Tornacensis 917
ADILGISUS: Vide Grimo
ADELMARUS Abbas S. Vitoni 239
ADELMUS Abbas Castrensis - 570. 571
ADELPHUS Episc. Metensis 22
ADEMARUS Abbas S. Benigni Divionensis 396
—— de Muro veteri, pactum init cum Guillelmo domino Montipessulani de futuro matrimonio neptis suae cum illius filio - 555 id pactum rescinditur - 560
ADHERICUS Episc. Aurelianensis - 406
ADO Archiepisc. Viennensis - 358. 360 in Synodo confirmat Ecclesiam Velnensem Abbatiae Sancti Eugendi Jurensis - 310
—— S. Audoeni frater 80
ADRALDUS Abbas Bremensis - 391
—— Archidiaconus Trecensis, conditor Monasterii S Sepulcri 474
ADRIA Regnum à Clemente VII. institutum, & plurimis conditionibus oblatum Ludovico Duci Andegavensi & Turonensi - 746
ADRIANI Papae V. Epistolae aliquot 515. 516. 971 - 510
ADVENTII Episc. Metensis 223. 228.661
ADULFUS Comes de Naasso, fit Rex Romanorum - 49. 212 in praelio interficitur - 13. 215
—— Archiepisc. Coloniensis - 177
ADULTERAE Christo oblatae historia perpenditur - 454
ADZO Abbas S. Basoli 512
AEGIDIUS Augustini, Ord. Eremitarum S. Augustini, & scriptor celebris, Archiepisc. Bituricensis 199. 200 - 51 ejus obitus - 71
—— Archiepisc. Narbonensis - 63 dein Rotomagensis - ibid. 708 praecipuus Philippi IV. Consiliarius - 63 Capellanus Ludovici X. - 708 Archiepisc. Remensis depositus 235
—— Cornuti, Archiepisc. Senonensis - 34
—— Abbas de Bosco 852
—— ex Monacho Altimontensi Abbas Lobiensis 758
—— ex Priore Abbas S. Dionysii in Franciâ - 56
—— de Cellâ, Abbas S. Martini Tornacensis 916. II. de Warnariâ ibid. III. Muisis ibid.
—— Bruni, Constabularius Ludovici IX - 290 634. 647
AELITIA Abbatissa Villarensis - 614
AENEAS SYLVIUS Episc. Senensis - 796 ejus Epistola ad Hippolytum Mediolanensem de castitate - 788
AEONIUS Archiepisc. Arelatensis - 304. 305 307
AFFLIGEMIENSIS Monasterii origo fusè descripta 770 & multa à multis donatur 775. 776 multi nobiles vitam monasticam in eo proficuntur 774. 775 saeculo XIII. adhuc nobile pietate monachorum 778 igne succenditur ibid. restituitur 779 Abbati conceditur usus anuli, mitrae, &c. ibid. mensae Archiepisc. Mechliniensis annectitur ibid.
AGANO Episcopus Augustodunensis 395 - 412
AGATHON Episc. Ostiensis 115
AGATIMBER Episc. Metensis 226

AGAUNENSE Monasterium conditum à Sigismundo Burgundionum Rege 360
AGERICUS Episc. Virdunensis 135 ejus laudes canit Fortunatus Presb. 136
—— Abbas sancti Martini Turonensis 210
—— Abbas Senoniensis 612
AGILBERTUS Episc. Biterrensis 472
—— Abbas Sancti Benigni Divionensis 370
AGILMUNDUS Notarius Ludovici II. Imp. 930
AGILO Comes Turonensis - 303
AGILUS Abbas Resbacensis 151 ejus Imp. 570
AGNES uxor Henrici II Imp. 748. 948
—— uxor Guillelmi domini Montispessulani filii Mathildis - 510. 561
—— filia Anselmi de Ribodunonte, uxor Gosceguini de Avenis: ejus pictas 905
AGREBERTUS Episc. Virdunensis 136
AGRETIUS Archiepisc. Treverensis 110
AGRINUS Episc. Lingonensis 1. confirmat donata à Geilone Episcopo Monasterio Besuensi 412
AGROINUS Episc. Virdunensis 136
AGURICUS Episc. Lausanensis - 379
AIGILENUS Abbas S. Petri Vivi Senonens. 468
AIGLO Abbas S. Petri Vivi 464
AIGULFUS Episc. Metensis 226
—— Abbas S. Dionysii 368
AIMARUS Archiepisc. Lugdunensis - 684 Episcopus Aniciensis 791
AIMERICUS Rex Cypri, sic Rex Hierosolymitanus - 19
—— Cardinalis Diac. S. R. E. Cancellarius 577. 578
—— Abbas Piscariensis 939
—— de Lizeneio, Comes Engolismensis - 156
—— Comes Fezenciaci 595
—— Comes Narbonensis 509
—— de Valentiis, Comes Pambrochiae - 116. 240. 431
AIMO Abbas Vezeliacensis 504
—— Comes Sabaudiae - 102
AINERIUS de Caninoli, Abbas Condomensis 587. 692
AIRALDUS Abbas Figiacensis - 416
AIRARDUS Archiepisc. Turonensis. 466
—— Episc. Noviomensis & Tornacensis 917
—— ex Monacho S. Remigii Remensis Abbas S Theoderici 566
AIRIACENSIS Conventus 474
ALANUS Episc. Avenionensis - 774
—— Episcopus Autissiodorensis 535 - 504
—— Episc. Corisopitensis 172. 100
—— Episc. Sistaricensis - 154
—— la Souche, Justitiarius Angliae - 102
—— de Galweche, Constabularius Scotiae - 181
ALARDUS primus Ab. Aquicincti 771
ALBARONUS dominus de Montefrino 638
ALBERICUS Cardinalis Episc. Ostiensis, A. S. Legatus 109 - 144
—— Archiepisc. Bituricensis: ejus obitus - 6
—— Archiepisc. Remensis: ejus obitus 858
—— Cornuti, Episc. Carnutensis - 35 ejus obitus - 34
—— Episc. Lingonensis 375. 405 Besuense Monasterium instaurat, eique plurima donat 405. 406. 407
—— Abbas S. Benigni Divionensis 381
—— ex Monacho Piscariensi, Abbas S. Joannis de Arelano, & S Mariae de Piczano, dein Abbas Piscariensis 963
—— Abbas Vezeliacensis 519
—— Vicecomes Aurelianensis - 378
—— Dominus Monthesauri - 180. 181
ALBERO

Index rerum Memorabilium.

ALBERO Archiepisc. Trevirensis 229. 253
— Episc. Virdunensis 252
— Abbas Noemburgensis & Lunæburgensis — 486
— Auſtriæ Dux ſit Rex Romanorum — 53. 223 interficitur — 62
ALBERTUS Cardinalis Presb. S. R. E. Cancellarius 88; - 157
— Cardinalis, A. S. Legatus - 510. 516
— A. S. Notarius - 648. 650 antea A. S. Legatus in Angliâ - 648
— Episc. Leodienſis - 295
— de Marceyo Episc. Virdunenſis 258 Monachum induit in cœnobio S. Vitoni ibid.
— II. Episc. Virdunensis 260
— Abbas Aſſligemienſis 777
— Abbas Haſnonenſis - 423
— Abb. Majoris-Monaſterii - 414
— Abbas S. Petri-Vivi Senonenſis 465
— Comes Chiſneienſis 253
— Comes Metenſis 394
— Comes de Muſal 663
— Comes Namurcenſis 493 - 286 ejus poſteritas - 286
— II. Comes Namurcenſis, Primi filius 493 - 286 ejus poſteritas - ibid.
— III. Comes Namurcenſis 714. 748
— Comes Virmandenſis, conditor Monaſterii S. Præjecti, in urbe S. Quintini - 410
— Dux filius Ludovici Bavari, regens Comitatum Hannoniæ - 133. 1. 5
— Marchio Brandeburgenſis - 798
ALBIGENSIUM hæreſis quo tempore exorta 841 - 22 eos Franci bello perſequuntur - 22. 23 & ſqq.
ALBINUS ALCUINUS in ſingulis numeris à denario ad unitatem quid obſervari poſſit à Chriſtiano homine breviter deſcribit - 321 decem legis præcepta explicat - 322 quot modis quælibet res poſſit videri docet ibid, item vor ſeptem Pſalmi pœnitentiales, graduales verò quindecim 323 & cur Pſalmi CXVIII. adeo frequens in Eccleſiâ uſus ibid.
ALBRICUS Archiepiſc. Remenſis 490
— Epiſc. Marſus 131
— Abbas S. Baſoli 880
— De Branâ, Abbas S. Medardi Sueſſionenſis 489
ALBUINUS Longobardorum Rex 361
ALCOBACIÆ Monaſterium Ceicenſe Monaſterium ſubjicitur — 558
ALCUINUS Abbas S. Martini Turonenſ. 465
ALDALDUS Archiepiſc. Senonenſis 469
ALDEBERTUS Epiſc. Aginnenſis 591
— Comes Petragoricenſis — 476
ALDEFONSUS Gallicìæ atque Aſturiæ Rex Carolo Magno addictus 373
— VI. Hispaniæ Rex, cenſum Monaſterio Cluniacenſi in ſuo Regno conceſſum duplicat — 407 pro eo ſtatuta S. Hugonis Abbatis Cluniacenſ. — 408
— Hiſpaniæ Imperator, Monaſterium SS. Facundi & Primitivi Cluniacenſi Monaſterio ſubdit — 487
ALDEGARIUS Epiſc. Albienſis — 571. alter ibid.
ALDOFENSE Monaſterium in Alſatia à parentibus Leonis Papæ IX. conditum 616
ALDRICUS Abbas S. Petri Ferrarienſis, dein Archiepiſc. Senonenſis 465
— Abbas Centulenſis 301
ALFIDIS Regina Angliæ, filia Godefridi cum barbâ 777
ALESTANNUS Abbas S. Vitoni 259. alter ibid.

ALESTRANNUS Abbas Lobienſis, diſciplinam monaſticam ibi reſtituit 719
ALEXANDER Papa II. ejus literæ in gratiam Monaſterii Piſcarienſis 956
— Papa III. huic Cluniacenſes adhærere renuunt 535 quàm parum abfuit quin ab eo diſcederet Regnum Francorum 539. 540 ejus literæ in gratiam Monaſterii Piſcarienſis 973. & ſqq. & Monaſterii Vezeliacenſis 541. & ſqq. & Monaſterii Fontanenſis 573 Epiſtola ad Henricum Archiepiſc. Remenſem, & ſuffraganeos ejus — 518
— Papa IV. ejus literæ, quibus privilegia quædam Ludovici IX. concedit — 633 jubet per Eccleſiaſticos non ſtare quominus in Clericos facinoroſos animadvertatur — 634
— Guillelmi Regis Scotiæ filius — 182 Rex Scotorum — 195. 206. 207 ejus mors — 211
— Epiſc. Ceſtrenſis 867 ejus obitus — 191 auctor Poſtillatum ſuper Pſalterium ibid.
— Leodienſis Eccleſiæ Sacriſta & Archidiaconus, ſit Epiſc. Leodienſis ab Imperatore Henrico V. 698 excommunicatur à Calixto II. ibid ſe abſolvi curat 699 reducitur Leodium à ſuis 700 Epiſcopatui renuntiat 700. 701 Romam vadit 701 conſecratur ibid, à Clericis ſuis accuſatus, abſolvitur 701. 701 de eo 751 — 479
— Epiſc. Lincolnienſis — 144. 506 Regni Angliæ Cancellarius — 145 eum Stephanus Rex caſtris ſuis multat ibid.
— Abbas Aquicincti 813
— de Monte-acuto, Abbas Flavinianenſis, dein S. Benigni Divionenſis 397
— Abbas Fontanenſis 576
— Abbas Mediani Monaſterii 670
ALEXANDRIA urbs in Lombardiâ conditi — 156
ALFANDUS Epiſc. Cabellionenſis — 518
ALFONSUS V. Hiſpaniæ Rex: ejus obitus — 152
— Rex Caſtellæ, Legionis, Galliciæ, &c. Electus in Regem Romanorum, pactum init cum S. Ludovico de matrimonio filii ſui Ferrandi cum Blanchâ ejus filia — 662
— III. Rex Aragoniæ — 17. 141 Monaſterium FF. Minorum condit in Inſulâ Majoricâ — 691 ejus obitus — 51 141. 142.
— V. Aragonum Rex: ei Eugenius Papa IV. Siciliæ Regnum concedit — 815. 816 Picenos in obedientiam Eccleſiæ reducit — 816 cum eum de Siciliæ Regno inveſtire recuſarit Calixtus III. — 817
— Cardinalis Presb. SS. Quatuor Coronatorum, Epiſc. Valentinenſis, ſit Calixtus Papa III. — 797
— Abbas Caſtrenſis — 170. 571
— frater S. Ludovici, Comes Arvernorum — 34 & Pictavenſis 492 — 34 192. 643. 670. 671 uxorem ducit Joannam ſiliam Comitis Toloſæ — 34 dicitur Toloſanus Comes Toloſanus — 670. 671 à Saracenis captus liberatur — 36 liberatates & conſuetudines villæ Ricomagoconcedit — 671 ejus obitus — 42
— Ferrandi Infantis Caſtellæ filius, regnum Caſtellæ quod ſui juris erat, repetit — 51 ejus generoſus animus — 52 à patruo deſeritur ibid. de eodem — 54
— de Hiſpaniâ, ex Canonico & Archidiacono Patiſienſi Miles — 86 ejus obitus — ibid, 87
— filius Eduardi IV. Anglorum Regis: ejus obitus — 209
— Segura, Decanus Toletanus,

Orator Nicolai Papæ V. in cauſâ Schiſmatis — 777. 778
— Camerarius S. Ludovici — 636. 647
ALGASIUS Dux Aquitanorum 580
ALGOTUS Abbas Criſpinienſis 7:3
ALGRINUS Cancellarius Ludovici VII. — 663
ALICIUS S. Eligii frater, Monaſterium Sellentiaci condit 95
ALIENARIS res ſuas Montiſpeſſulani cives, niſi majores XXV. annis non poſſunt, — 563
ALIENORA filia Guillelmi IX. Aquitaniæ Ducis nubit Ludovico VII. - 143 ejus diſcordiæ cauſa cum marito - 8 ab eo ſeparatur — 9 nubit Henrico Duci Normanniæ & Comiti Andegavenſi, dein Angliæ Regi II. — 9. 143 ejus liberi — 9 ejus literæ ad Alexandrum III & ad Hyacinthum Cardinalem — 518 ab Henrico marito carceri mancipatur — 162 à Richardo filio liberatur - 167 ejus obitus - 180
— filia Comitis Provinciæ, nubit Henrico III. Anglorum Regi — 190. 633 poſt ejus mortem ſit ſanctimonialis apud Ambreſburiam — 210 ejus obitus — 212
— ſoror Aldefonſi Regis Caſtellæ, nubit Eduardo filio Henrici III. Angliæ Regis, poſtea Regi IV. — 195 ejus obitus — 211
— filia Henrici II. Regis Angliæ, nubit Alfonſo Hiſpaniæ Regi - 157.
— filia Eduardi IV. Angliæ Regis, nubit Henrico Comiti Barrenſi — 213
— filia Caroli II. Siciliæ Regis, ſpondetur Frederico de Aragoniâ — 55
— filia Gaufridi Comitis Britanniæ: ejus obitus — 193
ALMARICUS frater Balduini III. ei in Regno Hieroſolymitano ſuccedit — 154 ejus mors — 160
— Abbas Cari-loci, dein Epiſc. Sylvanectenſis: ejus obitus — 11
— Comes Montisforti 49 — 19 bellum infeliciter gerit contra Albigenſes — 19. 30 & in Palæſtinâ — 33 capitur à Saracenis ibid. ejus obitus — 34
— de Monteforti filius Simonis Comitis Leiceſtrenſis — 44
ALMERICUS Tayus, Abbas Affligemienſis 779
ALO de Duno-caſtro Virdunum incendit 243
ALOLDUS Abbas S. Vedaſti Atrebatenſis - 423
ALPARIUS Abbas Piſcarienſis 941
ALWINUS Abbas Rameſiæ - 507
ALUISUS ex Monacho S. Bertini Abbas Aquicincti 730. 807 — 493 dein Epiſc. Atrebatenſis 750. 753. 807 - 6. 493. 494 crucem ſumit, & in Oriente moritur 807. 808. 754
ALULFUS Monachus & Cantor S. Martini Tornacenſis, auctor Gregorialis 899. 900
AMADEUS Abbas Flavinianenſis 588
AMALARIUS Fortunatus, auctor libri de Officiis, Archiepiſc. Trevirenſis 233 ejus epiſtolæ aliquot — 330 explicat ea verba Calix ſanguis mei, &c. ibid. ſe excuſat de eo quod ſtatim à ſacrificio ſpueret — 331 ejus ſententia de tempore quo ad Chriſti corpus accedendum eſt — 332 de quadrageſimali jejunio, &c. - 333
AMALBERTUS Chorepiſcopus Virdunenſem Eccleſiam regit 237
— Comes Novioenſis 220
AMALGARIUS Dux Monaſteria Beſuenſe virorum, Dornatiacenſe puellarum condit 400 ejus uxor & filii 410. 411
AMALRICUS Gothorum Rex à Francorum R R R r r

Index rerum Memorabilium.

rum Regibus victus & interfectus 561
―― Archiepisc. Turonensis 113
―― Comes Montisfortis, Constabularius Franciæ - 607
―― Miles, non pauca donat Majori-Monasterio, consentientibus filiis - 413
―― Hæreticus, igni traditur - 185 ejus errores ibid.
AMANDUS Canonicus S. Mariæ Tornacensis, dein Monachus S. Martini, Prior Aquicincti, & Abbas Marcianensis 909
―― Abbas S. Martini Tornacensis 916
―― Vasconum Dux 568
AMANTIUS Episc. Rutenensis 166
AMATUS Patricius Gunthramni Regis, à Longobardis cæsus 342
AMBASIACI descriptio - 166 ejus dominorum gesta - 160. 161 173 & seqq. illic Ecclesia Collegiata S. Mariæ - 158 & Monasterium S. Thomæ ab Hugone castri domino conditum - 182
AMBIANENSI Ecclesiæ non pauca donant Augilguinus & uxor ejus Rimuldis - 342 ejus Diœcesis præbendarum, ac beneficiorum collationem sede vacante ad Regem non pertinere decernitur - 716
Ambianensis Ecclesia S. Martini donationibus Episcoporum aucta - 494 in eâ Canonici Regulares constituuntur ibid. promovetur in Abbatiam - 497
AMBROSIUS Archiepisc. Mediolanensis 110
―― Episc. Bergamensis 134
―― Cancellarius Othonis I. Imp. 941
―― Abbas S. Trudonis 660
AMEDEUS dictus Felix Papa V. de Schismate occasione electionis ejus varii tractatus - 768 & seqq. Bulla dum Papatui renuntiat - 784. 785 fit Cardinalis Episc. Sabinensis, A. S. Legatus - 734
AMELIUS Episc. Albiensis - 570
AMERICUS Sanctius Abbas Condomensis 195
AMICIA Comitissa Leicestrensis, Domina Montisfortis, nonnihil pro anniversario suo donat Ecclesiæ Carnutensi - 569
AMICUS Præpositus Virdunensis, Ecclesiam S. Crucis condit, atque in eâ Canonicos collocat 239
AMOLO Archiepisc. Lugdunensis - 339
AMOR Dei & amor mundi quantum inter se differant - 453
AMULGUINUS Episcopus & Monachus Lobiensis 733
ANASTASIUS Papa I. Chlodoveo Francorum Regi, quòd Christianam fidem amplexus sit, gratulatur - 304
―― Papa IV. ejus literæ aliquot pro Monasterio Vezeliacensi 514. 515
―― Archiepisc Senonensis 471. 472
―― Abbas Figiacensis - 519
―― Abbas S. Petri-Vivi Senonensis 465. 476
―― Notarius Regionarius, & Scriniarius Romanæ Ecclesiæ - 561. 567
ANCELLUS Comes Dominus Caprusiæ, Vexillifer Philippi IV. Francorum Regis: ejus gesta - 57
ANCHERUS Cardinalis Presb. S. Praxedis - 610. 618
ANDEGAVENSEM Episcopum eligendi ratio in præcipua Electi officia & jura 167. 168 jus consecrationis ritus 171. & 172 quas Ecclesias pot consecrationem visitabat 170 180 quas procurationes à Prioribus à Majori Monasterio præceditis poterat exigere; quas idem poterant Archidiaconi, Archipresbyteri, & Decani Andegavenses 105 procurationes Legatorum A. S. in pecuniâ solvere non tenebatur 101 ejus exequias celebrandi ratio 160
Ex Andegavensi Ecclesiâ S. Albini ejiciuntur Canonici, & in eâ constituuntur Monachi à Gaufrido Comite Andegavensi - 377
Andegavense Monasterium S. Nicolai conditum à Comite Fulcone Nerra 23. perfectum à Gaufrido Martello - 158 ejus societas cum Ecclesiâ Andegavensi S. Laudi - 428 429
Andegavensium Comitum gesta - 232 & seqq.
Andegavis Concilium Provinciæ Turonensis celebratum pro subsidio Terræ-Sanctæ 178
S. ANDEOLI adventus in Galliam, ac martyrium 358
ANDREAS Hungariæ Rex se, ac Regnum suum interdicto suppositum esse injuste conqueritur apud Gregorium IX. - 610
―― Episc. Atrebatensis 809 ejus obitus 811
―― de Lucemburgo Episc. Cameracensis & Comes: ejus testamentum - 755
―― Episc. Noviomensis - 54
―― ex Majori Præposito S. Lamberti Lodicensis, Episc. Ulterioris-Trajecti 700
―― Abbas Casalis-Benedicti: ejus vita 461
―― Prior Marcianensis: ejus Historia in tres libros digesta 781
―― Scriniarius Romanæ Ecclesiæ 504
―― de Karle, Comes Carleoli: ejus supplicium - 80
―― de Moraveâ, Senescallus Scotiæ - 110
ANDRENSIS Monasterii origo 781. 782 ei multa à multis donantur 782, 783 784. 785. 786. 787. 788. 789. 790 ejus bona confirmantur à Joanne Episc. Tarvanensi 791 & à Paschali Papâ II.794 797 aliæ donationes ei factæ 795 796. 97. 798. 799. 800. 801. 802 Monasterium cœlesti igne flagrat 803. alia ei donantur 803. 804. 805. 811. 814. 815 muris cingitur 815. 817 ei privilegia quædam concedit Alexander III. 812 de ejus bonis 816 & seqq. Monachorum consilia de eligendo è suis Abbate 856 eis licentia datur eligendi Abbatis, quem Carrofensi Monasterio præsentent 839 quid à Carrofensibus, aliisque passi sint ibid. & seqq. Monasterii bona confirmat Innocentius III. 845. 851 ac decernit quatenus Carrofensi Monasterio subjectum esse debeat ibid. alia Monachis concedit ibid, 851
ANGELRAMNUS Cancellarius Imperat. Episc. Metensis 612 obtinet Abbatiam Senoniensem ibid.
―― Abbas S. Trudonis 660
ANGELRAMNUS Abbas Centulensis: ejus parentes ac prima institutio 311 Monasterio sua non nulla comparat, atque alia restituit curat 332 & seqq. ejus liberalitas in pauperes 334 vitam S. Richarii 335. 336. 340 gravi morbo laborat 336 ejus obitus 339 miracula 340 carmina in ejus laudem ibid.
―― Comes Pontivorum, non nulla donat Monasterio Centulensi 333. 337
―― II. Comes Pontivorum 343 à Normannis occiditur 345
ANGELUS de Baro, Episc. Biterrensis 757
ANGARAMNUS Episc. Metensis, Novæcellæ Monasterium condit 218
ANGILBERTUS Caroli Magni gener fit Monachus Centulæ 301 ejusdem loci Abbas sit ibid. monasterium ædificiis novis, tribus Basilicis, ac plurimis SS. reliquiis auget ibid. & seqq. ejus statura 306 obitus 308 corpus ejus inventum transfertur 313. 314
ANGILGUINUS & uxor ejus Rimuldis non pauca donant Ecclesiæ Ambianensi - 342
ANGILMARUS Archiepiscopus Viennensis - 340 res à Wigerico Comite ablatas sibi restituit curat - 343 basilicas à Maurigio constructas non nulla loca tribuit - 356
ANGLIÆ Regnum in feudum datur Ecclesiæ Romanæ à Joanne Rege - 183. 578 ejus comitia convocandi ratio antiqua - 394 scribarum numerus - 395 quinam Parlamento convocati non vocati interesse - 396 eos qui interesse debebant vocandi ratio ibid. alia in Parlamenti initio servanda ibid. Parlamento Rex, intereste debebat ibid. quo quisque ordine in illo sederet - 397 quibus diebus aut horis Parlamentum teneretur - 395 de quibus negotiis in eo tractaretur ibid. quid servandum erat, ubi quid difficilius emergebat, aut ubi in diversas sententias abibant ibid. quando subsidia à Rege peti poterant - 397 quando concessa censebantur, & quæ esset suffragiorum vis ibid. ut dissolveretur Parlamentum ibid. quid servandum erat ab eo qui inde volebat discedere ib. d. transferripta eorum quæ in Parlamento acta erant, nemini neganda ib. id.
ANGUERANNUS de Marigniaco Ecclesiam B. Mariæ de Escoys condit, & Canonicos in eâ collocat - 67 ejus potentia - 69 communi latronum patibulo suspenditur - 69. 70 in choro Carthusiensium Parisi. sepelitur - 75
ANNA filia Beraldi Delphini Arvernaæ: cum eâ dispensatur ut Ludovico Borbonensi Duci nubat - 734
ANNI definitio - 517
ANNIBALDUS Cardinalis Episc. Tusculanus - 712
―― Cardinalis Presb. XII Apostolorum - 610. 638
ANNO Archiepisc. Coloniensis, tutor Henrici Regis Alemanniæ - 6
ANSBERTUS Archiepisc. Rotomagensis 167. 284 & Abbas Fontanellensis ibid. à Pipino Majore-Domûs in exilium ejectus 167
ANSCULFUS Episc. Suessionensis 489
ANSEGAUDUS Episc. Abrincatensis 130
ANSEGISUS ex Monacho Fontanellensi Senonensis 466 Primas Galliæ & Germaniæ 467 ejus obitus 468
―― Episc. Trecensis 470
ANSELMUS Monachus Beccensis, dein Archiepisc. Cantuariensis 890 - 433. 506 Monologium quod Lanfranco mittit - 433 libri de Verbi Incarnatione 890 præclara dat monita aliquot monachis - 433 - 434 Anselmo sororis filio - 434 Presbyteros qui fœminas dimittere nolunt jubet à sacris arceri ibid. subsidium ab Ecclesiâ Romanâ petit - 56 de calamitatibus suis Episcopos Hiberniæ certiores facit, eosque officii sui admonet ibid.
―― Episc. Bellicensis - 12
―― Episcopus Laudunensis Carolum Ducem prodit Hugoni Regi Francorum 493
―― Ex Monacho S. Medardi Suessionensis Abbas S. Vincentii Laudunensis 925 dein Episcopus Tornacensis ibid. - 7. 497. 498 ejus obitus 926
―― ex Canonico Reg. S. Dionysii Remensis primus Abbas Cisoensis 176 - 488
―― Abbas

Index rerum Memorabilium.

—— Abbas Gemblacensis 769
—— Comes Palatii Caroli M. 372
—— —— Comes de Ribodimonte — 292 ejus in Terrâ-sanctâ peregrinantis Epistola ad Manassem Archiepisc. Remensem — 433
—— Laudunensis Magister: ejus obitus — 2
Ansfridus primus Abbas Pratellensis 289
Ansigisus obtinet simul Abbatias S. Sixti, S. Memmii, Flaviacensem, Fontanellensem, & Luxoviensem, omnesque optimè administrat 279 *& seqq.* aliquot etiam munia obit in aulâ Regiâ *ibid.* ejus liberalitas erga pauperes 282 statuta *ibid.*
Anso Abbas Lobiensis : ejus opera 733
Antiochia diù obsessa à Christianis, & nobiles pugnæ in illâ obsidione editæ - 430. 431 tandem capta - 433
Antonius Archiepisc. Mediolanensis - 712
—— de Beco, Episc. Dunelmensis - 209. 214
—— Crepin, Electus Parisiensis, mox Episcopus Landunensis - 777
—— ex Priore Cellæ-Laci Abbas Senonensis 619
Anulinus Proconsul Africæ 69
Apamia it urbs Episcopalis - 53
Apollinaris Abbas S. Mauricii, S. Apri Tullensis, & S. Benigni Divionensis 363
Apopoculus Archiepisc. Trevirensis 212
Aprunculus Archiepisc. Trevirensis *ibid.*
Aptadius Episc. Metensis 227
Aquila Abbas S. Petri-Vivi Senonensis 466
Aquis-salviis Monasterium conditur - 5
Aquitaniæ Dux sit Par Franciæ - 39
Aragisus Dux Beneventanus 372
Araldus Episc. Carnutensis, Ecclesiæ suæ præbendam concedit Monasterio Cluniacensi - 410
Arator Episc. Virdunensis 235. 241
Arbertus Episc. Ebredunensis - 343
—— Vicecomes Toarcensis - 476
—— Miles, non pauca donat Monasterio S. Andreæ Viennensis 414
Arbogastus Episc. Argentoratensis 606
Archembaldus Archiepisc. Senonensis Monasterium S. Petri-Vivi diripit 470 ejus misera mors *ibid.*
—— Aurelianensis Ecclesiæ Subdecanus, bona sua ab aliis ejusdem Ecclesiæ Clericis devastata esse queritur apud Archiepisc. Senonensem - 488 cui in ejus gratiam scribit Gaufridus Episc. Carnutensis - 489 Innocentius Papa II. omnia ei restitui jubet *ibid.* eos à quibus interfectus fuerat, sibi devotos certis conditionibus absolvi posse scribit - 493
—— de Borbonio : ejus transactio cum Petro de Blot - 549
—— de Douglas, Comes Moraviæ rebellis, in prælio interf. ctus - 822
Archengerius Abbas S. Petri Vivi 469
Archiepiscopus est non qui pallium gerit, sed cujus sedi aliæ sedes Episcopales subsunt 222
Arbicio Cardinalis Diac. S. Theodori 879. 883. 921
Ardingus Episcopus, Archicancellarius Berengarii Imp. 940
Arduinus Archiepiscopus Turonensis - 378
—— Episc. Lingonensis 414. 415 duas Ecclesiæ suæ præbendas donat Monasterio Besuensi 428
—— Abbas S. Germani Autissiodorensis 553
Tom. III.

Arelatensis Monasterii Montis-Ma joris bona ac privilegia confirmantur à Pontio Archiepisc. Arelatensi — 384 qui indulgentias concedit his qui in illo cryptam S. Crucis piè visitarint — 385
Argentoratum urbs ab exercitu Hermanni, qui se pro Imperatore gerebat igne succensa 616 civium bellum cum Gualtero Episcopo 652. 653. 654
Argradus Episc. Cabillonensis —— 37 b
Argrinus Episc. Lingonensis 379
Argunnæ Cœnobium ab Eustachio conditum 155
Aribertus Rex Francorum, Chlotarii I. filius 361. 362
—— Chlotarii II. Regis Fr. filius, Rex Provinciæ & Aquitaniæ 366. 367
Aridius Archiepisc. Lugdunensis 364. 365
—— Abbas S. Benigni Divionensis 373
Ariensibus in Artesia leges Communiæ, sive Amicitiæ dat Philippus I. Comes Flandriæ 553
Aries Episc. Legionensis —— 488
Arigaudus ex Monacho S. Benedicti suprâ Ligerim, Abbas S. Petri-Vivi Senonensis 469
Arigundis altera uxor Chlotarii I. Francorum Regis 362
Arkes villæ leges datæ à Jacobo Abbate S. Bertini — 607
Armanni de Omellaz pactum de futuro matrimonio cum Sibyllâ filiâ Petri de Obillone —— 483
Arminius Rex Armorum Ferdinandi Regis Siciliæ — 815
Armonius Episc. Virdunensis 236
Armorica à Romanis amissa —— 168
Arnaldus Episc. Albiensis —— 571
—— Episcopus Arvernorum, Ecclesiæ S. Juliani in villâ Caneto à se dedicatæ non pauca donat — 372
—— Episc. Barcinonensis —— 624. 640
—— Abbas Castrensis —— 570. 571
—— Odonis de Lomaiha, Abbas Condomensis 599. 600. 602 ejus obitus 600
—— Abbas S. Petri-Vivi Senonensis, capitur à Petro Aimaro Milite 477 liberatur à Petro Episc. Claromontano 478 Mauriacensium Monachorum rebellionem quàm ægre castigarit 479 *& seqq.* ejus lis cum Abbatibus Molismensi, & Rcomensi 482. 483 aliquot libros describi curat 484
—— filius Garsiæ Vasconum Principis, Comes Astariacensis 581
—— Traverii, Cancellarius Sancii Regis Majoricarum — 710
—— de Brixia, hæresis auctor — 7. 146
Arnoldus Episc. Metensis 226
Arnoldus Dux Gelrensis & Juliacensis — 787
—— Gandensis Castellani filius, Comes Gisnensis 810 ejus mors 811
Arnulfus Martyr : ejus historia 561. 562 in ejus nomine conditur Ecclesia 562 ejus corpus Guillelmum transfertur 563 dein Mosomum 565. 566 ejus miracula 564. 566 ejus corpus iterum transfertur 567
—— frater naturalis Lotharii Francorum Regis, Archiepiscopus Remensis 473. 572 deponitur operâ Hugonis Regis 417. jussu summi Pontificis restituitur à Seuvino Archiepisc. Senonensi *ibid.*
—— Episc. Leodiensis — 102
—— Episc. Lexoviensis : huic Electo obsistit Comes Andegavensis, quem ne audiat, summum Pontificem precatur S. Bernardus — 496 Cœlestino II. de electione suâ gratulatur — 517 Guillelmum Episcopum Cenomanensem ut

electionem Archiepiscopi Turonensis confirmet, rogat *ibid.* S. Thomæ Archiepisc. Cantuariensis constantiam laudat, eumque docet quid à quo sperare possit, & quâ ratione si pax efferatur, se gerere debeat - 512 Reginaldum Bathoniensem Electum commendat Legatis A. S. — 510. 516 Alexandrum III. de pravis Monachorum qui decimas usurpaverant, artibus certiorem facit, atque ut illis judices sibi ac illis dentur, rogat — 509 eum ut Electum Cantuariensem confirmet, obtestatur —— 515 Lucium III. de injustâ sententiâ in se latâ certiorem facit, atque ut illam reformet, rogat — 511 Henrico II. Anglorum Regi præclara dat consilia — 516 apud eum de Hugone de Nonant sororis filio conqueritur — 510 ejus sermo in Annuntiatione Beatæ Mariæ — 507 fragmentum sermonis in synodo, de officiis Prælatorum — 518
—— Episc. Metensis 226. 366 ejus prosapia 265
—— Episc. Virdunensis, dum Castrum S. Manechildis obsidet, interfectus 258. 259
—— Abbas Affligemiensis 778
—— Abbas Lobiensis 745. 746
—— Abbas S. Judoci 29
—— Abbas S. Petri Gandavensis 699
—— Prior S. Benigni Divionensis, Monasterio suo non pauca acquirit 386. 387
—— Comes Catalaunensis — 292
—— Comes Chisnensis 252
—— Comes Flandriæ, corpus S. Richarii è Centulensi Monasterio bis aufert 324. 325
—— Richildis filius Comes Flandriæ, in acie cæsus 110
—— Comes Gisnensis, Balduini filius 833. 840. 847. 848. 853. 858. 859 ejus obitus 860
—— filius Balduini I. Comitis Hannoniæ ; ejus posteri — 288. 289
—— Comes Lossensis 669. 670. 674. 681 698. 699. 748 — 292
—— Dominus Ardeæ, Andrensi Monasterio non pauca donat 801
—— de Monceaux, matrimonium contrahit cum Agnete — 541
—— Dominus de Tier 726
Arrianorum objecta quædam adversùs Patris & Filii consubstantialitatem, refelluntur — 300
Arrowasiæ Ordo 870
Aksius Episc. Convenarum 598. 599
Artaldus Archiepisc. Remensis, summus Cancellarius Lotharii Regis Francorum — 376
—— Abbas Vezeliacensis 505 interf. ctus 606 617
—— de Rossilione filium suum Guillelmum emancipat, eique Castrum-novum donat — 636 item alia — 637
Arturus Magnus, Rex Britanniæ : ejus gesta — 268
—— Gaufridi Comitis Britanniæ, & Constantiæ filius nascitur — 166 Joanni patruo Anglorum Regi bellum infert — 178 ei se subjicit — 179 iterum arma movet, & capitur *ibid.* ejus mors — 21. 180
Ascelinus Episc. Rovecestrensis — 505
Aschericus Episcopus, Archicancellarius Caroli Simplicis — 348
Asclepiodotus Martyr : ejus corpus ex Assifiensi diœcesi in urbem Metensem asportatum 134
Asinariæ Monasterium conditur in diœcesi Andegavensi —
Aschaffemburgensis Diætæ dicta pro dirimendo Schismate orto ex electione Felicis V. —— 773
Astoricus Episc. Lingonensis 370
Atila Abbas S. Polycarpi — 364
S s s ff

Index rerum Memorabilium.

ATREBATENSIS Ecclesia ab Ecclesiâ Cameracensi separatur, eique propriis Episcopus redditur ab Urbano II. 791 — 410. 421 quod confirmat Paschalis II. — 4. 6

Atrebatensibus jura & consuetudines concedit Ludovicus Philippi Aug. filius : eas confirmat, ac nova jura addit Robertus Comes Atrebatensis — 572

Atrebatense Monasterium S. Vedasti igne succensum 101

ATTO Episc. Virdunensis, bona Ecclesiæ suæ dissipata recipit, ac nova comparat 237

AVALONENSIS Ecclesia S. Mariæ datur Monasterio Cluniacensi — 411

AIMBERTUS Abbas S. Medardi Suessionensis 75

Auctor Archiepisc. Trevirensis 111
——— Episc. Meten.sis 225

AUDALRIC's Dux, Amalgarii Ducis filius 4 0

AUDEBELLUS Major-domûs Chlotarii III Regis Francorum 369

AUDELND'S Episc Elnensis — 354

S. AUDOENUS Archiep Rotomagensis 265 464. 487 Dato etiam dictus 80 ejus nobilitas ibid. S. Eligii summus amicus fuit ibid.

AVENIONENSI Monasterio S Andreæ non pauca donant Hildebertus Episc. Avenionensis & Rostagnus vir nobilis — 584 item Giruinus & uxor ejus Constantia — 585 in illo consecratur, ac dotatur Ecclesia S. Marcini — 588 ei non pauca donantur à Raimundo IV. Comite Tolosano, & aliis — 415 aliquot Ecclesiæ confirmantur in diœcesi Cabellionensi — 513 non nulla donantur à Guillelmo & Roberto de Rocamaura — 537 & ab Ilnardo de Gargaia — 546 necnon à Bertrando Jordano — 554 & à Jauseranna de Meduillone, quæ se ipsam ei obtulit — 596 Monachi concedunt Ecclesiam S. Crucis in diœcesi Aptensi Cæciliæ sanctimoniali ad construendum Monasterium virginum — 616 eique Monasterio non nulla donant — 617 iidem Mabilæ donatæ & profesæ suæ Ecclesiam B Mariæ de Furniis concedunt, ut in eâ Monasterium puellarum condat — 619 cum in Monasterio S. Andreæ periisset disciplina regularis, huic instaurandæ accommodata statuta promulgant Berengarius Episc Forojuliensis, Bertrannus Abbas S. Eusebii, &c. 651 ——— Avenionensium Cœnobiorum transactio cum Petro de Lucemburgo Comite Conversano — 760

AUGERIUS de Andirano Abbas Condomensis 599. 600

AUGUSTINUS Archiepisc. Trevirensis : ejus corpus transfertur 467
——— Episc. Noviomensis & Tornacensis 917

AUGUSTODUNENSIS Ecclesiæ bona, & regalia ipsa ab Archiepisc. Lugdunensi, sede vacante servanda — 554 Augustodunensis Episcopus Archiepiscopatum Lugdunensem, cum sedes vacat, regere debet : eoque mortuo, Episcopatus regi debet ab Archiepisc. Lugdunensi — 684 de eâ re ordinationes Radulfi Archiepisc. & Hugonis Episc. 693 Augustodunensi Ecclesiæ villam quamdam restitui jubet Lotharius I. Imp. — 36 villas quasdam tribuit Episc. Jonas — 356 non pauca donat Episc. Herivus — 321 injustas consuetudines remittit Raginardus de Monte S. Joannis — 411

AVITUS Archiepisc. Viennensis Arrianos coram Gundebaldo Burgundionum Rege confutat — 305. 307

——— Archiepisc. Trevirensis, & Episcopus Tungrensis 109

AUNARIUS Episc. Autisiodorensis — 143

S. UREÆ parentes 84 Monasterio virginum Parisiis à S. Eligio præficitur ibid ejus mors 117

AURELIANENSIS Ecclesiæ jura renovat, eique non nulla donat, ac donata à Gualterio Episc confirmat Carlomanus Francorum Rex — 364 ejus turbæ : ex intrusione Archidiaconi — 489 Ecclesiæ S Crucis non nulla donantur à Manassê Episcopo — 541

Aurelianense Concilium, in quo hæreticus quidam confutatur 89

AUSELIANUS Episcopus Uticensis 94

AUSTRANNUS ex Cantore Regio Episc. Virdunensis 237

AUSTRICHILDIS uxor Gunthramni Fr, Regis 361 362

AUSTRULFUS Abbas Fontanellensis 271

AUTBERTUS Episc. Cameracensis 711 Imp. fidus 914 ejus cædes 8.5

AUTHARIUS S Audoeni & Adonis pater 80

AUTISIODORENSIS Ecclesiæ Canonicis aliquot. Ecclesiarum decimas Hugo Episc. concedit eâ lege, ut totâ quadragesimâ communiter comedant — 494 huic Ecclesiæ regalia in perpetuum condonantur — 22

Autisiodorensi Monasterio S. Germani subditum Monasterium S Leodegarii 442

Azo Abbas S. Benigni Divionensis 381

B

B. Calvo Abbas SS. Crucum — 602

BAGGA Monachi Fontanellensis laudes 269

BAINUS Episc Tarvanensis, Rector Monasteriorum Fontanellensis & Florinacensis 267

BALDA virgo Ecclesiam sub castro Paracollis ædificat, ac dorat — 407

BALDERADI Abbatis Tornacensis Ecclesiæ cædes 111

BALDO Cancellarius Carlomanni Regis 938

BALDRICUS Episc. Dolensis, pallio donatus — 416. 419 Monasterio S. Florentii Salmuriensis bona quæ ipsi in suâ diœcesi donata sunt confirmat — 459
——— Episc. Leodiensis expulso Ratherio 7.7 — 163
——— II. Episc. Leodiensis 744. — 63 Leodiensi Monasterio S Jacobi condit 765
——— Episcopus Noviomensis & Tornacensis, anteà Archidiaconus Noviomensis 911 — 439
——— Æquilibrator Philippi I. Regis Franc. — 406

BALDUINUS Comes Flandriæ & Hannoniæ, Imp. Constantinopolitanus 489 728. 828. 827. 828. 829. 831 — 21 18o à Bulgaris captus interficitur 833 — 21
——— II. Imp. Constantinopolis Ottonem de Cyconiis pignora sibi data servare concedit — 642 Constantinopoli ejicitur — 19. 197 ejus obitus — 44
——— Rex Hierosolymitanus Ptolemaidem capit 793 à Turcis victus — 1 ejus mors 799. — 2
——— II. Rex Hierosolymitanus, de Burgo, Comes de Roasa — 2 filius Hugonis Comitis de Retresti 799 à Turcis captus pecuniâ redimitur — 3
——— III. Rex Hierosolymit. — 146. 152 ejus obitus — 154
——— IV. Rex Hierosolymitanus Almarici filius — 160

——— ex Abbate Fordensi Episc. Wigorniensis — 163 dein Archiepisc. Cantuariensis — 165
——— Episc. Albiensis — 570
——— Episc. Noviomensis & Tornacensis 881. 919
——— Episc. Tarvanensis 326
——— Abbas Marcilensis 881
——— Abbas Senonensis : ejus virtutes & vitia 619
——— de Ripariis, Comes Devoniæ : ejus obitus — 193
——— V Comes Flandriæ, Francorum regnum administrat pro Philippo I. 136
——— VI. Comes Flandriæ & Richildis Comitissæ Hannoniensis maritus 891 — 188 ejus liberi ibid
——— VII. Comes Flandriæ, filius Roberti II. dictus Hapsula 719. 895 ejus severitas 891 obitus 896 — 4
——— VIII. Comes Flandriæ filius Balduini Marchionis Namurcensis & Comitis Hannoniæ 825
——— I. Comes Gisnensis, Andreæ Cœnobium condit 781. 782. 789 ejus liberi 784 obitus 789
——— Arnoldi filius, Comes Gisnensis 810. 811. 812. 815. 816. 819. 831 ejus obitus, ac triginta tres liberi 831
——— Arnulfi filius, Comes Gisnensis 862. 868. 870
——— I. Comes Hannoniæ Richildis filius : ejus posteri 791 — 188 289
——— II. Comes Hannoniæ, Primi filius : ejus posteri 897 — 189. 290
——— III. Comes Hannoniæ, Secundi filius Marchio Namurcensis : ejus posteri : 8. 5 — 290. 291. 294
——— Bochard, Dominus Pagi Andrensis 781
——— de Hammes, vir militiâ illustris, sed rapax 810. 811

BALDULFUS Episc. Rovecestrensis — 506

BALTFRIDUS Episc. Baiocensis 127. 128 130

BALTHILDIS Regina Monasterium Corbeiense condidit — 344

BANDARIDUS Episc. Suessionensis 73

BAPTISMUS infantibus necessarius, ne æternum pereant — 447 ejus effectus à ministro non pendet — 420

BARBELI, sive S Portus Monasterium conditum à Ludovico VII. — 12

BARCINONENSIS Episcopo & Capitulo jus competit eligendi Episcopi Majoricani — 367 S. Teuderii Monasterium condit, eique varia prædia ac jura concedit — 161 Radberto Abbati ac ejus sociis Ecclesiam S. Blandinæ quam condiderant, concedit — 362 Teutberto Comiti villam Mantulæ quam Ecclesiæ Viennensi donaverat, & aliarum duarum usum-fructum odnat — 361
——— Episc. Virdunensis 237. 241

BARO, aut saltem per Baroniam tenere quis olim diceretur in Angliâ 394

BARRALLUS Dominus Baucii — 661

BARTHOLOMÆUS Apostolus in Armeniâ Evangelium prædicat 114 ejus martyrium 115 corpus ejus in mare projectum ad Liparam insulam appellit ibid. defertur Beneventum 116 Romæ repertum obitur 151
——— Archiepisc. Turonensis — 22. 406 ejus obitus — 22
——— Episc. Laudunensis — 3. 487 monasticam vitam Fusciaci profitetur — 9

ex

Index rerum Memorabilium.

— ex Archidiacono Episc. Oxoniensis — 154. 157
— Abbas Lobiensis 717
— Abbas Majoris-Monasterii — 259. 409
— Camerarius Philippi II. — 574 & Ludovici VIII. — 596
BASILEENSIS Concilii Patres, aliquot libros sibi à Cluniacensibus mitti rogant — 761 à Roderico Comite de Villandrando auxilium adversùs Episcopum Albanensem requirunt — 762 mutuam pecuniam à Cisterciensibus accipiunt *ibid.* eos de actis contrà Eugenium IV. certiores faciunt — 764
BASINUS Archiepiscopus Trevirensis 412
— II. Archiepisc. Trevirensis, simul Archiepisc. Remensis, & Episc. Laudunensis *ibid.*
BASOLUS Comes Arverniæ 465
BATHO Tartarorum Princeps, Poloniam, Hungariam, &c. devastat — 34 *Vide* TARTARI
S. BAVONIS obitus 487
S. BEATÆ Virginis corpus translatum 467
BEATRIX uxor Raimundi Berengarii Comitis Provinciæ — 611
— ejus filia Regina Siciliæ, Ducatûs Apuliæ, & Principatûs Capuæ, Andegavensis Provinciæ & Forcalquerii Comitissa, uxor Caroli I. Regis Siciliæ, testamentum condit — 660
— Lotharingiæ Ducissa, Monasterium S. Deodati instaurat 616
— vidua Arnulfi Comitis Gisnensis 861. 862 ejus obitus 862
BEATUS Abbas Piscariensis 939
BEAUREPAIRE ne in Xenodochio plures duodecim fœminis conversis degant decernitur 884 amandatis fœminis, in eo Xenodochio Canonici Regulares constituuntur 885
BEDÆ obitus 487
BEGO Episc. Arvernorum — 379
BALICHILDIS uxor Theodeberti Franc. Regis Childeberti filii 365
BELLA-VALLIS Monasterium conditum à Philippo Abbate 255
BELLA-VILLA ab Humberto Domino Belli-joci condita — 612 ejus libertates *ibid.*
BELLI-LOCI Monasterium S. Petri: huic redditur Ecclesia S. Medardi — 376
BELLI-LOCI Monasterium, conditum à Fulcone Nerra Comite Andegavensi — 233. 251. 252
BELLI-LOCI Monasterium, conditum à Joanne Anglorum Rege — 185
BELLI-MONTIS Monasterium, conditum à Roberto de Candes — 4
BELLOSANENSE cœnobium, conditum ac dotatum ob Hugone de Gornaco — 559
BELVACENSIS Ecclesiæ S. Quintini dedicatio 136 Belvacensia Concilia 482. 483
BENEDICTUS Monachorum pater; ejus obitus 464. 487 ejus corporis translatio in Galliam 404. 478
— Papa III. Privilegia Corbeiensis Monasterii confirmat — 143
— Cardinalis Episc. Portuensis & S. Rufinæ — 379
— Episcopus, & Bibliothecarius S. Sedis Apostolicæ 504
— Episc. Fulliniensis 133
— Episc. Rovecestrensis — 580
— Abbas Fossatensis 179
— Abbas S. Arnulfi Metensis 385
— Haestenus, Præpositus Affigemiensis, & scriptor 779
— adolescens, pontem Avenione construi curat — 12
— de Aureâ, Capitaneus Regis Tom. III.

Franc. Januensés ut se Regi Franc. subdant, hortatur — 766
S. BENIGNI adventus in Galliam, gesta, ac martyrium 317. 318 corpus translatum in Ecclesiam ei dicatam 359 ibidem, h. e. Divione conditum Monasterium *ibid.*
BERALDUS Episc. Spoletinus 949
— Episc. Suessionensis 391. 418
— Comes Valvensis 947
BERARDUS Cardinalis Episc. Albanensis, A. S. Legatus — 50
— Episc. Furconensis 973
— Episcopus Virdunensis 137. 141
— Abbas Piscariensis 956 ejus obitus 957
— Abbas S. Fructuosi Caput-montis 953
BERGANGUS Abbas Besuensis 404
BERCHARIUS Abbas Dervensis - 317. 318
BERCHERIUS Abbas Senonensis 618
BERENGARIA uxor Aldefonsi Hispaniæ Imperatoris — 488
— filia Regis Navarræ, nubit Richardo Anglorum Regi — 169
— soror Regis Castellæ, nubit Joanni de Brenâ Regi Hierosolymitano - 30. 189
BERENGARIUS Imp. bona & jura Monasterii Piscariensis confirmat 910
— Cardinalis Presb. SS. Nerei & Achillei 199
— Archiepisc. Tarraconensis - 141. 544 ejus cædes - 141
— Episc. Barcinonensis — 597. 598. 602
— Episc. Elnensis — 715
— Episc. Forojuliensis Statuta promulgat, quibus disciplina regularis instauretur in Monasterio S. Andreæ Avenionensis - 631
— Episc. Virdunensis 137 Monasterium S. Vitoni condit; atque huic non pauca Ecclesiæ suæ bona largitur 1, 2
— Abbas S. Laurentii Leodiensis 665
— Comes, Ecclesiam Brivatensem S. Juliani restaurat, necnon Ecclesiam Victoriaci, & in utrâque Canonicos constituit - 329 330
— Magister Turonensis; ejus elogium 476
— auctor erroris de Sacramento Eucharistiæ, eum tuetur auctoritate Joannis Scoti - 400 hunc ne quis hæreticum appellet, eive noceat prohibet Gregorius VII. - 413
BERGOMUS de Lanâ, Abbas Condomentis 602
BERICO Coepiscopus Leodiensis 733
BERILO Vicecomes Viennensis 365
BERLANDUS Abbas S. Vincentii Laudunensis 571
BERMUNDUS Abbas S. Andreæ Avenionensis - 178. 179
BERNARDUS Cardinalis Episc. Portuensis & S. Rufinæ 539. 378. 971
— Archiepisc. Rotomagensis, dein Narbonensis - 63
— Episc. Aginnensis 187
— Episc. Barcinonensis 598 ejus obitus - 142
— Alamandi, Episc. Condomensis 602
— Episc. Nivernensis 545
— Episc. Santonensis — 502
— Episc. Vicensis — 640
— Abbas Claravallis 129. 177. 179. + 480 ejus laudes - 1. 6 Epistolæ tres + 491. 496 obitus - 9. 149.
— Abbas Hamensis 847 ejus mors 847
— Abbas Melundensis - 357
— Abbas Ramefize - 107
— Abbas S. Joannis Reomensis, sive

de Prato 472
— Abbas Senonensis 620
— Comes Convenarum: ejus uxores - 518
— Comes Convenarum, superioris filius - 576. 603
— Vicecomes Biterrensis, Ermengarden filiam in matrimonium dat Gaufrido de Rossilione - 461
— Vicecomes de Minerbâ, non pauca donat Monasterio S. Pontii Tomerirarum - 419
— Atonis, Vicecomes Nemausensis: ejus pactum de suo Vicecomitatu cum Ildefonso Rege Aragonum — 545
— Pisanæ urbis Vicedominus, dein Monachus Claravallensis, fit Abbas Aquarum-Salviarum, tum Eugenius Papa III. s. 7
— Dominus castri Barrimontis 476
— de Moreul, Marescallus Franciæ, electus ut instituerer Joannem filium primogenitum Philippi VI. - 716
— de Pinne, in Comitatu Pinnensi condit Monasteria S. Mariæ de Pizzano, ac S. Bartholomæi de Carpeneto, tum fit Monachus Piscariensis 946
— Traucapetus, induens habitum Canonicum, non nulla tribuit, ac filium offert, Ecclesiæ Caturcensi - 438
— de Turre de Celano, pactum init de futuro matrimonio Guillemi filii sui cum Sebilia filia Arnaldi de Villispassantis — 541
BERNERUS Abbas Mosomensis 171
— Eliberti Francorum filius, Rodulfum Comitem Cameracensem interficit 711 ejus duellum cum Gualtero Rodulfi filio *ibid.* obitus 712
BERNO Abbas Castrensis — 170. 571
— Abbas Cluniacensis — 375
— Abbas Vezeliacensis 505
BERRITIS filia Caroli M. 374
BERTALAMIUS Episc. Virdunensis 136
BERTAUDUS *sive* BERTRANDUS, *sive* BERNARDUS de S. Dionysio, Episc. Aurelianensis: ejus obitus - 53 60
BERTEFRIDUS Episc. Ambianensis — 347
BERTEMARIUS Abbas S. Petri-Vivi Senonensis 465
BERTHA filia Caroli M. non nulla donat Monasterio S. Medardi Suessionensis 480
— filia Lotharii I. Imperatoris — 340
— uxor Henrici III. Imp. 748
BERTHARIUS Abbas Casinensis 918
BERTHILO Coepiscopus Lingonensis, Abbas S. Benigni Divionensis 376. 377. 378
BERTHOLDUS Major domûs Theoderici Fr. Regis Childeberti filii 364
BARTHOLDUS Episc. Argentoratensis 637
— Episcopus Tullensis 585. 607. 616 Monasterium S. Salvatoris condit in Vosago 616
BERTOINDUS Episc. Cataiaunensis, utrique Monasterio Dervensi libertates quasdam tribuit — 317. 318
BERTOLFUS ex Abbate Mediolanensi Archiepisc. Treviresis 8 . 3. 214
BERTRADA uxor Pipini Regis Francorum 372
— concubina Philippi I. Regis Franc. post jusjurandum præstitum se ab eo decessisse absolvitur — 439
BERTRANDUS Archiepisc. Burdegalensis sit Clemens Papa V. — 8. 210
— Convenarum, Cardinalis Presb. S. Marcelli — 741
— de Pogeto, Cardinalis — 85
— Episc. Albiensis — 571
— Episc. Avenionensis — 661
— Episc. Cabellionensis — 178
— de S. Maurâ, Episc. Noviomensis
TTTtt

Index rerum Memorabilium.

fis — 94
—— Abbas Caftrenfis —— 570. 571
—— Abbas Grandiſylvæ 599
—— du Gueſclin — 131. 133. 134 fit Comes Longæ villæ — 134 capitur — 135 ejus gesta in Hispaniâ — 137. 139
—— de Bellopodio, Dominus Palappi — 677
BERTRANNUS Epiſc. Metenſis 230 ejus bona invaduntur ab Imperatore 231 cui deinde reconciliatur ibid.
—— Abbas Lobienſis 758
—— Abbas S. Euſebii — 631
—— Abbas S. Medardi Sueſſionenſis 489
—— de Raiz, pro Balduino Comite Flandriæ & Imp. CP. ſe gerit 491
BESSARION Cardinalis Nicænus, A. S. Legatus: ejus Epiſtola ad Ludovicum XI. — 841
BESIENSE Monaſterium ab Amalgario Duce conditum 400 401 ſub regulâ S. Columbani 401 & non nulla donantur à Dagoberto Fr. Rege ibid. ei conceditur monaſterium Domatiacenſe puellarum 402 diripitur, & ejus chartæ lacerātur ibid. ejus bona recenſentur, & confirmantur à Chlotario III. à Theoderico III. augentur parte bonorum Adalrici Ducis 403 à Remigio Fratre Pipini Regis donatur mulieri, cum quâ conſuetudinem ſtupri habuerat 404 in eo conſtituuntur Canonici ibid. monachi in illo reſtituuntur ab Albærico Epiſc. Lingonenſi, qui varia iis donat 405 406. 407 non nulla bona aliis commutantur 406. 407. 411 alia ei donantur 408. 409. 410, 411. quoties monaſterium direptum ſit 411. 413 ejus bona pereunt 412 in eo diſciplina regularis inſtauratur operâ Brunonis Epiſc. Lingonenſis à Guillelmo Abbate 413 idem Epiſcopus rebus monaſterii conſulit, eique non pauca donat 413. 414 alia ab aliis donantur 415. 416. 417 huic ſubditur Monaſterium S. Sepulcri apud Caſtrum Fontis-Vennæ 418 alia donantur, aut reſtituuntur 419. 420. 421. 422. 423. 424 ejus bona confirmat, ſimul privilegia ei tribuit Leo Papa IX. 425 donationes variæ 425. 426. 427. 428. 429. 430. 431. 432. 433 in eo religio floret ſub Stephano Abbate 434. 435 cujus tempore illi donantur cum plures Ecceſiæ, tum vineæ, prædia, &c 435. 436. 437 & ſeqq. lis ejus Monaſterii cum Monaſterio S. Leodegarii 441 ejus bona confirmat Paſchalis II ac recenſet Eccleſias ab eo pendentes 443 ei varia à variis donantur 444 ad finem quid ſinguli Obedientiarii Cantori quotannis pendere deberent 452
BETHO ex Monacho S. Columbæ Senonenſis Epiſc. Autiſiodorenſis 468
BETROALDUS Epiſc. Lingonenſis 365
BETTO Epiſc. Lingonenſis 104
BISANTINÆ Eccleſiæ Maraſcaliam & Canariam in villâ Cuſſiaco remittit Rainaldus I. Comes Burgundiæ — 399 quod confirmat Calixtus II. — 479 ei Raimundus Burgundiæ Comes non pauca reſtituit — 417
BITURICENSE Concilium, præſide Romano A. S. Legato 866
BLANCHA filia Hildefonſi Regis Caſtellæ nubit Ludovico VII. Regi Francorum - 20. 17,8 ejus obitus — 37
—— filia Philippi Regis Navarræ, & Comitis Ebroicenſis, nubit Philippo VI. — 111
—— filia Othelini Comitis, Burgundiæ, nubit Carolo filio Philippi IV.

poſtea Regi Francorum IV. — 61 adulterii convicta perpetuo carceri mancipatur — 68 ejus matrimonium diſſolvitur — 79
—— filia Ducis Burgundiæ, nubit Roberto nepoti Roberti II. Comitis Atrebatenſis — 61
—— filia S. Ludovici, nubit Ferdinando Regis Caſtellæ filio — 42 poſt mariti mortem ſine honore ac dote ab Alfonſo ſocero remittitur in Franciam — 44
—— filia Philippi III. nubit Radulfo Auſtriæ Duci, filio Alberti Regis Romanorum — 34. 224 ejus obitus —38
—— filia Caroli Comitis Andegavenſis ac Siciliæ Regis, nupta Roberto Flandrenſi — 660
—— filia Caroli Regis Siciliæ, uxor Jacobi II. Regis Aragonum: ejus obitus — 142
—— Trecenſis Comitiſſa Palatina — 575
—— uxor Henrici Regis Navarræ, dein Edmundi Comitis Cornubiæ — 114 ejus pactum de matrimonio junctæ filiæ ſuæ cum uno è filiis Philippi II. — 682
—— filia Joannis Britanniæ Ducis, uxor Philippi Atrebatenſis — :3
BLASPHEMOS coërceri jubet Ludovicus IX. — 663 inter Joannes Dux Borboneſii — 846
BLENDECÆ conditur ac dotatur Monaſterium virginum Ord. Ciſtercienſis à Deſiderio Epiſc. Morinorum — 548
BLIDULFUS Primicerius Metenſis Cellam-Acherici condit, atque in eâ vitam Monaſticam profitetur 614
BOAMUNDUS Princeps Antiochiæ — 153
—— Comes Manupelli, & Tarſitanus 968. 969 è Comitatu Manupleli ejicitur 970.
—— alter Comes Manupelli 970. 971
—— Comes Tripolitanus: ejus mors 166
BOBOLENUS Abbas S. Benigni Divionenſis 365 alter 370
BOCHARDUS Comes Vindocinenſis — 41. 100. 101
BODO Epiſc. Tullenſis, Monaſterium condit in Voſago, quod ab eo Budonis, dein loco tantillum mutato S Salvatoris Monaſterium dictum eſt 607 ejus Monaſterii bannum à variis ut comparatum 610
BONA filia Joannis Bohemiæ Regis, uxor Joannis filii Philippi VI. — 108 ejus obitus — 111
BONADIES Cardinalis Preſb. S. Chryſogoni 471
BONCIOLUS Abbas Senonienſis 612
BONIFACIUS Papa VIII. Regem Majoricarum de electione ſuâ certiorem facit — 694
—— de Sabaudia Archiepiſc. Cantuarienſis — 191.ejus obitus — 203
—— Archiepiſc. Lugdunenſis — 18
—— Eccleſiarum Remenſis ac Trevirenſis Viſitator, Archiepiſcopus Moguntinus 212
—— Notarius Regionarius, & Scriniarius Romanæ Eccleſiæ 504
—— Princeps Papiæ 79
—— de Anglano, Comes Montiſfalbani - 44
—— Marchio Montiſferrati — 21
—— Dominus Caſtellanæ, rebellat in Carolum Comitem Provinciæ, à quo bonis ſuis ſpoliatur — 40
BONO Abbas S. Remigii Senonenſis 468.
BONOLUS Epiſc. Metenſis 226

BONOSIUS Archiepiſc. Trevirenſis 220
BORCHARDUS Comes Monaſterio S. Andreæ Viennenſis Eccleſiam quamdam donat - 391
Boso Rex Burgundiæ - 362
—— Cardinalis Diac. SS. Coſmæ & Damiani 379
—— Abbas Moſomenſis 572
—— Abbas S. Andreæ Viennenſis - 355
BOVINENSIS pugnæ deſcriptio 616
BOVO ſine barbâ Comes filius Guarini Comitis de Aſcloviâ 709
BOURCHARDUS Archiepiſc. Biſuntinus - 379
BOXERIÆ Monaſterium virginum à Gozelino Epiſc. Tullenſi conditum 615
BRANCALEO de Bononiâ, Senator Urbis Romæ - 38. 39
BRINDINGUS, Epiſc. Matiſconenſis - 357
BRIOCENSI Eccleſiæ leges dat Juhellus Archiepiſc. Turonenſis - 612 in eâdem duas præbendas fundat Guillelmus Epiſcopus - 613
BRISACENSIS in exercitu Othonis IV. Imp. magnam ſtragem edunt 625
BRITONES Normannis tributum pendere juſſi - 145 eorum mores - 251
BRITONIUS Archiepiſc. Trevirenſis 220
BRIVATENSIS Eccleſia S. Juliani à Berengario Comite reſtaurata, atque in eâ Canonici conſtituti - 129 ei jura quædam tribuit Ludovicus Pius Imp. ibid. & Pipinus Aquitaniæ Rex ibid. & Carolus Calvus - 663 hæc confirmat Ludovicus VII. ibid. huic Eccleſiæ abbata reſtituuntur à Guillelmo I. Aquitaniæ Duce - 370 donatur Eccleſia S. Juliani in villâ Caneto - 572 & L'ziniacum - 373. 376 item alia donantur à Pontio Comite Gabalitano & Forenſi - 385
BRUNICHILDIS Athanagildi Gothorum in Hiſpaniâ Regis filia, uxor Sigiberti Regis Francorum 362. 365. 366
BRUNISSENDIS uxor Rogerii, mater Rogerii Bernardi Comitem Fuxenſium - 680
BRUNO Epiſc. Tullenſis, dein Leo Papa IX. 393. 618 quo anno natus 616
—— Cardinalis & Epiſc. Signinus 397 - 411
—— frater Othonis I. Imp. Archiepiſc. Colonienſis 727 ejus obitus 739
—— Archiepiſc. Trevirenſis 220 - 474 depoſito à Paſchali II. poſt triduum ſedi ſuæ reſtituitur 221 fit Regiæ Curiæ Vicedominus, & Regnum Germaniæ adminiſtrat ibid. alia ejus geſta ibid. 222, 223
—— ex Clerico Remenſi Epiſc. Lingorenſis 381. 412. 413 Monaſticam diſciplinam in omnibus dioeceſis Monaſteriis inſtaurat operâ Guillelmi Abbatis 381. 382. 413 quædam quædam 383. 389. 413. 414. 415 mors 389. 417
—— Epiſc. Metenſis, auctoritate Henrici IV. Imp. 670. à Metenſibus ejicitur 671 aliquot prædia Monaſterio S. Trudonis vendit ibid.
—— Archidiaconus Lingonenſis, Brunonis Epiſcopi fratris filius 415
—— Comes de Hengebac 663
BRUNULFUS avunculus Aribertti Regis, juſſu Dagoberti I. Regis Franc. interfectus 401
BUCELINUS unus è Ducibus exercitus Theodeberti Regis Franc. Italiam omnem ingreditur peragrat, victoria aliquot reportat, ac denique victus interficitur 361
BULENGURIÆ Eccleſia, conſentientibus Canonicis,

Index rerum Memorabilium.

Canonicis, donatur S. Bernardo, ut in eâ Monachos constituat - 501
BULGARI, sive Pisti hæretici 491
BULLIALDI (Ismaëlis) observatiunculæ de Solis eclipsibus - 324
BURCHARDUS Archiepisc. Lugdunensis 12
—— Archiepisc. Viennensis, Rudolfi Regis Burgundiæ frater - 387
—— Episc. Cameracensis 749. 921
—— Episc. Monasteriensis 748
—— Leodiensis Canonicus, dein Episc. Wormatiensis 744 ab Olberto Monacho Lobiensi institutus 763 eo juvante edit Collectionem Canonum *ibid.*
—— Comes Melodunensis 473
—— Miles, cum Hildegardi uxore Monasterium S. Salvatoris propè Briaiam condit 470
BURDEGALENSIS Monasterii S. Crucis societas cum Monasterio Condomensi 199
BURDINUS Antipapa captus, ut in eum animadversum est 800 - 2
BUSENCHAIACI Domini - 276

C.

CADOMENSEM Academiam erigit Eugenius Papa IV. - 762 confirmat Carolus VII. - 792
CADURCUS Cancellarius Ludovici VII. - 497
CÆCILIA Virgo cum Tiburtio nupta, cum ad Christianam fidem amplectendam, & virginitatem servandam impellit - 507 cum eo martyrii coronam adipiscitur *ibid.*
—— sanctimonialis, condit Monasterium S. Crucis in diœcesi Aptensi - 616
CÆLESTINORUM Ordo, priùs dictus S. Benedicti in Montibus - 50
CÆLESTINUS II. Cluniacenses de electione suâ certiores facit - 436 ei gratulatur Arnulfus Lexoviensis - 517
CÆBOLDUS Archiepisc. Viennensis - 318. 319
CALADIENSE Monasterium, conditum à Guidone Abbate de Tribus fontibus 216
CALETUS dicta Juliobona 273 muris cincta 867
CALIXTUS Papa II. bona Monasterii Piscariensis confirmat 964 Ludovico VI. commendat Legatum - 478 ab eodem monetur ne Ecclesiæ Lugdunensi subjiciat Ecclesiam Senonensem *ibid.* Bisuntinæ Ecclesiæ confirmat remissionem marascaliæ & canariæ in villâ Cussiaco - 479
—— Papa III. Carolum VII. de electione suâ certiorem facit - 796 ejus votum de Turcis bello persequendis - 797 Carolo VII. gratias agit de suo ergà A. S. cultu singulari - 799
CALMOSIACI Ecclesia conditur, & in eâ constituuntur Canonici Regulares 610
CALVERIA Abbas S. Andreæ Avenionensis - 616. 619
CAMENTS cœnobium Canonicorum regularium fundatur à Vincentio Præposito S. Mariæ Wratislaviensis - 618 in co, ejectis Canonicis, constituuntur Monachi Cistercienses *ibid.*
CAMERACUM penè tota igne succenfa 308 illic Ecclesia S. Sepulchri à Lietberto Episc. condita 148
CAMPANIA Comitatus Blanchæ, ac Theobaldo filio ejus asseritur - 585
CANSTI Ecclesia S. Juliani construitur, ac dotatur - 372
CANTABRIA Gothorum Regno addita à Sisebodo Rege 365

CANTA-LUPO castellum unde dictum 944
CANTUARIENSIS Ecclesia à Gregorio IX. vexata 869. 870 Cantuarienses Monachi à Joanne Anglorum Rege ejecti, ut recepti in Flandriâ 841 revocantur in Angliam 853
CARAMERUS ex Referendario Episc. Virdunensis 236
CARCASSONENSIS Comitatûs pars Lauragum castrum - 417
CARDINALIBUS dantur pilei rubri - 37. 195 eorum dignitas amplissima - 818 Epistola ad Carolum VII. quâ eum de electione Calixti III. certiorem faciunt - 797
CAREDOCTUS Rex Britanniæ - 168
CARICAMPI Monasterium conditum ab Hugone Comite Candavene - 495 ei multa à multis donantur *ibid.*
CARLOMANNUS Caroli Martelli filius, Princeps Franc. 370 fit Monachus *ibid.*
—— Pipini Franc. Regis filius, Rex Francorum 371
—— Caroli Calvi filius, Abbas Centulensis 321 & Lobiensis 735 ejus epitaphium 311
—— Ludovici Germanici filius 376 Imperator, bona & jura Monasterii Piscariensis confirmat 937. 938
—— Francorum Rex, bona Monasterii S. Polycarpi confirmat, eique aliquot privilegia concedit - 364 Ecclesiæ Aurelianensis jura renovat, eique non nulla donat, ac donata à Gauterio Episc. confirmat - 365
CARNUTENSI Ecclesiæ non pauca donat Richardus II. Normanniæ Dux - 386 fiscum Unigradum immunem concedit Henricus I. Francorum Rex - 398 non nihil pro anniversario donatur ab Amiciâ Dominâ Montisfortis - 569 varia à variis donantur pro anniversariis - 574 non nulla ei donat Philippus IV. Franc. Rex - 698 ejus præbenda ab Araldo Episc. donatur Monasterio Cluniacensi - 410 claustri domus ne laicis dentur aut locentur vetat Urbanus III. - 550 servos in jure pro liberis haberi jubet Ludovicus VI. - 481 Canonicis jus eligendi Decani concedit Gaufrido Episcopo - 480 hos, si non residcant ejici jubet, eumque Lucius III. in Canonicum recipi vetat; qui non cesserit beneficiis quæ priùs tenebat - 547
Carnutensium Episcoporum bona post eorum mortem intacta servari debere decernunt Philippus I. Fr. Rex, & Paschalis Papa II. - 449
Carnutense cœnobium S. Joannis de Valeiâ conditum ab Ivone Episc. Carnutensi - 600 ejus societas cum Cœnobio S. Quintini Belvacensis *ibid.*
CAROLUS M. Rex Francorum & Imperator 371. 372 quæ Regno Caroli addiderit 373 ejus uxores ac liberi 374 Ecclesiis plurima donat 308 in Aquensi Palatio Ecclesiam S. Mariæ condit - 372 ejus prosapia 170 obitus 374
—— Calvus, Ludovici Pii filius, Rex Franc. 374. 375 Imperator 376. 377 non nulla Ecclesiæ Lugdunensi restitui jubet - 349. 310 S. Porciani Abbatiam Herensi Monasterio donat - 350 fundationem Monasterii S. Andreæ in diœcesi Elnensi confirmat, eique privilegia concedit - 351 ipse Compendiense Monasterium SS. Cornelii & Cypriani condit, eique plurima prædia, ac varias immunitates tribuit - 352 privilegia ab eo concessa Monasterio Centulensi 314. 315. 316. 319. 320. 321 Monasterio Gorbeiensi 346 Ecclesiæ S. Juliani Brivatensi 5

—— 663 ejus laudes 131
—— Crassus, Ludovici Germanici filius 376 Imperator 378 bona Piscariensis Monasterii confirmat 934 Monasterio Grandisvallis collata à Lothario Imp. confirmat, ac nova confert - 365
—— Simplex, Ludovici Balbi filius, Rex Franc. 378. 379. 380. 381 confirmat privilegia Monasterii Corbeiensis - 347 & Monasterii S. Aniani in diœcesi Narbonensi - 367
—— IV. Rex Franc. tertius filius Philippi IV. - 61 fit Marchiæ Comes - 69. 709 fratri Philippo V. in regno succedit 79 & *seqq.* domûs Regiæ expensas ordinat - 711 non nulla Domui Dei Parisiensi concedit *ibid.* ejus obitus - 87
—— V. Rex Franc. Joannis filius, primum Dux Normanniæ - 113 regnum administrat infeliciffime, patre ab Anglis capto - 115 & *seqq.* & in regno succedit - 133 & *seqq.* Monasterium Cœlestinorum Meduntæ fundat - 742
—— VII. Francorum Rex Fredericum Regem Romanorum rogat, ut Duces Austriæ ac Bavariæ liberos abire sinat - 764 pecunias in subsidium Regni Cypri percipi in Regno suo concedit - 767 operam dat evellendo schismati - 770 & *seqq.* ejus fœdus cum aliquot Principibus Germaniæ - 782 Academiam Cadomensem ab Eugenio IV. erectam confirmat - 792 decimum in Regno percipi concedit in subsidium belli contra Turcos - 800 electus arbiter pacis inter Reges Scotiæ & Daniæ - 803 Ludovicum Delphinum ut ad se redeat hortatur - 805 ejus Oratorum actiones in Conventu Mantuano - 806 & *seqq.* ejus epistolæ aliquot - 766. 772. 776. 785. 786. 787. 788. 791. 798
—— filius Joannis Regis Bohemiæ - 108 fit Imperator - 109
—— filius Caroli M. Burgundiæ Regno præest 373 ante patrem mortuus 374
—— Lotharii Imp. filius, Provinciæ, villæ Urbanæ immunitates restituit - 353 non pauca donat Ecclesiæ Lugdunensi - 354. 35 eidem restitui jubet *ibid.* quædam cum Abbate S. Andreæ Viennensis commutat - 355
—— filius Ludovici VIII. fit Comes Andegavensis - 35. 194 à Saracenis capitur, & liberatur - 36 ejus res gestæ in Hannoniâ - 37. 38 fit Comes Provinciæ - 39. 194 Massilienses rebelles castigat - 40. 196 fit Senator Urbis Romæ - 40. 197. 650 ei regnum Siciliæ offertur ab Urbano Papa IV. - 650 & confertur à Clemente IV. certis conditionibus - 40. 197. 200. 650 ejus victoriæ - 41. 101 Pracaram de Saracenis victoriam refert - 667 pacem init cum Tunge Tunifii - 668 alia ejus gesta - 44. 202. 208. 209 in Siculi rebellant - 45. 685 iis se adjungunt Petrus III. Rex Aragonum, à quo Sicilia occupatur, & Michaël Palæologus Imp. - 687. 688 rebelles, & eorum fautores censuris coërcere conatur Martinus IV. - 38 fit Comes *& seq.* Caroli obitus - 46. 209
—— II. Rex Siciliæ, Primi filius, adhuc Princeps Salernæ, capitur à Siculis - 45. 46. 209 liberatur durissimis conditionibus - 48. 210 Rex Siciliæ coronatur - 48. 211 Comitatus Andegaviæ & Cenomaniæ donat Carolo Comiti Valesiæ - 49 ejus pax cum Frederico de Aragoniâ - 55
—— Rex Navarræ, Comes Ebroi-

Index rerum Memorabilium.

censis - 111. 12. 113. 116. 117. 118. 120. 121. 124. 131. 133. 138. 139
—— Rex Sueciæ, à Christierno Daniæ Rege ejectus - 203
—— Martellus, Major Domûs Franciæ, Grimoaldi filius, Pipini nepos 370 ejus victoriæ 2 - 1 173. 274. 370 moriens regnum filiis distribuit 274
—— filius Ludovici Ultramarini Franc. Regis Dux Lotharingiæ 381. 382. 493 ejus posteri 491 - 286
—— Canuti Regis Daniæ filius, Comes Flandriæ 894. 896 ejus laudes *ibid.* interficitur 800. 896. - 5 in sicarios ut animadversum 898
—— filius Conradi II. Imperatoris: ejus obitus 115
—— filius Philippi II. Regis Francorum, Comes Valesiæ 711. - 41. 49 à Carolo II Rege Siciliæ ei donatur Comitatus Andegaviæ & Cenomaniæ. 49 ejus gesta in Flandriâ 53 fi. Vicarius ac Defensor Ecclesiæ 54 pacem conciliat inter Carolum Regem Siciliæ & Fredericum de Aragoniâ 55 de eo 180. 185. 711. - 72. 82. 215. 223. 224. 228 ejus mors - 84
—— Comes Alençonii, superioris filius - 76. 82. 97 Cressiaci in acie cæsus - 108
—— de Blesis, Britanniæ Dux - 105. 106 in prælio interfectus 131
—— de Hispaniâ, Constabularius Franciæ, interfectus - 112
—— de Croi, Abbas Affligemiensis 779
S. CARPOFORI Martyris reliquiarum pars Vicentiâ in urbem Metensem asportatum 135
CARROFENSIUM Monachorum jura in Monasterium Andrense 782. 881 corrum depravati mores 817. 8. 8
CARTHUSIÆ Ordo quo tempore institutus 492 Carthusianorum laudes 155
CASÆ-DEI Monasterium Gregorius XI. testamento suo jubet augeri Collegio Gregoriano triginta Monachorum. - 739
CASIMIRUS Dux Evynacensis - 753
CASSAHAM Rex Tartarorum Christianus - 53
CASSELLIS victoria de Flandris relata à Philippo VI. Francorum Rege - 90
CASTELLÆ Regum fœdera cum Regibus Francorum - 857
CASTITAS quâ ratione servetur - 452. 5 huic recuperandæ monita Æneæ Sylvii - 788
CASTRENSIS Monasterii initia - 570
CASTRI-LOCI cœnobium conditum ab Eustachio 155
CATALAUNENSE Concilium 482
CATANA urbs terræ-motu subversa 486
CATHARINA filia Philippi, neptis Balduici II. Imp. CP. nubit Carolo Comiti Valesiæ - 54 ejus obitus - 60
CATHOLUS Rex Connaciæ - 282
CATURCENSIS Ecclesia: in eâ constituuntur Canonici Regulares à Geraldo Epis. qui non pauca eis donat - 415 hi non nulla inviti ad decennium donant Gausberto de Castronovo - 429 quod jusjurandum his olim præstaret Præpositus Caturcensis - 437 non nulla eis restituuntur, alia donantur - 438 sinum offerunt, ac quædam donant Raimundus de Banza; & Astorga uxor ejus - 444 dominium quoddam offert Hugo de la Roca - 560
CEICENSI Monasterium Alcobaciæ Monasterio subjicitur - 518
CINEBRIMUS d. Gothesio Rex Monachos Londomensi Epis. Confronensis 601

CENOMANENSI Monasterio S. Petri de Cultura non nulla donat Helias Comes Cenomanensis - 459
CENSUM aliis Ecclesiis non solvunt Ecclesiæ S. Petri nomine insignes 425
CENTULENSE Monasterium à S. Richario conditum 197 ei non nulla donatur 198. 315 novis ædificiis, tribus Basilicis, & plurimis Sanctorum reliquiis augetur ab Angilberto Abbate 301 *& seqq.* cujus statura habentur 306 ei privilegium concedit Ludovicus Pius Imp. 309 idem jubet Monasterii bona recenseri: ejus descriptionis summa quæque capita 309 *& seqq.* quot viri nobiles beneficia olim à Centulensibus Monachis tenerent, eisque serviret 312 in Centulensibus Ecclesiam aditus fœminis non patebat *ibid.* privilegia Monasterii concessa à Carolo Calvo 314. 316. 319. 320. 321. aliud non à Lothario Imp. sed à Lothario Franc. Rege 314 Ecclesia incenditur à Normannis 322 ut cumque reparatur 324 quot illic Sanctorum reliquiæ 329. 341 bonorum partem restitui curat, quædam distrahit Ingelardus Abbas 316. 317 non pauca invadunt Franc. Reges 327 quædam Laudensi Ecclesiæ oppignerantur 329 varia à variis donantur 333. 341. 345. 346 auferuntur Forest's-Cella, Abbatis-villa, &c. ab Hugone Franc. Rege 317 343 bona aliquot reparantur 354 illustres Monachi 329 Monasterii historia ut cognita 340
CHALUS mons, ubi Franci à Normannis cæsi 469
CHARIMERUS Referendarius Childeberti Franc. Regis 74
CHAYDOCUS Hibernus, S Richarium ad pietatem informat 194 ejus epitaphium 307
CHILDEBERTUS Francorum Rex Chlodovei I. filius 360 non pauca donat Ecclesiæ Virdunensi 135
—— II. Franc. Rex, Sigiberti ac Brunichildis filius 362. 363. 364
—— Franc. Rex Theoderici filius, Chlodovei II. nepos 370 Ephibii Abbatis testamentum, quo non nulla donat Ecclesiæ Viennensi, confirmat - 319
—— Theoderici filius, Childeberti II. nepos 364
CHILDERICUS Chlodovei II. filius, Franc. Rex 70
—— II. Franc. Rex, Chlotarii III. filius, conditor Monasterii Dervensis - 317 ejus laudes 403
—— III. Franc. Rex, ultimus primæ stirpis. 370
CHILPERICUS Franc. Rex, Chlotarii I. filius 361. 362. 363 à sicario quem Brunichildis miserat interfectus 363
—— Ariberti Regis filius, Chlotarii II. nepos 167
CHLODESINDA filia Chlotarii I. Franc. Regis 361
CHLODOALDUS filius Chlodomeris Fr. Regis *ibid.*
CHLODOMERIS Rex Franc. Chlodovei I. filius 60. 361
—— filius Gunthramni Franc. Regis 361
CHLODOVEUS I. Franc. Rex 291. 360 - 269. Miciacense Monasterium fundat - 307 ei gratulatur Anastasius Papa - 306
—— II. Franc. Rex Dagoberti filius 367. 368. 369. 370
—— Chilperici Franc. Regis filius 362
CHLOTARIUS I. Franc. Rex 74. 74. 360. 361.
—— II. Francorum Rex, Chilperici & Fredegundis filius 363. 364. 365. 366

—— III. Franc. Rex 369. 370 Besuensis Monasterii bona confirmat 402 eidem Advocatum dat 403
—— IV. Franc. Rex 370
—— filius Gunthramni Franc. Regis 361
CHLOTILDIS Chilperici Burgundionum Principis filia, uxor Chlodovei I. Franc. Regis 360
CHORASINORUM victoria in Palæstinâ - 35
CHRANNUS filius Chlotarii I. Franc. Regis 361
CHRISTIANORUM officia breviter descripta 96
CHRISTIANUS Archiepisc. Moguntinus, Imp Cancellarius 814
—— Episc. Autisiodorensis 466
CHRISTIERNUS Daniæ Rex Carolum VII. de injuriâ sibi à Scotis illatâ certiorem facit, &c. - 203
CHRISTOFORUS Papa, privilegia Monasterii Corbiensis confirmat - 348
—— Primicerius Apostolicæ sedis - 351
—— de Terzago, Abbas Claravallis in diœcesi Mediolanensi - 752
CHRISTUS, adulteræ sibi oblatæ, quid in terrâ scripserit - 154 ut mortem tinnuit - 523 ejus corpus quando sumendum - 532
CHRODEBERTUS Major-Domûs Chlotarii III. Franc. Regis 402
CHRODEGANGUS Episc. Metensis 127 ejus pietas, & Monasteria ab eo condita *ibid.*
CHRODOGAUSUS Dux Forojuliensis 171
CHRODOLINUS Abbas S. Petri-Vivi Senonensis 464
CHRYSOGONUS Cardinalis Diac. S. R E. Bibliothecarius 964
CINTHIUS Cardinalis Præsb. SS. Joannis & Pauli, tituli Pammachii - 379
—— Cardinalis Præsb. S. Laurentii in Lucinâ *ibid.*
—— Cardinalis Diac. S. Hadriani 971
CISONIENSE cœnobium conditum ab Evrardo Comite & Gislâ ejus uxore 876. 878 in eo bonorum communio restituitur 876 880 ejus bona *ibid. & seqq.* jura quædam 881 confirmantur à Geraldo Episc. Tornacensi, & ab Alexandro Papâ III. 882 alia jura 884 statuta paci informandæ inter Abbatem & Canonicos 885
CISTERCIENSIS Ordo quando institutus 492. 791 ejus laudes 215 ejus bona confirmantur ab Innocentio II. qui eidem privilegia quædam largitur 177 huic Saviniacensis Congregatio adjungitur 575 Cisterciensium Monachi quorum bonorum decimas solvere tenentur - 35 à læsâ & usatico immunes in urbe Montispessulani - 500 Albiensis - 570. 571
CLARA sanctimonialis in SS. album referetur - 196
CLARÆVALLENSIS Monasterii initium & situs - 5
CLARIUS primum Froriacensis, deinde S. Petri-Vivi Senonensis Monachus, hujus Monasterii Chronicon scribit 463 interest Concilio Belvacensi 484
CLAUDIUS de Charmis Abbas S. Benigni Divionensis 398 & S. Germani Autisiodorensis 399
CLEMENS Papa & Martyr: ejus corpus delatum in insulam Piscariensem 929. 951 ubi reperitur, ac de terrâ tollitur 962
—— Papa IV. decernit Henricum III. Anglorum Regem; & filium ejus Edmundum nunquam fuisse veros Regni Siciliæ possessores - 638 illud Regnum

Index rerum Memorabilium.

gnum certis conditionibus offert Carolo Comiti Andegavensi fratri S. Ludovici – 650 privilegia à prædecessoribus S. Ludovico concessa confirmat – 659 ejus Epistola ad Jacobum filium Jacobi I. Aragoniæ Regis *ibid.*
——— Papa VI. ejus literæ varii argumenti – 721. 723 aliæ continentes privilegia Franc. Regibus ac Reginis concessa – 723 *& seqq.* constitutio in adulteratores monetarum – 730
——— Papa VII. Adriæ Regnum instituit, ac certis legibus offert Ludovico Duci Andegavensi & Turonensi – 746 *& seqq.* Wladislaum Polonum à votis monasticis absolvit – 553 eumdem ad curiam vocat – 754
——— Episc. Belvacensis 122
——— Episc. Metensis 224. 612. 613
——— Monachus Fiscannensis, laudatur 386
CLEMENTIA filia Regis Hungariæ nubit Ludovico X. Franc. Regi – 70 ejus obitus – 91
——— filia Guillelmi Comitis Burgundiæ, uxor Roberti II. Comitis Flandriæ 894 – 288
——— soror Guillelmi Domini Montispessulani, uxor Rostagni de Sabino – 564
CLERICORUM bona quatenus immunia sunt – 593 quid servandum erga clericos facinorosos – 593. 634 Clerici privilegium suum amittunt, si negotiationibus inhonestis institerint – 614 Clericorum concubinariorum pœna 483
CLIPO Longobardorum Rex 161
CLODULFUS S. Arnulfi filius Episc. Metensis 227
CLUNIACENSIS Monasterii initia – 374 huic censum Hispaniæ Reges in suo Regno concedunt – 407 villam Cossiacum donat Theobaldus Comes Francorum – 408 Araldus Episcop. Carnutensis præbendam Ecclesiæ suæ concedit – 410 Ecclesiam S. Mariæ in castro Avalone largitur Hugo Burgundiæ Dux – 412 non pauca donat Guido Comes Matisconensis, dum in eo vitam Monasticam profitetur – 413 Monetam de Niort concedit Guillelmus VII. Aquitaniæ Dux *ibid.* Monasterium SS. Facundi & Primitivi subjicit Aldefonsus Hispaniæ Imp. – 487 ejus jura ut tueantur, Episcopos Galliarum monet Paschalis II. – 435 bona ac privilegia confirmat Ludovicus VI. – 477 item Philippus IV. – 476 [*in illo privilegio recensentur Prioratus à Cluniaco pendentes.*] Cluniacenses Monachi laudantur – 819 Alexandro III. adhærere renuunt, jus eligendi Abbatis Vezeliacensis sibi competere frustra contendunt 319 Monasterium S. Martini Pontisfarensis idem jus sibi asserere conantes, causa cadunt 543
CŒLESTES sphæræ explicantur – 315
CŒLESTIS Episc. Metensis 224
COLONGIENSES monialibus nonnulla dantur à monachis Besuensibus 455
S. COLUMBÆ Virginis corpus repertum 470
COLUMBANUS Abbas ejicitur è regno Theoderici opera Brunichildis 365 eum excipit Chlotarius II. 365 366 ejus laudes – 405
——— Abbas S. Trudonis 660
COMES, nomen ejus libri qui continebat excerpta ex utroque Testamento – 301 qualis erat ille quem S. Hieronymus ediderat *ibid.*
COMPENDIENSE Monasterium S. Cornelii à se fundatum prædiis ditat, ac variis immunitatibus nobilitat Carolus Calvus – 352

CONANUS Comes Richemondiæ, Britanniæ Dux – 155. 154 ejus mors – 157
CONCILIA Provincialia plura simul in Galliis celebrata – 49
CONCUBINA qui palam adhæret, pejus peccat quàm qui adulterium clam committit 101
CONDOMENSE Monasterium à Normannis ferè dirutum 581 reparatur, & in eo Clerici collocantur *ibid.* iterum incensum reparatur, & monachi in eo constituuntur 581 donationes ei factæ ab Hugone Episc. Aginnensi & Vasatensi 583 confirmantur à Gregorio Papa VII. 584 ei donata à variis recensentur *ibid. & seqq.* quæ eidem à singulis monachis præstita sunt, postquam disciplina regularis in eo periit 600 *& seqq.* ejus societas cum Ordine FF. Prædicatorum 599 cum Monasterio Burdegalensi S. Crucis *ibid.* cum Monasterio Grandis sylvæ *ibid.* sit sedes Episcopalis 602
CONON Cardinalis Episc. Prænestinus, A. S. Legatus in Provincia Rotomagensi, Senonensi, & Remensi 482. 483. 513. 697
——— Abbas Sigebergensis, dein Episcopus Ratisbonæ 701
——— Episc. Wormatiensis 748
——— Abbas S. Vitoni Virdunensis 258
——— ex sacerdote plebano Danubrii Abbas Senonensis 610
——— Annonis Archiepisc. Coloniensis nepos, à Treverensibus quibus invitis dabatur Archiepisc. interficitur 215. 216
CONRADINUS filius Conradi Regis Siciliæ – 37. 42. 202
CONRADUS Rex Burgundiæ Jurensis, Monasterium Grandis-Vallis instaurat – 375
——— Burgundiæ Rex, non pauca donat Monasterio S. Andreæ Viennensis – 380
——— II Imperator, Henrici V. fororis filius – 144 bona & jura Piscarien sis Monasterii confirmat 949. 951 ejus obitus – 148
——— filius Frederici II. Imperatoris, vincitur ab Henrico Thuringo 634. Rex Apuliæ 635. – 36. 37. 194. 195 ejus mors – 195
——— Cardinalis Episc. Portuensis, A. S. Legatus – 231
——— Cardinalis Episc. Sabinensis 578
——— Episc. Spirensis, tum Metensis, & Imperatoris Cancellarius 231. 613. 671
——— Episc. Ulterioris Trajecti 668.
——— Jurensium Dux 734
——— Marchio, filius Marchionis Montisferrati – 15 Tyrum viriliter tuetur – 16 sit Rex Hierosolymitanus – 17 interficitur – 18 *vide pag.* – 169. 170. 171. 173. *ubi* Marchisus *appellatur.*
Comes Lucemburgensis 215.223
CONSTANTIA uxor Roberti Franc. Regis 327
——— filia Imp. Hispaniæ, uxor Ludovici VII. in Aurelianensi Ecclesia S. Crucis coronata – 543 ejus obitus – 10
——— filia Guillelmi I Regis Siciliæ, nubit Henrico filio Frederici I. Imp. – 14. 172.
——— filia Manfredi Siciliæ tyranni, nupta Petro filio Jacobi I. Aragoniæ Regis dein Regi III – 644 ejus obitus – 141
——— filia Philippi I. Franc. Regis, uxor Hugonis Comitis Trecensis – 437
——— filia Ludovici VI. uxor Eusta-

chii Comitis Boloniensis 494. 801 dein Raimundi Comitis Tolosani 801
——— filia Conani Britanniæ Ducis, Comitis Richemondiæ – 157 nubit Gaufrido filio Henrici II. Regis Angliæ – 164 dein Guidoni de Toarcio – 21. 180
——— filia Jacobi I. Aragoniæ Regis, nupta Infanti Emanueli, fratri Regis Castellæ – 677
——— Abbatissa de Cannas – 673
CONSTANTINUS Episc. Sylvanectensis 171
CONSTANTIUS Imp. pater Constantini Magni 109
——— Episc. Albiensis – 570
——— Chorepiscopus – 358
CORARDI Abbatis Cisterciensis obitus – 72
CORBEIENSE Monasterium à Balthilde Regina conditum – 344 ejus privilegia confirmant Benedictus Papa III. – 343 Carolus Calvus Imp. 346 Carolus Simplex – 347 Christoforus Papa – 348 Leo Papa IX – 349 ejus Monasterii Cellæ *ibid.*
CORBUS Theoderici Franc. Regis filius, Childeberti nepos 364
CORDUBA à Christianis recepta 491
CORONA spinea in Majori Ecclesiâ Parisiensi reponitur 497
CORRENI Ecclesiæ S. Mariæ recens consecratæ varii varia donant – 406 indulgentiæ concessæ his qui ei quidpiam donaverint – 407
CORTENAII Domini è Stirpe Regia 494
COSCHINUS Abbas Gemmeticensis & Centulensis 301
COTARELLI in provinciâ Bituricensi cæsi – 75
CRASMARUS Episc. Noviomensis & Tornacensis 917
CRESPEIENSE Monasterium à Gerardo Mon. conditum 287
CRESSIACI pugna describitur – 108
CRISPIACI Communia instituta à Ludovico VIII. ejus leges – 595
SS. CRISPINI & Crispiniani corpora à S. Eligio inventa 93
CROCUS Rex Vandalorum Galliis devastatis capitur – 211
CRUCIS.signatorum gesta – 2 *& seqq.* 147 *& seqq.* 430. 431. 590 iis privilegia concessa à Philippo II. Franc. Rege – 177
CRUCIS Dominicæ pars in Regia Capella Parisiis 492 Crucis signum quàm frequenter usurpandum 93
CRUCIFIXI in latere à Judæo percussi miraculum 642
CUMHUMARIUS Vicecomes Leocensis – 555
CUNIBERTUS Archiepiscop. Coloniensis 367
CYRILLUS Archiepisc. Trevirensis 211

D.

DACHELMUS Abbas S. Petri-Vivi Senonensis 469
DADO, idem qui Audoënus, Archiepisc. Rotomagensis 80
——— Episc. Virdunensis 237. 241
DAHOLENA Virgo Ecclesiæ Turonensis – 301
DAGOBERTUS Franc. Rex 366. 367 non nulla donat Monasterio Besuensi 401. S. Richarium visitat, eique non pauca largitur 298 ejus in S. Eligium amor 80. 83 ei donam villam Solemniacum 83
——— II. Franc. Rex, Sigiberti filius, Dagoberti nepos 369. 370
——— Archiepisc. Bituricensis – 579
DAIBERTUS Archiepisc. Pisanus – 421.
DAIMBERTUS Archiepisc. Senonensis
XXXxx

Index rerum Memorabilium.

477. 506. 791. - 436. 439 ejus obitus 484 - 3
DALMATIUS Vicecomes de Rocabertine - 199
DAMIATÆ prima obsidio descripta 631.
—— 18 Turcis redditur — 29 iterum capitur, redditur, ac diruitur 633
DANIEL Episc. Nannerensis 200
DAPIFERATUS Franciæ datus Theobaldo Comiti Carnutensi — 154
DASPURGENSIS Comitatus ab Episcopis Metensi & Argentoratensi discerptus 637
DAVID Scotorum Rex — 144
—— filius Roberti de Brus, Scotorum Rex — 97. 103. 109
—— Indiarum Rex — 591
—— Princeps Walliæ — 193. 107. 108 ejus mors — 109
—— Comes Cenomanensis — 156. 146
DECIMA bonorum Ecclesiasticorum concessa Philippo IV. Franc. Regi 181. 184 - 702
Decima bonorum ab unoquoque Ecclesiis solvenda 99 eam aliis Ecclesiis non solvunt Ecclesiæ S. Petri nomine insignes 425
DEI essentia ab homine comprehendi non potest — 525 eam ubique esse probatur — 522
DENTRLENI Ducatus 364. 367
DEODATUS Episc. Matisconensis 91
—— Episc. Nivernensis, Ecclesia sua relicta in Vosagum secedit, atque illic sæpius mutato loco, & miraculis aliquot perpetratis, condit Monasterium Juncturas, quod deinde S. Deodati dictum est 605.606. 607 ejus obitus 607 corpus transfertur 616
—— Abbas SS. Acei & Acheoli — 497
DEODERICUS Episc. Metensis 713. 714 ejus auctoritas in aula Othonis I. Imp. 153 plurima SS. corpora in Italia repetit, & in suam diœcesim transferri curat ibid.
DERVENSE Monasterium à Childerico II. Franc. Rege, Chlotarii III. filio conditum — 317 ejus immunitates confirmat Theodericus III. Childerici frater ibid. alterum puellarum à Waimero & Waltide ejus uxore conditum - 318 utrique prospicit, ac jura quædam tribuit Bertoensus Episc. Catalaunensis - 317. 318 Dervenses Monachi à Normannis fugati, in Monasterio S Teuderii prope Viennam constituuntur — 166
DESIDERATUS Episc. Virdunensis 235
DESIDERIUS Longobardorum Rex à Carolo Magno victus, Regnum ac libertatem amittit 371
—— Archiepisc. Viennensis, lapidibus oppressus jussu Theoderici Regis Fr. 365
—— Episc. Cabellionensis — 518
—— ex Archidiacono Tornacensi Episcop. Morinorum 812 Monasterium virginum Ord. Cisterciensem Blendecæ condit — 548 ejus obitus 822
DESTAUVARETH in diœcesi Virdunensi Ecclesia S. Laurentii à Dudone Præposito Ecclesiæ Virdunensis condita, atque inibi Canonici constituti 239
DIDACUS Archiepiscopus Compostellanus - 488
—— Episc. Oxomensis - 22. 181
DIDO Episc. Noviomensis & Tornacensis 917
—— Episc. Pictavensis 100
—— Abbas S. Petri-Vivi Senonensis - 466
S. DIGNÆ corpus Roma in urbem Metensem translatum 134
DIONYSIUS Cardinalis, Episc. Strigoniensis - 787
—— Abbas Cisonensis 887
—— Comes Palatinus Hungariæ, Orator Andreæ Regis apud Gregorium IX. - 610
DIVION urbs ab Helvetiis obsessa 399 ejus suburbia igne succensa ibid.
Divionensis Ecclesia S. Benigni, olim Monasterium puellarum 379 in eo Monachi constituuntur à Gregorio Episc. Lingonensi ibid. quot in ea sancti viri sepulti ibid. bona eidem à conditore data ibid. & à Gunthramno Rege 363 & ab aliis 363. 365. 367. 370. 371. 373 in Monasterio tempore Caroli M. disciplina regularis pene obliterata 373 ejus bona aliis commutata 375. 336 non nulla amittit 375 alia ei donantur 376 Ecclesia restauratur ibid. multa donantur à Carolo Calvo Fr. Rege ibid. ablata restituuntur 377 alia comparantur, aut commutantur 378. 379. 380. 381 pessimus ejus status per incuriam Episcoporum & Abbatum 381 disciplina monastica instauratur cura Brunonis Episc. Lingonensis à Monachis Cluniacensibus 381 bonis augetur monasterium 382. 383 nova Ecclesia ædificatur : ejus descriptio 383 alia ei dantur 386. 387. 388. 389. 390. 391. 394. 395. 396. 397 iterum nova Ecclesia ædificatur 396 Monachi cœnobii Besuensis non nullas res furantur 410
DIVIZO Cardinalis Presb. S. Martini 444
DODESCALDUS Abbas Astiacensis - 494
DODILO Episc. Cameracensis 756
DOBO Episc. Nuceriensis 949
—— Episc. Valvensis 968
—— discipulus S. Ursmari : ejus vita breviter descripta 731
—— Comes S. Lambertum interficit 370
DODOALDUS Episc. Lingonensis 365
DOMESTICI munia apud Francos 83
DOMINICÆ Passionis monumenta remit, ac Parisiis in Majori Ecclesia, & in Regia Capella collocat S. Ludovicus 492. 497. — 33
DOMINICUS Institutor Ord. FF. Prædicatorum : ejus res gestæ perstringuntur — 180. 181. 185. 186. 187 ejus obitus — 188 in SS. album refertur — 190 ejus corporis translatio ibid.
—— ex Monacho S. Fructuosi, Abbas Piscariensis : acta ejus electionis 953 fit etiam Episc. Valvensis 956 ejus obitus 957
—— Chappron, Ord. FF. Prædicatorum, S. Theologiæ Doctor, Abbas Lobiensis 728
DOMNOLUS Episc. Trecensis - 242
DONATUS Archiepisc. Bisuntinus filius Waldeleni Ducis 400. 401
DORNATIACENSE Monasterium puellarum conditum ab Amalgario Duce 401 in jus transit Monasterii Besuensis 402
DRAUSIO Episc. Suessionensis 75
DROCARUM Comites è stirpe Regia 494
DROGO Abbas S. Joannis Laudunensis, dein Cardinalis Episc. Ostiensis - 3
—— filius Fulconis II. Comitis Andegavensis, Episc. Anicensis - 246
—— Caroli Magni filius, Episc. Metensis 228. 374. 375 A. S. Legatus, & sacri Palatii Moderator 228
—— Episc. Morinorum 336
—— ex Monacho Lobiensi Abbas Florinensis, dein S. Jacobi Leodiensis 752
—— Major Domus Sigiberti Franc. Regis 361
—— Constabularius Philippi Augusti - 574
DUDO Ecclesiæ Virdunensis Præpositus, Ecclesiam S. Laurentii in castello Destauvareth condit, atque in ea Canonicos constituit 239
DULCIA uxor Joannis Regis Portugaliæ — 558
DULCINIUS hæreticus - 19
DUNGALI Reclusi Epistola ad Carolum Magnum Imp. de duplici, ut ferebatur, solis eclipsi anno DCCCX. - 324
DURANDUS Episc. Leodiensis 332. 765
—— de Sentaler, Abbas Condomensis 602
DURANNUS Episc. Cabillonensis, litem dirimit inter Episc. Lingonensem & Comitem Niveruensem - 600

E.

EDWIGA Ducissa Poloniæ in SS. album refertur - 202
EBALUS Archiepisc. Remensis 572 - 392
EBBO Archiepiscopus Senonensis, vitæ sanctitate clarus 464 ejus corporis translatio 475
EBERHARDUS Comes, pater Udonis Archiepisc. Treverensis, Scafuse Monasterium condit 226
EBO Archiepisc. Remensis, à Ludovico Pio Imp. sede sua dejectus - 335 post triennium ipsi renuntiat, sed ita ut nullius certi criminis se reum agnosceret 336 suæ sedi post septennium restituitur à Lothario Imp. consentientibus plerisque Provinciæ Episcopis - 335 id jure fieri probare nititur - 336
—— Episc. Gratianopolitanus - 343
EBROINUS Major Domus Theoderici Franc. Regis filii Chlodovei II. 118. 370 S. Leodegarium interficit 370
—— Comes, filius Bovonis sive barbá Comitis : ejus liberi 370
EBRULFUS Episc. Noviomensis & Tornacensis 917
ECCLESIÆ res novas acquirere non videntur, si decimas acquirant 282 earum res cautè administrandæ — 388 de iis alienandis monita plena prudentiæ & pietatis - 327. 388 earum pervasores excommunicati - 520
Ecclesiæ quatenus asylorum jure gaudent - 291 cur in memoriam SS. Veteris Testamenti non dedicantur - 370
Ecclesiastica beneficia ne cui jure hereditario donentur, item ne eorum investituræ de manu laicorum accipiantur, prohibetur 483
ECLIVÆ pactum de futuro matrimonio Sibyllæ de Obillone neptis suæ cum Armanno de Omelinz - 483
ECONIUS Episc. Maurigiacensis S. Victoris Mart. corpus reperit 464
EDACIUS Archiepisc. Bituricensis 471
EDESSA urbs à Turcis capta - 7
EDITH Regina Angliæ, erga Monachos Centulenses liberalis 345
EDMUNDUS ex Cancellario Ecclesiæ Saresberiensis, Archiepiscopus Cantuariensis 870. - 190 ejus obitus - 191 in SS. album refertur - 35. 194
—— filius Henrici III. Regis Angliæ, Comes Lancastriæ - 102. 104. 211. 213. 214. 215. 216 ei Siciliæ Regnum certis conditionibus oblatum ab Innocentio IV. & Alexandro IV. - 648 ejus Regni verum possessorem eum nunquam fuisse decernit Clemens IV. ibid. ejus obitus - 31. 216
—— filius Eduardi IV. Angliæ Regis nascitur — 224 ejus gesta - 82. 83 capitis damnatur - 93
EDOUALDUS Episc. Lingonensis 367
EDUARDUS filius Henrici III. Anglorum Regis nascitur - 191 ejus gesta - 40. 41. 199. 200. 101. 201 procuratores instituit ad contrahendum nomine suo matrimonium cum Alieno-

Index rerum Memorabilium.

rà forore Regis Castellæ - 633 patri in regno fuccedit - 43. 103 *fequuntur ejus gesta.* ejus obitus - 59. 231
—— filius Eduardi fuperioris nafcitur - 109 Regnum regit absente patre - 221, 222 Scotiam petit armatâ manu - 130 patri in regno fuccedit - 60 *ejus gesta sequuntur.* dignitate Regiâ fpoliatur - 85 ejus mors *ibid.*
—— filius Eduardi fuperioris nafcitur - 66 patri in regno fuccedit - 85 *ejus gesta sequuntur.* fit Imperii Vicarius à Ludovico Bavaro - 100
—— de Bailleul, fit Rex Scotiæ - 97. 98
—— de Renty, Gubernator Tornaci - 136
EBRATES Archiepifc. Colonienfis, depofitus 110
EBA Major Domûs Chlodovei II. Franc. Regis 368
EGBBERTUS Magifter Scholarum, dein Decanus Ecclefiæ Colonienfis, mox Canonicus Regularis, poftremo Epifc. Monafterienfis 701
EGGARDUS Abbas Lobienfis 734
EGIL Archiepifc. Senonenfis, antea Monachus 466 Alfonis villam & alia donat Monafterio S. Petri-Vivi *ibid.*
EGILBERTUS Archiepifc. Trevirenfis : ejus gesta 116 *& seqq.*
EILBERTUS Comes, Ebroini Comitis filius 710. 711 Monafterium S Michaëlis in Tirafciâ condit, & Monafterium S. Petri, Monialium 712 item alia, atque in his Valciodorenfe 712. 713 *& seqq.* privignos heredes inftituit 717
EINHARDUS Abbas Fontanellenfis 279
EKETBERTUS Archiepifc. Trevirenfis 214
ELA filia Guillelmi Comitis Sarefberienfis, uxor Guillelmi I. de Longafpata - 189. 190
ELBO de Maleone cum Gofrido de Rupeforti Caftri Julii dominus - 502
ELDRADUS Abbas Vezeliacenfis 504
ELEEMOSYNÆ erogandæ neceffitas 99
ELSLINUS Cancellarius Henrici III. Imp. 953
S. ELEUTHERIUS Epifc. Tornacenfis 70, 903, 916, 917
S. ELIGIUS Epifc. Noviomenfis & Tornacenfis 464. 927 ejus vita fufè defcripta 78 *& seqq.*
ELINANDI Monachi opera - 181
ELIZABETH filia Regis Hungariæ, uxor Landegravi Turingiæ - 190 poft mariti mortem habitum Minorum affumit 641 642 in SS. album refertur 642
—— filia Eduardi IV. Regis Angliæ, nubit Joanni Comiti Hollandiæ - 119 dein Umfrido Comiti Hereford æ & Suffexiæ - 228
—— filia Humberti Bellijoci, nupta Simoni de Luzi, dein Rainaldo de Forefio - 624
—— foror Uldini Jalinienfis, uxor Hugonis domini Ambafæ & Calvimontis - 181, 183
S. ELOQUII Abbatis Latinianenfis corpus in Monafterium Valciodorenfe translatum 715
S. ELPIDII Confefforis corpus è Marforum Provinciâ in urbem Metenfem translatum 133
ELPO Dux Saxonum, à Senonenfibus victus 470
ELRADUS Chorepifcopus - 337
EMERICUS Camerarius de Tankarvillâ in prælio interfectus - 228
S. EMERITÆ corpus Româ in urbem Metenfem translatum 114
EMERIUS Archiepifc. Trevirenfis 211
EMERULFUS Major-Domûs Chlotarii

Tom. III.

III. Franc. Regis 401.
EMMA Tolofæ Comitiffæ, nonnihil donat Ecclefiæ S. Martini in Monafterio S. Andreæ Avenionenfis - 389
—— uxor Manaffis Comitis Gifnenfis 785
EMMO Archiepifc. Senonenfis 464
—— Epifc. Noviomenfis & Tornacenfis 903, 917, - 335
—— cum uxore & liberis non pauca donat Monafterio S. Andreæ Viennenfis - 414
ENGEBAUDUS Archiepifc. Turonenfis : ejus obitus - 10
ENGEBERTUS dominus de Anguien, capitis damnatus - 133
ENGELRANNUS Epifc. Cameracenfis 296
ENGOLISMENSIS Comitatus fed pars dominii Regis Franc. - 56
ENUTIUS Epifc. Noviomenfis & Tornacenfis 917
EPHIBII Abbatis teftamentum, quo non pauca donat Ecclefiæ Viennenfi - 318
EPISCOPORUM officia 96. - 102 eorum fandalia in Galliis pertufata - 453 cur his Evangeliorum liber apertus, alius claufus offertur *ibid.* Epifcopo defuncto, quid fervandum - 379

EPISCOPI

Abrincatenses. Anfegaudus 130
——— Guillelmus — 561
——— Joannes Hanefune —— 94
Abulenfis. Prifcillianus 110
Agathenfis. Raimundus — 559. 560
Aginnenfis. Aldcbertus 591
——— Bernardus Sanctii 527
——— Gimbaldus 581
——— Helias de Caftellione 592.
599
——— Hugo 582
——— Raimundus Bernard 590. 591
——— Simon — 416
Albienfes. Bernardus — 30
——— Galterius 578. 971
——— Henricus 180. 811. - 13, 164
——— Matthæus 151. 519, 578
——— Nicolaus — 149
——— Pelagius — 187
——— Petrus 578 — 762
——— Radulfus - 630. 638
——— Richardus 247. 248. 444. 477. 479. 481 - 489
——— Addolenus 472
——— Aldegarius — 571 alter *ibid.*
——— Amelius — 570
——— Arnaldus — 571
——— Balduinus — 570
——— Bertrandus — 571
——— Citruinus — 570. 571
——— Conftantius — 570
——— Frotardus — 571
——— Froterius — 570
——— Gauterius — 571
——— Geraldus *ibid.*
——— Guillelmus — 570 II - 571. III - 416. - 571. IV - 571. V, *ibid.*
——— Honoratus — 570
——— Hugo — 570 alter — 571
——— Humbertus — 571
——— Joannes — 570
——— Lupus *ibid.*
——— Panderius *ibid.*
——— Paternus *ibid.*
——— Richardus *ibid.*
——— Rigaldus — 571
——— Verdatus — 570
Ambianenfes. Bertefridus —— 547
——— Euvrardus — 589
——— Fulco 326. 348. 355
——— Gaufridus — 614
——— Gerwinus — 425. 494
——— Godefridus — 428. 494
——— Godifmannus 327
——— Guarinus — 494
——— Guido 356 — 494

——— Guillelmus —— 58
——— Hilmeradus 317 — 342
——— Ingelramnus — 494
——— Radulfus — 494
——— Raginarius — 335
——— Rorico — 494
——— Theobaldus 171. 813
——— Theodericus - - 495. 497
Andegavenses. G. Meduanenfis - 429
——— Guillelmus de Bello-monte 170
——— Guillelmus Major 160
——— Herveus — 244
——— Joannes Baluë - 840
——— Joannes de Bello-valle *ibid.*
——— Lupus - 243
——— Nefingus - 178
——— Nicolaus Gellant 160
Anicienfes. Adalarius - 371
——— Aimarus 791
——— Drogo - 146
——— Guido *ibid.*
——— Joannes - 739
——— Stephanus - 194
Antiochenus. Jacobus - 778
Aprutinus. Petrus 943
Aptenfes. Teutbertus - 343
Aquenfes Guillelmus - 661
——— Roftagnus - 407
Arelatenses. Æonius - 304. 305
——— Leontius - 302
——— Pontius - 383
——— Raimundus - 540
——— Rotlannus - 343
Aretinus. Joannes 467
Argentoratenfes. Atbogaftus 606
——— Bertholdus 637
——— Florentius 606
——— Henricus 646
Arvernorum. Arnaldus - 372
——— Bego 379
——— Durantus 157. 158. 159
——— Herfredus 472
——— Hugo - 642
——— Petrus 477
——— Sidonius 302
——— Stephanus - 373. 376
Afturicenfis. Robertus - 488
Atrebatenfes. Aluifus 750. 751. 753. 754. 807 - 6, 494
——— Andreas 809
——— Frumoldus 813
——— Godefcalcus 802. 881
——— Jacobus 885
——— Lambertus 701. 915 - 1. 410 *& seqq.*
——— Petrus Rogerii 781. 813 - 91
——— Pontius 860
——— Radulfus *ibid.*
——— Robertus 792. 873
Avenionenfes. Alanus - 774
——— Bertrandus - 661
——— Gaufridus - 518
——— Girardus - 679. 684
——— Heldebertus - 384
——— Jacobus - 71
——— Petrus - 518
Averfanus. Wimundus - 401
Auguftodunenfes. Adalgarius 472 - 351
——— Agano 395 - 412
——— Galterius - 517
——— Geraldus 504
——— Henricus 512. 517. 545. 551
——— Heriveus - 371
——— Hugo - 693
——— Humbertus 517
——— Jonas - 340. 356
——— S. Leodegarius 301. 487
——— Stephanus 445. 506 - 554
Aurelianenfes. Adhericus - 406
——— Bertaudus de S. Dionyfio - 53. 58. 60
——— S. Eucherius 212
——— Eufebius - 307
——— Ferricus - 49
——— Gualterius 466. 472 - 364
——— Guillelmus de Buffis - 39
——— Helias 517. 519

Y y y y y

Index rerum Memorabilium.

—— Henricus 494
—— Joannes 478. 792 - 439. 479
—— Jonas - 319
—— Isembardus - 420
—— Manasses 472. 539. 556 - 29. 541
—— Petrus - 49
—— Philippus - 29
—— Radulfus - 50
—— Raimo - 143
—— Theodericus 474
Autisenses. G. Bernardus 593
—— Guillelmus 591
—— Joannes - 742
—— Petrus - 422
Autissiodorenses. Alanus 535. 545. 552 - 503
—— Annarius - 241
—— Betho 468
—— Christianus 466
—— S. Germanus 211
—— Goffridus - 403
—— Guido 261 - 41. 100. 662
—— Guifredus 519
—— Guillelmus - 22. 29 49
—— Herfridus 472
—— Heribertus 473
—— Hugo 391. 485. 506. 508 - 2. 9. 494
—— Humbaldus 478. 518 - 439
—— Petrus de Bella-pertica - 59
—— Petrus de Gressibus - 60
—— Petrus de Morneio - 59
Baiocenses. Balfridus 147
—— Exuperius *ibid.*
—— Hugo 270
—— Odo 395
—— S. Ragnobertus 127
—— Robertus - 561
—— S. Vigor 327
Barcinonenses. Arnaldus - 634. 640
—— Berengarius - 597. 601
—— Bernardus - 142. 598
—— Guillelmus - 540
—— Idalius - 316. 317
—— Ollegarius - 141
—— Quiricius - 314. 315
Basileenses. Lutolfus 628
—— Radulfus - 478
Bathonienses. Godefridus - 56
—— Guillelmus de Butthonia - 194. 101. 103
—— Joannes - 506
—— Jocelinus - 186. 580
—— Robertus - 155. 506
—— Robertus Burnel - 107
—— Rogerus Lombardus - 159
—— Rogerus alter - 193
—— Savaricus - 181
—— Walterus Giffard - 202
Beliceneses, Anselmus - 82
Belisrensis, Jaidericus 467
Belvacenses, Clemens 122
—— Gaufridus - 32
—— Guido 136. 137
—— Henricus 485. 528 - f. 12
—— Hildemannus 282 - 335
—— Hildricus 571
—— Hugo 318
—— Joannes de Marigniaco - 66
—— Joannes alter - 98
—— Milo - 32
—— Odo - 347. 548
—— Petrus 548
—— Philippus 494 - 176. 548
—— Robertus - 32
—— Simon - 54. 58
—— Theobaldus - 54
Benevensi, Aio 123
Bergamenses, Ambrosius 134
Bisuntinus, Bourchardus - 579
—— Donatus 420
—— Hector 415
—— Hugo 390. 395. 433. 435. 436. 443. - 399. 417 700
Bittervenses, Agilbertus 472
—— Angelus de Baro - 757
—— Gaufridus - 560

Bituricenses. Ægidius Augustini 199. 200 - 51. 58. 59. 74
—— Albericus - 6
—— Dagobertus - 379
—— Edacius 472
—— Girardus - 27
—— Goslinus 474
—— Guerinus - 12
—— Guillelmus - 20. 17
—— Honorius - 20. 517
—— Joannes de Soilliaco - 39
—— Leodegarius 480. 481
—— Petrus - 6. 742
—— Philippus - 39. 610
—— Richardus - 416
—— Simon - 27
—— Simon de Bello-loco - 43. 51
—— Wlfardus 466
Bosonensis. Joannes - 194
Bracharensis. Martinus - 558
Briocenses. Guillelmus - 612. 613
—— Joannes - 419
Brixiensis. Guala - 188
Burdegalenses. Bertrandus - 58. 230
—— Frotarius - 663
Cabellionenses. Alfandus - 518
—— Bertrandus - 578
—— Desiderius - 518
—— Radulfus *ibid.*
Cabillonenses. Argradus - 371
—— Durannus - 600
—— Gibuinus 381
—— Godesaldus - 357
—— Gofredus 391
—— Gualterius 445. 519
—— Joannes - 642
—— Roclenus - 414
Cæsaraugustanus. Petrus - 540
Cameracenses. Andreas de Lucemburgo - 755
—— S. Aubertus 731
—— Burchardus 749. 921
—— Engelramus - 296
—— Erluinus 138. 763
—— Galcherus 914 - 424. 425
—— Gerardus 138. 745. 770. 771 - 417
—— Gualterius 748
—— Guido *sive* Guiardus 778
—— Guillelmus de Triâ - 700
—— Henricus à Bergis 718
—— Joannes 734. 779. 823
—— Lietardus 751
—— Lietbertus 140
—— Manasses 791 - 425
—— Nicolaus 754. 756 - 289. 537
—— Odo *sive* Odardus 914
—— Petrus de Corbolio 829. 861
—— Theodericus 734. - 335
—— Theudo 571
Candida-casa, Thomas - 801
Cantuarienses. S. Anselmus 776 - 433. 506
—— Balduinus - 165
—— Bonifacius de Sabaudiâ - 192
—— S. Edmundus 870 - 35. 150
—— Guillelmus - 144. 506
—— Joannes de Pecham - 207
—— Lanfrancus - 433. 506
—— Hubertus 839 - 22. 176
—— Radulfus - 506
—— Richardus 477 - 118. 19
—— Richardus Magnus 867 - 190
—— Robertus Kilewardeby - 203
—— Robertus de Winchelese - 215
—— Stephanus de Langedono 839 - 22. 181. 168. 579. 580
—— Theobaldus - 10. 144. 506
—— S. Thomas 485. 809 - 10. 153. 512
Carcassonenses. Citruinus - 571
Carelolenses. Adalulfus - 131
—— Walterus Mauclerk - 189
Carnutenses. Albericus Cornuti - 33
—— Araldus - 410
—— Dodilo 736
—— Fulbertus 334 - 387

—— Galterus - 27
—— Gaufridus 379 - 1. 479. 480. 488. 489
—— Glimerius 472
—— Goslenus 579
—— Guillelmus 555 - 723
—— Henricus de Gressleio - 34
—— Joannes de Gallenda - 54
—— Joannes Saresberiensis 580 - 12. 161
—— Ivo 791 - 1. 9. 440. 600
—— Odo 472
—— Reginaldus - 580. 574
—— Robertus 580
—— Simon — 55
Carpentoratenses. Guillelmus - 407 alter - 740. 741
Carthaginis Spartariæ. Licinianus - 313
Catalaunenses. Arnulfus - 292
—— Bettoendus - 317
—— Gaufridus 483 - 492
—— Gipuinus 171
—— Godefridus - 293
—— Petrus de Lathiliaco - 67. 707
—— Retrocus - 31
—— Rogerius 142 - 254
Caturcenses. Froterius - 379
—— Gaufbertus *ibid.*
—— Geraldus - 415. 429. 437. 519
Cenomanenses. Ernaldus - 409
—— Guillelmus Rollandi - 39. 517
—— Hildebertus - 3. 450
—— Hoël - 419
—— Mainoldus - 243
—— Mauricius - 614
—— Petrus le Royer 178
—— Wigrinus - 406
Cestrenses. Alexander 867 - 191
—— Gaufridus - 177
—— Guillelmus - 189. 580
—— Hugo - 177
—— Richardus - 153 alter - 184
—— Robertus - 506
—— Robertus Peccam *ibid.*
—— Rogerus - 504. 506
—— Walterus - 153
Chrysopolitanus Hugo 243. 393
Cicestrenses. Gocelinus - 159
—— Hilarius - 156. 527
—— Pelochin - 506
—— Radulfus *ibid.*
—— Ranulfus - 187
—— Richardus de Wichiâ - 193
—— Sifridus - 163
—— Stephanus - 201
Colonienses. Adulfus - 177
—— Anno 215
—— Bruno 717
—— Cunibertus 367
—— Effrates 210
—— Evergerus 657. 658
—— Folmarus 656
—— Fredericus 120. 682. 686. 698.700. 748 - 474
—— Gero 656. 757
—— Guarinus 657
—— Guntherus 213. 128
—— Herimannus 686. 736
—— Nanno 695. 701
—— Philippus 231. 840 - 165
—— Rainaldus - 10. 154. 155
—— Severinus 210
—— Theodericus - 770. 771
Compostella. Didacus - 488
Condomenses, Bernardus Alamandi 602
—— Petrus de Gualardo *ibid.*
—— Ramundus de Gualardo *ibid.*
Conimbricensis. Petrus - 558
Consanjanus, Herebertus - 165
Conseranenses, Cenebrimus de Gothesio 601
—— Petrus Raimundi de Sanbolca *ibid.*
Constantiensis, Robertus 289
—— Vivianus - 561
Convenarum. Arsius 198. 199 *alius* 199
Conventrenses. Gerardus Puella - 164
—— Guillelmus

Index rerum Memorabilium.

—— Guillelmus - 185
Capitenses. A'anus 172. 100
C[...]*ienſis*. Stanislaus - 194
Dolenſes. Hugo 245 - 412
—— Remigius - 357
Dolenſes. Baldricus - 456. 459
—— Theobaldus 172. 173
Dorchecaſtris. Remigius - 503
Dublinienſis. Guillelmus de Hotun - 211
—— Henricus - 580
—— Joannes de Derlingtoniâ - 108
—— Lucas 870
Dumienſis Martinus - 312
Dunelmenſes. Antonius de Beco - 209
—— Gaufridus - 506
—— Guillelmus *ibid.* alter *ibid.*
—— Philippus - 182
—— Ranulfus - 456. 506
—— Richardus de Marius - 189
—— Robertus de Insula - 109
Durkelſenſis. Guillelmus - 216
Eboracenſes. Gerardus - 506
—— Guillelmus *ibid.*
—— Guillelmus de Grenefeld - 229
—— Guillelmus de Vinkewane - 108
—— Henricus - 147. 124
—— Joannes Romanus - 110
—— Rogerus 809 - 11. 149
—— Thomas de Colebruge - 224. 506
—— Thurstanus - 144. 506
—— Walterus Giffard - 201
Ebredunenſis, Arbertus - 343
—— Joannes - 779
—— Pastor - 723
Ebroicenſes Gervoldus 177
—— Joannes Baluë - 840
—— Joannes de Viennâ - 91
—— Lucas - 561
—— Radulfus - 662
Eleétenſis. Helias - 778
Elienſes. Eustachius - 177
—— Gaufridus - 119
—— Guillelmus de Longo - campo - 158
—— Herveus - 526. 179
—— Nigellus - 156. 506
Elnenſes. Audelindus - 352
—— Berengarius - 715
—— Galterus - 587
—— Raimundus - 638
Engoliſmenſis. Girardus 480 - 444. 445
Exceſtris, Robertus - 505 alter *ibid.*
Firmanus, Gaidulfus 941
Forojulienſis. Berengarius - 631
Fulinienſis. Benedictus 133
Furconenſes. Berardus 973
—— Gualterius 750
Genevenſis Hugo - 379
Gratianopolitani. Ebo - 343. 357
—— Hugo - 4
Herfordenſes Gilbertus - 134. 527 A
—— Guillelmus de Veer - 165
—— Joannes Brutoun - 106
—— Petrus - 197
—— Richardus de Swenefeld - 109
—— Robertus Folioth - 159
—— Thomas de Cantilupo - 106
Hermianenſis, Facundus - 307
Hieroſolymitani. Guillelmus 574 - 488
—— Helias - 363
—— Heraclius 518 - 14. 165
—— Petrus de Palude - 91. 303
—— Radulfus de Grandivilla - 50
Hiſpalenſis. Leander 562 - 314
Ilerdenſis. Gerardus - 715
Lameeenſis. Joannes - 558
Landovenſis. Joannes de Monemutha - 215
Lauſunenſes. Adalberto 171
—— Anſelmus - 493
—— Antonius Crepin - 777
—— Azelinus 391
—— Bartholomæus 515 - 3. 487
—— Basinus - 582
—— Gazo 907
—— Gualterus de Mauritaniâ 755. 874

—— 520. 527
—— Ingelrannus 913
—— Joannes - 777
—— Leothericus 475
—— Rodoaldus 715
—— Rogerus - 290 § 42
—— Simeon - 315
—— Waldricus 792
Lauſanenſes. Aguricus - 379
—— Girardus - 478
Lectonenſis. Aries - 488
Lemovicenſis. Simplicius 109
Leodienſes Adelbero 701. 702
—— Albertus 146 - 195
—— Alexander 701. 752 - 479
—— Aubertus 813. 914
—— Baldricus 737. 739 alter 744. 765. 765
—— Durandus 332. 765
—— Euracius 739
—— Franco 725
—— Fredericus VI. 698
—— Henricus 144. 664. 665. 745.
—— Hugo 718. 729. 737. 757
—— Joannes de Enghien - 293
—— Notgerus 7. 9. 740. 743. 744. 763
—— Obertus 673. 675. 685. 691. 697. 745. 746. 749
—— Radulfus - 190
—— Reginardus 714. 765
—— Richarius 736
—— Stephanus *ibid.*
—— Thieduinus - 187
—— Waso 141
—— Watho 766
—— Woibodo 714. 764. 765
Lexovienſes. Arnulfus - 507
—— Ficculfus 128
—— Herbertus 189
—— Jordanes - 561
Lincolaienſes. Alexander - 145. 506
—— Gaufridus - 119
—— Guillelmus Bleſenſis - 180
—— Hugo 165. 181. 579. 580
—— Oliverius de Suttonâ 208
—— Remigius 503. 506
—— Richardus - 164
—— Richardus de Graveshende - 109
—— Robertus - 155. 503. 506
—— Robertus Grosseum - caput - 195
—— Walterus - 165
Lingonenſes. Achardus 181. 412
—— Albericus 375. 405. 419. 445
—— Arduinus 4. 4. 445
—— Argrinus 379. 412
—— Astorius 370
—— Betroaldus 365
—— Betto 404. 419
—— Bruno 381. 412. 417
—— Dodoaldus 365
—— Edoualdus ,67
—— Ericus 381. 412
—— Eronus 369
—— Garnerius 380. 411.
—— Geilo 359. 377. 408. 443
—— Godefridus 415. 506 - 6. 502
—— Gosselinus 380. 412
—— Gregorius 354
—— Gualterius 545. 511 - 542
—— Guido - 692
—— Guillelmus 858 - 585
—— Guillencus 452
—— Hugo 243. 390. 410. 421. 422. 443. 506
—— Jocerannus 345. 481. 482. 506
—— Isaac 359. 376. 408. 466
—— Lambertus 388. 390. 417. 443
—— Letricus 381. 413
—— Micecius 365
—— Rainardus 431. 444
—— Richardus 390
—— Robertus 395. 413 - 437
—— Tetricus 359
—— Teutbaldus 375. 378. 407. 412
—— Urbanus 359
—— Widricus 381

Londonenſes. Gilbertus - 165. 501. 506
—— Guillelmus - 175. 579. 580
—— Henricus - 401
—— Mauricius - 506
—— Richardus Elienſis - 168. 506
—— Richardus alter - 114. 213
—— Robertus - 145. 506
—— Rogerus 870
—— Stephanus de Faukemberge - 183
Lugdunenſes. Amolo - 339
—— Aridius 364. 365
—— Arnulfus - 102
—— Aymarus - 634
—— Burchardus 412
—— Etherius 364
—— Fredericus 250
—— Guichardus 544 - 11
—— Halinardus 343. 390. 392
—— Hugo 245. 477. 911-416. 411. 425. 426
—— Humbertus 517
—— Joannes - 514
—— Joccrannus 445
—— S. Irenæus 378
—— Petrus - 486
—— Petrus de Sabaudiâ - 63
—— Petrus de Tarentaſiâ - 106
—— Radulfus - 693
—— Remigius - 340. 341. 343. 370. 371
—— Renaldus 520. 525
—— Rusticus - 504
—— Secundinus 364
—— Stephanus - 305
—— Stephanus de Sabaudiâ - 677
—— Zacharias 358
Lunenſis. Jacobus - 752
Lutevenſis. Petrus - 483
Maclovienſis. Robertus 200
Magalonenſes. Guillelmus de Flexio - 364. 505
—— Joannes - 548. 622
—— Petrus - 742
—— Raimundus - 526
Magdeburgenſis. S. Norbertus 215 - 3. 425
Majoricenſium; Petrus de Viridario - 715
—— Raimundus - 597
Marſus Abricus 135
Matiſconenſes. Brindingus - 317
—— Deodatus 91
—— Letbaldus 350
—— Maguboldus - 375
—— Milo 412
Mauritianenſes Abbas - 357
—— Econius 364
—— Joseph - 343
Mediolanenſes S. Ambrosius 210
—— Antonius - 752
Meldenſes. S. Faro 464
—— Garinus - 15
—— Gaufridus *ibid.*
—— Gilebertus 464
—— Gualterius 136. 475. 476
—— Hildegarius 466
—— Manasses - 439
—— Robertus 475
—— Stephanus 550
Messanenſis. Humbertus 618
Metenſes. Abbo 127. alter *ibid.*
—— Adalbero 110. 218. 129. 385. 662. 180. 684. 685. 686. 714. 754
—— Adelphus 215
—— Adventius 21. 118. 661
—— Agatimber 116
—— Aiguifus *ibid.*
—— Angelramnus 228. 612
—— Aptadius 217
—— Arnoaldus 216
—— Arnulfus 226. 366
—— Auctor 225
—— Bertoldus 385
—— Bertrannus 230
—— Bonolus 216
—— Chrodegangus 217
—— Clemens 224. 612

Index rerum Memorabilium.

—— Clodulfus 127
—— Cœlestis 214
—— Conradus 131. 625. 632
—— Deodericus 143. 713
—— Drogo 228. 475
—— Eplecius 116
—— Felix 124. alter 127
—— Firminus 115
—— Fredericus de Plujosa 239
—— Godo 127
—— Goëricus *ibid.*
—— Gonsolinus 126
—— Grammaticus *ibid.*
—— Gualo 128
—— Gundulfus *ibid.*
—— Herimannus 217. 229. 247. 663. 665. 667. 670. 671
—— Jacobus 133. 635. 641. 648
—— Joannes 131. 637
—— Joannes de Asperomonte 261
—— Leontius 125
—— Pappolus 126
—— Patiens 125
—— Petrus 126
—— Philippus de Florangis 649. 650. 654
—— Phronimius 126
—— Poppo 229. 245. 674. 675
—— Robertus 214. 228
—— Romanus 126
—— Rufus 215
—— Sambatius *ibid.*
—— Sigibaldus 127
—— S. Simeon 225. 622
—— Sperus 126
—— Stephanus 223. 229. 253. 619. 691. 701. 703
—— Terentius 126
—— Theodericus 128. 229. 230. 386. 393. 600
—— Victor 125. alter *ibid.*
—— Villicus 126
—— Urbicius *ibid.*
—— Walo 113
—— Wigericus 128

Moguntini. Adelbertus 120. 121. 680. 685
—— S. Bonifacius 112
—— Christianus 814
—— Joannes — 740
—— Ludovicus *ibid.*
—— Ruthardus 110

Monasterienses, Burchardus 748
—— Egebertus 701

Morinorum. Vide *Tarvanenses.*

Nannetensis. Daniel 100

Narbonenses. Ægidius — 63
—— Bernardus *ibid.*
—— Fredaldus — 352
—— Gasbertus — 539
—— Pontius — 538
—— Theodardus 472
—— Zuntfredus — 317

Nivernenses. Abbo 466
—— Bernardus 545. 551
—— Deodatus 605. 606. 607
—— Eumenus 472
—— Frotmundus 519
—— Gaufridus 521
—— Hugo 506. 791 — 404
—— Norrannus 470
—— Roclenus 473
—— Syagrius — 141

Nolanus. Stephanus 504

Norwicenses. Everardus — 506
—— Guillelmus — 157. 106
—— Guillelmus de Ralegh — 193
—— Herbertus — 106
—— Joannes Oxoniensis — 160
—— Joannes de Gray — 180
—— Pardulfus 812
—— Thomas de Bundeswick — 190

Noviomenses. Andreas — 54
—— Bertrandus de S. Maura — 94
—— Gerardus — 188
—— Guillelmus *ibid.*
—— Petrus — 54
—— Rainaldus — 543. 584

Noviomensis & Tornacensis. S. Acharius 90. 917
—— Adelfredus 917
—— Airardus *ibid.*
—— Augustinus *ibid.*
—— Baldricus 911. 919 — 439
—— Balduinus 381. 919
—— Crasmarus 917
—— Dodo *ibid.*
—— Ebrulfus *ibid.*
—— S. Eligius 90. 464. 917
—— Emmo 903. 917 — 335
—— Enntius 917
—— Fichardus *ibid.*
—— Framigerus *ibid.*
—— Fulcherus 918
—— Gislebertus *ibid.*
—— Gualberus *ibid.*
—— Guandelmarius *ibid.*
—— Guarulfus *ibid.*
—— Guido *ibid.*
—— Gundulfus *ibid.* alter *ibid.*
—— Haidulfus 571. 918
—— Herduinus 918
—— Heidilo 903. 917
—— Helisæus 917
—— Hugo 919
—— Hunuapus 917
—— Lambertus 910
—— Leudulfus 9. 8
—— S. Medardus 70. 487. 916. 917
—— S. Mummolenus 116. 917
—— Pleon 917
—— Radulfus *ibid.*
—— Rainelmus *ibid.*
—— Rangarius 330
—— Ratbodus 892. 911. 918. 919. — 485
—— Rathoklus 136
—— Rauberius 917
—— Ronegarius *ibid.*
—— Simon 876. 911 — 54
—— Transmarus 917

Nucerienses. Dodo 949

Olissiponensis. Suarius — 518

Oscensis. Gasto — 715

Ostienses. Agathon 125
—— Albericus 509 — 544
—— Drogo — 3
—— Hubaldus 578. 883. 971 — 163
—— Hugo de Billona — 114
—— Hagolinus 866 — 489
—— Humbaldus 535. 549
—— Latinus — 214
—— Octavianus 831 — 10. 179
—— Odo 919
—— Petrus de Tarentasiâ — 106

Oxomensis. Didacus — 21. 181

Oxonenses. Bartholomæus — 153
—— Guillelmus de la Bruere — 189
—— Joannes — 165
—— Richardus Blund — 194
—— Robertus — 155
—— Simon — 189
—— Walterus Surteiæ — 196

Palentia. Petrus — 488

Panormitanus. Walterus — 149

Papiensis. Petrus 492. 494

Parisienses. Æneas 466
—— Gaufridus — 476 - 406
—— S Germanus 362. 464. 487
—— Gualo 792 — 439
—— Guillelmus — 19. 619
—— Guillelmus de Aureliaco — 57
—— Hezelinus 334
—— Hugo 170
—— Imbertus 390
—— Joannes de Meullent — 130
—— Mauricius 540. 812. — 11
—— Nescelinus — 414
—— Odo Solliacensis — 19
—— Petrus — 13. 177
—— Petrus Lombardus — 149. 153
—— Rainoldus 472. 474
—— Simon — 57
—— Stephanus 495 — 479. 489
—— Stephanus de Parisiis — 130
—— Theobaldus — 503. 536

Parmenses. Hubertus 943
—— Pius 247

Petragoricenses. Froterius — 379
—— Guillelmus — 475. 476
—— Rainaldus — 416

Pictavenses. Dido 300
—— Gilbertus Porrée — 7
—— Guido — 742
—— Hilarius — 314
—— Jacobus — 778
—— Petrus — 476

Pinnenses. Grimbaldus 931. 937
—— Grimoaldus 968
—— Herbertus 963
—— Joannes 941. 944. 945

Pisanus, Daibertus — 421

Portuenses. Benedictus — 579
—— Bernardus 539. 578. 971
—— Conradus — 30
—— Formosus 467. 468
—— Joannes — 421. 610. 618
—— Petrus — 485. 686
—— Robertus Kilewardeby — 107
—— Theodinus 883 — 157
—— Walpertus 503

Portugalensis. Martinus — 158

Prænestini. Conon 482. 697
—— Jacobus 491 — 34. 192
—— Julius 971
—— Petrus 199 — 53
—— Simon — 30
—— Stephanus — 650. 658

Ratisbona. Conon 701

Ravennates. Gerbertus 473
—— Pileus de Prata — 743

Redonenses Guillelmus 172
—— Herbertus 576
—— Marbodus — 430
—— Petrus — 594
—— Philippus 576
—— Stephanus — 162

Remenses. Abel 733
—— Adalbero 314. 563. 733
—— Ægidius 135
—— Albericus 490. 859
—— Arnulfus 326. 172. 473
—— Artaldus — 376
—— Basinus 212
—— Ebalus 572 — 392
—— Ebo — 335
—— Gerbertus 473
—— Gervasius 136. 149. 244. 476. 172 — 421
—— Guido 142. 390. 495. 572. 834
—— Guillelmus 489. 494. 496. 802. 813. 817. 823. 838. 883 — 5. 12. 30. 164
—— Guillelmus de Tria — 89
—— Henricus 485. 489. 494. 536. 554. 802. 809. 866 — 11. 538. 619
—— Henricus de Drocis — 294
—— Hiriveus 567
—— Hincmarus 213. 228. 466. — 337. 344
—— Humbertus — 134
—— Joannes — 777
—— Joannes de Craon — 131
—— Joannes de Curtiniaco — 43
—— Joannes de Viennâ — 99
—— Juhellus — 34
—— Lando 271
—— Manasses 913 — 431
—— Milo 212
—— Petrus Barbez — 43
—— Radulfus 899. 910 — 436
—— Rainaldus, sive Rainoldus 335. 477. 749. 771. 876. 880 - 418. 480. 405. 781
—— S. Remigius 464
—— Rigobertus — 317
—— Robertus 199. 100 — 707
—— Rodulfus 481
—— Samson 573. 755. 781. 389. 923
—— Udalricus 563

Reusspurgenses. Erardus 607. 608

Roffenses. Gualerannus — 164
—— Guillelmus de Glawille — 184
—— Henricus 867 — 190
—— Walterus — 157

Rotomagenses

Index rerum Memorabilium.

Rotomagenses. Ægidius — 63. 708
— S. Ansbertus 267. 284
— S. Audoënus 90. 167. 284. 464
— Bernardus — 63
— Grimo 274
— Gualterus — 165. 560. 561
— Guenilo 466
— Guido 274
— Guillelmus — 695. 794
— Hugo 270. 495. 511. 519. — 149. 484
— Joannes — 723
— Malgerus 283 - 401
— Mauricius — 614
— Meginhardus 304
— Odo Clementis 497 - 34. 661
— Petrus - 619
— Petrus Rogerii - 94
— Paulus 133
— Raginfridus 273
— Ragnoardus 282
— Remigius 274
— Robertus 289. 331. 390 - 510. 586
— Theobaldus - 613
Rovecestrenses. Ascelinus - 506
— Baldulfus *ibid.*
— Benedictus - 580
— Ernulfus - 506
— Ingulfus *ibid.*
— Joannes *ibid.*
Rutonenses. Amantius 266
— Hugo - 540
— Petrus - 708
— Pontius - 416
Sabinenses. Amedeus - 784
— Conradus 378
— Gaufridus - 192
— Gregorius 971
— Guido — 40
— Humbaldus — 422
— Joannes — 141. 579
— Isidorus — 593
Sagienses. Adelbertus 949
— Ivo — 406
— Sylvester — 561
S. Andreæ. Guillelmus — 216
Santonensis. Bernardus — 501
Saresberiensis. Guillelmus de Laville — 201
— Hubertus Walteri — 168
— Jocelinus — 117. 506
— Nicolaus de Longa-spatâ — 189. 219
— Osmundus — 506
— Richardus — 180
— Robertus de Wichampton — 201. 210
— Rogerius — 144. 506
— Simon de Gandavo — 219
— Walterus Scamel — 201
Senogallia. Adelbertus 949
Senonenses. Ægidius Cornuti — 34. 43
— Aldaldus 469
— Aldricus 465
— Anastasius 471
— Ansegisus 466
— Archembaldus 470
— Daimbertus 477. 481. 506. 792. - 3. 436. 439
— Ebbo 464
— Egil 466
— Emmo 464
— Evrardus 468
— Gelduinus 475
— Gericus 464
— Gerlannus 469
— Gualterus 468. 469
— Gualterus Cornuti 861 — 29
— Guido — 13
— Guillelmus 496. 486. 813 — 5. 12
— Guillelmus de Meloduno — 72. 115. 137
— Gundebertus 604. 605
— Henricus 483 — 39. 488. 489. 490
— Henricus Aper — 3
Tom. III.

— Heraclius 464
— Hieremias 312. 465 - 329. 330
— Hildemannus 469
— Hugo 475. 486. 545 - 10. 503
— Leothericus 473
— Magnus 465
— Mainardus 475
— Michaël — 10
— Petrus de Charniaco - 43
— Petrus de Corbolio 861 - 20
— Petrus Rogerii - 92
— Philippus II. - 63
— Philippus de Marigniaco - 72
— Rambertus 465
— Richerius 476 - 405. 410. 425
— Seuvinus 471. 472
— Stephanus - 49
— Wenilo 465
— Willarius 471
— Wifrannus 284. 464
Signini. Bruno 899 - 422
— Joannes 972
Sistaricensis. Alanus — 661
Spirenses. Conradus 231. 625
— Joannes 220
— Sigebaudus 393
Spoletini. Beraldus 950
— Nicolaus de Prato - 229
Strigoniensis. Dionysius - 787
Suessionenses. Auculfus 489
— Bandaridus 73
— Beraldus 391. 418
— Drausio 75
— Girardus de Malo-monte - 67. 69
— Guido 326. 571 - 67. 244. 378
— Hrodhadus - 335
— Hugo 489 - 536. 539
— Jacobus 494. 496. 866
— Joslenus 489 - 6. 9. 480
— Lisiardus 913
— Nevelo 839
— Nevelo de Basochiis 489
— Odo - 9
— Warimbertus 75
Sylvanectenses. Adam - 619
— Almaricus - 11
— Constantinus 571
— Frollantus - 599
— Gaufridus 841 - 15
— Guarinus - 25. 577
— Guido - 67
— Herpwinus - 335
— Hubertus 792 - 419
— Odo 136
— Robertus - 616
Tarentinus. Martinus - 804
Tarraconensis. Berengarius - 141. 544
— Hugo - 540
— Sparagus - 597. 598
Tarvanenses. Adam 853
— Bainus 467
— Balduinus 326
— Desiderius 812 - 548
— Drogo 336
— Folcwinus - 335
— Gerardus 782. 783 - 425
— Joannes 792. 800. 801. 804. 835. 985
— Lambertus 822
— Liudulfus 571
— Milo 804 - 497. alter 809
— Petrus 867
Teatini. Guillelmus 963
— Lidvinus 944
— Rainulfus 938
— Theodericus 937
Thiosordensis. Herbertus - 434
Toletani. Hildefonsus - 314. 315
— Julianus - 316
— Raimundus - 488
Tolonenses. Gualterus - 661
— Guillelmus - 407
Tolosani. Fulco - 181
— Isarnus - 416
— S Ludovicus — 51. 219. 710
Tornacenses. Anselmus 927 - 7. 497. 498
— S. Eleutherius 70. 903. 916. 917

— Geraldus 884 - 500
— Gerardus 916
— Gualterus 869 - 619
— Joannes 887
— Joannes de Enghien - 293
— Stephanus 823
— Theodorus 919
Trecenses. Ansegisus 470
— Domnolus - 242
— Frotmundus - 475
— Fulcarius 466
— Garnerius - 157
— Guichardus - 61
— Henricus - 501
— Hugo 136
— S. Lupus 211 - 302
— Mainardus 475
— Milo 472. 473
— Philippus - 415. 416. 424. 437
Trevirenses. Agretius 210
— Albero 253
— Amalarius Fortunatus 213
— Anastasius 208
— Andreas *ibid.*
— Aponoculus 211
— Aprunculus *ibid.*
— Auctor 208. 211
— Augustinus 467
— Avitus 209
— Auspicius 208
— Basinus 212. alter *ibid.*
— Bertolfus 213
— Bonosius 210
— Britonius *ibid.*
— Bruno 219. 220. 247 - 474
— Cassianus 208
— Clemens *ibid.*
— Cyrillus 211
— Egilbertus 216
— Eketbertus 214
— Emerius 211
— Eucharius 208
— Everardus 215. 243. 390
— Felix 208. 210
— Florentius 209
— Folmarus 231. 260
— Fortunatus 208
— Gaugericus 212
— Hellinus 727
— Henricus 214
— Hetti 213
— Hydulfus 211. 212. 607
— Jacobus — 770
— Lamnerius 211
— Legontius *ibid.*
— Liudoltus 214. 222
— Lutuvinus 212
— Magnerius *ibid.*
— Mansuetus 208
— Marcellus 209
— Marcus *ibid.*
— Martinus *ibid.*
— Maternus 208
— Mauricius 208. 211
— Maurus 211
— Metropolus 209
— Maximianus *ibid.*
— Maximinus 210
— Meingaudus 214
— Miletus 211
— Modestus *ibid.*
— Modoaldus 212
— Moyses 208
— Nicetius 212
— Nuverianus *ibid.*
— S. Paulinus 210
— Poppo 215
— Rathodo 214
— Richbodus 213
— Robertus 214
— Rusticus 208. 211
— Sabaudus 212
— Severicus *ibid.*
— Severinus 209. 211
— Severus 211
— Sibirius *ibid.*
— Theodericus 214

A A A a a a

Index rerum Memorabilium.

—— Tietgaudus 213, 228
—— Valentinus 209
—— Udo 216
—— Volusianus 211
—— Wiemadus 223
—— Wizo *ibid.*
Tubzocensis. Felix 68
Tullensis. Bertholdus 607. 616
—— Bodo 607
—— Bruno 193. 616. 618
—— Gerardus 615
—— Gilo 644. 648. 650
—— Gozelinus 615
—— Hermannus 618
—— Jacob 386. 607
—— Maherus 610
—— Pibo 217. 245. 618.
—— Reginaldus 610
—— Rogerus 161. 638
—— Stephanus 615
Tungrorum. Avitus 209
—— Florentius *ibid.*
—— S. Lambertus 570
—— Marcellus 209
—— Martinus *ibid.*
—— Maximinus *ibid.*
—— Metropolus *ibid.*
—— S. Servatius 225
—— Severinus 209
—— Valentinus *ibid.*
Turonensis. Adalaudus – 243
—— Airardus 466
—— Amalricus 133
—— Arduinus – 178
—— Bartholomæus – 11. 406
—— Engebaudus – 10
—— Gaufridus 205
—— Gaufridus de Landa – 22
—— Gilbertus – 3, 281
—— Gregorius 71
—— Hebernus 472 – 243
—— Hildebertus – 3. 455
—— Hugo – 151. 283
—— Joannes – 790
—— Joannes de Faxa – 23
—— Jocius 140 – 10, 155
—— Juhellus – 34. 612
—— S. Martinus 210
—— Perpetuus – 303
—— Radulfus 481 – 281. 422. 439
—— Raginaldus de Monte-Basonis 166. 171. 199. 200
Tusculani. Annibaldus – 723
—— Joannes – 422
—— Isnardus 515
—— Nicolaus – 179
—— Odo de Castro-Radulfi – 35. 193 610. 658
—— Petrus Hispanus – 106
Tyrii. Guillelmus 822
—— Simon 857
Valentinensis. Alfonsus – 797
—— Guntardus 395
—— Haimo –, 80
—— Ratberius – 357
Valvenses Dodo 968.
—— Dominicus 356
—— Gualterius 962
—— Joannes 918
—— Oderisius 973
—— Trasmundus 957
Vasatentes Gimbaldus 581
—— Hugo 581
Velletrenses. Hugo – 579
—— Joannes – 20. 179
Venetensis. Henricus 161
Veronensis Hilduinus 736
—— Ratherius 716. 717. 740
Vicensis. Bernardus – 449
Viennensis. Ado – 358. 360
—— Angilmarus 1. 340. 363
—— Avitus – 305
—— Barnoinus – 361
—— Bourchardus – 387. 390. 393
—— S. Desiderius 365
—— Guido 148. 150. 800 – 455
—— Joannes – 636

—— Leudegarius – 389. 393
—— S. Mamertus 487
—— Raganfridus – 365
—— Stephanus 229
Virdunensis. Abbo 136
—— Adalbero 238. alter *ibid.*
—— Agericus 235
—— Agrebertus 236
—— Agroinus *ibid.*
—— Albero 252
—— Albertus de Marceyo 258
—— Arator 215
—— Armonius 236
—— Arnulfus 258
—— Atto 237
—— Austrannus *ibid.*
—— Barnoinus *ibid.*
—— Berardus *ibid.*
—— Berengarius *ibid.*
—— Bertalamius 236
—— Caramerus *ibid.*
—— Dado 237, 241
—— Desideratus 235
—— Firminus 235. 241
—— Gerebertus 236
—— Gisoaldus *ibid.*
—— Guido de Melloto 261
—— Guido de Trainel *ibid.*
—— Heimo 239
—— Henricus 250
—— Henricus de Castres 259. 260
—— Herilandus 237
—— Hermenfredus 236
—— Hildinus 237, 241
—— Joannes de Asperomonte 260
—— Magdelveus 236, 241
—— Maurus 235. 241
—— S. Paulus 211. 236
—— Peppo *ibid.*
—— Petrus 237
—— Possessor 235, 241
—— Pulchronius *ibid.*
—— Radulfus 261
—— Raimbertus 240
—— Richardus 240. 247. 258. 393
—— Richerus 220. 245
—— Robertus 260
—— Salvinus 235. 241
—— Sanctinus 234. 241
—— Theodericus 237. 241. 242. 771
—— Vicfridus 238
—— S. Vitonus 235, 241
—— Voschifus 236
Visensis. Nicolaus – 158
Ulterioris-Trajecti, Adelboldus 744
—— S. Amandus 917
—— Andreas 700
—— Burchardus 692
—— Conradus. 648. 671
—— Guido – 56, 229
Urgelienses. Guillelmus – 696
—— Justus – 312
—— Wiladus – 351
Uticensis. Aurelianus 94
—— Feriolus 263
Wigornienses Balduinus – 163
—— Guillelmus de Bleis – 190
—— Guillelmus de Norhalla – 163
—— Joannes – 154. 176
—— Nicolaus de Hely – 201
—— Rogerus – 154
—— Walterus – 184. 197
Wintonienses. Gaufridus de Laci – 168
—— Guillelmus Giffard – 450. 560
—— Guillelmus de Ralegh – 191
—— Henricus – 144. 157. 194. 506
—— Joannes Gervasii – 197
—— Joannes de Pontisara – 209
—— Nicolaus de Hely – 201
—— Petrus de Rupibus – 184. 188. 179. 580
—— Richardus – 159
—— Walchelinus – 506
Wirecestrenses. Gualterus – 580
—— Samson – 506
—— Simon *ibid.*
—— Teulfus *ibid.*

Wormatienses Burchardus 744
—— Conon 748
Wratislaviensis. Laurentius – 618
—— Thomas *ibid.*
Epilectus Episc. Metensis 216
ERARDUS Episc. Renespurgensis, frater S. Hydulfi Archiepisc. Trevirensis 607. 603
—— de Brena, & Philippa uxor ejus, filia Henrici Comitis Campaniæ, Comitatum Campaniæ & Briæ repetunt à Blancha Comitissa, & Theobaldo ejus filio, cui asseritur in judicio – 85
—— Miles, dominus de Chaistenay
EREMBERTUS Abbas Valciodorensis 719. 720
—— Miles, penuria cogente res suas Monachis Betuensibus vendit 422
EREMBURGIS uxor Fulconis V. Comitis Andegavensis – 2
ERINOFRIDUS Abbas S. Trudonis 660
ERIBERTUS Episc. Autsiodorensis 473
ERICUS Episc. Lingonensis 381. 412
ERINHARII Præpositi Fontanellensis laus 273
ERLUINUS Episc. Cameracensis 138. 763
—— primus Abbas Gemblacensis 761 fit Præpositus Lobiensis 739. 761 hujus monasterii bona devastat 719 malè multatus à Monachis fugam arripit 719. 762.
—— II. Abbas Gemblacensis, antea Monachus Gorziensis 763
ERMENNARUS Abbas S. Trudonis 660
ERMINALDUS Abbas S. Petri-Vivi Senonensis 475
ERMENFRIDUS Archidiaconus Virdunensis, Ecclesiam S. Mariæ Magdalenæ condit, atque in eâ Canonicos constituit 239, 243
—— Comes Ambianensis – 348
ERMENGARDIS filia Caroli Ducis Lotharingiæ, fratris Lotharii Franc. Regis, mater Alberti I. Comitis Namurcensis 492. – 186
—— uxor Odonis Comitis Palatini Regis Francorum – 491
—— filia Archembaldi de Borbonio, nupta Fulconi Rechin Comiti Andegavensi, dein Guillelmo Jalinacensi – 262
—— soror Bonifacii Principis Papiæ, uxor Almerici Comitis Narbonensis 709
ERMINRICUS Abbas S. Vitoni 239
ERMINUS Abbas Lobiensis 733. alter dictus François 758
ERNALDUS Episc. Cenomanensis – 409
—— Abbas Bonæ-vallis 579
ERNULFUS Episc. Roveceftrensis – 506
ERONUS Episc. Lingonensis 369
ERVÆUS de Donziaco, dominus Castri-Censorii 515
ETHERIUS Abbas S. Benigni Divionensis 367
EUCHERIUS Episc. Aurelianensis 212
—— Abbas Monast. S. Deodati 615 patet S. Eligii 78
EUDO Abbas Vezeliacensis 503. 523
—— Aquitaniæ Dux 370
EVERGERUS Archiepiscopus Coloniensis Gladbacense Monasterium destruit 657 idem illud instaurat 618
EUGENIUS Papa III. Tornacensi Ecclesiæ Episcopum restituit – 497 novum Episcop. commendat Ludovico VII. – 498 ejus literæ in gratiam Monasterii Vezeliacensis 507 & seqq
—— Papa IV. Cadomensem Academiam erigit – 262 cur Siciliæ Regnum Alfonso Aragoniæ Regi concessit – 815. 816
EUMENUS Episc. Nivernensis 472
EURACRUS Episc. Leodiensis 739
EVRARDUS ex Monacho S. Columbæ Archiepisc. Senonensis 468
Archiep.

Index rerum Memorabilium.

—— Archiep. Trevirenſ. 215. 243. 290
—— Epiſcopus Ambianenſis, perſonatus tres in Ecclesiâ ſuâ addit, eorumque redditus ac munia præſcribit 185
—— Epiſc. Norweciæ, ob crudelitatem depoſitus - 106
—— Epiſc. Tornacenſis : ejus obitus 821
—— Comes Nobiliſſimus cœnobium Ciſonienſe condit 876. 878 ejus teſtamentum 876
Eusebius Epiſc. Aurelianenſis - 307
S. Euspicius Presbyter Eccleſiæ Virdunenſis, à Chlodoveo Franc. Rege obtinet civium ſuorum ſalutem 215 Aurelianis vitam monaſticam profitetur ibid.
Eustachius ex Sareſberienſi Decano Epiſc. Elienſis - 177. 182
—— Abbas de Boſco 859
—— Abbas Omnium Sanctorum - 480
—— Comes Boloniæ, Mathildis filius : ejus poſteri 493 - 187
—— Comes Boloniæ, filius Stephani Anglorum Regis 802 ejus obitus - 148
—— Comes de Fielnes, Cononis filius 787. 788.
—— de Bello-Mareſcaſio, Adminiſtrator Regni Navarræ - 43
—— de Calquillâ, dominus Andrenſis 823
—— de Campaineis, dominus de Hammes 817. 864. 866
Aliquot Cœnobiorum conditor 255
Eustadius Abbas S. Benigni Divionenſis 359.
Eustasius ex Monacho Beſuenſi Abbas S. Eligii Noviomenſis 435
S. Euticii Confeſſoris corpus è Marſorum Provinciâ in Germaniam aſportatum 133
S. Eutychetis Mart. corpus ex Amiterninâ urbe in urbem Metenſem tranſlatum ibid.
Examenus de Lavatâ Prior domûs hoſpitalis S. Ægidii, & Caſtellanus Empoſtæ 7 567. 568
Excommunicari quis pro damno Eccleſiæ illato non debet, niſi priùs de illo reſarciendo monitus ſit - 593
Eymaricus Vicecomes Narbonenſis - 682

F.

Facundus Epiſc. Hermianenſis Tria capitula pertinaciter tuetur - 307. & ſqq.
Faidita Comitiſſa, mater Raimundi IV. Comitis Toloſani - 116
Farabartus ex Abbate Prumienſi Epiſcopus Leodienſis; & Abbas Lobienſis 737
S. Faro Epiſc. Meldenſis 454
Fasterada altera Caroli Magni uxor 374
Faversham Monaſterium à Mathilde uxore Stephani Anglorum Regis conditum - 149
Faustinus Abbas Caſtrenſis - 570. 571 alter - 571
S. Feliciani corpus Fulinis in urbem Metenſem tranſlatum 133
Felix Papa V. Vide Amedeus
—— Archiepiſc. Trevirenſis 220. 221
—— Epiſc. Metenſis 214 alter 217
—— Epiſc. Tubzocenſis in Africâ : ejus paſſio 68
Ferdinandus filius naturalis Alfonſi Regis Aragoniæ & Siciliæ, fit Siciliæ Rex - 816. 817 filiam ſuam filio Ludovici XI. iniquis conditionibus dare recuſat - 841 Ludovico XI. queritur, quod Columbus triremes ſuas depræ-
Tom. III.

datus ſit - 844
Feriolus Epiſc. Uticenſis 263
Ferrandus Sancionis filius, Hiſpaniæ Rex - 54
—— filius Regis Portugaliæ, Joannâ Flandriæ Comitiſſâ uxore ductâ Comes Flandriæ 490. 616. 627. 868. 870 - 25. 26. 31. 183. 184
—— filius Jacobi Regis Majoricarum & Sclarmundæ - 627. 702 ejus matrimonium cum Iſabellâ filiâ Philippi d'Yvelin - 704
—— Abbas de Xeres - 673
Ferrarius de Villafrancâ, Alguaſirius Jacobi II. Regis Aragoniæ - 715
Ferreolus Abbas Beſuenſis 404
Ferricus Dux Lotharingiæ 617
—— filius Ducis Lotharingiæ, Epiſc. Aurelianenſis - 49 ejus cædes - 53
—— De Picqueniaco, dominus de Freſnes & de Rethel - 77. 78
Feudum ſi plures inter ſe partiantur - 570 de feudis quatenus cognoſcere poſſit Curia Eccleſiaſtica - 593
Fichardus Epiſc. Noviomenſis & Tornacenſis 917
Fidia Julia Perpetua, Perpetui Archiepiſc. Turonenſis ſoror - 103
Figiacense Monaſterium conditum à Pipino Franc. Rege, qui illud ditat, ac plurimas immunitates ei conceditur - 319
Fingonius Abbas S. Vitoni 239
Firminus Epiſc. Metenſis 225
—— Epiſc. Virdunenſis ſanctitate illuſtris 135. 241 ejus corpus Flaviniacum tranſlatum 238
Fiscannense Monaſterium à Richardo Normannorum Duce conditum 386
Flagellatorum ſecta damnata - 111
Flavadi illuſtris Franci miſera mors 109
Flaucatus Major Domûs Burgundiæ ſub Chlodoveo II. 368. 369
Flaviacense Monaſterium à S. Geremaro conditum 179
Florentini ſubditi Senenſibus & Manfredo - 39. 196
Florantius Archiepiſc. Trevirenſis, & Epiſc. Tungrorum 209
—— Epiſc. Argentoratenſis 606
—— Comes Hollandiæ, Guillielmi Regis Romanorum filius - 58. 212. 216 ejus cædes - 51. 216
Floriacense Monaſterium à Pipino Majore Domûs conditum, & Fontanellenſi Monaſterio traditum 167 varia ei donantur ibid.
Floriacenſe Concilium 481
Foilliacensis Eccleſiæ S. Matthæi ſtatua, à Gauſrido Epiſc. Ambianenſi promulgara - 615 alia ſtatura - 610 illic duas præbendas fundant Hugo de Vers Canonicus Noviomenſis, & Thomas ejus alumnus - 174
Folmarus Archiepiſc. Colonienſis 616
Folradus Abbas Gladbacenſis 617
—— Abbas Lobienſis 734
Fontanellense Monaſterium à ſancto Wandregiſilo conditum 165 ejus ſitus ibid. in eo tres conſtructæ Eccleſiæ 166 ei multa à multis donantur 167 inter hæc Monaſterium Floriacenſe ibid. alia eidem donantur 168. 169. 170. 171 172 275. 278 ejus bonorum pars precario jure datur Ratherio Comiti à Teutſindo Abbate 271 privilegium ei conceſſum à Pipino Franc. Rege 2 - 6 ejus bonorum pars alienata à Guidone Abbate 277 cætera ejus bona enumerantur ibid. quibus ædificiis cuſtum ſit ab Auſigiſio Abbate 180 Monachi à Normannis territi fugiunt 184 Monaſterium inſtauratur à Mainardo Monacho 181 in eo retinentur corpora SS. Martyrum Maximi & Venerandi 286
Fontanensis Monaſterii origo ac primi Abbates 173. & ſqq. privilegia ac poſſeſſiones 177. & ſqq.
Fontis-Ebraldi Ordo quo tempore inſtitutus. 492
Forannani Archiepiſc. Scotiæ, primus Abbas Valciodorenſis 713 714. 715. 716
Forensium Comitum jura in urbe Lugduno - 539
Forestis-Cellæ Monaſterium à S. Richario conditum 298 cum diù ſubditum fuiſſet Monaſterio Centulenſi, fit Abbatia juſſu Hugonis Franc. Regis, ſed eâ lege ut ex Monaſterio Centulenſi Abbates eligerentur 337
Formosus Epiſc. Portuenſis 467 dein Papa, conſirmat fundationem Monaſterii S. Teuderii - 366
Fortunatus Patriarcha Hieroſolymitanus in Gallias venit, & fit Abbas Mediani Monaſterii 614
—— Presbyter, oculorum uſum recipit ope S. Martini 135 Gregorio Turonenſi familiaris fuit 70 ejus Vita S. Medardi ibid. carmen in eandem Agericii epiſc. Virdunenſis 236
Framigerus Epiſc. Noviomenſis & Tornacenſis 917
Franciscus Ordinis FF. Minorum inſtitutor : ejus geſta breviter deſcripta 634 - 189 ejus obitus - 189 in SS. album refertur ibid.
—— Cardinalis Presb. S. Marci, Innocentii VI. Pœnitentiarius — 732. 733
—— de Bellojoco, Abbas S. Benigni Divionenſis 399
—— Sforcia, Dux Mediolanenſis — 790.
—— Carrocii, Ammiratus Jacobi II. Regis Aragonum — 712
Franco Epiſc. Leodienſis, & Abbas Lobienſis 735
—— Abbas Affligemenſis 776 ejus opera 777
—— Abbas Corbeienſis — 347. 348
—— Abbas Lobienſis 735
—— Abbas Piſcarienſis 955
—— Abbas S. Petri - Vivi Senonenſis 468
Francorum origo 192 à Ducibus Maximi Imp. vincuntur 211 Regum primæ ſtirpis ſeries, proſapia, & hiſtoria per compendium ſcripta 192 & ſqq. 360 & ſqq. 463 & ſqq. 486 & ſeq. 491 Regum ſecundæ ſtirpis ſeries, proſapia, & hiſtoria brevis 192. 304. 370 & ſqq. 487. 493 item tertiæ ſtirpis 493. 494. 495. 496. 497 791 & ſqq. — 1 & ſqq. 145 & ſqq. Francorum Regnum non niſi à viro, & quidem ultimi Regis agnato teneri poſſe ſtatuitur — 74 ei prælati omnes juramentum fidelitatis præſtare debent — 766 Summi Pontificis litteræ ei debent offerri priùs, quàm in Regno quis iis utatur — 798 ejus ſigillum apud Cancellarium olim ſervabatur, etiam cum à Regio Comitatu longè aberat — 91 ejus ſigilli olim non eadem ſemper erat forma — 667 Francis quantum favetint Romani Pontifices — 815 & ſqq. privilegia ab his conceſſa Francorum Regibus — 606. 633. 634. 723 & ſqq. 734. 738. Francorum Regum eleemoſynæ in Quadrageſimâ — 635 fœdera cum Regibus Caſtellæ — 837 Apud Francos Romani, h. e. veteres Galli pro ſervis habiti 70
Frangalus dominus Fulgerſarum - 173
Fratrum Prædicatorum Ordinis initia — 185. 186 157. 188. 189.

BBBbbb

190. 191 ejus Societas cum Monasterio Condomensi 599 eorum controversia cum Clericis Parisiensibus 644 Ludovicum IX. ad institutum suum amplectendum invitans, quod eis in regno multum nocet 645 eis domus datur Argentorati 647
FRECULFUS Episc. Lexoviensis 128. 130
FREDALDUS Archiepisc. Narbonensis — 252
FREDEGUNDIS uxor Chilperici Franc. Regis 361
FREDERICUS I. ex Duce Saxoniæ Imperator : ejus gesta 486. 624. 814 - 10. & seqq. 148 & seqq. victoriam de Mediolanensibus à se relatam nuntiat Comiti Suessionensi — 136 Clericos omnes Cameracensis diœcesis ad Paschalis Antipapæ obedientiam adigi sacramento jubet, &c. — 177 ejus obitus 822 - 17. 168
——— II. Imperator, & Rex Siciliæ : ejus gesta 628. 629. & seqq. 643 24. 29 & seqq. 184 & seqq. Ecclera Ducis Austriæ exponit — 601 ejus mors 613 — 36. 194
——— Dux Austriæ, ab aliquot Principibus Rex Romanorum electus - 69 ejus gesta sequuntur. ejus mors — 91
——— III. Imperator, Sabaudiæ Ducem hortatur, ut Amedeo patri, dicto Felici V. Pontificatum abdicare suadeat — 773 Carolum VII. Franc. Regem rogat, ut consilia sua de pace Ecclesiæ conciliandâ aperiat — 775 eumdem ut Turcas bello persequatur, hortatur — 795
——— tercius Petri III. Aragonum Regis filius, Siciliæ Regnum invadit — 51 ejus, pacis tractatus cum Carolo II. Rege Siciliæ — 55
——— ex Archidiacono Leodiensi Monachus, dein Abbas Cassinensis, mox Cardinalis Diac. ac postremo Papa Stephanus 243
——— Archiepisc. Coloniensis 220. 682. 718 — 474
——— frater Godefridi Comitis Namurcensis, Episc. Leodiensis 698 ejus mors 700
——— de Plujosâ, Episc. Metensis, sed nunquam consecratus 230
——— Abbas Hersfeldiensis 662
——— Dux Barrensis ejus posteri 242
——— Dux Lotharingiæ, Medianum Monasterium instaurat 614 in Monasterio S Deodati Canonicos sæculares constituit 615
——— Dux Saxoniæ, Romani Imperii Archimareschallus & Elector - 765. 770
——— filius Henrici Comitis de Salmis, Comes de Albomonte, patrem bonis omnibus spoliat 640 Monasterium Senoniense opprimit ib 41 quot deinde calamitatibus oppressus 641
——— Comes Tullensis, Ecclesiæ Virdunensi non pauca confert 243 Monasterio S. Vitoni multa donat 240 in eodem Monasticam vitam profitetur 239
S. FRICORI Epitaphium 108
FRIGIDI-MONTIS Monasterium quo anno conditum — 5
FRODBERTUS Abbas S. Petri-Vivi Senonensis 465
FRODO Frodonis Militis filius, fit Thesaurius S. Petri-Vivi, cujus res servat 470 fit deinde Archidiaconus Senonensis ibid. Monasterio S. Petri-Vivi non nulla donat ib d.
FROLLANTI Episc. Sylvanectensis Epistola ad Berengarium - 399

FROTARDUS Episc. Albiensis - 571
——— Abbas S. Pontii Tomeriarum — 417
FROTARIUS Archiepisc. Burdegalensis — 603
FROTERIUS Episc. Albiensis — 570
——— Episc. Caturcensis — 379
——— Episc. Petragoricensis ibid.
FROTMUNDUS Episc. Nivernensis 59
——— Vicecomes Senonensis 469
——— Rainardi filius, Frotmundi nepos, Comes Senonensis 473.
FRUCTUARIENSIS Monasterii origo 385
FRUMOLDUS ex Archidiacono Episc. Atrebatensis 813
FULBERTUS Episc. Carnutensis 235 ejus epistola de alienationibus rerum Ecclesiarum — 387
——— Abbas Arowasiensis 881
——— Abbas Flaviacensis — 497
——— Abbas S. Benigni Divionensis 380
FULCARDUS Abbas Lobiensis 746
FULCAUDUS de Mula Marescallus Franciæ — 56
FULCARIUS Episc. Trecensis 486
FULCHERUS Episc. Noviomensis & Tornacensis : ejus pessima administratio, & misera mors 918
——— Abbas S. Benigni Divionensis 381
FULCO Episc. Ambianensis 326. 348
——— Episc. Tolosanus — 185
——— Abbas Corbeiensis — 349
——— Abbas Fontanellensis 283
——— Abbas Forestis-Cellæ Angelranni Comitis Pontivorum 337
——— Abbas Hasnoniensis 881
——— Abbas S. Joannis — 497
——— Abbas S. Mariæ Boloniæ 818
——— Abbas S. Martini Sparnacensis — 480
——— Abbas S. Remigii Remensis — 131
——— concionator celebris : ejus obitus — 10
——— I. sive Rufus, Comes Andegavensis — 235. 243
——— II. sive Bonus, aut Pius, Comes Andegavensis — 235. 244. 249
——— III. sive Nerra, Comes Andegavensis — 235. 236. 249
——— IV. sive Rechin, Comes Andegavensis — 235. 236. 258
——— V. Comes Andegavensis — 236. 261 Monasterium Oratorii fundat — 2 ob nuntios Legati A. S, malè tractatos excommunicatur — 479 fit Rex Hierosolymorum — 3. 4. 264. 265 ejus mors — 6. 146
——— dominus Bellimontis 415
FULCRADUS Abbas S. Pauli Virdunensis, Monasterium S. Vitoni invadit 245
FULCUINUS Abbas Lobiensis, & Scriptor Chronici sui Monasterii 740 ejus obitus 741
——— ex Monacho Gimblacensi Rector Scholarum in Monasterio Stabulensi, dein Abbas S. Vincentii Metensis 767
FULGENTIUS ex Monacho S. Agerici Virdunensis primus Abbas Assigemiensis 699. 771. 772. 773 ejus obitus 776
FULMARUS Archiepisc. Trevirensis 251

G.

GABRIEL de Bernes dominus de Targe, Magister Hospitii Ludovici Delphini — 778
GACHILISENDA Athanagildi Gothorum Regis filia, uxor Chilperici Franc. Regis 362

GAIDULFUS Episc. Firmanus 941
GALCHERUS Electus Cameracensis ne Episcopum Atrebatensem perturbet monetur — 414 restitutioni Episcopatûs Atrebatensis se opponit ibid. ab omni Sacerdotali & Episcopali officio deponitur 914 — 415
——— Monachus Cluniacensis, Abbas Flaviniacensis, dein S. Medardi Suessionensis 489
——— Constabularius Philippi IV. Franc. Regis — 477
——— de Salinis, M. de Borbonio uxorem duxit, eique non modicas injurias intulit — 517 ejus matrimonium dissolvitur ibid.
GALEAS filius Matthæi Vicecomitis, Domini Mediolanensis — 77 fit ipse Dominus Mediolani — 83
——— Vicecomes, Comes Virtutum, Mediolani, &c. Dominus Generalis : cum co dispensatur ut Catharinam filiam Bernabovis Vicecomitis uxorem ducat — 752 eam ducit — 753
GALLICANÆ Ecclesiæ Prælatorum Epistola ad Bonifacium Papam VIII. in causâ ejus dissensionis cum Philippo IV. Franc. Rege 195 à subsidiis solvendis, ac vectigali pendendo se immunes esse contendunt — 757. 759
GARENDUS Comes de Camerino 960
GARIFREDUS Comes Virmandensis 117
——— Graffio, Vir illustris 118
GARNERIUS Episc. Carnutensis : ejus obitus — 53
——— Episc. Lingonensis 380. 412
——— Episc. Trecensis — 557
——— Abbas S. Joannis de Valeiâ Carnutensis — 600
——— Vicecomes Senonensis 469
——— de Castellione, Lambertum Episc. Atrebatensem capit — 414 ad eodem libertati restitutus absolvitur — 415.
GARSIAS Princeps Vasconum 581
——— Abbas Condonensis 592
GASBERTUS Archiepisc. Narbonensis - 59
GASTO Episc. Oscensis, Cancellarius Jacobi II. Aragonum Regis - 715
——— Vicecomes Bearnensis, Willelmam filiam suam Sancio Alfonsi Castellæ Regis filio nuptum dare spondet - 382
——— alius Vicecomes Bearnensis, Dominus Montis-Cathani & Castri-Veteris - 673 in Regem Anglorum Aquitaniæ Ducem rebellat - 105 castigatur - 106
——— filius Raimundi Bernardi Comitis Fuxensis - 53
GAUDEMAR Burgundiorum Princeps à Francis victus, & Burgundiæ regno ejectus 361
GAUFRIDUS Cardinalis Episc. Sabinensis, fit Cælestinus Papa VI. - 192
——— Archiepisc. Turonensis 20
——— de Laudâ, Archiepisc. Turonensis - 22 ejus obitus - 23
——— Episc. Ambianensis, Statuta Ecclesiæ S. Matthæi de Foilliaco promulgat - 615
——— Episc. Avenionensis, litem componit inter Episcopum Cabellionensem & Monachos S. Andreæ Avenionensis - 118
——— Episc. Autisiodorensis - 405
——— Episc. Belvacensis -
——— Episc. Biterrensis - 560
——— Episc. Cabillonensis 391
——— Episc. Carnutensis 579 - 1. 4. 6. 479. 480. 488. 489 A. S. Legatus - 489. 493 ejus Epistola ad Stephanum Episc. Parisiensem — 494 Episc.

Index rerum Memorabilium.

—— Episc. Catalaunensis ; ejus Epistola ad Stephanum Episc. Parisiensem - 492
—— Episc. Cestrensis - 177 ejus obitus - 182
—— Episc. Corbonensis - 246
—— Episc. Dunelmensis - 705
—— ex Archidiacono Cantuariensi Episc. Eliensis - 159. 160 ejus obitus - 167
—— Collum - Cervi, Abbas S. Medardi Suessionensis, dein Episc. Laudunensis 468
—— filius naturalis Henrici II. Anglorum Regis, Episc. Lincolniensis - 19 Episcopatui renuntiat, & fit Cancellarius Angliæ - 161
—— Episc. Meldensis, Episcopatui renuntiat - 25
—— Episc. Nivernensis 521
—— Episc. Parisiensis 476 - 406
—— Episc. Sylvanectensis 841 Episcopatui renuntiat, & Carum locum sedit - 25
—— de Luci, Episc. Wintoniensis - 168
—— Abbas Blesensis 579
—— Abbas Carrofensis 815
—— Abbas de Rotâ 190
—— Abbas S. Medardi Suessionensis 489 - 492
—— Abbas Saviniacensis 575
—— Abbas Vezeliacensis 105
—— de Barro, Decanus Ecclesiæ Parisiensis, Congregationi Pauperum Magistrorum studentium Parisiis in Theologiâ donat, quæ sibi à Roberto de Sorbonâ legata fuerant - 679
—— Comes Alesinensis 972 Justitiarius Guillelmi II. Regis Siciliæ 976
—— I. Grisagonella, Comes Andegavensis - 233. 235. 246 fit Seneschallus Franciæ - 156 in Ecclesiâ Andegavensi S. Albini, ejectis Canonicis, Monachos constituit - 377
—— II. Martellus, Comes Andegavensis - 233. 236. 255
—— III. Barbatus, Comes Andegavensis - 236. 255
—— Martellus, Comes Andegavensis 263. 265
—— IV. Plante-genest, Comes Andegavensis ibid. ejus obitus - 148
—— frater Henrici II. Regis Angliæ - 151 ejus obitus - 152
—— filius Henrici II. Regis Angliæ nascitur - 152 Comes Britanniæ - 156. 157. 158. 160 ejus obitus - 14. 165
—— Dux Gasconum 593
—— Comes Gastinensis - 233
—— Comes Perticensis - 136. 574
—— de Pruliaco, Comes Vindocinensis - 259. 277. 280
—— de Capellâ, Panerarius Franciæ - 630
—— de Geneville, Marescallus exercitûs Angliæ - 220
—— de Leziniaco, filius Hugonis Marchiæ Comitis & Isabellæ - 635
—— de Magnâ-villâ, vir potens in Angliâ - 145. 146
—— de Meduanâ, cellam Monachis SS. Sergii & Bacchi vult condere - 486
—— Puella, Dominus Calvimontis - 273. 276. 277. 278. 279. ejus obitus - 280
—— Ridel, Justitiarius totius Angliæ 707
—— de Rossilione, uxorem ducit Ermengardem filiam Bernardi Vicecomitis Biterrensis - 461
—— de Rupeforti, cum Elbone de Maleone Dominus Castri Julii - 502
—— Præpositus Beverlaci, Cancellarius Henrici Jun. Angliæ Regis, in mari perit - 161
—— de Vinosalvo, auctor libri de Eloquentiâ - 177. 180
—— Magister Eremitarum Fontanensium 573. 574 ab iis Saviniacense institutum amplectentibus discedit 575
GAUGERICUS Archiepisc. Trevirensis 212 ejus obitus 487
GAULCAUDUS Abbas Besuensis 412
GAUSBERTUS Episc. Caturcensis eligitur — 379
—— ex Priore S. Benigni Divionensis Abbas Besuensis 412
—— de Castronovo ; ei Canonici Caturcenses bonorum aliquot usumfructum inviti ad decennium donant 429
GAZO Episc. Laudunensis - 707
GRILO Episc. Lingonensis 377. 378. 408 multa donat Monasterio Besuensi 411
—— Abbas Herensis - 350. 351
GELASII Papæ I. Epistola ad Rusticum Archiepisc. Lugdunensem - 304
GELDUINUS ad Henrico Franc. Rege fit Archiepiscopus Senonensis invitis civibus, 475 post biennium receptus ; multa mala infert Monasterio S. Petri-Vivi ibid. deponitur ibid.
—— Dominus Salmurii ; ex eâ urbe ejectus fit Dominus Calvimontis - 274 Monasterium Pontilevi condit 5. 275
GEMBLACENSE Monasterium à Guiberto conditum 260 ejus bona confirmantur ab Othone I. Imp. ibid. ei varia à variis donantur 764. 765 viti illustres ex eo prodiêre 768. 769
GEMMETICENSE Monasterium à Philiberto conditum 263 illud à Normannis destructum ; Guillelmi I. Normanniæ Dux restaurat 285
GENNARDUS Ecclesiæ Rotomagensis Vicedominus, & Abbas Floriacensis 268
GEORGIUS Martyr ; ejus reliquiæ inventæ, in Ecclesiâ quâdam Brucii reconduntur 276
—— Notarius Regionarius, & Scriniarius Romanæ Ecclesiæ 303
—— Pogiebracius, Rex Bohemiæ ; ejus Epistola ad Matthiam Hungariæ Regem generum suum, in quâ totius vitæ suæ rationem aperit, & se injustê ab Apostolicâ sede veluti hæreticum damnatum conqueritur - 830
—— de Marlio ; Seneschallus Provinciæ - 715
—— de Rosgon, Judex Regiæ Curiæ Hungariæ - 787
GERALDUS Episc. Albinensis - 571
—— Episc. Caturcensis - 429 Canonicos Regulares in suâ Ecclesiâ constituit, iisque non pauca donat - 415 in Italiâ peregrinatur, & Frederici I. Imp gratiam sibi conciliat - 519 captus à Marchione quodam cum aliis Gallis, suam & illorum libertatem exposcit ibid.
—— Episc. Tornacensis - 100
—— Abbas Castrensis - 571. 572
—— Comes, cum Bertâ uxore Monasteria Pultarense ac Vezeliacense condit ; ac subdit sedi Apostolicæ 498. 500. 523
—— Comes de Geirâ 817
—— Amicus, morti proximus resarcit damna quæ Monasterio S. Andreæ Avenionensis inulerat - 578
—— Princeps de Bors 587
GERARDUS Lobiensis Scholasticus, dein Canonicus Leodiensis, mox Cardinalis A. S. Legatus 716
—— Archiepisc. Eboracensis - 506
—— Episc. Augustodunensis, decimas quatuor Ecclesiarum Monasterio Vezeliacensi concedit 504
—— Episc. Cam racensis 238. 748. 770. 771 - 418 ejus obitus 148
—— Puella, Episc. Conventrensis - 164 ejus obitus ibid.
—— Episc. Ilerdensis - 755
—— Episc. Noviomensis - 585
—— Episc. Tarvanensis 781. 782 - 415
—— ex Abbate Villariensi Episc. Tornacensis 926
—— Episcopus Tullensis sanctitate illustris 615 ejus corporis translatio 717
—— ex Monacho Carrofensi Prior, deinde Abbas Andresini - 8
—— Abbas Besuensis 452. 453. 454. 455. 456
—— ex Monacho Latiniacensi primùs Abbas Crespeiensis, deinde Abbas Fontanellensis 287 interficitur 289
—— plurimorum Monasteriorum Rector, in his S. Remigii Remensis 567
—— Abbas Senonensis 610
—— Abbas Viconensis 874
—— Præpositus S. Trudonis, bis Abbas eligitur 665. 671 ejus mors 673
—— de Salis ; ei non pauca donantur à Roberto de Arbricellis - 475
—— Comes Babinbergensis 897
—— Com:s de Odenarde, filius Ebroini Comitis 620
—— Comes Vadanimontis cellam Bellæ-vallis condit ; ac donat Mediano Monasterio 619
GERBERGA soror Othonis I. Imp. uxor Ludovici Ultramarini, mater Lotharii Franc. Regis 181 - 375
—— uxor Henrici Burgundiæ Ducis 387
—— uxor Fulconis Comitis Andegavensis, mater Gaufridi Grisagonella 378
—— uxor Raginerii Longi-colli, Comitis Hannoniensis 764
—— Comitissa Fontis-Vennæ 424
GERBERTUS Archiepisc. Remensis, deponitur 473 fit deinde Archiepisc. Ravennas ; ac postremo Summus Pontifex ibid.
—— Abbas Centulensis ; Abbatiæ renuntiat 324
—— Abbas S. Mariæ, deinde S. Petri-Vivi Senonensis 475
—— Abbas S. Mauricii 245
GERBODO Abbas S. Wlmari in Nemore 826
GERBRARDUS Abbas Castrensis - 751. 572
GERBBERTUS Episc. Virdunensis 236
GERICUS Archiepisc. Senonensis 464
GERLANNUS ex Monacho S. Germani Autissiodorensis Archiepisc. Senonensis 469
—— Abbas, Archicancellarius Hugonis Italiæ Regis & Comitis Provinciæ - 373
S. GERMANUS Episc. Autissiodorensis 211
—— Episc. Parisiensis 362. 464. 487
GERO Archiepisc. Coloniensis, Gladbacense Monasterium condit 656
GERONTION Abbas S. Benigni Divionensis 245. 248
GERSUINDA Caroli M. concubina 374
GERTRUDIS sanctitate illustris : ejus obitus 487
—— uxor Engelberti Comitis de Duram 685. 694. 695
GERVASIUS Archiepisc. Remensis 136. 149. 244. 476. 572 - 401

CCCccc

Index rerum Memorabilium.

———— Miles, S. Guingaloei Ecclesiam, amotis inde Canonicis, donat Majori Monasterio - 409
GERVINUS ex Monacho Virdunensi sit Abbas Centulensis 358 ejus gesta *ibid. & seqq.* ejus obitus & epitaphium 353
———— superioris sororis filius, post eum Abbas Centu'ensis 352 Monasterium suum pessimè regit 354 sit Episc. Ambianensis 355 - 425. 494 ejicitur ex Monasterio 355 Episcopatui renuntiat *ibid.*
GER'OLDUS ex Capellano Bertradæ Reginæ sit Episc. Ebroicensis, ac dimisso Episcopatu Abbas Fontanelensis 177 idem Regni negotiorum procurator, & aliquoties Legatus ad Offam Regem Merciorum 178
GIB INUS Episc. Catalaunensis 381. 571
———— Clericus, frater Hugonis Comitis Bellimontis, non pauca donat Monasterio Besueni 422. 423. 424
GIGOMARUS Abbas S. Fusciani - 497
GILO Cornuti ex Præcentore Archiep. Senonensis - 43 ejus obitus - 49
———— Episc. Tullensis 644. 648
GIMBALDUS Comes, filius Sancii Ducis Vasconum 582. 584. 585 Episc. Agirnensis & Vasatensis 581
GILBERTUS Archiepisc. Turonensis - 221 ejus obitus - 11
———— dictus Universalis, ex Scholarum Rectore Episc. Londonensis - 105 ejus avaritia *ibid.*
———— Episc. Herfordensis - 154. 517 dein' Londonensis - 154. 157.163 ejus obitus - 166
———— Porree, Doctor celebris - 2 Episc. Pictavensis - 7 ejus opera - 144 de Trinitate prava sentiens, damnatur opera S. Bernardi - 7. 8. 143
———— Abbas' Andrensis 785 & seqq. ejus obitus 790
———— Abbas Castrensis - 571. 572
———— ex Monacho Saviniacensi Abbas Fontanensis 575
———— Abbas Piscariensis, Monasterium spoliat 929
———— Abbas S. Dionysii Remensis 880 - 481
———— Institutor Ordinis de Simpringham: ejus laudes - 147
———— Dux Lotharienfium 736
———— de Clare, Comes Glovernie - 197. 198.199. 100. 101.104. 108. 211 ejus obitus - 216
———— Comes, Regni Siciliæ Magister Capitaneus & Gubernator 972
GIRALDUS Episc. Tornacensis 882
———— Abbas Fuxi - 681
———— Abbas S. Pauli Narbonensis - 680
GIRARDUS Archiepisc. Bituricensis: ejus obitus - 17
———— Episc. Augustodunensis - 684 cum Domino Sinimuri Briennensi in ejus urb'e Ecclesiâ Canonicos constituit - 679
———— Episc. Engolismensis, A. S. Legatus in quinque Provinciis Galliarum - 80 - 44
———— Episc. Lausanensis, Cancellarius Henrici IV Imp. - 478
———— de Malo-monte, Episc. Suessionensis - 67
———— Abbas Centulensis 322
———— Abbas Claravallensis à Monacho occisus - 13
———— Abbas S. Benigni Divionensis 396
———— de Bidefordiâ, Magister Militiæ Templi, à Turcis fu atus - 14 & captus - 15 Accon obsidet - 17
———— Com s Castiniensis, sit Dux Mosellanus 141
———— Comes Fontis-Vennæ, apud illud Castrum Monasterium S. Sepulcri condit, ac subdit Monasterio Besuensi 418
———— Comes Matisconensis - 487
———— Comes Metensis 387
———— Comes Rossilionis - 536
———— Comes, parens ac nutritor Caroli Regis Provinciæ - 364. 369
———— Dominus Montaniaci 453
GIRUINUS & uxor ejus Constantia non nulla donant Monasterio S. Andreæ Avenionensis - 385
GISLA Caroli M. filia 374
———— uxor Conradi Imp. 748
GISLEBERTUS Episc. Meldensis 474
———— ex Abbate S. Amandi Helnonensis Episc. Noviomensis & Tornacensis 917
———— Abbas Piscariensis 945. 946
———— Abbas S. Trudonis 660
———— Presb. & Notarius Ludovici II. Imp. 931 - 933. 935
———— Comes Burgundiæ 380. 469
———— Comes de Duraz 677. 678. 679. 685. 686. 695. 696. 698. 699. 701 Leodiensis Militiæ signifer 698 è Comitatu & Advocatiâ S. Trudonis dejicitur 703
———— Vicecomes Augustodunensis - 171
———— Pincerna Henrici I. Franc. Regis - 401
———— Buticularius Ludovici VI. - 477
———— Dominus Reselæ 416
GISLOALDUS Episc. Virdunensis 236
GISNENSIUM Comitum series 871
GISO Abbas Piscariensis 963 ejus obitus 965
GLADBACENSE Monasterium à Gerone Archiepisc. Coloniensi conditum 656. 657 Monachi in alium locum transferuntur, & Monasterii bona viris nobilibus donantur 657. 658 ab eodem qui destruxerat, Evergero Archiepisc. Coloniensi, Monasterium instauratur 658
GLIMERIUS Episc. Carnutensis 472
GOD & MAGOD qui dicantur in sacris Scripturis - 369
GODEFRIDUS Danorum, sive Normannorum Rex potentissimus 373
———— Cardinalis Diac. S. Georgii ad Velum aureum - 656. 658
———— Archiepisc. Eboracensis: ejus obitus - 201
———— Episc. Ambianensis - 494 confirmat donata Lehunensi Monasterio à Roberto Jun. Comite Flandriæ, & à Roberto Paronensi - 438
———— Episc. Bathoniensis - 506
———— Episc. Catalaunensis - 192
———— Episc. Lingonensis 455. 458. 460. 461. 506 - 6 ei ablata ab Odone II Burgundiæ Duce restitui jubet Ludovicus VII. - 501
———— de Mureto, Abbas Castrensis - 171. 572
———— Abbas S. Benigni Divionensis 378
———— Abbas Valciodorensis, & S. Michaëllis in Tiraseiâ, à Monachis superbiam ejus non ferentibus pellitur 74
———— Gibbosus, Dux Mosellanus, Virdunum comburit 241. 242 Virdunensi Ecclesiæ non nulla donat 143 & Monasterio S. Vitoni 239 ejus bella cum Imperatore, ac cætera gesta 243 Beatrice ductâ sit Marchio Italiæ 238. 243
———— Gibbosi filius, Dux Mosellanus & Marchio Italiæ, Virdunensi Ecclesiæ non nihil donat 243
———— III. Dux Lotharingiæ 671 ejus bella cum Theoderico Episc. Virdunensi 244 infestus est Monasterio S. Trudonis 674 crucem sumit 791 ac bona sua Ecclesiis Leodiensi ac Virdunensi donat 246 sit Rex Hierosolymitanus 791 ejus obitus *ibid.*
———— cum Barbâ, Dux Lotharingiæ, Comes Lovaniensis & Bruxellensis, Marchio sacri Regni 679. 696. 698. 700. 701.703. 704. 777. 800 - 295
———— superioris filius, & heres - 295
———— de Brebento, Comes Augi - 61
———— Comes Austrebantensis 874
———— Comes Namurcensis, Alberti filius 698. 714. 748 - 286 ejus posteri 287. 290
———— Comes Viennæ in Ardennâ - 291
———— Comes, frater Adalberonis Archiepisc. R mensis 564
GODEGISILUS Gundebaudum fratrem Burgundionum Regem prodit, & ab eodem interficitur 360
GODESCALCUS ex Abbate Montis S. Martini Episc. Atrebatensis 308. 281 Episcopatum dimitit 809 ejus obitus 813
———— Abbas Affligemiensis 777
———— Abbas S. Bertini 813
———— Abbas Valciodorensis 724
GAUDISMANNUS Episc. Ambianensis 327
GODO Episc. Metensis 228
GODRADUS Abbas S. Benigni Divionensis 380
GOERICUS Episc. Metensis, Abbo etiam dictus 227
GOMATRUDIS uxor Dagoberti Franc. Regis 366. 367
GUMBERTUS Abbas Marciliacensis 416
GONTELINUS Cardinalis Presb. SS. Marcellini & Petri - 75
GONSOLINUS Episc. Metensis 216
GONTARDUS Episc. Valentinensis 395
GORZIENSE Monasterium conditum à Chrodegango Episc. Metensi 227 restauratum ab Adalberone 228 Monasterium Regium esse asserit Carolus VII. - 799
GOSCIGUINUS dominus de Avenis: ejus pietas in SS. Virginem 905
GOSCELINUS, vel JOANNES ex Decano Episc. Cicestrensis - 159 ejus obitus - 163
———— Episc. Lingonensis 380. 412
———— Episc. Tullensis, Monasterium puellarum Boxeriis condit 635
———— de Alnello, Dominus Castri-Reginaudi - 284
GOSCELO Dux Mosellanus, Odonem Comitem vincit 242, 475
GOSLINUS Archiepisc. Bituricensis 474
———— Episc. Carnutensis, non nihil Fontanensi Monasterio donat 579
———— Episc. Suessionensis - 6 ejus obitus - 9
GOSWINUS Herdingus, Abbas Affligemiensis 779
———— Abbas Aquicincti 717. 881 - 494. 497
———— Abbas S. Benigni Divionensis 380
GRAMMATIUS Episc. Metensis 216
GRANDIMONTENSIS Ordo quo tempore institutus 492
GRANDI-SYLVÆ Monasterii Societas cum Monasterio Condomensi 599
GRADIS-VALLIS Monasterium confirmat Lotharius I. Imp. - 339 eadem confirmat, ac nova confert Carolus Crassus Imp. - 365 Luitfrido Comiti in beneficium datum - 371 à Conrado Rege Burgundiæ Jurensis instauratur *ibid.* ejus bona recensentur *ibid.* & confirmantur à Lothario Franc. Rege - 378

GRATIANUS

Index rerum Memorabilium.

GRATIANUS Cardinalis Diac. SS. Cosmæ & Damiani 18.
—— Romanæ Ecclesiæ Subdiaconus & Notarius 813
GREGORIUS Martyr : ejus corpus in mare projectum, Columnam in Calabriâ appellit 121 Spoleto in urbem Metensem transfertur 114
—— Papa I. ejus liber Pastoralis laudatur-113 scripsit de trinâ mersione in baptismo, & Homilias in Job - 314
—— Papa V I. gratum se ostendit erga eos qui Romanæ Ecclesiæ opem tulerant - 398
—— Papa VII. Berengarium in projectionem suam recipit - 413 confirmat bona & jura Monasterii Condomensis 584 sententiam promulgat in pervasores rerum Monasterii Piscariensis 917
—— Papa IX. pecuniæ avidus multa molitur 869. 870 monet dominos Nigellæ & Bovæ ut Lehunensibus Monachis ob damna illata satisfaciant - 410 ejus Epistolæ aliquot, quæ maximè Comitem Tolosanum Raimundum VII. spectant - 663 cur Comitatum Venascenum tetinuerit-604. 605. 606. Academiam Tolosæ instituit - 605
—— Papa XI. ejus epistola ad Guidonem de la Tremoille, quâ rogat ut faveat Eduardo de Bellojoco, e 737 privilegia quædam Franc. Regibus concedit - 738 ejus testamentum ibid.
—— Cardinalis Episc. Sabinensis 971
—— Cardinalis Presb. S. Calixti 578
—— Cardinalis Presb. SS. Apostolorum 444
—— Cardinalis Presb. cum Pontio Abbate Cluniacensi litem componit inter Episc. Basileensem & Abbatem S. Blasii - 477
—— Cardinalis Diac. S. Angeli 578
—— Cardinalis Diac. SS. Sergii & Bacchi 5 - 7. 578
—— Archiepisc. Turonensis 71
—— Episc. Lingonensis, Monasterium S. Benigni Divionensis condit 319
—— Abbas Andrensis, deponitur 807
—— Sacellarius Apostolicæ Sedis 504.
GRIMAUDI Exucii pactum matrimonii cum Guillelmâ - 609
GRIMBALDUS Episc. Pinnensis 931. 933
GRIMERIUS Abbas S. Mariæ Senonensis, & Archiclavis S. Stephani 474
GRIMO Archiepisc. Rotomagensis 174
—— Abbas Corbiensis ibid.
—— Diaconus, S Pauli Episc. Virdunensis alumnus, Virdunensi Ecclesiæ non pauca donat 236
GRIMOALDUS Episc. Pinnensis 968
—— Abbas Castrensis - 170. 171
—— Abbas Piscariensis 946. 919. 960 ejus obitus 963
—— Major-Domus Dagoberti II. Franc. Regis 169. 170
GRIMOLDUS Abbas S. Vitoni, amotus 244
GRODINGUS Warlogium Monasterium condit 236
GUALA Cardinalis Presb. S. Martini tituli Equitii - 179
—— ex Priore Domus Ord. FF. Prædicatorum Brixiæ Episc. Brixiensis - 188
S. GUALARICUS Abbas Legoracensis 525 ejus corpus ab Arnulfo Comite Flandriæ sublatum, in Monasterium suum referri curat Hugo Capetus
Tom. III.

325. 326
GUALBARDUS Abbas S. Crucis Burdegalensis 599
GUALBERTUS Episc. Noviomensis & Tornacensis 917
GUALERANNUS ex Archidiacono Baiocensi Episc. Roffensis - 164
—— Comes de Lemburg, fit Dux Lotharingiæ 698. 703
GUALO Cardinalis Presb. S. Martini, A. S. Legatus - 17
—— Cardinalis Diac. S. Mariæ in Porticu, A. S. Legatus - 13
—— Episc. Metensis 218
—— alius, ex Abbate S. Arnulfi fit Metensis Episcopus ab Henrico IV. Imp. 667 Episcopatui renunciat, eique Abbatia restituitur 670
—— Episc. Parisiensis 791
—— Parisiensis Scholæ Magister - 489. 490
GUALRICUS Abbas S. Bavonis 699
GUALTERUS Cardinalis Episc. Albanensis 578. 971
—— Cardinalis Episc. A. S. Legatus - 435
—— Cardinalis Presb. S. Martini, A. S. Legatus - 185. 186. 187
—— Archiepisc. Rotomagensis - 560. 561
—— Archiepisc. Senonensis, Odonem, fratrem ejus Robertum, & Rodulfum Burgundiæ Ducem in Reges Franc. ungit 468. 469
—— alius, ejus fratris filius, Archiepisc. Senonensis 469. 472
—— Cornuti, Archiepisc. Senonensis 861 - 29. 31 ejus obitus - 34
—— Episc. Albiensis - 571
—— Episc. Argentoracensis 652. 653 ejus mors 654
—— Episc. Augustodunensis - 557
—— Episc. Aurelianensis 466. 472 privilegia Ecclesiæ suæ confirmari curat, eique non nulla donat - 365
—— Episc. Cabillonensis 445
—— Episc. Cameracensis 743
—— ex Abbate Pontiniaci Episc. Carnutensis - 27
—— Episc. Elnensis - 187
—— Episc. Furconensis 949
—— Abbas S. Martini Laudunensis 871. 915 - 100 dein Episc. Laudunensis 874
—— de Mauritania, Canonicus Anthonensis 753 dein Decanus, & mox Episc. Laudunensis - 527 privilegium obtinet à Ludovico VII ibid. probat baptismum ab hæretico collatum tam esse efficacem, quàm si collatus fit à catholico 520 Incarnationis mysterium, sive voces quæ in illo explicando usurpantur, exponit - 521 conciliat inter se SS. Patres, quorum alii Christum mortem timuisse, alii non timuisse scripserunt - 523 Petrum Abaelardum qui non nulla fidei Catholicæ minùs consona scripserat, arguit - 514
—— Episc. & Dux Lingonensis 545 Carthusiam Luviniacensem condit - 542
—— Episc. Meldensis, Legatus ad Regem Russorum 475 ejus mors 476 alter ibid. 156
—— Episc. Tolonensis - 661
—— Episc. Tornacensis 869 - 619
—— Episc. Valvensis 961. 963
—— Episc. Virecestrensis - 580
—— Abbas Belli-loci 855. 861
—— Abbas Cisterciensis - 72
—— Abbas Lobiensis 749 deponitur 770
—— Abbas Ramesiæ - 507
—— Abbas S. Albini Andegavensis - 393

—— Abbas S. Andreæ Avenionensis - 181
—— Abbas S. Benigni Divionensis 598
—— ex Priore S. Amandi Helnonensis Abbas S. Martini Tornacensis 923 ejus obitus 926
—— Balena, Abbas S. Medardi Suessionensis 189
—— Abbas S. Petri Melodunensis 473
—— de Naudo, Abbas S. Petri Vivi 485
—— Grimutio, Abbas S. Salvii 32.
—— Abbas Monasterii S. Sepulcri Cameracensis 149
—— Abbas Senonensis 619
—— Dux Lemburgensis 111
—— Comes Brenensis - 20 ejus mors - 22
—— Comes Crespeiensis 287
—— Comes Manuplelli 970
—— Comes Nivernensis 495
—— Advocatus Tornacensis, Avenarum, ac totius penè Brabanti dominus 905 ejus obitus 916
—— de Creciaco Castellionis Dominus - 49. 32 Constabularius Franciæ - 60. 71. 89
—— Camerarius Philippi Aug. Crucem sumit - 28 capitur à Turcis apud Damiatam ibid.
GUANDILMARUS Episc. Noviomensis & Tornacensis 917
GUARAMUNDUS Normannorum Rex in acie cæsus 322
GUARINUS Archiepisc. Coloniensis 657
—— Episc. Ambianensis, Canonicos Regulares in Ecclesia S. Martini instituit, & varia iis donat, aut ab aliis donata confirmat - 494
—— Episc. Sylvanectensis - 15. 577
—— Abbas S. Arnulfi Metensis 229
—— ex Priore S. Martini Laudunensis primus Abbas Viconiensis 873 postmodum Abbas S. Martini Laudunensis 874
—— vir nobilis ac dives, vitam Monasticam in cœnobio Andrensi profitetur 785 quæ illi Monasterio donarit 787 ejus amor in pauperes, & obitus 788
—— Comes de Asclovia, filius Eymerici Comitis Narbonensis 709
—— Vicecomes Senonensis 486
GUARULFUS Episc. Noviomensis & Tornacensis 917
GUELFO Abbas Centulensis 517
GUENILO Archiepisc. Rotomagensis 466
GUERINI Archiepisc. Bituricensis obitus - 12
GUIBERTUS Gemblacensis Monasterii conditor 760
GUICHARDUS ex Abbate Pontiniaci Archiepisc. Lugdunensis 544 - 11
—— Episc. Trecensis veneficii insimulatus carceri mancipatur - 61 innoxius reperitur - 67 ejus obitus - 71
—— Huniberti filius Bailloci Dominus - 611 libertates & jura civium Tysiacensium confirmat - 678
GUICHERIUS Castri - Reginaudi dominus - 277
GUIDO Comes Ioponensis fit Rex Hierosolymorum, ductâ Sibyllâ filiâ Amarici Regis - 14. 165 capitur à Turcis - 15. 166. alia ejus gesta 169. 170. 171 regno dejicitur - 15. 18 fit Rex Cypri 843 - 18
—— Cardinalis Episc. Sabinensis, A. S. Legatus - 40
—— Cardinalis Presb. tituli Calixti 971
—— Cardinalis Presb. S. Laurentii in Lucinâ - 650. 618

DDDdd

Index rerum Memorabilium.

—— Cardinalis Presb SS. Laurentii & Damasi 178
—— Cardinalis Diac. SS. Cosmæ & Damiani ibid.
—— Cardinalis Diac. S... in carcere Tulliano - 179
—— Cremonensis, Cardinalis 555
—— de Valoniâ, Cardinalis - 113
—— Archidiaconus Virdunensis quot mala pertulerit, à Richardo Episc. & à Clericis qui à communione Ecclesiæ Romæ recesserant 147. 148 fit Cardinalis Episc. Albanensis, sed ante consecrationem moritur 148
—— Archiepisc. Remensis 390. 495. 57. ejus obitus 534
—— Archiepisc. Rotomagensis 174
—— Archiepisc. Senonensis - 12
—— Archiepisc. Viennensis 148 A. S. Legatus - 459 fit Calixtus Papa II. 150. 800
—— Episc. Ambianensis 116 - 494 antea Archidiaconus 340 altaria duo Centulensibus Monachis donat 345 ejus mors 353
—— filius Fulconis II. Comitis Andegavensis, Episc. Anciensis - 146
—— Episc. Autissiodorensis - 41. 100 661
—— de Melloto, Episc. primùm Virdunensis, dein Autissiodorensis 261
—— Custos Ecclesiæ S. Quintini Virmandensis, & Archidiaconus Laudunensis, fit Episc. Belvacensis 136 ejicitur à Rege Philippo I. & post anni unius exilium ad Ecclesiam suam redit 137
—— sive Guiardus Episc. Cameracensis 778
—— Episc. Lingonensis - 692
—— Episc. Noviomensis & Tornacensis 917
—— Episc. Pictavensis - 742
—— filius Fulconis I. Comitis Andegavensis, Episc. Suessionensis 326. - 244. 178
—— Episc. Suessionensis 571 ejus obitus - 67
—— Episc. Sylvanectensis : ejus obitus - ibid.
—— Episc. Virdunensis 161
—— Episc. Ulterioris Trajecti - 56. 219
—— ex Monacho Atromarensi Abbas Besuensis 432 ad suum Monasterium redit ibid
—— Abbas Fontanellensis & S. Vedasti, capitis damnatur à Carolo Martello 17
—— Laïcus, Abbas Fontanellensis 277
—— Abbas Forestis-Cellæ 329. 337
—— Abbas Miratorii - 487
—— Abbas Molismensis 445
—— ex Monacho Farfensi Abbas Piscariensis sanctitate illustris 948 & seqq. ejus obitus & miracula 953
—— de Castris, Abbas S. Dionysii - 84
—— Abbas S. Michaëlis 444
—— ex Monacho Besuensi Abbas Tornodorensis 431. 445
—— Abbas de Tribus fontibus 176
—— Abbas Vezeliacensis 303
—— Abbas, frater Gaufridi Grisagonellæ Comitis Andegavensis - 17
—— Bernardi, Archidiaconus Turonensis, Magister Requestarum Hospitii, & Orator Caroli V.I. apud summum Pontificem - 767. 778
—— Monachus Cisterciensis frater S. Bernardi - 80
—— Presb. coenobium Viconiense condit 871 ejus obitus 874
—— Comes Blesensis - 61
—— Comes Flandriæ, foedus init cum Eduardo IV. Anglorum Rege adversùs Regem Francorum : huic se dedit, & carceri mancipatur - 30. 51. 52. 53. 56. 219. 224. 229 ejus obitus - 57
—— Comes Forensis - 614 cum Priore Marcigniaci aliquot immunitates concedit villæ de Villereys - 630
—— Comes Matisconensis 431 Cluniacensi Monasterio, dum in illo Monachum induit, non pauca donat - 413
—— Comes Montisfeltri - 45. 108
—— Comes Montisfortis, Dux belli adversùs Albigenses - 17 ejus mors - 29
—— Comes Pontivorum 344. 345. 353. 354. 355
—— Comes S. Pauli, occisus apud Avenionem - 31
—— alius Comes S. Pauli - 49. 51. 56. 292
—— Comes, Ottonis Guillelmi Comitis Burgundiæ filius 391
—— filius Guidonis Comitis Flandriæ, Francos in acie vincit - 55 ab iisdem victus capitur - 57
—— Frater Guillelmi IV. Comitis Nivernensis 64
—— de Monteforti, filius Simonis Comitis Leicestrensis capitur in bello civili - 41. 100 è carcere evadit - 10 Henricum filium Richardi Regis manorum interficit - 41. 10, excommunicatur, & carceri mancipatur - 43. 104 fit Dux militiæ Romanæ - 40. 109 à Siculis captus, in carcere moritur - 48
—— Buticularius Ludovici VII. - 503. 527 & Philippi II. - 554. 574
—— Buticularius Philippi IV. - 477
—— Camerarius Ludovici VI. - ibid.
—— de Nigellâ, Marescallus Franciæ - 52 interfectus - 55. 218
—— de Nigellâ, dominus de Offemont, Marescallus Franciæ - 106
—— Vicecomes de Broerech - 156
—— Gueregiatus, frater Guillelmi Domini Montispessulani : ejus testamentum - 144
—— Dominus Fontis-Vennæ 447
—— Dominus Montaniaci 453
—— Dominus Castri Scurrilias 478
Guidricus Abbas Besuensis 458. 459. 460. 461. 462
Guifredus Episc. Autissiodorensis 519
—— Comes Cerritanensis & Bergitanus, dona sua inter liberos suos testamento partitur - 392
Guigo Comes Forensis - 519
Guilabertus Abbas Castrensis - 571
Guilbertus Comes, proavus Ildefonsi Regis Aragoniæ - 540
Guillelma filia Gastonis Vicecomitis Bearnensis, nupta Sancio Alfonsi Castellæ Regis filio - 382. 673
Guillelmus Comes Hollandiæ fit Rex Romanorum - 35. 194. ejus gesta & mors - 38. 195
—— I. Rex Angliæ, ejus sigillum ejus 891 præceptum de prædiis concessis Monasterio Centuleni 346
—— II. Rex Angliæ : ejus mors 893
—— Henrici filius, Davidis Scotiæ Regis nepos, Comes Northumbrorum - 148 Malcolmo fratri in Regno succedit - 155 ejus gesta - 159. 160. 168. 178. 182
—— I. Rex Siciliæ Rogerii filius : ejus gesta- 9. 10. 150. 151. 153. 154 obitus 11. 165
—— II. Rex Siciliæ, Guillelmi filius : ejus gesta - 11. 14. 15. 161. 162.
163 non nulla privilegia concedit Monasterio Piscariensi 973 ejus obitus 821 - 17 155
—— filius Henrici I. Anglorum Regis : ejus superbia & misera mors - 504
—— filius Henrici II. Angl. Regis - 150 ejus obitus - 151
—— Grimoüart, ex Abbate S. Victoris Massiliensis fit Urbanus Papa V. - 129
—— Cardinalis Presb. S. Marci - 650 6;8
—— Cardinalis Presb. S. Martini in Montibus, Archiepisc. Rotomagensis - 794
—— Cardinalis Presb. S. Petri ad Vincula 578. 971
—— Cardinalis S. Sabinæ, Archiepisc. Remensis, A. S. Legatus 883
—— de Makelesfeide, Ordinis FF. Prædicatorum, fit Cardinalis Presb. S. Sabinæ, statimque moritur - 129
—— Cardinalis Presb. S. Stephani in Coelio monte - 741
—— Cardinalis Diac. S. Angeli ibid.
—— Patriarcha Hierosolymitanus 174 - 488
—— Archiepisc Aquensis - 661
—— Archiepisc. Ausciensis 592
—— ex Abbate Cari-loci Archiepisc. Biturcensis - 0 ejus obitus - 13 in SS. album refertur - 27
—— Archiepiscopus Cantuariensis - 144. 166
—— de Hotun, Ordinis FF. Prædicatorum, Archiepi.c. Dubliniensis : ejus gesta perstringuntur - - 1
—— ex Thesaurario Archiepiscop. Eboracensis- 147. 106 deponitur - 147
—— de Vinkewane, Archiepisc. Eboracensis - 208 ejus obitus - 110
—— de Grenefeld, Archiep. Eboracensis —— 119
—— filius Theobaldi Comitis Campaniæ, electus Carnutensis 55 fit Archiepisc. Senonensis 486. 8.3 - 5. 12, dein Archiepisc. Remensis 489. 494. 496. 801. 813. 817 - 5. 12. 13 18. 164 ejus obitus - 21
—— de Triâ, Archiepisc. Remensis - 89
—— Episc. Lingonensis, dein Archiepisc. Remensis 898 ejus obitus 906
—— Archiepisc. Rotomagensis, Regis dominium in Normanniâ ab interdicto liberat - 695 Regem rogat, ut cuicumque ordo servetur, si de jure patronatus quæstio sit ibid.
—— ex Monacho Archiepisc. Senonensis, Ludovicum Caroli Simplicis filium ex Angliâ in Gallias adducit 469
—— de Melduno, Archiepisc. Senonensis — 72 ejus obitus - 85
—— Archiepisc. Tyrius 821
—— Episc. Abrincatensis — 561
—— Episc. Albiensis — 416. 570 quinque sunt ejusdem nominis
—— Episc. Ambianensis, Doctor in jure Canonico — 58
—— de Bellomonte, Episc. Andegavensis 170
—— Major, sive le Maire, Episc. Andegavensis, totam electionis & consecrationis suæ rationem accuratè describit 159 & seqq. Clericos vetat negociationes exercere, simulque excommunicari jubet publicanos, si à clericis vectigalia exigant 181 de damnis Ecclesiæ suæ illatis queritur apud Regem Franc. ibid. à quo varias litteras obtinet 185. 186. 187. 188. 193 Baillivum ac Subbaillivum Andegavenses excommunicat in Synodo 189 alia damna Provinciæ Turonensis Ecclesiis

Index rerum Memorabilium.

suis à Judicibus Regiis illata exponit 190 & seqq. excommunicari jubet eos qui nomine Comitis Andegavensis novum quoddam tributum exigebant 197
— de Buffiis, Episc. Aurelianensis : ejus obitus — 39
—— Episc. Autissiodorensis — 22 dein Parisiensis — 29 ejus obitus ibid.
—— alius Episcop. Autissiodorensis — 49
—— Episc. Barcinonensis — 540
—— de Butthonia, Episc. Bathoniensis — 194. 101. 103
—— Episc. Briocensis — 612. 613
—— de Tria, Episc. Cameracensis — 700
—— Episc. Carnotensis — 713
—— Episc. Carpentoratensis — 407
—— alius Episc. Carpentoratensis — 740
—— Rollandi, Episc. Cenomanensis — 517 ejus obitus — 39
—— Episc. Cestrensis — 180 ejus obitus — 189
—— Episc. Conventrensis — 186
—— Episc. Dunelmensis — 506. alter ibid.
—— Episc. Dunkelfensis — 216
—— de Longo-campo, Episc. Eliensis, Angliæ Cancellarius & Justitiarius — 168 ejus obitus 176
—— de Veer, Episc. Herfordensis — 165
—— Blesensis, ex Præcentore Episcopus Lincolniensis — 180 ejus obitus — 181
—— Episc. Lingonensis — 583
—— Episc. Londoniensis — 176, 182. 184. 579. 580.
—— de Flexio, Episc. Magalonensis — 564. 565
—— ex Cantore Parisiensi Episc. Meldensis — 25
—— Episc. Noviomensis — 585
—— Episc. Norwicensis — 157. 506
—— de Ralegh, Episc. Norwicensis, mox Wintoniensis — 193
—— de la Bruere, Episc. Oxoniensis — 189
—— Episc. Parisiensis — 57. 619
—— Episc. Petragoricensis, & Abbas Canonicorum S. Frontonis — 475
—— Episc. Redonensis 172
—— de Glanvilla, Episc. Roffensis : ejus obitus — 184
—— Episc. S. Andreæ — 216
—— de Laville, Episc. Sarebergensis : ejus obitus — 202
—— Episc. Teatinus 963
—— Episc. Tolonensis — 407
—— Episc. Urgellensis — 696. 697
—— de Norhalla, ex Archidiacono Episc. Wigorniensis — 165
—— de Bleis, Episc. Wigorniensis : ejus obitus — 190
—— Wintoniensis — 506 ei scripta sua mittit Hildebertus Episc. Cenomanensis — 450
—— de Stampis, Electus Montis-Albanensis, Orator Caroli VII. apud Regem Aragonum — 788
—— ex Monacho Cluniacensi Abbas S. Benigni Divionensis 381 ejus vitæ sanctitas 382 ei regendæ committur Abbatiæ Vezeliacensis, Befuensis, Reomensis, Tornodorensis, Molundensis ibid. 413 S. Arnulfi Metensis, Fructuariensis, S Apri Tullensis 385 Fiscannensis, Gemmeticensis, S. Audoeni Rotomagensis, Montis S. Michaëlis, S. Germani à Pratis, Faronis Meldensis, Gorziensis 386 in omnibus Regulæ S. Benedicti observationem instaurat 384 Monasteria circumit 390 ejus mors ibid. 420 illustres discipuli 384. & seqq.
Tom. III.

— Abbas Affligemiensis 778. alter ibid. III. ibid.
— Michaëlis, Abbas Affligemiensis, antea Prior Fraxinensis, & Magnus Pastor Brabantiæ Gallicanæ 779
— de Croi, Abbas Affligemiensis ibid.
— Abbas Andrensis, ejus Monasterii historiam scribit 781. 836. 841 & seqq.
— Caulier, ex Monacho S. Vedasti Abbas Bronensis, dein Lobiensis 758
— Abbas de Capella 859
— Abbas Castrensis — 570. 571
— de Puerletian, Abbas Condomenensis 602
— Abbas Fontenetii 522
— Abbas Hamensis, depositus 835
— Abbas Lobiensis 717
— Cordier, Abbas Lobiensis 758
— de Lampugnano, Abbas S. Ambrosii Mediolanensis — 752
— Abbas S. Andreæ Avenionensis — 546
— Abbas S. Benigni Divionensis 397
— Abbas S. Dionysii in Francia 495. 497-37
— Abbas S. Eparchii — 610
— Abbas S. Florentii Salmuricensis — 459
— Abbas S. Mansueti Tullensis 638
— ex Monacho S. Vitoni Prior Flaviniacensis, deinde Abbas S. Mansueti, mox Abbas S. Vitoni 261
— de Merloto, Abbas primùm S. Martini Pontisarensis, deinde Vezeliacensis 736 & seqq.
— Abbas S. Remigii Senonensis 478 alter ibid.
— Abbas S. Theoderici 880
— de Tolosa, Abbas Savigniacensis, tum Cisterciensis 576
— Monachus Clarimaresci : ejus vitæ brevis descriptio 818
— de S. Amore, Canonicus Belvacensis, Capellanus Alexandri IV. ejus liber de periculis mundi damnatur, & igni traditur — 37. 38. 196
— I. Aquitaniæ Dux, Comes Pictavensis, mensæ Canonicorum Brivatensium ablata restituit — 570
— VI. Aquitaniæ Dux, plurimos ad opem Romanæ Ecclesiæ ferendam excitat — 53
— VII. Aquitaniæ Dux, Pictavis Monasterium condit pro Monachis Cluniacensibus — 411 Monetam de Niort donat Monasterio Cluniacensi — 413
— IX. Aquitaniæ Dux : ejus obitus — 5. 144. 501
— de Rupe, Dux Athenarum — 295
— Dux Burgundiæ, non nihil donat Monasterio S. Andreæ Viennensis — 389
— Dux Normanniæ : ejus literæ de villa quadam Centulensis Monasterii 341
— Dux Saxoniæ, Frederici Electoris frater — 765
— Sancii filius, Dux Vasconum 581. 584. 586
— Princeps Montisferrati — 162
— de Fortibus, Comes de Albamatla — 187
— Comes Arvernius — 155
— Comes Arundelli — 580. 587
— Comes Augustodunensis : ejus posteri 189
— Comes Autissiodorensis : ejus mors — 57
— Comes Burdegalensis 386
— Comes Burgundiæ 415. 433. 434 — 288
— Comes Cabillonensis 558
— Comes Caturcensis — 579
— de Vernon, Comes Devoniæ : ejus obitus — 186

— Tallifer, Comes Engolismensis — 435
— de Magna villa, Comes Essexiæ — 165
— filius Roberti Normanniæ Ducis : ejus matrimonium cum filia Comitis Andegavensis dissolvitur — 479 fit Flandriæ Comes 800. 898. — 3 ejus mors 485. 800. 899. — 4. 104
— Comes Forcalquerii, cum Guidone de Dampetra transigit de jure quod ipsius uxor Margareta in Borbonium habere videbatur — 575
— de Albamarla, Comes de Haldenesse — 202
— Comes Hannoniæ Joannis filius — 56. 93. 104 ejus obitus — 205
— Guillelmi filius Comes Hannoniæ — 106 in prælio cæsus — 107
— alius Hannoniæ Comes — 135
— Comes Juliacensis — 52 in acie cæsus — 57
— Comes Lucemburgensis 213. 249. 250
— Comes Matisconensis — 486
— Comes de Monsferrant — 549
— Guillelmi Anglorum Regis fratris filius, Comes Moretonii, Monasterium puellarum Moretonii condit, eique multa donat, & ab aliis donata confirmat — 440
— Comes Moretonii, filius Stephani Regis Angliæ — 154
— Comes Nivernensis 191 Ecclesiæ S. Stephani non nulla donat — 405
— II. Comes Nivernensis : ejus lites cum Monachis Vezeliacensibus 507. 514. 515 fit Monachus Carthusiæ 515 — 5 à cane voratur 515
— III. Comes Nivernensis, quàm pertinaciter bona ac jura Vezeliacensis Monasterii invadere conatus sit 507. 508. 509. 512. 513. 514. 515. 516. 526 & seqq. ejus mors 536. 517
— IV. Comes Nivernensis, Vezeliacensibus quàm infestus 541. 542 & seqq. excommunicatur 550 Monasterium invadit 552. Ludovici VII. in eum sententia 555. 556 ejus contumacia & superbia 556. 557 pacem denique init, & amicitiam cum Guillelmo Abbate 558. 559
— le Marescal, Comes Pembrochiæ — 579. 580. 587
— de Valentijs, Comes Pembrochiæ — 197. 199. 200 ejus obitus — 216
— de Ferrariis, Comes de Rebeye — 187
— Talwatius, Comes Sagiensis — 155
— Patricii filius, Comes Saresberiensis 813. — 26. 156. 579. 580. 587
— de Longaspatâ, filius naturalis Henrici II. Regis Angliæ, Comes Saresberiensis 490 — 183. 184 ejus obitus — 178
— de Longaspatâ, Guillelmi filius, Comes Saresberiensis — 189. 191. 193 in prælio interfectus — 194
— Comes Sedunensis, interfectus 800
— Comes Tolosanus jure suo in castrum Lauracum cedit certis legibus Raimundo Comiti Barcinonensi & Carcassonensi. — 417
— Comes Varenæ — 580. 587
— Comes Warewici — 217. 221. 223
— filius Guidonis Comitis Flandriæ — 16
— de Monte-Chatano, Vicecomes Bearnensis — 597. 599
— Vicecomes Castrinovi — 682
— Vicecomes Lenoviensis — 667
— Vicecomes S. Cyrici — 418
— Chabuti Palatini de Riozterio — 614
— Marelli, Baro Apturinus 973
— Ermessendis filius, Dominus Montispessulani : ejus testamentum — 493

EEeee

Index rerum Memorabilium.

—— Guillelmi filius à Dominus Montispessulani, Mathildem sororem Ducis Burgundiæ uxorem ducit - 526 hæres instituitur à Guillelmo de Tolosa fratre *ibid*
—— Mathildis filius, Dominus Montispessulani : ejus jusjurandum præstitum Episc. Magalonensi - 548 & Comiti Tolosano - 556 matrimonium init cum Agnete - 550 pactum init de futuro matrimonio filii sui cum nepte Ademari de Muro-veteri - 555 sed id pactum postea rescissum - 560 Mariam filiam viduam Barralis Comitis, nuptum dat Bernardo Comiti Convenarum - 556 ejus testamentum - 561
—— filius Agnetis : ei Monspessulanus & alia donantur à Petro II. Rege Aragonum - 175
—— Buticularius Ludovici VII. - 457
—— Dapifer Ludovici VI. - 477
—— de S. Maurâ, Cancellarius Franciæ - 94
—— Baro de Traignel, Cancellarius Franciæ - 774 ejus epistola ad Nicolaum V. - 786
—— de Rupibus, Marescallus Franciæ - 22. 23. 182. 183
—— Marcellinus, Dapifer Stephani Angliæ Regis - 145
—— Hamonis filius, Senescallus Britanniæ - 157
—— Felton, Senescallus Pictaviæ, Vexillarius Principis Walliæ, in prælio interfectus - 139
—— de Dormans, Cancellarius Normanniæ - 157
—— de S. Joanne, Procurator Normanniæ - 157
—— de Ormesbi, Justiciarius Scotiæ - 218. 219 Rex eligitur à rebellibus - 219
—— de Jaffero, Vicecancellarius Jacobi II. Regis Aragoniæ - 712
—— Grimbergensis, Dominus de Ascha - 778
—— Dominus de Fienes 822. 848
—— Dominus Jalinacensis - 162
—— Dominus Linerarum - 183
—— Camerarius de Tankarvilla - 158
—— de Tortosa, frater Guillelmi domini Montispessulani, cum heredem instituit - 526
—— de Turre, matrimonium init cum Guillelma - 565
—— de Castellione ; latro nequissimus, è castro suo ejicitur 965. 966
—— de Nogareto, Bonifacium VIII. invitum ducit Romam - 56 cum mortuum accusat - 61 pœnitentia ei imposita - 64
—— de Rocamaura, & Petrus ejus frater non nulla donant Monasterio S. Andreæ Avenionensis - 517
—— Tassio, pervasor rerum Monasterii Piscariensis & Episcopatus Vallensis 960 ultimo vendit 961 mala Monasterio Piscariensi à se illata utcumque reparat 961
—— Wallesii, Dux Rebellium Scotorum - 219. 220. 221. 222. 223. 223 ejus supplicium - 230
—— Præpositus Caturcensis : ejus jusjurandum - 457
GUILLENCUS Episc. Lingonensis 432.451
GOIRICI Monachi Gemblacensis laudes 768
GUISCARDUS Comes de Roceio 173
GUITMARUS Abbas Centulensis 301
GUNDEBALDUS Burgundionum Rex Catholicos de fide cum Arrianis coram se disputare permittit - 303 à Catholicis convictus, in hæresi tamen obstinatus permanet - 306 à Chlodoveo Franc. Rege vincitur 260 Godegisilum fratrem sub prodito fuerat, Viennæ obsessum capit, & interficit

ibid.
—— Gunthramni Franc. Regis & Venerandæ filius, à Marchitrude noverca veneno interfectus 361
GUNDEBERGA Longobardorum Regina 369
S. GUNDESBERTUS Archiepisc. Senonensis, dimisso Archiepiscopatu in vallem quamdam Vosagi secedit, atque illic Monasterium Senonense condit 604 ejus obitus 605
GUNDIOCA uxor Chlodomeris, deinde Chlotarii ejus fratris, Regum Francorum 361
GUNDULFUS Episc. Metensis 228
—— Episc. Noviomensis & Tornacensis 717 Alter *ibid*
GUNSALVUS Mendi Major-Domûs Curiæ Joannis Regis Portugaliæ - 538
GUNTARIUS filius Chlodomeris Regis Franc. 161
GUNTERIUS Abbas Caladiensis 156
—— Abbas S. Albini Andegavensis, Hierosolymitano itinere suscepto, successorem instituit Rainaldum — 378
GUNTHERUS Archiepisc. Coloniensis, depositus 213. 218
GUNTHRAMNUS Franc. Rex, Chlotarii I. filius 361. 363. 364
—— Abbas S. Trudonis 661. 662
GUSFRIDUS ex Monacho Carrofensi Abbas Andrensis 806 Abbatiæ renunciat, & fit Prior S. Berrini *ibid*. ad Carrofense Monasterium redit 807

H.

HAURBÉ Abbas Valciodorensis, deinde S. Felicis Metensis 718
HADULFUS Episc. Noviomensis & Tornacensis 171. 918
HÆRETICI detecti, & compressi 221. 474 - 14
HAIMARDUS Abbas Cluniacensis, S. Majolum successorem suum instituit - 374
HAIMO Episc. Valencinensis, Archicancellarius Conradi Regis Burgundiæ - 380
—— Abbas S. Benigni Divionensis 396
—— Abbas S. Petri-Vivi 476
—— Dominus Borbonii - 1
HAIMOINUS Abbas S. Andreæ Viennensis - 536
HALINARDI parentes 391 fit Canonicus Lingonensis, dein Monachus invitis parentibus *ibid*. Prior, & mox Abbas S. Benigni Divionensis 378. 391 Abbatiam Bestinensem invadit 420 fit Archiepisc. Lugdunensis 143. 390. 391 sacramentum Imperatori præstare renuit 391 Leoni Papæ IX. quantum addictus *ibid*. ejus mors 394
HAMENSE Monasterium conditum ab Ingelrano domino Lilleriarum, & Emma ejus uxore - 418 ei non nulla donat Robertus Comes Flandriæ *ibid*.
HAMERICUS Abbas Aquicincti 399 - 421. 423
—— Comes Santonensis - 249
HAMO Vicecomes, Dominus Borbonii - 162
HANNONENSIUM Comitum genealogia 325 ad quæ tenerentur erga Episcopos Leodienses - 227. 228
HARBERTUS, ex Monacho Corbeiensi Abbas Lobiensis dicitur, & Corbeiam redit 734
HARDEBERTUS Abbas S. Trudonis 660
HARDUINUS Episc. Noviomensis & Tornacensis 918. 919
HARIZO Archicancellarius Conradi II.

Imp. 949
HARIULFUS ex Monacho Centulensi, Abbas Aldemborgensis. Chronici Centulensis scriptor 356
HASNONIENSE cœnobium à Balduino VI. Comite Flandriæ conditum 891. 894
HAVESES Pachel, Orator Sigismundi Austriæ Ducis apud Carolum VII. - 776
HAZUMA Comes Monachos è Mediano Monasterio ejicit, & Canonicos seculares in eo constituit 614
HECTOR Archiepisc. Bisuntinus 425
HEDENOLDUS Abbas Centulensis 312
HEDRENSIBUS Monialibus Ludovicus VII. donat decimam panis ad Curiam suam allati dum Parisiis moratur - 497 item quidquid Episcopatu vacante de Capiceria Parisiensi percipere solebat - 536
HEIDILO Episc. Noviomensis & Tornacensis 903. 917
HEIMO Episc. Virdunensis Ecclesiæ suæ non pauca comparat 239
HELDEBERTUS Episc. Avenionensis, Monasterio S. Andreæ non nulla donat - 184
HELEGRINA dotem suam à Folrado quondam marito suo acceptam Sisenando vendit - 360
HELGAUDUS Abbas Majoris Monasterii 151
—— Abbas Centulensis & Comes 316
HELIAS Patriarcha Hierosolymitanus, sibi ac suis subsidium petit à Carolo Crasso Imp. & Francis proceribus - 363
—— de Castellione, Episc. Aginnensis 591
—— Episc. Aurelianensis 517. 519
—— Episc. Electensis - 778
—— Comes Cenomanensis 259. 262. 280 non nulla donat Monasterio S. Petri de Cultura - 459
HELINANDI Monachi Frigidi-Montis opera - 24
HELISACHAR Abbas Castrensis - 571. 572
—— Abbas Centulensis 312
HELISAUS Episc. Noviomensis & Tornacensis 917
HELLINUS Archiepisc. Trevirensis 727
HELMERADUS Episc. Ambianensis - 342
HENFRIDUS Abbas Falonpinensis 881
HENRICUS Rex postmodum Imperator, bona Monasterii S. Michaëlis in Porcariano confirmat - 386 Imp. coronatur 948
—— III. Imp. bona & jura Monasterii Piscariensis confirmat 954. 955
—— IV. Imp. 791. 792 à Gregorio VII. excommunicatur 216 Romam invadit 217 Hugonem Abbatem Cluniacensem de filii sui perfidia, & injuriis sibi factis certiorem facit, eique totam suam cum Ap. sede reconciliationis rationem committit - 441 ei se iterum committit - 442
—— V. Imp. ejus impietas in patrem, & perfidia in Summum Pontificem 697. 914 - 441. 450 à Gallicanis Episcopis excommunicatur 447 item à Germanis 698 de eo 791. 799. 800 ejus Epistolæ duæ ad Hugonem Abbatem Cluniacensem - 443. 449 ejus mors - 450
—— VI. Imp. & Rex Siciliæ, Frederici I. Imp. filius 614 - 17. 18. 700. 171 ejus mors 17. 177
—— Frederici II. filius, Rex Alemanniæ coronatur 631 - 30. 189 ut tetricem à patre conjectus, illic moritur 831 - 36
—— Henricus, Comes Lucemburgi
Rex

Index rerum Memorabilium.

Rex Romanorum - 61 Mediolani coronatur - 63 ejus gesta in Lombardiâ - 64 Romæ coronatur Imperator - 66 ejus mors - 67
—— Henricus de Flandriâ, Balduini frater, post eum Imp. Constantinopolitanus 834-21. 181. 182. ejus obitus - 17
—— H. Imp. Constantinopolitanus, Petri filius - 29. 187
—— I. Francorum Rex, vivo patre coronatus 391. 402 - 254 ejus præceptum de villâ quâdam juris Monasterii Centulensis 334 Fiscum Unigradum immunem Carnutensi Ecclesiæ concedit - 198 injustam consuetudinem in urbe Aurelianensi abrogat - 401
—— I. Rex Angliæ : ejus vitæ brevis descriptio - 506 de eodem - 262. 263. 264 ejus prima uxor, & liberi 893. 894 in mari pereunt 894 - 2 ejus altera uxor - 2 de Hugone Archiepisc. Rotomagensi graviter queritur apud Innocentium II. - 484 in Hildebertum Archiepisc. Turonensem quàm benevolus fuit - 454 ejus obitus 821 - 5. 143
—— filius Gaufridi Plantegenest Comitis Andegavensis & Cenomanensis, & Mathildis Imperatricis, Comes Andegaviæ & Cenomanensis, Dux Normanniæ - 148 Aquitaniæ Ducatum ductâ Alienorde comparat - 9. 148 fit Rex Angliæ II. - 9. 148. 149 ejus mores, & gesta ibid. & seqq. 523 liberi 818 eum Episcopi & proceres in S. Thomam concitant - 513. 514 quot simul difficultatibus circumseptus - 515 ejus obitus - 16. 167
—— Henrici II. Regis Angliæ filius, Comes Cenomanensis, Senescallus Franciæ - 156 jussu patris Rex coronatur 809 - 156 ejus gesta - 158. 160. 163 obitus - 13. 164
—— III. Angliæ Rex Joannis filius nascitur - 182 patri in Regno succedit - 27. 186 ejus gesta ibid. & seqq. ejus tractatus pacis cum Ludovico Philippi Aug. filio - 186 in Ludovicum IX. compromittit de suis controversiis cum aliquot Angliæ Baronibus - 642 ejus obitus - 203
—— VI. Angliæ Rex, Cardinali Legato se nec inducias cum Rege Franc. pacisci, nec subsidium in bellum contrà Turcas concedere posse scribit - 864
—— II. Campaniæ Comes, fit Rex Hierosolymitanus - 18. 172 ejus mors - 19
—— III. Campaniæ Comes, Rex Navarræ : ejus obitus - 43
—— Rex Danorum, ab Abele fratre in mari submersus - 37. 194
—— IV. Rex Castellæ fœdus init cum Anglis - 837 ut ab eo fœdere discedat, ac vetera restituat ex Regibus Franc. renovet, eum per Cardinalem Albiensem monet Ludovicus XI. ibid.
—— Cardinalis Episc. Albanensis A S. Legatus 580. 821 - 13. 164 ejus obitus 831
—— Cardinalis Presb. SS. Nerei & Achillei 578
—— Cardinalis Pisanus 485. 547. 549 - 528
—— Archiepisc. Bituricensis - 557 ejus obitus - 20
—— Archiepisc. Dubliniensis - 580
—— ex Abbate Fontanensi Archiepisc. Eboracensis - 147
—— Alius Archiepisc. Eboracensis : ejus obitus - 444
—— filius Ludovici VI. Franc. Regis Clericus : eum Honorius Papa II.
Tom. III.

sub suâ protectione recipit — 479 fit Monachus Claræ-vallensis, dein Episc. Belvacensis — 5 postremo Archiepisc. Remensis 485. 516. 801 - 11. 538 ejus obitus 489. 813 - 12
—— filius Roberti II. Comitis Drocarum, ex Thesaurario Belvacensi Archiepisc. Remensis 494. 866 — 294. 619
—— Archiepisc. Senonensis 485 - 3. 39. 488. 489. 490
—— Archiepisc. Trevirensis 214
—— de Strahelerh, Episc. Argoratensis 646. 647 deponitur 654
—— Episc. Augustodunensis, frater Odonis Burgundiæ Ducis : ejus controversiæ cum Pontio Abbate Vezeliacensi 509. 510. 511. 517. 522. 545
—— Episc. Aurelianensis, filius Roberti I. Comitis Drocarum 494
—— à Bergis, Episc. Cameracensis 758
—— de Gresseio, ex Archidiacono Blesensi Episc. Carnutensis — 34
—— Episc. Leodiensis 144. 664. 665. 667. 668. 670. 671. 672. 745
—— Episc. Londonensis - 101
—— Episc. Roffensis 867 ejus obitus - 190
—— Epise. Trecensis, Bulencuriæ Ecclesiam, ultrò cedentibus Canonicis Regularibus, donat S. Bernardo, ut Cistercienses in eâ constituat — 501
—— Episc. Venetensis 161
—— de Castres, Episc. Virdunensis 250. 251 Episcopatui renuntiat 260 Monachus Cluniacensis, deinde Abbas Glastoniensis, mox Episc. Wintoniensis - 144. 506 A. S. Legatus - 145 ab Angliâ clam discedit - 151 ejus obitus - 157
—— alius Episc. Wintoniensis - 194
—— Abbas Affligemensis 778 alter ibid. III. de S. Gaugerico 779 IV. de Ascha ibid.
—— Abbas de Bosco 801
—— Abbas Fuldensis - 486
—— Abbas Gladbacensis 655
—— Abbas Joiaei, deinde Cisterciii - 57
—— Abbas Lubensis - 629
—— Vandenzipe, ex Præposito Affligemiensi Abbas S. Andreæ Brugensis, scriptor 779
—— Abbas S. Benigni Divionensis 396
—— Abbas S. Dionysii in Franciâ 496
—— Malet, Abbas S. Dionysii in Fr. 497
—— ex Monacho Besuensi Abbas S. Sequani 435. 464
—— Abbas Senoniensis 614. 636
—— Abbas Valciodorensis 729
—— Archidiaconus Lincolniensis : ejus epistola, in quâ petitis ex his quæ viderat exemplis, mundum contemnendum esse probat — 505 Anglorum historiam scripsit — 506. 507
—— de Semons, Doctor in Theologiâ, Provincialis Ordinis FF. Minorum — 92
—— IV. Comes Lovaniensis, Dux Brabantiæ I. ejus uxores & liberi - 191. 194. 195
—— Hugonis M. filius, Dux Burgundiæ 381. 387. 473
—— Dux Saxoniæ, filius Lotharii II. Imp. - 155. 157. 164. 165
—— Comes Albi - montis - 52
—— Comes Barrensis - 33. 52. 53. 54. 213. 294. 607
—— Comes Bruxellensis : ejus mors 894

—— I. Comes Companiæ Victori Schismatico favet 539. 540 ejus obitus 813 - 17
—— Comes de Durbio - 186
—— Comes de Grandiprato : ejus bella cum Virdunensibus, & mors 144. 145. 246. 251. 257 - 29.
—— Comes Hannoniæ, filius Ragineri Longicolli 764
—— Comes Leicestriæ - 173
—— Comes Lemburgensis, Major Advocatus Monasterii S. Trudonis 674 & seqq. fit Dux ab Imperatore Henrico IV. 677. 719. ei Ducatus abjudicatur 679
—— de Laci, Comes Lincolniensis & Saresberiensis - 194. 213. 215. 216
—— Comes Lovaniensis 673
—— Comes Lucemburgensis 194
—— Comes Namurcensis 821
—— Comes Namurcensis & Lucemburgensis - 190
—— Comes Nivernensis - 28 ejus mors - 29
—— Comes Palatinus, partem bonorum S. Trudonis invadit 674
—— Comes Portugaliæ : ejus fœdus cum Raimundo Comite Gallæciæ - 418
—— Comes de Rupe - 286. 291
—— Comes Rutenensis - 548 ejus testamentum - 591
—— Comes de Salmis, Advocatus Monasterii Senoniensis 636. 637 ejus filii Henrici de Danubrio vitia, & misera mors 639. 640 à Frederico altero filio spoliatur 640
—— Henrici filius, Henrici nepos, Comes de Salmis, Monasterium Senoniense opprimit 641. 648. 650 partem bonorum suorum vendit 648 excommunicatus, certis conditionibus absolvitur 651
—— Comes de Warewic - 506
—— Comes; filius Godefridi cum barba 779
—— filius Henrici I. Anglorum Regis : ejus obitus 818
—— filius Richardi Comitis Cornubiæ, Regis Romanorum - 197 à Guidone de Monteforti occisus - 42. 01
—— filius Davidis Regis Scotiæ, Comes Northumbrorum : ejus obitus - 143
—— frater Frederici Ducis Austriæ, captus à Ludovico Bavaro ; fit pecuniâ redimit - 75. 82
—— frater Regis Castellæ profugus, à Carolo I. Rege Siciliæ præficitur Urbi Romæ - 41 in eum rebellat ibid. capitur - 42 ex carcere evadit - 50 fit tutor liberorum Sancionis Regis Castellæ - 51
—— frater Petri Regis Castellæ, in eum rebellat - 139
—— frater Hugonis Burgundiæ Ducis 47
—— de Flandriâ, in Italiâ occisus - 82
—— Cancellarius Henrici III. Imp. 955
—— de Herqueri, Vexillifer Ludovici X. Regis Fr. - 70
—— Dominus de Campanies 801
—— de Lancastriâ, Dominus Monemuthæ - 201
—— Bayere, Orator Caroli VII. apud Fredericum Regem Romanorum - 764
HERACLIUS Patriarcha Hierosolymitanus 818 - 14. 165
—— Archiepisc. Senonensis 466
HERARDUS Comes Gasimbergensis 748
HERBERNUS Abbas Majoris-Monasterii - 140. 242 fit Archiepisc. Turonensis 471 - 243
HERBERTUS Archiepisc. Consensanus :

Index rerum Memorabilium.

ejus mors – 165
—— Episc. Lexoviensis 289
—— Episc. Norwicensis – 506
—— Episc. Pinnensis 963
—— Abbas Fontanensis, dein Prior & mox Abbas Claromontensis, ac denique Episc. Redonensis 576
—— Episc. Thiofordensis – 434
—— Abbas Andaginensis 740
—— Abbas Centulensis 322
—— Abbas Latiniacensis 287. 289
—— Abbas S. Petri-Vivi : ejus mors 481
—— Evigilans-canem, Comes Cenomanensis – 253. 258 273
—— Comes Virmandensis, Carolum Simplicem carceri mancipat 380 dicitur Comitis Ebroini filius 709
—— alius Comes Virmandensis, jura Monasterii S. Præjecti in urbe S. Quintini intacta servari jubet – 410
HERCHINOALDUS Major-Domûs Chlodovei II. Fr. Regis 107. 368 ejus mors 109
HERENSI Monasterio Abbatiam S. Porciani donat Carolus Calvus – 350 eam donationem confirmat Joannes Papa VIII. – 311
HERESINDIS uxor Comitis Eilberti, prima Abbatissa S. Petri in Tiralciâ 712 ejus obitus 717
HERFRIDUS Episc. Autissiodorensis 471
—— Episc. Claromontanus ibid.
HERIBALDUS Comes Palatii Ludovici II. Imp. 923
HERICUS Abbas Centulensis 308
—— Dux Forojuliensis 372
HERIGERUS Abbas Lobiensis : ejus scripta 744. 763
HERILANDUS Episc. Virdunensis 237
HERIMANNUS Archiepisc. Coloniensis 686. 736
—— Episc. Metensis, ab Henrico IV. Imp. sæpè ejectus 217. 219. 247. 663. 665. 667. 670. 672
—— Præpositus, deinde Abbas S. Martini Tornacensis, ejus Monasterii instaurationis scriptor 922 abdicat 923 Romam mittitur à Tornacensibus, petentibus ut Ecclesiæ suæ proprius Episcopus restituatur 924 cruce sumptâ in Terram sanctam vadit 926
—— Abbas S. Pantaleonis 701
—— Abbas S. Trudonis 671 ejicitur ab Henrico Comite Lovaniensi 672 ejus mors ibid.
—— II. Abbas S. Trudonis 673 sæpiùs ejicitur 674. 678. 679. 680 Abbatiæ renuntiat 685 ejus mors 695
—— Comes, Monasterio S. Vitoni plurima donat 239
—— Archicancellarius Henrici III. Imp. 955
HERIMBERTUS Abbas Fontanellensis 283
HERIVARDUS ex Monacho Montis S. Michaëlis Abbas Gemblacensis 763
HERLEBERTUS Coëpisc. Lingonensis, & Abbas S. Benigni Divionensis 375. 406
HERLEGAUDUS Abbas S. Benigni Divionensis 373. 375
HERMANNI qui Regnum Germaniæ usurpaverat, obitus 616
HERMENFRIDUS Episc. Virdunensis 236
HERMENGARDIS uxor Ludovici Pii – 339
HERMENTRUDIS uxor Caroli Calvi 135
HERMOBERGA Betherici Gothorum in Hispaniâ Regis filia, uxor Theoderici Francorum Regis filii Childeberti 304
HERMUINUS Abbas S. Petri-Vivi Senonensis 476. 477

HERNODRIDIS filia Caroli M. 374
HARPALDUS Abbas Vallis-lucentis 485
HARPWINUS Episc. Sylvanectensis – 315
HERVEUS Archiepisc. Remensis 567
—— Episc. Andegavensis – 144
—— Episc. Augustodunensis, Ecclesiæ suæ non pauca donat – 371
—— Episc. Eliensis – 506. 579
—— Thesaurarius S. Martini Turonensis, vitæ sanctitate illustris : ejus obitus 474
—— Monachus Burgidolensis : ejus vita & scripta – 461
—— Viarius sub Henrico I. Franc. Rege – 401
—— jubetur corpora SS. Ragnoberti & Zenonis Bajocis in villam suam transferre 117 ea collocat in Ecclesiâ Salvatori dicatâ 130 sanctorum ope sanitatem recuperat 131
HESSA Monasterium puellarum à parentibus Leonis Papæ IX. conditum 616
HETGUARDUS Anglorum Rex erga Centulenses Monachos liberalissimus 345
HETTI ex Abbate Mediolacensi Archiepisc. Treverensis 113
HEUNOMUS Abbas S. Andreæ Viennensis – 180
HEUTONIS cujusdam mors immatura 309
HEZELINUS Episc. Parisiensis 334
HIBERNIA olim sanctorum ferax 194
HIEREMIAS Monachus ac Thesaurarius Centulensis à Normannis tertius Senonas fugit 321. 465 fit Abbas S. Columbæ 321 dein Archiepisc. Senonensis ibid. 465 Noviacum cellam in Aquitaniâ condit 465 ejus sententia de ratione scribendi nominis JESU – 329 330
HIERONYMUS Presb. edidit excerpta ex utroque Testamento, legenda singulis anni diebus – 302
—— de Coinssiaco, Abbas S. Medardi Suessionensis 492
HIERULUS Bajoariæ Præfectus 372
HILARIACUM Monasterium conditum à Sigibaldo Episc. Metensi 127
HILARIUS Episc. Pictavensis libros S. Origenis in Job è Græco in Latinum transtulit – 314
—— Episc. Cicestrensis – 517 ejus obitus – 516
HILDEBERTUS Episcopus Cenomanensis, deinde Archiepisc. Turonensis 375 – 8. 435 scripta sua amico mittit – 430 calamitates Ecclesiæ deplorat ibid. nihil in totâ Paschalis II. cum Imp. Henrico V. agendi ratione reprehendendum esse probare nititur – 411 Regis Franc. indignationis in se causas aperit – 455 cum eo se in gratiam rediisse narrat – 454 de variis negotiis scribit ad Innocentium Papam II. – 455. 456 aliæ ejus Epistolæ de variis rebus – 450 & seqq. ejus obitus – 5
HILDEBRANNUS Abbas S. Benigni Divionensis 371. 378
S. HILDEBURGIS patria ac parentes 151 Roberto Ibriensi nubit, eique tres filios parit ibid. post ejus mortem Pontifaram secedit, ibique piè vivit ac moritur 1
HILDEFONSUS Archiepisc. Toletanus : ejus opus de Virginitate B. Mariæ laudatur – 314 eas laudes in Deum refundit ibid. rogatus ut scripturis interpretandis operam adhiberet, se iniquitate temporum retardari significat – 315
—— Comes S. Ægidii : ejus mors – 8

HILDEGARDIS uxor Caroli M. 372. 374
—— Sanctimonialis : ejus vaticinia 633 – 7
HILDEGARIUS Episc. Meldensis 466
HILDEMANNUS ex Monacho S. Dionysii Archiepisc. Senonensis 469
—— Episc. Belvacensis 282 — 335
HILDINUS Episc. Virdunensis 237
HILDOLFUS Archiepisc. Treverensis 211. alter 212
HILDRADUS Abbas S. Trudonis 660
HILDRICUS Episc. Belvacensis 371
—— Abbas Lobiensis 754
HILDRUDIS filia Caroli M. 374
HILDUINUS factione Gilberti Lotheriensium Ducis sit Episc. Leodiensis 736 Episcopatu dejicitur à summo Pontifice, ac paulo post sit Episc. Veronensis ibid.
—— Abbas S. Dionysii in Franciâ 313 Imp. aulæ Archinotarius — 340. 342
—— Abbas S. Medardi Suessionensis, Archicapellanus Ludovici Pii Imp. 74
HILMERADUS Episc. Ambianensis 317
HIMALDUS Aquitaniæ Dux 371
HINCMARUS Archiepisc. Remensis 125. 228. 466 ejus Epistola ad Carolum Calvum — 337
HINGO Abbas S. Benigni Divionensis 378
HOËT Episc. Cenomanensis — 459
HOËMBURGENSE Monasterium puellarum ab Odiliâ conditum 609
HONORATUS Episc. Albiensis 370
HONORIUS Papa II. jubet servari sententiam excommunicationis in Fulconem V. Comitem Andegavensem — 479 Henricum clericum, filium Ludovici VI. in suam protectionem suscipit ibid. damnat pravam consuetudinem exigendi pecunias ab his qui recipiebantur in Canonicos ibid.
—— Papa III. confirmat Regulam Nosocomii Noviomensis — 585
HOSPITALES de Alto passu capiuntur — 93
HOSPITALIS Ordini dantur bona Ordinis Militiæ Templi — 65
HRODHADUS Episc. Suessionensis — 336
HUBALDUS Cardinalis Episc. Ostiensis 578. 883. 971 sit Lucius Papa III. — 163
—— Cardinalis Presb. S. Crucis in Hierusalem 578. 971
HUBERTUS Archiepiscopus Cantuariensis 839 — 12. 176. 177. 178 antea Episcopus Saresberiensis — 181 ejus obitus ibid.
—— Episc. Parmensis, Archicancellarius Othonis I. Imp. 942. 943
—— Walteri, Episc. Saresberiensis — 168
—— Episc. Sylvanectensis 791 — 439
—— Abbas Forestis-Cellæ 329. 337
—— Abbas Lobiensis 763
—— du Bray, Præpositus Assigemier.sis & scriptor 771
—— de Burgo, Comes Cantiæ, Custos Regis Angliæ Henrici III. & totius Regni Justitiarius — 188 carceri mancipatur — 190 castra quædam amittit — 191
—— de Borc, Senescallus Pictavensis — 5 50
—— Miles, Angelranni Abb. Centulensis inimicus, cum totâ stirpe suâ interit 333. 335. 336
—— Monasterii Lobiensis pervasor : ejus impietas, & misera mors 734
HUGO Hugonis M. filius, Dux, deinde Rex Francorum 382 non nulla Centulensi Monasterio donat 313 fuit Abbas Centulensis 308
—— Magnus, Roberti filius Rex Franc. coronatur 581. 419 paulo post moritur — 253

Italiæ

Index rerum Memorabilium.

―― Italiæ Rex, & Provinciæ Comes, non pauca donat Monasterio S. Teuderii ― 372
―― Cardinalis Episc. Velletrensis & Ostiensis ― 579
―― de Billonâ, Ordinis Fratrum Prædicatorum, Cardinalis Presb. S. Sabinæ, mox Episc. Ostiensis ― 214 pallii usu privatus ― 215
―― Cardinalis Presb. S. Clementis 883
―― Cardinalis Presb. S. Laurentii in Damaso, dictus Tutelensis, patruus Gregorii XI. ― 740 collegium ab eo fundatum ibid.
―― de Viennâ, Ordinis Fratrum Prædicatorum, Doctor in Theologiâ, Cardinalis Presb. S. Sabinæ ― 193 ejus opera ibid.
―― Cardinalis Diac. S. Mariæ in Porticu ― 742
―― Leonis, Cardinalis A. S. Legatus ― 160
―― Archiepisc. Bisuntinus 390. 395. 435 ― 399
―― Archiepisc. Bisuntinus, frater Raimundi Comitis Burgundiæ ― 417
―― Archiepisc. Bisuntinus, frater Joannis de Cabillone, Comitis Autisiodorensis ― 700
―― Archiepiscopus Chrysopolitanus 243. 393. 394
―― Episc. Djensis, deinde Archiepisc. Lugdunensis, A S. Legatus 145. 246. 477. 911. ― 416 Robertum Flandriæ Comitem, ut Attebatensi Episcopo pœnam ferat, hortatur ― 413 Mathildem Marchionissam Tusciæ ut Romanæ Ecclesiæ opem ferre pergat hortatur, eamque de suis cū Cluniacensibus simultatibus certiorem facit ― 416
―― Archiepiscopus Rotomagensis, Episc. Baiocensis & Parisiensis, Abbas Fontanellensis & Gemmeticensis 270. 271
―― ex Abbate Radingensi Archiepisc. Rotomagensis 495 ― 149. 484 ejus simultates cum Henrico I. Anglorum Rege ― 484 in gratiam Monasterii Vezeliacensis scribit Eugenio Papæ II. 511
―― Archiepisc. Senonensis 485. 145 ― 10. 503 ejus obitus ― 11
―― Archiepisc. Tarraconensis ― 540
―― Archiepisc. Turonensis ― 151. 283
―― filius Gimbaldi Episc. Aginnensis & Vasatensis, Abbas Condomensis cœnobii 581 fit ipse Episc. Aginnensis & Vasatensis 582 Româ redux Monasterium Condomense instaurat ibid. ejus literæ de hac re, & obitus 583
―― Episcopus Albiensis ― 570 alter ― 571
―― Episc. Augustodunensis ― 693
―― Episc. Autissiodorensis 391
―― ex Abbate S. Germani Autissiodorensis, Episc. Autissiodorensis 506. 508. 510. 518. 519 ― 2 plurium Ecclesiarum decimas Canonicis suis concedit eâ, lege ut totâ quadragesimâ communiter comedant ― 494 ejus obitus ― 9
―― ex Abbate Pontiniaci Episc. Autissiodorensis 485. 519 ejus obitus ― 22
―― Episc. Belvacensis 318
―― Episc. Cestrensis ― 177
―― Episc. Claromontensis ― 623
―― Episc. Dunelmensis ― 157
―― Episc. Genevensis ― 379
―― Episc. Gratianopolitanus : ejus obitus ― 4
―― ex Abbate S. Maximini Treverensis, Episc. Leodiensis, & Abbas Lobiensis 718. 717
―― alius Episc. Leodiensis 757
―― ex Priore Domûs Carthusiæ Episc. Lingonensis ― 165 ejus præcipua gesta, & obitus ― 179 in SS. album refertur ― 187
―― ex Archidiacono Wellensi Episcopus Lincolniensis ― 181. 579. 580 ejus obitus ― 190
―― ex Clerico Carnutensi Episcopus Lingonensis 390. 410. 427 deponitur in Concilio Remensi 243. 390 sedi suæ restituitur 243. 393
―― alius Episc. Lingonensis ― 600
―― Episc. Nivernensis 506. 518. 792 Ecclesiam S. Stephani instaurat, & Canonicos in eâ constituit ― 494
―― Episc. Noviomensis & Tornacensis 919
―― Episc. Rutenensis ― 540
―― Episc. Suessionensis 489 Cancellarius Ludovici VII ― 536. 539. 541
―― Episc. Trecensis 136
―― Abbas Angeriacensis 444
―― de Cangumiler, Abbas Beccensis ― 560
―― Abbas de Buxeriâ 522
―― de Brandellis, ex Monacho Fontanensi Abbas de Buxeriâ 575
―― Abbas Caricampi ― 495
―― Abbas Carrofensis 837
―― Abbas Cluniacensis 322
―― Abbas Cluniacens. literæ ei scriptæ ab Henrico IV. & Henrico V. Imp. ― 441 442 443 cum de fœdere inter se inito certiorem faciunt Raimundus Gallæciæ, & Henricus Portugaliæ Comites ― 418 ejus statura in gratiam Aldefonsi Hispaniarum Regis ― 408 & Lamberti Abbatis S. Bertini ibid. ei filium salutaribus aquis abluendum offert Theobaldus Comes Francorum ibid. Philippum I. Franc. Regem ut monasticam professionem profiteatur, hortatur ― 443
―― III. Abbas Cluniacensis 815 ejus Epistola ad Fredericum I. Imp. ― 516
―― Abbas Lobiensis 744
Abbas Mauri-montis, deinde S. Vitoni 259
―― Abbas Montis S. Eligii 804
―― Abbas Montis Sancti Quintini ― 497
―― Abbas S. Amandi Helnonensis 908
―― Abbas S. Andreæ Viennensis ― 587
―― Abbas S. Benigni Divionensis 365 alius 396 alius, de Arcu ibid, alius, de Monte Cuniculo 397
―― Foucaut, sive de S. Dionysio, Abbas S. Dionysii in Franciâ 496
―― Mediolanensis, Abbas S. Dionysii in Fr. ibid.
―― Abbas S. Dionysii Remensis ― 422. 423
―― Abbas S. Eparchii ―― 445
―― de Moncellis, Abbas S. Germani à Pratis 540. 514
―― Abbas S. Germani Autissiodorensis 442. 468
―― Abbas S. Salvii 318
―― Canonicus, conditor Monasterii Lagonniacensis, non nulla donat Monasterio Besuensi 418
―― Nivernensis Ecclesiæ Decanus, Ecclesiæ S. Stephani non pauca restituit ― 405
―― Canonicus Regularis apud S. Victorem Parisiis : ejus opera ― 3. 145 obitus ― 5. 145
―― Abbas : eum Carlomanus Francorum Rex tutorem suum, ac Regni sui maximum defensorem appellat ― 365 de Normannis præclaram victoriam refert 377 ejus fratres dicuntur Odo & Robertus ibid. dicitur Caroli M. filius 374 alibi dicitur Burgundiæ Dux, Hugonis filius, tutor Caroli Simplicis ― 243. 244

―― Magnus, Princeps Francorum, & Abbas S. Martini Turonens. 469 ― 371. 377. 378 Monasterium S. Martini muro cingi curat ― 373 ejus mors & liberi 469
―― Capito, Dux Inferioris Burgundiæ 379. 380
―― Magnus, filius Henrici I. Regis Franc. ― 495
―― Dux & Marchio 961
―― II. Burgundiæ Dux redemptionem carrorum Divione Monasterio Besuensi donat 445
―― III. Burgundiæ Dux 433. 558 Ecclesiam in castro de Avalone donat Monachis Cluniacensibus ― 412
―― IV Burgundiæ Dux ― 607 ejus uxor & liberi ― 194
―― V. Burgundiæ Dux ― 65
―― Attuariorum Comes 381
―― Comes Belli-montis, non pauca donat Monasterio Besuensi 445
―― Comes Burgundiæ 397
―― Comes Campaniæ Trecassinæ, non nulla donat Monasterio S. Petri-Vivi Senonensis 477 & Monasterio Molitmensi 47
―― Comes Capdavene, Monasterium Caricampi condit ― 495
―― Comes Cestrensis ― 104
―― Comes Divionensis 381
―― Comes Empuriarum ― 540. 597. 599
―― de Marchiâ, Comes Engolismensis : ejus obitus ― 56
―― Bruni, Comes Marchiæ ― 31. 34. ― 291. 607. 623.
―― de Douglas, Comes de Ormond, rebellis, capitis damnatur ― 802
―― Comes Pontivorum 343
―― Comes Rameruci ― 4. 7.
―― Comes Reitestæ 799
―― Comes Risnelli 255 ― 437
―― Comes Rutenensis : ei ab Ildefonso Rege Aragonum pars Vicecomitatûs de Carlades in feudum donatur ― 539
―― alter Comes Rutenensis ― 540
―― Comes S. Pauli, & Bleserus ― 49. 291. 294. 60
―― Buticularius Henrici I. Regis Franciæ ― 401
―― Constabulatus Ludovici VI. 427. 481
―― Cancellarius Ludovici VII. 193
―― de Bovillâ, Miles, Secretarius Philippi IV. ― 503 Cambellanus & Secretarius Ludovici X. 69
―― Cancellarius Conradi II. Imp. 949
―― Le Dispenser, Justitiarius Angliæ ― 64 præcipuus Regis Eduardi Consiliarius : ejus supplicium ― 25
―― de Crefingham, Thesaurarius Scotiæ ― 118. 219 in prælio interfectus ― 222
―― Dapifer Hugonis Burgundiæ Ducis 445
―― Bruni, filius Hugonis Comitis Marchiæ, & Isabellæ ― 635
―― de Ver, filius Comitis Oxoniæ ― 214. 215
―― de Gornaco, Bellofanensem Abbatiam fundat ac dotat ― 559
―― de la Roca, filium offert, ac dominium quoddam donat Ecclesiæ Caturcensi ― 569
―― Sulpicii filius, Dominus Ambasiæ & Calvimontis ― 277. 278. 279. 81
―― de Tilecastro, Dominus Bellimontis 451. 452. 453. 454. 458. 459. 460. 461 ejus epitaphium, in quo recensentur bona ab illo collata Monasterio Besuensi 457

Index rerum Memorabilium.

—— Dominus Beriæ 448
—— Dominus Bovæ 450
—— Dominus Castri Convulfensis 446
—— Dominus Castri-novi, Canonicis Regularibus S. Vincentii in Nemore non pauca ipse donat, & à suis hominibus donata confirmat - 488
—— de Pomponâ, Dominus Creciaci - 1
—— Dominus Lavardini & Basogerii - 273
—— de Pardeliano, Dominus Montis-Capreoli 591
—— Dominus Rumegniaci & Florinensis : ejus posteri - 289
—— Castellanus Cameracensis, à Lietberto Episc. excommunicatur 148 se absolvi curat ut Adam neptem Richildis Comitissæ Hannoniæ uxorem ducat, moxque Cameracense territorium deprædatur 150 Lietbertum capit ibid. ab Arnulfo Comite & Lietberto fugatur. ibid.
—— Malmzettus, pervasor rerum Monasterii Piscariensis 958 Abbatem intrudit Adenulfum ibid. item Gilberzum, cujus operâ Monasterium eripit 919 captus, bonis omnibus spoliatur, ac paulo post moritur ibid.
—— Podecator, Legum Doctor, Orator Regis Cypri apud Carolum VII. - 767
—— de Cuisiaco, Præpositus Parisiensis, communi latronum patibulo suspensus - 99
—— de Inciaco, excommunicatur, &c. - 418
—— de Nonant, filius sororis Arnulfi Episc. Lexoviensis, beneficiorum ab avunculo præstitorum se immemorem ostendit - 510
—— Pictavinus, Notarius Guillelmi Abbatis Vezeliacensis, & Historiæ sui Monasterii scriptor 549
—— Hugolinus Cardinalis Episc. Ostiensis, fit Gregorius Papa IX. 866 - 189
—— Hugulini Comitis Burgundiæ obitus - 70
Humbaldus Cardinalis Episc. Ostiensis 135
—— Episc. Autisiodorensis 478. 518 - 439
Humbertus Cardinalis Episc. Sabinensis - 422
—— Abbas Mediani Monasterii, fit Archiepiscopus Messanensis, dein Cardinalis 618
—— Delphinus Viennæ, Comes Albonensis - 7. 9 ei Regis Viennæ titulus confertur à Ludovico Bavaro Imp. ibid. fit Frater Prædicator, mox Patriarcha Alexandrinus, & Archiepisc. Remensis per modum commendæ - 134
—— Episc. Augustodunensis, libertatem Monasterii Vezeliacensis frustra oppugnat 517 fit Archiepisc. Lugdunensis ibid. 521
—— Episc. Albiensis - 171
—— Abbas sancti Andreæ Viennensis - 414
—— Abbas S. Benigni Divionensis 397
—— Abbas S Vitoni 138
—— Dominus Belli-joci, Bellamvillam condit, eique libertatem donat - 611
—— superioris nepos, Dominus Belli-joci, eam libertatem confirmat ibid. ejus & fratrum pactum de se mutuò tuendis - 613 Elizabeth filiam suam, viduam Simonis de Luzi, in matrimonium dat Rainaldo de Foresio ibid.
—— Coloniacensis, condit Monasterium Miratorium - 486
—— Brunus, Dominus Fontis-Vennæ 447
—— Guerilla, jura quædam restituit Monasterio S. Sparchii - 444
Hunaldus ex Monacho S. Benigni Divionensis Abbas Tornodorensis 384. 385
—— Abbas S. Eugendi 434
Hunfridus de Bohan, Comes Herefordiæ & Essexiæ - 643
—— vir nobilis, condito Monasterio Pratellensi, monasticen in eodem profitetur 289
Hungariam Tattari vastant, acciti à Frederico II. Imp. 636 Hungari unde orti - 369
Huni à Carolo Magno compressi 371 Gallias intrant, & quidquid obvium devastant 717. 718
Hunuanus Episc. Noviomensis & Tornacensis 917
Hyacinthus Martyr: ejus corpus è Sabinorum regione in urbem Metensem translatum 134
—— Cardinalis Diac. S. Mariæ in Cosmedin 539. 543. 544. 579. 971. - 528
S. Hydulfus Archiepisc. Trevirensis, relicto Episcopatu Medianum Monasterium condit in Vosago 607. - 608 Monasterium S. Deodati regit 607. 609 ejus obitus 609 miracula 610 corpus translatum 615

I.

J. Episc. Acconensis, res à Christianis gestas apud Damiatam narrat - 590
Jacob Episc. Tullensis 386. 607
Jacobus I. Rex Aragonum Mariam filiam Guillelmi Domini Montispessulani uxorem ducit - 565 quæ Montepessulanum ei donat - 566 ipse Montempessulanum Guillelmo Guillelmi & Agnetis filio donat - 575 ejus fædus cum aliquot proceribus, dum Insulis Balearibus Saracenos ejicere parat - 597 leges pacis & treugæ - 598 ejus transactio cum Episcopo & Capitulo Barcinonensi, de electione Episcopi Majoricarum - 604 & cum Joanne Episcopo Magalonensi de suis juribus in urbe Montepessulano, &c. - 611 Isabellam filiam nuptum dat Philippo filio Ludovici IX. - 634 ejus testamentum - 639 alterum - 673 in eo liberi ejus recensentur - 675. 676. 677 abdicato Regno Cistertiensem habitum induit - 682 ejus obitus - 141
—— II. Rex Aragoniæ, Valentiæ, Sardiniæ & Corsicæ, Comes Barcinonensis, S. R. E. Vexillarius, Ammiratus, & Capitaneus generalis, restituit res à suis ablatas mercatoribus Gallicis - 712 antea Rex Siciliæ - 47. 51 ejus gesta aliquot - 141 transactio seu concordia cum Jacobo II. Rege Majoricarum - 713
—— filius Jacobi Regis Aragoniæ, Sclarmundam filiam Rogerii Comitis Fuxensis uxorem ducit - 680. 631 Rex Majoricarum, Comes Rossilionis ac Cerritaniæ, Dominus Montispessulani - 639. 675
—— II. Rex Majoricarum : ejus concordia cum Jacobo II. Rege Aragoniæ - 713
—— Rex Scotiæ, rebelles comprimit, ac de Regni statu Carolum VII. certiorem facit - 801
—— Cardinalis, priùs Episc. Avenionensis, fit Joannes Papa XXII. - 71
—— Cardinalis Presb, S. Priscæ, olim Ordinis Cisterciensis, fit Benedictus Papa XII. - 97
—— Cardinalis Episc. Prænestinus, A. S. Legatus 491 - 34. 194
—— Cardinalis Diac. S. Mariæ in Cosmedin - 630. 638
—— Gajetani, Cardinalis - 63
—— de Columnâ, Cardinalis, depositus - 51 Schismaticus declaratur - 52 se Papæ subjicit - 53 restituitur suæ dignitati - 58
—— Patriarcha Antiochenus, Episc. Pictavensis - 778 ejus epistola ad Cameram Comptorum - 784
—— Archiepisc. Trevirensis - 770
—— Episc. Atrebatensis 885
—— Episc. Lunensis - 712
—— Episc. Metensis 233. 635. 641. 648. 649
—— Episc. Suessionensis 494. 496
—— à Binchio, Abbas Lobiensis 717
—— de Bras, Abbas S Agerici 259. 260
—— Abbas S. Bertini 868 villæ de Arkes leges promulgar - 607
—— de Insulâ, Abbas S. Martini Tornacensis 926
—— Wisse, Electus Abbas Gorziensis - 798
—— Archidiaconus Leodiensis, Innocentii IV. Capellanus, & ejus vices gerens in Poloniâ - 619
—— Ordinis Fratrum Minorum, filius Jacobi Regis Majoricarum & Sclarmundæ - 702
—— Marchio Badensis Comes - 798
—— Comes de Douglas rebellis, è Scotia fugatur - 801. 802
—— de Borbonio, filius Ludovici Ducis Borbonesii : cum eo de matrimonio in tertio consanguinitatis vel affinitatis gradu contrahendo dispensatur - 779
—— filius Jacobi I. Regis Aragoniæ, & Theresiæ de Bidaure, heres à patre in aliquot castris institutus - 676
—— de Avenis : ejus posteri - 292. 293
—— de Artevellâ, Flandrensium rebellium Dux - 101. 102. 104
—— Picininus, Senensis bello persequitur - 816 Ecclesiæ terras invadit - 817
—— Cordis, Consiliarius & Argentarius Caroli VII. - 766 Magister Requestarum Hospitii - 778 Orator apud summum Pontificem - 767 ejus filius Joannes Electus Archiepisc. Bituricensis - 766
Jaidericus Episc. Belitrensis 467
Jani de Campofregoso Januenfium Ducis, epistola ad Carolum VII. quâ eum orat ut Regno Cypri periclitanti opem ferat - 763
Jarento Abbas S. Benigni Divionensis 394. 442
Jausbranna de Medullione, Guillelmi filia, vidua Bernardi de S. Saturnino, sese Deo consecrat, ac non pauca confert Monasterio S. Andreæ Avenionensis - 596
Ida uxor Balduini I. Comitis Hannoniæ - 288. 289
—— Comitissa Boloniensis filia Matthæi Comitis 815 Gerardo Comiti Gelrensi nupta 817 dein Reinaldo 823 ejus obitus 876
Idalius Episc. Barcinonensis, Juliani Archiepisc. Toletani opus inscriptum *Prognosticon futuri temporis* laudat —— 316 & ad Zuntfredum Archiepisc. Narbonensem mittit - 317
Idoaldus filius Chlodomeris Regis Franc. 361
Ildebrandus Cardinalis Presb. XII. Apostolorum 971
—— Longobardus, dotem conjugi suæ Ingæ constituit - 398
Ildefonsus Rex Aragonum, Comes Barcinonensis, & Marchio sive Dux Provinciæ, condit Monasterium B. Mariæ de Sylvâ Regali - 556 mediam partem Vicecomitatûs de Carlades in feudum

Index rerum Memorabilium.

feudum dat Hugoni Comiti Rutenensi ± 539. ejus pactum de Vicecomitatu Nemausensi cum Bernardo Atonis - 543 ejus obitus - 142
—— Comes Provinciæ, frater Petri II. Regis Aragonum - 556
IMBERTUS ex Archidiacono Lingonensi Episcopus Parisiensis 390
—— Constabularius Franciæ 691
—— de Bello-joco, à Ludovico VIII. præfectus regioni quam Albigensibus abstulerat - 31
IMMA Vicecomitissa de Marenes 785
IMPERATORUM anni notati in literis summorum Pontificum 504
INCARNATIONIS mysterium, sive voces quæ in illo explicando usurpantur, exponit Gualterus de Mauritaniâ - 510. 511
INDULGENTIÆ concessæ à Pontio Archiepisc. Arelatensi - 383 & à Raiambaldo Archiepisc. Arelatensi - 405
INGELARDUS ex Monacho Corbeiensi Abbas Centulensis 325 & seqq. ejus mors 310
INGELBURGIS Daniæ Regis filia, uxor Philippi Aug. 813 - 18. 20. 25
INGELGERIUS Regis Franc. Cambellanus, Comes Gastinensis - 238
—— primus Comes Andegavensis — 235. 238
—— Episc. Ambianensis - 494
—— Episc. Laudunensis 913
—— Coëpisc. Lingonensis, Abbas S. Benigni Divionensis 375
—— Abbas Altovillarensis 880
—— Comes Ambianensis - 418
—— Comes de Castellandum 900
—— Dominus Lilleriarum 781 cum Emmâ uxore fundat Monasterium Hamense - 418
INGENULFUS Magister Pincerna Philippi I. Franc. Regis - 406
INGELTRUDIS uxor Pipini Aquitaniæ Regis - 129
INGO Abbas Maciacensis, S. Germani à Pratis, & S. Petri-Vivi Senonensis 474
INGOARA virgo, soror Ebbonis Archiepisc. Senonensis 464
INGOBERGA uxor Ariberti Franc. Regis 361
INGOBRANDUS Abbas Lobiensis 744
INGOMARUS Comes Tiroandensis 115
INGRANNUS ex Monacho Corbeiensi Abbas Marcianensis, deinde S. Medardi Suessionensis 485
INGULFUS Episc. Rovecestrensis - 506
INGUNDIS prima uxor Chlotarii I. Francorum Regis 361
—— filia Sigiberti Franc. Regis, nupta Ermenigildo filio Leowigildi Gothorum Regis 362 post ejus mortem in Siciliâ exulat 363
INNOCENTIUS Papa II. bona Cisterciensium confirmat, aliaque in horum gratiam statuit 577 Hugonem Archiepisc. Rotomagensem hortatur, ut voluntati Henrici I. Anglorum Regis obsequatur - 484 Ludovico VI. mittit literas ad se scriptas à Patriarchâ Hierosolymitano, &c. - 482 de Urbe reditu Cluniacenses certiores facit - 486 Archembaldo Subdecano Aurelianensi, & ejus sociis ablata restitui jubet - 489 & interdictum S. Genovefæ Ecclesiis inflictum amoveri ibid. Aluiso renuenti præcipit ut Atrebatensis Ecclesiæ curam suscipiat - 493 jubet leges armari in eos qui Priorem S. Victoris interfecerunt ibid. præscribit quid servandum sit erga eos qui interfecerunt Archembaldum Subdecanum Aurelianensem ibid, ejus laudes - 517 epistola aliquot in gratiam Monasterii Vezelacensis 506
—— Papa III. Concilium Romæ celebrat 610 Philippum II. orat ut usurarios à Legato suo coërceri patiatur - 177 eumdem, si quid statuae quod huic minùs placeat, ex malevolentiâ profectum non existimet, obtestatur ibid. Regnum Angliæ in, feudum Romanæ Ecclesiæ recipit - 578
—— Papa IV. in Franciam aufugit 632 Fredericum III. Imperio ac regnis spoliat in Concilio Lugdunensi ibid. - 684 alios Impp, creat 632 civibus Insulæ Majoricarum id privilegii concedit, ut nisi de mandato suo speciali de rebus suis extra Insulam disceptare non cogantur - 629
INSULIS Joanna Comtissa Flandriæ & Hannoniæ fundat hospitalem domum quæ Comitissæ dicitur - 617 ejus statuta ibid,
INVESTITURAS beneficiorum Ecclesiasticorum ne quis de manu laÿci accipiat, prohibetur 483
JOACHIM Abbas Florensis ; ejus vaticinia - 14. 17. 169 ejus tractatus de Trinitate damnatur - 27 184
JOANNA Regina Navarræ, Campaniæ & Briæ Comitissa, sponde cum è filiis Philippi III. Franc. Regis - 43.682 nubit Philippo, postmodum Regi IV. - 46. 109 ejus obitus - 58
—— filia Odonis Burgundiæ Ducis, nubit Philippo alteri filio Philippi IV. Franc. Regis postmodum Regi V. - 59
—— filia Ludovici Comitis Ebroicensis, nubit Carolo IV. Franc. Regi - 84
—— uxor Philippi VI. Franc. Regis ; ejus pietas, ac reverentia erga Apostolicam Sedem commendatur - 721. 722 ejus obitus - 111
—— filia Ducis Boloniæ, uxor Philippi Ducis Burgundiæ, deinde Joannis Franc. Regis - 111. 743
—— de Borbonio, uxor Caroli V. Fr. Regis - 133. 718
—— filia Henrici II. Regis Angliæ, nubit Guillelmo II. Regi Siciliæ - 161 & post mortem Raimundo VI. Comiti Tolosano - 176. 567
—— filia Ludovici X. Regina Navarræ, uxor Philippi Comitis Ebroicensis, ejus bonis mobilibus ac debicis renuntiat - 721 ejus obitus - 111
—— uxor Andreæ Hungariæ Regis, deinde Ludovici Comitis - 129
—— filia Raimundi Comitis Tolosani, nubit Alfonso fratri S. Ludovici - 54
—— filia Joannis Comitis Blesensis, nubit Petro filio S. Ludovici Comiti Alençonii - 43
—— filia Eduardi IV. Angliæ Regis, nubit Gilberto Comiti Gloverniæ - 211 deinde Radulfo de Meinheimer - 220
—— Comitissa Flandriæ & Hannoniæ hospitalem domum Insulis fundat, & cum Thomâ filio ejus statuta promulgat - 617
—— de Sabaudia, uxor Joannis II. Ducis Britanniæ - 105
—— soror Ludovici Comitis Flandriæ, uxor Joannis Comitis Montis-fortis - 105
—— de Britanniâ, uxor Caroli de Blesis - 115
—— de S. Severino, Comitissa Consana - 757
JOANNES Bapt. ejus brachium transfertur Cistercium - 641
—— Papa VIII. confirmat privilegia Monasterii Vezelacensis 103 confirmat donationem Abbatiæ S. Porciani factam Monasterio Herensi à Carolo Calvo - 151
—— Papa X. jubet bona Centulensi Monasterio ablata restitui 116
—— Papa XV. confirmat bona Monasterii Mosomensis 170 Sanctum Odilonem Abbatem Cluniacensem objurgat, quod Archiepiscopatum Lugdunensem recusaret - 381
—— Papa XXII. Carolum Marchiæ Comitem de electione suâ certiorem facit - 709
—— Cajetanus de Ursinis, sit Nicolaus Papa III. - 106
—— filius posthumus Ludovici X. Rex Franc; fere simul natus ac mortuus - 72
—— filius Philippi VI. Regis Franc. à patre sit Dux Normanniæ, Comes Andegaviæ & Cenomaniæ - 718. patri in Regno succedit - 111 ejus gesta ibid. & seqq. Ordinem Militum B. Mariæ nobilis Domûs, vulgo Militum Stellæ instituit - 740. 741 Ludovico alteri filio Comitatum Andegaviæ & Cenomaniæ confert - 713 ejus obitus - 133
—— filius Henrici II. Regis Angliæ nascitur - 155 sit Comes Cornubiæ - 171 ei donantur Comitatus Moretonii & Gloverniæ - 176 Richardo fratri in Regno succedit - 19. 178 ejus gesta ibid. & seqq. item 831. 833. 832. 853. 856 Stephanum Archiepisc. Cantuariensem minacitér rogat ut juri suo in illam Ecclesiam renuntiet - 168 Regnum suum Ecclesiæ Romanæ in feudum dat - 578 leges promulgat, quibus omnium ordinum jura vel à Se, vel à decessoribus usurpata restituit - 579 ejus obitus - 17. 185
—— de Brenâ, Rex Hierosolymitanus 490 - 15. 18. 20. 188. 189 Berengariam sororem Regis Castellæ uxorem ducit - 50 fit Imp. Constantinopolitanus - 33. ejus liberi - 34 obitus - 36
—— II. Rex Castellæ, absolvitur à jurejurando quo se adstrinxerat ad expendendam certam pecuniæ summam in tuendo Carolo Delphino Viennensi, postmodum Franc. Regi VII. - 761
—— Rex Bohemiæ, Comes Lucemburgi - 94. 102 in acie cæsus - 108
—— Rex Portugaliæ, Alcobaciæ Monasterio subjicit Monasterium Coicense - 118
—— Rex Cypri - 767
—— de Baillolo, Dominus Galuidiæ - 198. 212 fit Scotiæ Rex - 213 fœdus init cum Francis adversùs Angliæ Regem - 216. 217 carceri mancipatur - 51. 218 ducitur in Franciam - 224
—— Cardinalis Episc. Portuensis - 422
—— Cardinalis Episc. Portuensis & S. Rufinæ - 610. 638
—— Cardinalis Episc. Sabinensis, A. S. Legatus - 141. 179
—— Cardinalis Episc. Tusculanus - 422
—— Cardinalis Episc. Velletrensis, A. S. Legatus - 20. 179
—— Cardinalis Episc. Bibliothecarius S. Sedis Apostolicæ 504
—— Cardinalis Presb. S. Anastasiæ 577. 978
—— Cardinalis Presb. S. Chrysogoni 577. 178
—— Cardinalis Presb. SS Joannis & Pauli, tit: Pammachii 971
—— Monachi, Cardinalis Presb. SS. Marcellini & Petri 197 - 128
—— Cardinalis Presb. SS. Nerei & Achillei - 742
—— Cardinalis Presb. SS. Quattuor Coronatorum - 734
—— Cardinalis Presb. SS. Sylvestri & Martini 971
—— Cardinalis Presb. A. S. Lega-

Index rerum Memorabilium.

tus 528
—— de Columnâ, Cardinalis Presb. A. S. Legatus in Romaniâ & Veneciâ - 27. 196
—— Cremenfis, Cardinalis Presb. 270
—— Balue, ejus vita describitur - 840 fit Episc. Ebroicensis - 815 dein Episc. Andegavensis, postremo Cardinalis Presb. - 821. 840 caeteri cur mancipatus - 840
—— Geoffroy, Cardinalis Albiensis, Abbas S. Dionysii in Franciâ: ejus epistola ad Ludovicum XI. - 223 Oratio in promotione Joannis Balue ad Cardinalatum - 825 oratio coram Castellae Rege Henrico de foedere ineundo cum Ludovico XI. - 835
—— Cardinalis Diac. S. Angeli 883
—— alius Cardinalis S. Angeli, A. S. Legatus in Germaniâ - 799 Calixtum III. de statu Hungariae certiorem facit - 800 Carolum VII. ut Regi Hungariae adversus Turcas se adjungat, hortatur - 804
—— Cardinalis Diac. S. Mariae in Cosmedin, S. R. E. Cancellarius 846
—— Cardinalis Diac. S. Mariae in Porticu 179
—— Cardinalis Diac. S. Nicolai in Carcere Tulliano - 650. 658
—— Cardinalis Diac. 444 - 416. 436
—— de Florentiâ, Cardinalis Diac. A. S. Legatus - 181
—— Gajetanus Cardinalis - 85
—— de S. Martinâ Cardinalis 135
—— Archiepisc. Auscensis - 742
—— de Soilliaco, ex Decano Archiepisc. Bituricensis - 39 ejus obitus - 43
—— de Pecham, Ordinis FF. Minorum, ex Lectore Curiae Romanae Archiepisc. Cantuariensis —— 207. 208
—— de Derlingeoniâ, Ordinis FF. Praedicatorum, Confessor Henrici III. Regis Angliae, Collector decimarum in Angliâ - 107 fit Archiepisc. Dubliniensis - 108 ejus obitus - 110
—— Romanus, Doctor in Theologiâ, Archiepisc. Eboracensis - 110
—— Archiepisc. & Princeps Ebredunensis - 778
—— Archiepisc. Lugdunensis - 5. 4
—— Archiepisc. Moguntinus - 740
—— de Craon, Archiepisc. Remensis - 132. 133
—— de Curtiniaco, Archiepisc. Remensis: ejus obitus - 43
—— de Viennâ, Archiepisc. Remensis - 99
—— Episc. Laudunensis, dein Archiepisc. Remensis - 777
—— Archiepisc. Rotomagensis - 713
—— de Faiâ, ex Decano Archiepisc. Turonensis - 23
—— Archiepisc. Turonensis, Orator Caroli VII. apud Nicolaum V. - 790
—— Archiepisc. Viennensis - 636
—— Hantfune, Episc. Abrincatensis - 94
—— Episc. Albiensis - 570
—— de Bello-valle Episc. Andegavensis - 840
—— ex Abbate Casae-Dei Episc. Aniciensis - 739
—— Borbonius, Episc. Aniciensis Ludovico XI. certam pecuniae summam offert, & Monasterium Cluniacense commendat - 839
—— Episc. Aretinus 467
—— Episc. Aurelianensis 478. 791

— 419. 479
—— Episc. Bathoniensis + 506
—— de Marigniaco; ex Cantore Parisiensi Episc. Belvacensis - 86
—— alius Episc. Belvacensis - 98
—— Ordinis FF. Praedicatorum, Prior Provincialis Hungariae, dein Episc. Bosoniensis, postremo Magister Ordinis FF. Praedicatorum 199-194
—— Abbas Briocensis, Monasterio S. Florentii Salmuriensis confirmat bona quae in suâ dioecesi sita sunt — 459
—— Episc. Cabillonensis - 644
—— Episc. Cameracensis 779. 823
—— Saresberiensis, olim Clericus Theobaldi & S. Thomae Archiepiscoporum Cantuariensium, fit Episc. Carnutensis. 580 - 561 ejus opera & obitus - 12. 161
—— de Gallendâ, ex subdecano Episc. Carnutensis - 53
—— de Viennâ, Episc. Ebroicensis - 91
—— Brutoun, Episc. Herfordensis: ejus liber de Jure Anglico, & obitus — 206
—— Episc. Lamecensis - 158
—— de Monemuchâ, Episc. Landovensis - 115
—— Episc. Magalonensis - 548 ejus transactio cum Jacobo I. Rege Aragoniae de suis juribus in urbe Montepessulano, &c. - 612
—— Episc. Metensis 637. 638
—— ex Archidiacono Episc. Morinorum 835. 840. 911 920 bona Monasterii Andrensis confirmat 792 eidem non pauca donat 791
—— Oxoniensis, ex Decano Saresberiensi Episc. Norwicensis - 160
—— de Gray, Episc. Norwicensis - 181
—— ex Cantore Episc. Oxoniensi — 165
—— de Meullent, Episc. Parisiensis: ejus obitus - 130
—— Episc. Pinnensis 941. 944. 945
—— Episc. Rovecestrensis - 506
—— Episc. Signinus 972
—— Episc. Spirensis 220
—— de Enghien, Episc. Tornacensis, mox Leodiensis - 292
—— Abbas Piscariensis 958 deinde Episc. Valvensis 959. 960
—— de Aspero-monte, Episc. Virdunensis, mox Metensis 141. 160. 161 Episc. Wigoriensis: ejus obitus - 154
—— alius, ex Archidiacono Rotomagensi Episc. Wigoriensis — 176
—— Gervasii, Episc. Wintoniensis - 197 101 ejus obitus - 102
—— de Pontisarâ, Episc. Wintoniensis - 109
—— Episcopus, Cancellarius Berengarii Imp. 940
—— Martini, Ordinis FF. Minorum, Electus Gadicensis - 662
—— Abbas Affligemiensis 778 II 779 III. ibid. IV. Wolmeroi ibid. V. Alphius, unus ex administris Ducatûs Brabantiae in tenerâ aetate Joannis Ducis ibid. sub eo perit disciplina regularis ibid.
—— de Pontisarâ, Abbas Cisterciensis - 17
—— de Pontisarâ, ex Priore Argentolii Abbas Ferrariensis 497
—— Abbas Fiscannensis 385
—— Abbas Fructuariensis 385
—— Abbas Lobiensis 757 II. ibid. III. ibid. IV. ab Anselmo, antea Monachus Alti-montis 758 V. ab Essen, antea Monachus Affligemiensis ibid.
—— Abbas Majoris-Monasterii 105. 107

—— Abbas Mosomensis 172
—— ex Decano Abbas Piscariensis 945 alter 946
—— ex Decano Abbas Porceti 687
—— Abbas S. Apollinaris Ravennae 385
—— de Auteuil, ex Priore S. Dionysii Abbas S. Audoeni Rotomagensis 498
—— Abbas S. Benigni Divionensis 391. 398
—— Abbas S. Bertini 824. 846 ejus obitus & laudes 868
—— Abbas S. Mariae Boloniae 804
—— de Nocin, Abbas S. Martini Tornacensis 946 II. de Sobrengien ibid. IV. Carpentarius ibid.
—— de Merincourt, Abbas S. Medardi Suessionensis 491
—— Abbas S. Nicasii Remensis - 481
—— Abbas S. Sergii Andegavensis 191
—— Abbas Vallis Magnae - 543
—— Archidiaconus, Ecclesiam S. Juliani in villâ Caneto fundat ac dotat — 372
—— Dux Borbonensis & Arverniae, Comes Clarimontis, Foresii, Insulae Jordani & Villaris, &c. Camerarius Franciae - 814. 846 ejus leges in blasphemos —— 846
—— Joannes Henrici filius Dux Brabantiae, - 48. 49. 194 ejus mors - 50
—— II. Brabantiae Dux 717
—— III. Brabantiae Dux 779 - 104
—— Dux Britanniae, filius Petri Mali Clerici armatur 46 ejus mors - 58
—— II. Dux Britanniae - 98 ejus obitus - 103
—— Joannis Comitis Montisfortis filius, victo Carolo de Blesis fit Britanniae Dux — 135. 136
—— Dux Calabriae, filius Roberti Siciliae Regis: ejus obitus - 89
—— Comes Armeniaci — 104.
—— de Cabilloñe, Comes Autissiodorensis, dominus de Rupe forti - 700
—— de S. Paulo, Comes Blesensis & Carnotensis — 43
—— Comes Cabillonensis — 607.
—— Scotus, Comes Cestriae: ejus obitus — 191
—— de Lucemburgo, Comes Conversanus: ejus testamentum — 757
—— Comes Domni-Martini - 41
—— Comes Drocarum 494. 56
—— Comes Dunensis & de Longavillâ, Magnus Camerarius Franciae, Orator Caroli VI. apud Nicolaum V. — 767. 778
—— Comes Hannoniae - 49 53. 129 fit Comes Frisiae & Hollandiae 51
—— Comes Hollandiae — 219
—— Arnulfi filius, Comes Losseniensis - 291
—— Almarici filius, Comes Montisfortis - 33 ejus obitus — 35
—— Comes Montisfortis in Ducatu Britanniae repulsus in Regem rebellat. - 104 ejus obitus - 106
—— filius S. Ludovici, Comes Niverniensis 497 - 36. 42. 102. 669
—— Comes Reitensis - 291
—— de Britanniâ, Comes Richemundiae — 80. 214
—— Radulfi filius, Comes Suessionensis — 191
—— Joannis filius, Comes Suessionensis ibid. ejus obitus — 41
—— de Varennâ, Comes Surreiae & Sussexiae - 198. 199. 200. 201 Custos Scotiae — 219. 220. 221. 222. 225 ejus obitus - 229
—— de Varennâ, superioris nepos, Comes Surreiae & Sussexiae — 229
—— Huniad, Waivoda Transilvaniae, Comes Themesiensis, Dux & Capitaneus

Index rerum Memorabilium.

pitaneus generalis militiæ Hungariæ — 787 victoriam à se de Turcis relatam narrat — 801
— de Joinvillâ, Comes Vadanimontis — 131
— Comes Vindocinensis — 183
— de Hispaniâ, regno Legionensi donatus ad Alfonso fratris filio — 51 Alfonsi partes deserit — 51
— de Chalon : ejus bellum cum Duce Burgundiæ — 99
— de Hardicuria, Marescallus Franciæ — 47 Amiralius — 51
— Buticularius Ludovici IX — 636. 647
— Pouſſin, Cambellanus Philippi III. — 692
— de Bovillâ, dominus Milliaci, Cambellanus Philippi IV. - 699
— de Cherchemont, Cancellarius Franciæ : ejus mors — 91
— le Bourſier, Miles, Cambellanus Franciæ — 778
— de Fepeſtranges, Orator Caroli VII. apud Fredericum Regem Romm. & Principes Imperii — 765
— Cancellarius Othonis II. Imp. 944
— Fernandi, Dapifer Joannis Regis Portugaliæ — 558
— de Segrave, Cuſtos Scotiæ — 128. 129. 130
— de Aciaco, Decanus Meldensis, Cancellarius Regni Siciliæ - 661
— de Mayronis, Legum doctor, Magnæ Curiæ Ludovici II. Regis Hieruſalem & Siciliæ Magiſter Rationalis — 715
— Vicecomes de Caſtro novo — 640
— de Douglas de Balvany ; rebellis — 801
— de Haſtinges, Dominus Abergaveniæ — 212
— Dominus Caſtri-villani, Luziaci & Sinimuri Briennensis, cum Episc Auguſtodunenſi in Eccleſia Sinimuri Brien. Canonicos conſtituit — 679
— Dominus Lineriarum — 279
— Advocatus Atrebatenſis 140. 141. 144
— de Aureliania, Cancellarius Pariſienſis, Epiſcopatum Pariſienſem recuſat, & Ordinem FF. Prædicatorum ingreditur — 44
— Berardi, Monachus Piſcarienſis, & ejus Monaſterii Chronici ſcriptor 971
— Monachus, & Cantor Beſuenſis, ejus Monaſterii Chronici ſcriptor 450
— Scotus, de Euchariſtiæ Sacramento ſcripſit juſſu Caroli Calvi Imperatoris — 400
— de Pariſiis, Ordinis FF. Prædicatorum, auctor novæ opinionis circa exiſtentiam realem Chriſti in Sacramento Altaris — 18
— Martini, ſe ac liberos donat Girardo Comiti Roſſilionis — 136
— de Temporibus, armiger Caroli M - 5
JOCALINUS de Wellia Epiſc. Bathonienſis — 181. 186. 580 ejus obitus — 195
— Epiſc. Saresberienſis — 157 ejus obirus — 165
JOCERANNUS Archiepiſc. Lugdunenſis 445. 448
— Epiſc. Lingonenſis ibid. 451. 482. 483. 706
JOCIUS Brito, Archiepiſc. Turonenſis 540 - 10. 155 ejus obitus — 11
JOFFRIDUS Abbas S. Medardi Sueſſionenſis — 480
— Dominus Belli-montis 447. 458
— Martellus, Hugonis filius, Joffredi nepos, Dominus Belli-montis 454. 458

JOLE de Hungariâ, uxor Jacobi I. Regis Aragonum : ejus obitus — 141
JOLENDIS filia Balduini III. Comitis Hannoniæ, uxor Ivonis Comitis Sueſſionenſis, dein Hugonis Comitis S. Pauli — 194
— filia Comitis Flandriæ, uxor Balduini II. Comitis Hannoniæ — 195 deinde Godefridi de Bouchaing — 190
— ſoror Philippi I. Comitis Namurcenſis, uxor Petri Comitis Autiſiodorenſis 729
JONAS Epiſc. Auguſtodunenſis — 340 Canonicis Ecclesiæ ſuæ villas quaſdam donat — 356 fundatam à Tancrado Ecclesiam conſecrat — 357
— Epiſc. Aurelianenſis. Monaſticam diſciplinam in Monaſterio Miciacenſi inſtaurat, & ſtatuta à Ludovico & Lothario Impp confirmari curac — 339
JONATUS Abbas Marcianenſis 781
JORDANUS Cardinalis, A. S. Legatus — 528
— Cardinalis Diac. SS. Coſmæ & Damiani — 610. 618
— Epiſc. Lexovienſis — 561
— Abbas Carrofenſis 807
— Abbas Caſæ-Dei 517
— Secundus Magiſter Ordinis FF. Prædicatorum : ejus opera - 188 obitus & miracula — 191
— Cellarius Henrici I. Franc. Regis — 401
— de Inſula : ejus ſcelera & ſupplicium — 80. 81
JOSBERTUS Abbas Beſuenſis, deinde Monachus Cluniacenſis 434
JOSLENUS Epiſc. Sueſſionenſis 489. 480
JOSEPH Epiſc. Maurigianenſis — 343
— Epiſcopus, Abbas Fontanellenſis 183
— olim Cancellarius Regis Aquitanorum ; deinde præceptor Regis Ludovici Balbi, & Preſbyter Rotomagenſis, ſcriptor hiſtoriæ Tranſlationis corporum SS. Ragnoberti & Zenonis 117
JOSILM'S Comes Loriti, Juſticiarius Guillelmi II. Regis Siciliæ 976
IRMINGARDIS uxor Boſonis Regis - 362
— uxor Rudolfi Regis Burgundiæ — 389 Eccleſiam quamdam donat Monaſterio S. Andreæ Viennenſis — 389
— Comitiſſa, mater Hervei Epiſc. Auguſtodunenſis — 371
IRMINTRUDIS uxor Caroli-Calvi 359
ISAAC Epiſc. Lingonenſis 376. 408. 466 ejus opera 477
ISABELLA filia Balduini Comitis Hannoniæ, nubit Philippo Aug.— 12 ejus obitus — 98
— filia Jacobi I. Regis Aragoniæ : nubit Philippo filio S. Ludovici, poſtmodum Regi III. — 140. 197. 634 ejus obitus - 28
— filia Joannis Angliæ Regis, nubit Frederico II. Imp. — 110
— filia Comitis Engoliſmenſis, nubit Joanni Regi Angliæ — 179. 635 dein Hugoni Comiti Marchiæ - 187. 635
— filia Philippi IV. nubit Eduardo V. Angliæ Regi — 61 ejus diſcordia cum marito — 81. 84. 85 à filio carceri mancipatur — 94
— virgo, ſoror S. Ludovici, condit cœnobium ſororum Minorum juxtà S. Chlodoaldum, & in eo religioſam vitam proficiſcitur — 9
ISAMBERTUS Caſtri Julii Dominus, ex eo ejectus à Guillelmo IX. Aquitaniæ Duce — 502
ISARNUS Epiſc. Toloſanus — 416
ISEMBARDUS Epiſc. Aurelianenſis — 407

ISEMBURGIS altera uxor Philippi Aug. ab eo dimittitur — 18 & in caſtro Stampis recluditur — 20 cum eo redit in gratiam ibid.
ISIDORUS Cardinalis Epiſc. Sabinenſis, dictus Ruthenenſis : ejus epiſtola de expugnatione urbis Conſtantinopoli à Turcis - 793
— Epiſc. Hiſpalenſis 561
ISMARDUS Cardinalis Epiſc. Tuſculanus 535
ISNARDUS Vicecomes Juviniaci 541
ITERIUS ex Eleemoſynario Carrofenſi Abbas Andrenſis 825 & ſeqq. deinde Abbas Hamtenſis 835 ejus prava conſilia 836
ITTO Abbas Piſcarienſis 940
JUBILÆUS anni centeſimi — 53. 114 anni quinquageſimi — 111
JUDÆORUM facinora 641. 643 — 79 eos non nulli inconſulto perſequuntur 219 leges iis datæ à Philippo Aug. — 28. 589 à Ludovico IX. — 606 à Richardo Rege Angliæ — 176
JUDICAEL Rex Britonum 368
JUDICIUM examinis aquæ 560
JUDITH altera uxor Ludovici Pii 174
JULELLUS Archiepiſc. Turonenſis : ejus Decreta pro Eccleſia Briocenſi — 613 deinde Archiepiſc. Remenſis — 44
JULIANI Archiepiſc. Toletani opus inſcriptum Prognoſticon futuri ſæculi laudatur — 5. 6. 317
JULIOBONA, alterum Caleti nomen 2. 5
JULIUS Cardinalis Epiſc. Prænestinus 971
JUNCTURA, Monaſterium in Voſago, à S. Deodato ; cujus deinde nomen accepit, conditum 606. 607
Ivo in ſanctorum numerum relatus — 11.
— Abbas S. Quintini Belvacenſis, dein Epiſc. Carnutenſis 794 - 1. 9. 10. 439. 440. 600 Eccleſiam S. Joannis de Valeſia fundat, & in eâ ſepelitur — 600
— Epiſc. Sagienſis — 406
— Abbas S. Dionyſii in Francia 495
— Abbas S. Martini Tornacenſis 916
— de Nigellâ, Comes Sueſſionenſis 897 - 194
JURENSI Abbatiæ S. Eugenii confirmatur Eccleſia Velnenſis — 360
JUSTUS Martyr : ejus ſepulcrum quotannis ab Epiſcopis frequentatur — 101
— Epiſc. Urgellenſis, auctor Commentarii in Cantica Canticorum — 311

L.

LADISLAUS Hungariæ Rex, Calixtum III. de ſuo in Turcas apparatu certiorem facit — 799 bellum ab iis illatum propulſat — 800
LADONNIACENSE cœnobium S. Mariæ, conditum ab Hugone Canonico 418
LAMBERTUS ex Archidiacono Morinenſi Epiſcopus Atrebatenſis 791. 915 Romam conſecrandus mittitur — 420. 421. & conſecratur ab Urbano Papa II. — 422 ab Archiepiſcopo & Capitul. Remenſi ſuperbiè inſimulatus ſe purgat, ac profeſſionem ſuam ad eos mittit — ibid. 423 ad Concilium Claromontanum vocatur — 424 capitur à Garnerio de Caſtellione, cum libertati reſtituitur abſolvit ibid. 421 vice Summi Pontificis Philippum I. Franc. Regem & Bertradam abſolvit — 439 ejus obitus - 1
— Epiſc. Lingonenſis 388. 390. 417. 418 non nulla donat Monaſterii S. Se-

Index rerum Memorabilium.

pulcri, & Besuensi 419
—— de Brugis, ex Cancellario Remensi Episc. Morinorum 822 ejus obitus 835. 840
—— ex Archidiacono Tornacensi Episc. Noviomensis & Tornacensis 920
—— Episc. Tungrorum 370
—— ex Monacho Fontanellensi Abbas Castellionis 575
—— ex Monacho Lobiensi Prior Crispiniensis, dein Abbas Lobiensis 753 alter 7,7
—— Abbas Pultariensis 444
—— Abbas S. Bertini 754 - 408 in suo Monasterio mores Cluniacensium recipi curat 788. 913. ejus obitus 792.
—— Abbas S. Nicolai Andegavensis - 429
—— Abbas S. Vitoni 229
—— Abbas Valciodorensis 721. & seqq.
—— Comes Leodiensis 848
—— I. Comes Lovaniensis, Ecclesiam S. Petri Lovanii condit - 294
—— II. Comes Lovaniensis, Ecclesiam collegiatam S. Gudilæ condit ibid.
—— Comes, filius Raginerii Longicolli Comitis Hannoniensis, in acie cæcus 764
LAMNERIUS Archiepisc. Trevirensis 211
LANDELINUS Lobiensis Monasterii conditor 732
LANDERICUS Major-Domûs Chlotarii II. Franc. Regis 364
LANDO Archiepisc. Remensis, Abbas Fontanellensis 171
LANDULFUS Cardinalis Diac. S. Angeli 199
LANFRANCUS Archiepisc. Cantuariensis - 413 506
LANOSCLÆ Ecclesiam ad plebis usum construit Tancradus cum uxore Richtrudi, dotat Achardus eorum filius, consecrat Jonas Episc. Augustodunensis - 357
LANTBERTUS Archiepiscopus, Abbas Fontanellensis 171
LANTERIUS Abbas S. Benigni Divionensis 379
LANZO Abbas S. Vincentii Metensis ejectus ab Imperatore 147 fit Abbas S. Trudonis 666. 667 ejicitur à Luipone Monacho 667 restituitur 670 pecuniam undique corradit, & Hierosolymam proficiscitur ibid. 671
LATERANENSE Concilium, cui præsidet Alexander III. — 12. aliud, cui præsidet Innocentius III. 155 - 16. 184
LATINI Cardinalis Episc. Ostiensis, Ordinis FF. Prædicatorum obitus 214
LAUDUNENSES Episcopum suum interficiunt, & Ecclesias aliquot incendunt 488. 792 in eos severè vindicatum 792 leges iis dantur - 482 in quibus inter alia statuitur, Decanum Canonicorum causas, si acciderent, audituram - 483 Episcoporum bona libertate donantur, & quod in iis jus post Episcoporum mortem Rex habeat, statuitur - 527 è Laudunensi Monasterio S. Joannis Moniales ejiciuntur, & Monachi in eo constituuntur - 3
Laudunense cœnobium S. Martini à S. Norberto conditum 95
LAURAGUM castrum pars Comitatûs Carcassonensis - 417
LAURENTIUS Episc. Wratislaviensis - 628
—— Abbas S. Vitoni 146 à Richardo Episc. Virdunensi ejicitur. 147. 248 post ejus mortem in Monasterium suum redit 250 ejus controversiæ cum Henrico Richardi successore 251 laudes & mors 256

—— Abbas Westmonasterii, Alienorum Angliæ Reginam ut Monachos Malmesburienses coërceat obtestatur — 528
—— de Hidrehirara, Palatinus Hungariæ — 787
—— de Mediois de Florentiâ — 843
LAUSANENSIS Synodi decreta ad delendum schisma — 778. 788
LEANDER Episc. Hispalensis 361 - 514
LECHLINUS Abbas Pontisarensis 543
LEDBALDUS Abbas Tornodorensis 385
LEGATA indistincta Regibus Franc. concessa 181. 185
LEGIS præcepta decem ab Alcuino breviter explicata - 322
LEGUNTIUS Archiepisc. Trevirensis 211
—— Episc. Metensis 225
LEHUNENSI Monasterio non nulla donantur à Roberto Jun. Flandriæ Comite, & à Roberto Paronensi - 438 ejus juris esse refram de Cais decernicur - 487 ei non nulla donantur à Belvacensibus Episcopis — 548
LEITARDUS Imperatoris Conradi fratris filius, Monasterio S. Vitoni non nulla donat, & vitam Monasticam in eo profitetur 240
LEO Papa VII. Hugonem Francorum Principem obtestatur ne mulieribus intrâ Monasterium Turonense S. Martini cujus Abbas erat, aditum dari patiatur - 373
—— Papa IX. privilegia Corbeiensis Monasterii confirmat - 349 privilegium concedit Monasterio Besuensi 415 Francos ad celebrandam S. Remigii festivitatem invitat - 398
—— Cardinalis Presb. S. Crucis in Hierusalem —179
—— Abbas S. Bertini 807
LEODEGARIUS Archiepisc. Bituricensis 480. 481
—— Archiepisc. Viennensis, prohibet ne quis S. Andreæ Monachus ejus obedientiæ in quâ degit, reditus sibi vindicer — 389
—— Episc. Augustodunensis — 301. 487
—— Abbas Flaviacensis — 464
LEODII simonia usu confirmata - 420 Leodiensis Episcopi jura in Comitatu Hannoniæ - 288 in Monasterio Lobiensis 751. 743
Leodiense Monasterium S. Jacobi à Baldrico II. Episc. conditum 741 in eo, & in Monasterio S. Vincentii Cluniacensium usus recipiuntur 690
LEONAS Monachus Piscariensis, Romanæ Ecclesiæ Subdiaconus 969 fit Abbas Piscariensis 970 & seqq. fit R. E. Diaconus 974
LEONILLA mulier pia, ætate S. Benigni 358
LEONIUS ex Monacho Aquicincti Abbas Lobiensis 751 752 fit Abbas S. Bertini 753 crucem assumit 754
LEONTIUS Martyr: ejus corpus Vicentiâ in urbem Metensem translatum - 135
—— Archiepisc. Atelatensis, Hilaro Papæ de suâ electione gratulatur, &c. - 302
LEOPOLDUS Austriæ Dux Richardum Regem Angliæ capit 821 - 175
—— frater Frederici Ducis Austriæ - 75. 82. 83. 85.
LEOTHERICUS Archiepisc. Senonensis 474. 475. 476
—— Præcentor Senonensis, Ecclesiam S. Mariæ instaurat 474 fit Episc. Laudunensis 475
LEOTARIA soror Ebbonis Archiepisc. Senonensis 464
LESCIENSIS Monasterium à Theodorico de Avenis conditum 904

LETBALDUS Episc. Matisconensis 190
LETGARDIS uxor Hugonis Comitis Bellimontis 422
LETRICUS Episc. Lingonensis 381. 412
LEUDGARDA tertia uxor Caroli M. 374
LEUDISCUS Patricius Provinciæ sub Gunthramno Rege 363
LEUDULFUS Episc. Noviomensis & Tornacensis 918
LEWLINUS Princeps Walliæ. - 44. 45. 189. 191. 197. 199. 201. 206. 208. 209
LIBERTUS Abbas Valciodorensis 727
LICINIUS Episc. Carthaginis Spartariæ, librum Pastoralem S. Gregorii Papæ laudat, &c. - 313
LIDVINUS Episc. Teatinus 944
LIETALDUS primus Abbas Mosomensis 572
—— Abbas, S. Quintini Tingensis 568
LIETARDUS Episc. Cameracensis 751
—— Abbas Gemblacensis 768
LIETBERTUS Archiepisc. Cameracensis: ejus vita 138 & seqq.
LINCOLNIENSIS Ecclesiæ Clerici illustres - 503. 504
LINGONENSIS Ecclesiæ præbendæ duæ donantur Monasterio Besuensi 419 Episcopus Ducis titulo ornatus - 142 hunc in coronatione Philippi V. præcessit Episcopus Belvacensis - 142
LISIARDUS Episc. Suessionensis 913
LISOIUS Hugonis filius, Dominus Basogerii - 273. 274. 275. 276
—— Lisoii filius, Hugonis fratris filii tutor - 277 Dominus Vernolii - 278 fit Monachus Pontilevi ibid.
LIUDOLFUS Archiepisc. Trevirensis 214
—— Episc. Tarvanensis 178
LIUTARDUS Archicancellarius Caroli Crassi Imp. 939
LIXIACENSIS Ecclesia in diœcesi Lingonensi consecratur 451
LIZINIACI à Stephano Episc. Arvernorum constituuntur duodecim Canonici, quibus redituum media pars tribuitur, alterâ Brivatensibus Canonicis servatâ - 373 376
LOBIENSIS Monasterii origo 731. 732 invaditur ab Huberto, & à Lothario Rege Lotharingiæ reparatur 734 qua bonorum pars cedit in jus Ecclesiæ Leodiensis 735 alia amittit ibid. quâ ratione ab Hungaris servatum 737. 738 quæ in eo contigerant ex tyrannide Comitis Raginerii 739. in eo jus Episc. Leodiensis 743 non pauca acquirit 745. 746 ejus bona & jura ab Henrico III. Imp. confirmantur 748 monachos non nulli ut mitiùs regulares insectantur 750 Abbatem alienum, eligere coguntur 752 qui ex Monasterio studia exulare jubet 752 ei non nulla donantur 717
LONDONENSE Concilium, cui præsides Albericus Cardinalis Episc. Ostiensis - 144 alterum cui præsidet Henricus Episc. Wintoniensis - 146
LONGIPONTIS Monasterium conditur - 5
LONGI-VILLARIS Ecclesiæ S. Mariæ non nihil donat Philippus I. Comes Flandriæ - 546
LONGOBARDI Italiam invadunt 361 à Francis superantur 362 Gunthramno non nulla donant causâ impetrandæ pacis 363
LORSAM Monasterium conditum à Chrodegango Episc. Metensi 217
LOTHARIUS I. Imp. Ludovici Pii filius 374 Lugdunensi Ecclesiæ non pauca restitui jubet. 339. 340. 342 eidem donat Monasterium Nantuadense - 341 cui servat jus quos priùs utebatur

Index rerum Memorabilium.

tur *ibid.* eidem Ecclesiæ Saviniacense Monasterium donat *ibid.* villam quamdam Augustodunensi Ecclesiæ restitui jubet - 340 confirmat bona Abbatiæ Grandis-vallis - 339
—— II. Imper. Innocentium II. Romanæ Ecclesiæ restituit, ac Petrum, Leonis & ejus complices damnat 752 - 3. 4. 5. 485 coronatur, ac paulo post moritur - 5. 144
—— Rex Provinciæ, Lugdunensi Ecclesiæ res ablatas restituit - 158 præscriptionem huic non obstituram decernit, quo minùs res ablatas vindicet - 319 commutationem quamdam illi Ecclesiæ damnosissimam rescindit *ibid.*
—— Franc. Rex, Ludovici Ultramarini filius 381 privilegium concedit Monasterio Centulensi 313 confirmat bona Abbatiæ Grandis-vallis - 178 & Monasterii SS. Michaëlis & Germani in Coxano - 375
LOVANIENSES Comites - 294. 291 Lovaniensis Ecclesiâ S. Petri à Lamberto I. Comite condita - 294
LUCAS Episc. Dublinensis 870
—— Episc. Ebroicensis - 561
LUCERIA Saracenorum à Frederico II. condita - 31. 189
S. LUCIÆ Virginis & Martyris corpus Corsinio in urbem Metensem translatum 135
S. LUCIANI Martyris corpus in mare projectum, Messanam appellit 115 alterius corpus à S. Eligio inventum 93
LUCIUS Papa II. ejus literæ in gratiam Monasterii Vezeliacensis 306. 307
—— Papa III. in Canonicum Ecclesiæ Carnutensis admitti vetat eum qui alia beneficia possidet, & Canonicos residere jubet - 547
LUDOLFUS Archiepisc. Trevirensis 222
LUDOVICUS Pius Caroli M filius, Rex Franc. & Imperator 374. 375 inter Monachos S. Dionysii numeratus - 334 statua Jonæ Aurelianensi Episcopi, ad instaurandam Monasticam disciplinam in Monasterio Miciacensi confirmat - 329 confirmat donationes à Berengario, Comite factas Ecclesiis S. Juliani Brivatensis, & Victoriaci - 318 ejus diploma in gratiam Monasterii S. Benigni Divionensis 375 aliud concessum Monasterio Centulensi, cujus bona describi jubet 309
—— Balbus, Caroli Calvi filius, à patre Rex Neustriæ factus 132 post ejus mortem Rex Franc 377 dictus Ludovicus *qui Nil fecit* - 137. 138 ejus privilegium concessum Monasterio Centulensi 318.
—— III. Franc. Rex, præclaram de Normannis victoriam refert, ac paulo post moritur 322
—— IV. Franc. Rex dictus *Ultramarinus*, filius Caroli Simplicis 381
—— V. Franc. Rex Lotharii filius 381
—— VI. Rex Franc. Aurelianis unctus in Regem 792 ejus gesta *ibi l. & seq.* - 1 *& seqq.* jam juvenis se ipsum pinguedine amisisse dicitur - 506 *Magnus* dictus - 501 confirmat bona ac privilegia Monasterii Cluniacensis - 477 Calixtum II. monet se nunquam passurum Ecclesiæ Lugdunensi Senonensem Ecclesiam subjici - 478 Carnutensis Ecclesiæ servos in jure pro liberis haberi jubet - 481 leges dat civitati Laudunensi *ibid.* jubet ablata Godefrido Episc. Lingonensi restitui ad Odone II. Burgundiæ Duce - 502 à Legato petit, ut Henrico
Tom. III.

filio suo præbendam Ecclesiæ Pontisarensis conferre liceat - 484 jura dat Communiæ Suessionensi - 546 ejus liberi 802 obitus - 5. 144
—— VII Francorum Rex, vivo patre unctus 802 - 4 ei succedit - 5. 144 ejus gesta 803 *& seqq.* - 5 *& seqq.* 144 *& seqq.* simplicitate suâ ab Alexandro Papa III. discedere, & Victori schismatico adhærere penè cogitur 539. 540 quâ ratione ex eo periculo liberatur *ibid.* in Guillelmum Comitem Nivernensem Vezeliacensi Monasterio infestum sententiam promulgat 533. 534 confirmat bona & jura Ecclesiæ Narbonensis 538 item privilegia Ecclesiæ S. Juliani Brivatensis - 663 & donata à Manass. Episc. Aurelianensi Ecclesiæ S. Crucis - 541 Laudunensium Episcoporum bona libertate donat, ac statuit quod jus in iis Rex habeat post Episcoporum mortem - 517 nonnulla donat mulieribus leprosis de Salceia - 636 & Fratribus S. Joannis de Sebaste - 540 item Hæderensibus Monialibus decimam panis ad Curiam suam allaci dum Parisiis moratur - 497 & quidquid è Capiceriâ Parisiensi vacante Episcopatu percipere solebat - 536 S. Thomæ Cantuariensis sepulcrum visitat, ac paulo post moritur 817. - 12. 163
—— VIII. Franc. Rex nascitur - 15 166 ejus gesta *in seqq.* ejus victus Atrebatensibus - 172 ejus concordia cum Henrico III. Anglorum Rege - 586 patri in Regno succedit - 30 189 Communiam instituit apud Crispiacum, eique leges dat - 595 ejus liberi 469 obitus - 31. 189
—— IX. Franc. Rex, patri succedit - 31. 189 ejus gesta *in seqq.* Carolo fratri Comitatus Andegaviæ & Cenomaniæ donat - 612 non vult videri parum petiisse à Saracenis - 625 præclaram refert de iis victoriam - 628 victus capitur, ac paulo post redemptus in Franciam redit 631 leges dat Judæis, quibus avaritiam eorum compescit - 606 quid singulis annis pauperibus in quadragesimâ erogandum sit statuit - 611 non nihil donat domui Dei Parisiensi *ibid.* mulieribus leprosis de Salceia confirmat quæ à decessoribus donata sunt, ipse alia donat - 619 ejus dictum, ad dirimendas controversias inter Henricum III. Regem Angl. & aliquot Barones - 642 Ecclesiam S. Mauricii Sylvanectensis fundat, & Canonicos in eâ constituit - 646 Blancham filiam dare spondet Ferdinando Regis Castellæ filio 662 cum FF. Prædicatores ad institutum suum amplectendum invitant; ejus uxor ac liberi se opponunt 6. 5 præscribit quâ ratione tallia assidenda sit - 663 blasphemiam, stupra, &c. ex regno exterminari præcipit *ibid.* ejus epistola ad Matthæum Abbatem S. Dionysii - 664 gesta in Sardinia & Africa - 665 liberi 497 obitus - 42. 101. 667 in album SS. refertur - 52. 222
—— X. Franc. Rex nascitur - 48 Rex Navarræ coronatur - 60 patri in Regno succedit - 69 servos libertatem consequi jubet, certam sibi pecuniæ summam solvendo - 707 ejus obitus - 71
—— XI. Franc. Rex, adhuc Delphinus patrem de nativitate filii sui certiorem facit - 802 Henricum IV. Castellæ Regem per Cardinalem Albiensem hortatur, ut à fœdere cum Anglis inito discedat, ac vetera cum Francis fœdera renovet - 815 ejus Epi-

stola ad Cancellarium de suis tractatibus cum Constabulario - 841 fœdus init cum Rege & Reginâ Castellæ - 847 filiam Ferdinandi Regis Siciliæ uxorem filio suo dari petit iis conditionibus, ut Ferdinandus patruum suum Regem Aragonum bello persequatur, & à fœdere inito cum Burgundiæ Duce discedat: quas conditiones ille negat se accip re posse - 843 concordata inter se & Sixtum IV. non observat - 844 Ferdinando Siciliæ Regi triremes captas restitui curat, &c. - 845
—— II. Imperator, Lotharii Imp. filius 375 Piscariense Monasterium condit, ac variis bonis ditat 9. 0 *& seqq.*
—— ex Duce Bajoariæ Rex Romanorum - 69. 73. 75. 82. 8 - 88. 92 100 titulum Regis Viennæ confer. Humberto Delphino Viennensi - 715 ejus obitus - 109
—— Ludovici Pii filius, Germaniæ Rex 174. 176 inter Monachos S Dionysii numeratus - 334
—— Rex, Ludovici Germanici filius 376
—— Bosonis Burgundiæ Regis filius 361 bona ac jura Monasterii SS. Teuderii confirmat - 367
—— Rex Hierusalem & Siciliæ Ducatûs Apuliæ, & Principatûs Capuæ, Dux Andegaviæ, Comitatuum Provinciæ & Forcalquerii, Ceromaniæ, Pedemontis, ac Rontiacci Comes, procuratores constituit ad contrahendum nomine suo matrimonium cum Yolanda filiâ Joannis Regis Aragonum - 754
—— Archiepisc Moguntinus - 740
—— Caroli I. Siciliæ Regis filius, Episc. Tolosanus - 51. 219 ejus obitus - 51 in SS. album refertur - 710
—— Abbas de Camet is - 619
—— Abbas Centulensis - 315
—— de Tintavilla; Abbas S. Benigni Divionensis 398
—— Abbas S. Trudonis 660
—— Abbas S. Vitoni 160
—— secundus filius Joannis Franc. Regis, Comitatus Andegaviæ & Cenomaniæ à patre donatur - 733 fit deinde Dux Andegavensis - 131 ei à Clemente VII. Regnum Adriæ certis conditionibus offertur - 746
—— Dux superioris & inferioris Bavariæ - 764. 833
—— Petri filius Petri nepos, Dux Borbonesii - 732 cum eo de jurejurando quodam dispensatur - 718
—— alter Borbonesii Dux; cum eo dispensatur ut Annam Beraldi Delphini filiam uxorem ducat - 714
—— filius S. Ludovici nascitur - 3. moritur - 39
—— Philippi III. filius moritur - 44
—— filius Philippi V. moritur - 71
—— Comes Alemannorum ejus obitus 471
—— Comes Blesensis - 10. 22
—— Comes Chisnensis & Virdunensis; ejus mors 142
—— Comes Claromontis - 71. 84. 86. 128
—— filius Philippi III. Comes Ebroicensis - 47. 52. 53. 698 ejus obitus - 75
—— filius Ludovici Comitis Nivernensis, Comes Flandriæ - 79. 80. 84. 86. 90. 101 in prælio cæsus - 108
—— Comes Flandriæ, superioris filius - 109
—— Comes Nivernensis & de Rethel - 70. 74. 76. 77. 78 ejus obitus - 79
—— Comes de Oëtingen - 719
—— Comes Stampensis - 118
—— filius Caroli Comitis Valesiæ 711

KKKKkk

Index rerum Memorabilium.

—— Buticularius Ludovici VI. —— 481
—— Camerarius Philippi IV. —— 477
—— Dominus Belli-joci, filius Isabellæ Comitissæ Forensis, libertates & jura civium Tysiacensium confirmat —— 678
—— Beuse, Præceptor Comitatûs Tirolicnsis, Orator Sigismundi Ducis Austriæ apud Carolum VII. 776
LUGDUNENSI Ecclesiæ non pauca restitui jubet Lotharius I. Imp. —— 319. 340. 342 ei donat Monasterium Nantuadense —— 340 & Monasterium Saviniacense ibid. ei res ablatas restitui jubet Carolus-Calvus —— 349. 350 item Carolus Rex Provinciæ —— 354 355 nec non Lotharius Provinciæ Rex —— 358 hic præscriptionem Ecclesiæ Lugdunensi non obituram decernit, quominùs res ablatas vindicet —— 359 & commutationem ipsi damnosissimam rescindit ibid. Archiepisc. jura in urbe 197 —— 539 Augustodunensem Episcopatum sede vacante administrare debet, perinde atque Lugdunensem Archiepiscopatum, ubi sedes vacat, regere debet Episcopus Augustodunensis —— 554. 593. 684 bona temporalia an tenere possit ante fidelitatem regi præstitam —— 677 huic Senonensem Ecclesiam subjici se passurum negat Ludovicus VI. —— 478
Lugdunense Concilium cui præsidet Innocentius IV. —— 35. 193 alterum, cui præsidet Gregorius X. —— 43. 205
LUIPO Monachus S. Trudonis exultat 666 ejus Monasterii Abbatiam obtinet ab Henrico IV. Imp. 667 sæpius à Leodiensi Episc. excommunicatus, tandem ejicitur 667. 668 redit in Monasterium privatus 672 ab Henrico Comite Lovaniensi Abbatia ei restituitur ibid ejus vita vicia & mors 673
LUITPRANDUS Rex Longobardorum junctis copiis suis cum copiis Caroli Martelli, in partem venit victoriæ de Saracenis relatæ 310
LUPUS Archiepisc. Senonensis: ejus corpus repertum 470
—— Episc. Albiensis —— 570
—— Episc. Andegavensis —— 141
—— Episc. Trecensis 211 Apollinari Sidonio electo Episcopo gratulatur, ac præclara dat monita —— 301
—— Abbas Piscariensis 940
—— Dux Vasconum 371
LUSTRENSI Monasterium à parentibus Leonis Papæ IX. conditum 616
LUTCIANENSIS Abbatia sit sedes Episcopalis —— 71
LUTFRIDUS Comes, Dominus Monasterii Grandis vallis 339
LUTOLFUS Episc. Basileensis 618
LUTUVINUS ex Duce Galliæ Belgicæ Archiepisc. Trevirensis 211
LUVINIACENSEM Carthusiam condit Gualterus Episc. Dux Lingonensis — 542
LUXOVIENSES Monachi penè soli in Galliis S. Egidii ætate regulariter vivebant 85
LUXURIA cur magis vitetur quàm superbia —— 418

M.

MABILIA filia Petri de Albarone fundat Parthenonem B. Mariæ de Furnis — 619
MACHALANUS Abbas Valciodorensis & S. Michaëlis in Tirasciá 718
MACHARIUS Abbas Floriacensis 532
S. MADELGISI corpus Centulum delatum 328

MADOCUS Dux Wallensium rebellium —— 114 carceri mancipatur —— 115
MAGALONENSI Ecclesiæ non pauca donat Raimundus Comes Melgoriensis —— 460 Episcopi Magalonensis jura in urbe Montepessulano — 622
MAGDELVEUS Episc. Virdunensis 236. 237. 141
MAGINIENSE Monasterium conditum à Ranulfo Abbate Claustraensi 255
MAGNERAMNUS Abbas Senonensis 612
MAGNERICUS Archiep. Trevirensis 212
MAGNUS Archiepisc. Senonensis 465
MAGUBOLDUS Episc. Matisconensis —— 375
MAHERUS frater Frederici Ducis Lotharingiæ, ex Præposito S. Deodati Episc. Tullensis 610 deponitur. ibid. ejus vita probrosa 621 Reginaldum Episc. Tullensem interficit ibid. à Theobaldo fratris filio interficitur 622
—— Dux Lotharingiæ 619
MAINARDUS ex Thesaurario Ecclesiæ Senonensis Episc. Trecensis, deinde Archiepisc. Senonensis 475 ejus mors 476
—— Monachus, Fontanellense Monasterium instaurat 286 sit Abbas Montis S Michaëlis ibid.
MAINERICUS Comes Senonensis 465
MAINOLDUS Episc. Cenomanensis —— 143
MAINSENDIS f. mina nobilis sit Sanctimonialis apud S. Martinum Tornacens.m cui liberos offert 906. 907. 908 ejus mira humilitas 910 obitus 921
S. MAIOLUS Abbas Cluniacensis instituitur ab Haimardo decessore —— 374 in Monasterium S. Benigni Divionense mittit è suis Monachos qui disciplinam regularem illic restituant 381 S. Odilonem successorem instituit —— 379 ejus obitus.495
MAJUS-MONASTERIUM à Normannis dirutum —— 420 ei non pauca donant, ac varia jura concedunt Robertus de Sabulio & uxor ejus Hildulsa — 406 donatur Ecclesia sancti Guingaloei —— 409 alia donantur ab Amalrico Milite —— 413 Priores Cellarum ab eo pendentium quas procurationes solvere debeant Episcopo, Archidiaconis, Archiepresbyteris, & Decanis Andegavensibus 105
MAJORICARUM Insula capitur à Comite Barcinonensi, & iterum à Jacobo I. Rege Aragoniæ —— 141 ejus Episcopi eligendi jus competere Episcopo & Capitulo Barcinonensi statuitur — 602 cives nisi de speciali summi Pontificis mandato de rebus suis extrà Insulam disceptare cogi non possunt — 629
S. MALACHIÆ Episc. Hiberniæ obitus 8. 148
MALCOLMUS Henrici Comitis Northumbrorum filius, Davidis Regis Scotiæ nepos — 148 Rex Scotorum — 151. 153. 154 ejus obitus — 155
MALGERUS Archiepisc. Rotomagensis 288, 289 — 401
—— Episc. Wigorniensis — 182 ejus obitus — 183
MALLEACENSIS Abbatia sit Sedes Episcopalis — 72
S. MAMERTUS Archiepisc. Viennensis 287
MANASSES Archiepiscopus Remensis 913 — 431
—— Episc. Aurelianensis 471 539 non nulla donat Ecclesiæ S. Crucis — 541 ejus obitus — 19
—— ex Remensi Archidiacono Episcopus Camerensis 791 — 422. 425
—— Episc. Meldensis — 439
—— Abbas S. Benigni Divionensis —— 381

—— Comes Gisnensis, Robertus dictus 784. 785 — 419 Andrensi Monasterio non pauca donat 785, 795 ejus obitus 805
—— Comes Reitestensis 243. 244 — 290. 293
—— de Gisnes, Dominus de Tiembronne 814. 860
MANFREDUS Frederici II. Imp. filius nothus Princeps Tarentinus, Siciliæ Regnum usurpat, & excommunicatur — 37. 39, 156. 684. 685 interficitur — 41
MANGERAMMUS Abbas Senonensis 612
MANTUANI Conventûs Acta quædam — 206 & seqq
MANUMITTENDI ratio 453
MARBODUS Episc. Redonensis — 430
MARCELLUS Archiepisc. Trevirensis, & Episc. Tungrensis 209
MARCHITRUDIS uxor Gunthramni Fr. Regis 361
MARCIANENSE Monasterium primùm puellarum, deinde Monachorum 781
MARCUS Archiepisc. Trevirensis 209
MARGARETA filia Comitis Provinciæ, nubit S. Ludovico — 33, 196 ejus obitus — 51
—— filia Ducis Burgundiæ, nubit Ludovico filio Philippi IV. postmodum Regi X. 58 adulterii rea, perpetuo carceri mancipatur — 68 ejus mors — 70
—— filia Ludovici VII. & Constantiæ nubit Henrico filio Henrici II. Regis Angliæ - 10. 153 deinde Belæ Hungariæ Regi - 14. 165
—— filia Philippi III. nubit Eduardo IV. Anglorum Regi — 15
—— filia Henrici III. Regis Angliæ, nubit Alexandro Regi Scotorum — 195
—— soror Ducis Lemburgensis, uxor Godefridi III. Ducis Brabantiæ — 195
—— filia Philippi Comitis Namurcensis, uxor Philippi IV. Ducis Brabantiæ ibid.
—— de Bello-joco, uxor Joannis de Cabillone Comitis Autissiodorensis, ejus bonis mobilibus ac debitis renuntiat — 700
—— de Angia, uxor Joannis de Lucemburgo Comitis Conversani — 757
—— filia Philippi, neptis Roberti II. Comitis Atrebatensis, nubit Ludovico Comiti Ebroicensi — 54
—— soror Philippi I. Comitis Flandriæ, uxor Balduini Hannoniæ Comitis, Flandriæ Comitissa 822 ejus obitus 814
—— uxor Burchardi de Avenis, deinde Guillelmi de Dampetra Flandriæ & Hannoniæ Comitissa, bella cum filiis - 37. 38. Comitatus suos inter eos partitur - 37
—— uxor Guillelmi Comitis Forcalquerii — 575
—— filia Guillelmi Achaiæ Principis, uxor Philippi d'Ybelin; Seneścalli Cypri - 704
—— Porrette, hæretica igni tradita 37
MARGATA Monasterium puellarum prope Insulas destructum - 52
MARIA Virgo Mater Dei ab originali peccato, & ab actualibus peccatis, si quæ in eâ erant, emundata dicitur cum eam Angelus salutavit - 507
MARIA filia Ducis Meraniæ, tertia uxor Philippi Aug. - 19. ejus obitus — 20
—— soror Ducis Brabantiæ, altera uxor Philippi III. - 43. 205 ejus obitus — 79
—— filia Henrici de Lucemburgo Imp. nubit Carolo IV. — 79 moritur — 82

—— uxor

Index rerum Memorabilium.

——— uxor Caroli VI. - 761
——— filia Joannis de Brena Regis Hierosolymitani, nubit Balduino II. Imp. Constantinopolitano - 33
——— filia Guillelmi Domini Montispessulani, uxor Barralis Comitis - 558 alterum matrimonium contrahit cum Bernardo Comite Convenarum *ibid.* tertium cum Petro II. Rege Aragoniæ - 565 huic Montempessulanum donat - 566 ejus testamentum - 576
——— filia Philippi Aug. uxor Philippi Comitis Namurcensis, deinde Ducis Brabantiæ - 25
——— uxor Henrici I. Comitis Campaniæ : ejus obitus - 19
——— uxor Balduini VIII. Comitis Flandriæ & Hannoniæ 819. 830 ejus mors 831
——— filia Stephani Regis Angliæ, monialis, dein Boloniæ Comitissa, religiosum habitum resumit, ac paulo post moritur 812. 818
S. MARONIS Martyris reliquiarum pars ex Amiternina urbe in urbem Metensem translata 133
MARTINUS Archiepisc. Turonensis, sanctitate illustris 210 ejus corpus Aurelianos defertur - 140 deinde Autisiodorum, ubi multa patrat miracula - 141 Turonum refertur - 142. 143 ejus subventionis festum - 238. 240
——— Papa IV. censuris coërcere conatur Siculos rebelles, Michaëlem Palæologum qui his favebat, & Petrum III. Aragoniæ Regem qui Siciliam invaserat - 685 hunc Regno Aragoniæ, atque omni ditione spoliatum declarat - 690
——— Papa V. Carolo VI. & Mariæ Reginæ gracias agit de Oratoribus Obedientiæ ad se missis - 761 Joannem II. Regem Castellæ absolvit ab eo jurejurando, quo se ad certam pecuniæ summam causâ tuendi Delphini Viennensis, postea Caroli VII. expendendam adstrinxerat - 761
——— Archiepisc. Bracarensis - 558
——— Archiepisc. Tarentinus - 804
——— Archiepisc. Trevirensis ; & Episc. Tungrensis 109
——— Episc. Dumiensis, auctor libri qui inscribitur *formula vitæ honestæ* - 312
——— Episc. Portugalensis - 558
——— Abbas S. Agerici 160
——— Abbas S. Andreæ Avenionensis - 385
——— Abbas S. Vedasti 881
——— Valasquis, signifer Joannis Regis Portugaliæ - 558
MASCELLINUS Abbas Gemblacensis 767
MASSILIENSIUM rebellio in Carolum fratrem S. Ludovici - 39. 40
MATHA uxor Gastonis Vicecomitis Bearnensis - 673
MATHILDIS soror Lotharii Regis Franc. uxor Conradi Burgundiæ Regis 393 - 380
——— filia Henrici I. Regis Angliæ, nubit Henrico V. Imp. deinde Gaufrido *Plantegenest* Comiti Andegavensi - 3. 4. 14 ; ejus liberi - 143 Angliæ Regnum sibi jure debitum repetit - 145 ejus obitus - 11. 155
——— uxor Stephani Regis Angliæ, condit Monasterium Faverstalli - 558
——— filia Fulconis V. Comitis Andegavensis, nubit Guillelmo filio Henrici I. Regis Angliæ - 164
——— filia Reinaldi Comitis Boloniæ, uxor Philippi filii Philippi Aug. 860. 861
——— filia Matthæi Comitis Boloniæ, uxor Henrici IV. Ducis Brabantiæ - *Tom. III.*

295
——— filia Henrici II. Regis Angliæ, nubit Henrico Saxoniæ Duci - 155
——— filia Henrici IV. Ducis Brabantiæ, uxor Roberti I. Comitis Atrebatensis - 31. 291 deinde Guidonis Comitis S. Pauli - 291. 292
——— filia & heres Roberti II. Comitis Atrebatensis, uxor Othelini Comitis Burgundiæ - 55. 71 ejus obitus - 92
——— filia Guillelmi I. Regis Angliæ, uxor Stephani Comitis Blesensis - 144
——— filia Regis Portugaliæ, uxor Philippi I. Comitis Flandriæ 818 ejus obitus 857
——— filia Henrici IV. Ducis Brabantiæ, uxor Florentii Hollandiæ Comitis - 295
——— uxor Gaufridi Comitis Perticensis - 374
——— Marchionissa Tusciæ: ejus laudes 426
——— Comitissa, Ecclesiæ S. Vitoni non pauca donat 239 ejus liberi *ibid.*
——— soror Odonis II. Burgundiæ Ducis, nupta Guillelmo Domino Montispessulani - 526
MATTHÆUS Cardinalis Episc. Albanensis, A, S. Legatus 251. 253. 519. 578
——— Cardinalis Presb. S. Marcelli 885
——— Cardinalis Diac. S. Mariæ Novæ *ibid.*
——— Cardinalis Diac. S. Mariæ in Porticu - 650. 658
——— Abbas Melfinensis 190
——— Vindocinensis, Abbas S. Dionysii in Franciâ 497 - 41 Regnum administrat S. Ludovico in Africam profecto - 41. 663 ejus & Collegæ epistola ad Philippum III. - 670
——— primus & ultimus Abbas Ordinis FF. Prædicatorum - 186
——— Dux Lotharingiæ - 161
——— Comes Boloniæ 815 + 18. 295
——— de Vicecomitibus, Dominus Mediolani: ejus scelera - 73 mors - 82
——— Camerarius Ludovici VII. - 497. 503. 527. 536 139. 541. 663 & Philippi Aug. - 554
——— Constabularius Ludovici II. - 497. 503. 527. 663
——— alius Constabularius Ludovici VIII. - 596
——— de Monmorenciaco, Amiralius - 51
MAURICIUS Martyr Primipilarius Legionis Thebææ 209
——— Episc. Cenomanensis, deinde Archiepisc. Rotomagensis - 614 ejus controversia cum Ludovico IX. ac literæ de interdicto cui diœcesim suam supposuit *ibid. & seqq.* mors *ibid.*
——— Archiepisc. Trevirensis 211
——— Episc. Londonensis - 506
——— Episc. Parisiensis 540. 812 - 11 ejus obitus - 19
——— Comes Andegavensis – 216. 249
MAURINUS Abbas Montis-Majoris - 384
——— vir pius, Basilicam in valle Anautensi ad plebis usum condit - 316
MAURINUS Abbas S. Benigni Divionensis 565
——— S. Aureæ pater 84
MAURONTUS Abbas Marcianensis 781
——— à S. Richario ad pietatem informatus, Regii sigilli bajulus 294. 297 terrarum Regiarum custos 298
MAURUS Archiepisc. Trevirensis 211
——— Episc. Virdunensis 235. 245
MAXIMUS Archiepisc. Trevirensis, & Episc. Tungrensis 211
——— alius Archiepisc. Trevirensis,

sanctitate illustris 210
MECHLINIENSIS Archiepiscopi mensæ annexum Monasterium Affligemiense 779
S. MEDARDI Episc. Noviomensis gesta 70 *& seqq.* 487 916. 917
MEDIANUM Monasterium in Vosago, cur sic dictum 608 à S. Hydulpho conditum 607. 608 ejus cellæ *ibid.* prius Imperiale, postea subditum Ducibus Lotharingiæ, qui pleraque ejus bona sibi vindicant 609 in illo periit disciplina regularis, ac moriuntur Monachi omnes *ibid.* in illud mittuntur Monachi Gorzienses 6 0. 614 bonis suis spoliatur 614 datur in beneficium Comiti Hazumæ, qui Monachis ejectis, Canonicos sæculares in eo constituit *ibid.* huic subditur Cella-Acherici, quæ postmodum sit Ecclesia parochialis *ibid.* ei non pauca donantur à Gerardo Comite Vadanimontis 619
MEDIOLANUM urbs à Frederico I. Imp diruta - 536
MEDUNTA Monasterium Cælestinorum conditum à Carolo V. Franc. Rege - 742
MEGINHARDUS Archiepisc. Rotomagensis 304
MEINGAUDUS Archiepisc. Trevirensis 214. 215
MELBODIENSE Monasterium puellarum à Valdetrude Ducissâ conditum - 287 igne succensum 905
MELODUNENSE Monasterium S. Petri instauratum à Seuvino Archiepisc. Senonensi 473
MENDICANTIUM Ordinum causam adversus Episcopos quosdam tuetur Clemens Papa VI. - 112
MENENDUS Abbas Alcobaciæ - 558
MEROFLEDA lanarii filia, uxor Ariberti Franc. Regis 361
MEROVEUS I. Franc. Rex 292. 361
——— filius Chlotarii II. Franc. Regis 364
——— filius Theoderici Franc. Regis, Childeberti nepos 365
MESAMUTI regna Meritiniæ & Bulgiæ in Africa invadunt - 9
METENSIS Episcopi sex pallio donati 215. 214 Metense Monasterium S. Vincentii à Theoderico per pallio Episcopo conditum 681 hujus Abbati jus conceditur dalmaticâ ac sandaliis utendi 134
METROPOLITANI jura quorum se extendant - 489 si cui diem dixerit extra Provinciam, id nullum est - 490 ejus electioni suffraganei adesse debent - 517
METROPOLIS Archiepisc. Trevirensis & Episc. Tungrensis 209
MICATIUS Episc. Lingonensis 365
MICHAEL Archiepisc. Senonensis, ejus obitus - 10
——— Abbas Lobiensis 778
——— Abbas Omnium Sanctorum Andegavis 190
——— Generalis FF. Minorum, depositus - 88
MICIACENSE Monasterium fundatum à Chlodoveo I. Rege Franc. - 107 in eo Monasticam disciplinam instaurare Jonas Episc. Aurelianensis, & statuta sua à Ludovico, & Lothario Impp. confirmari curat - 108
MILETUS Archiepisc. Trevirensis 211
MILITIÆ Hospitalis S. Joannis Ordo quando institutus. 492 huic dantur bona Ordinis Militiæ Templi - 65
MILITIÆ Templi Domini Ordo quando institutus 491 deletur - 65
MILITUM B. Mariæ Nobilis Dominus Ordo instituitur, & statuta promulgantur à Joanne Franc. Rege 710 iis Nobilem domum construi ju

LLLlll

Index rerum Memorabilium.

bet in villâ S. Audoëni prope Parisios - 711
MILO Archiepisc. Remensis ac Trevirensis 212
——— de Nantolio, Episc. Belvacensis & Comes - 32 nondum consecratus, captus à Turcis apud Damiatam - 28
——— ex Abbate Befuensi Episc. Matisconensis 412
——— Præmonstratensis Ordinis præcipuus informator, ex Abbate S. Judoci de Nemore Episc. Morinorum 804 Monasterio Cari campi donata in suâ diœcesi confirmat - 191
——— II. Episc. Morinorum, prius Regularis Canonicus S. Mariæ de Nemore, deinde Archidiaconus 809 ejus obitus 812
——— Episc. Trecensis 472. 473
——— Abbas S. Benigni Divionensis 396
——— de Basochiis, ex Monacho Suessionensi Abbas Marcianensis, deinde S. Martini Torracensis, postremo S. Medardi Suessionensis 489. 926
——— Anachoreta: ejus laudes 268
——— de Noyers, Gardianus Burgundiæ - 700
——— de Noyers, Vexillifer Philippi VI. Franc. Regis - 89. 90
——— Dominus Fossati 463
MIRATORIUM Monasterium conditum ab Humberto Coloniacensi - 486 ejus bona ibid
MIRIBELLUM castrum prædonum; à Roberto Franc. Rege dirutum 420
MIRO Suevorum in Gallæciâ Rex ——— 312
MODESTUS Archiepisc. Trevirensis 211
MODOALDUS Archiepisc. Trevirensis 212
MOLISMENSI Monasterio Rumiliacum donatur ab Hugone Comite Trecensi & uxore ejus Constantia - 437
MONSPESSULANUS Petro II. Regi Aragoniæ donatur à Mariâ uxore - 566 ab eodem donatur in feudum Guillelmo filio Guillelmi Domini Montispessulani - 575 quæ sint in eâ urbe jura Domini, quæ item Episcopi Magalonensis - 622 illic conditum Monasterium S. Germani ab Urbano Papa V. - 159
MONTASINUS de Gualardo Abbas Condomensis 199 ejus obitus 600
MONTENSE Monasterium S. Valderudis igne succensum 905
MONTIS-DEI Carthusia conditur - 7
MONTIS-S. MICHAELIS Monasterium: in eo amotis Canonicis, Monachi constituuntur 186
MONTRICHARDUS urbs à Fulcone Comite Andegavensi condita - 275
MORTUI-MARIS Monasterium conditur - 5
MOSOMENSE Monasterium olim puellarum, deinde Canonicis traditum 567 in eo constituuntur Monachi ab Adalberone Archiep. Remensi; qui non pauca iis donat 568. 569 ei unitur ab eodem Tingense Monasterium 569 ejus bona confirmantur à Joanne Papa XV. 570 huc conveniunt Calixtus Papa II. & Henricus V. Imp. 572 ei varia donantur ibid. igne crematur 573
MUMMOLENUS Episc. Noviomensis & Tornacensis 917
MUMMOLUS Patricius Gunthramni Regis Franc. 362

N.

NANCELLA Monasterium conditur - 5
NANNO Archiepisc. Coloniensis 693
NANTILDIS uxor Dagoberti I. Franc. Regis 367. 368
NANTUADENSE Monasterium Lugdunensi Ecclesiæ donat Lotharius I. Imp. - 341 & ei servat jus quo prius utebatur ibid.
NARBONENSIS Ecclesiæ bona & jura recenset, & confirmat Ludovicus VII. - 189 nec non Philippus VI. ibid.
NARDUINUS Dominus Asperi-montis 433
NASCELINUS Episc. Parisiensis - 414
NAVOLUS de Fracta-valle, Dominus Lavardini - 173
NICASIUS Abbas Lobiensis 757
NICETIUS Archiepisc. Trevirensis 212
NICOLAUS sanctitate clarus: ejus reliquiæ Barrum in Apulia translatæ 619
——— Papa I. confirmat privilegia Monasterii Vezeliacensis 502
——— Papa III. Philippum III. Franc. Regem de electione suâ certiorem facit - 683
——— Papa IV. jubet in Concilio Provinciæ Turonensis tractari de subsidio Terræ-Sanctæ, ac de unione Ordinum Militiæ Hospitalis, & Militiæ Templi 179
——— Papa V. Carolum VII. de electione suâ certiorem facit - 767 jus Bulla in Antedeum, dictum Felicem Papam V. - 774 alia, quâ decernit nulla esse quæ schismatis tempore acta sunt ibid. aliæ ejus Bullæ ad finiendum schisma - 784 Carolo VII. gratias agit de opera datâ conciliandæ paci Ecclesiæ - 775 & de schismate ejus opera exstincto - 779 alia ejus epistola - 774. 777. 790. 794 omnes Italiæ Principes fœdere inter se jungit - 816
——— Cardinalis Episc. Albanensis, sit Adrianus Papa IV. - 149 antea Abbas S. Rufi in Provinciâ ibid.
——— de Prato, Episc. Spoletanus, deinde Cardinalis Episc. Ostiensis - 229
——— de Trevisio, ex Magistro Ordinis FF. Prædicatorum Cardinalis Episc. Ostiensis - 123
——— Cardinalis Episc. Tusculanus, A. S. Legatus - 179
——— Cardinalis S. Crucis, A. S. Legatus - 815 ex illius scholâ prodiêre duo Summi Pontifices, Nicolaus V, & Pius II ibid.
——— de Fravillâ, Ordinis Fratrum Prædicatorum, Confessor Philippi IV. Franc. Regis, fit Cardinalis Presbyter S. Eusebii - 130 A. S. Legatus 101. - 66
——— Cardinalis. Diac. S. Mariæ in Viâ latâ - 741
——— Gellant, Episc. Andegavensis: ejus obitus 160
——— Episc. Cameracensis 754 - 189. 537
——— de Longâ Spatâ, Episc. Saresberiensis - 189 ejus obitus - 219
——— Episc. Visensis - 518
——— de Hely, Angliæ Cancellarius, Episc. Wigornensis - 101 deinde Episc. Wintoniensis - 102
——— Abbas Lobiensis 758
——— Abbas S. Agerici 260

——— Abbas Siggiensis - 401
——— Abbas Valciodorensis 719
——— de Woilak, Vaivoda Transylvanus Comes - 787
NIGELLUS Episc. Eliensis - 106 ejus obitus - 156
——— de Brus, Roberti frater: ejus supplicium - 130
NITHARDUS Abbas Centulensis 308
NIVELO de Basochiis, Episc. Suessionensis 489. 839
NIVERNENSIS Ecclesia S. Stephani condita à S. Columbano, qui virgines in eâ constituit - 404 ejus bona à variis usurpata - 405 Ecclesiam instaurat Hugo Episc. Nivernensis, & Canonicos in eâ constituit ibid eidem nonnulla donat Guillelmus Comes ibid.
Nivernensium Comitum prosapia 559
NOCTURNORUM lectiones - 301
NORADINI Regis Damasci obitus - 12
NORBERTUS Præmonstratensis Ordinis institutor, deinde Archiepisc. Magdeburgensis 915 - 1. 2, 3. 4. 5. 485
NORGANDUS Abbas Senonensis 613
NORMANNI varias clades Galliarum regno inferunt 375. 376, 377. 378 Normanniæ Ducum prosapia 494 à Franc. Rege recipitur - 24 Normanniæ Prælatorum Epistola ad Philippum II. quâ eum rogant, ut certus quidam ordo judicii servetur, cum disceptatur de jure Patronatûs - 561 Philippi II. Rescriptum eâ de re - 569
NOTGERUS Episc. Leodiensis 329. 719. 740. 741. 742
NOTRANNUS Abbas S. Petri-Vivi Senonensis 470 Episcopatum Nivernensem muneribus obtinet ibid.
NOVA-CELLA Monasterium conditum ab Angeranno Episc. Metensi 127
NOVIOMUM urbs igne succensa - 4. 49 Noviomensis Episcopatus è quibus municipiis S. Eligii ætate constabat 90 Decanus quibus conditionibus recipiatur - 369 in urbe Monasterium puellarum à S. Eligio conditum 92 Noviomense nosocomium à Rainaldo Episc. fundatum - 584 ejus statuta Stephanus Episc. promulgat ibid ea confirmat Honorius III. - 585 sororum numerum auget Gerardus Episc. ibid. presbyterum etiam addit Guillelmus Episc. ibid.
NOVUM-VILLARS Monasterium conditum à Sigibaldo Episc. Metensi 127
NUNONIS Sancii, Domini Rossilionis, Confluentis, Ceritaniæ, ac Vallispirii edictum pro pace seu treugâ servandâ - 587
NUVENARIUS Archiepisc. Trevirensis 232

O.

OBEDIENTIA quænam vera sit - 130
OCIOALDUS Abbas Centulensis 298
OCTAVIANUS Cardinalis Episc. Ostiensis, A. S. Legatus 831 - 20. 179
——— Cardinalis Presb. S. Cæciliæ 971 fit Victor Antipapa 808 - 133 [hic dicitur malè Cardinalis Presb. S. Mariæ in Cosmedin]
——— Cardinalis Diac. S. Mariæ in Viâ latâ - 650. 678
ODELOS Abbas S. Benigni Divionensis 365
——— Abbas S. Medardi Suessionensis 571
ODELGERI Prioris Centulensis laudes, & obitus 366
ODELRICUS Archiepisc. Lugdunensis 393

ODERISIUS

Index rerum Memorabilium.

ODARICUS Epifc. Valvenfis 973
ODILIA à S. Hydulpho falutaribus a-
 quis abluta, vifum recuperat 609
Hoemburgenfe Monafterium puella-
 rum condit ibid.
S. ODO Abbas Cluniacenfis inftitui-
 tur à S. Maiolo deceffore - 379 ejus
 Epiftolæ aliquot - 381 eum objurgat
 Joannes Papa XV. quod Archiepifco-
 patum Lugdunenfem recufarit ibid.
 ejus obitus 475
ODO Caroli Simplicis tutor 378 fit
 Franc. Rex ibid. bona ac privilegia
 Monafterii S. Polycarpi confirmat
 - 366
——— Canonicus Ecclefiæ Remenfis,
 deinde Monachus Cluniacenfis, mox
 Cardinalis Epifc. Oftienfis, poftremò
 Urbanus Papa II. 919
——— de Caftro Radulfi, Cardina-
 lis Epifc. Tufculanus, A. S. Legatus
 - 31. 193. 650. 658 ejus Epiftola ad
 Innocentium Papam IV. in quâ fusè
 narrat quid in exercitu Ludovici IX.
 in Cypro, quid etiam in Syriâ me-
 morabile contigerit - 614
——— Cardinalis Diac. S. Georgii
 ad Velum aureum 971
——— Cardinalis Diac. S. Nicolai in
 Carcere Tulliano 379
——— de Bona-cafa, Cardinalis Subdiaconus 515
——— Clementis, Abbas S. Dionyfii
 in Francia 498 - 32 dein Archiepifc.
 Rotomagenfis 497 - 34. 662
——— Epifc. Baiocenfis 395
——— Epifc. Belvacenfis - 347. 548
——— five Odarius, Aurelianenfis,
 Tornaci docet 889 ut converfus 890
 ei, & aliquot ejus difcipulis donatur
 Ecclefia S. Martini 892 ex Clerico fit
 Monachus, & ejus cœnobii primus
 Abbas 899. 900 ejus liberalitas in
 pauperes, & alia pietatis indicia 909
 ut eos qui vitam monafticam amplecti velle videbantur, probaret 908.
 909 Moniales etiam regit 910 exteriorum curam à fe abjicit ibid. fit
 Epifcopus Cameracenfis 749. 914
 ejus opera & obitus 911
——— Epifc. Carnutenfis 472
——— de Solliaco, Epifc. Parifienfis - 19 ejus obitus - 23
——— Epifc. Sueffionenfis - 9
——— Epifc. Sylvanectenfis 139
——— Abbas Befuenfis 425. 426. 427.
 428. 429. 430. 431. 432
——— Abbas Cluniacenfis - 375 regit Monafterium S. Petri-Vivi Senonenfis 469
——— de Cafa-nova, Abbas Condo-
 menfis 191. 601
——— Abbas Corbeienfis - 343
——— ex Monacho Saviniacenfi primus Abbas Fontanenfis 575
——— Abbas Orninum Sanctorum
 Catalauni - 421
——— Abbas S. Dionyfii in Franciâ
 495 - 619
——— Abbas S. Genulfi Stratenfis,
 dein Belli-loci - 151
——— Abbas S. Medardi Sueffionenfis 488
——— Abbas S. Petri-Vivi 486
——— Abbas S. Remigii Remenfis
 889. 913
——— Canonicus Regularis, monita
 falutaria dat aliis Canonicis regularibus - 529 & feqq. optimatem quemdam ad fæculi contemptum, & ad
 amorem Dei allicit - 533
——— Burgundiæ Dux 433. 436. 438
——— II. Burgundiæ Dux 509. 612
 ablata Lingonenfi Epifcopo reftituere
 jubetur - 501
——— I. Campaniæ Comes, dictus
 Comes Palatinus Regis Francorum,
 Tom. III.

Ecclefiam Sparnacenfem fundat - 391
 ejus liberi ibid. ejus gefta 387. 471.
 474. 475 - 252. 113. 254. 273. 274. 275
——— Comes Corbolienfis - 1
——— Comes Meldenfis 386
——— filius Roberti Regis Franc. - 414
——— frater Hugonis Burgundiæ Du-
 cis - 412. 413
——— Vicecomes Belnenfis 388
——— de Pardeliano, Dominus Montis
 Capreoli 591
——— Dominus Montis - Salionis 412.
 430. 431. 435. 436. 437. 440. 412
——— de Cafa-novâ, frater Arfii Epifc.
 Convenarum 599
ODOLRICUS filius Hugonis Comitis
 Belli-montis 422
ODULFUS Monachus Centulenfis Mo-
 nafterio fuo plurimas fanctorum re-
 liquias comparat 317. 318. 319
OGERUS ex Canonico Regulari Montis
 S. Eligii primus Abbas S. Nicolai de
 Prato 911
OISALDUS Archidiaconus Cameracen-
 fis & Præpofitus Lobienfis, ejus Mo-
 nafterii bona vaftat 745
OLBERTUS ex Canonico S. Lamberti, &
 Præpofito S. Crucis fit Epifc. Leo-
 dienfis ab Imp. Henrico IV. 672
——— Monachus Lobienfis, Burchardi
 Epifc. Wormatienfis præceptor 744.
 763 fit Abbas Gemblacenfis, & S. Ja-
 cobi Leodienfis 744. 764. 765 ejus obi-
 tus 767
OLDRIUS Abbas Pifcarienfis 965 ejus
 obitus 969
OLGERIUS five WLGERIUS Abbas Be-
 fuenfis 410. 422. 423. 425
OLOIA meretrix à S. Richatio bis fa-
 natur 313
OLIVERIUS de Suttona, ex Decano
 Epifc. Lincolnienfis - 108
OLLEGARII Epifc. Barcinonenfis obitus
 - 141
OMNIUM SANCTORUM feftum quo fermè tempore inftitutum 133
ORIGENIS libri fex in Job à S. Hilario
 Epifc. Pictavenfi è Græco in Latinum
 transfati 314
OSMUNDUS Epifc. Sarefberienfis - 107
OTBERTUS Epifc. Leodienfis 745. 746.
 748
——— Abbas S. Margaretæ 521
——— Abbas S. Petri-Vivi Senonenfis
 469
——— de Tilecaftro, Dominus Cipeti
 450
OTHELINUS Burgundiæ Comes - 45 ejus
 obitus - 55
OTTO I. Imp. dicitur Rex Lotharienfium & Francigenum Rex 760. 761 confirmat bona Monafterii Pifcarienfis 942.
 943 ejus obitus 944
——— II. Imp. bona Monafterii Pifca-
 rienfis confirmat ibid.
——— III. Imp. 946 Româ pellitur 158
 ejus obitus 946
——— IV. Imp. Henrici Saxoniæ Ducis
 filius - 177 Dux Brunfwicenfis 614
 Romæ coronatur 625 - 52. 185 excommunicatur - 24. 181. à Philippo Aug.
 apud Bovinas vincitur 627. 854 - 26.
 181. ejus mors 627. 857 - 26 184
——— Cardinalis Diac. A. S. Legatus
 - 191. 192
——— Abbas S. Benigni Divionenfis 397
——— Hugonis M. filius; Burgundiæ
 Dux 381. 469
——— Guillelmus Comes Burgundiæ
 387. 388 391
——— Comes Cifneienfis 253
——— Comes Maticonenfis 391
——— Comes cum Adalberone Archiepifc. Remenfi inimicitias exercet, à
 quo vincitur 363 ibid 469
——— de Ciconiis, Dominus Curyfti,
 brachium S. Joannis Bapt. pignori

fibi datum à Balduino I. Imp. CP.
 donat Monafterio Cifterciensi - 64
OTRADUS Chorepifcopus S. nonenfi
 466
OTTOBONUS Cardinalis Diac. S. Adriani - 650. 658 A. S. Legatus - 100
 101. 102 fit Adrianus Papa V. - 106

P.

PANDERINUS Epifc. Albienfis - 570
PANDULFUS Innocentii Papæ III
 Notarius, dein Epifc. Norwicenfis
 852
——— Dux & Marchio 941
PANTO Abbas S. Benigni Divionenfis
 380
PAPARUS Abbas Pifcarienfis 947
PAPINI Martyris corpus in mare pro-
 jectum, Mylas in Siciliâ appellit 125
PAPPOLUS Epifc. Metenfis 116
PARACLITUS Monafterium conditum à
 Petro Abælardo - 6
PARIS Regni Franciæ - 585 inter hos
 Epifcopus Belvacenfis prior Epifco-
 po Lingonenfi in coronatione Phi-
 lippi V. - 72
PARISIORUM urbs halla ornata - 13 ejus
 vici lapidibus ftrati - 14 augetur - 14
 civium rebelliones - 59. 111. & feqq.
 civium duorum fides erga Philippum
 IV. - 57
Parifienfis Ecclefiæ Canonici Pafchali
 Papæ II. de Epifcopo fibi conceffo
 gratias agunt, fimul eum rogant ut
 Comitis Domni - Martini audaciam
 coërceat - 419
Parifienfe Concilium, cui præfidet Con-
 radus A. S. Legatus - 30
Parifienfis curiæ laudes - 811. 812 Academiæ ftatuta antiqua - 731 hæc quâ
 ratione fuos repetere poffit, fi à Præ-
 pofito capti fint à 630 aliæ ejus leges
 ibid.
Parifiis Monafterium puellarum à fan-
 cto Eligio conditum 58; Monafterium
 S. Antonii, puellarum, conditur - 19
 Monafterium S. Germani è Pratis Ecclefia confecratur ab Alexandro Papa
 III 140 Domui-Dei ab eodem donat
 S. Ludovicus - 635 ejus jura in fylvis
 Regis - 711 Congregationi pauperum
 Magiftrorum ftudentium in Theologiâ non pauca donat Robertus de
 Sorbona - 690 item Gaufridus de
 Barro - 679
PASCHALIS feftivitas ut celebranda - 133
PASCHALIS Papa II. Galliarum Epifcopos ut privilegia Cluniacenfis Monafterii tueantur, monet - 435 confirmat reftitutionem Ecclefiæ Atrebatenfis - 436 certis conditionibus ab-
 folvi jubet Philippum I. Franc. Regem & Bertradam - 419 bona Epifcoporum Carnutenfium poft eorum
 mortem intacta fervari jubet - 672
 Girardum Epifc. Engolifmenfem Legatum in quinque Provinciis conftituit - 442 ejus Epiftola ad Daimber-
 tum Archiepifc. Senonenfem - 439
 alia ad Guidonem Archiepifc. Vien-
 nenfem - 459 Vezeliacenfis Monafterii rebus confulit 505. 506 Abbatis Vezeliacenfis interfectores in exilium
 pelli jubet 506 bona omnia Befuenfis
 Monafterii confirmat, eique privilegia aliquot largitur 443 cœnobium
 Befuenfe invifit, & Monachos alloquitur 444 eum Hildebertus Epifc.
 Cenomanenfis laudat - 450 nihil in
 tota ejus cum Henrico V. Imp. agendi
 ratione reprehendendum effe, more
 oratorio probare nititur - 451
PASSIVUS A. S. Legatus 364
PASTOR Archiepifc. Ebredunenfis - 723
PASTORES arma capiunt fingentes fe S.
 Ludovico opem laturos; ac multa
 MMMmm

Index rerum Memorabilium.

edunt facinora — 36 à Bituricensibus cæduntur — 37. 194 altera Pastorum factio - 77
PATERIUS auctor Gregorialis 900
PATERNUS Monachus S. Petri-Vivi Senonensis & Martyr 464
—— Episc. Albiensis - 170
PATIENS Episc. Metensis 225
PATRICIUS de Dunbar Comes Marchiæ in Scotia - 212. 217
—— Comes Sareſberlensis, interfectus - 116
PAULINUS Archiepisc. Coloniensis 210 ejus corpus è loco ubi exulabat Treviros translatum 211
—— Episc. Nolanus : ejus corpus repertum Romæ - 153
PAULUS Papa II. Ludovicum XI. ut suppetias ferat adversùs Turcos hortatur - 824 Georgium Pogiebracium Bohemiæ Regem velut hæreticum persequitur - 831 sententiam excommunicationis in eum latam promulgari jubet - 834
—— Cardinalis Diac. SS. Sergii & Bacchi 885
—— Archiepisc. Rotomagensis 113
—— ex Monacho Theologii Episcopus Virdunensis, sanctitate clarus 222. 236 frater S. Germani Episc. Parisiensis 236
—— de Lucemburgo, Dominus de Foresto & de Bonnay - 756
PELAGIUS Cardinalis Episc. Albanensis, A. S. Legatus in Oriente - 29. 187. 188
PELOCHIN Episc. Cicestrensis, depositus - 306
PEPPO Episc. Virdunensis 236
PEREGRINUS de Forcas, Abbas Condomensis 598. 199
—— Abbas Fontanensis, Monasterii sui historiæ scriptor 577
PERPETUI Archiepisc. Turonensis testamentum - 303 epitaphium - 304
PETENGENSIS Ecclesiæ Canonici Canonicos Tornacenses de violentâ Præpositi electione certiores faciunt - 485 ejus juris esse altare de Thidingen nonnulli testantur - 500 Monachos in câ constitui petit Rainaldus Archiepisc. Remensis - 485
PETRONILLA Abbatissa Fontis-Ebraldi - 476
PETRUS Apostolus : ejus catenarum pars Deoderico Episc. Metensi concessa 114 Ecclesiæ ejus nomine insignes aliis Ecclesiis censum aut decimas non solvunt 425
—— Veronensis, Ordinis FF. Prædicatorum, Martyrio coronatus 643 - 195
—— de Murone, eremita & pater Ordinis S. Benedicti in Montibus, fit Cælestinus Papa V. ac paulo post abdicat - 50 ejus obitus - 51. 119
—— de Tarentasiâ, Ordinis FF. Prædicatorum, Doctor in Theologiâ, Archiepiscopus Lugdunensis, Cardinalis Episc. Ostiensis, postremo Innocentius Papa V. - 44. 106 ejus opera-106
—— Hispanus, Cardinalis Diac. Tusculanus, fit Joannes Papa XXI. - 106
—— Rogerii, Abbas Fiscannensis, Doctor in Theologiâ - 91 dein Episc. Atrebatensis ibid. mox Archiepisc. Senonensis - 92 postmodum Archiepisc. Rotomagensis - 94 denique ex Cardinali Clemens Papa VI. - 106
—— Rogerii, Cardinalis Diac. S. Mariæ Novæ, dein Gregorius Papa XI. - 7,8 fratris filius Clementis VI, ibid. antea Archidiaconus Major Ecclesiæ Rotomagensis - 741
—— de Cortenaio, Petri filius, nepos Ludovici VI. Comes Autissiodorensis, Imp. Constantinopolitanus 494 - 17. 18.

—— II. Rex Aragonum, Romæ coronatus — 686 censum solvit Romanæ Ecclesiæ - 11. 180. 686 uxorem ducit Mariam Dominam Montispessulani - 565 quæ Montempessulanum ei donat - 566 ipse Montempessulanum in feudum dat Guillelmo de Montepessulano - 575 Sanciam filiam suam, uxorem dare spondet Raimundo filio Raimundi VI. Comitis Tolosani, &c. - 567 ejus mors — 141
—— III. Rex Aragonum, filius Jacobi I. - 639. 675 patre adhuc vivo dotem Constantiæ uxori suæ constituit - 644 Siciliæ Regnum invadit - 45. 108. 109 sententiæ in eum latæ à Martino Papa V. - 45. 686 & seqq. ex vulnere moritur - 47. 690
—— Crudelis, Hispaniæ Rex : ejus ortus & scelera - 139 bello victus ex Hispaniâ fugit ibid.
—— Cardinalis Episc. Albanensis 578 - 761
—— Cardinalis Episc. Portuensis — 686
—— Cardinalis Episc. Prænestinus 199 - 742
—— Cardinalis Presb. S. Marcelli — 579
—— Hispanus, Cardinalis Presb. S. Praxedis - 742
—— Cardinalis Presb. S. Pudentianæ, tituli Pastoris - 579
—— Cardinalis Presb. & Bibliothecarius R. Ecclesiæ 584
—— de Lucemburgo, Cardinalis S. Mariæ - 756
—— Cardinalis Diac. S. Eustachii 971 - 742
—— Cardinalis Diac. S. Mariæ in Viâ latâ - 742 A. S. Legatus 819
—— Capuanus, Cardinalis Diac. A. S. Legatus - 177
—— de Columnâ, Cardinalis Diac. 199 à Cardinalatu dejectus — 51 schismaticus declaratur - 52 se Papæ subjicit - 53 restituitur suæ dignitati - 58
—— de Atrabloi, Cancellarius Philippi IV. Franc. Regis, deinde Cardinalis — 71
—— de Bona, Cardinalis Subdiaconus 543
—— de Palude, Ordinis FF. Prædicatorum, Patriarcha Hierosolymitanus — 91
—— Patriarcha Hierosolymitanus, Episc. Rutenensis, & A. S. Legatus ; ejus literæ quibus fideles hortatur ad expeditionem transmarinam — 708
—— Archiepisc. Auscensis - 422
—— Archiepisc. Bituricensis - 6
—— alius Archiepisc. Bituricensis, Camerarius Gregorii Papæ XI. - 742
—— Archiepisc. Lugdunensis - 486
—— de Sabaudiâ, Archiepisc. Lugdunensis - 63. 677
—— de Viridario, Archiepisc. Majoricarum, Canonicus Narbonensis, & Cancellarius Jacobi II. Regis Majoricarum - 715
—— Barbez, ex Archidiacono Dunensi Archiepisc. Remensis - 43
—— Archiepisc. Rotomagensis — 619
—— de Charniaco, Archiepisc. Senonensis : ejus obitus - 43
—— de Corbolio, Ep. Cameracensis 819 deinde Archiepisc. Senonensis - 10 ejus obitus 861 - 29
—— Episc. Aprutinus 943
—— Episc. Atrebatensis 781. 813
—— Episc. Avenionensis — 540
—— de Morneio, Episc. Aurelianensis, deinde Autissiodorensis — 49 ejus obitus -59

—— de Bella-pertica, Episc. Autissiodorensis - 59 ejus obitus - 60
—— de Gressibus, Cantor Parisiensis, & Regis Navarræ Consiliarius, dein Episc. Autissiodorensis - 60
—— Episc. Belvacensis - 548
—— Episc. Cæsaraugustanus - 570
—— de Lathiliaco, Cancellarius Philippi IV. fit Episc. Catalaunensis - 67 removetur à Cancellariâ 69 carceri mancipatur - 70 accusatur in Concilio Sylvanectensi - 71 707. 708
—— le Royer, Episc. Cenomanensis 178
—— Episc. Claromontanus 477. 479. 480 ejus obitus 481
—— de Gualardo, Episc. Condomensis 602
—— Episc. Conimbricensis - 558
—— Raimundi de Sanbolca, Episc. Consoranensis 601
—— Episc. Herfordensis - 197
—— Episc. Lutevensis - 483
—— Episc. Magalonensis, Thesaurarius Gregorii Papæ XI. - 742
—— Episc. Metensis 226
—— ex Archidiacono Episc. Morinorum 867
—— Episc. Noviomensis - 54
—— Episc. Palentiæ - 488
—— Episc. Papiensis 942 Archicancellarius Othonis II. Imp. 994
—— Lombardus Episc. Parisiensis : ejus opera — 9. 149. 153 obitus - 155
—— ex Thesaurario Turonensi Episc. Parisiensis — 9 ejus obitus 29
—— Episc. Pictavensis - 476
—— Episc. Redonensis - 584
—— Episc. Virdunensis 217
—— de Rupibus, Episc. Wintoniensis — 186. 188. 579. 580 ejus obitus — 191
—— Diac. Bibliothecarius Apost. Sedis 105
—— Diac. Bibliothecarius & Cancellarius Apost. Sedis 445 - 349
—— de Castro-novo, Monachus & A. S. Legatus in Albigenses, interfectus — 22
—— de Colle-medio, Capellanus Gregorii IX. A. S. Legatus — 603 idem Canonicus Morinensis, post aliquot sedes Cathedrales recusatas fit Præpositus S. Audomari 867
—— Charbonellus, Abbas Andrensis 782. 784. 800 ejus mors 805
—— Mirmer, Abbas Andrensis 808 regularem disciplinam in Monasterio suo restituit 809 ejus gesta 810. 811 Legatus Romam à Philippo I. Flandriæ Comite 818 ejus obitus 824
—— Abbas Anianæ — 742
—— Abbas Auriliacensis 479 - 416
—— Abbas de Buxeriâ 207
—— Isarni, Abbas Castrensis - 571. 572
—— Monoculus, Abbas Claravalensis — 13
—— Abbas Cluniacensis 517. 529. 530 — 486 Guillelmum Comitem Nivernensem & Pontium Abbatem Vezeliacensem reconciliare conatur 531. 532
—— Abbas Lobiensis 757 alter ibid.
—— Abbas Montis S. Joannis 522
—— de Briel, Abbas Montis S. Petri 229
—— de Chavanon, Archipresbyter Langeacensis, deinde conditor & primus Abbas Piperaci, sanctitate clarus : ejus vita 155 & seqq.
—— Abbas Piscariensis 947

Abbas

Index rerum Memorabilium.

—— Abbas S. Andreæ Avenionensis 415
—— Abbas S. Benigni Divionensis 396. 397
—— Abbas SS. Crucum, Capellanus major Jacobi II. Regis Aragoniæ — 715
—— Abbas S. Dionyfii in Franciâ 496
—— Abbas S. Michaëlis in Porcariana — 386
—— Cellenfis, Abbas S. Remigii Remenfis, Ciftercienfes quofdam ut perfeverent, nec ad Ordinem Grandimonenfem à fe relictum redeant, hortatur — 545
—— Abbas SS. Sergii & Bacchi 486
—— Abbas S. Stephani Divionenfis 415
—— ex Monacho Vezeliacenfi Abbas Tornodorenfis, ob pravos mores depofitus, deinde dux rebellionis in Guillelmum Abbatem Vezeliacenfem 547 & feqq.
—— Abbas Trinorcienfis 121
—— Blefenfis, Archidiaconus Bathonienfis — 149. 157
—— Cantor Parifienfis: ejus obitus — 19
—— de Portello, Ordinis FF. Prædicatorum, Confeffor Jacobi II. Regis Aragoniæ — 715
—— ex Canonico Noviomenfi Monachus S. Amandi Tororæ: ejus pietas commendatur 912
—— Decanus Mauriacenfis: ejus crudelitas 479 eum quàm difficilè repreffit Arnaldus Abbas S. Petri-Vivi Senonenfis ibid. & feqq.
—— Borbonefis Dux, Petri filius Ludovici pater excommunicatus ob debita non foluta, poft mortem abfolvitur — 732
—— de Cortenaio, filius Ludovici VI. Franc. Regis 494 — 541
—— filius S. Ludovici, Comes Alençonii — 42. 43. 45
—— Comes Autiffiodorenfis 719
—— Electus Cameracenfis, fit Comes Boloniæ — 158
—— Malus-Clericus, filius Ruberti II. Comitis Drocarum, Britanniæ Comes 494 — 31. 33. 194 ejus pofteri — 291
—— de Lucemburgo, Joannis filius, Comes Converfanus & Brenæ — 760
—— de Gravaefton, Vafco, Comes Lincolnienfis — 62 ejus cædes — 66
—— Comes Montisfortis — 488
—— filius Jacobi II Regis Aragonum, Comes Rippacurtiæ & Empuriarum — 715
—— Conful & Dux Romanorum 930
—— de Chambli, Cambellanus Philippi III. — 691
—— de Brociâ, Cambellanus Magnus Philippi III. in patibulo fufpenfus' — 44
—— Remigii, principalis Thefaurarius Philippi IV. ejus fupplicium — 87
—— Marii, Thefaurarius Jacobi II. Regis Aragoniæ — 715
—— filius Jacobi I. Aragoniæ Regis & Therefiæ de Bidaure, rebellis à patre in aliquot caftris inftitutus — 676
—— Vicecomes Minerbenfis — 417
—— de Blot : ejus tranfactio cum Archembaldo de Borbonio — 149
—— Aimarus, Dominus Miremontis 477. 478
—— de Monte-Salionis, Dominus Miribelli 437
—— Dominus Montis-Salionis 441. 445
—— Malus-refpectus, Dominus Montis-Salionis 449
—— Baudrandi, Dominus Taurefii: ejus concordia cum Hugone Comite Marchiæ - 635
—— Gauferandi de Pinofio, uxorem ducit Sauram filiam naturalem Jacobi Regis Majoricarum 696
—— Leonis, Antipapa, hoftis publicus à Lothario II. Imp. declaratur - 485 ejus mors - 5
—— Rainalutii, Ordinis FF. Minotum, fit Nicolaus V. Antipapa - 88 ab uxore repetitur — 91 fe Papæ fubmittit — 93
—— Abaëlardus : ejus vitæ brevis defcriptio - 6 auctor libri Theologiæ, in quo non nulla fcripfit fidei minùs confona - 514 à Gualtero de Mauritaniâ arguitur ibid. ejus obitus 485
—— Comeftor : ejus opera & obitus — 12. 162
—— de Condeto : ejus Epiftolæ IV. in quibus narrat quid à S. Ludovico in Sardiniâ & in Africa geftum fit, & quæ poft obitum proximè confecquuta funt - 65 & feqq.
PHARITIUS Abbas Habendonenfis 467
S. PHILIBERTUS Monachus Resbacenfis, conditor Monafterii Gemmeticenfis 265. 266 301
PHILIPPUS I. Franc. Rex, ante Henrici patris mortem coronatus 428 poft jusjurandum fe à Bertrada difceffiffe abfolvitur, & auctoritas Regia coronâ utendi ei præbetur - 431. 439 bona Epifcoporum Carnutenfium poft eorum mortem intacta fervari jubet — 440 donata Monafterio Romagenfi S. Audoëni co.firmat 399 invitatur ad Monafticam vitam amplectendam — 443 ex nimiâ pinguedine mortuus — 506
—— filius Ludovici VI. Rex coronatus, ac paulo poft mortuus 485. 800. 801 - 4. 485
—— II. Franc. Rex Auguftus dictus nafcitur - 1. 155 vivo patre Rex coronatur 8 17 - 18. 162 ejus gefta fequuntur. de Othone IV. Imp. Ferrando Flandriæ Comite, &c. victoriam apud Bovinas refert 490. 626. 647. 854 - 26 confirmat leges communiæ conceffæ ab avo & patre pagenfibus Vailly, Condé, &c. - 550 leges dat civibus Tornacenfibus - 551 agnofcit Regalia Epifcopatûs Auguftodunenfis vacante fede ab Archiepifcopo Lugdunenfi, & univerfa bona Archiepifcopatûs Lugdunenfis vacante fede ab Epifcopo Auguftodunenfi effe fervanda — 114 ftatuit quid fervandum fit in Normanniâ, cum dubitatur cuinam jus patronatûs competat — 169 cum aliquot Principibus, fingulos qui feudum in eorum finî se partientur, partem fuam à domino feudi nullo medio tenete jubet — 170 Cruce-fignatis privilegia concedit — 177 Judæis leges dat — 589 ejus & Baronum tranfactio cum clericis Regni de jurifdictione Ecclefiafticâ, de clericorum privilegiis, &c — 193 non nulla donat mulieribus leprofis de Salceiâ — 636 ejus æquitas & fagacitas 622 quot Caftrorum dominio fuo addiderit 4 96 ejus obitus 490 — 30. 189
—— III. Franc. Rex, S. Ludovici filius, nafcitur 497 — 35 Ifabellam filiam Regis Aragoniæ Jacobi I. uxorem ducit - 197. 614 patri in Regno fuccedit 497 — 42. 80. ejus g ftæ fequuntur. jubet Matthæum Abbatem S. Dionyfii & Simonem de Nigellâ locum fuum tenere, dum à Regno abeft — 666 ægrotat in Africâ, & pecuniam ad fe mitti petit — 667 pacem init cum Rege Tunifii — 668 preces Monachorum S. Dionyfii expofcit pro patre, fratre, fororio, uxore — 669 ejus pactum de futuro matrimonio unius è filiis fuis cum Joannâ Reginâ Navarræ, Campaniæ & Briæ Comitiffâ — 622 teftamentum ejus obitus - 47. 210
—— IV. Francorum Rex III. filius nafcitur 497 — 41 uxorem ducit Joannam Reginam Navarræ, Campaniæ & Briæ Comitiffam — 46. 209 patri in Regno fuccedit — 47. 210 ejus gefta fequuntur. confirmat bona ac privilegia Monafterii Cluniacenfis — 476 Prælatis & Ecclefiafticis Regni ejus acquifita retinendi concedit, modo fibi bellum ad verfus Flandrenfes gerenti fubfidium ferant — 697 ob victoriam de Flandrenfibus relatam ; non nulla donat Ecclefiæ Carnutenfi — 698 Ludovico fratri Comitatum Ebroicenfem, & alia tribuit ibid. negotia quædam haud levis momenti in Curiâ Romanâ tractari jubet à Priore de Cheza — 700 debita fua certâ die folvi jubet — 704 ejus ætate Ecclefiaftici quàm malè habiti 190 & feqq. à damnis iis inferendis ceffari jubet 194 ejus obitus — 69
—— V. Franc. Rex, fecundus Philippi IV. filius, uxorem ducit Joannam filiam Odonis Burgundiæ Ducis - 59 poft mortem Ludovici X, fratris Regnum regit - 71 Rex coronatur — 71 ejus gefta fequuntur. id incumbit ut folâ Regiâ monetâ, item ut iifdem ponderibus ac menfuris omnes utantur, & ut bona dominii fui alienata redimat, ufurpata vindicet — 710 ejus obitus - 79
—— VI. Franc. Rex, filius Caroli Comitis Valefio — 76. 77. 82 poft mortem Caroli IV. Regnum regit - 87 Rex coronatur — 88 ejus gefta fequuntur. bona & jura Narbonenfis Ecclefiæ confirmat — 558 Bernardo de Moreul Marefcallo Franciæ præcipit, ut Joannis filii fui inftitutionem fufcipiat - 716 Italiæ Principes ut hæreticos recens exortos coërceant, hortatur — 717 Joanni filio Ducatum Normanniæ, & Comitatus Andegaviæ ac Cenomaniæ confert ibid. Montempeffulanum invadit - 713 ejus obitus — 111
—— filius Frederici I. Imp. Dux Sueviæ ; ab aliquot Principibus eligitur Rex Romanorum 624 - 19 177 ejus cædes 625 - 24. 182
—— Comes Ebroicenfis, Rex Navarræ — 88. 96.
—— Archiepifc. Bituricenfis - 650 ejus obitus - 39
—— Archiepifc. Colonienfis 231. 220 - 165
—— de Marigniaco, Archiepifc. Senonenfis — 65 ejus obitus - 72
—— Electus Turonenfis, deinde Archiepifc. Tarentinus à Petro Leonis factus dejicitur 752
—— Epifc. Belvacenfis, filius Roberti I. Comitis Drocarum nepos Ludovici VI. 494 - 176 à Richardo Angliæ Rege capitur - 176 à Joanne ejus fucceffore libertati reftituitur — 179 non nulla donat Monachis Lehunenfibus — 548

Tom. III.

NNNnnn

Index rerum Memorabilium.

——— Episc. Dunelmensis: ejus obitus 182
——— de Florehanges, Episc. Metensis 649. 670. 671
——— ex Abbate Claromontensi Episc. Redonensis 576
——— de Castellione, Episc. Trecensis 414. 437 Canonicos Regulares constituit in Ecclesia S. Georgii 415 eisque non pauca donat 416
——— Abbas Eleemosynæ, Alexandro III. scribit quid ejus causâ egerit apud Reges Fr. & Angliæ 527
——— Abbas Lobiensis 717
——— Abbas S. Benigni Divionensis 367
——— Abbas Valciodorensis 727
——— aliquot Monasteriorum conditor 255
——— filius Jacobi I. Regis Majoricarum, Thesaurarius S. Martini Turonensis 703
——— filius Caroli II. Regis Siciliæ, Princeps Tarentinus, à Siculis captus 53. 123
——— filius Philippi IV. Franc. Regis nascitur 99 Dux Aurelianensis 111 Comes Valesiæ 111
——— quartus filius Joannis Franc. Regis, Burgundiæ Dux 737 ejus obitus 108
——— filius Philippi Aug. Comes Boloniæ, Clarimontis, Albæmarlæ, Domni-Martini, de Moretel, & Domnofrontis en Passois 491. 496. 861. 868. 869 — 19. 607 ejus obitus 870 — 31
——— I. Comes Flandriæ, Virmandiæ, & Montis-Desiderii 814. 815. 817. 818. 820. 811 — 154. 156. 158. 161. 162. 163. 164. 165 leges dat Arientibus in Artesia — 553 con nihil donat Ecclesiæ S. Mariæ de Longo-villari 546 ejus obitus 811 — 17
——— Comes Gloverniæ, Richardi filius — 160
——— Comes Namurcensis 718. 819 — 295
——— Electus Lugdunensis, dein Sabaudiæ Comes — 684
——— filius Balduini II. Imp. Constantinopolitani — 44
——— de Majoricis, patruus & tutor Jacobi II. Regis Majoricarum — 713
——— filius Roberti II. Comitis Atrebatensis — 52 ejus obitus — 55
——— filius Guidonis Comitis Flandriæ — 56
——— Dominus Gilliberti - villaris — 629

Phœbus de Luciniano, Orator Regis Cypri apud Carolum VII. — 767
Phronimius Episc. Metensis 116
S. Piatonis Martyris corpus à S. Eligio inventum 93 Carnutum delatum, indeque relatum Siclinium 904
Pino Episc. Tullensis 217. 245. 618
Pictavensis Episcopatus in tres Episcopacus divisus — 72
Pifli hæretici 491
Pilat de Prata, Cardinalis, & Archiepiscopi Ravennatis; Epistola ad Ludovicum Flandriæ Comitem de canonicâ Urbani VI. electione — 743
Piper, seu cœnobium Canonicorum Regularium institutum à S. Petro de Chavanon 137. 139 ei variæ Ecclesiæ donantur 139
Pipinus Caroli Martelli filius, Princeps, & mox Rex Franc. 370. 372 Figiacensi Monasterio à se condito varia bona, & plurimas immunitates concedit — 319
——— Caroli M. filius, Italiæ Rex 371 ante patrem mortuus 374
——— Ludovici Pii filius, Aquitaniæ Rex 374. 375. 376 jura quædam concedit Ecclesiæ Brivatensi S. Juliani — 329
——— Caroli M. filius naturalis, contra patrem rebellat, & in Monasterio Prumiensi includitur 374
——— Pipini Regis Aquitaniæ filius, 375. 376
——— Major Domûs Sigiberti Franc. Regis, Dagoberti filii 363. 369. 370. 487
——— Abbas Mediani Monasterii 614

Picariense Monasterium à Ludovico Aug. Lotharii filio conditum, & variis bonis locupletatum 930 & seqq. in illud defertur corpus S. Clementis Papæ & Martyris 930. 931 ejus bona & privilegia confirmantur à Carlomanno Imp. 937. 938 necnon à Carlo-Crasso 940 diruitur à Saracenis, & reparatur ibid. Berengarii Imp. edictum de ejus libertatibus ibid. in id Episcopum Pinnensem nullum jus habere decernitur 942. 943. 444. 945 eorum pars ab Abbatibus distrahitur 945. 946 alia amittuntur 947 ejus misera conditio ex diutinâ absentiâ Imperatorum 947. 948 ei non nulla donantur, alia recuperantur 948. 949. 950 & seqq. quo mortuus tempore Monachi bona & jura sua à Summis Pontificibus confirmari curarunt 956 Monasterium destruitur 918 ei reparando incumbunt Monachi ibid. id sub protectione suâ recipit Urbanus II. simulque Abbates loco sceptri pedum pastoralem suscipiunt 960 ejus Monasteria, Ecclesiæ, & alia bona recensentur 964 Monachi ut vexari à Boamundo Comite Manupelli 968. 969 ejus bonorum pars recuperatur 971. 972 ei non nulla privilegia concedit Guillelmus II. Siciliæ Rex 973

Pistensis Conventus confirmat donata ab Egil Archiepiscopo Monasterio Senonensi S. Petri-Vivi 466
Pius Papa II. Joannem Duc m Borbonii ut arma contra Turcos juniat, hortatur — 824 ejus orationes in conventu Mantuano — 807. 811 ejus epistola ad Carolum VII. Regem Franc. — 822 altera ad Episc. Atrebatensem — 823
——— Pius Episc. Parmensis 247
Plebani sacerdotibus Ecclesiæ ita commissæ à Monachis; ut ab his retrahi possent 416
Pleon Episc. Noviomensis & Tornacensis 917
Poissiaci Monasterium sororum Ordinis S. Dominici, conditum à Philippo IV. Franc. Rege — 57. 129
Polemonis cujusdam quem Xenocrates ad bonam frugem reduxit; historia — 300
Pontigonensis Synodi decreta 467
Pontilevense Monasterium conditum à Gelduino Domino Calvimontis — 5
Pontibianensi Monasterio S. Martini donatur villa Gaudiacus 154 Pontisarensis Ecclesiæ S. Mellonis Canonicorum transactio cum Petro Archiepisc. Rotomagensi — 619 Pontisarense Monasterium Virginum Cisterciensium, conditum à Blanchâ matre S. Ludovici — 37
Pontivorum Comitatus ut institutus 333. 347
Pontius Archiepisc. Arelatensis bona ac privilegia Monasterii Montis-Majoris confirmat, & indulgentias concedit his qui in illo cryptam S. Crucis certis diebus piè visitarint — 385
——— Archiepisc. Narbonensis — 538
——— ex Archidiacono Episc. Atrebatensis 860
——— Episc. Rutenensis — 416
——— Abbas Cluniacensis, litem componit inter Episcopum Basileensem & Abbatem S. Blasii — 477
——— Abbas Pipetacensis 155
——— Abbas Pisciarensis 946
——— Abbas S. Andreæ Avenionensis — 516. 517
——— Abbas SS. Michaëlis & Germani in Coxano — 375
——— Abbas Vezeliacensis 506 & seqq. 517 & seqq. ejus obitus 536
——— Comes Empuriarum — 417
——— Comes Gabalitanus & Forensis, Brivatensi Ecclesiæ S. Juliani non pauca donat — 385
——— Comes Tolosanus, nonnihil donat Ecclesiæ S. Martini in Monasterio Avenionensi S. Andreæ — 389
——— Vicecomes Podemniaci, matrimonium contrahit cum Adelaide filiâ Garneri de Triangulo — 594
——— Dominus Belli-joci, Monasterio Besuensi non pauca donat 433
Poppo Archiepisc. Trevirensis 225
——— Episc. Metensis 229. 245. 674. 675
——— Abbas Prumiensis & Stabulensis 695. 744 regit etiam Monasterium S. Trudonis 661
——— Abbas Valciodorensis 710
Possessor Episc. Virdunensis 235. 241
SS. Potentiani & Altini inventio 485
Præmonstratensis Ordo quando institutus 491 — 2 ejus laus 155. 915
Pragmaticam sanctionem abolere petit Pius II. — 820 cur promulgata sit — 821
Pratellense Monasterium conditum ab Humfredo 289
Prafense Monasterium conditur — 5
Presbyter-Joannes Isidorum Imperator — 793. 627. 777
Primoldus Abbas S. Albini-Andegavensis — 393
Principum res qui administrant, aut in eorum palatiis versantur, quâ ratione se gerere debeant — 298
Priscillianus Episc. Abulensis, ob hæresim capitis damnatus 210
Protadius Major Domûs Theoderici Franc. Regis Childeberti filii 364
Protagia mater S. Medardi 70
S. Proti Martyris corpus è Sabinorum regione in urbem Metensem translatum 134
Pruliaci Monasterium à Theobaldo II. Comite Campaniæ conditum — 1
Prulianum Monasterium Virginum à S. Dominico conditum — 181
Psalmi Pœnitentiales cur septem, Graduales cur quindecim, & cur Psalmus CXVIII. tam sæpè in Ecclesiâ canitur — 313
Pulchronius Episc. Virduhensis 235. 241
Pultariense Monasterium à Geraldo Comite & Bertâ ejus uxore conditum 498 ac Romanæ Ecclesiæ subditum 500

Q

Quadragesimali jejunium ut servandum 333
S. Quintini Martyris corpus à S. Eligio repertum, & in tumbâ auro, argento

Index rerum Memorabilium.

gento, ac gemmis ornatâ collocatum 92. 93 Monasterium ejus nomine in Insula conditur 488
QUIRIA S. Autcæ mater 84
QUIRICIUS Episc. Barcinonensis Hildefonsi opus de Virginitate Mariæ laudat - 314 eumdem ut scripturis interpretandis operam det, hortatur - 315

R.

R. Cardinalis Presb. S. Stephani in Cœlio monte, A.S. Legatus - 177
RADO scriptor auctoritatum Regiarum, ac gerulus annuli Regii 266
RADULFUS Cardinalis Episc. Albanensis - 650. 658
——— de Grandivillâ , Ordinis FF. Prædicatorum, Patriarcha Hierosolymitanus , depositur - 50
——— Archiepisc. Cantuariensis - 506
——— Archiepisc. Lugdunensis - 693
——— Archiepisc. Remensis 910 - 436
——— Archiepisc. Turonensis 431 — 281. 422. 439
——— Episc. Atrebatensis: ejus obitus 860
——— ex Decano Episc. Aurelianensis - 60
——— Episc. Basileensis - 478
——— Episc. Cabellionensis - 518
——— Episc. Cicestrensis - 506
——— Episc. Ebroicensis - 662
——— Episc. Leodiensis - 290
——— Episc. Noviomensis & Tornacensis 917
——— ex Cantore Laudunensi Episc. Virdunensis 261
——— Abbas Lobiensis 757. alter ibid.
——— Abbas S. Martini Tornacensis 926
——— de Branâ , Abbas S. Medardi Suessionensis 491
——— Abbas S. Trudonis 660
——— de Alsatiâ , Comes Rufus , eligitur Rex Romanorum - 47. 104 ejus obitus - 49. 222
——— Dux Austriæ, filius Alberti Regis Romanorum - 54
——— Dux Lotharingiæ - 101
——— Comes Augi - 607. 635
——— Comes Glovernix - 123
——— Comes de Roucy - 293
——— Comes Suessionensis ibid.
——— Comes Virmandensis 921. 924 - 4. 6. 495 Dapifer Ludovici VII. 497 ejus obitus - 9
——— Dapifer Philippi I. Franc. Regis - 406
——— Constabularius Ludovici VII. — 539. 541 & Philippi II. - 554
——— de Nigellâ , Constabularius Fr. - 46. 49. 50. 52. 210 in prælio interfectus - 55. 228
——— Basset , Justitiarius totius Angliæ - 507
——— Vicecomes de S. Susannâ - 173
——— de Fielnes , Dominus Andrensis 830
——— Lucens , Monachus Affligemiensis : ejus laudes 727
——— vir nobilis, fit Monachus apud S. Martinum Tornacensem, cui liberos offert 906. 907. 908 fit Monasterii Præpositus, & ejus res optimè administrat 910. 911. 912. 913 ejus obitus 921
RAGANFRIDUS Archiepisc. Viennensis , Ecclesia S. Petri extrà muros Ecclesiam S. Albani restituit - 365
RAGINALDUS de Monte-Basonis , Archiepisc. Turonensis 166. 171. 199.200
RAGINARDUS de Monte-S. Joannis , injustas consuetudines Ecclesiæ Augustodunensi remittit - 411
RAGINARIUS Episc. Ambianensis - 335
RAGINERUS Longi-colli Comes Hannon. Tom. III.

niæ 761 Lobiensem Ecclesiam violat , Monachos vexat, ac postremò à Brunone Archiepisc. Coloniensi in exilium pellitur 739
RAGINFRIDUS Archiepisc. Rotomagensis , & Abbas Fontanellensis , Abbatiam primùm amittit , deinde Episcopatu dejicitur 274
RAGNITRUDIS uxor Dagoberti Franc. Regis 367
RAGNOARDUS Archiepisc. Rotomagensis 282
SS. RAGNOBERTI Episc. Baiocensis , ac Zenonis Diaconi corpora Baiocis Suiacum transferuntur , & in Ecclesiâ Salvatori dicatâ collocantur : ad eorum sepulcra varia miracula perpetrantur 117 & seqq.
RAIAMBALDUS Archiepisc. Arelatensis indulgentias concedit iis , qui Ecclesiæ S. Mariæ de Correno quidpiam donaverint - 405
RAIMO Episc. Aurelianensis - 243
RAIMUNDUS Archiepisc. Arelatensis - 540
——— Archiepisc. Toletanus - 488
——— Episc. Agathensis : 519. 560 frater Guillelmi Domini Montispessulani, filii Mathildis - 563
——— Episc. Aginnensis 590
——— de Gualardo, Abbas , dein Episcopus Condomensis 601. 602
——— Episc. Elnensis - 618
——— Episc. Magalonensis - 526
——— Episc. Majoricarum - 597
——— Dalbuzon, Abbas Condomensis 584. 589 601
——— Juris Canonici Professor Bononiæ , deinde Ordinis FF. Prædicatorum , Capellanus Gregorii IX, postremò III. Magister Ordinis FF. Prædicatorum 292 ejus opera ibid.
——— Princeps Antiochiæ, frater Guillelmi IX. Aquitaniæ Ducis – 8 ejus mors - 8. 148
——— Comes Burgundiæ , Bisuntinæ Ecclesiæ non pauca restituit - 417
——— Comes Carcassonensis & Barcinonensis - 417
——— Bernardi, Comes Fuxensis - 43. 49
——— Rogerii , Comes Fuxensis - 49
——— Comes Gallæciæ : ejus fœdus cum Henrico Comite Portugaliæ - 418
——— Comes Melgoriensis : ejus testamentum - 460
——— Berengarii, filius Jacobi II. Regis Aragoniæ , Comes Montanatum - 715
——— Berengarii , Comes Provinciæ - 544 Sanciam filiam dare spondet Raimundo VII. Comiti Tolosano - 621
——— Comes Rutenensis - 417
——— Comes, pater Aldefonsi Hispaniæ Imperatoris - 487
——— IV. Comes Tolosanus , Dux Narbonæ , & Marchio Provinciæ , non nulla donat Monasterio Aveniensi S. Andreæ - 415
——— V. Comes Tolosanus , fitc. 519 confirmat donata eidem Monasterio ab Isnardo de Gargaiâ - 546 & à Bertrando Jordano - 554 dicitur Comes Melgori - 556
——— VI. Comes Tolosanus, &c. - 176 ejus pactum de matrimonio filii sui cum Sanciâ filiâ Petri II. Regis Aragonum - 567 an ante obitum pœnitentiæ signa dederit , inquiri jubet Gregorius IX, - 603
——— VII. Comes Tolosanus : eum ut pecuniam à se promissam Ordini Cisterciensi solvat ; urget Gregorius IX. - 603 ut indulgentius eum tractent , idem Legatis suis & Episcopis mandat - 604 & seqq. eique scribit , cur Venaiscenum Comitatum adhuc reti-

neat ibid Raimundus ab excommunicatione in se à FF. Prædicatoribus latâ Episcopos appellat - 621 ejus matrimonii pactum cum Sanciâ filiâ Raimundi Berengarii , Comitis Provinciæ ibid.
——— de Agouto , Dominus Saltûs , & Vicecomes Relaniæ - 744
——— Bernardus Flaming , legum doctor, Major , & secundarum appellationum in Provinciâ Judex - 754
——— de Banzâ , filium offert , ac non nulla donat Ecclesiæ Caturcensi - 443
RAINALDUS Archiepisc. Coloniensis , Cancellarius Frederici I. Imp. - 134 ejus mors - 155
——— Abbas Vezeliacensis , deinde Archiepisc. Lugdunensis 520. 525
——— Archiepisc. 315. 477 880 - 480 Robertum Archidiaconum Tornacensem ut in Petengensi Ecclesiâ Monachos constituat , hortatur - 485
——— Episc. Noviomensis, indulgentias concedit his qui novo Nosocomio condendo opes suas contulerint - 543 id Nosocomium cordit - 384
——— Episc. Petragoricensis - 416
——— Abbas S. Albini Andegavensis constituitur à Gunterio decessore - 378
——— de Castellione , Princeps Antiochiæ - 14, 153 in prælio interfectus - 15. 166
——— Comes Barrensis ac Virdunensis 249. 250. 251 252. 253
——— Comes Burgundiæ 394. 416. 434. 447. 617 jus quoddam in villâ Cusiaco Bisuntinæ Ecclesiæ remittit - 397
——— de Burgundiâ , Comes Montis-Beligardi - 700
——— Comes Remensis 469. 473
——— de Foresio , Dominus Sinimuri - 631 uxorem ducit Elizabeth filiam Humberti Domini Belli-joci - 632
——— frater Guillelmi IV. Comitis Nivernensis 741
RAINARDUS Episc. Lingonensis , non nulla donat Monasterio Besuensi 432
——— Abbas Cisterciensis 485
——— Abbas S. Petri-Vivi Senonensis 471. 473
——— Vetulus , Comes Senonensis 469. 470. 471. 473
——— II. Comes Senonensis , Frotmundi filius 474 ejus mors 475
RAINBERTUS Episc. Virdunensis , Monasterii S. Agericii conditor 440
RAINELMUS Episc. Noviomensis & Tornacensis 917
RAINERIUS Cardinalis Presb. S. Priscæ 578
——— Cardinalis Diac. S. Adriani 385
——— Cardinalis Diac. S. Georgii ad Velum aureum ibid.
——— filius Guillelmi Principis Montisferrati , uxorem ducit filiam Emanuelis Imp. & fit Rex Thessalonicæ - 162
——— Comes Calvi-montis - 289
——— de Jauche : ejus posteri ibid.
RAINOLDUS Archiepisc. Remensis 749 771 — 418 ejus epistolæ aliquot - 410 & seqq.
——— Episc. Parisiensis 472
——— Abbas S. Germani à Pratis - 439
——— Abbas S. Medardi Suessionensis 488
——— Abbas Stamperensis - 439
RAINULUS Episc. Teatinus 578
RAMBALDI de Kercewelt , Militis ; misera mors 643
RAMBERTUS Archiepisc. Senonensis 465
——— Abbas Montis-Majoris — 383
——— Abbas Senoniensis , disciplinam regularem in Monasterio suo instaurat 617. 618
RAMNARICUS Abbas Lobiensis 734
Ooooooo

Index rerum Memorabilium.

RANTGARIUS Episc. Noviomensis — 330
RANULFUS Episc. Cicestrensis — 187 ejus obitus — 188
—— Episc. Dunelmensis — 506
—— Abbas Claustracensis 255
—— Comes Cestriæ — 16. 145. 147. 150. 187. 106 ejus obitus — 190
—— Cancellarius Henrici I. Regis Angliæ : ejus avaritia & misera mors — 105
RATBERTUS Episc. Valentinensis — 357
—— Abbas S. Trudonis 660
—— Presbyter, Ecclesiam S. Blandinæ condit — 362
—— Scriptor vitæ S. Adalardi, & Commentarii in Matthæum 307
RATBODUS Frisonum Rex à Pipino victus 370
—— Episc. Noviomensis & Tornacensis 892. 918. 919 — 485 ejus obitus 911
RATHERIUS ex Monacho Lobiensi Episc. Veronensis 716 ejus opera ibid. 737. 740 ej scto à Veronensibus Episcopatus quidam in Provincia datur 737 Brunonem fratrem Ochonis I. Imp. instituit, ejus operâ fit Episc. Leodiensis, & mox dejicitur ibid restituitur Ecclesiæ Veronensi ibid. Episcopatum abdicat, ac mira dat levitatis indicia 740 Fulcuinum Abbatem Lobiensem ejicit, qui illo invito restituitur : ejus mors ibid.
—— de Belloforte, non nulla restituit Ecclesiæ Catureensi — 428
RATHODO ex Abbate Mediolacensi Archiepisc. Trevirensis 214
RATHOLDUS Episc. Noviomensis 336
—— Abbas Corbeiensis 571
RAUBERTUS Episc. Noviomensis & Tornacensis 917
RAVILAUDUS Abbas S. Remigii Senonensis 466
RENALIS - MONTIS Monasterium à S. Ludovico conditum — 32
RIGALIUM custodes maxima Ecclesiis damna inferre accusantur 181. 191 Regalia Episc. Augustodunensis vacante sede servat Archiepisc. Lugdunensis — 554 in perpetuum remittuntur Ecclesiæ Autissiodorensi — 7
REGES an beati esse possint — 505 eorum officium — 516
REGINA Caroli M. concubina 374
REGINALDUS Archiepisc. Coloniensis — 10
—— Archiepisc. Remensis , Orator obedientiæ Caroli VI. apud Martinum V. — 761
—— Episc. Carnutensis — 550. 574
—— Episc. Leodiensis 744
—— Episc. Tullensis 610 à Mahero decessore deposito interfectus 621
—— Electus Bathoniensis — 510
—— Abbas Andrensis 792 ejus obitus 799
—— Abbas Ramesiæ — 507
—— Gifardi, Abbas S. Dionysii in Franciâ 498 ejus obitus — 56
—— de Nantolio, Abbas S. Medardi Suessionensis 491
—— Decanus S. Aniani Aurelianensis, recipitur in Ordine FF. Prædicatorum — 186
—— Comes Barrensis 610
—— de Dammartino, Boloniæ Comes 490. 824. 825. 847. 848. 853. 854. 860. 361 — 25. 26. 181. 184 ejus obitus 866
—— Dominus Sidoniorum — 167
REGINARDUS Episc. Leodiensis 765
REGULARIUM vota, quibus se ad castitatem, communionem & obedientiam adstringunt, explicantur — 529. 530 in cellis quàm utiliter degere possint — 530 quid ab his illic servandum — 531. 532

REIDEBERTUS Major Domûs Chlotarii III. Fr. Regis 401
REIMANNUS Abbas S. Trudonis 660
REINERUS Abbas S. Pauli, dein Paschalis Papa II. 910
—— Abbas S. Trudonis 660
—— Thesaurarius Ecclesiæ Lincolniensis, laudatur — 503
REMBALDUS Magister Hospitalis per Hungariam & Silesiam, Orator Andreæ Regis Hungariæ apud Gregorium IX. — 610
REMENSIA Concilia 243. 482. 485. 489. 801 - 4, 7. 148 Remensis Provinciæ sedes Episcopales - 416 Remensis Monasterii S. Remigii societas cum Monasterio S. Dionysii in Franciâ - 333
REMIGIUS Archiepisc. Lugdunensis — 340. 341 343. 358. 359 Caroli Regis Provinciæ Capellanus Summus — 314. 315
—— Archiepiscop. Remensis sanctitate clarus : ejus corporis translatio 319
—— frater Pipini Fr. Regis Archiepisc. Rotomagensis — 174. 177 res Episcopatûs obtinet, & Monasterium Besuense donat mulieri, cum quâ consuetudinem stupri habuerat 404
—— Episcopus, Diensis — 357
—— Episc. Dorchecesstriæ, dein Lincolniensis - 503
RENATUS Siciliæ Rex — 809. 811. 815. 816. 818. 825
RITROCI Episcopi Catalaunensis obitus — 21
RISBODO Abbas Centulensis 333
RICHARDUS filius Joannis Angliæ Regis, nascitur — 182 Comes Cornubiæ 494. 870 - 33. 187 & Pictaviæ — 191 193 fit Rex Romanorum — 38. 191. 196 à Simone Comite Leicestrensi capitur, ac paulo post liberatur — 40. 41 199 ejus obitus — 41. 201
—— filius Henrici II. Regis Angliæ nascitur — 152 Dux Aquitaniæ, & Comes Pictaviæ - 158. 160 163. 166. 167. 349 patri in regno succedit — 17. 167 ejus gesta 821. 822. 823. 824 — 17 & seqq. 167 & seqq. mors 818. - 19. 177
—— Meterfis Canonicus, dein Cardinalis Episc. Albanensis, A. S. Legatus 248. 249. 250. 444. 477. 479. 481 - 439
—— Cardinalis Diac. S. Angeli - 650. 658
—— Archiepisc. Bituricensis — 416
—— ex Monacho de Doure Archiepisc. Cantuariensis - 158 159. 160 ejus obitus — 164
—— Magnus, ex Cancellario Lincolniensi Archiepisc. Cantuariensis 867 — 190 ejus obitus 869 — 190
—— Episcopus Albiensis — 570
—— Episcopus Cestrensis - 153. 157
—— ex Decano Sarum Episc. Cicestrensis - 184 dein Episc. Saresberiensis - 186. 187 in SS. album relatus — 197
—— de Wichiâ, olim Cancellarius S. Edmundi Archiepisc. Cantuariensis, fit Episc. Cicestrensis - 193 ejus obitus — 195
—— de Martus, Episc. Dunelmensis — 189 ejus obitus — 191
—— de Swenefeld, in Theologiâ Doctor, Episc. Herfordensis — 109
—— ex Archidiacono Bajocensi Episc. Lincolniensis — 164
—— de Gravesende, Episc. Lincolniensis : ejus obitus - 208
—— Episc. Lingonensis 390
—— Episc. Londonensis - 506 ejus obitus — 154
—— Eliensis, Episc. Londonensis - 168. 213. 221
—— Episc. Massiliensis - 426

—— Blund, Episc. Oxoniensis — 194
—— Episc. Virdunensis 240. 247 & seqq. 393
—— Infans, Episc. Virdunensis 258
—— ex Archidiacono Pictavensi Episc. Wintoniensis — 159. 160 ejus obitus — 166
—— Abbas Eleemosynæ 579
—— Abbas Marcianensis — 413
—— Abbas Mosomensis 880
—— Abbas S. Benigni Divionensis 396
—— Abbas S. Petri Gandavensis 285
—— Abbas S. Vitoni 239. 765. 767 & Lobiensis 744
—— Canonicus S. Crucis Londini, scriptor Vitæ Richardi Angliæ Regis 188
—— de S. Victore : ejus opera — 145
—— de Fissakre, Ordinis FF. Prædicatorum : ejus opera - 192
—— Burgundiæ Dux 378. 379. 411 ejus mors 468
—— I. Normanniæ Dux, Fiscannense Monasterium condit 386
—— II. Normanniæ Dux, non pauca donat Ecclesiæ Carnutensi - 386 & Monasterio Centulensi 131 ejus laudes 184
—— III. Normanniæ Dux : ejus donatio propter nuptias Adelæ facta - 390
—— Comes Cestrensis: ejus misera mors — 404
—— Roberti filius, Comes de Clarâ - 158
—— Comes Divionensis 381. 388. 389
—— Comes Glovernix : ejus obitus — 160
—— Comes de Manupiello 960 Monasterium Piscariense, Episc. Valvensem, &c. pecuniâ comparat, ut Monachos & Clericos duplum sibi solvere cogat 961 ejus misera mors ibid.
—— Comes Metensis 569
—— Comes Soranus, frater Innocentii Papæ III. — 617
—— Comes de Strogoil, Marescallus Angliæ, in exilium ejectus - 177 fit totius Hiberniæ Seneschallus ibid. ejus obitus — 178
—— avus Hugonis Comitis Rutenensis — 540
—— Basset, Justitiarius totius Angliæ — 507
RICHARIUS conditor Monasterii Centulensis, sanctitate clarus : ejus gesta fusè describi 192 & seqq. ejus corpus Centulam transfertur 300 miracula 301. 312. 313. 315. 310. 330 ejus corpus ab Arnulfo Comite Flandriæ raptum 314. 315 ad Hugone postea Fr. Rege Centulam relatum 325. 326 ejus vitam Angelrannus Abbas Centulensis scripsit 335
—— ex Abbate Prumiensi Episc. Leodiensi & Abbas Lobiensis 735
RICHBODUS Archiepisc. Trevirensis 213
RICHERIUS Archiepisc. Senonensis 476. 477 - 405. 415
—— Episcopus Virdunensis 210. 245. & seqq.
—— Abbas S. Vitoni 259
—— Monachus Valciodorensis : ejus opera 725
RICHILDIS uxor Caroli Calvi 350
—— Comitissa Hannoniæ, uxor Hermanni, dein Balduini Comitis Flandriæ - 287. 288 ejus obitus - 288
RICHIMARUS Abbas S. Benigni Divionensis 365
RICHWINUS Comes Coriovallensis 176
RICOMAGO libertates & consuetudines concessæ ab Alfonso Comite Pictavensi & Tolosano - 671
RICULFUS Abbas Montis-Majoris - 384
RIEVALLIS Monasterium conditur - 1
RIGALDUS Episc. Albiensis — 571

Abbas

Index rerum Memorabilium.

— Abbas Castrensis - 570. 571
RIGOBERTUS Archiepiscopus Remensis - 217
ROBERTUS frater Odonis Fr. Regis, regno usurpato in acie cæsus 380
— Franc. Rex Hugonis filius 381. 386. 389. 391. prædones in Burgundia coercet 410 dicitur Rex Franc. &. Aquitaniæ - 386
— de Cortenaio, Imp. Constantinopolitanus, ejus obitus - 35
— de Brus, Dominus Vallis-Avandiæ - 198. 212. fit Rex Scotiæ - 59. 230. 231 ejus obitus - 59
— filius Caroli II. Regis Siciliæ, Calabriæ Dux - 53 deinde Rex Siciliæ - 66. 67. 74. 75. 76. 82.
— de Kilewardeby, Ordinis FF. Prædicatorum, Archiepisc. Cantuariensis - 103. 104 106 fit Cardinalis Episc. Portuensis - 107 ejus opera - 103 obitus - 108
— de Winchelesea, Archiepisc. Cantuariensis - 215. 230
— Archiepiscopus Remensis 199. 200 - 707
— Archiepisc. Rotomagensis frater Richardi II. Normanniæ Ducis 289. 331. 392
— alius Archiepisc. Rotomagensis - 510 ejus fœdus cum Philippo II. Fr. Rege - 586
— Archiepisc. Trevirensis 114
— Episc. Asturicensis - 488
— ex Archidiacono Episc. Atrebatensis 791 ejus mors 807
— ex Præposito Atrensi Episc. Atrebatensis, d.in Cameracensis, mox interfectus 813
— Episc. Baiocensis - 561
— Episc. Bathoniensis - 106 ejus obitus - 155
— Burnel, Episcopus Bathoniensis - 107. 109
— Episc. Belvacensis - 32 ejus obitus - 35
— Episc. Carnutensis 580
— Episc. Cestrensis - 506
— Peccam, Episc. Cestrensis ibid.
— Episc. Constantiensis 289
— de Insula, Episc. Dunelmensis: ejus obitus - 109
— Episc. Exoecestriæ - 506 alter ibid.
— de Maledonia, Episc. Herfordensis - 154 ejus obitus - 155
— Folioth, ex Archidiacono Lincolniensi Episc. Herfordensis - 154
— Episc. Lincolniensis, antea Cancellarius Guilielmi I. Angliæ Regis, & uxoratus - 504 Justiciarius totius Angliæ - 503 quæ adversa tulerit, ac misera ejus mors ibid.
— alius Episc. Lincolniensis : ejus obitus - 155
— Grossum caput , Episc. Lincolniensis : ejus opera & obitus - 195
— Episc. Lingonensis 195. 437 - 437 frater Odonis Burgundiæ Ducis 413 Monasterio Besuensi non pauca donat 433. 435. 436. 437 litem dirimit inter Monasterium Besuense, & Monasterium S. Leodegarii 442 ejus mors 443
— Episc. Londonensis - 145. 506
— Episc. Macioviensis 100
— ex Abbate Robacensi fit Episc. Meldensis renitente Richerio Archiepisc. Senonensi, qui eum excommunicat 476
— Episc. Metensis 114 pallii honore donatus 228
— Episc. Oxoniensis: ejus obitus - 153
— de Bingeham, Episc. Saresberiensis - 190
— de Wichampton, ex Decano Episc. Saresberiensis — 102 ejus

obitus — 110
— Episc. Sylvanectensis — 646
— ex Primicerio Episc. Virdunensis 260
— de Courcon, A. S. Legatus 490
— de Abricellis, Institutor Ordinis Fontis-Ebraldi : ei varia in Petragoricensi & Pictavensi diœcesibus donantur - 474. 475 quæ ille donat Gerardo de Salis - 475
— Abbas Affligemiensis 778
— Abbas Ardenæ - 560
— Abbas Belli-becci ibid.
— Abbas Broniensis & Lobiensis 717
— Abbas Castrensis - 570. 571
— ex Priore Abbas Fontanensis : ejus laudes 576
— Abbas Insulæ - Dei — 160
— primus Abbas Molismensis - 417
— Abbas Tuitiensis : ejus laudes 700, 701
— ex Decano Stabulensi Abbas Valciodorensis 717
— Abbas Vezeliacensis 3 & 4 alter 505
— Monachus Cluniacensis , Aldefonso Hispaniæ Regi acceptissimus - 407
— Monachus , scriptor Chronici Valciodorensis 708
— Roberti Franc. Regis filius Burgundiæ Dux 412. 413 — 154
— Hugonis filius Burgundiæ Dux - 294 ejus obitus — 59
— Comes Arvernorum 158. 159
— filius Ludovici VIII. Comes Atrebatensis Palatinus 491 - 33. 191. 612 ejus mors - 36. 194
— II. Comes Atrebatensis , Primi filius - 41. 45. 50. 51. 12. 109. 116, 119, 228 jura civium Atrebatensium confirmat, ac nova addit - 571. in prælio interfectus - 55. 228
— nepos Roberti II. Comitis Atrebatensis , Comes Bellimontis - 61. 71. 72. 94. 95. 96. 102. 105
— Comes de Clara : ejus obitus - 158
— Comes Clari-montis — 52
— de Ferrariis, Comes Derboiæ - 197. 201
— Grossus, Comes Drocarum , Ludovici VI. filius 491. 494. 495 - 19. 294 ejus obitus 870
— II. Comes Drocarum , Primi filius 49. — 294
— Gastebie , III. Comes Drocarum, secundi filius 494
— Friso, Flandriæ Comes 151. 891. 893. 894 — 187. 228 confirmat fundationem Monasterii Hamensis , eique non nulla donat - 418 ejus mors 894
— II. Flandriæ Comes , Primi filius 791. 792. 892. 894 - 413 cum uxore Clementia , & Balduino filio non nulla donat Monasterio Lehunensi - 418 ejus obitus 799. 893
— III. Comes Flandriæ — 70
— Comes Gloverniæ, filius naturalis Henrici I, Angliæ Regis — 144. 145
— Comes Leicestriæ , carceri mancipatur - 159
— de Bassavilla Comes Lorotelli 969. 970
— Comes Manuplelli 966. 967
— Comes Mellenti - 158 ejus summa apud Reges Franc. & Angliæ auctoritas - 505 misera mors ibid
— Comes Moretonii, frater Guilielmi I. Regis Angliæ - 192
— Comes de Moretuil - 506
— Comes Perticensis, filius Ludovici VI. 802
— Comes Trecensis 479 - 378

— Comes Palatii Rodulfi Franc. Regis 380
— de Cortenaio, Buticularius Franciæ - 396. 607
— Bertrandi , Marescallus Franciæ - 16
— de Claromonte , Marescallus Fr. à Parisiensibus interfectus - 516
— Burnelli , Cancellarius Angliæ - 106
— Cancellarius Rogerii Siciliæ Regis 968
— de Sorbona, Canonicus Parisiensis : ejus testamentum , in quo non pauca donat Congregationi Pauperum Magistrorum studentium in Theologia, cujus Provisor fuerat - 670
— Clericus, frater Hugonis Burgundiæ Ducis — 413
— filius Roberti III. Comitis Flandriæ à fratris filio interfici jubetur - 83 eligitur dux à Curtracensibus rebellibus — 84
— de Belesme : ejus prodigiosa crudelitas, & misera mors - 505
— de Candes , condit Monasterium Belli-montis — 4
— Miles Dominus Couciaci 488
— Ibriensis , consentiente Hildeburgi uxore , in Beccensi Monasterio Regulam S. Benedicti profitetur, ac piè moritur 153
— Peronensis , frater Ingelranni Comitis Ambianensis, non nulla donat Monasterio Lehunensi — 418
— Dominus Rupium Corbonis - 279, 281
— de Sabulio , & uxor ejus Hadulfa, Majori - Monasterio non pauca donant — 406
ROCELINUS Vicecomes & Dominus Massiliæ — 566
ROCLENUS Episc. Cabillonensis - 412
— Episc. Nivernensis 473
RODEGANUS Abbas S. Trudonis 660
RODERICUS Comes Legionensis — 488
— de Villandrando , Comes de Ribadeo — 762
— Gonzalves , Comes Toleti - 488
RODOALDUS Episc. Laudunensis 715
RODULFUS Richardi Ducis Burgundiæ filius , Rex Franc. 379. 380. 381
— Archiepisc. Remensis 381
— Episc. Ambianensis — 294
— Caroli Calvi avunculus , Abbas Centulensis, & Comes maritimus 316
— Abbas S. Agerici Virdunensis 156 771 eam Abbatiam relinquit , ac fit Prior S. Vitoni 156
— de Bria, Abbas S. Medardi Suessionensis 490
— Abbas S. Petri Cabillonensis - 375
— Abbas S. Remigii Remensis 568
— Abbas S. Trudonis , & scriptor historiæ Monasterii sui : eius natale solum ac studia 686 fit Monachus Porceti ibid, aliquot Monasteriis peragratis , retinetur à Theodorico Abbate S. Trudonis 687 ejus Monasterii Prior sit, & restaurandæ disciplinæ regulari operam dat efficacem 687. 688. 689. 690 ejus opera. 690 Cluniacensium usus à monachis recipi curat ibid post Theoderici mortem Prioratui renuntiat , & à Monachis mittitur ad Adalberonem IV. Episc. Metensem , ut Herimanni intrusionem impediat 681 & seqq. eligitur Abbas S. Trudonis 686 bona plurima recuperat , alia comparat 691. 692. 695 & seqq. Monasterium instaurat 696. 697 multa patitur ,

Index rerum Memorabilium.

dum Imperatori contra Ecclesiam favere renuit, ac postremò è Monasterio suo excedit 698. 699 post aliquot peregrinationes sit Abbas S. Pantaleonis 700. 701 reducitur in Monasterium S. Trudonis, quod iterum instaurat 701. 702 Romanum iter bis suscipit 701. 703 Monasterium igne succensum instaurat 704 alia ejus gesta ibid. & seqq.
— Abbas S. Vitoni 244 à Theoderico Episc. Virdunensi ejicitur 245 Richerium Theoderici successorem Romanæ Ecclesiæ reconciliat ibid.
— Abbas Valciodorensis 520
— Albus, ex Vicecomite Divionensi, Prior Besuensis, & S. Benigni Divionensis: ejus laudes 412
— Comes Camaracensis, interfectus 711
— Comes de Crispeio 143
— Comes de Habzipore, Dux Argentoratensis exercitus contra Gualterum Episc. 612. 613
— Dominus Castri Scurrilias 478 ROGERIUS Apuliæ Dux, deinde Rex Siciliæ 966. 967. 968 - 6. 145 ejus obitus - 9
— II. Rex Siciliæ, Tancredi filius: ejus obitus - 18
— Cardinalis Subdiaconus - 427
— ex Archidiacono Cantuariensi Archiepisc. Eboracensis 809 - 11. 149. 156 ejus obitus - 164
— Lombardus, ex Archidiacono Saresberiensi Episc. Bathoniensis - 159
— ex Præcentore Saresberiensi Episc. Bathoniensis - 193 ejus obitus - 194
— Episc. Catalaunensis — 154
— ex Archidiacono Buchingeham Episc. Cestrensis - 504. 506
— Episc. Laudunensis - 290. 142
— Episc. Londonensis 870
— Episc. Saresberiensis - 144. 506 ejus obitus - 145
— Episc. Tullensis 261. 638
— Episc. Wigornensis - 154. 157 filius Roberti Comitis Gioverniæ - 161 ejus obitus ibid.
— Abbas Beccensis - 178
— Abbas Castrensis - 571. 572
— Faucillons, Abbas S. Medardi Suessionensis 489
— Abbas S. Pauli Virdunensis 214
— de Molendinis, Magister Hospitalis, interfectus - 14
— Comes Antiochiæ - 1
— Comes Cornubiæ, filius naturalis Henrici I. Angl. Regis; ejus obitus - 160
— Comes Fuxensis - 417
— Bernardus, Comes Fuxensis, & Vicecomes Castriboni 680. 681. filius Rogerii item Comitis & Vicecomitis, ac Brunissendis ibid.
— Comes Herfordiæ - 150
— Bigot, Comes Norfolchiæ, Marescallus Angliæ - 212. 643
— Comes de Warewic - 506
— Comes, in beneficio habuit Ecclesiam S. Theoderici propè Remos 565
— Vicecomes de Gavaret 588. 593
— Dominus Cimacensis 729
— Diabolerius, Dominus Monthesauri — 275
ROHARLUS Abbas S. Vitoni Virdunensis 239
ROLANDUS Cardinalis Presb. S. Marci, S. R. E. Cancellarius, fit Alexander Papa III. 515. 971 - 153
— Præfectus Britannici limitis sub Carolo M. 372
— de Dinan, Procurator Britanniæ — 150

ROLO Cardinalis Diac. SS. Cosmæ & Damiani, A. S. Legatus - 419
ROMA à Frederico I. Imp. frustrà obsessa 486 Romanæ Ecclesiæ bona à variis usurpata - 598 Romanum Concilium sub Calixto Papa II. - 2 aliud sub Innocentio III. 630
S. ROMANÆ Virginis martyrium 136 ejus corpus in Ecclesia Belvacensi S. Quintini collocatur ibid. circumfertur 137
ROMANUS Cardinalis Diac. S. Angeli, A. S. Legatus 866 - 30. 603 Electus Portuensis - 604
— Cardinalis Diac. S. Mariæ in Porticu 527. 528
— Episc. Metensis 226
— Abbas Fontanellensis 173
— primus Abbas Piscariensis 919. 911 & seqq. ejus obitus 939
ROMIGARIUS Episc. Noviomensis & Tornacensis 917
RORICO Episc. Ambianensis - 494
ROSAMUNDA Henrici II. Anglorum Regis concubina - 185
ROSCELLINI Clerici Compendiensis de sacerdotum filiis in clerum non admittendis sententia confutatur - 448
ROSTAGNUS Archiepisc. Aquensis - 407
— Abbas S. Blasii — 478
— vir nobilis, Monasterio S. Andreæ Avenionensis non nulla donat - 384
— de Podio-alto : ejus testamentum - 637 & codicillus - 647
ROTLANNUS Archiepisc. Atelatensis 513
ROTOMAGENSIS Archiepiscopi jura in Ecclesia S. Mellonis Pontisatensi - 619 Rotomagensi Monasterio S Audoëni datur abbatia Siggienesis SS. Martini & Wiganii - 400 donata confirmat Philippus I. Franc. Rex - 390
ROTROCUS Comes Perticensis - 152
ROTRUDIS sanctitate illustris, eadem quæ Ritrudis 781 ejus corpus furto sublatum reperitur, ac deducitur ad eum locum, ubi postea conditum est Monasterium Andrense 781 à flammis non læditur 782.
— Caroli M. filia, Constantino Imp. Græcorum desponsata 374
ROTUNDA-TABULA, ludus militaris - 107
RUDELLUS Comes Petragoricensis - 467
RUDOLFUS Burgundiæ Rex Viennensi Monasterio donata à Conrado patre confirmat, & ipse alia donat - 380. 386
RUFINA sororis Ephibii Abbatis testamentum — 519
Rufus Episc. Metensis 225
RUPALLA conditur Ecclesia S. Bartholomæi - 501
RUSTICUS Archiepisc. Trevirensis 211
R U T H A R D U S Archiepisc. Moguntinus 220

S.

SABAUDUS Archiepisc. Trevirensis 212
SABBATINUS Abbas S. Trudonis 660
SACERDOTUM filios in Clerum posse admitti probat Theobaldus Stampensis - 448 Sacerdotis cædes ut vindicata 646
SACRA vasa quando distrahi liceat - 387 quibus venumdanda - 388
SACRAMENTA ab hæretico celebrata non mirús sancta & efficacia, quàm quæ à viro pio & catholico - 520
SALAHADINUS Ægypti Soldanus - 11. 12. 14. 15 ejus mors - 18
SALCRIÆ Leprosariæ non nulla donantur à Ludovico VII. & Philippo II.

616 donata confirmat, & aliæ donat Ludovicus IX. ibid.
SALETIS ad plebis usum Ecclesiam condit Mauringus, cui villas Montemplanum & Res addicit Angilmarus Archiepisc. Viennensis - 156
SALINIACI in Sylva Ecclesia conditur 483
SALMURIENSE Monasterium S. Florentii conditum à Theobaldo II. Comite Campaniæ - 5 quæ ei in suis diœcesibus donata sunt confirmant Baldricus Dolensis, & Joannes Briocensis Episc. 419
SALOMON Abbas Castrensis - 570. 571
— Dominus Lavardini - 161
SALVINUS Episc. Virdunensis 235. 241
SALUTATIO Angelica sexagies repetita 805
SAMBATIUS Episc. Metensis 225
SAMSON Archiepisc. Remensis 573. 755. 913 A. S. Legatus 881
— Episc. Wircestriæ — 506
— Abbas S. Petri - Vivi Senonensis 468
SAMUEL Notarius & Scriniarius Romanæ Ecclesiæ 504
SANCIA Regina Siciliæ, filia Jacobi Regis Majoricarum & Sclarmundæ 703
— Infanta: soror Aldefonsi Hispaniæ Imp. 488
— filia Raimundi Berengarii Comitis Provinciæ: ejus pactum matrimonii cum Raimundo VII. Comite Tolosano - 612
S. SANCIANI corpus translatum 467
SANCIUS Alfonsi Castellæ Regis filius, uxorem ducit Guillelmam filiam Vicecomitis Bearnensis - 381. 673 deinde Castellæ Rex: ejus obitus - 30.
— filius Jacobi Regis Majoricarum & Sclarmundæ - 697. 703, 706 deinde Rex Majoricarum — 709
— Abbas Castrensis - 570. 571
— Guillelmi filius, Dux Vasconum 581. 582. 583
— Sancii filius, Dux Vasconum 581. 584
S. AMANDI Helnonensis Monasterium conditum à S. Amando Episc. Trajectensi 917
S. AMANTII Monasterium in Rodenia (h. e. in Rutenensi pago) Ecclesiæ Virdunensi subditum 247 id Monasterio S. Vitoni donat Berengarius Episc. 248
S. AMATORIS Monasterium in diœcesi Lingonensi datum Monasterio Divionensi S. Benigni 590
S. ANDREÆ Monasterium in diœcesi Elnensi conditum à septem sacerdotibus diœcesis Urgellensis - 351 eam fundationem confirmat Carolus Calvus ibid.
S. ANIANI Monasterii bona ex privilegia confirmat Carolus Simplex - 367
S. BARTHOLOMÆI de Carpeneto Monasterium conditum à Bernardo de Pinne 946
S. BERTINI Monasterii Ecclesia igne succensa 808. in illud admittuntur consuetudines Cluniacenses 913
S. CRUCIS Monasterium puellarum, in diœcesi Aptensi, conditum à Cæcilia sanctimoniali — 616. 617
S. DEODATI Monasterium in Vosago, conditum à S. Deodato Episc. Nivernensi 606. 607. illud à Jungenio dictum 607 in eo, Monachis ejectis, subjectum Apost. sedi 616 instauratur à Beatrice Ducissa Lotharingiæ ibid.
S. DIONYSII in Francia Monasterium conditum à Dagoberto Franc. Rege 368

Index rerum Memorabilium.

368 ei restituitur Argentolium 405 reliquiis ditatur *ibid*, ejus Abbati conceditur ulus mitræ, anuli, & sacerdotalium, prima vox & prima sedes inter Abbates 496 eidem conceditur usus tunicæ, & dalmaticæ, necnon jus benedicendi populum *ibid*. ejus Monasterii societas cum Monasterio Remensi S. Remigii 334

S. Dionysii Monasterium in Brocheroie, conditum à Richilde Hannoniæ Comitissa - 288

S. Eparchii Monasterio jura quædam restituit Humbertus Guerilla - 444 ei non nulla donantur 610

S. Eugenii Monsterium: in eo simul plurimi nobiles viri monasticam vitam profitentur 434 ejus cella Barri in Diœcesi Lingonensi *ibid.*

S. Gudilæ Ecclesia collegiata à Lamberto II. Comite Lovaniensi condita — 291

S. Guingalozi Ecclesia, amotis inde Canonicis, donatur Majori Monasterio — 409

S. Joannis in Venere Monasterium conditum à Trasmundo Comite 947

S. Leodegarii Monasterium, Prioratus Monasterii Autissiodorensis S. Germani 441 ejus Monachorum lites cum Monachis Besuensibus 441

S. Machuti Ecclesia, amotis inde Canonicis, donatur Majori Monasterio — 406

S. Mariæ de Furnis Ecclesia Mabiliæ donatur à Monachis S. Andreæ Avenionensis, ut in eâ parthenonem condat — 619

S. Mariæ de Picteno Monasterium conditum à Bernardo de Pinne 946

S. Mariæ de Sylvâ-Regali Monasterium conditum ab Ildefonso Rege Aragoniæ — 556

S. Michaelis in Porcariana Monasterii bona confirmat Henricus Rex postmodum Imp. — 186

S. Michaelis in Tirasciâ Monasterium conditum ab Eilberto Comite 712 ejus societas cum Monasterio Valciodorensi 718

SS. Michaelis et Germani in Coxano Monasterii bona recensentur & confirmantur à Lothario Franc. Rege — 373

S. Nicolai de Civitatulâ Monasterium à S. Adelberto Eremita conditum, & donatum Monasterio Piscariensi 14

S. Nicolai de Prato Cœnobium à Movino cive Tornacensi conditum 911

S. Petri Monasterium conditum à Chrodegango Episc. Metensi 227

S. Petri Ecclesiæ extra muros Viennenses Canonicis S. Albani restituit Raganfridus Archiepisc. Viennensis — 305

S. Polycarpi Monasterii bona ac privilegia confirmat & auget Carlomannus Franc. Rex - 364 necnon Odo Rex Franc. — 366

S. Pontii Tomeriarum Monasterio non pauca donat Bernardus Vicecomes de Minerba — 419

S. Porciani Abbatiam Monasterio Herensi donat Carolus Calvus — 310 eam donationem Joannes Papa VIII. confirmat — 311

S. Præjecti Monasterium in urbe S. Quinini ab Alberto Comite Virmandensi conditum — 410 ejus jura servari jubet Heribertus Alberti successor *ibid.*

S. Salvatoris Monasterium in Vosago, conditum à Bertholdo Episc. Tullensi 616 ejus Abbatis & Advocati jura *ibid.* varia ejus conditio 607

S. Salvatoris Monasterium prope Braiam, conditum à Burchardo Milite, & uxore ejus Hildegardi 470

S. Sepulcri Monasterium apud Fontem Vennam, conditum à Girardo ejus castri domino, & Monasterio Besuensi subditum 418

S. Sepulcri Monasterium in pago Trecensi ab Adraldo Archidiacono conditum 474

S. Truderii Monasterio condit; cique varia jura ac prædia tribuit Barroinus Archiepisc. Viennensis — 361 eidem nonnulli alia donant *ibid.* fundationem confirmat Formosus Papa — 365 necnon Ludovicus Rex Bosonis filius — 367 ei Monasterio non pauca donat, & varia jura concedit Hugo Italiæ Rex & Provinciæ Comes — 372

S. Theoderici Monasterium: in eo, amotis Præbendariis, restituuntur Monachi ab Adalberone Archiepisc. Remensi 365. 371

S. Trudonis Monasterii divitiæ sæculo IX. 661 ejus bona distrahuntur ab his qui de Abbatiâ inter se disceptant *ibid.* ex pauperrimo fit ditissimum sub Gunthramno Abbate 661 ad sepulcrum S. Trudonis ingens populi concursus, ac donatia prope infinita 662. 663 augentur Monasterii opes, simulque in eo labefactatur disciplina regularis 663. 664 monachis ob morum pravitatem infensi Episcopi Leodiensis ac Metensis 665 ab his territi monachi plerique fugam arripiunt 666. 667 monasterium igne succensum *ibid.* adeoque oppidum 669 Monasterium invadit Arnulfus Comes Lossensis *ibid.* ejus res Lanzo Abbas distrahit 670 alias Bruno pseudo-Episc. Metensis 671 non nulla ei restitui curat Henricus Episc. Leodiensis 671. 672 ejus pleraque bona, à variis proceribus usurpatur, 674 Monasterium instauratur 675 & seqq. consuetudines Cluniacenses in id introducuntur 680 bona plurima recuperantur à Rodulfo Abbate 692. 693 oppidum igne succensum 696 Monasterium instauratur, & variæ in ejus Ecclesiâ reliquiæ reconditæ 696. 697 quot mala passum sit à Gisleberto Advocato 702 id Episc. Leodiensis in suum patrocinium suscipit *ibid.* oppidum igne succensum 705. 706 Monachorum præbenda 706. 707

S. Vincentii in Nemore Canonicis Regularibus non pauca donantur ab Hugone Castri-novi domino, &c. — 488

* *Cætera Monasteria ac Cœnobia Vide in eis locis ubi condita sunt.* Exempli causâ *Monasterium S. Germani*, quære in verbo *Autisiodorensis.*

Sanctinus primus Episc. Virdunensis 234. 241

Sandradus primus Abbas Gladbacensis, ejicitur, & fit Abbas Weissembergensis 657 Monasterio suo restituitur *ibid.*

Saro Abbas S. Benigni Divionensis 377. 378

Savaricus Episc. Bathonensis & Wellensis; ejus obitus - 181
—— de Varginiaco, Dominus Castri-Censorii 145

Saviniacense Monasterium Lugdunensi Ecclesiæ donat Lotharius I. Imp. — 361

Savianicensis Ordo 575 ei statuta dat, eumque sub protectione suâ recipit Lucius Papa II. 578 unitur Ordini Cisterciensi 575

SS. Saviniani, Potentiani, &c, corpora reperta & translata 466

Saura filia naturalis Jacobi Regis Majoricarum, nubit Petro Gauserandi de Pinofio - 696

Saxones à Chlotario I. Franc. Rege victi, cum deinde superant 361 tributum iis remittitur à Dagoberto Rege 367 à Carolo M. sæpe victi 371

Saxowalus primus scriptor Chronici Monasterii Centulensis 316

Scafuse Monasterium ab, Ebarhardo Comite conditum 216

Scenicis ludis renuntiare debet, qui Christianam religionem amplexus est — 301

Sclarmunda filia Rogerii Comitis Fuxensis, nupta Jacobo filio Jacobi I. Aragoniæ Regis, postmodum Regi Majoricarum- 680. 681 ejus testamentum - 702

Scotia Regnum quatenus Angliæ Regno subditum - 211. 212 an ad Romanam sedem pertinuerit - 214. 215 & seqq.

Scriptura Sacra nocturnis horis olim ita legebatur: primæ lectiones ex Moyse, secundæ ex Prophetis, tertiæ ex Evangelio, quartæ ex Apostolo; & singulæ partes legebantur ex ordine - 305

Secundus Martyr, Tribunus Legionis Thebææ 109

Segardus ex Priore Abbas S. Marcini Tornacensis 914. 920 ejus obitus 911
—— Abbas S. Vitoni 256. 257

Sehebrandus de Meduana, dominus Lavardini - 173

Sellentiaci Monasterium ab Alicio S. Eligii fratre conditum 91

Senebaldus Cardinalis Presb. S. Laurentii in Lucinâ, fit Innocentius Papa IV. 631. 632. 193

Senescallia Franciæ Andegavensibus Comitibus propria, à quo ei restituta 171

Senonum civitas quinque menses à Normannis obsessa 468 Regio dominio addita 471 ejus Communia destructa 485

Senonensis Archiepisc. Primas Galliæ & Germaniæ 467 Senonensi Ecclesiæ subditur Monasterium S. Columbæ 463 multa donantur à Hroelau conjuge Mainerii Comitis Senonensis 465 eam Lugdunensi Ecclesiæ subjici, se nunquam passurum scribit Ludovicus VI. - 478

Senonensis Basilica S. Leonis diruta 467 Monasterii S. Columbæ murorum pars destructa 369 Abbatiæ S. Mariæ varia fortuna 467. 469. 474. 486

Senonense Monasterium S. Petri-Vivi, à Techildâ filiâ, Chlodovei I. Franc. Regis conditum 464 ei non nulla donantur *ibid.* ejus cella Noviacus in Aquitania 465 Alconis villam, & alia ei donat Egil Archiepisc. Senonensis 466 in ejus Ecclesiam plurima SS. corpora transferuntur 467 ab Hungaris igne concrematum 469 spoliatum à Norranno Abbate, ac deinde in illo Abbates constitui desinunt 470 id vastare pergit Archembaldus Archiepisc. *ibid.* ejus res non nullæ servantur à Frodone Milite *ibid.* privilegium ei concessum de eligendo à Monachis Abbate 472 instauratur Monasterium operâ Seuvini Archiepisc. qui Abbatem & Monachos in eo constituit 471. 472 eique non pauca donat 475 ejus Abbas primus inter Abbates Senonensis diœcesis *ibid.* multa ei damna infert Gelduinus Archiepisc. 475 igne concrematum 477 non nulla ei donant Hugo Campani Comes & uxor ejus Constantia 477 ejus bonorum pax recensetur 481 aliquot reliquiæ ei donantur 484 ei subditum

Tom. III.

QQQqqq

Index rerum Memorabilium.

Mauriacense Monasterium, in Diœcesi Arverniæ 479 & seqq.
Senonense Monasterium sancti Remigii Vallilias translatum 465 incenditur à Normannis 468 transfertur ad muros Senonenses ibid.
Seponensis Ecclesia S. Saviniani conditur 476 item Ecclesia S. Thebaudi ibid.
SENONIENSE Monasterium in Vosago à S. Gundeberto Archiepisc. Senonensi conditum 604. 605 Imperiale olim fuit, dein Metensi Episcopo subjectum 612 in illud defertur corpus S. Simeonis Episcopi Metensis ibid. 613 ejus Abbas temporalia à Metensi Episcopo, spiritualia à Tullensi accipit 613 ejus, & Advocati jura ibid. in eo perit disciplina regularis 617 quæ instauratur à Ramberto Abbate 618 ei multa à multis donantur 619 opprimitur à Comitibus de Salmis 619 & seqq. Priores cellarum à Monasterio pendentium operam iis utilem impendunt 644 Henricus de Salmis Monachos vexare pergit, & excommunicatur 648. 649 Monasterium desertur 649 Monachi in illud redeunt 651
SEPTENARII numeri explicatio 325
SERAPHIM Abbas Besuensis 375. 405. 406. 407
SERAPHIN, quando neutrius generis sit, quando masculini - 331
S. SERENÆ corpus Spoleto in urbem Metensem translatum 134
SERGIUS Papa I. ejus literæ in gratiam Monasterii S. Benigni Divionensis 369
——— Scriniarius Romanæ Ecclesiæ - 349
SERLO Abbas S. Luciani Belvacensis - 494. 495
——— Abbas Saviniacensis 578 Monasterium suum, & quæ ab eo pendebant subjicit Ordini Cisterciensi 575
SERVATIUS Episc. Tungrorum 49
SERVI uxores nisi ex consensu dominorum ducere non possunt - 482 in servitutis quæstione quid servandum 557 - 59; servis libertas concessa à Ludovico X. Rege Franc. modo certam sibi pecuniæ summam solvant - 707
SEVERICUS Archiepisc. Trevirensis 112
SEVERINUS Archiepisc. Coloniensis 210
——— Archiepisc. Trevirensis & Episc. Tungrorum 209
——— Archiepisc. Trevirensis 111
SEVERUS Archiepisc. Trevirensis ibid.
SEUVINUS Archiepisc. Senonensis: ejus gesta & obitus 471. 472. 473
SIBITIUS Archiepisc. Trevirensis 111
SIBYLLA filia & heres Almarici Regis Hierosolymitani, nubit Guidoni Joppensi - 165
——— mulier, Episc. Metensem, & gravissimos viros, dum se in cœlum rapi, ab escis abstinere, &c. fingit, mirificè ludificatur, postremò detectis ejus fraudibus carceri mancipatur 614
SICHELMUS Dux Burgundiæ 402
SICILIÆ Regnum ab Innocentio IV. oblatum Edmundo filio Henrici III. Anglorum Regis - 648 quem ob neglectas conditiones jure suo si quod ante habuerat, excidisse decernit Clemens IV. ibid. idem regnum Carolo Comiti Andegavensi & ejus heredibus offert Urbanus IV. - 650 & Clemens IV. confert certis quibusdam legibus ibid. Siciliæ Reges recensentur - 814. 815
SIFRIDUS ex Canonico Episc. Cicestrensis - 163
SIGEBAUDUS Episc. Spirensis 393
SIGEBERTI Monachi Gemblacensis elogium 768
SIGENIS de Crain'hem Abbas Affligemiensis 778

SIGGINENSE Monasterium SS. Martini & Wigani, conditum ad Hugone, & donatum Monasterio Rotomagensi S. Audoëni - 400
SIGIBALDUS Episc. Metensis, ejus pietas 227
SIGIBERTUS Franc. Rex, Chlotarii I. filius 361. 363. ejus corpus in Monasterio Suessionense S. Medardi defertur 74
——— Franc. Rex, Dagoberti filius 367. 369
——— Theoderici Franc. Regis filius, Childeberti nepos 164. 166
——— Abbas S. Martini Trevirensis 218
——— Lantgravius Alsatiæ 632
SIGIFRIDUS Abbas Gorziensis 386
SIGILLIS Monachi olim non utebantur 718 nec in Italiâ tabelliones sæculo XIII ibid. Vide FRANCI
SIGIRICUS à Sigismundo patre Burgundionum Rege interfectus 360
SIGISMUNDUS Burgundionum Rex Sigiricum filium interficit, & ejus facti pœnitens Agaunense Monasterium condit 360 à Francorum Regibus captus & interfectus 361
——— Austriæ Dux - 754. 765. 776
SIGUINUS de Calsada Abbas Condomensis 185, 587. 588. 592. 602
SIMEON Episc. Laudunensis - 335
——— Episc. Metensis 227 ejus corpus in Senoniense Monasterium transfertur 612. 613
SIMON Cardinalis Presb. S. Cæciliæ - 28 A. S. Legatus - 40. 650 dein Martinus Papa IV. - 28
——— de Bello-loco, ex Archidiacono Carnutensi Archiepisc. Bituricensis - 43 dein Cardinalis Episc. Præneftinus, & A S. Legatus - 50. 51
——— ex Cantore, Archiepisc. Bituricensis - 27
——— Archiepisc. Tyrius 317
——— Episc. Aginnensis - 416
——— Episc. Carnutensis : ejus obitus - 53
——— filius Hugonis Magni, fratris Philippi I. Franc. Regis, Episc. Noviomensis & Tornacensis 876. 921: reditus auget Ecclesiæ Tornacensis 922 cui eo invito, proprius datur Episcopus ibid. & seqq. laudatur 925 fit deinde Episc. Belvacensis - 54 ejus obitus - 66
——— Episcop. Oxoniensis : ejus obitus - 139
——— Episc. Parisiensis : ejus obitus - 57
——— de Gandavo, Episc. Saresberiensis - 219
——— Episc. Wirecestriæ - 106
——— Abbas Aquicincti 813
——— Abbas Cistoniensis 883
——— Abbas Floriacensis 478
——— Abbas S. Andreæ, dein Saviniacensis 576
——— Abbas S. Bertini 813
——— Abbas S. Martini Tornacensis 926
——— Dux Alsatiæ 894
——— Dux Mosellanus, sive Lotharingiæ 253. 617
——— Dominus Montisfortis, Dux Narbonæ, Tolosensis & Licestrensis Comes, Biterrensis & Carcassonensis Vicecomes - 169 præclaram de Aragonum Rege & Albigensibus victoriam refert 490 - 25 ejus mors. - 27 187
——— Comes Ebroicensis - 155
——— Comes Huntindoniæ - 507
——— Comes Levriensis, Orator Andreæ Hungariæ Regis apud Gregorium IX. - 610
——— de Monteforti, Simonis Comitis filius, Comes Leicestrensis, & de Senescallus Vasconiæ - 191 in Regem Henricum III. rebellat - 197 eumque & liberos ejus capit - 40. 199 interficitur - 41. 200
——— Comes Rodulfi Comitis filius, vitam Monasticam apud S. Eugendum profitetur 434
——— Claromontis, Dominus Nigelæ ; Regni Franc. Administrator, S. Ludovico in Africam profecto - 41. 663. & seqq. ejus, & collegæ Matthæi Abbatis S. Dionysii Epistola ad Philippum III. - 670
——— Cancellarius Ludovici VI. - 483
——— Senescallus, Regni Siciliæ Magister Capitaneus 972
——— Dominus de Luzi - 614
——— filius Roberti tum Cancellarii Guillemi I. Regis Angliæ, postmodum Episc. Lincolniensis - 104 maximus delator ibid. in carcerem conjicitur, è quo elapsus, exilium sibi ipse indixit ibid.
SIMONIACA hæresis Gallias pervagatur 90 vetus & publicum malum Leodii - 480 in Concilio Remensi damnatur 483
SIMPLICIUS Episc. Lemovicensis 109
SINIMURI Briennensis Ecclesia Parochialis fit Ecclesia Collegiata - 679
SISBODI Gothorum in Hispaniâ Regis gesta 365
SIXTI Papæ IV. Epistola ad Ludovicum XI. quâ concordata ab eo non observari queritur - 844
SOCIETAS Jesu ad expugnandos infideles instituta - 806
SOLEMNIACENSE Monasterium à S. Eligio conditum 83
SOLIS eclipsis an duplex intrâ unum annum esse possit - 324
SOPHRONIUS Regionarius Scriniarius Romanæ Ecclesiæ 503
SOULLARDUS de Condin, dominus de Longuesse 743
SPARAGUS Archiepisc. Tarraconensis - 597
SPARNACENSEM Ecclesiam fundat Odo Comes Palatinus Regis Franc. - 591 in ea constituuntur Canonici Regulares, à Theobaldo II. - 480
SPARVUS Abbas S. Eligii Noviomensis 118
SPARUS Episc. Metensis 226
S. SPINULI discipuli S. Hydulphi obitus & miracula 608
STANCHIÆ Monasterium conditum à Philippo Abbate 255
STANISLAUS Episc. Cracoviensis in SS. album relatus - 294
STEPHANUS filius Comitis Blesensis, Regnum Angliæ usurpat - 145 ejus gesta ibid. & seqq. obitus — 149
——— Alberti, utriusque juris Doctor, Cardinalis Presb. fit Innocentius Papa VI. — 112
——— Cardinalis Episc. Prænestinus - 610. 618
——— de Langedono, Cardinalis Presb. S. Chrysogoni, fit Archiepisc. Cantuariensis, invito Joanne Angliæ Rege 241 - 11. 181 quem rogat ut per eum sibi, Ecclesiam suam adire liceat — 168 de eo — 181. 185. 187. 188. 179. 180 ejus opera - 189 obitus 167 - 189
——— Cardinalis Presb. S. Cyriaci in Thermis Tul. 199
——— de Parisiis, Doctor Decretorum, ex Decano fit Episc. Parisiensis, dein

Index rerum Memorabilium.

— de Cardinalis - 110
—— Archiepisc. Lugdunensis - 307
—— de Sabaudiâ, Archiepisc. Lugdunensis — 677
—— ex Decano Archiepisc. Senonensis — 49
—— Archiepisc. Viennensis, deinde Episc. Metensis cum pallii honore 213. 219. 220. 619. 620. 691
—— Episc. Aniciensis - 594
—— Episc. Arvernorum, Liziniacum donat Ecclesiæ Brivatensi S. Juliani, eâ lege ut in Ecclesiâ illius loci degant Canonici XII. quibus mediam redituum partem assignat, alterius partis sibi, ac Roberto patrueli usufructu reservato - 373, 376
—— Episc. Augustodunensis 445. 506. 519 — 554
—— Episc. Cicestrensis — 201
—— Episc. Leodiensis, & Abbas Lobiensis: ejus opera 736
—— de Faukenberge, Episc. Londonensis — 188
—— Episc. Meldensis 550
—— Episc. Nolanus, Scriniarius Romanæ Ecclesiæ 504
—— Episc. Noviomensis, Nosocomii ejus urbis statuta promulgat - 584
—— Episc. Parisiensis 491 - 4 - 9 ab Henrico Archiepisc. Senonensi vocatus, causas reddit cur eum adire nec debeat, nec possit. - 489 Galonem Parisiensis Scholæ Magistrum negat se absolvere posse - 490 Archiepisc. Senonensem, à quo extra Provinciam vocatus fuerat, monet se huic non obediturum ibid alia ejus concertatio cùm Theobaldo Archidiacono - 491 ejus constantia laudatur ibid. monetur à non nullis in ejus necem esse conspiratum ibid. in Regis odium venit — 492
—— Episc. Redonensis: ejus obitus — 161
—— Episc. Tornacensis 823
—— Episc. Tullensis 615
—— Abbas Besuensis, antea Monachus apud S. Eugendum, &c. 434. 435. 443. 450
—— Abbas Cisterciensis 485 — 516
—— Abbas Cluniacensis 541 ejus superbia 559
—— Abbas Piscariensis 947
—— Abbas Regniacensis 521. 579
—— Abbas S. Benigni Divionensis 397
—— Abbas S. Jacobi Leodiensis 680
—— Abbas S. Mansueti Tullensis 611
—— Abbas S. Remigii Senonensis 157
—— Abbas S. Vironi Virdunensis 160
—— Abbas Senonensis 612
—— de Garlanda, Archidiaconus Parisiensis de Stephano Epi- Parisiersi queritur apud Henricum Archiepisc. Senonensem - 490 ejus scelera à Parisiensi Episcopo recensentur - 491 eos inter se reconciliare student non nulli, inter quos S. Bernardus ibid.
—— Comes Burgundiæ 455 - 2
—— Comes Carnutensis ac Blesensis, Adelæ uxori, narrat quæ in castris apud Antiochiam à Christianis gesta sunt - 410 jure suo in bona Episcoporum Carnutensium vitâ functorum ultrò cedit — 440
—— Comes Matisconensis — 487
—— Comes Sacri-Cæsaris : ejus obitus — 17
—— Comes Suessionensis 488

—— Comes Trecensis 587
—— Comes, cum uxore Freduide Monasterium S. Quintini Tigni condit, ac subdit Monasterio Remensi S. Remigii 567
—— Cancellarius Ludovici VI, 477. 478
—— de Marugo, ex Cambellano Caroli Comitis Valesiæ Franciæ Cancellarius - 69
—— Marcelli, Præpositus Mercatorum Paris. - 116. 120 interfectus — 120
—— cum uxore ac liberis dotat Ecclesiam S. Martini in Monasterio Avenionensi S. Andreæ - 188
Stivagium Monasterium in Vosago: ejus varii incolæ 605
Suarius Episc. Olisiponensis - 558
Suavus Abbas S. Benigni Divionensis 380
—— Abbas S. Remigii Senonensis 68
Suessionense Monasterium S. Medardi conditum à Chlotario I. & Sigiberto Franc. Regibus 74. 487 ei Croviacum donat Chlotarius 73 Sigibertus Marvallem 75 alia ei donantur à Berthâ filiâ Caroli Magni 488 vetus Basilica Ludovici Pii ætate destructa, & constructa altera augustior 74 hæc à Marcomannis exusta ibid. Monasterium eximitur à potestate Comitis Suessionensis 488 Suessionensi communiæ jura dat Ludovicus VI, confirmant Ludovicus VII, & Philippus II. — 146
Sugerius Abbas S. Dionysii in Franciâ 495 - 2 ei regni administratio commissa 495 — 7 ejus obitus — 9
Sulpicius Lisoii filius, Dominus Ambasiæ & Calvimontis 260. 261. 276. 277
—— Hugonis filius, Dominus Ambasiæ & Calvimontis — 181. 282. 283. 284. 285
Summi Pontifices quorum series, gesta & obitus describuntur in Chronicis. Quæ ad hos pertinent, videnda suis locis.
—— Adrianus IV. 485 — 10. 149. 150. 151. 153
—— Adrianus V. — 44. 106
—— Alexander III. 481. 486. 489. 809. 813. 814. 817 - 10. 11. 12. 73. 153. 154. 155. 156. 157. 158. 159. 160. 161. 162. 163.
—— Alexander IV. - 37. 38. 39. 195. 196.
—— Anastasius IV. 485 - 9. 149
—— Benedictus XI. - 56. 57. 229. 230
—— Benedictus XII. - 97. 99. 106
—— Bonifacius III. 487
—— Bonifacius VIII. - 50. 51. 52. 53. 54. 56. 215. 216 219. 221. 222. 223. 224. 225. 228. 229
—— Cælestinus II. - 6. 7. 146
—— Cælestinus III. 489. 822. 828 - 17. 19. 171. 175. 176. 177 9
—— Cælestinus IV. - 34. 192
—— Cælestinus V. - 49. 214. 215
—— Calixtus II. 800. - 2. 3
—— Clemens III. 821. 822. - 16. 17. 166. 171
—— Clemens IV. - 40 41. 199. 200 202
—— Clemens V. - 58, 59. 60. 614. 62. 64. 65. 66. 68. 210
—— Clemens VI. - 106. 110. 111. 112
—— Eugenius III. 485. 489. 495 — 7. 8. 9. 147. 148. 149
—— Gelasius II. 800 - 2
—— Gregorius VIII. 811 — 166
—— Gregorius IX. 490. 496. 866. 867. 869. 870. - 31. 32. 34. 189. 190. 191. 192
—— Gregorius X. - 43. 44. 105. 104. 105. 206
—— Honorius II. 800 - 3. 4
—— Honorius III. 490. 817. 866 — 27. 29. 30. 31. 181. 187. 189

—— Honorius IV. - 46. 47. 210
—— Innocentius II. 488. 489. 800. 801 - 4. 5. 6. 145. 146
—— Innocentius III. 489. 490. 819. 831. 839. 843. 845. 850. 856 - 19. 22. 23. 24. 25. 26. 27. 177. 179. 181. 182. 183. 184. 185
—— Innocentius IV. 497 - 34. 35. 37 193. 194. 195
—— Innocentius V. - 44. 206
—— Innocentius VI. - 112. 113. 129
—— Joannes XXI. - 44. 106. 107
—— Joannes XXII. - 71. 73. 74. 75. 76. 79. 80. 81. 83. 88. 89. 91. 92. 93. 95. 97
—— Lucius II. - 7. 146
—— Lucius III. 489. 817. 820. - 13. 14. 163. 165
—— Martinus IV. - 45. 46. 108. 209. 210
—— Nicolaus II. - 44. 45. 207. 108
—— Nicolaus IV. - 47. 48. 49. 210. 211. 212
—— Paschalis II. 791. 799 - 2
—— Stephanus III. 487
—— Urbanus II. 695. 791
—— Urbanus III. 489. 820. 821 - 14. 16. 165. 166
—— Urbanus IV. - 39. 40. 197. 199.
—— Urbanus V. - 119. 129
Superbia commune hominum malum — 448
Superstitionum genera aliquot indicata ac damnata 97. 98
Suppo Abbas Gemmeticensis, deinde Fructuariensis 386
—— Comes Piceni 931
Syagrius Episc. Nivernensis — 142
—— Patricius à Chlodoveo victus, ei traditur ab Alarico Gothorum Rege 360
Sylvanectensem Ecclesiam S. Mauricii fundat ac dotat, & Canonicos in eâ constituit S. Ludovicus - 646
Sylvester Episc. Sagiensis - 561
S. Sylvestri Regula - 405
Symmachi Papæ Epistola ad Avitum Archiepisc. Viennensem - 507
Symphorianus Martyr 3. 8
—— Abbas Centulensis 301
Syrannus Abbas Besuensis 404

T.

Tabellionum jusjurandum ætate Philippi VI. - 716
Tallia qua ratione assideri debeat, decernit S. Ludovicus - 663
Tancradus cum Richtrude uxore Ecclesiam Lanoscelæ condit - 317
Tancredus Siciliæ Rex —— 17. 18. 168. 169
Tarraconensis Provinciæ Concilium — 141
Tartarorum patria, & eorum victoriæ 936 - 29 & seqq. 193 & seqq. eorum Imperator fit Christianus — 627 & aliquot eorum Principes, è quibus unus scribit S. Ludovico - 625
Tassilo Dux Bajoariæ 372
Techilda Chlodovei I. filia Monasterium Senonense S. Petri-Vivi condit 464
Templariorum Ordo, dictus Militia Templi Domini quando instituitus 441 - 2 eorum impietas — 60 hos capi corumque bona à suis occupari curat Philippus IV. ibid. in Clemens Papa V. inquiri jubet à singulis Episcopis in suis diœcesibus, cum duobus Canonicis Ecclesiæ Cathedralis, duobus FF. Prædicatoribus ac duobus FF. Minoribus, ac de generali Ordinis statu cognitionem sibi reservat 199. 202 eorum non nulli igni traditi — 61. 63 Ordo deletus — 65

Index rerum Memorabilium.

TELONARII sive *Poplicani*, hæretici 160
TENTATIONUM varia genera - 131 earum utilitas - 131 qua ratione iis resistatur — 132
TERENTIUS Episc. Metensis 126
TERESIA filia Ægidii de Bidaure, uxor Jacobi I. Aragoniæ Regis, sine Regio honore - 676
TERRIOLA mater S. Eligii 78
TERTULLI à quo orti sunt Comites Andegavenses, gesta - 235. 237
TESTES domestici quando audiendi - 459
TETRICUS Episc. Lingonensis 359
TAULFUS Episc. Wirecestrensis - 506
TEUTBALDUS Episc. Lingonensis 375. 378. 407. 412
TEUTBERTUS Episc. Aptensis - 343
—— Abbas Besuensis 408. 409
—— Comes, Viennensi Ecclesiæ donat villam Manuulam 562 ejus, & aliarum duarum ususfructum ei concedit Barnoinus Archiepiscopus - 363
TEUTRICUS ex Monacho Lobiensi Coëpiscopus Leodiensis 735
TEUTSINDUS Abbas S. Martini Turonensis & Fontanellensis, huic Monasterio plurima damna infert 172
THEBÆA Legionis martyrium 209
THEOBALDUS Placentinus, Archidiaconus Laudensis sit Gregorius Papa X. — 103
—— ex Abbate Beccensi Archiepisc. Cantuariensis - 10. 141. 149. 306 ejus obitus — 153
—— Archiepisc. Rotomagensis: ejus controversia cum Rege - 613
—— Episc. Ambianensis 571. 813
—— Episc. Belvacensis: ejus obitus — 54
—— Episc. Dolensis 172. 173
—— Episc. Parisiensis - 503. 536
—— Monachus S. Dionysii, Cisterciense institutum amplectitur, idque monachos Savianiensibus docet 365 sit Abbas Fontanensis ibid. 578 ejus mors 176
—— ex Priore Cluniacensi Abbas Molismensis 559
—— Abbas S. Germani à Pratis 536 legatus à Ludovico VII. ad Alexandrum III. 539 ejus obitus ibid.
—— Abbas S. Martini Ambianensis — 447
—— Abbas S. Martini Pontisarensis 154
—— Stampensis, Magister Oxoniensis - 447. 448 Magister Cadomensis - 447 de vera pœnitentia ac bona voluntate disserit - 445 pueros si baptismo accepto moriantur, salvari, si nondum accepto, æternùm perire disserit - 447 doctores suæ ætatis Sententiarum conjunctores aspernatur ibid. Margaretam Angliæ Reginam laudat ibid. amicum injuriis lacessitum solatur ibid. sacerdotum filios in Clerum admitti posse probat — 448
—— I. Dux Lotharingiæ, & Comes Daspurgensis 629 Mahernum patruum suum Episc. Tullensem interficit 622 à Frederico II. Imp. capitur 629 libertati restitutus veneno perit 630
—— Henrici filius, Comes Barrensis — 294
—— Comes Blesensis, Dapifer Ludovici VII. — 527. 536. 539. 541
—— Philippi II. — 554 ejus obitus 57
—— I. Campaniæ Comes, Turoniam amicitiæ - 235. 236. 275 filium Hugoni Abbati Cluniacensi offert salutaribus aquis abluendum, & Cluniacensibus villam Coffiacum donat — 408
—— II. Campaniæ Comes 801 - 5. 6. 7 Monasterium Pruliaci condit — 2 Canonicos Regulares in Ecclesia Sparnacensi S. Martini constituit - 480 ejus obitus 485 — 9
—— III. Campaniæ Comes: ejus obitus — 20
—— IV. Campaniæ Comes — 31 607 deinde Rex Navarræ 491 — 33
—— V. Campaniæ Comes, Rex Navarræ: ejus mors — 41. 669
—— Tricator Comes Carnutensis: ejus gesta — 254. 255
THEODARDUS Archiepisc. Narbonensis 474
THEODEBALDUS Theodeberti filius Rex Franc. 361
THEODEBERTUS Franc. Rex, Theoderici filius 360. 361 ejus liberalitas erga cives Virdunenses 235
—— Franc. Rex, Childeberti filius 363. 364. 365. 366
—— Chilperici Franc. Regis filius 362
THEODERADA Caroli M. filia 374
THEODERICUS Franc. Rex, Chlodovei I. filius 360. 361
—— Franc. Rex, Childeberti filius 363. 364. 365. 366
—— Franc. Rex, Chlodovei II. filius 370 immunitatem Dervensi Monasterio à Childerico fratre concessam confirmat - 317
—— Franc. Rex, Dagoberti II. filius 370
—— Archiepisc. Coloniensis - 770. 771
—— Archiepisc. Trevirensis 214
—— Episc. Ambianensis, Monasterio Caricampi donata in suâ diœcesi confirmat — 495 Ambianensem Ecclesiam S. Martini in Abbatiam promovet — 497
—— Episc. Aurelianensis: ejus mors 474
—— Episc. Cameracensis 734 — 335
—— Episc. Metensis 128. 661 S. Vincentii Monasterium condit 128. Vide DRODERICUS
—— II. Episc. Metensis 129. 386. 393 Monasterium S. Stephani condit 129
—— Episc. Metensis, nunquam consecratus 230
—— III. Episc. Metensis, Matthæi Ducis Lotharingiæ filius ibid.
—— Episc. Teatinus 937
—— Episc. Virdunensis 217. 218. 241. 242. & seqq 771
—— Scriniarius Romanæ Ecclesiæ - 346
—— Abbas Gemmeticensis 540
—— Abbas S. Eligii Noviomensis 921 - 494
—— ex Monacho Lobiensi Abbas S. Huberti 748
—— de Parco, Abbas S. Martini Tornacensis 916
—— Abbas S. Martini Trevirensis, auctor duorum librorum de Gregorio VII. 118
—— Abbas S. Pauli Virdunensis 254
—— Abbas S. Trudonis 674 & seqq.
—— Abbas Senonensis 610
—— Abbas Valciodorensis 719 alter 729
—— auctor ejus opinionis, quæ Dei essentiam ubique esse negabat, à Gualtero de Mauritania refellitur - 522
—— Dux Alsatiæ, 800
—— Comes Barrensis : ei donatur Comitatus Virdunensis 246
—— filius Alsatiæ Ducis, Comes Flandriæ 204.280.898. 899 - 149. 151. 154. 113. 154 ejus obitus - 156
—— de Avenis, Lesciense Monasterium condit 904 ejus cædes 505
THEODORICUS Rex Gothorum in Italiâ 160
THEODORUS Cardinalis Episc. Portuensis & S. Rufini 883, A. S. Legatus - 157. 510. 516
—— Episc. Tornacensis 903
—— Notarius & Scriniarius Romanæ Ecclesiæ - 373
—— Abbas Studii: ejus laudes, ac Sermo de S. Bartholomæo 123
—— Dux Dyrrachii, Petrum de Cortenaio Imperatorem CP. capit - 27
THEODULUS Episc. Abbas Lobiensis 733 miraculis claret 749
THEOMARUS Archicapellanus Carlomanni Regis Italiæ 938
THEOTBERGA uxor Pontii Comitis Gabalitani & Forensis - 385
THETBERTUS Comes pater Hermengardis uxoris Ludovici Pii - 383
THEUDICHILDA pastoris ovium filia, uxor Aribercti Franc. Regis 361
THEUDO Episc. Cameracensis 571
THEUTFRIDUS Abbas S. Trudonis 660
THEUTO Abbas S. Leodegarii 407
THIEDUINUS Episc. Leodiensis - 287
THOMAS Archiepiscopus Cantuariensis, Martyr : antea Archidiaconus Cantuariensis, & Cancellarius Angliæ, 485. 486. 544. 809. 812. 860 - 10. 11. 112. 153. 154. 157. 512
—— de Aquino, Ordinis FF. Prædicatorum : ejus opera, & quæ ei falsò tributa sint - 205 ejus obitus - 81 miraculis sanctitas ejus declaratur - 105
—— de Jorz, Ordinis FF. Prædicatorum, Cardinalis Presb. S. Sabinæ 199 - 130
—— Archiepisc. Eboracensis - 506
—— de Colebruge, Doctor in Theologia, Archiepisc. Eboracensis — 224 ejus obitus — 119
—— Episc. Candidæ-Casæ, Orator Jacobi Scotiæ Regis apud Carolum VII. — 801
—— de Cantilupo, Doctor in Theologia, Episc. Herfordensis - 106 ejus obitus — 109
—— de Blunderswick, Episc. Norwicensis : ejus obitus — 150
—— Episc. Wratislaviensis, in Ecclesiâ de Caments, amotis Canonicis, Cistercienses constituit — 618
—— de Freavilla, Decanus Rotomagensis, Electus Rotomagensis, juri ex electione quæsito renuntiat — 614
—— Abbas Afligemensis 779
—— Abbas Lobiensis 757 alter ibid.
—— Abbas Mauri-montis, deinde S. Vitoni 259
—— de Courcellis, Theologiæ Professor, Orator Caroli VII. apud Nicolaum V. — 767. 778
—— filius Eduardi IV. Angliæ Regis, Comes Cornubiæ 55. 60. 224
—— Comes Flandriæ & Hannoniæ, cum Joannâ matre statuta Hospitalis Comicitiæ Insulis promulgat — 617
—— Comes Lancastriæ — 80. 85. 205
—— Comes Perticensis, in prælio interfectus — 17. 186
—— de Marla, Dominus Couciaci : ejus scelera, & mors 488 — 4. 505
—— de Berkeleio, Constabularius exercitûs Angliæ — 210
—— Treveth, Justitiarius Itineris de Coronâ — 103
THIOTGAUDUS Archiepisc. Trevirensis 113. 228
TIETMARUS Abbas Gemblacensis 768
TINCI Monasterium S. Quintini antea subditum Monasterio Remensi S. Remigii, deinde unitum Monasterio Mosomensi 567
TITBURGA filia Raimundi Atonis, neptis Ademari de Muro-veteri, renun-

Index rerum Memorabilium.

tiæ, pacto de futuro matrimonio suo cum filio Guillelmi Domini Montispessulani — 560

TOLOSA fit urbs Archiepiscopalis — 71 in eâ urbe instituitur Academia à Gregorio IX. — 605

TORNACI lues pestifera sanatur ope SS. Virginis 891 Tornacensibus communiam concedit Philippus Aug, ejus leges — 151

Tornacensi Ecclesiæ Chilpericus Rex non pauca donat 917 bonorum partem amittit 918. 919 ei proprius Episcopus redditur 889, 919 & seqq. — 7. 47. 497

Tornacense Monasterium S. Martini à S Eligio conditum, sed postea dirutum 901. 902, 903 ejus instaurationis historia 889 & seqq. 899 & seqq. 906 & seqq. plurima altaria ei donantur 911 & alia bona 912. 913 in illud consuetudines Cluniacenses introducuntur 910 ejus controversiæ cum Capitulo Ecclesiæ Tornacensis 915. 916

TORNODORENSIS Ecclesiæ præbendas & personatus conferendi jus cujus competat - 600

TORQUATUS sive TORTULFUS, Forestarius Nidimeruli, à quo orti Comites Andegavenses - 235. 237

TRAJECTUM urbs olim dicta Wiltaburg 268

TRANQUILLUS Abbas S. Benigni Divionensis 359

TRANSMARUS Episc. Noviomensis & Tornacensis 917

TRASARIUS Abbas Fontanellensis 179

TRASMUNDUS Episc. Valvensis & Abbas Piscariensis 957. 958

TRASULFUS Abbas Corbeiensis - 347

TRECENSIS Ecclesia S. Georgii à Philippo Episc. & Capitulo Trecensi conceditur Canonicis Regularibus, quibus iidem non pauca donant - 415. 416

TRIA-CAPITULA Facundus Episc. Hermianensis pertinaciter tuetur - 307 & seqq.

S. TRINITATIS mysterium ab homine comprehendi non potest - 515 utcumque explicatur - 401 ejus expressa præsentia in eo quod Angelus Mariæ dixit superventurum in eam spiritum sanctum, &c. - 508

Trinitatis Ordo quando institutus : is olim dictus Ordo Asinorum 492

Trinitatis Monasterium puellarum à Guillelmo Comite Moretonii conditum — 440

TRIPOLIS à Saracenis capta - 48

TULLENSIS Ecclesia S. Gengulfi à Gerardo Episc. instaurata, & Canonici in eâ collocati 616 Tullensi Monasterio S. Mansueti non pauca acquirit Guillelmus Abbas 161

TURALDUS Abbas Burgensis - 507

TURONENSI Ecclesiæ non pauca donat Perpetuus Archiepiscopus - 303 Capituli Epistola ad Petrum Episc. Redonensem, quâ rogat ut per eum liceat eleemosynas in ipsius diœcesi colligere — 594 Turonensis Provincia totam Britanniam complectitur — 456 Turonense Concilium, cui præsidet Alexander III. - 10. 154

Turonense Monasterium S. Martini. 373 Vide MAJUS-MONASTERIUM

TURSTANUS Archiepisc. Eboracensis. 144. 147. 506

TYRSUS Martyr, Tribunus Legionis Thebææ 209

TYSIACENSIUM civium jura & libertates - 678

V.

V. Archiepisc. Remensis, Cardinalis S. Sabinæ, A. S. Legatus - 517

VAILLY, Condé &c. Pagensibus Communia concessa : ejus leges - 150

VALCIODORENSE Monasterium ab Eilberto Comite conditum 711. 713. & seqq. ei non nulla donat Deodericus Episc. Metensis 714 Metensi Episcopo subjicitur ibid, ejus Monasterii societas cum Monasterio S. Michaëlis in Tirascia 718 igne succensum reparatur 719 ei varia à variis donantur 712 & seqq.

VALENTINUS Archiepisc. Treviresis, & Episc. Tungrorum 209

VALFREDUS hæreticus à Durando Abbate Castrensi confutatus - 174

VALLIS-GENESII Monasterium conditum ab Herberto Eremita 215

VALLIS-LUCENTIS Monasterium conditur 485 - 4

VALLIS REGALIS Monasterium conditum ab Eduardo IV. Angliæ Rege 209

VALLIS — SCHOLARIUM Ordinis Statuta - 583

VASCONES à Theodeberto & Theoderico Franc. Regibus debellati 364 à Ducibus Dagoberti castigati 367. 248 partem exercitûs Caroli M. profligant 372

UDALRICUS Archiepisc. Remensis 563

UDDO Comes de Roix, filius Ebroini Comitis 709

Udo Archiepisc. Treviresis 116

VENASCENUM Comitatum cur Gregorius Papa IX. retinuerit - 604. 605. 606

VENERANDA concubina Gunthramni Fr. Regis 161

VERBUM ut dicatur Caro factum - 509

VERDATUS Episc. Albiensis - 570

VESSIANUS Abbas S. Fidis de Conchis - 604

VETULUS de Montanis, Princeps potentissimus - 35 ejus epistola ad Leopoldum Austriæ Ducem - 175

VEZELIACENSE Monasterium à Geraldo Comite & Bertâ ejus uxore conditum 498. 523 & Sedi Apostolicæ subditum 106. 123 ejus jura confirmantur à Nicolao Papa I. 501 à Joanne VIII. 503 à Stephano. VI. & aliis ibid. & seqq huic conceduntur decimæ quatuor Ecclesiarum à Geraldo Episc. Augustodunensi ibid. ei Ecclesiam interdicere Episcopis non licet 505 nec ejus clericos suspendere 506 ejus bona & jura Guillelmus III. Comes Nivernensis invadere nititur 507. 508. 509. 516 & seqq. ejus libertas asseritur 535 ei damna inferre conatur Episc. Augustodunensis 509. 510. 511 qui illius denique libertate sua frui patitur 512 ejus lites cum Episc. Aurelianensi, & cum Abbate de Chora 512 in ejus gratiam literæ aliquot summorum Pontificum ibid. & seqq. Guillelmus IV. Comes Nivernensis varia in Monasterium molitur 541. 542 & seqq illud invadit 551 Monachi relicto Monasterio Luteciam veniunt 551. 554 reducuntur à Ludovico VI. 556 Abbatis ejus Monasterii eligendi jus sibi competere Cluniacenses frustra contenderunt 537 ei donatur oratorium Arboreæ 543

VICFRIDUS Episc. Virdunensis Monasterium S Pauli condit 238

VICONIENSIS cœnobii origo 872. 873

VICTOR Martyr : ejus corpus repertum 364 variæ translationes ibid.

—— Episc. Metensis 115. alter ibid.

VICTORIACI Ecclesia à Berengario Comite condita, & Canonici in eâ constituti — 329

VICTORIANUS Cardinalis Diac. SS. Sergii & Bacchi — 579

VIDERI quid quot modis possit - 322

VIDRADUS Abbas S. Benigni Divionensis 365

VIENNENSI Ecclesiæ non pauca donat Ephibius Abbas - 318 eidem villam Maniulam donat Comes Teutbertus, - 362 Viennense Concilium, cui præsidet Clemens V. — 65 Viennensis moneta sæpius corrupta — 393 Viennæ Regnum institutum à Ludovico Bavaro Imp. & collatum Humberto Delphino Viennensi - 719

Viennensis Monasterii S. Andreæ nonnullas res aliis commutat Carolus Provinciæ Rex - 365 ei non pauca donat Conradus Rex Burgundiæ - 380 quæ Rudolfus ejus filius confirmat ibid. 386 Ecclesiam ei donat Regina Irmingardis - 389 aliud quiddam Guillelmus Dux Burgundiæ ibid aliam Ecclesiam Borchardus Comes - 391 alia Arbertus Miles - 414 nec non Emmo cum uxore ac liberis ibid. Monachi non nihil Vagoni & uxori ejus in beneficium donant - 390 ne refectorii utensilia furentur, prohibetur - 382 item ne reditus obedientiarum in quibus degunt, sibi vindicent - 383

S. VIGORIS, reliquiarum pars maxima in Centulensi Monasterio servatur 333. 342. 343

VILLÆ URBANÆ immunitates restituit Carolus Provinciæ Rex - 363

VILLEREYS villæ jura & libertates - 630

VILLICUS Epsc. Metensis 116

VINCENTIUS Episc. sanctitate clarus : ejus corpus ex Comitatu Urbini in urbem Metensem translatum 135

—— Diac. & Martyr : ejus corpus Corduno diœcesis Aretinæ urbe in Monasterium Montis Romarici translatum 134

—— Præpositus S. Mariæ Wratislaviensis cœnobium Canonicorum Regularium de Camentis fundat - 618 sit Abbas S. Mariæ ibid.

VINDOCINENSE Monasterium S. Trinitatis à Gaufredo Martello Comite Andegavensi conditum - 238

VIRAIBODUS Abbas S. Petri-Vivi Senonensis 464

VIRDUNUM sæpe obsessa, & capta 238. 241. 243 Virdunensis Ecclesiæ initia incerta 241 ei non pauca donat Childebertus I. Franc. Rex 235 nec non Grimo Diac. & Carolus Martellus 236 ejus bona auget Magdelvæus Episc. ibid. non pauca in Aquitaniâ possedit 237 bonorum partem amittit 168, pleraque recuperat, & alia comparat operâ Attonis ac Dadonis Episcoporum ibid. ei Godefridus Gibbosus, & Godefridus ejus filius, Duces Mosellani, non pauca donant 243. 246

Virdunense Monasterium S. Agerici conditum à Raimberto Episc. Virdunensi 240 Monachorum pravi mores 156 Virdunensis Ecclesia S. Crucis condita ab Amico Præposito, & Canonici in eâ constituti 219 idem ab Ermenfrido factum in Ecclesiâ S. Magdalenæ ibid.

Virdunense Monasterium S. Pauli conditum à Vicfrido Episc. Virdunensi qui huic non pauca donat 238 Monachorum pravi mores 254 ejiciuntur, & Præmonstratenses in eo collocatur ibid. ejus Abbas Vicarius est Episcopi Virdunensis 255

Virdunense Monasterium S. Vitoni à Berengario Episcopo Virdunensi conditum 238 ei multa à multis donantur 239. 240. 241. 246. 247. 256. 259. 260. 261 quanta ab Episcopis passi sint Monachi, dum Imperatori adversus summum Pontificem adhærere renuunt 247. 248. 250

VITALIS Abbas Saviniacensis - 440

S. VITONUS Episc. Virdunensis 235. 241

QQQqqq iij

Index rerum Memorabilium.

ejus corporis translatio 218
VIVIANUS Abbas S. Andreæ Viennensis - 190
VIVIANUS Episc. Constantiensis - 561
——— Abbas S. Dionysii in Fr. 491
ULDINUS Barba Dominus Jasiniacensis - 162
ULRICUS Comes de Wirtemberg - 798
——— plebanus Sacerdos Grahantis villæ : ejus uxor & liberi donantur Monasterio Besuensi 428. 430
UMFRIDUS de Boun Comes Herefordiæ & Essexiæ - 119 Constabularius Angliæ - 121 ejus obitus - 228 filius & heres Umfridus *ibid.*
UNXINA tertia uxor Chlotarii I. Franc. Regis 361
VOLFELUS Præpositus Haganoiæ , aliquot castella in Alsatia construit 631 ejus mors *ibid.*
VOLUSIANUS Archiepiscopus Trevirensis 221
VOSAGI descriptio 604 Monasteria in ejus vallibus condita : Senoniense *ibid.* Stivagium 605 Juncturæ , sive S. Deodati 606. 607 Bodonis, sive S. Salvatoris 607 Mediarum Monasterium 607. 608 Cella Acherici 614 Cella S. Dionysii *ibid.*
VOSCHISUS Episc. Virdunensis 136
URBANUS Papa II. Episcopos Provinciæ Remensis objurgat , quòd Philippi I. Franc.Regis adulterium tamdiu tulerint, eosque de Episcopi Carnutensis libertate sollicitos esse jubet - 418 Atrebatensibus Episcopi eligendi jus concedit - 420 Lambertum Electum Atrebatensem consecrat - 421 ac jubet recipi ab Archiepiscopo Remensi , &c. - 422 eumdem ad Concilium Claromontanum vocat - 424 pro ejus libertate scribit - 425 in Concilio Claromontano Ecclesiam Atrebatensem à Cameracensi Ecclesiâ perpetuò avellit *ibid.* Philippum I. Franc. Regem absolvit, eique auctoritatem præbet utendi Regiâ coronâ - 431
——— Papa III. prohibet, ne domus in claustro Carnutensis Ecclesiæ laicis dentur, aut locentur - 550
——— Papa V. Carolo V. Franc. Regi concedit , ut morti proximus indulgentiam omnium peccatorum à Confessore suo possit adipisci - 754
——— Papa VI. ejus electio, & quæ eam consequuta sunt narrantur - 743 & seqq.
——— Episc. Lingonensis 359
URBICUS Episc. Metensis 126
URRACHA Regina Aldefonsi Regis filia , uxor Raimundi Comitis , mater Aldefonsi Hispaniæ Imp. - 487
URSICAMPI Monasterium conditur - 4
URSIO Abbas S. Dionysii Remensis - 486 deinde Episc. Virdunensis 151 Episcopatum dimittit 252
URSMARUS primus Abbas Lobiensis, dictus Episcopus 732 ejus corpus è terrâ tollitur 734 miracula 741. 742. 743
WAIFARIUS Aquitaniæ Dux 370
WALBERTUS Canonicus Tornacensis , dein Monachus , & mox Prior S. Martini Tornacensis, postremò Abbas Montis S. Martini 909
——— Abbas S. Luciani Belvacensis - 548
WALCADUS Abbas Besuensis 412
WALCAUDUS Abbas Besuensis 407. 428
WALCHELINUS Episcopus Wintoniensis - 106 *s*3
WATCHERUS ex Cantore Abbas Valciodorensis 728
WALDALENUS Burgundiæ Dux , pater

Donati Archiepisc. Bisuntini 400
——— filius Amalgarii Ducis Burgundiæ, primus Abbas Besuensis 400. 401
WALDATUS Abbas S. Præjecti in urbe S. Quintini - 410
WALDERATA uxor primum Theodebaldi , deinde Chlotarii I. Regum Franc. 361
WALDO Cancellarius Caroli Crassi Imp. 939
WALDRICUS Episc. Laudunensis , à civibus suis interfectus 792
——— Abbas S. Benigni Divionensis 373
——— Comes Suessionensis - 178
WALERANNUS Abbas S. Martini Sparnacensis , dein Monachus Cisterciensis - 480
——— Abbas S. Vitoni 241. 242 & Aremarensis 242
——— Abbas Ursicampi 804
——— de Lucemburgo , Comes de Lyneis & de S. Paulo - 756. 757
——— Camerarius Philippi I. Franc. Regis - 406
WALNARIUS Major Domûs Chlotarii II. Franc. Regis in Burgundiâ 366
WALO Episc. Metensis pallio donatus 223. 224
——— Abbas S. Benigni Divionensis 378
——— Miles Burgundus , Auriflammam gerit in pugnâ Bovinensi , & præclara edit facinora 616. 617 Dominus Beriæ 426
WALPERTUS Episc. Portuensis 703
WALTERUS de Winterburne , Ordinis FF. Prædicatorum, Confessor Eduardi IV. Regis Angliæ , fit Cardinalis Presb S. Sabinæ - 229 ejus obitus - 230
——— Giffard , Episc. Bathoniensis , dein Archiepisc. Eboracensis - 201 ejus obitus - 208
——— Archiepiscopus Panormitanus - 149
——— Episc. Lincolniensis, deinde Archiepisc. Rotomagensis - 165
——— Mauclerk , Episc. Carleolensis, deinde Ordinis FF. Prædicatorum - 189
——— Episc. Cestrensis : ejus obitus - 151
——— Surreiæ , Episcopus Oxoniensis - 196
——— Episc. Roffensis - 157 ejus obitus - 164
——— Scamel , ex Decano Episc. Saresberiensis - 209
——— Cancellarius Angliæ , Episcopus Wigoriensis - 184. 197. 198 ejus obitus - 201
——— Abbas Lobiensis 757
——— Giffard, Comes de Bokingham - 154
WALTIDIS cum Waimero marito Monasterium Dervenf: puellarum condit , fitque prima ejus Abbatissa - 313
WANDO Abbas Fontanellensis 268. 274. 275
S WANDREGISILI prosapia , ac brevis historia 263. 264 ejus corpus Gandavum asportatum 283. 285
WARIMBERTUS Abbas S. Medardi Suessionensis , & ejusdem urbis Episcopus 75 ejus misera mors *ibid.*
WARINUS Abbas Besuensis 408
WARLOGIUM Monasterium à S. Grodingo conditum 256
WARNERUS Daureus Abbas Aquicincti 718
——— Abbas Valciodorensis 728
WASCELINUS de Chaliguaco , Orator Henrici I. Franc. Regis apud Regem Russorum - 471
WASO Episcopus Leodiensis 143. 766

WEDERICUS Monachus S. Petri Gandavensis, causam summi Pontificis contrà Imperatorem tuetur in Flandriâ 770
WENCESLAUS Dux Brabantiæ 779
WENILO Archiepisc. Senonensis 465. 467
WERRICUS Abbas Lobiensis 757
WERINFREDUS Abbas Stabulensis 740
WIDBAULDUS Abbas S. Albini Andegavensis - 378
WIDRICUS Episc. Lingonensis 381
——— Abbas Senonensis 637 deinde S. Apri Tullensis 385. 638
——— Abbas Valciodorensis 725. & seqq.
WISMADUS Archiepiscopus Trevirensis 213
WIGIRICUS Episc. Metensis 228
WILADUS Episc. Urgellensis - 351
WILBALDUS ex Monacho Valciodorensi Abbas Stabulensis , Cassinensis , & Corbiensis 715 ejus Epistola ad Robertum scriptorem Chronici Valciodorensis 708
——— Patricius 369
WILLARIUS Archiepisc. Senonensis 471
WILLIBADUS Patricius Burgundiæ , interfectus 109
WILTABURO , antiquum Trajecti nomen 268
WIMUNDUS ex Monacho Benedictino Archiepisc. Aversanus , SS. Trinitatis mysterium explicat - 408
WINIDI à Carolo M. compressi 372
WISEGARDA uxor Theodeberti Franc. Regis 361
WITBOLDUS Caroli Magni Capellanus, Legatus Constantinopolim 277 obtinet Abbariam Andegavensem S. Sergii 278
WITGARIUS res Ecclesiæ Lugdunensis commutationes quasdam illi damnosissimâ comparatas restituere cogitur - 359
WISO Archiepisc. Trevirensis 213
WLADISLAUS filius Casimiri Ducis Evynacensis , à Casimiro Rege consanguineo suo Poloniâ ejectus , habitum Monasticum Cistercii primùm, deinde in Monasterio Divionensi S. Benigni sumit 397-753 à votis absolvitur à Clemente VII. - 755 ab eodem ad Curiam vocatur - 754
WLFARDUS Archiepiscopus Bituricensis 466
WLFECRANNUS Abbas S. Benigni Divionensis 369
WLFRANNUS Archiepisc. Senonensis, deinde Monachus Fontanellensis , & Frisonum Apostolus 284. 464 ejus corporis translationes 284. 287. 288. 290
WLGERIUS sive OLGERIUS Abbas Besuensis 420. 422
WLGISUS Episcopus, Monachus Lobiensis 733
WLGRINUS Episc. Cenomanensis - 406
WOFEINHEIMENSE. Monasterium puellarum à parentibus Leonis IX. conditum 616
WOIBODO Episcopus Leodiensis 744. 764. 765
WOLFELMUS Abbas Brunweilerensis 655

Y.

YOLANDA filia Jacobi I. Regis Aragoniæ - 671 uxor Alfonsi Castellæ Regis - 673
——— uxor Joannis Regis Aragoniæ - 754
——— superioris filia , nupta Ludovico II. Regi Siciliæ & Hierusalem *ibid.*
YOLI Comitissa Namurcensis , uxor

Index rerum Memorabilium.

Petri de Cortenaio Comitis Autisio-
dorenfis, & Imperatoris CP. - 17
ejus obitus - 19
YTTERIUS Abbas Sancti Andreæ Vien-
nenfis - 389

Z.

ZACHARIAS Episc. Lugdunensis 318
ZUNDEBOLDUS Lotharingiæ Dux;

Medianum Monasterium in benefi-
cium dat Hazamæ Comiti 614
ZUNTFREDUS Archiepiscopus Narbo-
nenfis - 317

ERRATA TOMI III.

Primus numerus indicat paginam, alter columnam, tertius lineam.

Pag. 1, col. 1, lin. 16 de nceps lege deinceps 2, 1, 21 de Maria lege de Marla 2, 1, 8 alduinus lege Balduinus 3, 1, 1 bui-nam lege quidam ibid. 38 Præpositi lege Præpositi 5, 2, 10 Thobaldum lege Theobaldum ibid. 19 Bernadus lege Bernardus 6, 1, 29 Ambiacensi lege Ambianensi 9, 2, 13 Eugenia lege Eugenio 16, 1, 4 infirnis lege infirmis ibid. 1, 10 inter lege iter ibid. 30 campassionis lege compassionis ibid l. 31 confestim lege confestim 17, 2, 27 Oberunt lege Obierunt 18, 1, 7 cæde lege sede 19, 1, 49 Vulcassimum lege Vulcassinum 21, 2, 17 Religionem lege Religionem ibid. 22 Abbes lege Abbas 23, 1, 16 portu lege porticu 26, 2, 11 ante ult. quadraginti lege quadringenti 34, 1, 24 Antistite lege Antistite 35 3, 2, 4 imperavit lege imperavit 36, 2, 15 ante ult. Synodem lege Sydonem 38, 2, 3 ante ult. aliis lege aliis 47, 2, 34 novalia lege navalia 51, 2, 41 Cardinalite lege Cardinalitia dignitate 53, 2, 12 ante ult. percipient lege percipiens 57, 1, 8 ante ult. animum lege annum 58, 2, 40 afias lege alias 60, 1, l. ult. quod caput lege quoddam caput 62, 1, 39 concilio lege consilio 63, 1, 35 Templorium lege Templariorum 64, 1, 18 difciplicebat lege difplicebat ibid 13 fpontanus lege fpontaneus 70, 1, 9 fuille lege fuillet ibid. 22 gravi lege gravia 77, 1, 9. congratim lege congregatim 81, 1, 2 furentes lege fures 81, 2, 9 procecisse lege processisse 83, 1, 2, 9 homaginum lege homagium ibid. 27 suspectum lege suspectum 84, 1, 1, 19 sit suit lege sic fuit, ibid. 2, 13 ante ult. qui sic lege qui scit 97, 1, 21 Comitæ lege Comitæ ibid. 60 Prifæ lege Prifcæ 99, 1, 15 unius lege unus 101, 2, 7 terminos Impreii lege terminos Imperii ibid. 16 Januanenses lege Januenses 103, 2, 15 incius . . . . bonnum lege intus . . . . bonum ibid. 33 Joannæ lege Joanne 104, 1, 11 afpices lege apices ibid. 38 quam lege quam 10, 1, l. ante penult. Joannem lege Joannam ibid. 2, 14, se non lege fed non 107, 2, 2 vastabit lege vastavit ibid. 3, 15 Angelia lege Anglia 112, 2, 12 voluptatis lege voluptatibus 113, 1, 16 verfuls lege verfus 114, 1, 2 ifta quæ lege ifta quæ ibid. 2, 5 temporibus lege temporalibus 115, 2, 48 morâ lege motâ 117, 1, 2, 48 inchoata lege inchoata 122, 1, 33 fortalitatis lege fortalitis 123, 2, 17 ante ult. Capitanus lege Capitaneus 126, 1, 17 deferens lege deferens 127, 1, 42 ipfæ lege ipfæ 134, 1, 30 Sarkanvillâ lege Tankarvillâ 136, 1, 13 ante ult. feu nimis emendo feu minùs ibid. 2, 12 ante ult. turrete lege turre 152, 1, 8 copora lege corpora 154, 1, 9 defecerant lege defecerant 155, 1, 3 ante ult. perambuvic lege perambulavit 161, 1, 24 diæcefis lege Diæcefi 166, 1, 37 Æquitaniæ lege Aquitaniæ 169, 2, 43 utriufque lege utriufque 172, 2, 8 nifi Regis lege nifi Regi 181, 1, 22 ante ult. domino lege dominio 190, 1, l. ante penult. Roffenfi lege Roffenfi 191, 1, 36 quamquam lege quamdam 195 in nota e Analaticorum lege Analyticorum 196, 1, 6 ante ult. Onoxiæ lege Oxoniæ 197, 1 in notâ marg. Baronei lege Barones ibid. 2, 3 in cum lege in cam 198, 2, 3, formâ, lege formâ 201, 1, 12 ante ult. pollicons lege pollicens ibid. 2, 12 censuetunt lege censuerunt 102, 1, 21 moritus lege moritur 103, 1, 3 periclinantibus lege periclitantibus 105, 2, 16 ex domo lege ex dono 116, 1, 14 Joannem lege Joannam ibid. 43 Weftmonfterii lege Weftmonafterii 217, 2, 42 fed eidem lege fefe eidem 223, 1, 13 Herfordiæ lege Herfordiæ ibid. l. penult. fuperveniente lege fuperveniente 231, 2, 7 itaque lege itaque 137, 2, 17 illis lege illius 138, 1, 12 reperient lege reperirent 241, 1, 2, 37 fruftrari lege fruftrati 242, 2, 13 ante ult. initule lege inutile 243, 1, 2 noc lege nec ibid. 2, 11 ante ult. Fulgo lege Fulco 244, 2, 1, 52 at- Villenrafti lege atque Villenrafti ibid. 2, 26 danationem lege donationem 245, 2, 7 Rgis lege Regis ibid. 16 præfectis lege perlectis 247 in notâ eft ait lege ut ait 148, 2, 3, 28 Gofridi lege & Goffridi 249, 2, 11 Consultum lege Consul'atum ibid. 52 Lothoringiam lege Lotharingiam ibid. 55 nomie lege nomine ibid. 2, 6 Turoni lege Turonenfi 250, 2, 3 ante ult. Ifpeutantes lege difputantes 254, 2, 42 ivenenic lege invenit 255, 1, 3 loquurus lege loquuturus 256, 1, l. penult. huic lege huc 259, 1, 4 inaudicta lege inaudita ibid. 2, 29 redundere lege redundare ibid. 49 injustitiâ lege injustitâ 161, 1, 35 mulieribus lege muliebribus ibid. 2 delo notam marg. 262, 1, l. ult. buippe lege quippe ibid. 2, 13 ante ult. conjuctus lege conjunctus 263, 1, 24 pacificus lege pacificatus ibid. 2, 27 fed hoc lege hoc 267 ult. notâ marg. in lacrum lege in pulverem 273, 2, 23 matrimonium lege matrimonium 276, 2, 47 toto lege totum 277, 2, 2, 49 nepote fub lege nepote fuo 281, 2, 16 nopoti lege nepoti ibid. l. ante penult. Gilbertos lege Gilbertus 282, 2, 3, ante penult. évole lege evolve 284, 2, 1, 26 ante ult. taxico lege toxico ibid. 2, 20 Clavi-montem lege Calvi-montem 286, 2, 20 Clavi-montis in Bitrico lege Calvi-montis in Biturico l. ante penult. Comitem de Rupe lege Comitem, & Henricum de Rupe 292, 1, 47 Joannes lege Joanna 294, 1, 17 fcaldam lege Scaldim 298, 1, 37 ut turpiloquium lege aut turpiloquium ibid. 2, 24 ita tu lege ita ut 199, 1, 35 superstitios lege fuperstitiofos ibid. 2, 44 cadaverum lege cadaverum 300, 2, 2 maluatum lege malvatum 301, 1, 2 virtus lege veritus ibid. 2, 4 eloquitâ lege eloquentiâ 305, 1, 46 proficebor lege proficeror 306, 1, 31 inclita lege inclinata 307, 1, 5 notâ a Aufpiceii lege Euipicii 311, 1, in nota a opere lege ope 313, 1, 3, tamen si lege tamen fine 313, 1, 1, 46 Epiphi lege Ephibi 321, 1, l. notâ Bibligrola lege Bibliopola 331, 2, 31 Guntradus lege Guntrado 333, 2, 3 erit lege eris 339, 1, 1, 19 Non enim lege Nos enim 341, 1, 42 merofissimi lege numerofissimi 341, 1, 11 ante ult. MARA lege MARIA 347, 2, 11 ftatuendo lege ftatuendo ibid. 2 Motarius lege Notarius 351, 1, 3 mortem lege morem 351, 2, 16 ante ult. dictos lege dictas 358, 1, 16 Sigiberus lege Sigibertus 363, 1, 44 dontinatione lege donatione 370, 1, 2, 13 Chriftiniano lege Chriftiano ibid. 4 ante ult. agentens lege agentes 371, 1, 2, 40 congratione lege congregatione 372, 1, 27 fpecie feptimâ lege de feptimâ 376, 2, 7 Sacutarini lege Medardi ibid. 33 Petto lege Petro ibid. 50 Liziniacensi lege Liziniacenfis 379, 2, 14 fædium lege sedium 381 Pactum Gastonis Vicecomitis Bearnenfis, alieno loco a dictum eft: edendum erat ad annum MCCLXX. 383, 1, 17 ante ult. Opisiolum lege Opilionum 388, 1, 45 mysterii lege mysteriis 390, 1, 36 Borcharco lege Borchardo. 51 beneficii lege beneficii 394, l. 4 Comitiæ lege Comitia 395, 2, 16 Comitatum lege Comitatum 396, 2, 14 Pronuntiatione lege Pronuntiationem 397, 2, 2, 31 dummodo lege dummodô 399, 2, 1, 13 pretiosissimus lege pretiosissimum ibid. l. 11 ante ult. Caffiacus lege Cuffiacus 400, 2, 1 ineptia. Erudito lege ineptia, erudito 403 in notâ post fallimur, lege addatur edendum effe 406, 2, 47 vocem nicorum transfer ad lineam feq. post vocem Fratrum 407, 2, 1, ante ult. fenfum lege cenfum 408, 1, 1 Domus lege Domnus 409, 2, 6 Guingaloei Guingaloei 415, 1, 27 Fattres lege Fratres 416, 2, 1 Figiabensis lege Figiacensis ibid. 14 Fratrum lege Fratrum 417, 2, 2 & Guillelmi lege & Raimundi 418, 1, 2 ante ult. Gallaciæ lege Galluuciæ ibid. 1, 3 conjucti lege conjuncti 423, 1, 7 fed in lege fed & in 414, 1, 1 Chritgraphum lege Chirographum 425, 1, 2, 56 Confilio lege Concilio ibid. 62 Grogorius lege Gregorius 428, 2, 10 perfeverentia lege perfeverantia 428, 2, 41 quippe vos lege quippe quos 429, 2, 3, 14 ante ult. conceffi lege conceffifet 430, 2, 3 ante ult. Blecenfis lege Blefenfis 435, 1, 6 difpofitionis lege difpofitioni. 30 pofuit lege pofui ibid. 64 Odonem lege Odorem 436, 2, c. 1 ult. notâ marg. post Epifcopum adde Atrebatenfem 440, 1, 10 ante ult. exacto lege exactio 441, 2, 40 verum effe lege verum non effe 443, 1, 2, l. ult. inquitatibus lege iniquitatibus 448, 2, 2, 3 Compendiofo lege Compendienfi 450, 1, 2, 6 qui tunc lege quia tunc ibid. 25 mutuens lege metuens metuens ibid. l. ult. reliquas lege reliquiâ 414, 2, 3, 2 notâ marg. genere lege genero 455, 2, 3 inftants lege inftantis ibid. 3, 5 injunctum lege injunctum 436, 2, 23 pretendens lege attendens 459, 1, 15 37 Hoælli lege Hoelli ibid. 2, 8 usu lege vifu in marg. ubi Anno MCX. lege Anno MC. 460, 1, 25 delo vocem decimo 2, 1, 24 folidos lege folidos 470, 2, 7 ante ult. Riffenfi, lege Roffenf. 475, 2, 2, 16 expero lege accipere 479, 2, 11 Eamdem remissionem lege Remissionem juris cujusdam in villa Cuffiaco Bifuntinæ Eccles. conceffam 489, 2, 13 ante ult. Parienfi lege Parifienfi 491, 2, 3 punire lege puniri ibid. 3 notâ Archiep. lege Archiep. 492, 1, 42 invitati lege invitanti 493, 2, 2, 44 exuitati lege exulati 495, 1, 18 ante ult. condonatoribus lege cum donatoribus 496, 1, 2, 40 fchifmeta lege fchifmata 497, 2, l. penult. honorificè lege honorificè ibid. 2, 6 regeretut lege regeretur 502, 1, 31 Ayenfem lege Hyenfem 505, 1, 2, 3 ante ult. unem lege unum 509, 1, 3 notâ ult. facrilegiâ lege facrilega 510;

1, 12 indidicabit *lege* indicabit *ibid.* 20 majaſtate . . . ad *lege* majeſtate . . . ab *ibid.* 24 innocetia *lege* innocentia *ibid.* 2, 5, publicè *lege* publicè 511, 2,; 1 nota *marg.* moveant *lege* moverant 511, 1, 14 *ante ult.* expenderant *lege* expenderent *ibid.* 2, 15 ſaparet *lege* ſaperet 513, 2, 12 ſimplitas *lege* ſimplicitas 513, 1, 17 dele voculam aut 539, 1, 37 mino *lege* teimino *ibid.* 2, *l. ult.* Duc *lege* Dux 543, 2, 22 ſalutis *lege* ſaluti 545, 2, 6 morte *lege* more 549, 1, 42 vidamonium *lege* vadimonium 553, 1, 50 Torcano *lege* Tornaco *in marg.* MCXXXXVIII *lege* MCXXXVIII *ibid.* 2, 6 *ante ult.* Præfectus *lege* Præfectus 555, 1, 5 compieta *lege* completa 561, 1, *l. ante penult* ab Atralo *lege* à Barralo 565, 2, 26 maſcuius *lege* maſculi 566, 2, 14 Reginæ *lege* Regi 569, 2, 1, 46 caſtrino *lege* craſtino 570, nota 2 *poſt* Chronicon iſtud *adde ait* Baluzius 574, 1, 35 Dronis *lege* Drogonis 575, 1, 24 maſculas *lege* maſculus *ibid.* 2, 41 unde *lege* inde 584, 2, 9 Noviomenſi *lege* Noviomenſi 585, 2, *l. ante ult.* Erardi *lege* Erardus 586, 1, 35 die *lege* lite *ibid.* 2, 31 ſilium *lege* filium 590, 2, 41 açcharii *lege* archarii 591, 1, 18 hopitiis *lege* hoſpitiis 591, 2, 11 *ante ult.* lobores *lege* labores 593, 1, 6 in quos *lege* inter quos *ibid.* 2, 19 citatione, jurabit *lege* citationi jurare 594, 1, 16 *ante ult.* Turonenſi *lege* Turonenſis 597, 1, 6 mandato, *lege* mandato *ibid.* 20 occupendas *lege* occupandas *ibid.* 25 Rarmundum *lege* Raimundum 601, 2, 22 Siciliæ *emenda* Sileſiæ 602, 2, 26 alia *lege* illa 603, 1, 13 *ante ult.* Anagriæ *lege* Anagniæ 604, 1, *l. ante penult.* itrigo *lege* irriguo 609, 2, 14 *ante ult* ſi tua *lege* ſi tu 613, 2, 20 *ante ult.* non tantum *lege* ſed tantum 614, 1, 5 ut raro *lege* aut raro 616, 1, *l. ult.* Monachorum *lege* Monacharum 617, 2, 44 niſi quales *lege* ſoli quales 619, 2, 15 *ante ult.* nobis *lege* vobis 622, 1, 16 appelionibus *lege* appellationibus 624, 2, 24 de dicto *lege* do dicto 625, 1, 34 Cæſarem *lege* Cæſaream 628 *in marg.* Monachis Ciſtercienſi *lege* Monachi Ciſtercienſes 629, 2, 17 Clepo, &c. Inſula *lege* Clero, &c. Inſulæ 631, 2, 19 potuerunt *lege* potuerant 634, 1, 18 etam *lege* etiam 638, 1, 5 *ante ult.* rucarum *lege* ſuarum 646, 2, 14 *ante ult.* confirmamus *lege* confirmatus 647, 2, 15 Capello *lege* Capellano 650, 2, 43 non ſortis *lege* conſortis 651, 2, 17 ſic cautum *lege* ſit cautum 665, 1, *l. ult.* manus *lege* manu 667, 2, *l. ante penult.* qui inter *lege* quia inter 670, 1, 29 non ſuâ *lege* in ſuâ *ibid.* 2, 25 nuntiantur *lege* nuntiantur 671, 2, 1, 3 taliter *lege* aliter 675, 2, 5 *ante ult.* noſtras *lege* noſtros *l ſqq.* & alii *lege* & aliis *l. ante penult.* conventos *lege* contentos 683, 2, 10 tunc enim *lege* tunc cum 684, 2, 3 Caſtellam *lege* Caſtellani 686, 1, 48 partes alia *lege* partes illas 687, 1, 10 Agrigemnenſes *lege* Agrigentinenſes 696, 2, 28 ſtipulandi *lege* ſtipulanti 707, 2, 37 Gazon. *lege* Gazoni 711, § 2, 11 Theſaurius *lege* Theſaurarius 719, 1, 11 nomino *lege* Domino 713, 1, 21 cebritati *lege* celebritati 735, 2, 15 *ante ult.* Nagiſter *lege* Magiſter 741, 1, 17 reſidum *lege* reſiduum 767, 2, 2 deſtineramus *lege* deſtinaremus 774, 2, 20 pertuam *lege* perpetuam 777, 1, 4 *ante ult.* Oracorium *lege* Oratorum 793, 1, 24 vulgaricer *lege* vulgariter 794, 2, 6 *ante ult.* ſouffrace *lege* ſouffrance 798, 2, 7 *ante ult.* interfui *lege* interfuit 801, 2, 8 *ante ult.* plaiars *lege* plaiſirs *ibid.* 6 *ante ult.* donne *lege* bonne 603, 2, 49 tegium *lege* regnum 1 *notâ marg.* Carolo *lege* Carolus 804, 2, 6 *ante ult.* geſſit *lege* geſtit 807, 1, 2, 36 dicti *lege* dictis 812, 1, 7 omis *lege* omnis *ibid.* 2, 38 *ante ult. verbum* improbamus edendum fuit probamus neque 813, 1, 33 Nam cum *lege* Nam cur 814, 1, 15 *ante ult.* numeroſa *lege* numeroſo, 2, 16 Præſulis *lege* Præſules 816, 1, 44 Teratina *lege* Terracina 817, 1, 7 Regni *lege* Regi 819, 1, 21 priorum *lege* piorum 2, 45 tantem *lege* tandem *ibid.* 6 ſalutem *lege* ſalute 823, 1, 4 *ante ult.* Forcia *lege* Sfortia *ibid.* 2, 21 Reginam *lege* Regiam *in notâ* proſligata . . . . Concilii *lege* proſligatæ . . . . conſilii 828, 1, 4 *ante ult.* matheſoos *lege* matheſeos 834, 1, 15 deſtitutos *lege* deſtituto 838, 1, 11 Tunc *lege* Tune 819, 1, 8 miles *lege* milites *ibid.* 2, 13 *ante ult.* abvier au dongier *lege* obvier au danger 841, 1, 43, formidalibus *lege* formidabilibus 843 c. 2 *in notâ marg.* Ludovico *lege* Ludovici 844, 1, 4 habitus *lege* habiturus.

INDICULUS FAMILIARUM

Quarum mentio fit in Genealogiis Balduini de Avenis.

Monuere nonnulli quorum judicium meo judicio facilè antepono, non omittendum fuisse Indiculum familiarum quarum mentio fit in Genealogiis Balduini de Avenis, volumine hujus editionis tertio, pag. 286. Hunc igitur repræsento, qualis ab Acherio concinnatus est, nisi quòd nonnulla quæ deerant adjeci, & quòd paginæ columnam, & uniuscujusque columnæ lineam addidi.

A.

Accon, pag. 293. col. 2; lin. 24 294, 2, 14
Agimont, 291, 1, 67
Aire, *Aria*, 297, 1, 34. 2, 4 & 14
Aiste ; *Aiste*, 291, 1, 65
de Albomonte, 292, 1, 54
Alençon, 291, 2, 11
de Alneto, 289, 2, 30. 295, 2, 11
Aloft, 291, 2, 68
Alsace, 286, 2, 7
Anglia, 291, 1, 59. 294, 1, 51. 295, 1, 29
Anjou, 291, 1, 69
Antoing, 289, 2, 41. 290, 2, 34. 293, 2, 36. 296, 1, 2, & 28 ; & 36, & 47. 2, 6
Apulia, 290, 1, 59
Aragon, 294, 2, 42
de Arbaco, 289, 1, 35
Arc, 296, 1, 46
Asch, 293, 2, 34
Aspremont, de *Asperomonte*, 292, 1, 65. 2, 43
Assenaing, 296, 1, 60
Audenarde, 291, 1, 9. 292, 2, 17, & 22, & 43. 293, 2, 12
S. Omer, *de Sancto Audomaro*, 287, 1, 4. 291, 2, 71. 293, 2, 46. 296, 2, 18. 297, 2, 11
Arras, *Atrebatum*, 291, 2, 56
de S. Auberto, 290, 2, 7
Avenes, *de Avenis*, 287, 1, 5 & 4. 289, 2, 67. 290, 1, 25. 2, 36. 291, 2, 9, & 26. 292, 1, 2, & 45. 2, 42 & 70. 293, 1, 47. 295, 2, 44. 296, 2, 17, & 55. 297, 1, 43
Augum, V. Eu.
Auterive, 290, 2, 32
Auteville, 295, 1, 30
Antisiodorum, 287, 1, 16
Auvergne, *Arvernia*, 293, 2, 41. 295, 1, 60

B.

Bailleul, 283, 2, 74
Bar, 291, 1, 54. 294, 1, 71
Barbençon, *Barbanchon*, 289, 2, 47. 290, 2, 9. 293, 1, 4 & 55. 2, 34. 296, 1, 11 & 65.
Barlemont, 295, 2, 8 & 19
Baviere, *Bavaria*, 291, 1, 38.
Beaujeu, de *Bellojoco*, 287, 2, 15.
Beaumanoir, 297, 2, 41
Beaumes, 297, 2, 25
Beaumont, *de Bellomonte*, 288, 1, 10 & 58. 289, 1, 52
Beaurain, V. *Waurain*.
Beausart, 296, 2, 2
Beckin, 297, 2, 1
Bellefontaine, 297, 2, 34
Belleville ; *Bellavilla*, 297, 2, 16
Bellicoste, *Bellecoste*, 295, 2, 41
Belona, 296, 1, 55
Bertolt, 293, 1, 38
Bethune, 290, 1, 6 & 54. 296, 1, 51
Tom. III.

Beure, 288, 2, 54. 289, 1, 9. 291, 2, 38. 293, 2, 56
Binel, 289, 2, 22
Blaimont, *Blamont*, 290, 2, 11.
Bleki, 297, 2, 3
Blois, *Blefa*, 287, 1, 24 & 31. 291, 2, 9. 292, 1, 19 & 39
Bohaing, 290, 2, 17
Boheme, *Bohemia*, 291, 1, 28
Bologne, *Bolonia*, 287, 1, 10. 295, 1, 3 & 56
Bossuc, 287, 1, 19
Bouchain, 290, 1, 64
Bouillon, *Bullonium*, 287, 1, 22. 288, 1, 34
Boulers, 288, 2, 39. 293, 1, 34
Boume, 297, 1, 16
Bourbon, 291, 1, 46
Boute, 297, 1, 4
Bourgogne, 288, 2, 11. 291, 1, 43. 294, 2, 27
Bousies, 288, 2, 41
Boutteti, 297, 1, 15
Brabant, 287, 1, 50. 291, 2, 37. 2, 35. 294, 2, 34
Braine, 290, 1, 58. 293, 1, 216. 294, 1, 59
Braine la *Wioste*, 294, 1, 32
Breda, 291, 2, 39.
Breme, *Brema*, 297, 1, 38
Bretagne, 291, 1, 56. 294, 1, 63
Briefvel, 296, 1, 51
Bruet, 297, 2, 1
Brumesbere, 297, 2, 2
Bruges, 290, 1, 17
Bruxelles, 287, 1, 18 & 42. 288, 2, 6. 294, 2, 61
Buslengny, 290, 2, 16
Byringij, 290, 2, 42

C.

Caheu, 289, 1, 3. 296, 2, 41
Cambray, *Cameracum*, 287, 1, 49. 291, 2, 34
Canivet, 288, 2, 45 & 59. 293, 2, 31. 296, 1, 23
Canni, V. *Kanni*
Carenzy, 289, 2, 4
Le Caron, 289, 2, 11
Caftri locus, 288, 1, 9 & 41. 289, 2, 51
Champagne, *Campania*, 293, 2, 3
Chartres, 287, 1, 31. 291, 2, 9. 292, 1, 35
Château-Porcien, 290, 1, 67
Chaumont, 289, 1, 51
Chevres, *Chievres*, *Chiruæ*, 288, 2, 44. 289, 2, 53. 290, 2, 3. 12. 294, 2, 11
Chievrain, V. *Kievrain*
Chilnay, *Cifmay*, de Cimaio, 289, 1, 35. 290, 2, 31. 293, 1, 60
Chiny, *de Chineio*, *Cifnio*, 288, 1, 36. 291, 2, 46. 294, 1, 10
Chisti, *Chin*, 289, 2, 46. 290, 2, 12
Cisoing, 296, 1, 17 & 49
Cleves, 291, 1, 17. 295, 1, 30
Condé, *Condacum*, *Condatum*, 289, 2, 37. 291, 2, 64

Conflans, 290, 1, 36. 293, 2, 9. 296, 1, 13
Cons, 289, 1, 45
Constantinople, 287, 1, 11. 291, 1, 26
Coudun, 287, 1, 16
Coucy, *Cuchy*, 290, 1, 33. 292, 1, 9 & 48. 293, 1, 14 & 57. 2, 55. 294, 1, 57
Craon, *Creon*, 291, 1, 50
Crequy, 292, 1, 42. 296, 2, 20 & 56
Crefekes, 292, 2, 24
Crimberges, 293, 2, 58
Cyprus, 295, 2, 23

D.

Dacia, 288, 2, 3
Dammartin, *Domartin*, 291, 1, 51. 295, 2, 59. 297, 1, 19 & 40
Dampierre, *Dampetra*, 294, 2, 18
Diest, *Dietre*, 290, 1, 49
Doüay, *Duacum*, 296, 1, 1 & 68
Doutour, 289, 1, 45
Dreux, 291, 1, 45 & 52 & 55. 294, 1, 18. 2, 22
Duras, 290, 2, 5
Durbuy, 291, 1, 19

E.

Enguien, 289, 2, 1. 290, 1, 24. 292, 2, 71. 293, 1, 9 & 16 & 30 & 42. 2, 39. 296, 1, 18
Eppe, 297, 1, 32
Elpieres, 296, 2, 37
Espinoy, *Espinoit*, *de Spincto*, 289, 2, 40. 290, 2, 34. 296, 1, 4
Esquerdes, 296, 2, 43
Estré, 297, 2, 41

F.

Faluy, 293, 2, 15
Fauquembergue, 292, 1, 61. 297, 2, 12
Fingnies, 290, 1, 9
Flamingeria, 293, 1, 71. 2, 28 & 42
Flament, 297, 1, 31
Flandres, *Flandria*, 297, 1, 10 & 28 & 35. 2, 24. 288, 1, 69. 2, 5. 290, 2, 11. 291, 2, 14 & 36. 294, 1, 27. 2, 47. 295, 1, 57
Florines, *Florinia*, 291, 2, 43. 2, 51 & 59
Fontaines, *de Fontanis*, 289, 2, 16
Francia, 287, 1, 14 & 32. 294, 2, 41 & 40
Franfengnies ; V. *Transfengnies*
Fresnoy, *de Fraxineto*, 296, 1, 62
Furmeselles, 297, 1, 2
Furnes, 296, 2, 58

G.

Gallia V. *Francia*
Gand, 288, 2, 61. 293, 1, 12. 2, 69
Gaure, 288, 2, 43. 289, 2, 34. 293, 1, 32. 294, 2, 9
Ghines, V. *Guines*

RRRrrr

Gisny, 197, 1, 25
Gisteles, 196, 2, 72
Givet, 294, 1, 67
Gloceftre, 291, 2, 17
Gomegnies, 289, 2, 26
Grandpré, de Grandiprato, 293, 1, 48 & 62. 2, 52
Graminės, 291, 1, 50
Graunes, Graumes, 296, 2, 13
Grigniacum, 290, 1, 66
Grimbergue, 293, 2, 58
Gueldres, Gelria, 289, 2, 73
Guines, Ghines, 291, 1, 43. 296, 2, 10. 297, 2, 22
Guife, 291, 1, 4

H.

Hainaut, Hainonia, Hannonia 287, 1, 7 & 36. 288, 2, 15. 290, 2, 41. 293, 1, 60. 2, 66. 295, 1, 48
La Hamaide, 295, 2, 16
Hans in Campania, 293, 1, 50
Hargicourt, 297, 1, 3
Harnes, Hernes, 296, 1, 6 & 24
Hasban, Hasbania, 289, 2, 64
Hasebuerg, 297, 1, 43
Heinsberg, 291, 1, 10
Hellivinen, 196, 2, 64
Henin, Hemin, 292, 2, 28. 293, 1, 25
Hernes, 293, 2, 50
Hierges, 289, 2, 64
Hispania, 291, 1, 29
Hondescotte, 290, 2. 60. 296, 1, 69
Hufalise, Hufalaife, de Hufalis, 287, 1, 2. 293, 2, 31 & 37. 296, 1, 44

I.

Iauche, 289, 1, 10. 2, 2
Insula, V. Lisle
Ioengny, 290, 1, 1
Ipres, 297, 1, 6 & 18
Itembourg, 291, 1, 10
Iuliers, Juliacum, 291, 1, 50. 2, 62

K.

Kanny, 291, 1, 29
Kievrain, 292, 1, 63. 2, 50. 294, 2, 6

L.

Lamprenesse, 295, 2, 23
Landrecies, 291, 2, 64
Lens, 288, 2, 33. 293, 1, 15. 296, 1, 16
Leuse, Lutofa, 291, 2, 29 & 25. 292, 1, 2 & 40
Lidekerke, 293, 1, 31
Lierdonchel, 296, 2, 46
Liere, 296, 2, 34
Ligne, 288, 2, 66. 289, 2, 34
Limbourg, 295, 1, 40
Liskes, 296, 2, 44 & 50
Lisle, 290, 1, 44
Livalles, 294, 1, 15
Longvilliers, 296, 2, 41 & 52
Lorraine, Lotharingia, 286, 1, 2. 287, 1, 6 & 22. 2, 48. 294, 2, 53. 295, 1, 24
Los, Lossa, 291, 2, 47. 295, 1, 43. 2, 49
Louvain, Lovanium, 288, 1, 35. 291, 2, 34. 294, 1, 62
Ludekerke, 296, 1, 9
Luxembourg, Lucebourg, Lucelbourg, 290, 2, 67. 291, 1, 19. 294, 2, 18

M.

Macicourt, Maricourt, 296, 2, 15

Malines, 293, 1, 38
La Marche, Marcia, 291, 1, 14
Marle, Marla, 289, 1, 34
Marlins, 296, 2, 16
Maroles, Marolium, 293, 2, 31
Maruel, 293, 2, 9
Mascon, 294, 1, 67
S. Maxence, 297, 1, 11
Medon, 296, 1, 36
Milly, 297, 1, 41
Mirouvaut, 295, 2, 39
Mons, 287, 1, 37. 2, 15. 289, 1, 55. 293, 1, 27 & 44. 294, 2, 60
Monsquercetum, 294, 2, 16
Montchablon, 293, 2, 63
Montegu, de Monte-Acuto, 288, 1, 36
Monteruel, 288, 2, 67
Montfaucon, Mons-Falconis, 292, 2, 56
Montfort, Mons-Fortis, 289, 1, 37. 291, 1, 49. 293, 2, 3
Montigny, 296, 2, 1
Montmorency, 292, 1, 11. 293, 2, 73
Morbeke, 297, 2, 36
Moreüil, 297, 2, 17
Morlainwées, 288, 2, 28
Mortagne, Moritania, 288, 2, 49. 290, 1, 19 & 41 & 48 & 52. 293, 1, 46. 296, 1, 14
La Mote, 296, 2, 48

N.

Naing, 289, 2, 38
Namur 296, 1, 4. 288, 1, 35. 290, 2, 22. & 33 & 51 & 67. 291, 2, 2. 2, 66. 293, 2, 9. 294, 2, 56. 295, 1, 65
Navarre, 291, 2, 2
Nelle, Nigella, 290, 1, 47. 291, 1, 53. 294, 1, 49
Nevers, 294, 2, 29
Nieppe, 297, 2, 33
Nivelle, 290, 1, 28

O.

S. Omer V. de S. Audomaro
Ordre, 296, 2, 54
Ostrevant, 290, 1, 65. 294, 2, 6
De Oyssaco, 291, 2, 33

P.

S. Paul, de S. Paulo, 291, 1, 33. 292, 1, 24 & 36 & 39. 294, 1, 53. 2, 16
Peruves, 288, 2, 61. 291, 2, 22. 293, 1, 6. 2, 13. & 39. 295, 1, 45
Pesne, 296, 2, 25 & 33
Pierrepont, 293, 2, 64
Piquigny, 291, 2, 25. 296, 1, 25. 2, 61
La Plonke, La Planche, 296, 2, 31
Plukel, 291, 1, 61. 292, 1, 1. 295, 2, 45
Poix, Pois, 297, 1, 32
Poliere, V. Chimey
Pontroart, 290, 1,
Prouvy, 296, 2,

R.

Radoul, 295, 1, 66
Raineval, 297, 1, 7
Rameru, 293, 2, 53
Rettel, Retest, 290, 2, 52 & 60 & 64. 292, 1, 68. 293, 1, 6
Revenghes, 297, 2, 6 & 18
Reux, Rodium, 288, 2, 8 & 71. 293, 1, 30. 294, 1, 11. 296, 1, 15
Ribemont, Ribodimons, 290, 1, 66. 291, 2, 35
Rigaut, 288, 2, 59
La Roche, de Rupe, 286, 2, 5. 291, 1, 65. 293, 2, 64
Roisin, 289, 2, 39

Rosoy, Rousoie, 289, 1, 8. 2, 61. 290, 2, 26. 292, 2, 6 & 41 & 60
Roucy, Rousty, 293, 1, 60. 294, 2, 20
Rovecourt, 294, 1, 6
Rume, 295, 2, 6 & 15. 296, 1, 50
Rumegny, Rumigniacum, 289, 1, 40. 2, 42 & 51 & 59 & 65. 290, 1, 28. 292, 1, 22. 2, 22. 2, 5 & 17. 296, 2, 48

S.

Salbourg, Salebruge, 291, 2, 45 & 53
Salins, 294, 1, 70
Saim, de Salmis, 289, 2, 63. 291, 1, 55. 2, 50. 296, 2, 11
Saffeignies, 289, 2, 19
Scotia, 287, 1, 13
Sebourg, 292, 2, 27. 293, 1, 23
Selles, 296, 2, 67
Sempy, 297, 1, 12
Senefle, 290, 1, 17
Sicilia, 290, 2, 57
S. Simon, 297, 1, 29
Soiffons, 290, 2, 16. 292, 2, 19. 293, 1, 66. 2, 10 & 21. 294, 1, 49
Sorées, 296, 1, 56
Sorel, 297, 1, 55
De Spineto, V. Espinoy
Steyke, Sievue, 293, 2, 2, 52
Suaube, 291, 1, 24

T.

Tangest, 293, 2, 29
Thoars, 293, 2, 19
Torcy, 297, 1, 7
Torost, Torota, 296, 1, 54
Tournay, 288, 2, 50. 290, 1, 5 & 19
Transfengnies, Fransengnies, 288, 2, 64. 291, 1, 71. 293, 1, 29. 294, 1, 22. 297, 1, 5
Triangulus, 291, 1, 44
Trith, 288, 2, 53
Tuppengny, 291, 2, 32
Turinge, 291, 1, 35 & 40
Tyans, 295, 1, 25

V.

Valaincourt, Vallencourt, 286, 2, 4. 295, 1, 67. 2, 3
Valenciennes, Valenchienes, Valenciana, 287, 2, 18. 290, 2, 65
S. Valery, de S. Valerico, & Valerio, 294, 2, 14
Vannes, 288, 2, 69
Varennes, 296, 1, 41. 297, 2, 24
Vendeüil, Penduel, 295, 2, 22
Vermandois, Veromandia, 291, 1, 12
Vervins, 290, 1, 33. 293, 1, 14
Viane, Vienna in Ardenna, 292, 1, 31. 293, 1, 10
Vierzon, 294, 2, 40
Ville, 296, 1, 20
Villecourt, 291, 2, 68
Villers le Faucon, 289, 1, 4
Wafic, Wafia, 293, 2, 62
Wasieres, 289, 2, 27. 295, 2, 14
Waurain, 296, 1, 32 & 39. 297, 1, 35
Winti, 296, 2, 35
Worne, 291, 2, 62. 296, 1, 35

Y.

Ypre, V. Ipres.

Hic est index quem viri docti periere, talis omnino qualem edidit D. Lucas d'Achery, expuncta tamen voce Bourlemons, quæ in Familiis non occurrit, ac restitutis nonnullis, quæ in priori editione omissæ erant.

ADDENDA TOMO II.

IN NOTIS.

Pag. 360. col. 2. lin. 38. quæ hodie sanctæ Genovefæ templum nuncupatur. Hæc in Chronico Besuensi non leguntur.
Lin. 56. in eodem Chronico Besuensi, non Genevensem, sed Genuensem legitur. & lin seq. Quadruvio pro Quadrunio.
Pag. 361. col. 1. lin. 27. in eodem habetur Theodaldum ubi Chronicon S. Benigni Idoaldum.
Lin. 37. Amalricum, sic quidem in Chronico Besuensi : at in Chronico S. Benigni Almaricum.
Col. 2. lin. 52. in Chronico Besuensi hic Bobilane legitur pro Bochilane : & lin. ult. Gogonem ubi Chronicon S. Benigni habet Drogonem.
Pag. 362. col. 1. lin. 25. & 26. in eodem non Lenna sed Leuva scriptum est.
Lin. 42. ubi legis repedarunt, Chronicon Besuense habet repedant : Chronicon S. Benigni, repedantur.
Col. 2. lin. 18. ubi Chron. S. Benigni exhibet Nephrasii, in Chronico Besuensi scriptum est Neptrasii.
Pag. 364. col. 1. lin. 4. ante ult. Genevense edidi ut in margine : in textu legebatur Genanenense : in Chronico Besuensi, in suburbano Genabense.
Col. 2. lin. 11. Sententorum : in Besuensi Scütengorum : & lin. 32. pervadere, ubi legitur prævadens.
Lin. 37. & 41. qui dicitur Landericus, is est Landericus in Chronico Besuensi. Item lin. 62. Eborinus, quem nominari videt Eboricum.

Pag. 366. col. 1. lin. 33. Arduinam : in Besuensi Arvennam.
Col. 2. lin. 3. post peremit, sic legitur in Chronico Besuensi. Brunichildis pestiferæ videns cumulum malorum cœlum usque pertingere, vindictam publicam de communi hoste facere statuit : veniensque ad eam quasi facturus conjugium ; cum se illa præpararet ad connubiale convivium, coacta est bibere quod regnis & populis propinaverat poculum. Nam camelo superpositam girari fecit per exercitum : quam cum omnes inclamando horruissent, velut sub carnis velamine zabulum, iterum jussit reduci, & inter equos quatuor indomitos ligari : ad quorum primam erumpentium fugam partibus rupta, postea igne combusta, cum satellitio peccatorum ab ipsis inferioribus est immersa. Funditus, &c. ut in Chronico S. Benigni.
Lin. 27. in Chronico Besuensi non Clispiaco, sed Clippiaco legitur.
Lin. 37. in eodem post Metensis additur, cum reliquiis Episcopis eligitur, ut sua erat sanctitas.
Pag. 371. col. 1. lin. 57. ubi Himaldum, in Besuensi Hunaldum.
Col. 2. lin. 44. in eodem non utique, sed ubique.
Pag. 372. col. 2. lin. 14. provinciam quam ... commissa : Chronicon Besuense, regnum quod ... commissum.
Pag. 373. col. 2. lin. 39. Abroditi : in Chronico Besuensi, Abodriti.
Pag. 374. col. 1. lin. 18. quadragesimo quinto, septimo Kalendas : Chronicon Besuense quadragesimo septimo, quinto Kalendas.

www.ingramcontent.com/pod-product-compliance
Lightning Source LLC
Chambersburg PA
CBHW070801020526
44116CB00030B/950